東堂 成樂寅總長 退任紀念論文集

國家와 憲法 I

헌법총론 | 정치제도론

성낙인총장 퇴임기념논문집 간행위원회

法 文 社

State and Constitution Ⅰ

Constitutional Law and Political Institutions

2018
Bobmun Sa
Paju Bookcity, Korea

되기도 하였습니다.

둘째, 실천적 헌법학입니다. 총장님은 당시 학문으로서의 법학의 불모지 시대에 시민혁명과 민주제의 산실인 프랑스로 유학을 떠나 실천으로서의 헌법학을 체득하였습니다. 그리하여 헌법학을 이론적으로 연구하는 것에 머무르지 않고 헌법이 국민의 생활규범으로 실현되는 '생활법치'를 구현하고자 뜻을 세우고 노력하였습니다. 이러한 의미에서 '意志'의 헌법학입니다. 『헌법과 생활법치』, 『우리헌법읽기』, 『만화 판례헌법』 등 역작을 계속적으로 저술한 것도 이러한 노력의 결과입니다.

셋째, 사랑과 봉사의 헌법학입니다. 사회공동체 속에서 나눔과 소통과 화합을 강조하고 몸소 실천하는 것입니다. 총장으로 취임하여, 경제적으로 어려운 학생들이 부업에 매달리지 않고 학업에 전념할 수 있도록 매달 생활비 30만원을 지원하는 '선한인재장학금'을 도입하였고, 학생회관에서 '1000원의 식사'를 제도화한 것도 이러한 소신의 발로입니다. 뿐만 아니라 그동안 서울대학교 법과대학 학장, 한국공법학회 회장, 한국법학교수회 회장을 포함하여 정부, 국회, 법원 등 헌법기관에서 각종 위원회 위원장을 맡으면서 사랑과 봉사를 몸소 실천하였습니다. 이러한 공로로 황조근정훈장을 비롯하여 한국헌법학회 제정 학술상, 목촌법률문화상, 상허대상 등 많은 상훈을 받았습니다. 그렇기 때문에 '感動'의 헌법학입니다.

이러한 나눔과 소통과 화합으로, 총장님은 헌법학·행정법학 등 공법학과 사법학·국제법학, 나아가 인문학과 사회과학을 넘나드는, 보수와 진보를 아우르며 세대와 학문적 배경을 뛰어넘는 폭넓은 교류를 하여 왔습니다. 제26대 서울대학교 총장으로 취임하여, 학내외의 어려운 여건 속에서, 특히 촛불혁명의 정치적 격변 중에도, 서울대학교가 흔들림 없이 발전할 수 있도록 기초를 다지고, 올해 7월 퇴임하게 됩니다. 이를 기념하여, 총장님과 그동안 사랑과 존경을 나눈, 다양한 분야의 많은 학자와 실무가들이 '國家와 憲法'이라는 주제를 중심으로 다채로운 논문들을 제출하여 논문집을 간행하게 된 것을 기쁘게 생각합니다. 헌법학자로서, 교수로서, 그리고 공직자로서 한결 같은 길을 걸어온 成樂寅 총장님께 그동안 애쓰신 노고에 감사하면서 이 기념논문집을 올립니다.

2018. 6.

東堂 成樂寅總長 退任紀念論文集 간행위원을 대표하여

간행위원장(서울대학교 법과대학 교수) 박정훈(朴正勳)

東堂 成樂寅總長 취임 사진

간 행 사

1948년 대한민국 헌법이 제정된 지 올해로 70년이 됩니다. 그동안 우리나라는
건 속에서도 산업화와 민주화를 동시에 이룩한, 세계적으로 유례를 찾기 어려운 발
하여 왔습니다. 지금 또 다시 새로운 변화와 발전을 요구받고 있습니다. 1987년의
과 2017년의 촛불혁명으로 민주화를 위한 도도한 흐름 속에서, 경제적으로 지속
적정한 배분이 강하게 요구되고 있고, 계층과 세대 간에서 사회문화적 갈등이 커지
다. 또한 남북관계가 새로운 전기를 맞고 있어 통일의 기초를 닦고 동북아 및 세
를 위해 주도적인 역할을 해야 할 상황입니다.

이러한 시대적 과제 앞에서 우리는 헌법의 의미와 중요성을 되새깁니다. 헌법
미래상을 제시하는 비전이자 이정표이기 때문입니다. 오늘날 이 땅에 사는 사람들
경제적, 문화적 다양성에도 불구하고 우리의 동일성과 정체성은 바로 '대한민국헌
게 됩니다. 그렇기 때문에 어느 시대보다 지금이야말로 '국가와 헌법'의 관계를
래의 비전을 다듬어야 할 때입니다. 이러한 시기에 우리나라를 대표하는 헌법이론
법실천가인 成樂寅 총장님의 퇴임을 기념하는 논문집을 간행하는 의의가 자못 크
입니다.

총장님은 1950년 경남 창녕에서 태어나 대구중학교와 경기고등학교를 거쳐
법과대학을 졸업하고, 동 대학원 박사과정을 수료한 후 프랑스 파리2대학교에서
받았습니다. 1980년 영남대학교 법과대학 교수로 부임하여, 서울대학교 법과대학
직하다가 2014년 7월 20일 제26대 서울대학교 총장으로 취임하였습니다.

총장님의 헌법학을 특징짓는 수식어는 '실존적' 헌법학과 '실천적' 헌법학, 그
봉사'의 헌법학이라는 것은 본인과 선후배, 후학들이 異口同聲으로 인정하는 바
에 각각 理性과 意志, 그리고 感動이라는 키워드를 연결합니다.

첫째, 실존적 헌법학입니다. 이상을 추구하면서 현실에 안주하는 이상적 현실
라, 현실에 기초하면서 끊임없이 이상을 만들어 가는 현실적 이상주의에 바탕을
다. 이러한 의미에서 '理性'의 헌법학입니다. 이는 헌법의 본질을 '권력과 자유의
조화' 속에서 기능하는 '국가법질서의 근간'으로 파악하고 있는 것에서 잘 나타
이러한 헌법적 이념을 바탕으로 헌법학, 헌법학입문, 언론정보법, 대한민국헌법
론, 선거법론, 판례헌법 등 수십 권의 저서를 발간하였습니다. 특히 『헌법학』은
정판을 내었으며 우리나라 인문사회계열 전체에서 가장 인용이 많이 되고 있는

차 례

제1편 憲法總論

제2편 憲法과 政治制度

제1편

憲法總論

1. 직접민주정치와 대표제민주정치(의원내각제)의 형태분석 - 자료중심으로 -

김 철 수*

I. 서　　설

1. 현대 헌법의 발전

영국혁명, 미국독립전쟁, 프랑스혁명을 거쳐 그동안 헌법은 통치형태에 대한 많은 진화를 겪었다. 그 이유의 하나는 아무리 이상적인 헌법을 제정하더라도 이의 존립을 보장하고 국가권력의 집행을 담보하는 수단이 있어야 하겠다는 인식에서 비롯되었다. 이상적이라고 생각되었던 바이마르헌법이 히틀러의 등장과 의회의 수권법 통과로 무헌법국가로 된 독일에서는 헌법상의 민주적 기본질서를 보장하기 위한 방법이 강구되었다. 그리하여 민주주의의 외부적에서 헌법을 보장하기 위하여 민주적 기본질서를 보장하는 제도가 강구되었다. 그리하여 극우와 극좌의 정당을 해산하는 제도를 도입하였다.[1] 의회가 국무총리에 대한 해임의결로 인한 국정불안정을 막기 위해 건설적 불신임제도를 도입하였다.[2] 또한, 헌법을 침해하는 정당의 해산이나 기본권의 남용을 견제하는 것과 공무원의 위헌행위, 법률의 위헌심사를 담당하는 헌법재판소를 두고 있다.[3]

2. 민주정치의 발전

국민의 주권행사에 대해서도 정당제도와 선거제도에 관한 연구가 행해졌다. 대표제민주정치의 경우 원내정당의 과두화에 따라 거대정당의 정책이 국회의사로 간주되고, 국회결정도 원내정당끼리의 야합으로 국민의 의사와 무관하게 결정되는 경우가 많다. 국회가 다수정당의 결정으로 국민의 의사와 멀어지게 결정되는 것은 민주대의정치를 침해하는 것이다. 이런 이유로 오늘날 직접민주정치를 주장하는 사람이 있다. 직접민주정치를 여론에 의한 정치로 착각하여 신문이나 SNS의 여론조사결과에 따라 결정하려는 경향도 있다. 하지만, 여론의 발신자가 유권자인지 확인하기 어렵고 투표의 경우 1인 1표의 원칙이나 비밀선거의 원칙이 지켜지느냐도 문제이다. 그래서 직접적 주권행사는 간접적 주권행사에 대한 보완책으로 인정되고 있다. SNS나 신문·방송 등 여론조사에 의한 경우 설문지 작성부터 공정하게 행해져야 하는

---

* 서울대학교 법과대학 명예교수

1) 민주적 기본질서에 관해서는 김철수, 「헌법과 정치」, pp. 45-64 참조.

2) 건설적 불신임투표제도에 관해서는 김철수, 「헌법과 정치」, p. 290 참조.

3) 헌법재판소제도에 관해서는 김철수, 「헌법과 정치」, pp. 867-993 참조.

데 이러한 검정기구의 구성이나 전문성 확보문제 등이 문제된다. 국민발안의 경우에도 유권자의 몇 % 이상이 제안하면 국민투표에 회부할 것인지, 의결정족수는 어느 정도여야 하는지 등에 대해 상세하게 규정되어야 한다. 오늘 직접민주정치 투표결정도 정당성이 보장되는 연구가 부단히 행해지고 있다.[4)]

Ⅱ. 직접민주정치

1. 직접민주정치의 의의

(1) 직접민주제의 역사

직접민주정치는 민주정치의 원형으로서 고대 희랍의 polis에서 발달되었다. 모든 시민이 참여하였기에 고대 국가사상에서는 시민의 지배로 인정되었다(시민총회). 시민정치는 500명의 평의회에서 결정이 행해졌다. 귀족은 군대에 대한 지휘권을 가지고 있었다. 패각 투표는 국민지배의 상징으로 인정되었다. 이상형적으로 아리스토텔레스는 공공의 이익을 위한 다수인의 결정이 옳다고 보고 이것은 polity이며 공공복리증진을 목적으로 하지 않는 다수지배는 민중의 지배로서 polis의 변종으로 보았다.[5)] 사실상 모든 국민이 모여서 결정하는 총회제도는 고대 그리스에서도 인구가 많아지자 사실상 집행하기가 불가능해졌다. 아리스토텔레스는 polity를 국민의 지배의 이상적인 형태로 보았는데 이는 부자 시민들의 지배로 생각했었다. 다수국민의 지배를 아리스토텔레스는 Pöbel 빈민의 개별적 이익을 위한 지배로 보아 타기하였다. 오늘날 국가영역이 방대해짐에 따라 전국적인 직접민주국가는 없으며 작은 지방단체에서 행해지고 있는 상태이다.[6)]

(2) 직접민주정치의 유형

1) 미국의 제도

(ⅰ) 미국 뉴잉글랜드에서의 동에서의 총회제도 미국에서도 일부 주에서는 지방에서 직접민주정치를 하고 있다.[7)] 영국에서 미국으로 처음 이민 온 사람들이 사는 New England 지방에는 이민자들이 1630년부터 town meeting을 하고 있다.[8)] 이것은 작은 시·읍·면이

---

4) 민주정치에 대해서는 많은 논문이 있다. 간단한 것으로는 Wikipedia, Types of democracy; Wikipedia, List of countries by system of government.

5) Aristotle's Political Theory, Stanford Encyclopedia of Philosophy. Aristotle's politeia.

6) Wikipedia, Direkte Demokratie; Learn About Direct Democracy and Its Pros and Cons, https://www.thoughtco.com/what-is-direct-democracy-3322038.

7) Wikipedia, History of direct democracy in the United States; A. Crawford, For the People by the people, New England town halls: these experiments in direct democracy do a far better job. http://www.slate.com/articles/news_and_politics/politics/2013/05/new_england_town_halls_these_experiments_in_direct_democracy_do_a_far_better.html.

8) Wikipedia, town meeting.

독립적으로 행정을 하는 직접민주정치의 가장 좋은 예라고 할 수 있다. 이 제도가 제일 잘 운영되고 있는 매사추세츠주를 보면 6,000명 이하의 읍·면에서는 회의를 공개하여 유권자는 누구나 참석하게 하고 있다. 6,000명 이상의 주민을 가진 곳에서는 대의제를 채택할 수 있었다. 대의제 총회에는 유권자는 누구나 참여할 수 있으나 회의참석자로 지명되지 않은 사람은 투표권이 없다.

타운의 총회는 연차총회, 특별총회, 통합총회 등 여러 종류가 있다. 여기서는 토론만 하는 것이 아니라 경찰·시 행정인사 결정도 하고 재정 결정도 한다. 특히 학교경영권과 경찰치안권, 도로유지권 등은 자치규정으로 되어 있어 총회의 의결을 거쳐야 한다. 여기서는 토론의 자유와 표결의 자유가 보장되며 친목 속에서 회의가 결정되기 때문에 지방행정의 모범이 되고 있다.[9)]

(ii) 뉴햄프셔주 등의 미국제도 뉴햄프셔주의 타운 미팅도 공개의회가 원칙이고 3월의 제2주 화요일에 개회하여 타운의 공무원을 선출하고 재정을 처리하는 등 회의를 하고 있다. 그런데 town은 점점 줄어들고 city는 늘어나서 town meeting에서 의결하는 지방은 20%에 불과하다. 뉴욕주에서도 town meeting이 식민지 시대부터 20세기까지 유지되고 있다. 그러나 대도시에서는 그 수가 줄고 있다. 로드아일랜드주, 버몬트주, 코네티컷주, 메인주 등이 town meeting을 유지하고 있다.

(iii) 미국 주에 있어서의 직접민주제적 요소 미국의 주는 지역이 넓고 인구가 많기 때문에 전적으로 직접민주주의를 하는 주는 없으며 직접민주주의제도의 일부를 채택하고 있어 이것을 혼합제라고 한다. 미국에서는 대표제민주주의가 원칙이었다. 그런데 주에서는 그동안 소위 진보적 운동의 여파로 19세기 말에서 20세기 초에 걸쳐 경제이익의 입법에 강한 영향을 주게 되었다. 이에 대하여 항의한 것은 주로 노동운동자와 노동조합이었다. 이때 스위스의 예에 영향을 받아 직접민주주의를 도입하였다.

1898년에는 사우스다코타주가 선봉을 끊고 그 뒤 10년 동안에 21개 주가 직접민주주의 요소를 도입하였다. 1956년 이후 6개 주가 추가되었다. 인민청원의 역사를 보면 20세기 초에는 노동조합의 사회정책적 요구가 많았고 20세기 후반에는 조세인상 제한이 주를 이루었다. 결과적으로 보면 주법의 제정이나 개정에는 효과가 있었으나 단순 다수에 의한 주헌법의 개정은 문제가 많았다.

현재는 50개 주 중 시민이 주 입법에 참여하는 것이 21개 주이고, 주 의회의 제정법률에 투표하는 주가 25개 주이며, 18개 주에서는 헌법개정까지 할 수 있게 하고 있다.[10)]

---

9) Mehr Demokratie e. V.: Direkte Demokratie in Kalifornien.

10) Direkte Demokratie in den USA, https://liberalesinstitut.wordpress.com/2011/11/12/direkte-demokratie-in-den-usa; Heußner/Jung (Hrsg.), *Mehr direkte Demokratie wagen*, münchen, 2009; Thomas E. Cronin, *Direct Democracy: the politics of*

각주에서 행해지고 있는 ① 입법청원, ② 입법개정, ③ 직접 또는 간접의결, ④ 입법개정 제안, ⑤ 거부제도, ⑥ 소환제도에 관한 것을 도표로 보면 다음과 같다.[11)]

2) 스위스의 직접민주제

현재 직접민주정치가 행해지고 있는 나라 중에서는 스위스가 오래되었고 모범적인 직접 민주주의 국가로 인정되고 있다. 스위스는 13세기에 이미 원 칸톤(Kanton)이 3개 있었고 지방의회의 역할을 했었다. Länderding 등이 구성되었다. 15세기에 들어 베른 지방에서는 국민질문(Volksbefragung) 등이 행해졌다고 한다.[12)] 이 제도는 법률안 제안부터 시작되었으며 루소의 사회계약론 이전에 이미 확립되어 있었다. 시・읍에 있어서의 직접민주정치는 그동안 시행되어 왔는데 이것이 칸톤 지방 단위에서도 행해지게 되었다.[13)] 칸톤 단위의 민주정치는 직접민주정치를 하는 칸톤이 있었고, 반직접제로 하는 칸톤도 있었고, 대의제로 하는 칸톤도 있었다. 1840년에 헌법상 스위스연합이 만들어졌는데 지방의회를 둔 칸톤이 7개였고, 반직접제를 한 칸톤이 6개였으며, 완전한 대표민주주의를 채택한 칸톤이 11개이었다.

그럼에도 외국에서는 스위스 전체가 직접민주정치를 하는 것으로 이해되었다. 새 헌법에 의하여 연방사항에 관해서도 국민참여가 인정됨으로써 스위스연합은 전체적으로 봐서는 반직접민주정치를 채택하고 있다고 하겠다. 스위스는 20개의 칸톤과 6개의 반칸톤으로 구성되고 있다. 칸톤 아래에는 3,000개의 시・읍・면이 있다. 이 읍・면의 통치형태는 서로 다르다.[14)] 시・읍・면 위에 칸톤이 있는데 칸톤도 천차만별이다. 인구수도 15,000명에서 1,200,000명으로 차이가 나며 인구밀도도 1평방 km에 25명에서 51,000명이다.

시・읍・면과 칸톤(주)과 연방의 업무는 다르다. 각 칸톤은 헌법을 가지며 독자적 의회와 독자적 정부, 독자적 경찰을 가지고 있다. 칸톤 간에는 법령의 차이가 많기에 연방법이 이를 조정하고 있다. 직접민주적인 제도로서는 국민투표, 국민발안, 국민결정 등이 있다.[15)] 제일 많은 것은 국민결정(Volksabstimmung)이다. 이는 해마다 투표주말에 행해지는데 법률에 대한 국민투표와 사물에 대한 연방업무에 대한 국민투표가 행해진다. 이 날에는 칸톤과 시・읍・면에 관한 사항도 투표되는데 10개 이상의 문항이 표결된다. 연방헌법과 칸톤헌법에 의하여 어떤 종류의 법률과 사항에 대한 것이 필수적으로 국민결정을 해야 하는 것이 규정되어 있다. 이를 필수적 국민투표(Obligatorische Referendum)라고 한다. 이에 대하여 그 이외의 것은 선택적 국민투표(Facultative Referendum)라고 한다. 법률이 제정되거나 개정된 경우 3개월 내에 50,000명의 유권자가 국민결정을 청구하면 국민결정을 하게 된다. 최근에 와서

---

initiative referendum and recall, Harvard Univ. Press, 1989.

11) Richard A. Epstein, "Direct Democracy: Government of the People, by the People, and for the People," *Harvard Journal of Law and Public Policy* 34 (2011), p. 819ff; Nicholson/Canelo, Direct Democracy in the United States: Political Science, Oxford Bibliographies; Forms of direct democracy in the American states, Ballotpedia https://ballotpedia.org/Forms_of_direct_democracy_in_the_American_states.

State	Legislatively referred statute	Legislatively referred amendment	Initiated statute (direct or indirect)	Initiated amendment	Veto referendum	Recall
Alabama	d	a	d	d	d	d
Alaska	d	a	a	d	a	a
Arizona	a	a	a	a	a	a
Arkansas	a	a	a	a	a	d
California	a	a	a	a	a	a
Colorado	a	a	a	a	a	a
Connecticut	d	a	d	d	d	d
Delaware	a	d	d	d	d	d
Florida	d	a	d	a	d	d
Georgia	d	a	d	d	d	a
Hawaii	d	a	d	d	d	d
Idaho	a	a	a	d	a	a
Illinois	a	a	d	a (Limited)	d	d
Indiana	d	a	d	d	d	d
Iowa	d	a	d	d	d	d
Kansas	d	a	d	d	d	a
Kentucky	a	a	d	d	d	d
Louisiana	d	a	d	d	d	a
Maine	a	a	a	d	a	d
Maryland	a	a	d	d	a	d
Massachusetts	a	a	a	a	a	d
Michigan	a	a	a	a	a	a
Minnesota	d	a	d	d	d	a
Mississippi	d	a	d	a	d	d
Missouri	a	a	a	a	a	d
Montana	a	a	a	a	a	a
Nebraska	a	a	a	a	a	d
Nevada	a	a	a	a	a	a
New Hampshire	d	a	d	d	d	d
New Jersey	d	a	d	d	d	a
New Mexico	a	a	d	d	a	d
New York	d	a	d	d	d	d
North Carolina	d	a	d	d	d	d
North Dakota	a	a	a	a	a	a
Ohio	a	a	a	a	a	d
Oklahoma	a	a	a	a	a	d
Oregon	a	a	a	a	a	a
Pennsylvania	d	a	d	d	d	d
Rhode Island	d	a	d	d	d	d
South Carolina	d	a	d	d	d	d
South Dakota	a	a	a	a	a	d
Tennessee	d	d	d	d	d	d
Texas	d	a	d	d	d	d
Utah	a	a	a	d	a	d
Vermont	d	a	d	d	d	d
Virginia	d	a	d	d	d	d
Washington	a	a	a	d	a	a
West Virginia	d	a	d	d	d	d
Wisconsin	d	a	d	d	d	a
Wyoming	d	a	a	d	a	a
TOTALS	24	49	21	18	25	18

범례 d: Defeated(불승인) / a: Approved(승인)

문서에 의한 우편투표가 행해지고 있다(평균 약 40%). 그래서 과거에 일요일에 투표소에 가는 행렬이 줄어들고 우편료와 광고료 등이 더 많이 들게 되었다.

직접민주정치는 국민투표로 법률을 폐기할 수 있기에 국민의 동의에 의한 타협에 의한 정치가 가능하다. 이는 제네바 출신인 장 자크 루소가 말한 국민총의(Volonté générale)에 의한 총의를 가능하게 하고 있다.

연방헌법의 개정청원(Volksinitiative)을 위해서는 100,000명의 투표자의 서명으로 제안할 수 있다. 칸톤헌법의 개정에는 더 적은 수의 유권자의 서명이 요구된다. 의회와 정부는 이에 대해 불만이다. 그리하여 의회와 정부는 반대제안을 할 수 있다. 이 제도는 의회에 대한 정치적 압력의 수단으로 잘 사용되고 있다. 연방헌법의 개정에는 투표자의 다수뿐만 아니라 칸톤의 다수가 동의해야만 한다.

스위스에 있어서의 직접민주정치에 관해서는 연보까지 발간하고 있다.[16)] 이것을 보면 칸톤 영역에서뿐만 아니라 연방 영역에서도 중요한 결정이 행해지고 있음을 볼 수 있다. 스위스 사람에게는 이 반직접민주정치가 복잡한데도 불구하고 정당의 전제나 정치인의 사적 목적을 막기 위한 수단으로 잘 활용되고 있다.[17)] 그러나 이것은 스위스의 전통과 스위스인의 인성에 의한 것이고 다른 나라에서 성공한다고는 할 수 없다.[18)]

3) 독일의 직접민주정치

(i) 연방헌법의 규정 독일에서는 1919년의 바이마르헌법에서 처음으로 도입되었다. 헌법 제73조에서 제76조까지 원칙적으로 직접민주적인 절차를 도입하였다. 상세한 것은 1921년 6월 27일의 국민결정법과 1924년 3월 14일의 공화국투표령에서 절차는 확립되었다.[19)] 헌법은 유전자의 10% 이상의 서명으로써 법률안을 의회에 제안할 수 있도록 하였다.

---

12) Markus Kutter, *Doch dann regiert das Volk: Ein Schweizer Beitrag zur Theorie der direkten Demokratie*, 1996.

13) Wikipedia, Direkte Demokratie im Kanton Appenzell Innerrhoden; Wikipedia, Direkte Demokratie in der Schweiz; Direkte Demokratie in der Schweiz, https://demokratie.geschichte-schweiz.ch/direkte-demokratie-schweiz.html.

14) Michael Bützer, *Direkte Demokratie in der Schweizer Städten: Ursprung, Ausgestaltung und Gebrauch im Vergleich*, Nomos, 2007.

15) Tschentscher/Blonski, *Direkte Demokratie in der Schweiz-Länderbericht, 2010/2011*.

16) Tschentscher/Blonski, *Direkte Demokratie in der Schweiz-Länderbericht 2009/2010, 2010/2011* 등 참조.

17) Markus Kutter, *Doch dann regiert das Volk: Ein Schweizer Beitrag zur Theorie der direkten Demokratie*, 1996.

18) Florence Vuichard, Direkte Demokratie: Zitterpartie ohne Ende, Bilanz. 축소된 것으로는 Zu viel direkte Demokratie in der Schweiz-WELT, 03. 02. 2015.https://www.welt.de/wirtschaft/article137066970/In-der-Schweiz-herrscht-zu-viel-Demokratie.html. 이 글에서 저자는 스위스의 국민투표제도가 경제를 해치고 있다고 신랄하게 비판하고 있다.

19) Reinhard Schiffers, "Weimarer Erfahrungen: Heute noch eine Orientierungshilfe?," *Direkte Demokratie*, Springer, 2002, pp. 65-75; Wikipedia, Direkte Demokratie in Deutschland; Virginia Beramendi et al., *Direct Democracy: The International IDEA Handbook, Stockholm*, 2008; D. Carswell, *Direct Democracy:*

이에 의회가 반대하면 국민결정을 하게 하였다. 이때 유권자의 50% 이상이 투표하고 투표자가 다수가 이 법안에 찬성하면 법률로 통과되게 하였다. 공화국 하원은 헌법개정안이 공화국 상원에서 부결된 경우에는 국민결정을 요청할 수 있게 하였다. 끝으로 공화국 대통령은 공화국 의회에서 제정한 법률안을 국민투표에 회부할 수 있게 하였다. 그러나 예산안과 세출법률 및 봉급법에 대해서는 대통령만이 국민투표를 요청할 수 있게 하였다.

바이마르공화국 헌법은 대표제민주정치헌법이었는데 정상시에 있어서는 공화국 의회가 입법기관으로서 정부의 통제를 할 것으로 기대했으며 대통령이나 국민투표는 아주 예외적인 것으로 생각되었다. 직접정치적 요소는 정당민주정치와 의회절대주의에 대한 하나의 개별적 보완수단으로 생각되었다. 이 당시 독일처럼 동질적인 나라에서 직접민주정치를 채택하는 나라는 없었다.

바이마르헌법 하에서는 세 개의 국민발안만이 제안되었는데 그중 2개만이 국민투표까지 갔었다. 1926년에 공산당과 사회당이 지지했던 군주재산몰수법이 부결되었다. 그러나 이 문제를 둘러싼 국론분열은 매우 심했다. 공산당이 지지한 전차 차단 네거리 법안은 1,200만명이 서명하였으나 통과되지 않았다. 나치스 정당이 제안한 young-plan에 대한 1929년의 국민투표에서는 14.9%의 지지로 부결되었다. 당시 이 국민투표안은 반대파가 반대를 위한 반대를 하기 위하여 유권자를 동원했고 선전전과 가두시위로 국론을 분열시켰다. 베르사유 조약에 따라 독일은 많은 영토를 할양하였는데 몇 곳에서는 국민투표로 결정하게 하였다. 이때 독일국민은 애국심에 호소하여 계쟁지역은 독일공화국에 남게 되었다.

나치스 독재시대에 와서 1933년 7월 14일의 국민투표법은 바이마르헌법 제73조에서 제76조까지를 대체했다. 이에 따라 정부는 입법이 아닌 처분까지도 국민투표에 회부할 수 있게 되었다. 최저투표율과 비토운동이 삭제되어 국민결정이 국민의 의견을 묻는 데 그쳤다. 1933년 11월 12일에는 독일이 국제연맹 탈퇴를 하는 국민투표에서 성공했고, 1934년에는 힌덴부르크 대통령의 사후 히틀러 수상이 대통령직을 겸직하는 국민투표에서도 성공하였다. 1936년 3월 29일에는 라인팔츠 점령 국민투표에 성공하였고, 1938년 4월 10일에는 오스트리아와 재통일하는 국민투표에 성공하였다. 여러 투표 때마다 참가율은 95.7% 또는 99.7%였고 찬성률은 88.1%에서 99.0%였다.

이러한 민주정치에 반하는 행위는 국민투표가 직접민주정치 수단에 대한 남용으로 비쳤다. 1935년 1월 13일에는 베르사유 조약에 따라 자르지방의 소속에 대한 국민투표가 행해졌는데 90.7%가 독일에 복귀하기를 원했다. 이와 같이 국민투표제도가 남용되었으나 당시 독일 국민은 이를 애국으로 생각하여 강제임을 모르고 기계적으로 투표를 하였다. 1945년 패

An Agenda for a New Model Party, 2005.

전 후에 1949년 서독기본법을 제정할 때에는 국민투표적 직접민주주의를 요청하는 사람은 없었다. 나중에 초대 대통령이 된 호이스 의원은 직접민주주의적 요청을 「데마고그의 프리미엄」이라고 하면서 반대하였다. 그리하여 서독기본법에서는 직접민주주의적 방법은 규정하지 않았다.

(ii) 지방헌법의 규정 종전 후 1946년부터 지방에서 헌법을 제정하기 시작하였는데 연방헌법이 제정될 때까지는 지방헌법이 국민투표조항을 두고 있었다. 그러나 본기본법이 효력을 발생한 뒤에 만들어진 지방헌법에서는 국민투표조항을 두지 않았다. 그런데 동독이 멸망에 따른 통일 후의 헌법에서는 동독시대의 조항을 모방하여 이를 헌법에 규정한 것이 있다.

각 지방헌법이 국민결정이나 시민결정에 관한 도표를 보면 다음과 같다.[20] 그러나 주 헌법에 규정되어 있더라도 이용은 잘 되지 않고 있다. 함부르크지방과 베를린, 바이에른, 브란덴부르크지방 등이 시민이 쉽게 이용할 수 있도록 규정하고 있으며 함부르크지방은 독일에서는 유일하게 여성 유권자들이 아래로부터 요구한 지방 법률에 대한 선택적 투표권을 행사하기도 했다.

베를린 지방헌법에도 시민투표권이 규정되어 있으나 그 대상이 제한되어 있었다. 그것이 2009년부터 예산법, 재정문제 등에 관해서 투표할 수 있게 되었다. 베를린 지방헌법은 국민

20) Wikipedia, Direkte Demokratie in Deutschland
Einführung von Volks- und Bürgerentscheid in den Ländern

Land	Volks-entscheid	Bürger-entscheid
Bayern	1946	1995
Hessen	1946	1993
Bremen	1947	1994 (Bezirke)
Rheinland-Pfalz	1947	1994
Baden (Südbaden)	1947	-
Württemberg-Hohenzollern	1947	-
Berlin	1950 (bis 1975)/1995	2005 (Bezirke)
Nordrhein-Westfalen	1950	1994
Baden-Württemberg	1974	1955
Saarland	1979	1997
Schleswig-Holstein	1990	1990
Brandenburg	1992	1993
Sachsen	1992	1993
Sachsen-Anhalt	1992	1990
Niedersachsen	1993	1996
Mecklenburg-Vorpommern	1994	1993
Thüringen	1994	1993
Hamburg	1996	1998 (Bezirke)

청원의 경우에는 그 허용성이 심사되고 그것이 통과되면 다시금 유권자의 7%의 서명을 받아 시민결정을 요구하게 된다. 25% 이상이 찬성하면 법률이 통과되고 50% 이상으로 2/3 다수가 되면 주헌법도 개정된다.

(iii) 오스트리아의 직접민주정치　오스트리아는 나치스 시대의 국민투표에서 독일과의 통합을 결정하는 등 국민결정의 경험이 있었다. 그런데 제2차 세계대전 후의 헌법에서는 국민투표가 별로 행해지지 않고 있다. 다만 1978년에 AKW Zwentendorf의 공장 재가동 여부에 관한 국민투표가 있었다. 또 1995년에는 유럽연합에의 가입여부에 대한 국민투표가 있었다. 또 징병제의 유지에 관한 국민투표가 행해졌다.

지방정부 차원에서는 직접민주정치를 청원하는 단체가 있으며,[21)] 여론조사도 행해졌으나[22)] 여론조사결과는 현재의 직접민주정치에 대해서는 만족하는 것으로 나타났다.[23)]

(iv) 우루과이의 직접민주정치　남미에 있어서도 우루과이에서 직접민주정치가 성행하였다. 1934년에 우루과이는 반직접민주정치를 도입했었다. 헌법상 「국민주권은 직접적으로는 선거와 국민발안과 국민투표의 수단으로 간접적으로는 대표자를 통하여 행사한다」고 규정했었다. 우루과이는 1976년 이후 헌법 명령으로 국가안전보장회의의 권한을 강화하는 역할을 했다. 이 조치는 국회(General Assembly)와 정당의 역할을 크게 제약했다. 그 대신에 국민투표(plebiscito)는 1980년 11월 30일에 행해졌는데 여기서 신군부가 기초한 헌법안은 부결되었다. 이때 우루과이의 투표참가율은 87.4%에 달하였다.[24)]

우루과이 헌법에 의하면 국민투표는 국가적 형태와 준국가적 형태에서 법률의 제정이나 폐지를 위하여 이용되었다. 그러나 국민소환은 인정되지 않았다. 시민들이 입법부의 법개정인 국민투표의 발안이나 거부하기 위하여서는 법률의 제정 후 레퍼렌덤으로 군사정부가 만든 법률을 무효화 할 수 있었다. 헌법은 이 밖에도 헌법의 개정에 관한 국민결정(plebiscito)으로도 헌법개정을 찬성하거나 부결할 수 있었다. 헌법 제79조에 의하면 시민권자의 총수의 25%가 공포 이후 1년 이내에 법률이나 기타 조치에 대해서 입법부에 대하여 이의를 제기하는 경우에 제안할 수 있으며 법률의 공포를 지연하는 효력을 가지고 있었다. 조세의 징수와 같은 문제에 대해서는 국민투표를 요구할 수 없게 하였다. 우루과이에서는 국민결정과 국민

---

21) DDI, direkte-demokratie-Initiative-at, Direkte Demokratie Initiative Österreich.

22) Studiengruppe International Vergleichende Sozialforschung, Universität Graz/Institut für Empirische Sozialforschung, *Direkte Demokratie in Österreich: Ergebnisse einer repräsentativen Umfrage*, Oktober, 2012; Österreicher wünschen sich mehr direkte Demokratie, *Wiener Zeitung*, 17. November 2011, http://www.wienerzeitung.at/nachrichten/oesterreich/politik/412049_Oesterreicher-wuenschen-sich-mehr-direkte-Demokratie.html.

23) 세계각국의 지방자치제도에 대한 비교에 관해서는 IDEA, *Direct Democracy*, pp. 175-198 참조.

24) Rissotto/Zobatto, Case Study: Direct Democracy in Uruguay, in IDEA, *Direct Democracy: The International Handbook*, pp. 166-172.

투표가 모두 인정되어 있었다. 우루과이에서는 국민투표의 발안에는 35% 이상의 유권자가 투표를 해야만 투표가 되고 국민투표에서 결정을 하기 위해서는 특별한 정족수를 두었다.

우루과이에서는 1980년에서 2007년까지 12번의 국민투표가 행해졌는데 9건을 승인하여 헌법 개정은 부정되었다. 1989년에는 국민투표가 부결되었으나 그 법률은 거부되어 효력이 유지되었다. 1992년과 2003년의 국민투표에서는 법률이 거부되었다. 이를 표로 보면 다음과 같다.

연도	형 태	결정	결 과
1980년 11월	헌법 개정(Plebiscito)	부결	정부의 헌법개정안 부결, 시민의 승리
1989년 4월	사면법 폐지(Referendum)	부결	정부의 사면권 유지, 정부측 승리
1989년 11월	연금의 연도마다 인상(Plebiscito)	가결	정부가 제출안 안에 대한 Veto, 정부측 패
1992년 12월	정부전화회사의 사유화 (Referendum)	가결	정부의 폐지법에 대한 반대, 정부측 패
1994년 8월	국가선거와 지방선거의 분리 (Plebiscito)	부결	정부와 야당은 찬성했으나 시민반대, 정부측 패
1994년 11월	퇴직자보호에 관한 헌법개정 (Plebiscito)	가결	정부제안 통과, 정부측 승리
1994년 11월	교육재정 27% 인상(Plebiscito)	부결	정부는 이 헌법개정 반대, 정부측 승리
1996년 12월	선거제도 개정을 위한 헌법개정 (Plebiscito)	가결	정부개혁에 찬성, 정부측 승리
1999년 10월	의원선거를 위한 퇴직자의 복직금지 (Plebiscito)	부결	정부는 이 개혁에 반대였음, 정부측 승리
1999년 10월	사법부 재정 % 고정(Plebiscito)	부결	정부도 이 개정에 반대, 정부측 승리
2003년 12월	2006 유료수입독점금지 (Referendum)	가결	정부는 반대, 정부측 패
2004년 10월	수자원이용에 관한 헌법개정 (Plebiscito)	가결	정부는 이 개혁에 반대, 정부측 패

4) 직접민주정치 요소의 문제점

(i) 국민투표 필수적 국민투표는 아주 중요한 정치적 문제에 관해서만 행하여지고 있다. 너무 많은 국민투표는 정치능력을 감퇴시키고 정치적 안정을 해칠 수 있다. 또 돈이 많이 든다. 시간과 정치적 관심도 많아진다. 그래서 이 제도의 채택은 신중한 고려를 요한다.

선택적 국민투표는 민주주의적 견지에서 비판받고 있다. 국민투표는 정치적 주권을 강화하려는 것이 아니고 인민의 통제를 우회하려는 목적을 가지고 있다. 민주적 정당성을 증진하기 위해서는 일반적으로 국민투표의 사용의 규제가 요망된다.

국민투표의 장점은 헌법상의 입법과정이 비정상적인 경우 국민투표가 민주주의적 정당성을 깨닫게 한다. 이에 반하여 헌법상의 부적합성은 일반적으로 헌법상 정당성의 담보로 시민을 분리시켜 민주정치의 활성화를 제한할 수도 있다.[25)]

(ii) 국민발안 국민발안을 국민투표와 관련하여 제안될 수 있다. 이것은 기존의 법률의 개정이거나 새로운 법률의 제정을 요구하는 것이다. 이 국민발안의 테마는 많이 제한되고 있다. 헌법개정에 관한 국민발안은 인정되어야 한다. 주제도 너무 제한되어서는 안 되겠다. 제정문제에 관한 국민발안은 많이 제한되고 있다. 특히 예산에 관한 문제는 정치적 쟁점이 될 수 있다. 이 결정에 대해서는 구속력을 인정하지 않는 나라도 많다.

(iii) 사항발안 이것은 특정한 사안에 대해서 투표해 달라고 발안하는 것으로 청원과 비슷한 성격을 가진다. 이 발안은 청원과 달리 성문법이나 성문헌법의 수정, 개정을 대상으로 한다. 사안에 대해서는 시민과 정부 간에 토론과 타협이 가능하며 재정적 지원과 전략적 지원을 받기도 한다.

(iv) 국민소환 국민소환은 대의제와 관련하여 많이 자제되고 있다. 소환대상을 누구로 할 것이냐, 소원이유를 무엇으로 할 것이냐에 대하여 많은 논의가 있다. 문제는 만약에 어떤 사람이 소환되면 그를 대체할 사람을 선출하여야 하는데 이 때문에 다시 선거가 행해져야 한다. 이러한 것은 시간문제와 명령권자에 따라 달라질 수 있다.

(3) 직접민주정치의 채택논의

1) 독일에서의 논의

(i) 야당의 채택 주장 현재도 직접민주정치를 채택해야 한다는 세력이 있다. 통일 전까지는 직접민주정치를 요청하는 정당이 없었는데 동독과 통일 후 동독식인 국민투표제도를 도입하겠다는 정당이 나타났다. 그것은 서독의 정당정치에 익숙하지 않아서 독일의회에서 많은 의석을 차지 못한 데 대한 반발로도 생각할 수 있겠다.[26)] 독일헌법은 의회의 입법절차를 규정한 제76조의 개정에 있어서 문제가 제시되었다. 2002년의 이 헌법개정안에 대하여 사회민주당과 90연맹/녹색당이 공동헌법개정안을 내었고 2005년에는 좌파정당이 자유민주당과 90연맹/녹색당이 각기 다른 입법안을 제출하였다. 2002년 안은 의회 표결에서 다수의 지지를 얻었으나 3분의 2 특별 다수를 얻지 못하여 실패하였다. 국민발안에 대해서는 기본법은 제146조에 규정한 전면개정의 경우에나 제9조 2항에 따른 연방영역의 수정의 경우에만 인정되었다. 후자의 경우에는 전독일에 걸친 것이 아니고, 변경에 해당하는 국민에게만 이를 승인할 것인가 반대할 것인가의 결정권이 남아 있었을 뿐이다.

---

25) IDEA, Recommendations and best practices, *Handbook*, pp. 195-196.
26) Wikipedia, Direkte Demokratie.

지방의 경우에도 직접민주정치는 1998년 입법의 형태로서 16개 독일지방에서 도입되었다. 각주헌법의 규정이 다 다르고 적용이 항시적으로 되지 않아 2010년 현재 거의 적용되지 않고 있다. 이에 지방이나 시 · 읍 · 면에서의 직접민주정치를 요구하는 사회단체도 있다.

(ii) **연방에서의 지방자치입법의 채택의 공방** 민주정치와선거지원국제연구소에서는 직접민주정치제도 도입에 관한 방안에 관해서 연구하여 왔다.[27] 이 밖에도 많은 연구가 있다.[28] 이 중에는 정당에 소속하는 연구소에서의 연구 저서도 있다.[29]

우선 찬성론자는 직접민주정치가 간접민주정치의 민주적 결함을 보완해 주는 것이기 때문에 직접민주정치 도입에 찬성한다고 하고 있다. 국민이 직접 투표하는 방법을 통하여 대표제민주정치의 결함을 국민의 직접참여에 의하여 시정할 수 있으며 민주정치의 정당성을 보완해 준다고 했다.

반대론자는 이 제도가 대표제민주정치의 약점을 지적하여 다수자의 손에 결정권을 줌으로써 사회의 소수자의 권익을 위협하는 것이라고 한다. 투표자는 투표내용도 잘 알지 못하여 국민투표에 부의된 안건도 잘 이해하지 못하여 결정권을 행사하는 단점이 있다고 한다. 특히 이해하기 힘든 헌법적 문제를 결정하는 것에 대하여 많은 문제점을 제기하고 있다.[30]

(iii) **찬반논쟁 요약** 직접민주정치를 채택할 것인가에 대해서는 학문상 직접민주정치와 간접민주정치 주장자에 대해서 오랫동안 공방되어 왔다. 직접민주정치를 강화해야 한다는 단체에서는 2013년에도 전시회를 열고 선전운동도 했다.[31] 이에 대해서 직접민주정치를 하는 경우 민주주의를 파괴할 위험이 있다고 반대하는 단체도 있다.[32]

반대론자는 바이마르헌법 시대의 히틀러의 국민투표를 연상한다. 국민들이 사안에 대해서는 잘 판단할 수 없기 때문에 정부의 정책에 대해서 찬성하기 쉬우며 이때 정부의 선전 선동이 중요한 역할을 하여 99%의 투표율과 지지율을 가져온다고 보아 중요한 국가문제에 대한 결정에 반대한다.[33] 또 국민투표에는 돈과 시간이 많이 들어 민주정치의 비용이 과중해진다는 것이다. 정부 · 여당은 홍보기관이 있어 국민을 이끌어 갈 수 있으나 야당은 이에 대응할 만한 수단이 없다는 것이다.[34] 특히 신문 · 방송 등 미디어를 조종할 수 있는 측이 절대

27) International Institute for Democracy and Electoral Assistance, Direct Democracy Options
28) Wikipedia, Direct Democracy.
29) Baus/Montag (Hrsg.), Perspektiven und Grenzen Direkter Demokratie, Konrad Adenauer Stiftung, 2012; W. Merkel, Direkte Demokratie, Friedrich-Ebert-Stiftung, März 2014.
30) Direct Democracy Options; I. Budge, "Direct Democracy: Setting Appropriate Terms of Debate," D. Held (ed), *Prospects for Democracy*, Cambridge, 1983, pp. 136-155.
31) Verein Mehr Demokratie e. V. Volksentscheidung King 2013.
32) Konrad Adenauer Stiftung, *a. a. O.*
33) Reinhard Schiffers, Schlechte Weimarer Erfahrungen?, Heußner/Jung (Hrsg), *Mehr direkte Demokratie wagen*, 1999, SS. 41-60; Argumente gegen die direkte Demokratie, Konrad-Adenauer-Stiftung, http://www.kas.de/wf/de/71.11265.
34) Sickendiek, Volksentscheide werden durch finanzielle Mittel entschieden; Carta, 10 Argumente für und

유리하다. 이것은 함부르크에서 학교개혁의 투표에서 명확해졌다. 개혁에 반대하는 측에서는 거의 무제한으로 돈을 썼는데 찬성파는 변호사조차 구할 수 없었다. 그리하여 결과는 사전에 예측할 수 있었다.

직접민주정치에 찬성하는 사람 중에는 국회의원들이 법률을 잘못 만들기 때문에 국민투표로 각성시켜야 한다고 하고 있으나 독일에서는 이 역할을 헌법재판소가 잘 하고 있기 때문에 이중으로 국회를 견제할 필요가 없다.[35]

중요한 문제는 선동가나 일부 이익분자가 자기들의 이익을 주장하기 위하여 국민투표를 요구하여 결정한 경우 다수의 시민들은 이에 소외될 뿐만 아니라 결정에 대해서 책임을 지지 않게 된다. 국회의 의결에서는 공공의 복리가 중시되는 데 대하여 국민발안에 의해서 행해진 경우에는 의회의 다수에 반대하는 결정을 하게 되어 책임을 물을 수 없게 된다.[36] 특히 국민결정에 의하지 않고 일부의 여론조사 결과를 보고 국정을 결정하는 것은 여론형성의 현실을 생각할 때 국민주권주의에 위반된다.

대표제민주정체에 직접민주제적인 국민투표제도를 도입하는 것은 대표제민주정치의 원리에 반하는 것이다. 대표제민주정치는 정당제민주정치이며 정당에 대한 투표나 개인에 대한 투표에 의해서 선출된 대표자가 국정을 책임을 지고 공공의 이익을 위해서 활동하는 것이다.[37]

직접민주정치에 있어서는 참여자가 적다. 50% 투표에 전체시민의 과반수 26%만 찬성해도 가결되니 이것은 사회적으로 왜곡된 시민의 축도(sozial verzerrte Schrumpfversion)에 불과하게 된다. 물론 국회선거나 정당선거의 경우에도 선거인 수는 줄어드는 경향이 있으나 60-80%도 되기 때문에 그래도 대표민주정치가 낫다고 한다.[38]

이에 대하여 직접민주정치를 찬성하는 측에서는 국민의 직접 권리행사의 욕구인 민주정치에 더 적합하고 특정한 사안에 관한 국민투표의 경우 사안이 명확하고 간단하며 단기에 가부를 결정할 수 있으며, 돈이 많이 들고 여론적합적인 포퓰리즘에 그칠 것이나 이것은 국회의원선거도 마찬가지다. 절차가 복잡하고 시간이 오래 걸리는 것이 일반적인 비판인데 이는 새로운 기계의 발전에 따라 Internet을 통하면 빨리 해결할 수 있고 계산도 정확히 할 수

gegen direkte Demokratie und verbindliche Volksentscheide, http://www.carta.info/30999/10-argumente-fuer-und-gegen-direkte-demokratie-und-verbindliche-volksentscheide.

35) Carta, 10 Argumente für und gegen direkte Demokratie und verbindliche Volksentscheide, http://www.carta.info/30999/10-argumente-fuer-und-gegen-direkte-demokratie-und-verbindliche-volksentscheide.

36) T. Montag, Argumente gegen die direkte Demokratie, Konrad-Adenauer-Stiftung; Debatte Andreas Gross/Rudolf Steiberg Mehr direkte Demokratie wagen? Pro und Contra zu Plebisziten auf nationaler Ebene,
http://www.das-parlament.de/2014/40_41/im_blickpunkt/-/332168.

37) T. Montag, *a. a. O.*

38) W. Merkel, “Eine sozial verzerrte Schrumpfversion des Volkes” *Zeit Online*, 13. Nov. 2013; D. Thüker. Direkte Demokratie in Deutschland?, Rede Universität Trier 9. Jul 2007.

있다고 한다.[39] 또 금전에 의한 여론형성의 문제는 언론기관과 SNS 등의 정치적 중립성을 보장하고 국민투표에서의 공정보도를 지향하면 큰 문제는 되지 않는다고 한다.

2) 영국에서의 논의

영국은 의회주의의 조국으로서 직접민주정치에 관한 전통은 없었다.[40] 영국에서는 의회의원이 4년이나 5년 만에 한 번씩 선출되는데 주권자인 시민은 그동안 어떠한 정치적 행위를 하지 못한다는 것은 민주주의의 흠이라고 생각하여 국민결정 등을 요구했다. 1997년부터 노동당은 2년마다 처음 2기에 걸쳐 투표를 하게 했다. 2004년에는 동북 영국의 지방 자치투표에서는 시민들이 거부했다. 시민행정당(People's Administration)은 계속 직접민주정치로의 개혁을 요구해 왔고[41] 영국 직접민주주의 회사에서도 직접민주주의에 연구서를 발표하기도 하였다.[42] 그런데 카메룬 수상은 2016년 6월 23일에 영국의 유럽연합 탈퇴문제를 시민에게 묻기도 하였다. 그런데 이 국민투표의 효력에 대해서는 합의가 되지 않았다. 이날 투표결과는 투표자의 52% 대 48%였다. 그래서 카메룬 수상은 사임하였는데 이에 대한 규정도 없었다. 유럽연합탈퇴 반대론자는 국민투표는 영국헌법상 법적 효력이 없기에 의회는 투표결과에 관계없이 최종결정을 해야 한다고 주장했다. 그들은 찬성자 중 29%만이 대학졸업자라고 하여 EU탈퇴의 효과를 모르는 사람들이 결정한 것이라 중우정치라고 비판하였다.[43] 그럼에도 불구하고 이 결정은 지켜져야 하게 되어 영국의 헌법적 위기를 초래하게 되었다.

3) 미국에서의 논의

이러한 패착은 캘리포니아에서도 행해진 적이 있다.[44] 캘리포니아 시민은 1978년에 제의 13(Proposition 13)을 통과시켰다. 그 내용은 재산세를 내리고 앞으로의 증세를 억제하였으며

39) Dick Morris, Direct Democracy and the Internet, *Loyola of Los Angeles Law Review* 34 (2001), 1033. 그는 인터넷의 발전에 따라 직접민주정치로의 발전이 필수적이라고 한다.

40) Stanley Alderson, *Yea or Nay? Referenda in the United Kingdom*, 1975; Hans Herbert von Arnim, *Demokratie ohne Volk.: Plädoyer gegen Staatsversagen, Machtmißbrauch und Politikverdrossenheit*, 1993; Denis Balsom, "The United Kingdom: constitutional pragmatism and the adoption of the referendum," in Michael Gallagher and Pier Vincenzo Uleri (ed.), *The Referendum Experience in Europe*, 1996, pp. 209-225; David Butler/Austin Ranney, *Referendums Around the World: The Growing Use of Direct Democracy*, 1994.

41) People's Adminstration, Direct Democracy, http://www.paparty.co.uk.

42) Direct Democracy: All Agenda for a New Model Party, direct-democracy.co.uk.

43) Peter Singer, Direct Democracy and Brexit, Project Syndicate, https://www.project-syndicate.org/commentary/direct-democracy-and-brexit-by-peter-singer-2016-07; Am Rande der Verfassungskrise? Die rechtliche Grundlage des Brexit, bpb, http://www.bpb.de/apuz/238139/am-rande-der-verfassungskrise-die-rechtliche-grundlage-des-brexit?p=all; Matt Qvortrup, *Direct democracy: A comparative study of the theory and practice of government by the people*, Manchester University Press, 2013.

44) Mehr Demokratie e. V. Direkte Demokratie in Kalifonien, https://www.mehr-demokratie.de/themen/europa-und-international/international/usa/2011-direkte-demokratie-in-kalifornien.; California' Direct Democracy, Weekly Reader Current Events, https://www.eduplace.com/kids/socsci/ca/books/bkd/wklyrdr/u5_article2.shtml.

주의회와 지방의회에서 3분의 2의 다수로 통과되지 않는 경우에는 주세를 인상할 수 없게 하였다. 그 결과 캘리포니아의 주 서비스를 유지하기 위한 자금을 마련할 수 없어 연방에서 가장 좋던 교육제도가 이제는 낙후하고 말았다.

캘리포니아주에서는 90만명 이상의 시민의 서명이 있으면 주의회에 법률안을 발안할 수 있다. 이 서명수는 많으나 최근에는 이러한 법률안 제안이 쇄도하고 있다. 그래서 캘리포니아의 민주주의는 과부하되었다는 비판이 많다.[45)]

미국의 각 주에서는 민주정치를 행하고 있는 곳이 많다.[46)] 미국에서는 주 헌법 개정에서 10년에 한 주 정도가 직접민주주의 요소를 추가하고 있다. 주의 직접민주주의는 작은 주에서는 큰 홀을 만들고 인터넷으로 타운 미팅할 수도 있지 않는가라는 농담이 있다.[47)] 그러나 미국에서는 직접민주주의의 경험이 있기에 급격한 직접민주화 입법은 기대하기 어렵다.[48)]

Ⅲ. 대표제민주정치

1. 간접민주정치

주권자인 국민이 간접적으로 주권을 행사하는 것을 간접민주정치(non-direct democracy)라고 한다. 직접민주정치에서는 국민이 투표나 발안이나 소환을 통하여 주권을 행사했는데 간접민주정치의 경우에는 대표자라는 사람을 선출하여 그 사람으로 하여금 정책을 결정하기 때문에 대표제민주정치라고 한다.

근대 입헌주의 하의 간접정치에는 대표자에 대한 자격이나 임기 등이 옳게 정해지지 않았기 때문에 대표자의 임기연장이나 권한확대 때문에 헌법 분쟁이 자주 일어날 수 있어 현대 민주정치에서는 대표자를 선출하는 데 여러 제한을 두고 있다.

현대 헌법은 국민의 주권행사의 매개체로서 정당을 두고 있기 때문에 정당의 헌법상 지위를 규정하고 정당의 민주화를 위한 여러 법적 규제를 하고 있다. 또 정당의 과두화나 독재가 행해질 수 있기 때문에 정당 민주화를 위한 제도가 마련되고 있다.

또 대표의 선출의 경우에 인물을 선거할 것이냐 정당을 선거할 것이냐에 대한 문제가 있

---

45) Direct Democracy Overload!: Anarchy 101, https://www.reddit.com/r/Anarchy101; Remarks: The Perils of Direct Democracy: The California Experience.

46) Constanze Stelzenmüller, *Direkte Demokratie in den Vereinigten Staaten von Amerika*, 1994.

47) Can the USA become a pure democracy in the future using the internet as one big town hall meeting?, https://www.quora.com/Can-the-USA-become-a-pure-democracy-in-the-future-using-the-internet-as-one-big-town-hall-meeting.

48) Pros and Cons, *Activating Democracy*, http://www.activatingdemocracy.com/topics/concept/pros-and-cons.

어 정당대표도 어느 정도 인정하고 있다. 정당선거를 위해서는 정당에 대한 투표를 하고 정당은 자기들이 내놓은 후보자 명부에 따라 의석을 배분하고 있다. 정당에 대한 비례대표제선거가 직접선거의 원칙에 위반된다고 하여 인물선거를 해야 한다는 논의가 있어 독일식 인물선거에 중점을 둔 의원내각제가 많이 행해지고 있다.[49]

2. 대표자에는 어떤 사람이 있는가?

간접민주정치에 있어서 대표자는 어떤 사람이 있는가, 누가 전체국민을 대표하여 국정을 운영할 것인가가 문제된다.

(1) 국회의원

일반적으로 대표자로는 국민이 직접 선출한 국회의원을 들고 있다. 이러한 국회의원들이 대통령이나 국무총리를 선출하여 행정을 행하고 있는 제도를 의원내각제(Parlamentarism, Parliament democracy)라고 한다. 민주정치의 형태 중에서 국회의원을 중심으로 입법을 하고 입법기관의 감독 하에서 내각이 행정을 통제하는 의원내각제도가 많이 채택되고 있다.[50]

(2) 대통령

국민의 대표자로서가 아니고 국가의 대표자로서 한 사람을 선출하여 집행권을 맡기는 제도를 대통령제라고 한다. 이것은 국민이 직접 대통령을 선출하였기 때문에 입법이나 행정통제에 대한 의회의 권한을 일부 제한적으로 통제의 목적으로 법률안 거부권이라든가, 의회해산권, 사면권 등을 가지고 있다.

(3) 군 주

입헌군주제 하에서는 군주가 국가원수로서 국가를 대표하고 있는 경우가 있다. 이때 군주는 국민에 의해서 직접 선거되지는 않으나 전통적으로 그 직을 세습하고 이에 대해 주권자인 국민이 동의하는 형태이다. 현대의 입헌군주국가의 주권은 국민에게 있고 군주는 국민통합의 상징에 불과한 경우도 있다(일본).

(4) 주석단

중국과 같은 나라의 주석단은 형식은 정당과 국민의 대표로 존재한다. 국민은 개인적으로 직접 선출하지 않고 국민의 대표기관인 전국인민대표자대회와 공산당 대표들의 합의체로서 기능한다.

---

49) 정당국가의 문제와 선거제도에 관해서는 김철수, 「헌법질서론」, 1963; 김철수, 「헌법과 정치」, 2012, pp. 95-183 참조.

50) Wikipedia, Parliamentary System; Inter-Parliamentary Union, *Parliament and Democracy in the Twenty-first Century*, 2006; Wikipedia, Parlamentarisches Regierungssystem.

3. 대표민주정치의 유형: 의원내각제 - 그리스의 예

현대 헌법에서도 최신식 의원내각제도를 채택하고 있는 나라로는 그리스가 있다. 그리스 헌법은 의원내각제 헌법이라고 하겠다.[51)] 주지하는 바와 같이 아테네는 직접민주정치를 했다. 그러나 총회의 결정사항은 500명의 대의원이 모여 결정한 점에서 간접민주주의의 효시라고도 하겠다.

그리스는 연립정부를 세우지 않았기에 주변의 로마제국이라든가 여러 나라의 지배를 받았다. 현대에 와서는 오스만제국의 지배를 받았고 1821년에 독립전쟁을 시작하여 1827년에는 독립을 쟁취했고 1832년에는 그리스왕국을 건설했다. 1843년에는 국민들이 왕에 항의하여 헌법이 제정되었고 대표의회가 구성되었다. 대표제민주제 군주국가였다고 하겠다. 1908년에는 젊은 더크 혁명이 일어나기도 했다. 제1차 세계대전을 전후하여 그리스는 확장되었고 1924년에는 국민투표로 공화제로 되었다가 다시 군주제가 되기도 했다. 그 뒤 독재정권이 들어섰다가 1974년에 권위주의 정부가 들어섰다.[52)]

1967년에서 1974년에는 군사정부가 군림하였는데 1975년부터 새 헌법이 시행되었다. 그리스는 신 군부가 새 헌법을 제정하겠다고 선언한 뒤에 신 정부에 의하여 쓰게 할 새로운 헌법을 제정하였다.[53)] 이때까지도 군부는 파파도풀로스 대령과 콜리아스 대통령 등이 지시적 자유주의를 하고 있었는데 이를 개혁하겠다고 약속하였다. 이 헌법은 1975년에 제정되고 시행되었다. 그리고는 1986년, 2001년, 2008년에 대폭 개정하였다. 이들 헌법은 헌법개정절차를 매우 어렵게 규정하고 있기 때문에 새 헌법의 제정에는 이르지 못하고 있다.[54)]

헌법은 4부로 구성되어 있고 총 120개 조문으로 구성되어 있다. 80년대 이후의 헌법개정에 의하여 개인의 기본권조항은 많이 늘어났다. 특이한 것은 국교로서 그리스정교회가 있고 종교의 자유가 제한된다는 점이다.[55)]

제2편은 공화국 대통령에 대해서 규정하고 있다. 정부형태는 의원내각제라고 하겠다. 대통령은 공화국 기관들의 기능을 관리한다. 국회에 의해서 선출되며 임기는 5년이다. 국회의원 총수의 3분의 2를 득표한 사람이 대통령으로 선출되고 당선자가 없는 경우에는 2차 투표를 하고 여기서도 득표를 얻은 자가 없을 때에는 3차 투표를 하여 5분의 3을 얻은 사람이

---

51) Karl-Wilhelm Welwei, *Die griechische Polis: Verfassung und Gesellschaft in archaischer und klassischer Zeit*, 1998; Die Verfassung der Griechischen Republik(1975-2000), http://www.verfassungen.eu/griech/verf75.htm. 한국어 번역은 국회도서관, "그리스헌법," 「세계의 헌법 I」, pp. 12-57 참조.

52) Wikipedia, Politisches System Griechenland.

53) Neue Verfassung für Griechenland?, http://www.zeit.de/1967/19/neue-verfassung-fuer-griechenland.

54) Griechische Verfassung, linkfang.de.

55) V. Markides, Aspect of Greek Orthodox Fundamentalism, *Orthodox Forum*, pp. 49-72. T. Panagopoulus, Die Religionsfreiheit in Griechenland, *Orthodox Forum*, pp. 73-80.

대통령이 된다. 3차 투표에 당선자가 없는 경우에는 국회를 해산하고 다시 국회를 구성하여 지명투표로 국회의원 총수의 5분의 3 득표에 의하여 대통령을 선출한다. 이 투표를 얻지 못할 경우 5일 이내에 투표를 다시 하여 절대다수를 얻은 사람을 대통령으로 선출한다. 이때에도 절대 과반수를 얻지 못하는 경우 다시 다수득표자 2명에 대해서 선거하여 과반수 득표자를 당선자로 한다. 대통령이 오랫동안 외국에 가 있거나 기타 사임하거나 면직된 경우에는 국회의장이 직무를 대행한다.

대통령의 행위는 관할 장관이 부서해야만 효력이 있다. 내각이 해산된 경우에는 대통령이 단독으로 할 수 있다. 예외적으로 ① 수상 임명, ② 대통령의 행정직무보좌관 임명, ③ 수상 지명을 위한 특별조치, ④ 법안의 국회반송 등은 대통령이 단독으로 한다.

대통령은 수상을 임명하고 그 추천에 따라 내각의 구성원인 장관과 차관을 임명하고 해임한다. 국회에서 절대다수의 의석을 가진 정당의 대표가 수상으로 임명된다. 절대다수 의석을 가진 정당이 없는 경우 대통령은 국회의 신임을 받은 정부구성 가능성을 확인하기 위해 상대적으로 다수의 의석을 차지하고 있는 정당의 대표에게 부연적 설명을 포함한 명령을 교부한다. 이것이 불가능한 경우 대통령은 거국내각을 구성하도록 노력해야 한다.

대통령은 내각이 사임하거나 국회가 신임을 거부한 경우 내각을 해임해야 한다. 사임한 수상이 국회의원 총수의 절대다수를 보유한 정당의 대표나 대변인인 경우에는 수상임명규정을 유추하여 적용한다.

수상이 사망하거나 사직하거나 건강상의 이유로 임무를 수행하지 못할 시 사퇴하는 경우에는 수상이 속한 정당이 절대다수의 국회의석수를 보유하고 있을 경우 대통령은 그 정당의 원내 단체가 추천한 사람을 수상으로 임명한다. … 절대다수의 국회의석을 보유한 정당이 없는 경우 수상 임명절차에 유추하여 수상을 임명한다. 새 수상을 선임할 때까지 수상의 직무는 제1순위 부수상이 수행하며 부수상이 선임되지 않는 경우에는 제1순위 장관이 수행한다. 대통령은 1년에 한번 국회정기회를 소집한다. 대통령은 두 정부기관이 사퇴하거나 또는 국회에서 부결하여 구성되지 않음으로써 정부의 안정을 보장하지 못할 경우에는 국회를 해산할 수 있다. 선거는 국회의 신임을 받는 정부에 의해 시작할 수 있다. 기타의 경우에는 제37조 제3항 제3호를 유추하여 적용한다. 대통령은 이례적인 중요성을 지닌 국가의 문제를 해결하기 위하여 국민의 신임을 새롭게 하고자 하는 목적으로 신임투표를 받은 내각의 제안으로 국회를 해산한다. 동일한 문제로 새 국회를 해산하는 것은 불가능하다. 이 경우 내각이 부서하여 국회가 해산하는 것에 관한 법령에는 30일 이내에 선거를 실시한다는 것과 선거 후 30일 이내에 새 국회가 소집된다는 포고문이 포함되어야 한다.

대통령은 국회에서 통과된 법률을 표결 후 1개월 이내에 공포한다. 대통령은 이 기간 내에 국회에서 통과된 법안을 반송사유와 함께 반송할 수 있다. 대통령이 국회로 반송한 법률안은 국회에 제출되며 국회의 의결절차를 거치되 국회의원 총수의 절대과반수에 의해 통과될 경우 대통령은 표결이 확정 후 10일 이내에 이를 공포해야 한다. 이와 같이 대통령의 권한을 상세히 규정한 것은 대통령과 수상, 국회 등의 권한쟁의를 막기 위한 것이며 이것은 독일헌법이나 드골헌법을 모방한 것이라고 한다. 이와 같이 대통령과 국회, 정부와의 관계가 면밀히 규정되었음에도 불구하고 1974년 이후 40년 동안에 21번의 정권교체가 있었다. 이를 도표를 보면 다음과 같다.[56] 형식적으로는 대통령의 권한이 강하나 사실상 최고의 정치인은 수상이다. 그는 국무를 총괄한다. 정부를 총괄하고 내각의 일체성을 담보하며 의회에 대하여 정치적 책임을 진다. 수상은 어느 때든지 신임투표를 요구할 수 있다. 국회도 정부 또는 정부의 내각에 대한 신임을 철회하기로 결정할 수 있다. 국회가 정부불신임을 부결한 경우에는 6개월 내에는 다시 제출할 수 없다. 신임동의안은 출석한 국회의원 수의 과반수에 의해 승인되지 않을 경우 채택될 수 없다. 이 때 출석의원수는 국회의원 총수의 5분의 2 이상이어야 한다. 불신임안은 국회의원 총수의 과반수가 승인한 경우에 채택된다.

모델이 되었다는 독일기본법 하에서는 수상의 임기가 대개 10년 가까이 되는 것에 비하

56) 정부변경 도표
Griechische Regierungen der Militärdiktatur (1967 bis 1974)
- 1967 - 1967: Kabinett Konstantinos Kollias
- 1967 - 1973: Kabinett Georgios Papadopoulos
- 1973 - 1973: Kabinett Spyros Markezinis
- 1973 - 1974: Kabinett Adamantios Androutsopoulos

Griechische Regierungen der Dritten Republik (seit 1974)
- 1974 - 1974: Kabinett Konstantinos Karamanlis V
- 1974 - 1977: Kabinett Konstantinos Karamanlis VI
- 1977 - 1980: Kabinett Konstantinos Karamanlis VII
- 1980 - 1981: Kabinett Georgios Rallis
- 1981 - 1985: Kabinett Andreas Papandreou I
- 1985 - 1989: Kabinett Andreas Papandreou II
- 1989 - 1989: Kabinett Tzannis Tzannetakis
- 1989 - 1989: Kabinett Ioannis Grivas
- 1989 - 1990: Kabinett Xenophon Zolotas
- 1990 - 1993: Kabinett Konstantinos Mitsotakis
- 1993 - 1996: Kabinett Andreas Papandreou III
- 1996 - 1996: Kabinett Konstantinos Simitis I
- 1996 - 2000: Kabinett Konstantinos Simitis II
- 2000 - 2004: Kabinett Konstantinos Simitis III
- 2004 - 2007: Kabinett Kostas Karamanlis I
- 2007 - 2009: Kabinett Kostas Karamanlis II
- 2009 - 2011: Kabinett Giorgos Andrea Papandreou
- 2011 - 2012: Kabinett Loukas Papadimos (Übergangsregierung)
- 2012 - 2012: Kabinett Panagiotis Pikrammenos (Übergangsregierung)
- 2012 - 2015: Kabinett Andonis Samaras
- 2015 - 2015: Kabinett Alexis Tsipras I
- 2015 - 현재: Kabinett Alexis Tsipras II

면 그리스에서는 정치를 잘못해서 책임을 많이 지고 있기 때문에 임기가 짧다고 하겠다. 이탈리아의 경우 부패와 포퓰리즘 때문에 국가재정이 고갈될 뿐만 아니라 외국에 대한 부패청산도 옳게 못하여 유럽연합에서 쫓겨날 가능성마저 문제가 되고 있다.[57)]

그리스의 정치적 전통은 양당정치에 기초하고 있었다. 민주적 보수당인 신민주주의정당(ND)과 사회민주적인 범그리스사회운동당(PASOK)이 주류를 이루었고 그리스공산당(KKE)과 급진좌파당(SYRIZA)과 기독교정통주의당(LAOS) 등이 있었다. 2009년 위기 시까지는 사회민주당과 신민주당이 정권을 교대로 유지하고 있었다. 그때부터 이 양대 당에 대한 지지는 줄어들고 인기도 떨어졌다. 2011년 11월에는 큰 정당들과 정통주의당이 대연정을 구성하여 2012년 선거에서 대연정이 승리하였다. 그러나 2015년 선거에서는 군소정당이었던 좌파정당(SYRIZA)이 다수를 차지하였다.[58)] 2012년 전까지만 해도 이들 정당은 선거에서 포퓰리즘 정책만 내걸고 대재벌들의 면세 등 부패에 젖어있었다.[59)] 대재벌들 예를 들면 선박회사들은 조세피난처로 주소를 옮겨 세금을 포탈했고 정부는 대학까지 무상교육을 했으며 그 많은 실업자에게 생계비를 주어 재정은 적자상태였다.[60)]

2009년 선거에서는 신민주당이 33.5%를 얻었고, 사회민주당은 43%를 얻어 내연정을 했기 때문에 정치적 개혁이나 재정적자에 대해서는 거의 무시하고 포퓰리즘 인기영합정책에 전력하였다. 이에 새로운 정치세력에 대한 열망이 높았다. 2012년에는 그동안의 경제정책의 잘못으로 부채가 많아 채무불이행상태가 되었다. 이에 유럽은 그리스 탈퇴를 기정사실로 하고 긴축재정을 요구하였다. 2012년에는 이 양대 당이 대연정을 하고 있었는데 그리스의 재정적자를 감소시키기 위하여 긴축예산을 편성하기로 했다. 이에 반대하여 급진정당들이 과격한 선전선동을 하게 되었다. 2012년 6월 17일의 선거에서는 보수당인 신민주당이 29.7%로 일등을 했고 급진좌파인 Syriza당은 26.9%를 얻어 제2당이 되었다. 사회민주당은 12.3%밖에 얻지 못하였다. 신민주당과 사회민주당은 162명의 의원으로서 연립정권을 구성하였다. 선거 이후에 신민주당과 사회민주당에 민주적 좌파(Dimas)당이 합세하여 연립정권을 만들었고 수상으로는 신민주당의 사마라스(Samaras)가 선임되었다. 사마라스 수상은 채권단에게 유로 지불유예를 요구했으나 유로 채권국에서는 이에 호응하지 않았다. 채권단 3총사인 유럽연합위

57) IMF, Greece: Preliminary Draft Debt Sustainability Analysis, July 2, 2015.
58) Wikipedia, Greece; Wikipedia, Politics of Greece.
59) Chronik 2012-2014, https://www.lpb-bw.de/chronik_finanzkrise_griechenland.html.
60) Steuern bei Reichen: die Probleme in Griechenland, http://www.faz.net/aktuell/politik/ausland/europa/steuern-bei-reichen-die-probleme-in-griechenland-13445378.html; ZDF-Doku Die Griechenland-Lüge Griechische Reeder zahlen keine Steuern, http://www.focus.de/finanzen/news/staatsverschuldung/zdf-doku-ueber-griechenland-kein-reeder-muss-steuern-zahlen_aid_749838.html; Regierungswechsel: Das etwas bessere Griechenland, http://www.zeit.de/2011/46/Griechenland.

원회와 유럽중앙은행과 IMF 대표들이 협의를 했는데 IMF는 그리스의 채무유예에 부정적이었다. 독일정부도 세 번째의 그리스 원조에는 부정적이었다.[61)]

2012년 10월 9일에 메르켈 총리는 아테네를 방문하여 사마라스 수상과 면담하고 파포우리아스 대통령을 예방하였다. 메르켈 총리는 건강보험문제에 대한 약속을 했을 뿐이다.[62)] 2012년 11월 12일에는 유럽연합의 재무부장관들이 모여 그리스의 부채문제에 대해서 논의하였으나 합의점에 도달하지 못했다. 재무장관들은 20일에도 만났으나 그리스가 당장 갚아야 할 300억 유로 이상의 차관은 승인하지 않았다. 그런데 그리스는 상환능력이 없는데 IMF는 유럽연합에 보증할 것을 요구하였다. 11월 26일의 재무장관회의에서는 IMF와 유럽은행과 그리스 문제를 종결하기로 합의하였다. 그리스의 총채무는 2020년까지 180%에서 124%로 감액하고 2022년에는 110% 이하로 될 것을 기대하였다. 공식적으로는 제3차 원조계획을 실행하지 않되 유로 당국들이 이 부채를 매입해주고 또 이자를 감해주며 채무상환기간을 15년에서 30년으로 하기로 하였다. 이로써 그리스정부가 당장 필요로 한 4370억 유로의 지불은 유예되었다. 대신에 344억 유로를 당장에 은행단이 이체해주고 나머지는 의회가 세제개혁을 하는 것과 연계하기로 하였다.

그리스의회는 2013년 1월 11일에 163명의 찬성으로 새 세법개정안을 통과시켰다. 이 개혁으로 2014년까지 135억 유로를 절약하게 될 것이었다. 2013년 2월 25일부터 유럽중앙은행과 IMF, EU의 3자가 다시 아테네에서 모여 3월 10일까지 장래문제를 결정하였다. 3월까지는 28억 유로를 무상지원하고 4월에는 60억 유로를 제공하기로 합의하였다. 그러나 그리스의 경제사정은 좋아지지 않았다. 2013년에는 4.5%의 마이너스 성장이 예측되었다. 29%의 그리스인이 실업자였고 24세 이하의 청년노동실업자는 62%에 달하였다. 2월에는 노동조합이 이 긴축재정에 반대하여 총파업을 진행하기로 하였다. 과격한 반대에도 불구하고 그리스의회는 2013년 7월 17일 정부의 긴축재정에 동의하였다. 이 긴축법은 107개조에 달하였는데 다음에 행해질 유럽은행들의 지원을 전제로 300명 의원 중 151명만이 찬성하였다.

이 법률에 따라 2014년까지 70만명의 공무원 중 1만 5천명을 감원하기로 하였다. 4,000명은 2013년 말까지 감원하고 12,500명의 공무원은 2013년 9월까지 동원 예비인으로 지정되어 전보된다. 25,000명은 이 해 말부터 8개월 동안 특히 교사와 경찰은 75%의 봉급만 받고 계속 근무할 수 있었다. 이 기간 동안 대체직위가 주어지지 않으면 완전 면직된다. 이리하여 그리스는 68억 유로를 받기로 한 약속 중에서 25억 유로를 미리 받게 되었다.

사마라스 그리스 수상은 2013년 8월 22일부터 25일까지 세 사람의 유명 정치가를 찾아다니며 채무면책을 해달라고 하고 정치인들과 협상하였다. 사마라스 수상은 유럽의장도 방문

---

61) Parlamentswahlen 2012, http://www.lpb-bw.de/parlamentswahl_griechenland_2012.html.
62) Chronik 2012-2014, https://www.lpb-bw.de/chronik_finanzkrise_griechenland.html.

하여 그들이 제기한 조건을 완화해 주기를 부탁하였다. 2013년 9월 24일 수천명의 공무원들이 이 긴축안에 반대하여 48시간 파업을 하였다. 2013년 11월 10일 좌파반대단체들이 불신임투표를 요구하였으나 이는 부결되었다. 2013년 11월 21일 그리스 정부는 예상외로 많은 수입을 올려 흑자는 2배로 늘었다고 하였다. 2013년 12월 7일 의회는 2014년도 예산안을 통과시켰는데 경제제도의 발전을 기대한 것이었다.

2014년 2월 27일에는 3개 은행 수장이 회합하여 그리스정부에 재정지원을 하기로 합의하여 100억 유로를 즉각적인 채무변제를 위하여 지원하였다.

그리스는 2014년 4월 10일에 국제적인 자본시장에 복귀할 수 있었다. 4년 전의 금융 붕괴에서 비로소 자금조달을 할 수 있게 신용이 회복되어 4.77%의 이자에 5년간의 장기채를 쓸 수 있었다. 그리하여 그리스정부는 30억 유로의 차관을 얻을 수 있었다. 2008년 이후 처음으로 2014년 제2기에 0.38% 지표가 향상되었다.

2014년 12월 8일 그리스의 구제 프로그램은 2개월 연장되었다. 그리스 정부는 이제 이 3자의 엄격한 규제를 반가워하지 않았다. 그러나 통제자는 더욱 많은 시간을 요청하였다. 어쨌든 IMF 등 은행의 지배하에 있던 그리스는 예상보다 빨리 4년 반에 경제정상화는 이루어졌으나 아직도 할 일은 많았다. 그리스의 경제는 관광과 농업이 지배하고 있고 지출은 국방비 1.1%에 불과하였으나 인기영합정책에 드는 비용과 정부공무원의 과잉 등 때문에 재정압박을 받고 있었다.[63)]

사마라 수상은 야당의 급진주의자가 대통령으로 당선되는 것을 막기 위하여 대통령 임기 2개월 전에 대통령 선거를 실시할 것을 공고하였다. 이는 그의 패착이었다. 그는 현직 대통령 대신에 전직 유럽연합 환경부장이었던 디마스(Dimas)를 지명했는데 3차 투표까지 필요한 의회다수의 찬성을 얻지 못하였다. 이에 헌법의 규정에 따라 국회를 해산하고 국회개원 후 다시 대통령을 선거하게 되었다.

2015년 1월 25일 선거에서는 급진좌파연합의 Syriza당이 승리하였으나 절대다수는 얻지 못하였다. 국회의원 선거 직후에 개각이 행해졌는데 수상으로는 치프라스가 당선되었다(2015. 1. 26). 이들은 승자인 치프라스의 긴축정책에 대한 반대로 승리한 것에도 불구하고 긴축재정을 계속하였다.

과거 정부장관들은 호사한 생활을 하였는 데도 많은 장관들이 자전거 출근을 하거나 경찰의 에스코트 없이 자전거로 시가지를 다니며 정부 비행기 대신에 염가항공의 일반석을 이용하고 백화점에서 싼 옷을 사 입고 공식외교행사에 참여하는 등 철저히 절약을 하고 있었다.[64)]

---

63) Chronik 2012-2014.

64) Alles wird versilbert: Griechische Regierung verscherbelt ihre Staatskarossen, http://www.focus.de/finanzen/

과거 관광수입만 해도 잘 살 수 있었던 그리스가 사치한 생활과 포퓰리즘 정책으로 채무국가에 시달렸던 것을 잊지 않고 솔선수범하여 외환위기를 극복한 것은 칭찬할 만하다. 은행이 문을 닫고 1주일에 필요한 생활비밖에 찾지 못했던 생활에서 지도층의 노력으로 다시 자본시장에 진출할 수 있게 된 것은 외국에도 모범이 될 수 있을 것이다.

그러나 긴축재정 때문에 쫓겨났던 많은 공무원과 지출긴축 때문에 병원이나 요양소를 찾지 못한 시민에게는 긴축정책의 폐지가 좋은 정책으로 비쳤다. 그리하여 긴축정책을 폐지하고 이와 관련하여 해직된 공무원을 복지시키고 봉급을 옛날처럼 올려 주겠다고 주장한 좌파연합이 승리할 것은 당연한 이치였다.[65]

그 결과 의회선거에서 다수를 차지한 Syriza당의 당수인 치프라스가 수상이 되었다. 그는 40세의 젊은 나이로 2015년 1월 26일에 취임하였다. 그는 우파 포퓰리스트당인 「독립그리스당」과 연립내각을 구성하였다.[66] 좌파연합인 Syriza당이 의회의 다수를 차지한 것은 제일 많은 득표를 얻은 정당에게 300석 중 50석의 보너스를 주게 한 선거법의 덕이다. 이것은 군소정당이 난립하여 의회가 연립정부를 구성할 수 없거나 불신임 결의에 의하여 자주 경질되는 것을 막기 위한 안전판이라고도 할 수 있다. 이 덕택으로 그리스의 내각은 단명을 면하고 있는 것이라고 하겠다.

치프라스 수상은 젊은 때부터 학생운동을 하여 처음에는 공산당에 가입했고 1991－2013년에 Synaspimos당에 소속했다. 그러다가 2013년에 좌파연합당인 Syriza정당에 가입하여 당수가 되었다. 그가 수상이 된 후에 처음에는 이탈리아를 방문했고 두 번째로 러시아를 방문하여 러시아의 지지를 얻으려고 노력하였다. 2015년 3월에는 대통령선거가 행해졌는데 야당인 신민주당의 파블로풀로스가 당선되었다. 2015년 6월 27일에 그리스가 유럽위원회와 IMF와 유럽중앙은행과 합의한 탈퇴조건을 수락할 것인가를 위한 국민투표를 제안했다. 이 국민투표는 7월 3일에 25만명이 한 자리에 모여 투표한 결과 61.3%로 부결시켰다. 이에 따른 재협상에서 성공하여 의회에 회부하였으나 자기 정당에서 반대파가 나왔으나 야당의 도움으로 통과되었다.

그는 7개월 후에 당내 분파 작용으로 다수의석을 상실하였다. 그래서 2015년 8월 20일에 사퇴하고 9월에 선거를 하였다. 이 선거에서 치프라스는 300석 중 145석을 얻어 다시 제1당이 되었다.

2015년 1월 선거에서는 64%의 유권자가 투표하였으나 9월 20일 선거에서는 57%만이 투표하였다. 그럼에도 그의 정당은 제1당이 되어 선거법의 덕택으로 145석을 얻었다. 그리하

---

news/staatsverschuldung/alles-wird-versilbert-griechische-regierung-verscherbelt-ihre-staatskarossen_id_4453283.html.

65) Parlamentswahlen 2015, http://www.lpb-bw.de/parlamentswahl_griechenland_2015.html.

66) Wikipedia, Politics of Greece.

여 다시 수상으로 선출되게 되었다.

9월 27일에는 빌 클린턴을 찾아가 그리스 채무의 재조정의 필요성에 관하여 상의하고 행정개혁을 약속하며 투자를 요청하였다. 11월 18일에는 터기를 방문하여 그리스와 터키의 영해수호대의 기술협력을 약속하였다. 그는 세제개혁을 통하여 세수를 증가하고 국유지의 이용을 위하여 사유회위원회를 만들고 국유지의 매매를 하기로 했다. 그는 2017년 7월 24일에 기자회견을 하면서 그리스의 경제는 좋아지고 있다고 했다.[67)]

치프라스 수상은 2017년 5월 북경에서의 정상회의 이후 중국에 많이 의존하게 되었다. 그리스는 유럽이 보복하는 가운데 중국의 현금과 이익을 얻기 위하여 노력하고 있다. 그리스는 남중국해에 있어서의 침략행위를 규탄하려는 유럽연합의 결정을 막는 데 성공했으며 중국의 유럽투자를 제한하는 조치에 대해서는 반대하고 있다. 중국은 그리스에 대해서 수많은 투자를 하고 있으며 경제적으로뿐만 아니라 정치적 기반을 만들려고 하고 있다. 그리스는 그동안 러시아와 가까이 하려고 노력해 왔다. 그 이유는 그리스가 유럽연합을 탈퇴하고 유로권에서 물러나고 러시아편에 설려고 했기 때문이었다. 그런데 이제는 유럽이 더 가까운 중국과 협상하여 중국의 새 실크로드의 거점을 제공하면서 유럽 탈퇴 시에 중국과 동맹관계를 맺으려고 하는 것이 아닌지 우려를 낳고 있다. 지정학적으로 보아 그리스는 중국의 표적이 될 수 있다. 또 유럽연합의 푸대접과 은행 3자의 강한 통제 때문에 치프라스 수상이 그렉시트(Grexit)를 강행할 가능성도 있다.[68)] 그는 취임 초에는 그렉시트를 고려하고 장관들과 계획서까지 만든 사실이 최근 알려지고 있다.[69)]

그는 이념적으로도 공산주의자이다. 그는 대학생 때도 공산당에 가입하고 있었다. 아테네국립공과대학 재학 중에도 공학계 학생회의 집행부서에 있었으며 학생대표로 대학의회의 회원으로 있었다. 1995년에서 1997년에는 그리스전국학생연합(EFEE)의 중앙위원회 위원으로 활약하였다. 그는 1991년에는 공산당을 탈퇴하였으나 그리스사회 포럼을 만들고 좌파연합을 만드는 데 기여하였다. 그동안 신자유주의 세계화에 반대하는 국제운동에도 가담하였다. 2015년 수상이 된 뒤에는 취임 6개월 만인 2015년 6월 27일 그리스의 EU 탈퇴에 관한 유럽금융 3자와의 합의로 된 탈퇴안에 대한 국민투표를 제안하고 유럽에 남기로 결정하였다. 그 때에도 내심으로는 유럽 탈퇴를 준비하고 있었다.[70)] 국민투표 실시 전 그리스와 유럽과의 관

---

67) Wikipedia, Alexis Tsipras.

68) Chastised by E.U., a Resentful Greece Embraces China's Cash and Interests, *The New York Times*, https://www.nytimes.com/2017/08/26/world/europe/greece-china-piraeus-alexis-tsipras.html; Wikipedia, Greek withdrawal from the eurozone; European Central Bank, Withdrawal and Expulsion from the EU and EMU, Some Reflections, Legal Working Paper Series No. 19, December 2009.

69) Varoufakis Reveals Text Message Exchange with Tsipras on Temporary Grexit, http://greece.greekreporter.com/2017/07/30/varoufakis-reveals-text-message-exchange-with-tsipras-on-temporary-grexit.

70) Tsipras to Varoufakis: Let's Take the €16 Bln of the European Central Bank, http://greece.greekreporter.

계는 험악했다. 그리스는 돈이 없어 은행 문을 닫을 지경이었다. 치프라스 수상은 유럽에서 탈퇴를 하는 것은 불가피하다고 협약했고 러시아는 자기들의 투자계획과 무역을 위하여 아테네에 재정원조를 할 용의가 있다고 다짐하였다. 그리스의 치프라스 수상은 러시아를 그리스의 가장 중요한 파트너라고 했다. 치프라스가 「푸틴과 협상을 하고 있다」고 본 유럽도 그리스에 20억 유로를 은행 폐쇄를 막기 위해서 주기로 하였다.[71)]

당시 치프라스 수상은 러시아를 방문하여 푸틴 대통령과 러시아 총리를 만났고 총리는 경제원조를 해 주겠다고 했다. 그러나 국민투표에서 탈퇴가 부결되자 유럽과 그리스는 다시 협상을 했고 금융 3자는 그리스의 긴축재정을 요구했다.

그리스정부는 연금을 감축하는 것을 반대하고 있다. 그리고 세금인상도 뜻대로 되지 않고 있어 경제문제는 심각하다. 2017년 5월에는 근로자에게도 수개월 동안 월급을 못주는 형편이 되었다.[72)] 이것은 정부가 친노동자당이기 때문에 긴축계획에 합의해 놓고도 실천하지 않았기 때문이다. 그동안 유럽에서 그리스의 후원자 역할을 해왔던 독일도 지쳐 있다. 독일의 Forsa연구소의 여론조사에 의하면 그리스의 유럽탈퇴를 원하는 독일 주민은 2017년에 52%에 달했다고 한다. 반대는 42%밖에 안 되었다. 1년 전만 하더라도 33%만이 Grexit에 찬성이었다. 독일은 투자공세를 펴고 있는 중국이 그리스를 포섭할까 걱정하고 있다. 중국은 그동안 수많은 돈을 들여 그리스를 사고 있다. 피레우스항은 이제 중국의 회사(Cosco)가 지배하고 있다. 화물텍크는 중국에서 만들어 왔고 중국의 선박과 건설자재가 피레우스항을 움직이고 있는데 이 회사는 중국계가 지배하고 있다. 근처에 있던 공항이 폐쇄되었는데 이 자리를 중국이 사들이고 있다. 중국은 이 피레우스항을 전진기지로 삼고 있으며 앞으로 5년 내에 중국관광객 150만명을 끌어들이는 작업을 중국 상사가 하고 있다. 중국은 그리스가 피레우스항이나 기타 요지의 토지매각을 억제하는 것을 반대하여 규제를 해제받고 있다.

치프라스 수상은 아테네는 중국의 유럽기지라고 자랑하고 있다. 중국은 그동안 토지투자뿐만 아니라 국채도 많이 사들였고 그리스 무역에도 관여하여 Grexit를 기다리고 있다. 그동안 러시아만 경계해 왔던 미국이[73)] 이제 정신을 차리고 그리스를 관찰하고 있다.

---

com/2017/07/23/tsipras-to-varoufakis-lets-take-the-e16-bln-of-the-european-central-bank; Greek Former Minister: Russia Could Offer Aid in Case of Grexit, http://greece.greekreporter.com/2017/07/23/greek-former-minister-russia-could-offer-aid-in-case-of-grexit.

71) Alexis Tsipras predicts Greece's exit will cause COLLAPSE of Europe's … the collapse of the single currency, http://www.dailymail.co.uk/news/article-3131100/Greek-PM-predicts-nation-s-Grexit-cause-COLLAPSE-Europe-s-currency.html.

72) Griechische Regierung-Fehler über Fehler, *Cashkurs*, https://www.cashkurs.com/beitrag/griechische-regierung-fehler-ueber-fehler.

73) Chastised by E.U., a Resentful Greece Embraces China's Cash and Interests, *The New York Times*, https://www.nytimes.com/2017/08/26/world/europe/greece-china-piraeus-alexis-tsipras.html.

유럽연합에서도 기를 못 펴고 있는 채무국인 이탈리아, 스페인, 포르투갈, 헝가리 등이 그리스를 주시하고 있다. 이들 나라에도 중국이 많은 투자를 하고 있기 때문에 Grexit가 되면 이들 나라까지 동조자가 나올지 모른다. 그리스의 치프라스 수상은 지정학적 지위 때문에 Grexit를 저울질 하고 있는 것 같다. Brexit에 이어 Grexit가 올 경우 유럽의 채권을 그리스가 갚아줄 리가 만무하여 유럽경제에도 많은 영향이 있을 것으로 보아 걱정하는 사람이 많다.

의원내각제 국가에 있어 선거의 중요성이 잘 들어난 예이며 제1당을 강화하려고 고안한 제1당에 대한 50석 우대조항이 사회주의연합당의 수명을 연장하고 있는 것도 문제이다.

4. 대표제민주정치의 장·단점[74)]

(1) 대표제민주정치의 장점

1) 정치적 양극화를 최소화한다. 효과적이다

정당들이 국가의 선을 위해서 합의해야 한다. 서로 극단적 주장을 피하고 양극단의 의견을 종합해서 국가의 선을 위해서 기능하도록 해야 한다. 모든 정당이 조화롭게 활동해야 하며 항상 소수당에 의하여 도전을 받으나 이들 지지를 얻기 위하여 노력해야 한다.

2) 입법을 쉽고 빠르게 할 수 있다

그 이유는 통치지도부가 합의된 매니페스트에 의하여 선출되었기 때문이다. 그래서 국민의 의사가 어떤 정치제체에서보다 강하게 표현된다.

3) 연립정권은 입법을 통과시키기 위하여 필요하다

정당의 대표성을 강화한다. 입법통과를 위해서는 연립정당은 그 타당성을 입법하기 전에 홍보해야 한다. 어떤 한 정당도 대다수의 연립정당의 지지 없이는 입법할 수 없다. 그 결과 소수정당의 특별이익을 보장하는 데 다른 정당의 주장보다도 유리하다. 영국의 의회정치는 왜 의원내각제가 좋은지 좋은 예가 되고 있다. 국민들은 입법하기 전에 정당들의 의사를 충분히 알 수 있다.

4) 인종적, 씨족적 또는 이념적으로 분리된 인민들에게 더 유리하다

대통령제와 달리 의원내각제 하에서는 권력이 많은 분파로 분리되어 있어 정부를 형성하는 데 인종적, 씨족적 또는 이념적 다양성이 있는 분리된 나라에 유리하다. 이런 민주주의 형태에서는 수상은 대통령의 권력에 영향을 받기는 하나 지배를 받지 않는다. 그 이유는 인민들에게 결정적 문제를 해결하는 데 한 사람만을 선출하는 것이 아니라 정당을 선택하게 하는 것이 유리하기 때문이다.

5) 정당 창설이 쉽다

어떤 단체나 조직이라도 정당을 형성하거나 연립정권을 창설하는 것이 쉽다. 그 이유는

---

74) 간단한 것으로는 김철수, 「헌법과 정치」, 2012, pp. 239-241 참조.

다수의 공통의사를 반영하기 쉬우며 전체국민을 대표하게 하는 것보다 쉽다. 미국에서는 정당의 어느 파당도 정당을 창설하기 어렵다. 미국의 경우 대통령제이기 때문에 강력한 양당제도가 형성되어 있어 Tea Party와 같은 파당도 대표선거에 큰 영향을 줄 수 없다. 사실에 있어서도 1992년 이후 대통령선거에서 중요한 역할을 한 제3당은 없었다.

6) 정부의 문제발생시 이 문제 해결을 쉽게 한다

선출된 의회는 공무원의 선출기관으로서 활동한다. 그래서 급히 필요한 경우에 긴급하게 공무원을 선출하도록 하여 정부의 권한을 빨리 행사할 수 있다.

(2) 대표제민주정치의 단점

1) 직접민주정치만큼 대표성을 제공하지 않는다

국회의원이 국민의 대표자라는 신임을 배반한다. 대통령제나 다른 형태의 정부형태처럼 개별적 지역은 민주정치형태에서 같은 대표성을 받지 못한다. 이것은 연립정부가 그들의 개인적 행동을 반영해 주지 않기 때문이다. 다수당에게 유리하다.

2) 소수자의 지지 없이 입법을 통과시킨다

다수를 차지하고 있는 연립정당은 다른 군소정당의 찬성이나 동의를 요구하지 않고 자기들이 원하는 입법을 통과할 수 있기 때문이다. 이것은 최근 영국에서 일어났는데 보수당이 완전 다수를 의회에서 차지하자 야당은 보다 민주적인 입법을 할 권한을 상실당했다.

3) 국민이 국가원수나 총리의 투표에 참여하는 일이 없고 선거인이 결정하는 일이 드물다

의회민주정치에 있어서 선거인은 국가원수나 수상에 대하여 직접 투표하지 않는다. 그렇기에 많은 사람들에 의하여 비판되고 있다. 소수당 국회의원들조차도 정부수반을 뽑는 데 큰 영향력을 발휘할 수 없다. 그 이유는 선거전에서 특정인을 이미 결정하였기 때문이다.

4) 이 제도는 자주 불안하다

정부가 반대자의 요구에 따라서 불안정해질 수 있다. 그 이유는 다수정당이 난립하여 극한 대립을 하여 정부가 장기간 불안정을 가져올 수 있기 때문이다. 많은 정치인들도 정치문화가 고도로 양극화한 투표자에 의해 의회 정당이 군소화 난립하여 정부의 비례대표성이 모든 정부정책의 불안정성을 가져오고 선거결과를 예측할 수 없어 여당이 선거를 지연하게 되고 선거의 연기가 정부의 불안정성을 장기화할 수 있다.

5) 선출된 의회의원의 계산가능성을 유지하지 못한다

선거인은 자기의 대표자를 선출하였기 때문에 그들은 선거 후에도 대표기능을 성실히 지켜주기를 요구한다. 그들은 이번 선거에 배신한 사람에게 다음 선거에서는 투표하지 않는다. 투표인이 선거제도에 따라 당선자가 선거인의 의사를 따르지 않기 때문에 부정적이다.[75]

---

75) M. Wolffsohn, *Das Regierungssystem*, Opladen, 1991; G. Yacoby, *The Government*, New York; Riescher et. al. (ed.), *Theorien der Vergleichenden Regierungslehre: Eine Einführung*, München, 2011; Jurgen

Ⅳ. 결 어

처음에는 중요 정부형태의 운영실태를 자료형식으로 서술하여 각기 정부형태의 장·단점에 관한 판단은 독자에게 맡기기로 하였다. 그런데 직접민주정치와 의원내각제에 관해서도 자료가 너무 많아서 지면의 제약도 있어 이 정도로 끝을 맺기로 하였다. 여기에 든 사례는 다른 나라와 비교하기 위한 것이 아니고 각 유형의 특수한 특색을 알아보기로 한 것이다.

욕심 같아서는 현대민주정치의 문제를 헤쳐 보았으면 하였으나 다른 작업과 겹쳐서 도저히 시간을 낼 수 없었다. 독자들에게는 우리나라의 헌정사나 앞으로 헌법개정에 대한 나름대로의 견해를 밝히는 것이 도리이기는 하나 앞으로 우리가 채택해야 할 정부형태 하나만 하더라도 책을 몇 권 써야 할 것이기에 여기서는 생략하기로 하였다. 그동안 필자는 헌법개정에 관해서 두 권이나 단행본을 출판하였으니[76] 궁금한 분은 이를 보아주시기 바란다.[77]

Hartmann, *Westliche Regierungssysteme: Parlamentarismus, Prasidentielles Und Semi-Prasidentielles Regierungssystem*, 2005; 11 Important Pros and Cons of Representative Democracy, http://connectusfund.org/11-important-pros-and-cons-of-representative-democracy.

76) 김철수, 「새 헌법 개정안」, 진원사, 2014; 김철수, 「한국통일의 정치와 헌법」, 시와 진실, 2017 참고.

77) Colton & Skach, The Russian Predicament: A Fresh look at Semipresidentialism, 16 J. Democracy 113(July 2005); Beichert, Autocracy and Democracy in the European CIS, Europa Universität Viadrina. Sil/Chen, State Regitimacy and the (in) Significance of democracy in post communist Russia, Saward(ed.), Democracy, vol. II, 270-296.

2. 국가와 헌법상 본질

강 경 근*

Ⅰ. 서설 - 공동체 동질화 주체로서의 국가

1. 국가와 헌법의 이해

헌법을 연구함에 있어서 피할 수 없는 과제 중의 하나가 국가에 관한 이해이다.[1] 그것은 항상 미완의 과제로 남겨져 있으면서, 그러나 헌법에 관한 사고와 글을 쓰는 과정에서 잊지 않고 우리 앞에 놓여 있는 '모호한 덩어리'이다. 그같이 생각되고 처리되는 국가를 어떠한 측면에서 그리고 무엇을 목적으로 접근하여야 하는가는 측량키 어려운 노고를 우리에게 요구한다. 국가에 대한 인식은 그로써 해명하고자 하는 공동체적 과제를 바라보는 視點에 따라서 달라진다.[2] 즉 국가를 정치적인 시점에서 판단하는가 또는 경제적 관점에서 측량하느냐 아니면 사회학적 접근을 하느냐 등에 따라서 국가는 헌법학적으로 그 특유한 면모를 보여준다.[3] 이는 국가가 그 본질상 다면적 특성을 지니고 있음을 말해 준다. 이와 같이, 국가의 사회과학적 접근을 역사적 기원과 규범적 이해로 나눌 때 규범적 이해란 국가에 대한 規範

---

* 숭실대학교 법과대학 교수

1) 국가론에 관하여 姜京根, 『一般國法學』(법문사 2017) 및 『一般憲法學』(법문사 2014) 참조. 본 논문은 姜京根, 國家의 憲法上 本質, 「法學論叢」(숭실대 법학연구소 제10집 1997년), 115-128면 등 외 국가론에 관한 필자의 기왕의 글들을 편집을 하여 게재하였다. 이 글을 올리면서, 成樂寅 총장의 『憲法學』저서와 그 학자로서의 총체적 삶에 慶賀를 드린다.

2) 文獻目錄에서 예컨대 權寧卨, 국가전통과 국가이론의 몇 가지 비교, 『桑垣 金伊烈화갑기념, 現代公法論』(삼영사 1989년), 340면 이하; 동, 국가이론의 사상적 배경, 「고시연구」(1989.7), 99-109면: 등. 국가와 국가이론, 「고시연구」(1987.11), 58면 이하: 萬歲報 연재/金孝全 譯註, 國家學, 「동아법학」(제2호 1986년), 33-143면: 金錫俊, 『국가변동론-현대국가의 흥망과 21C 한국의 전략적 국가경영』(법문사 1995년): 李善香, 현대 한국사회에서의 國家分析을 위한 이론적 제기-"다층 국가론"적 접근을 중심으로, 「숭실대 사회과학연구」(제11집 1993년), 113-135면 및 그 논문 주. 4), 7), 9), 12)에 열거되어 있는 그때까지 연구된 한국의 국가론에 관한 정치학적 내지 경제사회학적 문헌 등과 기타 흥미를 유발할 수 있는 자료로서, 1995년 숭실대 사회과학연구원 주최의 「시민, 정당 그리고 국가」에 관한 국제학술대회에서 발표된, David Conradt, 미국의 시민, 정당, 국가: Gottfried Karl Kindermann, 독일의 시민, 정당, 국가: 일본의 경우는 Tsujinaka Yutaka 교수가, 태국의 경우는 Chai Anan Samudavanija 교수, 그리고 한국의 경우는 윤근식 및 김영래 교수가 발표하였다. 金東洙, 공동체주의의 재조명-한계와 가능성, 「숭실대논문집 사회과학연구」(제1집 1993년), 73-90면: 하봉규, 예외국가의 정치체제적 성격 고찰-폴란차스의 국가유형론을 중심으로, 「현대사회」(1988년 여름호), 91-113면: 함택영, 계급국가론의 이론적 고찰-국가론 연구를 위한 서설적 연구, 「현대사회」(1988년 여름호), 73-90면: 盧泰久, 현대 정치학의 전망에 관하여-그 이론의 형성과 구조를 중심으로, 「경기대 사회과학논총」(제8집 1989), 65-89면: 또한 국가의 기원에 관한 몇 가지 흥미 있는 사실들에 대해서는, Jonathan Hass/崔夢龍 역, 『원시국가의 진화』(민음사 1987년) 참조. 이 외에도 읽을 수 있는 많은 문헌들이 있다.

3) 국가의 기원에 관한 몇 가지 흥미 있는 사실들에 대해서는 Jonathan Hass/崔夢龍 역, 『원시국가의 진화』(민음사) 참조.

的 인식형태[4] 등이다.[5]

'국가'에 관한 기본법으로 정의 내려지는 규범이 '헌법'이기에 헌법학 연구는 그 성격상 국가의 '본질에 대한 先認識'을 갖지 않을 수 없다. 그것을 헌법적 국가론으로 지칭할 수 있다면 헌법학 연구에 있어서의 국가는, 헌법학이 일반(보편) 헌법학과 개별(특수) 헌법학으로 나뉠 수 있듯이,[6] 일반국가론과 특수(개별)국가론으로 분류할 수 있다. 이 중 일반국가(Der Staat)는 특히 독일헌법학에서 하나의 전통적이고도 특유한 개념으로 설정되어 Allgemeine Staatslehre라는 국법학으로 전개되어, 개별국가의 특수헌법학을 중심으로 전개되는 소위 특수국가론(besonderen Staatslehre)과 구별되는 등 헌법학에 있어서의 하나의 전통적인 도그마틱을 형성하고 있다.[7] 바로 그럴 때, 그 일반국가의 본질에 대한 인식은 국가학의 가장 중요하고 어려운 근본문제이다.[8] 무엇보다도 국가는 그 개념상 '가장 공허한 존재일 때 쓸모가 있다'(das leerste Wort sei das brauchbarste)라는 점 때문이기도 하다.[9] 텅 빈 존재일 때 더 쓸모가 있다는 의미에서의 국가 개념은, 당연히 그 내용을 어떻게 충족하느냐에 따라서 달라질 수밖에 없다. 그 내용충족은 이를 실현시키는 주체에 의존된다. 국가 본질의 인식 역시 그 인식의 주체와 시점에 따라서 달라질 수밖에 없는 이유가 되는 것이다.

현행헌법에 규정되어 있는 국가의 개념, 예를 들어 헌법 제10조 2문에서 "국가는 개인이 가지는 불가침의 기본적 인권을 확인하고 이를 보장할 의무를 진다." 할 때의 '국가'는 어떠한 의미를 지니는 것일까. 적어도 옐리네크나 켈젠의 所論에 따를 때 이때의 국가는 헌법적인 면에서 특히 법률적 국가로 보아 권리주체로서의 사단이라든지 법질서로 인식할 수 있다. 즉 국민의 기본권에 대한 국가의 보장의무는, 권리주체로서의 국가가 법질서의 형식으로 이루어 놓을 것을 요구하는 것이며 이때 '기본권향유 주체'로서의 국민에 대하여 국가는 '기본권보장 주체'로 나타난다. 이 분야에서 국가는 그 이외의 어떠한 형식으로 나타날 수 있겠는가. 정치적인 통일체 내지 일원체로서 파악되는 국가가 과연 이 영역에서 어떠한 實益性을 줄 수 있을 것인가. 물론 통치구조에 있어서의 국가가 정치적 통일체를 의미할 수는 있다. 예를 들면 헌법 제66조 제1항에서 "대통령은 국가의 원수이며 외국에 대하여 국가를 대표한

---

4) J P. Henry, *La fin du Prométhéen? Le Marchée contre L'État*, R.D.P.3-1991, p. 632.

5) Yves Guchet, p. 16. 이때 역사적 기원이란 국가가 공동체에 나타나는 단계구조에 관한 물음이다.

6) 헌법학의 분류에 대해서는 金哲洙, 『憲法學概論』(박영사 1996년 제8전정신판), 25-26면 참조. 교수는 헌법과학을 그 대상에 따라, 일반헌법학과 비교헌법학 그리고 특수헌법학으로 나눈다.

7) 기본적으로, Georg Jellinek, *Allgemeine Staarslehre*, Dritte Auflage Siebenter Neudruck, 1960, Hermann Gentner Verlag Bad Homburg Vor Der Höhe, xxvii (Vorwort zur dritten auflage) 등의 곳 참조. 또한 S. 9에서도 같다.

8) G. Jellinek, *a.a.O.*, S. 136.

9) Hans Kelsen, *Allgemeine Staatslehre*, Berlin Verlag von Springer, 1925, S. 3; Fritz Mauthner, *Wörterbuch der Philosophie*. Neue Beiträge zu einer Kritik der Sprache. II.Bd., 1910(Schlawort: res publica).

다."라 할 때의 '국가'가 그 대표적인 경우이다. 그러나 조약 등 국제규범의 체결에 있어서의 국가는 권리주체로서 나타난다. 이는 국가의 국내적 개념에 있어서의 법률적 관점이 결핍된 상태로서 나타나는 것은 아니라는 점이다. 그리하여 법률관계에서의 국가는 일반 국민과 가능한 한 동등하게 취급되어야 한다. 특히 국가 내에서 국가권력의 형태로 나타나는 국가는 헌법에서 정해진 범주에 한정되니 달리 말하면 헌법국가에서의 국가는 헌법적 국가일 수밖에 없음을 말해 준다.

2. 논의의 범위

本稿에서 논의되는 국가론의 범주로서 인용되는 '옐리네크'의 국가의 본질에 관한 일부 내용을 『一般國家論』을 중심으로 서술하고, 그와 동일하다고 할 정도의 비중을 프랑스에서 지니고 있는 '까레 드 말베르그'의 『國家一般理論에의 寄與』에서 나오는 글의 일부를 말하고자 한다.[10] 옐리네크의 국가 개념이 권리의 주체라든지 사단이라는 점이 강조되는 일방, 말베르그에 있어서의 국가는 국민이 전제가 되는 정치형태로서, 일종의 권력체라는 점이 강조된다. 또한 C. Schmitt의 헌법 사상 체계에 있어서, 국가는 '결정적 중추요소'로서,[11] 오로지 국가만이 질서와 평화 그리고 안전이라고 하는 인간적 및 사회적 기본요소를 보장할 수 있으며,[12] 국가는 국민전체의 이익을 대표하여야 하는 관계상 사회 내에서 결정을 내리는 정치적 권위다.[13]

국가를 논함에 있어서 또 다른 입장에서 고려되어야 할 필수적 사항 가운데 사회와의 관계에서, '국가'와 '사회'의 분리가 시대 지진적인 것이며 이론적으로도 정당성의 근거를 상실하였다는 견해가[14] 지배적 입장이라는 것이[15] 독일에서의 일반적 견해인 듯하다. 국가·사회의 분리는 시대 지진적인 것이며 이론상으로도 그 정당성을 상실하여 오늘날에는 오히려 그 결합과 혼합이 나타난다는 것이다. 즉 오늘날 국가로부터 자유로운 자율적인 사회는 존재하지 아니 하며 오히려 국가의 목표 설정에서 나오는 사회에 대한 개입과 그 규제가 통상적이

---

10) 옐리네크의 '일반국가' 같은 류와는 달리 말베르그는 대혁명기 프랑스의 헌법사상을 프랑스 제3공화국의 헌법 등에 비추어 독자적인 영역을 구축하여 발전시켰다. 그는 권력 자체는 국민(La Nation)이라는 관념은 전제로 하여야 한다는 주장을 하였으며, 당시 헌법적 현실을 덮고 있던 정치적·도덕적·사회적인 면을 함께 고찰하려고 하였다.

11) 葛奉根, 현대 헌법학에 미친 칼 슈미트의 영향, 「東亞法學」 제4호, 33면.

12) Helmut Rumpf, *Schmitt und Hobbes*, S. 109-110.

13) George Schwab, *The Challenge of the Exception-An Introduction of the Political Ideas of Carl Schmitt between 1921 and 1936*, 1970, pp. 52, 55-59, in 葛奉根 위의 논문에서 인용.

14) 이미 K. Hesse는 이러한 점을, 그의 *Grundzuge des Verfassungsrecht der Bundesrepublik Deutschland*의 제4판(4. Aufl., Karlsruhe 1970, S. 8ff.)에서 언급해 오고 있는 것이다.

15) Ernst Wolfgang *Bockenforde, Die Bedeutung der Unterscheidung von Staat und Gesellschaft im demokratischen Sozialstaat der Gegenwart*, in: Rechtsfragen der Gegenwart. Festgabe fur Wolfgang Hefermehl zum 65. Geburtstag, Stuttgart etc.: Kohlhammer, 1972, S. 11.

기에 국가 역시 사회의 자기조직의 한 양태로서 인식될 뿐이라고 한다.

우리 헌법상 국가는 무엇보다 국민주권(헌법 제1조 제2항)을 그 속성으로 가져야 할 것을 요구한다. 국민주권이야말로 특정한 역사적 존재자로서의 공동체 구성원들을 하나의 동질성 있는 國民共同體로 묶을 수 있는 최초의 개념이고 바로 그러한 국가로부터 근대 입헌적 헌법에 기초한 주권적 시민국가 내지 입헌국가의 자기정립은 가능할 수 있었던 것이다. 그러나 오늘날 이러한 국민(프랑스의 Nation) 내지 민족(독일의 Volk) 또는 인민(미국의 People)에 안주하는 공동체와 헌법은 더 이상 후기 산업화단계를 넘어 전 지구적인 정보화의 위치에 있는 개별 국가사회의 現存在에 대한 適實性 있는 설명 도구가 되기 어렵다.

3. 헌법학적 시각의 접근

하나의 개별국가에 한정되지 아니한 국가연합이나 EC와 같은 국가 공동체의 등장은 이제 더 이상 민족이나 국민에 한정된 개념만 가지고서는, 마치 근대 국민국가의 탄생에 있어서도 유사한 양태로서, '種族國家' 이상의 역할 기대는 무망한 상황에 이른 것이다. 이에 대한 적절한 대안이, 바로 우리 헌법에 규정되어 있는 민주국가의 여러 요소들이다. 공동체 구성원들이 더 이상 혈통이나 지역적 유대성 내지는 心性에 터 잡지 아니 하고 자유와 평등이라는 가치의 실현을 위한 민주적인 형성과정에 참여할 때 그 때 보다 차원 높은 국가 형성이 가능하게 될 것이다.

물론 오늘날 漸增的 上向要求에 직면해 있는 사회 복지국가적 발현과 그에 따른 문화국가적 경향 내지 환경국가에로의 傾倒는 새로운 국가의 성격을 해석하게끔 한다. 공동체 구성원간의 동질화는 오늘날 '내가 남과 동일한 정도의 사회복지 내지 문화적 고려의 대상이 될 때' 그 때 보다 더 실질적으로 이루어지리란 것은 명확해진 것이다. 이러한 現實態에 있어서의 국가는, 다른 그 무엇보다, 헌법학적 시각에 있어서 어떻게 접근하여야 하는 것일까. 그 논리 정립을 위한 하나의 試論으로서 이 글을 써 본다.

헌법국가는 실질적 헌법이 지니는 헌법규범력이 공동체에 실현되는 국가사회, 즉 입헌주의에 따른 권력 형성 국가이기에, 그 본질의 인식은 입헌주의국가의 헌법기초에 따르며 구체적 내용은 근대입헌국가 헌법 내지 현대복지국가 헌법의 각 요소로 이루어진다.

Ⅱ. 국가의 규범적 이해와 정치·사회적 기초

1. 국가의 헌법적 이해

규범적 이해 대상으로서의 국가는[16] 현상학적 존재 자체를 넘어선 공동체 정치실현 형성

16) Yves Guchet, *Eléments de droit constitutionnel*, Editions Albatros, Paris, 1981, p. 13.

의 規範常素라는 가치체로서의 보편 현상이다. 때문에 국법학, 특히 헌법학연구는[17] 국가에 대한 헌법적 이해를 전제로 구체적 현실에 존재하는 국가의 規範位置에 대한 정신 내지 역사과학적 귀속평가에 따른다. 이와 같이 국가에 대한 헌법적 이해가 선험적 관념의 잔존물이 아닌 현재 효력있는 헌법상 법제·제도에 대한 이해를 전제로 할 때 그 규범적 정의가 내려지면서 공동체과제 해결의 실질기준으로 인식될 수 있게 된다. 우리헌법은 대한민국(헌법전문, 제1조 제1항)으로서의 우리 국가('대한민국임시정부의 법통', '유구한 역사와 전통' 등의 용어)에 관한 주권(또는 권력, 제1조 제2항)과 국민(제2조), 그리고 영토(제3조)를 규정하여 국가 存立條件을 표현해, 헌법상 국가는 헌법전문과 제1조, 제2조 그리고 제3조에 의해서 이해되는 결과, 국가존립의 최소요건은 영토, 국민주권(이는 결국 국민과 주권이다)에 의거하여 볼 때에는 국가에 대한 헌법적 이해는 국가의 구성요소, 존립기반[18] 또는 그 존립조건인 '영토, 국민, 주권'에 대한 경험적 분석접근이어야 한다.

국가는 헌법제도상 보편적 존재자로서 정치제도(l'institution politique)이기에 그 遍在上 모든 단체 속에서 구체화시킨다. 이와 같이 헌법제도로서 형성되는 국가가 영토공간 내의 효력있는 '공권력적 힘'(une puissance publique)으로서 인식될 때 공동체구성원들의 행동규율과 단체조직을 규범적으로서 가능케 하는 국가역량은 구체화된다. 즉 공권력적 힘이야말로 국가의 본질적 규정자이며 구성원행위의 규범화 존재이기에 국가의 헌법적 이해의 본질 자체[19]이며 그 공권력적 힘의 양태가 國家形態로 표출될 수 있다.

공적 통치질서는 공권력적 힘으로서의 국가를 기초로 국민에게 부과되므로, 헌정제도는 국민(la nation)의 뜻에 합치되는 구조절차를 지닐 때에만 그 가치가 있게 된다. 국가의 공권력적 힘은 따라서 독자적 범주결정권을 지니지 못한다. 국가는 국민에 합치되는 법이념 실현수단으로서의 권력양태이기 때문이다. 그러기에 국가가 실현시켜야 할 法理念의 포섭규범인 헌법은, 국민·국가간 규범적 관계의 명확화에 의해서 헌법존중의무를 지는 치자(les gouvernants)

---

17) 丘秉朔, 『憲法學』(박영사 1983년 증보), 120면에서는 그러한 점에서, 국가이론에 관해서는 이상국가에 관한 국가철학적 연구방법과 현실에 존재하고 있는 국가에 관한 국가과학적 연구방법이 있을 것이고, 특히 후자는 인류간 그리고 시공을 달리하는 여러 국가에 공통되는 본질을 적출하여 국가의 평균적 현상을 귀납적·경험적으로 논구하려는 국가과학의 연구토대라고 한다.

18) 국가를 특정영토에 거주하는 특정국민에 의하여 조직된 통치단체(丘秉朔)라고 하든가, 일정 지역을 지배하는 최고권력에 의하여 결합된 인류의 집단으로서 주권과 국민과 영토를 필수적 구성요소로 하고 있다(金哲洙)든지, 일정지역(영토)을 기초로 하여 존립하는 사회의 조직화된 단체로서 대한민국의 구성요소를 국가권력, 국민, 영역이라고 하는 것(權寧星), 또 옐리네크적 국가 3요소(국민·영토·국가권력)론을 지양하면서 국가의 존립기반을 중심으로 인적(한민족), 공간적(한반도와 그 부속도서), 그리고 권력적(정치적 합의)인 면을 언급하는 태도(許營) 등은 현행(1987.10.29.) 헌법 규정에 합치되는 입장들이다.

19) 국가기관에 의해서 정식으로 설정된 법규인 法律만이 통치질서를 위해서 존재한다는 관점은, 자연법이라든지 객관적 법 또는 이성법이라는 명칭하에 전국가적 내지 초국가적 法(le droit)이 존재한다는 점을 인식하지 못한다. 국가는 그러한 법규범의 집합체에 대하여 실질적인 힘을 지니면서 동시에 또한 복종하는 점에서 법에 무관계한 힘(la force)이 아닌 권력의 한 양태로서의 공권력적 힘(la puissance publique)으로 인식된다(G. Burdeau, *Ibid.*, p. 633).

의 자의배제를 가능케 한다. 다만 오늘날 현대생활에서 구성원행위의 規範的 規格化는 더 이상 국가만의 현상이 아닐뿐더러 오히려 시장(le marché)에 의해서 보다 더 심화되는 견해도 있다. 제도적 규범화(la normalisation institutionnelle) 과정은 광범한 경제영역의 통합에 따른 산업적 규격화 과정에 의해서 볼 때다. 오늘날 한 나라의 정치제도만을 중심으로 보는 국가 형태라는 것이 시대착오적 접근일 수도 있을 것임을 시사한다.

2. 국가의 기능적 이해 – 권력의 강제성과 제도화

국가의 사회과학적 접근을 역사적 기원과 규범적 이해로 나눌 때 규범적 이해란 국가에 대한 規範的 인식형태이고,[20] 역사적 기원이란 국가가 공동체에 나타나는 단계구조에 관한 물음이다.[21] 국가의 역사적 기원에 관한 정복이론(F. Oppenheimer)이 타율적 기원론이라면 자생적 기원논리로는 가족이론(R. Filmer, H. Kelsen), 분업이론(R. H. Lowie), 영주이론(C. L. v. Haller, Grotius, Cicero) 등의 공동체 확대논리라든지 실력이론(L. Duguit, F .Lassalle, H. J. Laski), 계급투쟁이론(K. Marx, F. Engels) 등이 있지만, 그보다는 시민사회적 기원인 계약이론(Spinoza, Th. Hobbes, J. Locke, J. J. Rousseau)이 일반적 설득력이 있다. 헌법의 본질을 공동체과제 판단능력 부여기준으로 이해할 때, 헌법학적 국가는 국가를 통치객체로 본 군주주권적 정체에서가 아니라 근대 입헌국가헌법을 이해할 수 있는 권리주체를 전제로 한 헌정생활 추진자로서의 특성을 인식할 수 있는 양태로서 이해되어야 한다.

독일에 있어서 H. Kelsen이 국가를 법질서로 본 것에 대해서 G. Jellinek는 권리주체인 법인이자 동시에 권력주체로, 그리고 C. Schmitt는 국민의 선존하는 의지적 결단에 의해 성립되는 고정실체 즉, 국민과 유리된(국민보다 선존하는 것은 아닌) 통제대상으로서의 국가는 전제되어 있다 하는 정치적 통일체로 보았다. 나아가 R. Smend가 국가를 사회공동체 구성원들의 자유로운 의사동의에 의한 형성(동화적 통합)과정에 있는 정치적 일원체로 본 것은 모두 헌법적 국가관의 한 내용이다.[22] 국가는 인적 공동체에 기초한 權力樣態이다. 즉, 사회공동체의 영역포괄을 가능케 하는 헌법적 이해하의 국가란 그 자체의 고유한 의사능력을 가진 단체라기보다는 국민공동체 형성에 직결되는 권력양태이다. 그럴 때 국가는 영토에 터잡은 구성원 전체가 지역, 인종, 민중 등으로 형성되는 부분사회를 일반보편적 권력으로 同質化하는 공권력적 힘으로 인식된다. 그럴 때 예컨대 국가의 영토고권의 의미도 영토적 한계

---

20) J. P. Henry, *La fin du Prométhéen? Le Marchée contre L'État*, R.D.P.3-1991, p. 632.
21) Yves Guchet, précité, p. 16.
22) 규범적 국가론 외 신학적 국가관인 Augustinus의 카톨릭적 국가관, Luther, Calvin의 신교적 국가관 이후 N.Machiavelli는 인간본성에 기초한 국가관을 내세워 이후 인성적(J .Locke, J. J. Rousseau, Th. Hobbes, T. v. Aquin), 윤리적(Platon, Aristotle, I. Kant, Fichte, G. W. F. Hegel), 사회학적(M. Weber) 국가관의 토대를 이루었다.

라는 공간범주 내 구성원에 대한 권한행사 가능성으로 이해되는 것이다.

국가는 리바이어던이라는 특수권력체가 아니며, 또한 靜態規範的으로 보아 특정영토 거주의 특정국민에 의하여 조직되는 통치단체라든지 법과 국가를 동일시하여 법규범 체계의 일체라고도 할 수 없다. 헌법국가에서 이해되는 국가라 함은 공동체 내 권력양태 등의 주권적 권력과 국민동의에 기초하여 現象學的 사회의 규범적 기초하에 존재하는 권력양태적 組織體이다. 여기서 그 권력양태는 권력적 통치작용에 중점을 둔 고권적 국가 아닌 국민 생존배려는 당연하다. 결국 이론적 측면에서 보는 국가는 역사적 기원과 법적 근원으로 나누어 파악할 수 있다. 법적 근원이란 국가를 법적으로 기초지으는 존재와 행위를 찾는 것이고, 역사적 기원이란 어떠한 역사적 단계에서부터 국가는 인간사회에 나타나는 것인가에 관한 물음이다.[23)]

강제성을 지닌 권력이 존재하는 사회공동체에는 국가가 있다고 한다.[24)] 즉 한 사회 내에서 각자가 서로에게 자신들의 의사를 강제하는 힘을 가지는 때부터 국가에 관한 언급이 시작된다는 것이다.[25)]

물론 이에 대한 반론도 설득력은 있다. 즉, (통)치자와 피치자라는 구분에 입각한 권력의 형태를 국가와 동일시한다면 국가에 귀속시킬 수 없는 다양한 정치형태에 따른 權力이나 權威가 국가로 인식될 수 있음을 설명할 수 없다든지,[26)] 어떤 집단의 우두머리가 지닌 권력과 현대 정부가 행사하는 권력 사이에는 정도의 차이가 아닌 질적 차이가 있다는 것이 그것이다.[27)]

어쨌든 권력을 특징짓는 것은 강제(la contrainte)이며 근대국가는 그 변종일 뿐이라고 했다. 레페브르(Léfèbvre)도 권력형태에 대해서 보다 더 민감하게 접근을 하여 그러한 권력의 제도화된 形態를 국가로 인식하였다. 그리고 그 권력에는 강제가 존재한다는 것이다.[28)] 다만

---

23) Georges Burdeau, *Traité de Science Politique*, Paris, L.G.D.J., 1967, p. 35 note 68에서는 이러한 관점에 대해서, 국가가 먼저 사실(un fait)이고 다음으로 法的 實體(un réalité juridique)라면 사실의 세계와 법의 세계라는 2개의 국가개념이 있게 되는 것이 아닌가라는 이의를 제기하고 있다. 이에 대해서 Guchet는 위의 2분법이 실제로는 국가를 특정한 政治的 形態를 지닌 존재에로 이끄는 역사적 과정과 그러한 정치적 형태를 法的인 存在에로 접근시키는 것을 구분짓는 것이라고 한다. Y. Guchet, précité, p. 16 note 1.

24) Léon Duguit, *Traité de droit constitutionnel*, Paris, 1927, p. 536.

25) Y. Guchet, précité, pp. 16-17. 그 대표적인 학자로서 레옹 뒤기(Léon Duguit 1859-1928)를 들 수 있다 그는 꽁뜨나 뒤르껭(Émile Durkheim: 1858-1917) 등 실체적 사회학자들의 영향으로 自然法的·形而上學的 법리에 대신하는 社會連帶의 법리를 내세웠다. 그는 이를 기초로 多元的 국가론을 주장하면서 국가는 하나의 사실(L'État est un fait)이고 따라서 국가 자체는 일정 사회 내에서 정치적으로 구별될 수 있는 존재로서 인식가능하다고 한 것(Léon Duguit, *Traité de droit constitutionnel*, p. 536)이다.

26) H. Léfèbvre, *De l'État dans le monde moderne*, Paris, U.G.E., 1976, p. 4. cité par Y. Guchet, *ibid.*

27) G. Burdeau, *précité*, p. 42.

28) 레옹 뒤기도 이러한 권력의 형태는 사회에 따라서 변화한다고 했다. 그러므로 고대 그리스의 도시의 제도는 오늘날의 발전된 산업사회국가의 제도와는 유사하지 않지만 그러나 근대국가에서와 같이 기본적으로 보유하는 공통점인 강제권(la coercition)이 있는 정치형태이기에 그리스 국가(l'État gréc)인 것이다.

그러한 권력형태, 즉 정치형태의 기원이 다른 사회형태와 다르면 다를수록 그 일반이론을 세우는 것은 그만큼 어려울 것이다.[29)]

다만 무엇보다 국가를 表徵하는 것은 이러한 강제성을 지니는 권력의 제도화(l'institutionnalisation)이다. 이는 권력의 정당성(la légitimité du Pouvoir)이라는 관념의 변형이라고 할 수도 있고, 이러한 권력의 제도화의 법·정치적 귀결이 권력의 정당성관념이라고 할 수도 있는 것이다.[30)]

인민을 억압하는 권력은 어느 정도는 그 보유에 있어서 개인적인 성질을 지니고 그에 기초하는바 바로 그 때에 그러한 권력에 대한 인민의 동의(le consentement)는 권력의 개인적 특성을 상실시키게 된다. 君主의 권력이 정당하다면 적어도 그것은 군주가 어느 정도로 명백한 자격을 지니기 때문이며 그가 군주다운 기능을 행사하기 때문이다. 군주제적 「제도」라도 군주 「개인」보다는 상위에 서 있으며 그 후부터는 그 계속성을 확인한다. 이 때 군주의 죽음과 제도적 권력의 空白은 일치하지 않는 것이다.

3. 국가의 정치·사회적 기초－사회계약적 접근

국가사회 계약이론은 국가의 법적 기초의 문제를 해결하려고 애를 썼다. 이는 알투지우스에 의하여 19세기 독일에서 윤곽을 잡고 영국에서는 홉스와 로크 그리고 프랑스에서는 루소에 의하여 연구되었다.[31)]

알투지우스는 methodice digesta(1603년)에서 「自然的」 공동체인 가족에 도시·지방·국가 같은 복합적이고도 공적인 공동체가 동의에 의해서 형성된다고 한다. 즉, 국가는 공동체이다. 다만 국가는 개개인의 개별적 동의에 의해서가 아니라 構成的 공동체에 의해서 주어진다고 하면서, 따라서 국가는 최고의 現實體에 대해서 주어진 조직적 실체의 連續體[32)]라고 한다.

홉스는 인간에 대한 唯物的 관념에 입각하여 국가론을 전개하고 있다. 즉, 인간은 그 소망을 실현하려는 의사에 의하여 움직이는 욕망의 기계이기에 '각자는 서로에 대한 경쟁자'이며, 따라서 그러한 慾(ses passions)이 자연상태로부터 나오도록 인간존재보다 우월한 권력적 힘을 지닌 人爲的 존재(예컨대 Leviathan)가 만들어진다. 그 리바이어던은 국내외의 평화보장을 위한 위임을 받았고 그 때 인간은 그들의 자연적 권력을 그들 모두를 대표하는 자에게

29) 예컨대 11세기 초의 유럽 봉건사회가 家臣과 封建君主의 개인적 관계에 기초한 정치체제라면 그것은 관료적 기구의 틀 안에서 조직되는 권력체제(un système de pouvoirs)를 인식하는 것이라고 할 수 있다. Y. Guchet, *ibid.*, pp. 17–18.

30) Y. Guchet, *précité*, p. 21.

31) *Ibid.*, p. 22.

32) J. J. Chevalier, *Histoire de la pensée politique*, Paris, Payot, 1977, I, p. 290. cité par Y. Guchet, *ibid.*

계약(un contrat)에 의해서 넘겨준 것이다. 하지만 리바이어던은 인간들에 대해서 어떠한 책무도 지고 있지 아니하다. 그럴 때 그 계약은 절대로 철회할 수 없는 讓與에 이르게 되어 결국 국가의 독재적 성격은 인정되는 것이다.[33)]

로크도 인간과 자연상태라는 일정개념 하에서 항상적인 위협이나 잠재적인 전쟁상태와는 거리가 먼 자유와 평등의 상태를 인식했다. 다만 그러한 상황은 일시적이며 善·惡을 결정짓는 명확한 법률과 그것을 적용하는 불편부당한 법관 그리고 그 적정한 집행을 확보하는 힘이 없기에, 특히 자유롭게 계약을 맺는 사회적 紐帶가 필요하다고 한다. 누구이건 자연적 자유(la liberté naturelle)를 벗어버리고 시민사회의 책무를 맡는 유일한 방법은 공동체 내의 다른 사람들과 협약을 맺는 것이다. 그리고 오로지 동의만이 그러한 국가의 존재를 정당화할 수 있는 것이다. 그러한 동의에 의하여 주어진 형태에 관하여 로크가 생각한 계약은 治者의 행위는 피치자의 이익에서 한계를 갖는다는 것이다.[34)]

루소는 사회계약론(le contrat social)에서 국가사회 계약이론에 가장 엄밀한 定式을 마련했다. 그도 역시 사회의 형성 이전에 자연상태가 존재했다고 한다. 하지만 그 자연상태는 '인류가 그 존재양식을 바꾸지 않는다면 멸망하기 때문에 존속할 수 없는' 순간에 도달하게 된다.[35)] 그러므로 사람들이 추구하는 것은 '모든 일반적인 힘으로부터 각 구성원의 자유와 재산을 지키고 보장하는 연합형태'인 것이다. 거기에서 사회계약의 기원이 존재하고 그것은 사회를 창설하는 의사의 행위에 달려 있지 결코 형식적으로 표현될 수 있는 것은 아니다. 그러기에 국가는 그 구성원 사이의 의사합치에 기초해서 합리적으로 존재하는 것[36)]이다. 그러한 계약은 동의를 전제로 하지만 그 동의는 사람들의 의사행위에서가 아니라 그들에게 최고이고 인간 존재의 구성 법률 안에서 그 뿌리를 두고 있는 필요성에 기초한다고 본다. 그들이 동의를 하는 것은 그 본질적인 필요성을 인식하는 것일 뿐이다. 그것이야말로 계약이 구속적 가치를 지닐 수 있는 유일한 기초이고 계약당사자는 그 의사에 의해서는 법률에 반할 수 없고 거기에 복종하기 위한 행위만 할 수 있다는 것이다.[37)]

국가의 사회계약에 관련된 앞의 여러 이론들은 국가의 탄생에 관하여 事實現象이라는 것에 관심을 보다 더 기울였다는 점에서 일정한 한계를 보이고 있다. 資本制的 생산방식의 발

---

33) J. J. Chevallier, *ibid.*, I, p. 506.
34) Y. Guchet, *précité*, pp. 22-23.
35) J. J. Rousseau, *Contrat Social, Livre I, chap. 6*, Paris, Gallimard, Oeuvres complètes, Ⅲ, p. 360.
36) 말베르는 루소가 인간의 「개인적 존재와 사회적 *存在*」를 나눴다는 것, 「처음이 두 번째보다 앞선다는 점을 가정했다는 것」 그리고 「개인을 사회로부터 고립시켰다는 것」에 대해서 비난하였다. 실제로, 루소가 시민사회와 국가의 역사적 기원을 설명하려고 했다기보다는 그것들에 대한 이성적(합리적)인 기초를 탐구했다는 것은 사실을 엄폐한 것이라고 한다. 또 국가를 창설하는 엄격한 법적 관점에서 볼 때, 그는 의사의 행위보다는 그 의사보다 우월한 필요성(une necessité)에 더 기초를 두는 듯이 보일 수 있다는 것이다. Carré de Malberg, *Contribution à la théorie générale de l'État*, Paris, I, 1922, pp. 52-53.
37) G. Burdeau, *précité*, Ⅱ, p. 69.

전에서 보듯이 국가는 그러한 생산양식에 의해서 창조되는 것이지 사회계약에 의해서 만들어지는 것은 아니다. 말베르가 확신하듯이 법학은 단지 법의 발생 사실을 확인케 하려는 목적에서가 아니라 그러한 사실들을 초래케 하는 법관계를 명확하게 할 주요한 과업을 위해서 존재하는 것이다.[38)]

그러한 점에서 국가는 특정한 법적 성격의 존재에 근거하는 조직이며 거기에서 전국가적인 정치형태와 구별되는 것이다. 그 表徵이야말로 바로 주권(la souveraineté)과 法人格(la personnalité)이라고 할 수 있다.[39)]

국가일반이론은 단지 그 起源에 관한 물음뿐만이 아니라 시민사회(la société civile)와의 관계분석이 필요하다. 즉 국가의 사회·정치적 의미의 보다 더 구체적인 양식에 관계되는 것이다.

국가에 관련된 개념은 국가와 시민사회와의 관계에서 서로 반대되는 축을 기점으로 조직된다.

첫째, 국가는 시민사회를 담당하는 국민(la Nation)에 상응하는 정치적·법적 형태(une forme politico-juridique)다. 19세기와 20세기 초 법률가들이 받아들인 국가의 이상주의적 개념에 의하여 국가를 시민사회와는 분리된 정치적 형태로 보면서 특정한 이익에 대하여 일반이익의 이행을 보장하는 것으로 보았다.

둘째, 국가는 시민사회와 구별되는 존재이기는커녕 시민사회에 있어서의 지배적인 社會階層에 의해서 그 이익을 방어하기 위하여 사용되는 정치형태인 것이다. 이에 따를 때 자본제적 生産樣式이 우세한 사회에 있어서의 국가는 무산계급에 대한 부르주아지계급의 지배도구에 다름이 아니라고 하는 것이다. 이 때 지배계급은 국가의 시민사회에 대한 현실을 은폐시키는 것이 이롭다고 생각하며 그들은 이를 위하여 이데올로기적 체제를 내세우는 것이다.

4. 국가는 국민의 정치형태이다

정치적 개념으로서의 국민(la Nation)은 한정된 집단들을 統合하는 總括體로서 지칭될 수 있는 인간공동체(une collectivité humaine)이다.[40)] 즉, 국민은 정치적 목적을 추구하면서 다른 인간단체에 비하여 구별되는 동질감에 의하여 구별된다.

르낭은[41)] 국민이란 마음(une âme)이며 정신적 원리라고 한다. 즉, 그러한 마음으로서의 국민을 구성하는 것은 풍부하게 물려받은 기억의 공동보유, 현실적인 동의, 함께 살려는 희

38) C. de Malberg, *Contribution, I,* p. 8.
39) Y. Guchet, *précité,* p. 24. 주권에 관해서는 拙稿의 여러 글들에서 나름대로의 견해를 밝힌 바 있다. 「법인격」의 문제는 국가의 법적 주체성인정의 한 양식에 불과하다고 생각되기에 다루지 않는다.
40) Bonnard, *La conception juridique de L'État,* in Revue du droit public, 1922, p. 20.
41) Renan, Qu'est-ce qu'une Nation?, 1882, cité par Y. Guchet, p. 26.

망, 공동으로 받은 유산의 계속적인 개발의사 등이다. 다시 말해서 과거의 공통된 영광, 현재의 공통된 의사 그리고 그것의 반복적 행사야말로 인민(un Peuple)이 되기 위한 본질적인 조건이라는 것이다.

보다 더 이상적인 국가관념으로서의 국민은 결국 「공통되는 과거에의 인식에 기초하면서 共有되는 未來의 理想像(꿈)」인 것이다.[42] 결국 국민의 기초에 항상 존재하는 것은 민족공동체인 것이다.[43] 다만 국민의 기초로서의 정신적 가치의 존재만을 인식하고 객관적 요소들, 예컨대 언어적 소여를 도외시한다면 그것은 국민공동체(la collectivité nationale)에 함축되는 지배적인 가치에 근거하는 최소한의 합의라는 것의 존재를 잊는 것이다.

국가적 국민(또는 국민국가, Etat/Nation)에 있어서 국민이 과연 국가에 先行하느냐의 문제가 있다. 한마디로 국민은 국가에 선행하는 것이며 국가는 그와 같은 자격으로 입증되는 국민의 발현인 것이다. 구체제하의 국가는 국민이 종교전쟁과 같은 중대한 위기를 극복하도록 도와주면서 그 集權化와 합리화를 매개로 참여하고 있다. 그리고 그 혁명의 시기에는 국가의 완성이나 합리화와 같은 국민이념(즉 국가이념, l'idée nationale)의 강화인 것이다.

하지만 일단 실재화된 統一體인 국민은 와해되기 쉬운 것으로서 보인다. 그리고 국가의 행위야말로 그것을 강화하는 데 제한적이나마 성공적으로 기여했던 것이다. 그것은 Etat-Nation 관계에 명백한 형상을 부여하는 데 기여했으며 바로 19세기에 있어서의 국가조직 원리였다. 민족자결 원리 하에서의 새로운 국가의 탄생은 종속관계를 끊는다는 의사를 천명한 국민의 先存在에 의해서만 정당화될 수 있는 것이다.

그러한 관념에 입각해서 국가의 개념은 「국민의 정치적 표현」으로서 인식된다. 이러한 국민국가(Etat-Nation)가 국민주권(la souveraineté nationale) 이론으로서 형성되는 것도 역시 같은 입장인 것이다. 다만 국가에 대한 선존재로서의 국민이 표시하는 것은 유럽 자본제의 발전에 따라 나타난 정치적 형태로서 표시[44]된다. 좀 더 구체적이고도 실증적으로 볼 때 국가란 국민적 현상(la phénomène nationale)의 實物은 아니다. 그 각각은 사회가 자본제적 생산양식의 논리에 입각하여 조직되기 시작할 때에 나타난다.

국가·국민 그리고 자본은 동일 사회조직체(le système d'organisation de la Société)의 3면으로서 인식될 수 있다. 즉, 경제적 측면의 자본, 사회-정치적 시각에서의 국민 그리고 법적 관점에서의 국가가 그것이다.[45]

---

42) G. Burdeau, *précité*, Ⅱ, p. 115.
43) M. Hauriou, *Précis de droit constitutionnel*, Paris, Sirey, 1929, p. 80.
44) M. Mialle, *L'État du droit*, Paris, Maspero, 1978, p. 175.
45) *Ibid.*, p. 177. Y. Guchet, *précité*, p. 28.

5. 소 결

19세기가 아닌 20세기 그리고 오늘날의 국가는 무엇인가?

각 사회는 특정한 생산양식, 즉 生産活動의 총체에 의해서 지배된다. 이렇게 사회 내에 존재하는 지배적 생산양식에 비추어서 본 일정국가의 유형이 국가형태가 될 것이다. 이러한 국가형태는 구체적 조직의 다양한 양식으로 인식될 수 있는 바, 생산양식의 사적 소유에 기초한 자본제적 국가와 집단소유에 근거한 사회주의국가로 각기 나타난다. 자본제국가는 국가에 앞서는 사회구성(la formation sociale)에 관한 변천, 즉 生産様式의 변모로서 발현된다. 따라서 여기에서는 자본의 원시적 축적단계에 있는 국가, 소위 자본제국가 그리고 위기시의 국가 등으로 나눌 수 있다.[46)]

다만 이러한 여러 국가의 인식은 다음으로 미룬다.

국가를 정태적으로만 보면 특정영토에 거주하는 특정국민에 의하여 조직되는 통치단체라 하든지[47)] 또는 법과 국가를 동일시하여 법규범체계의 일체가 국가라[48)] 할 수 있을지도 모르겠다.[49)] 그러나 살아서 움직이는 사회공동체의 영역들을 포괄할 수 있는 국가, 그리고 그 영역들에 대한 헌법적 접근을 위해서 필요하고도 가능한 국가가 무엇인지를 논의의 대상으로 삼는 것이 중요하다. 그럴 때 국가란 그 자체의 고유한 의사능력을 가진 단체인가 아니면 국민적 공동체 형성을 위한 일정 기구에 해당되는가를 또한 검토해야 한다.

그것을 전제로 해서 시험적으로 접근해 보는 국가는 다음과 같은 귀결이 되지 않겠는가.

1. '국가란 무엇인가'라는 질문은 그것이 어느 영역에 대해서 행하여지는가를 보고 그에 대한 대답이 주어질 수 있는 것이어야 한다.

2. 그럴 때 「국가」 그 자체에 대한 總體的인 파악은 추상적 형태를 갖지 않을 수 없으며 그렇다면 그러한 국가개념은 문제해결능력이 없는 무의미한 것이다.

3. 국가란 현실적으로 무엇이고, 즉 어떠한 제도로 나타나고, 그것은 무엇이어야만(sollen)하는가는 구분해서 볼 수밖에 없다.

4. 국가를 마냥 국민공동체로만 보는 것에 만족할 수는 없지 않다.

5. 국가는 정태적 · 제도적인 파악과 동태적이고도 정신적인 접근이 동시에 이루어져야 한다.

---

46) Y Guchet, *ibid.*, p. 37.

47) 丘秉朔, 『헌법학』, 120면 각주 1), 2)에서 국가의 법적 본질을 중심으로 접근하는 G. Jellinek의 *Allgemeine Staatslehre*, 3. Aufl.,(1928)를 소개하고 있다.

48) H. Kelsen, *Allgemeine Staatslehre*, 1925.

49) 켈젠의 그러한 입장에 대해서도 丘秉朔, 앞의 책에서는 찬성하기 어렵다고 한다. 許營도 국가현상은 국민 · 주권 · 영토 등의 정적인 요소만으로 설명하기 어려운 가치적 · 규범적 · 율동적인 측면이 있다고 한다.

6. 국가를 그 기본적인 조건으로 나눌 때, 객관적 조건으로서의 주민(국민이 아닌), 영토, 정치조직(여기에는 법인과 주권을 귀속시킬 수 있다)이 있겠고 주관적 조건으로서의 국민공동체(사회공동체 또는 문화공동체)가 서로 相補的으로 작용한다.

7. 국가의 주·객관적 기본조건을 역동적으로 규정짓는 것이 生産構造이고 그 때 자본제 국가와 사회주의국가가 성격지어지는 것이고 이것이 국가론의 또 다른 접근방법인 「사회구성체」에 관련된 논쟁이다.

8. 국가를 논할 때, 정태적·법·정치적 접근방법은(국가) 주권과 법인론으로, 동태적·사회·문화적 접근방법은 국민공동체론-사회구성체론으로 동태적·경제적 접근방법은 자본제·사회주의 국가론으로 나뉜다.

9. 대외적인 국가의 문제는 민족주의와 통일의 형태로 구체화된다.

Ⅲ. 옐리네크의 국가 인식

1. 옐리네크의 국가 관념

옐리네크는 이러한 국가의 인식에 관하여 객관적 방법과 주관적 방법이 있음을 말한다.[50] 먼저 客觀的 방법이라 함은, 국가를 오로지 외부로부터 고찰하는 것이다. 국가를 객체화시켜 하나의 대상으로 관찰할 수 있다는 것은, 국가 그 자체가 존재하는 현상의 전체 중에 일정한 위치를 차지하고 있다는 인식에서 연유한다. 즉 국가란, 우리들의 외부에 공간과 시간적으로 존재하는 현실체라는 것이다.[51] 이는 이성능력을 지닌 인간의 합리적인 관찰가능성에서 볼 때 일견 타당함을 지닌다. 그렇지만 옐리네크는 이러한 객관적인 방법은 과학적인 인식능력을 부여하지 못한다고 한다.[52] 왜냐하면 이는 인간의 精神的 행위와 연결되지 않기 때문이다.

따라서 主觀的 방법론을 가져 오지 않을 수 없다. 옐리네크의 표현대로라면, '국가는 객관의 세계로부터 주관의 세계로 이행'(… wird der Staat von der Welt der Objekte in dir der Subjektive verlegt.)되는 것이다.[53] 그렇지만 이러한 주관적 연구방법은 객관적 방법과 대립하는 것이 아니라 보충적이다. 그리하여 주관적 방식은 사회현상으로서의 국가를 그 대상으로 하면서 동시에 그 법적 측면도 고려한다. 전자는 역사적 정치학적 방식으로서 국가사, 국가의 생성 변천 및 소멸의 이론, 국가의 사회적 전제와 제 활동, 국가의 개개 요소와 그 내부적 관련 등을 연구한다. 따라서 우리가 보려고 하는 '憲法的 國家論'의 핵심 내용에

50) 이하는 김효전 역, 128-132면/ G. Jellinek, *a.a.O.*, SS. 136-140 참조.
51) G. Jellinek, *a.a.O.*, S. 136.
52) G. Jellinek, *a.a.O.*, S. 137.
53) G. Jellinek, *a.a.O.*, S. 137.

는 이르지 못한다.

국가의 법적 측면을 그 인식으로 하는 국가는, '사실상 실시되는 사회적 힘'(als welche es eine der sozialen mächte)인 법의 모습과 '규범의 총체'(ein Inbegriff von Normen)로서의 법이라는 2가지 형상(Doppelleben) 가운데에서,[54] 사실의 인식에 더 가까운 전자보다는 그러한 사실을 판단할 수 있도록 하는 명제인 후자에 따라서 보는 것이 보다 규범적이다. 이 때 국가에 대한 법률적 인식은 국가로서 지칭되는 여러 현상을 일정한 목적이라는 관점에서 整序하여 이를 모순없는 인식에로 전환할 때 가능하다. 즉 "국가의 법률학적 인식은 국가에서 유래하며 국가의 제도와 기능을 통제하여야 할 특정한 법규범 및 법적 평가규범에 대한 현실의 국가적 제 사상의 관계를 그 대상으로 하는 것"이다.[55] 옐리네크에 있어서 국가와 그 제도의 법률학적 성격은 사회적 현실과 혼동하여서는 아니 된다고 하는 것이며 또한 현존의 국가를 그 내용으로 하지 아니하고 모든 형태의 국가의 이상형을 내용으로 하는 이론 역시 그의 국가론 논의에서 제외된다. 그러한 것들과 법규범과는 본질적으로 구별되기 때문이다.[56]

2. 옐리네크의 국가 관점

헌법적 국가이론 즉 '국가에 관한 법학이론'(Die juristischen Lehren vom Staate) 내지 '법개념으로서의 국가'(Der Staat als Rechsbegriff)에 관하여 옐리네크는 법이 국가에 대하여 본질적인 것이기 때문에 국가의 완전한 인식은 그 법적 성격을 알지 못하고서는 불가능하다고 단언한다.[57] 이는 적어도 우리가 국가를 규범적인 시각에서 인식하여야 한다는 헌법적 국가론의 시각에서 볼 때에는 일단 당연한 접근방식이라고 할 수 있다.

이때 국가의 법학적 인식은 국가의 현실적 본체를 파악하려는 것이 아니라 국가를 법학적으로 사고 가능한 것으로 하려는, 즉 국가의 모든 법적 특성을 모순없이 사고할 수 있는 개념을 발견하려는 것이다. 물론 국가의 이러한 개념의 基底에는 국가의 현실적 존재에 대한 인식이 있어야 하는데 이 양자가 同値로 인식되어서는 아니 된다.[58] 국가에 대한 법학이론만이 '국가의 통일성'(즉 집합적 또는 단체적 통일성, Der Staat als Kollektive-oder Verbandseinheit)

54) G. Jellinek, *a.a.O.*, S. 138.
55) G. Jellinek, *a.a.O.*, S. 139.
56) 김효전 역, 131-132면/ G. Jellinek, a.a.O., SS. 139-140. 옐리네크는 법은 항상 실정적 즉 현존하는 것에 대한 일반적으로 승인된 척도이며 국가의 이상형은 승인을 얻으려고 하나 그러나 언젠가는 도달될 수 있다고는 할 수 없다고 한다.
57) G. Jellinek, *a.a.O.*, S. 162. 즉 "법에 의해서 질서 지워지고 법의 수호자이며 또한 형성자이기도 한 국가는 필연적으로 법 그 자체속에 자기의 지위를 가져야 하며 거기에서 '국가의 법개념'이 존재하여야 한다"라고 말한다(김효전 152면).
58) G. Jellinek, *a.a.O.*, S. 163. 이 양자를 동일한 위치에 놓을 경우 국가는 실재적 · 경험적 파악 속에 넣어져야 하는데 이는 국가를 그 상태, 국민, 지배자 등으로 파악할 수 있게 하여 국가의 통일성을 깨닫지 못하게 한다.

을 看取할 수 있는 것이다. 그리하여 옐리네크에 의하면, 국가의 법학적 파악에는 세 개의 가능성이 생각되는바 권리의 객체설, 권리관계설 그리고 권리의 주체설이 그것이다. 그리고 이러한 것들은, 결국 "국가학 전체에 대하여 국가에 관한 근본적인 견해의 대립이 2대 세계관의 대립 즉 '개인주의적-원자론적인 것'(der individualitisch-atomitischen)과 '집합주의적-보편주의적인 것'(der kollektivistisch-universalistischen)의 대립"으로 돌려지는 바,[59] 이 중 권리주체설은 집합주의적 보편주의적인 인식에 기초하여 있다.

3. 옐리네크의 국가 학설

(1) 권리객체설

국가를 권리의 객체(Der Staat als RechtsObjekt)로서 파악하는 이론은, 옐리네크에 의하면, 절대주의와 家産的 國家觀을 빌려 옴으로써 가능할 뿐이다. 또한 국가의 사실적 및 법학적 본질을 동시에 해명하려고 하는 자이델과 같은 사고방식에서 보이는 지배자이론에서 나올 수 있다.[60] 나아가 국가를 營造物로 보는 논의에서도 나온다.[61]

이러한 논리들은 옐리네크의 말대로 "객체로서의 국가에 대한 지배자의 지배권을 근거지우는 초국가적 법질서를 확증하는 것에 성공하는 경우에만 국가의 법적 설명으로서 만족하게 될 것인데, 그러한 초국가적 질서는… 왕권신수설이나… 가산국가관에서…"만 타당할 수 있다는 것이다.[62]

(2) 권리관계설

국가를 권리관계(Der Staat als Rechtsverhältnis)로서 파악하는 것은 국가 속에서 지배자와 피지배자를 보는 支配關係에서라든지 국가의 모든 법적 관계를 국가기관 상호간이나 국가기

59) G. Jellinek, *a.a.O.*, S. 174.

60) Seydel, *Grundüge einer allg. Staatlehre*, S.4.; G. Jellinek, *a.a.O.*, S. 165.

61) 국가를 영조물로 보는 것은 지금의 영조물 이론과는 꼭 일치하는 것은 아닌 듯 하다. 옐리네크에 의하면 영조물에 있어서의 의사는 영조물 그 자체로부터 나오는 것이 아니며 오히려 외부로부터의 의사 대상에 속하는 것이라고 한다. 즉 권리의 객체라는 것이다. 이는 당시에 영조물에 대한 개념이 명확하게 잡혀지지 않았던 것에 연유한다고 한다. 즉 Rotteck이 국가를 영조물이면서 동시에 사회라고 한다든지 Stahl이 국가를 영조물이며 공동체라고 하는 것, Zachariae가 도덕적 영조물이라고 하는 것 등에서 나타나는 영조물국가의 개념은 이에서 연유되는 것이다. 그리하여 옐리네크에 의하면 국가와 그 부분 중에 영조물적 요소를 발견할 수도 있으나 하나의 국가 전체를 영조물의 범주 아래에서 생각할 수는 없다고 한다. 그런데 오토 마이어(Otto Mayer)는 '공법에 있어서의 법인과 그 유용성'(*Die Juristische Person und ihre Verwertbarkeit* in öff. Recht, Festgabe für Laband I 1908, S. 54f.)이라는 글에서 국가를 초월적 인격이라 부르면서 국가 영조물 이론을 주장하고 있는바 이는 앞의 로텍이나 슈타알 또는 쟈카리애의 영조물론과는 동일시되지 않는 예방선을 가지고 있는바, 그에 의하면, 국가가 법인일 수 없는 것은 국가를 법인으로 할 수 있는 듯한 초국가적 법규를 결여하고 있기 때문이라고 한다. 렘(Rehm) 역시 주권국가에 단체로서의 성격을 인정하면서 비주권 국가로서의 객체국가와 영조물국가를 구별하려고 하는바(Staatslehre) 이는 결국 국가를 그와 같은 비과학적이며 불명확한 객체국가나 영조물국가에로 낮추는 결과를 가져오고 있다 한다.

62) G. Jellinek, a.a.O., S. 167./ 김효전 역, 157면.

관을 구성하는 그 개개인에 대한 개별적 관계에 해소하려는 시도에 따라서 나온다고 하는, 보통 행해지는 관념으로부터 발견될 수 있다.

그러나 전자에 대해서 말한다면 국가는 하나가 아니라 피지배자의 수만큼의 무수한 지배관계를 보여 주기 때문에 그 수만큼의 지배관계가 있으며 따라서 국가의 통일성을 설명할 수 없다. 나아가 지배관계가 바뀌면 국가는 파괴되고 새로운 국가가 설립되어야 하는 불합리성을 설명할 수 없다.[63] 후자에 대해서도[64] 역시 같은 반론이 가능하다. 즉 이러한 국가의 권리관계 이론은 국가의 법학적 의미에 있어서의 行動統一體에 대한 설명을 할 수 없는 것이다. 국가의 통일적 의사를 법적 의제로 보는 것은 국가를 법학적으로 파악할 수 없다고 하는 점을 용인하는 것 외에 아무것도 아니기 때문이다.

국가의 권리관계설은 그러한 권리관계가 어디에서 유래하는지를 설명할 수 없다. 왜냐하면 권리 객체국가론에서와 같이 超國家的인 法秩序를 필요로 하기 때문이다. 실제로도 이는 대외적으로 활동하는 국가를 설명할 수 없다. 권리관계가 어떻게 전쟁을 선포하고 조약을 체결할 수 있겠는가.

(3) 권리주체설

옐리네크에 의하면, 국가는 권리주체(Der Staat als Rechtssubjekt)로서 파악하는 것 즉 사단이론(Vereigngungstheorien)이 적합하다고 한다. 즉 그러한 가능성만이 남는다.[65]

법적 의미에서의 주체라 하는 것은, 국가가 실재하는 것 즉 實體로서가 아니라 수여된 즉 '법질서의 의사에 의하여 창조된'(Willen der Rechtsordnung geschaffene Fähigkeit) 능력이라는 것이다.[66] 국가가 집합적 통일성(kollektiver Einheit)을 가진 단체라고 한다면 이 통일성은 의제가 아니라 우리들이 인식할 수 있는 필연적인 집합의 형식이다. 바로 그것이 권리주체로서의 능력을 지닌다. 즉 국가를 권리주체로서 파악하는 것은 인간을 권리주체로서 인식

63) 옐리네크에 의하면 이러한 지배관계 이론은 단체의 사상을 충분히 발전시킬 수 없었던 영국의 국가론에서 먼저 처음으로 나타난 것이라고 한다. 즉 Blackstone의 '주석서'(Commentaries I. 2)에 따르면 국가법은 관헌과 인민과의 관계로써 나타나는 바 이는 영국에서의 국가가 왕(rex)과 왕국(regnum)으로 분열되어 있는 중세적 국가관이 극복되지 않은 채로 쌍방이 하나의 통일체로 합쳐지지 아니하고 권리주체로서 대립하고 있기 때문이라고 한다. 옐리네크는 Hatschek, *Englisches Staatsrecht* in Handbuch des öff. Rechts I. 1905, S., 249를 참조한다.

64) 이러한 논의는, Biering의 '법의 기본개념에 대한 검토'라든지 '법의 원리론' 또는 Haenel의 '국가법'에서 국가를 하나의 총합관계라고 하든지 Br. Schmidt가 공법을 개인관계에 해소시키려고 하는 것에서도 온다. 이때 상실하게 되는 국가의 통일성은 국가의 사회적 기초에서 찾아 해넬의 단체적 결합이라든지 슈미트의 의사유기체 등) 국가의 사회적 본질과 법적 본질을 혼동하는 결과를 가져 오며 비얼링처럼 국가의 定義를 무용한 것으로 보는 결과에 이르를 것이다. 그리하여 국가뿐만 아니라 다른 단체 역시 권리관계 내지 법적 관계의 총화로서 파악하는 논자도 많다. 예를 들면 Hölder의 '자연인과 법인', Binder의 '법인의 문제', Otto Mayer의 '공법에 있어서의 법인과 그 유용성', G.Schwarz의 '권리주체와 권리목적에 대한 검토', K.Schwarz의 '법리학에 있어서의 역사적 방법과 비판적 방법' 등에 있어서 그러하다.

65) G. Jellinek, *a.a.O.*, S. 169.

66) G. Jellinek, *a.a.O.*, S. 170.

하는 것 못지않은 과학적 정당성을 가진다는 것이 옐리네크의 입장이다.

국가를 권리주체로서 파악할 때에만 국가의 통일성(die Einheit des Staates), 국가조직의 통일성 그리고 거기에서부터 생기는 의사의 통일성도 법학적으로 이해할 수 있다.[67]

Ⅳ. 말베르그(Carré de Malberg)의 국가 인식[68]

1. 국가의 기초 – 지배냐 참여적 협력이냐 –

1871년부터 1914년까지, 커져가는 독일 覇權의 침략이나 예속화의 위협 앞에 서 있는 여러 나라들의 과업은 무엇보다도 국가방위와 보존이라는 임무였다. 그러한 임무를 위하여 각 국가의 권력(la puissance de chaque Etat)은 그 자신의 굳건한 조직을 필수적으로 내포하여, 국가개념을 주로 힘(force)이나 권력(또는 권력적 힘 puissance)이란 관념 즉 國家共同體의 개개구성원들에 대한 지배의 관념이라는 방향으로 발전시켰다. 이 힘(무력)이라는 관념으로 해서 법률가가 그 스스로 인정하지 않을 수 없었던 것은, 실정법의 영역에 있어서의 현대 국가는 무엇보다도 그 근본에 支配 理念(l'idée de domination)을 지니지 않을 수 없다는 것이었다.

특히 독일 공법의 특질은 '지배'(Herrschaft)라는 관념을 국가의 판별기준이나 그 법적 권력의 기초로 제시하였는데, 이는 프랑스의 에스멩(M. Esmein)의 경우에도 국가를 그가 위임받은 그리고 '당연히 보다 우월하거나 경합적인 권력은 결코 인정하지 않는' '최고권력'(l'autorité supérieur) 또는 '主權'(la souveraineté)에 의해서 국가를 정의하게끔 한 것이다. 그러한 정의 안에서 주권은 스스로 움직이면서 또한 이의가 제기되어질 수 없는 당연한 것으로서 제시된 것이다. 그리하여 에스멩은 '국가의 본질적 특질인 그러한 주권의 존재는 공법의 기초자체'를 형성한다고 단언했다.

독일의 위협을 흩어내는 해방전쟁을 계속한 국가들은 자유(la liberté), 정의(la justice) 그리고 인민의 권리(le droit des peuples)라는 이념을 위하여 싸웠다. 그렇다면 오늘날의 공법은 支配나 强制라는 원칙에 기초를 두는 것이 가능한 일인가?

국가와 그 인민들과의 관계에서 볼 때, 힘과 강제적 권력을 지닌 정체는 오늘날의 국제법의 개념과 실제를 따지는 경우에는 비난되는 듯하다. 그러나 그렇다고 해서 국내공법의 기초를 예속적 支配政體와 강제적 權力組織으로부터 '자유로운 協力의 政體'(le régime de la

---

67) G. Jellinek, *a.a.O.*, S. 172.

68) 이하는, Carré de Malberg, *Contribution à la théorie générale de l'État, spécialement d'aprés les données fournies par le droit constitutionnel français*, Librairie de la Société du RECUEIL SIREY, Tome I, 1920, les Edition du Centre National de la Recherche Scientifique(C.N.R.S.), 1962의 서문에서 주로 인용한 것이다.

libre collaboration)로 대신해야만 할 필요는 없지 않는가라는 물음은 여전히 나올 수 있다.

국가와 그 개별 구성원들 간의 관계는 명령과 복종의 관계로 분석되어지는가, 아니면 개 개인에 대해서 행사되고 그들보다 우월한 국가적 의사의 존재를 내포하는 명령적 질서나 저항할 수 없는 구속에서가 아니라 시민 각자가 국민적 통일성의 범위 안에서 그에 적절한 이익을 마련해 주는 것을 목적으로 자발적으로 그리고 호의적으로 공공목적에로 목표를 향함에 따라 국민적 이익에 협력하고자 하는 노력에 의해서 인식되는 것인가. 즉 支配냐 參與的協力이냐(Domination ou Collaboration): 그 두 가지 의미의 어느 것 안에서 '장래의 법'(le droit de l'avenir)은 형성되는 것인가?

2. 국가 존립의 기초로서의 참여적 협력

(1) 理想國家 – 권력적 힘에 의하지 아니한 완전한 協力國家

국가는 무엇보다도 인간 존재들로써 이루어진다. 독일과 같이 강력하게 지도되는 나라에 있어서의 帝國의 통일은 근본적으로 독일인들 대다수의 확실하고 강도 높은 협력에 근거하고 있다. 독일 저술가들이 지배권력(la puissance dominatrice) 즉 압제적 힘을 국가의 제1의 근거로 드러냈을 때 그늘이 사실상 지적하고자 한 것은, 합병 후 그 지배자들의 속박에 저항하는 제국 주민들이 다수가 있더라도, 국가적 통일은 그들이 나머지 인민과 함께 전체 조직 안에 포함되어 있다는 사실만으로도 가능하다고 한 점이다.

명백히 국가는 특정 국가조직과 더불어 지내는 그 나라의 소속원들의 참여적 협력 없이는 더 이상 지탱할 수 없다는 의미에서 '협력이 전부'(La collaboration est partut)이다. 오늘날 협력은 선거에 의하는 바 이에 의해서 현대국가는 그 인민에게 기관을 구성하는 인물들을 선거하도록 요구한다. 또 협력은 복종을 전제로 하여 시민들 대다수가 공공질서나 국민번영의 확충을 보장하는 법률들에 따르게 한다. 협력은 시민 대다수의 의무이행의 엄수이기에, 그들은 공동체에 주의를 기울이고 부과된 의무의 이행을 공적사무의 관리에 대한 재정적 분담이라는 형식으로 행한다. 협력은 또한 '祖國愛를 위하여'(pour l'amour de la parie) 끝없는 희생이 너그럽게 받아들여지는 힘이나 신선한 감정으로서 표명될 수도 있다.

결국 어떤 국가가, 그 구성원들의 헌신적이고도 없어서는 안 되는 협력을 얻을수록 국가는 완성에로 접근해 간다. 理想國家(L'Ētat idéal)란 인민 모두(tout son peuple)의 협력을 얻는 데에 권력적 힘을 사용할 필요가 전혀 없는 나라이다.

하지만 그것이 국가의 정의 특히 그 법적 定義(la définition juridique)에서 지배권력이라는 요소를 배제하기 위한 이유가 되는 것인가?

(2) 現實國家 - 권력적 힘에 의한 協力國家

룻소는 국가의 형성에 있어서 '다수의 祈願'(le voeu la de majorité)이라든지 소수의 형성 기능을 밝혀야 한다고 했다. 그리하여 시민들간의 의사불일치가 있다면 이는 一般意思의 실제적인 定向에 관한 그들의 생각이 잘못되었기 때문이라고 한다. 그리하여, 룻소는 국가의 권력적 힘만에 기초를 둔 국가의사(une volonté étatique)에 시민들이 복종할 수 있다는 생각을 받아들이지 않으려 했으며, 그러한 목적에서 그는 소수파 구성원들 자신들을 일반의사 형성에 협력하는 협력자들(des collaborateurs)로서 특정지웠다.

그러한 이론은 혁명기 헌법문에서 반향을 얻었다. 거기에서는 법률(la loi)을 一般意思의 표현(l'expression de la volonté générale)이라고 정의하였다. 국가에 대한 복종관념을 국가적 과업에 대한 협력이라는 생각에 의하여 정당화하려는 논거들은 점점 더 증가되었다. 유효한 헌법으로부터 유래하는 법률과 같은 지반 위에 서 있는 모든 나라에서, 선거권(le droit de sufrage)이 모든 국민에게 확장되고 의회정체(la régime parlementaire) 역시 입법적 행위와 피선거인단(des corps élus)뿐만 아니라 선거인단(du corps électoral) 그 자체의 의사에 복종되었다. 모든 시민들은 공적 과업을 추진함에 있어서 그 지도적 행위에 끊임없이 참가(une participation)하며, 소수자들의 대표나 비례대표와 같은 제도 등 대표형태(les formes représentatifs)가 점점 더 받아들여지는 점에서 근대국가 정체의 내적인 경향과 사실상의 의미는 충분히 구현되었다.

그러한 정체의 참된 목적은, 시민단체(Le corps des citoyens)가 그 '집합적 보편성'(son universalité collective)에 다른 국가적 협력(la collaboration étatique)이라는 과업에 참여한다는 것뿐만 아니라 시민각자(chaque citoyen) 역시 개인적이고도 특별하게 나랏일(des affaire du pay)의 통치관리(le gouvernement)에 관하여 일정량의 고유한 영향을 부여하게끔 하는 것이었다. 그리하여, 독재적 국가에 있어서의 정부라 할지라도 그러한 힘을 억지로 또는 자기들에게 맞게 형성하면서 의견을 얻으려는 노력을 하는 것이다.

국가에 과해지는 經濟的 業務의 증대에 따라서 그리고 경제질서 업무의 성질 자체가 약식명령이나 단순한 지배라는 수단으로 처리되지 않는다는 것으로부터, 협력이란 방식이 부과된다. 국가가 경제적 개입과 규제를 넓히는 것이 요청되면 될 수록 국가는 전문적 능력에 의하여 임명되는 관리들이 아닌 사람들의 협력을 모으지 않을 수 없다. 이와 같이 새로운 시기의 국가가 이행해야 할 업무가 정치적 질서보다 경제적 질서라는 것이 사실이라면, 국가의 경제(재정)적 권력(la puissance économique)의 팽창은 지배권(le pouvoir de domination)의 축소라고도 생각하게 된다.

그렇지만, 그것들이 공법학으로부터 國家權力이란 관념(la notion de puissance étatique)

을 몰아내는 결과를 가질 수는 없다. 왜냐하면 그와 같은 국가권력 관념은 과거로부터 의 공법학에서 물려받은 것이기 때문이다.

3. 국가본질로서의 국가권력

(1) 국가본질로서의 協力?

국가권력이란 관념이 영토(un domain)안에서 사실상 그 실체가 파악될 수 없는 이유는, 영토는 개개인들 사이에서나 그 부분집단들 사이에서의 특정관계에 불과하기 때문이다. 즉 전 국민의 상호관계에 있어서는 협력이라는 관점 자체만으로도 －질서라든지 현행법에서 경의가 필요한 한도 내에서 또는 여러 사람들과 집단들 사이에서 생기는 분쟁이나 갈등을 가라앉힐 필요가 있는 한도 내에서－ 국가에 의해서 행해지는 재판적 또는 경찰적 임무에 대한 충분한 설명이 된다. 그러나 국민(la nation) 속에서 유지되는 법이 전제로 하는 국가라 함은, 인민전체(l'ensemble de son peuple)가 원하는 질서의 希求 속에서 각 개별 구성원에 대하여 공동체의 국가적 조직에서 비롯되는 재판권과 경찰권을 행사하는 것을 허용하는 후원자라는 점이다.

국가란, 반대되는 이익이나 경쟁적인 요구들을 조절할 필요가 있는 개개인들 사이에서 개개인을 통치하는 권력을 부여받으며, 그리고 그러한 이유에서 개개인들에게 명령에 의해서 그 결정을 부과하면서 그들 사이에서 일정사안을 판가름하도록 요구되는 최고권력(l'autorité supérieure)으로서 개입한다. 때문에 개개인의 '위에' 서 있는 국가의 최고성(la suprématie) 즉 국가권력 자체(la puissance étatique elle même)는 그 지배적 성격을 명료하게 나타낸다. 하지만 국가의 선험적(초월적) 권력(la puissance transcendant de l'Ētat)은 개인에 관해서만 두드러질 뿐, 공동체적이며 국민적인 행위 예컨대 공법이나 사법에 근거를 준다든지 내적이나 외적인 정부행위로부터 나오는 결정들을 받아들이는 것을 바로 치자의 권력에서부터 끌어 낼 수는 성립될 수 없다.

국가는 그 결정의 동기나 요소들을 인민 자신의 의사 또는 적어도 그 갈망 안에서 끌어내야만 하며, 그러한 인민적 기초(cette base populaire)가 없는 결정들은 구속력(force)과 승복하게 하는 힘(vertu)이 없게 된다. 그것에 의하여 협력이라는 사실과 필요는 입증된다. 확실히, 국가는 오늘날까지 계속해서 그만이 유일한 보유자이고 유일하게 능력이 있고 국민의 이름과 국민을 위하여 가장 우월하게 말하고 행동할 수 있게 해주는 권력적 힘(une puissance)으로 무장된 것처럼 보여 왔다. 하지만 인민(le peuple)과 국가(l'Ētat)와의 관계상, 권력적 힘 자체는 국민공동체(la communauté)의 권력을 행사하는 것일 뿐이다. 그 권력적 힘은 근원을 공동체의 조직에 둘 뿐만 아니라, 근본적으로 공동체 자체의 의사나 공동체와의 협력으로 형성된 의사의 표현일 수밖에 없게 된다.

국가란, 그것이 참으로 국민의 개개 구성원에게 일반의사를 부여하는 권력이 있다면, 국가전체에 국민전체의 의사와 다른 의사를 부과할 것을 주장할 수는 없다. 그러므로 지배권력이란 관념은 참여적 협력이란 관념보다 뒤지는 개념이다. 왜냐하면 명령이라든지 권력적 힘의 방식은 더 이상 개개인에 대해서 그리고 일반의사에 반대되는 저항 속에서는 적용될 수 없는 반면, 협력이란 방식은 국가를 위해서는 그 인민 대다수에 대하여 필요하게 되기 때문이다.

하지만, 그것이 권력적 힘에 의하여 국가를 본질적으로 특징짓는 관행적 이론의 정당화 내지 결정적인 정당화는 아니지 않는가? 확실히 그러하다. 협력은 국가가 그 과업을 이행하기 위하여 호소하는 행동양식 중에서 특히 크고도 넓은 자리를 차지하고 생활과 국가적 활동의 절대적 조건을 형성하며 그러한 조건으로부터 생기는 의무가 아무리 거역하지 못할 것이라 해도, 그것을 국가의 본질적 특질로 굳힐 수는 없다.

(2) 국가본질로서의 支配

법학의 고유한 특성은 각각의 권리를 그 보유자에 대하여 법이 허용하는 최대치에 맞게끔 다양한 종류의 권리들을 정의하는 것이다. 권리(un droit)는 권능적 힘(un pouvoir)인바, 그 권능적 힘의 최대의 한계는 문제된 권리의 外延뿐 아니라 그 정의 자체를 결정짓기 위하여도 고려되어야 한다. 어떤 '정해진 문제'에 관한 공의(l'accord)란 그 구성원들 사이에서 완전히는 존재하지 않는 것이며, 그런고로 국가 구성원들로부터 滿場一致의 협력(une collaboration unanime)을 얻는 것은 불가능하다. 만장일치라는 偶發性이야말로 오히려 특히 걱정해야만 하는 것인바, 이는 그 우연성이 좀처럼 없는 경우이거나 예외적인 것으로 나타나기 때문이다. 그러므로 공법학 영역에서 질문되는 분명한 물음은 국가가 협력을 필요로 하는가 아닌가에 있는 것이 아니라, 그에 협력하기를 거부하는 구성원들의 자리에 국가권력을 확장시킬 수 있을 때까지의 극대점을 찾는 것이다.

협력의 필요성이 있다고 하기 위해서 원칙상 양해되는 것은, 국가란 시민 총의의 동의 없이는 더 이상 가능할 수 없는 것으로서, 이는 어떤 사회나 그 구성원들의 동의 없이는 지탱할 수 없는 것과도 같은 이치이다. 하지만, 국가와 다른 단체들(그것이 무엇이든지)간에는 중요한 차이점이 있으니 그것은 다른 단체들은 그에 복종하지 않는 태도를 보이는 구성원들의 동의에 忠誠關係라든지 共同意思에의 협력 또는 그러한 의사에 대한 복종을 부과할 수 없는 등, 적어도 그들의 힘만으로는 그 구성원들을 복종하도록 강제할 수 없다는 것이다. 반면, 國家的 共同體(des collectivités étatiques)의 특질은 자기에게만 속하고 그 실정법 체계안에 인정되어 있는 권력의 행사에 의하여 그 반대되는 구성원들에게도 똑같이 일반의사를 부과하는 권능과, 시민총체를 그들 누구에 의해서도 그 반대되는 행위만에 의해서 깨뜨려지게 할 수 없도록 하는 통일체에로 이끄는 권능을 가지는 것이다. 즉, 국가의 특징은 국가가 개개인의 저항을 억제하고 진정시킬 수 있다는 것이다. 에스멩이 말한 바와 같이, 사물이 '당연히'(naturellement) 본디 지니고 있는 활동에 의해서 나타나는 것이다. 여기서 왜 법률가가 국가의 특유한 성격 및 그 개념의 최고점으로서의 支配權力을 고려하고 강조했는가를 알 수 있다.

법학은 협력을 부정한다고 말하기도 또한 애써서 음험하게 협력에 반대하려는 것도 원하지 않는다. 법학이 완전히 이해하는 바는 국가의 공무원들은 그 총화로서 인식되는 공동체를 강제적 방법에 의하여 이끌 수는 없지만, 국가의 특징적 표지로서의 지배를 부각시키면서, 국가관리적 공동체(la collectivité étatisée)를 필요한 경우에 그 통일된 조직에 의하여 그것에 상충하는 국성원들의 행위에 지배수단으로서의 권력을 행사하는 것이다.

결국 국가의 엄밀한 법적 정의는 법학에 적합한 원칙들에 따른다면, 국가적 권능(des facultés étatiques) 행사의 관례적이고도 바람직한 방식의 관점이 아니라 그러한 권능들을 확장시킬 수 있는데까지의 最大限界(la limité extrême)이다. 즉 정치학의 관점에서 협력은 국가의 정의에 첫 번째의 줄거리를 이루지만, 법적인 정의는 국가공동체에 고유한 권력을 국가의 본질적 특징과 최고의 속성으로서 계속해서 보여주어야만 하는 것이다. 설령 그러한 권력적 힘이 비상한 권능으로서만 기능한다고 해서, 그리고 강제력(la force coercitive)에 대한 동의가 국가에 대해서 극단적으로 그리고 최악의 경우에만 이루어질 때에도 그래도 역시 법률가는 가장 높은 강도로 국가권력을 특징짓고 규정짓는다.

協力의 政體(la régime de la collaboration)의 상황이 어떠하든 오늘날 국가의 법이론에 권력요소 없이 정립한다는 것은 불가능하다. 최소한 權力의 理念(l'idée de puissance)에 호소해야만 한다. 이는 공동체를 멀리하고 국외자로 남아있기를 원하는 구성원들 각자에게 국가 안에서 행사될 수 있는 拘束(la contrainte) －그것이 공동체의 이름으로 행해지는 국가적 결정의 형성이든 준수이든－ 을 설명하기 위해서도 필요하다. 국가권력이라는 관념은 지배력을 유지하고 국가에 대한 권력을 요구하는 국민의 구성원들과 같은 시민들로 이루어진 시민총체(la mase générale des citoyens)에 넓게 자리 잡는다.

(3) 목적으로서의 국가권력과 수단으로서의 협력

공법을 협력이라는 조건위에 세운다면 그 협력은 애매한 표현에 근거 두고 있는 것이다. 즉 현대 국가는 구성원들의 일반적 동의(la concours générale)를 필요로 하는 바, 그 구성원들은 관리나 공적집단의 업무라는 작용안에서 적극적이고 강력하고 없어서는 안 될 역할을 행사하는 것이 요청되어 있다. 하지만 관리작용(operations de gestion)과 권력행위(actes de puissance)라고 이름붙인 다른 행위들 상호간은 서로 구별된다. 권력은 국가에 행동영역이 있음을 시사하는 호칭인 바, 국가 안에서 그 권력은 결정권이 있는 임무를 맡는 것이 요청되며 권력 자체의 영역 안에서 국가는 구성원들 대다수의 동의 없이도 그 유일한 힘에 의하여 기능을 수행할 수 있다.

인민이 의회 구성원을 선출함은 국가의사 결정기관들의 권력조직을 마련한다는 목적을 위한 것이다. 즉 인민은 강제적 권능을 행사하는 기관들의 구성에 힘을 기울이며, 국가는 시민들이 집단적 행위에 의하여 기관들의 고유한 권력의 유지에 협력하도록 권유한다. 따라서 공동체에 관계되는 결정들을 할 수 있는 자격 있는 기관의 형성 및 실현은 시민의 이름과 이익 안에서 운명 지워진 권력, 그러나 시민 각자의 위에 있는 권력을 산출하는 데서 나온다. 공동체(la collectivité)가 그 의사의 대변을 위해서, 직접민주제(la démocratie directe)의 경우에서와 같이 시민 자체(le corps des citoyens eux-mêmes)를 지닐 때 인민적 조직(l'organisation populaire)은 사적 행동만으로는 실현될 수 없는 권력의 산출물이다.

국가의 정의에서 권력관념을 배제하려는 이론들의 정당화(la légitimité)에 협력을 필수적인 사실로서 들어주는 것은 정확한 것이 아니다. 국가권력을 이끌어 내는 원칙이 무엇이든지 간에, 그리고 그것이 세워지는 수단이 무엇이든지 간에, 국가권력은 항상 개인보다 우월한 그리고 그 의미에서 지배적 가치를 지니는 권력의 성격을 지닌다. 그 조건 안에서, 협력이란 단지 수단(un moyen)을 형성할 뿐이며 목적(le bût)은 여전히 국가의 권력(la puissance d'Ētat)이다.

국가권력을 끌어내기 위해서 채택된 수단은 커다란 중요성을 갖는다. 현대국가가 협력에 의해서 지탱된다고 한다면, 국가 스스로는 권력을 끌어낼 수 없으며 구성원들 자신, 그들의 뒷받침 그리고 그들의 협력안에서 그 원천을 찾아야만 한다. 하지만 그것이 오늘날 국가는 더이상 권력을 필요로 하지 않는다고 말하는 것을 의미하지는 않는 것이다.

오히려 반대로 국가적 과업의 증가는 불가피하게 공권력의 강화를 요청하는 바, 이는 그러한 과업이 통제(la contrôle)와 조정(la coordination)의 형태 아래에서만 행하여지는 영역 안에서도 마찬가지이다. 이미 大戰前에 나타난 바이지만, 실제의 국가적 생활은 국가의 수중에서 또는 그 감사하에 국민공동체의 행위와 권력이란 방법으로 점점 더 강한 집중을 보인다. 협력 자체의 논의는 국가의 권력이 쇠퇴되는 과정에서 더욱 많이 일어나는 바, 이때에도 국가는 협력 안에서 인민의 힘을 끌어내어 권력적 힘을 강력하게 확대시키거나 외연에서 발전시키는 방책을 발견하는 것이므로, 협력에의 호소가 권력을 포기하도록 시민들에게 행해진 순수한 고백으로 분석될 수는 없다. 인민(un peuple)은 국가적 장래(son avenir étatique)의 쇠퇴를 자신의 몰락으로까지 보는 것이다.

V. '국민의 정치형태'로서의 국가

1. 국가권력의 근원으로서의 도덕법규

프랑스의 경우와는 달리, 독일인들이 Herrschaftsgewalt라는 명칭으로 부르는 지배권이라는 권력의 관념은 독일제국이 패배되자 몰락되었고, 또한 독일의 말로부터 국민(la nation)이라는 용어가 제외되면서 국가권력이 국민의 위에 자리 잡은 것으로 나타나자 국민의 구성원들은 더 이상 순수한 주체의 성격을 지니지 못하는 지배자(ce dominateur)가 될 뿐이었다.

지배(Herrschaft) 그 자체의 대해서 볼 때, 독일적 도그마틱의 잘못은 그러한 권력적 힘을 국가의 법적 판별기준으로서 또는 실제적으로 필요불가결한 속성으로서 보여준 것에서가 아니라 그들의 권력이론을 정복의 도구로서 받아 들여, 인민에게(au peuple) 외국인민들을 지배하고 굴복시키는 수단으로서 제공한 것이었다는 점이다.

무엇보다도 Herrschaft라 하는 독일의 관념은 그 관념의 선전자들이 고의로 또는 마구잡이로(systématiquement-rucksichtlos) 국가적 권력이 아무리 법적으로 절대적이고 정치적으로 필요하더라도 그것보다 높은 우월성을 지닌 것으로서 그들 스스로를 지배하는 도덕질서 규칙(des régles d'ordre moral)의 존재를 묵과하기 때문에 그러한 것이다.

법률가가 현대의 실정법이 국가의 권력에 근거를 둔다든지 치자의 권위(l'autorité des gouvernants)의 정당성의 근거를 현재 유효한 법질서(l'orde juridique en vigueur)에 둔다고 주장하기에 이를때, 그것은 그 실정적 질서(cet ordre positif) 밖에 인민(les peuples), 정부(les Gouvernements) 그리고 개개인(les individus)을 지배하는 이상 규범(le précepte idéal)을 인식할 수 없음을 의미하는 것은 아니다.

반면 Herrschaft의 독일적 원리가 시사하는 바는, 법률뿐 아니라 도덕법규(la loi morale) 자체도 국가권력에 딸려 있다고 보아, 국가의 의사와 그 기관들의 사실상의 권력과는 다른, 원천으로서의 행동규율(les régles de conduite)을 환기시키고 인식하고 존중하지 않았다.

따라서 그것들 없이는 국가가 행위할 수도 기능할 수도 또 이해될 수도 없는 권위와 명령권의 근원(le principe d'autorité et pouvoir de commandement) 즉 실효성 있는 법(droit effectif)의 밖에 그리고 그 위에 있는 도덕의 역할(la part de la morale)을 보전해야만 한다. 국가에 필수불가결한 권력적 힘과 도덕법규에 기초한 경의의 조화(une conciliation) 즉 법질서의 整頓(arrangement d'ordre juridique)은 만족한 방식으로는 극복될 수 없다. 오로지 인민(des peuples)과 그 정부(les Gouvernements)의 근본적인 올바름(la droiture foncier)이야말로 상대적으로 완화된 유효한 기초원리들을 제공할 수 있을 뿐이다.

2. 권력의 강제성과 제도화

강제성을 지닌 권력이 존재하는 사회공동체에는 국가가 있다.[69] 즉 한 사회 내에서 각자가 서로에게 자신들의 의사를 강제하는 힘을 가지는 때부터 국가에 관한 언급이 시작된다.[70] 물론 이에 대한 반론도 설득력은 있다. 즉, (통)치자와 피치자라는 구분에 입각한 권력의 형태를 국가와 동일시한다면 국가에 귀속시킬 수 없는 다양한 정치형태에 따른 권력이나 권위가 국가로 인식될 수 있음을 설명할 수 없다든지,[71] 어떤 집단의 우두머리가 지닌 권력과 현대 정부가 행사하는 권력사이에는 정도의 차이가 아닌 질적 차이가 있다는 것이 그것이다.[72]

권력을 특징짓는 것은 강제(la contrainte)이며 근대국가는 그 변종일 뿐이다. 레페브르(Léfèbvre)도 권력의 제도화된 형태를 국가로 인식하였다. 그리고 그 권력에는 강제가 존재한다는 것이다.[73] 다만, 그러한 권력형태, 즉 정치형태의 기원이 다른 사회형태와 다르면 다를수록 그 일반이론을 세우는 것은 그만큼 어렵다.[74] 그러니 국가를 表徵하는 것은 강제성을 지니는 권력의 제도화(l'institutionnalisation)로서, 권력의 정당성(légitimité du Pouvoir)이라는 관념의 변형 내지는 권력의 제도화의 법·정치적 귀결[75]이기도 하다.[76]

국가사회 계약에 관련된 이론들은 국가 탄생의 事實現象에 보다 더 관심을 기울였다는 한계를 보인다. 국가는 생산양식에 의해서 창조되는 것이지 사회계약에 의해서 만들어지는 것은 아니다. 말베르그 역시 확신하듯 법학은 법의 발생사실을 확인하려는 목적에서가 아니라 그러한 사실들을 초래하는 법관계를 명확하게 할 과업을 위해서 존재한다.[77] 그러한 점에

---

69) Léon Duguit, *Traité de droit constitutionnel*, Paris, 1927, p. 536.

70) Y. Guchet, *précité*, pp. 16-17. 그 대표적인 학자로서 뒤기(Léon Duguit 1859-1928)를 들 수 있다 그는 꽁뜨나 뒤르껭(Émile Durkheim 1858-1917) 등 실체적 사회학자들의 영향으로 자연법적·형이상학적 법리에 대신하는 社會連帶의 법리를 내세웠다. 그는 이를 기초로 다원적 국가론을 주장하면서 국가는 하나의 사실(L'État est un fait)이고 따라서 국가 자체는 일정 사회 내에서 정치적으로 구별될 수 있는 존재로서 인식가능하다고 한 것(Léon Duguit, *Traité de droit constitutionnel*, p. 536)이다.

71) H. Léfèbvre, *De l'État dans le monde moderne*, Paris, U.G.E., 1976, p. 4. cité par Y. Guchet, *ibid.*

72) G. Burdeau, *précité*, p. 42.

73) 뒤기도 이러한 권력의 형태는 사회에 따라서 변화한다고 했다. 그러므로 고대 그리스의 도시 제도는 오늘날의 발전된 산업사회 국가의 제도와는 유사하지 않지만 그러나 근대국가에서와 같이 기본적으로 보유하는 공통점인 강제권(la coercition)이 있는 정치형태이기에 그리스 국가(l'État gréc)인 것이다.

74) 예컨대 11세기 초의 유럽 봉건사회가 家臣과 봉건군주의 개인적 관계에 기초한 정치체제라면 그것은 관료적 기구의 틀 안에서 조직되는 권력체제(un système de pouvoirs)를 인식하는 것이라고 할 수 있다. Y. Guchet, *précité*, pp. 17-18.

75) Y. Guchet, *précité*, p. 21.

76) 인민을 억압하는 권력은 어느 정도는 그 보유에 있어서 개인적인 성질을 지니고 그에 기초하는바 바로 그 때에 권력에 대한 인민의 동의(le consentement)는 권력의 개인적 특성을 상실시킨다. 군주의 권력이 정당하다면 적어도 군주가 어느 정도 명백한 자격을 지니고 군주다운 기능을 행사하기 때문이다. 군주제적 「제도」라도 군주 「개인」보다는 상위에 서 있으며 그 후부터는 그 계속성을 확인한다. 이 때 군주의 죽음과 제도적 권력의 空白은 일치하지 않는다.

77) C. de Malberg, *Contribution, I*, p. 8.

서 국가는 특정한 법적 성격의 존재에 근거하는 조직이며 거기에서 전국가적인 정치형태와 구별된다. 그 表徵이야말로 주권(la souveraineté)과 법인격(la personnalité)이다.[78] 국가 일반 이론은 국가의 기원에 관한 물음뿐 아니라 시민사회(la société civile) 즉, 국가의 사회·정치적 의미의 보다 더 구체적인 양식에 관계되는 것이다.

그리하여 첫째, 국가는 시민사회를 담당하는 국민(la Nation)에 상응하는 정치적·법적 형태(une forme politico-juridique)이다. 19세기와 20세기 초 법률가들은, 국가의 이상주의적인 개념에 의하여 국가를 시민사회와는 분리된 정치적 형태로 보면서 특정한 이익이 아닌 일반이익의 이행을 보장하는 것으로 보았다.

둘째, 국가는 시민사회와 구별되는 존재라기보다 시민사회의 지배적인 사회계층에 의해서 그 이익을 방어하기 위하여 사용되는 정치형태로 볼 때, 예를 들어 자본제적 생산양식이 우세한 사회에 있어서의 국가는 무산계급에 대한 부르주아지 계급의 지배도구에 다름이 아니라고 한다. 이 때 지배계급은 국가의 시민사회에 대한 현실을 은폐시키는 것이 이롭다고 생각하여, 이데올로기적 체제를 내세운다.

3. 국민의 정치형태로서의 국가

정치적 개념으로서의 국민(la Nation)은 한정된 집단들을 통합하는 총괄체로서의 인간공동체(une collectivité humaine)이다.[79] 즉 국민은 정치적 목적을 추구하면서 다른 인간단체와 구별되는 同質性을 지닌다. 르낭은 국민이란 마음(une âme)이며 정신이라 한다.[80] 즉, 그러한 마음으로서의 국민은 기억의 공동보유, 현실에 대한 동의, 함께 살려는 희망, 공동으로 받은 유산의 계속적인 개발의사 등의 총체이다. 과거의 공통된 영광, 현재의 공통된 의사 그리고 그 반복적 행사야말로 인민(un Peuple)이 되기 위한 본질적 조건이다. 국민은 결국 '공통되는 과거에의 인식에 기초하면서 공유되는 미래의 이상상(꿈)'으로서,[81] 그 기초에는 민족공동체가 존재한다.[82] 다만 정신적 가치만을 인식하고 객관적 요소들, 예컨대 언어적 所與를 도외시한다면 국민공동체(la collectivité nationale)에 함축되는 지배적인 가치에 근거하는 최소한의 합의라는 존재를 잊는 것이다.

국민으로서의 국가(또는 국민국가, État/Nation)에서 국민은 국가에 선행하며 국가는 국민의 발현이다. 구 체제하에서의 국가는 국민이 종교전쟁과 같은 중대한 위기를 극복하도록 도

---

78) Y. Guchet, *précité*, p. 24. 「주권」에 관해서는 拙稿의 여러 글들에서 나름대로의 견해를 밝힌 바 있다. 「법인격」의 문제는 국가의 법적 주체성 인정의 한 양식으로서, 이는 다시 다루려 한다.

79) Bonnard, *La conception juridique de L'État*, in Revue du droit public, 1922, p. 20.

80) Renan, *Qu'est-ce qu'une Nation?*, 1882, cité par Y. Guchet, p. 26.

81) G. Burdeau, précité, Ⅱ, p. 115.

82) M. Hauriou, *Précis de droit constitutionnel*, Paris, Sirey, 1929, p. 80.

와주면서 그 집권화와 합리화를 매개로 형성되었다. 혁명의 시기에 국가의 완성이나 합리화는 국민적 이념(국가이념 l'idée nationale)의 강화다. 그것은 État-Nation 관계에 명백한 형상을 부여하는 데 기여한, 바로 19세기에서의 국가조직 원리였다. 민족자결 원리 하에서의 새로운 국가의 탄생은, 기존했던 종속관계를 끊는다는 의사를 천명한 국민의 先 存在에 의해서만 정당화될 수 있다. 그러한 관념에서 국가의 개념은 '국민의 정치적 표현'으로서 인식된다. 국민국가(État-Nation)가 국민주권(la souveraineté nationale) 이론으로서 형성되는 것 역시 같은 입장이다.[83] 그렇다 해도 국가란 국민적 현상(phénomène nationale)의 實體物이 아니라 사회가 자본제적 생산양식의 논리에 입각하여 조직되기 시작할 때에 나타난다.[84]

국가는 헌법제도상 인정되는 보편적 존재자로서의 정치제도(l'institution politique)이다. 따라서 그 遍在上 모든 단체 속에서 구체화된다. 헌법제도로서 형성되는 국가는 또한 영토 공간내의 효력 있는 '공권력적 힘'(une puissance publique)으로서 인식된다. 그때 국가는 단체조직과 공동체 구성원들의 행동규율을 규범적으로서 가능케 된다. 즉 공권력적 힘이야말로 국가의 본질적 규정자이며 구성원행위의 규범화 존재이기에, 그것이야말로 국가의 헌법적 이해의 본질 자체이다.[85]

공적 통치질서는 공권력적 힘으로서의 국가를 기초로 국민에게 부과되므로, 헌정제도는 국민(la nation)의 뜻에 합치되는 구조절차를 지닐 때에만 가치가 있다. 따라서 국가의 공권력적 힘은 독자적 범주 결정권을 지니지 못한다. 국가는 국민에 합치되는 법이념 실현수단으로서의 권력양태이기 때문이다. 그러기에 국가가 실현시켜야 할 법이념의 포섭규범인 헌법은, 국민·국가간 규범적 관계를 명확화하고, 그럼으로써 헌법 존중 의무를 지는 치자(les gouvernants)의 자의를 배제할 수 있게 한다.

국가는 인적 공동체에 기초한 權力樣態이다. 즉 사회공동체 영역에서의 포괄을 가능케 하는 헌법적 이해에 있어서의 국가라 함은 국민공동체 형성에 직결되는 권력양태이다. 그럴 때 국가는 영토에 터 잡은 구성원 전체가 지역, 인종, 민중 등으로 형성되는 부분사회를 일반적 보편적 권력으로 同質化하는 공권력적 힘으로 인식된다. 헌법국가에서 이해되는 국가라 함은 공동체 내 권력양태 등의 주권적 권력과 국민동의에 기초하여 現象學的 사회의 규범적 기초 하에 존재하는 권력양태적 조직체이다. 여기서 그 권력양태는 권력적 통치작용에 중점을 둔 고권적 국가로서가 아닌 국민 생존배려에 있음은 당연하다.

---

83) M. Mialle, *L'État du droit*, Paris, Maspero, 1978, p. 175.

84) *Ibid.*, p. 177. Y. Guchet, *précité*, p. 28.

85) 국가기관에 의해서 정식으로 설정된 법규인 법률만이 통치질서를 위해서 존재한다는 관점은, 자연법이라든지 객관적 법 또는 이성법이라는 명칭 하에 전국가적 내지 초국가적 法(droit)이 존재한다는 점을 인식하지 못한다. 국가는 그러한 법규범의 집합체에 대하여 실질적인 힘을 지니면서 동시에 또한 복종하는 점에서 법에 무관계한 힘(la force)이 아닌 권력의 한 양태로서의 공권력적 힘(La puissance publique)으로 인식된다(G. Burdeau, *précité*, p. 633).

3. 국가역할의 역사적 변천* – 근대국가의 미래와 관련하여 –

송 석 윤**

Ⅰ. 서 설

2001년을 맞이하면서 당분간은 미래라는 단어가 존재하지 않을 듯하다. 오랫동안 우리에게 미래를 상징하던 21세기가 현재로 되었기 때문이다. 이는 동시에 그동안 새로운 밀레니엄에 대한 예언적 논의들이 구체적 "현재"에 직면하였음을 의미하기도 한다.

지난 세기말 이래로 짧게 잡아도 약 5백년에 걸친 근대국가의 프로젝트가 종말을 고하고 있다는 주장이 대두되고 있다. 이러한 주장에 동의하는 것과는 별개로 적어도 20세기 후반부터 근대국가가 근본적으로 새로운 상황을 맞이하고 있는 것은 부정하기 어려운 현실이다.[1] 과학기술의 발전으로 인하여 교통과 정보통신의 영역에서 혁명적인 변화가 일어나고 있으며 이는 지구촌이라는 표현이 상징하듯이 기존의 지리적인 공간개념을 무의미하게 만들고 있다. 이러한 변화 속에서 국민국가의 차원에서는 해결하기 어려운 공적 과업들이 다양한 형태로 나타나고 있다. 근대국가는 또한 대내적으로도 수많은 어려움에 봉착하고 있다. 산업사회의 진행으로 인하여 기존의 공동체가 붕괴됨으로써 국가에게 맡겨진 공적 과업이 감당하기 어려울 만큼 폭발적으로 증가하였다. 이러한 상황 속에서 새로운 행위주체들이 등장하여 때로는 국가와 협력하고 또 때로는 경쟁하는 상황이 관찰되고 있다. 이러한 변화들을 구체적으로 들여다보면 근본적으로 새로운 것은 아님을 알 수 있다. 하지만 그 속도가 워낙 빠르고 또한 광범위하게 일어나고 있기 때문에 이것이 근대국가의 종언과 새로운 시대의 시작을 알리는 징표로 주장되고 있다고 보인다.

헌법학의 관점에서 근대국가의 현재와 미래에 관심을 갖는 것은 근대 입헌주의헌법이 근대국가를 전제로 형성되었고, 그 변천에 상응하는 변화를 경험하여 왔기 때문이다. 따라서

---

* 이 글은 2001년에 법과 사회 제20호에 게재된 것인데 성낙인총장 퇴임기념논문집의 제목인 '국가와 헌법'에 적합하다고 생각하여 선택하였다. 새로운 밀레니엄, 세계화 등이 화두이던 때에 발표된 글을 브렉시트, 동유럽의 권위주의화, 중국의 약진, 보호무역주의 등이 논의되는 오늘날 다시 읽는 의미가 있다고 보아 최소한의 수정만 하였다.

** 서울대학교 법학전문대학원 교수

1) 이에 관한 논의로는 강정인, 「세계화, 정보화 그리고 민주주의」, 문학과지성사, 1998; 김경원 · 임현진 공편, 「세계화의 도전과 한국의 대응」, 나남, 1995; 김호기, 「한국의 현대성과 사회변동」, 나남, 1999; 마틴 카노이 등, 「정보화시대의 지구경제와 국가」, 일신사, 1998; 안병영 · 임혁백 공편, 「세계화와 신자유주의」, 나남, 2000; 임혁백, 「세계화시대의 민주주의」, 나남, 2000; 타나까 아끼히꼬, 「새로운 중세」, 지정, 2001; 하영선 편, 「탈근대 지구정치학」, 나남, 1993; 한배호 편, 「세계화와 민주주의」, 세종연구소, 1996; 한스 피터 마르틴 · 하랄드 슈만, 「세계화의 덫」, 영림카디널, 1997 등을 들 수 있다.

국가의 미래는 헌법의 미래와 뗄 수 없는 관련을 맺고 있다. 이러한 관심에도 불구하고 이 글은 국가의 미래를 본격적으로 논의하는 것을 목표로 하고 있지는 않다. 공동체의 구체적인 질서와의 연관 속에서 사물을 바라보는 법률가의 입장에서는 오히려 근대국가의 형성과 전개, 그리고 국가와 그 법이 변화하는 환경에 대해서 지녀온 적응능력에 대한 정확한 평가가 전제되지 않은 상태에서 그 운명을 논의하는 위험성에 주목하게 된다. 근대국가는 그 자체가 지니고 있는 다양한 모습에 상응하여 여러 가지 관점에서 관찰될 수 있을 것이다. 이 글에서는 근대국가가 수행하여 온 역할의 변화를 되짚어 보면서 오늘날 국가에 요구되는 역할과 이를 충족시킬 방안을 생각해 보려 한다. 근대국가는 자연발생적으로 형성된 유기체적 존재가 아니라 인간의 필요에 따라서 인위적으로 만들어진 조직체이며, 따라서 근대국가의 형성과 변천은 국가에게 기대하였던 역할이 무엇이었고 국가가 이를 어떻게 수행하여 왔는가와 밀접한 관련을 맺어왔기 때문이다.

이 글에서는 우선 근대국가를 역사적으로 이해할 필요성을 제기하면서 국가역할(Staatsaufgaben)이라는 담론이 지니는 함의를 제시할 것이다. 이어서 근대국가의 형성·변천과 함께 국가의 역할이 변화하는 모습을 살펴 본 후 새로이 대두되고 있는 국가의 역할을 분석하면서 이것이 근대국가성과 관련하여 지니는 의미를 생각해 볼 것이다.

Ⅱ. 두 개의 관점: 근대국가의 역사성과 국가의 역할

1. 세계화 논의와 근대국가의 역사성

우선 근대국가의 미래와 관련된 사회과학적 논의들을 비평해 볼 필요가 있다.

(1) 용어정리의 필요성

근대국가의 운명과 관련하여 나타나는 다양한 견해를 살피면서 받는 첫인상은 근대국가란 무엇인가에 대한 충분한 논의가 전제되어 있지 않다는 점이다. 한편으로는 영토국가 또는 국민국가라고 하고, 경우에 따라 근대 주권국가[2]라고 하며, 나아가 근대 민족국가[3]라는 용어도 사용되고 있다. 이러한 용어들은 각기 다른 의미내용을 함축 내지 표상하고 있다. 우선 영토국가 또는 국민국가는 근대국가가 배타적인 지배권을 행사하는 경계와 그 경계 내에 거주하는 사람들인 국민이 형성되는 것을 의미함으로써 근대국가의 사실적 특징을 나타내고 있다. 이에 비하여 주권국가라는 표현은 지배권이라는 사실적인 표현과는 달리 법적이고 이데올로기적인 함의를 지닌다. 즉 주권국가라는 표현은 근대국가가 새로이 형성된 영토에 대

2) 예를 들어 임혁백, 앞의 책, 72면.
3) 세계화논의의 중요한 논객 중의 한 명인 데이비드 헬드와의 대담제목을 "국제자본 도전으로 민족국가 주권은 갈수록 약화"(강조: 필자)라고 뽑은 신문기사를 그 예로 들 수 있다(조선일보 2001.4.25. 9면).

한 배타적인 지배권을 행사해야 함을 정당화하는 일종의 개념인 측면이 강하다. 나아가 민족국가라는 틀은 후술하는 바와 같이 적어도 프랑스혁명 이후에 19세기를 거치면서 형성된 것으로 앞의 표현들과는 전혀 다른 맥락에 놓여 있다.[4)]

세계화와 관련된 논의에서 주권국가라는 표현은 일반적으로 대외적 측면에서의 변화를 강조하는 맥락에서 사용되고 있다. 그런데 세계화 논의를 정리한 "세계화의 도전과 한국의 대응"이라는 책의 제목이 보여주듯이 한편으로는 국제관계에서 주권국가이외의 행위주체들의 활동이 늘어나는 것에 주목하면서 다른 한편으로는 이에 대한 국가의 대내적인 대응이 필요함을 역설한다면 근대 국민국가는 약화되는 것인가 아니면 강화되는 것인가. 국가의 대외적 배타성과 대내적 최고성 및 독점성은 동전의 이면에 불과하다.

(2) 근대국가의 지나친 정형화

이처럼 근대국가의 현실적 측면과 개념적 측면, 근대국가의 형성과정에서 나타난 징표와 전개과정에서 나타난 징표가 용어상 혼용되는 이유가 단지 무지에서 기인한다고 보이지는 않는다. 세계화와 근대국가의 종언이라는 패러다임의 변화가 사실을 보는 관점의 변화에 그치지 않고, 한편으로는 근대국가를 지나치게 정형화하고 다른 한편으로는 그에 합치하지 않는 현실의 변화를 강조하고 있다는 인상을 받는다. 이는 상대방을 링 한가운데에 묶어두고 권투시합을 벌이는 것과 다르지 않다. 근대국가는 어느 날 갑자기 완성된 모습으로 태어나서 그대로 머무른 것이 아니며, 수 백년의 세월동안 점진적으로 형성되어 계속적으로 주변환경의 변화에 대응해 온 것이다.

1) 근대국가와 절대주의

세계화와 관련된 논의에서 흔히 발견하게 되는 근대국가의 정형화의 예로 우선 근대국가의 형성과 절대주의, 그리고 주권사상이 동일시되고 있다는 점을 들 수 있다.[5)] 물론 절대군주가 지배기구를 중앙집권화하고 중간권력들을 배제하려고 노력함으로써 근대국가성의 형성에 적지 않은 역할을 하였음은 사실이다. 하지만 절대주의체제는 신분국가에서부터 시작되어 절대주의를 넘어 입헌주의국가로 나아가는 근대국가시대의 일부를 형성하고 있을 뿐이다. 또한 절대주의가 지배적이던 시대에도 절대주의와 주권사상은 일치하지 않았다. 주권의 문제에서 군주와 신분대표라는 이원주의를 특징으로 하던 신분국가가 언제 하나의 통일된 지배권

4) 민족국가라는 단어는 통합의 과정에 있는 유럽연합의 미래와 관련해서는 매우 중요한 의미를 지닌다고 할 수 있다. 하지만 유럽에서 민족국가의 종말이 근대국가의 종말이 될 지 아니면 근대국가의 다른 유형인 다민족국가로의 전환이 될 지는 열려 있는 문제이다(M. R. Lepsius, "Beyond the Nation-State: The Multinational State as the Model for the European Community", in: The State: Critical Concepts vol. 3, ed. J. A. Hall(London: Routledge, 1994), 564-579면; E. -W. Böckenförde, Die Schweiz-Vorbild für Europa?, in: Böckenförde, Staat, Nation, Europa, 2. Aufl., Frankfurt a. M., 2000, 25-33면 등 참조).

5) 이러한 문제점은 여러 곳에서 발견되는데 "절대군주라는 근대 주권국가는 관할권을 통일하기 위해 법체계를 정비하였고…"(임혁백, 앞의 책, 72면)라는 식의 표현이 전형적인 경우라고 할 것이다.

력으로 융합되었는가는 중요한 문제가 아니다. 왜냐하면 절대주의의 전성기에도 모든 유럽국가가 절대군주의 지배하에 있었던 것이 아니며 그러한 국가들도 당시에 주권을 지닌 것으로 인정되었기 때문이다.[6] 근대국가는 절대주의의 형태로만 형성된 것이 아니며 절대주의시대에도 절대군주국만이 주권국가였던 것은 아니다. 적어도 역사적인 의미에서의 근대국가는 권력분립 또는 지방분권과 모순되는 존재가 아니다.

2) 근대국가와 주권개념

또한 근대국가와 주권개념의 관계도 문제가 된다. 주권사상이 근대국가의 전개에 심대한 역할을 하였음은 분명하다. 하지만 이러한 주권사상이 근대국가의 불가결한 요소인가의 여부에 대해서는 적지 않은 논란이 있어 왔다. 주권개념에 대한 문제제기는 결코 새로운 것이 아니다. 연방국가의 주권문제와 관련하여 이미 19세기 말에 Paul Laband는 주권은 국가개념의 본질적인 징표가 아니며 독립된 국가, 즉 완전한 국가권력의 특징일 뿐이라고 하였고, 나아가 Hugo Preuss는 주권문제를 국법학의 도그마에서 완전히 배제할 것을 주장하였다.[7] 또한 20세기초 다원주의자들의 문제제기를 예외적인 현상이었다고 말하기에는[8] 그 이론적 영향력이 적지 않았다. 최근에 들어서도 이른바 세계화 논의와는 무관하게 주권개념의 헌법적 유용성에 대한 문제제기가 이어져 왔다.[9] 주권사상은 근대국가를 정당화하는 이데올로기였을 뿐 반드시 그 실체와 일치하지 않으며, 따라서 양자를 구별하여 근대국가성을 부정하지 않으면서도 주권개념을 극복할 수 있다는 주장[10]은 얼마든지 가능한 것이다.

2. 국가역할의 담론

세계화와 관련된 논의에서 발견되는 이러한 문제들에도 불구하고 근대국가체제가 커다란 전환기를 맞고 있음을 부정하기는 어렵다. 이러한 변화가 무엇을 의미하며 이러한 변화의 결과가 근대국가의 종말이라면 이후 어떠한 체계가 어떠한 방식으로 국가의 공적 역할을 대체하게 될 것인가. 이 글은 이러한 문제상황 속에서 근대국가의 과거와 현재를 국가역할이라는 관점에서 살피려 하고 있다. 다시 말하자면 공동체의 공적 과업 중 국가가 담당하여 온 일은 무엇이고 이 일을 맡아서 할 수 있는 국가 이외의 주체가 등장하고 있는가를 구체적으로

---

6) 절대주의시대의 유럽에는 영토국가 형태의 절대군주국만이 존재했던 것은 아니다. 공화국도 있었고, 도시국가도 있었으며, 일종의 조합적 공동체도 존재하였다. 주권사상은 절대군주국에서뿐 아니라 이러한 형태의 국가들에서도 관철되었다(H.-P. Schneider, 토론문, in: R. Mußgnug(Hg.), Entstehen und Wandel verfassungsrechtlichen Denkens, Berlin 1996, 91면 참조).

7) G. Haverkate/H. Boldt, Staat und Souveränität, in: O. Brunner u.a.(Hg.), Geschichtliche Grundbegriffe Bd.6, Stuttgart 1990, 1-154면, 147면 이하.

8) D. Held, Democracy, the Nation-State and the Global System, in: Modernity vol. IV, ed. M. Waters (London: Routledge, 1999), 411-445면, 414면.

9) M. Stolleis, Die Idee des souveränen Staates, in: R. Mußgnug(Hg.), 앞의 책, 63-85면, 84면 참조.

10) H. Boldt, 토론문, in: R. Mußgnug(Hg.), 앞의 책, 93면.

평가해 보자는 것이다.

국가의 역할이라는 담론과 비슷한 방식으로 논의되는 것으로 국가목적과 국가기능을 들 수 있다. 국가목적은 정치공동체가 국가라는 형태로 존재하는 것을 정당화하는 논거를 제시하여 왔는데, 국가목적론은 논의가 지나치게 추상적인 수준에서 이루어지고 있어서 현존하는 국가의 실체를 파악하는 데에 별 도움이 되지 못한다.[11] 또한 국가기능의 측면에서 국가기관들이 수행하는 수많은 업무들을 분석하는 것은 지나치게 구체적이어서 종합적인 결론을 도출해 내는 데에 어려움이 있다. 국가의 역할이라는 관점은 이 양자를 연계하여 근대국가의 변화를 파악하는 적절한 기준을 제시한다고 보인다. 즉 국가역할론은 한편으로는 논의가 지나치게 당위일변도로 흐르는 것을 방지하면서 동시에 현실적으로 국가가 수행하는 기능의 합계라는 차원에 머무르지 않는다. 달리 표현하면 국가목적론과는 달리 국가의 능력이라는 현실적인 측면을 감안하면서 또한 국가가 마땅히 해야 할 일에 대한 규범적인 논의도 간과하지 않는다는 것이다.

Ⅲ. 근대국가와 국가역할의 변천

국가역할은 근대국가의 변천과 함께 다양한 모습으로 전개되어 왔다. Kaufmann은 국가역할의 변화를 경찰국가(Polizeistaat), 법치국가(Rechtsstaat), 사회국가(Sozialstaat), 유도국가(Steuerungsstaat)의 네 단계로 나누어 설명하는데 이는 근대국가의 형성, 입헌주의의 등장, 이의 사회국가적 변용 그리고 최근 새로이 요구되는 국가역할에 대한 대응방식에 상응하는 구분이다.[12] Willke는 경찰국가와 법치국가가 모두 물리적 강제력의 독점에 근거하고 있다고 보아 그 역할을 억제(Repression)라는 개념으로 통합하고, 사회국가와 유도국가에 상응하여 재분배(Redistribution)와 예방(Prävention)이라는 개념을 제시하고 있다.[13] 여기서는 Kaufmann의 구별을 기준으로 국가역할의 변화를 경찰국가, 입헌주의적 법치국가, 사회국가의 순으로

---

11) 국가목적론은 정치공동체를 신의 위임 등 선재하는 규범으로 설명하는 것이 더 이상 가능하지 않은 상황에서 국가를 정당화하는 기능을 하였던 바 계몽주의 이후의 국법학과 국가학에서 핵심적인 의미를 지녔다. 국가목적론은 통시적이며 개념적으로 불가결한 국가목적을 찾아내려고 하였는데, 국가의 초헌법적인 정당성을 굳이 찾으려하지 않고 국가의 정당성을 헌법에 귀결시키려는 오늘날에는 큰 의미를 지니지 못하고 있다. 그렇다고 하여 현대국가가 더 이상 목적지향적이지 않다고 이해하는 것은 잘 못된 일이다. 전통적인 국가목적론의 쇠퇴는 현대국가가 더 이상 선재하는 불변의 목적에 기속되지 않고 목적설정에 있어 자율성을 지니게 되었다는 이유로 설명되어야 할 것이다. 현대국가는 정치과정 속에서 목적을 스스로 설정하고 변경하며 이러한 의미에서 국가목적이 실정화된 것이다(F.-X. Kaufmann, Diskurse über Staatsaufgaben, in: D. Grimm(Hg.), Staatsaufgaben, Baden-Baden 1994, 15-41면, 18면; N. Luhmann, Zweckbegriff und Systemrationalität, Tübingen 1968, 71면).

12) Kaufmann, 앞의 글, 19면 이하.

13) H. Willke, Die Steuerungsfunktion des Staates aus systemtheoretischer Sicht, in: Grimm(Hg.), 앞의 책, 685-711면, 688면 이하.

살펴보려 한다. 유도국가 또는 예방국가로 불리우는 마지막 단계는 장을 달리하여 다루게 될 것이다.

1. 경찰국가

근대국가의 형성은 특정한 영역에 대하여 자율적이고 배타적인 지배권이 정착되는 과정이었다. 이 과정은 권력행사수단의 중앙집중과 이의 정당화, 사경제와 국가재정의 분리, 그리고 조직된 국가행정 등의 현상을 동반하였다. 즉 근대국가는 지배자의 인격과는 구별되는 특정 영토에 대한 지배권이 집중되고 조직되며 또한 정당화되는 과정 속에서 형성된 것이다.

새로운 지배권을 정당화하는 데에 있어 가장 중심적인 역할을 한 것은 주권론이었다. 이는 애초에 신을 대상으로 형성된 최고의 절대권력에 대한 사고방식이 국가의 지배권을 형이상학적 차원에서 정당화하는 데에 동원된 것이었다. 국가권력을 정당화함에 있어 이러한 세속화된 정치신학만으로는 충분한 설득력을 지닐 수 없었고 이는 국가의 구체적인 역할과 관련된 논의를 통하여 보완되었다.[14] 국가는 무엇을 하며 해야 하는가 라는 국가역할의 문제는 국가의 목적으로부터 도출되었는데 국가목적에 대한 논의에서는 안전, 복지, 행복 등과 같은 단어가 두드러졌다.[15] 이들 중 가장 핵심적인 것은 안전이었다. 근대국가가 형성되는 중세말과 근세초기에는 이 단어는 안전과 평화라는 식으로 사용되어 무엇보다도 대외적인 위협으로부터 생명과 재산을 보장한다는 의미를 지녔다. 이후 근대적 국가권력이 정착되면서는 대외적인 안전과 대내적인 안전이 구별되었다.

근대국가 형성의 단초가 나타났던 시기를 12·13세기로까지 소급하더라도 국가가 안전을 보장하는 역할을 적극적으로 수행하기 시작한 것은 어느 정도 시간이 지나서였다. 유럽이 기후악화에 따른 기근과 흑사병 등으로 인하여 대재앙을 겪었던 14세기에 당시 이미 단초를 보이던 근대국가가 이러한 재앙에 대해서 적극적인 역할을 수행하였다는 증거는 보이지 않는다.[16] 하지만 16세기에 이르면 국가는 적극적인 입법활동을 통하여 새로이 등장하는 공적인 업무를 폭넓게 담당하게 된다. 예를 들어 독일의 근대국가에서는 일련의 통치명령(Polizeiordnung)[17]을 반포하였는데 이러한 통치명령의 내용은 상업, 수공업, 보건(약국과 식료품거래 등) 뿐 아니라 급료, 상품의 가격제한에 대한 규정, 나아가 신성모독, 음주, 지나친 사치 등을 금지하는 공공도덕에 관한 규정 및 신분에 따른 의복착용과 같이 신분질서를 확

14) 이는 프랑스의 절대군주들이 "짐이 곧 국가"라는 식으로 자신의 권력을 정당화했던 반면에 프로이센의 절대군주들은 "국가의 봉사자"를 자임했던 데에서도 나타난다.

15) Kaufmann, 앞의 글, 20면.

16) H. Boldt, Deutsche Verfassungsgeschichte Bd.1, 2.Aufl., München 1990, 140, 209면 참조.

17) Polizei라는 단어는 그리스어에서 도시국가(polis)의 헌법체제를 의미하는 politeia에서 유래하는 단어이다(Boldt, 앞의 책, 162면).

립하는 규정 등 다양하였다. 이는 초기근대국가의 활동영역의 확대를 보여주고 있다. 독일어에서 국경(Grenze), 외국(Ausland), 신민(Unterthan)이라는 단어가 나타난 것도 16세기부터였음[18]은 우연이 아니었다.

국가가 사회의 안전을 보장한다는 것은 국가가 그 구성원의 생명과 재산을 보호함을 의미하였다. 이를 위해서 국가는 입법을 함으로써 국가의 법질서와 법질서에서 도출되는 권리를 보장하려 하였다. 이러한 권리는 아직 국가권력 그 자체에 대하여 보장받을 수 있는 것에는 미치지 못하고 다른 사인에 대한 것으로 이해되었지만 이를 보장하기 위해서 국가권력은 정당한 강제력의 행사를 독점하려 하였다. 즉 국가는 명령하고 강제하는 힘을 확보함으로써 사회의 안전과 평화 및 구성원의 권리를 보호함을 추구한 것이었다. 이를 위해서 전제되는 것은 국가와 구성원의 사이에 어떠한 매개권력도 존재해서는 아니 된다는 것이었다. 근대국가권력은 따라서 국가와 국가구성원의 사이에 존재하는 봉건적인 권력관계를 배제하고 평등한 신민들을 직접적으로 지배하는 것을 추구하였고 구성원 각자의 생활영역으로까지 자신의 영향력이 관철되도록 노력하였다.[19] 이러한 노력은 물론 점진적으로 그 성과를 거두어서 19세기의 민족국가 단계에 이르러서야 완성되었다고 볼 수 있지만 근대국가가 5백여 년의 역사를 통하여 일관되게 추진한 프로젝트라고 할 수 있다.

2. 근대국가의 입헌주의화와 민족국가화

절대주의로 상징되는 입헌주의 이전의 근대국가는 한편으로는 사회에 대한 국가의 지배권이 집중되는 과정이었지만 사회의 내부에서는 여전히 봉건제적이고 신분제적인 질서가 온존하였다. 입헌주의국가의 탄생은 한편으로는 사회에 대한 절대적인 지배권을 추구하던 국가권력을 법적인 기속 하에 두는 것이며 동시에 신분적 기속으로부터의 해방과 함께 법적으로 평등한 국민이 형성되어 국가의 주인으로 등장하는 과정이었다.

절대주의적 지배질서에 대항하여 국가권력을 법적으로 제한하려는 시도의 배경에는 새로운 사회모델이 놓여있었다.[20] 이에 따르면 국가는 국민의 공적이고 사적인 생활에 있어 실체적인 덕목을 만들 권한이 없으며, 단지 각 개인들이 자유롭고 평등하게 공존할 수 있는 조건을 만들어서 스스로 원하는 생활을 영위하고 자율적인 사회관계를 형성하도록 하는 데에 그쳐야 했다. 개인과 시민사회의 자율성을 실현하기 위해서는 국가의 역할에 대한 구체적인

18) M. Stolleis, 앞의 글, 67면 이하.

19) W. Reinhard, Geschichte der Staatsgewalt. Eine vergleichende Verfassungsgeschichte Europas von den Anfängen bis zur Gegenwart, München 1999, 407면 이하.

20) 시민적 사회모델에 대한 논의에 대해서는 D. Grimm, Der Wandel der Staatsaufgaben und die Krise des Rechtsstaats, in: Grimm(Hg.), Wachsende Staatsaufgaben-sinkende Steuerungsfähigkeit des Rechts, Baden-Baden 1990, 291-306면, 292면 이하와 그곳에 소개된 글을 참조할 것.

통제가 불가피하였다. 하지만 국가의 모든 역할을 법적인 기속 하에 두었던 적은 역사 이래에 없고 이는 근대입헌주의 국가의 경우에도 마찬가지였다. 근대시민혁명을 주도하였던 시민계급은 자신들의 관점에서 가장 중요하다고 생각했던 부분을 법적인 통제하에 두려하였다. 입헌주의적 법치국가에서는 개인의 자유와 재산에 대한 간여에 있어서는 법적인 근거가 필요하도록 되었는데, 이는 한편으로는 복지와 정의는 국가의 간섭이 없는 상태에서 개인의 자유에 기초하여 실현되며, 다른 한편으로는 이러한 자유가 물질적인 보장과 밀접하게 관련되어 있다는 시민계급의 생각에 근거한 것이었다.

이러한 배경 하에서 기존에 국가의 역할로 이해되던 사회적 안전의 개념으로부터 공공복지를 분리하여 이를 국가의 역할에서 제외하였다. 하지만 입헌주의시대의 국가 역할을 단지 이데올로기적이고 법적인 측면에서만 살피는 것은 충분하지 않다. 이념은 현실과 일치하지 않고 또한 국가권력이 행사되는 모든 측면이 법적인 통제하에 놓이지 않았기 때문이다. 자유주의가 지배하던 시절의 국가 역할에 관한 논의에서 강조되었던 것은 국가 세입의 관점이었지 국가조직의 관점은 아니었다. 시민혁명 이후 국가와 시민사회를 분리하여 국가권력을 제한하려 하였던 시도는 경제영역에서의 국가과업의 범위를 줄인 것은 사실이지만, 기타의 영역 특히 국가행정은 계속 확대되었다. 자유주의적 국가이론이 국가의 업무를 양적으로 감소시키기보다는 국가권력을 상호간에 견제하도록 하여 국가의 행위를 법적인 통제하에 두려고 했던 것은 이를 보여주고 있다고 할 수 있다.[21] 프로이센의 경우를 분석하면서 국가가 가능한 한 폭넓은 경제적 자유를 보장하려 했던 것이 결코 국가가 경제 및 사회정책에서 완전히 거리를 두었다고 이해되어서는 안 된다는 입장은 주목할 만하다. Götz Landwehr는 18세기의 계몽절대국가와 19세기의 입헌주의국가의 역할은 수단의 측면에서는 구별되지만 목적의 측면에서는 근본적인 차이가 없다고 본다. 19세기의 자유주의 국가 역시 여전히 법과 안전의 보장 뿐 아니라 공공복지를 자신이 추구해야 할 과제로 보았지만 국가 자신이 이에 직접적으로 간여하는 것보다는 간접적으로 환경을 조성하는 것이 더욱 효율적이라고 판단했다는 것이다. 따라서 국가는 시장이 제대로 기능할 수 있는 법적이고 제도적인 조건을 만들고 철도를 건설하며 직업학교를 세우는 등 사회의 인프라를 구축하는 데에 주력했다는 것이다.[22]

입헌주의가 실현되는 과정 속에서 국가의 역할에 대한 법치주의적 통제장치가 부여된 한편 민족적으로 결속되고 신분적으로 평등한 국민이 형성되어 국가와 국민은 직접 만나게 되었다. 그 대표적인 징표로 국민개병제의 도입과 학교교육에 대한 국가의 통제를 들 수 있다.[23] 프랑스혁명과 함께 도입된 국민개병제는 프랑스군대의 군사적인 성공과 함께 널리 확

21) Kaufmann, 앞의 글, 22면.
22) W. Reinhard, 앞의 책, 461면 이하.
23) W. Reinhard, 앞의 책, 359면 이하, 448면 참조.

산되었다. 이러한 국민개병제의 등장과 확산은 새로이 발흥하는 민족주의적 열정과 무관하지 않았다. 개개의 인민들은 무기를 손에 들고 자신을 희생할 자세를 보이는 민족의 성원으로서 자신이 주인임을 주장할 수 있게 되었기 때문이다. 학교교육에 대한 국가의 통제가 강화된 것도 비슷한 맥락에서 볼 수 있다. 이전에는 사적 자치의 영역에 있거나 교회에서 관할하던 학교교육이 국가에 의하여 직접 실시되거나 국가의 법적 통제하에 놓이게 되고 나아가 의무교육제도가 일반적으로 도입되는 것 역시 18·19세기의 현상이었다. 국가의 구성원들이 신분제적 질서로부터 벗어나서 법적으로 평등한 자유를 향유하게 하려면 그에 상응하는 성숙한 인격을 지녀야 하고 이는 교육을 통한 사회개혁으로 이루어져야 한다는 것이 당시의 분위기였다.[24)]

경찰국가에서 입헌주의국가로의 변화라는 측면만을 주목하면 국가의 역할이-특히 경제영역에서는-적지 않게 감소되었다고 볼 수도 있지만, 이에 수반된-국가에서 민족으로의 전환(vom Staat zur Nation) 또는 근대국가의 민족국가화라고 부를 수 있는-변화 속에서 각각의 인민들이 자신의 일상을 지배하던 신분제적 구속으로부터 벗어나서 국가공동체의 주체로 나서면서 동시에 국가권력이 그 구성원의 일상생활로 침투해 들어왔나는 점을, 국가의 역할이라는 담론으로 국가의 형성·전개과정을 보려는 관점에서는, 간과할 수 없다. 입헌주의적 법치국가의 등장과 함께 국가는 시장으로부터 후퇴하였지만 시장의 주체가 되는 시민들의 교육에 적극적으로 간여하기 시작하였고 또한 공동체의 대외적 안전에 대한 책임의 범위가 자유의 확산에 상응하여 확대되었다. 이는 근대국가 고유의 법에 의한 명령과 강제라는 수단이 그 지배영역 내에서 보다 깊이 침투하게 되었음을 의미한다.

3. 사회국가

입헌주의시대에 국가의 역할이 전면적으로 축소되었다고 보는 것이 반드시 역사적 사실에 상응하지 않음은 앞에서 살핀 바와 같다. 하지만 경제사회에 대한 국가의 포괄적인 개입이 이루어진 것은 산업사회에서 나타나는 사회적 문제들이 표면화되고 그 심각성이 더해지면서였다. 개인의 자유가 보장될 때에 시장메카니즘에 따라서 가장 정의로운 상태에 이르게 된다는 시민적 사회모델은 말 그대로 현실이 아닌 모델이었다. 사적 자치 하에서도 사회정의가 실현되려면 자유가 실질적으로 평등하게 보장되어야 했지만 이러한 상황은 처음부터 존재하지 않았다. 하지만 시민계급은 시민혁명을 통하여 자신에게만 특수하게 적용되는 자유가 아닌 보편적인 자유를 선포하였고 따라서 이러한 자유가 현실적으로 보장되어야 하는 요구를 받게 되었다. 시민혁명이 선포한 인간의 보편적인 자유와 이것이 특수한 계층에 국한되어

24) Reinhard, 앞의 책, 403면 이하; M. Kraul, Das deutsche Gymnasium 1780-1980, Frankfurt a. M. 1984, 28면 이하.

향유되는 이념과 현실간의 괴리는 산업혁명을 겪으면서 더욱 심화되었다. 산업혁명과 함께 생산수단을 소유한 자와 그렇지 못한 자간의 불평등이 점차 계급대립으로 전화되고 또한 격화되었다. 이러한 사회적 불평등의 문제는 노동운동에 의해 적극적으로 제기되고 또한 선거권의 확대와 함께 정치적인 문제로 변하였다.[25)]

19세기말 이래로 국가는 점차 시장에 적극적으로 개입하여 산업사회에서 나타나는 여러 가지 문제들을 해결하도록 요구받게 된다. 시민사회가 자율적으로 공공복리의 문제를 해결할 수 있다는 믿음이 사라진 것에 상응하여 국가에게 이러한 역할이 다시 주어지게 된 것이었다. 국가가 경제영역에 적극적으로 개입하게 되었다는 것은 시민적 사회모델이 제시하였던 국가와 사회의 분리가 상대화되었음을 의미하기도 하였다. 사회국가에 이르면 물리적인 강제력의 행사가 국가의 역할을 수행하는 수단으로서 지니는 의미가 감소하게 된다. 사회국가는 그 정책의 목표를 금전이나 이에 상응하는 급부를 제공함으로써 실현하려 한다. 물론 사회국가에서도 급부에 필요한 재원을 마련하고 또한 이것이 제대로 쓰여지는 것을 통제하기 위해서, 그리고 사회보장체계에 국민들을 편입시키기 위해서는 국가의 강제력이 불가결의 요소이다. 하지만 사회국가의 목적은 질서와 안전을 유지하는 경우와는 달리 강제력을 동원하는 것으로 직접 달성되는 것이 아니다. 다시 말하면 강제력의 동원이 사회질서 유지를 위해서는 목적달성을 위한 직접적인 수단이었다면 사회국가의 목적을 위해서는 그 전제조건을 마련하는 수단이라는 간접적인 의미를 지닌다. 즉 급부를 통하여 물질적 욕구를 해결하는 사회국가의 과제를 충족시키는 데에 있어 국가의 강제력은 그 전제조건을 마련하는 데에 동원되고 이를 직접 해결하는 것은 재원인 것이다.[26)] 사회국가로의 전환으로 인하여 이제 근대국가는 시민사회를 넘어 노동조합을 비롯한 다양한 단체 및 폭넓은 조직을 지닌 대중정당 등으로 조직화된 대중사회를 기반으로 하게 되었다. 국민국가가 특정한 계층에 국한되지 않고 모든 계층을 사회적으로 통합하기 위해서는 국가의 역할이 빠르게 증가하였다.[27)] 이는 동시에 국가가 모든 국민을 총체적으로 동원할 수 있는 전제조건을 갖추었음을 의미하기도 하였다.

---

25) Kaufmann, 앞의 글, 23면 이하; D. Grimm, Der Wandel der Staatsaufgaben und die Zukunft der Verfassung, in: Grimm(Hg.), Staatsaufgaben, 613-646면, 621면 이하 등.

26) D. Grimm, Staatsaufgaben-eine Bilanz, in: Grimm(Hg.), Staatsaufgaben, 771-785면, 777면 이하.

27) 이는 사회보장을 위한 국가의 재정지출이 증가한 것으로 나타나는데 이는 모든 서구 입헌국가들에게 공통적이었다. 계산방식에 따른 다소간의 차이가 있을 수 있겠지만 한 연구에 의하면 일인당 국민소득에서 국가지출분이 차지하는 비율이 1872년에 18.5%였던 것이 1972년에는 39.8%로 되었다고 한다(H. Schulze-Fielitz, Staatsaufgabenentwicklung und Verfassung, in: Grimm(Hg.), Wachsende Staatsaufgaben-sinkende Steuerungsfähigkeit des Rechts, 11-47면, 18면).

Ⅳ. 유도국가

1. 사회의 복지와 안전에 대한 총체적 책임

사회국가의 출현으로 비롯된 국가역할의 본격적인 증가는 제2차 세계대전 이후에도 계속되었다. 이제는 산업화에 따른 사회문제를 해결하는 것을 넘어 한 사회에 잠재하는 모든 가능한 차별을 극복하는 것이 국가가 해야 할 일로 인식되었다. 여성, 아동, 장애인 등의 권리보호 등은 그 전형적인 예라고 할 수 있다. 또한 사회가 고도로 분화됨으로써 효율성이 향상된 반면에 전체사회가 사회의 작은 영역에 의존되는 정도가 높아졌다. 현대사회는 점차 작은 부품이 하나만 고장나도 가지 않는 시계처럼 되어가고 있는 것이다. 이러한 상황 속에서 국가는 전체사회가 마비되는 것을 방지하기 위하여 사회의 각 영역이 제대로 기능하도록 하는 책임을 지고 전문화된 부분영역의 이해관계를 이에 대해서 관심도 없고 알지도 못하는 기타영역의 이해관계와 조정해야 하는 역할을 맡게 된다. 국가는 이제 전체사회의 존속과 발전을 위해서 모든 관점에서 총체적인 책임을 지니게 되는 것이다.[28] 현대국가는 심지어는 출생률의 높고 낮음에 대해서도 관여하지 않을 수 없는 상황에 이르게 되었다. 현대국가는 구성원의 생로병사의 모든 과정과 무관할 수 없고 또한 당연히 전제되어 있던 가족제도가 해체되는 것에 대한 대책을 세우도록 요구받고 있다.[29]

이처럼 국가의 역할이 확대되어 공동체의 현재와 미래에 대한 총체적인 책임을 지게 되는 상황은 과학기술의 발전으로 인하여 새로운 차원을 맞이하고 있다. 원자핵에너지의 개발과 사용, 컴퓨터정보기술의 눈부신 진보, 유전공학의 대두 등은 인간생활을 크게 변화시키고 있지만 동시에 새로운 유형의 위험을 동반하고 있다. 과학기술의 발전으로 인하여 나타나는 위험들은 작은 원인들이 축적되어 시간이 경과된 후에 심각한 결과를 가져 올 수도 있으며 원인이 발생한 지역과 결과가 발생한 지역이 전혀 다를 수도 있는 등 원인과 결과사이에 시간적·공간적 인과관계가 분명하지 않다. 또한 그에 대한 경험이 축적되지 않았기 때문에 해로운 결과가 발생하는 여부와 그 정도를 예측하기 어렵지만 위험의 잠재력은 인류전체의 존립을 좌우할 수도 있는 특성을 지닌다. 따라서 새로운 위험에 적절하게 대처하려면 근본적으로 새로운 방안을 마련할 것이 요구된다. 이러한 상황에서 개별국가는 한편으로는 과학기술의 발전을 촉진함으로써 국제경쟁력을 유지하여 자신에게 요구되는 총체적 책임을 수행하면서 동시에 그로 인한 위험에 대해서 통제력을 확보해야하는 모순된 상황에 봉착하게 된

28) D. Grimm, Der Wandel der Staatsaufgaben und die Zukunft der Verfassung, 625면 이하.

29) 이에 대해서는 한국가족학회 편, 「현대가족과 사회」, 교육과학사, 1994; 한국여성개발원, 「열린사회와 가족」, 1994; 한국여성개발원, 「최근 가족해체 실태 및 복지대책」, 2000 등을 참조할 것.

다.[30)]

국가의 역할이 폭발적으로 증대되는 상황은 현대국가의 헌법전에도 반영되고 있다. 1975년에 제정된 그리이스헌법은 교육을 국가의 기본과제로 설정하고 그밖에도 스포츠, 모성 및 아동, 노숙자, 자연적이고 문화적인 환경 등을 국가의 특별한 보호대상으로 삼으며 완전고용을 통한 노동의 보호도 이 범주에 포함하고 있다. 이러한 경향은 그리이스에 국한되지 않고 1970년대 이후에 제정 또는 개정된 포르투갈, 스페인, 네덜란드, 스위스의 칸톤들의 헌법전도 비슷한 유형의 헌법조문들을 포함하고 있다.[31)] 우리나라 헌법이 규정하고 있는 평생교육의 진흥(제31조 제5항), 여자, 노인, 청소년 및 신체장애자 등의 보호(제34조 제3, 4, 5항), 재해의 예방 및 그 위험으로부터 국민보호(제34조 제6항), 환경보전(제35조 제1항), 모성보호(제36조 제2항), 소비자보호(제124조) 등도 유사한 맥락에 놓여있다. 이러한 헌법조항들은 대부분 국가의 역할이 확산되는 것을 사후적으로 반영한 것이며 또한 국가역할의 한계를 규정한 것도 아니므로 그 성격상 국가역할의 완전한 실정법화일 수는 없고 그 규범적 효력에 대한 논의도 여전히 열려있는 상태이다.

2. 근대국가의 새로운 경쟁자들

이러한 새로운 역할이 요구되는 상황에서 국가와 경쟁하는 새로운 주체들이 등장하는 것은 주목할 만하다. 근대국가가 사회국가로 변화된 것은 대중사회의 형성과 함께였고 그 배경에는 광범위한 대중조직을 지닌 정당과 이익단체가 있었다. 현대사회의 새로운 문제를 해결하기 위해서 새로운 행위주체가 등장하는 것은 당연한 일이라고 할 수 있다.

현대사회가 마주하고 있는 새로운 문제들은 그 원인과 결과가 개별국가 단위로 국한되지 않는 특징이 있다. 따라서 이를 해결하기 위해서는 국제적인 협력이 강화되고 또한 초국가적인 주체들이 나타나게 된다. 이러한 상황에서 개별국가들은 이전에 자신의 권한에 속하던 부분들을 국제적인 협약이나 초국가적인 주체의 결정으로 이양하게 된다.[32)]

국내적으로는 시민단체의 등장과 활약이 눈길을 끈다. 시민단체를 중심으로 하는 새로운 사회운동은 노동조합, 사용자단체 등처럼 사회의 재화분배에서의 당사자로서 개별이익의 실현을 위하여 국가의 정책결정에 압력을 가하는 활동을 하는 것이 아니다. 시민단체들은-적어도 그들이 추구하는 목적의 측면에서는-인권, 환경, 평화 등 공익의 대표자로서 국가와

---

30) 이는 헌법에 과학기술혁신에 관한 조항(헌법 제127조)이 있는 상태에서 환경보전을 위하여 노력할 의무(헌법 제35조 제1항)가 추가되고, 또한 생명공학육성법이 있는 상태에서 생명윤리법을 제정하려는 노력이 나타나는 상황으로 상징된다.

31) Schulze-Fielitz, 앞의 글, 23면 이하; P. Häberle, Sport als Thema neuerer verfassungsstaatlicher Verfassungen, in: Häberle, Das Grundgesetz zwischen Verfassungsrecht und Verfassungspolitik, Baden-Baden 1996, 715-749면, 717면 이하.

32) Kaufmann, 앞의 글, 30면.

경쟁한다. 이러한 시민단체들은 정치공동체에 활력을 불어넣어 기성의 정치체계가 국민으로부터 괴리되고 정체되는 것을 방지하는 순기능을 하고 있다. 하지만 시민단체가 공적인 문제를 결정함에 있어 행사하는 영향력에 대해 책임을 묻는 제도적 장치가 마련되어 있지 않다는 점은 간과할 수 없는 문제이다.

구체적인 행위주체의 문제는 아니지만 새로운 의사소통방식이 국가의 경쟁자로 나타나는 모습도 보인다. 정보통신기술의 발전과 함께 전자민주주의의 가능성에 주목하는 입장이 그것이다. 이는 규모가 큰 정치공동체에서는 구성원들간에 의사소통을 가능하게 하는 물리적 공간에 한계가 있어서 직접민주주의가 현실적으로 불가능한데 가상공간이 등장하여 구성원 상호간의 직접적인 의사소통이 가능해지므로 대표제 민주주의의 극복이 가능할 수도 있다는 취지로 파악된다.[33] 하지만 대표제 민주주의의 기술적 불가피성을 공간적 제약성에서만 찾는 것은 일면적이라는 점을 지적하지 않을 수 없다. 대표제가 불가피한 것은 직접민주주의가 공간적으로 불가능해서뿐만이 아니다. 대표제에는 대표하는 자와 대표되는 자간의 분업이라는 기능적 관점이 놓여있다.[34] 이러한 분업의 측면은 사회 각 영역간의 역할분담이 빠른 속도로 전문화되고 복잡화되는 현대사회에서 더욱 강조될 수밖에 없다. 정보통신기술의 순기능을 잘 활용하면 대표제에 함축되어 있는 지배·피지배 관계를 희석시키는 데에 적지 않은 기여를 하겠지만 복잡다기한 공동체의 사안을 결정하는 권한을 위임해야 하는 불가피성이 극복될 것으로 보이지는 않는다.

이처럼 새로운 행위주체와 의사소통방식으로 인하여 근대국가가 정치영역에서 지니는 위상에 적지 않은 변화가 있는 것은 사실이지만 이것이 국가의 역할을 대체할 수 있는 여부에 대해서는 조심스럽게 접근할 필요가 있다.

3. 새로운 행위방식: 정보제공과 설득을 통한 유도

국가에게 요구되는 새로운 역할들은 기존의 행위방식으로는 충분히 수행할 수 없다. 예를 들어 다음 세대의 노동력을 확보하기 위하여 출산을 장려해야 한다는 책임을 국가가 지고 있다면 또는 국제경쟁력의 유지를 위해서 정보산업을 육성해야 한다는 필요를 느낀다면 이는 근대국가의 고유한 수단인 명령과 강제로 가능한 것이 아니다. 국가는 한편으로는 법치국가적인 권리보호의 한계를 넘어설 수 없으며 또한 모든 업무를 스스로 하기에는 재원과 효율성의 한계에 부딪치기 때문이다. 또한 사회국가에서 요구되었던 역할처럼 사회적 부의 재분배가 문제된다면 빈곤계층의 물질적 수요를 충족하는 데에 풍족한 재원이 결정적인 역할

33) 자세한 내용은 강정인, 앞의 책, 215면 이하; 임혁백, 앞의 책, 181면 이하 참조.
34) 이러한 관점은 이미 시에이예스의 대표제사상에서 발견된다(E. Schmitt, Zur Zäsurideologie der französischen Revolution, in: Bosl(Hg.), Der moderne Parlamentarismus und seine Grundlage in der ständischen Repräsentation, Berlin 1977, 195-240면, 232면 이하 참조).

을 하겠지만 여기서는 궁극적으로 사회적 행위주체들이 스스로 자신의 행동방식을 바꿔야만 국가가 원하는 목표를 이룰 수 있게 된다. 따라서 이러한 유형의 역할을 수행하기 위해서는 구성원에게 정보를 제공하여 설득을 통하여 행동양식을 바꾸도록 유도(Steuerung)하는 것이 불가피하게 된다.[35] 국가의지의 고전적인 관철수단인 명령과 강제를 동원하려면 규율대상에 대한 완전한 정보와 그것이 주변환경에 미치는 결과에 대한 예견가능성이 전제되어야 한다. 하지만 현대의 위험사회는 불확정성과 예측불가성이라는 특징을 지니고 있다. 이러한 상황에서 공공이익과 관련된 사안에서 개인이나 집단의 행위에 영향을 미치려면 사람들이 가지고 있는 정보의 내용을 바꿈으로써 그들의 선호도에 변화를 가져와서 다양한 선택의 대안들 속에서 스스로 바람직한 결정을 내리도록 하는 것이 최선의 수단이 될 수 있다. 국가에게 부여되는 새로운 역할을 수행함에 있어 전통적인 수단인 고권적 강제력의 행사를 대체하고 있는 정보와 설득을 통한 간접적인 유도라는 수단은 국가가 독점할 수 없는 성격을 지닌다. 따라서 이러한 영역에서 국가가 대내외적으로 등장하는 새로운 주체들과 협조하고 경쟁하게 되는 것은 당연한 결과라고 할 수 있다.

국가의 역할이 확대되면서 새로운 형태의 입법이 등장하고 있다. 명령과 강제를 통하여 도달하기 어려운 성격의 목표에 대해서 전통적인 방식의 규제적인 법을 제정하는 것은 합당하지 않다. 규제적인 법이란 구체적인 명령을 통하여 바람직한 행위를 요구하는 것인데, 그것이 헌법적으로 허용되지 않거나 규율대상이 강제력의 영향을 받지 않는 경우, 또는 규제적인 방식에 의하면 그 비용이 지나치게 높아지는 경우에는 효율적으로 목적을 달성할 수 없음은 이미 언급한 바이다. 전통적인 규제적 법률의 조항들은 대개 일정한 조건하에서 어떠한 제재가 가해진다는 형식을 띠고 있다. 하지만 유도적 국가역할을 수행하기 위한 법률들은 특정한 정책적 목표를 수행하기 위함을 표명하면서 이를 위한 여러 가지 지원방안을 제시하고 있는 경우가 많다. 우리나라의 법전을 개괄해 보면 보건의료기술진흥법, 중소기업진흥및제품구매촉진에관한법률, 평생교육법, 고령자고용촉진법, 국제회의산업육성에관한법률, 기술이전촉진법, 벤처기업육성에관한특별조치법, 소프트웨어산업진흥법, 정보화촉진기본법, 지역균형개발및지방중소기업육성에관한법률 등 이러한 범주에 속하는 수많은 법률들을 발견하게 된다. 국가역할의 현주소를 보여주는 단면이라고 하겠다.

4. 근대국가의 종말?

국가의 역할이 무한대로 늘어나는 상태에서 국가는 새로이 주어지는 역할을 더 이상 독점적으로 수행할 수 없는 상태에 이르게 되고 또한 비고권적인 방식에 의존하게 된다. 하지만 이를 근거로 근대국가의 종말을 선언하는 것은 성급하다고 보인다. 정보화의 예를 들어보

35) Grimm, 앞의 글, 627면 이하; Kaufmann, 앞의 글, 28면 이하; Willke, 앞의 글, 705면 이하 등.

자. 급격한 정보화의 물결에 직면하여 국가는 정보산업을 육성하는 업무를 담당하게 되고 이는 국가가 독점할 수 없는 전형적인 유도국가적 역할로 파악된다. 하지만 정보화사회라는 새로운 상황에서도 앞에서 경찰국가, 입헌주의국가, 사회국가로 구별한 바 있는 기존의 국가역할들이 여전히 요구되고 있다. 국가는 정보화와 관련하여 나타나는 개인간의 권리침해를 방지하는 질서유지기능을 수행하며 또한 개인의 정보가 공권력에 의하여 과도하게 침해되는 것을 방지해야 하며 나아가 정보화와 관련된 사회적 불평등의 심화를 조정해야 한다.[36)]

문제는 국가역할이 이처럼 늘어나고 있는 원인이 무엇인가를 먼저 구명하는 일일 것이다. 물론 국가의 관료기구가 자신의 운동법칙에 의하여 공적 과업을 지나치게 독점하려 하고 그로 인하여 비효율적인 모습이 나타난다면 이는 시정해야 마땅한 일이다. 하지만 적어도 국가역할이 증대되는 보다 근본적인 원인은 사회에서 개별적으로는 해결하기 어려운 공적인 과업이 빠르게 증대되고 있는 데에서 찾아야 할 것으로 보인다. 이전에는 사적인 문제로 인식되던 사안들이 공동체의 일반적인 관심사로 되는 경우가 드물지 않다. 이미 언급한 현대국가의 가족정책은 그 전형적인 예가 될 수 있을 것이다. 현대국가가 이른바 결손가정에 대한 정책에 고심하는 이유는 국가가 인간의 가장 은밀한 영역인 가정에까지 간섭하려는 전체주의적 의도 때문이라고 볼 수는 없다. 인간생활의 기본단위이자 인간공동체를 다음 세대로 이어주는 가족이 고도로 발달된 산업사회에서 전통적인 모습을 잃고 다양한 형태를 띠게 되는 변화를 겪는데 이러한 혼돈 속에서도 가족이 자신의 기능을 유지하도록 하는 것은 공동체의 주요한 공적 과업이 될 수밖에 없는 것이다.[37)] 이러한 새로운 공적 과업을 국가가 독점할 이유도 없지만 이를 담당할 마땅한 대안이 없는 상태에서는 국가에게 그 책임이 돌아올 수밖에 없다.

V. 결 어

근대국가가 최고 전성기를 지나고 있다는 관점에서 국가권력에 대한 비교유럽헌정사를 서술하고 있는 Reinhard의 저술은 주목할 만하다.[38)] 그는 근대국가의 요소로 군주, 정부행정조직, 통치의 파트너(귀족, 교회, 사법), 권력수단(군사, 외교, 문화정책)을 분석한 후 근대국가가 현대화하면서 민주주의, 민족국가, 사회국가가 등장하지만 이것이 각각 독재, 통합적 민족주의, 총체국가로 급진화하면서 근대국가는 위기에 봉착하고 새로운 체제로의 전환이 불

36) 전자거래기본법, 전자서명법, 정보통신망이용촉진및정보보호등에관한법률, 정보격차해소에관한법률 등이 규율하고 있는 내용들은 이러한 범주로 분류될 수 있다.

37) 가족의 쇠퇴와 사회의 부상이 시기적으로 일치한다는 한나 아렌트의 지적은 의미심장하다(한나 아렌트, 「인간의 조건」, 한길사, 1996, 92면).

38) W. Reinhard, Geschichte der Staatsgewalt. Eine vergleichende Verfassungsgeschichte Europas von den Anfängen bis zur Gegenwart, München 1999.

가피해 졌다는 견해를 피력하고 있다.[39)]

라인하르트의 이러한 입장에 대해서는 몇 가지의 논평이 가능할 듯하다.

우선 라인하르트의 저술이 역사학적 연구가 일반적으로 요구하는 바처럼 서술대상에 대하여 일정한 거리를 유지하고 있는가의 문제이다. 그는 자신이 국가권력이 근대로 전개되는 역사를 서술한 것이 근대국가가 이미 과거에 속하기 때문인가라고 자문하면서, 자신이 중립적인 관찰자의입장에 서 있다고는 할 수 없으며, 편견 없이 서술했지만 열정 없이 쓴 것은 아니라는 식의 고백을 하고 있다.[40)]

둘째로 라인하르트의 이러한 열정은 이미 서술의 대상을 선정하는 데에서 나타나고 있다. 유럽국가들의 권력의 역사를 서술한다는 것 자체가 유럽 차원의 정치문화적 정체성을 확보하려는 노력과 무관하지 않기 때문이다. 그가 “혹시 이전에 근대적인 권력국가 및 전쟁국가를 고안해 낸 유럽이 유럽연합으로 적어도 이것(국가들 스스로가 점차 국가 없는 정부에의 요구를 받아들이는 세계: 필자)이 평화롭고 어느 정도 유복한 세계가 될 수 있음을 보여줄 수도 있지 않은가?”[41)]라는 희망 섞인 낙관론을 배경으로 근대국가를 해체하는 과감한 시도를 할 수 있는 것은 유럽연합이라는 장기간에 걸쳐 준비되어 온 대안이 있기 때문에 가능하다. 하지만 이러한 대안이 그의 해체실험의 위험성을 감소시킬 수는 있을 지 몰라도 그 결과의 타당성을 담보하는 것은 물론 아니다.

셋째로 라인하르트는 근대국가가 전쟁국가로 탄생하였다는 전제하에 근대국가의 억압성과 폭력성의 측면을 강조하고 있다.[42)] 근대국가의 형성이 종교개혁으로 인하여 나타난, 이전의 질서로는 감당할 수 없는 혼돈상황과 밀접한 관련이 있다는 것과 근대국가의 전개과정에서 유래없는 강제력의 독점이 이루어졌음은 역사적인 사실이다. 그리고 이러한 근대국가의 억압성과 폭력성에 대한 문제의식은 충분히 공감할 수 있다. 하지만 근대국가권력의 형성이 그러한 전쟁상황 또는 내란상황을 종식시키고 평화와 안전을 확보하기 위한 노력과 무관하지 않음 또한 사실이고 근대국가성을 부정하고 극복함으로써 새로운 대안을 창출할 수 있는가는－유럽연합의 미래와 함께－여전히 열려있는 문제이다.

Reinhard와는 달리 Stolleis는 “정치적인 책임을 지고 행위하면서 사회적인 이해관계로부

39) Reinhard의 입장은 “20세기의 70년대 이후로 국가의 세속적 성장은 종결된 것으로 보인다. 이는 일시적으로가 아니라 최종적이라고 보이는데 그 이유는 여기서 정치문화의 근본적인 변화가 문제되기 때문이다. 국가의 형식적인 권한에는 변화가 없고 또한 근대국가의 정치체계 역시 여전히 기능하고 있다. 하지만 현실적으로 국가권력은 이미 자신의 대외적 주권을 국제조직과, 국내적 권한을 다양한 단체들과 공유하고 있다. 국가의 재원은 감소되어 엄청나게 확대되는 국가역할을 더 이상 온전하게 감당할 수 없다. 그리고 계속 형성되는 새로운 집단들이 국가에 대한 신민들의 충성심을 앗아가고 있다”는 것으로 요약될 수 있다 (Reinhard, 앞의 책, 26면).

40) Reinhard, 앞의 책, 29면 참조.

41) Reinhard, 앞의 책, 536면.

42) Reinhard, 앞의 책, 343면 이하, 467면 이하 참조.

터 어느 정도 거리를 유지하는 국가기관을 형성하는 방법 이외에 도대체 어떻게 극도로 분업화되고 복잡화된 사회를 지도할 수 있는가?"라고 물으면서, 내란을 종식시키고 사적인 복수와 폭력을 억제하며 기본수요를 충족시킬 수 있는 인프라를 구축하기 위해서는 "무장한 리바이어던을 만드는 일"이 우선적인 과제이며 헌법국가를 통하여 이 "리바이어던을 길들이는 것", 즉 국가를 순수한 질서 및 평화유지기능을 위해서 탈신화화하는 것이 문명의 다음 단계라는 입장을 견지하고 있다.[43)]

국가역할에 관한 논의를 통하여 적어도 근대국가성의 척도는 도출될 수 있을 듯하다. 근대국가의 역할이 끊임없는 변화 속에서 다양한 모습을 지녀왔음에도 불구하고 대내외적 안전의 보장 또는 질서와 평화의 유지라는 기능은 항상 기대되고 수행되어 왔다. 이러한 안전의 보장은 또한 사회규범을 정하고 이를 최종적으로 관철시키는 강제력을 국가가 독점함으로써 가능했다. 이렇게 볼 때에 대내외적 안전의 보장을 위한 강제력행사에 대한 권한과 통제권을 상실한 정치공동체는 더 이상 근대국가성을 지닌다고 보기 어려울 것이다. 하지만 어느 지점부터 이를 상실하였다고 판단할 것인지 역시 논쟁의 대상이 되는 문제이다.

미래의 역사가가 누구의 손을 들어줄 지는 알 수 없지만 적어도 현재 우리의 상황에서는 Reinhard를 경청하면서 Stolleis와 함께 노력해야 한다는 정도의 입장이 타당하다고 생각된다. 우리가 직면하고 있는 문제는 오히려 현대사회에서 나타나는 공적 과업들 중 기존 근대국가로부터 기대할 수 있는 역할의 한계선상에 놓여있는 과제를 어떻게 해결할 것인가 이다. 이를 위해 한편으로는 근대국가의 전통적인 행위양식을 변화·적응시키며 또한 동시에 국가 이외의 공적 주체를 가능한 한 제도화된 형태로 창출하는 노력을 기울여야 할 것이다. 근대국가가 종말을 고한다고 하더라도 이것이 정치적인 것과 공적인 것의 종말을 의미해서는 안되기 때문이다.

---

43) Stolleis, 앞의 글, 63면 및 85면.

4. 권력, 자유, 헌법

이 국 운*

이 글은 오늘날 대한민국의 상황에서 성찰적 공동체로 국가를 사유하기 위한 예비적 시도이다. 자유민주주의 국가에서 이와 같은 시도는 권력과 자유의 개념 및 그 상호관계에 대한 숙고를 필요로 하며, 이는 필연적으로 헌법의 본질에 대한 통찰로 이어질 수밖에 없다. 성낙인 총장은 오래전부터 자신의 헌법 교과서를 "권력과 자유의 조화의 기술로서의 헌법"이라는 대단히 인상적인 제목의 절로부터 시작해 왔다.[1] 나는 그 문제의식을 이어받아 이곳에서 권력과 자유와 헌법을 개념적으로 통관(通貫)하는 내 나름의 짧은 논변을 전개해 보려고 한다. 천학(淺學)의 필자로서는 성낙인 총장의 퇴임을 기념하는 방식으로 이보다 나은 방법을 찾을 수 없다.

본격적인 논의에 앞서서 간략하게나마 이 논구의 전체적인 구도를 설명해 두고자 한다. 출발점은 대한민국의 건국시점에 관한 지난 수년간의 논란을 국가 개념론의 관점에서 재검토함으로써 그 중심에 있는 주권이라는 단어의 불충분성을 드러내는 것이다. 이 불충분성의 원인을 나는 권력과 자유를 관계지우는 주권론 또는 주권국가론의 방식, 즉 영국의 신학자 존 밀뱅크가 일찍이 '폭력의 존재론'(ontology of violence)으로 명명했던 특수한 논변에서 찾고자 한다.[2] 이에 따르면 기본적으로 '생존을 위한 선택'이라는 관점을 전제하는 주권 개념은 국가를 딱딱하고 무서우며 욕망에 가득 찬 무엇으로 만들 뿐만 아니라, 그 반영으로써 인간의 존엄과 가치를 인권이라는 법적 권리의 형식 속에 가두고 만다.

모든 이를 수인(囚人)으로 만드는 이러한 방식에 대항하여 권력과 자유를 관계지우는 대안적 방식을 탐색하는 것이 이 글의 목표이다. 한편으로 권력을 현전(presence)의 가능성이라는 관점에서 재규정하고, 다른 한편으로 자유를 절대적 불가침성(absolute inviolability)의 관점에서 재규정함으로써, 나는 권력과 자유를 새롭게 이해하는 동시에 양자를 서로에게 연결시켜 보려고 한다. 달리 말해, 이는 권력을 자유의 조건이자 한계로 읽고, 자유를 권력의 조건이자 한계로 읽어 보려는 것이다. 나아가 이 글은 이와 같은 나름의 이론화를 이 글은 헌법의 본질에 대한 재음미로 이어가려고 생각한다. 특히 권력으로 권력을 견제하는 헌정주의의 비기(秘技)에 대해서는 일종의 정치 신학적 재음미가 반드시 요구된다. 결론부터 말해

---

* 한동대학교 법학부 교수, 헌법/법사회학, 법학박사

1) 성낙인, 헌법학, 법문사, 2018(제18판), 3면 이하.

2) John Milbank, Theology and Social Theory: Beyond Secular Reason, Wiley-Blackwell, 2nd edition), 2006.

서 권력분립의 가능성을 도무지 인정하지 않는 주권론 또는 주권국가론의 맹목적인 고집을 치유하기 위해서는 궁극적으로 삶 그 자체를 대가없이 주어진 것, 선물, 또는 선택받음으로 놓는 일종의 정치신학적 결단이 필요하다. 이와 같은 필요성, 당위성, 아니 '요청'을 받아들이는 것이야말로 오늘날 대한민국의 상황에서 국가를 성찰적 공동체로 사유하기 위한 출발점이다.

Ⅰ.

대한민국이 언제 시작되었느냐를 두고 한국 사회는 한동안 격렬한 논란을 치렀다. 1919년 3.1 운동 또는 그로 인해 상하이에서 성립된 대한민국 임시정부가 기점이라는 주장과 1948년 8월 15일의 대한민국 정부수립이 기점이라는 주장이 맞부딪혔다. 나는 이 글에서 그 논란을 반복하거나 재연시키고 싶은 마음은 추호도 없다. 단지 논쟁이 첨예하게 진행되는 어느 시점에 텔레비전 토론 프로그램에서 목격했던 한 지식인의 발언을 상기함으로써 성찰적 공동체로서 국가를 사유하려는 소략한 논의의 실마리를 얻고 싶을 뿐이다.

기억을 더듬어 보자면, 그 시식인은 발언을 이어가다 말고 한심스럽다는 듯이 소리쳤었다. "아니 국가라는 것이 성립이 되려면 주권, 국민, 영토, 이렇게 세 개가 있어야 한다고요. 이건 정치학 교과서에 나오는 기본 지식입니다. 헌데, 1948년 8월 15일 이전에는 그것들이 없잖아요. 고집부릴 일이 따로 있지…" 독자들은 이 지식인이 논쟁의 어느 편에 서 있었는지를 충분히 짐작할 수 있을 것이다. 헌데 흥미로운 일은 그 다음에 벌어졌다. 논쟁의 다른 편에 있던 지식인들이 독립운동사가 어떻고 제헌헌법의 전문이 어떠하다는 잘 알려진 근거들은 강조하면서도, 유독 이 발언에 대해서는 별다른 반론을 제기하지 않았던 것이다. 비록 논쟁의 다른 편에 서 있을지언정 이들마저도 앞서의 지식인이 말한 정치학 교과서의 기본 지식에 동의하고 있거나 혹은 (너무 강한 표현인지 모르겠으나) 제압당하고 있음이 분명했다.

나는 이 한 장면에 국가란 무엇인가에 대한 우리 지식인 사회의 사유의 빈곤함이 고스란히 담겨 있다고 생각한다. 대한민국이 언제 시작되었느냐는 질문은 국가란 무엇인가라는 더 근본적인 질문을 전제한다. 후자와 연결짓지 않고 전자만을 답할 수 있는 방법은 없다. 그러나 이 장면을 주도한 문제의 지식인은 마치 후자가 정치학 교과서에 의하여 이미 해결되었다는 듯이 말하고 있다. 과연 그러한가? 후술하듯 국가를 주권, 국가, 영토 이렇게 셋으로 규정하는 태도는 결코 보편적인 것이 아니라 서구 근대 문명이 극심한 종교전쟁의 와중에서 안출해낸 독특한 국가이론일 뿐이며, 이에 대해서는 서구 문명 안팎에서 17세기부터 지금까지 계속적인 문제제기와 정당화가 이루어지고 있다.[3] 그럼에도 문제의 지식인은 그와 같은

3) 최근에 이루어진 대표적인 시도들을 일별할 수 있는 문헌으로서 Jacques Maritain, Man and the State, The

역사적 맥락을 사상(捨象)한 채, 국가에 관한 하나의 이론(a theory)을 마치 유일무이한 이론 또는 규범(the theory or norm)이라도 되는 듯 활용했던 셈이다.

사실 미국의 국제법학자 헨리 휘튼(Henry Wheaton)의 국제법 교과서인 *Elements of International Law*를 '만국 공법'이라는 한문번역본으로 접했던 19세기 말 이래, 국가의 정의를 정치학 교과서에서 찾고, 그 기준, 그 요건에 맞추어 스스로의 정치적 성취를 평가하는 태도는 우리 지식인 사회에 일반화된 광경이다. 하지만 엄밀하게 말해서 그와 같은 선택의 대가는 사뭇 치욕스럽기까지 하다. 자신들이 만든 정치공동체가 국가인지 아닌지를, 자신들이 만들지 않은 정치학 교과서의 기본 지식, 그 기준, 그 요건에 맞추어 검증받아야만 한다고 주장하는 것이 어찌 부끄럽지 않겠는가? 하지만 문제의 지식인은 아랑곳하지 않고 마치 남의 국가의 일을 말하듯이 주장을 이어간다. 혹시 이러한 방식이야말로 우리 지식인들이 지난 20세기를, 유독 우리에게만 아직도 지나가지 않고 있는 이 고통스러운 20세기를, 살아온 특유의 방식이어서일까?

비록 현실정치의 진영 논리에 기대는 한계는 있으나, 한국 사회에서 대한민국의 기원 논쟁이 불붙게 된 것을 나는 큰 다행으로 여긴다. 이 논쟁이 오랫동안 우리 지식인들이 스스로의 관점, 스스로의 역사, 스스로의 지적 자원 속에서 묻고 답하기를 꺼려 왔던 국가란 무엇인가라는 질문을 더 이상 회피할 수 없도록 강제하고 있기 때문이다. 국가를 성찰적 공동체로 다시 사유해 보려는 이 글 또한 그와 같은 강제에 대해 응답하기 위한 시도들 중 하나임이 명백하다. 나는 이제 헌법의 관점에서 권력과 자유의 개념을 재구성하려는 시도를 통하여 현재의 지식인 세대가 반드시 추진해야 할 이 공동작업의 일익을 감당해 보고자 한다.

Ⅱ.

정치학 교과서의 시각은 한마디로 권력의 관점에서 국가를 정의하는 것이다.[4] 주권 개념은 그 명백한 상징이다. 국민과 영토도 근대국가의 세 가지 요소로 거론되지만, 이들은 주권과 동등한 차원으로 볼 수 없다. 국민은 주권의 인적 적용범위이고, 영토는 주권의 공간적 적용범위에 불과하기 때문이다. 정치학 교과서는 오로지 주권이론의 입장에서 국가를 이해하는 주권국가론을 설파하고 있을 따름이다. 도대체 왜 이렇게 된 것일까?

앞서 언급했듯이, 정치학 교과서의 주권국가이론은 서구 근대 문명의 특정한 역사적 맥락

Catholic University of America Press(revised version), 1998; 앤드류 빈센트, 국가론, 권석원 역, 인간사랑, 1994; 존 드라이젝 외, 민주주의 국가이론－과거 뿌리, 현재 논쟁, 미래 전망, 김욱 역, 명인문화사, 2014; 로버트 잭슨, 주권이란 무엇인가－근대 국가의 기원과 진화, 옥동석 역, 21세기북스, 2016 등을 예로 들 수 있을 듯하다.

4) 정치학 교과서의 예로, 김영국 외 공저, 신정치학개론, 서울대학교출판부, 1984,156－8면(김학준 집필) 참조

을 전제로 구성된 것이다. 프로테스탄트 종교혁명 이래 유럽을 휩쓴 종교적 내전의 틈바구니에서 17세기 유럽인들은 어떻게 해서든 평화를 확보할 수 있는 도구적 개념의 수립을 갈망했고, 일찍이 장 보댕이 제안했던 주권이론에서 그 대안을 찾아냈다. 대내적으로 최고이며 대외적으로 독립인 주권 개념을 통하여 주권국가를 향한 충성과 주권국가들 사이의 독립을 근거 지우는 방식으로 그들은 지긋지긋한 종교적 살육전을 끝내고 최소한의 평화를 확보할 수 있었던 것이다. 유럽의 정치사에서 주권국가론은 1648년 베스트팔렌조약을 통해 '정상이론'이 되었고, 이후 주권국가들 사이의 끊임없는 전쟁과 식민 지배를 경유하여 전 세계로 그 범위를 확대했다.

지난 4백여 년 동안 주권국가론이 왜 전 세계에 그처럼 강렬하게 확산될 수 있었는지, 그리고 그것이 인류의 정치사에 어떠한 성취와 폐해를 가져왔는지에 관해서는 다른 자리에서 서구적 모더니티와 관련하여 논의한 바에 의존하기로 하자.[5] 여기서 내가 주목하고 싶은 것은 단 한 가지, 주권국가론이 근본적으로 논리적 모순을 내포하고 있다는 점이다. 앞서 말했듯이 주권국가론은 권력의 관점에서 국가를 정의한다. 그렇다면 이때의 권력이란 도대체 무엇인가? 흥미롭게도 주권국가론은 이 질문에 대하여 적어도 국가적 차원에서 모든 권력은 주권이라는 최고이사 최강의 권력으로부터 유래한다고 선언하는 방식으로 대응한다. 그리고 그 모든 권력의 원천인 주권이란 스스로의 결정을 그 자신만이 번복할 수 있는 시원적 권력이라고 규정한다. 비유컨대 이는 역학의 논리로 신의 존재를 추론했던 아리스토텔레스의 시도를 모사하는 것이나 다름없다. 마치 모든 운동을 가능케 하는 '부동의 원동자', 즉 신(神)처럼, 주권국가론은 모든 권력을 가능케 하는 시원적 권력으로서 주권을 정의한다.

그러나 여기에는 하나의 결정적인 논리적 오류가 존재한다. 주권국가론은 앞서 제기되었

---

5) 나는 서구적 모더니티를 사회 내에 지속적으로 관철되는 독특한 경향성의 문제로 이해한다. 하나는 사회구성원들이 스스로에 대한 이해를 '비자족적 존재'에서 '자족적(自足的) 존재'로 전환·심화시키는 것이고, 다른 하나는 사회구성원들 간의 관계 형태를 '인격적-대면적 인간관계'에서 '비인격적-비대면적 인간관계'로 전환·심화시키는 것이다. '자족적 존재로서의 자기이해'란 스스로를 삶의 주권자, 즉 왕이라고 생각하는 것이고, '비인격적-비대면적 인간관계'란 그 왕들이 서로의 얼굴을 마주 보지 않은 채 익명으로 관계를 맺는 것이다. 서구적 모더니티는 한마디로 익명의 왕들로 사회를 재구성하려는 일관된 경향성이라고 볼 수 있다(이국운, 정치적 근대화와 법, 법철학연구 2권, 1999). 익명의 왕들은 모두 자유롭게 자기를 실현하길 원하고, 그에 대한 제약은 항상 자신들의 동의를 전제로만 받아들일 수 있다고 여긴다. 하지만 그렇게 하려면 먼저 익명 속의 다른 왕들을 식별해내야 하며, 여기에는 익명의 타자 앞에 자신의 얼굴을 드러내는 위험이 따를 수밖에 없다. 흥미롭게도 서구 근대 문명의 전개과정에서 주권 개념은 이와 같은 위험을 회피하기 위한 방편으로 활용된 측면이 많다. 왜냐하면 그것은 익명의 왕들이 거주하는 시공간 안팎에 비주권자들, 즉 익명이 아니거나, 왕이 아니거나, 익명도 아니고 왕도 아닌 타자들을 포획해 두는 방식으로 저 식별의 문제를 해결해 왔기 때문이다. 이 비주권자들, 즉 이 포획된 타자들은 일종의 기준점이 되어 익명의 왕들이 서로를 식별할 수 있게 만들어 주었던 것이다. 역사적으로 관찰할 때, 서구 근대 문명은 내전의 고통을 덜어내기 위하여 서구적 모더니티 바깥에 새로운 타자들을 지속적으로 포획한 뒤 문명적 비대칭관계를 연장하는 방식을 선택해 왔다. 그리고 이러한 책략은 문제를 해결하기보다 더욱 심화시켰다. 서구 근대 문명에 의하여 포획된 타자들 중 일부는 서구적 모더니티에 찬동하여 새로운 제국주의적 정복을 시도했고, 다른 일부는 서구적 모더니티 그 자체에 대한 극심한 반대와 저항을 부활시켰던 것이다.

던 권력이란 무엇인가의 질문에 대해서는 여전히 아무 것도 답하지 않기 때문이다. 권력이 무엇인지를 정의하지 않은 채, 주권국가론은 모든 권력 현상을 시원적인 권력, 즉 국가 안에서 상상할 수 있는 그 무엇보다도 더욱 크고 더욱 원초적인 권력(주권)에서 유래하는 것으로 설명할 뿐이다. 그러나 권력을 정의하지 않고 어떻게 가장 시원적인 권력인 주권을 정의할 수 있단 말인가?

이와 같은 논리적 오류의 일단은 기실 주권과 국가가 연결되는 맥락에 이미 드러나 있다. 주권은 개념 필연적으로 최고성과 유일성을 내포할 수밖에 없다. 그러나 국가라는 권력 현상에 연결되면서 주권은 불가피하게 복수성을 띠게 된다. 주권이 국가를 창설한다는 발상은 적어도 국가 숫자만큼의 주권을 전제하는 것이기 때문이다. 이는 주권의 최고성 그리고 유일성에 명백히 배치되는 결과이다. 도대체 최고이며 유일한 시원적 권력이 복수로 존재한다는 명제가 어떻게 모순 없이 정당화될 수 있을까? 권력의 개념을 합리적으로 재구성하지 않고는 도무지 불가능한 문제이다.

그렇다면 이와 같은 논리적 오류에도 불구하고 주권국가론이 정치학 교과서를 차지하게 된 까닭은 무엇일까? 나는 그 원인을 일찍이 존 밀뱅크가 '폭력의 존재론'으로 명명했던 주권국가론의 독특한 존재론적 맥락에서 찾고 싶다. 밀뱅크는 서구의 사회과학이 학문 세계에서 신학을 퇴출시켜버린 것에 대하여 서구의 사회과학 역시 일종의 나쁜 신학일 뿐이라는 도발적인 반론을 제시한다. 그의 핵심 논거는 토마스 홉스로부터 비롯되는 서구의 사회과학이 폭력의 존재론이라는 비상사태의 정치신학을 전제하는 점이다.[6] 폭력의 존재론은 폭력의 원인의 탐구에 대한 판단 중지를 선언함으로써 존재자를 위협하는 폭력을 그 자체로 관찰하고 해결할 수 있는 논리적 교두보를 마련하며, 이를 통해 폭력에 대한 과학적 접근(정치과학)을 시도한다.[7] 주지하듯 주권국가론은 정치를 진리투쟁과 분리시켜 폭력의 문제를 과학적으로 해결하기 위하여 구성되었다. 하지만 그것은 국가를 주권이라는 법적 형식에 간힌, 딱딱하고 무서우며 욕망에 가득 찬 무엇으로 만들 뿐만 아니라, 그 속의 인간 또한 인권이라는 법적 형식 속에서만 존엄과 가치를 지니는 것처럼 보이게 만든다. 권력과 자유를 폭력과 생존을 통해 연결시킴으로써 주권국가론은 모든 사람을 주권과 인권의 수인(囚人)으로 변모시키는 셈이다.

Ⅲ.

흥미롭게도 지난 4백여 년 동안 주권국가론은 주권 개념 그 자체의 논리적 오류를 해결

6) John Milbank, 앞의 책(2006), introduction.
7) John Milbank, 앞의 책(2006), part 1.

하기보다는 주권자의 문제, 즉 누가 주권을 행사해야 하는가를 두고 논란을 거듭해 왔다. 군주, 시민, 프롤레타리아트, 국민 등이 거론되었고, 심지어 사법상의 법인이론에 기대어 국가 그 자체를 주권자로 내세우는 논리가 유행하기도 했다(국가법인설). 그러나 주권자의 문제를 아무리 잘 다듬어 보아도, 주권 개념 그 자체에 존재하는 논리적 모순은 도무지 치유되지 않는다. 이러한 이유로 정치이론가들 중에는 보편적 인권사상이 받아들여진 사회에서는 더 이상 주권 개념이 필요 없다는 주장을 내놓는 경우마저 있을 정도이다.[8] 그러나 설혹 그와 같은 주장을 받아들여 주권 개념을 포기하더라도 국가에 대한 이론적 설명과 정당화를 포기할 수는 없으며, 이는 다시 권력이란 무엇인가의 질문을 부각시킨다. 국가는 무엇보다 하나의 권력 현상으로서 우리 앞에 나타나기 때문이다.

정확히 이 점을 인식하면서, 지난 세기 구미의 정치이론은 가능한 한 주권국가론을 우회하여 권력 현상을 설명하고자 애썼다. 대표적으로 막스 베버는 권력을 "어떤 사회관계의 내부에서 자기의 의사를 관철시킬 수 있는 일체의 가능성"으로 정의했고, 해롤드 라스웰은 "어떤 행동양식에 위반한다면 그 결과 중대한 가치박탈이 기대되는 것과 같은 관계"로 이해했으며, 라이트 밀즈는 "타인의 반항을 배제하면서까지 자기의사를 실현시킬 수 있는 힘"으로 간주했다. 이러한 흐름이 공유하고 있는 문제의식은, 무한히 큰 시원적 권력을 상정하는 방식으로 권력 개념을 신화화하는 주권 개념을 우회하여, 권력을 힘 또는 능력이라는 실체가 아니라 인간들 사이의 상호관계를 중심으로 파악하려는 것이다.[9] 권력 대신 영향력의 개념화를 추진하거나, 언술의 공공성에 주목하여 소통 자체를 권력적으로 이해하거나, 권력의 제도화를 합리적 선택으로 설명하려는 시도들은 크게 보아 이와 같은 권력의 관계개념화에 합세하고 있다.

그렇다면 관계개념으로서 권력은 어떻게 설명할 수 있을까? 주권 개념의 논리적 오류를 답습하지 않은 채 권력을 이해하려면 권력 현상 그 자체로부터 권력의 개념화를 확보하는 수밖에 없다. 이 점이야말로 20세기 후반 서구의 대표적인 사회이론가들인 니클라스 루만, 위르겐 하버마스, 미셸 푸코 등을 관통하는 공통점이다. 이들은 주권 개념에 전제된 소유적 권력 개념을 버리고 각기 커뮤니케이션과 체계, 담화상황과 공론장, 생체-네트워크의 차원에서 권력 현상을 포착하려고 했기 때문이다. 이 각각의 이론들로부터 배운 바가 적지 않음을 고백하면서, 나는 이 글에서 다소 단도직입적으로 권력에 대한 내 나름의 개념화를 시도해 보려고 한다. 이를 위해선 우리 모두가 경험하는 권력 현상 그 자체를 정직하게 관찰하는 곳에서 출발해야 한다.

나는 미셸 푸코가 일찍이 제안했던 기율권력/사목권력(disciplinary/pastoral power)과 통

8) 마르틴 크릴레, 민주적 헌정국가의 역사적 전개, 국순옥 역, 종로서적, 1983.
9) 김영국 외 공저, 앞의 책(1984), 159면.

치성(governmentality)론이 권력 현상에 관하여 새로운 시야를 열어 준다고 생각한다. 아니 더 정확히 말하면, 개념적 선입견을 걷어내고 권력 현상을 정직하게 관찰하도록 요구한다고 본다. 권력은 근본적으로 인간관계적 현상이며 무엇보다 각 사람의 몸에 작용하는 현상이다. 체계 이전에, 의사소통 이전에, 아니 체계로서도 의사소통으로서도, 권력은 결국 사람의 몸에 작용하고 그때 비로소 권력이 된다.[10] 그렇다면 이 권력은 어떻게 사람의 몸에 작용하는가? 잘 알려져 있듯, 푸코는 서구에서 정신병원이나 감옥이 탄생하는 과정을 살펴보는 방식으로 이 점을 밝히고자 했다. 하지만 아쉽게도 권력 현상에 대한 일반이론을 내놓지 못한 채 타계했다. 우리는 바로 그곳에서 출발해야 한다.

일찍이 제레미 벤담이 제안했고, 푸코가 그 의미를 세밀하게 밝혔던 근대 감옥, 판옵티콘을 예로 들어 생각해 보자. 중앙탑의 어두운 정점에서 감시자는 감옥의 모든 방을 언제나 감시할 수 있다. 아니 감시하는 것으로 피감시자에 의하여 전제될 수 있다. 만약 이와 같은 전면적 감시를 권력 현상으로 본다면, 도대체 그것은 어떻게 가능한가? 어둠 속의 감시자는 도대체 어떻게 감시되는 수인의 몸에 권력을 행사할 수 있는가?

내 생각에 열쇳말은 현전(presence), 더 정확히는 현전의 가능성이다. 푸코는 어둠 속의 감시자와 수인의 몸이 감시자의 시선 또는 그 가능성에 의하여 연결된다고 보았다. 그렇다면 이때의 연결은 무엇이며 그것은 어떻게 가능한가? 나는 그 시선 또는 그 가능성을 감시자라는 주체의 현전 또는 현전의 가능성의 범위로 생각해 보고 싶다. 달리 말해, 시선이라는 매개에 의하여 주체의 현전 또는 그 가능성이 표상된다는 것이다. 벤담과 푸코는 시선에 주목하고 있지만, 사실 권력 현상에서 매개는 주먹이어도 되고 목소리나 CCTV여도 되며 심리적 강박이거나 도저히 잊을 수 없는 기억이어도 된다. 물리적 시공간이나 심리적, 지적 차원으로 주체의 현전 또는 그 가능성을 확대할 수 있는 모든 것은 권력 현상에서 매개가 될 수 있다. 기술의 발달이나 지식의 축적이 더욱 막강한 권력의 등장으로 귀결되는 것은 바로 이 때문이다. 인간의 문명에서 권력 현상이 가면 갈수록 더 거대하고 더 치밀하며 더 체계적이고 더 세심해지는 것은 권력 현상의 매개가 되는 기술이나 지식의 발전 또는 축적과 깊은 관련이 있다. 계몽주의 이래의 지속적인 지식 축적과 세계를 평평하게 만드는 포스트모던 통신기술의 발달은 지금 우리 모두를 순식간에 전지구적 차원으로 현전의 가능 범위를 확대할 수 있는 권력자들로 만들지 않았는가?

권력 현상은 현전의 가능범위를 확대 또는 유지하려는 인간의 욕망과 관련된 사회적 현상이다. 인간의 현전을 가능케 하는 매개의 변화에 따라 그 범위는 시간과 공간, 자신과 타인을 포함한 인간의 내면에 이르기까지 확대될 수 있다. 나는 이와 같은 권력 현상의 정직

10) 미셸 푸코, 통치성, 콜린 고든 외, 푸코 효과-통치성에 관한 연구, 심성보 외 역, 난장, 2014, 제3장.

한 관찰로부터 권력의 개념화가 가능하다고 믿는다. 요컨대 권력은 인간이 현전의 가능범위를 확대하거나 유지하기 위하여 동원하는 물리적, 지적, 제도적 자원의 총체이다. 권력 개념은 세 가지 요소를 내포한다. 첫째는 인간의 사회적 실존이고, 둘째는 물리적, 지적, 제도적 자원, 즉 앞에서 말한 권력의 매개이며, 셋째는 현전의 가능범위를 확대하거나 유지하려는 인간의 욕망이다. 앞의 둘을 서로에게 연결시키는 것은 셋째이다. 하지만 이 셋 중 어느 하나만 없어도 인간 사회에 권력 현상은 발생할 수 없다. 권력은 스스로의 현전을 확대하거나 유지하려고 하는 인간의 실존적 욕망에서 유래하는 사회적 현상이다.[11)]

Ⅳ.

권력 현상과 권력에 대한 이와 같은 개념 규정에는 솔직히 당혹스러운 측면이 있다. 얼핏 보면, 도대체 인간 현상 가운데 권력 현상이 아닌 것을 찾기가 어렵기 때문이다. 하지만 자세히 들여다보면 이러한 개념화에는 그와 같은 동일시를 피할 수 있는 실마리 또한 담겨 있다. 특히 인간을 사회적 실존으로 이해하는 점이나 현전의 가능범위를 확대하거나 유지하려는 인간의 실존적 욕망에 주목하는 점에는 인간 현상 가운데 권력 현상의 독특성이 내포되어 있기 때문이다.

정치이론가들은 흔히 인간의 권력 욕망을 무한한 것처럼 상정하고 이론을 전개한다. 주권국가론이 무한히 큰 시원적 권력에 의존할 수 있는 까닭은 인간의 권력 욕망이 무한하다는 전제가 있기 때문이다. 그러나 이러한 생각은 현실에서 우리가 경험하는 권력 현상과 일치하지 않는다. 비록 때때로 조금 더 많은 권력을 향한 속물근성에 굴복하기는 하지만, 대부분의 사람들은 주어진 삶의 조건에 적응하면서 그럭저럭 살아가지 않는가? 인간의 실존적 욕망은 스스로의 현전을 확대하거나 유지하려는 방향으로 작용하기도 하지만, 주어진 삶의 조건을 받아들이고 그 속에 적응하려는 방향으로 전개되기도 한다. 이와 같은 미묘하고도 복잡한 측면을 충분히 감안하지 않고, 인간의 실존적 욕망의 특정한 국면만을 권력 욕망에 연결시키는 것은 바람직하지 않다.

결국 초점은 인간의 실존적 욕망에서 권력 현상이 어떻게 비롯되고 또 사라지는가를 밝히는 것이다. 권력 욕망의 출현과 소멸을 설명하지 못하면 권력 개념은 완성될 수 없다. 이 지점에서 우리는 아마도 자크 라캉과 같은 정치심리학자들의 공헌을 기대할 수 있을 것이다. 하지만 그 결과가 무엇이든 나는 이에 관하여 자유의 문제를 배제할 수 없다고 생각한다. 권력 욕망의 출현, 즉 현전의 가능범위를 확대하거나 유지하려는 주체의 욕망의 출현은 그

---

11) 이러한 개념화에는 앤서니 기든스의 사회구성론이 간접적으로 도움이 되었다. 앤서니 기든스, 사회구성론, 황명주 역, 자작아카데미, 1998, 특히 제2장과 제3장.

반대의 선택을 배제하는 점에서 분명 자유의 차원을 딛고 있기 때문이다. 이 점은 무엇보다 주체가 그와 같은 욕망을 스스로 포기하는 것, 즉 권력 현상 자체를 소멸시키는 것이 불가능하지 않다는 사실에서 잘 드러난다.

권력 현상은 자유 현상과 결부된다. 아니 결부될 수밖에 없다. 그리고 이 둘 중에는 권력이 아니라 자유가 먼저다. 적어도 논리적으로는 그렇다. 권력 현상은 스스로 비롯되는 자유 현상의 결과로서 우리 앞에 출현한다. 자유를 실현하기 위하여 현전의 가능범위를 확대하거나 유지해야 할 때, 자유는 무엇보다 권력 현상으로 우리 앞에 나타나기 때문이다. 그러나 앞서 말했듯이 자유는 때때로 정반대의 방향을 선택하기도 한다. 현전의 가능범위의 확장을 중단하거나 그 축소를 받아들이는 것, 더 나아가 심지어는 현전의 가능범위를 스스로 축소하거나 아예 소멸하는 선택도 불가능하지 않기 때문이다. 자유는 때때로 권력을 요청하지만, 반대로 권력을 포기하기도 한다. 자유 현상에는 권력의 언어로는 도무지 설명하기 어려운 신비로운 측면이 포함되어 있다.

일찍이 인간 현상 안에 이처럼 신비로운 자유 현상이 존재함을 통찰한 정치이론가들은 그 자유를 절대적 불가침성(absolute inviolability)의 관점에서 규정하고자 했다. 여기서 절대적 불가침성은 인간의 자유가 절대적으로 보장되어야 한다는 의미가 아니다. 오히려 그것은 아무리 침해하려고 해도 결코 침해할 수 없는 절대적 불가침의 영역에서 인간의 자유가 비롯된다는 뜻이다. 극단적인 경우에 권력은 절대적 불가침의 자유를 훼손하기 위하여 살육이라는 최종적 해결책을 동원하기도 한다. 그러나 이 또한 죽음을 각오한 자유 현상 앞에서는 근본적으로 무력할 수밖에 없다.

절대적 불가침의 자유에 대한 제한은 원리적으로 그 인간 자신의 자유에 의해서만 가능하다. 바로 이 점에서 인간의 자유는 생명 현상과 연결될 수밖에 없다. 인간에게 생명이 있는 한, 선택은 가능하며 또 불가피하다. 그 선택은 오로지 자신에 의해서만 거부될 수 있으며, 이 거부에 대한 거부는 그 생명이 깃든 몸의 죽임에 의해서만 가능하다. 다만 그렇더라도 죽음을 각오한 자유 앞에서 죽임은 효력을 잃게 될 뿐이다. 요컨대 자유는 생명에 깃들고, 그 생명은 다시 각 사람의 몸에 깃든다. 따라서 자유를 지키려면, 생명을 지켜야 하고, 생명을 지키려면 몸을 지켜야 한다. 바로 이와 같은 맥락에서 인간의 몸은 자유가 깃든 현전의 토대로서 신성한 가치를 가질 수 있다.

그렇다면 권력 현상에 대한 이상과 같은 관찰이 종국적으로 도착하는 지점은 어디인가? 스스로의 현전의 가능범위를 확대하거나 유지하려는 주체, 그 자유와 생명이 깃든 몸 앞에 그와 하등 다를 것이 없는 또 다른 몸이 출현하는 지점, 바로 그곳이다. 자유 현상은 그 출발점인 몸 앞에 절대적 불가침성을 가진 또 다른 자유 현상이 몸으로 도래할 때 비로소 한계에 도달한다. 권력 현상은 현전의 가능범위를 확대하거나 유지하려는 주체의 자유에 의하여 발생하지만, 바로 그 권력 현상 앞에 절대적 불가침성을 가진 또 다른 자유 현상이 출현함으로서 주체의 자유는 한계에 부딪힐 수밖에 없다.

V.

앞에서 나는 권력을 인간이 현전의 가능범위를 확대하거나 유지하기 위하여 동원하는 물리적, 지적, 제도적 자원의 총체로 정의했다. 이러한 권력 개념을 전제로 이제 자유와 권력의 관계를 정리해 보자.

우선 자유가 권력을 필요로 할 때, 권력은 자유의 조건이자 한계가 된다. 그러나 그로 인해 자유가 권력 현상으로 전화된 다음에는, 정반대로 자유 현상이 권력의 조건이자 한계가 된다. 이처럼 권력과 자유가 서로의 조건이자 한계가 될 때, 인간은 양자택일의 윤리적 요청에 부딪힐 수밖에 없다. 자신 앞에 도래한 자유 현상을 단지 스스로의 현전의 가능범위를 확대하거나 유지하는데 방해가 되는 장애물로 간주하느냐? 아니면 자신과 하등 다를 것이 없는 절대적 불가침성을 가진 타자, 즉 또 하나의 자유 현상으로 인정하느냐? 헌정주의, 즉 헌법을 정치의 중심에 놓으려는 태도는 이 가운데 근본적으로 후자의 입장에 서려는 사람들에 의하여 출현한다. 과도한 일반화의 위험을 무릅쓰고 말하자면, 그 과정은 크게 네 단계로 구분할 수 있다.[12)]

첫째는 주체의 자유와 타자의 자유, 즉 주체의 권력과 타자의 권력 사이에 공동의 표상을 마련하는 단계이다. 인간의 정치는 본질적으로 표상을 통한 사유정치(thinking politics through representation)이므로 이 단계의 실질적 의미는 타자의 몸에 대한 절멸을 단념하는 방식으로 주체에 드리운 타자의 표상과 타자에 드리운 주체의 표상 사이에 공동의 표상이 발생할 때까지 기다리는 것이다. 둘째는 이 공동의 표상 안에 주체의 자유와 타자의 자유, 즉 주체의 권력과 타자의 권력을 공히 제한할 수 있는 제도적 장치들을 마련하는 단계이다. 동서고금을 막론하고 성숙한 차원으로 나아간 문명들은 예외 없이 권력 현상이 과거-현재-미래, 역사-내면-초월로 이루어진 인간 현상의 시공간적 제약을 과도하게 넘어서지 못하도록 세련된 제도적 장치들을 발전시켰다. 셋째는 한 걸음 더 나아가서 인간의 몸의 절대적 불가침성과 그로 인한 인간들 사이의 근원적 평등을 전제로 정치공동체를 운영할 수 있는 시스템을 공동의 표상 안에 못 박아 넣는 단계이다. 오늘날의 자유민주주의 체제에서는 ① 인간으로서의 존엄과 가치에 기초한 보편적 인권 사상, ② 정치공동체 구성원들의 평등에서 출발하는 민주주의 이념, ③ 제도적 권력들의 분립과 견제와 균형의 시스템, ④ 사람이 아니라 사람들 사이의 법에 의한 통치, 그리고 ⑤ 이 모두를 연결하면서 정치공동체들 사이의

12) 이국운, '헌정적인 것'의 개념, 법과 사회, 제51호, 2016.

동등성을 보장하는 주권국가론을 그러한 시스템의 예로 들 수 있다.

이상과 같은 세 단계의 헌법 정치는 권력이 아니라 자유가 먼저임을 받아들이는 윤리적 결단만이 아니라 스스로의 현전의 가능범위를 끊임없이 확대하거나 유지하려는 권력 현상의 악마적 성격을 통찰하는 실천적 지혜도 요구한다. 공동의 정치적 표상을 인정하고, 주체의 권력의 한계를 제도화하며, 자유와 평등에 기초한 헌법 정치의 세련된 시스템을 구축하는 것은 주체에게도 그것이 최선의 선택이기에 가능한 것이다. 권력으로 권력을 통제하는 헌정주의의 비기(秘技)는 윤리적 결단과 정치적 지혜의 두 조건이 갖추어질 때 비로소 만개할 수 있다.

바로 이 점에서 지난 세기 이래 헌정주의 앞에 도래한 상황은 근본적인 성찰을 요구하고 있다. 무한히 큰 시원적 권력, 즉 주권을 통하여 헌정주의를 추진하는 것은 권력으로 권력을 통제하는 헌정주의의 입장에 위반되기 때문이다. 게다가 주권국가론은 그 내부의 논리적 모순을 은폐하기 위하여 점점 더 무한히 큰 시원적 권력을 동원하는 무리수를 두어 왔다. 지난 세기 전반 주권국가의 이름으로 총력전을 선포하여 수천만 명의 무고한 인명을 살상한 두 차례의 세계 대전을 벌이고도 수십 년을 더 핵무기 경쟁을 벌였던 서구 주권국가들의 경험은 이를 보여 주는 단적인 증거가 아니겠는가?

이와 같은 사태에 대한 깊은 반성의 맥락에서 지난 세기 후반 내내 인류 사회에는 앞서 말한 양자택일의 윤리적 요청 가운데 후자의 입장을 선택하는 차원을 넘어 타자의 선재성을 무조건적으로 받아들이라는 더욱 단호하고도 급진적인 요청이 제기되어 왔다. 프랑스의 유대인 철학자 엠마누엘 레비나스(Emmanuel Levinas)의 이름으로 대표되는 타자 윤리가 그 단적인 예이다. 그렇다면 이를 헌정주의의 네 번째 단계에 연결시킬 수 있는 정치적 지혜는 어디서 찾을 수 있을까? 이것이야말로 21세기 초반 정치이론가들이 대답해야 할 핵심 질문이다.

Ⅵ.

대단히 조심스러운 마음으로 이 질문에 대한 답변의 가능성을 타진해 보자. 내가 보기에 헌정주의의 네 번째 단계에서는 권력보다 자유가 먼저임을 인정하는 것만으로 부족하다. 그보다는 오히려 자유를 어떻게 이해하느냐가 더욱 결정적인 문제가 된다. 사르트르나 카뮈와 같은 지난 세기의 실존주의 철학자들은 인간의 자유를 부조리와 연결시켜 이해하고자 했다. 무의미 속에 주어진 것, 방향 없이 던져진 것, 바로 그러한 부조리 속에서, 그럼에도 불구하고 인간이 그 부조리에 주체적으로 맞설 때, 비로소 자유가 경험될 수 있는 것으로 그들은 생각했다. 그 때문에 실존적 자유는 언제나 부조리에 저항하기 위한 권력을 필요로 했고, 그 권력이 없어질 때 자유 또한 사라지는 운명을 감수할 수밖에 없었다. 무의미에서 시작하여부조리와 자유와 저항과 권력을 거쳐 결국 역순으로 다시 무의미로 돌아오는 궤적이 두 차례의 세계 대전을 거친 뒤 그들이 그렸던 인간 현상의 모습이었다.

그러나 타자 윤리를 무겁게 받아들이는 21세기의 헌정주의자들은 그와 다른 지점에서 출발해야 하지 않을까? 만약 인간 현상을 무의미와 부조리가 아니라 대가 없이 주어진 것, 선물, 또는 선택 받음으로 놓을 수 있다면 어떨까? 그 주어짐, 그 선물, 그 선택 받음의 근거와 의미에 관해서는 당분간 각자의 형이상학에 맡겨 두기로 하자.[13] 그러나 적어도 그 무수한 형이상학의 결론이 인간 현상을 대가 없이 주어진 것, 선물, 또는 선택 받음으로 놓는다면, 그로부터 적어도 인간의 정치는 전혀 다른 방향으로 나아갈 수도 있지 않을까? 인간 현상의 출발점을 대가 없이 주어진 선물과 연결시킨다면 자유는 곧바로 부조리가 아니라 그 선택 받음에 관련된 어떤 감사, 어떤 원초적인 고마움과 연결될 수 있게 된다. 따라서 그로부터 전혀 다른 이야기가 전개되는 것은 당연하다. 처음은 말없는 똘레랑스이며, 다음은 환대의 정치이며, 그 뒤를 사랑의 실천이 잇는다.[14] 무한히 큰 시원적 권력에만 집중하는 주권국가론은 이처럼 스스로를 초과하는 흘러넘침의 차원을 전혀 알지 못한다. 이것이 바로 저 정치학 교과서에 담긴 매정하고도 우울한 근대국가론의 한계인 것이다.

나는 21세기의 헌정주의자들이 지향해야할 이와 같은 고결한 뜻이 대한민국 헌법 제1조 제1항이 말하는 민주공화국 프로젝트에 이미 녹아 있다고 생각한다. 민주공화국은 주권국가 이전에 헌법국가이다. 그 출발점에는 자신의 자유를 부조리가 아니라 대가 없이 주어진 선물로 이해하고, 그 선택 받음에 관한 감사와 고마움에서 출발하여 헌정주의를 실천하는 일단의 사람들이 있다. 따라서 대한민국의 기원 논쟁에서 가장 중요한 초점은 결코 주권, 국민, 영토의 요건들을 기계적으로 확인하는 것이어서는 안 된다. 그것은 오히려 대한민국이라는 민주공화국 프로젝트를 추진하는 사람들이 도대체 언제 자신들의 몸을 서로에게 드러냈는가의 질문이어야만 한다. 제헌헌법이, 그리고 현행 헌법까지도, 3.1 운동과 그 이후 설립된 대한민국 임시정부의 법통을 따르는 까닭은 그 시점에 바로 이 사람들, 즉 헌법 문서에 "우리 대한국민"으로 스스로의 이름을 새겨 넣은 이 사람들이 자신들의 몸을 드러냈기 때문이다.

선물의 관점에서 보자면, 헌법은 "우리 대한국민"이 "대한민국의 국민"에게 선사한 선물이다. 전자는 헌법보다 먼저 존재하고, 후자는 헌법이후에 나타나며, 후자는 전자의 선물인 헌법에 의해서만 형성될 수 있다. 우리는 대개 "대한민국의 국민"으로 자신을 동일시하면서 헌법을 읽기 시작한다. 그러다가 헌법의 주어가 "우리 대한국민"이며, 헌법은 바로 그 "우리 대한국민"의 선물이라는 점을 깨닫고 나면, 자연스럽게 자신의 헌법적 위상을 자문하게 된

13) 그 한 예로서 John Milbank, Being Reconciled: Ontology and Pardon, Routledge, 2003 참조.

14) 수년 전 나는 이와 같은 문제의식을 현행 헌법의 경제민주화 조항에 대한 헌정사적 재해석을 통해 시도한 바 있다. 이국운, 경제헌법과 경제민주화, 한국사회학회 편, 상생을 위한 경제민주화, 나남, 2013, 제2부 제2장 참조.

다. "도대체 나는 누구인가? 대한민국의 국민일 뿐인가? 아니면 우리 대한국민의 한 사람이기도 한가?" 이 질문은 헌법이라는 선물의 양 당사자 중 어느 편인가를 묻는 것이기도 하다. "나는 선물을 받는 사람일 뿐인가? 아니면 선물을 주는 사람이기도 한가?"

나는 이와 같은 질문이야말로 대한민국이라는 국가를 성찰적 공동체로 사유하는 출발점이라고 생각한다. 우리는 결코 헌법이라는 선물을 받는 "대한민국의 국민"의 자리에 머물러 있어서는 안 된다. 선물을 준 사람들에 대한 고마움을 가지고, 우리 자신 또한 헌법의 주어인 "우리 대한국민"의 한 사람임을 깨달아야 한다. 그리고 그 깨달음에서 출발하여 헌법이라는 선물을 주는 자리로 나아가야 한다. 우리 대한국민으로서 이제 우리가 헌법을 선물해야 할 상대방은 다른 "대한민국의 국민"이다. 우리가 그랬듯이, 그 선물을 받은 사람들도 언젠가는 헌법을 읽다가 자신들이 헌법의 주어의 한 사람임을 깨닫게 될 것이다. 그리고 그때 그들은, 지금의 우리와 마찬가지로, "우리 대한국민"의 자리로 나아와 다시 또 다른 사람들에게 헌법이라는 선물을 전하게 될 것이다. 이와 같은 선순환, 즉 "대한민국의 국민"을 "우리 대한국민"으로 거듭나게 만드는 흥미로운 과정이야말로 헌법 현상의 본질이자 핵심이다.

그러므로 오늘날 대한민국의 상황에서 국가를 성찰적 공동체로 사유하기 위한 출발점은 대한민국이라는 민주공화국 프로젝트를 시작한 사람들, 즉 헌법의 주어인 "우리 대한국민"의 앞으로 돌아오는 것이어야 한다. 무한히 큰 시원적 권력, 즉 주권을 동원한 뒤 그 뒤에 숨는 방식으로 "우리 대한국민" 앞에 스스로의 몸을 드러내는 모험을 회피한다면, 대한민국이라는 국가는 결코 성찰적 공동체가 될 수 없다. "우리 대한국민"과 "대한민국의 국민"이 서로의 앞에 스스로의 몸을 드러내는 방식으로, 오로지 그 방식으로만, 대한민국은 성찰적 공동체가 될 수 있다.

Ⅶ.

이 글처럼 독자를 고통스럽게 만드는 난삽한 원고에는 대개 그 나름의 곡절이 있게 마련이다. 이에 관한 간단한 사족으로 글을 마무리하고자 한다.

2003년 연초였던 것으로 기억한다. 나는 한국헌정사연구회가 베이징 인민대학교 법과대학에서 개최했던 헌정사비교연구세미나에 참여했다. 무지하게 추웠던 행사 당일, 한국 측에서는 조선대학교의 이영록 교수가 대한민국 제헌헌법(1948)에 대해, 중국 측에서는 인민대학교의 한대원 교수가 중화인민공화국의 제헌헌법(1954)에 대해, 각기 그 성립과정과 특징을 비교헌법적 시각에서 발표했다. 각 발표에 대해서는 국제학술모임답게 상대방 국가의 학자가 논찬을 진행했는데, 나는 한대원 교수의 발표에 대한 토론을 맡았다. 조선족 출신의 중국학자가 통역을 진행했다.

한대원 교수는 1954년 중화인민공화국의 제헌헌법이 흔히 생각하는 것과 달리 헌정주의의 여러 특징들을 이미 고루 갖추고 있었다고 주장했다. 직접 부연하지는 않았지만, 다분히 문화대혁명 이후 몇 차례 수정된 헌법의 연원을 제헌헌법에서 찾으려는 의도가 도드라지는 논지였다. 논찬 순서가 되자 나는 우선 한대원 교수의 노작이 거둔 성과에 경의를 표하고, 헌정주의의 계보를 제헌헌법에 찾는 것은 어느 나라에서나 헌법정치를 튼실하게 만드는 좋은 방법이라고 덧붙였다. 그리고 다음과 같은 질문을 던졌다.

> "그런데 말입니다. 한 교수님의 논지를 재미있게 읽으면서도 제게는 한 가지 의문이 생겼습니다. 제헌헌법이 그처럼 헌정주의의 특징을 고루 갖추고 있었다면, 그 이후에 그 헌법이 제대로 작동을 했어야 하지 않을까요? 제가 귀국의 최근 역사를 잘 알지 못합니다만, 실제의 역사는 조금 다르게 진행된 것 같아서요. 이 점에 관한 설명이 부가되어야 할 듯합니다."

발언을 마쳐가는 중에 흘낏 보니, 한국 헌법학계에서 중국 헌법 전문가로 통하는 신우철 교수의 두 눈이 동그랗게 변해 있었다. 한국어를 알아듣는 한대원 교수 역시 얼굴이 붉게 상기 되었고, 통역자도 마찬가지였다. 한국 측 참가자들은 모두 중국 측 참가자들이 어떤 반응을 보일지 한껏 궁금해 하는 모습이었다.

내 논평과 마지막 질문이 통역을 통해 전달되자 중국 헌법학자들 사이에서는 잠시 당혹스런 분위기가 형성되었다. 한대원 교수는 내 질문에 대하여 자신은 연배가 어리니 헌정사를 잘 아는 선배 학자들께서 답하는 것이 좋겠다고 짐짓 답변을 미루었고, 뒤를 이어 연배가 어린 학자들부터 거슬러 올라가며 선배 학자들에게 답변의 책임을 미루는 일종의 도미노 현상이 벌어졌다. 결국 답변의 책임은 세미나에 참여한 헌법학자들 가운데 가장 연장자인 허숭덕 선생에게 맡겨졌다. 허숭덕 선생은 문화대혁명 기간 베이징 대학교 법과대학과 함께 명맥을 유지했던 길림 대학교 법과대학 출신으로서 중국 헌법학계의 최고 원로들 중 한 사람인 동시에 사실상 그 세미나에 참여한 중국 헌법학자들 모두의 지도교수나 다름없는 분이었다.

작은 체구에 눈매가 유난히 형형한 허숭덕 선생은 잠시 생각을 가다듬은 후 내 질문에 대해 간명하게 답변했다. 말하는 내내 허숭덕 선생의 입가에는 알 수 없는 희미한 미소가 맴돌았다. 통역을 통해 전달된 내용은 대체로 다음과 같았다.

> "그렇지요. 중화인민공화국의 제헌헌법은 제정된 뒤 오래지 않아 상당기간 동안 제대로 효력을 발휘하지 못했습니다. 그 이유는 정치적인 것이었어요. 다만, 여기서 주목할 점은 제헌헌법을 만들던 당시의 지도자들이 일이 그렇게 되리라는 것을 이미 알고 있었다는 사실입니다. 특히 마오 주석은 권력은 근본적으로 하나이며, 결코 분할될 수 없다는 것을 누구보다도 분명하게 꿰뚫고 있었습니다."

나는 그날 허숭덕 선생으로부터 이 글에서 주권국가론으로 지칭한 정치철학적 입장의 진면목을 확인할 수 있었다. 그리고 무한히 큰 시원적 권력으로 정치의 모든 문제들을 해결하려는 태도에 담긴 어떤 매혹과 악마성 또한 확실히 느낄 수 있었다.

그로부터 15년이 지나는 동안 나는 어떻게 해서든 허승덕 선생이 헌정사적 논변으로 돌려 주장했던 주권국가론의 입장을 넘어설 뿐만 아니라, 가능하다면 허승덕 선생까지도 설득할 수 있을 만한 헌정주의자의 논변을 마련하기 위하여 애를 써왔다. 이 글에서 제시한 논변의 완성도와는 아무 상관이 없겠지만, 어쨌든 이것이 이 글이 세상에 나오게 된 나름의 곡절이다.

5. 헌법개정논의에 대한 재검토*

정 만 희**

Ⅰ. 서 설

주지하는 바와 같이 현행 헌법은 1987년 6월 시민항쟁에 나타난 대통령 직선제개헌의 국민적 열망을 반영함으로써 그 성립과정이 국민적 합의에 바탕을 둔 민주헌법을 의미한다. 이러한 민주적 정당성에 기초한 현행 헌법에 대한 최초의 개헌논의는 1997년 제15대 대통령선거과정에서 내각제 개헌 공약을 통해 제기되었다.[1] 그 후 우리 사회는 주기적인 대통령선거 때마다 각 정당과 후보들에 의해 정부형태에 관한 개헌론이 선거공약으로 빠짐없이 등장하였다. 이와 같이 대통령선거를 배경으로 하여 정치권에서는 정부형태와 통치구조의 개헌론이 주기적으로 제기되어 왔으며, 2009년과 2014년에는 국회가 국회의장 직속기구로 헌법개정에 관한 자문위원회를 설치하여 헌법전반에 걸친 개헌방안을 제시한 바 있다.[2] 이러한 정치권 중심의 개헌논의에 부응하여 학계 및 시민단체 등에 의해서도 헌법개정에 관한 방대한 연구보고서 등이 발표됨으로써 지난 10여 년간 한국헌법의 개정방향에 관한 연구성과물은 그 질적·양적 측면에 있어서 상당한 수준으로 축적되어 있다.[3]

이러한 가운데 2016년 후반 박근혜 대통령에 대한 국회의 탄핵소추와 전국적 규모의 촛불집회 등을 계기로 하여 국회는 2017년 1월 헌법개정특별위원회(이하 '개헌특위')를 구성하여 활동하기 시작했으며, 2017년 3월 대통령 파면에 따른 5월 9일 제19대 대선에서도 예외없이 각 후보들에 의한 개헌론이 표출되었다. 문재인 대통령은 취임 직후 2018년 6월 지방선거와 동시에 개헌안에 대한 국민투표를 실시하겠다고 개헌의 실천의지를 천명한 바 있다.

---

* 이 논문은 한국비교공법학회 『공법학연구』 제19권 제1호(2018.2)에 게재된 글의 내용을 일부 수정·보완한 것이다.

** 동아대학교 법학전문대학원 교수

1) 당시 의원내각제 개헌론에 대한 평가로는 정만희, 의원내각제 개헌론에 대한 비판적 분석, 한국헌법학회, 헌법학연구 제6권 제1호, 2000, 302면 이하 참조.

2) 2007년 노무현 대통령의 개헌제안 발언을 계기로 하여 제18대 국회는 2008년 국회의장 직속기구로 '헌법연구자문위원회'(위원장 김종인)를 구성하여 1년간 활동을 통해 2009년 결과보고서를 발간하였고, 제19대 국회에서도 마찬가지로 '헌법개정 자문위원회'(위원장 김철수)를 구성하여 2014년 결과보고서를 발간하면서 헌법전반에 걸쳐 헌법개정안의 조문시안을 제시하였다.

3) 학계의 개헌논의는 2006년부터 본격적으로 이루어졌으며 그 연구성과물로는 한국헌법학회, 헌법개정연구(2006 헌법개정연구위원회 최종보고서), 2006; 한국공법학회, 헌법개정안연구보고서, 2006 등이 있고, 학자들의 연구논문도 무수히 많이 발표되었다. 그 밖에 시민단체와 전문가단체의 개헌논의결과 발간된 주요 단행본으로는 대화문화아카데미, 『새로운 헌법 필요한가』, 2008; 함께하는 시민행동, 『헌법 다시보기』, 2007; 대화문화아카데미, 『2016 새헌법안』, 2016 등이 있다.

그러나 문재인 대통령의 취임 후 10개월이 지나는 동안 개헌논의는 개헌안의 내용과 발의절차, 개헌시기 등을 둘러싸고 정치권의 여·야간 첨예한 대립으로 개헌의 실현가능성은 기대하기 어려운 상황이 지속되었다. 국회 개헌특위가 1년간의 활동을 마감하면서도 개헌의 핵심영역인 정부형태에 관하여는 여야 합의의 개헌안을 마련하지 못했으며, 개헌저지선 이상의 의석을 갖고 있는 야당(자유한국당)은 6월 지방선거와 개헌 국민투표 동시 실시에 정면으로 반대하고 있다.[4] 국회 개헌특위에서 정부형태에 관한 합의안이 도출되지 못한 이유는 여야간에 4년 중임 대통령제와 이원정부제(분권형 정부제)의 의견대립이 첨예하게 맞서고 있기 때문이다. 이러한 불투명한 개헌논의 상황에서 문재인 대통령은 2018년 3월 13일 정부 산하의 '국민헌법특별자문위원회'로부터 개헌초안을 보고받았으며, 대통령은 3월 26일 헌법개정안을 국회에 제출하였다. 그러나 국회의 개헌안 발의에 대한 여야 합의가 쉽게 이루어지지 않는다고 해서 대통령이 일방적으로 개헌안을 발의하는 것은 야당들의 저항에 부딪쳐 개헌안의 국회의결은 어려울 것으로 예상된다. 왜냐하면 2018년 6월 개헌이 현실화되기 위해서는 적어도 현시점에서는 국회에 제출된 개헌안에 대한 여야 합의의 의결을 위해 개헌안에 대한 전국적 공론화과정이 활발하게 전개되고 있어야 하기 때문이다.[5]

이러한 정치권의 개헌문제에 대한 첨예한 대립적 상황에서 대통령이 개헌안을 제안하는 것은 바람직하다고 보기 어려우며,[6] 개헌안의 내용이 그동안 개헌논의의 중심이었던 정부형태에 초점을 맞춘 것이 아니라 기본권의 신설과 통치구조 및 지방자치, 경제헌법 등 헌법전반에 걸친 개헌안을 제안한 것에 대해서는 개헌의 필요성에 대한 의문이 제기될 수도 있다. 본래 헌법의 개정은 부분개정이 일반적인 형식이며, 전면적인 헌법개정은 헌법의 변혁으로서 새로운 헌법의 제정과 다름없다고 할 것이다. 이번에 제출된 대통령 개헌안의 제안이유에 의

---

4) 문재인 대통령은 2018년 1월 10일 신년 기자회견에서 "6·13 지방선거와 개헌 국민투표 동시실시는 국민과의 약속이므로 국회가 2월말까지 합의된 개헌안을 제출해 줄 것"을 촉구하였으며 국회가 개헌에 관한 합의를 이루지 못할 때에는 핵심 쟁점인 정부형태 부분을 제외한 개헌안을 정부가 제출할 수 있다는 개헌의지를 밝힌 바 있다. 이에 대해 야당들은 지방선거와 개헌의 동시 실시는 정부·여당의 정략적인 태도라고 강하게 반발하면서 연말 이후에 개헌을 주장하고 대통령이 주도하는 개헌에 반대하는 입장을 표명하였다. 조선일보 2018. 1. 11. A4면.

5) 현행 헌법상 개헌절차조항에 의하면 헌법개정안이 국회나 대통령에 의해 발의되면 20일 이상의 공고기간이 필요하며, 헌법개정안이 공고된 날로부터 60일 이내에 의결하여야 하고, 국회 의결 후 30일 이내에 국민투표에 붙이도록 규정하고 있다(제129조, 제130조). 여기서 개헌안에 대한 국회의결에 필요한 60일 이내의 기간과 국회의결 후 국민투표까지의 30일 이내의 기간은 국민에 대한 충분한 숙지와 찬반여부에 관한 공론화기간으로서 최대한 보장되어야 하는 것이 헌법정신에 부합하는 것이므로 개헌안 국회발의 후 약 3개월 정도의 기간이 소요되어야 하는 것이 필요하다고 보기 때문이다.

6) 헌법개정절차에 있어서 대통령의 개헌안 발의권은 제헌헌법에서부터 인정되었으나 1962년 제5차 개헌에 의해 대통령의 개헌안 발의권이 폐지되었다가 1972년 제7차 개헌(유신헌법)에 의해 다시 부활된 것이다. 외국의 입법례를 보더라도 대통령제 하에서 대통령의 개헌안 제출권을 인정하는 것은 엄격한 권력분립원리 반하는 것으로 허용되기 어렵다. 미국헌법상 대통령의 개헌안 발의권은 인정되지 않으며, 이원정부제인 프랑스의 경우 헌법개정 발의권은 수상의 제안에 의한 대통령과 국회의원에게 인정되고 있다.

하면 "국민의 뜻에 따라 새로운 대한민국의 운영 틀을 마련해야 한다"고 하고, "우리 국민은 촛불시민혁명을 통해 대한민국 민주주의의 역량을 입증"했으며, "국민의 뜻과 힘으로 시작된 새로운 대한민국의 여정에 헌법개정은 필수적인 과정이다"[7]라고 밝히고 있는 바와 같이 이번의 개헌안은 헌법제정권자인 국민의 결단에 의한 새로운 헌법의 제정으로 보는 것이 타당할 것이다. 이처럼 새로운 헌법의 제정의 성격을 갖는 개헌안에 대해서는 국민적 합의가 더욱 강하게 요구되는 것이므로 이를 확인하기 위한 전국민적인 공론화과정이 필수적으로 요청되지 않을 수 없다.

본고에서는 현행 헌법 시행 이후의 개헌논의의 전개과정과 최근의 국회 개헌특위의 결과보고서 및 대통령 발의의 개헌안을 검토하면서 개헌논의의 핵심 쟁점이 되는 정부형태의 개헌방향에 관한 필자의 견해를 다시 한번 정리해서 밝히도록 한다. 필자는 2008년부터 개헌논의에 관한 논문을 수 차례 발표하면서 부분적·점진적 개헌의 방법을 제안하였고, 이원정부제 개헌에 대한 신중론의 입장과 대통령 4년중임제 개헌을 일관되게 주장해 왔으며,[8] 지금도 그 소신에는 변함이 없다고 할 것이다. 다만 2016년 이후의 정치적 상황의 급격한 변화와 대통령 탄핵사태 속에서 국민의 개헌필요성과 분권형 정부형태에 대한 관심이 확대되고 있는 시대적 변화를 직시하면서, 필자는 견해를 일부 수정하여 대통령제의 근간을 유지하는 개혁방안을 제시함과 아울러 국민적 관심이 높아지고 있는 새로운 분권형 정부제의 성공조건에 대해서도 검토한다. 그리고 정부형태 이외의 기본권과 지방분권 등의 개헌론에 대해서도 간단히 언급하고 지방선거와 개헌 국민투표의 동시실시에 대한 견해를 밝히도록 한다.

Ⅱ. 현행 헌법에 대한 개헌론의 분석

1. 정부형태에 관한 개헌논의의 전개과정

(1) 1997년 대선과 의원내각제 개헌론

1987년 헌법 하에서의 개헌논의는 지난 1997년 12월의 대통령선거 과정에서 내각제 개헌의 선거공약을 통해 전개되었다. 당시 선거전이 치열하게 벌어지던 중 야당후보인 새정치국민회의의 김대중 총재와 자유민주연합의 김종필 총재가 서명한 이른바 공동정부 및 내각제 추진 선언문과 협약은 내각제 개헌논쟁의 시발점이 되었다. 그 협약 속에는 의원내각제로

---

7) 대한민국헌법 개정안(의안번호 12670)(2018.3.26. 제출자: 대통령), 1-3면.

8) 정만희, 정부형태에 관한 헌법개정의 방향, 헌법학연구 제14권 제4호, 2008, 269면 이하; 정만희, 헌법개정논의, 동아법학 제47호, 2010, 1면 이하; 정만희, 이원정부제 정부형태의 검토-이원정부제 개헌론에 대한 비판적 시각에서-, 동아법학 제52호, 2011, 177면 이하; 정만희, 정부형태의 대안으로서 이원정부제-이원정부제 개헌론에 대한 관견-, 헌법학연구 제21권 제3호, 2015, 1면 이하; 정만희, 『헌법개정연구』, 세종출판사, 2010.; 정만희, 『헌법개정과 정치제도개혁』, 피앤씨미디어, 2017.

개헌할 것을 선언하고 있는데, 그 내용은 내각 성립후 1년 동안은 내각불신임결의를 금지하고 독일식의 건설적 불신임제도를 도입할 것을 공약으로 내걸었던 것이다. 이 양당의 합의문에 의해 대통령후보의 단일화가 이루어지게 되었으며 그 결과 김대중후보가 대통령에 당선되었다.

그러나 당시의 합의문에 의한 내각제 개헌은 진정한 의미의 양당의 합의에 의한 공약이라 할 수 없으며, 더욱이 그것은 국민의 여론수렴을 전제로 한 공약의 제시로 볼 수 없었던 것이다. 그것은 단지 두 정치실력자의 권력욕구충족을 위한 타협의 산물로서 내각제개헌론을 제시한 것이지 정치지도자로서의 확고한 정치적 신념에 입각하여 민주적 헌정의 발전을 바라는 안목에서 제시되었다고 보기 어렵다.[9] 당시의 내각제 개헌론은 국민의 의사와는 상관없이 정치권의 일부 세력에 의해 주장된 것으로서 국민주권원리를 경시하는 태도라 하지 않을 수 없었으며 학계의 비판이 적지 않았다.[10] 그 후 2002년 및 2007년 대선과정에서없이각 정당과 후보들은 권력구조개편에 관한 개헌론을 내세웠으나 의원내각제 개헌론은 개헌논의의 대상에서 점차 멀어지게 되었다.

(2) 2006년 이후의 대통령 4년 중임제 개헌론

현행 헌법상 5년 단임제의 대통령제에 대한 개헌논의는 2006년 학계를 중심으로 4년 중임제 개헌론이 제기되기 시작하였다. 한국헌법학회는 2006년 헌법개정 연구결과보고서에서 대통령 5년 단임제의 폐해를 극복하기 위해 4년 중임제와 정·부통령제가 바람직한 개헌방향이라고 제시하였다.[11] 같은 해에 한국공법학회의 "통일시대를 대비한 헌법개정의 방향"에 관한 학술대회에서도 대통령 4년 중임제가 제안되었다.[12]

정치권에서 4년 중임제 개헌론은 2007년 1월 9일 노무현 대통령이 전격적으로 '원 포인트 개헌'을 제안함으로써 제기되었다. 당시 노무현 대통령의 개헌론의 주요 내용은 1987년 헌법체제 하에서의 권력구조의 비효율성과 불완전성을 극복하고 효율적인 정치체제를 구축하기 위한 개헌이 불가피하다는 것이다. 그렇지만 개헌의 시기와 내용에 대해 이견이 있으므로 가장 합의를 이루기 쉽고 문제조항으로 지적되어온 대통령 임기조항만을 일차적으로 4년 연임제로 개정한다는 것이다. 그리고 대통령 임기조항에 대한 개헌의 목적은 대통령과 국회의원의 임기를 동일하게 함으로써 향후 각각의 임기단축을 이유로 정치권이 개헌논의에 착

---

9) 당시 내각제개헌 합의문의 주역인 양 김씨는 그 동안의 정치역정과 정치적 입장에서 볼 때 적어도 정부형태의 선호에 관한 투철한 정치철학이나 이념이 지배하는 뚜렷한 일관성 내지는 지향성을 찾을 수 없다고 보는 것이 타당하다. 이에 관하여는 권영설, 한국헌법 50년의 발자취, 한국헌법학회, 헌법학연구 제4집 제1호, 1998, 37면.

10) 의원내각제 개헌론에 대한 비판적 견해로는 정만희, 『헌법과 통치구조』, 법문사, 2003, 169면 이하.

11) 한국헌법학회, 헌법개정연구위원회 최종보고서 『헌법개정연구』, 2006, 28면.

12) 김문현, 헌법개정의 기본방향, 「공법연구」 제34집 제4호 제2권, 2006, 49면 이하.

수하지 못하는 현실적인 장애물을 제거하는 것이며, 향후 제2차적 개헌의 내용에 대해서는 전면적으로 개방되어 있다는 것이다. 이러한 개헌 제안은 점진적 개헌론에 해당하는 것으로서 일차적으로 원포인트 개헌을 제안하고 장기적으로는 내각제개헌을 포함한 향후의 전면적 개헌론을 예정하고 있는 것이 특징이다.[13] 당시 노무현 대통령의 개헌 제안은 그 내용의 타당성은 인정할 수 있는 것이었으나, 시기상의 문제점이 지적되었으며 개헌에 관한 국민의 문제의식이 충분히 성숙되지 않은 상태에서 성급하게 개헌을 제안한 것은 개헌의 전제조건으로서 국민적 합의가 결여된 것으로 문제가 있었다고 하겠다.[14]

(3) 2008년 이후의 이원정부제 개헌론

우리나라에서 이원정부제에 관한 최초의 논의는 제4공화국헌법 당시 일부 헌법학자들에 의해 '이원적 집정부제'를 소개한 데에서 비롯되었으며, 1980년 헌법논의과정에서 이원집정부제가 일시적으로 논의된 바 있다. 당시 제3의 정부형태의 모델로서 의원내각제와 대통령제의 혼합형을 의미하는 '이원집정부제'라는 용어는 그 후의 학계 논의과정에서 학자들에 따라 각기 다르게 표현되기도 하여 반대통령제, 준대통령제, 이원집행권제, 권력분산형 대통령제, 분권형 대통령제 등의 용례로 사용되기도 하였지만 최근의 학계논의에서는 '이원정부제'라는 용어로 통일되어 가고 있다.[15]

최근의 개헌논의에 있어서 이원정부제 도입이 본격적으로 주장된 것은 불과 8, 9년 전의 일이다. 2007년 노무현대통령의 원포인트 개헌제안의 당시만 하더라도 4년중임제를 골간으로 하는 순수대통령제의 개헌론이었으며 그 이전의 개헌논의도 의원내각제냐 순수대통령제냐에 관한 것이 논의의 중심이 되었다. 이원정부제 개헌론은 2008년 국회 헌법연구자문위원회가 구성된 이후부터는 급부상하게 되었으며, 2009년 이 자문위원회 보고서에 이원정부제를 제1안으로 제안한 것을 비롯하여 2014년 국회 헌법개정자문위원회도 이원정부제를 의미하는 분권형 대통령제를 정부형태의 개헌방안으로 제시하였다. 특히 2014년 헌법개정자문위원회의 헌법개정안에 의하면 대통령은 국민으로부터 직선되며 6년 단임제로 하되 국가원수로서 중립적 권한을 많이 가지게 하였다. 그 권한으로는 외교·국방·통일·안보의 권한을 가지며 국무총리와 협의하여 그 권한을 행사하도록 하였다. 대통령은 국내 정치에 관여하지

13) 김종철, 대통령 4년 연임제 '원 포인트' 개헌론에 대한 비판적 검토, 헌법학연구 제13권 제1호, 2007, 78면 이하.

14) 정만희, 앞의 논문, 2008, 269면 이하.

15) 제3의 정부형태로서 '이원정부제'라는 용어는 바이마르헌법상의 혼합형 정부형태에 대하여 뢰벤슈타인이 "the dual executive"(die zweigeteilte Exekutive)라고 명명한 데서 비롯된 것이다(K. Loewenstein, Political Power and the Governmental Process, 1965, p. 95). 이 표현을 국내 학자들에 따라 이원집정부제로 등으로 불려지게 된 것이나, 행정부 내지 정부를 의미하는 'executive'를 집정부로 표현하는 것은 타당하다고 보기 어렵다. 이원집정부제의 명칭을 이원정부제로 통일할 것을 주장하는 대표적인 견해로는 성낙인, 『헌법학』, 법문사, 2017, 396면 이하; 강원택, 『대통령제, 내각제와 이원정부제』, 인간사랑, 2006, 168면.

못하게 당적을 이탈하게 했으며 정당개입이 금지되고 국무총리 임명권과 해임권도 국회가 가지도록 하였다. 국무총리는 대통령과 독립하여 내정에 관한 권한을 가지며, 국무위원이나 행정각부장관에 대한 통솔권을 갖도록 하고 국내행정 전반에 관하여 민의원에 대하여 책임을 지도록 한 것이 특색이다.[16)]

이원정부제 또는 분권형 대통령제 개헌을 주장하는 입장에서의 논거는 무엇보다도 먼저, 현행의 대통령제의 권력집중에 따른 헌정운영상의 폐해를 극복하기 위해 권력분산형 정부형태가 필요하다는 것이다. 특히 현행헌법의 정부형태는 대통령제 요소와 의원내각제 요소가 혼합된 정부형태이므로 현행헌법의 기본적인 골격을 유지하는 가운데 대통령제로 집중된 권력을 분점하는 형태로 점진적 개혁이 가능한 것이 이원정부제의 도입이라는 것이다. 즉 집행권을 국민으로부터 직선된 대통령과 국회로부터의 신임에 기초한 국무총리를 중심으로 하는 내각에 분점시키는 방안은 설득력을 가지며 이는 현행헌법의 본질적 요소를 유지하는 가운데 권력분점을 확보하는 방안이라는 것이다.[17)] 그리고 이원정부제는 의원내각제와 같은 책임정치의 실현이 가능하다는 것이며, 그 밖에 이원정부제는 대통령직선제에 관한 국민의 강한 욕구를 충족시키면서 현행 대통령제의 폐해를 극복할 수 있는 정부형태라는 것 등이 논거로 제시되고 있다.[18)]

(4) 2017년 국회 헌법개정특별위원회의 분권형 정부제 개헌론과 대통령 4년 중임제 개헌론

2017년 1월 국회는 국회법 제44조 제1항에 근거하여 헌법개정특별위원회(이하 '개헌특위')를 구성하여 개헌 관련 활동을 하면서 국민들의 다양한 의견들을 폭넓게 수렴하고 헌법 각 분야에서 경륜과 전문지식을 갖춘 자문위원들로부터 개헌 주요쟁점에 대하여 자문을 구하기 위하여 2017년 2월 국회헌법개정특별위원회 자문위원회를 구성하였다.[19)] 이 자문위원회는 11개월간의 활동을 마무리하면서 2018년 1월 '국회헌법개정특별위원회 자문위원회 보고서'를 발간하였다. 이 보고서에는 헌법전반에 걸쳐 개헌방향을 제시하면서 가장 쟁점이 된 정부형태 분야에 대해서는 현행 권위주의 체제의 대통령 중심의 국정운영이 제도와 운영 양 측면에서 모두 문제가 있다고 보고 우리나라에 적합한 국가경영시스템을 마련하기 위해 분권형 정부제(이원정부제)와 4년 중임 대통령제의 두 가지 형태를 제시하고 있다. 특히 어떠한 정부형태를 선택하든 간에 정부형태 개헌의 원칙으로서 분권과 협치의 정신, 국민주권의 실질화가 중요한 원칙으로 요구되고 이를 위해 반드시 지방분권이 강화되고 선거제도 및 정당제도

16) 국회 헌법개정 자문위원회, 국회 헌법개정 자문위원회 헌법개정안, 2014, 1면 이하.
17) 성낙인, 이원정부제(반대통령제)의 구체화를 통한 권력분점의 구현, 제헌 61주년 기념 국제학술대회논문집, 2009, 271면.
18) 전학선, 분권형 대통령제 도입을 위한 제언, 『국민과 함께하는 개헌이야기』(2권), 2010, 272면.
19) 국회 개헌특위 자문위원회는 시민단체, 학계 및 연구단체 등으로부터 추천받은 53명으로 구성하여 2개의 소위원회와 6개의 분과로 나누어 활동하였으며 53명의 자문위원 중 4명은 중도에 사퇴하였다.

가 민주적으로 개혁되어야 함을 병행조건으로 강조하고 있다.[20)]

국회개헌특위가 활동하는 동안 정부형태에 관하여는 여·야간의 입장이 크게 대립하여 정부와 여당측에서는 대통령 4년 중임제를 선호하는 반면 야당측에서는 이원정부제를 선호하는 입장을 고수하여 양측의 합의가 이루어지지 않게 됨으로써 결국 위 자문위원회 보고서는 정부형태의 대안으로서 분권형 정부제와 4년 중임 대통령제의 두 안을 병기하게 된 것이다. 다만 자문위원회 분과위원회에서의 논의는 이원정부제를 선호하는 위원이 압도적 다수였으며 4년 중임 대통령제는 소수 위원만이 지지하는 것으로 나타났다.[21)]

분권형 정부제(이원정부제) 안에 의하면 국회에서 추천 또는 선출된 총리가 대통령으로부터 독립하여 집행기능의 일부분을 담당하도록 함으로써 집행권 내에서 대통령과 총리 사이의 분권이 실현되도록 하였으며, 대통령은 국가원수로서 외교·국방·통일·국민통합, 기획, 재정에 관한 권한을 행사하며 국회해산권을 갖도록 하였다. 대통령은 국민에 의해 직선되며 6년 단임제로 규정한다. 국무총리는 하원의원 중 하원에서 선출된 자를 대통령이 임명하며, 총리는 내각위원을 대통령에게 제청한다. 총리가 하원에 요청한 신임투표에 총리불신임시 내각은 연대책임을 지게 된다.

반면에 대통령 4년 중임제 안은 권력분립을 통해 견제와 균형의 원리를 구현하여 권력의 오남용과 집중을 방지하는 것을 기본으로 하여 대통령과 행정부의 일부 권한과 소관기관을 입법부로 이관하거나 독립기관화 함으로써 입법부의 강화를 통해 대통령과 행정부에 대한 통제를 제고하는 것을 목적으로 하고 있다. 이 안에 의하면 책임총리와 책임장관제와 같은 내각제적 요소를 일부 강화하여 행정권 내부의 분권화 요구를 수용하는 한편 입법권과 행정권의 분리에 입각한 대통령제적 요소 또한 병행적으로 강화하여 입법권과 행정권의 융합에 따른 또 다른 권력집중우의 위험성을 극복하고자 하였다. 구체적으로는 대통령의 국가원수직을 폐지하여 대통령이 국회와 대등한 국가권력의 수반임을 분명히 하는 한편 국무총리와 국무위원의 대통령 보좌기관으로서의 지위를 삭제하거나 행정에 대한 통할권이 대통령과 국무총리의 협의에 의하여 이루어지도록 하고, 국무위원 중에서 임명한 행정각부의 장에게 자율적 집행권을 보장함으로써 책임총리와 책임장관제로 운영될 수 있는 헌법적 근거를 마련하고 대통령 권한행사에 대한 국무총리 등 행정부 내부의 통제권을 실질화하여 행정권의 책임성과 효율적 통일성을 훼손하지 아니하는 범위 내에서 행정권의 분권을 수용하도록 하였다.[22)]

20) 국회헌법개정특별위원회, 국회헌법개정특별위원회 자문위원회 보고서(2018. 1), 287면 이하.

21) 개헌특위 자문위원회 정부형태분과위원회 위원 중에서 이원정부제를 지지하는 다수의견이 7인이고, 4년 중임제 대통령제를 지지하는 소수의견이 2인이었다. 그리고 정부형태의 대안으로는 제시되지 않았지만 이원정부제는 대통령과 총리 사이의 권력투쟁이나 행정부 내 교착상태를 초래할 위험성이 높고, 대통령 4년 중임제는 재직중인 대통령의 선거운동을 불가피하게 하는 관권선거의 폐해가 부활할 위험성이 있으므로 비례제 선거제도 개혁으로 민주적 책임성을 강화하는 정치개혁을 조건으로 책임정부구현에 철저한 내각제로 전환해야 한다는 2인의 소수의견이 제시되었다. 국회 개헌특위 자문위원회 보고서, 294면.

(5) 2018년 3월 대통령 발의 개헌안의 4년 연임 대통령제

문재인 대통령의 개헌안에 의하면 대통령 단임제의 문제점을 치유하고 안정된 국정운영의 기반을 마련하기 위해 현행 5년의 대통령 임기를 4년으로 하되, 대통령이 다음 선거에서 다시 선출되는 경우에 한정하여 한 차례만 더 대통령직을 수행할 수 있도록 하는 4년 연임제를 제안하고 있다. 그리고 대통령의 국가원수로서의 지위는 대통령이 다른 헌법기관을 초월한 우월적 지위에 있는 것으로 인식되어 제왕적 대통령의 근거로 작용될 우려가 있으므로 대통령의 국가원수 지위를 삭제하는 한편 대통령은 외국에 대하여 국가를 대표한다는 조항을 국내외에 관계없이 국가를 대표하도록 변경하는 것을 제안하였다. 대통령 선거에 있어서 결선투표제 도입하고, 대통령의 특별사면권에 대한 절차적 통제를 강화하기 위해 사면위원회의 심사를 거치도록 하고, 국무총리의 행정통할상 자율권 강화를 위해 행정각부를 통할하는 데에 있어 '대통령의 명'을 받도록 하는 부분을 삭제하는 것을 제시하고 있다. 정부의 법률안 제출권은 유지하되, 국회의원 10명 이상의 동의를 받아 국회에 법률안을 제출할 수 있도록 하였다.

2. 기본권 및 기타 영역의 개헌론

기본권에 관한 개헌논의의 출발은 2006년 헌법학회의 헌법개정연구활동에서 찾을 수 있고 본격적인 기본권의 개헌논의는 2009년 국회 헌법연구자문위원회와 2014년 국회 헌법개정자문위원회의 활동을 비롯하여 학계와 시민단체 등의 개헌논의를 통해 이루어져 왔다. 기본권에 관한 개헌필요성의 주장은 급격한 사회변화에 따른 새로운 기본권을 신설하고 기존의 기본권도 새로운 시대에 부응하도록 보완 발전시킴으로써 헌법이 실제 국민생활의 기본적 가치체계로 기능할 수 있도록 개정해야 한다는 것이 일반적 논거이다.[23]

2009년 국회 헌법연구자문위원회의 연구결과의 구체적 내용으로는 인간존엄의 바탕이자 모든 기본권의 전제인 생명권을 신설하고, 위험사회의 도래로 안전확보를 위한 국가의 역할에 대한 기대가 높아지고 있으므로 안전에 대한 권리를 신설하는 것을 제안하고 있다. 지식정보화 사회에 적극적으로 대응하기 위하여 사이버공간에서 제기되는 문제의 해결 및 정보의 격차를 해소하기 위해 정보기본권의 명문화를 제시하고, 사상의 자유의 명문화와 언론·출판의 자유의 보장을 강화하기 위하여 제한규정(제21조 제4항)의 삭제를 제안하고 있다.[24] 2014년 국회 헌법개정자문위원회도 기본권에 관하여 생명권, 안전의 권리를 비롯하여 자유롭게 행동할 권리, 망명권, 정보기본권 등을 신설하고, 사회권에서도 사회보장제도 등을 고

22) 국회 헌법개정특별위원회 자문위원회 보고서, 292면.
23) 국회 헌법연구자문위원회 보고서, 3면.
24) 국회 헌법연구자문위원회 결과보고서, 12-13, 45면 이하.

지받을 권리, 문화생활향유권, 소비자의 권리 등을 신설하는 것을 제안하고 있다. 사법절차에 관한 권리로서 수사·재판의 불구속원칙과 부당한 지시·간섭 등 금지조항의 신설 및 헌법 제29조 제2항의 국가배상청구권에 있어 군인·경찰공무원 등의 이중배상금지조항을 삭제하는 것 등을 제안하고 있으며, 지방자치에 관하여는 국가의 지방자치권 보장의무, 국가의 지방재정 건전성 감독의무와 지방재정 격차해소의무 등을 규정할 것을 제안하고 있다.[25]

2018년 국회 개헌특위 자문위원회 보고서도 기본권과 총강을 비롯하여 헌법전반에 걸쳐 개정안 시안을 제시하고 있다. 총강의 일부 조항의 수정내용을 보면 제1조 제2항의 국민주권원리조항을 일부 수정하고, 제3항을 신설하여 지방분권의 내용을 명문화하는 것을 제안하고 있다. 그 조문시안으로는 "대한민국은 분권형 국가를 지향한다"(기본권·총강분과 의견)와 "대한민국은 지방분권국가이다"(지방분권분과 의견)라는 두 개의 안을 제시하고 있다.[26] 헌법 제4조 평화통일조항에 대해서도 동 조항에 규정된 '자유민주적 기본질서'를 '민주적 기본질서'로 변경하는 것을 제안하고 있다. 그리고 최근 국민의 관심을 모으고 있는 지방자치의 강화와 지방분권에 관한 내용이 주목되고 있다. 제1조에 제3항의 지방분권국가조항 신설에 이어 지방자치가 주민자치에 기초함을 명백히 하여 주민의 자치권을 기본권으로 규정하고 있다. 지방자치단체를 '지방정부'로 명칭을 변경하고 지방정부의 종류를 헌법에서 보장하는 것을 제시하고 있다. 자치입법권에 있어서는 중앙정부의 전속적 입법권 외에는 중앙정부와 지방정부가 각각 입법권을 행사하며, 지방정부는 그 관할구역에서 효력을 가지는 '법률'을 제정할 수 있다고 규정하여 지방의회가 제정하는 입법형식을 조례에서 법률로 변경하는 것을 제안하고 있다. 지방정부의 재정권에 있어서는 지방정부는 자기책임 하에 자치사무를 수행하고 그 사무의 수행에 필요한 경비를 부담하도록 하고, 위임사무를 처리하는데 소요되는 비용은 위임하는 정부에서 부담하도록 하며, 지방세의 종류와 세율 및 징수방법을 지방정부가 법률로 정할 수 있도록 제안하고 있다.[27] 이러한 지방분권에 관한 개헌안 시안은 현재의 지방자치에서 연방형 분권국가를 지향하는 것으로의 변경을 의미한다.[28]

2018년의 대통령이 발의한 개헌안은 국회 개헌특위 보고서의 내용을 바탕으로 하여 기본권에 있어 생명권과 안전권, 알권리, 자기정보통제권, 사회보장을 받을 권리 및 성별·장애 등에 따른 차별개선에 노력할 국가의 의무 등을 신설하는 한편, 공무원을 포함한 노동자의 권리를 강화하고, 국민발안제와 국민소환제를 도입하여 직접민주제를 대폭 확대하는 것을 제

25) 국회 헌법개정자문위원회 헌법개정안, 17면 이하.
26) 국회 개헌특위 자문위원회 보고서, 38면.
27) 국회 개헌특위 자문위원회 보고서, 253면 이하.
28) 연방형 지방분권국가로의 개헌은 헌법개정의 한계와 관련하여 문제가 제기될 수 있으며, 지역간 불균형을 확대하는 결과를 가져올 수 있다는 지적이 있다. 박인수, 지방분권국가의 특징과 한계, 공법학연구 제18권 제3호, 2017, 21면 이하.

안하고 있다. 지방자치에 관하여 자치행정권, 자치입법권을 강화하고 자치재정권을 보장하며 주민발안, 주민투표, 주민소환제도의 헌법적 근거를 신설하는 것을 제안하고 있다.

3. 개헌논의의 특징과 문제점

(1) 개헌논의의 특징 및 성과

1987년 헌법의 채택 이후 지금까지의 개헌논의는 다음과 같은 점들에서 과거 구헌법 하에서의 개헌논의와 구별되는 특징들을 찾아볼 수 있다. 첫째, 개헌논의가 초기에는 주로 정치권에서 대통령선거를 배경으로 선거공약의 형태로 정부형태와 통치구조를 중심으로 주기적인 개헌논의를 주도해 온 것을 지적할 수 있다. 이러한 선거공약으로서의 개헌론은 국민적 공감대형성이 전제되지 아니한 것으로 실현가능성이 희박할 수밖에 없는 것이었다. 둘째, 정치권에서 제기된 개헌논의에 이어 학계와 시민단체 등도 반응을 보이면서 헌법개정의 문제를 적극적 입장에서 제기하면서 정부형태뿐만 아니라 헌법총강과 기본권을 포함한 헌법전반에 걸쳐 광범위한 개헌논의가 전개되었으며 지난 10여년간 상당한 연구성과가 축적되어 있다는 점을 들 수 있다. 셋째, 개헌논의의 주체에 있어서 제18대 국회에서는 국회내 의원들의 헌법연구단체가 결성되어 활발한 개헌논의가 이루어진 바 있으며,[29] 제18대 국회와 제19대 국회에서는 국회의장 직속기구로 헌법개정논의를 위한 자문위원회가 설치되어 국회중심의 본격적인 개헌연구가 행해졌다는 것이 과거 구 헌법에서의 개헌논의 과정에서 찾아볼 수 없는 점이다. 넷째, 최근의 개헌논의는 2017년 1월 국회가 여야합의로 국회법에 근거한 특별위원회를 구성하여 활동하면서 특별위원회의 자문위원회가 전면적 개헌을 전제로 한 헌법전반에 걸친 개헌안 시안을 발표함으로써 개헌논의가 보다 구체화되고 있고 개헌방향에 대한 본격적인 공론화의 장을 마련하게 되었다는 점에서 의미가 크다. 다섯째, 현행헌법에 대한 개헌논의의 전반적 특징은 과거 한국헌정사에 있어 구 헌법들의 개헌논의와 비교할 때 혁명이나 쿠데타 등 정치적 격변의 시기가 아닌 비교적 헌정질서의 평온과 안정이 유지되는 평상시에 있어서 개헌논의가 전개되어 왔다는 점을 들 수 있다.[30] 이러한 개헌논의는 과거와는

29) 2008년 6월 창립된 국회 미래한국헌법연구회(공동대표: 이주영, 이낙연, 이상민 의원)는 "미래의 정부형태 무엇이 바람직한가"라는 주제와 "21세기 미래헌법, 무엇이 바람직한가-기본권, 통일, 경제, 지방자치 조항을 중심으로"라는 주제로 여러 차례 세미나와 토론회 등을 개최하여 헌법개정논의에 참여했으며 그 연구성과물로 2010년『국민과 함께하는 개헌이야기』2권을 발간하였다.

30) 제헌헌법 하에서 행해진 제1차 개헌은 전시의 비상계엄 하에서 국민적 공감대 형성과는 전혀 관계없이 대통령의 권력욕구에 따른 개헌이었으며, 제2차 개헌도 국민적 합의를 도출하지 않고 집권자의 의지에 따른 강압적 개헌이었다. 제3차 개헌은 4.19혁명의 산물로서 민주적 개헌을 의미하지만 제5차 개헌은 5.16 군사쿠데타에 의한 것으로 개헌주도세력은 군부였으며 개헌과정의 공론화는 기대할 수 없었음은 물론이다. 이른바 유신헌법과 제5공화국헌법의 성립을 의미하는 제7차 개헌과 제8차 개헌도 개헌의 공론화과정 없이 비상적 상황에서 전격적인 개헌작업이 이루어진 것이다. 1987년의 제9차 개헌은 당시 6월 시민항쟁의 산물로서 민주적 개헌에 해당하지만 헌법개정과정에 시민사회의 대표가 참여하지 못하고 좁은 정치사회의 앨리트들 간의 탁상협상정치의 결과였으며 국민은 단지 국민투표절차에서 찬반만을 표시하는 고무인의 역할만 했

달리 개헌주도세력에 의한 하향적 논의가 아니라 정치권뿐만 아니라 학계와 시민단체 등도 자발적으로 각자의 개헌안에 관한 의견을 제시함으로써 사회적 합의를 도출하기 위한 공론화에 참여하고 있다는 점이 특징이다. 이러한 평상시에 있어서 개헌문제에 관한 자유로운 연구와 토론의 분위기가 조성되어 왔다는 것은 앞으로의 국민적 합의에 바탕을 둔 개헌을 위해 필수적으로 요청되는 과정이라는 점에서 의미가 크다고 할 수 있다.[31]

아무튼 그동안의 개헌논의를 통해 얻어진 상당한 수준의 연구성과는 방대하게 축적되기에 이르렀다는 점에서 의미가 있으며, 앞으로 정치권에서 개헌에 관한 합의를 전제로 본격적인 개헌논의가 공론화되는 경우에 지금까지의 연구성과는 매우 귀중한 문헌과 자료로써 활용될 수 있다는 점에서 작금의 우리 사회에서의 개헌논의는 헌법사적 의의가 크다고 할 수 있다.

(2) 개헌논의의 문제점

1) 전면적 개헌논의와 개헌가능성 문제

지금까지의 개헌논의에 있어 2009년 국회 헌법연구자문위원회 이후의 논의는 예외없이 헌법전반에 걸친 전면적 개헌에 관한 논의를 포괄하고 있다. 그러나 이러한 전면적 개헌논의는 신중을 기해야 할 문제라 하지 않을 수 없다.[32] 우리 헌정사에서 과거 개헌이 정변이나 쿠데타 등에 의해 전격적으로 이루어짐에 따라 사실상 제헌의 성격을 가진 전면적 개헌이 여러 차례 행해졌으나 이번의 개헌논의에 있어서는 전면적 개헌이 당연히 요청되는 것인가에 대하여 의문이 있으므로 가능한 한 개헌의 범위를 제한하는 것이 타당하다. 즉 이번의 개헌논의는 이른바 1987년 헌법체제의 운용과정에서 드러난 문제점을 보완하고 시대적 변화에 따른 가치의식의 변화를 일정 부분 반영하기 위한 것이라는 점에서 의미가 있다고 할 것이므로 개헌의 폭은 전면개헌이 아니라 부분개헌이 되어야 한다고 본다.[33] 본래 헌법은 시대와 환경의 변화에 따라 요구되는 정치공동체의 새로운 가치와 질서를 반영해야 하는 것이 불가피하다고 판단되는 경우에 헌법의 규범력과 현실적응성을 확보하기 위해 국민적 합의에 의해 헌법개정이 이루어지는 것이지만, 그 헌법개정의 방법은 헌법의 기본적 동일성을 유지하면서 개개의 조항을 수정·삭제·변경하는 것이므로 전면적 개헌은 기본적 동일성을 침해

을 뿐이라는 비판이 있다. 즉 실제 개헌과정이 소수의 정치인들만의 협상에 의해 이루어짐으로써 대통령직선제 이외의 부분에 대해서는 국민의 다양한 의사가 제대로 반영되지 못했다는 지적이 있다. 김선택, 헌법과 혁명-시민입헌주의, 동아법학 제58호, 2013, 5면 이하.

31) 정만희, 앞의 논문, 2010, 14면.

32) 현행 헌법에 대한 개헌논의에 있어서 필자는 전면적 개헌이 아닌 부분적 개헌을 강조해 왔다. 정만희, 앞의 논문, 2010, 36면 이하.

33) 최근의 개헌논의에 있어서 전면적 개헌에 대한 부정적 견해로는 김문현, 헌법개정에 관련한 몇가지 단상, 한국공법학회 2017년도 공법학자대회 및 정기총회 발표논문집 『개헌의 현안과 공법적 과제』(2017.12.8.), 2면 이하.

하게 될 우려가 크기 때문에 허용되기 어려운 것이다. 더욱이 현재 우리 사회에 존재하고 있는 이념의 격차의 심각성을 생각할 때 이번 개헌이 현실화되기 위해서는 개헌의 범위를 축소해야 할 것이며 개헌의 폭을 넓히면 갈등과 대립만 심화되어 정작 필요한 사항에 대한 개헌도 하기 어렵게 될 가능성이 크다고 할 것이다.[34)]

그리고 헌법이 역사의 발전과 사회의 변화에 대해 적응하는 방법은 일차적으로 헌법개정이 아니라 헌법규정의 개방성과 미완성성을 통해 이루어지게 됨을 이해할 필요가 있다. 헌법규범은 개방성과 미완성성을 본질적 특성으로 하기 때문에 정치적 상황과 여건의 변화에 따라 탄력성 있게 적응할 수 있으며, 이러한 헌법규범의 개방성에 따른 현실적응성의 요청은 헌법재판을 담당하는 헌법재판소의 헌법해석을 통해 상당한 정도 실현될 수 있는 것이다. 헌법의 해석은 추상적이고 개방적인 헌법규범에 대한 올바르고 객관적인 의미를 찾아내는 법발견의 기능뿐만 아니라, 시대적 변화에 따른 역사적, 사회적 요구와 국민적 욕구 또는 의식에 부합하는 '헌법의 창조적 기능'을 수행함으로써 헌법이 추구하는 이념에 위배되지 않는 범위에서 현실적응성 있는 헌법의 적용이 가능하게 된다.[35)] 다만 이러한 헌법해석을 통해서도 헌법의 현실적응성을 실현할 수 없고 헌법규범과 헌법현실의 괴리를 극복할 수 없는 경우에는 결국 헌법개정의 절차로 이행함으로써 이 문제를 해결하게 되는 것이다.[36)]

이러한 관점에서 볼 때 기본권에 관한 최근의 개헌론에 있어 기본권조항을 대폭 신설하는 것을 내용으로 하는 제안은 신중한 검토가 필요하다고 본다. 헌법해석에 의해 이미 확립된 기본권보장의 내용을 이번 헌법개정에 전부 반영할 필요는 없다고 할 것이다. 헌법상 국민의 자유와 권리의 지나친 열거는 헌법 제37조 제1항의 명목화를 가져올 수 있으며 기본권의 자연권성을 사실상 부정하는 것이 될 수 있다. 즉 기본권의 헌법에의 지나친 나열화는 헌법에 열거되고 명문화되지 않은 자유와 권리가 무시되고 경시될 우려가 있다.[37)]

특히 국회 개헌특위 자문위원회 보고서의 개헌안처럼 헌법총강에 지방분권국가원리를 규정하거나 지방정부의 입법권과 재정권을 대폭 강화하는 것은 헌법개정의 한계이론에 비추어 문제가 될 수 있으며, 우리 헌법의 핵심적 기본질서인 자유민주적 기본질서를 민주적 기본질

---

34) 김문현, 앞의 논문, 2017, 3면.

35) 헌법의 해석에 관하여 헌법재판소는 "헌법의 해석은 헌법이 담고 추구하는 이상과 이념에 따른 역사적, 사회적 요구를 올바르게 수용하여 헌법의 방향을 제시하는 헌법의 창조적 기능을 수행하여 국민적 욕구와 의식에 알맞은 실질적 국민주권의 실현을 보장하는 것이어야 한다"고 판시하고 있다. 헌재 1989. 9. 8. 88헌가6.

36) 정만희, 앞의 논문, 2010, 9면.

37) 이 점과 관련하여 미국헌법제정과정을 보면, 헌법제정당시 헌법기초자들의 최대 관심사는 통치기구의 존재방식에 관한 것이었으며 헌법은 연방정부의 권한을 한정적으로 열거하여 '권한이 열거된 정부'를 의도함으로써 그 자체가 권리장전의 의미를 가진다고 보았다. 특히 해밀턴이 페더럴리스트 제84편에서 "권리장전을 헌법안에 편입할 필요가 없으며 그것은 오히려 위험하다"고 강조한 것은 의미가 있다고 하겠다. 정만희, 앞의 책, 2003, 81면.

서로 변경하는 것은 헌법제정권자의 근본적인 정치적 결단에 관한 사항으로 이는 실질적인 헌법의 제정을 의미하게 되므로 매우 신중한 검토가 필요하다.

2) 국민의 참여에 의한 개헌의 공론화 문제

우리 사회에서 최근의 개헌논의는 주로 국회를 중심으로 한 정치권에서의 논의와 함께 그와 별도로 조직된 학계와 시민단체 등이 주도하는 개헌논의가 따로따로 전개되어 온 것이 특징이다. 국회중심의 개헌논의는 2017년 국회 개헌특위를 구성함으로써 본격적인 논의가 전개되었다고 할 수 있으며, 개헌특위 자문위원회활동은 국민의 다양한 의사를 수렴하면서 개헌방향을 제시하고 있으며, 학계와 시민단체 등의 개헌논의도 정치권과 상관 없이 독자적인 개헌안을 제시해 온 것을 볼 수 있다. 이러한 개헌논의의 양상과 그 연구성과는 과거의 개헌과정에서는 전례를 찾아보기 어려울 만큼 그 자체로서도 개헌논의의 민주성이 확대되고 있음을 말해준다.

그렇지만 이러한 개헌논의만으로는 아직 일반 국민의 헌법개정에 관한 관심과 문제의식은 충분히 형성되어 있다고 보기 어렵다. 그 동안의 몇 차례 일반 국민을 대상으로 한 여론조사 결과만 가지고는 국민의 개헌에 관한 의사를 확인하기 힘들 것이다. 다만 정치권의 개헌론 제기에 대해 국민은 소극적이고 미온적인 반응을 보여 왔으나 최근에는 개헌의 필요성에 대한 관심이 고조되고 있다고 할 수 있다.

따라서 앞으로의 개헌논의가 국민적 최대관심사로서 보다 적극적으로 활성화되기 위해서는 개헌논의의 방법을 재고할 필요가 있다. 먼저 개헌논의의 공론화를 확대해 나가는 방법으로 범국민적·초당파적 개헌논의기구를 설치하는 것을 고려할 필요가 있다. 즉 개헌에 관한 국민적 공감대를 형성하여 민주적 개헌을 실현하기 위해서는 우선 전국적 규모의 조직을 구성하여 중립적·초당파적 입장에서 헌법 전반의 문제를 검토하고 개헌방향을 연구하는 헌법논의기구를 구성하는 것이 요구된다.[38] 이러한 개헌논의기구에서 지금까지의 논의의 성과물들을 바탕으로 하여 전국에 걸쳐 지역별 토론회와 공청회 등을 수시로 개최하여 국민의 여론을 수렴하고 집약하는 과정이 필요하다. 개헌의 대상과 방법에 있어서도 단기적으로는 부분적 개헌의 논의와 함께 장기적인 관점에서 근본적이고 총체적이며 미래지향적인 헌법논의

---

38) 이 점에 관하여는 1982년 미국에서의 헌법개정논의를 위한 헌법제도검토위원회(Committee on the Constitutional System)의 결성을 주목할 필요가 있다. 이 위원회는 미국헌법의 제정 이래 2세기 동안의 격변을 거치면서 내정·외교상 위기의 연속과 연방정부의 대응전략의 실패 등 여러 가지 국가적 난제에 직면하게 되자 이를 극복하고 유효하게 대처하기 위하여 헌법개정을 비롯한 정치제도 전반의 근본적 개혁가능성 추구를 목적으로 하는 초당파적 비영리적 단체로 결성된 것이다. 이 위원회에는 전·현직 상원 및 하원의원, 정부각료와 백악관 수석비서, 주지사, 대학교수, 법조인, 역사학자, 언론인 등 전국적 지명인사들로 구성되었으며 5년간의 연구검토를 거쳐 1987년 미국헌법제정 2백주년을 맞는 시점에 연구보고서(A Bicentennial Analysis of the American Political Structure: Report and Recommandations of the Committe on the Constitutional System, 1987)를 출간하였다. 이 내용에 관한 소개는 정만희, 미국헌법상 정치제도의 개혁논의, 동아법학 제20호, 1996, 21면 이하.

가 이루어져야 하며 통일헌법안의 기본 틀도 마련해야 할 것이다.

Ⅲ. 정부형태 개헌의 방향에 대한 재검토

1. 정부형태 개헌에 관한 국민의 의사의 추이(推移)

현행 헌법의 정부형태에 관한 개헌문제의 여론조사 결과를 보면 종전에는 대통령 4년 중임제를 지지하는 국민이 다수인 것으로 나타났으며 의원내각제나 이원정부제를 지지하는 국민은 소수에 불과하였다고 보는 것이 일반적 분석이라 할 수 있다. 10년 전만 하더라도 우리나라 국민들의 60% 이상이 의원내각제나 이원정부제보다는 대통령제를 선호하는 것으로 나타났으며 공법학자들도 65%정도가 대통령제를 선호하는 것으로 조사되었다.[39] 그러나 최근 2016년 후반의 박근혜 대통령과 그 비선 측근의 국정농단사건으로 인한 대통령 탄핵사태를 계기로 하여 현행 정부형태에 대한 개헌의 필요성이 국민적 관심사로 대두되고 있는 가운데 개헌방향으로 분권형 대통령제 내지 이원정부제를 선호하는 입장이 크게 증가하고 있는 것으로 나타나고 있다. 2016년 12월 시민들의 촛불집회가 전국적으로 확산되던 시기에 일반 국민을 상대로 한 여론조사 결과에서는 4년 중임 대통령제로의 개헌이 가장 선호되고 있는 것으로 나타났으나,[40] 최근 2017년 7월 한국리서치가 일반 국민 1000명을 상대로 한 여론조사에서는 75.4%가 개헌에 찬성한다고 응답하고, 선호하는 정부형태로는 혼합형 정부형태(이원정부제)가 46.0%, 대통령제가 38.2%, 의원내각제가 13.0%로 나타남으로써 이원정부제를 선호하는 비율이 크게 늘어났음이 주목을 받게 되었다.[41] 다만 같은 시기에 국회도서관에서 실시한 전문가 집단을 대상으로 한 여론조사에서는 대통령제가 48.1%, 이원정부제 41.7%, 의원내각제 10.3%로 대통령제 선호가 높은 것으로 조사되었다. 그리고 대통령의 권한을 분산하거나 견제장치를 강화하는 것에 대한 설문에서는 일반 국민 79.8%와 전문가의 88.3%가 찬성하는 것으로 집계되었다. 이 두 개의 여론조사 결과만으로 국민의 정부형태 선호와 개헌방향에 관한 의사를 제대로 분석할 수 없지만 대체적인 국민 여론의 추이를 가늠할 수는 있다고 하겠다.

---

39) 한국헌법학회, 2006 헌법개정연구위원회 최종보고서, 2006, 27면.

40) 조선일보와 칸타퍼블릭이 2016년 12월 30일~31일 양일간 전국 성인 1,030명을 대상으로 실시한 여론조사 결과를 보면 대통령 4년 중임제를 선호하는 비율이 42.4%로 분권형 대통령제(24.3%), 의원내각제(23.3%)보다 높게 나타났다. 조선일보 2017.1.2. A5면.

41) 2017년 7월의 한국리서치 여론조사는 전국의 만 19세 이상 성인남녀를 모집단으로 하여 지역별, 성별, 연령별 기준으로 비례할당 후 무작위로 추출한 5596명 중 응답한 17.9%인 1,000명을 대상으로 한 것으로, 그들의 주관적 이념성향은 진보에 더 가깝다고 응답한 사람이 58.2%이고 보수에 더 가깝다고 응답한 사람은 36. 5%로 나타났다. 따라서 이 여론조사만으로 정부형태 개헌에 관한 전 국민의 의사가 객관적으로 명확하게 나타났다고 보기 어렵지만 과거의 여론조사들에 비하여 대통령제보다 분권형 이원정부제에 대한 관심이 높아지고 있다고 추정할 수 있는 근거로는 의미가 있다고 할 것이다.

이와 같이 최근 우리 국민들은 몇 년 사이의 짧은 헌정의 운용과정을 지켜보면서 대통령의 권위주의적 통치스타일이라든지 제왕적 대통령제의 운용과 권한남용 등에서 비롯된 대통령 탄핵소추와 헌정사상 최초의 대통령 파면을 경험하는 동안 현행 대통령제에 대한 국민적 불신과 반감이 급격히 확대되었으며, 이러한 부정적 헌정현실은 정부형태 개헌의 필요성에 대한 국민적 공감대를 형성해 나가는 데 커다란 요인으로 작용하고 있다고 할 수 있다. 그렇다고 해서 최근의 몇몇 여론조사 결과만으로 정부형태 개헌방향에 관한 국민적 공감대가 사실상 형성되었다거나 정부형태의 대안들 중에서 어느 하나의 대안으로 국민의 다수의사가 확인되었다고 보기는 어렵다고 할 것이다.

2018년 국회 개헌특위 자문위원회의 보고서도 이러한 국민여론과 그 동안의 정치권 및 학계의 논의를 바탕으로 현행 대통령제의 제도와 운용에서의 실패를 전제로 한 대안으로 분권형 정부제(이원정부제)와 대통령 4년 중임제의 두 개의 안을 제시하고 있다.[42] 이 두 개의 정부형태안 중에서 어느 것이 국민의 다수가 지지하는 대안인가에 관하여는 아직 국민적 합의가 이루어졌다고 보기 어렵고, 단지 현시점에서는 정부형태의 대안으로 이원정부제와 대통령 4년 중임제 중에서 하나를 선택하는 문제로 압축되었음을 의미한다고 할 것이다.

전술한 바와 같이 두 개의 정부형태 대안 중에서 정부와 여당의원들은 4년 중임 대통령제를 선호하는 것으로 나타나고 있고 야당의원들은 이원정부제를 지지하고 있어서 국회에서 여야간의 합의안 도출은 어렵기 때문에 현실적으로 정부형태를 포함한 개헌은 현재의 여소야대 정국 하에서는 곤란하다고 볼 수밖에 없다. 2018년 6월 지방선거와 동시에 개헌이 불투명하다고 하더라도 문재인 정부 임기 전반기 내에 개헌이 실현되기 위해서는 개헌에 관한 국민의 의사를 최대한 존중하면서 지금까지의 개헌논의의 성과를 반영하여 정치권의 대타협(great compromise)이 이루어져야 하는 것이 당면 과제이다. 그러기 위해서는 이제부터라도 국민들에게 대안으로 제시된 두 정부형태에 대해 권역별로 공청회와 토론회 등을 통해 충분히 홍보하고 실질적인 국민의 참여를 통한 공론화과정을 거쳐 전국민적 공감대를 형성해 나가는 것이 중요하며, 정치권은 이렇게 형성된 국민의 다수의사를 바탕으로 개헌안을 마련하는 것이 필요하다.

2. 현행 대통령제의 개선·보완을 위한 개헌 제안

(1) 이원정부제보다 대통령 4년 중임제를 제안하는 이유

현시점에서 국회 개헌특위의 다수의견이나 일부 여론조사결과에서 대통령제보다는 분권형 이원정부제를 선호하는 의견이 우세한 것으로 나타나고 있다고 하더라도 필자의 견해는 여전히 대통령제의 기본골격을 유지하면서 제도적 문제점을 개선·보완하는 방향으로의 개

42) 국회 개헌특위 자문위원회 보고서, 287면 이하.

헌이 바람직하다고 생각한다. 2016년 늦가을부터 반년에 걸쳐 전국적으로 행해진 국민들의 촛불집회에 나타난 민심이 박근혜정부에 대한 실망과 반감에서 “나라다운 나라”를 만들 수 있는 정치개혁을 요구한 것이지 그러한 국민의 의사에 현행 정부형태의 제도를 폐기하고 새로운 제도를 채택하라는 뜻이 당연히 포함되어 있는 것은 아니라고 본다.[43] 이 점에서 현행 대통령제의 개혁은 필요하지만 그 방법은 대통령제의 폐기가 아니라 대통령제가 제왕적 대통령제로 변질되지 않고 권력분립원리에 입각하여 정상적으로 작동할 수 있도록 제도적 문제점을 시정 · 보완하는 방법이 우선적으로 고려되어야 할 헌법개정의 방향이라고 생각한다.

현행 정부형태 개혁의 방안으로 이원정부제가 아닌 대통령 4년중임제를 주장하는 이유는 다음과 같다. 첫째, 현행의 5년 단임제를 4년 중임제로 개정하고 대통령 권한의 축소와 의회의 행정부 견제기능 강화를 내용으로 하는 방안이 기존의 제도를 폐기하고 새로운 제도를 도입하는 것을 의미하는 이원정부제 개헌에 비해 헌정질서의 안정을 위해 바람직하기 때문이다. 현행 대통령제의 문제점과 폐해를 극복하기 위하여 기존의 제도를 폐기하고 새로운 제도를 도입하는 방안은 커다란 정치적 모험으로서 그 운용과정에서 적지 않은 시행착오와 정치적 불안정을 가져올 위험이 예상되므로 헌정질서의 안정성과 연속성을 기대할 수 없는 문제가 있다. 반면에 대통령 4년 중임제 개헌은 현행 제도의 근간를 유지하면서 문제점을 보완하고 개선해 나가면서 헌정질서의 급격한 변화 없이 안정적으로 통치체제의 연속성을 유지할 수 있다는 점에서 우선적으로 고려될 수 있는 방안이라 할 수 있다. 즉 현행 대통령제의 문제점을 먼저 개선하여 운영해 보지도 않고 덜컥 정부형태를 변경할 것이 아니라 현재의 대통령제를 좀 더 입헌주의적 대통령제의 원형에 어울리게 수정하는 것이 우선되어야 할 것이다.[44] 본질적으로 국가의 통치구조나 정부형태에 관한 헌법개정은 신중을 기해야 하며, 기본적으로는 제도의 유지를 전제로 한 개선방안을 모색하는 것이 바람직하다. 특히 헌법상 통치구조의 기본 골격과 틀은 헌법제정권자의 근본적 결단의 산물을 의미하는 것으로 가능한 한 그 골격은 그대로 유지하는 것이 국가의 존립과 국정의 안정성확보를 위해 중요하다고 할 것이다.[45]

둘째, 대통령제는 대한민국 건국헌법에서부터 지금까지 제2공화국시대의 1년 미만의 짧은 의원내각제 경험을 제외하고 줄곧 채택되어온 제도로서 이미 국민생활 속에 친숙한 제도이지만 이원정부제는 프랑스 등 유럽의 일부 국가에서 채택하고 있는 것으로 서구에서의 오랜 의원내각제의 전통 속에서 그 제도적 문제점을 해결하기 위한 방법으로 미국형 대통령제 요소를 혼합시킨 정부형태로서 우리의 정치문화적 풍토에서는 쉽게 정착될 수 있는 제도로

43) 이와 같은 생각으로는 김선택, 민주적 정당화의 관점에서 본 정부형태론-촛불혁명은 정부형태의 변경을 요구하였나-, 공법학연구 제18권 제4호, 2017, 85면 이하.

44) 김선택, 앞의 논문, 2017, 105면.

45) 정만희, 앞의 논문, 2015, 28면.

보기 어렵기 때문이다. 이원정부제는 본질적으로 의원내각제적 원리를 기반으로 하기 때문에 의원내각제 성공의 조건으로서 민주적인 정당체계와 토론과 타협의 정치문화가 확립되어야 하는데 우리의 의회주의에 대한 불신과 정당정치의 낙후성에 비추어 행정권의 분점만으로는 이원정부제가 성공하기 어렵다고 본다. 따라서 우리의 정치적 여건과는 너무 이질적인 새로운 제도의 도입에 따른 위험부담보다는 우리에게 익숙한 제도를 안정 속에서 개선·발전시켜 나가는 것이 훨씬 타당한 방안이 될 수 있다. 이원정부제는 의원내각제와 대통령제의 혼합형인데 이러한 혼합형의 도입이 대통령제의 문제를 치유하는 것이 아니라 오히려 두 정부형태의 문제점이 동시에 드러남으로써 문제를 더욱 확대시킬 가능성이 높다고 할 수 있다.[46]

셋째, 현행 대통령제의 문제점이 제도 자체에서 비롯된 것이라면 그 제도를 폐기하고 새로운 제도를 선택하여 혁명적인 변화를 기대할 수도 있으나 그렇지 아니하고 제도 운용상의 문제에 기인하는 바가 크다고 보는 입장에서는 대통령제의 기본골격은 유지하면서 부분적·점진적으로 문제점을 시정하고 개선해 나가는 것이 보다 실효적인 방안이 될 수 있기 때문이다. 외국의 사례를 보더라도 20세기 이후의 입헌주의국가에서 정부형태에 관한 기존의 제도를 폐기하고 새로운 제도를 선택한 경우는 드물며 기존 제도의 틀을 유지하면서 문제점을 개선하고 보완하기 위한 부분적 수정방법을 채택하는 것이 일반적이다. 비교정부형태론의 권위자인 슈거트와 케리가 지적한 바와 같이 대통령제를 시행해 오다가 의원내각제로 바꾼 사례는 거의 찾아볼 수 없다는 것이 이를 말해 주고 있다.[47] 라틴 아메리카의 경우 미국형 대통령제를 도입한 많은 국가에서 다당제적 전통에 기인한 정치적 불안정을 극복하기 위하여 대통령제를 수정한 사례들을 볼 수 있으나 그 경우에도 대통령제를 포기하는 것이 아니라 정치인과 정당들 사이의 협상과 타협을 통하여 선거제도와 정치적 관행을 수정해 온 것이 특징이다.[48]

넷째, 이원정부제 도입론에 의하면 집행권의 이원화와 실질적 권력분점으로 대통령의 독재화를 막을 수 있다고 주장하지만 그것은 이상론에 가까운 논리이며 현실적으로는 그 역기능도 간과할 수 없기 때문이다. 이원정부제에서는 실제로 집행권을 명확하게 이원화하기가 어렵고 대통령과 수상간의 권한분배의 모호성으로 인하여 양자간의 갈등을 초래하게 된다. 다시 말하면 이원정부제는 정책의 책임소재가 분산되어 있기 때문에 그 자체가 갈등의 요인이 됨을 부정할 수 없다. 대통령에의 권력의 집중과 독재화의 문제는 현행 체제하에서도 대통령의 권한 자체를 축소하는 방안과 권력분립원리에 따른 의회와 사법부에 의한 통제장치의 강화, 국가권력의 수직적 분배를 위한 지방자치제의 강화 등으로 해결할 수 있는 것이며,

46) 조정관, 순수대통령제로의 권력구조개편을 위한 제안, 『국민과 함께하는 개헌이야기』(제2권), 320면.
47) Matthew S. Shugart and John M. Carey, President and Assemblies: Constitutional Design and Electoral Dynamics, 1992, p. 3.
48) Linz and Valenzuela/신명순·조정관 역, 『내각제와 대통령제』, 나남출판, 1995, 112면 이하.

굳이 의원내각제적 원리에 바탕을 둔 집행권의 이원화와 권력분점만이 근본적 해결방안이라고 보기는 어렵다.[49] "권력의 분점은 듣기엔 그럴 듯하지만 현실적으로는 끊임없는 권력투쟁을 낳기 쉽다"는 우려의 목소리를 경청할 필요가 있다.[50]

(2) 정부형태 개헌의 구체적 방안

1) 대통령 4년 중임제의 채택

대통령 단임제는 대통령제의 본질적 원리에 반하는 문제가 있으며, 중임제에 비해 레임덕 현상이 강하게 나타날 수밖에 없기 때문에 중임제를 채택하는 것이 타당하다. 여기서 중임제는 계속 재임을 제한 없이 허용하는 것이 아니라 1차에 한하여 중임(연이어 선출되어 계속 재임하는 연임제보다 넓은 개념으로서 취임횟수를 2회로 제한하는 중임을 의미함)을 허용하는 것이며, 임기는 4년으로 하는 것이 바람직하다.[51] 프랑스의 직선 대통령제의 경우 2000년 헌법개정을 통해 7년 임기제를 5년으로 단축한 예가 있으나, 국내 학계의 입장은 미국형 대통령제와 같은 4년 중임제를 찬성하는 견해가 우세하다고 할 수 있다.[52] 비교헌법적으로 볼 때 대통령 임기를 5년으로 규정한 헌법은 흔치 않으며 단임제를 규정한 경우는 거의 찾아보기 어렵다.[53]

대통령제에서 중임을 허용하지 않는 것은 재선과정에서의 대통령의 직무수행에 대한 국민의 심판기회를 원천적으로 박탈하는 것으로서 대통령제의 본질적 요소로서 국민에 대한 책임(accountability)의 원리에 반하며, 국민의 신임을 얻어 재선에 성공한 대통령이 장기집권으로 독재화할 것이라는 우려는 대통령권력에 대한 실질적인 통제장치가 작동되고 있는 현행 통치구조 하에서는 기우(杞憂)에 불과하다고 할 것이다. 오로지 국민과 국가이익을 위해 선정을 베풀고 장기적 국책 과제를 안정적으로 수행해 나갈 수 있는 대통령에게는 8년의 임기를 인정하는 것도 필요하다고 볼 수 있다. 대통령제의 모국인 미국의 경우를 보면 헌법제

---

49) 정만희, 앞의 논문, 2011, 174면.

50) 강원택, 앞의 책, 2006, 211면.

51) 문재인 대통령의 개헌안에 의하면 "대통령의 임기는 4년으로 하되, 연이어 선출되는 경우에만 한 번 중임할 수 있다"(개헌안 제74조)라고 하여 대통령 중임제와 구별되는 '연임제'를 제안하고 있다. 대통령 4년 중임제는 미국 대통령제에서 채택하고 있는 것으로 대통령으로 재직한 사람이 연속이든 불연속이든 한 번 더 재직할 수 있는 개념이며 연임제를 포함하는 넓은 개념에 해당한다. 현직 대통령의 직무수행에 대한 평가나 책임추궁의 측면에서는 연임제가 적절하다고 볼 수 있으나, 중임제의 경우에도 사실상 연임제로 운용되는 것이므로 중임제를 배제해야 할만한 특별한 사유는 없다고 생각된다. 대통령의 중임제와 연임제의 개념과 장단점에 관하여는 김선화, 대통령 단임제, 중임제 및 연임제, 국회입법조사처, 『이슈와 논점』 제1438호, 2018.3.

52) 대통령제를 반대하는 입장에서 이원정부제 개헌을 제안하면서 대통령의 임기를 6년으로 하고 단임제를 주장하는 견해로 2014년 국회 헌법개정자문위원회 보고서와 2016년 대화문화아카데미의 헌법개정안 등이 있으나 6년 임기는 단임제라 하더라도 의회 · 내각과 대통령이 대립하는 동거정부의 경우 장기간의 정치적 갈등과 불안정을 초래하는 문제가 있다고 생각한다.

53) 대통령 단임제를 채택하고 있는 나라는 멕시코와 필리핀의 6년 단임제를 비롯하여 남미의 콜롬비아, 엘 살바도르, 과테말라 등이 있으며, 아르헨티나는 6년 단임제를 중임제로 개정하였다.

정과정에서 대통령의 임기제에 관하여 논의가 많았으나, 재선금지는 대통령으로 취임한 기간 동안의 경험을 살려 국가를 위하여 다시 봉사하는 기회와 가능성을 부정하는 것이 될 우려가 있으며 대통령의 선행(good behavior)을 할 수 있는 동기를 배제시키게 된다는 이유로 재선금지안이 부결되었던 것이다. 그리하여 대통령 임기를 4년으로 하면서 영구재선제(permanent reeligibility)가 채택된 것이다.54) 그 후 오늘날과 같은 1차에 한하여 중임이 허용된 것은 프랭클린 루즈벨트 대통령의 헌정사상 최초의 4선 당선을 계기로 1951년 연방헌법 수정 제22조에 의해 3선금지제가 명문으로 채택된 이후이다.55)

대통령과 국회의원의 임기를 동일하게 4년으로 하더라도 선거실시 주기의 일치 여부에 대하여는 헌법사항으로 규정할 필요가 없다고 보지만, 대통령 4년 중임제로 개헌이 되면 대통령과 선거주기를 일치시키는 것이 선거비용의 절감과 국정운용의 효율성의 측면에서 바람직하다고 할 것이다.56)

2) 절대다수대표제와 결선투표제의 도입 여부

현행의 대통령선거제도는 상대다수대표 선거제로서 민주적 정당성의 취약성과 소수파대통령의 출현이라는 문제점을 안고 있으므로 그 개선방안으로 절대다수대표 선거제와 결선투표제 도입을 헌법에 반영해야 한다는 견해가 대통령제의 개헌논의의 하나로 제기되어 왔다. 이에 대해 필자의 입장은 최근까지 소극적인 태도를 유지해 왔다. 그 이유는 민주적 정당성의 제고를 위해 절대다수대표제가 바람직하지만 현대의 다원주의 사회에 있어 절대다수의 지지확보는 용이하지 않다고 보며, 향후 한국의 정당정치가 양당제로 개편될 가능성이 보인다면 다당제를 전제로 한 절대다수대표제와 결선투표제 도입은 무의미하기 때문이다. 또한 결선투표제의 도입은 대통령선거를 두 번 치르게 됨에 따라 막대한 재정과 행정력의 소모를 초래하게 되며, 또한 절대다수대표제 하에서는 오히려 후보자의 난립과 정치분열을 조장하게 된다는 분석도 있고, 후보자간의 연대와 제휴과정에서 민주적 정당성이 왜곡되는 문제도 지적되기 때문이었다. 따라서 그 대안으로 유권자의 총유효투표수의 40% 이상 득표자를 당선자로 하는 방안을 제시한 바 있다. 현행 헌법 제67조 제3항에 "대통령후보자가 1인일 때에는 그 득표수가 선거권자 총수의 3분의 1 이상이 아니면 대통령으로 당선될 수 없다"라고

54) Stephen J. Wayne, The Road to the White House: The Politics of Presidential Election, 1984, p. 5.

55) 1940년 프랭클린 루즈벨트 대통령이 3선에 성공하고 1944년에는 4선 대통령으로 당선되자 중임제한의 필요성이 제기되어 1951년 수정헌법 제22조에 의해 3선금지가 채택된 것이다. 상세는 Thomas E. Cronin, The State of the Presidency, 1980, pp. 46-49.

56) 필자는 이전에는 오히려 대통령과 국회의원의 선거주기가 일치되지 않는 것도 무방하거나 바람직하다고 견해를 밝힌 바 있다. 헌법상 권력분립정신에 기초한 헌법기관의 임기차등제의 원리에 비추어 동일한 선거주기가 바람직한 것만은 아니며, 미국의 경우 대통령 임기 중간에 실시되는 하원의원선거가 대통령에 대한 중간평가의 성격을 갖는 것으로 이해될 수 있다고 보았기 때문이다(정만희, 헌법개정연구(주5), 114면). 그러나 선거주기를 맞춘다고 해서 분열정부의 출현이 사라지는 것은 아니며 동시선거로 인한 선거경비 절감의 효과도 크므로 대통령 4년중임제의 경우 대통령과 국회의원의 동시선거는 바람직하다고 할 것이다.

규정하고 있는 것은 대통령선거에서 후보자가 1인일 때 투표율의 저조를 예상한 투표율 제고를 위한 것이며, 동시에 당선자의 득표수에 관한 최소한도의 민주적 정당성의 요구를 의미한다고 할 수 있다. 이 점에서도 유효투표수의 40% 이상 득표기준은 무리가 없다고 본 것이다.[57)]

그러나 최근의 국회 개헌특위 자문위원회보고서에는 정부형태를 불문하고 결선투표제 도입을 제시하고 있다. 상대다수대표제로 선출되는 현행 대통령의 경우 소수파대통령이 일반화되면서 대통령의 민주적 정당성에 대한 시비가 구조화되고, 대선시기마다 단일화논의에 의해 대통령선거에서 정책경쟁보다 정치공학적 선거연합논의가 지배하여 대통령선거의 본질적 의미가 변질되는 문제를 해결하기 위해서 투표자 과반수의 득표를 얻는 자를 대통령당선자로 하고 이를 위해 결선투표제를 도입하는 것을 제안하고 있다.[58)] 그 밖에 학계와 시민단체의 개헌안 등에서도 대통령선거의 절대다수대표제를 선호하고 있음을 볼 수 있다.[59)]

1987년 헌법의 대통령 직선제 환원 이래 역대 대통령은 대부분 투표자의 과반수 득표를 얻지 못하여 민주적 정당성의 취약성이 지적되어 왔으며 선거때마다 후보들간의 단일화논의로 선거의 본질적 의미가 변질되는 문제점 등이 드러남에 따라 현행의 상대다수대표제에 대한 개혁논의가 공감대를 얻는 상황에서 절대다수대표제와 결선투표제 개헌은 바람직한 방향이라고 판단된다.

3) 국무총리제의 폐지와 부통령제의 도입 여부

현행 정부형태의 개선방안으로 국무총리제를 폐지하고 미국형 부통령제를 도입하자는 견해는 현행 대통령제의 민주적 정당성을 제고하는 관점에서는 타당하다고 하겠으나, 보다 신중한 검토가 필요하다고 본다. 미국의 부통령은 대통령과 함께 국민에 의해 선출되므로 형식적으로는 민주적 정당성을 갖게 되지만 대통령후보는 오직 당선을 위한 득표전략으로 부통령후보를 지명하기 때문에 부통령의 대통령직승계자로서의 인품이나 지도력 등을 고려하지 않는 현실에서 부통령은 국민의 신임에 기초한 실질적인 민주적 정당성을 부여받기 어려우며, 대통령과의 관계에서 임기 중 갈등관계가 지속되는 문제가 있다.[60)] 미국의 부통령제는 헌법제정 당시부터 제도적 결함이 지적되어 왔으며 지금도 부통령제에 대한 학계의 비판적

57) 정만희, 앞의 책, 2010, 115면.

58) 국회 개헌특위 자문위원회 보고서, 322면.

59) 대화문화아카데미의 2016년 개헌방안에는 이원정부제를 제시하면서 대통령의 6년 단임제와 절대다수대표선거제 및 결선투표제를 제안하고 있다. 대화문화아카데미, 『2016 새헌법안』, 2016, 316면 이하.

60) 대통령과 부통령의 갈등관계는 다음과 같은 헌법적, 정치적 요인에 기인하는 것으로 설명될 수 있다. 첫째, 대통령이 선거로 선출된 부통령을 해임할 수 없다는 점이며, 둘째, 대통령은 잠재적 대통령으로서의 부통령을 부담스러워 한다는 점, 셋째, 대통령은 부통령의 정치적 성공을 경계하기 때문에 부통령에게 중요 권한을 위임하지 않으며, 이보다는 언론을 비판하거나 대통령의 정적을 공격하는 것과 같이 정략적인 일에 부통령을 앞세우는 경우가 많다는 점 등을 들 수 있다. 강승식, 미국부통령직에 관한 연구, 중앙법학 제9집 제1호, 2007, 14면.

시각이 적지 않으므로 우리 헌법상 부통령제의 도입은 또 하나의 시행착오를 불러오게 할 수 있다. 미국의 부통령은 대통령의 보좌기관이면서 헌법상 연방상원 의장의 지위를 가지며(제1조 제3항 제4절), 대통령이 궐위되거나 직무를 수행할 수 없는 경우 대통령직을 승계하거나 권한대행자로서의 직무를 수행한다(제2조 제1항 제6절). 상원의장으로서의 부통령은 상원의 회의를 주재하고 가부동수의 경우 표결권을 행사하도록 규정하고 있으나. 실제로 부통령이 상원에서 회의를 주재한 경우는 극히 드물었으며, 제도적으로도 부통령이 상원의장직을 수행하는 것은 권력분립의 헌법정신에 반하게 되므로 이에 관한 헌법개정을 요구하는 주장도 제기된 바 있다. 또한 헌법시행 초기부터 부통령의 대통령보좌기관으로서의 역할은 크게 강조되지 않았으며, 부통령이 대통령의 각료회의에 참석하지도 않는 유명무실한 직위에 불과하였다. 20세기 이후 부통령이 대통령보좌기관으로서 일정한 역할을 담당해 오고 있으나 대통령과 부통령 간에는 보이지 않는 갈등관계가 존재하고 있다. 미국의 부통령은 국가정책이나 정부의 기능에 실질적인 참여가 결여된 단지 '의례적 역할'(ceremonial role)만을 수행하는 것으로 간주되어 왔으며 그 부통령직의 효용성에 대한 비판이 끊이지 않았고, 동정과 조소의 대상이 되어 왔다는 지적이 있다.[61)]

생각선대 미국헌법에 특유한 대통령과 부통령제, 특히 미국의 특수한 역사적 배경과 정치적 상황에서 고안되고 운용되어온 부통령제가 한국의 현시점에서 절실히 요청되는 제도인가에 대해서는 의문이 제기될 수 있다. 대통령 유고시 대통령직을 승계하거나 권한을 대행하는 제도로서 부통령제의 존재의의 이외에는 헌법현실에 있어 부통령제가 유명무실하거나 행정부 내부의 갈등요인을 야기하는 제도에 불과하다면 굳이 부통령제를 도입할 필요성을 인정하기 어렵다고 본다.[62)] 미국 부통령제에 있어서도 대통령후보의 런닝메이트로 지명되어 당선된 부통령이 대통령직을 승계하거나 권한대행하는 점에 대해서 심각한 민주적 정당성의 문제가 제기되고 있으며 부통령제의 폐지론도 제기되고 있음을 간과해서는 안 될 것이다.[63)]

따라서 현행 대통령제와 국무총리제의 문제점 극복방안으로 미국형 정부통령제 도입을 무비판적으로 받아들일 것이 아니라 미국 부통령제의 제도와 운용상의 문제점에 대한 심도 있는 연구 검토가 전제되어야 하며, 그보다는 한국의 헌정사와 함께 오랜 기간 국민의 정치생활 속에 친숙해진 국무총리제를 유지하면서 그 개선책을 찾는 것이 바람직하다고 본다.[64)]

---

61) 미국 부통령제의 성립기원과 전개과정, 제도적 문제점과 개혁방안 등에 관한 상세는 Richard Albert, The Evolving Vice Presidency, 78 Temple Law Review 811(2005) 참조.

62) 부통령제 도입에 신중론 내지 부정적 입장은 김문현, 앞의 논문, 2006, 67면.

63) 미국 대통령선거의 실제를 보면 대통령후보자들은 대통령선거에서의 '득표전망'을 기준으로 부통령후보자를 지명하고 부통령의 정치적 지도력이나 대통령직승계자로서의 자질 등은 크게 고려되지 않고 있기 때문에 이러한 부통령이 대통령직을 승계하는 것은 타당하지 않으므로 국민이 새로 대통령을 선출하는 것이 바람직하다는 주장도 제기되고 있다. 이에 관한 대표적인 입장으로는 Arthur M. Schlesinger, Jr., The Imperial Presidency, 1974, pp. 481-493.

4) 의원내각제적 요소의 부분적 배제

현행 헌법상 정부형태의 의원내각제적 요소로 간주되는 국회의원과 국무위원의 겸직허용은 대통령의 의회에 대한 우월적 지위를 강화하는 요인이 되는 문제가 있으므로 현 대통령제의 골격을 그대로 유지하는 부분적 개헌이 이루어지는 경우에는 겸직금지를 헌법에 직접 규정할 필요가 있다.[65] 헌법상 의회의원의 겸직금지를 구체적으로 규정한 예로는 미연방헌법 조항(제1조 제6항 제2절)[66]에서 찾아볼 수 있으며, 한국의 제3공화국헌법에서도 겸직금지조항을 볼 수 있다.[67] 2009년 국회 헌법연구자문위원회 보고서에서도 정부형태의 제2안으로 제시된 대통령 4년중임제에서 국회의원과 국무위원의 겸직금지를 명문화하는 것을 제시하고 있다.[68]

또한 현행 헌법상 인정되고 있는 대통령의 법률안제출권(제52조)도 의원내각제적 요소에 해당하는데 이러한 대통령의 법률안제출권은 의회와 행정부의 상호독립에 기초한 대통령제의 원리에 반하며 대통령의 우월적 지위를 강화시키는 문제가 있으므로 폐지하는 방향으로 검토할 필요가 있다고 본다. 대통령의 법률안거부권과 함께 법률안제출권을 인정하는 것은 실질적인 입법주도권을 정부가 갖게 되는 문제가 있으며, 정부가 제안하는 법률안은 여당 국회의원을 통해 발의할 수 있기 때문에 정부의 법률안제출권은 폐지하는 것이 바람직하다.[69]

다만 국회의 국무총리 및 국무위원에 대한 해임건의권(제63조 제1항, 제2항)도 의원내각제적 요소에 해당하지만 이 해임건의권은 국회의 주요한 행정통제기능의 하나이므로 그대로 유지하거나 법적 구속력을 부여하여 강화하는 것이 필요하다고 본다.[70] 다시 말하면 우리 헌법상 통치구조의 의원내각제적 요소 중에서 대통령의 권한행사를 강화시키고 권력집중에 기여하는 의원의 각료겸직과 법률안제출권은 삭제하고, 반대로 대통령의 권한에 대한 통제기능

64) 부통령제를 도입하지 않고 현행 국무총리제를 보완하는 방안으로는 민주적 정당성의 취약성을 극복하기 위해 국회의 동의절차에 관한 헌법상의 일반정족수(제86조 제1항)를 특별정족수로 강화하는 것을 고려해 볼 수 있다(예컨대 재적의원 과반수의 찬성 또는 출석의원 3분의 2이상 찬성). 국무총리임명에 있어 국회의 동의절차는 대통령의 인사권에 대한 통제의 의미와 함께 대통령권한대행자의 지위에 대한 간접적인 민주적 정당성 부여행위로서의 의미를 가지는 것이므로 여기서의 의결정족수는 다른 헌법기관임명의 의결정족수와 구별할 필요가 있지 않은가 생각된다.

65) 정만희, 앞의 책, 2010, 99면 이하.

66) 미국연방헌법 제1조 제6항 제2절: "상원의원 또는 하원의원은 그 재임 중에 신설되거나 또는 봉급이 증액된 합중국의 어떠한 공직에도 그 선출된 임기중에 임명되지 못한다. 합중국의 공직에 있는 자는 누구든지 그 임기중에 양의원 중의 어느 1원의 의원으로 될 수 없다".

67) 제3공화국헌법 제39조는 "국회의원은 대통령·국무총리·국무위원·지방의회의원 기타 법률이 정하는 공사의 직을 겸할 수 없다"라고 규정하고 있는데, 이는 제3공화국헌법이 제2공화국헌법의 의원내각제를 폐지하고 대통령제로 환원하면서 엄격한 권력분립원리에 충실한 대통령제를 채택한 것이라는 당시 헌법제정권자의 기본정신을 반영한 것이라 할 수 있다.

68) 국회 헌법연구자문위원회 보고서, 225면.

69) 국회 개헌특위 자문위원회 보고서뿐만 아니라 그 이전의 국회 헌법개정자문위원회 보고서 등에서도 법률안제출권의 폐지를 제안하고 있다.

70) 정만희, 앞의 책, 2010, 161면.

을 수행하는 국회의 국무총리 및 국무위원 해임건의권은 오히려 법적 구속력을 갖도록 강화시키는 것이 제왕적 대통령제의 우려를 불식시키는 길이라고 할 수 있다.[71]

5) 대통령 권한의 축소와 대통령에 대한 통제기능 강화

현행 대통령제의 골격을 유지하는 경우 대통령에의 권력집중과 제왕적 대통령제로의 운용에 대한 우려를 불식하기 위해서 대통령의 헌법상 권한을 일부 축소하고 대통령 권한행사에 대한 통제기능을 강화할 필요가 있다. 따라서 대통령의 법률안제출권을 삭제하여 의회의 입법기능을 강화할 필요가 있으며, 헌법개정절차에 있어서 대통령의 헌법개정안 발의권을 삭제하는 것이 바람직하다. 그 대신에 헌법개정안 발의에 국민발안을 인정하여 직접민주제적 요소를 부분적으로 확대하는 것을 적극적으로 검토할 수 있다.[72] 대통령의 권한으로서 법률안제출권이나 헌법개정안 발의권의 삭제 등은 대통령제의 원형인 미국 대통령제 정부형태에 접근하는 것을 의미한다.

대통령의 행정부 구성에 관한 광범위한 인사권 중에서 일정부분 국무총리에게 위임할 수 있는 헌법적 근거를 두도록 하고, 국무총리와 국무위원의 지위를 대통령의 보좌기관에 머물지 않게 하고 어느 정도 자율적 행정권을 보장하는 것 등을 고려할 필요가 있다. 대통령의 사면권 행사의 제한은 국회의 동의를 얻지 않고 행해지는 특별사면의 경우 법률로써 그 대상과 절차 등을 엄격히 제한할 수 있는 헌법적 근거를 둘 필요가 있으며,[73] 인사권의 통제기능 강화를 위해 국회의 인사청문회제도에 있어서 청문회 대상을 확대하고 청문보고서에 구속력을 부여하는 것 등의 입법적 개선방안을 생각할 수 있다.

2018년 1월 발표된 국회 개헌특위 자문위원회 보고서의 대통령 4년중임제안에 의하면 대통령에게 권력이 집중된 문제점을 해결하기 위하여 대통령의 국가원수직을 폐지하여 대통령이 국회와 대등한 국가권력의 수반임을 분명히 하는 한편 국무총리와 국무위원의 대통령의 보좌기관으로서의 지위를 삭제하거나 행정에 대한 통할권이 대통령과 국무총리의 협치에 의해 이루어지도록 하고 행정각부의 장에게 자율적 집행권을 보장함으로써 책임총리와 책임장관제로 운영될 수 있도록 헌법적 근거를 마련하는 것을 제안하고 있다.[74] 이러한 개헌특위의 제안은 대통령의 권력통제를 위한 효과적인 방안이 될 수 있으나, 다만 국가원수로서의 대통령의 지위를 삭제하는 것은 대통령제의 본질적 요소를 훼손하게 될 우려가 크다고 본다.[75] 그후 2018년 3월 국회에 제출된 문재인 대통령의 개헌안에 의하면 대통령 권한의 분

71) 연혁적으로 볼 때 제3공화국헌법은 해임건의권을 규정하면서 "해임건의가 있을 때에는 대통령은 특별한 사유가 없는 한 이에 응하여야 한다"(제59조 제3항)라고 하였으며, 제4공화국헌법과 제5공화국헌법은 해임의결권으로 규정하였다가, 현행헌법에 와서 다시 제3공화국헌법과 같은 해임건의권으로 바뀌면서 그 단서조항은 삭제되었다.

72) 정만희, 헌법개정조항의 개성필요성에 관한 검토, 공법연구 제39집 제2호, 2010, 395면 이하.

73) 이에 관하여는 정만희, 차기정부의 헌법적 과제, 헌법학연구 제19권 제1호, 2013, 194면 이하.

74) 국회 개헌특위 자문위원회 보고서, 292면.

산이나 제한과 관련하여 대통령의 특별사면권 행사에 사면위원회의 심의를 거치도록 하며 국무총리의 행정각부통할권의 자율성보장, 감사원의 독립기관화 등을 제안하여 현행 헌법에 비해 대통령권력에 대한 제한기능이 부분적으로 강화되는 측면이 있으나 이러한 규정들만으로는 대통령의 권한에 대한 실질적인 통제기능이 충분하다고 보기 어렵다.[76]

(3) 소 결

현행 대통령제의 문제점 극복방안으로서 4년중임제 개헌은 대통령제의 본질적 원리로서 책임성과 안정성을 확보하는 데 있으며, 절대다수제 선거제도는 대통령의 민주적 정당성 제고에 있다. 대통령에의 권력집중의 문제는 대통령의 권한을 축소하여 법률안제출권, 헌법개정안발의권을 폐지하고 국회의원의 국무위원 겸직금지를 명문화하며, 대통령의 광범위한 인사권을 국무총리와 국무위원에게 상당부분 위임하는 것 등을 고려할 수 있다. 대통령제에 대해 비판적인 입장에서 대통령제는 선거의 승자가 모든 것을 얻는 제로섬의 정치게임을 의미하므로 합의제적 방식보다는 '다수제적 경향'(majoritarian tendencies)에 따라 권력의 형성과 행사가 이루어진다고 지적하지만, 그러한 다수제적 경향 하에서도 의회와 대통령간의 엄격한 권력분립을 전제로 한 양자간의 상호견제(mutual checks) 속에서 권력적 균형이 이루어지며, 이 상호견제는 국정운영의 수준을 높여주게 된다는 데에서 대통령제의 장점으로 작용하게 된다.[77] 대통령제의 원형인 미국의 경우를 보면 대통령은 의회와 정부간의 상호견제 속에서도 의회지도자들과 대화와 타협을 통해 협치가 이루어지도록 하고 있으며, 야당 의원들도 정당기속을 받지 않고 국가이익을 우선하는 의정활동에 의해 의회와 정부간의 대립과 갈등을 해소하는 정치현실을 볼 때 대통령제가 배타적이고 대립적 정치만을 지향하는 것은 아니다.[78]

3. 정치적 모험으로서 이원정부제 개헌론

(1) 이원정부제의 본질적 특성과 장·단점

전술한 바와 같이 이원정부제 개헌론의 주요논거는 현행 대통령제의 권력집중과 그에 따

75) 대통령제의 원형인 미국 대통령제에 있어서 대통령은 국가의 원수(Head of State)로서의 지위와 행정부 수반(Chief Executive)으로서의 지위를 갖는 것이 본질적 요소에 해당하는 것이므로 독임제 기관인 대통령의 국가원수의 지위를 삭제하거나 국회와 대등한 지위에서 국가의 수반을 인정하는 것은 문제가 있다고 본다. 우리나라 대통령제가 문제되는 것은 국가원수의 지위에서 국정의 통합·조종자적 지위를 부여하여 국민투표부의권, 헌법개정안발의권, 법률안제출권, 사면권 등을 인정함으로써 대통령의 국회에 대한 우월적 지위가 확보된 데에서 기인하는 것이므로 이러한 권한들을 제한·축소함으로써 대통령권력을 통제하는 것이 중요하다.

76) 대통령에의 권력집중의 요인이 되고 있는 정부의 법률안제출권과 국회의원의 각료겸직허용 등이 그대로 유지되고 대통령의 광범위한 인사권에 대한 국무총리나 국무위원에의 위임에 관한 근거조항의 미비 등으로는 제왕적 대통령제로의 운용에 대한 우려는 불식되기 어렵다고 할 것이다.

77) Shugart & Carey, *op. cit.*, p. 48.

78) 이 점에 관하여는 정만희, 대통령제에 있어서 분열정부(divided government)의 헌법문제, 헌법학연구 제14권 제2호, 2008, 417면 이하.

른 제왕적 대통령제로의 국정운용의 폐해를 막기 위해서는 권력분산 또는 권력분점형 정부형태의 도입이 필요하다는 것이다. 정치권에서는 이원정부제 개헌을 지지하는 세력이 확산되고 있고, 2009년 국회 헌법연구자문위원회와 2014년 헌번개정자문위원회도 정부형태 개헌안으로 이원정부제 내지 분권형 대통령제를 제안한 바 있으며, 2018년 국회 개헌특위 자문위원회도 다수의견으로 이원정부제를 제시하였다,[79] 학계에서도 이원정부제를 지지하는 견해가 증가하는 추세를 보이고 있다.[80]

이원정부제는 일반적으로 행정부가 대통령과 수상(내각)으로 이원화되어 양자는 서로 독립하여 행정권을 분점하며, 대통령은 국민에 의해 직선되어 민주적 정당성을 확보하고 외교·국방 등 외치에 관한 권한을 행사하며, 수상은 의회의 다수파에 의해 선출되어 일반적 내치영역의 행정권을 행사하고 의회에 대해 책임을 지는 정부형태를 의미한다. 이원정부제는 프랑스를 비롯하여 유렵의 일부 국가에서 채택하고 있는데 그 공통적 개념징표의 요소는 다음과 같이 요약할 수 있다. 첫째, 이원정부제란 의원내각제적 요소와 대통령제적 요소가 혼합되어 있으나 그 혼합의 형태는 의원내각제의 기반 위에 대통령제적 요소를 절충한 것을 의미한다. 둘째, 집행부가 이원적으로 구성되어 대통령과 내각(수상)이 실질적인 권한을 나누어 갖는다. 셋째, 대통령은 국민으로부터 직접 선출되어 의회에 대한 정치적 책임을 지지 아니하며, 내각은 의회의 정부불신임권에 의해 정치적 책임을 진다. 넷째, 대통령은 의회해산권을 가지고 국가위기시에 비상대권을 행사한다. 요컨대 이원정부제는 집행부의 실질적 이원화(양두제), 대통령의 사실상 직선제, 의회의 정부불신임권을 본질적 요소로 하는 정부형태라고 할 수 있다.[81] 이와 같이 이원정부제의 본질적 특성은 대통령과 수상이라는 집행부의 이원화를 통한 '행정권의 양두화'에 있으며 그것은 집행부 안에 대통령과 수상의 두 기관이 단순히 존재한다는 의미가 아니라 양자가 서로 독립성을 가진다는 데 있다. 이러한 집행부의 양두체제가 이원정부제의 장점인 동시에 단점으로 작용하게 된다.

이원정부제의 장점으로서는 일반적으로 평상시에 있어서 의원내각제적으로 운영될 수 있기 때문에 입법부와 행정부의 대립에서 오는 마찰을 피할 수 있고 책임정치의 구현이 가능하다고 할 수 있으며, 국가 위기시에는 대통령이 직접 통치함으로써 신속하고도 안정된 국정처리를 가능하게 한다는 점을 들고 있다. 반면에 이원정부제의 단점으로는 대통령이 국가긴급권과 의회해산권을 가지고 있어서 독재화의 우려가 있으며, 집행권의 이원화로 인하여 대

79) 헌법연구자문위원회 결과보고서, 15-16면; 헌법개정자문위원회 활동결과보고서 I, 53면 이하; 국회 개헌특위 자문위원회 보고서, 287면 이하.

80) 이원정부제 도입론의 대표적 견해로는 성낙인, 한국헌법과 이원정부제, 헌법학연구제5집 제1호, 1999, 70면 이하; 성낙인, 새로운 헌법의 모색과 방향: 87년 체제의 극복, 국회입법조사처, 입법과 정책 제1권 제1호, 2009, 18면 이하.

81) 성낙인, 앞의 책, 2017, 387면.

통령과 수상 사이의 명확한 권한의 분배나 획정이 없는 상태에서 상호간의 갈등이 심화될 소지가 있고 그것은 결국 정치적 불안정으로 이어질 수 있다는 점을 들 수 있다. 특히 대통령제에 있어서 여소야대의 분점정부의 경우와 마찬가지로 이원정부제에 있어 의회의 다수당과 대통령 소속 정당이 일치하지 않는 상황에서 '동거정부'(cohabitation)의 출현은 대통령과 수상간의 갈등과 충돌을 야기하는 문제가 있다.

이원정부제의 원리는 이론상 권력의 분점이라는 장점적 요소에도 불구하고 각국에서의 그 구체적인 원리와 운용실태는 그들 나라의 정치문화와 정당체계 등에 따라 차이가 있으며 대통령과 수상간의 권한배분 등 관계정립에 있어서도 각 나라에 따라 차이가 있다.[82] 학자들의 분석에 따르면 이원정부제를 도입한 국가들은 도입당시의 이상과는 달리 그 운용의 실제에 있어서는 대통령제적 모델로 운영되든지 아니면 영향력은 있지만 권력을 갖지 못한 대통령을 둔 내각제의 모형에 가깝게 운영된다고 한다.[83] 결국 이원정부제는 어떠한 사례에서도 대통령과 수상이 동시에 공동으로 집행부를 지배하는 방식인 절반 대통령제와 절반 의원내각제로 운영된 적이 없다는 것은 매우 의미 있는 분석이라 할 수 있다.[84] 따라서 이원정부제가 대통령제로 운용되는 시기에는 의회해산권 및 새로운 총선실시권 등 통상적인 대통령제 하에서의 대통령권한 이상의 과도한 권력집중으로 인한 제왕적 대통령의 문제가 나타나며, 내각제로 운용되는 시기에는 실질적인 권한을 갖고 있는 직선 대통령이 존재함에 따라 내각제이면서도 대통령과 수상간의 권력배분을 둘러싼 갈등의 문제가 제기될 수 있다. 또한 대통령과 수상이 동일한 정당 소속이라고 하더라도 대통령과 수상의 책임소재가 분산되어 있어 양자간에는 항상 갈등의 소지가 있으며 결국 이원정부제의 정상적 운영은 대통령의 개인적 성격이나 능력에 따라 좌우된다는 점에서도 문제가 있다.[85]

(2) 이원정부제 개헌안의 내용

1) 국회 개헌특위 자문위원회 보고서의 분권형 정부제 제안

전술한 바와 같이 정부형태의 개헌방향에 관한 최근 학계의 연구동향이라든지 국회의 두 차례에 걸친 자문위원회 보고서 및 2018년 국회 개헌특위 자문위원회 보고서의 내용을 보면 이원정부제 또는 분권형 정부제를 가장 선호하는 정부형태의 대안으로 제시하고 있다.

2018년 1월 국회 개헌특위 자문위원회 보고서를 중심으로 하여 분권형 정부제의 구성원

82) 이원정부제 내지 분권형 정부제의 유형으로서 대통령 중심 분권형과 총리 중심 분권형에 관한 비교고찰로는 장영수, 분권형 정부형태에서 대통령-총리의 역할분담에 관한 연구, 유럽헌법연구 제23호, 2017, 121면 이하.

83) Linz and Valenzuela/신명순 · 조정관 역, 앞의 책, 1995, 144-145면.

84) 이 점에서 이원정부제를 권력분점형 정부형태로 보는 것은 오해의 소지가 있다고 하고 한국에서의 이원정부제 도입에 신중론을 강조하는 견해로는 강원택, 앞의 책, 2006, 185면 이하.

85) Linz and Valenzuela/신명순 · 조정관 역, 앞의 책, 1995, 146면.

리와 내용을 살펴보면 다음과 같다. 분권형 정부제는 국회에서 선출되는 총리가 대통령으로부터 독립하여 집행기능의 일부분을 담당하도록 함으로써 집행권 내에서 대통령과 총리 사이의 분권이 실현되도록 하는 방안으로 제시되고 있다.[86] 대통령은 국민에 의해 직선되고 6년 단임제로 하며, 국가원수직을 유지하도록 하였다. 대통령은 기획·재정과 통일·외교·국방, 국민통합에 관한 정책의 수립·실시에 관한 권한 및 공무원임명권, 사면권, 국민투표부의권 등을 가지며, 그 밖의 영역에 대한 행정권은 총리에게 부여한다. 대통령의 소관사항에 대한 심의기관으로 기회·재정심의회, 통일·외교·안보심의회, 국민통합심의회를 두며, 국무총리는 하원에서 선출된 자를 대통령이 임명하고 대통령으로부터 독립된 지위를 가진다. 하원은 후임 총리를 선출함으로써 총리를 불신임할 수 있도록 하여 독일식의 건설적 불신임제를 도입하고 있다. 하원은 내각위원에 대하여 재적의원 3분의 1 이상의 발의와 재적의원 과반수의 찬성으로 불신임을 의결할 수 있다.[87] 이 개헌특위 자문위원회 보고서의 제안은 대통령과 총리 사이의 권한배분에 있어서 일반적으로 논의되어 온 기준으로 외치의 영역과 내치 영역의 구분 보다는 권한과 기능을 중심으로 하여 외교·안보에 관한 권한뿐만 아니라 기획·재정과 국민통합 기능을 대통령의 관장사항으로 하고, 그 밖의 행정권을 총리의 권한으로 함으로써 대통령 중심의 분권형에 가까운 유형을 제시하고 있다고 할 수 있다.

2) 학계와 시민단체 등의 이원정부제안

학계에서의 정부형태 개헌안에 관한 논의에서도 현행 대통령제의 권력독점과 제왕적 대통령제의 폐해를 극복하기 위한 방안으로 이원정부제 내지 분권형 대통령제를 제안하는 견해가 다수적 입장이라고 볼 수 있다. 이원정부제의 유형에 있어서도 대통령 중심의 분권형 정부제인 프랑스의 정부형태를 선호하는 입장과 총리 중심의 분권형 정부제인 핀란드, 오스트리아의 정부형태를 선호하는 입장으로 나뉘고 있다. 총리 중심의 분권형은 국회의 다수파가 지지하는 총리가 집행권의 수반을 맡고 국민이 직선하는 대통령에게는 법률안거부권 등을 부여하여 총리중심의 행정부를 통제할 수 있도록 하는 방안이다. 이 대안은 대통령에게 능동적이고 적극적인 실질적 집행권보다는 소극적 국정통제권만을 인정하고 집행권을 기본적으로 총리에게 부여한다는 점에서 대통령제적 분권형과 구별된다.[88]

대화문화아카데미의 '2016 새헌법안'도 총리중심의 분권형을 제시하고 있다. 총리는 집행부의 수장으로 정책을 수립하고 집행하며, 대통령이 갖는 법률안거부권, 법률안에 대한 위헌심판제청권, 조약비준권, 영전수여권 등을 제외한 나머지 집행권은 총리와 내각의 권한으로 하고 있다.[89]

---

86) 국회 헌법개정특별위원회 자문위원회 보고서, 290면.
87) 위 보고서, 312면 이하.
88) 이현출, 한국에서의 분권형 개헌논의, 건국대 법학연구소, 일감법학 제37호, 2017, 195면.
89) 대화문화아카데미, 2016 새헌법안, 25면.

(3) 이원정부제의 성공조건

앞으로 문재인정부에서의 개헌논의의 향방과 개헌의 실현가능성에 대해서는 쉽게 예측하기 어려우나, 향후 본격적인 공론화과정을 통해 대통령 4년중임제보다 분권형 정부제에 대한 선호도가 높아지고 분권형 정부제 개헌에 관한 국민적 공감대가 형성된다면 정치권에서 이러한 국민의 의사를 존중하여 여야간에 합의를 통해 분권형 정부형태로의 개헌도 가능하다고 할 것이다. 그러나 이러한 분권형 정부제 내지 이원정부제의 도입은 한마디로 정부형태에 관한 새로운 제도의 선택을 의미하기 때문에 그만큼 정치적 모험에 따른 위험부담이 있으며 여러 가지 시행착오와 혼란을 초래할 수 있으므로 그 성공의 전제조건에 대한 충분한 검토가 선행되어야 한다.

이원정부제는 본질적으로 의원내각제의 기반 위에 대통령제적 요소를 혼합시킨 정부형태이므로 우선적으로 의원내각제의 성공조건이 이원정부제에도 그대로 적용될 수밖에 없다. 의원내각제는 서구에서의 오랜 의회주의의 전통 속에서 민주적인 정당제도를 기반으로 하여 발전해 온 것이나, 의회주의원리가 정착되지 못하고 의원들의 자질과 역량 부족으로 국민의 신뢰를 받지 못하는 정치현실에서는 헌법상 국민의 대의기관으로서의 의회가 국민의 의사를 존중하고 국민의 이익을 우선하는 입장에서 국가의사를 결정하기 어렵게 된다. 그리고 정당이 민주화되지 못한 상황에서는 일반 당원과 유권자의 의사가 상향적으로 당의결정에 반영되지 못하게 되고, 정당의 조직이 폐쇄적이고 관료적이며 지역정당성과 붕당정치를 벗어나지 못하게 되면 의원내각제 원리의 정상적인 작동을 기대하는 것은 거의 불가능하다.

또한 선거제도에 있어서도 우리의 소선거구 다수대표제와 비례대표제의 결합은 유권자의 정치적 의사와 의회의 의석분포 간에 비례성을 확보하지 못하고 유권자의 의사가 왜곡되는 결과를 초래하게 된다. 이러한 후진적인 정당정치와 선거제도 하에서의 의원내각제는 국민의 의사가 공정하게 반영된 의회와 집행부(내각)의 구성을 곤란하게 만들게 됨은 주지의 사실이다. 따라서 이원정부제 원리도 의회의 다수파에서 총리가 선출되고 내각을 구성하며, 의회는 총리(내각)불신임권을 행사할 수 있는 점에서 의원내각제와 같으므로 민주적인 정당제도와 선거제도의 개혁은 이원정부제가 성공적으로 정착할 수 있는 필수적인 요건이다. 이와 같은 맥락에서 국회 개헌특위 자문위원회 보고서도 어떠한 정부형태를 선택하든 간에 정부형태 개헌에 있어서는 선거제도 및 정당제도가 민주적으로 개혁되어야 함을 병행조건으로 강조하고 있다.[90] 그리고 이원정부제는 집행부의 실질적 이원화를 통한 대통령과 총리 간의 권한배분의 원리를 기초로 하는데 의회의 다수의사에 의해 선출되는 총리와 국민에 의해 선출되는 대통령 간에 대립과 갈등이 생기는 경우에 동일한 집행부 내에서 독립된 두 기관이 충돌하

90) 국회 개헌특위 자문위원회 보고서, 287면.

게 되면 집행권의 안정적이고 효율적인 행사가 어렵게 되므로 이러한 문제를 해결할 수 있는 방안들을 어떻게 마련할 것인가를 신중하게 검토해야 할 것이다. 대통령제의 권력독점과 제왕적 대통령의 문제점을 극복하기 위해 이원정부제를 도입함으로써 집행권을 두 개의 기관에 나누어 실질적인 분권을 통해 대통령 권력을 제한하는 것은 이론적으로는 이상적일 수 있으나 권력의 본질적 속성상 집행권을 양두화(兩頭化)하는 것은 쉬운 일이 아니다. 집행권을 대통령과 총리에게 분점시키는 권한배분의 기준을 명확하게 규정하기 어려울 뿐 아니라 규범적으로 양 기관에 권한배분이 명문화되더라도 실제적 국정 운영의 현실에서는 각 기관의 권한행사를 둘러싸고 정치적 갈등과 긴장관계가 발생할 가능성이 크다.[91]

이 문제와 관련하여 2014년 국회 헌법개정자문위원회 보고서는 대통령과 총리 사이의 권한이 명확하게 구분될 수 없다는 우려를 해소하기 위하여 대통령권한으로서 통일, 외교안보, 국민통합 영역의 권한행사는 각각 심의회의의 심의를 통하도록 하고 각 심의기구는 대통령이 의장이 되지만 총리가 부의장으로 참여하도록 하고 있다.[92] 분권형 정부제에 있어서 대통령과 총리 사이의 역할분담과 관련하여 대통령 중심의 분권형과 총리중심의 분권형으로 구분되는데, 우리나라에 분권형 정부제를 도입하는 경우 총리 중심의 분권형은 의원내각제 원리에 가까운 정부형태로 운용될 수밖에 없기 때문에 이 보다는 대통령 중심의 분권형이나 균형형의 정부제가 바람직하다고 본다.

더욱이 대통령과 총리가 소속 정당을 달리하는 동거정부가 출현하게 되면 대통령과 총리간의 갈등과 대립으로 인한 국정운영의 불안정과 혼란은 심각하게 전개될 수 있으므로 이러한 문제들을 극복할 수 있는 정치문화적 환경이나 정치인들의 의식수준 및 자질이 요구된다. 프랑스 이원정부제의 경우를 보면 동거정부의 출현에 대해서는 병리적 현상으로 부정적으로 평가하는 입장도 적지 않으나, 그동안 세 차례에 걸친 동거정부의 경험은 대통령과 총리 간에, 의회 다수파와 소수파 사이에 인내와 타협의 정치를 받아들이도록 하였으며 건전한 민주주의의 실천을 충실하게 하는 결과를 낳게 되었다는 점에서 긍정적으로 평가하는 입장이 우세하다. 우리나라의 경우 이원정부제를 도입하게 되면 동거정부의 출현이 쉽게 예상되는데 서구의 정치사회와 같은 토론과 타협의 정치, 이해와 관용의 정치문화가 자리 잡지 못한 현실에서는 동거정부시의 문제해결 방안에 대해 심각하게 고민해야 할 것이다. 이 점에서 우리는 새로운 제도에 대한 도전과 정치적 모험이 성공의 길로 접어들 수 있도록 기존의 낡은 정치문화와 풍토를 과감하게 청산하는 작업을 병행해 나가지 않으면 안 될 것이다.

---

91) 프랑스 제5공화국헌법상의 이원정부제에 있어서도 근본적인 문제점으로 대통령과 총리 사이의 긴장과 갈등관계가 지적되는데 그 주된 이유로는 대통령과 총리의 권한의 헌법상 한계가 모호하다는 데에서 찾을 수 있다. 이에 관하여는 김정기, 프랑스 이원정부제, 『국민과 함께하는 개헌이야기』 (2권), 2010, 61면.

92) 국회 헌법개정자문위원회 보고서, 56면.

Ⅳ. 향후 개헌의 실현가능성 여부

1. 2018년 6월 지방선거와 동시 개헌의 문제

현시점에서의 6월 지방선거와 동시 개헌을 실현하는 것은 사실상 곤란해 보인다. 정부와 여당은 지방선거와 동시 개헌을 위한 국민투표는 국민과의 약속이므로 지켜져야 한다고 주장하지만 야당들의 입장은 지방선거와 동시에 개헌 국민투표를 실시하는 것은 여당에게 유리한 선거결과를 노리는 정략적인 계산에 의한 것이라고 정면으로 반대하고 있다. 6·13 지방선와 동시에 개헌 국민투표가 실현되기 위해서는 적어도 현시점에 있어서 국회에 발의된 대통령의 개헌안에 대한 여야 간의 본격적인 협상과 토론이 진행되어야 하며, 그 이전에 대통령이 개헌안을 발의하기 전에 실질적인 국민적 공론화과정을 충분한 기간 동안 거쳤어야 하는데 그러한 국민적 공감대형성을 위한 공론화과정이 거의 생략된 채 대통령이 일방적으로 개헌안을 발의함에 따라 국회에서의 개헌안에 대한 의결은 기대하기 어렵다. 정부와 여당이 개헌에 대한 실천의지가 있다면 야당이 주장을 포용하여 개헌시기를 10월 이후로 늦추는데 합의하면 되는 것이며, 그렇게 되면 야당의 입장에서도 더 이상 개헌반대의 명분을 찾기 어려울 것이다.

더욱이 이번에 제출된 대통령 개헌안은 부분개헌이 아니고 헌법전반에 걸친 전면적 개헌이며 그 내용에 있어서도 헌법제정권자의 근본적 정치적 결단을 요하는 실질적인 의미의 '헌법의 제정'의 성격을 갖고 있기 때문에 새로운 헌법의 채택에 관한 국민의 합의를 도출하기 위한 공론화의 기간이 충분히 보장되어야 하므로 6월 개헌의 주장은 지나치게 졸속개헌을 요구하는 것을 의미할 뿐이다. 그리고 현행헌법에 대한 지금까지의 개헌논의는 그 핵심이 정부형태의 개편에 관한 문제이며 지난 10여 년간 정부형태의 개헌방향에 관한 각계의 검토와 연구결과는 상당한 수준으로 축적되어 있으며, 최근의 국민 여론도 정부형태 개헌의 필요성에 대한 긍정적인 태도가 지배적인 상황에서 정부형태를 개헌의 핵심적인 대상으로 삼지 않는 그 밖의 영역인 기본권과 지방분권 등에 관한 개헌논의는 무의미하다고 볼 수밖에 없다.

개헌의 시기에 있어서 지방선거와 동시에 개헌 국민투표를 실시하는 문제에 대해서도 신중하게 검토해 볼 필요가 있다. 우선 지방선거는 유권자가 지역의 주민으로서 지방자치 실현에 참여하는 수단으로 자치단체의 지역적 발전을 위한 지방의 인물을 선출하는 정치적 의사표현에 해당한다. 그러나 헌법개정에 관한 국민투표에의 참여는 투표자가 주권의 행사자로서 헌법개정권력을 행사하여 국가의 기본법을 수정·변경하는 중요한 국가의사결정에 직접 참여하는 것을 의미한다. 이와 같이 지방선거와 국민투표는 본질적으로 그 법적 성격을 달리하는 것이다. 따라서 유권자가 지방선거의 투표에서 지역적 문제에 대한 주민의 의사를 표현함과 동시에 주권자 국민의 한 사람으로서 중요한 국가의사결정에 참여하는 국민투표를 동시에 실시하게 되면 지역 주민의 지방선거에 관한 의사와 국민의 국민투표에 관한 의사 사이에 서로 영향을 주게 될 우려가 있다. 여기에서 대통령이 개헌안을 발의하게 되는 경우 지방선거에서는 여당측에 유리한 선거결과를 가져올 수 있다는 전망이 가능하게 되고, 이는 선거의 공정성과 기회균등에 반하는 문제가 제기될 수 있다. 그리고 개헌안에 지방분권의 실현에 관한 사항이 포함되는 경우 지방선거의 투표율은 크게 상승할 것이고 이러한 투표율 증가는 각 정당에 득표와 선거결과에 상당한 수준으로 영향을 미치게 될 것이다.

지방선거에서 각 정당과 후보자들의 선거운동이 본격화되면 당선을 목표로 선거전에 몰입하게 되는데, 국민투표의 경우에도 국민투표의 대상이 되는 사항에 관하여 누구나 찬성 또는 반대하는 운동을 할 수 있으므로 선거과정은 훨씬 가열되고 선거운동과 국민투표에 관한 운동이 동시에 행해짐으로써 선거관리와 국민투표관리를 구분해서 철저하게 행하는 것이 쉽지 않을 것으로 예상된다.[93] 유권자의 입장에서도 지방선거에만 관심을 갖고 국민투표에는 소홀해지게 됨으로써 국민투표에 부쳐진 개헌안의 내용에 대해 충분히 숙지하고 판단하기가 어렵게 될 우려도 있다.

선거와 국민투표는 유권자의 정치적 의사가 외부의 영향으로 왜곡되지 않고 자유롭게 표현될 수 있어야 하므로 이러한 지방선거와 개헌 국민투표의 동시실시는 평온한 가운데 공정한 선거와 자유로운 투표를 기대하기 어려운 요인으로 작용할 수 있으므로 바람직하지 않다고 할 것이다. 지방선거와 별도로 국민투표를 실시하는 것이 국가의 재정적 부담을 증가시키게 된다는 지적이 있으나, 그 보다는 유권자의 자유로운 의사에 의한 공정한 선거와 투표의 보장이라는 가치가 우선되어야 할 것이므로 지방선거와 개헌 국민투표는 분리하는 것이 옳다고 본다.

2. 지방선거 이후 개헌의 실현 방안

위와 같이 금년 6월 지방선거와 동시에 개헌 국민투표를 실시하는 것이 현실적·이론적으로 어렵다면 지방선거 후 일정 시점의 개헌에 여야 합의를 보는 것이 요구되며, 그렇게 하기 위해서는 우선 대통령과 여당은 야당의 입장을 존중하고 야당의 일정제시에 양보하는 태도를 보이는 것이 필요할 것이다. 그 시기는 지방선거 후 1년을 넘기지 않는 것이 바람직하다고 할 것이며, 대통령 임기 후반에 접어들면 레임덕 현상으로 대통령의 지도력이 약화되

93) 현행 국민투표법에 의하면 중앙선거관리위원회는 공고된 국민투표안을 투표권자에게 주지시키기 위하여 게시하여야 하며(제22조 제1항), 구·시·군 선거관리위원회는 국민투표안의 제안이유·주요골자와 그 내용등을 게재한 국민투표공보를 발행하고 배부해야 한다(제23조, 제24조). 그리고 정당법상 당원의 자격이 없는 자와 예비군 소대장급 이상의 간부 및 리·동·통·반의 장을 제외하고는 누구나 국민투표공고일로부터 투표일 전일까지 국민투표에 관하여 찬성하거나 반대할 수 있는 운동을 할 수 있다(제25조~제28조).

고 정부·여당의 개헌추진 동력이 크게 떨어지게 될 수밖다.

6월 지방선거 이후 연말 전후로 개헌을 실시하는 것에 여야 합의가 이루어지게 되면 지금까지 논의된 헌법전반에 걸친 개헌방향과 내용 중에서 그 대상을 정부형태에 초점을 맞추면서 국민적 합의가 쉽게 이루어질 수 있는 기본권 부분에 한정하여 개헌절차를 밟는 것이 적절하다고 본다. 직접민주제와 지방분권을 대폭 강화하거나 경제헌법조항에 국가적 규제와 조정을 확대하는 것 등은 현행 헌법의 '기본적 동일성 유지'를 침해하게 되어 헌법개정의 한계를 벗어나게 되는 문제가 있으므로 신중을 기해야 할 것이다. 전면적인 헌법개정은 미래의 통일한국시대를 위한 통일헌법 제정의 시기에 행해지는 것이 바람직하다. 이번의 개헌은 국민적 공감대가 확인된 정부형태와 일부 대상만을 포함하는 부분개헌으로 가는 것이 개헌의 실현가능성을 높이는 길이라고 생각한다.

Ⅴ. 결 어

최근 2016년 후반의 급격한 정치상황의 변화와 국민들의 촛불집회 및 박근혜 대통령 탄핵사건을 계기로 헌법개정의 실현가능성에 대한 기대가 그 어느 때보다도 높다고 할 수 있다. 여론조사결과에서도 개헌의 필요성에 대한 국민 다수의 적극적 의사가 나타나고 있다. 문재인 정부가 출범하면서 2018년 6월 지방선거와 동시에 헌법개정 국민투표를 실시하겠다고 개헌일정을 밝혔으나 여야간의 합의가 이루어지지 않고 있어 개헌시기는 지연될 가능성이 있다. 그러나 개헌에 관한 국민의 공감대가 형성된 이상 개헌을 계속 늦출 수는 없으며, 개헌의 대상에 있어서는 전면적 개헌은 문제가 있으므로 정부형태를 중심으로 하면서 국민적 합의가 이루어지는 일부 대상으로 한정하는 부분적 개헌이 이루어져야 할 것이다.

정부형태의 개혁을 위한 개헌방향에 대하여 필자는 새로운 이원정부제의 선택보다는 현행 대통령제의 기본골격을 유지하는 부분적 개선방안을 다시 한번 제시한다. 그 이유로는 첫째, 현행의 5년 단임제를 4년 중임제로 개정하고 대통령 권한의 축소와 의회의 행정부 견제기능 강화를 내용으로 하는 방안이 기존의 제도를 폐기하고 새로운 제도를 도입하는 것을 의미하는 이원정부제 개헌에 비해 헌정질서의 안정을 위해 바람직하기 때문이다. 둘째, 이원정부제가 성공하기 위해서는 의원내각제의 전제조건이 확보되어야 하지만 우리의 의회주의에 대한 불신 및 민주적인 선거제도와 정당제도가 미비된 후진적 정치현실에 비추어 행정권의 분점만으로는 이원정부제가 성공하기 어렵기 때문이다. 셋째, 현행 대통령제의 문제점이 제도 자체의 문제보다는 제도 운용상의 문제에 기인하는 바가 크다고 보는 입장에서는 대통령제의 기본골격은 유지하면서 부분적으로 문제점을 시정하고 보완해 나가는 것이 보다 실효적인 개혁방안이 될 수 있기 때문이다. 넷째, 이원정부제 도입론에 의하면 집행권의 이원화와 실질적 권력분점으로 대통령의 독재화를 막을 수 있다고 주장하지만, 그것은 이상론에 가까운 논리이며 현실적으로는 집행권을 명확하게 이원화하기가 어렵고 대통령과 수상간의 권한분배의 모호성과 책임소재의 분산은 그 자체가 갈등의 요인이 되는 것으로서 정치적 위험부담이 크기 때문이다. 끝으로 대통령에의 권력의 집중과 독재화의 문제는 현행 체제하에서도 대통령의 권한 자체를 축소하는 방안과 권력분립원리에 따른 의회와 사법부에 의한 통제장치의 강화 등으로 해결할 수 있는 것이며, 굳이 의원내각제적 원리에 바탕을 둔 집행권의 이원화와 권력분점만이 근본적 해결방안이라고 보기는 어렵기 때문이다.

앞으로 문재인정부에서 제시한 일정대로 개헌이 실현될 수 있는지는 쉽게 예측하기 어렵지만, 향후 본격적인 개헌논의의 공론화과정을 통해 대통령 4년중임제로 개헌이 될 수도 있고 또는 분권형 정부제 개헌에 관한 국민적 공감대가 형성된다면 정치권에서 이러한 국민의 의사를 존중하여 여야간에 합의를 통해 분권형 정부형태로의 개헌도 가능하다고 할 것이다. 분권형 정부제 개헌은 새로운 정치적 실험을 의미하기 때문에 그 성공을 위한 전제조건에 대한 검토가 매우 중요하다. 우선 이원정부제는 전술한 바와 같이 의원내각제 원리를 바탕으로 하는 것이므로 민주적인 정당제도와 선거제도의 개혁이 필수적인 요건인 것은 말할 것도 없으며, 이원정부제는 집행부의 실질적 이원화를 통한 대통령과 총리 간의 권한배분의 원리를 기초로 하므로 의회의 다수의사에 의해 선출되는 총리와 국민에 의해 선출되는 대통령 간에 대립과 갈등이 생기는 경우에 집행권의 안정적이고 효율적인 행사가 가능하기 위한 방안을 신중하게 검토해야 할 것이다. 우리나라의 경우 이원정부제를 도입하게 되면 '동거정부'의 출현이 쉽게 예상되는데 서구의 정치사회와 같은 토론과 타협의 정치, 이해와 관용의 정치문화가 자리 잡지 못한 현실에서는 동거정부시의 문제해결 방안에 대해 심각하게 고민해야 할 것이다. 이 점에서 우리는 새로운 제도에 대한 도전과 정치적 모험이 성공의 길로 접어들 수 있도록 기존의 낡은 정치문화와 풍토를 과감하게 청산하는 작업을 병행해 나가지 않으면 안 될 것이다.

끝으로 개헌을 위한 국민투표의 시기와 관련하여 지방선거와 국민투표의 동시 실시는 유권자가 평온한 가운데 자유로운 의사로 공정하게 국민투표에 참여하는 것을 기대하기 어려운 요인으로 작용할 수 있으므로 지방선거와 개헌 국민투표는 분리하여 선거 후 6개월 내지 1년 정도 시차를 두는 것이 옳다고 할 것이다.

6. 미국 연방주의(Federalism)와 지방정부(Local Government) 개념에 입각한 헌법개정안 연구*

김 형 남**

Ⅰ. 서 설

정치적으로 수많은 논란을 자아냈던 헌법개정안이 국민헌법자문특별위원회에 의해 만들어져서 드디어 대통령에게 보고되었고, 선거공약을 이행하기 위해 대통령은 2018년 3월 26일 헌법개정안을 발의하게 되었다. 그 개정안 중에서도 문재인 대통령의 선거공약과 관계되는 '완전한 지방자치의 실현'에 근거를 둔 헌법상 지방분권 개정조항들에 대해서 정치권을 비롯하여 일반 국민들의 큰 관심이 쏠리고 있다. 일단 지방분권이란 용어의 상위 개념은 '지방자치'가 될 것이다. 지방자치라는 개념을 본격적으로 살펴보기에 앞서 연방국가제도와 단일국가제도 개념을 먼저 이해하는 것이 급선무라고 본다.

단일국가제도(unitary system)는 기원적으로 막강한 중앙정부권력이 지방을 잘 통치하기 위해 중앙권력의 일부를 지방정부에 이양해준 정도로 출발하였다면, 연방국가제도(federal system)는 넓은 의미에서 지방정부들이 모여서 중앙권력인 연방권을 만들어준 것이기 때문에 그 출발부터가 다르다고 볼 수 있다.[1)] 특히 역사적으로 미국 연방제도의 핵심은 연방정부(federal government)가 아니라 주 정부(state government)이다.

1776년 미국이 독립을 선언한 것은 각 주(each state)가 먼저 독립을 선언한 것이다.[2)]

미합중국(United states of America)은 50개의 나라(state)[3)]가 연합하여 만든 거대한 연맹체(Confederation)이다. 그래서 미합중국을 그냥 우리나라와 같은 나라로 수평적으로 비교하면 큰 우를 범하는 것이 된다. 역사적으로 미국의 각 주는 서양 제국의 각기 다른 식민지(colony)였기 때문에 식민지가 독립된 한 나라(state)가 된 것이다.[4)]

---

* 이 논문은 2018년 3월 15일 한국헌법학회와 충남연구원의 공동학술대회에서 필자가 발표한 발제문을 수정, 보완한 것이다.

** California Central University 교수, 법학박사(Ph.D. in Law)

1) Soon Eun Kim, Theories and Issues of Local Government(Goldwell Publishing Co., 2011), pp. 11-15 참조.

2) Lawrence M. Friedman, A History of American Law, third edition(New York: A TouchStone Book, 2005), p. 65.

3) 우리나라 학자들도 혼동하고 있는 개념이 바로 영어단어 state이다. 미국의 연방제를 이해하지 못했던 1950년대 한국 학자들이 중국의 한 지방을 뜻하는 주(州)로 번역한 것이다. 그러나 state는 한 지방이 아니라 국가 또는 나라라고 번역하여야 한다.

4) Friedman, loc. cit.

이렇듯 미국이라는 연방체의 출발이 개별 식민지였던 주(state)[5]이기 때문에, 주 정부가 우리나라의 지방자치단체에 해당하는 '지방정부'(local government)[6]를 수평적, 동반자 관계로 인식하고 있는 것은 하나도 이상한 일이 아니다.

이 논문의 주제인 '지방분권을 위한 헌법개정안'은 그동안 국회 소속 헌법개정특위 자문위원회 안을 비롯하여 많은 안들이 제시되어 있다. 이를 반복해서 다시 검토하는 것은 큰 의미는 없을 것이다.

이런 차원에서 이하에서는 전술한 미국의 연방주의와 지방정부를 심층적으로 분석하여 보다 합리적인 지방분권을 위한 헌법개정안을 연구해보기로 한다.

Ⅱ. 미국의 연방주의와 지방정부

1. 연방주의(Federalism)

(1) 연방주의의 개념

연방주의 또는 연방제도의 핵심적인 요소 두 가지는 '지역적 독립성'(territorial self-independence)과 '기능적 상호의존성'(functional interdependence)이다.[7]

즉 근본적으로 상호 수평적 동반자 관계에서 출발하는 것이 바로 연방주의인 것이다. 그러므로 연방정부의 주 정부에 대한 지역적 간섭이나 개입은 허용될 수가 없다. 또한 연방정부와 주 정부는 매사에 기능적으로 상호작용을 하게 된다. 명실공이 동반자 관계라고 할 수 있다.

이와 같은 연방주의의 대원칙은 "통치권(sovereign power)이 연방정부와 지방정부 사이에 똑같이 50대 50으로 분할된다."는 것이다.[8]

이는 달리 표현하자면, 연방정부와 지방정부의 지역적 독립성과 상호의존성은 헌법적으로 보장된다는 뜻이 된다.

이러한 연방주의 개념이 거의 완벽하게 실현되고 있는 나라로서 미국을 들 수 있다.[9]

현재 미국의 정부체계는 1개의 연방정부와 50개의 주 정부, 그리고 각 주에 속한 수많은 지방정부로 구성되어 있다.[10] 전술한 바와 같이 미국이라는 연방체의 건국은 아주 독특한 양

---

5) 미국과 관련하여 대부분의 사람들은 아직도 state를 주로 번역하기 때문에 편의상 이 논문에서도 주라고 번역하기로 한다.

6) 최근 한국헌법학회 헌법개정연구회 소속 헌법학자들 사이에서 지방자치단체와 지방정부라는 용어 중 어느 것이 타당한지에 대해 논란이 있었다. 지방에서 스스로 다스리는 통치체라는 의미의 '지방자치단체'와 지방에서 주민 스스로 통치하는 조직(government)이라는 '지방정부'는 큰 차이가 없다고 본다. 그러므로 향후 지방정부라는 용어를 헌법개정안에서 채택하여도 별 문제는 없다고 본다.

7) D. Elazar, Exploring Federalism(The University of Alabama Press, 1987), p. 3.

8) Elazar, loc. cit.

9) Soon Eun Kim, p. 14.

상을 띠고 있었다.

그것은 국가건립과정에서 주가 핵심적인 역할을 담당하고 막강한 권한을 행사하였다는 점이다. 1781년 워싱턴 장군이 이끄는 독립군이 영국군을 요오크 지역에서 크게 승리한 이후인 1787년 동부 지역의 13개 주가 필라델피아에 모여 국제조약과도 같은 미합중국 헌법(the U.S. Constitution)을 제정하여 미국이라는 연방체를 형성하기에 이르렀다. 이처럼 주의 합의에 의해 연방정부가 탄생한 역사적 배경으로 인해 미국의 주는 세계에서 가장 막강한 권한을 보유하는 정부가 되었다.[11)]

이는 미합중국 헌법이 연방정부의 권한으로 열거하지 않은 모든 권한, 또는 미합중국 헌법에서 주에 대해 금지하고 있지 않은 모든 권한이 주 정부 또는 주민에게 유보되는 것을 천명한 미합중국 헌법 수정 제10조(the tenth Amendment to the U.S. Constitution)[12)]에 의해 분명하게 지지되고 확인된다.

즉, 미합중국 헌법은 헌법이 연방정부의 권한으로 구체적으로 명시하는 권한 이외의 모든 권한을 주 정부가 가지는 것으로 정부 간 권한배분을 선언하고 있는 것이다.

결론적으로 주 정부는 연방정부의 국방, 전쟁, 외교, 통화, 국가안전 기능을 제외한 거의 모든 공적 기능을 수행하고 있다고 말할 수 있다.[13)] 이러한 연방주의는 미국의 각 주(state)에서 그대로 적용되어 주 정부(state government)와 지방정부(local government)의 수평적인 권한배분으로 이어지고 있는 것이다.

이렇게 볼 때, 대륙법계의 이론적인 지방자치 개념이 아니라, 실용적인 지방정부개념이 현실이 되고 있는 사회가 바로 미국 사회이다.

(2) 미국 연방주의의 간략한 역사

전술한 바와 같이 결국 승리로 끝난 미국 독립전쟁의 시작은 개별 식민지(the colonies)에서 시작되었다. 엄격하게 말하자면 미국이 아니라 13개 주(state)가 영국군에게 승리한 것이었다. 그 여파는 독립전쟁을 승리하고 독립을 선언한 뒤까지 이어지게 되었다.[14)]

그래서 13개 주 대표들이 구상한 정부형태는 대통령제나 의원내각제에 대한 논의가 아니라 바로 '권력의 배분'(distribution of the power)'이었던 것이다.

---

10) 미국이 어느 나라보다 자유로운 나라라는 사실은 연방정부와 지방정부가 권력을 동등하게 나누어 갖는 연방제도 때문이라는 의견을 제시하는 한국의 학자도 있다. 최승노, 지방분권과 지방의 시장친화성(서울: 자유기업원, 2008), 64면 참조.

11) 임성일, 지방자치단체의 위기와 파산-미국의 경험과 교훈(서울: 도서출판 해남, 2017), 176면 참조.

12) Amendment는 수정이라는 뜻을 내포하지 않고, 기존의 헌법조문에 덧붙인다는 증보의 의미를 가지고 있을 뿐이다. 그러나 한국의 제1세대 헌법학자들은 이를 수정헌법이라고 번역하였다. 향후 증보헌법이라고 번역되기를 희망해본다.

13) 미합중국 헌법 제1조 제8절(The U.S. Constitution, Article 1, Section 8)은 연방정부의 권한을 국방, 조세부과, 국채발행, 외국 및 주간 상업활동 규제, 화폐제조, 우정사업, 전쟁선포권 등을 규정하고 있다.

14) Friedma, loc. cit.

그렇게 13개 주가 핵심이 되어 탄생이 된 권력배분의 모델이 '연방헌장'(the Articles of Confederation)이다. 그러나 참여한 주 정부의 대표들이 국제조약과 같은 연방헌장으로서의 강한 결속력을 지닌 미합중국이라는 연맹체를 만들기에는 부족하다고 느끼고 보다 강한 결속력을 지닌 연방헌법인 '미합중국 헌법'을 제정하게 된 것이다.

다시 말하지만, 미국 독립전쟁의 주체는 식민지였던 13개 주(state)였다. 예를 들면, 독립전쟁이 한창이던 1776년 펜실배니아 주는 주 헌법(state constitution)을 제정하고 그 헌법에 의해 '국가안보위원회'(Council of Safety)를 창설하여 1777년 필라델피아를 침입한 영국군을 격퇴하였다. 그 이후 펜실배니아 주 정부는 자체적인 화폐를 제조하였고, 자체 군대인 민병대를 법적으로 합법화하였으며, 군수품, 세금부과, 전쟁선포 등에 관한 입법을 제정하였다.[15]

그러나 이 입법인 제정법(statute)은 판례를 법으로 여기던 보통법(common law)국가인 펜실배니아 주에게는 아주 이질적인 것이었다.[16] 1777년에 이질적인 성문법인 제정법이 제정된 동기는 1776년 필라델피아에서 개최된 첫 번째 대륙회의(the first Continental Congress)에서 채택된 인권선언(a Declaration of Rights)때문이었다. 그 선언문은 다음과 같이 기록되어 있다.

"미국인들은 각사 사기가 속한 지역이나 지방의 경험이나 특성에 따라 자신들이 원하는 제정법(statutes)을 제정할 수 있고, 그 제정법으로 인한 이익을 향유할 자격이 있다."[17]

이러한 역사적인 사실들을 종합해볼 때, 미국 역사의 핵심은 연방정부가 아니라 '주 정부'(state government)임을 잘 알 수 있다.[18]

2. 지방정부(Local Government)

(1) 이론적 접근

1) 규범이론(normative theory)과 경험이론(empirical theory)

먼저 규범이론은 정치적 정당성에 기초를 두는 지방정부(local government)는 모든 것을 합법화할 수 있는 기관이며, 자유와 평등을 촉진하고 개혁을 이룰 수 있는 기관[19]이라는 이론이다.

이러한 규범이론에 의하면, 지방정부의 체계는 서로 다른 '민주주의와 효율성'(democracy and efficiency), 즉 두 마리 토끼를 다 잡을 수 있다고 설명하고 있다. 즉, 지방정부의 주민들은 자신들의 지역 내에서 다수결의 원칙과 함께 소수자 보호를 다 같이 연습할 수 있다는

15) Statutes at Large, Pa, 1682-1801, Vol. IX(1903), p.149(act of Oct. 13, 1777)
16) Friedman, *op. cit.*, p. 66.
17) G. Brown, British Statutes in American Law, 1776-1836(1964), p. 21.
18) 미합중국 헌법 제1조 8절에도 명시되어 있지만, 그러한 전통은 지금도 이어져서 주와 주 사이의 무역거래는 우리의 경우 외국과의 교역에 해당하는 것처럼 규율하고 있는 실정이다.
19) H. Wolman & M. Goldsmith, Urban Politics and Policy(Oxford: Blackwell Press, 1992), p. 7.

것이다.[20] 이는 말 그대로 이상론적인 이론이라고 할 수 있다.

다음은 경험이론인데, 이는 전술한 규범이론을 비판하면서 생성된 이론이다. 규범이론은 지나치게 정치이론에 집중함으로써 가치중립적이고, 객관적이어야만 되는(value-free and objective) 이론(theory)으로서의 가치를 상실했다고 비판하고 있다.[21]

경험이론은 객관적인 관찰, 경험 및 실험을 통하여 집적된 통계자료를 통해 지방정부의 정당성을 주장해야 한다는 것이다.

2) 엘리트이론(elite theory)과 다원주의이론(pluralism)

먼저 엘리트이론은 정치적 비밀결사(junta)라고 속칭되는 정치적 엘리트들이 중앙권력 뿐만 아니라 지방정부의 권력도 장악하기 때문에 지방정부는 정치적 엘리트에 의해 창설된 것이라는 이론이다.[22]

이와는 달리 다원주의이론에 의하면, 지방정부는 정치적 엘리트의 영향력뿐만 아니라 다양한 NGO들의 권력배분에 의해서 탄생된 것이라고 주장하고 있다.[23]

3) 시스템이론(system theory)

원래 시스템이론은 자연과학 분야의 일반적인 이론이었는데, 이를 사회과학과 정치학 분야에 받아들여 발전시킨 학자가 바로 이스턴(Easton)이다. 그는 미국의 지방정부는 결국 중앙정부, 주 정부 등과의 체계적인 관련성에 의해 탄생되었다고 주장하고 있다.[24]

4) 공공선택이론(public choice theory)

원래 공공선택이론은 경제학 분야의 이론이지만, Black 교수를 비롯한 많은 학자들은 이를 정치현상을 분석하는 정치공학의 이론으로 재정립하게 되었다. 이 이론에 의하면, 지방정부도 경제학의 시장(market)의 하나로서, 공공재(public goods), 공공서비스(services), 그리고 정치인들과 행정 관료들이 주어진 헌법원칙에 입각하여 합리적인 참여자로 시장에 참여할 수 있도록 최대한 효율적으로 배치되어 있다고 주장한다.[25] 이 이론은 특히 지방정부의 행정 관료들이 정책결정을 할 때, 시장참여자로서 합리적인 선택을 한다는 가정 하에 이루어진 것이기 때문에 어느 정도 이상적인 이론으로 평가된다.

5) 정치적 절차이론(political process theory)

이 이론은 정치학자들이 가장 선호하는 이론이다. 이에 의하면, 지방정부도 입법부(the legislature), 행정부(the executive), 그리고 이해단체(interest groups)[26]들이 지방정부 대표

20) C. Pateman, Participation and Democratic Theory(London: Cambridge University Press, 1970), p. 5.
21) Pateman, *op. cit.*, p. 6.
22) R. Putnam, The Comparative Study of Political Elites(New Jersey: Prentice Hall, 1976), p. 3.
23) W. Connoly, The Ethos of Pluralization(University of Minnesota Press, 1995), p. 8.
24) D. Easton, A Systemic Analysis of Political Life(New York: John Wiley Press, 1965), p. 13.
25) D. Black, The Theory of Committees and Elections(Cambridge: Cambridge University Press, 1958), p. 21.

후보 경선절차, 선거운동 절차 등 정치적 절차(political process)에서 서로간의 상호작용(interaction)으로 탄생된다고 설명한다.[27)]

(2) 지방정부의 종류와 형태

1) 지방정부의 종류

미국의 지방정부는 일반적으로 주 정부 밑의 정부 단위를 말한다. 현재 미합중국 센서스국(The U.S. Census Bureau)이 5년마다 실시하는 통계자료에 의하면, 지방정부는 County Government, Township Government, Municipal Government, Special Purpose Local Government의 네 가지 종류로 나뉜다.

참고적으로 2012년 기준 미국의 지방정부는 총 89,004개이고, 자세한 내역은 <표 1-1>과 같다.

〈표 1-1〉[28)]

Kinds of Local Government	Amount
Municipalities	35,886
Townships	16,364
Counties	38.917
School Districts	12,884
Special Districts	37,203
Total Amount	89,004

이하에서 설명되는 지방정부의 종류는 다음과 같다.

(ⅰ) County Government(County) County는 일단 주(state)의 가장 큰 규모의 지방정부를 말한다. 그러므로 전체 County를 합치면 주(state)가 된다. 주 내에서 그 다음 큰 규모는 Municipality(City)가 된다.

그러나 New York, Philadelphia, St. Louis, Baltimore, Denver 등과 같이 규모가 큰 Municipality는 County를 겸하기도 한다.[29)]

County는 엄격히 말하자면, 주민의 일상 행정수요에 부응하는 지방정부라고 하기에는 부족하다. 왜냐하면 County는 주 정부의 하위 행정기관과 같은 기능을 행하기 때문이다.

---

26) interest group은 과거 압력단체, NGO, 시민단체 등을 포함하는 포괄적인 용어로 사용되고 있다.

27) A. Bentely, The Process of Government: A Study of Social Pressures(Chicago: University of Chicago Press, 1908), p. 14.

28) H. Wolman & D. Hincapie, "National Fiscal Policy and Local Government During the Economic Crisis," The German Marshall Fund of the United States(GMF), May 2014, p. 7.

29) Holman & Hincapie, *op. cit.*, p. 8.

그래서 County는 주로 경찰, 소방 등의 행정기능만을 담당하는 경우가 많다. County의 의회인 'County Council'은 일단 주민투표에 의해 선출되지만, 그 의장은 주민투표에 의해 선출되는 경우와 주 정부에 의해서 임명되는 경우로 나뉜다. 바로 이러한 면 때문에 County를 지방정부의 분류에서 제외하자는 논의가 있는 것이다.[30]

(ii) Municipal Government(Municipality) Municipality는 주헌법에 의해 창설된다. 이런 이유에서 지방정부 가운데 주로부터의 독립성과 자율성이 가장 강한 유형이 된다.

우리나라의 학자들 대부분은 Municipality를 우리의 시, 군, 구에 비교하는데, 이는 우를 범하는 것이다. 전술한 바와 같이 New York은 Municipality이면서도 County이다. 미국과 우리의 경우를 수평 비교한다는 자체가 잘못된 것이다. 하여튼 Municipality야 말로 미국 지방정부의 전형(typical form)이다. 그러므로 주민의 일상생활과 직결되는 종합행정을 담당하고 수행한다. 미국 내에서도 평면적으로는 County 밑에 Municipality가 있는 것처럼 보이지만, 양자는 결코 직할관계나 상하의 수직적 대응관계가 아님을 명심해야 한다.

Municipality의 의회(Council)는 주민투표로 인해 구성되며, 대부분의 지역에서는 정당배제(non-partisan) 방식[31]으로 투표가 실시된다.

미국 대부분의 대도시 지역은 하나가 아닌 다수의 Municipality로 구성된다. 그러므로 우리가 생각하는 '대도시 정부'(metropolitan government)는 존재하지 않는다.[32]

(iii) Township Government(Township) Township은 Municipality와 유사한 종합 행정기능을 수행하는 지방정부이다. 하지만 지역의 규모가 Municipality보다 작고, 행정범위도 작다는 특징이다. [표 1-1]에서 알 수 있듯이, County나 Municipality보다 숫자가 현격하게 적은 것은 그 규모가 작다는 것을 나타낸다.

그 규모는 작지만, Township은 Municipality와 비교하여 큰 특징을 지닌다. Municipality는 주민이 합의를 해야 주헌법(State Constitution)에 의해 창설이 가능하지만, Township은 주민의 의사와 상관없이 주헌법에 의해 창설이 가능하기 때문이다.[33]

또한 Township은 '주민총회'(Township Meeting)라는 독특한 제도를 가지고 있다. 주민총회는 지역의 유권자들이 다함께 모여 중요한 의사결정을 하는 시스템을 말한다. 즉, 지방정부에 직접민주주의 요소를 가미한 것이다. 우리나라도 현행 지방자치법상 주민투표제도를 시행하고는 있지만, 본격적으로 직접민주주의 요소를 가미했다고 보기에는 어려움이 있다. 이번 헌법 개정에서 미국의 Township을 참고하여 직접민주주의 요소를 강화할 필요가 있다고 본다.[34]

30) 임성일, 앞의 책, 182면 참조.

31) 투표용지에 정당표시가 없는 것을 말한다. 이에 대해서는 Wolman & Hincapie, *op. cit.*, p. 9. 참조.

32) Wolman & Hincapie, *op. cit.*, p. 10.

33) Wolman & Hincapie, *op. cit.*, p. 11.

(iv) Special Purpose Local Government　특별목적 지방정부는 기능, 역할, 행정 및 재정권한, 조직, 재원 조달면에서 주(State)마다 다르다. 현재 미국의 특별목적 지방정부 중 그 수가 가장 많고 중요한 것은 '학교구'(School District)이다.

미국의 School District는 우리의 교육자치와는 달리 재원을 조달할 수 있는 과세권한을 보유하고 있다.[35)]

School District는 공립학교(public school)의 운영을 관장하는 특별목적 지방정부로서, 주법에 의해 설치된다.

School District는 독립성이 생명이기 때문에 County와 Municipality와 완전한 독립적 관계에 있다.[36)]

School District는 이사회(board)를 중심으로 운영되며, 위원들은 주민투표에 의해 선출된다. 예외적으로 County와 Municipality가 직접 초, 중등교육을 관장하는 곳도 있다. 이때에는 County와 Municipality가 School District를 겸하게 된다.

School District 외에 특별목적으로 설치된 특별목적 지방정부로는 Hospital District(병원담당구), Sewer District(하수도 담당구), Housing District(주택담당구), Airport District(공항담당구) 등이 있다.[37)] 이들은 우리나라에서는 지방자치단체와 지방공기업이 담당하고 있기 때문에 생소하고 특이한 것이다.

2) 지방정부의 형태

미국 지방정부의 형태는 Mayor-Council Form(시장-의회형), Council-Manager Form(의회-매니저형), Commission Form(위원회형)으로 나뉜다.

먼저 Mayor-Council Form은 지방정부의 수장인 Mayor와 주민의 대표성을 가지는 Council이 권한을 나누어 갖고, 견제와 균형을 도모하는 형태를 말한다.[38)] 그러나 현실적으로 미국 사회에서는 어느 한쪽이 더 우위를 가지는 현상들이 나타나곤 한다. 통상 'Strong Mayor Form' 'Week Mayor Form'이 그것인데, 전자는 대도시를 중심으로 나타나는 경향이 있고, 후자는 소도시를 중심으로 나타나는 경향이 있다.

Council-Manager Form은 형식적으로는 집행기관과 의회가 분리되어 운영되고 있지만, 실질적으로는 의회가 중추적 역할을 담당하는 지방정부의 형태이다. 이 형태에서는 10인 이하의 위원으로 구성되는 의회가 시정을 총괄하는 전문 경영인인 manager를 임명하게 된다.

34) 同旨, 임성일, 앞의 책, 184면.
35) 미국에서 일반적으로 재산세(property tax)를 부과할 때 이에 교육세(school district tax)를 병과한다. 이에 대해서는 G. F. Break, Financing Government in a Federal System(Washington D.C.: The Brooking Institution, 1980), p. 5. 참조.
36) Wolman & Hincapie, *op. cit.*, p. 17.
37) Wolman & Hincapie, *op. cit.*, p. 18.
38) Wolman & Hincapie, *op. cit.*, p. 22.

Commission Form은 집행기관과 의결기관이 통합된 형태를 말한다. 이는 극히 예외적으로 미국 전체에서 1% 내외에 속한다.[39)]

이 형태는 주민들에 의해 선출된 3-5인의 commissioner가 의결기관 겸 집행기관인 commission을 구성해서 심의 의결을 함과 동시에 집행기관의 의사결정기관으로서의 역할도 담당하게 된다.

(3) 주 정부와 지방정부의 관계

주 정부와 지방정부의 관계를 살펴보기에 앞서, 미국의 주(state)와 지방정부의 권한 배분의 원칙(rule)을 검토할 필요가 있다.

먼저 Dillon's rule이다. 이는 1868년 미국 Iowa 주 대법원(Iowa supreme court) 대법원장이었던 John Dillon 내린 판결[40)]에 근거하여 이름이 부쳐진 것이다. 이 판결의 핵심은 지방정부는 주에 의해 명시적으로 부여받은 권한과 그에 필수적으로 부수되는 권한만을 인정하고 그 외의 모든 권한은 주(state)에 귀속된다는 것이다.[41)]

이는 지방정부가 주헌법에 의해 창설되었기 때문이라는 사실을 강력한 논거로 주장하고 있다. 이 판결은 1903년 미국 연방대법원(the U.S. Supreme Court)의 판결에서도 지지된 바 있다.

이후 Dillon's rule에 반대하는 Home rule principle이 등장하였다.

1875년 Missouri 주 헌법[42)]에서 St. Louis의 권리장전이라고 할 수 있는 City Charter의 제정권을 시민들에게 부여하였고, 이로 인해 미국 지방정부의 권한은 주 정부와 상관없이 독자적이라는 사실을 천명하기 시작하였던 것이다. 이후 California, Minnesota, Washington state들이 Home rule principle을 채택하였다.

현재 미국에서는 Kansas state를 제외한 거의 모든 주(state)가 Home rule principle을 채택하고 있는 실정이다.

전술한 바와 같이 미합중국 헌법 수정 제10조에 의해 지방정부의 존재와 권한 등에 관한 사안은 연방정부가 아닌 주 정부의 소관 사항으로 규정되고 있다. 현재 미합중국 헌법은 지방정부에 관한 사항은 전혀 다루지 않고 있으며, 주헌법에 의해 지방정부는 탄생되도록 규정하고 있다. 일단 주(state)가 지방정부를 탄생하게한 모태임은 부인할 수 없지만, 미합중국을 탄생시킨 '연방주의'(Federalism)를 상기한다면 우리 식의 상명하복관계가 아니라 서로의 행복한 존립을 위한 수평적 평등관계로 볼 수 있다.

39) Wolman & Hincapie, *op. cit.*, p. 23.

40) Clinton v. Cedar Rapids and the Missouri River Railroad(24Iowa455, 1868).

41) Wolman & Hincapie, *op. cit.*, p. 45.

42) Missouri Constitution Art. Ⅸ, ∫∫16, 20(1875); quoted in Henry J. Schmandt, "Municipal Home Rule in Missouri", Washington Univ. Law Review vol.1953, Issue 4, p. 1.

3. 한국의 지방자치제도와의 비교

우리나라는 역사적으로 미국의 경우와 달리, 중앙정부가 지방에 막강한 권한을 행사하는 중앙집권국가로 형성 발전되어 왔다. 즉, 고려왕조와 조선왕조의 중앙집권형이 제5공화국까지 이어져 내려왔다고 해도 과언이 아니다.[43)]

이런 연유로 지방자치제도의 출발부터 우리나라는 미국의 지방정부개념과 차원을 달리하였다. 전술한 바와 같이 미국은 연방주의 개념 하에 연방정부가 아닌 주 정부가 우선시되는 나라로 건국되었고, 주 헌법에 의해 창설된 지방정부들도 주와 상명하복의 관계가 아니라 수평적, 평등적 동반자관계를 형성해왔다.

법적인 측면에서 우리나라의 지방자치제도는 헌법에서 규정하였지만, 미국의 지방정부는 주 헌법과 주 법에 의해 근거한다는 것이 큰 차이라면 차이라고 할 수 있다.[44)]

특히 미국의 지방정부는 연방정부와는 하등의 관계가 없다. 지방정부는 오로지 주 정부와 관계가 있을 뿐이기 때문이다. 이런 시각에서 우리나라의 중앙정부와 지방정부간에 형성되는 관계는 미국에서는 주 정부와 지방정부간의 관계로 파악되어야만 한다.

바로 이러한 점이 우리나라와 미국을 수평적으로 비교하면 우를 범할 수 있는 이유가 되는 것이다.

Ⅲ. 지방분권조항에 대한 헌법 개정 동향 검토 – 2018년 한국헌법학회 헌법개정연구위원회 지방분권 분과위 안

1. 신 설

(1) 주요내용

□ 헌법 총강에서 지방분권주의를 천명함.

(2) 제안 취지

□ 지방분권을 국가질서 형성의 중요한 방향으로 설정하여, 사회의 모든 사안을 중앙정부가 관장하는 국가주의적 경향을 시정하고, 지방분권의 원리가 모든 국가의 입법과 행정, 사법에 반영될 수 있도록 하고자 함.

□ (소수의견) 헌법 제1조 제1항에서 민주공화국임을 표명한 이상, '지방분권'은 방법론에 해당하는 것이므로, 이를 별도의 조항으로 선언하는 것은 불필요하다는 의견 있음(김성률, 김기호).

---

43) Eugene Choi, "Interrelation between Central and Local Government"[Discover Korea in Public Administration published by The Korea Institute of Public Administration, 2012], p. 245.

44) 임성일, 앞의 책, 177면.

(3) 제안 논거

ㅁ 외국입법례

– 프랑스 헌법 제1조 제1항 3문: 프랑스는 지방분권적으로 구성된다.

– 이탈리아 헌법 제5조: 국가는 지방자치를 인정 및 촉진하고, 국가에 의존하는 서비스에 있어서 최대한의 행정적 분권화를 이행한다. 국가는 자치와 지방분권화의 요구에 입법 원칙과 방식이 부합하도록 하여야 한다.

2. 현행 제117조 일부 수정 및 신설

(1) 주요내용

ㅁ 개정안 제117조 제1항에서는 주민의 지방사무에 관한 자치권을 명시함.

또한, 주민의 자치권은 주민이 직접 행사하거나 지방정부의 기관을 통하여 행사할 수 있음을 명시함.

또한, 주민발안, 주민투표, 주민소환에 관하여 필요한 사항을 법률로 정할 수 있도록 근거를 둠.

ㅁ 개정안 제117조 제2항에서 지방정부의 종류와 구역 및 특별자치정부에 관하여 법률로 정하도록 함. 또한 이를 변경하고자 하는 경우에는 반드시 주민투표를 거치도록 명시함.

ㅁ 개정안 제117조 제3항에서 정부와 지방정부간, 지방정부간의 역할과 사무 분배에 관해서는 주민과 가까운 정부에게 우선적 책임과 권한이 부여되도록 보충성의 원칙을 명시함.

(2) 제안 취지

ㅁ 지방분권주의의 실현은 곧 주민자치에 기반하여야 하는 것이므로, 주민의 자치권을 헌법적으로 보장하고, 주민의 자치권을 직접 행사하거나 간접적으로 행사하는 방법 등을 명시하며, 지방 차원의 직접민주주의 통하여 주민의 자치권을 최종적으로 실현할 수 있도록 헌법적으로 보장함.

– (소수의견) '지방자치에서 자치권은 주민에게 있고 지방자치단체의 모든 권한은 주민으로부터 나온다. 주민의 자치권은 직접 또는 지방자치단체에 의하여 행사한다.'로 조문 수정하자는 의견 있음(김기호).

ㅁ 주민 공동체 단위를 최대한 존중하여, 행정부나 국회에 의한 자의적인 지방정부의 종류 변경을 방지하고, 혹여 이를 변경하려는 경우에도 주민의 의견이 최대한 존중되도록 하기 위하여 법률로 정하되 주민투표를 거치도록 함.

– 지방정부의 종류와 구역에 관하여 규정하되, 지방정부 가운데에도 차별화된 성격을 갖는 특별자치정부를 둘 수 있도록 함.

– (소수의견) '지방자치단체의 종류와 관할은 법률로 정한다. 다만 지방자치단체의 종류와 관할구역을 변경할 때에는 주민투표를 거쳐야 한다.'로 조문 수정하자는 의견 있음(김기호).

– (소수의견) 현행 지방자치법 상의 용어 입법례를 고려하여 조문에 '구역'보다는 '관할 구역'으로 표현하자는 의견 있음(고인석).

ㅁ 사무배분의 원칙을 헌법에 명시하여 기준을 제시함. 보충성은 정의의 원칙과 효율성의 원칙에 부합하는 일반원칙에 해당함.

– 보충성의 원칙을 통하여 하위 단위의 공동체 또는 작은 단위의 정부가 자율과 책임을 바탕으로 사무를 우선하여 효율적으로 처리하고, 부득이 처리할 수 없는 사무에 대해서만 상위 단위

의 공동체 내지 큰 단위의 정부가 사무에 개입하도록 함.
- 프랑스, 독일, 스위스 등 유럽 다수의 국가가 표명하고 있는 원리임.
- (소수의견) '지방자치단체간 또는 국가사무배분은 보충성원칙에 따라 법률로 정하며 합리적인 비용을 부담하여야 한다.'로 문구 수정하자는 의견 있음(김기호).
- (소수의견) '보충성의 원칙'은 어려운 학문적 개념일 뿐만 아니라, 해외 입법례를 무비판적으로 따르는 입법사대주의적 차용은 곤란하므로, 국민 모두가 이해하기 쉽도록, 주민에게 가장 가까운 작은 자치정부에서, 큰 자치정부, 그리고 중앙정부 순으로 사무를 처리하도록 규정함이 적절하다는 의견 있음(이경선).

(3) 제안논거

□ 외국입법례
- 스페인헌법 제137조: 국가는 지역상 시 · 군 · 구, 현, 자치주로 구성한다.
- 이탈리아헌법 제114조: 공화국은 시, 도, 대도시, 주, 국가로 구성된다.
- 독일헌법 제23조: 국가 임무는 보충성의 원칙에 따라 분배되고 수행되어야 한다.
- 스위스헌법 헌법 제5a조: 국가 임무는 보충성의 원칙에 따라 분배되고 수행되어야 한다.

3. (현행) 제117조 1항

(1) 주요내용

□ 현행 헌법 제117조 제1항을 개정안 제118조로 조문 위치를 변경하고 그 내용을 여러 항으로 나누어 구체적으로 명시함.
- 개정안 제118조 1항에서 외교, 국방 등 국가존립에 필요한 사항 및 전국적 통일성을 요하거나 전국적 규모의 사업에 대하여 중앙정부가 입법권을 행사하도록 함(중앙정부의 배타적 입법권).
- 개정안 제118조 제2항에서, 제1항 이외의 사항에 대하여는 중앙정부와 지방정부가 각각의 입법권을 행사하는 근거를 둠(경합적 입법권 내지 병렬적 입법권).
- 개정안 제118조 제3항에서, 지방정부의 구역 내에서 효력을 갖는 법률 제정 권한을 명시함.
- 개정안 제118조 제4항에서 국가법률과 지방법률이 충돌하는 경우에 해결방안을 제시함. 원칙적으로 중앙정부의 법률이 지방정부의 법률보다 우선적 효력을 갖되, 지방정부로 하여금 지역의 특성을 반영하여 다양한 규율이 필요한 일정 생활 분야에서 달리 법률을 정할 수 있도록 함.
- 개정안 제118조 제5항에서, 지방정부의 고유 자치사무와 위임사무의 수행 근거를 명시함. 그리고 사무 위임을 한 정부가 위임사무의 비용을 부담하는 원칙을 분명히 함.

(2) 제안 취지

□ 중앙정부의 전속적 입법권 내지 배타적 입법권에 관한 조항을 둠.
- 지방분권, 지방자치를 강화하더라도 이것이 국가의 존립과 국가적 통합성을 부정하는 것이 아니므로, 국가의 존립과 관련된 사항이나 전국적으로 통일성을 기할 필요가 있는 사항에 대해서는 중앙정부가 계속해서 입법권을 행사하도록 하는 것이 필요함.

□ 중앙정부와 지방정부의 입법권이 병존하는 이른바 '경합적 입법권'에 관한 조항을 둠.
- 중앙정부가 가지는 전속적 입법권 내지 배타적 입법권에 해당하는 사항 이외에 대해서는 중앙정부와 지방정부가 각각의 입법권을 행사할 수 있도록 함.

- 스페인, 독일 등 외국 헌법례에서도 참고할만한 규정들이 있음.
- 지방정부의 배타적 입법권을 직접적으로 명시하는 것이 지방정부의 입법권을 강화하는 데 가장 바람직함. 독일, 이탈리아, 스위스 등에 입법례가 있음. 중앙정부의 입법적 역할을 인정하면서도 동시에 지방정부의 입법권이 병존되도록 하여 중앙정부와 지방정부가 중첩적으로 입법권을 갖도록 지방정부의 입법권을 완화함.

□ 지방정부의 법률제정권을 보장함.

- 지방정부의 입법형식을 조례로 하는 경우에 기본권유보 법률, 조세법률주의, 죄형법정주의로 인하여 지방정부의 입법권이 무력화됨.
- 헌법이 법률로 정하도록 한 사항을 일일이 조례로 정할 수 있도록 헌법에 명시하는 것은 복잡하고, 결국 조례를 법률로 인정하는 것이 되므로, 차라리 당해 지방정부의 법률제정권을 인정하는 것이 간편하고 의미가 명확함. 지방입법과 헌법 제37조 제2항의 기본권제한 법률유보, 제13조 제1항의 죄형법정주의, 제59조의 조세법률주의 등이 조화를 이룰 수 있도록 함.
- (소수의견) 지방법률 입법권 부여에 관한 대안으로 지방자치에 필요한 법률안제출권을 부여하고, 아울러 국가(정부와 국회 등)의 지방자치단체의 의견존중의무를 부과하고, 국회나 정부의 일방적 권한행사를 견제하고, 소통을 통한 협치가 이루어 질 수 있도록 헌법에 "전국지방자치단체장협의회"를 신설하자는 의견 있음(김기호).

□ 중앙법률과 지방법률간의 규범 충돌시 중앙법률이 우선되도록 함으로써 적용상의 효력관계 원칙을 제시함.

- 다만, 지방 저마다의 특성이나 사정을 고려하는 것이 필요한 경우에는 예외적으로 지방법률로 달리 정할 수 있도록 함.
- 법률의 전국적 통합성(통일성)과 지방적 다양성을 조화시킬 수 있는 방안을 모색함.
- 중앙정부와 지방정부간의 입법적 경쟁이 가능하게 됨으로써 부정적인 문제가 발생하기보다는, 경쟁적으로 입법적 품질이 제고되는 긍정적 효과를 기대할 것으로 봄.
- (소수의견) '지방의회의원과 지방자치단체는 법률을 위반하지 않는 범위 내에서 조례안을 제출할 수 있으며 조례는 관할구역 내에서 효력을 가진다.'로 문구 수정하자는 의견 있음(김기호).

□ 사무처리 비용의 부담 원칙을 명확히 함.

- 사무처리비용의 전가를 금지하여 재정책임성을 명확히 함.
- 원칙적으로 지방과 관련된 사무는 지역실정을 가장 잘 파악하고 있는 지방정부가 수행하게 하는 것이 효율적이라 할 것임.
- 따라서 중앙정부가 법률을 집행하는 경우에도 가급적 지방정부에 위임하여 수행하도록 하고, 중앙정부가 직접 사무를 수행하는 것은 최소화하거나 예외적인 경우로 함이 적절할 것임.
- 다만, 자치사무나 위임사무를 수행하는 지방정부로서는 권한도 커지겠지만, 책임에 따른 비용, 즉 재정적 부담도 커지게 되므로, 이에 대하여 사무를 위임한 정부가 그 소요 비용을 부담하도록 하여, 지방자치의 물적 기반이 위임사무로 인하여 위험에 빠지는 일이 없도록 하고자 함.

(3) 제안 논거

□ 외국입법례

- 독일헌법 제70조: ① 기본법이 연방에 입법권을 수여하지 않는 한 주가 입법권을 가진다. ② 연방과 주 사이의 권한의 범위는 배타적 및 경합적 입법에 관한 기본법의 규정에 따라 이루

어진다.

– 이탈리아 헌법 제117조: ① 국가의 전속적 입법권, 국가와 지역의 경합적 입법권을 상세하게 규정하고 이에 속하지 않은 분야는 지역의 배타적 입법권에 속한다.

4. (신설)

(1) 주요내용

□ 제119조 제1항을 신설하고, 지방정부의 재정 건전성과 자기 책임성을 명시함.

□ 제119조 제2항을 신설하고, 지방정부로 하여금 지방세의 종류와 세율 및 징수방법을 법률로 정할 수 있도록 함.

□ 제119조 제3항을 신설하고, 지방정부 상호간의 재정의 평등성이 보장되도록 명시함.

□ 제119조 제4항을 신설하고, 중앙정부와 지방정부간, 지방정부 상호간에 재정조정을 통하여 지방정부의 재정자립 불균형을 해소하고 지원할 수 있도록 함.

(2) 제안 취지

□ 지방분권, 지방자치의 자율권 확장에 대칭하여, 지방정부로 하여금 재정운영의 건전성과 가지 책임성을 경주할 것을 명시함.

– 지방정부가 스스로 자치를 구현함에 있어서 그에 소요되는 재정의 건전성을 견지히도록 하고, 또한 중앙정부나 다른 지방정부의 개입이나 간섭 없이 자기 책임 하에 사무를 수행하도록 함을 강조함. 이는 지방정부의 재정에 대한 책임을 부과하는 것임과 동시에 보장하는 것이기도 함.

– (소수의견) '지방자치단체는 투명한 재정운영으로 재정건전성을 확보하여야 한다.'로 문구 수정하자는 의견 있음(김기호).

□ 지방정부의 과세권을 보장함.

– 조세와 지방서비스간의 상호관계에 주민의 관심과 관여를 높이도록 함.

– 지방분권, 지방자치의 원활한 실현을 위해서는 지방정부가 수행하는 사무에 대한 처리비용이 적절히 충당되어야 할 것임. 현행과 같이 국가가 8: 2의 수준으로 재정 분할을 하는 것으로는 적절치 아니하고, 지방정부의 자율적 결정에 따라 지방세 세입을 결정하여 비용을 충당할 수 있도록 보장할 필요가 있겠음.

– 지방정부의 지방세 징수 권한이 보장됨으로써, 주민의 지방조세 부담이 늘어날 가능성에 대한 우려가 없지 아니하나, 지방정부의 지방세 또한 주민의 자치적 결정에 의하게 될 것이, 특히 조세부담의 수준에 따라 주민이 제공받는 급부인 지방정부의 행정서비스 또한 그에 상응하는 개선 효과를 기하게 될 것임. 조세부담에 상응하는 지방행정서비스가 제공되지 않는 경우 즉 자적으로 조세저항이 거세질 것이므로, 지방정부의 행정혁신과 절약을 제고하는 조치들이 수반될 수 있을 것임.

– (소수의견) '지방자치단체는 지방세의 과세종목, 세율, 징수방법을 지역의 특성을 고려하여 조례로 정할 수 있다'로 문구 수정하자는 의견 있음(김기호).

□ 특정 지방에 대한 부당한 재정적 평등을 강조하고, 재정적 차별대우를 금지하여 지방 상호간의 공정경쟁, 공동발전이 이루어질 수 있도록 함.

– 지역간에는 주민수도 다르고 산업경제 기반 등도 달라 주민과 기타 경제 주체 담세능력에 있어 커다란 차이가 있고, 이로 인하여 지방정부간의 재정적 격차가 발생함.

이와 같은 지역간의 재정적 격차의 문제를 연대적인 차원에서 시정하고 보완하기 위한 제도로서 재정조정제도를 헌법으로 근거를 두어, 지방간에 불가피하게 발생하는 재정격차를 최소화하도록 하고 재정이 빈약한 지방의 재원을 확보하여 안전망을 확보함.

- 물론, 현재에도 중앙정부가 지방교부세를 지급하거나, 국고보조사업 등을 통하여, 재정조정제도에 준하는 지방재정 지원책을 시행하고 있음. 그러나, 이는 중앙정부의 주도하에 매우 시혜적으로 그리고 정무적인 친소관계 등에 따라 이루어지고 있어 지방의 재정효율성이 낮아지고, 지방의 의존성을 높이는 부작용이 있고, 지방자치, 지방분권 시대의 변화에 부응하는 방편이 될 수 없는 근본적 한계를 노정하고 있음. 이에 국가가 주도하는 위계적 수직적 재정 지원 방식 이외에, 지방정부간 상호연대의 원칙에 따른 수평적 협력적 재정조정 등도 가능하도록 함.
- (소수의견) '국가는 각 자방자치단체의 재정수지 건전성 유지를 위해 국가재정을 조정하여야 한다.'로 문구 수정하자는 의견 있음(김기호).

(3) 제안 논거

□ 외국입법례

- 독일헌법 제104조의a: ① 연방 및 주는 기본법이 특별히 규정하지 않는 한 업무의 수행에 필요한 비용을 독립적으로 부담한다.
  ② 연방의 위임으로 주가 집행하는 경우에는 연방은 이에 소요된 비용을 부담한다.
- 스위스 헌법 제135조(재정조정과 부담조정):

① 연방은 연방과 칸톤 및 칸톤간의 적정한 재정조정과 부담조정에 관한 규정을 제정한다.

② 재정조정과 부담조정은 다음 각 호를 목적으로 한다.

a. 칸톤간 재정능력의 격차를 줄인다.

b. 칸톤에게 최소한의 재정자원을 보장한다.

c. 지형적이거나 사회인구적인 조건으로 인한 과도한 칸톤의 부담을 조정한다.

d. 부담조정을 포함한 칸톤간의 협력을 촉진한다.

e. 국내적- 국제적 관계에서 칸톤의 조세경쟁력을 유지 한다.

③ 자원조정을 위한 재원은 재원이 많은 칸톤들과 연방에 의하여 마련한다. 재원이 많은 칸톤들의 급부는 연방급부의 최소 2/3, 최대 80%에 달해야 한다.

5. (현행) 제118조

(1) 주요내용

□ 개정안 제120조 제1항에서, 지방정부에 지방의회나 주민총회 등 입법기관을 선택적으로 둘 수 있도록 하고, 집행기관을 두도록 명시함.

□ 개정안 제120조 제2항에서, 지방정부의 입법기관과 집행기관의 구성과 운영에 관한 사항은 지방정부의 법률로 정하도록 함. 다양한 정부형태를 지방에서 실현할 수 있는 근거를 마련함.

(2) 제안 취지

□ 지방정부의 기관으로 집행기관과 입법기관을 두도록 하여 지방내의 권력분립 보장하도록 함.

- 지방 의회 또한 입법기관의 구성형태와 집행기관의 구성형태를 지방에 따라 다양하게 정할 수 있도록 개방적으로 규정함. 특히, 주민의 의사결정을 지방의회로 하여금 할지, 개방적 상태

에서 주민 누구나 참여할 수 있는 주민총회 등의 방식으로 할지 등을 주민 스스로 결정할 수 있도록 헌법으로 열어둠.
- (소수의견) '지방의회는 지방자치단체 관할구역 안에 둔다.' '지방의회의 조직 · 권한 · 의원선거에 관한 사항은 조례로 정한다.'로 문구 수정하자는 의견 있음(김기호).

□ 지방정부 스스로 그 필요 조직, 권한, 선임방법 등을 구성을 할 수 있도록 하는 이른바 '자치조직권'을 확대함으로써, 지방마다 그 특수성과 수요에 따라 다양한 조직 형태를 실현할 수 있도록 함.
- 지방정부가 전국적으로 획일적으로 구성되고 규율되는 경직성을 탈피하여, 지방의 주민 수요나 자치 철학에 따라 다양한 조직 운영을 가능하게 함으로써, 지방정부 저마다의 조직 발전과 성과 향상을 기할 수 있는 기회를 제공하는 등, 아래로부터의 혁신을 촉진함.
- (소수의견) '지방자치단체의 기관구성, 기능과 사무범위, 조직, 운영에 관한 사항은 조례로 정한다.'로 문구 수정하자는 의견 있음(김기호).

(3) 제안 논거

□ 외국의 입법례
- 스위스 헌법 제47조: ② 연방은 칸톤에게 충분한 고유사무를 남겨두어야 하며 칸톤의 조직 자율성을 존중하여야 한다.
- 이탈리아 헌법 제123조: 각 지역은 헌법에 합치되는 범위안에서 지역의 정부형태와 조직에 관한 기본원칙과 기능방법에 관한 규정을 하는 헌법(statuto)을 가진다.

6. (현행) 제40조

(1) 주요내용

□ 현행 헌법 제40조에서, 입법권을 국회가 전속하는 것이 아니라, 국민이 직접 행사하거나 지방의회와 국회를 통하여 행사할 수 있음을 명시함.

(2) 제안 취지

□ 헌법 제1조 제2항과의 모순 극복.
- 헌법 제40조는 입법권은 국회에 속한다고 규정하고 있는데, 이는 헌법 제1조 제2항과 모순됨.
- 또한 개정안에서는 국민발안제를 도입하고, 지방입법권을 강화하는 내용을 담고 있는 바, 이러한 취지에 부합되지 아니하므로, 개정안과 같이 입법권은 헌법과 법률이 정하는 바에 따라 국민이 직접 행사하는 것을 원칙으로 하고, 부수적으로 지방의회와 국회를 통하여 행사될 수 있음을 명시하는 것이 바람직하다 하겠음(이기우).

(3) 제안 논거

□ 외국입법례
- 이탈리아 헌법: 제1조 최고의 권력은 국민에게 속하며 국민은 이를 헌법이 규정하는 형식과 한계내에서 행사한다.
- 프랑스 헌법 제3조: 국가주권은 국민에게 있으며, 국민은 대표자나 국민표결을 통해서 국가주권을 행사한다.
- 러시아 헌법 제3조 제2항: 국민은 자신의 권력을 직접 행사하거나 국가권력기관과 지방자치기관을 통해 행사한다."

- 스위스 헌법 제148조 제1항: ① 연방의회는 국민과 칸톤의 권리 유보하에 연방에서 최고 권력을 행사한다.

7. (제3장 국회) 양원제 도입 관련

(1) 주요내용

□ 양원제 도입 관련 분과 의견

- 양원제의 도입과 관련하여서는, 단원제 국회의 문제점을 보완하는 차원에서 이를 적극 도입해 보자는 찬성의견과, 대의기구의 과잉(옥상옥)이라는 반대의견이 있었으며, 현행 단원제 국회에서 지방분권시대에 부합하는 지역대표성을 살릴 수 있는 방향으로 절충점을 찾아보자는 의견 등 다양한 견해들이 전개되었음.
- 다만, 지방분권분과는 지역대표형 등 지방자치라는 시대정신을 뒷받침하는 양원제에 대해 긍정적 접근이 필요하다고 보아지나, 이에 대해서는 좀 더 충분한 숙의 기간을 갖고, 생산적이고 효율적인 국회 규모와 운영 구조에 대해 충분한 검토와 국민이 공감할만한 공론화 과정을 거쳐 결정될 필요가 있다는 의견을 제시하기로 함.

8. (신설)

(1) 주요내용

□ 개헌안 제41조 제1항을 신설하고, 모든 국민은 국민발안, 국민투표, 국민소환의 권리를 행사할 수 있음을 명시함.

□ 개헌안 제41조 제2항 등을 신설하고, 국민의 법률안 발의 근거를 마련하고, 이의 의결 절차를 명시함.

□ 개헌안 제41조 제5항을 신설하고, 문제가 있는 국회의원을 소환할 수 있는 근거를 마련함. 또한 이의 투표 절차를 명시함.

(2) 제안 취지

□ 대의제의 한계를 시정하고, 주권자인 국민이 좀 더 직접적이고 능동적으로 국정에 참여할 수 있도록 하는 장치로서 국민발안, 국민투표, 국민소환제를 도입하고 이를 국민의 정치적 기본권으로 보장하고자 함.

- 국민주권을 실질화 하고 국회의 결정에 제동장치를 설치함으로써 국회의 신뢰를 회복할 수 있도록 하고자 함.
- 직접민주주의는 대의제도를 대체하고자 하는 것이 아니라 대의제의 결함을 보완하고 대의기관의 의사결정이 국민다수의 의사와 일치하지 않는 경우에 국민의 의사에 부합하도록 함으로써 대의제도가 민주적으로 작동할 수 있도록 하고자 함.
- 또한 투표의 결과를 지체 없이 공개하게 하여 투명성을 높임.

□ 직접민주주의에 대한 국민적 요구가 나날이 확장되고 있음을 고려하여, 국민발안 제도를 헌법적으로 전격 도입함이 바람직하며, 이에 따라 국민발안 제도 시행을 위한 최소요건을 헌법에 규정하고, 세부적인 내용은 법률에 위임하도록 함.

□ 국민투표의 기본적인 요건을 헌법에 규정하고 세부적인 절차는 법률에 위임함.

– 이번 개정안은 국회의원 소환 제도를 도입하는 것으로 하고, 대통령과 그 밖의 공무원은 탄핵 제도가 있으므로 이번 개정안에서는 소환대상에서 제외하자는 의견 있음(이기우).
– (소수의견) '모든 국민은 법률이 정하는 바에 의하여 국민발안권, 국민소환권, 국민투표권을 가진다'로 제안하자는 의견 있음(김기호).

(3) 제안 논거

□ 외국입법례

– 스위스 헌법 제136조 제2항: 모든 스위스 국민은 하원의원선거와 연방의 투표에 참여할 수 있고, 연방안건에 대한 국민발안과 국민투표를 하고 서명할 수 있다.

제138조 연방헌법의 전면개정에 관한 국민발안

① 100,000명의 유권자는 국민발안 공표 후 18개월 이내에 연방헌법의 전면개정을 발안할 수 있다.

② 이 발안은 국민투표에 회부되어야 한다.

제139조 연방헌법의 부분개정에 관한 국민발안

① 100,000명의 유권자는 국민발안 공표 후 18개월 이내에 연방헌법의 부분개정을 발안할 수 있다.

② 연방헌법의 부분개정에 대한 발안은 일반적인 발의형식이나 완성된 형식의 초안형식으로 할 수 있다.

③ 국민발안이 형식의 통일성, 대상의 통일성, 국제법의 강행규정에 반하는 경우에 연방의회는 그 전부 혹은 일부에 대한 무효를 선언한다.

④ 연방의회가 일반적 발의형식의 국민발안에 동의하는 경우에는 발안내용에 따른 부분개정안을 작성해서 국민과 칸톤의 투표에 회부하여야 한다. 연방의회가 국민발안을 거부하는 경우에는 그것을 국민투표에 부쳐야 한다. 국민은 발안을 수용할 것인지 여부를 결정한다. 국민이 찬성하는 경우에 연방의회는 상응하는 개정안을 작성해야 한다.

⑤ 완성된 초안형식의 국민발안은 국민과 칸톤의 투표에 회부된다. 연방의회는 국민발안에 대해 동의 혹은 거부할 것을 권고한다. 연방의회는 국민발안에 대한 대안을 제안할 수 있다.

139 a조 (삭제)

139 b조 국민발안과 대안에 대한 절차

① 투표권자는 국민발안과 그 대안에 대해서 동시에 투표를 한다.

② 투표권자는 양자에 대해서 모두 찬성할 수 있다. 양자를 찬성하는 경우에 투표권자는 보충질문에서 어느 안을 더 선호하는 지를 표시할 수 있다.

③ 통과된 헌법개정안 중에서 보충질문에서 하나의 헌법개정안이 국민다수를 차지하고 다른 하나는 칸톤다수를 차지한 경우에는 결선질문에서 국민다수의 비율과 칸톤다수의 비율이 높은 헌법개정안이 효력을 갖는다.

제140조 필요적 국민투표

① 다음 각 호의 사항은 국민과 칸톤의 투표를 요한다.

a. 헌법개정

b. 집단안전보장조직이나 초국가적 공동체의 가입

c. 헌법상 근거를 갖지 않고 1년 이상 효력을 갖는 긴급연방법률. 이 법률은 연방의회에 의하여

승인된 후 1년 이내에 국민투표에 회부되어야 한다.

② 다음 사항에 대해서는 국민투표를 요한다.

a. 연방헌법의 전면개정 국민발안

b. 연방의회에서 부결된 일반발의형식의 헌법 일부개정안에 대한 국민발안

c. 헌법일부개정안의 집행에 대한 상하원의 의견이 상반되는 경우

제141조 임의적 국민투표

① 다음 각 호의 사항에 대해서 공포후 100일 이내에 50,000명이상의 유권자 또는 8개 이상의 칸톤이 요구하는 경우에 국민투표를 실시한다.

a. 연방법률

b. 유효기간이 1년이 넘는 긴급연방법률

c. 헌법이나 연방법률이 규정하는 연방결정

d. 국제법상의 조약으로

1. 무기한의 해지불가능한 조약

2. 국제기구에 가입하는 조약

3. 중요한 입법규정을 포함하거나 그 집행에 연방법률의 제정을 요하는 조약

② (삭제)

제141a조 국제법상의 조약의 전환

① 국제법상의 조약의 비준에 관한 결정이 필요적 국민투표사항이면 연방의회는 조약의 시행에 필요한 헌법개정을 비준결정에 포함할 수 있다.

② 국제법상의 조약의 비준에 관한 결정이 임의적 국민투표사항이면 연방의회는 조약의 시행에 필요한 법률개정을 비준결정에 포함할 수 있다.

9. (현행) 제72조

(1) 주요내용

□ 삭제

(2) 제안 취지

□ 대통령의 국민투표 회부는 이른바 '플레비시트'로서 국회를 배제하는 등 남용될 우려가 있으므로 삭제하는 것이 바람직함. 유신 헌법 이전에는 국민들이 국회결정에 대해 국민투표를 청구할 수 있도록 한 것을 대통령 발의로 바꾼 것임. 독일의 히틀러나 프랑스의 나폴레옹이나 드골과 같이 국민투표가 포퓰리즘에 의거하여 정권의 정통성과 권력연장을 위한 도구로 전락할 우려가 있음.

□ (소수의견) 대통령의 국민투표부의권은 행정권의 수반으로서 입법부와 사법부에 대한 견제기능을 가지고 있을 뿐만 아니라 주요한 국가정책 수행여부에 관한 국민의 신임을 묻는 취지를 가지고 있으며 남용을 우려하는 것은 과도한 것으로서 현행 헌법 제72조는 존치하는 것이 타당하다는 의견도 있음(김기호).

Ⅳ. 미국 Municipality와 Township을 참고하며

전술한 바와 같이 미국의 Municipality는 주헌법에 의해 창설되기 때문에 지방정부 가운데 주로부터의 독립성과 자율성이 가장 강한 유형이다.

일반적으로 Municipality를 우리의 시, 군, 구에 비교하는데, 이는 잘못된 것이다. New York을 비롯한 대도시들은 Municipality이면서도 County이기 때문이다. Municipality야 말로 미국 지방정부의 전형(typical form)이다. 그러므로 주민의 일상생활과 직결되는 종합행정을 담당하고 수행한다. 미국 내에서도 평면적으로는 County 밑에 Municipality가 있는 것처럼 보이지만, 양자는 결코 직할관계나 상하의 수직적 대응관계가 아님을 명심해야 하고, Municipality의 의회(Council)가 주민투표로 인해 구성되며, 대부분의 지역에서는 정당배제(non-partisan) 방식으로 투표가 실시된다는 점도 우리는 기억해야만 한다. 이 Municipality의 개념에서 힌트를 얻은 것처럼 한국헌법학회 헌법개정연구위원회는 드디어 미국법상 statute(제정법)개념을 도입하여 '중앙정부의 법률과 지방정부의 법률'[45] 개념으로 가닥을 잡은 것 같아 다행스럽다.

또한 그보다 행정범위가 작지만, Township은 Municipality와 유사한 종합 행정기능을 수행하는 지방정부이다. 형식적으로 규모는 작지만, Township은 Municipality와 비교하여 큰 특징을 지닌다. Municipality는 주민이 합의를 해야 주헌법(State Constitution)에 의해 창설이 가능하지만, Township은 주민의 의사와 상관없이 주헌법에 의해 창설이 가능하기 때문이다.

또한 Township은 '주민총회'(Township Meeting)라는 직접민주주의 제도를 가지고 있다. 주민총회는 지역의 유권자들이 다함께 모여 중요한 의사결정을 하는 시스템을 말한다. 즉, 지방정부에 직접민주주의 요소를 가미한 것이다. 우리나라도 현행 지방자치법상 주민투표제도를 시행하고는 있지만, 본격적으로 직접민주주의 요소를 가미했다고 보기에는 어려움이 있다. 이번 한국헌법학회 헌법개정연구위원회 지방분권분과 개정안에서도 미국의 Township을 참고하여, 개정안 제120조 [제1항"지방정부에는 지방의회 또는 주민총회(Township Meeting) 등 입법기관과 집행기관을 둔다." 제2항 "지방정부의 입법기관과 집행기관의 구성과 운영에 관한 사항은 지방정부의 법률로 정한다."]를 두고 있는 점은 고무적인 사실이다. 하지만 주민총회의 특성상 직접민주주의 요소인 "주민발안, 주민투표, 주민소환"을 개정안 제170조 제1항에서 제120조로 이전하는 것이 필요하다고 본다.[46]

---

45) 조례라는 용어는 고종 3년에 제정된 행정법전인 六典條例에서 따온 것이다, 행정법상 법규명령을 뜻하고 있으므로 지방의회의 제정법을 뜻하는 용어로 사용되기에는 원래 부적합한 것이었다.

Ⅴ. 결 어

현재 대통령이 발의한 헌법개정안이 탄생되기 전인, 2017년 10월 27일 행정안전부는 현 정부 5년간 지방분권을 추진하는데 지침이 되는 「자치분권 로드맵(안)」을 발표한 적이 있었다.

이 로드맵에 의하면, 중앙권한의 획기적 지방이양, 강력한 재정분권 추진, 자치단체의 자치역량 제고, 풀뿌리 주민자치 강화, 네트워크형 지방 행정체제 구축 등이 기본방침이 되고, 세부 방안은 지방분권국가 선언, 자치입법권 확대, 자치단체의 사무범위 확대, 과세자주권 확대, 재정조정제도 신설, 제2국무회의 신설, 지방정부의 명칭 변경 등이었다.[47]

이 중에서 가장 눈에 띄는 것이 바로 지방정부의 과세자주권 확대라는 방안이다. 미국의 지방정부가 강한 이유는 이론적으로 '연방주의'에 근거하기 때문에 그러한 점도 있지만, 실질적으로는 우리나라에 비해 재정자립도가 강하기 때문이다.[48] 특히 현재 미국 지방정부의 조세수입이 재산과세뿐만 아니라 소비과세와 소득과세까지 확장되어 있는 점[49]은 우리에게 시사하는 바가 매우 크다고 하겠다.

---

46) 한국헌법학회 헌법개정연구회 지방분권 분과위 안 제117조 제1항 2문에서 규정하고 있지만, 지방의회가 다 행사하는 것이 아니라 군 단위 소규모 지방정부(주민총회)에서만 행사하는 것이 타당하다고 본다.

47) 김광수, "제주특별자치도 성과와 지방분권국가의 실현 및 헌법개정 세미나 토론문"(프로시딩: 한국헌법학회 제113회 정기학술대회), 31면 참조.

48) 참고적으로 현재 미국 Municipality의 재정자립도는 평균 71%이다.

49) 임성일, 앞의 책, 197면.

7. 中国历史上第一部成文国籍法*

严 海 玉**

Ⅰ. 序　　言

国籍是一个自然人与某个国家具有法律关系的重要标志。国籍法是一个国家调整和规范本国国籍问题的法律、是确认本国国民或公民的法律依据。国籍法的制定和公民国籍的确定属于一国内部事务、然而、随着各国间国际交往的日益频繁、一旦处理不好移民所导致的国籍问题会引起国际上的法律纠纷、更严重的是会引发军事争端。因此、国际社会将国籍问题、尤其是移民导致的国籍问题视为较敏感的问题、采取相应而有效的措施。例如: 20世纪初、朝鲜移民问题所引发的"间岛问题"从中朝两国的外交事件发展成中日焦点之一。此时、朝鲜族的前身朝鲜移民的越境以及"间岛"的出现、影响了中国第一部不成文国籍法－－"剃发易服、归化人籍"的形成和实施。朝鲜移民的国籍问题以及日本挑起的"间岛问题"、影响了中国的第一部成文国籍法－－《大清国籍条例》的制定和颁布。到20世纪初、面临朝鲜移民问题、"间岛问题"的严峻局势和东南亚的华侨问题以及《万国公法》、对中国走进近代国际法体系、制定和颁布国籍法、处理朝鲜移民的国籍问题产生了深远的影响。1909年清政府制定和颁布了《大清国籍条例》。《大清国籍条例》的制定和颁布不仅结束了清政府对朝鲜移民实施过的不成文国籍法的历史使命、而且开创了成文国籍法的序幕、是近代中国法制史上的创举。

Ⅱ. 制定《大清国籍条例》的历史背景

1. 朝鲜移民管辖权和"间岛"归属问题

清入关之初、曾一度实行辽东招垦政策、鼓励汉人进入辽东地区垦荒。但是、不久之后、清政府出于维护满族统治的根据地、独占东北特产资源、实施民族隔离分治等目的、开始在东北实行封禁政策。1) 当时、清政府实行的"封禁政策"和朝鲜政府实行的"锁国政策"、朝鲜流民进入东北地区受到极大的限制。朝鲜王朝到了哲宗时期、社会秩序非常混乱。19世纪60-70年代在朝鲜北关一带相继发生的三次大自然灾害、使朝鲜北部富宁等10邑全部被水淹

---

* 이 학술논문은 중국<中央民族大学学报> 제37권 제4기(2010년)에 게재된 논문을 보완한 것이다.

** 엄해옥, 중국 연변대학교 법학원 부교수

1) 衣保中、房国凤: 论清政府对延边朝鲜族移民政策的演变.东北亚论坛、2005年 第6期 第89页。

没、生灵涂炭、饥民丛生。当时、中国的鸭绿江、图们江流域长期地广人稀、因而、尚有大量未开垦的荒地、丙江水浅、冬季封江、容易逾越。饥寒交迫的朝鲜灾民置当时清政府实行的"封禁政策"和朝鲜政府实行的"锁国政策"于不顾、冒禁涌入中国的东北地区。朝鲜流民(朝鲜移民－－本文作者注)的非法潜入已成为不可阻挡之势、形成了移民高潮。1875年(光绪元年)、清政府颁布《盛京东边间旷地带开垦条例》、废除对鸭绿江北东边地区长达240余年的封禁。[2)]从1890年开始、清政府落实了对朝鲜移民的"剃发易服"、"领照纳租"的入籍政策。[3)] 之后、清政府对朝鲜移民实施的是"剃发易服、归化入籍[4)]"政策、在实施过程中成为处理朝鲜移民国籍问题的习惯法、最后自然成为中国的第一部不成文国籍法。

1894年、中日甲午战争爆发、庞大而虚弱的"大清帝国"被日本打败。1895年4月17日、清政府和日本签署的丧权辱国的《马关条约》是外国侵略者强加给中国的最苛刻的不平等条约、它使日本获得巨大的利益、使清政府失去了对朝鲜的传统的封建宗主国地位。朝鲜则脱离与中国的宗藩关系、于1897年成立了大韩帝国。但是、日本为了实现大陆政策、首先推行了"征韩论"。结果、1905年11月、日本强迫朝鲜签订《乙巳保护条约》、剥夺了朝鲜的外交权、同时宣布朝鲜为其保护国、朝鲜半岛的朝鲜人以及在东北的朝鲜移民均由日本来保护。这一时期又出现了移民高潮。

19世纪后半期、朝鲜移民集中生活在位于中国东北图们江以北的"间岛"(现吉林省延边地区)地区。"间岛"一词本中国所无、实系出自清末越界朝鲜移民之口、称为"垦土"或"垦岛"、音转为"间岛"。日本非常重视"间岛"地区。因为"间岛"地区是是资源宝库、交通枢纽和军事要地、是从朝鲜进入中国东北地区的一条捷径。19世纪80年代、日本"大陆政策"正式形成、对邻国的外交政策已转向以军事手段为主、其野心膨胀为侵略中国企图灭亡中国、吞并亚洲、进而征服世界。日本认为大陆是日本的生命线、一直把旅大当作"正门"、把"间岛"当作"后门。"他们不加掩饰地说"经过大连和安东(今丹东)进入满洲、通过奉天(今沈阳)不可、这就必然惹起中国人的注意、会有莫大的阻力。而由延吉道进入、就可免前项不利因素"。"从朝鲜清津起铺设铁路、经过延吉直达吉林、就可以大大缩短与日本的距离。因之、"间岛"是获得这一效果的重要立脚点之一。"[5)] 早已把"间岛"视为实施"大陆政策"、侵占中国东北大陆的桥头堡的日本、到1907年、以"间岛问题未解决"、"保护间岛朝鲜移民的生命、财产"为借口、在龙井村非法设立了"统监府间岛临时派出所"、企图控制和统治朝鲜移民、建立新的侵略基地。

通过1905年签订的《乙巳保护条约》剥夺朝鲜外交权的日本以朝鲜移民的保护者身份又

---

2) 姜龙范：近代中朝日三国对间岛朝鲜人的政策研究.黑龙江朝鲜民族出版社、2000年 第42页。

3) 衣保中、房国凤：论清政府对延边朝鲜族移民政策的演变.东北亚论坛、2005年 第6期 第90页。

4) 朝鲜移民穿满族服装、是作为入籍标记、作为领照的前提条件。

5)《日本外交文书》第49卷、《间岛之由来》第11、"在韩国国防上看间岛之价值"。转引自孙春日：清末中朝日"间岛问题"交涉之原委 中国边疆史地研究 2002年 第4期 第54 55页。

开始介入"间岛问题"、使朝鲜移民问题更为复杂化。自1907年日本帝国主义设立所谓的"统监府间岛临时派出所"以来、围绕着日本挑起的"间岛问题"、中日两国进行了长达三年的交涉。在清政府的授意下、时任东三省总督的徐世昌、吉林边务公署帮办吴禄贞在解决图们江是否中朝两国界河、图们江北岸是否中国领土、中国境内朝鲜移民"保护权"等问题上、"百端规画、广收证据"、"讲习边情、究公法"。[6] 19世纪中期开始、随着《万国公法》的翻译和传播、中国国内的一些有识之士对于在西方广泛流行的国际法已经有了较深刻的认识。

2.《万国公法》的引进和传播

《万国公法》是中国历史上第一部翻译出版的西方国际法原理的著作。《万国公法》是美国著名国籍法学家、律师、外交家亨利・惠顿(Henry Wheaton、1785-1848)于1836年出版的《国际法原理》的译著名称。该书译者是美国传教士丁韪良、1864年冬在总理各国事务衙门资助下、由丁韪良创办的教会学校崇实馆刊印发行。

亨利・惠顿在《万国公法》一书中提出了国际法的三个基本原则:

第一、尊重各国主权原则。《万国公法》在前三卷中、用较多的篇幅、详细说明了各国所享有的独立自主的权利。

第二、国与国之间平等往来原则。该书指出、从尊重国家主权原则推衍开来、各个国家不分大小均应享有平等交往之权。

第三、遵守国际公约和双边条约原则。在国与国之间进行交往时、两国之间或多国之间往往会签订一些公约或条约。为了维持国际社会秩序和稳定、各个缔约国严格遵守这些公约或条约。[7]

国家主权是指独立国家具有的统治权、即对本国成员、领土、领海和在其之上的各种资源的支配权、以及在对外事务中不受他国干涉的独立行使权。封建统治时期、中国既没有"主权"观念、也没有"国籍"意识、自认为中国是世界的中心、其统治权的对外表现形式为帝权和皇权。当时、中国和周边国家之间的外交关系通常被称为朝贡关系。如果周边国家向中国派遣使节并进献贡品、中国就承认该国国王的权位、并回赠礼品。之后、中国对其他国家的内政和外交不再进行特别的干涉。[8] 另外、在中国的国籍理论形成之前、中国统治者将具有中国血统的人视为中国臣民、其臣民在国籍法上没有独立的地位。一个人不论出生在国内还是国外、只要其父母具有中国血统、就被认为是中国人。不具有中国血统的人在中国的所生子女被视为外国人。

6) 徐世昌: 东三省政略: 边务四(廷吉篇、纪交涉、纪工程). 长春: 吉林文史出版社、1989年。转引自衣保中、刘洁: "间岛问题"的历史真相及中日交涉的历史经验.史学月刊、2005年 第7期 第73页。
7) 何勤华:《万国公法》与清末国际法.法学研究、2001年 第5期 第14-21页。
8)《东亚三国的近现代史》共同编写委员会: 东亚三国的近现代史。社会科学文献出版社、2005年 第2页。

至1863年《万国公法》的翻译出版前夕、中国与西方列强签订的不平等条约已达24个、从这些条约中获得各种特权的国家有比利时、丹麦、法国、英国、挪威、德国、葡萄牙、荷兰、俄国、瑞典、美国十一个国家、他们通过不平等条约所攫取的各种特权包括领事裁判权、固定的低关税、租界和租借地、使馆区和使馆卫队、驻军、警察、外国人管理海关和邮政、航行、免除直接税、偿付赔款、筑铁路和采矿、发行货币、传教、兴办独立的教育机构等。[9]《万国公法》传达的西方国际社会规范在一定程度上冲击了当时落后、无能的中国社会。首先、它使长期实行封建制的中国开始认识近代国际社会、改变了中国固有的、传统的世界秩序观、树立了任何一个国家都只是世界的一个组成部分的新型世界秩序观。其次、它使中国人开始了解西方世界和西方的宪政观念、懂得诸如民主、平等、自由、权利、法治、选举等政治观念和法律制度、从而开阔了人们的视野。再次、使中国官员系统地接触到当时西方的国际法规则、为处理国际关系提供了依据、并且提高了他们处理外交事务的能力。[10]

《万国公法》的翻译出版、对近代中国来说无疑是一个非常重大的事件。西方国际法的传入表明了近代中国对国际公法的意识和适应力、接纳力、不仅改变了中国的传统世界秩序观、也增强了中国近代国家的主权意识和人权意识、加快了创建中国成文国籍法的制定的步伐。

3. 东南亚华侨的国籍问题

东南沿海地区是中国人移居海外最早的地区、也是海外华侨最多的地区。"华侨"是持有中国国籍并居住在海外的中国人。东南亚华侨的出身地主要是中国现在的福建省、广东省、海南省等东南沿海地区。从自然条件来看、中国东南沿海地区属于亚热带地区、东南亚地区属于热带地区、两个地区作为近邻、气候上差别不大、东南沿海地区的人很容易适应东南亚环境。在自然资源上、东南亚地区土地肥沃、林、渔、矿资源都很丰富、是世界上最大的热带原料供应地。在满清刚入主中原时、为了防堵东南沿海郑成功势力的袭扰、便开始实行海禁政策。顺治13年(1656年)6月、以皇帝名义发布了《申严海禁敕谕》。[11]

19世纪初、欧洲开始进入了废除奴隶制的过渡期。鸦片战争后、西方列强的侵略和频繁的战乱使中国国内出现了庞大的剩余劳动力。与此同时、为了牟取暴利、为了补充新的劳动力、荷兰和英国等殖民地国家把目光转向了人口众多的福建省、广东省等东南沿海地区、进行苦力贸易。对此、1873年的《中国评论》指出、英国、葡萄牙、美国、荷兰、西班牙等自1833年以来作为已废除的奴隶制的替代劳动力选择了华侨。[12] 并由此在东南亚形成了一个庞大的

9) 何勤华:《万国公法》与清末国际法.法学研究、2001年 第5期 第5页。
10) 中国官员妥当处理的普丹大沽口船舶事件。
11) 敕谕沿海督抚镇申严禁海事.郑成功档案史料选辑 第169页。转引自黄君景: 钦州师专钦州教院学报、1997年 第1期 第51页。
12) [韩] 李惠薰: 东南亚华侨的资本积累过程.南洋资料译丛、2004年 第1期 第77页。

移民形态的奴隶劳工群体、即华工群体。这些华工群体逐渐发展成为东南亚的华侨社会。

华工出洋后、到东南亚各地从事最繁重的劳动、并受到极不平等的待遇、处境非常悲惨、不论是工人还是商人都渴望祖国给予保护。但是、中国政府对华侨不闻不问甚至采取了放弃管辖权和保护权的态度。经过华侨的辛勤劳动和艰难的创业历程、部分华侨社会的经济实力逐渐壮大。从华侨资本的形成、发展与变化来看、东南亚部分华侨是通过小贩、小商、中介商以及承包税收等途径、逐步积累了资本、最后、华侨社会中出现了经济实力雄厚而强大的资产阶级、海外华侨聚居地的东南亚成为清政府的重要海外财源。清政府历经内外战争、军费、赔款耗费繁巨、百计筹思、挖掘财源中发现华侨乃一大财源、意识到失去东南亚华侨势必影响清政府的国库收入和侨资重要性的清政府决定吸收侨资、以弥补国库空虚、采取了以下几个方面的措施。

首先、为吸引华侨在国内进行投资、对华侨经济政策进行了重大调整、废除了沿袭200年的海禁政策。[13]

其次、于l899年开始在厦门设立保商局、次年在广州也设立了保商局。同时、商会在东南亚各地也纷纷成立、到1908年已有巴达维亚(稚加达)商务总会、泗水(苏腊巴亚)商务总会、二宝垄总会、梭罗(苏腊卡尔塔)商会、日惹商会及客厘商会。[14]

再次、对东南亚华侨开始实施全面的保护政策、并采取了在华侨居住国设立领使馆、与有关国家签订双边条约及规定等措施。[15]

一国政府有权通过外交途径保护华侨的正当权益是国际惯例。清政府在华侨的居住国设立领事馆是祖国对其华侨的保护、其身份得到承认、其生命、自由受到祖国法律保护的标志。由此、促进了华侨的民族意识的发展、提高了华侨在国内外的地位、并且加强了华侨对祖国的认同。

为了对东南亚华侨的有效保护、清政府向荷兰提出在荷属东印度设置领事的要求。这引起了荷兰政府对东南亚华侨统治的不安。荷兰为了拒绝清政府设置领事的要求、为谈判设置重重障碍、制造了国籍法问题。荷兰在本国于1892年颁布了以血统为主出生地为辅的国籍法、而在印度尼西亚却于1907年着手搞纯出生地主义的国籍法、规定居留、出生在印度尼西亚的华侨都要加人荷兰籍、妄图以此釜底抽薪、割断华侨与祖国的联系、使清政府在印度尼西亚设置领事的愿望落空。[16] 1908年11月13日、出使荷兰的大臣陆征祥给荷属瓜哇华侨商学会发的一篇剳文。[17] 陆氏剳文对东南亚华侨带来一片恐慌、华侨协会请求清政府、为了保护

---

13) 邱建章: 论晚清政府的华侨经济政策.河南大学学报、2003年 第5期 第18页。

14) 使和钱恂奏和属华侨工商学务情形折.1903年5月9日.陈翰笙主编. 华工出国史料汇编 第一辑 第287页。转引自冀满红: 论晚清政府对东南亚华侨的保护政策.东南亚研究、2006年 第2期 第54页。

15) 冀满红: 论晚清政府对东南亚华侨的保护政策.东南亚研究、2006年 第2期 第52页。

16) 冀满红: 论晚清政府对东南亚华侨的保护政策.东南亚研究、2006年 第2期 第53页。

华侨、在东南亚速设领事馆、速定国籍法。

在朝鲜移民的国籍问题和"间岛问题"被提到议事日程之际、东南亚华侨的正当权益面临严重侵害之前开始、修订法律馆曾拟订出一部未经宪政编查馆核议具奏颁布施行的《中国国籍法草案》、这部草案、当时在社会上曾广为流传、并见诸报章。"[18] 例如：1907年1月10日、《时报》发表了《论今日中国宜定国籍法》一文、指出："环顾吾国、有明明为内国籍人、而我统治权不能及之者。又有既为内国人、而又入外国籍、一遇有事、人将援国籍问题以难我、而我统治权仍不能及之者"。l908年、《东方杂志》亦发表了《论改籍协约为国际最重要之问题》一文、在指出海外华侨中"其志虑忠纯、萦怀故国者、固不乏其人"的同时、也指出："见异思迁、生长其地、因入其籍者、亦所多有。甚至租界居民、一旦犯法、亦求改籍、藉外人之保护、抗本国之法权"[19]

Ⅲ.《大清国籍条例》的制定与颁布

1.《大清国籍条例》与《图们江中韩界务条款》

晚清十年是清政府的国际地位急剧衰退的十年、是空前严重的领土危机的十年。1900年、八国联军(英、美、德、法、俄、日、意、奥)侵入中国的战争、是一次规模巨大、影响深远的战争。1901年、清政府与11个国家签订了不平等条约－－《辛丑条约》。[20]《辛丑条约》是中国近代史上赔款数目最庞大、主权丧失最严重、精神屈辱最大的条约、是中华民族空前的劫难、是对中国空前的大规模勒索。相反、包括日本的11个列强通过本条约、在中国攫取到政治、经济、军事等各个方面的权益。1904年到1905间年、日本与俄国在中国东北的领土上进

17) 1908年11月13日、出使荷兰的大臣陆征祥给荷属瓜哇华侨商学会发来一篇劄文、内云："近闻彼国会中欲定新律、拟将南洋各侨久居彼岛不归本国者、分别收入殖民地籍。此虽不专指华侨而言、而我侨实据多数、即与我有密切联系。我国宪政编查馆暨修律大臣正在商订国籍法、谅不日必可颁行、将来必晓示办法、" 等等。陆氏劄文在南洋华侨中带来一片恐慌。爪哇、泗水、三宝垄、日惹等地华侨商会学会代表遂齐集泗水商会、邀请清政府派驻荷兰参赞王广圻、爪哇全岛视学员汪凤翔等、于12月初8、初9两日、召开特别大会、商讨对策、并一致决定：抵制荷兰强逼华侨加入荷属殖民地籍。主要从两个方面着手工作：1．电禀清政府农工商部及外务部等、请求在南洋速设领事、速颁国籍法、国籍法应采血统主义、确认华侨中国国籍、以保护海外华侨权益。电文历述华侨处境之卑苦、荷人用意之惨毒、并力陈国籍法采取血统主义大有利于国家和华侨。2．决议十条对付办法、主要内容为：将加入荷属殖民地籍的利害关系向华侨大众广为宣传；制定国籍调查表、调查南洋华侨国籍；将会议情况通知各地商会、学堂、报馆、请求联合协助、广泛宣传等。会议还制定了几个临时和平办理办法。上海、广州、厦门商会、接获泗水华侨商会的电文后、都极力支持。上海商务总会除向清政府农工商部、外务部拍发电文外、还向农工商部上长篇禀文、请求清王朝支持保护华侨、速设领事、速定国籍法。(李贵连：晚清《国籍法》与《国籍条例》.法学研究、1990年 第5期 第78页)。

18) 李贵连：晚清《国籍法》与《国籍条例》.法学研究、1990年 第5期 第77页。

19) 张静、尹朝晖：晚清国籍法之由来及影响探析.柳州师专学报、2002年 第3期 第95页。

20) 条约规定：清政府向各国赔偿白银4．5亿两；北京设使馆界；拆毁大沽炮台、外国有权在北京到山海关铁路沿线驻军；设立外务部等。条约中涉及到的在北京设立的"使馆界"、实际上是"国中之国"、是帝国主义策划侵略中国的大本营。设外务部的规定、便于清政府能够按照外国侵略者的意旨实行卖国的外交政策。

行的一场大规模的战争是日俄两国为争夺朝鲜半岛和中国东北地区的战争。日俄战争的陆上战场是清朝领土的东北地区、而清朝政府却被逼宣布中立、甚至为这场战争专门划出了一块交战区。结果、日俄战争给中国造成了极为沉重的灾难、给中国人的生命财产的损失无法计算、而日本利用在东北亚取得的军事优势、以《乙巳保护条约》为借口、开始了对"间岛"的侵略活动。

"间岛"是一个非常重要的地区。日本认为: 拥有"间岛"意味着获得向中国发展的一个重要跳板、争取"间岛"意味着控制东亚三国的权力之源。1907年2月11日、"间岛派出所筹备事务所"在东京秘密成立。由斋藤季治郎中佐任所长与国际法专家筱田治策(后任命为间岛派出所的总务科长)携手主持间岛派出所的组建事宜。[21] 伊藤统监命令统监府派出所员及宪兵务必于8月6日为止在会宁秘密集合。[22]

1907年8月19日、根据朝鲜统监伊藤博文的指令、正在朝鲜会宁待命的斋藤季治郎等61名宪警及特工人员、公然越过图们江开赴延吉道龙井村(六道沟)。1907年(明治四十年)8月23日、日本以"保护朝鲜人生命财产"为名、派兵进驻龙井村、设立了"统监府间岛派出所"。

"统监府间岛派出所"发出五条训令:

第一、"间岛"为韩国之领土。

第二、韩民(朝鲜移民－本文作者注)不可服清国之裁判。

第三、清国官宪所征一切租税、派出所皆不承认、视为清国官宪压迫而韩民不得已缴纳者。

第四、清国官宪所发布之一切法令、亦非派出所能承认。

第五、对于清国官宪所命之都乡约乡约[23]等予以与韩民相同之看待。

同日、日本驻华代理公使阿部守太郎照会中国外交部: "'间岛'为中国领土、抑为韩国领土、久未解决。该处韩民十万余、受马贼及无赖凌辱－－现韩国对外关系及保护韩之责既归日本－－日本政府受韩国之恳请、自不能默然之不理、拟即由统监派员至'间岛'、专以保护韩民为事---请速电该处华官、免生误会"。在这里、日本第一次公开表明了派兵进驻"间岛"的政治意图。[24] 由此、"间岛"交涉揭开了序幕。1908年4月10日、派出所正式发布官制、将"统监府间岛派出所"改称为"统监府临时间岛派出所"、从此、派出所名副其实地成为日本政府在中国领土内设立的"帝国官衙"。

在朝鲜移民的管辖权和"间岛"的归属权问题而引发的国家的主权和东南亚华侨的国籍问题所导致的民族的权益面临严重侵害之际、为了维护国家的主权和人权、1909年清政府采取

---

21) 姜龙范: 近代中朝日三国对间岛朝鲜人的政策研究.黑龙江朝鲜民族出版社、2000年 第91页。
22) 篠田治策: 白頭山定界碑.楽浪書院、昭和十三年: 第294页。
23) 都乡约乡约是当时的行政单位。
24) 姜龙范: 近代中朝日三国对间岛朝鲜人的政策研究.黑龙江朝鲜民族出版社、2000年 第93页。

了两种举措。

(1) 制定和颁布《大清国籍条例》

1909年2月7日、清政府制定和颁布了近代中国历史上第一部成文国籍法－《大清国籍条例》。本条例的制定先由修订法律馆拟定一部《国籍法草案》、经与外务部会商、将此草案修改成为《大清国籍条例》、共同奏进、最后经宪政编查核议奏准颁行。[25] 起草并制定《大清国籍条例》时、清政府参照了各国的国籍法。1908年正月26日、修订法律馆向清朝廷陈述自光绪33年法律馆开馆以来已办事宜的奏疏和清单中、却开列"拟订国籍条例会同外务部办理"一项。同时、还开列以下翻译项目：译英国、美国、德国、奥国、法国、西班牙、罗马尼亚、葡萄牙诸国国籍法、译各国入籍异同考、比较归化法、以及义(意)大利民法关于国籍各条、共十一种之多。[26]

《大清国籍条例》共分固有籍、入籍、出籍、复籍、附条五章、共计24条。《大清国籍条例》对外国人的入籍主要有以下几个方面的限制性规定：在中国持续居留已达10年以上；有相当的财产或艺能、能以此自立；入籍后能放弃本国的国籍等。

1910年、清政府以20世纪初期进入东北的无财产、无艺能的破产农民为对象颁布了《大清国籍条例实施细则》。作为该条例的实施细则、吉林东南路兵备道又制定了有关图们江以北朝鲜悬民入籍的《限制细则》、《取缔细则》和《入籍细则》等、[27] 对朝鲜移民加入中国国籍作了具体的规定。《大清国籍条例实施细则》共二十条、《限制细则》共六项内容、《取缔细则》共四项内容、《入籍细则》共十项内容。[28] 清政府通过《限制细则》加大了对新迁入的

---

25) 关于国籍法的制定过程和时间、李贵连教授提出了独特的观点：当日《国籍条例》的起草颁布过程大体按如下顺序进行：宣统元年2月8日、清朝廷从农工商部之请、令修订法律大臣会同外务部起草国籍法、因谕旨明令以修订法律大臣为主、故修订法律大臣拟订了《东方杂志》第二期刊出之《中国国籍法草案》(按：很可能在二月八日的谕旨下发以前、修订法律馆即将草案拟订完毕。谕旨下发后、只是确定用《国籍法》还是用《国籍条例》的名称问题。)、咨送外务部。外务部在此草案的基础上、补充修改而成《国籍条例》、然后再咨送修订法律大臣、取得一致意见后、于2月18日(或1、2日)上奏清朝廷。清朝廷将《国籍条例》(《大清国籍条例》本文作者注)发交宪政馆核议、润2月初7日、宪政馆将核定稿上奏、清朝廷下令颁发施行。

26) 李贵连：晚清《国籍法》与《国籍条例》.法学研究、1990年 第5期 第78页。

27) 孙春日：中国朝鲜族移民史 中华书局 2009年 第168页。

28) 《入籍细则》具体规定如下：一、凡自愿入籍者、于寄居年限一款应遵照部准变通办法施行。惟谨查民政部电准通融年期并无定限、兹通饬须寄五年以外者、方予核准。二、凡自愿入籍者、准其具呈取具寄居该地方公正乡民二人保结、并连本人入籍甘结汇报。三、呈结各式遵照国籍条例内后列式样仿刻编号、由道署盖印、分发各属收存、令本人及出结人如法填写画押。四、呈结均刷刻正副两份、以正式一份呈报核咨、副式一份存各该属查考。其各本人原具呈结即粘附副式内。五、凡自愿入籍者、须听其陆续具呈、不必会集多数请求、免外人滋疑致生交涉。六、凡呈请入籍者、须将入籍合格条款于呈结内叙明、务使本人通晓其意。第二款平行端正、第五款应消除本国国籍、尤须注重。七、凡自愿入籍而越境寄居不满五年、其人果品行端正实愿消除本国国籍者、虽于第三条内第二第四等款不能全具、亦准于由各该属地方官先行存记、俟年限期满查无违反事实再行呈请核办。八、凡不合入籍年限之韩民、虽准予存记、仍一面取具地方乡民妥保、不准在境内滋生事端。九、凡准其入籍韩民、俟颁发执照后消除门牌上寄户二字改为新正户、新副户以示区别。十、各属学堂酌量各处地方情形筹款添设附班、无论已否入籍韩民一概令受普通教育、以资变化气质。

朝鲜移民的限制力度、利用《取缔细则》严格限制珲春、汪清两地所居朝鲜移民的土地所有权、而通过《入籍细则》中的具体的规定、采取积极的变通措施、以鼓励朝鲜移民加入中国国籍。

清政府通过《限制细则》和《取缔细则》的制定和颁布、限制了日本以"保护"朝鲜移民为借口所进行的对"间岛"的干涉活动。另一方面、通过《入籍细则》的制定和颁布、清政府把朝鲜移民的入籍程序开始纳入到中国法制的轨道。从此、朝鲜移民得到了在中国的国籍地位和法律地位、以及社会地位的保障。

(2) 签订《图们江中韩界务条款》

1909年9月4日、清政府在北京与日本签订了不平等条约《图们江中韩界务条款》(间岛协约)。"图们江中韩界务条款"的主要内容如下:

第一、完全承认"间岛"为清政府领土、以图们江为国境、在江源地方以界碑为基点、以石乙水为分界线。

第二、开放龙井村、局子街、头道沟、百草沟、允许外人居住及贸易。

第三、在图们江以北开垦的土地上、仍然允许朝鲜移民居住。

第四、居住该地的朝鲜移民须服从清政府法律、归清政府地方官宪管辖与裁判、与清政府人同样履行纳税义务及听候其一切行政处置。

第五、"间岛"内朝鲜移民所有土地房屋、可与清政府人民财产同样受到保护。在图们江沿岸设渡船、双方人民可自由来往。

第六、将来将吉长铁路延长到延吉南境、在朝鲜会宁同朝鲜铁路接轨。

第七、朝鲜总督府及其文武各员于两个月内撤离。同时在上述通商地点开设日本领事馆。[29)]

面对险恶国际环境、清政府为了保住资源丰富、土地肥沃的"间岛"、尤其是为了保住中朝俄三国势力相接触的交通要道和战略要塞、以大量的"东三省权利"为代价、与日本签订的《图们江中韩界务条款》。签订《图们江中韩界务条款》的这一举措挫败了日本对中国的侵略阴谋、最终维护了民族权益和国家的领土完整。《图们江中韩界务条款》签订之后、清政府把入籍与土地所有权紧密联系在一起、劝告朝鲜移民加入中国的国籍、要早日脱离与日本的关系。

中国历史上第一部成文国籍法－《大清国籍条例》的制定和颁布、在我国外交史上均有着十分重要的意义。其中、《限制细则》《取缔细则》和《入籍细则》的颁布对外国人、尤其是对朝鲜人的入籍条件作了具体的规定。通过《图们江中韩界务条款》、清政府以付出巨大的代价为前提、解决了图们江是中朝两国界河、图们江北岸是中国领土、中国境内朝鲜移民的管辖

---

29) 杨昭全 东北朝鲜人革命斗争资料汇编 辽宁民族出版社 1992年60页。

权等问题。终于以法律形式保证了他们在中国的社会地位。总之、《大清国籍条例》和《图们江中韩界务条款》是在中国历史上的二件大事、维护了国家的司法主权、保护朝鲜移民和“间岛”提供了法律依据。

2.《大清国籍条例》采用血统主义原则

世界各国的国籍法中关于国籍的原则规定各不相同、有的采用出生地主义、有的采用血统主义、有的采用混合主义。在赋予国籍问题上、英美法系国家倾向于以出生地主义为主血统主义为辅的原则、而大陆法系国家倾向于以血统主义为主出生地主义为辅的原则。国际法学会在1895年剑桥会议和1896年的威尼斯会议上、即已提出了在较大的范围内承认出生地主义的问题。[30] 从此、出生地主义的国籍立法原则逐渐在近代社会的国籍立法上占据优势地位、成为发展的主流。

《大清国籍条例》第一章、第一条规定:

凡左列人等不论是否生于中国地方均属中国国籍。

第一、生而父为中国人者。

第二、生于父死以后、而父死时为中国人者。

第三、母为中国人、而父无可考或无国籍者。

《大清国籍条例》第二条规定:

若父母均无可考或均无国籍而生于中国地方者、亦属中国国籍、其出生地并无可考而在中国地方发见之弃儿童。

《大清国籍条例》采用的是以血统主义为主出生地主义为辅的原则。朝鲜移民和“间岛问题”、东南亚华侨问题对中国历史上的第一部成文国籍法的制定和颁布都具有十分重要的影响力。但是、《大清国籍条例》采取的血统主义原则、具有与当时占主导地位的英美法系国家的出生地主义国籍立法精神和原则不一致的特点。其主要原因有以下更重要的两个方面原因。

首先、《大清国籍条例》是受中华法系和大陆法系影响而制定的。

一部法律的制定都有自己的立法环境和立法背景。当时、中国是处在中华法系到大陆法系国家的过渡期。中华法系是中国的封建法律和亚洲一些仿效这种法律的国家法律的总称。法制史上的一个概念、是世界上五大法系之一、其他四个法系分别是：大陆法系、英美法系、伊斯兰法系、印度法系、其中印度法系和中华法系已经解体、现存的共三大法系。[31] 中华法系在历史上不但影响了中国古代社会、而且对古代日本、朝鲜的法制也产生了重要影响。

法系的差异必然会影响国籍法原则的规定。但中华法系和大陆法系之间存在诸多相似之

30) 李浩培: 国籍问题的比较研究.商务印书馆、1979年 第47页。

31) http://baike.baidu.com/view/46469.htm

处：二者都重视法典建设、把立法权置于法制体系的中心、崇尚法制统一、法的发展主要受世俗力量的推动、习惯用演绎推理的思维模式操作法律、并由此形成法官主导的司法审判方式。[32] 这种法制上的相似性为中国从中华法系纳入大陆法系框架提供了基础。1908年8月27日清政府制定的《钦定宪法大纲》事实上已靠拢大陆法系。受中华法系和大陆法系影响而制定的《大清国籍条例》采用的是血统主义原则。

其次、《大清国籍条例》也是受大陆法系国家日本影响而制定的。

明治维新以前、属于中华法系国家的日本、主要引进中国的唐律、大明律、实行律令制。通过明治维新、日本摆脱了西方列强的殖民枷锁和沦为半殖民地国家的命运、维护了国家和民族的独立。鸦片战争和"黑船事件"[33]是东西方两大文明的冲突、标志着近代史的开始、是中国和日本历史发展的一个转折点。但是、从洋务运动和明治维新的结果来看、中国却远远地落后于自己的邻国日本。1889年(明治22年)2月11日颁布、1890年(明治23年)11月29日开始实行的《大日本帝国宪法》(明治宪法)是东亚国家第一部成文宪法。《明治宪法》的主要起草者是伊藤博文。伊藤博文1882年去欧洲考察各国宪政、重点考察了大陆法系国家德国的宪法。从中华法系转入到大陆法系的日本、在1899年制定的《日本国籍法》中采取的是当时大陆法系国家普遍采用的父系血统主义原则。

《大清国籍条例》制定过程中、模仿日本国籍法者、故与之大同小异。当着手编订国籍法条文之时、曾译法人(法国人本文作者注)所著《各国入籍法异同考》万余言及日人(日本人－－本文作者注)立作太郎所著《比较归化法》万五千余言、以资参考。其时京师法律学堂有商法及国际私法教习日本法学博士志田钾太郎、兼任法律顾问、拟具《制定国籍法意见书》千余言。[34]

以上可以看出、在政治、经济、法律、文化等领域开始受日本影响的清政府制定的《大清国籍条例》采取的是父系血统主义原则。

Ⅳ. 结　　论

综上所述、国籍对个人和国家都具有重要作用。国籍法是西方文明的产物。法国1791年的宪法和1804年的民法典中都有有关国籍的规定。用单行法规定国籍、创始于1842年12月31日的普鲁士国籍法、在19世纪后期开始逐渐以法典化的方式为其他国家所采用。在近代中国、国籍问题并不是统治者所关注的问题、因此、奉行闭关锁国政策的清朝、不存在近现代意义

32) 徐祥民、陈晨、刘远征、张宏杰：大陆法系与中华法系的相近性.中国海洋大学学报、2005年 第5期 第48页。

33) 1853年和1854年美国海军准将培理柏林柏利两次率舰队武力要劫持挟日本开港通商、德川幕府被迫与之签订了《日美和好条约》和《下田条约》、日本被迫开港。

34) 曾特.中日国籍之冲突.民族.第5卷、1937年 第259页。

上的国籍法概念。伴随着近代以主权、公民和领土为标志的民族国家体系而出现的国籍法的具体内容和基本原则主要以国际、国内状况为基准而制定的。在国家的领土完整和民族的正当权益面临危害之际、清政府制定和颁布的中国第一部成文国籍法－《大清国籍条例》、维护了国家的领土主权和臣民人权、延缓了东北三省殖民地化的步伐、也为中国国籍法的发展前程奠定了良好的基础。

국문초록

20세기 초, 국내외의 이민열조와 국제형세의 변화 그리고 "만국공법"의 영향으로 청정부는 자본주의국가의 근대법률을 모태로 하고 중국의 전통법률을 참조하면서 중국역사상 첫 성문국적법인 "대청국적조례"를 제정하였다. "대청국적조례"의 제정은 중국의 성문국적법사의 발단으로 되었다.

인류의 기본특징이 좋은 생존환경을 찾아 이주하는 것이라 한다면 인류의 국경을 넘는 행위는 국적문제와도 직접적인 연결을 갖는다고 하겠다. 국적법은 내국인과 외국인을 구별하는 유일한 법률기준으로 되면서 자연인이 어느 한 국가의 성원 및 법률신분을 나타낸다. 한 자연인을 내국인과 외국인으로 구분시키는 것은 국적법상 매우 필요한 것으로 알려지고 있다. 왜냐하면 한 자연인이 어느 한 나라의 국적을 갖고 있을 경우 그 나라에서 부여한 권리를 행사하고 또 의무를 이행할 뿐만 아니라 외교보호도 받게 되기 때문이다. 국제사회가 근대에 들어서면서 많은 국가들은 국적법을 제정하기 시작하였다.

청나라 말기 서방국제법의 전파는 중국법학계에 국제법의식을 가져다 주었고 청나라에 주권의식과 인권의식을 심어주었으며 중국국적법의 제정에 법률의거를 만들어 주었다. 1909년, 조선이주민들의 국적문제와 "간도문제" 그리고 동남아화교들의 국적문제가 민감한 문제로 언급되자 청정부는 부계혈통주의를 원칙으로, 중국역사상 제1부 성문국적법인 "대청국적조례"를 제정, 반포하였다. 1910년에는 "대청국적조례실시세칙"을 제정하여 두만강이북에서 생활하는 조선이주민들의 입적에 관한 상세한 규정을 제정하여 조선이주민들이 중국국적을 신청하고 취득하는데 구체적인 법률의거를 제공해 주었다.

한마디로 "대청국적조례"의 제정은 청나라의 영토주권과 청나라 신민들의 인권을 보장해 주었으며 중국동북3성에 대한 일본의 식민지통치를 지연시켰을 뿐만 아니라 나아가서는 중국국적법의 발전에 훌륭한 기초를 마련해 주었다고 해야 할 것이다.

주제어: "대청국적조례", "간도협약", 조선이민, 동남아화교, 만국공법

8. 中国民族自治地方立法变通权研究*

蔡 永 浩**

Ⅰ. 序　　說

中国为了实现各民族的平等、团结和共同繁荣、在少数民族聚居的地方实行了民族区域自治。[1] 民族区域自治是指、在国家统一领导下、各少数民族聚居的地方实行区域自治、设立自治机关、行使自治权。[2]

1941年5月、中国在《陕甘宁边区施政纲领》中首次决定建立民族区域自治地方[3](以下称民族自治地方)、并根据此规定建立了5个回民自治乡和1个蒙民自治区。1949年通过的发挥临时宪法作用的《中国人民政治协商会议共同纲领》正式将民族区域自治制度确定为解决国内民族问题的国家基本政治制度、并于之后通过的1954年《宪法》中再次加以明确。

中国民族区域自治制度历经七十多年的发展、现如今国内建有155个民族自治地方(其中省级的自治区5个、地级的自治州30个、县级的自治县120个)、全国55个少数民族中有44个少数民族建立了民族自治地方、实行民族区域自治的少数民族人口达到全体少数民族的71%、实行民族区域自治的国土面积达到全国的64%。[4]

中国现行《宪法》和《民族区域自治法》规定、民族自治地方享有广泛的立法、经济、人事、教育等方面的自治权。[5] 其中最为重要的权力应属立法变通权。中国与奉行三权分立的西方国家推行的地方自治不同、实行单一制、强调法律的统一性。在这样的法治体系下、赋予民族自治地方以立法变通权、是给予了民族自治地方莫大的权力。中国想通过赋予民族自治地方这一权力、推进落后的少数民族地方的发展、[6] 但现实中立法变通权未能发挥其相应的作用。

---

* 이 학술논문은 <세계헌법연구> 제19권 제3호(2013년)에 게재된 논문을 보완한 것이다.

** 채영호, 중국 연변대학교 법학원 부교수, 박사, 부원장, 길림성사회과학중점영역조선한국법연구기지 주임

1) 马克思主义经典作家曾经提出以实现民族自决权、联邦制和民族区域自治作为解决民族问题的政治方式。苏联采用了联邦制、中国在中国共产党成立之初的幼年时期、由于理论上的不成熟以及受到苏联的影响、曾提出用实现民族自决权或建立联邦国家的政治构想解决国内民族问题、后在党的六届六中全会中明确提出了实行民族区域自治以解决民族问题的政治主张。参见全国人大常委会秘书处秘书组、国家民委政法司编,《中国民族区域自治法律法规通典》、中央民族出版社、2002年版、第1-2页。

2)《民族区域自治法》序言。

3) 民族区域自治地方是指根据法定程序、在特定地区实行民族自治的地方、并非所有的少数民族聚居地方都实行民族区域自治。

4) 马启智、"我国民族政策及其法律保障"、中国人大、2012年第一期、第42页。

5) 具体内容参见《民族区域自治法》第三章(第19-45条)"自治机关的自治权"。

6) 1987年4月17日的"中共中央统战部、国家民族事务委员会关于民族工作几个重要问题的报告"和1991年12月8日的"国务院关于进一步贯彻实施《中华人民共和国民族区域自治法》若干问题的通知"将重点都放在了民族自治中国的民族区域自治、是在多民族国家中实现以各民族为中心的特殊的地方自治。对中国民族区域自治的研究、不仅丰富地方自治的内容与形式、而且对由单一民族国家向多民族国家发展的韩国的地方自治也有一定的借鉴意义。本文首先梳理了民族自治地方立法变通权的法理基础与相关规定、并分析了中国民族自治地方适用立法变通权的现状、在此基础上找出问题、并提出了一些思考。

Ⅱ. 中国民族自治地方立法变通权法理基础与相关规定

所谓变通、就是依据不同情况、做非原则性的变动。法律变通、就是根据法律规定或国家权力机关授权、在特定地方就特定事务对法律法规本身进行的非原则性变动、是具体条文的变更、而不能对法律原则和法律基本精神进行变更、不能完全改变或否定法律本身。[7] 法律变通与上位法的具体化不同。法律变通包括立法上的变通与法律实施中的变通、本文主要针对民族自治地方的立法变通进行研究。民族自治地方立法变通权是指在实行民族区域自治的特定区域、就特定事项、由行使立法权的国家机关行使的立法变通权。即民族自治地方的人民代表大会在自治立法时对上位法进行变通规定的权力。

关于民族自治地方立法变通权、中国在《宪法》、《民族区域自治法》、《立法法》和其他一般法律中进行了具体规定。

1. 民族自治地方行使立法变通权的合理性

(1) 客观需要

中国是56个民族共同生活的多民族国家。中国不仅有信仰道教、佛教的民族、也有信仰伊斯兰教、基督教的民族。建设多民族共同生活的国家、不仅要考虑各民族之间不同的价值观、生活习惯以及文化传统、同时也应该考虑少数民族地方政治、经济、文化等落后的现实。

少数民族地方具有各自独特的传统文化与习惯。各民族生活在不同环境、形成了不同的民族文化、进而产生了不同法律文化。不同的法律文化体现在各民族间不同的社会制度、法律规范和传统的价值观。随着经济建设的快速发展、中国的法制建设也出现了日新月异的变化。但经济相对落后的少数民族地方、因与国内主要地区的经济发展差距加大、法制发展也出现了不平衡现象、相互间的法律文化差距也呈现扩大的趋势。因此、先进的法治理论与法律意识不能同时在落后的少数民族地方和发达的沿海地方形成建立。要保障各民族国家主人的地位、推进各民族间的协调发展、就应依照宪法规定、具体问题具体分析。"少数民族间

地方的经济发展。

7) 海滨、"论民族自治地方立法变通权及其运用"、民族研究、2006年第三期、第14页。

题、它有共同性、也有特殊性。共同的就适用共同的条文、特殊的就适用特殊的条文。”[8] 少数民族地方需要法制上的特殊性、其习惯法在实行单一制的中国也有着较大的存在意义。[9]

(2) 符合平等性原则

中国现行法律规定、国家赋予民族自治地方以其他一般地方所没有的立法变通权。即民族自治地方与一般地方不同、享有对上位法的变通立法的权力。有些人主张这一作法违背了平等性原则。但考虑到民族自治地方在政治、经济、文化上的落后和自然生存环境的恶劣现实、我们应将这一作法看作为国家积极实现平等的一种措施； 考虑到少数民族人口仅占全国人口的8.40%[10]的这一现实、我们应将这一作法看作为对抗多数决原理不合理性的少数者保护原则的适用。

2. 民族自治地方立法变通权相关规定

(1) 政策依据

1981年、中国共产党作出了《关于建国以来党的若干历史问题的决议》、指出“必须坚持实行民族区域自治、加强民族区域自治的法制建设、保障各少数民族地区根据本地实际情况贯彻执行党和国家政策的自主权。”[11] 这一决议为民族自治地方提供了变通立法的政策性依据。

(2) 法律规定

在中国起到临时宪法作用的《中国人民政治协商会议共同纲领》只规定有“在各少数民族聚居的地区、应实行民族的区域自治”、[12] 并没有关于立法变通权的规定。新中国建立以后、以法律的形式最早赋予民族自治地方以立法变通权的法律是1950年通过的《婚姻法》。[13] 1952年政务院通过的《民族区域自治实施纲要》中规定、民族自治地方有制定单行法规的权力。[14] 之后的1954年《宪法》规定、自治区、自治州、自治县的自治机关可以依照当地民族的政

---

8) 关于中华人民共和国宪法草案》(1954年6月14日),《毛泽东选集》第5卷第129页。

9) 例如传统实施一夫多妻制的少数民族、因婚姻法要求实施一夫一妻制、就让其改变原有状态显然不合理。为了解决这一问题、阿坝藏族羌族自治州行使立法变通权、制定《阿坝藏族羌族自治州施行＜中华人民共和国婚姻法＞的补充规定》(第3条: 实行一夫一妻制、禁止重婚。实施本规定前形成的一夫多妻和一妻多夫婚姻关系、当事人不提出解除的、不予置理。)、保障了原有婚姻现状。

10) 2010年第6次全国人口普查数据、中华人民共和国国家统计局(http://www.stats.gov.cn/)(2018年4月12日访问)。民族自治地方的少数民族人口占全国人口的6.85%(2016年统计的数据)。

11)《关于建国以来党的若干历史问题的决议》、中国共产党历次全国代表大会数据库(http://cpc.people.com.cn/GB/64162/64168/64563/65374/4526455.html)、(2018年4月12日访问)。

12)《中国人民政治协商会议共同纲领》第51条。

13)《婚姻法(1950年)》第27条第2款: 在少数民族聚居的地区、大行政区人民政府(或军政委员会)或省人民政府得依据当地少数民族婚姻问题的具体情况、对本法制定某些变通的或补充的规定、提请政务院批准施行。

14)《民族区域自治实施纲要(1952年)》第23条: 各民族自治区自治机关在中央人民政府和上级人民政府法令所规定的范围内、依其自治权限、得制定本自治区单行法规、层报上两级人民政府核准。
凡经各级地方人民政府核准的各民族自治区单行法规、均须层报中央人民政府政务院备案。

治、经济和文化的特点、制定自治条例和单行条例、为民族自治地方通过自治条例与单行条例的制定进行变通立法创造了条件。该规定被1975年《宪法》删除、到1978年《宪法》得以恢复、在1982年《宪法》将其进一步发展。

关于民族自治地方立法变通权的中国现行法律体系由《宪法》、《民族区域自治法》、《立法法》和一般法律组成。《宪法》对其进行了总则性规定、《民族区域自法》和《立法法》将其进行制度化、部分一般法律也授权民族自治地方以立法变通权。

1982年通过的现行《宪法》第4条规定、"中华人民共和国各民族一律平等。国家保障各少数民族的合法的权利和利益、维护和发展各民族的平等、团结、互助关系……国家根据各少数民族的特点和需要、帮助各少数民族地区加速经济和文化的发展……各少数民族聚居的地方实行区域自治、设立自治机关、行使自治权"、明确了各民族之间的关系与倾斜保护少数民族地区的原则；第115条规定、"自治区、自治州、自治县的自治机关行使宪法第三章第五节规定的地方国家机关的职权、同时依照宪法、民族区域自治法和其他法律规定的权限行使自治权、根据本地方实际情况贯彻执行国家的法律、政策"、为民族自治地方变通立法提供了宪法依据；第116条规定、"民族自治地方的人民代表大会有权依照当地民族的政治、经济和文化的特点、制定自治条例和单行条例"、明确了自治立法的主体。

1984年通过的《民族区域自治法》第6条规定、"民族自治地方的自治机关根据本地方的情况、在不违背宪法和法律的原则下、有权采取特殊政策和灵活措施、加速民族自治地方经济、文化建设事业的发展"、对宪法规定进行了限定[15]； 第19条对《宪法》第116条进行了重复规定； 第20条规定、"上级国家机关的决议、决定、命令和指示、如有不适合民族自治地方实际情况的、自治机关可以报经该上级国家机关批准、变通执行或者停止执行"、对民族自治地方的自治机关(民族自治地方的人民代表大会和人民政府)赋予了法律变通执行权。

2000年通过的《立法法》进一步明确规定了民族自治地方的立法变通权。第75条第1款对《宪法》第116条与《民族区域自治法》第19条进行了重复规定、第2款规定"自治条例和单行条例可以依照当地民族的特点、对法律和行政法规的规定作出变通规定、但不得违背法律或者行政法规的基本原则、不得对宪法和民族区域自治法的规定以及其他有关法律、行政法规专门就民族自治地方所作的规定作出变通规定"、明确了民族自治地方的立法变通权和该权力的界限。第90条规定、"自治条例和单行条例依法对法律、行政法规、地方性法规作变通规定的、在本自治地方适用自治条例和单行条例的规定"、明确了变通立法规定的适用范围。

此外、《婚姻法》、《刑法》、《民事诉讼法》、《森林法》、《继承法》、《民法通则》、《收养

15)《宪法》第4条规定的"国家根据各少数民族的特点和需要、帮助各少数民族地区加速经济和文化的发展"、是旨在强调国家对民族自治地方的帮助、并非是限定规定、但《民族区域自治法》第6条 "民族自治地方的自治机关……有权采取特殊政策和灵活措施、加速民族自治地方经济、文化建设事业的发展" 的规定、却有将自治权力限定在经济、文化方面的嫌疑、有弱化政治、社会方面自治权限的倾向。

法》、《妇女权益保障法》、《老年人权益保障法》等诸多法律也规定赋予民族自治地方以立法变通权。

(3) 变通立法的主体

最早将立法变通权明文授权给民族自治地方的1950年《婚姻法》、将立法变通权授权给了大行政区人民政府(或军政委员会)和省人民政府。[16] 1952年通过的《民族区域自治实施纲要》将自治权授权给民族自治地方的自治机关、但并未明确规定立法变通权。1954年宪法(第70条)和1978年宪法(第39条)规定、民族自治地方的自治机关可以依照当地民族的政治、经济和文化的特点、制定自治条例和单行条例、将民族自治地方立法主体确定为自治机关、即民族自治地方人民代表大会和人民政府。到1982年宪法(第116条)、将民族自治地方的立法主体缩小为民族自治地方自治机关中的人民代表大会。[17]

(4) 变通立法的界限

中国是实行单一制的国家、与联邦制国家不同、其地方权力来自于中央授权。根据法治原理、单一制国家的地方可以基于自身特色对中央法律进行补充规定、但无权对其变通。中国现行法律将立法变通权赋予给了民族自治地方和经济特区。[18] 从变通内容看、与经济特区的经济立法变通不同、民族自治地方可以在经济、文化等广泛领域行使立法变通权、其影响力较大、有必要明确其界限。

第一、《立法法》第75条第2款规定、民族自治地方的变通立法不得违背法律或者行政法规的基本原则、不得对《宪法》和《民族区域自治法》的规定以及其他有关法律、行政法规专门就民族自治地方所作的规定作出变通规定。[19]

《宪法》与《民族区域自治法》是建立民族区域自治制度的主要法律、是赋予民族自治地方以自治权的根本法、是立法变通权的法律依据。因此对其理应不得变通。变通法律与行政法规的基本原则、意味着对该法律与行政法规的否定、进而成为对国家法律制度的否定。因此、法律与行政法规的基本原则亦不得变通。"其他有关法律、行政法规专门就民族自治地方所作的规定"是国家考虑民族自治地方特点所作出的特别规定、法律效力上应高于民族区域自治权相关的一般规定、因此亦不得成为法律变通的对象。

第二、变通立法应以发展为目的、应依照当地民族的政治、经济和文化的特点进行。变通

16) 1954年第一届全国人民代表大会召开之前、由全国政治协商会议代行全国人民代表大会的权限、国家的立法任务主要是通过行政立法得以完成。

17) 尽管1982年《宪法》限定了民族自治地方立法主体、但1998年修改通过的《收养法》(第32条)将变通立法的主体扩大规定为"民族自治地方的人民代表大会及其常务委员会";同年修改通过的《森林法》(第48条)将变通立法的主体扩大规定为"民族自治地方的自治机关"。

18) 本文研究不包括一国两制下行使特殊自治权的香港、澳门等地的法制。

19) 这与韩国宪法第117条第1款规定的"法令的范围内制定关于自治的规定"不同、从立法性质上讲、中国是变通立法、韩国是补充规定。

立法应分为消极的变通立法和积极的变通立法。消极的变通立法是指、当国家的法律与民族自治地方的现实不符时、为了实现该法律的基本原则而对其一般规定进行变通立法的行为。这是变通立法的基本任务。积极的变通立法是指、国家的法律不与民族自治地方的传统、现实相冲突、但是为了民族自治地方的发展、依照当地民族的政治、经济和文化特点、对其进行变通立法的行为。这种立法行为、基于地方自治原理、符合民族区域自治制度的制定目的。但、立法变通权属特殊权限、特别是在实行单一制的中国、在作出积极变通立法时应严格符合宪法的要求、以发展民族自治地方为目的、基于当地的政治、经济、文化的特点和需要、明确与一般地方不同的变通理由。

第三、民族自治地方应通过制定自治条例、单行条例的形式进行变通立法。民族自治地方有双重性质、享有两种权力、既享有作为一般地方的权力、同时也享有作为民族自治地方的特殊权力。变通立法属特殊权力、不属于一般地方的权力、因此其立法程序也应遵循更为严格的民族自治地方自治立法程序、即应遵循制定自治条例与单行条例的程序。

	省级民族自治地方	地级民族自治地方	县级民族自治地方
地方性法规制定权	立法主体为同级人民代表大会及其常务委员会；报全国人民代表大会常务委员会和国务院备案	立法主体为同级人民代表大会及其常务委员会；报省级人民代表大会常务委员会批准；由省级人民代表大会常务委员会报全国人民代表大会常务委员会和国务院备案	无
自治立法权	立法主体为同级人民代表大会；报全国人民代表大会常务委员会批准	立法主体为同级人民代表大会；报省级人民代表大会常务委员会批准；由省级人民代表大会常务委员会报全国人民代表大会常务委员会和国务院备案	与地级民族自治地方相同

表一：民族自治地方地方性法规制定权与自治立法权比较

(5) 变通立法的效力

变通立法是针对法律、行政法规、地方性法规的变通、属于特别法、在特定的民族自治地方是《宪法》与《民族区域自治法》的下位法、其法律效力应高于其他一般法律。自治条例是单行条例的上位法。

根据《立法法》第90条的规定、变通立法的空间效力范围限定于该民族自治地方。但是否适用于该民族自治地方的所有公民、《立法法》没有明确的规定。从民族区域自治制度的原理分析、对少数民族保护的倾斜政策与规定应只适用于实行民族自治的少数民族、但这在现实中难以操作。例如民族自治地方行使立法变通权、变通婚姻相关内容、则涉及到的对象不能限于当地实行民族自治的少数民族、因为该少数民族的结婚对象有可能是汉族或者其他少数民族。这时该变通规定的法律效力就会扩大到相关公民。因此、在制定变通规定时、有必要明确指出该变通规定的适用对象。[20]

Ⅲ. 中国民族自治地方立法变通权的适用现状

民族自治地方的立法变通始于1980年12月14日通过的《新疆维吾尔自治区执行＜中华人民共和国婚姻法＞的补充规定》。民族自治地方30多年的立法过程中、由52个民族自治地方共制定了89件变通立法、占全体民族自治地方的33.5%。四川省的民族自治地方变通立法最为活跃、共33件、其中甘孜藏族自治州、凉山彝族自治州和阿坝藏族羌族自治州的变通立法各为7件。

省份	民族自治地方	变通立法数	民族自治地方	变通立法数
新疆维吾尔自治区(3)	新疆维吾尔自治区	2	伊犁哈萨克自治州	1
西藏自治区(3)	西藏自治区	3		
青海省(13)	海西蒙古族藏族自治州	1	玉树藏族自治州	1
	海南藏族自治州	1	果洛藏族自治州	1
	海北藏族自治州	1	黄南藏族自治州	1
	化隆回族自治县	1	互助土族自治县	1
	河南蒙古族自治县	1	民和回族土族自治县	1
	门源回族自治县	1	大通回族土族自治县	1
	循化撒拉族自治县	1		
内蒙古自治区(2)	内蒙古自治区	2		
云南省(7)	孟连傣族拉祜族佤族自治县	1	宁蒗彝族自治县	1
	沧源佤族自治县	1	西盟佤族自治县	1
	耿马傣族佤族自治县	1	南涧彝族自治县	1
	澜沧拉祜族自治县	1		
宁夏回族自治区(1)	宁夏回族自治区	1		
四川省(33)	甘孜藏族自治州	7	凉山彝族自治州	7
	阿坝藏族羌族自治州	7	峨边彝族自治县	5
	马边彝族自治县	5	木里藏族自治县	1
	北川羌族自治县	1		
贵州省(11)	黔西南布依族苗族自治州	2	黔南布依族苗族自治州	2
	镇宁布依族苗族自治县	3	紫云苗族布依族自治县	1

20) 在中国、某一公民是否属于民族自治地方、是以户籍制度来确定。但户籍关系的变化、不应影响变通规定中的存续法律关系。

	威宁彝族回族苗族自治县	1	松桃苗族自治县	1
	道真仡佬族苗族自治县	1		
甘肃省(8)	甘南藏族自治州	3	临夏回族自治州	1
	阿克塞哈萨克族自治县	2	肃南裕固族自治县	1
	肃北蒙古族自治县	1		
湖北省(3)	恩施土家族苗族自治州	1	五峰土家族自治县	1
	长阳土家族自治县	1		
广东省(3)	连南瑶族自治县	1	连山壮族瑶族自治县	1
	乳源瑶族自治县	1		
辽宁省(2)	阜新蒙古族自治县	1	喀喇沁左翼蒙古族自治县	1

表二: 中国民族自治地方变通立法统计[21)]

* 说明: 进行变通立法的条例通过修改变更名称的、未算入新的变通立法数。

1. 民族自治地方变通立法的主要内容

民族自治地方立法变通共89件、其中关于婚姻的变通立法37件、关于计划生育的变通立法18件、关于义务教育的变通立法6件、关于选举的变通立法和关于土地管理的变通立法各5件、关于继承、草原和水管理的变通立法各3件、关于收养与旅游管理的变通立法各2件、关于人民大表大会会议组织、民事诉讼期限、森林管理、动物防疫、兽药管理等的变通立法各1件。统计结果显示、与公民生活相关的婚姻、生育、教育等方面的变通立法较多、缺少推进经济发展的方面变通立法。即、民族自治地方的变通立法并非适用于推进民族自治地方的发展、而是更多地适用于缓和落后的民族自治地方现实与国家法律间的差距。

变通立法的对象	变通立法的主要内容	变通立法数
婚姻法	降低结婚年龄、缓和关于计划生育的限制	37
关于计划生育的法律	缓和关于计划生育的限制	18
义务教育法	提高入学年龄、缓和对义务教育的要求	6
选举法	允许等额选举	5
关于土地管理的法律	扩大对建设用地的审查权限、提高住宅用地的人均标准、延长权利期限	5
继承法	扩大第一继承人的范围	3
草原法	扩大对违反法律的处罚范围、变通处罚方式	3
水法	加强对违反法律的处罚	3
收养法	缓和收养人数的限制	2

21) 该统计是整理中国法律法规检索系统(http://law.npc.gov.cn:87/)(2018年3月30日访问)和北大法律信息网(http://vip.chinalawinfo.com/)(2018年3月30日访问)的数据所得。

关于旅行的法律	扩大民族自治地方行政机关对旅行项目的审查权限	2
地方各级人民代表大会和地方各级人民政府组织法	减少人民代表大会常务委员会会议的次数	1
民事诉讼法	延长诉讼程序的期限	1
森林法	变更主要管理部门	1
动物防疫法	变通处罚金额	1
关于兽药的法律	加强违反法律的处罚	1

表三： 民族自治地方变通立法的主要内容[22)]

2. 民族自治地方变通立法的主要形式

关于民族自治地方立法变通的统计表明、没有通过自治条例进行的立法变通、多数以"变通规定"、"补充规定"、"条例"等名称采用了单行条例的形式、[23)] 部分变通甚至采用了地方人民代表大会常务委员会"报告"的形式。尽管1982年宪法明确规定、变通立法的主体是民族自治地方的人民代表大会、但仍有不少地方由人民代表大会常务委员会越权行使了立法变通权、这一现象自2000年《立法法》颁布以后才得以改善。

Ⅳ. 中国民族自治地方行使立法变通权存在的问题及其完善建议

中国在解决国内民族问题上采取了民族区域自治制度、并赋予民族自治地方以一般地方所没有的特殊的立法变通权、但实际运用却不尽人意。中国155个民族自治地方中尚有三分之二的地方尚未行使过立法变通权。甚至是经济较为发达、已制定51个单行条例的延边朝鲜族自治州都尚未成功行使一次立法变通权。分析其原因、有一下几点问题值得注意并加以完善。

1. 民族自治地方行使立法变通权和地方性法规制定权区分不明显。

根据《立法法》规定、民族自治地方享有作为民族自治地方的立法变通权和作为一般地方的地方性法规制定权。从表一可以看出、这两种权力的行使在省级和县级有着明显的区别、但在地级区别不明显。但是在法律效力上、这两者权力的效力相差较大、若不能将两者明显区分开来、容易导致司法上的混乱。

民族自治地方制定的变通立法和地方性法规最大的区别应体现在其法规名称和立法主体上。但民族自治地方在立法实践中未能将两者明显地加以区分、导致很难分清变通立法与地方性法规。

22) 该统计来源同上。

23) "变通规定"、"补充规定"、作为地方性法规的名称、没有问题、但是作为民族自治地方行使自治权的结果、则不够规范。作为民族自治地方自治立法的结果、应以"自治条例"、"变通条例"的形式命名。

首先、民族自治地方变通立法的表现形式不统一。民族自治地方的变通立法在形式上要求自治条例或单行条例的形式出现。但、统计表明、现在的变通立法名称各式各样、有“变通规定”、“补充规定”、“条例”、“报告”等多种形式、仅从法规名称无法判定该法规是变通立法还是地方性法规。[24] 这将给民族自治地方适用法律带来困难。因此、为了司法上便利与对法律理解的提高、有必要将变通立法的名称统一为“~变通条例”、通过自治条例进行的立法变通、应在其规定中明确规定“关于~进行变通规定”。

其次、民族自治地方立法变通权的行使主体与法律规定不符。共计89件的民族自治地方立法变通规定中、根据宪法规定由民族自治地方人民代表大会行使立法变通权的只有35件、其余的54件是由民族自治地方的人民代表大会常务委员会越权行使立法变通权。尽管受2000年通过的《立法法》的影响、部分民族自治地方的人民代表大会对错误的立法活动进行修改或废止其规定、但尚有一些变通立法仍在发生效力。这一现象不仅与民族自治地方立法者的法治意识不够有直接关系、但同时也说明国家对民族自治地方变通立法的审查也存在漏洞。我们应加大民族地区法治人才建设的同时、加强全国人民大表大会常务委员会和省级人民大表大会常务委员会对民族自治地方自治立法的审查工作、也有必要由全国人大组织整理、指导全国的民族自治地方的自治立法工作。

2. 民族自治地方立法变通的内容具有局限性。

中国的民族区域自治制度、是以实现民族平等、民族团结和各民族的共同繁荣为目的。考虑到民族自治地方落后于其他地区、国家有义务积极实现该目的。

表三关于民族自治地方变通立法内容的统计表明、现实中变通立法在日常生活方面主要是针对婚姻、生育、继承、收养等内容进行了变通、在政治领域上主要是在减少会期、进行等额选举等方面进行了变通。可以看出、民族自治地方将立法变通权主要利用在了缓和落后的民族自治地方现实与国家法律间的差距上、即基于本地区少数民族的传统历史和发展现状、向落后方向进行了变通、缺少对经济管理制度的变通与积极向上的变通。这与以积极推进落后的民族自治地方的发展为主要目的民族区域自治制度的宗旨相违背。同样享有立法变通权的经济特区通过变通立法实现了经济上的腾飞、但比经济特区享有更大的立法变通权的民族自治地方、尽管行使了30多年的立法变通权、仍未能摆脱落后的面貌。经济的落后导致政治、文化上的落后。民族自治地方应向经济特区学习成功经验、将经济方面的变通立法作为首要任务、积极行使立法变通权。

---

24) 因此、中国国内对变通立法的统计数据多有不同。例如、关于民族自治地方就国家法律进行变通或补充的统计数据、2008年12月14日的法制日报统计为74件、2008年12月由中国人民大表大会民族委员会出版的《中华人民共和国民族法律法规全书》统计为70件,《求是》(2009年10月)统计为到2008年年底为止共75件。

3. 对民族自治地方变通立法的批准程序不合理。

根据中国现行法律规定、民族自治地方的变通立法应得到上级人民代表大会常务委员会的批准。自治区的变通立法应得到全国人民代表大会常务委员会的批准、自治州和自治县的变通立法应得到省级人民代表大会常务委员会的批准。

立法变通权作为自治权的一种、其性质是自治权的行使、因此对变通立法的审查应该是合宪性审查、而不应对其进行法益的判断。但、中国的现有规定却不能保障变通立法得到客观的审查。首先、中国是实行单一制的国家、从其权力关系来看、地方自治权的扩大意味着上级权限与法益的缩小、两者之间存在着不平等的竞争关系。第二、批准变通立法的上一级人民代表大会常务委员会委员是由与其存在相互竞争关系的同级其他地方代表组成。这将导致被批准方与批准方的关系成为法益上的竞争对手、而非制度设定之初的单纯的审查对象与审查主体的关系。因此、在现有的审查模式下、涉及到上一级或同一级地方利益的变通立法不可能获得通过、这将不利于民族自治地方的立法变通权的行使、违背设置立法变通权的初衷、严重阻碍民族自治地方的发展。中国民族自治地方行使30多年的立法变通权、但至今无一件经济方面的变通立法、足以说明这一点。因此、我们有必要将变通立法的审批权限上升至全国人民代表大会常务委员会、确保审查的公正性与客观性。

V. 結　語

中国为了实现各民族的平等、团结和共同繁荣、实施民族区域自治制度、为了推进落后少数民族地方的发展、保障少数民族当家作主的权力、赋予民族自治地方以立法变通权。但《民族区域自治法》颁布实施30多年来、各民族自治地方的自治立法实践不尽理想、立法变通权等主要的自治权并非应用在促进民族自治地方发展上、而是利用在了缓和落后的民族自治地方现实与国家发达的法律之间的差距上。到如今、民族自治地方和一般地方在政治、经济、文化等方面差距依旧很大。

为了更好地推动国家的和谐发展、实现民族区域自治制度的宗旨、我们应保障民族自治地方立法变通权的行使、提高变通立法的审批主体、规范立法变通权的行使和法规形式、同时缓和对变通立法的审查、让立法变通权真正能够致力于民族自治地方的经济建设的发展上、加快民族自治地方的快速发展。

국문초록

다민족국가인 중국은 민족구역자치제도를 통하여 민족문제를 해결하고 있다. 민족구역자치는 소수민족지방에서의 인민주권원리의 실현으로서 그 관건은 자치권에 있다. 민족자치지방은 일반 지방에 비하여 광범위한 자치권을 갖고 있지만 그 중 제일 중요한 자치권은 입법변통권이라 하겠다. 즉 민족자치지방은 본 지방 민족의 정치, 경제와 문화의 특성에 근거하여 자치조례와 단행조례를 제정할 권한이 있고, 자치조례와 단행조례는 법률, 행정법규와 지방성법규의 규정에 관하여 변통규정을 할 수 있다.

민족자치지방의 자치입법의 역사를 보면 입법변통권은 주로 소수민족의 전통 및 민족구역자치지역의 낙후한 현실과 국가 법률 간의 차이를 완화하는데 활용되었고, 해당 지방발전의 추진에는 작용이 미약하여 30여년이 지난 오늘에 이르러서도 민족자치지방과 일반 지방과의 정치, 경제, 문화 간의 차이는 여전히 크다.

민족자치지방의 이러한 현황을 개변하고 입법변통권을 활용하여 민족자치지방의 정치, 경제, 문화의 전면적인 발전을 추진하려면 변통입법의 심사주체를 전국인민대표대회 상무위원회로 높이어 심사의 공정성을 확보하고 변통입법에 대한 심사를 합헌성심사에 그치어 심사를 완하하며 관련 절차를 규범화함으로써 경제제도에 대한 변통입법을 추진하여야 한다고 생각한다.

9. 재외동포들의 돌아올 권리에 대한 법적 자취* ** - 사할린/중국 등을 중심으로 -

최 경 옥***

Ⅰ. 서　　설

올해로 해방이 되고 벌써 70여년이 넘어간다. 또한 남북정상회담도 앞두고 있다. 이제는 통일을 준비해야하는 시점이다. 통일을 남북 주민과 디아스포라가 함께 만들어가는 미래기획이라고도 한다.[1)] 그리고 한 인간이나 국가의 현재는 과거와 미래라는 역사의 연결고리를 가지고 산다. 미래로 나아가기 위하여서는 과거의 '기록되지 않은 역사'들도 정리를 할 필요성이 대두된다.[2)]

한국에서는 해방 70년이 넘도록 아직도 사할린동포를 위한 특별법은 10년째 국회에서 표류 중이다. 2005년 17대 국회 당시 사할린 동포의 귀국 · 정착 지원 대책 등을 내용으로 하는 '사할린 동포 지원에 관한 특별법'이 2010년까지 총 6개가 발의됐으나 통과되지 못한 채 폐기됐다. 19대 국회 때도 '사할린에 강제동원 등으로 이주했거나 사할린에서 출생한 한인과

* 성낙인 총장님의 정년과 제2의 인생의 멋진 출발을 축하드립니다.

** "이 논문은 2015년 정부(교육부)의 재원으로 한국연구재단의 지원을 받아 수행된 연구임(NRF-2015-S1A3A2-046431)"

이 논문은 2016.4.22. 건국대학교 통일연구네트워크 국제학술대회에서 발표한 논문을 수정 · 추가한 것으로, 통일인문학 제66집(2016.6)에 게재되었던 것에 수정 · 추가한 것이다.

*** 영산대학교 법학과 교수

1) 정진아, 고려인 · 사할린 한인과 한국인의 역사연대와 문화통합, 통일인문학 61, 2015.3, 251면.

2) 과거 조선 땅에서 태어난 사람은 남북한이 고향이다. 과거 조선 국적으로 인한 여러 가지 경우가 있다. 재일동포 3세인 정영환 교수(32, 메이지가쿠인대 교양교육센터 교수)는 일본에서 지금은 존재하지 않는 '조선'이란 국적을 가지고 있어서, 2009년 봄, 서울에서 열리는 학술대회에 참석하려고 오사카총영사관에 여행증명서를 발급 요청하였지만 거절당하였다. 경찰청에서 신원증명이 되지 않는다는 이유이다. 조선적 재일동포들은 지난 70년 동안 일본을 포함해 어느 나라 국적도 취득하지 않고 사실상 '무국적자'로 살아왔다. 이런 상태의 재일동포 수가 5만 명 가량으로 추산된다. 한국 정부는 그동안 여권이 없는 조선적 재일 동포에게 한국 입국을 위한 증명서를 발급하여왔다. 정 교수도 2006년, 2007년 여행증명서를 받아 한국에 입국한 적도 있다. 그런데 이명박 정부 들어서, 한국 국적을 취득하겠다는 의사를 표현하지 않는 조선적 재일동포에게 여행증명서 발급이 사실상 중단되었다. 또한 일본인들은 2006년 체결된 무비자 협정에 따라 90일간 머무를 경우 비자없이도 한국 입국이 가능하다. 그는 2009년 12월, 주일 오사카 한국총영사관을 상대로 여행증명서 발급거부 처분 취소소송을 제기하였다. 이듬해 서울 행정법원은 '여행증명서 발급거부 처분을 취소하라'는 판결을 내렸다. 그 이유는, '남북교류협력에 관한 법률과 여권법 등은 외국 거주 동포를 단순한 외국인과는 달리 보고 있다. … 조총련(총련 또는 재일본조선인총엽합회) 산하 조직 간부로 활동해왔다는 이유만으로는 여행증명서 발급시 국가의 안전보장을 해칠 명백한 우려가 있는 경우에 해당한다고 보기 어렵다'고 판단하였으나, 서울고등법원은 1심 판결의 취소를 선고하였다. 대법원에 제출한 정부측의 입장은, 총련계 단체에서 활동한 정 교수같은 무국적자는 외국인보다 더욱 엄격하게 입국심사를 거쳐야 한다라는 견해이다.; 정부 상대로 소송 벌이는 일본 · 사할린의 무국적 한인들-식민지배 · 냉전의 희생자들을 언제까지 외면할 것인가, 한겨레 21, 2013.11.15; 이러한 문제에 대하여 국적을 가지지 아니한 자에게 이동권을 보장하자는 취지의 글로는, 이재승, 분단체제 아래서 재일 코리언의 이동권, 민주법학 제52호, 2013.7 참조.

배우자, 직계비속 1인과 그 배우자'를 지원 대상에 포함하고 이들의 영주 귀국과 정착을 지원하는 내용의 '사할린 동포 지원에 관한 특별법'이 발의됐으나 2년여가 지나도록 상임위원회에 계류 중이다가 19대 국회가 폐회되었다. 이와 같이 특별법 제정 이유가 지체되는 이유는 러시아,[3] 또는 중국 국적을 가진 한인들을 영주귀국 대상으로 할 경우에 발생할 수 있는 마찰 등을 고려하여 외무부 등 관계부처가 계속 반대하고 있기 때문이다[4]라고 한다. 주권국가로서의 정부로 거듭나길 기대해본다.

본 논문은 과거 일제 시절 사할린으로 강제 징용되었던 이들 또는 중국 등지로 갔거나 그 이전이라도 어쩔 수 없이 고국을 떠나야했던 이들이 '자기가 살던 고향으로 돌아올 권리'에 대한 부분을 중심으로, 역사의 조난자로서의 위치가 제자리로 돌아올 수 있기를 기대하며, 주로 사할린-현재까지 4대째 이어지고 있다-이나 중국의 조선족[5] 등에 대한 현재까지의 이들에 대한 정부의 정책과 법적 자취를 정리하고(Ⅱ, Ⅲ) 그 문제점과 해결책을 분석해 보고자 한다(Ⅳ).

Ⅱ. 사할린 동포들에 대한 법적자취

1. 사할린 동포와 돌아올 권리

(1) 사할린으로의 이주배경

우선, 사할린(일제점령시절에는 樺太)에 조선인(그 당시의 국적)이 유입되었던 일차적인 이주배경으로는 첫째, 1910년 한일합방이 이루어진 후, 일본이 조선에서 토지조사사업을 실시하여 농민들이 토지를 잃고, 도시로, 일본으로 식량을 찾아 이주하였으며, 둘째, 2차 대전 중에는 일본인 남자들의 노동력이 부족하여 조선인 노동자를 모집, 연행하였으며,[6] 셋째, 1937

3) 재외동포 중 모국으로의 귀국을 가장 열망하는 지역이 사할린이다. 한인들 중 90% 이상이 원적(아버지의 고향)을 경상도에 두고 있다. 모국으로의 귀국이 삶의 목적이었던 한인들은 계속하여 소련 당국에 이를 요청하였으며, 이에 반발한 소련은 도만상 등 5가구 40여명을 북한으로 강제 추방하기도 하였다.
1956년 학업을 위한 대륙 진출이 허용되자 자녀들의 학업을 위하여 국적을 취득할 때 소련 국적을 선택하기도 하였다. 그러나 무국적자로 남은 한인들은 정식 직업을 가질 수가 없으므로 도로 공사나 건축 현장의 막일과 바느질로 삶을 이어갔다.; 기호일보, 2015. 12. 15. 강제이주 타향살이 수십년…설움 · 그리움에 눈물 마를 새 없소-사할린 한인의 망향가(2)-.

4) 영남일보, 2015. 12. 24.

5) 해방 후 북한 출신들은 백만 가까이가 북한으로 돌아갔지만, 남한 출신들은 38선이 그들의 귀환에 장벽이 되었다.; 동북아섬김이, 고향에 돌아와 살 권리 찾기, 제2차 캠페인(조선족 교회), 2004. 10. 30. http://cafe.daum.net/chinachurch/IVt4/1093?q=%B0%ED%C7%E2%BF%A1%20%B5%B9%BE%C6%BF%CD%20%BB%EC%20%B1%C7%B8%AE; 2016. 4. 4. 검색.

6) 그 당시 사할린에는 임금이 높았으므로 여기로 건너간 사람들이 1941년까지 약 8000명에 달한다고 본다. 그러나 이러한 추산은 보는 시각에 따라 전혀 다르다.; 大沼保昭, 『サハリン棄民: 戦後責任の点景』, 中公新書, 1992年, 4쪽以下 참조. 이 저자(大沼保昭; 오오누마 야수아키)는 1946년 생으로, 東京大學 法學部 卒業, 同 大學 교수가 된 국제법 전공자이다.; 자세한 것은, 최경옥, 사할린 동포의 한국과 일본에 있어서의 법적 지위-일제시대 강제징용과 관련하여-, 헌법학연구, 제18권 제4호, 2012. 12., 146-7면 참조.

년 시작된 일중전쟁과 1941년의 '태평양 전쟁' 등으로 수많은 일본인 남자의 징병으로 노동력이 부족하여 강제, 또는 반강제적으로 연행되어 갔던 것이다.[7)]

그러나 세계 제2차 대전 패망 후, 일제시절 강제징용으로 사할린으로 건너가게 되었던 조선인들은 일본 또는 한국인으로 귀환이 그 대상에서 제외되었다. 그 결과 '사할린에 버려진 사람들'이 된 것이다. 이러한 배경에는 일본은 패망 후 자기 나라 국민만을 귀환 대상으로 삼았으며, 소련으로서는 노동력의 감소로 이들을 잔류시킬 필요가 있었고, 한국 정부는 미군정하에서 외교적 교섭력을 발휘할 수도 없었을 뿐 아니라 넘쳐나는 국내 문제만으로도 감당하기 힘든 상황이었다고 하나, 이는 한국 정부가 통치자들의 실정으로 백성을 외지에 강제로 보내놓고, 이들의 귀환마저도[8)] 일본의 책임으로만 돌리는 국민보호에 대한 책임없는 자세였다고 할 수 밖에 없다.

(2) 2차 대전 일본의 패망과 사할린

일본은 패망 후 1946년 11월 27일, '소련지구 인양에 관한 미소잠정협정'을 체결하여 일본인은 귀환시켰으며, 이러한 시행은 1949년 7월 23일에 완료된다. 그런데 이러한 귀환에 그 당시 조선인은 포함되지 않았던 것이다. 여기에서 문제는 이 시점의 조선인의 국적이 일본이냐 한국이냐 하는 부분이 '원고들을 본국으로 귀국시킬 것'[9)]이란 소송부분－'사할린 재판'이라고 칭함[10)]－에서 문제가 된다. 왜냐하면 이 시점에서 조선인들의 본국이 어디인가가 문제의 초점이 되는 것이다.

이와 관련하여 일본에서 1952년 4월 '샌프란시스코 평화조약' 제2조 a항 '일본은 조선의 독립을 승인하고, 제주도・거문도・울릉도를 포함한 조선에 대한 모든 권리・권언 및 청구권을 포기한다'라는 내용으로 영토변경으로 인한 조선인의 자동국적 상실이 되는 시점이라는 해석이다. 이러한 조약의 결과로 일본에서는 1952년 4월 19일, 법무성 민사국장의 통달 제

---

7) 일본 정부는 1944년 8월 조선총독부의 제국의회에 대한 보고서(帝國議會宛報告書)에서, '국민동원계획을 근거로 1939년 이래 매년 內地 南洋방면에 조선인노동자를 대량적 송출을 실시해오고 있으며-이때에 송출되었던 사람들은 주로 경상도, 전라도 사람들이었다-, 이러한 노동자는 어쨌든 국민동원계획산업으로서의 광공업, 토목건설 방면에 취로하며, 내지인 노동자에 비하여 손색이 없으며, 지하노동에 있어서는 그 체격이 월등하여 좋은 성적을 내고 있다'는 보고서도 있다. 朝鮮總督府 '第85回帝國議會說明資料'; 大沼保昭, 앞의 책, 5-6頁.

8) 현재 3만5,000여명이 국내 거주하는 것으로 알려져 있지만 이들은 여전히 이방인이라는 굴레를 벗어나지 못하고 있다. 정부가 안보 문제와 국내 노동시장 보호 등을 이유로 '귀환'에 제약을 걸고 있기 때문이다. 이는 고려인들에게 재외동포 비자(F-4)가 아닌 방문취업용 복수비자(H-2)만 허용되는 것에서도 쉽게 알 수 있다. "국내 거주 고려인 동포, 광주에 모인다. "사단법인 고려인마을, 18일 광주서 '고려인의 날' 행사 개최" http://bjynews.com/default/index_view_page.php?board_data=aWR4JTNEMTAxMjc0JTI2c3RhcnRQYWdlJTNEMTkzNSUyNmxpc3RObyUzRDMzNTIwJTI2dG90YWxMaXN0JTNEMzU0NTg=||&search_items=cGFydF9pZHglM0QxNDUlMjZ2aWV3X2NudCUzRCUyNmdyb3VwX2lkJTNEJTI2dmlld19wYWdlJTNE, 시민의 소리, 박용구 기자, 2015년 10월 10일(토).

9) 昭和50年(行ウ) 第144号, 新井坐知子, 앞의 책, 158頁 以下 참조.

10) 이에 관한 상세한 내용은 최경옥, 앞의 논문, 170면 이하 참조.

438호에 의한 통지로 '조선인 및 대만인은 내지에 존재하고 있는 모든 사람을 포함하여 일본 국적을 상실한다'라고 하였다. 여기에서 조선인의 국적이 해방되는 1945년 8월 15일 시점이냐, 아니면 일본의 민사국장의 통지 시점－1952년 4월 19일－이냐 하는 부분이 소송에서 일본의 원상회복 의무의 시점과 귀착지가 언제이며 어디로 결정되느냐 하는 시점인 것이다.[11)]

한편 1956년 10월 19일, '일소공동선언'으로 인하여 일본인 처와 그 동거인인 한국인 남편과 그 자녀 등 2307명(그중 한국인 남편 약 7백명)이 귀환하였으며, 그 중 한 사람이 박노학이며, 그가 일본으로 귀환하는 항구에 수많은 조선인이 마중나와 그들도 하루라도 빨리 돌아가게 해달라는 수많은 애절한 부탁 때문에 후일 그가 '사할린 억류 귀환 한국인회'를 출발시키는 인물이기도 하다.[12)]

이러한 일련의 과정들을 통하여, 1989년 7월 한일정부의 요청으로 양국 적십자가 진행한 '사할린 한인 공동지원사업'[13)]의 결과, 2015년 12월 현재 4천346명이 고국으로 돌아왔다. 이 사업은 일본 적십자가 신청자가 많지 않다는 이유로 '중단'을 선언하였다. 여기에서 보듯이 일본은 여전히 일본 정부의 배상이 아닌 적십자를 통한 인도적 지원이라는 명분을 찾고, 한국 정부는 아직까지도 자국민보호의 책임을 일본 정부에게만 미루고 있는 상황이다.[14)]

그러나 사할린한인이주가족협회측은 '한인 2세를 대상으로 한 설문조사에서 50-60대 응답자 중 대다수가 영주귀국을 희망했다며, "신청대상을 확대해 달라"'고 한다. 아직도 '강제동원 피해자 자손의 모국 방문 허용, 사할린 잔류 1세에 대한 생계지원금 지급, 영주귀국 부모 사망시 자손의 모국 방문 추진'등을 호소하기도 한다.[15)16)]

한편 일본은 사할린에 있는 자국민들에 대해 자손까지 동반 귀국을 허용하고 있다. 중국에 남겨진 일본인들에 대해서도 마찬가지다. 독일은 직계조상 중 한쪽만이라도 독일계이면 귀국할 수 있도록 하고 있다(독일 기본법 제116조).

또한 세계인권선언문(1948.12.10. 제정) 제13조에는 '모든 사람은 자기 나라 영토 안에서 어디든 갈 수 있고, 어디든 살 수 있다. 또한 그 나라를 떠날 권리가 있고, 다시 돌아올 권리도 있다'라고, 또한 국제인권규약 제12조 4항에는, '어느 누구도 자국으로 돌아갈 권리를

11) 이에 관한 상세한 내용은 최경옥, 위의 논문, 171면 이하 참조.
12) 그가 주도한 이러한 일들에 관하여는 최경옥, 위의 논문, 162면 이하 참조. 그에 관한 상세한 것은, 박인동 옮김(재일코리안변호사협회 편저), 『일본 재판에 나타난 재일코리안』, 역사21, 2011 참조.
13) 이러한 결과가 나오기까지의 구체적인 과정에 관하여서는 김성종, 사할린 한인 동포 귀환과 정착의 정책과제, 한국동북아논총 제40집(2006), 200면 이하. 이 논문에도 사할린 한인 귀환까지의 일본과 한국측의 그동안의 과정이 상세하고 소개되고 있다.; 일본측의 구체적인 과정으로는 최경옥, 앞의 논문. 164면 이하, 특히 각주 38, 39 참조.
14) 이러한 견해에 동조하는 논문은 김성종, 위의 논문, 208면 이하; 노영돈, 재외동포법의 개정방향에 관한 연구, 국제법학회논총, 제47권 제3호(2002), 98면 이하.
15) 연합뉴스, 2015.12.11.
16) 김옥저(83) 할머니는 1999년 대창양로원으로 왔는데, "사할린의 자녀와 함께 지낼 수 있도록 대책을 세워주었으면 좋겠다"라는 희망을 피력했다. 영남일보, 2015.12.24. 위의 기사 참조.

자의적으로 빼앗지 못한다.'(No one shall be arbitrarily deprived of the right to enter his own country)라고 규정되어 있다.

위 두 선언문에서는 '다시 돌아올 권리'도 있고, '자국으로 돌아갈 권리를 자의적으로 빼앗지 못한다'라고 하여 '돌아올 권리'의 적극적인 면과 이러한 권리를 자의적으로 빼앗지 못하는 소극적인 권리의 양측면을 규정하고 있다.

이러한 국제규약이 있음에도 불구하고 사할린으로 강제 이주되었던 사람들은 해방과 동시에 고국의 품으로 귀환할 수 없었다. 이들은 왜 고국에 즉각적인 귀환을 할 수 없었으며, 그 이후에 이러한 상황에 대한 어떤 법적 조치를 취하였는지 하는 자취를 살펴보고자 한다.

이러한 그들의 '돌아올 권리'가 현재까지도 완전히 해결되지 못한 채 '1945년 8월 31일 이전 출생자와 배우자 또는 장애인 자녀'[17]에 국한된 영주귀국은－일본은 1959년까지 진행된 사할린 내 일본인 인양시에 일본인뿐만 아니라 타민족 가족도 포함해 인양[18]－자신의 모국으로의 귀환을 위하여 자녀와 손자 등과 또 다른 이산가족이 되어야 하는 이중 고통을 낳고 있으며, 가족이 그리워 다시 사할린으로 돌아가는 여전히 미완의 문제로 남아 있다. 게다가 2015년 11월 30일, 사할린한인문화센터에서 진행된 '2015 사할린 한인 영주귀국사업 설명회'는 사할린 동포의 영주귀국과 역방문을 위한 마지막 설명회가 되었다. 일본 정부는 2015년 5월, 2013-2015년 조사를 기반으로 영주귀국 희망자가 많지 않다는 이유로 이들에 대한 사업을 마무리하겠다고 밝혔다.[19] 이들에 대한 현재까지의 협상과정이나 법적 자취들을 분석하고자 한다.

2. 법적 자취와 문제점

(1) 사할린 한인과 한국 국적

위 사례에서 살펴본 바와 같이 사할린 한인들의 국적 선택은 소련, 일본－일본 여자와 결혼하여 일본으로 간 한인들－, 북한, 그리고 무국적 등으로 분류된다. 그리고 여기에서 국적 선택이라고 하였는데 이러한 선택이 자발적인 것이냐, 아니면 어쩔 수 없는 역사의 피해자로서 이러한 선택을 할 수밖에 없었던 상황을 고려하여야 할 것이다. 이하에서는 해방 이후 그들이 돌아오지 못하고 있다가, 1990년대 한중수교(1992.8.24.), 한러수교(1990.10.) 등으

17) 이는 한국과 러시아 정부와의 협의 내용인데, 러시아의 일방적인 요구를 그대로 수용한 것이다. 여전히 한국 정부의 외교적 교섭력을 보여주는 부분이기도 하다. http://park.zc.bz/xe/twitter/74449, 2016.1.3. 참조; 2016.4.16. 검색.

18) 위의 박노학씨의 경우

19) 기호일보, 2015.12.15. 연합뉴스, 2015.12.11. 사할린 한인 53명 영주귀국… 올해로 사업마무리, 실제로 정부가 상반기에 한인 1세를 대상으로 설문조사를 한 결과, 앞으로 3년간 영주귀국 희망자는 2016년 7명, 2017년 3명, 2018년 1명이다. 그러나 이는 단지 1세대들을 대상으로 한 조사로서, 2세-4세가 여전히 존재하고 있다. 이는 국적에 관한 혈통주의와 자국민 보호와 관련되는 부분이기도 하다.

로 한국을 방문하면서부터 한국 국적의 회복이냐, 아니면 중국 · 러시아 국적자로서 이중 국적자, 그리고 무국적자 등으로 한국 국적을 취득하여 한국으로 돌아오기 위한 과정을 사할린 동포와 중국 동포를 중심으로 살펴보고자 한다.

1) 남조선 과도정부 임시법률

해방이후 국적관련 조문들은 다음과 같다.

국적 관련 법조문

1. 남조선과도정부 법률 제11호(국적에 관한 임시조례)
   제2조 제1호; '조선인을 부친으로 하여 출생한 자 등은 조선의 국적을 가진다'
   제5조; 일본호적을 취득한 혈통상 조선인이 일본 호적에서 이탈하면 조선 국적을 소급적으로 회복한다.

2. 대한민국 헌법(1948. 7. 17.) 제3조; 대한민국의 국민되는 요건은 법률로 정한다.
   제100조; 현행 법령은 이 헌법에 저촉되지 않는 한 효력을 가진다.
3. 구 국적법(1948. 12. 20. 법률 제16호)
   제2조 ① 다음 각 호의 1에 해당하는 자는 대한민국의 국민이다.
   1. 출생한 당시에 부가 대한민국의 국민인 자[20]
4. 신국적법 제2조(출행에 의한 국적취득, 1997. 12. 13. 법률 5431호로 전문 개정됨)
   ① 다음 각호의 1에 해당하는 자는 출생과 동시에 대한민국의 국적을 취득한다.
   1. 출생한 당시에 부 또는 모가 대한민국의 국민인 자로 개정되었다.

위의 조문에 비추어 아래 사건들을 분석해보기로 한다.

<사건 1>

김씨의 아버지는 1910년에, 어머니는 1924년에 경상남도에서 태어나 일제강점기에 사할린으로 강제동원되어 갔다가 귀국하지 못하였으며, 1954년에 김씨를 낳았으며, 러시아 국적을 취득하지 않은 채 타국에서 사망하였으나, 그 아버지는 딸에게 러시아 국적을 취득하지 말 것을 당부하여, 무국적인 채로 사할린에서 거주하였다 한다.[21]

"사할린으로 강제징용된 사람들은 제2차 세계대전 이후 소련의 강제 억류 탓에 귀국하지 못하였다. … 혈통주의를 채택한 국내법에 따르면 사할린 한인은 애당초 국적을 이탈한 적이 없으므로 당연히 대

20) 그런데 이 조항은 위헌소송(2000.8.31. 97헌가12, 헌법불합치, 각하)이 있었으며 이로 인하여 부모양가혈통주의로 개정된다.

21) 이 소송은 민주사회를 위한 변호사 모임이 주선(소송대리 윤지영 변호사)하였으며, 또한 '대일항쟁기 강제동원 피해조사 및 국외강제동원 희생자 등 지원에 관한 특별법'의 지원대상으로 대한민국 국적이 없다는 이유로 위로금 지급을 거절당하자, 이 모씨 등도 위로금지급각하결정취소소송(2012구합25965)도 제기하였으며, 이 소송은 계속하여 현재까지 소송이 이어졌다(대일항쟁기 강제동원 피해조사 및 국외강제동원 희생자 등 지원에 관한 특별법 제2조 제3호 다목 등 위헌소원, 2015.12.23. 2013헌바11).

한민국 국적자(재외국민)이다"라는 부분이다.
이 사건에서 "원고의 아버지와 어머니는 남조선과도정부법률 제11호 국적에 관한 임시조례 제2조, 제5조에 따라 조선인이었다가 1948. 7. 17. 제정된 헌법의 공포와 동시에 대한민국 국적을 취득하였다. 따라서 원고는 1948. 12. 20. 법률 제16호로 제정된 국적법 제2조 제1호에 따라 출생과 동시에 대한민국 국적을 취득하였다. 따라서 원고는 대한민국 국민이다."(서울행정법원 행정2부, 2012구합26159, 2014. 6. 19.)

이 사건은 사할린에 강제징용으로 갔던 피해자의 후손(사할린 동포 김 모씨. 여, 58세)[22)]이 2012년 8월 6일, 서울행정법원에 국적확인소송(2012구합26159)[23)]을 하여 2014년 6월 19일 승소한 사건이다. 사할린 징용 피해자(무국적) 후손이 처음으로 법원에서 대한민국의 국적 판정 절차없이 국적 확인을 받은 사례이다.

재판부는 "사할린 무국적 한인들은 일제에 의해 동원돼 사할린으로 강제 이주하게 됐음에도 고향으로 돌아갈 날만 기다리며 현재까지 아무 국적을 취득하지 않은 상태에서 불이익과 불편함을 감수하고 있다"[24)]고 지적했다. 또한 "국민은 귀화 등 후천적인 국적취득이 아닌 한 헌법과 국적법이 정하고 있는 국적 취득요건을 갖추고 있는 사람은 당연히 대한민국 국민에 해당하는 것이지, 빈드시 행정부가 그를 국민으로 판정하여야만 대한민국 국민이 되는 것은 아니다."라고 판결하였다.

이어서 "헌법과 국적법에 따라 대한민국 국민에 해당하는 사할린 거주 무국적 한인들이

22) 공익인권재단 블로그, 2014.7.9. http://withgonggam.tistory.com/1443; 2016.4.7. 검색.
23) 서울행정법원 행정2부(박연국 부장판사), 2012구합26159 국적확인소 판결문; 기타 연합뉴스, 2014.6.20.
24) 그 불편함의 한 예로, "사할린주도 유즈노사할린스크시에서 40km 떨어진 항구 도시인 코르샤코프로 가려고 버스를 탔는데 중간에 국경수비대 검문소에서 군인들이 신분증이 없다는 이유로 한인들을 모두 내리게 하더니 돌려보내려고 하였다. 왜 그러냐고 물어보니 무국적자라서 거주이전의 자유가 없다는 것이었어요. 이들은 코르샤코프에 가면 혹시 일본행 배를 타고 한국으로 갈 수 있을까 싶어 무작정 나섰다고 하더군요" 1950년대 사할린에는 해방 전 징용으로 건너온 남한 출신 2만 3천명, 해방 후 북한에서 노동자 파견 등으로 온 2만 6천명, 중앙아시아로 강제 이주하였다가 돌아온 3천여명 등 세 그룹의 한인이 있었다. "당시 소련은 북한만을 국가로 인정하였기에 북한 노동자 출신에게는 북한 국적을 부여하고, 중앙아시아에서 온 고려인은 러시아 국적을 취득하였으나, 강제 동원되었던 남한 출신 한인들은 대부분 무국적자로 남았다", 그 이후 소련 정부는 무국적자에 대한 불이익을 하나씩 해결해주고, 1960년 초에는 거주 이전의 제한 이외에는 대부분 국적자와 같이 대하였다. 이는 러시아에서 공산당 서기 비서관으로 근무하던 시절 한인들이 차별받는 것을 보고, 아나톨리 쿠진 교수-그는 1939년 사할린에서 출생, 구소련 시절 사할린주위원회 서기 비서관, 유즈노사할린스크시위원회 제2서기를 거쳐 사할린주 국립문서보관서 학술연구원장을 지내기도 하였으며, 현재는 러시아 철도대학 역사학과 교수(75세), 2001년 '러시아 극동 지역의 한인 이주'로 러시아에서 사할린 연구 박사 1호가 되었다-가 되어 사할린 한인사를 42년 동안 연구한 아나톨리 쿠진 교수와의 인터뷰 내용이다. 그는 인천시 시립박물관 분관인 한국이민사박물관의 초청으로 입국하여 '사할린 한인들의 망향가'란 개막식에 참석하였다가, 연합뉴스와 인터뷰 하였다. 그는 러시아에서 3권으로 된 '사할린 한인의 역사적 운명'을 썼으며, 이는 1권으로 압축하여 '사할린 한인사'로 출간되었는데, 이번에 한국이민사박물관은 사할린 한인 역사 기획전을 준비하면서 쿠진 교수의 이 책을 참고로 하였다 한다. 그는 '거주이전자유의 제한과 3개월마다 거주지 신고를 해야하는 등 불이익과 불편을 감수하면서도 국적을 취득하지 않은 채 고국에 돌아가겠다는 희망의 끈을 놓지 않고 이들의 간절함에 가슴이 찡해졌다'고 한다.; 연합뉴스, 2015. 9. 22.

국민으로서 지위를 누릴 수 있도록 보장하는 것은 헌법 전문, 제2조 제2항, 제10조에서 규정하고 있는 국가의 재외국민 보호의무 및 기본권 보장의무를 이행하는 것으로 중요한 의미를 지닌다"고 판시하였다. 앞에서 본 바와 같이 정부는 김씨가 법무부를 통한 국적 판정 절차를 거치지 않고 곧장 소송을 제기한 점을 지적했으나 받아들여지지 않았다.

한편 러시아 국적법 제3조 중에는 '무국적자(лицо без гражданства)-외국 정부의 국적을 지니지 않으면서 러시아 연방의 국민이 아닌 사람'으로 규정되어 있다.

소련은 1938년까지만 하여도 속지주의였으나, 1938년 국적법이 개정되면서 사할린 한인들은 무국적자로 분류하였다. 또한 사할린 거주 한인에 따르면, 1950년대 초반부터 사할린에서 '임시 신분증'이 발급되고, 그때까지는 일본식 이름을 사용하였으나, 이즈음부터 한국식 이름으로 변경하는 것이 허용되었으며, 1955년경부터 '무국적자 신분증'이 발급되었다고 한다. 그 당시에도 이 과정에서 소련 국적을 신청할 수 있었음에도 불구하고, 한국으로 돌아오기 위하여 많은 한인들은 무국적을 선택하였다. 이로 인하여 그들은 직장, 승진, 교육 등 불이익을 당하였다. 우선 국적이 없으면 대학 진학이 어려웠다.[25]

한편 북한에서는 1950년대 한인 2세들을 위한 대학 교육을 한다는 명분으로 북한 국적을 취득하도록 사할린으로 요원을 파견하기도 하여 한인 1세들이 북한 국적을 선택하기도 하기도 하였는데,[26] 그 이유는 한국으로 빨리 돌아올 수 있으리라는 기대를 가지고 있었기 때문이다. 그러나 북한으로 간 유학생들이 소식이 끊기거나 사할린으로 오는 출국길이 막히자 이들은 북한 국적 취득을 포기하였다. 이후에는 많은 한인들은 소련 국적을 선택하기도 하였다. 그 당시 사할린의 무국적자들에게는 한국을 동경하는 반공주의자라는'요주의 인물'이라는 낙인이 찍히기도 하였다.

이러한 여러 가지 요인들로 인하여 1959년에는 무국적자가 49%(약 2만명) 정도였으나, 1970년경에는 21%인 7,600여명으로 감소한다. 이는 대부분 무국적자였던 한인 1세들이 사망하였기 때문이기도 하다(한인묘 실태조사 보고서, 2011년).[27]

〈사건 2〉

청구인 이×구; 1938년 2. 28. 부산에서 출생한 이후, 중국으로 이주하여 흑룡강성 연수현에서 생활하다 1992년 경 대한민국에 입국한 이래 현재까지 불법체류 중인 중국 동포로서, 2003. 11. 13. 대한민국 법무부에 국적회복허가를 신청한 사람, 나머지 청구인들도 위 청구인과 동일한 지위에 있는 사람들임(2006. 3. 30. 2003헌마806).

25) 김복곤씨의 증언, 2014.1.; 2014.7.16.; http://blogs.ildaro.com/1992; 2016.4.12. 검색.
26) 전체 4만3천여명의 사할린 한인 가운데 65%가 북한적, 25%가 소련적, 나머지 10% 내외가 무국적이 무국적자이다. 이정희, 「러시아 사할린주 한인의 실태연구」, 『영남정치학회보』 7, 1997, 289-290면.
27) http://blogs.ildaro.com/1992

대한민국 국적 승계의 근거 법령(2006. 3. 30. 2003헌마806, 조대현 재판관의 소수견해)[28]

1. 일제가 대한제국을 강제병합한 후 칙령 제318호로 대한제국을 조선이라 칭함–
대만인과 사할린인에게는 일본 국적법을 적용하면서도 조선인에게는 일본 국적법을 적용하지 않았으며, 일제시대 민적법에 따른 민적이나 조선호적령에 따른 조선 호적은 일본의 호적법에 따른 일본호적과 준별하였으며, 조선호적과 일본호적과의 교류는 혼인·이혼·입양·인지 등 특별한 신분변동사유가 있는 경우에만 매우 제한적으로 인정되었으며, 그 결과 일제시대에는 호적을 기준으로 일본인으로서의 지위를 가진 사람, 조선인으로서의 지위를 가진 사람을 법적으로 구별
2. 일제는 1941년부터 3개년 계획으로 만주 거주 무호적 조선인에 대하여 간단한 절차로 적을 취득하게 하여 재만조선인(在滿朝鮮人)으로 하는 취적사업을 하였으며, 조선호적령은 일제 패망이후에도 재조선미국육군사령부군정청 법령 제21호에 의하여 효력이 지속되었으며, 임시조례 제5조는 일본호적을 취득한 혈통상 조선인이 일본 호적에서 이탈하면 조선 국적을 소급적으로 회복한다는 취지의 규정이 있었으며, 호적의 임시조치에 관한 규정(1948. 4.1. 남조선과 도정부 법령 제179호)에 의하여 38선 이북에 본적을 두고 38선 이남에 거주하는 자의 신고를 받아 38선 이북에 거주하는 자에 대하여서도 가호적이 편제되었다.
이러한 모든 상황들을 종합적으로 살펴볼 때, 위 임시조례에서 말하는 '조선인'이란 일제시대에 조선인으로서의 법적지위를 가졌던 사람, 즉 조선호적에 등재되었거나 등재될 사람을 의미한다고 본다.
3. 제헌헌법 전문에서, '유구한 역사와 전통에 빛나는 우리들 대한국민은 기미 3·1운동으로 대한민국을 건립하여, 세계에 선포한 위대한 독립정신을 계승하여 이제 민주독립국가를 재건'한다고 규정되어 있으며, 1919년 3·1운동을 계기로 수립된 대한민국 임시정부의 헌법인 대한민국임시헌법(1919. 9. 11.) 제1조에는 '대한민국은 대한인민으로 조직함'이라고 규정되어 있으며, 대한민국 임시헌장(1944. 4. 22.) 제3조에서는, '대한민국의 인민은 원칙상 한국 민족으로 함'
4. 이상으로 종합하여 보면, 위 임시조례 제2조의 내용은 제헌헌법에 저촉되지 아니한다고 할 것이므로, 1948. 5. 11. 임시조례에 의하여 조선의 국적을 부여받은 조선인 및 그 후손들은 1948. 7. 17. 제헌헌법 제3조, 제100조에 의하여 대한민국의 국적을 취득하였다고 할 것이다. 그렇다면 최초의 대한민국 국민은 임시조례상의 조선인, 즉 조선호적 입적자 또는 입적대상자 라고 할 것이다.

여기에서는 남조선과도정부 임시 법률과 관련하여 사할린 한인과 중국 동포의 돌아올 권리에 대한 두 사건을 비교하여보기로 한다.

위 사건1(서울행정법원 행정2부, 2012구합26159, 2014.6.19. 국적확인 소송)은 일제시대 사할린으로 강제징용되어 갔던 그 자손이 국적 판정 절차없이 국적확인 소송을 제기하여 승소한 사건이고(서울행정법원 행정2부, 2012구합26159, 2014.6.19.), 사건 2(2006.3.30. 2003헌마806)는 1938년 부산에서 태어나, 중국 흑룡강 방면으로 이주하여, 1992년 입국하여 장기간 체류하다 불법체류자가 되어 한국 정부의 불법체류자에 대한 국적회복신청을 불허하고 있는 '중국국적동포업무처리지침'에 대한 헌법소원 적격 여부를 다툰 사건이다.

위 두 사건에서 공통점은 과거에 '조선인'이었던 자의 자손이거나, 또는 그 당사자의 한국

---

28) 최경옥, 중국동포와 한국국적취득의 문제점-2003헌마806을 중심으로-, 일감법학 제29호, 2014, 10., 건국대학교 법학연구소, 61면 이하 재인용.

국적 여부인 것이다. 사건 1에서는 국적 판정 절차없이 남조선과도정부법률 제11호 국적에 관한 임시조례 제2조(조선인을 부친으로 하여 출생한 자 등은 조선의 국적을 가진다), 제5조(일본호적을 취득한 혈통상 조선인이 일본 호적에서 이탈하면 조선 국적을 소급적으로 회복한다는 취지의 규정)에 따라 조선인이었다가 1948.7.17. 제정된 헌법의 공포와 동시에 대한민국 국적을 취득하였다. 따라서 원고는 1948.12.20. 법률 제16호로 제정된 국적법 제2조 제1호에 따라 출생과 동시에 대한민국 국적을 취득하였다. 따라서 원고는 대한민국 국민이다." 라는 판결을 받았다.

그러나 사건2에서는, 중국동포들의 한국에서의 법적지위, 한중수교로 인한 국적회복절차를 규정하지 않은 한국 정부의 입법부작위와 그리고 불법체류자들의 국적회복신청을 불허하는 내부지침으로 하여 기본권이 침해되는지 여부를 묻는 헌법소원 적격성 여부가 문제되는 것이다.[29] 이 사건은 중국국적을 가진 동포를 외국인으로 보고, 이러한 경우에 한국 국적을 상실한 것이 아니라고 하드라도, 1997년 개정된 국적법에서 국적판정(제20조) 기회를 주었음에도 불구하고－그러나 국내체류 동포나, 국외체류 동포들이 이러한 국적판정 제도가 있다는 사실을 알기도 어려울 뿐만 아니라, 안다고 하여도 이러한 절차를 밟으려고 국내에 입국하여 그러한 판정을 받기에는 시간이 걸리므로 쉬운 일은 아님－,[30] 이러한 신청을 하지 않았기 때문에 각하되나, 위에서 본 1명의 반대의견(조대현 재판관)이 오늘날에는 다수의견이 되어 사건 1과 같은 국적확인 승소 판결을 받아내기도 한다. 그리고 사건 1에서 재판부는 '사할린에서 살아온 원고가 한국에 들어와 상당 시간과 비용이 소요되는 국적 판정 절차를 하는 것이 원고에게 적절한 수단인지 회의적'이라고하여 수단의 적절성에 문제를 제기하고 있다. 그러므로 이러한 판결을 중심으로 이제 이들에게 국적 판정 절차를 밟도록 한 이 법은 수정되어야 할 것이다. 왜냐하면 그들은 원래 대한민국 국민이었기 때문이다. 즉 앞서 살펴본 임시조례 제2조제1호에는 '조선인을 부친으로 하여 출생한 자는 조선의 국적을 가진다'(혈통주의)와, 1949년 12월 20일 제정된 국적법(제2조 제1호)에도 '출생한 당시에 부가 대한민국의 국민인 자'는 대한민국의 국민이다라고 규정되어 있었다.

---

29) 이에 관한 상세한 것은, 최경옥, 위의 논문(2014.10.), 35면 이하 참조.

30) 치료 위해 고국 땅 밟은 위안부 피해 할머니(하 모씨, 89), 하 할머니는 17살 때(1944년), "돈을 많이 벌 수 있다"는 위안부 모집책의 유인으로 중국으로 건너갔다. 이듬해 패전이 되었지만 주변의 시선이 두려워 고향인 충남 아산으로 돌아오지 못하였다. 이후 중국 남자와 결혼하여 방직공장으로 직공으로 생계를 유지하면서도 고국을 잊지 못해 1999년 한국 국적을 회복하였으며, 2003년 한국으로 돌아왔다, 2-3년 후 중국 가족이 보고 싶어 다시 중국으로 돌아갔다. 그러나 이번에 낙상 사고로 갈비뼈가 폐를 찌르는 중상을 입었으나, 중국에서는 중국 국적이 아닌 관계로 의료 혜택을 볼 수 없어 하루 150만-180만원이 드는 비용을 감당하기가 힘들다는 소식을 여성가족부가 접하고, 하 할머니를 국내 병원으로 이송시켜 "정부가 할머니 치료와 관련된 경비를 전액 부담해 완치때까지 최선을 다할 것"이라고 밝혔다. 현재 생존해 계시는 위안부 할머니는 44명(국내 40명, 해외 4명), 중국에는 생존자 3명이 있지만, 하 할머니를 제외한 두 명은 한국 국적을 얻지 않았다. 중앙일보, 2016.4.11.

(2) 고려인을 위한 특별법 - '고려인 동포 합법적 체류자격 취득 및 정착 지원을 위한 특별법' -

중국 동포들을 위하여서는 2001년 5월, '중국동포업무처리지침'(2001.5.7. 법무부예규 제551호로 개정된 것)이 있었으나, '외국국적동포의 국적회복 등에 관한 업무처리지침'(2005.6.17. 법무부예규 제729호로 개정된 것)으로 전환되면서 폐지된다. 이러한 지침과는 별도로 고려인동포들에 관한 특별법은 2010년 5월, '고려인 동포 합법적 체류자격 취득 및 정착 지원을 위한 특별법(법률 제10306호, 2010.5.20. 제정, 시행 2010.11.21. 그리고 다시 이들을 지원하기 위하여 법률 제11690호, 2013.3.23. 개정; 이하 '고려인 동포법'으로 칭함)'은 보다 늦게 제정되었다. 물론 이는 전자는 국적에 관한 처리지침이고, 후자는 고려인 동포들의 체류자격 취득 및 정착을 위한 특별법이다. 중국 조선족이나, 사할린 한인이나 위 '외국국적동포의 국적회복 등에 관한 업무처리지침'에서 국적 회복을 할 수는 있을 것이다. 그럼에도 불구하고 특별히 사할린 한인 등 고려인들을 위한 특별법을 제정한 것은 강제징용으로 사할린으로 갔다가 영주귀국하는 사람들의 체류와 그 정착을 지원하기 위한 것일 것이다. 동법 제1조(목적) 이 법은 고려인동포의 합법적인 체류자격 취득을 지원하고 고려인동포의 권익증진과 생활안정을 도모함을 목적으로 한다. 그리고 제2조에서는 고려인 동포의 범위를 제시하고 있다. 즉 이 법에서 "고려인동포"란 '1860년 무렵부터 1945년 8월 15일까지의 시기에 농업이민, 항일독립운동, 강제동원 등으로 러시아 및 구소련 지역으로 이주한 자 및 「민법」 제777조에 따른 그 친족으로 현재 해당 지역에 거주하고 있는 자를 말한다'(제2조). 그러나 이는 법 조문 중 '… 현재 해당 지역에 거주하고 있는 자'로 규정되 있어 국외 체류 고려인 동포들을 위한 법이 되어 '국내 체류 고려인과 사할린 동포를 포함한다'는 내용이 명확하지가 않아 현재 국내 거주 고려인, 또는 사할린인 등이 불만을 제기하고 있는 상태이다. 그리고 같은 이유로 국내 체류 고려인 동포에 대한 정부 지원과 대책이 누락되어 안정적인 모국 생활을 위한 거주, 교육, 의료 지원 등이 포함되기를 기대하고 있다.

게다가 이는 고려인 동포들에 국적 취득 부분이 누락되어 있어, 지난 14년 12월 3일 이인제의원의 대표발의[31)]로 제출된 개정안 3조(정책의 수립 등) ① 정부는 고려인동포의 합법적인 거주국 체류자격 취득 및 생활안정 지원을 위한 정책을 수립·시행하고 관련 국가와의 협력 등 외교적 노력을 다하여야 하며, '영주고려인동포의 대한민국 국적 회복과 국내 정착 및 생활안정 지원을 위한 정책을 수립·시행하여야 한다'[32)]라는 내용을 담고 있었으나, 여전히 통과되지 못하고 있다. 또한 19대 국회에서도 '사할린에 강제동원으로 이주하였거나 사할린에서 출생한 한인과 배우자, 직계비속1인과 그 배우자'를 지원대상에 포함하고, 이들의 영

31) 이 안을 발의한 의원은 이인제·최규성·원유철·경대수·이완영·권은희·문정림·김종태·문대성·김을동·이강후·염동열의원(이상 12인).

32) http://blog.naver.com/ohpeaceasia/220315056752; 2016.4.12. 검색.

주귀국을 지원하는 '사할린 동포 지원에 관한 특별법'이 발의되었으나 여전히 계류중이다.[33] 이제 20대 국회를 기다려야 하는 시점이다.

현재 사할린에는 4세대까지 내려오고 있다.[34] 일본의 경우에는 사할린에 있는 자국민에게 자손까지 동반 귀국을 허용하고 있으며, 중국에 남겨진 일본인에게도 동일하게 허용하고 있다. 독일의 경우에는 직계 조상 중 한쪽만이라도 독일계이면 귀국할 수 있도록 하고 있다. 현재 이러한 문제는 사할린 한인들의 귀국의 경우 한일정부가 일본 정부의 보상 형식으로 실시가 되면서 그 영주귀국 대상은 '1945년 8월 15일 이전에 사할린에서 출생했거나 거주한 한인1세에 한하여 그들의 배우자와 장애자녀에 한정'되어 있는데, 이는 한국과 러시아의 영주귀국 협의시에 러시아 정부가 주관적으로 주장한 내용을 한국 정부가 그대로 받아들인 것으로, 러시아 정부는 약 2만 7천여명의 사할린 동포의 대규모 이주를 우려한 나머지 경제적 능력이 없는 노인층을 중심으로 한국 이주를 허용한 것이다.[35] 게다가 한국 정부의 더 이상의 경제적인 부담을 하려고 하지 않는 정책이 내포되어 있다. 그러므로 사할린에서는 이러한 영주귀국을 '고려장'이라 지칭하기도 한다. 그 결과 이들은 사할린으로 가기 위하여 이산 가족이 되고, 또 다시 한국으로 돌아오기 위하여 자식들과 헤어져야 하는 이중 이산가족이 되

33) 이 법안은 10년째 국회에 계류중이다. 17대 국회에서도 '사할린 동포 지원에 관한 특별법'이 2010년까지 6개가 발의되었으나 통과되지 못하고 폐기되었다.

34) 현재 국내에 광주광역시의 고려인동행위원회는 2018년 1월 15일 고려인국민위원회(서울), 고려인 너머(경기도 안산) 등 전국 고려인 지원단체 등과 협의해 고려인특별법 개정 청원운동을 펼쳐나갈 방침이라고 밝혔다. 광주지역 각계 인사 400여명이 참여한 고려인동행위원회는 11일 광주시 월곡동 광주고려인마을 청소년문화센터에서 출범식을 열고 이렇게 결정했다.
광주 광산구월곡동 일대엔 고려인 4000여명이 살고 있다. 문제는 고려인 4세의 경우 '재외동포의 출입국과 법적 지위에 관한 법률'에 외국인으로 분류된다. 이 때문에 고려인 4세는 만 20살 성인이 되면 한국을 떠나 자신이 태어난 나라로 가 단기관광비자(C3)를 받아 다시 국내로 들어와야 한다. 국내에 계속 머무르려면 3개월마다 출국했다가 재입국해야하는 상황이다. 법무부는 지난해 9월 만 20살 이상 부모와 함께 국내 거주중인 고려인 4세에게 2019년 6월까지 한시적으로 방문동거비자(F1) 자격을 부여했다. 박용수 고려인동행위원회 위원장은 고려인 특별법 개정 청원운동은 고려인 4~6세도 동포로 인정받도록 하자는 것이 핵심이다. 국회에 발의된 고려인특별법 개정안 청원 운동 펼친다. 한겨레, 2018.1.15. 정대하 기자 daeha@hani.co.kr http://www.hani.co.kr/arti/society/area/827796.html#csidx21e3817177cab18a048698bb3d704e6; 검색 2018. 4. 1. 참고로 2017년 9월 법무부의'4세대 이후 동포에 대한 한시적인 구제지침'의 결과, 법무부 출입국·외국인 정책본부는 고려인 등 4세대 이후 청년들의 국내체류 지원을 위하여 2-18년 3월 36일부터 체류자격외 활동허가를 통한 시간제 취업활동을 허용하였다. 허가대상은 만 19세 이상 4세대 이후 성년동포로 한시적 구제조치(F-1-25)를 받았거나, 부 또는 모와 국내거주하는 25세 미민 동포(F-1-11, F-1-9)에만 해당되며, 취업범위는 방문취업(H-2) 자격에 해당하는 취업분야로, 허가기간은 최대 1년이며, 취업장소는 1공으로 주당 30시간으로 제한되며 이를 위반할 경우 고용주는 출입국관리법 제18조에 따라 처벌받고, 당사자는 체류허가 취소되며, 강제퇴거될 수 있다. 그러나 이에 대하여 고려인들은 관심은 감사하나, 허용직종이 제한(편의점, 패스푸드 등)으로, 한국어 구사가 힘든 고려인 청년들에게는 그림의 떡에 불과하다고 한다. 자세한 것은 "광주출입국, 고려인마을 주민초청 '체류자격외 활동허가'설명회", 한국타임즈, 2018.3.24., 김혜경 기자; 검색 2018.4.2. http://www.hktimes.kr/read.php3?aid=1521867355101312003
한편 법무부는 오는 4월 2일부터 결혼이민자의 외국인 부모 등 가족이 결혼이민자의 자녀 출산 및 양육지원을 목적으로 장기체류를 원할 경우 허가요건을 완화한다고 밝혔다.

35) http://park.zc.bz/xe/twitter/74449, 2016.1.3.; 2016.4.16. 검색.

고 있는 현실이다. 위의 사례에서 살펴본 다른 나라들은 직계혈통이면 언제든지 돌아올 권리를 보장하고 있는 상황과는 대조적이다. 그러므로 한국 정부와 국회 모두 이러한 점을 고려하여 조속한 입법과 정책이 강구되어 귀국을 희망하는 고려인 동포들이 하루빨리 고국의 품에 안길 수 있도록 러시아 정부와 재협상에 나서야 할 것이다.

현재 영주귀국자들은 국내에서 국민기초생활보장법상 특례수급자로 지정되어 특별생계비, 기초노령연금, 의료 급여 등이 제공되고 있다. 만약 이러한 재정 부담으로 인하여 그들의 귀국을 1세로 제한한다면, 이러한 재정정책이나 복지는 그 1세에 한하고, 그들의 직계혈통들에게 는 '돌아올 권리'를 보장하는 선택적 정책이 요구된다 할 것이다.

(3) 비자 종류와 문제점

첫째, 단기방문제(C3비자)는 2014년 4월 1일부터 모국을 방문하고자 하는 만 60세 미만의 외국국적동포에게 3년 유효한 동포방문(C3비자) 복수사증을 발급하여 자유로운 출입국을 보장하고 있다. C3비자를 가지고는 H2비자, F4비자와 같은 취업활동을 할 수는 없다. C3비자를 가지고 취업시에는 불법취업으로 출입국관리법위반의 제재를 받는다.

둘째, 방문취업비자인 H2비자는 중국 및 CIS 지역 동포들에 대한 자유왕래 및 취업활동 범위 확내를 위한 사증이다. 25세 이상 중국·구소련지역 동포에 대해 3년한 유효한 복수사증을 발급(H2)한다. 사증의 유효기간 범위 내에서 자유로운 출입국이 가능하며, 최대 4년 10개월까지 체류가 가능하다. 즉 25세 이상 중국·구소련지역 동포에 대해 3년간 유효한 복수사증을 발급(방문취업비자, H2비자)한다. 국내 취업을 원할 경우 취업교육 및 구직신청 등 절차를 거쳐 출입국관리법 시행령에서 정한 단순노무분야 허용업종에서 취업활동(H2비자[36])이 가능하다. 연고와 무연고동포 등 대상별 사증발급 절차를 다르게 적용한다. 국내 친족 등이 있는 연고동포와 유학생 부모 등 사증발급 특례대상은 초청 허용인원의 범위 내에서 국민 등의 초청을 받아 입국 할 수 있으며, 무연고동포는 국내 노동시장 상황을 고려하여 전산추

36) 사증발급은 초청이나 전산 추첨을 통해 이루어진다. 초청은 국민 및 영주자격(F-5-7)로부터 초청을 받는 것이다. 2촌 이내 혈족 또는 인척은 재외공관을 통해 신청이 가능하며, 3~8촌 이내 혈족이나 3~4촌 이내 인척은 관할 출입국관리사무소에서 신청이 가능하다. H2비자 자격 연장은, 방문취업비자인 H2비자는 최초 입국 시 체류기간 3년 내로 허가가 난다. 단, 고용부에서 취업활동 기간 연장 확인서를 받은 경우, 입국일로 부터 최대 4년 10개월 범위 내로 허가 받을 수 있다. 방문 취업 사증으로 재입국(완전 출국 후 재입국)하여도 체류기간은 사증유효기간 내에서만 허가를 받을 수 있다.
또한, 유학생의 부모 및 배우자에 대해서 초청자(유학생)의 체류기간 내에서만 체류허가를 받을 수 있다. H2비자는 국내 친인척 유무와 활동 목적 등에 따라 사증발급 절차가 다소 상이할 수 있다.
http://blog.naver.com/PostView.nhn?blogId=jjj1007jjj&logNo=220663103462; 2016.4.15. 검색
그러나 다음과 같은 불만도 있다.
중앙아시아 국적 고려인은 방문취업비자(H2)를 받아 3년마다 출국해서 다시 절차를 밟아 갱신하여야 재입국이 가능하고, 재일/재미동포들은 3년마다 한 번씩 기간연장으로 체류가 가능하도록 하여, 재외동포간에도 차별을 하고 있다. 광주시 광산구 월곡동은 이제 고려인촌이 되었다. 약 3천명의 고려인들이 모여 살고 있다.; chosun.com, 2015.2.18.

첨 등을 통해 입국이 허용된다.

셋째, 중국·구소련지역 동포를 대상으로 단순노무 종사 가능성이 적은 대학졸업자, 법인 기업대표, 기능사이상 자격증 소지자, 만 60세 이상 동포 등에 대해 재외동포(F4비자) 자격 부여를 확대하였으며, 방문취업제(H2비자)와 연계, 국내 노동시장 혼란 우려가 없는 제조업 등 특정산업분야에 장기 근속한 동포에 대해 재외동포(F4비자) 자격으로 변경 가능하다.

넷째, 동포와 모국과의 유대강화 및 동포 거주국과의 관계증진 등을 위해 현행 영주자격 관련 제도를 개선하여 영주자격(F5비자) 부여를 활성화하였다. 방문취업(H2비자) 동포가 제조업·농축산업·어업 분야에서 장기 근속 및 일정한 요건을 갖춘 경우 영주자격(F5비자)을 부여한다. 대한민국 국적취득요건을 갖춘 동포에 대해 친족 초청이 가능한 영주자격(F5비자)을 부여한다.

그러나 이러한 규정이 있음에도 불구하고, 「출입국관리법 시행령」 제12조 및 제23조에서 고려인 동포와 조선족 동포만을 별표를 통해 다른 동포들과 구분하여 H2 비자에서는 체류를 제한하고, F4 비자에서는 노동권을 제한하고 있다. 이는 재외동포법 제4조(정부의 책무)와 제10조(출입국 체류)를 출입국관리법 시행령으로 제한하는 위반을 하고 있다.

또한 영주권 발급을 외국인과 동일한 적용을 하여 저임금으로 생활하는 고려인 동포들의 영주권 취득을 어렵게 하고 있다. 그러므로 국가가 제공하는 무료 정착교육(언어, 역사, 문화, 생활법률)을 이수하고, 1년 이상 국내에 체류하며 성실한 모국생활을 한 고려인들 중 원하는 이들에게 영주권을 부여하여야 한다. 게다가 더 나아가 영주권을 취득한 동포들에게는 그 즉시 지방참정권도 인정하여야 한다라고 주장하고 있다.[37)]

그 이외에도 이들이 원하는 사항들은 다음과 같다. 그러므로 이들을 위하여 한국 정부가 해야 할 일들을 그들의 입장에서 살펴보면 다음과 같다.

– 1994년 사할린 한인협회와 사할린 한인 노인협회가 합동으로 채택한 요구서 –,[38)]

- 1945년까지의 출생자들을 1세로 보아 보상하여, 1946년 이후 출생자들을 2세로 보아 보상할 것.
- 한국으로의 영주귀국은 연령을 기준으로 단계적으로 실시하고, 1938년 이전 출생자들을 우선적으로 귀국시키되, 가족 동반 귀국을 허용할 것
- 거주지는 본인이 희망하는 곳으로, 개인소유의 주택을 보상하고, 1세들에게는 사망할 때까지 생활비를 보상하며, 이후 단계적으로 귀국하는 사람들에게도 동일 조건으로 보상할 것–현재로는 대부분의 경우 단체생활–2인 1실 등–을 하며 모여 살고 있다.[39)]
- 영주귀국자들의 소유 재산을 모두 한국으로 가져올 수 있게 할 것
- 사할린에 계속 남아있기를 희망하는 사람들에게는 1천만엔씩 보상할 것

37) 고려인 이주 150 주년 기념사업회 '제도발전위원회'일동. 2014. 4. 29. http://150korean.tistory.com/87
38) 김성종, 사할린 한인동포 귀환과 정착의 정책과제(2006), 210면.
39) 영주 귀국자들의 주거지에 관한 구체적인 분포도는, http://park.zc.bz/xe/twitter/74449, 2016.1.3. 참조;

- 사할린 한인들의 민족문화 재생을 위하여 민족학교와 문화센터를 건설할 것
- 이중국적을 취득할 수 있도록 러시아에 한국 정부가 요구할 것(필자가 밑줄친 것임)
- 강제로 연행되었지만, 러시아 본토로 이주한 한인들에게도 동일 조건으로 보상할 것.

참고로 이 문제 이외에도 이들의 강제연행동안의 강제저축금-갑종적립금, 을종적립금, 우편저금, 각종 채권 등; 이에 대하여 일본은 강제 모금액을 상환하겠다고 하나, 그 원부가 없다는 이유로 이행을 하지 않고 있음-과 이중징용[40]에 관한 보상에 관하여 반환을 일본에 요구하여야 할 것.
기타 유해봉환 문제, 제2세 문제, 역사, 민족, 언어, 문화 교육문제, 모국방문 문제와 법적 지위 등

Ⅲ. 조선족 동포들에 대한 법적 자취

1. 조선족의 생성 배경

19세기 중기에 있었던 혹독한 자연재해와 20세기 전후에 있었던 일본의 침략과 식민지통치로 하여 조선반도에는 두 차례의 이민역사가 있었으며 그때 대부분의 이주민들은 중국으로 이주하였다.[41]

중국 조선족 공동체의 출발은 여러 가지 설이 존재하지만 대개 1860년대로 보고 있다. 1870년 만주 기주 조신족은 77,000명에 달하였고, 1900년에는 220,000명으로 늘었다. 일제강점기에는 이를 피하기 위하여, 또는 독립운동의 목적으로 이주하는 등 1,700,000여명에 달하였다. 해방 후 79만 명의 조선인은 귀국하였고, 1953년 센서스 보고에 따르면 중국조선족의 수는 1,120,000명으로 보고되었다. 그 후 조선족 인구는 지속적인 성장하여 2007년 현재 2,762,160명으로 보고되고 있다. 그들은 연변주와 길림성을 비롯한 동북3성에 주로 거주하였다. 중국 정부는 소수민족정책에 따라 조선족의 민족자치권을 인정하여 연변조선족자치주의 지위를 부여했다. 그러나 1978년 중국의 개혁・개방정책 추진 이래로 산해관내(山海關內) 지역이나 한국, 일본, 미국 등지로 이주하기 시작했다. 1982년 중국정부가 공식적으로 조선족의 한국 친척 방문을 허용하면서, 1988년 서울올림픽대회 이래로 고향방문, 노동이주, 유학 등의 목적으로 한국으로 대거 이동하기 시작하면서 한국 체류 조선족은 급증하였다.[42] 그리하여 현재는 중국의 조선족 비율이 줄어들어 중국 정부로부터 자치주 인정을 받는데 어려움

2016.4.16. 검색.

40) 일본에 의하여 사할린으로 강제징용되었던 사람들이, 1944년부터 태평양 제해권 및 제공권 상실로 사할린의 석탄 운반이 불가능해지자, 이들 중 일부를 일본 본토에 있는 석탄을 이용하기 위하여 사할린 탄광에서 다시 일본 큐슈탄광으로 재징용하였다. 그 숫자가 약 3천명에 달한다고 한다. 이들 중 생사확인이 제대로 되지 않고 연락두절된 경우들도 있다고 한다. 이 문제는 사할린 한인 동포 문제와 별개로 생사확인. 배상문제와 청구권 문제가 여전히 존재하고 있다.; 김성종, 위의 논문, 212-214면 참조.

41) 중국 현지에서의 조선족에 관한 법제는, 엄해옥, 중국조선족의 이주와 관련된 중국국적법의 현행과제, 일감법학, 제30호, 2015.2. 4면.

42) http://100.daum.net/encyclopedia/view/14XXE0068435; 2016.6.12. 검색.

이 있을 정도로 그 인구가 감소하고 있다. 그 이유는 조선족의 한국 유입이 증가하고, 중국이 산업이 발달하여 젊은이들은 도시로 나가는 등의 이유로 자치주가 해체될 위기에 있기 때문이다.[43)]

2. 조선족 동포와 돌아올 권리

중국 정부는 일제시대에 동남아로 간 화교들에게 돌아올 권리를 보장하여, 동남아에서 중국 국적을 가지고 살든지 또는 중국으로 돌아와 살 수 있게 하였으며, 중국은 1958년에는 북한 출신 조선족에게도 중국에서 북한 국적으로 살든지 또는 북한으로 돌아갈 수 있게 하였다. 또한 중국은 일본과 수교를 맺으면서 일본계 중국인들의 일본 귀환을 허용하였다. 이러한 상황인데 유독 대한민국만 조선족에게 한국 국적을 부여하는 것을 중국 정부가 반대할 것이라는 전제하에 이를 허용하지 않는 것은 문제가 있다는 지적을 하고 있다.[44)]

3. 법적 자취와 문제점

(1) 해외이주법

정부수립 이후 한인의 국외이주 역사는 6・25전쟁 전후로 미군과 결혼한 한국 여성들의 미국 진출을 계기로 시작됐다. 해외이주법(1962년 3월 9일 제정, 공포)은 이를 계기로 제정된 것이다.[45)] 그리고 1991년 12월 14일, 해외이주법 제12조에서 '영주귀국신고'란을 신설하여, '해외에 이주하여 일정기간 거주한 자가 국내에서 생업에 종사할 목적 등으로 영주귀국하고자 하는 때에는 외무부령이 정하는 영주귀국을 증명할 수 있는 서류를 갖추어 외무부 장관에게 신고하여야 한다'라고 규정하고 있었다. 그 당시 '중국동포'라면, 독립유공자 및 국가유공자 후손에게만 영주귀국의 문호가 열려있었다. 이는 그 당시 200만 중국동포의 대거 귀국을 두려워한 부분과 중국측의 항의에 의하여 제한되기도 하였다.

---

43) 현지 중국 조선족에 의하면, 이들이 있었기 때문에 한국 기업들이 중국에서 기업을 하거나 무역을 하는데 일본보다 훨씬 유리하다고 한다. 우선 언어가 통하고, 이들이 인적 중간역할을 하고 있는 것이다. 만약 자치주가 사라지면 중국에서 한국어가 사라질 것이다. 아직도 중국 삼성, 특히 연변같은 곳에서는 간판도 이중어로 작성되고, 한국어를 사용하고 있기도 하나. 젊은 조선족들은 한국어를 잊어가고 있었다. 2014년 현지 체험.

44) 고향에 돌아와 살 권리 찾기 제2차 캠페인(조선족 교회), 정보공유게시판, 2004. 10. 30. http://blog.daum.net/dljin9988/7528592, 검색날짜, 2016.4.

45) 행정자치부 국가기록원은 해외이주법 공포(1962년 3월 9일) 53주년을 맞아 3월 '이달의 기록' 주제를 '한민족의 땀과 눈물, 세계를 적시다'로 정하고 관련 기록물을 9일부터 홈페이지(www.archives.go.kr)에 서비스한다. 지금까지 한국 역사에서 해외로의 이주는 브라질 이민단 출항('62), 서독 가는 젊은 광부들('63), 조총련계 재일동포 모국 방문('75), 뿌리내리는 시드니 교민생활('88), 영주 귀국한 사할린 고령 동포들('92) 등을 소개하고 있다. 뉴시스, 2015.3.8.

(2) '중국거주동포영주귀국허가지침'(1995년 5월 제정)[46]

앞에서 본 재외동포법이 있음에도 불구하고, 이는 일반적인 재외동포에 관한 법률이므로, 주로 일제시대 중국 등으로 이주하였던 동포들을 위하여 '중국거주동포영주귀국허가지침'(1995년 5월 제정)이 만들어지고, 그 이후 '중국동포업무처리지침'(2001.5.7. 법무부예규 제551호로 개정된 것)이 만들어졌으며, 이는 다시 '외국국적동포의 국적회복 등에 관한 업무처리지침'(2005.6.17. 법무부예규 제729호로 개정된 것)으로 전환되면서 폐지된다. 동 지침 제2조(정의) 이 지침에서 '외국국적 동포라 함은 대한민국의 국적을 보유하였던 자 또는 그 직계비속으로서 외국국적을 취득한 자'를 말한다.

또한 동 지침 제3조(의제규정) 중국국적동포 중 1949년 10월 1일(중국 건국일) 전에 한반도 및 그 부속도서에서 중국으로 이주하였거나 중국에서 출생한 자는 1949년 10월 1일부로 중국국적을 취득함과 동시에 대한민국 국적을 상실한 것으로 본다. 그러나 이 의제 규정은 중국과의 외교 마찰을 피하기 위하여 이들을 대한민국 국적을 상실한 것으로 규정하나, 그들이 자진하여 중국국적을 취득한 것이 아니기 때문에 이중국적자가 되는 것이다. 최근에는 이러한 문제를 해결하기 위하여 '외국국적 동포의 국적회복 등에 관한 업무처리 지침(법무부예규 제1012호, 2013.1.1. 이하 신지침이라 칭함)'에서는, '1949년 10월 1일 전에 한반도 및 그 부속도서에서 중국 등지로 이주하였거나 중국 등지에서 출생한자와 그 직계비속'에 대하여 국적회복 신청을 할 수 있도록 하였으며(동 제2조 제1, 2호), 이러한 신청기간에 대한 제한 조항도 없다. 그리고 동 제3조(의제규정)에서는, '제2조 제1호에 해당하는 중국 국적 동포는 1949년 10월 1일부로 중국국적을 취득함과 동시에 대한민국 국적을 상실한 것으로 본다'라고 규정하여, 국적 회복 내지 귀화를 하도록 하고 있으므로, 해석상 국적 선택이 가능한 '이중국적자'가 아닌 '과거에 대한민국 국적을 가졌던 외국인'(과거국적주의)으로 보아 이를 법률이 아닌 지침으로 해결한 것이다. 그러므로 이들은 장기체류자인 경우 불법체류자가 되고, 그러한 경우에는 국적회복 신청도 할 수 없도록 한 규정은 자국의 국민이었던 사람들에 대한 국가보호의무를 포기한 것이라 할 수 있다.

그러나 최근에는 동 지침 제12조(인도적 고려에 기한 특례) ① 법무부장관은 제5조의 규정에도 불구하고 불법체류중인 외국국적 동포 가운데 아래 각 호의 어느 하나에 해당하고 인도적 고려가 필요하다고 인정되는 자에 대하여는 제3항 각 호에 규정된 절차를 이행한 경우에 한하여 국적회복 또는 귀화 허가여부를 심사・결정한다.[47] '다만 밀입국자, 위・변조여권

46) 이 지침으로 정 할머니(71세)가 귀국하게 된다. 그녀는 1939년 14살 때 부산에서 다른 집 일을 돕다가 하얼삔으로 강제로 군대로 끌려가 군대위안부가 되었다. 연합뉴스 1996.3.5. 원래 정 할머니는 북한 국적이었으나, 법무부가 한국 국적으로 판정하여 귀국을 허용하였다. 그녀는 1994년 교회초청으로 한국에 왔으나, 외무부가 영주귀국을 허용하지 않아 도로 돌아갔다가, 이번에 외무부가 이를 허용한 것이다. http://media.daum.net/breakingnews/newsview?newsid=19960305191600096;

소지자 등에 대해서는 그러하지 아니하다'라고 하여 이들로서는 국적회복의 기회가 박탈당하는 것이다.[48] 이러한 부분에서는 처벌과 별개로 국적회복 신청을 할 수 있도록 처리하고, 범법 사실에 대한 처벌은 별개로 진행하는 것이 그들의 원래의 권리인 돌아올 권리를 인정하는 것이 될 것이다. 원래부터 국민이었던 백성이 범법자가 된다고 하여 국적 회복 신청 자체를 거절하는 것은 출생부터 한국 국적을 보유하였던 자로 죄를 저지른 자식은 버리는 것과 같은 비인도적 처리인 것이다.

Ⅳ. 재외동포들의 돌아올 권리와 법적 자취

1. 돌아올 권리

우선 다른 나라들의 돌아올 권리에 관한 규정들을 한번 살펴보기로 한다.

독일기본법 제116조(국적) 제1항, '이 기본법에서 말하는 독일인이란 법률에 달리 규정이

---

47) 1. 대한민국 국적을 보유하였던 자로서 가족관계등록부에 등록(폐쇄된 경우를 포함한다)되어 있는 60세 이상의 자
2. 제1호에 해당하는 자와 동반신청 하는 배우자, 자녀 및 그 배우자
3. 국적회복허가를 받고 외국국적의 포기절차를 마친 자의 배우자와 자녀
4. 제3호에 규정된 자녀와 동반신청하는 배우자
② 법무부장관은 제1항 제2호 또는 제4호에 해당하는 자의 동반신청을 접수한 때에는 같은 항 제1호 또는 제3호에 해당하는 자의 신청에 대해 먼저 국적회복 또는 귀화 허가여부를 심사하여 결정한 후 순차로 같은 항 제2호 또는 제4호에 해당하는 자의 신청에 대한 귀화 허가여부를 심사하여 결정한다.
③ 사무소장 또는 출장소장은 제1항 각 호에 규정된 자가 불법체류 상태에서 국적회복 또는 귀화 허가 신청을 하는 때에는 아래 각 호의 순서에 따라 처리한 후 신청에 대한 심사를 진행한다.
1. 신청자가 국적취득에 필요한 서류를 구비하였는지 여부를 확인하고 그 결과를 출입국관리정보시스템의 국적업무 참고사항란에 "신청서류 구비자"로 입력한 후 그 신청을 접수
2. 제1호에 따라 "신청서류 구비자"로 입력된 자에 한하여 출입국관리법 제102조(통고처분)에 따른 출입국사범심사결정
3. 제2호에 따른 통고처분을 출입국관리법 제105조 제1항에 규정된 기간 내에 이행한 자에 한하여 출입국관리법 시행령 제12조 별표1의 방문동거(F-1) 자격으로 체류허가
4. 제2호에 따른 통고처분을 출입국관리법 제105조 제1항에 규정된 기간 내에 이행하지 아니한 경우 그 사실을 즉시 법무부장관에게 보고
④ 사무소장 또는 출장소장은 제1항 각 호의 어느 하나에 해당하는 자에 대해 제3항 제1호부터 제3호까지의 절차를 진행하고 있는 때에는 출입국관리법령에 따른 강제퇴거 조치 등을 취하지 아니한다.

48) '한중수교 전에 적법하게 입국하여 체류중인 자로서 중국 내 생활기반이 상실되어 중국 복귀가 사실상 불가능한 자'에 대하여 법무부가 그동안 국적회복을 해주었는데, 최근에는 이들의 국적회복 신청 자체를 거부하고 있다고 한다. 이들은 단지 국적회복 신청을 늦게 하였다는 이유로 신청 자체를 거부하는 것으로, 이들에게 국적회복을 시켜주든지, 영주권을 달라고 이들은 요구하고 있다. 고향에 돌아와 살 권리 찾기 제2차 캠페인(조선족 교회), 정보공유게시판, 2004. 10. 30. http://blog.daum.net/dljin9988/7528592, 검색날짜, 2016.4. 1988년에는 '7·7 선언'에 따라 그동안 엄격하게 적용해오던 해외동포 영주귀국을 완화하여, 1985년부터 1991까지 중국에서 살다가 국내에 들어와 불법체류자가 된 50여명을 영주귀국을 허용하였던 적도 있다. 1996.3.5. 연합뉴스. 불법체류 사실을 알면서 이를 장기간 계속한 것이 국적회복허가 제한사유에 해당한다고 본 판결; 서울행정법원 제2부 2007.8.22. 선고 2007구합2258(국적회복허가신청반려처분취소); 이에 관한 구체적인 것은, 최경옥, 중국동포와 한국국적 취득의 문제점(2014.10.), 34면 참조.

없는 한, 독일 국적을 가진 자이거나, 1937년 12월 31일 현재 독일국 영역내의 독일 혈통을 가진 망명자 또는 피추방자 또는 그 배우자나 비속으로 받아들여진 자이다'라고 규정하고 있다. 이 규정을 근거로 구 소련 와해 이후 190만 귀환 동포에게 영주권을 부여하여 돌아올 권리를 보장하였다. 이는 독일이 1990년 통일을 이룬 이후 1999년 5월 개정하여 2001년 시행하고 있는 신국적법에 따라 혈통상 독일인(ethnic German)의 국적 취득의 길을 허용하고 있다.[49)]

이스라엘의 경우에는, 1948년 건국하였으며, 1950년 『귀환법(the Law of Return)』[50)]을 제정하여 '올레(Oleh)', 즉 이스라엘로 이주하는 모든 유태인에게는 귀환의 권리를 인정하여 이스라엘 국적을 부여하였으며, 이스라엘에 입국하는 날 또는 '올레증명서'(Oleh's certificate)'를 발급받는 날로부터 부여된다. 다만 국적 취득을 원하지 않으면 3개월 이내에 그러한 의사를 표명하면 된다. 더 나아가 1970년에는 동법을 개정하여 이스라엘로 귀환할 권리의 대상자를 확대하여, 유대인의 자녀와 손자녀 및 그 배우자까지 포함하였다. 이는 비유대인과의 결혼의 경우 '가족결합권(right of the unit of families)'을 보장하기 위한 것이다.[51)]

스페인은 내전과 프랑코 독재 치하에서 해외로 이주한 스페인계 후손에게 국적을 부여하는 역사기억법을 재정하였나.

한편 중국의 경우, 국내법상 특별한 규정없이 외국에 거주하는 '화교'에 대하여 이들을 모두 중국국적자로 간주하였으며, 그 결과 출생지주의를 취하는 거주국과 이중국적 상태가 발생하는 것에 대하여 1965년 6월 3일, 인도네시아와 이중 국적 문제에 관한 조약을 체결하였으며, 이를 시작으로 동남아 및 주변 국가의 화교 문제를 해결하였다.[52)] 이와는 대조적으로 한국 정부는 중국이나 러시아에게 이러한 문제에 관하여 아직도 조약체결을 요구하지 못하고 있다. 이는 재외국민보호에 대한 부작위이다.

이와 같이 중국 정부가 자기 나라 동포들에게는 혈통주의를 취하면서, 한국이 재외동포법에서 재외한인들에게 일정한 우대를 하는 것에 대하여 이의를 제기한 것은 국제적 관례에도 어긋나며, 이에 밀려 한국 정부는 혈통주의가 아닌 과거국적주의[53)]를 채택한 것은 우리 정부

---

49) 이들 혈통상 독일인들은 주호 18세기에 러시나나 루마니아 또는 그 외의 동유럽으로 이주하였던 농민이나 기술자들의 후예인데 이들에게 독일 국적을 부여하는 것이다. 노영돈, 재외동포법의 개정 방향에 관한 연구, 국제법학회논총, 제47권 제3호, 2001.12., 106면 이하 참조.

50) 1950년 7월 이스라엘 의회는 '귀환법'을 공포하였다. '귀환법'은 "모든 유대인은 새로운 이주자로서 이스라엘로 돌아올 권리를 가지며 완전한 이스라엘 시민권을 받는다."라고 규정하였다. 결국 이스라엘은 '부재자 재산법'과 '귀환법' 제정을 통해서 제도적으로 토착 아랍인들 대부분을 축출시키고 유대 이민자들을 정착시켰다;
http://cafe.daum.net/ysslee; 2016.4.12. 검색

51) 노영돈, 위의 논문, 106면.

52) 이에 관한 상세한 것은, J. A. Cohen, People's China and International Law, Vol. 1, (Princeton: Princeton Univ. Press, 1974), pp. 746-789; 任貴祥-趙紅英, 王功安一毛?, 『華僑華人与國共關係』(武漢: 武漢出版社, 1999), 264-265면; 노영돈, 위의 논문, 106면.

의 주권의식과 외교력의 한계를 내는 부분이기도 하다. 이 점에서 한국 정부의 책임은 여전히 존재한다. 이와 같이 세계 각국에서 역사의 조난자들의 돌아올 권리를 보장하고 있다.

2. 재외동포법

1999년 9월, '재외동포의출입국과법적지위에관한법률'(약칭: 재외동포법; 시행 1999.12.3. 법률 제6015호, 1999.9.2. 제정)이 되었으나, 대한민국 수립 이전에 이주한 재외동포들도 포함시키지 않아 헌법소송이 있었으며,[54] 2004년 2월, 재외동포법을 개정하면서 외국국적동포의 범위를 대한민국 수립 이전에 이주한 재외동포들도 포함시켜, 동법 제2조 2. 대한민국의 국적을 보유하였던 자(대한민국정부 수립 전에 국외로 이주한 동포를 포함한다) 또는 그 직계비속(直系卑屬)으로서 외국국적을 취득한 자 중 대통령령으로 정하는 자(이하 "외국국적동포"라 한다; 전문개정 2008.3.14.)로 개정된 것이다. 이러한 개정이 있기까지는 국내 체류 중국 동포 3인이 1999년 8월, 이 법이 헌법상의 평등권을 침해한다고 하여 헌법재판소에 헌법소원심판을 청구하였으며, 그 결과 2001년 11월 29일, 대한민국 수립 이전에 국외로 이주한 동포를 재외동포의 적용에서 제외한 재외동포법 제2조 2호와 동 시행령 제3조가 헌법상 평등의 원칙을 위배하여 헌법에 불합치된다는 판결(헌법재판소 2001.11.29. 선고 99헌마494)을 내리게 되고, 2004년 4월 '외국국적동포의 국적처리업무 처리지침'을 개정하여, 국적취득신청대상에 신청자의 기혼자녀를 추가하였으며, 불법체류자의 경우라도 가족결합 등 대한민국에 체류하여야 할 특별한 사정이 있는 한, 대한민국 국적을 보유하였던 자로서 가족관계등록부에 등록(폐쇄된 경우를 포함한다) 되어 있는 자(동 제8조 3항 1호)의 가족 등 일부는 국내체류를 허용하였으며(동 제8조 3항, 단 밀입국자나 여권위변조 행사시에는 그러하지 아니하다. 2013.1.1. 법무부 예규 제1012호; 그러나 이러한 자들의 국적회복신청을 허용하는 것은 아니다), 국적 회복 신청자 본인이 한국 국민이었던 사실증명의 요건도 완화시켰다(동 제5조).[55]

그럼에도 불구하고 여전히 국적판정이나 국적 선택권에 있어서는 공식적으로는 이중국적자로 인정하지 아니하고, 국적회복허가신청 대상자로서 국적 판정을 받도록 하고 있으며, 불법체류자(미등록자)에게는 국적회복의 기회는 주지 않고, 국내 체류만 허용하는 예외 규정을 두고 있다. 이러한 규정은 위 사건 1에서와 같이 원래부터 대한민국 국민이었던 사람을 범

53) 이러한 국적주의에 관한 상세한 것은 노영돈, 위의 논문, 105면 이하 참조.

54) 동법 제2조 2. 대한민국의 국적을 보유하였던 자 또는 그 직계비속으로서 외국국적을 취득한 자중 대통령령이 정하는 자(이하 "외국국적동포"라 한다). 이 조항은 헌법소송으로 이어졌다. 즉 [99헌마494 2001.11.29. 1. 재외동포의출입국과법적지위에관한법률(1999.9.2. 법률 제6015호로 제정된 것) 제2조 제2호, 재외동포의출입국과법적지위에관한법률시행령(1999.11.27. 대통령령 제16602호로 제정된 것) 제3조는 헌법에 합치하지 아니한다. 2. 이들 조항은 2003.12.31.을 시한으로 입법자가 개정할 때까지 계속 적용된다.]라는 판결로 인하여 개정을 하게 되었다.

55) 재외동포법의 문제점에 관하여서는 전재호, "세계화 시기 한국 재외동포정책의 쟁점과 대안", 한국과 국제정치 제24권 제2호, 경남대학교 극동문제연구소, 2008, 115쪽 이하 참조.

법자란 이름으로 그 자격을 박탈하는 위헌적인 처리이다.

Ⅴ. 결 어

이미 앞에서 살펴본 바와 같이 세계인권선언문(1948.12.10. 제정) 제13조에는 '모든 사람은 자기 나라 영토 안에서 어디든 갈 수 있고, 어디든 살 수 있다. 또한 그 나라를 떠날 권리가 있고, 다시 돌아올 권리도 있다'라고, 또한 국제인권규약 제12조 4항에는, '어느 누구도 자국으로 돌아갈 권리를 자의적으로 빼앗지 못한다.'(No one shall be arbitrarily deprived of the right to enter his own country)라고 규정되어 있듯이, 자기 나라로 다시 돌아갈 권리는 어느 누구도 국내 규정으로, 국제간에도 자의적으로 빼앗지 못한다.

이러함에도 불구하고 과거 역사의 조난자들인 특히 중국이나 러시아로 떠나갈 수 밖에 없었던 사람들 당사자나 그 자손들은 아직도 여전히 국내 사정-경제적 부담, 형평성 문제 등-, 국외사정-국가간 외교 마찰우려-등으로 고국으로 돌아올 권리를 완전히 보장받지 못하고 있다.

우신 고려인 동포들 중 특히 일본에 의하여 상세로 싱용내지 위안부로 떠나게 되었던 사할린 한인들의 영주귀국 문제는 한국 정부의 자력이 아닌 일본 적십자의 도움으로-일본 정부의 책임이란 명분으로가 아닌-작년 12월 마무리 수순을 밟고 있다. 그러나 이 문제는 여전히 그 귀국 대상자가 1945년 이전에 출생한 부부인 당자자인 1세에 한정하고 있어, 그 후손들과의 새로운 이산 가족을 만들어내고 있다. 이제 한국 정부도 자국 국민을 타의에 의해 강제로 타향으로 떠나 보냈던 책임 의식을 가지고, 그들의 돌아올 권리를 그 당자자인 1세에 한정하지 말고, 과거 국적주의가 아닌 혈통주의에 입각하여 그 자손들에게도 보장하는 정책을 수립할 시점이라고 본다-최소한 자녀 한 세대와 그 배우자를 동반한 귀국만이라도, 더 나아가서는 혈통주의에 입각하여, 자기나라로 귀환하고 싶은 모든 후손들에게 국적 선택의 기회를 주는-. 표면상으로는 외교 마찰이란 이름으로 회피하고 있는 주권국가로서의 국민 찾기 프로젝트라도 해야 할 시점이다. '어느 누구도 자국으로 돌아갈 권리를 자의적으로 빼앗지 못한다'는 국제인권규약을 보장받을 수 있는 주권 국가가 될 수 있는 한국정부의 국민 보호에 대한 책임은 여전히 존재한다. 즉 사할린 한인 중에 한국으로의 귀국을 원하는 이들에는 그들의 '돌아올 권리'를 위하여 러시아 정부와 재협상을 하여야 할 것이다. 또한 아직도 국회에서 계류중인 '사할린 동포법'에서 이들의 단순한 국내 체류가 아닌 국적 회복과, 러시아 정부와의 이중국적 인정 문제 협상, 영주 귀국자의 사할린 왕래에 기간 제한 없애기,[56] 그리고 현재 한국에서 거주하고 있는 사할린 한인들을 위한 대책도 세워야 할 것이다.

56) 연합뉴스, 2015.9.22. 42년째 사할린 한인사 연구해온 쿠진 교수.

둘째, 중국동포의 경우, '외국국적 동포의 국적회복 등에 관한 업무처리 지침(법무부예규 제1012호, 2013.1.1. 이하 신지침이라 칭함)'에서는, '1949년 10월 1일 전에 한반도 및 그 부속 도서에서 중국 등지로 이주하였거나 중국 등지에서 출생한자와 그 직계비속'에 대하여 국적회복 신청을 할 수 있도록 하였으며(동 제2조 제1, 2호), 이러한 신청기간에 대한 제한 조항도 없다. 그러나 그 이전에 한중수교 이전에 한국에 합법적으로 입국하여, 국적 판정의 기회를 놓친 동포들에게 계속적으로 불법체류자로 간주하여-특히 여권의 위·변조의 경우-국적회복의 기회를 박탈하거나, 국내 체류만을 허용하는 것은 태생부터 대한민국인 동포를 국적회복의 기회조차도 신청 자체를 거부하는 것은 국가의 국민보호 책무를 위반하는 처리이며, 지침으로 국적회복을 규정한 국적법도 위반하는 것이며, 헌법재판소에도 판결한 수단의 적절성에도 문제가 있는 비인도적인 처리이다. 그러므로 이들이 현실적으로 요구하는 사항들이 있다.

1. 1992년 한중수교 이전에 입국한 사람들에게 영주권을 주어야 한다.[57] 그러므로 이들이 국적 판정 신청 절차를 놓쳐 불법체류자가 되는 경우를 배려하여 이들의 국적회복이나 영주권을 주어야 할 것이다. 게다가 이러한 경우가 아니라, 한국에서 태어난 사람은 불법체류자라고 하더라도 국적취득 신청을 할 수 있게 해왔고 그 자녀도 동반취득을 할 수 있도록 해오다 이를 제한하는 경우도 있다. 불법체류자라는 이유로 국적취득이나 자녀의 동반취득을 막는 것은 작은 이유로 국적 회복이라는 큰 이익을 막는 형평성에도 어긋나는 일이다.

2. 동포의 국적취득시 자녀의 동반취득 신청도 동시에 진행하여야 할 것이다. 최근에는 법무부가 부모가 국적취득 절차를 마치고 약 2년이 지난 후에 자녀의 국적취득 신청을 받으려고 한다. 또한 서류구비가 되고 사실 확인이 되면 국적취득을 할 수 있어야 하는데, 4촌 이내의 인우보증이 없을 경우 국적취득을 불가능하게 한다. 사실상 한국에 친족이 있다고 하더라도 인우보증이란 잘 안하려고 하므로 이러한 제도는 보완책을 찾아야 할 것이다. 게다가 조선족 출신 한국인은 인우보증을 하여도 법무부가 인정하지 않으려고 하는데, 이는 조선족 자체의 존재감을 무시하는 처리이다.

3. 조선족 출신의 입국 비자를 심영총영사관에서 이유없이 거절하는 경우가 많은데, 이는 자격요건이 되면 무조건 받아주어야 한다. 그리고 한국인이 초청한 조선족이 불법체류하면 다른 친척도 초청할 수 없도록 하는 연좌제는 폐지되어야 한다.

4. 불법체류 동포들을 무조건 체포, 추방할 것이 아니라, 자발적으로 출국할 수 있도록 도와야 한다. 일정기간 출국유예를 하여주고, 그동안 기술 등을 익혀 출국할 수 있는 배려를 하여야 한다.

5. 친척초청으로 입국이 불가능한 불법체류자는 자진 출국하자마자, 다시 이들의 초청으로 재입국될 수 있도록 전환시켜 주아야 한다. 왜냐하면 중국에 돌아가면 심양총영사관에서 비자받기가 힘드니까 돌아가지 않고 불법체류자가 되기 때문이다.

6. 부득이한 사유-질병, 재판, 사기피해, 체불임금 등-가 있는 경우에는 체류기간이 만료되거나 불법체류자가 된 경우에는 체류가 반드시 연장되어야 하나, 한국 정부가 이를 잘 지키고 있지 않

57) 1978년 중국의 개혁개방 이후부터 1992년 한중수교 전까지 홍콩 등 제3국을 통하여 우회적으로 한국에 입국하는 재중동포들에게 비자 대신 신분증명을 목적으로 하는 여행증명서를 발급하여 재중동포들이 한국에 대거 입국한 바 있다.

다고 한다.

7. 동포여성이 국제결혼을 할 경우, 남편의 귀책사유가 있어 결혼이 깨졌을 때, 혹은 남편이 신원보증을[58] 해주지 않을 경우, 2년이 경과되지 않으면 구제절차없이 추방당하는데, 이들의 국내체류를 가능하게 하고, 2년이 지나면 국적취득[59] 신청을 할 수 있으므로 그때까지는 체류기간을 연장하여 주어야 할 것이다.[60] 그리고 국제결혼의 경우, 입국비자를 줄때 남편의 건강상태, 재정상태, 노동능력 등도 고지해야 하는 의무 규정을 신설하여야 할 것이다.[61]

마지막으로, 출국이 불가능한 경우 인도적 차원에서 출국을 유예하거나, 한국에서 영주권을 주는 방안을 모색하여야 할 것이다. 중국으로 돌아갈 경우 이미 삶의 터전 등이 사라졌을 경우라든지, 불가피한 사유가 있을 경우에는 원래부터 내 민족이었던 동포들에게 이 나라에서 살아갈 수 있도록 하는 방안을 강구하여야 할 것이다.[62]

이상으로 중국동포들이나, 사할린 동포들은 다른 외국국적 동포들과는 달리, 역사상의 피해자로-강제징용, 국교미수교, 외교 마찰 등의 이유로-, 그들이 돌아오려고 하여도 올 수 없었던 불가피한 사유가 존재한다. 이미 국적 판정을 필요로 하지 않는 내 나라 국민인데, 이러한 절차를 도과하였다고 하여 이들을 불법체류자로 간주하고-2013년의 신지침에서는 이를 위한 기간 제한이 없다. 그러므로 예외적으로 과거에 이러한 기회를 놓친 동포들에게도 이 조항을 소급 적용시켜줄 필요가 있을 것이다-, 국적회복의 신청의 기회조차 주지 않는 것은 지침으로 상위의 법률을 위반하는 행위이며, 인권에 반하는 행위임과 동시에 국민보호라는 책무를 회피하는 행위이므로, 이를 보완하는 방법을 모색하여야 할 것이다.

그리고, 마지막으로는 이러한 국적 취득을 원하지 아니하거나, 국적 취득을 할 수 없는 사람들에게 이동권을 보장하자는 주장도 고려해 볼 시점이다.[63]

---

58) 이에 관하여는, 2011년 12월 23일, 출입국관리법 시행규칙 제76조 제2항 제6호를 개정하여 결혼이민자(F-6)의 체류기간연장 허가 신청시에 제출하는 서류들 중에 배우자의 신원보증서 제출 규정을 삭제하였다. 이 과정은 2011년 10월, 국가인권위원회는 이러한 신원보증서가 여성의 남편에의 종속을 의미하는 바, 헌법 제11조 및 제36조 1항에 근거한 개인존엄과 양성평등에 위반된다고 국가인권위원회가 이와 같은 신원보증서 요구 조항의 삭제조치를 권고하고, 법무부가 이를 수용한 것이다.

59) 결혼이민자들에게 이중국적을 고려해보자는 주장으로는, 최윤철, 이주사회에서의 법제와 사법, 제9회 법률가대회, 한국법학원, 2014.10.24.

60) 현재는, 국적법 제6조 2항(간이귀화의 예외조건), 제3호' 제1호 또는 제2호의 기간을 충족하지 못하였으나 그 배우자와 혼인한 상태로 대한민국에 주소를 두고 있던 중 그 배우자의 사망이나 실종 그 밖에 자신의 귀책사유 없이 정상적인 혼인생활을 할 수 없었던 자로서 제1호 또는 제2호의 잔여기간을 충족하고 법무부장관이 상당하다고 인정하는 자'에게 간이귀화를 허용하고 있다.

61) 최근에는 국제결혼의 경우, 주거요건 입증 서류와 한국어 관련 입증 서류 등도 요구된다. 아마도 주거요건에는 비닐하우스 등을 제외시키고 있으며, 한국인 남성의 최저한의 결혼을 위한 초청자의 일정 소득 이상의 수준 등 제반 요건을 갖추도록 요구하고 있다; 출입국관리법 시행규칙, 제17조3의 제3항; 2014.4.1. 시행.

62) 고향에 돌아와 살 권리 찾기 제2차 캠페인(조선족 교회), 정보공유게시판, 2004. 10. 25. http://blog.daum.net/dljin9988/7528592, 검색날짜, 2016.4.

63) 이에 관하여는, 이재승, 앞의 논문, 참조.

10. 카를 슈미트의 프랑스 헌법이론 연구

김 효 전*

I. 서 설

카를 슈미트에 관한 문헌이 나날이 쌓여가고 있다.[1)] 연구 대상은 헌법·정치·법철학·가톨릭에서 문학에 이르기까지 다양하다. 슈미트를 다루는 문헌도 모국어인 독일어를 제외하

---

* 대한민국학술원회원, 동아대학교 명예교수

1) 카를 슈미트의 저작목록 전체와 최근까지의 상세한 연구문헌은 Alain de Benoist, Carl Schmitt: Internationale Bibliographie der Primär-und Sekundärliteratur, Graz: Ares 2010; Alain de Benoist, Carl Schmitt Bibliographie seiner Schriften und Korrespondenzen, Berlin: Akademie Verlag 2003; 헬무트 크바리치외, 김효전 편역, 『반대물의 복합체: 20세기 법학과 정신과학에서 카를 슈미트의 위상』, 산지니, 2014; 김효전 편역, 『칼 슈미트 연구: 헌법이론과 정치이론』, 세종출판사, 2001.
2013년 이후 최근 5년 동안의 슈미트 관련 문헌만을 열거한다. 번역은 김남시 역, 『땅과 바다. 칼 슈미트의 세계사적 고찰』, 꾸리에북스, 2016; 김도균 옮김, 『합법성과 정당성』, 도서출판 길, 2015; 홍성방 옮김, 『법률과 판결: 법실무의 문제에 대한 연구』, 유로, 2014; 김효전 옮김, 법학적 체계형성의 예시로서의 »독일 일반 국법«, 『유럽헌법연구』 제15호, 2014년 6월, 397-420면.
연구 문헌은 강길모, 카를 슈미트의 민주주의론: 합법성과 정당성을 중심으로, 한신대 대학원 석사논문, 2017; 권경휘, 『정치신학』에 나타난 "예외상태"에 대한 슈미트의 이해방식, 『법철학연구』 제20권 3호(2017); 윤재왕, 예외상태와 주권의 역설: 아감벤의 칼 슈미트 해석에 대한 비판, 『강원법학』 제47권(2016); 임운택, 포스트 민주주의 시대의 정당성 문제: 카를 슈미트의 합법성과 정당성 논의를 중심으로, 『경제와 사회』 제111호(2016); 전진성, 라인하르트 코젤렉의 『지나간 미래』에 나타난 칼 슈미트의 영향-'정치적인 것'의 역사학적 수용에 관하여, 『인문과학』(연세대) 제108호(2016); 한상원, 예외상태의 정치적 존재론: 슈미트와 벤야민의 예외상태론 논쟁 고찰, 『시대와 철학』 제27권 4호(2016); 홍철기, 대표의 허구에 관한 연구: 토마스 홉스, 한스 켈젠, 칼 슈미트에게 있어서의 '대리'와 '현시'의 대표이론, 서울대 정치학 박사논문, 2016; 국순옥, 『민주주의 헌법론』, 아카넷, 2015(「미영 문화권과 칼 슈미트」, 107-121면; 「위르겐 하버마스와 좌파 슈미트주의」, 123-167면에 재수록); 김항, 20세기의 보편주의와 '정치적인 것'의 개념, 『사회와 철학』 제30호(2015); 김항, "적의 소멸"과 정치신학-칼 슈미트의 카테콘과 메시아, 『인문논총』 제72권 4호(2015); 남기호, 칼 슈미트의 국가론에서의 리바이어던-그 정치적 상징의 오용과 홉스의 정치철학적 의의, 『시대와 철학』 제26권 4호(2015); 남기호, 칼 슈미트의 국가론에서의 리바이어던-그 정치적 상징의 오용과 홉스의 정치철학적 의의, 『시대와 철학』 Vol. 26 (4) 2015; 장선영, 발터 벤야민, 칼 슈미트, 『햄릿』-「주권」 사상을 중심으로, 『현대영어영문학』 제59권 1호(2015); 정원석, 칼 슈미트의 『정치적 낭만주의 Politischer Romatik』에 나타난 낭만주의 비판, 『독일언어문학』 제69호(2015); 헬무트 크바리치 편, 김효전 옮김, 『반대물의 복합체: 20세기 법학과 정신과학에서 카를 슈미트의 위상』, 산지니, 2014; 김영아, 칼 슈미트의 정치신학과 『햄릿』(특집: 한국의 셰익스피어 수용과 연구의 현단계), 『영미문학연구』(영미문학연구회) 안과 밖, 제36호(2014); 남기호, 정치적인 것의 비개념(非槪念)-슈미트의 독재국가와 헤겔의 인륜국가, 『가톨릭철학』 Vol. 23(2014); 양천수, 결단과 토론 사이에 선 주권 개념, 『법과 사회』 제46호(2014); 홍철기, 민주주의자로서의 칼 슈미트-대표, 공공성, 인민, 『실천문학』 2014년 봄(통권 제113호); 이호영, 칼 슈미트 헌법이론 분석과 비판, 건국대학교 대학원 박사학위논문, 2013; 이형동, 칼 슈미트(Carl Schmitt)의 독재개념과 그것의 정치적 함의에 대한 연구, 성균관대학교 대학원 석사학위논문, 2013; 박상원, 아렌트, 슈미트, 아감벤에게 있어서 헌법과 폭력: 국가와 주권의 개념을 중심으로, 연세대학교 대학원 석사학위논문, 2013; 클라우스 크뢰거, 김효전 옮김, 칼 슈미트의 『로마 가톨릭주의와 정치형태』에 대한 논평, 『유럽헌법연구』 제13호(2013); 헬무트 크바리치, 김효전 옮김, 카를 슈미트와 그의 저작에 대한 접근방법, 『독일학연구』(동아대), 제29호(2013).

고도 영어 · 프랑스어 · 스페인어 · 이탈리아어 등 유럽 국가의 언어는 물론이며 동아시아에서는 한국과 일본에 이어 최근에는 중국어[2]도 이에 가세하고 있다. 가히 슈미트 올림픽이라도 열린 듯이 각국에서는 경쟁적으로 발표하고 있다. 이 중 가장 영향력 있는 언어인 영어로 슈미트의 저작을 번역하는가 하면 학술 논문들이 비로소 나타나는 현상이 주목할 만하며,[3] 영어 다음에는 프랑스어를 들 수 있다.

일찍이 한태연 교수는 「Carl Schmitt와 프랑스 헌법이론」[4]에서 카를 슈미트에 있어서 프랑스 헌법이론의 영향을 심도 있게 다룬 바 있다. 여기서는 카를 슈미트에 있어서의 프랑스 내지 프랑스 헌법학 또는 프랑스에서의 카를 슈미트 또는 슈미트의 프랑스적 배경 내지 그의 정신적 고향으로서의 프랑스와의 관련을 검토해보기로 한다.

이 글은 직접적으로는 프랑스 헌법학의 대가인 성낙인 총장의 퇴임을 기념하여 작성한 것이며, 또한 필자가 오랫동안 관심을 두고 연구해온 카를 슈미트의 인간적 및 학문적 배경이 프랑스였다는 점에서 항상 그 관련점을 밝혀보고 싶은 염원의 일단이기도 하다.

또한 한태연 교수의 문제의식을 더욱 확대하여 보충하는 한편, 지금까지 슈미트의 헌법 교과서와 논문집 하나에 의존하여 단편적으로 슈미트를 이해하고 노예적으로 독일 헌법학을 소개해온 한국 학계에 반성의 자료와 폭넓은 시야를 제공하였으면 하는 소박한 생각에서 우선 문헌정리에서 출발하려고 한다.

Ⅱ. 카를 슈미트와 스트라스부르 대학

1. 슈미트와 프랑스

카를 슈미트는 1888년 플레텐베르크(Plettenberg)에서 태어났다.[5] 이곳은 서부 독일의 노르트라인 베스트팔렌주[6]에 속하며 자우어란트(Sauerland) 언덕 동쪽에 위치한 곳으로 모젤 강이 가까이 있다. 그는 가난했던 자신의 집안을 이야기하면서 1907년 3월 로트링겐(Lothringen;

---

2) 예컨대 Qi Zheng, Carl Schmitt in China, in: Telos, Fall 2012, Issue 168.

3) 영어 사용권에서의 연구동향은 Daniel Hitschler, Zwischen Liberalismus und Existentialismus: Carl Schmitt im englischsprachigen Schriften, Baden-Baden: Nomos 2011, p. 187(Würzburg Diss. 2011); Craig McFarlane, Carl Schmitt in English (Oct. 1, 2006), wikipedia.

4) 『고시연구』1995년 10월, 11월호 및 1996년 2월호.

5) 슈미트의 전기는 R. Mehring, Carl Schmitt. Aufstieg und Fall. Eine Biographie, München 2009; A. Koenen, Der Fall Carl Schmitt. Sein Aufstieg zum “Kronjuristen des Dritten Reiches”, Darmstadt 1995; P. Noack, Carl Schmitt. Eine Biographie, Berlin 1993. 石村修, 研究者としてのカール・シュミット－一つの傳記として－, DAS 硏究會編, 『ドイツ公法理論の受容と展開－山下威士先生還曆記念』, 向學社, 2004, 5-58면.

6) 노르트라인 베스트팔렌 주립 문서보관소에는 슈미트 관련 편지와 자료를 소장하고 있다. Dirk van Laak und Ingeborg Villinger, Nachlass Carl Schmitt. Verzeichnis des Bestandes im Nordrhein-westfälischen Hauptstaatsarchiv, Sieburg, Respublica-Verlag 1993, S. 698.

프랑스어로는 로랭 Lorraine)의 프랑스 친척 집에 갔는데, 그들은 독일 국적을 갖고 있으면서도 프랑스어로 말했다는 것을 술회하기도 했다.[7] 또 그는 언어학을 공부하고 싶었지만 어머니의 오빠인 삼촌의 입시지도로 법학을 공부하게 된 연유를 설명하기도 했다.

아텐도른의 김나지움을 마친 후 슈미트는 1907년 베를린대학을 시작으로 뮌헨 그리고 슈트라스부르크대학에서 법률학을 공부한다. 슈미트의 프랑스와의 관련에 초점을 맞춘다면 그의 슈트라스부르크대학 시절, 즉 학생과 강사로서 지낸 1908년-1910년과 1916년-1918년의 기간이다.

슈트라스부르크는 알퐁스 도데의 『마지막 수업』으로 유명한 알사스 지방에 있으며 중부 유럽에서 오랫동안 프랑스와 독일 간에 영유권을 둘러싸고 다툼이 있는 곳이다. 「스트라스부르크는 동시에 독일 철학과 법률학의 '서남학파'의 근거지이기도 하기에, 그것이 슈미트의 정신적 발전에 있어 커다란 의미를 지녔다. 신칸트학파의 후예 '서남학파'는 카를 슈미트가 가장 관심을 갖고 있던 법철학의 다양한 분야, 즉 형법과 헌법학에 현저한 영향력을 가지고 있었다」[8]라고 엘렌 케네디는 추측한다.

스트라스부르는 오늘날 프랑스에서 파리 다음의 두 번째의 대도시로서 유럽 의회가 자리를 잡고 있는 곳 정도로 알려져 있다.

2. 스트라스부르 대학

스트라스부르 대학[9]은 1621년에 창설되었으며, 1681년에 루이 14세에 의해서 스트라스부르시에 편입되었지만 독일의 프로테스탄트계 대학으로서 보존되고, 그 후 프랑스혁명 시대에는 일시 폐쇄되기도 했으나 보불전쟁 후인 1871년에 알사스·로랭이 독일에 할양된 다음 해인 1872년 제국직속령[10]의 수도인 스트라스부르에 새로이 개설된 대학은 많은 분야에서 저명한 대학자가 있었다.

무엇보다 대학 정문을 들어서면 이 대학에서 법학을 공부한 독일의 시인 괴테의 동상이 서 있으며 뒷면에는 독일의 위대한 시인이라고 프랑스어로 쓰여 있는 것이 인상적이다. 이

7) 피이트 토미센 편, 칼 슈미트와의 대화, 김효전 편역, 『칼 슈미트 연구: 헌법이론과 정치이론』, 세종출판사, 2000, 197면.

8) Ellen Kennedy, Politischer Expressionismus, in: H. Quaritsch (Hrsg.), Complexio Oppositorum. Über Carl Schmitt, 1988. 김효전 편역, 『반대물의 복합체』, 산지니, 159면.

9) 오토 마이어가 당시를 개관한 Otto Mayer, Die Kaiser-Wilhelms-Universität Straßburg. Ihre Entstehung und Entwicklung, Berlin 1922; Ludwig Ficker, Die Kaiser-Wilhelms-Universität Straßburg und ihre Tätigkeit, Halle 1922; Ernst Anrich, Geschichte der deutschen Universität Straßburg, in: Festschrift aus Anlass der feierlichen Wiederaufnahme der Lehr-und Forschungstätigkeit an der Reichsuniversität Straßburg, Straßburg 1941, S. 9-148.

10) E. R. Huber, Deutsche Verfassungsgeschichte seit 1789. Bd. IV: Struktur und Krisen des Kaiserreichs, Stuttgart 1969, S. 437-479.

대학 출신으로 이름 있는 사람은 알버트 슈바이처를 비롯하여 역사가 바움가르텐과 마이네케, 물리학의 뢴트겐, 의학의 파스퇴르 등을 들 수 있다. 법학의 분야에서는 빈딩(Karl Binding, 1841-1920)이 그의 규범론을 완성하였고, 좀(Rudolph Sohm, 1841-1917)은 유명한 『로마법 제요』를 저술하였다. 특히 공법 분야에서는 파울 라반트(Paul Laband, 1838-1918)가 대저 『독일제국 국법론』 5권을 저술하였으며 총장까지 지냈고, 오토 마이어(Otto Mayer, 1846-1924)는 프랑스 행정 판례를 연구하여 독일 행정법의 기초를 확립한 것이 잘 알려 있다.[11] 독일 공법학의 시조로 불리는 라반트는 바로 슈트라스부르였다.[12]

카를 슈미트 역시 이곳에서 프리츠 판 칼커(Fritz van Calker, 1864-1957)[13]의 지도로 학위를 받고 교수자격도 취득한다. 논문 제목은 형법상의 「책임과 책임의 종류」[14]로 1910년에 학위를 취득한다. 논문 말미의 자기 소개문에는 「그 후 대학에서 6학기[3년] 법학을 수학하였는데, 그 내역은 베를린에서 2학기, 뮌헨에서 1학기, 슈트라스부르크에서 3학기이다. 마지막 두 학기는 반 칼커 교수님의 지도 아래 형법을 연구하였다」라고 적었다. 학위를 받은 후 그는 뒤셀도르프와 뮌헨글라드바트에서 사법관 시보를 하였으며 이 시기에 금전적인 고통을 많이 받은 것을 집에 편지로 써 보내기도 했다. 그 후 슈미트는 계속하여 스트라스부르대학에서 연구하여 1914년 교수자격논문 「국가의 가치와 개인의 의의」[15]를 출판한다. 이 책은 법과 국가와 개인의 3각관계를 다루며, 각주도 거의 없고 참고문헌 목록도 없는 것이 특징이다. 1916년 교수자격을 취득하고 스트라스부르대학 사강사가 되었으나 1918년 11월 대학이 폐쇄되어 직을 상실한다. 이 기간 중 1915년에는 파울라 도로티아(Pabla v. Dorotič, 1883-1968)와 결혼하며, 1916년에는 『테오도르 도이블러의 "북극광"』[16]을 발표하기도 했다. 이곳의 분위기에 대해서 엘렌 케네디는 「대학의 은사들처럼, 알사스나 가까운 바덴 지방의 자유로운 분위기, 그곳의 와인이나 경관이, 그리고 이 지역의 문화의 풍요로움이, 슈미트를 형성하는데 기여한 힘이 있었던 것은 아닐까 하는 사람도 있을 것이다」[17]라고 추측하기도

11) C. Schmitt, Das »Allgemeine Deutsche Staatsrecht« als Beispiel rechtswissenschaftlicher Systembildung, in: Zeitschrift für die gesamte Staatswissenschaft, Bd. 100 (1940), jetzt in: Günter Maschke (Hrsg.), Staat, Großraum, Nomos. Arbeiten aus den Jahren 1916-1969, Berlin 1995, S. 166-183. 김효전 옮김, 법학적 체계형성의 예시로서의 »독일 일반 국법«, 『유럽헌법연구』 제15호(2014), 397-420면; 동인 편역, 『독일 헌법학의 원천』, 산지니, 2018, 149-164면.

12) R. Mehring, Carl Schmitt. Aufstieg und Fall. Eine Biographie, C. H. Beck, München 2009, S. 27.

13) 칼커에 관하여는 R. Mehring, Carl Schmitt, S. 601 Anm. 26.

14) C. Schmitt, Über Schuld und Schuldarten. Eine terminologische Untersuchung, Breslau 1910. 2. Aufl., Berlin: Duncker & Humblot 2017.

15) C. Schmitt, Der Wert des Staates und die Bedeutung des Einzelnen, Tübingen 1914. 2. Aufl., Berlin: Duncker & Humblot, 2004.

16) C. Schmitt, Theodor Däublers "Nordlicht". Drei Studien über die Elemente, den Geist und die Aktualität des Werkes, 1916. Unveränderter Ausgabe, Berlin: Duncker & Humblot, 1991.
도이블러의 「북극광」에 대한 슈미트 자신의 회상은 C. Schmitt, Theodor Däubler, der Dichter des 'Nordlichts', in: P. Tommissen (Hrsg.), SCHMITTIANA, Bd. 1. 2. Aufl., 1988, S. 22-39.

한다.

스트라스부르는 제1차 세계대전의 종료와 함께 1919년 베르사유조약으로 프랑스에 반환하고 1940년에 나치스 독일이 점령하기까지 프랑스에 속했다. 이 시기에는 법학적 국가론으로 유명한 카레 드 말베르(Carré de Malberg, 1861-1935)가 이 대학에서 교육과 연구에 종사하면서 대저 『국가의 일반이론에의 기여』[18] 두 권을 발간하기도 한다.[19] 또한 르네 카피탕(René Capitant, 1901-1970)[20]이 이 대학에 재직하면서 1933-34년에 걸쳐 록펠러 재단의 원조로 베를린에 체류하기도 했다. 그는 나치스에 대한 저항운동과 관련하여 드골 정권의 각료를 두 번씩 역임한 「제5공화국의 레지스트(légiste)」[21]로서 나치스의 계관법학자(Kronjurist)인 슈미트와 1933-1938년에 걸쳐 교류한 것도 재미있는 연구 소재가 된다.[22] 제2차 대전 후에는 나치스에 대한 저항운동에 참가했던 줄리앙 프로인트(Julien Freund, 1921-1983)[23]가 스트라스부르대학의 정치학 교수로서 적과 동지를 구별하는 슈미트의 정치이론에 따라서 정치의 개념을 파악하기도 했다.[24]

한국인으로서 이 대학에서 법학을 공부한 사람은 별로 없는 것 같다.[25]

Ⅲ. 시에예스의 헌법제정권력

카를 슈미트 헌법이론의 핵심은 헌법제정권력이라고 할 수 있다. 이것은 헌법을 제정하는

17) E. Kennedy, Politischer Expressionismus, in: H. Quaritsch (Hrsg.), aaO. 김효전 편역, 『반대물의 복합체』, 160면.

18) Raymond Carré de Malberg, Contribution à la Théorie générale de l'État, Paris, Sirey, 1920 et 1922. réimpr. CNRS, 1962, 2 vols.

19) Éric Maulin, La Théorie de l'État de Carré de Malberg, Paris, Presses Universitaires de France, 2003; R. Capitant, L'œuvre juridique de R. Carré de Malberg, in: Archives de philosophie du droit, 1937. 時本義昭, 『國民主權と法人理論: カレード・マルベールと國家法人説のかかわり』, 成文堂, 2011; 同人譯, 『法律と一般意思』, 成文堂, 2011.

20) 카피탕에 관하여는 Patrick Arabeyre et al. (dir.), Dictionnaire historique des juristes française XIIe-XXe siècle, 2e éd. Paris 2015, pp. 205-207.

21) O. Beaud, Capitant, René, in: P. Arabeyre et al. (dir.), id., p. 206.

22) 이에 관하여는 Olivier Beaud, René Capitant, juriste républicain. Étude de sa relation paradoxale avec Carl Schmitt à l'époque du nazisme, in: La République. Mélanges en l'honneur de Pierre Avril, Paris, 2001, pp. 41-66; Id., René Capitant, analyste lucide et critique du national-socialisme(1933-1939). Un aspect méconnu de son ouvre constitutionnelle, in: Influences et réceptions, 2001, pp. 445-498.

23) J. Freund, Choix de quelques lettres de la correspondance de Carl Schmitt (Ⅱ), in: P. Tommissen (Hrsg.), SCHMITTIANA, Bd. IV (1994), S. 53-91. 슈미트는 프로인트와의 서신왕래에서 「친애하는 내 친구 줄리앙」(Mon cher ami Julien)이라고 수신인의 이름을 거명하고 프랑스어로 주고 받는다.

24) P. Tommissen, Über Julien Freunds 'Entdeckung' von Carl Schmitt und einige ihrer Folge, in: Hans-Christof Kraus und Heinrich Amadeus Wolff (Hrsg.), Souveränitätsprobleme der Neuzeit. Freundesgabe für Helmut Quaritsch anlässlich seines 80. Geburtstages, Duncker & Humblot 2010, S. 9-27.

25) 필자가 아는 한 불문학자 민희식 교수가 스트라스부르대학에서 1964년에 박사학위를 받았고, 스페인 문학 전공의 고 김현장 교수가 이곳에서 석사학위를 취득하였다.

힘의 원천은 어디서 나오는가 하는 헌법제정의 본질이나 헌법개정의 문제 또는 법철학적 문제에 한정되는 것이 아니라 헌법의 본질 자체와 관련되는 기본문제이다.

1. 법실증주의에 대한 반발

슈미트가 공부하던 제국의 말기나 바이마르 헌법을 제정하던 초창기만해도 국법실증주의가 지배적이었다. 당시의 대표적인 헌법 주석서인 게르하르트 안쉬츠(Gerhard Anschütz)의 『바이마르 헌법 주해』에서 헌법제정권력의 이론은 독일 헌법과는 이질적인 것이라고 설명한다.[26] 한국에서도 유진오 박사의 『헌법해의』(1949)에는 헌법제정권력이라는 용어가 한 번도 나오지 않으며, 박일경 교수의 『신헌법』(1964)에서도 처음 등장하며, 김기범 교수는 「유행을 따라서」 헌법제정권력의 이론을 보충한다고 적고 있다.

이러한 시대적 분위기 속에서 슈미트는 프랑스의 정치가이며 혁명가인 엠마뉘엘 시에예스(Emmanuel Joseph Sieyès, 1748-1836)를 불러내어 그의 헌법이론의 용골로 삼은 것이다.[27] 슈미트는 시에예스를 「경탄할 만한 헌법구성자」(erschtaunlicher Verfassungskonstrukteur)[28]라고 평가한다. 그러면 시에예스는 누구인가? 그는 원래 성직자였으나 정치에 관심을 가지고 프랑스 혁명이 반발하기 직전에 『제3신분이란 무엇인가?』[29]를 서술하여 부르주아지의 혁명운동에 커다란 영향을 미쳤다. 혁명 중에는 국민의회, 국민공회의 의원 및 총재정부 시기의 총재, 집정부 시대의 집정관으로서 활약하였으며, 외교관계와 헌법작성 등에 공헌하였다. 1815년의 왕정복고 후 벨기에로 망명하였다가 1830년 귀국한다.

2. 성서와 스피노자의 영향

시에예스의 헌법제정권력의 이론은 슈미트에게 절대적인 영향을 미친다. 특히 그의 『헌법이론』 제8장 「헌법제정권력」에서 헌법제정권력의 주체로서 신을 강조하면서 로마서 제13장 1절을 인용한다. 「모든 권세는 하나님께로부터 온 것이며, 이미 있는 권세도 하나님께서 세워주신 것입니다」(Non est enim potestas nisi a Deo, Röm. 13, 1).[30] 또한 신실한 성직자였

---

26) G. Anschütz, Verfassung des Deutschen Reichs vom 11. August 1919. Ein Kommentar für Wissenschaft und Praxis, 14. Aufl., 1933. Nachdruck 1968.

27) 문헌 P. Arabeyre et al. (dir.), Dictionnaire historique des juristes français XIIe-XXe siècle, 2e éd., 2015, pp. 931-933; Pasquale Pasquino, Sieyès et l'Invention de la Constitution en France, Paris 1998; Jean-Denis Bredin, Sieyès: La clé de la Révolution française, Paris, Éd. de Fallois, 1988; Paul Bastid, Sieyès et sa pensée, Paris 1939. réédition 1978. 浦田一郎, 『シエースの憲法思想』, 勁草書房, 1987.

28) C. Schmitt, Hüter der Verfassung, in: Archiv des öffentlichen Rechts, Neue Folge, Bd. 16 (1929), S. 215 Anm. 101. 김효전 옮김, 「헌법의 수호자」, 동인, 『독일 헌법학의 원천』, 산지니, 2018, 974면.

29) Sieyès, Qu'est ce que le Tiers État? 1789. 박인수 옮김, 책세상, 2003. 최근의 일본어 새 번역 稲本洋之助・伊藤洋一・川出良枝・松本英實譯, 『第三身分とは何か』, 岩波文庫, 2011의 상세한 역주와 해설 참조.

30) C. Schmitt, Verfassungslehre, S. 77.

던 시에예스는 누구보다도 토기장이의 비유[31]를 잘 알고 있었을 것이다. 이에 대해서 슈미트는 다시 강조한다. 「시에예스의 여러 표현에서 모든 '조직된 권력'과의 관계에서의 '조직하는 권력'은 스피노자의 학설을 따르면 '소산적 자연'(natura naturata)에 대한 관계에서의 '능산적 자연'(natura naturans)의 형이상학적 유추에서 나타난다. 즉 스스로는 어떠한 형식도 취하지 않지만, 영원히 새로운 형식을 자기 자신으로부터 도출할 수 있고 무형식으로 모든 형식을 형성할 수 있는 모든 형식의 무진장한 근원이다」(Die Diktatur, S. 142 참조).[32][33] 여기의 「조직하는 권력」(pouvoir constituant)과 「조직된 권력」(pouvoirs constitués)은 바로 스피노자의 능산적 자연과 소산적 자연을 의미하는 것이며,[34] 성경에서의 창조주와 피조물의 관계와 같은 것이다.

3. 신학개념의 세속화

카를 슈미트 헌법이론의 핵심은 「헌법」과 「헌법률」의 구별이다. 그는 저서 『헌법이론』 전체의 3분의 1을 헌법의 개념에 대해서 할애하였다(391면 중 121면). 이것은 지금까지 실증주의자들이 헌법조문 상호간에는 우열의 차이가 없다고 주장한 것에 대한 정면도전이다. 이처럼 「헌법」(Verfassung)과 「헌법률」(Verfassugsgesetz)[35]을 구별하게 된 착상과 계기는 바로 다름 아닌 십계명(die zehn Gebote, Ten Commandments)이다. 십계명은 제1부터 제4까지는 신(하나님)에 대한 것이며, 제5부터 제10까지는 인간에 대한 것이다. 신에 대한 것이 헌법이라면 인간에 대한 것은 헌법률에 해당한다. 이것은 슈미트가 적절히 지적하듯이, 「근대 국가이론의 중요 개념은 모두 세속화된 신학 개념」[36]이며, 유럽 문명의 기독교적 기원과 정신적 배경을 잘 나타내는 것이라고 보겠다. 세속화과정으로서의 국가의 성립에 관하여는 뵈켄회르데가 상세한 이론을 전개하고 있다.[37]

---

31) 예레미아서 17: 6. 「'이스라엘 백성아, 내가 이 토기장이와 같이 너희를 다룰 수가 없겠느냐? 나 주의 말이다. 이스라엘 백성아, 진흙이 토기장이의 손 안에 있듯이, 너희도 내 손 안에 있다'」.

32) C. Schmitt, Verfassungslehre, S. 79-80. 김기범 역, 100면.

33) C. Schmitt, Die Diktatur, S. 142. 김효전 옮김, 『독재론』, 178면.

34) 스피노자는 일원론적 범신론을 주장하며 '모든 것은 하나'라고 한다. 모든 것은 신 안에 있으며, 생성하는 모든 것은 오직 신의 무한한 본성의 법칙에 의해서만 생긴다. 무한자인 신은 '능산적 자연'이며, 유한자는 '소산적 자연이다. 이 두 자연은 힘, 코나투스를 가진다. 「능산적 자연과 소산적 자연」의 관계에 관하여는 Spinoza, Ethik, I, Lehrsätze 28-31, in der Ausgabe v. O. Baenisch, 1917, S. 25-29. 강두식 · 김평옥 옮김, 『에티카』(전), 박영문고, 1976, 216면; 강영계 옮김, 서광사, 1990. 스피노자-시에예스의 평행을 슈미트는 『독재론』과『헌법이론』에서도 지적한다. 문헌 G. Pariset, Sieyès et Spinoza, Revue de synthèse, 1906, pp. 309-320. 스피노자의 『신학정치론/정치학논고』(최형익 옮김, 비르투, 2011)가 시에예스의 통령헌법 초안에 미친 영향을 상설한다.

35) 독일어의 Verfassung과 Verfassungsgesetz에 대해서 프랑스어 번역은 Constitution과 loi constitutionnelle로, 영어에서는 Constitution과 constitutional law로 번역한다.

36) C. Schmitt, Politische Theologie, S. 49. 역서 42면.

37) E.-W. Böckenförde, Die Entstehung des Staates als Vorgang der Säkularisation (1967), in: ders., Recht, Staat, Freiheit, Suhrkamp 1991, 6. Aufl., 2016, S. 92 ff. 김효전 편역, 『독일 헌법학의 원천』, 287-303면.

다시 헌법제정권력의 주체와 관련하여 슈미트가 신에서부터 소수자의 조직에 이르기까지 나열한 것은 얼핏보면 타당한 것 같으나 실은 헌법제정권력의 변태에 불과하며 그 제정 주체는 오로지 국민만이다.[38] 이 점은 슈미트가 헌법제정권력의 본질을 크게 오해한 것이다. 시에예스는 말한다. 「국민이란 무엇인가? 공통의 법률 아래 생활하며, 동일한 입법부에 의해서 대표되는 등의 조건을 갖춘 사람들의 단체이다. … 귀족신분은 공통의 질서, 공통의 법률에서 벗어나 있다. 그들은 이미 사회생활상의 권리 때문에 국민 전체와는 별개의 인민이 되고 있다. 그것은 바로 국가 중의 국가(imperium in imperio)이다」.[39] 여기서 보듯이 헌법제정권력의 주체는 인민(peuple)이 아니라 제3신분, 즉 국민(nation)인 것이다. 또한 「국가 중의 국가」란 표현도 스피노자의 『신학정치론』 제17장에서 유래하는 것이다.[40]

또한 세습적인 왕정복고의 이론으로서는 「신의 은총을 입은 한 가족이라는 보편적인 내재적 관점 안에서 헌법제정권력을 운위하는 것의 극복할 수 없는 어려움」[41]을 헤르만 헬러가 지적한 것은 정당하다.[42] 신학적인 개념을 정치학적인 개념으로, 즉 카를 슈미트가 「정치신학」[43]으로 변환시킨 의미는 뵈켄회르데가 적절하게 표현하듯이, 「이제 더 이상 神的인 세계질서나 자연질서가 정치적·사회적 질서의 근거나 이미 존재하는 관계를 결정하는 것이 아니라 인간이 인간의 의지나 절대적인 결단으로써 인간의 운명과 세계의 실서를 담당한다는 것이다」.[44]

4. 헌법심정

시에예스는 헌법위반에 대항하여 설치해야 할 기구로서 「헌법심정」(jury constitutionnaire)[45]

---

38) E.-W. Böckenförde, Die verfassunggebende Gewalt des Volkes, 1986. in: ders., Verfassung, Staat, Freiheit, 1992. 김효전 역, 국민의 헌법제정권력, 동인, 『헌법·국가·자유』, 법문사, 1992, 20면.

39) 원문. Qu'est-ce qu'une nation? Un corps d'associés vivant sous une loi *commune* et représentes par la même *législature*, etc. …Il sort par là de l'ordre commun, de la loi commune. Ainsi ses droits civils en font déjà un peuple à part dans la grande nation. C'est véritablement *imperium in imperio*. Sieyès, Qu'est-ce que le tiers-état? Flammarion 1988, p. 40.

40) 시에예스가 강력한 방법론적 자각과 자기의 이론적 공헌에 대한 자부심을 가질 수 있었던 이유로서 스피노자의 『국가론』(1677년) 제1장과 루소의 『사회계약론』(1762년)과 그 후의 『폴란드 통치론』(1782년)에서 이론과 실천의 문제에 직면했던 것을 지적하기도 한다. 전술한 일본어 번역 해설, 245-246면.

41) H. Heller, Staatslehre, Leiden 1934, 4. Aufl., 1970, S. 278.

42) 헬러는 왕정복고의 이론은 이념사적으로 실패하였다고 본다. H. Heller, Die politische Ideenkreise der Gegenwart, 1926, S. 33. 김효전 옮김, 「현대 독일 정치사상사」, 동인 편역, 『바이마르 헌법과 정치사상』, 산지니, 2016.

43) C. Schmitt, Politische Theologie, 2. Ausgabe 1934, S. 49 ff. 김효전 역, 『정치신학』, 42면 이하.

44) E.-W. Böckenförde, Die verfassunggebende Gewalt des Volkes (1986), in: ders., Verfassung, Staat, Freiheit, 1992. 김효전 역, 국민의 헌법제정권력, 동인, 『헌법·국가·자유』, 19면.

45) M. Troper, Sieyès et le jury constitutionnaire, in: Mélanges P. Avril, La République, Paris, 2001, p. 265 et s.; L. Jaume, Sieyès et le sens de jury constitutionnaire: une réinterprétation, in: Droits, 36 (2002), p. 115 et s.

또는 「헌법심의회」(magistrature constitutionnelle)란 용어를 제안하고 「헌법재판」이란 용어는 항상 회피해 왔다.[46] 이 심의회는 집행부나 입법부의 영역에서도 아니며 바로 헌법심의회라고 한다. 그는 이것을 분명히 사법이라고 부르지 않고 헌법제정권력의 일부라고 보고, 또 적어도 그 권력의 행사 중에 포함한 것을 추측케 한다고 슈미트는 말한다.[47] 그 후 나폴레옹 헌법에서도 감시의 기능을 가진 상원(senat conservateur)이 헌법의 수호자가 된 것은 사법의 영역을 떠나고 입법기관이 관할권을 가지게 되었다고 설명한다.

시에예스와 슈미트의 관계에 대해서는 「헌법의 이론에서 헌법의 역사」[48]에로의 도정으로 파악하기도 하며, 요컨대 신적인 것으로부터 세속화의 결과라고 보겠다. 시에예스의 이론은 슈미트 외에도 츠바이크(Egon Zweig), 로베르트 레즈로브(Robert Redslob), 카를 뢰벤슈타인(Karl Loewenstein) 등 여러 독일의 학자들이 수용한 것은 널리 알려져 있다.[49]

Ⅳ. 모리스 오류의 제도이론

시에예스 다음으로 슈미트는 모리스 오류(Maurice Hauriou, 1856-1929)를 자신의 맏형이라고 부르고 그를 알게 해 준 행운을 감격해서 적고 있다.[50]

오류는 현대 프랑스의 대표적인 공법학자로서 툴루즈대학 교수를 지냈으며 후술하는 레옹 뒤기와 함께 제3공화국 시대의 헌법학의 기초를 확립한 사람이다.[51]

1. 제도의 개념과 종류

오류는 논문 「제도와 창설의 이론」(La théorie de l'Institution et de la fondation, 1925)에

46) 상세한 것은 Robbers, Emmanuel Joseph Sieyès-Die Idee einer Verfassungsgerichtsbarkeit in der Französischen Revolution, in: Festschrift Wolfgang Zeidler, 1987, S. 247 ff.

47) C. Schmitt, Der Hüter der Verfassung (1929), S. 184. 김효전 편역, 『독일 헌법학의 원천』, 956-957면.

48) Pasquale Pasquino, Die Lehre vom "pouvoir constituant" bei Emmanuel Sieyès und Carl Schmitt, in: Helmut Quaritsch (Hrsg.), Comlexio Oppositorum. Über Carl Schmitt, Berlin 1988, S. 384. 파스쿠알레 파스키노, 엠마누엘 시에예스와 카를 슈미트에 있어서의 '헌법제정권력'론, 헬무트 크바리치 외, 김효전 편역, 『반대물의 복합체』, 산지니, 2014, 293면.

49) 예컨대 Egon Zweig, Die Lehre vom Pouvoir Constituant. Ein Beitrag zum Staatsrecht der französischen Revolution, Tübingen, Mohr, 1909; Robert Redslob, Staatstheorien, 1912; Karl Loewenstein, Volk und Parlament nach der Staatsauffassung der französischen Nationalversammlung von 1789, München 1922. JöR, Bd. 55, 2007. 시에예스 텍스트의 번역은 E. Schmitt und R. Reichordt (Hrsg.), E. J. Sieyès, Politische Schriften 1788-1790, München/Wien 1981.

50) E. Frhr. von Medem (Hrsg.), Carl Schmitt, Glossarium. Aufzeichnungen der Jahre 1947-1951, Berlin: Duncker & Humblot 1991, S. 13.

51) 오류에 관한 문헌은 Patrick Arabeyre et al., Dictionnaire historique des juristes française(XIIe-XXe siècle), 2e éd. Paris 2015, pp. 516-519; Fabrice Bin, Le «pouvoir de suffrage» chez Hauriou, in: Revue française de Droit constitutionnel, n^{0} 108 (2016); 이광윤, 프랑스 공법학과 모리스 오류, 한국행정판례연구회 편, 『공법학의 형성과 개척자』, 박영사, 2007, 83-117면; 磯部 力, モーリス オーリウの行政法學, 『フランス行政法學史』, 岩波書店, 1990, 225-436면; 時本義昭, 『法人・制度體・國家』, 成文堂, 2016.

서 제도(Institution)를 이렇게 정의한다. 즉 「제도란 사회적 환경에서 법적으로 실현되고 지속하는 일 또는 사업의 이념(idée d'œuvre ou d'entreprise)이다. 이러한 이념을 실현하기 위해서는 하나의 권력이 조직되고 그 기관을 만든다. 다른 한편, 이 이념의 실현에 이익을 가지는 사회집단의 구성원 사이에서 권력기관에 의해 지도되고, 절차에 의해서 규정되어야 할 일치의 표시(manifestations de communion)가 나타난다」. 제도에는 인격적 제도와 물적 제도의 두 가지가 있다. 제도의 핵심은 사회적 집단 속에서 법적으로 실현・유지되어야 할 「사업의 이념」, 이 이념의 실현과 유지를 위해서 봉사하는 조직된 (통치) 권력, 그리고 이 이념의 실현과 유지에 관하여 사회적 집단 속에서 산출된 「일치의 표시」(manifestations de communion)이다.[52)]

「다음에 제도에는 두 가지가 있다. 인격화하는 것과 인격화되지 않는 것이 있다. 인격적 제도(institutions personnes) 또는 社團(국가・결사・조합 등)과 같은 범주를 구성하는 전자에서는 조직된 권력 그리고 집단의 성원의 일치된 표시는 일의 이념의 틀 속에서 내면화한다. 이념은 사단적 제도의 목적이 된 후 성립한 단체에서 생기는 법인격(personne morale)의 주체가 된다」.[53)]

「물적 제도(institutions-choses)로서 나타낼 수 있는 두 번째 범주의 제도에서는 조직된 권력도, 집단의 성원의 일치된 표시도, 일의 이념의 틀 속에서 내면화되어가는 것이 아니며, 그들은 사회적 환경 속에는 있지만 이념의 외부에 머무른다. 사회적으로 확립된 법규(règle)는 이 형태의 제도이다. 그것은 이념으로서 사회적 환경 속에 전파하고 거기서 생활하기 때문에 하나의 제도이다. 그러나 눈에 보이는 형태에서는 그것은 고유한 사단을 산출하는 것은 아니다. 그것은 사회적 집단 속에서, 예컨대 국가 속에서 생활하지만 거기서는 그 [국가의] 형벌권을 차용하며, 그 [국가] 속에서 산출된 일의 표시를 이용한다. 그 경우에 그것은 행동 또는 사업의 원리가 아니라 완전히 반대로 한정의 원리이기 때문에 사단을 만들어낼 수는 없다」.[54)]

여기서는 제도의 종류보다는 인격적인 것과 물적인 것을 구별하는 방법론이다. 이러한 오류의 구별은 독일 헌법학에만 영향을 미친 것이 아니라 한국 헌법의 경우에도 사법권의 독립을 논할 때에 그대로 사용하는 실정이다.

2. 제도의 법학적 사고

계속하여 오류의 이론은 『정치신학』 제2판 서문(1934년)에서 이렇게 소개하고 있다.

---

52) M. Hauriou, La théorie de l'Institution et de la fondation, in: Cahiers de la nouvelle journée, no. 4, 1925, p. 10.
53) M. Hauriou, *op. cit.*, pp. 10-11.
54) M. Hauriou, *op. cit.*, p. 11.

「현재 나는 법학적 사고의 종류를 두 가지가 아니라 세 가지로, 즉 규범주의적 유형과 결정주의적 유형 외에 제도적 유형으로 구별하고 싶다. 내가 이와 같이 통찰하게 된 것은 독일 법학에서의 「제도적 보장」에 대한 나의 이론적인 구명과 심원하고도 중요한 모리스 오류(Maurice Hauriou)의 제도이론이었다. 순수한 규범주의자는 비인격적인 규칙들 속에서 사고하고, 결정주의자는 정당하게 인식된 정치상황에 적합한 법을 인격적 결단 속에서 완수하려는데 반하여, 제도적 법사고는 초인격적인 제도나 형식 속에서 전개한다. … 그리하여 정치적 통일체의 세 영역과 요소 — 국가·운동·민족 — 는 그 건전한 현상형태나 타락한 현상형태 모두 법학적 사고의 세 가지 유형으로 귀속된다」.[55)]

이어서 슈미트가 오류와 뒤기를 상세히 소개한 곳은 그의 『법학적 사고방식의 세 유형』이며, 약간 긴 편이지만 이해의 편의를 위해 그대로 인용한다.

「그러나 또한 하나의 새로운 사고방식도 나타났다. 모리스 오류(1856-1929)가 1896년부터 1926년의 시기에 발전시킨 제도(Institution)에 관한 이론은 법실증주의가 지배하여 온 이래 구체적 질서사고의 최초의 체계적인 부흥의 시도를 뜻하는 것이다. 전술한 상티 로마노의 매우 의미있는 법적 질서(Ordinamento giuridico)의 이론은 이미 오류의 연구로부터 영향을 받고 있다. 다년간 툴루스의 법과대학장을 지낸 오류는 보르도에 있는 그의 유명한 실증주의자인 동료 레옹 뒤기(Léon Duguit, 1859-1928)의 유명한 적수였다. 우리는 이 두 위대한 법학자의 대립을 형이상학 대 실증주의, 다원주의 대 일원주의, 제도(institution) 대 법의 준칙(règle de droit)이라고 견결하게 요약할 수 있을 것이다.[56)] 그러나 바로 그 점에서 자유주의적인 19세기의 반대명제들이 오늘날에 와서는 어느 정도로 낡은 것이 되었는지를 가장 잘 인식시켜 주고 있다. 뒤기의 법률적 실증주의는 완전히 형이상학적 방식이며, 이른바 신비주의자라고 불리는 오류는 원리적이며 순수하게 「과학적」인 실증주의의 이론가보다 더 「실재적」이고, 현실적이며 이러한 의미에서 더욱 「실증적」이다.

오류는 법이론을 문제시하지 아니하였고 방법론은 더욱 문제시하지 아니하였다. 그는 프랑스 행정법의 실제, 특히 국참사원(Conseil d'Etat)의 결정을 40년 간의 연구에서 관찰하고 주해를 붙이며 학문 활동을 계속하였다. 프랑스 행정법 자체는 프랑스 국참사원의 실제로부터 서서히 성장하여 나타난 것이다. 제도에 관한 오류의 이론은 그러한 행정실제의 관찰로부터 진정 「유기적」인 방법으로 생성하였고, 그 이론의 대상에 대하여 매우 적합한 것이다. 오류는 무엇보다 먼저 고립된 법률조문의 규범, 실증주의적 해석을 하지 아니하고 직접적인 대상물을 매일같이 연구함으로써[57)] 행정제도, 즉 고유한 법칙과 하나의 내적 규율에 따라 행동

55) C. Schmitt, Politische Theologie, 2. Ausgabe 1934, S. 8. 김효전 역, 『정치신학』, 법문사, 1988, 14면.

56) J. Bonnecase, *op. cit.*, p. 246 f.에 있는 왈리느(Waline)와 메스트르(A. Mestre)의 강연, 그리고 본느카즈의 견해(S. 262)는 이 점에 관하여 특히 흥미깊은 것이다.

57) 그것은 오류(A. Hauriou)가 편집한 1892년부터 1928년에 걸친 국참사원과 권한쟁의 법원(Tribunl des

하는 통일체라고 그가 관찰하며, 또 통치나 시민적 사법이나 모든 국가에 존재하는 개별적인 행정기능과도 구별되는 살아있는 프랑스 행정유기체를 명료하게 법적인 방식으로 관찰하였다. 하나의 구체적인 질서를 이렇듯 구체적으로 관찰하는 데서 그의 「제도」에 관한 이론이 성립하였다」.[58]

이와 같이 슈미트는 제도이론이 성립하게 된 배경을 상세히 설명하고, 이 이론에 의거하여 자신의 구체적 질서사고가 전개된다는 점을 분명히 밝히고 있다.[59] 또한 제도적인 것 속에 가톨리시즘의 합리주의가 있다고 선언하기도 한다.[60]

오류의 이론은 카를 슈미트의 「구체적 질서사상」을 만드는 데 직접적으로 영향을 미쳤으며, 에리히 카우프만(Erich Kaufmann, 1880-1972),[61] 페터 해벌레(Peter Häberle, 1934-)[62] 등 독일의 공법학자를 비롯하여, 이탈리아의 상티 로마노(Santi Romano, 1875-1947)[63] 등 유럽의 많은 학자들에게 영향을 미쳤다.

한국에서는 제2공화국 헌법 제13조 2항의 「헌법의 민주적 기본질서」란 표현에서 이 용어는 「권리에서 질서에로」의 표지로 보아 우리 헌법의 자랑이며,[64] 헌법 전체를 지배하는 하나의 가치기준을 의미한다[65]고 보았다. 이처럼 '질서'를 강조한 것은 카를 슈미트와 구 경성

Conflits)의 판결에 대한 그의 주석집 전3권으로서 법학적 창조성의 위대한 기념비가 되었다(제1판은 Notes d'Arrêts, 1928. 제2판은 Jurisprudence administrative, 1930이라는 제목으로 발간되었다).

58) C. Schmitt, Über die drei Arten des rechtswissenschaftlichen Denkens, 1934, S. 45-46. 김효전 역, 「법학적 사고방식의 세 유형」, 『정치신학외』, 259-260면.

59) 상세한 것은 김효전, 제도이론의 계보-모리스 오류와 독일 공법학, 『월간고시』 1993년 9월호; 김충희, 모리스 오류의 제도이론, 서울대 석사논문, 2010; 박정훈, Maurice Hauriou의 법사상과 방법론-제도 · 이원 · 균형(미완성), 한국법철학회 독회자료, 2000.

60) C. Schmitt, Römischer Katholizismus und politische Form, S. 23. 김효전 역, 『로마 가톨릭주의와 정치형태』, 교육과학사, 1992, 역서, 23면.

61) E. Kaufmann, Das Wesen des Völkerrechts und die clausula rebus sic stantibus. Eine rechtsphilosophische Studie zum Rechts-, Staats- und Vertragsbegriff, Tübingen 1911. Neudruck 1965; 浜田純一, 制度概念における主觀性と客觀性-制度と基本權の構造分析序說, 小林直樹先生還曆記念 『現代國家と憲法の原理』, 有斐閣, 1983, 485-528면.

62) P. Häberle, Die Wesensgehaltgarantie des Art. 19 Abs, 2 Grundgesetz. Zugleich ein Beitrag zum institutionellen Verständnis der Grundrechte und zur Lehre vom Gesetzesvorbehalt, 3. Aufl., 1983; 김주환, P. Häberle의 제도적 기본권이론의 기초-특히 M. Hauriou의 제도이론과 제도개념을 중심으로, 『고시연구』 1992년 10월호.

63) Santi Romano, L'Ordinamento giuridico, Pisa 1918. Roman Schnur (Hrsg.), Die Rechtsordnung, Berlin: Duncker & Humblot 1975; 江原勝行, 多元主義法理論の共時性と通時性-サンティ・ロマーノの「制度」概念と憲法秩序の變動, 『法律時報』 88권 12호(2016), 125-130면.

64) 황산덕, 『현대법철학입문』, 박영사, 1961 서문. 동인, 법과 정치의 근본문제-카알 슈밋트의 「3종의 법학적 사고」를 중심으로, 『전시과학』 제2호, 1951, 68-80면. 이 논문은 김효전 편역, 『칼 슈미트 연구』, 2001, 233-247면에 재수록. 이 글은 슈미트의 구체적 질서사고를 그대로 따르고 있다. 작년에 발간된 황산덕 교수의 『회고록』 가운데에는 카를 슈미트의 이름은 한 번도 나오지 않으며 또 그의 저작 목록에서도 이 「법과 정치의 근본문제」는 누락되어 있다. 이 글의 후기에는 「서책을 서울에 남긴 채 부산에서 쓴 글이기 때문에 일일이 문헌 고증을 하지 못하고 발표하게 된 것을 널리 사과한다」고 적혀 있다. 그의 법철학 도처에서 질서를 강조하는 것은 슈미트의 영향이라고 하겠다.

65) 한태연, 『신헌법』, 법문사, 1961. 한태연 교수의 헌법학은 카를 슈미트와 E. R. 후버의 이론에 많이 의지하

제대의 영향으로 보인다.[66] 당시의 한국 대학 도서관에서 슈미트나 독일 공법 관련 문헌을 소장한 곳은 구 경성제국대학 도서관의 장서를 그대로 물려 받은 서울대학교 도서관뿐이었다. 그런 이유로 서울대학교에 재직했던 한태연 교수와 황산덕 교수는 슈미트의 책을 독점할 수 있는 행운을 누릴 수 있었다.[67]

3. 제도적 보장

다음에 제도이론을 구체화한 「제도적 보장」(institutionelle Garantie)을 보기로 한다.

슈미트는 기본권과 제도적 보장을 엄격하게 구별한다. 그는 제도적 보장은 기본권과 구별되어야 한다는 제목 아래 이렇게 서술한다. 「제도적 보장은 그 본질상 한정된 것이다. 그것은 국가 내에서만 존재하며, 원칙적으로 무한정한 자유영역이라는 관념에 근거하는 것이 아니라 법적으로 승인된 제도에 과난 것이며, 그 제도는 그 자신 항상 규정되고 획정된 것이며, 비록 그 사명이 개별적인 경우에 특수화되지 않고 어느 정도의 '작용영역이 보편성'을 지니고 있더라도 일정한 사명과 일정한 목적에 봉사하는 것이다」.[68] 이어서 주관적 권리를 가지는 제도적 보장과 그것을 가지지 않는 제도적 보장이 아울러 존재할 수 있다고 하며, 그 예시로서 지방자치단체, 예외법원의 금지, 혼인제도, 사적 소유권 등을 열거한다. 이 모든 제도들은 국가의 내부에서 존재하며, 국가 이전에 또는 국가를 초월하여 존재하는 것은 아니라고 한다.[69]

그는 계속하여 논문 「바이마르 헌법에 있어서의 자유권과 제도적 보장」 속에서 다시 제도적 보장과 「법제보장」(Institutsgarantie)을 구별하여 상설한다. 여기서는 사법상의 제도적 보장, 제도적 보장의 개념은 바이마르 헌법에 대해서는 헌법률적 보장을 전제로 하며, 자유는 제도가 아니라는 명제 등을 확립하였다.[70] 특히 이 논문 말미의 후기에서는 「르나르(Renard)의 유명한 저서인 『제도』(L'institution)는 모리스 오류의 이론 속에 내포되어 있고, 네오 토미즘을 신학적으로 반영한 본래의 진정한 법학적 동기를 곡해하고 있다」[71]고 비판한다.

고 있다.

66) 경성제대에 관하여는 김효전, 경성제대 공법학자들의 빛과 그림자, 『공법연구』 제41집 4호, 2013, 267-318면 참조.

67) 한태연 교수는 6.25 전쟁 직후 괴뢰군이 서울대학교 도서관의 장서를 노획하기 위해서 묶어 놓았다가 9. 28 수복의 급박한 상황으로 그대로 도주한 이야기를 필자에게 들려준 일이 있다. 1920-30년대의 주요 독일 공법 관련 자료들은 현재 서울대 도서관 고문서 보관실에서 소장하고 있다.

68) C. Schmitt, Verfassungslehre, S. 170 f.

69) C. Schmitt, a. a. O. S. 173.

70) C. Schmitt, Freiheitsrechte und institutionelle Garantien der Reichsverfassung (1931), in: ders., Verfassungsrechtliche Aufsätze aus den Jahren 1924-1954. Materialien zu einer Verfassungslehre, 1958, 4. Aufl., 2003, S. 140-173. 김효전 역, 바이마르 헌법에 있어서의 자유권과 제도적 보장, 동인 편역, 『독일 기본권이론의 이해』, 법문사, 2004, 97-134면.

71) C. Schmitt, Freiheitsrechte, S. 172. 역서, 132면.

또 제도적 보장의 내용에 관하여는, 「미국의 재판실무 중에서 하나의 중심적인 의의를 얻고 있는 '적법절차'(due process of law)의 기원은 유럽에 있으며, 이 정식은 독일어로 표현하면 일종의 제도적 보장이며, 현상태의 보장(status-quo-Garantie)은 아니다」[72]라고 설명한다.

한국에서 제도적 보장의 개념은 1962년 김철수 교수가 「정당의 지위에 관한 비교헌법적 고찰」[73]에서 최초로 소개한 후 여러 학자들이 이에 따르기 시작하였다.

그 밖에도 슈미트가 오류의 이름을 거명한 것은 의회주의의 원리와 관련하여 권력의 분립(균형)의 관념을 인정한 저술가들이다. 오류는 그의 저서 『공법의 원리』(Principes de droit public)에서 국가적 및 행정적 생활의 모든 문제에 대해서 균형의 관념을 원용한 것이다.[74] 또 오류는 의회주의의 시대를 토론의 시대로 묘사하기도 했다.[75]

또한 슈미트의 일생의 과제인 합법성 문제와 관련하여 「혁명만이 합법성을 능가하는 정당한 힘으로 인정된다」[76]고 하면서 오류의 말을 그대로 인용하기도 한다.

오류(Hauriou)의 말 그대로 인용한다. 「그런데 1789년의 혁명인데, 이 혁명은 성문법률의 절대적 군림 및 관습적 제도들의 조직적인 파괴에 불과하다. 그 결과는 영속적인 혁명적 상태인데, 그것은 성문법률의 가변성이 이미 일정한 관습석 제도들의 안정성과는 비교할 수 없을 만큼 커서, 변경하는 힘 쪽이 안정시키는 힘보다도 강하게 되었기 때문이다. 프랑스에서는 제도로 완전하게 정착된 사회. 정치생활의 유지는 커다란 변동과 함께, 일반적 도덕의 높은 수준에 의해서만 가능할 뿐이다」(Principes de droit public, Paris 1916, Seite XI). 이에 대하여 이 위대한 프랑스의 법률가가 1916년 당시 일반 법률과 헌법률의 구별 속에서 하나의 타개책을 발견하려고 생각하였다면, 1919년 이후의 유럽 헌법상의 경험들은 애석하게도 그를 개의치 않게 되어버렸다.[77]

오류는 슈미트의 마지막 논문인 「합법적 세계혁명」에서도 발견된다. 오류의 「예비적 복종」(obéissance préalable)과 「초합법성」(surregalité)이란 표현이 그것이다. 오류에 의하면, 영토는 장소와 시간과 행위의 공동체, 즉 공적인 것의 관념을 제공하는 데 기여한다. 법률은

---

72) C. Schmitt, Die Lage der europäischen Rechtswissenschaft, 1950, in: ders., Verfassungsrechtliche Aufsätze, S. 423 Anm. 40. 김효전 역, 『유럽 법학의 상태』, 76면 주 40.

73) 김철수, 『법학』(서울대) 제3권 2호 및 동인, 「제도보장의 의의와 법적 성격」, 『고시계』 1965년 5월호 및 김효전 편, 『헌법정치 60년과 김철수 헌법학』, 박영사, 2005, 832면.

74) C. Schmitt, Die geistesgeschichtliche Lage des heutigen Parlamentarismus, 8. Aufl., 1996, S. 51. 역서, 55면.

75) C. Schmitt, Parlamentarismus, S. 61 Anm. 1. 역서, 67면 주.

76) C. Schmitt, Die Lage der europäischen Rechtswissenschaft, 1950, in: ders., Verfassungsrechtliche Aufsätze, S. 424. 역서, 78면.

77) C. Schmitt, Die Lage der europäischen Rechtswissenschaft, 1950, in: ders., Verfassungsrechtliche Aufsätze, S. 424 Anm. 44. 역서, 79면 주 44.

일반적 관점에 의한 처분이다. 또는 예비적(선험적) 복종이라는 인식이라는 것이다. 상술한 것처럼 그는 혁명만이 합법성을 능가하는 정당한 힘으로 인정된다는 주장을 모리스 오류에 의거하여 전개하였으며, 또 「초합법성」이란 표현[78]을 빌려 「보통의 규범들에 대하여 일정한 규범들이 보다 강력한 타당력을 가진다는 것을 의미한다」고 정의한다.

「초합법성이라는 개념과 표현은 모리스 오류에서 유래한다. 그는 1789년부터 1923년까지의 수많은 프랑스 헌법의 이론과 실천을 통하여 필생의 헌법적 · 행정법적 경험에 근거하여, 그리고 프랑스 국민과 국가의 안정되고 전통 깊은 행정을 통하여 이 개념을 창조하였다. 그는 이 개념을 1914-18년의 제1차 세계 대전을 경험한 후 비로소 전후 시대에 발견하였으며, 그가 이러한 상황을 분명히 강조하고 있다는 사실은 주목할 만하다(Précis de constitutionnel, 1923, S. 379). 오류는 초합법성이라는 스스로 제도화된 통제, 특히 최고의 권한을 가지는 헌법재판소에 의한 법률의 합헌성의 통제를 거부하였다. 이러한 점에서 그는 많은 근대 산업국가와 그 입헌주의의 헌법발전에 의하여 반증되지 아니한 채 부인되었다」.[79]

이처럼 슈미트는 생을 마감할 때까지 프랑스 헌법이론을 손에서 놓지 않은 것을 알 수 있다.

V. 레옹 뒤기

오류의 이론과 함께 슈미트는 레옹 뒤기(Léon Duguit, 1859-1928)의 이론도 소개하고 논평한다. 뒤기 역시 오류와 동시대인으로 더구나 같은 보르도대학의 동료이기도 하였다.

뒤기는 실증주의와 객관주의를 헌법학에 도입한 사람으로서 또는 법사회학의 창설자의 한 사람으로 소개된다. 그의 이론의 특색은 사회학적 국가이론과 연대론 · 객관법 · 공공 서비스론 등을 주장한 점에 있다. 저서로는 『국가, 객관법과 실정법률』[80] 『국가, 통치자와 관리』[81] 『공법변천론』(1913),[82] 『법과 국가』(1917),[83] 『헌법 매뉴얼』,[84] 『헌법학개론』[85] 『일반 공법학 강의』[86] 등이 있다.[87]

---

78) M. Hauriou, Précis de droit constitutionnel, 1923, p. 379.

79) C. Schmitt, Die legale Weltrevolution. Politischer Mehrwert als Prämie auf juristisce Legalität und Superlegalität, in: Der Staat, Bd. 17, Heft 3, 1978, S. 321-339. jetzt in: G. Maschke (Hrsg.), Frieden oder Pazifismus? Berlin 2005, S. 922.

80) L. Duguit, L'État, le droit objectif et la loi positive, 1901.

81) L. Duguit, L'État, les gouvernants et les agents, 1903.

82) L. Duguit, Les transformation du droit public, 1913.

83) L. Duguit, The Law and the State, in: Harvard Law Review, Vol. 31, No. 1, 1917, pp. 1-185. 김충희 옮김, 법과 국가, 『동아법학』 제77호, 2017, 223-431면.

84) L. Duguit, Manuel de droit constitutionnel, 1918.

85) L. Duguit, Traité du droit constitutionnel, 5 vol. 1921-25.

86) L. Duguit, Leçons de droit public général, 1926. 이광윤 옮김, 『공법학 강의』, 민음사, 1995.

뒤기의 헌법이론에서의 키워드는 「법의 준칙」(la règle de droit)[88]이다. 이 용어는 오류의 「제도」와 대비되는 것으로 뒤기는 사회학자 뒤르케임(É. Durkheim)의 『사회분업론』[89]의 영향을 받아 사회연대(solidarité sociale)의 개념에서 법의 준칙을 도출한다. 즉 의식적 존재로서의 개인을 유사성에 의한 연대와 분업에 의한 연대 두 가지로 파악한다. 그런데 사회연대의 의식은 하나의 행위준칙이란 의식을 내포한다. 이 규범 내지 준칙은 인간이 사회적 존재인 이상 강자와 약자의 구별 없이 모든 사람에게 부과되며, 그는 이를 「법의 준칙」이라고 부른다. 이 개념은 국가권력의 자의적인 발동을 억제하고 제한하기 위해서 만든 것이다. 따라서 사회규범은 「개인의 집합체의식」과 정의감을 통해서 법의 준칙이 된다. 그러나 「법은 국가의 창조물이 아니라 국가 밖에 존재한다. … 법의 개념은 국가의 개념에서 완전히 독립적이며 법의 준칙은 개인에게 명령하듯이 국가에 대해서도 명령한다」. 나폴레옹 민법전은 세 가지의 법의 준칙, 즉 사유재산의 존중, 계약의 강행성 인정, 본인의 과실에 의한 손해배상으로 구성되었다고 한다.[90] 뒤기 이론의 핵심은 바로 국가에 우월하는 법의 준칙을 해명하는 것이다.

또한 그 밖에도 슈미트는 기본권의 전국가적이고 초국가적인 권리(vor-und überstaatliche Rechte)로서의 성격을 강소한다. 즉 「시민적 법치국가에서의 기본권은 전국가적이고 초국가적인 권리로서만 통용될 수 있는 권리, 국가가 법률에 의거해서 부여하는 것이 아니고, 국가 이전에 존재하는 것으로서 승인 보호하고 있는 권리와 국가가 단지 원리적으로 제약된 범위 내에서만, 또 규제된 절차를 따라서만 침해할 수 있는 권리라는 사실이 고수되어야 한다」.[91] 이러한 설명 역시 프랑스 헌법이론, 특히 뒤기의 인권선언에 관한 견해에 근거하는 것이다.

일찍이 뒤기는 「1789년의 자유권은 헌법개정법률에 의해서도 제거될 수 없다」[92]고 하였다. 이에 대해서 슈미트는 「모든 시민적 법치국가의 헌법에 적용될 수 있는 이론」[93]이라고 하였다.

그 밖에 오류와 뒤기의 이름은 슈미트의 법치국가론과 관련하여 언급되기도 하였다. 슈미트는 「모리스 오류가 뒤기의 법률국가론의 무정부주의에 대해서 설명한 때에, '일시적인 준

87) 문헌 Patrick Arabeyre et al., Dictionnaire, 2e éd. Paris 2015, pp. 358-361; 김충희, 레옹 뒤기의 생애와 그의 시대, 『헌법학연구』 제21권 2호, 2015, 261-310면; 동인, 레옹 뒤기의 국가이론 - 「법과 국가」를 중심으로, 『유럽헌법연구』 제17호, 2015, 181-228면; 高橋和之, 『現代フランス憲法理論の原流』, 有斐閣, 1986, 188-292면.

88) 이광윤 교수는 「법규」로 번역하는데 우리가 보통 생각하는 「법규」보다는 높은 차원의 법의 원리를 의미한다. 영어로는 'jural principle'로 번역한다.

89) É. Durkheim, De la division du travail social, 1893. 민문홍 옮김, 『사회분업론』, 아카넷, 2012.

90) L. Duguit, Leçon de droit pubic général, 1926, p. 49; 이광윤 옮김, 『일반 공법학 강의』, 46면.

91) C. Schmitt, Verfassungslehre, 1928, S. 163. 김기범 역, 『헌법이론』, 185면.

92) L. Duguit, Manuel de droit constitutionell, p. 486; Traité de droit constitutionnel, 2e éd., III, p. 561/2.

93) C. Schmitt, Verfassungslehre, S. 163.

수,' '잠정적인 복종'에 의한 법으로서 서술한 것 또는 '합법적인 권력소유에 의한 정치적 프리미엄'으로서 설명하려고 시도한 것들은 모두 규범과 법률에 관한 사고의 공허한 일반성 내지 일반적인 공허함 속에 해소한다」[94]고 논평하였다.

또한 오류는 Précis de Droit constitutionnel, 1923, pp. 257-266에서 「법관에 대한 복종에 의한 법치국가; 관습적이며 사법적인 앙시앵레짐」을 「성문 법률에 대한 복종에 의한 법치국가」를 구별하며, 뒤기는 「법치국가」(état de droit)를 Traité de Droit constitutionnel, 2e éd. III, 1923, S. 547-556에서 약술한다.

한편 뒤기의 이론은 헤르만 헬러에서도 주권 도그마에 대한 공격의 일환으로 소개되고 있다. 뒤기의 자연주의적 사회학주의는 한스 켈젠의 순수법학과 결론적으로 광범하게 일치한다고 하면서, 뒤기에게 국가의사 또는 국가인격인 것은 비과학적인 의제와 같은 것으로 이해한다. 뒤기에게 국가는 죽은 것이며, 주관적 권리의 개념은 형이상학적 질서의 개념이 된다. 여기서도 자연질서(ordre naturel)는 숙명적인 역할을 한다. 뒤기가 말하는 사회규범은 개인의 집합체의 의식 그리고 그 정의감을 통해서 「법의 준칙」(régle de droit)이 된다. 그러나 국가는 법제정과는 아무런 관계가 없다고 한다. 「법은 국가의 창조물이 아니라 국가 밖에 존재한다. … 법의 개념은 국가의 개념에서 완전히 독립적이며 … 법의 준칙은 개인에게 명령하듯이 국가에 대해서도 명령한다」.[95] 따라서 국가주권이라는 권력의 존재에 대한 신앙은 어떠한 실재와 대응하지 않으며 그러한 신앙은 소멸한다는 것이다.[96] 요컨대 주권이란 논리적으로 구축된 형이상학상의 창조물이며 오늘날 계속 붕괴되고 있다고 한다.[97] 그러나 주권을 민족의 생존권으로 이해하고 국민국가와 동일시하며, 주권의 담당자로서 세계국가를 부인하는 헬러와는 대조적이다.

슈미트는 본느카스(Joseph-Julien Bonnecase, 1878-1950)의 견해[98]에 따라서 오류와 뒤기를 비교하며 뒤기의 법률적 실증주의는 완전히 형이상학이라고 평가한다.

이처럼 두 사람을 대립적인 시각에서 보는 견해는 1789년의 인간과 시민의 권리선언에 대한 평가에서도 나타난다. 뒤기에게 인권선언은 그의 법의 준칙의 원리 안에 자리잡고 있는 것이며, 개인주의에 바탕을 둔 것이다. 그러나 오늘날 보편적인 경향은 오히려 사회연대 개

---

94) C. Schmitt, Was bedeutet der Streit um den "Rechtsstaat"? in: Zeitschrft für die gesamte Staatswissenschaft, Bd. 95, Heft 2 (1935). 김효전 역, 「법치국가에 관한 논쟁의 의의」, 동인 역, 『합법성과 정당성』, 교육과학사, 1993, 215-216면.

95) L. Duguit, Traité de droit constitutionnel, tome 1, p. 33.

96) H. Heller, Souveränität (1927), jetzt in: Gesammelte Schriften, Bd. 2, S. 47 f. 김효전 옮김, 『주권론』, 관악사, 2004, 28면.

97) L. Duguit, Souveraineté et Liberté. Leçons faites à Université Columbia (New-York) 1920-1921, 1921. Paris: Éditions la mémoire du droit, 2002, p. 77.

98) J. Bonnecase, L'école de l'exégèse en droit civil, 2e éd., Paris 1924. 본느카스에 관하여는 Patrick Arabeyre et al., Dictionnaire, 2e éd. Paris 2015, pp. 138-140.

념에 근거하여 정치권력을 제한하려는 것이다. 이에 대해서 오류에게 인권선언은 역사적 발전의 결과이며, 선언은 그후부터 프랑스의「사회적 헌법」의 중요한 요소의 하나가 되었다는 것이다.[99)]

성낙인 총장도 오류와 뒤기의 이론을 검토한 후 한 마디로 두 사람의 이론은「대립과 협력」의 관계라고 결론을 내린다. 첫째, 오류와 뒤기는 법실증주의의 문제를 법학의 중요문제로 인식한 점에서 같은 측면을 지닌다는 것, 둘째로, 반대나 대립만이 문제가 아니라 두 이론이 직면한 가능성으로서 오류는 뒤기와는 전혀 상이한 방법론상의 혼합주의를 취한 반면에 뒤기는 동질적인 체계화로 일관하였고, 셋째로 오류와 뒤기 모두 근대 공법학에 기여한 점을 들고 있다. 특히 근대적 공물이론이나 법률행위와 행정행위의 구별 등 근대적 개념의 기조를 구축한 점에서 두 사람의 이론은 서로 연계되어 있는 것이다.[100)] 그리하여 두 사람의 공법이론은 프랑스를 넘어서 독일과 이탈리아, 스페인 등으로 전파되는 것이다.

Ⅵ. 방자맹 콩스탕의 중립권

카를 슈미트의 헌법이론에서 프랑스의 그것을 직접적으로 또 강력하게 영향을 받은 것 중에서 대표적인 것은 바로 방자맹 콩스탕(Benjamin Constant, 1767-1830)의 이론이다. 슈미트는 뱅자맹 콩스탕을「운명의 형제」[101)]라고 부르고 그의 여러 저작을 인용하며, 특히「중립적 권력」의 이론을 빌려서 헌법의 수호자를 설명한다.

방자맹 콩스탕은 프랑스의 사상가·작가·정치가. 공화적 자유주의의 입장을 취하고 나폴레옹 1세의 브뤼메르(Brumaire)의 쿠데타 후에 법제위원회에 들어갔다. 나폴레옹의 강권정치에 반대하다가 추방된다. 바이마르에 망명 중 괴테·실러와 사귀고, 귀국 후 백일천하 때에 나폴레옹의 의뢰로 자유제국의 구상을 가진 헌법추가조항을 기초, 7월 혁명을 지지하고 헌법고문관이 된다. 왕정복고로 추방되었다가 하원의원이 된다. 반정부파에 속한 후 자유주의를 주장했다.[102)] 저서『정치원리』(1872),[103)] 나폴레옹 보나파르트에 반대해서『정복과 찬탈의 정신에 관하여』[104)] 등이 있다.[105)]

---

99) Jean Morange, La Déclaration des droits de l'homme et du citoyen, Que sais-je? n° 2408, 2ᵉ ed., PUF, 1989. 변해철 역,『1789년 인간과 시민의 권리선언』, 탐구당, 1999, 104-107면.

100) 성낙인, 프랑스 공법학의 두 석학: 모리스 오류와 레옹 뒤기, 동원 권도혁 교수 화갑기념논문집, 1992, 481-496면; 동인,『프랑스 헌법학』, 법문사, 1995, 136-140면.

101) C. Schmitt, Ex Captivitate Salus. Erfahrungen der Zeit 1945/47, Köln 1950. S. 76. 김효전 역,『구원은 옥중에서』, 1990, 153면.

102) P. Bastid, Benjamin Constant et sa doctrine, Paris 1966, 2 vol.; P. Arabeyre et al. (dir.), Dictionnaire historique des juristes française, pp. 258-260.

103) B. Constant, Principes de Politique applicables a Tous les Governements, 1806-1810.

104) B. Constant, De l'esprit des conquête et d'usupation dans leurs rapports avec la civilisation actuelle,

슈미트는 프랑스의 루소와 방자맹 콩스탕의 영향력을 결합하여 입헌주의적 헌법의 일반성을 수립하려는 것이 칸트의 법철학이라고 평가한다. 이 경우에 계수되는 것은 서방 이웃 국가인 프랑스, 영국 그리고 벨기에의 여러 법개념으로 상호간에 구별되고 다투는 가운데 이질적이면서도 전체적으로는 서구의 자유주의적인 헌법 관념들이 계수되었는데 학문적인 체계화는 영국보다는 프랑스와 벨기에의 입헌주의가 뚜렷하게 영향을 미쳤다고 본다.[106)]

다음에 헌법의 수호자에 관하여 슈미트는 1929년 「헌법의 수호자로서의 라이히 재판소」[107)]라는 한 편의 논문을 발표했다. 여기서 그는 프랑스의 자유주의 정치사상가인 방자맹 콩스탕의 「중립적 권력」[108)]의 이론을 빌려와서 바이마르 공화국 헌법의 수호자는 라이히 대통령이라고 주장하였다. 그는 같은 해 다시 이를 보충하여 공법잡지에 「헌법의 수호자」[109)]를 게재하였다. 그 후 1931년 같은 제목으로 대폭 수정・증보하여 『헌법의 수호자』[110)]라는 단행본으로 출판하였다.

이 책에서 슈미트는 단순히 헌법의 보호 문제만을 다룬 것은 아니며, 헌법재판을 비롯하여 사법권 일반의 문제, 나아가 국가와 사회의 구별・경제헌법・중립성・전체국가의 개념・다원주의・연방주의 등을 심도 있게 다루고 있다. 특히 독일 바이마르 공화국이라는 구체적인 헌법상태를 예리하게 분석한 그의 문제의식과 접근방법은 우리에게 많은 것들을 시사해준다.

그 밖에도 슈미트는 계속하여 중립적 권력의 이론을 펼친다. 예컨대 『후고 프로이스』에서는 민주주의에 입각하는 시민적 법치국가는 필연적으로 정당국가가 되는데, 이러한 국가는

1815.

105) 기타 심리소설 『아돌프』(Adolphe, 1816; 김석희 옮김, 동평사, 1979, 열림원, 2002) 등. 한국 문헌으로는 스탈 부인과의 관계를 다룬 귄터 바루디오, 김이섭 옮김, 『기묘한 관계: 살롱의 여신 스탈 부인과 정치신사 콩스탕』, 한길사, 1999; 권유현, 『마담 드 스탈 연구』, 서울대 출판부, 2000. 일본 문헌은 毛織大順, B. コンスタン「政治原理」(6完), 『福法』 31권 1호, 1987.

106) C. Schmitt, Das »Allgemeine Deutsche Staatsrecht« als Beispiel rechtswissenschaftlicher Systembildung (1940), jetzt in: G. Maschke (Hrsg.), Staat, Großraum, Nomos, S. 169. 김효전 편역, 『독일 헌법학의 원천』, 152면.
벨기에 헌법이 독일에 미친 영향은 예컨대 R. Smend, Die Preußische Verfassungsurkunde im Vergleich mit der Belgischen, Göttingen 1904.

107) C. Schmitt, Das Reichsgericht als Hüter der Verfassung, in: Die Reichspraxis in deutschen Rechtsleben. Festgabe der Juristische Fakultäten zum 50jährigen Bestehens des Reichsgerichts(1. Oktober 1929), Bd. 1, S. 154-178. jetzt in: ders., Verfassungsrechtliche Aufsätze, 1958, 3. Aufl., 1985, S. 63-100. 정태호 옮김, 「헌법의 수호자인 라이히 재판소」, 『동아법학』 제37호, 2005.

108) 문헌 深瀬忠一, バンジャマン・コンスタンの中立權の理論, 『北大法學會論集』 제10권(1960), 133-159면.

109) C. Schmitt, Der Hüter der Verfassung, in: Archiv des öffentlichen Rechts, Neue Folge, Bd. 16 (1929), S. 161-237. 김효전 편역, 『독일 헌법학의 원천』, 산지니, 2018, 943-987면.

110) C. Schmitt, Der Hüter der Verfassung, Duncker & Humblot, Berlin 1931. 3. Aufl., 1985, 159 S. 김효전 옮김, 『헌법의 수호자』, 법문사, 2000, 183면 이하. 영역본은 Lars Vinx edited and translated, The Guardian of the Constitution: Hans Kelsen and Carl Schmitt on the Limits of Constitutional Law, Cambridge: Cambridge University Press 2015.

여러 가지의 중립적 세력 없이는 존속할 수 없으며, 정당에 구속되지는 않지만 일반적으로 존경을 받는 지성이야말로 본래의 이상적인 중립적 권력(pouvoir neutre)일 것이라고 한다.[111]

이상과 같이 방자맹 콩스탕의 이론에 의거하여 바이마르 공화국 대통령의 지위와 권한을 설명하는 태도에 대해서 한스 켈젠(Hans Kelsen, 1881-1973)은 「누가 헌법의 수호자이어야 하는가?」[112]라는 서평 형식의 논문에서 다음과 같이 신랄히 비판한다.

> 「놀라운 것은 이 논문이 입헌주의적인 극장의 헛간에서 그 가장 오랜 무대장치, 다른 어떠한 기관도 아니라는 명제를 꺼내어 가지고, 그리고 이러한 바로 먼지투성이가 된 소도구를 일반적으로는 민주공화국, 그리고 특수하게는 바이마르 헌법에 다시 적용시키려는 것이다. 그러나 가장 놀라운 것은 주로 입헌군주제의 가장 오래고 가장 정평있는 이데올로기들 중의 1인의 학설, 즉 군주의 중립적 권력에 관한 방자맹 콩스탕(Benjamin Constant)의 학설을 부활시키고, 그것을 아무런 제한도 없이 공화제의 국가원수에게 전용하려는 이 논문의 저자는 다음과 같은 야심을 품은 베를린 상과대학의 국법학 교수인 카를 슈미트(Carl Schmitt)이다. 그의 야심은 '얼마나 많은 전래적인 형식과 개념들이 전적으로 이전의 상황에 의존하고 있으며, 그리고 오늘날 그것들은 이미 새 술을 위한 낡은 부대와 같은 것이 아니라 더욱 시대에 뒤떨어지고 잘못된 레테르에 불과하다'[113]는 것을 우리들에게 보여준다」.[114]

켈젠은 이 논문에서 대통령과 의회, 그리고 법원도 헌법의 수호자라고 하면서 헌법재판의 중요성을 강조하였다.

슈미트와 켈젠의 논쟁은 바이마르 공화국의 비극적인 운명과 함께 종말을 고하고 말았으나 아직도 여전히 각국에서 특히 영어권과 프랑스 학자들이 즐겨 반추하는 테마의 하나가 되고 있다.[115]

---

111) C. Schmitt, Hugo Preuß. Sein Staatsbegriff und seine Stellung in der deutschen Staatslehre, Tübingen 1930, S. 23 f. 김효전 역, 후고 프로이스, 『정치신학외』, 152면.

112) H. Kelsen, Wer soll der Hüter der Verfassung sein? in: Die Justiz, Bd. 6, 1931, S. 5-56. jetzt in: H. Klecatsky, R. Marcic, H. Schambeck (Hrsg.), Die Wiener rechtstheoretische Schule, Bd. 2, Europa Verlag, Wien 1968, S. 1873-1922. 김효전 역, 『동아법학』 제11호, 1990; 동인 역, 『헌법의 수호자 논쟁』, 교육과학사, 1991; 동인 편역, 『독일 헌법학의 원천』, 산지니, 2018. 이 논문의 프랑스어 번역과 해설은 Trad. et introd. de Sandrin Baume, Qui doit être le gardien de la constitution? Michel Houdiard, Paris 2006, p. 138.

113) Verfassungslehre, S. 9. 김기범 역, 『헌법이론』, 28면.

114) H. Kelsen, Wer soll der Hüter der Verfassung sein? S. 1876-1877. 김효전 역, 『헌법의 수호자 논쟁』, 117-118면.

115) 헌법의 수호자에 관한 최근의 영미 문헌으로는 Lars Vinx edited and translated, The Guardian of the Constitution: Hans Kelsen and Carl Schmitt on the Limits of Constitutional Law, Cambridge: Cambridge University Press 2015; David Dyzenhaus, Hans Kelsen and Carl Schmitt: Growing Discord, Culminating in the "Guardian" Controversy of 1931, in: Jens Meierhenrich (ed.), The Oxford Handbook of Carl Schmitt, New York: Oxford University Press, 2016; Stanley L. Paulson, The Reich president and Weimar Constitutional Politics: Aspects of the Schmitt-Kelsen Dispute on the `Guardian of the Constitution,' Paper presented at the annual meeting of the American Political Science Association, Chicago, August 31-Sept. 3, 1995와 David Dyzenhaus, Legality and Legitimacy. Carl Schmitt, Hans Kelsen and Hermann Heller in Weimar. Oxford: Clarendon Press, 1997, pp. 70-85.
프랑스 문헌은 Olivier Beaud, La controverse sur "le gardien de la Constitution" et la justice

또한 콩스탕의 이론에 대해서는 라이프홀츠도 반대하고 있다. 슈미트처럼 법정책적 해석과 법기속적 해석이 독특한 방법으로 혼합하는 형식을 취하여 19세기 유럽 자유주의국가에 관하여 전개한 콩스탕의 중립권이란 의미에서의 초당파적·대표적·중립적이며 또한 독립한 헌법의 수호자를 보려는 시도가 있다고 소개한다. 「요컨대 권위주의적으로 새로이 형성되는 국가의 담당자로서는 이미 당파를 초월한 보다 높은 중립적인 제3자로서의 라이히 대통령이 아니라 오히려 하나의 새로운 권력의식으로 뒷받침된 여러 가지 정당이나 정치운동이 등장하고 있는 한, 이러한 전개는 아주 최근의 정치상의 사건들에 의해서 시대에 뒤떨어진 것이 되고 있다. 이러한 사건들에 직면하여 근대 정당국가란 의미에서 대통령정권이 다시 완전히 배후로 숨어버린 것은 아주 최근의 수권법도 보여주고 있다」.[116] 이와 같이 라이프홀츠도 켈젠처럼 시대에 뒤떨어진 이론이며 독일의 현실에 맞지 아니한다고 비판한다.

방자뱅 콩스탕의 이론은 독일[117]뿐만 아니라 1824년 3월 25일의 브라질 헌법[118]과 1826년 4월 29일의 포르투갈 헌법[119]에도 영향을 미쳤으며, 동아시아의 한국[120]에까지 소개되기도 하였다.

요컨대 20세기의 민주공화국에서 19세기의 입헌군주국 시대의 군주의 중립적·조정적 권력의 이론을 도입하여 헌법의 수호를 기대한 점에서 슈미트의 논리전개는 시대착오적인 느낌을 주는 것은 사실이다.[121] 이것은 군주제가 무너진 지 10년도 채 안되었던 바이마르 공

---

constitutionnelle: Kelsen contre Schmitt: actes du colloque de Berlin, Centre Marc Bloch, 21 juin 2006. Paris: L.G.D.J. Diffuseur: Editions Pantheon-Assa, 2007.

위의 Stanley L. Paulson의 논문은 프랑스어로 번역되었다. Traduit par François Michaut, Arguments ≪conceptuels≫ de Schmitt à l' encontre du contrôle de constitutionnalité et résponses de Kelsen. Un aspect de l' affrontement entre Schmitt et Kelsen sur le «gardien de la constitution», in: Sous la direction de Carlos-Miguel Herrera, Le Droit, le Politique autour de Max Weber, Hans Kelsen, Carl Schmitt. Paris: L'Harmattan, 1995, pp. 243-259.

116) G. Leibholz, Die Auflösung der liberalen Demokratie in Deutschland und das autoritäre Staatsbild, 1932, S. 67 f.

117) 독일에 미친 영향에 대해서는 F. Schnabel, Deutsche Geschichte im neunzehnten Jahrhundert, II, Monarchie und Volkssouveränität, 1933, S. 176 f.; L. Gall, Benjamin Constant. Seine politische Ideenwelt und der deutsche Vormärz, 1963, bes. S. 183-198; H. Boldt, Deutsche Staatslehre im Vormärz, 1975, bes. S. 142-151.

118) 브라질 헌법 제98조는 「조정적 권력은 정치조직 전체의 핵심이다. 그것은 오로지 황제 또는 국민의 최고수장, 그리고 그 최고대표자에 대하여 독립의 보전과, 다른 정치적 권력들과의 균형과 조화를 부단히 감시하기 위하여 위탁된다」고 규정한다.

119) 포르투갈 헌법 제71조는 「조정권은 정치조직 전체의 핵심이며, 국가의 최고 원수인 국왕에게 전속하며, 국왕은 언제든지 다른 공권력의 독립, 균형, 조화의 유지를 수호한다」고 규정한다. 특히 의회의 해산도 이러한 국왕의 조정권한의 하나로 인식하여 특별한 의미를 부여한다. C. Schmitt, Der Hüter der Verfassung, AöR, N.F. Bd. 16 (1929), S. 213 Anm. 99. 김효전 편역, 『독일 헌법학의 원천』, 974면.

120) 한국에서는 나진·김상연 역술, 『국가학』, 1906. 영인본 민족문화사, 1986, 110-111면에서 3권 외에 調和權을 추가하여 4권으로 소개한다. 광복 후에는 한태연, 중립적 권력의 본질과 가치: 한국의 근대국가적 성격의 결여에 대하여, 『사상계』 1956년 9월호.

121) 예컨대 「군림하지만 통치하지 않는다」(il règne et ne gouverne pas)는 아돌프 티에르(Adolphe Thiers,

화국의 당시 상황에선 여전히 군주제에 대한 동경과 아쉬움이 슈미트뿐만 아니라 널리 지식인 일반에게 보편적인 현상이었던 것으로 보인다.[122] 또 헌법의 수호자로서의 헌법재판소의 설치를 「오스트리아식 해결」이라고 비웃은 것은 헌법정치에 있어서 정치의 역할을 너무 강조한 것으로 보인다.[123] 현실의 입헌정치나 국가생활에서 정치의 역할과 비중이 큰 것은 부인하기 어려운 것 또한 사실이다. 그럼에도 불구하고 독재정치의 검은 구름이 온 하늘을 뒤덮고 사법의 명맥이 끊어진 것처럼 보인 시대에도 사람들은 헌법재판과 사법에 대한 한줄기의 희망을 저버리지 않았다.[124] 제2차 세계대전 이후의 각국에서의 헌법발전은 그 희망이 어리석지 않았다는 것을 보여주고 있다.

Ⅶ. 조르주 소렐의 폭력론

헌법학자는 아니지만 프랑스의 정치사상가인 조르주 소렐(Georges Sorel, 1847-1922)의 이론이 슈미트에게 미친 영향을 간단히 지적함으로써 슈미트의 정신세계에서 프랑스가 차지하는 비중을 얼마나 큰가를 재확인하고 이 글을 끝내려고 한다.

1. 조르주 소렐 소개

슈미트의 대표적 저작의 하나인 『현대 의회주의의 정신사적 지위』[125] 제4장은 「의회주의의 적으로서의 직접적 폭력행사의 비합리주의적 이론들」이란 제목 아래 소제목으로 「조르주 소렐에 있어서 신화의 이론」[126]을 상세하게 소개하고 있다. 흔히 독일에서 소렐을 최초로 소개한 사람은 슈미트[127]로서 그의 「신화의 정치이론」[128]을 들고 있으나, 슈미트 자신은 「소렐

1797-1877)의 정식으로 카를 슈미트는 『헌법의 수호자』(김효전 옮김, 187면)에서 국가원수의 중립적 지위를 설명한 것이 대표적이다.

122) 예컨대 통합론자인 루돌프 스멘트도 인적 통합에서 군주는 공동체의 가치를 상징화하며 사실적 가치를 통한 통합의 경우를 표현한다고 말한다. R. Smend, Verfassung und Verfassungsrecht, 1928, S. 28. 김승조 옮김, 『국가와 헌법』, 1994, 51면.

123) 오스트리아 헌법재판의 전통은 G. Jellinek, Ein Verfassungsgerichtshof für Österreich, Wien: Alfred Hölder, 1885, 51 S.

124) 예컨대 W. Kägi, Die Verfassung als rechtliche Grundordnung des Staates, Zürich 1945. Neudruck 1971. 홍성방 옮김, 『국가의 법적 기본질서로서의 헌법』, 유로, 2011.

125) C. Schmitt, Die geistesgeschichtliche Lage des heutigen Parlamentarismus, 1923.

126) 이 논문은 원래 C. Schmitt, Die politische Theorie des Mythus, in: Bonner Festgabe für Ernst Zitelmann, 1923. jetzt in: ders., Positionen und Begriffe im Kampf mit Weimar-Genf-Versailles 1923-1939. 1940. 4. Aufl., 2014, S. 9-18에 발표된 것이다. 번역은 김효전 역, 『정치신학외』, 법문사, 1988, 69-82면; 김효전·박배근 옮김, 『입장과 개념들』, 세종출판사, 2001, 9-22면에 수록.

127) 예컨대 Übersetzt von Ludwig Oppenheimer, Über die Gewalt, 1928. Mit einem Nachwort von George Lichtheim, Suhrkamp 1981.

128) C. Schmitt, Die politische Theorie des Mytus, 1923, in: Positionen und Begriffe, 1940, S. 9-18. 김효전·박배근 공역, 『입장과 개념들』, 9-22면.

에 관한 최초의 헌법이론적 언급은 나의 저서 『독재론』 1921, S. 147에 있다는 점에서 이는 전혀 옳지 못한 것이다」[129]라고 한다.

한국에서는 여러 가지 사정으로 아주 최근에야 소렐이란 이름이 그의 저서 『폭력에 대한 성찰』[130]이 2007년에 번역 출간됨으로써 널리 알려지게 되었다.[131] 소렐이란 누구인가?

조르주 소렐은 프랑스의 사회주의자이며, 혁명적 생디칼리슴의 이론적 대표자. 무솔리니에게 사상적 영향을 주었기 때문에 「파시즘의 정신적 아버지」[132]라고 불린다. 그는 의회주의를 부정하고 생디칼리슴의 역할을 높이 평가하고, 의회주의의 「온건주의」에 대항하여 폭력의 윤리성을 강조하고 그 구체적 발현형태로서 총파업을 중요시하고 이것을 재래의 유토피아와는 다른 「신화」라고 하여 새로운 사회담당자로서의 엘리트의 임무를 강조하였다. 저서로는 『폭력에 대한 성찰』(1908) 외에 『진보의 환상』(1908)[133] 등이 있다.

2. 조르주 소렐 평가

슈미트는 소렐의 폭력론에 대해서 윈드햄 루이스가 「'조르주 소렐은 현대의 모든 정치사상을 해결하는 열쇠'라고 말한 것은 전적으로 타당하다」[134]고 맞장구치면서, 「이 책은 그 밖에도 무수한 독창적인 역사적 및 철학적 착상들의 우수함을 지니고 있으며, 정신적 선조로서 프루동(Proudhon), 바쿠닌(Bakunin) 그리고 베르그송(Bergson)에 대한 신봉을 밝히고 있다. 그의 영향력은 사람들이 첫눈에 알 수 있는 것보다도 훨씬 크다」[135]고까지 서술하고 있다. 또한 『정치신학』에서는 조르주 소렐의 생디칼리스트적 사회주의는 마르크스의 경제사관과 베르그송의 생의 철학을 결합한 것이라고 설명을 덧붙이고 있다.[136] 그리고 『로마 가톨릭주

---

129) C. Schmitt, Positionen und Begriffe, S. 313. 『입장과 개념들』, 453면. 『독재론』의 번역은 김효전 역, 법원사, 1996, 183면.

130) G. Sorel, Réflexions sur la violence, 1908. 이용재 옮김, 나남출판, 2007.

131) 폭력론이 번역되기 이전의 소렐에 관한 문헌은 김용우, 민족주의, 파시즘과 조르쥬 소렐, 『역사학보』 제193호(2007); 박홍규, 폭력론-소렐, 벤야민, 데리다, 파농, 아렌트의 논의를 중심으로, 『진보평론』 제17호(2003), 383-403면; 민문홍, 죠르쥬 쏘렐(Georges Sorel)의 사회사상-뒤르케임 사회주의와의 비교를 중심으로, 『연세사회학』 제9호(1989); 맹용길, 쏘렐(Georges Sorel)의 폭력론, 『장신논단』 제2호(1986), 172-196면 정도이다.
일본에서는 1930년대에 『폭력론』(신역, 木下半治譯, 岩波文庫, 1965-66) 번역서가 발간되었으며, 최근 2007년에 새 번역도 나왔다.

132) H. Heller, Bemerkungen zur staats-und rechtstheoretischen Problematik der Gegenwart, in: Archiv des öffentlichen Rechts, Bd. 55 (1929), jetzt in: Gesammelte Schriften, Bd. 2. S. 265. 김효전 옮김, 「현대의 국가이론과 법이론의 문제성」, 동인 편역, 『독일 헌법학의 원천』, 316면. 헬러는 빌프레도 파레토(Vilfredo Pareto)와 함께 소렐을 거명한다.

133) G. Sorel, Les Illusions du Progrès, 1908.

134) C. Schmitt, Die geistesgeschichtliche Lage des heutigen Parlamentarismus, 1923. 9. Aufl., 2010, S. 78. 역서, 86면 주 52. 루이스의 책은 Wyndham Lewis, The art of being ruled, London 1926, p. 128을 지칭한다.

135) C. Schmitt, Parlamentarismus, S. 78. 역서, 86면.

136) C. Schmitt, Politische Theologie, 1922, 2. Ausgabe 1934, S. 56/57. 김효전 역, 『정치신학』, 47면.

의와 정치형태』에서는 독창적이며 착상이 풍부한 정치사상가로서 소렐을 소개한 후 비합리주의적인 조류가 공공연하게 교회에 의해서 이용되게 되었다는 소렐의 견해를 전하면서 소렐의 견해를 적그리스도로 표현하고 있다.[137)]

먼저 「폭력」이란 말의 부정적이며 비윤리적 비합법적인 선이해에 대해서 소렐은 이렇게 구별할 것을 제안한다. 「무력(force; 또는 위력)이란 용어와 폭력(violence)이란 용어는 관헌 당국의 행위를 묘사할 때든 폭동행위를 묘사할 때든 두루 사용된다. 폭력이라는 용어는 두 번째 경우에 사용해야 한다고 생각한다. 따라서 우리는 무력의 목적이 소수가 통치하는 어떤 사회질서의 수립을 부과하는 것임에 반해서, 폭력은 이 사회질서의 파괴를 지향하는 것이다. 근대 초 이후 부르주아지는 무력을 사용한 반면, 프롤레타리아는 오늘날 부르주아지와 국가에 폭력으로 맞서고 있다」.[138)]

소렐의 주장에 동조 내지 첨가하면서 슈미트는 계속해서 말한다. 「위대한 역사상의 활동력이 되는 모든 행동하는 힘과 영웅주의의 힘은 신화에의 견인력 속에 있다」(88면). 「위대한 열광, 위대한 도덕적인 결단과 위대한 신화는 어떤 이성적 판단이나 합목적적인 고려에 기인하는 것이 아니라, 순수한 본능의 깊이에서 생겨난다. 열광한 대중은 직접적인 직관에 의해서 신화석 관념을 창조한나. 이 관념이야말로 그들의 활력을 추진시키며, 순교에의 힘과 이울러 폭력행사에 대한 용기를 그들에게 부여한다」(88-89면). 요컨대 소렐은 베르그송의 생의 철학과 신화의 정치이론을 결부시킨 것이다.

그러면 오늘날 그 위대한 신화의 담당자는 누구인가? 소렐은 산업 프롤레타리아의 사회주의적 대중만이 신화를 가지고 있으며, 그것은 총동맹파업(grève générale) 속에 있다는 것을 증명하려고 한다. 소렐의 키워드는 총파업과 신화이다. 즉 「총파업이란 사회주의의 모든 것이 담긴 신화, 달리 말하자면 현대사회에 맞서서 사회주의가 벌이는 전쟁의 다양한 표현들에 부합하는 모든 감정을 본능적으로 일깨울 수 있는 이미지들의 총화이다」.[139)] 이러한 신화이론의 근원은 바로 프랑스에서 나온 것임을 슈미트는 상설한다. 「프랑스에서 프랑스의 문학자에 의해서 프랑스의 부르주아에 대해서 만들어낸 이러한 모습을 마르크스와 엥겔스는 세계사적인 이론구성의 차원에서 다루었다」.[140)] 이에 대해서 소렐은 근대에 속하는 신화의 예로서 보다 강한 신화는 민족적인 것 속에 있음을 증명한다.[141)] 또 신화의 이론은 의회주의적 사상의 상대적인 합리주의가 자명한 이치를 상실하였다는 것을 나타내는 가장 강력한 표현

137) C. Schmitt, Römischer Katholizismus und politische Form, 1923. Neudruck Stuttgart: Klett-Cotta, 1984, S. 20, S. 25. 김효전 역, 『로마 가톨릭주의와 정치형태』, 21면, 25면.
138) G. Sorel, Réflexions sur la violence, 1908. 이용재 옮김, 『폭력에 대한 성찰』, 242면.
139) G. Sorel, Réflexions sur la violence, 1908. 이용재 옮김, 181면.
140) C. Schmitt, Parlamentarismus, S. 87. 역서, 96면.
141) C. Schmitt, Parlamentarismus, S. 88. 역서, 97면.

이다.[142)] 소렐은 말한다.「선거 민주주의는 여러 면에서 주식거래소의 세계를 닮았다. … 민주주의자들과 사업가들은 심위기구를 통해서 자신들의 협잡을 승인케 하는 남다른 지식을 가지고 있다. 의회제도는 주주총회만큼이나 기만으로 가득 차 있다. 민주주의는 바로 거리낌 없는 금융자본가들이 꿈꾸는 동화의 나라(Cocagne)인 것이다」.[143)] 민주주의와 의회주의에 대한 불신을 노골적으로 표현한 문장이다. 결국 의회주의적 낙관론이 기초도 토론을 대체할 수 있는 아무런 대용물도 없다는 것으로 결론을 내린다.

이상에서 보듯이 슈미트는 소렐의 생명을 부정하고 폭력을 예찬하는 신화의 정치이론에 대해서 공감과 동조의 태도로 비합리주의적 이론들을 소개하고 논리를 전개해 나아간다. 요컨대 현대 의회주의의 정신사적 기초를 확립하려는 것이 아니라 그 토대가 무너져 내리고 있으며 의회주의는 붕괴하게 되리라는 비관론을 설파한 것이다.

1920년대라는 시기는 제1차 세계대전이 끝나고 유럽에 생명경시, 의회의 무능, 영웅의 대망 등을 바라는 위기와 혼란의 시대였다. 이러한 종말론적 시대상을 반영한 소렐의 폭력론은 세계의 지성인들에게 많은 공감과 자극을 주었다. 여기서 슈미트 역시 예외 없이 프랑스의 전통적인 사회주의의 영향을 받았으며 그의 정치철학의 기초인 비관적인 인간관으로 인도하는 계기가 된 것이다. 언젠가 슈미트는 히틀러가 등장하기 10년 전에 이 의회주의론에서 강력한 지도자의 출현으로 박수갈채를 통한 직접민주주의 방식으로 의회주의의 문제점을 해결해야 한다는 주장을 전개하였다고 암시적으로 표현한 일이 있다.

슈미트의 정치이론의 핵심 내지 의회주의의 문제는 제쳐 놓고라도, 우리는 여기서 슈미트가 얼마나 프랑스의 문헌에 의거해서 자신의 논리를 구축하고 전개하였는가를 여실히 알 수 있다. 프랑스와 독일은 라인강 하나를 사이에 두고 있는 지척의 거리이며, 프랑스어는 당시 국제어이며 또한 독일의 지식인이라면 프랑스 문헌을 구입하여 보는 것이 어려운 일이 아닐 것으로 생각되는데 왜 슈미트만이 소렐의 전파자가 되었는지 궁금하다. 이에 대한 슈미트의 대답은 간단하다.「독일에서 소렐은 오늘날(1926년)에도 여전히 거의 알려져 있지 않다. 지난 수년간 무수한 저작들이 독일어로 번역되었는데, 소렐은 아마도 '영원한 대화' 때문에 무시된 것이다」.[144)] 신화의 정치이론은 신화로 끝날 운명을 알고 있었던 것일까?[145)]

142) C. Schmitt, Parlamentarismus, S. 89. 역서, 98면.
143) G. Sorel, Réflexions sur la violence, 1908. 이용재 옮김, 313면.
144) C. Schmitt, Parlamentarismus, S. 78 Anm. 2. 역서, 86면 주 52.
145) 한국에서 정치신학과 신화를 언급한 문헌은 한태연, 『헌법학』, 1955; 동인, 정치적 신학으로서의 주권개념, 『법대학보』(서울대) 제2권 1호, 1955; 동인, 헌법과 국가: 헌법의 신화를 벗어나서, 『세대』 1969년 9월호.

Ⅷ. 결 어

이상으로 슈미트에 있어서의 프랑스 헌법이론과 정치이론을 간단히 살펴보았다. 슈미트가 지적으로 왕성하게 활동하던 시기의 프랑스 헌법학자들은 이른바 제3공화국 시대의 모리스 오류, 레옹 뒤기, 에스맹, 바르텔레미를 비롯한 정치사상가 조르주 소렐이 중심이 된다. 그보다 좀 더 고전적인 학자로서는 장 자끄 루소와 알렉시스 토크비유,[146] 콩트 등이 슈미트가 즐겨 보고 자주 인용하며 슈미트 이론의 골격을 이루는 데 결정적으로 영향을 미친 사람들이다. 그 밖에도 슈미트가 인용한 프랑스의 저술가나 정치인들은 무수히 많기 때문에 여기서는 생략하는 수밖에 없다. 유럽 공통의 인물로서는 이탈리아의 마키아벨리,[147] 프랑스의 보댕,[148] 영국의 홉스,[149] 스페인의 도노소 코르테스,[150] 프랑스의 조르주 소렐 등을 들 수 있다.[151]

1. 슈미트가 프랑스의 문물과 접촉한 결과 그의 헌법이론에 미친 영향은 간결하고 명확한 문체를 지적할 수 있다. 「명확하지 않은 것은 프랑스어가 아니다」(ne clare pas Française)라는 말이 있듯이, 그의 법률문장은 외국인이 읽어도 쉽게 이해할 수 있을 정도이다. 슈미트 이론을 비판하는 해벌레도 「Carl Schmitt라는 위대한 미문가」[152]라고 하면서 게오르크 옐리네크, 오토 마이어와 함께 열거하고 있다. 슈미트의 젊은 날의 작품인 『북극광』이나 『땅과 바다』, 『햄릿이냐 헤쿠바냐』와 같은 문학성향의 저서가 그의 문체를 말해 준다.

또 반드시 프랑스의 영향만은 아니지만 슈미트가 김나지움 시대에 그리스어와 라틴어 등 고전 공부에 열중한 것과 역사에 깊은 관심을 가진 탓에 그는 오늘날의 독일이나 유럽의 학자들의 추종을 불허하는 자기만의 독자적인 세계를 구축할 수 있는 기초가 마련된 것이다. 요즘 한국에서 말하는 문사철(文史哲)의 탄탄한 토대는 바로 그의 헌법이론의 핵심이다.

2. 프랑스의 헌법이론 중 슈미트에게 가장 깊은 영향력을 미친 사람은 그의 말대로 모리스 오류이다. 모리스 오류의 이론 중 가장 난해하면서도 신비적인 것이 「제도이론」이다. 슈

---

146) C. Schmitt, Ex Captivitate Salus, 1950, S. 25-33.

147) C. Schmitt, Macchiavelli. Zum 22. Juni 1927 (1927), in: G. Maschke (Hrsg.), Staat, Großraum, Nomos, 1995, S. 102-106.

148) C. Schmitt, Staat als ein konkreter, an eine geschichtliche Epoche gebundener Begriff (1941), in: Verfassungsrechtliche Aufsatze, 1958, S. 375-385; Ex Captivitate Salus, 1950, S. 63-68.

149) C. Schmitt, Der Leviathan in der Staatslehre des Thomas Hobbes, 1938; Ex Captivitate Salus 1950, S. 63-68.

150) C. Schmitt, Donoso Cortés in gesamteuropäischer Interpretation, 1950.

151) 이들 개개인과 슈미트와의 관련을 살펴보는 것도 흥미 있는 테마가 될 것이다. 카를 슈미트 관련 인명록은 김효전 편역, 『반대물의 복합체』, 422-533면에 정리되어 있다.

152) P. Häberle, Verfassungslehre als Kulturwissenschaft, 1982. S. 42 Anm. 76. 김효전 편역, 『독일 헌법학의 원천』, 391면 주 76.

미트의 이론이 불가지론[153]이나 신비주의로 빠지는 경향은 바로 모리스 오류의 영향으로 볼 수 있다. 그리하여 일찍이 본느카스는 제도라는 개념이 「신비설」이라고 지적하여 간단히 제도이론에 일격을 가하였다.[154] 이 점에 대해서는 카를 슈미트도 긍정하며 본느카스의 논문은 「일독할만 귀중한 것」[155]으로 평가하고 있다. 또 한스 켈젠도 슈미트의 방법론은 「신비주의적인 변증법」[156]이라고 지적한 후 『현대 의회주의의 정신사적 지위』에 대해서 「의회는 그 승리의 순간에 신비적인 방법으로 자기 자신 속에 분열한다」고 비판한다.

3. 프랑스는 독일과 달리 다양한 인종과 이질적인 문물이 혼합된 나라이다. 스트라스부르라는 지역의 「혼합문화」는 슈미트의 이론구성에 독일을 기반으로 하면서도 영국, 프랑스, 스페인, 이탈리아 등 각국의 정신적 유산을 융합하여 가히 「유럽 법학」이나 「유럽의 공법」을 저술할 수 있는 토양을 마련한 것이다.

4. 프랑스의 가톨릭과 슈미트의 가톨릭은 공통의 종교적 광장을 넘어서 「유럽 공법」의 공통된 기초가 되고 있다.[157]

5. 프랑스의 「자유」와 독일의 「기율」은 슈미트 이론의 씨줄과 날줄이다. 이것은 프랑스와 독일의 유사성과 대립성을 극명하게 보여주는 키워드이기도 하다. 예컨대 「기율과 질서에 대한 독일적 감각」,[158] 또는 「기율과 명예」[159] 등.

6. 슈미트의 영미 앵글로색슨족과 프랑스에 대한 동경과 흠모의 컴플렉스는 다른 민족들, 예컨대 러시아인이나 동양인에 대한 우월감으로 빗나간다. 그리하여 슈미트는 「유럽에서 이탈한 러시아」[160]라든가 「러시아인의 눈 아래」,[161] 옥타비아누스의 승리, 몽골리안에 대한 경멸과 두려움 등을 도처에서 피력한 점 등을 잊어서는 안 된다. 그러나 무엇보다도 슈미트의 씻을 수 없는 커다란 죄과는 「영토도 국가도 교회도 없고 단지 '율법' 속에만 존재하는 민족

---

153) 슈미트는 토머스 홉스를 진실한 독신자로 믿으며, 그 독신의 생각이 나오는 근원은 불가지론이라고 동정적으로 묘사한다. C. Schmitt, Der Leviathan in der Staatslehre des Thomas Hobbes, 1938, Neudruck 1982, S. 126. 역서, 351면.

154) J. Bonnescase, Une nouvelle mystique: la notion d'institution, in: Revue générale du Droit, de la Législation et de la Jurisprudence, 1931/1932.

155) C. Schmitt, Über die drei Arten ..., S. 21 Anm. 역서, 230면 주.

156) H. Kelsen, Wer soll der Hüter der Verfassung sein? (1931), jetzt in: H. Klecatsky u.a.(Hrsg.), Die Wiener rechtstheoretische Schule, Bd. 2, 1968, S. 1920. 김효전 옮김, 「누가 헌법의 수호자이어야 하는가?」, 동인 편역, 『독일 헌법학의 원천』, 1026면 주 12.

157) 예컨대 C. Schmitt, Nomos der Erde im Völkerrecht des Jus Publicum Europaeum, 1950.

158) C. Schmitt, Staat, Bewegung, Volk. Die Dreigliederung der politischen Einheit, 1933, S. 8. 김효전 역, 국가·운동·민족. 정치적 통일체의 세 요소, 동인 역, 『정치신학외』, 163면.

159) C. Schmitt, Über die drei Arten…, S. 51, S. 64.

160) C. Schmitt, Römischer Katholizismus, S. 64. 역서, 56면.

161) C. Schmitt, Das Zeitalter der Neutralisierungen und Entpolitisierungen, in: Der Begriff des Politischen, S. 79. 김효전·정태호 옮김, 『정치적인 것의 개념』, 109면. ders., Die legale Weltrevolution (1978), in: G. Maschke (Hrsg.), Frieden oder Pazifismus? Berlin 2005, S. 931.

들」[162]인 유대인의 차별과 말살에서 정점에 이른다.[163]

7. 그 밖에도 슈미트는 전쟁과 평화, 문명비판, 인류의 장래 등 수많은 문제에 대해서 자신의 견해를 여러 차례 피력하였다. 여기서는 모두 생략하고 슈미트는 우리 한국인에게 어떤 의미가 있는가 라는 한 점에서 잠정적인 결론을 내리기로 한다. 박식한 슈미트의 문제의식은 항상 현실 문제의 해결에 있었다. 우리들도 슈미트처럼 문사철을 동원하여 당면한 문제의 해결에 몰두하는 자세는 배울 만하다. 더구나 유식한 슈미트의 서구적인 지적 편력에 압도되지 말고 우리들 한국인이나 동아시아인은 자신의 고유한 학문과 전통을 가지고 서구인의 시각을 살펴보아야 할 것이다. 또한 슈미트 연구는 뿌리나 줄기를 보지 못하고 열매와 꽃만을 취하려는 오늘날의 우리 법학에 대한 반성과 경종이 되기를 바라는 마음 간절하다.

[참고자료] 카를 슈미트 저작의 프랑스어 번역

우선 슈미트의 저작을 프랑스어로 번역한 문헌을 연대별로 정리하면 다음과 같다.[164]

1. Der Wert des Staates und die Bedeutung des Einzelnen, 1914

La valeur de l'État et la signification de l'individu, Collection "Les classiques de la pensée politique," 20, Droz, Genève 2003, p. 152. Übersetzung, Einleitung ("Carl Schmitt, Penseur de l'Etat," pp. 7-51) und Anmerkungen von Sandrine Beaume.

2. Politische Romantik, 1919

(부분 번역) Romantisme politique, Collection "Bibliothèque française de philosophie," 13, Libraire Valois-Nouvelle Librairie nationale, Paris 1928, p. 165. Traduit par Pierre Linn [2. dt. Aufl. Schluß와 각주 삭제]. 머리말 재수록: "Romantisme politique, in: Carl Schmitt, Du politique. "Légalité et légitimité et autres essais, Pardès, Puiseaux 1990, pp. 1-17.

162) C. Schmitt, Über die drei Arten des rechtswissenschaftlichen Denkens, 1934, S. 9. 김효전 역, 법학적 사고방식의 세 유형, 『정치신학외』, 221면.

163) 예컨대 C. Schmitt, Die deutsche Rechtswissenschaft im Kampf gegen den jüdischen Geist (1936), in: Deutsche Juristen-Zeitung, Jg. 41, Heft 20, S. 1193-1199. 김효전 옮김, 「유대 정신과 투쟁하는 독일 법학」, 동인 옮김, 카를 슈미트, 「바이마르와 나치스시대의 헌법과 정치」, 『동아법학』 제79호(2018) 수록 예정. 김효전 역, 『홉스 국가론에서의 리바이어던』, 339면 주 48; 김효전 역, 「국제법적 광역질서」, 372면. 기타 Raphael Gross, Carl Schmitt und die Juden: Eine deutsche Rechtslehre, 2005(山本尤譯, カール・シュミットとユダヤ人: あるドイツ法學』, 法政大學出版局, 2002); 初宿正典, 『カール・シュミットと五人のユダヤ人法學者』, 成文堂, 2016.

164) 이 문헌목록은 Alain de Benoist, Carl Schmitt Bibliographie seiner Schriften und Korrespondenzen, Berlin: Akademie Verlag 2003을 기본으로 하고 몇 가지 추가한 것이다.

3. Die Diktatur. Von den Anfängen des modernen Souveränitätsgedankens bis zum proletarischen Klassenkampf, 1921

Dictature, Collection "L'ordre philosophique," Seuil, Paris 2000, p. 333. Traduit par Mira Köller et Dominique Séglard (5. dt. Aufl.).

4. Politische Theologie. Vier Kapitel zur Lehre von der Souveränität, 1922

Théologie politique. Quatre chapitres sur la théorie de la souveraineté(1922)," in: Carl Schmitt, Théologie politique 1922, 1969, Collection "Bibliothèque des sciences humaines," Gallimard, Paris 1988, pp. 9-75, Préface (S. I-XVII), Traduit par Jean-Louis Schlegel (4. Aufl.); Politische Theologie II, 1970도 수록.

5. Die geistesgeschichtliche Lage des heutigen Parlamentarismus, 1923

Parlementarisme et démocratie. Suivi d'une étude de Leo Strauss sur "La notion de politique" de Carl Schmitt, Le Seuil, Paris 1988, p. 219. Traduit par Jean-Louis Schlegel (2 dt. Aufl.). Préface de Pasquale Pasquino.

6. Verfassungslehre, 1928

Théorie de la Constitution, Presses Universitaires de France, Paris 1993, p. 576. Préface d' Olivier Beaud ("Carl Schmitt ou le jursite engage, pp. 5-113), Traduit par Lilyane Deroche

7. Der Begriff des Politischen, 1932

La notion de politique. Texte de 1932 avec une préface et trois corollares, in: Carl Schmitt, La notion de politique. Suivi de Théorie du partisan, Collection: Liberté de l'esprit," 17, Calmann-Lévy, Paris 1972, pp. 39-206, Préface de Julien Freund (pp. 7-38), Traduit par Marie-Louise Steinhauser.

8. Der Hüter der Verfassung, 1931

Qui doit être le gardien de la constitution? Trad. et introd. de Sandrin Baume, Michel Houdiard, Paris 2006, p. 138.

9. Legalität und Legitimität, 1932

Legalité-legimitité, Libraire générale de droit et de jurisprudence, Paris 1936, p. 107. Traduit par William Gueydan de Roussel. 2. Aufl. Carl Schmitt, Du politique. "Legailité et legitimité et autres essais, Pardes, Puiseaux 1990, pp. 39-79.

역자인 루셀(1908-1997)의 슈미트에 대한 증언은 William Gueydan de Roussel, Carl Schmitt, philosophe catholique et confesseur, in: P. Tommissen (Hrsg.), SCHMITTIANA, Bd. III

(1991), S. 52-62.

10. Staat, Bewegung, Volk. Die Dreigliederung der politischen Einheit, 1933

État, mouvement, peuple. L'organisation triadique de l'unite politique, Kime, Paris 1998, p. 119. Traduit par Agnes Pilleul.

11. Über die drei Arten des rechtswissenschaftlichen Denkens, 1934

Les trois types de pensee juridique, Collection "Droit, ethique, societe," 5, Presses Universitaires de France, Paris 1995, p. 115. Traduit par Séglard et Mira Köller.

12. Der Leviatan in der Staatslehre des Thomas Hobbes. Sinn und Fehlschlag eines politischen Symbols, 1938

Le Léviathan dans la doctrine de l'État de Thomas Hobbes. Sens et échec d'un symbol politique, Reihe "L'ordre philosophique, Seuil, Paris 2002, p. 249. Traduit par Denis Trierweiler. 해설 Etienne Balibar, Le Hobbes de Schmitt, le Schmitt de Hobbes.

13. Land und Meer. Eine weltgeschichtliche Betrachtung, 1942

Terre et Mer. Un point de vue sur l'historique mondiale, Labyrinthe, Paris 1985, p. 121. Traduit par Jean-Louis Pesteil.

14. Die Lage der europäischen Rechtswissenschaft, 1950

La situation de la science européenne du droit, in: Droits, Paris, 14, 1991, pp. 115-140, Traduit par Michel Scalici.; La situation de la science européenne du droit, in: Krisis, Paris, 13-14, April 1993, pp. 35-71. Traduit par Jean-Louis Pesteil.

15. Ex captivitate salus. Erfahrungen der Zeit 1945/47, 1950

Ex captivitate salus. Experiences des annes 1945-1947, Collection "Textes et commentaires," J. Vrin, Paris 2003, p. 296. Traduit par Andre Doremus.

16. Der Nomos der Erde im Völkerrecht de Jus Publicum Europaeum, 1950

Nomos de la Terre dans le droit des gens du "Jus Publicum europaeum," Collection "Leviathan", Presses Universitaires de France, Paris 2000, p. 363. Traduit par Lilyane Deroche-Gurcel.

17. La unidad del mundo, 1951

"L'unite du monde II," in: Carl Schmitt, Du Politique. "Legalité et legitimité et autres essais, Pardes, Puiseaux 1990, pp. 237-249. Traduit par Philippe Baillet.

18. Gespräch über die Macht und den Zugang zum Machthaber, 1954

"Entretien sur le pouvoir," in: Commentaires, Paris, 32, Winter 1985-86, pp. 1113-1120. Traduit par François Manent.

19. Hamlet oder Hekuba. Der Einbruch der Zeit in das Spiel, 1956

Hamlet ou Hecube. L'irruption du temps dans le jeu, L'Arche, Paris 1992, p. 109. Traduit par Jean-Louis Besson et Jean Jourdheuil.

20. Theorie des Partisanen. Zwischenbemerkung zum Begriff des Politischen, 1963

"Théorie du partisan. Note incidente relative à la notion de politique," in: Carl Schmitt, La notion de politique-Théorie du partisan, Collection "Liberté de l'esprit," 17, Calmann-Lévy, Paris 1972, pp. 207-331. Traduit par Marie-Louise Steinhauser.

21. Politische Theologie II. Die Legende von der Erledigung jeder Politischen Theologie, 1970

Théologie politique. Une légende: la liquidation de toute théologie politique (1969), in: Car Schmitt, Théologie politique 1922, 1969, Collection "Bibliothèque des sciences humaines," Gallimard, Paris 1988, pp. 77-182. Traduit par Jean-Louis Schlegel.

이상에서 보듯이 슈미트의 주요 저작은 대부분 프랑스어로 번역된 것을 알 수 있다. 이 중에서 『헌법이론』(Verfassungslehre)의 역서인 "Théorie de la Constitution," Traduit par Lilyane Deroche, Presses Universitaires de France, Paris 1993, p. 576에는 「카를 슈미트 또는 참여의 법률가」라는 제목 아래 무려 100 페이지가 넘는 올리비에 보의 해설이 첨부되어 있다(Préface d' Olivier Beaud, "Carl Schmitt ou le juriste engage, pp. 5-113).

11. 시이에스의 Nation과 헌법

박 인 수*

Ⅰ. 시이에스의 생애와 프랑스 혁명

프랑스 대혁명이 인간과 시민의 권리 보장을 선언하고 신분제 사회를 타파함으로써 근대 시민 사회의 기폭제가 되었음은 주지의 사실이다. 그러나 이러한 대혁명의 실천적 방법을 제시했던 불후의 명저 <제3신분이란 무엇인가>의 저자 시이에스를 알고 있는 사람은 그리 많지 않다.[1)]

시이에스는 1748년 5월 3일, 지중해 연안인 남프랑스 코트다쥐르의 유서 깊은 도시 프레쥐스에서 우체국장의 아들로 태어났다. 어렸을 때 허약했던 그는 부친의 권유에 따라 성직자가 되기 위한 길을 걸었다. 파리 생쉴피스의 중등 신학교, 생피르맹 신학교 등에서 공부했으며, 소르본 대학에서 신학을 공부했다. 1772년 7월 28일 사제직을 부여받은 후 시이에스는 대단히 품위 있고 영향력 있는 종교철학자 뤼베르사크(Lubersac)를 만나는 행운을 누렸다. 1775년에 트레기에의 주교로 임명된 뤼베르사크는 시이에스를 비서로 데려갔으며, 1780년 샤르트르의 주교로 임명된 뒤에는 시이에스를 부주교로 임명했다. 시이에스는 뤼베르사크의 가장 가까운 측근으로 인식되기에 이르렀으며, 그의 성직자로서의 장래는 보장된 셈이었다.

그러나 당시 이미 사회 문제와 농촌 생활의 비참함에 많은 관심을 가졌던 그는 다른 쪽을 보고 생각하고 있었다. 철학, 경제학, 정치학 관련 서적과 주위에 있는 모든 책을 정열적으로 독파한 그는 다른 사람들이 거의 읽을 수 없을 정도의 흘림 필체로 인간의 두뇌, 언어, 오성, 이성, 사회, 경제, 사회적 기법(1'art social) 등에 관한 수백 페이지의 글을 메모했다. 이러한 글들을 통해 그는 원칙을 확립해 갔으며, 인간의 이성과 지혜가 명하는 새로운 사회계획을 모색했다. 트레기에에서, 샤르트르에서, 그리고 그의 생애의 중요한 시절을 보낸 파리에서 그는 철학 모임이나 지식인들의 모임에 자주 드나들었다. 그러면서 특권과 도그마를 뒤엎고자 하는, 계몽주의에 젖어 있는 새로운 많은 사람들을 만났다. 특히 고위 성직자들을 자주 만나게 되면서 시이에스는 특권 신분에 대해 반감을 갖게 되었다. 특권 신분에 대한 반감은 그의 저서의 주요한 동력이 되었다.

---

* 영남대학교 법학전문대학원 교수

1) 본 논문은 Sieyès, Préface de Jean-Denis Bredin, Qu'est-ce que le tiers-états?, Paris, Flammarion, 1988을 완역하여 출간한 박인수 옮김, E.J. 시에예스, 제3신분이란 무엇인가, 책세상, 고전의 세계 033, 초판 4쇄(2016.9.20.)의 해제 부분인 현대 공법 이론의 선구자 시에예스와 헌법이론(pp. 142-169)을 수정 보완한 것이다.

1788년 여름 사제 시이에스는 집필 활동에 전념했다. 우선 그는 <1789년 프랑스의 대표자들이 취할 수 있는 실행 방법에 관한 고찰(Vues sur les moyens d'execution don't les representants de la France pourront disposer en 1789)>의 초고를 완성하고,[2] 이어서 <특권론>을 완성했으며 1788년 12월에 <특권론>을 익명으로 출판했다. 같은 해 11월과 12월에는 <특권론>의 속편 격인 <제3신분이란 무엇인가>를 쓰는 데 전념했다. 이 책은 1789년 1월 초에 출판되었으며, 단 몇 주 만에 3만 부 이상 팔려나갔다. 그리고 이후 조금씩 내용을 수정해 제4판까지 발행되었다. 3판까지는 익명으로 출판되었고 4판에서야 비로소 시이에스라는 이름으로 출판되었다. 사람들은 손에서 손으로 <제3신분이란 무엇인가>를 전해나갔으며, 카페에서건 길거리에서건 만나는 사람마다 "제3신분을 읽어보았느냐?"고 묻는 것이 인사말이 되었다. 또한 카페에서 이 책의 공개 독서회를 여는 것이 유행이 되기도 했다. 1789년 2월 23일 미라보(Mirabeau) 백작은 자신에게 이 저서를 보내준 데 대해 감사하며 시이에스에게 편지를 썼는데, 여기서 '프랑스에도 인물이 있구나' 하는 찬사를 보냈다. 또한 라 파예트(La Fayette)는 당시의 이러한 일련의 출판물 중에서 시이에스의 저서가 최고라고 말했다. 프랑스의 삼부회 준비 열기 속에서 사제 시이에스는 프랑스의 장래에 대한 전망을 제시하고 그 실행 방법을 지적했다고 할 수 있다. 단 몇 주 만에 그는 저명 인사가 된 것이다.

1789년 5월 5일 삼부회가 소집된 후 시이에스의 제안에 따라 6월 17일 제3신분의 대표들만으로 국민 의회(l'Assemblée nationale)가 구성되었으며, 시이에스는 8월의 프랑스 인권선언 초안 작성에도 중요한 역할을 했다. 시이에스는 1790년 6월 8일에서 6월 21일 까지 국민 의회 의장으로 활동했으며, 1791년의 헌법 제정 때는 그의 헌법 사상과 그의 역할이 절대적으로 작용했다.

혁명기에 시이에스는 실천가로서 크게 활동하지는 않았다. 그의 이론을 추종하는 사람들도 현실 정치에 대한 시이에스의 불분명한 입장 표명으로 인해 1789년 여름부터 실망감을 갖게 되었다. 그는 많은 토론에 참석했으나, 위험스러운 상황이 되면 결코 주제넘게 굴지 않았다. 예를 들면, 1789년 8월에 종교 헌금 제도인 십일조 폐지 문제에 대해 거부 입장을 취함으로써 추종자들의 신랄한 비판을 자초했다. 1790년에는 <1789년 사회(Société de 1789)>라는 잡지의 발기인으로 참여했으나, 그는 엘리트 동인들 중 가장 신중한 입장을 보였다. 잡지 <1789년 사회>에 대한 그의 기여는 거의 보잘 것 없었으며, 이러한 이유로 콩도르세(Condorcet)는 그를 신랄하게 비판한 바 있다. 1791년 6월 루이 16세가 메츠에 있는 부이에 장군과 합류해 과거의 권위를 회복하고자 파리를 빠져 나가다가 바렌에서 발각되어 체포되

2) <1789년 프랑스의 대표자들이 취할 수 있는 실행 방법에 관한 고찰>은 바로 출판하지 않고 1789년 초에 익명으로 출판했다.

었는데, 시이에스는 이 사건을 놓고 브리소(Brissot), 토머스 페인(Thomas Paine) 등과 논쟁하던 중에 공화국 제도를 거부하고 의회군주제와 권력 균형에 의한 자유 보장 등을 옹호함으로써 이들과 대립했다.

1793년 6월 급진민주주의 자코뱅파가 지롱드파를 숙청하고 정권을 장악해 공안 위원회를 중심으로 혁명 정부를 수립하고 공포 정치를 실시하면서 시이에스는 정치에서 밀려났다. 공포 정치 시기 동안 시이에스에 대한 로베스피에르(Robèspierre)의 반감이나 개인적 증오는 노골적이었으나 시이에스는 이에 대해 어떤 이의도 제기하지 않았다. 로베스피에르가 그를 혁명의 두더지라고 비난할 때도 그는 가만히 있었다. 당시 그가 자신을 잘 요약해 표현한 말이 "나는 살았다"였다. 그리고 탈기독교 현상이 가장 강했던 공화력 2년(1794년)에 그는 자신을 결코 훌륭한 성직자로 생각하지 않았다고 회고하면서 성직을 사임했다.

혁명 기간 동안 그는 특권 신분 사회와 전체 국민 간의 무자비한 투쟁과 비타협 속에서 살았다. 그는 혁명에서 온건파일 수 없었다. 그는 1792년에서 1794년까지 취해진, 보통 선거와 재산의 자유로운 처분과 절대적 경제적 자유에 대한 침해, 1794년 풍월의 사회민주주의 같은 경제적·사회적 조치에 진심으로 동의할 수 없었다. 또한 그는 루이 16세의 처형에 대한 표결에서도 찬성표를 던졌다. 현실 정치에서 나타난 그의 실천과 그의 논리 사이의 이러한 불협화음을 시이에스는 상황 탓으로 돌렸다고 생각하는 것이 합리적일 것이다. 혁명기간 동안 이어진 전쟁은 인민에게 양보를 강요했으며, 평화는 귀족 제도를 복귀하게 했다. 시이에스는 이러한 과정에서의 투쟁들이 1789년의 가치를 확정적으로 정착시키기 위해 필요하다고 판단했으며, 그의 눈에는 이러한 정치가 혁명의 반작용으로 야기된 당연한 결과로 비쳤다.

로베스피에르를 단두대에서 처형한 소위 '테르미도르의 반동'으로 반혁명기에 들어섰을 때 그는 귀족의 사회적 우위와 경제적 자유 제도의 복귀에 적극적인 산악당에게 강한 불만을 가지고 있었으나, 테르미도르 반동으로 권한이 축소된 국가 공안 위원회에서 6개월간(1795년 5월 5일~7월 3일, 8월 2일~10월 26일) 이론적 기반을 제공하는 일을 했다. 10월 28일에는 공화력 3년 헌법에 따라 하원인 '500인 위원회(Conseil des cinq cents)' 위원으로 당선되고 의장으로 선출되었으나 거부했다. 1797년 11월 21일~12월 20일에는 500인 위원회의 의장으로 활동했다. 1798년 베를린에서 활동한 후 이듬해에 돌아온 시이에스는 1799년 6월 18일에, 집행권에 비해 의회가 우월한 형태의 정부를 실현하기 위한 쿠데타에 직면했다. 이에 시이에스는 반자코뱅의 반격을 선동하면서, 의회의 역할을 없애지 않는 차원에서 행정권을 강화하기 위한 일종의 대통령제 정부 형태의 헌법 초안을 마련하고 자신이 계획한 쿠데타를 성공적으로 이끌 인물을 적극적으로 모색했다. 처음에는 주베르(Joubert) 장군과 접촉했으나 그가 노비 전투에서 전사함에 따라 보나파르트 나폴레옹(Bonaparte Napoléon) 쪽으로 선회했다.

1799년 11월 10일~11일(브뤼메르 18일)에 시이에스는 나폴레옹, 푸셰(Joseph Fouché), 탈레랑(Talleyrand)과 함께 쿠데타를 일으켰고, 다음날 나폴레옹, 뒤코(Pierre-Roger Ducos)와 함께 3인 임시 통령에 취임했다. 이 쿠데타에 의해 프랑스 대혁명은 막을 내리게 되었다. 결과적으로 프랑스 혁명은 시이에스의 <제3신분이란 무엇인가>에서 시작해 시이에스의 브뤼메르 쿠데타로 끝난 셈이다. 시이에스가 초안한 신헌법이 의회에 다소 유리하다고 판단한 나폴레옹은 이 헌법안을 수정하고 스스로 제1통령으로 취임했다. 나폴레옹에 의한 헌법 수정 후 시이에스는 스스로 사라져야겠다고 생각해 거의 통령으로 활동하지 않았으며, 이로써 그의 중앙 정치 시절은 막을 내리게 된다. 그는 나폴레옹이 부여한 크로슨 지역 상원 의원의 지위를 수락했으며, 특권 없이 명예만 부여된 제국 백작의 칭호도 수락했다.

1815년 루이 18세가 복위하면서 시이에스는 루이 16세의 처형에 찬성했다는 이유로 15년간 브뤼셀로 추방되었다. 그리고 1830년 7월 파리로 돌아온 후 1836년 6월 20일 세인들에게 거의 잊혀진 채 파리에서 생을 마감했다.

프랑스 부르주아의 신봉자, 프랑스 헌법의 아버지, 국민 주권과 대표제 민주주의의 창시자로서 모든 나라의 근대 헌법 이론과 정치사상에 많은 영향을 미친 시이에스는 오늘날 역사의 장에서 거듭나고 있다.

Ⅱ. 시이에스의 저서 "제3신분이란 무엇인가"

1. 사회적 · 역사적 배경

시이에스가 이 책을 쓰게 된 동기는 1788년 7월 5일 루이 16세의 삼부회 소집 결정이었다. 루이 16세가 상당 기간 고민한 끝에 내린 삼부회 소집 결정은 그의 통치 기간 동안의 급격한 경제적 쇠퇴와 개혁 움직임이 반영된 결과였다.

어떻게 하면 재정적 위기를 극복할 수 있을 것인가? 어떻게 하면 조세 제도를 근본적으로 유지하면서 급증하는 국가 재정적자를 줄일 수 있을 것인가? 어떻게 하면 특권 신분들의 세제상 특권을 유지시키면서 세원의 확보를 재검토할 수 있을 것인가? 어떻게 하면 신분 사회와 절대 군주 제도 자체를 태풍에 휩쓸리게 하지 않으면서도, 끊임없이 편견 · 도그마 · 전제 · 광신 등과 투쟁하고 있는 계몽주의자들의 거대한 요구와 새로운 관념들을 막아낼 수 있을까? 이러한 과제를 해결하고자 루이 16세는 튀르고(Turgot), 네케르(Necker), 칼론(Calonne), 브리엔(Lomenie de Brienne)을 차례로 기용했으나, 이는 오히려 그의 우유부단함을 더욱 부각시키고 나아가 내각의 불안정을 초래하는 결과를 낳았다.

1787년 2월 루이 16세는 칼론의 자문에 따라 세제 개혁에 관한 과감한 계획을 기대하면서 명사회의를 소집했다. 과거 앙리 4세 때 이 명사회의로 성공을 거둔 적이 있었기 때문에

궁여지책으로 답습한 것이었다. 칼론은 지방 의회 제도의 창설, 지세의 물납제도, 성직자 재산에 대한 과세제도, 인두세 개선, 곡물 거래의 자유화, 부역 대체 면역세의 창설이라는 6개안을 이 회의에 제출했다. 그러자 이것이 자신들의 전통적 권리를 침해했다고 보고 격분한 특권 신분들이 부활절 무렵에 칼론의 파면을 강요했다. 결국 루이 16세는 명사회의 에서 이러한 안을 마련하는 것이 여러 면에서 가능하지 않다고 판단하게 되었고, 툴루즈 대주교인 브리엔으로 수상을 교체하고 5월에 명사회의를 종료시켰다.

그런 다음 6월에는 다시 성직자, 귀족, 제3신분의 세 개의 신분으로 구성된 지방의회를 구성했으며, 국왕 중심의 행정 제도까지도 바꾸어놓을 수 있는 거대한 개혁을 시도하려고 했다. 그러나 7월에 고등 법원과 루이 16세가 충돌하게 되었다. 신분상의 구별을 폐지하면 조만간 총체적인 혼란이 야기될 것이라고 주장한 고등 법원은 전제적 군주주의에 대한 반감을 노골적으로 드러내면서 모든 세제 개혁에 조직적으로 반대했다. 수상인 브리엔과 고등 법원 사이에서 프롱드의 난과 유사한 투쟁이 전개되었다. 이 투쟁에서 루이 16세는 처음에는 고등 법원의 권한을 박탈했으나, 고등 법원의 저항과 고등 법원을 지지하는 여론에 굴복해 마침내 그들의 권한을 돌려주게 되었다. 이 투쟁에서 브리엔이 비교적 자유주의적인 정책을 대표하고 있었고, 고등법원을 지지하는 여론은 지방에서 강하게 나타났다. 노르망디, 브르타뉴, 도핀 지방은 이미 오래전에 폐지된 지방 삼부회의 부활을 요구했으며, 렌에서는 일종의 폭동이 일어났다. 도핀 지방의 비지유에서는 세 신분이 함께 참석하는 회의가 실제로 열리기도 했다. 비지유 선언은 타당한 조치를 제의했다. 즉 삼부회의 승인 없이는 조세와 상납금을 징수할 수 없게 하고, 제3신분의 대표자 수를 배가시키고, 투표는 신분별이 아니라 개인별로 하게하고, 이렇게 함으로써 제3신분이 삼부회의 과반수를 차지할 수 있게 하는 것이었다. 결국 루이 16세는 1789년 5월 1일에 삼부회를 소집하게 되었다. 그는 특권 신분들과 고등 법원에 대항해 제3신분에 호소할 생각이었다. 그러나 세론은 이미 브리엔에게 염증을 느끼고 있었고, 국고는 그야말로 고갈되어 있었다.

루이 16세는 현실적으로 임박한 파산을 모면할 방책이 없음을 깨닫고, 실제로는 많은 세금을 거둬들이면서도 납세자에게는 적게 거두는 것 같은 환상을 주는 데 능했던 네케르를 다시 기용했다. 브리엔의 파면을 계기로 바스티유에 구금되어 있던 정치범들은 횡포한 정부에 대한 항의의 표시로 옥사 지붕 위에 등불을 켜놓기도 했다. 이로 인해 바스티유 감옥은 정치적인 상징이 되었다.

네케르는 그의 인기를 기반으로 하여 금융업자와 채권자들을 안심시키고 재정 문제를 다소 호전시켰다. 국채의 시세가 올라갔고, 갖은 임기응변이 상황을 끌고 나갔다. 고등 법원은 삼부회 소집을 1614년의 경우에 따라 시행하라고 주장했으나, 네케르는 아무 예고도 없이 1789년 1월 1일에 '프랑스 국민에게 보내는 신년 선물' 로서 제3신분의 정원을 배가한 삼부회를 소집하겠다고 공고했다. 그러나 그는 개인별 투표에 대해서는 언급하지 않았으므로 모든 일은 여전히 미결 상태로 남아있었다.

다음은 어떻게 될 것인가? 프랑스 국민의 최대 관심사는 삼부회가 어떻게 될 것인가 하는 것이었다.

삼부회 소집 결정과 함께, 프랑스의 모든 지식인들에게 차기 삼부회 소집과 관련된 상소나 청원을 올릴 것을 권유하는 내각령이 발표되었다. 이것은 여론의 중요성을 의식하고 있는 군주의 선의에서 나온 절차로, 18세기 동안 줄곧 행해져온 것이었다.

새로운 사상을 주장하거나 지지 또는 비판하는 글들이 서적, 소책자, 안내서 등 갖가지 형태로 1770년부터 이미 쏟아져 나오고 있었다. 삼부회 소집과 관련된 상소를 요구하는 내각령은 이러한 시대적 흐름에 기름을 부어놓은 격이 되었다. 1788년 말부터 1789년 1월 말까지만도 수천 개에 달하는 저작물이 쏟아져 나왔다. 그 형식도 에세이, 수첩, 소책자, 안내서 등 다양했다. 이러한 글의 필자들은 거의 대부분 익명이나 무명으로 남았다. 익명으로 글을 발표한 사람들 중에는 시이에스 외에 왕실 판사로서 비지유 회의의 사회를 맡았던 무니에, 혁명 초기를 주도한 미라보, 국민 공회를 대표할 수 있는 로베스피에르 같은 사람들도 있었다.

2. 저서의 개요

<제3신분이란 무엇인가>는 6개의 장으로 구성되어 있으며, 이 장들은 내용상 두 부분으로 나누어진다.

전반부는 목차 자체가 대단히 유명한데, 여기서 저자는 새 개의 중요한 문제를 제시하고 분석한다.

제1장 제3신분이란 무엇인가

제2장 제3신분은 현재까지 무엇이었는가

제3장 제3신분은 무엇을 요구하는가

이 세 질문을 통해 시이에스는, 프랑스의 전부라고 볼 수 있는 제3신분은 프랑스 정치사회에서 현재까지는 무의 존재였으나 삼부회를 통해 중요한 존재로 변신해야 한다고 역설한다.

제4장은 정부와 특권 신분들이 제3신분에게 현재까지 부여하고자 했던 것에 대한 결산으로 시작된다. 제5장에서 시이에스는 제3신분이 행했더라면 하는 것에 대해 밝히고 있으며, 마지막 장에서는 남아있는 할 일을 기술 하고 있다.

제4장 정부가 시도한 것, 그리고 특권 신분이 제3신분을 위해 제안하는 것

제5장 우리가 행했더라면 하는 것

제6장 제3신분이 합당한 지위를 취하도록 하기 위해 그들로 하여금 행하게 해야 할 것

후반부에서 시이에스가 주장하는 바는, 제3신분은 삼부회와는 별도로 국민에 포함될 수 없는 귀족과 성직자 같은 두 개의 특권 신분 없이 헌법을 발의하고 제정할 수 있는 하나의 국민 의회를 구성해야 한다는 것이다.

이러한 혁명적인 분석과 주장은 대단한 반향을 불러일으켰으며, 왕실을 흥분의 도가니로 밀어 넣었다. 검찰총장은 이 책을 불태워버려야 한다고까지 주장했다. 수개월 후 프랑스에서 발생하게 되는 일들의 전조와 같은 것들이었다고 할 수 있다.

제1장에서 시이에스는 제3신분이 무엇인지, 그 신분의 사회적 유용성에 의거해 개념화하고 있다. 시이에스는 성직자와 귀족 계급은 어떤 사회적 유용성도 갖지 못한다고 본다. 노동, 산업, 상업, 또는 개별적 활동과 개인에게 직접적으로 유용하거나 즐거움을 주는 서비스 등과 같은 모든 일들이 제3신분에 의해 유지되고 있기 때문에 시이에스는 제3신분을 완전한 사회적 유용성으로 기술하고 있다. 그리고 제3신분이야말로 프랑스의 전부이며, 하나의 완벽한 국민(nation)을 구성하고 있다고 보고 있다.

국민(nation)이란 무엇인가?

국민(nation)은 '공통의 법률 하에서 살아가는 구성원 단체'이다. 시이에스에 의하면 귀족은 국민에 포함되지 않는나. 귀족 대표는 원칙적으로 전체 국민과 유리되어 있고, 또한 귀족 대표는 일반 이익이 아니라 특정 이익을 보호하기 위해 존재하므로 목적상 전체 국민과 동떨어지고 있기 때문이다. 그러나 시이에스는 그 자신이 샤르트르의 영향력 있는 대표인 만큼 성직자에 대해서는 주를 통해 대단히 완곡하게, "나는 성직자에 대해서는 말하지 않는다"[3]라고 표현하고 있다.

귀족과 달리 성직자는 하나의 직업이고, 사회 제도에 속하며, 공역무를 맡고 있다. 따라서 시이에스는 성직자는 신분이 아니라 우리 중의 그 무엇(quelque chose)이라고 본다. 단, 성직자는 그늘 속에서 유지되어야 하기 때문에 결국 제3신분만이 전체 국민이라는 것이다.

이러한 대담한 주장은 수개월 후 혁명의 원칙 자체로 확립된다.

제2장에서는 시이에스가 현재까지 제3신분이 무(無)의 존재였다는 점을 증명하는 데는 별 어려움이 없다. 삼부회에서도 무, 역사에서도 무, 사회에서도 무, 제3신분의 권리는 어디에도 없었던 것이다.

혁명 전 프랑스 인구 2,500만 중에서 귀족은 20~30만, 성직자는 약 10만을 차지했다. 인구 비율로 보아 이 특권 신분들은 프랑스 인구의 2퍼센트 남짓만을 대표하는 셈이었다. 그런데도 모든 권력을 장악하고 있는 것은 그들이었던 것이다.

제3장에서는 제3신분이 무엇을 요구하는지를 분석한다. 제3신분이 요구하는 바는 '그 무

---

3) J. D. Bredin, Qu'est-ce que le tiers-etats?, Paris, Flammarion, 1988, p. 38; 박인수 옮김, 제3신분이란 무엇인가, 책세상, 고전의 세계 033, 초판 4쇄 2016.9, p. 170 주5) 참조.

엇(quelque chose)'이다. 제3신분은 스스로 국민 전체를 구성할 수 있기 때문에 모든 것을 주장할 수 있는데, 시이에스는 이러한 제3신분의 최소한의 주장을 '그 무엇'으로 보고 있다. 그는 제3신분에게 다른 두 신분을 합한 대표자수와 동일한 대표자수를 배정할 것을 주장한다. 나아가 그는 제3신분의 두 배 증원 요구에 만족하지 않고 신분별이 아니라 개인별로 표결할 것을 주장한다. 시이에스는 신분별 투표가 불합리한 것임을 확신했다. 8만 1,400명의 성직자와 11만 귀족이 어떻게 2,500~2,600만 영혼의 의사를 가로막는다 말인가! 신분별 표결은 불합리할 뿐만 아니라 참을 수 없는 부정의에 해당한다고 그는 보았다.

시이에스는 제3신분의 최소한의 주장을 세 가지로 분석하고 있다. ① 제3신분 출신만이 국민의 대표자가 될 수 있다. ② 제3신분의 대표자 수가 다른 두 개 신분의 전체 대표자 수와 같아야 한다. ③ 신분별 아닌 개인별 투표가 이루어져야 한다.

지난 수년 동안 행해졌던 것, 행했더라면 하는 것, 그리고 제3신분의 적합한 지위를 위해 제3신분이 해야 할 일을 다루고 있는 후반부는 전반부보다 덜 알려져 있으나, 제3신분의 행동과 사고의 체계를 제시함으로써 혁명의 방법론을 내놓는다. 이것은 정치사상과 헌법 이론에 영향을 미쳤다는 점에서 중요하다.

우선 시이에스는 칼론과 브리엔의 실패에 대해 간략하게 분석하고 평가한다. 그는 명사회의에 책임을 돌리고 있다.

1788년의 명사회의는 무엇을 했는가? 전체 국민에 대항해 그들의 특권을 옹호했다. 특권을 가진 명사회의에 심의를 구하는 대신에 지식을 가진 명사회의에 심의를 구해야 했을 것이다.[4]

또한 오를레앙 지방 의회에서 성직 대표로 활동했던 그는 지방 의회에 대해서도 고찰한다. 지방 의회는 귀족에 의해 지배되었으며, 특권을 위해 존재했다. 따라서 지방 의회가 무엇을 해야 했을 것인가? 국민 그 자신에게 직접 자문을 구했어야 했다고 그는 보았다.[5] 여기에서 시이에스는 《제3신분이란 무엇인가》의 본질적인 부분에 접하게 된다. 그는 원칙을 확립하고 전략을 제시하는 문장들을 기술했다.

국민은 모든 것 이전에 이미 존재하고 있으며, 국민은 모든 것의 기원이다. … 국민의 의사 이전에, 그리고 그 상부에는 자연법만이 있을 뿐이다.[6]

따라서 시이에스는 제5장의 서두에서 "헌법을 가지고 있지 못하다면 헌법을 제정해야 하는데, 전체 국민만이 헌법을 제정할 권리를 가지고 있다"[7]라고 주장한다.

국민은 헌법 법률(loi constitutionnelle) 즉 이 법률에 의해서 존립하고 행위하는 기관들은

---

4) 박인수, 상게서 p. 62 참조.
5) J. D. Bredin, 상게서, pp. 16-17.
6) 박인수, 상게서, pp. 93-94.
7) 상게서, p. 89.

결코 변경시킬 수 없는 기본 법률을 제정하고 난 후에는 시민을 보호하고 공통 이익을 결정하는 법률, 즉 고유한 법률을 제정해야 한다. 이로써 새로운 사회의 초석이 확립된다. 신분 폐지, 국민 주권, 헌법 제정 권력과 제정된 권력의 구별이 그것이다. 그런데 국민을 어디에서 찾을 수 있는가? 국민이 존재하고 있는 곳, 즉 제3신분 내에서 찾을 수 있다는 것이 시이에스의 생각이다. 그는 국민을 소집해야 하며, 헌법을 결정하기 위한 국민이 특별 대표를 별도로 구성해야 한다고 본다.

삼부회가 소집된 뒤에는 제3신분은 무엇을 해야 하는가? 마지막 장에서 시이에스는 몇 가지 원칙들의 발전이라는 것을 정리하면서 생각과 목표를 요약한다. 제3신분은 결코 특권 신분들에게 기대할 수 없다. 왜냐하면 특권 신분들의 영혼은 노예 제도를 선호하는 것과 동일하기 때문이다. 제3신분은 자신들 이외에는 어느 누구에게도 기대를 가질 수 없는 것이다. 따라서 삼부회가 소집되면 제3신분은 별도로 회합해야 한다.

제3신분은 귀족 및 성직자와는 결코 합의하지 않을 것이고 신분이건 개인별이건 그들과 함께 투표하지 않을 것이다. … 제3신분만으로는 삼부회를 구성할 수 없다고 사람들은 주장할 것이다. 음! 잘된 일이다! 제3신분은 국민 의회를 구성할 것이다.[8)]

국민인 제3신분은 단독으로 주권적 의회를 구성해야 한다. 특권 신분들은 국민에 속하지 않으며, 그들이 자신들의 부정의한 특권들을 폐지함으로써 다시 국민의 일원이 되는 것은 자유다. 다음과 같은 그의 결론에서는 선동과 대담함이 절정에 달한다.

비특권적 구성원만이 국민 의회의 유권자이며 대표자일 수 있는 것이 확실하다. … 제3신분은 우리가 국민의회에 대해 기대할 수 있는 모든 것을 충족시켜주는 존재이며…[9)]

시이에스는 특권 신분들이 제3신분에 합류하는 것 외에는 달리 국민이 될 방법이 없도록 함으로써 그들을 국민에서 몰아냈다. 당시에 출판된 많은 저서들의 다른 어떤 저자도 시이에스와 같이 이렇게 과감하지 않았다. 이 책을 출판하면서 시이에스는 이미 이 책으로 인해 혼란이 야기될 것을 잘 알고 있었으며, 자신이 경계해야 할 상대에 대해서도 잘 알고 있었다. 그는 자신이 멀리 가고 있음을 알고 있을 뿐만 아니라 그것을 원하고 있다는 것을 다음과 같이 설명하고 있다.

철학자가 어떤 길을 개통할 때는 오류들에 봉착하지 않을 수 없는데, 앞으로 나아가고자 한다면 그는 이것들을 가차없이 없애버려야 한다. 이어서 행정가가 오게 되는데, 시인하건대, 그는 접근하기에 보다 어려운 이익의 문제에 직면하게 되며, 여기서 내각에 있는 사람의 탁상공론과는 다른, 대단히 탁월한 학문과 새로운 재능을 필요로 한다.[10)]

---

8) 상게서, p. 116.
9) 상게서, p. 140.
10) 상게서, p. 138.

이 글을 쓸 때 그는 길을 관통한 철학자였으며, 그 이후에는 행정가가 되어 이익의 문제에 봉착하게 되었고 새로운 능력을 발휘하게 되었다.

Ⅲ. Nation과 국민대표제

《특권론》과 《제3신분이란 무엇인가》 등 시이에스의 저서는 프랑스 대혁명을 유발했을 뿐만 아니라 구제도와 현대 시민사회 간의 가교가 된 중요한 원칙들을 확립했으며 새로운 공법 이론의 기초를 마련했다.

혁명 기간 동안 시이에스라는 인물의 역할은 무시되거나 경시되었지만 그의 사상은 그러한 불행을 겪지 않았다. 시이에스 사상의 영향력은 그의 생전에 이미 일반적으로 인정받았다고 할 수 있다.

1791년 스타엘(Staël) 부인은 "시이에스의 사상과 저술이 정치적으로 새로운 시대를 열게 될 것이다"라고 전망했으며, 또한 콩스탕(Benjamin Constant)도 "시이에스가 사상과 제도에 있어서 중요한 영향력을 행사했다"라고 평가했다.[11] 20세기 초에 이르러서는 카레 드 말베르(Carré de Malberg)가 시이에스를 현대 공법의 기초자 중 한 사람으로 평가했으며,[12] 1939년에 바스티드(P.Bastid)는 이것을 정당화하여 "시이에스는 헌법의 아버지였으며, 보다 넓게는 프랑스 공법의 아버지였다. 그는 오늘날의 정치 원리의 거의 모든 요소들을 확립했다", "그의 영향력은 도처에 산재하고 있다"라고 기술했다.[13] 또한 영국의 포사이스(Murray Forsyth)는 "시이에스는 현대 국가의 이론을 체계화했다"라고 평가했다.[14]

국민 주권과 국민 통합성, 선출된 대표자들로 전체 국민을 대표하는 제도, 헌법 제정 권력과 제정된 권력의 구별, 혁명의 혼란과 경험이 그에게 가르친 헌법 규범 통제 제도, 즉 헌법과 법의 일반 원칙들을 보호·감시하는 제도적 장치로서의 헌법심사원 또는 관리인단에 의한 헌법 제정 권력의 한계 이론 등과 같은 많은 이론은 시이에스에게서 비롯된 것으로, 현대 헌법 이론의 초석이라 할 수 있다.

헌법 이론에 있어서 일반적으로 인정되고 있는 시이에스의 가장 큰 공적은 국민 통합성의 원칙을 밝힌 것이라 하겠다. 미녜(Mignet)는 "이 천재가 생각한 것은 프랑스를 하나의 실체로 묶는 것, 즉 프랑스를 나누고 있는 모든 인민을 하나의 유일한 국민으로 태어나게 하는 것이었다"라고 본다.[15]

11) J. D. Bredin, Sieyès, La Clé de la Révolution française, Paris, Éditions de Fallois, 1988, p. 16, p. 541.
12) Carré de Malberg, Contribution à la theorie générale de l'État, Paris, Sirey, 1920-1922, t.2, p. 195.
13) P. Bastid, La place de Sieyès dans l'histoire des institutions, Revue d'Histoire politique et constitutionnelle (1939. 1-3) p. 306.
14) M. Forsyth, Reason and Revolution, the political thought of Abbé Sieyès, New York, Leicester University Press, Homes et Meyr Inc., 1987.

국민 통합성을 이론화한 최초의 인물인 시이에스는 "프랑스는 조그마한 민족들의 결합체여서는 안 되며, 프랑스는 지방들의 집합체가 아니다. 프랑스는 없어서는 안 되는 필요불가결한 부분들로 구성된 단일 개체이며, 이러한 부분들은 단독으로는 완벽하게 존재할 수 없는데, 그 이유는 이것들은 단순히 결합되어 개체들이 아니고 하나의 유일한 개체만을 형성하는 부분들이기 때문이다"라고 보았다. 그리고 이를 요약하여 "프랑스는 하나의 단일한 개체이며 또한 그래야만 한다[16)]"라고 주장했다. 조국 통합이라는 신성한 원칙에 따른 프랑스의 모든 혁명 이념은 시이에스의 국민 통합성 원칙에서 비롯된 것이었다.

시이에스의 국민 통합의 문제는 국민 주권, 나아가 국민대표제와 분리될 수 없다. 이 세 개의 원칙은 하나의 원리로 승화되어 삼위일체를 이루는 것이다. 국민이 하나인 것처럼, 국민이 하나이기 때문에, 국민은 주권자라고 할 수 있다. 국민은 모든 것 이전에 존재하며, 모든 것의 근원에 있으며, 국민의 의사는 항상 적법하며, 국민은 법률 그 자체이다. 따라서 모든 권력과 모든 권리의 완전성은 이 국민에 속하는 국민 주권이론을 확립하는 것이다.

국민이 어떤 방식으로 원하든 원하고 있는 것만으로 충분하며 … 국민의 의사는 항상 최고법이라 하겠다.[17)]

그러나 "인민이건 국민이건 하나의 표결 기관만 가질 수 있으며 … 인민은 인민의 대표에 의해서만 표현하고 행할 수 있다"고 그는 보았다.[18)]

직접민주주의가 악습에 해당하고 전제와 무정부의 전달자에 해당한다면 직접민주주의가 가능할 수 있겠는가? 시이에스는 권한과 신임과 바람직한 업무의 분립에 기초한 대표제야말로 자유의 진정한 보장자라고 본다. 시이에스가 생각하는 대표는 유권자의 권리를 위임받는 것이 아니고, 불가분의 단일체인 국민으로부터 직접 대표권을 위임받는 것이다. 이러한 원칙에 충실했던 시이에스는 자신이 오랫동안 대표한 라 사르트 지방에는 발도 들여놓지 않았다.

시이에스는 루소나 당시의 많은 사람들과 달리 공동체의 모델을 취하는 데 반대했다. 루소가 무엇을 생각했건 간에, 시이에스는 인민 자체는 시간 면에서나 취향 또는 관심 면에서나 정치적 능력을 갖고 있지 않다고 보았다. 그러므로 대표제가 임시변통적인 부차적인 정부 형태로서 잘못된 것이 아니라, 오히려 현대적 형태의 시민 자격이나 국가 작용의 분류에 유용하게 활용된다고 보았다.

따라서 그는 "가능한 한 많은 부분에서 대표하게 하는 것은 자신의 자유를 성장하게 하는 것이다. 대표제와 민주주의의 관계는 건축물과 초석의 관계에 해당한다"고 보고, 대표제를 국가의 기본적 제도로 이론화했다.[19)]

---

15) F. A. Mignet, Notice sur la vie de Sieyès, Revue des Deux Mondes(1837. 1), p. 5.
16) J. D. Bredin, Sieyès, La Clé de la Révolution française, p. 542.
17) 박인수, 상게서, p. 97.
18) J. D. Bredin, Sieyès, La Clé de la Révolution française, p. 542.

시이에스는 "대표는 그를 선출해 준 자들의 요구 사항을 전달하기 위해 국민 의회에 가는 것이 아니라 자신의 현재 의견에 따라 자유롭게 심의하고 투표하기 위해 국민 의회에 출석하는 것이다"라고 설명한다. 대표가 대표의 의무를 잘 수행하기 위해서는 합리적이고 계몽적인 사고를 갖추어야 하며, 국민 대표 제도 외에는 전제와 혼란만이 있을 뿐이라고 시이에스는 분석한다. 이렇게 엄격한 국민대표제 이론을 확립함으로써 그는 홉스, 로크 등 그의 모든 선행 이론가들을 앞서게 된다.

루소의 이론과 대단히 동떨어진 시이에스의 이론은 모든 사람이 정치적 실체에 참여하는 것을 거부한다. 그의 이론은 완전한 재참여[20]를 경계하고, 전체 국민에 의한 기본권 침해를 금지하며, 전체주의 이데올로기에 반대하고, 혁명 그 자체에서도 모든 것을 취하거나 모든 것을 변화하도록 주장하는 권리를 거부한다.

Ⅳ. 헌법제정권력, 기본권과 헌법보장이론

1. 헌법제정권력

삼부회에서의 제3신분의 정치적 의식과 역할에 대해 각성시킴으로써 결국 프랑스 대혁명의 도화선으로 작용하게 된 이론이 바로 《제3신분이란 무엇인가》에서 체계화된 헌법 제정 권력 이론이라 할 수 있다.

시이에스는 국민은 항상 적법하여 법 그 자체이며, 국민 이전에 존재하는 초국민적인 규범은 자연법밖에 없다고 봄으로써 근대적 자연법론의 입장을 밝힌다.

그는 국민의 의사를 실정법 체계로 규범화하는 단계에서 나타나는 첫 번째 규범이 헌법 법률이며, 이 헌법 법률의 근거가 되는 것이 헌법 제정 권력이라고 보고 있다. 이 헌법 법률은 크게 두 부분으로 나누어진다. 하나는 입법 기관의 구성과 작용을 규율하는 헌법 법률이며, 다른 하나는 다양한 집행 기관의 구성과 작용을 결정하는 헌법 법률이다. 둘 다 헌법 제정 권력에 근거한 규범이기는 하나, 전자는 국민의 의사에 의해 제정되는 반면 후자는 특별한 대표 의사에 의해 제정되기 때문에 헌법 제정 권력의 구현 방법에 있어서는 다소 상이하다. 시이에스는 이 두 가지 헌법 법률이 헌법의 기본 규범이며, 이러한 헌법 법률에 의해 헌법이 제정된다고 본다. 또한 그는 이렇게 제정된 헌법과 헌법에 의해 조직된 권력을 구별하며, 헌법에 의해 권한을 위임받은 어떤 권력도 스스로 자신의 위임 조건을 바꿀 수 없다고 말해 헌법에 의해 조직된 권력의 상위에 있음을 분명히 한다. 여기에서 헌법에 의해 조직된 권력을 헌법 개정 권력으로 보는 견해도 있으나, 그보다는 헌법에 의해 구체화된 국가 권력

19) P. Bastid, La place de Sieyès dans l'histoire des institutions, p. 318.
20) 시이에스가 언급하고 있는 완전한 재참여 rétotale은 인민에 의한 완벽한 직접민주주의를 의미한다.

으로 보아야 할 것이다.

물론 시이에스는 헌법 개정에 대해서도 언급하고 있으나, 그 개정 주체를 헌법 제정 권력과 동일하게 국민으로 설정하고 있는 만큼 헌법 개정의 개념을 헌법 제정의 개념과 엄격하게 구별하는 입장을 취하는 것은 아니다. 헌법 제정 권력과 헌법 개정 권력의 구별은 시이에스의 헌법 제정 권력 이론을 수용한 슈미트(C. Schmitt)에 의해 이루어지고 있다. 시이에스의 이론을 도표로 정리해보면 다음과 같다.

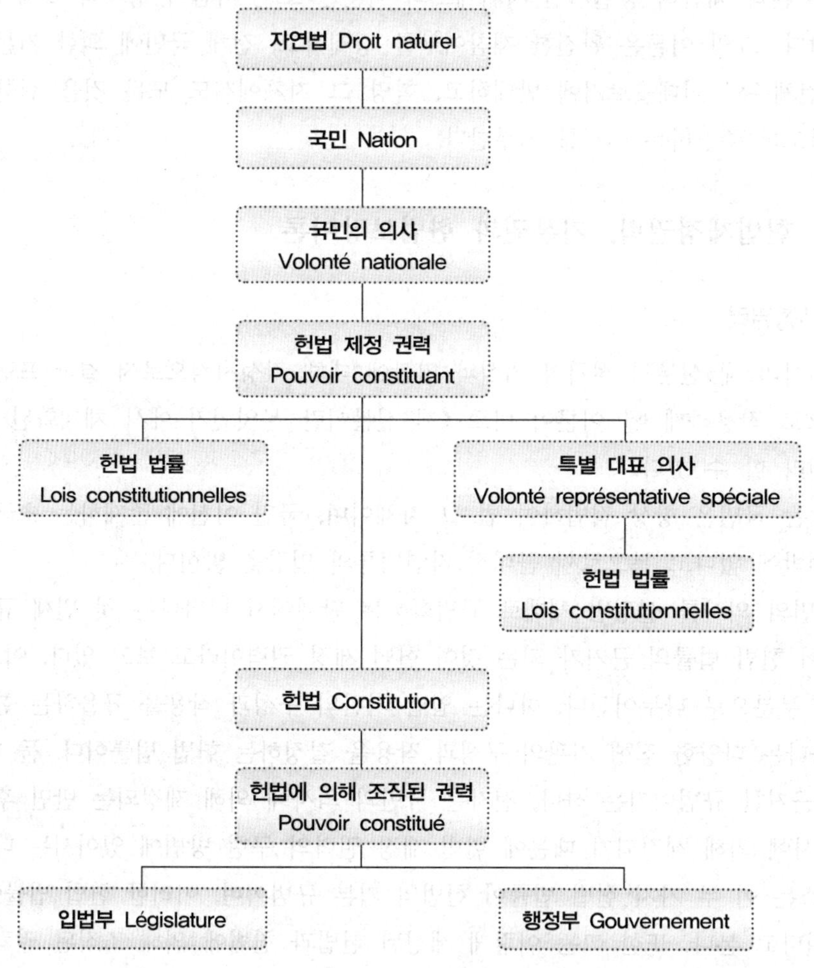

2. 기 본 권

고셰(Marecel Gauchet)가 밝히고 있는 바와 같이, 1789년 8월에 채택된 프랑스의 인권 선언문은 시이에스가 작성한 것은 아니지만 그가 인권 선언문에 결정적인 영향을 미쳤음을 보여준다. 시이에스는 자연권은 사회적인 보장에 속하는 것이 아니며, 정치사회는 자연권을 보장하기 위해 강제된다고 보았다. 공화력 3년 테르미도르 2일의 담화문에서 시이에스는 대단히 단호하게 인민 주권의 한계와 자연권 보장을 밝혔다.

공통된 것이라고 해서 전부가 아니며, 어떠한 것도 전부에 대한 주권자가 될 수 없다.[21)]

시이에스는 시민을 능동적 시민과 수동적 시민으로 구별한다. 능동적 시민은 선출직으로 공무 수행 임무를 띤 사람이며, 수동적 시민은 자연권을 가지고 있고 공적 자유의 보호를 받으나 투표권을 갖고 있지 않은 사람이다. 시이에스는 시민의 자격과 사회적 신분을 재산, 교육, 공적 등을 근거로 정하게 했다는 점 때문에 부르주아 혁명의 상징으로 비치기도 한다. 귀족 특권에 가장 맹렬하게 반대했던 그가 부르주아 특권의 주창자로 보이게 된 것이다.

3. 헌법보장이론

사실적으로 인민이 헌법 제정 권력을 행사했던 6년의 혁명기간 동안 사태를 관찰한 시이에스는 무제약적이고 영구적인 헌법 제정 권력은 몸서리칠 만한 무서운 것이라는 생각을 점차 갖게 되었다. 헌법은 부단한 혁명적 힘의 표현이 아니고 그럴 수도 없으며, 질서와 안정의 효력을 보장해야 한다는 것, 무서운 결과를 가져오는 헌법 제정 권력의 노도와 같은 사실상의 힘을 헌법이 규범적으로 순화해야 한다는 것을 시이에스는 역사적 경험을 통해 고려하게 된 것이었다.

헌법 법률의 유지와 변화를 감시하기 위해서 공화력 3년에 헌법심사원을, 공화력 5년에 관리인단(le Collège des Conservateurs)을 창설하면서 시이에스는 국민 주권을 토대로 하여 헌법 제정 권력의 한계를 주장했다.

보장 없는 헌법이란 존재하지 않는다. 수호자 없는 보장 또한 결코 존재하지 않는다. 헌법 제정 권력의 일탈을 방지해야 하며, 총체적인 개혁의 주기적인 반복도 피해야 한다. … 헌법은 출생하고 성장하고 노쇠하고 사망하는 개인과 유사한 것이 아니며… 점진적 발전 원칙을 포함하고 있어야 한다.[22)]

이러한 그의 이론은 의회로부터 탄압의 수단을 제거하려는 의도를 담는 것이었으며, 대표제를 안정시키려는 것이었다. 법률에 대한 합헌성 통제, 기본권 보장의 문제는 아직 그의 진정한 목표가 아니었으나, 시이에스는 주권적 의회나 절대적 행정부의 독재에 대항하는 민주주의를 보호하는 길을 연 셈이었다. 이는 또한 현대 공법 이론들이 활용하고 있는 기초 이론들을 제공하고 있다고 할 수 있다.

---

21) 공화력 3년 테르미도르 2일에 담화문을 통해 시이에스는 인민주권 이론에 강력하게 반발하였으며, 며칠 후인 테르미도르 15일에는 두 번째 담화문을 통해 헌법심사원(la Jurie constitutionnaire)의 창설을 주장했다.
22) J. D. Bredin, Sieyès, La Clé de la Révolution française, p. 544.

V. 결어: 시이에스 헌법이론의 영향

시이에스의 헌법 이론에 관한 집중적 연구는 바스티드에 의해 이루어지고 있으나, 시이에스의 헌법 이론인 국민 주권 이론, 국민 대표 이론, 헌법 제정 권력 이론 등은 그 이전에 이미 카레 드 말베르, 뒤기(Duguit), 오리유(M. Hauriou) 등의 헌법 이론에 결정적인 영향을 미쳤다.

카레 드 말베르에 의하면, 시이에스가 창안한 국민 주권 이론은 프랑스의 전통적 이론이 되었다. 나티그(Nathig)는, 시이에스의 천재적 창안은 국민의 의사는 적법성의 원천에 있기 때문에 항상 적법한 것이라고 밝힌 데 있다고 보았고, 시이에스가 혁명가들에게 과거의 제도와 인물들을 상대로 투쟁할 수 있는 초석을 제공했다고 분석했다.

헌법 제정 권력의 절대 권력을 선언함으로써 시이에스는 폭동에 의한 독재를 정당화하는 셈이 되었으며, 모든 혁명가들이 그의 이러한 주장을 근거로 삼게 되었다. 그러나 이것은 시이에스의 초기 이론인 무제약적 주권 이론에 따른 해석이며, 헌법 보장이론 등에 의한 수정 이론에 따르면 그는 주권의 한계론을 이론화했다고 볼 수 있다.

21세기 초의 프랑스는 시이에스가 착안한 제도와 사고 원리에 의존하고 있다. 현행 헌법인 1958년의 프랑스 헌법에 의하면, 프랑스는 공화국으로서 보통 선거 원리를 확립하고 있고, 양원제 의회를 취하고 있으며, 행정부가 의회에 대해 책임을 지는 균형적 의원내각제를 채택하고 있다. 외관적으로는 시이에스의 원칙들과는 동떨어진 것이다. 그러나 현실적으로는 대통령 우월적 정부 형태라 볼 수 있으며, 이는 시이에스의 원칙을 기묘하게 고수하고 있다. 또한 대통령지지 정당과 의회 다수 정당이 합치하는 경우에 나타나는 강화된 공화군주제[23]의 경우는 시이에스가 기대했던 것 이상이라 할 수 있다.

그의 기본 이론들은 규범으로 용해되어 구현되고 있다. 프랑스의 주권은 불가분적이며, 국민 주권에 입각하고 있다. 국민의 주권은 인민의 대표자들에 의해 행사된다. 인민의 어떤 부분이나 개인에게도 이를 행사할 권한이 부여될 수 없다. 인간의 권리는 헌법 이전에 존재했던 것처럼 헌법 전문(前文)에서 확인되고 있다. 헌법 제정 권력과 제정된 권력 간의 구별이 이루어지고 있다. 이러한 것들은 두 세기 간에 걸친 경험을 통해 재확립된 시이에스의 원칙들이라 할 수 있다.

프랑스가 공화국이라는 것을 천명하고 있다고 해서 시이에스의 이론과 동떨어져 있다고 볼 수는 없을 것이다. 시이에스는 1791년 7월 16일 "사람들이 공화국에 대해 밝히는 생각이

23) Park In Soo, La Monarchie Républicaine Accentuée, Thèse pour le doctorat en Droit, Université de Paris 2, 1987. 2. 5.

나 관념은 나에게 생소한 것이라 할 수 없다. 그러나 사회적 자유의 최대한을 향해 항상 나아가고자 하는 나의 기본 구도는 공화국을 지나서 그것을 뒤에 두고 결국은 진정한 군주국에 이르는 것이다[24)]"라고 보고 있기 때문이다.

시이에스는 이미 공화군주국을 본 것일까? 공화국을 지나가는 것? 공화국 대통령이 공화군주에 이르게 되어 내각, 대사, 장군들을 임명·해임하고, 나아가 대통령 직접선거인단이 전체 국민을 대표하고, 헌법을 구체화하고, 국가의 계속성을 확보하도록 하고 있는 공화군주 제도를 창안한 것? 프랑스는 시이에스가 생각했던 바로 이런 길을 걸어가고 있는 것이 아닐까?

프랑스가 혁명의 유산을 물려받기까지는 1세기가 필요하지 않았을까? 또한 공화국 제도를 통해 선출된 대통령, 군주적 대통령, 또는 공화국 군주라는 확고한 형태로 군주 또는 유권자단을 복원시키는 데 또한 1세기가 필요하지 않았을까? 대통령이라는 존재를 내세워 국가의 독립과 영토 보존을 책임지게 하고 공권력의 정상적 작용과 국가의 계속성을 확보하게 하고 행정부를 임명 또는 해임하게 하는 대통령 제도, 헌법과 법의 기본 원칙의 준수를 강제하고 있는 헌법 보장 제도, 어느 것 하나라도 시이에스의 생각이 미치지 않은 것이 없다.

최근 이탈리아, 영국, 미국, 등에서 시이에스의 헌법 이론과 정치 사상이 재인식되고 있지만 독일에서는 그 전에도 늘 헌법 학자들 사이에서 시이에스가 중요하게 다루어져왔다. 이는 시이에스에 관한 정치적 저작 중에서 가장 오래된 완벽한 출판물이 1796년 라인 강 건너편의 그의 추종자들과 동료들의 배려에 의해 나온 것이라는 사실만 봐도 알 수 있다. 시이에스의 헌법 제정 권력 이론은 슈미트의 저서《헌법 이론*Theorie de la constitution*》의 주요한 이론적 기반이 되었으며, 헌법 보장이론은 켈젠H. Kelsen의 규범적 헌법관에 영향을 미쳤다.

---

24) J. D. Bredin, Sieyès, La Clé de la Révolution française, p. 547.

12. 레옹 뒤기(Léon Duguit)의 객관법 이론

김 충 희*

Ⅰ. 서　설

「'droit'라는 동일한 단어는 두 가지를 표상한다. 분명히, 밀접하게 침투하여 섞이지만 완전히 다른 것이 '객관법(droit objectif)'과 '주관법(droit subjectif)'이다.

'객관법(droit objectif)' 또는 '법의 준칙(règle de droit)'은 사회에서 살아가는 개인들에게 부과되는 행위의 준칙이며, 그에 대한 존중이 사회에 의해 주어지는 순간 공동의 이익이 보장되며, 그 위반은 위반의 주체들 사이에서 집단적 반응을 이끄는 준칙이다.

반면, 주관법(droit subjectif)은 사회에서 살아가는 개인의 힘이다. 그것은 개인이 자신의 의사에 따른 행동을 결정하는 동기가 객관법에 의해 정당하게 인정받는 목적이 될 때, 그가 원하는 결과에 대한 사회적 인식을 얻는 힘이다.

'객관법(droit objectif)'과 '주관법(droit subjectif)'이라는 표현은 오늘날 법률용어로 통용된다. 그러한 표현은 이미 오래전부터 독일 법학자들에 의해 공통적으로 사용되었고, 몇 년 전부터는 프랑스의 법률문헌에서 인용의 권리를 획득하였다. 어떤 이들은 그러한 표현이 독일식의 수입이라고 경멸하듯 부르며 유감스럽게 생각하고 비판한다. 우리는 그 표현을 취하지 않지만, 그 표현이 설명하는 것과 프랑스 법학자들이 명확히 하지 않아서 오랫동안 잘못을 범하였다는 것 사이의 구별은 취한다. 모든 것을 고려할 때, 객관법과 주관법이라는 표현은 편리하고, 그 사용은 전적으로 정당하다」.[1)]

이상의 인용은 레옹 뒤기(Léon Duguit, 1859-1928)[2)]가 자신의 객관법(droit objectif) 또는 법의 준칙(règle de droit)[3)]의 이론을 그의 『헌법학 교본』 첫 머리에서 간결하게 표현한 것

---

* 서울대학교 대학원 법학과 박사과정 수료, 변호사

1) Duguit, Manuel de Droit Constitutionnel, 3e éd., Paris, Fontemoing, 1918; Quatrième Édition 1923. Réimpression: Éditions PanthéonpAssas, 2007, pp. 1-2.

2) 뒤기의 생애에 관하여는 김충희, 「레옹 뒤기의 생애와 업적」, 『헌법학연구』 제21권 2호(2015) 참조.

3) 뒤기는 이 「법의 준칙」(la règle de droit)을 매우 강조하며 이는 그의 국가론의 한 장을 차지한다. Duguit, L'État, le droit objectif et la loi positive, 1901, Chapitre Ⅱ(pp. 80-137). 이광윤 교수는 뒤기의 Leçons de droit public général, Paris, E. de Boccard, 1926(『일반 공법학 강의』, 민음사, 1995)에서 la règle de droit 를 '법규'로, droit objectif는 '법'으로, droit subjectif는 '권리'로 번역한다(동서, 37면 이하). 그러나 règle de droit를 '법규'로 번역하면 법률과 규칙을 합성한 단어로 오해할 우려가 있어서 여기서는 '법의 준칙'으로 통일한다. 그 밖에 '법원칙'이나 '법규범'으로 번역하기도 한다. 영어로는 'jural principle'로 번역하거나(Harvard L. R., Law and the State), 'rule of law'로 번역한다(Modern French Legal Philosophy). 그러나 그 의미와 내용은 독일어의 '법치국가'(Rechtsstaat)와 같은 것이라고 생각한다.

이다.

뒤기의 법이론과 국가이론의 최대 과제는 「국가에 우월하는 법의 준칙」 내지는 객관법의 발견이다. 뒤기에 의하면 국가현상은 결코 단순한 지배, 피지배의 사실현상이 아니며 하나의 규범을 둘러싼 현상이다. 이 규범 내지 준칙은 인간이 사회적 존재인 이상 강자와 약자의 구별 없이 모든 사람에게 부과되며, 그는 이것을 「법의 준칙」(la règle de droit) 또는 객관법(le droit objectif)이라고 부른다. 특히 뒤기의 전매특허라고도 할 객관법의 이론은 그의 『국가, 객관법 그리고 실정법』(1901)[4]에서부터 '정의론'의 전개가 가미되는 『헌법개론』 제2판(1921)[5]을 거쳐 마지막 논문인 「객관법 이론」(1927)[6]에까지 이어진다.

여기서는 『컬럼비아 로리뷰』(1920)에 3회에 걸쳐 연재한 「객관법」[7] 제1부 및 제2부를 중심으로 객관법의 이론을 살펴보기로 하며, 제3부에서 다룬 법규범의 기초와 강제력, 관습과 법학에 관하여는 다음 기회에 검토하기로 한다.

Ⅱ. 객관법의 체계

프랑스어의 droit는 '법'과 '권리'라는 두 가지의 뜻을 가지고 있다. 뒤기에 의하면, droit라는 말은 강행법규(règle imperative) 또는 행사권(pouvoir d'agir)이란 두 가지의 다른 것을 나타낸다. 법규(la règle)는 객관법(droit objectif)을, 행사권은 주관적 권리(droit subjectif)를 가리키는 것이다.[8] 또 loi는 실정 법률을 가리키는 말이다.[9] 독일어에서도 Recht는 법, 권리, 정의 등의 뜻을 나타내는 단어이며, Gesetz는 실정 법률을 표현하는 말로 서로 구별된다. 그러나 영어에서 법을 나타내는 말은 law 하나뿐이므로 프랑스어나 독일어에서처럼 법과 권

4) Duguit, L'État, le droit objectif et la loi positive, Paris, Albert Fontemoing, 1901. Réimpression: Paris, Dalloz, 2003, pp. 80-137.
이 책 제2장 법의 준칙(la règle de droit)은 영어(rule of law)로 번역되었다. A. Fouillée, J. Charmont, L. Duguit and R. Demogue, Trans. by Franklin W. Scott and Joseph P. Chamberlain, Modern French Legal Philosophy, Boston, The Boston Book Co., (Modern Legal Philosophy Series, Vol. VII), 1916, Reprint: London, Nabu Press, 2010, pp. 285-338 참조.

5) Duguit, Traité de droit constitutionnel, 2e éd., 1921.

6) Duguit, Les doctrines juridiques objectivistes, Extrait de la Revue du droit public et de la Science politique en France et à l'Etranger, Octobre-Novembre-Decembre 1927. Paris, Marcel Giard, 1927. 41 pp. RDP. Tome 44, pp. 537-573.

7) Duguit, Objective Law, in: Columbia Law Review, Vol. 20, No. 8 (Dec. 1920), pp. 817-831; Vol. 21, No. 1 (Jan. 1921), pp. 17-34; Vol. 21, No. 2 (Feb. 1921), pp. 126-143.
이 논문에는 역자 이름 Margaret Grandgent, A. B., Cambridge, Mass.와 Ralph W. Gifford, Professor of Law, Columbia Law School만이 적혀 있고 프랑스어 텍스트에 대한 언급은 없다. Vol. 20, No. 8, p. 817.

8) Duguit, Leçons de droit public général, p. 41.

9) 예컨대 몽테스키외의 『법의 정신』(C. Montesquieu, De l'Esprit des lois, 1748)에서 '법'은 'droit'가 아니라 'lois'이다. 정확히 말하면 '실정법' 또는 '법률'이다. 독일어로는 Vom Geist der Gesetze (E. Forsthoff, Mohr 1951)이다.

리가 동시에 표현되는 일은 없으며, 실정법(제정법)은 statute로 표기한다. 따라서 헤겔의 저서 『법철학』(Rechtsphilosophie)도 영어로는 'Philosophy of Right'로 표기한다.[10)]

법과 권리의 상호침투와 의미내용의 차이를 뒤기의 이론을 통하여 재검토하기로 한다.

1. 객관법의 개념

"객관법이란 일정한 사회에 적용되는 법의 준칙 전체를 말한다. 국민국가가 현대 문명사회의 일반적 형태이기 때문에 각 국민국가에는 이를 구성하는 개인에게 부과되는 잘 조직된 사회적 제재를 수반하는 규율이 있다. 이러한 규율의 전체가 그 국민국가의 객관법을 구성한다".[11)]

이것은 『일반 공법학 강의』에서 뒤기가 내린 객관법의 정의이다. 객관법의 의미와 내용을 좀 더 구체적으로 알기 위해서 우리들은 먼저 뒤기의 법의 개념에 관한 설명에서 출발하기로 한다.

"법이란 무엇인가? 법을 사회적 조건들 하에서 인간의 삶에 부과된 행위규범이라고 하는 것이 적절한가? 아니면 자신의 의사를 다른 의사에게 강요하기 위한, 특정한 인간의 의사에 속한 힘이라고 하는 것이 적절한가? 법이 행위규범이라면, 이러한 규범의 기초, 목적, 범위, 그리고 그 제재는 무엇인가? 그러한 규범은 사회집단에 속한 모든 사람들, 즉 지배계급뿐만 아니라 피지배계급에 대해서도 부과된 것인가? 이 규범은 단일한 집단의 구성원 간의 관계 속에서 부과된 것인가 아니면 다른 사회집단의 구성원들과의 관계 속에서도 부과되는 것인가?

법이 특정한 개인의 의사가 다른 의사에 대해 자신의 의사를 강요하는 독특한 힘이라면, 이러한 힘은 어떻게 설명되는가? 어떻게 한 개인의 의사가 다른 개인의 의사보다 우월할 수 있다는 것인가? 개개인의 의사는 독자적으로 존재하는가? 집합적 인간의 의사는 존재하지 않는가? 상이한 사회 집단들 — 국가, 지방, 도시, 가족, 단체, 회사 — 이들은 그 구성원과 구별된 의사를 갖는가?

이러한 의사가 존재한다면, 그 의사는 다른 개인 또는 집합적 의사들에 부과된 특정한 힘을 갖는가? 그 의사는 법적 권리를 갖는가? 그렇다면 그 기초와 범위는 무엇인가?"[12)]

이와 같이 문제를 제기한 후 그는 자신의 견해를 이렇게 피력한다.

"이는 사람이 사회생활 속의 사건들에 대해 숙고하기 시작한 이후부터 제기되어온 질문이지만, 방대한 노력에도 불구하고, 이러한 문제들에 대해 진정 확실한 해결책은 주어진 바 없다. 법의 존재를 단언하지 않는 사람은 없으며, 법은 이러이러한 것들을 규정하거나 금지한다는 것, 특정한 개인은 특정한 사물에 대한 법적 권리를 갖거나 갖지 않는다는 것, 특정한 국가 또는 특정한 사회집단이 법적 권리를 갖는다는 것을 선언하지 않는 사람은 없다. 모든 문명화된 국가에는 법과대학과 법학교수, 즉 법의 과학을 가르치는 곳과 그것이 자신의 업무인 사람들이 있다. 그러나 그 의미의 범위는 아직까지 분명히 밝혀지지 않았다. 여기 하나의 과학이 있다. 그 문헌은 상당하지만, 그 목적을

10) G. W. F. Hegel, Philosophie des Rechts, 1821(임석진 옮김, 『법철학』, 한길사, 2008), 29면의 역자 주에서도 'Recht'의 양면성을 강조한다.

11) Duguit, Leçons de droit public général, pp. 41-42.

12) Duguit, Objective Law, in: Columbia Law Review, Vol. 20, No. 8, p. 817.

한정하고 그 영역의 경계를 한정함에 있어 일치된 것은 없다.

실증과학의 시대에서는 사실이 뛰어났지만, 법의 영역은 순전히 형이상학적 성격을 지닌 관념들의 방해를 받은 그대로였다. 그래서 우리는 법학적 문제의 연구에 대해 배타적으로 현실적인 방법을 적용하는 데 성공하지 못하였다. 직접적으로 관찰되는 사실이 아닌 모든 것을 제거하는 것, 무엇보다도 주관적 법의 순수하게 형이상학적인 관념들, 즉, 그 자체로 다른 의사에 대해 자신을 강요하는 의사력을 제거하는 것은 법의 영역을 현실적으로 그리고 실증적으로 한정하기 위해 필수불가결한 선행조건이다".[13]

이처럼 그는 실증과학의 시대에 있어서 형이상학적 관념이 지배적인 현상인 것을 비판적으로 기술하고 있다.

2. 주관주의자들의 신념

뒤기는 종래의 주관주의 법이론에 대한 비판에서 출발한다.

"법이 존재하는지 그리고 법은 무엇인지에 대해 우리는 두 가지 질문을 가질 수 있다.

첫째는 특정한 사회 안에서 살아가는 사람이 바로 그러한 사실에 의해서 행위규범－그 규범의 위반이 조직될 수 있는 사회적 반작용을 포함하는－에 구속되는지 여부이다. 그렇게 정의된 행위규범이, 지금 통용되는 용어가 된 표현에 의하면, 내가 객관법(objective law)이라고 부르는 것이다. 그 표현은 몇몇 비평가들 사이에서 다소 재치 있는 말로 떠오른다. 그것은 내게 거의 중요하지 않다. 그 단어는 이제 승인되었고 나는 그것을 유지한다. 왜냐하면 그것이 편리하고 그 자체로 단순한 사상을 정확하게 표현하기 때문이다. 그러나 객관법은 그것과 상당히 유사하지만 그럼에도 불구하고 매우 다른 사상들, 그 결과 다른 단어에 의해 지정될 수 있는 것과는 조심스럽게 구분되어야 한다.

만약 법의 본질과 기초를 연구하는 자들이 그 첫 번째 질문만 물었더라면, 즉 객관법에 관한 문제만 언급하였다면 해답은 상대적으로 쉬웠을 것 같다. 적어도 그 문제는 확실한 해법을 받을 수 있었다. 논의는 세부사항과 부차적인 점들에 대해 제기되어 왔다. 그러나 본질적인 질문에 대해 만장일치로 수용된 해결책이 주어질 수 있었다. 우리가 배타적으로 현실적인 관점을 취하며 모든 형이상학적 요소를 묵살한다는 단일한 조건 속에서 말이다.

반면에, 인간은 객관법의 문제를 추방하지 않은 채, 수세기 동안 이를 부차적으로 중요한 것으로 만들어왔고, 주관법(subjective law)의 해결할 수 없는 전체 문제를 먼저 해결하고자 했다. 주관법 사상에 대해서는 끝없는 논쟁이 야기되어 왔다. 그러나 제안된 해법이 무엇이든지간에, 그 문제는 항상 다음과 같이 축소된다. 영구적이든 일시적이든, 다른 의사에 대해 자신을 강요할 힘을 부여하는 본질을 갖는 특정한 의사가 존재하는가? 그러한 힘이 존재한다면 주관법이 존재하는데, 그것은 일정한 의사에 특유한 성질이며, 이 성질은 다른 의사에 대해 자신을 강요하는 의사를 야기하고, 다른 의사들은 이러한 힘을 보유하는 의사에 대해 주관적인 의무를 부담한다".[14]

뒤기는 『국가론』에서는 주관적 권리는 「어떤 인격이 다른 인격에 강제(s'imposer)하는 힘(pouvoir)」이라고 하였으나, 『사법변천론』[15]에서는 「어떤 의사가 다른 의사에 강제하는 힘」

13) *Ibid.*, pp. 817-818.

14) Duguit, Objective Law, p. 819.

이라고 한다.

계속하여 뒤기는 주관법과 객관법의 차이를 설명하고 있다.

"'주관법'(droit subjectif)이라는 표현은 '객관법'(droit objectif)이라는 표현처럼 동일한 비판의 주제이며, 동일한 익살이다. 같은 이유로 나는 주관법과 객관법을 지지한다. 이러한 두 개의 매우 다른 것을 구분하지 않으려고 하며, '법'이라는 동일한 단어로 전적으로 상이한 것들을 계속해서 지칭하는 이들은 더욱 잘못된 것이다.

무엇이 법이고, 법의 기초는 무엇이며, 그 범위는 어떠한가? 법이 그 자체로 힘을 부과하거나 혹은 힘이 법을 창조하는 것인가? 하는 질문이 제기될 때, 단지 주관법만이 고려된다. 우리가 인간의 권리, 국가의 권리, 국민의 권리에 대해 말할 때, 우리는 여전히 주관법을 생각한다. 주관법의 본질과 기초에 대한 질문은 절대적으로 해결할 수 없는데, 그것은 주관주의적 개념이 여전히 중요하다는 것을 고집하여, 모호성과 불확실성이 여전히 법의 영역을 지배하고 있기 때문이다.

주관법의 본질과 기초에 대한 질문은 해결할 수 없는데, 이는 인간 의사의 힘 또는 우수성이 있다면, 이러한 힘 또는 우수성에 대한 결정은 인간 의사의 가장 깊숙한 본성에 대한 지식에 의존하여야 하기 때문이다. 인간은 이를 알 수 없고, 결코 알지 못할 것인데, 그의 인식과 관찰을 회피하는 요소가 현존하기 때문이다. 인간이 자유의사를 가지는가에 대한 질문은 한 발짝도 진전이 없었다고 생각하는 철학자들이 있다. 심지어 이 질문의 지위에 대한 합의도 없다. 그 문제는 결코 해결될 수 없으며 심지어 정확한 방식으로 표현될 수도 없는데, 이는 우리가 그 요소를 결정할 수 없고 더 나아가 그것을 해결할 수 없기 때문이다. 내가 무언가를 의욕할 때, 나는 특정한 목표가 내 결정의 원인이 되었다는 것을 인식한다는 것만을 말할 수 있을 뿐이다. 그러나 그러한 목표가 나의 결정을 야기하지 않을 수도 있다는 것, 그리고 내가 다른 해결책과 다른 목표를 선택하였을 수도 있다는 것을 알 때, 나는 알 수 없고 누구도 알 수 없을 것이다. 자유에 대해 단언함에 있어서는 종교나 철학적 신념의 행위, 야망, 희망, 꿈이 있을 수 있으나, 과학적 가치의 단언에 있어서는 그렇지 않다. 우리가 의사 자체의 본질을 아무것도 알 수 없다면, 인간 의사의 특성인 것이 분명한 주관법에 대한 질문을 해결할 수 있는 척하는 것은 아무런 소용이 없다".[16)]

계속하여 뒤기는 개인법과 사회법에서의 주관주의에 대해서 비판적으로 기술하고 있다.

"이것이 전부는 아니다. 주관주의적 관념의 우위는 개인법(individual law)의 문제에서뿐만 아니라 사회법(social law)의 문제에서도 제기되어 왔다. 고립된 인간은 존재하지 않는다. 다소 결합되고 다소 확장된 집단인 가족, 도시, 국가, 전문가 계급은 오늘날 연합체로 조직되고자 하는 경향이 있는데, 인간은 그 자신을 발견할 수 있는 환경을 형성한다. 따라서 사회권(social right)에 대한 질문이 반드시 제기되어야 하는데, 지금보다 더 절실하게 제기된 적이 없다. 이는 국제법적 관계에서도 우리가 국가라고 부르기로 합의하였던 것에 대하여 제기된다. 국가가 무엇으로 구성되어 있는지에 대해 말하는 것은 어려울 것이지만 말이다. 여전히, 그들의 주장은 세계대전을 일으키는데 주요한 역할을 담당하였고, 지금도 유럽의 재건을 위한 엄청난 노력 속에서 그러한 시도를 계속하고 있다. 사

15) Duguit, Les transformations générales du droit privé depuis le code Napoléon, Paris, Alcan, 1911. Rééd. La Mémoire du droit, 2008.

16) Duguit, Objective Law, p. 820.

회권과 개인권 양자에 대한 문제는 주관적 관점에서 진술되었다. 주관주의적 개념은 항상 중요하게 만들어진다. 따라서 사회권에 대한 문제는 개인권에 대한 문제보다 더욱 해결하기 어렵다.

사실의 관점에서, 단체의 집단이 주관적 권리를 가진다면 단체는 그것을 구성하는 개개인들과는 구별되는 의사를 가져야 한다. 그러나 이러한 집합적 의사가 존재한다고 단언할 수는 없다. 왜냐하면 보이는 것, 확인되는 것은 개인 의사의 표명이기 때문이다. 이것은 부인되며, 개인적 표명과는 매우 상이한 집단적 표명이 존재한다고 주장된다. 우리는 국가의 영혼, 국민의 정신을 공동 「자아」(ego)라고 말한다. 위대한 도덕적 인격(moral personality)－국가, 가족, 계층, 지방, 커뮤니티. 우리는 둔하고 천박한 물질주의, 어리석음, 그리고 이러한 위대한 단어들이 현실을 표현한다고 믿지 않을 사람들을 고발한다. 이 모든 것은 단지 문학과 시일뿐이다. 거대한 단체집단의 인격, 영혼, 의사에 대한 신념은 행위의 강력한 원천이 될 수 있는 형이상학적 신념이고, 그것은 사회학자들이 등한시할 수 없는 사회적 사실(social fact)이라는 것을 인정하자. 그러나 실증과학의 문제는 신화적 믿음이나 시적 공식으로는 해결되지 않는다".[17)]

이처럼 뒤기는 사회적 사실 또는 객관적 사실을 다시 강조하고 있다. 나아가 객관주의를 넘어 실증주의를 표방함으로써 전통적인 법학의 개념적 추상성에 반대하는 것이다.

뒤기는 계속한다.

"주관적 법개념의 지속성은 어떻게 설명될 수 있는가? 인간 본성에 내재하는 필요, 인간 정신의 전체 역사를 밝히는 정확한 인식. 인간은 항상 현상의 이면에 배치한, 보이지 않는 것에 의해 보이는 것을 설명할 필요를 느껴왔다. 인간은 현상의 기초와 효율적인 원인을 만드는 보이지 않는 존재를 직접적으로 주장한다. 인간은 자연에 대한 지식의 분야에서는 자신을 이러한 집착으로부터 자유롭게 하는 것에 성공하였지만, 사회과학과 도덕과학 분야에서는 아직 그러한 지점에 이르지 못하였다. 자연현상 전체의 배후에는 창조적이며 감독하는 독립체가 배치되어 왔었다. 특정한 물질적 현상의 배후에는 일종의 정신의 존재가 상상되어 왔다. 생명 현상의 배후에는 생명력의 원리가 있어왔고, 병리학적 현상의 배후에는 병적 특이체질이 있어왔다. 동일한 방법으로 개인적 또는 사회적 상황 뒤에는 노력이 있어왔다. 이를 설명하기 위해 이러한 상황들 배후에 법이라 불린 형이상학적 본질이라는 독립체를 배치하려는 노력이 있어왔다. 이러한 상황에 대한 공격은 사회에서 살아가는 사람들에게 부과된 규칙을 위반한 것이라고 단순히 말하는 대신에, 사람들은 다른 의사들에게 그 자신을 강요하는 것을 허용하는 특성을 가진 가장된 의지적 실재에 대한 공격이라고 주장해왔다. 이것은 자연의 절차로는 다음과 같이 말하는 것이다. 불은 연소 원리에 의해 타는 것이고, 세포는 생명력의 원리에 의해 살아가며, 뇌는 영혼이 있기 때문에 생각하며, 세계는 창조적인 하나님이 있기 때문에 존재한다는 것이다.

그러므로 우리는 주관주의적 관점을 완전히 배제해야만 한다. 왜냐하면 이러한 관점으로는 전적으로 해결 불가능하기 때문이다. 법의 문제는 단지 객관적 관점에서 형성되고 해결될 수 있다. 나는 이것이 현실적인 법과 국가이론을 정립함에 있어서, 그리고 과학적이라고 부를 수 있는 해결에 도달함에 있어 필수불가결한 조건이라고 생각한다".[18)]

17) Duguit, *ibid.*, p. 821.
18) Duguit, *ibid.*, p. 822.

이와 같이 뒤기는 주관주의적인 법의 관념을 배척할 것을 주장한 후, 사회규범 일반에 관한 논의를 전개하기 시작한다.

3. 사회규범

뒤기는 사회규범은 인간의 행동에 대한 사회적 구속이며 만약 그것이 준수되지 않는다면 사회를 형성하는 요인들 간에 불균형을 낳으며, 따라서 사회적 연대관계를 어지럽히고 그러므로 그 위반에는 무엇인가 사회적 반응을 초래한다는 것이다. 그의 주장을 자세히 살펴보기로 한다.

"객관주의적 관점에서 법의 문제는 쉽게 진술된다. 먼저, 누구도 부인할 수 없는 두 가지 직접적으로 관찰된 사실들이 있다.

첫째, 인간은 자신의 행위를 의식하는 존재이고, 둘째, 인간은 고립되어 살 수 없는 존재이며, 항상 사회 속에서 동료들과 살며 살아왔다. 인간 사회는 어떤 형태를 띠어 왔으며, 오늘날에는 어떤 형태를 띠고 있는가? 인간은 단지 그가 직접적인 일부인 사회집단, 국가, 가족, 또는 종족의 구성원일 뿐인가, 아니면 인류를 구성하는 거대한 사회의 한 구성원으로서도 간주되어야 하는가? 이러한 질문에 대한 대답은 별로 중요하지 않다. 인간이 의식이 있고 사회적인 존재라는 사실은 가정으로서가 아니라 직접적인 관찰로서 의문의 여지가 없다.

일단 이것이 진술되면, 우리는 사회에서 살아가는 인간에게 부과된 법의 필요성과 법의 특성을 즉각적으로 인식한다. 법은 사람들이 사회 속에서 살도록 돕는다. 사람은 본래 사회 속에서가 아니면 살 수 없기 때문이다. 인간 사회가 있고, 인간들이 있다면 사회가 있어야 한다는 사실에 의하여 사회법이 존재한다. 인간이 사회적 존재이고 그는 사회 속에서 살며, 그는 사회 안에서를 제외하고는 살 수 없음을 단언하는 것은 동시에 사회법의 존재를 단언하는 것이다. 그것은 사실의 관찰과 인간의 생리학적 · 심리학적 구성의 결과이기 때문에, 선험적인 단언, 형이상학적 자연의 단언이 아니다.

이러한 법의 성격은 무엇인가? 그 성격은 인간이 자신의 행위를 의식하는 존재이며, 그는 자신의 선택이 자유이든 아니든 동기를 결정한 결과에 따라 행동한다는 것을 기억한다면 즉시 이해될 것이다. 나는 이것이 우리의 지식을 벗어나며 아무런 과학적 중요성을 가지지 않는다고 말한바 있다. 논란의 여지가 없는 사실은, 인간은 의식하는 존재여서 자신이 원하는 것을 자각하고, 그를 의욕하게 하고 행위하게 하도록 하는 동기를 자각한다는 것이다.

어떤 이들은 이러한 인간의 의사는 자유롭다고 말하며, 다른 이들은 그것은 전적으로 환경과 생리적 · 물리적 조건에 의해 결정되는 것이어서 그것은 변경할 수 없이 결정되는 것이라고 말한다. 아무도 그것에 대해 어떤 것도 알지 못하며, 앞으로도 알 수 없을 것이다. 단 한 가지 분명한 것은 인간의 활동은 특정한 목표의 추구라는 의식 있는 원인으로 나타난다는 것인데, 그것은 관찰에 의하여 직접적으로 확인될 수 있기 때문이다. 인간의 자발적인 활동은 어떤 목적을 의식적으로 추구하는 힘이다. 인간의 모든 행위는 그 자체 내부적으로 효율적, 또는 원동력이 되는 원인을 수용하는 것 같다. 그는 자신 내부에서, 혹은 인간이 의사 행위를 수행하는 의식적인 실현 속에서 자신의 원인을 발견한다. 그의 의사 행위는 자신의 원인을 그 내부에서 발견한다. 그것은 다른 사건에 의해 야기되지 않는다. 즉, 인간 의사의 모든 행위는 그 자신을, 목표를 달성하기 위한 목적으로 자신을 외부적으로 의식적으로 나타내는 개인의 내부적 에너지의 산물인 육체적 움직임의 형태로 나타낸다.

일단 이것을 인식하면, 사회의 구성원으로서의 인간이 굴복되는 법은 인과관계의 법이 아니라는 것은 분명하다. 동료들과 관계를 맺는 인간의 모든 행위가 사회적 행위로 불린다면, 우리는 모든 사회적 행위를 자발적 행위, 말하자면, 특정한 목표를 추구하는 인간의 의식적인 활동에 의해 산출된 행위들이라고 말해야 할 것이다. 여기에 사회적 사건과 물리적 사건(물리적 또는 생물학적이라고 적절하게 불리는)의 근본적인 차이가 있는 것이다. 그리고 이것은 물리적 및 생명의 세계의 법칙과 사회법 사이에는 어떠한 동화도 수립될 수 없음을 보여준다. 특정한 현대의 학파가 만들고자 했던 이러한 동화는 사회과학의 발달을 지연시켰고, 내가 이미 공정하게 보고자 노력했던 선험적인 형이상학적 원리들만큼이나, 법사상의 정확한 결정론의 도래를 막았다.

따라서 인간은 그 자신을 세상의 과학적 감각 안에서 에너지를 창출하는 현실적 원인, 자율적 원인으로 간주한다. 그는 의식적이고 자율적인 에너지이다. 그가 에너지의 자율적 창출자라는 의식은 시대, 상황, 그리고 개인에 따라 다소 구별되지만, 그것은 현대 국가의 선진화된 시민들뿐만 아니라 원시 종족의 사람들 안에서도 항상 존재한다.

그럼에도 불구하고, 행위 동기에 대한 의식적 선택이 인간 활동에 있어서의 유일한 요소는 아니라는 점이 추가되어야 한다. 인간 활동의 방향에 영향을 미치고, 인간의 의식적 인식을 모면하게 하는 특정한 사실들이 존재한다. 사실 이러한 요소들은 인간의 활동을 결정하지는 않는다. 이러한 요소들이 얼마나 많은 영향을 끼쳐왔는지 말하는 것은 불가능하다. 그러나 인간의 활동이 그것에 의해 변경할 수 없도록 결정된다는 것을 주장함에 있어, 그것의 영향을 부인하는 것은 잘못이다. 이것은 특정 학파, 특히 환경 이론의 테느(Taine) 학파의 중대한 잘못이었다. 유명한 문장인 "미덕과 악덕은 설탕과 황산과 같은 산물이다"는 비과학적이다. 왜냐하면 그것은 인간의 의식적인 행위와 화학적 반작용이라는 비의식적인 산물이라는 두 개의 절대적으로 상이한 종류의 현상을 혼동하고 있기 때문이다.

대지, 기후, 그리고 인종은 사회적 행동에 영향을 미치고 인간의 의식을 회피하는 많은 요소들이다. 인간의 자발적인 행위는 항상 의식적으로 선택된 어떠한 목표에 의해 결정된 의식적인 행위로 남아있다. 인간은 자신의 행위 과정에 최종적으로 결정된 목표를 선택하지 않을 힘이 있다는 것을 인식한다. 자신의 행위 방침이 그가 선택한 것보다 다른 목표에 의해 결정될 수 있었고, 그가 행한 것과 다른 무언가를 할 수 있었다는 분명한 느낌을 가지고 있다는 것을 인식하지 않는 사람은 이 세상에 없다.

그렇다면 인간의 행위는 물리적 사건이 우리에게 나타나듯이, 맹목적이고 무의식적인 힘의 산출물이 아니며, 서로서로 계승하고 야기한다. 인간의 행위는 의식적으로 선택된 목표의 추구의 결과이며, 특정한 에너지의 총량을 산출하는 자발적인 표시의 결과이다. 한 방향 혹은 서로 간에, 의식적으로 만들어진 선택에 따른 것이다.

일단 이것이 설정되면, 우리가 그 존재를 인지하였던 사회법은 인과법칙이 될 수 없는데, 이는 그것이 인간의 자발적이고 의식적인 행위에 적용되기 때문이다. 그것은 목적의 법, 규칙, 그리고 인간의 의식 있고 자발적인 행위를 지휘하고 제한하고, 자신의 의지의 대상과 목표를 설정하며, 특정한 행위를 금하고 특정한 다른 행위를 부과하는 규범이 될 수 있다.

사회규범은 의식하는 존재들로 구성된 인간 사회가 있다는 사실에 의해 존재한다. 인간은 오직 사회 속에서만 살아가고 살 수 있다. 사회는 사회를 구성하는 개인들이 사회적 존재의 법에 순응할 때에만 존재할 수 있다. 이러한 개인들이 의식적이고, 목표에 의해 결정되는 특정한 것을 바라기 때문에, 사회의 법은 필수불가결하게 그리고 단독으로 그들의 욕망의 대상 및 그것을 결정하는 목표를 정한다. 사회와 사회규범은 두 개의 불가분의 사실이다. 사회규범은 목표와 목적의 법이지 인과법칙이 아니다. 그것은 의식적인 행위를 금지하거나 명령한다".[19]

이처럼 사람은 사회적 존재이며 사회는 그 무질서를 발생케 하는 모든 작위를 억제하는 사회규범이 필요한 것이다.

4. 사회규범의 성격

다음에 뒤기는 객관주의적인 입장에서 사회규범을 평가하며, 법의 과학성을 추구하기 위한 노력을 이렇게 경주한다.

"아무도 사회규범의 존재를 부인하지는 않는다. 사회규범에 대한 고찰은 주관주의적 관점과 대비되는 객관주의적 관점을 취함으로써만 이루어질 수 있다. 그러나 객관주의적 관점에서조차도 형이상학은 제기되어 왔고, 형이상학은 실증적 사회과학, 특히 법의 과학의 정립에 대한 장애물이 되어 왔다.

실제로, 규범이라는 관념은 이러한 규범의 대상에 대해 부과된 우월한 원리에 대한 인식을 내포한다고 이야기되어 왔다. 즉, 행위규범은 그것이 인간에게 우월적인, 초월하는 원리의 일부일 때에만 인간에게 의무적일 수 있다고 이야기되어 왔다. 『국가, 객관법 그리고 실정법』[20]에 대한 수많은 반론들은 모두 이것을 향하고 있다. 인간에게 적용되는 모든 행위규범은 그것이 인간에 우월하는 원칙의 기초가 될 때에만 인식될 수 있다. 즉, 단순한 사실은 규칙, 목적의 법을 정당화할 수 없다. 그러한 것은 제니(Gény)[21]가 제기해왔던 오래되고 강력한 비판론이다. 그는 기술하기를, "따라서 설명된 시스템의 치명적인 약점을 만들고 그것을 분명히 수용할 수 없게 만드는 것은, 그가 결속시킬 것을 요구하는 두 용어 사이의 기본적인 불일치이다. 사회 속에서 살아가는 인간의 필요에 부과된 행위규범을 정당화하고 인식하는 것은 의문이다. 그리고 단지 사회생활을 구성하는 상호의존이라는 사실만이 주장된다. 이제, 어떻게 사실이, 심지어 이론의 여지가 없는 사실조차도, 그것을 유지하고 발전시키기 위한 의무를 정당하게 발생시키는지를 설명하는 것이 필요하다. 연대는 사회 속에서의 생활의 본질적인 조건으로 나타나기 때문에, 이러한 생활 없이 지낼 수 없는 사람은 연대를 연습하도록 인도된다는 것을 이해하는 것이 전제되어 있다는 것은 헛되다. 우리는 여전히 어떻게 사실의 필요성이 법의 필요성이 되는지를 묻는다"".[22]

뒤기는 이러한 반론은 주관주의적이고 형이상학적인 관념에 대한 집착에서 나온 것이라고 반박한다. 그는 앞에서 특정한 의사에 독특한 힘으로서의 법이라 불리는 어떤 힘이라는 지속적인 관념을 거부한 것을 상기하면서 이렇게 주장한다.

"이제 우리는 정확히 같은 종류의, 그리고 선행하였던 것만큼이나 무용한 개념에 직면하고 있다.

---

19) Duguit, *ibid.*, pp. 823-825.

20) Duguit, L'État, le droit objectif et la loi positive, Paris, Albert Fontemoing, 1901.

21) 제니(François Gény, 1861-1959)에 관하여는 N. Hakim, Gény, François, in: Dictionnaire historique des juristes français(XIIe-XXe siècles), sous la direction de P. Arabeyre, J.-L. Halpérin et J. Krynen, Paris, PUF, Quadrige, 2007, pp. 360-362 참조.

22) F. Gény, Science et Technique en droit privé positif, tome Ⅱ, p. 262.

일정한 의사에 부과되어 그것들의 실재에 영향을 미치는 독특한 특성을 구성하게 하는 의무를 발생시키는 규칙이 허용된다면, 행위의 준칙, 규범은 사실, 사회적 사실에 근거할 수 없다. 나는 법을 의사에 따르는 특성을 지니는 것, 다른 사람들에게 속하지 않은 힘으로 구성하는 것으로 이해하는 생각을 거부해 왔다. 동일한 방식으로 나는 인식된 의무라는 관념을 특정한 의사에 따르는 성격을 창출하는 것으로, 이러한 의사들로부터 벗어나 종속된 의사를 만드는 일종의 부정적인 힘이라고 배척한다. 실로, 이러한 힘을 가진 준칙은 우월한 원칙, 형이상학적 개념에만 근거를 둘 수 있다. 따라서 법이라는 관념뿐만 아니라 의무라는 관념 또한 형이상학적 관념이다. 따라서 의무는 오귀스트 콩트(Auguste Comte)의 공식으로 이해된다. "진정한 법은 초자연적 의사에서 나오는 규제 권한 안에서만 존재할 수 있다". 이는 법에서뿐만 아니라 의무에서도 사실이다".[23)]

뒤기는 1901년 『국가론』을 발간한 이래 콩트의 『실증 정치의 체계』[24)]를 읽고 자신의 객관법의 이론에 확증을 얻었다고 서술한다.[25)] 이처럼 뒤기는 콩트의 이론에 의거하여 자신의 실증주의를 강조하고 있다.[26)]

다시 뒤기의 설명을 인용하기로 한다.

"나는 인간에게 부과된 규범, 즉 사회적 사실에 기초한 규범에 대해 이야기할 때, 그 자신에게 부과하고, 그 존재의 성격과 그 의사의 실체를 결코 수정하지 않으며, 의사의 단계를 설정하지 않고, 더 이상 특정한 다른 사람보다 우월한 의사를 만들지 않으며, 하나의 의사를 더 이상 다른 의사에 종속시키지 않는 규칙을 생각한다.

하나의 유기체를 구성하는 세포들은 그 유기체의 법에 종속된다. 모든 사람은 이를 인식하고, 유기체의 법은 그 형성과 발전을 통솔하는 것이다. 동일한 방식으로, 사회집단을 구성하는 개인들은 이 집단의 법에 종속되는데, 그 법은 그 형성과 발전을 통솔한다. 이러한 법들은 모두 조화의 법이다. 우리는 유기체의 법칙을 규범이라 부르지 않는데, 이는 그것을 구성하는 세포들이 의식적이라고 단언할 수 없기 때문이다. 우리는 사회집단의 법을 규범이라 부르는데, 이는 그 구성원인 개인들이 의식적으로 행동하고, 그들의 마음 속에 있는 것들을 바라기 때문이며, 그들이 의식하는 동기 때문이다. 그러나 이러한 차이는 별론으로 하고, 살아있는 유기체의 법과 인간 사회의 법 사이에는 아무런 차이가 없다. 그리고 생물학의 법칙이 이러한 유기체를 구성하는 사실에 근거하는 것이 허용된다면, 사회규범은 왜 사회를 구성하는 사실에 근거해서는 안 되는지 알 수 없다.

내가 이전의 글에서 펼쳤던 이론이 방금 인용한 것과 같은 강력한 비판에 직면한다면, 그것은 비판자가 자신을 내가 채택한 입장, 내게 과학적으로 보이는 것 안에 두지 않았기 때문이다. 그는

---

23) Duguit, Objective Law, p. 826.

24) A. Comte, Système de politique positive, t. 4, Paris, 1854.

25) Duguit, Le droit social, le droit individuel et la transformation de l'état, 3e éd., Paris, Alcan, 1922, p. 12.

26) 콩트는 인류의 지적 진화의 법칙 또는 세 가지 상태의 법칙을 제시하였다. 그는 사회의 역사는 인간정신의 역사에 의해서 지배된다고 보았다. 그것은 첫째, 신학적 상태, 둘째 형이상학적 상태 그리고 셋째로 실증적 상태라는 것이다. 콩트는 실증적 단계에서 법(권리)의 이념은 소멸한다고 하였다. 그는 법을 픽션으로 이해하고 권리의 관념은 형이상학적이라고 하였다. 그에게 법은 초월적인 창조물이 아니며, 법은 사회적 성질을 가지는 것이었다. 이러한 콩트의 이른바 권리부인론은 실증적 견지에서 권리를 의무란 용어로 바꾸어 놓으려는 것이라 하겠다. 콩트의 이론은 뒤기에게로 이어진다. 콩트의 저작은 Discours préliminaire sur l'ensemble du positivisme, 1844(김점석 옮김, 『실증주의 서설』, 민음사, 2001) 참조.

사회적 사실을 물리적 본성 또는 살아있는 세계의 사실로 규정한 후, 사회법을 둘 다 인과법칙인 물리적 또는 생물학적 법칙으로 흡수하거나(그 경우 법과 도덕은 표준화하는 과학이 아니라, 제도의 발전을 결정하고 모든 직접적인 활동의 원리와 모든 제한하는 행위규범을 제거하는 관찰의 과학이다), 혹은 형이상학적 개인권의 관념을 유지하면서, 사회규범을 일정한 자유에 대한 직접적인 제한으로 만들고, 그 안에서 특정한 의사에 속하는 힘의 원리, 인간 존재의 본질에 대해 창출된 수정의 원리를 본다. 그러면 실제로 그러한 규범의 존재는 인간에게 부과하는 우월적 존재인 선험적인 원리에 근거를 둔 것으로 수용될 수 있다.

과학적 진실은 이러한 양 태도들 모두에 있지 않다. 첫 번째 것은 사회적 사실과 물리적 또는 생물학적 사실 사이의 명백한 차이를 간과한다. 두 번째 것은 개인의 자유라는 영속적인 관념에 의해 지배된다. 나는 이러한 상이한 종류의 사실들의 흡수와 초과학적 신념을 동시에 제거한다. 그리고 사회규범을, 사회집단을 형성하는 개인들의 조화를 규제하며, 그들의 행위를 제한하고, 그것들에 대한 특정한 행위를 부과하는 목적의 법칙으로 설정한다. 나는 인간의 형이상학적 자유와 가능하기는 하지만 감각의 인지를 벗어나는 것의 존재를 제거한다. 그리하여 법학적 사회규범이 이러한 성질을 가진다는 것은 우월적 원리의 개입이 필요 없이도 명백하다".[27]

여기서 보듯이 뒤기는 여전히 스펜서(H. Spencer)의 사회유기체론[28]에 입각하면서 사회규범을 목적의 법칙으로서 파악하려고 한다. 그는 직접 관찰되는 다툼이 없는 사실로서 인간은 자각적 존재인 동시에 사회적 존재인 것을 강조한다. 이처럼 자명한 근본사실에서 필연적으로 귀결하는 것은 사회 생활하는 사람들에게는 일정한 법칙이 부과된다는 것이다. 그것은 목적의 법칙이며 인과법칙은 아닌 것이다. 따라서 사회와 사회규범은 불가분의 두 사실이며, 인간이 자각적이며 사회적인 존재라는 근본적 사실에서 필연적으로 나오는 것이다.

5. 사회규범의 목적

사회규범의 위반은 어떤 사회적 반응을 초래하기 마련이다. 뒤기는 이것을 「균형을 회복하기 위한 자발적 노력」이라고 하며, 또한 「질서회복을 위한 사회적 환경의 한 경향」이라고도 한다. 뒤기의 말을 더 상세하게 검토하기로 한다.

"사회규범의 목적은 개인의 활동을 규제하는 것이며, 인간이 행동할 것인가 행동하지 않을 것인가 의무지어지는 행위를 결정하는 것이다. 의무는 개인의 실질적 의사를 수정할 의무가 아닌 순전히 사회적인 의무(social obligation)로 이해된다. 즉, 그것이 이행되지 않으면 사회집단을 구성하는 요소에 있어서, 그리고 균형을 회복하기 위한 자발적 노력인 사회적 반응에 있어서, 어떤 불안정성이 발생한다. 즉, 사회규범은 사회적 무질서를 발생시킬 수 있는 모든 행동 또는 자제를 금지한다. 그리하여 그러한 불안이 발생할 때 사회 안에서는 질서를 회복하려는 경향이 있다.

동일한 방식으로, 사회규범은 모든 개인이 가능한 한 협력하고, 능력에 비례하여 사회질서를 야

---

27) Duguit, *ibid.*, pp. 825-828.

28) 스펜서의 저작인 Principles of Sociology, 3 vols., 1876-96과 The Man versus the State, 1885(이상률 옮김, 『개인 대 국가: 국가가 해야 할 일은 무엇인가』, 이책, 2014)을 통해서 뒤기는 사회유기체론을 수용한다.

기할 것을 명한다. 그렇게 하지 않는다면 집합적인 손실과 사회적 반발이 불가피하게 초래된다. 개인의 행위규범이 바로 사회생활의 법이다. 그 법은 개인들로 하여금 그것과 타협할 수 있는 어떤 행위의 수행을 금한다. 그것은 그들로 하여금 기여할 수 있는 모든 행위를 수행하도록 의무를 지운다. 결론으로 도출되는 의무는 적절히 말해서 도덕적이지 않고 단지 사회적이다. 만약 그 의무가 위반된다면, 우월한 도덕성의 원리에 대해서는 아무런 공격이 없고, 사회집단의 균형에 대해서만 있다. 즉 규범의 위반자에 대항하여 다소간의 역동적인 반응을 초래하는 어떤 무질서가 있다.

신개인주의는 모든 사회규범의 원시적 대상은 개인의 자주권에 대한 존중이라고 주장한다. 개인은 사회 속에서 그 자신의 주인으로 남아 있고, 사회는 개인을 통해서만 존재하고 살아가기 때문이다. 따라서 모든 사회규범 자체의 목적과 기초는 오직 개인의 자율성일 수 있다. 그러한 신개인주의의 결점은 인간 존재와 개인적 요소를 구성하는 요소들 가운데 하나만 제기한다는 점을 언급하는 것이 중요하다. 확실히, 인간은 이러한 자율성을 인식하는 개인적·자율적 존재이다. 그러나 동시에 인간은 사회적 존재이다. 이것을 잊으면 실재의 전체 부분을 인식하지 못하게 된다.

사회규범은 개인적이며 동시에 사회적 존재인 인간 자신과 그의 활동 전체를 규제한다. 그것은 인간 전체를 포함한다. 사회규범의 목적은 분명히 개인의 자율성을 존중하는 것이지만, 그것은 어디까지나 사회생활의 요소인 한에서 만이다. 그것은 인간이 사회집단의 구성원이고 그 집단의 발전에 기여하는 한에서의 자율적인 개인에 대한 존중이다. 인간을 홀로 생각하는 것은 실재의 일부만을 보는 것이다. 이것은 18세기의 중대한 잘못이었는데, 당시에는 추상적인 인간만을 보았다. 인간은 그의 주변으로부터, 오늘날 국가인 그가 속한 집단으로부터 떨어질 수 없는 구체적인 존재이다. 그렇다면 사회규범의 목적은 모든 개인들로 하여금 그들이 국가생활의 요소인 한에서 타인의 자율성과 그 자신의 자율성을 존중하는, 그러한 방식으로 행동하도록 강제하는 것이다. 인간은 어떻게 국가생활의 요소이며, 그 유지와 발전을 확보하기 위해 어떻게 행동해야 하는가? 여기서 '사회적 연대' 혹은 '상호의존성'이라는 위대한 사실이 등장한다.

'사회적 연대(social solidarity)'라는 사실은 뒤르케임의 유명한 저서 『사회분업론』[29]에서 훌륭하게 상술하고 있다. 뒤기는 『국가, 객관법 그리고 실정법』(1901)과 『헌법학개론』[30] 초판(1911)에서 그것을 뒤르케임과 약간 다른 관점에서 표현하여 기술하고자 노력했다. 여기서는 그 정수만 기술할 것이다.

인간은 특히 오늘날에는, 사회 속에서 연합되고 연합된 채로 남아있다. 그들은 국가적 사회 속에서 연합되고, 연합된 상태로 있는데, 이는 그들이 공통의 필요를 가짐과 동시에 상이한 적성에 따라 상이한 필요를 가지기 때문이다.

인간은 공통의 삶에 의해서만 충족될 수 있는 공통의 필요를 가진다. 인간은 그들의 유사한 적성을 합함으로써 공통의 필요의 실현을 위해 상호 도움을 준다. 이는 사회적 생활의 첫 요소를 구성하고, 뒤르케임이 '유사성에 의한 연대(solidarity by similitude)' 혹은 '기계적 연대(mechanical solidarity)'라고 부르는 것을 형성한다.

반면에, 인간은 상이한 적성과 다양한 필요를 가진다. 각 사람은 타인의 필요를 충족시키기 위해 자신의 적성을 사용함으로써, 자신이 그들로부터 받는 것에 대한 교환으로 서비스를 공여하고, 서비스의 교환에 의해 이러한 필요의 충족을 확보한다. 그리하여 인간 사회에는 거대한 분업이 창출되는데, 그것은 사회적 결속이라는 두드러진 사실이다. 즉 (뒤르케임의 용어를 따를 때) 분업에 의한 연

29) É. Durkheim, De la division du travail social, 1893 (민문홍 옮김, 『사회분업론』, 아카넷, 2012).
30) Duguit, Traité de droit constitutionnel, Paris, Ⅰ, 1re éd., 1911, p. 14 et seq.

대(solidarity by division of labor) 혹은 유기적 연대(organic solidarity)이다. 여기서 개인적 자율성은 사회적 연대의 본질적인 요소로 나타나는데, 이는 이러한 연대는 개인의 활동이 발전함에 따라 더 커질 것이기 때문이다. 개인의 활동이 더욱 활발하고 자유롭게 발전함에 비례하여, 상이한 필요는 더 잘 충족될 것이고, 사회적 결속은 더 강해질 것이며, 사회생활은 더 열정적이 될 것이다.

사회적 연대라는 사실은 반박되지 않으며, 사실 반박될 수도 없다. 즉 그것은 논란의 대상이 될 수 없는 관찰의 사실이다. 그것은 상이한 나라에서 다른 양상을 취한다. 현대 사회에서 가장 현저하게 드러나는 것은 분업에 의한 연대이다. 반면에, 문명화의 초기 단계인 사회에서는 유사성에 의한 연대가 우세하다. 그러나 연대는 영구적인 사실이고, 그 자체로 항상 동일하며, 모든 사회집단의 감축될 수 없는 구성요소일 것이다. 그러나 연대라는 사실이 그 자체로 논란이 되어왔다면, 다음과 같이 이야기된 것이다. 그것은 사회규범의 요소일 수도 없고, 이러한 규범의 대상조차도 될 수 없다. 왜냐하면 사실은 의무적인 규칙의 요소가 될 수도 없고, 그것을 따르도록 의사를 강제할 수도 없기 때문이다".[31]

이 문제에 대해서는 이미 뒤기가 대답한 바 있다.[32] 그는 계속하여 사회규범의 목적에 관하여 서술한다.

"만약 내가 사회규범을 대상의 의사에 영향을 미치는 의무를 창출하고, 그에게 단어의 형이상학직 김각 속에시 도덕적 의무를 창출하며, 그러한 실재 속에서 이사를 수정하는 규칙으로 보았다면, 그 반론은 약간의 근거를 가졌을 것이다. 그러나 이것은 그렇지 않다. 이 규범은 모든 의사들로 하여금 그들 자체를 떠나게 하는 규칙이고, 그 위반은 사회적 반작용을 포함하는 규칙이며, 위반되어서는 안 되는 규칙인데, 위반된다면 사회생활이 혼란스러워지고, 그리하여 사회 기관이 위반의 장본인에 대항하여 반응하게 되기 때문이다. 그럼에도 불구하고, 이 규칙은 생물학적 법이 아니다. 왜냐하면 그것이 적용되는 개인들이 자신의 행위와 그 행위를 결정하는 동기를 의식하기 때문이다.

그렇게 이해되는 사회적 규범이 인간의 모든 행위들에 적용되는가? 명백히 아니다. 사회 규범의 범위 안에 속하는 행위들은 사회적인 것으로 불릴 수 있는 반면, 그 범주를 벗어나는 행위들은 개인적인 행위로 불릴 수 있다. 분명히, 어떤 의미에서는 인간의 모든 행위는 개인적인 행위이다. 즉, 그 행위들은 모두 그 원천이 개인적인 자발적 활동으로부터 나오는 것이다. 사회 집단 그 자체가 활동이나 그것을 구성하는 활동으로부터 구별된 의사의 원천이라는 것은 입증되지 않았고 입증되지도 않을 것이다. 그럼에도 불구하고, 개인적 활동의 표명 가운데 몇몇은 사회적 성격을 가지고 다른 몇몇은 순수하게 개인적 성격을 가진다는 것은 분명하다. 그리고 단지 전자만이 그들에게 금지하거나 명령하는 사회적 규범에 복종한다. 이를 인식하게 하는 현상은 무엇인가?

그러나 그것은 부정적일 수 있고, 상당히 모호하고 본질적으로 점진적이다. 정확히 같은 방식으로 일어나는 인간의 모든 행위들은, 혼자 살아가는 인간을 생각한다면, 즉 사회적 상호의존의 요소들과 전혀 관계하지 않는 행위들은 사회규범의 지배로부터 벗어난다. 행위의 사회적 성격은 그것이 수행되거나 생략될 때 결과로 나타나는 집단적 반응 속에서 분명하다".[33]

---

31) Duguit, Objective Law(Ⅱ), p. 830.
32) Duguit, Objective Law, pp. 822-828. 사회규범과 사회규범의 성격.
33) Duguit, Objective Law, p. 831.

뒤기는 사회규범의 목적을 뒤르케임의 말로 끝맺고 있다. 즉 「사회적 사실, 사회적 상황은 개인에 대해 행사되거나 행사될 수 있는 외부적 강제력에 의해 인식되고, 결국 이러한 힘의 존재는 일련의 제재의 존재에 의해서 혹은 그것을 위반하려고 시도하는 모든 개인의 노력에 반대하는 사실인 저항에 의해 인식된다」.[34)]

요컨대 사회규범의 목적은 균형의 회복과 질서회복에 있는 것이다.

6. 법 규 범

계속하여 뒤기는 법규범에 관하여 다음과 같이 문제를 제기한다.

"사회규범은 모든 부분에서 같은 정도의 엄격성을 가지는가? 사회규범의 위반은 항상 집단 내부의 사회적 반응을 포함한다. 그러나 이러한 반응이 항상 같은 성격을 갖는가? 혹은 반대로, 그것이 창출되는 방식에 있어서 차이가 있는가?"[35)]

이러한 질문에 대한 그의 대답은 긍정적이며 사회규범 속에서 세 부분을 구별한다. 뒤기의 견해를 그대로 옮기면 다음과 같다.

"규범은 그 근거, 일반적 성격, 그리고 목적에 있어서 단일하다. 그러나 그 위반이 창출하는 사회적 반응의 강도에 있어서는 복합적이고 다양하다. 이는 그 자체만으로도 많은 페이지를 요구하는 작업이므로, 나는 사회규범은 경제규범, 도덕규범 그리고 법규범의 세 부분을 포함한다고 말할 것이다.

경제규범(economic norm)은 부의 생산, 순환, 그리고 소비에 관한 인간의 모든 행위를 규제한다. 나는 이 단어를 일반적인 감각에 있어서 인간의 필요를 충족시켜줄 수 있는 모든 것을 가리키는 것으로 사용한다. 경제적 사실은 물리적이고 살아 있는 세계의 사실에 동화하려는 강한 경향이 있다. 다수의 경제학자들은 물리학에서 그러한 것처럼, 자신의 연구에 수학을 사용하고 싶어 한다. 이는 분명히 잘못이라 생각된다. 경제적인 것으로 부르도록 동의되어 왔던 모든 사실들은 자발적이고 의식적인 개인의 행위로부터 나오며, 이러한 행위들에 의해서만 사회적 반응이 창출된다. 상품의 부족, 생산 과잉, 가격의 인상, 산업 위기, 봉급 인상, 그리고 모든 다른 경제적 현상들은 의식적인 개인적 인간의 행위의 결과이다. 즉 사회에서 살아가는 인간의 필요를 충족시키기 위해 필수적인 것들의 생산, 순환, 그리고 소비에 관한 사회규범에 따라 혹은 이에 반대하여 성취된 행위의 결과인 것이다. 경제규범에 대한 위반은 부의 생산과 이용에 영향을 끼치는 사회적 반응을 창출한다.

34) Durkheim, Les règles de la méthode sociologique, p. 15(윤병철 · 박창호 옮김, 『사회학적 방법의 규칙들』, 새물결, 2001, 62면). 이러한 비판은 계속해서 변화하고 빈번하게 진화하고 있다. 특정한 시기에, 동일한 행위는, 다른 시기에, 그것에 의해 불가피하게 규제되는 사회 규범의 지배를 벗어날 수 있다. 식사 시간, 소비되는 음식의 양과 질, 휴식 시간처럼 본질적으로 개인적인 것들은 예컨대 전쟁시와 같은 특정한 시기에는 심각한 사회적 규제의 대상이 될 수 있다. 반면에, 여러 세기 동안 강력하게 부과된 사회규범에 종속되어 왔었던 특정한 행위는 점점 더 어떤 명령적 규제로부터 자유로운 순수하게 개인적인 행위가 되는 경향이 있다. 나는 특히 모든 세기에 있어서 조금씩 순수하게 개인적인 행위가 되는, 종교적 성격의 행위를 염두에 두고 있다. 반대로, 수세기 동안 사회규범을 피해왔던 행위는 사회적으로 된다.-일정한 교육의 습득, 예견과 자선 작업처럼 말이다. 그러나 이러한 것들은 발전될 필요가 없는 점들이다.

35) Duguit, Objective Law(Ⅱ), in: Columbia Law Review, Vol. 21, No. 1, p. 17.

그것들이 사회규범인 이상, 아무도 이러한 경제규범의 존재에 대해 논란을 제기하지 않는다. 아무도 그 근거가 사회 그 자체라는 것, 그것이 바로 경제적 연대라는 사실에 근거를 둔다는 것에 대해 논란을 제기하지 않으며, 아무도 연대라는 사실이, 그것은 단지 사실이기 때문에, 규범을 위한 근거로 기능할 수 없고 의무를 야기할 수 없다는 것에 대해 이의를 제기하지 않는다. 이러한 의무는 존재하며, 그 제재는 그 위반이 창출하는 경제적 반응이다. 만약 경제규범의 명령적 힘에 대해 아무런 반대도 만들어지지 않는다면, 다음에 나오는 법 규범의 강제력에 대해 어떻게 반대가 만들어질 수 있는지를 볼 수 없을 것이다".[36]

다음에 뒤기는 사회규범의 두 번째 단계로서 도덕규범(moral regulation)을 제시한다. 이 도덕규범 역시 어떤 선험적인 초월적 원리에 근거하는 것이 아니라 모든 사람에게 때와 장소에 관계 없이 적용되는 규범이다. 다시 뒤기의 견해를 인용한다.

"두 번째 단계로, 사회규범은 도덕규범의 전체를 포함한다. 이러한 표현을 사용한다고 해서, 규칙이 선험적이고, 좋든 나쁘든 그 자체의 현상을 표현하는 것으로 구성되며, 명령되거나 금지된 우월한 원리에 근거를 둔다는 것을 의미하지는 않는다. 도덕성은 그렇게 이해된 채로 존재하는가? 이것은 인간이 생각하기 시작한 이후로 인간에게 자극을 주어왔던 중요한 문제이지만, 실증 과학의 접근과는 거리가 멀어서 내가 관심을 두지 않는 문제이다.

여기서 나는 도덕규범에 의해, 일정한 시대와 장소에서 살아가는 모든 인간들에게 적용되는 것, 그의 외부적 표시에서의 일정한 태도 그리고 그의 의복, 주거, 종교적 실행뿐만 아니라 세계적 관계에 관한 특정한 태도를 그에게 부과하는 것을 의미한다. 즉, 도덕규범으로 모든 사람들이 사회의 관습이라 불리는 실행의 총체에 대한 외부적 생활에 순응하도록 강제하는 것을 의미한다. 만약 그에 따르지 않는다면, 자발적으로 산출된 다소 강하지만 확실한 사회적 반응이 야기된다. 이러한 규범은 바로 이러한 사실에 의해서 강제적인 성격을 갖는다. 이는 더 높은 본성의 실행에서 뿐만 아니라, 옷의 스타일에서도 나타난다. 공적인 장소에 그러한 장소에 입는 것이 관행적이지 않은 의상을 입고 나타난 사람은 지적을 받고, 때때로 배제될 것이다. 종교적 신념이 개인의 양심에 더 깊이 침투하는 특정한 나라에서는 특정한 종교적 실행을 행하지 않는 사람은 악명 높은 것으로 정해진다. 이러한 종류의 예시들을 추가하는 것은 쉬울 것이다".[37]

뒤기는 「옷 입는 것도 단순한 개인의 의지의 표현일 뿐만 아니라 그 자체가 실재를 가지고 있는 사회적 사실」[38]이라고 예를 든다. 그는 계속하여 말한다.

"여기 그 명령적 힘이 인정되어야 하는 사회규범이 있다. 그럼에도 불구하고, 사회적 사실 그 자체 말고는 아무런 근거를 가지고 있지 않다. 그것이 단지 사실에만 근거하고 우월한 원리에 근거를 두지 않는 것에 대해 반론은 제기되지 않는다. 그것의 목적은 사회 속에서 살아가는 개인들의 관계이고, 그것은 바로 이러한 관계의 존재에 근거를 둔다. 인간은 그것에 복종하는데, 이는 그가 인간이며 그러한 것은 사회적 규율의 구속 안에 포함되기 때문이다. 이것은 사회적 사실로부터 직접적으로

36) Duguit, Objective Law(Ⅱ), in: Columbia Law Review, Vol. 21, No. 9(1921), pp. 17-18.
37) *Ibid.*, p. 18.
38) Duguit, Leçon, p. 31(역서, 31면).

도출되는 실증적 규칙이다. 경제규범도, 도덕규범도 법규범과 같지 않다. 모든 법규범은 도덕적이거나 경제적이다. 그러나 모든 도덕적 또는 경제규범은 필연적으로 법적이지 않다. 그렇다면 경제규범 혹은 도덕규범이 법적으로 되는 순간을 결정할 필요가 있다. 그러나 무엇보다도 경제규범에서 이미 언급한 도덕규범에 대해 말할 필요가 있는데, 그것의 배타적으로 사회적이고 실증적인 근거가 그것에 의무를 부여한다면, 그것이 법규범의 성격을 획득할 때, 왜 그것이 의무적으로 되는 것을 중단해야 하는지, 그리고 그것이 명령적이기 위해서, 왜 우월한 원리, 형이상학적 원칙에 가치를 두어야 하는지 알 수 없다.

제1차 세계대전 전야에 프랑스에서 더욱 신임을 받았던 독일 법학자들의 영향 때문에, 경제규범이나 도덕규범은, 그것이 국가에 의해서 구성되고 제재될 때에만, 최소한 국가에 의해 직간접적으로 수용되고 제재를 받을 때에만 법규범이 될 수 있다고 교육받았다. 국가가 공개적으로 혹은 묵시적으로 개입되지 않는 한, 경제적 혹은 도덕적 행위 규칙은 있을 수 있으나 법규범은 없다. 법의 준칙은 열등한 의사에 대한 우월적 의사의 명령이다. 우월적 의사만이 국가의 의사가 될 수 있다. 결론적으로, 국가가 명령권으로서, 자신의 의사를 자신의 국민들에게 강요할 때를 제외하고는 법의 준칙(rule of law)은 없다. 이 개입은 다소 직접적일 수 있다. 즉 법의 준칙이라는 관념은 국가의 존재를 내포하는데, 이는 국가만이 그것에 그의 본질적 성격인 명령적 성격을 부여할 수 있기 때문이고, 국가만이 법의 존재에 대한 필수불가결한 강제의 개입을 야기할 수 있기 때문이다".[39)]

뒤기는, 하나의 규율(une règle)이 법의 준칙(une règle de droit)이 되는 것은 국가가 절대권력으로 그 성격을 부여하면 된다는 생각은 독일학자들, 특히 헤겔(Hegel)과 예링(Ihering)에서 유래한다는 것을 밝히고 있으며, 예링은 법의 준칙을 실정 법률(la loi positive)과 혼동하고 있다고 비판한다.[40)] 뒤기는 계속한다.

"이러한 국가이론에 영감을 준 것은 헤겔로 알려져 있는데, 독일의 법사상에 미친 그의 영향은 대단하다.[41)]

현대 독일의 위대한 법학자인 예링은 이러한 관념을 분명하게 단언하였다. 그는 법을「국가 내에서 적용되는 강제의 규칙들의 총합」이라고 정의하며,「두 개의 요소가 이러한 정의를 만드는데, 규범(Norme)과 강제(Zwang)에 의한 이러한 규범의 실현이다」라고 말한다. 따라서 그러한 규범들만이 사회에 의해 설정되고 그 이면에 강제를 가지는 법의 준칙이라는 이름을 받는다. 예링에 따르면, 국가는 정의에 의해서 특정한 영역에서의 강제의 독점을 가지는데, 그러한 것이 그 이면에 국가 강제를 가지는 법의 준칙이다. 예링은 말한다.「국가가 이러한 성격을 띠게 하는 것은 오직 법의 준칙이다」.[42)] 독일 법학자의 대다수는 동일한 이론을 가르친다.

그럼에도 불구하고 기에르케(Gierke)에 의해 예외가 만들어졌는데, 그는 이러한 원리에 대해 저항하였고, 국가와 구별되는 법과 국가로부터 유래하는 법이라는 모순되는 관념을 통합하려고 노력하였다. 그는 기술한다.「법과 국가 사이에는 특별히 밀접하고 내부적인 본질적 연관이 있다. 국가에서

39) *Ibid.*, p. 19.
40) Duguit, Leçon, pp. 41-42(역서, 40면).
41) 헤겔의 정치이론과 법이론에 대한 뒤기의 분석은 Duguit, The Law and the State, Harvard Law Review, Vol. 31, 1917, p. 57 및 J. J. Rousseau, Kant, et Hegel, Revue du droit public, 1918, p. 325를 보라.
42) Jhering, Der Zweck im Recht, Erste Auflage 1877, S. 310-313.

법은 본래적이다. 국가가 법으로부터 나오는 것이 아니라, 법이 국가로부터 나온다. 그러나 양자는, 존재에 대한 개별적 이유를 가짐에도 불구하고, 다른 하나에 의해 하나로 완성되도록 발전되었다. 오늘날, 국가는 법을 형성하는 대리인처럼 행동한다. 그러나 그것 때문에 국가는 법의 주요한 원천이 되지도 않고, 단순한 형성적인 대리인도 아니게 된다. 법의 주요한 원천은 그보다는 사회적 존재에 대한 공통의 자각에 있다. 무언가가 법이라는 공통의 신념은, 법의 준칙에서처럼 그 실현을 위해, 사회적 표현에 의한 구체화를 필요로 한다. … 이러한 표현의 대부분은 국가를 통해 일어나는데, 그 주요한 역할은 법 안에서 사람들의 법적 자각을 표현하는 것이다. 그러나 국가보다는 사회적 유기체가 법을 만들어낼 수 있다. … 법적 생활과 국가 생활은 사회생활의 두 자율적인 측면이다. 권력이 국가를 위한 이성적 조건이어서, 절대적 권력 없이 국가는 국가일 수 없으며, 그것을 위해서 외부적 권력 수단이 존재한다는 것은 법의 관념에 아무런 차이를 만들지 않는다. 권력과 행위 없이도 법은 여전히 법으로 남아있다".[43)]

기에르케의 예외를 소개한 후 뒤기는 다시 옐리네크(Jellinek)의 이론으로 관심을 돌린다.

"법은 국가의 배타적인 창조물이라는 지배적인 교리를 논리적으로 따르는 결론을 약화시키기 위해서는 옐리네크에 의해 가해진 노력을 인식할 필요가 있다. 옐리네크에 따르면 법의 준칙이 있기 위해서는, 이러한 규칙의 적용에 대한 보증, 즉 종종 국가의 힘의 개입 속에서 구성되는 보증이 있어야 하지만, 그것은 약간의 다른 것들, 예컨대, 공적 여론의 힘 속에서, 그리고 일반적인 국가의 조직 안에서 살 수 있는 것들로 이루어질 수 있어야 한다. 그는 기술한다. 「물리적 제약(constraint, Der Zwang)이 아니라, 강제(compulsion)만이 방법인 보증, 법의 준칙의 본질적 사인이라는 보증이다. 사실 이것들은 강제규범이 아니라 보증규범이다".[44)]

계속하여 뒤기는 제즈(G. Jèze)의 비판도 소개하고 있다.

"제1차 세계대전 이전의 프랑스에서는 법의 준칙을 국가의 배타적 창조물로 다루는 젊은 공법학자들의 경향이 있었다. 나의 동료이자 친구인 제즈는 내가 정치적·도덕적 관점과 법적 관점을 혼동하고 있다고 여러 차례 비난하곤 하였다. 특히, 그는 공공 행정에 대해 이렇게 기술한다. '뒤기 교수는 공공 행정의 확장에 대한 현대적 경향을 사회학적 관점에서 분명하게 보여준다. 그는 공공 행정 분야에 대한 법적 절차가 어떤 특정한 경우에 의도되는지 여부를 인식하게 해 주는 법적 현상은 드러내지 않는다'".[45)]

이와 같이 뒤기는 객관법을 '규범적 법'이라고도 부르고 국가와는 관계없이 성립하며, 법을 국가의 소산으로 보는 헤겔, 예링, 옐리네크의 견해를 상세하게 비판한 후 법과 국가의 관계에 관한 자신의 견해를 다음과 같이 피력한다.

"나이가 들수록 나는 법의 문제를 깊이 연구하고 꿰뚫게 되며, 법이 국가의 창조물이 아니라는

---

43) Gierke, Le fondement du droit public et les nouvelles théories du droit public; Zeitschrift für die gesammte Staatswissenshaften, Tübingen, 1874, S. 179.

44) Jellinek, Allgemeine Staatslehre, 1900, S. 303-306(김효전 옮김, 『일반 국가학』, 법문사, 2005, 276면).

45) Jèze, Principes généraux du droit administratif, 2e éd. 1914, p. 247.

것을 더 확신하게 된다. 법은 국가와 분리되어 존재한다. 법의 관념은 전적으로 국가라는 관념과 독립적이다. 또한 법의 준칙은 개인에 대해서처럼 국가에 대해서도 부과된다. 국가는 법의 준칙에 의해 자신의 행위가 제한된다. 그것은 그러해야 하고, 그렇게 제한되지 않을 수 없다. 그렇게 되지 않는다면 사회생활은 불가능해질 것이다. 만약 법이 국가의 배타적 창조물이라면, 경제적 또는 도덕적 규범이 국가에 의해 만들어지거나 승인될 때에만 법의 준칙이 존재한다면, 그것이 어떻게 제한될 수 있는지 이해하는 것은 불가능할 것이다.

국가가 법을 창조하지만 국가는 법에 의해 구속된다고 이야기되는 것은 사실인데, 이는 국가 자신이 법에 자발적으로 복종하기 때문이다. 즉 국가는 스스로 제한한다. 이러한 교리는 위대한 독일 법학자들, 특히 예링과 옐리네크에 의해 방어된다. 그것은 현실적으로 받아들여질 수 없는데(자발적인 제한은 제한이 아니기 때문이다), 왜냐하면 국가가 법에 의해 제한되지 않는다면 공법은 없고, 공법이 없다는 것은 불가능하기 때문이다. 그러나 사실, 이러한 추론 방식은 법률적이기보다는 감상적이다. 모든 해결책은 사실의 관찰에 의해 정립되어야 한다.

실제로, 정치적 차별이 존재하지 않는 사회집단이 존재한다. 즉, 자신의 의사를 타인에게 강요하고 싶어하는 개인들과 강제에 의해 부과되는 질서와 지시를 수용하는 사람들 간에는 차이가 없다. 통치자와 피치자 사이에 아무런 차별이 없는 사회는 이미 존재한다. 그러한 사회에 법의 준칙이 존재하는가? 그렇다. 사회학자들은 정치적 분화(differenciation)가 존재하지 않는 에스키모 종족을 예로 제시하는데, 거기서도 다소 모호한 의식을 가진 개인들의 일정한 규범이 나타난다. 그들은 일찍이 내가 사회적 규율(social discipline)이라고 명명한 규범이 틀림없이 존재하는 것을 보여준다. 규범 없이는 영구적인 집단도 없다. 규범에 대한 제재는 조직되지 않았으나, 그것은 여전히 존재한다. 그것은 위반의 장본인에 대항하여 전체 집단의 자발적인 반응으로 구성된다.

우리는 이제 이러한 추론에 직면한다. 법의 준칙은 국가 이전에 저절로 존재하고 국가로부터 분리되는 것은 가능하다. 이는 인간이 그가 순응하는 경향이 있는 우월한 원칙이라는 다소간의 명백한 관념을 가지기 때문이다. 즉, 만약 국가와 무관하게 그리고 국가 위에 법이 있다면, 그것은 인간 이성에게 드러난, 전통적인 의미에서의 자연법(natural law), 즉 우월한 원칙에 근거를 두는 법이다. 그 주요한 자각은 직관적 지식을 가지며, 문명화된 인간의 우월한 자각은 더욱 분명한 관념, 즉 그 구체화를 위해 인간이 계속적인 노력을 통해 영구적으로 일하는 원칙을 가진다. 그렇다면 누구도 법에 주어진 실증적 기초에 대해 말하지 못하게 하자. 국가로부터 독립적인 법의 존재를 단언하는 것, 그리고 동시에 그것에 대해 순수하게 실증적인 기초를 부여하는 것은 명백한 모순이다. 우리는 선택해야 한다. 법이 국가로부터 유래하고 그 자신에게 법을 부과하지 않든지, 혹은 그것이 우월한 원칙과 연결되기 때문에, 법이 국가에 부과되든지. 법을 실증적으로 구축하기 위한 모든 시도는 즉시 파기된다".[46]

이것이 뒤기의 이전 저작에 대해 가해진 모든 비판론－특히 제니에 의한－의 근거인데 제니는 다음과 같이 말한다.

"뒤기는 우리에게 법의 준칙을 그것의 다양한 적용에도 불구하고 그 원리에 있어서 불가변적인 무언가로 소개한다. 그리하여 객관법 그 자체의 필수적인 영구성을 단언한다. 그러나 이렇게 함에 있어서, 그는 다시 엄격하게 실증적인 관점과 맞지 않게 되고 현상의 움직임보다 우월한 요소의 존

46) Duguit, *ibid.*, pp. 21－22.

재를 자인한다".[47)]

이러한 제니의 비판에 대해서 뒤기는 이렇게 응수한다.

"나는 통치자와 피치자, 국가와 국민들에 부과되는 법의 준칙의 존재가 형이상학적 성질의 우월한 원리와의 연결 필요성 없이 인식될 수 있다고 생각한다. 한편, 나는 이러한 규칙은 국가의 개입 없이 존재한다고 생각한다. 즉, 경제적 혹은 도덕적 규칙은 특정한 순간에 국가의 개입 없이 법규범이 된다. 분명히, 후자는 종종 법적 진화의 입법적 국면에 도달하여 온 대부분의 현대 국가에서는 언제나 개입한다. 그러나 그것은 규칙에 법규범의 성격을 부여하는 개입이 아니다. 경제규범 또는 도덕규범은 일정한 사회집단을 구성하는 개인 대중의 의식(consciousness of the mass individuals) 속으로 침투할 때 법규범이 된다. 집단 자신이 이러한 규범의 위반을 억제하는데 개입할 수 있다는 개념, 즉, 법의 준칙은 집단을 구성하는 개인의 대중이 규범의 위반자들에 대한 반작용이 사회적으로 조직될 수 있다는 것을 이해하고 받아들일 때에는 언제든지 존재한다. 법의 준칙이 나타나는 순간은 집단의 의사가 그것을 인식하고 원하고, 그 구성을 선동할 때이다".[48)]

이와 같이 볼 때 뒤기에 있어서 법규범은 경제규범 또는 도덕규범에서 전환한 것이라고 하겠다. 그러면 이러한 전환을 매개로 하는 것은 무엇인가? 뒤기에 의하면 그것은 사회에서 생활하는 사람들의 의식상태로 돌아간다. 사회에서 사람들이 의식하는 것을 그는 개인 대중의 의식(conscience de masse d'individus)이라고 부른다. 그리하여 뒤기에 대해서 궁극적으로 법규범의 창조적인 원천은 사회에서의 '개인 대중의 의식상태'인 것이다.

7. 표준화하는 법의 준칙과 구성적 또는 기술적 법의 준칙

다음에 뒤기는 법의 준칙을 표준화하는 법의 준칙(standardizing rules of law)[49)]과 구성적 또는 기술적 법의 준칙(constructing or technical rules of law)으로 구별한다.[50)] 이러한 구별은 뒤기에게 있어서 매우 중요하다. 이에 관하여 뒤기는 일찍이 『국가, 객관법 그리고 실정법』[51)]에서 지적했지만, 불충분했던 점을 솔직히 인정한다.

특히 셀(Georges Scelle)[52)]은 국가의 책임에 관하여 기술한다. "여기서 표준화하는 법과

47) Gèny, Science et technique en droit privé positif, I, 1915, p. 271.

48) Duguit, *ibid.*, pp. 21-22.

49) 영어로 「표준화하는 법의 준칙」(standardizing rules of law)으로 번역한 것은 프랑스어로는 「법적 규범」(norme juridique) 또는 「규범적 법」(droit normatif)이다.

50) J. Bonnecase, La pensée juridique française, 1933, pp. 563-565는 주석학파에 대한 반동으로서 제니(F. Gény)의 「과학과 기술」, 「소여와 구성된 것」의 구별에 실질적으로 대응하는 것으로서 뒤기의 「규범적 법의 준칙과 구성적 내지 기술적 법의 준칙」의 구별을 열거한다. 본느카즈(Joseph-Julien Bonnecase, 1878-1950)에 관하여는 Dictionnaire historique des juristes français(XIIe-XXe siècles), sous la direction de P. Arabeyre, J.-L. Halpérin et J. Krynen, Paris, PUF, Quadrige, 2007, pp. 107-109 참조.

51) Duguit, L'Etat, le droit objectif et la loi positive, p. 551 et seq.

52) 셀(Georges Scelle 1878-1961)에 관하여는 M. Milet, Scelle Georges, in: Dictionnaire historique des juristes français(XIIe-XXe siècles), sous la direction de P. Arabeyre, J.-L. Halpérin et J. Krynen, Paris, PUF, Quadrige, 2007, pp. 704-706 참조.

구성적 법 사이의 구분의 결론의 하나는, 여전히 너무 적게 조사되었지만, 유익할 것이다. … 구성적 법은 표준화하는 법에 의하여 놓인 원칙 속으로 실행되는 것을 제외하고는 쓸모가 없다"[53]고까지 말했다.

그리하여 뒤기는 다시 이 구별을 다음과 같이 상세하게 기술하고 있다.

"많은 법학자들이 이러한 구분을 완전히 인식하는 데 실패하였다. 독일에서는 모든 법규를 국가의 창조물로 보는 공법학자들도, 옐리네크처럼 자발적인 법의 형성으로 대체하는 자들 사이에서 조차도, 아무런 표시가 없다. 프랑스에서는 살레이유(Saleilles)와 미슈(Michoud)가 법적 기술에 대해 이야기하지만, 그들은 그것이 단독으로 법적 규칙(juridical rules)의 전 영역을 흡수하거나 거의 흡수한다고 하면서 중요한 위치를 부여한다.[54]

표준화하는 법의 준칙 혹은 법규범은 사회 속에서 살아가는 모든 인간들에게 일정한 절제나 일정한 행위를 부과하는 규칙이다. 그것은 명령하거나 금지한다. 명령과 금지는 실제로 동일한 것이어서, 금지는 특정한 자제의 명령이고 명령은 특정한 자제의 금지이다. 명령에 대해 이야기할 때, 나는 우월한 의사에 의해 만들어진 질서를 의미하지 않는다. 그것은, 분명 수용할 수 없는 생각이다. 왜냐하면 그것은 본질적으로 다른 의사들에 우월하여야 하는 인식된 의사의 존재를 내포하기 때문이다. 이러한 의미에서 법규범은 단지 명령적이다. 그것은 집단의 모든 개별적 구성원들을 당연히 구속하여야 하는 사회적 제정법(social statute)이다. 그것이 바로 사회생활 유지의 조건이다. 개인은 다소 모호한 의식으로 이러한 규칙을 인식한다. 초보적일 수는 있으나, 그는 알고, 이해하고, 최소한 직관적인 지식은 갖고 있다. 만약 그가 그것을 따르지 않았을 때, 전체 사회 집단은 그에 대해 반응할 것이고, 규범의 실행을 직간접적으로 보장하기 위해 그러 한 규칙이 정립될 수 있다. 이러한 것들이 바로 구성적 또는 기술적인 법의 준칙이다".[55]

계속하여 뒤기는 구성적 또는 기술적 법의 준칙을 설명한다.

"나는 표준화하는 준칙에 대한 존중과 적용을 보장하기 위해 정립된 구성적 또는 기술적 법의 준칙을 주장한다. 그것들은 법규범의 제재를 보증하기 위해서 수단을 조직하고, 대책을 강구하며, 역량을 정립하고, 즉, 법의 절차를 만든다. 독일인들은 구성적 준칙의 대상을 가리키는 'Anspruch'라는 편리한 단어를 가지고 있는데, 우리는 같은 의미의 프랑스어를 갖고 있지 않은데, 그것은 '법의 절차'(process of law)라는 표현으로 가장 정확하게 번역되는 것 같다. 모든 법의 절차는 강제에 의해 법을 이행하도록 강요하는 결과를 가지고, 힘의 조절에 있어서 누군가의 개입을 야기하는 경향이 있다. 법의 절차들은 다소 활동적이고, 영리하게 조직되는데, 이는 언제나 그것이 향하는 최종 목표이다. 또한, 구성적 준칙은 힘을 가진 자가 개입할 수 있는 것 아래에서 조건들을 설정한다. 그것들은 그의 힘과 그의 결정의 효과와 범위를 결정한다".[56]

---

53) Scelle, Revue du droit public, 1912, p. 660.

54) 제니(Gény)와 미슈(Michoud), 그리고 살레이유(Saleilles)에 대해서는 앞서 언급한 매우 훌륭한 저서인 De la personnalité juridique, 1910 참조. 표준화하는 준칙과 구성적 준칙 사이의 구별에 관하여는 Reglade, La coutume en droit public, Bordeaux, 1919 참조.

55) Duguit, *ibid.*, p. 23.

56) Duguit, *Ibid.*, p. 24.

여기서 보듯이 기술적 법은 규범적 법(표준화하는 법의 준칙)에 종속하며, 이에 대해서 수단인 지위에 있다. 요컨대 규범적 법의 실현을 위한 「법의 길」(voies de droit)이 창설되는 것이다. 「법의 길」은 통치자로 하여금 통치자로 하여금 법의 실현을 강제적으로 수행케 함을 목적으로 하며, 그 절차, 방법, 수단을 규정하며, 그가 간섭할 수 있는 요건, 그의 裁決의 효력과 효과를 규정하는 것이며, 다소간 상세한 규정을 가지고 조직된다.

그러면 기술적 법은 국가와 어떤 관계에 있는가? 이에 관하여 뒤기는 다음과 같이 말한다.

> "구성적 준칙은 다소 초기적인 혹은 다소 발전된 국가의 존재를 내포한다. 그것들은 실정 성문법으로 만들어질 필요는 없다.[57] 많은 부분이 단순히 관습적이고, 실정법에 의해 만들어지거나 승인조차 받지 않았다. 그러나 분명히, 유기적 강제 규칙의 총합인 구성적 준칙은 특정한 집단 안에 강제의 독점인 국가가 있다는 것을 내포한다. 왜냐하면 강제의 독점이 있을 때에만 국가가 있고, 이러한 독점이 존재하자마자 국가가 있기 때문이다. 이것이 국가의 필수불가결한 성격이다.
>
> 그러므로 구성적 준칙은, 그것이 국가의 존재를 내포한다면, 그의 명령적 성격을 국가로부터 받지 않는다. 이것은 불가능하다. 국가의 가장된 질서는 개인 또는 개인의 집단으로부터 나오는데, 그의 의사는 복종하고 순종하는 다른 개인의 의사를 명령하는 의사일 수 없기 때문이다. 이러한 의사의 계급은 존재하지 않고 존재할 수도 없다. 구성적 준칙은 집행이 목적인 법적 규범에 연결되는 것에 비례하여 명령적이다. 모든 구성적 준칙 뒤에는 그것이 의무적이기 위해서, 그것이 보증하는 것에 대한 적용이자 존중인, 법규범이 존재하여야 한다. 이러한 생각을 분명히 하기 위한 간단한 예를 들어 보자.
>
> "당신이 다른 사람에 의해 공격당하지 않는다면, 당신은 그를 죽이지 않을 것이다"는 준칙은 그 자체로 법의 준칙, 즉 사회 속에서 살아가는 모든 사람들에게 부과된 법규범이다. 그것은 모든 사람들이 의무적으로 자신의 동료의 생활을 존중하게 하는 영구적인 자연법의 원리라는 우월한 원칙이 있기 때문에 법의 준칙인 것이 아니라, 같은 사회 집단 속에서 살아가는, 사회생활의 조건들이 서로의 생활에 대한 존중을 요구한다는 것을 이해하는 인간의 자각을 관통하는 준칙이 있기 때문인 것이다. 살인을 금지하는 준칙은 사회적 힘의 요소들이 이러한 준칙을 위한 제재를 제공하기 위해 영구적인 방식으로 정립되는 것으로 이해되는 순간에 법의 준칙이 된다. 이러한 살인의 금지는 그것이 실정 형법으로 공식화되기 이전부터 법의 준칙이었다. 나아가 대부분의 현대 법전은 그것을 전혀 규정하고 있지 않다는 것을 말할 필요가 있다. 법전들은 그것을 공식적으로 언급하지 않고 이를 전제로 한다. 그것들은 단지 그에 대한 제재를 제공하기 위한 다소 강력하고, 다소 복잡한 배치를 내포하고 있다. 많은 부분 실정법에 의해서 처벌되는 대부분의 악행들이 언급되어 있다. 형법전 또는 형사소송법전에 기술된 모든 것은 금지적인 또는 명령적인 형사 규범에 대한 존중을 보장하도록 고안된 기술적 또는 구성적인 배열이다".[58]

한편 구성적 또는 기술적 법의 준칙은 민사법의 분야에서도 동일하게 나타난다. 다시 뒤기의 설명을 그대로 옮긴다.

---

57) Duguit, Objective Law(Ⅲ), in: Columbia Law Review, Vol. 21, No. 2(1921), p. 135 § 10. 관습과 법학 참조.

58) Duguit, Objective Law(Ⅱ), pp. 24-25.

"민사 입법에 있어서 우리는 개인들 상호간의 관계를 정하는 표준화하는 규칙을 작동하게 하기 위해 필수적인 기술을 창조하고 조직화하는 첫 번째 구성적 규범을 인식한다. 나폴레옹 법전을 예로 든다면, 가족법을 제외하고, 세 가지 법규범을 발견할 수 있는데, 계약의 자유, 소유권 존중, 그리고 불법행위에 의해 행해진 손해에 대한 보전 의무가 그것이다.[59] 모든 다른 처분들은 기술적이거나 구성적인 특성을 지니고 있는데, 그것들은 자신의 의무화하는 힘을 세 개의 표준화하는 준칙들로부터 받는다.

이와 같이 많은 실정법들은 매우 발전된 정치적 조직들을 내포하는 구성적 또는 기술적인 수단들로 구성된다. 그것들은 통치자 또는 그 관리에게 실제로 표명되었다. 그것들이 국가에 의해 만들어지지 않는 것은 가능하다. 비록 그것들이 국가의 존재를 암시하지만, 그것들은 단지 관습적일 수 있다. 그러나 그것들은 통치자들이나 그 관리들에 대해서는 의무적이다. 이러한 의무적인 힘은, 그들이 표준화하는 규칙을 지지해야 한다고 인정된다면 그들은 보증하는 경향이 있다는 것이 인정된다면 설명될 수 있다. 그렇다면, 구성적 준칙을 지지하는데 이용될 수 있는, 사회규범, 즉 도덕규범과 경제규범 양자가 법규범의 성격을 얻게 되는 순간을 결정하는 것이 남는다.

사회규범, 경제규범 또는 도덕규범 양자는 어떤 사회에서 집단의 의식이, 이러한 규칙의 제재가 충분히 조직된 사회적 반응에 의해 영구적인 방식으로 확보될 수 있다고 이해되는 순간에 법규범으로서의 성격을 얻는다".[60]

계속하여 뒤기는 사회규범의 강제적 성격을 강조한다.

"만약 앞서 언급한 에스키모 사회처럼 아무런 정치적 차이의 흔적이 나타나지 않은, 절대적으로 원시적인 국가에서의 사회를 취한다면, 사회규범은 전체 집단이 이러한 규칙의 위반자에 대항하여 영구적이고 변함없는 방식으로 반응할 것이라고 느끼는 구성원들의 모호한 집단의 의식이 나타나는 순간 법규범이 된다. 종종 원시적인 주민들에 있어서는 영구적인 사회적 제재의 필요성에 대한 이러한 느낌이 미국인들이 사형이라고 부르는 것으로 표현된다. 게다가 특정한 규칙은 영구적인 제재를 가져야 한다는 거의 만장일치적인 느낌은 개인의 복수를 합법적인 것으로 보고, 어떤 범위에서는 관습에 의해 규제되는 것으로 인식하는 것으로 나타난다. 이러한 것들은 법의 준칙에 주어진 제재의 첫 번째 형식이고, 특정한 사회규범이 법규범이 된다는 것에 대한 가장 원시적인 자각의 표현이다. 이 단계에서는 아무런 구성적 준칙이 없다.

집단에서, 통치자와 피치자 간의 차이가 발생하였을 때, 사회규범이 법규범이 되기 위해, 그것이 통치자에 의해 실정법으로 규정될 필요는 없다. 그것이 통치자들에 의해 수용되거나 승인될 필요조차도 없다. 집단의식이, 이러한 규칙의 제재는 통치자의 처분 안에 있는 힘에 의해 확보되어야 한다고 느끼는 것으로 충분하다. 훨씬 오래전에 실정법의 관념은 인간의 의식 안에 형성되었으며, 성문화된 입법의 정립에 의해 실현되었고, 법의 준칙이 있었다. 훨씬 이전에 통치자들은 법의 틀을 만들도록 요청받았고, 이러이러한 규칙의 제재를 규칙적이고 영구적인 방식으로 보장할 것이 요청되었다. 입법적 기능 이전에 사법적 기능이 사회 속에서 나타났다. 이것은 논리적이고, 고대법의 역사는 그것을 입증하려는 경향이 있다. 그렇다면 국가 또는 통치자가 그것을 인식할 때, 그것을 확인할 때,

59) 이 표현은 Leçon de Droit public général, 1926, p. 49(이광윤 옮김, 『일반 공법학 강의』, 민음사, 1995, 46면)에서도 나폴레옹 민법전은 2281개의 조문에도 불구하고 사실은 3개의 법의 준칙(règle de droit)으로 구성되어 있다고 한다.
60) Duguit, Objective Law(II), p. 26.

그것을 규정할 때, 그리고 그것을 위한 제재를 제공할 때가 아니라, 집단의 의식이 다소 명백하게, 그러나 확실히, 통치자들은 이러한 규칙의 존중을 강요하고, 그 위반을 처벌하며, 그것을 위반하는 모든 행동들을 제거하며, 그 위반에 의해 발생된 사회적 무질서를 가능한 복구시키기 위해 정상적으로 그리고 규칙적으로 간섭해야 한다는 것에 대한 자각을 느낄 때, 바로 그 순간에 사회규범은 법규범이 된다고 해야 한다".[61)]

이처럼 오늘날의 성문법규는 모두 기술적 법의 규정으로 이루어지는데 그것은 통치자 또는 그 대리인(agent)에게 향한 것이다. 그러나 이 통치자나 대리인에 대한 구속력은 이른바 국가의 명령권에서 나오는 것이 아니라 그것이 전제하는 규범적 법의 실현이란 목적에서 근거하여 발생하는 것이다. 다시 말하면 기술적 법은 규범적 법에 기초하여 그 효력을 취득한다는 것이다.

다음에 뒤기는 규범적 법에 대한 개인 집단의 의식에 대해서 설명한다.

"입법적인 것으로 불리는 사회발전의 시기에서조차도, 즉, 우리가 모든 법규범이 실정법 속에서 표현되어야 한다고 생각하는 시기에서도, 법의 준칙은 법 안에서 구성될 때에만 존재한다고 믿는 것은 잘못이다. 그 반대의 전제, 즉 사회집단을 만드는 개인들의 의식에 의해서 법규범으로 이미 창조된 규칙을 구성할 때, 통치자들의 수단은 법이라는 것이 진실에 더 가까울 것이다. 현대 사회에서조차도, 법의 준칙을 만드는 것은 실정 입법의 결단이 아니며, 이러한 규칙이 통치자들로부터 실증적이고 조직화된 제재를 수용해야 하는 것은 의식이다. 법 안에서 규정되는 준칙이 있지만 그것은 아직은 법의 준칙이 아니다. 그리고 실정법들 중에는 아직 기술되지 않은 법의 준칙이 있다. 아직 법규범이 아닌 규칙들을 규정하는 법은 무력하고, 그것들이 정하는 법적 조치들은 무용하다. 법규범이 된 사회규범은, 법이 그것을 확인하고 제재 수단을 정하기 이전에는, 규칙적으로 조직화된 법적 절차에 의해 보증되지 않는다. 그럼에도 불구하고, 그 위반은 사회적 반응을 야기한다. 머지않아 실정적 입법자들이 개입한다.

현대 사회는 이러한 이중의 현상의 많은 예들을 보여준다. 예컨대, 노인들, 재력 없이 병약하고 치료 불가능한 이들에게 도움을 보장할 의무는, 그것을 확실히 하고 그 제재를 정하는 1905년 7월 14일의 법 이전에 법규범으로 분명히 존재한다. 반면에, 1910년 4월 5일의 법은 노동자와 소작농의 퇴직할 의무를 만연히 규정하였다. 그것은 이를 소위 법규범으로 만들지 않는다. 법에 의해 영향을 받는 소작농들의 대다수와 3분의 2 이상의 노동자들은 그것을 준수하지 않았다. 이러한 퇴직 의무는 아직 집단의식 속으로 들어가지 않았고 통치권력은 그 실행을 보증할 이 법에 의해 창출된 법적 절차를 작동시킬 힘이 없다. 의무적인 퇴직의 규칙은 집단의식이 통치자들이 힘에 의해 이러한 의무의 실행을 실제로 부과해야 한다는 생각으로 가득할 때에만 법규범이 될 것이다.

그럼에도 불구하고, 시기상조인 입법자의 개입조차도 국민의 법의식의 형성에는 매우 효과적인 영향을 미칠 수 있고, 그러한 조치들은, 그것이 부과되었을 때에는 법규범의 성격을 가지지 않았는데, 그것은 머지않아, 그리고 실증적 입법자에 의해 부과되지 않았던 것보다 더 빨리 획득하였다는 점을 추가하는 것은 중요하다. 실정법은 객관법을 창조하지 않지만, 이는 그 형성에 있어서 중요한 요소이다.

61) Duguit, *ibid.*, p. 26.

현대에도 실증적인 입법자의 개입은 모든 실정법에 우월한데, 규칙에 법규범의 성격을 부여하는 데에는 무력하다. 그리고 법규범은, 그것은 법에 의해 규정되기 이전에 이러한 성격을 갖는데, 그 자체로 입법자에게 부과한다. 왜냐하면 입법자는 그것을 인식하고 그에 대한 제재를 제공하기 위한 환경의 힘에 의해 인도되기 때문이다. 법의 준칙을 만드는 사람은 실정 입법자가 아니며, 그것은 그와 동떨어져서 형성되고 그 자체로 그에게 부과한다. 그는 그것을 확인할 뿐 그 이상은 아니다. 예상되는 확인의 대부분의 경우, 그는 새로운 규범을 발생시키는 것으로부터, 자각 상태의 형성을 재촉한다".[62]

따라서 "구성적 준칙들은 사실, 실정법의 창작품이다. 그것들은 법규범의 실현을 야기하도록 의도된 기술적 절차의 선언이다. 그러나 구성적 규칙에서조차도 의무의 성격을 부여하는 것은 실정 입법자가 아니다. 구성적 규칙들은 법규범의 실현을 확보하려는 경향이 있는데, 그것들은 이러한 목적을 달성할 수 있다고 이해하는 자각의 상태로부터 자신의 명령적 힘을 받는다".[63]

그리하여 뒤기는 다음과 같이 결론을 내린다.

"결국 법의 창조적 원천은 앞서 서술한 자각의 상태이다. 두 개의 본질적 요소들이 그 형성에 기여하는데, 나는 그 두 요소를 사회성의 감정(le sentiment de la société)과 정의의 감정(le sentiment de la justice)이라고 부른다. 이러한 두 요소들은 밀접하게 짜여지지만, 양자를 구분해야 한다. 감정이라는 단어는 매우 포괄적이고 내가 생각하고 있는 요소들을 정확하게 지칭해주는 것 같기 때문에 감정에 대해 말한다. 개념, 관념, 사상과 같은 단어들은 특정한 한정된 의미를 가지는데, 실재와는 정확하게 부합하지 않는다.

내가 감정에 대해 이야기하는 것은 그것이 인간의 자각이라는 이론적 사고에 대한 문제가 아니기 때문이다. 그것은 절대적으로 우월한 원리라는 개념에 대한 문제가 아니라, 사실, 즉 사회적 사실의 확인에 대한 것이다. 그것의 가장 구성적인 요소의 확인－그 두 형태 안에서의 연대, 즉 유사성에 의한 연대, 그리고 분업에 의한 연대, 혹은 헤겔의 표현에 따르면, 욕구의 체계[64]－에 대한 것이다.

내가 감정에 대해 이야기하는 것은, 그 단어를 법규범의 형성에 있어 상당한 부분 작용하는 요소에 적용시키기 때문이다. 사회성의 감정과 정의의 감정, 이것들은 특정한 순간에, 인간의 정신 속에서 특정한 규칙이 법적 규범이라는 자각을 형성함에 있어 협력하는 두 개의 요소들이다".[65]

그리하여 뒤기는 사회성의 감정과 정의의 감정을 더욱 상세하게 전개한다.

---

62) Duguit, *ibid.*, p. 27.

63) *Ibid.*, p. 28.

64) 헤겔에 의하면 시민사회에는 세 개의 요소가 포함된다. 그것은 (1) 욕구의 체계(System der Bedürfnisse), (2) 욕구의 체계에 포함된 자유라는 보편적인 것의 현실성, 즉 사법기구에 의한 소유물의 보호, (3) 욕구의 체계 속에 잔존하는 우연성을 배려하며 특수한 이익을 공동의 이익으로 증진시키기 위해 힘쓰는 복지행정과 직능집단의 업무이다. Hegel, Grundlinien der Philosophie des Rechts, 1821(임석진 옮김, 『법철학』, 365-366면). 뒤기는 이 '욕구의 체계'를 The Law and the state, Harvard L. R. 1917에서도 인용한다.

65) Duguit, *ibid.*, p. 28.

8. 사회성의 감정과 정의의 감정

뒤기는 1921년의 『헌법론』 제2판 이후에 법의 준칙의 두 기둥으로서 사회성의 감정(le sentiment de la société)과 정의의 감정(le sentiment de la justice)을 설명한다. 이 두 가지는 사회에서의 「개인대중의 의식상태」를 형성하는 본질적인 요소로서 최종적으로는 법규범의 창조적인 원천이 되는 것이다.

(1) 사회성의 감정

사회성의 감정(the Sentiment of Sociality)에 관한 뒤기의 설명은 다음과 같으며 다소 길지만 그대로 인용한다.

> "첫 번째는 어떤 상당한 사회집단, 종족, 가족, 도시 또는 국가를 구성하는 인간의 집단 사이에서 일정한 순간에 존재하는 감정인데, 일정한 경제규범이나 도덕규범에 대한 존중이 법적 절차에 의한 제재와 함께 제공되지 않는다면, 사회통합을 지지하는 연대의 결속은 깨어질 수 있다. 그것은 그 위반이 사회적 결속의 균열을 포함하는 것으로 느껴지는, 항상 동일한 경제규범이나 도덕규범은 아니다. 그러나 이러한 감정은 일정한 규범에 관하여 존재하고, 그것이 만장일치로 혹은 거의 만장일치적으로 인간의 정신 속에 존재할 때, 고려중인 규범은 법규범이 된다. 이러한 성격을 갖는 규칙들은 항상 같지 않다. 일정한 나라에서, 일정한 시기에, 현재 이러한 성격을 갖는 일정한 규칙들은 이를 가지지 않았거나, 혹은 다른 시기 및 다른 나라에서는 이를 가지지 않을 것이다. 항상 인식 가능한 지속적으로 변화하는 현상만을 제외하고는, 변함없는 현상이 언급될 수는 없을 것이다.
>
> 사람들의 대다수가 특정한 규칙에 대해 부여되어야 하는 사회적 제재에 대한 인식을 얻는 순간을 정하는 것은 불가능하다고 하는 것은 잘못이다. 그것은 어려울 수는 있으나 불가능하지는 않다. 이러한 순간을 결정하고자 노력하고, 관찰에 의해서만, 물리 세계의 분야에서처럼 사회분야에서 과학적인 방법에 의해서만, 그것을 결정하는 것은 바로 법학자들의 정상적인 임무이다. 이러한 자각은 확실히 매우 모호하다. 대부분의 의식에서 다소 혼란스러운 일종의 직관인 것이다. 모든 시기에서 그것은 몇몇 사람들이나 지도자라고 불릴 수 있는 사람들에게 더욱 명확하다. 모든 사회에서, 훌륭한 현대 사회는 물론 가장 초라한 사회에서도, 그러한 견해를 가진 지도자들이 있다. 그러나 동시에, 가장 강해 보이고 집단의 의견을 표현함으로써 그들 자신을 나타내는 사람들이 언제나 그 감정에 대한 충실한 해석자가 아니라는 것이 언급되어야 한다. 사회심리학에 대한 연구는 모두 그것은 종종 어렵지만 불가능한 것은 아닌데, 내가 여기서 시작할 수 없는 세부적인 것들까지 이루어져야 한다. 사회적 연대의식의 표시라는 일반적인 본질－일정한 규칙에 대한 제재를 부여할 필요성－을 지적하는 것으로 충분하다.
>
> 이러한 관점은 명백하게 즉각적인 반론에 부딪히는데, 법의 준칙을 배타적으로 실증적인 기초 위에 세우고자 시도하는 모든 단계에서 발견된다. 법을 단지 인간 집단의 감정 위에 기반을 두는 것은, 그리하여 특정한 규칙이 사회연대의 유지를 위해 본질적이며, 그 위반은 연대를 파괴하고, 따라서 조직화된 제재를 받아야 하는데, 즉, 법에 단일하게 취약한 근거를 부여하는 것이다. 즉, 아무것도, 인간의 의견처럼 그렇게 위태롭고, 가변적이며, 모호하고, 해결되지 않은 것이 없다. 열정－증오, 시기－인간이 지닌 결점의 모든 수많은 원인들은 개입하며, 그렇게 이해된 법의 준칙은 일정한 개인

들의 광기까지는 아니라 하더라도, 단지 집단의 변덕스런 산물일 수 있다.

반론은 이를 제기하는 사람들이 나와 완전히 다른 관점에 있다는 것을 고려할 때 완전히 사라진다. 논의는 논쟁자들이 같은 목적을 추구하고, 자신들을 동일한 기반에 두는 것을 전제로 한다. 반론을 제기하는 사람들과 나는 다른 목적을 추구하며, 또한 우리 자신을 전적으로 다른 기반에 둔다. 그들은 법의 준칙이 무엇인지는 그 자체로 정할 것을 주장한다. 절대적이고 항상 동일한 법의 준칙, 어떤 사회에서든 국민과 국가가 항상 추구해야 하는 이상 말이다. 그들은 자신들을 초과학적이고 순전히 형이상학적인 관점에 둔다. 반면, 나의 의도는 모든 법적 형이상학을 전체적으로 배제하는 것이다. 나는 이상적인 혹은 절대적인 법이 무엇인지를 규정하려고 노력하지 않는다. 나는 과학적 결정론이 아니라 실증적 입장에서, 일정한 순간에 일정한 규칙이, 사회집단 속에서 개인의 집단들은 그에 대한 다소 명확한 의식을 가지는데, 법의 준칙이 되는지를 정하고자 노력한다. 이러한 관점에서 질문에 대한 답은 이러하다. 즉 그것은 집단의 정신이 감정을 가지는 순간이고, 이러한 규칙에 대한 존중은 사회연대의 유지를 위해 매우 본질적이어서 그들은 그것을 위해 제재라는 제도를 요구한다. 나는 이러한 규칙이 필연적으로 훌륭하고 법의 우월한 이상과 일치할 것이라고 말하지는 않는다. 단지 그것은 사회집단 안에서의 고려중인 법의 준칙이라고 말하는 것이다".[66)]

여기서 보듯이 뒤기는 일정한 법칙에는 반드시 항상 이 사회성의 감정이 수반하며, 이것이 대다수 사람들의 감정과 일치할 때 이 감정에 따르는 법칙이 법규범이 된다고 한다. 그러면 개인 대중의 의식 속에 언제 사회적 제재의 의식이 생기는가는 실증적인 관찰방법에 의할 수밖에 없다고 한다. 또 이 의식 상태는 매우 불명확하고 혼란된 모습을 보이지만 사회에는 여론의 지도자가 있기 때문에 이들이 대중의 정신을 비교적 명확하게 표현하고 지도한다는 것도 지적하고 있다.

(2) 정의의 감정

다음에 사회성의 감정과 내면적 관련성을 가지면서 법규범의 형성에 참여하는 두 번째의 요소로서 뒤기는 「정의의 감정」(the Sentiment of Justice)을 들고 있다. 그의 설명은 다음과 같다.

"법의 준칙의 형성에 있어서 상당 부분 관여하고, 첫 번째와 밀접하게 관련된 또 다른 요소가 있다. 이것을 그 자체인 관념으로 인식하지 않도록 주의해야 한다. 정의의 감정에 대해 말함에 있어서 나는, 사람들이 일정한 시기에 일정한 집단 속에서 무엇이 정의 혹은 부정의인지에 대해 자신들 스스로 형성한다는, 다소 모호한 관념을 가지고 있다. 무엇이 정의 혹은 부정의인지에 대한 관념은 매우 다양하고 가변적이다. 그러나 정의와 부정의에 대한 감정은 인간 본성에 있어서 영구적인 요소이다. 그것은 모든 시대에서, 그리고 문명화의 모든 정도에 있어서, 가장 무지하거나 가장 지혜로운 사람들을 포함한 모든 사람들의 영혼 속에서 발견된다. 정확히 무엇이 정의의 감정이고 법의 준칙의 형성에 일부인 것은 무엇인지는 내가 여기서 해결책을 단지 개관만 할 수 있는 매우 중요하고 복잡한 문제이다.

정의의 감정은 논란이 될 수 없다. 심지어 그것에 대한 공격이 강할수록 더 많은 힘을 가지고 그 자신을 확인한다고 할 수 있다. 희생자의 국가에 의해 정의에 반하여 범해진 말도 못할 범죄들은 세계에서 거대한 비난의 물결을 일으켰고, 대전이라는 혐오스러운 일의 발생 시기 동안처럼 정의의

66) Duguit, *ibid.*, pp. 29-30.

감정이 그 자신을 그렇게 강력하게 보여준 적도 없다. 그것들은 모든 국민들에 있어서 그들을 강력한 연합 속에 통합시킨 분노의 섬광을 일으켰다. 정의의 관념은 실천력이 없는 단순한 이상이라고 말하지 않게 하자. 우리가 보았던 거대한 광경은, 사회성과 정의라는 이중의 감정에 기초함으로써, 정의의 감정은 강력한 실재이고, 법의 실증적 관념이 키메라(chimera; 불가능한 생각)가 아니라는 것을 결정적으로 입증해 왔다.

정의의 관념은 더 이상 사회성의 관념이 아니다. 사람은 사회적 존재이기 때문에 자신이 다른 사람들에 대해 책임이 있다는 감정을 가지고 있는데, 이것이 사회성의 감정이다. 그러나 동시에 그는 어떤 자율권을 가진 개인이라는 감정을 가지고 있으며, 그는 스스로의 존재라는 감정, 자신의 자아라는 감정, 단어의 어원적 의미에서 이기적인 감정을 가지고 있다. 정의는 근거에 의해 드러난, 이성적이고 절대적인 관념이 아니다. 그것은 인간의 본성에 속한 감정이다. 인간의 활동은 항상 그의 사회적 특성과 그의 개인적 자율권이라는 이중의 감정에 의해 지배된다. 후자가 사실 정의의 감정이다. 그것을 직접적으로 공격하는, 동시에 사회적 연대를 공격하는 모든 행위는 기본적인 사회 규범에 반대하는 사람에게 나타난다. 전체 집단은 그러한 행위의 장본인에 대항하여 일어나고, 그가 위반하는 규범은 그렇게 하여 법적 성격을 획득한다.

내가 모든 시대, 모든 나라에서 동일한 행위들이 정의에 반하거나 정의에 일치한다고 생각하는 것은 전혀 아니다. 만약 정의가 이성적·보편적·선험적 원리에 근거를 둔다면 그러할 것이다. 정의의 감정은 그 적용과 그 발전에 있어서 언제나 다양하다. 그럼에도 불구하고 본질적인 요소로 축소하면, 그것은 이중의 목적을 가지는데, 그 표현에 있어서는 항상 변화하지만, 기저에 있어서는 항상 동일하고, 사회생활의 사건에 대한 모든 개인의 명확하거나 모호한 생각으로 해석되는 이중의 형태를 보여준다".[67]

여기서 뒤기가 말하는 감정(sentiment)은 어디까지나 실증적인 감정이며 이념적 정의의 개념은 아니다. 그는 인간이 비록 막연하지만 항상 반드시 정의와 부정의 감정을 품고 있다는 것과, 정의와 부정의 감정은 무한하게 변하지만 그것은 인간본성에서 항상적인 것이며 모든 시대, 모든 문화단계를 통해서 발견되는 사실인 것을 지적한다.

계속하여 뒤기는 기술한다.

"모든 사람은, 각각의 개인은 사회집단 속에서 그가 제공하는 서비스에 상응하는 보상을 받아야 한다는 감정을 가진다. 다른 말로, 각각의 개인은 집단 속에서 그가 서비스를 제공하기 위해 역할을 담당하는 부분에 부응하는 자리를 받아야 한다. 물론 나는, 동일한 집단의 사람들 사이에서 각인이 집단에 제공하는 서비스에 비례하여 이익의 분배가 있다고 주장하지는 않지만, 모든 개인의 인식 속에 이것이 그러해야 한다는 강하고 영구적인 열망이 있다고 말한다. 그것이 아리스토텔레스와 신학자들이 배분적 정의라고 부르는 정의이다.

두 번째 부분에서 정의의 감정은, 사회적 결속을 구성하고 분업에 의한 연대를 야기하는 보상과 서비스의 교환에 있어서 교환된 보상과 서비스 사이에 가능한 한 균형이 있어야 하는, 모든 인간의 의식에서 유래하는 감정이다. 나는 모든 사람들에게 이러한 평등을 야기하고자 하는 강하고 영구적인 열망이 있고, 이러한 감정에 대한 공격은 조만간 법적 성격을 획득하는 사회규범의 설정과 제재

67) Duguit, *ibid.*, pp. 30-31.

로 끝나는 인식의 섬광을 일으킨다고 주장한다. 우리가 여기서 고려하는 정의는 아리스토텔레스와 신학자들이 '교환적 정의'(commutative justice)라고 부르는 그것이다.[68]

모든 사회집단 안에는 정해진 순간에, 정의라는 어떤 일반적인 관념이 항상 있어 왔고 항상 있을 것이다. 일정한 승인된 규범은 그 규범을 위반하는 자들이 정의의 감정을 공격하듯이, 항상 있어 왔고 항상 있을 것이다. 이러한 준칙들에 의해 금지되거나 명령된 것들은 다양하다. 이전에 공정한 것으로 여겨진 것들이 오늘날에는 더 이상 그렇게 나타나지 않는다. 그러나 불공정하게 보이는 것은 항상 그렇게 보이는데, 이는 고려중인 순간에, 그것이 교환적 또는 분배적 정의인 것으로 느껴지는 것과 반대되기 때문이다. 정의의 규칙은 위반될 수 있고 지속적으로 위반된다. 나는 그것이 위반되면 될수록 더욱 명백하게 그 자신을 확고히 한다고 하였는데, 이는 그에 대한 각각의 위반은 더욱 활발한 반응을 야기하기 때문이다. 정의의 감정은 심지어 그것이 고무시키는 규칙을 위반하는 사람들의 인식 속에서도 자기 자신을 확고히 한다.

정의의 감정은 그 양상과 그 적용에 있어서 다양하다. 그러나 그것은 비례와 평등의 양자인 그 기초에 있어서는 일반적이고 변함이 없다. 그것은 사회적이면서 동시에 개인적인 인간의 본성에 있어서 매우 본래적이어서, 나는 그것이 우리의 사회적 지성의 형태(a form of our social intelligence)로 존재한다고 말하려는 유혹을 받는다. 사람은 그 자신에 대한 사회적 사건들을 정의의 구도 안에서만 상상할 수 있는데, 사건들을 상상할 때, 그것들을 항상 교환적 정의와 분배적 정의라는 현상에 종속시킴으로써만 그러하다. 이러한 상상은 모든 시기의 모든 사람들, 어떤 이들에게는 모호하고, 불완전하며, 불확실하게, 다른 이들에게는 명확하고, 강력하며 확실하게, 존재한다.

인간 존재는 사회적이면서 개인적이어서 그는 두 감정에 의해 지배받고 인도되는데, 사회성의 감정과 정의의 감정은 그것들의 표현과 양상에서는 다르지만 그 본질적인 요소에 있어서는 영구적이고 동일하다. 일단 이것이 명확해지면, 나는 무엇이 법의 준칙을 만드는지를 정의하는 것을 마칠 수 있다.

나는 이렇게 말했다. 도덕규범이나 경제규범은 그것이 고려중인 사회집단을 구성하는 개인들의 만장일치나 또는 거의 만장일치적인 느낌일 때 법의 준칙이 된다. 이러한 법에 대한 존중이 사회적 힘의 사용에 의해 보장된다면 사회적 연대는 중대하게 타협될 수 있을 것이다. 나는 이제 덧붙인다. 법의 준칙이 있기 위해서는, 집단적 힘의 사용에 의한 사회적 법칙의 제재가 고려중인 순간에 교환적 정의와 배분적 정의에 일치해야 한다. 따라서 이러한 법칙에 대한 제재가 없는 것은 이러한 이중의 감정에 반할 것이다. 왜냐하면 앞서 말한 법을 위반하는 행위는 이러한 두 가지 형태의 정의 가운데 하나를 공격하는 것이기 때문이다. 사회연대를 유지하기 위해서는 어떤 도덕규범이나 경제규범이 필요하다는 것에 대한 일정한 집단 내부에서의 개인대중의 의식, 그것을 위한 제재를 설정하는

68) 정의의 감정에 대한 분석은 성 토마스 아퀴나스에 의해 있어 왔다. 「정의는 우리의 이웃과의 관계와만 관련이 있어야 한다. … 그것은 단지 행위와 외부적인 것에 대해 적용되고, 심지어 그것은 인간과 인간 사이를 설정하는데 기여하는 관계 속에서 특별한 국면을 가시화한다. 사적 정의는 인간이 공동체의 일부인 한, 전체의 일부분으로서의 모든 사인에게 적용된다. 그것이 전체의 부분에 대한 문제일 때, 고려해야 할 질서들의 두 부류가 있다. 즉, 개인과 개인 사이, 이것은 교환적 정의에 의해 규제되는 질서의 부류인데, 그 목적은 사인 간의 상호관계를 규제하는 것이다. 두 번째로 전체와 부분 사이에 존재해야 하는 질서가 있는데, 이것은 공동체와 그것을 구성하는 상이한 사람들 사이에 퍼져있는 것과 같다. 이 질서는 분배적 정의에 의해 규제되는데, 그 목적은 공동의 재화의 특정한 비율에 따른 분배이다. 결론적으로 교환적 정의와 분배적 정의라는 두 종류의 정의가 있다. 정의의 일반적 형태는 평등이다. 이런 점에서 분배적 정의는 교환적 정의와는 다르다. 평등은 하나(배분적 정의)의 기하학적 관계 속에서 인지되고, 다른 하나(교환적 정의)는 그 산술적 관계 속에서 인지된다」. Summa Theologica (Lachet ed.) 2nd part of the 2nd part, question LVIII, art. 8; question LXI, art. I and art. II. Vide, VIII, pp. 449, 490, and 494.

것이 공정하다는 것에 대한 의식, 이러한 것들은 법의 준칙의 형성과 변형에 있어서 두 가지 본질적인 요소들이다.

따라서 정의의 감정을 제기함에 있어서, 나는 앞서 지적된 반론, 그것은 무엇이 사회적 연대에 반하거나 일치하는지에 대한 개인 대중의 단순한 의견은 절대적으로 취약하고, 무지하며, 가변적이기 때문에, 즉 그것은 그 자체로는 아무런 가치가 없고 개인들의 대다수는 의견을 가지고 있지 않으므로, 법의 기초로서 주어질 수 없다는 것에 대한 언급으로 이루어지는데, 이를 제거하는 작업을 마쳐야 할 것 같다.

나는 정말로 개인의 대다수가 사회연대를 구성하는 것에 대한 명백한 의견을 지니지 않는 것인지에 대해 답하였다. 모호할 수 있지만, 깊고 진실한, 사회연대의 감정이 있는데, 이는 법의 준칙에 대한 실증적인 기초를 부여할 수 있다. 이제 나는 법규범이 되기 위한 규칙은, 그것이 사회연대의 감정과 일치하는 것만으로는 충분하지 않고, 인간의 집단이 가지는 정의의 감정과도 또한 일치하여야 한다고 말한다. 왜냐하면 모든 인간들에 있어서, 이러한 정의에 대한 의식은 다소 명백하게, 그리고 다소 강하게, 그러나 확실하게 존재한다는 바로 그 사실 때문이다. 이는 심지어 그것을 매우 공개적으로 위반하는 사람들 안에서도 존재한다. 물론 다음과 같이 이야기될 것이다. 비록 이러한 정의의 감정이 존재하더라도, 그것은 순전히 우연적이고 본질적으로는 가변적이어서, 그것은 규칙을 공정한 것, 실재로 공정한 규칙으로 여겨지게 만들지 않는다.

그것은 여전히 동일한 반론으로서 반박되기까지는 않았더라도 여러 차례 제거된 것이다. 나는 절대적인 법의 준칙의 기초가 아니라, 사회적인 법의 준칙에 대한 실증적인 기초를 정할 것을 주장한다. 이러한 기초는 오직 사회 그 자체 속에서만 세워질 수 있다. 즉 그것은 오직 인간 행위의 본질적 원천인 감정 안에 존재할 수 있다. 나는 이러한 것들을 분명히 밝혔다".[69]

이상이 정의의 감정에 관한 뒤기의 설명 전체이다. 여기서 보듯이 뒤기는 정의 감정은 그 양상과 적용에서 가변적이지만 비례와 평등이라는 그 근본에서는 일반적이며 변함이 없다고 한다. 그는 이것을 '우리의 사회적 지성의 형태'(a form of our social intelligence)라고 부른다. 다시 강조하면 "사회연대를 유지하기 위해서는 어떤 도덕규범이나 경제규범이 필요하다는 것에 대한 일정한 집단 내부에서의 개인대중의 의식, 그것을 위한 제재를 설정하는 것이 공정하다는 것에 대한 의식, 이러한 것들은 법의 준칙의 형성과 변형에 있어서 두 가지 본질적인 요소들이다".[70]

요컨대 인간의 사회성과 정의에 대한 감정은 뒤기뿐만 아니라 「인간은 사회적 동물」이라는 고대인의 말이나 그로티우스의 『전쟁과 평화의 법』[71]에서도 출발점이었다. 사회성은 개인에 내재하는 사회의식의 현실성을 인정하기 때문에 진정으로 이해할 수 있는 것이다. 그러나 사회연대를 주장하는 뒤기에게서 '개인대중의 의식'을 강조하는 것은 여전히 개인주의적

69) 뒤기는 최근의 몇몇 저서들을 지적한다. Gény, Méthode d'interprétation II, 2e éd., 1919, p. 109; Van der Eycken, Méthode positive de l'interprétation juridique, 1907, p. 332; Gareis, Vom Begriff der Gerechtigkeit, 1907; Stammler, Die Lehre von dem rechtlichen Rechte, 1902, particularly pp. 21-168.

70) Duguit, *ibid.*, p. 33.

71) H. Grotius, De Jure Belli ac Pacis, 1625. Prolegomena.

경향의 잔재가 아닌가 생각된다.

Ⅲ. 결　어

이상으로 레옹 뒤기의 객관법 이론의 핵심을 전부 상세하게 소개하였다.

객관법 이론은 사회적 근본사실인 사회연대관계에 근거하여 국가와는 직접 무관계하게 생성하는 것이며 궁극적으로는 사회에서 생활하는 '개인 대중의 의식' 상태에 귀속한다. 객관법은 법의 일반이론이다. 그것은 '법의 정신' 또는 '지도원리'와 같은 것이다. 객관법은 뒤기에 의하면 국가와 무관계하게 국가에 우월하여 존재하는 법이며, 통치자의 입법행위도 구속하는 동시에 통치자가 제정하는 이른바 '기술적 법'의 효력의 근거이기도 하다. 이러한 객관법의 입장에서 뒤기는 재판관의 입법심사권과 위헌법률심판 제도를 인정하며, 따라서 입법권에 대한 사법권의 우월성, 압제에 대한 개인의 저항권도 인정한다.[72] 객관법의 입장에서는 권리의 개념이나 권리주체도 부정되며 적극적 내지는 소극적인 '법적 지위'가 인정될 뿐이라고 한다.[73] 그리하여 사회연대의 근본사실에서 유래하는 객관법의 법칙은 통치자나 개인에게 사회적 봉사자로서의 의무적 지위만을 인정한다. 이것은 개인주의와 국가주의를 배척하는 것이 한 마디로 사회적 연대주의이다.

지금까지 한국의 공법학계에서는 뒤기의 객관법 이론을 전혀 다루어 오지 않았다. 그러나 그의 이론은 그 당부를 떠나서 새로운 발상이나 우리의 고정관념과 대립되는 논리의 전개는 우리 자신을 돌아보고 새로운 이론을 전개하는 계기 내지는 동기 부여라는 점에서도 필요하다. 무엇보다 객관법은 국가를 초월하여 국가를 제한하는 법을 상정한 점에서, 또 국가와 권력에 대한 법의 우위를 강조한 점에서 그 공로를 인정해야 할 것이다. 뒤기의 객관법 이론은 카를 슈미트(C. Schmitt)의 '절대적 헌법개념' 또는 독일 기본법에서의 '본질적 내용'(Wesensgehalt)의 형성에 지대한 영향을 미친 것이다. 독일뿐만 아니라 영국의 정치사상이나 이탈리아나 스페인 등 유럽의 헌법과 헌법 이론에도 상당한 영향을 미친 점에서, 또한 근대 헌법이론의 원천이라는 점에서 그의 이론은 여전히 연구할 의미와 가치가 있다.[74]

---

72) 이에 관하여 상세한 것은 Duguit, Leçons de droit public général, Paris, E. de Boccard, 1926, p. 288 et s., p. 269 et s. (이광윤 옮김, 『일반 공법학 강의』, 민음사, 1995), 236면 이하, 219면 이하 참조.

73) Duguit, Leçon, p. 53, p. 98. 주관적 권리의 개념은 포기되어야 한다(역서, 49면); 주관적 권리의 주체를 발견하는 것은 불가능하다(역서, 85면).

74) 뒤기의 영향에 관하여는 Fabrice Melleray(sous la dir.), Autour de Léon Duguit. Colloque commémoratif du 150e anniversaire de la naissance de Léon Duguit, Bordeaux, 29-30 mai 2009, Bruxelles, Bruylant, 2011에 수록된 다음의 논문들 참조. Olivier Jouanjan, Duguit et les Allemends, pp. 195-226; Carol Harlow, The Influence of Léon Duguit on Anglo-American Legal Thought, pp. 227-254; Tomás-amón Fernandez, Duguit lu: l'Espagne, pp. 255-276; Bernardo Sordi, Léon Duguit et l'Italie, pp. 277-288.

13. 헌법교육의 가치와 발전 방향*

정 상 우**

Ⅰ. 서 설

이 글은 헌법교육은 왜 필요하고 어떻게 수행되어야 하는 것인가에 대한 물음에 답하기 위한 것이다. 종래 법교육과 헌법교육에 대한 많은 논의가 진행되어 왔지만, 헌법교육을 법교육의 일부로 한정하여 다루고 헌법교육의 가치와 위상을 소홀히 다루어 왔다고 생각한다. 법의 분류상, 그리고 중등교육을 위한 교육과정의 체계상 헌법교육이 법교육의 일부이기는 하나, 헌법이 최고규범이라는 특성에 따라 살펴보면 헌법교육이 단순히 법교육의 일부라고 하기에는 한계가 있다. 헌법교육은 개인생활과 법이나 사회생활과 법, 범죄와 형벌 등 다른 법교육 영역과는 다른 특성을 지니고 있기 때문이다. "헌법은 국민적 합의에 의해 제정된 국민생활의 최고 도덕규범이며 정치생활의 가치규범으로서 정치와 사회질서의 지침을 제공하고 있기 때문에 민주사회에서는 헌법의 규범을 준수하고 그 권위를 보존하는 것을 기본으로 한다."라고 헌법재판소에서도 밝혔듯이,[1] 헌법교육은 민주사회를 유지하기 위한 가장 기초적인 교육이라고 할 수 있다. 따라서 헌법에 대한 올바른 가치와 태도를 갖고 이를 실천하게 하는 헌법교육은 공동체의 유지·발전에 전제가 된다고 하겠다.

이와 같이 헌법교육이 갖는 가치와 위상에도 불구하고 중등교육의 현실에서 헌법교육은 상당히 축소되고 등한시되어 왔다. 헌법교육이 초·중등교육에서 인간의 존엄과 행복 추구의 자유를 이해하고 공동체에 대한 책임을 학습할 수 있는 기회를 제공해야 함에도 불구하고, 단순히 몇 가지 단원에서 기본권의 종류와 헌법기관의 역할을 암기하는 수준에서 머문 아쉬움이 없지 않다. 더구나 최근 사회과 교육의 축소 및 왜곡 현상과 맞물려 중학교에서는 시민교육의 관점이 아닌 과도한 헌법 지식 위주의 수업이 강요되고[2] 고등학교에서는 헌법교육의 기회가 사실상 박탈된 것은 큰 문제가 아닐 수 없다.[3] 이러한 상황은 헌법교육의 필요성

---

* 이 글은 졸고, "중등학교 헌법교육의 위상과 방향에 관한 고찰", 『법과인권교육』 제6권 제2호, 한국 법과인권교육학회, 2013.8을 수정·보완한 것이다.

** 인하대학교 사회교육과 부교수, 법학박사

1) 헌재 1989.9.8. 88헌가6.

2) 「2009 개정 교육과정」에서 중학교 사회의 성취기준이 대폭 증가하면서 중학교 학교 현장에서 법교육의 어려움을 호소하는 경우가 크게 증가한 바 있다.

3) 다행히 「2015 개정 교육과정」에서 <통합사회> 과목이 신설되면서 '인권 보장과 헌법'이라는 단원이 편성되었다. 이 단원의 성취 기준은 다음 세 가지이다. 첫째, 근대 시민 혁명 등을 통해 확립되어 온 인권의 의미와 변화 양상을 이해하고, 현대 사회에서 주거, 안전, 환경 등 다양한 영역으로 인권이 확장되고 있는 사례를 조사한다. 둘째, 인간 존엄성 실현과 인권 보장을 위한 헌법의 역할을 파악하고, 준법 의식과 시민 참

과 중요성, 헌법교육의 가치와 위상에 대한 인식의 부재에서 비롯된 것이라고 할 수 있다.

그렇다면 헌법교육의 가치와 위상에 대한 재인식이 필요한데, 이는 헌법교육이 법교육의 일부로서 다루어 온 한계를 극복하고 헌법교육이 민주시민 양성이라는 관점에서 새롭게 접근해야 할 필요성을 제기한다. 이 글에서는 헌법교육의 가치를 민주시민 양성과 사회통합을 통한 국가공동체의 발전이라는 차원에서 살펴보고자 한다. 즉 헌법교육의 1차적 목표는 헌법이 표상하는 자주적·주권적 시민을 양성하는 것인데, 이는 사회과 교육의 목표인 민주시민 양성과 본질적으로 같은 의미를 갖는다고 하겠다. 아울러 헌법적 가치의 공유와 실천을 통한 헌법의 보호는 헌법적 연대를 통한 사회통합을 가능하게 하고 이는 궁극적으로 개인의 행복, 헌법의 보호와 국가공동체의 발전을 가져오게 된다. 이 글은 헌법교육의 가치를 이러한 차원에서 재정립하고자 하였다.

다음으로 이 글은 헌법교육의 발전 방향에 대해 검토하고자 하였다. 헌법교육의 내용 요소와 방법에 관해서는 선행연구가 많이 이루어져 왔는데, 일반적으로 지식적인 측면보다 헌법 가치의 교육과, 생활에서 구현되는 헌법교육을 강조하는 내용이 주를 이루어 왔다. 그러나 종래 초·중등 헌법교육에서는 헌법의 의미와 필요성, 헌법이 형성된 역사, 헌법의 목적, 헌법의 가치, 헌법적 정의, 헌법의 이념, 헌법의 실천에 대한 학습이 상대적으로 결여되어 왔다. 특히 중고등학교 헌법교육에서는 기본권의 내용과 통치기구의 지위와 권한을 중심으로 체계가 구성되어 단기간에 학습하는 구조를 이루어 왔기 때문에 일정한 한계가 있을 수밖에 없다. 이러한 점에서 이 연구에서는 선행연구를 바탕으로 헌법교육이 헌법적 가치를 공유하고 실천하는 교육이 되어 헌법을 실천함으로써 개인의 행복과 공동체의 발전을 추구하는 민주시민을 양성하는 데 목적을 두도록 헌법교육의 발전 방향을 재정립하기 위한 논의를 시도하였다.

Ⅱ. 헌법교육의 가치

1. 헌법의 의의와 헌법교육의 필요성

헌법은 국가와 공동체 및 공동체 구성원들의 생활의 근본과 그 질서를 형성하는 공동체의 근본법이다. 공동체 구성원들은 공동체에서 공동체를 유지·존속시키면서 자신의 행복을 추구하고 생활을 보장하기 위해 국가를 창설하고 그 국가는 헌법을 통해 존속할 수 있게 된다. 헌법은 권력세계인 국가를 유지하기 위한 통치의 메커니즘인 동시에 사회 공동체의 영역

여의 필요성에 대해 탐구한다. 셋째, 사회적 소수자 차별, 청소년의 노동권 등 국내 인권 문제와 인권지수를 통해 확인할 수 있는 세계 인권 문제의 양상을 조사하고 이에 대한 해결 방안을 제시한다. 이와 같이 인권을 중심으로 한 헌법교육이 가능하게 된 것이 다행이라고 할 수 있지만, 고등학교 <정치와 법> 과목을 선택하지 않는 한 본격적인 헌법교육은 불가능하다고 하겠다.

에서 생활세계의 기본적인 법적 질서를 유지하는 설계도에 해당한다.[4] 이러한 헌법은 공동체 구성원의 합의, 즉 약속으로 탄생한 것이다. 따라서 공동체의 약속에 해당하는 헌법을 구성원인 개개인이 이해하고 학습할 필요가 있고, 기존의 헌법이 존재하는 상태에서 출생하거나 새롭게 국적을 취득한 경우에도 헌법에 대한 학습이 필요하게 된다.

헌법은 여러 가지 특성과 기능을 갖게 되는데,[5] 법학교육에서는 사실적 특성과 규범적 특성을 구분하여 인식하는 것이 중요하지만 법교육에서는 시민교육으로서 갖는 의의에 따라 헌법의 의의에서 도출되는 헌법의 최고성과 생활규범성, 헌법의 사회통합적 기능 등이 강조되어야 한다. 법학교육으로서의 헌법교육은 헌법조문의 해석 능력, 헌법체계에 대한 이해, 헌법소송 수행 능력 등 직업전문교육이 강조되지만,[6] 법교육으로서의 헌법교육은 민주시민교육의 일부로서 헌법의 의의와 특징, 기능을 고려한 교육이 이루어져야 한다.[7] 헌법교육의 필요성을 헌법의 특성과 기능에서 몇 가지 찾아보면 다음과 같다.

우선 헌법은 최고법이다. 헌법은 국민의 합의에 기초한 국가의 조직과 구성 및 국민의 자유와 권리보장을 위한 최고의 규범체계이다. 이러한 최고규범성은 형식적으로 법질서상의 최고성을 의미하면서 동시에 실질적으로 가치로서의 최고성을 의미한다. 형식적인 면에서 비록 우리나라 헌법에 헌법의 최고규범성을 명시한 규정은 없으나, 대통령의 헌법존중의무와 헌법준수선서, 위헌법률심사제, 위헌명령심사제 등은 헌법이 국법질서상 최고의 규범임을 보여주는 것이다.[8] 뿐만 아니라 국가에 대한 규정과 기본권에 대한 보장인 권리장전을 헌법에서 규정함으로써 정의, 자유, 평등, 공동체의 유지 등이 공동체에서 어떠한 경우에도 부정할 수 없는 최고의 가치로서 지위를 차지하게 되었다. 이러한 가치는 국가의 입법권, 행정권, 사법권, 헌법재판권에 의해서도 왜곡되거나 부정될 수 없고 국민 개개인도 국가의 존속과 각 개인의 행복을 위해서 지켜나가야 한다는 의미에서 공동체 내에서 최고의 지위를 차지하는 가치를 갖게 되었다고 할 수 있다.[9]

헌법의 제정과 개정은 주권자인 국민의 합의를 통해 이루어진 국가적 설계로서, 국민의 주권적 의지가 반영된 최고의사결정이다. 국가의 기본틀은 헌법에 의해 구체적으로 나타난

4) 정종섭, 『헌법학원론』, 박영사, 2016, 19-20쪽.
5) 성낙인, 『헌법학』, 법문사, 2018, 27-31쪽; 정종섭, 위의 책, 29-38쪽.
6) 김선택, "법학전문대학원(로스쿨)의 헌법 교육", 『영산법률논총』 제2권 제1호, 2005. 12. 1-38쪽.
7) 헌법의 성격으로는 최고성, 정치성, 이념성, 역사성, 가치성, 시원성, 개방성, 생활규범성, 기본권 보장성, 권력 제한성 등을 들 수 있다. 헌법의 기능으로는 기본권 보장, 국가의 창설, 공동체의 유지와 통합 등을 들 수 있다. 헌법의 생활규범성은 헌법의 다른 성격보다 시기적으로 뒤늦게 부각되기도 하였다. 헌법의 최고성이 헌법의 권위와 관련된 것이라면 헌법의 생활규범성은 헌법의 실천과 관련이 깊다. 헌법이 최고법으로서 헌법의 원리와 하위 법령을 통해 일반 국민의 각 생활 영역을 규율함으로써 개인의 기본권을 보장하며 공동체를 유지·발전시킨다는 점에서 시민교육으로서 헌법교육의 내용은 헌법의 최고성, 생활규범성, 사회통합기능을 핵심적 전제로 해야 한다고 보았다.
8) 성낙인, 위의 책, 30쪽.
9) 정종섭, 앞의 책, 22쪽.

다. 헌법은 스스로 지키지 않으면 그 공동체가 붕괴될 수밖에 없는 자기보장적 성격을 갖는다. 따라서 국가 공동체를 유지하기 위해서는 헌법을 제정하거나 개정한 이후의 세대에 대해 헌법에 대한 이해와 실천을 교육하는 헌법교육이 필수적이라고 할 수 있다. 헌법은 주권자인 국민의 합의이지만 그 특성상 세세한 사항까지 합의하는 것이 아니라 공동체가 유지되고 보호되기 위한 골격만을 합의하는 최소한의 합의라고 할 수 있다. 따라서 헌법교육은 공동체 구성원에 대한 필수적인 교육이 된다.

헌법은 생활규범으로 공동체 구성원의 생활 속에 존재하면서 구성원의 일상생활에 의해서 실현되고 발전된다.[10)] 헌법은 정치나 인권보호 이외에 경제, 사회, 문화, 종교, 일상의 계약, 교육, 가족관계, 사회보장 등 전 생활영역에 걸친 생활규범이다. 헌법은 공동체 구성원의 실제 생활의 태도와 행동에 대한 가치 판단 기준을 제공하며 실제의 생활을 일정한 가치로 이끌어 준다. 헌법교육을 통해 공동체 구성원은 구성원들이 합의한 삶의 일정한 질서와 틀 내에서 자신의 자율성에 기초하여 자신의 삶을 결정하면서도 인간의 존엄과 가치를 상호 존중하며 행복을 추구하는 삶을 영위할 수 있게 된다.

이렇게 헌법은 공동체의 구성원들이 추구하는 일정한 가치지향과 질서로 나타나는 최고법인 동시에 공동체의 구성원으로 하여금 공동체의 생활에 동화되고 통합되어 살 수 있도록 만든다. 나아가 헌법은 사회공동체의 통합을 통하여 국민의 기본권이 실현되게 하고, 공동체가 존속하고 유지될 수 있게 한다.[11)] 헌법에 투영되는 가치는 공동체 구성원들이 합의한 가치지향적 질서를 내포하고 있고 헌법이 제정되고 개정된 당시의 보편적 이념과 정의관념, 가치의 표현이다. 이러한 가치는 시대정신의 헌법적 구현이면서 입헌주의의 차원에서 다수라 하더라도 소수를 무시할 수 없고 다수의 의사를 강요할 수 없기 때문에 사회가 전체주의로 흐르지 않게 방지한다. 따라서 헌법은 우리 사회가 통합되고 유지되는데 가장 안정적인 기준이 되고, 민주시민교육의 지향점을 헌법에서 찾는 것이 유일한 기준은 아닐지라도 다른 기준보다도 가장 안전하고 타당하다.[12)] 그리고 헌법은 국민의 의사를 담고 있기에 헌법 내용을 통해 우리 사회의 미래를 바라볼 수 있고,[13)] 사회의 변화에도 탄력적으로 대응할 수 있는 성격을 갖고 있기에 미래세대도 헌법의 틀 내에서 삶을 영위할 수 있으며 이러한 과정에서

10) 허영, 『한국헌법론』, 박영사, 2009, 28쪽.
11) 정종섭, 위의 책, 37쪽.
12) 강경선, "헌법과 민주시민교육의 방향", 『민주법학』 제50호, 2012. 11. 306쪽. 민주시민교육의 개념과 외국의 민주시민교육 사례에 관해서는 음선필, 『민주시민교육의 국제적 동향과 시사점』, 한국법제연구원, 2013; 정호경, "재통일 전후의 독일의 정치교육 경험과 그 시사점", 『공법연구』 제45집 제2호, 2016. 12 참조. 미국에서 사회과 교육과 헌법교육의 관계에 관해서는 박용조, "미국 사회과에서 헌법의 교육적 의미-교과서 분석을 중심으로-", 『법과인권교육연구』 제8권 제1호, 2015. 4; 이대성, "미국 헌법교육 동향과 시사점", 『미국헌법연구』 제22권 제3호, 2011. 12; 신형식, "미국 시민교육의 헌법적 가치", 『미국헌법연구』 제22권 제3호, 2011. 12 참조.
13) 강경선, 위의 글, 307-308쪽.

도 헌법교육은 필수적이라고 할 수 있다.

2. 헌법교육의 위상

(1) 목적에 있어서 법교육과 헌법교육

1978년에 제정된 미국의 법교육법(The Law-related education Act)은 법교육을 "일반인에게 법, 법절차, 법제도에 관한 지식과 기술 및 그의 바탕이 되는 근본 원리와 가치들을 교육하는 것"으로 정의한다. 미국변호사협회(America Bar Association: ABA)의 청소년시민교육특별위원회(Special Committee on Youth Education for Civic)는 "법교육이란 일반적으로 복잡하고 가변적인 현대 사회에서 법과 법적 쟁점에 대해서 효과적으로 대처하는데 필요한 지식, 태도, 기능, 평가력 등을 개발할 기회를 제공하는 조직된 학습경험"이라고 정의한다. 이러한 정의를 통하여 법교육을 "학생들이 현대 사회의 법 제도 및 질서를 이해하고, 법적 문제에 대한 해결 능력을 키우기 위하여 법적 지식, 기능, 태도 및 가치관을 함양하도록, 학교교육이 조직적으로 제공하는 교육적 활동"으로 정의하기도 한다.[14)]

한편 사회과에서 법교육의 목표는 "전문법학교육이나 교정교육이 아니라 시민교육을 본질로 하기 때문에, 학습자로 하여금 법현상을 이해하고 일상의 법적 문제나 쟁점을 합법적으로 판단하고 행동할 수 있는 능력을 갖추며 이를 바탕으로 궁극적으로는 '준법 의식을 갖춘 책임 있는 민주시민'을 양성하는 것"으로 진술된다.[15)] 혹은 압축적으로 "법질서 체계에 대한 신뢰와 자부심을 바탕으로 법적 사고력을 가진 생활인"을 양성하는 것으로 표현되기도 한다.[16)] 법교육의 목표를 능력의 관점에서 표현하는 경우에는, 법교육의 목표를 어떠한 법적 사태에 부딪쳤을 때 그 문제의 내용이 무엇이건 간에 민주주의와 법치주의의 가치를 신봉하는 입장에서 합리적인 의사결정을 내리고 그 문제를 해결할 수 있도록 법적 소양과 법적 문제해결능력을 갖도록 해야 하는 것으로 본다. 그리고 이러한 법교육의 목적을 달성하기 위해서는 법적 지식, 법적 기능, 법적 가치·태도의 조화로운 발달이 도모되어야 한다고 하였다.[17)]

이상과 같은 법교육의 목표는 헌법교육의 목표에도 어느 정도 일정하게 적용될 수 있지만, 헌법이 갖는 특성 때문에 법교육의 목표와 다른 점도 없지 않다. 법교육 내용 가운데 민법과 형법이 계약과 재산권, 범죄와 형벌을 주로 다룬다는 점에서 특정 영역에 한정된 것인 반면, 헌법은 공동체 삶의 전반을 다루고 국가공동체의 유지를 목적으로 하기 때문에 헌법교육의 목적은 단순히 권리의식이나 인권의식, 정치제도에 대한 교육에 머물지 않는다. 일반적

14) 신정음, "법교육과 법의식 발달의 관계", 『교과교육학연구』 제15권 제4호, 2011. 12. 896쪽.
15) 박성혁, "법교육의 역사와 현황 그리고 발전방향", 『법교육연구』 제1권 1호, 2006. 6. 64쪽.
16) 전제철, "사회과 법교육의 반성과 과제-헌법교육을 중심으로-", 『법교육연구』 제1권 제2호, 2006. 12. 85쪽.
17) 김다현, "법교육을 통한 법의식 영향 연구: 고등학교 「법과 사회」를 중심으로", 『법교육연구』 제1권 제2호, 2006. 12. 36쪽.

으로 법적 지식, 법적 기능, 법적 가치와 태도라고 하는 경우에도 헌법적 지식과 헌법적 기능, 헌법적 가치와 태도는 다른 일반 법률과 논의의 성격이 달라진다. 그래서 일반적인 법교육은 민주시민을 양성하되 법적 관점에서 접근하는 것이지만, 헌법교육은 공동체 삶 전반에 걸쳐 헌법적 가치와 태도를 키워 민주시민으로 육성하는 것이므로 교육의 성격이 일반 법교육과는 달라야 한다고 하겠다.

헌법은 최고성을 가지면서 생활규범의 성격도 있다. 그리고 이러한 성격은 헌법제정권력인 국민이 공동체의 삶 전반에 관해서 합의하고 규정하였기 때문이다. 주권자인 국민은 헌법을 통한 국가공동체의 유지에 대한 신뢰가 있는 것이고, 헌법의 실천을 통해 헌법을 지켜나간다는 믿음이 있는 것이다. 그러한 신뢰가 붕괴될 경우 국가의 존립 자체가 위험하게 된다. 따라서 공동체의 관점에서는 입헌국가의 실현, 헌법에 대한 이해와 실천을 통한 공동체의 유지가 헌법교육의 목적이 된다. 한편 헌법은 공동체 구성원의 행복을 서로 보호하고 그것을 실현하기 위해 국가와 공동체 구성원 상호 간에 도움을 준다는 약속이 전제되어 있다. 따라서 헌법적인 인간은 자주적이면서 자율적으로 자신의 행복을 추구하게 되고 구성원 간의 존엄과 가치를 존중한다. 결국 헌법교육의 목적은 법적 사고력의 증진에서 머무는 것이 아니라 헌법적 인간=자주적 인간의 육성, 그리고 이것은 곧 민주적(또는 민주공화국을 살아가는) 시민의 육성이라는 목적과 맥락을 같이한다고 하겠다.

(2) 교육 내용에 있어서 법교육과 헌법교육

현행 법교육 체계에서 헌법교육은 과거 정치교육의 일부로 다루어져 왔고, 7차 교육과정 이후에는 법교육이 독자적으로 발전하였지만 헌법교육은 법의 분류체계에 따라 민법교육, 형법교육과 병렬적으로 위치하게 되었다. 그에 따라 헌법교육이 독자성을 갖기도 하였지만 교육 내용에 있어서는 일정한 한계도 갖게 되었다. 즉 정치교육에서 다루어지던 헌법교육의 내용이 법교육에 수용되지 못하고 반대로 정치교육에서는 정치교육의 특성에 따라 헌법교육의 특성이 반영되지 못한 것으로 보인다. 이것은 아마도 현실적으로는 기존의 정치교과와의 중복을 피하기 위한 것이었거나 정치교육에서의 헌법교육이 헌법가치를 존중하는 방향보다는 헌법이 무시되는 정치적 현실에 함몰되어 헌법교육의 가치를 제대로 조명하지 못했기 때문이 아닌가 짐작된다. 또한 법교육에서도 헌법교육보다는 민법교육이 개인의 권리 의식을 신장시킬 수 있는 보다 바람직한 방법이라는 인식이 게재되었던 것이 아닌가 추측된다. 그러나 헌법교육은 전술한 것처럼 공법교육과 사법교육의 구분에 따라 행하여질 것은 아니고 헌법적 인간이 곧 민주시민이라는 차원에서 시민성 함양을 위한 교육이라는 차원에서 접근해야 한다. 따라서 헌법교육은 민법과 형법과 구분되는 지식의 전달이 아니라 헌법적 가치를 습득하고 실천하면서 공동체에 참여하고 자아를 이루어가는 시민성을 키우는 교육으로 재조명되어야 한다.

헌법교육에서는 구성원의 인권과 국가 공동체의 통치구조에 대한 교육이 기본적인 내용을 이루겠으나, 헌법의 본질상 공동체가 이상으로 삼은 공동체의 가치, 공동체의 가치가 공감대를 형성하게 된 역사적 배경, 그러한 헌법적 가치가 지켜짐으로써 민주주의와 법치주의가 완성된다는 사실, 학습하는 자신도 공동체의 구성원이며 구성원들의 행복 추구를 서로 존중해 주어야 한다는 의식이 교육되어야 한다. 이러한 교육 내용은 다른 법교육에서 교육하기에 쉽지 않은 내용들이다.[18]

(3) 정치교육과 헌법교육

정치교육은 전통적으로 시민교육과 거의 같은 용어로 이해되기도 하였다. 정치학자 혹은 정치교육에서는 공동체 구성원들이 특정 이데올로기로부터 거리를 두고 가치중립적으로 자주적으로 판단하고 참여하는 능력을 강조하였다. 이에 대하여 헌법교육에서는 헌법이란 특정 국가에서 추구하는 시대정신의 헌법적 구현이기 때문에 동시대의 지배 이데올로기에 대한 헌법적 가치판단이 불가피하고, 가치중립적이지 않고 가치지향적일 수밖에 없다고도 본다.[19] 이에 대해 정치교육이 정치사회화를 목표로 하여 참여적, 실천적 시민성을 강조한다면 헌법교육은 법사회화를 목표로 규범의식과 비판적 분석의 합리성을 강조한다고 보는 견해도 있다.[20] 정치교육이 헌법교육보다는 참여를 통한 합의의 과정과 가치상대주의를 강조한다면, 헌법교육에서는 국가를 창설하는 힘으로서 헌법적 가치를 공동체 유지의 최소한으로 전제하기 때문에 헌법적 가치를 일정한 한계로 설정한다는 점에서 일정한 차이는 존재한다고 보아야 할 것이다. 헌법이 정치현실적인 것이면서도 가치규범적인 특성이 동시에 있기 때문에 정치교육의 관점과 법교육의 관점에 따라 헌법교육을 이해하는 시각이나 헌법교육의 목적과 내용이 다소 달라질 수 있음은 물론이다.

우선 정치교육에서는 헌법교육의 내용을 인권과 정치참여에 한정하는 경향이 있다. 하지만 헌법교육은 공동체 삶의 전반에 관련된 것으로 이러한 정치교육은 헌법적 가치가 인권과 정치참여에 한정되지 않는다는 점을 간과하고 있다. 그리고 정치교육의 관점에서는 헌법이 변화하고 동태적으로 운영되고 구성원들의 참여를 통해 변화시켜 나가는 것을 핵심적인 과제로 보는 성격이 강하지만, 이에 대해서는 헌법적 가치질서에 따라 국가가 운영됨으로써 헌법이 공동체가 붕괴되는 것을 막아준다는 시각의 보완이 필요하다. 예를 들어 국민이 원하면 언제든지 법률은 바뀔 수 있다는 생각은 자칫 소수에 대한 다수의 독재가 될 수 있으며, 법

18) 성낙인, "민주법치국가 정립을 위한 법교육의 현황과 과제", 『법교육연구』 제4권 제1호, 2008. 6.
19) 성낙인, 앞의 책, 29쪽.
20) 전제철, "규범 지향적 시민사회를 위한 사회과 교육과정에 관한 연구", 『시민교육연구』 제39권 제3호, 2007. 9. 256쪽.

률이 헌법에 위반되는 문제가 발생할 수도 있다. 그러한 차원에서 헌법재판의 중요성이나 헌법제정권력과 입법권의 구별 등의 관점이 보완되어야 한다.

이데올로기 면에서 보다 다양한 민주주의의 개념을 수용하는 견해도 있는데, 이러한 견해는 자칫 우리 헌법의 민주주의가 협소하게 이해되는 것을 방지하고자 하는 점에서 타당하다고 생각된다. 다만 민주주의를 폭넓게 이해하는 경우에도 입헌주의 또는 소수자의 보호 기능이 훼손되어서는 안 될 것이다. 국민의 의사라는 이유로 헌법적 가치가 훼손될 수는 없고, 소수자의 의견이 보호받을 수 있는 시스템이 유지됨으로써 소수자가 다수자가 될 수 있는 기회를 보장해야 한다. 정치교육에서는 법치주의를 민주주의의 하위 개념으로 보는 경향이 강하지만, 헌법국가에서 민주주의와 법치주의는 국가 구조 원리의 양대 축이 된다.[21]

또한 역사적으로 헌법이 정권연장이나 권위주의적 정부 운영에 악용되었기 때문에 헌법교육에 대해 터부시하는 입장도 있다. 헌법교육이 보수적 정치 세력에 유리하다는 입장도 있는 듯하다. 이러한 우려를 해소하기 위해서는 헌법교육에서도 정치교육 또는 시민교육에서 논의된 정치적 중립성 또는 논쟁수업 모델 등을 적극적으로 수용하여야 한다.[22] 헌법교육에서 헌법의 정당성에 대한 교육이나 헌법에 의한 권력 통제를 통한 인권 보장이 강조되기 때문에, 헌법교육이 가치지향적이라고 해서 정권 친화적인 것은 아니다.[23] 물론 헌법교육을 정부가 개입하여 주도적으로 실시하는 것에 대해서는 경계할 필요가 있다.

법교육에서의 헌법교육은 법학교육의 영향으로 헌법전 교육에 한정되는 듯한 인상을 지울 수 없다. 헌법전을 읽고 이해하는 것이 필요하지만 법교육에서의 헌법교육은 헌법적 지식보다는 헌법적 가치의 공유와 실천이 우선되어야 한다. 헌법적 가치라고 하는 경우에도 민주주의와 시장경제 등의 교육이 특정 이념을 전제로 협소하게 교육되는 것은 아니다. 민주주의와 시장경제 내에서도 다양한 가치가 존재할 수 있기 때문에 민주주의와 시장경제의 특성을 단순화하여 교육시키는 것도 가치의 획일화를 가져올 수 있다는 점에서 문제가 없지 않다. 그리고 헌법교육을 법교육의 관점에서 법적 지식과 기능을 길러주는 실용성을 강조하는 관점도 있는데, 헌법적 문제의 해결이 중요하기는 하지만 지식과 기능 중심의 교육보다는 가치에 기반한 해결이 보다 바람직한 헌법교육이라고 하겠다.[24] 헌법교육이 다른 법교육과 구별되어 헌법적 가치에 구속되기는 하지만, 그것은 보수적인 가치만을 의미하는 것은 아니다. 공동체의 삶의 가치를 존중하고 그것이 평화적이면서도 개인의 자율적 결정에 따라 공존하

---

21) 정종섭, 앞의 책, 130쪽 이하.

22) 정상우, "헌법상 교육의 정치적 중립성과 공법적 과제", 『공법연구』 제44집 제1호, 2015. 10.

23) 한편 홍익표 · 진시원, "헌법에 대한 정치학적 접근: 정치교육과 법교육의 교차지점인 헌법교육을 위한 하나의 시론", 『법교육연구』 제7권 제2호, 2012. 12에서는 헌법에 대한 총체적이고 실체적인 이해는 정치적인 접근이 법적 접근과 조화를 이루거나 아니면 일정 정도 우위를 점해야만 가능하다고 주장한다.

24) 김현철, "헌법교육에서 무엇을 가르칠 것인가?", 『법교육연구』 제4권 제1호, 2009. 6. 89쪽 이하.

며 추구될 수 있다는 의미이고 그러한 가치가 다수의 횡포에 의해 소수가 희생당하지 않도록 하겠다는 것이기 때문에 헌법적 가치 교육을 비판적으로 볼 것은 아니라고 할 것이다. 입헌국가는 정치와 법치가 공존하면서 헌법적 가치를 실현해야 하기 때문이다.

3. 민주시민교육과 헌법교육

'시민교육'(Civic education)에서 '시민'은 지위에 걸맞은 자질, 능력, 태도, 정신 등을 내포하고 있는 개념이다. 역사적 과정을 보면, 시민이라는 개념은 시민정신과 권리의식, 참여 자세와 책임성 등을 지닌 사람들의 노력에 의해 등장하고 성장해 왔다. 시민은 국가 구성원으로서의 지위와 국정 운영에 참여할 수 있는 시민권을 지닌 자를 의미하지만, 이와 같은 형식적 의미에는 시민참여, 시민정신, 시민으로서의 책무와 같은 내용적인 의미의 시민성이 수반된다.[25] 공동체의 구성원인 시민으로서 갖추어야 할 품성과 자질인 시민성(citizenship)은 공적인 성격을 갖는다. 시민성은 정치공동체나 시민사회를 떠나서 생각할 수 없는 사회적 구성 개념으로 정치공동체의 성격에 따라 규정된다.[26] 인간은 다양한 공동체의 구성원으로서 시민적 삶을 살아가야 하는 존재로 전제한다. 시민적 삶이란 공동체 구성원으로서 가지는 권리를 합리적으로 행사하고 책무를 다하며 개인의 이익과 공동체 이익의 조화를 꾀하고 공동선의 증진을 위해서 적극적으로 참여하는 생활이다. 이러한 삶의 모습은 모든 공적 공동체에서 요구된다.[27]

우리나라 시민교육에서의 시민에 대한 관점으로 '훌륭한 국민'과, '합리적인 개인' 두 가지 관점이 있어 왔는데, 이러한 시민에 대한 두 가지 관점은 교육에 국가 논리나 시장 논리를 그대로 반영한 것으로 현대 시민사회에 적합한 시민 양성과는 거리가 있음을 지적하는 견해가 있다.[28] 현대사회에 적합한 시민교육은 국가의 논리나 경제 논리가 주가 아니라 공적 담론과 실천의 영역으로서의 시민사회의 논리가 주가 되어야 한다는 것이다. 이 견해에 따르면 시민사회의 시민은 다음과 같은 민주시민으로서의 자질이 요구된다. 첫째, 시민사회의 구성원으로서 자신의 의견을 표현하고, 행동하고 책임을 지는 능력인 자율이다. 둘째, 연대이다. 시민사회의 구성원으로서의 자율은 나 혼자만의 자율이 아니라 '우리의 자율'이기 때문에 연대가 필요하다. 시민사회의 시민은 이러한 자율과 연대 능력을 갖추어 시민사회활동에 참여하는 시민이라고 할 수 있다.

사회과에서 추구하는 민주시민성은 정치적 참여 측면의 능동적인 참여 태도와, 민주적 의식 측면의 합리성을 동시에 요구하다고 있다고 할 수 있다. 헌법은 크게 기본권론과 통치구

---

25) 김영인·설규주, 『시민교육론』, 한국방송통신대학교출판부, 2012, 4쪽.
26) 김영인·설규주, 앞의 책, 9쪽.
27) 김영인·설규주, 앞의 책, 14-15쪽.
28) 강대현, 『한국 시민사회와 시민교육』, 한국학술정보, 2006, 161-162쪽.

조론의 두 가지 영역으로 구별되는데, 두 영역에서 민주시민성이 교육될 수 있다. 즉 헌법이 지향하는 내용적 가치로서 정의, 자유, 평등, 인간의 존엄과 가치, 인권 등은 그 사회의 공감대적 가치의 표현으로서 사회통합 기능을 한다는 점에서 민주적 의식의 내용을 규정한다. 또한 통치구조론은 인권 보장을 위한 권력의 제한, 민주적 의사 결정을 위한 정치적 참여의 형식과 절차를 체계화하고 있다고 볼 수 있다. 따라서 헌법교육을 통해 민주적 의식과 정치적 참여의 교육이 가능하고 합리적이면서 자주적인 민주시민 양성이 가능하게 된다. 헌법교육은 다수결을 빙자한 독재에 반대하는 한편 맹목적 정치 참여를 지양하게 한다. 따라서 민주시민성의 함양을 위해서는 헌법교육을 통하여 민주적 의식과 정치적 참여의 상호작용을 통하여 공동체 구성원의 상호 행복을 보장하고 공동체의 발전에 기여하는 자주적 민주시민으로 성장할 수 있도록 하여야 한다. 이러한 점에서 헌법교육은 개인의 행복 추구, 공동체 구성원의 상호 간의 배려, 공동체의 발전, 민주주의를 향한 능동적 참여, 자주적 인간의 완성 등을 균형적으로 요구하는 민주시민교육에 가장 적합하다.[29)]

민주시민교육을 헌법의 가치를 지향하는 교육으로 보고, 시민교육을 통해 길러내야 할 시민을 주권자적 인격성을 갖춘 헌법적 인간상인 '주권자적 인간'으로 지칭한 견해도 있다.[30)] 주권자적 인간은 첫째, 각 사람의 개성과 특징에 따른 배려를 하는 것이 헌법이 지향하는 사회정의이고 여기에서 사회적 연대가 생긴다. 둘째, 주권자적 인간은 주권자적 인권을 갖춘 자율적 인간을 지향하기에 일상생활에서 자율적인 책임과 의무 수행이 따라야 한다. 이것은 시민의 덕으로 유지되는 것이다. 셋째, 주권자적 인식, 즉 헌법에 대한 인식에 입각한 행동을 한다. 모든 국민들의 주권자적 인간화는 민주시민교육의 기초이자, 민주시민교육에 의해 함양되어야 하는 목표가 되어야 한다.

한편 민주시민교육을 헌법적 시민을 양성하기 위한 것으로 보고 공화주의적 덕성을 갖춘 시민을 길러야 한다고 보는 견해도 있다. 이 견해에서는 공화주의에서 인간의 자유를 정치공동체 속에서의 자기실현으로 파악하고, 그것을 정치공동체에의 자율적이고 적극적인 참여와 동일시한다.[31)] 공화주의적 덕성은 시민들로 하여금 정치공동체에의 자율적이고 적극적인 참여를 가능하게 만드는 조건들이다. 물론 사회 구성원들은 각기 다른 자질과 능력을 지닌 구성원들로 이루어져 있지만, 그들이 각자의 자질과 능력을 인정하면서 동등하게 지배하고 또 지배받는다는 점에서 평등하다. 따라서 정치공동체의 원활한 운영과 이를 통한 구성원들의 자기실현을 위해서는 사실적 불평등과 규범적 평등 사이의 모순적 상황을 충분히 인식하면서도, 시민으로서의 정치적 평등의 요청과 지혜로운 사람들의 숙고의 필요를 조화시킬 수 있

---

29) 유사한 취지로 전제철, "사회과 법교육의 반성과 과제-헌법교육을 중심으로-", 『법교육연구』 제1권 제2호, 2006. 12. 111쪽.

30) 강경선, 앞의 글, 333-337쪽.

31) 이국운, "공화주의 헌법이론의 구상", 『법과사회』 제20호, 2001, 138쪽.

는 지혜롭고 건강한 시민들의 존재가 필수적이다. 기본적 권리들을 토대로 성장하는 덕성을 갖춘 시민들로 인해 정치공동체 그 자체 또한 덕성을 갖출 수 있기에, 시민들의 덕성은 정치공동체와 개인을 공영의 길로 이끄는 핵심 고리이다.[32] 정치공동체의 세력균형을 유지하기 위해서는 헌법적 시민들의 양성을 통해 정치공동체의 덕성을 확보하는 일이 선행되어야 한다. 헌법적 시민의 양성을 위한 헌법교육의 궁극적인 출발점은 보편적인 규범이 아닌 덕성으로서의 '상호간의 경의' 또는 '관용'이다. 따라서 헌법교육의 내용은 단순한 헌법지식의 전수에서 덕성을 갖춘 시민들의 양성으로 그 초점이 바뀌어야 하며, 헌법교육의 자세 또한 세대와 세대를 이어가면서 비판적 토론 과정을 통해 헌법적 시민들이 스스로를 재생산하는 과정으로 변화되어야 한다.[33]

4. 소　　결

결국 시민교육에서 헌법교육이 필요한 이유는 민주주의를 기초로 한 우리 사회를 유지·존속하고 공동체 구성원 각자의 행복을 추구하기 위함이다. 헌법은 그 사회 구성원들의 합의에 기초한 가장 기본적인 한 사회의 약속이며 최고 규범이다. 헌법에 대해 알고 헌법을 보호하고자 노력하며, 그 가치를 실천하는 일은 그 사회의 유지 및 존속과 개인의 행복 추구, 자아의 완성을 위해 그 사회의 시민들에게 필요한 가장 기본이 되는 덕목이다. 따라서 헌법교육을 통해 교육되어야 할 시민교육의 덕목은 시민들이 스스로 헌법적 가치를 추구하는 자세가 된다. 헌법재판소는 헌법상의 인간상을 자기결정권을 지닌 창의적이고 성숙한 개체로서의 국민으로, 자신이 스스로 선택한 인생관·사회관을 바탕으로 사회공동체 안에서 각자의 생활을 자신의 책임 하에 스스로 결정하고 형성하는 민주시민이라고 판시하고 있다.[34] 이는 인간공동생활을 책임 있게 함께 형성해 나갈 사명을 간직한 인격체(사회성)로서의 인간과 모든 생활영역에서 스스로 주체적으로 결정하고 자유로운 개성신장을 추구하고 실현시킬 수 있는 능력을 갖춘 인격체(주체성)로서의 인간을 의미한다는 견해[35]와 같은 맥락이라고 할 수 있다. 따라서 공동체의 시민이 갖추어야 할 덕성은 사실 헌법에 내포되어 있는 인간상과 유사하다고 할 수 있다. 시민적 덕성이 여러 개념과 단어들로 다양하게 기술될 수 있겠지만, 결국 헌법이 추구하는 이상과 크게 다르지 않다. 그렇다면 공동체 구성원들이 그 사회의 가장 기본이자 최고규범이면서 생활규범이 되는 헌법을 바로 알고 실천할 수 있도록 교육하는 것은 민주시민교육의 핵심적인 과제가 되는 것이다.[36]

---

32) 이국운, 앞의 글, 139-140쪽.
33) 이국운, 앞의 글, 147-150쪽.
34) 헌재 1998.5.28. 96헌가5.
35) 허영, 『한국헌법론』, 박영사, 2009, 136쪽.
36) 민주시민교육의 일환으로서 헌법교육의 중요성이 이러함에도 최근 교육과정에서의 사회과 위축 현상은 상

Ⅲ. 헌법교육의 발전 방향

1. 서 설

헌법교육의 방향은 선행연구에서 대체로 다음과 같이 정리된다.[37] 헌법의 의미와 중요성이 재인식되어야 하고, 헌법교육에서 지식적인 측면보다 가치적인 측면이 강조되어야 한다. 그리고 생활 속의 헌법교육이 되어야 한다거나, 초등교육과 중등교육에서 체계적인 헌법교육이 이루어져야 한다는 논의도 다수 있다. 궁극적으로 학생들이 인권을 존중하고 민주적인 가치를 실현하는 자세를 가져야 한다는 견해도 공통적이다. 이상의 내용을 종합하면서 헌법교육의 필요성에 비추어본다면, 헌법교육의 내용 또는 방향은 헌법적 가치의 공유를 위한 헌법 가치 교육, 헌법적 가치의 실천을 위한 헌법 실천 교육이 되어야 한다고 생각한다. 헌법교육이 최고규범이면서 생활규범이 되는 헌법을 바로 알고 실천할 수 있도록 교육하는 것이고, 공동체의 시민이 갖추어야 할 덕성은 사실 헌법에 내포되어 있는 인간상이기 때문이다. 헌법교육을 통해 개인은 헌법적 인간, 즉 헌법이 추구하는 인간상, 다름 아닌 민주시민을 이루어가게 되고, 국가는 입헌국가, 헌법을 추구함으로 사회통합을 이루어가는 국가가 되는 것이다.[38] 헌법적 가치라는 것이 명확하게 나열될 수 있는 것은 아니지만, 보편적인 헌법 가치로 꼽을 수 있는 것은 정의, 자유, 평등, 인권, 민주주의, 자유주의 혹은 공화주의, 법치주의, 권력의 분립, 관용과 배려, 공동체에 대한 개인의 책임 등이라고 할 수 있다. 이러한 내용들을 전제로 헌법교육의 방향을 헌법 가치의 이해와 공유, 그리고 헌법 실천으로 나누어 설명하고자 한다.

2. 헌법 가치의 이해와 공유

헌법적 가치는 헌법에 내포되어 있는 시민적 덕성이다. 따라서 공동체 구성원이 합의한

당히 염려스러운 상황이다. 학생들의 학습 부담을 이유로 교육과정을 개편한다는 명목하에 결과적으로는 교육과정을 비정상적으로 운영하는 것은 오히려 학생들의 학습 부담만 가중시킬 뿐이다. 이러한 교육 현실에서는 공동체의 미래 세대가 민주시민으로 성장하도록 돕는 교육을 경시한 채 이기적이고 경쟁적인 구성원들만 양산하게 될 위험이 많다. 이는 교육의 목적을 포기하는 것이나 마찬가지라고 할 수 있다. 교육이 국가와 사회의 공동체 발전에 기여하고 공동체 구성원으로서의 자질을 갖출 수 있도록 정상화되는 것은 헌법교육의 재인식에서 출발한다고 할 수 있다.

37) 곽한영, "초중등교육에서 헌법교육의 현황과 과제", 『법교육연구』 제8권 제3호, 2013. 12; 박상준, "헌법교육의 내용 구성 방안", 『법과인권교육연구』 제6권 제2호, 2013. 8. 65쪽 이하; 김자영, "헌법적 가치 함양을 위한 헌법교육의 방법 연구", 『법교육연구』 제9권 제2호, 2014. 8. 51쪽 이하; 김현철, 앞의 글, 89쪽 이하; 박상준, "헌법교육의 내용 구성 방안", 『법과인권교육연구』 제6권 제2호, 2013. 8. 65쪽 이하; 이지혜, "초등학교 사회과 헌법교육 내용 요소 분석", 『법과인권교육연구』 제8권 제1호, 2015. 4. 71쪽 이하 등을 참조하였다.

38) 전광석, "헌법과 국민통합", 『법제연구』 제30호, 2006. 6.

헌법에는 최고의 가치로 여기는 시민적 덕성, 공동체에서 실천되어야 한다고 믿는 시민적 덕성이 내포되어 있다. 그러한 헌법교육을 통해 시민적 덕성을 공유할 수 있게 된다. 그런데 그러한 시민적 덕성은 사실 헌법 제정의 역사적 배경과 헌법전의 구조에 따라 어느 정도 체계적으로 교육될 수 있다고 본다. 그렇다면 헌법적 가치는 어떠한 내용에서 교육되고 이해될 수 있는가?

첫째, 헌법의 역사적 형성에 대한 교육을 통해 가능하다.[39] 헌법은 역사를 통해서 체험과 투쟁을 통해 형성된 것이기 때문에 헌법의 역사적 이해를 통해 헌법적 가치를 공유할 수 있다. 자연권으로서의 인권이 헌법에 규정되면서 기본권이 헌법적 최고 가치를 지니게 되었고, 국가 공동체를 탄생시키기 위하여 헌법적 가치를 규범화하였으며, 국가권력의 남용을 방지하기 위하여 통치구조에 관한 규정을 자세하게 두었던 것이다. 우리나라의 경우 이러한 헌법 일반적인 가치뿐만 아니라 우리 공동체가 갖는 특수성에 대한 이해를 전제로 하는 헌법교육이 이루어져야 한다. 즉 대한민국 국가공동체는 어디에서 왔으며 어떤 역사를 갖고 그 구성원은 어떤 삶을 유지해 왔는가? 대한민국임시정부의 계기가 된 3·1혁명은 어떤 의미가 있는가? 해방 이후 우리나라는 어떤 정부와 어떤 국가를 이상으로 삼았는가? 1948년헌법(건국헌법)의 제정은 어떤 이상을 담고 있었는가? 1948년헌법이 갖는 의미는 무엇이며 남북 분단은 어떻게 이해되어야 하는가? 1948년헌법은 어떻게 만들어졌으면 건국의 과제들은 무엇이었는가? 주요한 사상과 실천 과제는 무엇이었는가? 우리나라는 민주적인 헌정이 정상적으로 발전하였는가? 민주헌정의 운영에 어려움은 어떠한 것이 있었는가? 민주화의 계기가 된 국민적 운동은 무엇이 있었는가? 현행헌법인 1987년헌법에 이르는 과정에서 국민의 노력에는 어떠한 것이 있었는가? 등이 될 것이다. 헌법의 역사는 과거 헌법이 탄생된 배경에 대한 이해를 통해 미래 세대가 헌법적 가치를 존중하면서 발전시켜 나가야 하는 것이기 때문에 헌법교육에서 헌법의 역사적 이해는 대단히 중요하다고 할 수 있다.

둘째, 헌법의 이념에 대한 교육을 통해 가능하다. 우리나라 헌법의 이념은 국민주권, 입헌주의 기본권의 보장, 국가구조원리로서 민주주의와 법치주의를 들 수 있다.[40] 교육학에서는 헌법의 이념보다는 헌법의 가치 차원에서 접근한다. 예를 들면, Dynneson & Gross에 의하면 자국의 헌법에 포함되어 있는 가치를 가르침으로써 사회 구성원의 응집력을 높일 수 있다고 보아, 사회과 교육에 포함시켜야 할 핵심적 가치로서 12가지(정의, 평등, 박애, 경쟁, 타협, 협동, 정직, 충성, 자유, 존경, 관용, 개인주의)를 제시하였다.[41] 헌법교육을 통한 민주시민

---

39) 헌정사를 소재로 한 헌법교육의 방법론에 관해서는 김자영·전진현·김경래, “헌정사를 활용한 헌법교육 방안 탐색”, 『법교육연구』 제10권 제1호, 2015. 4. 17쪽 이하 참조.

40) 헌법교육에 있어 공화주의에 대한 접근도 필요하다고 본다. 이와 관련해서는 김선택, “공화국원리와 한국헌법의 해석”, 『헌법학연구』 제14권 제3호, 2008. 9. 45쪽 이하; 이국운, “공화주의 헌법이론의 구상”, 『법과 사회』 제20호, 2001, 129쪽 이하; 이국운, 『헌법의 주어는 무엇인가』, 김영사, 2017 참조.

교육은 내용적인 측면에서 이러한 헌법의 기본가치의 전달을 통해 담보될 수 있다.

셋째, 인권의 보장에 대한 교육을 통해 가능하다.[42] 헌법적 가치로서 인권의 보장을 사회 구성원이 공유한다면, 공동체 구성원들이 자신의 자유를 최대한 누리고 행복을 자주적으로 추구할 수 있으며 공동체가 유지될 수 있도록 시민적 덕성을 발휘함으로써 다른 사람의 인권을 보호하는 것이 가능해진다. 물론 인권교육의 독자성을 강조하기 위해 인권과 기본권 간의 차이를 강조하는 견해도 있다. 인권이 권리의 자연권성을 강조하고 보호 범위에서 확장적 성격을 가지며 국제법적인 수준에서의 강화된 보호를 내포하는 성격이 강하다는 점에서 인권과 기본권 간의 의미 차이가 없는 것은 아니다. 그러나 헌법교육에서 기본권이라는 용어를 사용하더라도 기본권의 헌법적 가치, 기본권의 보호 노력을 강조하면 인권과 기본권의 개념상 차이를 극복할 수 없을 정도는 아니라고 생각된다. 다만 중등교육에서 기본권을 교육할 때에 헌법의 기본권 분류체계에 따라 지식적 차원에 머무르는 경향이 있는 것은 사실이다. 기본권의 분류체계와 성격도 중요하지만, 인권 감수성의 강조, 인권 침해의 구제 등이 헌법교육 측면에서 실천적 과제로 중요하기 때문에 헌법교육에 있어서 기본권이라는 용어로 교육하는 경우에도 인권적 성격을 강조하는 것이 바람직하다고 생각된다.

넷째, 권력의 분립과 통치기관의 역할에 대한 교육을 통해 가능하다. 그러나 현재의 교육체계에서는 권력 분립의 기능과 가치보다는 그 의미와 그에 따른 통치기관의 권한과 기능이 강조된 측면이 있다. 이는 헌법의 가치적 측면에서 헌법을 교육하지 않고 인권과 통치기관을 분리하여 병렬적으로 학습하는 데서 오는 부작용이 아닌가 생각된다. 정부의 권한과 기능도 중요하지만 이러한 권한과 기능의 궁극적인 목적이 국민의 기본권 보장, 즉 인간의 존엄과 가치 및 행복의 보장임을 늘 염두에 두어야 한다. 아울러 직접민주주의 방식의 참여 이외에도 국민이 국민주권 원리에 따라 대의제하에서 적극적으로 참여할 수 있음을 교육해야 한다.

3. 헌법의 실천

헌법적 가치는 개인의 행복과 공동체의 유지를 위하여 생활 영역에서 실천되어야 한다. 헌법은 공적 영역에 한정되는 것이 아니라, 사적 영역과 공적 영역을 아우르고, 정치, 경제, 문화, 사회 등 공동체 삶의 전반에 걸쳐 나타난다. 따라서 헌법적 가치를 공동체적으로 실현하기 위해서는 공동 구성원이 헌법적 가치를 전 생활 영역에서 실천하는 것이 필요하다.[43]

---

41) Dynneson · Gross · Berson, *Designing Effective Instruction for Secondary Social Studies*, Waveland Press, Inc.; 3rd edition, 2007.

42) 허종렬, "법교육과 인권교육의 관계", 『한국 법과인권교육학회』 제2권 제1호, 2009. 4. 73쪽 이하.

43) 이덕연, "'헌법적 정체성'의 확립과 '자기교육'으로서 헌법교육", 『연세 공공거버넌스와 법』 제4권 제2호, 2013. 8. 3쪽 이하에서는 헌법교육이 헌법의 가치질서체계와 자유민주적 법치국가의 헌정체제에 대하여 적극적인 이해와 수용, 그리고 더 나아가서 참여와 수호의 의지까지 갖추는 태도를 확립하는 것이어야 함을 강조한다.

헌법적 가치의 실천은 교과교육에서 지식의 습득만으로 가능한 것이 아니라 교사의 학급 운영, 교과 내외의 활동 전반을 통해서 학습되어야 한다. 헌법 실천 교육을 제대로 하기 위한 것에는 법교육의 방법론에 있어서도 개선이 필요하다. 단순히 지식을 전제로 사례에 적용하는 현재와 같은 방식은 한계가 있기 때문이다. 예를 들어 일상생활적 요소를 활용한 헌법교육, 입법과정을 통한 헌법교육, 헌법재판을 통한 헌법교육, 헌법가치의 실천이 구현되는 소재를 활용한 헌법교육 등 다양한 교육 방안을 활용하는 것이 필요하다. 다만 헌법 실천 교육을 위한 헌법교육에의 접근 방식 또는 교수-학습 방법, 수업모형에 대한 다른 연구가 뒷받침 되어야 할 것이다.

헌법가치의 실천을 위해서는 헌법교육이 인권과 통치구조에 한정되는 것이 아니라 헌법이 규율하는 공동체 삶의 전반에 대해 논의하는 것이 필요하다. 전술하였던 것처럼 헌법교육이 법교육의 일부가 아니라 최고규범으로서 갖는 지위에 따라 법교육의 일부를 넘어서는 그 이상의 의미가 있기 때문이다. 따라서 인간의 존엄과 가치 및 행복추구권 등 헌법의 이념으로서 헌법적 가치 이외에 국민 개개인의 생활을 실천적으로 규율하는 가치가 있음도 함께 교육되어야 한다. 예를 들어 개인생활과 법의 중요한 이념적 기초가 되는 계약의 자유, 자신의 행위에 대한 책임, 재산권의 보장과 공공복리에 적합한 재산권 행사, 직업 생활, 교육과 관련된 권리, 양성평등을 기초로 한 부부 및 가족관계 등이 교육될 수 있고, 범죄와 형벌과 관련하여서는 죄형법정주의, 신체의 자유 등이 교육될 수 있다. 정치생활과 법에서는 참정권, 언론 · 출판 · 집회 · 결사의 자유의 중요성, 소수자 보호의 필요성, 다수결의 원리와 가치, 권력분립의 목적 등이 교육되어야 하고, 사회생활과 법에서 이해의 전제가 되는 근로자의 권리, 소비자의 권리, 환경, 경제질서에서의 자유와 창의 및 경제민주화를 위한 규제와 조정에 대해 교육이 이루어져야 한다. 이러한 공동체 삶의 전반에 관한 내용들은 기본권의 내용 면에서도 교육될 수 있지만, 실제 사회문제 가운데에서 어떻게 실천되어야 하고, 공동체 구성원의 행복 추구와 자기완성에 어떤 기여를 하는지, 이러한 실천을 하기 위해 민주시민으로서 어떤 덕목을 지녀야 하는지 등과 관련하여 교육 내용에 포함될 요소들이라고 할 수 있다.

이 외에 헌법 실천 교육에 헌법전 자체에 대한 교육이나 헌법전 읽기 교육이 어떠한 의미나 유용성이 있는지에 관한 논의가 있다. 이와 관련하여 필자의 정확한 이해가 아닐 수 있지만, 법률 전문가들은 헌법전을 직접적으로 가르쳐야 한다는 입장에 서고 있는 듯하고,[44] 교육 전문가들은 헌법전 교육에 대해 다소 회의적인 입장인 것으로 판단된다. 그런데 헌법이 공동체의 구성원이 어울려 살아가면서 자신의 행복을 추구하고 타인의 행복을 배려하는 최소한의 약속이라는 점을 강조한다면, 그 약속에 대한 이해와 숙지가 필수적이라고 할 수 있

44) 김대환 · 박훈, "시민을 대상으로 한 헌법교육의 방향", 『법교육연구』 제4권 제1호, 2009. 6. 68쪽.

다. 헌법전에는 공동체와 구성원이 공존하기 위해 무엇이 필요한지, 어떠한 가치가 필요한지, 어떠한 시민적 덕성이 요구되는지 잘 표현되어 있다. 헌법전에 대한 이해와 성찰 없이는 헌법 실천이 쉽지 않은 일이다. 따라서 헌법전에 대한 성찰을 통해 헌법의 가치를 이해하고 '헌법'이라는 약속을 존중하며 지키려고 노력하는 자세가 자연스럽게 길러져야 한다. 다만 문제는 헌법전의 이해가 일반인이나 학생의 입장에서 쉽지 않다는 점에 있다. 그리고 법학교육에서 헌법의 체계적 해석을 추구하는 학문적 습관이 법교육으로서의 헌법교육에 투영되어 헌법전에 대한 교육이 마치 헌법의 전문적 해석을 위해 필요한 것으로 오해하는 것은 문제이다. 헌법전을 읽고 이해해야 하는 것은 헌법이라는 약속의 산물을 만들어낸 공동체 구성원들의 삶에 대한 이해가 필요하기 때문이다. 헌법은 공동체 구성원이 서로 지킬 것으로 신뢰하고 있는 공동체의 설계도 또는 이상적으로 구현하고 싶어하는 체계이기 때문에 헌법전 자체가 이해하기 다소 어렵더라도 헌법전에 대한 이해와 성찰에 대한 교육은 필수적이라고 할 수 있다. 물론 헌법전의 이해를 돕기 위해 여러 가지 보조 자료가 사용되거나 쉽게 풀어 쓸 수 있는 것이기에, 이러한 몫은 헌법교육을 실시하는 사람의 몫이라고 하겠다.[45)]

학교는 헌법교육의 실천의 장이 되어야 한다. 학생들은 학급과 학교 공동체에서 헌법적 가치들을 확인하고 학습할 권리가 있다. 학교에서 학생들은 민주주의와 법치주의, 그리고 인권의 존중을 경험해야 한다. 그러기 위해서는 학교교육과 운영이 헌법합치적으로 개혁될 필요가 있다. 헌법교육이 이루어지는 학교교육에서 생활이 오히려 반헌법적일 경우 헌법교육은 그 효과를 나타내기 어렵다. 학교교육에서부터 편견의 예방과 차별 금지, 학생 인권의 존중, 학교 공동체 구성원 간의 존중, 학교의 민주적 운영 등 헌법적 가치의 실천이 중요하다.[46)]

다른 한편 헌법적 가치의 실천과 관련하여 준법교육의 문제가 있다. 준법교육은 사전적으로는 법률이나 규칙을 지키도록 하는 교육이라고 할 수 있고, 구체적으로는 법규와 사회 보편가치를 준수하고 이에 따라 행동하도록 하기 위해서 시행되는 직간접적인 교육활동과 프로그램이라고 할 수 있다.[47)] 법교육 또는 좁게는 헌법교육을 논의하면서 준법교육을 함께 논의하는 견해들이 있으나 헌법교육이 헌법적 가치의 실천 교육을 포함한다고 하더라도 그것이 준법교육 자체를 의미하지는 않는다. 준법교육이 헌법교육의 일부가 되거나 교육 과정에서 필요할 수는 있으나, 헌법교육의 목적이 준법교육으로 치환될 수는 없고, 준법교육이 헌법교육으로 충분하거나 헌법교육을 정당화하는 것은 더더욱 아니다. 헌법교육은 헌법적 가치를 민주적 시민들이 형성해 나가도록 하는 교육이기 때문에 헌법에 단순히 복종하거나 고착

---

45) 성낙인 지음·이영욱 그림, 『만화판례헌법 1: 헌법과 정치제도』, 법률저널, 2012; 성낙인 지음·이영욱 그림, 『만화판례헌법 2: 헌법과 기본권』, 법률저널, 2013; 성낙인, 『우리 헌법 읽기: 법과사회 칼럼집』, 법률저널, 2008 등도 이러한 시도로 볼 수 있다.

46) 오동석, "학교에서 헌법실천교육의 의의와 과제", 『법과인권교육연구』 제4권 제2호, 2011. 8. 37쪽 이하.

47) 송성민, "준법교육의 의의와 한계에 관한 고찰", 『법교육연구』 제7권 제1호, 2012. 6. 85쪽.

화된 헌법을 단지 유지해 나가는 것에 머물러서는 안 된다. 헌법의 가치를 교육한다는 것도 헌법적 가치의 주입이 아니라 헌법적 가치에 대한 자발적, 자율적 동의가 되어야 한다.[48)]

이상의 내용을 정리하면 헌법교육의 방향은 결국 민주시민의식을 함양하는 방향으로 이루어져야 한다. 이는 헌법의 최고성에 대한 믿음, 헌법의 실천을 통한 생활화, 인권의 강조와 국가 권력의 제한에 대한 믿음, 헌법적 인간의 육성, 헌법적 가치 교육을 통한 시민적 덕성의 함양, 헌법적 가치의 공유와 헌법을 수호하려는 의지 등이다. 준법의식은 법의 긍정적 측면이나 부정적 측면을 강조함으로써 이루어지는 것이 아니라 법에 대한 가치를 깨닫고 주어진 상황에서 법의 적용의 가치를 높이 평가할 때 자발적으로 실행되어야 하는 것이다. 즉 준법교육 자체는 필요하지만, 준법'의무'만을 강조하는 교육이 되어서는 안 된다. 준법교육은 헌법을 포함하여 법과 약속이 지킴으로써 공동체 전체가 법을 지킴으로 유익하다는 신뢰가 발전할 수 있도록, 법의식의 변화를 유도할 수 있는 자연스러운 교육이 되어야 한다.

Ⅳ. 결 어

헌법교육은 법교육의 일부이자 시민교육의 성격이 강함에도 불구하고, 법학의 학문 분야 분류의 영향을 받아 실정법-국내법-공법-헌법의 분류 체계 하에서 인식되어 왔다. 중고등학교의 헌법교육은 중학교 <사회> 중 인권 단원 또는 헌법기관 단원에서, 고등학교 <법과 정치>의 6개 대단원 중 1개 대단원의 비중으로만 다루어지기도 하였다. 우리나라의 헌법교육이 해방 이후 교수요목기부터 시작되어 이후 정치교육의 중요한 부분으로 인식되었지만, 선거와 정당 등 정치 참여는 헌법교육과 관련이 없는 것처럼 학습되었고, 권위주의 시기에는 헌법교육이 권리 중심의 교육이 아닌 의무 중심의 교육으로 이루어지기도 하였다. 헌법교육이 법교육의 일부로서 독자성을 가진 최근에도, 헌법교육은 시민교육보다 사법교육, 범죄와 형벌 또는 근로관계 등에 대한 법교육과 병렬적으로 구분되는 범주로 생각하는 경향이 많은 것으로 보인다. 그러나 이러한 헌법교육은 헌법을 민법이나 형법과 대등하게 보고 헌법교육의 가치와 목적, 내용과 위상을 축소하게 되는 것이라고 할 수 있다.

헌법은 우리의 일상생활을 규율하게 하는 최고법이면서 우리 국민이 국가공동체를 이루는 최소한의 약속이다. 헌법은 우리 국가공동체의 청사진이자 우리 국민과 국민, 국민과 국가 간의 약속으로 서로 아껴 주고 서로의 꿈을 이루어주기로 약속한 문서이다. 헌법을 지키면 헌법이 실현되는 국가가 되고 그 구성원인 국민은 각자 자신의 꿈을 이룰 수 있다는 믿음과 확신의 문서이다. 따라서 헌법교육을 통해 개인은 헌법적 인간, 즉 헌법이 추구하는 인

---

48) 성낙인, 『헌법과 생활법치』, 세창출판사, 2017에서는 민주시민의 기본적 덕목을 생활 속에서 구현하는 생활법치(生活法治)를 강조한다.

간상, 다름 아닌 민주시민을 이루어가게 되고, 국가는 입헌국가, 헌법을 추구함으로 사회통합을 이루어가는 국가가 되는 것이다.

헌법은 민주주의와 법치주의를 기본 구조로 하면서 민주주의를 통해 구성원의 참여를 촉진하고 권력분립과 법치주의를 통해 인권보장을 실현한다. 따라서 헌법교육은 헌법이 한 국가의 최고법으로 자리매김하게 하는 교육이고 국가 공동체에서 인권 보장과 민주주의가 실현되도록 하는 교육이다. 시민이 국가공동체의 구성원이 되어 공동체에 참여하기 위해서는 헌법에 대한 신념과 실천 의지가 있어야 한다. 헌법교육은 그 내용에 있어 헌법적 원리와 인권의 보장, 국가공동체(통치구조)가 중심을 이루게 되지만, 이는 단순히 기본권의 종류와 통치기관의 지위와 권한이라는 지식적인 부분만 가르치는 교육이 되어서는 안 된다. 인권 보호와 권력 분립이 추구하는 가치, 즉 헌법적 정의와 그 정의의 실천이 교육의 내용이 되어야 한다. 아울러 헌법은 국가공동체의 역사를 통해 국민들의 공감대가 형성되어 온 것이므로 헌법의 역사에 대한 교육이 함께 병행되어야 한다.

이렇게 헌법교육이 추구하는 가치와 목표가 온전히 이루어지면 헌법을 수호하려는 의지, 헌법이 내포하고 있는 시민적 덕성 즉, 자유와 평등, 공화적 시민, 인간의 존엄과 가치의 추구, 공동체의 평화, 구성원 상호 간의 관용과 배려, 공동체에 대한 충성과 질서 등을 공유하고 실천하게 된다. 그렇게 함으로써 입헌국가가 실현될 수 있다고 기대된다. 준법의식이 법교육이나 헌법교육의 직접적인 목적이 된다면 자칫 의무교육으로 인식되는 우를 범하기 쉽다. 그보다는 헌법교육을 통해 공동체에 대한 애정과 공동체 내에서의 약속에 대한 충실을 도모함으로써 법의식을 제고하는 것이 자연스럽게 준법생활로 이루어지는 첩경이 될 것이다. 헌법교육은 궁극적으로 헌법이라는 약속을 지키려는 의지, 헌법은 지켜져야 한다는 신념, 헌법은 나 자신부터 실천하겠다는 노력으로 결실 맺어야 한다. 이 글에서는 이를 헌법의 최고성에 대한 믿음과 헌법의 실천을 통한 생활화로 요약하였는데, 이는 개인의 입장에서 헌법적 인간=자주적 인간=민주적 시민의 완성, 국가 공동체 입장에서 입헌국가의 실현과 다름 아닌 말이다.

14. 법학전문대학원 체제 하에서 학부 헌법교육 정상화의 모색*
– 전문교육 다변화와 시민교육 활성화의 투 트랙 방안을 제안하며 –

윤 성 현**

Ⅰ. 서 설

2009년 법학전문대학원(이하 '법전원'으로 약칭) 체제의 출범 이후 대한민국의 법학교육과 법조인 양성체제는 근본적인 변화를 겪고 있음은 주지의 사실이다.[1] 정부 수립 이후 60년간 법학부에서의 법학교육과 사법시험을 거쳐 사법연수원으로 이어지는 법조인 양성체제가 지속되어 오다가, 1990년대 김영삼 정부 이후로 김대중 정부와 노무현 정부에서 사법개혁 논의가 이어지면서 시험이 아닌 교육을 통한 선발을 이루기 위해서는 미국식의 로스쿨 제도를 도입하여 근본적인 변화를 주는 것이 필요하다는 논의가 이어졌다. 노무현 정부 말 우여곡절을 거쳐 「법학전문대학원 설치·운영에 관한 법률」이 통과되면서 시작되어 우리 법조인 양성시스템을 획기적으로 변화시키고 있는 현 법전원 체제는, 과거보다 변호사 배출인원을 획기적으로 증원하여 법률서비스의 비용을 낮추고 다양한 전공의 학생들이 법학분야에 진출하게 하여 이들의 전문성·다양성을 통해 미래 시대에 부응하는 양질의 법률서비스를 제공한다는 취지로 도입되어,[2] 이제 햇수로 10년째, 졸업생 배출로는 7년째를 맞고 있다.

60년간 이어온 제도를 바꾼지 10년째인 지금 새로운 법전원 체제의 성패 자체를 논하기에는 다소 이른 감도 없지는 않으나, 그러나 적어도 강산이 변할 만큼의 기간이 지났고 지난 10년간 배출된 변호사 수가 그 이전 60년간 배출한 변호사 수를 상회할 수준에 이르고 있다면, 지금 단계에서 중간 점검은 불가피할 것이다. 다만 현 시점에서 분명해 보이는 것은 법전원 체제의 도입 이후 법전원 설치 대학에서는 학부에서 법학과를 폐지하도록 한 법률의 영향으로, 그리고 법전원이 설치되지 않은 대학의 법학과에서는 법전원 인가를 받지 못했다

---

* 본 논문은 "법학전문대학원 시대의 학부 헌법교육 정상화를 위한 시론-시민교육과 광의의 전문교육의 투트랙(two-track) 교육방안"이라는 제목으로 발표한 기왕의 논문(법교육연구, 2014.8, 73-103면)을 이후의 변화된 헌법교육의 현실과 이론적 논의를 상당 부분 반영하여 새롭게 수정·보완한 것이다.

** 한양대학교 정책학과 교수, 헌법학

1) 김종철, "로스쿨 체제하에서 교양법학교육의 필요성과 범위", 법과사회 제35호, 2008; 김창록, "한국 로스쿨 제도의 현단계와 전망", 법학논고, 32호, 2010; 성낙인, "헌법학 연구와 교육 방법론 연구", 동아법학 제54호, 2012 등 참조.

2) 법학전문대학원 설치·운영에 관한 법률 제2조(교육이념) 법학전문대학원의 교육이념은 국민의 다양한 기대와 요청에 부응하는 양질의 법률서비스를 제공하기 위하여 풍부한 교양, 인간 및 사회에 대한 깊은 이해와 자유·평등·정의를 지향하는 가치관을 바탕으로 건전한 직업윤리관과 복잡다기한 법적 분쟁을 전문적·효율적으로 해결할 수 있는 지식 및 능력을 갖춘 법조인의 양성에 있다.

는 이유로 그동안 학부에서 담당해온 법학교육이 대폭 축소되거나 부실화의 길을 걷고 있다는 점이다.[3] 이에 대해서는 학부에서의 교육이 전문대학원의 교육으로 수직 이동한 이상 학부교육의 약화는 불가피한 것이라는 반론이 있을 수 있다. 그러나 이는 법학교육을 종전처럼 사법엘리트 양성을 위한 교육과정의 일부로 이해할 때만 가능한 반론이다. 법학교육은 이제 과거와 같이 사법엘리트를 양성하는데 국한되는 것이 아니라 입법·행정은 물론 시민사회 영역의 엘리트에 대한 교육도 포함하는 것으로 이해할 필요가 있다. 나아가 이제 법학교육은 엘리트의 전유물이 아니라 시민 개개인이 갖춰야 할 필수적인 소양으로서의 의미를 가지는 것으로 이해되는데, 이러한 시민교육으로서의 법학교육은 과거의 법학과에서는 물론 지금의 법전원에서도 거의 관심을 기울이고 있지 못하나 매우 중요한 의미를 가지는 새로운 관점과 방식의 교육이다.

법학교육 중에서도 헌법교육의 문제에 있어서 이러한 점은 가장 두드러진다. 왜냐하면 헌법은 모든 개별법과 실정법의 모태가 될 뿐 아니라, 나아가 헌법은 전문지식의 측면에 더하여 한 국가의 주권자로서, 민주시민으로서 가져야 할 자세와 덕목, 실천의 문제까지 포함하는 근본적인 문제를 총체적으로 다루기 때문이다. 이렇게 확대된 전문교육 및 시민교육으로서 헌법교육을 파악한다면, 단순히 사법엘리트 교육의 일환으로서의 헌법교육에 비해 교육수요는 현저히 증가하여야 맞지만, 지금의 법전원은 실무 중심의 민·형사 교육의 비중이 실질적으로 늘어나는 추세이고, 또한 법전원 체제의 학부는 폐지됨으로 인해 이들 대학에서의 학부 법교육은 거의 공동화에 가깝게 되어 헌법교육의 비중이 줄어들고 있다. 이는 개인적 차원에서는 수요와 공급에 기초한 시장 논리에도 맞지 않을 뿐 아니라,[4] 국가공동체의 측면에서는 입헌민주적 시민교육이 제대로 이뤄지지 않음으로써 자유민주적 기본질서에 입각한 민주공화국을 실현하는데 적잖은 지체현상을 불러올 수 있는 위험성을 내포한 우려스러운 상황으로 판단된다.

따라서 이제는 헌법교육의 문제를 과거와 같이 단순히 법조인 양성의 한 방편으로만 가볍게 치부할 것이 아니라, 법조인 양성을 넘어 대한민국의 입헌민주적 시민을 양성하는 기초적인 작업으로 이해해야 하며, 따라서 이를 법전원의 과제로만 둘 것이 아니라 고등교육의 뿌리인 학부에서부터 중요한 관심을 가지고 접근할 문제라고 생각한다. 이러한 관점에서 필자는 우리나라에서 1987년 헌법개정 이후 헌법교육 패러다임이 종전과 다르게 전환하고 있는 모습을 간략히 살피고, 이에 따라 전문교육의 범위와 대상이 확대되고 나아가 시민교육으로서의 헌법교육이 강조된다는 점을 살펴보고(Ⅱ), 이러한 헌법교육의 의미 변화를 고려할

3) 박찬운, "영국 법학교육의 현실과 그것이 한국 로스쿨 교육에 주는 함의", 저스티스 159, 2017.4, 399, 424면; 성낙인(주1의 논문), 67-70면.

4) 필자는 헌법교육이 수요확대에 따라 공급도 당연히 그에 부응하여 커져야 한다는 관점에서, 이를 헌법교육의 '강화'가 아닌 '정상화'로 명명하는 것이 더 정확한 용례라고 본다.

때 앞으로 학부에서의 헌법교육이 구체적으로 어떻게 제도화되어야 하는지를 교육목표와 내용, 주체·대상, 그리고 방법의 문제로 나누어 보고자 한다(Ⅲ).

Ⅱ. 1987년 헌법 이후 헌법교육 패러다임의 전환

1. 헌법에 기초한 국가 시스템의 정상화

1948년 제헌헌법 이후 헌법규범이 사회현실과 조화를 이루지 못하는 권위주의 시대를 오랫동안 보낸 뒤 현행 헌법인 1987년 헌법이 등장한 이후에야 비로소 헌법은 과거 권위주의 통치의 부속물 내지는 장식물에 불과하다는 혐의에서 벗어나 당위의 관점에서 사회현실을 리드하는 규범적 헌법으로 거듭나기 시작하였다.[5] 이제 우리의 헌법은 문언만이 아니라 그 실질에 있어서도 국민주권을 실현하고 민주공화국을 지탱하는 온전한 의미의 헌법으로 거듭나기 시작한 것이다. 즉 과거 헌법이 대체로 권력의 사유화와 도구화를 통해 위정자들의 일방적 권력행사를 보조해주는 역할에 동원되었다면, 1987년 헌법 이후로는 경찰력, 군사력, 사정기관 등을 동원한 통치는 점점 힘을 잃어가고, 이제는 종래의 일방적·하향적 권위의 행사가 국민 모두가 참여하는 헌법적 권위로 대체되어가는 현상이 두드러지게 나타나고 있다.[6] 특히 이를 가속화시킨 것은 1987년 헌법의 결단인 대통령 단임제 도입 이후 선거를 통한 평화적 정권교체가 뿌리를 내린 점이 그 하나일 것이고, 다른 하나는 역시 1987년 헌법을 통해 본격적으로 처음 활동을 개시한 헌법재판소가 국가에 대한 권력통제와 국민의 기본권 신장에 기대 이상의 역할을 해줌으로써 민주화에 기여한 것이 아닐까 생각한다.[7]

선거를 통해 대통령에 대해 책임을 묻고 수평적 정권교체를 이뤄낸 경험은 우리 국민들에게 스스로가 진정한 대한민국의 주권자라는 의식을 새롭게 각성하게 되는 계기가 되었다. 또한 헌법재판소는 위헌법률심판과 헌법소원심판, 심지어는 대통령에 대한 탄핵소추심판까지 함으로써, 종래 통제받지 않는 권력이었던 국회와 행정부, 나아가서는 사법부의 권력 행사 일부에 대해서도 견제할 수 있음을 보여주어 이제는 정치권력을 포함한 어떠한 국가권력도

5) 대한민국 헌법사에서 1987년 헌법이 가지는 의미에 대해서는 더욱 심층적이고 다양한 논의가 가능할 것이나, 본고는 이를 논구하는 것이 주된 관심사는 아니기에 개략적으로 소묘하는데 그치기로 한다. 이에 관한 좀 더 심층적인 분석은, 강원택, "87년 헌법의 개헌 과정과 시대적 함의", 역사비평 119호, 2017; 전광석, "헌법과 한국 민주주의: 1987년 헌정체제를 중심으로", 헌법학연구 제12권 제2호, 2006; 조지형, "87년 헌법의 역사화와 시대적 소명", 법과사회 제38호, 2010 등 참조.

6) 물론 2016년 연말 이후 국정농단 사태로 촉발되어 전직 대통령에 대한 탄핵 및 연이은 형사기소 등을 촉발한 사실들은 한 때 우리 정치가 다시 권위주의로 회귀한 일면을 보여준, 퇴행적인 시기였음을 부인할 수는 없으나, 전반적인 흐름에서 살펴볼 때는 그럼에도 이와 같이 평가할 수 있으리라 본다.

7) 임지봉, "민주주의와 헌법재판소의 사법적극주의", 공법연구, 제37집 제2호, 2008; 정종섭, "한국의 민주화에 있어서 헌법재판소와 기본권의 실현", 서울대학교 법학, 제40권3호. 1999; 정종섭, "한국의 민주화에 있어서 헌법재판소와 권력통제", 서울대학교 법학, 제42권 1호. 2001; 헌법재판소,『헌법재판소에 의한 헌법재판이 우리 사회에 미친 영향』, 2010.

헌법으로부터 자유로울 수 없다는 학습효과를 가져오기 시작한 것이다.

이제는 과거에 국민들의 삶과는 전혀 무관하고 '그들만의' 헌법인 것 같았던 대한민국 헌법이, 점차 우리 삶의 현장과 가까워지고 '우리의' 헌법으로 다시 태어나고 있다. 정치권의 다툼이나 국민의 권리구제에 관한 헌법재판에 관한 내용이 오늘날 주요 언론의 메인뉴스로 뜨는 경우가 부지기수이고, 이를 둘러싼 보도나 논평도 점점 다양하고 심층적으로 변해가고 있다. 더 나아가 이제 기본권과 입헌민주주의를 둘러싼 헌법 논변은 소송과 재판을 통해서만 이루어지는 것이 아니라 모든 국면의 국가권력행사에 있어, 또 시민사회의 영역에 있어서도 기본적이고도 일상적인 것으로 바뀌어가고 있다. 국민들이 광장으로 나아가 '대한민국은 민주공화국이다'를 외치게 된 현상은 단순한 우연만은 아닐 것이다. 특히 2016년 연말과 2017년 연인원 1,700만에 이르는 시민들이 거리에 나와 탄핵을 외치고 주권자임을 선언한 촛불시민항쟁 혹은 혁명의 경험은, 이제 헌법적 논변의 일상화를 가져왔고 우리 사회의 구성원들 모두에게 헌법학의 기본적인 문법과 용례를 가르칠 필요가 있다는 자연스런 귀결에 이르게 되었다.

2. 헌법교육의 수평적 확대: 전문교육 대상 · 층위의 다양화

서구 법학교육의 역사적 발전과정을 되짚어보면, 법률가 계층은 근대 이전에는 권력의 보조자일 뿐 권력의 최상층을 형성하지는 못했으나, 근대 이후 신분제가 타파되고 자유주의와 법치주의가 득세하면서 법률가들은 새로운 체제의 지식에 능통한 핵심적 권력엘리트로 등장한다. 그리고 이런 법을 이해하고 교육받을 수 있는 대상은 소수의 법률전문가(legal professional)나 이에 준하는 사람들에 국한되어 있었다. 이는 서구와 일본을 통해 사법시스템을 계수·도입한 우리의 경우에도 마찬가지여서, 소수 정원제 사법시험체제를 유지한 지난 60년간 우리의 경우도 법학교육의 대상은 판사, 검사, 송무변호사가 되었거나 되고자 하는 극소수의 사법엘리트 집단으로 한정되어 있었기 때문에, 법학은 다수 국민들과는 거리가 있는 귀족학문으로 인식되었고 법학의 언어는 다수 대중은 이해할 수 없는 암호화된 코드로 변질되었다. 사법시험제도는 사법엘리트 집단으로 들어서기 위한 일종의 신분상승의 도구로 인식되어, 이를 위한 법학교육 또한 법해석을 다루는 협의의 전문교육 위주로 이루어졌다. 법전원 체제 이전 전국 대학에 법학과나 법학과 유사학과가 약 100여개에 달했고 이들 중 절반 이상의 학교가 사법시험 합격자를 한 명도 배출하지 못해왔음에도 불구하고,[8] 거의 모든 대학들은 사법시험을 목표로 한 허위 혹은 가장적 교과과정을 마련하거나 이와 유사한 교육을 시행해 왔고, 헌법교육도 이러한 맥락 속에 있었다.

물론 최근 부분적인 맥락에서 변화가 없었던 것은 아니다. 법학교육과 헌법교육의 초기

8) 성낙인(주1의 논문), 69면.

국면에는 외국법 이론을 도입한 개념과 이론 위주의 교육이 이루어졌으나, 점차 우리의 판례가 집적되고 이 판례들이 민간에 공개되기 시작한 이후로는 법학교육의 내용과 방법이 우리 판례의 법리와 사실관계를 강조하는 방향으로 전환되어 왔다. 헌법판례의 경우는 1988년 헌법재판소가 개소하기 이전에는 거의 전무하다시피 했으나, 그 이후로는 우리 현실에 터잡은 판례들이 쏟아지기 시작했는데, 이에 따라 과거 독일이나 미국 헌법학의 주요 개념과 이론의 수입을 통해 교육내용을 구성하던 것이 이제는 우리 판례상의 법리와 사실관계를 분석하고 이해하는 방향으로 헌법교육의 중심이 바뀌기 시작한 것이다.

이는 대한민국의 헌법이 대한민국의 사회적 토양에 기초해야 한다는 점에서 볼 때 지극히 당연하고도 바람직한 변화의 모습임은 분명했다. 그러나 교육의 소재가 우리의 것으로 바뀌었을 뿐, 여전히 헌법해석학 교육이 거의 전부라는 점에서는 변화가 없다는 점도 인식할 필요가 있다고 생각된다. 위 1.에서 전술한 바와 같이, 이제 헌법은 사법(司法)의 차원에서 법의 해석·적용에만 국한되는 규범이 아니고 입법·행정·사법 모든 국가권력의 갈등과 분쟁상황에서 이를 조정·규율하는 규범적 기준이 되고, 국가와 국민·시민사회의 관계에서도 기본권과 의무라는 개념을 통해 규범력이 전방위적으로 확대되고 있는 실정이다. 이와 같은 변화된 상황을 고려한다면 전문교육으로서의 헌법교육은 단순히 사법부의 해서·적용의 결과물을 잘 숙지하고 이를 적용하는 능력을 배양하는 기술에 그쳐서는 안 되며, 과연 국가의 어떤 법률이나 정책이 헌법의 가치·원리·제도에 비추어 정당한 것인지, 그러한 법률과 정책은 어떠한 공익과 사익을 대변하며 공·사익 상호 간의 가치와 이익은 어떻게 형량(balancing)할 것인지를 총체적으로 다루는 광의의 전문 헌법교육이 요청되는 것이다.[9]

종래 전통적 법률가들에게 법의 엄밀성과 과학성을 토대로 법적인 사고(legal mind)가 요구됐다면, 이제 사법전문가들만이 아니라 입법, 행정 등 국가권력을 운용하는 수범자들에게는 이를 뛰어넘어 가치·철학·사상 등으로 무장한 헌법적 소양(constitutional mind)이 필수적으로 요구된다고 보아야 한다. 기존의 사법엘리트들을 위한 전문교육이 법의 무오류성과 무흠결성을 기초로 한 포섭자동기계론, 즉 법원칙을 사실관계에 수학적·기계적으로 가장 잘 적용하는 점에 중점을 두었다면,[10] 이제는 법도 인간이 각기 다양한 부분적 이해관계와 이익을 좇아 만든 것으로 오류나 흠결이 있을 수 있으며 시대나 상황에 따라서 바뀌어야 할 부분도 있다는 전제에서, 지금보다 좀 더 나은 입법과 행정을 지향하는 헌법정책적 사고가 적극적으로 배양될 필요가 있다.[11][12]

9) 김도균, "법원리로서의 공익", 서울대학교 법학, 제47권 제3호, 2006; 최송화, 『공익론: 공법적 탐구』. 서울대학교 출판부, 2002 참조.

10) Reinhold Zippelius, 『법학방법론(김형배 역)』. 삼영사, 1995. 일찍이 하버드 대학 학장이었던 랑델의 형식주의 법학방법론과도 일맥상통한다.

11) 정종섭, "헌법문제의 헌법정책론적 인식", 『헌법연구1 (제3판)』, 박영사, 2004, 85-109면; 최대권, "입법

다음으로 전문 법학교육이 오늘날의 경향과 같이 단순히 실무교육만을 의미하는 것인가는 재고해 보아야 한다. 지금의 법전원 체제는 학부 법학과를 없애고 전문대학원에서 교육을 통해 변호사를 길러내는 시스템이어서, 미래의 변호사들에게 직업적으로 가장 많이 필요한 사법(私法)중심의 실무교육이 강조되고 있는 점을 부인할 수 없다. 하지만 지금 법전원이 그렇게 운영된다고 해서, 그것이 가장 바람직한 방법인지는 의문이고, 또한 설령 법전원에서는 그것이 적실성을 갖는다 하더라도 학부에서도 헌법이론과 그 기초로서의 철학, 사상, 역사 등에 대한 기초교육의 중요성이 없는 것인가 하는 점을 보면 그렇지 않다고 생각한다.[13)]

기초와 이론이 없는 바탕에서 응용과 실무는 사상누각이다. 헌법교육은 특히나 법체계 전체의 기본개념과 구조를 풀어나가는 최상위법이자 우리가 발 딛고 서있는 사회적 현실을 가장 일차적으로 반영하는 근본법을 교육하는 것이므로, 국가는 무엇이고 인간은 무엇이며 자유와 권리는 무엇인가에 대한 개념 및 이론교육이 무엇보다 강조되어야 할 영역이다. 또한 실무교육은 주로 실무에서 현재 이뤄지고 있는 제도 및 그 적용으로써의 선례에 대한 교육으로 이루어지기 마련이다. 그러나 이런 내용의 실무교육에 매몰되게 되면 자칫 기존의 제도와 선례를 물신화해서 바로 추종해야할 권위로 받아들이게끔 할 수 있는 위험성이 없지 않다고 생각된다. 나아가 비록 헌법이 국가권력을 입법·사법·행정 등으로 수평적으로 나누어 서로 견제와 균형을 하도록 하지만, 정치권력은 때로는 그들 간에 암묵적으로 독과점 엘리트 카르텔을 형성할 수 있는 가능성도 배제할 수는 없는 것이 현실이다. 이러한 때 국가와 정치권력의 잘못된 작동에 대한 비판의 근거를 독립적이고 논리적으로 제시할 수 있는 것은 민간의 자율적인 헌법이론을 통해서일 것이다. 이론이 고사하면 실무는 자기증식적이고 동종교배적인 논리를 추종·답습케 만드는 도그마나 매뉴얼로 굳어질 가능성이 상대적으로

학·입법학자의 나아갈 방향", 입법학연구, 9권 1호, 2012; 홍준형, 『법정책의 이론과 실제』, 법문사, 2008 등 참조.

12) 이러한 시대상황의 변화를 고려할 때는, 각종 공무원 시험(심지어는 로클럭이나 검사 임용 시험에서조차)에서 헌법과목이 빠지거나 축소되는 방향으로 가는 지금의 분위기는 매우 우려스러운 것이다. 국가의 일을 다룸에도 불구하고 국가를 규율하는 헌법에 대한 소양이 없는 공직자와 법률가들이 양산된다는 것은 이치에 맞지 않고, 이들이 헌법적 소양의 결핍으로 위헌적 법률과 정책을 시행하여 향후 위헌결정을 받게 되었을 때 국가와 국민에게 끼치는 정책실패의 비용(cost)을 현실적으로 고려할 때도 반드시 개선되어야 할 사항이다. 다만 최근 5급 행정고시와 국립외교원 외교관 후보자 선발시험에서 헌법이 다시 필수과목으로 들어간 것은 늦게나마 이러한 점을 인식한 것으로 보여 바람직하다고 할 것이다. 한편 임용시험에서 평가하는 것이 여러 가지 이유로 어렵다면, 헌법지식과 소양을 반드시 '임용'시의 '시험'으로만 평가하는 것으로만 좁게 이해할 필요는 없을 것이고, 헌법과목을 승진시험 과목으로 필수화한다거나, 혹은 중앙공무원교육원 등을 통해 충분한 필수연수시간을 거치도록 하는 방안 등도 널리 검토될 수 있을 것이다. 공무원에 대한 공법교육이나 인권교육을 강조하는 견해로는 나달숙, "세계인권교육프로그램 행동계획에 비추어 본 일반공무원 인권교육의 현황과 과제", 법과인권교육연구, 4권 2호, 2011; 문상덕, "법치행정과 지방공무원의 공법교육", 공법연구 제39집 제3호, 2011; 양천수, "공무원 인권교육의 현황과 과제-교육법학의 관점에서", 동아법학 제54호, 2012 등 참조.

13) 성낙인, "로스쿨 시대의 기초법학", 국민을 위한 사법개혁과 법학교육, 법률저널, 2014, 152-153면.

높아진다. 국가권력이 오류에 빠졌을 때, 이를 누가 이를 제어하고 비판할 것인가에 대한 부분은 이론교육의 중요한 임무임을 생각할 때 전문교육에는 이론교육의 몫이 분명히 포함되어야 한다고 생각한다.

3. 헌법교육의 수직적 확대: 시민교육으로서의 헌법교육의 등장

(1) 헌법교육 대상의 민주화: 전문교육에서 시민교육으로

전문 헌법교육과 대비되는 의미에서 시민교육으로서의 헌법교육은, 헌법교육의 대상이 전문법률가들 나아가 국가권력의 운용자에 한정됨이 없이 우리 사회를 구성하는 시민의 총체로 확대됨을 의미한다.[14] 즉 법학교육이 과거처럼 소수 사법엘리트, 나아가 국가엘리트 계층의 전유물이 아니라 이제는 모든 일반인들도 헌법교육을 받아야 하고 이들에 대한 헌법교육은 입헌민주적 시민을 양성하는데 있어 필수적 요소라는 관념에서 출발한 것이라 볼 수 있다.[15]

즉 소수의 전문교육, 엘리트교육에 대한 항의개념으로 일반국민과 대중을 대상으로 한 시민교육이 출발했다고 볼 수 있다. 따라서 이처럼 일반적 차원에서 시민교육으로서의 헌법교육을 논할 때는, 시민의 개념요소를 엄격히게 한정하여 정의할 것이 아니라 국적을 가진 국민의 총체로 이해하면 충분할 것으로 생각한다.[16] 즉 대한민국 국민이면 누구나 가져야 할 기본적인 의식, 자질, 정체성 등에 대한 교육을 시민교육이라고 총칭할 수 있을 것이다.[17]

이러한 시민교육으로서의 헌법교육은 헌법이 실질적으로 생활관계 전반에서 규범력을 확보하는 상황에 발맞추어 시민 모두가 국가공동체의 주권자로서 어떻게 책임 있게 참여하고

---

14) 시민교육의 의미에 대해서는, 강경선, "헌법과 민주시민교육의 방향", 민주법학, 50호, 2012, 306-307; 곽한영, "헌법교육의 접근방식과 내용요소", 법교육연구, 제4권 제1호. 2009, 4-5면; 김대환·박훈, "시민을 대상으로 한 헌법교육의 방향", 법교육연구, 제4권 제1호. 2009; 김선택, "시민교육의 기초로서의 헌법적 합의", 헌법연구 제4권 제1호, 2017.3; 오동석, "학교에서 헌법실천교육의 의의와 과제", 법과인권교육연구, 제4권 제2호, 2011, 40-42면; 음선필, "한국 민주시민교육의 제도화 시론(試論)", 제도와 경제, 제7권 제3호, 2013 등 참조.

15) 교육기본법 제2조가 "교육은 홍익인간(弘益人間)의 이념 아래 모든 국민으로 하여금 인격을 도야(陶冶)하고 자주적 생활능력과 민주시민으로서 필요한 자질을 갖추게 함으로써 인간다운 삶을 영위하게 하고 민주국가의 발전과 인류공영(人類共榮)의 이상을 실현하는 데에 이바지하게 함을 목적으로 한다."고 하고 있는 것이나, 법교육지원법 제2조 제1호에서 ""법교육"이란 청소년 및 일반국민에게 법에 관한 지식과 기능, 법의 형성과정, 법의 체계, 법의 원리 및 가치 등의 제공을 통하여 민주시민으로서 필요한 법적 이해능력, 합리적 사고능력, 긍정적 참여의식, 질서의식, 헌법적 가치관 등을 함양함을 목적으로 하는 법과 관련된 일체의 교육을 말한다'고 규정하고 있는 것은 교육·법교육이 교과교육, 전문교육의 의미에 그치는 것이 아니라 시민교육의 의미를 염두에 둔 것으로 볼 수 있다.

16) 박명규, 『국민·인민·시민: 개념사로 본 한국의 정치주체』. 소화, 2009 참조.

17) 음선필 교수는 민주시민교육의 중요한 내용으로, 시민적 지식(civic knowledge), 시민적 기술(civic skills), 시민덕성(civic virtues) 내지 시민적 태도(civic attitude)의 세 가지를 든다(음선필, 전게논문, 78면). 이 때의 시민은 폐쇄적 민족주의에 기반한 것이 아니어서, 북한이탈주민과 다문화가족 등도 포함하는 것이 될 것이다.

행동할 것인가에 대한 교육이다. 따라서 이제 헌법은 일부 국정엘리트들의 통치수단으로 협소하게 이해되는 것이 아니라, 모든 시민들이 일상적으로 공동체에 관한 담론을 펼쳐나감에 있어서 가장 기본적인 준거 틀이 되었다고 보아야 한다. 모든 시민들이 전문 헌법교육까지는 받을 필요는 없을지라도, 적어도 시민교육으로서의 헌법교육은 모든 시민에게 널리 필요한 이유가 여기에 있다.

시민을 대상으로 한 헌법교육의 일반적 당위성이 긍정된다고 하더라도, 시민 개념 내에서도 다시 구체적으로 들여다보면 지식이나 경험의 수준, 그리고 교육수요 등 여러 측면에서 차이가 있기 때문에 이들에게 동일한 교육내용을 주입하는 것은 바람직하지 않고, 각 개별 그룹들의 특성을 고려하여 이에 상응하는 목표와 내용, 방법, 수준의 맞춤형 교육이 제공될 필요가 있다. 즉 시민교육은 소수정예로 선발된 법률전문가나 사법엘리트만이 이해할 수 있는 고도의 체계적 방식만이 아니라, 시민 그룹 각각의 수준과 눈높이에 맞게 이해도를 높일 수 있는 내용과 방식, 그리고 체계를 요구한다고 볼 수 있다.

우리 법교육지원법이 법교육의 시행주체에 따라 학교 법교육과 사회 법교육을 구분하고 (동법 제2조 제2호, 제3호), 각각의 지원에 대해서도 별도로 규정하고 있는 것은(동법 제7조~제9조) 시민교육으로서의 헌법교육도 세분화가 필요하다는 것을 드러낸 것이다. 학교 법교육은 기존의 학교제도를 통해 어느 정도 균일하고 표준적인 교육을 제공할 수 있다는 점에서, 사회 법교육과는 구분될 수 있다.

그러나 이 구분도 형식에 따른 1차적 구분일 뿐이다. 가령 학교 법교육도 구체적으로 들어가면 단일하게 수렴될 수 없는 다양한 교육과정과 유형을 내포하고 있다. 우선 근본적으로 초중등학교에서의 헌법교육과 고등교육에서의 헌법교육이 같을 수는 없고, 같아서도 안 된다. 초중등학교 과정에서 전문 헌법교육 내용을 강조하게 되면 이는 법학은 어렵고 소수 엘리트의 학문이라는 통념을 확인시키는 결과를 가져올 뿐이며, 반면 고등교육기관인 대학에서 지나치게 간단하고 쉬운 내용 위주로만 교육을 하게 되면 고등교육으로서의 학부교육의 취지에 반하며 좀 더 치열한 학문적 욕구를 가진 학생들의 수요에도 반할 수 있게 된다. 따라서 헌법교육을 전문교육과 시민교육으로 일응 나눌 수 있다고 하더라도, 이를 매우 도식적으로 구분하거나 양자의 적용범위를 명확히 구획해내는 것은 가능하지도 바람직하지도 않고, 경우에 따라서는 양자를 병행하여 교육목표로 삼을 수도 있을 것이다.

(2) 시민교육으로서의 헌법교육의 내용: 자유민주적 기본질서의 이해

시민교육으로서의 헌법교육은 전문 헌법교육과는 대비되는 특징을 가지지만, 그 내부적으로는 다양한 스펙트럼을 포괄하는 개념임은 전술한 바와 같다. 예컨대 그 대상은 학생이거나 공무원일 수도 있고, 다문화가족이거나 탈북자일 수도 있다. 학생은 중고등학교 청소년이거나, 대학생일 수도 있고, 다문화가족은 합법적 결혼이민자에서부터 불법체류자까지 다양할 수 있다. 이들은 각자 다양한 특성을 가지지만 한편으론 대한민국의 헌법 하에서 살아가는 시민이라는 공통점을 가지고 있으므로, 사회적 연대와 사회통합을 위해 비록 느슨하더라도 이들 모두가 동의하고 따를 수 있는 최소한의 헌법적 기준은 설정하는 것이 필요하다. 하버마스가 언급하는 소위 헌법애국주의(constitutional patriotism)에서 관용이 요청하는 단 하나의 공통된 조건이 헌법에 대한 충성이라고 할 때,[18] 그러한 충성의 대상이 되는 우리 헌법의 핵심내용은 (인간의 존엄에 기초한) '자유민주적 기본질서'라고 할 수 있다(헌법 전문, 제4조; 법교육지원법 제1조).

자유민주적 기본질서는 규범적 통합과 관용의 양 축을 모두 아우르는 대한민국 헌법의 정체성에 관한 규범이다. 특히 우리 헌법상 자유민주적 기본질서는, 비록 서구의 자유민주주의(liberal democracy) 개념과 반드시 동일하게 해석될 필요는 없다 할지라도,[19] 기본적으로 개인주의적인 자유주의와 공동체의 의사결정원리인 민주주의의 모종의 결합 형태임은 동의할 수 있을 것이다. 즉 우리 헌법은 원리적으로 자유주의나 민주주의의 어느 한 쪽에 경도되어 있지 않다는 것이고, 또한 헌법교육이 전문교육에서 시민교육으로 계층을 뛰어넘어 확대되어온 역사적 과정을 통해 볼 때도 우리의 자유민주적 기본질서 개념은 헌법이 특별히 명하는 일부 예외를 제외하고는 국가와 시민사회 간에서 어느 한 쪽의 가치적 우열을 쉽사리 전제하고 있지 않고, 시민사회 내부에서 특정 그룹의 가치적 우열을 전제하는 것도 쉽지 않다고 보인다. 따라서 시민교육으로서의 헌법교육의 명목으로 자칫 국가가 단순히 시민에게 국가우월주의적인 시각을 주입하려 한다거나 특정 방향으로 계도하는 것은 바람직하지 않고, 또한 특정 정파나 사회세력의 가치관을 전파하는 수단이 되어서도 안 된다.

다시 말해 자유민주적 기본질서라는 포괄조항의 해석에 있어 자칫 그 폭을 좁혀서 정치적 관용의 폭을 좁히게 되면 국민 개개인의 자유가 위축되는 것인데 이는 기본권의 최대한 보장의 원리와 국가의 중립성에 반하는 것이므로 이러한 해석은 바람직하지 않다. 다른 한편으로 민주주의와 자유의 본질적이고 직접적인 적에 대해 관용을 베풀게 되면 이는 곧 개인과 공동체를 파괴할 우려가 크므로 이러한 부분에 대해서까지 관용의 폭을 넓혀서도 곤란하다. 즉 지나친 개인주의나 지나친 공동체주의의 양 극단은 피하되 단순히 중도에서 어느 정도 벗어났다는 이유로 다양한 생각들을 배척하거나 탄압하는 것은 우리 헌법의 기획이 아니

18) 이덕연 교수는 이를 '헌법적 정체성' 혹은 '헌법적 애국심'으로 부른다. 이덕연, "헌법적 정체성"의 확립과 "자기교육"으로서 헌법교육", 연세 공공거버넌스와 법, 제4권 제2호, 2013, 9-10면; 정채연, "헌정애국주의와 관용의 한계", 법과 사회 제45호, 2013, 284-285면.

19) 송석윤, "정당해산심판의 실체적 요건-정당해산심판제도의 좌표와 관련하여-", 서울대학교 법학, 제51권 제1호, 2010, 50-59면; 윤성현, "J. S. Mill의 自由와 民主主義에 관한 憲法學的 硏究", 서울대학교 법학박사 학위논문. 2011.2, pp. i-iii.

다. 자유민주적 기본질서는 지나친 극우나 극좌의 양극단은 배제한다는 소극적 의미에서 예외적으로 적용하는 것이 우리 헌법이 추구하는 관용과 국가의 중립성의 요청에 부합하는 것이라고 본다.[20)]

헌법은 본래가 개방성과 정치성을 특질로 하며, 또한 윤곽규범의 성격을 띠고 있다. 따라서 가장 최소한의 공존의 규칙에서만 벗어나지 않는다면 폭넓은 가치경쟁을 허용하는 관용과 다원성의 구조를 띠고 있다. 따라서 국가의 일방적 독주를 허용하지도 않지만, 그에 반해 비록 특정 사회세력이 다수일지라도 그들의 전횡도 쉽사리 용납하지 않는 것이 입헌주의의 본래적 의미이다. 따라서 시민교육으로서의 헌법교육에서도 단순히 다수가 동의한다고 해서 그것이 바로 헌법의 의미로 귀결되는 것이 아니며, 서로 다름의 가치를 인정하는 바탕 위에서 다수와 소수 모두가 이성적 토론과 논증에 참여하는 절차를 보장하고, 이러한 숙의적 참여의 장을 통해 공공선을 찾고 공화를 실현해나가는 법을 배우고 익히는 것이다.

이처럼 시민이 단순히 국가로부터 헌법교육의 객체에만 머무르는 것이 아니라 그러한 교육의 결과로 자신이 민주공화국의 주권자로서(헌법 제1조 제2항), 또한 시민권의 주체로서 공동체의 문제에 대해 적극적으로 발언하고 참여할 수 있도록 시민교육으로서의 헌법교육이 자리매김될 필요가 있다. 즉 시민들은 그가 누구이든 각자 공동체의 문제에 관해 이성적으로 토의하고 논의할 수 있는 자격을 가진 사람들이므로, 이들은 다른 사회세력은 물론 국가에 대해서도 정당한 의문을 제기하고 권력통제기능을 수행할 수 있어야 한다. 이것이 시민 개개인의 다양한 가치를 보장하는 동시에 함께 더불어 사는(共和, res publica) 진정한 의미가 된다.

시민을 단순히 객체화하는 것을 지양하고, 시민사회의 자율성을 보장하는 바탕 위에 국가권력을 통제할 수 있다는 점은 곧 헌법과 헌법교육의 특성을 다시 한 번 일깨워준다. 즉 헌법은 헌법 이하의 실정법들과는 달리 합법성의 체계도 중요하지만 정당성의 체계가 중요시되는 규범이다. 즉 다른 법규범들은 헌법을 통해 정당성의 문제가 일응 해소되지만, 헌법은 국법체계의 정점에 위치하여 모든 실정법체계의 정당성의 근원이 되는 규범이기에, 자기 정당성을 확보하는 것이 필요하며, 이는 사회현실과의 부단한 접촉과 더불어 다른 학문분과와의 계속적인 학제간 교류를 요구한다. 종국에는 국민과 법(원리) 양자에 의한 정당화, 즉 입헌민주주의를 통해 국민의 기본권을 보호하는데 헌법의 역할이 있고, 이 점이 이해되어야 한다.

따라서 헌법교육의 층위는 실정법률의 해석·적용, 즉 실정법 도그마틱의 체계적 이해와 적용에 주안점을 두고 이를 효율적으로 숙련시키는 것을 목표로 하는 다른 법률교육의 층위와는 구별되며, 그 자체로서 시민교육의 성격을 가지고 있다. 즉 헌법은 내용과 지식을 익히는 점에도 의미가 있지만, 그에 못지않게 모든 권력행사의 정당성에 대해 물음을 던지고 토

---

20) 나아가 헌법'교육'의 측면에서도 헌법 제31조 제4항과 교육기본법 제6조가 교육의 정치적 중립성을 강조하고 있는 것도 이러한 해석을 위한 근거가 될 수 있을 것이다.

론하는 절차를 익히고, 자신의 삶을 스스로 풍요롭고 충만하게 가꾸어 나가는 자기결정과 행복추구의 원리를 익히며, 주권자로서의 시민의식을 배양하는 태도와 자세에 대한 교육의 측면을 모두 포함하는 것이다. 따라서 헌법교육은 '악법도 법이다'라는 단순한 준법의식의 고취에만 고쳐서는 안되며,[21] '악법은 법이 아닐 수 있다'[22]는 의미까지도 포함하는 열린 개방성의 체계로 인식되어야 한다. 그리고 그러한 열린 체계 안에서 다양한 가치들이 공존하면서 '좋음'과 '옳음'의 양 축이 서로 견제와 균형을 통해 공화를 실현해나가는 것이 시민교육으로서의 헌법교육의 주된 내용이 되어야 할 것으로 생각한다.

Ⅲ. 학부 헌법교육 정상화의 쟁점 검토

1. 교육목표: 시민교육과 광의의 전문교육의 투 트랙

앞서 Ⅱ.에서 살핀 것처럼 오늘날 헌법교육의 패러다임은 종전과는 달리 전문교육만이 아니라 시민교육의 의미를 가지게 되었고, 또한 전문교육의 의미를 보더라도 사법전문가만이 아니라 국가운영 전반에 대한 전문가(실무+이론)를 배출하는 방향으로 다변화되어야 한다. 법전원 시대에 학부 헌법교육 정상화의 목표도 이런 기본 전제 하에서 논의되는 것이 적절하다고 생각된다. 나아가 대학 학부도 오늘날 과거와는 그 지위가 점차 변화하고 있지 않나 하는 것이 필자의 판단이다. 과거 대학 학부는 그 재학이나 졸업 자체만으로 사회적으로 엘리트 그룹에 속하는 인증서였고 또한 전문성을 드러내는 징표였다. 그러나 오늘날 우리나라에서는 대학의 수는 급증하고 학령인구는 감소하여 대학진학률이 세계 최고 수준에 다다르고 있다. 나아가 이제는 학부 졸업 후에 바로 직업현장에 투입되지 않고 대학원에 진학하거나 전문적 직업연수를 오랫동안 받는 경우가 허다한 점을 고려하면, 이제 대학 학부는 형식상 고등교육법의 적용을 받는 고등교육의 영역이지만 실질에 있어서는 보통교육과 시민교육의 성격도 일정 부분 병유하게 되었다고 생각한다.[23] 이런 전제에서 본다면, 학부에서의 헌법교육 역시 시민교육으로서의 헌법교육과 더불어 다양화된 전문교육을 실시하는 것을 기본적인 목표로 설정할 수 있을 것이다.

위와 같은 목표설정에 있어서 우선적으로 나올 수 있는 비판이나 반론은 법전원 체제에 기인한다. 우선 법전원을 설치한 25개 대학의 경우는 법학전문대학원 설치·운영에 관한 법률 제8조 제1항에 의해 '법학에 관한 학사학위과정을 둘 수 없다'는 법적 제약을 받는다. 이 조항이 타당한가 여부는 심히 의심스럽고 사견으로는 이는 폐지되어야 한다고 보지만,[24] 이

---

21) 이에 대한 의문은, 강정인, "소크라테스, 악법도 법인가?", 한국정치학회보, 27권 2호, 1994.

22) '악법은 법이 아니다'라는 단정적 명제와는 구분될 필요는 있다고 보인다.

23) 세계인권선언 제2차 프로그램은 고등교육 과정과 광의의 공무원에 대한 인권교육을 강조하고 있다(나달숙, 2011 참조). 이제 대학 학부에서의 교육은 시민교육의 성격을 띠게 됨을 알 수 있게 해주는 대목이다.

조항이 존재하더라도 학부 수준에서의 법학교육을 금하는 것으로 해석될 수는 없고, 그래서도 안 된다. 위 조항은 법전원 설립 시 존립근거를 확보하기 위한 고육지책이자 다양한 전공배경을 지닌 인재를 확보하겠다는 취지를 관철하기 위한 하나의 방편일 뿐이지, 학부 법학교육을 금지하는 것 자체가 주된 목표일 수는 없기 때문이다.[25] 따라서 위 조항에 의해 25개 법전원 설치 대학에서 기존에 운영하던 법학과는 폐지의 운명을 맞이하고 있지만, 이것이 영구 불멸의 지속성을 가질 이유는 없으며, 다른 형태로서 광의의 전문교육과 시민교육의 목표는 여전히 가능하고 필요하다. 법전원 인가를 얻지 않은 대학들의 경우는 더 말할 필요도 없다.

다음으로 기존 학부 법학과에서의 법학교육을 더 많은 비용을 들여 애써 법전원에서의 법학교육으로 옮겨놓았는데, 학부 법학과에서 다시 법학교육, 헌법교육을 하자는 것은 중복·과잉투자 아닌가 하는 점이다.[26] 이 역시 법전원이 설립되지 않은 대학의 경우에는 기본적으로 해당사항이 없는 논의이지만, 법전원이 설립되어 있는 전국 25개 대학의 경우에는 그러한 반론에 대해 검토해볼 필요가 있다.

필자는 현재의 법전원 체제는 현실적으로 전문 법학교육, 그중에서도 주로 사법서비스를 담당하는 변호사 배출을 주된 목표로 설립된 기관이므로, 앞서 본 바와 같은 대한민국의 변화된 헌법국가의 현실을 오롯이 담아내는 다양한 헌법교육을 펼치기에는 역부족인 구조로 되어 있음을 간과해서는 안 된다고 본다. 우선 25개 대학 법전원의 한 해 신입생 수는 2천명에 불과하고 이는 25개 대학만 기준으로 하더라도 법전원 체제 이전 법학부 학생 숫자의 1/2~1/3 정도에 불과한 숫자이다. 특히 이들은 종전 법학과 졸업생들과 달리 모두가 변호사시험 합격을 통해 사법실무가가 되기를 지망하는 학생들이고, 이들은 3년이라는 짧은 시간

24) 이를 폐지하는 법안이 2013. 9. 11. 국회의원 10인(이명수 대표발의)에 의해 제안된 바 있었다. 이 법안의 제안이유는 다음과 같다.
[법률서비스를 제공하는 법조인이 아닌 연구목적의 학문으로서의 법학을 전공하기 위해서는 학사과정부터 기본과정으로서의 법학 전반에 대한 광범위하고 과학적인 교육이 필요함. 즉, 법률전문가로서의 법조인 양성과는 별개로, 학문 자체로서 시대상황에 맞는 한국의 법문화 향상 및 이론연구개발 등 기초학문으로서의 법학발전을 위하여 법학학사학위과정의 존속 필요성이 지속적으로 제기되고 있음. 법의 철학적, 역사적, 이론적, 윤리적 토대를 탐색하고 현실의 다양한 법적 쟁점들을 연계시키는 기초법학연구 발전을 위해서는 학사학위과정의 법학교육이 필요함. 법학에 관한 학사학위과정은 법학교육을 위한 기본과정으로서 법학의 근간이라고 할 수 있는바, 단순히 법학전문대학원이 설치되어 있는 이유로 법학에 관한 학사학위과정을 폐지하는 것은 법학의 기초법학연구의 발전에 오히려 퇴보하는 결과를 가져올 수 있음. 이에 법학전문대학원을 두는 대학에 법학에 관한 학사학위과정을 둘 수 없도록 한 규정을 삭제하려는 것임(안 제8조).]

25) 학부 법학교육은 대학의 발상지인 유럽에서 철학, 신학, 의학과 더불어 전통적인 4대 학문이었다. 이러한 법학을 대학 학부에서 교육할 수 없도록 법률로 금지한다는 것은 헌법상 대학 자치와 학문의 자유에 위배될 가능성이 크다.

26) 법전원을 설치한 대학 학부에서 정면으로 pre-law를 표방하고 그 교육과정 전반이 법전원의 그것과 거의 동일한 수준이라면 이러한 지적이 어느 정도 타당성을 가질 수 있을지도 모른다. 그러나 법전원을 설치하지 않은 대학에서는 이마저도 논란의 대상이 되기 어렵고, 설령 pre-law를 표방한다고 하더라도 이는 각 대학의 자율에 맡길 문제가 아닐까 생각된다.

내에 치열한 경쟁구조에서 학점 취득과 각종 인턴경험, 변호사시험 합격 및 취업이라는 결과를 내야 하므로 이들에게 시민교육이나 확대된 전문교육을 시행하는 것은 거의 원천적으로 불가능한 상황에 놓여있다.[27] 대신 이들은 시험과 취직에 가장 직접적으로 연결되는 민사법 분야에 주로 시간을 할애하게 되며, 특히 법전원은 실무교육에 치중해야 한다는 부적절한 명제와 결합한 가운데, 다수의 대법원 판결례를 이해하고 암기하는 방향으로 민사법 교육이 이뤄지게 된다.[28] 물론 사법분야의 기본과목으로서 민사법 교육이 가지는 중요성과 그 실질적 영향력에 대해서 부인하거나 폄훼할 생각은 전혀 없으나, 법전원 체제로의 변화 이후 법학과가 사라져서 각 학부에서 법학 교육 자체가 전반적으로 부실화되고 있는 상황에서, 법전원에서도 경쟁적 현실에 내몰려 기초법과 기본법을 균형있게 접하지 못하고 수험과 취직 위주의 실무지향적 공부를 할 수 밖에 없다면 이는 법학교육의 장기적 발전과 균형의 측면에서 심각한 문제를 야기하게 된다. 애초에 법전원의 설립목표가 교육을 통해 법조인을 양성하는데 있었고, 그러한 교육에는 전문 법학교육은 물론이고 “풍부한 교양, 인간 및 사회에 대한 깊은 이해와 자유·평등·정의를 지향하는 가치관을 바탕으로 건전한 직업윤리관”을 갖춘 법조인을 양성하는 것이었지만(법학전문대학원 설치·운영에 관한 법률 제2조), 현재의 법전원이 직면한 현실은 종전보다 더 시험과 취업에 매몰되도록 몰아넣는 구조임을 부인하기 어렵다. 이를 타파하기 위해서는 변호사시험 합격률을 계속 높은 수준으로 유지하는 방안이 제시되기도 하나 이는 변호사 수의 과잉공급과 이로 인한 법률가의 질 저하를 우려하는 기존 법조계의 분위기로는 쉽지 않을 것으로 예상된다.

법전원이 비록 종전의 법학과의 폐단을 시정코자 도입되었지만 그것이 용이치 않고 오히려 종전보다 더 사법 중심의 전문교육, 그 중에서도 민사법 교육에 더 치중하게 되는 구조임을 감안한다면, 법전원 체제는 새로운 헌법교육의 수요를 반영하기는커녕 경우에 따라서는 종전 법학과에서 이뤄질 수 있었던 교육과정의 다양성조차도 담보하기 어려운 측면도 있어 보인다. 그렇다면 법전원이 설치되지 않은 대학은 물론이고 설치된 25개 대학에서도 학부에서의 헌법교육은 시민교육의 관점에서, 그리고 광의의 전문교육의 관점에서 투 트랙(two-track)

27) 특히 변호사시험 합격률이 비교적 높았던 초기에 비해 현재 응시인원 대비 합격률이 50% 안팎으로 현저히 떨어진 지금에는 법전원 학생들이 변호사시험 합격 자체도 장담할 수 없기 때문에 변호사시험에 더 매달려야 하는 구조가 되고 있다. 천경훈, “변호사시험이 법학전문대학원의 교육에 미치는 영향”, 상사법연구 제36권 제1호, 2017.5 참조.

28) 실무는 실제 직업현장에서 배우는 것이 진정한 의미의 실무이지, 학부에서 법학의 기초를 배운 적이 없는 학생들이 대부분인 현 시점의 법학전문대학원에서 곧바로 실무를 중심으로 배운다는 것은 적절치도 않고 효율성도 떨어진다고 생각한다. 대학에서는 실무를 하는데 필요한 법의 기초개념과 원리, 체계를 가르치고, 이를 실제 다양한 영역의 사실관계에 적용하고 응용하는 작업은 각 직역현장에서 배울 수 있는 네트워크를 제대로 구축함으로써 이론과 실무의 분업을 꾀하는 것이 더 적절하다고 보인다. 아니면 학부 법학교육을 되살려서 학부에서는 이론교육 중심으로, 대학원에서는 실무교육 중심으로 가르치는 방안도 검토해볼 수 있을 것이다(박찬운, 전게논문, 424면 등 참조).

으로 추구할 수 있는 목표가 될 것이다.

2. 교육내용: 기본권과 입헌민주주의의 핵심 가치

학부에서의 헌법교육이 광의의 전문교육과 시민교육의 의미를 포괄하는 것이라면, 교육내용에 있어서도 전문적인 학술적·이론적 탐구에서부터 생활법이나 교양교육에 가까운 가볍고 친밀한 내용에 이르기까지 다채롭게 구성할 수 있다. 또한 지식에 좀 더 중점을 두어 가르칠 수도 있고 실천이나 태도에 관심을 두어 이끌어갈 수도 있다. 그러나 교육목표를 어떻게 설정하든 헌법교육의 내용은 기본권과 입헌민주주의의 핵심 가치를 가르치는 데 있다는 점은 차이가 있을 수 없다.[29)] 기본권과 입헌민주주의의 양자 모두가 중요하지만 굳이 어느 한 쪽에 더 중점을 두어야 한다면, 근대 이전의 헌법이 국가법의 성격만을 가졌다면 근대 이후의 헌법은 개인의 자유와 권리를 보장하는 자유주의적 방향으로 진화해온 점, 또한 자유와 권리는 신분에 관계없이 누구에게나 평등하게 보장되는 것이 원칙이라는 점을 고려할 때 기본권 교육이 좀 더 우선순위에 놓인다고 볼 수 있다.

헌법교육에서 개인의 기본적 권리에 대한 교육을 논할 때 인권(人權, human right)이라는 용어보다는 기본권(基本權, constitutional right)이라는 용어가 헌법상의 권리를 뜻하는 것으로 더 통용되고 있으므로, 일차적으로는 기본권의 문법을 교육내용으로 삼을 수 있다. 물론 인권과 기본권 개념은 서로 연관성이 크고 상당 부분 중첩되며,[30)] 따라서 기본권 교육에서 인권 논의를 만연히 배제하는 것은 아니다. 그러나 애초부터 인권 개념으로 논의가 확대되면, 국내법에 의해 보장받는 권리만이 아니라 국제인권법의 논의들과 법규상 권리 제반으로 논의의 범위가 확대되고, 나아가 법적으로 보장되는 권리만이 아니라 이론적으로 논의되는 권리들도 비슷한 비중으로 가르치자는 논의로 확대될 수 있는데, 학부 수준의 시민교육이나 초보적 전문교육의 단계에서 범위의 확대는 만연히 장점만이 있는 것이 아니고 오히려 관련 공부를 기피하게 되는 현상을 낳을 수도 있다. 우선은 대한민국 헌법상 보장되는 핵심적 권리들에 대한 기본적인 이해가 선행되고, 그 목표가 어느 정도 달성되면 그 후에 이를 보강하고 심화하는 의미에서, 혹은 기본권과는 별개의 과목으로서 인권(법) 교육을 수행하는 방향이 더 체계적인 교육이 될 수 있을 것으로 보인다.

다음으로 기본권 교육과 더불어 입헌민주주의의 가치에 대한 교육이 필요하다. 우리는 종래 정치와 헌법에 대한 비전문교육을 일컬어 '시민교육' 혹은 '민주시민교육'이라고 많이 불러왔는데, 헌법교육의 차원에서 보면 민주주의만 중요한 것이 아니라 법치주의, 나아가 민주

---

29) 김대환·박훈, 전게논문, 2009, 75-77면.

30) 김도균, 『권리의 문법: 도덕적 권리·인권·법적 권리』. 박영사, 2008; 정종섭, 『기본권의 개념』, 금붕어, 2007; 조효제, 『인권의 문법』, 후마니타스. 2007 등 참조.

주의와 법치주의의 변증법적 종합인 입헌주의의 기초가 모두 중요한 내용이고 서로 견제 · 균형의 관계에 놓이므로 '입헌민주주의 교육'이라고 부르는 것이 좀 더 정확한 표현이라고 생각한다. 민주주의는 국민 다수, 나아가서는 소수의 의사까지 포함한 국민 전체의 의사를 국가정책결정에 반영할 수 있는 제도를 설계하고 운용하는 원리에 대한 이해이기에 오늘날 그 중요성은 재론의 필요가 없을 것이나, 헌법교육의 차원에서 국가권력의 운용과 행사를 지배하는 또 다른 한 축은 법치주의 원리이기 때문에 이에 대한 균형적 시각을 배양할 필요가 있다. 즉 국가의 정책결정에 있어 민주주의는 법치주의와 공존하고 경쟁하는 가치이며, 양자는 변증법적으로 입헌주의에 닿아야 하는 것이므로,[31] 헌법교육의 내용은 '입헌민주주의'로 보는 것이 좀 더 정확할 것으로 생각한다. 법교육지원법 제1조가 "… 자유민주적 기본질서를 이해하는 건전한 민주시민을 육성하여 법치주의 구현에 이바지함을 목적"으로 한다고 규정한 것은 이러한 점에서 적절하다.[32]

기본권과 입헌민주주의는 교과목 편성에 따라 함께 가르치게 될 수도 있고, 편의상 별개의 교과목이나 단원으로 가르치게 될 수도 있지만, 그러한 경우에도 양자는 분절적인 것이 아니며 오히려 시민의 기본권 보호를 위해 입헌민주주의를 제대로 구축하는 것이 필요하다는 양 가치의 이념적 · 논리적 상관관계를 분명히 교육할 필요가 있다.

위와 같은 내용에 대한 학부교육도 교육목표를 시민교육과 전문교육의 어느 측면에 더 중점을 두느냐에 따라 교육의 층위가 달라질 수는 있을 것이다. 아무래도 법전원에서의 교육에 비해서 시민교육 · 기초교육 · 교양교육으로서의 의미가 강조되는 학부에서의 헌법교육에 있어서는 기본적인 헌법이론과 판례에 대한 교육과 더불어, 이러한 해석의 근간을 이루는 헌법철학 · 헌법사 · 헌법사상에 대한 교육이 병행될 수 있으면 더 바람직할 것으로 생각된다. 다만 이러한 내용들은 헌법학이라는 교과목으로 구성하는 것은 물론이거니와, 기초법학 교육의 일부분으로 가르치는 것도 가능할 수 있으며,[33] 또는 다른 학문분야(가령 정치외교학, 행정학, 사회교육학, 사회학, 역사학, 철학 등)와의 협력선상에서 융합교과를 구성하여 헌법의 시민교육적 내용을 입체감 있게 가르치는 것도 가능할 것이다. 나아가 이러한 내용들이 이론적으로나 또는 입법 · 행정 · 사법 각 분야 헌법실무에 소용되는 심화적인 내용으로 구성되게 되

31) 법치주의의 3가지 층위에 대해서는, 김도균, "근대 법치주의의 사상적 기초: 권력제한, 권리보호, 민주주의 실현", 『법치주의의 기초: 역사와 이념』. 서울대 출판부, 2006 참조.

32) 법치주의와 입헌주의에 대한 교육은 헌법교육을 정치교육과 내용적으로 구분하는 하나의 징표로도 기능할 것이다. 물론 정치교육과 헌법교육이 내용적으로 어느 정도 중첩되는 것처럼 보이는 민주주의나 기본권에 대한 교육에서도, 좀 더 엄밀하게 접근하면 정치교육이 사상과 이론의 측면을 중시하는데 반해 헌법교육에서는 이러한 점과 더불어 규범적 평가의 문제, 즉 헌법해석과 헌법정책적 측면을 비중 있게 다룬다는 점에서 구분된다는 점이 인식될 필요가 있다. 물론 오늘날은 법과 정치가 연구와 교육에서 상호 접근하는 방향으로 발전해가고 있고, 이는 바람직한 추세로 보인다.

33) 최봉경, "교양교육으로의 법학교육", 법교육연구 제12권 제3호, 2017.12 참조. 최봉경 교수는 교양교육으로 법학교육을 구성하면서 이 중에 헌법교육의 내용을 포함하고 있다.

면 이는 곧 전문교육의 성격으로 발전하게 될 수 있다.

3. 교육대상/주체: 법학사・비법학사에 따른 교육체계 재정비

법전원 체제 이전에는 거의 모든 대학들에 법학과가 설치되어 있었고 여기에서 헌법교육은 빠짐없이 이루어졌기에(다만 그것이 적절하게 이루어졌느냐의 문제는 논외로 하더라도), 제도적 공백 자체가 문제되지는 않았다. 현재도 법전원 체제로 가지 않고 학부에 법학과를 존속시키고 있는 대학들의 경우에는 이들 학과에서 소속 법학사들에 대해 학부 헌법교육을 담당하기 때문에 헌법교육의 제도적 단절 문제는 직접적으로 발생하지 않는다.[34] 하지만 법전원을 설치함으로 인해 현행법상 학부과정에 법학과를 둘 수 없는 전국 25개 대학교의 학부생들에게 헌법교육을 어떻게 할 것이냐, 나아가 법전원의 설치나 학부 법학과의 존속 여부와 무관하게 모든 대학의 비법학사들 일반에 대해서 헌법교육을 누가 어떤 수준으로 담당하는 것이 바람직한가의 문제는 여전히 남는다.

전술한 바와 같이 헌법교육의 필요성과 수요는 오늘날 뚜렷한 증가세에 있다. 특히 헌법교육은 단순히 실용적이거나 개인적인 목적에서만이 아니라 공공성에 입각한 헌법적 사고를 할 수 있는 주권적 시민, 그리고 공직자를 길러내는 목표를 가지고 있다고 볼 때, 학부에서의 헌법교육은 이전보다 더 충실해져야 하는 것이 합당하다. 그럼에도 지금의 추세대로 학부수준에서 헌법교육을 적절히 담당하지 못하게 된다면, 학부에서의 헌법교육의 공백 자체도 문제이거니와, 학부교육의 공백과 연동하여 고등교육 이전의 초・중등교육에서의 헌법교육의 공백도 문제되고, 학부 이후에는 헌법을 이론적으로 탐구할 수 있는 법학 일반대학원도 부실화되고 쇠락하게 되는 상황이 오는 것은 분명한 일이다.[35]

특히 우리 교육과 사회현실에서 대학 학부에서의 전공과 교육은 매우 중요하다. 초・중등교육의 교과선택은 대학 학부의 전공이나 교과에 영향을 받고, 대학원 교육도 대부분 학부와 연동하게 된다. 물론 최근 교과간 통합이라든가 융복합 교육 등의 비중이 높아지고 앞으로는 그러한 추세가 더욱 일반화되리라는 예상은 가능하지만, 그러한 추세가 본격화되기 이전인 지금은 종래의 교과와 전공구분은 현실적으로 여전히 의미가 크다. 특히 지금처럼 초・중등교육에서 법학교육이 고전을 면치 못하고,[36] 법전원 체제로 인해 일반대학원 수준에서의 헌법교육도 고전을 면치 못하고 있는 샌드위치 상황에서 학부에서의 헌법교육이 제대로 정비되지 못한다면, 이는 헌법교육이 필요하다는 구호와는 달리 실질적으로 전면적 고사를 가져올 수도 있는 위기 상황이라고 하지 않을 수 없다.

---

34) 물론 이들 대학의 경우에도 법전원 인가를 받지 않은 상황에서 향후 어떤 방향으로 학과의 진로를 설정해야 하는가의 현실적인 부담과 어려움은 상당히 존재하지만, 이 점은 여기서는 일단 논외로 한다.

35) 성중탁, "로스쿨 체제하 법학 학문 후속세대 양성의 문제점과 그 대안", 법학논고 제58호, 2017.5 참조.

36) 곽한영, "초중등교육에서 헌법교육의 현황과 과제", 법교육연구, 제8권 제3호, 2013, 42-48면.

따라서 지금의 법전원 체제를 계속 유지하여 법전원 졸업생들만 변호사시험에 응시할 수 있는 것을 전제도 하더라도, 변호사시험 응시나 실무가 양성과는 직접 관계가 없는 기초교육・이론교육을 담당하는 학부 법학과는 각 학교의 자율에 따라 부활할 수 있도록 법을 개정하는 작업이 필요하다고 생각한다.[37] 이렇게 하여 학부 법학과가 설립되면 적어도 학부에서 헌법교육(및 법학교육)을 제도적으로 공고히 할 수 있는 최소한의 방안은 마련되는 셈이다.[38]

한편 25개 로스쿨 설치 대학에서 제도적으로 혹은 사실적으로 법학부가 부활하지 못하는 경우라고 하더라도, 학부의 비법학사들에 대한 헌법교육은 일정 수준 이상으로 유지, 존속될 필요가 있다. 학부에 법학과를 두지 못한다고 해서 학부에서 법학교육을 해서는 안 된다는 것은 아니며, 특히 법전원에서는 변호사 양성의 실무교육에 치중하게 되는 구조이니만큼, 학부에서라도 법철학 등 기초법학과 헌법・민법 등 기본법에 대한 교육은 계속되어야 한다.

비법학사에 대한 헌법교육을 누가 어떤 방식으로 관장할 것인지의 교육주체의 문제가 실질적으로 중요하다. 현재 25개 법전원 설치대학의 학부를 기준으로 보면, 독립된 융복합 학부 혹은 학과 단위에서 헌법을 포함하여 기본법들에 대해 전공과목을 개설해주고 이를 담당하는 전임교원을 두는 동시에 인접 사회과학을 융복합으로 가르치는 모델(한양대 정책학과, 한국외국어대 LD학부 사회과학전공), 법전원 등 기존의 교육주체가 별도의 학부 혹은 연계전공 과정을 동시에 관장하면서 헌법교육을 포함한 법교육을 수행하는 융합전공으로 운영하는 모델(고려대 자유전공학부, 성균관대 글로벌리더학부, 이화여대 「공공리더십과 정의」 연계전공 등), 별도의 전담조직 없이 교양교육의 형태로 운영하는 모델(서울대, 연세대) 등으로 구분하여 볼 수 있다. 한편 헌법과목과 관련성이 높은 학과(정치외교학과, 사회교육과, 행정학과 등)에서 필요에 따라 헌법전임교수를 채용하거나 헌법교과를 개설하는 방식 등이 가능한 선택지가 될 수 있다.

여러 모델들 간의 장단점이 서로 갈릴 수 있지만, 학부 헌법교육의 수요에 응하여 책임 있게 연속성을 유지하기 위해서는 헌법교육을 관장하는 별도의 학과와 전임교원이 있는 형태가 가장 바람직하다고 생각된다. 그렇지 않으면 교육의 연속성의 유지가 불투명하고, 학과들이나 개별 교과 담당자들의 이해관계에 따라서 교과의 존폐나 운명이 달라질 수 있는 우연성의 요소가 높아지기 때문이다. 따라서 전문교육의 관점에서는 헌법교육을 책임질 수 있는 교과목과 전담교원을 두고, 또한 시민교육의 관점에서는 교양담당 학부에서 헌법 관련 다

37) 대한변협이 주최한, "법학전문대학원의 미래와 해법: 10주년 기념 심포지엄"(프레스센터 19층, 2018. 4. 11.)에서 남기욱 대한변협 제1교육이사와 곽정민 대한변협 제2법제이사는 찬성론을, 문상연 교육부 대학학사제도과장은 신중론을, 한상희 건국대 법전원 교수 겸 참여연대 사법감시센터 실행위원은 반대의견을 피력했다고 한다. 법률저널, "로스쿨 도입 10년, 3대 논란과 과제…② 법학교육 심화", 2018.4.13., http://www.lec.co.kr/news/articleView.html?idxno=47311

38) 다만 구체적인 설치형식과 정원규모, 교과과정 등에 대해서는 다소 융통성 있게 접근할 수 있을 것이다. 이러한 부분들은 의치학전문대학원이나 경영전문대학원의 예를 참고할 수도 있을 것으로 본다.

양한 교양강좌를 개설하여 학부생들의 지속적인 수요에 응하는 방법을 검토해볼 수 있겠다.

4. 교육방법: 이론강의의 다양화와 현장교육의 강화

학부에서의 헌법교육이 지향해야 할 새로운 목표와 내용에 따르자면, 이에 적합한 다양한 교재와 교과목, 교육방법이 개발되고 제시될 필요가 있다. 사법엘리트 양성과 사법시험 · 변호사시험 대비에 치중하는 종래의 법학과나 지금의 법전원에서의 교육을 그대로 답습하거나 혹은 단순히 양적으로만 이를 압축 · 요약하여 전달하는 방식으로는 새로운 광의의 전문교육의 수요나 시민교육으로서의 수요에 적절히 대응하기 어려울 것이다.

종래 법학 전공자들을 위한 비슷한 수준과 분량의 교과서들 사이에서 헌법입문서의 성격을 지향한 것으로는 김철수 교수의 「헌법개설」이 거의 유일한 지위를 점해오다가, 최근에는 성낙인 교수의 「헌법학 입문」, 정재황 교수의 「新헌법입문」, 전광석 교수의 「헌법의 기초」, 한수웅 교수의 「헌법학 입문」등이 잇달아 출간되고 있는 현상은 고무적이다. 더 나아가 최근에는 헌법 대중화의 일환으로 만화헌법 교재들도 하나둘씩 출간되고 있다. 한국법교육센터에서 발간한 곽한영 · 김다현 공저의 「(만화로 보는) 우리나라 헌법」, 성낙인 교수의 「만화판례헌법」 1, 2권, 그리고 정종섭 교수의 「정종섭 교수와 함께 보는 대한민국헌법」 등이 출간되어 시민교육과 대중교육의 수요를 반영하고 있다.

국가기관들도 법교육과 헌법교육에 관심을 가지고 시민교육과 교양서의 관점에서 헌법을 좀 더 편안하게 다가설 수 있게 하는 책들을 출간하고 있다. 법무부에서 발간한 「한국인의 법과 생활」, 「청소년의 법과 생활」과 같은 책은 헌법을 포함한 법교육 일반의 교재로 많이 쓰이며 호응을 얻고 있고, 헌법재판연구원에서 비교적 얇은 분량으로 읽기 쉽게 주제별로 서술하여 발간한 「알기 쉬운 헌법」(이후 후속편으로 「청소년을 위한 알기 쉬운 헌법」도 출간되었다)은 헌법교육 교재로 주목할 만하다. 촛불항쟁과 대통령 탄핵 이후로는 김진한 전 헌법연구관의 「헌법을 쓰는 시간」을 비롯하여 다수의 시민헌법교육을 표방한 책들이 출간되어서 높아진 헌법에 대한 관심을 반영하고 있다.

또한 새로운 교재의 개발과 더불어 새로운 교과목이 개발될 필요가 있다. 종래 학부의 헌법교육은 전형적인 사법적 헌법해석의 틀에 따라 조문과 이론, 판례에 대한 교육을 거의 비슷한 구성과 체제로 해왔다. 그러나 시민교육으로서의 헌법을 가르치기 위해서는 종래의 딱딱한 틀에서 벗어나 좀 더 쉽고 친근하게 다가갈 수 있는 교과를 개설하고 구성할 필요가 있다. 나아가 전문교육의 다양화와 관련해서도 이제는 단순히 조문의 해석에 관한 헌법재판소나 법원의 판례 중심으로만 교육할 것이 아니라, 헌법문제가 구체적인 입법이나 정치, 행정 등과 어떻게 연결되는지와 같은 실사구시의 새로운 관점에서 교과를 구성할 필요도 있다.

이는 곧 헌법교육에서 헌법재판소의 결정례들을 어느 정도의 비중으로 다뤄야 하는가의 문제와도 연결된다. 물론 전문교육을 지향하든 시민교육을 지향하든 헌법재판소 판례는 어느 경우에나 매우 중요한 교육내용이 된다는 점은 당연하고, 이는 우리 현실의 문제에 대한 최고재판기관의 법적 응답이라는 점에서 그러하다. 그러나 헌법교육이 헌법재판이나 헌법판례라는 틀로만 협소화될 필요는 없다. 이는 법률실무가 양성을 직접적 목표로 하지 않는 학부에서는 더욱 그러하다. 헌법재판소는 헌법에 대한 최종적인 유권해석을 하는 헌법기관으로서 중요하지만, 헌법재판소가 아닌 다른 국가기관들, 헌법을 이론적으로 연구하는 학자들, 나아가 모든 국민에 이르기까지 각자 나름의 헌법해석을 할 수 있기 때문에, 헌법재판소 결정을 무비판적으로 흡수하도록 가르치는 것은 시민교육의 측면에서는 오히려 지양할 바다.

또한 헌법실무라는 것도 반드시 헌법재판이 그 전부는 아니다. 사실 헌법이 다루는 입법·행정·사법의 모든 국가작용이 헌법실무의 장이다. 예컨대 입법실무의 경우는 헌법 개정의 문제와 헌법 구체화의 내용 및 한계의 문제를 다루기 때문에 새로운 광의의 헌법실무가 담당해야 할 중요한 분야가 된다. 따라서 헌법판례가 가지는 현실성과 생동성, 그리고 법리적 가치의 중요성을 충분히 인정하더라도, 사법 이외의 입법·행정 등 국가작용, 나아가 시민사회와의 관계도 헌법교육이 담당해야 할 몫이 적지 않다는 부분을 인식하도록 교육 내용을 비판적으로 재구성하는 것이 중요하다.[39)]

이처럼 학부에서의 이론교육의 다양화와 함께, 이와 연계하여 헌법기관이나 이에 준하는 공공기관들이 헌법을 실현하는 현장교육의 주체로서 학부와 긴밀히 협력하고 지원하는 것이 요망된다. 이는 최근 대학에서 기업들과 '産－學'협력이 강조되고 있는 것과 비견한다면 일종의 '公－學'협력에 해당하는 것으로, 이론교육의 성과를 확인하고 현장의 분위기와 경험을 실무에 직접 나가기 전에 미리 느껴볼 수 있는, 실무교육과는 구분되는 '현장교육'의 확대라고 명명해볼 수 있다.

현장교육을 담당할 기관으로는 헌법재판소와 헌법재판연구원이 가장 직접적으로 보이지만, 헌법재판실무가 곧 헌법의 전부는 아니라고 전술하였듯, 국가권력의 조직과 운용, 그리고 시민의 기본권이 문제되는 곳이면 언제 어디서나 헌법이 필요한 것이고 헌법교육을 담당할 수 있다는 점이 인식될 필요가 있다. 국회, 법원, 행정각부(특히 법무부, 교육부, 법제처 등), 선거관리위원회(중앙은 물론 각급 단위의 선관위 포함), 감사원, 그리고 국가인권위원회와 국민권익위원회, 서울시를 비롯한 각종 지방자치단체, 각 시·도교육청은 물론 각종 공공기관들에 이르기까지 헌법의 현장이 아닌 곳이 없다. 그동안 사법적 분쟁을 주로 처리하던 로펌에서도 이제는 별개의 헌법 팀을 꾸려서 민간영역의 헌법적 수요에 대응할 정도로 헌법의 규범력은 이제 사인 간에도 무시할 수 없는 영향력을 미치고 있다.

39) 이러한 부분은 차후 법전원 이외의 법학 일반대학원을 구성하고 커리큘럼을 짜는 데 있어서도 연결지어 생각해볼 수 있을 것이다.

헌법재판소는 그동안 주로 헌법재판실무에 진력해오다 2011년부터 헌법 및 헌법재판에 대한 중장기적 연구, 그리고 헌법교육을 담당하는 기관으로써 헌법재판연구원을 발족시켰다. 동조 제1항에서는 "헌법연구관, 사무처 공무원 등의 교육을 위하여"라고 표현하여 자체교육을 중심으로 놓고 있는 듯이 보이기도 하나, 현재 실제 운영상으로는 법전원생들의 실무수습, 해외 로스쿨생 실무수습, 그리고 외부 공무원이나 국선대리인, 사회과 교사 등에 대한 교육 등이 상당한 비중을 차지하고 있다.[40] 하지만 학부생이 활용할 수 있는 현장교육 프로그램으로는 헌법재판소가 운영하는 당일 2시간 정도의 단기 견학 프로그램 밖에 없어서 아쉬움이 있었는데, 2016년 하계부터 방학마다 이틀에 걸친 대학생 헌법 기초교육 프로그램이 신설되어 학부생들에 대한 현장학습의 기회가 확대되었다.[41]

그러나 헌법실무가 헌법재판소의 전유물이 아니듯이, 헌법재판소 외의 다른 국가기관들도 단기견학을 넘는 중장기 현장교육 프로그램을 제공한다면 학부 헌법교육의 활력을 제고하고 새로운 시각으로 접근하는데 도움이 될 것이다. 예컨대 헌법재판소가 헌법실무의 중추기관임을 부인할 수 없으나, 재판소가 중심이 되어 교육할 때는 아무래도 재판소의 판례나 활동을 중심으로 하게 될 것인데,[42] 예컨대 비슷한 사안에 대해 국가인권위원회에서 현장학습의 기회가 제공된다면 재판소와는 또 다른 인권의 시각에서 국민의 기본권을 좀 더 폭넓게 바라볼 수도 있을 것이다. 또한 법원의 인턴십 프로그램도 사법에 대한 이해를 제고한다는 점에서 광의의 헌법교육이고, 이미 시행되고 있는 국회에서의 대학생 인턴 프로그램, 법무부 각

---

40) 구체적인 교육실적에 대해서는 헌법재판연구원 홈페이지의 교육활동-교육계획(https://ri.ccourt.go.kr/cckri/cri/edu/selectEduPlanList.do) 참조.

41) 필자는 지난 번 논문에서 학부생들을 대상으로 4일 일정으로 진행되는 서울고등법원 인턴십(사법실무교육과정) 프로그램을 벤치마킹하여 헌법재판소와 헌법재판연구원에서도 대학생들을 위한 헌법 현장학습의 기회를 제공하는 것이 바람직하다고 주장하였는데, 이후 헌법재판연구원에서 이러한 교육과정을 개설해서 정기적으로 운영하고 있다.

42) 가장 최근에 이루어진 2017년 12월 동계 교육프로그램 일정을 보면 이러한 점을 알 수 있다. 헌법재판연구원 새소식(https://ri.ccourt.go.kr/cckri/cri/openyard/selectNews.do) 참조.

일자	시 간	강의과목
1일차	09:30~10:00	오리엔테이션
	10:00~11:20	알기 쉬운 헌법재판
	13:00~14:20	대한민국 헌법의 근간이 되는 원리
	14:30~15:50	대한민국을 변화시킨 헌법재판소 결정
	16:00~17:20	헌법재판소 견학
2일차	09:30~10:50	알기 쉬운 기본권 I (자유권)
	11:00~11:50	헌법연구관과의 대화
	13:30~14:50	알기 쉬운 기본권 II (평등권 등)
	15:00~16:40	변론동영상 시청
	17:00~17:30	수료식 및 기념촬영

과에서 개별적으로 모집하고 있는 인턴제도, 각급 선관위의 민주시민교육 프로그램 등도 헌법에 대한 이해증진과 공직에 대한 탐색에 기여할 수 있는 좋은 기회가 된다.

이처럼 각 국가기관들이 각자의 특성에 맞는 프로그램을 개발하여 다양한 시각에서 헌법의 현장에 대한 교육을 제공하는 것은, 현장교육의 대상자들에게 학교수업에서와는 다른 실무적 감각과 경험을 배양해줄 수 있는 중요한 계기가 될 것으로 생각한다. 나아가 국가기관들의 입장에서도 이러한 현장교육의 계기들을 마련함으로써 자연스럽게 대국민 홍보의 장을 마련할 수 있으며, 젊은 우수 인재들이 각 기관에 관심을 제고하는 것을 기대할 수 있다고 본다.

다만 헌법교육이 지나치게 국가기관들에만 의존하게 되면 경우에 따라서는 시민 일반의 시각과는 유리된 엘리트적 관점에 갇히게 될 수 있는 가능성도 배제할 수는 없다. 이를 극복하기 위해서는 국가부분이 아닌 시민사회의 자율성을 지킬 수 있는 영역에서 현장교육에 함께 참여하는 것이 필요하다고 본다. 각종 시민사회단체들과 변호사단체, 헌법교육 및 인권 관련 유관 학회들이 국가영역에 대한 견제와 균형의 원리를 지켜나갈 수 있는 역할을 해줄 필요가 있다. 마지막으로는 아예 어떤 특정 집단이나 기관에 의존함이 없이, 아테네의 아고라나 독립협회의 만민공동회와 같은 시민참여의 광장을 확보하여 참여와 숙의의 경험을 공유하는 것이 최선의 현장교육이 될 수 있을지 모른다. 지난 2016년 말부터 벌어진 연인원 1,700만 시민의 촛불항쟁 참여는 이러한 소중한 계기가 되었음을 상기할 필요가 있다.

Ⅳ. 결　어

오늘날 헌법의 중요성과 헌법교육의 필요성 확대는 누구나 동의할 수 것이다. 그럼에도 불구하고 법전원 체제 도입 시 적절한 교육수요 예측에 실패한 결과로 지금의 변화된 헌법교육의 패러다임에 부응하는 학부 헌법교육의 기회가 충족되지 못한다면, 이를 만연히 시장과 자율의 교정기능에만 맡기는 것은 적절치 않고 입법정책적인 대응방안을 모색할 필요도 있지 않은가 생각된다.

가장 포괄적이고 완결적인 방안으로는 헌법교육과 관련된 별도의 단행법을 제정하는 방안이 있을 수 있다. 홍윤기 교수는 최근 논문을 통해서 「(가칭) 헌법교육과 민주시민교육 진흥 및 헌법과 민주주의 센터 설립 지원에 관한 법(안)」을 제시한 바,[43] 이를 논의의 기본 토대로 삼아 발전시키는 방안을 검토해볼 수 있다. 다소간의 차이는 있지만 민주시민교육지원법안이나 인권교육법안 등도 비슷한 지향성을 가지고 있는 바, 차선책으로는 이러한 법안과

43) 홍윤기, "민주공화국의 입헌정치에 있어서 헌법교육/민주시민교육: 그 특정한 위상의 규명과 추진 방안의 제안", 사회와 철학 34호, 2017.10, 77-87면 참조.

연계해 학부에서의 헌법교육을 강조하는 방안도 검토할 수 있는 방안이다. 혹은 좀 더 추상적인 차원이긴 하지만 기왕에 시행되고 있는 법교육지원법이나 교육기본법에서 시민교육의 맥락에서 헌법교육의 의미를 강조하는 조항을 삽입하는 총론적인 방안이 있을 수 있고, 좀 더 구체적인 각론적 방안으로는 헌법재판소법의 개정을 통해 헌법재판연구원의 학부 법학교육에 대한 지원을 명시함으로써 학부 현장교육을 강화하는 방안도 검토해 볼 수 있다.

우리가 대한민국헌법이 대한민국을 구성하는 시민들의 고도의 결단이자 합의라는 점에 동의하였다면, 이러한 우리의 합의의 내용으로서의 헌법의 의미를 재확인하고 공존의 윤리와 기술을 구체화하는 작업은 우리 시대의 모든 시민들에게 요구되는 바라고 할 수 있다. 이제 헌법은 특정 계층의 전유물이 아니다. 따라서 헌법은 모든 시민들에 의해 다시 읽혀지고 재해석될 수 있어야 한다. 또한 해석을 넘어 개정의 순간에도 시민참여는 필수적이고 이 역시 헌법교육의 장이 되어야 한다.[44] 그러한 때 진정으로 헌법은 국민 모두의 것이 될 수 있다.

그리고 그 첫 걸음은 시민들이 각자 헌법의 가치와 내용에 대해 쉽고 가깝게 교육의 기회를 가질 수 있는 것에서부터 출발해야 할 것이다. 그렇지 않다면 우리는 헌법을 여전히 '우리'와는 먼 '그들'만의 헌법으로 여기게 될 것이고, 또한 위정자들이 헌법을 왜곡하여 특정 계층이나 세력에 일방적으로 유리한 해석을 시도하거나 통치의 도구로 악용하려 할 때, 일반 시민들은 이에 대해 적절히 대처할 능력을 갖추지 못하게 될 것이다. 헌법이 진정으로 국민 모두의 합의와 결단이라면, 그러한 계약문서에 구속되면서도 필요한 경우 이를 개정할 수 있는 주체인 국민들이 이를 읽고 해석하는 방법을 익히는 데 있어 소외되거나 경시되어서는 안 될 것이다. 이러한 근본적인 관점에서 광의의 전문교육과 시민교육으로서의 헌법교육이 오늘날 헌법교육의 기본적인 목표가 되어야 하며, 이는 학부를 포함한 학교 법교육의 모든 층위에서, 그리고 사회 법교육의 모든 층위에서 그러해야 한다고 믿는다.

44) 윤성현, "2017년 헌법개정과정에의 시민참여와 헌법교육의 모색-1987년 헌법개정과정의 경험을 바탕으로-" 법교육연구 제12권 제3호, 2017.12. 참조.

15. 해암 문홍주 교수의 생애와 헌법사상*

이 병 규**

Ⅰ. 서 설

이 글은 故 海巖 文鴻柱 교수의 생애와 법사상을 다룬 것으로, 이를 통하여 그의 헌법학자로서의 삶을 조명해보고, 더불어 그가 초기 우리나라 공법학계에 어떤 영향을 미쳤고, 또한 그 한계는 없었는지 살펴보는 데 그 목적이 있다.

일제시대, 건국초기, 경제개발기, 유신시대, 그리고 군사정부시절을 거치면서 헌법학자로서, 행정관료로서의 삶을 산 문홍주 교수의 생애와 그의 헌법이론을 살펴보는 것은 우리 공법학의 초기 형성 과정을 살펴보는 것이나 다름없는 일이다. 법학의 영역에서 개별 학자들의 생애와 이론의 형성 과정을 밝히는 작업은 매우 중요하며, 이러한 연구는 학문의 기초를 단단히 하는 기본 작업의 하나이다. 더구나 정치·사회의 변화 영향을 직접적으로 받는 공법학의 경우에 이러한 배경이나 인물에 대한 연구 없이 학설이나 이론을 검토하는 것은 무의미한 일일 수도 있다. 따라서 1940년대 이후 한국 공법학의 건설을 위해 정력적으로 활약한 문홍주 교수의 삶과 그의 헌법이론의 배경을 살펴보는 것은 매우 중요한 의미를 가진다.

문홍주 교수의 생애와 사상에 대하여는 그의 회고록인『敎授의 一生: 海巖 文鴻柱 博士古稀記念文集』에 상세히 나와 있고, 또한 그의 헌법학자로서의 삶에 대한 회고는 한국헌법학회가 지난 2002년 기획한 '역사와 헌법 시리즈' 두 번째 인물로 문홍주 교수와 가진 인터뷰 자료「나와 대한민국 헌법」[1]에도 나와 있다.[2] 문홍주 교수의 헌법사상을 다룬 것으로는 한국공법학회가 2003년 기획한『한국의 공법학자들: 생애와 사상』에서 '한국 헌법학의 거목'이라는 글로 소개되었다. 그 외 문홍주 교수의 헌법학을 본격적으로 다룬 논문도 최근 나오고 있다.[3]

여기서는 개별 학자들의 생애와 이론의 형성과정을 밝혀야 한다는 문제의식에 기초하여

---

* 海巖 文鴻柱 博士古稀記念文集刊行委員會, 敎授의 一生: 海巖 文鴻柱 博士古稀記念文集, 서울: 海巖 文鴻柱 博士古稀記念文集, 1987. (이하 '문홍주 박사 고희기념문집'이라 함)

** 동의과학대학교 교수, 고등직업교육연구소 연구위원, 법학박사

1) 문홍주, 나와 대한민국 헌법, 역사와 헌법 시리즈 제2차, 헌법학연구 제8권 제1호, 한국헌법학회, 2002. 4.

2) 첫 번째 인물은 한태연 교수였다(한태연, 한국헌법과 헌법학의 회고, 역사와 헌법 시리즈 제1차, 헌법학연구 제8권 제1호, 한국헌법학회, 2002. 4). 한국헌법학회의 이 기획은 문홍주 교수 이후로 이어지지 못했다.

3) 김효전, 헌법학 30년의 연구자들, 한국 헌법학설사 연구: 1884-1979, 학술원논문집(인문·사회과학편) 제54집 제1호, 2015; 전광석, 한국헌법의 개척자들, 집현재, 2015; 전광석, 문홍주와 한국헌법·헌법학, 미국헌법연구 제28권 제2호, 미국헌법학회, 2017. 8; 전광석, 헌법학자 문홍주, 미국헌법연구 제26권 제1호, 미국헌법학회, 2015. 4.

1940년대부터 1980년대까지 헌법학자로서 활약한 문홍주 교수의 삶과 그의 헌법학 그리고 시대적 배경의 일단을 소묘해보기로 한다. 이 글은 앞서 소개한 기존의 연구 성과와 함께 당시의 신문이나 잡지, 그리고 문홍주 교수에 대하여 필자가 들은 얘기들로 구성하고자 한다.

Ⅱ. 문홍주 교수의 생애

1. 출생과 학창시절

문홍주 교수(文鴻柱, 1918-2008)는 1918년 6월 7일 경상남도 의창군(현 창원시) 진동면 진동리에서 3남 5녀 중 7째(3남)로 태어났다. 본관은 남평(南平)이며, 호는 해암(海巖)이다.

그는 1930년 진동공립보통학교(현 진동초등학교)[4]를 졸업하고, 상경하여 현재 경기중·고등학교의 전신인 경성제일공립보통학교에 입학한다.[5] 경상도 남부 작은 시골마을에서 식민지 조선의 손꼽히는 상급학교로 진학한 것을 스스로도 기특한 일로 생각했던 것 같다.[6] 식민지의 열악한 사회경제적 환경에서 경성의 상급학교에 유학할 수 있었던 것은 개인의 능력만으로 되는 일이 아니라 그만한 경제적인 뒷받침이 있었다는 얘기일 것이다. 실제로 필자의 지인을 통해 들은 얘기로 문홍주 교수의 집안은 당시 진동면 일대의 이름난 부자로, 큰 기와집과 많은 전답을 소유하고 있었다고 한다. 문홍주 교수 위로 형과 누나들이 이미 서울에서 공부하고 있었고, 집안도 경성으로 유학을 보낼 수 있을 정도의 경제력과 교육열이 있었으며, 이에 더하여 상급학교로 진학할 만한 실력을 갖추었던 것으로 생각된다.

문홍주 교수는 1934년 경성제일고보를 졸업하고, 당시 外地 조선의 유일한 제국대학이었던 京城帝國大學 예과 문과 을류에 입학한다.[7] 그리고 1937년에 예과를 수료하고 1940년에 법학과에 입학한다. 본과에 입학하면서 법학을 전공한 이유를 그는 다음과 같이 술회하였다.

> 예과 2년을 마치고 학부로 올라갈 때 문학·철학·경제·법학 중에서 나는 법학을 택했다. 그 이유는 예과 2년에 법학통론 강의가 있었는데 尾高朝雄 학부 교수가 강의하였다. 그 강의가 워낙 명강의였기 때문에 나는 尾高 교수에 매료되어 법학을 택하게 되었다.[8]

---

4) 1908년 사립 진명학교로 출발한 진동초등학교는 올해로 개교 110주년을 맞았다. 그 사이 진동공립보통학교(1914), 진동공립심상소학교(1938), 진동성내공립초등학교(1941), 진동초등학교(1945)로 교명이 변해왔다. 문홍주 교수와 같은 시절 학교를 다닌 인물로 법무부장관·문교부장관을 역임한 권오병, 성균관대 총장을 지낸 권오익 등이 있다(경남도민일보, 2008년 11월 26일자 참조).

5) 동아일보 1937년 9월 24일자에는 경성제국대학예과 주최 제9회 전 조선중등학교 축구대회 기사가 있으며, 대회 1일차 이리농림 대 제1고보 간의 시합 결과와 함께 출전 선수로 오른쪽 공격수 '문홍주'가 나온다.

6) 문홍주 교수는 당시 사정을 다음과 같이 회고했다. "그 당시 한국에서 제일 어려운 제1고보(경기고의 전신)에 입학이 되었다. 더구나 우리 초등학교에서 셋이나 합격되었다. 전기불도 없는 인구 300명 정도의 시골 국민학교에서 서울 제1고보에 셋이나 입학한다는 것은 당시로서 신화에 가까운 일이었다. 진동국민학교로서는 전무후무한 일이었다"(문홍주 박사 고희기념문집, 4면).

7) 당시 문과 을류 합격자는 조중학, 김홍길, 최학선, 이항녕, 홍순정, 박용선, 이필현, 김태영, 신덕수, 고광학, 홍진기, 문홍주, 이창학, 이재옥, 김기엽(동아일보, 1934년 3월 28일자).

문홍주 교수는 예과에서 본과 진학 시 법철학 교수였던 오다카 토오모(尾高朝雄, 1899-1956)[9] 교수의 법학통론에 매료되어 법학을 택했다는 얘기를 하고 있다. 그의 회고록에도 나오지만 그는 일찍부터 선생이나 대학교수가 되기를 희망했다. 어릴 때부터 교직을 갈망했던 것은 당시 위로 누나와 매형이 교직에 몸담고 있었고, 그의 부친도 선생을 희망했다고 한다. 그러던 중 대학에 들어가면서 경성제국대학에서의 지적 감흥, 특히 일부 교수들로부터 많은 영향을 받으면서 더욱 교수가 되어야겠다고 생각했던 것 같다. 여기에 등장하는 오다카 교수는 경성제국대학 조선인 학생들 사이에서 자주 이름이 오르내리는 인물이기도 하다.[10]

이때가 바로 문홍주 교수가 식민지 조선인으로서 최고의 엘리트 코스를 거친 지식인으로 자리매김하는 순간이었다고 할 것이다. 식민지 조선인이었지만 제국대학에 입학하고 법학을 전공하여 성공가도를 달릴 수 있는 여건이 마련된 셈이었다.

경성제대 시절 문홍주 교수는 오다카 교수로부터의 영향도 있었지만, 그보다는 상법을 담당했던 니시하라 칸이치(西原寛一, 1899-1976)[11] 교수로부터 더 많은 영향을 받은 것으로 보인다. 그는 니시하라 교수의 연구자로서의 자세뿐만 아니라 인간적인 면모까지도 본보기로 삼은 듯하다.

> 장래에 대학교수가 되겠다고 생각하고 있던 나로서는 니시하라 교수는 나의 우상이었다. 우리가 존경하는 교수가 몇 분 있었는데 거기에는 우리 나름대로의 기준이 있었다. 첫째는 일본인 교수밖에 없었던 그 당시에 있어서 교수가 절대로 민족 차별을 하지 않아야 했다. 그 다음에 대학교수가 되고 싶어 했던 그 당시이니만큼 교수가 학문에만 전념하는 분이라야 했다. 그런 점에서 니시하라 교수는 내가 존경하는 교수로서 충분한 조건을 갖추고 있었다.

니시하라 교수와의 사제관계는 다른 일화에서도 확인된다. 니시하라 교수는 문홍주 교수가 만주중앙은행에 취직한 것을 뒤늦게 알고는 대노하면서 助手를 시키지 못한 것을 아쉬워했다는 것이다.[12] 한편 그는 당시 경성제대의 헌법·행정법 교수였던 키요미야 시로(清宮四

---

8) 문홍주 박사 고희기념문집, 5면.

9) 부산 출생의 법철학자로 1923년 동경제국대학 법학부 정치학과를 졸업한 뒤 경도제국대학 문학부 철학과에 입학하여 1928년에 졸업하고 경성제국대학 조교수(법리학)가 된다. 1944년에는 동경제국대학 교수가 되어 법철학 강좌를 맡는다. 1928년부터 1932년까지 독일과 오스트리아로 유학하여 켈젠, 후설(Edmund Husserl)로부터 수학한다. 대표적인 저서로는 『법철학』(1925), 『국가구조론』(1926), 『자유론』(1952) 등이 있다(https://kotobank.jp/).

10) 오다카 교수와의 학연이나 그로부터의 지적 감흥에 대하여 술회한 조선인 학생으로는 유진오, 민복기, 이항녕, 황산덕, 홍진기 등이 있다. 이에 대하여는 김효전, 경성제대 공법학자의 빛과 그림자, 공법연구 제41집 제4호, 한국공법학회, 2013, 292-298면 참조; 소고 이항녕 선생 유고집 작은 언덕 큰 바람, 나남, 2012, 39-41면 참조.

11) 카가와현 출신으로 도쿄제국대학 졸업, 1929년 경성제국대학 교수, 1946년 오사카상대(현 오사카시립대) 교수, 1938년 칸사이가쿠잉대(関西学院大) 교수 역임, 주요 저작으로 『상법강의』, 『상행위법』 등이 있다. 경성제대 부임 당시 '상법기업법론'을 발표하면서 스승 다나카 고타로(田中耕太郎)의 상적 색채론을 극복하고자 했다(西原寛一, 近代的商法の成立と發展, 日本評論新社, 1953 參照).

12) 니시하라 교수의 전직도 대장성 소속의 은행검사관보였다.

郎, 1898-1989)[13]나 우가이 노부시게(鵜飼信成)[14]의 강의는 들었겠지만 그들의 영향은 거의 받지 않은 것으로 보인다. 그의 회고록이나 이후 글에서 키요미야나 우가이에 대한 얘기는 나오지 않는다.

문홍주 교수는 1940년 경성제국대학 법문학부 법학과를 졸업[15]하고 스승 니시하라의 조수 추천을 마다하고 만주중앙은행에 입사한다. 거기서 그는 만주 전역에 있는 만주은행 지점의 법률분쟁을 조정하거나 해결하는 업무를 담당하면서 전공 법학을 실무에 적용할 수 있는 기회를 가졌다. 이 시절에는 경제적으로도 넉넉한 생활을 영위할 수 있었지만, 그러한 생활도 얼마가지 않았다. 일본의 패망과 소련군의 남하 그리고 해방을 맞으면서, 그의 표현대로 '천신만고 구사일생'으로 남하하여 고향 진동으로 다시 오게 되었다.

경성제국대학 시절 상법학에 대한 관심과 상법학 교수와의 각별한 관계, 그리고 만주중앙은행원으로서의 경험을 감안할 때 문홍주 교수가 훗날 헌법학 전공 교수로 유명세를 떨친 것은 의아한 일이라는 생각이 든다.

2. 초기 교수 시절

해방 후 고향 진동에 내려와 있던 문홍주 교수는 경성제국대학 시절 막역한 사이었던 홍진기(洪璡基, 1917-1986)[16]의 권유로 서울에서 교수 생활을 할 수 있는 기회가 있었지만, 그것을 마다하고 고향 인근의 부산에서 일하기로 결심한다. 해방 직후 民立大學 설립운동[17]의 여파로 부산에서도 부산민립대학(현 부산대학교)과 남조선대학(현 동아대학교) 설립이 추진되었는데, 양쪽에서 강의를 맡아달라는 요청이 있었다. 그리고 그는 남조선대학으로 가기로 했다.[18] 문홍주 교수는 당시 남조선대학을 택하게 된 이유를 다음과 같이 밝혔다.

---

13) 사이타마현 출신으로, 미노베 다츠키치(美濃部達吉) 문하로 1927년 도쿄제국대학 법학부 정치학과 졸업, 1924년 경성제국대학 촉탁으로 조선에 건너와서, 조선총독부 재외연구원으로 2년간 독일, 오스트리아 등지에 유학, 1927년 경성제국대학 조교수. 1941년 도호쿠제대(東北帝大) 교수, 학사원 회원, 미야자와 토시요시(宮沢俊義)와 함께 전후 일본 헌법학계를 주도하였다. 주저로 『헌법 I』, 역서로 『일반국가학』 등이 있다. 이에 대하여는 김효전, 清宮四郎의 경성제국대학 시절, 헌법학연구 제19권 제2호, 한국헌법학회, 2013. 6. 507면 이하.

14) 동경도 출신으로 소화(昭和, 1926-1989) 시대의 법학자이다. 그는 동경제국대학 법학부 정치학과를 졸업하고 경성제국대학 강사를 거쳐 교수가 된다. 패전 후 일본으로 돌아가 1947년 동경대학에 신설된 사회과학연구소 교수가 된다. 1964년 동경대학을 퇴직하고 1965년 국제기독교대학 학장을 지낸 뒤 세이케이(成蹊)대학(1967), 센슈(專修)대학(1975) 교수를 지낸다. 1980년에는 일본 학사원(學士院) 회원이 된다. 전공은 영미공법으로 헌법과 행정법 분야에서 업적을 남겼다. 대표적인 저작으로는 『행정법의 역사적 전개』(1952), 『헌법』(1954, 1956) 등이 있다(우가이 노부시게/이병규 역, 경성의 8월 15일, 헌법학연구 제19권 제2호, 한국헌법학회, 2013. 6. 참조).

15) 동아일보 1940년 3월 26일자에는 경성제국대학 법문학부 12회, 의학부 11회 졸업식 소식을 실려 있다. 총 85명의 졸업생 중 문홍주 교수의 이름이 이항녕 교수와 나란히 있다.

16) 당시 법무부 조사국장.

17) 강명숙, 미군정기 사립대학 설립과 고등교육기회의 확대, 아시아교육연구 4권 1호, 서울대학교 교육연구소, 2003, 157-159면 참조.

> 내가 남조선대학을 택한 것은 민립대학은 장차 국립대학으로 만든다고 하기 때문에 국립대학은 내가 돕지 않아도 잘 될 것이고, 이왕이면 약한 쪽을 돕자는 것이었다. 좀 더 알아보니 민립대학은 제국대학(국립대학)이나 관립대학 출신자를 교수로 모으고 있고, 남조선 대학은 사립대학 출신이 대부분이었다.[19)]

"이왕이면 약한 쪽을 돕자"는 생각으로 남조선대학을 택했다는 점이 흥미롭게 들린다. 여기서 그의 약간은 거만하기도 하고 의기양양한 모습이 배어나오는 듯하다. 그도 그럴 것이 당시 조선인으로서는 최고의 명문 고교와 대학을 졸업하고, 그것도 빵의 학문이요 권력의 학문인 법학을 전공하고 나서는 일제의 전진기지이자 괴뢰국인 만주국의 만주중앙은행에 입사하여 활약하였으며, 또한 자신의 경성제국대학 동기생들은 이미 한국 사회의 주류로 활약하고 있었고 그들로부터 서울에 있는 대학에서 일해보자는 제안도 있었기 때문에 지방 부산의 신생 대학에 들어간다는 것은 당시 본인의 입장에서는 '돕는다'는 표현이 맞았을지도 모른다. 문홍주 교수는 회고록 곳곳에서 학계와 관계 등에서 활약하고 있는 자신의 집안사람[20)]과 경성제대 동기생들[21)] 얘기를 하고 있다.

당시 남조선대학(현 동아대학교) 법학과의 초기 교수진은 문홍주 교수를 제외하고는 內地 일본에서 유학한 사람들로 구성되어 있었다. 설립자 성재환(鄭在煥, 1906-1976) 박사, 엄구현(嚴龜鉉, 1914-2002) 교수,[22)] 장경학(張庚鶴, 2016-2011) 교수,[23)] 배철세(裵鐵世, 2015-2005) 교수,[24)] 박무홍 교수 등은 모두 일본에서 대학을 나왔고, 또한 고문 사법과 내지 행정과에 합격하고 현직에 있었던 인사들이 대부분이었다.[25)] 그렇기 때문에 경성제국대학 출신과 일본 유학파 출신, 고문합격자와 비고문출신자들 사이에서 일종의 경쟁의식 같은 것이 있었지 않았나 싶다.

문홍주 교수가 일생의 학문으로 헌법학을 전공하게 된 것도 흥미롭다. 동아대학 교수 내정자들이 모여 담당과목을 정하는 자리에서 그의 전공이 정해진 것이다. 당시 교수로 내정된 대부분은 현직 변호사나 판검사였다. 따라서 민법, 형법, 소송법 등을 희망하여 한명씩 담당과목이 정해져갔는데, 마지막까지 과목을 정하지 않고 있던 그에게 남은 과목이 헌법이었다는 것이다. 그는 당시 사정을 다음과 같이 술회하였다.

---

18) 동아대학교의 기록에는 '1946년 임용, 1951년 11월 20일 퇴직'으로 되어 있다. 정확한 임용일자는 알 수 없으며, 1950년 3월 1일자 보직 발령이 있다.
19) 문홍주 박사 고희기념문집, 37면.
20) 권오익, 문남식 등.
21) 홍진기, 계창업, 이항녕 등.
22) 경남 김해 출신, 주오대학 법학부 졸업, 고등문관시험 행정과 합격, 평안북도 희천군수, 평안북도 민정관.
23) 함남 문천 출신, 경성제이고보 졸업, 교토제대 법학부 졸업, 스미토모(住友) 입사.
24) 경남 통영 출신, 부산제이상업학교 졸업, 주오대 법학부 졸업, 고등문관시험 사법과·행정과 합격, 함남 내무부 지방과 소속 공무원 경찰부 경찰 및 경부, 함남 삼수이원 군수.
25) 문홍주의 경성제대 동기인 이항녕 교수는 1949년 동아대학에 부임한다.

> 법학과목 담당자를 정하는데 각자의 의견을 물으니 거기에 모인 사람들이 각각 민법 · 형법 · 소송법을 희망하여 담당과목이 정해져 나갔는데, 나는 끝까지 듣고만 있었다. 끝까지 남은 과목이 헌법이었는데, 배도환 씨가 나에게 문 선생은 헌법이 어떠냐고 물었다. 나는 이제부터 교수 공부를 시작하는 것이니까 과목에 크게 구애될 것이 없다고 생각하여 헌법을 수락했다. 이것이 내 일생의 전공과목으로 헌법을 하게 된 연유이다.[26)]

이러한 얘기는 당시 그 자리에 함께 있었던 배철세 교수도 얘기한 바 있다. 문홍주 교수가 만주중앙은행원으로 근무했던 연유로 동아대 설립 초기에 상법을 전공하고자 했지만, 당시 商高 출신인 자신이 상법을 맡기로 한 상태였기 때문에 아무도 선택하지 않은 헌법을 맡게 되었다는 것이다.[27)] 이와 함께 또 하나의 이유로 당시로서는 헌법 과목을 선뜻 택할 수 있는 사정이 아니었다는 생각이 든다. 메이지(明治)헌법, 즉 日本帝國憲法은 일제의 패망과 함께 사라질 운명에 놓였고, 그렇다고 조선은 아직 정부 수립 전으로 헌법이 제정되지 않은 상황에서 헌법을 강의한다는 것 자체가 여의치 않았을 것으로 생각된다. 그가 헌법을 선택하고, 황무지와 다름없는 당시 우리나라에서 미국헌법을 국내에 소개하고 학문적 기초를 놓은 것이 바로 동아대학, 그리고 항도 부산에서였다는 점은 참으로 흥미롭다.

> 내 헌법강의는 우리나라 헌법이 제정되기 이전이므로 강의 내용은 주로 민주헌법의 기초이론을 중심으로 했다. 세계에서 가장 강한 군주주권의 헌법인 일본헌법에 관한 서적은 거의 참고가 되지 않았다. 그리하여 나는 부산 시내의 헌책 서점을 돌아다니면서 미국헌법에 관한 서적을 몇 권 입수했다. 이 책들은 미군이 보다가 내 판 것이었다. 우리나라가 앞으로 새 헌법을 가지려면 미국헌법의 영향이 클 것으로 생각되었으며 미국 헌법을 공부해 두는 것이 꼭 필요할 것이라고 믿었다. 또 부산에는 대학이 하나도 없었고, 동아대학도 신설대학이기 때문에 도서관에도 참고문헌이 있을 리 없었다.[28)]

신생 동아대학에서의 헌법 강의가 자국의 헌법이 제정되지 않은 상황에서 민주주의 헌법의 기본적 이론을 중심으로 이루어졌다는 것을 알 수 있다. 또한 당시 부산 중구 보수동을 중심으로 형성된 헌책방에서 미군에서 흘러나온 미국 헌법 관련 책(그가 기억하기로는 「American Government」라는 책)을 접하고는 권력분립, 기본권 등의 헌법 내용이 나오는 것을 보고 천황제 국가에서는 상상할 수 없는 미국 헌법의 정신을 보면서 재미를 느끼게 되었다고 한다.[29)] 그의 미국헌법과의 운명적 만남은 여기서 시작된 것이다. 제헌헌법 이래로 현재까지

---

26) 문홍주 박사 고희기념문집, 38면.

27) 배철세 교수도 일본 주오대학(中央大學) 시절 도쿄제국대학의 다나카 고타로(田中耕太郎) 교수의 상법 강의에 크게 감흥을 받았다고 한바 있다(동아대학교와 나: 배철세 교수와의 대화, 동아법학 제32호, 동아대학교 법학연구소, 2003).

28) 문홍주 박사 고희기념문집, 39면.

29) 문홍주, 나와 대한민국 헌법, 역사와 헌법 시리즈 제2차, 헌법학연구 제8권 제1호, 한국헌법학회, 2002. 4. 57면.

우리 헌법이 미국의 대통령제를 정부형태로 채택하여 운용하고 있는 점에서 당시로서 미국 헌법의 향후 영향에 대한 그의 예측은 주목할 만하다.

문홍주 교수의 동아대학 재직은 그리 길지 않았다. 1946년 11월 1일 대학 설립과 함께 재직하여 1947년 12월 30일 문교부 설립인가가 나고 얼마 지나지 않아 그는 인근의 국립 부산대학으로 자리를 옮긴다. 그의 회고록에는 동아대학이 개교 후 설립 인가가 나지 않아 재학생들이 우왕좌왕하는 모습이 비교적 자세히 소개되어 있다. 당시의 그러한 상황도 동아대학에서 오랜 동안 재직하지 않은 이유 중의 하나가 아닌가 생각된다. 동아대학의 설립 인가는 개교 1년 뒤에 이루어졌다. 이와 관련한 그의 회고를 들어보자.

> 1947년 봄으로 기억된다. 서울 가는 일이 있어서 법무부의 친구 홍진기 군을 만났다. 그는 동아대학 사정을 듣더니 인가도 안 나는 동아대학에 있느니보다 서울대학으로 오라고 하여 둘이서 청량리에 있는 서울대학교 법과대학을 찾아가서 고병국(高秉國) 학장을 만났다. 홍군의 강경한 권유에 못이겨 2학기부터 오겠는데, 조건이 하나 있다고 했다. 그 조건이란 동아대학이 그 동안에 인가가 나면 오겠고, 그렇지 않으면 동아대학을 떠날 수 없다고 했다. 그랬더니 홍군과 고 학장이 나더러 말을 뒤바꿔 한 것이 아니냐고 물었다. 인가가 안 나면 그런 대학에 있을 필요가 없으니 서울로 오고, 만일 인가가 나면 그대로 동아대학에 있겠다는 것이 아니냐고 물었다. 나는 그렇지 않다고 했다. 그 이유는 인가가 안 난다고 동아대학을 떠난다는 것은 인간의 도리가 아니기 때문에 인가가 나도록 노력하고, 인가가 날 때까지는 떠날 수 없는 것이 나의 양심이라고 했다. 그러나 두 분은 서울법대로 오기를 간청했으며, 좌우간 2학기에 시간을 넣어 놓겠다고 했다.[30)]

문홍주 교수는 1949년 부산대학교로 옮기면서 새로운 환경에서 헌법학 교수로서의 삶에 전념하기로 다짐하였다. 그러나 그러한 다짐도 오래 가지 않았다. 당시 윤인구(尹仁駒, 1903-1986) 부산대학교 총장의 신임 하에 출발부터 학생과장, 사무국장 보직을 맡게 되었다. 부산대학교에서 장차 그의 헌법학 연구의 구체적 방향이 결정되는 계기가 된 것은 1954년 시카고대학 유학이었다. 그는 1954년부터 1년간 미국 국무성초청으로 시카고대학에 유학하게 된다. 이는 일생 동안 사명감을 가지고 미국헌법을 연구할 수 있는 경험적 기초를 제공해준 소중한 기회였다. 미국에서의 경험은 미국헌법을 본격적으로 심도 있게, 그리고 지속적으로 연구할 수 있는 계기가 되었을 뿐 아니라, 교육행정가로서의 정책적 사고에도 많은 영향을 미쳤다.

문홍주 교수는 미국 유학에서 돌아와서 시카고대학에서의 토론식 수업이나 면학 분위기 등을 부산대학교에서 펼치고자 했지만 뜻한 대로 되지 않았다고 회고하였다. 이 시절 그는 제6회 고등고시위원, 경상남도 노동위원회 위원을 역임하기도 하였다.

---

30) 문홍주 박사 고희기념문집, 39-40면.

3. 교수와 관료의 삶

문홍주 교수는 1960년 부산대학교 제2대 총장을 시작으로, 1962년 법제처장, 1966년 문교부장관, 1973년 헌법위원회 위원, 1980년 헌법심의위원회 위원, 1984년 경기대학교 대학원장, 1986년 한국정신문화연구원 원장 등 30여 년간 부산대학교 교수와 총장, 성균관대학교 교수, 그리고 행정관료의 자리를 오가면서 공적 생애를 이어갔다.

문홍주 교수는 1960년부터 1962년까지 윤인구 총장에 이어 젊은 43세의 나이로 부산대학교 제2대 총장에 선임되었다. 40대 문홍주 총장은 4·19 이후 격심해진 학내 파벌을 해소하는 성과를 보이는 등 부산대학교의 초기 형성에 기여하였으나, 그의 첫 번째 총장기는 5·16과 함께 막을 내렸다.[31)]

문홍주 교수는 부산대학교 총장에서 내려온 지 얼마 지나지 않아 서울대학교 한태연(韓泰淵, 1916-2010) 교수의 추천으로 서울대학교 행정대학원에서 강의를 시작했으나, 곧이어 새 정부의 법제처장에 임명되었다. 이때부터 그의 서울에서의 공적 삶이 시작되었다. 젊은 법제처장 문홍주는 자구수정이나 하는 처장으로 남아 있길 원하지 않았다. 당시 공무원법·교육공무원법에 불리한 처분을 받은 당사자에게 소명의 기회를 주는 조항[32)]이나 세법상 사업회계연도에 세율 인상을 금지하도록 한 규정을 넣기도 했다. 또한 한미합작으로 석유공사를 설립하는데 있어서 양측의 약정서에 우리나라 입법권을 제약하는 조항이 있다는 이유로 마지막까지 법제처장 날인을 거부한 일화도 있다. 또한 당시 국가재건비상조치법과 제2공화국헌법이 상존하는 상황에서 현역군인을 국무위원에 임명하는 것은 文民統治를 규정한 헌법을 위반하는 것이라고 한 것이 박정희 대통령에게까지 보고되어 곤혹을 치렀다는 일화도 있다. 이 시절 그는 제3공화국 헌법심의위원회 전문위원으로도 활동하였다.[33)]

이 시절 문홍주 교수는 40대의 젊은 나이로 중앙행정관료로서 법과 원칙에 따라 소신을 굽히지 않고 정책을 펼치고자 했던 것으로 생각된다. 여기에는 경성제국대학 법대 출신으로 만주중앙은행에서 법실무를 쌓은 경험이 토대가 되었던 것으로 생각된다. 회고록 곳곳에는 행정관료로 있으면서 실정법에 따라 법 위반 여부를 일일이 확인하는 모습이 나타난다.

문홍주 교수는 법제처장에서 물러나고 얼마 지나지 않은 1964년에 성균관대학교 교수로 부임한다. 이때부터 1980년까지 성균관대학교에 재직하게 되는데, 이와 같이 그의 교수로서의 삶은 부산에서보다도 서울에서 더 길었다. 이 시절에도 1966년부터 1968년까지 문교부장관을, 1973년부터 1981년까지 헌법위원회 위원[34)]을 역임하는 등 그의 공적 삶도 계속되었지

31) 군사정부의 문책으로 부산대학교 총장에서 내려오게 된 이유에 대하여는 문홍주 박사 고희기념문집, 74-76면 참조.

32) 1961년 국가공무원법 제45조 이하에 징계 처분에 대한 구제절차가 새롭게 신설되었다.

33) 이에 대하여는 후술하는 'Ⅳ. 문홍주 교수의 헌법개정 활동' 참조.

만, 이 두 가지 공식 직함을 제외하고는 성균관대학교 교수로서 연구와 후학 양성에 매진했던 것으로 생각된다.[35] 미국헌법 연구의 결실을 맺기 시작한 것도 이 시절이었다. 문홍주 교수는 16년간 성균관대학교에서 재직하는 동안 많은 후학들을 길러내어 이른바 '성균학파'라는 별칭을 얻을 정도로 우리나라 공법학계에 그 규모와 활동이 널리 알려졌다.[36] 또한 그는 1970년부터 1983년까지 한국공법학회 회장으로 왕성한 학회 활동을 하면서 학회를 재건하고, 최장수 학회 회장을 역임하면서 공법학 발전에도 기여하였다.

문홍주 교수는 성균관대학교에 부임한지 2년 만인 1968년에 문교부장관에 임명되었다.[37] 그의 회고록에 문교부장관으로 재직한 시절의 회고가 비교적 길게 나와 있는 것을 볼 때 그 시절 문교부장관으로서의 지위와 경험이 스스로에게도 많은 여운이 남는 시간이었던 것 같다. 문홍주 교수는 장관에 취임하여 "공부하는 학원, 연구하는 교수"를 캐치프레이즈로 내걸었다.[38] 이에 대학의 연구기능 활성화를 위한 재정적 뒷받침에 각별한 노력을 기울였다. 대학교수의 연구비 인상을 박정희 대통령에게 직접 요청할 정도로 이에 대한 관심이 많았다.

> 박 대통령을 만날 기회가 있을 때마다 연구비 인상을 집요하게 건의했어요. 박대통령도 취지에는 동의하지만 나라의 형편이 어려우니 참고 기다리라고 했어요. 10번째 건의할 때는 대통령의 노여움을 사기도 했지만 결국 해마다 배씩 인상해 주겠다는 약속을 얻어냈어요.[39]

이는 그의 학자로서의 확고한 신념에 따른 것이라고 할 수 있다. 이와 함께 그의 회고록에 나오는 문교부장관 시절의 여러 일화들은 다양한 관계 속에서도 가능한 한 법과 원칙을 지키고자 했던 행정관료의 모습을 보여주는 듯하다. 서울대학교 유기천 총장 경질 문제, 숙명여자대학교 입학정원 문제, 서울대학교병원 신축공사 문제 등의 일화에서는 자신의 신념과

---

34) 사실 제4공화국 하에서 헌법위원회에 의한 위헌법률심사는 한 건도 이루어지지 않아 헌법위원회는 장식적 기구에 지나지 않았다.

35) 그 시절 문홍주 교수의 헌법학 강의를 수강한 김효전 교수(학술원 회원, 동아대 명예교수)의 얘기로는 이 시절 문홍주 교수는 흰 와이셔츠를 즐겨 입고, 수업 시간에 교탁 위에 학생들이 앉는 의자를 올려놓고 늘 거기에 앉아서 수업을 했다고 한다. 문홍주 교수는 말 수가 적었지만 뚝심 있는 경상도 남자 스타일이었다고 한다. 헌법 수업 시간에 사법심사제(judicial review)의 효시가 되는 Madison Marbury v. Madison, 5 U.S. (1 Cranch) 137 (1803) 판례를 강조하여 설명했다고 한다.

36) 김영수, 한국 헌법학의 거목, 『한국의 공법학자들: 생애와 사상』, 한국공법학회, 2003, 81면; 김효전, 성균관대학교 법정대학, 『은행나무 아래서: 성균관대학교 법률학과 입학 50주년 기념 문집』, 2014, 성법 64, 195면 이하 참조.

37) 문홍주 교수의 문교부장관 임명에 대하여 당시 신문은 다음과 같이 평가했다. "문장관 자신은 '그렇지 않다'고 굳이 변명하지만 공화당 사전조직에 깊이 간여했었다는 건 널리 알려진 사실로서 그의 이번 문교 등용도 그 때의 공에 대한 행상이라고 보고 있다. 스스로 교육자임을 강조하는 문홍주 씨의 말을 그대로 받아들이면 정치인교육자라고 할까? … 현행 헌법 기초의 키멤버이기도 한 그는 어느 의미에선 지금의 정치인들이 지켜야할 테두리를 마련한 사람이기도 하다. 경성제대 출신, 슬하에 2남 3녀를 둔 다산파, 수재형이라고들 말하지만 겉으로 보기엔 겸손한 촌부자를 연상케 한다"(동아일보 1966년 9월 26일자).

38) 교육부 40년 출입 노기자의 대한민국 교육부 장관 48인론, 신동아 561호, 동아일보사, 2006. 6. 239면.

39) 문홍주, 나와 대한민국 헌법, 역사와 헌법 시리즈 제2차, 헌법학연구 제8권 제1호, 한국헌법학회, 2002. 4. 64면.

학자적 양심, 그리고 학연과 지연 등의 복잡한 관계 속에서 고뇌하는 모습들이 나타난다.

문홍주 교수는 1968년 문교부장관에서 물러날 때 박정희 대통령으로부터 하사금을 받아 부동산을 매입했다고 전하고 있다. 이러한 사실을 미담 정도로 생각했다는 것은 당시 우리나라 관료 사회의 수준이 어느 정도였는지를 짐작하게 하는 것이 아닌가 생각된다. 회고록 몇 군데에도 소개되어 있지만, 문홍주 교수는 박정희 대통령에 대하여는 인간적인 정을 가졌던 것으로 보인다.[40] 사실 그가 교수로서, 총장으로서, 그리고 법제처장으로서, 문교부 장관으로서의 삶을 살았던 시간은 박정희 대통령 집권 시절이었다.

4. 만년의 삶

만년의 문홍주 교수의 삶에서도 공적 생애는 이어진다.[41] 공직에서 내려와 성균관대학교로 돌아왔으나 곧이어 부산대학교 제11대 총장에 선임되었고, '서울의 봄' 이후 제5공화국 헌법심의위원회 위원으로 활동했다. 또한 1983년에는 대한민국 학술원 회원에 선임되었고, 1984년에는 경기대학교 대학원장에 선임되었다. 그가 공직에서 벗으나 자유로이 다시 미국 헌법 연구에 매진한 것은 그의 나이 70이 되어서였다.

문홍주 교수는 1980년부터 1983년까지 부산대학교 제11대 총장을 역임하면서 대학교육의 내실화를 위한 노력에 경주하였다.[42] 특히 공부하는 대학·연구하는 대학이라는 대학풍토 조성, 주입식이 아닌 예습을 전제한 교수방법의 개선, 기존 교수의 국제적 학문시야를 넓히기 위한 해외연수, 해외의 유능한 인재를 등용하기 위하여 학기마다 시행한 엄정한 교수공채제의 정착화에 노력했다. 또한 대학 운영의 합리화, 시설공사의 부실화 방지를 위한 현장감독 등 엄정한 예산집행을 위해 노력했다. 이 시절 문홍주 교수는 1960년 부산대학교 제2대 총장으로 있으면서 펼치지 못했던 정책과 시카고대학에서의 유학 경험, 그리고 중앙행정관료로서의 축적된 경험을 마음껏 펼치고자 했던 것으로 보인다.

그는 1986년부터 1988년까지 법학자로서는 처음으로 한국정신문화연구원(현 한국학중앙학

40) 박정희, 전두환 두 사람에 대하여 그는 다음과 같이 회고하였다. "역대 대통령 중에서 내가 직접 그리고 가장 많이 접해본 대통령은 박정희, 전두환 두 분입니다. 박 대통령의 형은 동생이 죽을 때까지도 농군으로 머물렀어요. 이것은 정말이지 존경할만한 일입니다. 나는 전두환 대통령 시절에 부산대 총장과 정신문화연구원장을 지냈어요. 정신문화연구원 시절 전 대통령이 한 자리에서 세 번씩이나 나를 칭찬할 정도로 가깝게 느꼈어요"(문홍주, 나와 대한민국 헌법, 역사와 헌법 시리즈 제2차, 헌법학연구 제8권 제1호, 한국헌법학회, 2002. 4. 63-64면).

41) 문홍주 교수는 1978년 12월 12일 치러진 제10대 국회의원선거 마산·진해·창원 지역 출마예상자로 신문기사에 나기도 하였다(경향신문 1978년 9월 19일자).

42) 문홍주 교수의 부산대학교 총장 선임에 대하여 당시 신문은 다음과 같이 보도했다. "신임 문홍주 총장은 헌법에 관한한 어느 누구의 추종도 불허한다는 학자풍의 고집과 자만심을 갖고 있는 전형적인 헌법학자, 제3공화국의 헌법을 기초한바 있으며, 활달하고 강인한 성격 탓으로 지난 66년부터 2년간 파란많은 문교부 장관을 역임하기도 했다. … 따라서 이번 부산대 총장 취임은 그로서는 두 번째이며 4.19, 5.16 등 혼란기에 총장직을 맡은 바 있어 현재와 같은 어려운 시기에 가장 적임자라는 후문"(매일경제, 1980년 6월 28일자).

연구원) 원장으로 재직했다. 이때 연구가 소홀했던 '한국헌법사연구'를 한국정신문화원이 기획·출판하기도 했다.[43)]

이후 그는 교수와 행정관료로서의 자리를 오가는 삶에서 완전히 해방되어 1988년에 방대한 미국헌법 관련 서적을 소장한 '미국헌법연구소'를 창설하여, 이를 1996년에 '사단법인 미국헌법학회'로 발전시켰다. 이에 그는 마지막까지 미국헌법학회를 중심으로 미국헌법연구에 관한 후견적 역할을 했던 것으로 생각된다.

Ⅲ. 문홍주 교수의 저작 활동

문홍주 교수는 교수와 관료로서의 삶을 살면서도 많은 저작과 논문을 남겼다.[44)] 저서의 경우 헌법학 교과서에 해당하는 1957년 『한국헌법론』이 비교적 최근까지 개정을 거듭하여 출간되었다.

문홍주 교수의 단행본 출간년도를 보면 우리 헌법이 개정된 시기, 즉 새로운 헌법이 만들어진 시기와 거의 일치한다. 당시의 헌법학 교과서도 지금과 마찬가지로 헌법해설서로서의 성격이 강했기 때문에 새롭게 만들어진 헌법의 주요 내용을 소개하고 해설하는 역할에 충실했다. 이에 헌법을 개정한 시기에 새로운 헌법학 교과서를 출간한 것으로 보인다. 당시 출간된 문홍주 교수의 『한국헌법학』이 요즘 출간되는 마치 백과사전을 보는 듯한 방대한 양의 헌법 이론과 판례를 담고 있지는 않으나, 입헌주의의 경험이 일천한 우리 헌정 상황에서 새롭게 제정된 우리 헌법을 체계적으로 소개하고 해석함으로써 헌법학의 체계를 구축해 가는데 기여하였다고 할 것이다.

문홍주 교수의 『한국헌법론』은 이른바 '문홍주 헌법학'의 특색이 가장 잘 나타나 있는 저서라고 할 수 있다. 기본권을 존중하는 미국 헌법판례를 중점적으로 연구하였기 때문에 그의 저작에서는 기본권이 강조되었다. 아울러 바이마르헌법에서 유래하는 인간다운 생활을 할 권리나 독일식의 사회적 기본권을 '생활권'으로 명명하고, 종래의 참정권을 '정치권'이라는 용어로 바꾸어 사용하였다.

> 생존권이라 함은 죽느냐 사느냐에 관한 권리를 뜻하는 것이고, 우리 헌법은 죽느냐 사느냐의 권리를 보장하는 것이 아니라 인간다운 생활을 할 권리를 보장하고 있습니다. 또한 독일의 원서를 보아도 생활권에 가깝습니다. 참정권이라는 용어를 쓰는 나라는 한국과 일본뿐이고, 한국은 일본의 용어를 수입한 것입니다. 일본이 참정권이라는 용어를 사용한 이유는 천황절대주권 하에서 국민의 정치적 권리를 천황의 절대주권에 감히 참가한다는 뜻을 강조하기 위해서였습니다.[45)]

---

43) 한태연·갈봉근·김효전·김범주·문광삼 공저, 한국헌법사(상), 한국정신문화연구원, 1988; 한태연·구병삭·이강혁·갈봉근 공저, 한국헌법사(하), 한국정신문화연구원, 1991.

44) 자세한 것은 본고 문홍주 교수 '저작목록' 참조.

권력구조면에서는 '국가권력 4기관 분장론'을 주장하였는데, 이것은 미국으로 귀화한 유태계 독일법학자 칼 뢰벤슈타인(Karl Loewenstein, 1891-1973)의 학설을 따른 것이다. 뢰벤슈타인은 국가권력을 종래 3권 분립 대신에 의회, 정부, 법원 그리고 선거민 네 기관으로 분류하고 기관 상호간의 수평적 통제를 시도하였다.

문홍주 교수는 그의 1964년판 교과서에서 뢰벤슈타인의 『정치권력과 통치과정』(Political Power and the Governmental Process)을 상세히 인용하였는데,[46] 이 책은 1957년 그가 유학한 시카고대학 출판부에서 발간된 것이며, 1959년에는 독일어판이 『헌법학』(Verfassungslehre)이라는 제목으로 번역되고, 1973년에는 김기범 역 『현대헌법론』으로 한국어로 번역되었다.[47] 이 책은 종래의 협소한 법실증주의적 헌법이해를 넘어 정치학 및 사회과학적인 방법론을 도입한 것으로 당시 학계에 신선한 기풍을 진작한 책이며, 더구나 한국의 대통령제가 권위주의 정부형태인 '신대통령제'에 속한다[48]고 서술하고 있어서 한국인들의 특별한 관심을 불러일으켰다. 이 책은 단순히 학설에서뿐만 아니라 사법시험 문제에까지 영향을 미쳤으며, 아직도 우리 헌법 교과서에서는 여전히 기본 골격으로서 유지하고 있다.[49]

문홍주 교수의 저작 대부분이 헌법학 교과서라고 할 수 있다면, 1956년에 저작한 『미국헌법론』은 헌법학연구서이자 본격적인 비교헌법연구서로서의 의미를 가진다고 할 것이다. 시카고대학 유학 후 귀국하여 내놓은 우리나라 최초의 본격적인 미국헌법연구서라는 것, 그 이후 오랫동안 이 책이 미국헌법을 공부하는 연구자들에게 어둠 속의 등불로서 역할을 해왔다는 것에 그 의미를 부여할 수 있을 것이다. 이 책 '서문'을 잠시 살펴보자.

> 미국 헌법에 관심을 가졌던 것은 우리 대한민국헌법이 제정되기 전의 미군정 시대부터이었다. 그러나 외국의 헌법을 자국에서 연구함에 있어서 그 외관적 개념이나 또는 기초이론은 별개로 하고 그 구체적 내용을 파악하는 데는 자료부족이란 치명적 결함을 느껴왔었다. 그런데 다행히도 재작년 가을부터 작년 여름까지 미국 정부의 호의로 시카고 대학에서 미국 헌법을 연구할 기회를 갖게 되었다.
>
> 여기에서 비로소 가물던 대지에 喜雨를 만나듯이 풍부한 자료에 접하게 되고 年來 가졌던 여러 가지 의문도 해결할 수가 있었다. 귀국 후 종전에 강의용으로 가졌던 원고를 무시하고 새로이 미국헌법을 이론적으로 구명 비판하는데 중점을 두는 것이 보다 오히려 헌법 내용을 일일이 판례를 들어 충실히 해석하는 저작을 결심하게 되었다.

---

45) 문홍주, 나와 대한민국 헌법, 역사와 헌법 시리즈 제2차, 헌법학연구 제8권 제1호, 한국헌법학회, 2002. 4. 65면.

46) 문홍주, 한국헌법, 법문사, 1965, 310-311면.

47) K. Loewenstein/김기범 역, 현대헌법론: 정치권력과 통치과정, 교문사, 1973; 칼 뢰벤슈타인/김효전 역, 현대헌법론1, 동아법학 제74호, 동아대학교 법학연구소, 2017. 2.

48) 칼 뢰벤슈타인/김효전 역, 현대헌법론1, 동아법학 제74호, 동아대학교 법학연구소, 2017. 2. 270면.

49) 김철수의 『헌법학개론』, 권영성의 『헌법학원론』, 허영의 『한국헌법론』 모두 뢰벤슈타인을 직간접으로 의거하고 있다.

미국의 법과대학에 있어서는 무엇보다도 법률 실무가 양성을 주목적으로 한다. 또 판례법을 위주로 하고 사법권 우월의 원칙을 채택하고 있는 미국에 있어서는 대학 교수의 이론보다도 연방최고재판소 재판관 의견이 존중된다. 그러므로 본서의 미국 헌법 해석에 있어서 해석의 근거인 연방 최고재판소의 판례를 될 수 있는 대로 밝히게 하였다.

필자가 본서에서 특히 주력을 둔 곳은 제4장 합중국 의회와 제9장 기본적 인권보장이다. 실제 정치 운영에 있어서 입법부와 행정부는 늘 대립이 생기는데 미국의 입법부는 어떻게 조리해 나가는가를 좀 상세히 구명하자는 것이 합중국 의회에 주력을 둔 이유이고, 다음에 자유진영 국가의 본거라고 하는 미국에 있어서 개인의 자유가 어떻게 보장되고 있는가를 구명하자는 것이 제9장 기본적 인권보장에 중점을 둔 이유이다. 그러고 본서는 이 외에 미국 헌법의 전반에 걸쳐서 헌법의 기초이론의 논의보다도 헌법 내용의 충실한 해명을 목적으로 하였다. …[50]

미국헌법에 대한 문홍주 교수의 열정은 계속 이어져, 그간 연구한 헌법 판례들을 정리하여 『기본적 인권연구』라는 저서를 1965년 법문사에서 펴냈다.[51] 이 책은 그 후의 판례 연구를 증보하여 1976년 성균관대학교 출판부에서 발간하였고,[52] 1992년에는 해암사에서 계속 증보판이 나오다가 2002년에는 『미국 헌법과 기본적 인권』이라는 대저로 유풍출판사에서 출간되었다.[53] 이처럼 그는 50년에 걸쳐 미국의 헌법판례를 우리나라에 소개하였으며, 1988년에는 미국헌법연구소를 설립하여 매년 『미국헌법연구』라는 논문집을 발간하고 있다.[54]

오늘날에는 누구나 책상에 앉아 인터넷 검색으로 손쉽게 미연방대법원 판례를 찾아 볼 수 있는 세상이 되었지만, 문홍주 교수가 미국헌법을 연구하던 시절에는 판결집을 입수하기가 매우 어려웠다. 그리하여 그는 자료 수집하는 데만 60~70%의 노력이 들어갔다고 한다.[55]

논문의 경우 전체 77여 편 중 40여 편 이상이 기본권 분야이다. 기본권 분야의 주제도 신체의 자유나 표현의 자유에 관한 미국헌법상의 기본권 이론과 미연방대법원 판례를 소개한 것들이 대부분이다. 특히 그는 당시 우리 사회에서 아직 쟁점화 되지 않았던 언론의 자유, 변호인의 조력을 받을 권리와 관련하여 다양한 적용영역과 쟁점을 소개하였다. 이러한 쟁점들은 현행 헌법과 함께 도입된 독립형의 헌법재판소가 기능하면서 헌법심판의 대상이 되었다. 이처럼 그의 헌법 논문들은 기본권, 그 중에서도 미연방대법원 판례에 집중된 것을 알 수 있고, 이러한 연구들이 이후 『기본적 인권 연구』의 토대가 되었다고 할 것이다.

권력구조의 경우는 정부형태와 국회 분야가 주를 이루었고, 그 중에서도 국회의 국정감사

50) 문홍주, 미국헌법론, 일조각, 1956, 서문.
51) 문홍주, 기본적 인권연구, 법문사, 1965.
52) 문홍주, 기본적 인권연구, 성균관대학교 출판부, 1976.
53) 문홍주, 미국헌법과 기본적 인권연구, 유풍출판사, 2002. 이 책 출판기념회가 2002년 9월 25일 국회헌정기념관에서 열렸다. 이 출판기념회에서 문홍주 교수는 헌법학자로서의 삶을 회고하는 강연을 하였다고 하나, 그 강연록을 확인할 수는 없다.
54) 「미국헌법연구」는 1990년 제1호를 시작으로 최근 제28권 제4호까지 발간되었다.
55) 김효전, 한국 헌법학설사 연구: 1884-1979, 학술원논문집(인문 · 사회과학편) 제54집 제1호, 2015, 118면.

권과 국정조사권에 관한 여러 편의 논문이 눈에 띈다. 한편 미국헌법에 대한 연구에 치중하였음에도 불구하고 미국의 사법심사제나 권력분립 등 권력구조 분야의 논문은 거의 없다.

새 헌법이 마련된 시점에 나온 새 헌법을 해설한 논문들이 여러 편 있으며, 또한 헌정사를 회고한 여러 편의 논문들도 눈에 띈다. 그중 1978년 작성된 「헌법학 30년의 회고와 전망」의 일부 내용을 소개하면 아래와 같다.

> 식민지시대를 벗어나서 자유민주주의 근대국가로서 출발하게 되자 헌법은 자유의 기술로 각광을 받았다. 그러나 제1공화국 중엽부터 자유당의 독재가 심해지자 제도상으로 자유를 절대적으로 옹호하려는 심정으로 자유를 극대화한 제2공화국헌법을 맞이하게 되었다. 그러나 경제적 기초가 없고, 자본주의제도의 발달을 보지 못한 우리나라에서는 자유헌법은 사회적 혼란만을 가져와서 여기에 자유에 대한 반성과 아울러 현실과 조화하기 위한 제3공화국헌법을 가지게 되었다. 그러나 대외·대북·대내적으로 국가위기를 맞게 되자 이를 극복하기 위한 위기정부의 헌법을 가지게 되어 이것이 바로 제4공화국헌법이다. 자유는 대폭적으로 양보되고 대통령을 구심점으로 하는 영도적 대통령제 헌법이다.
>
> 우리 헌법학은 이와 같은 빈번한 헌법의 개정으로 참으로 안주와 냉정을 잃은 생을 영위해 왔다고 아니할 수 없다. 그러나 헌법학은 현실에 지나치게 영합하지 않는 국민의 자유를 옹호해 왔고, 또 권력의 지나친 비대도 이를 억제하는 방향으로 꾸준한 노력을 해왔음을 부인할 수 없는 사실이다.[56)]

문홍주 교수의 다수의 논문들이 1962년부터 1969년 사이에 집필된 것을 알 수 있고, 그중에서도 1962년도와 1964~1965년도에 집중되어 있다. 이 시절은 그가 부산대학교 총장에서 물러나 서울대학교 행정대학원에서 강의하였고, 또한 법제처장에서 물러나 성균관대학교에 갓 부임한 시절임을 알 수 있다.

이러한 문홍주 교수의 기본권과 권력구조에 이르는 많은 논문들은 그가 헌법개정 과정에 참여하였던 1963년 제3공화국헌법과 1980년 제5공화국헌법의 성립 과정에서 그 논의 기초자료가 되었다고 할 수 있다.

Ⅳ. 문홍주 교수의 헌법개정 활동

문홍주 교수는 1962년 제5차 헌법개정과 1980년 제8차 헌법개정 과정에 전문위원으로 참여함으로써 헌법학자로서 자신의 헌법이론을 헌법개정에 직접 반영하는 기회를 가졌다. 제헌헌법과 제2공화국 헌법의 성립과정에서는 직접적으로 참여할 기회는 없었지만, 논문이나 신문을 통해 새 헌법에 대한 평가나 헌법개정안의 방향성을 지적하였다.

---

56) 문홍주, 헌법학 30년의 회고와 전망, 공법연구 제6집, 한국공법학회, 1978, 279면.

1. 제헌헌법과 제2공화국 헌법

문홍주 교수는 제헌헌법이 기초되는 과정에서는 직·간접적으로 참여하지 않았다. 당시 교수로 동아대학에 있었으나, 유진오 박사의 원안을 수정해서 국회에 통과되는 과정에서 대학교수의 생각은 참고 자료조차 되지 않았고 또한 반영될 여지가 없었다고 한다. 실제 제헌헌법의 성립 과정에서 유진오의 활약을 제외하고는 대학교수나 헌법학자의 활약은 눈에 띄지 않는다. 그것은 해방 직후 유진오 박사를 제외하고는 우리나라에서 헌법학을 체계적으로 공부한 사람이 거의 없었고, 또한 일제시대 대학에서 헌법학을 공부했다고 해도 그것은 근대입헌주의 헌법이 아닌 일제의 식민지헌법이 전부였기 때문에 헌법에 대한 관심은 물론이고 축적된 연구도 거의 없는 상황이었다.[57] 문홍주 교수가 해방 직후 대학에서 헌법학을 전공하게 된 것도 앞서 언급한 바와 같이 누구에게도 주목 받지 못한 상황에서 우연한 계기로 하게 되었듯이 당시 법학교수에게도 헌법학은 새로운 분야에 대한 도전이었을 만큼 큰 주목을 끌지 못했다. 제헌헌법과 관련해서 문홍주 교수는 특히 국회의 국정조사권이 아닌 우리나라에서 특유한 국정감사권을 규정한 이유를 의아하게 생각했고, 또한 이 문제를 유진오 박사에게 제기하기도 하였다. 이후 그는 국정감사권과 국정조사권의 구별에 관한 여러 편의 논문을 발표하였다.

4·19에 의해 이승만 대통령의 하야와 자유당 정부가 몰락하고 제3차 개헌에 의한 제2공화국 헌법이 성립하였다. 이 시절 부산대학교 교수로 있었던 문홍주 교수가 제3차 개헌과정에 참여하였다는 기록은 없다. 이에 대해 문홍주 교수는 제3차 개헌 과정에서도 대학교수는 전문위원으로 참여하지 않았다고 회고하였으나, 당시 개헌 과정에 한태연 교수와 박일경 교수가 내각책임제개헌기초위원회 전문위원으로 참여하였다. 당시 우리 헌정사에 처음으로 도입된 생소한 내각책임제에 대하여 국회 내각책임제기초위원들을 상대로 마치 강연하듯 설명하는 한태연 교수의 활약이 흥미롭다.[58] 문홍주 교수는 당시 부산일보 1960년 5월 1일부터 세 차례 '憲法改正案私案'을 내었을 만큼 당시 내각책임제개헌에 대한 높은 관심과 학

---

57) 문홍주, 나와 대한민국 헌법, 역사와 헌법 시리즈 제2차, 헌법학연구 제8권 제1호, 한국헌법학회, 2002. 4. 56면. 당시 제헌헌법안을 작성하는 실무작업을 담당한 인물은 유진오, 권승렬, 윤길중, 이인, 김병로, 김준연, 조봉안, 전진환, 정윤환이다. 이 중 유진오, 권승렬, 윤길중은 헌법기초위원회 전문위원 10인에 속해 있었다. 유진오와 권승렬은 헌법제정의 기초안과 참고안 작성을 주도했고, 대법원 검찰총장 및 법전기초위원회 위원인 이인과 사법부장 및 법전기초위원회 위원장인 김병로는 사법부에서 헌법제정을 위한 노력에 기여했다. 김준연과 조봉암은 헌법기초위원이었고, 전진한은 국회 본회의에서 이익균점권 등에 대해 많은 발언을 했다. 정윤환은 법전기초위원회에 참여했고, 유진오가 헌법안을 작성할 때 사법부문에 관해서는 그의 의견을 들었다고 한다(신우철·전종익·정상우 집필/서희경·이병규 감수, 기록으로 보는 대한민국헌정, 행정자치부 국가기록원, 2015, 225면 참조).

58) 이에 대하여는 국회사무처, 헌법개정기초위원회속기록, 1960; 이병규, 제2공화국 헌법상의 의원내각제, 공법학연구 제11권 제2호, 한국비교공법학회, 2010. 5 참조.

자로서의 신념을 가지고 있었다.[59] 문홍주 교수는 헌법개정안사안에서 그 취지를 다음과 같이 밝혔다.

> 이승만 행정부와 자유당은 현행헌법을 왜곡해석하고 또는 헌법자체의 不備를 틈타서 자유민주주의의 근본정신에 위반되는 독재와 강압정치를 해오다가 4·19 學生義擧를 계기로 한 민주혁명으로 인하여 이제 올바른 자유민주주의적 정치를 하게 되었고 이를 위하여 이에 헌법을 개정하고 또 왜곡된 해석의 길을 방지하는데 本憲法改正의 趣旨가 있는 것으로 생각한다. 현재 국회에서는 내각책임제를 중심으로 한 改憲案 起草에 착수하여 오는 5월 10일까지는 완료할 예정이라 하는데, 평소에 헌법학을 전공하는 학도로서 이에 협조하는 뜻으로 여기에 憲法改正 私案을 발표하는 바이다.[60]

그리고 개정안의 주요 골자로 내각책임제 채택, 대통령의 권한 제한과 간선제, 부통령제의 폐지, 양원제, 헌법위원회제도 폐지, 탄핵재판소 폐지와 그 권한의 국회 부여, 대통령의 법률안거부권 폐지, 정당내부체제의 민주화 규정 신설, 검열제금지 조항의 신설을 들고 있다. 문홍주 교수는 특히 대통령제가 아닌 내각책임제를 도입해야 한다고 주장하면서 당시의 상황이 내각책임제를 도입할 수 있는 전제조건이 마련되어 있었다고 판단했다.

> 책임정치를 할 수 있고 민주주의 원칙에 적합한 내각책임제를 채택할 기반은 충분히 달성되었다고 볼 수 있으니 대통령제의 숙명적인 단점에서 오는 독재정치의 쓰라린 경험을 통해서 금번 내각책임제로 정부형태를 변경하는데 거의 이의가 없는 형편이라 하겠다.[61]

그러나 이러한 그의 판단은 그리 오래 가지 않았다. 5·16과 함께 제2공화국 헌법이 8개월여 운용을 끝으로 단명하고 난 뒤 그는 양당제도가 확립되어 내각책임제가 기능하기 위한 기반이 갖추어졌다는 자신의 평가가 성급했다고 고백했다.[62] 사실 제2공화국 헌법 성립 당시 정부형태로서 내각책임제가 도입되는 데는 문홍주 교수와 같은 학자들의 내각책임제 도입의 이론적 정당성 주장과 관계없이 당시에는 '대통령제는 惡, 내각책임제는 善'이라는 흑백논리가 지배하던 시절이었기 때문에 내각책임제를 선택하는 데 이견이 있을 수 없는 상황이었다.

문홍주 교수는 헌법위원회제도를 폐지하고 일반법원에 위헌법률심사를 부여하도록 하는 미국과 일본의 일반법원형 헌법재판제도를 주장했다. 그는 내각책임제 하에서는 다수의 횡포 가능성이 대통령제 국가보다 크기 때문에 기본권 침해 방지 차원에서 사법부에 맡기는 것이 옳다고 주장했다. 이는 그의 당시 미국헌법에 대한 높은 관심에서 기인하는 것으로 생각된다. 결과적으로 제2공화국 헌법은 독립형의 헌법재판소제도를 최초로 도입했다.[63] 당시 독립

59) 당시 문홍주 교수는 부산대학교 법대 학장을 역임하고 있었다.
60) 부산일보, 1960년 5월 1일자.
61) 부산일보, 1960년 5월 1일자.
62) 헌법개정심의록 전3집, 대한민국국회, 1967, 209면 이하.

형의 헌법재판소제도는 현행 헌법상 헌법제판제도의 경험적 기초가 되었다고 할 수 있다.

문홍주 교수는 독일 본기본법상의 정당내부질서의 민주화 규정이나 언론·출판에 대한 사전검열 금지 규정의 신설을 주장하였는데, 이는 당시로서는 상당히 앞선 주장이었다.[64)]

2. 제5차 헌법개정 활동

문홍주 교수가 처음으로 헌법개정 과정에 참여한 것은 제5차 개헌에 의한 제3공화국 헌법의 성립 과정에서였다. 제3공화국 헌법은 국가재건최고회의 내에 헌법심의위원회를 설치하고 거기서 요강을 작성한 후 그 헌법개정안을 같은 해 12월 17일 국민투표로 확정하여 12월 26일 공포하였다. 이 때 문홍주 교수는 헌법심의위원회 전문위원 및 9인소위원회 위원을 역임했다.[65)] 제5차 개헌에 대하여 그는 다음과 같이 회고하였다.

> 당시 법제처장 자격으로서 헌법전문위원으로 참여했어요. 제3공화국 헌법제정 때 비로소 처음으로 박일경, 한태연 등의 학자들이 참여하기 시작했어요. 총 11명의 전문위원이 4~5개 분과로 나누어 분과별로 나누어 작업한 후에 전체적으로 조율하는 방식으로 초안을 했지요. 법지식이 없었던 군인들은 제정작업에 별로 개입하지 않았어요. 제1, 2공화국의 헌법내용을 특별히 고칠 경우에는 보고를 했시요. 특히 기억나는 것은 나의 주장으로 예산안은 반드시 11월말까지 국회를 통과해야 한다는 조문이 추가된 것입니다. 부산대 총장시절의 경험에서 나온 것이지요.[66)]

헌법심의위원회에서 문홍주 교수는 군사정부가 독단적으로 헌법을 제정하는 것이 아니라 국민의 여론을 듣고 하고 있다는 의사를 보여주는 것이 중요하다는 점을 강조하면서 촉박한 일정 속에서도 가능한 한 정부형태 결정에 있어서는 국민의 여론을 들어가면서 결정하자고 주장한다.[67)]

당시 헌법심의 과정에서 문홍주 교수를 비롯한 전문위원들의 관심은 권력구조 분야에 집중되어 있었다. 이는 제2공화국 헌법상의 내각책임제가 단명한 것이 이유가 되었으며, 또한 다시 대통령제로 복귀해야 하는가에 대한 논의로 진행되었다. 앞서 언급한 바와 같이 이 시절 문홍주 교수는 내각책임제를 주장한 것이 성급한 판단이었음을 고백하고 대통령제 권력

---

63) 당시 「헌법재판소법」까지 마련되었지만 실제 운용되지 않은 상황에서 5·16과 함께 제2공화국 헌법은 막을 내렸다.

64) 제2공화국헌법 제13조 모든 국민은 언론, 출판의 자유와 집회, 결사의 자유를 제한받지 아니한다. 정당은 법률의 정하는 바에 의하여 국가의 보호를 받는다. 단, 정당의 목적이나 활동이 헌법의 민주적 기본질서에 위배될 때에는 정부가 대통령의 승인을 얻어 소추하고 헌법재판소가 판결로써 그 정당의 해산을 명한다.

65) 헌법심의위원회 구성원은 간사위원 이석제, 길재호, 전문위원 유진오, 박일경, 한태연, 이경호, 이종극, 문홍주, 강병두, 이영섭, 김도창, 민병태, 윤천주, 신직수, 이한기, 성창환, 조병완, 김성희, 유민상, 김운태, 신태환, 최호진이며, 9인 소위원회위원회 구성원은 유진오, 한태연, 이경호, 이종극, 문홍주, 신태환, 강병두, 민병태이다(헌법개정심의록 전3집, 대한민국국회, 1967 참조); 동아일보, 1962년 7월 12일자 참조.

66) 문홍주, 나와 대한민국 헌법, 역사와 헌법 시리즈 제2차, 헌법학연구 제8권 제1호, 한국헌법학회, 2002. 4. 58면.

67) 헌법개정심의록 제1집, 대한민국국회, 1967, 173-174면 참조.

구조로의 변경을 주장하였다.

> 자유당 이박사가 3代로 대통령을 할 무렵부터 저는 의원내각제를 해야 되겠다 이렇게 주장했습니다. 그것은 대통령제가 잘못 굴러가지고 소위 정당적인 정치를 하는데 대다한 반대로서도 그렇겠지만 이제는 의원내각제를 해도 괜찮을 … 우리나라에 기반이 닦이지 않았나 … 저는 그것을 의원내각제가 선진국가에 대해서는 이것이 잘 굴러갈 수 있는 최소한도의 제도라는 것은 양대정당제도의 확립, 이렇게 저 개인은 믿고 있습니다. 그것이 자유당 말기에는 어느 정도의 확립이 되었다. 그래서 4·19가 날 무렵에는 양대정당 … 이렇게 대개 생각하고 있습니다. … 그래서 4·19 이후에 저도 의원내각제도를 찬성했는데 그것을 해보니까 우리가 믿고 있던 정당정치의 세력분포도가 우리가 예상한 이외에 굉장히 혼란을 일으켰어요. … 구 정당이 해산되어 버리고 이것이 미지수면 의원내각제로 해가지고 양대정당이 확립이 잘 되어나가야겠다고 하는 제가 믿는 그 지반이 완전히 백지니까 어떻게든지 의원내각제도는 피해야 되겠고 그래서 대통령제를 하되 대통령의 … 우리가 과거에 느낀 그 독재정당정치를 어떻게 막을 방도를 첨부해가지고 대통령제로 해나가는 것이 당연한 문제가 아니냐 이렇게 저는 생각합니다.[68)]

이와 같이 문홍주 교수는 이 시점부터 대통령제 권력구조로 선회하였고, 이후 이러한 신념은 계속 이어졌다. 그러다가 유신체제가 막을 내리고 제5공화국이 들어설 즈음에 그는 이원정부제에 대한 높은 관심을 보였으며, 이는 1988년 제9차 개헌 때까지 이어졌다.

당시 헌법심의위원회에서는 그간 운용되던 양원제 국회를 단원제 국회로 변경하자는 논의가 많았다. 문홍주 교수도 양원제를 폐지하고 단원제를 주장하였으나, 국회 횡포를 줄이기 위하여 국회의원 인원수를 줄이자는 다른 위원의 주장에는 반대 입장을 보였다. 또한 제5차 개헌에 의한 제3공화국 헌법을 제정으로 볼 것인지 개정으로 볼 것인지에 대한 논의가 길게 이어지면서 헌법제정과 헌법개정의 개념 구분에 대한 얘기도 나왔다.

> 제정이라고 하는 개념이 두 가지인데 하나는 종전의 절차에 의하지 않고 헌법이 바뀌었을 때가 제정이고 종전의 절차를 밟더라도 국가의 기본성이 변경되었을 때에는 암만 개정절차를 그대로 따랐다고 하더라도 제정이라고 보는 학설도 있습니다. 그래서 지금 일본헌법이 일본제국헌법의 개정절차를 밟아서 그대로 한 것입니다마는 군주주권국가가 국민주권국가로 변경되었다. 국가의 기본성에 있어서 큰 변질을 가져왔다. 그래서 일본헌법은 개정이지만 헌법학상에는 제정이라고 보아야 되겠다는 학설도 있습니다.[69)]

헌법개정심의록에 나타난 문홍주 교수의 발언을 통해서 볼 때 당시 문홍주 교수는 자신의 헌법에 대한 인식이나 헌법이론에 대한 신념이 상당히 강했다는 느낌을 받을 수 있으며, 또한 헌법상 개별 규정이나 헌법이론상의 개념 정의와 개념 구분을 명확히 하려는 모습을 보였다. 또 하나 특징적인 것은 헌법의 규정 방식에 있어서 일반성과 개방성을 강조하여 가

68) 헌법개정심의록 제1집, 대한민국국회, 1967, 209-210면.
69) 헌법개정심의록 제1집, 대한민국국회, 1967, 449면.

능한 한 하위법률, 이른바 헌법부속법을 통해 헌법의 원리나 원칙 규정이 구현될 수 있도록 해야 한다는 점을 강조한 점이다. 이러한 모습은 그가 헌법이론가로서 머물지 않고 헌법실무가로서의 경험이 바탕이 된 것이 아닌가 생각된다.

3. 제8차 헌법개정 활동

문홍주 교수가 제5차 개헌에 이어 개헌 과정에 주도적으로 참여한 것은 제8차 개헌에 의한 제5공화국 성립 과정에서였다. 10 · 26사태 후 최규하 대통령은 정부 주도의 개헌 활동을 피력하였다. 이에 1980년 1월 19일 법제처 산하에 '헌법연구반'을 발족하여 개헌을 위한 준비 작업이 시작되었고, 3월 14일에는 '헌법개정심의위원회'가 발족하여 본격적인 정부개헌 활동이 시작되었다. 이 때 문홍주 교수는 헌법연구반 연구위원장 및 서구헌법제도조사반 단장으로 활동했다. 헌법개정심의위원회 위원[70] 및 요강작성소위원회 위원[71]으로 활동했다.[72]

이와 같이 문홍주 교수는 정부 주도의 제8차 헌법개정 과정에 시종일관 관여하였다고 할 수 있다. 특히 1980년 5월 19일부터 시작된 헌법개정요강작성소위원회 회의에서는 신병으로 위원장 업무를 볼 수 없었던 전봉덕 위원장을 대신해서 위원장 업무를 맡아 요강작성을 완료하게 된다. 당시 위원회 구성에 대하여 그는 다음과 같이 회고하였다.

> 당시 법제처장은 이양호, 차장은 박윤흔씨였지요. 전봉덕씨가 소위원회 위원장을 맡았어요. 헌법학자로서는 나와 박일경 교수뿐이고 나머지는 정치학회 회장, 법원행정처장 등이 포함되어 있었어요. 전봉덕씨는 나와 경성제대 동기동창이지만 나이는 9살이나 연장이었어요. 전씨는 일제시대에 도경찰청장을 역임한 경력이 있는 원로법률가였어요. 그러나 그 분은 법제사 전공으로 헌법에 대해서는 식견이 깊지 않았어요. 소위원회 위원장직을 맡자 전씨는 연일 새로운 과제를 연구하느라 과로로 쓰러졌어요. 그리고는 신병 치료차 일본으로 가 버렸어요. 그래서 권중돈이라는 야당출신의 기초위원이 헌법을 전공한 나를 강력하게 추천하여 내가 소위원회 위원장을 맡게 되었어요.[73]

문홍주 교수는 당시 회의에서 헌법 전문에 특정한 역사적 사건을 나열하는 것은 반대하였다. 기본권 분야의 심의에서는 제8차 개헌에 의해 새롭게 규정된 행복추구권의 경우 개념규정 및 해석상의 모호성을 이유로 개정 과정에서 반대했으며, 기본권의 불가침성 역시 천부

---

70) 헌법개정심의위원회는 위원장 1인과 부위원장 2인을 포함한 50인 이상 70인 이내의 위원으로 구성되며 필요한 경우 특별고문을 위촉할 수 있도록 하였는바, 위원장은 국무총리가 되고, 특별고문 1인과 정계 · 경제계 · 법조계 · 언론계 · 교육계 · 근로계 기타 각계 인사 가운데서 위촉한 위원 67명 총 69명으로 구성되었다(자세한 것은 이병규, 제5공화국 헌법의 성립과 정부헌법개정 활동, 헌법학연구 제23권 제4호, 한국헌법학회, 2017. 12. 114면 이하 참조).

71) 요강작성소위원회 구성원은 전봉덕, 권중돈, 김승한, 김정렬, 김태청, 문홍주, 박동서, 박일경, 서일교, 신기석, 윤근식, 윤세창, 최호진이다.

72) 당시 문홍주 교수는 부산대학교 제11대 총장으로 재직하고 있었다.

73) 문홍주, 나와 대한민국 헌법, 역사와 헌법 시리즈 제2차, 헌법학연구 제8권 제1호, 한국헌법학회, 2002. 4. 59면.

인권이 대전제가 아니라는 이유로 반대했다. 신체의 자유와 관련해서는 법무부 측의 강력한 반대의견이 있었음에도 불구하고 구속적부심제도를 도입했다. 또한 당시 그의 논문에서도 소개하고 있는 환경권 조항을 새롭게 추가했다.

권력구조에 있어서 당시 문홍주 교수는 이원정부제에 많은 관심을 가지고 있었다. 헌법연구반 보고서에도 절충형 정부형태에 대한 소개를 비교적 상세히 하고 있다. 이와 함께 이원정부제의 실제 운영 상황을 보기 위하여 문홍주 교수는 서구헌법제도조사반 단장으로 오스트리아, 핀란드, 그리스를 시찰하고 다녀오기도 했다. '서울의 봄' 이후 당시 국민들이 대통령직선제에 대한 기대감이 한참 높은 상황에서 이원정부제에 대한 관심이 그러한 국민들의 기대를 저버리는 것이 아닌가하는 우려가 연일 언론에 등장하였다. 결과적으로 제8차 개헌에서는 당시의 안보적 · 경제적 상황에 비추어 직선제 채택에 따르는 문제점을 감당할 수 없다는 점을 고려하여 대통령선거인단에 의한 간선제를 채택했다. 이 기간 언론에서도 국론 분열, 선거과열 등의 이유를 들어 대통령책임제로 하되 선거는 간선제가 좋다는 기사가 나오기 시작했다.

국회의 경우 당시 국회법상 국정조사권이 명문화되었는데, 이는 문홍주 교수의 당시 여러 논문에서 소개된 바 있다. 헌법재판제도에 있어서 문홍주 교수는 당시 독립형의 헌법재판소제도 도입을 원하고 있었다. 이에 당시 요강작성소위원회 회의에서 허영 당시 경희대 교수로부터 독립형 헌법재판소제도에 대한 소개와 필요성을 듣기도 하였으나, 헌법위원회 측의 강력한 반대의견에 부딪혀 최종적으로는 도입하지 못했다.

헌법시안이 최종적으로 마련된 후 문홍주 교수는 인터뷰에서 당시 개헌안에 대하여 다음과 같이 평가하였다.

> "이번에 새로 만들어지는 헌법은 한마디로 말해 새 시대에 맞는 새 민주헌법이라고 자신 있게 말할 수 있어요."
>
> "이번 헌법의 가장 큰 特長은 평화적 정권교체가 기필코 실현될 수 있는 길을 터놓은 것이지요. 그것은 대통령의 임기를 7년 단임제로 하여 한 사람이 평생 동안 한번만 대통령을 할 수 있게 한데서 단적으로 드러나고 있지요."
>
> "안정적이고 지속적이며 계획성 있는 정책들을 펴나갈 수 있는 7년단임제가 바람직하지요. 7년이면 4년 중임의 8년보다 짧지 않나요?"
>
> "안보우선이라는 우리의 지정학적 과제뿐만 아니라 경제발전, 사회안정이라는 우리의 당면 과제에 비추어보더라도 대통령중심제는 절대적으로 필요한 것이지요."[74)]

당시 문홍주 교수의 헌법개정안에 대한 긍정적 평가에도 불구하고, 제8차 개헌은 10 · 26 이후 한층 높아진 국민들의 민주주의에 대한 열망을 제대로 담아내지 못한 점이 있다. 국회

---

74) 경향신문, 1980년 9월 9일자.

개헌 활동이 중지되고, 12·12, 5·18 등을 거치면서 헌법개정에 대한 국민의사와 실제 개헌 사이에는 간극이 있었으며, 정부 주도의 개헌에 대하여 국민들은 불신을 가지고 있었다. 또한 심의 과정 내내 정부의 헌법개정 원칙, 즉 국가 방위·경재의 관리와 안정적 발전·새 시대에 맞는 정치 발전이 제시되었고,[75] 쟁점이 되는 사항마다 정부 부처의 의견을 듣고 사실상 반영하는 회의과정[76]이나 공청회 취소,[77] 당시 신군부에 의해 언론이 사실상 통제되고 있는 상황 등을 볼 때 제5공화국 헌법은 개헌의 민주적 정당성이라는 비판으로부터 자유로울 수 없을 것이다. 문홍주 교수는 제8차 개헌과 제5공화국 헌법에 대한 비판에 대하여 다음과 같은 입장을 보였다.

> 당시에는 전두환 씨가 중심이 된 신군부 세력의 철저한 언론통제로 인해 광주사태의 본질과 성격을 전혀 알지 못했어요. 그리고 솔직히 말해서 전두환 정부의 정통성에 대해서는 전두환 씨가 틀렸다는 생각을 깊이 가져본 적이 없었습니다. … 나는 당시 최규하 대통령에게 한 회합에서 국회가 주도하는 헌법의 제정은 정치싸움에 불과하기에 행정부가 주도하여 차분하고 냉정한 자세로 헌법을 만들 필요가 있다고 건의했어요. … 나는 이미 국회에서 여야의 합의 아래 초안된 헌법조문을 무시할 수가 없어서, 국회안의 조문을 하나하나 검토하여 문제가 있으면 수정하는 방식을 택했어요. 여야가 합의한 조문에는 낭시 민수주의의 이상에 불탄 나머지 언론기관의 편집권 독립에 관한 규정과 같은 비현실적인 조항이 포함되어 있었어요. … 12명의 기초위원들이 헌법을 만드는데 군인들의 간섭은 전혀 없었어요. 대통령직선제를 폐지하고 간선제를 실시하는 방향으로 헌법을 기초했지요. 직선제를 하면 돈만 들고 정치싸움만 있지 하나도 도움이 되지 않는다는 것이 내 소신이었어요. … 항간에 떠도는 이야기, 전두환 씨가 장기집권을 위해 압력을 넣었다는 말은 전혀 근거가 없어요. 전두환 씨는 처음부터 자신이 단임으로 물러날 것을 결심한 바 있었던 듯 했어요. 그리고 기회 있을 때마다 이를 강조하곤 했어요. 내가 정신문화연구원장이던 시절에 정신문화연구원에 와서도 자신의 빛나는 치적으로 단임으로 물러나는 사실을 들었어요. … 헌법학자와 일반 농민을 똑같은 비중으로 존중할 필요는 없지 않느냐는 것이 내 생각이었어요. 역시 소수의 아는 사람이 대통령을 뽑아야 한다고 생각했어요.[78]

제5공화국 헌법에 대한 많은 비판에도 불구하고 문홍주 교수는 제8차 개헌에 의한 제5공화국헌법은 당시 우리 사회의 정치경제적 여건을 고려한 잘 된 헌법으로 평가하고 있는 것 같다. 대통령간선제에 대한 비판이 있었지만 미국의 대통령선거인단에 의한 간접선거에 대한 믿음이 있었던 것 같다. "헌법학자와 일반 농민을 똑같은 비중으로 존중할 필요는 없으며, 소수의 아는 사람이 대통령을 뽑아야 한다"는 문홍주 교수의 회고가 당시 민주주의에 대한

75) 헌법개정심의위원회 제1차 회의록, 1980. 3. 28. 2면.
76) 이병규, 제5공화국 헌법의 성립과 정부헌법개정 활동, 헌법학연구 제23권 제4호, 한국헌법학회, 2017. 12. 182면.
77) 헌법개정심의위원회 제7처 회의록, 1980. 5. 12. 4면.
78) 문홍주, 나와 대한민국 헌법, 역사와 헌법 시리즈 제2차, 헌법학연구 제8권 제1호, 한국헌법학회, 2002. 4. 59-61면.

그의 생각을 잘 보여주는 듯하다.

Ⅴ. 결어: '문홍주 헌법학'의 회고와 반성

1. 지금까지 문홍주 교수의 생애와 헌법사상을 그의 공적 활동을 중심으로 살펴보았다. 이를 통하여 이하에서 문홍주 교수의 헌법학을 간략히 정리해보기로 한다. 첫째, 문홍주 교수는 한국 헌법학의 초창기에 미국헌법 전문가로서 미국헌법 연구의 지평을 열었다. 당시 일제시대 대학 교육을 받은 연구자들이 주를 이룬 상황에서 일본 헌법학과 1920년대 독일 헌법이론에 의존하던 시절에 새롭게 미국헌법을 국내에 수용한 선구자적 역할을 했다. 미연방대법원 판례를 소개하였으며, 이와 관한 다수의 논문을 발표하였다. 당시 그가 소개한 미국헌법 이론과 판례가 초창기 우리 헌법을 해석하고 이론을 형성하는 데 직접적으로 활용되지는 않았지만, 일본, 독일과 다른 체계의 헌법을 접하는 기회를 제공해주었다. 1950년대 후반 이래로 그가 미국헌법 자료를 번역·소개하고, 또한 관련 자료들을 정리·축적한 것은 결코 과소평가 할 수 없다. 그의 저서와 논문은 미국헌법에 대한 관심을 갖게 하였으며, 또한 미국헌법을 공부하는 사람들에게는 어둠 속의 등불과 같은 것이었다. 이러한 당시 문홍주 교수의 미국헌법 연구는 새로운 헌법 세계를 열어준 것이나 다름없다. 그가 소개한 미국헌법에 관한 판례와 이론들은 당시로서는 낯선 것이었으나, 시간이 지난 후 그가 미국헌법에 대하여 가졌던 관심과 서술은 우리 사회에도 적용될 수 있는 비교헌법으로서의 기준이 되었으며, 특히 현행 헌법 하에서 도입된 헌법재판소제도가 기능하기 시작하면서 그가 다루었던 미연방대법원 판례들은 구체적 논의의 소재가 되었다. 예컨대 미국헌법상의 평등이념과 적용영역, 기본권의 대사인적 효력, 변호인의 조력을 받을 권리, 신체의 자유에 있어서의 적법절차의 원리 등에 대한 그의 논문들이 그러하다.

둘째, 문홍주 교수는 한국 헌법학의 초기 이론 형성에 토대를 쌓았다. 문홍주 교수가 활동한 1940년~1970년대는 한국 헌법학의 초창기에 해당되며 연구자들도 유진오를 비롯하여 손에 꼽을 정도로 부족했으며, 연구 업적도 많지 않았다. 이 시절 문홍주 교수는 헌법학 교과서와 논문을 통하여 입헌주의 경험이 일천한 우리나라에서 생소하기 그지없는 제헌헌법의 기본원리와 기본권 그리고 권력구조에 관한 조문 하나하나를 체계적으로 해석함으로써 우리 헌법학의 초기 형성에 기여하였다. 예컨대 초창기 헌법 문헌에 등장하는 주권, 통치권, 국가권력, 국가의 권리능력, 국권 등의 용어들의 개념이 제대로 정립되어 있지 않아 혼재되어 사용되는 상황에서 이를 정리하고 바로잡았다.

셋째, 문홍주 교수의 헌법학은 강단법학에 그치지 않고 헌법실무로까지 이어졌다. 그는 제5차 개헌과 제8차 개헌 두 차례의 헌법개정 과정에 참여하여 대통령제 정부형태의 도입과 정착에 기여하였으며, 또한 환경권 조항, 구속적부심사제 등 새로운 기본권 조항의 신설에 기여하였다. 특히 제8차 개헌에 의해 도입된 제5공화국 헌법 문구와 문맥 하나하나는 그의 손을 거쳐 조문화되었다. 또한 대학총장, 법제처장, 교육부장관, 헌법위원회 위원 등 중앙행정관료로 있으면서 헌법이론과 헌법현상 간의 간극을 경험하고 이를 다시 헌법학 연구의 소재로 삼았다.

넷째, 문홍주 교수는 자연법론의 확산에 기여하였다. 그의 헌법학은 방법론적 · 법적 기초는 법실증주의에서 출발하지만, 거기에 그치지 않고 자연법론으로 옮겨가 그 확산에 기여하였다. 당시는 독일 공법학의 절대적인 지배하에 있던 일제시대에 교육을 받아 헌법을 기초하고 이를 해석하는 상황이었기 때문에 한국 헌법학의 초기 법실증주의 헌법학은 당연한 현상일지도 모른다. 예컨대 유진오 박사, 박일경 교수에 의해 그러한 이론들이 그대로 이어졌다. 그러나 문홍주 교수는 해방 직후 미국헌법의 권력분립원리, 연방주의, 그리고 기본권 보호 중심의 헌법 체계를 접하면서, 법실증주의 헌법학의 틀을 벗어날 수 있었다. 그러한 의미에서 문홍주 교수는 종래 법실증주의 헌법학에 비판적인 새로운 조류의 영미의 헌법이론을 소개하고, 이와 함께 자연법론적 헌법학을 확산하는 데 기여하였다고 할 수 있다.[79)]

한국 헌법학 70년의 역사를 회고할 때 제1세대 헌법학자들에게서 독자적인 헌법사상이나 법사상을 찾기는 쉽지 않으며, 이는 문홍주 교수의 경우도 마찬가지이다. 건국 초기 처음으로 도입된 서구 헌법체제 하에서 모든 것을 새롭게 정립하고 만들어가야 하는 상황에서 독자적인 헌법사상의 구축까지 요구하는 것은 무리였고, 이에 외국헌법을 통한 우리 헌법의 토대를 쌓는 시간을 가졌다고 할 수 있다. 그러한 의미에서 볼 때 문홍주 교수는 초기 헌법학의 개척자로서 법실증주의 헌법학에서 자연법론 헌법학으로, 권력구조 중심의 헌법학에서 기본권 중심의 헌법학으로, 대륙법계 중심의 헌법학에서 영미법계 헌법학으로 길을 내었으며, 나아가 강단법학의 영역에 머물지 않고, 이른바 헌법정치(constitutional politics)의 중심에 섰던 헌법학자였다고 평가할 수 있을 것이다.

2. 문홍주 교수를 비롯한 1세대 헌법학자들은 일제에 의한 한반도의 황폐화와 한국전쟁의 폐허 위에서 헌법의 개척자로서 無에서 有를 창조하는 불굴의 투지를 보여주었고, 그들을 통해 한국 헌법학의 토대가 형성되었다. 그럼에도 불구하고 여전히 초기 한국 헌법학을 회고할 때마다 마주치는 일본인과 일본법학은 우리가 넘어야할 과제가 아닌가 생각한다. 문홍주 교수를 비롯한 많은 학자들의 입에 오르내리는 일본인 법학자들 중에는 그들의 학문적 영향을 떠나서 그들도 식민지 조선인 학생들에게 일본제국주의의 찬양과 협력을 강요한 제

79) 여기에는 당시 한태연 교수, 강병두 교수, 김기범 교수, 한동섭 교수도 해당할 것이다. 문홍주 교수가 영미헌법상의 기본권을 국내에 소개함으로써 자연법론의 확산에 기여한 면은 있으나, 그렇다고 그를 자연법론자로 보기는 어려울 것이다. 그의 헌법학자로서의 삶이나 공적 생애를 통해서 볼 때 오히려 법실증주의자에 가깝지 않나 생각된다.

국주의 지식인이 아니었는지 물어야 할 것이다. 문홍주 교수는 우리 현대사 전체, 즉 일제시대, 해방공간, 건국 초기, 산업화시대를 교수로서, 총장으로서, 행정관료로서 직접 경험한 지식인이었다. 일제시대 조선인으로서 최고의 학부를 졸업하고, 은행원으로서 사회경제적으로 넉넉한 생활을 했으며, 해방과 건국 후에는 사회경제적으로 열악한 국내 환경에서 일제시대 경력을 토대로 교수로, 행정관료로 활약하였다. 그러한 사적 · 공적 삶 속에서 일제시대 조선인 지식인으로서의 민족적 양심이나 군사정부 시절 권위주의 · 독재정부에 저항한 양심적 지식인으로서의 모습은 찾기 어렵다. 해방 후 1960년대부터 1980년대 말까지 군사정부 하에서 교수와 관료, 헌법 성립에 참여하면서도 독재와 민주주의에 대한 비판과 의심은 없었던 것 같다. 그가 생애 내내 천착했던 미국헌법과 기본권 연구는 과연 무엇을 위한 연구였고, 그것이 우리 헌법정치 상황에서 어떻게 구현되고 실천되었는지 묻지 않을 수 없다. 이러한 문홍주 교수의 생애와 헌법사상에 대한 평가는 그에 대한 비판의 목적도 칭송의 목적도 아니다. 다만 그 시대 지식인의 한계이자 우리 헌법학의 한계를 극복하기 위한 과정으로 삼고자 함이다. 시대를 넘어 그의 헌법학자로서의 삶은 최근 개헌 정국의 소용돌이 속에서 다시금 생각해보게 한다.

16. 세종시대의 법과 세종학*

정 긍 식**

Ⅰ. 서 설

조선의 건국은 한국사에 중요한 의미를 가진다. 우선 고려의 유불융합적 사회에서 유교사회로 전환한 것이다. 이에 따라 유교 — 신유학 · 성리학 — 의 이념이 사회전반으로 확산되었다. 성리학의 이념은 사회적으로는 가족질서를 남녀평등에서 남성우위, 즉 가부장제적 가족으로 변화시켰으며, 정치적으로는 왕권을 제약하여 신권과 조화를 이루려고 노력하였다. 이러한 변화는 법제의 정비가 있었기 때문에 가능하였다.

법제사적으로 고려와 조선의 가장 큰 차이는 통일법전의 存否이다. 조선은 건국초기부터 부단하게 법전을 편찬하는 등 법제의 정비에 노력을 기울였고, 따라서 조선을 '統一法典國家'라고 부를 수 있다. 물론 고려도 통일 후에 唐律을 수용하여 高麗律을 완비하는 등 법제의 정비에 주력하였으며, 宋律과 金律 등을 수용하였으며, 후기에는 元律의 영향을 받았다. 그러나 무신집권기와 원 간섭기를 거치면서 왕권의 약화와 국가통제력의 붕괴 등으로 법이 준수되지 않았다. 특히 통일법전이 없이 개별사안에 대해 왕법으로 규율하는 상태에서는 법의 통일은 이루어질 수 없고, 후기에는 법의 혼란이 극도에 달하였다. 비록 조선초기의 기록이지만, '高麗公事三日'이라는 말은 고려 말의 상황을 잘 반영하고 있다.

건국초기에는 국가의 틀을 만드는 과정은 제도의 정비이며, 이는 곧 법령의 증가로 이어졌다. 그러나 법령의 증대는 법의 통일에 장애가 되었으며, 이는 사회의 혼란으로까지 이어졌다. 결국 효율적인 통치와 사회의 안정은 법의 통일로 가능하며, 이는 최종적으로 법전편찬으로 귀결되었고, 법전편찬은 조선시대 전체에 걸친 위정자의 과제이었다.

세계사적으로 500년을 지속한 단일왕조는 조선이 거의 유일하며, 뿐만 아니라 왕조 자체를 부정하는 반란도 거의 없었다. 이러한 조선왕조의 장기지속성의 원인을 관료제 및 중앙 · 지방제도의 완비, 유교이념의 사회적 확산, 양반층의 강고성 등을 들 수 있지만, 완비된 법령의 통일, 소송제도의 구축 등 법제의 정비도 중요한 한 가지 원인으로 꼽을 수 있다.

---

* 세종탄신 618돐 기념 세종학학술회의 "통섭학으로서의 세종학" 발표문(2015.5.16. 여주대학교)을 수정 · 보완하였다.

** 서울대학교 법학대학원 교수

Ⅱ. 법전편찬의 원칙과 입법의 이념

1. 법전의 편찬과 그 원칙의 확립

고려는 사회의 혼란을 극복하고 국가를 재건하기 위하여 우왕(1374~1388)대부터 법제의 정비에 노력하였다. 우선 형사법의 통일을 위하여 ≪大明律≫과 元의 ≪議刑易覽≫, ≪至正條格≫ 등을 참조하였으며, 정몽주는 1398년(공양왕 4)에 이들을 참조하여 '新律'을 편찬하였으나 고려의 멸망과 함께 역사의 뒤편으로 사라졌다.

여말의 시대적 과업은 편찬은 조선건국 이후 새롭게 등장한 위정자들이 담당하게 되었다. 당시의 혼란상을 목도한 조선건국세력은 고려 멸망의 원인 중 하나로 법질서의 붕괴를 꼽고 그 전철을 밟지 않기 위해 노력하였다. 우선 태조는 즉위교서에서 "典章과 制度는 고려의 것을 적용하고, ≪大明律≫의 수용을 선언"하였다. 이러한 입장은 건국에 따른 급격한 제도의 변혁이 가져올 혼란을 우려했기 때문이기도 하다. 조선왕조의 설계자인 정도전은 1394년(태조 4)에 ≪朝鮮經國典≫을 저술하여 입법의 큰 방향을 제시하였다.[1)]

조선의 최고주권자는 국왕이며, 따라서 입법권도 국왕에게 있었다. 따라서 개별 법령은 특정 사안에 대한 국왕의 결정 내지 판단이었는데, 모든 법령을 국왕이 단독으로 결정한 것은 아니다. 특정한 사안에 대해 담당관서에서 의견과 법안을 제시하고 조정에서 이를 검토하여 의견을 내며, 최종적으로 국왕이 이를 승인하여 하나의 법령이 완성되었다.

이러한 국왕의 결정, 즉 명령을 '敎' 또는 '敎旨'라고 하며, 법을 집행하는 관청의 입장에서 보면 교지를 받아서 집행하는 것이므로 '受敎'라고 하였다. 즉 수교는 관청을 거쳐 백성과 관리들이 준수하고 시행해야 하는 법의 성격을 지닌 국왕의 명령이다. 육조를 비롯한 모든 관서는 담당사무에 대해 개별적으로 입법을 제안하였으며, 국왕의 재가를 받으면 수교, 즉 법으로 되었다. 이러한 점에서 조선 역시 고려와 마찬가지로 '王法國家'라고 할 수 있다.

이러한 상황에서는 수교의 수는 아주 많아질 수밖에 없고, 다른 관서는 물론 동일한 관서의 여러 수교들조차 서로 모순되기도 하였다. 백성은 물론 법을 집행하는 관리들조차도 혼동을 일으키게 되고, 법의 원래 의도를 실현할 수 없게 되었다. 이러한 법의 모순과 충돌을 피하고 법의 통일을 도모하는 것이 바로 법전편찬이다. 법전 편찬은 다양한 수교를 통일적으로 종합하여 정리하는 과정이다.

조선은 초기부터 수교들을 체계적으로 종합한 법전편찬에 착수하였다. 1397년(태조 6)에는 1388년(우왕 14) 후의 법령[受敎]를 집성한 최초의 통일법전인 ≪經濟六典≫을 편찬하였

1) 정긍식, 「≪朝鮮經國典≫과 조선초기 법제정비」, 『서울대학교 법학』 56-2(서울대학교법학연구소, 2015) 참조.

다("元六典"). 이는 이두를 사용하여 한문을 모르는 관리들이 쉽게 알 수 있도록 하여 적용에 편의를 도모한 점과 창법주의 의지가 반영된 것이 특징이다.

태종은 ≪經濟六典≫ 이후의 수교를 종합하여 1413년(태종 13)에 ≪續六典≫을 편찬하였다. 이 때 조선시대 전체를 관통하는 법전편찬원칙이 수립되었다. ≪經濟六典≫ 중에서 더 이상 적용할 수 없는 수교와 후대의 그것이 모순될 때에는 ≪經濟六典≫을 우선하여, 모순되는 후대의 수교는 삭제하고 적용될 수 없는 것은 본문에 두고 割註의 형태로 두었다. 이를 '祖宗成憲尊重主義'라고 한다. 이 원칙은 후대에도 유지되어 마지막 법전인 ≪大典會通≫에도 형식적으로는 유지되어 ≪경국대전≫ 규정은 조종성헌으로서 陰刻인 "原"으로, ≪속대전≫은, '續', ≪대전통편≫은 '增' 표기되어 있고, 만약 효력이 없으면 割註로 "廢" 등으로 표시하였다.[2)]

이러한 사정은 세종대에도 크게 달라지지 않았다. 1422년(세종 4)에 六典修撰色[빗]을 설치하여, ≪원육전≫을 기본으로 하여 이와 모순되는 수교는 삭제하고 ≪속육전≫ 반포 이후의 수교를 내용별로 종합하는 등 다시 법전 편찬에 착수하였다. 이 과정에서 새로운 법전편찬 원칙이 탄생되었다. 수교를 내용적으로 구분하여 영구히 준수해야 할 '典'과 일정 기간 동안 임시로 적용하는 '錄'으로 구별한 것이다. 1426년에 완결된 후 다시 검토하였다. 1428년 ≪육전≫ 5권 및 ≪謄錄≫ 1권을 완성한 후 1년 동안의 교열을 거쳐 1429년에 반포하였다. 이 역시 불완전하였기 때문에 다시 수정하여 최종적으로는 1433년(세종 15) ≪正典≫ 6권과 ≪등록≫ 6권으로 구성된 ≪新撰經濟續六典≫을 반포하였다. 그러나 이 역시 완벽하지 않아서 문종 역시 법전편찬에 착수하였으나 완성하지 못하였다.

세종대까지의 법전편찬은 기존의 법전에 수교를 추가하여 보완하는 방식이었다. 이러한 방식에 입각하는 한 완전한 법전의 탄생은 불가능하다. 법전편찬을 위해서는 정치적으로 안정이 되어야 하고 그러기 위해서는 왕권이 강해야 한다. 쿠데타로 집권한 세조는 만세불변의 법전편찬에 착수하여, 1484년(성종 15)에 ≪經國大典≫을 완성하여 이듬해부터 시행하였다(乙巳大典). ≪經國大典≫은 1460년(세조 6)에 戶典, 1461년(세조 7)에 兵典이 완성되었고, 1466년(세조 12)에 전체가 완성되어 이듬해부터 시행하려고 하였으나 세조의 승하로 수포로 돌아갔다. 이후 1469년(예종 1; 己丑), 1471년(성종 1; 辛卯), 1474년(성종 5; 甲午) 등 3차례의 완성과 그 후의 수정을 거친 완성된 것이다.

현재 <을사대전>만 온전히 전해올 뿐 그 이전의 법전은 전해오지 않는다. 그 이유는 무엇일까? 선초에는 법의 통일적 적용을 중시하였다. 새로운 법전의 편찬과 반포에도 불구하

2) '조종성헌존중주의'는 법전의 명칭에도 관철되어 ≪경국대전≫을 보완하는 법전의 명칭은 "(大典續錄", 수교를 집성한 법전은 "(受敎輯錄", 종합한 법전은 "典錄通考", "典律通補" 등으로, '대전'을 사용하지 않았다. 이들을 집성한 종합법전에만 "續大典", "大典通編/會通" 등 '대전'임을 명기하여 위상을 분명히 하였다.

고 구법에는 밝고 신법에는 어두운 관리나 구법이 이로운 사람 등이 신법이 아닌 구법을 적용하는 경우가 있었다. 이렇게 되면 법의 통일성, 즉 법치주의를 달성할 수 없게 된다. 이런 폐단을 막기 위하여 법전이 편찬되면 그 이전의 법전은 물론 판각까지 수거하여 소각하여서 최종법전만 전해올 뿐이다.[3)]

2. 입법의 이념

경국대전의 편찬은 기존의 수교를 종합 정리하는 것이었지만, 그에는 사상적 바탕이 있었다. 즉 입법자들은 유교사상에 바탕을 두고 있다. 경국대전의 서문에 압축적으로 표현되어 있는 사상은 다음과 같다: 첫째, 天地四時의 자연질서와 같이 일그러짐이 없어야 하고 둘째, 천지사시와 같은 법은 周의 古法에서 찾을 수 있으며 셋째, 조종성헌은 영구히 준수해야 하며 넷째, 법은 민심에 합치하는 良法美意(아름답고 좋은 법; altes gutes Recht)이야 한다. 이는 법령의 제정과 개폐과정에서 그 타당성과 실효성이 논의될 때에 판단기준으로 되었다.

이러한 입법이념은 경솔한 입법에 대한 경고와 위민정치의 발로이다. 신중한 입법을 중시하여, 법전의 편찬은 법을 제정하는 것이 아니라 이미 있는 법을 古例에서 찾아 기록하는 것으로 여겼다. 입법의 바탕은 백성의 믿음이었으며, 이는 良法美意로 중시되어 경솔한 입법과 그에 따른 백성의 불신을 견제하였다.

법은 백성을 위한 것, 즉 民本政治의 표현이다. 그러나 실제의 입법과정에서는 백성들이 무엇을 원하는지 알 수 없다. 세종은 적극적으로 백성들의 의견을 조사하여 입법에 반영하였다. 1427년(세종 9)에 조세제도의 개혁에 착수하여 1444년(세종 26)에 확정된 貢法이다.[4)] 이전에는 실제의 豊凶에 따라 이를 실측하여 조세를 부과하는 방식인데[損失踏驗法], 여기에는 실무관리의 농간 등으로 부자는 실제 수확량보다 적게 보고하여 세금을 감면받고 그 부담을 가난한 농민이 지는 등의 폐단이 많았다. 그래서 세종은 사전에 조사하여 결정된 토지의 비옥도와 그해의 흉풍에 따라 조세를 부과하는 貢法을 도입하려고 하였다. 새로운 제도를 도입함에는 찬반이 많았으며, 찬반 두 집단 모두 입론의 근거는 백성들을 위하는 것이며, 그것은 진정으로 백성들이 원하는 세법이라고 주장하였다. 세종은 모든 관료들에게 의견을 내도록 하였다. 의견을 낸 관료는 모두 150명이며, 서울의 고위관료들만이 아니라 실제 지방에서 백성들의 사정을 잘 아는 관찰사나 수령들까지, 그리고 서울에서는 최말단인 종9품인 五部學堂의 訓導官까지 포함되어 있으며, 현직만이 아니라 전직까지 의견을 제출하였는데, 찬반의견을 표시한 인원은 전현직 관료 1,322명이었다. 또 이 과정에서 입법의 방향성도 제

3) 정긍식, 「조선시대의 권력분립과 법치주의: 그 시론적 고찰」, 『서울대학교 법학』 42-4(서울대학교 법학연구소, 2001) 참조.

4) 이숙경, 「조선 세종조 공법제정에 대한 찬반론의 검토」, 『고려말 · 조선초 토지제도사의 제문제』(서강대학교 인문과학연구소, 1987) 참조.

시되었다. 결과를 쉽게 알 수 있는 서울에서 가까운 경기도의 한두 고을이나 또는 경지 상황이 다른 산지와 평야에 예비적 · 시험적으로 시행하자는 의견도 있었다.

나아가 직접적으로 이해관계가 있는 전국의 백성들의 의견을 직접 조사하였다. 전국 7도와 개성부의 수령과 품관, 촌민의 의견을 직접 조사하였는데, 그 숫자는 수령 약 300명을 포함하여 무려 17만 2천여 명이나 되며, 대부분은 직접 농사를 짓고 세금을 납부해야 할 촌민이었다(<표 1> 참조). 이처럼 세종은 물론 조선의 왕들은 입법에서 신중을 기하여 백성들에게 폐단이 가지 않는 양법미의를 제정하고 영구히 준행되도록 노력하였다.[5)]

〈표 1〉 세종 12년(1430) 여론 조사 결과

		찬성	반대	전체			찬성	반대	전체
관료 1322	현직	259	393	652	강원도 7842	수령	5	10	15
	전직	443	227	670		품관 · 촌민	939	6888	7827
유후사 개성	품관 · 촌민	1123	71	1194	함경도 7480	수령	3	15	18
						품관 · 촌민	75	7387	7462
평인도 29842	수령	6	36	42	경상도 36710	수령	55	16	71
	품관 · 촌민	1326	28474	29800		품관 · 촌민	36262	377	36639
황해도 20089	수령	17	17	34	전라도 29816	수령	42	12	54
	품관 · 촌민	4454	15601	20055		품관 · 촌민	29505	257	29762
					합계		98657	74149	172806

* ≪세종실록≫ 세종 12년 8월 10일 http://sillok.history.go.kr 참조.

조선초기에는 입법에 신중을 기하여 입법논쟁에서는 항상 "법을 만들면 폐단이 생긴다[法立而弊生]"와 "법을 만들기는 쉬우나 집행하기는 어렵다[立法易而執法難]"이 항상 등장하였다. 그러나 사회적 변화에 따라 새로운 법이 등장하는 것은 필연이었으며, 후대에는 조종성헌존중주의는 형식적으로 존재하였다. 하지만 이 원칙은 경솔한 입법과 법의 홍수를 견제하는 역할을 하였다.[6)] 세종대의 이러한 신중한 입법태도는 법의 홍수시대에 살고 있는 현재에 귀감이 될 것이다.[7)]

5) 당시에는 찬성이 많지만 실시하지 않고, 경상 · 전라도에서 시험적으로 시행한 후 1444년에 전국 실시하였고, 최종적으로 田分 6등법, 年分 9등으로 ≪경국대전≫ <戸典>에 수록되어 조세제도의 기본이 되었다.
6) 박병호, 「조선전기 입법자의 법률관」, 『근세의 법과 법사상』(진원, 1996) 참조.
7) 2007년에는 674건의 법률이, 외환위기 직후(1997. 12. 9.~31.)에는 모두 79건의 법률이 공포되었다.

Ⅲ. 유교적 가족제도의 정비

조선을 건국한 신흥사대부들은 성리학을 이념적 토대로 하고 중국 고대를 이상으로 삼았다. 그들은 주자가례를 수용하여 사회제도를 개혁하려고 하였다. 세종대는 가족질서의 재편이 이루어지는 시기이며 아울러 유교국가의 기틀이 마련된 시기라고 할 수 있다. 세종은 중국과는 다른 남녀균분상속에 회의를 품고 嫡長子의 권리를 강화하고 또 효도를 강조하여 가부장제를 강화하려 하였다. 그 결과 제사를 주재하는 자가 가묘소재 가사를 단독으로 상속하게 하였으며, 이는 장자 중심의 가족질서를 형성하는 계기가 되었다.[8)]

1. 〈주자가례〉의 수용과 가묘의 보급

고려말과 태조대에는 ＜朱子家禮＞를 공식적으로 보급하기보다는 신흥사대부들이 자발적으로 실천하였고 조정에서도 사회질서를 바로잡는 데는 예제의 정비가 급선무라고 여겨 지속적으로 ＜주자가례＞와 古禮 등을 참고하여 문물제도를 정비하였는데, 특히 ≪禮記≫가 주목받았다. 예제정비에 ＜주자가례＞가 본격적으로 활용되고 보급되는 것은 태종대 이후이다. 그러나 정확한 이해없이 실천하는 것은 불가능하였기 때문에 세종은 ＜주자가례＞의 의심나는 부분에 대해서는 사신을 明의 조정에 파견하여 ＜주자가례＞의 구체적인 내용을 문의하였고, ≪家禮易覽≫, ≪喪禮圖≫ 등 관련 서적을 수입하였다.

이러한 노력으로 마련된 개별의례는 모두 ≪세종실록≫ 부록에 수록된 ＜世宗五禮儀＞, 성종대 편찬된 ≪國朝五禮儀≫ 등에 종합・정리되었다. 이러한 개별적 의례의 정비・준행으로 세종대에 거의 ＜주자가례＞에 대한 이해가 이루어지고 제도가 완비되어 ＜주자가례＞의 보급정책이 세종대 이후에는 거의 나타나지 않았다.

가묘건립은 ＜주자가례＞ 수용과 유교적 가족질서의 형성을 드러내는 징표이었다. 선초부터 가묘건립을 강제하였지만, 널리 보급되지는 않았다. 태종대에는 건립의무자를 제사를 승계하여 지내는 承重者로 하였지만 효과가 없었다. 세종은 1427년(세종 9)에 가묘가 있는 가사는는 제사를 주재하는 자손이 상속하게 하고 타인에게 증여할 수 없도록 하여 의무만이 아니라 가묘건립에 경제적 유인을 제공해주고 이를 통해 가묘건립을 촉진시키려고 하였다.[9)] 그리고 가옥의 실정 등을 고려하여 집의 淨室에서 봉사하는 것을 허용하였다. 또한 물리적인 가묘의 건립만이 아니라 제사에 참가하는 관원에게 휴가를 주는 등 실질적인 조치를 하였다.

---

8) 본 장은 정긍식, 「세종 시대의 가족 제도」, 『세종문화사대계3: 정치・경제・군사・외교・역사편』(세종대왕기념사업회, 2001)을 요약하였다.

9) ≪經國大典≫ ＜戶典＞ [田宅]: 家廟 소재 家舍는 祭祀를 주재하는 子孫에게 전한다(立廟家舍 傳於主祭子孫).

2. 四禮의 정비

고려 말부터 혼인은 <주자가례>의 議婚·納采·納幣·親迎의 사례를 따르게 되었다. 그런데 마지막 절차인 친영은 신랑 집에서 혼례를 올리기 위해 신랑이 신부집에 가서 신부를 신랑집으로 데려와서 혼례식을 거행하는 절차인데, 우리나라는 고래로 신랑이 신부집에 가서 혼례식을 올리고 그대로 신부집에서 눌러 사는 男歸女家婚俗[率婿婚俗]이 행하여졌으므로, 이 친영의 예는 행하지 않았던 것이다. 여말 선초에 친영의 예를 행하자는 논의가 더러 있었으나, 이것은 혼인의 근본을 뒤바꾸는 것이 되므로, 예외 없이 찬성하지 않았던 것이다.

태종대부터 솔서혼속을 친영례로 개혁하려는 움직임이 있었다. 태종은 솔서혼을 부끄럽게 여기고 이를 처벌할 정도였으나, 세종은 이의 배경을 이해하고 친영례를 합리적으로 실천할 수 있는 방안을 모색하여, 왕실에서의 솔선수범과 이를 통해 민간에 홍보하는 방법을 택하였다. 그래서 세종은 몇 차례 논의를 거쳐 1434년(세종 16) 4월에 혼인에 관한 儀注를 만들도록 지시하여 이듬해 2월에 <王子婚禮儀>와 <王女下嫁儀>를 제정하고, 그해 3월에 우리나라 최초의 친영례인 淑愼翁主의 혼인을 거행하였다.

1413년(태종 13)에는 동거와 은의 등 실질적인 기준으로 처와 첩을 분변하였다. 그러나 현실에서는 重婚, 즉 并妻가 사라질 수 없었다. 특히 사후 제사가 문제로 되었는데, 세종은 현실을 인정하여 모두 정처로 인정하였다.[10)]

고려시대에 부모 3년상은 唐의 제도를 모방한 五服制의 정비로 법적으로는 완비되었지만, 실질적으로는 100일 脫喪이 관례이었다. 조선시대에 부모 3년상은 1391년(공양왕 3)의 ≪大明律≫에 따른 복제의 정비로 확정되었다. 부모 3년상은 국상의례를 통하여 이해되고 실질적으로 준행되었다. 고려의 전통을 벗어나지 못한 태조대에는 100일 탈상을 하였고 태종대에는 3년상을 거행하되 달(月)을 날(日)로 고쳐하는 "易月制"를 하는 등 短喪을 하였다. 세종대에는 朱熹와 그의 문인의 ≪儀禮≫ 주해서인 ≪儀禮經典通解續≫의 연구에 힘입어 卒哭祭를 인식하여 3년상을 준행하였다. 세종대의 결정은 문종대와 ≪國朝五禮儀≫에도 유지되어 3년상이 확립되었으나, 실질적으로는 졸곡탈상이 일반화되었다.[11)]

국상에서의 부모 3년상의 준행은 일반인에게도 적용되었다. 세종대에도 삼년상을 강행하였다. 삼년상의 준행은 특히 군사들의 경우에 3년간 군역을 부담하지 않는 것에서 발생하는 국방상의 현실적인 문제와 효의 실천과 법의 준수라는 이념적인 문제 사이의 모순 때문에

---

10) ≪經國大典≫ <禮典> [奉祀]: 士大夫의 二妻 이상은 함께 봉사한다(士大夫二妻以上 并祔).;
[給暇]: 時祭에는 主祭子와 衆孫에게 모두 이틀의 휴가를 … 준다. <曾祖母 이하와 并祔母의 … 忌日에도 같다. [덧붙여 제사를 지내는 어머니는 2처 이상자이다.]>(時祭 則主祭者及衆子 … 則并給二日 <曾祖母以下 并祔母 … 忌日同 [并祔母卽上二妻以上者]>).

11) 池斗煥, 『朝鮮前期 儀禮研究』(서울대출판부, 1994) 참조.

지속적으로 논의되었다. 세종은 사대부는 부모 3년상을, 군사는 100일상을 거행하되, 군사가 3년상을 원하면 들어주는 타협적적으로 규정하였다.[12] 이는 신분차등적인 예제와 사회질서를 확립하려고 한 세종의 입장이 견지된 것이다.

葬禮는 <주자가례>에 따라 화장, 풍장 등을 금지하고 매장을 강제하였다. 아울러 신분에 따라 葬期를 구분하여 大夫는 3월장, 士는 다음 달에 장사를 지내는 踰月葬을 준수하게 하였다. 장례를 변화시키기 위하여 집권층은 매장을 강제할 뿐만 아니라, 가난하여 장례를 치르지 못하는 자는 예조에서 도와주게 하였다. 이것은 ≪經國大典≫ <禮典> [惠恤]에 "궁핍하여 기간이 지나더라도 장례를 하지 못한 자는 예조에서 보고하여 장례비용을 지원한다"[13]는 규정으로 반영되었다. 고례는 신분에 따라 葬期를 달리 하고 있으며, 선초에 이를 수용한 삼월 · 유월장은 ≪경국대전≫에 "4품 이상은 3개월, 5품 이하는 1개월이 지나면 장사를 지낸다"[14]라고 규정되었다. 이 기간을 넘도록 장사를 지내지 않은 자를 처벌하였다. 도참신앙 때문에 장기를 지키지 않는 것으로 여겨 1417년(태종 17)에는 도참서를 금지하였고, 1418년(태종 18)에 ≪十全大利日≫을, 1419년(세종 1)에 ≪葬日通要≫을 반포하여 장례의 지침을 제공하였다. <주자가례>에 의한 장례의 준수정책은 민간신앙의 배제와 국가에 의한 통제를 의미하는데, 이를 통해 조선건국의 정당성과 왕권의 신성성을 민간차원에서 확보할 수 있었다.

<주자가례>의 이해에 따라 아버지가 살아 계실 때 돌아가신 어머니를 위한 服인 '父在爲母朞'의 실천이 문제로 되었다. 1419년(세종 2)에 태종비 원경왕후가 승하한 때 세종의 복제는 ≪의례≫의 부재위모기와 주자의 말에 따라 기년상을 역월제로 하려 했으나 세종의 뜻에 따라 朞年喪을 지내고 心喪 3년으로 정하여졌다. 계모를 위한 복을 ≪주자가례≫에 따라 齊衰 3년으로 하고, 부가 생존하고 있는 경우에는 기년 · 심상 3년으로 하고, 계조모를 위한 복도 친조모의 경우와 같이 기년복으로 했다. 이에 따라 계모상중의 행위가 대두되었다. 우선 계모에 대하여 친모와 같이 3년상을 주장하자 세종은 양육한 계모는 양자로서 친모와 같으므로 3년상을 하는 것은 정의에 합당하나 부가 노년에 얻어 죽은 경우에는 계모와 자가 상송하는 경우가 많으니 이에도 3년상을 치르는 것은 정의에 합당하지 않고, 계모 3년상은 義로서 한 것이며 예제는 인정을 참작하여 정한 것이므로 3년상은 불가하나 연음, 혼인 등은 금지하였다.

---

12) ≪經國大典≫ <禮典> [五服]: 父 斬衰三年 [軍士及庶人 百日 母同 <軍士 願行三年者 聽>].
13) ≪經國大典≫ <禮典> [惠恤]: 窮乏過期未葬者 本曹啓聞給葬備.
14) ≪經國大典≫ <禮典> [喪葬]: 四品以上三月 五品以下踰月而葬.

3. 祭祀承繼法制의 정립

고려 말에 家廟奉祀法과 大夫士家祭儀를 제정하여 제사승계의 기본은 규정하였지만, 이는 주자가례와는 일치하지 않는 잠정적인 것이었다. 세종대에 주자가례에 대한 이해가 심화됨에 따라 다시 논의되어 규정되었다.

1427년(세종 9) 6월에 <주자가례>에 따른 四代奉祀가 논의되었는데, 이듬해 9월에 본격적으로 논의되었다. 의례상정소에서 시작하여 이후 文臣 4품 이상으로 논의가 확대되었다. 그것은 '時王之制'인 明의 制度와 조종성헌인 ≪경제육전≫의 대립으로 나타났다.

差等奉祀論의 핵심은 명분적 사회와 국가질서를 확립하기 위해서는 신분과 관품에 따라 봉사대수에 차등을 두어야 한다는 것이었다. 四代奉祀論의 핵심은 복제와 제향의 일치, <주자가례>와 明의 제도와의 합치에 있다. 그러나 문신 4품 이상 중에서 사대봉사론에 찬성한 자는 4·5인에 불과하였을 정도로 당시 대부분의 관리는 차등봉사를 지지하여 ≪經國大典≫ <禮典> [奉祀] 첫머리에 다음과 같이 규정되었다.

文武官 6品 이상은 3代를, 7品 이하는 2代를, 庶人은 다만 單代(考妣)를 奉祀한다.[15)]

이것은 여말 이래 자주적으로 우리 현실에 적합한 예제와 사회질서를 형성해 온 일관된 태도이다. 그들은 우리 사회를 중국과 다르게 보고 중국의 시왕지제와 고례 그리고 <주자가례>를 서로 참고하면서 가장 현실적합성이 있는 제도를 만들어갔던 것이다.

일부일처제가 법적으로 정비된 후인 태종 17년(1417)에 성균사예 權蹈가 宗子法을 실시할 것을 처음으로 청하여 예조에 의논하게 하였으나 아무런 결과 없이 끝났다. 그 후 의례상정소에서의 예제연구를 바탕으로 1427(세종 9) 6월에 권도의 주장으로 종자에 대한 논의가 전개되었다. 이듬해 9월에 의례상정소에서 우리나라의 풍속은 대소종의 제도가 없으니 <주자가례>의 [大小宗圖]에 따라 오직 증조의 장자손만이 宗이 되어 사당을 건립하고 신주를 세워 제사를 올릴 것이며, 同曾祖의 중자손은 종손가에 가서 제수를 제공하여 서로 도와주고, 만일 거리가 멀면 <주자가례>에 따라 신위를 만들어 紙榜으로 봉사하는 종자법을 확정하였다. 1429년(세종 11) 4월에 [家廟祭禮]를 의정할 때 증조를 잇는 대종[繼曾祖之廟]만이 아니라 부조를 잇는 小宗[繼祖禰之廟]도 추가하여 확정되었고, 1430년(세종 12) 10월에는 동증조의 장자를 종자로 확정하여 曾祖考妣의 기일에 휴가를 주었다. 이는 종자를 중심으로 종족을 결합하고 종통을 존중(收族敬宗)하려는 것이었다.

종법에 입각한 立後奉祀制를 본격적으로 실시하기 위해 1437년(세종 19) 6월에 古制에 입각한 입후봉사법을 제정하였다. 의정부에서는 ≪儀禮≫ <喪服> 및 <喪服通禮>와 ≪杜氏通典≫, ≪性理大全≫의 "嫡子는 소종이 되므로 支子로, 만약 지자가 없으면 친족의 자로

---

15) ≪經國大典≫ <禮典> [奉祀]: 文武官 六品以上 祭三代, 七品以下 祭二代, 庶人則只祭考妣.

계후를 삼아야 하고, 繼後子는 所後父母 및 그 내외 친족에 대한 복은 正服이고 소생부모 및 그 친족에 대한 복은 1등을 내리며[降服], 항렬[昭穆之序]에 맞지 않는 계후는 예가 아니며, 神은 같은 핏줄[同類]이 아니면 제사를 흠향하지 않는데, 친족으로 후사를 삼는 것은 氣가 상통하기 때문이며, 이성자로 후사를 하는 것은 겉으로는 이어졌으나 속으로는 끊어졌으며, 딸로 후사를 삼는 것은 氣는 비슷하나 姓氏가 다르니 할 수 없다."는 내용에 따라 입후법을 정비하였다. 입후법은 "입후법이 갖추어지지 않아 계사를 제대로 할 수 없어서 오래된 가문이 점점 쇠약해지고 있기" 때문에 가문의 계통과 종통을 분명히 하여 가족질서를 확립하고 나아가 사회질서를 확립하려는 의도에서 정비되었다. 동종지자 중에서 임의로 후사를 삼되 계후자는 養家에서 같이 살며, 昭穆之序에 따라 입후하고 입후의 효과는 입후자와 所後父母의 관계가 우선하여 正服으로 되고 本生父母에 대해서는 降服하며, 異姓養子의 경우에는 제사승계인의 자격을 허용하지 않았는 것을 핵심내용으로 하고 있다. 이는 ≪經國大典≫ <禮典> [立後]에 다음과 같이 규정되었다.

적처와 첩에게 모두 자가 없으면 관에 신고하여 동종의 지자를 세워 후사로 삼는다. <양가 부모가 함께 허락하여 후사로 삼으며 부가 없으면 모가 관에 신고한다. 존속과 형제 및 손자는 서로 후사가 될 수 없다.>[16)]

세종대의 이러한 입법으로 제사승계제도—가계계승제도—가 법적으로 확립되었으며, 이는 호주제도의 바탕이 되어 2007년까지 우리 민법에 존속하였다.[17)]

재산 상속에 관해서는 먼저 사당이 있는 집은 타인에게 증여할 수 없으며, 반드시 제사를 받드는 자손이 상속하도록 하였으며, 노비를 상속한 경우에는 반드시 관에 신고하여 입안을 받도록 하였다. 특히 유산을 자녀에게 균분하지 않은 경우에 관사에 소송을 제기하면, 관사에서 균분해 주는 이른바 관작재주법이 행해지고 있었는데, 이 법은 세종의 명령에 의하여 ≪속육전≫에 수록되지 않았다. 그것은 세종 자신이 철저한 균분상속제에 대하여 회의를 품고 있었기 때문이며, 부의 전권을 인정함으로써 효도를 강조하기 위한 것이었다. 그러나 세종은 부모의 재산이 자손의 삶의 바탕인 현실을 고려하여 재산상속 자체는 종래의 관습을 존중하여 손을 대지 않았으며, 단지 제사승계와 관련된 경우에만 제사승계인의 상속권을 강화하여 유교적 가족제도가 정착되기를 바라였다.

세종대는 의례상정소와 집현전에서의 고례연구를 바탕으로 주자가례에 입각한 가족제도를 본격적으로 정비하기 시작한 시기이다. 선초의 집권자들은 중국을 이상향으로 생각하였고, 그에 따른 제도와 문물을 구축하기 시작하였다. 가족제도의 측면도 예외는 아니었다. 남

---

16) ≪經國大典≫ <禮典> [立後]: 嫡妾俱無子者 告官立同宗支子 爲後 <兩家父同命立之 父歿則母告官 尊屬與兄弟及孫 不相爲後>.

17) 정긍식, 「종법적 제사승계와 가족의 변화」, 김필동 외, 『한국사회사연구』(나남, 2003) 참조.

성중심의 가부장제 사회를 형성하려고 하였다. 그러나 그들이 추구한 것은 일방적인 중국의 추종은 아니었다. 그들은 목적의식에 따라 중국 자체의 이상인 주례, 그 변형인 <주자가례>, 나아가 당대의 제도(時王之制)인 명의 제도를 토대로 현실에 대한 문제의식과 인식을 적절하게 조화시켰다. 이는 주자가례와는 다른 차등봉사를 규정한 것에서 잘 드러난다. 즉 上下가 安分하는 명분적이고 질서 있는 안정된 사회를 형성하기 위하여 예제의 차등에 주목하였다. 그래서 이상적 모델과는 다른 차등봉사를 규정하고 그에 따른 후속조치를 하였다.

Ⅳ. 형사법원의 정비와 인명존중 사상

1. 대명률의 수용과 정착

民本政治의 핵심은 愛民이며, 그 고갱이는 백성의 인명을 존중하는 것이다. 특히 고려말에는 형사법에 일정한 기준이 없었으며, 그 형벌은 가혹하였고, 백성들의 원성은 하늘을 찌를 만큼 드높았다. 형사사법을 통일하고 형벌을 완화하기 위해 고려말부터 중국의 다양한 법원을 참조하여 형사법을 정비하였다. 정도전은 ≪朝鮮經國典≫ <憲典>에서 ≪대명률≫을 그대로 수용하여 형사사건의 처결에 이를 적용할 것을 밝혔고, 태조는 즉위교서에서 대명률의 수용을 선언하였다. 이는 형사일반법으로 ≪대명률≫이 수용되는 것으로 귀결되었다.

그러나 ≪대명률≫은 이해하기 어려울 뿐만 아니라 조선의 실정에도 맞지 않아 그대로 적용할 수는 없었다. 그래서 1395년(태조 4)에 대명률을 이두로 번안하였고, 이를 ≪大明律直解≫라고 부른다. 번역을 하면서 明의 관직은 이에 해당하는 조선의 관직으로, 친족용어는 한문을 그대로 옮기지 않고 고유의 친족용어로 변용하였다.[18] 특히 노비제도는 중국과 완전히 다른데, 주인－노비 관계조문은 우리법이 중국과 다름을 밝히고 해당 규정이 적용되지 않음을 분명히 하였다.[19] 중국에서는 차와 소금 등을 專賣하지만, 조선에서는 그렇지 않기 때문에 <戶律> [課程]은 직해를 하지 않았다.

≪대명률직해≫의 간행에도 불구하고 이해를 하지 못하였다. 1404년(태종 4)에 의정부에서는 이 때문에 형벌이 공정하지 못하는 사례가 있음을 우려하여 이해하기 어려운 율문을 조선의 용어[俚信]로 쉽게 번역할 것을 건의하였다. 또 1431년(세종 13)에도 ≪唐律疏議≫와 ≪議刑易覽≫ 등을 참고해서 풀이하여 알기 쉽도록 번역하려고 하였다. 초기에 대명률의

---

18) ≪大明律直解≫ <名例律> [應議者犯罪]: 五軍都督府・四輔・諫院・刑部・監察御史・斷事官 → 都評議使臺省刑曹等官.
≪大明律直解≫ <刑律 鬪毆> [毆大功以下尊長]: 尊屬 與父母同輩者 如同堂伯叔父母姑及母舅母姨之類 → 尊屬*段* 父母*以* 同等*爲在* 同姓伯叔父及妻*果* 父之姉妹及母*矣*娚*果* 母*矣*姉*之*類. [이탤릭체는 이두임]

19) ≪大明律直解≫ <刑律 鬪毆> [妻妾毆故夫父母]: 若奴婢毆舊家長 及家長毆舊奴婢者 各以凡人論 → 奴婢*亦* 舊家長乙 毆打*爲於* 家長*亦* 舊奴婢乙 毆打*爲在乙良* 凡人例*以* 同*爲去有而亦*. 本國法*良中 必于* 舊奴婢*去乃* 本主乙 毆打*爲乎第亦中* 罪重*爲去有良尒* 奴婢毆舊家長*爲在乙良* 奴婢罪家長絞罪*良中* 減一等*爲乎事*.’

이해와 번역에 매달린 이유와 ≪대명률≫의 위상에 대한 이해는 1404년(1404) 의정부의 건의에 잘 나타난다.

> 무릇 형옥을 결단하는 자가 ≪대명률≫의 율문을 잘 알지 못하기 때문에 멋대로 죄를 가감하니 형벌이 적중하지 못하며, 그 원통하고 억울함을 호소할 길이 없어서 和氣를 손상시키니, 정말로 우려하지 않을 수 없습니다. 지금 ≪대명률≫은 현재 통용되는 법[時王之制]으로서 마땅히 받들어 시행해야 되는 것인데도 우리나라 사람들은 아직 온전히 알기 어려우니, 마땅히 우리나라 용어(俚言)로 번역해서 반포하고 관리들로 하여금 강습하게 하여 태 한 대, 장 한 대라도 반드시 ≪대명률≫에 따라 시행하게 해야 하고, 만약 율문을 적용하지 않고 輕重을 멋대로 한 자는 처벌하도록 해야 합니다.[20]

법을 제대로 이해하지 않으면 법률을 정확하게 적용할 수 없어서 民寃이 생기게 되며, 이는 정치에 해가 되기 때문이었다. 그러나 이때의 대명률 번역은 완성되지 못하였다.

태조 즉위교서에서 대명률의 수용을 선언하였으나, 세종대까지는 ≪대명률≫도 하나의 法源에 불과할 뿐 절대적인 위상을 가지지는 않았다. 선초에는 ≪지정조격≫, ≪의형이람≫, ≪吏學指南≫, ≪元史≫ <刑法志> 그리고 ≪당률소의≫ 등을 활용하여 구체적 타당성을 추구하였다. 구체적인 사례로 1430년(세종 12)에 기상렴이 계모의 머리털을 자르고 두 손을 뒤로 묶어 형조에 고발한 사건의 처리과정을 보자.

자식이 부모를 고발한 사건이므로 ≪대명률≫의 [干名犯義]에 따르면 장1백 류3천리에 해당한다. 그러나 세종은 형벌이 가볍다고 여겼다. 그래서 ≪吏學指南≫의 "머리를 때린 부류도 같으며, 만약 머리카락을 잡아당기거나 옷깃을 잡아 목을 조른 부류 역시 구타와 같은 예이다"에 근거하여 구타로 포섭한 다음, ≪대명률≫의 "계모는 친모와 같다"를 인용하여 기상렴이 친모를 폭행한 것으로 보아 ≪대명률≫의 [毆祖父母父母]조에 따라 참형으로 처벌하였다. 세종은 부모상을 숨기고 슬퍼하지 않은 행위[匿父母夫喪], 장모와 사위/처제와 형부의 간통[21] 등 유교윤리의 綱常을 강조하면서도 이념에만 의지하지 않고, 구체적 사건에서는 다양한 법원을 동원하여, 즉 법에 의거하여 윤리를 강조하였다.[22]

이 사례뿐만이 아니라 세종은 대명률을 그대로 적용하는 것이 부당하다고 생각되어 조선의 실정에 맞게 형벌을 조정—가중/감경—하려는 경우에는 이념을 전면에 내세워 강조하지 않고 다양한 법원을 동원하여 처리하여 법이 살아 있는 상태를 유지하였다.[23]

---

20) ≪태종실록≫ 태종 4년 10월 28일.

21) 중국에서는 여자가 시집살이를 하지만, 조선에서는 남자가 처가살이를 한다. 그래서 사위는 처가와 중국보다 훨씬 더 가깝다. 명률에 따르면 사위와 장모는 시마친이기 때문에 간통은 장100 도3년이며, 처제와 형부는 복이 없기 때문에 일반간통으로 장80 또는 90이다. 그러나 대명률의 형벌은 너무 가볍기 때문에 사위-장모의 간통은 노비나 고공이 주인이나 가장의 처와 한 예에 따라 참형에, 처제-형부의 간통은 ≪대명률≫에 따르되 邊遠充軍을 부가하였다.

22) 정긍식·조지만, 「조선 전기 대명률의 수용과 변용」, 『진단학보』 96(진단학회, 2003) 참조.

세종대에는 형사법원이 다양하게 동원되었으나, 후대로 갈수록 ≪대명률≫로 통일되고 있다. 그 이유는 중국에서 ≪律學解頤≫, ≪律解辨議≫ 등 주석서가 수입 활용되면서 대명률에 대한 이해가 높아짐에 따라 굳이 번역의 필요성이 절실하지 않았고 또 개별사건에 대해 대명률만이 아니라 원의 법, 당의 법 등을 적용하면서 쌓은 실무적 경험으로 대명률에 대한 이해가 높아졌기 때문이다. 이러한 과정을 거쳐 ≪경국대전≫ <형전> [用律]에 "대명률을 적용한다"로 규정되었으며, ≪속대전≫에서는 "경국대전에 따라 대명률을 적용하되, 경국대전과 속대전에 해당하는 율이 있으면 이에 따른다"로 조선시대 형사사법에서 ≪대명률≫의 위상을 더욱 분명히 하였다.[24)]

그러면 왜 ≪대명률≫을 조선의 형사법으로 받아들이는데 아무런 주저함이 없었을까? 우선 정치적 배경을 들 수 있다. 조선은 친명정책을 추진하였으며, 유교적 이상국가를 건설하는 것을 목표로 삼았다. 그러기 때문에 중국의 법을 수용하는데 저항감은 없었다. 그리고 ≪대명률≫ 역시 유교복고주의의 성격이 강하였다. 원의 지배에서 벗어난 명은 당으로의 복귀를 선언하였으며, 율에서도 마찬가지였다. 주원장은 吳王 원년(1367)에 형률을 완성하고 이를 洪武 원년(1368)부터 시행하였다(洪武元年律). 이후 당률의 12篇目 체제와 법전의 六分체제 사이에서 몇 차례 수정을 거치면서 "名例律, 吏律, 戶律, 禮律, 兵律, 刑律, 工律"로 구성된 현재의 7분체제로 정착되어 洪武 30년(1397)에 최종적으로 완성이 되었다. 당률과 명률은 체제는 다르지만 명률은 당률의 내용을 거의 수용하고 당시의 상황에 맞게 변용하였다. 당률은 高宗 永徽 3년(652) 5월에 太尉인 長孫無忌와 司空인 李積 등이 편찬하여 이듬해 11월에 완성된 법전이다. 당률은 先秦 이래의 중국형률을 집성한 것으로 중국법률문화의 집성이다. 그렇기 때문에 당률은 물론 명률은 유교이념을 바탕으로 하여 이를 법적으로 강제한 것이다. 따라서 선초에 대명률의 수용은 유교국가를 건설할 수 있는 법적인 토대로 인식하였고 그렇게 작용하였다. 또 삼국시대 중국 율령의 수용 이래 중국법을 적용하고 이를 바탕으로 입법을 한 역사적 경험 역시 대명률의 수용을 촉진하는 역할을 하였다.[25)]

2. 법서의 간행과 활용

세종대에 법치주의의 면모는 관련서적의 간행에서도 찾을 수 있다. 1426년(세종 8) 12월에 ≪신속육전≫ 6책과 ≪등록≫ 1책을 완성하여 배포했다. 예조에서는 위 법전을 각각 800

23) 이 점에서 정조와는 다른 모습을 보인다. 정조는 윤리가 문제로 되는 사안에서는 대개는 法文과 법적 논리를 무시하고 이념에 입각하여 결정을 하였다. 이러한 경향은 전기와 후기가 대비되는 모습이다. 후기에 논란이 된 사건의 처리에서 '이념[윤리]'이 앞서면 '논리[법]'는 무의미해지는 현상을 목도할 수 있다.

24) ≪경국대전≫ <형전> [用律]: 用大明律; ≪속대전≫ <형전> [用律]: 依原典 用大明律, 而原典・續典有當律者 從二典.

25) 조지만, 『조선시대의 형사법: 대명률과 국전』(경인문화사, 2007) 참조.

벌을 인쇄·반포할 것과 아울러 영구히 준수할 법령이 아닌 등록은 10벌만 인쇄할 것을 청하였는데, 세종은 등록도 100벌을 인쇄하도록 하였다. 1429년(세종 11)에는 중간단계의 ≪신찬경제속육전≫을 관리에게 나누어 주었다.

그리고 법제정비에 도움이 되는 중국법전을 지속적으로 간행하고, 학습에 활용하였다. 1423년(세종 5) 承文院에서 ≪至正條格≫ 10부 등의 刊印을 청하자, 세종은 ≪지정조격≫, ≪吏學指南≫, ≪御製大誥≫를 각각 50부를 간행하도록 하였고, 1434년(세종 16)에는 이를 문신에게 하사하였다. 1426년(세종 8)에는 문신 중에서 ≪지정조격≫ 등을 강습할 것을 논의하였으며, 1430년(세종 12)에는 詳定所에서 諸學 중 漢 吏學의 取才[26]과목으로 ≪至正條格≫을 포함시켰고, 이듬해에는 승문원에서 ≪지정조격≫ 등을 鄕訓으로 익혀 시험을 보도록 하였으며, 1434년(세종 16)에는 이를 문신에게 나누어 주었다. 나아가 1441년(세종 23)에도 ≪지정조격≫ 등 吏文을 학습하는 생도들에게 승문원에서 매일 학습 정도를 점검하였다. 1427년(세종 9)에는 주자소에서 인쇄한 ≪당률소의≫를 경외의 관원에게 나누어주었고, 1430년에는 四孟朔 취재와 율과시험의 과목으로 선정하였다. 1426년(세종 8)에는 文臣 중에 정통한 자를 가려서 따로 訓導官을 두어 ≪당률소의≫, ≪지정조격≫, ≪대명률≫ 등을 강습시켰고, ≪이문등록≫, ≪지정조격≫, ≪大元通制≫ 등 중국 법률서에 대한 학습은 1431년(세종 13)에도 거듭 申飭되었다.

이러한 중국법서는 학습참고용이 아니라 실제 사례를 해결하거나 문물제도를 정비할 때 활용되었다. 행정조직을 규정하는 ≪唐六典≫은 文宣王[孔子]에 대한 제사인 釋奠祭 거행일의 조정, 慣習都鑑의 관원명칭 개정에 활용되었으며, 1442년(세종 24) 왕을 대리하여 세자가 국무를 볼 때 세자를 보좌하는 기관으로 詹事院을 설치하면서 ≪唐六典≫에 의거하여 다음과 같이 詹事院 관제를 정비하였다. 1422년(세종 4)에 절도범의 처벌과 사면의 문제를 해결할 때 원의 법서인 ≪議刑易覽≫이 활용되었다. ≪대명률≫에는 "무릇 절도를 세 번 지은 자는 교형에 처하고, 이미 刺字를 받은 경우에 해당한다"라고만 규정되어 있어 사면과의 관계에 대해서는 언급이 없다. 그래서 형조에서는 사면 전의 절도도 포함하여 처리하였는데, 의정부에서 ≪議刑易覽≫의 "무릇 절도죄를 처단한 후 다시 절도를 하면 반드시 사면 후에 있는 것으로 처단한다"에 근거하여 이의 부당성을 지적하였다. 이후로는 자자를 한 날짜와 사정을 명백히 기록하여 형조에 보고하여 시행하도록 하였다. 또 1423년(세종 5)에는 정신병으로 어머니를 물어 죽인 사건에 대해 ≪議刑易覽≫의 "정신병으로 어머니를 죽였어도 결국 악역을 범한 것이다"에 따라 사형에 처하였다.[27]

조선시대에 활용된 대명률은 태조대에 간행된 ≪大明律直解≫가 아니라 태종대와 세종대

26) 취재: 과거가 아닌 간단한 시험으로 특수직을 임용하는 것이다.
27) 정긍식, 「조선전기 중국법서의 수용과 활용」, 『서울대학교 법학』 50-4(서울대학교 법학연구소, 2009) 참조.

≪大明律≫의 재번역 논의를 거쳐 ≪당률소의≫와 ≪律學解頤≫, ≪律解辯疑≫ 등 주석서를 참조하여 조선에서 자체적으로 편찬한 ≪大明律講解≫이다.[28)]

이러한 법서는 중앙에서뿐만 아니라 지방에서도 활용되었다. 지방에서 법서의 보급은 위 魚叔權의 ≪故事撮要≫의 [八道道程 冊版目錄]을 통하여 알 수 있다. 법률서는 史部 政法類에 모두 24종이 수록되어 있다. 이중 법서는 "경국대전, 대전후속록, 경제육전상절, 檢屍格式, 직해대명률" 등 국내법서와 "당률, 대명률강해, 무원록, 祥刑要覽(명 吳訥), 小全대명률(세조 때 양성지 명), 신주무원록, 율학해이, 疑獄集(晉 和凝), 이학지남, 易刑義南[議刑易覽의 오기로 보임]" 등 중국법서가 있었는데, 강원도와 함경도를 제외하고는 전국에 걸쳐 있다.

뿐만 아니라 세종은 법전의 문체까지 고려하였다. 1430년(세종 12) 최초의 법전인 ≪경제육전≫은 이두로 되어 알기 쉬웠으나, 태종대의 ≪원육전≫은 한문으로 되어 이해하기 어려웠다. 하연은 속육전이 한문으로 되었으므로 원육전도 한문으로 고쳐야 한다고 주장하였으나, 세종은 내용의 이해를 위해 양자의 병용을 명하였다. 이에 따라 1431년(세종 13) 5월에는 이두로 된 경제육전을 강원도에서 인쇄·반포하고 詳定元六典은 회수하도록 하였다. 여기서 법전의 형식이나 권위보다는 실제적인 활용, 즉 이해와 적용을 우선하였음을 알 수 있다.

새로 편찬한 원육전은 경연에서 강론하였다. 1431년(세종 13) 10월에는 집현전의 학사들이 평소에는 의심을 하지 않다가 진강하면서 정밀하게 읽으면 의심을 하여 개정할 곳을 찾았으며, 이를 바탕으로 이듬해에는 육전 가운데 개정할 곳을 인쇄하여 반포할 것을 명하였다. 1433년(세종 15) 1월에 완성된 ≪新撰經濟續六典≫을 經筵에서 이를 講하여 옳지 못한 것이 발견되면 다시 논의하였고, 이 검토결과로 속전을 수찬할 때 빠진 조문을 다시 인쇄하여 뒤에 붙이도록 하였다.[29)]

세종은 법서의 간행과 보급뿐만 아니라 이를 적극적으로 활용하였다. 특히 경연에서 법전을 강하여 내용을 수정하는 등은 다른 임금에서는 찾아볼 수 없는 모습이었다.[30)]

3. 欽恤政策의 실현

국왕은 하늘을 대신하여 백성을 다스리는 '天子'이다. 그 중 가장 중요한 것은 백성의 생명을 아끼는 것으로 '欽恤精神'으로 나타난다. 그 핵심은 잔혹한 형벌을 완화하는 것과 冤抑[억울함]을 없애는 것이다.

---

28) 田中俊光, 「朝鮮刊≪大明律講解≫について」, 『東洋法制史研究會通信』 28(東洋法制史研究會, 2015) 참조.
29) ≪세종실록≫ 세종 17년 11월 20일.
30) 정긍식, 「법서의 출판과 보급으로 본 조선사회의 법적 성격」, 『서울대학교 법학』 48-4(서울대학교 법학연구소, 2007) 참조.

(1) ≪無寃錄≫의 활용

사람의 목숨은 목숨으로 갚아야 한다는 '償命思想'에 근거하여 살인자는 사형이 원칙이었다. 살인사건에서는 진범의 목숨으로 죽은 자의 목숨을 갚아야 한다. 만약 그러지 못하면 원억이 발생하는 것이다. 원억은 두 가지 측면에서 생기는데, 첫째 진범을 잡지 못하는 경우와 둘째, 진범이 아닌 다른 사람을 진범으로 오인하는 경우이다.

망자의 解寃 내지 無寃은 살해원인을 정확하게 밝히는 것이 핵심이다. 그래서 법의학서인 ≪無寃錄≫을 수입하여 활용하였다. ≪無寃錄≫은 원의 王與(1261~1346)의 저작으로 1308년경에 편찬되었다. 왕여는 송대의 ≪세원록≫, ≪평원록≫과 원대의 판례를 참조하여 편찬하였다. 그는 인명과 직결되는 검험의 중요성을 강조하고 정확한 검험과 이에 따른 살인자의 적발과 억울함을 없게 하기 위해 그 이전의 ≪세원록≫과 ≪평원록≫을 참고하고 형부에서 제정한 [考試程式]을 기본으로 여러 사례를 종합하여 내용적으로 분류하여 편찬하였다.

고려시대인 1059년(문종 13)에 ≪疑獄集≫이 편찬된 사실에 비추어보면 송대의 ≪세원록≫과 ≪평원록≫, ≪結案程式≫ 등이 전래되었을 가능성이 높고, 여말에는 ≪지정조격≫이 수입·적용되었기 때문에 이미 여말에 ≪무원록≫이 수입되었을 가능성도 있다. 그러나 조선초기에는 ≪무원록≫이 널리 활용되지 못하였는데, 그 이유는 용어가 생소한 등 너무 어려웠기 때문이다. 이를 해소하기 위해 1438년(세종 20)에 崔致雲(1390[공양왕 2]~1440[세종 22]) 등이 주석을 한 ≪新註無寃錄≫을 간행하여, 이듬해 봄에 강원도 관찰사 柳孝通에게 이의 인쇄와 전국에 배포를 명하였다. 농번기를 피해 간행에 착수하였으나 완성되지 못한 채, 후임으로 崔萬理가 부임하여 1440년 봄에 완성되었다. 강원도의 지역적 한계를 克服하기 보급하기 위해 1447년(세종 29)에 경주에서 重刊하였고, 이어서 진주, 남원 원주 등지에서도 번각·발행하였다.[31] 이후 1748(영조 24)에 이를 보충한 ≪增修無冤錄≫이, 1790년(정조 14)에 이를 언해한 ≪增修無冤錄大全≫이 간행되었다.

≪新註無寃錄≫을 간행하기 전인 1419년(세종 1)에 이미 형사사건의 처리에 날짜를 분명히 하여 정확한 재판을 위해 형조에서 "무원록에 따라 인명과 관계된 공사의 문서와 후일 증빙이 될 문서에는 반드시 날짜를 구체적으로 기록할 것"을 청하였고, 세종은 이를 허락하였다.

1435년(세종 17)에는 예조와 의정부의 의견에 따라 검시격례가 수록된 ≪無寃錄≫에 따라 검시하고, 이를 吏科와 律科의 시험과목으로 정하고, 관료들에게 학습하게 하였다. 그리고 강습하는 것은 율과를 講試하는 해에는 다른 과에 비해 가장 적으니 율과에서는 시험을 하고 分數를 주었다. 이에 따라 ≪無寃錄≫은 율과 초시·복시의 講書와 취재의 과목으로

31) 김호 옮김, 『신주무원록: 억울함을 없게 하라』(사계절, 2003) 참조.

되었다.[32)]

≪無寃錄≫은 구체적인 사건처리의 지침으로 활용되었다. 1439년(세종 21)에는 의정부에서 ≪무원록≫에는 시체를 검험할 때에 상처의 깊이를 재는 내용만 있고, 산 사람의 상처는 그렇게 하는 내용이 없음에도 불구하고 관리들이 상해의 경우에도 그렇게 하는 것을 금지하였다. 그리고 1442년(세종 24)에는 司律院의 程文에 의거하여 형조에서는 ≪무원록≫과 [檢屍規式]에 따라 서울과 지방에서 檢屍하도록 건의하였고, 세종은 이에 따랐다. 내용은 다음과 같다.

> 검시는 서울에서는 한성부와 각부의 관리가, 지방에서는 그 고을의 三班首吏가 初檢을, 守令은 復檢을 합니다. ≪무원록≫의 正官檢屍及受理人命詞訟에는 "이제부터 시체를 검험함에는 그 곳의 장관을 차출하여 典吏, 형사에 익숙한 실직 서리, 믿음직스럽고 능숙한 仵作과 行人을 데리고 거리를 가리지 말고 시체가 있는 곳에 간다. 시친과 이웃사람, 시체감시인을 불러 오작과 항인이 일일이 자세하게 검험하도록 직접 감독한다. 검험을 마친 후에 그 곳의 장관에 보고하고 초검에 관계한 자들은 회피하며, 복검관리 등도 위에 따라 검험하여 원래의 관사에 回牒한다"라고 있습니다. 그리고 이번에 간행한 [檢屍規式]에는 "초검관은 서울에서는 각부의 관리, 지방에서는 시체가 있는 곳의 수령이, 복검관은 서울에서는 한성부의 관리가, 지방에서는 인근 수령이 한다. 그 주에는 인근 관리는 본관의 문첩을 받으면 빨리 가서 검험하는 것은 恒式으로 한다"라고 있습니다. 지금 서울과 지방에서는 구습에 따라 전혀 따르고 있지 않으니 규식에 따라 시행하십시오.[33)]

[검시규식]에서는 초검관과 복검관을 각각 달리하고 있는데, 이는 위에 따른 것이다. 이것은 이후 검험의 기본적인 원칙이 되었다.

세종은 구체적인 흠휼정책을 적극적으로 추진하기 위해 恤刑敎旨를 주자소에서 인출하여 경외관과 고관에게 반포하고 또 紙本의 보존을 위해 行刑하는 관사에서는 게시판에 원본을 걸어두고 업무를 인수인계[解由]할 때 전하도록 하였다(1431[세종 13]). 또한 한성부에 명하여 검시상식을 간행하게 하고, 또 각도 관찰사와 제주 안무사에게 전지하여 板을 새겨서 인쇄하여 도내 각 고을에 반포하게 하였다(1439[세종 21]).

(2) 형사사법제도의 정비

세종은 ≪무원록≫의 수입과 활용 등 추상적 차원에서만이 아니라 구체적인 형사사법절차와 행형과정에서도 백성을 배려하는 정책을 실시하였다.[34)]

① 滯獄의 방지: 조선시대에는 유죄추정이 원칙이어서 죄인으로 지목된 자는 구금이 되었으며, 재판의 지연에 의한 체옥이 문제로 되었고, 그 중에는 사형에 해당하지 않지만, 옥중에서 사망하기까지 하였다. 세종은 사안의 중대성에 따라 증거조사일을 포함하여 최고 90

---

32) ≪經國大典≫ <禮典> [諸科]: 「律科初試」"講書 無寃錄", 「律科覆試」"講書 無寃錄"; [取才]: 律學: … 無寃錄.
33) ≪世宗實錄≫ 세종 24년 2월 27일.
34) 박병호, 『세종시대의 법률』(세종대왕기념회, 1986) 참조.

일에서 30일까지 재판을 완료하여 판결하도록 강제하였다[三限之法].[35] 만약 이를 어기면 그 사유 등을 임금에게 보고하도록 하였고(1443[세종 25]), 지방에서 서울의 형조로 보내는 문서는 반드시 관에서 임명한 차인으로 하여금 신속·정확하게 전달하도록 했다(1439[세종 21]). 또 살인이나 강도죄 이외의 사형에 해당하는 죄수에 대해서는 업무를 보지 않는 국상 중에도 심리하여 보고하도록 하였다(1423[세종 5]). 나아가 심리를 촉진시키기 위해 지방에서 三限之法을 어기는 것을 막기 위해 매년 초에 미결수를 보고하도록 하였다. 그러나 체옥의 폐단은 세종의 의지에도 불구하고 여전하였으며, 후기에도 마찬가지였다.

② 拷訊제도의 개선: 자백은 증거의 여왕이며, 특히 형사재판은 범인의 자백이 있어야만 완결이 되었다. 자백을 얻기 위해서는 고신[고문]이 인정되었다. 고신의 폐단을 막기 위해 1417년(태종 17)에 杖의 규격과 회수, 타격부위 등에 대한 규정이 제정되었지만 여전히 탈법적인 고신이 자행되었다. 세종은 신장의 규격을 ≪대명률≫보다 작게 규정하여 較板을 전국에 보급하여 통일시켰으며(1421[세종 3]), 杖死한 경우에는 보고하도록 하여 고신의 폐단을 교정하였다(1426). 나아가 남형을 방지하기 위해 국가제사 등에는 형벌의 집행을 금지하였으며(1449), 고신의 도수가 본형을 초과하는 것을 금지하였다(1430). 그리고 장을 때리는 부위가 일정하지 않아 폐단이 많았으므로 볼기로 한정하고, 訊杖圖를 전국에 배포하였다(1439). 또 하루에 여러 차례 고신을 하거나 곧 본형을 집행하여 사망하는 폐단을 방지하기 위해 이를 금지하였다(1443).

③ 법외 고문의 금지: 고신은 원칙적으로 규정과 종류가 규정된 訊杖으로만 해야 한다. 그러나 壓膝, 烙印, 亂杖 등 불법고문이 많았다. 세종은 즉위초에 신장 90도 후에 압슬한 행위를 꾸짖고, 고문치사사건이 발생하면 관원을 처벌할 것을 선언하였다(1418). 1430년(세종 12)에 고문치사사건이 발생하자 관련자를 처벌하고 관원은 파직시켜 外方 付處하였다. 또한 경죄에 사용하는 채찍에 의한 폐단을 방지하기 위해 회수를 제한하고 등을 치지 못하도록 하였다.

④ 노약자, 여성의 수금 금지: ≪대명률≫에는 15세 이하와 70세 이상의 노인에 대해서는 형벌의 집행을 금지하고 여성은 간음죄 외에는 수금을 금지하였다. 세종은 이를 위반한 자를 처벌하고 이를 전국에 알리도록 하였고, 이를 어긴 관원은 태40으로 처벌하였다. 임신한 여성에 대한 형집행은 출산 후 100일이 지난 후에 하고, 사죄수는 성밖에서 집행하고 가족이 시체를 거둘 수 있도록 하였다(1430[세종 12]).

⑤ 安置人 등에 대한 배려: 安置는 죄인을 특정지역에 격리시키는 형벌로 유형의 일종이다. 그러나 세종은 안치인들과 ≪대명률≫에 따라 流罪囚가 가족을 동반하는 것을 허용하였

35) 이는 ≪경국대전≫ <형전> [決獄日限]에 死刑은 30일, 徒刑과 流刑은 20일, 笞刑과 杖刑은 10일로 규정되었다(증거 등이 도착한 날부터 기산하였다).

고, 거듭 신칙하였다(1423, 1425). 또 안치인에게 노부모가 있으면 1년에 한 번 휴가를 주어 부모를 만나게 하였으며(1444), 또 안치인이나 유죄수가 굶주리지 않도록 지방관이 농지를 지급하도록 하였다(1449). 죄수에게 노부모가 있으면 이를 고려하여 형벌을 감면하거나 상장례에 참석하도록 하였다.

⑥ 監獄의 개선과 휼수: 세종은 죄수들의 옥중 고통을 덜어주도록 각별히 배려하여 옥을 만들었다. 1426년에는 질병을 예방하기 위해 겨울용 寒獄과 여름용 暑獄을 구분한 獄圖를 반포하여 짓도록 하였고, 나아가 男獄과 女獄, 경죄수옥과 중죄수옥을 구분하였다(1432). 그런데 獄과 관련된 일을 하면 禍가 임금에 미친다고 반대하는 의견이 있었으나 세종은 "옥을 짓고 수리하는 것은 刑을 좋아해서 하는 일이 아니라 죄수들로 하여금 침식을 편하게 하고자 하는 것이니, 임금에게 災禍될 것이 없다"라고 물리치고 계속 추진하여 채광과 통풍, 난방 등을 고려하여 凉獄, 溫獄, 男獄, 女獄, 輕獄, 重獄 등으로 구분하여 지었다(1439). 그리고 위와 같은 獄圖를 지방에 보내어 그대로 지었는지를 조사 보고하도록 하였다. 뿐만 아니라 옥중에서의 여러 고달픔[36]에 대해 관심을 가지고 세심하게 배려하였다. 수금된 죄수들이 병에 걸리지 않게 하고 병에 걸렸으면 치료받게 하고 또 굶주리지 않게 하였다. 만약 죄수가 사망하면 제대로 구료하지 못한 관리를 처벌하고, 이산평정에 반영하였으며, 죄수를 못살게 구는 獄卒들을 규찰하였다. 나아가 典獄署 의원인 月令醫를 의술에 정통한 자로 임명하여 즉각적으로 구료하게 하고, 감옥의 시설을 개비하고 죄수들이 정기적으로 목욕을 하도록 하였다.

⑦ 保放의 활용: 보방은 죄수를 임시로 석방하는 제도이다. 세종 이전까지는 보방이 거의 없다가 세종 20년(1438)을 전후로 해서 이전에는 보방이, 이후에는 보방과 사면이 이루어졌다. 보방은 추위나 더위 등 날씨, 가뭄, 죄수의 질병이나 친상 부양 등을 이유로 있었다. 이는 恤囚의 정신을 반영한 것이다.

Ⅴ. 결어: 統攝學으로서 '世宗學'의 정립 가능성

세종은 유교적 국가를 지향하여 국가제도 전반에 걸친 개혁을 하였다. 유교의 핵심은 '名分'이며, 이에 입각한 위계적 사회・국가질서를 구축하려고 하였다. 이러한 정책은 가족에서 출발하여 사회와 국가로 확산시키는 방향으로 전개되었다. 본고에서는 법전편찬과 입법의 이념, 유교적—宗法的—가족질서의 형성, 애민정책을 위한 대명률의 수용과 법서 편찬 그리고 흠휼정책의 실현에 대해 보았다.

---

36) 다산 정약용은 獄中五苦로 "枷械, 討索, 疾痛, 凍餒, 滯留"를 꼽았다. 박병호, 『한국의 전통사회와 법』(서울대학교출판부, 1985), 330-4쪽.

본고에서 법학—法史學—의 관점에서 우선 '세종학'에 접근하였다. 세종대 법제정비과정에서 나타난 특징은 다음과 같다: 제도의 개혁은 '成文化'에 주력하였다. 이는 고려 말의 상황에서 교훈을 얻은 것이다. 종래의 관습 등을 성문화하여 갈등과 분쟁의 여지를 없애 통일적인 법질서를 추구하였다. 이러한 노력은 ≪경제육전≫의 편찬에서 시작하여 ≪경국대전≫의 편찬으로 완결되었다. 입법을 위해서는 이념에만 의지하지 않고 다양한 전거와 역사적 경험을 조사하여 구체적 타당성과 適實性을 달성하려고 하였다. 이 과정에서 세종은 의례상정소와 집현전를 적극적으로 활용하였다. 특히 이념—유교의 강상윤리—에 치우지지 않고 다양한 법원을 동원하여 합법적으로 결론을 도출하는 것은 조선후기에는 찾아보기 힘든 현상이다.[37] 그리고 관료들 사이에 의견이 합치하지 않을 때에는 다양한 의견을 조사하여 수렴하였다. 조사대상은 정책결정에 직접적으로 관여하는 당상관만이 아니라 당하고 심지어 일반백성들까지 다양하였다. 이런 과정을 거쳐 나온 결론은 반대자의 설득과 집행에도 도움이 되었다. 세종시대의 법제정책의 가장 중요한 특징은 분명한 목적지향이 있다는 것이다. 이상의 특징은 愛民思想과 民本政治를 실현하기 위한 것으로 수렴되었다. 貢法의 실시와 관련하여 세종은 민본정치에 어긋나는 다수의견에 따르지 않았을 뿐만 아니라 반대하는 영의정 황희까지 배제한 채 논의를 주도하여 농민에 의존하여 살아가는 고위관료가 아니라 실제 농사를 짓는 촌민들에게 유리한 제도를 정립하였다. 여기서 세종의 리더쉽이 돋보인다. 애민정신은 형사사법의 개혁과 감옥제도의 개선과 그에 기울인 세종의 노력에서 잘 알 수 있다.

세종은 재위기간(1417. 8.~1450. 2)에 조선이 유교국가로 자리 잡는데 주춧돌을 쌓았다. 32년 동안 형성된 문물제도는 국가운영 전체에 걸쳐 있고, 이는 500년 조선의 기틀이 되었다. 그 동안 세종대에 대한 연구는 개별영역에서 많이 진행되었다. 그러나 이를 종합적으로 검토하여, 한국사에서 세종시대의 의미를 규명하는 작업은 부족하였다. 이제는 세종시대를 연구함에 새로운 시각으로 접근해야 한다. 이것이 21세기를 사는 우리들에게 요청되는 것이다. 모든 대상들을 아우르며 여러 학문분야에서 다양한 시각으로 학제간 종합적으로 연구하는 統攝學(consilience)으로서 '세종학'의 정립가능성은 귀납적으로 접근해야 할 것이다. 이에 대한 학자들의 노력과 지혜가 필요하다.

37) 조선후기는 '이념 과잉'의 시대라고 할 수 있는데, 조선전기가 이념적으로 개방된 건전한 사회라고 할 수 있다.

17. 선거운동의 자유와 선거의 공정성*

문 재 완**

Ⅰ. 서 설

공직선거법은 이율배반적이다. "누구든지 자유롭게 선거운동을 할 수 있다."고 선언하면서(제58조 제2항 제1문), 선거운동의 기간, 주체, 방법 및 비용을 다양하고 포괄적으로 규제하고 있다. 선거운동의 자유가 원칙이고 이에 대한 규제가 예외라는 말이 무색하다.[1] 공직선거법을 해석하는 사법부의 태도 역시 이율배반적이다. 헌법재판소는 선거운동을 제한하는 법률에 대한 위헌 여부에 대해서는 엄격한 심사기준이 적용되어야 한다고 하면서도,[2] 실제로는 형식적·의례적 심사에 그치는 경우가 있다.[3]

선거운동에 관한 공직선거법 규정 및 그 해석에서 나타나는 이율배반은 공직선거법을 명실상부하게 자유 중심으로 전면개정하지 않는 이상 해소되기 어려워 보인다. 그러나 공직선거법이 그렇게 개정되리라고 기대하는 것은 지나친 낙관이다. 우리 헌법의 해석상 선거의 공정성을 도외시할 수 없기 때문이다. 공직선거법 개정에서 선거의 공정성을 고려할수록 선거운동의 자유는 위축된다. 선거운동의 자유를 선거의 공정성 보다 중시하는 견해가 많지만, 공직선거법의 입법 태도나 이를 해석하는 헌법재판소의 태도는 그렇지 않다. 공직선거법의 규제 논거는 선거운동의 자유를 무제한적으로 허용할 경우 선거의 과열이 발생하여 선거의 공정성을 훼손한다는 데 있으며,[4] 헌법재판소는 이러한 논리를 대체로 수용하고 있다.[5]

본 논문은 공직선거법과 그 해석에서 나타나는 이율배반을 해소하는 방안으로 '시간'을 제시한다. 우리 헌법 해석상 선거운동의 자유와 선거의 공정성은 동등한 헌법적 가치이며, 둘 사이의 실질적 조화를 이루기 위해서는 선거일로부터 시간적으로 떨어질수록 선거운동의

---

* 이 논문은 외법논집 제42권 제1호(2018.2.28. 발간)에 『선거운동의 자유와 헌법 제116조 제1항』이라는 제목으로 게재된 것을 수정·보완한 것이다.

** 한국외국어대학교 법학전문대학원장, 한국헌법학회 차기(제25대)회장, 법학박사

1) 원칙과 예외가 사실상 전도되었다는 평가에 대해서는 한수웅, 『헌법학』, 법문사, 2013, 178쪽 참고.

2) 헌재 1994.7.29. 93헌가4 등, 판례집 6-2, 15, 30.

3) 류제성, "공직선거법 제93조 제1항 한정위헌결정(2007헌마1001)의 의미와 과제", 부산대학교『법학연구』 제53권 제1호 통권 제71호(2012.2), 5쪽.

4) 한수웅, 앞의 책, 179쪽.

5) 헌재 2016.6.30. 2014헌바253, 판례집 28-1하, 500, 507("기간의 제한 없이 선거운동을 무한정 허용할 경우에는 후보자 간의 지나친 경쟁이 선거관리의 곤란으로 이어져 부정행위의 발생을 막기 어렵게 된다. 또한 후보자 간의 무리한 경쟁의 장기화는 경비와 노력이 지나치게 들어 사회경제적으로 많은 손실을 가져올 뿐만 아니라 후보자 간의 경제력 차이에 따른 불공평이 생기게 되고, 아울러 막대한 선거비용을 마련할 수 없는 젊고 유능한 신참 후보자의 입후보의 기회를 빼앗는 결과를 가져올 수 있다.").

자유가 중시되고 선거일에 근접할수록 선거의 공정성이 중시되어야 한다는 것이 필자의 주장이다. 즉 선거일과의 근접성에 따라 선거운동의 자유에 대한 제한의 정당성이 달라진다는 것이다. 본 논문은 이러한 주장을 논증하기 위하여 두 가지에 주목한다. 하나는 표현의 자유 이론이고, 다른 하나는 헌법 제116조 제1항이다. 본 논문은 선거운동의 자유를 정치적 표현의 자유의 적용을 받는 것과 헌법 제116조 제1항의 적용을 받는 것으로 구분한 후 이러한 구분이 타당한 이유를 표현의 자유 이론과 실정헌법으로 논증하고(제2장), 선거의 공정성의 헌법적 의의와 선거운동의 자유를 제한하는 입법의 위헌심사기준을 검토한 후(제3장) 현행 공직선거법상 선거운동과 관련된 조항들이 우리 헌법상 허용될 수 있는지 검토하는 내용(제4장)으로 구성되었다.

Ⅱ. 선거운동의 자유, 표현의 자유, 그리고 헌법 제116조 제1항

1. 선거운동 자유의 의의

우리 헌법은 국가의사의 형성과 국가권력의 행사방법으로 대의제 민주주의를 채택하고 있다. 대의제 민주주의에서 "국민은 오직 선거에 의해서만 국정에 참가하는 것이며 선거를 통하여 여론정치가 행해지므로 민주정치에 있어서의 선거는 가장 중요한 국가적 행사의 하나이며 국법질서의 기초가 된다."[6] 선거과정에서 국민 개개인은 다른 사람들과 소통하면서 여러 후보자에 관한 정보를 수집하여 선거일에 투표할 후보자를 결정하고, 자신이 지지하거나 지지하지 않는 후보자들에 관한 정보를 다른 사람들에게 알리는 정치적 행위를 한다. 선거과정에서 벌어지는 이러한 정치적 행위 중 특정 후보자가 당선되게 하거나 당선되지 못하게 하는 정치적 행위를 선거운동이라고 한다. 선거운동은 대의제 민주주의를 실현하는 도구로서 중요한 의의를 가진다.

그런데 우리 헌법 제116조 제1항은 "선거운동은 각급 선거관리위원회의 관리 하에 법률이 정하는 범위안에서 하되, 균등한 기회가 보장되어야 한다."고 규정하고 있다. 이 조항은 선거운동의 개념 요소로 '선거관리위원회의 관리 하에 있을 것'과 '균등한 기회가 보장될 것'을 요구하고 있다. 선거관리와 기회균등은 선거의 전 과정에서 보장될 수 없다. 과다한 선거관리 비용과 선거의 자유에 대한 과도한 제한의 문제가 발생하기 때문이다. 따라서 헌법 제116조 제1항 소정의 선거운동은 일반적 의미의 선거운동, 즉 '선거의 전 과정에서' 특정 후보자를 당선되게 하거나 당선되지 못하게 하는 모든 정치적 행위를 의미하는 것이 아니다. 여기서 말하는 선거운동은 '선거일에 즈음하여' 선거관리가 이루어지고 기회균등이 보장되는

6) 헌재 1989.9.8. 88헌가6, 판례집 1, 199, 213-14.

선거운동만 의미한다고 해석하는 것이 타당하다. 필자는 편의상 이를 좁은 의미의 선거운동이라고 하여, '선거의 전 과정에서' 벌어지는 넓은 의미의 선거운동과 구분하고자 한다. 좁은 의미의 선거운동은 법률로 구체화된다. 공직선거법은 선거관리와 기회균등을 보장하는 여러 내용과 함께 제58조 제1항에서 선거운동을 정의하고 있다.

2. 선거운동 자유의 헌법상 근거

1) 헌법 규정

우리 헌법은 선거운동의 자유를 명시적으로 규정하고 있지 않다. 오히려 헌법 제116조 제1항만 고려하면, 우리 헌법은 선거운동의 자유가 아닌 관리를 원칙으로 채택하고 있는 것처럼 읽혀진다.[7)] 하지만 헌법학계의 통설은 선거운동의 자유를 기본권으로 인정한다. 선거운동의 자유의 헌법상 근거에 대해서는 국민의 선거권과 자유선거원칙, 표현의 자유에 의하여 보장된다는 견해,[8)] 선거권, 피선거권 및 정치적 표현의 자유에 의하여 보장된다는 견해,[9)] 민주국가의 선거제도에 내재하는 법 원리인 자유선거의 원칙으로부터 도출된다는 견해,[10)] 헌법 제21조의 표현의 자유의 한 내용으로서 정치적 표현의 자유에 해당하며 헌법 제24조의 선거권의 중요한 내용을 이룬다는 견해,[11)] 정치적 표현의 자유의 한 내용으로 이해하는 견해[12)] 등 다양하다.

여러 견해에 공통적으로 포함되는 것이 정치적 표현의 자유다. 정치적 표현의 자유는 다른 자유권에 비하여 우월한 법적 지위를 지니는 표현의 자유 중에서도 더욱 우월한 지위를 가진다고 한다.[13)] 이에 반하여 선거운동은 본질적으로 선거제도를 전제로 하는 것이므로 선거운동도 헌법이 채택하고 있는 대의민주주의와 선거제도의 목적에 부합하는 범위 내에서만 인정된다는 견해가 있다.[14)] 이 견해에 따르면, 선거운동은 대의제도에 기초한 선거의 기능과 피선거권과 선거권이 보장하는 범위에서 인정되는 자유와 권리일 뿐, 선거를 떠나 그 이전에 존재하는 정치적 의사표현의 자유로 인정되는 것은 아니라고 한다.[15)]

---

7) 우리 헌법이 선거운동 자유의 원칙을 배척하고 선거운동 관리의 원칙을 채택한 것이라는 견해로는 허영, 『한국헌법론』, 박영사, 2013, 1032쪽 참고. 선거운동의 자유가 원칙임을 밝히면서도, 선거운동자유의 원칙만 허용될 경우 선거운동의 기회균등이 지켜지지 않아 평등선거의 원칙이 침해될 우려가 있어서 선거운동관리의 원칙을 함께 채택하고 있다는 견해로는 이승우, 『헌법학』, 두남, 2009, 1073쪽.
8) 한수웅, 앞의 책, 177쪽.
9) 강태수, "선거운동의 자유에 대한 제한의 문제점과 개선방향", 『세계헌법연구』 제14권 제2호(2008.7), 24쪽.
10) 류제성, 앞의 논문, 5쪽.
11) 성낙인, 『헌법학』, 법문사, 2014, 203쪽.
12) 양건, 『헌법강의』, 법문사, 2016, 692쪽.
13) 양건, 앞의 책, 693쪽.
14) 정종섭, 『헌법학원론』, 박영사, 2016, 1386쪽.
15) 정종섭, 앞의 책, 1386쪽.

2) 헌법재판소의 태도

헌법재판소는 초기 판례에서 "자유선거의 원칙은 비록 우리 헌법에 명시되지는 않았지만 민주국가의 선거제도에 내재하는 법원리인 것으로서 … 구체적으로는 투표의 자유, 입후보의 자유, 나아가 선거운동의 자유를 뜻한다."고 설명한 후 "선거운동의 자유는 헌법에 정한 언론·출판·집회·결사의 자유 보장규정에 의한 보호를 받는다."고 판시하면서도 "선거운동의 제한은 선거권, 곧 참정권의 제한으로도 귀결한다."고 설시하였다. 즉 선거운동의 자유의 헌법상 근거는 자유선거의 원칙, 표현의 자유 및 선거권에 있다고 본 것이다.[16] 그 후 헌법재판소는 "선거운동의 자유는 헌법상의 자유선거의 원칙에 의한 보호를 받는다."고 하면서도 "표현의 자유의 한 태양이기도 [하므로] … 헌법이 정한 언론·출판·집회·결사의 자유의 보장규정에 의한 보호를 받는다."고 판시하여 선거운동의 자유의 헌법상 근거를 자유선거의 원칙과 표현의 자유에서 찾았다.[17]

최근 판례 중에는 선거운동의 자유를 표현의 자유의 한 태양으로 "언론·출판·집회·결사의 자유의 보장규정에 의한 보호를 받는 [것]"으로 판시하거나,[18] 선거운동을 제한하는 법률조항의 위헌성을 검토하면서 "선거운동의 자유 내지 표현의 자유를 침해하는지 여부"를 살펴[19] 선거운동의 자유를 단순히 표현의 자유로 이해하기도 한다.

3) 사 견

일반적으로 선거운동은 선거결과에 영향을 미치기 위하여 후보자로서 자신을 알리거나, 유권자로서 후보자에 관한 정보를 수집·교환·전파하는 정치적 행위이므로 그 헌법상 근거는 헌법 제21조에서 찾는 것이 타당하다. 헌법학계와 헌법재판소 판례가 다양한 것처럼 보이지만, 그 중심에는 정치적 표현의 자유가 있다. 자유선거의 원칙, 선거권도 헌법상 근거가 될 수 있지만, 정치적 표현의 자유는 자유선거의 원칙이 실현되거나 선거권의 행사를 위하여 반드시 필요하므로 선거운동의 자유의 헌법상 근거는 정치적 표현의 자유에서 찾는 것으로 충분하다.

문제는 헌법 제116조 제1항에 있다. 이 조항에서 선거운동이 명시적으로 언급되고 있음에도 불구하고, 이 조항을 선거운동의 자유의 헌법상 근거라고 인정하는 학설이나 판례는 드물다.[20] 필자는 일반적 의미의 선거운동(넓은 의미의 선거운동)의 자유는 정치적 표현행위로

---

16) 헌재 1994.7.29. 93헌가4 등, 판례집 6-2, 15, 28-29; 헌재 1995.4.20. 92헌바29, 판례집 7-1, 499, 506-507. 헌재 1999.6.24. 98헌마153, 판례집 11-1, 839, 846-47.

17) 헌재 2009.3.26. 2006헌마526, 판례집 21-1상, 622, 632.

18) 헌재 2016.10.27. 2016헌마252, 판례집 28-2하, 33, 42; 헌재 2015.4.30. 2011헌바163, 판례집 27-1상, 407, 417.

19) 헌재 2016.3.31. 2013헌바26, 판례집 28-1상, 333, 340.

20) 후보자가 유권자에게 자기를 당선시켜 달라고 하는 행위는 정치적 자유 또는 정치적 표현의 자유로 인정된다고 할 것이고, 헌법 제21조 제1항과 헌법 제116조가 그 근거가 된다는 견해가 있다. 정종섭, 앞의 책, 1386쪽.

서 헌법 제21조에 의하여 보장되지만, 선거관리와 기회균등이 요구되는 선거운동(좁은 의미의 선거운동)의 자유는 헌법 제116조 제1항에서 그 근거를 찾을 수 있다고 본다. 전자는 정치적 기본권으로서 최대한 보장되는 자유이지만, 후자는 선거관리와 기회균등이라는 내재적 한계를 가지는 자유라고 하겠다.

3. 선거기간과 표현의 자유

1) 표현의 자유와 민주주의

우리 헌법이 표현의 자유를 보장하는 이유는, 첫째 인간은 생활 속에서 지각하고 사고한 결과를 자유롭게 외부에 표출하고 타인과 소통함으로써 스스로 공동사회의 일원으로 포섭되는 동시에 자신의 인격을 발현하기 때문이고, 둘째 표현의 자유가 민주체제에 있어서 불가결의 본질적 요소이기 때문이고, 셋째 이것이 보장되지 않으면 사상은 억제되고 진리는 더 이상 존재하지 않게 될 것이기 때문이다.[21] 이 가운데 선거운동의 자유와 관련하여 주목할 가치는 민주주의다. 치자와 피치자가 동일하여 '국민의 자기지배'(self-government)가 이루어지고, 국민의사대로 국가의사를 형성하는 민주주의 국가에서 표현의 자유는 필수불가결하다. 민주국가에서 국민의사는 국가권력으로부터 독립하여 형성되어야 하는데, 표현의 자유는 정부가 공권력을 직·간접적으로 이용하여 국민의사에 영향을 미치는 것을 방어하는 역할을 한다.

2) 선거기간과 정치적 표현의 자유

대의제 민주주의가 제대로 작동하려면 유권자 모두가 선거와 관련된 내용을 충분히 알고 선거에 참여해야 한다. 표현의 자유의 헌법적 가치를 민주주의에서 찾는 대표적인 학자인 미이클존(Alexander Meiklejohn)은 국민의 자기지배가 환상이 아니라 현실이 되기 위해서는 국민이 선거 또는 투표의 대상과 관련된 모든 정보와 의견에 접해야 하며, 표현의 자유는 국민의 자기지배와 관련된 표현을 정부가 규제하지 못하도록 보호하는 데 그 의의가 있다고 역설하였다.[22] 선거의 결과에 영향을 미치기 위하여 행하는 선거운동은 정치적 표현행위로서 헌법의 보호를 두텁게 받아야 한다.

선거기간 내내 정치적 표현행위가 동일한 정도로 보장되어야 하는 것은 아니다. 선거일에 임박할수록 선거와 관련된 정치적 표현의 자유가 더욱 보장되어야 한다는 견해가 있다.[23] 선거일에 임박한 시기에 정치적 표현 내지 선거운동의 자유를 제한하는 것은 선거의 기능을 훼손시키고 근본적으로 민주주의의 근간을 위협하는 것이라고 보는 시각이다. 그러나 선거일

---

21) 헌재 1998.4.30. 95헌가16, 판례집 10-1, 327, 338.
22) Alexander Meiklejohn, POLITICAL FREEDOM: THE CONSTITUTIONAL POWERS OF THE PEOPLE (1960).
23) 류제성, 앞의 논문, 14쪽.

에 가까워질수록 표현의 자유를 보장해야 하는 정당성은 오히려 약해진다. 표현의 자유의 철학적 기초인 사상의 시장(marketplace of ideas)[24]에 입각해서 살펴보면 이 점은 분명해진다. 선거영역은 매우 중요한 정치적 공론장이며, 정치적 공론장의 철학적 기초는 사상의 시장을 이념으로 하는 정치적 표현의 자유라고 할 수 있다.[25] 하지만 사상의 시장에서 진리가 승리하기 위해서는 시간이 필요하다. 1644년 존 밀턴(John Milton)은 자유로운 토론을 통해 진실과 거짓이 싸우도록 내버려 둘 것을 주장하였고,[26] 1859년 존 스튜어트 밀(J.S. Mill)은 검열에 반대하면서 진실과 거짓을 비교하는 기회를 강조하였고,[27] 1919년 홈즈(Oliver W. Holmes) 미 연방대법관은 "진리를 발견하는 가장 좋은 방법은 사상이 스스로 힘으로 시장의 경쟁에서 살아남아 받아들여지는 것"이라고 하였다.[28] 모두 사상의 시장을 믿고 진실이 승리하기를 기다리자는 주장이다.

선거일 직전은 사상의 시장이 제대로 작동하는 상황이 아니다. 선거일에 가까울수록 진실과 거짓을 구별하기 어려워진다. 선거일까지 진실이 드러나지 않을 수 있다. 선거에서는 선거일 기준으로 당락이 결정되고, 그것으로 끝이다. 선거에서는 선거일 이후 언젠가 진실이 밝혀지리라는 기대는 중요하지 않다. 선거일에 임박한 시기에는 사상의 시장이 작동할 수 없기 때문에 헌법 제116조 제1항이 선거운동을 입법하는 데 있어 선거관리와 기회균등을 반드시 고려하라고 규정한 것은 정당성을 갖는다.

Ⅲ. 선거의 공정성과 선거운동의 제한

1. 선거의 공정성

대의제 민주주의에서 주권자가 자신의 대표를 선출하는 과정은 자유로워야 할 뿐만 아니라 공정해야 한다. 헌법재판소는 선거의 공정성을 국민의 선거의 자유와 선거운동 등에 있어서의 기회의 균등이 담보되는 것을 의미한다고 판시하였다.[29] 선거의 공정은 선거의 자유와 함께 대의제 민주주의를 실현하기 위한 선거제도에 내재하는 원칙이다. 그렇기 때문에 대의제의 기능이 정상적으로 유지되고, 국민이 대표자를 올바로 선출할 수 있기 위해서는 선거에서의 평온과 공정이 요구된다는 견해는[30] 타당하다. 선거는 민주주의를 위한 필요조건일 수

24) 양건, 앞의 책, 590쪽.
25) 황성기, "인터넷과 선거운동", 『언론과 법』 제9권 제1호(2010.6), 224쪽.
26) 존 밀턴, 임상원 옮김, 『아레오파지티카』, 나남출판, 1998.
27) 존 스튜어트 밀, 서병훈 옮김, 『자유론』, 책세상, 2015, 44쪽("만약 억압당한 의견이 옳다면 진리를 찾는 기회를 박탈하는 것이고, 설령 잘못된 것이라고 하더라도 그 의견을 억압하는 것은 틀린 의견과 옳은 의견을 대비시킴으로써 진리를 더 생생하고 명확하게 드러낼 수 있는 대단히 소중한 기회를 놓치는 결과를 낳는다.").
28) Abrams v. U.S., 250 U.S. 616, 630 (1919).
29) 헌재 2014.4.24. 2011헌바17 등, 판례집 26-1상, 628, 646.
30) 정종섭, 앞의 책, 1388쪽.

있지만 충분조건은 아니며, 선거운동의 공정성은 사회·경제·정치적 환경의 차이에도 불구하고 선거운동의 기간, 방식, 자원동원의 조건 및 기회가 동등하게 주어질 때 실현된다는 견해[31] 역시 타당하다.

우리 헌법은 세계에서 유사한 사례를 찾아보기 힘들 정도로 선거의 공정성을 중요한 헌법적 가치로 인정하고 있다. 1960년 3.15 부정선거로 촉발된 4.19혁명 후 제3차 개헌 헌법(1960.6.15. 시행)에서 "선거의 관리를 공정하게" 할 목적으로 중앙선거위원회를 설치하는 규정을 마련하였으며, 제5차 개헌 헌법(1963.12.17. 시행)에서 현행 제116조와 동일한 내용의 선거운동과 선거경비에 관한 규정(당시 제108조)이 도입되었다. 현행 헌법 제114조 제1항은 '선거와 국민투표의 공정한 관리'를 처리하기 위하여 선거관리위원회를 두도록 규정하고 있으며, 동조 제4항 및 제5항은 중앙선거관리위원회 위원의 정치적 중립성 및 신분보장을 규정하고 있다. 또 헌법 116조 제1항은 선거운동에서 균등한 기회가 보장되어야 함을 명시하고, 동조 제2항은 선거경비 국고부담의 원칙을 규정하고 있다. 이러한 조항들을 체계적으로 살펴보면, 우리 헌법은 선거운동에 있어서 균등한 기회보장 및 금권선거 방지를 선거의 공정성의 주요 내용으로 규정하고,[32] 선거의 공정성을 담보하기 위하여 선거관리위원회를 헌법기관으로 설치하고 선거관리위원회의 관리 하에 선거운동을 하도록 요구하고 있는 것이다.

선거운동의 자유를 중시하는 견해는 선거의 공정성을 기회균등이라는 소극적 요소가 아니라 유권자가 올바른 판단을 내리기에 충분한 자료의 제공이라는 적극적 요소로 이해하려고 한다.[33] 선거의 공정성이 후보자들 사이의 상대적인 홍보기회의 균등을 보장하는 수단만으로 확보된다고 보거나 혹은 이러한 소극적 요소의 상대적 비중을 과대평가한다면 이는 공정성의 의미를 왜곡시키는 것이며, 유권자에 대한 충분한 판단자료의 제공이 선거의 공정성을 위한 필수적 요건이라는 것이다. 더 나아가 선거의 공정성을 확보하는 가장 이상적이고 효율적인 방법은 선거운동의 자유를 보다 확대해서 누구나 자신의 정치적 의사를 표출할 수 있는 길을 열어놓는 것이라는 주장도 있다.[34] 선거운동의 자유가 넓게 보장될수록 국민은 후보자에 대한 보다 많은 정보를 얻게 되고 후보자에 대한 정확한 판단도 가능해진다는 것이다.[35]

그러나 선거의 공정성은 추상적이고 상대적인 개념이기 때문에 대의제 민주주의가 기능

31) 김형철, "예비후보자제도와 선거운동기회의 불평등성: 선거운동의 자유와 공정성을 중심으로", 『한국정치연구』 제23집 제3호(2014.10), 57-59쪽.

32) 선거의 공정성을 선거운동에 있어서 기회의 불균등성, 불투명성, 고비용성을 제거하는 것을 의미하는 견해로는, 황성기, 앞의 논문, 188쪽.

33) 윤영미, "선거의 공정성에 관한 검토-공직선거법 제93조 제1항 문서 등 배부 금지규정에 대한 과도한 광범성 법리에 따른 위헌성 검토를 중심으로-", 『헌법학연구』 제16권 제3호(2010.9), 589-90쪽.

34) 한수웅, 앞의 책, 179쪽.

35) 류제성, 앞의 논문, 4쪽.

하는데 필요한 공성성의 목표를 설정하고 이를 달성하기 위한 요건을 적극적으로 찾아서 입법하는 것은 사실상 불가능하다. 오히려 선거에서 국민의 정치적 의사를 반영하는데 방해가 되는 불공정성을 시정하기 위하여 균등한 기회를 제공하고, 금권선거를 방지하기 위하여 선거경비 국고부담을 실시하는 소극적 방식의 접근이 공정성을 달성하는 데 효과적이다. 더구나 선거일에 즈음하여 사상의 시장이 제대로 작동하기 어려운 경우 누구나 자신의 정치적 의사를 표출하는 방식으로는 선거의 공정성을 확보할 수 없다.

2. 선거운동의 자유와 선거의 공정성의 관계

선거운동의 자유와 선거의 공정성은 서로 대립관계에 있는지, 아니면 상호 보완관계에 있는지를 놓고 견해가 갈린다. 공직선거법 제1조는 "선거가 국민의 자유로운 의사와 민주적인 절차에 의하여 공정히 행하여지도록 하[는 것]"을 목적으로 한다고 규정하고 있지만, 선거운동을 규율함에 있어서 두 요청을 대립적인 것으로 이해하고 있다.[36] 두 요청을 대립적인 것으로 이해하면, 선거의 공정성을 위하여 선거운동의 자유는 어느 정도 제한될 수 있다고 본다.[37] 헌법재판소는 "대의민주주의에서 후보자나 정당 등에 관한 정치적 정보 및 의견을 자유롭게 발표하고 교환하는 것을 내용으로 하는 선거운동 등 정치적 표현의 자유는 선거의 공정성을 전제로 인정되는 것이며, 선거의 공정성은 그러한 자유의 한정원리로 기능할 수 있다."면서 "선거운동 등 정치적 표현의 자유가 선거의 공정성을 훼손할 경우에는 이를 제한하는 것이 헌법적으로 정당화될 수 있다"고 설시하였다.[38]

이에 대하여 선거운동의 자유와 선거의 공정성은 서로 대립하는 법익이 아니라 양자 모두 자유선거를 실현하기 위한 조건으로서 서로 보완관계에 있다는 견해도 유력하다.[39] 이 견해는 선거의 궁극적인 목적은 국민의 정치적 의사를 대의기관의 구성에 정확하게 반영하는 데 있으므로 선거의 공정성은 그 자체로 목적이 될 수 없고 자유선거를 실현하기 위한 수단[40] 또는 선거의 자유를 구현하는 수단으로서 의미를 가진다고 한다.[41] 선거운동의 자유와 선거의 공정성을 보완관계로 보는 견해는 선거의 공정성을 확보하기 위하여 선거운동의 자유를 제한하는 데 신중할 것을 요구한다.[42] 선거가 공정하게 실시되기 위해서는 선거운동의

---

36) 한수웅, 앞의 책, 179쪽.

37) 헌재 1994.7.29. 93헌가4 등, 판례집 6-2, 15, 29("금권, 관권, 폭력 등에 의한 타락선거를 방지하고, 무제한적이고 과열된 선거운동으로 말미암아 발생할 사회경제적 손실과 부작용을 방지하고, 실질적인 선거운동의 기회균등을 보장하기 위하여는 선거의 공정성이 확보되어야 한다. 선거의 공정성 확보를 위하여는 어느 정도 선거운동에 대한 규제가 행하여지지 않을 수 없고, 이는 곧 선거운동의 자유를 제한하는 셈").

38) 헌재 2014.4.24. 2011헌바17 등, 판례집 26-1상, 628, 646.

39) 한수웅, 앞의 책, 179쪽; 음선필, "선거의 완전성", 『홍익법학』 제15권 제3호(2014.9), 107쪽.

40) 한수웅, 앞의 책, 179쪽.

41) 손인혁, "헌법상 선거운동의 자유와 선거의 공정성에 관한 고찰-대법원 2016.8.26. 선고 2015도11812 전원합의체 판결의 평석을 겸하여-", 한국헌법학회·대법원 헌법연구회 공동학술대회(2017.12.2.) 자료집 10쪽.

자유가 선행적으로 보장되어야 하며, 선거운동의 자유가 정당·후보자 등 선거참여자에게 동등하게 보장될 것을 요구한다는 것이다.[43] 헌법 제116조 제1항의 해석에 있어서도 선거운동의 자유가 헌법상 기본권임을 전제로 그 실질적 보장을 위한 관리와 균등한 기회의 보장을 강조한 것으로 이해되어야 한다거나,[44] 선거가 선거인의 의사를 제대로 반영할 수 있도록 선거의 자유를 실질적으로 보장하기 위함에 본래의 취지가 있는 것이라고 한다.[45]

생각건대 대의제 민주주의 국가에서 선거의 궁극적인 목적은 국민의 정치적 의사를 대의기관의 구성에 정확하게 반영하는 데 있다. 선거의 공정성은 국민의 정치적 의사를 정확하게 반영하는 선거를 실현하기 위한 수단과 같은 가치이지, 그 자체가 헌법적 목표는 아니라는 지적은[46] 타당하다. 그러나 선거운동의 자유 역시 국민의 정치적 의사대로 대의기관을 구성하기 위한 수단적 가치라는 점에서 선거의 공정성과 다를 바 없다. 우리 헌법의 해석상 선거운동의 자유와 선거의 공정성은 동등한 헌법적 가치이며, 상호 대립한다. 선거의 공정성을 확보하기 위해서는 선거운동의 자유가 부득이 제한될 수밖에 없다. 여기서 중요한 것은 선거일과의 근접성이다. 선거일에 즈음할수록 선거의 공정성은 중시되어야 한다.

일부 견해는 선거운동의 자유는 정치적 표현의 자유이며, 정치적 표혀의 자유는 현대 자유민주주의의 존립과 발전에 필수불가결한 기본권이기 때문에 우월적 지위를 지니는 것으로 해석한다. 그러나 이 견해는 일반적인 선거운동의 자유에 대한 설명으로 타당하지만, 헌법 제116조 제1항의 해석으로는 타당하지 않다. 넓은 의미의 선거운동의 자유에 대해서는 선거의 공정성을 전제로 인정되는 것이 아니라는 설명이[47] 일리 있지만, 좁은 의미의 선거운동의 자유는 선거관리와 기회균등을 내용으로 하는 선거의 공정성을 전제로 인정되는 것이다. "대의민주주의에서 후보자나 정당 등에 관한 정치적 정보 및 의견을 자유롭게 발표하고 교환하는 것을 내용으로 하는 선거운동 등 정치적 표현의 자유는 선거의 공정성을 전제로 인정되는 것이며, 선거의 공정성은 그러한 자유의 한정원리로 기능할 수 있다."는 헌법재판소의 판시는[48] 헌법 제116조 제1항이 적용되는 좁은 의미의 선거운동의 자유에 관한 기술로 보아야 할 것이다.

---

42) 헌재 2014.4.24. 2011헌바17 등, 판례집 26-1상, 628, 657(재판관 김이수 등 3인의 반대의견)("선거의 공정성 확보와 질서의 유지를 위한 규제는 일반 국민의 선거운동을 포괄적·전면적으로 금지하는 것이 되어서는 아니 된다. 선거에 있어 자유와 공정은 반드시 상충관계에 있는 것만이 아니라 서로 보완하는 기능도 함께 가지고 있기 때문에 더욱 그러하다").
43) 음선필, "소수정당과 선거운동-입법론적 검토-", 『입법학연구』 제13집 제1호(2016.6), 93쪽.
44) 홍석한, "선거운동의 자유와 규제에 관한 헌법적 고찰-헌법재판소 판례에 대한 평가를 중심으로-", 『헌법학연구』 제19권 제4호(2013.12), 128-29쪽.
45) 손인혁, 앞의 자료, 10쪽.
46) 헌재 2014.4.24. 2011헌바17 등, 판례집 26-1상, 628, 657(재판관 김이수 등 3인의 반대의견).
47) 선거운동 등 정치적 표현의 자유는 선거의 공정성을 전제로 인정되는 것이 아니라는 견해로는 헌재 2014.4.24. 2011헌바17 등, 판례집 26-1상, 628, 657(재판관 김이수 등 3인의 반대의견).
48) 헌재 2014.4.24. 2011헌바17 등, 판례집 26-1상, 628, 646.

3. 선거운동의 제한과 위헌심사기준

1) 전통적인 위헌심사기준

선거운동의 자유를 제한하는 법률의 위헌심사는 엄격해야 한다는 데 많은 학자들이 동의한다. 여기서 엄격심사란 과잉금지원칙 내지 비례원칙이 적용되어야 한다는 의미다. 우월적 지위를 갖는 정치적 표현의 영역에서 국가의 역할은 제한적이라는 전통적인 이론에 비추어 볼 때 표현의 자유의 하나인 선거운동의 자유를 제한하는 입법의 위헌여부는 엄격한 심사기준이 적용된다는 견해,[49] 선거운동은 대의기관의 선출과 직접적인 연관성을 갖는다고 할 것이므로 일반적인 정치적 표현의 자유보다 더 보장될 것이 요구된다는 견해,[50] 선거운동의 자유는 국가의 의사형성에 영향을 미칠 뿐만 아니라 국가권력을 창설하고 통제하며 대의민주주의라는 객관적 질서를 형성하는 객관적인 성격이 강한 기본권으로서 그 제한은 헌법 제37조 제2항에 따라서 최소한에 그쳐야 한다는 견해,[51] 민주주의 실현을 위하여 선거가 갖는 중요성, 정치적인 의사표현을 가능하게 함으로써 개방적 의사소통과 합리적 의사결정의 토대를 제공하는 선거운동의 기능, 국민의 의사가 가능한 한 정확하게 국가기관 구성에 반영되도록 하는 선거의 목표를 실현하는데 선거운동의 자유가 차지하는 비중 등을 고려할 때 선거운동의 자유는 다른 기본권보다 강하게 보호받아야 한다는 견해[52] 등 많은 학설이 엄격심사를 지지한다.

선거운동의 제한은 대의원리에 따른 법리적인 귀결이고, 선거운동 관리의 한 내용으로 이해하는 견해조차도 선거운동의 제한에 있어서는 헌법 제37조 제2항이 제한의 근거인 동시에 제한의 한계를 설정하는 규범으로 작용한다고 설명한다.[53] 이 견해에 따르면 헌법 제116조 제1항은 선거운동의 자유를 헌법 제37조 제2항을 근거로 법률로 제한할 수 있음을 확인하는 규정에 불과하다.

판례 역시 선거운동을 제한하는 입법의 위헌성 심사에 과잉금지원칙이 적용되어야 한다는 입장이다. 헌법 제116조 제1항에 따라 법률에 의해 선거운동의 자유의 한계가 정해진다는 소수의견이 제기된 적도 있으나,[54] 판례의 기본입장은 "선거운동의 자유를 제한하는 경우에도 다른 기본권과 마찬가지로 헌법 제37조 제2항에 따라 국가안전보장, 질서유지, 공공복리를 위하여 필요한 경우에 한하여 법률로 제한할 수 있고 그 경우에도 선거운동의 자유에 대한 본질적 내용은 침해할 수 없다고 보아야 한다."[55]는 것이다.

---

49) 박주민, "인터넷을 통한 선거운동과 공직선거법", 인하대학교『법학연구』제15집 제1호(2012.3), 156-57쪽.
50) 고민수, "유권자의 선거운동의 자유에 대한 제한과 문제점",『언론과 법』제8권 제2호(2009.12), 36쪽.
51) 강태수, 앞의 논문, 24쪽.
52) 홍석한, 앞의 논문, 125쪽.
53) 정종섭, 앞의 책, 1389쪽.
54) 헌재 1994.7.29. 93헌가4등 결정에서 재판관 김진우의 반대의견.

이에 반하여 헌법 제116조 제1항을 기본권 형성적 법률유보로 보아 입법자에게 광범위한 입법형성의 자유가 인정되며, 따라서 위헌심사기준으로 비례성 원칙은 인정되지 않는다는 소수설이 있다.[56] 절충설로 선거운동의 자유를 제한하는 입법의 위헌심사기준은 기본권의 성격에 비추어 보면 엄격한 심사에 의하여야 하지만, 대의제도와 관련하여 광범위한 입법재량이 인정된다는 견해가 있다.[57] 우리 헌법상 선거운동의 자유를 기본권의 측면에서만 보면 엄격한 심사가 적용되지만, 기타 제도 구성요소로서 헌법이 명시적으로 공정이라는 다른 가치를 규정하고 있어 두 가치의 조화가 필요하므로 그 구체적인 실현으로서의 입법은 일차적으로 입법자의 임무로서 폭넓은 재량이 인정된다는 것이다.

2) 사견: 시간적 제약을 고려한 위헌심사기준

선거운동의 자유를 제한하는 입법에 대한 위헌심사기준은 결국 헌법 제37조 제2항을 적용할 것인지, 아니면 헌법 제116조 제1항을 적용할 것인지의 문제다. 선거운동의 자유를 정치적 표현의 자유라고 이해하면 최대한 보장되어야 하고, 이를 제한하는 입법은 기본권 제한적 법률유보이기 때문에 헌법 제37조 제2항이 적용되어야 한다. 따라서 엄격한 심사기준, 즉 과잉금지원칙 내지 비례원칙이 적용된다.[58] 이러한 논의는 넓은 의미의 선거운동에 관한 한 타당하다.

그러나 우리 헌법은 제7장에서 선거관리에 관하여 특별히 규정하고 있다. 선거의 공정한 관리를 처리하기 위하여 선거관리위원회를 두도록 하고(제114조 제1항), 선거운동은 각급 선거관리위원회의 관리하에 법률이 정하는 범위안에서 실시하도록 하고 있다(제116조 제1항). 여기서 선거운동은 일반적인 정치적 표현의 자유의 한 태양으로 이루어지는 것을 의미하는 것이 아니라, 선거관리가 이루고 지고 균등한 기회가 보장되는 선거운동만을 의미한다. 즉 공정한 선거운동이 요구되는 것이다. 공정한 선거운동의 구체적인 내용과 한계를 정하는 법률은 “선거문화와 풍토, 국민의 법감정 등 여러 가지 요소를 종합적으로 고려하여 입법자가 정책적으로 결정할 사항”이다.[59] 이러한 기본권 형성적 법률에 대한 위헌성 판단은 기본권 제한의 한계 규정인 헌법 제37조 제2항에 따른 과잉금지 내지 비례의 원칙의 적용을 받는

55) 헌재 1995.4.20. 92헌바29; 헌재 1999.6.24. 98헌마153; 헌재 2001.8.30. 2000헌마121등; 헌재 2006.7.27. 2004헌마217; 헌재 2008.5.29. 2006헌마1096 등.

56) 김경제, “선거운동의 자유”, 『공법연구』 제32집 제5호(2004.6), 569쪽.

57) 전종익, “위헌심판의 심사기준-선거운동과 표현의 자유를 중심으로-”, 『서울법학』 제18권 제1호(2010.6), 267쪽.

58) 헌재 2012.12.27. 2012헌바47, 판례집 24-2하, 507, 518 참고. 이에 대하여 엄격한 심사기준이 구체적으로 무엇인지에 대해서는 침묵하고 있다는 비판도 있다. 김래영, “공직선거법 제93조 제2항의 위헌성”, 『공법학연구』 제12권 제2호(2011.5), 174쪽 참고. 또 헌법재판소가 엄격한 심사기준을 적용한다고 하면서도 실제로는 과잉금지원칙을 적용하는 것과 같은 태도를 보이고 있으며, 그나마도 형식적·의례적 심사에 그치고 있다는 비판도 제기된다. 류제성, 앞의 논문, 5쪽 참고.

59) 헌재 2012.12.27. 2012헌바47, 판례집 24-2하, 507, 520.

것이 아니라, 입법자에 의한 구체적인 형성이 헌법상 부여된 형성권의 범위를 일탈하였는지 살펴보는 합리성 심사에 그친다.[60] 다만, 이러한 입법재량도 대의제 민주주의 원리에 따라 국민의 의사대로 대표자를 선출하고, 헌법 제116조 제1항에 따라 선거운동에 있어서 균등한 기회가 보장되고, 동조 제2항에 따라 후보자에게 선거에 관한 경비 부담을 지우지 않는 선거제도를 형성해야 하는 한계가 있다.

이상에서 살펴본 바와 같이 헌법 제116조 제1항 소정의 선거운동은 일반적인 선거운동과 구분된다. 일반적인 선거운동의 자유는 정치적 표현의 자유의 한 태양으로 널리 인정되고, 헌법 제116조 제1항 소정의 선거운동은 선거의 공정성이 훼손되지 않는 범위에서 인정된다. 이에 따라 법률유보의 위헌심사기준이 서로 다르다. 문제는 둘을 어떻게 구분할 것인가에 있다. 둘 사이의 구분이 명확하지 않은 상태에서 입법재량을 광범위하게 인정할 경우 선거운동의 자유는 과도하게 제한될 우려가 있다. 둘을 구분하는 기준은 사상의 시장이 작동할 수 있는 시간이 있는지 여부이다. 사상의 시장에 누구라도 참여할 수 있고, 사상의 시장에서 진실과 거짓을 구분할 수 있는 시간적 여유가 있다면 선거운동의 자유는 정치적 표현의 자유의 한 태양이고, 선거운동의 자유에 대한 제한입법은 헌법 제37조 제2항에 따라 엄격한 심사기준을 적용하여 위헌성을 심사한다. 이에 반하여 선거일에 근접해서 진실이 모습을 드러낼 시간적 여유가 없거나, 후보자간 기회의 균등이 보장되기 어려운 상황을 전제로 한 입법은 헌법 제116조 제1항이 적용되어 선거운동에 관한 입법은 재량이 인정된다.

Ⅳ. 공직선거법에 대한 헌법적 평가

1. 공직선거법의 탄생

우리나라 선거법이 규제 중심으로 바뀐 것은 1958.1.25. 민의원의원선거법 및 참의원의원선거법이 제정되면서부터라고 한다.[61] 1947.3.17. 미군정법령 제175호로 제정된 국회의원선거법이나 1948.12.23. 개정된 국회의원선거법은 자유로운 선거운동을 강조하고 특별한 제한규정을 두지 않았으나, 민의원의원선거법은 "선거운동은 당해 후보자의 등록이 끝난 때로부터 선거일전까지에 한하여 이를 할 수 있다."고 규정하고(제44조) 이를 위반할 경우 2년 이하의 징역, 금고 또는 20만환이하의 벌금에 처한다고 규정을 두었다(제171조).[62] 그 후 1963.1.16. 개정된 국회의원선거법은 이 법에 규정된 이외의 방법으로 선거운동을 할 수 없

60) 무엇이 공정한 것인가, 어떠한 선거제도가 균등한 기회의 보장이 될 수 있는가 하는 판단은 각 국가사회의 역사적 경험에 따라 달라질 수 있다는 점에서 제도구성의 일차적 임무가 입법자에게 맡겨진 방식의 합리성이 존재한다는 견해로 전종익, 앞의 논문, 267쪽 참고.

61) 송석윤, 『헌법과 정치』, 경인문화사, 2007, 254쪽.

62) 참의원의원선거법은 제34조(선거운동의 기간), 제161조(사전운동 호별방문 등 부정운동죄) 제1호.

다는 선거운동의 한계 조항(제33조)과 각종제한 위반죄(제168조)를 신설하였다. 특히 1970년대 선거공영제가 실시되면서 선거운동의 자유에 대한 제한이 본격적으로 이루어졌다.[63]

규제중심의 우리나라 선거법은 권위주의적 통치자와 그 주변의 관료들이 실질적인 지배권을 행사하고 국민의 대표기관은 단지 부차적인 지위에 있던 관헌국가적 모델의 잔재라는 평가를 받는다.[64] 문민정부 출범 후 1994.3.16. 공직선거및선거부정방지법의 제정되면서 선거별로 존재하던 선거법들이 통합되었다. 여기서는 "누구든지 자유롭게 선거운동을 할 수 있다."는 내용을 신설하였다(제58조 제2항 제1문). 하지만 선거운동기간을 설정하고 선거운동의 방법을 제한하였다는 점에서 큰 의미를 부여하기 힘들다는 평가를 듣는다.[65] 공직선거및부정선거방지법은 2005.8.4. 개정 때 법명을 공직선거법으로 개정하는 등 수 차례 개정을 통해 선거운동의 개별행위에 대한 금지규정을 추가 또는 삭제하였지만 규제중심의 큰 틀에는 변함이 없다.

선거운동 규제에 관한 외국 입법례와 비교하면, 우리나라는 규제가 과도하다. 선거비용에 대한 규제를 통해 선거운동 기회의 실질적 평등을 보장하고, 궁극적으로 선거의 공정을 달성하고자 하는 입법은 많은 국가에서 찾아볼 수 있으나, 선거비용에 대한 규제와 더불어 선거운동에 관한 구체적인 수단 내지 방법까지 폭넓게 규제하는 입법은 우리나라와 일본 외에는 찾기 힘들다.[66] 미국의 경우 선거운동 기간의 제한은 물론 선거운동의 수단 내지 방법에 대한 제한이 없으며, 선거비용도 표현행위로 보아 선거비용 지출 총액을 제한하지 않고 선거자금을 기부할 수 있는 주체와 금액에 대한 제한과 지출한 선거비용에 대한 공개 내지 보고만 규제하고 있을 뿐이다.[67]

2. 공직선거법상 선거운동 관련 규정

공직선거법은 제7장 제58조부터 제118조까지 선거운동에 관하여 구체적으로 규정하고 있다. 공직선거법상 선거운동은 원칙적 자유 예외적 규제의 형식을 취하고 있으나, 실질적으로는 원칙적 규제 예외적 자유라는 평가를 받고 있다.[68] 공직선거법상 선거운동의 규제는 선거운동의 정의 및 기간에서 시작된다.[69]

1) 선거운동의 정의

공직선거법 제58조 제1항은 선거운동을 "당선되거나 되게 하거나 되지 못하게 하기 위한

63) 성낙인, "선거제도와 선거운동", 『저스티스』 제130호(2012.6), 22-23쪽; 김일환 홍석한, "선거운동 규제에 관한 비교법적 고찰", 『미국헌법연구』 제25권 제1호(2014.4), 38쪽.
64) 송석윤, 앞의 책, 261쪽.
65) 김일환 홍석한, 앞의 논문, 38쪽.
66) 김일환 홍석한, 앞의 논문, 46쪽.
67) 김일환 홍석한, 앞의 논문 47쪽.
68) 김재선, "공직선거법과 선거운동의 자유에 관한 공법적 고찰", 『고려법학』 제80호(2016.3), 79쪽.
69) 김재선, 앞의 논문, 80쪽.

행위"로 정의하고, 다만 선거에 관한 단순한 의견개진 및 의사표시, 입후보와 선거운동을 위한 준비행위, 정당의 후보자 추천에 관한 단순한 지지·반대의 의견개진 및 의사표시, 통상적인 정당활동, 설날·추석 등 명절 및 석가탄신일·기독탄신일 등에 하는 의례적인 인사말을 문자메시지로 전송하는 행위는 선거운동에서 제외하고 있다.

선거법상 선거운동의 개념이 불명확하여 위헌이라는 주장은 과거부터 계속 제기되었다. 하지만 헌법재판소는 "선거운동이라 함은 특정 후보자의 당선 내지 이를 위한 득표에 필요한 모든 행위 또는 특정 후보자의 낙선에 필요한 모든 행위 중 당선 또는 낙선을 위한 것이라는 목적의사가 객관적으로 인정될 수 있는 능동적, 계획적 행위를 말하는 것"이라며 "선거운동을 위와 같이 풀이한다면 법률적용자의 자의를 허용할 소지를 제거할 수 있고, 건전한 상식과 통상적인 법감정을 가진 사람이면 누구나 그러한 표지를 갖춘 선거운동과 단순한 의견개진을 구분할 수 있을 것"이라며 명확성 원칙에 위배되지 않는다고 판시하였다.[70]

대법원 역시 선거운동을 "특정 선거에서 특정 후보자의 당선 또는 낙선을 위하여 필요하고도 유리한 모든 행위로서 당선 또는 낙선을 도모한다는 목적의사가 객관적으로 인정될 수 있는 능동적·계획적인 행위를 말한다."고 해석하고 있다.[71] 확고한 판례에도 불구하고 금지되는 선거운동과 허용되는 정치활동의 경계가 모호하여 자의적인 법 적용을 우려하는 지적이 끊이지 않자 대법원은 2016.8.26. 선고 2015도11812 전원합의체 판결을 통하여 공직선거법이 금지하는 선거운동의 구체적인 기준을 다음과 같이 제시하였다.

1) '선거운동'은 특정 선거에서 특정 후보자의 당선 또는 낙선을 도모한다는 목적의사가 객관적으로 인정될 수 있는 행위를 말하는데, 이에 해당하는지는 당해 행위를 하는 주체 내부의 의사가 아니라 외부에 표시된 행위를 대상으로 객관적으로 판단하여야 한다.

2) 위와 같은 목적의사는 특정한 선거에 출마할 의사를 밝히면서 그에 대한 지지를 부탁하는 등의 명시적인 방법뿐만 아니라 당시의 객관적 사정에 비추어 선거인의 관점에서 특정 선거에서 당선이나 낙선을 도모하려는 목적의사를 쉽게 추단할 수 있을 정도에 이른 경우에도 이를 인정할 수 있다. 위와 같은 목적의사가 있었다고 추단하려면, 단순히 선거와의 관련성을 추측할 수 있다거나 선거에 관한 사항을 동기로 하였다는 사정만으로는 부족하고 특정 선거에서의 당락을 도모하는 행위임을 선거인이 명백히 인식할 만한 객관적인 사정에 근거하여야 한다.

3) 선거운동은 그 대상인 선거가 특정되는 것이 중요한 개념표지이므로 문제된 행위가 특정 선거를 위한 것임이 인정되어야만 선거운동에 해당한다고 볼 수 있는데, 행위 당시의 상황에서 특정 선거의 실시에 대한 예측이나 확정 여부, 당해 행위의 시기와 특정 선거일 간의 시간적 간격, 그 행위의 내용과 당시의 상황, 행위자와 후보자의 관계 등 여러 객관적 사정을 종합하여 선거인의 관점에서 문제된 행위가 특정 선거를 대상으로 하였는지를 합리적으로 판단하여야 한다.

---

70) 헌재 1994.7.29. 93헌가4 등, 판례집 6-2, 15, 33-34.

71) 대법원 2005.9.9. 선고 2005도2014 판결, 대법원 2007.10.11. 선고 2007도3468 판결, 대법원 2010.12.9. 선고 2010도10451 판결 등 참조.

4) 정치인이 일상적인 사회활동과 통상적인 정치활동의 일환으로 선거인과 접촉하여 자신의 인격에 대한 공감과 정치적 식견에 대한 찬성과 동의를 구하는 한편, 그들의 의견을 청취·수용하여 지지를 받을 수 있는 정책을 구상·수립하는 과정을 통하여 이른바 인지도와 긍정적 이미지를 제고하여 정치적 기반을 다지는 행위에도 위와 같은 판단기준이 그대로 적용되어야 한다. 따라서 그와 같은 일상적인 사회활동과 통상적인 정치활동에 인지도와 긍정적 이미지를 높이려는 목적이 있다 하여도 그 행위가 특정한 선거를 목표로 하여 그 선거에서 특정인의 당선 또는 낙선을 도모하는 목적의사가 표시된 것으로 인정되지 않는 한 선거운동이라고 볼 것은 아니다.

2) 선거운동의 기간

선거기간에 관한 규정은 1958년 민의원의원선거법에 처음 도입된 이래 존속하고 있다. 선거기간은 대통령선거는 23일, 국회의원선거와 지방자치단체의 의회의원 및 장의 선거는 14일이다(법 제33조 제1항). 선거운동은 선거기간 개시일부터 선거일 전일까지에 한하여 할 수 있으므로(법 제59조 제1항 제1문) 선거운동기간은 선거기간보다 하루 짧다.

사전선거운동은 광범위하게 금지된다. 선거일과 선거운동기간 전에 공직선거법에 규정된 방법을 제외하고 선거운동을 할 경우 형사처벌을 받게 된다(법 제254조). 그러나 선거운동의 개념이 명확하지 않은 상태에서 사전선거운동을 형사처벌하는 것은 정치적 표현의 자유에 대한 과도한 제한이라는 비판이 제기될 수밖에 없다. 헌법재판소는 선거운동기간을 제한하여 그 기간 외의 선거운동을 처벌하는 것이 선거운동의 자유를 침해하지 않는다는 일관된 태도를 보인다.[72] 기간의 제한 없이 선거운동을 무한정 허용할 경우에는 후보자간의 지나친 경쟁이 선거관리의 곤란으로 이어져 부정행위의 발생을 막기 어렵게 되며, 후보자간의 무리한 경쟁의 장기화는 경비와 노력이 지나치게 들어 사회경제적으로 많은 손실을 가져올 뿐만 아니라 후보자간의 경제력 차이에 따른 불공평이 생기게 되고 아울러 막대한 선거비용을 마련할 수 없는 젊고 유능한 신참 후보자의 입후보의 기회를 빼앗는 결과를 가져올 수 있다는 것이다. 따라서 선거운동의 기간제한은 제한의 입법목적, 제한의 내용, 우리나라에서의 선거의 태양, 현실적 필요성 등을 고려할 때 필요하고도 합리적인 제한이며, 선거운동의 자유를 형해화할 정도로 과도하게 제한하는 것으로 볼 수 없다고 한다.[73]

사전선거운동 금지의 예외로 예비후보자가 있다. 2004.3.12. 공직선거및선거부정방지법 일부 개정 이후 예비후보자가 되려는 사람은 국회의원선거 및 시·도지사 선거의 경우 선거일 전 120일부터 관할선거구선거관리위원회에 예비후보자등록을 신청하고(법 제60조의2), 예비후보자는 선거사무소 설치, 선거사무소에 간판·현판·현수막 설치, 홍보용 명함의 직접 제공, 선거관리위원회의 규칙에 따른 인쇄물 발송 등의 방법으로 선거운동을 할 수 있다(법

72) 헌재 2016.6.30. 2014헌바253, 판례집 28-1하, 500; 헌재 2013.12.26. 2011헌바153, 공보 제207호, 95; 헌재 2008.10.30. 2005헌바32, 판례집 20-2상, 750; 헌재 2001.8.30. 2000헌마121 등, 판례집 13-2, 263.
73) 헌재 2008.10.30. 2005헌바32, 판례집 20-2상, 750, 752.

제60조의3). 예비후보자 제도는 선거경쟁에 있어 현직의원과 도전자 사이의 불균등성을 보정하고 공정성을 높이기 위한 방안이자, 선거운동의 주요 원리 중 하나인 자유의 원리를 실현하고자 하는 노력의 산물이라는 평가를 듣는다.[74] 예비후보자 제도의 도입으로 사전선거운동 금지 조항의 위헌성을 약화되었다.[75]

3) 선거운동의 주체

선거운동의 주체를 입법적으로 규제하기 시작한 것은 1952.7.18. 법률 제247호로 제정된 대통령·부통령선거법이다. 여기서 국가·지방자치단체의 공무원과 각급 선거관리위원회의 위원과 직원의 선거운동을 금지하였고(제24조), 후보자를 위하여 선거운동을 할 수 있는 자를 선거사무장 또는 선거운동자로 제한하였다(제26조). 현행 공직선거법은 제60조 제1항에서 선거운동을 할 수 없는 자를 외국인, 미성년자, 선거권이 없는 자, 공무원, 예비군 중대장급 이상의 간부, 통·리·반의 장 및 읍·면·동주민자치센터 위원, 특별법에 의하여 설립된 국민운동단체로서 국가 또는 지방자치단체의 출연 또는 보조를 받는 단체의 대표자, 선상투표신고를 한 선원이 승선하고 있는 선박의 선장 등으로 구체적으로 열거하고 있다. 특히 문제가 되는 사람은 공무원이다. 헌법재판소는 "선거의 형평성과 공정성을 보장하기 위하여 공무원이나 이에 준하는 공공단체의 구성원들로 하여금 선거운동에 관여하지 못하도록 하는 것은 입법자의 불가피한 조치"라고 본다.[76]

4) 선거운동의 방법(제93조 제1항)

공직선거법 제93조는 '이 법의 규정에 의하지 아니한 방법'에 의한 정치적 표현행위를 포괄적으로 금지하고 있다. 누구든지 선거일전 180일부터 선거일까지 선거에 영향을 미치게 하기 위하여 이 법의 규정에 의하지 아니하고는 정당 또는 후보자(후보자가 되고자 하는 자를 포함함)를 지지·추천하거나 반대하는 내용이 포함되어 있거나 정당의 명칭 또는 후보자의 성명을 나타내는 광고, 인사장, 벽보, 사진, 문서·도화, 인쇄물이나 녹음·녹화테이프 그 밖에 이와 유사한 것을 배부·첩부·살포·상영 또는 게시할 수 없으며(제1항 본문), 누구든지 선거일전 90일부터 선거일까지는 정당 또는 후보자의 명의를 나타내는 저술·연예·연극·영화·사진 그 밖의 물품을 이 법에 규정되지 아니한 방법으로 광고할 수 없으며, 후보자는 방송·신문·잡지 기타의 광고에 출연할 수 없다(제2항 본문). 두 조항 모두 약간의 예외를

74) 김형철, 앞의 논문, 65쪽.
75) 헌재 2016.6.30. 2014헌바253, 판례집 28-1하, 500, 507.
76) 헌재 2009.3.26. 2006헌마526, 판례집 21-1상, 622, 632-33 ("그들이 그 직을 그대로 유지한 채 선거운동을 할 수 있는 경우 자신들의 지위와 권한을 특정 개인을 위한 선거운동에 남용할 소지가 많게 되고, 직무를 통하여 얻은 여러 가지 정보를 선거에 활용할 수 있을 뿐 아니라 자신의 부하직원을 선거운동에 동원할 염려도 있으며, 자신의 선거운동에 유리한 방향으로 편파적으로 직무를 집행하거나 관련 법규를 적용할 가능성도 있는 등 그로 인한 부작용과 폐해가 선거결과에 지대한 영향을 미치게 될 것이기 때문"). 헌재 1995.3.23. 95헌마53, 판례집 7-1, 463, 473; 헌재 1995.5.25. 91헌마67, 판례집 7-1, 722, 739 참고.

두고 있다.

선거운동을 함에 있어 공직선거법 제93조 제1항과 같은 규제를 하고 있는 나라는 세계적으로 드물다.[77] '이 법의 규정에 의하지 아니한 방법'을 모두 탈법으로 보아 선거운동 금지가 포괄적이고, '그 밖에 이와 유사한 것'과 '선거에 영향을 미치게 하기 위하여'라는 요건이 불명확하다는 비판을 받고 있다. 그러나 헌법재판소는 이 조항의 위헌이 문제가 된 대부분 사건에서 합헌으로 결정하였다. 즉 탈법방법에 의한 문서, 인쇄물의 배부·게시를 금지하고 처벌하는 공직선거법(2010.1.25. 법률 제9974호로 개정된 것) 제255조 제2항 제5호 중 '제93조 제1항의 규정에 위반하여 문서, 인쇄물을 배부·게시한 자' 부분이 선거운동의 자유 내지 정치적 표현의 자유를 침해한다고 볼 수 없다는 결정,[78] 탈법방법에 의한 광고의 배부를 금지하고 이를 위반한 경우 처벌하는 공직선거법(2010.1.25. 법률 제9974호로 개정된 것) 제93조 제1항 본문 중 '광고의 배부 금지'에 관한 부분 및 제255조 제2항 제5호 중 위 해당부분이 유권자인 청구인의 선거운동의 자유 내지 정치적 표현의 자유를 침해한다고 볼 수 없다는 결정,[79] 공직선거법 제93조 제1항이 예시하는 '문서 등'은 '기타 유사한 것'을 해석하는 유용한 판단지침이 되며, 대법원 판결 등에 의하여 이미 이에 관한 구체적인 해석기준이 제시되고 있는 이상, 법률적용자가 이 사건 법률조항을 자의적으로 확대하여 해석할 염려는 없다고 할 것이므로 '기타 유사한 것'은 명확성원칙에 반하지 아니하고, 문자와 기호를 사용하여 관념이나 의사를 다른 사람에게 전달하는 것으로서 문서가 가지는 고유의 기능을 그대로 보유하고 있는 '휴대전화 문자메시지'가 '기타 이와 유사한 것'에 해당한다고 해석될 수 있다는 결정,[80] '선거에 영향을 미치게 하기 위하여'라는 개념은 후보자나 정당이 선거에 승리하기 위한 계획을 수립하고 준비를 시작할 것으로 예상되는 '선거일 전 180일'부터 '선거일'까지 사이에 선거의 준비과정 및 선거운동, 선거결과 등에 실질적으로 선거운동에 준하는 작용을 하려는 의도를 가리키는 것으로서 명확성 원칙에 위배되지 않는다는 결정,[81] 제93조 제1항은 모든 선거운동방법의 전반에 대한 전면적인 제한이 아니라 특히 폐해의 우려가 크다고 인정되는 인쇄물, 녹음 등의 배부, 살포 등 특정한 선거운동방법에만 국한되는 부분적인 제한에 불과하므로, 이로써 선거운동의 자유 내지 언론의 자유가 전혀 무의미해지거나 형해화된다고 단정할 수는 없고, 따라서 선거운동의 자유 내지 언론의 자유의 본질적인 내용을 침해한다고 할 수 없다는 결정[82] 등이 있다. 다만, '기타 이와 유사한 것' 부분에 '정보통신망

77) 김래영, 앞의 논문, 164쪽.
78) 헌재 2014.4.24. 2011헌바17 등, 판례집 26-1상, 628.
79) 헌재 2016.3.31. 2013헌바26, 판례집 28-1상, 333.
80) 헌재 2009.5.28. 2007헌바24, 판례집 21-1하, 599, 611.
81) 헌재 2014.4.24. 2011헌바17 등, 판례집 26-1상, 628.
82) 헌재 2001.8.30. 99헌바92 등, 판례집 13-2, 174.

을 이용하여 인터넷 홈페이지 또는 그 게시판·대화방 등에 글이나 동영상 등 정보를 게시하거나 전자우편을 전송하는 방법'이 포함된다고 해석한다면, 이는 과잉금지원칙에 위배하여 정치적 표현의 자유 내지 선거운동의 자유를 침해한다고 하는 한정위헌결정이 있다.[83]

3. 공직선거법에 대한 헌법적 평가

공직선거법은 많은 헌법학자들의 주장처럼 원칙적 규제에서 원칙적 자유로 전환되어야 한다. 전환의 핵심은 사전선거운동 금지의 폐지다. 선거운동기간을 설정하고 그 전에 발생하는 선거운동을 원칙적으로 금지하는 방식을 고수하는 한 공직선거법의 개별 규정을 아무리 개선하여도 한계가 있다. 예비후보자 제도의 도입은 일응 선거운동의 자유를 확대한 것 같지만, 예비후보자가 할 수 있는 행위와 할 수 없는 행위를 구분해야 하고, 할 수 없는 것처럼 보이는 행위도 선거운동인지 일반적 정치적 표현의 자유인지 또 다시 구분해야 하기 때문에 선거법은 과도하게 세부적이다. 이와 함께 사전선거운동은 원칙적으로 금지되기 때문에 선거법은 동시에 포괄적이다. 이러한 상황에서 선거법은 국민에 대한 행위규범으로 기능하기 어렵다.[84] 선거가 끝날 때마다 선거법 위반으로 의원직을 상실하는 사안이 다수 발생하고, 보궐선거는 다반사가 된다. 이 과정에서 검찰은 자의적이고 선택적인 기소로 정치권을 위협하고, 법원의 최종 판단을 놓고 정치적 해석이 난무한다. 대법원은 2016.8.26. 선고 2015도11812 전원합의체 판결에서 선거운동의 의미와 선거운동의 범위를 판단하는 기준을 구체적으로 제시하여 이 문제를 해결하는 중이다. 종전 판례보다 진일보한 것은 틀림없지만, 새로운 판례가 행위규범으로 기능할 것으로 기대하기에는 한계가 있다. 목적의사를 가지고 하는 행위인지 판단하기 위해서는 행위가 행하여지는 시기·장소·방법 등을 종합적으로 관찰해야 한다는 점에서는 종전 판례와[85] 크게 다르지 않기 때문이다.

현행 공직선거법의 가장 큰 문제는 헌법 제116조 제1항에 근거해서 입법한 것인데 일반적 선거운동의 자유까지 제한한다는 데 있다. 헌법 제116조 제1항은 특정 선거일에 즈음하여 사상의 시장이 제대로 작동할 수 있는 시간적 여유가 없을 때 균등한 기회 보장을 위하여 선거관리위원회의 관리 하에 실시되는 선거운동에 관한 형성적 법률유보조항인데, 공직선거법은 선거일에서 시간적으로 멀리 떨어져 발생하는 일반적 선거운동의 자유 내지 정치적 표현의 자유까지 규제하고 있는 것이다. 결국 사전선거운동 금지가 문제인 것이다. 사전선거운동 금지규정이 있는 한 공직선거법의 해석은 선거운동과 통상적인 정치활동을 구분하는 문제에 매달리게 된다. 법원이 아무리 상세한 기준을 설정한다고 하더라도 둘의 구분은 쉬운

---

83) 헌재 2011.12.29. 2007헌마1001 등, 판례집 23-2하, 739.

84) 한수웅, 앞의 책, 178쪽.

85) 대법원 2012.11.29. 선고 2010도9007 판결.

일이 아니기 때문에 자의적인 법 집행의 가능성이 상존한다. 위축효과가 발생하여 정치활동의 자유와 표현의 자유는 침해받게 된다. 궁극적으로 대의제 민주주의가 제대로 기능하지 못할 우려가 크다.

헌법재판소는 사전선거운동금지 조항이 합헌이라고 결정하였지만, 표현의 자유 법리와 선거관리에 관한 우리 헌법 해석상 잘못된 결정이라고 본다. 헌법재판소는 사전선거운동 금지가 정당한 이유로 ① 후보자간의 지나친 경쟁으로 인한 선거관리의 곤란, ② 경비와 노력의 과다로 인한 사회경제적 손실, ③ 후보자간의 경제력 차이에 따른 불공평, ④ 젊고 유능한 신참 후보자의 입후보의 기회 상실을 들고 있으나,[86] 이 논증은 잘못이다. 첫째 후보자간 경쟁이 나쁜 것이 아니므로 선거일에 임박하지 않은 기간에 선거관리를 실시할 정당성이 없으며; 둘째 특정인의 경비와 노력의 과다는 다른 사람에게 이익이 되므로 사회경제적 손실이 발생하지 않으며; 셋째 후보자간 경제력 차이는 선거일 즈음에서 실시하는 선거경비에 대한 국고부담으로 해결할 수 있으며; 넷째 젊고 유능한 신참 후보자의 기회 상실은 현직의원에게 유리한 현행 공직선거법 아래서 더욱 심각하기 때문이다.

공직선거법은 선거일에 근접해서 발생하는 선거운동만 규율대상으로 삼는 것이 표현의 자유 법리와 헌법 제116조에 충실한 해석이라고 본다. 대법원이 2016년 전원합의체 판결에서 '특정 선거일과의 시간적 간격'을 중시하여, "[특정한] 행위를 한 시기가 선거일에 가까우면 가까울수록 명시적인 표현 없이도 다른 객관적 사정을 통하여 당해 선거에서의 당선 또는 낙선을 도모하는 의사가 있다고 인정할 수 있겠으나, 선거가 실시되기 오래전에 행해져서 시간적으로 멀리 떨어진 행위라면 단순히 선거와의 관련성을 추측할 수 있다는 것만으로 당해 선거에서의 당락을 도모하는 의사가 표시된 것으로 인정될 수는 없다."고 판시한 것은 표현의 자유 법리에 충실한 것이다. 헌법 제116조 제1항에 따른 입법은 기본권 형성적 법률유보이기 때문에 선거일과의 시간적 간격을 어느 정도 고려하여 선거운동기간을 설정할 것인지, 선거운동기간 중 허용되거나 금지되는 선거운동의 주체 및 방법 등에 대해서는 광범위한 입법재량이 인정된다고 보아야 할 것이다.

V. 결　　어

흔히 선거운동의 자유는 정치적 표현의 자유로서 헌법 제21조에 그 근거가 있으며, 민주주의 국가에서 필수불가결하기 때문에 두터운 헌법상 보호를 받아야 한다고 한다. 그렇기 때문에 선거운동의 자유를 포괄적으로 제한하는 공직선거법은 위헌이라고 본다. 이러한 견해는 대부분 타당하지만, 전적으로 타당한 것은 아니다. 우리 헌법상 선거운동의 자유는 우리 헌

86) 헌재 2016.6.30. 2014헌바253, 판례집 28-1하, 500, 507.

법에서 그 근거를 찾고, 우리 헌법의 체계에서 그 의미를 파악해야 한다. 우리 헌법은 선거관리에 관한 장을 별도로 두고, 제114조 제1항에서 선거의 공정한 관리를 위하여 헌법기관으로 선거관리위원회를 설치하도록 규정하고 있다. 또 제116조 제1항은 선거운동을 선거관리와 기회균등이 보장되는 상태에서 하되 구체적인 내용을 법률로 정하도록 규정하고 있다. 우리 헌법해석상 선거운동의 자유뿐만 아니라 선거의 공정성도 중요한 헌법적 가치라고 보아야 할 것이다.

선거의 공정성을 확보하기 위해서는 선거운동의 자유가 부득이 제한될 수밖에 없다. 선거운동의 자유와 선거의 공정성 사이의 실질적 조화를 이루기 위해서는 선거일로부터 시간적으로 떨어질수록 선거운동의 자유가 중시되고 선거일에 근접할수록 선거의 공정성이 중시되어야 한다. 즉 선거일과의 근접성에 따라 선거운동의 자유에 대한 제한의 정당성이 달라지는 것이다. 표현의 자유 법리에서 살펴보아도 이러한 해석은 타당하다. 표현의 자유의 철학적 기초인 사상의 시장 이론에서 볼 때, 선거일 직전은 사상의 시장이 제대로 작동할 수 없다. 선거에서는 선거일 기준으로 당락이 결정된다. 언젠가 진실이 밝혀질 것이라는 기대는 의미가 없다. 그렇기 때문에 선거운동을 입법하는 데 있어 선거관리와 기회균등을 반드시 고려하라고 규정한 헌법 제116조 제1항은 선거일에 즈음한 시기에 정당성을 갖는다.

이렇게 이해할 경우 선거운동의 자유는 일반적 선거운동의 자유와 헌법 제116조 제1항에 따른 선거운동의 자유로 구분하는 일이 필요하다. 선거운동의 자유의 헌법상 근거도 일반적으로는 정치적 표현의 자유를 보호하는 헌법 제21조이지만, 선거일에 가까운 시기에는 헌법 제116조 제1항라고 보아야 할 것이다. 두 조항은 헌법상 의의가 다르다. 헌법 제21조에 따른 정치적 표현의 자유는 최대한 보호되어야 하고, 이를 제한하는 입법에 대한 위헌성 심사는 엄격해야 한다. 하지만 헌법 제116조 제1항에 따른 선거운동의 구체적인 형성은 입법에 맡겨 있다. 입법자에게는 광범위한 입법형성의 자유가 인정되며, 기본권 형성적 법률유보에 해당하기 때문에 위헌성 심사는 합리성 기준에 따른다. 이처럼 성격이 다른 두 선거운동을 구분하는 기준은 사상의 시장이 작동할 수 있는 시간의 유무에 있다.

이러한 관점에서 현행 공직선거법을 보면, 이 법은 헌법 제116조 제1항에 근거해서 마련된 것인데도 불구하고 일반적 선거운동의 자유까지 포괄적으로 제한한다는 점에 큰 문제가 있다. 문제 해결의 핵심은 사전선거운동 금지의 폐지에 있다. 사전선거운동 금지규정이 있는 한 공직선거법의 해석은 선거운동과 통상적인 정치활동을 구분하는 문제에 매달리게 된다. 검찰의 자의적인 법 집행의 의혹과 판결에 있어서 정치적 고려의 의혹 등에서 헤어나기 쉽지 않다. 더욱이 위축효과로 인하여 정치활동의 자유와 표현의 자유가 침해받는 문제에 발생한다. 대의제 민주주의가 제대로 기능하기 위해서 공직선거법상 선거운동 관련 내용은 선거일 즈음에 한하여 적용되는 방향으로 개정되어야 할 것이다.

18. 정치적 표현행위에 대한 공직선거법상의 제한에 대한 헌법적 검토*
– 공직적격검증을 위한 의혹제기와 공직선거법상의 허위사실공표죄 –

조 소 영**

Ⅰ. 서 설

대의민주주의 하에서 선거는 주권자인 국민이 통치기관을 결정 · 구성하는 민주적인 방법인 동시에 선출된 통치기관에게 민주적 정당성을 확보하게 함으로써 국민주권원리를 실현하는 핵심적인 역할을 하고 있으므로,[1] 국민의 의사가 대의기관의 구성에 굴절 없이 반영될 수 있어야 하고 이러한 국민의 대의기관 구성권은 다음 선거까지 유지되어야 하는 것이 원칙이다. 그리고 우리 헌법은 이러한 선거의 의미가 제도화되도록 민주적 선거원칙을 구체적 기준으로 제시하고 있다. 때문에 선거제도의 확립이나 그 제도실현에 있어서는 각 후보자에게 평등한 기회를 보장하고 선거인들의 투표가 균등한 가치를 지니도록 해야 하며, 각 선거인들이 후보자를 자유로이 선택할 수 있도록 하는 것이 핵심이다. 민주적 선거법상 선거인의 자유로운 선거권 행사란 선거의 내용과 선거의 가부가 선거인의 자유로운 결정에 맡겨질 것을 요구하는 것[2]이고, 선거의 내용에 있어서의 자유는 선거인의 판단이 자유로울 수 있도록 선거정보가 편파적이거나 일방적인 제공에 기한 습득이 되지 않도록 해야 하는 선거환경의 보장을 담보해야 한다. 그러므로 선거에 임한 선거인인 국민은 정당의 정책과 후보자의 적합성 여부에 관한 모든 정보를 선택하여 취득할 수 있어야 하며, 따라서 선거에 관한 정치적 표현행위나 언론보도는 널리 허용되어야 할 것[3]이다. 물론 민주적 의회정치의 기초인 선거는 동시에 공정하게 행하여져야 하는 것이고 이 또한 선거에서 국민의 진정한 의사를 제대로 반영하기 위한 것이며 기회균등의 원칙을 실현하기 위한 것[4]이라는 점에서, 선거의 공정도 민주선거제도의 다른 하나의 목적이다. 하지만 이처럼 선거의 자유와 선거의 공정이 조화

---

* 이 글은 2015년 공법연구 제44권 제1호에 게재했던 원고에 그 이후의 판례내용, 관련 논의들을 추가하여 수정한 글이다.

** 부산대학교 법학전문대학원 교수, 법학박사

1) 헌재 2015.7.30. 2013헌가8, 공보 제226호, 1100; 헌재 2012.8.23. 2009헌가27, 판례집 24-2상, 355, 365-366; 헌재 2008.1.17. 2007헌마700; 헌재 2003.8.21. 2001헌마687 등; 헌재 2002.1.31. 2001헌바43, 판례집 14-1, 49, 58-59 참조.

2) 허영, 한국헌법론, 박영사(2018), 816면; 성낙인, 헌법학, 법문사(2018), 161-162면.

3) 박용상, 언론의 자유, 박영사(2013), 875면.

4) 헌재 2015.7.30. 2012헌마734 등, 공보 제226호, 1225; 헌재 2010.2.25. 2008헌마324등, 판례집 22-1상, 347-370; 헌재 2012.8.23. 2010헌마47등, 판례집 24-2상, 590, 608; 헌재 2014.4.24. 2011헌바17, 공보 211, 739-740 등 참조.

를 꾀해 나가야 하는 중요한 선거가치라 할지라도, 선거의 공정은 궁극적으로는 선거의 자유를 제대로 보장하기 위한 선거환경적 가치라는 점에서 판단의 중심점은 선거의 자유의 본질에 두어야만 한다.

통치기관의 구성방법으로 대의민주제를 선택한 우리 선거제도 하에서 주기적인 선거인의 선택의 결과로 대통령, 국회, 지방자치단체장, 지방의회, 교육감에 이르기까지 각각의 대의기구들이 구성되고 있다. 그 선거과정 속에서 선거인들은 유권자로서의 책임있는 선택을 투표내용으로 가시화하기 위해 다양한 정보들을 접하고 선택한다. 그리고 그러한 고민의 과정 속에서 선거인들은 정당을 통해서건 후보자간을 통해서건 언론매체를 통해서건 간에 후보자들에 대한 당해 공직적격성을 검증해 볼 수 있는 다수의 정보들을 얻고자 원하고 얻기 위해 노력한다. 하지만 이러한 선거정보의 취득과 관련해서는 현행 공직선거법상 선거의 공정 보장이라는 목적에 기한 다수의 제한규정과 금지규정들이 규정되어 있고, 그 제한과 금지는 사전적으로 또는 사후적으로 통제 장치로 기능함으로써 이로 인해 선거인들의 선택결과를 무효화하는 결론까지도 상정되어 있다. 민주주의 사회에서 보장되어야 하는 표현의 자유의 내용과 형태 중 선거과정에서의 정치적 표현의 자유는 선거인이건 후보자이건 간에 가장 중요한 기본적 권리라는 점에서, 그리고 선거인의 의사는 주기적인 선거를 통한 자정적 수정을 전제한다는 점에서, 현행 공직선거법상의 허위사실 공표죄와 관련한 판결에 대해서 헌법적으로 검토해 보고자 한다.

Ⅱ. 서울시 교육감 사건과 허위사실공표죄

1. 사건 내용

2014년 5월 24일, 뉴스타파 최경영 기자는 자신의 트위터에 고승덕 전 후보의 미국 영주권 보유 의혹을 게시했고,[5] 이를 본 조희연 교육감 측은 25일 오전 11시경 기자회견을 통해 "고승덕 후보가 미국 영주권자라는 제보가 있고, 만약 이 제보가 사실이라면 고승덕 후보는 교육감 후보가 될 자격이 없다 … 그러므로 고 후보는 자신의 미국 영주권 보유 문제 등에 대해 사실대로 밝히라"라며 의혹 제기를 하였다. 이에 고승덕 전 후보가 같은 날 오후 3시경 인터넷에 본인이 미국 영주권을 보유하지 않았음을 밝혔고, 처음 관련 의혹을 제기했던 최경영 기자는 27일 자신의 트위터에 정정 및 사과의 내용을 게시했다.[6] 하지만, 조희연 교

5) "서울시 교육감 후보로 나선 고승덕 후보는 자녀들을 어디서 공부시키셨나요? 한국에서 공부를 시키지 않으셨으면 왜 그러신건가요? 본인 역시 미국 영주권을 갖고 계시지요? 정말 한국의 교육을 걱정하십니까? 걱정할만큼 잘 알고 계십니까? 궁금합니다."

6) "고 후보 자신의 영주권 소지 의혹 부분은 고 후보의 서류제출로 해소된 듯 합니다. 제가 의혹을 제기한 부분의 근거는 있습니다만 말할 필요가 없게 됐구요. 고 후보께 사과드립니다"

육감 측은 고 전 후보의 해명 이후에도 26일과 27일 계속해서 선거캠프의 홈페이지 및 각 기자들의 이메일로 발송, 라디오방송 인터뷰 등에서 고 전 후보에 대해서 미국 영주권 보유 의혹을 주된 내용으로 하는 공격을 이어나갔다.

고 전 후보는 즉각 허위사실공표 혐의로 조 교육감을 선관위에 고발했고 보수단체들도 조 교육감을 검찰에 고발했지만, 선관위는 이에 대해 주의 경고 조치를 하였다. 하지만 선관위와 달리 검찰은 조 교육감을 지방교육자치에 관한 법률 위반으로 기소함으로써 재판이 시작되었다. 조희연 교육감의 신청에 의해 국민참여재판으로 진행된 제1심은, 2015년 4월 23일 조희연 교육감에게 당선무효형에 해당하는 형량[7]인 벌금 500만원을 선고하였고, 1심 선고결과를 두고 조희연 교육감과 검찰은 각각 항소하였다. 8월 7일에 진행된 항소심 결심 공판에서 검찰 측은 "반복적이고 의도적인 범행인 데다가 사과나 반성도 하고 있지 않아 범행에 상응하는 형이 필요하다"며 벌금 700만원을 구형했지만, 2015년 9월 4일 항소심 재판부는 조희연 교육감의 공표사실을 1차와 2차로 나누고, 2차 공표에 대해서는 상대 후보의 낙선을 목적으로 허위사실을 공표한 혐의를 인정하여 일부 유죄를 판결했지만, 1차 공표에 대해서는 공직 적격을 검증하기 위한 의도로 공표한 사실로서 악의적인 흑색선전이 아니기 때문에 비난 가능성이 낮다는 등의 이유로 250만원의 선고유예 처분을 내렸고, 이에 대해 조희연 교육감과 검찰 양측 모두가 상고하였다. 그리고 이 사건은 2016년 12월 27일 대법원이 벌금 250만원의 선고를 유예한 원심판결을 확정[8]함으로써 조 교육감은 남은 임기를 마칠 수 있게 되었다.

당시 조희연 교육감에 대한 재판결과를 주목했던 이유는 그 선고결과에 따라 서울시 교육청은 직선제 교육감의 중도하차라는 세 번째의 아픈 공백상태를 겪게 되어야만 했을 뿐만 아니라 다시 재선을 치러야 하는 혼란스러운 상황을 감수해야 했을 수도 있으며,[9] 조 교육감 개인적으로는 33억 여원에 이르는 선거보전비용을 모두 반납했어야 하는 상황이었기 때문이다. 그리고 가장 중요한 이유는 서울시 유권자들이 선거에서 보여준 당선자에 대한 선택의사가 선거인 스스로의 판단에 의해서가 아니라 법원의 판단에 따라 원점으로 되돌려지는 상황이 또다시 재현될 수도 있었다는 점에서, 대의민주제의 가장 본질적인 구조를 배제한 대의민주제의 현실을 어떻게 평가해야 하는 것인지에 대한 헌법적 고민을 해결해야 할 필요성

7) 공직선거법 제264조(당선인의 선거범죄로 인한 당선무효) 당선인이 당해 선거에 있어 이 법에 규정된 죄 또는 「정치자금법」 제49조의 죄를 범함으로 인하여 징역 또는 100만원 이상의 벌금형의 선고를 받은 때에는 그 당선은 무효로 한다.

8) 대법원 2016.12.27. 선고 2015도14375 판결[지방교육자치에 관한 법률 위반][공2017상, 283]

9) 실제로 이러한 혼란을 이유로 교육감 직선제 폐지에 관한 논의가 적잖게 진행되고 있으며(http://viewsnnews.com/article?q=120514), 새누리당 윤재옥의원이 대표발의한 지방교육자치에 관한 법률 일부개정법률안의 중심내용은 교육감 직선제를 폐지하고 시도지사가 시도의회의 동의를 받아 임명하도록 하는 것이었다(http://www.sentinels.co.kr/xe/notice02/165936).

이 있었기 때문이다.

2. 공직선거법상의 허위사실공표죄

이 사건에서 조희연 교육감에게 적용된 법률 규정은'지방교육자치에 관한 법률(약칭 교육자치법)'제49조 제1항이지만, 동 조항은 교육감선거에 관하여 교육자치법에 규정된 것을 제외하고는 공직선거법을 준용하도록 하고 있기 때문에 실질적으로 조 교육감에게 적용된 규정은 공직선거법 제250조 제2항의 낙선목적의 허위사실 공표죄였다.

공직선거법 제250조는 제1항과 제2항에서 '공정한 선거'를 보호법익으로 하는 허위사실공표죄를 규정하고 있는데, 제1항은 "특정 후보자의 당선을 위하여 그 후보자에 관한" 허위사실을 공표하는 행위를 처벌하는 것이고 제2항은 "경쟁 후보자의 낙선을 위하여 그 후보자에 관한" 허위사실을 공표하는 행위를 처벌하는 것으로서, 두 조항은 구성요건 · 행위 목적 등이 다르다. 특히 공직선거법 제250조 제2항이 적용되는 경우는 '경쟁 후보자의 낙선을 위하여 그 후보자에 관하여' 허위사실을 공표하는 행위가 대상이어서, 상대방에 대한 중상모략 · 인신공격 등으로 선거의 공정을 심히 해치고 상대방의 사회적 평가를 훼손시킬 수 있다는 점에서 죄질이 다르기 때문에 제1항에 비해 상대적으로 높은 법정형을 규정한 것으로 해석[10] 되고 있다.

이전 정봉주 사건에서 그랬던 것처럼 조희연 교육감 사건에서도 쟁점이 된 공직선거법 제250조 제2항[11]을 적용하려면, 우선 문제가 된 해당 발언이 의견의 표명인지 사실의 공표인지 검토한 후 사실의 공표에 해당된다면 그 공표된 사실을 확정해야 한다. 그리고 확정한 사실공표가 허위사실의 공표에 해당되는 것인지 검토하고, 공표내용을 허위라고 인식하였는지 또는 공표내용을 진실이라고 믿을 만한 상당한 이유가 있었는지 여부, 상대방을 당선되지 못하게 할 목적이 있었는지의 여부를 판단해야 한다. 행위자의 사실공표행위가 이러한 쟁점적 요소들에 해당하면 낙선목적 허위사실공표죄가 성립되는데, 공직선거법상의 또다른 처벌규정인 낙선의 목적으로 공연히 사실을 적시하여 후보자 등을 비방한 경우를 규제하는 후보자 비방죄(제251조)의 경우와 달리, 이 허위사실공표죄는 별다른 위법성 조각사유가 인정되지 않을 뿐만 아니라 유죄가 인정되는 경우에 법정형의 하한선 자체가 높기 때문에 당선자의 당선 자체가 무효로 결정되기 쉬운 구조다.

---

10) 헌재 2009.9.24. 2008헌바168, 판례집 21-2상, 617, 626.

11) 공직선거법 일부개정 2015.8.13[법률 제13497호, 시행 2015.8.13]
당선되지 못하게 할 목적으로 연설 · 방송 · 신문 · 통신 · 잡지 · 벽보 · 선전문서 기타의 방법으로 후보자에게 불리하도록 후보자, 그의 배우자 또는 직계존 · 비속이나 형제자매에 관하여 허위의 사실을 공표하거나 공표하게 한 자와 허위의 사실을 게재한 선전문서를 배포할 목적으로 소지한 자는 7년 이하의 징역 또는 500만원 이상 3천만원 이하의 벌금에 처한다.

상대후보에 대한 의혹제기나 비방은 대의민주제를 통치기관의 구성원리로 채택한 국가들의 선거현실 속에서 흔히 볼 수 있는 현상이다. 언론에 의해서건 상대 후보자나 정당에 의해서건 간에 다양한 매체를 통해서 후보자의 공직자로서의 도덕성과 공직수행능력을 검증하기 위한 방편의 하나로 행해져 왔기 때문이다.[12] 그러나 선거기간 동안의 의혹제기는 상대후보에게 부정적 이미지를 덧씌워 경쟁력을 약화시킴으로써 선거 국면을 자신에게 유리한 방향으로 끌고 가려는 의도를 내포할 수 있다는 것을 부인할 수 없고, 비록 검증을 위한 의혹제기라고 할지라도 선거결과에 중대한 영향을 미칠 수 밖에 없으며, 짧은 선거기간 동안 제기되는 의혹에 대해서 일일이 증명하는 것 또한 쉽지 않다는 점에서, 후보자 검증을 위한 의혹제기일지라도 규제의 필요성을 인정하게 되는 측면이 있다.[13]

하지만 반면에 민주사회에서 유권자가 주권행사로서의 자신의 선거권을 제대로 행사하기 위해서는 후보자의 공직적격을 판단할 수 있는 검증이 필요한 것[14]이고, 이러한 검증을 위한 중요한 방법이 의혹제기라는 점에서 후보자 검증을 위한 의혹제기가 법적으로 어느 정도까지 허용될 수 있는 것인지를 검토하는 것은 유권자의 정치적 표현의 자유와 알권리, 그리고 선거의 공정성 확보라는 면에서 대단히 중요한 문제임이 헌법적으로 더 큰 의미를 갖는다고 하겠다.

Ⅲ. 허위사실공표죄에 대한 대법원과 헌법재판소 판례

1. 서 설

공직선거법상의 낙선목적의 허위사실공표죄가 사건의 중심이 되었던 사건들이 이전에도 있었고, 사건들 중에는 그 당시의 사회적 이슈가 되었던 당사자 때문에 법원의 판결 자체가 논란의 중심에 놓여졌던 적도 있었다. 낙선목적 허위사실공표죄의 적용으로 현직 국회의원의 의원직이 박탈됨으로써 대법원의 당해 규정에 대한 해석론이 문제가 되었던 사건이 있었고, 허위사실공표죄 규정 내용에 대한 청구는 아니었지만 처벌의 하한이 당선자의 선거직을 무효화하는 선을 넘어선 것에 대해서 위헌적인가의 여부를 다투었던 헌법재판소 판례가 있었다.

12) 조소영, 후보자 검증 의혹제기의 법적 한계, 언론중재 2015년 가을호, 72면.
13) 김경호, 후보자 검증을 위한 의혹제기와 후보자 비방죄의 위법성조각 판단기준에 관한 연구, 언론과학연구 제13권 3호(2013. 9), 7면.
14) 오동석, 조희연 교육감 선고유예 판결의 의미, 창비주간논평(2015. 9. 17) (https://www.huffingtonpost.kr/dongsuk-oh/story_b_8150824.html)

2. 대법원 판례

(1) 정봉주 전의원 사건

이 사건은 2007년 제17대 대통령선거 당시 한나라당 이명박 후보자가 BBK 주가조작 및 횡령 사건에 연루되었다는 정봉주 의원(당시 대통합민주신당 '이명박 주가조작 의혹사건 진실규명'대책단장)의 일련의 발언들이 공직선거법상 허위사실공표죄를 구성하는 것임을 인정하고 징역 1년을 선고한 원심을 확정했던 사건이었다. 이 판결에서 대법원이 허위사실공표죄의 구성요건에 관한 상고이유에 대해서 판단한 내용 중 중요한 쟁점이 되었던 부분을 중심으로 살펴 보기로 한다.[15)]

1) '사실'과 '의견'의 구분

대법원은 허위사실공표죄에서 말하는 '사실'이란 선거인으로 하여금 후보자에 대한 정확한 판단을 그르치게 할 수 있을 정도로 구체성을 가진 것이면 충분하고, 가치판단이나 평가를 내용으로 하는 의견표현에 대치되는 개념인 '사실'의 공표란 시간·공간적으로 구체적인 과거 또는 현재의 사실관계에 관한 보고 내지 진술을 의미하며, 그 표현 내용이 증거에 의한 증명이 가능한 것을 말한다고 하였다. 또한 어떤 표현이 사실 적시인지 아니면 의견이나 추상적 판단의 표현인지의 구별은 선거 공정 보장이라는 입법 취지를 염두에 두고 그러한 표현을 둘러싼 모든 사정, 즉 언어의 통상적 의미와 용법, 표현 전체의 내용, 문제된 말이 사용된 문맥, 표현의 경위·전달방법·상대방, 표현 내용에 대한 증명가능성, 표현자와 후보자의 신분 등을 고려하여 종합적으로 결정하는 것임을 밝혔다. 그리고 더 나아가 의견이나 평가일지라도 그것이 진실에 반하는 사실에 기초하여 행해지거나 의견이나 평가임을 빙자하여 간접적·우회적인 표현 방법으로 허위사실을 암시하는 경우에도 이 죄가 성립된다고 하였다.

2) 적격검증을 위한 의혹제기의 허용범위와 '허위의 증명' 등에 관한 입증책임

대법원은 민주주의 정치제도 하에서 언론의 자유는 가장 기초적인 기본권이고 선거과정에서도 충분히 보장되어야 함을 전제하고, 공직선거에 있어서 후보자의 공직담당 적격을 검증하는 것은 필요하고도 중요한 일이므로 그 적격검증을 위한 언론의 자유는 보장되어야 하므로 이를 위하여 후보자에게 위법이나 부도덕함을 의심하게 하는 사정이 있는 경우에는 이에 대한 문제 제기를 허용해야 하며, 공적 판단이 내려지기 전이라 하여 그에 대한 의혹 제기가 쉽게 봉쇄되어서는 안된다고 설시하였다.

그러나 한편, 대법원은 근거가 박약한 의혹 제기를 광범위하게 허용할 경우 비록 나중에

---

15) 대법원 2011.12.22. 선고 2008도11847 판결[공직선거법위반]> 종합법률정보 판례; 실제로 이 판결의 중요 내용을 살펴보아야 하는 이유는 서울시 교육감 사건의 제1심 법원의 판시내용도 이와 다르지 않기 때문이다.

그 의혹이 사실무근으로 밝혀지더라도 잠시나마 후보자의 명예가 훼손됨은 물론 임박한 선거에서 유권자들의 선택을 오도하는 중대한 결과가 야기되고 이는 오히려 공익에 현저히 반하는 결과가 되므로, 후보자의 비리 등에 관한 의혹 제기는 비록 그것이 공직 적격 여부의 검증을 위한 것이라 하더라도 무제한 허용될 수는 없고 그러한 의혹이 진실인 것으로 믿을 만한 상당한 이유가 있는 경우에 한하여 허용되어야 하며, 그러한 상당한 이유가 있는 경우에는 비록 사후에 그 의혹이 진실이 아닌 것으로 밝혀지더라도 표현의 자유 보장을 위하여 이를 벌할 수 없다고 보았다.

그리고 허위의 입증에 관해 대법원은 허위사실공표죄에 있어서 의혹을 받을 일을 한 사실이 없다고 주장하는 사람에 대하여 의혹을 받을 사실이 존재한다고 적극적으로 주장하는 자는 그러한 사실의 존재를 수긍할 만한 소명자료를 제시할 부담을 지고, 검사는 제시된 그 자료의 신빙성을 탄핵하는 방법으로 허위성의 증명을 할 수 있다고 하였다. 이때 제시하여야 할 소명자료는 단순히 소문을 제시하는 것만으로는 부족하고 적어도 허위성에 관한 검사의 증명활동이 현실적으로 가능할 정도의 구체성은 갖추어야 하며, 이러한 소명자료의 제시가 없거나 제시된 소명자료의 신빙성이 탄핵된 때에는 허위사실 공표로서의 책임을 져야 한다고 함으로써, 일부 학자들이 형사법상의 입증책임원칙을 전환하는 해석이라고 평가하고 있다.[16)]

3) '허위의 인식', '당선되지 못하게 할 목적' 등 주관적 요소

대법원은 행위자의 허위의 인식 인정여부와 관련하여 범죄의 고의는 확정적 고의뿐만 아니라 결과 발생에 대한 인식이 있고 그를 용인하는 의사인 이른바 미필적 고의도 포함하는 것이어서 허위사실공표죄 역시 미필적 고의에 의하여도 성립된다고 보았다. 그리고 그러한 경우에 미필적 고의는 피고인이 적시한 구체적 사실이 진실한지를 확인하는 일이 시간적·물리적으로 사회통념상 가능하였다고 인정됨에도 그러한 확인의 노력을 하지 않은 채 당선되지 못하게 할 목적을 가지고 그 사실의 적시에 적극적으로 나아갔다면 인정된다고 하였다. 또한, 공표된 사실이 허위라는 주관적 인식의 유무는 그 성질상 외부에서 이를 알거나 증명하기 어려운 이상 공표 사실의 내용과 구체성, 소명자료의 존재 및 내용, 피고인이 밝히는 사실의 출처 및 인지경위 등을 토대로 피고인의 학력, 경력, 사회적 지위, 공표 경위, 시점 및 그로 말미암아 객관적으로 예상되는 파급효과 등 제반 사정을 모두 종합하여 규범적으로 이를 판단할 수밖에 없고, 어떠한 소문을 듣고 그 진실성에 강한 의문을 품고서도 감히 공

16) 윤지영, 공직선거법 제250조 제2항 허위사실 공표죄의 구성요건과 허위성의 입증, 형사판례연구 제20호(2012), 622-625면; 정한중, 허위사실공표죄와 허위사실적시 명예훼손죄 해석의 문제점-조○○ 서울시 교육감 항소심 판결을 중심으로-, 법학연구(연세대학교 법학연구원) 제26권 제2호(2016. 6), 97면; 김종철, 공선법상 '낙선목적 허위사실공표죄'와 당선무효강제규정의 위헌성, 법학연구(연세대학교 법학연구원) 제25권 제2호(2015. 6), 197면; 이원상, 허위사실적시에 의한 명예훼손죄의 적용에서 전제사실의 미확정으로 인한 문제점 고찰, 형사판례연구 제22권(2014), 125면.

표한 경우에는 적어도 미필적 고의가 인정될 수 있다고 하였다.

한편 허위사실공표죄에서의 '당선되지 못하게 할 목적'은 허위사실의 공표로서 후보자가 당선되지 못하게 한다는 인식만 있으면 충분하며, '당선되지 못하게 할 목적'에 대하여는 적극적 의욕이나 확정적 인식임을 요하지 아니하고 미필적 인식이 있으면 족하다고 판시하였다. 그리고 그 목적의 존재 유무도 피고인의 사회적 지위, 피고인과 후보자 또는 경쟁 후보자와의 인적 관계, 공표행위의 동기 및 경위와 수단·방법, 행위의 내용과 태양, 그러한 공표행위가 행해진 상대방의 성격과 범위, 행위 당시의 사회상황 등 여러 사정을 종합하여 사회통념에 비추어 합리적으로 판단해야 한다고 하였다.

(2) 조희연 교육감 사건[17]

조희연 교육감의 지방교육자치법 위반 사건의 상고심에서, 대법원은 원심이 조희연 교육감의 발언내용을 1차와 2차 공표행위[18]로 구분하여 판단했던 것을 그대로 받아들였고, ① 공직선거법 제250조 제2항에서 정한 허위사실공표죄를 적용할 때 소문 기타 다른 사람의 말을 전달하는 형식이나 의혹을 제기하는 형식을 빌려서 '어떤 사실'을 공표한 경우, 공표사실이 허위인지 판단하는 방법, ② 공직선거 후보자에 관한 의혹 제기가 진실인 것으로 믿을 만한 상당한 이유가 있는 근거에 기초하여 이루어진 경우, 이를 벌할 수 있는지 여부, ③ 선고유예에 관하여 형법 제51조의 사항과 개전의 정상이 현저한지에 대한 원심판단의 당부를 상고심이 심판할 수 있는지 여부를 판단대상으로 하였다.

1) 성립요건으로서의 '어떤 사실'과 상당한 이유

대법원은 허위사실공표죄를 적용할 때 소문 기타 다른 사람의 말을 전달하는 형식이나 의혹을 제기하는 형식을 빌려서 '어떤 사실'을 공표한 경우에는, 그러한 소문이나 의혹 등이 있었다는 것이 허위인지 여부가 아니라 그 소문이나 의혹 등의 내용인 '어떤 사실'이 허위인지 여부에 의하여 판단하여야 한다는 법리[19]에 따라 이 사건내용을 판단하였다. 그래서 원심의 판단과 달리 공표된 사실의 허위 여부는 그러한 의혹이 있었다는 것이 허위인지 여부가

---

17) 대법원 2016.12.27. 선고 2015도14375 판결[지방교육자치에관한법률위반][공2017상,283].

18) 2014. 5. 25. 11:00경 국회 정론관 기자회견장에서 "고 후보는 미 영주권 문제를 즉각 해명하라"라는 제목으로 "피고인 캠프가 받은 제보에 따르면, 고 후보는 두 자녀를 미국에서 교육시켜 미국 영주권을 보유하고 있으며, 고 후보 자신 또한 미국에서 근무할 때 미국 영주권을 보유하였다는 것입니다. … 고 후보는 그 자신이 미국 영주권을 보유하고 있다는 의혹을 사고 있습니다. 만약 이게 사실이라면, 고 후보는 서울시 교육감 후보가 될 자격이 없습니다."라는 내용으로 작성된 보도자료를 기자들에게 배포하고, 위 보도자료 내용을 그대로 읽어 내려가는 방식으로 기자회견을 개최함('1차 공표'), 2014. 5. 26.경 자신의 선거사무실에서 "고 후보님께 드리는 답신"이라는 제목으로 "저희 캠프에 제보된 다수의 증언에 따르면, 고 후보님께서는 몇 년 전 공천에서 탈락하신 뒤, '상관없습니다. 저는 미국 영주권이 있어서, 미국 가서 살면 됩니다'라고 말씀하고 다니셨다고 합니다. 고 후보님의 말씀을 들은 분들 가운데는 고 후보님의 지인들과 언론인들이 포함되어 있습니다."라는 내용을 기재하여 자신의 선거캠프 홈페이지 및 각 기자들의 이메일로 이를 발송하고, 이후 2014. 5. 27. 2회에 걸쳐 라디오 방송에서 위와 같은 취지로 발언함('2차 공표').

19) 대법원 2002.4.10.자 2001모193 결정, 대법원 2007.7.27. 선고 2007도3598 판결 등 참조.

아니라 의혹의 내용인 '공소외 1이 미국 영주권을 보유하고 있다는 사실'이 허위인지 여부에 따라 판단하여야 한다고 보았다. 그러므로 이 사건에서 그와 같은 의혹이 제기되었다는 사실 자체는 진실이라고 하더라도 고 후보가 미국 영주권을 보유하고 있다는 사실은 허위이므로, 조 교육감의 1차 공표는 허위사실의 공표에 해당한다고 판단하였다. 다만 그럼에도 불구하고 1차 공표의 경위와 공표사실의 내용, 공표사실의 출처와 조 교육감의 인지 경위 등을 비롯한 기록에 나타난 제반 사정들을 종합해서 판단하였고, 결론적으로 1차 공표 당시 조 교육감이 고 후보가 미국 영주권을 보유하고 있다는 사실을 진실한 것으로 믿었고 그와 같이 믿을 만한 상당한 이유가 있었다고 보아 가벌성을 부인하였다.

2) 주관적 요소에 대한 판단

2차 공표부분에 대한 원심에서의 유죄 인정에 대해서는, 대법원도 조교육감이 2차 공표를 통하여 '고 후보가 공천 탈락 당시 미국 영주권을 보유하고 있었고, 그 사실을 다른 사람에게 말하고 다녔다'는 사실을 공표하였고, 그 공표된 사실이 허위라는 점에 대한 미필적 고의와 낙선의 목적도 있었다고 인정하여, 그대로 유지하였다.

3) 형 양정의 당부

원심에서의 선고유예 판결에 대한 검사측의 상고이유에 대해서, 대법원은 형법 제51조의 사항과 개전의 정상이 현저한지 여부에 관한 사항은 형의 양정에 관한 법원의 재량사항에 속한다고 해석하였다. 그러므로 상고심으로서는 형사소송법 제383조 제4호에 의하여 사형·무기 또는 10년 이상의 징역·금고가 선고된 사건에서 형의 양정의 당부에 관한 상고이유를 심판하는 경우가 아닌 이상, 선고유예에 관하여 형법 제51조의 사항과 개전의 정상이 현저한지 여부에 대한 원심판단의 당부를 심판할 수 없다[20]고 하여, 검사의 2차 공표에 대한 상고이유 주장은 원심이 행한 형의 양정이 부당함을 들어 원심판결을 비난하는 것에 불과하므로 받아들일 수 없다고 판시하였다.

3. 헌법재판소 판례(공직선거법 제250조 제2항의 합헌성)

헌법재판소는 제18대 국회의원 선거의 지역구 당선자였으나 공직선거법 제250조 제2항 등의 위반으로 기소된 후 벌금 300만 원이 확정됨으로써 당선무효가 되었던 청구인이 청구한 헌법소원심판사건에서 공직선거법 제250조 제2항의 합헌성 여부에 대해서 판단했다[21]. 다만 헌법재판소는 이 사건에서 동 조항의 규정내용 전체에 대하여 합헌성 여부를 심사한 것이 아니라, 벌금형의 하한을 지나치게 높게 규정하여 유죄가 인정되는 경우 벌금 500만 원 이상에 처해져 당선무효·벌금형 확정 후 5년간 선거권 및 피선거권 제한·기탁금 등의

20) 대법원 2003.2.20. 선고 2001도6138 전원합의체 판결 참조.
21) 헌재 2009.9.24. 2008헌바168, 판례집 21-2상, 617.

반환이라는 결과가 발생되는 것이 형벌과 책임의 비례원칙에 위배되는 과잉입법이며 법관의 양형결정권을 침해하는 것이라는 청구인의 주장에 대해서만 판단하였기 때문에, 입법목적 등에 대해서만 제한적으로 검토하였음에 그쳤다.

(1) 헌법재판소는 선거과정에서 검증되지 않은 허위사실을 공표하는 행위에 대해 효과적인 제재를 가하지 않는다면 향후 그런 행위가 근절되기 어려울 뿐만 아니라 추후에 그 의혹이 사실무근으로 밝혀지더라도 그동안 후보자의 명예가 실질적으로 훼손됨은 물론 임박한 선거에서 유권자들의 선택을 오도할 수 있는 중대한 문제가 야기되어 공익에 현저히 반하는 결과가 되므로, 공직선거법 제250조 제2항이 흑색선전과 혼탁선거를 방지하고 선거의 자유와 공정을 확보하기 위한 입법목적을 두었다는 것과 이러한 허위사실을 유포하는 행위로 상대 후보자가 입게 될 정신적인 고통, 범죄 동기에 대한 높은 비난가능성, 향후 허위사실을 유포하는 행위를 근절하기 위한 형사정책적 고려 등을 종합해 볼 때, 법정형이 행위자의 귀책사유에 비하여 지나치게 가혹하고 무거운 형벌이라고 볼 수 없다고 판시하였다.

(2) 한편, 헌법재판소는 이 조항이 벌금형의 하한을 500만 원으로 하여 공소사실이 유죄로 인정될 경우 일반적으로 당선무효가 되도록 한 것에 대해서는, 입법자가 이 위반행위에 대하여 그 범정과 비난가능성의 정도를 높게 평가하고 국회의원이 국민의 대표자로서 입법작용을 담당하는 중요한 기능을 수행하는 것을 감안하여, 특단의 사정이 없는 한 불법적인 수단을 사용하여 당선된 자의 당선을 무효로 하는 입법적 결단을 내린 것으로 보았을 뿐만 아니라, 궁극적으로는 불법 선거운동을 자행하여 얻은 이익을 박탈함으로써 공정한 선거의 확립이나 향후 허위사실 유포행위 자제라는 일반예방적 효과도 기대할 수 있다고 하였다. 그리고 이 조항은 주관적 요건으로서 '당선되지 못하게 할 목적'을 요구하고 있고 '선거운동'의 일환으로 행해진 경우만을 처벌 대상으로 하며 그 처벌대상의 죄질이 무겁다는 점에서 책임원칙을 벗어난 과중한 것이라 볼 수도 없다고 하였다.

(3) 또한 이 조항에 해당하는 경우라도 여러 가지 법률상 감경사유나 작량감경 사유가 경합되는 때에는 법관은 100만 원 미만의 벌금형을 선고하거나 양형의 조건을 참작하여 형의 선고를 유예할 수도 있으므로 법관의 양형결정권이나 판단권 또는 법관에 의한 재판을 받을 권리가 침해되지 않으며, 결과적으로 법을 위반한 피고인에게도 당선무효에 해당하는 형의 선고를 피할 수 있는 길이 있다고 할 것이어서 비례성을 벗어난 것이 아니라고 보았다.

(4) 이어 헌법재판소는 이 법률조항이 선거의 공정성 보장이라는 중대한 공익을 도모하기 위한 것이고 허위사실을 유포하여 형사처벌을 받은 국회의원에게 계속 그 직무를 수행하게 하는 것은 공직과 공정한 선거에 대한 국민의 신뢰를 저해하고 원활한 공무수행에 지장을 줄 것이므로, 사익에 대한 과잉적 제한이 아니라고 판단하였다.

Ⅳ. 낙선 목적 허위사실공표죄 적용에 있어서의 법적 쟁점 검토

1. 문제의 소재

선거는 국민의 주권행사다. 현대 민주국가에 있어서 선거는 국가권력에 대하여 민주적 정당성을 부여하고 국민을 정치적으로 통합하는 중요한 방식이라고 할 수 있다.[22] 그리고 선거의 결과는 국민의 의사가 표명된 것이기 때문에 대의민주국가에서 특별한 의미를 가진다. 이처럼 국민의 선거권은 자유민주주의 국가에서 통치기관을 구성하고 그에 정당성을 부여하는 한편, 국민 스스로 정치형성과정에 참여하여 국가권력을 통제하고 국민의 의사를 국정에 반영함으로써 국민주권과 대의민주주의를 실현하는 핵심적인 수단이라는 점에서 아주 중요한 기본권 중의 하나이다.[23] 헌법 제24조는 모든 국민은 법률이 정하는 바에 의하여 선거권을 가진다고 규정함으로써 법률유보의 형식을 취하고 있으나, 선거권의 내용과 절차를 법률로 정하는 경우에도 국민주권을 선언한 헌법 제1조, 평등권에 관한 헌법 제11조, 보통·평등·직접·비밀 선거를 보장하는 헌법 제41조 및 제67조의 취지에 부합하여야 한다. 특히 선거권을 공정하고 정당하게 행사하기 위해서는 그 전제로 후보자가 누구인지, 후보자나 소속 정당의 정책 및 공약은 무엇인지에 대한 충분한 정보가 제공되어야 하고, 이에 대한 유권자의 알 권리가 보장되어야 한다. 따라서 입법자는 '후보자나 정당에 관한 정치적 정보 및 의견'에 대한 알 권리를 내포하는 선거권을 최대한 보장하는 방향으로 입법하여야 하며, 이를 제한하는 입법은 헌법 제24조에 따라 곧바로 정당화될 수는 없고, 헌법 제37조 제2항의 규정에 따라 국가안전보장·질서유지 또는 공공복리를 위하여 필요하고 불가피한 경우에만 그 제한이 정당화될 수 있으며 그 경우에도 선거권의 본질적인 내용을 침해할 수 없는 것이다.[24] 즉 선거인의 선거과정에의 참여행위는 원칙적으로 자유롭게 행해질 수 있도록 최대한 보장되어야 하는 것이고,[25] 선거에서 국민의 진정한 의사를 제대로 반영하기 위한 선거의 공정 보장이 중요하다고 할지라도 공정선거의 요청은 자유선거를 실현하기 위한 수단적 성격을 갖는 것[26]이므로, 선거의 본질인 선거권자의 자유로운 선택권을 제한하거나 방해하는 장치를 정당화하는 근거가 될 수는 없다. 특히 자유선거의 핵심은 정치적 표현의 자유를 최대한 보장하여 후보자의 공직적격성을 판단할 수 있는 충분한 기회가 보장되는데 있는 것이므로, 이를 위축시키는 과잉적 제한은 자유선거의 본질을 침해할 수 있다.[27] 때문에 자유로운 선거권의

22) 헌재 2015.4.30. 2014헌마360, 판례집 27-1하, 131, 137.
23) 헌재 2014.5.29. 2012헌마913, 판례집 26-1하, 448, 455-456.
24) 헌재 2014.1.28. 2012헌마409등 참조.
25) 헌재 1994.7.29. 93헌가4등, 판례집 4-2, 15, 28.
26) 조소영, 공직선거법상 인터넷 관련 규제에 대한 헌법적 검토, 세계헌법연구 제13권 제1호(2007), 46-47면.

행사를 제한할 수 있는 정치적 표현의 자유에 대한 규제는 매우 엄격한 요건 하에서 필요최소한에 그쳐야 함은 당연한 헌법적 요청이다.[28]

그런데 공직자 검증을 위한 의혹제기는 헌법이 보장하는 정치적 표현의 자유에 해당된다. 그리고 이러한 의혹제기를 통해서 유권자들은 후보자의 공직수행 적격 여부를 판단할 수 있다. 그러므로 대법원과 조희연 교육감 사건의 제1·2심 법원의 판시[29]에서도 인정하고 있는 바와 같이, 공직선거에 있어서 후보자의 공직담당 적격을 검증하는 것은 필요하고도 중요한 일이기 때문에 그 적격검증을 위한 표현의 자유는 보장되어야 하는 것이 원칙인 것이다. 하지만 동시에 선거기간 동안의 상대후보에 대한 의혹제기는 의혹제기 그 자체의 여러 가지 법적·사회적 파장으로 인해 무한정 허용될 수 없다는 것도 인정해야 한다. 또한 선거기간 동안의 정치적 표현의 자유의 보장범위와 정도에 있어서도 그 주체가 일반국민인가 언론사인가 상대후보자인가에 따라 달리 판단될 수 있는 것이라는 점[30]도 고려되어야 한다. 따라서 서울시 교육감 사건에서의 주요쟁점은 '유죄여부를 확정한 법리 적용의 엄격성'과 유죄로 인정되는 경우일지라도 '그 선고형량이 직선제 교육감의 민주적 정당성의 의미와 공적 업무의 본질을 제대로 평가하여 판단한 것으로 볼 수 있는가'의 문제라고 하겠다.

2. 요건 해석을 위한 법리적용의 엄격성에 대한 검토[31]

(1) 낙선목적 허위사실공표죄와 당선목적 허위사실공표죄

공직선거법은 허위사실공표죄의 유형으로 당선목적 허위사실공표죄와 낙선목적 허위사실공표죄 규정을 두고 있다. 전자는 공선법 제250조 제1항에 의해 처벌되며, 후자는 그 제2항에 의해 처벌된다. 어느 경우건 허위사실로 국민의 자유로운 대표선택권에 부정적 영향을 주는 행위를 처벌함으로써 선거의 공정성을 확보하는 것을 목적으로 한다.[32] 이 두 가지 처벌의 경우는 상술한 바와 같이 허위사실을 공표하는 행위를 처벌함으로써 보호하고자 하는 법익은 동일하지만, 범죄의 동기와 태양·죄질·구성요건의 성격이 본질적으로 다르기 때문에 이러한 유형별 차이점이 반드시 법적 판단시에 고려되어야만 한다.[33][34]

---

27) 김종철, 공직선거법 제250조 제2항과 관련된 대법원 판결에 대한 헌법적 검토, 법학연구(연세대학교 법학연구원) 제22권 제1호(2012년 3월), 9-10면.

28) 헌재 1995.5.25. 91헌마67, 판례집 7-1, 722, 738.

29) 서울중앙지법 제27 형사부 2015.4.23. 선고 2014고합1415.

30) 박용상, 앞의 책, 876-877면.

31) 낙선목적 허위사실공표죄 성립을 인정하기 위한 요건의 해석과 관련해서는 그동안 입증책임의 완화 또는 전환의 문제점, 낙선 목적에 대한 미필적 고의 인정의 문제 등이 쟁점사항으로 논의되어 왔지만, 이 사건의 제1심 재판부는 적어도 판결문에서는 정봉주 전 의원 사건의 대법원 판결문 보다 상술하고 있지는 않으므로 필자가 가장 쟁점적인 사항으로 판단한 부분에 대해서만 검토해 보고자 한다.

32) 정병욱, 공직선거법 제4판, 박영사(2006), 494면.

33) 김종철, 앞의 논문(각주 22), 16-17면.

34) 김종철, 앞의 논문(각주 15), 193-194면.

첫째, 당선목적의 허위사실 공표의 경우 표현행위자 자신이 당선될 것을 희망하는 후보자를 위하여 특정 사실을 공표하는 것이므로, 사실의 진위여부에 대한 인식이 확실하여 고의성 확인이 상대적으로 용이한 면이 있기 때문에 표현행위자 스스로의 진실성 입증부담이 필요한 경우로 볼 수 있다. 그러나 낙선목적의 허위사실 공표의 경우에는 다르다. 표현행위자 자신이 사실의 진위여부에 대한 인식을 확실히 하기 어렵고 의혹제기의 상대방이 적극적으로 협조하지 않거나 부인하는 경우 허위 사실의 진위여부를 가늠하는 것이 쉽지 않은 점 등, 사실판단의 복잡성 때문에 표현행위자의 고의를 확인함에 있어서도 정황에 따른 판단이 주가 될 수 밖에 없기 때문이다.

둘째, 선거과정에서의 부정적 영향이라는 면에서 볼 때, 당선목적의 허위사실 유포의 경우 표현행위자가 선거질서의 공정성을 적극적으로 해칠 의사를 가졌다는 것이 객관적으로 명확할 뿐만 아니라 제시된 주장에 대한 검증의 동기나 기회가 제한적인 만큼 진실 여부가 밝혀지지 않은 채로 선거가 진행될 가능성이 상대적으로 높아서 정보오류로 인해 선거인에게 미칠 수 있는 부정적 측면이 구조적으로 시정되기 어렵다. 그러나 낙선목적의 허위사실 유포로 분류되는 많은 경우들이 공직검증을 위한 상대방후보자에 대한 의혹제기의 양태인 경우이고, 이는 오히려 선거과정의 중요한 부분으로 기능한다는 긍정적 측면이 있을 뿐만 아니라 당해 사실 유포로 인해 선거과정이나 그 결과에 미치는 효과에 대한 판단이 불분명하기 때문에 가벌성 판단과 양형에 있어서 참작되어야 할 재량적 사유들이 존재한다.[35] 더군다나 현행 공선법상 동 죄의 양형범위가 당선무효를 강제하는 결과를 가져올 수 있기 때문에, 양형의 재량권 행사는 낙선목적 허위사실 유포에 있어서는 더욱 중요한 의미를 갖게 된다고 할 것이다.

그러므로 낙선목적의 허위사실 공표는 당선목적의 허위사실 공표와 달리 구성요건 해석에 있어서 선거제도와 관련된 헌법적 의미들이 반드시 고려되어야 하는 경우라고 할 것이고, 따라서 유죄인정 여부나 형량을 결정함에 있어서 그 구성요건해당성 판단은 엄격한 법리에 의해야 함은 물론 형량 결정 및 선고형의 판단에는 선거의 본질을 염두에 둔 헌법적인 판단이 전제되어야만 한다.

(2) 허위의 인식에 있어서 미필적 고의 인정론의 문제점

제1심 재판부는 공직선거법 제250조 제2항의 허위사실공표죄에는 행위자의 고의의 내용으로 공표된 사실이 허위라는 점에 대한 인식이 필요한데 이러한 주관적 인식의 유무는 그 성질상 외부에서 이를 알거나 증명하기 어려운 이상 제반사정[36]을 모두 종합하여 규범적으

35) 김종철, 위의 논문, 193-195면.

36) 공표사실의 내용과 구체성, 소명자료의 존재 및 내용, 피고인이 밝히는 사실의 출처 및 인지경위 등을 토대로 피고인의 학력, 경력, 사회적 지위, 공표경위, 시점 및 그로 말미암아 객관적으로 예상되는 파급효과 등.

로 판단할 수 밖에 없기 때문에, 어떠한 소문을 듣고 그 진실성에 강한 의문을 품고서도 감히 공표한 경우 또는 피고인이 적시한 구체적 사실이 진실한지를 확인하는 일이 시간적·물리적으로 사회통념상 가능하였다고 인정됨에도 그러한 확인의 노력을 하지 않은 채 그 사실의 적시에 적극적으로 나아간 경우에는 미필적 고의를 인정할 수 있다고 했던 대법원의 법리를 구체적 사정에 적용하였다. 즉 조희연 교육감이 고 전 후보자의 미국영주권 보유 여부에 대해 진실한지를 확인하는 일이 시간적·물리적으로 사회통념상 가능한 것이었음에도 불구하고 조 교육감이 그러한 확인의 노력을 하지 않은 채 그 사실의 적시에 적극적으로 나아간 이상 미필적 고의를 인정할 수 있다고 판단한 것이다.

하지만 범죄 성립인정에 있어서 고의의 범주에 미필적 고의를 포함하는 것은 예외적인 것이어야 하며, 그러한 예외를 인정할 때에는 신중해야 할 필요가 있다. 특히 사실에 대한 인식과 관련하여 확인노력의무를 부과할 때 관련범죄의 성격, 확인노력의무의 대상이 되는 사실의 성격, 표현행위 시점, 표현행위의 상대방의 법적 지위나 상태 등을 종합적으로 고려해야만 한다.[37] 따라서 낙선목적의 허위사실공표죄의 경우 정치적 표현행위가 최대한 보장되어야 하는 선거과정의 범죄라는 점, 해당 사실의 공표를 통해 결과적으로 누가 이익을 얻게 되는 것인가는 궁극적으로 유권자의 합리적인 판단에 의한다는 점 등을 고려해야만 한다. 그러므로 이 사건에서 1심 재판부가 문제가 된 사실에 대한 확정적 인식이 아닌 미필적 인식을 범죄성립의 근거로 인정한 것은, 정치적 표현의 자유 보장이 중요한 상황에서라면 그 범죄성립 요건에 대한 판단이 더 엄격한 법리에 따라 제한적으로 행해져야 한다는 헌법적 가치에 합치되지 못한다고 할 수 있다.

이런 점에서 볼 때, 항소심 판결을 내린 2심 재판부는 조 교육감의 사실공표행위를 1차와 2차로 각각 나눈 후에 각 공표행위에 대하여 각각 판단을 하면서 유의미한 결과를 얻을 수 없는 문의를 하지 않았다는 사정 만으로 사실 확인의 노력을 다하지 않았다고 평가하거나 탓할 수 없다고 판단하였고, 미필적 인식이 있다고 쉽게 인정하는 것은 합리적인 추측에 기반을 둔 의혹제기 자체까지 봉쇄할 위험성이 있다는 점을 지적하고 있다[38]는 점에서 선거과정에서의 정치적 표현의 자유의 중요성을 염두에 둔 형량적 사고를 한 것으로 평가할 수 있다.

미국 연방대법원이 네거티브 선거운동을 규제하는 경우라 할지라도 반드시 표현행위자의 사실상의 악의(Actual Malice)를 '분명하고 확신을 주는 증거(Clear and Convincing Evidence)'에 의해 증명하도록 하는 것[39]이나, 정치인의 비판발언에 대한 민사책임과 관련된 민사판결

37) 김종철, 앞의 논문(각주 22), 21-22면.
38) 서울고등법원 2015.9.4. 선고 2015노1385 판결(판결문 32-34면).
39) 한인유권자센터, 미국의 선거운동방법 실태조사, 중앙선거관리위원회 위탁연구, 2011, 11면.

에서 판시[40]된 바 있는 '악의적이거나 현저히 상당성을 잃은 공격이 아닌 한' 쉽게 제한될 수 없다는 판단 기준[41]은 이 사건에서도 고려되었어야만 하는 내용들이었다고 하겠다.

(3) 주관적 정당화요소로서의 공익성 인정의 필요성

낙선목적 허위사실 공표의 경우처럼 사실의 허위여부에 대한 판정이 용이하지 않은 경우에는, 당해 표현행위의 목적이나 기능이 사적 이익의 실현을 위한 것인지 공공의 이익을 위한 것인지의 여부 즉 표현행위의 공익성 유무가 매우 중요한 요소로 판단에 반영되어야 할 필요가 있다. 사실의 허위 여부가 명확한 경우와 달리 허위 여부가 명확하지 않은 사안이라면, 그리고 특히 이 사건과 같이 선거에서 유권자인 국민의 알권리를 보장하고 그에 기한 자유로운 판단을 돕기 위한 것이었다면, 공직자의 적격성과 관련된 정보를 비록 의혹의 형식으로 제공하였다 할지라도, 그 사실의 전파를 통해 민주주의의 실현에 기여하는 것과 그 과정에서 발생할 수 있는 부작용을 비교형량해 보아야 할 필요성이 있기 때문이다.[42] 즉 허위임이 분명하지 않은 사실의 공표로 인한 부작용은 선거과정 속에서 후보자의 적격성 검증의 기회를 거치면서 유권자에 의해 축소될 수 있는 반면 진실일 수도 있는 사실에 대한 표현행위를 봉쇄함으로써 발생하는 선거의 본질에 대한 폐해는 상대적으로 크다고 할 것이다. 그러므로 공직선거법상의 낙선목적의 허위사실공표죄 여부를 판단함에 있어서는 후보자비방죄의 경우와 같이 주관적 정당화요소로서 표현행위의 공익성 유무, 상대방에 대한 단순한 악의가 아니라 선거과정에서의 본질적 역할과 기능의 요소를 고려할 필요성이 있다.

3. 선고형 결정에 대한 검토

낙선목적 허위사실공표죄는 위법성이 조각되는 경우를 인정하지 않고 있으며, 당선목적 허위사실공표죄의 경우보다 상대적으로 중한 법정형을 규정하고 있다. 조 교육감에 대한 1심 판결에서 재판부는 당선무효가 되는 벌금 500만원을 선고형으로 결정함에 있어서 ① 허위사실이 후보자평가에 관한 선거구민의 매우 중요한 판단사항에 관계되는 경우이고, ② 선거일에 임박한 경우였으며, ③ 공표방법도 기자회견이나 기자들의 이메일, 라디오 인터뷰 등 상대방이 다수이거나 전파성이 매우 높은 방법을 선택하였다는 점을 가중요소로 판단하였고, ① 피고인이 형사처벌을 받은 전력이 없고, ② 피고인의 범행이 상대방 후보의 지지율에 나쁜 영향을 준 것은 인정되나 이로 인해 고 전 후보가 낙선했다고 보기는 어려우며, ③ 범행동기에 있어서 교육감 후보자의 영주권 보유 여부는 공적 사항으로서 청문절차를 거치지 않은 선출직의 경우 선거과정에서 적격검증을 해야 한다는 생각에서 비롯되었다는 것을 정상

40) 서울고등법원 제19민사부 2011.4.26. 선고 2010나68581 판결.
41) 조국, 일부 허위가 포함된 공적 인물 비판의 법적 책임, 서울대학교 법학 제53권 제3호(2012년 9월), 199면.
42) 김종철, 앞의 논문(각주 22), 22면.

참작하였다.[43)]

한편 항소심 재판부는 1심 재판부와는 달리 양형의 이유를 설시하고 있는데, 그 형사적 책임의 범위를 구체적으로 정함에 있어서 범행의 실질적 의미를 엄밀하게 따졌음을 볼 수 있다. 먼저 2심 재판부는 조 교육감의 1, 2차 공표행위에 있어서의 공직적격 유무 검증의 의도를 인정하였고, 그 공표의 수준이 과장을 통하여 간접적이고 우회적으로 암시한 수준이었으며 공표의 악의성이 없는 바 공직선거법 위반행위에 포섭될 수 있는 행위 중 비난가능성이 낮은 수준에 머무른 것으로 평가하였다. 그리고 선거의 공정성 침해 여부에 대해서는 유권자의 관점에 서서 선거 과정 전반을 중시할 필요가 있다는 기준으로, 조 교육감의 행위가 선거결과에 직접적이거나 의미 있는 영향을 끼쳤다고 볼 만한 객관적 자료는 없다고 판단하였고, 독립된 선거전문 헌법기관인 서울특별시 선거관리위원회의 경고처분 이력과 조 교육감이 초범이라는 점을 양형의 이유로 하여 선고유예 처분을 하였다.[44)]

선거과정에서의 정치적 표현행위를 형사적으로 처벌하는 입법례가 드물고, 선출직의 경우에 악의성이 확실하지 않은 후보자 검증을 위한 의혹제기를 처벌함으로써 보호되는 공정선거의 이익은 이를 허용하거나 당선에 영향을 미치지 않는 조정적 형량선고를 함으로써 보호되는 유권자의 자유선거의 이익보다 결코 클 수 없다. 헌법재판소도 이 처벌조항의 책임과의 비례성 여부를 판단하면서 여러 가지 법률상 감경사유나 작량감경 사유가 경합되는 때에는 법관이 100만 원 미만의 벌금형을 선고하거나 양형의 조건을 참작하여 형의 선고를 유예할 수도 있으므로, 결과적으로 법을 위반한 피고인에게도 당선무효에 해당하는 형의 선고를 피할 수 있는 길이 있다고 할 것이어서 비례성을 벗어난 것이 아니라고 보았던 것[45)]임을 상기할 필요가 있다. 결국 선거과정 중 후보자 검증을 위한 의혹제기의 표현행위들을 형사법적으로 처벌하는 현행 규정들이 외국의 입법례처럼 민사상의 책임 구조로 변화하지 않는 한, 적어도 선출직 공무원 후보자의 적격검증을 위한 의혹제기와 관련된 정치적 표현의 자유에 대하여 현행 법제하에서의 최소 침해적인 보장과 직선제 구조에서의 유권자의 선택의 결과를 지켜주는 역할은 담당 재판부의 선고형량 결정 권한에 의지할 수 밖에 없다.

직선제에서 당선자를 결정하는 것은 유권자이고 허위사실의 공표를 통해 결과적으로 누가 이익을 얻게 되는 것인가는 궁극적으로 유권자의 합리적인 판단에 따른다고 할 것이므로, 재판부가 반드시 양형에 참작해야 하는 것은 유권자가 선택한 결과와 그 결과에 따른 당선자가 수행해야 하는 공적 업무와 기능의 중요성이다. 대의제 헌법원리에서 볼 때 선출직 공직자의 창설적 권원자인 유권자들만이 당선자에 대한 심판권을 가진다고 할 것이므로, 다음

43) 서울중앙지법 제27 형사부 2015.4.23. 선고 2014고합1415 판결.
44) 서울고등법원 2015.9.4. 선고 2015노1385 판결(판결문 44-47면).
45) 헌재 2009.9.24. 2008헌바168, 판례집 21-2상, 617.

선거에서의 유권자의 심판의 기회가 보장되어야 하기 때문이다. 따라서 조 교육감의 공표행위의 유죄판단을 둘러 싼 법리적 논쟁은 차치하고라도, 그 선고형량의 결정에 있어서는 조 교육감 자신에 관한 사유를 넘어선 서울시 교육청의 수장으로서의 공적 업무의 파행적 혼란과 그를 당선시킨 유권자들의 심판의 기회 보장이라는 공익도 반드시 참작되어야 하는 것이 헌법적 기준에 합치될 수 있다고 생각한다.

Ⅴ. 허위사실 공표 관련 규정에 대한 諸 개정안의 내용

공직선거법상의 낙선목적 허위사실공표죄가 적용되어 유죄가 인정됨으로써 세간의 화제가 되었던 사건은 서울시 교육감 사건 이전에도 정봉주의원 사건이 있었는데, 대법원에서의 유죄확정 판결 이후 국회에는 소위 정봉주법으로 칭하는 허위사실 공표와 관련된 규정의 개정을 위한 입법안이 발의되었던 바 있었다. 2012. 6. 22. 박영선 의원이 대표 발의한 공직선거법상의 허위사실공표죄 규정에 관한 개정안은, 선거는 진실의 추구가 중요하기 때문에 증거가 충분하지 않더라도 의혹제기를 할 수 있어야 하고 의혹을 쉽게 해명할 수 있는 사람이 해명을 통하여 검증이 철저히 이루어지도록 하여 유권자가 올바른 선택을 할 수 있도록 하여야 한다는 전제에서, 허위사실공표죄의 성립요건에 대하여 새롭고 추가된 안을 내놓았다.[46] 즉 개정안은 허위사실공표죄가 성립하기 위해서는 "허위의 사실임을 알고도 후보자를 비방할 목적이 있어야 한다"는 요건을 명시하여 허위의 사실뿐만 아니라 진술자가 허위라고 인식하고 있었는지에 대한 입증책임이 검사에게 있음을 명확히 하고, 특히 공직선거에 있어서 공직자 검증의 중요성을 고려하여 "비방의 목적"을 구성요건에 추가하고 있으며, 허위사실 공표 행위가 진실한 사실이라고 믿을 만한 상당한 이유가 있고 공공의 이익을 주된 목적으로 하거나 공공성 또는 사회성이 있는 공적 관심 사안에 관한 것으로써 사회의 여론형성 내지 공개토론에 기여하는 경우에는 처벌하지 못하도록 함으로써, 헌법에서 규정하고 있는 선거의 공정성 및 선거운동의 자유·표현의 자유 및 언론의 자유와 국민의 알권리를 실질적으로 보장하고, 개인의 명예 또는 사생활 보호와도 균형을 도모하고 있다. 또한, 본법의 형사처벌 조항은 궁극적으로는 선거의 자유와 공정성 확보를 위한 것이라 할지라도 후보자 비방죄의 경우 그 보호법익이 후보자의 명예보호에 있다는 점을 고려하면 명예훼손제도의 비형사화의 흐름에 맞추어 손해배상이나 금지 가처분 등 민사적 조치는 별론으로 하고, 공연히 사실을 적시하여 비방하였다고 하여 처벌하는 것은 선거의 본질과 기본가치, 공직후보자의 공인으로서의 특성을 고려할 때 부적절한 과잉 선거규제 입법이라는 점에서 이를 삭제하는

46) 의안번호 1900266
(http://likms.assembly.go.kr/bill/jsp/BillDetail.jsp?bill_id=PRC_I1G2U0P6Y2H2N1Y5S5J6W0V0I9B1X6)

것을 내용으로 하고 있다.[47]

한편 선거과정에서의 허위사실 공표죄를 더욱 강력하게 엄벌하거나 징벌의 효과를 배가하기 위한 양형의 제한을 주내용으로 하는 다른 입법발의 개정안이 2012년 당시 국회에 등장하였는데,[48] 소위 '나경원법'으로 칭하는 이 개정안은 허위사실 공표죄의 구성요건상에 규정된 통신에 SNS를 통한 공표를 규제대상에 명시적으로 포함시켜 적용대상을 확대하고 있을 뿐만 아니라 양형을 강화하여 자유형만으로 처벌하는 것을 골자로 한다.[49] 이 개정안은 입증되지 않은 허위의 사실을 가지고 악의적으로 상대방을 낙선시키고자 하는 경우의 선거의 공정성에 대한 폐해와 자유로운 선거 실현에의 부작용을 해결하기 위한 엄벌의 필요성을 배경으로 하는 입법안이었다.

2012년 당시 입법발의되었던 두 안의 내용은 결국 '선거의 자유'와 '선거의 공정성'을 각각 주된 보장목적으로 두었던 비교입법안이었던 것이고, 선거과정의 본질에 대한 입법자의 시각과 인식을 반영한 것으로도 해석해 볼 수 있다. 선거과정은 기본적으로 경쟁후보자들 간의 상호공방 및 비판, 공직적격 검증의 기회를 제공하는 것이고, 공직 후보자는 유권자들로

---

47) (정봉주법)공직선거법 개정안('12. 1. 9, 박영선 의원 대표발의, 발췌)
제250조(허위사실공표죄) ① 당선되거나 되게 할 목적으로 연설·방송·신문·통신·잡지·벽보·선전문서 기타의 방법으로 후보자(후보자가 되고자 하는 자를 포함한다. 이하 이 조에서 같다)에게 유리하도록 후보자, 그의 배우자 또는 직계존·비속이나 형제자매의 출생지·신분·직업·경력 등·재산·인격·행위·소속단체 등에 관하여 허위의 사실[학력을 게재하는 경우 제64조제1항의 규정에 의한 방법으로 게재하지 아니한 경우를 포함한다]임을 알고 공표하거나 공표하게 한 자는 5년이하의 징역 또는 3천만원이하의 벌금에 처한다.
② 당선되지 못하게 할 목적으로 연설·방송·신문·통신·잡지·벽보·선전문서 기타의 방법으로 후보자에게 불리하도록 후보자, 그의 배우자 또는 직계존·비속이나 형제자매에 관하여 허위의 사실임을 알고 후보자를 비방할 목적으로 공표하거나 공표하게 한 자는 7년 이하의 징역 또는 500만원 이상 3천만 이하의 벌금에 처한다.
④ 제1항의 행위가 진실한 사실이라고 믿을만한 상당한 이유가 있고 다음 각 호의 어느 하나에 해당하는 때에는 처벌하지 아니한다.
1. 공공의 이익을 주된 목적으로 한 때
2. 공공성 또는 사회성이 있는 공적 관심 사안에 관한 것으로써 사회의 여론형성 내지 공개토론에 기여하는 경우

48) 국회의안정보시스템(http://likms.assembly.go.kr/bill)

49) (나경원법)공직선거법 개정안('12. 2. 6, 정옥임 의원 대표발의, 발췌)
제250조(허위사실공표죄) ① 당선되거나 되게 할 목적으로 연설·방송·신문·통신(인터넷, 소셜네트워크서비스, 모바일메신저를 포함한다. 이하 이 조에서 같다)·잡지·벽보·선전문서 기타의 방법으로 후보자(후보자가 되고자 하는 자를 포함한다. 이하 이 조에서 같다)에게 유리하도록 후보자, 그의 배우자 또는 직계존·비속이나 형제자매의 출생지·신분·직업·경력 등·재산·인격·행위·소속단체 등에 관하여 허위의 사실[학력을 게재하는 경우 제64조제1항의 규정에 의한 방법으로 게재하지 아니한 경우를 포함한다]을 공표하거나 공표하게 한 자와 허위의 사실을 게재한 선전문서를 배포할 목적으로 소지한 자는 1년 이상 5년 이하의 징역에 처한다.
② 당선되지 못하게 할 목적으로 연설·방송·신문·통신·잡지·벽보·선전문서 기타의 방법으로 후보자에게 불리하도록 후보자, 그의 배우자 또는 직계존·비속이나 형제자매에 관하여 허위의 사실을 공표하거나 공표하게 한 자와 허위의 사실을 게재한 선전문서를 배포할 목적으로 소지한 자는 1년 이상 7년 이하의 징역에 처한다.

부터 치밀한 검증을 받게 되는 상황을 감수하면서 선거에 나선 것이며 심판자인 유권자들은 후보자들 사이의 공방 과정에서 공방의 진정성과 뒷받침하는 정황이나 증거들에 주목하면서 자신들의 심증을 형성해 나가는 구조라는 것[50)]을 누구보다도 잘 알고 있는 정치인들의 선거 현실에 대한 인정을 바탕으로 법개정논의가 계속되고 있다고 볼 수도 있기 때문이다.

그 이후로 현재의 20대 국회에서도 공직선거법상의 허위사실공표죄 규정에 대해서는 일부개정법률안들이 계속해서 발의되고 있고, 소관 상임위 상정되어 계류 중이다. 먼저 유승희 의원이 대표발의한 안[51)]에서는, 현행법상 후보자비방죄・허위사실공표죄 등을 통하여 공직후보자에 대한 자유로운 검증과 비판이 원천적으로 차단되거나 매우 제한적으로 이루어지고 있어 자유선거가 원칙이고 그에 대한 규제가 예외여야 한다는 헌법정신에 역행하고 있을 뿐만 아니라, 이러한 제도의 운영에 있어서는 야당 후보에 대한 차별적인 수사와 기소, 당선무효 등의 도구로 악용되어 정치적으로 활용되고 있는 것도 엄연한 현실임을 법안발의 배경으로 설명한다. 선거시기 후보자에 대한 허위사실공표 등에 대해서도 명예훼손의 비형사범죄화라는 맥락에서 보아야 하므로,[52)] OECD 어느 국가도 채택하지 않고 있는 후보자비방죄를 폐지하고, 허위임을 알면서도 허위사실을 공표한 자에 한하여 허위사실공표죄를 적용하도록 하며, 허위사실공표죄의 형량을 대폭 하향 조정하고, 당내경선 과정에서의 허위사실공표죄를 삭제하는 것을 주요내용[53)]으로 하였다.

다음으로는 백재현 의원이 대표발의한 것[54)]으로, 허위사실공표죄를 친고죄 및 반의사불벌죄로 개정하는 안이 발의되었다. 이 안의 입법발의 배경은 현재 선거운동과정에서 상대후보 및 가족에 대한 허위사실공표와 비방으로 인하여 고발이 난무하게 되지만, 선거 후 고소고발이 취하됐음에도 검찰이 이를 이용해 정치적 수사를 진행하는 사례가 발생하고 있다는 점이다. 그러므로 공직선거법상의 허위사실공표죄와 후보자비방죄를 고소 및 피해자의 명시한 의사가 없으면 공소를 제기할 수 없도록 하여 혼탁한 선거문화를 개선하고 선거 후 취하된 고소고발건에 대해서는 더 이상의 공소를 제기하지 않도록 하고자 하는 것이라고 설명하고 있다. 즉 안의 주요내용은 당선되게 할 목적으로 후보자와 후보자 가족에 대한 허위사실을 공

50) 서울고등법원 2015.9.4. 선고 2015노1385 판결(판결문 46쪽).

51) ttp://likms.assembly.go.kr/bill/billDetail.do?billId=PRC_M1R6H0V8V1Q2K1Q7T0Q5Z5C8Z6F7I1

52) 유럽안보협력기구(Organization for Security and cooperation in Europe) 소속의 민주적 제도와 인권을 위한 사무소(Office for Democratic Institutions and Human Rights)에서 펴낸 선거법 검토 지침서에는 "후보자를 비방하거나 명예를 훼손하는 발언에 대해 형사 처벌을 해서는 안 된다"고 강조하며 UN, OSCE, OAS 등 국제기구 대표들이 모든 명예훼손의 비형사범죄화를 촉구한 것을 인용하고 있음.

53) 제250조 제1항 중 "者와 허위의 사실을 게재한 宣傳文書를 配布할 目的으로 소지한 者는 5年이하의 懲役 또는 3千萬원이하의"를 "자는 300만원 이하의"로 하고, 같은 조 제2항 중 "者와 허위의 사실을 게재한 宣傳文書를 配布할 目的으로 소지한 者는 7年 이하의 懲役 또는 500萬원 이상 3千萬원"을 "자는 500만원"으로 하며, 같은 조 제3항을 삭제한다. 제251조를 삭제한다.

54) http://likms.assembly.go.kr/bill/billDetail.do?billId=PRC_J1G6B1S1J0B1Y1N0L3A6X3T4X9Y5K9

표하는 행위에 대해서는 고소가 있어야만 공소를 제기할 수 있도록 하는 친고죄를 적용하도록 하는 것과 당선되지 않게 할 목적으로 허위사실을 공표하거나 후보자 및 후보자 가족을 비방한 경우에는 피해자의 명시적 의사에 반해 공소를 제기할 수 없도록 하는 반의사불벌죄를 적용하도록 하는 것이다.[55)]

그리고 가장 최근의 관련 입법발의된 내용은 박범계 의원이 대표발의안 내용[56)]이 있다. 이 안을 제안한 이유는 대통령선거에서의 정치공작에 기한 허위사실공표의 공소시효 정지의 필요성을 들고 있다. 즉 각종 선거에서 허위사실공표가 난무하여 그릇된 정보를 제공하여 유권자들의 선택권을 제약하는 경우가 많이 있음에도 이에 대한 처벌과 사후 책임 추궁은 부실한 실정이고, 특히 대통령선거와 같이 대한민국의 통치자를 뽑는 중요한 선거에서 국가기관, 공공기관, 정당 등이 조직적으로 허위사실을 만들어 내거나 진위여부를 정확히 검증하지 않고 허위사실을 공표하는 것은 국헌문란행위에 버금가는 중대한 범죄임에도 이러한 정치공작 허위사실공표로 이익을 얻은 후보자가 대통령으로 당선된 경우에는 살아있는 권력에 대한 수사가 제대로 진행되기 어려워 국헌문란의 책임을 묻기 어려웠다는 현실을 배경으로 볼 때, 실질적으로 형사소추에 장애가 있는 대통령 임기동안에는 공소시효의 진행을 정지시켜 대통령 임기 이후 철저한 수사가 이루어지고 형사적 책임을 지울 수 있는 길을 열어둘 필요가 있음을 지적하였다. 다시 말해 선거가 가지는 경쟁의 속성상 유권자의 올바른 선택을 방해하는 사건은 생기기 마련이지만 정권을 잡는 것에만 혈안이 된 국가기관, 공공기관, 정당 등의 조직적인 허위사실공표는 있어서도 안 되며 끝까지 그 진실을 밝혀 책임을 묻고 다음 선거에서는 재발하지 않도록 해야 하기 때문에, 실체적 진실 발견을 위해 적어도 소추기관이 유효하게 공소권을 행사할 수 없었던 기간인 대통령의 재임기간 동안에는 공소시효를 정지해야 할 필요가 있다는 것이다. 그래서 이 안은 대통령선거에서 국가기관, 공공기관, 정당 등이 조직적으로 개입한 허위사실공표행위에 대하여, 그 행위로 하여금 직접 또는 간접적으로 이익을 얻는 후보자가 대통령으로 당선된 경우에는 그 당선자의 대통령 재임기간 동안 공소시효의 진행을 정지시키는 것을 주요내용[57)]으로 하였다.

---

55) 제251조의2를 다음과 같이 신설한다.
제251조의2(고소와 피해자의 의사) ① 제250조제1항과 같은 조 제3항의 죄는 고소가 있어야 공소를 제기할 수 있다. ② 제250조제2항과 제251조의 죄는 피해자의 명시한 의사에 반하여 고소를 제기할 수 없다.

56) http://likms.assembly.go.kr/bill/billDetail.do?billId=PRC_J1Z8P0T4D0K9D1G7O3D7M0Y6I1E8U4

57) 제250조제3항을 제4항으로 하고, 같은 조에 제3항을 다음과 같이 신설한다.
③ 대통령선거에서 제1항 및 제2항의 행위 가운데 국가기관, 공공기관, 정당 등이 조직적으로 개입한 행위에 대하여 그 행위로 하여금 직접 또는 간접적으로 이익을 얻는 후보자가 대통령으로 당선된 경우에는 그 당선자의 대통령 재임기간 동안 공소시효의 진행이 정지된 것으로 본다.

Ⅵ. 결 어

대의제도는 선거를 통해서 실현될 수 있는 통치기관의 구성원리이므로, 합리적인 선거제도를 마련하고 선거제도를 공정하게 운영하는 것은 대의제도의 성패를 좌우할 뿐만 아니라 대의적인 통치구조의 기능적 출발점이라고 하겠다. 주권자인 국민의 의사는 선거를 통해서 구체화되고 현실화되는 것이기 때문에 자유민주국가의 통치질서에서는 국민의 의사가 굴절 없이 통치기관의 구성에 반영되어야만 한다. 결국 현행 공직선거법상의 허위사실 공표죄는 국민의 의사가 굴절 없이 선거에 반영되어야 한다는 당위성과 필요성에서 본다면, 선거권자의 의사에 관한 제한규정으로 볼 수 있다.

하지만 선거의 주인은 주권자인 국민이고 개개의 국민은 유권자로서의 의사결정의 책임을 다음 선거시까지 부담해야 하며, 그러한 기관구성 결과에 대한 유권자로서의 책임은 다음 선거에서의 새로운 판단을 통해 다시 표현되는 구조로 운영되는 것이 현대민주국가의 자유선거제도이다. 따라서 유권자의 의사결정에 필요한 선거관련 정보는 외부의 기준에 따른 가감 없이 유권자에게 전달되어야 하는 것이라고 할 것이다. 더군다나 후보자의 공직적격성 검증을 위한 의혹제기는 당선목적 허위사실공표죄와는 달리 그 나름의 헌법적인 가치를 인정해야 하는 정치적 표현으로 인식할 필요가 있다. 물론 이는 낙선 목적의 허위사실 공표죄의 처벌규정이 전혀 무의미하다는 것을 주장하고자 함이 아니다. 때문에 현행 공직선거법상의 허위사실 공표죄의 성립을 인정하는 각 구성요건의 적용과 해석에 있어서 엄격한 법리 충족을 고민해야 하는 것이고, 그에 더불어 당해 선거에서 유권자에 의해 당선된 공직자의 공직을 기관구성권자인 유권자가 아닌 사법부의 판단에 따라 박탈 여부를 결정하도록 하는 선고형 결정은 헌법적인 고민이 필요하다.

상술한 대립된 공직선거법 일부개정안의 발의내용은 궁극적으로 선거의 자유와 선거의 공정성이라는 선거제도와 관련된 두 개의 목적을 실현하기 위한 구체적인 의견들임을 볼 수 있다. 그러나 선거제도 구현에 있어서의 양자는 병립을 위한 조화를 도모해야 하는 가치라고 하더라도, 더 궁극적으로는 선거의 자유의 보장이 우선적인 제도의 목적으로 자리매김되어야만 한다. 그리고 그 판단과 결정과정은 온전히 유권자가 중심적인 기준이 되어야만 하는 것이다. 선거과정에서의 유권자의 알권리 보장의 필요성과 이에 관한 헌법적 가치는 관련 규정의 입법과 적용에 반영되어야 하고, 선거결과에 대한 궁극적인 책임의 주체도 다시 유권자에게로 돌려 놓아야 한다는 점에서 현행 공직선거법상의 허위사실 공표죄의 성립요건과 선고형의 결정은 엄격하고 신중해야 할 것이다. 즉 낙선목적의 허위사실 공표죄를 구성하는 성립요건의 해석과 적용은 엄격한 법리에 입각해야 하고, 낙선목적 허위사실 공표죄의 유죄가 인정되는 경우일지라도 선고형의 결정에 있어서는 사법부가 당선을 무효화하는 주체가 되어서는 안된다는 것이다. 이런 점에서 볼 때, 조희연 교육감 사건에서의 항소심과 상고심의 선고형은 적어도 유권자의 통치기관 구성권을 사법부가 박탈하지 않았던 재판부의 헌법적 고심을 인정할 수 있는 판례였다고 할 것이다.

19. 공직선거법상 인터넷실명제 판례평석

성 승 환*

Ⅰ. 서　　설

헌법재판소는 2015.7.30. 2012헌마734 등[1] 사건에서 선거운동 기간에 인터넷 게시판에 글을 쓸 때 실명인증을 하도록 한 구 공직선거법 제82조의6 제1항 등에 관하여 합헌으로 결정하였다. 이 결정은 헌법재판소가 2010.2.25. 2008헌마324 결정에서 같은 조항에 대해 합헌결정을 내린 것과 같은 맥락에서 도출된 것이라고 볼 수 있다.

헌재 2008헌마324에서 합헌의견이 7인, 위헌의견이 2인이었던 것에 비해, 헌재 2012헌마734 등에서 재판관 9명 중에서 5명이 합헌의견을 내고, 4명이 위헌의견을 내었다. 헌재 2012헌마734 등 결정에서는 표현의 자유 보장과 선거의 공정성 확보를 둘러싼 찬반 의견이 팽팽히 맞섰다. 뿐만 아니라 국회에서 헌법재판소가 합헌으로 판단한 공직선거법상 인터넷실명제를 폐지하는 방향으로 입법이 추진하고 있어서 그에 관한 논란은 계속될 전망이다.

헌재 2012헌마734 등 결정을 중심으로 진행경과, 쟁점, 결정요지를 파악하고, 그에 대하여 평가를 하는 것은 공직선거법 제82조의6 제1항 등에 관한 제도개선의 방향을 모색하는 데에 많은 시사점을 줄 것이라고 생각되어 필자는 본 연구에 착수하게 되었다. 본 연구는 헌재 2012헌마734 등 결정을 중심으로 관련 결정과 비교·평가하는 방식으로 평석을 하는 것이며, 법령 및 판례 연구, 입법론 제시를 주된 연구방법으로 활용하고자 한다.

Ⅱ. 사건의 개요 및 결정요지

1. 사건의 개요

(1) 헌법소원 심판청구의 경위

유권자인 청구인 A, B와 인터넷신문을 운영하는 청구인 C는 2012.12.19. 실시된 제18대 대통령선거 선거운동기간 중 인터넷언론사 게시판에 익명으로 후보자에 대한 지지나 반대의 정보를 게시하고자 하였는데, 심판대상 법률조항으로 인하여 자신들의 익명에 의한 표현의 자유 등 기본권이 침해된다고 주장하고, 청구인 C는 자신이 운영하는 인터넷신문 게시판 이용자에 대한 실명확인조치의무 등을 부담하게 됨으로써 직업수행의 자유가 침해된다고 주장하면서 2012.8.30. 이 사건 헌법소원심판을 청구하였다.

---

* 법무법인 인강 변호사, 법학박사

1) 2013헌바338 사건이 병합되어 심리되었다.

청구인 D는 인터넷 포털 사이트를 운영하는 기업으로서 2013.1.10. 제주특별자치도 선거관리위원회로부터 제18대 대통령선거와 관련하여 청구인 D가 공직선거법 제82조의6 제1항, 제261조 제1항을 위반하였다는 법위반 사실이 인정되어 1,000만 원의 과태료 처분을 받았다.

이에 청구인 D는 위 과태료 처분에 대해 법원에 이의신청을 하였고[제주지방법원 2013과96 공직선거법위반(과태료결정에 대한 이의신청)], 공직선거법위반(과태료결정에 대한 이의신청) 사건의 소송 계속 중 공직선거법 제82조의6 제1항, 제261조 제1항 제1호에 대해 위헌법률심판제청을 신청하였으나(2013카기256), 2013.8.23. 기각되자, 2013.10.1. 이 사건 헌법소원심판을 청구하였다.

(2) 심판대상 법률조항

헌법재판소법 제68조 제1항 소정 권리구제형 헌법소원 사건인 2012헌마734에서 심판대상은 구 공직선거법(2010.1.25. 법률 제9974호로 개정되고, 2013.3.23. 법률 제11690호로 개정되기 전의 것) 제82조의6 제1항, 구 공직선거법(2010.1.25. 법률 제9974호로 개정된 것) 제82조의6 제6항, 제7항이 청구인 A, B, C의 표현의 자유 등 기본권을 침해하는지 여부이다.

헌법재판소법 제68조 제2항 소정 위헌심사형 헌법소원 사건인 2013헌바338에서 심판대상은 구 공직선거법 제82조의6 제1항, 제261조 제1항 제1호가 위헌인지 여부이다.

이들 심판대상 법률조항을 열거하면, 아래와 같다.

구 공직선거법(2010.1.25. 법률 제9974호로 개정되고, 2013.3.23. 법률 제11690호로 개정되기 전의 것)

제82조의6(인터넷언론사 게시판·대화방 등의 실명확인) ① 인터넷언론사는 선거운동기간 중 당해 인터넷홈페이지의 게시판·대화방 등에 정당·후보자에 대한 지지·반대의 문자·음성·화상 또는 동영상 등의 정보(이하 이 조에서 "정보 등"이라 한다)를 게시할 수 있도록 하는 경우에는 행정안전부장관 또는 「신용정보의 이용 및 보호에 관한 법률」 제2조 제4호에 따른 신용정보업자(이하 이 조에서 "신용정보업자"라 한다)가 제공하는 실명인증방법으로 실명을 확인받도록 하는 기술적 조치를 하여야 한다. 다만, 인터넷언론사가 「정보통신망 이용촉진 및 정보보호에 관한 법률」 제44조의5에 따른 본인확인조치를 한 경우에는 그 실명을 확인받도록 하는 기술적 조치를 한 것으로 본다.

⑥ 인터넷언론사는 당해 인터넷홈페이지의 지지·반대의 정보 등이 게시된 경우에는 지체 없이 이를 삭제하여야 한다.

⑦ 인터넷언론사는 정당·후보자 및 각급선거관리위원회가 제6항의 규정에 따른 정보 등을 삭제하도록 요구한 경우에는 지체 없이 이를 따라야 한다.

제261조(과태료의 부과·징수 등) ① 다음 각 호의 어느 하나에 해당하는 행위를 한 자에게는 1천만 원 이하의 과태료를 부과한다.

1. 제82조의6 제1항을 위반하여 기술적 조치를 하지 아니한 자

2. 결정 요지

(1) 법정의견

[1] 관계법령의 규정 내용이 구체적으로 '인터넷언론사'의 범위에 관하여 규정하고 있고, 독립된

헌법기관인 중앙선거관리위원회가 설치·운영하는 인터넷선거보도심의위원회가 이를 결정·게시하는 이상, 해당 인터넷언론사가 자신이 실명확인 조치의무를 지는지 여부에 관하여 확신이 없는 상태에 빠지는 경우를 상정할 수 없고, '지지·반대'의 정보는 건전한 상식과 통상적인 법감정을 가진 사람이면 자신의 글 등이 이에 해당하는지를 충분히 알 수 있다고 할 것이므로, 이 사건 법률조항 중 '인터넷언론사'와 '지지·반대' 부분이 명확성원칙에 위배된다고 할 수 없다.

[2] 선거운동기간 중 인터넷언론사 게시판 등을 통한 흑색선전이나 허위사실이 유포될 경우 언론사의 공신력과 지명도에 기초하여 광범위하고 신속한 정보의 왜곡이 일어날 수 있으므로, 실명확인조항은 이러한 인터넷언론사를 통한 정보의 특성과 우리나라 선거문화의 현실 등을 고려하여 입법된 것으로 선거의 공정성 확보를 위한 것이다. 실명확인조항은 실명확인이 필요한 기간을 '선거운동기간 중'으로 한정하고, 그 대상을 '인터넷언론사 홈페이지의 게시판·대화방' 등에 '정당·후보자에 대한 지지·반대의 정보'를 게시하는 경우로 제한하고 있는 점, 인터넷이용자는 실명확인을 받고 정보를 게시할 것인지 여부를 선택할 수 있고 실명확인에 별다른 시간과 비용이 소요되는 것이 아닌 점, 실명확인 후에도 게시자의 개인정보가 노출되지 않고 다만 '실명인증' 표시만이 나타나는 점 등을 고려하면, 이 사건 법률조항이 과잉금지원칙에 위배되어 게시판 이용자의 정치적 익명표현의 자유, 개인정보자기결정권 및 인터넷언론사의 언론의 자유를 침해한다고 볼 수 없다.

(2) 반대의견[2)]

정당한 익명표현과 유해한 익명표현을 구분하는 명확한 사회적 합의를 도출하기 어려운 상황에서, 책임 있는 의견이 개진되거나 위법한 표현행위가 감소될 것이라는 추상적 가능성만으로 유해한 익명표현뿐만 아니라 유익한 익명표현까지 사전적·포괄적으로 규제하는 것은 정치적 의사표현을 위축시켜 선거의 공정이라는 입법목적 달성에 오히려 장애가 된다.

인터넷을 이용한 선거범죄에 대하여는 명예훼손죄나 후보자비방죄 등 여러 제재수단이 이미 마련되어 있음에도 불구하고, 수사편의 및 선거관리의 효율성이라는 기술적 편리성에만 치우쳐 사전적·예방적 규제를 통하여 익명표현 자체를 제한하는 것은 국민을 잠재적 범죄자로 취급하는 것으로 침해의 최소성 원칙에 위배된다.

이 사건 법률조항이 규제하고 있는 선거운동기간이 정치적 표현의 자유를 행사함에 있어 가장 긴요한 시기라고 볼 수 있는 점과 표현의 자유 보장이 민주주의의 근간이 되는 중요한 헌법적 가치라는 점을 고려할 때, 익명표현의 자유를 제한하는 데 따르는 불이익이 선거의 공정성 유지라는 공익보다 결코 더 작다고 할 수 없다.

따라서 이 사건 법률조항은 과잉금지원칙에 위배되어 표현의 자유를 침해한다.

Ⅲ. 평　　석

1. 문제의 제기

헌법재판소는 2010.2.25. 2008헌마324 결정에서 인터넷언론사에 대하여 선거운동기간 중 당해 인터넷홈페이지의 게시판·대화방 등에 정당·후보자에 대한 지지·반대의 글을 게시

2) 재판관 이정미, 재판관 김이수, 재판관 이진성, 재판관 강일원의 반대의견.

할 수 있도록 하는 경우 실명을 확인받도록 하는 기술적 조치를 할 의무, 위와 같은 글이 실명인증의 표시 없이 게시된 경우 이를 삭제할 의무를 부과한 구 공직선거법(2008.2.29. 법률 제8879호로 개정되고 2010.1.25. 법률 제9974호로 개정되기 전의 것) 제82조의6 제1항, 제6항, 제7항이 명확성의 원칙에 위배되지 아니하고, 사전검열원칙에 위배되지 아니하며, 과잉금지의 원칙에 위배되지 아니한다고 판시하였다.

또한, 헌법재판소는 2012.8.23. 2010헌마47 등 결정에서 인터넷게시판을 설치ㆍ운영하는 정보통신서비스 제공자에게 본인확인조치의무를 부과하여 게시판 이용자로 하여금 본인확인 절차를 거쳐야만 게시판을 이용할 수 있도록 하는 본인확인제를 규정한 정보통신망 이용촉진 및 정보보호 등에 관한 법률(2008.6.13. 법률 제9119호로 개정된 것) 제44조의5 제1항 제2호, 동법 시행령(2009.1.28. 대통령령 제21278호로 개정된 것) 제29조, 제30조 제1항이 과잉금지원칙을 위반하여 인터넷이용자의 표현의 자유, 개인정보자기결정권 및 인터넷게시판을 운영하는 정보통신서비스 제공자의 언론의 자유를 침해한다고 판시하였다.

그에 따라 헌재 2010헌마47 등 결정이 내려진 후 계속되고 있는 평석대상 결정에 대해서도 표현의 자유를 침해하여 위헌이라고 결정될 가능성이 크다는 전망이 학계에서 유력하였다(김송옥 2013; 김종세 2013; 임규철 2013). 그럼에도 불구하고 대상결정의 법정의견은 합헌으로 결정하였다. 평석대상 결정은 비교적 최근에 내려진 것이고, 이에 대한 본격적인 판례평석은 없는 상황이다.

인터넷상 익명표현의 자유에 대한 일반적인 규제조항이라고 할 수 있는 정보통신망법상의 '본인확인' 조치 조항에 대하여는 위헌이라고 판단한 헌법재판소가 선거운동 관련 글에 대한 '실명확인' 조치는 합헌이라고 결정한 것이 헌법논리상, 실제상으로 받아들여질 수 있는 것인지에 관하여는 검토가 필요하다고 보인다.

2. 명확성 원칙 위반 여부

(1) 명확성 원칙의 적용 및 판단의 기준

1) 명확성 원칙의 개별적 적용

명확성의 원칙은 모든 법률에 있어서 동일한 정도로 요구되는 것은 아니고 개개의 법률이나 법조항의 성격에 따라 요구되는 정도에 차이가 있을 수 있으며 각각의 구성요건의 특수성과 그러한 법률이 제정되게 된 배경이나 상황에 따라 달라질 수 있다고 할 것이다(헌재 1992.2.25. 89헌가104).

일반적으로는 어떠한 규정이 부담적 성격을 가지는 경우에는 수익적 성격을 가지는 경우에 비하여 명확성의 원칙이 더 엄격하게 요구된다고 할 것이다. 형사법이나 국민의 이해관계가 첨예하게 대립되는 법률에 있어서는 불명확한 내용의 법률용어가 허용될 수 없으며, 만일 불명확한 용어의 사용이 불가피한 경우라면 용어의 개념정의, 한정적 수식어의 사용, 적용한계조항의 설정 등 제반방법을 강구하여 법규가 자의적으로 해석될 수 있는 소지를 봉쇄해야 한다(헌재 1992.2.25. 89헌가104).

2) 표현의 자유에서 명확성 원칙의 의미

법치국가원리의 한 표현인 명확성의 원칙은 기본적으로 모든 기본권제한입법에 대하여 요구된다. 규범의 의미내용으로부터 무엇이 금지되는 행위이고 무엇이 허용되는 행위인지를 수범자가 알 수 없다면 법적 안정성과 예측가능성은 확보될 수 없게 될 것이고, 또한 법집행당국에 의한 자의적 집행을 가능하게 할 것이기 때문이다(헌재 1990.4.2. 89헌가113; 헌재 1996.8.29. 94헌바15; 헌재 1996.11.28. 96헌가15).

표현의 자유를 규제하는 입법에 있어서 이러한 명확성의 원칙은 특별히 중요한 의미를 지닌다. 민주사회에서 표현의 자유가 수행하는 역할과 기능에 비추어 볼 때, 불명확한 규범에 의한 표현의 자유의 규제는 헌법상 보호받는 표현에 대한 위축적 효과를 수반하기 때문이다(헌재 1998.4.30. 95헌가16).

즉, 무엇이 금지되는 표현인지가 불명확한 경우에는, 자신이 행하고자 하는 표현의 규제의 대상이 아니라는 확신이 없는 기본권주체는 – 형벌 등의 불이익을 감수하고서라도 자신의 의견을 전달하고자 하는 강한 신념을 가진 경우를 제외하고 – 대체로 규제를 받을 것을 우려해서 표현행위를 스스로 억제하게 될 가능성이 높다. 그렇기 때문에 표현의 자유를 규제하는 법률은 그 규제로 인해 보호되는 다른 표현에 대하여 위축적 효과가 미치지 않도록 규제되는 표현의 개념을 세밀하고 명확하게 규정할 것이 헌법적으로 요구된다(헌재 2002.6.27. 99헌마480).

3) 명확성 원칙의 판단기준

법규범이 명확한지 여부는 그 법규범이 수범자에게 법규의 의미내용을 알 수 있도록 공정한 고지를 하여 예측가능성을 주고 있는지 여부 및 그 법규범이 법을 해석·집행하는 기관에게 충분한 의미내용을 규율하여 자의적인 법해석이나 법집행이 배제되는지 여부, 다시 말하면 예측가능성 및 자의적 법집행 배제가 확보되는지 여부에 따라 이를 판단할 수 있다.

법규범의 의미내용은 그 문언뿐만 아니라 입법목적이나 입법취지, 입법연혁, 그리고 법규범의 체계적 구조 등을 종합적으로 고려하는 해석방법에 의하여 구체화하게 되므로, 결국 법규범이 명확성 원칙에 위반되는지 여부는 위와 같은 해석방법에 의하여 그 의미내용을 합리적으로 파악할 수 있는 해석기준을 얻을 수 있는지 여부에 달려 있다(헌재 2005.6.30. 2002헌바83).

(2) '인터넷언론사'의 명확성 원칙 위반 여부

1) 헌법재판소의 입장

헌법재판소 법정의견은 '인터넷언론사'의 개념이 명확성 원칙에 위반되는지 여부에 관하여 아래와 같이 설시하고 있다.

『이 사건 법률조항의 '인터넷언론사'의 개념을 공직선거법 제8조의5(인터넷선거보도심의위원회) 제1항에서 규정하고 있음은 관련조항 항목에서 보는 바와 같고, 같은 조 제6항은 "인터넷선거보도심의위원회는 인터넷 선거보도의 정치적 중립성·형평성·객관성 및 권리구제 기타 선거보도의 공정을 보장하기 위하여 필요한 사항을 정하여 이를 공표하여야 한다."라고 규정하고, 이에 의한 '주요심의대상 인터넷언론사의 관리 등에 관한 규정' 제2조는 인터넷언론사의 범위에 관하여 "1. 「신문 등의 자유와 기능보장에 관한 법률」 제2조 제3호의 신문사업자와 같은 조 제4호의 인터넷신문사업자, 「잡지 등 정기간행물의 진흥에 관한 법률」 제2조 제1호 가목의 잡지와 「방송법」 제2조 제1호의 방송을 경영·관리하는 자, 「뉴스통신진흥에 관한 법률」 제2조 제3호의 뉴스통신사업자 등이 직접 운영하거나 별도 법인으로 운영하는 인터넷홈페이지, 2. 자체적으로 기사·논평·칼럼 등을 생산하여 신문·방송·웹진 등의 형태로 보도하는 인터넷홈페이지, 3. 인터넷포털사이트(뉴스공급원으로부터 뉴스나 기사를 제공받아 편집·가공하거나 매개하여 제공하는 경우를 포함한다), 4. 그 밖에 위 각 호의 어느 하나에 해당하지 아니하는 경우로서 심의위원회가 인터넷언론사로 결정한 인터넷홈페이지"로 구체적으로 규정하고, 제4조 내지 제7조에서는 인터넷언론사를 결정할 때에는 작성기준일 전 3개월 동안 최소 1회 이상의 새로운 보도기사를 게재하고 있는지 등을 확인하여 매 분기 첫 달의 10일 이내에 결정하여 이를 심의위원회 홈페이지에 공개하도록 하고 있다.

위와 같은 관계법령의 규정 내용이 구체적으로 인터넷언론사의 범위에 관하여 규정하고 있고 독립된 헌법기관인 중앙선거관리위원회가 설치·운영하는 인터넷선거보도심의위원회가 이를 결정·게시하는 이상, 해당 인터넷언론사가 자신이 실명확인 조치의무를 지는지 여부에 관하여 확신이 없는 상태에 빠지는 경우는 없다고 할 것이다. 나아가 이 사건 법률조항은 인터넷언론사의 '당해 인터넷홈페이지'의 게시판·대화방 등으로 범위를 한정하고 있으므로, '당해 인터넷홈페이지'에 해당하지 아니하는 공간, 예컨대 개인의 카페·블로그 등은 실명확인조치의 범위에 포함되지 아니함이 명백하다.』

헌법재판소 반대의견 역시 이와 관련하여 법정의견과 견해를 같이 하고 있다.

2) 검 토

헌법재판소의 이 부분 판단은 타당하지 못하고, '인터넷언론사'의 개념은 명확성의 원칙에 위배된다고 생각된다.

첫째, 공직선거법 제8조의5 제1항에 비추어 심판대상 법률조항의 규제대상인 인터넷언론사의 개념은 지나치게 넓다. 공직선거법 제8조의5 제1항에 의하면, '인터넷언론사'란 신문 등의 자유와 기능보장에 관한 법률 제2조 제7호 인터넷신문사업자와 그 밖에 정치·경제·사회·문화·시사 등에 관한 보도·논평·여론 및 정보 등을 전파할 목적으로 취재·편집·집필한 기사를 인터넷을 통하여 보도·제공하거나 매개하는 인터넷홈페이지를 경영·관리하는 자와 이와 유사한 언론의 기능을 행하는 인터넷홈페이지를 경영·관리하는 자인바, 인터넷언론사 개념은 정의규정에도 불구하고 신문 등의 자유와 기능보장에 관한 법률보다 더욱 광범위하고 명확하지 못하다(김혜경 2005, 223~224).

둘째, 인터넷언론사의 개념은 기사를 매개하는 행위, 언론에 유사한 기능을 하는 인터넷홈페이지를 경영·관리하는 행위까지 포함되어 언론 행위가 포괄적이고 적용대상의 확장이 가능하므로 명확성의 원칙에 위반될 소지가 있다. 현행법에 의하면, 대부분의 민간업체운영 포털사이트, 홈페이지는 인터넷언론사에 해당된다. 기사를 취재·편집하는 경우뿐만 아니라 매개하는 경우에도 인터넷언론사로 보면, 이미 만들어진 기사를 전달하는 블로거도 인터넷언론사에 포함될 여지가 있다(최용호 2012, 71). 독립형 인터넷신문, 기존 언론사가 운영하는 종속형 인터넷신문뿐만 아니라 인터넷포털사이트, 여론형성·정보제공을 목적으로 하는 홈페이지, 블로그, 카페도 인터넷언론에 해당될 수 있기 때문이다(황성기 2008, 26).

셋째, 인터넷언론사가 운영되는 실제를 보더라도 인터넷언론사에 등록된 것만으로 언론의 기능을 수행한다고 보기 어렵다. 언론보도에 의하면, 인터넷신문사는 5,800여 개에 이르는데, 1년간 등록만 해놓고 기사를 한 건도 쓰지 않은 인터넷신문사가 44%이고, 홈페이지가 없는 곳도 4곳 중 1곳이며, 홈페이지에 발행인, 편집인 등 8개 필수 항목을 제대로 게재한 곳은 10곳 가운데 불과 1곳 정도라고 한다. 신문법상의 인터넷신문 등록요건에 문제가 많으므로 시행령 개정안이 2015. 8.경 입법예고 되었다.[3)]

넷째, 1일 방문자 수십만에 이르는 파워 블로거의 경우 인터넷언론사 못지않은 영향력을 가지고 있음에 비추어 위 결정은 타당하지 못하다. 누구든지 정치·경제·사회·문화·시사 등에 관한 사안을 취재·편집·집필하여 인터넷에 올리고 이를 전파할 수 있다. 구글이 언론인들의 뉴스 제작을 돕는 미디어 플랫폼 '뉴스랩'을 최근 출범하였고, 누구나 언론인이 될 수 있는 지원프로그램을 운영할 계획임을 감안하면,[4)] 인터넷을 통한 정치·경제·사회·문화·시사 등에 관한 보도·논평·여론 및 정보 등의 전파는 확장성을 가지며, 앞으로 인터넷언론사의 개념은 한정되기 곤란하게 될 것이다.

(3) '지지·반대의 글'의 명확성 원칙 위반 여부

1) 헌법재판소의 입장

헌법재판소 법정의견은 '선거운동'과 '지지·반대의 글'이 개념상 구분이 되므로 '지지·반대의 글'이 명확성의 원칙에 위배되지 아니한다고 보면서, 아래와 같이 설시한다.

『공직선거법은 후보자, 후보자가 되고자 하는 자가 개설한 인터넷 홈페이지를 이용한 '선거운동'

3) 등록만 해놓고 기사 안 쓰는 신문사?(KBS NEWS 2015.10.6.자 기사).
4) 구글 미디어 플랫폼 '뉴스랩' 공식 출범(경향신문 2015.6.23.자 기사).

을 허용하고(제59조 제3호), 선거운동을 할 수 있는 자가 선거운동기간 중에 인터넷 홈페이지 또는 그 게시판 · 대화방 등에 선거운동을 위한 내용의 정보를 게시하는 등의 '선거운동'을 허용하며, 후보자(후보자가 되고자 하는 자를 포함), 그의 배우자 등에 대한 허위사실의 유포나 비방을 금지하면서(제82조의4 제1항, 제2항), 선거운동기간 중에 인터넷언론사의 인터넷홈페이지의 게시판 · 대화방 등에 정당 · 후보자에 대한 '지지 · 반대의 글'을 게시할 수 있도록 하는 경우에 이 사건 실명확인 절차를 거치도록 함으로써, 인터넷 선거운동에서 발생할 수 있는 폐해를 예방하는 한편 '선거운동'과 '지지 · 반대의 글'을 구분하고 있다.

한편 공직선거법상의 '선거운동'이란, 특정 후보자의 당선 내지 이를 위한 득표에 필요한 모든 행위 또는 특정 후보자의 낙선에 필요한 모든 행위 중 당선 또는 낙선을 위한 것이라는 목적의사가 객관적으로 인정될 수 있는 능동적, 계획적 행위를 말하는 것이다(헌재 1994.7.29. 93헌가4 등; 헌재 2001.8.30. 2000헌마121 등 참조).

따라서 이와 같은 선거운동의 개념, 허위사실 유포나 비방의 발생이 빈번한 인터넷홈페이지에서 책임 있는 글쓰기를 유도하려는 이 사건 법률조항의 입법취지와 목적, 공직선거법 관련조항과의 관계와 용어의 구분 등을 고려하면, 이 사건 '지지 · 반대의 글'은 위와 같은 선거운동에 이르는 글을 포함하면서, 그에 이르지 아니 한다고 하더라도 정당 · 후보자에 대하여 찬동하여 원조하거나 찬성하지 않고 맞서서 거스르는 글을 의미하고, 건전한 상식과 통상적인 법감정을 가진 사람이면 자신의 글이 이에 해당하는지를 충분히 알 수 있다고 할 것이므로 헌법이 요구하는 명확성원칙에 위배된다고 할 수 없다.』

헌법재판소 반대의견 역시 이와 관련하여 법정의견과 견해를 같이 하고 있다.

2) 검 토

헌법재판소의 이 부분 판단은 타당하다고 생각한다.

'선거운동'이라 함은 당선되거나 되게 하거나 되지 못하게 하기 위한 행위로서, 선거에 관한 단순한 의견개진 및 의사표시, 입후보와 선거운동을 위한 준비행위, 정당의 후보자 추천에 관한 단순한 지지 · 반대의 의견개진 및 의사표시, 통상적인 정당활동, 의례적인 인사말을 문자메시지로 전송하는 행위는 제외된다(공직선거법 제58조 제1항). 선거운동에는 당선 또는 낙선을 직접목적으로 하는 행위만이 포함된다.[5)]

'지지 · 반대의 글'의 대상은 정당 또는 후보자로 한정되고, 지지 · 반대행위 역시 선거운동에 이르는 글을 비롯하여 정당 또는 후보자에 대한 찬성 · 지지 등 또는 반대 · 비판 등으로 한정될 수 있다. 이에 관한 문언해석이 가능하다. 수범자 입장에서 지지 · 반대의 글이 어떤 의미인지에 관하여 알 수 있고, 그에 관한 자의적 법집행은 방지될 수 있다고 판단된다.

3. 과잉금지 원칙 위반 여부

(1) 제한되는 기본권

헌법 제21조가 보장하는 표현의 자유는 전통적으로는 사상 또는 의견의 자유로운 표명과

5) 대법원 1992.4.28. 선고 92도344; 성낙인 1998, 252.

그것을 전파할 자유를 의미하는 것으로, 자신의 신원을 누구에게도 밝히지 아니한 채 익명 또는 가명으로 자신의 사상이나 견해를 표명하고 전파할 익명표현의 자유도 그 보호영역에 포함된다(헌재 2010.2.25. 2008헌마324; 헌재 2012.8.23. 2010헌마47 등).

'익명표현의 자유'란 자신의 실명이나 신원을 드러내지 아니하고 익명의 상태에서 자신의 의사나 의견을 외부에 표현하는 자유를 뜻한다. 여기에서 '익명'이란 단순히 '실명'의 반대에 한정되는 것이 아니라 '신원을 확인받지 아니한 상태' 혹은 '신원을 드러내지 아니한 상태'도 포함하는 것이다.

익명표현의 자유가 본격적으로 문제된 미국 연방대법원 판례는 1995년 McIntyre 사건이다. 이 케이스에서 쟁점이 된 것은 발행하는 사람 또는 선거사무소의 이름과 주소가 명시되어 있지 않은 선거관련 자료의 배포를 금지한 오하이오주 법률규정이 미연방헌법 수정 제1조를 위반하는지 여부이다. 연방대법원은 오하이오주 법률규정을 위헌으로 판단하면서, 익명으로 출판할 자유(Freedom of Publish Anonymously)는 수정 제1조에 의해 보호를 받으며, 문학영역에서부터 정치적 문제의 의견표명에까지 확대 적용된다고 보고, 오하이오주 법률규정은 핵심적인 정치적 의사표현에 대한 규제이므로 엄격한 심사기준을 적용한다고 판단하였다.[6)]

"실명확인조항은 게시판 이용자가 자신의 신원을 누구에게도 밝히지 아니한 채 익명으로 자신의 정치적 사상이나 견해를 표명하고 전파할 정치적 익명표현의 자유를 제한한다. 동시에 그러한 게시판 이용자의 정치적 익명표현의 자유에 대한 제한으로 말미암아 게시판 이용자의 자유로운 의사표현을 바탕으로 여론을 형성·전파하려는 인터넷언론사의 언론의 자유 역시 제한되는 결과가 발생한다(헌재 2010.2.25. 2008헌마324; 헌재 2012.8.23. 2010헌마47 등)." 고 헌법재판소는 밝혔다.

헌법재판소는, 인터넷언론사의 공개된 게시판·대화방에서 스스로의 의사에 의하여 정당·후보자에 대한 지지·반대의 글을 게시하는 행위는 정당·후보자에 대한 단순한 의견 등의 표현행위에 불과하여 양심의 자유나 사생활의 자유에 의하여 보호되는 영역이라고 볼 수 없으므로, 그 과정에서 실명확인 절차의 부담을 진다고 하더라도 이를 두고 양심의 자유나 사생활의 비밀의 자유를 제한받는 것이라고 볼 수 없다고 보았다(헌재 2010.2.25. 2008헌마324).

그러면서 헌법재판소는 "실명확인조항은 인터넷언론사에게 인터넷홈페이지 게시판을 운영함에 있어서 선거운동기간 중 이용자의 실명확인조치의무, 실명인증 표시조치의무 및 실명인증 표시가 없는 게시물에 대한 삭제의무를 부과하여 인터넷언론사의 직업수행의 자유도

---

6) McIntyre v. Ohio Elections Commission, 514 U.S. 334 (1995). Doe v. 2themart.com Inc. 140 F. Supp. 2d 1088 (2001) 사건에서 인터넷상의 표현행위도 수정헌법 제1조에 의해 보호된다고 보면서, 익명표현의 권리는 인터넷 공간에서도 마찬가지로 보호된다는 판결이 내려졌다.

제한하나, 이 사건과 가장 밀접한 관계에 있고 또 침해의 정도가 큰 주된 기본권은 언론의 자유라 할 것이고, 인터넷언론사의 언론의 자유의 제한은 게시판 이용자의 정치적 익명표현의 자유의 제한에 수반되는 결과라고 할 수 있으므로, 이하에서는 게시판 이용자의 정치적 익명표현의 자유 침해 여부를 중심으로 하여 인터넷언론사의 언론의 자유 등 침해 여부를 함께 판단하기로 한다(헌재 2012.8.23. 2010헌마47 등)."고 하였다.

헌법재판소는 2008헌마324에서 중앙선거관리위원회가 개별 인터넷언론사의 실명확인조치 의무의 이행 현황을 파악하고 지도·감독을 위하여 필요한 자료를 행정안전부장관으로부터 제출받기 위한 것일 뿐, 개인의 인적정보를 수집할 목적으로 규정된 조항은 아니므로 개인정보를 대상으로 한 개인정보자기결정권에 대한 제한은 아니라고 할 것이므로 공직선거법 제82조의6 제6항으로 인한 개인정보자기결정권의 제한 가능성은 없다고 판단하였다.

반면에, 2010헌마47 등에서 헌법재판소는 본인확인정보는 개인의 동일성을 식별할 수 있게 하는 정보로서 개인정보자기결정권의 보호대상이 되는 개인정보에 해당하고, 심판대상 법률조항은 정보통신서비스 제공자에게 본인확인정보 보관의무를 부과함으로써 게시판 이용자의 개인정보자기결정권을 침해하여 위헌이라고 보았다.

청구인들은 실명확인조항이 다른 매체를 이용 또는 운영하는 자와 인터넷언론사 게시판을 이용 또는 운영하는 자를 합리적 이유 없이 차별취급하여 평등권을 침해한다고 주장하나, 청구인들이 주장하는 차별취급은 실명확인제가 게시판 이용자의 정치적 익명표현의 자유 및 인터넷언론사의 언론의 자유를 제한함에 따라 부수적으로 발생할 수밖에 없는 결과일 뿐인 것으로서 그에 관한 판단은 정치적 익명표현의 자유의 침해 여부 등에 관한 판단과 동일하다고 할 것이므로 헌법재판소는 별도로 판단하지 아니하였다.[7]

(2) 표현의 자유 제한의 원칙

1) 사전제한(허가·검열) 금지

헌법 제21조 제2항은 "언론·출판에 대한 허가나 검열은 인정되지 아니한다."고 규정한다. 기본권제한의 일반적 법률유보 조항인 헌법 제37조 제2항에 근거한다 하더라도 언론·출판의 자유를 허가나 검열을 통하여 사전적으로 제한하는 것은 법률로써도 허용되지 아니한다고 할 것이다.

언론·출판에 대한 허가제는 표현의 자유를 일반적으로 제한하고 국가기관이 표현행위 전에 내용을 선별하여 특정한 경우에 한하여 자유 제한을 해제하는 것이다. 이는 표현의 자유의 본질적인 내용을 침해하는 것으로서 허용되지 아니한다.

---

7) 인터넷실명제가 표현의 자유뿐만 아니라 성명권, 실명권, 사생활비밀권, 행복추구권을 침해하고, 평등원칙에 위반된다고 보면서, 주민등록번호가 아닌 난식별적·가변적인 본인식별정보에 의한 인증이 필요하다는 견해도 있다(정준현 2008).

'검열'이란 행정권이 주체가 되어서 사상이나 의견 등이 발표되기 이전에 예방적 조치로서 내용을 심사, 선별하여 발표를 사전에 억제하는 것이다.[8] 검열의 요건에 해당하는 표현의 자유 제한은 허용되지 아니한다.

2) 사후적 제한

표현의 자유에 대한 사후적 제한은 다른 기본권 제한과 같이 헌법 제37조 제2항의 일반적 법률유보에 의한 제한을 받는다. 표현의 자유도 국가안전보장 · 질서유지 · 공공복리를 위하여 필요한 경우에 한하여 법률로써 제한할 수 있고, 다만 그 제한은 표현의 자유의 본질적인 내용을 침해할 수 없다.

표현의 내용에 대한 제한 및 표현의 수단 · 방법에 대한 제한은 제한 요건상 차이가 있을 수 있다.[9] 표현의 자유 제한이 헌법위반인지 여부는 과잉금지 원칙에 의해 심사를 받게 된다. 표현의 자유에 대한 사전검열에는 해당되지 않지만 표현의 자유를 제한하는 공권력의 위헌 여부는 과잉금지 원칙에 따라 판단되어야 한다.

헌법 제21조 제4항은 표현의 자유에 대한 제한을 정당화시키는 법익으로서 타인의 명예나 권리, 공중도덕, 사회윤리를 규정하고 있다. 이는 표현의 자유와 충돌될 수 있는 전형적인 법익을 예시한 것이다. 이 조항은 타인의 명예나 권리를 침해한 때에는 피해자는 이에 대한 피해의 배상을 청구할 수 있다고 규정한다.

3) 법익형량의 문제

표현의 자유를 제한하는 법률의 과잉금지 원칙에 따른 위헌 여부 심사에서 표현의 자유와 제한 법률이 보호하는 법익 사이의 형량이 있게 된다. 표현의 자유와 타인의 명예나 권리, 공중도덕, 사회윤리 등 법익이 충돌하는 경우에, 법익들 간의 우위관계가 존재하는지, 법익형량의 특별한 기준이 존재하는지가 문제된다.

표현의 자유 제한 법률의 위헌성 심사 기준으로는 표현의 자유의 '우월적 자유(Preferred Freedom)' 원칙, '명백하고 현존하는 위험(Clear and Present Danger)' 원칙, '현실적 악의(Actual Malice)' 원칙, 명확성(또는 막연하기 때문에 무효) 원칙 등 미국 연방대법원 판례의 이론이 일부 원용되고 있다. 이들 중에서 명확성 원칙은 법치국가원리에서 도출되는 모든 법률의 형식적 요건이므로 표현의 자유 영역에서만 독자적으로 인정되는 것은 아니다.

표현의 자유가 우월적 자유라는 것은 기본권 체계에 위계질서가 있는 경우에만 인정될 수 있다. 미국 연방대법원은 헌법상의 특정한 단어나 문구에 의미를 부여하여 상충되는 법익의 희생 하에 표현의 자유를 강조하는 경향이 있다. 우리 헌법이 기본권 간의 위계질서를

8) 헌재 2005.2.3. 2004헌가8.

9) 국가가 개인의 표현행위를 규제하는 경우 표현내용에 대한 규제는 원칙적으로 중대한 공익의 실현을 위하여 불가피한 경우에 한하여 엄격한 요건 하에 허용되는 반면, 표현내용과 무관하게 표현의 방법을 규제하는 것은 합리적인 공익상의 이유로 폭넓은 제한이 가능하다(헌재 2002.12.18. 2000헌마764).

규정하지 않는 점, 헌법 제21조 제4항의 의미 등에 비추어 보면, 표현의 자유의 일반적 우위가 인정된다고 보기 힘들다(한수웅 2013, 755~756).

헌법재판소는 일부 결정에서 표현의 자유 우위를 설시하고 있지만,[10] 표현의 자유가 다른 법익에 대해 우월적 지위에 있다면 법익형량 과정에서 그와 같은 원칙이 고수되어야 함에도 어디까지나 선언적인 언급에 그칠 뿐 결론에 차이를 가져오지 못하고 있다. 헌법재판소의 입장은 미국 연방대법원의 표현의 자유 우위 원칙을 밝히기도 하나 대상결정에서 확인되는 바와 같이 개별적인 경우마다 구체적인 법익형량을 통해 결론을 도출하고 있다고 보인다.

본 사안에서는 익명표현의 자유가 문제되는 것이 선거라는 영역의 정치적 표현의 자유라는 점과 아울러 인터넷이라는 매체를 통한 표현의 자유라는 점이 법익형량에서 고려될 필요가 있다. 인터넷은 수많은 컴퓨터들을 연결한 네트워크, 네트워크들의 네트워크로서 참여적이고 표현촉진적인 매체이고 기존의 어떠한 매체보다도 참여적이고 표현의 쌍방향성이 보장되는 공간이다. 누구든지 부담스러운 재정적 기반이나 기술적 수단을 갖추지 않더라도 인터넷에 접속하여 정보를 수용할 뿐만 아니라 전달하기도 하여 소통할 수 있는 혁신적 공간으로서 인터넷에 대한 이해는 현실세계의 여러 제한을 벗어나 자유롭고 이상적인 공적 담론 영역을 개척할 수 있다는 희망을 배경으로 한 것이기도 하였다(성낙인 · 허진성 2010, 267).

(3) 표현의 자유에서 명확성 원칙과 과잉금지 원칙의 관계

표현의 자유의 경우에 과잉금지 원칙은 명확성 원칙과 밀접한 관련성을 가지고 있다. 불명확한 규범에 의하여 표현의 자유를 규제하게 되면 헌법상 보호받아야 할 표현까지 망라하여 필요 이상으로 과도하게 규제하게 되므로 과잉금지 원칙과는 조화할 수 없게 되는 것이다(헌재 2002.6.27. 99헌마480).

앞서 공직선거법 제82조의6 제1항의 '인터넷언론사'라는 개념이 명확성 원칙에 위반된다고 결론을 내렸다. 규제대상을 한정할 수 없는 개념인 인터넷언론사라는 규정에 의해 익명표현의 자유를 규제하는 경우이므로 과잉금지 원칙에 위반되어 표현의 자유를 침해할 것이라는 결론에 이르게 될 것이다.

반면, 헌법재판소 법정의견과 같이 공직선거법 제82조의6 제1항이 명확성 원칙에 위반되지 않는다고 본다면, 표현의 자유 침해 관련 과잉금지 원칙 위반 여부에 대하여 완화된 심사를 할 가능성이 있다. 헌법재판소 반대의견은 명확성 원칙에서는 법정의견과 같은 견해를 취하면서도 과잉금지 원칙에서는 다른 결론을 내렸다.

10) 헌재 1991.9.16. 89헌마165; 헌재 1992.2.25. 89헌가104 등.

(4) 과잉금지의 원칙 위반 여부

1) 목적의 정당성

헌법재판소는 "실명확인조항은 선거운동기간 중 인터넷언론사 홈페이지의 게시판 · 대화방 등에서 후보자에 대한 인신공격과 흑색선전이 난무하는 경우가 많고, 부당한 선거운동이나 소수에 의한 여론 왜곡으로 선거의 평온과 공정이 위협받을 가능성이 있기 때문에, 그로 인한 사회경제적 손실과 부작용을 방지하고 선거의 공정성을 확보하기 위한 것이므로 목적의 정당성이 인정된다."고 보았다.[11]

이 같은 입법목적에 대해 밝히기 위한 전제로 '선거운동 등 정치적 표현의 자유와 선거의 공정성'에 관하여 헌법재판소는 아래와 같이 밝히고 있다.

『선거는 오늘날 자유민주주의 국가에서 통치기관을 구성하고 그에 정당성을 부여하는 한편, 국민 스스로 정치적 의사형성과정에 참여하여 국민주권과 대의민주주의를 실현하는 핵심적인 수단이다.

선거운동은 유권자가 경쟁하는 여러 정치세력 가운데 선택을 통해 선거권을 행사할 수 있도록 그 판단의 배경이 되는 정보를 제공하는 기능을 수행하므로, 후보자 및 후보자가 되고자 하는 사람(이하 '후보자'라 한다)이나 정당 등에 관한 정치적 정보 및 의견을 자유롭게 발표하고 교환할 수 있는 자유가 보장되어야 한다. 그리고 대의민주주의를 원칙으로 하는 현대 민주정치 아래에서는 국민이 선거에 참여하는 것이 반드시 필요하고, 국민이 선거과정에서 정치적 의견을 자유로이 발표 · 교환함으로써 정치적 표현의 자유는 비로소 그 기능을 다하게 된다 할 것이므로, 선거운동 등 정치적 표현의 자유는 헌법 제21조 제1항에서 정한 언론 · 출판의 자유 보장 규정에 의한 보호를 받는다(헌재 2011.12.29. 2007헌마1001 등 참조).

선거의 공정성이란 국민의 선거의 자유와 선거운동 등에 있어서의 기회의 균등이 담보되는 것을 의미하므로, 선거의 공정성 없이는 진정한 의미에서의 선거의 자유도 선거운동 등의 기회균등도 보장되지 아니한다고 할 수 있다(헌재 2001.8.30. 99헌바92 등 참조). 선거에 있어서 유권자에게 전달되는 정치적 정보나 의견이 허위 또는 왜곡되거나 균형을 잃은 경우에는, 유권자가 올바른 선택을 할 수 없게 되어 민의를 왜곡하는 결과를 초래하게 되므로 선거제도의 본래적 기능과 대의민주주의의 본질이 훼손된다 할 것이다. 따라서 대의민주주의에서 후보자나 정당 등에 관한 정치적 정보 및 의견을 자유롭게 발표하고 교환하는 것을 내용으로 하는 선거운동 등 정치적 표현의 자유는 선거의 공정성을 전제로 인정되는 것이며, 선거의 공정성은 그러한 자유의 한정원리로 기능할 수 있다. 우리 헌법 제116조 제1항은 "선거운동은 각급 선거관리위원회의 관리 하에 법률이 정하는 범위 안에서 하되, 균등한 기회가 보장되어야 한다."고 하여 선거의 공정성을 보장하면서 선거운동의 한계에 관하여 법률로 정할 수 있다고 규정하고 있다(헌재 2014.4.24. 2011헌바17 등 참조).

결국 선거운동 등 정치적 표현의 자유는 그 제한이 과도하여 선거권 및 피선거권의 행사나 선거의 기능을 지나치게 제약하거나 왜곡하여서는 안 되고 기본권보장의 헌법이념과 헌법상의 제반원칙에 합치되도록 최대한 보장되어야 하나, 선거운동 등 정치적 표현의 자유가 선거의 공정성을 훼손할 경우에는 이를 제한하는 것이 헌법적으로 정당화될 수 있다 할 것이다(헌재 2014.4.24. 2011헌바17

---

11) 한편, 헌법재판소는 2012.8.23. 2010헌마47 등 사건에서 본인확인조치의 입법목적에 대해 "인터넷의 특징인 익명성 등을 이용한 언어폭력, 명예훼손, 불법정보의 유통 등 역기능 방지"를 제시한 바 있다.

등 참조).』

헌법재판소는, 실명확인이 안 되는 정보에 의한 인신공격과 흑색선전이 난무하는 경우가 많고 부당한 선거운동이나 여론 왜곡으로 선거의 평온과 공정이 위협받을 가능성이 있다는 전제 하에 선거의 공정성이 선거운동 등 정치적 표현의 자유의 한정원리로 기능한다고 보고 있고, 선거의 공정성을 확보하기 위한 실명확인조항에 대하여 목적의 정당성이 인정된다는 입장이다.

그러나 의견의 전제가 되는 사실이라면 진실 혹은 허위가 가능하겠으나, 의견 자체가 진실 혹은 허위라는 말은 성립될 수 없다. 사실주장은 주장의 진위여부를 객관적 사실을 토대로 밝힐 수 있는 것이므로 진실이거나 허위인 반면에, 의견은 진실 또는 허위가 아니라 가치 있거나 가치 없는 것 또는 합리적인 것이거나 감정적인 것만 있기 때문이다(한수웅 2013, 727).

가치나 이익을 두고 관점의 충돌, 의견의 충돌이 있을 수밖에 없고, 충돌되는 의견 가운데에서 진실을 발견할 수 있다는 소망이 바로 민주주의의 토대이기 때문이다. 민주주의는 가치상대주의를 기초로 하며, 가치나 이익이 서로 경쟁하고 경쟁에 모두가 참여하여야 하는바, 가치나 이익의 문제에서는 정답이 존재하지 않기 때문이다(졸고 2014, 94~95).

선거의 공정성이 확보될 때 선거가 국민의 자유로운 의사와 민주적 절차에 의해 이루어질 것이다. 선거의 자유 보장은 선거의 공정성을 확보하는 효과적인 수단이다. 선거가 평온을 추구하여야 한다고 볼 수도 없다. 부정하고 타락한 것임이 명백하지 아니한 이상 선거에서의 정치적 의사표현은 다양하고 활발할수록 선거의 공정성에 기여하고 민주주의의 발전과 정착에 기여할 수 있다(졸고 2015, 45~46).

대한민국의 민주주의 성숙도[12]를 감안하면, 대한민국 민주시민은 익명표현이 어느 정보가 왜곡되고 어느 정보가 진실에 근접한 것인지를 대체로 잘 안다고 보인다. 대한민국 국민이 정치적으로 성숙하지 아니하였고 우매한 국민임을 전제로 국민이 허위 또는 왜곡된 정보에 노출되면 선거의 공정이 저해된다는 인식을 기초로 하여 마련된 이 사건 법률조항은 입법목적의 정당성 자체가 심히 의심스러운 것으로 판단된다.

참고로, 선거일 3일 전부터 선거여론조사결과의 공표를 금지한 선거법 조항을 위헌이라고 판단하면서 "사회과학적으로 캐나다 유권자들이 여론조사자나 그 결과를 공표하는 미디어에 영향을 받는다는 사실은 입증되지 않았다. 오히려 캐나다 유권자들은 경험으로부터 터득하고 선거정보의 특정 소스의 가치를 독자적으로 판단할 수 있는 합리적인 시민이라고 가

12) 이코노미스트 인텔리전스 유닛에 의하면, 2013년의 경우 대한민국은 완전한 민주주의(8점 이상)에 속하는 8.06점이고, 전체 167개국 중 22위이다.

정하여야만 할 것이다. 일부 유권자들이 명백히 그들의 결정에 있어서 여론조사결과를 일정 부분 고려하기는 하지만, 여론을 오도하는 '어느 한 특정 여론조사결과'에 현혹되고 있다는 증거는 제시된 바 없다. 비록 일부 불특정 유권자들이 부정확한 선거여론조사결과를 인지해 내지 못하고 상당한 정도로까지 그 잘못된 정보에 의존하고 따라서 선거에서의 선택을 왜곡할 것이라고 생각할 수도 있겠지만, 정부는 가장 정보가 없고 순박한 유권자들을 헌법적 평가의 기준으로 삼을 수는 없다."고 본 캐나다의 판결[13]은 많은 시사점을 준다.

2) 수단의 적합성

헌법재판소 법정의견은 수단의 적합성에 관하여 "인터넷이용자가 인터넷언론사 홈페이지의 게시판·대화방 등에 정당·후보자에 대한 지지·반대의 정보를 게시할 수 있도록 하는 경우에는 실명확인을 거치도록 함으로써 후보자에 대한 인신공격이나 각종 흑색선전이 줄어들 수 있고, 이로 인하여 선거의 공정성의 확보 효과를 거둘 수 있음이 예상되므로 수단의 적합성도 인정된다."고 판시하였다.

실명확인이 안 되는 정보가 익명성을 활용하여 인신공격, 여론왜곡 등에 이른다는 명백한 근거가 존재하지 아니하는 한 선거의 공정성을 해한다고 볼 수도 없다. 오히려 실명확인을 요구하는 것은 선거참여자들로 하여금 선거에 관한 논쟁이 가장 활발해야 할 선거운동기간 인터넷이라는 정치적 공론장에서 기사를 읽고 댓글을 작성하기를 주저하게 하는 '위축효과(chilling effect)'[14]를 가져와 부정적이다.[15]

반대의견이 적절하게 지적한 바와 같이, 인터넷 게시판 등에서 이루어지는 정치적 익명표현을 규제할 경우, 정치적 보복의 우려 때문에 일반 국민은 자기 검열 아래 비판적 표현을 자제하게 된다. 이는 의사표현 자체를 위축시킴으로써 민주주의 근간을 이루는 자유로운 여론 형성을 방해할 수 있다. 이 사건 법률조항의 운영 과정에서 선거운동기간 동안에 게시판 자체를 폐쇄한 인터넷언론사가 적지 않았던 점을 보면, 실명확인제는 정치적 의사표현의 공간 축소를 야기하는 문제점 또한 발생시킨다. 이처럼 의사표현 자체가 위축되고, 의사표현의 공간마저 축소되는 부작용은 자유로운 여론 형성을 전제로 하는 선거과정에서 민주주의에 대한 중대한 제한이라고 아니할 수 없다.

선거운동기간 중에 인터넷 게시판 등에서 이루어지는 실명확인제가 흑색선전을 막기 위한 실효성 있는 수단이라고 볼 수 있는지도 의문이다. 선거후보자에 대한 흑색선전은 단순한

---

13) Thomson Newspaper Co. v. Canada(Attorney General), Case No. 25593, [1998] 1 S.C.R.

14) '위축효과'란 법적 규제의 위협을 가하여 사람들로 하여금 표현의 자유 등 기본권 또는 법적 권리를 정당하게 행사하는 것을 억제하거나 좌절하도록 만드는 현상이다.

15) 최근 실시된 실증적 연구에 의하면, 성명, 주민등록번호 등 본인확인 절차를 거치는 경우 인신공격, 흑색선전 등에 관한 범행의사를 가진 자에 대해서는 실효성이 없거나 적은 데 반하여 범행의사가 없는 다수 이용자에 대해서는 본인확인 절차 자체가 심리적 부담으로 작용하여 표현행위의 횟수나 정도가 위축되고 감소되는 것으로 나타났다(조소영 2011, 71).

후보자 비판의 문제가 아니라 치밀한 사전계획에 입각하여 조직적으로 이루어지는 것이 일반적이므로, 인터넷 실명제로 막기 어려운 불법행위이다. 공정한 선거를 해치는 악의적 의사표현은 선거를 둘러싼 정치적·사회적 상황의 여러 조건들이 변수로 작용하여 나타나는 것이지, 익명표현을 허용함에 따라 발생하는 문제라고 단정할 수는 없다.

정당한 익명표현과 유해한 익명표현을 구분하는 명확한 사회적 합의를 도출하기 어려운 상황에서, 책임 있는 의견이 개진되거나 위법한 표현행위가 감소될 것이라는 추상적 가능성만으로 유해한 익명표현뿐만 아니라 유익한 익명표현까지 사전적·포괄적으로 규제하는 것은 정치적 의사표현을 위축시키고 결과적으로 선거의 공정성이라는 입법목적의 달성에 오히려 장애가 될 수 있다고 보인다.

3) 피해의 최소성

헌법재판소 법정의견은 "우리나라의 경우 그 동안 이루어온 민주주의의 발전상과 높아진 국제적 위상, 국민의식의 향상에도 불구하고 과연 현재 우리의 선거문화가 인터넷을 이용한 선거운동 등 정치적 표현행위를 무조건 전면적으로 허용해도 선거의 공정성을 훼손하지 아니할 정도의 안정적 수준에 와 있는지, 이에 대한 국민의 신뢰와 지지가 뒷받침되고 있는지 의문"이라고 보았다.

그러면서 법정의견은 "실명확인조항은 이러한 우리나라 선거문화의 특성을 고려하여 선거의 공정성 확보와 개인적 피해를 방지하기 위해 실명확인제를 도입하면서도, 실명확인이 필요한 기간을 '선거운동기간 중'으로 한정하고, 그 대상을 '인터넷언론사 홈페이지의 게시판·대화방' 등에 '정당·후보자에 대한 지지·반대의 정보'를 게시하는 경우로 제한하고 있는바, 실명확인조항이 청구인들의 기본권을 과도하게 제한하고 있다고 단정할 수 없다."고 하였다.

결과적으로 "인터넷을 이용한 선거운동 등이 선거일을 제외하고 상시적으로 허용되는 가운데, 선거의 공정성 확보와 후보자 등의 피해를 방지하기 위해, 실명확인조항이 선거운동기간 중에 인터넷언론사 홈페이지의 게시판·대화방 등에 정당·후보자에 대한 지지·반대의 정보를 게시하는 경우 실명확인을 받게 하고 실명인증 표시가 없는 정보는 이를 삭제하도록 규정하였다고 하여 침해의 최소성 원칙에 위반된다고 할 수 없다."는 것이 법정의견이다.

반대의견은 심판대상 법률조항과 관련하여 "다수의견이 걱정하는 선거범죄로 인하여 선거결과를 그르칠 위험성은 현행 선거법이 선거운동기간을 지나치게 짧게 규정함에 따른 문제이지, 익명표현의 자유를 허용함에 따라 발생하는 구체적인 위험으로 볼 수 없다. 인터넷 게시판과 대화방은 개설자에 의하여 용도가 제한되어 있는 것이 아닌 이상, 게시판 등 이용자는 어떤 내용의 의사표시도 할 수 있는 것이 원칙이다. 그런데 실명 확인을 받아야 하는 경우로 이 사건 법률조항은 법문언상 지지·반대의 글을 게시할 수 있는 경우로 되어 있고,

이에 따라 정당이나 후보자에 대한 지지·반대의 글이 게시될 '가능성'만 있으면 모두 규제대상이 될 수 있도록 하고 있다. 그렇다면 사실상 모든 게시판 및 대화방이 규제대상이 되므로 규제의 공간적 범위가 지나치게 넓다."는 문제를 지적한다.

또한, 반대의견은 "후보자 등에 대한 '지지의 글'은 비방이나 명예훼손의 우려가 적은데도, 반대의 글과 마찬가지로 실명인증을 요구하는 것은 비방이나 명예훼손 등의 선거범죄를 예방하고자 하는 입법목적에도 부합하지 않을 뿐만 아니라 익명표현의 자유를 과잉제한하는 것"이라고 보면서, "선거의 공정성이라는 목적은 인터넷 이용자의 표현의 자유를 제약하지 않는 다른 수단에 의해서도 충분히 달성할 수 있다."고 밝힌다.

가령 인터넷게시판에 실명 글인지, 익명 글인지 미리 알 수 있도록 한다면, 실명 글에 대한 신뢰감이 커지게 되어 게시물의 영향력을 높이고자 하는 작성자는 실명확인을 거쳐 실명게시판에 글을 쓸 것이다. 비실명 게시판에는 진지성과 신빙성이 부족하여 유권자에게 거짓정보를 제공할 가능성이 크다는 취지의 경고문 정도만 게시하는 방법 등도 가능할 것이다. 이와 같이 유권자의 의사왜곡 방지라는 목적달성을 위한 기본권에 보다 덜 침익적인 수단도 가능하다는 것이 반대의견의 논지이다.

유익한 익명표현과 해악적 익명표현의 구분하는 해악 여부의 명확한 판난기준을 사회적인 합의를 통하여 도출하기 어려운 상황에서, 책임 있는 의견이 개진되거나 위법한 표현행위가 감소될 것이라는 추상적인 가능성만 가지고 해악적 익명표현뿐 아니라 유익한 익명표현까지 심판대상 법률조항으로 사전적이고 포괄적으로 규제하는 것은 모든 정치적 익명표현 행위를 위축시키는 결과를 가져올 것이다.

즉, 심판대상 법률조항은 익명표현의 내용과 관계 없이 실명인증조치를 하게 하여 유익한 익명표현까지 포괄적으로 규제한다. 이는 익명표현을 하고자 하는 사람에 대해 위축효과를 야기한다. 공직선거법에는 허위사실공표죄(제250조), 후보자비방죄(제251조) 등 사후적 규제수단인 형벌조항이 있다. 익명표현의 폐해는 사후규제로 충분히 달성할 수 있음에도 사전규제를 가하는 것은 표현의 자유에 대한 보다 덜 제한적인 수단을 택한다는 원칙에 반한다.[16)]

인터넷언론사는 실명인증의 표시가 없는 정당·후보자에 대한 지지·반대의 정보 등이 게시되는 경우에는 지체 없이 이를 삭제할 의무를 부담한다. 인터넷언론사는 실명인증의 표시가 없는 수많은 글 중 정당·후보자에 대한 지지·반대의 글을 가려야 하는 부담을 안게 되고, 위반 시 과태료가 부과된다. 인터넷언론사는 정당·후보자에 대한 지지·반대의 글을 일일이 걸러내기보다는 실명인증의 표시가 없는 글을 일괄적으로 삭제하여 수고를 덜 수

16) 이명웅 변호사는 법률신문 2015.8.11, "판례해설-선거운동기간 중 인터넷언론사의 실명확인의무"에서 대상결정에 대해 간략히 평석하면서 표현의 자유 확대의 차원에서 다소 부작용이 있을지라도 반대의견의 관점이 올바른 방향이라고 보지만, 현실적으로 선거운동기간 흑색선전이나 허위사실 유포가 심각하고 회복 불가능한 상황을 초래할 수 있다는 점에서 법정의견의 고뇌가 반영된 것이라고 본다.

있다.

공직선거법은 선거와 관련된 법률이고 선거운동에 관하여 규율하고 있다. 선거운동 수준에 이르지 아니한 정당·후보자에 대한 지지·반대의 정보 등 게시도 심판대상 법률조항에 의해 규제된다. 공직선거법상 허위사실공표죄, 후보자비방죄 등 선거범죄에 의하여 유권자의 의사왜곡을 방지할 수 있는 수단이 있음에도 불구하고 '선거관리의 편리성'이라는 목적을 위하여 국민의 민주주의 수준을 폄하하고 선거쟁점 관련 공론장의 활성화를 금지하는 것은 침해의 최소성 원칙에 위반될 소지가 있다고 사료된다.

4) 법익의 균형성

헌법재판소 법정의견은 인터넷언론사 홈페이지의 게시판·대화방을 이용한 허위사실유포 등으로 인하여 선거의 공정성의 훼손, 후보자의 인격권 침해 및 여론 왜곡 등의 폐해 방지라는 실명확인조항으로 얻는 공익이, 인터넷언론사의 이용자가 실명확인 과정에서 겪는 불편함이나 글 등을 게시하면서 겪게 될 수 있는 주저함, 인터넷언론사의 기술적 조치에 따른 비용 발생 또는 이용자 수의 감소 등의 사익보다 훨씬 크다 할 것이므로, 실명확인조항은 법익의 균형성도 갖추었다고 판단하였다.

그에 비하여, 헌법재판소 반대의견은 이 사건 법률조항이 규제하고 있는 선거운동기간이 정치적 표현의 자유를 행사함에 있어 가장 긴요한 시기라고 볼 수 있는 점과 표현의 자유 보장이 민주주의의 근간이 되는 중요한 헌법적 가치라는 점을 고려할 때, 익명표현의 자유를 제한하는 데 따르는 불이익이 선거의 공정성 유지라는 공익보다 결코 더 작다고 할 수 없으므로 법익의 균형성도 인정되기 어렵다고 보았다.

그러나 오늘날 가장 거대하고 주요한 표현매체의 하나로 자리를 굳힌 인터넷상의 표현에 대하여 질서 위주의 사고만으로 규제하려고 할 경우 표현의 자유 발전에 큰 장애를 초래할 수 있는 점은 헌법재판소도 인정한 바 있다(헌재 2002.6.27. 99헌마480). 대상결정 및 그와 같은 입장을 밝힌 헌재 2010.2.25. 2008헌마324 등 결정을 통하여 '선거'라는 공공영역에서의 익명표현의 자유가 다른 영역에서의 익명표현의 자유보다 더 제한을 받게 되었다.

표현의 자유는 개인적인 차원에서 자유로운 인격발현의 수단이며 동시에 합리적이고 건설적인 의사형성 및 진리발견의 도구가 되고, 국가와 사회 차원에서 민주주의 국가와 사회의 건설에 필수불가결한 기본권이다.[17] 익명이나 가명으로 이루어지는 표현의 자유에 관하여 간과해서 아니 되는 것은 그것이 외압을 받지 아니한 채 자신의 생각이나 사상을 자유롭게 표명하고 전파하여 국가권력이나 사회의 다수의견에 대한 비판을 가능케 한다는 점이다.

익명표현에 대한 규제입법 관련 이익형량에서는 몇 가지 헌법적 명제를 바탕으로 하는바,

17) Lüth-Urteil(BVerfGE 7, 198 ff.).

표현의 자유를 향유하는 기본권 주체의 민주사회에 합치되게 행동할 수 있는 자질과 능력에 관한 신뢰가 제도의 전제가 되어야 한다는 점, 민주사회에서 유통되는 사상은 다양할수록 좋다는 점이다. 이는 민주사회는 평등한 인격주체의 공동체인 점, 민주사회에서 표현의 수와 양이 많아질수록 사회적 합의로 선택된 의견은 상대적으로 나은 의견이 될 가능성이 높다는 점과 궤를 같이 한다(조소영 2011, 65~67).

익명성은 보다 솔직하게 의견을 표현할 환경을 조성하고 신원이 확인되고 표현할 때보다 더욱 다양한 표현을 하도록 촉진할 수 있다. 정치적 보복, 주류세력의 예단이나 비판을 회피하기 위해 가명을 사용하였던 수많은 작가, 정치가 등의 존재를 확인할 수 있다. 익명으로 온라인에서 표현하는 사람은 오프라인 세계에서 엘리트가 지배하는 담론에서 벗어나 대등한 자격으로 공론에 참여할 수 있게 된다. 표현의 주체 및 내용의 다양성은 민주주의 발전에 기여할 수 있을 것이다(김송옥 2013, 170~173).[18)]

공직선거법상 선거운동기간이 짧게 설정되어 폐해가 크고 사상의 자유 시장에 의한 시정의 가능성이 없다는 점을 합헌의견은 논거로 든다. 그러나 인터넷의 신속성, 쌍방성에 비추어 부정확하고 왜곡된 인터넷상의 익명표현에 대해서 즉각적인 반박이 가능하다. 선거쟁점에 관한 토론과 비판이 열리는 활발한 민주적 공론장에서 다양한 사상이 표출되고 경합하거나 충돌하면서 여론을 형성하고 그 형성을 돕는 과정은 민주적 선거를 위해 반드시 요구된다.

의견표명의 내용이 표현의 자유가 보장하고자 하는 핵심 가치와 결부되는지 여부는 표현의 자유와 상충하는 법익의 형량 과정에서 고려되어야 한다. 표현의 자유가 개인의 인격발현에 있어서 가지는 의미가 중대할수록, 공적인 여론형성에 기여하는 의미가 중대할수록 표현의 자유는 다른 법익과의 충돌상황에서 보다 보호될 필요가 있다(한수웅 2013, 727~728). 익명표현의 경우에도 표현의 내용이 공적인 관심사를 진지하게 논의하는 것인지, 표현을 통해 국민들의 알권리를 실현시키고 여론 형성에 기여하는지, 아니면 단지 일부 사람들의 욕구와 호기심만을 충족시키기 위한 것인지에 따라 다르게 평가받아야 한다.

헌재 2008헌마324 등 결정에서 본인확인제의 위헌성을 인정한 논거 중 하나는 본인확인제 도입으로 명예훼손, 모욕, 비방 등 불법정보 게시가 표현의 자유의 사전적 제한을 정당화할 정도로 의미 있게 감소하였다는 증거가 없다는 점이다. 공직선거법 제82조의6 제1항에 따른 실명확인 조치 도입으로 선거운동기간 후보자 등에 대한 인신공격, 흑색선전 등 불법정보의 유통이 감소되었다는 증거 역시 찾아볼 수 없다.

인터넷은 누구나 쉽게 접근할 수 있어 균형성과 투명성 확보 측면에서 선거쟁점을 논하는 공론장이 될 수 있다. 익명표현에 의한 문제는 인터넷상의 논쟁을 통한 자정작용에 맡겨

18) 헌법재판소도 "사회구성원이 자신의 사상과 의견을 자유롭게 표현할 수 있다는 것이야말로 모든 민주사회의 기초"라고 보아 이러한 점을 확인하였다(헌재 1998.4.30. 95헌가16).

도 상당 정도 해결될 것이다. 인터넷에서의 익명표현의 자유를 원천적으로 위축시킬 수 있는 사전적이고 무차별적인 제한은 특히 정부에 대한 비판을 억압하는 결과를 초래하는 문제가 있을 수 있다.

대상결정 반대의견이 지적한 바와 같이, 선거운동기간이 정치적인 표현의 자유를 행사함에 있어 가장 긴요한 시기인 점, 표현의 자유 보장이 민주주의의 근간이 되는 중요한 헌법적 가치인 점 등을 고려하면, 법익의 균형성에 맞지 않는다고 판단된다. 선거운동기간의 인터넷실명제는 선거의 공정이라는 입법목적에 치중한 나머지 선거운동기간의 익명표현의 자유를 지나치게 억제한다고 볼 수 있다(홍완식 2012, 20).

4. 입 법 론

(1) 인터넷실명제 관련 입법례

인터넷실명제를 규정하고 있는 법률로는 정보통신망 이용촉진 및 정보보호 등에 관한 법률(이하 '정보통신망법')과 공직선거법이 있다. 정보통신망법은 일반적인 분야에서의 인터넷실명제(보다 정확히는 '제한적 인터넷 본인확인제')이고, 공직선거법은 공직선거라는 특정 분야에서의 인터넷실명제라고 할 수 있다.

선거 분야의 인터넷실명제가 도입된 것은 2004.3.12. 법률 제7189호로 개정되어 같은 날 시행된 공직선거법을 통해서이다. 그 결과 마련된 공직선거법 제82조의6 제1항이 그 법적 근거이다.[19] 인터넷실명제는 공직선거 영역에서 먼저 도입되었다. 그러나 개정 공직선거법이 2004.3.12. 시행되었음에도 불구하고 실명확인시스템 미비 등을 이유로 2004.4.15. 실시된 제17대 국회의원선거, 후속 보궐선거 등에서 선거 관련 인터넷실명제가 실시되지 못하고 있다가 2005.8.4. 법률 제7681호로 공직선거법이 개정되면서 위 실명확인조항은 대폭 수정되었고,[20] 2006.8.31. 실시된 지방선거에서부터 시행되고 있다.

공직선거법에서 인터넷실명제를 도입하게 된 입법적 배경은 익명성을 바탕으로 이루어지는 각종 불법적인 글이나 사진 등이 게시되어 선거질서를 해치는 것을 방지할 목적을 위하여 인터넷 이용자에게 자신의 신원을 확인할 수 있는 인증절차를 거쳐서 선거에 관한 의견이나 주장 등을 게시할 수 있도록 함으로써 책임 있는 의견이나 주장 등을 하도록 함과 동

19) 공직선거법(2004.3.12. 법률 제7189호로 개정되고, 2005.8.4. 법률 제7681호로 개정되기 전의 것)
제82조의6(인터넷언론사 게시판·대화방 등의 실명확인) ① 인터넷언론사는 당해 인터넷사이트의 게시판·대화방 등에 선거에 관한 의견을 게시할 수 있도록 하는 경우에는 의견게시를 하고자 하는 자가 기입하는 성명과 주민등록번호의 일치여부를 확인한 후 일치하는 경우에 한하여 의견게시를 할 수 있도록 하는 기술적 조치를 하여야 한다.

20) 공직선거법(2005.8.4. 법률 제7681호로 개정된 것)
제82조의6(인터넷언론사 게시판·대화방 등의 실명확인) ① 인터넷언론사는 선거운동기간 중 당해 인터넷 홈페이지의 게시판·대화방 등에 정당·후보자에 대한 지지·반대의 글을 게시할 수 있도록 하는 경우에는 행정자치부장관이 제공하는 실명인증방법으로 실명을 확인받도록 하는 기술적 조치를 하여야 한다.

시에 간접적으로 인터넷 문화 또는 선거문화를 개선하는 효과를 거둘 수 있다는 것이었다(조소영 2011, 50).

2005. 8. 4. 법률 제7681호 공직선거법 개정은 대상결정의 심판대상 법률조항과도 기조가 유지되는데, i) 실명확인기간이 구법상의 '항시'에서 '선거운동기간'으로 개정된 점, ii) 실명확인요건이 구법상의 '게시판 등에 선거에 관한 의견을 게시할 수 있도록 하는 경우'에서 '정당·후보자에 대한 지지·반대의 글을 발표할 수 있도록 하는 경우'로 개정된 점, iii) 실명확인 방법이 구법상의 행정자치부장관과 주민등록전산자료 또는 신용정보업자가 제공하는 정보를 이용하도록 되어 있던 것에서 일률적으로 행정자치부장관의 실명인증방법을 이용하도록 하면서 실명인증방법의 제공이 행정자치부장관의 재량사항인 것이라고 해석될 여지를 없앴고 인터넷언론사는 당해 인터넷홈페이지의 게시판·대화방 등에 글을 게시하고자 하는 자에게 주민등록번호를 기재할 것을 요구하여서는 아니 된다고 하여 법체계 전반의 정돈이 있었다. 2004년의 인터넷실명제가 실명으로만 의사표현이 가능하게 한 것인 반면, 2005년의 인터넷실명제는 실명인증을 통하여 본인 여부만 확인하고 허무인 명의에 의한 의사표현이 가능하게 한 것이다. 이는 완화된 규제로서 합헌의견의 논거로 활용되었다고 보인다.[21]

2008.2.29. 법률 제8879호로 개정된 공직선거법 제82조의6 제1항은 단서조항을 추가하여 "다만, 인터넷언론사가 「정보통신망 이용촉진 및 정보보호 등에 관한 법률」 제44조의5에 따른 본인확인조치를 한 경우에는 그 실명을 확인받도록 하는 기술적 조치를 한 것으로 본다."고 규정하고, 2010.1.25. 법률 제9974호로 개정된 공직선거법 제82조의6 제1항은 '지지·반대의 글'뿐만 아니라 '지지·반대의 문자·음성·화상 또는 동영상 등의 정보'를 추가하였고, 실명인증방법을 제공하는 주체로 '행정안전부장관 또는 「신용정보의 이용 및 보호에 관한 법률」 제2조 제4호에 따른 신용정보업자'를 규정하는 것으로 바뀌었다.

일반적인 인터넷실명제가 도입된 것은 2007.1.26. 법률 제8289호로 개정되어 2007.7.27. 시행된 정보통신망법을 통해서이다. 2005년경 소위 '개똥녀' 사건, '연예인 X파일' 사건 등이 발생하여 인터넷상에서 벌어지는 언어폭력과 프라이버시 침해가 사회적 파장을 일으켰다. 그와 같은 현상의 원인이 '익명성에 의한 이용자의 자기 점검 및 책임의식 결여'에 있다는 견해가 힘을 얻어 인터넷상의 언어폭력, 명예훼손, 불법정보의 유통 등을 방지하고 게시판을 보다 책임 있는 공론의 장이 되도록 유도하여 건전한 인터넷 문화를 조성하기 위한 목적을 가지고 정보통신망법상 인터넷실명제가 도입되었다.

인터넷실명제의 기본적인 목적은 본인인증시스템의 강제적 구축을 통한 의사표현의 통제

---

21) 공직선거법 제82조의6 제1항 등이 시행되지도 못한 채 개정되었고 2005.8.4.부터 개정법이 시행되었으므로 그로 인해 청구인들이 기본권을 현실적으로 침해당하였다고 보기 어렵고, 청구인들에게 종전 실명확인조항의 위헌확인을 청구할 주관적 권리보호의 이익이 없다는 이유로, 헌재 2007.12.27. 2004헌마218에서 각하결정이 내려졌다.

에 있다고 볼 수 있다. 범죄행위, 불법행위 등을 범하는 자에 대한 추적가능성을 높이고 수사에 활용하는 것도 부차적인 목적으로 상정할 수 있으나, 인터넷포털의 회원정보 또는 인터넷이용자의 전기통신역무 이용 사실에 관한 인터넷 로그기록 자료 등은 통신비밀보호법 제2조 제11호 통신사실확인자료에 해당하고, 수사기관의 통신사실확인자료의 열람・제출을 전기통신사업자에게 요청할 수 있는 점(제13조) 등에 비추어 이는 입법목적으로 인정되기 힘들다(황성기 2008, 11~12).

인터넷상의 불법・유해 정보의 규제에 관한 외국 입법례들을 살펴보면, 대체로 '자율규제'에 의해 문제를 해결하고 있고, 본인확인제와 같은 게시판 이용규제를 시행하고 있지는 않다. 인터넷매체의 특성상 그에 대한 내용규제의 방향은 폭력, 외설, 명예훼손, 사생활침해 등에 관한 규제에 한정되는 것이 일반적인 흐름이다(성낙인 2013, 578). 미국 연방대법원은 익명표현의 권리를 수정헌법 제1조에 의해 보호하고 있으며, 프랑스 국가정보자유위원회(La Commission Nationale de l'Informatique et des Libertés)는 자기정보통제권 보호를 위해 익명성을 권장하고 있고, 독일 정보커뮤니케이션위원회(Bundesbeauftragten für den Datenschutz), 영국 정보보호법(Data Protection Act)은 사이버 공간의 익명성을 보장하고 있다(성낙인・허진성 2010, 273~274).

유럽평의회(Council of Europe) 각료위원회(Committee of Ministers)에 의해 2003.5.28. 채택된 '인터넷상에서의 커뮤니케이션의 자유에 관한 선언(Declaration on Freedom of Communication on the Internet)'에서 인터넷상에서의 커뮤니케이션과 관련하여 회원국들이 준수할 원칙 중 하나로 '익명성(Anonymity)'을 제시한다. 온라인감시로부터의 보호와 정보 및 사상의 자유로운 표현을 신장시키기 위하여 회원국들은 자신의 정체를 공개하지 않으려 하는 인터넷이용자의 의사를 존중해야 한다는 점이다.[22)]

(2) 중앙선거관리위원회 입법의견 제출

중앙선거관리위원회는 헌재 2012.8.23. 2010헌마47 등 사건에서 일반 분야에서의 인터넷 실명제(제한적 본인확인제)가 효력을 상실함에 따라 2012.8.24. 전체 위원회의를 개최하여 공직선거법에 규정된 인터넷실명제를 폐지하는 방향으로 공직선거법 개정의견을 제출한 바 있다.[23)]

---

22) Principle 7 Anonymity
In order to ensure protection against online surveillance and to enhance the free expression of information and ideas, member States should respect the will of users of the Internet not to disclose their identity. This does not prevent member States from taking measures and co-operating in order to trace those responsible for criminal acts, in accordance with national law, the Convention for the Protection of Human Rights and Fundamental Freedoms and other international agreements in the fields of justice and the police.
http://www.osce.org/fom/31507?download=true(검색일: 2015.9.1)

23) 중앙선거관리위원회, "공직선거법의 인터넷 실명확인제 등에 관한 입장"(중앙선거관리위원호 보도자료 2012.12.3.); 선관위, 선거법 '인터넷실명제' 폐지 추진(연합뉴스 2012.8.24.자 기사).

중앙선거관리위원회는 "헌재의 위헌결정 효력이 공직선거법에 따른 인터넷 실명확인 규정에까지 미치는 것은 아니지만, 헌재의 위헌결정 취지가 반영되려면 선거에 관한 인터넷실명제도 폐지되는 것이 바람직하다."는 의견을 모았고, 공직선거법에서 인터넷실명제가 폐지되더라도 허위사실공표죄(제250조), 후보자비방죄(제251조) 등 선거법 위반 행위에 대해서는 철저히 조사하여 조치할 계획이라고 밝혔다.

그런데, 헌법재판소가 대상결정에서 공직선거법상 인터넷실명제를 정하고 있는 공직선거법 제82조의6 제1항 등에 대해 합헌결정을 내림에 따라, 중앙선거관리위원회의 입장을 어떻게 설정할 것인지가 문제되게 되었다. 중앙선거관리위원회는 이번 헌법재판소 결정을 존중한다는 입장이지만, 인터넷언론사 등을 대상으로 한 단속 결과 위반 사례들이 거의 없어서 크게 문제될 것은 없다는 취지로 의견을 밝히기도 하였다.[24)]

(3) 국회 공직선거법 개정 추진

국회 정치개혁특별위원회 소위원회는 대상결정이 내려지기 전인 2015.7.28. 인터넷언론사의 실명확인 의무규정 및 관련 규정을 삭제하여 '인터넷 실명확인제'를 폐지하는 내용으로 공직선거법 개정안을 통과시켰고, 대상결정이 내려진 후인 2015.8.18. 전체회의에서 같은 내용으로 의결하였다.[25)] 이는 헌법재판소 대상결정과 정반대로 국회가 개정을 추진하는 것이다. 장차 법제사법위원회, 본회의에서 어떻게 결론이 날 것인지가 문제될 것이다. 대상결정에서 합헌의견 5인, 위헌의견 4인으로 팽팽하게 맞섰고, 2016.4.13. 제20대 국회의원선거를 앞둔 정치적으로 민감한 상황이라 공직선거법상 인터넷실명제 폐지 여부의 문제는 첨예한 쟁점이 될 것으로 전망된다.

이와 같은 상황에서 공직선거법의 주무관서인 중앙선거관리위원회로서는 향후 헌재 결정에 따른 공직선거법 개정 논의과정에서 인터넷실명제 폐지를 중단할 것인지, 아니면 종래 추진해온 공직선거법 개정의견대로 추진할 것인지 입장을 정해야 한다. 국회에서의 논의에 중앙선거관리위원회 입장이 반영될 것이므로 중앙선거관리위원회의 입장 결정은 중요한 의미를 가질 것이다.

Ⅳ. 결　　어

공직선거법 제82조의6은 인터넷언론사에 대하여 이용자의 실명확인(인증) 조치, 실명인증 표시 조치, 실명인증 표시 없는 게시물 삭제라는 세 가지 의무를 부과한다. 이를 위반하면 같은 법 제261조에 따른 과태료가 부과된다. 인터넷언론사의 의무로 인하여 정당・후보자에

24) 실명제폐지 추진해온 선관위 '머쓱'…"헌재결정 존중"(연합뉴스 2015.7.30.자 기사).
25) 정개특위 '선거운동기간 인터넷실명제 폐지 법안' 의결(연합뉴스 2015.8.18.자 기사).

대한 지지·반대의 글 등을 올리고자 하는 이용자는 실명인증 후 게시물을 올릴 수 있으며, 이러한 과정을 거치지 아니하면 글 등은 삭제될 수밖에 없다.

헌법재판소는 대상결정에서 이와 같이 선거운동기간 중 인터넷언론사 게시판에 정당이나 후보자에 대한 지지나 반대의 정보를 익명으로 게시하는 경우 인터넷언론사로 하여금 실명확인 조치를 하도록 정한 공직선거법 제82조의6 제1항 등에 대하여 합헌의견 5인, 위헌의견 4인이 나왔고, 위헌의결정족수 6인에 미달되어 합헌으로 결정하였다.

이는 지난 2010년 선거운동기간 중 인터넷 언론사 게시판에 정당이나 후보자에 대한 글을 올릴 경우 실명확인 절차를 거치게 한 위 법률조항에 대해 합헌의견 7인, 위헌의견 2인으로 결정한 것을 확인한 결정이지만, 정보통신망법 제44조의5 제1항 등에 대해 재판관 8인 전원 위헌결정을 내린 것과는 다른 취지의 결론을 내린 것이다.

헌재 2010헌마47 등 결정에서는 익명표현의 자유의 의의에 관하여 외부의 압력에 굴복하지 아니하고 자신의 생각과 사상을 자유롭게 표출·전파하여 국가권력이사 사회의 다수의견에 대한 비판을 가능케 하며, 이를 통해 정치적·사회적 약자의 의사 역시 국가의 정책결정에 반영될 가능성을 열어준다고 하였다.

인터넷공간의 익명표현은 인터넷의 정보전달의 신속성 및 상호성과 결합하여 현실공간에서의 경제력이나 권력에 의한 위계구조를 극복하여 계층, 지위, 나이, 성 등으로부터 자유로운 여론을 형성하고 다양한 국민의사를 평등하게 반영하여 민주주의 발전에 기여할 수 있다. 인터넷 매체의 특성 중의 하나가 익명성이라는 점을 감안하면 온라인상 익명표현의 자유는 충실히 보장되어야 한다.

정치적 표현의 자유는 인터넷공간이라는 공론의 장에서 활발하게 실현될 수 있다. 선거에 관한 의견개진, 선거운동기간 중 정당·후보자에 대한 지지·반대의 의사표시는 상업적 언론이나 개인적 관심사에 관한 언론보다 폭넓게 인정되어야 한다. 정치적 표현이 인터넷이라는 열린 공간에서 수렴되고 다수의사로 결집·형성되어 대표자 선출로 나아가는 과정에서 민주주의의 이상에 다가갈 수 있을 것이다.

선거의 공정은 선거의 자유와 상충되는 가치가 아니라 상호 보완적인 점, 표현의 자유는 최대한 보장되어야 하는 점, 선거운동기간 중에는 특별히 의사표현과 정보교류의 활성화가 요구되는 점, 실명확인에 따른 위축효과가 우려되는 점, 대한민국 민주정치의 성숙도 등을 종합적으로 감안하면, 대상결정의 반대의견이 설득력이 있어 보인다. 아울러 공직선거법상 인터넷실명제는 향후 보다 덜 제한적인 방향으로 개정되는 것이 타당하다고 생각한다.

20. 선거주기 변경을 위한 헌법개정에 관한 연구

김 정 현*

Ⅰ. 서 설

대통령은 2018년 6월 13일 실시예정인 제7차 전국동시지방선거 때 헌법개정을 위한 국민투표를 함께 실시하고자 개헌안을 발의하였다. 이는 대통령 직속 '국민헌법자문특별위원회'의 개헌안을 바탕으로 하였다. 한편, 각 정당도 개헌안을 발표했거나 준비 중인 상황이다. 자유한국당은 2018년 4월 3일 자체 개헌안을 발표했고, 바른미래당 · 민주평화당 · 정의당은 공동으로 개헌안을 만들 예정이다. 더불어민주당은 지난 2월 2일 대통령제를 근간으로 하는 개헌안을 당론으로 확정했으나, 구체적인 내용은 미정이다.

대통령과 각 정당이 개헌 논의에 박차를 가하고 있지만, 시기와 구체적인 내용에 대해서는 합의를 도출하지 못하고 있기에 개헌이 실제로 가능할지는 미지수이다. 특히 정부형태에 대해서는 정파 간의 입장이 확연하게 다르다. 대통령 개헌안은 대통령 4년 연임제를 채택하고 있지만, 자유한국당은 분권형 대통령제를 지향하고 있다. 바른미래당 · 민주평화당 · 정의당, 즉 야3당은 국회의 국무총리추천제를 근간으로 하겠다고 밝히고 있다. 하지만 권력구조에 영향을 미치는 헌법상 제도는 정부형태와 선거주기라고 할 수 있는데, 선거주기에 관한 논의는 중요하게 다루어지지 않고 있다. 대통령 개헌안이 대통령에 대한 통제를 강화하기 위해 중간선거를 제도화하겠다고 밝힌 정도가 전부이다.

민주적 정당성이 이원화되어 있는 대통령제와 이원정부제(또는 분권형 대통령제)에서는 대통령선거와 의원선거의 선거주기가 중요한 헌법적 쟁점이 된다. 선거주기에 따라 각 정당의 의회 내 의석분포가 달라질 수 있고, 이는 입법부와 행정부의 관계를 설정하는 데 있어서 중요한 요인으로 작용하기 때문이다. 즉, 정부형태의 변경만큼 선거주기의 문제도 권력구조와 관련한 개헌 논의에 있어서 중요한 사안임에도 불구하고, 이에 관한 연구는[1] 상대적으로 부족하다는 문제의식에서 본 연구는 출발했다. 따라서 본 연구는 선거주기에 관한 헌법적 논의와 선거주기에 관한 비교법적 검토를 진행하고, 한국에서의 선거주기의 개헌방향을 제시하고자 한다.

---

* 전북대학교 사범대학 일반사회과 교수

1) 선거주기에 관한 국내의 대표적 연구로는 음선필, "대통령선거 및 국회의원선거의 선거주기-정치권력의 시간적 배분-", 「헌법학연구」, 제13권 제1호, 2007; 정태호, "대통령 임기제 개헌의 필요성과 정당성", 「헌법학연구」, 제13권 제1호, 2007.

Ⅱ. 선거주기에 관한 헌법적 접근

1. 정부형태와 선거주기

선거주기는 임기제를 기본으로 하는 선거에 있어서 선거간의 시간적 간격을 의미한다. 이와 같은 선거주기에 따라 정치권력의 교체와 대의기관에 대한 민주적 정당성의 부여가 반복된다. 하나의 선거만으로 대의기관을 구성하는 헌정체제에서는 선거주기가 임기갱신 이상의 의미를 갖기 힘들다. 반면에 두 개의 선거를 통해 대의기관을 구성하는 헌정체제에서는 선거주기는 다양한 의미를 갖게 된다. 즉, 양 선거주기의 일치와 불일치에 따라 대의기관의 관계에 많은 차이점이 생길 수 있다.

이러한 선거주기는 정부형태와 밀접한 연관이 있다. 잘 알려진 바와 같이 정부형태는 크게 세 가지로 분류된다. 대통령이 행정부를 구성하며, 행정부와 의회가 엄격하게 분리되는 대통령제 · 의회가 행정부를 구성하는 의원내각제 · 대통령과 의회가 공동으로 행정부를 구성하는 이원정부제[2]이다. 민주적 정당성의 일원화가 특징인 의원내각제에서는 의회선거만으로 행정부의 구성까지 함께 이루어진다. 의원내각제에서 국가원수는 국왕 또는 대통령이지만, 대통령도 간선에 따라 선출하기 때문에[3] 의회선거만 국민의 직접선거로 실시된다. 반면에 대통령제와 이원정부제에서는 대통령선거와 의회선거가 별도로 실시된다. 이원정부제 국가에서 대통령의 헌법상 · 실제상 권한 정도[4]에는 차이가 있을 수 있지만, 국민이 대통령을 직접 선출한다는 점은 공통적이다.

따라서 의원내각제에서는 선거주기의 일치 또는 불일치라는 개념자체가 성립할 수 없다. 그러나 민주적 정당성이 이원화되어 있는 대통령제와 이원정부제에서는 선거주기의 일치 또는 불일치의 개념이 성립한다. 결국 선거주기의 일치와 불일치는 대통령선거와 의회선거의 간격에 관한 문제이다. 그러므로 선거주기가 헌법적 쟁점이 되는 국가들은 대통령제 또는 이

---

2) 이원정부제의 구조에 대한 자세한 논의는 김정현, 「이원정부제」(서울: 금붕어, 2009), 15-24쪽 참조. 이원정부제의 개념적 요소와 구조에 대해서는 학자에 따라 다양한 입장을 개진하고 있지만, 민주적 정당성이 이원화되어 있어 대통령선거와 의회선거가 별도로 실시되고, 대통령과 의회가 행정부의 구성에 공동으로 참여한다는 점에서는 큰 차이가 없다.

3) 의원내각제 국가 중 대통령을 두고 있는 대표적인 국가는 독일과 이탈리아이다. 독일은 연방기본법 제54조 제1항에 따라 연방의회가 대통령을 선출하고, 이탈리아 헌법 제83조 제1항은 양원합동회의에서 대통령을 선출하도록 규정하고 있다.

4) 이원정부제 대통령의 헌법상 권한과 실제상 권한의 차이점에 관한 자세한 내용은 Maurice Duverger, “A New Political System Model: Semi-Presidential Government”, in Arent Lijphart, *Parliamentary versus Presidential Government*(New york: Oxford University Press, 1992), p. 147 참조. 이에 따르면 헌법상 권한의 강한 정도는 핀란드>아이슬란드>바이마르공화국>포르투갈>오스트리아>프랑스>아일랜드이지만, 실제상 권한의 강한 정도는 프랑스>핀란드>바이마르공화국>포르투갈>오스트리아>아일랜드>아이슬란드 순이라고 한다.

원정부제를 채택한 국가들이며, 대통령제국가들은 미국 외에 주로 라틴아메리카에 분포해 있고, 한국 등의 일부 아시아 국가들도 해당된다. 이원정부제는 프랑스를 비롯한 서유럽 몇몇 국가 외에도 구 공산국가들 중 상당수의 국가[5]들이 민주화 과정에서 채택하였다.[6] 이하에서 논의하는 '선거주기'는 대통령선거와 의회선거의 주기 일치여부에 관한 문제에 초점을 맞추기로 하고, 연구대상국가들도 대통령제국가와 이원정부제국가들로 한정한다. 이원정부제로 분류할 수 있는 국가들 중에도 오스트리아와 아이슬란드처럼[7] 대통령의 권한과 지위가 의원내각제에서의 대통령과 실질적인 차이가 없는 국가는 연구대상에서 제외하였다.

2. 선거주기의 유형

선거주기는 기존의 정치적 대표를 통제하고 새로운 정치적 대표에 대해서는 정당성을 부여하는 것이라고 할 수 있다.[8] 선거주기의 유형은 관점에 따라 다른 분류가 가능하다. 대통령선거와 의회선거의 선거시점의 일치여부에 따라 동일주기·별도주기·혼합주기 세 가지로 분류하는 입장이 있고,[9] 동시선거(concurrent election)와 비동시선거(non-concurrent election)로 나눈 후 비동시선거를 신혼선거(honeymoon election)·황혼선거(counterhoneymoon election)·중간선거(midterm electioin)로 구분하는 입장이 있다.[10] 즉, 후자의 입장에 따르면 대통령선거와 의회선거가 동시에 실시되는 동시선거, 대통령 임기 초반에 의회선거가 실시되는 신혼선거, 대통령 임기 후반에 의회선거가 실시되는 황혼선거, 대통령 임기 중반에 의회선거가 실시되는 중간선거 네 가지로 분류된다.

후자의 분류에 따를 경우 이하에서 설명하는 별도주기에 해당하는 국가들은 비동시선거에 해당하는 세 가지 유형에 모두 해당한다. 그러나 동시선거와 비동시선거 중 하나인 신혼선거는 대통령 소속정당이 상대적으로 유리하다는 점에서 유사한 측면이 많고, 별도주기에서는 비동시선거의 신혼선거·중간선거·황혼선거가 혼재해 나타나게 된다. 따라서 유형구분을 하는 데 있어서 전자의 구분법이 보다 더 명확하다고 판단해 이하의 논의는 전자의 입장에 따라 선거주기의 유형을 세 가지로 분류하고자 한다.

---

5) 이원정부제를 채택한 국가에 대하여는 다양한 논쟁이 있고, 이에 관한 자세한 논의는 김정현, 앞의 책(주 2), 25-29쪽 참조.

6) 정부형태의 대륙별 분포에 관한 자세한 내용은 Matthew Søberg Shugart, "Comparative Executive-Legislative Relations", in R. A. W. Rhodes/Sarah A. Binder/Bert A. Rockman(eds.), *The Oxford Handbook of Political Institutions* (New York: Oxford University Press, 2006), pp. 351-352 참조.

7) Maurice Duverger, 앞의 글, 143쪽에 따르면 오스트리아·아이슬란드·아일랜드의 대통령은 명목상의 국가원수에 가깝고, 이들 국가의 헌정실제는 의원내각제와 유사하다고 설명하고 있다.

8) 음선필, 앞의 글(주 1), 112쪽.

9) 이하의 분류는 위의 글, 114쪽 참고.

10) Matthew Soberg Shugart./John M. Carey, *Presidents and Assemblies: Constitutional Design and Electoral Dynamics*(New York: Cambridge University Press, 1992), pp. 261-269.

첫째, 대통령선거와 의원선거의 주기가 같아 선거시점이 동일한 경우인 동일주기(concurrent electoral cycle)이다. 이는 대통령과 의회의원의 임기가 같고 선거의 실시시기가 동일해 양자의 선거주기가 일치하는 경우를 의미한다. 선거주기의 일치가 대통령선거와 의원선거의 동시 실시를 의미하진 않는다. 양 선거가 근접한 시기에 실시되는 경우도 동일주기에 포함시켰다.[11] 대표적인 예로는 2002년 이후에 실시된 프랑스의 대통령선거와 의회선거를 들 수 있다.[12] 프랑스에서는 대통령과 하원의 임기가 5년으로 동일하다. 그리고 브라질의 경우 대통령과 하원의원의 임기는 4년이고, 상원의원의 임기는 8년으로 양 선거의 시기는 일치한다.[13]

둘째, 대통령선거와 의원선거의 주기가 달라서 각기 별도의 시점에 양선거가 실시되는 경우인 별도주기(non-concurrent electoral cycle)이다. 대표적인 예로는 한국(5년 임기의 대통령 선거와 4년 임기의 의회선거), 2002년 이전의 프랑스(7년 임기의 대통령 선거와 5년 임기의 하원 의원선거), 핀란드(6년 임기의 대통령 선거와 4년 임기의 의회선거)가 있다. 이러한 선거주기에 따를 경우에는 양 선거는 각각의 임기에 따라 선거가 실시되고, 일정한 때에만 같은 해에 선거가 실시된다.

셋째, 대통령선거와 의원선거의 주기가 다르지만, 부분적으로 양선거가 동일시점에 실시되도록 선거시점을 기술적으로 일치시켜 놓은 경우인 혼합주기(mixed cycle of concurrent/non-concurrent elections)가 있다. 가장 대표적인 국가로는 미국이 있다. 미국은 대통령의 임기는 4년이지만, 하원의원의 임기는 2년, 상원의원의 임기는 6년이다. 따라서 2년마다 3분의 1씩 선출되는 상원의원선거와 2년마다 선출하는 하원의원선거가 대통령선거와 동시에 실시되거나 대통령임기 중반에 중간선거로 실시된다. 그리고 멕시코의 경우 대통령과 상원의원의 임기는 6년이고, 하원의원의 임기가 3년이어서 대통령 임기 중반에 하원의원의 선거가 실시된다.

이하의 선거주기에 관한 비교법적 검토는 선거주기의 유형에 따라 분류해 각 유형별 대표국가에 대해서 진행하고자 한다. 이를 통해 선거주기의 유형에 따른 공통점과 차이점을 정확하게 알기 위해서이다.

---

11) 가령 프랑스의 경우 대통령선거일과 국민의회선거일간의 시간적 간격이 1달 정도이다. 2012년 선거일정을 보면, 대통령 선거 1차투표는 4월 22일, 2차투표는 5월 6일이었고, 국민의회선거일은 1차투표 6월 10일, 2차투표 6월 17일이었다.

12) 프랑스는 2000년 9월 개헌을 통해 대통령의 임기가 7년에서 5년으로 단축함으로써 대통령선거와 의원선거의 주기를 일치시켰다.

13) 브라질의 2010년 선거일정을 보면, 대통령선거일은 10월 3일 1차투표, 10월 31일 2차투표였고, 의원선거일은 10월 3일이었다. 프랑스와 달리 양 선거를 동시실시한다.

〈표 1〉 선거주기의 유형과 해당국가

유형	국 가	대통령선거주기/의회선거주기
동일주기	2002년 이후 프랑스	5년/5년
	브라질	4년/4년(상원 8년)
	2005년 이후의 대만	4년/4년
별도주기	한국	5년/4년
	2002년 이전의 프랑스	7년/5년
	핀란드	6년/4년
	2005년 이전의 대만	4년/3년
혼합주기	미국	4년/2년(상원 6년)
	멕시코	6년/3년(상원 6년)
	아르헨티나	4년/4년(하원의원 절반씩 2년마다 선출)
	필리핀	6년/3년(상원 6년)

Ⅲ. 선거주기에 관한 비교법적 검토

1. 동일주기

동일주기는 대통령선거와 의원선거의 주기가 같아 선거시점이 일치하는 경우를 의미한다. 동일주기가 동시선거에 한정되는 것은 아니며, 동시선거뿐만 아니라 양 선거의 시간적 간격이 근접한 경우까지 아울러 신혼선거와 황혼선거도 동일주기에 포함시켜 분류했다. 2002년 이후의 프랑스와 브라질이 대표적이다.

(1) 2002년 이후의 프랑스

1962년 헌법개정으로 대통령직선제가 처음 도입되었을 때의 임기는 7년이었다. 이에 대해서는 1958년 제5공화국이 출범한 이래 대통령과 국회의원의 임기(5년)의 불일치로 인해 좌우동거정부가 세 차례나 출현한 원인이 되었다는 비판이 있었다. 좌우동거정부에 대해서는 다양한 평가가 있을 수 있겠으나,[14] 동거정부하에서 좌파 대통령－우파 총리, 우파 대통령－좌파 총리의 정치적 갈등이 존재했던 것은 사실이다. 이는 헌법개정의 원동력이 되었고, 2000년 9월 24일에 실시된 국민투표에서 73.2%라는 압도적 찬성으로 개헌이 이루어졌다.[15]

---

14) 본 논문은 선거주기에 관한 연구이므로 프랑스 동거정부에 대한 상세한 평가는 차치하기로 한다. 프랑스 동거정부에 대한 자세한 사항은 成樂寅, “프랑스 第5共和國 憲法體制下의 同居政府論의 展開”, 「法曹」, 37, 12, 1988.; 鄭在晃, “프랑스에서의 同居政府에 대한 憲法的 一考察, 「公法研究」, 第27輯 第1號, 1999.; 金榮一, “프랑스 同居政府의 成立背景과 特性”, 「입법조사연구」, 242호, 1996.; 金在協, “프랑스 同居政府에 관한 研究”, 「法曹」, 517, 1999. 등 참조.

15) Colette Ysmal, “France”, *European Journal of Political Research*, Vol. 40 No. 3 · 4, 2001, p. 302.

대통령의 임기를 단축하는 2000년 헌법개정이 쉽게 이루어졌던 것은 아니었다. 1995년 대통령선거에서 Jospin 사회당 후보가 대통령 임기 단축을 내용으로 하는 개헌을 선거공약으로 내세웠으나, 개헌에 반대하던 Chirac 대통령의 당선으로 대통령 임기 단축은 유야무야 되었다.[16] 이후 1997년부터 시작된 동거정부에서 총리가 된 Jospin은 1999년 다시 개헌론을 제기했고, Chirac 대통령과 팽팽한 설전이 이어졌다. 그 이면에는 양측의 정치적 계산이 자리잡고 있었다. Jospin 총리는 대통령 임기를 단축해 대통령선거를 먼저 실시할 경우 현직 총리의 신분으로 대통령 선거에서 승기를 잡을 것으로 판단했고, Chirac 대통령은 다가오는 의회선거에서 우파의 승리를 이끈 후 대통령선거에서 유리한 고지를 점하고자 했다. 양자의 지지율이 엇비슷했기에 엇갈리는 전략적 판단을 할 수 있었다.[17] 우파가 압도적인 다수를 차지한 상원은 헌법개정안의 의결을 지연시켰으나, 2000년 국민의회에서 최종적으로 의결한 후 개헌에 찬성하는 국민적 여론에 힘입어 최종적으로 국민투표에서 헌법개정을 확정지었다.[18]

개정헌법은 대통령의 임기를 5년으로 단축했고(헌법 제6조 제1항), 5년의 임기조항은 재선에 성공해 2002년부터 두 번째 임기를 시작하게 된 Chirac 대통령부터 적용되었다. 이후 2008년 헌법개정을 통해 대통령은 한 번만의 연임만 가능하도록 만들었다(헌법 제6조 제2항). 2008년 이전의 헌법은 연임제한 규정이 없었다. 즉, 헌법규범적으로는 대통령의 연임이 무제한으로 허용되었다.[19]

프랑스는 양원제를 채택하고 있으나, 상원의 선출은 국민의 직선에 의해 이루어지는 것이 아니기 때문에[20] 선거주기의 문제는 하원에 한정해서 발생한다. 하원, 즉 국민의회의원의 임기는 5년이다. 따라서 대통령이 헌법 제12조에 근거한 국민의회해산권을 발동하지 않는 한 그 임기는 지속된다. 단, 총선거 후 1년 이내에는 다시 국민의회를 해산할 수 없으므로(헌법 제12조 제5항) 한번 당선되면 적어도 1년 이상의 임기는 보장된다.

2002년 이후 대통령선거와 하원선거가 약 한달 간격으로 실시되었고, 2002년, 2007년, 2012년 세 차례의 대통령선거와 하원의원선거가 시행되었다. 2002년에는 Chirac 대통령이

16) Colette Ysmal, 앞의 글, 305쪽.

17) Bruno Jerôme/Veronique Jerôme-Speziari/Michael S. Lewis-Beck, "Reordering the French Calendar: Fostering the consequences for 2002", *European Journal of Political Research*, Vol. 42 No. 3, 2003, p. 426.

18) Colette Ysmal, 앞의 글, 305쪽에 따르면 Chirac 대통령은 개헌에 적극적으로 반대했으나, 우파 출신의 전직 대통령 d'Estaing을 비롯한 우파 정치인들이 개헌론에 동조하자 입장을 바꿨다고 한다. 결국 그는 7년 임기가 현대민주주의의 관점에서 길다고 인정하며, 5년 임기가 민주주의의 현재 표준에 더 부합한다고 밝혔다.

19) 헌법은 무제한 연임을 허용했어도 3차례 연임한 대통령은 없었고, 최장기간 재직한 대통령은 Mitterrand이었다. 7년 임기 시절 한 차례 연임에 성공해 14년 동안 재임하였다. Chirac는 7년(1995년-2002년)과 5년(2002년-2007년)동안 각각 재임하여 총 12년 동안 재직하였으나, 인기하락으로 인해 2007년 3선 도전을 포기했다.

20) 프랑스헌법 제24조 제4항은 상원의원의 간접선거와 지방자치단체의 대표성에 대하여 규정하고 있다.

이끄는 국민운동연합(UMP)이 하원의원선거에서 승리했고, 이와 같은 결과는 2007년 선거에서도 그대로 이어져 우파연합이 Sarkozy 대통령을 당선시키는 한편, 의회다수파를 차지했다. 이후 2012년에는 사회당이 대통령직과 하원다수파를 동시에 차지함으로써 행정부와 의회의 권력의 교체를 이룩했다. 한 정파가 행정부권력과 의회권력을 모두 갖는 것이 연이어지고 있다.

2002년 헌법개정 이래로 대통령이 국민의회해산권을 행사한 적은 없으나, 대통령이 과거 다섯 차례나(1962년 · 1968년 · 1981년 · 1988년 · 1997년) 행사한 적이 있었던 국민의회해산권을 단행할 경우 현재의 선거주기에는 변화가 불가피하다. 선거주기가 변화했을 때 향후 선거결과는 다른 양상으로 바뀔 가능성이 있다.

한편, 엄밀하게 말하면 2002년과 2007년의 경우와 달리 2012년의 좌파정권은 사회당 단독집권은 아니다. 사회당의 의석수는 전체 577석 중 280석을 차지해 과반의석에 미달하지만 녹색당 등 다른 좌파정당과 연합해 연립정부를 구성하고 있다. 프랑스에서는 의회선거에서 결선투표제를 채택하고 있기 때문에 2차 투표를 앞두고 정당간의 연합이 활발하게 이루어지고 있다. 따라서 2002년과 2007년에도 국민운동연합이 단독으로 과반의석을 차지하기는 했지만, 정부구성에는 다른 우파정당들이 함께 참여했다. 즉, 프랑스에서는 선거연합을 통한 연립정부의 구성이 일반적이라고 볼 수 있다.[21]

(2) 브라질

브라질의 대통령과 부통령 선거는 동시에 하는 것이 원칙이며(헌법 제77조), 1차 투표에서 절대다수표를 얻은 후보가 없다면, 선거결과의 발표 20일 이내에 최고득표자 두 명을 대상으로 유효득표의 다수표를 얻는 2차 투표를 실시해야 한다(동조 제3항). 즉, 결선투표를 통해 대통령을 선출하는 것이다. 이렇게 선출된 대통령의 임기는 4년이며, 임기는 선거 연도의 다음해 1월 1일부터 시작한다(헌법 제82조).

1997년 개헌 이전에는 대통령의 임기는 4년 단임이었으나, 1997년 6월 대통령, 주지사 및 시장의 재임허용 헌법개정안이 의회에서 최종 가결됨에 따라 중임이 가능해졌다.[22] 즉, 4년 중임의 정부통령제를 채택하고 있다.

하원은 각 주와 직할지, 그리고 연방자치구에서 비례대표제에 따라 선출된다(동법 제45

21) Jean-Louis Thiébault, "Forming and Maintaining Government Coalitions in the Fifth Republic" in Wolfgang C. Müller/Kaare Strøm, *Coalition Governments in Western Europe* (New York: Oxford University Press, 2003), pp. 503-504에 따르면, 프랑스에서는 선거연합과정에서 연립정부구성에 관한 정당간의 협상이 어느 정도 이루어지기 때문에 선거가 끝나고 연립정부가 구성되는 기간은 매우 짧은 편이다. 평균적으로 2일 정도가 소요되며, 예외적으로 1962년 Pompidou 총리 정부구성 때 10일, 1973년에 Messmer 총리 정부구성 때 11일이 소요되었다. 그리고 연립정부의 구성이 실패하는 경우는 매우 드물다. 1959년부터 1999년까지의 기간 동안 선거연합에 참여했던 정당들이 연립정부를 구성하는 데 실패한 사례는 단 세 번에 불과하다.

22) 김정현, "대통령 결선투표제에 관한 고찰", 「법학논고」, 제40집, 2012. 175쪽.

조). 임기는 4년이다. 하원의원의 피선거권은 21세 이상의 브라질 국적자에게 주어진다(동법 제14조 제3항 제6호 c). 상원은 다수대표제에 따라 선출된 주 및 연방자치구의 대표들로 구성된다(헌법 제46조). 주와 연방자치구에서 각각 3명씩 선출하고, 임기는 8년이다(동조 제1항). 4년마다 3분의 1 또는 3분의 2씩 교체한다(동법 제45조 제2항). 선거방식은 다수결의 원칙에 따라 직접·비밀선거에 의해 선출한다. 상원의원의 피선거권은 35세 이상의 브라질 국적자이다(동법 제14조 제3항 제6호 a).

그러나 브라질의 하원의원은 비례대표제에 따라 선출되고, 이로 인해 정당구도는 매우 파편화된 다당제이다.[23)] 이와 같은 다당제는 1979년 민주화가 시작되면서 양당제가 사실상 와해된 이후에 지속되고 있다.[24)] 정당정치의 전통이 전무하다보니 선거 때마다 급조된 신생 정당이 탄생하거나 기존 정당이 이합집산을 거듭해오고 있다.[25)]

2010년 선거결과를 보면, 하원에 진출한 정당만 23개이고 대통령 소속당인 노동당은 전체 513석의 17.1%에 해당하는 88석을 차지하는 데 그쳤다. 이와 같은 정당구도에서 정당간의 연립정치는 불가피할 수밖에 없다. 2014년 선거결과에서도 대통령 소속당은 68석에 불과했다.

따라서 브라질에서는 의원내각제의 연립정부와 유사한 방식으로 정부를 구성해 내각에 다른 정당을 참여시킨다.[26)] 현재 9개의 정당이 연립정부를 구성해 29명의 장관직을 7개 정당이 배분하고 있는 실정이다.[27)]

브라질의 집권당은 의회 내에서 소수당이어서 대통령이 의회다수파의 안정적인 지지를 확보하지 못하는 것이 일반적이다.[28)] 대통령은 자신이 추구하고자 하는 정책을 입법화하기 위해서는 의회의 지지를 얻어야 하는데, 브라질의 파편화된 다당제에서는 쉬운 일이 아니다. 따라서 대통령은 정당간의 연립정치를 통해 의회다수파의 지지를 확보하고자 하는 한편, 개별의원들에 대한 설득을 병행하기도 한다. 이를 위해 인사상 혜택과 각종 지원책이 사용되기도 한다.[29)]

---

23) Scott Mainwaring, “Multipartism, Robust Federalism, and Presidentialism in Brazil”, in Scott Mainwaring/ Matthew Soberg Shugart, *Presidentialism and democracy in Latin America*,(Cambridge; New York: Cambridge University Press, 1997), p. 67에 따르면 브라질 주요 정당들의 이념적 성향은 노동당((PT, 좌파)-브라질사회민주당(PSDB)·민주노동당(PDT, 중도좌파)-브라질민주운동당(PMDB, 중도)-브라질노동당(PTB, 중도우파)이라고 한다.

24) 상기 설명한 브라질의 주요 정당들은 대체로 민주화 이행과정의 1980년 무렵부터 창당되었다는 공통된 특징을 지니고 있는데, 이는 1979년 민주화 과정에서 양당제가 붕괴된 것과 밀접한 연관이 있다.

25) 김정현, “라틴아메리카 대통령제에 대한 재평가-브라질 대통령제를 중심으로-”, 「법학논총」, 제37권 제1호, 2013. 52쪽.

26) 위의 글, 52쪽.

27) 위키피디아, 브라질의 내각, http://en.wikipedia.org/wiki/Cabinet_of_Brazil (최종접속 2018.4.1.)

28) Scott Mainwaring, 앞의 글(주 23), 66쪽.

2. 별도주기

별도주기는 대통령선거와 의원선거의 주기가 달라서 각기 별도의 시점에 양선거가 실시되는 경우를 의미한다. 2002년 이전의 프랑스와 핀란드가 대표적이다.

(1) 2002년 이전의 프랑스

2000년 개헌 이전의 프랑스에서는 대통령의 임기는 7년이고, 하원의원의 임기는 5년이어서 양 선거의 주기가 불일치했다. 즉, 별도주기에 따라 양 선거가 실시되었다. 이로 인해 대통령임기 중 의원선거가 실시되었고, 임기 중 실시되는 시점은 불규칙했다. 양선거의 주기가 일치하기 위해서는 35년이 소요되기 때문이었다.

프랑스에서는 1986년 3월부터 1988년 5월 사이에 제1차 동거정부, 1993년 3월부터 1995년 5월 사이에 제2차 동거정부, 1997년 6월부터 2002년 5월까지 제3차 동거정부를 경험했다. 미국 대통령제의 분점정부가 대통령 임기 초반에도 등장했던 것과 달리 프랑스의 동거정부는 대통령의 임기 중에만 발생했다.

제1차 동거정부는 집권 5년차 선거였던 1986년 총선거에서 사회당이 패배함으로써 구성되었고, 제2차 동거정부도 집권 5년차 선거였던 1993년 총선거에서 사회당이 대패하면서 출범했다. 제3차 동거정부는 집권 2년차 선거였던 1997년 총선거에서 대통령 소속정당이었던 공화국연합(RPR)이 무려 103석을 잃는 참패를 겪게 되면서 구성되었다.

프랑스에서의 동거정부는 의원내각제의 연립정부와는 다른 의미이다. 의원내각제에서는 특정 정당이 의회 내에서 안정적인 의석을 확보하지 못했을 때 정당간의 연합을 통해 연립정부를 구성하는 것이 일반적이다. 그러나 프랑스에서는 한 정당이 의회의 다수파가 되었음에도 불구하고 연립정부가 구성되는 경우가 있다. 결선투표제를 채택하고 있는[30] 프랑스에서는 선거연합이 결성되는 경우가 많은데, 선거연합에 참여한 정당들은 의회 선거 후 정부에 참여하게 된다. 가령, 1981년 선거에서 사회당은 단독으로 의회의 과반수 이상을 차지하는 압승을 거뒀지만, 공산당과 선거연합을 결성했었기 때문에 1981년부터 1984년까지의 시기 동안 공산당이 연립정부에 참여하였다.[31]

따라서 프랑스에서의 동거정부는 연립정부보다는 좁은 개념으로 보아야 할 것이고, 좌우

---

29) 위의 글, 56쪽.

30) Robert Elgie, "'Cohabitaion': Divided Government French-Style", in Robert Elgie(ed.), *Divided Government in Comparative Perspective*(New York: Oxford University Press, 2001), p. 115에 따르면 결선투표제가 동거정부 발생의 원인이 된다고 본다. 1986년 · 1993년과 달리 1997년 총선거의 경우에는 2회제 다수대표제가 동거정부 발생의 결정적인 원인이라는 것이다. 실제 1997년 국민의회선거 결과를 보면, 총 47.79%를 득표해 총 320석을 얻은 반면에, 우파정당들은 총 46.02%를 득표했음에도 253석을 차지하는 데 그쳤다. 결선투표제가 동거정부 등장에 주요한 원인이 되었음을 알 수 있는 부분이다.

31) 金廷泫, "分占政府에 관한 憲法的 硏究", 博士學位論文, 서울大學校大學院, 2011, 78쪽.

정치세력의 연합에 의해 연립정부가 구성되는 것으로 한정하는 것이 보다 더 정확할 것이다. 이는 의원내각제 국가에서 좌파정당과 우파정당의 연합해 연립정부를 구성하는 '대연정(grand coalition)'과 유사하다.

반면에 대통령이 의회다수파의 지지를 얻지 못한다고 해서, 반드시 동거정부가 구성되는 것도 아니다. 가령, Mitterrand 대통령이 1988년에 재선에 성공한 이후 1993년까지 5년 동안의 시기가 대표적이다. 동 기간 동안 대통령과 정부는 동일한 정당 또는 정치연합 소속이었지만, 하원에서 소수파에 불과했다. 하지만 정부는 헌법적 권한을 행사하며, 상당한 수의 법안을 의회에서 통과시켰다. 이 과정에서 무소속의원과 반대당의 동조자들과의 정치적인 교섭이 이루어지기도 했다. 대통령이 하원의 지지를 얻지 못한다고 해서 반드시 정국의 교착상태로 이어졌던 것은 아니었다.[32)]

(2) 핀란드

대통령은 6년 임기로 직접선거에 의해 선출되며, 1차례 연임이 가능하다(헌법 제54조 제1항). 어느 후보도 투표권자 과반수의 지지를 얻지 못하면, 2차 투표가 다수득표자 2인을 대상으로 실시된다. 결선투표에서 최다득표자가 대통령으로 선출된다. 대통령 후보자가 1인일 경우, 별도의 투표 절차 없이 대통령으로 임명된다(동조 제2항).

핀란드 의회는 단원제로 이루어진다(헌법 제24조). 의회는 국민의 직접・비례・비밀선거로 선출되는 임기 4년의 200명의 의원들로 구성된다(헌법 제24조・제25조). 현재 전국을 15개로 분할하고 있고 이 선거구로부터 총 200명의 의원을 선출하게 된다.

15개의 선거구는 한 명의 의원을 선출하는 선거구 1개와 여러 명의 의원을 선출하는 선거구 14개로 구성되는데, 한 명의 의원을 선출하지만 정당이 후보자를 공천할 수 없는 선거구(Åland)는 인구에 관계없이 한 석을 부여받고, 나머지 14개의 선거구는 인구수에 비례하여 199명의 의원이 배정된다.[33)]

대통령의 임기는 6년이고, 의원의 임기는 4년이어서 대통령 임기 중 의회선거를 실시하게 된다. 24년마다 주기가 반복되는 구조다. 핀란드의 정당제는 의회선거가 비례대표제에 따르다보니 파편화된 다당제의 특성을 갖는다.[34)] 이로 인해 특정 정당이 안정적인 과반수 의석

---

32) Robert Elgie, 앞의 글(주 30), 111쪽.

33) Tapio Raunio/Matti Wiberg, "Finland: Polarized Pluralism in the Shadow of Strong President", in Kaare Strøm/Wolfgang C. Müller/Torbjörn Bergman(eds.), *Delegation and Accountability in Parliamentary Democracies*(New York: Oxford University Press, 2008), p. 305.

34) Jaakko Nousiainen, "Finland: The Consolidation of Parliamentary Governance", in Wolfgang C. Müller/Kaare Strøm, *Coalition Governments in Western Europe* (New York: Oxford University Press, 2003), p. 264에 따르면 핀란드의 주요 정당은 전형적인 스칸다나비아 정당유형에 따라 전통적으로 크게 5개이다. 보수당・자유당・농민연합(중도당)・사회민주당・공산당(급진좌파)이다. 복잡한 정당구도의 두드러진 특징은 중도당의 강한 영향력, 중도좌파와 급진좌파로 구분되는 좌파의 명백한 구분, 그리고 문화적・정치적으로 비주류인 군소정당 스웨덴인당의 참여를 통한 정당구도의 완성이다. 이러한 핀란드의 정당체제의 주요한

을 확보할 수 없는 구조이다. 이는 선거주기의 불일치보다 선거제와 정당제의 특성에 기인한다.

2015년 4월 19일 실시된 의원총선거에 따른 의석수 현황을 보면, 우파정당인 국민연합(National Coalition Party)이 38석, 중도당(Centre Party) 49석, 좌파정당인 사회민주당(Social Democratic Party of Finland)이 35석을 각각 차지했고, 그 외 6개 정당이 원내 의석을 확보했다.[35] 전체 의석 200석 중 어느 정당도 안정적인 다수 의석을 얻지 못하는 형국이고, 이러한 선거결과는 과거에도 유사한 경향을 보이고 있다.

선거결과에 따라 대통령과 총리의 소속당이 다르기도 하고, 동일하기도 하지만 어느 한 정당이 단독으로 과반수 의석을 확보하지 못하는 점은 유사하다. 그리고 정당간의 연합에 따라 연립정부를 구성해 정국을 운영하는 것이 일상적인 정치문화로 자리잡고 있다. 연립정부를 구성하되, 대체적으로 대통령 소속당이 원내 제1당이 되지 못했을 경우에는 대통령이 정부구성과정에서 주도권을 행사하지 못하고, 원내 제1당이 총리직을 차지한다.

3. 혼합주기

혼합주기는 대통령선거와 의원선거의 주기가 다르지만, 부분적으로 양선거가 동일시점에 실시되도록 선거시점을 기술적으로 일치시켜 놓은 경우를 뜻한다. 미국과 멕시코가 대표적인 예이다.

(1) 미 국

미국연방헌법(이하 '헌법'이라고 칭한다)[36] 제2조 제1항 제1목은 대통령의 임기를 4년으로 정하고 있으며, 수정헌법 제22조 제1항은 1회 연임이 가능하다고 명시하고 있다. 대통령은 국민의 직접선거가 아닌 538명의 선거인단에 의해 선출된다. 선거인단은 각 주의 인구비례에 따라 할당되는데, 최소 3명에서 최대 55명까지 배정되어 있다.

하원의원의 임기는 2년이다(헌법 제1조 제2항 제1목). 상원의원과 달리 하원의원 전원은 매 2년, 즉 짝수 해마다 선출된다. 하원의원은 25세 이상이어야 하고 7년간 미국 시민이며 선거당시 자신이 선출되는 주의 주민이어야 한다(헌법 제1조 제2항 제2목). 하원의원은 인구비례에 따라 선출되기 때문에(헌법 제1조 제2항 제3목) 인구가 많은 주에서는 더 많은 하원의원을 선출한다.

상원의원은 각 주에서 2명씩 선출하고, 임기는 6년이다(헌법 제1조 제3항 제1목). 매 2년

두 가지 특징은 파편화된 정당체제와 상대적인 안정성이지만, 양자가 항상 조화롭게 작용하는 것은 아니라고 한다.

35) 위키피디아, 핀란드의 정당, http://en.wikipedia.org/wiki/List_of_political_parties_in_Finland (2018.3.15 최종접속).

36) 미국연방헌법의 Article은 '조'로, Section은 '항'으로, Section의 개별 clause는 '목'으로 변역하였다.

마다 3분의 1씩 다시 선출된다(헌법 제1조 제2목). 총 50개주에서 2명씩 선출하므로 상원의원의 정수는 100명이다. 상원의원은 30세 이상이어야 하고, 9년간 미국 시민이어야 하며, 선거당시 자신이 선출되는 주의 주민이어야 한다(헌법 제1조 제3목).

이처럼 하원의원의 임기와 상원의원의 임기가 각각 2년과 6년인 까닭에 대통령 임기 중반에 실시되는 중간선거는 선거주기와 관련해 중요한 의미를 갖는다. 중간선거는 분점정부,[37] 즉 대통령이 의회다수당의 지지를 얻지 못하는 상황을 야기할 가능성이 높다.

대통령과 의원의 임기가 각기 다르기 때문에 중간선거는 필연적으로 실시될 수밖에 없는 구조이다. 대체적으로 대통령선거에서 당선된 후보자의 소속정당의 대중적 인기도가 다른 정당에 비해 높은 경우가 많기 때문에 동시선거에서는 대통령 소속당이 승리할 가능성이 높다. 반면에 중간선거에서는 집권기간 동안 일반적으로 대통령의 인기가 떨어지는 경우가 많고, 이러한 대중의 평가가 선거결과에 반영되기 때문에 집권당의 승리가능성이 낮아진다. 하지만 이는 이론적 차원에서의 논의일 뿐, 실제 미국 정치의 역대 선거결과를 검토해 보면 동시선거에서도 대통령 소속당의 승리 가능성은 그다지 높은 편이 아니다.

<표 2>에 따르면 분점정부가 출현한 경우는 총 36차례의 선거 중 23번이다. 약 64%에 해당한다. 그리고 1980년 이후 분점정부의 출현비율이 그 이전의 시기에 비해 압도적으로 늘었음을 알 수 있다. 1980년 이후 분점정부가 출현하지 않은 경우는 총 19번의 선거 중 4차례에 불과하다. 4차례의 단점정부가 동시선거일 때 성립되긴 했지만, 동시선거라고 해서 단점정부로 이어질 확률이 높은 것도 아니다. 1980년 이후 10번의 동시선거 중 분점정부가 6차례나 구성되었기 때문이다.

1856년부터 2010년까지의 선거결과를 검토한 결과 39회의 동시선거 중 31회의 단점정부가 등장했고 39회의 중간선거 중 21회의 분점정부가 등장한 점을 강조하며, 동시선거에서는 대통령 소속정당의 승리가능성이 높고, 중간선거는 반대의 결과가 나타나는 경향이 있다고 보는 주장도 있다.[38] 통계의 대상기간을 장기간으로 볼 경우 이러한 분석이 설득력이 있는 것이 사실이다. 실제 1956년 이전에 분점정부가 등장한 요인은 전적으로 중간선거였었다고 한다.[39] 하지만 1980년 이후의 선거결과를 분석하면 전반적으로 분점정부의 등장 가능성이 매우 높아졌기에 일반적 경향을 단정짓기에는 무리가 있음을 알 수 있다.[40] 중간선거 뿐만

---

37) James L. Sundquist, *Constitutional Reform and Effective Government*(rev edn. Washington, DC: Brookings Institution, 1992)은 분점정부가 의회와 행정부의 교착상태를 야기해 부정적인 결과를 야기한다고 보는 대표적인 입장이고, David R. Mayhew, *Divided We Govern: Party Control, Lawmaking, and Investigations, 1946-1990*(New Haven: Yale University Press, 1991)은 이에 반대하는 주장을 개진하는 대표적인 견해이다.

38) 이준한, 「개헌과 동시선거-선거주기의 효과에 대한 비교연구」(서울: 인간사랑, 2011), 29쪽.

39) Matthew Søberg Shugart, "The Electoral Cycle and Institutional Source of Divided Presidential Government", *The American Political Science Review*, Vol. 89, No. 2, 1995, p. 328.

40) 위의 글, 328-329쪽에 따르면 동시선거에서 분점정부가 발생하는 경우가 증가하면서, 기존처럼 중간선거를

아니라 다른 요인들도 복합적으로 작용하기 때문일 것이다.[41)]

한편, 분점정부의 출현이 빈번함에도 불구하고, 미국에서의 헌정운용이 그동안 상대적으로 무난하다는 평을 들었던 배경에는 정당규율이 약해 의원의 교차투표가 활발한 덕분이었다. 미국의 정당정치의 특징 중 하나는 정당의 이념적 특성이 약하다는 점이었다.[42)] 그러나 최근 미국의 의회선거 결과를 보면 민주당은 북동부 지역에서 그리고 공화당은 남부 지역에서 확실한 강세를 보이고 있다.

대공황과 제2차 세계대전을 겪으면서 민주당이 막강한 의회 내 지배력을 구축했으나, 1980년대에 접어들면서 공화당이 남부에서 우세를 점하게 되면서 민주당의 우위구도가 서서히 붕괴된다. 이른바 남부의 공화당화(Republicanization of the South)가 진행되고 있는 것이다.[43)] 현재는 민주당 – 북동부, 공화당 – 남부라는 등식이 정립되고 있는 중이다. 이처럼 민주당과 공화당의 강세 지역이 정치적 성향에 따라 뚜렷하게 나뉘어지면서 양당의 이념적 차이가 과거에 비해 커지고 있고, 이는 분점정부시 갈등을 증폭시키고 있다. Clinton 대통령 집권기간 동안 연방정부가 2차례에 걸쳐(1995.11.14 - 11.19, 1995.12.16 - 1996.1.6) 일시적으로 폐쇄(Federal Government shut down)되었고, 2013년 9월 30일까지 건강보험개혁법이 포함된 2014 회계연도 잠정 예산안 합의에 실패하여 2013년 10월 1일부터 미국의 연방정부는 대통령과 의회간의 갈등 끝에 폐쇄되기도 했다. 이러한 미국헌정의 변화양상은 대통령과 의회의 관계를 연구함에 있어서 주목해야 할 부분이다.

〈표 2〉 미국 정부구조의 변화: 분점정부와 단점정부(1944년 – 2016년)[44)]

대통령선거해	분점정부여부	대통령		상원		하원
1944		Franklin D. Roosevelt				
	●	Harry S. Truman(권한승계)				
1948		Harry S. Truman				

분점정부의 주요 원인으로만 볼 수 없게 되었고, 유권자가 대통령과 의회에 각각 다른 기대감을 갖고 있다는 주장이 설득력을 갖게 되었다고 한다.

41) 미국에서의 분점정부의 원인을 선거행태에서 찾은 대표적인 연구는 Gary C. Jacobson, *The Electoral Origins of Divided Government: Competition in US House Election, 1946-1988*(Boulder, Colo.: Westview Press, 1990); Morris Fiorina, *Divided Government*(New York: Longman, 2003).

42) Giovanni Sartori, *Comparative Constitutional Engineering: an Inquiry into Structures, Incentives, and Outcomes*(New York: New York University Press, 1997), p. 89에 따르면, Sartori는 미국 대통령제의 특징으로 이데올로기적 무원칙성(ideological unprincipleness), 취약하고 규율이 약한 정당(weak and undisciplined), 지방 중심의 정치(locality centered politics)를 제시하고 있다.

43) 미국 남부의 공화당화 현상에 관한 자세한 논의는 Earl Black/Merle Black, *The Rise of Southern Republicans* (Cambridge, Mass.: Belknap Press of Harvard University Press, 2002) 참조.

44) http://en.wikipedia.org/wiki/List_of_Presidents_of_the_United_States
http://en.wikipedia.org/wiki/List_of_elections_in_the_United_States 참조 재구성(2018.4.1 최종접속).

1952		Dwight D. Eisenhower				
	●					
1956	●	Dwight D. Eisenhower				
	●					
1960		John F. Kennedy				
		Lyndon B. Johnson(권한승계)				
1964		Lyndon B. Johnson				
1968	●	Richard Nixon				
	●					
1972	●	Richard Nixon				
	●	Gerald Ford(권한승계)				
1976		Jimmy Carter				
1980	●	Ronald Reagan				
	●					
1984	●	Ronald Reagan				
	●					
1988	●	George H. W. Bush				
	●					
1992		Bill Clinton				
	●					
1996	●	Bill Clinton				
	●					
2000	●	George W. Bush				
	●					
2004		George W. Bush				
	●					
2008		Barack Obama				
	●					
2012	●	Barack Obama				
	●					
2016		Donald Trump				

●: 분점정부, □: 공화당, ■: 민주당

(2) 멕시코

대통령은 국민의 직접 선거에 의해 선출되고(헌법 제81조), 임기는 6년이며, 연임은 불가능하다(헌법 제83조). 멕시코의 모든 선출직은 중임 혹은 연임이 금지되어 있다. 이는 1917년 헌법의 주요한 특징이다.

하원의원 정수는 총 500명이고, 300명은 소선거구제에서 상대다수득표제로 선출하고, 나머지 200명은 대선거구에서 지역명부제를 통해 비례대표제로 선출한다(헌법 제52조). 하원의원의 임기는 3년이고(헌법 제51조), 연임 불가이다(헌법 제59조). 1977년 12월 6일 개헌으로 비례대표제가 도입되었고,[45] 1986년 12월 15일 개헌으로 현재와 같이 의원정수가 늘어나면서 비례대표의원도 함께 늘었다.

상원의원의 선출방식은 하원의원과 마찬가지로 상대다수득표제와 비례대표제를 혼합하였고, 1996년 8월 22일 개헌에 따라 다음과 같이 선출된다. 상원의원의 정수는 128명이며, 31개 주와 1개의 연방직할지구에서 각 2명씩을 상대다수득표제에 따라 선출하고 1명은 차점자를 차지한 제1소수당에 배정한다. 따라서 정당은 후보 2인을 함께 명부에 등록해야 한다. 소수당 1위의 상원의원직은 해당 주의 득표수 2위 정당의 명부에서 1번 후보에게 배정된다. 나머지 32인은 전국단위의 비례대표제에 따라 선출된다. 임기는 6년이다(헌법 제56조). 하원의원과 마찬가지로 연임은 불가능하다(헌법 제69조).

이와 같은 헌법적 구조에 따라 대통령의 임기 중에 하원의원 선거가 실시된다. 상대다수득표제와 비례대표제가 혼합된 멕시코에서는 특정 정당이 과반수를 확보하는 것이 불가능한 구도는 아니다. 다만, 1987년 이전까지 일당지배체제를 구축했던 제도혁명당이 1988년 처음으로 하원에서 300석 이상의 의석을 얻는 데 실패하면서 반대당이 최초로 하원에서 제도혁명당을 견제할 수 있는 의석을 확보하게 되었다. 멕시코에서 대통령이 의회 3분의 2이상의 지지를 얻지 못하면 자신의 정치적 의제를 정책화하는 것이 쉽지 않다. 중요한 정책변경은 헌법개정을 요구하기 때문이다.[46] 실제 1917년 멕시코 헌법은 300차례 이상 개정이 이루어졌다.[47]

이후 1997년 중간선거에서 제도혁명당이 과반수 의석을 확보하는 데 실패하면서 어느 한 정당이 과반수 의석을 확보하지 못하고 있다. 일당지배체제가 다당제체제로 변화하고 있는 중이다. 1997년 이후 멕시코 하원의원 선거결과를 살펴보면, 1997년 제도혁명당 239석 · 국

45) 당시에는 300명 의원 중 100명이 비례대표의원이었다.
46) 멕시코헌법은 정부조직의 제도적 구조를 비롯해 헌법 제25조부터 제28조까지의 국가의 목적 규정이 매우 상세하다. 이는 헌법개정 없이 구체적 정책을 추진하기 힘들 정도의 수준이다.
47) Joseph L. Klesner, "Divided Government in Mexico's Presidentialist Regime: The 1997-2000 Experience", in Robert Elgie(ed.), *Divided Government in Comparative Perspective*(New York: Oxford University Press, 2001), pp. 67-68.

민행동당 122석, 2000년 제도혁명당 209석 · 국민행동당 208석, 2003년 제도혁명당 224석 · 국민행동당 148석, 2006년 제도혁명당 106석 · 국민행동당 206석, 2009년 제도혁명당 241석 · 국민행동당 147석, 2012년 제도혁명당 212석 · 국민행동당 114석이다. 제도혁명당 일당지배체제가 붕괴된 이후에는 선거의 실시시기와 무관하게 어느 정당도 전체 500석 중 과반수 의석을 얻지 못하는 양상이 지속되고 있다.[48] 이로 인해 멕시코에서도 헌정운용에 있어서 정당 간의 협력을 필요로 하는 연립정치가 자리잡고 있다. 대통령이 의회 내 안정적 의석을 확보하지 못함에 따라 정당간의 연합을 통해 정국을 이끌어가려고 하고 있다.

4. 검 토

선거주기에 관한 비교법적 검토를 한 결과, 대통령이 의회다수파의 지지를 얻는 정국의 출현은 선거주기의 영향을 받는 것은 사실이지만, 선거주기가 유일무이한 절대적 요소는 아니었다. 선거제와 정당구도를 비롯한 제도적 요인 뿐만 아니라, 선거행태 등의 제도외적 요인 등이 복합적으로 영향을 미쳐 대통령과 의회의 관계를 결정한다. 대통령 임기 중 의원선거가 실시되지 않는 동일주기에서는 대통령소속당과 의회다수당이 불일치하는 상황의 발생가능성이 낮을 것 같지만, 브라질의 사례를 보면 반드시 그렇지도 않다. 오히려 비례대표제의 실시에 따른 파편화된 다당제에 따라 브라질에서는 어느 한 정당이 과반 의석을 차지하는 것이 사실상 불가능한 구조이다.

대통령선거와 의원선거가 동시실시될 경우 분점정부의 출현가능성이 낮은 것은 사실이다. 2002년 이후의 프랑스에서는 세 차례의 선거에서 동거정부를 구성한 적이 없다. 미국에서도 1980년 이후 단점정부가 구성된 네 번이 동시선거가 실시된 때였다. 그러나 동시선거가 실시되더라도 대통령 소속정당이 의회 내 다수파를 차지하는 데 실패할 가능성은 얼마든지 있다. 미국에서 1980년 이후 10차례의 동시선거 중 6번은 분점정부가 출현했다. 멕시코에서는 기존의 제도혁명당 일당독주체제가 붕괴된 1997년 이후 동시선거와 중간선거를 불문하고, 어느 정당도 과반수 의석을 단독으로 차지하지 못하고 있는 형국이다.

그렇다면 선거주기를 일치시켜서 대통령 소속당이 의회 다수파를 차지할 수 있는 기회를 제공함으로써 대통령의 안정적인 국정수행을 가능케 해야 한다는 일각의 주장은 설득력을 갖기 힘들다는 것을 알 수 있다. 이하에서는 한국의 선거주기의 현황과 이와 관련한 개헌논의에 대해 검토하기로 한다.

---

48) 위키피디아, 멕시코의 선거, http://en.wikipedia.org/wiki/Elections_in_Mexico (최종접속일 2018.4.1)

Ⅳ. 한국의 선거주기의 개선방향

1. 한국의 선거주기 현황

(1) 선거주기의 변천

대한민국 헌정사에서 국회의원의 임기는 제헌헌법 이래 몇 차례 변화가 있어왔다. 제헌헌법 제33조는 국회의원의 임기를 4년으로 규정했으나, 1952년 헌법 제1차 개정시 양원제를 도입하면서 민의원과 참의원의 임기가 각각 달라진다. 헌법 제32조는 양원이 국민의 보통·평등·직접·비밀 선거에 의해 선출된다고 규정하였다. 헌법 제33조에 따라 민의원의 임기는 4년이었고, 참의원의 임기는 6년으로 하되 2년마다 의원의 3분의 1을 개선하는 방식을 택해 미국의 상원의원 선출방법과 동일했다.

그러나 1952년 헌법 부칙은 "단, 참의원에 관한 규정과 참의원의 존재를 전제로 한 규정은 참의원이 구성된 날로부터 시행한다. 본법 시행 후 참의원이 구성될 때까지는 양원합동회의에서 행할 사항은 민의원이 행하고 참의원의장이 행할 사항은 민의원의장이 행한다. 참의원이 구성될 때까지는 민의원의 의결로써 국회의 의결로 한다."고 정하여 양원제는 헌법규범상으로만 존재할 뿐, 실제로 참의원 선거가 실시되진 않았다. 그리고 이 헌법 제55조는 대통령의 임기를 4년으로 규정하였으므로 대통령임기와 의원 임기는 각각 4년이었다. 실제 대통령선거는 1952년 8월 5일 실시되었고, 의원선거는 1954년 5월 20일 실시되어[49] 사실상 의원 선거는 중간선거라고 볼 수 있었다.

이후 1954년 헌법도 의원의 임기는 동일하게 규정했으나, 앞서의 헌법 부칙이 동일하게 존재해 제4대 1958년 5월 2일 실시된 국회의원 선거에서도 참의원은 선출되지 않았다. 1960년 제3차 개정헌법은 의원내각제를 채택했기 때문에 논외로 한다.[50] 1962년 제5차 개정헌법 제37조는 국회의원의 임기를 4년으로, 제69조는 대통령의 임기를 4년으로 규정했다. 대통령선거는 1963년 10월 5일에 실시되었고, 국회의원 선거는 11월 26일에 실시되어 사실상 동시선거에 가까울 정도로 양선거의 간격이 짧았다. 이후 선거일정을 보면, 대통령선거는 1967년 5월 3일과 1971년 4월 27일이었고, 국회의원선거는 1963년 6월 8일과 1971년 5월 25일이어서 1962년 제5차 개정헌법상의 선거주기는 동일주기라고 할 수 있다.

1972년 헌법과 1980년 헌법은 대통령의 임기를 각각 6년과 7년으로 연장했으나, 통일주체국민회의와 대통령선거인단이 선출하는 간선제 방식이었기 때문에 이 시기의 선거주기는

---

49) 중앙선거관리위원회 선거통계시스템http://info.nec.go.kr/ (최종접속일: 2018.3.15)

50) 1960년 제3차 개정헌법에 따라 실시된 국회의원 선거에서는 민의원과 참의원을 각각 233명, 76명을 선출해 처음으로 양원제 의회가 구성되었다.

제외한다.

(2) 현행헌법상 선거주기

1987년 민주화항쟁을 거치며 현행헌법이 제정되었고, 현행 헌법 제70조는 대통령 5년 단임제를 규정했다. 이는 대통령의 장기집권으로부터 헌정사의 비극이 시작되었다는 인식에서 비롯되었다. 단임제를 통해 대통령의 장기집권을 막고, 평화적 정권이양을 보장함은 물론 인기영합적 정책을 예방하고 소신 있는 국정수행을 보장토록 하기 위한 것이었다.[51] 현행헌법이 5년 단임제를 규정하기까지는 우여곡절이 없었던 것은 아니다. 당초 민정당안은 제5공화국헌법의 7년 단임제에서 임기를 1년 단축한 6년 단임제였고, 민주당안은 미국식 대통령제에 가까운 4년 중임제였다.[52] 이처럼 여야간의 견해 차이가 있었으나, 양측 입장을 절충해 5년 단임제를 채택했다는 주장과 당시 유력대선주자들의 정치적 이해관계에 좌우되어 5년 단임제가 되었다는 분석이 있다.[53]

이러한 헌법개정과정을 거쳐 현행헌법상 대통령의 임기는 1980년 헌법의 7년에서 5년으로 단축되었고(헌법 제70조), 국회의원의 임기는 기존의 4년(헌법 제42조)을 유지하면서 대통령선거와 의원총선거의 주기가 불일치하게 되었다. 헌법개정 당시 선거주기는 중요한 헌법쟁점이 아니었고, 이에 대한 특별한 고려 없이 대통령의 임기에 따라 선거주기가 결정되었다고 본다. 현재의 헌정체제에서는 20년을 기점으로 양 선거의 주기가 반복되고, 이와 같은 선거주기는 앞서 설명한 세 가지 유형 중 별도주기에 해당된다.

<표 3>을 보면 1987년부터 현재까지 대통령선거와 의원선거의 주기를 알 수 있다. 이에 따르면 선거주기의 유형을 다섯 가지로 분류할 수 있다. 즉, A유형은 집권 1년차, B유형은 집권 5년차(대통령선거와 같은 해 실시), C유형은 집권 4년차, D유형은 집권 3년차, E유형은 집권 2년차에 의원선거가 실시된다. 다섯 가지 모델은 20년을 주기로 반복되는데, 1987년 12월 대통령선거－1988년 4월 국회의원총선거와 2007년 12월 대통령선거－2008년 4월 국회의원총선거가 동일한 유형, 즉 A유형에 포함되는 식이다. 마찬가지로 1992년 12월 대통령선거－1992년 4월 국회의원총선거와 2012년 12월 대통령선거－2012년 4월 국회의원총선거가 B유형에 해당한다. 1996년 국회의원총선거－1997년 대통령선거와 2016년 국회의원총선거와 2017년 대통령선거는 C유형으로 분류된다. 현재까지 A, B, C유형은 두 차례씩 경험한 셈이다.

51) 헌법 개정회차별 회의록: 제9차개정-제12대-제136회(헌법개정특별위원회)-제8차(1987년 09월 17일)

52) 金榮秀, 「韓國憲法史」(서울: 學文社, 2000), 690쪽.

53) 동아일보, 2000년 4월 20일자에 따르면 "87년 개헌 당시 민정당 실무 협상을 맡았던 한나라당 현경대의원은 이에 대해 "당시 민정당은 6년 단임안을, 신민당은 4년 중임안을 주장해 '우선 사람을 바꾸는 훈련부터 하자'는 뜻에서 단임안을 택하고 임기는 양측 입장을 절충해 5년으로 정했다"고 설명했다. 하지만 이와 달리 당시 개헌협상 주역들인 1노 3김씨가 자신들의 향후 집권 가능성을 열어두기 위해 5년 단임제로 '담합'했다는 분석도 설득력 있게 제기되는 실정이다."

〈표 3〉 1987년 이후 한국에서의 대통령선거와 의원총선거의 주기[54)]

유형	집권년차	대통령선거	의원선거	분점정부여부	주요 정치적 사건	집권당 의석수/제1야당의석수
		1987.12				
A	1		1988.4	●	집권당 패배	125/70 (299)
	2			●		
	3				1990년3당 합당	
	4					
B	5	1992.12	1992.4		집권당패배 의원영입	149/97 (299)
	1					
	2					
	3					
C	4		1996.4		집권당패배 의원영입	139/79 (299)
	5	1997.12		●	정권교체	
	1				공동정부 의원영입	
	2					
D	3		2000.4	●	집권당 패배	115/133 (273)
	4				3당 정책연합	
	5	2002.12		●	양당 공조파기	
	1			●		
E	2		2004.4		집권당 승리	152/121 (299)
	3			●	재보선패배	
	4			●		
	5	2007.12			정권교체	
A	1		2008.4		집권당 승리	153/81 (299)
	2					
	3					
	4					
B	5	2012.12	2012.4		집권당 양 선거 승리	
	1					
	2					
	3					
C	4		2016.4	●	집권당패배	122/123 (300)
	5	2017.5		●	탄핵으로 조기대선 정권교체	
	1			●		
	2					
D	3		2020.4			
	4					
	5					

●: 분점정부

54) 金廷汯, 앞의 글(주 31), 291-292쪽 참조 재구성.

2. 현행 선거주기에 대한 비판적 분석

선거주기가 20년을 주기로 반복되는 현체제에 대해서는 상반된 평가가 존재한다. 대통령선거와 국회의원선거의 주기를 일치시켜야 한다는 주장은 현재의 선거주기에 대해 비판적이다. 현 시스템은 여소야대를 야기하는 주요원인이고, 이는 정국교착의 상시화로 이어져 대통령제의 단점을 크게 부각시킨다는 것이다. 그 대안으로 개헌을 통한 선거주기의 조정을 제시하고 있다.[55] 이에 대해서는 대통령과 국회의원의 동시선거를 위한 개헌을 하더라도 개헌의 궁극적 목적인 '여대야소' 국회가 출현한다는 보장이 없다는 비판이 있다.[56]

반면에 현행 헌법은 대통령과 국회의원의 임기를 일부러 달리해 한 정권이 장기간 입법와 행정부를 독점하는 것을 가급적 방지해 권력분립을 도모하려 했던 취지가 있다는 견해,[57] '현 정부부터는 두 번째 바퀴를 도는 것이므로 과거에 비해 권력을 향한 경쟁에서 예측가능성이 높아졌다'는 주장[58]과 대선시기와 총선시기의 혼합순환(mixed cycle)[59]의 비밀은 대체적으로 밝혀진 이상 '알려진 위험'은 진정한 위험이 될 수 없다는 입장[60]은 현재의 선거주기를 유지하는 쪽에 무게를 싣고 있다.

(1) 선거주기일치론에 대한 비판

대통령과 국회의원의 임기를 일치시키는 개헌이 필요하다는 선거주기일치론은 다음과 같은 문제를 안고 있다. 이와 같은 개헌론에 따라 임기를 일치시킬 경우에는 여대야소가 일어날 가능성이 높은데, 이 경우 대통령에 대한 통제가 사실상 불가능해지므로 대통령제의 독재화를 강화시킬 위험이 크다.[61] 대통령제의 본질은 민주적 정당성의 이원화이고, 이에 기반한 엄격한 권력분립의 원칙에 따라 견제와 균형의 원리가 작동함으로써 대통령의 권한남용을 통제하는 것이다.[62] 대통령선거와 의원선거의 선거주기를 일치시켜 대통령 소속당이 의회다수파를 확보할 제도적인 기반을 마련하겠다는 주장은 대통령제의 본질인 권력분립의 원칙을

---

55) 정태호 앞의 글(주 1), 6쪽.

56) 임지봉, "개헌의 바람직한 방향-정부의 개헌시안에 대한 비판적 분석과 기본권 규정 개정을 중심으로-", 「헌법학연구」, 제13권 제4호, 2007, 337쪽.

57) 임지봉, "헌법상 통치구조 개헌의 바람직한 방향과 내용", 「世界憲法研究」, 第14卷 2號, 2008, 215쪽.

58) 송석윤, "4월 혁명의 헌정사적 영향과 의회민주주의 실현의 과제-헌법개정 및 정치개혁과 관련하여-", 「헌법학연구」, 제16권 제2호, 2010, 186쪽.

59) 신우철, "비교법적 방법론을 동원한 헌법변론(I)", 신우철, 「헌법과학: 새로운 방법론의 탐색」(서울: 동현출판사, 2002), 185쪽은 한국의 선거주기를 혼합순환이라고 칭하고 있으나, 보다 정확하게는 별도주기라고 보는 것이 맞다.

60) 위의 책, 185-186쪽.

61) 임지봉, 앞의 글(주 56), 336쪽; 김종철, "대통령 4년 연임제 '원 포인트' 개헌론에 대한 비판적 검토", 헌법학연구, 제13권 제1호, 2007, 89쪽.

62) Matthew Søberg Shugart/John M. Carey, *Presidents and assemblies: constitutional design and electoral dynamics*(New York: Cambridge University Press, 1992), pp. 32-36.

무력화할 우려가 높다. 같은 선상에서 사실상 대통령제의 본질을 벗어난 변형된 내각제라고 선거주기일치론을 비판하는 입장도 존재한다. 의회의 다수정파에게 행정권의 수반인 대통령을 맡기는 것은 대통령제의 본질을 유지하지 못한다는 것이다.[63] 또한 선거주기일치론에 따라 선거주기를 일치시켰으나, 대통령 소속당이 의회다수파를 차지하는 데 실패하는 선거결과가 초래되었을 경우에 대통령 임기 동안 이를 해소할 방안은 존재하지 않는다. 이와 같은 가능성이 얼마든지 존재한다는 것은 미국의 1980년 이후의 선거결과에서 알 수 있다.

즉, 선거주기일치론에 따르면 분점정부는 국정운영의 효율성을 저해하는 요인이기 때문에 억제해야 할 대상이고, 이를 억제하기 위한 제도적 설계방안이 선거주기의 일치이다. 그러나 정작 선거결과에 따라 분점정부가 발생했을 때에 대한 대비책 또는 분점정부의 운용방안은 제시하지 못하고 있는 점이 선거주기일치론의 맹점이다.[64] 동시선거가 여소야대의 가능성을 완전히 배제하지 못한다면 여소야대 상황에서 안정적인 헌정을 운용할 방안을 모색하는 것이 보다 더 나은 해결책일 수 있다.[65]

(2) 현행 선거주기에 대한 비판

현행 헌법이 1987년 이후 한국의 민주주의 정착에 막대한 공헌을 한 것은 사실이나, 현행 선거주기가 완벽한 것만은 아니다. 일각의 주장처럼 현행 선거주기는 얼마나 예측가능한 것일까? 1987년 이후 두 차례 경험한 A유형의 경우에는 대통령선거와 의원선거의 간격이 4개월에 불과해 사실상 동시선거라고 볼 수 있었다.[66] 1988년의 경우에는 집권당이었던 민주정의당이 대패해 '여소야대'의 정국이 이어졌고, 1990년의 3당 합당을 통해 집권당은 분점정부의 상황을 타개했다. 반면에 2008년 총선의 경우에는 2007년 대통령선거에서 승리해 집권당이 된 한나라당이 국회의원총선거에서도 연속적으로 승리해 '여대야소'가 출현하였다.

양 선거의 결과는 판이하게 달랐다. 이에 대해서는 1988년 총선거와 2008년 총선거 당시 정치환경상의 차이점을 제시하며 1988년 선거가 예외적이었다는 반박이 있을 수 있다. 즉, 1987년 대통령 선거는 야권 후보였던 김영삼·김대중이 분열하여 각각 출마하였고, 당시 노태우는 36.6%의 저조한 득표율로 당선되었다. 야권의 분열로 인한 당선이었던 만큼 그 다음해에 실시된 총선에서 여소야대의 출현은 예상이 가능했지만, 2008년 총선처럼 집권 1년차에 실시되는 총선거에서는 대통령 소속당이 승리할 가능성이 높다는 식의 반론이다. 1987년과 1988년 선거에서는 군사독재정권이 종식된 직후의 시대적 특수성이 있었던 점을 강조하는 것이다.

---

63) 김종철, "정부형태 개편론에 대한 검토", 연세 공공거버넌스와 법, 제3권 제1호, 2012, 190쪽.
64) 金廷汯, 앞의 글(주 34), 293쪽.
65) 정재황/송석윤, "헌법개정과 정부형태", 「公法硏究」, 第34輯 第4號 第2卷, 2006, 168쪽.
66) 임지봉, 앞의 글(주 56), 337쪽.

그러나 여타의 유형이라고 해서 쉽게 결과를 예상할 수 있는 것은 아니다. 즉, 1987년 헌법이 시행된 지 20여년이 지나 양선거주기의 불일치로 인한 헌정실제의 모습에 대해 예측가능성이 높아진 것이 사실이지만, 얼마나 정확하게 예상할 수 있을지는 현재로선 밝혀진 바가 없다. 실제 같은 유형으로 분류될 수 있는 1992년 총선과 2012년 총선의 결과는 달랐다. 1992년 총선에서는 당시 집권당이었던 민자당이 과반수 의석을 얻는 데 실패했지만, 2012년 총선에서는 집권당인 한나라당이 당명까지 새누리당으로 변경한 끝에 과반수 의석을 훨씬 넘는 의석을 차지해 안정적인 다수를 확보했다. 1996년과 2016년의 선거결과도 차이점이 있다. 두 선거는 대통령 집권 4년차에 실시됐고, 집권당이 과반의석을 차지하지 못한 점에서는 공통적이지만, 1996년 총선 당시 집권당이었던 신한국당이 원내 1당 자리를 유지했던 것과 달리 2016년 집권당인 새누리당은 원내 2당 자리에 만족해야 했다. 현시점에서 2028년·2032년·2036년 총선거의 결과를 섣부르게 예단하는 것은 어리석은 것이다.

그리고 선거주기에 따라 대통령의 업적과 정치적 입장에 차이가 생기는 점은 현행 선거주기의 또 다른 문제점이다. 가령 집권 1년차에 의원선거가 실시되는 A유형의 경우에는 대통령이 의회의 안정적인 지지를 확보할 가능성이 높아지는 반면에, 임기 중반에 의원선거를 실시하는 D유형의 경우에는 대통령 소속당이 의원선거에서 패배할 가능성이 높다. D유형에 해당하는 대통령의 집권 전반기에도 분점정부였다면 대통령은 5년 동안 분점정부를 전환할 방법이 없다.[67] 하지만 A유형에 해당하는 대통령은 집권 초반 의원선거에서 승리하면 4년 동안 의회로부터 정치적 견제를 받을 가능성이 대단히 낮다.[68] 이처럼 선거주기에 따라 대통령이 의회의 통제를 강하게 받거나, 의회의 견제를 받을 가능성이 낮아지는 정치적 환경이 조성되는 것은 문제가 있다. 따라서 정치의 예측가능성을 높이고 대통령에게 국정수행에 관한 공평한 기회를 제공한다는 측면에서도 현행 선거주기는 개선이 필요한 부분이다.[69]

3. 새로운 대안으로서 중간선거의 필요성

(1) 대표자에 대한 통제기능 강화

선거의 주요기능은 대표자에 대한 통제기능이다. 대통령 단임제에서 국회의원선거는 대통령에 대한 가장 효과적인 견제수단이라고 할 수 있다. 설사 중임제여도 마찬가지이다. 현직 대통령의 재선출마시 대통령선거가 그에 대한 가장 강력한 통제수단이 될 수는 있겠지만, 임기 중 실시되는 의원선거의 통제기능도 상당한 수준이다. 그리고 의원 임기 중 의원선거가

67) D유형에 해당하는 김대중 대통령은 분점정부를 극복하기 위해 DJP연합, 의원임대, 의원빼오기 등의 다양한 수단을 이용했다.

68) 2007년 12월에 당선되어 2008년 4월 총선에서 집권당이 다수당을 차지한 이명박 대통령의 경우가 대표적이다.

69) 金廷泫, 앞의 글(주 34), 294쪽.

한 차례 더 실시될 경우 의회에 대한 통제도 가능하다. 의원 개개인에 대한 정치적 책임을 묻는 것은 불가능하더라도, 정당에 대한 정치적 책임을 추궁할 수 있기 때문이다. 미국식 시스템이 좋은 예가 될 수 있다. 임기 중 실시되는 중간선거를 통해 현직 대통령과 의회에 대한 정치적 통제를 할 수 있는 것이다.

그런 점에서 볼 때 현재의 선거주기체제에서는 의원총선거가 갖는 기능 중 대표자, 특히 대통령에 대한 정치적 통제기능의 역할은 매우 약한 수준이다. 앞으로는 2017년 3월 10일 헌법재판소의 대통령 탄핵결정으로 5월 9일 대통령선거가 실시됨으로 인하여 선거주기의 일정 부분 변경이 생길 것이다. 하지만 이하에서의 분석은 지난 선거결과를 토대로 하고 있기 때문에 과거의 선거실시시기를 기준으로 하였다. 앞서 언급한 유형별로 살펴보기로 한다. 집권 1년차에 실시되는 A유형의 경우에는 사실상 동시선거와 다를 바가 없다. 대통령선거와 시간적 간격이 4개월에 불과하기 때문이다. 집권 2년차에 실시되는 E유형의 경우에도 대통령선거와의 간격은 1년 4개월 정도이다. A유형과 E유형의 경우에는 대통령과 집권당에 대한 정치적 통제기능을 수행하기보다는 집권당에게 안정적인 의석을 확보할 기회를 제공할 가능성이 크다. 실제 1988년 총선거를 제외하고, 두 유형에 속하는 2008년 총선거와 2004년 총선거에서 집권당은 과반수 의석을 확보하는 데 성공했다.

이에 반해 대통령선거와 같은 해에 실시되는 B유형과 집권 4년차에 실시되는 C유형의 경우에는 대통령에 대한 중간평가적 성격을 갖고 있지만, 선거가 실시되는 시간적 여건을 감안할 때 실질적인 정치적 통제기능을 수행한다고 보기는 어렵다. B유형에 속하는 1992년 총선거 및 2012년 총선거와 C유형에 속하는 1996년 총선거에서 집권당은 차기 대통령후보자로 유력한 정치인들을 전면에 내세워 선거를 치룸으로써 대통령에 대한 평가적 성격을 희석시켰다.[70] 집권 3년차에 총선거가 실시되는 D유형의 경우에만 대통령에 대한 정치적 통제기능을 적절하게 수행한다고 평가할 수 있다.[71]

대통령 임기 중반에 국민의 주권적 의사를 묻는 제도적 장치가 필요하다. 대통령선거와 국회의원 선거주기를 일치시킨다면, 다음 선거 때까지 지방선거 외에는 국민이 주권을 행사할 제도적 계기가 없다.[72] 대통령의 임기동안 국민이 집권당의 실정을 심판하거나 집권당을

70) 1992년 국회의원총선거에서는 민주자유당의 김영삼 대표가, 1996년 국회의원총선거에서는 신한국당의 이회창 대표가 선거를 진두지휘했고, 두 사람은 집권당의 대통령후보자가 되었다. 마찬가지로 2012년 국회의원총선거에서는 한나라당의 박근혜 대표가 당명을 새누리당으로 변경하였고, 이는 선거승리로 이어졌다. 이후 대통령후보자가 되어 대통령에 당선되었다.
반면에 2016년 국회의원총선거에서는 집권당이 차기 대통령후보자를 내세우지 못함으로써 선거결과에서 대통령에 대한 평가적 성향이 강하게 나타났다.

71) 음선필, 앞의 글(주 1), 128쪽.

72) 박명림, "헌법개혁과 한국 민주주의-무엇을, 왜, 어떻게 바꿀 것인가-", 함께하는 시민행동 편, 「헌법 다시 보기」(파주: 창비, 2007), 87-88쪽은 "대통령 및 국회의원 선거 이후 국민들이 다음 대선 때까지 주권을 행사할 제도적 계기가 존재하지 않을 때 두 헌법기관을 구성하는 국민주권 사이의 중첩과 충돌 그리고 직

견제할 수 있는 수단이 없으면,[73] 분점정부에서 야기되는 대통령과 의회의 충돌과는 다른 양상의 사회적 갈등이 발생할 수 있다. 선거라는 제도적 계기를 통해 국민이 주권적 의사를 표현하지 못하면, 국민의 정치적 불만은 제도외적인 수단으로 표출될 가능성이 있는 것이다. 이는 민주헌정체제의 위기로 이어질 수도 있다. 따라서 대통령과 집권당에 대한 정치적 통제기능을 강화하기 위해서 중간선거의 도입은 필요하다. 선거주기의 유형에 따라서는 대통령에 대한 중간평가가 상당부분 희석되는 현재의 선거주기에서는 대표자에 대한 정치적 통제가 쉽지 않다.

(2) 의회 내 역학관계의 변경 기회 제공

의회 내 역학관계가 임기 내내 고정된다는 것은 정치세력간의 갈등의 요인이 된다. 고정된 역학관계는 정치세력간의 양보와 타협보다는 대립과 갈등의 길을 택하도록 만들기 쉽다. 승자에게는 자만심을 패자에게는 박탈감을 부여하기 때문이다. 중간선거를 제도화하는 것은 의회 내 역학관계를 변경할 수 있는 기회를 정치세력들에게 제공한다는 점에서 긍정적인 작용을 한다. 가령, 1988년 총선거에서 집권당이 참패했음에도 불구하고, 대통령은 임기 초에 형성된 의석분포를 4년 동안 재편할 기회가 없자 3당 합당을 단행했다. 민의를 왜곡하면서 원내 세력판도를 바꿨는데, 이처럼 인위적인 정계개편보다는 중간선거를 제도화함으로써 선거를 통해 국민의 의사를 물음으로써 의회 내 역학관계를 변경할 여건을 마련해주는 것이 타당하다고 본다. 1988년과 같은 상황이 발생했을 때 임기 초반에 형성된 분점정부의 폐해에 대해 국민들이 공감한다면 임기 중반의 중간선거에서 집권당이 승리할 수 있을 것이고, 반면에 국민들이 분점정부가 긍정적인 측면이 있었다고 판단하면 중간선거에서도 마찬가지로 국민들은 여소야대 상황을 만들 것이기 때문이다.

또한 중간선거가 제도화되면 무리한 정계개편, 야당의원에 대한 협박과 설득을 통한 의원빼오기 등의 구시대적 정치행태가 자취를 감추게 되는 순기능도 있을 것이다. 집권당은 무리한 수단을 강행하기보다는 2년 후 선거를 기약하는 것이 합리적이다. 의원선거를 준비하며 국정운영에 충실하면 되기 때문이다. 오히려 대통령과 집권당이 불합리한 수단을 동원하여 국민이 선택한 원내 세력판도를 변화시킨다면 중간선거에서 집권당은 패배를 경험할 가능성이 높아질 수 있다.

한편, 대통령제를 비판하는 학자들이 대통령제의 가장 큰 문제점으로 지적하는 것이 임기

접민주주의를 향한 시민사회의 열정은 제어되기 어렵다"고 주장하며, "국민주권의 서로 다른 수준 사이의 교차적 행사를 보장할 필요가 있다"고 한다. 이에 대한 방안으로 비례대표 의원을 대폭 증가시켜 대통령 임기 중반에 '중간평가'로서 비례대표 선거를 실시하자고 한다.

73) 대통령의 임기 중반에 실시될 지방선거가 중간평가적 성격을 가질 수 있다는 반론이 있을 수 있지만, 지방선거의 결과는 국회 내 역학관계에 변화를 가져오지 못한다는 점에서 정치적 통제기능이 의원총선거만큼 강하다고 볼 수 없다.

의 고정에서 비롯된 제도의 경직성이다.[74] 임기가 고정되어 있기 때문에 무능하거나 실정을 거듭한 대통령도 교체가 불가능하고, 무능력한 지도자가 위기상황의 국가를 이끄는 최악의 상황도 도래할 수 있다는 것이다. 이러한 대통령제 특유의 경직성은 총리와 내각의 진퇴가 자유롭게 이루어지는 의원내각제의 유연성과 비교했을 때 제도상의 단점으로 부각되기 쉽다.

그러나 고정된 임기는 정부의 빈번한 교체로 야기되는 정국의 불안정성을 막을 수 있다는 점에서 대통령제의 장점이 될 수도 있다. 중간선거는 대통령의 임기가 고정된 상황에서 정국 변경의 기회를 국민에게 부여하기 때문에 대통령제의 장점인 정국의 안정성 유지는 보장되면서 대통령제의 단점인 경직성은 완화할 수 있다. 중간선거의 결과에 따라 야당의 국정 참여가 보장된다면, 대통령의 임기 고정으로 인해 무능한 지도자의 교체가 불가능하다는 구조가 부분적으로 변경이 되기 때문이다.

(3) 중간선거의 구체적 방안

따라서 대표자에 대한 통제를 강화하고, 의회 내 역학관계의 변경을 가능하도록 하기 위해 중간선거의 도입이 필요하다. 중간선거의 구체적 방안을 제안하자면, 대통령의 임기를 4년 중임제로 변경하고, 의원의 절반을 집권 초반기 의원선거에서, 나머지 절반을 중간선거에서 선출하는 것이 바람직하다.[75][76] 의원의 임기 역시 4년이다. 집권 초반기에는 대통령이 의회 다수파의 지지를 확보해 의욕적으로 국정과제를 추진할 수 있는 여건을 마련해주는 것이 합당하다. 따라서 집권초반기의 선거에서는 선거주기를 부분적으로 일치시키되, 대통령선거와 국회의원선거를 동시에 실시하는 것보다는 대통령선거와 국회의원선거 간에 몇 개월의 시간적 간격이 있는 것이 낫다. 동시선거일 경우에는 여소야대 발생 가능성이 반드시 낮아진다고 확언하기 어렵다. 치열한 접전 끝에 당선자가 결정되는 대통령 선거의 득표율을 고려해 보면[77] 동시선거에서 여당이 승리한다는 보장은 없기 때문이다. 대통령 소속당이 의회다수당이 되는 데 실패할 개연성이 얼마든지 있는 것이다.

그러나 대체로 집권 초반에 대통령의 지지도가 높은 점을 감안하면 양 선거 간에 몇 개

---

74) Juan J. Linz, "Presidential or Parliamentary Democracy: Does It Makes a Difference?", in Juan J. Linz/Arturo Valenzuela, *The Failure of Presidential Democracy: Comparative Perspective* (Baltimore and London: The Johns Hopkins University Press, 1994), 신명순/조정관 (역), 「내각제와 대통령제」(서울: 나남, 1995), 9쪽.

75) 金廷泫, "二元政府制에 관한 硏究", 碩士學位論文, 서울大學校大學院, 2006, 188쪽.

76) 중간선거 도입을 주장하는 음선필, 앞의 글(주 1), 140쪽에서는 중간선거 방식으로 비례대표제를 선호하지만, 비례대표제 확대는 의회 내 다수파 형성을 어렵게 할 수 있다는 점에서 신중할 사안이다.

77) 2002년 제15대 대통령선거에서 김대중 후보는 10,326,275표(40.3%)를 얻었고, 이회창 후보는 9,935,718표(38.7%)를 획득했다. 두 후보간의 표차는 390,557에 불과했다. 2007년 제16대 대통령선거에서 노무현 후보는 12,014,277표(48.9%)를 획득했고, 이회창 후보는 11,443,297표(46.6%)를 얻어 낙선했다. 두 후보간의 표차는 570,980표였다. 이처럼 두 차례의 대통령선거에서 1위 득표자와 2위 득표자의 표차는 50만표 내외에 불과했다.

월간의 시간차가 있을 경우에는 집권당이 국회의원 선거에서 다수당이 될 가능성이 높다.[78] 하지만 대통령 소속당이 집권초반 선거에서 패배할 수도 있다. 이 경우에는 대통령은 집권 기간 내내 분점정부 하에서 국정 운영을 해야 하는데, 중간선거의 도입은 이 때에도 효용성이 있다.

국민들은 중간선거를 통해 대통령에 대한 중간평가도 하고, 의회 내 역학관계를 변경시킬 수 있는 기회를 갖게 된다. 중간선거 도입에 대해서는 선거가 빈번해진다는 비판이 있을 수 있으나, 집권초반기 선거 또는 중간선거를 지방선거와 통합해서 실시한다면 현재의 선거주기와 그 빈도에 있어서 별반 차이가 없다.[79] 오히려 규칙적으로 2년마다 선거가 실시될 뿐이다.[80]

그리고 집권 초반의 선거이든지, 중간선거이든지 간에 국회의원선거에서 과반수 의석을 차지하지 못한 집권당은 총리직을 야당에 넘겨줌으로써 연립정부를 구성해 권력을 공유하는 것이 합당하다. 대통령제에서 연립정부의 구성이 가능하냐란 반문이 있을 수 있으나, 앞서 살펴보았듯이 라틴아메리카 국가의 대통령제에서도 연립정부의 구성이 이루어지고 있다. 혹은 한국형 이원정부제 또는 분권형 대통령제로 볼 수도 있다. 이원정부제의 본질적 요소는 대통령과 의회가 행정부를 공동으로 구성하는 것이기 때문이다.

이러한 방식으로 권력의 공유가 이루어지면 승자독식구조가 무너져 대통령 선거에서 정치권의 제반 세력들이 사생결단식의 이전투구를 하지 않아도 된다. 대통령 선거에서 패배한 정당도 국회의원 선거에서 승리하면 국정에 참여할 수 있는 길이 보장되기 때문이다. 또한 여소야대의 정국에서 여야의 정치세력은 연립정부를 구성해 분점정부를 효과적으로 운영해 나갈 수 있다.

새로운 권력 구조 방식에 의하면 헌정실제는 선거의 승패 여부에 따라 다양하게 구현된다. ① 대통령선거, ② 집권 초기의 의원 선거, ③ 중간선거의 결과에 따른 다양한 헌정실제의 유형은 다음과 같다.[81]

(i) ①, ②, ③ 세 가지 선거를 모두 승리하는 경우: 대통령 소속당은 4년의 집권 기간

78) 대통령의 임기초반에 실시되었던 2008년 제18대 국회의원총선거결과를 보면 총 299석 가운데 한나라당 153석, 통합민주당 81석, 자유선진당 18석, 친박연대 14석, 민노당 5석, 창조한국당 3석, 무소속 25석으로 집권당이 과반의석을 차지했다.

79) 지난 20년 동안 실시한 선거 시기의 추이를 살펴보면 다음과 같다. 1992년 4월 국회의원총선거, 1992년 대통령 선거, 1995년 6월 지방선거, 1996년 4월 국회의원총선거, 1997년 12월 대통령 선거, 1998년 6월 지방선거(지방선거로 선출된 공직자의 첫 임기만 한시적으로 3년이어서 3년 만에 실시됨), 2000년 국회의원총선거, 2002년 지방선거, 2002년 대통령선거, 2004년 국회의원총선거, 2006년 6월 지방선거, 2007년 12월 대통령 선거, 2008년 4월 국회의원총선거, 2010년 6월 지방선거, 2012년 4월 국회의원총선거 실시, 2012년 12월 대통령 선거 실시이다.
매년 선거가 실시되는 해도 있고, 적어도 2년에 한번 선거가 있음을 알 수 있다.

80) 이에 대해서는 프랑스의 경우 선거주기를 일치 시켰다는 비판이 있을 수 있다. 그러나 과거 프랑스에서는 대통령 선거 7년, 의원 선거 5년의 주기이어서 규칙적인 선거주기를 갖고 있는 것은 아니었다.

81) 金廷泫, 앞의 글(주 75), 190쪽.

동안 단점정부 하에서 국정을 운영할 수 있다.

(ii) ①, ② 선거에서 승리했으나, ③ 선거에서 패배한 경우: 대통령 소속당은 집권 초반 2년은 단점정부로, 나머지 2년 동안은 연립정부 구성을 통해 국정을 운영한다.

(iii) ① 선거에서 승리하고 ② 선거에서 패배했지만 ③ 선거에서 승리한 경우: 대통령 소속 정당은 집권 초반 2년은 연립정부로, 나머지 2년은 단점정부로 국정을 운영한다.

(iv) ① 선거에서 승리하고 ②, ③ 선거에서 모두 패배한 경우: 대통령 소속 정당은 집권 4년 동안 연립정부 구성을 통해 국정을 운영해야 한다.

각각의 유형은 ④ 대통령재임을 위한 선거 결과에 따라 보다 분화되어, 다양한 정치현실로 나타날 것이다. 국민들은 집권 초반기의 대통령의 국정 운영 성과, 연립정부에서의 대통령과 총리의 관계·총리의 정치적 역량, 단점정부 하에서의 집권당과 야당의 정치적 업적, 연립정부와 단점정부에서의 대통령의 대응 방식과 집권 기간 동안의 대통령의 업적 등을 종합적으로 판단해 2년마다 실시되는 의원선거와 4년마다 실시되는 대통령 선거에서 투표를 할 것이다.

(4) 헌법개정의 방향

대통령임기의 변경은 현행 헌법 제70조를 '대통령의 임기는 4년으로 하며, 중임할 수 있다'로 개정하고, 국회의원 임기와 선출방법에 관한 사항은 현행 헌법 제42조를 '국회의원의 임기는 4년으로 하고, 2년마다 의원 정수의 절반씩을 선출한다'로 개정하면 될 것으로 본다. 그리고 중간선거의 실시시기는 헌법부칙조항으로 규정하는 것이 바람직하다고 본다.[82] 만약 이번 개헌에서 선거주기를 바꾼다면, 2020년 4월 국회의원선거, 2022년 3월 대통령선거, 2022년 5월 국회의원선거 및 지방선거를 실시하는 방향으로 정리하면 된다.

또한 선거주기를 훼손하지 않기 위해 대통령의 궐위로 인한 경우 실시되는 보궐선거는 임기 중반에 치러지는 중간선거와 동시에 실시하는 것도 고려해 볼만 하지만, 사안에 따라서는 권한대행자가 장기간 동안 대통령의 직무를 대행하는 것에 대한 비판이 제기될 수 있다. 따라서 후임자에 대한 선거를 즉각적으로 실시하되, 후임자는 전임자의 잔여임기동안 재임하도록 하는 방안이 합당하다.[83] 선거주기가 변형되지 않고,[84] 민주적 정당성이 취약한 권한대행자가 장기간 대통령의 직무를 대행하는 점에 대한 비판도 차단할 수 있기 때문이다.

---

82) 현행헌법 부칙 제3조 ①은 "헌법에 의한 최초의 국회의원선거는 이 헌법공포일로부터 6월 이내에 실시하며, 이 헌법에 의하여 선출된 최초의 국회의원의 임기는 국회의원선거후 이 헌법에 의한 국회의 최초의 집회일로부터 개시한다."라고 규정하고 있다.

83) 1962년 헌법 제67조 제2항과 제69조 제2항은 대통령이 궐위된 경우에 후임자를 즉시 선거하되, 그 후임자는 전임자의 잔여임기동안 재임한다고 규정하였었다.

84) 음선필, 앞의 글(주 1), 139쪽.

Ⅴ. 결 어

선거주기는 대통령선거와 의원선거의 주기가 같아 선거시점이 동일한 경우인 동일주기, 대통령선거와 의원선거의 주기가 달라서 각기 별도의 시점에 양선거가 실시되는 경우인 별도주기, 대통령선거와 의원선거의 주기가 다르지만 부분적으로 양선거가 동일시점에 실시되도록 선거시점을 기술적으로 일치시켜 놓은 경우인 혼합주기로 분류할 수 있다. 다양한 국가의 선거주기에 대해 검토해 본 결과, 선거주기는 입법부와 행정부의 관계를 결정짓는 유일한 요인은 아님을 알 수 있었다. 즉, 대통령과 의회의 관계를 결정하는 데 있어서 의회선거의 시점, 즉 선거주기는 큰 영향력을 미치는 것이 사실이지만, 정당구도·선거제 등의 여러 요인 등이 복합적으로 영향을 미친다. 따라서 선거주기가 반드시 동일한 선거결과를 보장하는 것이 아니기 때문에 특정한 목적으로 개헌을 하는 것은 적절하지 못하다. 가령, 대통령이 의회다수파의 지지를 얻는 것을 용이하기 위해 선거주기를 동일주기로 만들었다고 해서 반드시 여대야소의 정국이 출현하는 것은 아니다. 양선거의 주기를 일치시켜야 한다고 주장하는 입장은 대통령이 의회의 지지를 얻어서 안정적인 국정운영을 할 수 있도록 하자는 것인데, 선거주기가 일치된 상태에서 대통령 소속당이 다수당이 되지 못하면 대통령 임기 동안 이를 해결할 방법이 없다.

오히려 보다 더 중요한 것은 헌정운영을 얼마나 탄력적으로 할 수 있느냐이고, 이를 뒷받침하기 위한 제도설계를 하는 것이다. 결국 해결책은 연립정부의 구성을 통해 정당간의 협력을 강화하는 방식이다. 이는 의원내각제 특유의 방식이라는 일부의 인식과 달리 정부형태를 불문하고 여소야대의 헌정을 운용하는 방법이라고 할 수 있다. 미국을 제외한 브라질과 멕시코와 같은 다당제 체제의 대통령제 국가에서는 여소야대시 대통령 소속 정당은 다른 정당과의 연립정치를 통해 국정을 운영한다. 이원정부제도 마찬가지이다. 미국의 대통령처럼 의원들을 개별설득해 법안을 통과시키는 방식은 한국에서 쉽지 않다. 우선, 한국의 정당규율은 미국과 달리 강한 편이라고 할 수 있다. 의원들이 당론에 반하는 투표를 하는 것이 쉽지 않은데다가, 군사독재시절의 소위 '관제 야당'의 경험으로 말미암아 야당의원들은 여당과의 관계에 있어서 선명성을 추구하는 것이 일반적이다. 그렇다보니 대통령의 정책에 동조하거나 찬성하는 데 있어서 정치적인 부담을 갖게 된다. 이와 같은 구조 하에서 대통령이 정책을 추진하기 위해서 개별 야당 의원들을 설득하고 입법을 한다는 것은 매우 어렵다. 게다가 대통령선거에서 패배한 정당의 소속 의원들은 대통령제 특유의 승자독식구조로 인해 열패감이 더욱 크다. 따라서 야당이 국정에 참여할 수 있고, 대통령선거에서 패배했다고 해서 상실감을 강하게 갖지 않는 정치 구조로 개편할 필요가 있다. 즉, 선거 결과에 따라 야당이 국정에 참여할 수 있는 길을 열어주어야 한다.

그러므로 행정권의 이원화・대통령 4년 중임제 개헌과 중간 선거를 도입해 2년 주기의 국회의원 선거를 실시할 것을 제안한다. 대통령과 총리는 행정권을 양분해 역할을 분담한다. 행정권을 양분한다는 것이 대통령과 총리의 권한을 기계적으로 이등분한다는 의미는 아니다. 총리가 실질적인 권한을 갖게 됨을 뜻하는 것이다. 대통령제에서의 고정된 임기는 정국의 안정을 보장하는 장점이 있는 반면에, 대통령의 무능과 실정을 임기 내내 국민들이 지켜봐야 하는 단점이 있다. 중간선거의 실시로 대통령에 대한 중간 평가가 가능해지면 대표자에 대한 정치적 통제기능이라는 선거 본연의 역할이 더욱 빛을 발한다. 중간선거에서 야당이 승리하면 야당은 연립정부에서 국정 참여가 가능해지므로 국민의 냉정한 평가에 의해 무능한 대통령의 정치적 입지는 축소된다. 연립정부에서의 성과에 따라 대통령과 총리의 향후 정치적 입지는 달라질 것이다. 이러한 방안은 현행 헌법을 전면적으로 개정해 완전하게 새로운 정치제도를 도입해야 실현 가능한 것이 아니다. 부통령제의 도입이나 의원내각제로의 전환처럼 전혀 경험해보지 못한 새로운 제도를 도입하는 것은 예측하지 못한 정치적 결과를 초래할 수 있다는 위험부담이 있을 수 있다. 따라서 현행 헌법체제에서 국무총리를 운용한 경험이 있으므로 이를 더욱 적극적으로 활용하는 방안이 비교우위에 있다고 본다. 한국식 정부형태를 고민해 볼 때이다.

21. 시설거주 장애인의 선거권에 대한 연구*

기 현 석**

Ⅰ. 서　　설

시설에 거주하는 대다수 장애인들에게 일반 투표소에서의 투표는 쉽지 않은 일이다. 여러 이유에서 투표 참여를 위한 외출이 불가능한 경우가 많기 때문이다. 예컨대 지체장애인은 거동이 불편하여 외출이 불가능할 수 있으며, 타의에 의해 입원한 정신보건 시설에 거주하는 장애인은 시설을 이탈할 가능성을 이유로 외출이 제한될 수 있다.[1)]

그간 우리나라에서는 시설거주 장애인의 선거권을 보장하는 거의 유일한 방안으로 거소투표제를 운용하여왔다.[2)] 그러나 이 제도는 최근까지 많은 문제를 드러내면서 비판의 대상이 되어온 것이기도 하다. 처우가 열악한 일부 시설의 장 등에 의한, 장애인에 대한 강압이나 기망 등으로 인하여 다양한 형태의 선거부정이 발생하고 있기 때문이다.[3)]

본 논문은 이러한 거소투표제도의 문제점을 해소하고 시설거주 장애인의 선거권을 실질적으로 보장하는 방안을 모색하기 위해 기획되었다. 본 논문의 주제와 관련한 선행연구로는 다음과 같은 것이 있다.

---

* 이 논문은 2015년 8월 세계헌법학회 한국학회에서 발간한 세계헌법연구 제21권 제2호에 게재되었던 필자의 논문 "시설거주 장애인의 선거권과 선거의 원칙"을 일부 수정・보완한 것이다.

** 명지대학교 법과대학, 부교수

1) 현재 우리나라 정신보건시설 입원 환자의 73.5%는 자의에 의하지 아니한 입원환자(이른바 비자의 입원한 자)로 자신의 의사대로 외출・외박을 할 수 없는 실정이다. 국가인권위원회 보도자료, 2015. 4. 24.; Newsis 4. 24. <http://www.newsis.com/ar_detail/view.html?ar_id=NISX20150424_0013621264&cID=10201&pID=10200>

2) 공직선거법에 따르면 거소투표는 대단히 한정된 경우에만 허용된다. 선거의 비밀보장이 쉽지 않기 때문이다. 공직선거법은 거동이 불편한 장애인이나 노인 등이 지역 선거관리위원회에 신고하고 투표용지를 우송받아 거주시설에서 투표용지에 기표한 뒤 이를 다시 선관위에 송부할 수 있다고 정한다. 이와 관련하여 성낙인 교수는 재외선거에 있어 투표소 투표방식의 문제점을 다음과 같이 지적한 바 있다. "부재자투표제도는 선거의 비밀보장이라는 측면에서 투표소에서의 직접투표방식을 채택하고 있기 때문에 현실적으로 매우 저조한 선거인등록이 이루어지고 있는 현실을 어떻게 극복하느냐가 관건이다." 성낙인, "시대변화에 순응한 선거법제의 정립", 헌법학연구 제18권 제2호, 2012. 6. 59면.

3) 가장 자주 발생하는 문제 중의 하나는 이 과정에서 종종 대리투표 등의 선거부정이 이뤄진다는 것이다. 다음의 기사는 이런 현실을 잘 보여준다. <http://ilyo.co.kr/?ac=article_view&entry_id=123999#> 일요신문, 제1198호, 2015.4.29. "지방선거가 끝난 지 1년이 지났지만 강원도 강릉의 한 마을은 여전히 뒤숭숭하다. 현역 시의원이 지난해 6・4 지방선거 과정에서 치매에 걸린 어머니를 대신해 거소투표 신청서를 작성한 사실이 밝혀지면서 선거법상 사위등재 위반 혐의로 기소돼 1심 법원에서 당선 무효형인 벌금 200만원을 선고받았기 때문이다.… 판결에 앞서 지난해 11월 옥계면에서 요양원에 있는 사람을 대신해 거소투표를 신청하고 대리투표를 한 공직선거법 사건으로 주민 13명이 집행유예형과 벌금형을, 1명은 징역 10월을 선고받았다가 2심에서 집행유예로 풀려난 뒤라 여파는 더 컸다. 이 두 건의 부정선거로 후보자와 사무장, 인척은 물론, 선거운동을 할 수 없는 마을이장, 번영회 관계자 등 17명이 사법부의 심판을 받았다."

먼저 장애인의 선거권 관련 연구를 찾아볼 수 있다. 그간 우리나라에서 장애인의 선거권 관련 연구는 비교적 활발하게 전개된 편이다.[4] 예컨대 김진우 등은 장애인의 권리 전반에 걸친 문제를 망라하면서 장애인의 선거권과 관련된 여러 법적 쟁점을 다루었다.[5]

일부는 시설거주 장애인의 다수를 차지하는 정신장애인의 선거권에 대한 연구를 시도하기도 하였다.[6] 김근식과 권민숙은 '정신장애인의 선거권'이라는 영역만을 본격적으로 다룬 것으로는 선도적인 연구로 볼 수 있다.[7] 최근에는 금치산자의 선거권 결격사유와 관련된 연구가 활발한 편이다.[8] 민법개정에 따라 금치산자제도가 성년후견제도로 개정되었기 때문에 선거권 결격사유에 대해 보다 전향적인 관점에서의 연구가 전개되고 있는 것이다.[9]

한편 정신장애인의 선거권 결격사유와 관련된 연구와 달리, 시설거주 장애인의 거소투표제도만을 주제로 한 연구는 드문 편이다. 다만 시설거주 장애인의 권리 일반에 관한 연구는 일부 시도되었다. 박경수 등은 시설거주 장애인의 인권 수준 전반에 대한 실태조사를 실시한 바 있다.[10]

시설거주 장애인이 이용하는 거소투표는 넓은 의미에서 부재자투표의 일부라 할 수 있다. 이에 그간 부재자투표와 관련하여 재외국민의 부재자투표에 대한 연구[11]와 부재자투표의 투표율 제고효과 등에 대한 연구[12]가 비교적 활발하게 이뤄진 바 있다.[13]

---

4) 대표적인 것으로는 김원영, "지체장애인의 선거권, 그 침해의 양상과 정교한 보장방안", 사회보장법연구 제2권 제1호, 서울대 사회보장법연구회, 2013.

5) 김진우, 정당한 편의제공 판단기준 연구, 국가인권위원회, 2013. 12. 1-198면.

6) 후자는 2011년의 민법개정에 따라 금치산자 제도는 성년후견제도로 바뀐 것에 따른 것이다. 민법 변경에 따라 선거권 결격사유로서 금치산자를 두었던 현행 공직선거법의 관련조항에도 변경이 불가피하기 때문이다. 이에 중앙선거관리위원회는 민법개정에 발맞춰 정치관계법 개정의견을 통하여 금치산자를 선거결격사유로 둔 공직선거법의 해당 조항을 삭제할 것을 제안한 바 있다. 이는 보통선거권이 확대되는 국내외의추세에 비추어 환영받을 만하다. 다만 이러한 선관위의 개정의견은 단지 선거권을 행사할 수 있는 정신장애인의 범위를 확대한 것일 뿐이라는 문제가 지적될 수 있다. 정신장애인의 선거권을 보다 충실하게 보장하고 혹시 제기될지 모르는 선거의 공정성 시비를 방지하기 위해서라도 선거권을 새로 행사하게 된 정신장애인의 의사를 정확하게 투표결과에 반영하기 위한 방안이 개정의견에는 빠져 있기 때문이다.

7) 김근식 · 권민숙, "정신적 장애인의 선거권에 관한 연구", 한국자치행정학보, 제22권 제2호, 2008, 403-424면.

8) 예컨대 김영진, "정신 장애인의 투표권 보장에 대한 소고", 미국헌법연구 제23권 제1호, 2012, 61-91면.

9) 중앙선거관리위원회는 이에 정치관계법 개정의견을 통하여 동 조항의 삭제를 국회에 제안한 바 있다. 중앙선거관리위원회, 정치관계법 개정의견(공직선거법 · 정당법 · 정치자금법), 2014.10. 39면. 선거관리위원회는 2011년의 민법개정으로 2013년부터 성년후견제도가 금치산제도를 대체하였는데 이에 "민법 개정(2011.3.7.)으로 2013.7.1.부터 금치산제도 대신 성년후견제도가 시행되고, 다만 같은 법 부칙 제2조에 따라 금치산자에 대한 규정이 피성년후견인에게도 2018.6.30.까지 적용되고 이후에는 관련 규정의효력이 상실"된다는 점에 따라 "현재의 공직선거법의 관련 조항도 적어도 2018년까지는 개정되어야 한다는데서 촉발되었다. "피성년후견인에는 종전의 금치산자와 달리 선거권 행사가 가능한 사람까지 포함될 수 있음에도 불구하고, 2018.6.30.까지 모든 피성년후견인의 투표권이 제한되었다가 2018. 7. 1.부터 선거권 행사가 가능하게 되는 문제점"이 있기 때문이다.

10) 박경수, 시설 거주 장애인 선거권 실태조사 최종보고서, 국가인권위원회, 2014. 11.

11) 예컨대 정상우, "국외부재자 선거제도 도입방안에 관한 연구", 공법학연구 제8권 제4호, 2007.

12) 예컨대 고윤환, 선거기권 방지를 위한 부재자투표제도의 개선방향에 대한 연구, 인하대학교 대학원 행정학과 박사학위논문, 2005.

이상에서 살펴본 바와 같이 최근까지 시설거주 장애인의 선거권과 관련한 문제에 대한 법학계의 본격적인 논의는 거의 없었다고 할 수 있다. 이에 본 논문은 여러 관련영역에서 축적된 기존의 연구 성과를 종합하고 이를 바탕으로 시설거주 장애인의 선거권 문제를 논의하고자 하였다.

본 논문은 다음의 순서로 구성되었다. 먼저 현행 공직선거법상의 시설거주 장애인의 선거권과 관련하여 거소투표제도의 현황과 문제점을 살펴보기로 한다(Ⅱ). 이어서 제도에 대한 헌법이론적 고찰을 위하여 헌법상의 선거의 원칙의 의의와, 각 원칙 상호간의 갈등관계에 대해 설명하기로 한다(Ⅲ). 다음으로 선거제도의 구체화에 따른 선거의 원칙 간의 갈등관계를 해결하기 위한 대안으로서, '장애인에 대한 정당한 편의제공' 개념의 의의와 그 내용을 살펴보기로 한다(Ⅳ). 마지막으로 이상의 논의를 종합하면서 향후 시설거주 장애인의 거소투표제도의 개선방향에 대한 전망과 함께 글을 마치기로 한다(Ⅴ).

Ⅱ. 현황과 문제점

1. 관련규정의 내용

시설거주 장애인의 선거권을 직접적으로 규율하는 규정은 공직선거법상의 거소투표 관련 조항이다. 공직선거법 제38조는 거소투표제도를 규정하는데 동조 제4항은 "다음 각 호의 어느 하나에 해당하는 사람은 거소에서 투표할 수 있다."고 정하면서 제2호에서 "병원·요양소·수용소·교도소 또는 구치소에 기거하는 사람"과 제3호에서 "신체에 중대한 장애가 있어 거동할 수 없는 자" 등을 열거한다. 한편 동법 제149조는 기관·시설 안의 기표소에 대한 규정으로 동법 제1항은 "제38조제1항의 거소투표신고인을 수용하고 있는 기관·시설의 장은… 거소투표신고인수 등을 선거인명부작성기간만료일 후 3일까지 관할 구·시·군선거관리위원회에 신고"하여야 함을 정하면서 대상 시설의 하나로 동법동조 제2호에서 "「장애인복지법」 제58조(장애인복지시설)제1항제1호에 따른 장애인 거주시설"을 들고 있다.[14] 나아가 동조 제3항은 "10명 이상의 거소투표신고인을 수용하고 있는 기관·시설의 장은 일시·장소를 정하여 해당 신고인의 거소투표를 위한 기표소를 설치"할 의무를 정하고 있다.

따라서 현재 거소투표제도가 활용되는 넓은 의미의 장애인 시설로는 장애인 거주시설, 정신요양시설, 정신의료기관 등을 들 수 있다.[15] 그리고 공직선거법상 거소투표가 가능한 사람

---

13) 특히 지리상 장애를 이유로 하는 국내의 부재자투표는 최근 사전신고가 불필요한 사전투표제의 도입을 통하여 성공적으로 안착한 바 있다.

14) 장애인복지법 제58조가 들고 있는 장애인 거주시설은 "거주공간을 활용하여 일반가정에서 생활하기 어려운 장애인에게 일정 기간 동안 거주·요양·지원 등의 서비스를 제공하는 동시에 지역사회생활을 지원하는 시설"을 말한다(장애인복지법 제58조).

의 범위는 위의 시설에서 거주하는 장애인 중에서도 '거동이 불편한 자'와 '병원 · 요양소에 기거하는 사람'에 한정된다 할 수 있다.[16] 여기서 일단 거소투표가 실시될 수 있는 장애인 시설의 범위를 살펴보기로 한다. 먼저 흔히 정신병원이라고 불리는 정신요양시설 및 정신의료기관에서 거소투표가 실시될 수 있다. 정신요양시설은 "정신의료기관에서 의뢰된 정신질환자와 만성정신질환자를 입소시켜 요양과 사회복귀촉진을 위한 훈련을 행하는 시설"을 말한다. 정신의료기관은 "의료법에 의한 의료기관 중 주로 정신질환자의 진료를 행할 목적으로 정신보건법상 시설기준에 적합하게 설치된 정신병원 · 정신과의원 및 병원급 이상의 의료기관에 설치된 정신과"를 말한다. 문제는 정신의료기관의 경우 현행법에 따르면 "정신의료기관 등의 장(정신의료기관과 정신요양원 포함)은 보호의무자 2인의 동의가 있고 정신건강의학과 전문의가 입원 등이 필요하다고 판단한 경우 본인의 의사와 무관하게 정신질환자를 입원시키고 타인의 동의가 있어야만 퇴원조치가 가능"함을 정한다는데 있다.[17]

한편 장애인복지법이 정하는 장애인 거주시설에서도 거소투표가 실시될 수 있다. 동법이 정하는 장애인 거주시설이란 "거주공간을 활용하여 일반가정에서 생활하기 어려운 장애인에게 일정 기간 동안 거주 · 요양 · 지원 등의 서비스를 제공하는 동시에 지역사회생활을 지원하는 시설"을 말한다(장애인복지법 제58조 제1항 제1호). 여기서 장애인 거주시설은 다시 장애유형별 거주시설[18]과 중증장애인 요양시설, 장애 영 · 유아 거주시설, 장애인 단기거주시설 등으로 분류되기도 한다.[19]

2. 운영현실과 기존의 논의

우선 제기되는 문제는 기표소의 관리와 관련하여 공직선거법 제149조 제6항에서 "후보자 · 선거사무장 · 선거연락소장은 선거권자 중에서 1명을 선정하여 기관 · 시설의 장이 설치 · 운영하는 기표소의 투표상황을 참관"하게 할 수 있음을 정할 뿐이라는 점이다. 이는 선거관리위원회의 직접적인 관리 하에 선거의 공정이 비교적 충실히 보장될 수 있는 여타 외

---

15) 박경수, 앞의 책, 10-14면.

16) 넓은 의미에서 정신장애라는 말은 일상에서 정신질환, 발달장애 등의 용어와 혼용되곤 한다. 그러나 법적인 의미에서 정신질환과 정신장애를 구분하여 보면 정신질환은 치료를 통하여 극복이 가능한 일종의 병명으로서 다소 부정적인 의미를 안고 있는 반면 정신장애는 복지가 필요한 다소 긍정적인 의미로 이해되기도 한다. 이병화, 직업적응훈련이 정신장애인의 직업유지에 미치는 영향에 관한 연구: 서비스제공유형 조절효과를 중심으로, 연세대학교 사회복지대학원 석사학위논문, 2009, 3면.

17) 정신보건법 제24조. 그런데 2011-2013년 간 자료에 따르면 자의에 의한 정신의료기관 입원율은 29%에 불과하다. 이는 인권침해의 우려를 높이고 있다. 박경수 위의 책, 14면.

18) 장애유형이 같거나 유사한 이들을 위한 시설, 예컨대 청각 · 언어 장애인 거주시설, 지적장애인 거주시설, 시각장애인 거주시설 등.

19) 박경수, 앞의 책, 10면. 장애인거주시설 이용자는 자신의 주소지를 해당 시설로 이전해야 하는데 해당 시설의 장은 이에 시설입소자에 대하여 시설소재지로 주민등록 이전신고를 대행하여 처리하도록 하고 있다(주민등록법 제12조).

부의 투표소 투표에 비해 대단히 미흡한 수준의 선거관리를 정하고 있는 것이다. 이에 일부에서는 "선거시 몸이 불편한 시설 내 장애인을 위해 시설 내 투표소를 설치하고 시설에서 편하게 투표할 수 있도록 조치한 것이 거소투표제"라고는 하나, 거소투표제가 실제로는 "그간 거주시설 내 장애인들은 폭력, 구타, 의문사, 질 낮은 부식, 금전 갈취 등 폐쇄시설의 고질적인 인권침해에 시달려 왔다"는 현실을 고려하면 "관심 미비와 인력부족 등 관리 소홀로 인해 선거 부정 가능성"이 높다는 등의 주장이 누차 제기되고 있다.[20]

이러한 문제점을 해소하기 위해 일부에서는 시설거주 장애인의 투표에 있어서도 "투표소 투표의 원칙이 고수"될 것이 주장되기도 한다.[21] 이러한 주장은 상당부분 공직선거법 제38조와 제149조의 규정형식에서 비롯되었다고 볼 수도 있다. 거소투표를 할 수 있는 사람은 원칙적으로 동법 제38조에 의해 정해지는바 병원·요양소에 거주하는 사람이나 거동이 불편한 자에 한정된다. 그런데 동법은 거소투표를 신청하는 절차로 "1. 병원·요양소 2. 장애인거주시설로서 제38조제1항의 거소투표신고인"을 수용하고 있는 기관·시설의 장에게 그 명칭과 거소투표신고인수 등을 "반드시" 선거관리위원회에 신고하도록 하고 있다. 따라서 병원·요양소가 아닌 시설에 거주하는 장애인 중 거소투표신고인으로 볼 수 있는 자는 제38조제1항에 의거 '거동이 불편한 자'로 한정된다. 그러나 현실적인 문제는 신고의무를 지는 장애인 복지시설의 장이 비록 거동이 불편하지 않은 장애인이라 할지라도 이들을 불명확한 표현인 거동이 불편한 자에 포함시켜 이들을 선거부정이 용이한 거소투표의 대상으로 신청할 여지가 발생한다는 점이다.[22]

물론 시설의 장에 의하여 관리되는 거소투표에서 투표부정이 개입할 여지가 많음은 우리나라 장애인시설 내에서 인권보장의 수준을 고려할 때 당연한 것일 수도 있다.[23] 이에 위의

---

20) 한국장애인인권포럼 장애인정책 모니터링센터 김의수 선임연구원은 "거소투표제는 거주시설 장애인들에 대해 원활하게 투표할 수 있는 조건을 마련해 시설 안에서 투표를 할 수 있게 지원하는 것."이라며 "하지만 실제 선거권자들의 권리가 충분히 이행되는 지에 대한 검토가 전혀 이뤄지지 않고 있다."고 지적했다. 이어 "거주시설 내에서 장애인들이 비밀선거의 원칙을 올바르게 보장받고 있는지, 관리운영이 잘 되고 있는지에 대한 파악과 통계는 없다."며 "통계가 없다는 것은 거주시설 내 장애인들의 선거권을 어떻게 보장할 것인지에 대한 고민은 물론 대책조차 없다는 심각한 문제."라고 꼬집었다. 이에 대한 대안으로 김 선임연구원은 "전국 거주시설 내 입소인원이 대략 3만여 명이다. 이에 정신요양원, 노인요양원 등의 시설을 총합하면 10만에 가까운 피선거인의 권리가 훼손되고 있는 실정."이라며 "이를 해결하기 위해서는 선거후보자 사전 설명회, 거소 투표 관리감독 인원 파견으로 시설의 부정개입시비 차단, 휴대전화단말기 투표 등의 정보기술 활용이 필요하다."고 강조했다. 웰페어뉴스, 2014.12.2. http://www.welfarenews.net/news/articleView.html?idxno=48029

21) 김진우, 앞의 책, 39면.

22) 김진우, 위의 책, 같은 면.

23) 국가인권위원회의 조사 결과에 따르면 가장 최근의 2014년 6.4 지방선거의 경우 다음의 보도자료에서 설명하는 바와 같이 정신보건시설 거주 장애인 중 선거권을 행사하지 못한 정신장애인이 84%에 달하는 것으로 나타났다. "정신병원 등 정신보건시설에 거주하는 정신장애인 중 81%에 달하는 사람이 지난 6.4지방선거에서 선거권을 행사하지 못한 것으로 드러났다. 국가인권위원회는 4일 정신보건법상 정신의료기관(정신병원, 정신요양시설)과 장애인복지법상 장애인 거주시설 내 장애인들을 대상(시설 이용자 272명, 종사자 220명)

주장과 같이 '투표소 투표의 원칙'을 확대하는 것을 골자로 거소투표는 원래의 법 취지에 맞게 당일 투표소에서 직접 투표를 할 수 없는 정신장애인과 거동이 불편한 자 등에 한정하자는 제안에도 어느 정도의 타당성이 없지 않다. 그러나 이러한 대안만으로 시설거주 장애인의 충분한 권리보장으로 이어질 수 있는지는 의문이다. 위의 주장에 따르더라도 결과적으로 잔존하게 될 이들에 대한 거소투표에서의 부정은 해소되지 않을 것이다. 더구나 최근의 시설거주 장애인에 대한 사전투표 부정 사례는 투표소투표를 확대하더라도 여전히 발생할 수 있는 문제를 잘 보여준다.[24] 무엇보다도 원칙적으로 거소투표제도는 장애인의 보통선거권 보장에 매우 적합한, 즉 시설 내 장애인의 투표참여를 용이하게 하는데 유리한 제도라는 점만은 분명하다. 따라서 일부의 주장과 같이 거소투표제도를 축소하는 것은 현 제도의 문제점에 대한 충분한 대안이 될 수 없다고 본다.

Ⅲ. 선거의 원칙 간 갈등관계: 투표소투표 대 거소투표

1. 현행 헌법상 선거의 원칙

우리나라 헌법은 '국민주권의 실현방법의 하나로 대의민주주의'와 함께 '대의민주주의 실현을 위한 선거권'을 또한 보장하고 있다.[25] 이에 헌법 제24조에서 모든 국민은 선거권을 가짐을 천명하는 동시에 헌법 제41조제1항과 제67조제1항에서는 직접적으로 국회의원선거 및 대통령선거에 있어서 보통·평등·직접·비밀선거를 규정하고 있다. 더불어 헌법상 명시적인 규정은 없지만 여기에 자유선거를 더하여 선거의 5대 원칙으로 삼는 것이 통설적인 견해

으로 약 4개월 간 실태조사를 벌인 결과를 발표했다. 이에 따르면 전체 응답자 중 정신장애인 64명의 과반수가 훨씬 넘는 52명이 지난 지방선거에서 선거권을 행사하지 못했다고 나타났다. 또한, 우리나라 헌법과 공직선거법은 피성년후견인(전 금치산자) 판정을 받은 경우가 아니라면 정신장애인의 선거권을 보장하고 있지만, 중앙선거관리위원회가 정신병원 등을 대상으로 배포한 선거 관련 공문은 정신의료기관의 정신장애인들에게 전달되지 않은 것으로 조사됐다. 이외에도 전체 응답자 중 6.4지방선거에 투표한 사람의 33.7%는 시설 내에서 별도로 진행하는 '거소투표' 형태로 선거권을 행사한다고 답했으며, 거소투표자의 44.4%는 앞으로는 시설 밖에서 선거에 참여하고 싶다고 응답했다. 그러나 장애인 거주시설 종사자(49.7%)들에 따르면 중앙선거관리위원회나 지방자치단체가 장애인시설에서의 거소투표를 권유한 것으로 조사됐다. 실태조사 연구팀은 평균 170일 이상 장기 입원하는 우리나라 정신장애인들의 현실을 고려할 때, 정신보건시설에 대한 선거관리 개선이 필요하다고 지적했다. 특히 장애인시설에서는 부정선거의 위험이 높아 다수의 장애인 당사자들의 의사에 반하는 거소투표를 지양하고, 투표장소를 직접 방문해 선거에 참여할 수 있도록 하는 방안을 마련해야 한다고 강조했다." <http://beminor.com/news/view.html?section=1&category=3&no=7709>

24) 최근 대선에서 특정 장애인 시설의 장이 사전투표에 참여하는 장애인들에게 특정 후보를 지지하도록 모의투표용지를 활용하여 사전에 연습을 시킨 사실이 적발되어 물의를 일으킨 바 있다. 오마이뉴스, 2017.5.5. http://news.naver.com/main/read.nhn?mode=LSD&mid=sec&sid1=100&oid=047&aid=0002149794 여기서 추후 유사 사건의 재발방지를 위하여, 지적장애를 가진 이들에 대한 교육프로그램과 모의투표용지를 활용하여 선거부정을 유도하는 기법은 그 구조가 대단히 유사하다는 점을 지적해두고자 한다.

25) "현대 자유민주주의체제의 전개과정에서 국민주권의 원리는 직접민주정보다는 오히려 간접민주정 즉 대의제를 채택"하게 되었으며, 이에 따라 "선거라는 대표자를 선임하는 과정"이 뒤따르게 된다. 성낙인, 헌법학, 법문사, 2018, 158면.; 정종섭, 헌법학원론, 박영사, 2016, 872면.

이다.[26)]

여기서 다음 논의의 전제로서 각 선거의 원칙에 대한 내용을 간략히 살펴보기로 한다. 먼저 보통선거란 "입헌주의의 발전 과정에서 자행되었던 사회적신분 · 재력 · 납세실적 · 학위 등에 따른 제한선거의 양태뿐 아니라 인종 · 신앙 · 성별 등 어떠한 이유로도 선거권이 제한받지 아니하는 선거"를 말한다.[27)] 보통선거는 과거 주로 재산과 성별 등에 따른 제한선거가 문제되었지만, 최근에는 연령에 의한 제한,[28)] 수형자의 선거권 행사의 제한,[29)] 선거범죄자에 대한 선거권의 제한 등이 헌법재판소의 결정 등을 통하여 쟁점으로 부각된 바 있다.[30)] 평등선거란 "차등선거에 반대되는 선거로서 1인1표의 원칙에 따라 모든 선거인이 평등하게 한 표를 행사하고, 1표1가의 원칙에 따라 모든 선거인의 투표의 성과가치도 평등한 선거"를 말한다.[31)] 직접선거란 "간접선거에 반대되는 선거로서 선거인이 직접 대표자를 선출하는 선거"인데 "원칙으로 선거결과가 유권자의 의사에 의하여 최종적으로 결정되면 직접선거의 원칙에 위배되지 않는다"고 설명된다.[32)] 한편 비밀선거의 원칙은 "공개선거에 대응하는 원칙으로 선거인이 누구에게 투표하였는가를 타인이 알지 못하도록 투표를 행하여야 하는 원칙"을 말한다.[33)]

다만 비밀선거의 원칙은 선거인이 투표의 비밀을 준수할 것을 강제하는 것이 강조된다는 점에서 다른 선거의 원칙과는 다소 다른 특성을 가진다고도 할 수 있다.[34)] 비밀선거의 반대

---

26) 성낙인, 앞의 책, 161면.; 헌재 1994.7.29. 93헌가4.

27) 성낙인, 앞의 책, 159면; 헌재 1997.6.26. 96헌마89.

28) 헌재 1997.6.26. 96헌마89; 2013.7.25. 2012헌마174.

29) 최근 헌법재판소는 헌재 2014.1.28. 2012헌마409 등 결정을 통하여 집행유예자와 수형자의 선거권 제한에 대하여 다음과 같이 판단한 바 있다. 즉 헌법재판소는 "심판대상조항은 집행유예자와 수형자에 대하여 전면적 · 획일적으로 선거권을 제한하고 있다. 심판대상조항의 입법목적에 비추어 보더라도, 구체적인 범죄의 종류나 내용 및 불법성의 정도 등과 관계없이 일률적으로 선거권을 제한하여야 할 필요성이 있다고 보기는 어렵다. 범죄자가 저지른 범죄의 경중을 전혀 고려하지 않고 수형자와 집행유예자 모두의 선거권을 제한하는 것은 침해의 최소성원칙에 어긋난다. 특히 집행유예자는 집행유예 선고가 실효되거나 취소되지 않는 한 교정시설에 구금되지 않고 일반인과 동일한 사회생활을 하고 있으므로, 그들의 선거권을 제한해야 할 필요성이 크지 않다. 따라서 심판대상조항은 청구인들의 선거권을 침해하고, 보통선거원칙에 위반하여 집행유예자와 수형자를 차별취급하는 것이므로 평등원칙에도 어긋난다."라고 판시하였다.

30) 김철수 헌법학개론, 2006, 889면.; 권영성, 헌법학원론, 법문사, 2007, 978면.

31) 성낙인, 앞의 책, 160면.

32) 성낙인, 앞의 책, 같은 면; 정종섭, 앞의 책, 881-883면.

33) 정종섭, 앞의 책, 882면.

34) 투표인에 대한 강제의 성격은 '선거권의 본질'에 대한 그동안의 논의와 연관 지어 생각해 볼 수 있다. 이에 대하여는 심영배, "선거권의 본질", 전북대 논총, 1994, 1-13면; 조재현 "자유선거의 원칙", 공법연구 제30집 제4호, 2002, 95면 이하; 홍일선 "선거권과 선거의무-자유선거의 원칙과 선거참여의무제의 도입가능성-", 공법연구 제34집 제3호, 2006, 343면 이하. 한편 공직선거법 제167조제1항은 투표의 비밀이 보장되어야 함을 명시하면서 동조 제2항에서 개인의 권리로서 선거인의 진술거부 등에 대해 규정하는 반면에, 동조제3항은 선거의 비밀의 공적 측면으로서 투표지의 공개금지와 공개된 투표지는 무효가 됨을 규정한다. 그리고 공직선거관리규칙 제92조는 투표관리관 또는 부재자투표관리관 등은 선거인이 자신이 기표한 투표지를 공개한 것을 발견한 때에는 투표소에서 공개한 투표지는 투표참관인의 참관하에 해당 선거인으로부터 그 투

말인 공개선거는 "선거인의 투표에 대한 책임을 지게 할 수 있다는 점에서는 장점을 가지나, 매수・유혹・협박 등 선거간섭에 의하여 '선거의 자유'와 '선거의 공정'이 보장되지 않는 폐단"이 있기 때문에 투표자에 대한 권리의 보장 이외에 이러한 투표자에 대한 강제의 성격은 불가피하다고도 할 수 있다.[35] 한편 비밀선거의 원칙은 특히 자유선거의 원칙과도 밀접한 연관을 맺는다. 자유선거의 원칙은 헌법이 별도로 규정하진 않았으나 통설적으로 헌법상 원칙으로 인정되고 있다. 자유선거란 "강제선거에 반대되는 선거로서 선거인이 자신의 선거권을 외부의 강제나 간섭 없이 의사형성과 의사실현을 할 수 있는 선거"를 말한다.[36] 자유선거의 원칙이 비밀선거의 원칙과 연관을 맺는 부분은 선거의 자유를 위하여 비밀선거의 원칙이 "선거의 자유분위기를 보장하는 가장 중요한 제도적 장치"[37] 또는 "선거의 자유를 위한 제도적 보장"으로 기능하여야 한다는 데 있다.[38]

2. 선거의 원칙 간 갈등관계에 대한 헌법재판소의 판단

모두에서 살펴본 시설 내 장애인을 위한 거소투표제가 가지는 문제점은 헌법상 선거의 원칙에 비추어 어떻게 평가될 수 있을까? 헌법재판소가 시설 거주 장애인의 거소투표를 정한 공직선거법상 관련조항에 대해 직접 판단한 결정례는 아직 찾아볼 수 없다. 다만 제도의 특성에 비춰보면 오늘날의 재외선거 내지 선상부재자투표를 도입하는 계기가 되었던 헌법재판소의 결정들은 이 문제에 대해 유용한 시사점을 제공한다고 본다. 이들 결정은 과거 특별한 부재자투표 방식을 갖지 못하였던 구 공직선거법상의 재외국민 및 외항선원 등의 선거권 침해여부에 대한 판단을 담고 있다.

현행 공직선거법이 정한 것 중에서 시설거주 장애인을 위한 거소투표제와 가장 유사한 제도는 원양어업에 종사하는 이들을 위하여 도입된 선상부재자투표제도를 들 수 있다. 시설 내 거소투표와 선상부재자투표는 투표소에 가기 힘든 유권자의 보통선거권을 실질적으로 보장하기 위한 제도이면서 현실적 어려움을 이유로 투표소의 관리를 일종의 공무수탁사인(각각 시설의 장과 선장)에게 맡긴다는 점에서 다른 한편으론 제도의 도입으로 투표자의 비밀선거권 등이 침해될 우려가 있다는 점에서 특히 유사성을 지닌다고 볼 수 있기 때문이다.[39]

잘 알려진 대로, 헌법재판소는 재외국민과 해상에 장기 기거하는 선원들의 부재자투표와

표지를 회수하여 봉투에 넣어 봉함하고 그 봉투 앞면에 표시를 한 후 사인을 날인하여 투표함에 투입하고, 부재자투표소에서 공개한 투표지는 제86조 제4항에 준하여 처리한다고 규정한다.

35) 정종학, "선거제도의 이론과 실제-우리나라 선거제도와 관련하여-", 법학연구 제2권 제1호, 1991, 43면.

36) 성낙인, 앞의 책, 161면.

37) 허영, 헌법학원론, 박영사, 2009, 723면.

38) 정만희, "선거에 관한 헌법상의 원칙", 동아법학 제6호, 1988, 146면.

39) 현재 선상부재자투표는 국내선박에 한하여 선장의 관리감독 하에 실드팩스(Shield-Fax)를 활용한 선거가 실시되고 있다. 자세한 내용은 기현석, "선상부재자투표제도의 도입방안에 대한 연구: 투표방식과 선거의 원칙간 관계에 대한 고찰, 헌법학연구 제16권 제1호, 2010 참조.

관련한 판단에서 "재외국민에게 선거권을 박탈하는 공직선거법 규정의 해당 부분, 국내에 주소를 두고 있으나 일시적으로 해외에 체류하고 있는 국민들에게 부재자투표권을 인정하고 있지 아니한 공직선거법 규정의 해당 부분, 같은 이유로 재외국민에게 국민투표권을 인정하지 않고 있는 국민투표법상의 관련 규정들의 해당 부분, 해상에 장기 기거하는 선원들에 대하여 부재자투표의 가능성을 보장하고 있지 아니한 공직선거법상의 규정"[40]에 대한 헌법불합치결정을 내린 바 있다. 이 사건 결정문에서 헌법재판소는 "해당 규정이 헌법에 합치하기 위해선 적어도 선거권제한을 정당화할 수 있는 불가피한 사유"가 있어야 할 것이라 본다. 물론 헌법재판소가 말한 불가피한 사유가 명확하게 무엇인지에 대한 보다 구체적인 설명은 결정문에는 생략되어 있다. 이에 일부에서는 이에 대한 해석을 위한 별도의 논의가 전개된 바 있다.[41] 일부 견해는 "보통선거권이 민주주의 및 국민주권의 실현에 대하여 불가결적 의미를 가지고 있음을 감안할 때, 소수의 헌법적 지위를 갖는 법익들만이 보통선거권의 후퇴를 정당화"할 수 있을 것이라는 전제 하에, "다른 선거의 원칙에 근거를 둔 헌법적 지위를 갖는 법익" 즉 "평등선거권, 비밀선거권, 직접선거권, 자유선거권 등이 보통선거권 제한을 정당화 할 수 있는 불가피한 사유"라고 설명한다.[42] 여기에서 확인되는 바는 제도의 구체화에 따른 보통선거의 원칙과 다른 선거의 원칙간의 갈등관계라 할 수 있다.

특히 헌법상 선거의 원칙을 선거제도로 구체화할 때 어떤 투표방식을 선택할 것인지의 문제는 이러한 갈등관계를 여실히 드러내곤 한다.[43] 통상적인 투표소 투표보다는 전자투표(인터넷투표), 거소투표(우편투표), 대리투표 등의 투표방식을 선택할 경우 훨씬 더 투표자의

40) 헌재 2007.6.28. 2005헌마772.

41) 위 결정들이 내포하고 있는 여러 가지 해석론적 문제를 해결하기 위한 시도에 대해서는 정태호, "보통・평등선거권의 심사구조와 심사기준에 관한 관견-자유권 심사구조 및 심사기준의 보통・평등선거권심사에의 응용 가능성-", 미국헌법연구 제19권 제2호, 2008, 92면.

42) 정태호, 위의 글, 같은 면. 이에 따르면 헌재는 이미 "대통령선거 입후보요건으로 고액의 기탁금을 요구하고 있는 것에 대하여 합헌성을 확인하고 있는 헌재 1995.5.25. 92헌마269" 사건에서 김진우 재판관의 반대의견에도 드러난 바 있다고 한다. 김진우 재판관의 반대의견에는 "대통령선거에 있어 선거권과 피선거권과 관련된 차별은 이러한 민주주의 기본전제를 뒤흔드는 것이 되기 때문에 이들 권리와 관련한 국민의 차별을 정당화하기 위해서는 단순히 공익의 실현을 위하여 그 차별이 필요하다는 정도로는 부족하고, 그 차별이 중대한 법익의 실현을 위하여 불가피한 경우에 한하여야 할 것이다. 그러므로 헌법이 제24조에서 선거권, 제25조에서 공무담임권을 보장하면서 그것을 법률유보하에 두고 있다 하더라도, 이들 권리에 관한 입법재량의 폭은 매우 좁다고 할 것이며, 그에 따라 이들 권리에 관하여 국민을 차별하는 법률의 위헌심사에는 엄격한 심사기준이 적용된다고 할 것이다"(헌재 1995.5.25. 92헌마269)라고 설명되고 있기 때문이다.

43) 보통선거의 원칙을 "선거권 행사에서의 차별의 금지 또한 보통선거권의 내용"이라고 본다면, "투표방식과 관련하여 선거권자가 느끼는 불편함과 번거로움"도 보통선거의 원칙에 반하는 것으로 이해될 수 있을 것이다. 기현석, 앞의 글, 192면. 여기서 우편투표, 대리투표 등의 투표방식은 최대한 많은 유권자에게 선거권을 행사할 수 있도록 하는 가능성을 제공한다는 측면에서 보통선거의 원칙에 매우 적합한 투표방식이라 할 수 있다. 전철역, 철도역, 고속버스터미널 등에 전자적인 방식으로 선거를 할 수 있는 투표소를 설치하는 것도 가급적 많은 유권자가 선거권을 행사할 수 있도록 하는 것도 보통선거의 원칙에 보다 충실한 방법이 된다. 정태호, "보통・평등선거권의 심사구조와 심사기준에 관한 관견-자유권 심사구조 및 심사기준의 보통・평등선거권심사에의 응용 가능성-", 미국헌법연구 제19권 제2호, 2008, 92면.

보통선거권 보장에 충실하게 된다.[44] 반면 전자투표(인터넷투표), 거소투표(우편투표), 대리투표 등의 투표방식은 비밀선거의 원칙을 실현하기에는 적합하지 않다.[45] 이것은 모두에서 본 거소투표의 사례에서도 쉽게 확인되는 바이다. 일반적으로 가정에서 이뤄지는 거소투표, 전자투표 등은 선거인이 투표의 비밀을 누설할 가능성도 높고 한편으론 다른 사람에 의해 투표의 비밀이 침해될 우려 또한 높다.

또한 비밀선거의 원칙과 자유선거의 원칙 간 밀접한 관계를 감안하면 전자투표, 거소투표 등의 투표방식은 따라서 자유선거의 원칙의 실현에도 적합하지 않을 것임을 쉽게 예상할 수 있다. 투표의 비밀이 침해될 가능성이 있다는 것은 곧바로 투표의 자유가 침해될 우려가 있다는 말로 대체될 수 있기 때문이다.

이상의 논의에서 시설거주 장애인의 선거권에 대한 문제는 다음과 같이 정리할 수 있을 것이다. 거소투표제는 장애인의 보통선거권 실현에 유리하다. 반면 거소투표제는 장애인의 비밀선거권, 자유선거권 등을 침해할 우려가 있다.

Ⅳ. 대안의 모색 – 선거에서의 정당한 편의제공

1. 일반적인 장애인 선거권 보장규정

원칙적인 장애인의 선거권 보장조항으로는, 현행 공직선거법의 제1장 총칙에 규정된 법 제6조를 들 수 있다. 현행 공직선거법 제6조는 선거권행사의 보장을 위하여 제1항에서 "국가는 선거권자가 선거권을 행사할 수 있도록 필요한 조치를 취하여야 한다."고 정하면서 제2항에서 "각급선거관리위원회(읍·면·동선거관리위원회는 제외한다)는 선거인의 투표참여를 촉진하기 위하여 교통이 불편한 지역에 거주하는 선거인 또는 노약자·장애인 등 거동이 불편한 선거인에게 교통편의를 제공하거나, 투표를 마친 선거인에게 국공립 유료시설의 이용요금을 면제·할인하는 등의 필요한 대책을 수립·시행할 수 있다. 이 경우 공정한 실시방법 등을 정당·후보자와 미리 협의하여야 한다."고 정한다.

동 조항의 입법취지는 모든 유권자의 보통선거권을 실질적으로 보장함과 동시에 민주주

44) 기현석, 앞의 글, 같은 면. 전자투표에는 투표소에서 전자투표기를 이용하는 것과 인터넷을 이용한 선거가 모두 포함된다. 필리핀은 세계 최초로 인터넷을 이용한 부재자투표를 실시하였으며 미국에서는 대통령예비선거에서 민주당과 공화당이 일부 주에서 인터넷을 통한 예비선거를 실시한 바 있다. 미국의 경우에는 겨울철의 알래스카 주의 고립된 환경이, 필리핀의 경우 싱가포르에 거주하는 필리핀인을 대상으로 싱가포르의 월등한 인터넷 기술을 활용할 수 있다는 점이 인터넷 선거실시의 배경이 되었다. 그러나 인터넷 투표의 경우에는 인터넷 이용에 익숙하지 않은 국민들에게는 도리어 활용하기 어렵다는 문제도 안고 있다. 이부하, "전자민주주의와 인터넷 선거", 공법학연구 제10권 제2호, 2009, 113-115면.

45) 최근에는 특히 전자투표의 가장 큰 기능으로 투표율 하락을 제고할 수 있다는 점이 제시되곤 하는데 이는 투표방식에 따라 보통선거권이 훨씬 잘 보장될 수 있음을 보여준다. 박해영, "공직선거에서 전자투표의 도입", 공법학연구 제10권 제2호, 2009, 34면.

의가 성공적으로 작동되는지를 판명하는 중요한 지표로 자리 잡은 투표율을 제고하는데 있다고 할 것이다. 다만 동 조항은 제1항의 “필요한 조치”라는 문언에도 불구하고 제2항의 한정적인 표현으로 인하여 정작 장애인의 보통선거권 확보와 관련하여서는 여기서 제공될 만한 필요한 조치가 투표소까지의 교통편의에 한정되는 것으로 해석되곤 한다.[46)]

일반적인 장애인의 선거권 보장에는 사실상 「장애인차별금지 및 권리구제에 관한 법률」이 더 중요한 역할을 한다고도 할 수 있다. 동법은 제27조에서 참정권과 관련한 장애인에 대한 차별을 금지할 것을 정하는바, 제1항에서 “국가 및 지방자치단체와 공직선거후보자 및 정당은 장애인이 선거권, 피선거권, 청원권 등을 포함한 참정권을 행사함에 있어서 차별하여서는 아니 된다.”는 원칙조항과 함께, 제2항에서 “국가 및 지방자치단체는 장애인의 참정권을 보장하기 위하여 필요한 시설 및 설비, 참정권 행사에 관한 홍보 및 정보 전달, 장애의 유형 및 정도에 적합한 기표방법 등 선거용 보조기구의 개발 및 보급, 보조원의 배치 등 정당한 편의를 제공하여야 한다.”고 하여 참정권 행사에 필요한 편의제공의 구체적인 항목을 ‘예시’하고 있다. 나아가 동조 제3항에서는 이와는 별도로 “공직선거후보자 및 정당은 장애인에게 후보자 및 정당에 관한 정보를 장애인 아닌 사람과 동등한 정도의 수준으로 전달하여야 한다.”고 하여 공직선거법의 그것보다 훨씬 포괄적인 장애인의 참정권 보장을 위한 구체적인 수단의 목록을 또한 ‘예시’하고 있다.[47)]

장애인의 일반적인 투표소에서의 투표를 용이하게 하도록 장애인의 투표소 접근성과 관련된 법률 조항이 제정되어 운영되고 있다. 「장애인·노인·임산부 등의 편의증진 보장에 관한 법률」 제3조는 편의시설 설치의 기본원칙을 정하면서 “시설주는 장애인등이 공공건물 및 공중이용시설을 이용함에 있어 가능한 최단거리로 이동할 수 있도록 편의시설을 설치하

---

46) 현행 공직선거법은 제6조제2항의 개정을 포함하여 지금의 규정보다 좀 더 포괄적인 내용을 담는 방향으로 원칙조항에 대한 개정을 요한다고 본다.

47) 이 지점에서 지적할 만한 문제는 다음과 같다. 먼저 현행 공직선거법상의 관련 문제는 ‘관련조항의 통합’과 ‘법집행기관에 대한 책임의 강화’라는 관점에서 재구성될 필요가 있다고 본다. 통상 선거관리업무를 책임지는 선거관리위원회는 공직선거법에 대한 전문성을 가지고 있다고 보아 정부기관이 아님에도, 헌법상 정부의 법률안 제출권과 어느 정도 유사하게 기능하는, 공직선거법 등에 대한 법률안 개정의견을 국회에 제출할 수 있다. 그리고 실제 국회에서는 여야의 이해득실에 그다지 영향이 미치지 않는 부분에 한정된 것이기는 하나, 공직선거법상의 많은 규정을 개정함에 있어 선거관리위원회의 개정의견을 참고한다. 물론 공직선거법의 시행을 위한 공직선거관리규칙은 선거관리위원회가 직접 제정과 개정의 업무를 담당하고 있다. 이런 실무상의 관행을 전제로 한다면 여기서 장애인의 선거권을 보다 확실히 보장받기 위해 논의해볼 만한 것은 우선 다음의 두 가지로 정리될 수 있다. 첫째 현재는 장애인의 선거권 보장과 관련한 법조항의 다수가 공직선거법 이외의 법률에 정해져 있으므로, 이들을 최종적인 법집행기관인 선거관리위원회의 주된 관심업무분야라 할 수 있는 공직선거법에 통합하도록 법 개정을 추진할 필요가 있다. 이는 기관 간의 책임회피나 예산부족 등을 문제로 침해될 수 있는 장애인의 참정권 보장에 보다 유리한 환경을 조성할 수 있다. 둘째 현행 공직선거법에는 많은 경우에 그 집행을 위한 세부기준으로서 규칙을 둘 것을 정하는 이른바 명시적 위임이 없는 경우가 많다. 이는 결과적으로 장애인의 참정권을 실질적으로 제한 내지 침해하는 법집행이 단순히 매뉴얼이나 개별적인 공권력 행사에 의해 일어나기 쉽다는 것을 의미한다. 따라서 전국적인 통일된 기준으로서 법규성을 가지는 별도의 규칙제정을 법률이 강제함으로써 이 문제를 해결할 필요가 있다.

여야 한다."고 규정한다. 이는 선거에서 투표소 설치시 발생할 수 있는 여러 장애인 차별문제[48]에 대한 해결책을 요구하는데 있어 근거조항이 될 수 있다.[49]

일반적인 장애인의 피선거권 보장을 위한 제도로는 장애인 예비후보자·후보자의 피선거권을 보장하기 위해 마련한 활동보조인 제도를 들 수 있다. 공직선거법 제62조 제4항은 "장애인 예비후보자·후보자는 그의 활동을 보조하기 위하여 선거운동을 할 수 있는 사람 중에서 1명의 활동보조인을 둘 수 있다. 이 경우 활동보조인은 제2항 및 제3항에 따른 선거사무원수에 산입하지 아니한다."고 정하고 이에 따른 공직선거관리규칙 제27조의3은 활동보조인을 둘 수 있는 장애인 예비후보자·후보자의 범위를 제1항에서 "법 제62조제4항에 따라 활동보조인을 둘 수 있는 장애인 예비후보자·후보자는 「장애인복지법」 제32조에 따라 등록된 장애인으로서 「장애인복지법 시행규칙」 별표 1에 따른 장애인의 장애등급표 중 다음 각 호의 어느 하나에 해당하는 사람으로 한다."고 하면서 제1호에서 청각장애인 및 언어장애인은 모든 등급의 사람으로 제2호에서 그 밖의 장애인은 장애등급 제1급부터 제3급까지의 사람으로 정하고 있다.

선거제도의 구체화에 있어 선거의 원칙 간 갈등관계는 현행 공직선거법에도 다수 발견된다. 예컨대 '보통선거권을 두텁게 보장하기 위해 비밀선거권을 후퇴시킨 것'으로 보이는 조항이 일부 발견되기도 하는데 공직선거법은 제157조 제6항에서 "시각 또는 신체의 장애로 인하여 자신이 기표할 수 없는 선거인은 그 가족 또는 본인이 지명한 2인을 동반하여 투표를 보조"할 수 있도록 하고 있는 것이 그러하다.[50] 다만 선관위와 대법원은 동 조항의 장애인에 정신장애인은 포함되지 않는 것으로 보고 있는데, 이는 정신장애인에 대한 투표보조는 다른 경우보다 대리투표로 흐를 가능성이 매우 높다는 점을 고려한 해석이라 하겠다.[51]

---

48) 현재 공직선거관리규칙에는 현수막의 크기나 선거공보의 크기 등을 별도로 규정하고 있는바 장애인에 대한 배려를 위해 별도의 기준을 마련할 필요가 있을 것이며 장애인의 참정권 보장을 위한 기표대의 규격 등에 대해서도 공직선거관리규칙에 의한 규율이 필요하다고 본다.

49) 최근 지역현장에서 새롭게 제기되는 사안으로서 지난 2014년 지방선거부터 적용된 신형기표대의 넓이와 관련하여 불거진 문제에도 적용될 수 있다. 현장에서는 "신형기표대 폭이 좁아 휠체어장애인의 투표를 보조하는 활동보조인이 함께 기표소 안에 들어갈 수 없는 상태라 현실적으로 비밀투표가 보장되지 않는 문제"가 지적되고 있다.

50) 이는 물론 보통선거의 원칙 아래 장애인에게 실질적인 투표권행사를 보장하는 것이다. 이러한 투표방식은 장애인의 가족 등에게 투표시의 비밀을 누설하는 결과를 낳으므로, 보통선거의 원칙을 위해 비밀선거의 원칙을 일정부분 후퇴시킨 것으로 볼 수 있다. 한편, 제157조제6항 전단에서는 투표소의 질서를 해하지 아니하는 범위 안에서 초등학생 이하의 어린이와 함께 투표소 안에 출입할 수 있다고 규정한다. 이는 민주시민으로서 선거참여에 대한 조기교육을 위한 방안을 규정한 것이지만 이 또한 선거의 비밀원칙의 제한 내지 예외로 볼 수 있다.

51) 김영진, 앞의 글, 83-84면. 중앙선거관리위원장은 1998년 7월 21일자 회답에서 "이 조항은 시각 또는 신체의 장애 없이 단지 정신지체 등 정신적 결함만이 있는 선거인은 포함되지 않는다."라고 하였다. 대법원은 157조 제6항의 선거인이라 함은 "어느 후보자에 대하여 투표를 할 것인지에 대하여 결정을 할 수 있는 정신적 능력을 갖추었지만 시력 상실 등 시각장애로 인하여 투표용지에 기표할 해당 후보자 란의 표시를 전혀 분간할 수 없기 때문에 스스로 기표행위를 할 수 없거나 또는 손 등 신체의 장애로 말미암아 직접 자신

2. 선거과정에서 정당한 편의제공

기존의 논의를 정리하면, 시설거주 장애인을 위하여 고안된 거소투표제와 관련하여서는 다음과 같은 설명이 가능하다. 먼저 거소투표제도는 여러 사례에서 확인되는 바와 같이 종종 정신장애인의 자유선거권과 비밀선거권 나아가 직접선거권을 보장하는데 취약점을 드러낸다. 따라서 적어도 거소투표를 신고할 수 있는 자의 범위를 원래의 조문취지에 맞게 엄격하게 해석하여 '거동이 자유로운 시설거주 장애인'은 외부의 투표소에서 투표할 수 있도록 하자는 주장이 제기된다. 물론 이 경우 적어도 거동이 자유로운 시설거주 장애인의 자유·직접·비밀선거권은 현재보다 두텁게 보장될 수 있을 것이다. 그러나 이러한 주장은 현실적으로 거동이 자유로운 시설거주 장애인의 보통선거권마저 후퇴시킬 우려가 있다. 거동이 불편한지 또는 자유로운지 여부를 불문하고, 거소투표제는 시설 내 장애인의 투표참여를 용이하게 하는데 유리한 제도임은 분명하기 때문이다.

그렇다면 이러한 문제를 일종의 trade-off 관계가 아닌 제3의 대안으로 해결하는 것을 불가능한 것일까? 장애인의 권리와 관련하여서는 주로 사회복지학계에서 '정당한 편의제공'과 관련된 논의를 진행시켜 왔다. 그리고 이 개념은 시설거주 장애인에 대한 선거과정에서의 헌법상 선거의 원칙 간 갈등의 문제를 해결하는데 단초를 제공한다.

장애인에 대한 정당한 편의제공 개념을 잘 설명하고 있는 장애인권리협약은 제29조는 장애인의 선거권 행사에 있어 국가가 다음의 세 가지를 제공해야 함을 명시한다. "첫째, 투표하는데 있어서의 절차, 시설, 자료들이 적절하고 접근이 가능해야 하며 '이해하고 사용하기 쉬워야'한다. 둘째, 장애인이 비밀투표를 할 권리를 보장해야 한다. 셋째, 장애인이 투표하는데 있어 자신을 도와 투표행위를 할 수 있도록 하는 사람을 선택하는데 도움을 받을 수 있어야 한다."[52] 즉, 선거에서 장애인에 대한 정당한 편의제공이란 투표절차와 투표를 위한 자료가 장애인이 이해하고 사용하기 쉬워야 한다는 것을 의미한다.

사실 선거의 원칙 간 갈등관계는 이미 재외선거와 관련된 논의에서 일부 확인된 바대로, 일정한 비용상의 상한을 전제로 발생한다고 볼 수도 있다. 선거관리비용의 증가를 일부 감수한다면, 시설거주 장애인의 선거에는 보다 이해하기 쉬운 선거공보 등 홍보자료의 제공 등과 함께 별도의 투표용지, 예컨대 후보자의 사진 등이 포함된 투표용지의 배부를 제공하는 방안

의 신체를 이용하여 해당 후보자의 란에 기표행위를 할 수 없는 상태에 있는 선거인을 뜻하는 것으로서, 시력에 장애가 있다고 하여도 스스로 투표용지의 후보자 란을 분간할 수 있거나 문맹으로 인하여 후보자 성명 등을 해독할 수 없는 자, 손 등 신체의 일부에 장애가 있다고 하여도 다른 신체부위를 사용하여 스스로 투표행위를 할 수 있는 자, 정신지체로 심신미약의 상태에 있다고 하더라도 신체상으로는 기표를 함에 아무런 장애가 없는 자는 여기서 말하는 시각 또는 신체의 장애로 인하여 자신이 기표할 수 없는 선거인에 해당되지 않는다."라고 판시하였다. 대법원 1999.7.13. 선고 99우48 판결.

52) 김진우, 앞의 책, 28면.

등을 고려할 수 있다. 특히 투표행위에 도움을 주는 사람과 관련된 규정은 우리 현실을 고려할 때 여러 측면에서 후속논의가 필요한 부분이라고 본다. 일단 현실적으로는 이러한 모든 편의제공의 과정에는 국가기관이 직접 이들 모든 시설의 거소투표를 직접 관리함으로써 시설의 장 등에 의한 선거부정을 방지하는 것이 요구된다. 선거관리위원회는 모든 개별 시설의 거소투표를 직접 관리하면서 선거인명부의 작성, 선거공보 및 선거정보의 전달, 투표용지의 인쇄, 투표의사의 확인 등 일련의 선거과정에 보다 능동적인 편의를 제공할 필요가 있다. 나아가 시설거주 장애인에 대하여 투표과정에서의 하자가 있었는지에 대한 상세한 질문을 실시할 필요도 있다고 본다. 일련의 절차가 구비될 경우 시설거주 장애인의 보통선거권은 비밀선거권 등의 다른 선거권과 충돌함이 없이 보다 잘 보장될 수 있을 것이다.[53] 이러한 편의제공을 전제로 한다면 일부의 주장[54]과는 달리 보통선거권의 실질적 보장을 위해, 도리어 현행 공직선거법상 거소투표 신고인으로서 시설 거주 장애인의 범위를 '거동이 자유로운 자'까지 확대하는 법 개정이 가능할 수도 있을 것이다.

V. 결 어

현재의 거소투표제도는 그 운용과정에서 시설의 장 등에 의한 여러 형태의 선거부정이 발생하고 있다. 본 논문은 이에 선거의 여러 원칙에 근거하여 시설거주 장애인의 선거권 보장에 필요한 대안을 모색하여 보았다.

시설거주 장애인을 위하여 고안된 거소투표제는 장애인의 자유선거권과 비밀선거권 그리고 직접선거권을 보장하는데 취약점을 드러낸다. 이는 거소투표제도가 가진 특성에서 기인한 문제일 수도 있다. 그러나 거소투표제도는 보통선거의 원칙에 친화적인 제도라는 점은 너무나도 분명하다.

이에 본 논문은 선거관리위원회가 장애인 시설의 모든 거소투표를 직접 관리하면서 선거인명부의 작성, 선거공보 및 선거정보의 전달, 투표용지의 인쇄, 투표의사의 확인 등 일련의 선거과정에 보다 능동적인 편의를 제공할 필요가 있다고 보았다. 그리고 이러한 편의제공을 전제로 현재의 시설거주 장애인의 거소투표제도와 관련한 보통선거의 원칙과 여타 선거의 원칙 간의 갈등은 해소될 수 있다고 보았다.

본 논문이 위에서 다루지 않은 남는 문제로는 시설거주 장애인의 다수를 차지하는 '정신

53) 사실 이러한 '양 법익이 서로 충돌하는 상황에서 어느 한쪽 편을 들지 않고 대안으로서 제3의 방안'을 제시한다는 관념은 헌법학의 영역에서도 그리 낯선 것은 아니다. 헌법학에서도 기본권 주체간의 기본권이 충돌하는 경우 국가는 "양 당사자가 주장하는 기본권의 내용과 효력을 비교·형량하여 양당사자의 기본권이 충분히 존중되는 합리적인 해결책"을 찾게 된다. 성낙인, 앞의 책, 965면; 성정엽, "기본권충돌에 대한 헌법이론적 접근", 공법학연구 창간호, 1999, 94면 이하.

54) 김진우, 앞의 책, 36면.

장애인'에 대한 '적극적 평등실현조치'의 필요성도 언급될 수 있을 것이다. 이들에게는 보통선거권의 실질적인 보장을 위해 선거공보 등에 후보자와 정당의 정보를 보다 쉽게 만들어 제공한다든지, 배부되는 투표용지를 별도로 만들어 후보자의 사진을 넣는다든지, 거소투표의 신청하거나 시설에 부재자투표소를 설치하는데 별도의 편의를 제공한다든지, 투표를 여러 차례 사전에 예행연습을 해보도록 기회를 제공한다든지 하는 등의 조치가 필요할 것이기 때문이다.

사실 그간 문제되었던 시설거주 장애인의 거소투표과정에서의 문제는 공직선거법이 거소투표제를 규정하여서 발생한 문제라기보다는 근본적으로는 우리나라의 시설 내 장애인의 인권 수준에서 비롯한 것이라 할 수 있다. 따라서 장애인 시설의 처우를 개선하는 것은 본 논문이 다루는 문제의 해결에 대한 보다 근본적인 처방이라 할 수 있을 것이다.[55]

55) 이른바 정치선진국의 경우 보통선거권 확보에 유리한, 그러나 비밀선거권의 침해 우려가 훨씬 높은 투표방식(예컨대 뉴질랜드의 선상투표에서 채택하는 무전기에 의한 부재자투표)을 택한 경우에도 별다른 투표부정 사례는 보고되지 않고 있다. 선거문화의 차이가 우리나라에서 서구와 달리 다양한 투표방식의 도입 시도를 가로막는 환경으로 작용하는 것이다. 정치선진국의 선거법에서 우리나라의 거소투표제의 문제점에 대한 직접적인 대안을 찾기 힘든 점도 이러한 인권 보호 수준의 차이에서 기인한다고도 볼 수 있다.

22. 헌법이 지향하는 복지국가*

정 철**

Ⅰ. 서 론

대한민국은 1960년대 본격적인 경제발전을 시작하면서 사회보장의 기초를 쌓기 시작하여 민주화 시기와 1990년대 후반 경제위기를 거치며 사회보장제도의 기틀을 꾸준히 마련하였다. 이제 4대 사회보험(건강보험, 국민연금, 산업재해, 고용보험)을 통해 대표적인 사회적 위험에 대한 국가적 사회안전망을 갖추었고 최저소득에 미치지 못하는 빈곤계층을 위해 국민기초생활보장법으로 대변되는 공공부조제도를 구비하였다. 더불어 선별적 형태이기는 하지만 점차 사회복지서비스의 비중을 높여가고 있다. 문제는 이런 정도의 사회보장제도의 정립이 헌법이 요구하는 사회복지의 수준인가 아니면 헌법은 보다 더 포괄적이고 적극적인 복지국가[1)]의 실현을 요청하고 있는 가이다.

헌법이 지향하는 복지국가의 수준과 방향을 파악하기 위해 헌법상 복지국가의 의미를 지금까지 학자들이 고찰한 복지국가 유형에 비춰 살펴볼 필요가 있다. 이를 위해서는 헌법에 규정된 복지국가의 기초를 밝혀내는 작업 역시 수반되어야 한다. 헌법에 규정된 복지국가의 기초는 추상적인 의미를 가질 수밖에 없다는 점에서 우리 사회보장제도의 구체적 형성에 있어 헌법상의 복지국가의 기초가 어떤 구체적 원리로 구현되어 영향을 주고 있는지를 미시적으로 살펴볼 필요도 있다. 이런 순서적 고찰 후에 우리 헌법이 지향하는 복지국가의 수준과 방향을 밝혀보고자 한다.

본 논문은 헌법이 지향하는 복지국가의 모습과 민주주의 정치구도에서 구체적으로 실현되는 복지국가의 모습은 일정한 차이를 보일 수 있다는 점을 전제로 한다. 특정 정치세력을 포함하여 주관적인 복지관을 헌법에 투영하는 것이 아니라 헌법이 제시하는 복지국가의 모습을 파악하는 것이 이 글의 목적이다. 우리 헌법이 지향하는 복지국가의 상을 살펴본 후 나아가 복지국가가 다른 헌법원리와 어떻게 관련을 맺고 가치통합을 이룰 수 있는지도 살펴

---

* 이 논문은 『헌법학연구』 제21권 4호(2015.12)에 게재된 논문인데 이를 기초로 내용을 일부 수정하여 정년 기념 논문으로 제출하는 것임을 밝힌다.

** 국민대학교 법과대학 부교수, 법학박사

1) 아래에서 복지국가와 사회국가의 구별문제를 다루기에 여기서는 복지국가(welfare state)와 복지사회(welfare society)의 구별에 대해서 먼저 살펴본다. 복지사회는 사회의 능동성과 자율성을 기초로 하여 형성되는 복지모델이라고 볼 때 이런 복지모델 역시 우리 헌법질서 아래서 수용가능하다. 이에 대해서는 정 철, "사회보장의 헌법적 실현방식", 『세계헌법연구』 제23권 제3호(2017.12.), 115-152면 참조.

볼 예정이다.

Ⅱ. 헌법상 복지국가의 의미

헌법 자체는 복지국가라는 명시적인 국가목표규정을 제시하지 않고 있다. 다만 헌법전문과 헌법 제119조 제2항에서 '국민생활의 균등한 향상' 그리고 '적정한 소득의 분배'라는 자못 복지국가의 요소로 비춰질 수 있는 표현이 있고 헌법 제34조 제2항에서 '국가의 사회보장·사회복지 증진노력 의무'를 보다 구체적으로 규정하고 있다. 그렇지만 학자들의 연구에서 사회복지국가, 사회국가[2] 혹은 복지국가의 실현이 헌법적 요구라는 표현을 발견할 수 있다.[3]

여기에 우리는 복지국가라는 국가목표를 앞에 두고 과연 우리 헌법을 기초로 어떠한 복지국가를 수립하여야 하는지에 대해 일정한 국민적 합의를 형성해야 한다. 그 전제로서 헌법은 어떤 범위와 수준에서 복지국가 건설에 있어 입법자에게 형성의 자유를 부여하고 있는지를 살펴볼 필요가 있다. 복지국가는 입법자를 포함하여 공동체의 구성원 모두에게 일정한 권리와 의무를 부여하는 지속적인 국가목표인 동시에 그 실현 정도에 따라 국민들의 생활에 커다란 영향을 미치는 과제라는 점에서 더욱 그러하다.

현재까지 복지국가의 개념에 대해서는 두 가지 정도의 분류법이 소개되었다. 첫 번째는 티트무스(R.Titmuss)가 잔여적 복지국가(residual welfare state)와 제도적 복지국가(Institutional welfare state)로 나눈 시도였다.[4] 전자는 국가가 시장경제에 간섭하는 것을 자제하고 최소한의 안전망(safety net)을 구축하는 것으로 만족하는 복지국가인 반면 후자는 국가가 시장경제에 기꺼이 개입하여 시장의 영향력을 조절하면서 소득의 재분배와 포괄적인 사회서비스를 제공하는 복지국가이다. 헌법학계에도 사회국가와 복지국가(분배국가)로 2분하는 학자가 있다.[5]

두 번째로 에스팽-앤더슨(G. Esping-Andersen)은 네 가지 수준의 복지국가의 개념을 복지국가의 발전단계에 따라 소개하고 있다. 먼저, 공공부조(social assistence)에 치중하는 자유주의 복지국가를 복지국가의 한 유형으로 소개한다. 이런 국가에서는 시장에 실패한 자를 제

---

2) 독일의 '사회국가'개념을 헌법에서도 그대로 사용하고자 하는 입장들이 존재하고 헌법재판소 역시 이런 표현을 사용하기도 하였지만, 보편적으로 사용되고 있는 '복지국가'라는 용어를 사용하면서 복지국가 개념의 차이를 통해 복지국가를 둘러싼 다양한 관점을 이해하기로 한다.

3) 예를 들면 김철수, 『헌법학개론』, 전정신판(1993), 박영사, 191면; 김학성, 『헌법학원론』 제4판(2015), 피앤씨미디어, 244면; 성낙인, 『헌법학』, 제15판(2015), 법문사 271면; 이준일, 『헌법학강의』 제6판(2015), 홍문사, 177면; 장영수, 『헌법학』, 제9판(2015), 홍문사, 209면; 정종섭, 『헌법학원론』, 제9판(2014), 박영사 236면; 허영, 『한국헌법론』, 전정6판(2010), 박영사, 162면; 허영, 『헌법이론과 헌법』, 제7판(2015), 박영사, 307면; 한수웅, 『헌법학』, 제5판(2015), 법문사, 296면 참조.

4) Richard Titmuss, *Social Policy*, New York: Pantheon, 1974. pp. 30-31, 48. 세부적으로는 잔여적 복지(residual welfare)모델, 산업 성취업적 복지(Industrial Achievement-Performance), 그리고 제도적 재분배 모델(Institutional Redistributive Model)로 나눈다.

5) 예를 들면 허영, 앞의 책(헌법학원론), 162-163면. 이준일, 앞의 책, 178면도 양자를 구별한다.

외한 사람들은 사적 복지영역에서 계약을 통해 자신의 복지를 준비해야 하므로 자연 시장기능을 강조하게 되는데 주로 앵글로 색슨계(미국이나 영국, 캐나다, 오스트레일리아 등) 나라들이 여기에 속한다. 두 번째 복지국가 유형은 사회보험을 복지의 근간으로 하는 나라인데 주로 자신의 노동을 기초로 일정한 기여에 기초하여 보험급여가 주어지는 유형으로 독일이 초기모델이 되었는바 사회보험모델 혹은 보수주의 복지국가(conservative welfare state)이라고도 부른다. 오스트리아, 프랑스, 벨기에 등이 여기에 속하게 된다. 세 번째 유형으로는 일정기간의 소득이나 기여 없이도 모든 국민에게 평등한 급여혜택을 기본적으로 주는 비버리지 유형의 시민급여 국가(Beveridge-type citizens' benefit state)인데 여전히 상품시장에서 자유롭게 노동을 선택할 수 있는 정도의 급여를 제공하지는 못한다는 점에서 한계를 보여준다. 네 번째이자 최종적인 복지국가로 에스팽은 탈상품화 혹은 보편적 복지국가(de-commodifying welfare state)를 제시한다. 이 복지국가는 진정으로 자신이 상품시장에서 어떤 의무감도 가지지 않은 채 자유로이 노동을 선택할 수 있고 상품시장에 굳이 의존하지 않으면서도 사회구성원으로서의 충분한 급여를 제공받는 국가인데 스칸디나비아 복지국가가 이런 유형이라고 분류한다.[6] 이와 유사한 분류법으로 퍼니스와 틸턴(Furniss, Tilton)은 포지티브국가(positive state), 사회보장국가(social security state), 그리고 사회복지국가(social welfare state)로 구분하면서 뒤의 두 국가만을 복지국가로 볼 수 있다고 보았고,[7] 국내에서는 자유주의적 복지국가, 보수주의적 복지국가, 그리고 보편적 복지국가의 3분법,[8] 자유주의적 복지국가, 조합주의적 복지국가, 그리고 사회주의적 복지국가의 3분법이[9] 존재한다.

티트무스의 잔여적 복지국가는 에스팽-앤더슨의 첫 번째 유형인 사회부조를 중심으로 하여 최소한의 안전망만을 국가가 책임을 지는 자유주의 복지국가와 유사한 복지국가이다. 티트무스의 제도적 복지국가를 구체화 한 결과가 에스팽의 나머지 복지국가 유형으로 보이기 때문에 위 논문에서는 기본적으로 에스팽-앤더슨의 복지국가 분류를 기본으로 티트무스의 분류를 보충적으로 사용하기로 한다.

여기서 중요한 점은 앞서 살펴보았듯이 헌법이 제시해 준 추상적인 복지국가의 가능성을 근거로 서구 유럽의 특정한 나라의 복지유형을 우리가 도입할 수 있다든가 아니면 어떤 식

---

6) G. Esping-Andersen, *The Three Worlds of Welfare Capitalism*, Princeton University Press, 1990, pp. 22-23.

7) Ramesh Mishra, *The Welfare State in Crisis Social Thought and Social Change*, Wheatsheaf, 1984, p. 156. 포지티브국가로는 미국, 사회보장국가로는 영국, 사회복지국가로는 스웨덴을 꼽고 있다.

8) 송호근·홍경준, 『복지국가의 태동』, 나남출판(2006), 55면. 이 분류법은 에스팽의 분류 중 비버리지유형의 복지국가를 제외한 것인데 나머지는 에스팽의 분류법을 따르고 있다. 보편적 복지국가는 사회민주주의 모델과 동일하게 평가한다. 77면 참조. 장인협 외2인, 『사회복지학』, 제3개정판(2013), 서울대학교출판문화원, 36-39면; 배기효 외 8인, 『사회복지학개론』, 창지사(2014), 362면.

9) 정종섭, 위의 책, 237면 참조. 스칸디나비아 복지국가를 사회주의적 복지국가로 분류하고 있는데 이는 에스팽의 분류법에 따른 사회민주주의 복지국가를 이렇게 부르는 것으로 여겨진다.

의 복지국가를 지향해야 한다는 명제가 바로 도출되지는 않는다는 사실이다. 헌법의 일부분 특히 사회적 기본권의 법적성격으로부터 혹은 국가의 경제에 대한 규제와 개입의 폭넓은 허용을 들어 복지국가의 일반적 도입가능성 내지 기초를 설명한다든지 하는 논의는 성급하고 헌법의 전반적인 요구를 더 숙고하지 않은 방식이라고 하겠다. 반대로 헌법의 자유권과 자본주의 경제질서를 중시하여 자유주의 복지국가 혹은 보수주의적 복지국가(국가조합주의적 복지국가)까지만 가능하다는 식의 진단 역시 헌법이 복지국가의 지향을 위해 준비한 전반적인 구상을 완전히 고려하지 못한 사고이다. 복지국가라는 현상에는 온건한 단체주의(modest collectivism)[10]의 수용이 전제된다는 점에서 자유주의의 기반인 자기책임의 원리는 일정한 수정을 감수해야 한다.

복지국가의 전개과정은 이를 추구한 국가마다 상이했고 또한 같은 국가에서도 역사적으로 복지의 확대와 축소의 과정을 거쳐 온 대단히 동적인 변화과정이었다. 그렇기 때문에 일반적으로 동의할 수 있는 대한민국의 복지국가의 상을 찾아가기 위한 노력은 필요하다고 할 수 있다. 그렇지만 그 복지국가의 상이 항상 고정된 형태로 존재하여 헌법이 특정한 복지국가의 수준과 방향을 고정하고 있는지는 우리 정치공동체의 최고법규범이고 공동체 성립의 기초문서인 헌법을 기초로 폭넓게 살펴보아야 할 문제이다.

Ⅲ. 복지국가의 헌법적 기초

1. 민주주의에 의한 복지국가의 형성

우리의 경우 복지국가에 대한 어떠한 정치적 합의가 존재하는가의 문제는 복지국가의 출발점이자 복지국가를 실현하는 전제가 된다. 주권자인 국민은 복지국가의 목표가 빈곤의 소멸에 있는지 아니면 경제적 불평등을 해소하는데 있는지 명확한 입장을 정할 필요가 있다. 자본주의 시장경제질서가 야기하는 경제적 불평등의 해소 없이 빈곤은 소멸되지 않는다는 사회주의 입장의 주장도 있지만 경제적 불평등의 해소 없이도 빈곤의 축소가 가능할 수 있고[11] 경제적 불평등을 해소한다고 해도 그 불평등의 완화에 그치는지 아니면 사회 전체적인 경제적 평등을 추구하는 것인지 결정해야 한다. 자본주의 경제에서 평등추구는 경제적 효율을 저하시키고 노동의욕을 감소시킨다는 것이 일반적인 인식이라는 점에서 국민은 이런 상반된 가치를 고려하면서 미래의 복지국가의 수준과 방향을 일정한 정치적 의사표시를 통해 나타낼 수 있고 각 정당 역시 자신들의 복지국가의 모습을 소개하고 국민적 지지를 얻기 위

---

10) Ramesh Mishra, *ibid.*, p.8. 18.

11) Ramesh Mishra, *ibid.*, p. 141. T.H. Marshall의 입장을 소개하고 있다(*The Right to Welfare and Other Essays*, Heinemann, London, 1981).

해 노력해야 한다.

특히 근로자의 정치적 이해를 대변하는 정당이 선거에서 다수당이 되면 이들이 다른 정치세력과 연합하여 보편주의에 기초한 복지제도를 확대하는 경향을 보여준다.[12] 1945년 전후 영국의 노동당의 집권이 비버리지 보고서를 채택하는 계기를 부여하여 영국은 초기 비버리지 복지국가(Beveridge-type welfare state)의 전형이 되었고 스칸디나비아 보편적 복지국가의 전형인 스웨덴의 경우 근로자세력과 농민세력의 연합인 '적록연합'(red-green)이 사민당 44년 장기집권의 정치적 지지세력이 되어 보편적 복지국가의 형성을 가능하게 하였다.[13]

우리의 경우에도 최근 대통령선거와 국회의원선거에서 각 정치세력의 선거이슈의 중심에는 복지공약이 존재한다. 박근혜정부 역시 '생애주기별 맞춤형복지'제도를 기초로 무상보육과 기초연금을 제안하였는데 이는 상당한 정치적 지지를 불러 모았다고 평가된다. 이런 사회보장 약속에 대한 정치적 지지는 정치세력의 정당성을 강화하는 작용을 하게 되는데[14] 정치인들 역시 이를 잘 의식하면서 복지의 확대를 자신의 정치적 지지의 확장으로 활용하고자 한다. 최근의 박원순 시장이 제안한 '청년수당'제도 역시 이런 관점에서 바라보는 시각도 존재한다.

반대로 '학교무상급식의 폐지'문제와 같은 복지축소를 정치이슈화 하면서까지 자신의 이념적 선명성을 드러내고자 하는 경우도 있었지만[15] 이를 주장한 정치인들은 상당한 정치적 저항에 직면하기도 하였다.

복지국가의 구체적 내용에 대한 합의와 그 추진에 있어 정당이나 이익단체(노동조합, 경제인단체, 농민조직 등)의 역할은 중요하다. 이들의 정치적 지지는 복지의 확장이나 축소정치를 가능하게 하는 정치적 동력이 되기 때문이다. 그런 점에서 우리의 경우 각 정당이 복지이념을 중심으로 자신의 정치적 색깔을 충분히 보여주지는 못하지만 이제 선거에서 중요한 이슈가 복지에 할애된다는 현상은 바야흐로 복지정치의 시대가 시작되었음을 보여준다.

민주주의 의사결정 구도 안에서도 복지정치에 영향을 주는 구성요소들이 존재한다. 복지의 확대정책이 국회에서 법률과 예산의 뒷받침을 받기 위해서는 헌법이 규정한 정치구도 내에서 합의를 이끌어 낼 수 있어야 하는데 이것은 권력의 수평적 집중과 분산의 정도와도 일정한 관련을 가진다. 일반적으로 유권자에 대한 책임정치가 실현되는 의원내각제 정부가 엄격한 권력분립과 견제시스템을 갖춘 미국식 대통령제 정부형태보다는 복지에 관한 정치적

12) G. Esping-Andersen, *ibid.*, p. 25.
13) G. Esping-Andersen, *ibid.*, p. 18, 30.
14) Paul Pierson, *Dismantling The Welfare State?*, Cambridge University Press, 1994, p. 3.
15) 2014년 홍준표 경남지사의 학교무상급식 중단결정과 이전 2011년 오세훈 서울시장의 학교무상급식이슈에 대한 주민투표사건은 이를 보여주는 대표적인 사건이라고 볼 수 있다. 오세훈 시장은 주민투표 무산에 대한 책임을 지고 이 사건 이후 서울시장직에서 물러나는 사태까지 발생하였다.

합의를 이끌어 내는데 유리한 측면이 있다.[16] 또한 복지국가의 확대나 축소의 정치는 수직적 중앙집권화의 정도와도 일정한 관련을 가진다. 일반적으로 중앙집권화된 국가가 연방국가나 지방자치가 고도화된 나라보다 복지의 확대를 실시하기 유리할 수 있다.[17] 역사적으로 연방제도와 같은 지방분권의 국가형태는 복지정치를 확대하는데 일정한 한계가 있다는 결과가 지배적이다.[18] 연방국가이면서 주를 대표하는 상원이 존재하는 양원제 국가에서 복지정책은 단원제 국가보다 복잡한 정치구도를 가질 수밖에 없다. 고도로 분권화된 나라가 사회복지 서비스와 같은 필요에 기초한 현실 적응력 있는 사회서비스를 제공할 수 있다고 여겨지지만, 소득재분배 제도나 통일적인 공공부조 제도를 실현하기에는 오히려 약점으로 작용할 수 있다. 이렇듯 정치제도가 중앙집권적이냐 아니면 지방분권적이냐도 복지의 확대나 축소의 정치에서 상당한 차이를 보여줄 수 있다. 또한 복지국가는 잘 훈련되고 전문적인 공무원집단의 존재를 필요로 한다. 영국의 비버리지 복지국가는 전문성을 갖춘 행정가들에 의해 중앙집권적으로 실현되었고 우리의 건강보험제도 역시 소신을 가진 지도자와 전문 보건행정 관료가 이루어낸 결과물이다.[19] 그러나 이들이 복지의 확대와 축소에서 독립적인 변수가 되는지에 대해서는 그 관련성을 낮게 보는 입장도 있다.[20]

복지국가에 대한 정치적 합의는 복지국가를 실현하고 유지하는데 있어 중요한 요소임은 분명하다. 정치세력의 주기적인 교체의 기회인 선거에서 매번 복지이슈가 선거쟁점이 된다는 사실은 국민이 정치세력에 대한 지지여부를 결정할 때 복지공약이 자신에게 미칠 수 있는 다양한 영향을 고려한다는 점을 보여주고 동시에 정치인들 역시 이를 인식하고 복지에 관한 자신의 청사진을 미리 다 보여줘야 하는 상황이 되었음을 보여준다. 이는 국민의 지지에 기초해서 복지국가가 건설되어야 한다는 헌법적 당위를 확인해 주는데 이는 헌법적 관점에서 볼 때 지극히 합당한 것이다.

그런데 바람직한 복지국가에 대한 논의는 정치이념적 논쟁의 대상임과 동시에 현행 헌법에 기초한 헌법적 논의의 대상이 된다. 복지국가에 대한 정치적 합의 역시 우리 헌법의 정신에 따라 이루어져야 한다는 입장에 이르러서는 의문을 품거나 반대하는 정치세력이 존재

16) Paul Pierson, *ibid.*, pp. 33-36.

17) 사회보장기본법에서는 지방자치단체가 사회보장제도를 신설하고자 할 경우에는 신설 또는 변경의 타당성, 기존 제도와의 관계, 사회보장 전달체계에 미치는 영향 및 운영방안에 대해 보건복지부장관과 협의하여야 한다고 규정하여(동법 제26조 제2항) 사회보장행정체계에 있어 통일적인 기준을 확보하고자 하였다. 이런 한도에서는 중앙집권적 성격을 보여주지만 사회보장제도의 축소를 포함한 변경의 경우에도 보건복지부장관의 관여는 인정된다.

18) Paul Pierson, *ibid.*, p. 35.

19) 복지약속이 다수결주의 민주주의 정치구도에서 확대될 수 있지만 역사적으로는 권위주의 체제 혹은 사회주의 체제에서도 복지가 확대되기도 한다. G. Esping-Andersen, *ibid.*, p. 15. 저자는 복지국가가 민주주의가 확립된 나라에서 확대된다는 일반적인 믿음에 대해 나폴레옹 3세 시대의 프랑스, 비스마르크 시대의 독일, 동구유럽 등의 예를 들고 있다.

20) Paul Pierson, *ibid.*, p. 37.

하는 것도 사실이다. 사려 깊고 현명한 국민이라면 정치인들의 복지에 관한 달콤함 속에는 우리 사회의 기본적 합의에 영향을 미칠 수 있는 문제들이 존재한다는 점을 깨달을 수 있을 것이다. 복지에 관한 정치적 합의과정은 신중해야 하며[21] 이 과정에서 민주주의의 실패가능성(fallibility of democracy)[22]을 경계할 필요가 있다. 이와 관련하여 헌법재판소는 일정한 역할을 할 공간을 확보할 수 있을 것이다. 복지논쟁은 특정 정치공동체의 기본적 합의의 결과물인 헌법에 필연적으로 질문을 요청할 필요성으로 이어지는데 이는 다름 아닌 복지국가에 대한 헌법적 논의일 것이다.

2. 복지국가의 동력으로서의 자본주의

복지국가는 국가의 경제에 대한 개입과 조정가능성을 전제로 하여 성립될 수 있다. 우리 헌법 역시 국가는 국민경제상의 일정한 목적을 달성을 위해 경제에 규제와 조정을 할 수 있다(제119조 제2항)고 규정한다. 전후 복지국가는 케인지언의 기술(Keynesian techniques)에 의해 자본주의 경제를 조절함으로써 경제를 지속적으로 성장시키고 완전고용의 조건을 유지할 수 있다는 자신감을 바탕으로[23] 출발하였다. 자본주의 경제는 그 자체 불완전성을 내포하고 있기 때문에 이런 시장의 불완전성을 해소하고 보다 더 생산적이고 조화롭게 하기 위해 국가의 개입과 복지서비스의 공급을 통해서 시장경제를 보충할 필요가 있었다. 국가의 경제에 대한 개입과 조정가능성을 바탕으로 경제를 지속적으로 완전고용의 상태로 발전시킬 수 있다는 가정 하에서 비버리지의 구상 역시 출발하였다.[24]

전후 부흥과정에서 서구경제는 상당한 기간 지속적인 성장이 가능하였다. 지속적인 고용의 증가와 임금의 인상은 더 이상의 사회복지가 불필요하다는 주장이 나타나기도 하였지만 빈곤에 대한 실증적 연구로 전후 각국이 직면한 빈곤의 현실이 밝혀져 시장지배력에 대한 국가의 개입과 통제 그리고 사회서비스의 공급은 필요하다는 인식이 지배적인 흐름이 되었고 서구 유럽 각국의 복지국가를 향한 노력은 계속 되었다.[25] 또한 지속적인 경제성장은 계층 간의 대립과 갈등을 약화시켜주는 사회적 윤활유(social lubricant)[26]이어서 이념적 색채를 달리하는 정치세력일지라도 모두 경제성장의 추구에 우호적이었다.

---

21) 특히 복지의 축소는 복지의 확대와는 다른 국면이다. 복지의 확대는 지지를 확보하여 신뢰를 쌓는 과정이지만 복지의 축소는 비난을 교묘히 회피하는 과정이다. Paul Pierson, *ibid.*, pp. 18-26.

22) John Clarke, Allan Cochrane and Carol Smart, *Ideologies of Welfare: From Dreams to Disillusion*, Hutchinson Education, 1987, p. 31.

23) John Clarke, Allan Cochrane and Carol Smart, *ibid.*, p. 11.

24) Ramesh Mishra, *ibid.*, p. 7.

25) Ramesh Mishra, *ibid.*, pp. 2-3. 서독 역시 1957년에 보수정당인 기독민주당(the Christian Democrats)에 의해 전후 가장 인상적인 복지정책으로 여겨지는 국가연금제도를 도입하였다.

26) Lester C. Thurow, *The Zero-Sum Society-Distribution and Possibilities for Economic Change*, penguin books(1981), pp. 17-18.

그렇지만 유럽 각국의 경제성장은 1960년대 후반에 그 한계에 달하고 세계경제는 미증유의 스태그플레이션(stagflation)에 빠지게 되었다. 확장적 총수요관리정책을 통해 경제를 조정할 수 있다는 믿음에 기초한 케인지언들은 높은 실업률과 높은 인플레이션이 공존하는 경제상황을 설명할 수 없었기에 케인즈 경제학의 위기상황이 나타났다. 이를 계기로 자유주의 고전파 경제학의 반격이 시작되고 통화주의(monetarism)가 경제학의 위기를 설명하면서 경제에 대한 국가개입은 경제에 혼란과 충격만을 줄 뿐이라는 결론을 근거로 국가의 시장개입의 실패를 역설하였다. 이는 전후 복지국가의 시작 이래 전적으로 새로운 상황이고 복지 자본주의(welfare capitalism)의 위기였다.[27] 영국과 미국을 중심으로 새로이 집권한 마가렛 대처 영국정부와 로널드 레이건 미 행정부는 과감한 축소전략을 실시하였다. 국가가 복지를 독점함으로써 발생하는 복지자원 분배에 있어 비효율과 복지소비자의 선택권의 제한 그리고 보편적 복지의 확대로 인한 노동의욕의 저하가 특히 비판의 중심이었다.[28] 이 문제를 해결하기 위해 위 국가들은 과감한 복지공급의 민영화(privatization)와 복지 프로그램의 축소와 시스템적 개혁을 병행하였다.[29]

그리하여 영국과 미국은 자유주의 복지국가의 유형으로 분류되는 수준으로 복귀하였다는 평가도 있지만[30] 복지의 조정과 축소의 과정은 복지의 확대국면의 정치와 달리 비난을 교묘하게 회피하는 정치과정이라는 점에서 축소에 저항하는 연합세력이 존재하는 영역에서는 프로그램적 축소에 그치는 경우가 많았다. 오히려 기존 복지제도가 정착되었던 시기에 형성된 이해관계 집단이 강고하게 버티는 경우 복지축소는 생각과 달리 큰 진전을 보일 수 없었다. 이를 경로의존성(path dependence)과 잠김효과(lock-in effect)로 설명하기도 한다.[31] 경제위기 이후 서구 유럽 각국에서 진행된 복지국가의 조정작업은 자유주의자들이 생각하듯이 시스템적 조정을 통해 자유주의적 복지국가로 모두 이행한 것이 아니라는 사실이다. 각국이 처한 경제적 상황과 정치적 구도 안에서 프로그램적 후퇴나 조정을 진행한 경우가 오히려 더 보편적이었고 복지국가의 핵심적 요소들은 유지되었다.[32]

결과적으로 전 세계적으로 복지국가는 자본주의 경제질서를 유지한 나라에서 지속적으로 발전되었다는 사실을 확인할 수 있다. 19세기 사회주의 세력의 대두에 따라 독일제국은 사

---

27) Ramesh Mishra, *ibid.*, pp. xiii-xiv.
28) John Clarke, Allan Cochrane and Carol Smart, *ibid.*, pp. 136-137.
29) 프로그램적 축소(programmic retrenchment)란 개별 복지프로그램 내에서의 축소를 통한 재조정임에 반하여 시스템적 축소(systemic retrenchment)란 복지제도의 구조적 변화를 시도하는 것을 말한다. Paul Pierson, *ibid.*, pp. 15-17.
30) 예를 들면 송호근 외 1인, 앞의 책, 55면. 그렇지만 G. Esping-Andersen은 영국을 자유주의 복지국가에서 여전히 제외하고 있다. *ibid.*, pp. 26-27.
31) Paul Pierson, *ibid.*, pp. 43-45.
32) Paul Pierson, *ibid.*, pp. 4-7.

회보장을 통한 근로자의 보호를 국가의 임무로 전환하여 사회주의의 확대를 저지하고자 하였는데 그 후 민주주의가 발전한 서구 유럽의 나라에서도 사회주의에 맞서는 전후 국가목표로서 복지국가가 수용되어 복지국가는 더욱 발전되었다. 모두 자본주의 경제를 기초로 한 복지국가의 성과였다. 사회주의자들은 복지국가의 수준을 넘어 자본주의 경제질서와 사유재산제를 철폐하는 과격한 방식으로 자본주의의 계급모순을 해결하고 생산력의 비약적인 발전을 이룰 수 있다고 선전하였다. 실제 이런 믿음에 기초하여 수립된 사회주의 국가들은 모두가 강제적 노동의 굴레로부터 해방되는 이상사회를 건설할 수 있다고 주장하고 약간의 성과를 보이기도 하였으나 자본주의와 같은 경제력의 발전을 수반하지 못했던 이런 국가들은 결국 해체의 길을 걸었다. 이는 역사의 아이러니라고 할 수 있다. 이는 사회주의 좌파세력의 복지국가에 대한 비판이 어느 정도 관심을 끌 수 있지만 그들의 주장을 채택하지 못하는 이유이기도 하다. 실제 전후 집권에 성공한 좌파정권들 역시 사회주의 복지노선을 채택하지 않고 자본주의 경제와 사유재산제를 긍정하면서 보편적 복지국가론이자 소극적 단체주의(modest collectivism) 노선인 비버리지 보고서를 채택한 것은 계급연합정권의 한계와[33] 더불어 사회주의 복지의 실현가능성에 대해서 사회주의자 스스로도 회의적이었다는 사실을 보여준다.

더불어 복지국가는 자본주의의 지속적인 발전에 의존한다는 사실이다. 자본주의 경제위기[34]가 닥치면 기존 복지제도를 유지하기 위한 국가의 재정적 부담은 무거워지고 복지제도의 개혁론이 나타나 프로그램적 변화를 통해 복지조정을 하게 된다. 여기에 복지국가실현은 일국의 경제력과 불가분의 함수관계라는 복지국가의 사실적 한계가 존재한다.[35] 합리적인 조세제도와 투자를 유인하고 노동의욕을 고취하는 경제정책을 통해 경제를 성장시켜 양질의 일자리를 확보하는 방식이 경제와 복지의 선순환구조를 이룰 수 있게 한다. 특히 현재와 같이 각국의 경제가 세계경제로 통합되어 세계화(globalization)[36] 내지 세계적 경쟁이 이루어지는 시대에 효율성은 간과할 수 없는 경제적 가치가 된다.

3. 자유주의 가치를 담보하는 복지국가

복지국가는 자유주의의 본질을 보전하면서 이루어져야 하는 국가목표이다. 헌법은 반복하여 자유민주적 기본질서가 대한민국의 기본가치임을 밝히고 있다(헌법전문, 제4조). 자유주의는 개인의 기본적 자유의 보장, 권력의 분립과 사법권의 독립, 사유재산제도와 시장경제를

33) G. Esping-Andersen, *ibid.*, p. 25.

34) 경제위기가 복지제도의 형성을 오히려 촉진하는 역할을 하는 점도 간과될 수 없다. 한국도 1990년대 말 경제위기 시기에 사회안전망의 구축요구가 높았다. 세계경제에 개방성이 높은 작은 규모의 나라에서 복지국가의 요구가 높다는 점도 이와 관련된다. G. Esping-Andersen, *ibid.*, p. 15.

35) 정종섭, 앞의 책, 238면; 허영, 앞의 책(헌법학원론), 164-165면.

36) 근대적 세계체계를 구성하던 국가의 경계를 넘어 상호연관성이 강조되는 현상으로 정치·경제·사회·기술 등 전 분야를 포괄하는 현상으로 이해된다. 송호근 외 1인, 33-35면.

포함하는 개인의 자율에[37] 핵심가치를 둔다.

그런데 복지국가의 실현은 일반적으로 개인의 자유 특히 재산권의 제한을 가져오고 개인의 자율성을 심각하게 제한하는 과정이기도 하다. 복지국가를 구성하는 사회보험은 그 가입 강제를 통해 개인의 자율적인 생활설계를 제약하고 복지국가를 실현하는 복지서비스나 공공부조는 과중한 조세부담을 전제로 가능하다. 조세는 국민 재산권에 대한 제한이고 이는 개인적 자유의 중심을 억제한다. 자유주의가 기초로 하는 재산권의 자연권성은 복지국가의 헌법적 과제 앞에 재검토 될 필요가 있다.

헌법 제23조 제1항 2문은 모든 국민의 재산권은 보장된다는 동항 제1문에 이어 재산권의 내용과 그 한계를 법률로 정한다고 규정한다. 이 규정에 대해서는 근대적 재산권의 확립을 위해 재산권의 내용을 법률로 규정하겠다는 의미이지 '재산권'은 법률로 규정되기 전에도 성립할 수 있다는 입장도 존재한다. 로크(J. Locke)가 재산의 취득을 자신의 노동을 통해 정당화하며 자연상태에서의 재산의 성립에 대해 논하였는데 이런 입장은 로크에 영향을 받아 재산권이 국가 성립이전에도 존재할 수 있다고 보며 일종의 자연권의 하나로 관념하는 태도로 여겨진다.[38] 근대 입헌주의의 성립과정에서 인신에 관한 권리와 재산권은 시민계급의 중요한 관심사였다는 점에서 이런 입장은 이해할 수 있는 부분이 있다.

그렇지만 국가 성립 이전 구체적으로 국가법에 의해 일정한 재산권의 내용과 범위가 결정되기 전에 이런 재산에 관한 이해관계를 '재산권'이라 부르면서 천부인권으로 관념하는 것은 여기의 논의와는 다른 의미일 것으로 이해한다. 로크가 관심을 보인 부분은 풍요롭게 주어진 자연의 산물 가운데 자신의 노동의 한도 내에서 과다하게 소비하지 않을 정도의 재산을 정당화하고자 하였고 특히 로크는 자연상태에서 근대 재산권의 중요한 내용인 기대(expectation)[39]를 보호할 법원(court)이 존재하지 않는다고 보기 때문에 자연상태에서의 재산에 관한 이해관계를 '재산권'이라 부를 수는 없다. 재산권이라는 관념은 이런 기대가 확립된(established) 것을 의미한다는 점에서 재산권은 법을 떠나서 나아가 국가를 떠나서 성립될 수 없는 권리이다. 자본주의 경제하의 재산권은 계약에 의한 획득의 자유를 포함한다는 점에서[40] 국가를 통한 그 청구력(請求力)의[41] 실현 없이는 성립될 수 없다. 재산권은 물건 그 자

37) 헌법재판소 1990.4.2. 89헌가113결정.

38) 헌법재판소 1992.6.26. 90헌바26결정; 헌법재판소 1990.9.3. 89헌가95결정 등.

39) 헌법재판소도 재산권의 성립과 관련하여 '단순한 재산상 이익의 기대'는 헌법상 재산권의 보호영역에 포함되지 않는다고 하여 일정한 확립된 기대(expectation)를 재산권의 보호범주로 파악하는 것으로 판단된다. 헌법재판소 1999.7.22. 98헌바14결정, 판례집 11-2, 205, 220 이하 참조.

40) John Stuart Mill, *Principle of Political Economy with Some of Their Applications to Social Philosophy*, in C.B. Macpherson (ed.), *Property: Mainstream and Critical Positions*, University of Toronto Press, 1978, pp. 86-87. 여기서 밀은 로크의 노동가치설을 확장하여 사회주의의 노동가치설을 극복한 것으로 여겨진다.

41) 곽윤직, 『채권총론』, 제6판, 박영사, 2003, 52면 참조.

체가 아니라 물건에 대해 특정한 경우에서 일정한 이익을 얻을 수 있으리라는 것에 대한 확신에 그 본질이 있다.[42] 그런 의미에서 헌법이 재산권의 내용을 법률로 정한다고 한 것은 이런 재산권의 본질을 밝히고 동시에 국가 법률에 의해 재산권이 형성되어야 함을 명시한 것이다. 이를 통해 입법기관인 국회는 재산권에 대한 형성권한을 보유하게 된다. 재산권의 한계 역시 입법자가 입법상황에 따라 그 보호범위를 설정할 수 있다는 의미로 이해하면 재산권의 내용과 같은 범주에서 입법자의 판단영역에 속한다. 다만 기존 법률에 의해 성립된 재산권에 대한 제한으로 판단되는 경우에는 우리 헌법상 기본권제한의 한계원리를 준수할 필요는 있다.

결국 헌법 제23조 제1항 제1문과 제2문은 재산권의 범위와 그 한계가 국가 법률에 의해 정해지는 국가내적인 권리임을 밝힌 것으로 이는 재산권의 본질을 헌법이 그대로 수용한 것이고 이를 통해 이미 재산권의 주된 부분은 이미 완성될 수 있다. 헌법재판소가 제23조 제1항을 근거로 재산권을 형성적 법률유보로 파악하는 것은 정당하다고 할 수 있다.[43] 그렇기 때문에 재산권에 관한 입법형성영역에서 입법자는 상당한 입법재량을 보유할 수 있을 것이다.

한편, 복지국가의 실현을 위해 사회보험 방식을 채택하였는데 이는 공통의 사회적 위험을 부담하는 자들의 사회적 연대방식의 하나이다. 법률에 의해 강제된 사회적 연대는 자유주의의 핵심가치인 자기책임과 결정 및 자조(self-help)의 정신에 일정한 제한 내지 침해를 야기하게 된다. 여기에서 자유주의는 복지국가 실현의 한계를 요청한다. 복지국가의 실현에 있어 헌법적 한계가 논의되는 것은 이 때문이다. 공공부조나 사회복지서비스의 영역에서도 자유주의는 국가의 후견적 관여(paternalism)보다는 개인의 윤리적 고양을 통해 전통적인 가족과 사회의 자율성을 중시하는 입장을 취한다. 서구유럽에서 가족과 종교조직의 활동에 국가의 관여보다 우선성을 부여하려는[44] 보충성의 원칙(principle of subsidiarity)이 보수주의적 복지국가 혹은 국가조합주의 복지국가에서 강하게 나타나는 것은 이 때문이다. 우리 입법자도 국민기초생활보장법에서 국가부조에 대해 친족부양을 우선시하는 입장을 보인 것은(제3조 제2항) 보충성원칙의 결과이다.

결국, 헌법상 재산권의 국가관련성은 복지국가 실현을 위한 자유주의 가치의 희생을 요구할 수 있는 입법자의 형성공간을 열어주지만 자유주의의 핵심가치인 개인과 사회의 자율성은 복지국가 실현의 헌법적 한계를 설정하는 작용을 한다.[45] 재산권이 국가 내적인 현상으로

---

42) Jeremy Bentham, *The Theory of Legislation*, in C.B. Macpherson (ed.), *Property: Mainstream and Critical Positions*, University of Toronto Press, 1978, pp. 51-52.

43) 헌법재판소 1993.7.29. 92헌바20결정, 판례집 5-2, 36, 43.

44) John Clarke, Allan Cochrane and Carol Smart, *ibid.*, pp. 139-141.

45) 김철수, 앞의 책, 192면; 김학성, 앞의 책, 251면; 성낙인 앞의 책, 277면; 장영수, 앞의 책, 222면; 정종섭, 앞의 책, 238면; 한수웅, 앞의 책, 304면; 허영, 앞의 책, 163면.

그 구체적 내용과 한계를 입법자가 법률로 정할 수 있다는 사실은 국가의 사회보장제도의 형성에 있어 넓은 선택의 가능성을 부여한다. 국가는 정부의 예산편성권한과 국회의 예산심의·확정권한(제54조) 및 조세법률주의(제59조)를 통해 복지국가의 사회보장제도를 마련하는데 필요한 재원을 마련할 수 있다. 전통적인 재산권의 영역에서 입법자는 상대적으로 그 개정의 권한을 헌법상 기본권 제한의 법리 하에서 행사하여야 할 것이지만,[46] 새로운 재산권의 범주로 인식되는 사회보장수급권과 같은 영역에서는 자신이 가진 상대적으로 폭넓은 입법재량을 통해 재산권의 내용과 한계를 법률로써 형성할 수 있을 것이다.[47] 최근 공무원연금법 개정은 연금수급권이 그 재산권성 인정에도 불구하고 그 내용이 조정을 받은 예이다.[48] 그러나 최근 개정된 국민기초생활보장법은 보충성의 원칙과 관련하여 재검토될 필요가 있다.

4. 사회권의 실현을 위한 복지국가

헌법은 국가의 사회복지 실현과제를 다양한 헌법적 규율방식을 통해 수용하고 있다. 우선 국가의 사회보장·사회복지의 증진의무를 규정하여(헌법 제34조 제2항) 사회보장에 있어 국가의 책임을 선언한다. 생활능력이 없는 국민에 대한 국가의 보호의무를 규정하고(동조 제5항) 노인, 청소년, 그리고 여성과 같은 사회복지의 구체적인 영역을 나열하는 방식으로 이들 영역에서 국가의 복지향상의무를 특별히 가중하고 있다.[49]

그런데 헌법은 특이하게도 이와 같은 국가의 의무를 규정하는 방식 외에 국민에게 권리를 부여하는 방식을 채택하고 있다. 즉 사회보장과 관련하여 헌법은 모든 국민은 인간다운 생활을 할 권리를 가진다고 규정한다(헌법 제34조 제1항). 헌법은 제10조의 인간의 존엄과 가치규정과 함께 사회보장 영역에서도 일정한 기본권을 부여하는 방식을 통해 국가의 사회보장 노력의무를 견인하고자 하는 의도를 보여준다. 실제로 인간다운 생활을 할 권리는 그 자체 보호범위가 포괄적이어서 대표적으로 입법자에 의한 구체적인 형성의 필요성을 남긴다. 어느 생활영역에서 어떤 수준으로 언제부터 사회보장제도를 정립할 것인지는 여전히 입법자가 폭넓게 결정할 수 있다. 그렇지만 헌법은 국가의 사회보장 실시의무를 국민에게 기본권을

---

46) 이런 취지에서 '토지공개념'에 대한 헌법재판소의 결정들을 이해할 수 있을 것이다. 헌법재판소(이하 '헌재'로 약칭) 1994.7.29. 92헌바49 결정; 헌재 1998.6.25. 95헌바35 결정; 헌재 1999.4.29. 94헌바37 결정; 헌재 1998.12.24. 89헌마214 결정; 헌재 2008.11.13. 2006헌바112 결정 등.

47) 헌법재판소의 '공무원연금수급권'과 '국민건강보험법'과 관련한 결정들은 이런 입장을 보여준다. 헌법재판소(이하 '헌재'로 약칭) 1999.4.29. 97헌마333 결정; 헌재 2000.6.29. 99헌마289 결정; 헌재 2003.9.25. 2001헌마93·138·143 결정 참조.

48) 최근의 공무원연금법의 개정과 국민연금과의 통합논의에 대해서는 정 철, "공무원연금 통합의 헌법적 검토", 세계헌법연구(2015.8.), 세계헌법학회 한국학회, 238면 이하 참조.

49) 헌법재판소 역시 헌법 제11조와 관련하여 헌법에 열거된 차별 금지의 헌법규정들(제34조 제4항, 제36조 제1항)의 영역에서 평등심사기준을 더욱 가중하는 방식으로 헌법이 열거한 영역을 입법자가 특별히 주의하도록 요구한다. 헌법재판소 1999.12.23. 98헌마363 결정 참조.

부여하는 방식으로 일종의 견제수단을 부여했기 때문에 국민은 헌법재판소에 헌법소원의 방식으로 국가의 노력의무 내지 실시의무의 내용과 그 수준에 대해 헌법적 판단을 요구할 수 있다.[50)]

사회권 역시 국가의 복지국가 실현과제를 강하게 촉구하는 헌법적 수단이 될 수 있다. 기본권 방식으로 국민에게 소구가능성을 부여하였다는 점은 이를 가능하게 한다. 다만 헌법재판소는 사회권이 국가기관에 의미하는 바를 달리하여 사법부에게는 '통제규범'으로 인식하여 실질적으로 사회보장제도 수립에 있어 주도권을 입법부와 행정부에 맡기고 있다.[51)] 이를 기능적 권력분립으로 정당화하는 데 일응 사회보장제도 수립에 있어 입법부와 행정부의 유기적인 협력과 선도성은 헌법상 충분히 인정할 수 있다. 헌법재판소 역시 국민이 사회권을 근거로 사회보장제도의 미흡함을 소구하는 경우 적극적으로 헌법 의제화하여 심리할 필요가 있다. 이것이 헌법이 국가의 사회보장의무를 단지 국가의 의무로만 맡기지 않고 국민에게 권리방식으로 규정한 헌법정신에 부합하기 때문이다.

나아가 헌법상의 사회권 조항으로부터 확대된 시민권(extended citizenship)을 구성할 수도 있다. 마샬(T.H. Marshall)은 복지국가를 자본주의와 관련된 사회시스템(social system)으로 분석하여 사회권의 제도화(institutionalization)로서 인식한다.[52)] 사회권을 포괄하는 확대된 시민권이 수용되는 사회는 에스팽이 분류했던 탈상품화 복지국가를 가능하게 할 것이다. 국민이 사회권을 재산권과 같은 법적 지위 수준에서 누리고 이것의 불가침성이 승인된다면 개인은 시장에 맞서 자신의 지위를 탈상품화할 수 있게 될 것이다.[53)] 우리 헌법 수준에서 사회권의 보장은 탈상품화 복지국가까지 도달할 수 있는 가능성을 헌법이 열어두고 있다는 점을 시사한다. 이는 선택주의가 아닌 보편주의(universalism)를 복지국가의 형성에 있어 입법자가 선택할 수 있는 여지를 헌법이 허용하고 있음을 아울러 보여주는 것이다.

Ⅳ. 헌법가치에 따른 복지제도의 구체적 형성

1. 개인의 자율성과 사회 연대성

헌법상 자유주의는 개인의 자율성의 보장을 기초로 그 구체적 요구로서 기본적 자유의

---

50) 실제로 공공부조영역이나 사회복지서비스 영역에서 이런 헌법소원의 제기가 종종 이루어지고 있다. 헌법재판소 2004.10.28. 2002헌마329 결정(기각); 헌법재판소 1997.5.29. 94헌마33 결정(기각)은 전자에 해당하고 헌법재판소 2002.12.28. 2002헌마52(각하)은 34조 제1항과 제5항의 신체장애자 보호규정을 근거로 한 청구였다.

51) 헌법재판소 2004.10.28. 2002헌마329 결정(기각); 헌법재판소 1997.5.29. 94헌마33 결정(기각)

52) Ramesh Mishra, *ibid.*, p. 129; T.H. Marshall and Tom Bottomore, *Citizenship and Social Class*, Pluto press, 1992, 사회서비스로 특히 교육과 건강분야를 강조한다. pp. 37-47.

53) G. Esping-Andersen, *ibid.*, p. 21.

보장을 요구한다.[54] 개인의 자율성 보장은 우리 헌법정신의 핵심에 포함된다. 한편 사회 연대성은[55] 헌법이 직접 규정하고 있지는 않지만, 헌법은 국가가 사회보장을 증진할 의무를 규정하고 있는데(제34조 제2항) 여기서 사회보장이란 전체 국민의 사회적 보호를 목표로 하여 국민 전체를 하나의 공동체로 파악하는 공동체 연대의식을 전제로 한다는 점에서[56] 헌법 제34조 제2항에 간접적인 근거를 가진다. 아울러 헌법의 근로의 권리 및 근로조건의 법률주의와 근로자의 단결권 보장 그리고 적정임금과 최저임금의 보장(제32조 제1항, 제2항, 제33조 제1항, 제35조)은 개별 근로자가 아닌 단체로서의 근로자 나아가 전체 국민을 전제하지 않으면 실현될 수 없다는 점에서 여기에도 근로자 연대의 헌법적 근거가 있다.[57] 사회 전체의 연대에 대한 헌법적 근거의 탐구는 더 논의가 필요할 것으로 본다.[58]

한국의 건강보험제도는 1977년에 처음 도입되어 당시 제정된 의료보험법에 의해 500인 이상 사업장 근로자를 대상으로 직장의료보험이 시행되었다. 1979년에 공무원 및 사립학교 교직원에 이어 1980년 군인에 대해서도 확대 실시되었다. 그리고 1988년 농어민에게, 1989년에는 도시민까지 각각 확대 실시되었는데 입법자는 수혜자부담원칙과 재정안정원칙을 통한 점진적 확대원칙을 유지하였고[59] 보험료 능력부담원칙과[60] 부담정도와 무관하게 균등한 보험급여 원칙을 수립하였다.

건강보호의 영역에서도 개인의 자율성을 보장하기 위해서 개인 스스로 자기책임 하에서 개인 건강을 관리하도록 할 수 있다. 그런데 국가는 건강영역에서의 사회보장을 위해 사회보험을 수단으로 건강보험에 전 국민을 강제로 가입시켜 개인의 자율성을 제한하고 있다. 이런 개인 자율성의 제한은 헌법적으로 정당화를 요구한다.

헌법이 인간다운 생활을 할 권리를 보장하고 이를 실현하기 위해 사회보장 의무를 국가에게 부과하고 있으며(헌법 제34조 제1항, 제2항) 구체적으로 모든 국민은 보건에 관하여 국가의 보호를 받는다고 규정한 것(헌법 제36조 제3항)을 고려하면[61] 입법자는 의료에 있어 사

---

54) 헌법재판소 1990.4.2. 89헌가113 결정.

55) 헌법재판소 역시 이 용어를 사회보험과 관련하여 사용하지만, 아직 헌법적 원리라는 표현은 사용하지 않았다. 헌재 2003.12.18. 2002헌바1 결정; 헌재 2001.2.22. 99헌마365 결정 등.

56) 이상광, 『사회법』, 개정판(2002), 박영사, 378면.

57) 사회적 기본권을 '연대권'의 제목 하에서 다루는 경우로 EU기본권헌장을 들 수 있고(은승표, "EU기본권헌장상의 사회적 기본권", 『토지공법연구』 제51집(2010.11.), 한국토지공법학회, 539면 이하. UNESCO의 제3세대 인권론에서도 사회권의 내용을 포함하는 연대권이 강조되고 있다.

58) 사회연대성에 관한 직접적인 근거가 헌법에 규정되어 있지는 않지만 복지국가의 실현이 헌법이 제시하는 국가목표 내지 방향이라면 헌법이 사회연대성을 전제 혹은 품고 있다고 말할 수 있을 것이다. 더 구체적인 논의는 장래로 미룬다.

59) 송호근 외 1인, 앞의 책, 126면.

60) 헌법재판소는 능력에 따른 보험료 부담을 헌법적으로 정당화하였다. 헌법재판소 2003.10.30. 선고 2000헌마801 전원재판부 결정 참조.

61) 정철, "사회적 기본권의 법적 성질-인간다운 생활을 할 권리를 중심으로-", 세계헌법연구 제13권 제1호(2007.6.), 74면 이하 참조.

회보험이라는 수단을 통해 국민의 건강을 배려하는 방식을 채택할 수 있다. 이런 관점에서 볼 때 의료의 보장성강화를 목표로 하는 국민건강보험에서 강제가입(동법 제5조 제1항)을 규정한 것은 모든 국민들에게 보편적인 의료서비스의 부여, 보험가입자인 국민들 사이의 소득재분배효과, 가입자의 확대를 통한 보험재정의 안정화, 그리고 이를 통한 사회적 연대의 실현이라는 점에서 정당화될 수 있다.[62)]

나아가 건강보험료를 개인의 납부능력에 따라 차별적으로 납부했음에도 건강보험급여는 균등하게 이루어지는 방식은 차별이 아니냐는 의문이 제기될 수도 있다. 이런 보험료 납부에 있어 불평등은 건강보험의 구성을 비교적 균질한 집단을 단위로 다수의 보험단체를 구성한다면 완화될 수도 있다. 그럼에도 입법자는 전 국민을 단일한 보험단체로 구성하여 능력에 따른 보험료 납부를 강제하는 것은 사회적 연대성의 지나친 확대가 아니냐는 비판이 가능하다.

그렇지만, 입법자는 사회보험을 통해 사회적 평등을 실현할 수 있으며 특히 의료보건 영역에서 사회적 평등은 국가의 기본적 의무로 인식될 수 있다. 비슷한 직업 내지 소득집단별로 사회보험을 형성하고 이들 상호간의 사회적 연대에 머물 수 있는 방식도 선택 가능하였지만,[63)] 의료에 있어서 '능력에 따른 부담과 균등한 급부'라는 구호는 보건의료 영역에서 강한 사회연대를 실현하고자 하는 입법자의 의지가 점진적 방식으로 지속적으로 실현되었고 이에 대해 국민은 일정한 신뢰를 보여준다는 점에서 정당화될 수 있다. 보건의료 영역에서의 균등한 보호는 인간다운 생활의 기초를 이루고(제34조 제1항) 국가의 국민보건에 대한 보호규정(제36조 제3항) 역시 이런 단일한 건강보험체제를 지지하는 헌법적 근거가 될 수 있다.

그런데, 한국의 건강보험체제는 서구에서 일반적으로 채택되는, 동일한 사회적 위험집단의 강제가입 외에 나아가 보건의료기관까지 건강보험 체제에 강제로 가입시키는 독특한 방식을 취하고 있다. 일반적으로 요양기관의 강제지정 방식은 사회보험의 본질적인 구성요소에 포함되지는 않는다.[64)] 그럼에도 불구하고 우리 건강보험제도는 초기의 계약지정제의 경험을 살려 강제지정제를 거쳐 당연지정제를 유지하고 있다(국민건강보험법 제40조 제1항, 제4항).[65)]

62) 정철 "한국 사회법의 변화"『사회법연구』제16·17호(2011.12.), 한국사회법학회 32-43면; 물론 헌법재판소 출범 이후 강제가입이 헌법상 기본권을 침해한다는 주장이 나타나 헌법소원으로 이어졌고 헌법재판소를 사회보험의 성격을 들어 이를 합헌으로 보았다(헌법재판소 2003.10.30. 선고 2000헌마801 결정 참조).

63) 당시 학계에서도 이에 대한 비판이 존재한 것으로 보인다. 허영, "헌법과 사회국가와 사회보장", 성곡논총 제6집, 1975, 성곡학술문화재단, 76면. 참조.

64) 요양기관 '강제지정제'에 대해 합헌판단을 내린 헌법재판소 역시 이를 인정한다. 사회보험방식을 도입하고 있는 외국의 입법례를 보더라도 요양기관을 강제로 지정하는 제도를 가진 나라는 없는 것으로 조사되고 있고, 조사된 국가들은 모두 보험자 또는 국가와의 계약을 통해 요양기관을 지정하여 보험의(保險醫)를 확보한다고 밝히고 있다. 헌법재판소 2002.10.31. 선고 99헌바76, 판례집 제14권 2집, 427면 참조.

65) 요양기관 강제지정제와 당연 요양기관제는 모두 국가에 의한 강제지정이라는 점에서 구분의 실익이 없으므로 이를 구별하지 않고 사용하기로 한다.

건강보험의 요양기관 당연지정제는 강제가입과는 달리 헌법적 문제를 야기할 가능성이 있다. 건강보험에서 의료인은 동일한 사회적 위험에 직면한 집단이 아니라 이런 위험에 처한 집단의 사회적 위험의 대응수단인 사회보험에 강제적으로 동원되는 측면이 있다. 의료인은 보건의료영역에서 자신의 직업을 선택하고 여기에 종사한다는 측면에서 자유주의의 요청인 기본권적 보호를 요구할 수 있는 지위에 있다. 그런데 국가가 건강보험에서 당연히 요양기관으로 지정하고 보험진료를 하도록 강요하는 것은 이들의 직업의 자유를 직접적으로 제한하고 건강보험 법률관계에 가입할 것인지에 관한 의사 개인의 자율적 결정권을 직접 제한한다.

그렇지만 이와 같은 제한은 특정 직업의 결정에 대한 제한은 아니고 이미 결정한 직업에서 직업활동에 종사하는 과정에서 발생한 제한이라는 점에서 직업을 통한 개성신장의 자유에 대한 침해의 정도가 상대적으로 적다고 볼 수 있다. 또한 의료인은 의료공급자로서 의료소비자인 국민의 생명권과 건강권의 실질적 보장이 의료기관의 의료행위에 의존하고 있어 의료행위의 사회적 관련성은 매우 높다. 이런 측면을 고려하면 당연지정제를 통한 의료인의 직업종사의 자유에 대한 제한은 '완화된 비례성심사'를 통해 이루어질 필요가 있다.[66]

그런데 2013년에 공공의료기관의 비율이 5.7%(의료기관수 기준), 9.5%(병상수 기준)에 불과하다.[67] 이렇듯 의료에 있어 민간의료기관에 대한 의존도가 높고 보험환자에 대한 보험급여율[68]이 낮은 상황에서 강제지정제가 폐지되면 상당수의 의료인이 일반환자를 진료하기 위해 건강보험관계에서 이탈할 가능성이 높다.[69] 이렇게 되면 과거의 계약지정제 하에서의 폐해가 재현될 가능성이 높게 된다. 나아가 당연지정제의 폐지가 영리의료법인의 허용과 결합된다면 의료영역에서의 양극화 내지 이원주의(dualism)를 조장할 가능성이 높다. 이는 임의비급여 진료에서 나타나듯이 보험료 부담이 상대적으로 높지만 양질의 의료서비스를 받지 못하고 있다고 생각하는 중산층이 의료서비스 선택권의 존중을 근거로 건강보험체제에서 이탈하고자 하는 움직임을 반영한다. 국가가 이를 방임한다면 건강보험의 의료수준은 하향화되고 중산층 이상의 추가적인 보험료 부담가능 계층의 의료서비스의 질은 향상될 수 있다. 이로 인해 보건의료에서 사회적 연대는 약화되고 복지국가의 구성요소인 보편성(universality)은

---

66) 헌법재판소 역시 요양기관 당연지정제에 의한 의료인의 직업의 자유에 대한 제한을 '비례성심사'(과잉금지원칙)에 의한 심사구조를 취하면서도 심사의 강도를 완화하여 '명백성 통제'로 한정하였다. 헌법재판소 2002.10.31. 선고 99헌바76, 판례집 제14권 2집, 410, 430면 이하 특히 434면 참조.

67) 건강보험심사평가원, 『건강보험통계』, 2013, 참조. 2002년 당연지정제에 대한 위헌법률심판사건(99헌바76 등) 당시 공공의료기관이 차지하는 비율이 의료기관수를 기준으로 8.8%, 병상수를 기준으로 15.5%에 불과하였다. 헌법재판 이후 공공기관의 비율이 더욱 축소되었음을 알 수 있다. 위헌법률심판 당시 다른 의료선진국의 경우 병상수를 기준으로 미국 33.2%, 일본, 35.8%, 호주 43.2%, 독일 48.5%, 프랑스 64.8%, 영국 95.8%, 핀란드 96.6%, 캐나다 99.4%이었다. 위 판례집 제14권 2집, 410, 432면 참조.

68) 진료비 중 보험자가 부담해 주는 비율로 우리의 경우 50~60%인 반면 서구 의료선진국은 대부분 100%이다. 헌법재판소 판례집 제14권 2집, 410, 432면.

69) 헌법재판소 2002.10.31. 선고 99헌바76 결정, 판례집 제14권 2집, 410, 432면.

훼손된다. 에스팽이 지적하였던 복지의 이원주의 현상이 나타나게 된다.[70)]

2. 복지급여의 선택주의와 보편주의

복지의 보편성은 헌법적 근거를 평등권(제11조)과 사회권(제10조, 제34조 제1항)에서 찾을 수 있다. 복지국가에서 입법자는 인간존엄성과 평등원칙에 비춰 국민들이 복지서비스에서 제외되지 않고 보편적인 복지서비스를 공급받도록 노력하여야 할 의무가 있다. 복지의 선택적 부여는 개인의 자율성을 전제로 국가의 예외적 관여와 개인의 자발적인 자선을 통해 사회복지는 이루어질 수 있다는 자유주의 복지관을 반영한다. 이에 따르면 노동시장을 통해 자신의 생존을 유지할 수 없는 자들을 선별하여 제한적인 복지급여를 일정한 조건 하에서 제공한다. 노동사회적 연대의 폭을 넓히면 일반적으로 복지의 보편성은 강화될 수 있지만 개인의 자율적 결정권과 복지서비스의 선택권은 약화된다. 사회적 연대가 주로 일정한 기여를 전제로 하는 사회보험에서 강조된다면 복지서비스의 선택주의와 보편주의는 일차적으로 공공부조나 사회복지서비스의 영역에서 사회적 이슈를 생산하는 경향이 있다.

2011년 당시 오세훈 서울시장이 보편적인 무상급식 정책을 반대하면서 주민투표에 이 문제를 회부한 사건은 국민에게 복지급여의 선택성과 보편성의 문제를 제기한 것이었다. 복지의 보편적 확대가 증세로 이어지고 이는 중산층의 부담증가와 보다 더 긴요한 사업부문에서의 예산 부족으로 사회적 효용이 감소할 수 있다는 주장은 자유주의의 요청으로 해석할 수 있다. 엄격한 자산조사(means test)를 통해 공공부조를 실시하고 사회 내 임금근로자보다 열등대우를 유지하여 노동의욕의 감퇴를 방지하고자 한 초기 구빈원(workhouse) 시대의 빈곤관[71)]은 자유주의가 얼마나 보편적 복지에 대해 반대하는지를 보여준다. 복지의 보편성이 가져올 사회 전체의 자조(self-help) 정신의 약화와 노동의욕의 감소는 자본주의 경제의 활력을 약화시키고 결국 경제성장의 둔화로 이어져 복지동력을 훼손시킬 수 있다는 점에서 자유주의의 이런 지적은 충분한 근거와 타당성을 지닌다.

그러나 헌법은 무상급식이나 현 박근혜정부의 누리과정(만 3~5세) 무상보육과 같은 보편적 복지도 사회보장·사회복지를 증진할 국가의 의무(제34조 제2항)와 구체적으로 국민의 무상 의무교육(제31조 제3항) 등에 헌법적 근거를 가질 수 있다. 헌법이 가능성을 열어준다는 것이 현실조건에서 특정한 보편적 복지가 실시되어야 한다는 주장으로 직접 이어지지는 않지만 입법자는 관련 복지의 필요성과 자조정신의 영향 그리고 국가의 재정상황 등을 고려하

70) G. Esping-Andersen, *ibid.*, p. 25. 주로 앵글로 색슨(캐나다 또는 영국) 나라에서 중산층의 복지욕구를 기존의 복지제도가 충족시키지 못한 결과 중산층이 민간시장으로 눈길을 돌리게 되었고 나아가 복지의 민영화(privatization) 주장으로 이어지기도 한다.

71) 1905년 영국 구빈법 개정위원이었던 베아트리체 웹의 소수보고서(minority report)에서 자유주의 빈곤관은 신랄히 비판되었다. John Clarke 외 2인, *ibid.*, pp. 50-60.

여 이를 결정할 입법재량을 가지고 행정부 역시 입법자의 위임에 따라 구체적인 집행에서 폭넓은 행위재량을 가진다.[72)]

나아가 우리 사회보장 체제는 이미 상당한 보편적 복지제도를 가지고 있다. 앞서 살펴본 국민건강보험제도는 전 국민을 단일한 보험단체로 구성하여 보편적 의료서비스를 균질하게 공급하면서 능력에 따른 보험료부담으로 의료분야에서 소득의 재분배 기능까지 수행한다. 다른 사회보험 영역들에서도 국가가 사회보험의 관리·감독자로서 지속적으로 보험가입자를 넓혀 가면서 보험급여의 보편성을 강화하였다. 이 영역에서 우리 복지국가는 자유주의 복지국가의 단계를 벗어났음을 알 수 있다. 우리 복지국가는 아직도 건강보험의 확대 문제를 선거이슈로 다루고 있는 미국과는 다른 단계의 복지국가이다.

사회보험의 보편성의 강화와 관련하여 2015년 전반기 정치이슈의 중심이었던 공무원연금 개혁논의가 있다. 2000년 이후 공무원연금 개혁논의에서 공무원연금을 국민연금과 통합하여 전 국민에게 보편적인 연금보장을 할 필요가 있다는 주장이 제기되었다.[73)] 입법자는 연금제도 도입 초기 보편적인 단일 국민연금제도를 도입하는 입법을 채택할 수도 있다. 실제 1999년 건강보험제도에서는 지역 및 공무원·사립학교교원의 의료보험조합과 직장의료보험조합으로 나뉘어 있던 당시 의료보험제도를 전(全) 국민 단일 건강보험으로 통합하기도 하였다.

그러나 연금통합의 문제는 건강보험과는 다른 성격을 가진다. 연금제도 설립 시 국가는 보편주의를 포기하고 특정계층을 우선적으로 포섭하여 국가발전의 주도세력으로 키우고 이들을 일반 근로자와 분리시키고자 하였다. 이런 분리·특권화 전략은 헌법의 직업공무원제도에 의해 정당화 될 수 있다(제7조). 또한 공무원의 근로3권의 헌법적 유보와 정치적 중립성(제33조 제2항; 제7조 제2항; 제29조 제2항)을 요구해 일반 근로자와는 다른 기본권 제약을 헌법적으로 정당화했다는 사실은 이들에 대한 국가의 급양책임을 역시 정당화할 수 있다.[74)] 국가의 연금제도 형성에 있어 선택주의는 헌법적 근거를 가진다.

그렇지만 입법자는 특수직역연금을 국민연금과 통합하는 시도를 할 수 있다. 다만 건강보험과 달리 법치국가의 신뢰보호원칙은 현실적으로도 이미 오랜 기간 특수직역 연금을 납입해 온 가입자들이 가지는 연금수급권에 대한 법적 기대를 보호할 것을 요구한다. 나아가 한번 형성된 연금제도와 정책은 관련된 이해관계 집단을 형성하고 이들이 연금통합에 반대할 경우 민주주의 정치구도에서 일정한 제약이 발생하게 된다. 현실의 연금개혁이 모수적 개혁으로 종결되는 경우가 많은 것은 이를 반영한다. 더불어 한번 제도가 정착되면 '새로운 정책은 새로운 정치를 형성'하는데[75)] 민주주의 정치구조에서 소위 경로의존성과 제도의 잠김효과

72) 헌법재판소 1997.5.29. 선고 94헌마33 결정.

73) 한국개발연구원, 『재정안정화와 제도 선진화를 위한 공무원연금 정책연구』, 2006.

74) 정철, "공무원연금 통합의 헌법적 검토", 『세계헌법연구』(2015.8.), 세계헌법학회 한국학회, 249면 이하 참조.

75) Paul Pierson, *ibid.*, p. 39.

로 인해 정치적 저항까지 극복해야 하는 문제에 직면할 가능성이 높다.

3. 사회의 보충성과 국가 후견주의

복지국가와 관련된 헌법적 원칙 중에 사회의 보충성은 종종 논란의 대상이 되었다. 보충성의 원칙이란 개인이나 일정한 공동체가 해결할 수 있는 문제에 대해서는 더 상위의 공동체나 국가의 활동으로 삼아서는 안 된다는 카톨릭 사회이론의 중심내용이다.[76] 사회보장은 산업화 시대의 국가주도의 사회정책이고 이는 필연적 현상인데 국가의 일차적 관여를 제한한다면 사회보장의 실시는 요원하게 될 것이다. 문제는 보충성의 원칙이 헌법상 근거를 가지는 원칙이 될 수 있는가이다. 헌법상 원칙이 된다면 입법을 통해 이를 실현하는 것도 가능할 것이다.[77] 보충성의 원리는 카톨릭교회와 같은 종교가 사회를 지배했던 시대에 자리 잡은 원리이지만, 국가의 간섭을 여전히 자유의 제한으로 인식하는 자유주의원리가 복지국가의 원리의 도입 이후에도 개인과 사회의 자율성을 근거로 나타나는 헌법적 원리로 이해할 수 있다. 보충성의 원리를 사회국가의 내재된 한계로 인식하거나 법치국가원리에서 도출하는 원리로 이해하는 입장은 이런 인식에서 볼 때 모두 나름의 타당성을 가진다. 헌법상 기본권의 보장(제10조 내지 제36조), 종교의 자유, 결사의 자유, 혼인과 가족생활의 보장, 그리고 지방자치제도(제20조, 21조, 36조, 117조 내지 118조)를 근거로 보충성의 원리는 인정가능하다.

한편 국가 후견주의(paternalism)는 국가가 사회문제에 대해 직접 관여하여 이를 해결하고자 하는 입장이라고 할 수 있다. 헌법상 국가의 사회보장 증진의무, 국가의 경제에 규제와 조정권능, 그리고 기본권 제한규정 등(제34조 제2항, 제119조 제2항, 제37조 제2항)의 국가작용을 통해 국가의 후견적 작용은 가능하고 이는 헌법적으로 정당화된다.

대표적인 사회문제인 빈곤에 대해 국가가 대처하는 법률인 국민기초생활보장법은 1990년대 말 경제위기 시기에 크게 개정되어 우리 사회에서 최소한의 사회안전망으로서의 역할을 수행하고 있다. 그런데 그 동안 개정에도 불구하고 공공부조제도는 현실의 복지사각지대에 놓인 국민들을 보호하기에는 일정한 한계를 드러냈다. '송파 세모녀'사건으로 드러난 기초생활수급자 인정의 엄격성과 급여의 집중은 2015년 국민기초생활보장법 개정의 단서가 되었다. 이를 개선하기 위해 새로이 '중위소득'개념을 도입하여 기존의 생계급여, 의료급여, 주거급여, 그리고 교육급여를 맞춤형 개별급여방식으로 전환하였다.

그런데, 국민기초생활보장법 개정과정에서 동법 제3조 1항이 규정하고 있는 『이 법에 따른 급여는 수급자가 자신의 생활의 유지·향상을 위하여 그의 소득, 재산, 근로능력 등을 활

76) 홍성방, 『헌법학 (상)』, 박영사, 초판(2010), 210-211면; 허영, 앞의 논문(각주 61), 76면.

77) 현행 법제에서는 '보충성의 원리'가 이미 입법의 내용으로 규정되어 있다. 가령 사회보장기본법 제6조, 제7조; 국민기초생활보장법 제3조 제1항 등 개별 사회보장관련법에도 존재한다. 헌법재판소도 이를 인정한다. 헌재 1989.12.22. 88헌가13 결정 참조.

용하여 최대한 노력하는 것을 전제로 이를 보충·발전시키는 것을 기본원칙으로 한다.』는 규정을 삭제하자는 여론이 있었다. 사회보장기본법이 규정하고 있는 공공부조를 대표하는 기초생활보장수급권자를 인정하는 데 있어 부양의무자의 부양이 국가의 생활보장에 우선하여야 한다는(동조 제2항) '보충성의 원칙'을 이 기회에 폐지하자는 입장이었다. 이 부양의무자 규정으로 인해서 보장의 필요성이 있는 경우에도 기초생활수급권자로 인정되지 못하는 경우가 많기 때문에 이 규정을 차제에 법에서 삭제하자는 주장으로 주로 사회복지 현장의 활동가들로부터 종종 들을 수 있다.

구체적인 복지현실에 기초한 이런 주장은 상당한 설득력을 가지는 것이 사실이다. 인간의 존엄과 인간다운 생활을 보장하고 있는 현행 헌법질서 아래서 누군가 인간다운 생활을 하지 못하는 생존의 한계선상에 서 있는 국민이 있다는 것은 강한 호소력을 가진다. 그러나 사실을 살펴보면 누군가 부양능력이 있음에도 불구하고 법이 정한 부양의무를 이행하지 않고 있는 상황이다. 헌법이 가족과 나아가 사회의 자율성을 인정하는 기초에서 복지국가를 수립하는 방식을 채택하였다고 볼 수 있다는 점에서 공공부조 영역에서 보충성의 원리의 요구는 헌법적으로 정당하다.[78] 다만, 가족과 사회의 자율성이 발현될 수 없는 상황에서도 보충성을 요구하는 것은 국가의 사회복지 증진의무에 위반될 수 있다. 또한 입법자는 국민 일반의 보편적 사고에 대해 대처하는 방식으로 사회보험을 도입하는 경우에 보충성의 원리를 고려할 수는 있겠지만 보충성을 근거로 산재보험과 같은 사회보험을 민영화(privatization)하거나 국민연금기금 관리를 민간에 분리 위탁하라는 주장을 할 수는 없을 것이다. 국가의 독점적인 복지급여가 초래한 낭비와 복지선택권의 제약과 같은 자유주의의 다른 논거를 통해 가능할 수 있어도 국가가 이미 국가과제로 확보한 복지영역에서 보충성의 원리는 타당성의 근거를 잃는다.

국가가 국민의 생존과 인간다운 생활을 책임지는 사회보장의 실현은 자율적인 사회의 활동과 갈등을 일으킬 수 있다. 어느 선에서 국가의 개입이 이루어져야 하는지에 대해서는 헌법이 정확히 지적할 수는 없을 것이다. 헌법질서 하에서 공동체가 직면한 경제와 사회 그리고 정치상황을 고려하여 주권자인 국민이 그 수준과 방향을 결정할 수 있고 입법자는 이를 인식하면서 헌법의 기본가치를 고려하여 비교적 넓은 입법적 재량을 행사할 수 있을 것이다. 실제로 헌법재판소는 여러 결정들을 통해 이런 입장에서 국가의 사회보장 입법에 대해 적극적으로 지지하는 입장을 보여주었다.[79]

---

78) 복지공급에 있어서 가족(family)과 사회(society)의 역할의 중요성과 그 한계에 대해서는 정철, "사회보장의 헌법적 실현방식", 『세계헌법연구』 제23권 제3호(2017.12.), 128-132면 참조.

79) 국민연금의 강제가입과 소득재분배 규정에 대해서 헌법재판소 2001.2.22. 99헌마365 결정(기각); 건강보험의 통합을 결정한 입법자의 결정에 대해서 헌법재판소 2000.6.29. 99헌마289 결정(기각); 건강보험의 강제가입과 능력에 따른 건강보험료 부담에 대해서 헌법재판소 2003.10.30. 2000헌마801 결정(기각); 건강보험

V. 헌법이 지향하는 복지국가의 수준과 방향

1. 자유민주복지국가(liberal democratic welfare state)의 완성

우리 헌법은 폭넓은 헌법가치를 포함하고 있다. 근대입헌주의 헌법의 근간인 자유주의 그리고 민주주의와 함께 복지국가의 목표를 제시한다. 이를 위한 경제적 기초로서 국가 관여가 수용되는 자본주의 경제질서를 규율하고 있다. 지금까지 헌법학계는 자유민주주의와 사회국가 혹은 복지국가 그리고 자본주의 경제질서를 평면적으로 나열하면서 이들이 헌법의 기본정신이라고 설명하는 경향을 보여주었다.[80] 이와 같은 수평적 나열은 필연적으로 혹은 불가피하게 가치의 우열논쟁을 불러일으킬 가능성을 내포하게 된다.

현재 우리 헌법의 가치 중 자유민주주의 가치만을 보전하여 우리 미래가 보장된다고 장담할 수 없는 단계이다. 민주주의의 발전은 복지수요를 점진적으로 확대하는 경향을 보이고 자본주의 시장경제에서 발생하는 시장의 위험과 위기를 개인의 능력만으로 감수하게 하는 것은 불공평하고 가혹한 일이다. 시장경제에서 사회변화의 위험과 비용을 고루 퍼지게 하는[81] 것이 요구된다. 자본 역시 시장의 위험으로부터 관세, 독점, 그리고 보조금 및 법인세 인하, 확장적 통화정책 등의 국가지원을 통해 보호를 받는다. 자본 역시 복지제도의 지속 속에서 안정적인 노동력의 공급을 보장받아 복지의 후원자가 될 수 있다. 자본주의가 복지를 요구하고 복지는 자본주의를 안정시킬 수 있는 관계이다. 자본은 능력 있는 노동력을 확보하기 위해 역시 경쟁하고 노동을 보유한 근로자는 자본과 결합하여야 자신의 노동력을 상품화할 수 있고 경쟁력 있는 자본과 결합하기 위해 경쟁한다.[82] 이미 살펴보았듯이 자본주의 경제를 하지 않으면서 복지국가를 이루기는 어렵다는 것이 밝혀졌다. 노동과 자본은 서로를 필요로 하고 서로 결합되어야 함을 헌법은 시사한다.

헌법이 제시하는 국가목표 역시 자유국가와 복지국가의 결합 그리고 이 유기적인 결합은 민주주의 정치구도에서 이루어질 것을 요청한다. 이 국가는 개인의 자결권과 사회연대가 부분적인 결합을 하고 사회의 보충성과 국가의 후견적 역할이 상호견제하면서 사항에 적합하

요양기관 당연지정제의 합헌성에 대해서 헌법재판소 2002.10.31. 99헌바76 결정(기각); 요양기관의 임의비급여에 관련하여서 대법원 2001.3.23. 99두4204 판결 등에서는 일체 부인하다가 최근 엄격히 제한된 조건하에서 임의비급여를 허용하는 판결로 변경되었다. 대법원 2012.6.18. 2010두27639 판결 참조.

80) 김학성, 『헌법학원론』 제4판(2015), 피앤씨미디어, 123면, 244면; 성낙인, 『헌법학』, 제15판(2015), 법문사, 140면, 271면; 장영수, 『헌법학』, 제9판(2015), 홍문사, 142면, 209면; 정종섭, 『헌법학원론』, 제9판(2014), 박영사, 224면, 236면; 한수웅, 『헌법학』, 제5판(2015), 법문사, 106면, 296면; 허영, 『헌법이론과 헌법』, 제7판(2015), 박영사, 210면, 307면.

81) Ramesh Mishra, *ibid.*, p. 168.

82) John Stuart Mill, *ibid.*, p. 86.

게 영역을 확보하는 나라이다. 지금까지 우리가 마련한 사회보장제도 중 건강보험제도는 강한 사회연대를 통해 보편적인 보건의료서비스를 공급하는 방식이다. 반면 연금제도는 사회적 직역별로 부분적인 연대를 통해 직역 간 자율성을 확보하는 방식으로 마련되었다. 이는 자유민주주의 국가에서 이해하기 어려운 가치위반을 야기한다. 건강보험 당연지정제 폐지와 영리의료법인 허용 주장에는 자유주의의 가치가 내포되어 있다. 헌법재판소는 입법자의 사회보장정책 수립에 있어 폭넓은 재량을 인정함으로써 현재의 이런 보건의료체제와 연금체제를 허용하고 있음을 앞서 살펴보았다.

현재의 우리 국가는 자유민주주의 국가만으로는 설명되지 않고 이를 넘어선 국가이다. 그래서 헌법상 자유민주주의에는 사회국가 혹은 복지국가의 가치가 이미 내포되어 있다는 지적이 가능한 것이다. 헌법에서도 이런 가치의 충돌을 유기적으로 조합 나아가 통합할 수 있는 통일적인 국가목표가 필요하다. 그것은 새로운 가치발견을 통해 확인되는 것이 아니라 이미 밝혀진 헌법가치들을 상호 결합하고 그 국가의 내용을 그 헌법가치들을 상호유기적으로 고려하여 재정립하여 이룩될 수 있는데 그것은 자유민주복지국가(liberal democratic welfare state)라고 부를 수 있고 민주복지자본주의(democratic welfare capitalism)를 근간으로 하는 나라이다.

2. 헌법이 지향하는 복지국가의 개방성

복지국가의 여러 유형에 비춰볼 때 헌법이 지향하는 복지국가는 어느 유형에 속하는지에 대해 살펴볼 단계이다. 헌법이 수용 가능한 복지국가의 형태와 현실에서 지금까지 추진해 온 복지국가의 모습은 구별된다.

현실의 복지국가는 에스팽의 분류에 비춰볼 때 자유주의 복지국가의 단계를 벗어난 영역이 있고 어느 측면에서는 자유주의 복지국가의 모습을 보인다는 지적도 있다.[83] 사회보장의 근간을 이루는 사회보험의 영역에서는 남성 임금생활자를 주 가입자로 하는 보수주의적 복지국가의 형태를 보이고 빈곤문제에 대처하는 공공부조의 영역에서는 자유주의의 요청인 보충성의 원리와 자산조사를 통한 선별주의적 접근을 통해 자유주의적 복지국가의 모습을 보여준다. 한편 우리 사회보험이 비정규직을 포함시키지 못하고 조세부담이 늘어나는 중산층의 차별화된 복지요구를 현재의 복지시스템에서 포괄하지 못하는 측면에서는 현재의 국가를 보편주의적 복지국가 혹은 탈상품화 단계의 복지국가 혹은 그 하위단계인 비버리지 유형의 시민권의 확장을 통한 시민급여 복지국가로도 볼 수 없는 단계이다. 사회서비스의 측면에서는 서구 유럽 복지국가에 비해 상당히 부족하고 사회보험과 공공부조에 주로 의존하는 복지모

---

83) 송호근 외1인, 보수주의 복지국가와 자유주의 복지국가가 혼합된 일종의 혼합형(mixed regime)으로 분류한다.

델이라고 볼 수 있다.

복지현실을 떠나 헌법은 어떤 수준의 복지국가까지 허용할 수 있는지 살펴볼 필요가 있다. 현실에서 복지국가의 추구는 헌법적 테두리 안에서 기본적으로 이루어져야 하기 때문이다. 학계에서는 북유럽과 같은 사회주의적 복지국가는 허용되지 않는다는 주장이 있으며 사회국가가 아닌 분배국가적 복지국가는 추구될 수 없다는 지적도 있다.[84] 문제는 상당한 사회적 서비스를 국가가 제공하고 높은 조세부담을 기초로 재분배효과가 강한 복지국가 즉 여기의 분류법에 의하면 탈상품화 복지국가 혹은 보편적 복지국가가 헌법질서 하에서 채택될 수 없는가이다. 복지국가의 헌법적 기초로서 재산권의 형성적 유보와 재산권 내용의 법정주의(제23조 제1항)는 복지국가의 재정적 기초로서 조세국가의 수립에 상당한 헌법적 통로를 열어주고 있다는 점, 헌법은 사회권을 기본권으로 인정하여 사회연대의 기초를 헌법적으로 인정해주고 있는 점, 전문과 제119조 제2항에서 '국민생활의 균등한 향상' 혹은 '적정한 소득의 분배'라는 규정을 통해 적극적 복지국가 가능성을 보여주는 점을 고려하면 헌법이 자유민주주의의 가치를 보존하면서 민주적으로 형성해 나갈 복지국가의 유형으로서 보편적 복지국가 혹은 제도적 복지국가를 특별히 배제하고 있다고 해석할 수는 없다.

다만, 1960년대 이후 현실 복지국가의 위기는 복지국가라는 단일한 국가목표로는 헌법이 추구하는 복지국가의 과제가 달성될 수 없다는 사실을 일깨워주었다. 복지국가는 자본주의의 동력을 얻어서 수행되어야 하는 민주적 사회통합체라는 사실이다. 여기의 자본주의는 경제만으로 구성되는 것이 아니라 개인의 기본적 자유를 보장하는 법치국가적 지배구조 안에서 작동하는 기제이다. 스칸디나비아 모델로 여겨지는 보편적 복지국가에서 개인은 복지급여를 자신의 소득에 따라 즉 기여에 따라 차별화된 형태로 지급 받는다고 한다.[85] 복지국가의 성장에 따라 점증하는 중산층의 다양하고 차별화된 복지수요를 이 모델은 수용하면서 중산층을 복지연대의 구조에 포괄시키는데 상당한 성공을 거둔 모델로 평가된다. 즉 잔여적 복지국가 혹은 자유주의적 복지국가처럼 복지의 이원주의(dualism)가 발생하지 않았다는 의미에서 보편적 복지국가이다. 이런 단계의 복지국가라면 우리 헌법이 허용하는 복지국가의 유형으로 포함될 수 있을 것이다.

Ⅵ. 결 어

지금까지의 고찰 결과 우리 헌법이 상당히 폭넓은 복지국가의 기초를 보유하고 있어 잔여적 복지국가 혹은 자유주의적 복지국가에 머물지 않고 보수주의적 복지국가를 넘어 보편

84) 정종섭, 앞의 책, 237면; 허영 앞의 책, 162-163면.
85) G. Esping-Andersen, *ibid.*, p 28.

적 복지국가 혹은 제도적 복지국가를 지향할 수 있는 가능성을 내포하고 있음을 밝혔다. 이런 헌법에 따라 우리 사회도 점차 복지수요에 맞춰 복지공급을 증가하고 있는 상황에 있다.

그런데 또 하나 분명한 것은 전후 근대입헌주의 헌법을 대체할 정도로 기세를 올리던 복지국가 혹은 사회국가는 전면적인 위기를 겪었고 복지국가가 재편되는 상황임을 보면 복지국가가 인류헌법의 최종적인 버전은 아닐 수 있다는 점이다. 그렇다고 공황과 전쟁으로 귀결되었던 근대입헌주의 자유주의헌법의 오리지널 버전으로 복귀할 수도 없는 상황이다. 결국 복지국가만의 나홀로 목표가 아니라 자유주의의 가치를 보존하는 복지국가를 민주적인 정치구도에서 이루어가는 '자유민주복지국가'가 헌법이 지향하는 국가목표라는 생각을 가지게 된다. 물론 그 국가의 동력은 창의력과 노동의욕이 살아 있는 자본주의경제로부터 얻어지는 것인데 입법자는 민주주의 정치구도에서 국민의 지지와 협력을 얻어 헌법이 수용하는 복지국가의 모습 안에서 구체적인 복지국가의 형태를 결정할 수 있을 것이다.

23. 독일의 사회적 시장경제, 우리의 모델일까*

정 호 열**

Ⅰ. 서 설

오늘날 세계 대부분의 나라는 시장경제를 지향한다. 공산당이 지배하는 전체주의 체제를 가진 중국도 그 헌법에서 '사회주의적 시장경제'를 선언하고 있다. 바야흐로 시장경제가 대세다.

그런데 시장경제를 천명하는 나라의 경제를 구체적으로 살펴보면, 그야말로 천태만상이다. 권력의 시장간섭이 억제되고 시장의 자율성이 정착된 성숙한 시장경제가 있는가 하면, 가격이 수급관계에 따라 결정되지 않고 공권력이 임의로 조종하고 통제하는 나라, 주요 산업과 기업을 권력자의 일가가 사적으로 소유하는 부패한 가산국가, 전근대적 농업이나 목축사회에 머무는 무늬만 시장경제인 나라 등 그 모습이 매우 다양하다. 성숙한 시장경제 국가 중에서도 자유시장의 원형에 가깝게 국민경제를 운용하는 나라가 있는가 하면 공적 독점 부문을 키우고 기업의 자본형성과 지배구조에 강하게 개입하는 나라가 있다.

1997년 말 우리나라가 외환위기에 시달리고 있었을 때, 독일 모델이 우리의 주목을 끌었다. 자본과 노동이 공동으로 결정하는 대기업의 지배구조, 증권시장이 발달하지 않고 은행이나 보험회사 등 금융기관이 대기업 자금을 공급하는 구조 등이 특히 주목을 받았다. 독일인들은 자국의 경제질서를 사회적 시장경제(social market economy)라고 명명하여 영국이나 미국의 자유시장경제(liberal market economy)와 구별한다. 그리고 '전근대적' 러시아와 '천박한' 영미 사이에 자신들의 위치를 자리매김한다. 국민경제의 모형과 관련해서도 영미가 주도하는 질서에 대한 독일 예외주의, 즉 독일 고유의 길(own way, Eigenweg) 혹은 특별한 길(special way, Sonderweg)의 전통이 깔려 있는 것이다. 역사적으로도 독일은 봉건질서의 극복이 영국이나 프랑스에 비해 현저하게 늦었다. 독일 민족주의자들은 영국이나 미국, 프랑스에서 발전한 정치적 자유주의에 대해서도 강렬한 반감을 보였으며, 자국 내의 자유주의적 민족주의가 낭만적 민족주의 물결에 잠식된 경험을 가지고 있는 것이다.[1)]

물론 독일도 자유 사시장에 국민경제의 근간을 두고 있으며, 성숙한 시장경제를 가진 주

---

* 이 글은 '시장주의의 시점-이념, 시장, 입법에 관한 에세이 모음'이라는 단행본(박영사, 2018.5. 발행 예정) 마지막 장을 이 논문집의 취지에 따라 수정, 가필한 것이다.

** 성균관대학교 법학전문대학원 교수, 제15대 공정거래위원장

1) 한스 쿤드나니/김미선 역, 독일의 역습, 사이(2015), 120-1면.

요 모델의 하나다. 독일인들이 자국의 경제질서를 영미식과 준별하여 스스로를 사회적 시장경제로 부르는 것이 과연 실체가 있는 주장일까. 이 주장이 실체가 있다면, 미국식 자유 시장경제와 독일의 사회적 시장경제 중 어느 것이 우리나라 국민과 기업의 기질에 맞을까. 어느 것이 우리 헌법이 지향하는 경제질서와 가까울까. 우리나라 헌법재판소 결정례가 말하는 '사회적 시장경제'의 실체는 도대체 무엇일까.

Ⅱ. 시장경제의 구체적 모습은 천태만상

시장경제는 재화의 생산 및 배분을 가격기능에 맡기는 체제다. 사회주의 국가가 중앙집중적 계획에 따라 재화를 배분하는데 비해, 시장경제는 개방된 자유 시장에서 형성되는 가격에 따라 자원을 배분하고 국가는 이 과정에 간섭하지 않는 것이 원칙이다.

시장경제가 제대로 작동하자면 많은 조건이 필요하다. 우선 전근대적 농경사회를 벗어나서 산업화가 되어 있어야 한다. 그 다음으로는 자기결정 자기책임의 시민적 가치가 구성원의 의식과 행태에 스며들어 있어야 한다. 그리고 여러 가지 사회적 인프라, 즉 사유재산의 확실한 보장, 열린 자유로운 시장, 효과적인 계약법과 불법행위법 등이 체계적으로 정비되고 이 시스템이 효과적으로 작동되어야 한다.[2] 이런 전제가 충족될 때 시장의 수급에 따른 가격이 각종 재화를 자연스럽게 배분하는 기능이 원활하게 작동하고, 각종 거래에 따르는 비용(transaction cost)이 최소화되어 소비자후생은 극대화된다.

민주주의와 마찬가지로 시장경제에 대해서도 많은 오해가 있다. 시장경제를 강자가 약자를 착취하는 동물생태계로 비유하여 반문명적이고 야비한 질서처럼 오도하는 것이 대표적이다. 우리나라가 오랫동안 시장경제를 운용해 오는 중에 많은 적폐가 누적되었고 그러기에 근본적으로 혁파되어야 할 질서로 설명하는 것도 마찬가지다.

그러나 우리나라는 1960년대 후반까지 농업 중심의 전근대적 사회였으며, 70년대를 거쳐 80년대 후반까지는 개발독재라고 불리는 강력한 관리경제를 거쳤다.[3] 우리나라가 본격적으로 시장경제를 지향하게 된 것은 1980년대 중반 경제운용의 모델을 정부주도에서 민간주도로 바꾸면서 부터이고, 80년대 말의 시장개방과 90년대 후반의 IMF 외환위기를 거치면서 시장의 자율화가 진척되었고, 이제는 국가경제에서 점하는 비중도 민간부문이 압도적으로 커지게 되었다. 요컨대 시장경제는 시장에서 형성되는 가격기능을 통해 자원을 배분하는 체제로서 상당한 수준의 산업화, 시장의존적 삶을 사는 다수대중, 성숙한 시장참가자들의 존재를

---

2) 니얼 퍼거슨, 시빌라이제이션-서양과 나머지 세계, 21세기북스(2011), 479-480면.

3) 포퓰리즘이 만성화된 중남미에서 특유의 관리경제를 광범하게 볼 수 있다. 나치의 관리경제, 즉 국가사회주의에 대해서는, 스콧 니어링/김라합 옮김, 스콧 니어링 자서전, 실천문학사(2000), 331면과 337-341면 참조.

필요로 한다. 시장경제는 국민경제를 운용하는 정교한 질서로서, 아무렇게나 운용되거나 방치되는 시스템이 결코 아니다.

그러나 시장에 바탕을 둔 개별 국민경제의 구체적 모습은 매우 다르다. 북구나 프랑스·독일 모델, 마가렛 대처 이후의 영국모델, 미국식 경제, 홍콩과 싱가포르식 등 제각각이다. 자유주의 모델로 지칭되는 미국 시장경제도 1950, 60년대와 80년대 레이건 시절은 그 모습이 크게 다르다.[4] 서구식 민주사회주의라고 하더라도 정부의 기능과 공공부문의 크기, 복지의 강도와 보편성 등을 두고 우파나 좌파 혹은 제3의 길을 지향하는 수많은 선택의 길이 열려 있는 것이다.

그러면 개인주의와 자유주의에 바탕을 두면서 공권력이 사경제에 일절 개입하지 않는 순수한 모형의 자유경제와 스웨덴이나 덴마크와 같은 북구모델을 잇는 하나의 연장선을 상정할 때, 우리나라의 현실 경제는 이 선 어디에 있으며 또 우리 헌법이 상정하는 경제질서는 어디에 서 있을까. 나아가서 글로벌화와 정보화의 큰 흐름 속에서 경제의 대외의존도가 80%를 상회하는 우리나라가 중장기적으로 설정하여야 할 바람직한 시장경제의 모형은 무엇일까. 우리 헌법이 상정하는 시장경제 모형은 물론 동적 진화의 대상이다. 그러므로 이 물음은 사적자치와 자유경쟁에 바탕을 둔 시장에 대한 정부의 개입, 그 수단과 한계에 관한 오늘 이 시점의 선택인 셈이다.

Ⅲ. 헌법과 사회적 시장경제론

국민경제의 헌법적 기초로 흔히 언급되는 것은 경제조항으로 불리는 헌법 제119조이다. 헌법 제119조 제1항은 개인과 기업의 경제상의 자유와 창의를 존중하는 질서, 즉 시장경제를 우리나라가 지향함을 밝힌다. 그런데 동조 제2항은 소득의 적정분배, 균형성장, 시장지배와 경제력집중의 방지, 경제주체간의 조화를 통한 경제민주화 등 다양한 개념을 동원하여 사경제와 시장기능에 간섭하는 입법을 위한 헌법적 근거를 제공하고 있다.

우리 헌법이 지향하는 시장경제의 규범적 모형에 관해서는 헌법학자 사이에 여러 논의가 있다. 필자가 여러 헌법학 자료들을 일일이 검색한 결과에 의하면,[5] 독일의 통설인 사회적 시장경제론을 그대로 원용하면서 이를 답습하는 것이 여전히 주류로 보인다. 또 우리가 독일보다도 더욱 사회주의적이라거나 통제경제라는 주장도 있고, 입법자인 국회에 구체적 시장경제의 모형을 설정할 수 있는 권한을 포괄적으로 위임했다는 견해도 있다. 독일의 사회적 시장경제론을 부인하고 한국 특유의 혼합경제를 주장하는 듯한 견해도 보인다. 즉 독일의 사회

4) Nicholas Wapshot, Keynes Hayek, Norton(2012), 248-265면.
5) 정호열, 경제법 제5판, 박영사(2016), 12-14면.

적 시장경제는 자본주의 체제의 성숙을 전제로 하는 시장규제적 개입을 의미하는데 비해 우리 헌법은 시장형성적 개입을 규정하고 있다는 주장이 그러한 예라고 하겠다. 우리 헌법은 사회적 시장경제에서는 수용할 수 없는 계획적이고 조정적인 요소를 규정하며 헌법 제119조 제1항과 제2항의 관계도 반드시 원칙과 예외의 관계만은 아니라는 견해도 있다.

국내 학설의 주류는 여전히 사회적 시장경제론(soziale Marktwirtschaft, sozialverpflichtete Marktwirtschaft)이라고 할 것이며, 헌법재판소도 이 견해를 따르는 것으로 평가되는 듯하다. 다만 헌법 제119조 제1항과 제2항의 관계에 관하여 개인과 기업의 자유와 창의가 기본이 되고 공권력의 시장간섭을 보충적인 것으로 본다.[6] 그 판결의 해당 부분을 인용한다.

> 헌재 1989.12.22, 88헌가13
>
> 현행 헌법이 제23조 제1항, 제119조 제1항에서 추구하고 있는 경제질서는 개인과 기업의 경제상의 자유와 창의를 최대한으로 존중, 보장하는 자본주의에 바탕을 둔 시장경제질서이므로, 국가적인 규제와 통제를 가하는 것도 보충의 원칙에 입각하여 어디까지나 자본주의 내지 시장경제질서의 기초라고 할 수 있는 사유재산제도와 아울러 경제행위에 대한 사적자치의 원칙이 존중되는 범위 내에서만 허용될 뿐이라고 할 것이다.
>
> 헌법 제119조 제2항은 헌법이 자본주의적 생산양식이라든가 시장메커니즘의 자동조절기능이라는 골격은 유지하면서 근로대중의 최소한의 인간다운 생활을 보장하기 위하여 소득의 재분배, 투자의 유도·조정, 실업자구제 내지 완전고용, 광범한 사회보장을 책임있게 시행하는 국가, 즉 민주복지국가의 이상을 추구하고 있음을 의미하는 것이다.

한편 사회적 시장경제론을 채택하는 입장 중 그 내용을 구체적으로 풍부하게 진술하는 경우는 찾기 힘들다. 흔히 '자본주의적 시장경제를 기본으로 하면서 복지와 사회정의 원리를 도입한 수정자본주의의 사회적 시장경제질서'라고 풀이하거나, 사시장경제를 전제로 하되 이로 인한 폐해를 수정하고 복지국가의 이념을 달성하기 위해 국가가 경제에 개입하는 '사회적 시장경제질서'를 표방하는 것, 즉 자유시장 경제질서를 기본으로 하면서 사회국가원리를 수용하는 것으로 풀이하는 정도에 머문다.

사회적 시장경제에 관한 이들 논의는 헌법 조문을 동어 반복적으로 되풀이하는 수준이라고 할 수 있겠다. 공권력이 시장기능에 개입하기 위한 헌법적 요건과 그 한계에 대한 조직적인 논의가 결여되어 있을 뿐만 아니라, 이러한 논의를 전개하기 위한 전제로서 우리나라 시장경제의 현실 내지 가격기능의 구체적 작동에 대한 성찰이 빠져 있다. 우리 헌법학의 사회적 시장경제론은 독일식 용례를 차용하여 답습하는 차원에 그치고, 우리나라 시장경제의 구체적 작동모습이나 시장참여자의 구조적 특색 그리고 세계의 자본 및 상품교역시장의 큰 흐름과 주도적 참여자의 모습과 구조를 충분히 인식한 것으로 보기 어렵다.

---

6) 헌재 1998.5.28. 96헌가4; 헌재 2001.6.28, 2001헌마132 등.

사실 독일의 '사회적 시장경제'도 그 논의가 유동적이고 다양한 갈래가 있다. 고전적 논자로 지목되는 Walter Eucken은 사회적 시장경제의 강령으로 개인적 자유, 체계적 경제정책, 강한 정부 등 세가지를 든다. 강한 정부와 체계적 간섭은 바이마르 혼합경제를 연상시키는 점이 있다. 미국식 시장의 자유를 주창하는 프라이부르그 학파도 큰 영향을 미쳤고, 시장자율과 작은 정부를 내세우는 네오리버럴의 경제관과는 다른 성향이다.

독일의 사회적 시장경제론은 독일 특유의 역사적 경험이 낳은 산물이다. 즉 독일은 가톨릭과 루터파, 깔뱅파 신교가 더불어 공존하는 종교적 전통 위에, 상대적으로 오랫동안 봉건체제가 유지되어 19세기 전반까지 수많은 영방국가로 분절되어 있었다. 19세기 전반의 거듭된 시민혁명의 좌절, 비스마르크가 주도한 제2제국 시절의 급속한 고도자본주의화, 1차 세계대전 후의 바이마르 혼합경제, 나치의 국가사회주의 관리경제의 총체적 파탄을 겪은 뒤, 콘체른의 해체로 상징되는 분권화된 시장경제의 도입 와중에서 등장한 모델인 것이다.[7)]

독일 경제는 개별 기업의 지배구조나 전반적 산업조직 그리고 자본시장의 운영 등에서 영미식 모델과 상당히 큰 차이를 보인다. 주주자본주의, 즉 주주 중심으로 정관에 의한 자치를 중시하는 영미와 달리, 독일은 채권자나 종업원과 같은 다양한 이해관계자를 보호한다는 명목으로 기업조직과 활동에 대해 강행법이 강력하게 간섭하는 선동을 가지고 있다(이해관계자 자본주의, stakeholder capitalism). 독일 주식회사는 집행이사회와 감독이사회의 이원적 구조를 취하며, 감독이사회의 구성에 있어 자본과 노동이 공동으로 결정하는 협치적 지배구조가 공동결정법 등 경성법규로 제도화되어 있다.[8)] 주요 주식회사의 자본구성도 증권시장의 대중투자에 의존하는 것이 아니라 은행과 보험회사와 같은 금융기관은 물론이고 심지어 경쟁대기업의 지분참여를 통해 형성한다. 자본시장 상장을 통해 자기자본을 조달하는 것을 기본으로 하는 미국식 개별 공개기업 중심의 산업조직과 크게 다른 것이다. 여기에서 독일의 국민경제를 금융자본주의 혹은 라인자본주의(Rhein capitalism)라고 부르기도 한다.[9)]

반면에 우리나라는 금융자본과 산업자본은 준별되고, 개방형 자본시장은 활성화되어 있고, 삼성전자 등 주요 기업은 외국인지분이 반이 넘는다. 우리나라 대기업은 증권시장을 통해 자기자본을 모으고 회사채 발행을 통해 운영자금을 조달하며, 대기업집단 계열회사는 금융기관으로부터의 차입을 꺼릴 뿐만 아니라 공정거래법에 의해 강하게 통제받고 있다. 기업지배구조 역시 일원적 이사회와 임원제도를 통해 미국식 지배구조 모델을 따라가고 있다. 기업집단 사이의 경쟁은 치열하고, 공개된 시장은 역동적으로 변모하고 있다.

---

7) George Orwell, Why I Write, Penguin Books-Great Ideas(2005), 46-50면.

8) Kraakman et al., The Anatomy of Corporation Law-A Comparative and Functional Approach 2nd Ed., Oxford University Press(2009), 51-3면 및 66-72면.

9) Klaus J. Hopt, Comparative Corporate Governance: The State of the Art and International Regulation, Law Working Paper N.170/2011, Max Planck Institute and ECGI, III.A.3.a).

여기에서 다수설과 헌법재판소가 독일식 용례를 차용하여 사회적 시장경제를 운위하는 것은 형식적인 차원이라고 할 수 있다. 우리나라의 산업조직이나 시장의 실제에 대한 깊은 성찰 없이 독일식 논의와 용어를 그대로 차용한 점이 특히 그러하다. 전통 한국사회는 오랫동안 중앙집중적 행정체제를 가졌으나 그 통제가 느슨하였고, 전근대적 소농사회에서 가족 중심의 개인적 성향이 몸에 배어 있다. 우리 시장은 가격 기타 거래조건의 변화에 민감하며, 사회전체의 변화에 대한 반응이 매우 빠르다. 우리나라는 국민경제의 대외의존도가 항상 80%를 상회한다. 국제 자본시장과 통상질서의 주도적 흐름을 앞장서서 달려가야 할 처지이기도 한 것이다.

Ⅳ. 기본권에 바탕을 둔 시장경제

한편 시장경제의 헌법적 기초를 오로지 헌법 제9장의 경제조항에서 찾는 것은 적절하지 않다. 경제조항의 실천적 의미는 오히려 시장경제에 대한 국가의 개입사유를 열거하는 헌법 제119조 제2항과 제120조 이하의 조항에 있다. 주요국의 헌법에는 경제조항 자체가 없고, 시장경제는 다수의 기본권과 여러모로 연결되는 시민사회의 기축적 질서이기 때문이다.

시장경제를 뒷받침하는 기본권은 여러 가지이다. 헌법 제23조의 재산권보장, 제15조의 직업선택의 자유(영업의 자유), 제10조의 일반적 행동자유권, 제21조의 결사의 자유, 제14조의 거주이전의 자유 등의 조항이 자본주의 체제와 직결되는 조항들이다. 따라서 개인주의와 자유주의를 기반으로 하는 시장경제는 헌법 전문의 자유민주적 기본질서의 핵심 구성요소다. 이러한 정신은 사영기업의 국공유화에 대한 엄격한 통제를 가하는 헌법 제126조에서도 다시 나타난다.

국가공권력이 시장에 개입할 수 있는 다양한 명분을 제공하는 헌법 제119조 제2항은 개별 경제법규에 대해 무한대의 형식적 적법성을 제공한다. 여기에서 기본권법리, 즉 재산권보장이나 영업의 자유, 비례형평, 과잉금지의 법리 등에 의거하여 시장개입의 요건과 한계를 규범적으로 그려 나가는 것이 중요하다. 그러기에 헌법 경제조항은 실증규범으로서의 가치가 의심스럽고, 그 필요성 여부가 논란되기도 한다.

그러나 사회적 시장경제에 관한 다수설과 헌법재판소의 견해를 그대로 받아들이더라도 한국의 '사회적 시장경제'의 실체는 여전히 텅비어 있는 것이 사실이다. 헌법재판소가 한국의 시장경제의 모형을 적극적으로 펼치면서 그 정신에 배치되는 개별 경제통제법규를 적극적으로 통제하고 있지도 않다.[10] 우리나라 시장경제의 모형 설정과 내용 부여는 이제부터라고 할

---

10) 헌법재판소법이 시행된 1988년 9월 이후, 경제활동 관련 법률의 위헌성을 다루는 헌법소송에서 헌법재판소는 대부분 합헌으로 판정하고, 극히 소수의 사례에서 위헌으로 판단했다. 즉 재무부장관의 국제그룹해체명

것이며, 경쟁정책과 각종 산업정책에 관한 국회의 입법과 이들에 대한 헌법적합성 심사를 통하여 한국형 모델이 동적으로 창출되어야 한다. 그리고 이 일은 헌법재판소의 판사나 헌법학 연구자의 전유물이 될 수 없고, 우리 국민의 기질과 한국시장의 구체적 모습을 바탕으로 한 국민적 합의에 따라 결정될 일이다.

Ⅴ. 시장경제의 규범적 모형은 중요한 의제

2018년 4월 현재 국민국가 한국호의 가장 큰 정치사회적 과제는 무엇일까. 경제의 성장 동력을 유지하면서 점증하는 복지수요를 수렴하는 개량된 국민경제 모델을 개발하는 것 그리고 이에 대한 정치적 합의를 도출해 내는 일이라고 생각한다. 너무나 당연한 말이지만, 시장경제의 운용에 실패하면 복지도 인간다운 생존도 없다. 시장에서 창출되는 경제적 후생이 바로 여러 모양의 사회복지의 재원이 되기 때문이다.

경제민주화도 이 관점에서 바라볼 수 있다. 소극적으로 재벌의 활동을 제한하고 비용을 부담시키는 규제, 예컨대 거듭 흘러간 출자총액 규제를 복원한다거나 기존 순환출자의 고리 한 컷을 자르도록 하는 등의 조치는 국민의 일시적 환호를 얻을 수 있다. 그러나 이것이 경제민주화의 지속적 몸통이 되기는 어렵다. 사전규제, 특히 출자총액 규제와 같은 총량규제는 국민경제에 도움이 되기는 커녕, 오히려 구조조정의 걸림돌이 되고 자본의 효율적 재투자를 막아 청년실업의 고통을 심화시킬 것이다. 새로운 시장개척, 인건비 절약 등의 이유로 이미 재벌들은 해외로 생산거점을 옮겨 왔고, 가중되는 국내의 여러 규제는 이 경향을 빠르게 심화시킬 것이다. 국내 제조업의 공동화가 더욱 빠른 속도로 진행되면, 중소기업들은 납품대기업을 잃게 된다. 고용없는 성장, 소득의 양극화는 더욱 악화될 수 있다.

여기에서 영업활동의 제한과 고통 주기를 넘어서는 보다 실효적인 재벌정책으로의 진화가 필요하다. 예컨대 지속가능한 대중소기업 협력관계를 창출하여 기업생태계를 건강케 하고, 소유지배구조의 세습에 대해 상속세와 증여세를 실질적으로 납부하도록 하고, 각종 인센티브로 ICT 등의 분야에 선도투자를 하거나 각종 사회복지 프로그램에 자발적으로 동참케 하고, 비효율적인 계열사 거래를 실질적으로 억제하는 연성프로그램을 개발하는 등 보다 적극적인 정책으로의 발전이 필요하다.

'경제주체간의 조화를 통한 경제민주화'의 규범적 의미는 경제주체의 다양화와 이들 사이의 건강한 경쟁과 균형의 확보다. 조지프 스티글리츠는 정부의 보다 적극적인 시장개입, 대학이나 협동조합과 같은 비영리조직의 활성화를 주장한다.[11] 19세기 후반부터 서구에서는

령(헌재 1993.7.29. 89헌마31), 주세법의 자도소주 구입명령(헌재 1996.12.26. 96헌가18), 의료법상의 의료광고 금지(헌재 2005.10.27. 2003헌가3) 등이 그 예다.

다수가 대등하게 참여하는 아름다운 사업체의 모형으로서 협동조합 운동이 주창되어 왔다. 여기에서 도출된 결론은 우리나라 협동조합법 등에서도 반영되어 왔고, 경제민주화를 강조하는 요즘 마이크로 금융이나 사회적 기업이니 하는 모습으로도 발전해 왔다.

그런데 국가경제 운영에서 협동조합이 왜 지배적인 기업형태가 될 수 없을까. 협동조합의 이상 그 자체가 이기적이거나 기껏해야 잿빛인 인간성의 본질과 모순되기 때문이다. 협동조합의 조직 원리는 '한 사람은 모두를 위해 모두는 한 사람을 위해'다. 이 원리는 1인 1의결권, 이익분배의 제한, 지분참여의 제한으로 구체화된다. 구성원 모두가 똑 같은 의결권을 가지는 것은 의사결정의 민주성을 보장하기 위한 것이다. 소위 합수성의 원리라는 것인데 너도 나도 한 표를 행사하고 모든 이의 의견을 골고루 평가한다는 뜻이다. 자신의 이익을 위하는 것이 아니라 모두의 이익을 앞세운다는 전제가 깔려 있다. 이타적인 인간상을 전제하는 것이다.

현실은 어떨까. 구성원의 의견이 상충하는 사안이 발생하면 다수결로 결정하는 것이 회의체의 대원칙이다. 그런데 1인 1의결권의 의결구조에서는 결론이 쉽사리 나지 않는다. 결론이 나지 않으면 조직이 과거에 묶이게 된다. 비효율적이요 큰 거래비용을 수반하는 지배구조다. 모두가 똑 같은 의결권을 가지고 이익배분도 지분의 수와 크기에 비례하는 구조가 아니라면, 사적 부문에서 누가 이런 조직에 큰 투자를 하겠는가.

결국 많은 비용투입과 장기간의 연구를 필요로 하는 최첨단 분야나 대규모의 자본과 인력이 구조적으로 필요한 분야에는 협동조합이라는 조직형태가 적합하지 않은 것이다. 인간성의 새로운 면모를 향한 의지를 과시하기 위해 자기가 가진 여분의 일부를 덜어내서 하거나, 대기업이 부수적인 사업으로 수행하거나, 은퇴자들이 인생을 관조하는 눈으로 바라보는 사업으로는 가능할 것이다. 이상은 아름다우나 비현실적이다. 아니, 비현실적이기에 이상적이다.

Ⅵ. 결 어

1780년 조선왕조는 청나라 건륭왕의 70세 생일을 축하하기 위해 사절을 파견하게 된다. 연암 박지원은 이 진하사 일행을 따라 약 6개월에 걸쳐 오늘날의 베이징인 연경을 거쳐 건륭왕이 여름 휴가를 보내던 열하에 이르는 여행을 하였다. 이 여정에서 그는 화려한 상가거리와 숙박업소, 배너가 휘날리는 술집과 거대한 극장, 상대적으로 자유롭고 풍요한 청나라의 문물과 제도를 살펴 이를 낱낱이 기록하였고, 청의 관료와 문사들을 르하의 숙소에서 만나 성리학과 양명학, 라마교와 천주교, 역대의 인물에 관한 논의를 필담으로 전개하고 그 결과

11) 스티글리츠는 미국사회에서 기회의 균등은 거짓 신화이며 경제는 공정성을 잃은지 오래라고 주장한다. Joseph E. Stiglitz, The Price of Inequality, Penguin(2013), 158-160면.

를 모두 채집하였다. 이를 토대로 귀국 후 선생이 쓴 책이 바로 오늘 우리가 보는 열하일기(熱河日記)다.

그 당시 조선은 고루하고 답답하여, 개인이 책을 찍어 판매하는 것을 용납하지 못하였다. 애써 책을 써보아야 금전적 대가는 도무지 없었고, 필사본 몇 부를 만들어 아는 선비들끼리 돌려가면서 읽는 정도에 지나지 않았다. 조선은 지극히 가난했을 뿐만 아니라, 책의 제작과 유통이 이루어지는 시장을 금압하였다. 그러기에 초정 박제가의 북학의나 연암 박지원의 열하일기는 개혁에의 열망과 치열한 기록정신이 아니면 도무지 설명할 수 없는 처절하고도 위대한 기록이라고 할 것이다.

워낙 방대한 내용이다 보니 열하일기에는 많은 장이 있다. 조선과 중국의 문사들이 쓴 시를 논하는 장도 있는데, 연암은 문장이 뛰어난 벗 나걸(羅杰)의 시를 여러 편 소개하고 있다. 나걸 또한 연경을 다녀온 선비인데, 그는 중국 수레를 본 떠 태평차를 만들고 이 수레에 식구들을 태워 무주의 적상산으로 들어갔다. 박제가 선생이 북학의(北學議) 내편 첫 장에서 중국식 수레의 유용함을 간절하게 설명한 것은 많이 알려져 있다. 아마도 중국식 수레의 도입이 북학파 사이에서 조선 개혁의 큰 과제로 논의되었던 것이 아니었나 추측된다. 그런데 나걸의 수레가 한양에서 적상산까지 잘 굴러갔을지는 의심스럽다. 조선은 중국 병서에 따라 길을 내는 일을 매우 꺼렸고, 수레가 구르다보면 고장나고 부서지기 마련인데 그 당시 조선은 수레나 부품을 쉽사리 변통할 수 있는 사회가 아니었던 것이다.

서울대학교 지배구조의 정점에 서서 우리나라 대학교육의 현장을 아우르고 교육과 연구의 미래 청사진을 그린 후, 이제 성낙인 총장께서 퇴임을 하게 된다. 성낙인 선배님은 근력이 좋으시고 활력이 넘치는 분이어서 퇴임 후에도 우리 공동체를 위하여 많은 일을 하실 것이다. 그러나 가끔씩은 은거자의 여유를 누리심도 좋을 듯하다. 적상산으로 퇴거한 나걸의 시 한편을 소개하면서 삼가 선배님의 정년을 기리고자 한다.

적막한 산중 사립문 열어젖히고 갓 망건 다 버리니
늙어 갈수록 점점 한가로운 일이 정답구나
섬돌에 앉아 볕을 쬐니 한없이 조용하다
하늘 저 멀리 지나가는 한 조각 뜬구름 새로운데
갑자기 꾀꼬리 한 마리 푸른 숲에 찾아와 울고
알록달록 무수한 꽃들이 청춘을 보내누나
무엇 하나 내 뜻 어기는 것 없으니
하늘이 길러준 모습을 어길 줄이 있으랴

[원전은 한시, 번역 고산]

24. 헌법상 경제질서와 경제규제의 근거와 한계*

이 원 우**

"經濟的 自由와 平等의 理念의 새로운 像의 定立은
앞으로의 韓國 經濟憲法의 가장 큰 課題라 하겠다."

(成樂寅, 『憲法上 經濟秩序의 研究』, 1980, 201면)

Ⅰ. 서 설

최근 헌법개정을 둘러싸고 헌법상 경제질서에 대한 논의에 다시 불이 붙고 있다. 성낙인 총장께서는 1980년 『헌법상 경제질서의 연구』라는 주제로 방대한 연구를 한 후 맺음말에서 "경제적 자유와 평등의 이념의 새로운 상의 정립은 앞으로의 한국 경제헌법의 가장 큰 과제라 하겠다."고 일갈한 바 있다. 최근 경제질서조항의 개정에 대한 논란을 보면, 38년이 지난 지금도 여전히 이 명제가 타당하다는 것을 일깨워준다.

2018년 3월 26일 대통령공고 제278호로 대통령이 발의한 헌법개정안에서는 "경제질서와 관련해 불평등과 불공정을 시정하고자" "경제주체 간의 상생을 강조하고 토지공개념의 내용을 분명히"하는 개정안을 제시하였다. 이에 따르면, 현행 제119조(개정안 제125조) 제2항의 문언 가운데 "경제 주체 간의 조화를 통한 경제의 민주화"에 상생을 추가하여 "경제 주체 간의 상생과 조화를 통한 경제의 민주화"라고 개정하고 또한 제128조 제2항을 신설하여 "국가는 토지의 공공성과 합리적 사용을 위하여 필요한 경우에만 법률로써 특별한 제한을 하거나 의무를 부과할 수 있다."고 규정하였다. 이 개정안은 경제질서에서 평등의 이념을 강화하려는 입장이다. 그러나 다른 한편에서는 자유의 이념을 강조하여 경제규제는 결국 국민의 경제적 기본권에 대한 제한이기 때문에 국가안전보장·질서유지·공공복리를 위해 필요한 경우에 한하여 법률로써 제한할 수 있다고 한 헌법 제37조 제2항에 의해 제한되어야 한다고 하면서, 현행헌법 제119조 제2항이 자유주의적 시장경제질서에 반하고 경제의 효율성을 저해한다는 이유로 이를 삭제하거나[1] 또는 국가의 규제와 조정권한의 행사를 엄격하게 제한하도록 개정되어야 한다는 주장도 제기되고 있다.[2] 그런데 헌법상 경제질서 조항의 개정을 주

---

* 이 논문은 한국행정법학회 학회지 『행정법학』 제4호, 2013.3, 1-47면에 게재되었던 논문을 수정·가필한 것이다.

** 서울대학교 법학전문대학원 교수

1) 예컨대 민경국, 『자유시장경제를 위한 헌법발전의 방향-시장경제와 헌법의 개정방향』, 헌법을 바꿔야 미래가 열린다: 자유민주주의와 시장경제확립을 위한 헌법개정방향, 2007년 11월 26일, 발제문집, 93-139면; 김정호, 『경제헌법개정의 필요성과 방향』, 자유기업센터, 경제헌법 개정을!, 제7회 자유주의 워크숍, 1998, 54면 등 참조.

장하는 견해들을 살펴보면 헌법상 경제질서가 가지는 규범적 의미와 내용에 대해 오해가 있는 경우가 많다. 따라서 경제질서에 관한 헌법규정의 개정을 바르게 논의하기 위해서는 먼저 헌법상 경제질서에 관한 조항이 어떠한 규범적 의미와 내용을 가지는지 이해할 필요가 있다. 이 글에서는 현행 경제헌법조항의 규범적 의의와 내용을 그 제정배경과 비교법적 고찰을 통해 규명하고자 한다.

Ⅱ. 헌법상 경제질서와 경제헌법의 중립성 · 개방성

1. 개 관

민주적 헌정체제에서 헌법이 규범력을 획득함에 따라 국가의 성격이 헌법규범에 따라 규정되고, 이에 따라 시장 내지 경제에 대한 국가의 개입범위와 강도, 성격에 차이가 발생하게 되었다. 따라서 어떤 경제규제정책을 평가하기 위해서는 그 전제로서 헌법상 경제질서를 살펴볼 필요가 있다. 이에 대해서는 그동안 상당한 연구가 있었지만, 여전히 다른 입장들이 대립되어 있으므로 주요쟁점을 검토하기로 한다.

우리나라 헌법상 경제질서에 관한 논의는 두 축으로 진행되어 왔다. 하나는 우리나라 헌법상 경제질서가 다양한 경제질서 모델 가운데 어떠한 모델에 해당하는지에 대한 논의이고, 다른 하나는 경제질서에 관한 기본원칙으로서 헌법 제119조 제1항과 제2항 사이의 관계를 어떻게 볼 것인가 하는 문제이다. 이러한 두 축의 논의와 관련해서 최근에는 제119조 제2항에서 규정하고 있는 경제민주화를 어떻게 이해할 것인지가 논의되고 있다. 이는 기본적으로 제119조 제2항의 해석론 문제이다. 이하에서 위의 쟁점을 차례로 검토한다.

2. 헌법상 경제질서의 의의

경제질서(Wirtschaftsordnung)는 경제체제(Wirtschaftssystem)와 구별되는 개념이다. 경제체제란 이론적으로 유형화된 경제질서의 모델로서 이념형을 의미하는 것이다. 이에 반해 경제질서란 경제영역에서 구현된 실정법규범의 총체를 의미한다. 경제체제는 시장경제(거래경제)와 계획경제(중앙관리경제)를 양극단으로 해서 혼합경제, 사회적 시장경제(Soziale Marktwirtschaft), 거시조종적 시장경제(global gesteuerte Marktwirtschaft), 경제계획에 따른 시장경제(Planifikation), 사회주의적 시장경제 등 다양한 유형으로 분류할 수 있다.[3] 다만, 혼합경제란 시장경제의 요소와 계획경제의 요소가 혼합된 경제체제를 의미하기 때문에 사실상 거의 모든 경제질서를 포괄하는 개념으로서 아무런 유형적 특징을 제시할 수 없고, 이러한 관점에서 혼합경제라는

---

2) 예컨대 김성수, "헌법상 경제조항에 대한 개정론", 『공법연구』 제34집 제4호 제2권, 2006.6, 183-207면 참조.
3) 경제체제의 유형에 대하여 상세한 설명은 최송화/이원우 역, 롤프 슈토버 저, 『경제행정법』, 56-72면 참조.

관념은 경제체제론의 유형으로서는 부적절한 개념이라고 할 것이다.[4)]

헌법상 경제질서에 대한 과거의 논의는 '헌법이 어떠한 특정의 경제체제를 채택하였는가?'라는 문제를 중심으로 이루어졌고, 대체로 우리 헌법상 경제질서를 사회적 시장경제질서로 파악하는 견해가 지배적이었다. 여전히 다수설은 물론이고 우리 헌법재판소도 우리 헌법상 경제질서를 사회적 시장경제라고 설시하고 있다. 이에 대하여 사회적 시장경제질서란 독일의 특수한 경제질서를 전제로 한 것이라는 문제의식에서 출발하여 우리나라 헌법상 경제질서를 사회적 시장경제라고 칭하는 것은 잘못이고 이를 혼합경제로 파악하여야 한다는 주장이 있다.[5)] 이러한 견해 차이는 사회적 시장경제질서의 개념 내지 그 규범적 의미에 대한 이해의 차이에서 비롯된 것이다.

이하에서는 사회적 시장경제질서라는 용어가 'Soziale Marktwirtschaft'라는 독일어의 번역어이고, 이 개념이 독일에서 발전된 것이라는 점에서 사회적 시장경제질서에 대한 독일의 논의를 검토한 다음, 우리나라 헌법상 경제질서를 경제헌법의 개방성·중립성이라는 관점에서 설명하고, 이러한 논의를 기초로 하여 우리 헌법상 경제관련 규범의 의미를 헌법 제119조 제1항과 제2항의 관계를 중심으로 살펴보고자 한다.

3. 사회적 시장경제질서

(1) 역사적 배경

독일의 사회적 시장경제질서가[6)] 정립되는 데에는 20세기 전반 독일 프라이부르크 학파를 중심으로 한 신자유주의(Neo-Liberalismus)[7)] 내지 질서자유주의(Ordo-Liberalismus)[8)] 이론이

---

4) 같은 견해 최송화/이원우 역, 롤프 슈토버 저, 『경제행정법』, 61면.

5) 예컨대 김형성, "경제헌법과 경제간섭의 한계", 『공법연구』 제21집, 1993, 225-252면, 특히 237-241면; 전광석, 헌법 제119조, 『헌법주석서 Ⅳ』, 법제처, 2010. 2, 478면. 전광석 교수는 기본적으로 우리 헌법상 경제질서는 개방성을 가진다고 보면서 구체적인 경제질서의 형성은 혼합경제질서의 범주 내에서 입법적 결정에 유보되어 있다고 본다.

6) 사회적 시장경제질서의 기본이념과 경제정책원리 등에 대해서는 Wilhelm Röpke, Richtpunkte des liberalen Gesamtprogramms(1944), aus: ders., Civitas humana, Grundfragen der Gesellschafts- und Wirtschaftsreform, 1949, S. 73-100, in: Stützel u.a.(Hg.), Grundtexte zur Sozialen Marktwirtschaft, 1981, S. 227-232; Alfred Müller-Armack, Die Wirtschaftsordnung, sozial gesehen, Denkschrift vom 1. 7. 1947, in: ders, Generalogie der Sozialen Marktwirtschaft, Frühschriften und weiterführende Konzepte, 1974, S. 83-89; Franz Böhm, Die Bedeutung der Wirtschaftordnung für die politische Verfassung, SZ 1946, S. 141 ff., in: Ulrich Scheuner(Hg.), Die staatliche Einwirkung auf die Wirtschaft, 1971, S. 85 ff.; Walter Eucken, Grundsätze der Wirtschaftspolitik, 6. Aufl.(1990), S. 254-291, 291-304 등 참조.

7) 경제이론사에서 신자유주의란 원래 1930년대 Eucken, Röpke, Böhm 등에 의하여 정립·발전되어 전후 독일의 사회적 시장경제질서의 형성에 기여한 경제이론을 지칭하는 것이었다. 오늘날 영미권의 신보수주의에 입각한 경제정책도 신자유주의라고 칭하고 있으나 양자는 그 이론적 배경이나 내용에 있어서 상당히 다른 이론이다. 이들 두 이론적 입장의 구별에 대하여는 김성구, 『경제위기와 신자유주의』(1998), 109-115면 참조. 물론 이들 두 사상적 조류를 주도한 사상가들이 대부분 하이예크를 중심으로 한 '몽 펠르랭 소사이어티(Mont Pelerin Society)'의 회원으로 활동했고 전체주의에 대항해서 자유주의의 복원을 지향했다는 점에서 사상적 근원은 같다고 할 수도 있을 것이다. 다만 뒤에서 보는 바와 같이 독일에서는 시장권력 자체에

결정적 역할을 하였다. 19세기말 자본주의의 모순이 심화되어 사회경제적 문제가 극심해지자 20세기 전반 유럽에서는 자유주의에 대한 반작용으로 권위적인 전체주의의 위협이 확산되었다. 한편으로 러시아 공산주의 혁명에 따른 좌익 전체주의가 세력을 확장하고 있었고, 다른 한편에서는 나치즘이나 파시즘과 같은 극우파 정치세력이 강력한 정치권력으로 등장하여 인간의 자유를 억압하였다. 자유주의 시장경제체제의 문제점을 해결하기 위해 케인즈주의가 등장하여 경제정책의 지도이념으로 지배적 지위를 차지하게 되었지만, 자유주의적 가치를 중시하는 입장에서는 이러한 케인주주의도 결국 개인의 자유를 억압하고 시장질서를 왜곡하게 될 것이라는 문제의식을 가지게 되었다. 신자유주의 내지 질서자유주의는 이러한 정치경제적 상황에서 고전적 자유주의의 본원적 가치인 인간의 자유를 중심으로 하면서도, 경제가 고전적 자유주의에서 상정한 상태에 머물러 있을 수 없다는 인식에 근거하여 자유주의 시장경제질서의 문제점을 극복하기 위한 지성사적 운동이다.

(2) 사회적 시장경제질서의 고전적 모델

제2차 세계대전 후 서독에서 사회적 시장경제라는 관념을 형성하는 데 이론적 기초를 제공한 것은 발터 오이켄(Walter Eucken), 프란츠 뵘(Franz Böhm), 빌헬름 뢰프케(Wilhelm Röpke) 등 독일어권의 신자유주의 내지 질서자유주의 이론가들이다. 이들은 고전적 자유주의 시장경제질서의 폐해를 시장권력, 즉 독과점에서 찾고, 자유로운 경쟁이 보장되는 시장경제를 목표로 설정하였다. 따라서 이들은 어떠한 형태의 시장권력도 국가가 저지하여야 한다고 생각하였다.

질서자유주의의 창시자인 발터 오이켄(Walter Eucken)은 시장경쟁의 자유로운 운동이 시장경쟁의 조건 자체를 파괴하는 경향, 즉 독점화경향과 계급대립의 경향을 가진다고 설파하고, 따라서 국가는 이러한 경향을 차단하는 정책으로 시장경쟁질서를 유지하여야 한다고 하였다.[9] 그 예로는 시장권력의 억제 및 수정을 위한 정책(반독점정책)과 사회복지정책(계급대립 해소정책)을 들고 있다. 이러한 국가의 조절적 개입으로 경쟁질서가 유지될 경우에 비로소 시장에서의 자유로운 운동은 최적 균형을 보장할 수 있다는 것이다.

프란츠 뵘(Franz Böhm)도 이와 같은 취지에서 다음과 같은 원칙을 제시하였다. "경제적 자유를 요구하는 자는 시장에서 권력을 보유할 수 없으며, 시장권력을 보유하는 자는 경제적

대한 제도적 규율에 주목하였던 데 반해 영미에서는 자유방임적 성격이 점차 강하게 되면서 서로 다른 경제질서로 발전하게 된다.

8) 질서자유주의는 신자유주의의 독일적 형태로서 1937년 출판된 오이켄의 『국민경제의 기초』(Eucken, Die Grundlagen der Nationalökonomie, 1937)에서 출발하였다고 평가되고 있다. 물론 오이켄은 이 저서의 출간 전에 여러 논문을 통해 이론적 기초를 제시하였었다.

9) 이러한 오이켄의 경제이론에 대해서는 Walter Eucken, *Grundsätze der Wirtschaftspolitik*, 6. Aufl. (1990), passim 참조.

자유를 요구할 수 없다."[10)]

이러한 신자유주의 내지 질서자유주의의 이론은 제2차 세계대전 이후 루드비히 에어하르트(Ludwig Erhardt)와 알프레드 뮐러-아르막(Alfred Müller-Armack), 프란츠 뵘(Franz Böhm) 등에 의해 '사회적 시장경제'(Soziale Marktwirtschaft)라는 이름으로 서독정부의 경제정책으로 수용되어 꽃을 피우게 된다. 따라서 사회적 시장경제의 내용을 이해하기 위해서는 사회적 시장경제이론의 토대를 제공한 오이켄, 뵘, 뢰프케 등의 경제이론을 살펴볼 필요가 있다.

오이켄(Walter Eucken)은 시장질서가 형성되기 위한 법적 제도적 문제에 관심을 기울였다. 그에 따르면, 자유로운 경쟁이 자유와 효율을 보장하는 시장경제질서를 실현하기 위해서는 이른바 '경쟁질서의 구성원리'(konstituierende Prinzipien der Wettbewerbsordnung)와 '경쟁질서의 규제원리'(regulierende Prinzipien der Wettbewerbsordnug)라는 두 가지 원리가 구현되어야 한다고 보았다.

'경쟁질서의 구성원리'[11)]란 자본주의의 일반적 조건(외적 조건)을 창출하기 위한 국가정책으로서, 시장경쟁질서의 기초가 되고 있는 행동규율시스템을 만드는 것이다. 예컨대, 사적 소유권, 책임, 계약의 자유, 화폐가치의 안정, 개방된 시장, 경제정책의 불변성 등을 보장하기 위한 정책이 이에 해당한다. 이러한 '경쟁질서의 구성원리'는 고전적 자유주의에서도 인정하던 것이다. 고전적 자유주의 이론에 따르면, '경쟁질서의 구성원리'에 의해 시장의 기본적 조건이 창출되면 시장경쟁의 자유로운 운동을 통하여-이른바 '보이지 않는 손'에 의하여-최적 균형이 달성되며, 따라서 그 이외의 국가의 개입은 부인된다.

'경쟁질서의 규제원리'란[12)] 이러한 점에서 고전적 자유주의와 질서자유주의를 구별해주는 핵심적인 경제정책원리로서 경쟁질서를 확립하고 유지하기 위한 원칙이다. 오이켄에 따르면, 위에서 언급한 바와 같이 시장경쟁의 자유로운 운동이 시장경쟁의 조건 자체를 파괴하는 경향, 즉 독점화경향과 계급대립의 경향을 나타내기 때문에, 이러한 경향을 차단하여 시장경쟁질서를 유지하기 위한 규제정책이 필요하다. 예컨대, 독점과 카르텔을 방지하여 시장권력을 억제하고 수정하기 위한 반독점정책, 소득재분배정책, 사회정책, 노동시장정책 및 환경정책 등이 여기에 해당한다.[13)] 오이켄에 따르면, 이러한 규제를 통해 경쟁질서가 유지되어야 비로

---

10) Franz Böhm, Die Bedeutung der Wirtschaftordnung für die politische Verfassung, SZ 1946, S. 141 ff.(=Ulrich Scheuner(Hg.), Die staatliche Einwirkung auf die Wirtschaft, 1971, S. 85 ff.

11) 오이켄의 '경쟁질서의 구성원리'에 대하여 상세한 내용은 Walter Eucken, *Grundsätze der Wirtschaftspolitik*, 6. Aufl.(1990), S. 254-291 참조.

12) 오이켄의 '경쟁질서의 규제원리'에 대하여 상세한 내용은 Walter Eucken, *Grundsätze der Wirtschaftspolitik*, 6. Aufl.(1990), S. 291-304 참조.

13) Lüder Gerken/Andreas Renner, Die ordnungspolitische Konzeption Walter Euckens, in: Lüder Gerken (Hrsg.), Walter Eucken und sein Werk: Rückblick auf den Vordenker der sozialen Marktwirtschaft, 2000, S. 20.

소 시장에서의 자유로운 운동이 최적 균형을 보장하게 된다. 다만, 여기서의 개입은 경쟁조건의 유지를 위한 개입이며, 케인즈주의와 같이 시장과정에 대한 직접적인 국가개입은 부정된다. 이 점에서 질서자유주의는 고전적 자유주의와 그 맥을 같이 한다.

뢰프케(Röpke)의 신자유주의적 경제이론은 나치즘의 통제경제에 대한 반성에서 출발한 것이다. 그에 의하면 집단주의로 빠지지 않기 위한 대안은 시장경제일 수밖에 없지만, 여기서 시장은 독점, 경제력집중, 이익집단에 의한 무정부적 상태 등을 허용하지 않는 시장이어야 한다.[14] 왜냐하면, 시장은 사회 그 자체가 아니라 사회의 구성요소, 즉 하위사회(sub-society)에 불과하므로 시장의 보호도 사회 전체의 맥락에서 이루어져야 하기 때문이다. 이에 따라 ① 진정한 경쟁질서의 창출을 위한 '반독점정책', ② 반자유방임정책(Anti-Laissez-faire)인 '적극적 경제정책', ③ 경제적 휴머니즘으로서 '경제사회적 구조정책'(이는 시장의 사회적 조건을 만드는 정책으로서 도농간, 일차산업과 이차산업간, 지역간의 인구 및 소득분배 정책을 말한다.), ④ 인류학적 사회학적 틀의 형성을 위한 '사회정책' 등 네 가지 유형의 경제정책이 필요하다고 한다. 뢰프게의 경제정책의 특징은 '적극적 경제정책'과 '사회정책'에서 두드러지게 나타난다.[15]

반자유방임정책(Anti-Laissez-faire)인 '적극적 경제정책'은 다시 '기본성책'과 '시장징책'으로 구분된다. '기본정책'(Rahmenpolitk)이란 공정한 경쟁을 위해 필요한 틀, 즉 경쟁규칙과 감독기구 등을 마련하는 것이다. 법적 도덕적 틀 없이 공정한 경쟁은 존재할 수 없다고 보기 때문이다. '시장정책'은 시장의 자유에 대한 개입으로서 뢰프케는 이를 '자유주의적 개입주의'라고 하였다. 이러한 시장정책은 다시 두 가지 정책으로 구성되는데, 경제생활의 곤란을 완화시켜주기 위한 이른바 '적응정책'(농업, 수공업, 소상인, 노동자 등 특별히 취약한 경제생활영역에 대한 지원정책)과 개입주의가 집단주의로 빠지지 않기 위한 원칙인 이른바 '시장조화적 경제정책'이 그것이다.[16] 후자는 시장개입도 시장경제체제에 부합하는 방식의 개입수단을 사용하여야 한다는 원칙을 말하는데, 뢰프케는 이를 알코올을 섭취하고자 할 때에도 에틴알콜과 메틸알코올을 구별해야 하는 것에 비유하였다. 다른 경제정책이 주로 정부의 경제규제의 근거 내지 정당화 사유로부터 도출되는 것으로서 경제정책의 목표를 설정하고 있다면,

14) Wilhelm Röpke, Richtpunkte des liberalen Gesamtprogramms(1944), aus: ders., Civitas humana, Grundfragen der Gesellschafts- und Wirtschaftsreform, 1949, S. 73-100, in: Stützel u.a.(Hg.), Grundtexte zur Sozialen Marktwirtschaft, 1981, S. 228.

15) 이러한 뢰프케의 경제정책이론에 대하여는 Wilhelm Röpke, Richtpunkte des liberalen Gesamtprogramms (1944), aus: ders., Civitas humana, Grundfragen der Gesellschafts- und Wirtschaftsreform, 1949, S. 73-100, in: Stützel u.a.(Hg.), Grundtexte zur Sozialen Marktwirtschaft, 1981, S. 227-232 참조.

16) Wilhelm Röpke, Richtpunkte des liberalen Gesamtprogramms(1944), aus: ders., Civitas humana, Grundfragen der Gesellschafts- und Wirtschaftsreform, 1949, S. 73-100, in: Stützel u.a.(Hg.), Grundtexte zur Sozialen Marktwirtschaft, 1981, S. 229 f.

시장조화적 경제정책은 그러한 경제정책의 목표를 달성하기 위한 수단과 방식을 규율하는 정책원리이다.

인류학적 사회학적 틀(사회)의 형성을 위한 '사회정책'이 필요한 이유는, 위에서 언급한 바와 같이, 시장은 인간의 사회생활의 일부분에 불과하기 때문이다. 인간은 경쟁자, 생산자, 소비자, 노조원, 주주, 투자자, 사업가 등이기 이전에 단순한 인간이다. 인간은 빵만으로 살 수 없다. 인간은 가족, 이웃, 회사동료 등 공동체의 구성원이며, 정의, 명예, 이타적 봉사심, 평화, 성취감, 심미감 등에 대한 감정을 가지고 있다. 따라서 어떤 사회가 건전하지 못하고 능률적이지 못하면, 그러한 사회에서 시장은 제대로 기능할 수 없다. 요컨대, 시장은 그것이 잘 기능할 수 있는 틀(사회)을 필요로 한다. 시장경제의 핵심인 개인주의는 이러한 휴머니즘과 사회적 원리에 의해 균형을 유지해야 하며, 이 균형이 깨지면 시장경제도 존립할 수 없다는 것이다.[17)]

이상의 논의를 정리하면, 사회적 시장경제 이론의 고전적 모델의 핵심 내용은 아래와 같이 요약할 수 있다. 사회적 시장경제 이론은 고전적 자유주의와 달리 시장질서가 형성되기 위한 법적·제도적 문제에 관심을 가진다. 따라서 사회적 시장경제의 경제정책은 경쟁정책과 사회정책을 핵심으로 한다. 시장에서의 자유(계약의 자유, 경쟁의 자유, 결사의 자유)가 결과적으로 경제력의 집중을 야기하는 한, 시장권력을 통제하기 위해 강력한 국가를 필요로 하며, 경제력남용 및 기업결합의 통제, 카르텔의 금지 및 해체 등이 경제규제의 전형적인 수단으로 채택된다. 또한 공고한 사회정책의 틀 위에서만 경제정책이 기능을 발휘할 수 있다고 보기 때문에, 경제정책은 사회정책과 유리되지 않고, 오히려 사회정책이 경제정책의 중요한 구성요소를 이룬다. 방법론상으로 '경제적 인간'(homo oeconomicus)의 가정에서 출발하지 않으며, 시장의 무오성이나 완전성을 기초로 하지도 않는다.[18)] 다만, 사회적 시장경제 이론은 기본적으로 자유주의 경제이론으로서 시장질서에 부합하는 방식으로 개입하기 때문에 경제과정에 직접개입하지 않으며, 경제성장이나 경기부양을 위한 거시조정적 경제정책을 부인한다는 점에서 케인주주의와 구별된다.

---

17) Wilhelm Röpke, Richtpunkte des liberalen Gesamtprogramms(1944), aus: ders., Civitas humana, Grundfragen der Gesellschafts- und Wirtschaftsreform, 1949, S. 73-100, in: Stützel u.a.(Hg.), Grundtexte zur Sozialen Marktwirtschaft, 1981, S. 231.

18) 경제정책 내지 시장에 대한 인류학적 사회학적 접근은 이미 아담 스미스에서도 발견된다. 아담 스미스는 국부론에 앞서 도덕감정론(The Theory of Moral Sentiments)을 저술하였는데, 이 책은 자유로운 인간들의 사회 및 이를 기초로 하는 시장경제질서의 정신적·도덕적 조건들에 관한 것이다. 아담 스미스의 도덕감정론에 따르면 인간의 이기심이란 중립적 관찰자의 관점에서 통제되며 또한 그러하여야 한다. 이에 대하여는 아담 스미스, 박세일/민경국 공역, 『도덕감정론』, 비봉출판사, 1996 참조. 합리성의 개념이 분화되어 오늘날과 같이 경제적 합리성으로 축소된 것은 한계효용학파에 이르러서이다. 경제적 합리성만으로 인간의 행동을 설명할 수 없다는 점은 오늘날 행동경제학에 의해 점차 광범위한 지지를 받고 있다. 행동경제학의 창시자인 대니얼 캐너먼은 그의 저서 『생각에 관한 생각(Thinking Fast and Slow)』(이진원 역, 김영사, 2012)에서 비합리적으로 보이는 이러한 인간의 행동을 실증적으로 설명하고 있다.

(3) 사회적 시장경제질서의 개념적 확장과 경제정책적 함의

사회적 시장경제란 위에서 살핀 바와 같이 질서자유주의 내지 신자유주의 이론이 현실 정치에 의한 경제정책으로 수용되어 정립된 개념이다. 따라서 그 발전과정에서 이론적 순수성보다 정치적 수용성과 정책의 집행가능성 등 실용적 관점이 중요한 역할을 하였고 이에 따라 초기 이념적 모델에 상당한 수정이 가해지게 된다. 특히 1960년대 중반 스테그플레이션으로 인한 경제위기를 맞자, 정치적으로 사회민주당(SPD)과 기민련(CDU)/기사련(CSU)의 대연정이 구성되었고, 이에 따라 사회민주당의 경제정책이 수용되면서 사회적 시장경제질서의 개념에 큰 변화가 생기게 된다. 즉, 1967년 기본법 제109조를 개정하여 "전체 국민경제의 발전을 위한 국가의 계획과 조정"을 경제정책의 중심원리로 도입함으로써 경기부양과 경제성장을 위한 재정정책의 헌법적 근거를 마련하였고, 이에 따라 이른바 경제안정법(Stabilitätsgesetz: Gesetz zur Förderung der Stabilität und des Wachstums der Wirtschaft)을 제정함으로써 질서정책에 중대한 수정을 가하게 된다.[19] 따라서 오늘날 독일의 경제질서는-뒤에서 보는 바와 같이 헌법상 경제질서는 사회적 시장경제를 채택하고 있지 않지만, 현실정치에서 경제정책에 의해 구현된 사실상의 경제질서로서-사회적 시장경제라고 불리고 있지만, 고전적 형태의 사회적 시장경제와는 달리 국가의 적극적 재정정책을 허용하여 거시조종적 시장경제체제의 성격도 포함하게 되었다. 이 점에서 오늘날 독일의 사회적 시장경제란-여전히 고전적 형태의 사회적 시장경제 이론이 그 배경을 이루고 경제정책의 골간을 형성하고 있기는 하지만-'헌법상 사회국가원리가 경제영역에 투영된 것'으로 이해하는 것이 일반적이며 고전적인 사회적 시장경제보다 넓은 개념으로 사용된다고 하겠다. 다만 1980년대 이후 경제안정법은 사실상 그 기능이 약화되었고, 1949년 이래 경제정책의 주도권은 기민당/기민련(CDU/CSU)과 자유민주당(FDP) 등 보수정당이 줄곧 주도하여왔기 때문에 고전적 형태의 사회적 시장경제에 따른 경제정책이 현실 경제정책의 기조를 이루고 있다고 할 것이다.

우리나라의 헌법상 경제질서를 사회적 시장경제질서라고 칭하는 견해도 독일의 신자유주의모델로서 고전적 사회적 시장경제와 같은 의미로 우리 경제질서를 규정하려는 견해는 찾기 어려우며, 그런 의미에서 우리나라 헌법상 경제질서가 사회적 시장경제질서라는 견해도 사회국가원리가 구현된 시장경제질서를 의미하는 것이라면 결과적으로는 혼합경제질서라는 견해와 큰 차이가 없다고 할 수 있다. 중요한 것은 오히려 아래에서 보는 바와 같이 경제헌법의 중립성 내지 개방성을 어느 정도로 인정할 것인가의 문제이다. 이에 따라서 입법정책의 자율성과 유연성이 확보되고 민주주의원칙에 따른 경제정책의 형성이 허용되는 범위 내지

---

19) 서독에서 '거시조종적 경제정책'(globalgesteuerte Wirtschaftspolitik)의 관념이 구체적으로 도입되는 데에는 쉴러의 역할이 주도적이었다. 쉴러의 경제정책에 관한 이론에 대하여는 Schiller, Preisstabilität durch globale Steuerung der Wirtschaft, 1960 참조.

정도에 차이가 생기기 때문이다.

4. 헌법상 경제질서의 중립성·개방성

(1) 독일의 논의

독일의 헌법은 특정한 경제질서를 채택하고 있지 않다.[20] 이를 경제헌법의 중립성 또는 개방성이라 하며, 이것이 독일의 확고한 통설[21]이자 판례[22]의 입장이다. 독일헌법제정의 역사도 이러한 입장을 강하게 뒷받침한다. 독일 기본법 제정 당시 헌법제정의회의 역할을 담당하였던 의회평의회(Parlamentarischer Rat)에서 진보세력과 보수세력 간에 합의를 이루지 못해 경제조항은 헌법규정에서 채택되지 못하였다. 비록 질서자유주의 내지 신자유주의의 영향을 받은 정치세력이 수에 있어서 소수였음에도 불구하고 실제 경제정책에 대한 영향력을 강하게 행사하였던 것도 사실이지만, 다수를 점하고 있던 세력들 사이에 합의를 찾을 수 없었다. 이에 따라 경제질서의 형성은 의회의 다수당이 구체적인 경제정책을 수립함에 있어서 국민의 지지를 받아 자유롭게 형성할 수 있도록 입법자의 몫으로 넘기게 되었다. 당시 사회민주당은 헌법제정 후 시행되는 최초의 연방의회선거에서 제1당이 될 것으로 기대하고 있었기 때문에 굳이 추상적인 경제조항에 관한 자신들의 입장을 관철하기 위해 투쟁하기보다 연방의 경제정책권한을 확대하는 데 주력하였고, 이러한 배경에서 경제질서 조항을 배제한 채 기본법안에 합의한 것으로 전해지고 있다.[23] 동서독의 통일 후에도 상하원합동헌법위원회(Gemeinsame Verfassungskommission)에서 특정한 경제체제를 명문으로 규정하는 문제에 대해 논의하기는 했지만,[24] 동 위원회는 이를 헌법개정건의안에서 제외하였다.

독일의 경제질서로 논의되는 사회적 시장경제질서는 헌법상 경제질서가 아니라 독일 헌법의 이념을 구현하기 위해 2차대전 후 보수정당이 주도한 연방정부가 채택한 경제정책과 이에 의해 형성된 현실 경제질서를 칭하는 것이다. 따라서 독일 정부의 변경에 따라 그 내용에도 여러 차례 변화가 있었다. 다만 한 가지 일관된 기조가 유지되었는데, 그것은 독일헌법의 국가구조원리로 천명된 사회국가원리가 경제영역에 투영된 것이라는 점이다. 사회국가원리가 구현된 시장경제질서라는 의미에서 독일 경제질서를 "사회적" 시장경제질서라고 할 수는 있을 것이다. 다만 이것은 원래 신자유주의운동을 주창했던 경제이론가들이 모델로 제시했던 "사회적 시장경제질서"와는 다른 것이고, 이러한 모델 내지 이념형으로서 사회적 시

---

20) 제2차세계대전 직후 서독 기본법이 제정되던 당시 경제정책에 관한 정파별 입장에 대한 설명과 이러한 헌법제정사에 근거하여 경제헌법의 중립성 내지 개방성의 의미를 논증하는 문헌으로 Martin Kriele, Wirtschaftsfreiheit und Grundgesetz, Zeitschrift für Rechtspolitik 1974, 105-111 참조.

21) 최송화/이원우 역, 롤프 슈토버 저, 『독일경제행정법』, 75-80면 참조.

22) BVerfGE 4, 7(17) 참조.

23) 이에 대하여는 최송화/이원우 역, 롤프 슈토버 저, 『독일경제행정법』, 73-80면 참조.

24) BT-Ds. 12/6000 v. 5. 11. 1993.

장경제질서를 포함하여 더 개방된 넓은 의미의 시장경제질서를 의미한다고 이해하는 것이 옳을 것이다.

(2) 우리나라 경제헌법의 규범성과 개방성 · 중립성

헌법상 경제질서를 특정한 경제체제로 규정하려는 견해는 헌법상 경제질서가 가지는 규범적 의미를 고려하지 않았거나 아니면 규범적 의미를 지나치게 과소평가한 때문이다. 만일 헌법이 특정한 경제체제를 자신의 경제질서로 채택하였다면, 이 경제체제에 부합하지 않는 경제관련 법령은 위헌으로 될 것이어서 입법재량을 지나치게 축소하게 된다. 입법재량이 축소된다는 것은 민주주의적인 토론과 타협을 통해 합의를 도출할 여지가 그만큼 축소된다는 것을 의미한다.[25] 이는 헌법이 채택하였다고 하는 특정 경제체제를 지지하지 않는 다른 국민들의 자유를 침해하는 결과를 가져온다. 따라서 특정한 경제질서를 헌법이 채택한다는 것은 민주주의 원칙에 비추어 부적절하다. 입법례로 구 사회주의국가헌법에서 마르크스－레닌주의를 국가의 공식적 이데올로기로 채택하면서 사회주의경제체제를 공식적 경제체제로 규정한 바가 있었지만, 그러한 특수한 경우를 제외하고 경제헌법상 특정한 경제체제를 채택하여 규정하는 것은 바람직하지 않고 또 그러한 입법례를 찾기도 어렵다. 우리 학계에서 마치 사회적 시장경제질서를 채택하고 있는 것처럼 인용되고 있는 독일의 경우에도, 위에서 설명한 바와 같이, 헌법상 경제질서를 특정한 경제체제로 규정하는 것을 '의도적으로' 배제하였고, 이에 따라 통설과 판례는 일치하여 헌법상 경제질서는 개방성과 중립성을 가진다고 한다.

사회적 시장경제는 경쟁질서를 유지하기 위한 독점규제정책과 계급갈등을 해소하기 위한 사회정책을 중요한 구성요소로 한다. 우리 헌법 제119조 제2항에서 국가의 규제와 조정을 정당화하는 사유로 네 가지 경우를 상정하고 있다. 이 중 "적정한 소득의 분배", "시장의 지배와 경제력의 남용을 방지하며", "경제주체간의 조화를 통한 경제의 민주화를 위하여"라는 세 가지 사유는 사회적 시장경제에서 경제정책의 근거를 설명하기 위한 중요한 구성요소이다. 그러나 경제에 대한 규제와 조정의 헌법적 근거가 사회적 시장경제 이론에서 말하는 경제규제의 근거와 동일하다는 것만으로 우리헌법이 사회적 시장경제를 헌법상 경제질서로 결단하였다는 결론을 도출할 수는 없다. 사회적 시장경제는 규제수단의 측면에서 이른바 시장조화적 개입주의라는 원칙을 채택하고 있고, 이것이 사회적 시장경제질서의 독자성을 특징지우는 중요한 요소를 이루는데, 헌법규정으로부터 이와 같이 경제규제의 방식에 관한 규율을 도출해내는 것은 불가능하다. 더욱이 "균형 있는 국민경제의 성장 및 안정"이라는 요소는 사회적 시장경제론자들이 반대했던 전형적인 케인즈주의 경제정책을 반영하기 위한 규정이

25) 같은 견해로 Oliver Lepsius, Verfassungsrechtlicher Rahmen der Regulierung, in: Fehling/Ruffert (Hg.), Regulierungsrecht, 2010, S. 143-211, 153; 전광석, 헌법 제119조, 『헌법주석서 Ⅳ』, 법제처, 2010. 2, 469-470면 참조.

다.[26] 따라서 우리 헌법상 경제질서를 사회적 시장경제라고 할 수는 없다고 할 것이다.

우리 헌법상 경제질서를 혼합경제라고 하는 견해도 있으나, 혼합경제라는 개념 자체가 명확한 개념요소를 규정할 수 없고, 매우 다양한 스펙트럼을 포괄하기 때문에, 이를 하나의 특정한 경제체제로서 동질성을 가진 독자적인 유형으로 인정하기는 어렵다고 본다.

한편 오늘날 점차 많은 견해들이 우리 헌법상 경제질서의 개방성 내지 중립성을 인정하고 있다. 개방의 정도에 차이가 있다고 설명할 수는 있지만, 경제헌법의 개방성이나 중립성을 인정한다면, 헌법상 특정한 경제질서를 채택했다는 주장은 그 자체로서 모순된다고 보아야 한다. 경제체제란 경제규제의 근거뿐 아니라 경제규제의 방식에 의하여 규정되는 개념이다. 경제규제의 근거라는 관점에서 보면 사회적 시장경제, 거시조종적 시장경제, 사회주의적 시장경제, 경제계획에 의한 시장경제 등 상당히 많은 경제체제들이 유사하다는 점을 알 수 있다. 대부분이 시장실패의 교정이나 사회정의의 실현 등을 경제규제의 근거로 제시하고 있기 때문이다. 이들 경제체제 사이의 차이점을 명확하게 구별해주는 것은 오히려 경제규제의 방식 내지 수단의 측면이다. 즉, 직접 경제과정에 개입을 허용하는지, 재정정책에 의한 거시경제정책을 인정할 것인지, 경제계획에 의한 거시정책을 채택할 것인지 등 경제정책의 수단의 차이가 경제체제의 차이를 분명하게 하는 것이다. 따라서 헌법상 경제질서가 어느 특정한 경제체제를 채택하였다는 것은 본래 경제규제의 정당화 사유는 물론이고 경제규제의 수단 내지 방식에 있어서도 특정한 원칙을 채택하였다는 것을 의미한다.

사회적 시장경제든 혼합경제든 특정한 경제체제를 우리 헌법상 경제질서라고 하면서 동시에 경제헌법의 개방성 내지 중립성을 주장하는 것은 경제체제 내지 헌법상 경제질서의 규범적 의미를 '어떠한 경우에 경제규제가 정당화되는가?'라는 경제규제의 근거의 측면에서만 이해하고, 경제규제의 방식 내지 수단의 문제는 경제체제의 구성요소에서 배제할 때 가능하다. 그러나 이는 위에서 논한 바와 같이 경제체제나 경제질서의 관념과 부합하지 않는다고 할 것이다.

Ⅲ. 현행 헌법 제119조의 의의와 성격

1. 헌법 제119조 제1항과 제2항의 관계

우리 헌법 제119조 제1항에 따르면 우리나라의 경제질서는 개인과 기업의 자유와 창의를 존중함을 기본으로 한다. 또한 같은 조 제2항에 따르면, 국가는 균형 있는 국민경제의 성장

26) 물론 앞서 언급한 것처럼 독일의 경우에도 사회민주당과 기민당/기민련의 대연정 당시이던 1967년 헌법개정을 통해 이러한 케인즈주의에 입각한 재정정책의 헌법적 근거를 마련하였고, 이른바 경제안정법을 통해 구체적 정책으로 구현되기도 하였지만, 현실정치에서 이를 넓은 의미에서 사회적 시장경제라고 칭하기도 한다.

및 안정, 적정한 소득의 분배, 시장의 지배와 경제력의 남용방지, 경제주체 간의 조화를 통한 경제의 민주화를 위하여 규제와 조정을 할 수 있다. 따라서 우리 헌법상 경제질서의 근간은 제119조 제1항에서 규정한 "개인과 기업의 자유와 창의의 존중"과 제2항에서 규정하고 있는 "국가의 규제와 조정"을 두 축으로 하여 이루어져 있다고 할 것이다. 두 조항은 모두 정의롭고 효율적인 경제질서를 만들기 위한 경제정책의 핵심요소이다.

그런데 이 두 요소의 관계를 어떻게 이해하여야 할 것인지에 대하여 견해가 대립한다. ① 제1항을 원칙으로 제2항을 예외로 보는 견해, ② 제2항을 원칙으로 제1항을 예외로 보는 견해, ③ 제1항과 제2항을 상호보완관계로 파악하는 견해. 이 글의 모두에서 경제규제에 대한 두 가지 입장을 소개한 바 있는데, 이른바 시장주의 내지 자유주의 입장에서는 제1항을 원칙을 보고 제2항을 예외로 본다. 이에 대하여 규제주의의 입장에서는 제2항을 원칙으로 보고 제1항을 예외로 볼 것이다.[27] 이하에서 검토하는 바와 같이 이러한 두 견해 모두 우리 헌법을 특정한 경제이데올로기에 의해 해석하는 것으로서 타당하지 않으며, 제1항과 제2항은 상호보완의 관계에 있다고 보아야 한다는 게 필자의 입장이다. 제1항과 제2항은 대등한 가치와 규범적 효력을 가지며, 따라서 제1항과 제2항이 요구하는, 일응 서로 충돌하는 것으로 보이는 규범적 가치는 구체적인 경제정책과 관련하여 형량되어야 한다.

우리나라의 많은 학자들은 헌법 제119조 제1항과 제2항을 원칙과 예외의 관계로 해석하고 있다.[28] 이러한 견해에 따르면 자칫 경제규제의 보충성을 주장하게 되는데,[29] 이렇게 되면 우리 헌법상 경제질서를 자유주의적 시장경제라는 특정한 질서로 이해하게 될 우려가 있다. 시장과 자유가 원칙이고 국가의 개입은 시장을 보완하거나 그 폐해를 시정하기 위해서 인정되는 것이라는 견해[30]도 결국 마찬가지 입장으로 귀결될 것이다. 헌법재판소는 이에 대해 명확한 입장을 견지하지 않고 사안에 따라 다른 태도를 보이고 있다. 헌법재판소의 이러한 입장에 대하여 헌법재판소도 제119조 제1항과 제2항을 원칙-예외의 관계로 보고 있다는 견해도 있고,[31] 실제 그러한 입장을 설시한 것으로 보이는 결정들이 있으나, 이러한 헌재결정들이 제2항을 예외적 보충적으로만 적용되는 것으로 이해하고 있다고 보기는 어렵다는 견

---

27) 이 논문이 발표되었던 2012년 12월 15일 한국행정법학회와 법제연구원 공동 주체 학술대회에서 필자의 발표에 대한 지정토론자였던 건국대학교 이계수 교수는 토론을 통하여 이러한 입장을 주장한 바 있다. 다만 이러한 입장은 매우 소수이고, 우리 학계의 상당수 학자들이 제1항을 원칙으로 제2항을 예외로 파악하는 입장에 서 있기 때문에 이 글에서는 이러한 다수견해의 문제점을 비판적으로 검토하고 제1항과 제2항의 관계를 대등한 관계로 보아 비교형량의 대상이라는 점을 강조하는 데 주력할 것이다.

28) 예컨대 이덕연, "한국헌법의 경제적 좌표", 『공법연구』 제33집 제2호(2005. 2), 1-31면, 특히 12면 이하; 김성수, "헌법상 경제조항에 대한 개정론", 『공법연구』 제34집 제4호, 183-207면, 특히 188-190면.

29) 강경근, "경제적 자유 보장과 국가의 경제제도 형성의 방향과 한계", 『공법연구』 제38집 제2호, 1-28면, 특히 18-19, 27-28면 참조.

30) 김문현, "한국헌법상 국가와 시장", 『공법연구』 제41집 제1호, 2012. 10, 57-79면, 66면.

31) 예컨대 이덕연, "한국헌법의 경제적 좌표", 『공법연구』 제33집 제2호(2005. 2), 14면 각주 37.

해가 유력하다.[32)]

시장은 경쟁을 통하여 혁신과 효율을 이루어낸다. 경쟁은 능력 있는 기업의 승리를 보장하고 무능한 기업을 시장에서 퇴출시킴으로써, 끊임없는 혁신과 효율을 보장하지만, 그 결과 종국적으로는 가장 능력 있는 하나의 기업만이 생존할 수밖에 없게 되며, 이는 필연적으로 사적독점의 폐해를 야기하게 된다. 이것이 근대 서구역사에서 나타난 자유방임주의적 시장경제의 폐해라는 것은 주지의 사실이다. 시장경쟁의 자유로운 운동이 시장경쟁의 조건 자체를 파괴하는 경향, 즉 독점화경향과 계급대립의 경향을 가지므로, 국가는 이러한 경향을 차단하는 정책으로 시장경쟁질서를 유지하여야 한다는 오이켄의 주장이나,[33)] 경제적 자유를 요구하는 자는 시장에서 권력을 보유할 수 없으며, 시장권력을 보유하는 자는 경제적 자유를 요구할 수 없다는 뵘의 주장[34)]은 시장과 경쟁이 가지는 이러한 문제점을 직시한 것이다.

그러므로 시장의 지배와 경제력남용 그리고 소득의 차이에 따른 계급갈등을 방지하고 경제주체간의 조화를 이루기 위하여 행해지는 국가의 규제와 조정은 시장경제질서를 유지하기 위한 기본전제로서의 성질을 가진다고 보아야 할 것이다. 따라서 우리 헌법 제119조 제2항은 이러한 시장경제의 보장조건으로서 국가에게 규제와 조정의 임무를 부여한 것이다. 즉, 동 조 제2항은 제1항의 전제조건 내지 기반을 규정하는 것이지, 제1항의 예외에 불과하다고 볼 수 없다. 시장의 경쟁과 효율은 제2항에 의해 시장기능이 담보될 때 비로소 가능하게 된다.[35)] 이러한 관점에서 종래 헌법 제119조 제1항이 헌법상 경제질서의 원칙이고 동 조 제2항은 예외라고 이해하는 방식은 수정을 요한다. 경제규제의 정당성을 판단함에 있어서 효율성과 자유를 제1차적이고 원칙적인 가치로 이해하여 우선적인 가치를 부여해서는 안 될 것이다. 제2항의 조건이 충족되지 않으면 제1항에서 선언하고 있는 개인의 자유와 창의가 보장될 수 없다는 점을 고려하여야 할 것이다.

헌법 제119조 제1항과 제2항을 '원칙-예외'의 관계로 보는 견해는 헌법상 경제질서를 자유주의적 시장경제질서라는 특정한 경제질서로 해석하게 되고 결과적으로 경제질서에 관한 헌법의 중립성 내지 개방성을 해치게 된다. '원칙-예외론'은 효율, 자유, 경쟁을 원칙으로 보며, 효율 이외의 다른 공익적 가치들이나 규제의 근거는 예외적인 경우에 인정된다고 한다.

---

32) 김성수, "헌법상 경제조항에 대한 개정론", 『공법연구』 제34집 제4호, 190-194면 참조. 김성수 교수는 헌법 제119조에 관한 다수의 헌법재판소 결정례를 분석한 뒤 헌법재판소가 사회적 시장경제질서의 의미를 이해함에 있어서 사회복지와 사회정의를 실현하는 데 중점을 두고 있다고 평가한 다음, 이러한 헌법재판소의 결정은 헌법 제119조 제1항과 제2항의 원칙-예외관계를 명확하게 인식하지 못하는 것이라고 비판하고 있다.

33) 이러한 오이켄의 경제이론에 대해서는 Walter Eucken, *Grundsätze der Wirtschaftspolitik*, 6. Aufl. (1990), passim. 참조.

34) Franz Böhm, Die Bedeutung der Wirtschaftordnung für die politische Verfassung, SZ 1946, S. 141 ff. (=Ulrich Scheuner(Hg.), Die staatliche Einwirkung auf die Wirtschaft, 1971, S. 85 ff.

35) 같은 입장의 글로 김형성, "경제헌법과 경제간섭의 한계", 『공법연구』 제21집, 1993, 225-252면, 238면; 전광석, 헌법 제119조, 『헌법주석서 Ⅳ』, 법제처, 2010, 483면.

따라서 헌법상의 다양한 가치들이 비교형량의 대상이 아니라 원칙과 예외의 관계로 서열화되며, 이는 헌법상 여러 가치 내지 이익들 사이에 우선순위가 존재한다는 부당한 결과를 가져오게 된다. 헌법 제119조 제1항과 제2항의 관계를 원칙과 예외의 관계로 보지 않고 상호보완의 관계로 보자는 필자의 주장은 이러한 문제점을 제거하기 위한 것이다. 헌법상 보호되고 있는 여러 가치와 이익에 우선순위가 없다면, 이들은 상호대등한 관계에서 비교형량의 대상이 되어야 할 것이다.

더욱이 제1항과 제2항을 대립의 관계로 보는 것은 우리 헌법구조나 종래 일반적으로 받아들이는 기본권이론에도 부합하지 않는다. 기본권 간에 가치우선성이 존재하지 않으며, 기본권은 대등하다는 게 종래 지배적 이론이다. 오히려 이른바 이중기준의 원리에 따르면, 경제적 기본권에 대한 제한은 상대적으로 폭넓게 인정된다. 정치적 의사형성과 관련된 자유를 제한하기 위해서는 경제적 자유를 제한하기 위한 경우보다 더욱 강력한 논증의무를 부담하여야 한다. 그런데 제119조 제1항이 제2항에 우선하는 것으로 보는 견해는 경제적 자유에 우선성을 부여하는 결과를 가져오게 된다.

'원칙-예외론'에 따르면, 정당한 규제를 위헌이라고 하는 부당한 결과가 발생한다. 예컨대, 방송통신의 융합으로 방송시장의 산업화가 확대됨에 따라, 다양한 정치적 의사의 표현보장(예컨대 선거운동에서의 기회균등보장)과 방송사업자의 경제적 자유가 충돌하는 상황이 발생할 수 있을 것이다. 기업의 경제적 자유와 국민의 언론의 자유가 충돌할 때, 기업의 경제적 자유가 표현의 자유보다 우선될 수는 없을 것이다. 제1항이 원칙이라고 보는 한 이러한 다양한 가치의 충돌에 대해 적절하게 대처할 수 없으며, 우리 헌법이 원래 보장하려던 이념과는 달리 경제지상주의가 우리 사회를 지배하게 될 것이다.[36] 우리 헌법은 대부분의 헌법적 가치들에 대하여 동등한 가치를 부여하고 있다. 헌법을 개정하여 제119조 제2항을 삭제하고 제1항만을 남겨둔다면, 이러한 균형이 깨뜨려질 우려가 있다.

개인의 자유와 권리는 충분히 그리고 최대한 보장되어야 한다. 그러나 바로 이러한 자유를 진정으로 충실히 보장하기 위해 우리는 경제적 가치에 우선성을 부여해서는 안 될 것이다. 인간은 경제적 인간으로 축소될 수 없고 우리가 존재하는 사회도 시장으로 축소될 수 없기 때문이다. 경제적 자유는 중요하지만, 그것은 인간 존재의 한 측면을 구성할 뿐이다. 그렇다고 이러한 주장이 경제적 가치를 후순위로 취급하는 결과를 야기하여서도 아니 될 것이다. 경제적 자유는 단순히 경제적 가치만을 가지는 것이 아니라 인간의 사회적 생존조건으로서 핵심적인 의미를 가지기 때문이다. 경제적 자유만으로 인간이 자유로워지는 것은 아니

36) 이원우, 『경제규제법론』, 2010, 134-206면, 특히 146-149, 185-186, 196-198면 참조. 이와 같은 관점에서 원칙-예외론에 따를 때 질병이라는 사회적 위험에 대응하기 위한 보험제도로서 사회보험과 민간보험의 관계에서 민간보험이 사회보험에 우선적인 수단으로 채택되어야 한다는 보충성원칙의 부당성에 대해서는 전광석, 헌법 제119조, 『헌법주석서 Ⅳ』, 법제처, 2010, 483면 참조.

지만, 경제적 자유 없이 인간이 자유로워질 수도 없는 것이다.

대법원도 "우리 헌법상 경제질서는 '개인과 기업의 경제상의 자유와 창의의 존중'이라는 기본 원칙과 '경제의 민주화 등 헌법이 직접 규정하는 특정 목적을 위한 국가의 규제와 조정의 허용'이라는 실천원리로 구성되고, 어느 한쪽이 우월한 가치를 지닌다고 할 수는 없다."고 판시하여, 헌법 제119조 제1항과 제2항은 대등한 지위를 가지는 것으로 보고 있다.[37)]

2. 헌법 제119조 제2항의 규범적 의미

헌법 제119조 제2항의 규범적 의미와 관련해서 경제규제는 결국 개인의 경제적 자유와 기본권을 침해하기 때문에 헌법 제37조 제2항에 의한 법률유보요건을 충족하여야 하며, 따라서 헌법 제119조 제2항은 헌법 제37조 제2항에 흡수되어 해석되어야 한다는 주장이 있다.[38)] 그러나 헌법 제119조 제2항은 아래와 같은 헌법적 의미가 있으며, 따라서 우리 헌법상 매우 중요한 의미를 가지는 규정으로서 존속되어야 한다.

첫째, 헌법 제119조 제1항과 제2항의 관계에서 살핀 바와 같이 제2항은 시장경제의 전제조건 내지 보장장치로서의 의미를 가진다. 제2항이 없다면, 헌법상 경제우선성의 확장으로 부당한 결과가 야기될 수 있다는 점은 이미 상론하였다.

둘째, 우리 헌법은 경제영역에 있어서 입법자에게 광범위한 형성재량을 부여하고 있다. 시장구조는 일단 왜곡되면 회복되기 어렵다. 일단 확장된 시장지배력이나 경제력을 감소시키는 것은 매우 어렵거나 사실상 거의 불가능하다. 따라서 시장의 지배와 경제력 남용을 방지하기 위한 경제규제의 영역에서는 장래 효과에 대한 예측판단을 기초로 하여 광범위한 규제와 조정이 이루어질 수밖에 없다(이른바 '간접적 사전예방의 원칙'). 일반적인 기본권제한에 관하여 헌법 제37조 제2항이 규정되어 있음에도 불구하고, 헌법 제119조 제2항이 국가의 규제와 조정에 관하여 특별히 규정한 것은 경제질서의 영역에서 입법자에게 더욱 광범위한 형성의 여지를 부여한 것이라고 해석하여야 할 것이다.

셋째, 제119조 제2항은 경제영역에서의 국가목표를 규정한 것이다. 즉 국가가 경제규제를 통해 달성하여야 할 공익을 구체화한 것이다.[39)] 또한 제119조는 제120조 이하의 경제관련 조항들과 함께 경제영역에서 국가의 임무를 규정하는 국가임무조항으로서의 성격도 가진다.[40)]

넷째, 이와 같이 헌법 제119조 제2항이 경제규제입법에 대하여 광범위한 재량을 부여한

---

37) 대법원 2015.11.19. 선고 2015두295 판결.

38) 김성수, "헌법상 경제조항에 대한 개정론", 『공법연구』 제34집 제4호 제2권.

39) 같은 견해 김문현, "한국헌법상 국가와 시장", 『공법연구』 제41집 제1호, 70면. 경제규제의 정당화 근거로서 공익의 구체적인 내용에 대해서는 이원우, "경제규제와 공익", 서울대학교 법학 제47권 제3호, 89-120면(=이원우, 『경제규제법론』, 2010, 34-66면).

40) 같은 견해로 최갑선, "경제관련 헌법규정들에 관한 고찰", 『헌법논총』 제9집, 1998, 727-764면.

결과, 제119조 제2항에서 국가임무로 열거하고 있는 경제규제임무를 수행하기 위한 법률의 경우 위헌심사를 함에 있어서는 가장 완화된 심사로서 '합리성 심사'를 적용하여야 한다.[41] 따라서 "적정한 소득의 분배", "시장의 지배와 경제력의 남용을 방지", "경제주체간의 조화를 통한 경제의 민주화", "균형 있는 국민경제의 성장 및 안정" 등을 위한 경제규제입법의 경우에는 그 정책수단이 당해 목적에 합리적으로 관련되면 합헌으로 판단되어야 할 것이다.[42]

경제규제입법의 위헌심사에서 특히 문제가 되는 것이 비례원칙의 구성요소로서 피해최소성의 원칙 내지 필요성의 원칙이다. 이에 따르면 입법자는 기본권을 제한하는 어떤 조치가 입법목적달성을 위해 적합한 수단일지라도 그보다 더 완화된 수단이나 방법을 모색함으로써 그 제한을 필요최소한도의 것이 되도록 하여야 한다. 피해의 최소성을 판단함에 있어서 유의할 것은 당해 입법목적달성을 위한 가능한 모든 수단들의 효과를 사후적으로 엄밀하게 분석하여 이들 가운데 기본권 침해를 조금이라도 덜 침해하는 수단이 존재하느냐의 여부에 따라 피해최소성을 판단하여서는 아니 된다는 것이다. 이러한 방식에 따르면 거의 모든 입법이 위헌으로 판단될 것이다.[43] 정책적 판단에 부여된 입법재량을 행사함에 있어서 의회가 가지는 다양한 정책수단의 선택재량을 사후적 관점에서 부당하다는 이유로 헌법재판소가 이를 쉽게 제한하여서는 아니 된다. 헌법재판소의 위헌심사는 헌법규범에 명백하게 반하는 행위를 금하기 위한 것이지, 더욱 타당한 정책을 채택하기 위한 것이 아니다. 따라서 피해최소성의 원칙을 적용하여 위헌이라고 하려면, 문제된 당해 수단을 사용하지 아니 하고, 더 완화된 다른 수단만을 이용하여 당해 입법목적을 달성할 수 있다는 것이 일견 명백한 경우로 한정하여야 한다. 입법자는 정책을 결정함에 있어서 피해최소성 원칙을 실현하기 위하여 최대의 노력을 다해야 하지만, 헌법재판소에서 입법자의 어떤 결정이 위헌이라고 하기 위해서는 입법자가 헌법상 최소한의 요구도 준수하지 아니 한 경우에 해당하여야 하는 것이다.

헌법재판소도 "개인이 기본권의 행사를 통하여 일반적으로 타인과 사회적 연관관계에 놓여지는 경제적 활동을 규제하는 사회·경제정책적 법률을 제정함에 있어서는 입법자에게 보다 광범위한 형성권이 인정되므로, 이 경우 입법자의 예측판단이나 평가가 명백히 반박될 수 있는가 아니면 현저하게 잘못되었는가 하는 것만을 심사하는 것이 타당하다고 본다."고 하면서, 이러한 경우 "'최소침해의 원칙에 반하는가'에 대한 판단은 '입법자의 판단이 현저하게

41) 이원우, 『경제규제법론』, 209-227면, 특히 215면 참조.

42) 같은 견해 김문현, "한국헌법상 국가와 시장", 『공법연구』 제41집 제1호, 74면.

43) 극단적으로 이 원칙을 사후적으로 관철한다면, 예컨대 6개월의 영업정지조치는 5개월 29일의 영업조치와 비교할 때, 그 효과면에서는 차이가 없지만 기본권을 더 침해하므로 위헌이라는 주장도 가능하게 될 것이다. 따라서 영업정지의 기간을 얼마로 설정하여야 합헌이라고 할 것인지 매우 불명확하게 된다. 영업정지기간을 10년으로 정하는 것은 지나치다고 할 수 있겠지만, 어느 정도의 기간으로 한정하여야 효과적인 목적달성을 이루면서 최소침해의 원칙을 준수할 수 있을지는 상당부분 입법자 및 행정권의 판단에게 남겨져 있다고 보아야 할 것이다.

잘못되었는가'하는 명백성의 통제에 그치는 것이 타당하다."고 판시하고 있다.[44]

Ⅳ. 현행 헌법상 경제규제의 근거와 한계

1. 경제규제의 의의와 성격

시대와 장소에 따라, 그리고 집권세력의 성격에 따라 내용과 형태, 성질을 달리했지만, 어떤 방식으로든 경제규제가 존재하지 않았던 적은 없었다[45](경제규제의 보편성과 특수성). 이하에서는 본론에 들어가기 전에 이 글의 연구 대상인 경제규제의 개념과 경제규제의 유형을 성질에 따라 살펴본다.

(1) 경제규제의 개념

규제, 감독, 유도, 지도, 조종 등 국가가 경제영역에 개입하는 현상을 설명하는 용어는 매우 다양하며, 여기에 통일된 어법은 아직 존재하지 않는다. 경제규제의 개념에 대해서도 다양한 이해가 가능하지만, 이 글에서 경제규제란 공공주체가 생산이나 급부의 주체가 아닌 제3자로서 경제과정에 개입하여 경제주체들의 행위를 규율·유도·조성·금지·통제하는 작용 전체를 의미하는 것으로 파악한다.[46]

규제의 개념을 이렇게 넓게 파악하는 이유는 다음과 같다. 첫째, 경제규제를 좁게 정의하면, 경제영역에서 제기되는 중요한 규제이슈를 논의에서 제외시킬 우려가 있다. 둘째, 다른 사회과학에서의 논의와 학제적 연구를 위해 경제학, 행정학, 정치학 등에서 사용되는 용어법과 가능하면 동일한 용어법을 채택할 필요가 있다.

(2) 경제규제의 유형

경제규제의 개념을 위와 같이 파악할 때, 경제영역에서 공익실현을 위해 법제도가 개입하는 방식, 즉 경제규제의 방식은 이론적으로 세 가지 차원에서 검토될 수 있다.

첫째, 경제규제의 가장 기본적인 요소는 계약의 자유를 중심으로 하는 계약법제와 재산권 보장이다. 이는 자유로운 시장질서가 형성되기 위한 최소한의 법제도적 요청이다.[47]

둘째, 계약법제와 재산권보장에 더하여 자유로운 경쟁질서 그 자체를 보호하기 위한 경쟁법적 규제가 동원될 수 있다. 경쟁법적 규제의 범위와 정도에 대해서는 다시 여러 가지 차

---

44) 헌법재판소 2002.10.31. 선고 99헌바76 결정; 2000헌마505(병합) 전원재판부.

45) 최송화/이원우 역, 롤프 슈토버 저, 『독일경제행정법』 (R. Stober, Wirtschaftsverwaltungsrecht, 1994), 법문사, 1996, 56면. 경제규제의 역사에 대하여는 최송화/이원우 역, 롤프 슈토버 저, 『독일경제행정법』, 법문사, 1996, 35-55면 참조.

46) 이에 대하여 상세한 논의는 이원우, 『경제규제법론』, 2010, 10-13면 참조.

47) 이에 대하여 상세한 내용은 Eucken, Grundsätze der Wirtschaftspolitik, 6. Aufl.(1990), S. 254 ff., 270 ff.; 권영설, "국가경제와 법", 『공법연구』 제29집 제2호(2001), 1-2면 참조.

원이 존재하지만, 경쟁질서 자체를 파괴하는 행위를 금지하고 제재하여야 한다는 관점을 공유하고 있다는 점에서 이론적으로 하나의 범주로 분류할 수 있다. 여기서의 경쟁법적 규제란 시장경쟁질서를 전제로 한 경찰법적 규제를 의미한다.

셋째, 계약법제, 재산권보장 및 경쟁법적 규제에서 더 나아가 효율적이고 정의로운 경제질서의 형성을 위해 추가적인 규제가 사용되기도 한다. 기존의 시장경쟁질서를 보호하고 단순히 유지하는 경찰행정작용의 차원에 그치는 것이 아니라, 경쟁조건을 적극적으로 형성하고 때로는 사회적 목적 실현을 위해 국가가 개입한다는 점에서 정서행정 내지 유도행정, 나아가 사회행정목적의 규제까지 포함하는 것이다.

이러한 세번째 유형의 규제는 그 기능 내지 목적을 기준으로 유효경쟁 형성을 위한 적극적 경쟁형성규제 · 영업법적 규제(협의의 경제규제) · 기술안전규제 · 사회정책적 규제 · 산업정책적 규제 등으로 세분하여 유형화할 수 있다. 이들은 경쟁형성을 목적으로 하는 유효경쟁규제와 경쟁 이외의 공익목적을 위한 규제로 나눌 수 있으며, 후자는 다시 영업법상 규제나 산업정책적 규제와 같이 경쟁의 형성 · 보호와는 무관하지만 경제적 목적을 달성하기 위한 규제와 환경규제, 보편적 서비스 제공과 같이 사회적 목적을 위한 규제, 공공의 안전을 위한 기술규제 등으로 구분할 수 있다. 이상의 분류를 도식화하면 아래 표와 같다. 요컨대 경제규제의 다양한 유형별로 달성하고자 하는 공익목적에 차이가 존재하며, 경제규제가 달성하고자 하는 공익의 요소를 시장의 존재, 경쟁보호, 경쟁형성, 영업상 위해의 방지 · 제거, 경제성장, 기술상 위해의 방지 · 제거, 환경보호, 소득분배 · 계층대립해소 · 사회적 연대강화와 같은 형평성 등으로 세분화할 수 있다.

규제목적에 따른 경제규제의 유형

<table>
<tr><th colspan="2">규제목적 · 기능</th><th>경제영역에서 규제유형</th></tr>
<tr><td colspan="2" rowspan="2">시장의 구성요소</td><td>재산권법제</td></tr>
<tr><td>계약법제</td></tr>
<tr><td rowspan="4">경제적 목적</td><td rowspan="2">경 쟁</td><td>일반경쟁규제(소극적 경쟁질서보호)</td></tr>
<tr><td>유효경쟁규제(적극적 경쟁형성규제)</td></tr>
<tr><td>영업법상 위해(경제적 위해)방지 및 제거</td><td>영업법적 규제(협의의 경제규제 :
진입규제 · 사업영역규제 · 가격규제 · 품질규제 등)</td></tr>
<tr><td>경제성장 · 발전</td><td>산업정책적 규제</td></tr>
<tr><td rowspan="4">비경제적 목적</td><td>기술상 위해의 방지 및 제거</td><td>기술 · 안전규제</td></tr>
<tr><td>환경보호</td><td>환경규제</td></tr>
<tr><td>형 평</td><td>사회정책적 규제</td></tr>
<tr><td>기 타</td><td>기 타</td></tr>
</table>

(3) 경제규제와 자유

경제규제는 국민의 자유를 제한하고 규제완화는 자유의 회복을 가져온다는 가설은 공법관계를 '규제자로서 국가 *v.* 피규제자로서 국민'의 양극적 대립관계로 파악하는 데서 오는 오류이다. 국민은 시장지배적 대기업, 중소기업, 영세자영업자, 소비자, 근로자 등 다양한 계층과 집단을 포함한다. 모든 국민을 추상적으로 파악하여 국가에 대립하는 하나의 집단으로 상정하는 것은 근대 형식적 법치주의의 추상적 인간관에 기초한 것으로서, 이는 실질적 정의를 내용으로 하는 현대 법치국가에서는 극복되어야 한다. 현대규제국가에서 공법관계는 다극적 관계로 파악하여야 한다. 적어도 '규제자 – 피규제자 – 규제수익자'라는 3각구도로 파악하여야 그 실체를 올바로 파악할 수 있다. 예컨대 '정부 – 기업 – 소비자(일반국민)', '정부 – 시장지배력 있는 대기업 – 대기업과 경쟁하는 중소기업', '정부 – 기업 – 근로자' 등의 관계로 파악하여야 할 것이다. 공법상 생활관계를 이렇게 파악하게 되면 규제와 자유의 관계를 새롭게 이해하게 된다. 소비자보호를 위한 기업규제는 피규제자인 기업에 대해서는 자유의 제한이지만, 소비자에 대해서는 오히려 자유의 보장을 의미한다. 시장지배적 사업자에 대한 규제는 그와 경쟁하는 비지배적 사업자들의 자유를 보장하기 위한 것이다. 근로자를 위한 규제는 기업의 자유를 제한하지만, 근로자의 자유를 확대하는 것이다. 규제는 직접 상대방의 관점에서는 자유의 제한이지만, 다른 한편에서는 자유의 확대로서의 의미를 가진다.[48)]

이러한 관점에서 보면, 규제란 단순히 자유의 억압이 아니라 대립·충돌하는 자유들 사이에서 누구의 자유를 보장해줄 것인가의 선택이거나 또는 충돌하는 자유들 사이의 조정으로서의 성질을 가진다. 기업에 대한 규제를 완화하는 것은 소비자의 자유를 제한할 수 있고, 시장지배적 대기업에 대한 규제의 완화는 그와 경쟁관계에 있는 다른 기업들의 자유를 제한할 수 있다. 개인의 자유는 국가에 의해서뿐 아니라 사회 제세력, 예컨대 시장지배력을 가진 기업(이른바 시장권력)에 의해서도 제한될 수 있다.[49)] 국민들 상호간에 있어서도 일방이 사실상의 권력을 행사할 수 있는 강력한 지위를 가지고 있다면, 이러한 사회권력 내지 시장권력에 대한 규제를 통해 다른 국민의 자유를 보호하는 것은 국가권력으로부터 국민의 자유를 보장하기 위한 노력과 마찬가지로 자유회복의 의미를 지닌다. 국가권력과 마찬가지로 모든 권력은 그것이 정당화될 수 있는 범위에서 인정될 수 있고 또 필요한 것이기도 하지만, 동시에 권력의 남용을 방지하기 위한 제도적 장치 또한 필요한 것이다.

이러한 관점에서 규제든 규제완화든 선택의 문제이며, 가치중립적인 도구개념으로 이해하여야 할 것이다. 앞에서 언급했듯이 어느 자유 내지 가치를 보호·옹호하는 것이 우리 사회

48) 이에 대하여 상세한 내용은 이원우, 『경제규제법론』, 2010, 134-206면, 특히 137-146면 참조.

49) 개인의 자유를 제한하는 사회권력에는 시장권력 외에도 다양한 세력이 있을 수 있다. 예컨대 종교단체나 문중 등 전통적인 사회관계 내에서도 (사실상의) 권력이 형성되고 그 권력에 의해 개인의 자유가 침해될 수 있다.

의 합리적 발전을 위해 타당한가를 헌법질서에 비추어 검토하는 것이 관건이지, 규제냐 규제완화냐가 선험적으로 주어진 규범적 명령일 수는 없는 것이다. 규제나 규제완화는 헌법과 법에 의해 설정된 공동체질서를 올바로 형성하기 위해 국가가 채택할 수 있는 다양한 임무수행방식 가운데 하나일 뿐이다.

2. 경제규제의 헌법상 정당화사유와 합헌적 경제규제수단

(1) 헌법상 정당화사유

헌법 제119조 제2항에서는 경제규제를 정당화하는 근거로서 다음과 같은 네 가지 정책목표를 제시하고 있다. ① 균형 있는 국민경제의 성장 및 안정, ② 소득의 분배, ③ 시장의 지배와 경제력의 남용 방지, ④ 경제주체간의 조화를 통한 경제의 민주화.

'균형 있는 국민경제의 성장 및 안정'이라는 경제정책 목표는 전형적인 케인즈학파의 거시경제정책을 염두에 둔 것으로 국민경제 전체를 거시적 관점에서 조정하겠다는 취지가 담겨있다. 1929년 대공항의 발발로 고전경제학이 현실 경제정책에서 유효성을 상실하고 1930년대 후반부터 케인주주의 경제정책이 힘을 얻게 되었다는 것은 주지의 사실이다. 미국은 이러한 케인주주의에 입각한 거시경제정책을 통하여 경제공항을 극복하고 새로운 경제부흥을 이룩하였고 세계각국은 이러한 케인즈주의 경제학에 입각한 거시경제정책을 적극 도입하게 된다. 이러한 배경에서 우리 헌법도 '경제의 성장 및 안정'이라는 케인즈주의 경제정책의 목표를 국가의 규제와 조정 권한의 근거로 채택하게 된 것이다.

소득의 분배, 시장의 지배와 경제력의 남용 방지, 경제주체간의 조화를 통한 경제의 민주화 등의 정책목표는 앞서 사회적 시장경제이론에 관한 부분에서 설명한 바와 같이 자유방임주의적 시장경제의 내재적 모순을 시정하고 개인의 자유와 창의가 진정으로 실현될 수 있도록 하기 위해 요구되는 것들이다. 이는 모두 오이켄이 말하는 '경쟁질서의 규제원리'에 해당한다. '시장의 지배와 경제력 남용의 방지'라는 정책목표는 1980년의 제8차 개헌을 통해 도입되었다. 1970년대의 고도성장은 이른바 '불균형 성장정책'에 힘입은 것이었다. 그 결과 시장은 소수의 대기업에 의해 독과점화되었고, 정부주도의 불균형성장에 의해서는 성장의 한계에 다다르게 되었다. 이러한 경제질서의 문제를 극복하기 위해 독과점에 대한 규제가 강력하게 요청되었다. 이에 헌법개정시 경제규제의 근거로 '시장의 지배와 경제력의 남용 방지'를 추가하고, 이에 근거하여 독점규제법이 제정되어 시행되기에 이른 것이다.

'소득의 분배'와 '경제주체간의 조화를 통한 경제의 민주화'는 1987년 제9차 개헌을 통해 처음으로 규정되었다. 제9차 개헌은 이른바 6월항쟁과 이에 따른 6.29선언의 결과로 이루어진 것이었다. 당시 1980년대 경제성장의 과정에서 1970년대부터 누적되어 왔던 노동자보호의 문제와 고도성장과정에서 야기된 재벌의 경제력집중 해소문제가 정치사회적으로 가장 큰 쟁점으로 논의되었고, 이들 규정은 이러한 정치경제적 요구를 반영한 것이다.

위의 세 가지 정책 목표는 모두 불확정개념이다. 그 가운데 '소득의 분배'와 '시장의 지배와 경제력의 남용 방지'라는 정책목표는 상대적으로 논란이 적은 데 반하여, '경제주체간의 조화를 통한 경제의 민주화'가 어떤 의미를 가지는지에 대하여는 상당히 다른 견해들이 존재한다. 따라서 이하에서는 경제민주화의 개념에 대해서만 간략히 검토하고자 한다.

(2) 경제민주화

경제민주화를 과거 권위주의 국가주도 경제질서에 대한 반성에서 도입된 것으로 이해하여 국가에 대한 관계에서 경제의 민주화, 즉 국가로부터 경제의 자율성으로 이해하려는 입장도 일부 있으나,[50] 이는 헌법정책적 주장으로서는 몰라도 헌법해석론으로서는 유지되기 어려운 견해로 보인다. 첫째, 헌법 제119조 제2항이 경제에 대한 국가의 규제와 조정의 근거를 규정하는 것이라는 점에서 경제민주화는 국가로부터 경제의 자율성을 보장하기 위한 것이 아니라 반대로 국가가 경제를 규제하고 조정하기 위한 근거로 해석하는 것이 문언의 해석상 명백하다.[51] 둘째, 당시 헌법개정의 역사적 상황에 비추어 보더라도 이러한 문언해석이 타당하다. 즉, 현행 헌법개정 당시 헌법 제119조 제2항에 "경제주체간의 조화를 통한 경제의 민주화를 위하여"라는 문구를 추가한 것은, 당시 지나친 경제력집중으로 인한 사회경제적 폐해의 해소가 중요한 정치적 과제로 제기되고 있었고,[52] 노동조합을 중심으로 한 노동운동의 강화로 노동자보호가 중요한 사회정치적 요구사항이었기 때문에 이러한 정치적 요구를 수용하기 위한 수단으로 채택된 것이었다.[53] 셋째, 경제이론적 관점에서 앞에서 언급한 오이켄을 대표로 하는 사회적 시장경제이론에서는 국가의 경제규제의 정당화 근거로 독과점규제와 계급갈등의 해소를 제시하고 있는바, 제119조 제2항의 입법취지에 비추어볼 때, 경제민주화란 계급갈등해소를 위한 경제규제의 근거를 규정한 것으로 보는 것이 자연스럽다.

물론 경제민주화의 의미를 민주주의 이념이 가지는 다양한 관점에서 파악할 수 있겠지만, 현행 헌법의 제정과정에서 나타난 입법취지, 제119조 제2항에서 규정하고 있는 국가의 경제

---

50) 정창영, "경제민주화의 방향", 한국경제연구원, 『경제민주화의 기본구상』, 1988, 5면 이하; 이덕연, "한국헌법의 경제적 좌표", 『공법연구』 제33집 제2호, 2005, 15-16면.

51) 같은 견해 김문현, "한국헌법상 국가와 시장", 『공법연구』 제41집 제1호, 69면.

52) 1987년 독점규제법의 개정을 통해 기업집단의 경제력집중 해소를 위한 규정들을 신설하고 이를 공정거래위원회의 중요한 임무로 규정하게 된 것은 이러한 당시 상황을 반영하는 것이다. 독점규제법상 기업집단의 경제력집중해소에 관한 규정들은 바로 헌법 제119조 제2항의 "경제주체간의 조화를 통한 경제의 민주화"에 그 헌법적 근거를 찾을 수 있다.

53) 당시 헌법개정을 위해 국회에 설치되었던 헌법개정특별위원회 경제분과위원회 위원장을 맡았던 김종인 위원장의 증언도 이러한 입장을 뒷받침해주고 있다. 김종인, 『지금 왜 경제민주주의인가』, 2012, 48~49면에 따르면 "정부가 탐욕스러운 재벌 문제를 다룰 때 현실적으로 규제를 도입할 수밖에 없는데, 이 경우 위헌 시비가 발생할 수 있다."는 점을 지적하면서 이러한 위헌 시비를 방지하기 위해 재벌규제의 근거를 헌법에 명시했다고 한다.

규제 정당화 사유 상호관계, 제119조 제2항에서 경제민주화를 달성하기 위한 수단으로 제시하고 있는 "경제주체간의 조화를 통한"이라는 문구 등을 고려할 때, 현행헌법 제119조 제2항에서 말하는 경제민주화란 경제주체 가운데 권력적 지위를 보유하는 특정 경제주체를 규제하고 경제주체 상호간의 관계를 조정하여 경제주체들이 구조적으로 대등한 지위에서 경제행위를 영위할 수 있는 전제조건을 창출하는 것으로 해석하여야 할 것이다.

그러므로 경제주체간의 조화를 통한 경제의 민주화를 위하여 채택할 수 있는 정책수단은 경제세력간의 힘의 불균형을 시정하기 위한 것, 즉 경제권력 내지 시장권력의 통제를 위한 수단이어야 한다. 특정한 시장권력이 형성되어 시장질서를 파괴하는 것을 방지하기 위해 경제주체간의 조화를 달성할 필요가 있기 때문이다.

(3) 정당화 사유에 따른 경제규제 정책수단

앞에서 논의한 바와 같이 우리 헌법은 특정한 경제체제를 헌법상 경제질서로 채택하지 않고, 개방성과 중립성을 그 특징으로 한다. 이는 구체적인 경제정책수단의 형성을 헌법에서 정하지 않고 입법자의 재량에 맡겼다는 것을 의미한다. 따라서 헌법상 기본권 등 다른 헌법규범을 침해하지 않는 범위에서 입법자는 광범위한 형성의 자유를 부여받고 있다.

독일의 사회적 시장경제 이론에서 말하는 이른바 "시장조화적 개입수단의 원칙"은 우리 헌법상 요구되는 원칙이 아니다. 물론 많은 경우에 시장조화적 개입수단이 바람직할 것이고, 경우에 따라서는 시장조화적 수단을 사용하지 않는 것이 비례원칙에 반하는 경우도 있을 것이다. 그러나 경제적 자유권을 비례원칙에 반하는 방식으로 침해하지 않는다면 위에서 논한 정당한 경제정책목표를 달성하기 위하여 직접 시장과정에 개입하는 수단도 채택할 수 있다고 해석된다. 이러한 관점에서 경제규제 영역에서 보충성 원칙은 헌법상 원리로 인정될 수 없다. 이는 헌법 제119조 제1항과 제2항의 관계에 관한 부분에서 강조한 바 있다. 비례원칙의 해석·적용에 있어서 필요성의 원칙을 광범위하게 해석하여서도 아니 된다는 점도 앞에서 논한 바 있다. 따라서 어떠한 경제규제수단이 구체적인 문제상황에서 우리 헌법이 지향하는 가치질서에 더욱 부합하는지에 대하여 논쟁할 여지는 많지만, 어떠한 경제규제수단이 위헌이므로 헌법상 허용되지 않는다는 주장은 극단적인 경우나 특별한 상황에서만 가능할 것이다.

이와 관련하여 지역경제의 육성과 중소기업의 보호를 위해 재정적 기술적 지원을 통해 경쟁력을 제고하는 방식의 정책은 허용되지만, 경쟁으로부터 보호하는 정책은 허용되지 않는다는 견해가 있다.[54] 그러나 경쟁으로부터 보호가 언제나 금지된다고 할 수는 없을 것이다. 특히 시장이 독과점화되어 공정한 경쟁이 이루어지지 않는 상황이라든가 또는 국가독점기업

54) 전광석, 헌법 제119조, 『헌법주석서 Ⅳ』, 2010, 480, 487면.

이 민영화되어 사적 독점기업이 시장을 지배하고 있는 상황에서 신규사업자가 진입해서 경쟁을 해야 하는 상황이라면 이른바 '비대칭규제'가 필요하고, 이러한 비대칭규제는 전형적으로 신규사업자를 경쟁으로부터 보호하는 정책이지만, 그 필요성이 인정되고, 실제 대부분의 나라에서 허용하는 제도이다.

헌법재판소에 따르면, "우리 헌법은 제123조 제3항에서 중소기업이 국민경제에서 차지하는 중요성 때문에 "중소기업의 보호"를 국가경제정책적 목표로 명문화하고, 대기업과의 경쟁에서 불리한 위치에 있는 중소기업의 지원을 통하여 경쟁에서의 불리함을 조정하고, 가능하면 균등한 경쟁조건을 형성함으로써 대기업과의 경쟁을 가능하게 해야 할 국가의 과제를 담고 있다. 중소기업의 보호는 넓은 의미의 경쟁정책의 한 측면을 의미하므로 중소기업의 보호는 원칙적으로 경쟁질서의 범주 내에서 경쟁질서의 확립을 통하여 이루어져야 한다. 중소기업의 보호란 공익이 자유경쟁질서안에서 발생하는 불리함을 국가의 지원으로 보완하여 경쟁을 유지하고 촉진시키려는 데 그 목적이 있으므로"[55]라고 하여 중소기업 보호정책에 있어서 경쟁정책적 관점을 강조하고 있다. 그런데 경쟁정책적 관점에는 소극적 질서유지로서 경쟁정책 뿐 아니라 적극적 경쟁형성정책도 포함하는 것이므로, 후자의 관점에서는 균등한 경쟁조건을 형성할 국가의 임무를 수행하기 위해 비대칭규제과 같은 보호수단도 사용할 수 있다고 보아야 할 것이다.

이하에서는 경제규제수단에 관한 이상의 헌법적 틀을 전제로 할 때 우리 헌법이 경제규제 정당화 사유로 제시하고 있는 네 가지 사유별로 구체적으로 어떠한 규제수단 내지 경제규제정책이 가능한지 검토한다.

첫째, 균형 있는 국민경제의 성장 및 안정이라는 목표는 '균형 있는 발전'이라는 목표와 '경제성장 및 안정'이라는 목표를 포함하고 있다. 전자는 산업간, 지역간, 대중소기업간의 균형발전을 의미하는 것으로서, 이를 위한 정책수단으로는 농수산업 보호육성 정책, 지역균형개발정책, 중소기업 보호육성정책 등이 있다. 후자, 즉 '경제성장 및 안정'을 위한 정책수단에는 경기순환대응 재정정책, 물가안정, 금융시장의 안정성 확보를 위한 정책 등이 해당한다.

둘째, 소득의 분배를 위한 정책으로는 조세정책, 사회보장정책, 노동정책 등을 들 수 있다. 앞의 사회적 시장경제 이론에 관한 부분에서 설명한 바와 같이 고전적 자유주의 시장경제질서의 모순을 해결하기 위한 올바른 경제정책은 사회정책과 분리될 수 없으며, 우리 헌법 제119조 제2항은 이러한 성격을 명문의 규정을 통해 반영하고 있다고 해석된다.[56]

셋째, 시장의 지배와 경제력의 남용 방지는 독점규제정책에 의해 추구된다. 여기서 독점규제정책에는 전통적인 소극적 의미의 독점규제정책 뿐 아니라, 새로운 시장질서를 형성하는

55) 헌법재판소 1996.12.26. 선고 96헌가18 결정.
56) 같은 견해로는 전광석, 헌법 제119조, 『헌법주석서 Ⅳ』, 2010, 486면 참조.

과정에서 등장하는 적극적 형성적 독점규제정책이 포함된다.[57]

넷째, 경제주체간의 조화를 통한 경제의 민주화라는 정책목표를 달성하기 위한 정책수단으로는 경제력집중의 억제(순환출자규제, 출자총액제한 등), 기업의 지배구조정책(사외이사제, 노동자의 경영참여 등), 그리고 노동정책 등을 생각할 수 있다.

요컨대 우리 헌법은 경제규제를 정당화할 수 있는 사유를 제시하고 경제에 관한 국가의 임무를 규정하고 있지만, 그러한 경제규제임무를 수행함에 있어서 특정한 수단이나 방식에 관하여 제한을 두고 있지 않다. 따라서 입법자는 이러한 목적달성을 위해 어떠한 수단을 채택할 것인지에 대하여 광범위한 형성의 자유를 부여받고 있다.

3. 상생발전을 위한 경제규제

(1) 상생발전을 위한 경제규제의 필요성과 한계

최근 경제규제에 관한 논의의 화두는 '상생발전'이다. '상생'과 '발전'이라는 개념은 일견 서로 대립되는 것처럼 보인다. 상생이 결과에 있어서 균형을 핵심요소로 한다면, 발전은 경제성장 또는 경기활성화를 의미할 때 주로 사용되기 때문이다. 전자는 분배를, 후자는 성장을 키워드로 한다.

그러나 장기적이고 거시적인 관점에서 보면, 양자는 보완관계에 있다. 대기업이 건강하고 내실 있게 성장하기 위해서는 중소기업의 발전이 뒷받침되어야 하고 영세소상인 등 국내소비자의 구매력이 증대되어야 한다. 중소기업의 보호와 영세상인 등의 보호를 위한 대기업의 규제가 단기적이고 일차적으로는 대기업의 자유와 시장지배력을 제한하고 매출액이나 영업이익을 감소시키는 현상을 동반하기 때문에 비록 단기적으로는 대기업의 손해로 인식되겠지만, – 물론 합리적인 규제의 범주에 있는 한 – 장기적으로는 대기업의 건전한 발전의 기초가 될 것이다. 문제는 대기업을 현재 지배하고 있는 CEO나 단기적인 투자차액을 노리는 현 주주로서는 이러한 장기적인 관점에서 행동할 유인이 존재하지 않는다는 것이다. CEO는 자신의 재임기간 중에 단기적인 성과를 낼 수 있어야 한다. 자신의 후임자를 위해 일할 CEO는 많지 않을 것이다. 이러한 관점에서 보면 정당한 규제는 단기적인 유인 때문에 왜곡될 수 있는 대기업의 행동양식을 올바로 – 대기업 자신을 위해서도 유익한 방향으로 – 유도할 수 있는 유인책이 될 수도 있을 것이다.

그러나 상생발전을 위한 정부의 규제가 모두 정당화될 수는 없다. 정부의 규제정책에서도 기업의 의사결정에서와 유사한 유인체계의 왜곡현상이 발생하기 때문이다. 장기적이고 거시적인 관점에서 시장과 국가경제를 발전시키기 위해 적절한 수단을 사용하여야 함에도 불구하고, 현재의 집권세력의 입장에서는 자신의 임기 내에 성과를 보여줄 수 있는 단기적인 정

57) 이에 대하여 상세한 내용은 이원우, 『경제규제법론』, 2010, 34-66면, 특히 53-61면 참조.

책을 선호하게 될 것이다. 강력하고 직접적인 규제는 단기간 내에 변화를 보여주기가 쉽다. 따라서 장기적으로 시장질서를 왜곡하여 균형 있는 경제발전을 저해할 가능성이 있더라도 그때그때의 정치적 요구에 부응하기 위해서 대중요법적이고 인기영합적인 정책을 채택하게 될 가능성이 크다. 사회경제시스템을 업그레이드할 수 있는 장기적인 접근방식은 단기적 시각에서는 비용만 크고 효과는 적게 평가될 경우가 많기 때문이다. 이러한 문제는 규제정책의 수립과 집행에서뿐 아니라 규제완화정책에 있어서도 마찬가지이다. 때로는 규제완화의 성과를 단기간 내에 보여주기 위해서 완화해서는 아니 될, 필요한 규제를 완화하는 경우도 발생할 수 있다. 따라서 과도한 경제규제 또는 규제완화가 발생하지 않도록 제도적 통제장치가 필요하다. 이를 위해 투명하고 민주적인 행정절차와 규제개혁위원회와 같이 불합리한 규제개선을 위한 사전예방적 장치들과 부당한 규제에 의한 피해를 구제할 수 있는 사후구제수단을 정비할 필요가 있다.[58)]

(2) 상생발전을 위한 정책수단

경제규제의 정책목표로서 상생이라는 가치는 균형 있는 국민경제의 성장, 특정 경제세력의 지배력행사의 방지, 경제주체간의 조화 등과 같은 헌법상 경제규제의 근거에 반영되어 있다. 이를 위한 대표적인 법률이 「유통산업발전법」과 「대·중소기업 상생협력 촉진에 관한 법률」이다. 「유통산업발전법」에 의한 대규모점포의 영업시간 제한과 의무휴업일 지정제도는 지난 수년 동안 여러 법적 분쟁을 야기하였다.[59)] 「대·중소기업 상생협력 촉진에 관한 법률」에 의한 성과공유제, 중소기업적합업종지정제도 등도 지속적으로 정치경제적인 쟁점으로 논의되고 있는 실정이다.

4. 소결: 경제규제 논의에서 탈이데올로기화와 법학의 임무

1980년대 이래로 정부규제를 부정적으로 평가하고 규제완화가 자유와 효율의 증대를 통해 사회적 합리성을 보장할 것이라는 지적 조류가 지배적이었다. 필자는 개별경제영역에서 불필요한 규제를 완화하여야 한다는 규제완화의 주창자이기도 하지만,[60)] 규제완화 자체가 곧

58) 이에 대하여 상세한 내용은 이원우, 『경제규제법론』, 2010, 134-206면; 이원우, "규제형평제도의 구상-좋은 규제 시스템 구축을 위한 제언", 『행정법연구』 제27호, 2010. 12, 1-47면 참조.

59) 이에 관한 논의는 이원우/최유경, 『유통산업발전법에 대한 사후적 입법평가』, 한국법제연구원, 2017; 최우용, "대형마트와 SSM 영업규제의 문제점과 제도적 정책적 정비방안에 관한 고찰", 『공법학연구』 제13권 제3호, 213-244면; 박형영, "기업형 수퍼마켓 규제와 경쟁정책", 『중소기업연구』 제34권 제1호, 2012.3, 61-79면 참조.

60) 개별경제영역에서 규제완화의 필요성을 역설한 글로는 이원우, "식품안전규제법의 일반원리와 현행법제의 개선과제", 이원우 편, 『식품안전법연구 I-현행 식품안전법제의 쟁점과 개선과제』, 경인문화사, 2008.10.17, 1-75면; 이원우, "우리나라에서 방송통신 융합에 따른 규제체계의 문제점과 개선방안", 이원우 편, 『방송통신법연구Ⅳ-방송통신 융합환경에 따른 규제체계의 대응』, 경인문화사, 2008.10.17, 193-224면; 이원우, "법령상 부작위의무(금지행위)의 반복적 위반과 시정명령 위반의 판단기준", 『경제규제와 법』 제1권 제1호,

합리성과 자유의 증진을 내포하는 것처럼 주장하는 입장에 대해서는, 이러한 주장은 도그마에 불과하며 근거가 없는 것이라는 점을 논증하고, 경제규제에 대한 이데올로기적 접근을 극복하여야 한다는 점을 오래 전부터 주장해왔다.[61] 과도한 규제를 경계해야 하듯이 과도한 규제완화가 야기하는 불합리성도 극복되어야 한다. 규제나 규제완화 중 어느 하나가 선험적으로 좋을 수는 없다. 그럼에도 불구하고 한편에는 시장이 자유의 확대와 효율성을 가져다 줄 것이라고 주장하는 시장주의자(규제완화론자)들이 있고, 다른 한편에는 시장만능주의로 인한 공공성 파괴를 회복하기 위해 정부의 적극적 개입이 필요하다는 규제주의자(규제옹호론자)들이 있다. 현실의 규제정책 전개과정에서는 이들 이데올로기적 입장 사이의 정치적 우열 상황에 따라 '과도한 규제'와 '과도한 규제완화'가 불필요하게 반복되는, 이른바 "규제의 진자운동" 현상이 목도된다.[62]

시장주의자들은 종종 규제개혁의 국면을 활용하여 합리적이고 필요한 규제까지도 폐지하고자 한다. 이들은 공공선택론에 근거하여 규제의 폐해 내지 부당성을 실증적으로 제시하고자 하지만,[63] 이들의 실증분석은 실증적인 반증으로 인해 그 설득력이 반감되어 가고 있다.[64] 때때로 규제가 이익집단의 사익추구행위에 의해 왜곡되는 사례가 발생한다고 하더라도 이를 근거로 규제의 본질을 사익추구행위로만 규정할 수는 없다. 설사 이익집단이 사익을 추구하려는 경우에도 입법절차나 행정절차 등 공개적인 공적 토론과정에서 자신들의 이익을 옹호하기 위해서는 공익적 가치에 호소하지 않을 수 없다.[65] 이에 반하여 규제주의자들은 시

2008.5, 123-130면; 이원우, "통신법상 개별약정의 허용성과 그 한계", 『행정법연구』 제16호, 2006.10. 1-21면; 이원우, "현행법상 통신이용요금의 규제", 권오승 편, 『정보통신과 공정거래』, 법문사, 2006.2, 181-206면; 이원우, "통신시장규제에 있어서 전문통신규제기관과 일반경쟁규제기관의 관계", 『행정법연구』 제14호, 2005.10, 319-345면 등 참조. 일반론으로서 규제완화의 필요성에 대하여는 이원우, "규제형평제도의 구상-좋은 규제 시스템 구축을 위한 제언", 『행정법연구』 제27호, 2010.12, 1-47면; 이원우, "행정부패: 행정규제의 부패구조에 대한 법정책적 대응", 김인영 외, 『비리와 합리의 한국사회』, 소화, 1999.5.24, 213-252면 참조.

61) 이원우, "행정법상 정부규제의 본질", 『육사논문집』 제38집, 1990.6, 131-162면; 이원우, "변화하는 금융환경하에서 금융감독체계 개선을 위한 법적 과제", 『공법연구』 제33집 제2호, 2005.2, 35-94면: 이원우, "경제규제와 공익", 『법학』 제47권 제3호, 서울대학교 법학연구소, 2006.9, 89-120면; 이원우, "규제개혁과 규제완화", 『저스티스』 제106호, 2008.9, 355-422면; 이원우, "규제형평제도의 구상-좋은 규제 시스템 구축을 위한 제언", 『행정법연구』 제27호, 2010.12, 1-47면; 이원우, "공기업 민영화 정책의 전략과 과제-법 및 법정책의 역할을 중심으로", 『재정법연구』 창간호, 2008.8, 119-164면.

62) 이러한 진자운동(swing of the pendulum between regulation and deregulation)에 대하여는 R. D. Cudahy, "The Coming Demise of Deregulation", 10 Yale Journal on Regulation 1 (1993) 참조.

63) 이러한 입장으로는 Levine/Forrence, Regulatory Capture, Public Interest, and the Public Agenda: Toward a Synthesis, 6 J. L., Econo. & Org. 167, 185(1990) 참조. 규제를 포획의 관점에서 실증적으로 논증하고, 수요공급의 관계로 설명한 고전적인 문헌으로는 Stigler, The Theory of Economic Regulation, 2 Bell J. Econ. & Mgmt. Sci. 3, 4, 11-12(1971); Posner, Theories of Economic Regulation, 5 Bell J. Econ. & Mgmt. Sci. 335, 344, 346(1974); Peltzman, Toward a More General Theory of Regulation, 19 J. L. & Econ. 211, 212(1976) 등 참조. 이에 대한 소개의 글로는 이원우, 『경제규제법론』, 2010, 3-33면 참조.

64) 이들 이론의 문제점은 이미 초기부터 지적되어왔다. 이에 대해서는 이원우, 『경제규제법론』, 2010, 3-33면 참조.

장의 실패나 사회적 수요를 충족시키기 위한 규제도입의 과정에서 불필요한 영역까지 정부의 규제권한을 확대하고 강화하려는 경향이 있다. 또한 공익을 위해 만들어진 규제라 하더라도 자신들의 이익을 위해 활용하려는 이익집단들의 활동에 의해 왜곡될 수 있다는 점도 간과되어서는 안 된다.[66]

요컨대 규제는 공적 규범적 계기로서 공익추구와 사실적 계기로서 사익추구의 측면을 모두 가지고 있다. 경제규제가 특정집단의 독점적 이윤추구의 도구로 전락되지 않고 공익실현이라는 본래의 목적을 달성하기 위해서는 정보공개, 행정에 대한 주민참여, 민주적 행정절차 등이 확립되어야 한다.[67]

법학의 탈이데올로기화가 법학의 임무를 전통적 법학 내지 법도그마틱의 관점으로 축소하자는 것은 아니다. 이데올로기와 정책은 다른 것이다. 법은 그 자체로서 정책의 결과이자 정책의 목표와 수단을 담는 그릇이다. 법학이 이데올로기를 포기하여야 한다는 것(법학의 탈이데올로기화 내지 이데올로기적 중립성)이 정책적 문제에 대하여 침묵하여야 한다는 것은 아니다. 법학은 정책적 문제를 구체적 개별적 사안에 따라 차별화하여 논의하고, 문제를 제기하고, 그리고 차별화된 답변을 찾아야 한다.[68] 법과 정책이 혼동되어서도 안 되지만, 양자를 인위적으로 분리하여서도 안 될 것이다.

Ⅴ. 결어: '정치의 헌법화'와 '헌법의 정치화'

어떠한 정치적 또는 정책적 입장이 우리 헌법적 가치에 더욱 부합하는지에 대해 평가하고 분석한다는 관점에서 정치적 또는 정책적 문제를 헌법(문제)화하는 것(필자는 이를 '정치의 헌법화'라고 칭한다.)은 필요한 일이다. 그러나 정치적 정책적 문제를 헌법(문제)화한다는 것이 특정한 정치적 정책적 입장만을 합헌적으로 인정하고 그와 다른 정치적 입장을 위헌으로 규정하려는 것(필자는 이를 '헌법의 정치화'라고 부른다.)이어서는 안 될 것이다. '정치의 헌법화'

65) 규제에 대한 공공선택이론의 문제점을 비판적으로 분석하고, 행정절차 내지 행정과정론적 입장에서 규제의 공익적 기능을 실증적으로 설명하고 옹호하는 주장으로는 Croley, Regulation and Public Interests: The Possibility of Good Regulatory Government(2008) 참조, 특히 pp. 159-236에서는 사익을 추구하는 이익집단들의 노력에도 불구하고, 관료들의 공익적 임무수행에 의해 공익이 어떻게 보호되었는지 구체적인 사례들을 소개하고 있다.

66) 포획이론에 입각한 규제 비판에 대하여는 위 각주(3)의 문헌 참조.

67) 이러한 결합이론의 상세한 내용에 대해서는 이원우, "행정법상 정부규제의 본질", 『육사논문집』 제38집(1990. 6), 131-162면(=이원우, 『경제규제법론』, 2010, 3-33면) 참조. 이러한 필자의 입장과 유사한 접근방식으로는 Croley, Regulation and Public Interests: The Possibility of Good Regulatory Government (2008) 참조.

68) 이러한 입장에 대한 독일 문헌으로는 Osterloh, VVDStRL 54(1995), 208 f, 240.; Bauer, VVDStRL 54(1995), 267; 그밖에 독일 공법학회 여러 학자들의 입장도 이와 유사한 것으로 보인다. VVDStRL 54(1995), 301 ff. 참조. 또한 R. Schmidt, Die Verwaltung(1995), S. 284; v. Arnim, Rechtsfragen der Privatisierung(1995) 참조.

는 공공정책에 대한 의사결정과정의 절차적 규율, 참여보장, 이를 통한 공론의 장 형성 등을 통해 법이 정치의 발전에 기여할 수 있다는 점에서 긍정적이라고 평가할 수 있을 것이다. 그러나 '헌법의 정치화'는 사회적 통합을 저해하고 정치적 갈등을 야기한다는 점에서 법의 임무에 반하는 것이다. 정책에 대한 토론의 장에서 자신과 다른 정책을 위헌/위법으로 규정하는 것은 대화의 상대방을 합헌적 논의의 장에서 퇴출시키려는 것이라는 점에서 민주주의 원리에도 부합하지 않는다.

우리헌법상 경제에 관한 규범의 구조를 살펴보면, 우리 헌법은 특정한 경제질서를 모델로 채택하지 않고 경제질서에 있어서 개방적이고 중립적인 태도를 취하고 있다. 따라서 입법자는 경제규제를 위해 광범위한 재량을 가지고 다양한 정책을 입안할 수 있다. 경제규제와 관련해서 '정치의 헌법화'가 요구되고 있는 것이다. 그런데 경제규제와 관련한 그간의 헌법적 논의를 보면 특정한 경제규제정책을 옹호하거나 반대로 이를 위헌이라고 규정하기 위해 경제관련 헌법규정을 좁게 해석하려는 시도들, 즉 '헌법의 정치화' 현상이 지배적이었다. 이제 헌법의 정치화를 극복하고 정치의 헌법화를 통해 헌법해석론을 더욱 풍요롭게 하고, 이를 통해 우리 헌법규범에 내재하고 있는 다양성과 합리성을 사회발전을 위한 재료로 제공하려는 노력이 필요하다.

우리 사회에는 규제보다 시장자유가 원칙이고 바람직하다고 생각하는 집단도 있고, 이에 반하여 시장을 불신하고 강력한 규제가 필요하다고 믿는 집단도 있다. 두 가지 시각 모두 우리 사회의 문제를 해결하는 데에 필요한 관점들이다. 경제적 자유와 사회적 정의는 모두 우리 헌법에서 보장하고 있는 가치이며, 어느 것이 더 우월한 지위에 있다고 할 수 없다. 양자는 함께 있을 때 그 가치가 드러나고, 다른 것을 배제할 때 그 결함이 나타난다. 서로는 보완재로서 우리 사회 발전을 위한 두 개의 수레바퀴이기 때문이다. 이들 서로 다른 가치는 민주적인 정치적 과정에서 토론과 설득을 통해 조정되고 입법과 집행으로 구현될 것이다. 기업은 단기적 이익에서 벗어나 거시적인 관점에서 우리 시장경제의 건전한 발전에 도움이 되는 행위규범을 수용하려 노력하고, 정부도 단기적인 효과보다는 장기적으로 우리 시장경제의 체질을 변화하는 데 도움이 되는 시장조화적 수단을 사용하도록 노력하여야 할 것이다. 새로운 정부에서는 좀 더 상호 존중의 자세로 자유로운 토론을 통해 타협이 이루어져 많은 국민들이 수긍할 수 있고 장기적인 관점에서 우리 사회를 더욱 합리적으로 발전시킬 수 있는 상생발전의 정책들이 모색되기를 바란다.

25. 문화와 법: 역동적 상호관계*

권 영 설**

Ⅰ. 서　　설

새뮤엘 헌팅턴(Samuel Huntington), 조지프 나이(Joseph Nye), 프랜시스 후쿠야마(Francis Fukuyama) … 20세기와 21세기를 닫고 여는 시대담론의 주역들이 펴낸 저술들을 보자. '문명의 충돌'[1]/'문화가 중요하다[2]'. '소프트 파워[3]', '트러스트[4]'. 이 책들에서 발견되는 공통점은 현재와 가까운 미래의 세계를 내다봄에 있어 어김없이 '문화'를 그 길잡이로 잡았다는 점이다. 시간이 지날수록 전문가 비전문가를 가릴 것도 없이 어디를 가나 이제 문화야말로 백가쟁명(百家爭鳴)적 담론의 주제어로 자리매김하고 있음이 분명하다. 그러나 바로 그러다 보니 '문화'라는 낱말이 가진 끝없는 모호성이 악명의 수준에 이르고, 심지어 영어에서 의미가 복잡하기로는 두세 번째로 꼽힌다는 주장까지 나왔다.[5]

대통령선거에서 과거 같으면 국가의제의 중심커녕 주변부문이어야 할 '문화에 정부예산의 2%를 배분'한다는 공약을 박근혜후보가 내건 것도 이례적이거니와 '문화가 있는 삶'을 국정목표, 그리고 '문화융성'을 4대 국정운영기조로 내걸고 출발한 경우가 바로 그 정부이었다. '문화기본법'[6]의 제정도 그 기간에 이루어진 것임은 물론이다. 마땅한 아젠다를 찾지 못해 문화로 포장했다는 비판도 있기는 하나, 보기에 따라 이제 한국의 경제·사회적 수준이 이 같은 국가의제 설정을 가능케 한 바탕이라고 본다.

당시 국가예산 대비 1.5%선인 문화부문 배정을 임기 말인 2018년까지 2%로 끌어올린다는 목표가 당초부터 달성 가능한 상황이었는지는 모르나, 박대통령의 탄핵과 뒤이은 형사절차는 아예 그 이행에 적신호가 아닐 수 없었다. 이를테면 2016년도 487조 예산에서 6.6조

---

* 이 글은 필자가 2014년 공법학자대회(12월 12일-13일)에서 행한 기조발제 원고를 수정·보완한 것이다.

** 중앙대학교 법학전문대학원 명예교수

1) Samuel P. Huntington, The Clash of Civilizations and the Remaking of World Order, Simon & Schuster, 1996.
2) Lawrence E. Harrison & Samuel P. Huntington (eds), Culture Matters, Basic Books, 2000. 이 편저는 22명의 유수한 전문가 논문들인데 유독 제프리 색스(Jeffrey Sachs)만은 문화결정론과 달리 지리와 기후를 경제발전의 주요 요인으로 보고 있다.
3) Joseph Nye, Soft Power, Perseus Books Group, 2005.
4) Francis Fukuyama, Trust, Free Press, 1996.
5) James A.R. Nafziger et al, Cultural Law-International, Comparative and Indigenous-Cambridge Univ. Press, 2013, p. 64.
6) 법률 제12134호, 2013. 12. 30 제정.

가, 그리고 2018년도 429조 예산에서 6.5조가 배당된 것이 이를 입증한다고 본다(http://www.openfiscaldata.go.kr).

아무튼 그 정치·사회적 소용돌이의 또 다른 후속편으로 이른바 '문화 블랙리스트'사건이 불거졌음은 물론이다. '정치의 문화화-문화의 정치화'라는 난제(conundrum)는 분명 떨치기 힘든 유혹이 아닐 수 없겠다. 다만 여기서 분명하게 드러나는 것은 문화가 이제 이 시대 이 사회의 주요 아젠다이며 빠뜨릴 수 없는 구성요소의 하나로서 뿌리를 내리고 있다는 점이라 하겠다. 또 국가영역 밖으로 눈을 돌려볼 때, 바야흐로 4반세기를 맞이하는 기업메세나(MECENAT 문화예술후원)활동도 이제 안정적 기반이 다져졌기 때문이다.

위에서도 지적했거니와 다른 어느 경우 보다 '문화'는 그 정의와 구성요소에 대한 설명이 혼란스럽다고 하겠다. 분야마다 그리고 국가마다 그 용례가 다 달라 통제 불능의 상태라고 개탄의 대상이 되기도 한다. 이 같은 상황을 더욱 부채질 하는 것은, 국가나 사회계층을 가리지 않고 개인과 집단의 정체성을 부각시키고자 하는 곳에는 으레 문화라는 낱말이 붙어 다니기 때문이다. 따라서 문화와 법의 역동성을 짚어 봄에 있어 그 출발은 당연히 문화개념 형성의 시대 및 장소에 대한 이해가 아닐 수 없으며 특히 그 발원지인 유럽의 국가전통에 주목해야 마땅하다고 본다.

문화와의 관계에서 '법'은 사회와 인간관계를 제도화하기 마련이다. 뿐만 아니라 개인의 정체성형성, 가족관계상의 지위, 국적, 개인의 권리와 의무 및 그 제한의 정도 등에 있어 그 매개 또한 '법'인 것이다. 결국 문화에 깊이 뿌리내림(deep rootedness)을 피할 길이 없다. 요컨대 법의 이 '문화 내재성(內在性)'을 간파한 학자가 사비니(Friedrich Karl von Savigny)뿐이었겠는가. 19세기 초반부에 벌써 이를 체계화하고, 법을 민족정신(Volksgeist)이라 했음도 이에 다름 아니다.

더구나 제정법은 필연적으로 언어의 형태로 나타나는 까닭에 같은 언어공동체에 있어 '문화동일성'은 당연한 시발이며 귀결이 아닐 수 없다. 결국 '법'이 '문화'와 분리될 수 없는 2인3각적 관계임을 뜻하는 것이다. 그러나 경우에 따라 이와는 다른 역설이 성립할 수도 있는 것이다. 오늘날 날이 갈수록 커지는 '다양성'의 결과 문화공동체로부터 차별받거나 배제되는 소수자들과의 문화갈등이 바로 그것이다.

이민, 노동력 이동, 외국인의 입출국 등으로 파악되던 인종·국적 중심주의가 어느덧 '다문화주의(multiculturalism)'라는 용어로 대체됨에서 나타나듯이 '문화' 중심주의로 인식의 전환이 자리매김하고 있다. 즉 이 나라 저 나라를 가릴 것 없이 인종과 역사 그리고 종교 및 언어 등의 차이를 덧씌우는 완곡어법으로 '문화'를 듣기 좋게 빌려오고 있는 까닭이다. 다만 여기서 하나 지적할 점이 있다. 우리나라에서 인식되는 다문화주의는 지나치게 획일적이며 일방적으로 강요된 '우리 문화에의 동화(同化)' 즉 이기적이고 배타적인 자기중심주의라는 왜곡된 다문화의 또 다른 겉모습이라 하겠다.

바로 이 연장선상에서 당연히 '문화와 국가' 넥서스가 떠오르기 마련이다. 이점에서 적어도 우리의 경우 묘한 우연성을 발견하게 된다. 이 땅에 '문화'라는 낱말이 최초로 등장한 용례는 20세기 이전엔 어디에도 없다. 공교롭게도 공적 문서상 최초 사례는 대한민국임시정부 임시헌장 제7조[7]에서 발견되기 때문이다. 개화(開化)라는 낱말이 그 전에 있었으되 의미와 뉘앙스가 같지 아니하며, 비록 '임시'정부의 '임시'헌장[8]이긴 하나 국가와의 연결고리를 선언한 문서에 문화(文化)가 최초로 등장하고 있다는 점은 예사롭지 아니하다. 당시 임시헌장과 의정원법의 기초위원이었던 조소앙이 채용한 문언(文言)으로 추정된다. 아무튼 근 100년이 지난 오늘 헌법에 문화관련 조항이 있고, 개인적으로는 동의하기 어려우나, 문화국가 지향으로 풀이들 하니 이 또한 짚어볼 일이 아닐 수 없다. 그것을 헌법의 기본원리로 이해하든 또는 국가목표규정으로 봄으로써 하나의 지침이나 방향의 제시로 파악하여 입법·행정·사법 등 국가기관에게 의무를 지움과 동시에 기준을 제시한다 풀이들 하고 있기 때문이다.

굳이 존 라이츠(John Reitz)의 표현을 빌리지 않더라도 법은 인간문화 전체의 융합된 한 구성부분(a part of the seamless whole of human culture)인 것이다.[9] 문화의 구성요소들이 규범세계에서 지속적으로 어떻게 작용하는가 하는 것, 다시 말해서 법과 문화의 교차(law and culture at the crossroads)현상은 우리의 탐구 대상이 아닐 수 없다. 여기서 법문화와 비교법은 바로 이 점에서 문화연구의 또 다른 보고(寶庫)가 되기 마련이다. 규범발생지로부터 법이 끊임없이 장소적 이동을 하기 마련이고, 특히 이질적 문화정체성의 국가사회로 계수되는 경우, 또 다른 법현상을 보게 되며 새로운 법의 지평을 열리는 셈이다.

그동안 이루어진 법계수의 양적 증대뿐만 아니라, 정보화의 심화가 초래하는 외국법령 및 판례의 교차인용(cross citation) 상시화와 교호성은 놀랄 만한 수준에 이르고 있음을 보게 된다. 그런데 아래에서 지적하겠거니와 국가경계의 쇠퇴(fading state borders)에 있어 큰 원동력을 제공한 것이 바로 법의 수렴현상인 점에 관하여 아무도 이의를 제기하지 않을 것이다.

뿐만 아니라 고급문화에 대응되는 대중문화가 바야흐로 시대의 대세를 이루고 있다. 이른바 문화의 대중화가 초래하는 폭발적 영향력과 개별 장르와 대중스타의 휘발성은 이제 더 이상 놀랍다 할 수도 없다고 본다. 오늘날 달라지는 정치 그리고 변화하는 민주주의의 여러 양태는 바로 이 같은 새로운 문화현상과 무관하지 않다. 우리의 '한류' 현상은 물론이려니와 최근 문제영역으로까지 등장하고 있는 온라인게임중독증 등에 법이 어떻게 반응하고 또 하

---

7) 1919년 4월 11일 공포
제7조 "대한민국은 인민의 의사에 의해 건국한 정신을 세계에 발휘하고 나아가 인류문화 및 평화에 공헌하기 위해 국제연맹에 가입함."

8) '임시헌장'으로 시작하였는데 개정형식을 빌려 '헌장', '약헌', '헌법', '약헌'으로 명칭을 바꾸었다.

9) John C. Reitz, How to Do Comparative Law, AJCL, vol. 46, 617-636.

여야 하는지 흥미롭다 하겠다.

국적인의 국경을 넘어서는 이동과 활동, 그리고 귀화로 대표되는 국적의 변경 등 빠르게 달라지는 범세계적 현상을 보고 있다. 즉 이민과 노동력의 국제적 이동에 법률관계를 넘어 문화가 덧씌워지고 그를 오히려 압도한다. 이름하여 다문화주의라 한다. 우리 또한 어느새 깊숙이 들어와 있지 않는가. 관련 법률문제를 외면만 할 수는 없게 되어 있다. 요컨대 속도와 폭을 가늠하기 힘든 오늘날의 글로벌리제이션이 문화정체성과 문화다양성에 어떻게 영향을 미치고 있으며 안게 될 과제는 무었인가 등에 주목하지 않을 수 없다.

Ⅱ. 문화개념과 유럽의 문화전통

문화의 개념을 살펴보기에 앞서 먼저 지적되어야 할 점이 있다. 인문사회과학의 어느 분과이든 이보다 더 각양각색의 개념풀이를 하는 경우를 찾기 힘들다. 일상 생활어 문화와 학술전문어 문화의 차이로부터, 사용하는 연관에 따라 설명의 편차가 너무 큰 것이 사실이다. 그 결과 혼란, 통제불능, 난해 등 문화의 정의와 관련된 불만과 경고가 쏟아지고 있다. 결국 문화 자체가 '장소와 때(Wo u. Wann)' 반영성이 크고 날이 길수록 '다양성(diversity)'확대가 두드러지고 있기 때문이다. 그만큼 설명자간의 펜듈럼 폭이 크다는 뜻이다.

아울러서 이에 덧붙여 지적할 요점으로서 적어도 문화의 경우만은 그 용어의 발원과 발달이 철저히 유럽적이라는 점이다. 다시 말해서 그 어원의 배경이 되는 시대사조, 그 뒤의 유럽과 세계의 역사적 변천 그리고 특히 21세기로 진입한 이래 일어나고 있는 전지구적 차원의 여러 변화들 속에서 문화의 의미를 되새겨 보지 않는 한 진정한 이해는 어렵다고 보기 때문이다.

가장 평이한 출발점은 "인간이 태어난 그 자연상태를 넘어서는 단계로 부터 어떠한 형태이건 '문화'가 시작된다고 볼 것이다."[10]라는 설명에서 비롯된다. 바로 그 같은 의미에서 인간이야말로 본질적으로 문화적 존재가 아닐 수 없다. 그러나 우리가 논의할 문화가 반드시 고급문화에 한정된 것이 아니어도 그것을 만족할만한 개념풀이로 볼 수는 없을 것이다. 문화개념의 발원지라 할 서양에서 마저도 학문적 수준으로 개념정립이 가능하게 된 것은 그리 오래되지 않는다고 본다.

라틴어에서 cultra를 찾을 수는 있으나 근대 이후 오늘날과 같은 의미수준으로 보편화된 것은 적어도 2세기를 넘지 않는다. 뿐만 아니라 이 문화 개념은 적어도 그 공고화 이전까지

---

10) "Culture begins at the point at which humans surpass whatever is simply given in their natural inheritance.", Andrew Edgar & Peter Sedgwick, Key Concepts in Cultural Theory, Routledge, 1999, p. 102.

는 문명(civilization) 개념과 혼용되는 다소 혼란적 시기가 있었음과 더불어 프랑스와 독일에서의 그 용례 상의 차이처럼 유사하거나 다른 개념으로 상호 발전되어 온 것이다. 우리 헌법의 경우 전문과 3개의 조문(제 9, 11, 69조)에서 규정되고는 있으나 문화의 개념 자체를 정의하고 있지는 않다.

2013년 말 문화기본법이 등장하기 이전에는 문화에 대한 정의는 물론 그 포괄하는 의미 영역까지도 구체화한 법령근거를 찾기 힘들었다. 굳이 친다면 정부조직법 제35조 1항(문화체육관광부장관은 문화・예술・영상・광고・출판・간행물・체육・관광, 국정에 대한 홍보 및 정부발표에 관한 사무를 관장한다), 지방자치법 제9조 2항 5호(제1항에 따른 지방자치단체의 사무를 예시하면 다음 각 호와 같다. 다만, 법률에 이와 다른 규정이 있으면 그러하지 아니하다. 5. 교육・체육・문화・예술의 진흥에 관한 사무). 요컨대 여기서 확인되는 것은 문화개념에 포용되는 범위에 학문, 종교, 교육, 예술 등이며 날이 갈수록 그 범위를 넓혀가고 있다는 점은 분명하다.

한편 위에서 지적하였듯이 제정된 지 아직 1년이 채 안 되는 우리의 문화기본법 제3조(정의)가 내리고 있는 정의를 살펴보기로 한다.

"이 법에서 '문화'란 문화예술, 생활양식, 공동체적 삶의 방식, 가치 체계, 전통 및 신념 등을 포함하는 사회나 사회 구성원의 고유한 정신적・물질적・지적・감성적 특성 총체를 말한다."[11] 여기에서 보듯 앞부분에서부터 동어반복으로써 다소 조잡성을 드러내고 있다. 즉 "…문화란 문화예술…등을…포함하는…말한다."

이와 관련하여 근년에 유네스코 중심으로 국제적인 전문가그룹이 작성한 "문화권에 관한 프리부르선언"[12]이 주목을 받고 있으며 가장 진전된 연구성과로 평가되고 있다. 12개 조문으로 구성되어 있는 바, 이 가운데 제2조가 정의 규정이며, '문화' '문화정체성' 그리고 '문화공동체'로 나누어 다루고 있다.

[정의: 문화]

개인 또는 집단이 인간성과 그들의 존재와 발전에 부여하려는 의미. 문화라 함은 가치, 믿음, 신념, 언어, 지식과 예술, 전통, 제도와 삶의 방식 등을 모두 가리키는 것으로서 이를 통하여 개인과 집단이 그들의 인간성과 그들의 삶의 존재 및 그 발전에 부여하는 의미를 표현한다.

[정의: 문화정체성]

개인이 개인적으로 또는 그 공동체의 다른 사람들과 더불어 정리, 구성, 소통하거나 또는 자신의 존엄성을 인정받기를 원하는 방법으로 문화를 언급하는 전체. 개인이 독자적으로 또는 타인과 결합하여 사람답게 인정받을 수 있는 바를 정의하고 또 그 내용이 무엇인지를 구성하고 소통함에 있어 문화에 관한 논의의 전체를 가리킨다.

---

11) 위 5)

12) P. Meyer-Bisch (ed.), UNESCO, Fribourg, 2007: www.unifr.ch/iiedh

[정의: 문화공동체]

구성원들이 함께 보존하고 발전시키려 하는 공통의 문화적 정체성을 구성하는 것이 무엇인가에 관하여 생각을 공유하는 인간집단을 가리킨다.

기본적으로 우리 문화기본법이나 유네스코 정리나 문화를 실용적 관점에서 접근하고 있다는 점에서는 유사하다. 여기서는 다루지 않았지만 유네스코의 FCS(Framework for Cultural Statistics)로써 문화 측정을 계량화 하는 경우, 가치 믿음 같은 항목을 어떻게 처리하느냐 하는 딜레마에 빠지게 된다. 더구나 글로벌화의 확산, 문화호환성(Interculturality)의 확대로 이전과 달리 문화 정체성에 변화가 일어나고 있는 까닭이다. 요컨대 문화다양성이 두드러진 대세를 이룸은 부인할 수 없다.

아무튼 분야별 전문학자, 법령상의 정의, 그리고 유네스코 등 국제기구의 전문가 그룹이 내린 문화에 관한 정의를 훑어보았거니와 내용과 개념적 구성요소에 있어 불일치수준을 넘어서서 가히 혼란 그 자체라 할 것이다. 당연히 그 뒤에 있는 국가 또는 사회 사이에 존재하는 차이와 갈등으로부터 기인된 것인 만큼 그 배경에 대한 이해가 요청되는 것이다. 동시에 이는 계속 발전중(developing)이며 확장적(expansionary)이고 지나치게 포괄적(all inclusive)인 개념으로 치닫고 있음은 분명하다.

유럽적 배경을 지적하였거니와, 기본적으로 독일어나 영어에서의 '문화'는 프랑스어에서 차용한 것이 분명하다고 알려져 있다. 즉 오늘의 'culture'는 계몽주의 언어이긴 하나, 이 시대사조의 기원이 영국이었음에도 불구하고, 그 어휘의 발전만은 프랑스에서 이루어졌다고 보는 것이 일반적이다. 동시에 초기에는 culture와 문명화를 의미하는 civilisation이 거의 단일 개념 내지 유사 개념으로 통용되었다. 결국 합리성추구를 통해 인류를 이끌어 내야한다는 함의를 가졌다. 물론 뒤이어서는 이 둘이 대립적, 대항적 개념과 인식으로 그 기반에는 각기 다른 세력에 둘러싸이는 시기도 거치게 됨은 물론이다.

한편 독일의 Kultur는 이웃 프랑스로부터 전래되어 궁정귀족정치에 대항하는 부르주아 지식층이 애용하였다고 한다. 그 결과 진실과 진리 그리고 풍요한 정신세계는 '문화'로, 이에 반해 경박하고 표면적이고 세속적 세련성은 '문명'으로 봄에 따라 대립과 갈등은 필연적이 될 수밖에 없었다. 19세기에 들어서면서, 정치적 분열상을 극복하여 단일 민족국가를 수립한다는 것이 1차적 목표였다. 뿐만 아니라 이어서 언어 및 문학영역에서는 독일어의 회복, 독일적인 것의 종합화와 같은 당면한 목표는 결국 문화영역에서의 단일화를 가리키며 이 또한 최우선적으로 출발해야 한다는 점에 합의가 이루어지고 있었다. 이것이 훗날 문화국가(Kulturstaat) 지향으로 나타나게 되었음은 물론이다.

아무튼 프랑스에서의 culture 개념에는 인류의 단일성과 보편성이 강조되는 결과 집단적 의미로서의 문화는 곧 '인류문화'인 것이다. 굳이 그 함의를 구별한다면 culture는 개인적 진보, civilisation는 집단적 진보를 뜻하는 것이었다. 즉 독일의 '문화 개별성' 인식과는 대조를 이룸이 분명하다. 이들 상이한 문화관 내지 문화인식이 극명하게 나타난 것은 다른 무엇보다도 제1차 세계대전이었다. 굳이 표현한다면 독일의 '문화옹호주의'와 프랑스의 '문명화 우선주의'의 대립이었기 때문이다.

이에 비해 영국·미국의 경우는 문화를 주로 공동체 삶의 형태 내지 그 방식으로 접근한다고 볼 것이다. 한국은 2013년 말 제정한 문화기본법 제3조에서 문화에 대한 정의를 다음과 같이 하고 있다. "…한 사회의 개인과 집단의 감성을 표현하는 가치, 활동이나 제도"라고 규정한다. 결국 특별한 성격과 특색이 있다고 하기 보다는 문화개념의 확대를 뜻하며 지나치게 포괄적이며 비제한적인(open-ended) 정의인 셈이다.

이미 앞에서 지적하였듯이 몇 세기에 걸친 '문화'에 관한 논의는 인류학 사회학의 학문적 영역확대와 연구의 심화를 초래하였는바, 이보다는 다소 지연되었다고 하나 법인류학 및 법사회학에서 또한 문화는 줄기찬 탐구대상이 되고 있다. 즉 집단적인 믿음, 가치, 전통, 애착, 견해 등에 주안점(foci)을 두고 이들이 규범세계에서 지속적으로 어떻게 작용하는가를 법과 문화의 교차점[13)]이라 보기도 한다.

Ⅲ. 문화와 국가

이미 앞에서 지적한 바와 같이 우리의 경우 공적 문서에 처음으로 '문화'라는 낱말이 등장한 것은 대한민국 임시정부헌법으로서 세 번의 용례를 볼 수 있다. 1) 1919년 4월 11일의 대한민국 임시헌장 제7조 "…인류의 「문화」급(및) 평화에 공헌하기 위하야 국제연맹에 가입함", 2) 1941년 11월 25일의 건국강령 총강 "…국토와 주권과 경제와 「문화」를 가지고…", 3) 1944년 4월 22일 마지막 개정본인 임시헌장 전문 "…시대의 취향에 순응하여 정치, 경제, 「문화」 기타 일체 제도"

제헌헌법 이래 우리 헌법은 전문과 본문에서 주로 국가·사회의 모든 영역을 열거함에 있어 그 하나로서 '문화'를 규정해온 것에 덧붙여 현행의 헌법 제9조는 이들 경우와는 달리 현행헌법은 전문 및 두 개 조항에 덧붙여 아예 문화 관련 사항을 그 내용으로 하는 독립조항을 두고 있는바 제9조가 바로 그것이다. 따라서 이 같은 헌법상의 문화조항은 당연히 문화와 국가의 관계를 짚어봄에 있어 그 출발점이 되지 않을 수 없다.

'문화'의 구성내용이 무엇이며 국가와의 관계가 어떠한 것인가를 살펴봄에 있어 여기서 눈 여겨 볼 대목이 있다. 1919년의 임시정부 헌장에서는 추상적으로 "인류문화"라 함에 그친 반면, 1944년의 헌장에 들어오면 이미 "정치, 경제, 사회, 문화"와 같은 사회체계 내지

13) Roger Cotterrell, Law, Culture and Society, Ashgate, 2006, p. 97.

국가·사회영역을 열거하는 가운데 그 하나로서 문화를 들고 있기 때문이다. 탤컷 파슨스(Talcott Parsons)의 사회체계이론을 연상케 하며, 그 같은 열거주의는 오늘에까지 이어지고 있다. 아무튼 이때의 문화영역이 포용하는 구체적 구성이 무엇이었는가는 분명치 않으나 교육, 학문, 예술, 종교이었으리라 짐작되며 그 점에 관한 한은 오늘날 또한 이를 벗어나지 않는다고 본다. 그러나 많은 경우 거의 고정관념상의 표현으로 '문화예술'로 쓰고 있으나 사실 '문화'의 구성내용에 예술이 포함되어 있는 이상 그 같은 용어 자체도 불필요하고 논리적이지도 않다고 하겠다. 물론 계속 강조하거니와, 오늘날 문화의 내용적 구성이 끊임없이 확대되고 있으며, 새로운 발전된 현상 내지 생활양식, 정보화된 사회양태 등이 포용하고 있음은 두 말할 필요도 없다. 앞에서 문화의 개념적 발화와 그 전개가 철저히 서유럽 중심이었음을 지적한바 있다. 아울러서 그 때 빠트릴 수 없는 측면은 근대 서유럽 사회를 지배하던 국가사상 및 시대사조라는 점이다. 즉 이로부터 문화와 국가의 관계를 짚어볼 수 있기 때문이다.

당연히 이 경우 제기되는 논의는 헌법 제9조로부터 우리나라를 이른바 "문화국가" 지향으로 규정할 수 있느냐 하는 문제이다. 왜냐하면 '문화'라는 용어가 임시정부 헌법부터 그리고 제헌헌법 이래 역대 개정헌법에 등장은 하였으나 '문화국가'를 주장하지도 또 그 헌법원리가 대세를 이루지도 않았기 때문이다. 유일하게 김기범 교수가 문화국가주의를 교과서에서 서술은 하고 있으나 그 소제목도 "문화국가(복지국가)주의"[14]라 함에서 드러나듯 복지주의와 동의어로 쓰는, 이해하기 힘든 서술이라서 달리 논의의 대상이 되지를 않았다. 예컨대 "문화국가이념을 실현시키기 위해서는 일면에서는 경제적 약자인 근로대중을 보호하는…타면에 있어서는 경제적 강자인 독점자본가의…경제적 자유를 어느 정도 제한하지 않으면 안 된다."[15] 요컨대 정확한 이해가 전혀 결여된 가운데 쓴 잘 못된 사례라 하지 않을 수 없다.

1980년의 개정은 이른바 국보위 중심의 밀실 하향식 개정으로서 구체적으로 누구에 의해 문화조항 제안이 이루어졌는지 공식기록으로 확인할 길이 없다. 다만 분명하리라고 추정되는 점은 비정치적인 외양과 함의를 가진 '문화'를 통해 강압정치를 순화하면서 정당성결핍을 치유하려는 계산에서 나온 것이 아닌가 한다. 뒤이은 '국풍81'이라는 초대형의 관제문화행사 등이 이를 웅변하기 때문이다. 요컨대 문화 본질을 위한 문화조항의 신설이었는지는 의문이 아닐 수 없다.

후버(E.R. Huber)의 문화본질론과 그림(Dieter Grimm)의 문화와 국가 분류론이 소개된 것은 1980년과 1987년의 헌법개정으로 문화조항이 개설되고도 10여년이 훨씬 지난 뒤의 일이다. 헌법의 기본원리이든 국가목표이든 전문가도 이를 논증하고 법리를 구성함에 있어, 본말이 전도되고 그만한 시차라면, 더 이상 어떻게 그 적실성을 설명할 것인가. 요컨대 이에 대

14) 김기범, 한국헌법, 교문사, 1973, 78면, ------, 헌법강의, 법문사, 1963, 104면.
15) 위의 책 한국헌법, 79면.

한 새로운 논의가 이루어지길 바랄 뿐이다.

다시 서유럽전통에 관한 논의로 되돌아가 '문화' 또는 '문명' 용어의 발아기 지적 토양을 살펴 보지 않을 수 없다. ○○주권, ○○국가와 같은 명명이 다소 도를 넘어서고 있는것 같다. 물론 그 배경에는 특정국가 구체적으로는 독일이다. ○○국가[16] 명명의 경우 경우에 따라 이해를 돕고 구분의 명료화를 위해 학습과정에 필요함은 충분히 인정된다고 본다. 다만 그 배면에 깔려있는 국가중심성과 국가주도성 같은 국가주의의 한국식 표현이라는 점을 간과해서는 안 될 것이다.

19세기 후반 비스마르크의 국가통합 당시만 하여도 30여개의 대소공국들의 결합을 가능케 하기 위한 촉매제를 다름 아닌 '문화'에서 찾았기 때문이다. 이 과정에서 분열을 극복하기 위해서 게르만인에게는 공유하는 무엇인가가 있음을 개발하기 위하여 문학가, 음악가, 사상가 등이 앞장서게 되었고 이를 당연히 지지한 세력은 통합주의자 정치인들이었던 것이다. 이것이 훗날 문화국가(Kulturstaat)지향으로 나타나게 된 것이다.

요컨대 "독일 특유의 가부장제적인 정치·사회·문화의 조건, 편협한 독일의 민족주의 그리고 농후히 독일적인 신비주의와 선민의식"[17]등이 이 같은 19세기 및 20세기 초 문화국가주의의 토양이 아닐 수 없다. 다시 말해서 제1차 세계대전을 거쳐 외형상의 근대국가체계는 바이마르 공화국으로써 완성하였으나 이념과 의식이 그를 따르지 못하였음이 분명하다. 즉 사상과 의식의 심층적 변화를 거친 경우가 아닌 까닭에 히틀러에게 지배의 길을 터준 셈이기 때문이다.

여기서 다시 문화와 국가의 넥서스를 되새겨보지 않을 수 없다. 다시 말해서 대한민국의 경우 어떤 논리로 문화국가일 수밖에 없는가에 앞서 제9조와 제69조가 문화국가를 규정하고 있는 것으로 본다는 것은 논증의 순리가 아니라고 하겠다. 문화의 자율성 보장, 적극적인 보호 육성, 그리고 평등의 보장으로 그것도 뒤늦게 설명하고 있기 때문이다.

아울러서 우리 헌법재판소의 이와 관련된 특정 외국의 법리와 판례에 대한 편향이 엿보인다. 그리고 아예 한 걸음 더 나아가서 국가의 문화풍토조성이라는 정책실현에 초점을 두면서 국가적 개입과 그 정도를 제시하고 있어 향후 판례도 주목하게 된다. 기왕 '문화와 국가'에 관한 한 독일 영향을 숨길 수 없다면 1990년 독일의 통일기본법 개정이 완성되는 과정에서 특히 기본법 제20a조에 신설된 또 하나의 국가목표규정으로서 대등하게도 중요성을 인정받는 환경보호조항에 주목할 필요가 있다고 본다.

---

16) Obrigkeitsstaat, Beamtenstaat, Burgerstaat, Nationalstaat, Rechtsstaat, Gesamtstaat, Volksstaat, Parteienstaat, Fuebrerstaat, Sozialstaat, Wohlfahrtstaat, Machtstaat, Militaerstaat, Klassenstaat, Polizeistaat, Personenverbandsstaat, Gewaehrleistungsstaat.

17) 권영설, 헌법이론과 헌법담론, 법문사, 2007, 25면.

다시 말해서 1983년 당시 서독 전문가위원회의 보고서(Bericht der Sachverstaendigen-kommission)는 헌법법리상 문화유산보호와 유사성이 큰 '환경보호'를 국가목표규정으로 신설함에 우선순위를 둔 것이다. 결국 미래에 타당할 헌법상 국가목표로 Kulturstaat 지향을 포기하였다는 것을 의미한다. 문화의 중요성을 인정치 않았다는 뜻이 아님은 물론이다.

Ⅳ. 문화와 법의 교차

1. 법 문 화

대체로 법문화(legal culture)란 법제도에 관하여 일반인이 알고 있는 지식, 태도 및 행태를 총칭하는 것으로 가장 간단히 규정할 수 있겠다.[18] 또 달리 풀이하면 문화 전체와 유기적으로 관련된 관습의 총체라고 본다.[19] 한 마디로 말해서 법문화도 문화의 한 구성부분이라 할 수 있음은 물론이다. 그 가운데서 법에 대하여 또는 법으로부터 관습, 의견, 행위 및 사고의 방식에 있어 특정한 방법으로 사회세력을 형성하게 하는 전체 문화의 한 구성부분을 법문화라 부르는 것이다.

결국 여기서 주안점은 법과 관련된 인식과 행태의 클러스터라는 점이다. 그리고 이 둘은 대단히 밀접하게 상호연관 되어 있기 때문이다. 요컨대 법문화에 있어서 구성요소는 법과 관련된 태도, 가치, 의사라고 할 수 있다. 경우에 따라서는 여기에 덧붙여 법제도에 대한 일반인의 믿음을 덧붙이기도 한다. 물론 이 경우 이런 요소들이 무엇을 구체적으로 포함하는 것이고 어떠한 부분이 이로부터 배제될 것인가 하는 것은 사실 분명치 않은 경우가 많은 것이다.

다시 말해서 문화 자체가 개인적인 편차나 환경적 편차 등을 인정하는 까닭에, 흔히 주어진 문화는 이 같은 구성요소들의 총화(aggregate) 개념으로 본다. 그러나 개념정의에 있어 이는 또 다른 딜레마의 출발점이 된다. 왜냐하면 구체적으로 한국의 총화와 다른 국가의 총화를 현실적으로 어떻게 견주느냐를 과학화하기 쉽지 않기 때문이다. 따라서 부차적이고 상관관계가 적으며, 또 자의적인 요소들이 제외된 그 잔여(residue)를 문화라 한다는 다소 황당한 논리에 도달하게 된다. 요컨대 법문화의 정의는 이처럼 복잡하거나 논리적이라고만 볼 수 없는 방법론상의 문제점을 안게 됨에 따라, 결국 과학적인 정의를 내리기 힘들다는 뜻이 된다.

심지어 프리드먼마저도 법문화가 법과 국가발전의 인과관계에 있어 하나의 요소라는 점

18) James A. R. Nafziger et. al, *op. cit.*, pp. 134-205: Chulwoo Lee, Legal Culture and the Rule of Law in Korea, 한양대 법학논총 제16집, 1999, 385-404면.

19) L. Friedman, The Legal System: A Social Science Perspective, Russell Sage Foundation, 1975, pp. 193-194.

은 분명하다고 인정한다. 따라서 법사회학의 이론구성에 있어 설명의 한 요소라는 점 또한 사실이다. 요컨대 이것으로써 법문화에 대한 명확한 설명이 되지 못하는 까닭에 더 구체화되고 객관화된 합리적 정의가 나와야 한다는데 대한 요청은 공유되고 있다고 본다. 이것의 가장 큰 요인은 바로 '문화' 그 자체의 의미가 확장적이고 비일률적이며 혼성적인 까닭에 있다고 본다. 바로 이 점은 많은 인류학자들이 보는 견해이기도 하다.[20)]

어느 국가나 다 특정한 법문화를 가지고 있다. 다시 말해서 전체 법제도를 대표하는 특정한 성격을 나타낸다고 보기 때문이다. 즉 지배적인 법사상, 법 스타일 등으로 대표되기 때문이다. 그러나 이 또한 법문화 정의의 어려움과 같이 똑같은 문제를 안기 마련이다. 어떤 측면을 주로 관찰하고 어떤 측면에 주안점을 두냐에 따라서 복수의 법문화로 규정할 수 있다. 이를테면 주어진 국가 또는 사회의 경우에도 부유층과 빈곤계층에 각기 다른 법문화가 존재한다고 볼 수도 있고 인종을 기준으로 할 때 흑·백·황인종에 각각 타당한 법문화를, 그리고 성별에 따라 남성과 여성 법문화를 달리 파악할 수도 있기 때문이다.

사회구성이 복합적일수록 법문화 또한 복합적 성격을 더욱더 띠게 마련이며 이념적 갈등이 심하거나 종교분쟁이 있는 국가 또는 사회일수록 관련된 법문화의 클러스터는 더욱더 복잡한 양상을 띠게 됨을 물론이다. 따라서 법문화를 크게 보아 두 갈래로 파악할 수 있는바 가장 큰 차원에서 이를테면 역사적 흐름 또는 세계의 권역별 특성과 같이 광범위한 기준에서 비교를 할 때의 법문화가 있을 것이며 다른 한편 사회과학적 차원의 법다원주의를 인정하는 차원에서 비교하는 경우가 있을 수 있겠다.

2. 비 교 법

보는 시각에 따라서 비교법은 법 그 자체와 같이 오랜 역사를 가졌다고 보며 법의 존재 그 자체와 함께 오래된 경우로 설명하기도 한다.[21)] 대체로 주어진 연구 분야가 독립된 과학으로서 인정받기 위하여서는 독자적인 연구목적, 연구방법론 및 연구대상을 가져야 된다. 비교법이 독자적인 학문영역인가에 대하여서는 상당히 긴 시간에 걸쳐 논란이 되어 왔다. 다시 말해서 법에 관한 '연구방법론'이지 법학의 독립된 분과는 아니라는 주장이 한동안 대세를 이루었기 때문이다.

그러나 오늘날 비교법의 유용성에 관한 논의는 이제 더 이상 의심과 논쟁의 대상에서는 벗어났다고 본다. '비교법론'으로서 법학의 독자적 분과로 인정을 받고 있다고 할 것이다. 아무튼 그럼에도 불구하고 그 핵심이 여전하게 '비교방법론'에 있음은 분명하다. 연구대상이 되는 2개 이상 '국가' 또는 '공동체'의 법을 견주어 분석함에 있어 그들이 딛고 있는 '문화'요인

---

20) C. Geertz, The Interpretation of Cultures, Basic Books, 1973, pp. 4-5.
21) Gyula Eoersi, Comparative Civil Law, Akademiai Kiado, 1979, p. 17.

은 당연히 불가분의 관계에 있다 할 것이다. 즉 이동성(異同性), 다시 말해서 비슷한 점과 다른 점의 식별과 분석 및 이해를 위하여서는 관련 문화배경의 이해가 무엇보다 중요하기 때문이다.

법에 문외한이 아닌 이상 언어 및 법계(法系)에 관한 최소한의 이해를 바탕으로 하더라도 다양한 문화배경과 여러 문화요인들이 제기하는 역동적 측면은 비교법의 연구효용성을 가늠하는 경우가 많다. 이 같은 연관에서 유사점과 차이점에 대하여 '지나치게' 중요성(overemphasis of similarities, overemphasis of differences)을 둘 필요는 없다고 지적하는 전문가도 물론 있다.[22] 그러나 표면상의 이동성(異同性) 발견과 분석에만 몰입하고 집착하는 경우에는 자칫 잘못된 결론에 다다를 수 있는 위험성이 있기 때문이다. 바로 여기에서 문화의 중요성이 강조되는 까닭이 있는 것이다.

최근 비교법에 나타나고 있는 새로운 경향을 가리켜 '포스트모던 비교법(Postmodern Comparative Law)'이라 부르기도 한다. 물론 전통적 비교법학자들은 그 같은 용어 자체내지 명명을 인정하지 않는 경우도 있는바, 지나치게 법외적인 학문적 지향성에 휩쓸릴 필요가 없다는 것이다. 다시 말해서 철학과 인류학, 국제정치학 등의 새로운 경향에 매몰될 필요가 없다는 점이 아닐 수 없다. 왜냐하면 이는 20세기중반 이래 상당기간 세계를 시배해왔던 양극화 현상으로부터 미국이 유일 슈퍼파워인 단극화 시대가 전개됨에 따라 펼쳐진, 세계적 차원의 법 현상을 지칭하는 것이다. 조지 W.부시 행정부 이래로 부쩍 대두된 신조어라 하겠다.

당연히 이 포스트모던 비교법이 보편적으로 인정되는 명명 내지 지향성이라 할 수는 없으나 그 배경에 반이슬람, 반국제테러라는 문화요인이 상당히 깔려 있음은 부인하기 어렵다고 본다. 동시에 농후히 미국편향이 큰 시각의 반영이 아닐 수 없다. 바로 이점을 인정한다 하더라도, 점차 대두하고 있는, 부인 못할 흐름 속에서 등장한 것이 다름 아닌 '문화내재 법(Law embedded in Culture; Culture-embedded Law)'이다. 1950년대 이래로 인문과학 및 사회과학에서의 물질주의와 이데올로기 중심성이 바야흐로 문화중심성으로 접근방법상의 변화 경향을 나타내기 시작하였음을 뜻하기 때문이다. 이것을 다른 표현으로 문화전환이라고 부르기도 한다.[23]

결국 이른바 포스트모던 비교법에서는 법을 단순히 어떤 기술적 도구로만 봐서는 결코 안 되고 문화의 한 구성요소로서 법이 갖는 중요성을 강조한 것은 분명하다고 할 것이다. 아예 한 걸음 더 나아가서 '문화로서의 법(law-as-culture)'이라고까지 명제를 새롭게 설정함 동시에 비교법에서 문화의 중요성을 다른 무엇보다 으뜸가는 것으로 주안점을 달리 설정하

---

22) Mathias Siems, Comparative Law, Cambridge University Press, 2014, pp. 80-94.

23) Austin Sarat and Jonathan Simon (ed), Cultural Analysis, Culture Studies and the Law, Duke University Press, 2003, pp. 1-2.

게된 것이다. 그에 따라 많은 학자들이 법과 문화의 상호관계에 관한 연에 집중하기 시작하였음은 물론이다. 여기서 점차 나온 신조어가 앞에서 지적한 바와 같이 '문화내재 법'이다.

요컨대 사회과학적 및 기타 학제적 연관에서 주어진 국가의 법을 분석하고 판단해야 한다는 뜻이며 관련법 분야에 따라 그 문화적 요소의 중요성은 커질 수가 있다는 뜻이 된다. 특히나 오늘날 글로벌화의 폭과 속도가 커지고 있는 상황에서 또 그 결과 법의 계수와 법계간의 법수렴이 뚜렷한 상황에서는 과거보다 문화요인이 더 커지고 있음에 주목해야 할 것이다.

문학작품과 영화의 심심찮은 소재로 '법'이 등장하게 되고, 존 그리샴(John Grisham), 애거서 크리스티(Agatha Christie) 등의 법을 소재로 한 외국소설과 영화가 생활의 한 부분이 되었으며, 우리의 방송드라마들도 그와 크게 다름이 없다. 그렇다고 하여 이들 법소재의 문화예술장르 작품들 속에서 맞닥뜨리는 법지식과 내용들이 정확하고 체계적이라는 뜻은 물론 아니다. 다만 이들 단편적 관련지식의 축적과 활용은 결국 해당 국가나 공동체의 법이 그만큼 질적 양적으로 더 풍부해지고 문화 속에 깊숙이 자리하게 되었다는 점만은 분명하다 그에 덧붙여. 아래에서 다시 다루겠거니와 교통의 경이적 발달, 정보화 및 글로벌화의 확대는 이 추세를 이제 더 이상 거스를 수 없게 하고 있는 것이다.

3. 대중문화

일반적으로 대중문화(popular culture)의 역사는 문명의 초기 내지는 인간의 사회적 관계가 조직화될 때로부터 비롯되었다고 할 수도 있겠지만, '인민'의 세력화가 두드러지기 시작한 '민주혁명의 시대'로부터 본격화 하였다고 해야 옳을 것이다. 즉 18-19세기 들어 수(數)적으로 다수를 이룬 이들 대중의 정치·사회적 역할이 커지고, 뒤이어 서유럽의 경우 '도시중산층'이 형성되기 시작하면서 이른바 고급문화(high culture)에 대응되는 대중문화가 자리잡기 시작하였기 때문이다. 물론 이때 초기의 이른바 고급문화는 주로 궁정중심 내지 귀족중심으로 형성된 것이었음은 물론이다.

20세기 중반 제2차 세계대전의 종전은 대중문화의 성격변화에 큰 기폭을 이루게 된다. 즉 양적 도약(quantum leap forward)의 결과 문화의 '대중화(massification)'[24] 현상이 나타났기 때문이다. 사실 19세말부터 시작되긴 하였으나 본격적으로 라디오·텔레비전의 대규모 시청, 자동차보급의 확대와 스테이션왜건형 자동차생활, 생활편의와 레저의 보편화 등으로 대중문화가 새로운 국면을 맞게 된다. 이 가운데서 특히 주목할 점은 바로 매스미디어와 대중문화의 결합이라 하겠다.

민주주의의 신장 특히 선거권의 보편화에 따른 의회, 정당, 선거 등으로 대표되는 정치과

24) Richard K. Sherwin (ed.) Popular Culture and Law, Ashgate Publishing Ltd., 2006, p. 554.

정에 시민의 세력화는 곧 대중문화의 '정치화'를 초래하지 않을 수 없기 마련이다. 바로 여기에 법과 대중문화의 넥서스는 필연적이게 되는 것이다. 합법성에 대한 요청만으로 충족되던 정치질서 사회질서에 '문화적 정당성'[25]까지 갖추어야 하기 때문이다. 이때 수적 우위성과 대중과의 소통력에 바탕을 둔 대중문화의 영향력이 이른바 고급문화에 뒤지지 않으며 경우에 따라서는 압도하게 된다.

외국의 경우 대중문화가 시대의 아이콘으로 등장하며 가공할 영향력행사의 사례를 흔히 '시민 케인(Citizen Kane)의 오손 웰스(Orson Welles)나 '사계의 사나이(A Man for All Seasons)의 감독 프레드 진네만(Fred Zinnemann)을 보기로 든다. 그러나 사실 우리나라의 경우도 그에 다름 아니다. 영화 연극인이 지난 3개 정부에서 각료[26]를 지내거나, 젊은 방송인들의 정치적 의사표현이 강력한 영향력을 행사해온 우리의 경우도 결코 우연이 아니며, 한 걸음 더 나아가 이념논쟁을 불러온 바 있음을 기억할 것이다.

요컨대 오늘날의 대중문화는 사회적 소통력 특히 다양한 표현행위를 통한 침투력이 압도하는 수준인 까닭에 당연히 그에 대응되는 규제의 영역을 중심으로 법리가 전개되고 있다. 비단 정치·사회적 영향력이 폭발적인 대중집회나 전파미디어는 물론이거니와 일상화된 SNS 등 때와 장소를 가리지 않고 그 휘발성을 더 하고 있다. SNS의 보편화는 또 다른 많은 법적 분쟁의 소지를 잉태하고 있다고 본다.

이를테면 2009년에 있었던 사례를 보기로 들어 살펴보기로 한다. 5살짜리 어린이가 특정 가수의 노래와 율동을 따라하는 UCC를 자신의 블로그에 업로딩함에 따라 한국음악저작권협회가 저작권침해를 주장하게 된 경우이다. 포털업체 네이버는 그 삭제요청을 받고 저작권자의 요구에 따라 삭제조치를 취하였다. 여기서 문제의 소재는 '저작권 보호요청'과 이에 대응하는 '문화적 소통의 자유' 즉 정보문화향유권 보장의 대립이라는 법률문제에 있었다.

여기에서 저작권법을 들어 내세운 근거는 2000년의 대폭개정으로부터 최근의 한·EU FTA 및 한·미 FTA를 반영하는 법개정 등 기본적으로 저작권이 강화된 입법임은 물론이다. 이에 대응하여 이른바 문화향유권이 우선되어야 한다는 주장이 맞서게 되었다. 아무튼 한국음악저작권협회는 문제의 게시물에 대한 게시중단을 요구하면서 손해배상을 제기하였고 1·2심 법원은 모든 동영상 등의 게시물은 저작권법상의 복제전송에는 해당되지만, 그 이용행위는 '공표된 저작물의 인용'에 해당됨에 따라 직접적인 저작권침해를 구성하지는 않는다는 판결을 내렸다.[27]

---

25) Franco Moretti, The Comfort of Civilization, 12 Representations 115, at 115-116 (1985)

26) 김대중 정부의 손숙 장관: 노무현 정부의 이창동 장관, 김명곤 장관: 이명박 정부의 유인촌 장관.

27) 서울고등법원 2010.10.13. 선고 2010나35260 판결. 이 판결은 대법원 판결은 아니지만 확정판결로서 저작권의 공정이용에 관한 선례가 되고 있다(2018.5.1. 현재). 기본적으로 이는 인터넷 포털업체인 네이버 블로그에 UCC를 올린 사건인데, 법원은 여기에서 저작권 위반이 아닌 저작물의 일부를 정당한 범위 안에서 공

현재 당면한 대중문화관련 법의 논의는 주로 '인터넷게임 개인중독'을 둘러싼 규제 문제에 집중되고 있다고 본다. 당연히 우리나라는 온라인 게임산업에 있어 세계 유수의 국가 가운데 하나이며 마약 · 도박 · 알콜과 더불어 주요 중독증으로 게임의 문제가 불거짐에 따라 이에 대한 강력한 규제입법론과 이를 막기 위한 대중문화예술 관련단체들의 이해대립이 핵심을 이루고 있기 때문이다. 다시 말해서 게임중독을 종합적으로 관리하기 위한 정부기관을 만들고 그에 따라 규제를 강화하자는 내용의 법률안이 현재 발의되어 있는 상태이다.[28]

물론 이와 관련하여서는 논란의 출발점이 게임을 즐기는 것과 지나치게 몰입하는 것에는 어떤 차이가 있으며 중독성 판단의 기준이 무엇인가 등이 치열한 쟁점의 대상이 되기도 한다. 현재 정부는 미래창조과학부의 발족과 더불어 게임산업의 육성에 대한 강력한 의지를 밝힌 바 있음은 물론이다. 그런가 하면 여당대표의 교섭단체대표 연설에서는 게임중독을 4대 중독규제대상에 포함시켜야 된다고 역설함에 따라 정부정책상 혼란이 야기되고 있기 때문이다. 22개 문화예술단체들은 '게임 및 문화컨텐츠 규제개혁을 위한 공동대책위원회'를 발족하는 등 강력히 맞서고 있다. 따라서 상당한 기간 이를 둘러싼 논란이 계속 될 것으로 예상된다.

또 다른 측면에서 우리 대중문화의 대외적 현상으로서 '한류'를 들지 않을 수 없다. 기본적으로 TV드라마, K-pop, 영화'로 시작한 이른바 1세대 한류는 일본과 중국 등 일부 중화권 국가를 주로 대상으로 한 것이었다. 이제 바야흐로 이른바 '제2세대 한류' 내지는 '신한류'의 시대에 접어듦과 동시에 그 대상권역 또한 일본 · 중국 · 대만을 넘어서 몽골, 거의 대부분의 동남아시아, 중앙아시아는 물론 중동지역과 일부 중 · 남미지역에까지 그 인기몰이를 이어가고 있다고 한다. 기존의 장르는 물론이거니와 우리 전통생활 및 전통음악과 결합된 퓨전문화, 녹색관광, 그리고 한국 특유의 IT기술과 접목한 이른바 디지털한류 새 장르를 개발하고 있다. 또 프로게이머들로 대표되는 e-스포츠 영역 또한 한국이 주도하고 있는 영역이라 할 것이다.

아래에서도 다루겠지만 지난날 '정체성' 중심의 '닫힌 문화'는 보편성으로 덧씌움에 따라 이른바 '열린 문화'로 지향하고 있음은 미래의 한류가 지역확대와 새로운 트렌드의 수용을 반영하고 있기 때문이다. 다시 말해서 사물놀이에 바탕을 둔 난타나 태권도에 바탕을 둔 점프는 이의 대표적인 보기가 아닐 수 없다. 하급문화 및 전통문화는 고급문화와 결합하여야 할 과제를 안고 있고, 마찬가지로 전통음악과 전통음식 및 전통생활방식은 서양 및 타 지역과 결합함에 따라 이른바 퓨전문화의 형태로 그 대외적 전파의 지평을 넓혀가고 있다고 본다.

정한 관행에 합치되게 인용하였음을 인정하였다.

28) 제17대 및 제18대 국회에 제출된 게임 관련 법안 3개: '인터넷게임 중독 치유 지원에 관한 법률안'(손인춘 의원 대표발의), '중독 예방 · 관리 및 치료를 위한 법률안'(신의진 의원 대표발의)은 임기만료 폐기: '콘텐츠산업 진흥법 일부개정법률안'(박성호 의원 대표발의)은 게임중독에 대한 설득력을 얻지 못하여 법안가결이 미루어졌다. 결국 두 법률안 모두 임기만료로 폐기되었다.

4. 문화적 항변

문화적 항변(Cultural Defense)이라 함은 주로 형사사건의 경우에 피의자 또는 피고인이 기존의 법질서가 추구하는 가치를 부정할 의도 없이 자신이 오랫동안 소속된 문화공동체에 내재화된 가치질서에 따른 행위임에 따라 그 같은 문화의 차이에 기인한 범법행위에 대한 법적책임의 감면을 구하는 주장을 가리킨다. 대표적으로 미국 등의 이민국가에서는 종종 제기되기는 하나 일반적으로는 인정되기 쉽지 않다.[29] 다만 오늘날 범세계적인 이른바 다문화현상으로 대표되는 귀화 및 외국인 체류의 일상화 현실에 비추어 이 같은 갈등은 과거보다 훨씬 더 증가할 개연성이 크다.

주로 다수의 우리나라 교포들이 거주하는 미국 캘리포니아주에서 이와 관련된 사례가 심심치 않게 일어났었다. 이를테면 귀신이 씌었다는 이유로 안수기도를 시술한 목사와 남편이 살인혐의로 기소된 사례(1996년); '고추 만진 죄'사건으로 많이 보도도 된 LA카운티의 사례이다. 71세의 한인 피의자가 이웃거주의 남자아이 성기를 강제로 만졌다는 혐의로서, 이것이 미국문화에 대한 이해부족에 따른 것인지 또는 성적 욕구의 결과인 것인지가 문제되었다(2007년); 뉴욕의 한인타운에서 발생한 사건으로서 부업으로 학원 밴 운전을 하는 한인 목사가 8세 한인여자 어린이에 여러 차례에 걸쳐 성추행을 했다는 혐의로서 이 또한 문화 차이를 주장한 사례이었다(2009).

문화의 이질성을 근거로 한 항변이 소송절차상 권리로서 공식적으로 인정되거나 제도화되고 있지는 않지만, 적어도 이 같은 문화요인이 법제도와 운영에 영향을 미쳐왔음은 분명하다고 본다. 특히 특정 문화에 유래된 행위가 타 법질서와 충돌 내지 저촉함에 따라 형사절차에 회부될 때 자기 방어의 필요가 제기되기 마련이다. 더구나 이를테면 미국처럼 형사배심의 경우에 배심원들에게 미국 주류 문화와 상이한 외국의 문화를 설명할 별도의 조치는 필요하다고 할 것이다.

이때 종교로부터 파생된 생사(生死) 관련의 관습과 의식, 혼인과 출산 관련 행위와 예식, 육아의 방식, 식생활 관련 전통, 동·식물의 관리 특히 애완동물 관리생활 등이 대체로 문화충돌에 기인하여 발생하는 영역들이다. 당연히 주류사회의 문화권역의 밖에 있는 소수파 문화와 그 가치들이 주로 문제됨은 당연한 귀결이다.

20세기 말로부터 불어 닥친 글로벌차원의 인구이동, 특히 이민과 이주노동력의 괄목할 만한 증가 그리고 교통의 발달에 따른 세계적인 관광인력의 관광목적 대규모 이동인구 등은

---

29) 이 분야에 관한 법률문제를 초기에 우리나라에 소개한 문헌으로서는, 이재협, 법과 문화의 충돌: 미국 형사재판에서의 문화적 항변에 대한 고찰, 저스티스, 제36권 제1호, 한국법학원, 2003, 271면; 차동욱, 문화적 항변과 감정인의 역할 및 소송전략, 미국학논집, 제38집 제3호, 한국아메리카학회, 2006, 359면 참조.

지금은 물론 앞으로도 상당한 기간 이 같은 문화차이를 둘러싼 갈등과 법률문제가 제기될 가능성을 높이고 있다.

아무튼 본격적인 이민국가 예컨대 미국, 캐나다, 오스트레일리아 등과 전통적으로 외국인 노동력 입출국 경험이 많은 일부 유럽국가의 경우에는 위와 같은 문화차이의 문제가 어느 때라도 불거질 조짐이 있는 경우라 하겠다. 그렇다고 하여 우리 또한 이로부터 벗어난 조건이라 할 수는 없겠다.

현재 대체로 170만 명의 정주외국인 인구가 있는 한 우리 또한 이 같은 문화적 권리문제가 첨예하게 대두되지 않으리란 보장이 없기 때문이다. 현재 우리의 경우 논의되고 있는 수준은 대체로 이를 '법률의 착오'의 한 형태로 인정하느냐를 형법 제16조 적용여부를 둘러싼 정도에 그치고 있다. 특히 몇몇 특정국가에 집중된 외국국적 여성과의 혼인관계에서 제기되는 민형사상의 법률문제는 지금도 그러하거니와 앞으로 많은 갈등을 예고하고 있는바, 아직은 양형 감경의 사유로 보아 개별적으로 처리하는데 그치고 있다.[30] 한국처럼 국가분단이 벌써 70년을 경과함에 따라 북한과 남한 사이에 마저도 또 다른 의미의 문화이질화가 굳어져 가고 있다. 따라서 이 또한 형사법리상 또 다른 요소로서의 문화가 등장하고 있음이 분명하다.

Ⅴ. 글로벌리제이션과 문화

20세기가 마감될 즈음, 다시 말해서 20년 전만 해도 '글로벌리제이션'이란 낱말은 그 때 이미 시대의 클리셰(cliche), 곧 상투어가 되었다.[31] 어느 연관에서나 막을 수도 또 가릴 수도, 그리고 헤쳐나아가야 할 과제가 된 까닭이다. 그 말이 하도 남용되어 신선한 관점도 나만 아는 사실은 더구나 아니게 되어가고 있었다. 바로 이때쯤 논쟁을 불러일으킨 논객 중 하나가 프랜시스 후쿠야마가 아닐까 한다. 그가 약 20년을 사이에 두고 두 개의 다소 도발적인 저술을 펴내었음은 잘 알려진 바이다.[32]

후자의 경우는 논문인데 여기에서 후쿠야마는 세계전체로 볼 때 자유민주주의를 향한 지속적인 추세가 확인됨을 지적하면서, 이 때 인권보장, 국가권력의 책임성, 법치주의의 신장, 특히 비(非)서방 국가들의 경우 '문화가치'의 변화상을 언급하고 있음에 주목하지 않을 수 없다. 결국 '문화의 변화' 내지는 서양·비서양 문화의 수렴현상이 이를 가능케 하고 있다는 주장이다. 현대국가의 법과 제도가 대단히 실용적이며 문제해결방식 중심이라서 끝내 자유민주주의적 가치 중심으로 그 방향으로 수렴이 되고 있는 것이라고 본 것이다.

---

30) 의정부지방법원 2011.10.28. 선고 2011고합210 판결(살인미수, 외국인 신부 남편 살인미수 집행유예 판례).
31) D. Held et al, Global Transformations: Politics, Economics and Culture, Polity Press, 1999, p. 1.
32) Francis Fukuyama, The End of History and the Last Man, Free Press, 1992: －－－－－, The "End of History" 20 Years Later, New Perspectives Quarterly vol. 27, 2010, pp. 7-10, 2010.

이는 곧 그 세계화흐름의 중심축이 국가라 하기에는 과거와 달리 국가가 약화되고 있으며, 그 자리에 문화적 가치가 들어선다는 것을 가리킨다. 후쿠야마보다 한 걸음 더 나아가서 글로벌화가 초래된 배경 내지 원인은 종국적으로 '국가권력의 침식(erosion)',[33] '국가의 후퇴(retreat)',[34] '국가의 쇠퇴(decline)',[35] '국가의 분해(disaggregation)',[36] 국가의 공동화(空洞化 hollowing out)'[37] 등이라 규정지으면서 그 가속화 추세를 내다보고 있는 전문가들이 적지 아니하다.

물론 이들이 쓰는 표현과 논거에 다소 차이가 있으나 '국가성'의 약화라는 점에 있어서만은 공통된다고 할 것이다. 동시에 현상과 문제에 있어 '국내적' 및 '국제적' 차원과 영역의 구별이 점차 모호해진다는 점이다. 왜냐하면 전자의 경우 국가기능이 또 다른 형태로 분할 및 분산되고 있음에 따라, 삼권분립으로 대표되던 전통적인 제도와 기능의 상호분립이 크게 흔들리고 있음을 보게 된다. 또 규제기관 상호간의 경합, 그리고 공(公)·사(私)기능과 업무의 재편성이 나타나고 있는 바, 이들 현상을 딛고 나타난 개념이 거버넌스(governance)임은 물론이다.

국제적 차원에서도 괄목할 만한 변화는 계속되고 있다. 초정부주의(transgovernmentalism)의 대두가 바로 그것이다. 즉 전통적인 주권논리로서는 설명할 수 없는 경우로서, 입법·행정·사법의 국가기관들이 타국의 대응기관들과 상호교류 등 교호작용을 가속화 하고 있는 등 정치제도의 새로운 패러다임을 가리킨다. 아무튼 이같은 의미에서 기존의 국가주권에 대한 도전들이 반드시 정면대결 또는 정면부정으로 나가고 있다는 뜻은 아니다. 그러나 국경을 넘어서 이루어지는 협업의 양적 증가, 새 패러다임의 기준설정과 그 결과의 교류 등을 통하여 점차 그 같은 방향으로 서서히 또는 비교적 빨리 진행되고 있음은 부인할 길이 없다고 본다. 물론 이 같은 일련의 주장과 설명들이 현실적으로 다소 과장된 측면은 분명히 있다고 본다. 다시 말해서 지금까지 나타난 전통적 의미의 국가퇴조가 그 같은 국가론 전문가들이 판단하는 수준이냐에 대해서는 다소 의문을 제기할 만하기 때문이다.

그런데 여기서 문화의 글로벌리제이션을 짚어보려면 다시 그 본질을 되새겨 보지 않을 수 없다. 문화의 '열림과 닫힘' 그리고 '보편성'의 문제에 귀결되기 때문이다.[38] 문화는 개방적일 수도 있고 폐쇄적일 수도 있는 양면성이 있다. 공동체 '정체성(正體性)'의 측면에서 많

---

33) B. Santos and C. Rodriguez-Garavito(eds.), Law and Globalization from Below: Towards a Cosmopolitan Legality, Cambridge Univ. Press, 2005, p. 5.

34) Susan Strange, The Retreat of the State, Cambridge Univ. Press, 1996, p. i.

35) Ugo Mattei, An Opportunity Not to Be Missed; The Future of Comparative Law in the United States, 46 AJCL709 at 710 (1998).

36) Paul S. Berman, The New Legal Pluralism, 5 ARLSS 225, at 236 (2009).

37) Neil Coe et al, Economic Geography, Blackwell, 2010, p. 216.

38) 김우창(외), 풍요한 빈곤의 시대, 민음사, 2014, 86-87면.

은 경우 국수주의 그리고 국가와 민족의 집단 이데올로기의 기수역할로 나타나기도 한다. 여기서 김우창 교수는 막스 베버(M. Weber)의 또 다른 용어를 빌어 '철갑 우리(stahlhartes Gehaeuse)'처럼 벗어나기 어려운 수준의 개별성을 가리킨다.

한편 문화는 스스로 보편성을 반영하여야 한다는 이중성의 강박에 싸여 있기도 하다. 더구나 대변환(Great Transformation)으로 규정되는 21세기의 세계 환경이 어떤 지향성을 요청하고 있는가는 불문가지라 하겠다. 보기에 따라 이 시점 그 요청은 가히 거스를 수 없는 수준이라 할 것이다. 다시 말해서 문화보편주의(culture universalism)가 두드러지고 있어 문화다양성과 결합하여 그리고 논쟁과 투쟁을 거쳐서 세계문화로 자리매김 될 것이라 내다보기도 한다. 앞에서 언급한 헌팅턴의 경우도 이슬람과 서구의 조화되지 않은 두 문화가치의 갈등측면만 지나치게 부각하였다는 비판도 있음에 주목하여야 할 것이다. 곧 같은 이슬람 국가들마저도 내부에서 일어나고 있는 투쟁과 같이 복잡하고 다양한 측면을 지나치게 단순화하는 부분도 있기 때문이다. 다시 되돌아가서 앞의 성격 즉 '개별성'과 '보편성'을 전략적 내지 상업적으로 섞은 이른바 세방화 즉 글로컬리제이션(glocalization)이 나오고 있음은 물론이다.

우리의 이른바 한류전략 또한 이에 다름 아니다. TV드라마, 대중가요, 영화, 이렇게 세 장르로 출발하였으나, 여기에 보편주의를 다소 덧씌운 노력으로 난타, 점프, 뿌까, 뽀로로, 아기공룡 둘리 등 만애캐(만화 애니메이션 캐릭터)를 위시한 영역확대로 나아가고 있음에 주목해야 하겠다.

당연히 법의 영역에서도 개별적 수렴, 지역적 및 세계적 차원의 수렴과 통일의 방향으로 나아가고 있음에 따라 '법글로벌리제이션'이 이제 거스를 수 없는 흐름으로 자리매김한 지는 적어도 4반세기에 이르고 있음이 분명하다. 이른바 소프트 로(soft-law)의 위력이 날로 거세지고 있음을 보게 된다.

즉 세계정부가 없는 틈새에 강제력 또는 그에 버금가는 영향력으로 뒷받침된 다국적기업, 국제 신용평가회사, 대형투자금융기관과 펀드, 국제회계검사기업 등이 전통적 국가를 압도하는 힘을 발휘하고 있음이 일상화되고 있지 않는가? 이미 글로벌 차원에서 초국가 시장지배세력, 대형규제기관 그리고 중재기관 등은 이 '국경없는 세계'의 새로운 지배자가 아닐 수 없다. 아무튼 글로벌리제이션 속의 법 또한 그 진화의 속도가 빠르냐 또는 더디냐는, 보는 시각에 따라 다를 수 있으나 시공간적으로 큰 틀에서는 어김없이 그 방향으로 진행하고 있음을 부인하기는 어려울 것이다. 요컨대 오늘날 문화와 법의 넥서스를 '넘치는 역동성' 이외로 달리 설명할 길이 없다.

26. 한반도 체제에 대한 제언: 자유민주적 통일에 대한 최소주의적 접근*

정 태 욱**

Ⅰ. 서　　설

2018년 4월 현재 한반도는 결정적 분수령을 향해 가고 있다. 남북 정상회담에 이어 북미 정상회담도 예정되어 있다. 평화 혹은 전쟁, 화해 혹은 대결의 갈림길에 서 있다고 판단된다. 한반도 통일 문제도 가시화될 것으로 추측된다. 지난 김대중 노무현 정부가 남북 연합에 의한 통일을 추구했다면, 이명박 박근혜 정부는 흡수 통일을 염두에 두었다고 생각한다. 이제 다시 한 번 통일 관련 헌법적 숙고가 절실한 때라고 생각한다.

우리 헌법 제4조는 "대한민국은 통일을 지향하며, 자유민주적 기본질서에 입각한 평화적 통일 정책을 수립하고 이를 추진한다."고 규정하고 있다. 이 규정은 일반적으로 남북 연합보다 흡수통일의 관점에서 해석되고 있다. 하지만, 평화통일의 대원칙을 생각하면, 동 규정은 흡수통일이 아니라 남북 연합에 의한 통일에서도 적실성이 있어야 할 것이다. 그러한 관점에서 이글은 '자유민주적 기본질서에 입각한 통일 정책(이하 '자유민주적 통일원리'라고 약칭함)'의 의미를 법철학적으로 검토해 보고, 그 윤곽을 그려보고자 하는 것이다.

우리 헌법상 자유민주적 기본질서는 '모든 폭력적 지배와 자의적 지배, 즉 반국가단체의 일인독재 내지 일당독재를 배제하고 다수의 의사에 의한 국민의 자치, 자유, 평등의 기본원칙에 의한 법치주의적 통치질서', '기본적 인권의 존중, 권력분립, 의회제도, 복수정당제, 선거제도, 사유재산과 시장경제를 골간으로 하는 경제질서 및 사법권의 독립'으로 이해되고 있다.[1] 많은 헌법학자들은 이러한 자유민주적 기본질서의 내용을 북한에까지 확산시키는 것을 자유민주적 통일원칙으로 이해한다.[2] 필자는 이를 '자유민주적 기본질서의 포괄적 확대' 혹

---

* 이 글은 2012년 『법철학연구』 제15권 제2호에 실린 필자의 글을 약간 보완한 것이다. 서울대학교 성낙인 총장 기념논문집 간행을 축하하며, 이 불비한 글이 한반도 미래를 위한 성낙인 총장의 통일 헌법학에 일별이나마 참고가 될 수 있기를 희망한다.

** 인하대학교 법학전문대학원 교수

1) 헌법재판소 1990.4.2. 선고 89헌가113 등 참조.

2) 대표적으로 김선택, "통일헌법 논의의 Prolegomena", 『통일법연구』, 제2권, 2016, 17-19쪽; 장영수, "통일헌법 제정의 기본방향", 『유럽헌법연구』, 제21호, 2016, 406-407쪽; 도회근, "통일헌법의 기본원리", 『법조』 제64권 제10호, 2015, 33쪽; 이효원, "통일헌법이 제정 방법과 국가조직", 『법학(서울대)』, 제55권 제3호, 2014, 34쪽; 이승우, "남북통일에 대비한 헌법개정의 필요성과 방향," 『공법연구』, 제39권 제2호, 2010, 235-236쪽. 통일 한국의 체제에 대한 일반적 논의로는 자본주의와 사회의주의의 조화를 시도한 국순옥, "통일국가의 헌법과 기본권적 인권의 체계," 『공법연구』 제21권, 1993, 53-72쪽; 그 조화의 헌법적 불가능성을 제시하는 권영성, "남북통합과 국가형태, 국가 체제 문제," 『공법연구』 제21권, 1993, 19-52쪽 등 참조. 한편 성낙인 총장은 일찍이 "통일헌법에서의 자유민주주의는 폭력적 지배를 배제하는 헌법과 법률에 입

은 '자유민주적 통일원리에 관한 최대주의적 해석'이라고 부르고자 한다.

그러나 법철학계의 인식은 그와 차별성을 보인다.[3] 필자도 그러한 '최대주의적 해석'은 적절치 않다고 생각한다. 필자는 자유민주주의 개념을 구성원들 사이의 자유의 결합으로 이해한다. 앞서 본 자유민주적 기본질서의 내용들은 우리 국민들 사이에서 자유의 최적 결합, 즉 자유의 공존을 위한 장치들이라고 이해한다. 같은 맥락에서 하나의 공동체가 아니라 복수의 정치 공동체 사이에서의 자유민주주의란 그 공동체들 상호 간의 자율성의 결합이라고 생각한다. 따라서 하나의 공동체 내에서 자유민주주의가 구성원들 사이에서 상호 해를 끼치지 않는 이상 서로 개성을 존중하는 공존과 관용의 체제를 뜻한다면, 서로 다른 공동체 사이에서는 상호 적대행위를 하지 않는 이상 각 공동체의 가치관과 세계관을 서로 인정하는 공존의 체제를 뜻하는 것으로 이해하여야 한다고 생각한다.

그리하여 남북 분단의 한반도 상황에서 자유민주적 통일이란 기본적으로 남북이 서로를 인정하는 연합적 방식이 되어야 한다고 생각한다. 물론 북한이 남한의 체제를 수용하는 경우에는 그 연합의 결과가 흡수통일이 될 수 있을 것이다. 그러나 북한이 남한의 체제를 전폭 수용하지 않는 이상, 우리 헌법의 자유민주적 통일 원칙은 남한의 자유민주적 체제와 북한의 비(非)자유민주적 체제의 공존을 지시하는 것으로 해석되어야 한다고 생각한다. 필자는 이를 '자유민주적 기본질서의 제한적 확대' 혹은 '자유민주적 통일원리에 관한 최소주의적 해석'이라고 부르고자 한다.[4]

이러한 관점의 차이는 기본적으로 자유민주주의에 대한 정치철학적 이견에서 비롯한다고 할 수 있다. 최대주의적 해석은 자유주의에 대한 일종의 '근본주의'적 접근이라고 할 수 있고, 최소주의적 해석은 그와 같은 근본주의에 반대하는 것이라고 말할 수 있다. 롤즈의 구분에 의한다면 최대주의적 해석에서의 자유민주주의는 다른 세계관들을 배격하는 '포괄적 교리(comprehensive doctrine)'라고 할 수 있고, 최소주의적 해석에서의 자유민주주의는 서로 다른 세계관들의 공존을 가능케하는 '정치적 자유주의(political liberalism)'라고 할 수 있다.[5]

각한 인민민주주의적인 공산당까지도 허용하는 자유민주주의여야 할 것이다"라는 의견을 제시한 바 있다. 성낙인, "통일헌법의 기본원리 소고", 『법학(서울대)』, 제53권 제1호, 2012, 427쪽.

3) 대표적으로는 양천수, "상호합법성의 측면에서 접근한 북한 인권 문제," 『공법연구』 제8권 2호, 2007; 신동룡, "북한의 집단주의 법원리 및 통일법 연구를 위한 시론," 『법과사회』, 제37호, 2005 그리고 졸저, 『한반도 평화와 북한 인권: 법철학적 기록』, 한울 아카데미, 2009를 들 수 있다. 한편 북한의 법체제 자체에 대한 법철학적 논의로는 역시 신동룡, "북한의 집단주의적 법원리와 권리-의무에 대한 법문학적 고찰," 『법철학연구』 제12권 제2호, 2009, 김도균, "북한 법체계에서의 법개념론과 법치론에 관한 고찰," 『법학(서울대)』 제46권 제1호, 2005를 들 수 있다.

4) 이러한 최대주의적 접근론과 최소주의적 접근론의 구분과 유사한 것으로서는 '공격적 자유주의'와 '방어적 자유주의'의 구분을 들 수 있다. 전재성, "한반도 통일에 관한 이론적 고찰," 『통일과 평화』 제1권 제1호, 2009, 86-91쪽 참조.

5) 이에 대하여는 J. 롤즈(장동진 역), 『정치적 자유주의』, 동명사, 1998; 정태욱, "롤즈에 있어서의 '정치적인 것'의 개념", 『법철학 연구』 제4권 제2호, 2001, 133-158쪽 참조. 한편 또 다른 의미에서 정치적 자유주의

정치적 자유주의란 '자유에 대한 자유주의적 해석'을 추구하는 것으로서[6] 공존과 관용의 자유주의라고 할 수 있다.

이 글은 그러한 법철학적 논의에 기초하여 남북 사이에 합당한 공존과 관용의 한반도 상을 그려보고 자유민주적 통일의 최소주의적 가능성을 제시해 보고자 한다. 또 북한이 그러한 공존과 관용의 한반도 체제를 수용한다면 그것만으로 북한에도 최소한의 자유민주주의가 성공적으로 확산되는 것임을 보여줄 수 있기를 기대한다.

그리하여 글의 순서는 먼저 남북관계에 관한 기존의 법철학계의 논의를 소개한 후, 공존과 관용의 한반도 체제의 상 및 그 경우 한반도 전체에 확장될 자유민주주의의 최소한의 내용들을 살펴보고, 이어서 그를 위해 우리 정부가 취해야 할 자유민주적 통일정책들을 제시해 보는 식으로 진행될 것이다. 이렇게 자유민주적 통일원리의 기본 관점과 그에 기한 구체적인 통일정책이 상호 반성적 균형(reflective equilibrium)을 이룰 수 있다면, 최소주의적 자유민주적 통일원리의 정합성과 타당성은 강화될 수 있을 것으로 생각한다.

Ⅱ. 남북관계에 대한 기존의 법철학적 관점들

기존의 법철학계의 논의에서 직접 '자유민주적 통일원리'를 다룬 경우는 거의 없지만 남북관계에 대한 기본적 규범원리, 즉 한반도 통일을 위한 기본 원칙에 대한 논의는 상당히 축적되어 있다. 그 논의들은 대체로 남한의 자유민주적 기본질서를 북한에 이식하는 것에 반대하는 쪽이라고 할 수 있다. 말하자면 한반도 통일에 관한 한 북한에게도 '당사자 적격'을 인정해야 한다는 것이 '법철학적 공평의식'이라고 생각된다.

1. 상호 합법성

먼저 양천수 교수는 북한 인권 문제에 대한 접근법으로서 '상호 합법성'의 개념을 제시한다. 그 개념은 법다원주의자인 산토스에서 유래하는 것인데, 산토스는 세계화 시대 법다원주의의 관점에서 단일화된 합법성 체계를 거부하고, 각 사회 영역마다 자율적으로 형성되어 정립된 다원화된 합법성 체계가 존재한다고 말한다. 따라서 이 법다원주의 시대에서 우리는 서로가 각기 고유하게 지니고 있는 합법성 체계를 상호 승인할 수 있어야 한다는 것이다.[7]

를 경제적 자유주의와 대비하여 잘 정리한 글로서 김비환, 『자유지상주의자들 그리고 민주주의자들: 기본권을 통해 본 시장과 민주주의』, 성균관대학교 출판부, 2005.

6) 이 역시 롤즈의 개념이다; "정치적 자유주의는 자유에 대한 자유주의 입장을 취한다. … 정치적 자유주의는 자유적 만민과 적정수준의 만민 양자 간의 평등한 자유를 지지한다." J. 롤즈(장동진 · 김만권 · 김기호 역), 『만민법』, 아카넷, 2009, 205쪽.

7) 양천수, 앞(주 3)의 글, 220-223쪽 참조. 한편 이상돈은 그와 같은 상호 합법성의 관점을 법인류학적 다원주의로 수용하여 '다투어질 수 있는 보편성'으로서의 인권개념을 제시한 바 있다. 이상돈, 『인권법』, 세창출

이는 한반도 문제와 관련하여 구체적으로 두 가지 의미를 담고 있다. 첫째 북한을 우리와는 다른 독자적인 주권 국가 혹은 이에 상응하는 국제법상 단체로 승인한다는 것을 뜻한다. 양천수 교수는 헌법 제4조, "남북기본합의서" 전문 및 "남북관계 발전에 관한 법률" 제3조 제1항 등의 해석에서도 그와 같은 내용이 도출될 수 있다고 한다. 둘째 북한 인권 문제에 새로운 접근법을 시사한다. 즉 한편으로는 인권의 (잠정적인) 보편성을 인정하면서도, 북한에 고유한 인권이해나 인권법체계의 합법성도 감안할 필요가 있음을 뜻한다.

그리하여 양천수 교수는 일반적으로 북한의 시민적·정치적 권리 상황에 대해서는 상대적으로 강한 보편성 기준을 요청할 수 있는 반면, 경제적·사회적·문화적 권리에 대해서는 좀 더 신중하게 접근할 필요가 있다고 얘기한다. 다만 북한의 시민적·정치적 권리 중 정치적 권리에 대해서는 역시 신중한 접근법이 요구된다고 한다. 왜냐하면, 정치적 권리는 다른 권리보다 주권과 밀접하게 연결되어 있고, 한 정치적 공동체가 그 공동체 구성원에 대해 어떤 정치적 권리를 부여할 것인가 하는 문제는 그 공동체 자신이 주권적으로 결정해야 한다고 보기 때문이다. 그리하여 북한의 정치적 권리문제에 대해서는 남한이 섣불리 개입하지 말 것을 권유한다.

2. 대화윤리

신동룡 교수는 바흐친의 대화윤리에 기초하여 북한의 집단주의적 법원리에 대한 이해와 통일법의 구성을 시도하였다. 바흐친의 대화윤리란 '이질적인 문화적 주체들이 하나의 사회 속에서 상호 공존하기 위해서는, 권위적 대화를 통한 일방적 통일이 아니라 내적으로 설득력 있는 대화를 통한 다성(多聲)적 통일을 비종결적으로 지향해야 한다'는 관점이다.[8]

신 교수는 독일의 통일과정을 고찰하면서 각기 상대의 문화와 정서를 감안할 필요성을 제기한다.[9] 그러나 소위 '내재적 접근법'에는 찬성하지 않는다. 대신 내재적 접근법의 일면성을 넘어설 수 있는 대화윤리를 취한다. 남과 북 사이에 적용될 대화윤리는 서로의 '외재성'을 인정하는 데에서 시작한다는 것이다.

> "남한의 경우 우리의 기본적 정치도덕인 자유민주주의적 가치를 포기하지 않고 우리의 삶을 영위할 수 있는 도덕적 권리가 있다. … 북한은 우리의 이러한 가치를 부정하지 말아야 할 도덕적 의무가 있다. … 이것은 우리가 북한을 대할 때도 마찬가지이다. 남한이 자기의 가치관에 따라 정체성을 구성할 수 있는 도덕적 권리가 있는만큼 북한도 그들이 추구하는 사회주의, 주체사상 및 집단주의 도덕가치에 따라 자신의 정체성을 형성시킬 도덕적 권리가 있으며 우리는 이를 인정해야 할 도

판사, 2005.

8) 바흐친의 대화윤리에 대하여는 신동룡 "대화윤리와 저작권법," 『법철학연구』, 제9권 제2호 2006, 특히 217-229쪽 참조.

9) 신동룡, 앞(주 3)의 글, "북한의 집단주의적 법원리와 권리-의무에 대한 법문학적 고찰," 참조.

덕적 의무가 있다."[10)]

신동룡 교수는 그와 같은 상호 '외재성'에서 출발하여, 가치절대주의를 넘어서는 '상호대화적 관계맺기'의 단계, 감정이입과 유사한 '내재적으로 역지사지하기'의 단계, '자기의 외재성에 입각하여 상대방을 성찰적으로 평가하기'의 단계, 그리고 종국적으로 '내적으로 설득력 있는 대화로써 다성적 통일을 비종결적으로 이루기'라는 단계로 나아갈 것을 제안한다.

신동룡 교수는 이렇게 왕복적이고 중층적인 단계를 거쳐 "쌍방의 목소리가 동시에 존재하는" 다성적 통일상태에서 한반도 체제의 가능성을 찾을 수 있으며, 그럴 때에 비로소 '내적으로 설득력' 있는 대화가 가능할 것으로 본다.[11)]

3. 관용의 원리

글의 서두에서도 언급되었듯이, 필자는 일찍이 한반도 문제에서 롤즈의 『만민법(The Law of Peoples)』에 입각한 관용의 원리를 제안한 바 있다. 롤즈는 자유주의(liberalism)에서 출발하면서도 자유주의의 세계화를 추구하는 것이 아니라 자유주의적 상호성을 확립하는 것을 더욱 중요시한다. 롤즈는 각국의 체제와 문화적 여건을 존중하되, 국제적인 차원에서 상호존중과 협력 및 평화의 질서를 확보하는 것을 과제로 삼았던 것이다.[12)]

롤즈는 자유주의 전통에 서 있지만 결코 자유주의를 세계적 차원의 정의관으로 격상시키려는 의도는 갖고 있지 않다. 롤즈는 국제적 정의론의 전개에서 보편주의-개인주의적 방법론을 거부한다. 롤즈는 그의 국제정의론에서도 '원초적 상황(original position)에서의 가상적 계약을 말하고 있지만, 여기서 계약 당사자는 각 개인이 아니라 정치적 단위로서의 만민(peoples)들로 이해된다. 롤즈는 국제적 관계에서도 각 개인을 당사자로 취급한다면, 그것은 결국 자유주의적 세계관의 전면화를 강요하는 결과가 될 것이라고 말한다.[13)]

롤즈는 각 국가들이 상호 간에 대우하는 방식과 그 국가가 내부의 자국민을 대우하는 방식은 서로 다른 문제라고 말하고 있다. 비록 비(非)자유주의적 국가들이 자국의 국민들을 자유롭고 평등한 시민으로 대우하지는 않는다고 하더라도, 그 국가들이 국제관계의 원리들을 존중한다면 국제 사회의 정당한 구성원으로 대우하는 것이 국제적 차원에서의 자유주의라고 보는 것이다.

롤즈는 자유를 중시하지만, 그 자유는 형이상학적 실체로 이해되는 개인의 자유가 아니다. 롤즈에게 자유의 진정한 의미는 공정한 협력체계의 구성원으로서의 지위에서 구해진다.

---

10) 신동룡, 앞(주 3)의 글, "북한의 집단주의 법원리 및 통일법 연구를 위한 시론," 205쪽.

11) 위의 글, 210쪽.

12) 정태욱, "북한 체제와 인권문제에 단서를 붙이며," 『민주법학』 제20호, 2001, 78쪽.

13) 주지하듯이 롤즈 정의론의 정당화는 가상적 사회계약에 의한다. 롤즈의 이러한 방법론은 『만민법』에서도 지속되고 있다.

롤즈의 리버럴리즘은 관용에 기초한 입헌적 정치질서를 의미한다. 즉 구성원들 각인이 고유한 세계관(포괄적 교리)에 충실할 자유를 인정하면서, 다만 서로 그러한 자유를 침범하지 않도록 하는 공존과 관용의 질서를 말한다.

롤즈는 그런 관점을 국제사회에도 적용하여 자유주의적 체제와 비자유주의적 체제의 상호 공존과 관용을 강조하는 것이다. 즉 비자유주의적이지만 괜찮은(적정수준의; decent) 체제의 가능성을 배제하지 않는 것이다. 마찬가지로 남북이 '따로 또 같이' 공존하는 한반도 체제도 가능할 것으로 생각된다. 필자는 이를 자유주의 대한 최소주의적 접근으로 표현해 보았던 것이다.

Ⅲ. 공존과 관용의 체제로서의 통일

1. 국가연합으로서의 통일상

위와 같이 서로 상이한 법체계의 합법성을 인정하고, 다원성이 보존되는 대화를 진행하고, 세계관이 다른 체제가 상호 공존하는 통일의 그림은 실제로 이미 우리 정부의 통일방안에 반영되어 있다.

현재 우리의 공식 통일방안은 아직 노태우 정부 때 공식 제안되고, 김영삼 정부에서 계승된 '민족공동체' 안이 유지되고 있다. 그 방안은 통일을 3단계 과정으로 구분하고 있다. 제1단계는 화해와 협력의 단계이고, 제2단계는 국가연합의 단계이고, 제3단계는 자유민주주의에 입각한 1민족 1국가의 단계이다. 이 통일 방안은 최소주의적 자유민주주의 통일에서 최대주의적 자유민주주의 통일로의 이행을 상정하고 있다. 그러나 그러한 이행, 즉 북한의 우리식 자유민주주의로의 변화는 북한 내의 혁명적 변화를 전제하는 것이어서 우리가 어떻게 할 수 있는 일은 아니라고 생각된다.

따라서 우리 통일방안의 핵심은 제2단계, 즉 남북 연합(Korean Com-monwealth)의 단계에 있다고 생각한다.[14)] 그 통일방안의 기초자였던 이홍구의 생각도 그와 같은 것이다. 김영삼 정부의 '자유민주주의에 의한 궁극적 통일'이라는 목표는 노태우 정부의 '한민족공동체 통일방안'의 실체 위에 다만, 정치적 '명분'의 이데올로기를 첨가한 것에 지나지 않는 것이었다.[15)] 필자 역시 그러한 궁극적 단계에 도달하기 전에 1민족 2체제 혹은 1민족 2국가의 상

---

14) 노태우 정부 시절 그 통일방안의 입안자였던 이홍구의 증언에 따르면 이 '코리아 연합'은 유럽 연합을 모델로 하는 것이었다고 한다. 이홍구 역시 이 통일방안의 핵심은 남북연합에 있다고 보고 있으며, "이후의 국가체제에 대해서 지금 그 방향을 결정하는 것은 비생산적인 일로, 이는 차후 민족공동체(남북연합)의 구성원들에 의해 결정되어질 문제라고" 말하고 있다. 통일노력60년발간위원회 편, 『하늘길 땅길 바닷길 열어 통일로: 통일노력 60년』, 통일부, 2005, 210쪽.

15) 이에 관하여 2000년 최초의 남북 정상회담의 6.15 공동선언에서 "남한의 연합제안과 북한의 낮은 단계의 연방제 안이 서로 공통점이 있다"라고 합의한 것은 주목할 만한 사실이라고 생각한다. 그와 관련하여 북한

태에서 이미 통일을 말할 수 있으며, 또 그런 상황에서 이미 '최소한의' 자유민주적 기본질서가 반영되어 있다고 생각한다.

그런 의미에서 김대중 전 대통령이 새로운 통일방안을 내지 않고 남북 연합의 통일안을 유지하면서, 통일의 원칙으로서 "첫째, 북측의 무력 도발을 허용하지 않는다. 둘째, 남측은 흡수 통일을 시도하지 않는다. 셋째, 남측은 화해와 협력을 추진한다"는 3원칙을 제시한 것은 타당한 것이었다고 생각한다.[16] 현재 문재인 정부의 통일 정책인 이른바 '3-No' 정책, 즉 "북한 붕괴를 원하지 않고, 흡수통일 및 인위적 통일을 추구하지 않는다"는 정책[17]도 같은 기조에 있다고 생각한다. 이 글은 바로 그러한 남북연합의 한반도 체제의 의의를 자유민주주의적 관점에서 해석하기 위한 것이라고 할 수 있다.

2. 북한의 미래상

한반도 통일 원리는 통일 한국의 상, 미래 통일한국의 목표와 연결되어 있음은 물론이다. 그리고 이는 곧 북한의 미래, 북한의 변화에 대한 판단과도 관계된다. 많은 사람들은 북한의 변화라면 당연히 남한과 같은 자유민주 체제로의 이행을 의미하는 것으로 생각한다. 이러한 인식은 바로 자유민주주의의 최대주의적 접근과 연결될 것이다.

그러나 필자는 현재 북한의 비자유민주적 체제가 지속가능하지 않고, 따라서 변화가 불가피하다고 하여도, 그것이 반드시 우리 남한과 같은 체제로 이행해 갈 필연성은 없다고 생각한다. 북한이 지금의 상태를 벗어나더라도 북한에게는 북한 고유의 미래가 있을 수 있음을 생각하는 것이다. 이처럼 현재 북한의 체제에 반대하면서도 다시 북한에게는 북한의 길이 있을 수 있음을 긍정하는 입장은 자유민주적 통일원리의 최소주의적 접근이라고 할 것이다.

이 글의 최소주의적 접근은 북한의 미래를 '현재 체제의 지속 아니면 남한식 자유민주체제로의 변화'라는 양자택일의 구도로 보지 않고, 현재의 북한 체제가 아닌 보다 '괜찮은'(decent) 비자유민주적 체제의 가능성을 상정하는 것이다. 최대주의적 접근이 북한의 미래에 대하여 우리 남한의 관점을 일방적으로 관철하고자 하는 것이라면, 최소주의적 접근은 북한의 고유성을 인정하되, 다만 우리와 공존할 수 있는 수준으로의 개선을 요구하는 것이라고 할 수 있다.

의 고려연방제의 영문 표기는 연방을 뜻하는 federation이 아니라 국가연합을 뜻하는 confederation임도 참고할 필요가 있을 것이다.

16) 김대중 전 대통령의 통일방안의 핵심도 역시 국가연합에 있다고 할 수 있다. 김대중 전 대통령은 일찍이 우리가 자유민주주의를 희망하더라도, 현재 우리의 목표는 '국가연합'의 단계이며, 그 이후에 "어떤 체제를 선택할지는 그때 그 사람들에게 달려 있으며", 그것을 바꾸어 나갈 권리도 "다음 세대의 몫"이라는 생각을 피력한 바 있다. 김대중, 『공화국 연합제』, 학민사, 1991, 294쪽.

17) 문재인 대통령, 독일 쾨르버 재단 초청 연설('베를린 구상'), 2017. 7. 6, http://www.unikorea.go.kr/unikorea/policy/koreapolicy/berlin/?boardId=bbs_0000000000000063&mode=view&cntId=54162&category=&pageIdx=2

북한의 미래상은 단지 미래에 대한 예측의 문제는 아니고, 미래를 맞이하는 규범의 문제이기도 하다. 북한의 미래를 우리와 같은 자유민주체제로 끌고 오려는 의욕은 당연한 것인지 모른다. 하지만, 의욕은 그 자체로 규범화되는 것은 아니다. 정치적인 합목적성이 인정된다고 하여도 그 자체로 바로 정당한 규범이 되는 것은 아니다. 헌법적 규범이란 그러한 의욕에 바탕을 두지만, 동시에 그 의욕에 대하여 일정한 한계를 설정할 필요성의 차원에서 볼 필요도 있는 것이다. 이처럼 목적을 추구하되, '원칙에 의한 한계'를 우선시하는 것이 롤즈와 같은 정치적 자유주의의 특징이기도 하다.[18]

더욱이 인류 역사를 돌이켜 보면, 과거에도 그리고 현재에도 세계에는 자유민주적 체제의 국가들만 존재하는 것은 아니었음을 알 수 있다. 근대 이후 세계 역사를 자유민주적 체제가 이끌어 왔다고 하여도, 적어도 양적으로는 여전히 비자유민주적 체제가 훨씬 더 많다. 현재에도 이슬람 국가들, 그리고 아시아 가치(Asian values)를 내세우는 동남아 국가들은 다른 길을 가고 있다. 특히 중국의 부상은 소위 '차이나 모델'을 국제 질서에 각인시킴으로써 '이스트팔리아'(Eastfalia) 체제가 운위되는 상황이기도 하다.[19] 러시아도 결국 자유민주적 체제로 이행할 것이라는 예측도 빗나가고 있다.

이런 상황에서 우리가 북한에게 반드시 남한의 모델을 취하라고 강요하는 것은 우리의 자기중심주의의 발로일지 모른다. 자기중심주의는 근본주의와는 친할지언정, 자유민주주의와는 맞지 않다. 서구의 자유민주주의가 우수한 것이라고 하여도 그것이 모든 다양한 문화에 적용되는 것은 아니다. 서구의 자유민주주의가 '역사의 종말'을 말할 만큼 완벽한 것이라고 할 수는 없다. 비자유민주적 체제의 고유한 자신의 길, 고유한 실험은 세계사의 다원적 진화라는 차원에서 오히려 바람직한 것일 수 있다. 한반도의 경우에도 남과 북이 서로 다른 체제로서 선의의 경쟁을 할 수 있다면, 장기적으로 바람직한 결과를 낳을 수도 있다. 이렇게 북한이 북한 고유의 비자유민주적 길, 그러나 남한과 공존과 협력이 가능한 비자유민주적 길을 찾을 수 있다는 것이 바로 최소주의적 자유주의의 인식이다.

이러한 최소주의 자유민주적 통일원리에 대하여 많은 이들은 '내재적 관점'이라고 간주한다. 그러나 내재적 관점이 현재 북한 체제를 정당화하는 이론이라고 한다면, 혹은 '스스로

---

18) 이는 롤즈의 표현을 빌리자면, '선에 대한 옳음의 우선성(the priority of the right to the good)'이라고 할 수 있다. 이에 관하여는 J. 롤즈, 앞(주 5)의 책, 『정치적 자유주의』, 214쪽 이하 참조.

19) 이는 과거 각국 주권의 불가침성을 기초로 하는 근대 국제질서의 기원인 웨스트팰리아(Westfalia) 체제를 패러디 한 것이다. 즉 현대에 들어서 주권의 절대성이 완화되는 보편적 세계화의 시대로 진입하였는데, 최근 각 나라의 고유한 역사와 전통을 강조하는 중국의 부상으로 각국의 독자성과 독립성을 기본원리로 하는 과거의 국제질서로 회귀할지도 모른다는 '우려'가 담긴 표현이다. David P. Fidler, "Eastphalia Emerging?: Asia, International Law, and Global Governance," *Indiana Journal of Global Legal Studies*, 제17호(Winter, 2010), 1-12쪽; Tom Ginsburg, "Eastphalia as the Perfection of Westphalia," *Indiana Journal of Global Legal Studies*, 제17호(Winter, 2010), 27-45쪽 참조.

내세운 체제이념을 그 경험적 성과에 비추어 본다는 관점'이라고 할 때에도,[20] 이 글의 최소주의 접근법과 동일한 것은 아니다. 최소주의 접근법은 기본적으로 외부의 관점, 그것도 자유민주적 한반도 체제에서 북한에게 일정한 요구를 하면서, (남한의 길과 다를 수 있는) 북한 고유의 미래를 기대하는 것이기 때문이다. 북한의 고유한 가능성을 인정하는 것과 북한의 체제 이념을 전제로 하는 것과는 구분될 필요가 있다. 최소주의적 접근은 남북의 다원적 공존을 위한 북한의 변화를 기대하되, 다만, 북한의 길이 반드시 남한식(서구식)의 자유민주주의에 있다고는 보지 않는 것뿐이다.

이에 대하여 다시 우리 자유민주적 기본질서는 '방어적 민주주의' 혹은 '투쟁적 민주주의'이기 때문에 어찌 되었든 북한 체제와는 양립할 수 없다는 반론이 있을 수 있다. 그러나 북한 체제 그 자체를 방어적 민주주의의 대상으로 삼는 것은 평화통일을 지향하는 우리 헌법에 대한 올바른 이해가 아니라고 생각한다. 즉 북한 체제가 남한에 대하여 패권주의적이고 공격적인 행동을 보이는 경우라면 방어적 민주주의의 대상이 될 것이지만, 북한도 남북의 공존, 즉 이 글에서와 같이 비자유민주적 북한체제와 자유민주적 남한 체제의 상호 공존을 인정한다면, 더 이상 방어적 민주주의에 의한 타도 대상은 아니라고 할 것이다.[21]

3. 최소주의 자유민주적 통일의 규범적 의미

남북 국가연합의 형태, 즉 북한의 고유한 미래를 인정하는 공존과 관용의 한반도 체제에 대하여 그것이 도대체 통일이라고 할 수 있나, 혹은 단순한 현상유지를 위한 타협(modus vivendi)에 불과한 것이 아닌가라는 반론이 있을 수 있다. 그러나 북한의 비자유민주적 체제와 남한의 자유민주적 체제의 공존은 단순한 현상유지를 넘어서는 것이다. 여기서의 공존은 현실적 타협, 혹은 사실상의 공존이 아니라 '규범적' 공존을 의미하기 때문이다.[22]

---

20) 내재적 관점에 관한 논쟁을 촉발시킨 송두율의 견해가 명확하게 나타나 있는 글로서는 송두율, "북한 연구에서의 '내재적 방법' 재론," 『역사비평』, 제30호, 1995, 222-229쪽.

21) 우리 헌법은 정당해산제도 등에서 방어적 민주주의를 규정하고 있다(헌법 제8조 4항). 그 목적과 활동이 민주적 기본질서에 위배되는 정당은 해산될 수 있다. 그러나 독일 기본법과 달리 공무원 등에 대한 헌법충실의 원칙 그리고 개인에 대한 기본권 상실의 원칙은 존재하지 않는다. 즉 우리의 방어적 민주주의는 독일의 것보다 완화된 것이다. 즉 정당이라는 수준에 이르지 않는 결사, 그리고 개인들의 양심과 사상의 자유, 집회 결사의 자유, 언론과 표현의 자유는 방어적 민주주의의 대상이 아니다. 즉 정권의 획득 혹은 그에 참여를 목적으로 하는 정당의 경우에만 엄격하게 제한하고, 그 이외의 경우에는 일반적인 기본권 제한의 법리에 따른다고 보아야 할 것이다. 우리 국가보안법의 경우도 다만, '반국가단체'를 말하고 있을 뿐, 북한을 명시적으로 지칭한 바는 없다. 현재의 북한이 우리 남한의 헌정질서와 양립가능하지 않고, 우리를 폭력적으로 전복하려는 경향을 보이기 때문에 국가보안법에서 북한을 반국가단체로 보는 것뿐이지, 만약에 북한이 그러한 성향을 벗어나 '괜찮은 비자유민주적' 체제로 이행한다면, 북한은 더 이상 국가보안법 상의 반국가단체에 포함되지 않는 것으로 보아야 할 것이다. 독일의 방어적 민주주의에 대한 일반적 설명으로서는 박병섭, "독일 기본법상의 자유민주적 기본질서," 『공법연구』, 제23권 3호, 1995; 오향미, "독일 기본법의 방어적 민주주의원리: 그 헌법이론적 논거의 배경," 『의정연구』, 제33호, 2011 등 참조.

22) 관련하여 '영토조항'이 문제가 될 수 있다. 이는 북한을 반국가단체로 볼 수 있는 중요한 근거가 되고, 북한과의 양립을 불가능하게 하는 조항으로 볼 수 있다. 그러나 우리는 동시에 평화통일 조항을 두고 있다. 평

바로 여기에 최소주의 자유민주적 통일의 중요한 의미가 있다. 공존과 관용의 통일은 단순한 병립이 아니라 남과 북에 다원성의 수용이라는 새로운 상위 규범을 설정하는 의미가 있는 것이다. 롤즈 식으로 얘기하면, 남과 북의 중첩적 합의(overlapping consensus)를 의미하는 것이다. 즉 한반도 전체에 공존과 관용의 자유민주적 가치가 관철됨을 뜻하는 것이다.

그 규범성은 한편으로는 북한의 비자유민주적 체제에 의하여 남한의 자유민주적 체제가 흡수되는 것을 막는 소극적인 의미가 있으며, 다른 한편으로는 남한의 자유민주적 체제가 북한의 비자유민주적 체제를 인정한다는 적극적인 의미도 있다. 이렇게 남북 상호 공존과 관용의 체제는 남과 북 모두에게 패권주의를 버릴 것을 요구한다. 북한의 비자유민주주의와 남한의 자유민주주의 모두 근본주의로 나가려는 충동을 제한할 것을 요구하는 것이다. 그리고 그 결과로서 자유민주주의의 핵심인 공존과 관용의 가치가 남북의 상위 규범으로, 한반도 체제의 기본규범으로 설정되는 것이다.

이는 사실 남한의 자유민주적 기본질서에서는 새로운 것은 아니다. 자유민주적 기본질서를 모든 근본주의에 반대하고 다원성을 존중하는 원리로 이해할 때, 이는 자유민주적 기본질서의 당연한 귀결이기 때문이다. 하지만, 북한에 대하여 이는 중대하고도 특별한 변화를 의미한다. 즉 지금까지 자유민주주의를 전혀 경험해 보지 못하고, 일종의 근본주의에 입각한 유일사상과 획일주의를 유지해 온 북한으로서 비자유민주주의와 자유민주주의가 함께하는 다원성의 한반도 체제란 전혀 새로운 개념, 낯선 세계일 수 있는 것이다.

이렇게 공존과 관용의 한반도 체제는 북한에 일종의 패러다임의 변화를 요구하는 것으로서, 자유민주주의의 기본 원리를 확장하는 의미가 있다. 또 그런 점에서 그러한 남북의 자유주의-비자유주의 공존의 한반도 체제를 자유민주적 통일의 체제라고 말할 수 있다고 생각한다. 다만, 그 자유민주적 확장은 북한의 근본을 바꾸는 체제 교체가 아니라 일정한 수정 혹은 전제 조건의 수용을 요구한다는 점에서 '최소주의적' 확장인 것이다.

Ⅳ. 자유민주주의의 최소한의 확장

이하에서는 위에서 얘기한 공존의 한반도 체제에서 북한에 확장될 자유민주주의의 원리들을 구체적으로 생각해 보고자 한다. 여기서 자유민주주의 철학에 대한 어떤 체계적인 진술을 시도할 수는 없지만, 남북이 공유해야 하는 자유민주주의의 기본 특성으로서, '개방적 세

화통일의 헌법적 명령은 헌법 전문을 비롯하여 대통령의 의무 등 곳곳에서 규정되어 있다. 따라서 필자는 평화통일 조항을 일차적이며, 직접적인 규범력을 가진 조항으로 보아야 한다고 생각한다. 반면에 영토조항은 보충적이며 간접적인 규범력을 가진 조항으로 보아야 한다고 생각한다. 즉 영토 조항은 평화통일의 원칙과 충돌하지 않는 범위 내에서 적용되는 것으로 이해한다. 헌법의 영토조항에 대한 헌법학적 논의로서 가장 자세한 것으로는 도회근, 『남북한 관계와 헌법』, 울산대학교 출판부, 2009.

계관'(존재론), '인식론적 겸허'(인식론), '폭력의 최소화'(가치론)라는 가치들을 제시해 보고자 한다.

1. 개방적 세계관

먼저 자유민주주의 세계관의 특징으로서 개방성을 들 수 있다. 자유민주주의는 개인과 공동체의 존재를 특정의 형상(eidos) 혹은 목적(telos)을 위한 것으로 보지 않는다. 설사 헌정질서가 어떤 궁극적 세계관을 상정하는 경우에도 그것은 '초월적이고 규제적인' 차원의 것으로 이해된다. 즉 실제 현실에서는 그에 관한 다양한 시도와 가능성들을 수용하는 것이다. 자유민주주의적 존재론의 기본은 오히려 다양성과 지속성에서 구해진다. 자유민주적 헌정질서는 본질적으로 절차와 과정으로 이해되는 것이다.

물론 그것이 어떤 실체적 내용들을 부정하는 것은 아니다. 각 사람들이 또 부분 공동체들이 고유한 목적을 위해 헌신하는 것은 자유민주적 헌정질서의 자연스러운 모습이다. 핵심은 그러한 각 구성원들의 목적지향성이 전체 질서의 개방적 체계에 의지하고 있다는 점이다. 헌정체제는 어떤 특정의 목적과 가치들을 '존재론으로 공인(公認)하기' 위해 있는 것이 아니라, 그 다양성 혹은 다원성을 담보하기 위한 절차로서 존재하는 것이다. 그리하여 자유민주적 헌정체제에서는 국가의 중립성이 중요한 특징이 된다.[23] 그러한 중립성은 곧 구성원들의 가치 선택에 대한 개방성을 의미하고, 구성원들 상호간의 관용을 의미한다. 자유민주적 체제에서 국가는 사람들의 행복에 대한 존재론적 유권해석을 내리지 않는다. 다만, '행복추구의 자유'를 허용할 뿐이다.

이러한 자유민주적 세계관의 개방성은 한반도 공존의 체제에서 남북관계의 기본 원칙이 될 것이다. 남북 그 어느 쪽이든 한반도 정치공동체의 목적에 관한 섣부른 규정, 일방적 규정은 삼가하게 될 것이다. 그리하여 우리 남한은 이미 논의한 바와 같이 한반도 전체 공동체의 또 하나의 당사자로서 북한 인민들의 선택을 무시할 수 없으며, 북한의 비자유민주적 체제의 고유성과 미래의 가능성을 부정할 수 없다.[24] 우리의 기본 목표는 남북의 공존과 한반도 체제의 지속가능성일 뿐, 미래 한반도 전체의 정치 체제는 지속가능한 미래에 개방해

---

23) 이러한 국가의 중립성의 개념도 롤즈에게서 분명한 예를 볼 수 있다. 롤즈, 앞(주 3)의 책, 『정치적 자유주의』, 238쪽 등 참조.

24) 북한의 비자유민주적 체제의 가능성을 무엇으로 볼 것인지는 역시 열려 있는 문제라고 할 것이다. 가장 유력하게는 중국의 모델을 생각할 수 있을 것이다. 또한 유력한 것으로서 싱가포르와 같은 아시아적 가치에 기반한 권위주의 공동체 국가모델도 한 예가 될 수 있을 것이다. 이와 관련하여 '민주주의 대신 법치주의', '대중 선거 대신 국가시험 제도', 그리고 '다당제의 경쟁 대신 엄정한 부패방지 및 감사제도'를 제안하며 소위 '차이나 모델'을 선도하고 있는 중국의 웨이 팡(Wei Pan)의 견해도 주목할 만하다. 이에 대한 종합적 논의로는 Zhao, Suishen 편, *Debating Political Reform in China, Armonk*, N.Y.: M.E. Sharpe, 2006. 그에 대한 간략한 설명으로는 정태욱, "북한 '협의체 법치국가' 모델 도입이 최선책," 『자유공론』 제42권 7호(2007. 7), 68-72쪽.

두는 것이다.[25)]

마찬가지로 이러한 개방성은 북한에서도 수용되어야 한다. 예컨대 남한 인민민주주의 혁명의 필연성, 한반도 온 사회의 주체사상화라는 궁극적 명제는 포기되어야 할 것이다. 적어도 남한의 부분에 대하여는 북한과 다를 수 있는 나름의 자주와 민주의 다원적 가능성을 긍정해야 할 것이다. 요컨대 북한의 '유일' 세계관은 한반도 전체 공동체의 개방성이란 차원에서 시정되거나 순화될 필요가 있다.

2. 인식론적 겸허

다음으로 자유민주주의의 인식론은 인간의 오류가능성에서 시작한다고 할 수 있다.[26)] 어느 체제나 완벽한 진리를 담보할 수는 없지만, 자유민주주의는 그 체제 자체가 진리 인식과 정의의 판단, 미래의 예측에 있어 자기한계를 고백하는 체제라는 점에 특징이 있다고 생각한다.[27)] 이는 물론 앞서 본 존재의 개방성과 연결된다. 존재의 변화에 대한 어떤 폐쇄적인 목적 혹은 종국적인 운동법칙에 대한 인식은 인간의 한계를 넘는 일인 것이다. 사회체제에 대한 모든 절대적이고 종국적인 주장들은 그 자체로 진리에 어긋나는 것이다. 오류가능성 및 자기 한계에 대한 인식이 결여된 어떤 인식도 진리에 값할 수 없는 것이다.

그러나 이러한 한계인식이 인식론적 회의주의 혹은 지적 허무주의를 의미하는 것은 아니다. 인간의 오류가능성은 거꾸로 '오류에 대한 시정'으로서의 진리 개념을 전제하는 것이다. 자유주의적 인식론은 자기 검증에서 철저하다. 즉 누구도 오류에서 자유로울 수 없고, 진리를 독점할 수 없다는 인식론적 겸허를 바탕으로 하고 있다. 이는 회의주의도 허무주의도 아니고 오히려 진리에 대한 진지한 충실성을 의미한다. 물론 그 충실성은 진리에 대한 완결성이 아니라 오류를 시정하고, 자신을 교정해 나가는 계속된 과정을 의미한다. 모든 구성원들에게 오류 시정을 위한 지속적인 실험과 시행착오의 자유가 인정되는 것이다. 이렇게 하여

25) 이는 신동룡 교수가 말하는 '비종결적인' 통일과 일맥상통한다고 생각된다. 신동룡, 앞(주 3)의 글, "북한의 집단주의 법원리 및 통일법 연구를 위한 시론," 209쪽 이하.

26) 이러한 인식론의 대표로는 포퍼를 들 수 있다. K. 포퍼, 『추측과 논박: 과학적 지식의 성장 1, 2』, 민음사, 2001, 2002.

27) 롤즈 자신은 이를 '판단의 부담'이라는 용어로 설명한다. 그 '판단의 부담'의 구체적 내용을 요약하면 이렇다; i) 어떤 명제를 뒷받침하기 위한 증거들은 서로 상충하고, 복잡하며, 그래서 평가하기 힘들다. ii) 증거능력이 있다는 점에 완전히 동의하는 곳에서도 그 비중에 대해서 불일치하고, 그래서 다른 판단에 도달할 수 있다. iii) 도덕적, 정치적인 개념들뿐만 아니라 모든 개념들은 어느 정도까지는 불확정성이 내재하고, 그 경우 합당한 판단의 한계를 넘지 않는 개인들도 서로 상이한 판단과 해석을 할 수 있다. iv) 우리가 증거를 평가하고 도덕적 정치적 가치를 형량하는 방식은 우리의 총체적 경험과 전체적인 인생경로에 의해 형성되는데, 그것은 동일할 수 없고, 따라서 대부분의 복잡한 문제들에서 의견의 분화는 피할 수 없다. v) 하나의 주제에 대하여 서로 상이한 내용과 비중의 규범적 판단이 대립할 수 있으며, 그 경우 전체적인 판단을 내리기는 어려운 일이다. vi) 일정한 가치들 사이에서 우선순위를 정하고 조정하는 데에 대한 명확한 해답은 구하기 어렵다. 롤즈, 앞(주 3)의 책, 『정치적 자유주의』, 71-72쪽.

자유민주적 헌정질서에 '틀릴 권리', '실패할 권리'는 인간의 자유 및 행복추구권의 본질적 구성부분이라고 할 수 있다.

이러한 인식론적 겸허는 한반도 체제에 있어서 남북 어느 쪽이든 월권과 우월의식을 경계한다. 남한의 입장에서는 현재 북한의 체제를 비판하더라도 남한이 북한의 일에 대하여 더 잘 알고 대신할 수 있다는 오만은 삼가야 할 것이다. 또한 북한 체제의 영락, 참혹한 파국에 대하여도 그것이 종국적인 것이 아니라 체제 차원의 실험, 시행착오로 볼 것을 요구한다. 그리하여 북한이, 예컨대 싱가포르나 중국처럼 그 영락의 상태에서 벗어나 서구의 자유민주적 체제와 경쟁할 수 있는 새로운 체제로 성장해 갈 가능성을 열어 둘 것을 요구한다.[28)]

마찬가지로 북한 자신도 자신들의 체제의 무오류성과 절대적 진리성에 대한 주장은 폐기하여야 할 것이다. 자신들이 한반도 역사와 한민족 공동체의 운명에 대한 유일한 권위이며 종국적 판관임을 자처하는 자아도취로부터 벗어나야 할 것이다. 김일성을 위시한 그 지도자들의 무오류성의 신화도 시정되거나 순화되어야 한다. 이와 관련하여 북한 헌법의 전문(前文)과 중국 헌법의 전문을 비교할 필요가 있다. 양자 모두 자민족의 영광과 혁명에 대한 자부심으로 가득 차 있지만, 중국의 것에는 "진리를 견지하고 착오를 수정하여"(坚持真理, 修正错误)라는 구절이 명시되어 있는 반면, 북한의 것에는 오직 김일성과 김정일의 '불패의 전설' 만이 나열되어 있을 뿐이다. 이는 자존감의 표현이라기보다 오히려 자존감 결여의 반영일 수 있다.

3. 폭력의 최소화

끝으로 자유민주적 기본질서의 가치론은 힘의 절제, 즉 폭력의 최소화에 있다고 할 수 있다.[29)] 이는 앞서 본 자유민주주의의 존재론과 인식론의 귀결이기도 하다. 존재론적 개방성에서 보았듯이, 자유민주주의는 구성원들의 자유를 넘어서는 정치공동체 자체의 실체를 전제하지 않는다. 이러한 개방성은 국가폭력을 경계한다. 자유란 그 목적이 외부로부터 규정되지 않을 때 비로소 가능한 것이다. 마찬가지로 인식론적 겸허에서 보았듯이, 자유민주주의는 진리 인식의 독점을 부인하고, 모든 구성원들의 오류가능성을 상기시킨다. 그러한 인식론적 한

---

28) 예컨대 일찍이 1950-1960년대 북한은 영국의 경제학자 J. 로빈슨이 '세계사의 경제 기적'이라고 평할 만큼 놀라운 성취를 이룬바 있다(Joan Robinson, "Korean Miracle", *Monthly Review*, 제16권 제8호, 541-549쪽). 물론 그것 지속가능하지 않은 것으로 결국 붕괴되어 버렸지만, 북한의 역량의 한 단면을 보여주는 것으로는 의미있다고 생각한다. 마찬가지로 1950-1970년대까지 인민대약진운동, 문화대혁명 등 수천만 명의 희생을 불러온 대재앙의 시절을 거치고도 다시 세계의 중심을 향해 나아 가고 있는 중국의 도전과 시행착오의 역사도 상기할 필요가 있다.

29) 리버럴리즘을 공포로부터의 해방으로 인식한 쥬디스 슈클라의 자유 개념, 그리고 슈클라를 따라 잔인성에 대한 혐오를 자유의 본질로 생각한 리처드 로티의 자유 개념도 그와 다르지 않을 것으로 본다. 슈클라의 리버럴리즘에 대하여는 졸저, 『자유주의 법철학』, 한울 아카데미, 2007; 로티의 리버럴리즘에 대하여는 R. 로티(김동식 · 이유선 역), 『우연성, 아이러니, 연대성』, 민음사, 1996 참조.

계는 곧 서로에 대하여 겸허한 태도를 권유한다. 즉 힘과 권력의 남용을 경계하는 것이다. 자유민주적 기본질서가 구현하고자 하는 가치가 있다면, 그것은 그러한 자유들이 서로 공존할 수 있는 틀을 유지하는 것이다. 즉 강제가 필요한 경우란 오직 자유의 공존을 방해하는 폭력에 맞설 때뿐이라는 것이 자유민주적 헌정질서의 기본 공리가 된다.

하지만 자유민주주의는 인간 사회에서 폭력을 완전히 제거할 수 없음을 인정한다. 인간은 자연에 의한 시련에서 벗어날 수 없으며, 만인은 만인에게 각기 '자연의 시련'일 수 있다. 자유민주적 기본질서가 희망할 수 있는 것은 다만, 폭력의 정도를 낮추고 폭력의 확산을 방지하는 것, 그리고 자기가 먼저, 특히 국가권력이 먼저 폭력의 원천이 되지는 않기를 바라는 것이다. 우리 헌법의 주요 원칙들인 평화주의, 법치주의, 죄형법정주의, 기본권 제한의 과잉금지 원칙 등은 그 귀결이라고 할 수 있다.

한반도 공존의 체계에서도 이러한 폭력의 회피는 무엇보다 중요할 것이다. 특히 폭력의 집합체인 전쟁은 가장 피해야 할 것이다. 그리고 남북 공존의 한반도 체제는 폭력의 수준을 전체적으로 낮추는 데에 기여하여야 할 것이다. 그러나 남과 북에 한반도 전체에 대한 책임을 요구할 수는 없을 것이다. 우리가 일반적으로 기대할 수 있는 것은 남과 북이 각기 자기가 감당할 수 있는 영역에서 폭력의 확산과 과잉을 막는 데에 최선을 다하는 것이다.[30] 따라서 지금 북한에 인권유린과 폭력이 만연하고 있다고 하여도, 그에 대한 외부의 간섭은 쉽지 않은 일이다. 이웃 체제 내의 폭력에 대한 무기력함은 비참일지언정, 항상 부정의라고 할 수는 없을 것이다. 대신 먼저 남한이 할 수 있는 문제, 예컨대 한반도 전체의 전쟁의 공포, 군사적 긴장을 줄이는 것이 남한의 일이라고 생각하는 것이다.

폭력의 최소화는 특히 북한의 체제에 대하여 중대한 의미가 있다고 생각한다. 공산 혁명론에서 연유하는 폭력의 정당화론, 즉 필연적 목적, 공동체의 역사적 목표를 위한 합목적적 폭력은 정당화될 수 있다는 인식은 공존의 한반도 체제와 양립할 수 없다. 야만으로부터 벗어나는, 문명의 가장 중요한 지표가 바로 폭력의 최소화라는 점에 대한 인식이 절실하다. 북한의 '시계'가 아직도 한국전쟁의 때에 머물러 있다는 것은 유감이다. 남한에 대한 무력위협과 대량살상무기는 폐기되어야 할 것이며, 북한 주민들에 대하여도 '조국과 혁명을 배반한 인간쓰레기'라는 관념, 그리고 그들에게는 '인권'을 얘기할 자격이 없다는 근본주의적 발상은 폭력의 최소화라는 관점에서 재고되어야 할 것이다.

30) 이런 점에서 자유민주적 기본질서는 어떤 객관적 목적을 위한 결과주의가 아니라 각자의 의무를 지키고자 하는 원칙론이라고 할 것이다. 즉 윤리학적 구분에 입각하자면, 목적론적(teleological) 윤리학이 아니라 의무론적(deontological) 윤리학에 가깝다고 할 것이다.

4. '최소한의 확장'의 의미

이러한 존재의 개방성, 인식의 한계, 힘의 절제는 자유민주적 체제의 주요한 특성들이지만, 오로지 자유민주주의에만 존재하는 속성은 아니다. 그러한 특성들은 인류의 장구한 역사에서 인간적 덕목으로 기능해 왔으며, 또 어떤 체제이든지 그 체제가 보다 인간적이 되고 또 지속가능한 것이 되기 위해서는 필수적으로 요구되는 덕목들이라고도 할 수 있다. 반면에 현실의 모든 체제는, 설사 자유민주적 체제라고 하여도, 그 사회의 기득권층, 국가권력은 그와 같은 덕목들을 무시하고, 기각해 버리고 싶은 유혹에 빠지곤 한다. 물론 자유민주적 체제는, 적어도 원리적으로는 그러한 위험을 근본적으로 자각하고 있고, 그로부터 일탈이 생기는 경우 자체적으로 경종이 울리게 하는 장치를 마련해 둔 체제라는 점에 그 특징이 있다고 할 것이다.

따라서 이러한 존재의 개방성, 인식론적 겸허, 힘의 절제라는 특성들을 북한에 확장한다고 하여 북한이 완전히 자유민주적 체제로 바뀌는 것은 아니고 또 그것을 의욕할 필요도 없다. 이글의 관점은 최대주의가 아니라 최소주의이다. 이글이 기대하는 바는 그러한 덕목들이 확산되어 북한의 비자유민주적 체제가 보다 순화된 체제로 이행하는 것, 그리고 북한과 남한 사이에 자유민주적 상호성과 공존의 규칙이 구축되는 것이다. 그리하여 남과 북이 그리고 한반도 전체가 보다 인간적이고 평화적인 체제로 나아가기를 희망하는 것이다.

혹시 그와 같은 한반도 공존과 관용의 체제가 북한에게 자유민주주의의 학습의 장이 되고, 북한 내에서도 자유민주적 특성들이 점점 강화되어, 그 본질적 성격이 아예 우리와 같은 자유민주적 기본질서의 방향으로 진화 혹은 비약해 갈 수 있을지 모르겠다. 하지만 그것을 우리 남한의 입장에서 목표로 삼을 수는 없다는 것이다.

Ⅴ. 최소주의 자유민주적 통일정책들

이제 끝으로 위와 같은 최소주의 관점에서 구체적인 자유민주적 통일정책들을 생각해 본다.

1. 적대정책과 패권주의의 포기

이미 언급한 대로 자유민주적 통일 정책의 기본은 비자유민주적 북한과 자유민주적 남한의 공존이다. 이는 상호 적대와 패권주의를 포기할 것을 요구한다. 즉 북한이나 남한이나 상대의 의사에 반한 '체제 교체' 혹은 '흡수통일'을 포기할 것을 요구한다.

이를 위해서 역시 남과 북이 상호 천명해야 할 부분이 있다고 생각한다. 남한은 우리 헌법 제3조의 영토조항이 직접적으로 효력이 있는 조항이 아니라 한민족 공동체의 입장에서 남북 주민 모두를 위한 미래지향적 규정[31] 혹은 통일 한국을 전제로 한 규정임을 밝힐 필요가 있다. 그리고 그런 차원에서 현재 북한의 통치 관할권을 부인하는 것이 아님을 천명하여야 할 것이다.[32] 아울러 국가보안법에서 북한을 그 자체로 반국가단체로 전제하고 그에 대한 단순한 찬양, 고무, 잠입, 탈출을 바로 처벌하는 것도 개정되어야 할 부분이라고 본다.

마찬가지로 북한도 그 노동당 규약과 헌법에 평화통일, 평화공존의 내용을 명시해야 할 것이다. 특히 그들 사회에서 헌법보다 규정력이 더 큰 노동당 규약에서 여전히 남한의 '민족해방' 및 '인민민주주의혁명'을 얘기하고, 또 '온 사회의 주체사상화'를 명시하고 있는 것은 심각한 문제라고 생각한다.[33] 그리고 탈북자들이 남한행을 선택하는 경우 이를 반국가적인 대역죄로 규정하는 형법 역시 시정되어야 할 부분이라고 생각한다.

2. 무력 사용과 무력 위협의 금지

(1) 무력 사용의 금지

한반도는 일찍이 북한에 의한 침공을 경험하였다. 상호 공존을 거부하고 무리한 통일을 시도한 대표적인 예라고 할 것이다. 김일성과 박헌영을 위시한 공산세력의 소위 '국토완정론'(國土完整論)의 반영이었다.[34] 그러나 그것은 불법 부당한 것이었음은 물론이고, 우리에게 강제적 통일의 끔찍함을 일깨워 준 계기가 되었다.

그러나 한국전쟁의 경험은 단지 그처럼 '북한의 범죄'라는 일방적 교훈에 그치는 것이 아니다. 북한의 침략에 맞서 미국을 대표로 하는 유엔군(통합사령부)이 참전하여 북한을 정당하게 격퇴하였지만, 공산권이 휴전 의사를 표시하였음에도 불구하고, 무리하게 북한 전 영토의 정복을 감행한 점도 비판적으로 인식될 필요가 있다.[35] 그러한 미군의 작전은 정당방위 혹은

---

31) 이를테면 북한 정부의 도움을 전혀 받을 수 없는 탈북자의 경우 남한 정부가 그들을 우리의 국민으로 간주하고 가능한 조치를 취하는 것이 한 예가 될 수 있을 것이다. 또 북한 주민들의 민사상의 권리 주장, 예컨대 손해배상청구권, 상속권 등의 행사에서 남한 법원에서 그들의 당사자능력을 인정하는 것도 그에 관한 예가 될 것이다.

32) 아일랜드의 경우처럼 북아일랜드를 영토로 규정한 헌법조항을 개폐하도록 한 Good Friday Agreement도 참고로 할 수 있을 것이다. 이에 대하여는 D. Horigan, "Territorial Claims by Divided Nations: Applying the Irish Experience to Korea," *Gonzaga Journal of International Law*, 제10호, 2006-2007, 227-251쪽 참조.

33) 북한은 2010년 조선 노동당 규약을 개정하여 '공산주의 사회 건설'의 구절은 삭제하였으나, 민족해방, 인민민주주의혁명, 주체사상화는 여전히 남겨 두고 있다. 노동당 규약 전문(前文)의 해당 내용은 다음과 같다; "조선로동당의 당면목적은 공화국북반부에서 사회주의강성대국을 건설하며 전국적 범위에서 민족해방과 인민민주주의 혁명의 과업을 수행하는 데 있으며 최종목적은 온 사회의 주체사상화하여 인민대중의 자주성을 완전히 실현하는 데 있다."

34) 한국전쟁의 개전에 대하여는 정병준, 『한국전쟁: 38선 충돌과 전쟁의 형성』, 돌베개, 2006 참조.

35) 이에 대하여는 Rosemary Foot, *A Substitute for Victory: The Politics of Peacemaking at the Korean Armistice Talks*, Cornell University Press, Ithaca/London, 1990; 정태욱, "한국전쟁 종결의 부정의," 『민주법학』 제43호, 2010 참조.

무력 대응의 필요성과 비례성의 원칙을 넘어선 것이었다. 그 결과 다시 중국의 참전을 불러와 한국전쟁은 결국 미국과 중국 사이의 세계대전으로 확산되었고, 그 와중에 우리 민족이 감당해야 했던 그 끔찍한 희생과 참혹함은 배가되었던 것이다.

자유민주적 기본질서는 기본적으로 평화주의이다. 물론 이 평화주의는 모든 무력과 전쟁을 거부하는 절대적 평화주의는 아니고, 우리 헌법에도 규정되어 있듯이 부당하고도 불필요하고 과잉된 폭력에 반대하는 평화주의이다.[36] 따라서 정당방위를 위한 무력행사 등이 금지되는 것은 아니지만, 우리가 먼저 폭력을 야기하거나 불필요하게 폭력을 확대하는 일은 금지되는 것이다.

남이나 북이나 무력충돌이 발생할 경우 국제법적으로 '비례성'과 '필요성'의 한도를 넘는 폭력의 행사는 삼가야 할 것이다.[37] 어느 쪽이든 선제적 공격은 당연히 금지되어야 하며, 설사 상대의 선제 침공에 맞선 방어 혹은 응징이라고 하더라도 대응 공격은 가능한 최소한에 그쳐야 할 것이다.

(2) 무력 위협의 금지

현실적 폭력만이 아니라 '폭력의 공포' 또한 같은 차원에서 취급되어야 할 것이다. 슈클라의 '공포로부터의 리버럴리즘(liberalism of fear)'도 바로 그 점을 말하고 있으며, 국제법의 집약체인 유엔헌장에서도 무력의 사용만이 아니라 무력의 위협까지 금지하고 있다.[38]

따라서 앞서 본 무력 사용 금지의 원칙이 여기서도 그대로 적용된다. 즉 상대방의 위협에 대응하는 차원에서만, 즉 방어적 차원에서만 무력의 위협이 허용되고, '비례성'과 '필요성'을 초과하는 부분은 자유민주적 통일원리에 위배된다고 할 것이다.[39]

핵무기의 경우 일반적으로 그 무차별적 살상력으로 '비례성'과 '필요성'의 한계를 넘는 것으로 이해된다. 그러나 국제사법재판소는 '한 국가의 존립을 위협하는 극도의 비상상황'에서는 그 위법성에 대한 판단을 유보하였고,[40] 월저 같은 리버럴리즘의 철학자도 '극도의 비상상황 이론'이라고 하여 핵무기의 최후 보충성을 긍정하고 있다.[41] 이 부분은 바로 북한이 미

---

36) 우리 헌법 제5조 1항 "대한민국은 국제평화의 유지에 노력하고 침략적 전쟁을 부인한다"는 규정 참조.

37) 김대순, 『국제법』, 제16판, 삼영사, 2011, 1338쪽 참조.

38) 유엔헌장 제2조 제4항에서는 "그 어떤 국가의 영토보전 혹은 정치적 독립"을 해하거나 기타 "유엔의 목적에 위배되는 방식의 무력사용이나 무력위협(threat or use of force)"을 금지하고 있다.

39) 관련하여 정태욱, "한미합동군사훈련의 적법성," 『법학연구(인하대)』, 제11권 제1호, 2008 참조.

40) 이와 관련하여 박배근, "핵무기사용의 합법성에 대한 ICJ의 권고적 의견," 국제법평론, 제8호, 1997; Charles J. Moxley, Jr., "The Sword in the Mirror: the Lawfulness of North Korea's Use and Threat of Nuclear Weapons Based on the United States' Legitimation of Nuclear Weapons," *Fordham International Law of Journal*(2004. 4월).

41) 핵무기에 대한 예외적 옹호론으로는 M. Walzer, *Just and Unjust Wars* 제3판, New York; Basic Books, 2000, 269쪽 이하 참조. 한편 핵무기에 대한 원칙적 반대론으로는 J. Finnis/G. Grisez, *Nuclear Deterrence: Morality and Realism*, Oxford: Clarendon Press, 1987 참조.

국에 대하여 내세우고 있는 이유이기도 하다. 우리는 북한의 핵무기 개발의 진짜 이유가 정권의 권위, 남한에 대한 군사적 우위 내지 균형의 유지를 위한 것으로 보지만, 북한의 공식적인 이유는 미국의 적대정책 때문이라는 것이다. 그리고 미국과의 관계정상화와 안보위협이 사라지면 핵무기는 포기될 것이라고 한다. 즉 자신들의 목표도 한반도 비핵화라고 한다.[42) 그렇다면 미국과 남한은 북한과의 관계정상화, 평화관계의 수립에 응하는 대신 북한에 핵폐기를 요구할 수 있을 것이다.

3. 기본적 인권의 존중

(1) 최소주의 인권

비자유민주적 체제와 자유민주적 체제의 공존이 단순히 잠정적 타협, 혹은 전술적 타협에 그치는 것이 아니라면, 그것은 보편적인 가치에 호소하는 바가 있어야 할 것이다. 자유민주적 공존이 폭력의 수준을 낮추고자 하는 것이라면, 이 또한 남과 북 내부에서도 적용되어야 할 것이다. 따라서 자유민주적 체제는 그 체제대로, 비자유민주적 체제는 또 그 체제대로 각 체제의 내부에서 일어날 수 있는 폭력의 수준을 가능한 낮추는 것이 되지 않으면 안 될 것이다.

자유민주적 체제의 우월성을 생각하는 경우 비자유민주적 체제가 자유민주적 체제보다 전체적으로 폭력의 수준이 높을 것으로 생각될 수 있다. 그러나 항상 그렇다고 단정할 수는 없다. 마찬가지로 기본적 인권의 종류와 범위를 자유민주적 체제의 관점에서 일방적으로 정할 수는 없다. 중요한 것은 폭력의 총량의 우열을 재는 것보다, 폭력에 대한 저지선, 즉 폭력의 한계를 설정하는 것이라고 생각한다. 인권적인 차원에서는 '최소주의 인권'의 관념이라고 할 수 있을 것이다.[43)]

남한이 북한의 인권에 대하여 관여한다면, 그와 같이 '최소주의적으로 해석된' 인권개념으로 접근해야 할 것이다. 아울러 절차적으로는 남한의 인권문제도 같이 다루는 개방되고 상호적인 자세로 임해야 할 것이다. 북한의 인권상황에 있어서 가장 심각한 것으로 정치범수용소 그리고 탈북자에 대한 가혹행위를 들 수 있을 것이다. 이는 최소주의로 해석된 축소된 인권

---

42) 정태욱, "북한의 핵보유에 대한 규범적 평가를 위하여," 『민주법학』 제33호, 2007 참조.

43) 체제의 차이에도 불구하고 공통적으로 보장되어야 하는 최소한의 인권의 경계를 확정짓기는 어려운 일이다. 다만, 비자유민주적 체제의 인권의 범위와 자유민주적 체제의 인권의 범위는 서로 다를 것이라는 '구분적 인식'이 중요할 것이다. 이에 관하여 롤즈는 최소한의 인권들로서 생명의 권리(생존과 안전의 수단의 확보), 자유권(노예, 농노, 강제노역으로부터의 자유 및 사상과 종교의 자유를 위한 실효적인 양심의 자유), 개인적 소유권, 자연적 정의에 입각한 형식적 평등권들을 예시적으로 제시한다. 주의할 것은 개인들이 평등한 시민으로서 동등한 기본권을 가진다는 관념은 포함되지 않는다. 평등한 양심의 자유도 요구되지 않는다. 롤즈, 앞(주 6)의 책, 『만민법』, 112쪽, 132쪽 등. 한편 이미 서술한 바와 같이 양천수 교수는 시민적 권리로서의 인권의 보편성을 인정하면서도, 그 가운데 정치적 권리에 대하여는 유보적인 태도를 보인다. 필자도 마찬가지로 복수정당제에 기초한 민주주의적 권리는 북한에게 요구하기 어려울 것이라고 생각한다.

개념에서도 용인되기 어려울 것이다. 다만, 그에 대한 문제제기 방법으로는 국가폭력의 완화라는 차원과 북한 주민들의 정치적 자유의 보장이라는 차원이 있을 수 있다. 전자가 최소주의라면 후자는 최대주의적 접근이라고 할 수 있을 것이다.

북한과 같은 비자유민주적 체제에서 정치적 의견, 사상과 양심의 자유의 보편적 보장은 요구하기 힘들 것으로 생각된다. 주체사상의 옹호자만이 공직에 진출할 수 있다거나, 주체사상을 비판하는 언론의 자유가 어느 정도 제한된다거나 하는 등의 제약은 피하기 힘들다고 본다. 다만, 체제에 반하는 사상을 가지고 있다는 이유로 또 개인적인 의견을 얘기하였다는 이유만으로 처벌하는 것, 또 단순히 북한 체제를 떠나려는 주민을 국가반역죄로 처벌하는 것은 최소한의 인권에 반하는 것으로 생각된다.

(2) 인도적 간섭(humanitarian intervention)의 문제

현재 북한의 정치범 수용소는 국제적으로 이슈화되고 있다. 정치범 수용소의 전모가 규명된 것은 아니지만, 우리 통일연구원이나 국제 엠네스티 등 인권단체는 북한 정치범 수용소의 참상을 고발하고 있다. 대략 12만 명의 정치범과 그 가족이 심각한 인권유린의 상태에 있다는 것이다.[44] 이와 같이 대규모의 지속적인 인권침해의 경우 소극적인 비판이 아니라 적극적인 구제의 차원으로 나가야 한다는 주장이 있을 수 있다. 즉 '(무력적) 인도적 간섭(개입)'의 주장이다.

그러나 필자는 인도적 간섭에는 반대한다. 북한 정부의 통치권이 유지되고 있는 한, 정치범 수용소가 아무리 참혹한 상황이라고 하더라도 인도적 간섭은 결국 북한 정권 교체라는 '전쟁'으로 비화될 것이기 때문이다. 최소주의적 관점에서는 '인권을 위한 전쟁'이라고 하여도 '전쟁의 폭력성'에 주목하지 않을 수 없다.[45] 다만, 예외적으로 북한의 통치질서가 와해되어 무정부상태에 빠지거나, 다른 반정부 세력이 대두하여 내란 상태에 돌입하게 된다면, 이미 폭력이 전면화된 것이고, 따라서 새로운 폭력의 확산이 문제될 것이 없다는 점에서, 인도적 간섭이 합당할 수 있을 것으로 생각한다.[46]

인도적 개입을 주저하는 최소주의의 입장은 우리의 양심을 괴롭힌다. 하지만, 하나의 자유민주적 정치공동체가 다른 비자유민주적 정치공동체 내의 폭력을 직접적으로 제거하거나

44) 정치범 수용소 인원은 한 때 20만명까지 추정되었다. 정치범 수용소의 규모는 점점 축소되고 있는 상황이다. 통일연구원, 『2017 북한 인권 백서』, 2017, 362쪽; 국제 엠네스티 2017-8년 정기 북한 인권보고서, https://www.amnesty.org/en/countries/asia-and-the-pacific/north-korea/report-korea-democratic-peoples-republic-of/, 검색일 2018. 4. 15.

45) 만약 북한의 정치범수용소를 이유로 한 인도적 간섭의 전쟁이 정당화될 수 있다면, 북한은 그들의 6.25 남침을 제주 4.3 사태 및 여순반란사건을 이유로 한 '해방전쟁'으로 정당화할 수 있을지 모른다.

46) 인도적 간섭의 전쟁을 정당화는 가장 유력한 입장은 역시 M. Walzer를 들 수 있다. 그러나 국제법적으로는 유엔안보리의 결의('국제평화의 파괴'라는 차원에서)가 없는 각국의 자발적인 인도적 간섭의 무력사용은 아직 정당화되기 어려운 것으로 평가된다. 이에 관한 간명한 설명으로는 정인섭, 『신국제법강의』, 박영사, 2011, 862-865쪽 참조.

제압할 것을 의무로 삼을 수는 없다고 본다. 자유민주적 기본질서는 때로는 이웃의 폭력 상황에서 무기력함을 자인할 수밖에 없다고 생각한다. 자유민주적 공동체에서 일차적 평화의 의무는 폭력의 확산을 방지하고, 특히 자신의 입장에서 폭력을 증대시키는 일을 삼가도록 최선을 다하는 것이라고 생각한다. 대신, 정치범수용소의 폭력에 반대하여 다른 정치적 외교적 수단들을 강구하는 것, 북한 체제를 탈출하는 이들을 보호하는 것 등은 우리의 의무가 될 것이다.[47)]

(3) 남북 주민들에 대한 비인도주의적 대우의 금지

남북 정부는 각기 남과 북의 주민들에 대하여 최소한의 인도주의적 의무를 진다. 이는 남북 주민들에게 무엇을 적극적으로 행할 의무가 아니라 비인도적 대우를 하지 않을 의무라는 관점에서 이해된다.

남북 정부는 공히 이산가족, 납북자, 국군포로, 미전향장기수 등의 문제에 대하여 더욱 전향적인 정책으로 임해야 할 것이다. 그들의 일생에서의 최소한의 인간적 염원을 부정해서는 안 될 것이다. 또한 탈북자들의 문제에서 북한 정부는 강제송환된 탈북자에 대한 가혹행위를 중단해야 하고, 남한 정부는 남한 행을 원하는 탈북자들은 모두 수용하고 남한 사회 적응을 위한 조력을 제공해야 할 것이다. 그러나 이것이 중국의 탈북자들을 모두 '정치적 의미'에서 난민으로 규정하고, 남한행을 강제하는 정책을 뜻하는 것으로 오해되어서는 안 될 것이다.

또한 남북 정부는 남북 상호 주민들의 법적 보호, 법익 보호를 위하여 노력해야 할 것이다. 예컨대 월남자의 본처나 그 자식들이 북한에 있을 경우 그들의 친족관계와 상속권 등은 기본적으로 보장되어야 할 것이며,[48)] 우리 주민들이 금강산이나 개성공단에 가 있을 경우 그들에 대한 신변보장에서 북한은 소홀함이 없어야 할 것이다. 금강산 관광객이 허용 구역을 넘어갔다고 하여 극단적 무력을 사용하거나, 개성공단에서 북한 체제에 비판적인 발언을 했다는 이유로 장기간 강제억류하는 것 등은 모두 허용될 수 없다.

일반적 의미에서 남북 교류와 경제 협력은 가능한 보장되어야 할 것이며, 민간 차원의 인도적 지원에도 제한을 두어서는 안 될 것이다. 북한 정권에 대한 타격을 염두에 두면서

47) 탈북자의 보호가 우리 정부의 의무라고 하여 그들을 반드시 '정치적 의미'에서 난민으로 규정할 필요는 없다. 실제로 탈북자들의 대부분은 생계형 탈북자, 즉 이주 노동자인 것이 현실이며, 난민의 규정은 그 소재 국가의 고유한 권한이라고 할 때, 중국에 대하여 탈북자를 '난민'으로 규정하라고 압력을 넣는 것은 무리한 일일 수 있다. 최소주의적 관점에서 우리가 취할 수 있는 보다 적절한 입장은 중국에 대하여 '불법 체류 이주 노동자'로서의 탈북자들의 인권을 보장해 주고, 또 자국의 법률에 따라 그들을 추방할 경우 북한이 아니라 남한으로 추방해 줄 것을 요청하는 것이라고 생각한다.

48) 이와 관련하여 우리 정부는 남북주민 사이의 가족관계와 상속 등에 관한 법률(2012.5.11)을 제정하여, 북한 주민들의 상속권을 기본적으로 인정하면서 북한으로의 재산 반출에 일정한 제한을 가하는 조치를 취하였다. 또한 북한이탈주민의 보호 및 정착 지원에 관한 법률을 개정하여(2010.3.26) 남한에 정착한 탈북자들의 이혼과 재혼 절차를 원활하게 하였다.

북한에 대한 경제협력 나아가 인도적 지원을 금지하는 것은 그 자체로 비인도적이라고 하지 않을 수 없다.

Ⅵ. 결 어

이 글은 한반도 남북연합을 위한 우리 헌법 제4조의 '자유민주적 기본질서에 입각한 통일 정책'에 관한 하나의 해석론이라고 할 수 있다. 필자도 기본적으로 우리 헌법의 자유민주적 기본질서에 입각한 통일 원리를 지지하며, 자유민주적 덕목들이 북한에 전파될 것을 기대한다. 다만, 그 자유민주주의를 최소주의적으로 해석할 뿐이다.

그 최소주의적 해석의 특징은 일차적으로는 우리 남한의 자유민주주의 체제를 굳건히 지키고, 이차적으로는 남북의 공존과 관용 속에서 북한 체제의 고유한 발전 가능성을 인정하는 데에 있다. 그런데 우리 사회에서 이러한 관점은 때로는 '종북주의' 혹은 '유화주의'로 취급된다. 반대로 북한 체제 교체, 북한 자유화를 전제로 하는 최대주의 자유민주적 통일론이 여론을 지배하고 있다. 그 주장은 논리적으로 간명하며, 또 '자유의 수호자'라는 선명성을 자랑한다.

하지만, 이 글은 그 '최대주의' 통일의 선명성은 오히려 불필요한 적대와 위협을 가중시키고, 그 결과 '공존의 파괴', '폭력의 확산'으로 이어질 수 있음을 우려한다. 자유민주적 기본질서를 추구한다고 하면서 도리어 자유민주적 기본질서의 본질을 배반하는 결과를 낳을 수 있음을 걱정하는 것이다. 우리 한반도가 '혁명'과 '해방'의 미명 아래 참혹한 전쟁을 겪었으며, 아직도 불신과 증오의 관계 속에 있다는 점이 망각되어서는 안 될 것이다.

우리 남한이 먼저 적대와 배타를 완화하자는 주장은 북한에 대한 나약함 혹은 우리 자신에 대한 비하로 간주되기도 한다. 그러나 남북의 경쟁에서 자유민주 체제의 우월함은 무엇으로 증명되는가? 필자는 우리가 정말 투철해야 할 부분은, 오히려 자유민주적 기본질서의 기본 철학, 즉 공존과 관용의 정신이라고 생각한다. 물론 그것은 우월한 쪽에서 열등한 쪽에게 베푸는 시혜가 아니다. 이는 개방성, 겸허함 그리고 평화에의 충실성을 뜻한다.

한반도 민족 공동체의 미래는 남한만의 것이 아니라는 남북 모두에게 열려 있고, 현재 북한은 실패한 국가로 영락하여 버렸지만, 미래 북한의 개선 가능성을 부인할 수 없으며, 우리 모두 시행착오를 반복하면서 앞으로 나갈 수밖에 없다는 인식, 그리고 그와 같은 불확실하고 오류가능한 인간 사회에서 정치 공동체가 할 수 있는 일은 우리의 삶을 더욱 비참하게 만드는 폭력을 최대한 축소시켜야 하고, 우리 자신이 먼저 그러한 폭력의 원인이 되는 것을 삼가야 한다는 인식, 그리고 그에 따르는 평화의 원칙에 대한 충실성이야말로 우리 자부심의 원천이 되어야 할 것이라고 생각한다. 그리고 그에 따른 일관된 실천이 진행된다면, 참으로 우리의 자유민주주의는 남북 연합 전체를 인도하는 한반도의 이념이 될 수 있을 것으로 믿는다.

성낙인 총장은 일찍이 자유민주적 통일원칙에 관하여 북한이 폭력적 지배를 배제한다면 인민민주주의와 공산당도 수용될 수 있을 것이라는 의견을 피력한 바 있다.[49] 이는 바로 이 글의 최소주의적 접근의 귀결이기도 하다. 다시금 맞는 한반도 변화의 국면에서 남북 통일의 해석론에 있어 기존의 '이데올로기적' 경직성 혹은 편향성을 보완하는 새로운 흐름이 생겨날 수 있기를 기대한다.

49) 성낙인, 앞(주 2)의 글, "통일헌법의 기본원리 소고", 『법학(서울대)』, 제53권 제1호, 2012, 427쪽.

27. 북한헌법, 조선노동당 강령과 규약

이 효 원*

Ⅰ. 서 설

북한헌법은 제1조에서 "조선민주주의인민공화국은 전체 조선인민의 리익을 대표하는 자주적인 사회주의국가이다"라고 규정하고 있다. 북한은 사회주의 국가관에 기초를 두고 법률체계를 형성하고 있다. 북한법을 이해하기 위해서는 사회주의 법이론의 본질과 특성을 전제로 해야 한다. 사회주의국가에서는 법은 사회주의체제를 국내외의 반혁명세력으로부터 보호하기 위하여 반혁명세력인 부르주아를 억압하는 프롤레타리아독재를 실현하는 도구로 기능한다. 또한, 법은 이러한 사회주의 경제질서를 확립하기 위해 강력한 강제력을 가져야 하며, 사회주의 경제질서의 조직하고 유지하는 역할을 한다.

북한은 정권을 수립할 당시 스탈린의 지배를 받던 소련으로부터 결정적인 영향을 받게 되었고, 소련의 법이론은 북한법에 거의 그대로 수용되어 북한법의 성격과 기능을 규정하게 되었다. 북한은 사회주의 법이론에 기초를 두면서도 북한의 특수한 상황과 조건을 법률체계에도 반영하고 있다. 북한헌법은 전문(前文)에서 "조선민주주의인공화국 사회주의헌법은 위대한 김일성동지와 김정일동지의 사상과 령도를 구현한 주체의 사회주의조국이다. … 조선민주주의인민공화국 사회주의헌법은 위대한 김일성동지와 김정일동지의 주체적인 국가건설사상과 국가건설업적을 법화한 김일성-김정일 헌법이다"라고 선언하고 있다. 조선노동당 규약은 전문에서 "조선로동당은 위대한 김일성-김정일주의를 유일한 지도사상으로 하는 주체형의 혁명적 당이다. … 조선로동당은 위대한 김일성동지와 김정일동지께서 이룩하신 주체의 혁명전통을 고수하고 계승발전시키며 당건설과 당활동의 초석으로 삼는다"라고 규정하고 있다. 북한에서 최고의 법원리이자 근본규범은 주체사상이라고 할 수 있다.

북한법은 사회주의 법이론을 바탕으로 하고 있어서 그 이념과 체계도 사회주의 사상과 국가관에 따른다. 북한법의 성격은 북한에서 법의 본질과 기능을 통해 살펴볼 수 있는데, 북한에서의 법이란 계급투쟁과 사회주의 국가관리의 수단이고, 혁명에서 싸워 이겨 얻은 전취물을 지키기 위한 무기로 인식되고 있다. 따라서 북한법은 프롤레타리아 독재를 실현하고 사회의 주체사상화에 적극 이바지하는 것을 그 사명으로 하고 있다. 북한에서의 최고규범은 주체사상과 김일성·김정일 교시이며, 이를 실천하기 위한 조선노동당의 강령과 규약, 그리고

* 서울대학교 법과대학 교수

그에 따른 정책결정이 사회주의헌법을 비롯한 모든 법률의 상위규범으로 기능하고 있다.

북한법을 체계적으로 이해하는 것은 남북교류협력을 효과적으로 추진하기 위해서 반드시 필요하다. 이것은 남북한이 평화통일을 달성하는 과정에서도 남한과 북한의 법률과 제도를 정합적으로 해석하고 적용하는 기초가 된다. 또한, 향후 북한이 체제전환을 할 경우를 대비하여 법률과 제도를 정비할 경우에 그 작업을 지원하는 바탕이 되며, 통일 이후에 달성되는 통일국가의 법률통합과 사법통합을 위해서도 반드시 필요한 작업이다. 북한법의 최고규범인 헌법과 실질적으로 최고규범으로 기능하는 조선노동당의 강령과 규약을 이해하는 것은 북한법을 체계적으로 분석하는 기초가 된다.

Ⅱ. 북한헌법

1. 헌법의 제정

(1) 제정 경위

북한에서는 1945년 11월 소련에 의해 북조선 5도행정국이 설치되어 처음으로 중앙행정기구가 만들어졌다. 1946년 2월에는 북한의 임시적 최고권력기관인 북조선임시인민위원회가 결성되어 실질적인 권력을 행사하였다. 북한은 1947년 2월 북조선인민회의를 구성하였으며, 북조선 임시정권의 최고집행기관인 북조선인민위원회를 구성하였다. 북조선인민위원회는 인민경제계획을 수립하고 화폐개혁을 단행하고, 조선인민군을 창설하는 등 실질적인 국가기관으로 활동하였다.

북한은 1947년 11월 북조선인민회의 제3차 회의에서 '조선림시헌법제정에 관한 결정'을 채택하고 헌법제정위원 31명과 헌법초안작성위원 3인을 선임하여 헌법을 제정하는 작업에 착수하였다. 1947년 12월 임시헌법초안이 작성되었고, 이는 1948년 4월 29일 임시인민회의 제4차 회의에서 만장일치로 채택되었다. 북한은 1948년 8월 25일 조선최고인민회의 대의원 선거를 통해 남한대표 360명과 북한대표 212명으로 구성된 대의원 572명을 선출하여 최고인민회의를 조직하였다. 9월 8일에는 위 임시헌법초안을 기본으로 하여 조선민주주의인민공화국 헌법을 채택하고, 9월 9일 조선민주주의인민공화국의 수립을 선포하였다.[1)] 북한헌법은 제10장 104개조로 구성되었다. 제1장 근본원칙, 제2장 공민의 기본적 권리 및 의무, 제3장 최고주권기관, 제4장 국가중앙집행기관, 제5장 지방주권기관, 제6장 재판소 및 검찰소, 제7장 국가예산, 제8장 민족보위, 제9장 국장, 국기 및 수부, 제10장 헌법수정의 절차의 순서로 구성되었다.

1) 북한헌법의 제정에 관하여는 박선영, "조선민주주의인민공화국 헌법의 제정과 개정 과정을 통해 본 북한헌법에 관한 연구", 공법학연구 제16권 제4호, 2015.

(2) 규범적 의미

북한체제는 '법에 대한 정치의 우위'를 특징으로 하고 있어, 북한에서의 법은 주체사상과 선군사상을 지도이념으로 하는 정치권력을 실현하는 수단으로서 기능한다. 따라서 이러한 지도이념을 정치현실에서 실현하는 주도적 기관인 조선노동당이 국가의 모든 활동을 지도하고 선도하고 있다. 북한의 조선노동당규약과 헌법도 국가활동에 있어서 조선노동당의 영도적 지위와 책임을 명백히 선언하고 있다. 그러나 북한의 법률체계만 고려한다면 헌법은 최고의 성문규범으로서 북한의 정치, 경제, 문화 등 기본질서와 공민의 권리와 의무를 규율하며, 국가기관의 구성, 권한과 임무를 선언하고 통제하는 기능을 담당한다. 즉, 북한체제의 지도이념인 주체사상과 선군사상, 조선노동당 강령과 규약에 따라 정치권력으로부터의 제한을 받기는 하지만, 이러한 정치적 목적으로 실현하는 수단으로서 '법에 의한 통치'는 인정되고 헌법은 그 법률체계에 있어서 최고의 성문규범으로서 지위를 갖는다.

북한헌법도 제18조에서 "조선민주주의인민공화국의 법은 근로인민의 의사와 이익의 반영이며 국가관리의 기본무기이다. 법에 대한 존중과 엄격한 준수집행은 모든 기관, 기업소, 단체와 공민에게 있어서 의무적이다. 국가는 사회주의법률제도를 완비하고 사회주의법무생활을 강화한다"고 규정하고 있다. 결국, 북한헌법은 조선노동당의 통치수단이며 정치의 실행도구라는 본질적인 한계를 가지고 있으므로 '정치권력에 대한 법의 우위' 또는 '헌법에 의한 정치권력의 정당화와 통제'를 의미하는 남한의 입헌주의의 관점과는 큰 차이가 있다. 최근 북한에 관한 법령 등 자료들이 부분적으로 입수되어 이에 대한 연구성과가 나오고 있으나, 북한의 법현실이 법의 규범력을 보장할 수 있을 정도인지에 대하여는 여전히 명확하지 않다. 북한헌법에 대해서도 이러한 특수성을 고려하면서 이해할 필요가 있다.

(3) 1948년 헌법(조선민주주의인민공화국 헌법)

북한은 1948년 8월 25일 최고인민회의 대의원 총선거를 실시하고, 9월 8일 최고인민회의에서 '조선민주주의인민공화국 헌법'을 채택하였다. 이 헌법은 총 10장 104조로 구성되어 있으며, 제1장 근본원칙, 제2장 공민의 기본적 권리 및 의무, 제3장 최고주권기관, 제4장 국가중앙집행기관, 제5장 지방주권기관, 제6장 재판소 및 검찰소, 제7장 국가예산, 제8장 민족보위, 제9장 국장, 국기 및 수부, 제10장 헌법수정의 절차를 규정하였다.

북한은 당시 상황을 사회주의로 이행하기 이전 단계인 반제·반봉건적 혁명상황으로 파악하여 이 헌법을 인민민주의 헌법으로 규정하였다.[2)] 제2조에서 "조선민주주의인민공화국의 주권은 인민에게 있다"라고 규정하였다. 이는 1972년 사회주의헌법 이후 주권자를 일반적인

2) 박병철, "북한헌법의 변천과 개정헌법상의 국가기구", 「사회과학논집」 제17권, 동아대학교 부설 사회과학연구소, 2000.10, 92면.

인민이 아니라 계급노선에 따라 노동자, 농민 등으로 제한하고 있는 것과 구별된다. 국가와 협동단체뿐만이 아니라 개인인 자연인과 법인도 생산수단을 소유할 수 있었다. 또한, 일본과 일본인, 친일분자의 모든 소유를 국유로 하고, 일본과 일본인, 그리고 조선인 지주가 소유한 토지를 모두 몰수하고, 소작제도를 영원히 폐지하였다.

국가작용에 대해서는, 사회주의 국가이론에 따라 인민주권의 원칙과 민주적 중앙집권제를 기초로 회의정부제를 채택하였다. 주권자인 인민이 선출한 대의원으로 최고인민회의를 구성하고, 이 최고인민회의가 국가의 최고주권기관의 지위를 가졌다. 최고인민회의는 입법권, 행정권, 사법권을 행사하는 주권행사기관을 구성하여 감독하고, 모든 국가기관은 최고인민회의에 대해 책임을 지도록 하였다. 따라서 권력분립의 원칙이나 사법권의 독립은 인정될 여지가 없었다.[3)]

최고인민회의 아래에는 국가중앙집행기관으로 내각과 성을 설치하였고, 재판소와 검찰소를 헌법기구로 인정하였다. 조선인민군의 사명과 국장, 국기에 대해서도 헌법에 직접 규정하였다. 특히, 이 헌법은 제103조에서 "조선민주주의인민공화국의 수부(首府)는 서울이다"고 규정하였다. 헌법규범적으로 북한의 통치권이 한반도 전체에 미친다는 것을 선언한 것이다. 이는 대한민국의 건국헌법이 제4조에서 "대한민국의 영토는 한반도와 그 부속도서로 한다"라고 규정한 것과 비교된다. 대한민국 헌법도 한반도의 분단상황을 인정하지 않고 대한민국의 통치권이 한반도 전체에 미친다고 선언한 것으로 해석된다.

(4) 변 화

북한헌법은 1948년 제정된 이후 총 13차에 걸쳐 수정되었다. 북한의 헌법도 당시의 국내외의 정치상황을 반영하여 수정되었는데, 1972년 헌법, 1992년 헌법, 1998년 헌법, 2009년 헌법, 2012년 헌법, 2016년 헌법이 중요한 의미를 갖는다. 그 중에서도 1972년 헌법은 전면적으로 수정되어 사회주의헌법으로 제정된 것으로 평가된다.

북한은 1948년 헌법을 제정하고 나서 총 5차례에 걸쳐 개정을 하였으나, 1948년 제정된 헌법은 '인민민주주의헌법'으로 해방 이후 국가를 건설하는 과정에서 일제의 억압과 봉건적 폐습의 잔재를 청산하는 것을 직접적인 목적으로 하였다. 이 헌법은 최고인민회의 제1기 제7차, 제8차 회의(1954년), 제1기 제9차 회의(1955년), 제1기 제12차 회의(1956년), 제3기 제1차 회의(1962년) 등 모두 5차례에 걸쳐 개정되었다.

북한은 1972년 헌법에 대해서 이를 '수정 · 보충'이 아니라 사회주의 헌법을 '제정'하였다

3) 1948년 헌법의 통치구조에 대해 상이한 견해가 있다. 즉, 내각과 최고인민회의 상임위원회가 권력을 균등하게 분배하는 내각제적 요소가 있다는 견해(이종석, 「현대북한의 이해」, 역사비평사, 2000, 238면)와 최고인민회의가 국가의 최고주권기관으로서 다른 모든 국가기관을 통제하고 관리하는 의회정부제의 모습을 보여주고 있다는 견해(박진우, "2009년 개정 북한헌법에 대한 분석과 평가", 「세계헌법연구」 제16권 제3호, 국제헌법학회 한국학회, 2010, 863면)가 있다.

고 선언하고 있다. 즉, "1948년 조선민주주의공화국 헌법이 채택된 이래 24년이 지나는 동안 인민이 수령의 현명한 영도 아래 사회주의혁명과 사회주의건설에서 우대한 성과를 거두어 '천지개벽'이 이룩되었고, 정치, 경제, 문화생활에서 획기적인 전변이 일어났기 때문에 이렇게 이룩된 성과를 공고히 하고 사회주의·공산주의 건설을 보다 강력히 추동할 수 있는 무기로서 사회주의헌법을 제정할 절박한 이유가 있다"고 발표하였다.

북한은 1972년 이후에는 최고인민회의 제9기 제3차 회의(1992년), 제10기 제1차 회의(1998년), 제12기 제1차 회의(2009년), 제12기 제2차 회의(2010년), 제12기 제5차 회의(2012년), 제12기 제7차 회의(2013년), 제13기 제4차 회의(2016년) 등 총 7차례에 걸쳐 헌법을 개정하였다. 하지만, 현행헌법까지 그 기본체계를 그대로 유지하고 있고, 그 지도이념과 내용도 근본적인 변화를 보이지 않고 있다.

북한헌법이 수정된 것에 대하여는 이를 모두 헌법개정이라고 평가할 것인지에 대해서는 다양한 견해가 있다. 북한은 1948년 헌법을 제정한 이후 현재까지 김일성과 김정일 중심의 통치가 계속되고 있고, 그 정치이념도 근본적으로 변화하지 않았기 때문에 모두 헌법개정이라는 견해가 있다.[4] 북한헌법은 그 동일성이 그대로 유지되고 있다는 것이다. 한편, 1948년 헌법과 1972년 헌법은 헌법제정이고, 나머지는 헌법개정이라는 견해도 있다. 1972년 헌법은 북한이 사회주의를 완성하였다는 것을 대외적으로 선포하면서 주체사상을 지도지침으로 채택하였으므로 헌법의 제정이라는 것이다. 1972년 헌법은 그 지도이념은 물론 국가기관의 조직과 권한을 대폭 변경하였으므로 기존의 헌법과 동일성을 인정할 수 없다는 것이다.

북한헌법을 이해하는 데 있어서 북한헌법의 수정을 헌법제정으로 볼 것인지, 헌법개정으로 볼 것인지는 큰 의미가 있는 것은 아니다. 북한헌법의 이념과 지도원리가 본질적으로 달라지지 않았기 때문이다. 하지만, 북한은 1972년 헌법이 수정된 1972년 12월 27일을 헌법절로 제정하여 올해를 헌법제정 40년으로 인정하고 있다. 북한은 1948년 헌법과 1972년 헌법은 이를 헌법제정으로 보고, 나머지 헌법수정은 이를 헌법개정으로 평가하고 있다고 해석된다.[5]

북한은 2016년 6월 29일 최고인민회의 제13기 제4차 회의를 통해 헌법을 개정하였다. 이 헌법은 김정은 체제의 안정화를 위해 국무위원회를 신설하고, 김정은 유일영도체계를 확립하기 위해 그 권한과 임무를 강화하는 것을 주요 내용으로 하고 있다. 이 헌법은 서문에서 '김일성 동지와 김정일 동지'라고 표기하면서 경칭을 생략하였다. 그 이전에는 김일성에 '수령' 혹은 '주석', 김정일에게 '령도자' 혹은 '영원한 국방위원회 위원장'이라는 경칭을 사용하고, 한편, '위대한 김일성 동지와 김정일 동지를 주체조선의 영원한 수령으로 높이 모시고'라고 표현한 것과 대비된다.

---

4) 권재열 외, 「북한의 법체계-그 구조와 특색」, 집문당, 2004, 29면.
5) 북한 헌법의 제·개정 논의에 관하여는 이효원, "통일헌법의 이해", 박영사, 2016, 50-51면.

이 헌법에서는 국방위원회를 폐지하고 국무위원회를 신설한 것이 가장 큰 특징이다. 기존의 '국방위원회'를 '국무위원회'로 변경하면서, 실질적으로 그 임무와 권한을 확대하였다. 국무위원회 위원장에게 국무위원회사업을 직접 지도하고, 국가의 중요간부를 임명 또는 해임하며, 전시에 국가국방위원회를 조직지도하는 임무를 부여하였다. 김정은에게 국무위원회 위원장의 지위를 부여함으로써 국가의 전반사업을 지도하고, 전시에 국가방위위원회를 조직지도하도록 하여 실질적으로 최고권력을 집중시키기 위한 것으로 평가된다.

이 헌법은 '최고검찰소'와 '최고재판소'를 '중앙검찰소'와 '중앙재판소'로 각각 그 명칭을 변경하였다. 하지만, 그 권한과 임무에 대해서는 아무런 변화가 없다. 또한, 내각에 대해서도 '최고주권의 행정적 집행기관'이라고 표현한 것을 '국가주권의 행정적 집행기관'이라고 수정하였는데, 실질적인 내용의 변경은 없다.

2. 현행 헌법의 주요내용

(1) 헌법의 기본질서

1) 정치와 국가 정체성

북한은 사회주의국가로서 제국주의 침략에 반대하는 혁명적 국가임을 천명하고 있다. 국가활동의 지도적 지침으로는 사람중심의 세계관이며 인민대중의 자주성을 실현하기 위한 혁명사상인 주체사상과 선군사상을 선언하고 있다(제3조). 북한의 주권은 '노동자, 농민, 군인, 근로인테리를 비롯한 근로인민'에게 있으며, 근로인민의 대표기관인 최고인민회의와 지방 각급 인민회의를 통하여 행사하도록 규정하고 있다(제4조). 최고인민회의를 비롯한 각급 주권기관은 일반, 평등, 직접, 비밀투표에 의한 선거로 선출하고(제6조), 주권기관의 대의원은 선거자에 책임을 지며, 선거자는 대의원들을 소환할 수도 있다(제7조). 또한, 국가는 근로인민의 이익을 옹호하고, 인권을 존중하고 보호하며(제8조), 3대 혁명노선을 힘있게 벌려 사회주의의 완전한 승리를 이룩하고, 자주, 평화통일, 민족대단결의 조국통일을 지향한다(제9조).

북한은 주체사상과 선군사상을 지도이념으로 하고, 계급노선에 기초한 인민민주주의를 채택하고 있다. 이를 구체적으로 실현하기 위해서 조선노동당의 영도에 따라 계급노선, 군중노선을 통한 대중운동을 독려하고(제11~14조), 법의 존중과 엄격한 집행, 그리고 사회주의 법률제도를 완비하고 사회주의 법무생활을 강조하고 있다(제18조). 한편, 북한은 해외의 조선동포의 권리와 이익을 옹호하며(제15조), 자주, 평화, 친선의 대외적 활동원칙을 선언하고(제17조), 제7장에서 국장(제163조), 국기(제164조), 국가(제165조), 수도(제166조) 등 국가의 상징을 헌법에 직접 규정하고 있다.

2) 경 제

북한은 헌법 제2장에서 경제에 대해서 규정하고 있다. 북한은 사회주의 국가로서 중앙집권적 계획경제를 채택하고 있다(제34조). 국가가 경계계획을 일원화하고 세부화하여 생산, 유통, 분배, 유통, 무역 등 모든 경제활동을 직접 규율하며, 국가예산의 편성과 집행에 있어 재정통제를 엄격히 실시한다(제35조). 북한은 재화의 대상에 따라 생산수단의 소유와 소비를 위한 소유를 구별하며, 소유의 주체에 따라 국가소유, 사회협동단체소유, 개인소유를 구별한다.

생산수단은 국가와 사회협동단체가 소유한다(제20조). 국가소유는 전체인민의 소유이며, 국가소유권의 대상에는 제한이 없다. 국가만이 소유하는 대상은 자연부원, 철도, 항공운수, 체신기관과 중요공장, 기업소, 항만, 은행이다(제21조). 사회협동단체소유는 해당 단체에 들어있는 근로자들의 집단적 소유이며, 토지, 농기계, 배, 중소공장, 기업소 같은 것을 소유할 수 있으며(제22조), 협동단체소유를 점차 전인민적 소유로 전환시키는 것을 목표로 한다(제23조). 한편, 개인소유는 공민들의 개인적이며 소비적인 목적을 위한 소유로서 노동에 의한 사회주의 분배와 국가와 사회의 추가적 혜택으로 이루어진다. 구체적으로는 터밭경리를 비롯한 개인부업경리에서 나오는 생산물과 그 밖의 합법적인 경리활동을 통하여 얻은 수입도 개인소유에 속하며, 상속권도 법적으로 보호한다(제24조). 북한의 경제적 소유관계는 이와 같이 기본적으로 생산수단의 국·공유화를 원칙으로 하지만, 이전에 비하여 사회협동단체와 개인소유가 확대되었다.

북한은 사회주의적 생산관계와 자립적 민족경제의 토대에 의거한다(제19조). 자립적 민족경제란 주체사상을 경제부문에 적용하여 자원, 자본, 기술, 그리고 노동력 등 모든 생산요소의 동원에서부터 소비생활에 이르기까지 일련의 경제활동이 국내에서 완결되는 자급자족적 경제체제를 지향한다는 것을 의미한다. 이는 주체사상의 경제적 요소로서 경제적 독립이 없이는 정치적 자립도 없다는 인식에 바탕을 둔 것으로 보인다. 이를 위하여 기술혁명(제27조), 농촌의 공업화와 현대화(제28조), 대안의 사업체계에 기초한 독립채산제(제33조), 관세정책(제38조) 등을 추진할 것을 규정하고 있다. 또한, 사회주의는 근로대중의 창조적 노동에 의하여 건설된다는 것에 기초하여(제29조) 노동연령은 16세 이상으로(제31조), 노동시간은 하루 8시간으로 각각 제한하고 있다(제30조). 국가가 세금을 없애고 모든 근로자들에게 식의주의 조건을 마련할 것을 선언하고 있다(제25조). 그러나 북한의 경제상황은 기술부족, 자연재해, 에너지난, 대외무역 감소 등으로 점차 악화되어 자립경제를 달성할 수 없는 상태가 지속되고 있다.

대외무역의 주체는 국가 또는 사회협동단체이며, 대외무역은 교역국간의 완전한 평등과 호혜의 원칙에 의거한다(제36조). 하지만, 기관, 기업소, 단체와 다른 나라 법인 또는 개인들과의 기업 합영과 합작, 특수경제지대에서의 여러 가지 기업창설운영을 장려함으로써 대외개방의 헌법적 근거를 마련하였다(제37조). 또한, '원가, 가격, 수익성' 같은 경제적 공간을 옳게 이용하도록 인정하고 있다(제33조). 북한은 사회주의체제를 유지하면서 경제난을 극복하기 위해 1980년대부터 대외무역과 외자유치 등에 노력하고 있으며, 대외무역에 있어서 자유시장경제의 요소를 부분적으로 도입하고 있는 것으로 평가된다.

3) 문 화

북한은 사회주의 실현을 위해서는 사회주의적 문화가 반드시 요구된다고 인식하고 있다. 사회주의적 문화는 근로자들의 창조적 능력을 높이며 건전한 문화정서적 수요를 충족시키는데 이바지한다(제39조). 북한은 모든 사람들을 자연과 사회에 대한 깊은 지식과 높은 문화기술수준을 가진 사회주의건설자로 만들며 온 사회를 인테리화하는 것을 목표로 한다(제40조). 국가는 사회주의근로자들을 위하여 복무하는 참다운 인민적이며 혁명적인 문화와 사회주의적 민족문화를 건설하고(제41조), 모든 분야에서 낡은 사회의 생활양식을 없애고 새로운 사회주의적 생활양식을 전면적으로 확립한다고 규정하고 있다(제42조).

북한은 사회주의 교육제도를 강조하고 있다. 사회주의 교육학의 원리를 구현하여 후대들을 사회와 인민을 위하여 투쟁하는 견결한 혁명가로, 지덕체를 갖춘 주체형의 새 인간으로 키우는 것을 교육목표로 제시하고 있다(제43조). 또한, 학교전 의무교육과 11년제 의무교육을 실시하고(제45조), 모든 학생들을 무료로 공부시키며 대학과 전문학교 학생들에게는 장학금을 지급하며(제47조), 학령 전 어린이들을 탁아소와 유치원에서 국가와 사회의 부담으로 키워준다(제49조).

국가는 인민교육사업과 민족간부양성사업을 다른 모든 사업에 앞세우며 일반교육과 기술교육, 교육과 생산노동을 밀접히 결합시킨다(제44조). 국가는 학업을 전문으로 하는 교육체계와 일하면서 공부하는 여러 가지 형태의 교육체계를 발전시키고자 한다(제46조). 헌법은 과학·예술·언어정책 등에서도 주체사상과 사회주의 문화정책을 반영하고 있는데, 국가는 새로운 과학기술분야를 개척하여 과학기술을 세계적인 수준으로 올린다(제50조). 국가는 민족적 형식에 사회주의적 내용을 담은 주체적이며 혁명적인 문학예술을 발전시키며(제52조), 우리말을 민족어말살정책으로부터 지켜낼 것을 규정하고 있다(제54조). 또한, 현대적인 문화시설을 갖추어 사회주의적 문화정서생활을 보장하며(제53조), 체육을 대중화, 생활화하며 체육기술을 발전시킨다(제55조). 특히, 의료보건에 있어서는 전반적 무상치료제, 의사담당구역제, 예방의학제도를 강화하고(제56조), 환경보호대책을 세우며 인민들에게 문화위생적인 생활환경과 노동조건을 마련한다고 규정하고 있다(제57조).

4) 국 방

국방에 관한 내용은 1992년 헌법에서 처음 독립된 장으로 규정되었는데, 이때 국방위원회를 독립적인 헌법기구로 격상시켰다. 국방에 관한 기본원리는 전인민적, 전국가적 방위체계에 의거하며(제58조), 무장력의 사명은 선군혁명노선을 관철하여 혁명의 수뇌부를 보위하고, 근로인민의 이익을 옹호하며 외래침략으로부터 사회주의제도와 혁명의 전취물, 조국의 자유와 독립, 평화를 지키는데 있다고 규정하고 있다(제59조). 이를 실현하기 위한 구체적 방법으로는 전군간부화, 전군현대화, 전민무장화, 전국요새화를 기본내용으로 하는 자위적 군사노선을 관철하고(제60조), 관병일치, 군정배합, 군민일치를 강조하고 있다(제61조). 북한이 헌법에서 국방질서를 강조하는 것은 선군사상을 통한 김정일 유일지도체제를 강화하고, 국방에서의 자위라는 주체사상을 실현하는 한편, 체제유지와 경제난 극복을 위하여 국내외적인 위기상황에 대처하기 위한 것으로 판단된다.

(2) 공민의 기본적 권리와 의무

1) 기본권의 기초

북한은 헌법에서 기본권과 헌법적 의무에 대해 규정하고 있는데, 사회주의 법이론에 따라 개인은 자아실현을 위한 존재보다 사회주의 건설을 위한 국가계획의 대상으로서 더 큰 의미를 가진다. 따라서 기본권은 인간의 권리가 아니라 국가를 전제로 한 공민의 권리이며, 국가로부터의 자유를 보장하는 것이 아니라 국가에 의하여 실현되는 권리이다. 사회주의 국가는 개인의 자유로운 의사와 활동에 의하여 구성되는 것이 아니며, 개인의 이익은 프롤레타리아적 계급적 이익과 근본적으로 일치하고, 이는 조선노동당의 지도적 의사에 의하여 대표되기 때문에 국가권력에 대한 기본권의 주관적 권리성도 부정된다. 또한, 공민의 기본권에는 그 권리를 행사할 의무를 포함하고 있어 공민은 헌법의 기본적 가치를 실현하기 위하여 권리를 적극적으로 행사할 의무가 있고, 결국 권리와 의무는 동일한 성격을 갖는다.[6)]

헌법은 제5장에서는 공민의 기본 권리와 의무를 규정하고 있는데, 공민은 일정한 나라의 국적을 가지고 그 나라의 헌법에 규정된 권리와 의무를 지닌 사람이다. 공민이 되는 조건은 국적에 관한 법으로 규정하고, 공민은 거주지에 관계없이 국가의 보호를 받는다(제62조). 공민의 권리와 의무는 '하나는 전체를 위하여, 전체는 하나를 위하여'라는 집단주의 원칙에 기초한다(제63조). 집단주의 원칙은 레닌 이래 강조된 공산주의의 기본원칙 중 하나로서 사회적 이익과 개인적 이익을 일치시키는 사회주의에서는 집단주의 원칙이 당연히 시민의 행동원칙이 된다.[7)] 또한, 공민의 권리와 자유는 사회주의제도의 공고발전과 함께 더욱 확대된다고 규정하고 있다(제64조).

2) 공민의 기본권

공민의 기본권은 정치적 권리, 사회경제적 권리, 인신상의 자유와 권리로 구분된다. 모든 권리에 공통적으로 적용되는 평등권도 인정하여 제65조는 "공민은 국가사회생활의 모든 분야에서 누구나 다 같은 권리를 가진다"고 규정하고 있다. 이는 모든 개인의 평등권을 보장하

6) 홍성방, "1998년 개정된 북한헌법상의 기본권", 서강법학연구 제7권, 서강대학교 법학연구소, 2005. 9, 38-41면.

7) 법원행정처 편, 「북한의 헌법」, 법원행정처, 2010, 272면.

는 것이 아니라 계급노선에 따라 주권자이자 권리의 주체로서 인정되는 공민인 프롤레타리아 계급에서 인정되는 권리라고 해석된다.[8)]

정치적 기본권으로는 참정권과 신소, 청원권을 인정하고 있다. 헌법 제66조는 "17살 이상의 모든 공민은 성별, 민족별, 직업, 거주기간, 재산과 지식정도, 당별, 정견, 신앙에 관계없이 선거할 권리를 가진다"고 규정하고 있다. 공민은 언론, 출판, 집회, 시위와 결사의 자유를 가지며, 국가는 민주주의적 정당, 사회단체의 자유로운 활동조건을 보장한다(제67조). 또한, 공민의 신소와 청원권도 인정하여 국가로 하여금 신소와 청원을 법에 따라 공정하게 처리하도록 규정하고 있다(제69조). 신소란 공무원의 직무행위와 관련하여 근로자들의 이익침해의 예방방지를 국가기관 등에게 요구하는 것이며, 청원이란 개별적 공민의 이익침해와 관련 없이 국가기관 등의 사업발전을 위한 의견을 제출하는 것을 의미한다.[9)]

사회경제적 권리로는 노동, 보건, 의료, 교육, 환경 등에 관한 권리를 인정하고 있다. 공민은 노동에 대한 권리를 가지며, 노동능력 있는 모든 공민은 희망과 재능에 따라 직업을 선택하며 안정된 일자리와 노동조건을 보장받는다(제70조). 헌법은 특히, 사회적 자원의 배분에 대하여는 "공민은 능력에 따라 일하며 노동의 양과 질에 따라 분배를 받는다"라고 규정하고 있다(제70조). 이는 사회주의의 배분적 정의인 "능력에 따라 일하고 노동의 양에 따라 분배한다"는 원칙과 공산주의 배분적 정의인 "능력에 따라 일하고 필요에 따라 분배한다"는 원칙과 다르다. 공민은 휴식에 대한 권리를 가지며(제71조), 헌법에서 노동시간을 8시간으로 제한하고(제30조), 노동연령도 16세로 제한하는 규정을 두고 있다(제31조).

공민은 교육을 받을 권리를 가지며(제73조), 사회와 인민을 위하여 투쟁하는 견결한 혁명가이자 지덕체를 갖춘 주체형의 새 인간을 키우는 것을 교육목표로 제시하고 있다(제43조). 공민의 과학과 문화예술활동의 자유를 보장하며(제74조), 결혼과 가정을 보호하고(제78조), 혁명투사, 혁명열사가족 등은 사회의 특별하 보호를 받도록 규정하고 있다(제76조). 또한, 공민은 무상으로 치료받을 권리를 가지며, 국사회보험과 사회보장제에 의하여 보호받고, 어머니와 어린이를 특별히 보호하고, 남자와 여자에게 평등한 사회적 지위와 권리를 부여하고 있다(제77조).

인신상의 자유와 권리에 대하여는 신체의 자유, 신앙의 자유 등을 보장하고 있다. 공민은 인신과 주택의 불가침, 서신의 비밀을 보장받으며, 법에 근거하지 않고는 공민을 구속하거나 체포할 수 없고, 살림집을 수색할 수 없다고 규정하고 있다(제79조). 공민은 언론, 출판, 집회, 시위와 결사의 자유를 가지며(제67조), 신앙의 자유를 보장하여 종교건물을 짓거나 종교의식 같은 것을 허용한다. 다만, 누구든지 종교를 외세를 끌어들이거나 국가사회질서를 해치

---

8) 안택식, "북한의 개정헌법", 「통일문제연구」 제17권, 강릉대학교통일문제연구소, 2001. 2, 12면.
9) 조선민주주의인민공화국 사회과학연구원, 「법학사전」, 사회과학출판사, 1971, 396면.

는데 이용할 수 없다고 규정하여 일정한 제한을 두고 있다. 또한, 공민에 대하여 거주, 여행의 자유를 보장하고(제75조), 망명권을 인정하여 평화와 민주주의, 민족적 독립과 사회주의를 위하여 과학, 문화활동의 자유를 위하여 투쟁하다가 망명한 외국인을 보호하도록 규정하고 있다(제80조).

3) 공민의 의무

북한헌법은 집단주의에 기초하여 개인의 헌법적 의무를 강조하고 있다. 공민은 인민의 정치사상적 통일과 단결을 수호하여야 하고, 조직과 집단을 귀중히 여기며, 사회와 인민을 위하여 몸바쳐 일하는 기풍을 높이 발휘하여야 한다(제81조). 특히, 공민은 조국보위를 공민의 최대의 의무이자 명예로서 군대에 복무하여야 하며(제86조), 혁명적 경각심을 높이며 국가의 안전을 위하여 몸바쳐 투쟁해야 한다(제85조). 공민은 국가의 법과 사회주의적 생활규범을 준수해야 하는데(제82조), 국가의 법을 자각적으로 지키는 것은 곧 수령의 교시와 그 구현인 당 정책을 집행하는 것이며, 공민이 국가의 법을 잘 지켜야 사회주의 제도를 튼튼히 보위하고 발전시킬 수 있기 때문이라고 한다.[10]

노동은 공민의 신성한 의무이며 영예이며, 공민은 노동에 자각적으로 성실히 참가하며 노동규율과 노동시간을 엄격히 지켜야 한다(제83조). 또한, 국가와 사회협동단체의 재산은 신성불가침이므로 공민은 국가재산과 사회협동단체의 재산을 아끼고 사랑해야 한다(제84조). 북한에서는 생산수단을 국가나 사회협동단체가 소유하고, 개인의 사적 소유를 인정하지 않고 있다. 북한은 집단주의에 기초하여 공공재산의 관리를 특별히 강조하고 있다.

(3) 국가기구와 작용

1) 국가작용의 기본원리

남한헌법은 국민주권주의를 이념적 기초로 하여 개인의 자유와 권리를 보장하고, 국민주권을 실현하는 제도적 장치로는 대의제를 기본으로 하여 권력분립과 법치주의를 국가작용의 기본원리로 채택하고 있다. 이에 반하여 북한은 인민주권주의를 이념적 기초로 하고, 주권자인 근로인민은 대표기관인 최고인민회의와 지방 각급 인민회의를 통하여 통일적으로 주권을 행사한다. 주권자의 선거를 통해 구성되는 최고인민회의는 최고권력기관으로서 모든 권가권력기구를 구성하고 그 헌법적 정당성을 부여하고, 국가권력기구들은 최고인민회의의 정책결정을 집행하는 기구에 불과하며 최고인민회의에 대하여 책임을 진다. 따라서 북한에서는 권력분립이 인정되지 않고 법치주의도 정치권력과 국가작용을 통제하는 것이 아니라 국가정책을 실현하는 도구로서 의미를 가지는 것에 불과하다.[11]

10) 조선민주주의사회주의헌법해설, 1998, 83면.

11) 이계만, "북한헌법상 국가기구체제의 구성원칙 및 특성 분석", 북한연구학회보 제7권 제2호, 2003, 23면; 장명봉, "남북한 헌법체제의 비교와 통일헌법의 지향점 및 과제", 공법연구 제37집 제1-1호, 한국공법학회,

북한헌법은 회의정부제를 기초로 하면서 민주주의 중앙집권제를 국가작용의 기본원리로 채택하고 있다. 이에 따라 주권자에 의하여 민주적으로 선출된 최고인민회의가 최고권력기관이며, 모든 국가권력기구는 최고인민회의로부터 선출되어 헌법적 정당성을 부여받는다. 국가기구는 최고인민회의를 정점으로 일원적 체계로 구성되어 있어 국가작용에 있어서 개인은 조직에, 소수는 다수에, 하급기관은 상급기관에 절대적으로 복종하여야 한다. 한편, 북한헌법은 체제유지를 위한 권력의 집중과 국가작용의 효율적 운영을 위해 국가권력의 분립을 부분적으로 인정하고 있다. 즉, 최고인민회의를 최고주권기관으로 하면서도 최고인민회의 상임위원회를 두고 상임위원장이 국가를 대표하며, 국무위원회 위원장이 최고영도자이며, 내각총리는 정부를 대표한다.

2) 최고인민회의

최고인민회의는 북한의 최고주권기관이며(제87조), 입법권을 행사한다(제88조). 최고인민회의 대의원은 임기가 5년으로 일반적, 평등적, 직접적 선거원칙에 의하여 비밀투표로 선거된다(제89조). 최고인민회의는 헌법의 수정・보충, 부문법의 제정과 수정・보충, 국가정책의 기본원칙 수립, 경제발전계획과 예산의 심의・승인, 조약의 비준・폐기, 국방위원회 위원장 등 헌법기관의 선거 또는 소환 등의 권한을 갖는다(제91조). 최고인민회의는 의장과 부의장을 선거하고(제94조), 최고인민회의 산하에 법제위원회, 예산위원회 같은 부문위원회를 둔다(제98조).

최고인민회의는 정기회의와 임시회의를 가지며(제92조), 대의원 전원의 3분의 2이상이 참석하여야 성립된다(제93조). 국무위원회 위원장, 국무위원회, 최고인민회의 상임위원회, 내각과 최고인민회의의 부문위원회, 그리고 대의원들이 의안을 제출할 수 있다(제95조). 최고인민회의는 법령과 결정을 내며, 이는 거수가결의 방법으로 참석 대의원의 반수이상의 찬성으로 채택된다. 다만, 헌법의 수정・보충은 대의원전원의 3분의 2이상의 찬성이 필요하다(제97조). 최고인민회의 대의원은 불가침권을 보장받고 현행범인 경우를 제외하고는 회기 중 또는 휴회 중에 최고인민회의 상임위원회의 승인없이 체포하거나 형사처벌을 할 수 없다(제99조).

3) 국무위원회 위원장

국무위원회 위원장은 북한의 최고영도자이며(제100조), 전반적 무력의 최고사령관이고 국가의 일체 무력을 지휘통솔한다(제102조). 민주적 중앙집권제에 따라 그 임기는 최고인민회의 임기와 같고(제101조), 자기 사업에 대하여 최고인민회의 앞에 책임을 진다(제105조). 국무위원회 위원장은 국가 전반사업과 국무위원회 사업의 지도, 국방부문 중요간부의 임명・해임, 외국과 맺은 중요조약의 비준・폐기, 특사, 비상사태・전시상태・동원령의 선포 등 권한을 가지며(제103조), 명령을 낼 수 있다(제104조).

2008. 10, 200-201면.

국무위원회 위원장에 대해서는 2009년 헌법에서 처음으로 별도의 절로 구분하여 최고주권기관인 최고인민회의 바로 다음 절에서 규정하고 있다. 국무위원장은 북한의 최고영도자이며, 국방뿐만 아니라 국가의 전반사업을 지도하며, 외국과 맺은 중요조약을 비준 또는 폐기하고 특사권을 행사할 수 있다. 따라 국무위원회 위원장은 자기 사업에 대하여 최고주권기관인 최고인민회의 앞에 책임을 지도록 규정하고 있음에도 불구하고 실질적으로 북한의 최고의 권력기구라고 평가된다.

4) 국무위원회

국무위원회는 국가주권의 최고국방지도기관으로(제106조) 위원장, 부위원장, 부위원장, 위원들로 구성된다(제107조), 국무위원회 임기는 최고인민회의 임기와 같고(제108조), 결정과 지시를 낼 수 있으며(제110조), 자기 사업에 대하여 최고인민회의 앞에 책임을 진다(제111조). 국무위원회는 국가의 중요정책 수립, 국가의 전반적 무력과 국방건설사업의 지도, 국무위원회 위원장 명령, 국방위원회 결정, 지시집행정형의 감독과 그에 위반되는 국가기관의 결정·지시의 폐지, 군사칭호의 제정과 장령이상의 군사칭호의 수여 등의 권한을 가진다(제109조).

5) 최고인민히이 상임위원회

최고인민회의 상임위원회는 최고인민회의 휴회 중의 최고주권기관으로(제112조) 위원장, 부위원장, 서기장, 위원들로 구성되며(제113조), 약간 명의 명예부위원장을 둘 수 있다(제114조). 최고인민회의 상임위원회 임기는 최고인민회의 임기와 같고(제115조), 자기 사업에 대하여 최고인민회의 앞에 책임진다(제122조). 최고인민회의 상임위원회 위원장은 국가를 대표한다(제117조). 최고인민회의 상임위원회는 부문회위원회를 둘 수 있고(제121조), 정령·결정·지시를 낼 수 있다(제120조).

최고인민회의 상임위원회는 최고인민회의의 소집, 부문법안과 규정안 등의 수정·보충, 헌법·현행부문법·규정의 해석, 국가기관들의 법준수집행의 감독, 내각 위원회와 성의 구성, 중앙재판소 판사와 인민참심원의 선거 또는 소환, 조약의 비준 또는 폐기, 대사 등이 권한을 갖는다(제116조). 북한에서 최고주권기관인 최고인민회의는 1년에 1～2회 개최되므로 최고인민회의 상임위원회가 실질적으로 그 권력을 행사하고 있다. 최고인민회의 상임위원회는 헌법과 부분법, 규정을 해석하고 실질적으로 부분법을 제정하며, 하위법령이 상위법령을 위반한 경우에 그 결정집행을 정시시키는 한편, 국가기관들의 법준수집행을 감독하고 대책을 수립하고 중앙재판소의 판사와 인민참심원을 선고 또는 소환함으로써 입법, 행정, 사법 등 핵심적인 국가권력을 행사한다. 다만, 최고인민회의 상임위원회가 채택한 중요부분법은 최고인민회의의 승인을 받아야 한다. 조약의 비준·폐기권과 대사권은 최고인민회의 상임위원회의 권한이지만, 중요조약의 비준·폐기권과 특사권은 국방위원회 위원장의 권한으로 인정함으로써 그 권한을 제한하고 있다(제103조).

6) 내 각

내각은 최고주권의 행정적 집행기관이며 전반적 국가관리기관으로 최고인민회의에 의하여 임명되는 총리, 부총리, 위원장, 상 등으로 구성된다(제124조). 내각의 임기는 최고인민회의임기와 같고(제124조), 자기 사업에 대하여 최고인민회의와 최고인민회의 상임위원회 앞에 책임을 진다(제131조). 내각총리는 정부를 대표하며(제126조), 내각은 결정과 지시를 내며(제129조), 부문위원회를 둘 수 있다(제130조). 최고인민회의 상임위원회에 의하여 구성되는 내각 위원회와 성은 내각의 부문별 집행기관으로(제133조), 지시를 낼 수 있다(제136조).

내각은 국가정책의 집행을 위한 대책수립, 국가관리와 관련한 규정의 제정 또는 수정·보충, 내각의 위원회, 성, 직속기관, 지방인민위원회의 사업지도, 인민경제발전계획의 작성과 국가예산의 편성, 공업, 농업, 건설, 운수 등 여러 부문의 사업조직, 화폐와 은행제도에 대한 대책, 국가관리질서를 세우기 위한 검열과 통제, 사회질서유지, 국가와 사회협동단체의 소유와 이익, 공민의 권리보장을 위한 대책수립, 외국과 조약체결 등 권한을 가진다(제125조).

7) 지방인민회의와 지방인민위원회

도(직할시), 시(구역), 군인민회의는 지방주권기관으로 일반적, 평등적, 직접적 선거원칙에 의하여 비밀투표로 선거된 대의원들로 구성되며(제138조), 그 임기는 4년이다(제139조). 지방인민위원회는 지방 인민경제발전계획 등의 심의·승인, 지방예산과 그 집행에 대한 심의·승인, 해당 지역에서 법을 집행하기 위한 대책수립, 해당 인민위원회 위원장 등의 선거 또는 소환, 해당 재판소 판사 등의 선거 또는 소환 등의 권한을 갖는다(제140조). 지방인민회의는 정기회의와 임시회의를 가지며(제141조), 결정을 낸다(제144조).

도(직할시), 시(구역), 군인민위원회는 해당 인민회의휴회중의 지방주권기관이면서 동시에 해당 지방주권의 행정적 집행기관이다(제145조). 지방인민위원회는 전원회의와 상무회의를 가지고(제148조), 자기 사업을 돕는 비상설 부문위원회를 둘 수 있으며(제151조), 결정과 지시를 낸다(제150조). 또한, 지방인민위원회는 자기 사업에 대하여 해당 인민회의 앞에 책임을 지며, 상급인민위원회와 내각, 최고인민회의 상임위원회에 복종한다(제152조). 지방인민위원회는 인민회의 소집, 해당 지방인민회의와 상급인민위원회 결정 등의 집행, 지방예산의 편성, 하급인민위원회사업의 지도 등의 권한을 갖는다(제147조).

8) 검찰소와 재판소

북한헌법은 사법조직으로 검찰소와 재판소를 헌법기관으로 인정하고 있다. 검찰은 중앙검찰소, 도(직할시), 시(구역), 군검찰소와 특별검찰소로 조직되며(제153조), 중앙검찰소 소장은 최고인민회의에서 임명 또는 해임하며, 그 임기는 최고인민회의 임기와 같고(제154조), 검사는 중앙검찰소가 임명 또는 해임한다(제155조). 검찰사업은 중앙검찰소가 통일적으로 지도하며 모든 검찰소는 상급검찰소와 중앙검찰소에 복종하고(제157조), 중앙검찰소는 자기 사업에 대하여 최고인민회의와 최고인민회의 상임위원회 앞에 책임을 진다(제158조). 검찰소는 기관·기업소·단체와 공민들이 국가의 법을 정확히 지키는지 감시하고, 국가기관의 결정·지시가 헌법, 최고인민회의 법령·결정, 국무위원회 위원장 명령, 국무위원회 결정·지시, 최고인민회의 정령·결정·지시, 내각의 결정·지시에 어긋나지 않는지 감시하며, 범죄자를 비롯한 법위반자를 적발하고 책임을 추궁하여 공화국의 주권과 사회주의제도, 국가와 사회협동단체재산, 인민의 헌법적 권리와 생명, 재산을 보호하는 임무를 수행한다(제156조).

재판은 중앙재판소, 도(직할시)재판소, 시(구역), 군인민재판소와 특별재판소가 하며 판결은 조선민주주의인민공화국의 이름으로 선고한다(제159조). 중앙재판소는 공화국의 최고재판기관로서 모든 재판소의 재판사업을 감독한다(제167조). 최고재판소 소장은 최고인민회의에 의하여 선거 또는 소환되며, 중앙재판소의 판사와 인민참심원은 최고인민회의의 상임위원회에 의하여 선거 또는 소환된다. 특별재판소의 소장과 판사는 최고재판소가 임명 또는 해임하며, 인민참심원은 해당 군무자회의 또는 종업원회의에서 선거한다(제161조). 재판은 판사 1명과 인민참심원 2명으로 구성된 재판소가 하지만 특별한 경우는 판사 3명으로 구성하여 할 수도 있으며(제163조), 재판은 공개하며 피소자의 변호권은 보장된다(제164조). 재판소는 재판에서 독자적이며 재판활동을 법에 의거하여 수행하고(제166조), 중앙재판소는 자기 사업에 대하여 최고인민회의와 최고인민회의 상임위원회 앞에 책임을 진다(제168조). 재판소는 재판활동을 통해 주권과 사회주의제도, 국가와 사회협동단체재산, 인민의 헌법적 권리와 생명재산을 보호하고, 모든 기관, 기업소, 단체와 공민들이 국가의 법을 정확히 지키고 계급적 원수들과 온갖 법위반자들을 반대하여 적극 투쟁하도록 하며, 재산에 대한 판결·판정을 집행하며 공증사업을 한다(제162조).

Ⅲ. 조선노동당 강령

1. 북한의 정당

북한에서 법은 정치권력을 실현하는 수단으로 정치목적에 복종하는 것을 본질로 하고 있다. 김일성도 “법은 사회주의제도와 사회주의 전취물을 지키는 무기이자 프롤레타리아 독재의 무기가 되어야 한다”고 선언하였다.[12] 북한에서의 정치권력은 조선노동당의 결정과 집행을 통해 국가기관의 권한의 방식으로 행사된다. 따라서 법은 조선노동당의 정책을 실현하며 이를 옹호하기 위하여 만들어진 것이므로 조선노동당의 영도를 받지 않고서는 법을 집행하거나 해석·적용할 수 없다.

12) 우리 당 사법정책을 관철하기 위하여-전국 사법·검찰일군들 회의에서 한 연설(1958년 4월 29일), 김일성 저작집 12(1958.1-1958.12), 조선로동당출판사, 1981.

북한헌법 제11조는 "조선민주주의인민공화국은 조선로동당의 령도 밑에 모든 활동을 진행한다"고, 조선노동당 규약 제52조도 "인민정권기관은 당의 영도 밑에 활동한다"고 각각 규정하고 있다. 이에 따라 북한에서는 조선노동당의 강령과 규약, 그리고 이에 근거한 구체적인 교시와 지시 등이 헌법을 비롯한 모든 성문법에 우선하는 효력을 가지며, 국가와 사회단체 및 주민들을 직접 규율하고 통제하는 수단으로 작용하고 있다고 할 수 있다.[13)]

북한헌법은 제67조에서 "국가는 민주주의적 정당, 사회단체의 자유로운 활동조건을 보장한다"고 규정하여 조선노동당 이외의 정당활동을 보장하는 형식을 취하고 있다. 하지만, 북한에서는 조선노동당의 일당독재를 전제로 하면서 조선노동당에 친위적인 정당을 제한적이고 보충적으로 허용하고 있다. 이러한 '우당(友黨)'은 조선노동당과 대중을 연결시키며 대중을 조선노동당과 수령의 두리에 묶어세우는 역할을 하는 들러리 당을 의미하는데, 사회민주당과 천도교청우당이 이에 해당한다. 사회민주당은 1945년 11월, 천도교청우당은 1946년 2월 각각 김일성의 통일전선구축전략에 따라 창당되었는데, 이들은 대남선전선동을 비롯한 조선노동당의 대내외적 정책수행을 지지하고 보조하는 단체에 불과하다.

2. 조선노동당의 지위

(1) 창 당

조선노동당은 일제시대 서울에서 조직된 공산주의 단체인 '조선공산당'에 뿌리를 두고 있다. 조선공산당은 일본경찰의 탄압으로 와해되었다가 해방 이후 서울에서 재건되었다. 북한에서는 조선공산당의 지역조직으로 출발하여 해방 이후 각 도(道)마다 공산당 조직이 결성되었다. 서울의 조선공산당 중앙은 서북 5도의 공산당 조직을 통합하여 '조선공산당 북조선 분국'을 창설하였다.[14)] 북한은 조선공산당 북조선분국이 창설된 1945년 10월 10일을 조선노동당창당기념일로 지정하였다.

조선공산당은 1946년 11월 조선인민당, 남조선 신민당과 함께 '남조선 노동당'으로 통합되었다. 북한에서는 1946년 4월 조선공산당 북조선 분국을 '북조선 공산당'으로 당명을 변경하면서 조선공산당 중앙으로부터 독립적 지위를 구축하였다. 북조선 공산당은 1946년 8월 중국에서 활동하던 조선독립동맹 계열의 조선신민당과 합당하여 '북조선 노동당'을 창설하였다. 1948년 조선민주주의 인민공화국을 수립한 이후, 1949년 6월 30일 '조선노동당'을 창설하였다.[15)]

---

13) 권재열 외, 앞의 책, 107면.

14) 김창순, [북연칼럼] 북한 '조선노동당'의 원점을 두루 찾아 보다, 북한 2002년 10월호(통권 제370호), 북한연구소, 27-29면.

15) 조선노동당의 창당역사에 대해서는 박현옥, 조선노동당 창당 62주년 평가와 전망-당 중앙위 권력집중 현상과 당 진로는 동북아 평화와 안정에 밀접한 관계, 북한 2007년 10월호(통권 제430호), 북한연구소, 34면 이하.

(2) 당의 지위와 성격

조선노동당은 공산주의 정치이론과 사회주의 법이론에 따라 공산주의 이데올로기로 무장한 공산당의 일당독재를 바탕으로 한다. 계급정당으로서 혁명위업을 이끌어 나갈 전위당이자 노동자계급의 전위대의 성격을 갖는다.[16] 조선노동당은 공산주의 계급정당의 유일지배체제를 바탕으로 하면서도 공산주의 정치이론과 구별되는 북한의 독자적인 특징을 보이고 있다.

조선노동당은 자본주의 또는 식민지사회에서 권력을 장악하고 있는 적대계급에 대항하여 투쟁하는 노동자·농민의 전위정당과는 전혀 상이한 환경에서 발생하였다. 즉, 조선노동당은 탈식민상태에서 해방이라는 특별한 조건에서 실질적인 국가권력을 장악한 상층지도부의 사회주의 혁명건설을 통해 탄생한 것이다. 특히, 조선노동당은 김일성 주체사상과 혁명적 수령관에 의해 조직되고 운영되는 정치조직으로 기능하고 있다. 원래 조선노동당은 노동자·농민의 전위대로서 계급투쟁의 앞날을 헤쳐 나가는 선도적이며 적극적인 역할을 하는 것을 예정하고 있었다. 하지만, 주체사상과 혁명적 수령관에 입각하여 수령을 정점으로 국가조직과 대중을 통일적으로 연결하는 정치적 무기로 기능한다.

조선노동당은 실실적으로 생명체의 뇌수인 수령의 지도력에 의해 운영되고, 당에 의한 다수독재의 원칙은 수령의 일인독재로 대체되었다고 평가할 수 있다. 조선노동당 규약은 조선노동당을 '노동계급과 전체 근로대중의 선봉적·조직적 부대'라고 선언하였다가, 2010년 "조선노동당은 위대한 수령 김일성 동지의 당이다"라고 개정하였고, 2016년에는 "조선노동당은 위대한 김일성-김정일주의당이다"라고 개정하였다.

북한은 1974년 김정일이 후계자로 지명된 이후 '당의 유일사상체계확립의 10대 원칙'을 발표하여 주체사상에 기초한 혁명적 수령관을 강조하였다. 2013년 6월 19일에는 이를 개정하여 '당의 유일적영도체계확립의 10대 원칙'을 발표하였다. 여기에서는 김일성과 김정일을 당과 인민의 영원한 수령이자 주체의 태양이라고 선언하고, 김일성-김정일주의를 끝까지 계승하여 완성할 것을 다짐하고 있다. 조선노동당은 온 사회를 김일성-김정일주의화하기 위해 당의 권위를 절대화하고, 무조건성의 원칙에 따라 당의 유일적 영도 밑에 전당, 전국, 전군이 하나와 같이 움직이는 조직규율을 세워야 한다고 강조하고 있다. 특히, 김일성과 김정일이 이끌어 온 주체혁명위업과 선군혁명위업을 대를 이어 끝까지 계승·완성하여야 한다고 밝히고 있다.

(3) 조직원칙

당의 조직과 활동은 민주주의 중앙집권제를 원칙으로 한다. 민주주의 중앙집권제란 민주주의와 중앙집권제가 결합된 조직원리이다. 즉, 당의 지도기관은 민주주의적으로 선거하며,

16) 공산주의이론과 당의 의미에 관하여는 최종고, 북한의 법과 법이론, 경남대학교출판사, 1974년, 144-146면.

선거된 지도기관은 선거받은 당 조직 앞에 책임을 진다는 민주주의와 개인은 단체에, 소수는 다수에, 하급조직은 상급조직에 복종한다는 중앙집권제가 결합된 것이다. 이는 하부조직의 대표가 상급조직을 구성해 나가면서 상향식으로 의사를 결정하는 구조이다. 이러한 의사결정 구조에 의해 결정이 이루어지면 모든 조직원들은 이에 절대적으로 구속되어 복종해야 한다.

조선노동당은 중앙조직, 지방조직, 그리고 기층조직으로 구성된다. 당의 중앙과 지방 등 각급 당조직은 지역단위와 생산 및 사업단위에 따라 조직된다. 당의 최고지도기관은 당대회이며, 당대회가 개최되지 않은 동안에는 당대회가 선거한 당중앙위원회가 최고지도기관이다. 도, 시, 군당조직의 최고지도기관은 해당 당대표회이며, 당대표회가 개최되지 않은 동안에는 당대표회가 선거한 해당 당위원회가 최고지도기관이다. 기층당조직의 최고지도기관은 당총회(당대표회)이며, 당총회(당대표회)가 개최되지 않은 동안에는 당총회(당대표회)가 선거한 해당 당위원회가 최고지도기관이다.

각급 당위원회는 해당 단위의 최고지도기관으로서 집체적 지도를 기본으로 한다. 그 회의는 소속 인원 총수의 3분의 2 이상이 참가하여야 성립하고, 참석자의 과반수의 찬성으로 의결한다. 각급 당위원회는 새롭고 중요한 문제들을 반드시 집체적으로 토의결정하고 집행하며, 여기에 당지도기관 성원들과 당원들의 책임성과 창발성을 밀접히 결합시켜야 한다. 조선노동당은 민주주의 중앙집권제와 집체적 지도를 기본으로 하여 전국적으로 통일적이고 위계적인 의사결정구조를 형성하여 당을 획일적이고 일사불란하게 규율하고 있다고 평가된다.

조선노동당은 중앙조직, 지방조직, 기층조직을 통일적으로 구성하고 있을 뿐만 아니라 인민정권, 조선인민군, 그리고 근로단체와 밀접하게 연결시켜 국가기관과 사회단체 전체를 통일적으로 규율하고 있다. 조선노동당은 인민정권을 영도하고 지도하며, 조선인민군도 모든 정치활동을 당의 영도에 따라 진행한다. 조선노동당은 국가기관뿐만 아니라 근로단체를 당의 외곽단체로 활용하여 당의 충실한 정치조직으로 활용한다.

3. 조선노동당 강령

(1) 의 미

공산당의 전략은 스스로의 혁명운동에 대한 지도적 과학이기 때문에, 마르크스-레닌주의 이론에 따라 먼저 당 강령을 작성하게 된다. 강령에는 기본강령과 당면강령이 있는데, 기본강령에서는 노동당이 왜 세상에 나왔으며 무엇을 할 것인가의 목표를 밝히고, 당면강령에서는 당면하여 무엇을 할 것인가를 제시한다. 기본강령이 조선노동당 강령이고, 당면강령이 조선노동당 규약이다.

조선노동당 강령은 1946년 8월 북조선노동당 결성대회에서 채택되었으며, 서문과 총 13개항으로 구성되어 있다. 현재까지 한 번도 개정된 적이 없다. 조선노동당 강령은 혁명단계의 전체 기간을 통하여 근본적으로 변동되지 않는 것이라는 것을 나타내고 있다.

(2) 주요 내용

조선노동당 강령은 서문에서 "조선근로대중의 이익을 대표하며 옹호하는 노동당은 부강한 민주주의 독립국가 건설을 목적으로 아래와 같은 과업을 위하여 투쟁한다"라고 선언하고 있다. 강령은 제1항에서 "민주주의 조선 자주 독립 국가를 건설할 것"을 규정하고 있다. 이는 조선노동당의 최종적인 목표를 천명한 것이다. 강령의 핵심적 조항은 제2항에서 "인민공화국의 건설을 위하여 전조선적으로 주권을 인민의 정권인 인민위원회에 넘기도록 할 것"이라고 규정하고 있는 것이라고 할 수 있다.

조선노동당 강령은 일제에서 해방되고 공산주의에 기초한 국가공동체를 건설하기 위한 기본적 이념과 방향이 제시되고 있다. 일제의 잔재를 말소하고 농민들에게는 토지를 분배하고(제3항), 노동자들에게는 8시간 노동제와 사회보험을 보장할 것을 제시하고 있다(제6항). 이를 위해서 친일분자의 공장 등과 금융기관을 국유화하고(제4항, 제5항), 일제의 세금제도의 잔재를 철폐하고 새로운 세금제도를 실시할 것을 선언하고 있다(제11항).

특히, 정치 · 경세 · 법률 · 교육 등에서 남녀의 평등을 강조하고(제6항, 제7항, 제9항, 제10항), 언론 · 출판 · 집회 · 연설대회 시위운동 당조직 동맹조직 및 신앙의 자유를 보장 할 것을 선언하고 있다(제8항). 이외에도 민족군대조직과 의무적 군사징병제를 실시할 것을 강조하면서도(제12항), 세계의 평화와 국제적 친선을 도모할 것을 선언하고 있다(제13항).

조선노동당 강령은 1946년 8월 제정된 것으로 그 당시의 역사적 환경에서 미래지향적으로 제시되었으나, 현재에는 더 이상 무의한 것도 많이 남아 있다. 제3항에서는 "일본인, 민족반역자 및 지주들의 소유 토지를 몰수하여 토지 없는 농민, 토지 적은 농민들에게 무상으로 분배하며 북조선에 토지개혁의 성과를 더욱 공고히 하고 전 조선에 토지개혁을 실시할 것"을, 제4항에서는 "일본국가, 일본인단체와 일본인 개인소유 및 민족반역자들의 소유인 공장 광산 철도 운수 체신기관 기업소 및 문화기관 기타를 국유화할 것"을 각각 규정하고 있다.

헌법에서는 이미 만 17세 이상의 공민에게 선거권을 부여하고 있음에도 강령은 제7조에서 "재산의 다소, 지식의 유무, 신앙 및 성별의 여하를 불구하고 20세에 달한 조선인민들에게 동등한 선거권과 피선거권을 부여할 것"을 규정하고 있다.

Ⅳ. 조선노동당 규약

1. 규범적 의미

조선노동당 규약은 '당면강령'으로 조선노동당 강령을 상위개념으로 하여 이를 강령의 목표를 달성하기 위한 실천규범이다. 당 규약은 강령에서 제시한 목표에 도달하기 위한 투쟁에서 혁명운동의 진행에 따라 그 투쟁의 환경이나 공격방향이 달라지면, 그에 따라 변화될 수 있다. 조선노동당 강령은 1946년 8월 제정된 이후 현재까지 한 번도 개정된 적이 없다. 한편, 당 규약은 혁명운동의 투쟁환경에 적응하기 위해 지금까지 총 8차례에 걸쳐 지도이념과 당면목표 등을 수정하였다.

조선노동당 규약은 1946년 8월 조선노동당 창당대회에서 채택되었으며, 현행 규약은 2016년 5월 제7차 당대회에서 개정된 것이며, 전문과 총 60개 조항으로 구성되어 있다. 당 규약은 전문에서 조선노동당의 목적을 명확하게 선언하고 있다. 즉, "조선로동당의 당면목적은 공화국북반부에서 사회주의강성국가를 건설하며, 전국적 범위에서 민족해방인민민주주의혁명의 과업을 수행하는 데 있으며, 최종목적은 온 사회를 김일성-김일정주의화하여 인민대중의 자주성을 완전히 실현하는 데 있다"라고 규정하고 있다. 또한, "조선로동당은 당안에 사상과 령도의 유일성을 보장하고 당의 인민대중과 혼연일체를 이루며, 당건설에서 계승성을 보장하는 것을 당건설의 기본원칙으로 한다"라고 선언하고 있다. 당 규약은 이러한 목적을 실천하기 위해 당원, 당의 조직원칙과 조직구조, 당의 중앙조직과 지방조직, 당의 기층조직, 조선인민군대내 당 조직, 당과 인민정권, 당과 근로단체, 당마크와 당기 등에 대해 규정하고 있다.

조선노동당 규약은 헌법과 함께 프롤레타리아 독재체제에서 일당독재체제를 제도적으로 보장하기 위한 최고의 규범이다.[17] 모든 국가기관이나 사회단체 등은 조선노동당의 노선이나 정책에 부합되어야 하며, 이에 어긋나는 활동은 용납될 수 없다는 것을 확인하고 있다.[18] 당 규약은 당의 유일적영도체계확립의 10대 원칙과 함께 당의 지도원리이자 실천과제를 제시하는 최고의 규범으로 기능한다. 또한, 조선노동당 강령이 변화되지 않은 상황에서 현실적 변화를 반영하여 실질적으로 강령에 포함되는 내용을 규정하여 강령의 역할을 대행하는 역할을 수행한다. 특히, 2016년 개정된 당 규약은 김일성-김정일주의를 지도이념으로 선언하여 김정일을 김일성의 수준으로 승격시켰으며, 김정은을 조선노동당을 계승하여 발전시키는 위대한 영도자로 규정하고 있다.

2. 주요 내용

(1) 전 문

당 규약은 "조선로동당은 위대한 김일성-김정일주의당이다"라는 문구로 시작하는 장문의

---

17) 김종일, 이것이 북한 노동당 독재의 실체다<上>-북한의 법과 제도가 바뀌지 않는 한 체제변화는 불가능-, 2008년 6월호(통권 제438호), 북한연구소, 122-123면.

18) 북한법률용어의 분석(Ⅰ)-헌법편-, 한국법제연구원, 1995, 229면.

전문을 가지고 있다. 당의 전문에서는 당의 창건과 역사를 밝히는 것을 시작으로 당의 지도이념, 당면목표, 당의 조직과 구성원, 당의 활동추진방향, 투쟁노선을 자세하게 밝히고 있다. 당 규약의 전문은 다음과 같은 사항을 포함하고 있다.

첫째, 조선노동당은 위대한 김일성-김정일주의당이라고 선언하고 있다. 김일성은 조선노동당의 창건자이고 영원한 수령이며, 김정일은 조선노동당의 상징이자 영원한 수반이다. 한편, 김정은은 조선노동당을 김일성과 김정일의 당으로 강화발전시키고 주체혁명을 최후승리에로 이끄시는 조선노동당과 조선인민의 위대한 영도자라고 선언하고 있다.

2016년 개정된 당 규약에서는 김일성을 조선노동당을 창건한 영원한 수령으로 인정하면서도 김정일과 김정은의 위상과 지도적 역할을 강화하고 있는 것이 특징이다. 이에 따라 "조선로동당은 위대한 김일성동지와 김정일동지를 영원히 높이 모시고, 경애하는 김정은동지를 중심으로 하여 조직사상적으로 공고하게 결합된 로동계급과 근로인민대중의 핵심부대, 전위부대이다"라고 선언하고 있다.

둘째, 조선노동당은 김일성-김정일주의를 유일한 지도사상이자 지도적 지침으로 채택하고 있다. 주체사상을 지도이념으로 채택하고, 최종목적은 온 사회를 김일성-김정일주의화하여 인민대중의 자주성을 완전히 실현하는 것이라고 선언하고 있다. 조선노동당은 마르크스-레닌주의를 지도이념으로 채택하였다가, 1970년 11월 조선노동당 제5차 당대회를 계기로 마르크스-레닌주의와 함께 주체사상을 지도이념으로 추가하였다. 1980년 10월 제6차 당대회에서는 마르크스-레닌주의를 삭제하고 김일성 주체사상만을 지도이념이라고 규정하였다. 2016년 5월 제7차 당대회에서는 지도사상을 '김일성-김정일주의'로 수정하였다.

조선노동당의 당면목적은 공화국북반부에서는 사회주의강성대국을 건설하고, 전국적 범위에서는 민족해방민주주의혁명의 과업을 수행하는 것으로 선언하고 있다. 조선노동당은 통일정부의 수립을 당면목적으로 제시하였으나, 1956년 4월 제4차 당대회부터 대내적으로는 사회주의제도를 수립하고, 전 한반도에서는 반제·반봉건 민주주의혁명을 완성하는 것으로 채택하였다. 1970년 11월 제5차 당대회에서는 대내적으로는 사회주의의 승리를, 전 한반도에서는 민족해방과 인민민주주의혁명을 완수하는 것을 당면목적으로 제시하였다. 1980년 9월 제6차 당대회에서부터 당면목적을 공화국북반부에서는 사회주의강성대국을 건설하고, 전국적 범위에서는 민족해방민주주의혁명의 과업을 수행하는 것으로 수정하였다.

셋째, 조선노동당은 김일성-김정일주의의 지도사상에 따라 당면목적을 성취하기 위해 다양한 투쟁방식을 제시하고 있다. 조선로동당은 항일유격대식 사업방법, 주체의 사업방법을 구현하며, 혁명과 건설을 영도하는 데서 자주, 선군, 사회주의의 노선과 원칙을 일관되게 틀어쥐고 나가며, 주체성과 민족성을 고수한다. 조선로동당은 선군정치를 사회주의 기본정치방식으로 확립하고 선군의 기치 밑에 혁명과 건설을 영도한다. 조선로동당은 인민정권을 강화하고 사상, 기술문화의 3대 혁명을 힘 있게 다그치는 것을 사회주의건설의 총노선으로 틀어쥐고 나간다.

조선로동당은 혁명대오를 정치사상적으로 튼튼히 꾸리고 인민대중 중심의 사회주의 제도를 공고하게 발전시키며, 경제건설과 핵무력건설의 병진노선을 틀어쥐고 과학기술발전을 확고히 앞세우면서 나라의 방위력을 철벽으로 다지며, 사회주의경제강국, 문명국가건설을 다그쳐 나간다고 선언하고 있다.

넷째, 조선노동당은 노동계급의 혁명적 당이자, 근로인민대중의 대중적 당이다. 조선노동당은 조선민족과 조선인민의 이익을 대표하며, 노동자, 농민, 지식인을 비롯한 근로인민대중속에 깊이 뿌리박고, 그들 가운데서 사회주의위업의 승리를 위하여 몸바쳐 싸우는 선진투사들로 조직된다. 또한, 근로인민대중의 모든 정치조직들 가운데서 가장 높은 형태의 정치조직이며 정치, 군사경제, 문화를 비롯한 모든 분야를 통일적으로 이끌어나가는 사회의 영도적 정치조직이며 혁명의 참모부이다.

조선노동당은 당안에 사상과 영도의 유일성을 보장하고 당이 인민대중과 혼연일체를 이루며 당건설에서 계승성을 보장하는 것을 당건설의 기본원칙으로 한다. 또한, 계급노선과 군중노선을 철저히 관철하여 당과 혁명의 계급진지를 굳건히 다지며 인민의 이익을 옹호하고 인민을 위하여 멸사복무하며 인민대중의 운명을 책임진 어머니당으로서의 본분을 다해나간다. 조선로동당은 인민생활을 끊임없이 높이는 것을 당활동의 최고원칙으로 하며, 사람과의 사업을 당사업의 기본으로 한다. 조선로동당은 근로단체들의 역할을 높여 광범한 군중을 당의 두리에 묶어세우며 사회주의강성대국건설을 위한 투쟁에로 조직동원한다.

다섯째, 조선노동당은 전체 한반도에서 통일국가를 완성하기 위해 투쟁한다. 조선노동당은 남조선에서 미제의 침략무력을 몰아내고 온갖 외세의 지배와 간섭을 끝장내며 일본군국주의의 재침책동을 짓부시며, 사회의 민주화와 생존의 권리를 위한 남조선인민들의 투쟁을 적극 지지 성원한다. 조선로동당은 전조선의 애국적 민주역량과의 통일전선을 강화한다. 조국의 통일을 달성하기 위해 우리 민족끼리 힘을 합쳐 자주, 평화통일, 민족대단결의 원칙에서 나라와 민족의 통일적 발전을 이룩하기 위하여 투쟁한다. 국제적으로는 자주, 평화, 친선을 대외정책의 기본이념으로 하여 반제 자주역량과의 연대성을 강화하고 다른 나라들과의 선린우호관계를 발전시키며 제국주의의 침략과 전쟁책동을 반대하고 세계의자주화와 평화를 위하여, 세계사회주의운동의 발전을 위하여 투쟁한다.

(2) 제1장(당원)

규약 제1장에서는 당원의 자격요건, 입당절차, 임무 등에 관하여 자세하게 규정하고 있다. 당원으로는 조선공민으로서 당의 유일사상체계와 유일적 영도체계가 든든히 서고 당과 수령, 조국과 인민을 위하여 헌신적으로 투쟁하며 당규약을 준수하려는 근로자들이 될 수 있다. 조선노동당에서는 원칙적으로 후보당원을 두고 1년간의 후보기간을 마친 후보당원 가운데서 당원을 받아들인다. 다만, 특수한 경우에는 후보기간을 거치지 않고 직접 당원으로 받아들일 수 있다. 조선노동당에는 18세부터 입당할 수 있고, 입당하려는 사람은 입당원서와 당원 2명의 입당보증서를 당세포에게 내야 한다. 입당보증인은 3년 이상 당생활을 해야 하며, 보증내용에 대하여 당 앞에 책임을 진다. 후보당원이 정당원으로 입당할 때는 이 같은 절차가 생략되지만, 당세포가 요구할 때에는 다른 입당보증서를 내야한다. 특수직에서 종사하는 자의 입당문제는 당중앙위원회에서 별도로 제정된 규정과 절차에 따른다.

당원은 특별한 의무를 부담한다. 당원은 김일성과 김정일을 영원한 주체의 태양으로 모시고, 김정은의 영도를 충정으로 받들어 나가야 한다. 당의 사상과 노선, 정책을 무조건 끝까지 관철해야 하고, 당생활에 자각적으로 참가하여 당성을 끊임없이 단련하여야 하여 사회주의강성대국 건설을 위한 혁명과업수행에서 선봉적 역할을 해야 한다. 당원은 사회주의 조국을 목숨바쳐 보위하여야 하며, 이를 위해서 당적, 계급적 원칙을 철저히 지켜야 한다. 당원은 인민을 위하여 멸시복무하며 실천직 모범으로 군중을 이끌어야 한다. 또한, 혁명적 사업기풍과 생활기풍을 세워야 하며, 고상한 도덕품성을 지녀야 하고, 매달 월 수입의 2%를 당비를 바쳐야 한다.

당원은 당원으로서 일정한 권리를 가진다. 당원은 당회의와 당출판물을 통하여 당의 노선과 정책을 관철하며 당사업을 발전시키는데 도움이 되는 의견을 발표할 수 있다. 당원은 당회의에서 결의권을 가지며, 각급 당지도기관 선거에서 선거할 권리와 선거받을 권리를 가진다. 당원은 정당한 이유와 근거가 있을 때에는 어떤 당원에 대하여서나 비판할 수 있으며 상급이 주는 어떤 과업이라도 그것이 당의 유일사상체계와 유일적 영도체계에 어긋날 때에는 그 집행을 거부할 수 있다. 당원은 자기의 사업과 생활에 대한 문제를 토의결정하는 당회의에 참가할 것을 요구할 수 있으며, 당중앙위원회에 이르기까지의 각급 당위원회에 신소와 청원을 할 수 있으며 그에 대한 심의를 요구할 수 있다.

당원이 당의 규율을 어긴 경우에는 책벌을 받는다. 당원은 그 과오의 크기에 따라 출당이나 경고, 엄중경고, 권리정지, 후보당원으로 내려놓는 책벌을 준다. 당세포는 총회에서 과오를 범한 당원을 참가시키고 당책벌을 줄 데 대하여 심의결정하여 시, 군당위원회의 비준을 받아야 한다. 특히, 당원을 출당시키는 것에 대한 당세포의 결정은 도(직할시)당위원회의 비준을 받아야 한다. 당중앙위원회와 도(직할시), 시, 군당위원회는 당규율 문제와 관련한 당원의 신소를 제때에 책임적으로 심의하고 처리하여야 한다. 정당한 이유 없이 6개월 이상 당생활에 참가하지 않고 있는 당원에 대하여서는 당세포총회에서 그를 제명할 것을 결정하여야 하며 그 결정은 시, 군당위원회의 비준을 받아야 한다.

(3) 제2장(당의 조직원칙과 조직구조)

조선노동당은 민주주의중앙집권제원칙에 따라 조직하며, 활동한다. 각급 당지도기관은 민주주의적으로 선거하며, 당조직 앞에 자기의 사업을 정기적으로 총화보고한다. 당원은 당조직에, 소수는 다수에, 하급당조직은 상급당조직에 복종하며, 모든 당조직은 당중앙위원회에 절대복종한다. 상급당조직은 하급당조직의 사업을 계통적으로 지도검열하며, 하급당조직은 자기의 사업정형을 상급당조직에 정상적으로 보고한다.

각급 당조직은 지역단위와 생산 및 사업단위에 따라 조직한다. 각급 당위원회는 해당 단위의 최고지도기관이며 정치적 참모부이며, 당위원회의 활동에서 기본은 집체적 지도이다. 당의 최고지도기관은 당대회이며 당대회와 당대회 사이에는 당대회가 선거한 당중앙위원회이다. 기층당조직의 최고지도기관은 당총회(당대표회)이며 당총회(당대표회)와 당총회(당대표회) 사이에는 당총회(당대표회)가 선거한 해당 당위원회이다.

각급 당조직의 지도기관 성원은 소환(제명)될 수 있는데, 당중앙위원회와 도(직할시), 시, 군당위원회 위원, 후보위원의 제명과 보선은 해당 당위원회 전원회의에서 한다. 기층당조직의 지도기관 성원의 소환과 보선은 해당 당총회(당대표회)에서 한다. 당회의는 해당 당조직에 소속된 당원(위원, 대표자) 총수의 3분의 2 이상이 참가하여야 성립되며 제기된 문제의 가결은 결의권을 가진 당회의 참가자의 절반을 넘는 찬성을 받아야 확정된다.

당중앙위원회는 정치, 군사, 경제적으로 중요한 부문에 정치기관을 조직하며, 정치기관은 해당 단위에 조직된 당위원회의 집행부서로 사업한다. 중앙기관에 조직된 정치국(정치부)들은 당 중앙위원회에 직속되어 그 지도 밑에 사업하며 자기 사업정형을 당중앙위원회에 정상적으로 보고한다. 정치기관들은 조선로동당규약과 당중앙위원회가 비준한 지도서와 규정에 따라 조직되며 사업한다. 당중앙위원회는 어떤 당조직이든지 당의 노선과 정책, 당 규약을 엄중하게 어기거나 집행하지 않을 때에는 해산하고 거기에 소속되었던 당원들을 개별적으로 심사하여 다시 등록하고 당조직을 새로 조직할 수 있다.

(4) 제3장(당의 중앙조직)

당의 중앙최고지도기관은 당대회인데 현실적으로는 당중앙위원회나 정치국이 내리는 결정에 대해 사후적으로 추인하는 형식을 취하고 있다.[19] 당대회는 당중앙위원회가 소집하며 당의 강령과 규약을 채택 또는 수정·보충하는 것을 비롯하여 당의 노선과 정책, 전략전술에 관한 기본문제들을 결정하고, 위원장을 추대한다. 조선노동당 위원장은 당의 최고영도자로서 당을 대표하여 전당을 영도하며, 당중앙군사위원회 위원장을 겸직한다.

당중앙위원회는 당대회와 당대회 사이에 당의 모든 사업을 조직, 지도한다. 당중앙위원회

19) 주시후, 북한의 이해, 한국학술정보, 2008, 62면.

는 주체사상과 선군사상을 구현하여 당의 노선과 정책을 세우고 혁명투쟁과 건설사업을 정치적으로 지도하며 국내외의 각 정당, 단체들과 사업하며 당의 재정을 관리한다. 당중앙위원회는 전원회의를 1년에 한번 이상 소집하며, 전원회의에서 당중앙위원회 정치국과 정치국 상무위원회, 당중앙위원회 검열위원회를 선거하고, 정무국과 당중앙군사위원회를 조직한다. 당중앙위원회는 당대표자회를 소집할 수 있고, 당대표자회는 당의 노선과 정책, 전략전술의 중요한 문제들을 토의결정하며, 조선노동당 최고지도기관을 선거하거나 당 규약을 수정·보충할 수 있다.

당중앙위원회 정치국과 정치국 상무위원회는 전원회의가 열리지 않는 동안 당의 모든 사업을 조직지도한다. 정무국은 당 내부사업에서 나서는 문제와 실무적 문제들을 주로 토의결정하고 그 집행을 조직, 지도한다. 당중앙군사위원회는 당대회가 열리지 않는 동안 군사분야의 사업을 당적으로 조직지도하며, 당의 재정관리사업을 검사한다. 당중앙위원회 검열위원회는 당규율을 어긴 당원에게 당적 책임을 추궁하며 당규률 문제와 관련한 도당위원회의 제의와 당원의 신소를 심의하고 처리한다.

(5) 세4상(당의 도, 시, 군조직)

조선노동당의 지방조직은 전국을 수평적으로 배분하면서 수직적 지배구조를 확립하고 있다. 각급 당위원회는 상·하의 당위원회에 대해 철저한 위계구조를 형성하고 있으며, 당은 다른 국가기관이나 사회단체를 실질적으로 지도하고 통제한다.

도, 시, 군당대표회는 당의 도, 시, 군조직의 최고지도기관이며, 당중앙위원회의 지시에 따라 도, 시, 군당위원회가 소집한다. 지방조직의 당대표회는 당위원회와 당검사위원회의 사업을 총화하고, 당대회에 보낼 대표자를 선거한다.

당위원회는 당의 유일사상체계와 유일적 영도체계를 세우는 사업을 주도적으로 지도하고, 당생활지도, 사상교양, 인민군대 육성, 재정관리 등 사업을 담당한다. 당위원회는 전원회의를 4개월에 한번 이상 소집하며, 전원회의는 당의 노선과 정책을 관철하기 위한 대책을 토의결정하고, 집행위원회와 위원장, 부위원장, 군사위원회, 검열위원회를 선거하고, 정무처를 조직한다.

(6) 제5장(당의 기층조직)

조선노동당의 기층조직은 당조직의 근간을 이루는 최하위 단위이며, 초급당, 분초급당, 부문당, 당세포가 있다. 당의 말단기층조직은 당세포로서 당원드의 당생활의 거점이며, 당원들과 근로자들을 조직동원하여 당의 노선과 정책을 관철하는 직접적 전투단위이다. 당세포는 원칙적으로 당원 5~30명까지의 단위에 조직하는데, 당원이 5명 미만인 경우에는 인접 당세포에 흡수시키거나 2개 이상 단위의 당원을 합병하여 당세포를 조직하기도 한다. 당원이 3

명 미만인 경우에는 시, 군당위원회 추천하는 당원을 책임자로 하는 당소조를 조직할 수도 있다. 당원이 31명 이상이 있는 단위에는 초급당조직을 두는데, 초급당조직과 당세포 사이에 당원 31명 이상이 있는 생산 및 사업단위에 부문당을 조직한다. 필요한 경우에는 초급당조직과 부문당조직 사이에 있는 생산 및 사업단위에 분초급당을 조직한다.

당총회(당대표회)는 당의 기층조직의 최고지도기관이며, 당세포총회는 1개월에 1회 이상, 초급당, 분초급당, 부문당 총회는 3개월에 1회 이상 각각 개최한다. 기층당조직에서는 1년에 1회 지도기관 사업을 총화하고 당세포위원회, 초급당, 분초급당위원회 등 새로운 지도기관을 선거한다. 기층당조직은 당원들과 근로자들 속에 유일적 영도체계를 튼튼히 세우고, 당원들에 대한 당생활조직과 지도를 강화한다. 또한, 행정경제사업, 근로단체사업, 민방위사업 등 군중과의 사업을 실속 있게 진행하며, 3대혁명붉은기쟁취운동과 군자리노동계급칭호쟁취운동을 비롯한 대중운동을 힘 있게 벌린다.

(7) 제6장(조선인민군대 안의 당조직)

조선인민군은 김일성이 항일혁명투쟁의 불길 속에서 창건하고, 김일성과 김정일이 강화발전시켰으며, 김정은이 이끄는 혁명적 무장력이다. 조선인민군은 조선노동당의 위업, 주체혁명위업을 무장으로 옹호 보위하는 수령의 군대이자, 당의 선군혁명영도를 맨 앞장에서 받들어나가는 혁명의 핵심부대, 주력군이며, 모든 정치활동을 당의 영도 밑에 진행한다. 조선인민군 각급 단위에는 당조직을 두며 그를 망라하는 조선인민군 당위원회를 조직하며, 당위원회는 당중앙위원회 지도 밑에 사업한다. 조선인민군 각급 단위에는 총정치국, 정치부 등 정치기관을 조직하며, 조선인민군 각급 부대들에는 정치위원을 둔다. 조선인민군안의 각급 당조직들과 정치기관들은 조선로동당규약과 조선인민군 당정치사업지도서에 따라 사업한다.

(8) 제7장(당과 인민정권)

조선노동당은 인민정권의 정치적 지도기관이며, 인민정권기관은 당의 영도 밑에 활동한다. 인민정권은 인민대중 중심의 사회주의 정권으로 당의 노선과 정책의 집행자이다. 또한, 사회주의위업, 주체혁명위업 수행의 강력한 정치적 무기이며, 당과 인민대중을 연결시키는 가장 포괄적인 인전대이다. 당은 인민정권이 인민대중의 자주적 권리와 이익의 대표자, 창조적 능력과 활동의 조직자, 인민생활을 책임진 호주로서의 사명을 훌륭히 수행하며 사회에 대한 통일적 지도기능과 인민민주주의 독재기능을 강화하여 사회주의 제도를 옹호 고수하고 공고 발전시키며 사회주의 강성대국 건설을 다그치도록 지도한다. 한편, 각급 당조직들은 인민정권기관 일군대열을 튼튼히 꾸리고 일군들의 역할을 높이며 인민정권기관들이 본신 임무를 책임적으로 수행하도록 지도한다.

(9) 제8장(당과 근로단체)

근로단체들은 근로자들의 대중적 정치조직이자 사상교양단체이다. 근로단체들은 당의 외곽단체이고 당과 대중을 연결시키는 인전대이며 당의 믿음직한 방조자이다. 근로단체들은 당의 영도 밑에 활동하며, 당은 근로단체조직들안에 당의 유일사상체계와 유일적령도 체계를 튼튼히 세워 근로단체들을 당에 충실한 정치조직으로 만들며, 근로단체들이 당의 사상과 노선을 철저히 관철하도록 정치적으로 지도한다. 또한, 당은 근로단체들이 동맹원들 속에서 사상교양사업과 동맹조직 생활을 강화하고 대중운동을 힘 있게 벌려 그들을 당의 두리에 튼튼히 묶어 세우며 사회주의강성대국 건설에 적극 조직동원하도록 지도한다.

각급 당조직들은 청년동맹을 비롯한 근로단체일군대렬을 튼튼히 꾸리고 근로단체들의 특성에 맞게 사업방향을 정확히 주며 근로단체조직들이 본신 임무를 자립적으로, 창발적으로 수행하도록 지도한다. 특히, 김일성사회주의청년동맹은 조선청년운동의 개척자이신 위대한 수령 김일성동지께서 몸소 무어주신 주체적인 청년조직이며 주체혁명 선군혁명의 대를 이어 나갈 당의 정치적 후비대로 역할을 강조하고 있다.

(10) 제9장(당마크, 당기)

당마크는 마치와 낫, 붓이 한곳에서 교차되게 그려진 조선로동당의 상징적 표식이다. 당마크는 조선로동당이 수령을 중심으로 하여 조직·사상적으로 굳게 뭉친 노동자, 농민, 지식인을 비롯한 근로인민대중의 전위부대이며 인민대중 속에 깊이 뿌리박고 인민대중의 요구와 이익을 위하여 투쟁하는 혁명적이며 대중적인 당이라는 것을 상징한다.

당기는 붉은색 기폭의 중심에 당마크가 새겨져 있는 조선노동당의 상징적 기발이다. 당기는 김일성-김정일주의를 지도사상으로 하고 주체의 혁명전통을 순결하게 이어가며, 전체인민을 당과 수령의 두리에 굳게 묶어세워 주체혁명위업을 끝까지 완성해 나가는 조선노동당의 혁명적이며 대중적인 성격과 불굴의 의지, 투쟁정신을 상징한다.

V. 결 어

북한법은 주체의 법이론과 혁명적 수령론에 따라 주체사상을 이념적 기초로 하고 있다. 주체사상은 김일성 교시와 조선노동당 강령·규약이 모든 법규범의 근거이자 한계를 설정하는 기준이 된다. 주체사상은 법규범을 제정·해석·집행하는 지침으로 작용하고, 실질적으로 법규범으로 기능하지만, 그 자체가 곧 법의 형식으로 존재하는 것은 아니다. 북한헌법의 규정에 따르면 북한에 존재하는 성문법의 형식은 국내법으로는 헌법, 부문법과 규정이 있고, 국제법으로는 조약이 있다.

북한헌법은 헌법의 최고규범성을 직접 규정하지는 않고 있으나, 간접적으로 최고의 성문법으로 인정하고 있다. 최고주권기관인 최고인민회의는 헌법을 수정・보충하는 권한을 가지며(헌법 제91조 제1호), 헌법의 수정・보충은 최고인민회의 대의원 전원의 3분의 2이상의 찬성을 필요로 한다(헌법 제97조). 조선노동당 강령은 1946년 8월 제정된 이후 현재까지 한 번도 개정된 적이 없으며, 북한체제의 최종목표를 제시하고 있는 최고의 규범이다. 조선노동당 규약은 1946년 8월 조선노동당 창당대회에서 채택되었으며 사회주의 혁명운동의 투쟁환경에 적응하기 위해 변화되어 왔다. 조선노동당 규약은 지금까지 총 8차례에 걸쳐 지도이념과 당면목표 등을 수정하였으며, 현행 규약은 2016년 5월 제7차 당대회에서 개정된 것이며, 전문과 총 60개 조항으로 구성되어 있다.

북한은 2016년 조선민주주의인민공화국 법전(증보판)을 발간하면서 그 서문에서 김일성의 교시를 인용하면서 "사회주의법은 인민정권이 정치를 실현하는 중요한 수단이며 모든 사람들이 의무적으로 지켜야 할 사회공동의 행동규범입니다. 국가의 법과 규범들을 발전하는 현실의 요구에 맞게 제정하고 완성하며 사회주의법무생활을 강화하여 모든 국가경제기관들이 법에 철저히 의거하여 활동하고 모든 근로자들이 사회주의법을 자각적으로 지키도록 하여야 하겠습니다"라고 선언하였다. 북한법을 체계적으로 이해하는 것은 남북교류협력을 실효적으로 추진하기 위해 필요하다. 남북한이 평화통일을 달성하기 위해서는 남한과 북한의 법률과 제도를 정합적으로 해석하고 적용해야 한다. 북한의 최고규범인 헌법과 조선노동당의 강령과 규약을 제대로 이해하는 것은 북한법을 체계적으로 분석하는 기초가 된다. 북한체제와 북한법을 정확하게 이해하고 균형있는 관점에서 통일을 바라보는 것은 통일국가에서의 법률통합을 위해서도 반드시 필요한 작업이다.

28. 북한의 김정은 정권과 사회주의헌법*

박 정 원**

Ⅰ. 서　설

북한에서는 헌법에 관하여 다음과 같이 정의하고 있다. 북한의 「법학사전」에 의하면, 헌법은 “국가사회제도, 공민의 기본적권리와 의무, 국가주권의 조직 및 실현과 관련된 사회관계를 규제하는 법”으로서 ‘국가의 기본법’이라 한다. 이어 헌법의 계급적 본질과 사명은 그가 토대하고 있는 사회경제제도와 국가의 계급적 본질에 의하여 규정되며, 이른바 “공화국헌법은 우리나라 사회주의법 체계에서 주도적부문을 이루고 있으며 공화국의 기본법으로 되고 있다”고 설명한다. 또한 북한의 「정치사전」(1985)에 의하면, 사회주의헌법은 북한의 기본법으로서 당과 정부의 정책을 옹호하고 사회주의 혁명의 전취물을 지키는 프롤레타리아독재의 무기이며, 사회주의건설을 다그치고 온사회의 혁명화·노동계급화하는 수단이라고 하면서, 그 특징은 정치·경제·문화의 모든 분야에 걸쳐 강령적 과업과 그 실현을 위한 근본원칙과 방도들을 규제한 것으로 국가기관체계를 위주로 서술한 종래 헌법과의 차별성에 있다고 하였다.

더욱이 북한은 ‘주체의 사회주의헌법리론’을 통해 독창적인 헌법이론에 의거해 새로운 헌법건설실천이 마련될 수 있다는 전제하에 시대의 요구와 인민대중의 지향에 맞는 새로운 헌법이론을 창시하고 새 형의 헌법을 창조했다고 설명하였다. 그리고 사회주의헌법은 “국가와 사회주의 주인으로 된 인민대중의 자주적인 지위를 법적으로 고착하고 그들의 창조적활동을 보장하는데서 제기되는 근본문제들을 전면적으로 규제한다. 이것은 결국 인민대중의 자주성과 창조성을 옹호실현하기 위한 법적 담보가 주로는 헌법의 공간을 통하여 마련되는 것을 의미한다”고 설명한다.

이러한 북한의 설명에 비추어 보면, 헌법개념은 전통적으로 강조되어 온 공산권 헌법의 개념과 유사한 것임을 알 수 있다. 그것은 공산권헌법의 일반적인 특성으로서 계급성에 기초하고 있다는 점에서 알 수 있다. 특히 북한의 사회주의헌법이 노동계급의 헌법이라고 강조되

---

* 이 글은 서울대학교 성낙인총장님의 퇴임기념 논문집 기고문으로서 필자의 기존의 관련 논문과 강의자료를 참고하여 작성하였다. 필자의 관련 글로는 「북한민법주석」(공저), 법무부, 2014; “북한의 입법이론과 체계 분석”, 「法學論叢」, 제26권 제2호(국민대학교 법학연구소, 2013.10); “북한의 ‘사회주의 법치국가 건설론’과 법제 정비 동향”, 「동북아법 연구」, 제5권 제1호(전북대 동북아법연구소, 2011); “북한의 2009년 개정헌법의 특징과 평가”, 「憲法學硏究」, 제15권 제4호(한국헌법학회, 2009.12) 등이 있다.

** 국민대학교 법과대학 교수

고, 또 사회주의헌법이 새 형의 헌법으로 출현하게 되는 것이 노동계급의 혁명적 영도와 투쟁의 결과라고 한 데에서 그러하다. 북한은 '주체의 사회주의헌법리론'에 의해 헌법의 원리적 문제들을 전면적으로 제기하고 과학적으로 체계화하였다면서 부르조아헌법(자유민주주의헌법) 이론과 함께 선행 노동계급의 헌법이론을 비판하면서 그들 헌법의 독창성을 강조하고 있다.

이처럼 북한은 헌법을 국가의 기본법으로서 정의하고 주체의 사회주의헌법이론에 의해 독창적으로 체계화시킨 것이라고 강조한다. 북한은 헌법을 개념상으로는 국가의 기본법으로서 최고법적 성격을 강조하지만, 그 기능면으로 볼 때 주체사상과 이른바 '우리식 사회주의'를 강화하고 '수령의 1인지배체제'에 의한 북한체제의 유지를 위한 수단으로써 갖는 특색을 강하게 띠고 있다는 점에서 다른 국가들의 헌법과 차이점을 찾을 수 있다.

여기서는 2011년 김정일 국방위원장의 급작스런 사망으로 권력을 승계한 김정은 정권에서 이루어진 사회주의헌법의 변화를 중심으로 살핀다. 권력체제의 변화과정에서 나타난 김정일정권과 김정은정권의 권력체제의 헌법적 반영과 함께 김정은에 의해 강도되어 온 경제발전 정채고가 관련하여 헌법상 경제조항을 중심으로 그 변화의 가능성을 검토해본다. 김정은 정권의 정책추진과정과 방향을 살피는 데에 있어 사회주의헌법의 내용은 객관적 지표로서 분석해보아야 할 중요한 관점이다. 이를 통해 북한의 김정은 정권의 특징을 살피고 그 변화의 방향을 전망하는 데에 도움이 되기를 기대한다.

Ⅱ. 북한 헌법의 변화과정과 김정은 정권

북한정권이 수립되기 이전의 북한의 법제사는 그 전사(前史)에 해당하는 것이며, 이러한 북한의 입장은 역사적 사실성 보다는 북한이 법제의 주체성을 강조하기 위한 정신적 상징성을 부각하기 위한 이데올로기적 각색의 색채를 강하게 보여주었다. 북한의 헌법사는 대체로 인민민주주의 헌법과 사회주의헌법으로 나눌 수 있다.

전자에는 「북조선인민회의」 제5차회의(1948.7.9)에서 북한지역에 실시하기로 한 '임시헌법'과 「최고인민회의」 제1기 1차회의(1948.9.8)에서 제정·공포한 북한의 첫 정식헌법인 '조선민주주의인민공화국 헌법'(이하 '1948년헌법' 또는 '인민민주주의헌법'이라고 함)이다.

후자에는 「최고인민회의」 제5기 1차회의(1972.12.27)에서 제정한 '조선민주주의인민공화국 사회주의헌법' 이다. 사회주의헌법은 1992년부터 2009년까지의 김정일시대 개정헌법과 2012년 김정은의 권력체제 이양 후 이루어진 몇 차례의 개정헌법으로 나눌 수 있다.

1. 인민민주주의 헌법

(1) 임시헌법의 제정

북한은 1945년 8·15 광복 후 제1차 미·소공동위원회(1946.3.20~5.8)에서 성과를 얻지 못한 상황에서 북한은 「북조선림시인민위원회」를 조직하고 「북조선로동당」을 결성하고, 이를 토대로 「북조선인민회의」를 창설하는 등 단독정권수립을 위한 준비를 진행하였다. 이후 북한은 '북로당' 중앙위원회 전원회의(1947.11.16)에서 통일전선전략에 의거 통일임시정부수립을 위한 법적 기초로서 임시헌법의 제정을 결의하고 「조선림시헌법제정위원회」와 「법전작성위원회」를 구성하기로 결의하였다. 북한은 이른바 통일적 '조선민주국가' 헌법을 제정한다는 명목하에 「민주주의 민족통일전선」에 속한 정당 및 사회단체의 대표들로 「조선림시헌법제정위원회」를 조직하고 동위원회는 헌법초안을 확정(1947.12.20)하였다.

북조선인민회의 제4차회의(1948.2.6)는 이 임시헌법제정위원회의 보고를 심의하고 그 헌법초안을 이른바 '전체인민토의'에 회부하기로 결정하였다. 이에 따라 북조선인민회의 특별회의(1948.4.28)는 2개월 반(1948.2.11~4.25)에 걸친 전체 인민도의의 결과로 이루어진 헌법수정초안을 심의하여 이를 「조선민주주의인민공화국 헌법초안」으로 정식 채택하였다. 그리고 북조선인민회의 제5차회의(1948.7.9)에서는 전조선통일까지 이 임시헌법을 북한지역에 실시할 것을 결의함으로써 이 임시헌법은 발효하게 되었다.

이 당시 「북조선림시인민위원회」는 '제반 민주개혁'을 수행하기 위하여 많은 법령과 결정들을 공포·시행하였다. 또한 「북조선인민회의」와 「북조선인민위원회」는 정부수립준비를 하였는데, 그 법적 기초를 마련하기 위해 임시헌법을 준비하게 되었다. 따라서 임시헌법은 북한지역에서 이룩된 '제반 민주개혁'의 성과를 법적으로 고착화시키고 북한사회를 국가조직으로 인정받기 위한 것이었다고 할 수 있다.

(2) 1948년('인민민주주의헌법')헌법의 제정과 정권 수립

북한은 위의 북조선인민회의 제5차회의의 결의에 의거해 최초로 실시된 최고인민회의 대의원 선거(1948.8.25)를 통해 구성된 최고인민회의 제1차회의(1948.9.2~10)에서 49명의 「헌법위원회」를 구성하여(위원장 김두봉) 북한지역에 실시되고 있던 「인민공화국 헌법」(임시헌법)을 기초로 헌법안을 작성하였다. 이 헌법안은 최고인민회의에 회부되었고, 최고인민회의 제1차회의(1948.9.8)에서 이의없이 채택·공포되었다. 그에 기초하여 정권이 수립된 것은 1948년 9월 9일이었다. 동시에 북한은 이 헌법에 따른 '남반부의 해방'을 주장하고 북한정부가 유일한 법적 정부임을 주장하였다.[1)]

---

1) 총 10장 104조로 이루어진 인민민주주의헌법은 당시 북한이 사회주의로 이행하기 전의 '반제반봉건 혁명' 단계를 반영하여 사회주의적 요소와 내용은 포함되지 않았다.

이 헌법은 1972년 사회주의헌법 채택시까지 5차에 걸쳐 부분 개정되었는데, 제1차 개정에서는 최고인민회의 제1기 7차회의(1945.4.23)에서 '도 · 시 · 군 · 면 · 리구역의 신설 변경'을 '도 · 시 · 군 · 리(읍 및 노동자구)구역의 신설 변경'으로 개정하여 면을 폐지하고(제37조 8항), 내각구성조항(제58조)을 일부 수정하였다.[2)]

2. 사회주의 헌법

(1) 1972년헌법('사회주의헌법')의 채택과 김일성 유일지배체제 확립

북한은 최고인민회의 제5기 제1차회의(1972.12.27)에서 대의원 전원일치의 찬성으로 새로운 '사회주의헌법'을 채택하였다. 이것은 1948년헌법을 24년만에 '사회주의헌법'으로 대체한 것으로 북한에 확립된 사회주의제도를 법적으로 고착시키고 앞으로 사회주의제도를 강화하기 위한 조치의 필요성에 따른 것이었다.

여기서 김일성은, 지난 24년간 북한인민은 "조선로동당의 현명한 령도밑에 사회주의혁명과 사회주의건설에서 위대한 성과"를 거두어 "우리 인민의 정치 · 경제 · 문화생활에서의 획기적인 전변이 일어났다"고 하였다. 또한 그는 "오늘 우리나라의 현실은 새로운 사회주의헌법을 제정함으로써 사회주의혁명과 사회주의건설에서 우리 인민이 이룩한 위대한 성과들을 법적으로 고착시키며 사회주의사회에서의 정치, 경제, 문화분야의 제원칙들을 법적으로 규제할 것을 절박하게 요구하고 있다"면서 새 헌법의 필요성을 피력한 바 있다.

1972년헌법의 개정내용은 권력구조면에서 1948년헌법상 현실과 규범의 괴리현상을 해소할 필요가 있었다. 1958년 8월 이후 사회주의단계에서는 프롤레타리아독재가 그 정치적 기초가 되고 노동계급의 당이 영도적 역량이 된다고 함에 따라 프롤레타리아독재 내지 공산당의 지도적 역할을 규정하였다.

1948년헌법상 국가최고기관인 최고인민회의 및 그 상임위원회에 대해 법상 하위에 있던 내각의 수상에 불과하던 김일성이 초헌법적 존재인 당의 제1인자의 입장에서 1인독재를 행한데 따른 규범과 현실간의 괴리현상은 일인지도제를 채택함으로써 해소되었다. 국가주석제는 1972년헌법의 뚜렷한 특징으로서 초헌법적으로 유지되어 온 김일성 1인지배체제의 현실을 헌법규범화함으로써 그 체제를 강화하려는 것이었다. 이로써 1972년헌법에는 사회주의혁명과 사회주의건설에서 이룩한 성과들이 법적으로 고착되어 있으며, 정치 · 경제 · 문화분야

2) 이후 제2차 개정은 지방정권기관에 주권기관인 각급 '인민회의', 그 집행기관인 각급 '인민위원회'를 설치할 것을 골자로 하여 제5장과 이에 관련된 모든 조항을 수정하고, 대의원의 임기를 3년에서 4년으로 개정하였다(제36조). 제3차 개정에서는 각급 지방정권기관의 권한변경과 최고인민회의 상임위원회 구성조항 및 내각구성조항의 개정과 '결정 · 지시'를 '결정 · 명령'으로 개정하였다(제53조). 제4차 개정에서는 최고인민회의 제1기 12차회의(1956.11.7)에서 선거권, 피선거권의 연령을 20세에서 18세로 하향조정하였다(제12조 1항). 제5차 개정에서는 최고인민회의 제3기 1차회의(1962.10.18)에서 대의원의 선출을 '인구 5만인에 1인'에서 '인구 3만인에 1인'으로 개정하고(제35조), 그 외 제57조, 제58조, 제59조를 수정하고 제61조를 폐지하였다.

의 제원칙들과 공민의 기본권리와 의무, 국가기관들의 구성과 임무 및 활동원칙들이 규정되어 있다고 강조되었다.

이 헌법에는 김일성의 절대 권력 체제를 기반으로 한 김일성유일체제를 헌법적으로 제도화하였다. 이는 사회주의 국가의 통치체계에 관한 법으로 채택되었으며, 정부 수석이었던 수상을 국가주권을 대표하는 주석으로 격상하고 이 직위에 김일성이 등극하였다. 주석이 국가무력의 최고사령관, 국방위원장으로서 국가의 일체 무력을 지휘·통솔하도록 하여 당정군의 최고의 수위에 김일성이 자리하게 되었다. 1972년 헌법 제6장 93조에는 "주석은 조선민주주의인민공화국 전반적 무력의 최고 사령관, 국방위원회 위원장으로 되며 국가의 일체 무력을 지휘통솔한다"라고 명시하였다. 또한 중앙인민위원회를 국가주권의 최고지도기관으로 내오고 그 기구의 수위에 주석을 세웠다. 결국 1972년 사회주의헌법은 사회주의와 김일성 유일체제라는 두 가지 현실을 헌법에 반영하기 위해서 이루어진 것이었다.

이후 사회주의 헌법은 김정일과 김정은체제로 권력승계가 이루어지면서도 이른바 수령의 유일지배체제의 수호와 강화라는 정치체제의 헌법적 제도화를 반영하는 것은 근본적으로 변화하지 않고 있다.

(2) 김정일체제 출범과 1992년, 1998년 헌법개정

북한은 1972년 사회주의헌법에 대해 1992년과 1998년 두 차례의 헌법개정을 통해 정치체제를 강화하는 동시에 경제부문에서의 개방을 위한 헌법적 조치를 마련하였다. 1994년 7월 김일성의 사망 시기에 비추어 보면, 김일성이 권좌에 있으면서 김정일에로의 권력승계를 하였음을 알 수 있다. 북한은 1980년대 말 사회주의의 위기상황에서 체제수호를 강화하기 위한 헌법적 대비를 한 셈이다. 헌법의 수정보충을 통해 사회주의권 붕괴에 따라 변화된 내외의 정세에 대비하고, 후계자 김정일의 권력승계를 준비하였다.

1992년 개정헌법에서 헌법 전체의 성격을 규정하는 특징적인 변화는 마르크스·레닌주의 조항의 삭제이었다. 이는 사회주의권 붕괴와 마르크시즘의 퇴조추세를 북한이 수용한다는 의미도 있지만, 이를 계기로 이데올로기 분야에서 마르크스·레닌주의를 폐기하고 이를 주체사상으로 대체시켰다는 의미가 더 크다. 또한 주석이 행사했던 군사부문의 일부 권한을 국방위원회에 이전하였는데, 이는 북한이 후계자로 임명된 김정일에게 국방에 관한 권한을 이양하기 위한 사전 포석이었다.[3] 김정일은 소위 김일성이 창시했다는 주체사상의 재해석·재구성을 통해 이를 이론적으로 체계화함으로써 이른바 북한식 사회주의의 이상형을 제시하고, 후계권력체제의 기반을 공고히 하는 데 주력하였다. 특히 사회주의체제의 몰락에 따른 대응논

---

3) 1년 뒤인 1993년 12월 김정일은 국방위원회 위원장으로 선출됨으로써 주석이 보유했던 무력지휘권이 김정일에게로 이양되어 후계자로서의 실질적인 권한을 행사하게 되었다.

리로써 '우리식 사회주의'를 표방하고 체제고수를 위한 이념으로 강화한 것인데, 이는 한마디로 김정일지도노선을 반영한 것이었다.

또한 1998년 9월 최고인민회의 제10기 제1차 회의에서는 다시 대폭적인 헌법 수정보충이 있었다. 동법에서는 1992년 개정헌법에서 이전된 국방위원장의 무력지휘권과 국방위원회의 명령권한은 그대로 유지하되, 개정을 통해 주석을 수위로 한 국가주권의 최고지도기관인 중앙인민위원회를 폐지하고 최고인민회의 상설회의를 최고인민회의 상임위원회로 변경하였다.[4] 이 개정헌법은 김일성을 영원한 주석으로 내세우고 사회주의 헌법을 '김일성 헌법'으로 공식화하여 김정일이 '유훈통치'를 위한 법적 장치를 마련한 것임을 보여주었다.[5]

1990년대 북한의 두 차례의 헌법 개정은 사회주의권의 붕괴와 탈냉전, 경제위기라는 북한의 대내외적 환경에 대한 대응방안을 법제도화한 것이었다. 정치적으로는 수령체제의 강화와 계승에 있었고, 경제적으로는 일부 개방을 통한 경제개선을 위한 법적 조치를 한 것이었다. 경제부문의 개혁에 대해서는 후술한다.

3. 김정은 정권과 사회주의헌법 개정

(1) 2009년 헌법개정과 김정은 후계체제 기반 구축

2009년 4월 최고인민회의 제12기 제1차 회의에서 사회주의헌법은 대폭 수정 보충되었다. 2009년 개정헌법은 1998년 헌법의 제7장 166조에서 6개 조문이 늘어난 제7장 172조로 구성되었다. 국방위원장에 대한 절을 신설하여 그 위상과 권한을 강화함으로써 국방위원장을 정점으로 하는 김정일시대의 국가체계를 제도적으로 완성하는 실질적인'김정일 헌법'이라고 규정할 수 있다.[6]

정치체제에 관한 개정내용은 다음에 간략하게 살펴본다.

첫째, 국방위원장을 국가의 최고지도자임을 분명히 하였다. 국방위원장에 관한 절(제6장, 제2절)을 신설하여 그 위상과 권한을 강화함으로써 김정일의 절대 권력을 법제화하고, 국방위원장을 '최고령도자'(제100조)라로 명시함으로써 국방위원장을 국가의 최고직책이라고 정하였다.

둘째, 국방위원장은 국가의 사업전반을 지도하는 최고영도자로 규정한 반면, 국방위원회는 국방위원장 하위에 있는 국가기구로서 국가의 중요정책을 입안하는 기관으로 정의하였다.

---

4) 최고인민회의 상임위원회가 중앙인민위원회의 대사권, 외국과 맺은 조약의 비준·폐기권을 수행하도록 권한 부여하였으며, 또한 주석이 행사하던 특사권도 최고인민회의 상임위원회로 이전하도록 하였다.

5) 이에 대해서는 박정원, "북한의 1998년 헌법상 입법기관과 입법절차", [立法學硏究], 제4집(한국입법학회, 2007.12) 참조.

6) 당시 헌법은 서문에서 '김일성헌법'이라고 공식 명명하고 있지만 실제로는 김정일 중심의 권력체제를 강화하고, 이를 권력승계의 권력장악의 기반을 마련하였다. 이에 대해서는 박정원, "북한의 2009년 개정헌법의 특징과 평가", [憲法學硏究], 제15권 제4호(한국헌법학회, 2009.12) 참조.

군사관련 업무를 넘어 국가의 중요정책을 수립하도록 함으로써 그 권한을 강화하고, 실질적으로 거의 모든 국가 현안을 다루도록 하였다. 이에 따라 국가의 중요정책 수립권 및 감독권, 국가기관의 결정과 지시·폐지권은 국방위원회에, 명령권은 국방위원장에게 이관되었다.[7)]

셋째, 선군사상은 주체사상과 더불어 모든 활동의 지도적 지침, 즉 지도이념으로 된다고 명시하였다. 선군사상은 주체사상을 대체하기 보다는 이를 보완하는 김정일 시대의 지도이념임을 분명히 하였다. 또한 선군사상의 위상 승격과 함께 주권소재에 군인을 추가(제4조)하고, 선군혁명노선의 관철과 혁명의 수뇌부 보위(제59조), 혁명적 영군체계·군풍확립·군정배합(제61조) 조항 등을 추가함으로써 이를 논리적으로 뒷받침하였다.

넷째, 사회건설의 이념적 목표로서 '공산주의' 용어를 삭제함으로써 이상적인 목표를 배제하고 '공산주의'에 매달리는 대신 현실적 목표인 북한식 사회주의를 강조하였다.

다섯째, 북한 주민의 인권존중과 보호 조항 신설로, '인권존중과 보호'문구를 최초로 헌법에 명시(제8조)하였으나 여전히 집단주의와 계급적 속성을 지니고 있다. 북한은 '우리식 인권'론을 제기하여 인권을 국가의 자주권과 연결하고 있다.

결국 2009년 헌법은 국방위원장과 국방위원회의 위상 및 권한 강화와 선군사상의 통치이데올로기 승격을 통해 군사 국가를 제도화하고, 1998년 헌법에서 폐지하였던 주석제와 중앙인민위원회를 국방위원장과 국방위원회로 부활시킴으로써 김정일 일인 지배체제의 헌법적 제도화 시도는 후계체제 구축을 위한 국가체계 정비와 연결되어 있다. 이후 2010년에는 중앙검찰소와 중앙재판소를 최고검찰소와 최고재판소로 개칭하는 일부 개정이 있었다.[8)]

(2) 김정은 정권 출범과 헌법개정(2012년, 2013년, 2016년)

1) 2011년 12월 17일 김정일 국방위원장의 갑작스런 사망 이후 김정은으로의 권력승계가 이루어졌다. 이미 2009년 개정헌법에 의해 강화된 국방위원장의 승계를 통해 비교적 짧은 시간에 권력체제의 안정을 기할 수 있었다. 권력체제를 승계한 김정은은 2012년 4월 최고인민회의 제12기 제5차 회의에서 헌법을 수정 보충하였다. 주요 내용으로는, 헌법 서문에 김정일 국방위원장의 업적을 강조하고 '김일성-김정일 헌법'이라고 명명하였다.[9)] 핵보유국을 명시하였으며, 국가기관체계(권력기구)에 관해 부분 개정하여 국방위원장을 '국방위원회 제1위원장'으로 개칭하였다.[10)]

---

7) 1972년 헌법상 국가 주석의 지위로서 최고의 권한을 행사하도록 하고 있다. 1998년 헌법에서 이른바 집단지도제의 원리를 채택하였으나 이번 개정에 의해 다시 일인지도제로의 체제로 회귀하였다.

8) 2010년 4월 9일 최고인민회의 제12기 제2차회의.

9) '민족의 태양'이나 '세계정치의 원로' 등 미사어구 앞에 김일성 주석 외에 김정일 위원장을 동시에 명시.

10) 권력승계과정에서 최고수위에 대한 직위표기는 김일성 주석, 김정일 국방위원장, 김정은 국방위원회 제1위원장으로 변화하였다. 2016년 헌법개정으로 국무위원장으로 바뀌었다. 한편 당 차원에서의 최고직위는 김일성과 김정일은 총비서, 김정은은 제1비서로 하다가 제7차 당대회에서 '당위원장'으로 개칭하였다.

2) 2013년에도 일부 헌법조항이 개정되었다. 서문에서 '금수산태양궁전'의 의미를 강조하고, 전반적 12년제의무교육(기존 11년제의무교육)에 대한 규정(제45조)을 바꾸어 교육법개정의 헌법적 근거를 제시하였다.

3) 이후 김정은은 집권 5년차인 2016년 5월 6일 제7차 당대회를 개최한 후,[11] 6월 29일 최고인민회의 제3기 제4차회의에서 권력기구 개편에 맞추어 일부 헌법조항을 개정하였다. 종래 국방위원회 제1위원장을 국무위원장으로, 국방위원회를 국무위원회로 개칭하고 국무위원장의 권한의 일부를 조정하고, "국무위원장은 북한의 최고령도자"임을 밝혔다. 김일성과 김정일의 이름 앞에 수식어로 붙었던 경칭으로 '수령'과 '령도자'라는 용어를 삭제한 것은 명실공히 김정은 체제 구축을 선언하는 으로서의 의미를 가지고 있다.

Ⅲ. 사회주의헌법상 경제조항의 변화와 김정은의 경제정책

김정은 정권은 출범 이후 줄곧 내적 체제강화를 위한 통제에 중점을 두어 왔다. 체제수호라는 점에서 해개발과 대륙간탄도 미사일의 개발과 시험은 국제사회에 대한 도발로 나타났고 급기야 국제사회의 제재강화를 이어지게 되었다. 결과적으로 개혁과 개방이라는 국제사회의 요구를 무시하고 체제수호를 위한 핵개발에 부심하는 김정은 정권 아래에서 진정한 개혁의 길은 북한에서 무망한 것으로 받아들여졌다. 그러나 김정은정권에서도 여전히 강조되는 경제강국의 건설이라는 목표에 비추어 헌법과 관련 법령에 나타난 북한의 변화내용은 북한 정권의 향방과 관련하여 주목된다.

1. 헌법상 경제조항 개편

김일성의 유일지배체제의 김정은 3대 체제는 정치체제의 수호라는 점에서 큰 변화가 없다. 그럼에도 불구하고 북한의 사회주의헌법은 경제부문에서의 변화의 움직임을 볼 수 있다. 물론 정치체제의 수호라는 범위안에서 제한적으로 이루어진다는 한계에 의해 소기의 성과는 미미한 수준이다. 기본적인 경제회생을 위한 대외개방의 필요성에 따라 외국투자의 헌법적 근거를 마련한 것은 향후 북한의 변화라는 점에서 의미를 부여할 수 있다. 구소련방의 해체를 비롯한 공산권국가의 변혁은 바로 경제체제의 비효율성에 의해 정치체제의 개혁으로 이어졌다는 점에서 북한의 사회주의체제의 변화 방향을 찾아볼 수 있다.

첫째, 북한의 1992년 헌법개정에서는 경제부문(제19조~제38조)에서 북한의 경제난 타개라는 현실을 반영하고 경제질서의 주요부분에 대한 변화를 시도하는 조항을 신설하였다. 경

11) 36년만의 당대회개최는 당초 기대와는 달리 개혁에 관한 내용은 없고 핵무력 건설을 김정은이 최대 치적으로 내세우고 당 위원장으로 추대되어 김정은체제의 확고한 기반을 대내외에 과시하는 정도에 그쳤다. 당규약을 개정하여 핵보유국임을 명시하였다.

제건설촉진을 위해 인민경제의 주체화·현대화·과학화의 실현(제26조), 기술발전문제의 최우선과제선정 및 과학기술발전과 인민경제의 기술개조의 강조(제27조), 농촌기술혁명을 통한 농촌공업화(제28조) 등을 규정하였다. 또한 '식의주'문제의 해결을 위한 인민복지조항(제25조)도 신설하였다. 이는 사회주의 경제체제를 견지하면서도 대외경제개방정책의 법적 토대를 마련하였다. 1992년 헌법개정은 한마디로 대내외적 환경변화에 대한 법적 대응으로서 주목되는 내용은 북한 내의 외국인의 합법적 권리와 이익을 보장하고(제16조), 외국법인 또는 개인들과의 기업합영과 합작을 장려하는 조항을 신설한 것이다(제37조). 이는 북한이 대외경제부문에서 법적·제도적 여건의 개선을 통한 선진자본과 기술을 도입할 수 있는 정책추진의 근거를 마련한 것이었다. 이로부터 외국인투자법과 대외경제법제와 함께 경제무역지대법제의 정비와 같은 경제특구법제의 정비가 가능하게 되었다.

둘째, 1998년의 개정헌법은 김일성 주석 사후 비정상적인 국가운영체제에서 벗어나 김정일체제의 공식적인 출범을 계기로 정치체제의 수호와 경제회생이라는 과제를 이행하기 위한 법적 제도적 장치를 마련한 것이었다. 김정일시대의 국정의 법적 토대를 형성하는 기본규범이라는 면에서 경제부문을 비롯한 여러 부문에서 북한의 정책방향을 제시하였다. 북한은 대내외적인 경제환경이 변화되면서 이른바 '북한식 사회주의 시장경제체제'의 도입을 가시화하였다. 중국의 경제개혁·개방정책이 성공을 거두었다는 점에서 이를 모델로 한 정책을 시도하면서 경제 활력을 불러일으키고자 하였다. 종래 폐쇄적 민족경제의 틀에서 벗어나 실리를 추구하는 길을 열기 위하여 경제조항의 개정을 통해 경제질서의 변화를 모색하였다.

헌법개정을 통해 북한은 기본적인 경제체제로서의 사회주의 계획경제체제의 틀 속에서 경제회생을 위한 의지와 자세의 변화를 보여주었다. 헌법상 경제조항의 변화내용은 몇 가지 특징을 보여준다.

첫째, 이른바 '북한식 사회주의 시장경제체제'로의 전환을 이루고 실용주의노선을 중시하였다. 북한은 사회주의 계획경제의 원리에 입각한 자립경제원칙을 고수하면서 한편 제한된 범위 내에서의 경제개혁 및 개방정책을 펴왔다. 헌법개정으로 북한경제의 개방화와 시장경제요소를 도입하였다. 국가소유의 범위를 축소하고 사회·협동단체 및 개인소유의 범위를 확대한 것은 소유제에 대한 큰 변화를 보여주었다. 북한에서도 영리목적의 경제활동을 하는 회사와 상사들도 생산수단의 소유가 가능하게 됨으로써 보다 활발한 경제활동에 의한 실리 추구의 태도를 보여주었다.

둘째, 대외무역을 강화하였다. 대외무역의 활성화를 통해 북한의 경제난 타개를 위한 돌파구를 열기 위한 것이다. 대외무역의 주체를 국가독점에서 사회·협동단체로 확대한 것은 그러한 의지의 반영이라 할 것이다. 대외무역의 국가독점에서 벗어나 다방면의 무역활성화를 통해 경제활로를 모색한 것이다. 북한은 경제무역지대를 중심으로 한 합영·합작·외국인회사의 자유로운 설립과 함께 이들을 통한 수출입의 확대, 교역대상국과 교역품목의 확대를 위하여 다양한 무역회사의 설립을 법적으로 뒷받침하는 조치를 마련하였다. 대외무역의 강화조치는 남한과의 경제 교류·협력의 확대와도 연관되어 있다.

셋째, '특수경제지대'의 설정을 확대하였다. 북한은 라진·선봉지역 외에 경제무역지대의 확대를 추진하고 있다. 그동안의 성과를 바탕으로 외국기업 및 외국인에 대한 대외경제개방을 확대 추진하고자 하는 것이다. 남한과는 개성공단과 금강산관광지구의 개발과 운영이 이루어지고 있고, 중국과는 황금평/위화도 경제지대를 설치하기 위한 기본 법령을 갖추었다. 라진선봉지구도 경제무역지대의 개발과 운영방식의 개선을 위한 관련법령의 정비가 있었다. 경제특구를 설치하여 자유로운 경제활동을 보장하고, 여기서 얻는 이익을 극대화하는 것은 북한의 정치체제의 안정을 유지하는 가운데 경제회복을 도모하는 가장 현실적인 대안이라 할 수 있다. 앞으로 여러 형태의 '특수경제지대'의 설정은 남한기업의 투자도 확대하는 결과를 가져오게 되어 남북 교류협력기반을 확충에도 연관되어 있다. 개성공단의 개발과 금강산관광사업은 그 일환으로 추진되었다.

넷째, 대내외적인 경제환경의 변화현실을 반영하였다. 구조적인 모순으로 인한 북한경제의 침체는 계획경제의 틀을 변화하도록 하는 요인이 되었다. 현물배급체제가 마비되고, 국가의 공급능력이 한계에 달한 상태에서 대부분의 생산 및 유통기능은 시장에 의존하게 되었다. 북한에서의 암시장의 확산은 북한경제체제의 변화에 있어서 하나의 변수로 작용하게 되었다. 북한은 식량이나 소비품에 대한 국가배급이 불가능한 상황에서 불가피하게 시장체제를 수용하고 있다. 소유구조를 조정하는 등 북한의 경제생활 및 활동의 변화는 헌법상 경제조항에서 반영하고 있다. 결국 헌법상 경제조항과 민법체제의 개편은 북한의 대내외적 환경변화에 따른 소산이라고 볼 수 있다.

다섯째, '자립적 민족경제건설 노선'을 강조하면서도 '실리'와 '효율'을 함께 강조하고 있다. 북한은 경제난을 겪으면서도 경제에서의 자립고수 의지를 강조하였다. 경제적으로 자립해야 사상에서 주체, 정치에서 자주, 국방에서 자위를 확보할 수 있다는 면에서 '자립적 민족경제건설 노선'의 정당성을 강조하였다.[12] 주체사상 원리에 기초한 북한식 경제노선을 고수해 나아갈 것을 다짐하면서 북한식 자립경제의 우월성을 강조하고 있다. 이처럼 북한은 원칙을 고수하면서도 '현실'과 '실리'에 입각한 정책추진을 강조하고 있다. 북한은 변화된 환경과 조건에 맞게 경제사업을 신축적으로 조직·전개하는 것도 실제적인 '이익'을 실현하는 방도라고 하는가 하면 경제사업을 지난 날의 기준에 구애됨이 없이 나라의 경제형편이 어려운 오늘의 조건에 맞게 '효율적'으로 전개해 나가야 한다고 강조한다. 한마디로 북한은 자력갱생

12) 북한은 외세의존 경제 및 세계경제 일체화에 대한 강한 거부감을 표출하였다.

원칙에 입각한 자립경제 노선을 표방하면서도 '실리'와 '효율'을 동시에 강조하고 있다.

이러한 헌법상 경제조항의 변화와 원칙은 김정은체제에서도 그대로 견지되고 있다. 2000년대에 들어서 2009, 2010, 2012, 2013, 그리고 2016년 헌법개정이 있었지만 일부 공산주의 용어의 삭제, 선군사상, 인권보호, 핵보유국 대목과 함께 권력구조개편에 따른 권력기관의 변경 등과 관련한 일부 내용에 국한되었고, 경제관련 조항은 1992년과 1998년 헌법개정 이후 변함이 없다. 김정은시대에도 당분간 기존 경제정책을 그대로 추진하겠다는 의미로 받아들여진다.

2. 김정은정권의 경제정책과 관련 법령 정비

북한 경제는 1990년대 최악의 경제난에서 벗어났다고 하지만, 본격적인 경제성장 단계와는 거리가 있다. 대외무역은 2000년 들어서서 점차 높아졌지만, 국제적 고립으로 인하여 그 확대에는 한계를 보였다. 북한은 이러한 경제상황을 타개하기 위하여 자구적 노력으로 일련의 경제조치들을 추진하였다.

첫째, 2002년 '7.1경제개선조치'는 가격의 현실화, 배급제 등 사회보장 축소, 생산관리제도의 개선(분조관리제 40~150명, 15~25명), 농업개혁의 부분적 실시 등을 추진한 것이었다. 7.1 조치 후 외자유치를 통한 북한 개발을 위해 신의주 경제특구(2002.9), 금강산관광특구(2002.10), 개성공업지구(2002.11) 등을 지정하여 경제특구개발 정책을 본격화하였다. 또한 2004년 1월에는 종합시장(장마당)을 개설하고, 가족 영농제를 시범 실시하였다.

둘째, 2012년 '6·28 농업개혁조치'[13]는 협동농장의 분조관리제를 4~6명 수준으로 축소하고 목표달성시 30%는 분조가 처분하도록 하여 자본주의의 인센티브제도를 확대하였다. 또한 '12·1 기업소개혁조치'[14]는 기업소의 '지배인 책임경영제'를 실시하는 것으로 계획경제에 의한 생산목표량을 하달하는 기존의 계획통제 방식을 탈피하는 것으로 사회주의계획경제의 원칙을 벗어나는 것이었다.

셋째, 2014년에는 '5.30 경제개혁조치'를 통해 모든 기업소, 상점에 자율권을 부여하고, 각 기업소가 노동자의 임금 및 가족 생계를 자체적으로 해결하도록 하는 정책을 취하였다.

---

13) 협동농장 개혁을 통한 농업 생산성 향상에 목적을 두고 있으며, 분조관리제 개선과 수확물의 자율처분권 확대 등을 핵심 내용으로 한다. 분조관리제 확대는 분조별 생산성 평가를 통한 '차등분배' 원칙을 도입하고, 종전 10~25명 단위 분조를 4~6명 단위로 축소하는 것이다. '7:3 제도'는 제한적으로 운영되던 자율처분권을 크게 확대하여 목표생산량을 초과 달성할 경우 생산량의 70%는 국가가, 30%는 목표생산물 초과 분조에 처분권을 부여하는 것을 말한다.

14) 공장 기업소들이 독자적으로 생산품을 결정하고, 가격과 판매 방법, 수익 배분도 자체 결정하도록 자율성을 보장하는 것을 말한다. 여기에는 독립채산제를 확대하는 조치로써 기존에 제한적으로 실시되던 지배인(경영자, 공장장을 말함) 책임경영제를 확대하는 것으로 각 기업소가 독자적인 생산계획, 인원, 설비 등에 대한 자율적 책임성 부여가 포함되어 있다. 또한 차등임금제를 시행하여 기존 동일 임금 적용에서, 노동시간과 기여도 등에 따른 성과급제를 도입함으로써 일한 만큼 수익금을 차등 분배한다.

이와 관련하여 각 경제단위는 이윤의 10~15%을 세금으로 납부하도록 하는 조치가 취해졌다고 한다.

북한은 이러한 조치를 통해 대외무역의 다양화·다각화를 지향하고, 지하자원의 가공을 통한 수출을 확대하는 동시에 경제 및 관광특구에 대한 외자유치를 확대하는 정책을 추진하고 있다.[15] 경제특구 개발정책은 지속적으로 추진되고 있다.

3. 경제관련 법제 정비 동향과 특징

북한은 경제정책의 변화의 배경과 필요성에 따라 관련 법령의 정비를 추진하여 왔다. 여기서는 경제정책을 뒷받침한 관련 법제 및 법령의 수정과 새로운 입법을 중심으로 간략하게 살펴본다.

첫째, 민법 정비와 소유권 개편이다. 1990년 최소한의 북한의 민사관계의 분쟁의 법적 근거를 두었던 민사규정을 대폭 개편하여 민사법률관계의 법적 성격과 관계, 효력 등에 관한 법령으로 민법을 제정하였다. 1998년 헌법개정에 의해 개편된 소유권의 내용을 반영하여 1999년 개정민법은 현실변화를 법령에 반영하는 적극적 자세변화를 보여주는 예에 해당한다.[16]

둘째, 경제 관련법제를 정비하고 있다. 북한은 계획과 노동, 재산관리 부문에 대한 입법과 재정, 금융, 보험 등에 관한 법제정비를 강화하여 왔다. 전자에 해당하는 법령으로는 사회주의노동법, 인민경제계획법, 국토계획법, 도시계획법, 설비관리법, 부동산관리법, 문자소비기준법, 로동정량법, 로동보호법, 기업소법, 자재관리법, 사회주의재산관리법 등을 들 수 있다. 후자의 영역에 해당하는 법제로는 보험법, 재정법, '화폐류통법', 회계법, 중앙은행법, 국가예산수입법, 상업은행법, 자금세척방지법, 회계검증법 등을 들 수 있다. 아울러 과학기술 및 체신부문과 산업재산권 분야에 대해서도 법제정비가 활발하게 이루어지고 있다.[17]

셋째, 외국인투자법제 및 대외경제법제의 정비이다. 1992년 헌법개정으로 외국인에 대한 투자개방정책을 펴기 위해 외국인투자법을 기본법으로 하여 합작법, 외국인기업법, 외국투자은행법 등을 제정하여 세금과 기업운영에 대해 규율하고, 외국인투자의 법적 보장조치를 위한 이른바 대외경제법제의 입법을 추진하였다. 토지임대법, 외화관리법, 대외경제중재법, 대

15) 2014년 6월 기존의 무역성, 합영투자위원회, 국가경제개발위원회 등 3개 기관의 대외협력사업 통합추진을 위하여 '대외경제성'을 신설한 것으로 알려졌다. 대외경제성은 무역과 합영, 합작, 외국인 투자유치, 경제지대 개발사업을 비롯한 북한의 대외경제사업을 통일적으로 운영하고 외국과의 경제적 연계를 강화하기 위해 설립되었다. 「통일뉴스」, 2014.9.29.

16) 북한민법의 연혁과 의미, 개정내용, 특징, 우리 민법과의 비교 등에 대해서는 「북한민법 주석」, 법무부, 2014 참조.

17) 북한 경제관련 법제동향에 관해서는 박찬홍, "북한의 법제동향과 기업법제의 개편방향", 「통일정책연구」, 제23권 2호, 통일연구원, 2014, pp. 4-65.

외민사관계법 등이 주요한 입법에 해당한다. 이들 법령들은 외국인의 투자보장이란 측면과 함께 북한내의 경제적 권익보호의 면도 함께 포함하고 있다고 할 수 있다. 김정은체제에서도 지속적인 입법정비가 이루어지고 있는데,[18] 외국인투자확대를 통한 경제개선의 필요성에 의한 것이다.[19]

다섯째, 경제특구 개발 확대 및 관련 법제의 정비내용이다. 경제개방정책의 일환으로 추진되는 이른바 '특수경제지대' 개발은 라진선봉에 대한 자유경제무역지대의 설정으로 시작되었다. 2002년 경제개선조치로 신의주를 비롯한 경제특구개발이 이루어지면서 경제무역지대로 개편되고 상황변화(경제발전성과 미흡, 중국과의 경협 협의 등)에 따라 관련법령을 개선하여 왔다. 북한의 중앙급 경제특구는 2014년 7월 기준으로 라선경제무역지대, 개성공업지구, 금강산관광특구, 신의주 국제경제지대, 황금평·위화도경제무역지대를 말한다. 라진선봉지대는 중국과 러시아를 중심으로 개발이 진행되고 있다. 신의주는 2002년부터 추진했지만 중국과의 갈등으로 답보 상태이며, 2013년 11월에 특수경제지대로 지정되었으며, 2014년 7월 다시 국제경제지대로 결정되는 변화를 겪고 있다. 황금평(위화도)은 라선지대와 병행해서 중국에서 주로 개발을 할 예정이지만 현재는 북중간 경협관계의 부진으로 답보상태에 머물고 있다.[20] 북한은 최고인민회의 상임위원회(2013.5.29.)에서 「경제개발구법(정령 제3192호)」을 채택하여 적극적이고 다양한 방식의 경제특구 개발을 추진할 것을 예정하고 있다. 2013년 개발구법을 근거로 하여 11월 13개 경제개발구를 지정하고, 2014년 7월 6개의 경제개발구를 추가 지정한 바 있다.[21]

한편 남북간에는 경협차원에서 개성공업지구와 금강산관광지구를 설정하여 남한의 자본과 기술을 결합한 산업기지와 관광지구 개발이 진행되어 왔다. 남북관계가 안고 있는 특수성에 의해 이 사업은 우여곡절을 겪고 있지만 남북의 평화적 통일의 상징성을 고려한 특수한 법령체계와 구조를 구축하고 있다.[22]

---

18) 김정은체제 출범 직전후의 법제정비에 관해서는 「김정은 집권 이후 북한의 주요법제 변화동향 분석 및 향후 전망」, 수륜아시아법률사무소, 2013 참조.

19) 이창훈, "최근 북한의 외국인투자법제 변화와 남북경제협력 활성화를 위한 법제 개선방안-김정은 집권 전후를 중심으로-", 「경제법연구」, 제14권 1호, 경제법학회, 2015, pp. 230-242.

20) 북한과 중국은 '조중라선경제무역지대와 황금평경제지대 공동개발총계획요강(2011)'을 작성하여 북중간 경협을 강화하는 합의를 하였으며, 이를 토대로 북한의 경제특구법제의 개정, 특히 라선경제무역지대법의 수정이 이루어졌다.

21) 경제개발구는 지방정부가 주도권을 갖고 추진하는 중소규모의 경제특구를 말한다. 경제개발구별 용지규모는 1.5~8㎢(45만~240만평)에 이르며, 북한 기업과 외국인 투자자간의 합영기업 형태 또는 외국인 투자자 단독 개발이 가능하도록 하고 있다. 현재 중국 도문시와 함북 온성경제개발구는 특구 조성을 위한 계약을 체결(2013.12)한 것으로 알려져 있다.

22) 개성공단의 과제와 개선방향에 대해서는 홍양호, "개성공단의 제도적 개선방향-개성공단현황, 정책적 함의, 개선과제-", 제10회 개성공단포럼 발표문, 「개성공단 현안과제와 제도적 개선방향-세금 임금문제를 중심으로-」, 한반도개발협력네트워크(개성공단포럼), 2015.6.5, 중앙대 R&D 센터, pp. 17-38.

Ⅳ. 북한 사회주의헌법의 특질

1. 조선노동당의 위상과 체계(당국가체제)

북한의 조선노동당은 북한이라는 사회주의국가를 지배해온 공산당이다. 이 당은 1945년 10월 창당된 이래 북한사회의 형성·발전·침체의 전 과정에 유일적 지도체로서 개입해왔다. 김일성·김정일로 이어지는 유일체제를 작동시키는 핵심기구도 바로 조선노동당이다. 그리고 당의 본질은 "수령의 혁명사상을 실현하기 위한 노동계급의 정치적 조직"으로 규정된다. 즉 계급정당이면서 동시에 수령의 당이라는 특징을 갖고 있는 것이다. 북한의 정치사전에 의하면, "로동계급의 당은 수령의 혁명사상을 실현하기 위한 선진투사로서 조직되며 수령의 혁명사상을 지도지침으로 하고 수령의 유일적 령도밑에 혁명과 건설을 진행한다"고 주장하고 있다.

종래 김정일은 노동당을 '사회주의 사회의 유일한 향도적 력량'이라고 규정하고, 당의 지위와 역할은 다른 어떤 정치조직도 대신할 수 없다고 하였다. 또한 노동당은 유일사상체계를 세우는 것을 당 건설의 기본노선으로 하여 전 당에 수령의 사상체계, 영도체계를 세워 나감으로써 1인 지배체제 확립에 핵심적 역할을 하고 있다. 노동당의 조직과 운영 및 활동체계는 '민주주의 중앙집권제' 원칙에 따라 상급당조직이 하급기관들을 직접 통제하고 상급 당조직에 의해 결정된 정책이 하급기관들을 전면적으로 규정하고 있다.

노동당의 조직운영에서 민주주의 중앙집권제의 원칙을 중시하는 것은 수령의 영도를 실천하는 조직으로서 당의 역할에 비중을 두고 있기 때문이다. 당적 지도는 북한사회의 전 부문에 대해 예외 없이 적용되는데 부문별, 단계별로 전국적으로 조직된 당위원회와 당세포를 통해서 이루어진다.

그리하여 북한헌법은 1992년 헌법개정 때부터 국가에 대한 당적 영도체제를 확립해 놓고 있는데, 북한헌법은 제11조에서 "조선민주주의인민공화국은 조선로동당의 령도밑에 모든 활동을 진행한다"고 밝히고 있다. 따라서 김정일은 노동당의 총비서로서 모든 국가활동을 영도할 수 있는 위치에 있음은 물론이다. 이와 같이 북한의 권력체제를 이해하는데 있어서는 이러한 국가기구와 당과의 관계구조를 염두에 둘 필요가 있다.

북한의 권력구조에서 당은 정책결정 기능을, 정권기관은 정책집행 기능을 담당한다. 따라서 확고한 당의 영도 하에 사회전반에 대한 통일적 지도를 하는 것이 북한 정권기관의 기본기능이다. 그러나 이러한 정권기관의 기본체계가 1998년 9월 개정헌법에서 상당한 변화를 보였다. 그 이유는 북한경제의 심각한 위기가 장기화되면서 이 당의 사회적 위상과 기능에 변화가 발생하고 있다. 그 변화는 당의 유일적 지도 기능이 약화되고 있는 것으로 풀이된다.

2. 북한의 '주체의 사회주의헌법리론'

북한의 헌법은 그 사회가 실현한 제도와 함께 그들이 설정한 나아가야 할 방향을 잘 보여주고 있다. 그리고 북한헌법에는 북한의 공식적인 국가기관체계도 잘 명시되어 있다. 따라서 북한헌법에 대한 분석은 북한 스스로 규정한 그들의 사회 발전단계와 지향, 사회운용 메카니즘, 권력구조 등을 이해하는 첩경이다. 북한 사회주의 헌법은 다음의 특질을 보여준다.

(1) 주체사상과 헌법이론

북한은 1972년 사회주의헌법 채택 이후 이른바 '주체의 사회주의헌법리론'을 내세워 이 헌법의 독창성을 부각시켜 왔다. 즉, 헌법의 원리적 문제들을 전면적으로 제기하고 과학적으로 체계화하였다고 하고, 자유민주국가헌법이론과 함께 마르크스-레닌주의 헌법이론을 비판하면서 사회주의헌법의 독창성을 강조한다. 이에 의하면, 자유민주국가헌법이론은 헌법의 개념, 역사적 연원과 같은 문제들을 단편적으로 제기하고 그것도 관념론에 지나지 않는다고 한다. 즉, 자유민주국가헌법이론에서 말하는 실질적(고유의) 의미의 헌법이란 개념은 법률형식의 역사적 발전과정에 내한 비과학석인 인식으로부터 출발하는 것으로서 계급적 본성을 감추고 이른바 '보편타당성'을 설교하려는 반동적인 주장에 불과하다는 것이다.

아울러 마르크스-레닌주의 헌법이론도 사회주의헌법의 계급적 성격과 사명에 대한 과학적 분석에 의해 헌법의 원리적 문제를 다루었을 뿐이고, 자유민주국가헌법의 기만성과 반동성을 단죄하고 사회주의헌법의 성격, 내용과 관련하여 노동계급의 계급성만을 강조함으로써 사회주의혁명과 사회주의건설에 기여할 수 있는 진정한 사회주의적이며 혁명적인 새로운 헌법구성방식을 마련하지 못했다고 하여 그 차별성을 강조한다.

그리고 사회주의헌법의 특색을 이루는 동시에 구성원리가 되고 있는 것은 김일성이 창시하였다는 「주체사상」이다. 따라서 사회주의헌법에서는 주체사상을 헌법규범화하고 있다. 1972년헌법 제4조에서 "조선민주주의인민공화국은 맑스-레닌주의를 우리나라의 현실에 창조적으로 적용한 조선로동당의 주체사상을 자기활동의 지도적 지침으로 삼는다"라고 규정하고 있으며, 현행 1998년 헌법에서는 제3조에서는 맑스-레닌주의를 삭제하고 "조선민주주의인민공화국은 사람중심의 세계관이며 인민대중의 자주성을 실현하기 위한 혁명사상인 주체사상을 자기 활동의 지도적지침으로 삼는다"고 규정하고 있다. 주체사상은 1972년 사회주의헌법에서 비로소 국가활동의 지도지침으로 등장하였다.

(2) 북한 사회주의국가 헌법의 일반적 특질

북한헌법은 여타 사회주의국가헌법의 단계적 발전에도 불구하고 여기서는 자유민주주의국가헌법(자본주의국가헌법)과는 다른 일반적 특질이 있고, 또한 기본권도 기본적으로 다른 논리에 따라 이해되고 있다. 북한의 사회주의국가 헌법의 일반적 특질은 다음과 같이 살펴볼 수 있다.

첫째, 일반적인 인권의 자연법적 관념을 부정하고 계급적 권리의 원리를 여기에 대치시키고 있다. 이는 적대적·계급적 대립을 지양한 사회주의국가 헌법에서 비로소 전인민에 의해 현실적으로 향유할 수 있는 객관적 조건이 부여되고 헌법에 보장된 자유권은 시민 또는 공민의 인격의 전면적 발전에 기여하게 된다고 한다.

둘째, 권리행사에 있어서 물질적 조건을 중시한다. 자본주의적 경제체제를 불식하고 사적 소유를 폐지하고 있다. 이 점에서 사적 소유·계약의 자유·자유경제의 보호를 기본으로 하고 사유재산제를 창의와 자유의 근원으로 하는 자유민주국가와 대립되고 있다.

셋째, 권리와 의무의 일체성을 강조한다. 사회주의 헌법에 있어서의 인간은 자연적 인간을 의미하는 것이 아니라 사회적 특성을 가진 사회적 인간을 의미하고 있다.

넷째, 근대헌법의 최고성을 부정하고 공산당이 국가기관을 포함한 모든 사회조직의 중핵 또는 사회의 지도력으로 되어 있다.

다섯째, '민주적 권력집중의 원칙'에 따라 최고기관에의 권력의 집중이 실현되어 권력분립은 헌법의 중요한 원칙이 아니고 단순한 정치상의 기술로 존재하고 있을 뿐이다.

이러한 의미에서 사회주의국가에서의 헌법은 프롤레타리아트 독재를 위한 그 지배의 법적 수단으로 인식되고 있다.

3. '조선로동당'규약과 사회주의헌법

전술하였듯이 북한헌법은 국가에 대한 당의 영도체제를 명시(제11조)하고 있는데, 북한에서 당적 영도체제란 모든 부문에서 당을 중심으로 당의 노선과 정책을 관철하는 체제를 말한다. 물론 당의 상층에는 수령이 존재하게 되어 수령중심의 유일지배체제를 형성하고 있는 북한에서 당의 영도는 바로 수령의 유일지배체제를 의미하는 것이다. 이와 관련하여 북한헌법은 제11조에서 국가에 대한 당의 영도를 명시하고 있다. 이에 따라 당에 의하여 국가가 지도되는 북한에서 당규약은 헌법보다 우선적인 효력을 가지고 있음을 부인하기 어렵다. 북한의 당규약과 헌법은 상호 연관성을 가지고 있다고 할 수 있다.

먼저 당규약에 따라 헌법의 개정이 뒤따랐는데, 당에 의해 국가운영원칙과 방향이 결정되고 이를 헌법적인 근거하에 추진하려는 북한의 태도를 볼 수 있다. 예컨대 북한에서 주체사상의 공식적 이데올로기화와 관련하여 제4차 당대회(1960.9)까지 마르크스-레닌주의만이 당의 지도이념이라고 규정하고 있다가 제5차 당대회(1970.11)에서 마르크스-레닌주의와 함께 주체사상을 당의 지도이념으로 규정하였다. 이에 따라 1972년 사회주의헌법은 "맑스-레닌주의를 우리나라의 현실에 창조적으로 적용한 조선로동당의 주체사상을 자기 활동의 지도적 지침으로 삼는다"(제4조)고 규정하였다. 또한 주체사상을 마르크스-레닌주의 보다 고차원의 사상, 최고의 정치이념으로 강조하면서 제6차 당대회(1980.10.13)에서 당규약 전문을 "조선로동당은 오직 위대한 수령 김일성동지의 주체사상, 혁명사상에 의해 지도된다"라고 개정하여 마르크스-레닌주의를 배격하고, 주체사상을 유일한 지도사상으로 규정하였다. 이는 1992년 헌법개정에 의해 주체사상의 이론적 근거였던 마르크스-레닌주의이념을 헌법에서 삭제(배제)하고 주체사상의 독창적 혁명이념성을 전면에 내세움으로써(제3조, 제8조) 반영되었다.

한편 노동당규약은 북한의 여건 변화에 따라 현실을 반영하지 못하는 부분도 있다. 헌법은 1992년과 1998년 두 차례나 개정된 것에 비해 당규약은 1980년의 내용에 머물러 있다가 2016년 제7차당대회를 통해 일부 개정하였다. 예컨대 이른바 공산화혁명이론에 입각한 대남노선 부분이다. 1992년 헌법개정에 의해, 1972년 헌법상 "북반부에서 사회주의의 완전한 승리를 이룩하며 전국적 범위에서 외세를 물리치고 민주주의적 기초우에서 조국을 평화적으로 통일하며 완전한 민족적 독립을 달성하기 위하여 투쟁한다"(제5조)는 규정을 개정한 것이다. 그 내용은 '전국적 범위'의 대목을 삭제하고, 북반부에서 인민정권 강화, 3대혁명(사상·기술·문화혁명)의 추진에 의한 사회주의의 안전 승리를 이룩하며, 조국통일3원칙(사주·평화·민족대단결)을 추가하여 규정한 것이다(제9조). 이러한 통일노선의 정책적 전환의 표명에 비해 당규약은 전문에서 여전히 공산혁명론에 기초한 대남적화노선을 명시하고 있다는 점에서 헌법과의 괴리를 보이고 있다. 이러한 남북관계의 전개와 관련하여 모순현상이 당규약에 남아 있다는 지적에 대하여 당규약은 고정불변의 것이 아니라 개정될 수 있음을 김정일 국방위원장은 밝혔었다. 그러나 당적 영도체제에 입각하고 있는 북한에서 당규약의 개정없이 헌법의 규범력을 더 강조하기는 어려운 실정임을 유의할 필요가 있다.

V. 결 어

북한 사회주의헌법의 변화과정은 수령의 계승을 통한 일인지배체제를 수호하는 것을 보여주고 있어 정치에 있어 민주주의 도입과 시장원리에 기초한 경제개혁과는 거리가 먼 것임을 알 수 있다. 다만, 북한헌법의 변화를 기대하는 점은 대외관계 및 대외경제개방을 위한 법적 근거의 확대라든가 부분적이지만 시장경제요소의 도입 등의 면에서 찾아볼 수 있다. 북한은 경제난 극복을 우선과제로 삼고 경제문제의 해결을 정권적 목표로 삼아 추진하여 왔고 김정은정권에서도 본질적인 목표는 같다고 볼 수 있다. 그러나 정치적인 면에서는 체제고수에 주력함으로써 북한식 사회주의체제를 강화하여 나아갈 것이다. 북한은 사회주의헌법이 전통적인 마르크스-레닌주의이론에 입각한 사회주의헌법 보다 발전된 독창적인 동시에 자유민주국가 헌법보다 우월하다고 주장하고 있다. 이러한 입장에 변화가 없는 한 '우리식 사회주의' 이념 및 체제에 입각한 북한헌법의 변화는 기대하기 어렵다.

북한 헌법은 여타 사회주의 국가의 헌법의 정치체제의 기본원칙인 당독재 체제를 따르고 있다. 이른바 '당-국가체제'를 이루어 '국가'의 운영에서 국가건설과 모든 활동에 대한 지도는 당에 의해 이루어지도록 하고 있다. '조선로동당'의 규약에서 밝히고 있는 내용이 헌법보다 상위의 의미를 가지며 당의 통제력이 강하게 작용하고 있다. 또한 북한은 사회주의 국가들과는 달리 수령제를 근간으로 하고 있으며 수령의 절대적 권위와 유일적 영도를 보장하는 '유일사상체계 10대원칙'을 최고의 규범으로 하고 있어 북한 주민의 생활을 규율하는 규범은 유일사상체계 10대원칙, 당 규약, 헌법의 순으로 그 위상이 정해진다. 결국 북한 헌법은 김일성, 김정일을 비롯한 통치자들의 국가통치체제에 대한 대외적인 명분에 불과하다. 기실 북한에서 수령의 일인지배체제의 완성이라는 정치체제의 속성은 김일성과 김정일에 이어 김정은에게도 그대로 적용되고 있다.

다만, 북한은 1990년 이후 이른바 사회주의법제사업의 강화를 내세우면서 법제정비를 추진하고 있으며, 2000년 이후 보다 활발한 사업을 전개하고 있다. 2000년대 이후에는 '외교, 대외경제부문'과 '계획, 로동, 재산관리부문', '재정, 금융, 보험부문'에서 이러한 변화현상이 뚜렷해지고 있다. 결국 기업활동을 포함한 경제관련 법제영역에서 북한은 국제사회가 요구하는 법적 안정성과 예측가능성 확보 즉, 실질적 법치주의의 일부를 수용하는데 적극적인 움직임을 보여주고 있다.[23] 외국인투자에 관하여 부정적이거나 소극적인 시각을 보였던 종래의 입장은 시장화의 정도에 따라 상당히 변화하는 모습을 보이고 있다. 최근 북한은 2012년 법전 발간후 4년만에 2016년 6월에 "2016년 북한법전(증보판)"을 발간하여 이른바 사회주의법제사업 강화 및 사회주의법률제도의 완비의 확대 움직임을 가시화하고 있다.[24] 관심을 가지고 살펴보아야 할 일이다. 이른바 '경제건설과 핵무력개발 병진노선'을 공식화하고 있는 김정은 정권이 택할 정책은 우리의 통일시대와 밀접한 연관성이 있다.[25]

---

23) 이에 대하여 "북한의 최근 입법동향을 보면, 전반적으로 폐쇄에서 개방으로 실용주의적 경향을 보여주고 있다. 근자에 제정 또는 개정된 북한의 법률들의 내용을 일별할 때, 이데올로기적 요소가 줄어들고 객관적 사회규범으로서의 기능과 역할이 기대됨으로써… 앞으로 법에 의한 통치로의 변화가 진행될 가능성이 엿보인다."는 평가가 있다. 장명봉, "북한의 최근 법제 동향과 전망-'북한에도 법이 있는가?'에 대한 성찰," 『통일과법률』, 창간호, 법무부, 2010, 76면.

24) 이에 대해서는 박정원, "2016년 북한법전(증보판)의 내용과 특징", 제231회 북한법연구회 월례발표회 발표문, 2016.11.24, 북한법연구회, 1-32면 참조.

25) 이 글을 마무리하는 시점에서 제3차 남북정상회담(2018.4.27)이 예정되고, 이어 북미간 정상회담도 열리는 역사적 계기에 의해 남북관계의 발전과 한반도 평화 정착이라는 과제를 해결하는 것을 기대한다. 여기에는 북한의 정권의 변화가 전제되는 것이고 그러한 변화는 북한의 사회주의헌법의 변화로 나타날 것임을 예상해 본다.

29. 통일순응적 정당체제의 확립과 선거제도의 개혁*

권 형 둔**

Ⅰ. 서 설

오늘날 한국사회의 모순을 해결하기 위한 헌법적 과제로 개헌이 이야기되고 있다.[1] 87년 헌정체제의 피로감과 함께 제왕적 대통령제를 극복하고 정경유착으로 인한 정치적 부패를 근절하기 위해 현 시점에서 반드시 헌법 개정이 필요하다는 것이다. 1987년 6월 항쟁으로 권위주의 정권이 퇴진하고 현행 헌법체제가 성립되었고, 그 새로운 질서 내의 정치를 이끌어 가는 정당체제는 1988년 총선을 통해 시작되었다. 그러나 87년 헌법의 성립 당시에는 실질적 민주주의를 실현하는데 필요한 시민적 권리 의식이 생성되는 시기였고 절차적 민주주의를 제도적으로 세밀하게 구현하지 못한 점에서 현행 헌법은 그 한계가 드러나고 있다.

시민권의 빌전은 난순히 권리의 문제가 아닌 공동체의 구성원과 시민으로서의 덕목과 행동, 공동체에 대한 소속감 등 그 전체를 대상으로 판단한다. 이러한 맥락에서 볼 때 최근 대통령 탄핵에 대한 촛불시위대의 절제된 시위는 우리사회 시민의식이 87년 헌정체제의 성과와 한계를 극복하고 실질적 민주주의를 실현해 나가는데 부족함이 없음을 보여주고 있다.

다만, 헌법의 실효성 확보와는 별도로 빈번한 헌법 개정은 법적 안정성을 저해하고 규범력을 약화시킬 수 있다. 또한 우리 사회가 직면하고 있는 문제가 제왕적 대통령제라든지 대통령의 임기 또는 권력구조 때문에 발생하는지에 대해서는 의문이 있다. 이는 헌법의 문제보다는 오히려 법률과 그 집행과 관련된 행정, 이에 대한 감시를 소홀히 한 정치영역에서 비롯된 측면이 크다. 최근의 개헌 논쟁은 국가의 백년대계를 논하면서 또다시 갈등을 초래하고 있다는 점에서 아쉬운 점이 많다.

우리사회의 다층적이고 복합적인 이념갈등, 노사갈등과 지역갈등으로 비롯된 분열의 원인은 분단모순에서 비롯된 것도 상당하다. 따라서 87년 헌정체제의 극복하기 위한 국가권력의 구성방법의 변화는 현재에 국한되는 것이 아니라 중장기적으로는 통일을 대비하는 방향성을 가져야 할 것이다.

역사의 긴 흐름 속에서 볼 때 사회적 갈등을 극복해나가면서 민주화와 경제적 성과를 초

---

* 이 논문은 2014년 정부(교육부)의 재원으로 한국연구재단의 지원을 받아 수행된 연구로서 2017년 중앙법학 제19집 제1호에 게재된 논문을 개고하여 작성한 것이다.

** 공주대학교 교수, 법학박사

1) 국회의 개헌특위는 18대 국회 이래로 정치제도 전반에 대한 개헌을 주장하면서 기본권 부분을 포함한 헌법 전반에 대한 개정안을 제안하고 있고, 2018년 3월 26일 문재인 대통령도 헌법개정안을 발의한 바 있다.

고속으로 달성한 국가도 많지 않다. 우리사회와 유사한 사회적 갈등을 경험했던 독일의 경우에는 합의적 정치제도의 도입으로 오늘날 정치적 안정을 구축하고 경제기적과 함께 통일까지 실현한 바 있다. 이에 대해 현행 헌법 하의 정치체제는 국정운영의 효율성과 안정성을 위해 다수당에 권력을 집중시켜 정책결정을 주도하게 하는 다수제형으로 오늘날 우리사회의 중첩적 갈등을 치유하기에 부족한 점이 있다. 그렇다고 현재 주로 정치권에서 논의되는 대통령 4년 중임제, 이원집정부제, 의원내각제 등 권력구조 개편에 중점을 둔 개헌논쟁은 갈등 해소를 위해 적절한 방향을 설정했다고 보기 어렵다. 우리사회의 갈등은 헌법보다는 정치제도의 문제로 발생한 것이 더 직접적이기 때문이다.[2] 정치제도의 문제로 발생하는 갈등은 헌법 개정이 아니라 정당법과 공직선거법 등 관련법 개정을 통하여 해결하는 것이 우선적이다. 더구나 정치관계법 개정을 통한 합의적 의사결정 구조의 형성은 북한지역의 정치인들과 주민들이 대한민국체제에 대한 신뢰를 형성하는데 반드시 필요하다.[3] 우리나라에서 정당법과 선거법이 가지고 있는 근본적 문제점을 개선하지 않고는 정상적 정권교체가 어렵게 되어 갈등을 양산하는 정치체제가 지속될 수밖에 없고 이는 통일 이후에도 진정한 사회통합을 달성하는데 제약이 된다.

정당의 취약성과 함께 발생하는 의회주의의 약화는 필연적으로 민주주의를 위기에 빠뜨린다. 민주주의의 본질은 시민사회에서 나타나는 이해관계와 가치관의 차이로부터 발생하는 갈등과 분열을 조정·관리하여 사회통합을 유도하는데 있다. 사회의 다양한 이익과 가치를 투입하고 이에 부응하는 정치체제를 만들어낼 때 민주주의는 발전해 나갈 수 있다. 따라서 건강한 정치체제 확립을 통해 통치방법과 정치제도로서 존재하는 의회주의를 실현하는 일이 권력구조변경에 우선하며 민주주의 발전과 함께 통일의 토대를 마련하는 것이다.

현재 남북정상회담과 북미정상회담이 눈앞에 다가와 한반도 정세가 급변하고 있는 상황에서 우리 사회의 대부분의 통일논의는 정부형태나 통치체제, 권력구조 등의 문제에 국한되어 있다. 또한 상황을 궁극적으로 주도하고 정부의 정책을 뒷받침해야 할 정치의 미래는 보이지 않는다. 정당정치를 형성하는 선거제도에 대해서는 피상적인 수준의 논의에 머무르고 있고, 통일한국을 대비한 선거제도와 정당정치의 중요성에 대해서는 적절한 논의가 많지 않다.[4]

본 연구에서는 사회경제적·이념적 양극화로 극심한 갈등을 겪고 있는 한국적 상황에서 독일의 합의적 정당체제와 이를 가능하게 했던 선거제도의 비교연구를 통하여 통일 순응적 정치체제를 도출하는 것을 목표로 한다. 이질화된 문화의 통합과 정치적 통일체의 형성을 포함하는 개념으로서 통일은 그 과정과 결과는 법제도로서 나타나지만 이러한 과정에 정치체

2) 이에 대해 김종철, "권력구조의 개헌방향", 한국공법학회 주최 "헌법개정의 쟁점과 방향"세미나 발표문, 2017.2.10, 5-37면 참조.

3) 권형둔, 독일의 통일과정에서 재정헌법의 역할과 발전, 공법연구 제41집 제2호, 2012.12. 참조.

4) 이에 대한 연구로는 김종갑, 남북통합과 통일한국의 정치제도 디자인, 통일정책연구 24(2), 257-281면 참조.

제가 기여하는 바는 서로간의 간극을 극복해나가는데 있어서 신뢰를 주는 동인이 되기도 한다. 법적, 정치적, 이념적 다양성을 인정하고 정치적 소수자도 통일 한국에 선뜻 참여할 수 있도록 하는 전제는 우리의 정치체제에 대한 신뢰이다. 따라서 독립성과 자기책임성이 실현될 수 있는 올바른 정당체제의 확립과 이를 위한 선거제도의 개선이야말로 통일의 구체적 실현을 위한 전제조건이 되는 것이다. 따라서 통일 한국의 미래를 위해 정당체제와 선거제도의 개혁을 이끌어내는 것이 필요하다고 본다.

Ⅱ. 입헌주의 국가에서 정당의 기능과 선거제도

1. 헌법상 정당의 기능

일찍이 근대헌법은 그 형성에 있어서 정당의 존재를 상정하지 않았다. 정당과 단체는 초기 근대 입헌주의 체제에서 그 활동공간을 넓혀 나갔으나, 이러한 새로운 정치현실이 실정헌법에 반영되지는 않았다.[5]

근대헌법의 특징은 시민적 사회모델을 기본구조로 하면서 자유로운 개인들의 모임인 사회와 사회의 자율적 기능을 보호하는 임무를 가진 국가를 전제로 하는 것이었다. 선거를 제외하고는 국가와 사회 사이에는 어떠한 연결고리도 없었다. 국민이 국정에 참여하는 방식은 선거와 국민투표를 통하여 이루어졌다. 근대 입헌주의 헌법에서는 정당이나 단체처럼 국가와 사회를 연결하는 조직된 매개단위가 실정헌법에서 처음에는 간과된 것이다.[6]

그러나 기능적으로 분화되고 거대한 조직체계를 가지고 있는 현대사회에서 개인으로서의 국민이 정치적인 기능과 역할을 발휘하기란 사실상 불가능하다. 개인으로서 국민의 의사를 모으고 분산된 국민과 국가권력을 매개하는 기능을 마침내 정당이 수행하게 되었다.

선거와 대중민주주의의 실현은 정당제도가 비약적으로 발전하게 된 계기가 되었다. 대중민주주의는 대중의 다양한 정치적 견해와 이익을 조정하고 수렴하여 정책으로 제시하는 정당의 존재를 불가결한 것으로 만들었다.[7]

현대헌법상 정당조항은 정당의 생성과 그 역할확대에 대한 현실정치의 반응이다.[8] 현대민주정치는 대의정치를 떠나서는 불가능하며, 대의민주주의의 가치는 정당을 통하여 실현될 수 있음은 주지의 사실이다. 오랫동안 헌법현실에서 외면되어 왔던 정당은 제2차 세계대전

---

5) 송석윤, 독일헌법상 정당조항과 그 한국적 이식, 서울대학교 법학 41(3), 2000, 115면 참조.

6) 트리펠은 독일에서 정당과 국가에 대한 역사적 발전단계에 대해 1단계 적대시, 2단계 무시, 3단계 인정과 합법화, 4단계 헌법에 수용 과정을 거친다고 하였다. Triefel, H., Die Staatsverfassung und die politischen Parteien, 1928.

7) 한수웅, 헌법학, 법문사, 2016, 194면.

8) 정당의 기원과 발달에 대해 송석윤, 독일입헌군주제 헌법학에서의 정당과 단체, 연세법학연구3, 1995, 785-803.

이후 비로소 헌법에 수용되기 시작하였다. 오늘날에 와서는 대부분의 국가가 정당을 헌법전 속에 수용하였을 뿐만 아니라, 규정을 두고 있지 않은 나라마저도 선거법을 비롯한 각종 정치관계법 속에 정당의 존재를 전제로 하고 있을 만큼 현대의회정치에 있어서 정당의 존재는 절대적이다. 근대 입헌주의 이래 정당의 발달은 바로 입헌적 의회주의적 발달과 그 괘를 같이하고 있는 것이다.

우리나라의 경우 제헌헌법에서는 정당에 관한 규정을 두지 않았으나, 제2공화국 헌법 이래로 실정헌법에 정당 제도를 규정해오고 있다. 특히, 제3공화국 헌법에서는 과거와는 상이한 민주적 정당국가를 건설할 것을 역설하였다. 이후 수차례의 헌법개정과정 속에서 일정 부분 기복은 있으나 우리나라는 정당운영비의 국고보조를 헌법에 제도화함으로써 정당국가를 지향하는 많지 않은 국가의 하나이다.[9] 정당에 대한 국민적 이미지와는 별개로 정당 없는 민주주의는 불가능하다.[10] 대의제 민주주의 국가에서 국가권력의 원천은 국민에게 있지만 국민이 직접 국가권력을 행사하는 것을 불가능하다. 따라서 사회 내의 다양한 이해관계를 반영하고 대안을 제시하는 중재자로서 정당은 민주적 질서의 중요한 구성부분이 된다.[11]

현행 헌법은 제8조 제2항에서 “정당은 그 목적·조직과 활동이 민주적이어야 하며, 국민의 정치적 의사형성에 참여하는데 필요한 조직을 가져야 한다.”고 규정함으로써 헌법상 부여된 정당의 일차적 과제와 기능이 ‘국민의 정치적 의사형성에의 참여’임을 밝히고 있다. 정치적 의사형성과정에 참여하는 정당의 목표는 오로지 국민의 지지를 통해 달성되며, 이를 위해 정당은 선거에 참여하여 여론형성을 주도함으로써 그러한 과정에 영향을 미치게 된다.

18·9세기적 대의적 민주주의와는 달리 20세기적 정당민주주의에서는 정당이 국가의사를 적극적으로 형성하고 의회의 운영을 주도하는 등 국정의 실질적 담당자로서 기능한다. 하지만, 정당이 헌법상 중요한 기능을 담당할 뿐만 아니라 국정운영의 중심이 되어 있는 정당제 민주주의에서는 국민에 의한 지배가 아니라 정당에 의한 지배가 되기도 한다.[12] 특히, 한국정치에서 나타나고 있는 정당의 폐쇄적 운영과 공천의 사유화로 우리나라의 정당들이 대중정당 또는 국민정당을 표방함에도 불구하고 실질에 있어서는 특정 인물 중심의 폐쇄적 사당구조를 벗어나지 못하거나 과두정당체제로 지속되어오고 있다.

이러한 제도적 한계는 의회민주주의 헌법 하에서 최초로 형성된 집권정당이 위로부터 조

---

9) 이에 대해 신우철 교수는 정당국가론의 현실에서 헌법재판소의 사법적 결정조차도 정당에 대한 특권을 정당화함으로써 오히려 정당정치의 건전한 발전을 저해하고 있다고 주장한다. 신우철, 사법적 결정의 정치적 작용: 헌법재판소의 정당 관련 결정에 대한 비판적 재검토, 동아법학 60, 2013.8, 1-28면 참조.

10) Hans Kelsen, Vom Wesen und Wert der Demokratie, (민주주의의 본질과 가치: 한태연 역), 융우사, 1958, 108-109.

11) 한수웅, 헌법학, 법문사, 2016, 195면.

12) Hesse, K., Die verfassungsrechtliche Stellung der politischen Partein im modernen Staat, in: VVDStRL, Heft 17, S. 20 f.

직되고 원외정당이라는 반의회주의적 성격이 지닌 태생적 한계와 함께 우리나라의 정당의 문제점을 야기한 원인이 되기도 한다. 따라서 정당이 헌법적 기능을 이행하기 위해 우선적으로 선거후보자를 민주적으로 결정하는 것은 가장 중요한 활동의 하나이다.[13] 정당에 의한 선거후보자 선정은 그 절차와 결과가 정당뿐만 아니라, 정치체제 전반에 영향을 미치기 때문이다. 어떤 절차를 거쳐 후보자가 선정되었는지에 따라 정당 내 권력관계, 선거 결과와 대의기구의 특성에도 영향을 미칠 수 있다.[14] 이와 같이 정당민주주의 국가에서 정당 공천 과정의 제도화는 정당과 대의제 민주주의 정치 발전에 핵심적 과제라고 볼 수 있다. 이에 대해 현행 정당법은 헌법상 정당의 기능을 수행하기에 적합하지 않다는 비판을 받곤 한다.[15]

분단경험을 공유하고 있는 독일에서 동서독 간 정당통합에 대한 연구를 통해 통일 후 다양한 갈등관계의 해소를 정당이 어떻게 흡수해나가는지 살펴볼 필요가 있다.

2. 선거제도 개선을 통한 합의제 정당체제의 필요성

(1) 한국 정당정치의 현실

대중민주주의의 기능은 사회 내의 복잡 다양한 이익과 견해를 결집하여 선택 가능한 소수의 대안으로 제시하는 중개자가 필요하다. 그러한 점에서 정당은 국민과 국가를 잇는 연결매체로서 민주적 질서의 중요한 구성부분이 된다. 정당은 국가와 사회의 구분을 전제로 하여 국가결정에 사회단체의 참여를 헌법적으로 허용한 결과이다.

현행 헌법 제8조 제1항은 국민 누구나 국가의 간섭을 받지 아니하고 정당을 설립할 권리를 기본권으로 보장하고 있다. 자유로운 정당설립과 경쟁을 통해 대의제 민주주의는 작동한다. 헌법 제8조 제2항은 정당의 헌법적 과제를 이행하기 위한 조건의 구체적 요청을 입법형성에 위임하고 있다.[16] 이에 따라 한국의 정당제도는 해방 이후 수많은 법제도적 변화를 겪어왔다. 하지만 정당은 여전이 비민주적이고 비능률적으로 정당본연의 기능을 다하지 못함으로써 국민적 불신의 대상이 되고 있다. 대의제 민주주의 국가에서 정당은 필수불가결한 존재이지만 아직도 국가와 시민사회를 연결시키는 매개역할을 제대로 수행하지 못하고 있다.

역사적으로 정당은 부분이익이나 특정한 이념적 방향을 추구하기 위하여 설립되었다. 하지만 현대사회에서 정당은 보다 광범위한 국민적 지지를 얻기 위해 국민 정당으로 국민전체

---

13) 샤츠슈나이더는 정당의 후보자 선출 기능이 민주적으로 이루어지지 않는다면 그 정당은 더 이상 정당이라고 볼 수 없다고 단언한바 있다. 이에 대해 Schattschneider 1942.

14) 2016년 4월 13일 실시된 20대국회의원선거에서 집권여당인 새누리당의 공천과정을 살펴보면 이러한 공천폐해의 문제가 드러나게 되었으며, 이는 대통령의 실정과 아울러 선거패배의 원인이 되었다.

15) 이에 대해 정당의 개념적 표시뿐만 아니라 정당법상의 설립요건과 등록취소요건이 봉쇄조항으로 기능함으로써 헌법상 정당의 기능을 저해해왔다는 비판을 받고 있다.

16) 헌법 제8조 제2항은 정당의 자유가 보장됨을 전제로 하여 정당에 대하여 정당의 자유의 한계를 부과하는 것임과 동시에 입법자에 대하여 그에 필요한 입법을 해야 할 의무를 부과하고 있다. 헌재 2004.12.16. 2004헌마456.

의 이익을 추구하는 방향으로 발전해 나가고 있다. 선거는 정당이 국가영역에 진출하여 국정에 참여하는 수단이다. 따라서 국정에 참여하는 정당은 국가기관으로서 공익실현의 의무가 있다.[17)]

과거와는 달리 정당은 이념적 가치와 특정 계층을 대변하는 것이 아니라 국민정당을 지향하면서 정권장악을 최우선 과제로 삼고 있다. 이로 인하여 사회구성원 간 이해관계가 충돌하면서 갈등과 대립이 집단적 정체성과 결합되어 조직적으로 표출되면서 사회적 균열이 발생하게 되었다. 87년 민주화 이후에는 대의제 민주주의의 정당성 인정과 함께 안정적 정당정치가 관심의 대상이 되어 왔다, 그럼에도 불구하고 주요 거대정당의 의회정치 지배, 지역정당체제의 지속 및 소수정당의 빈번한 등장과 소멸이 번복되고 있다. 수차례의 정당개혁이 추진되었음에도 불구하고 진작 정책정당으로 육성·발전되지 못하고 있다.

정당은 정치이념과 정책을 같이하는 사람들을 중심으로 이룬 정치집단으로 대의제를 통한 국가적 이익을 추구해야 한다. 그러나 우리나라에서는 특정인물과 지역을 중심으로 정당이 설립되고 이에 따라 정치인들이 이합 집산하여 투표가 이루어지는 양상을 보이고 있다.[18)] 물론 남북한 분단이라는 특수한 상황이 한국 정당의 기형적 구조를 만들어내는데 기여한 사실을 부인할 수 없을 것이다.

정당의 구조적 취약성은 상대적으로 대통령을 중심으로 한 집행부의 독주로 이어지게 되고, 이로 인한 의회주의의 약화는 민주주의를 위기로 빠뜨린다. 그 징후는 국가기능의 상대적 배분관계를 변화시켜 집행기관의 독주로 나타난다.[19)] 이 경우 집행기관은 효율성을 지나치게 강조하면서 행정의 합목적성과 합법성에 문제를 야기한다.[20)]

입법권과 집행권의 관계는 그 구성에 관여하는 여러 정치제도들에 의하여 영향을 받게 되는데 정당제도, 선거제도 및 의회제도가 대표적이다.[21)] 정치문화적으로 의원내각제는 다당제적 전통이 강한 경우 정국의 안정성 확보가 어렵지만, 양당제적 전통이 강한 경우에는 오히려 안정적이고 효율적인 제도가 될 수 있다. 물론 이 경우에도 의회와 정부의 과도한 권력결합으로 인한 독재의 위험성이 존재한다. 대통령제는 다당제의 경우 여당의 안정다수 확보가 어렵기 때문에 정국이 혼란에 빠질 우려가 있지만, 반대로 양당제의 경우에는 여당이

---

17) 한수웅, 헌법학, 법문사, 2016, 195면.

18) 이는 20대 총선에서부터 최근의 대통령 탄핵심판에 이르기까지 정당분화와 생성과정을 보면 여실이 드러난다.

19) 대통령과 결탁한 최순실등 민간인에 의한 국정농단 사건의 경우에도 집행부를 견제해야 할 국회의 기능이 마비되고 여당이 맹목적으로 대통령을 방어하였기 때문에 발생하였다.

20) 집행부와 의회의 대립관계를 가장 극명하게 보여준 사례로는 국회의 행정입법권 견제와 관련된 파동이 있다. 이에 대해 김선택, "국회법 개정안 합헌론-매를 피하려다 독수리를 만난다", 한국공법학회 긴급토론회 자료: 국회의 행정입법 수정요청 관련 국회법 개정안은 위헌인가?, 한국공법학회 2015.

21) 김종철, 헌법개정의 쟁점과 방향-권력구조의 개헌방향, 한국공법학회 주최 "헌법개정의 쟁점과 방향"세미나 발표문, 2017.2, 10면.

의회다수파를 구성하게 될 때 독재화할 가능성이 있다. 결국 정부형태의 차이보다는 정당제도의 선택을 통해 권력집중과 분산에 대한 인식을 고민할 필요가 있다.

(2) 선거제도와 정당개혁의 연관성

선거제도는 정부형태의 운용에 대한 핵심적 요소이다. 국회의원선거제도가 다수대표제인지 비례대표제인지에 따라 의회구성과 안정성은 영향을 받는다. 비례대표제 선거제도는 의회 내 안정다수의 형성이 쉽지 않다. 따라서 합의적 정치문화가 형성되지 못한 경우 정국의 불안정을 초래할 수 있다. 이에 대해 현재의 상대다수대표제에서는 정부형태와 무관하게 정치적으로 유권자의 뜻이 선거에 반영되지 못하고 대통령 독재 및 식물화의 위험성이 동시에 존재한다. 결국 선거제도에 의한 정당체제의 개편을 통해 통치방법과 정치제도로서 존재하는 의회주의의 정착이 시습하다. 따라서 타협과 연합을 통해 선거, 정당, 의회로 구성되는 대의기구가 정치를 주도하게 함으로써 시민주도의 민주국가체제를 확립해야 한다. 사회의 다양한 이익과 가치를 투입하고 이에 부응하는 정치체제가 형성될 때 민주주의는 발전하기 때문이다.[22] 현재와 같이 정당과 의회가 분열되고 문제해결에 실패할수록 검찰 및 정보기구의 역할이 증대되면서 민주주의는 위축될 수밖에 없다.

일반적으로 정치체제는 경쟁과 수의 논리로 정치적 승부를 가리는 다수제(majoritarian)와 공생을 지향하는 합의제(consensual)로 구분되어진다.[23] 다수제는 경쟁에서 승리한 정당에게 권력이 집중되어 국정운영의 안정성과 효율성을 담보한다. 하지만 승자독식으로 인하여 사회적 갈등을 치유하고 통합하기에는 부족하다는 평가를 받는다. 더구나 우리나라에서 정당이나 정치세력이 이념이나 정책을 중심으로 기능하기보다는 인물중심으로 기능하는 사당적 성격이 강한 경우에는 정당정치를 통한 대의민주주의 실현이 어렵다.

이에 대해 합의제는 국가의 정책결정 과정에 소수파 정당의 참여가 허용되어 있고, 그러한 과정에서 사회의 다양한 이익이 대표되어 사회갈등을 조정하고 통합과 화합을 다지는 효과가 나온다.[24] 이러한 합의제는 우리나라와 같이 갈등과 분열이 상존하는 균열사회(cleavage society)를 치유하고 통합하기 위한 최적의 민주주의 발전조건이 될 수 있다.[25] 이는 통일 이후에 충분히 개연성이 있는 남북한 갈등해소와 대의제 민주주의를 유지하기 위한 정당 통합에도 적합한 제도라 할 수 있다. 합의제 정치를 작동시키는 기본전제는 비례성이 높은 선거

22) Belmont.K., Mainwaring.S., and Reynolds.A., "Introduction: Institutional Design, Conflict Management, and Democracy." in Andrew Reynolds(ed.), The Architecture of Democracy: Constitutional Design, Conflict Management, and Democracy, Oxford University Press, 2002.3, 1-11.

23) Lijphart, Arend, Pattern of Democracy: Government Forms and Performance in Thirty-Six Countries, Yale University Press, 1999.

24) 선학태, 합의제 민주주의 정착을 위한 연합정치의 모색, <http://blog.daum.net/dkrall/7045665> 참조.

25) Lijphart, Arend, "Constitutional Design for Divides Societies." Journal of Democracy, Vol. 15, No.2, 2004, 96.

제도이다. 선거제도를 통한 합의제 정당체제의 구축은 정부형태에 연동되지 않는다.[26] 정당의 역할에 대한 의구심이 제기되고 있지만 이는 정당 자체의 문제가 아니다.

현재 국회와 각 정당 그리고 시민사회 일각에서 권력구조의 개편을 위한 개헌 논의가 활발히 이루어지고 있다. 그 어느 때보다도 다양한 주체가 적극적이고 체계적인 방식으로 개헌 문제를 제기하고 있고, 이러한 논의의 귀결점은 승자독식 체제로부터 합의제 민주주의 체제로의 발전을 목표로 하고 있다. 다만, 이러한 현상이 단순히 의원내각제나 분권형 대통령제로의 전환과 같이 권력구조의 변동만을 의미해서는 아니된다. 합의제 민주주의의 실현은 합의 형성의 주체가 정당이 되어야하기 때문에 이념과 정책 중심으로 구조화된 정당체제를 확립하는 것이 전제가 된다. 분명한 이념과 정책을 유지하면서 사회의 특정 이익을 안정적으로 대표하고 정부의 정책결정과정에 직접 참여하거나 상당한 영향력을 행사할 수 있는 정당이 확고하지 않은 상태에서는 어떠한 권력구조도 합의제 민주주의를 제대로 구현할 수 없다.

한걸음 더 나아가 새로운 정당체제는 궁극적으로 통일을 대비할 수 있도록 권력구조의 전반적 개편의 논의와 함께 병행되어 논의되어야 한다. 1972년 남북공동선언 이래로 현재까지 남북한 간에는 230개의 합의서가 채택되었고, 2000년 이래로는 4대경협합의서, 개성공단 관련 합의서 등 총 13개의 합의서가 국회의 비준동의를 받아 발효된 바 있다. 그러나 남북간 교류협력을 제도적으로 뒷받침하려는 노력에도 불구하고 합의서가 제대로 이행되지 않는 문제가 있고, 사회경제분야의 교류협력 확대가 정치군사 분야의 신뢰구축으로 이행되지 않고 있다는 한계가 있다. 따라서 남북관계의 제도화를 통한 안정적이고 일관적인 대북정책이 지향될 필요가 있는 것이다. 그러한 차원에서 같은 분단을 경험한 독일에서 동서독 정당통합과정과 그 전제가 된 선거제도가 어떠한 영향을 미치고 완전한 국가통합에 기여하였는지를 연구하는 것은 통일 이후 우리사회의 정치체제를 통해 다양한 갈등을 해소하고 실질적 통일을 달성하는 데 큰 의미를 갖는다고 할 수 있다.[27]

26) 현재 권력구조와 관련하여 대통령제와 의원내각제의 채택과 관련하여 논란이 있다. 하지만 세계 각국은 다양한 실험과 변용으로 자국의 정치 환경에 고유한 제도를 정착해 내었기 때문에 이에 대한 선택은 무엇보다도 국민의 의사가 중요하다. 일각에서 거론되고 있는 혼합적 정부형태는 남북한의 분단 상황을 고려할 때 체계적합성을 불완전하게 하여 또 다른 헌법적 갈등과 혼란 및 비효율을 낳게 될 수 있다. 이에 대해 정종섭, '한국 헌법상 대통령제의 과제', 「헌법학연구」 제5집 제1호, 10면.

27) 독일의 정당국가론은 1960년대 이후 우리나라 헌법에 적지 않은 영향을 끼쳐왔으며, 한국적 상황에 대해 1962년 헌법에서는 더욱더 확대·강화된 모습으로 적용되기도 하였다. 정당국가의 과도한 강조는 당시에 비해서는 완화되었음에도 불구하고 정당, 선거, 정치자금 등과 관련된 영역에서 여전히 그 위력을 발하고 있다.

Ⅲ. 독일의 정당체제와 선거제도가 통일에 미친 영향

1. 서

통일과정에서 동서독 체제의 이질성을 극복하고 통일을 완성해 나가는데 결정적 역할을 수행한 것은 정당이다.[28] 급작스럽게 다가온 통일이라는 정치적 목표를 달성하기 위하여 동서독 정당은 국민적 의사 결집과 함께 짧은 기간에 국가조약, 선거조약, 통일조약이라는 제도적 합의를 도출하였다. 특히 선거조약은 1990년 12월에 실시된 총선거를 위한 정치관계 법제통합의 기본 틀을 제공하기도 하였다. 그러한 과정에서 서독의 정당들은 새롭게 생겨난 동독의 정당들에 대한 지원을 통해 체제통합을 용이하게 이끌어냈다. 양 독일 정당들이 절차적 과정을 준수하면서 이루어낸 독일 통일의 방식은 자유민주주의체제하에서 평화적인 정치적 통일방식으로 상정할 수밖에 없는 현실을 고려할 때 그 시사점이 크다고 하겠다.

즉, 독일 통일 당시의 정당과 이후 정당정치의 발전에 대한 비판적 평가와 선거제도 분석을 통해 한국 정당의 구조적 안정화와 민수성을 이루어 통일을 대비하는 과정이 될 필요가 있다.

2. 독일정당체제의 특징과 통일에의 기여

(1) 독일정당의 현황

일반적으로 정당체제는 3단계 과정을 거치면서 끊임없이 변화한다고 한다. 첫 번째 단계는 정당의 편성단계로 선거가 일상적으로 치러지면서 기존에 형성된 체제가 안정적으로 유지된다. 두 번째는 정당의 해체단계로 사회적 · 정치적 균열의 폭이 넓어짐에 따라 안정적인 정당체제의 편성이 동요되어 해체과정을 겪는다. 마지막 세 번째는 정당의 재편성 단계로 새로운 정당체제가 등장하면서 사회적 · 정치적 균열의 불일치가 극복되면서 유권자들이 정당에 대해 다시 유대감을 갖게 된다.[29]

독일의 정당도 통일전후에 걸쳐 이러한 과정을 겪게 된다. 독일 통일 전 서독 정당은 사회의 대립과 갈등 구조에 근거하여 성장하였다. 즉, 봉건주의 대 자유주의, 자유주의 대 보수주의, 자본주의 대 사회주의, 사회민주주의 대 공산주의의 대립과 갈등 구조 하에서 자유주의를 대변하는 자민당(FDP), 보수를 대표하는 기민기사연합, 전통적인 노동조합을 중심으로 한 사민당, 가장 왼쪽의 공산당으로 제도화와 조직화되었다. 제2차 세계대전 이후 형성되

28) 민병웅, 한국통일에 있어서 정당의 역할 및 제도 연구, 국민대박사학위논문, 2015 참조.

29) 김면회, 통일 독일의 정치지형 변화 연구-정당체제를 중심으로, 한독사회과학논총 20(2), 2010, 42; 정진민, "유권자 이념성향 변화와 정당정치,『한국의 정당정치와 대통령제 민주주의』, 인간사랑, 2008, 29-58면.

었던 독일 정당의 다양성에도 불구하고 보수와 진보 양대 정당을 기본 축으로 다른 국가에 비해 높은 수준의 안정성을 가져왔다. 특히 사민당과 기민당은 이념적 가치를 기초로 지지층 구조가 사회계층구조와 유사한 형태를 띠는 국민 정당으로 발전해 왔다.

1980년대 이후에는 탈 물질적 가치와 반전을 기치로 녹색당의 탄생과 1990년대 통독 이후 신자유주의의 가속화로 사민당이 중도화되면서 좌파세력이 탈당하여 민사당과 통합하며 좌파당(Die Linken)을 결성하면서 정당체계의 변화를 초래하였지만 그 근본적 기조는 변하지 않았다.[30] 따라서 통일 이전과 이후의 독일은 안정성과 효율성에 기인한 정당체제를 유지해 왔고, 독특한 선거제도에 의해 합의에 의해 정책이 결정될 수 있었다.[31]

(2) 합의적 정당정치

독일의 정당정치는 연방과 주 간 권력분점과 권력공유라는 연방제와 양원제의 유기적 조합을 통해 지역의 이해관계를 조율한다. 독일에서 합의제 정치체제는 협력적 연방제와 결합하여 사회통합을 통한 민주주의 이상을 실현한다.[32] 특히 협력적 연방제는 입법권한, 집행권한, 사법권한을 연방과 주 사이에 배분한 수직적 권력분립을 통하여 실현된다. 하지만 국가과제를 이행하기 위해서는 다른 부분의 활동에 의한 보완이 필요하고, 따라서 권한의 배분은 동시에 대강입법, 연방법률의 주의 독자적 집행이나 사법기능의 분할편성에서 나타나는 바와 같이 권한들을 서로 결합하게 한다. 권한배분기능은 절대적 국가권력의 출현을 저지함으로써 권력균형을 가능하게 한다.[33]

독일 기본법은 71조에서 74조에 이르기까지 연방정부 또는 주정부가 제출하는 법안의 경우 연방의 전속적 입법영역, 연방과 주의 경합적 입법사항, 연방이 대강의 입법적 틀을 정하고 주에 위임하는 구체적 위임입법 사항으로 나누고 있다. 기본법은 연방과 주 사이에 이루어지는 입법과 집행과정이 기능적으로 상호의존관계에 있음을 명문화하고 있다. 이에 따라 연방과 주, 주와 주 사이에는 정책협의와 협력이 유기적으로 이루어지고 있다. 이는 연방뿐만 아니라 각 주들도 각 정당 간 협력에 기반을 둔 합의적 의사결정체계를 통해 가능하다.[34]

즉, 주정부는 연방 상원을 통해 연방법 제정에 참여함으로써 연방의 의사결정과정에 영향력을 행사한다. 그리고 연방과 주 간 협상으로 결정된 사안에 대해서는 연방 상원이나 주

30) 최근에는 정보통신기술의 발달과 글로벌 네트워크화라는 시대적 상황에서 인터넷 통신과 네트워크에 대한 법적 규제를 반대하고 정보독점과 일방적 국가 통제에 저항하며 해적당이 등장하여 의회에 진출하였지만 베를린 주 등 일부에 국한된 것으로 유의미한 변화를 가져온 것이라 볼 수 없다. 이에 대해 박설아/류석진, 이슈정당의 가능성과 한계: 독일 해적당의 발전과정을 중심으로, 한국정당학회보 12(2), 2013.7, 127-155면.

31) 김영태, "독일의 정치제도와 정치과정", 유럽정치, 백산서당, 2004, 58-66면.

32) 선학태, "독일 합의제 정치시스템", <www.pressian.com/news/article_print.html?no=96811>

33) BVerfGE 12, 205, 229; 55, 274, 318 f.

34) Konrad Hesse, Grundzüge des Verfassungsrechts der Bundesrepublik Deutschland, 20. Aufl. 1995, Rn. 238 ff.

의회의 승인을 받아야 한다. 이외에도 연방수상과 주지사, 연방정부와 주정부의 각 부처 사이에는 정기적 회동과 함께 합동위원회도 제도화되어 있다.

협력적 의사결정시스템은 특히 재정부분에서 작동하며 기본법에 명시되어 있다. 독일의 재정제도는 국가의 임무와 그 임무로부터 발생하는 재정 부담을 임무수행자에게 배분하고 이를 전체 국가의 공적 수입으로부터 충당하는 제도이다. 재정헌법은 연방전체에 걸쳐 동일한 생활수준의 형성이라는 재정균등성의 원칙을 천명하고 있다. 재정구조가 취약한 주들은 재정조정을 통하여 경제구조의 효율성을 꾀하고 경제성장 기회의 증대를 목표로 한다. 그러나 상이한 사회적 · 경제적 여건으로 불만이 있는 주들은 재정균등화 시스템 내에서 지속적 토론을 통해 타협을 이끌어낸다.[35]

독일 정당은 자신의 정책에 대한 국민의 지지를 받기 위해 노력하고 연정을 통한 합의제 시스템을 가동한다. 다음으로 민주적 절차를 거쳐 구성되는 정부에서 각 정당은 양보와 타협의 역량을 발휘한다. 정당 간 연합정치와 공동정부 구성을 통해 책임을 공유함으로써 권력분산이 가능하게 한다. 이는 연방정부구성과 주정부구성에서 실현되고 있다. 독일의 합의제 정치는 수직적으로도 권력을 분섬 공유하는 연방제와 양원제를 채택했다. 이는 정당의 연방정부 구성과 함께 지방정부 구성 시 지역 간 이해관계를 조율하는 역할을 함으로써 독일통일 당시 동독의 정치인들과 국민들이 통일로 가는 길에 동조할 수 있었던 계기가 되었다.

이에 대해 동독의 정당은 1989년에서 1990년 통일에 이르기까지 사회주의통일당의 일당지배에서 민주적 다원주의체제로 전환됨과 통일된 독일의 정당체계로 편입되는 과정이라 볼 수 있다.[36] 1989년 사회주의통일당의 지방선거조작에 대한 저항으로 시민운동이 정치력을 확보하고 대중동원이 가능해짐에 따라 동독지역의 정당체제는 새롭게 형성되기 시작했다. 1990년 통일찬성 여론이 다수를 점하게 됨과 동시에 3월 18일의 인민의회 선거를 앞두고 서독의 정당은 동독에서 형성되기 시작한 다원적 정당체제에 영향력을 행사하기 시작하였다. 3월의 인민회의 선거에서는 사실상 동독이 정당과 정치조직들은 정치력을 상실하고 사실상 서독의 정당정치로 대체되었다. 이어 12월 2일 통일 독일의 연방의회선거를 앞두고 기존 동독지역에서 결성되었던 단체나 정당들이 서독의 정당체계로 흡수되었다.[37] 다만, 동독 몰락으로 존폐의 기로에 섰던 사회주의통일당(SED)은 이후 민사당(PDS)으로 당명을 변경하고 쇄신을 거듭한 끝에 오늘에 이르고 있다.[38]

---

35) 이에 대해 권형둔, 독일의 통일과정에서 재정헌법의 역할과 발전, 공법연구 제41집 제2호, 2012.12, 221-248면 참조.

36) 이에 대해 정병기, "통일 독일 구동독 지역 정당체제: 연방주별 특수성이 반영된 새로운 다양성, 한국정치학회보 45(4), 2011.9, 319-344면.

37) 1990년 8월에는 자민당(FDP)과 동독의 자유주의 성향의 정당들이 통합하고, 9월에는 동 · 서독간 사민당(SPD), 이어서 10월에는 보수당인 기민련(CDU)과 동독의 기민당의 통합이 이루어졌다. 마지막으로 12월 2일 연방의회 선거 직후에는 녹색당(Grüne)과 연맹90(Bündnis90)의 통합이 이루어졌다.

3. 독일의 통일 지향적 선거제도

독일의 선거제도는 근대 이후 변천을 거듭해왔다. 1849년 입법기관으로 제국의회를 둔 프랑크푸르트 헌법에서는 연방원(Staatenhaus)과 인민원(Volkshaus)으로 구성된 양원제를 채택하였다. 연방원의 경우 독일제국을 구성하는 제방 정부에 의해 구성원 절반이 임명되었고, 나머지는 독일 제방 의회에 의해 임명되었다. 1894년의 프로이센 헌법에서는 세금부담액에 따라 계층으로 분류하여 투표권을 부여한 불평등 선거를 투표가치에 차등을 두었다. 즉 당시 선거는 유권자들이 선거인단을 선출하는 간접선거로 최상위 계급 유권자가 가지는 표의 비중은 차순위 계급에 속하는 유권자의 표 비중보다 높은 가치를 가졌다.[39)]

이에 1919년 바이마르 헌법에서는 보통·평등·직접·비밀선거 조항을 규정하였고, 헌정사상 처음으로 여성에 대한 투표권 부여와 비례대표제 원칙을 확립하였다. 당시 도입된 비례대표제는 제국의회, 주 의회, 지방자치단체 선거에 모두 정당명부 비례대표제를 실시함으로써 프로이센 제국 이래 진행된 산업화와 이에 따른 인구변동으로 나타난 선거구간의 인구편차로 발생한 문제점을 해결하는 데 기여하였다. 비례대표제는 유권자와 대표자간의 대표비례성이 왜곡되는 것을 최소화함으로써 궁극적으로 소수자의 선택권을 보호하는 선거제도이다. 이와 같이 비례성의 증대를 통해 소수신생정당의 의회진출을 용이하게 하는 등의 장점이 있음에도 불구하고 소수정당의 의회진출로 혼란을 야기하기도 한다.[40)] 하지만 비례대표제는 통일 이전과 이후의 독일 선거제도 변화에 중요한 영향을 주었다.[41)]

현행 독일의 선거제도는 대부분 소선거구제 방식의 지역구와 정당별 득표비율에 따른 비례대표제를 결합한 1인 2표의 혼합형 비례대표제를 채택하고 있다. 이는 대표성과 비례성을 조화시키는 선거방식이며, 특히 높은 비례성을 나타내는 것이 특징이다.

실제로 전후 독일의 선거제도의 기본적 목표는 바이마르 공화국의 실패를 경험삼아 의회

---

38) 민사당은 의회민주주의를 근간으로 한 통일 독일의 정당체제에 제도적으로는 편입되었으나 사회주의 실현이라는 이념적 틀로부터 벗어나지 못함으로써 독일 전역의 지지를 얻지는 못하였다. 그러나 2005년 7월 Die Linkspartei.PDS18로 당명을 변경하고, 이어 9월 18일 실시된 연방의회선거에서 사민당의 전통적 좌파 세력과 노동계가 공동으로 창설한 선거대안(WASG)과 선거연합을 결성하면서 의석수가 증가하게 되었다. 이러한 노력으로 지역구의석은 얻지 못하였으나 정당지지도를 높여 비례의석은 비약적으로 증가하게 되었다. 이에 대해 송태수, 1989/90년 격변기 동독 내 서독 정당의 전략과 정책, FES Information-Series, 2006.1, 1-14면 참조. 또한 통일 이후 구동독 지역의 정당의 발전사에 대해서는 정병기, 통일 독일 구동독 지역 정당체제: 연방주별 특수성이 반영된 새로운 다양성, 한국정치학회보 45(4), 2011.9, 319-344면.

39) 프로이센의 3계급제선거법은 직접세의 기여도에 따른 차등적 선거제도를 채택하였는데, 세금부담액에 따라 3개의 계급으로 구분하여 각 계급이 전체의 1/3의 의원선출권을 가졌다. 결과적으로 제1계급의 경우 전체 유권자의 5% 미만이지만 1/3의 의원을 선출하고, 12%에 불과한 제2계급도 1/3 의원을 선출하게 되어 유권자의 대다수를 차지하는 제3계급에 대해 현저한 불평등을 초래하게 되었다. W.Frotscher/B.Pieroth, Verfassungsgeschichte, 3.Aufl., 2002, S. 191 f.

40) 대표적인 예로 바이마르 공화국의 혼란상을 들 수 있다. H.Maurer, Staatsrecht I, 3.Aufl., 2003, S. 407.

41) 김도협, 현행 독일선거법제에 관한 고찰, 법학연구 제17집 제2호, 2014.2., 5면 이하 참조.

내 정당의 난립을 막고 안정적인 정부를 구성하는데 있었다. 이와 관련하여 비례의석 배분을 위한 연방차원의 5% 저지조항과 1인 선거구 3석의 보완조항을 제도적으로 정착시켰다. 정당득표 5% 이상 또는 3명 이상의 지역구 의원을 당선시킨 정당에 한해 의회진출을 허용함으로써 군소정당의 난립을 막고 정당체계의 안정성 및 정치의 안정성과 효율성을 증대시킨 것이다.

현재 독일의 연방의회 법정 의원총원은 598명으로써 그 절반인 299명은 지역구 선거에서 소선거구제 상대다수대표선거에 의해 선출되고, 나머지 동수인 299명은 각 정당이 주 단위로 작성한 비례대표명부에 따라 선출된다.[42] 하지만 정당득표 비율에 따라 초과의석이 발생하기도 한다. 즉, 개별정당의 득표율에 따라 일차적으로 정당별 의석을 정한 후, 이를 다시 주별로 재배분하는 2차 배분을 통해 의석할당이 이루어진다. 할당된 의석보다 지역구의석이 많으면 초과의석(overhang seat)으로 인정하고, 적으면 비례의석으로 채우는 방식이다.[43] 이처럼 독일식 선거제도는 의석수를 정하는 방식에 있어서 비례대표제를 따르지만, 당선인결정은 지역구 직선대표와 비례명부를 혼합한 방식을 채택하고 있다.

특히 2차 의석배분에서 주별 할당의석에서 지역구의석을 뺀 잔여의석을 비례의석으로 채우는데, 지역구의석이 할당의석과 동일하면 모두 지역구의석으로 채워진다. 지역구의석이 할당의석을 초과하는 경우 초과의석은 해당 정당의 다른 주에 비례의석으로 채워진다. 지역구의석이 배분의석과 같거나 그보다 많을 경우 주에서 비례의석은 한 석도 얻지 못하게 된다. 같은 의석으로 설정된 지역구와 비례의석의 배분이 상쇄하여 작용되므로 특정지역에서 의석을 독점하는 정당이 출현할 수 없다. 이와 같이 지역구 의석이 증가하면 비례의석이 감소하게 되는 의석배분방식으로 특정 정당이 특정 지역의 의석을 독점하는 현상을 완화시킬 수 있는 것이다.[44] 즉, 지역구의 의석불균형 또는 지역편향성이 정당득표율에 따라 배분되는 비례대표의석을 통해 완화될 수 있다. 이러한 독일의 선거제도는 지역 간 의석편중의 완화에

---

42) 독일연방의원정수는 법 개정에 따라 수차례의 변화가 있었다. 1949년과 1953년 연방의회선거에서는 400명, 1959년, 1961년과 1985년에는 494명, 그리고 통독이후 1990년 이후에는 656명으로 하였으나, 2002년 이후에는 현재의 598명으로 정하고 있다.

43) 이는 수차례 독일연방헌법재판소의 위헌결정을 받아 선거법 개정의 사유가 되었다. 최근의 연방선거법 개정은 득표와 의석수의 역전현상으로 나타난 위헌성을 지적한 것으로 2008년 7월 3일 독일 연방헌법재판소가 정당득표의 증가가 주별 비례의석의 감소로 이어지고, 정당득표의 감소가 주별 비례의석의 증가를 초래하는 '득표와 의석의 역전현상'에 대해 2011년 6월 30일까지 연방선거법 개정안을 마련하도록 결정하였다(BVerfG, 2BvC1/07, 2BvC 7/07). 이어서 2012년 7월 25일에는 투표수를 기준으로 16개 주에 의석을 할당하는 당시의 방식이 '득표와 의석의 역전현상'이라는 모순을 초래한다고 하면서 연방선거법의 위헌을 결정하였다(BVerfG, 2BvF 3/11). 이에 대해 김영일/김종갑, 2013년 독일 연방하원 선거제도의 개정내용 및 특징, 현안보고서 Vol. 225, 국회입법조사처 2014 ;이부하, 민주적 선거를 위한 선거제도 개편, 피앤씨미디어, 2015, 126-154 참조.

44) 이에 대해 김종갑, "독일선거제도를 통해 본 통일한국의 선거제도", 『통일정책연구』 제19권 제2호, 2010, 36면 이하.

기여하고 있다.[45] 이는 선거제도의 비례성과 함께 의석배분이 개별정당의 주별 득표율에 따라 이루어지는 '권역별 배분식'에 기인하는 측면이 크다. 독일에 고유한 선거제도는 통일 당시 체제 간 이질성을 극복하고 실질적인 통합을 이루는 단초가 되었다고 본다.

Ⅳ. 통일 순응적 정치체제의 한국적 이식에 대한 방법론

1. 서

독일 통일과 비교할 때 한반도 통일의 조건은 훨씬 열악하다. 역설적으로 남북한 통일이 초래하는 변화의 폭과 깊이가 독일 통일과는 비교가 되지 않을 정도로 심대함을 의미한다. 남북한의 경제력·문화적·정치적 차이는 상이한 체제가 오랫동안 지속됨으로써 가늠하기가 어렵다. 현재 우리사회는 사회경제적 이념적 양극화로 심대한 갈등을 겪고 있다. 통일전후 독일의 타협적·연합적 정당체제와 이를 가능하게 했던 선거제도는 국가적 위기극복과 함께 체제발전, 나아가 통일 순응적으로 발전해나갈 수 있는 밑거름이 되었다. 독일 통일은 건강한 정당체제의 확립과 선거제도의 개혁을 통해 이룩된 국내 타협정치와 연합정치가 국제질서의 변화와 동독 급변사태를 맞아 전 독일차원으로 확산된 효과로 볼 수 있다.

그러한 점에서 남한 내 극심한 이념갈등 상황에서 새로운 정치적 체제의 정립은 북한과의 통일에 순기능적으로 작용할 것이다. 통일 순응적 정치체제의 정립은 정치가 국가발전과 사회적 갈등해소를 위해 그 역할을 다함으로써 타협과 연합을 통한 한국 정치를 가능하게 하고, 궁극적으로 통일한국의 발전에 기여할 수 있을 것이다.

2. 통일순응적 정당체제의 확립

(1) 민주적 정당체제의 강화를 위한 선거제도의 개선

현행 헌법은 정당의 공천제도에 대해서 명시적 규정을 갖고 있지 않다. 다만, 헌법 제8조 제2항은 정당의 목적·조직과 활동이 민주적이어야 한다고 규정하고 있는 바, 이는 정당공천도 민주적으로 이루어져야 함을 의미한다.[46]

정당법은 정당의 민주적 운영을 위해 그 목표를 설정하고 있다. 이에 따라 우리나라 정당들은 대중정당 또는 국민정당을 표방하지만, 실질에 있어서는 특정 인물 중심의 폐쇄적 사당구조를 벗어나지 못하거나 과두정당체제로 지속해오고 있다.[47] 또한 정당법상의 설립요건

---

45) 물론 독일식 선거제도도 전국적으로 투표율이 고르지 못한 경우 지역적으로 밀집된 의석배분이 이루어질 수 있다. 이는 통일 후 남북한 지역에 독일식 선거제도를 그대로 적용할 경우 충분히 발생할 수 있는 문제점으로 이에 대한 보완이 필요하다 할 것이다.

46) 김선택, 정당의 공천제도의 문제점과 개선방안, 아·태공법연구 제7집, 41면.

47) 정당정치의 폐해를 극복하기 위해 국회선진화법이 제정되어 많은 논란을 불러일으키고 있다. 국회선진화법에 대한 위헌 의견은 국회와 국회의원들의 대화와 타협에 따른 합의정신의 부족, 쟁점안건에 대한 과도한

과 등록취소요건은 사실상 봉쇄조항으로 기능하고 있다. 국민주권의 매개체로서 정당의 기능 강화는 대의민주주의 작동의 전제가 되고, 대의제 민주주의에서 책임주체는 정당이 되어야 한다. 하지만 한국의 정당정치는 여전히 지역이나 인물 중심을 위주로 진행되고 있고, 대통령제 하에서는 비정상적인 후보단일화, 지역연합 등을 통한 정권교체가 상시적으로 발생한다.

대통령을 배출한 정당이 특정 이념이나 정책을 분명히 하고 있는 경우 당원으로서 대통령은 이념적으로나 정책적으로나 자신의 정당에 구속된다. 대통령은 임기 만료 후에 퇴임하지만 정당은 자신의 이념과 정책에 대해 선거로서 국민의 심판을 받는 것이 기본이다. 그러나 산업화와 민주화를 동시에 달성했음에도 불구하고 근대적 정당체계가 현실정치에서 뿌리내리지 못하고 있다.

정당법과 함께 선거법이 가지고 있는 근본적 문제점을 개선하지 않고는 정당의 민주적 운영이 불가능하고, 이는 결국 정상적 정권교체와 통일을 대비할 수 있는 정당체계의 정립도 불가능하게 한다. 정당민주화의 첫걸음은 정당공천제의 투명성 확보이다. 심사기구의 구성, 심사절차, 심사기준의 공정성 확보가 중요하다. 그러나 현행법과 판례에 따르면 정당공천과 관련해서는 선거관리업무로 볼 수 없고, 그 위반의 경우 선거법 위반이 될 수 없으며 선거관리위원회의 개입도 불가능하기 때문에 법적 규율이 어렵다.[48] 따라서 정당공천의 민주화에 대한 영역은 선거법의 영역으로 넘어갈 수밖에 없다.[49]

결국 정당의 파행적 운영과 개선은 소선거구 1위대표제에 의해 선출되는 현행 선거제도가 원인이 되며 이에 대한 개선이 필요하다고 본다. 실제로 현재의 단순다수대표제는 대규모 정당에 유리하게 작용하며 대척점에 있는 정당 간의 권력교체가 이루어지는 양당제를 유도한다. 20대 총선에서 지역주의가 일부 완화되는 경향을 보이고 있으나 지역기반 정당구조를 근본적으로 타파하였다고 볼 수는 없다. 따라서 우리 사회에 상존하는 지역주의, 계층의 양극화, 노사문제, 이념적 대립으로 인한 갈등과 분열을 정당체제에 녹여낼 수 있도록 선거제

정쟁과 낮은 준법의식 등으로 인하여 야기되는 입법교착의 상황을 제거할 필요가 있다고 한다. 그러나 헌법재판소는 국회의원들의 정치력 및 협상력, 국민주권주의 및 대의민주제에서 국민과 국회의원은 자유위임관계를 그 이념적 기초로 함에도 국회의원들이 지나치게 정당에 기속되어 심의·표결하는 경향 등 사실영역에서 발생하는 입법교착을 여야합의를 통해 해결하도록 함으로써 합의제 정신을 강조하고 있다. 국회선진화법의 위헌성 논란과는 별도로 그 시행 방법에 따라 87년 헌정체제의 절차적 민주주의의 한계를 극복하고 합의제 정치시스템을 구축하는데 상당부분 기여할 수 있을 것이라고 본다.

48) 대법원은 "선거소송은 선거의 관리와 집행이 선거에 관한 규정에 위반하였다는 이유로 선거의 효력을 다투는 것이고 그 소송에서 선거에 관한 규정에 위반된 사실이 있는 때라도 그것이 선거의 결과에 영향을 미쳤다고 인정되는 경우에 한하여 선거의 전부 또는 일부의 무효판결을 할 수 있고, 선거법규에 위반된 사실이 선거의 결과에 영향이 없는 때에는 선거법규에 위반된 사실만으로 선거무효의 파결을 할 수 없는 것"이라고 하여 선거소송의 대상을 일련의 선거관리·집행절차상의 흠결로 하고, 그 판단기준은 선거법규정으로 본다. 대법원 1982.1.29. 선고 81수7 판결.

49) 정당공천은 더 이상 정당 내부의 문제가 아니기 때문에 이를 규제할 필요성이 있으며, 입법적·사법적 규제의 대상이 되어야 한다고 하는 주장이 있다. 이에 대해 강승식, 정당공천의 입법적 규제에 대한 비교법적 고찰, 미국헌법연구 23(1), 2012.4, 1-30.

도를 개선해야 한다.

선거제도는 사회적 갈등을 정당체제에 반영하여 해소시킬 수 있는 도구가 된다. 현재의 정당체제는 사회경제적 문제를 해결하기 위한 정책의 차별성이 보이지 않고 냉전을 바탕으로 한 이념논쟁을 근간으로 성립한 것이다. 독일식 2표 연동형 혼합제인 소선거구 다수대표제와 권역별정당명부 비례대표제의 도입을 통한 비례대표제의 강화가 해법이 될 수 있다. 이는 현재의 승자독식 논란을 완화하는 제도적 장치로 기능할 수 있다. 비례대표제는 다당제와 병행하여 나타나며 정당들이 연합하기 보다는 상호독립적인 체제에 이르게 하는 경향이 있다.[50] 하지만, 한국의 비례대표제는 유권자의 민의를 왜곡하고 정권의 안정성을 확보하는 차원으로만 운용되어 왔다. 따라서 제도화의 관점에서 독일식 선거제도와 유사하게 비례대표제를 강화하고 정당득표율을 기준으로 대표성과 비례성을 조화시켜 의석수를 배분할 필요가 있다.[51]

이를 위해 독일식 의원내각제로 개헌이 필요하다는 주장이 있지만, 이러한 선거제도의 변화가 권력구조의 변동을 전제로 하지는 않는다.[52] 이러한 선거제도개혁을 통해 가치를 중심으로 보수, 중도, 진보 정당 간 정책 경쟁이 가능해진다. 이는 현재 논의되고 있는 권력구조의 개편에 앞서며 우리나라의 실질적 민주주의 발전을 위한 전제조건이 된다.

선거제도의 개혁은 비례성의 강화와 함께 통일을 대비하여 지역과 이념이 상이한 집단의 대표성을 균형 있게 반영할 수는 있는 방향성을 가져야 한다. 통일 이후 남북한의 다양한 갈등과 균열구조를 적실성 있게 정당체계 안에 편입시켜 해소하기 위해서는 정당이 남북한 양 지역에 동등한 대표성을 가져야 한다. 남북이 서로 배타적 지지기반 속에서 상이한 정당체제를 형성하는 것이 아니라 사회적 균열을 수렴하여 조정하는 정당의 본질적 기능 수행을 위해서라도 선거제도는 균형적 대표성을 구현할 수 있는 방향으로 개선할 필요가 있다. 따라서 통일을 대비할 수 있는 선거제도의 개정이 필요하며 그러한 근본적 변화 없는 권력구조의 변경에 대한 논의는 현재의 정치세력 간 권력 나누기에 다름 아니라 할 것이다.[53]

(2) 합의제 의회운영을 위한 양원제 도입

1960년 헌법체제에서 잠시 실시되었던 양원제는 지역대표기능이나 직능대표기능과 함께

50) 김영래/박상신, 한국의 혼합선거제도와 정당체제의 변화 연구, OUGHTOPIA, 24(1), 2009, 171-205(174면).

51) 19대 국회 당시 중앙선거관리위원회는 지역구 의원과 비례대표 의원의 비율을 200 대 100으로 조정하라고 권고한 바 있다. 비례성 원칙의 강화는 의석수의 증가가 필연적으로 요구되는바 이에 대한 국민들의 공감대는 크지 않다. 이 경우 국회의원들에게 지급되는 보수총액의 상한제를 통하여 국민들을 설득시키는 방법이 제안되기도 한다.

52) 정당정치가 취약한 상황에서 내각 책임제 및 이원집정부제는 대통령과 총리의 권한분쟁의 소지가 크다. 이에 대해 대통령제는 결선투표제를 도입하는 경우 다당제를 통한 정당정치의 운용이 가능하다. 대통령 결선투표제를 도입할 경우 정당 간의 연합 정치 또는 연립 정치의 토대가 마련될 수 있으며, 이를 통하여 내각제 등 권력구조의 변경을 꾀할 수 있다.

53) 이에 대해서는 김종갑, 남북통합과 통일한국의 정치제도 디자인,통일정책연구 24(2), 2015.12, 257-281.

권력통제기능이 있다는 점에서 그 가치가 있다. 특히 연방국가는 아니지만 지역주의의 전통과 함께 통일대비 남북의 이질화된 정치현실을 고려할 때 양원제는 각 지역의 대표성을 진지하게 고려하는 합리적 제도로서 기능할 수 있다.[54] 즉, 양원제의 도입은 의회 내의 권력분립의 실현과 함께 그 운용형태에 따라 소외와 배제를 받을 여지가 있는 소수 지역의 이해관계를 반영할 수 있기 때문에 통일에 대비하는 제도가 될 수 있다. 현대 민주주의 국가에서 양원제의 가치는 지역대표기능이라 할 수 있다. 이러한 지역대표성은 지방분권의 이념을 효과적으로 실현시킬 수 있다.[55] 양원제는 지방의 의사와 이익이 적절하게 대표될 수 있는 경우에도 단원제에서보다 상대적으로 지방분권 측면에서 오히려 바람직한 제도이다.

영국, 독일, 일본 등 양원제를 도입한 대부분의 국가가 의원내각제를 정부형태로 하고 있지만, 미국과 같이 엄격한 권력분립의 원칙이 적용되는 대통령제 하에서도 가능하다. 이는 연방국가에서 지역의 이익을 대표하게 하는 기능을 가지기 때문에 정부형태와 상관없이 가능하다. 현재의 단원제 국회는 사회의 이해관계를 조정해 갈등과 대립을 해소하며 사회통합을 견인해 내는 역할을 수행하지 못하고 있다.

양원제의 도입에 대해서는 2009년 국회헌법자문위원회에서 헌법개정안을 발표하면서 제시한 바 있다. 양원제 국회에서는 인구비례가 아니라 동일한 의원수가 배정된 지역대표들로 인해 예산배정에 있어서 인구가 소수인 지역을 배려할 수 있어 지역갈등을 완화시킬 수 있다. 의사일정에 있어서 시간과 비용이 들지만 상하원 간 견제와 균형이 작동하여 현재의 대립적 구도를 해소할 수 있다. 또한 통일 이후에는 북한지역의 이해도 반영할 수 있기 때문에 북한지역의 공산주의자들과 주민들이 통일에 대한 신뢰를 갖게 할 수 있는 제도로 기능할 수 있다. 양원제로 국회가 구성될 경우에는 통일 이후에 상원은 남북한 지역을 적절하게 대표할 수 있도록 구성하고, 하원은 인구비례에 따라 각 지역구에서 선출된 의원으로 구성할 수 있다.[56]

정치제도의 개편과 함께 그 도입을 고려할 만하다고 본다.

3. 통일의 토대 마련을 위한 헌법기관의 정상화

현재의 정치체제는 대통령제와 양당제 하에서 정치안정과 효율성을 추구하고 있지만, 대통령 선거가 제로섬 게임으로 전개되면서 지역주의와 정치적 양극화를 초래하고 있다. 더구

54) 이준일, 통일 후의 의회형태로서 양원제, 세계헌법연구 제20권 제1호, 2014, 95면.

55) 김성호, 지방화 시대에 부응한 지방자치제도의 헌법적 구현 연구, 헌법학연구 제16권 제3호, 2010, 489면 이하.

56) 이준일 교수는 양원제가 소수의 의사가 대표되도록 하는 민주주의적 관점, 새로운 형태의 권력분립을 요구하는 권력분립의 관점, 지방주민의 의사와 이익이 대표되도록 요구하는 지방자치이념의 관점, 통일 후 북한주민의 의사와 이익이 적절하게 대표되도록 요구하는 평화통일이념의 관점에서 도입할 것을 주장하고 있다. 이에 대해 이준일, 통일 후의 의회형태로서 양원제, 세계헌법연구 제20권 제1호, 2014, 113면.

나 가치가 아닌 냉전이데올로기를 정치기반으로 삼는 정당들은 우리 사회의 다양한 이해관계를 관리조정하기에는 한계가 뚜렷하다. 현재의 제왕적 대통령이라 일컫는 대통령의 막강한 권한은 이러한 정치제도와 결합하여 강화된 것이다. 이의 해결책으로는 대통령 권력의 정상화라 할 수 있다. 그러나 대통령 권력의 정상화가 대통령 권한의 약화를 의미하는 것은 아니다. 남북한 분단 상황에서 대통령의 대응권력은 여전히 필요하며 현재의 대통령 권한이 지나치다고 볼 수만은 없다. 촛불시위로 나타난 시민들의 권리의식의 향상은 인적 수단에 의한 권한남용이 이제는 불가능함을 말해 준다. 다만 제도적으로는 감사원 감사기능의 국회이관, 사법기관구성에 대통령의 개입의 최소화, 사면권 행사의 국회견제기능 강화 등이 필요하다. 대통령제의 정상화를 위해서는 대통령 결선투표제 도입, 부통령제의 도입 등을 고려할 만하다.[57]

다만, 현행 대통령제 헌법에서는 예상하지 못한 상황에 대해 헌법의 적극적 해석이 가능하겠지만 대통령 권한대행의 헌법기관 구성원에 대한 임면권의 행사기준 등 수반되는 헌법적·입법적 조치도 필요하다 할 것이다.

4. 개헌을 통한 지방자치제와 재정분권의 실현

서구의 지방자치제도가 근대 입헌주의의 태동과 함께 주민생활의 자유영역을 최대한도로 보장하기 위해 국가권력을 자의적으로 분산 내지 제한시키고자 한 역사적 배경을 가지고 있는 반면에 우리나라의 지방자치제도의 역사는 상대적으로 짧다. 비교적 짧은 역사에도 불구하고 지방자치제의 실시는 여러 방면에서 한국 사회에 주목할 만한 변화를 가져왔다. 헌법은 직접민주제의 요소를 수용함에 있어서는 소극적이지만, 지역적 차원에서 지역주민에게 지역공동체의 사무에 효과적인 참여를 가능하게 하는 지방자치제도의 도입을 통해 이를 보완하고 있다. 또한 주민 투표의 도입으로 풀뿌리 민주주의를 강화하고 직접민주제의 요소를 정착시킬 수 있다.

하지만, 현행 지방자치제는 외형적으로는 지방자치의 틀을 갖추고 있지만 실제로는 지방자치단체의 자율성과 자치권이 거의 주어지지 않고 있는 점에서 그 한계가 뚜렷하다.

지방자치제도의 보장은 그 내용에 있어서 개인적 자유의 보호를 목표로 하는 기본권적 보호구조와는 다르고, 국가의 규율과 간섭에 대해 지방자치단체의 자치권의 주관적 보호는 기본권 이론의 적용이 아닌 지방자치제도의 헌법적 보장의 기반 위에서 별도로 형성된다. 따라서 현행 지방자치제도의 한계는 헌법과 법률에 의한 한계로 볼 수 있다. 과거 정부에서 제주특별자치제의 실시, 교육감 직선, 중앙행정권의 지방이양, 주민참여제도 등이 도입되었지만, 자치입법권, 자치재정권과 같은 핵심적인 중앙정부의 권한은 이양되지 않았다. 중앙과 지방의 권한 분할을 위해서는 특히 지방정부에 대한 지방세의 특정 세목과 세율 등의 독자

---

57) 이에 대해 권영설, 한국의 대통령제와 그 헌법운용, 중앙법학 제9집 제2호, 2007.8, 7-42면 참조.

적 결정과 과세자주권의 부여가 필요하다. 재정자립도가 낮은 지역에 대해서는 생활수준의 균등성을 유지하기 위해 독일의 주 간 수평적 재정배분제도의 도입을 고려할 수 있다.[58)]

재정분권을 통한 지방자치의 실현은 남북한 경제적 격차가 상당하며 법제도가 상이한 현 시점에서 통일 지향적인 헌법 개정의 방향이 되기도 한다. 통일은 하나의 정치적 통일체 형성뿐만 아니라 상이한 경제체제와 이질화된 문화의 통합을 포함하는 개념이며, 그 과정과 결과는 궁극적으로는 법제도의 통합으로 나타난다. 과도기적으로 연방주의 또는 연합국가 형태의 통일에 대한 필요성도 제기되고 있지만, 궁극적으로는 경제력 측면에서 우리나라가 주도하는 통일이 될 수밖에 없다. 따라서 북한지역에 상당한 규모의 재정지원은 불가피하다고 보이며 그러한 측면에서 재정분권의 실험은 현재 과도한 중앙집권의 폐해를 극복하거나 통일을 대비하는 측면에서 중요하다고 본다.

Ⅴ. 결 어

현재 우리사회는 사회경제적 · 이념직 앙극화로 심대한 갈등을 겪고 있다. 통일전후 독일의 타협적 · 연합적 정당체제와 이를 가능하게 했던 선거제도의 연구는 우리나라가 국가적 위기극복과 함께 체제발전, 나아가 통일 순응적으로 발전해나갈 수 있는 밑거름이 될 수 있을 것이다. 북한 문제를 둘러싼 극심한 내부 이념갈등 상황에서 이의 타파를 위한 정치적 체제의 정립 없이는 한반도 정치상황의 급변에 대해서도 사실상 대처가 불가능하다 할 것이다. 독일 통일은 건강한 정당체제의 확립과 선거제도의 개혁을 통해 이룩된 국내 타협정치와 연합정치가 국제질서의 변화와 동독 급변사태를 맞아 양독 차원으로 확산된 효과로 볼 수 있다.

그러한 점에서 정치가 국가발전과 사회적 갈등해소를 위해 그 역할을 다함으로써 타협과 연합을 통한 한국 정치가 가능하게 됨으로써 궁극적으로는 통일을 통해 한국사회의 발전에 기여할 수 있도록 정치적 정당체제의 확립과 선거제도의 개혁을 이끌어내는 작업이 필요하다.

그러나 구조화된 다당제의 확립을 통한 합의제 민주주의의 구현이 실현되지 않는 개헌은 합의제 민주주의 발전에 기여할 수 없을뿐더러 자칫 개악으로 귀결될 수도 있다. 따라서 권력구조 개편의 논의는 통일 이후까지도 내다볼 수 있는 정당체제의 확립까지 내다보면서 이루어져야 할 것이다. 지역주의가 실재적으로 잠재되어 있는 우리나라의 정치 환경에서 섣부른 권력구조의 개편은 한국정치의 고질적인 병폐를 심화시킬 우려가 있다. 선거제도의 개혁을 통해 타협과 합의의 정치가 정책과 이념중심으로 이루어질 수 있도록 정당체제 환경을 뒷받침해야 할 것이다. 통일 이후에도 사회적 통합이 가능한 합의제 정치의 본연은 보수, 중

---

58) 권형둔, 독일의 통일과정에서 재정헌법의 역할과 발전, 공법연구 제41집 제2호, 2012.12, 221-248.

도, 진보 등을 표방하는 다수의 정당제를 통해 가능하기 때문이다.

한국적 상황에서 통합과 포용의 정치를 구현할 수 있는 합의제 민주주의의 발전은 선거제도의 개혁을 통한 정당체제의 확립이라 할 수 있다. 따라서 정당득표율과 의석 배분간의 비례성이 충분이 보장되는 독일식 정당명부 비례대표제 등의 도입은 이념과 정책 중심의 정당 간 경쟁을 촉진하여 정당의 구조화를 견인할 수 있을 것이다. 정당과 선거가 작동하는 방식을 결정하는, 그리고 민주주의의 완전한 실현과 통일 이후까지도 내다볼 수 있는 방향으로 헌법 개정이 이루어질 필요가 있다.

30. 통일독일의 선례에 비추어 본 통일한국의 몰수재산 처리방안

김 하 중*

Ⅰ. 서 설

통일독일의 미해결재산(offene Vermögen)[1] 문제는 동독의 사회주의적 재산권 질서를 서독의 자본주의적 재산권 질서 아래 재편하고 정리하는 재산권문제(Eigentumsfragen)라는 큰 틀 안에서 진행되었다.[2] 국가계획경제하의 동독과 자유시장경제하의 서독이 기본법의 한 지붕 아래로 통합하기 위해서는 일차적으로 동독의 사회주의적 소유권을 재편하고 이용권을 정리하는 문제가 해결되어야만 하였던 것이다.

그런데 사회주의적 소유권을 재편함에 있어 서독 기본법 제14조 재산권 조항의 효력범위를 넘어서 이를 직접 소급적용할 수는 없다는 것이 법률가들의 지배적 의견이었다. 그렇다고 하더라도 통일조약의 입법자는 서독의 법치국가원리를 동독지역에 이식함에 있어 과거불법을 적당한 방법으로 수정해야 한다는 의무에서 결코 자유스러울 수 없다는 견해가 통일을 전후하여 서독 정치가와 법률가 심지어는 일반국민들 사이에서 주류를 형성하였다. 통일독일의 몰수재산 처리문제는 결국 이런 주류적 견해에 따라 동독의 반법치국가적 재산권 침해를 기본법상의 법치국가원리에 따라 원상회복 내지 보상한다는 원칙아래 해결되었던 것이다.

통일과정에서 동독의 반법치국가적 재산권 침해를 되돌리는 것은 법치국가를 지향하는 통일독일의 당연한 요청으로 이해되었다. 다만 그 방법에 관하여 법률적 목적과 경제적 목적이 충돌하는 상황이 야기되었다. 침해된 재산권을 원물형태로 반환하는 것이 가장 정의에는 부합하겠지만 그로 인하여 현 소유자나 이용권의 현재의 법적 상태에 대한 신뢰는 보호받지 못하고 따라서 법적 안정성이 위협받게 되었다. 독일분단과 이와 결부된 동독으로부터 서독으로의 인구유입 그리고 양독간 이질적인 법질서로 인하여 수많은 재산법상의 문제점이 발생하였다. 통일독일은 당면한 재산문제를 해결함에 있어 양독정부는 서로 다른 이익이 사회계약적으로 조정되어야 한다는 기본전제에서 출발하였다. 통일독일은 법적 안정성, 법적 명

---

* 변호사

1) 독일에서 미해결재산(offene Vermögen)이라 함은 법치국가원리에 반하여 국가에 의해 몰수된 재산을 의미한다. 이하에서는 미해결재산과 몰수재산을 같은 의미로 사용하기로 한다.

2) 통독 후 소유권문제는 크게 2가지 측면에서 제기되었다. 첫째 동독의 사회주의적 소유권·이용권을 서독의 법질서에 맞추어 재편·정리하는 문제, 둘째 반법치국가적 재산권침해로 인해 상실된 재산가치의 원상회복 또는 반환에 관한 문제가 그것이다. 몰수재산 내지 미해결재산의 처리문제는 이중 후자에 관한 문제이나, 엄밀히 따지면 인민소유재산의 원상회복을 통한 소유권재편 중 한 부분을 이룬다는 점에서 전자에 관한 문제이기도 하다.

확성 및 소유의 권리를 당면한 재산문제를 해결하는데 있어 지도이념으로 삼았다.

동독의 소유권질서를 서독의 기본법에 맞추어 재편하는 작업은 사유재산제의 보장을 핵심으로 하는 법치국가적 재산법질서로의 복귀를 의미한다. 이것이 미해결재산문제 해결의 법적 토대가 됨은 물론이다. 따라서 통일 후 동독의 국가계획경제질서를 서독의 사회시장경제원칙에 따라 재편성함에 있어서는 동독의 사회주의적 소유권을 해체(Ablösung)하고 이를 사적 소유권으로 전환시키는 것과 동독정권 하에서 다양한 형태로 존재한 각종 이용권을 서독민법에 맞추어 정리하는 것이 문제해결의 출발점이 되었다. 수많은 동독의 사회주의적 소유재산, 그 중에서도 가장 대표적인 인민소유재산이 누구에게 귀속되는가 하는 문제와 각종 다양한 이용권을 어떻게 정리할 것인가 하는 문제를 해결하지 않고서는 장래의 어떤 투자도 기대할 수 없었다. 사회주의적 인민재산의 재편과 정리의 문제는 동독의 경제적 부흥과 그로써 기대되는 동·서독간 삶의 균형을 이룩하기 위해 우선적으로 해결되어야 할 기본문제이기도 하였다.

우선 동독의 사회주의식 소유제도를 재편하고 귀속시키는 문제에 대한 법적 규율은 두 개의 영역으로 나누어 생각할 수 있다. 하나는 동독의 사회주의적 소유권을 실질적으로 재편하여 새로운 주인에게 귀속시키는 실체법적 규율의 문제이고, 다른 하나는 이와 같이 귀속된 결과를 등기부에 반영하는 절차법적 실행의 문제이다. 또한 전자와 관련해서는 사유화(Privatisierung)와 법률에 의한 귀속(Zuordnung)의 두 가지 방법으로 몰수재산이 재편되었다는 점을 지적할 수 있다. 인민소유기업이 사유화에 의해 재편되었다면, 토지는 주로 법률에 의한 분배와 귀속의 방법으로 재편되었다고 할 수 있다. 한편, 이용권은 그 실상에 따라 물권적 보호를 받는 이용권과 단지 채권적 보호를 받는 이용권을 구분하여 달리 취급되었다. 전자에 대하여는 소유자에 대한 이용권자의 우위를 바탕으로 권리관계의 정리가 이루어졌고, 후자에 대하여는 이용권자에 대한 소유자의 우위를 바탕으로 권리관계의 정리가 이루어졌다고 말할 수 있다.

여기서 또 하나 염두에 두어야 할 점은 사유화를 통한 인민소유재산의 재편과 반법치국가적 몰수재산의 종전소유자에 대한 반환과의 관계이다. 이는 마치 일반과 특별의 관계에 있다고 말할 수 있다. 따라서 후자가 전자에 우선한다는 것이다. 이하에서는 이러한 이해를 기초로 통일독일의 불법청산 유형 중의 하나로서 몰수재산 처리문제에 관하여 살펴보기로 한다.

Ⅱ. 문제해결의 법적 기초

1. 서　언

독일의 통일과정에서 미해결재산문제는 실로 해결하기 어려운 과제였다. 독일분단, 동독주민의 서독으로의 이주, 40여년간 지속된 양독간 국가와 사회에 있어 이념적 대립과 갈등 그 자체만으로도 무수한 재산법상의 문제를 일으키기에 충분하였는데 여기다가 소련군 점령 지역에서 이루어진 재산권몰수와 관련된 구소련과의 외교적 관계, 신주지역에서의 투자장애와 그로 인한 경제적 부담, 동독인과 서독인 사이의 이해관계의 대립으로 인한 사회정책적 관점 등 여러 요인이 복합적으로 작용하여 더욱 문제를 어렵게 만들었다. 통일을 전후로 이 문제는 이해관계가 다른 여러 계층의 초미의 관심사였는데, 논점은 주로 다음의 3가지 이해관계의 대립으로 요약될 수 있다.

① 과거의 소유자(주로 서독주민)의 관심은 구 동독의 불법을 원상회복하는 것이었다. 그것도 원물반환을 원칙으로 하고 손해배상 및 보상이행은 부차적인 것이었다. 그 논거는 기본법 제14조 소유권보장, 제20조 사회법치국가원리에서 찾으려고 하였다.

② 이에 반해 현재의 소유자(주로 동독주민)의 관심은 분단 후 형성된 권리관계의 현상유지에 있었다. 그 논거는 초헌법적 신뢰보호원칙과 기본법 제14조 소유권보장에서 찾으려고 하였다.

③ 이외에도 미래의 소유자(투자자)의 관심은 신주지역의 경제적 부흥에 대한 공공이익과 불명확한 소유관계의 신속한 해결이었다. 소유관계의 신속한 해결과 법적 안정성이 투자를 위한 절대적 조건이라는 것이다. 논거는 기본법 제109조 제2항의 경제적 균형, 제72조 제2항와 제106조 제3항 제4문 제2호의 균등한 삶의 조건형성에서 찾으려고 하였다.

이같은 이해관계의 대립을 고려하여 생각할 수 있는 해결방안은 크게 3가지이다. 첫째 과거 권리자의 이익을 최우선으로 고려하여 무조건 원상회복을 명하는 방안, 둘째 현재 권리자와 미래 투자자의 이익을 우선으로 고려하여 기존 질서를 절대적으로 승인하는 방안, 셋째 과거 권리자와 현재 권리자 및 투자자의 이익을 조정하여 제한된 범위에서만 원상회복을 인정하고 그 밖의 경우에는 손해배상 또는 손실보상 등을 통해 종전 권리자의 손해를 전보해 주는 방안이 그것이다.

이러한 미해결재산문제에 대한 수많은 논의를 배경으로 이를 해결하기 위한 정책적 결단의 법적 기초를 제공한 것이 동서독의 공동성명과 통일조약이었다.

2. 공동성명[3)]

1990년 6월 15일의 공동성명(GemErkl)은 미해결재산문제를 처리함에 있어 서로 다른 이익을 사회계약적으로 조정한다는 기본전제에서 출발한다. 법적 안정성, 법적 명확성 및 소유

---

3) Gemeinsame Erklärung der Regierungen der Bundesrepublik Deutschland und der Deutschen Demokratischen Republik zur Regelung offener Vermögensfragen vom 15. 6. 1990(BGBl. 1990 II S.1237=Anlage III zum Einigungsvertrag).

권 보호를 3대 기본원칙으로 삼고 14개항의 기본방침(Eckwerte)을 선언하고 있다. 위 기본방침은 향후 미해결재산문제에 관한 입법과정에서 중요한 준거로서 작용하였다. 그중 주요내용은 다음의 4가지 기본방침으로 요약할 수 있다.

① 구소련의 점령지법과 점령고권에 근거하여 1945년부터 1949년까지 이루어진 재산권몰수는 원상회복되지 않는다. 다만 보상이행을 위한 입법권이 전(全)독일을 대표한 의회에 유보되어야 한다.

② 1949년부터 1989년까지 동독에서 이루어진 재산권몰수는 원칙상 종전 소유자 또는 그 상속인에게 반환된다. 그러나 반환이 사물의 본성상 불가능하거나 현재의 권리자가 반환목적물에 대하여 정당한 방법(in redlicher Weise)으로 소유권 또는 물권적 이용권을 취득하였던 경우는 예외로 한다. 이 때는 종전소유자 또는 그 상속인에게 손해배상을 하는 것으로 사회계약적 조정이 이루어진다.

③ 동독주민의 임대보호와 기존의 이용권은 종전대로 유지된다.

④ 동독탈출자 등의 재산가치에 대한 국가관리는 폐지한다.

3. 통일조약

(1) 공동성명의 규범화

1990년 8월 31일의 통일조약은 독일통일에 있어 법적 통합의 기초를 제공하고 있다. 통일조약 중 미해결재산문제의 처리와 관련된 부분은 통일조약 제41조(재산문제의 처리) 및 제2부속서의 재산법, 제3부속서의 공동성명 전문(全文)이다. 미해결재산문제에 대하여 통일조약은 제41조 제1항에서 공동성명을 제3부속서로 하여 통일조약의 내용으로 한다고 명시하고, 이어 제3항에서 향후 독일정부로 하여금 제1항에 거시된 공동성명에 반하는 법률을 제정하지 못하게 함으로써 단순히 정치적 선언에 불과하였던 공동성명의 내용을 법규화하였다.

통일조약은 그 외 공동성명의 내용을 보다 구체화한 「재산법(VermG)」을 제2부속서로 붙여 조약의 효력발생(1990년 9월 29일)과 동시에 동독의 법률로서, 통일(1990년 10월 3일) 이후는 전독일의 연방법률로 효력을 갖게 하였다. 통일조약은 1990년 8월 31일 베를린에서 서명됨으로써 성립하였다. 서독연방정부는 통일조약이 1990년 9월 29일 효력이 발생하였음을 공고하였다.

(2) 투자우선의 인정

공동성명이 동독에서의 과거 재산권침해에 대해 소유권반환을 원칙으로 함으로써 1990년 여름 반환신청이 폭주하고 그로 인해 경제적 부흥을 위한 투자의 장애요인으로 작용하자 통일조약 제41조 제2항에서 투자목적을 위해 공동성명에서 천명된 소유권반환의 예외가 인정될 수 있음을 규정하였고, 이를 보다 구체화하여 「연방투자법(BInvG)」을 통일조약의 제2부속서에 붙여 재산법과 함께 효력을 갖게 하였다. 통일조약 제41조 제2항에 따르면 토지와 건물이 긴급하고 특정한 투자목적에 필요하다면 그 토지와 건물에 관한 원물반환은 이루어지지 않는다. 이처럼 투자목적을 위해 소유권반환의 예외를 인정한 것은 동독의 경제적·사회적 여건을 감안하여 투자활성화를 장려하는 것이 무엇보다도 중요하다고 평가하고 법률적 목적과 경제적 목적의 충돌에서 투자이익에 우선권을 부여한 것이다.

(3) 통일조약의 의의

통일조약으로 미해결재산문제의 처리를 위한 기본법률(통일조약 제41조, 독일기본법 제135조a, 제143조, 공동성명, 재산법, 연방투자법)이 모두 제정된 셈인데, 그 구체적 내용은 소련점령지역(1945~49년)에서의 재산권몰수에 대하여는 원상회복 대신 보상이행을 인정하고, 동독(1949~89년)에서의 재산권몰수에 대하여는 손해배상보다 원물반환을 원칙으로 하되, 현재권리자가 정당한 방법으로 권리를 취득한 때와 투자우선의 특별목적이 있는 때는 원물반환에 대한 예외로서 손해배상을 인정한다는 것으로 요약될 수 있다. 이러한 법정책적 결단은 과거 불법적인 재산권침해에 대해 기본법이 소급하여 이를 무효로 할 수는 없다고 하더라도 통일에 의해 전독일을 위한 사회법치국가적 민주주의를 수립하는 마당에 있어서는 불법이 청산되어야 한다는 일반적 정의원리의 요청에 입각하여 통일조약의 입법자가 과거불법을 조정한다는 차원에서 선택한 결론이라 할 수 있다.

Ⅲ. 재산권침해의 회복

1. 침해와 원상회복

(1) 재산권의 침해

재산법(VermG)을 위시하여 투자우선법(InVorG), 손해배상 및 보상이행법(EALG)은 통독 후 동독의 과거 불법청산에 관계된 법률 중에서도 특히 재산권침해의 회복을 다룬 핵심 법률들이다. 그 중에서도 재산법은 동독 지역에서의 반법치국가적 재산권침해에 대한 「원상회복을 위한 법률(Wiedergutmachungsrecht)」이라 할 수 있다. 사회주의식 소유권의 재편과 관련해서 말한다면 이는 종전소유자 또는 그 권리승계인에게 재산을 반환함으로써 인민소유재산을 재편하는 소유권문제 중 한 부분이라 할 수 있다.

독일에서는 제2차 세계대전을 전후하여 불법적인 방법으로 수많은 재산권 변동이 이루어졌다. 나찌정권에 의한 유대인의 재산에 대한 몰수조치는 물론 대전직후 소련군점령지역(SBZ)과 동독에서는 사회주의법질서에 맞추어 재산권을 재편한다는 명분 아래 수많은 몰수조치가 단행되었다. 재산법은 이러한 재산권 변동 중에는 사회법치국가적 관점에서 용인될 수 없는 재산권침해가 있었다는 역사적 인식에서 출발한다.

1) 나찌정권기(1933~45년)

나찌정권의 통치아래에서 유대인을 비롯한 수많은 사람들이 인종, 종교 그리고 정치적 이유 등으로 재산을 몰수당했다. 동독정부는 나찌정권의 불법에 대한 책임을 거부하였던 관계로 피해자들의 몰수재산에 대한 회복청구를 모두 기각하였다. 나찌정권의 몰수재산은 사실 오랜 세월이 흘러 소유관계에 대한 입증도 용이하지 않았을 뿐만 아니라 몰수재산을 매입한 사람들도 동독정부에 의해 다시 재산권을 박탈당하였던 경우에는 누구에게 우선권을 주어야 하는 등의 법적 어려움이 발생한다. 그럼에도 불구하고 통일독일은 나찌정권의 재산몰수는 반법치국가적 재산권침해라는 인식 아래 동독지역에서 미해결 상태로 남아있던 나찌정권의 몰수재산문제에 대하여도 동서독 법질서의 통합에 따른 소유권문제 해결이라는 틀 안에서 그 처리방안을 모색하였다.

2) 소련군점령기(1945~49년)

1945년 5월 8일 독일군의 항복에 따라 소련군사위원회(SMAD)는 1945~49년 소련군점령지역에서 명령 또는 각 주(州)의 법령 등을 통해 전쟁보상 또는 사회주의개혁이라는 명분으로 재산을 몰수하여 인민소유로 귀속시켰다.

(i) 우선 나치와 전범자로 규정한 자의 재산을 몰수한 조치를 들 수 있다. 나치와 전범자로부터 몰수된 재산은 1946년 7월 30일 작센주가 법률에 의해 인민소유로 이전하는 조치를 취한 데 이어 튀링엔, 작센안할트, 브란덴부르크, 메클렌부르크 포폄먼 등 나머지 주들도 뒤를 이어 비슷한 조치를 취하였다.

(ii) 다음 대표적인 것이 '봉건지주의 농지를 소작인'에게라는 표어와 함께 1945년 종전 직후부터 단행된 토지개혁(Bodenreform)을 들 수 있는데 이는 사실상 토지수용 내지는 토지수탈에 가까운 조치였다. 이는 1945년 9월 3일 작센주를 시작으로 모든 주에서 100ha 이상의 토지를(전범자와 전쟁책임자 소유의 토지는 크기에 관계없이) 몰수하는 토지개혁령을 제정, 공포함으로써 시행되었다. 당시 100ha 이상의 토지를 소유한 약 1만명으로부터 몰수된 토지는 총 330만ha에 달하였는 바, 몰수토지는 잠시 토지기금(Bodenfond)에 귀속되었다가 그 중 65% 정도는 신경작인(Neubaudern)에게 분배되었고 나머지는 인민소유로 귀속되었다.

(iii) 기업에 대하여는 1945년 7월 23일 소련군사위원회 명령 제1호에 의해 은행, 보험회사 등 금융기관의 업무가 중단되고 각 주의 법령에 의해 이를 인민소유로 귀속시키는 조치가 있었고, 1945년 10월 30일 소련군사위원회 명령 제124호에 의해 전범자, 나치추종자, 독점자본가의 기업과 기타 재산이 몰수된 후 국가관리 하에 놓였다가 각 주의 법령 또는 규정에 의해 인민소유기업(VEB)으로 수용되었다.

3) 동독정권기(1949~89년)

(i) 1949년 10월 7일 인민회의의 결의로 동독헌법의 효력이 인정됨으로써 동독정권이 탄생한 후 소유제도는 사적소유권에서 동독헌법이 정한 바에 따라 집단적·사회주의적 소유권으로 변화하는 과정을 겪었다. 대표적인 것이 1952~53년과 1959~60년 두 번에 걸쳐 이루어진 농지의 강제집단화이다. 농지개혁에 의해 신경작인에게 분배된 농지는 농지집단화라는 계획에 의해 농업생산협동조합(LPG)에 출연이 강제됨으로써 신경작인에게는 형식적인 소유권만 남고 농업생산협동조합의 광범위한 이용권이 성립되었다.

(ii) 이외에도 동독탈출자, 서독이주자, 외국인 등의 소유재산에 대한 인민소유로의 귀속 또는 국가관리의 개시, 형사판결 등에 의한 재산권박탈, 각종 행정법규 특히 건축법에 의한 재산권수용, 경제적 곤궁에 기한 재산권포기, 해외이주를 위한 재산권포기의 강요 등 각종 형태로 인민소유권이 성립하였고 또는 국가관리가 개시되었다.

우선, 토지수용과 관련하여 동독에서 가장 중요한 역할을 담당한 법률이 1950년 9월 6일 건축법(Aufbaugesetz)이었다. 이에 의해 특정도시의 전지역을 주거용 건축용지로 지정한 뒤 1960년 4월 25일 손해배상법에 의해 이들 토지 전부를 인민소유로 수용하였다. 한편 1952년 7월 17일 동독탈출자 등 재산가치의 보호에 관한 규정에 의해 동독탈출자 등의 토지를 몰수하여 인민소유로 귀속시켰고, 1953년 10월 6일 이후로는 1958년 8월 20일 명령을 소급적용하여 이들 탈출자의 재산은 국가에 의해 관리되었다.

(iii) 그 밖에 공공재산은 우체국과 철도가 인민소유로 귀속되어 새로운 국가기업(예컨대 Deutsche Reichsbahn)이 권한담당자가 되었고, 지방자치단체의 재산은 역시 인민소유로 된 후 당해 지방자치단체가 권한담당자로 지정되었다. 특히 소련점령 직후 단행된 지방자치단체의 관할구역 조정에 따라 전에 어느 지방자치단체 소유의 토지를 다른 지방자치단체가 권한담당자로 점유하는 경우도 생기게 되었다. 이외에도 광산, 전력회사, 수도회사, 운송시설, 문화재, 항공회사 등 많은 공공재산이 특별법률에 의해 인민소유로 귀속되었다.

(2) 재산권의 원상회복

나찌정권은 물론 소련군과 동독정권에 의하여 이루어진 위와 같은 재산몰수조치와 관련하여 통독 후 이를 어떻게 다룰 것인가 하는 문제는 여러 가지 측면에서 정의의 요청(Gerichtigkeitsgeboten)이 가장 첨예하게 대립된 분야이다.

공동성명에서 재산권침해의 원상회복, 특히 반환원칙(소련군점령지역에서의 재산권침해는 제외)이 확립된 후부터 최종적으로 「손해배상 및 보상이행법(EALG)」이 제정되기까지 실로 많은 논의가 있었다. 신주지역의 주민은 당연히 기존권리의 승인에 관심이 있었고 반면에 대부분이 서독주민, 동독탈출자인 재산권침해의 피해자는 당연히 자신의 종전권리를 되찾는 데 관심이 있었다. 이를 대변하여 서독 내에서는 보수기반의 연립정부(CDU · CSU/FDP)가 원물반환에 의한 재산권침해의 원상회복을 지지한 반면 진보기반의 야당(SPD)은 기존권리의 승인 하에 대안으로 재산권침해의 피해자에 대한 배상(보상)원칙을 지지하였다. 여기에 동독지역의 경제적 부흥과 이로 인한 동·서독간 삶의 균형을 급속히 실현하기 위해서는 많은 투자가 절실히 요청되었는데 이는 곧 소유관계의 조기해결을 전제로 하는 문제였다. 또한 소련군 점령기(1945~49년)에서 이루어진 재산권몰수에 대하여는 통일을 이루기 위해 외교적으로 고려하지 않으면 안 될 국제법적인 문제가 있었다. 이외도 농지개혁에 의한 토지수용은 신경작인 또는 이주경작인(Siedlungsbauern)의 이익을 고려해야 할 부분도 있었고, 원물반환의 대안인 손해배상은 막대한 비용이 소요되므로 국가재정 능력을 고려하지 않을 수 없었다.

이처럼 수많은 논쟁을 통하여 수렴된 다양한 정의의 요청 중 통일조약의 입법자가 법정책적으로 선택한 결론은 소련군 점령기(1945~49년)에 이루어진 재산몰수는 보상을 원칙으로 하고, 동독(1949~90년)의 몰수 중 반법치국가적 재산권침해에 대하여는 종전소유자 또는 그 권리승계인에게 원물을 반환하는 것을 원칙으로 삼되 예외적으로 현재권리자가 정당한 방법으로 권리를 취득하였을 때 또는 투자우선의 특별목적이 있는 때는 원물반환 대신 손해배상을 인정한다는 것이었다.

2. 재산법(VermG)

(1) 연 혁

재산법(Vermögensgesetz)은 통일조약 제2부속서에 포함되어 통일조약의 발효일인 1990년 9월 29일 동독의 법률로 효력이 발생하였고 1990년 10월 3일 통독 후에는 연방법률로 편입되어 효력을 유지하면서 몰수재산 처리문제의 토대가 되었다.

소련점령군 및 동독정권에 의한 재산권침해는 1972년 12월 21일 기본조약(Grundlagenvertrag)에서도 이미 다루어진 문제이다. 그러나 여기서는 양독정부의 의견 접근이 어려워 의정서협약(Protokollnotiz)에서 명시적으로 이 문제를 배제하였다. 이 문제의 구체적 해결은 1989년 12월 18~19일 이틀간에 걸쳐 동독의 드레스덴에서 이루어진 동독서기장 모드로프(Modrow)와 서독수상 콜(Kohl) 사이의 합의에서 출발한다. 여기에 근거하여 양측간 실무협의회(deutsch-deutsche Kommission)가 구성되고 이 문제는 본격적인 논의에 들어갔다. 하지만 미해결 재산문제에 관한 한 동독은 현재의 권리관계가 인정되어야 한다는 입장을 고수하였다. 논의가 진행되는 동안에도 동독은 일방적으로 또 다른 재산문제인 사유화(Privatisierung)와 관련된 개별 법령을 제정, 공포하였다. 실무위원회의 협의가 시작된 후 1990년 5월 18일 양독정부는 통일을 위한 첫걸음으로「통화, 경제와 사회통합을 위한 국가조약(Staatsvertrag)」[4)]을 체결

4) Staatsvertrag über die Schaffung einer Wahrungs-, Wirtschafts- und Sozialunion vom 18.5. 1990

하였다. 국가조약에 의해 1990년 7월 1일부터 서독 마르크화가 동·서독의 단일통화로 통용되고 경제, 통화 및 사회통합의 기반을 조성하기 위해 서독의 일부 법률이 동독에서도 효력을 갖게 되었지만 미해결재산문제는 여전히 합의에 이르지 못하였다.

1990년 6월 15일 미해결재산문제의 처리를 위한 동·서독 정부간 공동성명은 당시까지 지지부진하던 미해결재산문제의 처리에 관해 양독 정부가 처음으로 합의에 이른 결과물이다. 공동성명은 미해결재산문제와 관련된 제각기 상이한 이해관계를 사회계약적 방법으로 조정함으로써 통독 후에도 법적 평화가 보장되는 데에 그 기본적 이념을 두고, 양독 정부가 당면한 재산문제를 다루는 데에 있어 법적 안정성, 법적 명확성 및 소유의 권리를 3대 원칙으로 선언하면서 14개항의 기본방침을 정하고 있다.

공동성명은 전문(前文)을 다음과 같이 시작하고 있다. "독일분단, 이와 결부된 동독으로부터 서독으로의 인구유입과 양독간 이질적인 법질서로 인하여 무수한 재산법상의 문제점이 발생하였는바, 이는 동·서독에 있는 많은 주민들의 현안이다. 당면한 재산문제를 해결함에 있어 양독정부는 서로 다른 이익이 사회계약적으로 조정되어야 한다는 기본전제에서 출발한다. 법적 안정성, 법적 명확성 및 소유의 권리는 당면한 재산문제를 해결하는데 있어 양독정부가 지도이념으로 삼을 수 있는 원칙이다. 이를 통해서만 향후 독일에서의 법적 평화가 항구적으로 보장되어질 수 있다." 여기에서 알 수 있는 바와 같이 공동성명은 재산법상의 문제에 관해 서로 다른 이익을 사회계약적으로 조정한다는 기본이념에서 출발하고 있는데, 여기서 조정대상인 서로 다른 이익이란 구소련 또는 동독정부의 재산권침해로 인해 재산가치를 상실했던 종전소유자 또는 권리승계인의 이익(반환이익), 기존의 권리관계를 다시 변경함으로써 새로운 피해를 입을 수도 있는 현재 소유자의 이익(현상보호이익), 통일 후 동독지역의 경제적 부흥에 대한 투자자 및 일반공중의 이익(공공이익) 등을 생각할 수 있다.

그리고 이 경우 정치적으로 취할 수 있는 태도는 종전소유자 또는 그 권리승계인에 대한 예외없는 반환, 한정적 반환 및 그에 대신한 손해배상, 기왕에 이루어진 재산몰수를 아무런 조건없이 그대로 수용하는 방안 등 크게 3가지로 요약해 볼 수 있는데, 공동성명은 위와 같은 여러 태도 중에서 국가관리의 폐지와 함께 원물반환의 기본방침(Grundsatz 'Rückgabe vor Entschädigung')을 정하고 있다. 그러나 1945~49년 소련점령지역에서 이루어졌던 재산권몰수에 대하여는 외교상의 이유로 여기서 제외하고 있고, 나치불법과 관련된 재산법상의 문제점은 양독정부의 정치적 입장의 차이로 인해 다루지 않았다.

한편, 공동성명은 원물반환이 사실상 불가능하거나 현재권리자가 정당한 방법에 의해 권리를 취득하였던 때에는 기존의 권리관계가 그대로 유지되는 것으로 하여 원물반환의 예외

(BGBl.1990 II S.537)

를 두면서 종전 소유자에 대하여는 손해배상을 인정함으로써 종전 소유자와 현재권리자 사이의 이익을 조정하고 있다. '정당한 방법으로 권리를 취득한다'라고 함은 동독 당시 존재한 법률에 따라 자신의 지위를 남용하지 않고 상대방의 약점도 이용하지 않은 상태에서 권리를 취득한 경우라고 말할 수 있다. 그러나 공동성명은 정당한 방법으로 권리를 취득할 수 있는 시기를 1989년 10월 18일 호네커 정권이 실각한 날까지로 제한하여 그 후의 권리취득자에 대하여는 기존 권리관계의 변경가능성을 예견하였거나 예견할 수 있었음에도 권리를 취득한 것으로 보아 보호대상에서 명백히 제외하고 있다.

공동성명은 양독정부가 장래 재산문제를 다루는 데 있어 기본방침을 정한 정치적 선언에 불과한데 통일조약이 공동성명을 제3부속서로 첨부하여 제41조 제1항에서 통일조약의 내용으로 함과 동시에 제41조 제3항에서는 향후 독일연방정부가 여기에 반하는 법규정을 제정하지 못하게 함으로써 공동성명의 기본방침이 법적인 효력을 갖게 되었다. 재산법은 이러한 공동성명의 기본방침을 기초로 제정되었다.

(2) 주요내용

1) 기본원칙

재산법은 공동성명의 내용을 보다 구체적으로 법률화한 것이다. 그 핵심은 종전소유자에게 소유권을 반환하는 데 있다. 이를 위해 재산법은 제1조에서 재산권의 침해유형을 개별적으로 열거하고 그 중 재산법의 적용을 받는 부분과 받지 않는 부분을 명시하고 있다. 또 반환절차의 실행을 위해 위 침해유형 중 국가관리행위에 대하여는 법률에 의해(제2차 재산법개정법률로 개정되기 전에는 신청에 의해) 폐지되는 것으로, 기타의 반환절차는 종전소유자 또는 그 권리승계인의 신청에 의해 개시되는 것으로 각 규정하고 있고, 구체적 실행에 필요한 조직과 절차에 관한 규정을 두고 있다. 그러나 예외적으로 반환이 불가능하거나 정당한 방법으로 기존소유자가 권리를 취득하였던 경우에는 반환청구권을 배제하고 종전소유자에게 손해배상청구권을 인정하고 있다. 또 반환으로 인한 기존권리자와 종전소유자 사이의 이익조정에 관한 규정을 두고 있다.

2) 적용범위

재산법은 제1조 제1항 내지 제7항에서 1933년 1월 30일부터 1990년 10월 2일까지 사이 이른바 신주지역에서 동독정권에 의해 일어난 재산권침해의 사례를 수집하여 그 중 재산법적 청구권이 적용되는 유형을 제한적으로 열거하고 있다. 따라서 재산법은 동독지역에서 발생한 모든 재산권침해의 사례를 원상회복의 대상으로 삼고 있지는 아니하다. 구체적으로 재산법의 적용을 받는 재산권침해의 유형은 건축부지인 토지, 나대지인 토지, 법적으로 독립한 건물과 구조물, 이에 대한 이용권과 물권적 권리, 동산 및 영업보호권, 저작권과 유사권리,

예금채권과 기타 금전채권 및 기업에 대한 소유 · 지분권(제2조 제2항) 등과 같은 재산가치(Vermögenswert)에 대한

- 무보상 수용(제1조 제1항 a),
- 저가보상에 의한 수용(제1조 제1항 b),
- 국가관리자 또는 처분권자에 의한 양도(제1조 제1항 c),
- 1972년 기업의 몰수(제1조 제1항 d),
- 경제적 강제에 기한 상실(제1조 제2항),
- 부당한 이용행위에 의한 취득(제1조 제3항),
- 나치정권하의 상실(제1조 제6항),[5]
- 반법치국가적 판결(제1조 제7항),
- 국가관리행위(제1조 제4항) 등이다.

위에서 열거된 유형의 재산권침해는 이른바 수용행위가 법치국가원리에 반하여 이루어진 것이라는 법적 평가에 기초를 두고 있다. 그 중 재산법 제1조 제1항 a와 b는 무보상 또는 저가보상이 바로 법치국가의 수용원리에 반한다는 것이고, 나머지 유형은 재산권을 몰수한 국가의 강제행위 자체가 반법치국가적이라는 사고에 입각하고 있는 것이다.

3) 적용배제

재산법 제1조 제1항 내지 제7항이 재산법을 적용하기 위한 적극적 구성요건에 관한 규정이라면, 제1조 제8항은 재산법의 적용이 배제되는 소극적 구성요건을 규정하고 있는 바, 이는 다음과 같다.

- 점령지법 또는 점령고권에 근거한 재산가치의 수용(제1조 제8항 a)
- 동독에 의하여 상호 국가간 조약으로 규율된 재산법적 청구권(제1조 제8항 b)
- 구예금상환공채에 기한 권리(제1조 제8항 c)
- 통일조약 제3조에 의한 신주지역의 지방자치단체 소유의 청구권.

그중 1945~49년 소련점령지역에서의 점령지법 또는 점령고권에 근거하여 이루어진 수용은 이미 설명한 바와 같이 공동성명은 제1항에서 이를 원상회복하지 않기로 기본방침을 정한 바 있다. 또 통일조약은 제41조에서 이를 조약의 구성부분으로 받아들이고(제1항), 이에 반하는 연방정부의 입법을 금지하는 한편(제3항), 제4조에서 그 헌법적 보장을 위해 통일조약 제41조 및 관련규정이 신주지역의 재산권침해에 대해 원상회복을 하지 않기로 한 경우에도 효력이 있다는 내용의 기본법 제143조 제3항을 신설하여(제5항), 이에 대한 헌법적 근거를 부여하고 있다.

5) 나찌지배기간(1993.1.30~1945.5.8)에 인종, 정치, 종교, 세계관 등을 이유로 재산을 상실했던 경우.

4) 반환청구의 배제

재산법적 청구권의 핵심은 반환청구권이고 재산법은 반환청구와 관련된 조직과 절차에 대해서만 규정하고 있다. 재산법은 반환이 불능인 경우 또는 이른바 '사회계약적 조정'의 차원에서 현재의 권리가 정당한 방법으로 취득된 경우에는 반환청구권을 배제하고 있다(제4조, 제5조). 반환의 불능은 사물의 본성에 따른 사실상 불능 및 법률상 불능을 포함한다. 사실상 불능이란 재산가치가 반환 또는 회복할 수 없을 정도로 소실하였음을 의미하고, 법률상 불능이란 재산가치를 반환 또는 회복함에 있어 상당기간 법률적 장애가 존재함을 의미한다. '정당한 방법(in redlicher Weise)으로의 권리취득'이라 함은 민법상의 선의취득과는 다른 개념으로 독일법에 있어서도 비교적 생소한 개념이다.[6] 이는 재산법 제1조 제3항의 부당한 이용행위와 결부하여 생각해 볼 수 있는데 일반적으로 권리취득의 과정에 부도덕한 이용행위가 관여한 경우의 반대개념으로 이해할 수 있다. 대체적으로 권리취득이 동독의 법규에 위반하거나 독직 또는 우월적 지위의 이용, 사기 또는 강박상태의 이용에 의하지 않은 경우라면 정당한 취득으로 인정될 수 있다.

아울러 '신주지역의 부흥'을 위해 특별투자목적이 인정되는 경우에는 투자우선법에 따라 반환청구권이 배제된다. 반환청구권이 배제되는 경우 종전권리자는 반환에 갈음하여 손해배상 또는 매각대금반환 등을 청구할 수 있다(제6조 제6a항, 제9조, 제10조).

5) 재산법상 청구권

(ⅰ) 반환청구권(Rückgabeanspruch) 재산법적 청구권의 핵심은 반환청구권이고 재산법은 반환청구와 관련된 조직과 절차에 대해서만 규정하고 있다. 재산법적 청구권 중 또 하나 중요한 손해배상청구권과 소련점령지역에서의 재산권침해에 대한 보상이행청구권은 손해배상 및 보상이행에 관한 법에서 자세한 내용을 규정하고 있다.

재산법 제1조 소정의 침해행위에 의해 재산가치를 상실한 종전소유자 또는 그 권리승계인은 반환의 예외사유가 없는 한 그 재산가치의 반환을 신청할 수 있다(제3조 제1항 제1문). 재산법에 의한 청구권은 신청주의 원칙에 따라 미해결재산관청[7]에 신청서를 제출함으로써 행사된다(제30조 제1항 제1문). 재산법에 의한 반환청구권은 일종의 공법상 청구권이다. 재산법적 청구권 중 또 하나 중요한 손해배상청구권과 소련점령지역에서의 재산권침해에 대한 보상이행청구권은 손해배상 및 보상이행에 관한 법에서 자세한 내용을 규정하고 있다.

---

6) 예컨대, 권리취득자가 취득당시 재산법 제1조 소정의 재산권침해인 사정을 알았거나 알 수 있었던 경우, 즉 선의취득이 인정되지 않는 경우라도 구동독의 법규에 따라 권리취득을 한 경우라면 정당한 방법으로 권리를 취득한 것으로 인정될 수 있는 여지가 있는바, 이런 의미에서 입법자는 선의취득보다 더 광의의 개념을 생각한 것으로 보인다.

7) 독일은 미해결 재산문제를 관할하는 연방관청인 BARoV(Bundesamt zur Regelung Offener Vermögensfragen)를 정점으로 신주지역에 그 지부를 두고 있었다.

반환청구권의 주체는 종전소유자 또는 그 권리승계인이다. 반환청구권의 형식상 상대방은 처분권자이다. 처분권자라 함은 기업반환의 경우는 수용된 기업의 전부 또는 일부의 소유권 또는 처분권을 갖는 사람, 자본회사의 경우는 직접 또는 간접적인 투자지분의 소유자, 기타 재산가치의 반환의 경우는 당해 재산가치의 소유권 또는 처분권을 갖는 사람을 말한다(제2조 제3항 제1문). 국가관리자는 처분권자로 보고(제2조 제3항 제2문), 신탁공사가 처분권자에 대한 지분을 직접 또는 간접적으로 유일하게 소유한 경우는 신탁공사만이 처분권자를 대리한다(제2조 제3항 제3문). 재산법에 의한 청구권(반환청구권 및 손해배상청구권)은 양도, 질권설정 또는 압류의 대상이 될 수 있다(제3조 제1항 제2문).

(ii) 처분제한(Verfügungssperre) 권리자로부터 제30조 소정의 반환신청이 있는 때는 처분권자는 권리자의 동의 없이 물권적 법률행위 또는 장기의 계약상 의무부담행위를 하지 못한다(제3조 제3항 제1문). 이는 권리자로부터 반환신청이 있는 때는 반환결정이 확정될 때까지 권리자의 반환청구권에 영향을 미칠 수 있는 처분권자의 처분행위를 금지한 것이다. 국가가 관리하는 재산가치에 대하여도 국가관리의 폐지가 확정될 때까지는 국가관리자의 처분행위를 금지하고 있다(제15조 제2항).

(iii) 선택권(Wahlrecht) 권리자는 재산가치의 반환청구권에 갈음하여 손해배상청구권을 선택할 수 있다(제8조 제1항 제1문, 제11조 제1항 제2문). 권리자가 선택적으로 행사할 수 있는 손해배상청구권은 반환토지와 비슷한 가치의 대토를 이전함으로써 실현됨이 원칙이고, 이것이 불능일 때만 손해배상법의 내용에 따라 배상된다(제9조).

(iv) 손해배상청구권(Entschädigungsanspruch) 재산법 제4조, 제5조에 의해 반환이 배제되거나 권리자가 선택권을 행사하면 손해배상청구권이 성립한다. 반환청구권이 배제되는 경우 종전권리자는 반환에 갈음하여 손해배상 또는 매각대금반환 등을 청구할 수 있다(제6조 제6a항, 제9조, 제10조). 이에 관하여는 손해배상법에서 구체적으로 규율하고 있다.

6) 성 과

재산법 제30조는 원칙적으로 재산권 반환청구를 1992년 12월 31일까지로 제한하였다. 독일의 미해결재산관청에는 대략 230만건 이상의 재산에 대한 반환청구권을 주장하는 신청서가 100만건 이상 접수되었으며 그 중 220만건 이상이 부동산에 해당되는 것이었다고 한다. 부동산 관련 신청건수 중 약 50만건 정도만 반환되거나 민영화되어 재산법이 원칙으로 내세웠던 반환우위의 원칙은 크게 실효를 거두지 못하였다는 평가를 받았다.

3. 투자우선법(InVorG)[8]

(1) 입법목적

1) 반환우위의 원칙

투자우선법은 재산법과 함께 미해결재산문제를 처리하기 위한 2대 핵심법률로 지적되고 있다. 이 법의 목적은 재산법에 의해 만들어진 문제상황과 관련있다.

재산법은 1933년부터 1945년까지 나치정권, 1949년부터 1989년까지 동독정권에 의해 행해진 반법치국가적 재산권침해를 원상회복하는 데 그 목적이 있다. 즉 재산법은 제1조 제1항에서부터 제7항까지 재산법적 청구권의 적용을 받는 재산가치에 대한 침해유형을 열거하고 이에 대하여는 원칙적으로 종전소유자 또는 그 권리승계인(재산법 제2조 제1항 소정의 권리자)이 반환청구권을 행사할 수 있는 것으로 규정하면서 제4조, 제5조의 예외적인 경우에만 반환청구 대신 손해배상을 청구할 수 있는 것으로 규정하고 있다. 이른바 손해에 대한 반환우위(Rückgabe vor Entschädigung)의 원칙을 법규화한 것이다.

2) 투자장애의 요인

재산법에 의한 반환원칙이 확립된 후 종전소유자 또는 그 권리승계인으로부터의 반환신청은 엄청나게 폭주하였고 그로 인해 처리도 상당히 지연되었다. 이는 결과적으로 동독지역에서 많은 재산의 소유관계를 장기간 불분명하게 하여 투자장애의 요인으로 지적되었다.

재산법 제3조 제3항은 종전소유자의 반환청구권을 보호하기 위해 신고된 반환목적물에 대하여는 처분권자로 하여금 물권적 법률행위 또는 계약상 장기 의무부담행위를 하지 못하도록 금지하고 있는바 이에 따라 처분권자, 특히 신탁공사가 투자자에게 반환대상인 목적물을 매각하거나 지상권 또는 지역권을 설정하는 등 투자목적을 위한 처분행위를 하는 것이 허용되지 않았다. 통설에 의하면 재산법 제3조 제3항의 처분제한은 독일민법(BGB) 제134조 소정의 법률상 금지를 의미하지는 않기 때문에 이에 위반된 법률행위라도 유효하다는 것이나, 토지거래법(GVO) 제2조 제1a항에 의하면 신주지역에서 토지거래를 위해서는 관청의 허가를 받아야 하고 허가를 받기 전까지 매매계약은 유동적으로 무효인데, 같은 법 제1조 제2항에 의하면 재산법에 의해 신고된 토지는 권리자의 동의가 없는 한 허가를 내주지 않도록 규정하여, 이러한 법적 규율과 함께 재산법 제3조 제3항은 종전소유자의 반환청구권을 보호하는 한편 투자장애의 요인으로 작용하였던 것이다.

3) 투자우위의 원칙

투자우선법은 이러한 문제상황에서 출발하여 재산법상의 반환대상인 부동산 또는 기업에

8) Gesetz über den Vorrang fur Investitionen bei Rückübertragungsanspruche nach dem Vermögensgesetz (Investitionsvorranggesetz; InVorG) vom 14. 7. 1992 (BGBl. 1992 I, S.1268).

대해 특정한 투자목적을 위한 투자우선결정을 함으로써 재산법 제3조 제3항 소정의 처분제한의 법률적 장애를 없애고 처분권자로 하여금 이의 매각 또는 지상권, 지역권설정 등 신속한 투자행위를 가능하게 하여 동독지역에서의 투자활성화에 의한 경제적 부흥을 이루고자 하는 데에 그 목적이 있는바, 이에 의해 종전소유자의 반환이익에 앞서 투자자의 이익이 우선하는 이른바 반환에 대한 투자우위(Investition vor Rückgabe)의 원칙이 확립된 것이다.

(2) 연혁 및 내용

1) 공동성명에는 미해결재산문제에 관해 반환원칙만을 천명하였을 뿐이고 투자우선에 관하여는 아무런 고려도 하지 않았다. 그러나 통일조약의 협의과정에서 폭주한 반환신청, 그로 인한 처분제한의 장기화가 투자활성화의 걸림돌임을 인식한 양독 정부는 통일조약 제41조 제2항에서 투자우위에 의한 반환원칙의 예외를 인정하고 있다. 즉 통일조약 제41조 제2항은 '어떤 토지나 건물이 긴급하고 보다 상세하게 확정된 투자목적을 위해 필요하고, 특히 기업경영의 기반시설에 이용되고, 이러한 투자결정의 실현이 고용을 창출하거나 보장하는 등으로 국민경제적으로 조성할 만한 가치가 있다고 인정되는 경우에는 특별법률의 정한 바에 의해 당해 토지 또는 건물의 소유권반환은 이루어지지 않는다. 이 경우 투자담당자는 추진업무의 주요내용이 담긴 계획서를 제출하고 이에 따라 업무를 시행할 의무가 있다. 또한 원소유자의 손해배상과 관련된 내용은 법률로 규정되어야 한다.' 라고 규정하고 있는 바, 이는 제1항에 의해 통일조약의 내용으로 된 공동성명 제3항이 천명하는 반환원칙의 예외를 인정한 것이다.

2) 「연방투자법」[9]은 재산법(VermG)과 함께 통일조약의 부속서에 포함되어 1990년 9월 29일 통일조약의 발효와 동시에 동독의 법률로, 1990년 10월 3일 통일 후에는 동독지역에만 적용되는 연방법률로 효력이 발생하였다. 재산법이 통일조약으로 승인된 공동성명의 반환원칙을 구체화한 법률이라면, 연방투자법은 통일조약에서 최초로 인정된 투자우위의 원칙을 구체화한 법률이다. 그 내용은 특히 영업소 또는 서비스기업의 설립에 의해 고용을 보장 또는 창출하거나 주민의 주택수요에 부응하거나 이들에 필요한 사회간접투자 등과 같은 투자목적이 하나 이상 인정되고 이를 위해 처분권자의 토지 및 건물의 매각이 '긴급하고도 적합한(dringlich und geeignet)' 때에는 투자담당자가 투자행위를 구체적으로 실현할 수 있는 기술, 재정적 능력을 보증한 경우에 한해 처분권자의 신청으로 관할 행정기관은 투자증명서를 교부한다. 투자증명서가 교부되면 당해 토지 및 건물에 대하여 재산법 제3조 제3항에 의한 처분제한은 제거되고 처분권자는 투자담당자에게 토지 및 건물을 매각할 수 있으며 투자증명서를 기초로 토지거래허가를 신청할 권한이 인정되었다. 투자에 의한 매각으로 반환청구권을

---

9) Gesetz über besondere Investitionen in der Deutschen Demokratischen Republik, in: EV-Anhang II Sachgebiet B Abschnitt 1 Nr.4 (BGBl. 1990 I, S.1157)

상실한 종전소유자에 대하여는 처분권자를 상대로 한 매각대금의 상환, 매각대금이 시가에 못미칠 때는 시가상당액의 교부청구권이 인정되었다. 그러나 이러한 연방투자법이 투자장애의 문제를 상당히 해결해 줄 수 있을 것이란 당초 기대와는 달리 거의 실효를 거두지 못하였는데, 그 이유는 '긴급하고도 적합한 때'라는 등 투자요건이 추상적인 데다가 투자증명의 업무를 관장하는 행정조직이 통일 후 미처 정비되지 않은 점, 여기에 종전소유자의 재산을 2차로 수용한다는 심리적 요인이 복합된 점 이외에 절차는 번잡하면서도 정작 세부적인 면에서는 많은 흠결이 있었던 점 등 여러 요인이 작용하였다.

3) 「투자장애제거법」[10]은 실효성이 없었던 연방투자법을 대신해 동독지역에서의 투자를 촉진하고 신속한 경제적 부흥을 가능하게 하기 위해 제정되었다. 여기서 투자촉진과 관련된 부분은 기존 연방투자법의 투자관련 조항을 보완 및 확대하고, 재산법에 투자관련 조항을 몇 가지 신설한 것이다. 투자장애제거법은 우선 연방투자법을 개정하여 투자행위의 유형을 토지와 건물의 매각뿐만 아니라 임대차, 사용대차, 지상권의 설정, 부분소유권 또는 주거소유권의 설정 및 양도 등으로 확대하였고 투자증명서만으로 토지거래법(GVO)의 거래허가를 대체하는 등 투자의 효율성과 신속성을 보장하는 쪽으로 절차규정을 간소화하였다. 또한 재산법을 개정하여 반환대상으로서의 기업에 대하여도 매각, 장기임대차 등 투자행위가 가능하도록 제3조 제6항 내지 제8항을 신설하였고, 제3조 a에 특별우선조항을 신설하여 신탁공사와 지방자치단체가 처분권자로서 직접 투자증명을 할 수 있도록 하였다.

4) 투자우선과 관련된 법규들의 산재, 법조문의 미비, 반환이냐 보상이냐의 끊임없는 논쟁 등은 투자촉진을 위한 새로운 입법의 필요성을 야기하였다. 그 결과 1992년 7월 22일 제2차 재산법개정법률(das zweite Vermögensrechtsänderunsgesetz)이 제정되었다. 이 법률은 모두 15편으로 이루어졌는데 이에 의해 미해결재산문제와 관련된 여러 법률이 개정되었다. 그 중 하나가 새로 제정된 「투자우선법(InVorG)」인데 이로써 기존의 재산법과 연방투자법의 투자관련 조항은 모두 폐지되고 단일법률로 통합되었다.

5) 제2차 재산법개정법률에 의해 새로 제정된 「투자우선법」은 모두 7장, 26개 조문으로 이루어졌는데 기존의 재산법과 연방투자법의 투자관련 조항과 비교할 때 우선 투자우선절차를 개시할 수 있는 기한이 길어졌고, 투자절차를 보다 상세히 규정하고 있으며, 특별 투자목적도 보다 넓게 인정하고 있다. 그밖에도 제6장에서 특별 투자우선절차를 규정하여 투자우선절차의 집중화 및 간이화를 꾀하고 있다.

10) Gesetz zur Beseitigung von Hemmnissen bei der Privattisierung von Unternehmen und zur Föderung von Investitionen (Hemmnisbeseitigungsgesetz) vom 23.3. 1991 (BGBl. 1991 I, S.766)

4. 손해배상 및 보상이행법(EALG)[11]

(1) 서 언

1) 손해배상 및 보상이행법(Entschadigungs und Ausgleichsleistungsgesetz; 손해보상법)은 미해결재산문제의 처리를 위한 일련의 입법 중 가장 마지막으로 제정된 법률이다.

2) 손해보상법은 연방재무성 초안에 연합정당(CDU/CSU)위원회, 즉 게스터 위원회(Gerster Kommission)의 의견 등을 반영하여 연방정부가 1993년 5월 10일 제출한 법안이 연방하원의 심의과정에서 2차례 부결되었고, 1994년 5월 20일 연방하원에서 제2차 수정안이 의결되었으나 연방상원의 심의과정에서 부동의되었고, 연방상·하원 합동위원회의 제2차 절충안이 1994년 9월 23일 연방상원의 동의를 받는 등의 우여곡절 끝에 법률로 성립하여 1994년 12월 1일 효력이 발생하였다. 이로써 재산법에 의해 예정되었던 1949~90년 동독의 재산권 침해행위로 인한 반환불능시 손해배상 및 공동성명과 통일조약에 의해 통일독일의 입법자에게 유보되었던 1945~49년 점령지법 및 점령고권에 근거한 수용으로 인한 보상이행의 문제가 입법적으로 완결되었다.

3) 손해보상법은 모두 11편의 제정·개정법률로 구성된 소위 종합법률(Artikelgesetz)인데 제정법률 중에서 가장 중요한 법률이 손해배상법(EntschG)과 보상이행법(AusglLeistG)이고, 그 밖에 나치피해자배상법(NS-VEntschG), 동독채권(債券)정리법(SchuldBBerG), 실향민보조금법(VertrZuwG) 등을 포함하고 있다.

(2) 손해배상법(EntschG)

1) 예외적 배상

손해배상법(Entschadigungsgesetz)은 손해보상법(EALG) 제1편에 모두 12개 조문으로 구성되어 있다. 이는 과거 동독지역에서 발생한 재산권침해에 관해 재산법상의 반환청구권이 배제되거나 권리자가 선택권을 행사함으로써 손해배상청구권이 성립하는 경우 손해배상의 범위와 방법을 정한 법률로서, 이미 재산법은 침해된 재산가치의 반환청구권이 배제되는 경우 또는 종전소유자가 반환에 갈음하여 손해배상을 선택하는 경우 손해배상청구권이 성립하는 것으로 하면서 손해배상의 구체적 범위에 관하여는 다른 법률에 입법을 위임하고 있었다(재산법 제9조). 손해배상법은 재산법의 위와 같은 규정에 따라 제정된 후속법률로서 말하자면 그 보충법률이라 할 수 있다.

---

11) Das Gesetz über die Entschädigung nach dem Gesetz zur Regelung offener Vermögensfragen und uber staatliche Ausgleichsleistungen fur Enteignugen auf besatzungsrechtlicher oder besatzungs- hoheitlicher Grundlage vom 27. 9. 1994(BGBl. I 1994, S.2624, berichtigt BGBl. I 1995, S.110).

2) 주요내용

손해액을 재산가치의 시가(Verkehrtwert)에 의하지 않고 1990년 10월 3일 당시의 이른바 의제시가(fiktiver Verkehrtwert)에 의하여 정하고 있는데 의제시가는 1935년도 과세표준액(Einheitswert)을 기초로 재산가치의 유형에 따라 일정배율을 곱하여 산출한다. 이러한 의제시가를 평가기초액(Bemessungsgrundlagen)이라 한다. 10,000 마르크 이상의 평가기초액은 여기서 다시 최저 30%에서 최고 95%까지 감축(Degression)된다. 위와 같이 정해진 손해액은 현금으로 즉시 배상되지 않고 2004년까지 무이자인 양도가능한 채권증서로 교부된다. 채권증서는 2004년부터 5년간 매년 추첨에 의해 균등으로 배상기금에서 상환된다.

위와 같은 내용의 손해배상법이 제정되기까지는 입법과정서부터 격렬한 논쟁이 있었다. 이는 주로 배상의 범위와 재원마련의 방안에 관한 것이었다. 독일기본법 제14조에 의하면 수용시 배상은 침해당시 거래가격에 기한 시가배상을 의미하는데[12] 소련점령지역과 동독에서의 재산권침해로 인한 배상 또는 보상에 있어서도 이러한 시가배상을 해야 하는지, 그리고 배상권리자를 위한 재원마련을 위해 반환권리자로부터 일정금액을 징수할 수 있는지가 연방정부의 재정능력을 고려하여 집중적으로 문제되었다.

3) 보상이행법(AusglLeistG)

보상이행법(Ausgleichsleistungsgesetz)은 소련점령지역에서 점령지법 또는 점령고권에 근거한 무보상 수용으로 인하여 재산법적 청구권이 배제된 경우 보상이행에 관해 규정하고 있다. 보상이행의 방법과 범위는 손해배상법과 동일하다. 다만 보상이행법에는 신경작인과 종전소유자의 소유권우선취득(제3조), 동산에 대한 반환배제의 예외(제5조) 등이 추가로 규정되어 있다.

그중 종전소유자의 소유권우선취득과 관련하여 보상이행법 제3조와 제4조는 신탁공사(THA)에 의해 사유화될 과거 인민소유의 농지·임야에 대한 토지우선취득조항을 두고 있다. 동독의 농지·임야는 그 소유권의 법적 형식과는 관계없이 농업·임업생산협동조합의 광범위한 이용권에 제공되었고 통독 전후로 그 중 인민소유인 농지·임야는 신탁공사에 의해 사유화될 과정에 놓이게 되었다. 보상이행법의 토지우선취득조항은 해당토지의 경작인 또는 종전소유자에게 보상이행청구권(종전소유자의 경우)과는 별도로 이렇게 사유화될 농지·임야의 우선취득권을 보장한 것이다. 토지개혁의 희생자인 종전소유자에게 수용토지의 우선취득권을 보장해야 한다는 주장은 일찍부터 제기되었던 것이다. 그러나 보상이행법의 토지우선취득조항은 종전소유자 이외의 경작인 등에게도 우선취득권을 부여하여 종전소유자의 권리는 상당히 희석되었다는 지적도 있다.

12) 독일기본법 제14조 소정의 배상은 완전배상(volle Entschädigung)을 의미하지는 않더라도 적어도 시가(Marktwert)에 기초하여 공익과 사익 간의 적절한 이익형량에 의해 정해진 배상을 의미한다.

Ⅳ. 헌법적 문제점

1. 개 관

동독의 미해결재산 처리의 구체적 내용은 소련군점령기(1945~49년)에 이루어진 재산권몰수에 대하여는 원상회복 대신 보상이행을 인정하고, 동독(1949~89년)에서의 재산권몰수에 대하여는 손해배상보다 원물반환을 원칙으로 하되 현재권리자가 정당한 방법으로 권리를 취득한 때와 투자우선의 특별목적이 있는 때는 원물반환에 대한 예외로서 손해배상을 인정한다는 것으로 요약할 수 있다. 이러한 법정책적 결단은 과거 불법적인 재산권침해에 대해 기본법이 소급하여 이를 무효로 할 수는 없다고 하더라도 통일에 의해 독일 전체를 위한 사회법치국가적 민주주의를 수립하는 마당에 있어서는 불법이 청산되어야 한다는 일반적 정의원리의 요청에 입각하여 통일조약의 입법자가 과거불법을 '조정한다(ausgleichen)'는 차원에서 선택한 결론이라 할 수 있다.

여기서 알 수 있는 바와 같이 공동성명은 재산법상의 문제에 관해 서로 다른 이익을 사회계약적으로 조정한다는 기본이념에서 출발하고 있다. 조정대상인 서로 다른 이익이란 구소련 또는 동독정부의 재산권침해로 인해 재산가치를 상실했던 종전소유자 또는 그 권리승계인의 이익(반환이익), 기존의 권리관계를 다시 변경함으로써 새로운 피해를 입을 수도 있는 현재 소유자의 이익(현상보호이익), 통일 후 동독지역의 경제적 부흥에 대한 투자자 및 일반공중의 이익(공공이익) 등을 생각할 수 있다. 그리고 이 경우 취할 수 있는 정책은 종전소유자 또는 그 권리승계인에 대한 예외없는 반환, 한정적 반환 및 그에 대신한 손해배상, 기왕에 이루어진 재산몰수를 아무런 조건없이 그대로 수용하는 등 크게 3가지 방안으로 요약해 볼 수 있는데, 공동성명은 그 중에서 국가관리의 폐지와 함께 원물반환을 기본방안으로 정하고 있다. 그러나 1945~49년 소련점령지역에서 이루어졌던 재산권몰수 문제는 외교적 이유로, 나치불법과 관련된 재산법상의 문제는 양독정부의 입장이 다르다는 정치적 이유로 공동성명에서 제외되었다.

한편, 공동성명은 원물반환이 사실상 불가능하거나 현재권리자가 정당한 방법에 의해 권리를 취득한 때는 기존의 권리관계가 그대로 유지되는 것으로 하여 원물반환의 예외를 두면서 종전 소유자에 대하여는 손해배상을 인정함으로써 종전 소유자와 현재권리자 사이의 이익을 조정하고 있다. '정당한 방법으로' 권리를 취득한다라고 함은 동독 당시 존재한 법률에 따라 자신의 지위를 남용하지 않고 상대방의 약점도 이용하지 않은 상태에서 권리를 취득한 경우라고 말할 수 있다. 그러나 공동성명은 정당한 방법으로 권리를 취득할 수 있는 시기를 1989년 10월 18일 호네커 정권이 실각한 날로 명시하여 그 후의 권리취득자에 대하여는 기존 권리관계의 변경가능성을 예견하였거나 예견할 수 있었음에도 권리를 취득한 것으로 보아 보호대상에서 명백히 제외하고 있다.

서독은 재산권침해유형에 관한 충분한 자료와 사실조사 등으로 사전에 준비를 하였고 국가경제력도 우리보다 훨씬 컸음에도 불구하고 수많은 시행착오를 겪었다. 미해결재산문제에 관한 법령은 가제식 법률(Loseblatt)이라고 표현될 정도로 수회에 걸쳐 제정 또는 개정되었다.

우리도 남북통일에 대비하여 서독과 같은 사실적 조사와 더불어 통일독일이 겪었던 법적 문제점을 철저히 연구하여야 할 것이다. 특히 통일독일이 몰수재산문제 처리를 둘러싸고 겪었던 법적 문제점은 우리에게도 많은 교훈을 줄 것이다. 아래에서는 이러한 법적 문제들 가운데에서 북한의 몰수재산문제를 처리함에 있어서 반드시 제기될 만한 논점들에 대한 독일의 학설과 판례를 정리하여 보기로 한다.

2. 재산권침해의 불법성

1) 침해유형의 공통점

재산법은 제2차 세계대전 후 소련점령지역 및 동독에서는 사회주의법질서에 맞추어 재산권을 재편한다는 명분 아래 수많은 몰수조치가 시행되었는데 그 가운데는 사회법치국가적 관점에서 용인될 수 없는 재산권침해가 있었다는 역사적 인식에서 출발한다.

재산법의 적용대상은 신주지역에서 소위 재산가치에 대한 무보상 수용(제1조 제1항 a), 저가보상에 의한 수용(제1조 제1항 b), 국가관리자 또는 처분권자에 의한 양도(제1조 제1항 c), 1972년 기업의 몰수(제1조 제1항 d), 경제적 강제에 기한 상실(제1조 제2항), 부당한 이용행위에 의한 취득(제1조 제3항), 나치정권하의 상실(제1조 제6항), 반법치국가적 판결(제1조 제7항), 국가관리행위(제1조 제4항)로 제한된다. 이러한 유형의 재산권침해는 법치국가의 재산권수용원리에 반하여 이루어진 것이라는 법적 평가에 기초를 두고 있다. 그 중 무보상 또는 저가보상이 바로 법치국가원리에 반한다는 것이고, 나머지 유형은 재산권을 몰수한 국가의 강제행위 자체가 반법치국가적이라는 사고에 입각하고 있는 것이다.

2) 소위 분단불법론의 배제

초기에는 재산법의 적용범위가 소위 '분단에 기한 불법(Teilungsunrecht)'에 한정된다는 주장이 있었다. 구체적으로 재산법은 독일분단에 기한 불법으로 파악되는 수용 또는 재산권침해만을 심사하여 원상회복하는 데 목적이 있고 동독의 모든 불법행위를 재산법의 적용대상으로 삼으려 한 것은 아니므로 재산법을 적용하기 위해서는 과거 동독지역에 소재한, 서독주민 또는 외국인 소유의 재산가치에 대한 침해행위와 같이 소위 동독과 서독간의 '지역적 연관성(interlokaler Bezug)'이 있어야 하고, 동독주민이 불법적인 재산권침해로 같은 유형의 피해를 입은 경우라도 이는 '지역적 연관성'이 없기 때문에 재산법의 적용대상이 될 수 없다는 것이다.

재산법에 있어 분단불법론의 출발점은 공동성명의 전문에서 찾을 수 있는데 거기서는 '독일분단, 이와 결부된 동독으로부터 서독으로의 인구유입과 양독간 이질적인 법질서로 인하여 무수한 재산법상의 문제점이 발생하였는바, 이는 동·서독에 있는 많은 주민들의 현안이다…'라고 시작하고 있다. 그 뒤 재산법에 대한 연방정부의 공식자료에 의하면, 재산법은 동독에서 단행된 모든 재산권침해의 원상회복을 목적으로 하지는 않고 '서독주민과 외국인이 동독지역을 합법 또는 불법적으로 떠났다는 이유 또는 동독 내 주소가 없다는 이유 등으로 그 소유재산에 대해 지금까지 처분할 수 없었거나 더 이상 스스로 처분할 수 없었던 사정으로 인해 감당했던 특정한 불이익을 보상하는 데 그 중점이 있고, 동·서독주민과 외국인이 똑같이 관계된 수용, 예컨대 동독의 방위법(Verteidigungsgesetz)에 근거한 수용은 원칙적으로 재산법의 적용대상이 아니다.' 라는 것이다.

그러나 현재 다수설은 재산법의 적용범위를 굳이 위와 같이 '분단에 기한 불법'만으로 한정하여 보지는 않고 있다. 재산법 제1조에 열거된 재산권침해의 유형 중 제1항 a~d, 제4항은 '분단에 기한 불법'과 관련되어 있으나 기타의 경우는 이와 무관하다는 것이다.

3) 법치국가 위반성

동독체제의 재산권 침해에 대한 불법청산에서 '분단으로 인한 불법'의 개념보다는 '차별성(Diskriminierungen)' 또는 '반법치국가성'이라는 개념을 중시하는 경향을 보여왔다. 즉, 동독하에서 반법치국가적 또는 차별적 성격을 갖는 재산권침해를 원상회복 또는 손해배상을 통해 보상하는 데 재산법의 기본목적이 있다는 것이다. 특히 통일조약 제19조 제2문에 의하면 동독의 서독에로의 편입 이전에 동독정권에 의해 행해진 행정행위가 '법치국가원리에 반할 때'는 폐지한다라고 기본방침을 정하고 있는데, 재산법도 형사복권법이나 제2차 동독SED 불법청산법 등과 같이 이러한 원칙의 기본선상에서 이해되어야 한다는 것이다.

이와 같이 '분단에 기한 불법' 청산보다는 '차별성을 지닌 불법' 또는 '반법치국가적 불법' 청산을 재산법의 목적으로 중시한다면 '분단에 기한 불법'과 관련이 있다는 재산법 제1조 제1항 a~d, 제4항의 경우도 소위 '두 지역의 연관성'을 요구하여 청구권의 주체를 서독주민과 외국인만으로 제한할 이유가 없고 동독주민도 경우에 따라서는 청구권의 주체가 될 수 있다는 주장이 가능한데 독일의 학계와 실무는 이러한 주장에 동조하는 추세를 보였다.

3. 원상회복이 배제된 재산권침해

재산법은 제1조 제8항은 재산법의 적용이 배제되는 즉, 모든 재산법적 청구권(반환청구권, 손해배상청구권 등)이 배제되는 경우를 규정하고 있다. 여기에는 점령지법 또는 점령고권에 근거한 재산가치의 수용(제1조 제8항 a)도 해당된다. 1945~49년 소련점령지역에서의 점령지법 또는 점령고권에 근거하여 이루어진 수용은 재산법 제6항(나치정권하의 불법), 제7항(반법치국가적 판결의 취소)에 의한 경우를 제외하고는 재산법이 적용되지 않는다(제1조 제8항 a). 점령지법에 근거한 수용이라 함은 소련군사위원회(SMAD)의 명령 또는 그의 위임에 기한 각 주의 법령 등에 근거한 수용을 말하고, 점령고권에 근거한 수용이라 함은 소련점령군의 동의 또는 승인 하에 이루어진 수용을 말한다. 실무상 주로 적용되는 사례는 소련점령지역에서의 토지개혁(Bodenreform)과 기업몰수에 관한 것이다.

소련점령지역에서의 재산권침해를 구제범위에서 배제한 것은 재산법중 가장 많은 논란을 야기하였다. 특히 통일조약의 입법자는 통일조약을 통해 기본법 제143조 제3항을 개정하여 이에 대한 헌법적 정당성을 부여하고 있으나 이는 헌법개정의 절차법적 측면에서 무효일 뿐만 아니라 실질적으로도 기본법 제14조(소유권보장), 제3조 제1항(평등원칙)에 위반된다는 비판이 있었다.

그럼에도 불구하고 연방헌법재판소는 통일직후에 신청된 헌법소원을 기각하였는데 그 논거는 다음과 같다.

① 우선 헌법개정의 절차법적 효력에 관해 연방정부가 통일조약으로 헌법을 정하고 의회가 이에 동의하는 법률을 제정하는 방식으로 기본법(제143조 제3항)을 개정하였더라도 이는 기본법에 의해 부과된 통일의 당위적 측면에서 볼 때 헌법적으로 문제가 되지 않는다.

② 또한 소련점령지역에서의 몰수조치는 합법성이나 합법률성의 문제를 떠나 이미 점령고권 또는 동독에 의해 유효한 것으로 취급되었고, 이에 대해 독일은 책임이 없으며 기본법을 소급하여 적용시킬 수도 없고, 영토주의원칙에 입각해서 보면 그 효력을 인정할 수밖에 없다.

③ 기본법 제14조의 재산권 보장 중 개인의 삶을 형성하고 인격발전을 위해 필요한 최소한의 부분과 기본법 제3조 제1항(평등원칙)은 기본법 제79조 제3항에 의해 헌법개정으로 침해될 수 없는 본질적 내용(Kernbereich)에 속한다. 그러나 소련점령지역에서 이루어진 몰수조치와 관련해서는 침해가 이루어진 뒤 이미 40년 이상 소유권불행사의 현상이 고착된 사정을 감안할 때 원소유자 또는 그 권리승계인에게 속한 소유권의 본질적 내용이 침해되었다고 할 수는 없고, 입법자가 소련점령지역에서의 재산권 침해와 동독에서의 재산권 침해를 반환배제와 반환인정으로 달리 취급하였더라도 이는 동독과 소련이 통일의 협상과정에서 소련점령지역에서의 반환배제를 고수하였고 연방정부는 통일의 당위적 측면에서 의무에 합치한 평가에 의해 통일의 목표 달성을 위해 그 조건을 고려하지 않을 수 없음을 감안하면 충분히 정당화될 수 있으므로, 소련점령지역에서의 몰수조치에 대해 반환배제를 승인한 기본법 제143조 제3항은 기본법 제79조 제3항(에 의해 보장된 기본법 제3조 제1항, 제14항의 본질적 내용)을 침해하였다고 할 수 없다.

4. 원상회복의 방법: 반환과 배상

1) 서 언

반환(Rückgabe)이냐, 배상(Entschädigung)이냐? 통일 후 미해결재산문제를 처리함에 있어 통일독일의 고민을 한마디로 표현한 것이다. 여기에 대해 통일독일은 '처음 반환원칙, 나중 반환원칙의 완화(Reduzierung)'라는 해답을 찾았다. 처음 공동성명과 통일조약(EV) 및 재산법(VermG)에서 반환우위의 원칙을 확립하였다면 그 뒤 투자우선법(InVorG)으로 반환원칙을 '조심스럽게' 완화해 나갔다고 할 수 있다. 공동성명에서 재산권침해의 원상회복, 특히 반환원칙이 확립된 후부터 최종 손해배상 및 보상이행법(EALG)이 제정되기까지 실로 수많은 논의가 있었다. 특히 소련점령지역에서의 몰수조치에 관하여는 구소련과의 외교적 관계로 인해 처음부터 반환원칙이 포기되고 보상원칙을 채택하였으나 이에 대해 많은 비판이 제기되었음은 위에서 언급한 바와 같다. 반환원칙이 나중에 투자장애의 문제로 일부 비판을 받긴 하였어도 처음부터 다수의 지지를 받았다. 비록 재산법의 '정당한 취득' 혹은 투자우선법의 '특별투자목적' 등으로 많은 예외가 허용되었지만 반환원칙은 높은 지지를 받았다. 반환원칙에 대한 지지율이 높았던 이유는 이미 언급한 바와 같이 반환이 배상보다 법치국가원리에 너 잘 부합된다는 법인식과 통일 후 독일연방정부의 재정능력에 대한 부담과 무관하지 않다. 그러나 반환원칙의 세부적인 실행국면에서는 여러 가지 부정적 효과도 나타났다.

2) 정의의 충돌

소련점령군 및 동독정권의 재산몰수문제를 통독 후 어떻게 해결할 것인가 하는 문제는 여러가지 측면에서 정의의 요청(Gerichtigkeitsgeboten)이 가장 첨예하게 충돌하는 분야이다. 신주지역의 주민은 당연히 기존권리의 승인에 관심이 있었고 반면에 대부분이 서독주민 또는 동독탈출자인 재산권침해의 피해자는 당연히 자신의 종전권리를 되찾는 데에 관심이 있었다. 이를 대변하여 서독 내에서는 보수기반의 연립정부(CDU · CSU/FDP)가 원물반환에 의한 재산권침해의 원상회복을 지지한 반면 진보기반의 야당(SPD)은 기존 권리관계의 승인을 전제로 재산권침해의 피해자에 대한 배상(보상)원칙을 지지하였다. 여기에 동독지역의 경제적 부흥과 이로 인한 동 · 서독간 삶의 균형을 급속히 실현하기 위해서는 많은 투자가 절실히 요청되었는데 이는 곧 소유관계의 조기해결을 전제로 하는 문제였다. 또한 소련군점령기(1945~49년)에 이루어진 재산권몰수에 대하여는 통일을 달성하기 위하여 외교적으로 고려하지 않으면 안 될 문제가 있었다. 그밖에도 농지개혁에 의한 토지수용은 신경작인 또는 이주경작인의 이익을 위해 다루어져야 할 부분이 있었고, 원물반환의 대안으로서 손해배상은 통일로 인한 비용부담과 함께 국가의 재정적 능력을 고려하지 않을 수 없었다.

이런 수많은 논의 속에 주장된 여러가지의 정의의 요청 중 통일조약의 입법자가 법정책적으로 선택한 결론은 소련군점령기(1945~49년)에서의 몰수는 보상을 원칙으로 하고, 동독(1949~90년)의 몰수 중 반법치국가적 재산권침해에 대하여는 종전소유자 또는 그 권리승계인에게 원물을 반환하는 것을 원칙으로 삼되 예외적으로 현재권리자가 정당한 방법으로 권리를 취득하였을 때 또는 투자우선의 특별목적이 있는 때는 원물반환 대신 손해배상을 인정한다는 것이 되었다.

3) 원상회복의 근거

(i) 통일독일의 의무　소련점령군 및 동독정권의 재산권몰수에 의해 인민소유로 귀속된 재산가치에 대하여는 어차피 통독 후 사적소유권으로 재편·분배해야 하는 문제이고, 신주지역에서 적극적 투자를 유치하여 경제적 부흥을 꾀하는 것이 시급한 국가적 과제였다. 그럼에도 불구하고 통일독일의 입법자는 왜 굳이 기존의 권리관계를 승인하는 태도를 취하지 않고 반환이든 배상이든 국가경제적 부담이 수반되는 원상회복을 법정책적 결단으로 지지하였는지는 천착을 요한다. 다시 말해 동독지역의 과거불법에 대해 통일독일의 입법자는 배상이든 반환이든 굳이 원상회복의 의무가 있었는가, 만약 있었다면 그 근거는 무엇인가? 이는 또 다른 일련의 불법청산법과 동일선상에서 제기되는 의문이기도 하다.

제2차 대전 후 연합군 측의 전쟁보상과 관련하여 일찍이 유사한 문제가 제기된 적이 있었는데 독일연방헌법재판소는 이에 대해 패망한 독일제국의 불법행위에 관해 서독은 국제법적으로든 국내법적으로든 원상회복의 의무가 없다는 결론을 내린 바 있다. 그 연장선상에서 통독 후 미해결재산문제에 관하여도 독일연방헌법재판소는 독일기본법의 효력범위 외에서 이루어진 다른 고권행위에 의한 재산권침해는 독일이 책임질 수 없다고 판시하였다.[13] 이는 소급하여 독일기본법(특히 제14조)을 적용함으로써 원상회복을 위해 통일독일의 입법자를 구속할 수 없다는 뜻이다. 그러나 다른 가치질서에 기해 형성된 정치체제로부터 그 국가권력을 인수함에 있어 기본법의 구속을 받는 입법자는 사회법치국가원리[14]의 기준에 의해 승인될 수 없는 과거불법은 원상회복의 방법으로 이를 조정할 의무가 있을 수 있다고 하였다. 물론 연방헌법재판소의 위 판단은 1945~49년 소련점령지역에서의 재산권몰수에 대해 두고 한 것이지만 그 논리는 1949~90년 동독에서의 재산권몰수에 대하여도 마찬가지로 유효하다.

(ii) 사회적 법치국가원리　그렇다면 독일기본법상의 사회법치국가원리는 왜 소급하여 다른 고권행위에 대한 판단의 준거로 작용할 수 있는지에 대한 의문이 곧이어 제기되지 않을 수 없다. 다시 말해 기본법의 불소급을 이유로 독일기본법의 개별조항(제3조, 제14조 등)이 원상회복의 근거가 될 수 없다고 하면서 사회법치국가원리는 어찌하여 그 근거가 될 수 있는가 하는 의문이 든다. 이는 법률실증주의(Gesetzespositivismus)에 의하면 도저히 풀릴

---

13) BVerfGE 84, 90.

14) 독일 기본법 제20조 제1항.

수 없고, 사회법치국가원리를 초법률적인 일반적 정의원리로 받아들일 때에만 이해될 수 있다. 초법률적 규범[15]은 입법자를 특정내용으로 구속할 수는 없어도 적어도 어떤 법률이 여기에 위반할 때는 규범으로서의 효력을 부인하고 그 적용을 거부하도록 명령하는 효력은 있다는 관념이다.

초법률적 규범이 실정법률을 구속한다는 사고는 나치불법을 경험한 직후 자연법사상이 부활하면서 논의된 초실증적 법(überpositives Recht), 정당한 법(richiges Recht)의 관념에서부터 출발한다. 칸트의 이원주의(Dualismus)에 입각하여 켈젠이 순수법학(Reine Rechtslehre)을 제창한 이래 지금까지도 법의 형이상학(Metaphysik des Rechts)에 대한 회의가 불식되지 않고 있다. 회의론자들은 법철학에서 법의 형이상학에 관한 부분을 따로 떼어내어 법정책학, 정치학, 윤리학 등에 이를 떠넘기고 법철학을 순수 법이론에 국한시키고자 한다. 그러나 독일에 있어 법사상의 중심은 정당한 법만이 법의 개념에 포함된다는 기본전제 아래 사회인류학(Sozialanthropologie)과 법 형이상학의 현대적 주조(moderne Legierungen)라는 관점에서 여전히 정당한 법에 대한 모색이 계속되고 있다. 그 중 하나가 독일기본법 제79조 제3항에 실정화된 기본권조항(기본법 제1조 이하)과 국가조직의 원리에 관한 조항(제20조 이하)은 실증적인 일반적 정의원리라는 것이다. 마르틴 크릴레는 근대 이후 국가현상의 역사적 발전과정을 더듬어보면 민주적 헌정국가(der demokratische Verfassungsstaat)는 평화·자유·정의를 존립의 정당성으로 하고 있다고 주장하였는데, 이는 곧 사회법치국가원리의 이념과 그대로 일치한다고 하겠다.

독일통일의 정치적 결단 후 곧 다음 문제로 제기된 것이 법적 통합인 바, 서독법의 확대적용과 그로 인한 법적 불안정성을 제거하기 위해서는 경과법률의 제정이 불가피하였다. 그런데 경과법률을 제정함에 있어서는 필연적으로 동독의 기존법률 및 권리관계를 어떻게 다룰 것인지가 문제되었다. 이에 대하여는 승인(Festschreibung)할 것인가, 아니면 수정(Korrektur)할 것인가 하는 법정책적 결단이 필요하다. 통일독일은 인민소유재산의 재편과 함께 반법치국가적 재산권침해의 원상회복을 정책목표로 선택하였다. 여기에는 사회법치국가적 기반이 전혀 없는 동독에 사회법치국가원리를 이식(Implementation)함에 있어서는 서독법을 확대적용하는 것만으로는 부족하고 반법치국가적 과거불법은 반드시 청산(Abwicklung)되어야 한다는 기본사고가 작용하고 있었다. 다시 말해 기본법에 명시적 근거는 없더라도 일반적 헌법원리로서 사회법치국가원리에 근거하여 요구되는 원상회복의 의무로부터 통일독일의 입법자는 결코 자유스러울 수 없다는 법사상이 원상회복의 결단을 지배하였다.

15) '초법률적'이라함은 법률에 내재하는 기본원리 또는 법률에 상위하는 실정규범을 의미하며, 법률은 물론 도덕·관습·질서·체계 등의 모든 실정규범을 초월하는 의미의 '초실증적'이라는 개념과 구별을 요한다.

4) 원물반환의 법치국가성

원상회복의 근거가 사회법치국가원리의 요구에 있었다는 점이 해명되었다고 하더라도 다음과 같은 의문은 남는다. 즉 소련점령지역에서의 재산권침해에 대하여는 보상원칙을 채택하면서 동독에서의 재산권침해에 대한 원물반환우위의 원칙을 채택한 근거는 무엇인가 하는 점이다. 사회법치국가원리에 입각하여 동독의 재산권침해에 대해 원상회복을 명한다고 할 때 그 방법은 소급효가 없는 독일기본법(특히 제14조)에 의할 수 없고, 일반적 법원리로서 자의금지 또는 법치국가적 소유질서의 기본조건을 무시하지 않는 한 입법자에게 광범위한 형성의 자유가 인정된다는 것이다.[16] 그렇다면 반법치국가적 재산권침해에 대한 원상회복이 사회법치국가원리(기본법 제20조 제1항)에 근거하여 정의의 요구에 부합된다고 하더라도 반환 그것도 원물반환(Naturalrestitution)에 의한 원상회복을 채택해야 하는 당위는 성립하지 않는다. 반환우위원칙은 애초 정부여당과 야당뿐만 아니라 연방장관들 사이에서도 첨예한 의견대립이 있었고 그 원칙이 확립된 이후로도 투자장애의 문제와 관련하여 반환원칙이냐 보상원칙이냐 중에서 어느 방안이 옳은가를 두고 끊임없는 격론이 있었다.

반환원칙의 치명적 단점은 두 가지로 요약될 수 있다. 하나는 법적 안정성이 크게 흔들린다는 점이다. 동독은 미해결재산문제의 협의과정에서 이 문제를 제기했다. 기원전 251년 이미 키케로(Cicero)는 한 독재자로부터 해방된 어떤 나라(Sikyon)의 재산권을 원상회복하는 문제에 관해 보고하면서, 여기서 평화를 위해 모두가 만족할 수 있는 정의로서 손해배상이 선택되었다는 점을 언급한 바 있다. 또 하나는 소유관계를 조기에 해결할 수 없어 투자장애의 가장 큰 걸림돌이 된다는 점이다. 따라서 통일조약으로 반환원칙이 법률화되자마자 이후 줄곧 투자활성화를 위한 반환제한의 입법이 이어졌다.

위의 2가지 치명적 약점에도 불구하고 연방정부가 원물반환원칙을 고수한 이유는 대의(大義)적 측면과 경제적 측면으로 나눠볼 수 있다. 우선 대의적 측면은 '제2차 재산법 개정법률'의 제정과 관련하여 투자우선의 문제가 뜨겁게 논의될 즈음 공동성명의 협상을 담당하였던 전 연방법무장관 클라우스 킹켈(K. Kinkel)의 "우리는 할 수만 있다면 손해에 대한 반환 우위의 원칙을 고수해야 한다. 그렇지 않으면 우리는 정치적으로 그리고 무엇보다도 법적으로 매우 난처한 상황에 처하게 될 것이다. 반환원칙이야말로 우리 기본법의 가치질서에 가장 부합한다고 생각한다." 라는 말에서 찾을 수 있다. 다시 말해 원물반환이 사회법치국가원리에 가장 가깝다는 사고이다. 이러한 사고는 반환원칙이 후에 투자우선원칙에 의해 광범위한 예외가 인정되자 제기된 반환론자의 비판에서도 발견된다. 반환원칙은 이미 재산법에서 정당한 취득에 대한 예외가 인정되었고 그 뒤 입법에 의해 투자우선을 위한 광범위한 예외

---

16) BVerfGE 84, 90.

가 추가로 인정됨으로써 사실상 형해화되었고 반환에 대한 보상우위가 원칙으로 확립되었다고 할 수 있는데 반환론적인 시각에서 이는 법치국가의 포기라는 비난이 쏟아졌다. 다음 경제적 측면으로는 연방정부의 재정부담을 지적할 수 있다. 미해결재산문제의 협상과정에서 연방정부는 과거 나치불법의 청산과 관련하여 부담조정법(LAG)의 금전배상이 연방정부의 재정적 부담이 되었다는 역사적 경험에서 동독 SED의 불법청산과 관련해서는 원물반환의 원칙을 고수하였던 것이다.

5. 투자우위의 원칙의 근거

공동성명에는 미해결재산문제에 관해 반환원칙만을 천명하였을 뿐이고 투자우선에 관하여는 아무런 고려도 하지 않았다. 그러나 통일조약의 협의과정에서 폭주한 반환신청, 그로 인한 처분제한의 장기화가 동독지역의 투자활성화에 걸림돌이 되고 있음을 인식한 양독 정부는 통일조약 제41조 제2항에서 투자우위에 의한 반환원칙의 예외를 인정하고 있다. 이는 제1항에 의해 통일조약의 내용으로 된 공동성명 제3항이 천명하는 반환원칙의 예외를 인정한 것이다. 투자우선법은 재산법상의 반환대상인 부동산 또는 기업에 대해 특정한 투자목적을 위한 투자우선결정을 함으로써 재산법 제3조 제3항 소정의 처분제한의 법률적 장애를 없애고 처분권자로 하여금 이의 매각 또는 지상권·지역권 설정 등 신속한 투자행위를 가능하게 하여 동독지역에서의 투자활성화에 의한 경제적 부흥을 이루고자 하는데 그 목적이 있는바, 이에 의해 종전소유자의 반환이익에 앞서 투자자의 이익이 우선하는 이른바 반환에 대한 투자우위의 원칙이 확립된 것이다.

재산법이 통일조약으로 승인된 공동성명의 반환원칙을 구체화한 법률이라면, 연방투자법은 통일조약에서 최초로 인정된 투자우위의 원칙을 구체화한 법률이다. 그 내용은 투자담당자에게 영업소 또는 서비스기업의 설립에 의한 고용의 보장 또는 창출, 주민들의 주택수요에 부응, 이들에 필요한 사회간접투자 등의 투자목적이 하나 이상 인정되고 이를 위해 처분권자의 토지 및 건물의 매각이 '긴급하고도 적합한' 때는 투자담당자가 투자행위를 구체적으로 실현할 수 있는 기술적·재정적 능력을 보증한 경우에 한해 처분권자의 신청으로 관할 행정기관은 투자증명서를 교부하였다.

투자우선과 관련된 법적 규율의 산재, 그 후 지적된 법조문의 미비, 반환이냐 보상이냐의 끊임없는 논쟁 등이 투자촉진을 위한 새로운 입법의 필요성을 불러왔다. 제2차 재산법개정법률(2.VermRAndG)은 그 결과 제정된 법률이다. 모두 15편으로 이루어졌는데 이에 의해 미해결재산문제와 관련된 여러 법률이 개정되었다. 그 중 하나가 새로 제정된 「투자우선법」인데 이로써 기존의 재산법과 연방투자법의 투자관련 조항은 모두 폐지되고 단일법률로 통합되었다.

이러한 반환원칙의 예외가 인정되고 투자우위의 원칙이 확립된 헌법적 배경에는 공동성명에서도 천명되었듯이 재산법상의 문제에 관해 서로 다른 이익을 사회계약적으로 조정한다는 사회적 법치국가의 기본이념이 작용하고 있다고 하겠다. 이러한 이념을 바탕으로 구소련 또는 동독정부의 재산권침해로 인해 재산가치를 상실했던 종전소유자 또는 그 권리승계인의 이익(반환이익),[17] 기존의 권리관계를 다시 변경함으로써 새로운 피해를 입을 수도 있는 현재 소유자의 이익(현상 보호이익),[18] 통일 후 동독지역의 경제적 부흥에 대한 투자자 및 일반공중의 이익(공공이익)[19] 등이 조정될 수 있었던 것이다. 그리고 서독지역에 비하여 동독지역의 사회경제적 여건이 지나치게 열악한 데에서 초래되는 양 지역 주민들의 불평등과 인간다운 삶의 권리도 작용하였다고 판단된다.

6. 손해배상액과 재원조달문제

(1) 서 언

통일독일은 원물반환 대신에 재산권침해로 인한 손해를 배상할 경우에 그 손해액을 재산가치의 시가(Verkehrtwert)에 의하지 않고 1990년 10월 3일 당시의 이른바 의제시가(fiktiver Verkehrtwert)에 의하여 정하고 있는데 의제시가는 1935년도 과세표준액(Einheitswert)을 기초로 재산가치의 유형에 따라 일정배율을 곱하여 산출한다. 이러한 의제시가를 평가기초액(Bemessungsgrundlagen)이라 한다. 10,000 마르크 이상의 평가기초액은 여기서 다시 일정비율(최저 30%에서 최고 95%까지)이 감축(Degression)된다. 위와 같이 정해진 손해액은 현금으로 즉시 배상되지 않고 2004년까지 무이자인 양도가능한 채권증서로 교부된다. 채권증서는 2004년부터 5년간 매년 추첨에 의해 균등으로 배상기금에서 상환된다.

그런데 위와 같은 내용의 「손해배상법」이 제정되기까지는 입법과정서부터 격렬한 논쟁이 있었다. 이는 주로 손해(보상)액의 범위와 재원마련의 방안에 관한 것이었다. 서독의 기본법 제14조에 의하면 수용에 따른 배상은 침해당시 거래가격에 기한 시가배상을 의미하는데 소련점령군과 동독정권의 재산권침해로 인한 배상(또는 보상)에 있어서도 이러한 시가배상을 해야 하는지, 그리고 배상권리자를 위한 재원마련을 위해 반환권리자로부터 일정금액을 징수할 수 있는지가 연방정부의 재정능력을 고려하여 집중적으로 문제되었다.

연방정부의 법안은 손해액의 범위에 관하여 시가배상을 배제하고 현재의 법률과 같이 1990년 10월 3일 당시의 의제시가에 기초한 배상, 보다 구체적으로는 1935년도 과세표준액을 기초로 일정배율(1 내지 3배)을 곱하여 산출된 금액을 손해액의 평가기초액으로 삼고 있

17) 기본법 제14조의 소유권 보장, 제20조의 사회적 법치국가원리에 근거함.
18) 법치국가의 신뢰보호원칙과 기본법 제14조의 소유권 보장에 근거함.
19) 기본법 제72조 제2항 및 제106조 제3항 제4문 제2호의 균등한 삶의 조건형성, 제109조 제2항의 경제적 균형에 근거함.

었고, 배상의 재원마련에 관하여는 소위 연방의 재정중립원칙에 입각하여 재산법에 의해 종전권리를 회복하는 반환권리자로부터 이른바 재산부담금을 징수하여 배상기금의 재원으로 사용하는 「재산부담금징수법(Vermögens-abgabegesetz)」(제3장)을 마련하였다.

(2) 평등의 원칙과 가치균형

연방정부는 SED 불법청산은 사회법치국가원리에 입각하여 요구되는 사명이므로 재산권 침해로 인한 손해배상에 있어서도 독일기본법 제14조 소정의 시가배상이 아니라 상당한(angemessen) 배상이면 충분하다는 입장에서 과거 「부담조정법(LAG)」을 입법의 모델로 하였다. 연방정부가 법안 작성에 있어 기초한 논거는 1991년 4월 23일 독일연방헌법재판소의 판결[20]에서 찾을 수 있다. 이 판결의 요지는 다음과 같다.

1) 손해배상액(또는 보상이행금)의 범위를 정하는 데 있어 독일기본법 제14조는 준거가 될 수 없다. 기본법은 그 기본법에 의해 조직된 국가권력만을 구속한다. 따라서 입법자는 만약 다른 국가권력에 의해 자행된 불법에 대한 원상회복의 문제라면 보다 광범위한 형성의 자유를 갖는다. 이 때는 독일기본법 제20조 제1항의 사회법치국가원리만이 준거가 될 수 있을 뿐이다. 따라서 손해보상법의 배상은 반드시 기본법 제14조 제3항 소정의 시가배상을 의미하지 않고, 여기서는 다른 국가과제, 다른 법익침해자들과의 균형, 국가적 재정능력 등을 고려하여 결정해야 한다.

2) 입법자가 원상회복의 법률을 제정함에 있어 또 하나 고려해야 할 요소는 기본법 제3조 제1항 소정의 평등원칙이다. 여기서는 배상권리자와 보상권리자의 균형 뿐만 아니라 반환권리자와 배상권리자 사이에 가치균형(Wertschere)도 이루어져야 한다. 그런데 국가의 재정능력과 다른 국가과제를 고려하여 배상권리자에게 만족할 만한 충분한 배상, 즉 반환권리자가 갖는 만큼의 시가배상을 할 수 없다면 반환권리자와의 가치균형은 다른 방도로 강구되어져야 한다. 이는 곧 반환권리자로부터 반환목적물의 재산가치 중 일정분을 징수하여 배상권리자에게 배상금으로 지급하는 방안이다. 반환권리자에 대한 재산부담금징수법의 정당한 논거를 여기에서 찾을 수 있다.

(3) 가치의 불균형

그러나 연방하원의 제1차 법안심의과정에서부터 재산부담금의 도입과 관련된 소위 「재산부담금징수법안」은 위헌의 소지가 있다는 지적 즉, 피해자에 대한 손해배상은 피해자의 특별부담으로 할 것이 아니라 전체의 부담으로 해야 한다는 이유로 제1차 수정안(볼 수정안)에서 벌써 폐기되었다. 또 재산부담금징수법안의 폐기로 인해 벌어진 배상권리자와 반환권리자 사이의 가치균형을 줄이기 위해 손해배상법은 과세표준액의 일정배율을 1~20배까지로 연방정

20) BVerfGE 84, 90.

부안보다 상향조정하고 있으나 감축 역시 강화되어 효과는 그렇게 크지 않다.

「손해배상법」은 제정 직후에도 손해액의 범위와 관련하여 격렬한 비난이 그치지 않았다. 특히 반환권리자와의 사이에 가치균형이 문제점으로 지적되었다. 손해배상이 시가배상이 아닌 의제거래가격에 기초한 데에 그치지 않고 소위 감축까지 행함으로써 배상액이 평균 거래가격의 25% 정도에 불과하다는 점에서 반환권리자와의 사이에 가치균형이 이루어지지 않고 있다는 것이다. 또한 배상권리자는 투자우선으로 반환이 불능인 권리자에게 시가에 준하는 매각대금의 반환청구권이 인정되는 것과 비교해도 불이익하게 취급받고 있으므로 평등의 원칙에 반한다는 것이다(투자우선법 제16조). 여기에 재산법 제8조가 권리자에게 반환청구에 갈음하여 손해배상을 청구할 수 있는 선택권을 부여한 취지에 비추어 보면 손해배상은 반환청구에 의한 권리회복의 경우와 동일하게 시가배상에 의해야 한다는 비판이 있다. 손해배상법은 이런 이유로 해서 지금까지도 '철저한 헌법위반'이라는 혹평과 함께 손해액이 '뜨거운 돌에 떨어진 물방울(Tropfen auf den heissen Stein)'로 비유되는 등 비난이 가시지 않았다.

Ⅴ. 통일한국의 몰수재산 처리

1. 독일과 한국의 공통점

독일과 한국은 외세에 의한 민족분단국가로서 하나의 민족이 자본주의와 사회주의라는 서로 다른 이념과 체제를 갖추고 상호 대립하였다는 점에서 가장 큰 공통점이 있다고 하겠다. 따라서 민족통일은 체제의 전환과 통합을 전제로 하고 있다.

통일독일이 자본주의적 시장경제체제로 통합되면서 이와 달리 공산주의와 계획경제체제를 가진 동독은 체제전환이 불가피하였다. 따라서 동독의 사회주의식 소유제도는 재편되지 않을 수 없었고, 개별재산에 대한 권리관계도 조정되어야 했다.

통일한국이 대한민국의 이념과 체제를 중심으로 통일이 이루어진다면 북한의 사회주의식 계획경제체제는 자본주의식 시장경제체제로 전환되어야 한다. 그 결과 북한의 소유제도는 제도적으로 재편되어야 하며 개별적 권리관계도 이에 맞게 조정되어야 한다.

2. 독일과 한국의 차이점

독일과 한국이 처한 통일에 관한 국제적 그리고 국내적 토대는 서로 상이하다.

(1) 국제적 토대

독일과 달리 한국은 패전국이 아니다. 독일은 제2차 세계대전의 패전국으로 미·영·프·소의 점령통치를 받았다. 국제법적으로 전승 4대국은 독일에 대하여 점령고권을 보유하고 독일의 주권은 이러한 점령고권에 의해 제한을 받았다. 따라서 독일은 전승 4대국의 협력없이는 통일을 이루어 낼 수 없었다. 이러한 주권의 제약이 있었으므로 통일은 물론 통일 후 몰수재산을 처리함에 있어서 전승 4대국 특히 소련의 입장을 반영하지 않을 수 없었던 것이다. 통일독일이 소련이 1945년부터 1949년까지 점령고권에 의하여 단행한 토지개혁조치에 따른 몰수재산에 대하여 원물반환의 예외를 허용하지 않을 수 없었던 것도 바로 이러한 이유 때문이었다.

그러나 한국은 패전국 일본의 식민통치를 받던 중 전승국의 도움으로 국권이 회복된 신생 독립국가이다. 소련과 미국이 북위 38도선을 기준으로 한반도를 분할하여 신탁통치를 하였지만 그것은 전승 4대국이 점령고권에 의해 동서독을 분할하여 통치한 것과는 명백한 차이가 있다. 세계대전 직후에 한반도에서 일시적으로 행하여진 소련과 미국의 군정은 패전국 일본에 강점당한 한국의 독립을 위한 것으로 전승국의 패전국에 대한 점령고권에 따른 통치가 아니다. 따라서 소련이 북한에 대한 신탁통치기간 중에 단행하였던 토지개혁의 법적 효력을 소련이 동독지역에서 단행하였던 토지개혁과 같은 것으로 보기 어렵다. 왜냐하면 한국은 독일과 달리 패전국이 아니므로 소련이 북한지역에서 단행한 토지몰수조치는 국제법적 점령권한의 한계를 초월한 것이다. 이러한 차이점은 향후 통일한국이 북한지역에서 소련의 지도하에 1946년도에 단행되었던 토지개혁에 따른 몰수토지의 원상회복을 위해 국제법적으로 중요하게 고려해야 할 차이점이다.

(2) 국내적 토대

독일의 민족적 특성으로 인하여 동독은 패전 후 분단과정에서 이루어진 재산몰수에 관한 각종 자료를 고스란히 보존하여 왔다. 특히 동독지역에 대한 토지공부는 사회주의에 따른 소유제도 개편이 이루어진 뒤에도 훼손되지 않고 원래의 권리관계를 확인할 수 있도록 보존되어 왔다. 그래서 통일 후 몰수재산에 대한 원소유자를 확정하는 데에 큰 어려움이 없었고, 이러한 사정은 개별재산에 대한 권리관계를 비교적 신속하게 확정짓는 데 크게 기여하였다.

하지만 북한은 사회주의를 위한 제도적 기반으로 토지개혁 등에 따른 재산몰수 후 등기부는 물론 지적도와 같은 토지공부를 모두 소각한 것으로 알려지고 있다. 따라서 통일이 되어도 북한지역에 대한 과거의 권리관계를 확인할 방법이 없다고 한다.[21] 남한지역에서 거래되고 있는 북한지역의 땅문서 즉 권리증은 등기부나 지적도가 소멸한 상태에서는 북한지역에 대한 권리관계를 확정하는 데에 한계가 있다. 따라서 통일 후 몰수재산을 처리함에 있어 기본적 전제가 될 원래의 권리관계가 확정되지 않아 개별재산의 원상회복에는 중대한 어려움이 초래될 것으로 예상된다.

---

21) 일본이 패주하면서 북한지역의 지적공부 일체를 사본해서 가져갔다는 주장이 있지만 이러한 주장이 사실이라고 하더라도 식민통치의 당사국이었던 일본이 생산한 문서는 일제의 잔재라는 평가를 피할 수 없을 것인바, 이를 몰수재산 처리과정에서 적절하게 활용할 수 있을지는 의문이다.

3. 법적 문제점

몰수재산의 처리문제는 결국 체제불법 청산이라는 대의 속에서 진행될 통일과제의 하나로서 통일한국의 기본적 통치이념인 인간의 존엄성과 법치국가원리에 기초해야 한다. 따라서 북한정권이 사회주의의 제도적 기반을 구축하기 위하여 단행하였던 재산몰수조치의 불법성을 규명하고, 이를 청산하는 차원에서 준수되어야 할 헌법적 원칙을 분명하게 제시하는 일이 통일과정에서 요구되는 법학자들의 역할이다. 이러한 관점에서 살펴본다면 북한지역의 몰수재산에 대한 법적 문제들은 사회주의식 소유제도의 형성과정과 개별재산에 대한 권리회복이라는 두 가지 측면에서 조명되어야 한다고 생각된다.

(1) 몰수조치의 법적 효력

소련의 꼭두각시에 불과했던 북조선임시인민위원회는 북한의 공산화과정에서 토지개혁을 최우선 과제로 삼고 토지를 무상으로 물수하여 국유화시켰다. 북조선임시인민위원회는 1946년 3월 5일 토지개혁을 단행하였지만 이는 소련이 북한지역에 사회주의를 실현하기 위한 치밀하게 준비한 각본에 의한 것이었다. 전승국 소련이 패전국이 아닌 북한지역에 이러한 조치를 단행한 것은 점령권의 한계를 일탈한 국제법위반이라는 평가가 가능할 것이다.[22)]

그러나 소련의 주도하에 단행된 재산몰수 조치가 국제법위반이라고 평가하더라도 1948년 9월 8일 수립된 북한정권이 이를 수용하고 북한헌법으로 사회주의식 소유제도를 승인한 이상 소련 점령권의 한계를 이유로 그 효력을 문제삼는 것는 무의미하다고 하겠다. 물론 북한의 국가성을 부인하는 입장이라면 1948년 7월 17일 제정된 대한민국 헌법 제3조 영토조항에 의해 이미 불법단체라는 평가가 가능한 북한당국의 재산몰수조치는 헌법 제23조 재산권보장 규정에 위반한 무효라고 할 수 있다.

그렇지만 UN동시가입으로 국제관계에서 북한을 국제법적 주체로 승인한 바 있고, 내부관계에서도 북한을 교류협력의 상대방으로 용인하고 있는 이상 북한을 획일적으로 불법단체라고 평가하는 것은 무리이다. 이러한 입장에서 북한의 토지몰수를 주권국가의 고권적 국가행위이므로 그 유효성을 긍정하지 않을 수 없다는 주장도 가능하다. 나아가서 남북한이 대등한 당사자로서 하나의 국가로 통합될 경우 이에 관한 국제법규상으로도 북한의 토지몰수조치의 효력을 부정할 수 없다는 견해도 있다.[23)]

그러나 북한의 재산몰수조치의 효력은 북한의 국가성이나 통일방식에 따라 달리 볼 문제가 아니라 통일한국이 추구하게 될 기본적 이념과 원리에 따라 판단할 문제라고 보아야 할

---

22) 헤이그육전법규 제46조는 점령국은 피점령국 국민의 사유재산을 박탈할 수 없다고 규정하고 있다.
23) 이러한 견해는 1978년 국가승계에 관한 비엔나협약과 1983년 국가재산·국가문서·국가부채에 있어서 국가승계에 관한 비엔나협약 등을 근거로 제시한다.

것이다. 통일한국이 인간의 존엄성과 법치국가원리를 추구하게 될 것이면 북한의 몰수조치도 이를 기준으로 평가되어야 한다. 북한의 재산몰수는 사회주의체제의 확립을 위하여 최소한의 보상도 없이 단행되었다. 재산권 보장은 자기실현의 수단으로서 자유로운 인격의 형성의 물적 기초를 이룬다. 따라서 아무런 보상도 없이 이루진 재산몰수조치는 그 주체가 누구이든 인간존엄성을 해치는 반법칙국가적 행위의 전형으로서 국가 수립전부터 유효한 법원칙에도 위반되는 행위이다.[24] 이러한 의미에서 북한의 무상몰수는 그 국가성의 유무나 통일방식에 상관없이 무효라는 평가를 피할 수 없다고 하겠다.

(2) 원상회복의 근거

북한의 토지몰수조치가 무효라고 하면 원소유자는 그 소유권에 기하여 토지반환을 요구할 수 있는 유리한 법적 지위를 확보하게 된다. 하지만 통일한국이 이를 반환해줄 원상회복 책임을 승계하느냐는 별개의 문제이다. 만일 북한의 국가성을 인정한다면 북한이 주권국가로서 단행한 고권적 국가행위의 효력을 함부로 부인할 수 없다고 할 것이므로 통일한국은 이를 승계한다고 볼 수 없을 것이다. 그러나 북한의 국가성을 부인한다고 하더라도 대한민국의 통치권이 전혀 미칠 수 없었던 시기나 지역에서 단행된 북한 당국의 불법행위에 대한 책임을 통일한국이 당연히 승계한다고 볼 수는 없기 때문이다.

그렇다면 북한의 몰수재산에 대한 원상회복의 여부는 물론 그 대상·방법·범위 등에 대하여 통일한국의 입법자에게 광범위한 형성의 자유가 보장된다고 하겠다. 그리고 원상회복의 근거도 헌법상의 재산권 보장규정이 아니라 사회적 약자에 대한 배려의무를 전제로 하는 사회적 법치국가원리에서 구해야 할 것이다. 따라서 통일한국은 몰수토지를 둘러싸고 이해가 상충하는 원래의 소유자·현재의 이용권자·미래의 투자자의 이익을 사회적으로 조정하는 차원에서 해결방안이 모색되어져야 할 것이다. 따라서 원상회복의 방법이 반드시 원물반환의 방식으로 이루어져 한다는 논리는 성립할 수 없으며 배상이나 보상의 방식으로도 가능하다고 하겠다.

(3) 분단불법론

북한의 토지몰수조치가 전국가적 법원리로서 인간의 존엄성과 이를 기본가치로 존중하는 법치국가원리에 반하는 무효라는 점은 앞서 지적한 바이다. 그러나 북한당국이 몰수한 모든 토지를 반환할 것인지에 대하여는 이론이 있을 수 있다. 실제로 통일독일에서도 동서독 분단으로 인하여 발생한 재산권 침해만을 원상회복시키고 분단과 상관없는 재산권 침해는 그 대상에서 제외시켜야 된다는 주장 즉 분단불법론이 제기되었다.

24) 전국가적 법원칙에 대하여는 Christian Starck의 '법치국가와 전법치국가적 과거의 극복'(김효전 역, 동아법학 제18호, 175-212면) 참조.

이러한 주장은 통일한국에서도 제기될 가능성을 배제하기 어렵다. 가령 북한의 불법적인 재산권 침해의 여러 가지 유형 중에서 분단과 직접 상관이 없는 재산권침해는 보호대상에서 제외하자는 주장이 바로 그러하다. 이러한 주장에 따르면 분단으로 인하여 북한지역을 떠났거나 북한지역에 거주하지 않았던 사람들이 소유하였던 재산에 대해서만 원상회복을 인정하고, 북한지역에 계속 거주하며 북한정권의 통치를 받았던 북한주민의 재산몰수는 남북분단을 직접적 원인으로 하여 발생한 재산권 침해가 아니므로 원상회복의 대상에서 제외되어야 한다는 것이다.

그러나 통일독일에서도 그러하였듯이 통일한국에서도 북한정권에 의해 이루어진 재산권 침해는 불법청산 차원에서 그 원인을 가리지 말고 구제되어야 할 것이다. 따라서 통일한국에서도 기본적 헌법원리로 작용하게 될 법치국가원리에 위반되는 재산권 침해는 남북분단을 직접적인 원인으로 하지 않는 재산권 침해에 대해서도 원상회복이 이루어져야 할 것이다.

한편, 일제 강점기에 일본인 또는 친일반민족행위자들이 축재한 재산에 대하여는 남북한 공히 몰수의 대상으로 삼았다는 점에서 원상회복의 대상이 되지 않는다고 하겠다. 또한 남한에서도 3정보 이상의 토지를 소유한 지주에게는 농지개혁법에 의해 유상몰수가 이루어졌으므로 북한에서도 동법에 의하여 몰수의 대상이 되었을 토지에 대하여는 원상회복을 허용해서는 안 된다는 주장도 있다.[25]

(4) 원물반환과 투자우선의 헌법적 근거

통일한국에서도 북한지역의 재산권 침해에 대한 원상회복의 방법을 어떻게 정할 것인지에 대하여 관련자들의 이해가 첨예하게 대립할 것이므로 반드시 그 헌법적 근거를 명확히 해두어야 할 것이다.

통일독일의 경우에도 사회적 법치국가원리에 입각하여 구동독의 재산권침해에 대해 원상회복을 허용한다고 할 때 그 방법은 소급효가 없는 독일기본법(특히 제14조의 재산권 보장)에 의할 수 없고, 다만 일반적 법원리로서 자의금지 또는 법치국가적 소유질서의 기본조건을 무시하지 않는 한 입법자에게 광범위한 형성의 자유가 인정된다는 것이 연방헌법재판소의 태도였다.[26] 통일독일에서도 원상회복의 방법에 관하여 정치적 기반이 다른 유력 정당간에 격론을 벌이다가 원물반환의 방법을 채택하였으나 이것이 투자장애라는 암초에 부딪히자 투자우위로 전환하는 우여곡절을 겪은 바 있었다. 이렇듯 반환원칙의 예외가 인정되고 투자가 우선하게 된 헌법적 배경에는 공동성명에서도 천명되었듯이 재산법상의 문제에 관해 서로 다

25) 명순구, '통일후 토지소유권의 개편방향: 소유권 회복의 장해', 안암법학 제42호, 2004.4., 187면 이하.

26) BVerfGE 84, 90ff.; BVerfGE 90, S.12ff. 이들 판결을 소개한 국내문헌으로는 신봉기, 통독후 미해결재산권 문제에 관한 독일연방헌법재판소판결, 부산외대 비교법연구소 비교법학 8집, 151면 이하; 윤진수, 동서독통일조약에 관한 독일연방헌법재판소 1991.4.23. 판결, 판례월보 235호, 41면 이하; 전광석, 동서독 통일조약에서의 재산권문제, 한림대학교 논문집 9집, 1991.12., 157-172면.

른 이익을 사회계약적으로 조정한다는 사회적 법치국가의 기본이념이 작용하였다고 할 수 있겠다.

통일한국의 입법자도 재산권침해에 대한 원상회복의 방법을 결정함에 있어서 종전 소유자의 이익(반환이익), 현재 사용자의 이익(현상 보호이익), 장래 투자자의 이익(투자이익) 등을 조정하여 원물반환과 투자우위의 수위를 조절하여 신중하게 결정하여야 할 것이다. 그리고 이를 결정함에 있어 남북 주민의 불평등이 고착화되어 북한지역 주민들이 인간다운 삶을 누리는 데 장애가 되는 상황이 초래되지 않도록 배려되어야 할 것이다.

4. 몰수재산 처리시 고려사항

통일후 북한지역에서의 몰수재산 처리와 관련하여 원소유자의 재산권보장의 문제만을 지나치게 강조할 수는 없다. 물론 재산권은 매우 중요한 기본권 중 하나이지만 재산권도 역시 형량되어야 할 여러 가치들 중 하나일 뿐인 것이다. 따라서 통일후 재산권침해 문제를 처리함에 있어서는 그밖에 다른 중요한 가치들도 함께 존중되어야 한다. 이하에서는 통일후 몰수재산 처리시 고려해야 할 가치들을 살펴보기로 한다.

(1) 북한주민의 생활안정 확보문제

독일통일 후 반환이나 보상을 받게 되는 원소유자와는 달리 주택이나 건물과 토지 등을 빼앗기게 되는 선의의 피해자들에 대한 보호문제도 심각하게 고려하지 않을 수 없었다. 전쟁으로 인해 남하한 피난민이 많았던 점을 감안하면 통일한국에서는 이러한 문제가 더욱 심각할 것으로 보인다. 남북분단 이후 반세기 이상 북한주민의 생활기반이 되어왔던 토지이용권은 기득권으로 당연히 보호되어야 한다. 통일독일도 몰수재산에 대해 반환원칙을 인정하면서도 동독주민들이 갖는 기존의 물권적 이용권을 보호하여 반환에 대한 예외를 인정하였다.

만약 법치주의와 사유재산권 보장을 내세워 원소유자의 권리회복만을 강조하면 남북한 주민간의 분쟁이 심화될 것이고, 이것은 상호 불신과 적대감을 야기하여 민족적 동질성을 회복하고 사회통합을 달성하는데 큰 장애가 될 수 있다. 북한주민의 기득권 보호 내지 북한주민의 생활안정은 통일 이후 남북한 주민간의 상호불신과 적대감 해소를 통한 민족적 동질성 회복의 관건이 될 수 있을 것이다. 따라서 몰수재산의 처리는 통일의 성공여부를 좌우한다고 할 수 있을 만큼 중요한 문제이므로 신중히 처리되어야 할 것이다. 그러한 점에서 통일후 북한지역에 시장경제질서를 도입함에 있어 북한주민의 생존권을 위협하여 새로운 법체계에 대한 강한 반발을 야기하는 극단적 조치는 배제해야 할 것이다.

(2) 북한지역의 개발촉진문제

북한은 그동안 폐쇄적인 사회주의 경제정책을 지속해 온 결과 현재 극심한 경제난에 처해 있다. 사회간접자본시설의 미비, 기술수준의 낙후, 자본부족 등 경제기반이 매우 취약한 상태이다. 따라서 통일 후 남북한의 균형적 발전을 이룩하고 북한주민의 소득수준을 향상시키려면 북한지역에 대한 종합적인 경제개발계획의 수립과 대규모 투자가 절대적으로 필요하다. 북한지역의 원활한 개발을 위하여 공공용지 확보가 필수적이다. 만일 원소유자에게 원물반환의 권리를 예외없이 인정한다면 경제개발과 사회간접자본 형성에 필요한 토지를 확보하기 어렵게 만들고, 따라서 북한지역의 계획적이고 체계적인 균형개발과 경제발전을 저해할 위험성이 커진다고 하겠다.

통일독일의 경우 구동독의 몰수재산을 처리함에 있어 원소유자 반환원칙을 채택하자 동독지역의 1/3에 해당하는 곳에서 소유권 분쟁이 발생하여 동독지역에 대한 투자와 개발에 심각한 장애요인이 되었다고 한다. 이러한 독일의 경험에서 보듯이 북한지역에 대한 투자장애 요인을 제거하기 위해서는 재산권에 대한 분쟁을 사전에 예방하는 방향으로 북한지역의 몰수재산 처리문제가 해결되어야 할 것이다.

(3) 토지투기 방지문제

북한지역의 몰수재산 처리와 관련하여 반드시 고려해야 할 문제는 부동산투기이다. 자유시장경제체제에 익숙하지 못한 북한지역에서 토지 사유화가 추진될 경우 여러 가지 돌이킬 수 없는 부작용이 발생할 것으로 예견된다. 그중 몇 가지 중요한 사항들을 예시하면 다음과 같다.

첫째, 부동산시장의 미비이다. 아직 토지시장이 형성되지 않은 상황에서 토지사유화가 추진되고 토지거래가 활성화된다면 부동산 투기 등의 대혼란을 불러일으킬 수 있고, 그 파급효과가 다시 주거비나 생활비 등에도 미쳐 북한주민들의 생활에 큰 위협으로 작용할 수 있을 것이다.

둘째, 남북한 주민들 사이에 경제력 격차가 크기 때문에 토지구입에 있어서 균등한 기회를 보장할 수 없게 된다. 사유재산이 없는 북한주민들은 토지구입 기회가 없을 것이고 결국 북한토지는 남한주민들에게 집중되게 될 것이기 때문이다.

셋째, 남한주민들의 북한지역에 대한 부동산투기행위의 발호가 예상된다. 남북통일 후 북한지역 개발에 따른 지가상승을 노리고 남한의 투기꾼들이 대거 북한의 부동산을 구입하려 할 것이다. 만일 북한지역에서 부동산 투기현상이 만연된다면 결국 북한주민들은 재산축적의 기회에서 점점 소외되고 남북한 주민들간의 소득격차가 더욱 심화될 것이다. 이러한 현상은 자연히 통일한국의 경제 및 사회통합의 장애요인으로 작용할 것이다. 또한 부동산투기로 인한 지가급등은 투자활동에 지장을 초래할 것이다.

넷째, 공공용지 확보가 어렵게 된다. 만일 북한지역의 모든 토지를 사유화의 대상으로 하게 되면 공공용지로 사용될 지역에 대한 집중적인 투기행위가 이루어질 것이다. 그 결과 북한의 사회간접자본 형성에 필요한 공공용지의 확보에 장애가 초래되고 결국 체계적이고 계획적인 북한지역 개발에 어려움이 예상된다.

(4) 원소유자의 권리보호

북한지역에 토지를 남겨두고 월남한 사람들은 이에 대한 반환이나 이에 갈음하는 보상을 희망하는 것은 당연하다고 할 것이다. 이들은 토지소유권은 소멸시효에 해당되지 않는다는 현행법상의 법리를 근거로 이를 반환받기 위한 소송을 제기할 것이고 사법부는 이에 대하여 어떠한 판결을 해야 할 것인지 예측하기 어렵다. 그리고 원소유자의 권리를 인정할 것인지 여부와 그 방법에 대한 입법자의 결단이 있어야 하겠지만 그 결단에 따른 판결에 불복하는 사람들은 통일한국에 대한 불만을 갖게 될 것이고 이로 인하여 파생되는 복잡한 정치적·사회적 문제는 사회통합에 큰 부담이 되지 않을 수 없을 것이다.

(5) 형평성의 문제

몰수토지문제와 관련하여 주목해야 할 법률로서 「수복지역내 소유자 미복구 토지의 복구등록과 보존등기 등에 관한 특별조치법」이 있다. 이 법은 한국전쟁이 종료된 후 북한치하에서 남한에 수복된 경기도·강원도의 11개 시·군을 대상으로 한다. 이 법은 전쟁으로 지적공부와 등기부가 분실·소실되어 소유관계가 불명확하게 된 토지에 대하여 소유자라고 주장하는 사람은 인우보증을 근거로 소유권 복구등록을 할 수 있도록 규정하였다. 만일 월남자의 북한지역 토지에 대한 원상회복을 허용하지 않는다면 이 법에 따른 복구등록조치와의 형평성을 주장하며 상응하는 조치를 요구할 가능성이 있다. 여기서 복구등록조치는 일종의 원상회복이라 할 수 있는데 이러한 입장의 연장선상에서 월남자의 북한지역 토지에 대해서 반환조치를 취하는 것이 형평에 맞는다는 주장이 가능한 것이다.

「수복지역내 소유자 미복구토지의 복구등록과 보존등기 등에 관한 특별조치법」은 사유재산권을 보장하고 있는 우리 헌법정신을 반영한 것이지만 현재 우리 법체계상 미수복지역으로 간주되고 있는 북한지역의 몰수재산 처리에 그대로 적용되기에는 여러가지 어려움이 예상된다. 그럼에도 불구하고 이 법에 의한 수복지역에 대한 복구등록의 선례는 앞으로 통일이 이루어진 후 북한지역내 몰수토지문제의 해결에 있어서 어떤 방식으로든 영향을 미칠 것으로 예상된다.

31. 외교문제에 대한 사법자제의 원리* - 비교헌법적 고찰

이 근 관**

Ⅰ. 서　　설

한국을 대표하는 헌법학자로서 한국헌법학 발전에 지대한 공헌을 한 성낙인 교수는 통치행위이론에 관해 그의 대표적 저서 『헌법학』(제17판, pp. 734-735)에서 다음과 같이 말하고 있다.

"사법자제설 그 자체는 통치행위의 존립근거로서 일반화될 수 있는 이론이 아니라, 헌법현실 속에서 구체적 사안에 직면하여 당해 사안에 대하여 사법부가 법선언적 판단을 가하는 것보다는 오히려 정치의 영역으로 남겨 두는 것이 타당하다고 판단할 경우에, 이에 관한 사법시사를 자제한다는 의미로 이해할 수 있다. **결국 통치행위의 존재는 인정하되, 특정 행위의 통치행위성 여부는 구체적 사안에 따라 판단할 수밖에 없다**"(강조는 원저에 따른 것임).

이러한 언명은 근래 한국 사법부가 내린 한일관계에 관한 일련의 결정에 중요한 시사점을 던져 준다. 주지하다시피 한국 사법부는 한일관계에 상당한 영향을 끼칠 우려(이러한 우려는 점차 현실화되고 있다)가 있는 판결을 내렸다. 한일 간 과거사 문제와 관련하여 2011년 8월 30일 헌법재판소 결정과 2012년 5월 24일 대법원 판결이 내려졌다. 야스쿠니 신사에 방화했던 중국인 류창에 대해 2013년 1월 서울고등법원은 일본의 범죄인인도청구를 기각하는 판결을 내렸다.[1] 또한 한국 절도범들이 대마도에서 절취해서 국내로 반입한 한국기원(起源) 불상 문제와 관련하여 2013년 2월 대전 지방법원은 이 불상의 반환을 당분간 금지하는 가처분결정을 내렸다.[2]

이러한 일련의 판결로 인해 일본 내에서는 한국이 법의 지배(rule of law)와 민주주의의 가치를 공유하는 국가로 보는 의견까지 등장하였다.[3] 또한 2013년 11월 일본 정부는, 일제 식민시기 강제징용 피해자들의 손해배상청구권에 관한 대법원 판결이 확정되어 피고기업의 한국내 재산에 대한 강제집행이 이루어질 경우 국제사법재판소에 제소하겠다는 의사를 한국

* 이 논문은 서울국제법연구 제20권 제2호(2013.12)에 실렸던 "외교문제에 대한 사법자제의 원리-비교법적 고찰"이라는 제목의 논문을 수정·가필한 것이다.

** 서울대학교 법학전문대학원 교수

1) 이 사건에 관한 상세한 분석으로는 최태현, "한국법원에서의 정치범불인도원칙의 적용-리우치앙사건을 중심으로", 서울국제법연구 제20권 1호(2013) 참조.

2) 조선일보, "日 쓰시마섬서 도난된 불상 당분간 반환 금지"(2013.2.28).

3) 예를 들어, 毎日新聞, 従軍慰安婦問題: 日本, 韓國司法に不信 戦後補償, 相次ぐ判斷「理解超える」道徳重視(2013.9.1).

측에 전달하였다.[4)] 이러한 와중에 주일한국대사관 문서고에서 3 · 1운동피해자 및 1923년 관동대지진피해자 명부가 발견되어 한일 간에 긴장을 조성하였다.[5)]

한국의 사법사(司法史)상 법원판결이 대외관계에 이처럼 큰 파장을 야기한 예는 없다고 해도 과언이 아닐 것이다. 최근의 일련의 법원 판결 및 그로 인한 외교적 논란은 외교 문제에 대한 사법부의 역할 및 그 한계라는 헌법적 문제에 대해 깊이 있게 검토해 볼 좋은 기회를 제공하고 있다. 그러한 문제의식에서 이 글에서는 2012년 대법원 판결을 외교문제에 대한 사법자제의 이론의 관점에서 특히 비교법적 시각에서 살펴보도록 한다.

필자는 다른 글에서 2012년 판결에서 대법원의 1965년 협정에 대한 해석에 상당한 의문이 있음을 지적하였다.[6)] 그 글에서 필자는 보충적인 논점으로서 사법자제의 이론의 시각에서의 문제점도 간략히 지적하였다.[7)] 현재 외교관계에 대한 정치문제의 법리나 사법자제의 문제에 관해서 심층적인 논의는 드문 형편이다.[8)]

2012년 대법원 판결 및 그로 인해 야기된 외교적 파장은 다른 각도에서 보면 사법부가 인권보호를 위해 적극적으로 나선다는 측면에서 긍정적으로 평가할 측면이 있는 것은 사실이다. 강제징용사건 판결이 한국 사회에서 널리 환영 받은 것도 이러한 이유에서일 것이다. 동시에 이 판결이 한일관계에 상당한 외교적 부담을 야기하고 있는 것도 분명한 사실이다. 이 글에서는 복잡다기한 이 사안을 외교문제에 대한 사법자제의 원리의 관점에서 살펴보도록 한다.

이 글에서는 미국, 프랑스, 독일의 헌법규정 및 관행, 판례의 동향을 비교법적으로 고찰하고 이로부터 우리 사례에 대한 시사점을 도출하도록 한다. 서두에 미리 다음과 같은 점을 언급해 두고자 한다. 현 단계에서는 대법원 판결을 비롯한 사법부의 결정이 정의(正義) 관념에 부합하는지 여부에 관한 당위론적 논의보다도 이 판결이 확정 · 집행될 경우 발생할 일련

---

4) 한국일보, "징용 배상 확정땐 일본, ICJ에 제소"(2013.11.26).

5) 경향신문, "정부, '3 · 1운동' '일본 관동대지진' 당시 피살자 명부 최초 발견 · 공개"(2013.11.20.).

6) 이근관, "한일청구권협정상 강제징용배상청구권 처리에 대한 국제법적 검토", 법학(서울대), 제54권 제3호(2013), pp. 327-392. 2012년 5월 대법원 판결에 대한 상세한 검토로는 박배근, "일제강제징용 피해자의 법적 구제에 관한 국제법적 쟁점과 향후 전망", 법학논총 제30집 제3호, pp. 47-73 참조.

7) 이근관, *supra* note 6, pp. 381-384.

8) 이러한 경향에 대한 예외로서는 배종인, "외교행위에 대한 헌법적 통제의 주요 문제", 대한국제법학회논총 제51권 제3호(2006), pp. 91-117 참조. 사법부의 실행을 보면, 대법원은 대북송금사건 판결에서 통치행위가 사법심사 대상에서 제외되는 영역을 최소화시키면서 그 개념을 인정하고 사법자제설의 입장을 취하였다. 헌법재판소는 '금융실명거래및비밀보장에관한긴급재정명령'사건에서 통치행위이론 자체를 인정하면서도 그 구체적인 요건에 대해 심리하였다. 특히 외교문제와 관련하여 "국방 및 외교에 관련된 고도의 정치적 결단을 요하는 문제로서 헌법과 법률이 정한 절차를 지켜 이루어진 이상, 대통령과 국회의 판단은 존중되어야 하고 헌법재판소가 사법적 기준만으로 이를 심판하는 것은 자제되어야 한다"고 판시하였다. 헌재 2004.4.29. (2003헌마814). 성낙인, 헌법학, 제17판(법문사, 2017), pp. 730-737 참조. 헌법재판소 및 대법원의 관련 판례에 대한 상세한 논의에 관해서는 윤영미, "정치적 문제에 대한 사법심사-해외에서의 군사적 행동을 중심으로-", 고려법학 제50호(2008), pp. 3-9 참조.

의 사태에 대해 냉철한 이성적 분석이 필요하다. 도덕적 명분론이나 국내 여론의 향배에 좌우되어 한일관계에 발생할 수 있는 '최악의 시나리오'(worst-case scenario)를 진지하게 고려해 보지도 않고 정책결정을 한다면 이는 보통 문제가 아니다. 물론 최악의 시나리오가 반드시 현실화된다는 보장은 없다. 또한 최악의 시나리오에 지레 겁먹고 정책을 강구하는 것도 우책(愚策)일 것이다.

그러나 다양한 사태전개 가능성을 면밀히 검토한 후에 국가적 차원의 판단을 내려야 할 것이다. 혹시라도 한국 사회에 주관적으로 널리 공유되는 견해가 국제적인 차원에서도 객관적 지지를 받을 것이라고 막연히 상정하거나, 제대로 된 정보를 가지고 있지 않거나(uninformed) 또는 잘못된 정보를 가지고(misinformed) 대외문제를 판단하는 경향이 없지 않은 국내 여론(특히 언론)의 무게를 과도하게 의식하여 의사결정을 한다면, 장차 국익에 회복하기 어려운 손해를 야기할 수 있다. 당위론, 명분론이 아니라 냉철한 현실인식과 그에 기초한 대책강구가 절실히 요구되는 소이(所以)다.

Ⅱ. 외교문제에 대한 사법자제의 원리: 미국

1. 서 언

미국 헌법의 근본적인 원리인 권력분립(separation of powers)과 밀접한 연관을 맺고 있는 것이 정치문제의 법리(political question doctrine)이다. 이 법리는 "사법심사가 청구된 국가기관의 행위가 고도의 정치성을 지닌다는 이유로 재판소가 심사를 회피하는" 것을 의미한다.[9] 한국에서는 주로 통치행위론으로 다루어지는데,[10] 통치행위는 "고도로 정치적인 의미를 가진 국가행위 내지 국가적 이해에 직접 관계되는 사항을 대상으로 하는 국가행위라고 하여 법원의 합법성의 심사에서 제외되는 행위"[11] 또는 "국정의 기본방향이나 국가적 차원의 정책결정을 대상으로 하는 고도의 정치적 성격을 띤 집행부의 행위로서, 사법적 심사의 대상으로 하기에 부적합할 뿐만 아니라, 비록 그에 관한 판결이 있는 경우에도 그 집행이 곤란한 성질의 행위"[12]로 파악된다.

미국헌법이론에서 정치문제의 법리는 헌법 제4조 제4항상에 규정된 '보장조항'(연방이 개별주에 공화제 정부형태를 보장하도록 규정한 조항), 투표가치의 불균형('legislative malapportionment), 외교 문제 등 다양한 문제와 관련하여 적용되었다. 정치문제의 법리를 최초로 확립한 선례로

9) 戸松 秀典, 憲法訴訟, 제2판(有斐閣, 2008), p. 225.
10) 김선화, "통치행위의 인정여부와 판단기준 소고", 공법연구 제33집 제1호(2004), pp. 245-268; 고문현, "통치행위에 관한 소고", 헌법학연구 제10권 제3호(2004), pp. 367-400.
11) 김철수, 헌법학신론, 21전정신판(박영사, 2013), p. 1703.
12) 권영성, 헌법학원론(법문사, 2004), pp, 828-829.

인정되는 Luther v. Borden 사건(1849)은 보장조항에 관련되었다.[13] 투표가치의 불균등 문제를 다룬 Colegrove v. Green사건(1946)에서 Frankfurter 판사는 "이 소송을 받아들이게 되면 의회 제도 자체를 간섭·훼손하게 된다. 법원은 이 정치적 덤불에 들어가서는 안된다."(To sustain this action would cut very deep into the very being of Congress. Courts ought not to enter this political thicket.)"고 설파하였다.[14]

다양한 헌법 문제 중에서도 특히 외교 문제에 정치문제의 법리가 자주 원용되고 적용된다.[15] 아래에서 살펴보겠지만, 특히 연방지방법원이나 항소법원(그 중에서도 DC항소법원)은 정치문제의 법리를 자주 적용한다. 외견상 잘 확립되어 있는 것처럼 보일 수도 있는 정치문제의 법리는 1962년 Baker v. Carr 판결에서 정교한 논의의 대상이 되었다. 이 판결에서 유명한 "Baker test"가 제시되었다.

그러나 그 이후로는 상당한 비판과 도전에 직면하였다. 특히 학자들 사이에서 이 법리에 대한 비판이 활발하다. 일부 학자들은 정치문제의 법리의 존재 자체를 의문시하기도 하고,[16] 이의 폐기 내지 대체를 주장하거나,[17] 연방대법원의 판례법의 변동에 따라 이제는 사실상 폐기되었다고 선언하기도 한다.[18] 이와는 대조적으로 대법원 아래의 연방법원들은 "사법판단에 부적합한 정치문제"(non-justiciable political question)임을 이유로 곧잘 소를 각하한다.

이와 같이 정치문제의 법리에 평가는 시기에 따라 또한 학계 또는 실무계 중 어디에 속하는가에 따라 상당한 차이를 보이고 있다. 이하에서는 정치문제의 법리의 전개를 특히 Baker v. Carr 사건을 중심으로 살펴보도록 한다. 또한 이 사건 이후 이 법리가 어떻게 적용되었는지를 간략히 추적하고, 최근의 Zivotofsky 판결에 대한 검토를 통해(연방대법원 차원에서) 이 법리에 어떠한 지점에 위치하고 있는지를 가늠해 보도록 한다. 2012년 대법원 판결 대상 사건과 내용적으로 유사한 Iwanowa사건에서 정치문제의 법리가 어떻게 다루어졌는지를 고찰하면서 논의를 맺도록 한다.

---

13) 48 U.S. (7 How.) 1(1849).

14) 328 U.S. 556(1946).

15) 예를 들어 Iwanowa 사건에서 Greenway판사는 "[T]he most appropriate case for applicability of the political question concerns the conduct of foreign affairs."라고 단언하였다. Iwanowa v. Ford Motor Co., 67 F.Supp. 2d 484(1999).

16) 예를 들어 Louis Henkin, "Is There a "Political Question" Doctrine?", 85 *Yale Law Journal*(1976), pp. 597-625.

17) Harold Hongju Koh, *The National Security Constitution: Sharing Power after the Iran-Contra Affair* (Yale University Press, 1990), pp. 221-223; Thomas M Franck, *Political Questions/Judicial Answers: Does The Rule of Law Apply to Foreign Affairs?* (Princeton University Press, 1992), chapters 7 & 8.

18) Gwynne Skinner, "Misunderstood, Misconstrued, and Now Clearly Dead: The "Political Question Doctrine" as a Jusiticiability Doctrine, Even in the Area of Foreign Affairs"(Draft Oct. 12, 2013). http://papers.ssrn.com/sol3/papers.cfm?abstract_id=2315237.

2. Baker v. Carr 사건

이 사건은 외교문제가 아니라 (인구 불균등으로 인한) 선거구의 재획정(redistricting)에 관련된 것이다. 피고였던 Tennessee 주 국무장관 Carr는 이 사건이 사법적 판단에 적합하지 않은 정치문제에 관한 것이라고 주장하였다. 연방대법원은 이러한 주장을 배척하고 사건을 지방법원으로 환송하였다.[19)]

Brennan 판사가 작성한 다수의견은 정치문제에 해당하는지 여부를 판단하는 기준을 제시하였다. 이것이 유명한 "Baker 항목(Baker factors)"인데, 그 내용은 다음과 같다.

> 첫째, 당해 이슈가 헌법상 명확한 방식으로 행정부나 입법부의 관할에 속하는지 여부.
> 둘째, 당해 이슈를 해결하기 위해 사법적인 방식으로 발견하여 운용할 기준의 결여.
> 셋째, 명백히 사법적 재량에 속하지 않는 정책결정을 선행시키지 않고는 판단을 내릴 수 없을 것.
> 넷째, 입법부나 사법부를 무시하지 않고는 법원이 독자적 결정을 내릴 수 없을 것.
> 다섯째, 이미 내려진 정치적 결정에 의문을 제기하지 말고 따라야 할 특별한 필요성.
> 여섯째, 입법부, 행정부, 사법부 간에 상충하는 견해표명으로 인해 곤란이 발생할 가능성.[20)]

첫 번째 기준은 '고전적'(classical)인 기준으로서 정치문제의 이론 중에서도 가장 중요하고 동시에 가장 설득력이 있다고 할 수 있다.[21)] Baker사건에서 Brennan 판사는 이러한 고전적인 기준이 적용되는 예로서 외교문제와 행정부의 전쟁권한(executive war powers)을 언급하면서 이러한 사항에 관련된 문제는 정치문제로 보았다.[22)]

두 번째부터 여섯 번까지의 기준은 학자에 따라 '기능적'(functional) 기준과 '신중성'(prudential)의 기준으로 세분하기도 하지만, 양자를 합하여 신중성의 기준으로 파악하기도 한다.[23)] 이는 (첫 번째 기준과 달리) 헌법이 명확하게 규정한 부처 간의 권한 배분에 관련되

---

19) Baker v. Carr, 369 U.S. 186 (1962). 이 사건에 대한 상세한 논의에 관해서는 고문현, *supra* note 10, pp. 383-386 참조.

20) 369 U.S. 217. ("a textually demonstrable constitutional commitment of the issue to a coordinate political department; or a lack of judicially discoverable and manageable standards for resolving it; or the impossibility of deciding without an initial policy determination of a kind clearly for non judicial discretion; or the impossibility of a court's undertaking independent resolution without expressing lack of the respect due coordinate branches of government; or an unusual need for unquestioning adherence to a political decision already made; or the potentiality of embarrassment from multifarious pronouncements by various departments on one question.")

21) David Cole, "Challenging the Covert War: The Politics of the Political Question Doctrine", 26 *Harvard International Law Journal*(1985), p. 164.

22) 369 U.S. 211("there are sweeping statements to the effect that all questions touching foreign relations are political questions. Not only does resolution of such issues frequently turn on standards that defy judicial application, or involve the exercise of a discretion demonstrably committed to the executive or legislature, but many such questions uniquely demand single-voiced statement of the Government's views.")

23) Rachel E. Barkow, "More Supreme than Court? The Fall of the Political Question Doctrine and the

는 것이 아니라, 사법부가 갖는 여러 정치적 제약(예를 들어 선거에 의해 구성된 기관이 아니라는 점)이나 기능적 제약(예를 들어 외교문제와 관련하여 사법적 판단에 필요한 정보에 대한 접근이 용이하지 않은 점)에 연관된 것이다. 첫 번째 기준이 관련되는 경우 법원은 헌법에 의해 입법부나 행정부의 권한에 속하는 문제에 대해 심사하는 것이 '금지'되는 데 비해, 법원은 논란의 여지가 있는 문제에 대한 사법적 판단을 '회피'하기 위해 '신중성'의 기준을 원용하는 것이다.[24] 아래에서 살펴보겠지만 2011년 Zivotofsky사건에서 연방대법원은 세 번째 이하의 기준은 고려하지 않았다.

3. Baker v. Carr 판결 이후의 전개

1962년 Baker 판결 이후 정치문제의 법리는 연방법원에 의해 꾸준히 적용되었지만, 법리의 내용, 특히 정치문제의 판단기준에 대해서는 상당한 비판이 제기되었다. 1984년 Tel-Oren v. Libyan Arab Republic 사건에서 Bork 판사는 정치문제의 법리를 "애매하고 미확립된 상태에 있는(murky and unsettled)" 것으로 보았다.[25] 연방대법원 차원에서는 Gilligan v. Morgan 사건[26]과 Nixon v. U.S. 사건[27]에서 이 법리를 적용하여 소를 각하하였지만, 두 사건 모두 외교문제와는 관련이 없었다.

외교문제와 관련하여 이 법리가 깊이 논의된 사건은 Goldwater v. Carter사건을 들 수 있다.[28] 이 사건은 미국이 북경정부와 외교관계를 정상화하면서 대통령이 의회의 승인을 받지 않고 대만과 체결하고 있던 상호방위조약을 폐기한 것을 배경으로 하였다.[29] 이 판결에서 4명의 대법원 판사는 이 문제가 사법적 판단에 부적합한 정치문제라고 보았다.[30] 개별의견을 내었던 Powell 판사는 정치문제 여부를 논하지 않고, 사건의 '성숙성'(ripeness)의 관점에서 소를 각하하는 데 찬성하였다.[31] 나머지 3명의 판사 중 2명은 이 사건이 사법적 판단에

Rise of Judicial Supremacy", 102 *Columbia Law Review* (2002), p. 247 n. 24.

24) The Supreme Court-Leading Cases, 126 *Harvard Law Review* (2012), p. 311.

25) 726 F.2d 803 n.8.

26) 413 U.S. 1(1973).

27) 506 U.S. 224(1993).

28) 444 U.S. 996(1979).

29) 이 사건의 배경에 대한 상세한 기술에 관해서는 연방항소심의 관련 부분(617 F.2d 699-701(1979))을 참조.

30) 이 의견은 Rehnquist 판사가 작성하였고, Burger 대법원장, Stewart 판사, Stevens 판사가 합류하였다. 444 U.S. 1002("I am of the view that the basic question presented by the petitioners in this case is "political," and therefore nonjusticiable because it involves the authority of the President in the conduct of our country's foreign relations and the extent to which the Senate or the Congress is authorized to negate the action of the President.").

31) 444 U.S. 996("Prudential considerations persuade me that a dispute between Congress and the President is not ready for judicial review unless and until each branch has taken action asserting its constitutional authority. … The Judicial Branch should not decide issues affecting the allocation of power between the President and Congress until the political branches reach a constitutional impasse.").

적합하여 연방대법원이 심리해야 한다는 의견을 제시하였고,[32] 다른 1명은 Carter 대통령의 조약폐기가 미국헌법상 적법하다고 판단한 연방항소심의 판단을 지지하였다.[33]

연방대법원 차원에서 정치문제의 법리가 비판적으로 검토되고 그 적용범위가 대폭 축소된 것은 9.11 사건 발생 이후였다. 부시 행정부는 이른바 '테러와의 전쟁'을 수행하는 과정에서 아프가니스탄, 이라크 등지에서 상당수의 '불법전투원'(illegal combatants)을 체포하였다. 부시 행정부는 이들에게 전쟁법상의 포로 대우를 거부하고 관타나모 등지에 수용하였다. 특히 관타나모 기지의 경우 미국이 이 지역에 실질적 통치권을 행사함에도 불구하고 법적 주권(de jure sovereignty)가 없다는 등의 이유로 피수용자에 대한 미국 헌법상의 권리를 부여하지 않았다.[34]

이 과정에서 여러 소송이 제기되었는데, 부시 행정부는 정치문제의 카드를 내세워 사법심사를 면하는 수법을 강구하였다. Hamdi v. Rumsfeld,[35] Rasul v. Bush,[36] Boumediene v. Bush[37] 등 일련의 사건에서 부시 행정부의 정치문제의 법리 원용을 배척하였다. 일부 학자들은 이들 판결을 근거로 연방대법원이 정치문제의 법리에 "조종을 울렸다"고 평가하기도 한다. 그러나 9.11 이후의 특수한 배경에서 또한 개인의 인권이 크게 부각된 사건에서 연방대법원이 정치문제의 법리 적용을 거절했다고 해서 다른 맥락에서도 정치문제의 법리가 몰락했다고 보는 것은 지나친 해석이라 할 것이다.[38]

연방대법원 차원에서도 사법부가 외교문제와 관련하여 신중한 태도를 취해야 한다는 원칙은 2004년 Sosa v. Alvarez-Machain 사건에서 확인되었다. 이 사건에서 연방대법원은 외국인불법행위법(Alien Tort Statute) 하에서 새로운 사적 소인(private cause of action)의 창설의 허용을 고려할 때에 사법부는 "입법부와 행정부가 외교 문제를 처리할 때 갖는 재량을 침해하는지 여부에 대해 특별히 신중을 기해야"(particularly wary of impinging on the discretion of the Legislative and Executive Branches in managing foreign affairs) 한다고 설

---

32) Blackmun 판사가 작성한 의견에 White 판사가 합류하였다("While I therefore join in the grant of the petition for certiorari, I would set the case for oral argument and give it the plenary consideration it so obviously deserves."). 444 U.S. 1006.

33) 이 반대의견은 1962년의 Baker 판결문을 작성하였던 Brennan 판사가 제시하였다. 444 U.S. 1007("Our cases firmly establish that the Constitution commits to the President alone the power to recognize, and withdraw recognition from, foreign regimes. … That mandate being clear, our judicial inquiry into the treaty rupture can go no further.").

34) 이 문제에 관한 상세한 논의로는 Harold H. Koh, "On American Exceptionalism", 55 *Stanford Law Review*(2003), pp. 1479-1527; Fleur Johns, "Guantánamo Bay and the Annihilation of the Exception", *European Journal of International Law* vol. 16 no. 4(2005), pp. 613-635 참조.

35) 506 U.S. 507(2004).

36) 542 U.S. 466(2004).

37) 553 U.S. 723(2008).

38) Skinner, *supra* note 18, pp. 50-61.

시하였다.[39]

정치문제의 법리는 특히 연방대법원 아래에 위치한 연방지방법원이나 연방항소법원의 수준에서 활발히 적용된다. 정치문제의 법리를 적용한 근래의 사례로는 El-Shifa,[40] Gonzalez-Vera v. Kissinger,[41] Bancoult v. McNamara,[42] Harbury v. Hayden,[43] Al-Aulaqi v. Obama[44] 사건 등을 들 수 있다.[45] 이러한 사실에 비추어 보더라도 정치문제의 법리의 '사망'을 운위하는 것은 '희망적 사고'에 불과함을 알 수 있다. 이와 같이 연방법원의 차원에서 정치문제의 법리는 전통적인 시기보다는 축소·제한되는 경향을 보이는 것은 확실하지만 나름대로 명맥을 유지하고 있다고 볼 수 있다. 이 글에서는 상세히 다룰 여유가 없었지만, 미국 연방법원의 국가행위이론(act of state doctrine) 역시 외교문제에 대한 사법자제의 원리에 입각하고 있다.[46]

한편 학계, 특히 국제법학계에서는 정치문제의 법리에 대해 많은 비판이 제기되었음도 사실이다. Henkin은 법원이 말로는 정치문제의 법리를 적용한다고 하지만 실제로는 관련된 정치적 부서(특히 행정부)가 그 헌법적 권한 내에서 행위하였다고 판단하는 경우가 대부분이며, 이러한 의미에서 정치문제의 법리가 진정으로 존재하는지 의문이라고 비판하였다.[47] Franck는 정치문제의 법리를 포기하고 그 대신 (독일 사법부의 예에 따라) 외교 문제 관련 증거(evidence)에 대한 행정부의 견해를 존중하는 방향으로 나가자고 제안하였다.[48] Koh 역시 그의 1990년 저서에서 이 법리에 대해 엄혹한 비판을 제기하였다. 특히 이 책의 결론 부분에서 Koh는 정치문제의 법리의 지지자들이 원용하는 다섯 가지의 '신중성'의 요인을 언급하면서 이를 조목조목 비판하였다.[49] 물론 외교문제에 대한 사법자제의 장점을 역설하는 견해도 존재한다.[50]

이와 같이 외교문제에 대한 사법자제의 원리에 대해서는 학계와 실무계 간에, 또한 학계 내에서도 다양한 의견이 존재한다. 이러한 사정은 최근의 연방대법원 판결에서도 드러나는데, 이 판결에 관해 좀 더 상세히 살펴보도록 한다.

---

39) 542 U.S. 727(2004).
40) 607 F.3d 836.
41) 449 F.3d 1260.
42) 445 F.3d 427.
43) 522 F.3d 413.
44) 727 F.Supp.2d 1.
45) 이들 사건에 관한 상세한 논의는 Skinner, *supra* note 18, pp. 39-43 참조.
46) 국가행위이론에 관한 상세한 논의로는 김대순, 국제법론, 제17판(삼영사, 2013), 제11장 참조.
47) Louis Henkin, "Is There a "Political Question" Doctrine?", 85 *Yale Law Journal*(1976), pp. 597-625.
48) Franck, *supra* note 17, chapters 7 & 8.
49) Koh, *supra* note 17, pp. 221-223. 유사한 주장으로는 Michael J. Glennon, "Foreign Affairs and the Political Question Doctrine", 83 *American Journal of International Law* (1989), pp. 814-821 참조.
50) Jide Nzelibe, "The Uniqueness of Foreign Affairs", 89 *Iowa Law Review* (2004), pp. 941-1009.

4. Zivotofsky 사건

정치문제의 법리가 깊이 있게 다루어진 근래의 사례로는 Zivotofsky 사건을 들 수 있다. 이 사건은 2011년 11월 7일 연방대법원에서 구두변론이 이루어지고, 2012년 3월 26일 판결이 선고되었다.[51)]

이 사건의 배경은 다음과 같다. 미국 국무부는 예루살렘의 국제법적 지위에 대해 특정 국가의 주권을 승인하지 않은 정책을 견지해 왔다. 원고인 Menachem Zivotofsky는 2002년 예루살렘에서 출생하였고, 부모의 국적은 미국이었다. Zivotofsky의 부모는 국무장관을 상대로 2003회계연도 외교관계수권법(Foreign Relations Autothorization Act, Fiscal Year 2003) 제214조(d)의 이행을 요구하는 소를 제기하였다. 이 조항에 따르면 예루살렘에서 출생한 미국인이 여권에 출생지를 '이스라엘'이라고 기재할 것을 요구할 경우 국무부는 이에 응해야 한다.[52)]

연방지방법원 및 항소법원은 예루살렘의 국제법적 지위에 관한 승인은 대통령에 속하는 권한이므로 원고의 청구를 정치문제에 해당하는 것으로 보고 소를 각하하였다. 연방대법원은 8 대 1로 항소법원의 판결을 파기하고 환송하였다.

Roberts 대법원장이 작성한 다수의견은 원고의 청구가 의회법률에 근거한 이상 이를 해석하고 당해 법률의 위헌성 여부를 판단하는 것은 "법원이 통상 수행하는 작업"(familiar judicial exercise)이라고 판단하였다. 국무부에서 정치문제의 법리를 원용한 것과 관련해 연방대법원은 여섯 개의 'Baker 항목' 중에서 첫 번째와 두 번째만 검토 대상으로 삼았다. 다수의견에 따르면 두 항목 모두 이 사건에는 해당성이 없고 따라서 이 사건은 사법적 판단에 부적합한 정치문제가 아니다.

Sotomayor 판사는 개별의견에서 정치문제의 법리, 특히 Baker항목의 적용과 관련하여 다수의견보다 신중한 의견을 제시하였다. Sotomayor 판사는 Baker 항목을 세 가지의 범주로 분류하였다. (i) 첫 번째 항목은 관련된 문제의 해결 권한이 헌법 명문상 동등한 지위를 가진 정치적 부서에 부여되어 있는 경우를 가리키며, 이 경우 법원은 그 문제를 해결할 권한이 없기 때문에 사법권 발동의 포기(abstention)가 정당화된다. (ii) 두 번째 및 세 번째 항목은 주어진 분쟁이 법원의 능력의 한계/본분을 벗어나는 의사결정/판단을 요구하는 경우를 가리킨다. 이 경우에도 사법권 발동을 자제하는 것이 인정된다.[53)] (iii) 네 번째부터 여섯째 항목은 "법원이 자신에게 제기된 문제를 해결하지 않는 것이 신중하고 사려 깊은 방안일 수

---

51) Zivotofsky v. Clinton, 132 S.Ct. 1421(2012).

52) Harvard Law Review, *supra* note 24, pp, 307-308.

53) Zivotofsky v. Clinton, 132 S.Ct, 1432. ("where an issue leaves courts truly rudderless, there can be "no doubt of [the] validity" of a court's decision to abstain from judgment.")

있는 상황"(circumstances in which prudence may counsel against a court's resolution of an issue presented)에 관련된다.[54] 네 번째부터 여섯 번째 항목 중의 하나 또는 그 이상이 존재함을 이유로 재판권을 행사하지 않는 데는 매우 신중해야만 한다. 법원은 단지 특정 판결이 "상당한 정치적 파장을 가질 수 있다"거나 "자국의 외교관계의 영위에" 영향을 줄 수 있다는 이유로 재판을 거절해서는 안된다.[55] 결국 Sotomayor 판사는 다수의견보다는 광범위하게 Baker 항목의 적실성(relevance)을 확인했지만, 신중성에 관련되는 세 가지 항목에 대해서는 그 문턱을 상당히 높여 놓았다고 봐야 할 것이다.

유일하게 반대의견을 개진한 Breyer판사는 Baker 항목에 대한 Sotomayor 판사의 검토에 대부분 동의하였다. 또한 신중성에서 유래하는 Baker 항목(Breyer 판사의 견해에 따르면 세번째부터 여섯 번째까지의 항목)에 부합하여 정치문제가 되는 경우가 드물다는 점에도 의견을 같이 하였다. Breyer 판사는 그러나 Zivotofsky사건이 그러한 드문 예에 해당한다고 보았다. 그 이유는 다음과 같다.

첫째, 연방대법원이 다루고 있는 문제는 외교 영역에 속하는 것이다. Breyer 판사는 정치문제의 전통적 법리를 좇아, 헌법이 외교문제에 관한 권한을 일차저으로 "행정부와 입법부, 즉 정치적 부서"에 귀속시키고 있음을 지적하였다.[56] 그는 또한 최근 학자들에 의하여 상당한 비판을 받고 있는 근거, 즉 외교 영역에서 미국은 "한 목소리로"(with one voice) 말해야 할 실제적 필요도 언급하였다.[57] 둘째, 원고의 여권에 출생지를 이스라엘로 기재하는 행위의 외교적 파급효과에 대해 원고와 국무장관은 상반된 견해를 제시하였다. 이러한 종류의 문제에 관해 상충하는 주장을 판단할 능력이 판사에게는 결여되어 있다. 사법부가 이 문제를 해결하려고 나선다면, 뜻하지 않게 정치적 부서에 의한 원만한 외교정책결정을 위태롭게 할 수도 있을 것이다.[58] 이러한 이유들에 더하여 Breyer 판사는 원고는 인권 등 구체적인 권리가 아니라 단지 이념적/관념적 이익(ideological interest)을 추구하고 있을 뿐이고 또한 행정부와 입법부가 재판을 통하지 않고 부서 간의 견해차를 해결할 수도 있을 것임을 지적하였다.[59]

Breyer 판사는 외교문제에 대한 전통적인 정치문제의 법리를 지지하고 있는 것으로 평가될 수 있다. 다수의견은 문제를 다소 형식적으로 파악하여 입법부가 제정한 법률이 있는 이상 제정법 해석 및 이 법의 위헌성의 측면에서 접근하면 된다고 보았다. 또한 정치문제의 법리에 대해서도 상당히 소극적·제한적인 접근을 취하여 Baker 항목 중 앞의 둘만 적용하

54) *Ibid.*
55) *Ibid.*
56) *Ibid.*, 1437.
57) *Ibid.*, 1438.
58) *Ibid.*, 1440.
59) *Ibid.*, 1440-1441.

였다. 그 적용 방식 또한 Sotomayor 판사는 Baker 항목에 관하여 다수의견보다는 절충적인 입장을 취했지만, '신중성'에 관련된 항목들에 대해 매우 높은 문턱을 설정함으로써 그 실질적 의미는 크게 감소되었다고 평가할 수 있다. 이에 비해 Breyer 판사는 외교문제가 일반적으로 정치문제에 해당한다고 보면서 신중성에 관련되는 항목들에 전통적인 비중을 부여하였다.

일부 학자들은 이 판결로 인해 정치문제의 법리가 '소멸'될 위기에 처했다는 의견을 제시한다.[60] 그러나 이러한 해석은 Zivotofsky사건이 갖는 특수성을 간과한 성급한 진단이다. 이 사건의 경우 의회가 제정한 법률이 있었기 때문에 다수 의견은 문제를 제정법해석이라는 '통상적인 법원의 업무'로 환치할 수 있었다. 만약 의회제정법이 없는 상태에서 같은 청구가 제기되었다면 이는 정치문제의 법리에 의해 각하되었을 것이다. 미국 내에서 이스라엘 문제가 갖는 고도의 정치적 민감성 그리고 연방대법원을 비롯한 법조계 및 정계에서 이 문제가 갖는 비중도 고려해야 할 것이다.

5. Iwanowa v. Ford Motor Co. 사건(1999)

위에서는 주로 정치문제의 법리에 대한 연방대법원의 판례를 중심으로 살펴보았다. 하급심 판결 중에는 2012년 대법원 강제징용 판결과 유사한 사실관계를 갖는 사건도 있다. 1999년 연방지방법원(뉴저지)이 선고한 Iwanowa사건이 대표적인 예이다.

이 사건 원고인 Iwanowa는 1925년 당시 소련(현재 러시아)의 로스토프(Rostov)에서 태어났다. 1942년 나치 독일이 로스토프를 점령한 후 Iwanowa는 2,000여 명의 다른 청소년과 함께 독일로 끌려가 1945년 연합군에 의해 해방될 때까지 Ford 자동차의 독일 자회사(Ford Werke)에서 강제노역에 종사하였다. 종전 후 그녀는 벨기에 국적을 취득하였다. 1998년 Iwanowa는 자신과 수천명의 강제노역 피해자를 위해 Ford 자동차(Ford 본사와 Ford의 독일 자회사)를 집단소송을 제기하였다. 청구취지는 강제노역 기간 중 받지 못한 임금, 즉 Ford의 부당이득의 반환과 Ford가 부과한 비인간적인 노동조건으로 인해 발생한 고통에 대한 손해배상이었다.[61]

피고인 Ford 자동차는 여러 사유를 들어 소의 각하를 요청하였는데, 그 중에는 정치문제를 이유로 한 사법판단부적합성(non-justiciability)이 포함되었다. 법원은 원고의 청구에 관해 미국법과 독일법 하에서 소멸시효가 완성되었고 또한 그 청구가 법정에서의 소송절차가 아니라 (런던부채협정의 규정에 좇아) 정부 대 정부 간 협상을 통해 해결되어야 하기 때문에 각하되어야 한다고 판단하였다. 법원은 또한 이 사건이 사법적 판단에 부적합한 정치문제를 제

60) Skinner, *supra* note 18, pp. 57-61.
61) 67 F.Supp.2d 431-434(1999).

기한다고 보았다.[62)]

법원은 정치문제의 법리가 권력분립의 원칙뿐만 아니라 사법적 판단을 행하는 기관으로서의 사법부에 내재적인 한계(the limitation of the judiciary as a judicial body)에서도 기인한다고 판단하였다.[63)] 법원은 Oetjen v. Central Leather Co. 사건(1918)에서의 연방대법원 판결의 다음 부분을 인용하면서 외교 문제와 내국 문제 간의 차별성을 부각시켰다.

> 연방헌법은 외교문제의 처리를 행정부와 입법부, 즉 '정치적'인 부서에 맡기고 있으며, 이러한 정치적 권한을 행사하는 과정에서 취해진 조치의 적절성 여부는 사법적 심리 또는 판단의 대상이 될 수 없다.[64)]

법원은 이어 외교문제야말로 정치문제의 법리의 적용에 가장 적합한 사례라고 말하였다.[65)] 법원은 이 사건이 정치문제를 제기하는지를 판단하기 위하여 Baker 항목의 적용 여부를 검토하였다. 결론은 6개의 항목 중 최소한 네 항목, 즉 첫 번째, 두 번째, 네 번째, 여섯 번째 항목이 해당한다고 보았다. 판결 내용을 살펴보면 네 번째와 여섯 번째 항목, 즉 행정부나 입법부에 대한 존중의 결여, 여러 부서에서 서로 다른 판단을 행하여 곤경(embarrassment)을 야기할 우려에 상당한 비중을 부여하였다. 즉 신중성(prudence)에 관련된 항목에 대해서도 큰 비중을 두었던 것이다. 네 번째 항목을 검토하는 과정에서 법원은 다음과 같이 설시하였다.

> 조약을 협상하는 책임을 지고 있는 부서인 행정부가, 2차 세계대전으로부터 발생하는 청구권을 정부 간의 협상에 의해 처리될 문제로 보고 있음은 명백하다. 조약 당사자의 해석은 비록 기속력이 있는 것은 아니지만 상당한 비중이 부여되어야 한다.[66)]

6. 조약에 대한 행정부의 해석

방금 살펴본 Iwanowa 사건에서도 검토하였듯이 미국이 당사자인 조약에 대한 해석과 관련하여 사법부와 행정부 간의 관계가 문제되기도 한다. 특히 미국 정부가 당사자인 아닌 소송에서 조약해석이 문제될 경우, 미국 법무부는 조약에 대한 자신의 해석을 법정조언자

---

62) *Ibid.*, 483.
63) *Ibid.*, 484.
64) *Ibid.* 원문은 다음과 같다. "([t]he conduct of foreign relations of our Government is committed by the Constitution to the executive and the legislative-'the political' departments of the government, and the propriety of what may be done in the exercise of this political power is not subject to judicial inquiry or decision.")
65) *Ibid.*
66) *Ibid.*, 486. ("[I]t is evident that the executive branch, the department responsible for negotiating agreement, considers claims arising out of World War II as falling within the ambit of government-to-government negotiations. The interpretations of the parties to a treaty, while not binding, are entitled to significant weight.)

(amicus curiae)의 자격에서 제출하기도 한다. 이러한 의견 제출은 법원의 요청에 의해 이루어지기도 한다.[67)]

이 때 행정부의 의견에 대해 어떠한 비중이 부여될 것인가에 관해 연방대법원은 다음과 같이 판시하였다.

법원이 스스로 조약을 해석할 때, 특히 그 조약의 협상 및 이행의 책임을 지고 있는 행정부서가 부여한 해석에 대해서는 큰 비중(great weight)이 부여된다.[68)]

특정 조약과 관련하여 우리 나라의 외교관계를 감독할 책임을 지고 있는 행정부서가 일관되게 지지해 온 해석에는 큰 비중이 부여되어야 한다.[69)]

미국 법학원(American Law Institute)이 편찬한 Restatement 역시 다음과 같이 정리된 의견을 제시하고 있다.

조약을 미국법으로 적용하기 위해 해석하는 최종적인 권한은 미국 법원이 보유하지만, 행정부가 행한 해석에 대해 중대한 비중을 부여한다.[70)]

7. 소 결

미국에서 정치문제의 법리가 가장 활발하고 정교하게 논의된 것은 사실이지만, 이 법리의 근거 및 타당성, 적용범위 등을 둘러싸고 상당한 논란이 있음을 보았다. 특히 국제법학계를 중심으로 정치문제의 법리에 대한 비판이 활발하게 제기되고 있다. 그럼에도 불구하고 연방법원, 특히 지방법원과 항소법원 차원에서는 정치문제의 법리가 빈번하게 원용되고 있음도 사실이다. 최근 연방대법원이 Zivotofsky사건을 통해 정치문제의 법리의 적용범위를 축소하려고 하였지만, 이 사건의 갖는 특수성으로 인해 판결의 의의는 좁게 해석되어야 할 것이다.

Baker판결에서 설시하였듯이 "외교관계에 조금이라도 관련되는 사건이나 분쟁은 사법적 판단의 대상으로부터 제외된다고 보는 것은 잘못"(it is error to suppose every case or controversy that touches foreign relations lies beyond judicial cognizance)이다.[71)] 특히 미국

---

67) American Law Institute, *Restatement of the Law, Third: The Foreign Relations Law of the United States* (1987), p. 203.

68) Kolovrat v. Oregon, 366 U.S. 187, 194 (1961). ("While courts interpret treaties for themselves, the meaning given them by the departments of government particularly charged with their negotiation and enforcement is given great weight.")

69) Sullivan v. Kidd, 254 U.S. 433, 442(1921). ("[T]he construction placed upon the treaty before us and consistently adhered to by the Executive Department of the Government, charged with the supervision of our foreign relations, should be given much weight.")

70) American Law Institute, *supra* note 67, p. 202. ("Courts in the United States have final authority to interpret an international agreement for the purposes of applying it as law in the United States, but will give great weight to an interpretation made by the Executive Branch")

71) 369 U.S. 211.

법원은 개인의 인권보호가 문제될 때에는 정치문제의 법리를 원용하여 소를 각하하는 데 신중한 경향을 보이고 있다. 방금 인용한 Baker 판결의 관련 부분은 부시 대통령 시절 미국 행정부가 인권침해적 조치를 취하면서 외교문제 또는 국가안보에 관련된다는 이유로 정치문제의 법리를 남용하였던 데에 대한 적절한 사전 경고라고 볼 수 있을 것이다.

외교문제와 관련하여 정치문제의 법리는 과거보다는 제한적으로 적용될 것으로 전망된다. 반드시 기억해야 할 점은 외교분야에서 정치문제의 법리가 결코 소멸되지 않았으며, 미국 헌법의 기본원리인 권력분립의 원칙에 비추어 보더라도 이 법리가 사라질 수는 없다는 사실이다. 또한 신중성에 기초한 Baker항목들도 좀 더 엄격한 규율 하에 적용될 것으로 보는 것이 타당할 것이다. 특히 조약 해석 등과 관련하여 행정부의 의견에 대해서 상당한 비중을 부여하는 관행도 지속될 것으로 보인다. 이렇게 본다면 외교문제와 관련하여 미국 연방법원은 영어식으로 표현하자면 "more principled or regulated political question doctrine"을 전개해 나갈 것으로 예상된다.

Ⅲ. 외교문제에 대한 사법자제의 원리: 프랑스

1. 서 언

프랑스 사법부는 전통적으로 외교문제에의 개입을 자제하는 경향을 보였다. 조약해석의 경우를 들면, 프랑스 법원은 자국이 부담한 국제적인 의무를 스스로 해석할 수 없었다. 법원은 조약해석을 외교부 장관에게 의뢰하고 그가 요청된 해석을 통보할 때까지 재판절차를 중지해야 했다.[72)]

그러나 근래 이러한 관행은 상당한 변화를 겪고 있다. 프랑스 사법부는 헌법평의회(Conseil constitutionnel), 파기원(Cour de cassation)을 정점으로 하는 사법재판소(juridiction de l'ordre judiciaire), 국참사원(Conseil d'État)을 정점으로 하는 행정재판소로 이루어져 있다. 이들 법원은 조약해석을 포함한 외교문제에 관해 다소 다른 태도를 보여 왔는데, 이하에서는 조약해석 문제를 중심으로 사법재판소와 행정재판소의 실행을 고찰하도록 한다.

2. 조약해석에 관한 전통적인 견해

전통적으로 사법재판소와 행정재판소 공히 조약해석을 자제하는 태도를 견지하였다. 이러한 태도의 기저에는 외교는 행정부의 배타적 권한(l'affaire exclusive de l'Exécutif)에 속하기 때문에 국내 법원은 조약 해석과 관련하여 고도의 자제를 보여야 한다는 사고가 자리 잡고

---

72) Patrick Daillier, Mathias Forteau & Alain Pellet, *Droit International Public,* 8° ed. (LGDJ, 2009), p. 260.

있었다.[73)] 그러나 조약해석에 대한 사법자제를 정당화하는 법적 논리는 사법재판소와 행정재판소가 다소 달랐다. 사법재판소는 전통적인 권력분립의 원리를 내세운 데 비해, 행정재판소는 통치행위이론(la théorie des actes de gouvernement)에 기울었다.[74)]

사법재판소는 1839년 Napier 사건(Napier, Fox et consorts c. duc de Richmond) 이래 조약해석이 사인의 이익(intérêt privé)에 관계되는 경우와 국제적 차원의 질서(ordre public international)에 관계되는 경우를 구분하였다. 전자의 경우에는 법원이 관련 조약을 해석할 수 있지만, 후자의 경우에는 스스로 조약을 해석할 수 없고 외교부장관의 해석을 요청해야 한다고 보았다. 사법부가 조약해석을 할 수 없는 경우에는 '국제적 차원의 질서' 이외에도 '고권적 행위'(acte de haute administration)의 존재, 국제적 공법(droit public)에 속하는 문제 등의 표현이 사용되기도 하였다.[75)]

행정재판소는 조약해석에 관해 사법재판소보다 더 신중한 태도를 보였다. 국참사원은 1823년 7월 23일자 Veuve Murat 판결 이래 (파기원과는 달리) 어떠한 경우에도 자신은 국제조약을 해석할 권한이 없다고 판시하였다.[76)] 재판과정 중 조약해석의 필요가 발생하면 이는 선결적 문제(question préjudicielle)로서 외교부 장관에게 회부되어야 한다.[77)] 외교부 장관이 제시한 조약 해석은 해석을 요청한 재판소를 기속하며 유사한 다른 사안에 대해서도 적용된다.[78)]

3. 1990년 이후의 변화

조약해석권한을 사법부 자신이 행사하지 않고 의무적으로 장관에게 의뢰하던 관행은 1990년부터 변경되었다. 국참사원은 같은 해 GISTI(Groupe d'information et de soutien des travailleurs immigrés) 판결을 통해 명백한 행위(acte clair)이론을 원용하지 않고 스스로 국제조약을 해석하였다.[79)] 이 판결에서 행정재판소가 조약해석과 관련하여 외교부 장관의 견해를 요청할 가능성을 배제한 것은 아니지만, 행정재판소가 외교부 장관의 해석에 더 이상 기속되지 않게 되었다.[80)]

---

73) Charles Rousseau, *Droit International Public*, tome 1(Sirey, 1970), p. 255.

74) *Ibid.* Rousseau도 지적하고 있듯이 사법재판소 내부에서도 통치행위이론에 경도되는 경향이 있었다. 특히 파기원 내 형사부(section criminelle)에서 조약 체결 등 외교행위로 '고권적 행위'(acte de haute administration)로 파악하는 경향이 강했다. *Ibid.*

75) Daillier, Forteau & Pellet, *supra* note 72, p. 260.

76) Rousseau, supra note 73, p. 263. 유럽인권재판소 판결(Beaumartin 사건, Chevrol 사건) 등에서는 1823년 7월 23일자 Veuve Murat 판결을 출발점으로 삼고 있다. Rousseau는 이와 달리 같은 해 9월 3일자 Rougemont 판결을 언급하고 있다. Rousseau, supra note, p. 263.

77) *Ibid.*, p. 264.

78) Jean Combacau & Serge Sur, *Droit International Public*, 10° ed. (Monchrestien, 2012), p. 197.

79) Conseil d'Etat, Assemblée, du 29 juin 1990, N° 78519. www.legifrance.gouv.fr/affichJuriAdmin.do?oldAction=rechJuriAdmin&idTexte=CETATEXT000007775788&fastReqId=1520948010&fastPos=63

사법재판소도 국참사원의 입장변경에 찬동하였다. 파기원 민사부는 1995년 12월 아프리카개발은행(Banque africaine de développement)사건에서 "국제조약을 해석하는 것은 법관의 권한에 속하며 … 비사법적 기관의 의견을 요청할 필요가 없다"(il est de l'office du juge d'interpréter les traités internationaux ... sans qu'il soit nécessaire de solliciter l'avis d'une autorité non juridictionnelle)고 판시하였다.[81] 이 판결은 시간적으로 보아 한 해 전 유럽인권재판소가 내린 Beaumartin 판결의 영향을 받은 것으로 보인다.

(1) Beaumartin 사건

조약해석에 대한 프랑스 사법부의 전통적 입장은 유럽인권재판소의 1994년 Beuamartin 사건에서 강력한 비판에 직면하였다. 이 사건의 사실관계에 대해 간략히 살펴보도록 한다.[82] 이 사건의 원고는 현직에서 은퇴한 프랑스 국적의 실업가였다. 그는 2명의 누이들과 함께 모로코 내 부동산회사(총주식수: 6,000)의 주식 10주를 직접 소유하였고, 또한 이 회사의 주식 5,959주를 소유한 민사회사(société civile)의 주식 대부분을 소유하였다. 모로코 정부는 1973년 5월 2일 왕령(dahir)을 발하여 외국인 소유 토지를 국유화하였는데 이 사건 원고 소유의 토지도 포함되었다.

1974년 8월 2일 프랑스 정부와 모로코 정부는 1973년 국유화 조치에 따른 문제를 해결하기 위해 의정서를 체결하였다. 이 의정서 제1조는 다음과 같이 규정하였다.

> The Moroccan Government shall pay the French Government compensation in a single lump sum and the French Government shall be responsible for apportioning that sum among the beneficiaries of this Protocol.
>
> The beneficiaries shall be natural persons of French nationality who are individual or joint landowners or members of partnerships or companies, or who suffered the consequences of the dahir of 2 March 1973 in any other capacity.

2012년 5월 24일 한국 대법원 판결이 분석하였던 1965년 청구권협정보다 9년 뒤의 시점에 체결된 이 의정서 역시 일괄보상협정(lump sum settlement)의 성격을 띠었다. 프랑스 정부는 이 의정서를 이행하기 위하여 모로코가 제공한 보상금 분배 위원회를 조직하였다. 문제는 이 위원회가 1980년 6월의 결정을 통해 원고와 그 누이들이 직접 소유한 주식만을 보상

80) Daillier, Forteau & Pellet, *supra* note 72, p. 260.

81) Cour de cassation, chambre civile 1, 19 décembre 1995. 이 판결을 포함하여 프랑스 법원의 변화된 입장에 대한 상세한 논의로는 Denis Alland, "Jamais, Parfois, Toujours. Reflexions sur la Competence de la Cour de Cassation en Matière d'Interprétation des Conventions Internationales", 100 *Revue Générale de Droit International Public*(1996), pp. 599-652 참조.

82) Beaumartin v. France, European Court of Human Rights(24 November 1994). http://hudoc.echr.coe.int/sites/eng/pages/search.aspx?i=001-57898#{"itemid":["001-57898"]}. 사실관계는 paras. 6-11에 나와 있다.

하고, 이들이 소유하였던 회사를 통해 보유했던 주식에 대해서는 보상을 거부하였다.

이 사건은 결국 의정서 제1조 2항을 어떻게 해석할 것인가의 문제로 압축되었다. 1986년 10월 국참사원은 이 의정서가 국제조약이라는 점과 그 의미가 불명하다는 점을 지적하면서 외교부 장관이 이 의정서를 해석할 권한이 있다고 보아 그 해석을 외교부 장관에게 의뢰하였다.[83] 1987년 7월 외교부 장관은 답변서를 통해 회사를 통해 간접적으로 주식을 보유한 사람은 1974년 의정서에 따라 보상을 받을 수 없다는 해석을 전달하였다.[84] 1989년 1월 국참사원은 외교부 장관의 해석을 기속적인 것으로 수용하여 원고의 청구를 기각하였다.[85]

국참사원의 판결이 내려지자 Beaumartin은 프랑스 정부를 유럽인권재판소에 제소하였다. 원고는 유럽인권협약 제6조 1항이 규정한 권리(독립적이고 공정한 법원에 의해 재판 받을 권리)를 침해당하였다고 주장하였다.[86] 피고인 프랑스 정부는 국참사원의 관행이 일관된 조약 해석을 가능케 하여 법적 안정성을 보장하는 점, 이 관행은 국가기관 간 권력의 균형을 반영한다는 점 등을 들어 협약 제6조 제1항에 대한 위반이 없다고 주장하였다.[87]

유럽인권재판소는 프랑스 국참사원이 외교부 장관의 조약해석에 의존하여 원고의 청구를 기각하면서도 외교부 장관에의 의견조회절차 및 조회질문의 작성에 대해 어떠한 의견도 제시할 수 없었음을 비판하였다.[88] 재판소는 완전한 재판권(full jurisdiction)과 행정부 및 당사자로부터의 독립 등의 요건을 갖추어야만 협약 제6조 제1항에서 말하는 바의 '재판소'에 해당한다고 판시하였다. 프랑스 국참사원과 같이 행정부의 견해에 기속되는 사법기관은 이 조항에서 언급한 재판소에 상당하지 않는다고 재판소는 판단하였다.[89]

(2) Chevrol 사건

Beaumartin 판결은 국참사원이 1990년 GISTI 판결을 통해 시작된 전통적 실행(조약해석의 외교부 장관 의뢰 및 의뢰 재판소의 외교부 의견에의 기속)의 변경을 확고히 하였다. 1995년 아프리카개발은행 판결을 통해 파기원도 이러한 변화에 동참하여 조약해석권한을 둘러싼 사법부와 행정부 간의 권한 문제는 종결된 것처럼 보였다. 그러나 Beaumartin 판결 이후에도 프랑스 사법부는 프랑스 헌법 제55조에 규정된 상호성(réciprocité)의 충족 여부 판단에 관하여 외교부 장관의 견해를 요청하는 관행을 지속하였다. 대표적인 예로서 Chevrol-Benkeddach

83) para. 15.
84) para. 16.
85) para. 18.
86) 유럽인권협약 제6조 1항의 제1문은 다음과 같이 규정하고 있다. "In the determination of his civil rights and obligations or of any criminal charge against him, everyone is entitled to a fair and public hearing within a reasonable time by an independent and impartial tribunal established by law."
87) para. 37.
88) para. 38.
89) *Ibid.*

사건(1999)을 들 수 있다. 이 사건에서 국참사원은 프랑스 헌법 제55조가 규정한 상호성 요건의 충족 여부에 관해서는 행정재판소가 스스로 판단할 수 없고, 외교부 장관의 견해를 요청해야 한다고 판시하였다.[90] 이 문제 역시 유럽인권재판소의 개입을 통해 해결되었다.[91] 이에 관해 좀더 상세히 살펴보도록 한다.

이 사건은 1969년 알제리에서 의사자격을 취득한 프랑스인이 1987년 프랑스 남부 지방의 의사협회에 등록을 신청했다가 거절된 사실을 배경으로 하고 있다. 1962년 에비앙합의(Evian Accords)의 일부인 프랑스와 알제리 간 문화협력에 관한 정부선언 제5조는 일정한 요건 하에서 대학 졸업장 및 자격의 상호 승인을 규정하였다. 이 사건에서는 이 합의(프랑스 정부가 조약으로 인정하였음)가 프랑스 국내법상 적용될 수 있는지가 초점이었는데 그 이유는 프랑스 헌법 제55조가 다음과 같이 규정하고 있기 때문이다.

> 적법하게 비준 또는 승인된 조약 또는 협정은 각 조약 또는 협정이 타방 당사자에 의해 적용되는 것을 조건으로 하여 공포와 더불어 법률보다 상위의 효력을 지닌다.[92]

문제는 1962년 정부선언이 알제리에 의해서도 적용되는지 여부, 즉 상호성의 충족 여부였는데 프랑스 국참사원은 이에 대한 판단을 외교부 장관에게 요청하였다. 1998년 10월 외교부는 의견서를 통해 이 요건이 충족되지 않는다고 판단하였다.[93] 국참사원은 1999년 4월 외교부의 의견에 기초하여 원고의 청구를 기각하였다.[94] 한편 프랑스 정부는 1999년 1월 공중보건부령을 통해 원고가 프랑스에서 의사로 등록·활동할 수 있도록 하였다.[95] 국참사원의 기각판결이 내려지고 나서 사흘 후인 4월 12일 원고는 남부지방의 의사협회에 회원으로 가입하였다.[96]

유럽인권재판소 절차에서 프랑스 정부는 외국 정부의 행위를 평가하는 것은 법원보다는

---

90) qu'il n'appartient pas au juge administratif d'apprécier si et dans quelle mesure les conditions d'exécution par l'autre partie d'un traité ou d'un accord sont de nature à priver les stipulations de ce traité ou de cet accord de l'autorité qui leur est conférée par la Constitution; que, par des observations produites le 2 novembre 1998, le ministre des affaires étrangères a fait savoir que les stipulations précitées de l'article 5 de la déclaration relative à la coopération culturelle entre la France et l'Algérie ne pouvaient être regardées comme ayant été en vigueur à la date de la décision attaquée dès lors que, à cette date, la condition de réciprocité posée à l'article 55 de la Constitution n'était pas remplie; que, par suite, la requérante n'est pas fondée à invoquer ces stipulations

91) Chevrol v. France, European Court of Human Rights (13 February 2003). http://hudoc.echr.coe.int/sites/eng/pages/search.aspx?i=001-60941#{"itemid":["001-60941"]}.

92) 프랑스어로는 다음과 같이 되어 있다. "Les traités ou accords régulièrement ratifiés ou approuvés ont, dès leur publication, une autorité supérieure à celle des lois, sous réserve, pour chaque accord ou traité, de son application par l'autre partie."

93) para. 17.

94) para. 19.

95) para. 22.

96) para. 30.

외교담당부서의 권한에 속하는 점,[97] 특정 국가의 외교정책은 명백히 그 국가의 주권적 권한과 근본적인 고권(fundamental prerogatives)에 속하며 따라서 유럽인권협약 제6조의 적용범위를 벗어난다는 점 등을 주장하였다.[98]

유럽인권재판소는 특정 조약의 타방당사국이 상호성 요건(프랑스헌법 제55조상)을 충족시키는지 여부에 관하여 프랑스 외교부의 의견을 조회하는 것은 필요할 수도 있음을 인정하였다.[99] 그러나 행정부를 대표하는 외교부 장관의 견해에 대해 원고가 비판 또는 논의를 기회를 부여하지 않고 유권적·기속적 효력을 부여하는 것은 협약 제6조 제1항에 대한 위반이라고 판단하였다.[100]

(3) Chevrol 판결 이후의 전개

2003년 유럽인권재판소의 Chevrol 판결 이후 프랑스 국참사원도 이 판결의 취지를 수용하기에 이르렀다. 이러한 변화를 명시적으로 보여 주는 판례가 2010년 Cheriet-Benseghir 사건이다. 이 판결의 사실관계는 Chevrol 사건과 유사하다.

이 사건에서 국참사원은 헌법 제55조상의 상호성 요건의 충족 여부를 행정재판소가 직접 판단할 수 있다고 판시하였다. 이를 위해 행정재판소 판사는 외교부 장관 또한 필요한 경우에는 타방 당사국의 견해도 조회한 후 이를 대심적 변론절차(débat contradictoire)에 회부하여야 한다.[101]

4. 소 결

전통적으로 조약해석을 포함한 외교 문제를 사법적 통제로부터 자유로운 영역으로 파악했던 프랑스는 유럽통합의 가속화, 유럽인권협약 가입 등의 외생적 요인으로 인해 입장을 변경하고 있다. 조약해석과 관련하여 과거에는 해석권한을 외교부 장관에게 부여하고 법원은 이에 기속되었다. 1994년 유럽인권재판소의 Beaumartin 판결은 프랑스의 전통적 입장을 강력히 비판하였다. 이후 조약해석 등과 관련하여 사법부의 능동적 역할이 강화되는 방향으로

97) para. 68.
98) para. 69.
99) para. 81.
100) para. 82.
101) Conseil d'Etat, Assemblée, 9 juillet 2010. "qu'il appartient au juge administratif, lorsqu'est soulevé devant lui un moyen tiré de ce qu'une décision administrative a à tort, sur le fondement de la réserve énoncée à l'article 55, soit écarté l'application de stipulations d'un traité international, soit fait application de ces stipulations, de vérifier si la condition de réciprocité est ou non remplie; qu'à cette fin, il lui revient, dans l'exercice des pouvoirs d'instruction qui sont les siens, après avoir recueilli les observations du ministre des affaires étrangères et, le cas échéant, celles de l'Etat en cause, de soumettre ces observations au débat contradictoire, afin d'apprécier si des éléments de droit et de fait suffisamment probants au vu de l'ensemble des résultats de l'instruction sont de nature à établir que la condition tenant à l'application du traité par l'autre partie est, ou non, remplie."

변화가 발생하고 있다.

그럼에도 불구하고 조약해석 등에 대한 프랑스 사법부의 신중한 태도가 근본적으로 변했다고 보기는 어려울 것이다. 이 점은 Beuamartin 사건과 Chevrol 사건에서 프랑스 행정부가 제기한 여러 전통적 주장에서 어렵지 않게 짐작할 수 있다. 따라서 조약해석 등과 관련하여 프랑스 사법부가 행정부의 견해를 조회하고 이에 상당한 비중을 부여하는 실행은 앞으로도 계속될 것으로 전망된다.

Ⅳ. 외교문제에 대한 사법자제의 원리: 독일

1. 서 언

제2차 세계대전 이전 시기까지만 하더라도 독일에서는 조약 체결을 포함한 외교 행위는 "그 성질상"(ihrer Natur nach) 사법부의 통제로부터 면제되어 있다는 견해가 통설이었다.[102] "사법통제의 대상이 되지 않은 국가행위"(justizfreie Staatsakte), "재판에 친하지 않은 고권행위 또는 이른바 통치행위"(gerichtsfreie Hoheitsakte oder Regierungsakte) 등의 표현이 널리 사용되었다.[103]

1949년 서독 기본법의 제정·시행과 더불어 전통적인 통치행위론은 더 이상 발붙일 수가 없게 되었다. 기본법 제19조 제4항에 따른 실효적인 권리보호의 보장, 특히 제1조 제3항이 규정한 모든 권력의 완전한 기본권기속성 원칙, 제93조 제1항이 규정하고 있는 헌법재판의 물적대상의 무제한성 등은 통치행위이론을 부정하는 기초 위에 서 있는 것이다.[104] 따라서 독일 사법부, 특히 독일연방헌법재판소는 미국 대법원과 같이 "정치문제의 원칙"을 원용하여 법원에 부여된 재판권의 행사를 거절할 수 없다. 사법적 판단의 대상이 되는 문제에 관하여 법규범이 존재하는 한, 독일 판사는 이 규범을 적용하여 판단을 내릴 의무가 있는 것이다.[105]

원칙적인 차원에서 보면 독일은 구체적인 헌법규정을 통하여 조약체결·해석을 포함한 외교행위에 대한 사법적 통제의 원칙을 가장 선명하게 천명하고 있다고 평가할 수 있다. 그러면 실제적인 차원에서도 독일 사법부, 특히 연방헌법재판소는 국내문제와 외교문제에 대하

102) Rudolf Geiger, Grundgesetz und Völkerrecht, 5. Auflage(C.H. Beck, 2010), p. 129.

103) 阿部 照哉, "ドイツの憲法裁判における司法の自己抑制について", 法學論叢 110권 4·5·6호(12982), p. 61.

104) von Mangoldt/Klein/Starck, *Kommentar zum Grundgesetz: GG* (Vahlen, 2010), p. 1385.

105) W. G. Grewe, "Auswärtige Gewalt", in Josef Isensee & Paul Kirchhof(eds.), 3 *Handbuch des Staatsrechts der Bundesrepublik Deutschland*(C.F. Müller, 1988), p. 967; C. Calliess, "Auswärtige Gewalt", in Josef Isensee & Paul Kirchhof(eds.), 4 *Handbuch des Staatsrechts der Bundesrepublik Deutschland*(C.F. Müller, 2006), p. 607; Rudolf Geiger, *supra* note 102, p. 130.

여 어떠한 차이도 없이 사법적 통제를 가하고 있는 것인가? 결론부터 제시하자면, 독일은 원칙으로서는 외교행위에 대한 예외 없는 사법적 통제를 표방하고 있지만, 실질적·기능적으로는 외교행위의 특성을 고려하여 행정부에 대하여 상당한 재량을 부여하고 있다. 상징적인 예를 들자면 1973년 양독기본조약의 위헌성 여부를 판단하는 과정에서 연방헌법재판소는 "judicial self-restraint"라는 표현을 독일어로 번역하지 않고 두 번 사용하였다(이에 대해서는 아래에서 자세히 살펴본다). 국제조약이 국내법률과 마찬가지로 위헌심사의 대상이 되지만 연방헌법재판소가 위헌을 선언한 조약은 두 개에 불과하다는 사실에서도 이러한 경향을 엿볼 수 있다.[106)]

2. 자르지역지위협정사건과 접근이론

제3제국의 패망 및 서독 기본법의 제정·시행과 동시에 전통적인 통치행위론이 사라진 것은 아니었다. 이러한 사정은 1955년 연방헌법재판소가 결정한 자르지역지위협정(Saarstatut) 사건의 변론과정에서 서독 정부가 제출한 주장에서도 명확히 드러난다. 이 사건에서는 1954년 10월 23일 독일 수상과 프랑스 총리가 체결한 위 협정의 위헌 여부가 문제되었다.[107)] 독일 연방하원(Bundestag)은 1955년 2월 27일 이 협정에 대한 동의법률에 찬성하였고, 연방상원(Bundesrat) 역시 같은 해 3월 18일 이 법안을 채택하였다. 연방대통령은 같은 해 3월 24일자 관보에 동의법률을 공포하였다.[108)]

독일 행정부는 헌법 제59조 제2항에 따라 입법기관이 조약체결에 대해 (동의법률의 형식으로) 동의를 부여하는 행위는 외교행위로서 통치행위에 해당한다고 주장하였다. 이러한 주장의 함의는 조약동의법률은 "그 본질상"(seinem Wesen nach) 사법적 규범통제의 대상이 되지 않는다는 것이었다.[109)] 연방헌법재판소는 사법적 통제의 대상이 조약 자체가 아니라 이 조약 내용을 담고 있는 동의법률이라는 점과 동의법률 역시 헌법 제93조 제1항상의 '연방법'에 포함된다고 판시하였다.[110)] 연방헌법재판소는 행정부가 내세운 통치행위론을 배척하였던

106) von Mangoldt/Klein/Starck, *supra* note 104, p. 1386.

107) 이 협정의 독일어 명칭은 "Abkommen zwischen der Regierung der Bundesrepublik Deutschland und der Regierung der Französischen Republik über das Statut der Saar"이다. 이 사건에 대한 상세한 논의에 관해서는 Folke Schuppert, *Die verfassungsgerichtliche Kontrolle der Auswärtigen Gewalt* (Nomos, 1973), pp. 88-104 참조.

108) BVerfGE 4, p. 161.

109) *Ibid.* ("Sie [die Bundesregierung] vertritt die Ansicht, daß die Zustimmung der gesetzgebenden Körperschaften zu einem völkerrechtlichen Vertrage nach Art. 59 Abs. 2 GG einen Regierungsakt in der Form des Gesetzes, einen Akt der auswärtigen Gewalt darstelle. Ein Vertragsgesetz sei seinem Wesen nach der Prüfung im Normenkontrollverfahren nicht zugänglich.") 이러한 견해는 외교에 관한 권한을 행정부의 "대권"(Prärogative der Regierung)으로 파악하는 전통적 이해에 기초하고 있다. Schuppert, *supra* note 107, pp. 45-46.

110) BVerfGE 4, pp. 162-163; Schppert, *supra* note 107, p. 95.

것이다.

이 사건에서 연방헌법재판소는 이른바 '접근이론'(Annäherungstheorie)을 내세워 문제의 조약동의법률이 위헌이 아니라고 판단하였다.111) 재판소는 당시 자르지역이 프랑스에 의한 점령이라는 정치적·법적 예외상태에 있다는 점과 독일 정부가 상당한 외교상의 제약 하에 있다는 "정치적 현실"(die politischen Realitäten)을 지적하였다.112) 재판소는 이러한 상황 아래에서 당해 협정이 지금 당장 헌법에 완전히 합치하는 것은 아니지만 정치적으로 가능한 범위 내에서 완전한 합헌상태에 최대한 접근하려는 의도를 가지고 체결된 것이라면 합헌으로 볼 수 있다고 판시하였다.113)

이 판결은 사법자제의 원리보다는 제2차 세계대전 이후 자르지역이 처한 특수한 정치적·법적 상황에 강조점을 두었다고 보는 것이 타당할 것이다.114) 외교 문제에 대한 사법자제의 원칙은 1960년대 중반 이후 추진된 '동방정책'에 관련된 일련의 판결에서 선명하게 부각되었다.

3. 1973년 양독기본관계조약 사건

(1) 개 관

1966년 사회민주당(SPD)이 대연립정권에 참여하면서 브란트 외교장관에 의해 이른바 '할슈타인(Hallstein) 독트린'이 점차 폐기되기에 이르렀다. 1969년 사회민주당이 자유민주당과의 연정을 통해 집권하자 브란트 수상은 동방정책(Ostpolitik)을 본격적으로 추진하였다.115) 1972년에는 양독 간의 관계를 '국가' 간의 관계로 정상화하는 기본관계조약이 체결되기에 이르렀다.116) 이러한 사태 전개에 직면하여 서독 내 보수세력, 특히 바이에른주를 거점으로 하는 기독사회동맹(CSU)은 크게 반발하였다. 보수세력은 이 조약이 기본법 상의 동서독 재통일의 규정 등에 반하는 위헌적인 조약이라고 비판하였다.117)

---

111) '접근이론'에 대한 상세한 설명에 관해서는 阿部, *supra* note 103, pp. 66-69 참조.

112) BVerfGE 4, p. 168.

113) BVerfGE 4, p. 169. ("Der an sich unzweifelhafte Verfassungsgrundsatz, daß jede Ausübung staatlicher Gewalt in der Bundesrepublik Deutschland an das Grundgesetz gebunden ist(Art. 20 Abs. 3 GG), nötigt zu der Frage, ob bei Abschluß völkerrechtlicher Verträge der gekennzeichneten Art durch die Bundesrepublik Deutschland nur solche Vereinbarungen als verfassungsmäßig anzuerkennen sind, die dem Grundgesetz voll entsprechen, oder ob es nicht vielmehr genügt, daß die im Vertrag vorgesehenen Maßnahmen mit dem Willen unternommen sind und die Tendenz in sich tragen, dem voll verfassungsmäßigen Zustand wenigstens so weit, wie es politisch erreichbar ist, näher zu kommen, seiner Erreichung vorzuarbeiten.")

114) Schuppert, *supra* note 107, pp. 97-98.

115) 동방정책의 국제정치적 배경에 관한 설명으로는 Stephen F. Szabo, *The Diplomacy of German Unification* (St. Martin's Press, 1992), pp. 6-8 참조.

116) 이 조약의 정식명칭은 "Vertrag über die Grundlagen der Beziehungen zwischen der Bundesrepublik Deutschland und der Deutschen Demokratischen Republik"이다.

우리 학계에는 주로 1973년 7월 31일에 내려진 본안판결이 소개되어 있다. 주목할 점은 본안판결을 선고하기 전에 연방헌법재판소가 두 차례에 걸쳐 가명령(einstweilige Anordnung) 신청을 기각하였다는 사실이다.[118] 외교문제에 대한 사법자제라는 주제와 관련하여 두 건의 가명령 신청 사건은 적잖은 시사점을 던져 준다. 가명령 신청사건을 차례로 분석한 후, 본안판결을 살펴보도록 한다.

(2) 제1차 가명령 신청사건

바이에른은 1973년 5월 22일 연방헌법재판소에 가명령을 신청하고, 같은 달 28일 본안에 대한 소를 제기하였다. 재판소는 6월 4일 가명령 신청에 대한 판결을 선고하였다.[119] 바이에른이 신청한 가명령의 내용은 양독기본관계조약의 위헌성 여부에 대한 본안판결이 내려질 때까지 이 조약에 대한 연방대통령의 연서(連署) 및 공포, 그리고 양독 정부 간 각서의 교환(기본조약 제10조에 따르면 비준 후 각서를 교환한 다음 날부터 조약이 발효하도록 되어 있음)을 연기할 것을 요구하는 것이었다.[120] 이에 대해 서독 정부는 연방헌법재판소가 가명령을 내리면 (i) 교섭상대방에 대한 서독 정부의 국제적 행위능력이 제한된다는 점, (ii) 서독 정부의 국제적 행위능력의 제한은 곧 개최 예정인 유럽안보협력회의의 준비를 위한 외교장관회의 및 양독의 국제연합가입신청 시 중대한 문제를 야기할 우려가 있다는 점, (iii) 동독과의 교섭이 곤란하게 되어 양독의 인적 왕래규제의 완화가 늦어지게 된다는 점 등을 들어 가명령 신청을 기각할 것을 주장하였다.[121]

연방헌법재판소는 "가명령을 내리지 않았는데 그 후 본안판결에서 이 조약이 위헌으로 판정되는 경우에 발생하는 불이익"과 "가명령을 내린 후 본안판결에서 이 조약이 합헌으로 판정되는 경우에 발생하는 불이익"을 비교형량하는 방식으로 문제에 접근하였다.[122] 이 재판에 참여한 연방헌법재판소 제2부의 8명의 재판관은 각 4명의 두 그룹으로 나누어져 서로 다른 형량의 결과를 제시하였다.

한 그룹에서는 사법적 자제의 원리에 근접한 논리를 전개하면서 가명령을 내릴 경우의 불이익이 내리지 않을 경우의 불이익보다 크다고 보았다. 이 그룹은 "정치적으로 근본적인

---

117) 이 사건의 배경에 대한 상세한 설명에 관해서는 牧野 忠則, "西ドイツの連邦憲法裁判所の自己抑制の態度 -基本条約をめぐる諸判決中に表れた"judicial self-restraint"-", 北大法学論集 第29巻 2号(1978), pp. 265-269 참조.

118) 연방헌법재판소의 가명령 제도는 기본법이 아니라 연방헌법재판소법 제32조에 규정되어 있다. 제32조 제1항에 따르면 "연방헌법재판소는 쟁송의 경우 중대한 불이익을 피하고, 급박한 폭력을 방지하기 위해 또는 다른 중대한 이유로 인해 공공복지를 위해 긴급한 필요가 있는 경우에 가명령을 발하여 상황을 임시적으로 규율할 수 있다."

119) 牧野, *supra* note, 117, p. 269.

120) *Ibid.*, p. 270.

121) *Ibid.*, p. 271.

122) *Ibid.*

중요성을 가지는 조약의 체결과 비준에 관해서는 연방공화국의 정치적 기관이 책임을 져야 한다. 스스로의 전문지식으로는 [기본조약 체결 및 비준의] 정치적 함의를 충분히 판단할 수 없는 연방헌법재판소가 정치기관의 행위에 참견해서는 안된다"고 설시하였다.[123] 이러한 설시 내용은 미국에서 널리 통용되는 정치문제의 원칙 또는 사법적 자제의 원리와 매우 비슷하다.

다른 4명의 재판관은 상반된 형량 결과를 제시하였다. 이들은 가명령을 내리지 않을 경우의 불이익이 가명령을 내릴 경우에 발생할 불이익보다 크다고 보았다. 이들 재판관은 법치국가에서 조약의 위헌 여부를 심사할 권한이 있는 기관, 즉 연방헌법재판소가 이를 판단하기 전에 조약이 발효하게 되면 중대한 불이익(ein schwerer Nachteil)이 발생한다고 보았다. 이들은 또한 "최고 헌법기관들은 헌법에 따라 서로를 존중해야 한다. 어떠한 정치적인 고려도 이와 같은 법적인 존중의무에 우선할 수 없다"고 판시하였다.[124] 다른 4명의 재판관이 원용한 정치문제 또는 사법자제의 원칙에 대한 비판인 셈이다.

두 그룹의 재판관들은 비교형량의 측면에서 견해를 달리 하였지만, 여러 가지 상황(예를 들어 동독에서 비준절차가 아직 종료되지 않았다는 사실)을 들어 가명령이 "긴급히 요구된다"(dringend geboten)고 보지 않는 데 의견이 일치되었다.[125] 따라서 가명령 신청은 기각되었다.

(3) 제2차 가명령 신청사건

1973년 6월 4일 가명령 신청이 기각된 후에 헌법재판소의 예상과는 달리 사태가 급히 전개되었다. 이에 바이에른은 6월 13일 두 번째의 가명령 신청을 연방헌법재판소에 제출하였다. 닷새 뒤인 6월 18인 재판소 제2부는 전원일치의 결정으로 가명령 신청을 기각하였다.

이 판결에서도 재판소는 첫 번째 가명령 신청 사건과 마찬가지로 비교형량을 행하였다. 재판소는 기본조약의 발효의 지연으로 인해 어떠한 정치적 위험이 발생하는지 분명히 알 수 없다고 판단하였다. 그러면서도 재판소는 조약발효가 지연될 경우 동서독이 국제연합에 가입하는 데 지장을 초래할 수 있다는 서독 정부의 주장을 수용하였다. 재판소는 이 사실이 "근본적인 중요성을 갖는다"(von elementarer Bedeutung)고 보았다.[126]

주의할 점은 독일 연방헌법재판소가 '정치적 위험'에 입각한 서독 정부의 주장을 무비판

---

123) 원문은 다음과 같다. "Hinsichtlich des Abschlusses und der Ratifizierung eines Vertrags von so elementarer politischer Bedeutung haben die zu politischem Handeln berufenen Organe der Bundesrepublik ihre Verantwortung wahrzunehmen; diese darf das Gericht, das die politischen Implikationen aus eigener Sachkenntnis nicht ausreichend zu überschauen vermag, nicht schmälern wollen." NJW 1973, p. 1271.

124) *Ibid.*

125) *Ibid.*, p. 1272.

126) *Ibid.*, p. 1273.

적으로 수용한 것은 아니라는 사실이다. 재판소는 특정 사건이 연방헌법재판소에 계속(係屬) 중임에도 불구하고 행정부가 이를 앞질러나가는 조치를 취함으로써 결과적으로 재판소가 내릴 판결의 효력의 일부를 무의미하게 만드는 것은 서독 기본법상의 헌법재판제도(및 연방헌법재판소가 보유하는 국제조약에 대한 위헌여부 심사 권한)에 불합치하는 것이라고 지적하였다.[127)]

동시에 헌법재판소는 기본법상의 헌법재판(조약의 위헌 여부에 대한 심사를 포함한)의 원칙이 일정한 한계를 가지고 있음을 지적하였다. 재판소에 따르면 "연방헌법재판소가 가명령을 부여하지 않는 경우 이러한 한계를 결정하는 것은 연방정부의 책임이다. 이러한 결론은 연방헌법재판소가 유사한 사건에서 일관되게 견지해 온 사법자제의 원칙(Grundsatz des judicial self-restraint)으로부터 도출된다."[128)] 이미 지적한 바와 같이 독일 연방헌법재판소는 "judicial self-restraint"를 독일어로 번역하지 않고 영어 표현 그대로 사용하였다.

(4) 본안판결

우리 학계에도 널리 소개되어 있는 양독기본관계조약사건의 본안판결에서 연방헌법재판소는 다시 "judicial self-restraint"라는 표현을 사용하였다. 관련되는 부분만 간략히 소개하도록 한다. 양독기본관계조약사건의 본안에 대한 구두변론은 1973년 6월 19일에 개시되었다. 다음 날인 6월 20일 동서독 간에는 각서가 교환되었고 기본조약 제10조의 규정에 따라 기본조약은 6월 21일 발효하였다. 바이에른이 우려했던 대로 기본조약의 위헌성 여부에 대해 연방헌법재판소가 그 권한을 행사하기도 전에 "국제적인 차원에서" 이 조약이 발효하기에 이른 것이다.

재판소는 구두변론 개시 후 약 40일 후인 7월 31일에 본안판결을 내렸다. 이 판결에서 외교문제에 대한 사법자제와 관련하여 재판소는 다음과 같이 섬세한 균형을 취하고 있는 의견을 제시하였다.

> 조약에 대한 위헌심사와 관련하여 중요한 해석원칙의 하나는 다음과 같다. 연방공화국과 외국 간의 관계에 관련된 헌법규정들을 해석할 때에는 이들 규정의 한계설정적 성격, 즉 정치적 형성을 위한 재량의 여지를 인정하는 성격을 간과해서는 안된다. 이와 관련하여 기본법은 외교 분야를 포함하여 모든 정치적 권력에 대해 법적 한계를 설정하고 있다. 이것이 기본법이 구축하고 있는 법치국

---

127) *Ibid.*, pp. 1272-1273. ("Mit der Entscheidung des Grundgesetzes für die Verfassungsgerichtsbarkeit und ihrer Kompetenz zur verfassungsrechtlichen Prüfung auch eines außenpolitischen Vertrags ist grundsätzlich unvereinbar, daß die Exekutive ein beim Bundesverfassungsgericht anhängiges Verfahren überspielt und durch eine Maßnahme endgültig das Urteil dieses Gerichts um einen Teil seiner Wirkung bringt, wie andererseits das BVerfG in einem solchen Fall eines drohenden Verfassungskonflikts verfassungsrechtlich gehalten ist, sein Verfahren auf jede mögliche Weise zu beschleunigen.")

128) ("Soweit das BVerfG auf den Erlaß einer einstweiligen Anordnung verzichtet, liegt es in der Verantwortung der Bundesregierung, diese Grenze zu bestimmen. Das folgt aus dem Grundsatz des judicial self-restraint, den sich das Gericht in solchen Fällen in ständiger Rechtsprechung auferlegt hat.")

가적 질서의 본질이다. 이러한 헌법질서의 관철은 최종적으로 연방헌법재판소의 의무이다.

연방헌법재판소가 자신에게 부과하고 있는 사법자제의 원칙은 자신에게 부여된 권한의 축소 또는 약화를 의미하는 것이 아니라 "[사법기관의 본분에서 벗어나] 정치적 역할을 수행하는 것", 즉 헌법이 창출하고 그 한계를 설정한 자유로운 정치적 형성의 영역에 개입하는 것의 포기를 의미한다. 이 원칙은 헌법이 다른 헌법기관들에 보장하고 있는 자유로운 정치적 형성의 영역을 [연방헌법재판소가 '터치'하지 않고] 그대로 두는 것을 지향한다.[129)]

(5) 소 결

동서독기본조약사건에서 연방헌법재판소는 2차에 걸쳐 가명령 신청을 기각한 후 본안판결을 내렸다. 이 사건에서 헌법재판소는 대외문제에 대한 권한을 포함하여 모든 국가권력이 헌법적 통제 하에 있음을 확인하면서도 외교 영역에서 다른 헌법기관들이 갖는 "자유로운 정치적 형성의 영역"을 인정하였다. 특히 제2차 가명령 신청에 대한 판결과 본안 판결에서 "judicial self-restraint"라는 표현을 번역하지 않고 사용함으로써 영미법원에서 발전된 사법적 자제원리에 대한 공감을 표시하였다.

4. 기본관계조약사건 이후의 판결 동향의 개관

1973년 기본관계조약에 관련된 일련의 판결에서 선언되었던 연방헌법재판소의 기본입장은 그 후에도 별다른 변경 없이 유지되고 있는 것으로 보인다.[130)] 특히 1996년 4월 18일 제2차 토지개혁 (Bodenreform II) 사건에서 내린 판결이 주목할 만하다. 이 사건은 1990년에 달성된 독일통일 과정에서 소련이 통일에 동의하는 조건으로 1945-1949년에 자신이 점령지역에서 행한 토지몰수조치를 불문에 부치는 것을 요구한 것과 관련되었다.[131)] 독일통일이라는 '외교적' 목적을 달성하기 위해 개인의 재산권을 희생시킬 수 있는가라는 문제를 야기하

---

129) BVerfGE 36, pp. 14-15. ("Zu den gerade in der Verbindung mit der verfassungsrechtlichen Prüfung von Verträgen bedeutsamen Auslegungsgrundsätzen gehört außerdem, daß bei der Auslegung von Verfassungsbestimmungen, die sich auf Beziehungen der Bundesrepublik mit anderen Staaten beziehen, deren schrankensetzender, also Spielraum für die politische Gestaltung lassender Charakter nicht außer Betracht bleiben darf. In dieser Begrenzung setzt das Grundgesetz jeder politischen Macht, auch im Bereich der auswärtigen Politik, rechtliche Schranken; das ist das Wesen einer rechtsstaatlichen Ordnung, wie sie das Grundgesetz konstituiert hat. Die Durchsetzung dieser Verfassungsordnung obliegt letztverbindlich dem Bundesverfassungsgericht.
Der Grundsatz des judical self-restraint, den sich das Bundesverfassungsgericht auferlegt, bedeutet nicht eine Verkürzung oder Abschwächung seiner eben dargelegten Kompetenz, sondern den Verzicht "Politik zu treiben", d.h. in den von der Verfassung geschaffenen und begrenzten Raum freier politischer Gestaltung einzugreifen. Er zielt also darauf ab, den von der Verfassung für die anderen Verfassungsorgane garantierten Raum freier politischer Gestaltung offenzuhalten.")

130) von Mangoldt/Klein/Starck, *supra* note 104, p. 1386.

131) 이 문제에 관한 상세한 논의로는 Peter E. Quint, "German Unification and the Federal Constitutional Court: A Retrospective View After Twenty Years", in Peter E. Caldwell & Robert R. Shandley, *German Unification: Expectations and Outcomes*(Palgrave Macmillan, 2011), pp. 159-164 참조.

고 있는 점에서 2012년 대법원의 강제징용사건과 연관되어 있다.

이 판결에서 연방헌법재판소는 "원칙적인 차원에서 자신에 의한 규범통제의 예외는 없지만, 외교행위와 관련하여 행정부 등 정치적 기관에 광범위한 정치적 형성의 재량이 인정된다"는 절충적 입장을 명확히 제시하였다. 관련 부분을 인용하면 다음과 같다.

> 실제로 [소련이 그 점령지역에서 몰수한 토지의] 반환을 배제한다는 데 동의해야만 재통일이 가능했는지에 대한 판단은 연방정부의 권한에 속한다. 통일 전 구 동독과의 관계에서 추진한 독일정책의 경우에도 마찬가지이지만, 외교정책의 영역에서는 연방정부에 대해 광범위한 정치적 재량의 여지가 인정된다. 이러한 언명은 바로 국제조약의 체결에 해당되는데, 왜냐하면 조약 내용은 일방적으로 결정될 수 있는 것이 아니라 조약 상대방과의 합의에 달려 있기 때문이다. 협상상황의 판단과 관련하여 이러한 재량을 행사하는 데 아무런 한계도 없다고는 할 수 없을 것이다. 다만 연방정부의 재량행사가 더 이상 [연방정부에 부과된] 의무에 합치하지 않는다고 볼 수 있을 때에 비로소 이 한계를 넘게 되는 것이다.[132)]

연방헌법재판소는 1991년 4월 23일 제1차 토지개혁 사건에서 유사한 판지를 제시한 바 있다. 재판소는 "협상상황에 따라 무엇이 성취 가능했는지에 대한 평가는 연방정부가 독자적인 책임 하에 또한 그 의무에 좇아 판단할 문제이며, 헌법재판소의 사후심사의 대상이 되지 않는다"고 선언하였다.[133)]

조약 체결에 관련된 것은 아니지만 외교문제에 대한 연방헌법재판소의 신중한 입장을 잘 보여 주는 사례로서 1984년 12월 18일 선고된 중거리핵미사일 배치(Atomwaffenstationierung) 사건 판결을 들 수 있다. 이 사건은 연방정부가 법률에 의한 수권(gesetzliche Ermächtigung) 없이 서독 영역 내 미국의 중거리핵무기 배치에 동의한 것을 배경으로 하였다. 연방헌법재판소는 이 사건에서 다음과 같이 판시하였다.

> [연방정부가 법률에 의한 수권 없이 서독 내 핵무기 배치에 대하여 동의할 수 있는지]에 대한 판단과 정치적 평가는 연방정부가 행해야 한다. 기본법은 단지 이러한 판단 권한에 대해 명백한 자의라는 한계를 설정할 뿐이다. [연방정부의 행위가] 이처럼 광범위하게 설정된 한계를 벗어나지 않는 경우에는 연방헌법재판소는 위에서 언급한 판단과 평가가 타당한지 여부를 심사해서는 안된다.

---

132) BVerfGE, 94, p. 35. ("Die Einschätzung, ob die Wiedervereinigung in der Tat von der Zustimmung zum Restitutionsausschluß abhing, war Sache der Bundesregierung. Dieser steht im Bereich der Außenpolitik-Gleiches galt für die Deutschlandpolitik im Verhältnis zur Deutschen Demokratischen Republik(vgl. BVerfGE 36, 1 [17 f.])-ein breiter Raum politischen Ermessens zu. Das wirkt sich gerade beim Abschluß von Staatsverträgen aus, deren Inhalt nicht einseitig bestimmt werden kann, sondern von der Übereinstimmung der Verhandlungspartner abhängt. Die Ausübung dieses Ermessens bei der Einschätzung der Verhandlungssituation ist zwar nicht völlig unbegrenzt. Die Grenzen verlaufen aber erst dort, wo die Einschätzung der Bundesregierung nicht mehr als pflichtgemäß anzusehen ist.")

133) BVerfGE 84, p. 128. ("Die Einschätzung dessen, was nach der Verhandlungslage erreichbar war, unterlag dabei der eigenverantwortlichen, pflichtgemäßen Beurteilung der Bundesregierung und entzieht sich der verfassungsgerichtlichen Nachprüfung.")

왜냐하면 재판소는 그에 관해 법적인 판단기준들을 보유하고 있지 못하기 때문이다. 당해 판단과 평가에 대해서는 정치적으로 책임져야 할 것이다.[134)]

인용문 중의 밑줄 친 부분은 UN 특정경비(Certain Expenses of the United Nations) 사건에서의 ICJ의 판지("when the Organization takes action which warrants the assertion that it was appropriate for the fulfilment of one of the stated purposes of the United Nations, the presumption is that such action is not ultra vires the Organization")[135)]를 연상시킨다.

근래 연방헌법재판소가 연방정부의 대외적 행위에 대해 엄격한 통제를 가하는 경우도 있지만, 대체로 재판소는 자신의 기본적 입장을 유지하고 있는 것으로 보인다. 헌법재판소는 2007년 7월 3일자 판결을 통해 같은 해 3월 연방하원이 채택한 결의에 기초하여 연방방위군이 확대된 국제치안지원부대(International Security Assistance Force) 임무에 참여하는 것이 기본법 제59조 제2항 제1문상의 연방하원의 권리를 침해하는 것이 아니라고 판단하였다.[136)] 이러한 결론에 이르는 과정에서 재판소는 "기본법상 외교정책의 분야에서는 연방정부가 독자적인 책임 하에 임무를 수행하기 위해 광범위한 재량을 부여받"고 있다고 판시하였다.[137)] 유사한 언명을 포함하고 있는 판례는 이 이외에도 적지 않다.[138)]

5. 외교 문제에 대한 행정부 견해의 조회 및 취급

외교문제에 대한 사법자제의 원리와 깊이 관련된 문제로서 외교 관련 사항에 대한 행정

---

134) BVerfGE 68, p. 97. ("Einschätzungen und politische Wertungen dieser Art obliegen der Bundesregierung. Das Grundgesetz zieht dieser Beurteilungsmacht nur die Grenze offensichtlicher Willkür. Das Bundesverfassungsgericht hat innerhalb dieser äußersten Grenze nicht nachzuprüfen, ob Einschätzungen und Wertungen dieser Art zutreffend oder unzutreffend sind, da es insoweit rechtlicher Maßstäbe ermangelt; sie sind politisch zu verantworten.")

135) Certain Expenses of the United Nations(Article 17, paragraph 2, of the Charter), I.C.J. Reports 1962, p. 168.

136) BVerfGE 118, p. 244.

137) BVerfGE 118, p. 259. ("Das Grundgesetz hat der Regierung im Bereich auswärtiger Politik einen weit bemessenen Spielraum zu eigenverantwortlicher Aufgabenwahrnehmung überlassen.")

138) BVerfGE 2, p. 96. ("Das Gericht hat von der gegebenen Zuständigkeitsordnung auszugehen und nicht darüber zu befinden, ob es verfassungspolitisch zweckmäßig ist, die Zuständigkeit eines Verfassungsgerichts in einer Weise zu gestalten, daß die Entscheidung über Lebensfragen der Nation im Ergebnis davon abhängen kann, wie das Gericht eine verfassungsrechtliche Frage beurteilt. Jedenfalls ist es unrichtig, zu behaupten, es seien politische Entscheidungen in die Hand des Gerichts gelegt."); BVerfGE 40, pp. 178-179. ("Auf der anderen Seite würde das Bundesverfassungsgericht, wenn es solche Feststellungen träfe, sich in einem Bereich bewegen, in dem den Trägern der auswärtigen Gewalt eine Bewegungsfreiheit vorbehalten bleiben muß, deren Nutzung legitimerweise vorwiegend von politischen Zielsetzungen und Wertungen bestimmt wird."); BVerfGE 55, p. 365. ("Um es zu ermöglichen, die jeweiligen politischen Ziele der Bundesrepublik Deutschland im Rahmen des völkerrechtlich und verfassungsrechtlich Zulässigen durchzusetzen, gewährt das Grundgesetz den Organen der auswärtigen Gewalt einen sehr weiten Spielraum in der Einschätzung außenpolitisch erheblicher Sachverhalte wie der Zweckmäßigkeit möglichen Verhaltens.")

부의 의견의 조회 여부 및 그 의견에 대한 비중부여가 있다. 이 문제를 깊이 있게 다룬 두 학위논문의 결론을 요약하자면 다음과 같다.[139)]

독일 기본법상 권력분립의 원칙이 적용되고 그 결과 사법부 독립의 원칙이 견지되는 한, 원칙적으로 독일 법원은 외교 문제에 대한 행정부의 입장 및 견해에 기속되지 않는다.[140)] 그렇다고 하여 외교문제에 대한 행정부의 견해가 미약한 비중을 누린다는 것은 아니다. 행정부의 견해는 증거방법(Beweismittel)으로서 법관의 자유판단(freie richterliche Beweiswürdigung)의 대상이 된다.[141)] 1960년 2월 25일 연방대법원(BGH) 판결에서 외교문제(구체적으로 서독과 영국 간에 체결된 조약의 해석 문제)에 대한 행정부의 견해를 "만족스럽고 증언을 대체하는 증거방법"(ein ausreichendes, den Zeugenbeweis ersetzendes Beweismittel)으로 취급하였다.[142)] 이와 같이 외교 문제에 대한 행정부의 견해에 대한 증거력평가는 원칙적으로 개별 사안에 따라 다르지만,[143)] 외교 문제에 대한 행정부의 전문성에 비추어볼 때 전문가의 감정의견(Sachverständigengutachten)에 상응하는 비중이 부여된다.[144)]

외교상 중요한 문제가 법원에 회부되었을 때 행정부의 견해를 조회해야하는지와 관련하여 Bolewski의 견해가 주목할 만하다. Bolewski 역시 사법부 독립의 원칙에서 출발하여 법원이 외교문제에 대한 행정부의 견해에 구속되지 않음을 분명히 하면서도 개별적인 경우에 외교문제와 관련하여 행정부의 견해를 조회할 의무가 발생한다(eine Verpflichtung zur Gutachteneinholung)고 보고 있다.[145)] 이러한 의견조회를 통해 사법부와 행정부 간의 의견 차이를 좁힐 수 있고, 대외적 차원에서 국제의무 위반으로 국가책임이 발생하는 것을 방지할 수 있다.[146)]

6. 소 결

독일의 경우 전전(戰前) 통치행위이론의 남용, 서독 기본법상의 관련 규정 등으로 인해 미국과 같은 정치문제의 법리는 원칙적인 차원에서는 발을 붙일 수 없었다. 그러나 실제적·기능적인 측면에서 볼 때 독일 연방헌법재판소는 외교 문제를 담당하는 연방정부에 광

---

139) Roland O. Friedrich, *Auswärtige Angelegenheiten in der Deutschen Gerichtspraxis: Die Wirkung von Regierungserklärungen im Prozeß*(Inauguraldissertation/Heidelberg, 1970); Wilfried M. Bolewski, *Zur Bindung deutscher Gerichte an Äußerungen und Maßnahmen ihrer Regierung auf völkerrechtlicher Ebene: Ein Beitrag zur Verrechtlichung der Außenpolitik*(Inauguraldissertation/Marburg, 1971).

140) Friedrich, *supra* note 139, pp. 115-117; Bolewski, *supra* note 139, pp. 159-160.

141) Friedrich, *supra* note 139, p. 123.

142) *Ibid.*, p. 119.

143) *Ibid.*, 122.

144) Bolewski, supra note 139, p. 160.

145) *Ibid.*, p. 163.

146) *Ibid.*, p. 164.

범위한 "정치적 형성"의 재량을 부여하고 있다. 한 학자의 평가에 따르면, 외교적 영역에서는 부분적이나마 "사법적 통제로부터 자유로운 고권행위론"에 부합하는 경향을 보이고 있다.[147] 독일 연방헌법재판소가 정치적 부서에 인정하는 정치적 형성의 재량의 범위(달리 표현하자면 연방헌법재판소가 자신에게 부과하는 사법자제의 범위)가 정치문제의 법리에 대해 좀더 엄격한 규율을 가하는 방향으로 움직이고 있는 미국에 비해 좁다고 보기 어려울 것이다.

Ⅴ. 비교법적 검토로부터 시사점의 도출

지금까지 외교문제에 대한 사법자제의 원리와 관련하여 미국, 프랑스, 독일의 사례를 검토하였다. 이들 사례의 비교에서 도출하는 시사점은 다음과 같다.

첫째, 통치행위이론에 대해 상세한 비교법적 고찰을 행한 헌법학자가 지적하였듯이, 정치문제의 법리도 (i) 개별 국가의 헌정사와 헌정실제, (ii) 권력분립원칙에 대한 기본적 이해, (iii) 사법제도상의 차이에 기인하는 사법심사제의 특성 등에 따라 그 용어, 논리적 기초, 적용범위 등이 결정된다.[148] 국제법적인 측면에서 고찰하자면, 국제법과 국내법의 관계, 특히 조약이 국내법 체계로 수용/편입되는 방식도 상당한 영향을 끼친다. 예를 들어 독일의 경우 조약이 동의법률의 형식으로 국내법에서 작동하기 때문에 연방헌법재판소의 위헌심사의 대상이 되기에 더 용이하다고 할 수 있다.

둘째, 외교문제에 대한 사법자제의 원리와 관련하여 당해 국가의 법원이 원칙적·공식적으로 표방하는 원리보다 실질적으로 이 원리가 어떻게 작동하고 있는지를 파악하는 것이 중요하다. 다시 독일의 예를 들자면, 전전(戰前) 통치행위이론의 남용, 서독 기본법상의 관련 규정 등으로 인해 미국과 같은 정치문제의 법리는 원칙적인 차원에서는 발을 붙일 수 없었다. 그러나 실제적·기능적인 측면에서 볼 때 독일 연방헌법재판소는 외교 문제를 담당하는 연방정부에 광범위한 "정치적 형성"의 재량을 부여하고 있다. 독일 연방헌법재판소가 정치적 부서에 인정하는 정치적 형성의 재량의 범위(달리 표현하자면 연방헌법재판소가 자신에게 부과하는 사법자제의 범위)가 정치문제의 법리에 대해 좀더 엄격한 규율을 가하는 방향으로 움직이고 있는 미국에 비해 좁다고 보기 어려울 것이다.

셋째, 미국에서는 학계를 중심으로 정치문제법리의 '종언' 내지 '사망'이 논의되고 있음은 위에서 보았다. 독일의 경우 원칙적인 차원에서는 정치문제의 법리 또는 사법적 자제의 원리

147) Calliess, *supra* note 105, p. 608 ("Angesichts der Gegenseitigkeit im völkerrechtlichen Verkehr und der Integration der Bundesrepublik in den Staaten- und Verfassungsverbund ist die gerichtliche Kontrolldichte in diesen Bereichen notwendig reduziert, auch wenn damit im Ergebnis eine partielle Konvergenz zur Theorie der gerichtsfreien Hoheitsakte bewirkt werden mag.")

148) 성낙인, *supra* note 8, pp. 730-731.

가 적용되기 어려움도 살폈다. 프랑스는 전통적으로 행정부에 사법심사로부터 자유로운 대권(prerogative)을 상당히 인정하였으나, 유럽 통합 및 유럽인권협약이라는 외생적 요인으로 인해 과거의 관행을 제한·축소해 나가고 있음도 고찰하였다. 이러한 추세는 종국적으로 정치문제의 법리 또는 통치행위론의 점진적 고사(枯死)로 귀결될 것인가? 이 질문은 최근 활발히 논의되는 세계적 차원의 입헌주의(global constitutionalism)와도 연결되는 거대한 문제이다.

우리 논의로 폭을 좁혀 논의하자면, 방금 언급한 추세에도 불구하고 대부분의 국가에서 실질적·기능적으로는 외교관계의 특수성 내지 내국관계와의 차별성을 일정 정도 고려할 것으로 예상된다. 정치문제법리에 대한 비판은 이 이론의 '본질화'(essentialize)로 인한 남용 가능성에 대한 우려로 보인다. 미국의 경우 특히 부시 행정부 시절 정치 문제의 이론의 빈번한 원용을 통해 외교문제에 대한 사법심사권한을 약화시키려는 시도가 있었다. 따라서 이를 '원칙'으로 지위를 격상시키지 않고, 권력분립의 원칙 및 그에 따른 타 부서(branch)에 대한 존중 등의 방식으로 기능적 접근을 하는 경향은 지속될 것으로 보인다.

넷째, 외교문제에 대한 정치문제의 법리 또는 사법자제의 이론은 결국 개별 사안에 따라 case-by-case로 적용될 것이다. 위에서 살펴본 Zivotofsky 판결의 경우 정치문제 여부를 판단하기 위하여 좀더 분명한 규칙(bright-line rule)의 도입을 시도하는 것으로 보이지만, 이러한 시도는 성공하기 어려울 것이다. 이렇게 볼 때 1962년 Baker 판결에서 제시한 여섯 개의 항목은 개별 항목에 대한 비중 부여는 변화가 있었지만 아직 유효한 기준으로 판단된다. Baker 리스트에 첨가할 사항은 인권보호가 관련되는지 여부이다. Zivotofsky 판결에서 Breyer 판사가 강조하였듯이 구체적인 법익에 관련된 개인의 권리가 문제될 경우 법원은 정치문제의 법리의 적용에 신중한 태도를 취한다.[149] 인권보호가 관련된다고 하여 정치문제이론이 자동적으로 배제되는 것은 아니다.[150] 정치문제인지에 대한 최종 판단은 종합적·맥락적 형량에 의해 결정되나, 인권보호가 관여되지 않는 경우보다 이론의 적용에 신중해야 할 것이다.

Ⅵ. 결　어

지금까지 전개한 논의에 비추어볼 때 2012년 강제징용사건에 대한 대법원의 판결은 외교문제에 대한 사법자제의 원리의 관점에서 어떻게 평가될 수 있을까? 이 문제를 한편으로는 대외문제에 관해 우리 사법부가 근래 전개한 법리에 기초하여, 다른 한편으로는 미국 등 외

149) 132 S.Ct. 1440. 유사한 의견으로는 배종인, *supra* note 8, p. 104 및 윤영미, *supra* note 8, p. 31 각주 54에 소개된 견해 참조.

150) 윤영미, *supra* note 8, p. 31 각주 54("기본권 침해가능성이 있는 경우와 다른 헌법적 쟁송요건이 갖추어진 경우를 달리 취급할 근거나 이유가 불분명하다고 생각한다").

국에서 확립된 법리를 기준으로 간략히 답해 보도록 한다.

외교문제에 대한 사법자제의 원리와 관련하여 헌법재판소는 2004년 일반사병 이라크파병 위헌확인 사건에서 다음과 같이 판시하였다.

> 이 사건 파견결정은 그 성격상 국방 및 외교에 관련된 고도의 정치적 결단을 요하는 문제로서, 헌법과 법률이 정한 절차를 지켜 이루어진 것이 명백하므로, 대통령과 국회의 판단은 존중되어야 하고 우리 재판소가 사법적 기준만으로 이를 심판하는 것은 자제되어야 한다. 오랜 민주주의 전통을 가진 외국에서도 외교 및 국방에 관련된 것으로서 고도의 정치적 결단을 요하는 사안에 대하여는 줄곧 사법심사를 자제하고 있는 것도 바로 이러한 취지에서 나온 것이라고 할 것이다. 이에 대하여는 설혹 사법적 심사의 회피로 자의적 결정이 방치될 수도 있다는 우려가 있을 수 있으나 그러한 대통령과 국회의 판단은 궁극적으로는 선거를 통해 국민에 의해 평가와 심판을 받게 될 것이다.[151)]

대법원은 엄밀한 의미에서 외교문제는 아니지만 외교와 유사한 성격을 강하게 지니고 있는 남북관계에서 발생한 대북송금사건에서 다음과 같이 설시하였다.

> 입헌적 법치주의국가의 기본원칙은 어떠한 국가행위나 국가작용도 헌법과 법률에 근거하여 그 테두리 안에서 합헌적·합법적으로 행하여질 것을 요구하며, 이러한 합헌성과 합법성의 판단은 본질적으로 사법의 권능에 속하는 것이다. 다만, 국가행위 중에는 고도의 정치성을 띤 것이 있고, 그러한 고도의 정치행위에 대하여 정치적 책임을 지지 않는 법원이 정치의 합목적성이나 정당성을 도외시한 채 합법성의 심사를 감행함으로써 정책결정이 좌우되는 일은 결코 바람직한 일이 아니며, 법원이 정치문제에 개입되어 그 중립성과 독립성을 침해당할 위험성도 부인할 수 없으므로, 고도의 정치성을 띤 국가행위에 대하여는 이른바 통치행위라 하여 법원 스스로 사법심사권의 행사를 억제하여 그 심사대상에서 제외하는 영역도 있다.[152)]

이러한 견해들에 비추어 보면, 우리 사법부는 통치행위 개념 자체는 인정하여 경우에 따라 특별한 고려를 하지만 그 적용에 신중을 기하고 있다. 또한 어떠한 행위를 통치행위로 본다고 해서 반드시 사법심사에서 배제하는 것은 아니다.[153)] 헌법재판소의 경우 특히 "국방 및 외교에 관련된 것으로 고도의 정치적 결단을 요하는 문제"에 관해 "재판소가 사법적 기준만으로 이를 심판하는 것은 자제되어야 한다"고 지적하였다. 1965년에 이루어진 한일 간의 국교정상화와 그에 따른 양국 및 양국민 간의 "재산, 권리 및 이익"과 "청구권" 문제의 (일괄보상협정 방식을 통한) "최종적이고 완전한 해결"이 "외교에 관련된 것으로 고도의 정치적 결단을 요하는 문제"였다는 점은 협상과정에 비추어보더라도 어렵지 않게 수긍할 수 있을 것이다.

다음으로 비교법적 관점에서 2012년 대법원 판결을 검토해 보도록 한다. 논의를 원활하

---

151) 헌법재판소판례집 제16권 1집, p. 606.
152) 대법원 2004.3.26. 선고 2003도7878 판결. 공2004.5.1.(201), 753.
153) 윤영미, *supra* note 8, p. 2.

게 진행하기 위해 미국 연방대법원이 제시한 Baker항목을 기준으로, 즉 (i) 당해 이슈가 헌법상 명확한 방식으로 행정부나 입법부의 관할에 속하는지 여부, (ii) 당해 이슈를 해결하기 위해 사법적인 방식으로 발견하여 운용할 기준이 존재하는지 여부, (iii) 신중성(prudence)의 요청에 비추어 살펴본다.

먼저 우리 헌법상 외교문제에 대한 권한은 '정치적' 부서인 행정부와 국회에 부여되어 있고, 특히 행정부에 우선적으로 부여되어 있다고 볼 수 있을 것이다. 1965년 협정의 협상은 행정부가 주도하였고, 입법부는 이 협정의 비준에 동의하였다. 뿐만 아니라 국회는 각종 후속 입법을 통해 당해 협정의 합헌성과 합법성을 확인하였다. 이렇게 볼 때 2012년 대법원 판결은 두 '정치적' 부서가 헌법상 권한을 갖고 처리한 문제영역에 '과감한 개입'을 행하고 있다고 평가될 수 있다.

다음으로 한일 간의 복잡미묘한 외교현안에 대해 우리 법원이 "사법적인 방식으로 발견하여 적용가능한 판단기준"을 가지고 있는지를 검토하도록 한다. 판결 선고 시로부터 47년 전에 체결된 청구권협정과 관련하여 "청구권협정 제1조에 의해 일본 정부가 대한민국에 지급한 경제협력자금은 제2조에 의한 권리문제의 해결과 법적 대가관계가 있"는지 여부, "청구권협정의 협상과정에서 일본 정부는 식민지배의 불법성을 인정하지 않은 채, 강제동원피해의 법적 배상을 원칙적으로 부인하였고, 이에 따라 한일 양국의 정부는 일제의 한반도 지배의 성격에 관하여 합의에 이르지 못하였는데, 이러한 상황에서 일본의 국가권력이 관여한 반인도적 불법행위나 식민지배와 직결된 불법행위로 인한 손해배상청구권이 청구권협정의 적용대상에 포함되었"는지 여부 등 고도의 외교적 고려에 의해 절충 내지 '봉합'된 문제에 대해 법원이 확실한 법적 판단을 내릴 기준(standard)을 가지고 있는지는 의문이다. 2012년 대법원 판결에서 중요한 문제였던 일제에 의한 한반도 지배의 불법성 문제에 관해 한일기본관계조약 제2조는 구(舊)조약이 "이미 무효"라는 '전략적 애매성'(strategic ambiguity)으로 가득 찬 표현으로 봉합하고 넘어갔다. 그 결과 우리 국내헌법적 차원에서는 일제의 식민지배가 불법・무효이지만, 국제적인 차원에서도 그러한지는 모호한 형태로 절충되고 말았다. 국제적인 차원에서도 일제의 식민지배가 불법이었는지에 관해서는 "사법부의 판단과 정치적 선택이 다를 바 없어 법적 판단의 고유한 특색이나 특장이 없고, 오히려 민주사회에서 기능적으로 정치적 기관이 더 적합성이 있"[154]다고 볼 수도 있을 것이다. 미국의 경우 강제징용피해자가 Interhandel을 상대로 제기한 소송에서 DC연방항소법원은 이 문제는 "입법부 또는 행정부에 의한 가이드라인, 권한부여 또는 지원 없이 법원 단독으로는 해결할 수 없"다고 판시하였다.[155] 즉 주어진 사건을 사법적으로 해결할 만한 잣대나 가이드라인이 없다는 것이었다.

---

154) *Ibid.*, p. 24.
155) Kelberine, 363 F.2d, p. 995.

다음으로 정부 내 다른 '정치적' 부서, 특히 행정부와의 관계에서 외교적 곤경(embarrassment)을 야기하지 말아야 한다는 등의 '신중성'에 기초한 고려의 관점에서도 2012년 대법원 판결에 대해서는 의문을 제기할 수 있다. 한국 외교부는 1965년 협정 체결 이후 일관되게 강제징용사건이 1965년 협정에 의해 해결되었다는 해석을 견지해 왔다. 이러한 입장은 한일 외교협정 관련 문서 공개에 따라 과거사 문제 해결에 대한 사회적 요구와 압력이 강했던 2005년(민관합동위원회의 견해 형식으로 한국 정부의 공식입장이 발표된 해였음)에도 유지되었다. 2012년 판결은 거의 반세기에 걸쳐 견지되었던 한국 행정부의 공식견해를 뒤집음으로써 상당한 외교적 어려움을 초래하였다.

이와 같이 2012년 대법원 판결은 정치문제 또는 통치행위에 관해 한국 사법부가 근래 설시한 법리와 주요 외국에서 확립된 법리에 비추어볼 때 상당한 문제점을 내포하고 있다고 결론지을 수 있다. 필자는 다른 글에서 "첫째, 중대한 국가이익이 관련되거나 민감한 외교문제에 관해서는 의견조회 등의 형식으로 외교담당부서의 견해를 파악한다. 둘째, 외교담당부서의 견해에 대해서는 특단의 사유가 없는 한 상당한 비중을 부여한다. 셋째, 외교담당부서가 명확하게 이견을 표명한 경우, 특히 장기간에 걸쳐 일관되게 같은 의견을 표시한 경우에 이러한 의견과 다른 사법적 판단을 내릴 때에는 사법부는 그 근거를 명확하고 상세하게 제시하여야 한다."는 제안을 행하였다.[156] 향후 외교문제와 관련하여 미국의 법정조언자(amicus curiae) 절차와 유사한 제도 및 실행의 도입을 고민해야 할 것이다.

대법원 판결이 확정·집행될 경우 어떠한 법적·외교적 파장이 예상되는지에 대해 간략히 언급하면서 글을 맺고자 한다. 일본측에서는 이러한 한국의 조치가 1965년 청구권협정 위반이라고 주장할 가능성이 높다. 이 경우 일본 정부는 청구권협정 제3조에 규정된 분쟁해결절차(즉 외교적 협의에 이은 중재재판)의 개시를 요청할 것이다. 주지하다시피 한국 정부는 '종군위안부' 문제와 관련하여 일본 정부에 1965년 협정 제3조 절차의 발동을 수차 요청하였다(현재까지 일본은 무응답으로 일관하고 있다). 대법원 판결이 확정·집행될 경우, 이제는 일본이 1965년 협정 제3조라는 '칼'을 우리에게 사용할 가능성이 매우 높다.

금년 11월 초 일본 외무부 스기야마 심의관이 대법원 판결의 확정·집행 시 한국을 국제사법재판소에 제소하겠다는 의사를 전달하였다고 언론에 보도되었다. 독도 문제의 경우와 유사하게 일본은 먼저 한국에 강제징용사건을 국제사법재판소에 공동으로 회부하자는 제안을 하고, 한국이 응하지 않을 경우 일방적으로 제소하는 경로를 취하려고 할 것이다.

현재 한일 간에는 양자간 투자보장협정(대한민국 정부와 일본국 정부간의 투자의 자유화·증진 및 보호를 위한 협정)이 2003년부터 발효 중이고, 2012년 한중일 3국 투자협정이 발효를

156) 이근관, *supra* note 6, p. 384.

앞두고 있다(한국은 이미 비준. 상황에 따라서는 2014년 중 발효도 가능). 투자보장협정상의 문제를 상세히 논의할 여유는 없지만, 대법원판결이 확정·집행될 경우, 이들 협정상의 분쟁해결절차가 발동될 가능성도 배제할 수 없을 것이다.

이와 같이 대법원 판결이 확정·집행될 경우 1965년 협정, 국제사법재판소, 한일 간의 투자보장협정 등 다양한 경로를 통해 일본의 제소 공세와 홍보전이 전개될 가능성이 높다. 이 때 우리 정부는 법적·외교적 대응에 상당한 노력을 동원해야 할 것이다.

보다 근본적인 문제는 강제징용판결이 국제사법재판소나 중재재판에 회부되었을 때 한국의 승소가능 여부일 것이다. 물론 국제재판은 고도의 불가예측성(unpredictability)을 지니고 있기 때문에 한국의 승소가능성을 가늠하기란 쉽지 않다. 그럼에도 불구하고 조약의 해석에 관한 일반 원칙 및 국제판례법, 최근 과거사 문제에 대한 국제법원 판결동향 등에 비추어볼 때 한국이 패소할 가능성이 결코 낮지 않다고 보는 것이 현실적인 판단일 것이다. 중재재판이나 국제사법재판소 판결은 당사국을 구속하는데, 한국이 패소한다면 현재 한국의 정치 지형이나 여론의 추세를 고려할 때 이를 수용하는 데 상당한 마찰과 비용이 발생할 것으로 예상된다.

문제는 국제적인 재판절차에만 있는 것이 아니다. 대법원판결이 확정될 경우 20여 만 명으로 추산되는 강제징용피해자 및 상속인들이 일본 기업을 상대로 소를 제기할 것이다. 엄청난 수의 소송이 한국 법원에 쇄도할 것이며, 관련 일본 기업들은 한국 투자에 대한 리스크를 강하게 느낄 것이다.

이 글을 다소 어두운 톤(tone)으로 맺는 것은 다음과 같은 필자의 노파심 때문이다. 국제법과 국제관계를 연구하는 입장에서 볼 때 이들 판결이 한일관계에 미칠 임팩트가 상당함에도 불구하고 한국 사회는 이를 깨닫지 못하거나 혹은 애써 무시하는 듯한 태도를 보이고 있는 것이 아닌가 하는 것이 필자의 우려이다. 국가의 대외적으로 큰 영향을 줄 수 있는 정책결정을 할 때에는 '최악의 시나리오'도 검토하고 그에 대비하는 것이 당연한 요청일 것이다. 이처럼 당연한 요청이 금번 대법원 판결과 관련해서는 '한일 관계의 (영원한) 특수성', '최근 과거사 문제에 대한 영국 등의 전향적 전환(특히 케냐 마우마우 사건 관련)'(진실은 한국언론에 보도되는 것과는 상당한 거리가 있음) 등의 도그마에 묻혀 망각되고 있는 것은 아닌지 우려스럽다.

국제법원의 판결 동향을 보더라도 2차 세계대전 시 자행된 고도로 불법적인 인권 침해, 심지어 대량학살의 경우에도 '냉정한' 법적 논리를 동원하여 '종결'(closure)을 시도하고 있다. 국제사법재판소의 경우 2012년 Ferrini 판결을 통해 이러한 경향을 확인하였다.[157] 최근의

157) Jurisdictional Immunities of the State(Germay v. Italy; Greece Intervening)(3 February 2012). www.icj-cij.org/docket/files/143/16883.pdf.

판결로서는 2013년 10월 21일 유럽인권법원이 참혹하기 그지없는 '카틴 대학살'과 관련한 피살자 유족의 청구를 기각한 것을 들 수 있다. 유럽인권법원은 1940년 당시 소련 당국이 자행한 '범죄'의 규모가 '강력한 정서적 요인'(a powerful emotional factor)임을 인정하면서도 "법적 안정성, 예측가능성 및 법 앞의 평등을 위해" 당해 법원의 선례에서 벗어날 수 없다고 판시하였다.[158]

법의 궁극적 이념은 정의와 법적 안정성의 두 축 중간의 어느 지점에 위치하고 있다. 우리 사회는 정서상 정의의 축에 강한 자력을 느끼며, 특히 한일관계에서는 이러한 경향이 두드러진다. 법의 이념의 또 하나의 축에서 좀더 차분하고 냉정하게 한일관계를 바라보면서 최근 한국 사법부 판결로 야기된 파고를 헤쳐나가야 할 것이다.

158) Janowiec v. Russia(21 October 2013). hudoc.echr.coe.int/sites/fra/pages/search.aspx?i=001-127684#{"itemid":["001-127684"]}.

32. 우리나라 헌법상 WTO협정의 국내법적 효력*

장 승 화**

Ⅰ. 서 설

대법원 2005.9.7. 선고 2004추10 판결에서, 대법원은 "WTO협정은 국회의 동의를 얻어 공포·시행된 조약으로서 헌법 제6조 제1항에 의하여 국내법과 동일한 효력을 가지므로 지방자치단체가 제정한 조례가 그 협정에 위반되는 경우에는 효력이 없다"고 판시하였다. 이 판시 내용은 단 한 문장으로서 매우 간명해 보이지만 이 판시 속에는 매우 근본적인 주요 쟁점들이 내포되어 있다. 만약 위 판시 내용을 일반화하여 확대해석하면, WTO협정은 헌법 제6조 제1항에서 예정하는 조약이며, 그러한 조약은 항상 국내법적 효력을 가지기 때문에 국내 사법절차에서 직접 적용되고, 따라서 법원은 소송에서 원고가 정부기관이거나 사인이거나 상관없이 문제된 국내법령이 동 조약에 위반되었다고 판단이 내려지면 국내법령을 전면 무효화할 수 있고 그에 따른 구제조치를 원고(사인을 포함)에게 부여할 수 있다는 식으로 해석될 소지가 있어 보인다.

필자는 이 글에서 위 판결을 이렇게 확대해석 하여서는 안 됨을 논증하고자 한다. 즉, 위 대법원 판결은 정부기관간의 소송에 대한 판결임을 명심하여야 하고, 그와 같은 특수한 맥락에서만 제한적인 조건하에 수긍할 수 있는 결론임을 밝히고자 한다. 나아가 위 판결은 헌법 제6조 제1항의 피상적인 해석에 기초하고 있으며, WTO 협정의 국내법적 효력에 관한 근본적인 오해를 낳을 수 있음을 지적하고자 한다.

Ⅱ. 분석 대상 판결

1. 전북급식조례안의 제정 및 본 사건 소송의 경위

전북 의회는 2003.10.30. 전북급식조례안을 의결하여 전북 교육청에게 이송하고, 전북 교육청은 지방자치법 제98조 제1항에 따라 같은 해 11.14. 전북급식조례안이 법령에 위반된다는 이유로 전북의회에 재의를 요구하였다. 그러나 전북의회는 지방자치법 제98조 제2항에 따라 같은 해 12.16. 조례안을 원안대로 재의결함으로써 전북급식조례안이 확정되었다.

---

* 본 논문은 장승화, WTO협정에 위반된 지방의회 조례의 효력, 민사판례연구 제28집, 박영사, 2006, pp. 805-857 이하에서 발췌, 개작한 것이며, 저자의 별도 연구업적으로 간주될 수 없음을 밝혀 둔다.

** 서울대학교 법학전문대학원 교수

수정가결된 조례안은, 먼저 전라북도에서 생산되는 우수 농수축산물과 이를 재료로 사용하는 가공식품을 '우수농산물'이라고 정의한 다음(제3조 제2항), 전라북도의 초·중·고등학교에서 실시하는 학교급식에 우수농산물을 사용하도록 지도·지원함으로써 급식의 안정성과 질을 높여 성장기 학생의 건전한 심신의 발달을 도모함은 물론 전통 식문화에 대한 이해의 증진과 식생활 개선 및 전라북도 지역 농산물의 소비촉진과 안정된 수급조절에 이바지함을 그 목적으로 하고(제1조), 이를 위하여 교육감은 안전하고 질 높은 학교급식을 위해 우선적으로 우수농산물을 사용하도록 하되(제6조 제1항), 도지사와 교육감은 학교급식에 우수농산물을 사용하는 지원대상자에게 식재료의 일부를 현물로 지급하거나 식재료 구입비의 일부를 지원하도록 하며(제4조 제2항, 제6조 제2, 3항), 지원금을 교부받은 지원대상자는 지원금을 지원교부결정 내용에 따라 우수농산물 구입에 사용하여야 하고(제9조), 교육감은 지원대상자가 지원금을 지원목적 외에 사용한 경우 즉시 그에 상응하는 조치를 취하는 등 지도·감독의무를 이행하도록 하는 것(제11조)을 주요 내용으로 하고 있다.

지방자치법 제98조 제3항에 의하면 지방자치단체의 장은 지방의회에서 재의결된 사항이 법령에 위반된다고 인정되는 때에는 대법원에 소를 제기할 수 있다고 규정하고 있다. 이에 전북 교육감은 동 법 규정에 따라 2003.12.16. 전라북도학교급식조례안에 대한 재의결은 법령과 동일한 효력을 가지는 WTO협정 위반이므로 효력이 없다는 취지의 소를 대법원에 제기하게 된 것이다.

2. 주요 쟁점

(1) 본안전항변

먼저 피고인 전북의회는 WTO협정 부속서 2의 '분쟁해결규칙및절차에관한양해각서'(Understanding on Rules and Procedures Governing the Settlement of Dispute: 이하 "DSU") 제23조 제1항 및 제2항 (a)호에 의하여 WTO협정에 대한 위반여부에 대한 판정은 WTO 분쟁해결기구만이 재판권을 갖도록 하고 있으므로 이 사건 소는 재판권이 없는 대법원에 제기된 부적법한 소라고 항변하였다.

대법원은 이에 대하여, "재판권관할에 관한 DSU 제23조 제1항, 제2항 (a)는 WTO협정의 체약국들 간에 효력을 가질 뿐이므로 체약국이 아닌 광역지방자치단체 의회인 피고가 제정한 이 사건 조례안이 GATT 제3조 제1항, 제4항 등에 위반되는지 여부를 따지는 이 사건에는 적용되지 아니한다고 할 것이어서 DSU 제23조가 이 사건에 적용됨을 전제로 하는 피고의 위 항변은 이유 없다"고 판시하였다.

(2) 조약인 WTO 협정 위반인 지방의회 조례의 효력

먼저 대법원은 WTO협정의 효력과 그에 위반된 조례의 효력에 관하여 아주 간단하게 판시하였다.

> "GATT는 1994.12.16. 국회의 동의를 얻어 같은 달 23. 대통령의 비준을 거쳐 같은 달 30. 공포되고 1995.1.1. 시행된 조약인 WTO협정(조약 1265호)의 부속 협정(다자간 무역협정)이고, 정부조달에 관한 협정(Agreement on Government Procurement, 이하 'AGP'라 한다)은 1994.12.16. 국회의 동의를 얻어 1997.1.3. 공포·시행된 조약(조약 1363호, 복수국가간 무역협정)으로서 각 헌법 제6조 제1항에 의하여 국내법령과 동일한 효력을 가지므로 지방자치단체가 제정한 조례가 GATT나 AGP에 위반되는 경우에는 그 효력이 없다고 할 것이다."

이에 따라 대법원은 전북 급식조례안이 결국 GATT 제3조에 위반된다고 판단하면서, 피고의 GATT 제3조 제8항 (a) 및 제20조 예외사유에 해당한다는 항변도 배척하였다.

Ⅲ. WTO 협정의 국내법적 효력

1. 헌법 제6조 제1항의 해석

우리나라 헌법 제6조 제1항은 "헌법에 의하여 체결·공포된 조약과 일반적으로 승인된 국제법규는 국내법과 같은 효력을 가진다"고 선언하고 있다. 대상판결은 위 헌법 조문을 인용하면서 WTO협정[1)]은 헌법에 의하여 체결·공포된 조약으로서 국내법과 동일한 효력을 가지므로 그에 위반된 지방자치단체 조례는 효력이 없다고 판시하고 있다. 이에 대하여는 헌법 제6조 제1항의 의미, 특히 "국내법과 같은 효력"의 의미에 관한 충분한 분석이 없이 내려진 결론이라는 지적이 있을 수 있다.

우선, 국제법인 조약이 국내법적 효력을 갖기 위해서는 그 조약 당사국이 조약을 자국 법제로 편입(incorporation)하는 작업이 필요하다. 이에 관하여는 소위 일원주의(monism)와 이원주의(dualism)의 방식이 존재하는 것으로 이해되고 있다. 일원주의는 조약이 국내법으로서 편입되기 위하여 별도의 이행입법이 필요 없는 법제를 의미하고, 이원주의란 조약은 국제법일 뿐 국내법적 지위를 갖지 못하므로 국내의 별도 입법을 통하여 국내법으로 변형(transformation)되는 절차를 요하는 법제를 의미한다.[2)] 국제적으로는 영연방에 속하는 국가

---

1) 대법원은 GATT를 WTO협정의 부속협정으로, AGP를 복수국가간 무역협정으로 개별적으로 파악하였으나, 이는 비준 일자를 달리했기 때문일 뿐이며, 둘다 모두 WTO협정의 부속협정임에는 차이가 없으므로 이하에서 'WTO협정'이라고 할 때는 두가지 협정을 모두 포함하는 의미로 사용한다.

2) 이상철, 조약의 국내법적 효력, 법제연구 제16호, 1999, pp. 176-177; 김대순, 국제법론, 제10판, 삼영사, pp. 154-155; 최승재, 조약의 국내법적 효력에 대한 비교법적 연구, 서울대 석사학위논문, 2000.2, pp. 8-12.

들이 이원주의를 채택하고 있으나, 미국을 비롯한 다수의 국가는 일원주의를 채택하고 있다.[3] 일원주의나 이원주의를 선택하는 것은 주권국가의 선택사항이고, 많은 나라들은 자국의 헌법에서 일원주의를 채택하였음을 선언하는 경우가 많다.

예를 들어, 미국의 경우에도, 연방헌법 제6조 제2항은 조약은 헌법 및 법률과 함께 미국의 최고법이라고 규정하고 있는 바, 관련 원문은 다음과 같다.

> "This Constitution, and the laws of the United States which shall be made in pursuance thereof; and all treaties made, or which shall be made, under the authority of the United States, shall be the supreme law of the land; and the judges in every state shall be bound thereby, anything in the Constitution or laws of any State to the contrary notwithstanding."

일본의 경우, 헌법 제98조 제2항은 "일본국이 체결한 조약 및 확립된 국제법규는 그것을 성실히 준수할 것을 필요로 한다"라고 규정하고 있다. 이 조항을 국제법 준수의무만을 선언하는 것으로 해석하는 것은 별 의미가 없기 때문에 동 규정이 바로 조약을 국내법으로 수용 내지는 편입하는 헌법적 근거를 제공하면서 일원주의를 채택한 것으로 해석함이 지배적인 견해이며,[4] 일본 정부도 관행상 같은 입장을 취하고 있다고 한다.[5]

우리나라 헌법 제6조 제1항은 바로 미국이나 일본과 마찬가지로 헌법에 따라 체결·공포된 조약이 국내법과 같은 효력을 가진다고 선언함으로써 일원주의의 입장을 채택한 것으로 보는데 이견이 없다.[6] 즉, 헌법 제6조 제1항에 따라 조약은 국내법체제에 편입되어 국내법적 지위를 갖게 되는 것이다. 국내법 중에서 어느 위치를 점하게 되는가에 관하여 헌법학자와 국제법학자들 사이에서 학설이 나뉘고 있으나, 다수설은 조약은 법률과 같은 위치에 있다고 보고 있으며,[7] 우리 행정부의 관행이나 대법원 및 헌법재판소의 입장도 이와 마찬가지인 것으로 보인다.[8]

그러나, 조약이 비준에 의하여 국내법률과 동등한 지위를 갖는다고 전제하더라도, 모든

---

3) 각국의 조약 수용형태에 대해서는 최승재, 전게논문, pp. 14-25 참조.

4) Yuji Iwasawa, Consititutional Problems Involved in Implementing the Uruguay Round in Japan, (John Jackson & Alan Sykes, Impementing the Uruguay Round, Clarendon Press · Oxford, 1997에 수록) p. 150.

5) 岩澤雄司, 條約の 國內適用可能性, 有斐閣, 1985, p. 27.

6) 이상철, 전게논문, pp. 177-178.

7) 권영성, 헌법학원론, 보정판, 법문사, 2003, pp. 175-177; 이한기, 국제법강의, 신정판, 박영사, 1997, pp. 143-144; 이병조·이중범, 국제법신강, 제9개정판, 일조각, 2003, p. 26.

8) 대법원 1986.7.22. 선고 82다카1372 판결에서는 "국제항공운송에있어서의일부규칙의통일에관한협약(소위 '바르샤바 협약')이 일반법인 민법에 대한 특별법으로서 우선 적용되어야 할 것이라고 판시하였다. 대법원 2004.7.22. 선고 2001다58269 판결도 같은 취지임; 헌재 1998.11.26. 선고 97헌바65 결정에서는 국내법률의 개정 없이 조약에 의하여 관세범에 대한 처벌을 가중하는 것이 헌법에 위배되지 않는다고 판시하였다. 헌재 2001.9.27. 선고 2000헌바20 결정에서는 조약에 대해 "국내법적, 법률적 효력을 가지는바…"라고 판시하였다. 행정부의 해석 사례에 대해서는 이상철, 전게논문, pp. 198-201 참조.

조약이 구체적인 사건에서 국가나 이해관계인에게 직접적인 권리나 의무를 부여하여 그 조약이 국내법원에서 재판절차를 통하여 직접원용 될 수 있는 것은 아니다. 이는 소위 자기집행적조약(self-executing treaty), 직접효력(direct effects) 내지는 제소적격(invokability)이라는 개념으로 이해되고 있으며, 이는 조약이 국내법체제에 편입(incorporation)되어 국내법적 지위를 갖게 되었다는 것과는 별개의 개념이다.[9] 우리 헌법이 그러한 것처럼 조약의 국내법 편입 문제는 각 주권국가의 헌법 내지는 관행으로 결정할 문제이지만, 조약의 직접적용 내지는 직접효력 문제는 기본적으로 해당 조약의 해석과 관련한 국제법상의 문제이다.[10] 즉, 어떤 조약이 자기집행적 내지는 직접효력을 가지면서 그에 터잡아 이해당사자에게 제소를 가능하게 하는냐의 문제는 소송이 제기된 국가의 법원이 조약의 해석과 관련 국내법제도 및 절차를 고려하여 사법적으로 구체적 사건에서 판단할 문제이다. 헌법에서 조약이 국내법적 지위를 갖는다고 선언한다고 해서 모든 조약이 획일적으로 항상 직접 적용되거나 그에 기하여 이해관계인에게 제소를 가능하게 하는 것은 아니다.

위와 같은 국내법 편입과 직접효력 내지는 제소적격의 문제를 구별하는 입장은 실제 다른 선진국에서도 익숙하게 받아들여지고 있다.[11] 미국의 경우에는 헌법 제6조 제2항에서 조약의 국내법적 지위에 관하여 일원주의를 선언하고 있지만, 직접효력 내지는 제소적격을 갖는 것은 조약의 성질이 자기집행적인 경우에 한정되는 것으로 보고 있다. 조약의 성질상 비자기집행적인 경우에는 입법부의 관여를 통하여 국내법의 조력이 있어야만 사법적으로 국내에서 집행될 수 있는 것으로 관행이 확립되어 있다. 조약이 '최고의 법'이라고 선언하는 미헌법 제6조 제2항은 조약이 주법(state law)에 대하여 우월함을 밝힘과 동시에 국내법에 편입됨을 의미하는 것이지 문제된 조약의 특정 규정이 자기집행적이라는 것과는 무관하다.[12] 조약의 자기집행성을 판단하는 기준은 미국에서 판례법을 통하여 확립되어 왔으며, 기본적으로 조약해석의 문제로 보았다.[13] 미국 법원은 조약당사국의 의도가 개인에게 국내법원에서의 권리주장을 가능케 하려고 하였는지가 중요한 고려요소라고 보면서 조약 문언 이외에 협상과정에서의 당사국의 진술도 참고로 하고 있다.[14] 이러한 법원의 입장은 미국에서 권위가 인정되는 ALI Restatement에서도 그대로 채용되고 있다.[15]

---

9) 성재호, 조약의 자기집행성, 국제법평론 제8호, 1997, pp. 12-13.; J. A. Winter, Direct Applicability and Direct Effect: Two Distinct and Different Concepts in Community Law, 9 Common Market Law Review 425, 1972, pp. 425-428.

10) Winter, 전게논문, p. 428.

11) John Jackson and Alan Sykes, Questions and Comparisons, (John Jackson & Alan Sykes, 전게서에 수록) p. 461.

12) K. A. Baghdadi, Apple and Orange-The Supremacy Clause and the Determination of Self-Executing Treaties: A Response to Professor Vazquez, 20 Int'l & Comp. L. Rev, 701, 1997, p. 707.

13) Foster v. Neilson, 27 U.S. 253; 성재호, 전게논문, p. 16.; 최승재, 전게논문, p. 33 이하 참조.

14) 성재호, 전게논문, p. 17.

일본의 경우에도 조약이 헌법 제98조제2항을 통해서 일본 국내에서 법적 지위를 갖는다는 것이 국내에서 사법절차를 통해 법원이 이를 직접적용할 수 있다는 것을 의미하는 것은 아니라고 보고 있다.[16] 직접적용의 문제는 법원이 조약의 내용과 성격에 따라서 구체적 사건에서 정할 문제라는 것이다. 이러한 입장은 유럽연합법원에서도 마찬가지로 채택되고 있다. 즉, 조약의 직접적용 가능성은 그 조약의 취지, 성격, 구조와 구체적 문언에 따라 달라 질 수 있다는 것이다.[17] 특히 유럽사법재판소(European Court of Justice, 이하 ECJ라 줄임)는 조약이 충분히 '명확하고 상세(clear and precise)'한지, '무조건적(unconditional)' 의무를 창출하는지, 그리고 의무가 '완결적이고 법적으로 완전(complete and legally perfect)'하여 그 이행이 그 문제에 관하여 재량권을 가진 EC 기관이나 회원국 정부의 조치에 의존하기 않을 것 등을 조약을 사인이 재판상 직접 원용할 수 있는지의 기준으로 제시하고 있다.[18]

우리 헌법 제6조 제1항은 "국내법과 같은 효력"이라는 용어를 사용하고 있기 때문에 앞서 준별되는 개념인 국내법적 지위 내지는 국내법으로서의 편입의 문제와 직접적용(효력) 내지는 제소적격의 문제 사이에 혼동을 초래할 수 있는 것으로 보인다. 즉, 조약이 국내법과 같은 효력을 가진다는 헌법상 문구는 조약이 국내법적 지위를 취득한다는 것이지, 모든 조약에 대하여 그 조약의 성질과 내용, 체결 당사국의 의도와 구체적으로 문제되는 조약의 해당 규정, 그리고 구체적 사건의 당사자나 사실관계 등과 상관없이 항상 이해관계자가, 특히 사인이, 법원에서 이를 원용할 수 있다는 것을 의미하는 것은 아니다. 이는 헌법의 문제가 아니라 구체적 사건에서의 법원의 조약의 해석문제이기 때문이다. 결국 "국내법과 같은 효력"의 의미가 무엇이냐는 문제로 귀결되지만, '국내법'도 여러 가지의 법률이 있을 수 있고, 법률 중에서도 이해관계인에게 구체적 권리를 창설하거나 의무를 부여하지 않는 경우가 허다하고, 따라서 해당 법률 위반이 되었다고 해서 이해관계인이 이를 항상 재판상 주장할 수 있는 것이 아닌 것과 다를 바 없다. 즉, 조약이 '국내법과 같은 효력'이라고 하더라도 그것이

---

15) 'Restatement of the Law Third: Foreign Relations Law of the United States' § 111 (3)
"Courts in the United States are bound to give effect to international law and international agreements of the United States, execpt that a non-self-executing agreement will not be given effect as law in the absence of necessary implementation".
Restatement of the Law, Third, Foreign Relations Law of the United States, Vol. 1(St. Paul, MINN.: American Law Institute Publisher, 1986), p. 42.

16) Yuji Iwasawa, 전게논문, p. 150.

17) Naboth van den Broek. Legal Persuasion, Political Realism, and Legitimacy: The European Court's Recent Treatment of the Effect of WTO Agreements in the EC Legal Order, Journal of International Economic Law, 2001, p. 412.; Stefan Griller, Judicial Enforcement of WTO Law in the European Union Annotation to Case C-149/96, Portugal v. Council, Journal of International Economic Law, 2000, pp. 443-445.

18) Case C-104/81, Kupferberg, [1982] ECR 3641, para. 23.; 최승재, 전게논문, p. 61.; Philip Lee & Brian Kennedy, The Political Direct Effect of GATT 1994 in European Community Law, Journal of World Trade, vol 30, No. 1, 1996, pp. 69-70.

항상 이해관계인 (특히 사인)에게 재판상 주장할 수 있는 권리를 부여하는 것은 아님을 유의하여야 한다.[19)]

대상판결에서 대법원은 헌법 제6조 제1항을 원용하면서 바로 조약인 WTO협정은 국내법과 동일한 효력을 가지므로 그에 위반한 조례는 효력이 없다고 판시하였다. 이러한 판시는 앞서 지적한 조약의 국내법으로의 편입 문제와 조약의 직접적용성 내지는 제소적격의 문제를 준별하지 못하고 하나의 문제로 파악한 판결로 이해될 소지가 크다. 특히 대법원은 WTO협정이 조약으로서 자기집행적 내지는 직접적용이 가능하거나 적당한 조약인지, 특히 문제된 협정의 해당 조문이 그러한지에 관한 분석을 전혀 하고 있지 않음에 비추어 보면 더욱 그러하다. 대상판결은 소위 기관소송으로서 지방자치법 제98조에 명문의 절차적 근거를 가지고 있으며, 사인이 당사자로 관여한 사건이 아니라는 특성을 가지고 있으나, 대법원의 위 판시에서는 그러한 이 사건의 특성을 부각시킴이 없이 조약인 WTO협정에 위반된 지방자치단체의 조례는 그 효력이 없다고만 판시하고 있기 때문에 사인이 제소한 경우에도 마찬가지인 것으로 확대해석 될 소지가 크다. 이하에서는 문제된 WTO협정 위반에 관한 실체적 판단이 옳았는지를 평석하기에 앞서서 우선 WTO협정 자체가 국내법원에서 직접 적용되어 이에 위반되는 국내법령을 무효화시킬 수 있는 조약인지를 분석해 보기로 한다.

2. WTO 협정의 직접적용성

WTO협정은 설립협정뿐만 아니라 다수의 부속협정으로 이루어져 있으며 개별협정마다 방대한 양의 조문으로 구성되어 있다. 따라서, WTO협정이라는 용어로 단일 조약으로 파악하여 그 직접적용성 내지는 직접효력을 일반적으로 논의하는 것은 적당하지 않을 수 있다. 실제로 본 대상판결에서 문제된 협정도 GATT와 AGP의 내국민대우원칙 관련되는 아주 구체적인 규정이다. 따라서, 그 직접적용성을 따질 때는 당연히 해당 조문의 문언과 성격, 문맥 등을 살펴보아야 한다. 그럼에도 불구하고, 해당 조문들은 결국 일체를 이루는 WTO협정[20)]의 일부이며, 특히 WTO부속협정은 우루과이 라운드 협상에서 일괄 타결된 것이고, 분쟁해결절차는 다자간무역협정뿐만 아니라 복수국가간 협정에도 마찬가지로 적용되므로 WTO협정 전체가 그취지상 직접적용성을 가지는지를 일반적으로 살펴보는 것은 의미가 있을 수 있으므로 우선 살펴보기로 한다.

WTO협정도 우리 헌법상 조약으로서의 법적 지위를 갖는 것은 명백하기 때문에 앞서 본 조약의 자기집행성 내지는 직접효력을 판단하는 일반적인 기준을 WTO협정에도 적용함에는

19) 조약의 성질에 따라 그 효력이 다양할 수 있다는 헌법학자의 견해로는, 허영, 한국헌법론, 박영사, 2001, p. 171 참조.

20) AGP가 다자간 협정이 아닌 복수국가간 협정이라고 해도 우리나라는 그 가입국이 되었으므로 WTO협정에 부속된 일체의 협정으로 파악하는데 문제가 없다.

문제가 없다. 다만, 어떤 조약이 직접적용되어 재판상 주장될 수 있는지는 그 조약의 성질에 따라 달라질 수 있지만, 그 조약이 국내 법원에서 누가 어떠한 법적절차를 통해서 주장되는지에 따라서도 달라질 수 있다. 즉, 조약이 직접효력을 예정하고 있는지는 그 직접효력이 국내에서 어떤 맥락에서 주장되는지를 구체적으로 고려하여 평가할 문제이다. 본 대상판결은 지방자치단체의 장이 지방의회를 상대로 소위 기관소송을 통해 조례의 효력을 다투는, 소위 추상적 규범통제에 관한 사건이다. 따라서 본 사안은 본 평석의 모두에서 제시한 세가지 가상적 사례처럼 사인이 재판상 WTO협정을 직접 원용하는 상황과는 차이가 있다. 그렇지만 본 사안과 다르다고 하더라도 사인이 WTO협정의 직접효력을 원용할 때 우리 법원이 이를 수용할 것인지가 근본적으로 더 중요한 실무상 의미를 갖기 때문에 두가지 경우를 나누어 살펴보도록 한다.

(1) 사인소송(private actions)에서의 WTO협정의 직접효력

WTO협정이 조약으로서 국제법이고 그 직접효력을 인정할지는 조약의 해석에 달려있다고 하더라도 이는 각국 법원이 자국 국내법체제의 틀 속에서 구체적 사건이 처한 국내법체제의 특성 등을 고려하면서 판단할 문제이다.[21] 따라서, 법논리적으로는 WTO협정이 사인에 의해서 재판상 원용될 수 있는지에 관하여 우리 법원이 어떠한 입장을 취할지는 다른 국가들의 예를 무조건 추종할 일은 아니다.[22] 그럼에도 불구하고 주요 WTO 회원국들이 WTO협정의 직접효력을 인정하고 있는지는 중요한 참고가 된다. 우리나라와 마찬가지로 그 나라들 역시 우루과이라운드 협상에 참여하여 합의를 통하여 WTO협정을 탄생시켰으므로 다른 회원국 역시 WTO협정의 직접효력에 관련된 동 협정의 취지나 의도 등에 관하여 공감대를 지니고 있을 것이기 때문이다. 그런 맥락에서 주요 WTO 회원국인 미국, 일본과 유럽연합의 경우를 살펴보기로 하자.

1) 미 국

미국에서 헌법상 통상에 관한 고유권한은 의회에 속하였고 행정부는 주요 통상관련 사안의 경우에는 의회로부터 포괄적 협상권한을 수권받아 왔다. 그런데 전통적으로 통상관련 협정은 비자기집행적 조약으로 해석되어 왔으며 최근 미국의 관행은 조약전반에 대하여 비자

21) John H. Jackson, Status of Treaties in Domestic Legal Systems: A Policy Analysis, 86 Am. J. Int'l L. 310, pp. 337-340. 동 논문의 해당 부분을 간결하게 요약, 소개하고 있는 글로서는 Thomas Cottier and Krista Nadakavukaren Schefer, The Relationship between World Trade Organization Law, National and Regional Law, Journal of International Economic Law, 1998, p. 99 참조. 최근에는 국제법 차원의 조약해석의 문제를 넘어서 각국의 권력분립방식 및 국내법제의 상황, 소송에 있어서 청구의 형태 등도 고려하여 종합적으로 판단해야 한다고 보는 것이 지배적 견해라고 소개하는 글로는, 김철, WTO협정상의 국내사법심사제도, 고려대학교 법학박사학위논문(2004.12.) p. 105 참조.

22) 만약 WTO협정의 직접효력을 우리나라만 인정한다고 했을 때 다른 나라와의 관계에서 우리 정부의 통상관련 협상력에 불균형이 초래될 수 있다는 실무적, 정책적 고려에 관한 논의는 나중에 아래에서 자세히 다룬다.

기집행적인 것으로 해석하려는 경향을 보인다.[23] 특히 WTO협정은 우루과이라운드 협상 단계에서부터 미국 내에서, 특히 의회에서 주권침해적인 요소가 많음을 이유로 거부감의 표시 대상이 되었음은 주지의 사실이다. 이러한 배경 하에서 미국은 WTO협정을 헌법 제6조 제2항 상의 조약이 아닌 행정협정(executive agreement)으로 처리하였으며, 동 협정을 국내법적으로 이행하기 위한 입법조치로서 우루과이라운드협정법(Uruguay Round Agreement Act, 이하 URAA라 줄임)을 제정하였다. 동법은 WTO협정을 사인이 국내법 절차를 통해 직접원용할 가능성을 명시적으로 배제하는 규정을 채택하였다. 우선 동법은 WTO협정 중에서 미국 국내법과 상충되는 것은 그 효력이 없다고 선언하고 있다.[24] 나아가 미국 중앙정부 이외에는 아무도 WTO협정을 소송에서 청구권원으로 주장하든지 방어방법으로 원용할 수 없으며, 정부와 정부기관의 작위 또는 부작위에 대하여 WTO협정에 위반된다는 이유로 그 효력을 다툴 수 없다고 규정하고 있다.[25] 결국 필자가 든 세가지 가상적 사례에서 모두 사인은 WTO협정을 재판상 원용할 수 없게 입법을 통해 명시적으로 해결을 한 셈이다.

따라서 미국 법원은 위 URAA 법규정에 따라 WTO협정을 직접 사인이 제기한 소송절차에서 적용할 여지가 없게 되었다. 이러한 WTO협정의 직접효력을 입법적으로 배제한 미국의 태도는 다른 주요 WTO회원국에도 당연히 영향을 미치게 된다.

---

23) David Leebron, Implementation of the Uruguay Round Results in the United States, (John Jackson and Alan Sykes, 전게서에 수록) p. 177, 212.

24) 1994 Uruguay Round Agreement Act, 19 USC, s 3512 (a) (1):
(a) Relationship of Agreements to United States Law
(1) United States law to prevail in conflict
No provision of any of the Uruguay Round Agreements, nor the application of any such provision to any person or circumstance, that is inconsistent with any law of the United States shall have effect.

25) 1994 Uruguay Round Agreement Act, 19 USC, s 3512 (b)(2)(A);
No State law, or the application of such a State law, may be declared invalid as to any person or circumstance on the ground that the provision or application is inconsistent with any of the Uruguay Round Agreements, except in an action brought by the United States for the purpose of declaring such law or application invalid.
1994 Uruguay Round Agreement Act, 19 USC, s 3512 (c)(1):
(c) Effect of agreement with respect to private remedies
(1) Limitations
No person other than the United States--
(A) shall have any cause of action or defense under any of the Uruguay Round Agreements or by virtue of congressional approval of such an agreement, or
(B) may challenge, in any action brought under any provision of law, any action or inaction by any department, agency, or other instrumentality of the United States, any State, or any political subdivision of a State on the ground that such action or inaction is inconsistent with such agreement.

2) 일 본

일본 헌법 제98조 제2항이 조약의 형식으로 일본에 공포·시행된 WTO협정에 국내법적 지위를 부여하는 것으로 해석될 수 있음은 앞서 보았다. 그러나 국내법체제에 편입된 WTO협정이 사인이 제기한 소송에서 재판상 원용될 수 있는지, 특히 WTO협정에 위반된 국내법의 효력을 부인함을 전제로 사인이 소송을 할 수 있는지는 법원이 구체적 사건에서 이를 판단할 문제임은 우리나라의 경우와 마찬가지이다.

일본 법원에서는 국내법이 GATT와 충돌하는 경우에도 그 효력을 부인하지 않은 사례가 있다. 1984년 쿄토 넥타이 사건에서 쿄토지방법원이 이러한 입장을 취했고, 최고재판소는 이를 번복하지 않았다. 일본은 1976년 소위 생사가격안정법을 개정하여 국내생사업자들을 보호하기 위한 목적으로 일본생사업회사에 생사의 수입독점권을 부여하였다. 그 결과 국내 생사의 가격은 국제시장가격의 두배로 뛰어올랐다. 그러자 일본의 넥타이 제조업자들은 일본정부를 상대로 그 손실을 전보할 것을 청구하는 소송을 제기하였다. 원고들은 위와 같은 생사가격안정법이 GATT 제17조 제1항과 제2조 제4항에 위반된다고 주장하였다. 이에 대하여 쿄토지방법원은 원고의 주장을 배척하면서 다음과 같은 취지로 판시하였다.

문제되는 수입독점과 가격안정책은 수입의 압력으로부터 당분간 국내생사업자들을 보호하기 위한 것으로 마치 GATT 제19조에 의하여 허용되는 긴급조치와 같은 내용의 것이다. 한편, GATT협정 위반이 되면 그 당사국은 다른 체약국으로부터 협상 요청을 받고 보복조치를 당할 가능성 때문에 그 위반을 시정하게끔 압력을 받게 된다. 그러나 협정위반이 그 이상의 효과를 가지는 것으로 해석될 수는 없다. 따라서, 문제된 입법이 GATT협정에 위반되어서 무효이고, 그 입법이 위법한 것이라고 할 수는 없다.[26]

원고는 이에 항소하였고, 오사카고등법원은 항소를 기각하였다.[27] 원고는 다시 최고재판소에 상고하면서 GATT협정에 위반되는 국내법규정은 당연 위법이며 일본 내에서 국내법으로의 효력을 갖지 못한다고 주장하였다. 1990년 최고법원은 이 논점에 대한 구체적 판시는 하지 않으면서 하급심법원의 판단에 위법이 없다면서 상고를 기각하였다.[28]

3) 유럽연합

유럽연합의 경우 WTO협정을 원용하여 사인이 소송을 제기할 수 있느냐에 대하여는 유럽재판소가 관할권을 가지고 이를 판단하여 왔다. 그중 최종심에 해당하는 ECJ는 GATT체제 당시에도 일관되게 GATT의 직접효력을 부인하여 왔다.[29] 우루과이라운드 협상이 종료된 직

26) Endo v. Japan, 쿄토지방법원 1984.6.29. 선고 530 Hanrei Taimuzu 265. (Mitsuo Matsushita et al, The World Trade Organization: Law, Practice, and Policy, Oxford University Press, 2003, p. 109에서 재인용)
27) 오사카고등법원 1986.11.25. 선고 634 Hanta 186 판결(Mitsuo Matsushita et al, 전게논문 p. 109에서 재인용)
28) 최고재판소 1990.2.6. 선고 36 Shomu Geppo 2242, 2245(Mitsuo Matsushita et al, 전게논문 p. 109에서 재인용)

후인 1994.12.22. 유럽연합 이사회(Council of Ministers)는 WTO협정은 본질상 유럽재판소나 회원국 법원에서 직접 원용될 수 없다는 결정을 채택하였다.[30] 동 이사회의 결정이 유럽재판소를 직접 법적으로 구속하는 것은 아니지만, 이와는 상관없이 ECJ는 WTO출범 이후 일관되게 WTO협정이 사인이 재판절차에서 직접원용될 수 없는 것이라는 입장을 고수해 왔다.[31] 가장 최근의 사건인 2005년 Van Parys 판결은 WTO 분쟁해결기구가 WTO협정에 위반된다고 판정한 유럽연합규칙(EC Regulation)에 근거한 벨기에 바나나 수입규제당국(Belgian Intervention and Refund Bureau)의 수입면허 거부결정의 효력을 벨기에 바나나 수입업자가 다툰 벨기에 주법원 소송에서 비롯되었다. 이 사건에서 벨기에 주법원은 ECJ에 대하여 선결재판으로 WTO협정의 직접효력 여부에 관하여 결정해줄 것을 공식 요청하였고, 이에 ECJ는 사인은 WTO협정 그 자체뿐만 아니라 WTO분쟁해결기구의 결정도 회원국 국내법원에서 재판상 원용할 수 없다고 판시하여, WTO협정의 직접효력을 정면으로 부인하는 입장을 재확인하였다.[32]

Van Parys 판결에서 ECJ는 WTO 협정의 직접효력을 부인하는 근거를 자세히 제시하였다. 우선 ECJ의 판례법[33]에 따르면 WTO협정은 그 성질(nature)과 구조(structure)에 비추어 보았을 때 원칙적으로 EC의 조치가 동 협정에 위반된다는 이유로 법원에서 직접 원용될 수는 없는 것이라고 보았다. 이 원칙에는 두가지 예외가 존재한다. 즉, EC의 조치가 WTO에 위반되는지를 법원이 심사할 수 있는 경우는, 첫째 해당 조치가 WTO 차원에서의 '특정한 의무를 이행하기 위해 의도된(intended to implement a particular obligation)' 것이거나, 아니면 EC의 조치가 'WTO협정의 특정 조문을 명시적으로 언급(refers expressly to the precise provisions of the WTO Agreements)'하고 있는 경우이다.[34] 첫 번째 경우는 Nakajima 예외

---

29) 대표적인 판결로는, Case C-21/72, International Fruit Company NV and Others v. Produktschap voor Groenten en Fruit, [1972] ECR Page I-1219. 이하 ECJ 판결은 http:://europa.eu.iat/cj/en/content/juris/index.html에서 열람 가능(마지막 방문 2005.12.5.).

30) Council Decision 94/800/EC of 22 December 1994 concerning the conclusion on behalf of the European Community, as regard matters within its competence, of the agreement reached in the Uruguay Round multilateral negotiations, [1994] OJL 336/1:
"…by its nature, the Agreement establishing the World Trade Organization, including the Annexes thereto, is not susceptible to being directly invoked in Community or Member State courts"

31) Case C-149/96, Portuguese Republic v. Council, [1999] ECR Page I-8395; Case C-93/02, P Biret International SA v. Council of European Union, [2003] ECR Page I-10497; Case C-377/02, NV Firma Leon Van Parys v. Belgisch Interventie-en Restitutiebureau [2005] ECR Page I-1465.

32) Delphine De Mey, The Effect of WTO Dispute Settlement Rulings in the EC Legal Order: Reviewing Van Parys v. Belgische Interventie-en Restitutiebureau, German Law Journal, vol.6, No.6, pp. 1025-1026.

33) Case C-149/96, Portugal v. Council.; Order of 2 May 2001 in C-307/99 OGT Fruchthandelsgesellshaft [2001] ECR I-3159; Joined cases C-27/00 and C-122/00, Omega Air and Others [2002] ECR I-2569, Case C-76/00, P Petrotub and Republica v. Council [2003] ECR I-79 and Case C-93/02, P Biret International v. Council.

사유,[35] 두번째 경우는 Fediol 예외사유[36]라고 불리우는데, 전자의 경우는 ECJ가 EC의 반덤핑규정이 WTO 반덤핑협정에 합치하는지를 심사하는 데에만 제한적으로 활용되어 왔다.[37] Van Parys 판결에서 ECJ는 문제된 유럽연합규칙이 위 두가지 예외사유에 해당하지 않는다고 판시하면서 WTO협정의 직접효력을 부인해야만 하는 다른 추가적 근거를 제시하였다. 즉, 법원이 WTO협정에 위반된다는 이유로 국내법령을 무효화해야 한다면 EC가 분쟁해결절차의 상대국(제소국)과의 사이에서 협상을 통해서 WTO에 합치되게 문제를 해결할 수 있는 가능성을 봉쇄해 버리고, 나아가 그 협상에 있어서 EC의 협상력을 감쇄시키는 부적절한 결과를 초래하게 된다는 것이다.[38]

4) 우리 법원의 WTO 협정 자기집행성 분석

위 미국, 일본, 유럽연합의 경우를 종합해 보면 결국 사인이 제기한 소송에서 WTO협정의 직접효력을 정면으로 모두 부인함을 알 수 있다. 판례법으로 문제를 해결하고 있는 일본과 유럽연합의 경우를 염두에 두면서 조약의 자기집행성 판단의 일반적 기준으로 미국, 일본이나 유럽연합에서 판례법 내지는 이론적으로 제시된 것을 종합하여 우리나라 법원의 입장에서 WTO협정을 사인이 제기한 소송에서 직접 원용할 수 있는 것으로 볼 것인지, 즉 우리 법원에서 WTO협정의 자기집행성을 인정하는 것이 옳은지를 살펴보기로 한다.[39]

우선 WTO협정에는 명시적으로 사인의 소송에서 회원국의 법원이 동 협정을 재판상 직접원용할 수 있도록 의무지우는 규정이 없다. 물론 그 반대의 규정, 즉 WTO협정의 직접적용을 불가능하도록 하는 규정도 없다. 따라서 그 판단은 회원국이 스스로 담당하여야 함을 의미한다. WTO협정 중에는 유일하게 AGP에서 사인이 정부를 상대로 정부조달절차를 직접 다투는 절차(challenge procedures)를 제20조에서 인정하고 있다.[40] 즉, 정부조달을 시행하는

---

34) Case C-377/02, NV Firma Leon Van Parys v. Belgisch Interventie-en Restitutiebureau, para. 40.
35) Case C-69/89, Nakajima v. Council[1991] ECR I-2069.
36) Case 70/87, Fediol v. Commission [1989] ECR 1781.
37) Delphine De Mey, 전게논문, p. 1030.
38) NV Firma Leon Van Parys v. Belgisch Interventie-en Restitutiebureau: Case C-377/02, para. 51.
39) 협정작성자의 의사, 규정과 법구조 등에 대한 검토를 통한 WTO협정의 직접적용가능성에 대한 국내 다른 문헌으로는, 김철, 전게논문, pp. 105-109 참조.
40) Article 20 Challenge Procedures
   2. Each Party shall provide non-discriminatory, timely, transparent and effective procedures enabling suppliers to challenge alleged breaches of the Agreement arising in the context of procurements in which they have, or have had, an interest.
   …
   6. Challenges shall be heard by a court or by an impartial and independent review body with no interest in the outcome of the procurement and the members of which are secure from external influence during the term of appointment. A review body which is not a court shall either be subject to judicial review or shall have procedures which provide that
   (a) participants can be heard before an opinion is given or a decision is reached;
   (b) participants can be represented and accompanied;

WTO회원국 정부가 동 협정에 위반하였을 때 공급자가 이를 다투는 절차를 마련하고 있으며, 이는 WTO협정에서 유일하게 회원국 정부로 하여금 사인에게 WTO협정 위반을 국내 사법절차안에서 다툴 수 있는 장치를 마련해 줄 의무를 부과하는 조항으로 인식되고 있다.[41] 이와 관련하여 WTO협정 중 개별부속협정에서 국내사법절차에 관련된 규정을 찾아 볼 수 있다. 예를 들어 무역관련지적재산권협정(Agreement on Trade Related Aspects of Intellectual Property Rights, 이하 'TRIPS'협정이라 줄임)은 제42조 이하에서 지적재산권 보호를 위한 국내 사법절차를 마련할 것을 요구하고 있다.[42] 이 협정은 다른 협정들과 달리 매우 구체적으로 국내사법절차에서 지적재산권을 보호하는 데 필요한 장치를 도입할 것을 의무지우고 있다.[43] 그렇지만 그 본질은 '지적재산권 보호'에 있는 것이지, 즉 TRIPS 협정에 따라 국내 관련법을

(c) participants shall have access to all proceedings;
(d) proceedings can take place in public;
(e) opinions or decisions are given in writing with a statement describing the basis for the opinions or decisions;
(f) witnesses can be presented;
(g) documents are disclosed to the review body.

7. Challenge procedures shall provide for:
(a) rapid interim measures to correct breaches of the Agreement and to preserve commercial opportunities. Such action may result in suspension of the procurement process. However, procedures may provide that overriding adverse consequences for the interests concerned, including the public interest, may be taken into account in deciding whether such measures should be applied. In such circumstances, just cause for not acting shall be provided in writing;
(b) an assessment and a possibility for a decision on the justification of the challenge;
(c) correction of the breach of the Agreement or compensation for the loss or damages suffered, which may be limited to costs for tender preparation or protest.

41) 이를 반대해석하면, AGP 이외의 WTO협정에 대하여는 WTO 회원국이 국내 사법절차에서 그 위반을 다투는 절차를 마련할 것을 의도하지 않은 것이라는 유력한 견해가 있을 수 있다.

42) Article 42 Fair and Equitable Procedures
Members shall make available to right holders For the purpose of this Part, the term "right holder" includes federations and associations having legal standing to assert such rights. civil judicial procedures concerning the enforcement of any intellectual property right covered by this Agreement. Defendants shall have the right to written notice which is timely and contains sufficient detail, including the basis of the claims. Parties shall be allowed to be represented by independent legal counsel, and procedures shall not impose overly burdensome requirements concerning mandatory personal appearances. All parties to such procedures shall be duly entitled to substantiate their claims and to present all relevant evidence. The procedure shall provide a means to identify and protect confidential information, unless this would be contrary to existing constitutional requirements.

43) TRIPS 제42조는 사법절차가 과도한 출석의무를 부과하여서는 안 된다는 등 절차 전반에 관하여 정하고 있고, 제43조는 상대방에게 증거의 개시를 요구할 수 있는 권한과 입증방해시 방해자의 불이익으로 판결을 내릴 수 있어야 한다고 정하고 있으며, 제44조는 지적재산권 침해 행위의 중지나 유통을 금지시킬 수 있는 가처분(injunction) 권한을 정하고 있고, 제45조는 침해자에게 적정한 보상과 함께 비용을 지불할 수 있는 권한을 부여하여야 하며, 특히, 비용에는 적절한 변호사 수임료도 포함되어야 한다고 정하고 있으며, 제46조는 지적재산권 침해 행위를 배제하기 위한 구체적인 조치 권한에 대해서 정하고 있다. 또한 제50조는 침해행위를 배제할 임시 조치의 유형과 요건에 대해서 구체적으로 적시하고 있다. 위 조항은 모두 "The judicial authority shall have the authority to~"라는 문구를 사용한다는 유사점이 있다.

정비하고 그 법을 집행함으로써 간접적으로 TRIP협정을 준수하게 되는 것이지, "TRIPS 협정 위반'을 국내 사법절차에서 직접 다툴 수 있도록 의도한 것은 아니다.[44] 나아가 GATT와 서비스관련무역협정(General Agreement on Trade in Services, 이하 'GATS'로 줄임)에서도 국내 사법절차에 관한 규정을 담고 있다. GATT 제10조 제3(b)항[45]과 GATS 제6조 제2항[46]에서는 회원국 정부들로 하여금 각각 통관 및 서비스 무역에 관련된 행정조치에 대한 즉각적인 심사(review)와 시정(correction)을 위한 사법적 내지는 이에 준한 절차를 마련할 의무를 부과하고 있다. 그러나 이 역시 GATT나 GATS 협정 위반을 직접적으로 다투기 위한 사법적 절차를 마련하라는, 즉 AGP 제20조와 같은 절차를 요구하는 것이 아니다.[47]

본 대상판결에서 문제된 협정은 GATT 제3조와 AGP 제3조이다. 따라서 이와 가장 가까운 조문인 GATT 제10조와 AGP 제20조를 면밀히 살펴보면 이 두 조문이 모두 그 적용범위가 매우 제한적임을 알 수 있다. 우선 GATT 제10조 제3(b)항은 명시적으로 '통관' 관련 행정조치만을 그 심사의 대상으로 할 것을 요구하고 있다. 즉, 이를 반대해석하면, 가사 동 조항이 국내사법절차에서의 직접적 효력을 부여하는 근거조항이라고 가정하더라도—필자는 이에 반대하지만— 이는 통관에 관련된 행정조치에 국한된다. 본 대상판결에서 문제된 사안은 통관과는 관련성이 희박한 국내에서의 학교급식과 관련한 내국민대우원칙 위반에 관한 것이

---

44) 같은 취지로 TRIPS 협정의 직접효력을 부인한 판결로는, 특허법원 1999.8.26. 선고 98허3477 (등록무효) 판결 참조.

45) GATT 제10조제3항.

(b) Each contracting party shall maintain, or institute as soon as practicable, judicial, arbitral or administrative tribunals or procedures for the purpose, inter alia, of the prompt review and correction of administrative action relating to customs matters. Such tribunals or procedures shall be independent of the agencies entrusted with administrative enforcement andtheir decisions shall be implemented by, and shall govern the practice of, such agencies unless an appeal is lodged with a court or tribunal of superior jurisdiction within the time prescribed for appeals to be lodged by importers; Provided that the central administration of such agency may take steps to obtain a review of the matter in another proceeding if there is good cause to believe that the decision is inconsistent with established principles of law or the actual facts.

46) GATS 제6조제2항

(a) Each Member shall maintain or institute as soon as practicable judicial, arbitral or administrative tribunals or procedures which provide, at the request of an affected service supplier, for the prompt review of, and where justified, appropriate remedies for, administrative decisions affecting trade in services. Where such procedures are not independent of the agency entrusted with the administrative decision concerned, the Member shall ensure that the procedures in fact provide for an objective and impartial review.

(b) The provisions of subparagraph (a) shall not be construed to require a Member to institute such tribunals or procedures where this would be inconsistent with its constitutional structure or the nature of its legal system.

47) 이와 비슷한 조문형식은 반덤핑협정(Agreement on Implementation of Article VI of the General Agreement on Tariffs and Trade 1994) 제13조와 보조금및상계조치에관한협정(Agreement on Subsidies and Countervailing Measures) 제23조에서도 발견된다. 이에 대하여도 GATT 제10조에 대한 분석이 유사하게 적용될 수 있다.

다. 따라서, 제10조 제3(b)항의 적용범위 밖의 문제임을 알 수 있다. 또한 AGP 제20조의 절차를 보더라도 사인이 다툴 수 있는 대상은 자신이 참가한 정부입찰절차 내지는 계약의 효력이다. 동 조항에서 사인이 그 정부조달계약과 절차의 법적 근거가 된 조달국가의 법령 그 자체를 동 협정에 위반되었음을 이유로 다투는 것은 그 적용범위에 포함되지 않음을 문면상 쉽게 알 수 있다. 따라서, 본 사안이 사인의 소송에서 문제된 것이라면, 즉 외국농산물 수입자가 제소한 것이라면 GATT 제10조와 AGP 제20조가 직접적효력의 법적 근거를 제공한다고 가정하여도 그 적용범위 밖의 사안이므로 그 조문에 기초할 수 없었음을 알 수 있다.

두 번째, WTO협정의 본질적 성격(nature)에 관하여 살펴보자. WTO협정은 기본적으로 그 회원국들이 호혜적으로 무역을 자유화하기 위한 협정이다. 우선 WTO 협정의 수범자는 각국 정부이며[48] 정부가 공적인 무역장벽-관세나 비관세장벽-을 철폐 내지는 감소시키는 방법을 통하여 무역자유화를 추구하고 있다.[49] 따라서 본질적으로 정부간에 정부의 공적무역장벽에 대하여 호혜적으로 이를 감축시키고자 하는 약속이 WTO협정의 본질이라는 점에 비추어 보면, 그 협정상의 의무를 담보하기 위하여 사인이 국내 소송에서 개입할 여지는 거의 없다고 봄이 상당하다.[50] 이와는 달리, 예를 들어 외국중재판정의 집행이나 해당 국내법이 결여된 항공운송관련 국제조약의 경우에는 그 조약의 본질상 사인이 국내 사법절차를 통해 직접 해당 조항을 인용하고 법원이 이에 대하여 직접효력을 인정하는 것이 그 조약이 의도한 바라고 해석할 수 있다. 그러한 취지에서 우리 대법원도 그런 성질의 조약에 대해서는 직접적용을 인정한 바가 있고,[51] 이는 수긍할 만하다. 그러나 WTO 협정은 그 본질적인 의무의 내용이 사인에게 직접적용될 수 있는 권리를 부여함이 아니라 정부간의 공적무역장벽의 철폐에 관한 약속이라는 점을 유의해야 한다. 또한 국가간의 약속에 기초한 공적무역장벽 철폐 내지는 감축 그 자체 역시 절대적인 의무가 아니다. 이는 문제된 시점의 직전 무역협상에서 상호간에 호혜적으로 약속된 것일 뿐 WTO협정상의 무역장벽 감축의무는 항상 재협상의 가능성을 열어 놓고 있다. 우선 다자 차원에서는 WTO는 그 기본적인 기능(function)으로서 현행 협정의 이행뿐만 아니라 끊임없이 재협상을 통하여 의무의 수준을 변경할 수 있는 가능성을 열어두고 있다.[52] 특히 한 회원국의 의무는 유예(waiver)라는 방법을 통하여 수

48) 물론 중앙정부는 지방자치단체나 관련 정부기관이 WTO 협정을 준수하도록 할 의무를 가진다. 자세한 사항은 아래서 다시 다룬다.

49) WTO설립협정 전문에서도 이를 다음과 같이 선언하고 있다.
"Being desirous of contributing to these objectives by entering into reciprocal and mutually advantageous arrangements directed to the substantial reduction of tariffs and other barriers to trade and to the elimination of discriminatory treatment in international trade relations,"

50) 물론 앞서 본 AGP 제20조와 같은 국내 사법절차의 확보를 통한 의무준수는 예외적이다. TRIPS협정 역시 공적무역장벽의 감축이라는 성격을 가진 것은 아니지만 국내 사법절차를 통한 직접적 효력을 예정하는 것은 아님은 앞서 보았다.

51) 대법원 1986.7.22. 선고 82다카1372 판결; 대법원 2004.7.22. 선고 2001다67164.

정될 수도 있다.[53] 극단적으로 회원국은 의무 이행이 국가의 전체이익에 도움이 되지 않는다고 판단하는 경우에는 WTO에서 탈퇴할 수도 있다.[54] 이러한 재협상을 통해서 의무의 내용이나 수준이 변경될 수 있을 뿐만 아니라 WTO 협정은 세이프가드(safeguard)라는 특유의 제도를 지니고 있다. 즉, 회원국간에 수입개방으로 인하여 국내산업에 심각한 피해가 발생하는 경우 수입국이 부담하는 WTO협정상의 의무를 일정한 요건을 충족하는 경우에 일시적으로 정지시킬 수 있는 장치이다.[55] 이렇듯이 WTO 협정상의 의무는 회원국 정부가 상호간에 부담하는 의무로서 서로 탄력적으로 그 내용과 수준이 변경될 수 있음을 알 수 있다. 이는 곧 그러한 의무가 사인에 대한 권리를 발생시켜서 사인이 특정 시점에 사법절차에서 이를 직접 원용함이 적당하지 않은 성질을 갖고 있음을 강력히 시사한다.

특히 WTO협정이 다른 조약과 또 다른 대표적인 특징 하나를 주목하여야 한다. WTO협정은 자족적인 분쟁해결제도를 마련하고 있다.[56] WTO 협정 중의 하나인 분쟁해결양해(Understanding on Rules and Procedures Governing the Settlement of Disputes, 이하 'DSU'라 줄임)와 이에 따른 WTO분쟁해결절차는 국제기구 중에서 유례없는 사법적인 절차로서 매우 성공적으로 운영되고 있는 제도이다. 그런데 WTO 분쟁해결절차는 일반 국내 사법절차와

---

52) WTO협정 제3조 제2항에서 이를 선언하고 있다.

2. The WTO shall provide the forum for negotiations among its Members concerning their multilateral trade relations in matters dealt with under the agreements in the Annexes to this Agreement. The WTO may also provide a forum for further negotiations among its Members concerning their multilateral trade relations, and a framework for the implementation of the results of such negotiations, as may be decided by the Ministerial Conference.

53) 유예(waiver)는 체약국들의 동의에 의해 GATT/WTO협정상의 의무를 면제받을 수 있는 권리이다. 과거 독일은 동, 서독간의 거래에 관해 유예를 받은 적이 있다. GATT 제25조제5항에서 그 법적 근거를 제공한다.
Aritlcle XXV

5. In exceptional circumstances not elsewhere provided for in this Agreement, the CONTRACTING PARTIES may waive an obligation imposed upon a contracting party by this Agreement; Provided that any such decision shall be approved by a two−thirds majority of the votes cast and that such majority shall comprise more than half of the contracting parties. The CONTRACTING PARTIES may also by such a vote

(i) define certain categories of exceptional circumstances to which other voting requirements shall apply for the waiver of obligations, and

(ii) prescribe such criteria as may be necessary for the application of this paragraph.

54) WTO설립협정 제15조(Withdrawal)

1. Any Member may withdraw from this Agreement. Such withdrawal shall apply both to this Agreement and the Multilateral Trade Agreements and shall take effect upon the expiration of six months from the date on which written notice of withdrawal is received by the Director−General of the WTO.

2. Withdrawal from a Plurilateral Trade Agreement shall be governed by the provisions of that Agreement.

55) GATT Article XIX와 세이프가드협정(Agreement on Safeguards) 참조.

56) WTO설립협정 제3조제3항(Functions of the WTO)

3. The WTO shall administer the Understanding on Rules and Procedures Governing the Settlement of Disputes in Annex to this Agreement.

는 매우 다른 특징을 가지고 있다. 우선 문제된 조치에 관하여 당사국간에 합의가 되면, 제3국이 이를 다시 다툴지는 별론으로 하고, 반드시 그 조치의 WTO위반 요소를 제거할 필요 없이 분쟁이 종료되고 그 조치는 그 당사국들 사이에서는 그대로 유지될 수 있다.[57] 만약 국내 사법절차에서 사인이 소송을 제기하여 그 문제된 조치의 효력을 다투는 것을 허용하면 그 조치의 주체인 회원국 정부의 제소국 정부와의 협상을 통하여 문제를 외교적으로 해결하고자 하는 노력이 무용지물이 되어 버릴 수 있다. 이것이 WTO협정을 탄생시키고 특히 DSU를 마련한 협상 당사국들의 진정한 의도였다고 보기는 어렵다. DSU 분쟁해결절차에 따른 분쟁해결기구(Dispute Settlement Body, 이하 DSB라 줄임)의 결정이 내려진 이후에도 동 절차는 국내사법절차에서 사인에게 통상 부여되는 일반적 구제조치와는 다른 경로를 통한 분쟁의 해결을 허용하고 있다. 즉, 문제된 조치를 철회하여 그 조치를 완전히 제거하는 방법 이외에 임시적인 수단이지만 보상(compensation)을 통한 해결방안을 허용하고 있다.[58] 나아가 분쟁해결기구의 결정이 내려진 이후에도 항상 분쟁 당사국들은 양자간 협상을 통하여 당해 문제된 조치를 그대로 유지한 채 다른 분야에서의 양허조정을 통하여 분쟁을 해결하고 분쟁해결기구의 결정을 집행하지 않는 쪽으로 외교적 합의를 할 수도 있다. 만약 사인이 국내 소송을 통하여 직접 자신이 구제조치를 강구한다면 DSU상의 분쟁해결절차를 통한 분쟁 당사국간의 자발적 분쟁해결 가능성을 심각하게 손상시킬수 있는 소지가 많다. 특히 분쟁 당사국이 문제된 조치의 효력을 그대로 유지한 채 다른 방법을 통하여 분쟁을 종결지으려고 할 때 사인이 제기한 사법절차에서 법원이 WTO협정의 직접효력을 인정하는 한 분쟁당사국 간의 국가간 분쟁해결과 상관없이 문제된 조치를 국내법상 무효화시킬 수 있게 된다. 이를 WTO 회원국들이 DSU를 탄생시키면서 의도한 바라고 보기 어렵다. 또한 국내사법절차상의 구제수단은 DSU에서 상정하고 있는 구제수단과 질적으로 차이가 있다. 예를 들어 국내 사법절차에서는 과거의 손해를 배상하거나 임시구제조치를 부여하는 것이 국내법상 가능한게 일반적이다. 그러한 구제조치는 현행 DSU상 인정되지 않는다. 그런데 국내 사법절차를 통해서 사인이 WTO협정 위반으로 손해를 입었다고 주장하면서 과거의 손해배상을 구하고 임시

57) DSU 제12조 제7항:

7. … Where a settlement of the matter among the parties to the dispute has been found, the report of the panel shall be confined to a brief description of the case and to reporting that a solution has been reached.

58) DSU 제22조:

1. Compensation and the suspension of concessions or other obligations are temporary measures available in the event that the recommendations and rulings are not implemented within a reasonable period oftime. However, neither compensation nor the suspension of concessions or other obligations is preferred to full implementation of a recommendation to bring a measure into conformity with the covered agreements. Compensation is voluntary and, if granted, shall be consistent with the covered agreements.

구제조치까지 얻게 되면 이는 우루과이 라운드 협상 당사국들이 분쟁해결 관련 구제조치로서 의도했던 수준을 벗어나는 결과에 이르게 된다. 나아가 문제된 조치에 이해관계를 가진 사인의 입장에서 볼 때 WTO협정의 직접효력이 국내소송을 통해서 인정되게 되면 DSU 절차를 우선적으로 경유할 아무런 유인요소가 없어진다. 즉, 일단 협정위반인 한 회원국의 조치로 인해 피해를 입었다고 주장하는 사인은 자국정부를 통하여 WTO분쟁해결절차를 발동시킬 필요없이[59] 그 회원국내의 법원에서 직접 소송을 제기하여 보다 효과적인 구제수단을 강구하고자 할 것이다. 여기서 두가지 가상적인 상황을 생각할 수 있다.

우선 국내법원이 WTO협정 위반이라고 판단한 경우이다. 만약 그 판단에 오류가 없다고 가정하는 경우 소송을 제기한 사인은 WTO분쟁해결절차를 경유할 아무런 이유없이 국내법상의 구제조치를 얻게 된다. 그럼으로써 피고 내지는 피제소국의 입장에 서는 회원국 정부는 DSU상의 다른 분쟁해결방법을 활용할 기회가 박탈되게 된다. 국내법원의 WTO협정 위반이라는 판단에 오류가 있었다고 가정한다면 더 나쁜 상황이 초래된다. 결국 위반이 아니었음에도 불구하고 사인은 구제조치를 얻게 되고 문제된 조치의 당사국은 이를 바로잡을 기회가 없어진다. 왜나하면 자국의 법원이 위반이라고 판징한 자국 조치에 대하여 WTO협정 위반이 아니라는 확인을 WTO 분쟁해결절차를 통해서 구하는 것은 현재 DSU 절차상 불가능할 뿐만 아니라 동시에 자국 법원의 권위를 실추시키고자 하는 모습으로 비추기 때문에 사실상 불가능한 선택이기 때문이다. 즉 이때 문제된 조치의 당사국은 WTO협정 위반이 아닌 조치를 무효화시키는 결과를 초래한다.[60]

국내법원이 WTO 협정에 합치한다고 판단할 경우를 상정해 보기로 하자. 이 경우 국내소송을 제기한 사인의 입장에서는 당연히 자국 정부를 통해서 DSU 절차를 발동시킬 가능성이 높다. 그 국내법원의 판단에 오류가 없어서 WTO 분쟁해결기구에서도 마찬가지 결정에 도달했다고 한다면 결국 그 국내소송은 없어도 될 것이었기 때문에 존재가치가 없다. 만약 그 판단이 잘못된 것이었다면 WTO 분쟁해결기구는 사실상 국내법원의 판결을 뒤집는 것과 마찬가지 결과가 된다. 그에 따라 제소국 정부는 동 조치를 철회시키거나 다른 DSU상 가능한 구제조치를 강구하게 될 것이다. 이때 피제소국 정부는 자국 법원이 WTO협정에 합치된다고 판단한 조치를 WTO 회원국으로서 국제법상 의무에 따라 철회해야 하는 아주 어려운 상황에 처할 수 있다. 특히 그 철회가 법령에 관한 사항이어서 법령의 폐지 내지는 개정을

59) 물론 문제된 조치에 이해관계를 갖는 사인이 수입업자나 원자재수입품 가공업자인 경우에는 자국정부가 아니라 수출업자의 정부를 통하여 WTO분쟁해결절차를 발동해야 할 것이며, 이것이 사실상 용이하지 않을 수는 있다.

60) 이와 같은 취지의 견해로는, Judson Osterhoudt Berkey, The European Court of Justice and Direct Effect for the GATT: A Question Worth Revisiting, 9 European Journal of International Law 626, 1998, p. 646. 이 논문에서는 ECJ에서 WTO협정의 직접효력을 부인하는 것에 대한 비판적 견해에 대하여 다시 재비판하고 있다.

요구하는 사항이라면 국내 헌법상 중대한 문제가 제기될 수도 있다.

국내법상 법원의 판결과 국제법상 WTO 분쟁해결기구의 결정이 상이함으로 인하여 발생할 수 있는 문제점 이외에도 각국의 법원간 판결이 상충될 가능성도 있다. 예를 들어 문제된 조치가 한 나라에서만 발견되는 것이 아닌 여러나라에서 발견되는 조치라고 가정해 보자. 이러한 경우 각국의 법원이 같은 조치에 대하여 WTO 협정 위반에 대한 각기 다른 결론에 도달할 가능성이 있다. 이를 정책적으로 바람직하지 못하다고 이야기 하는 것 이외에 과연 이러한 상황이 WTO 협정을 제정한 당사국들의 의도였다고 보수 있을지는 의문이다. 또한 법원이 조약체결국의 제정의도를 파악함에 있어서 자국 정부의 의도가 어떠하였는지도 역시 중요한 고려대상이 된다고 본다면 이것이 우리 법원이 WTO협정의 사인소송에서의 직접효력을 부정해야 하는 또 다른 이유가 있을 수 있다. 실제로 미국, 유럽연합 그리고 일본과 같은 다른 주요 회원국들이 WTO 협정의 사인 소송에서의 직접효력을 부인하는데 우리나라 법원만이 직접효력을 인정한다면 실제로 당사국 정부간의 분쟁해결 관련 협상력에 있어서 우리 정부만 불리한 위치에 처할 수 있다. WTO 협정의 가장 기본적인 정신이 상호 호혜적인(reciprocal) 의무 준수를 추구한다고 했을 때, 국내 법원이 우리정부의 협상력을 불리한 위치에 놓도록 하는 것이 과연 WTO 협정의 근본 취지와 그 협정을 체결한 우리나라 정부뿐만 아니라 다른 회원국 정부들의 진정한 의도였다고 보기는 어렵다.[61)]

위와 같은 여러 가지 이유를 종합하여 볼 때 우리 법원은 사인이 제기한 소송에서 WTO 협정의 직접적 효력을 일반적으로 부인하여야 한다고 본다.[62)] 이러한 결론은 WTO 협정 전반에 관한 분석이었는 바, 물론 구체적 사건에서는 WTO 협정 중에서 위반되었다고 주장되는 개별 협정의 개별 조문의 분석이 필요함은 당연하다. 대상판결에서는 GATT 제3조와 AGP 제3조 위반이 문제되었으므로 그 두 조문의 문언, 문맥과 성격, 특성 내지는 관련 상황들을 검토해 볼 필요가 있다.

우선 GATT 제3조를 분석해 보면, 이 역시 국가간 의무를 부여하고 있음을 알 수 있다. 물론 조문 그 자체는 비교적 상세하다고 볼 수 있지만, 동 의무에는 제3조제6항 내지 제10항과 제20조 내지 21조상의 예외사유가 인정된다는 점에서 의무의 내용이 자족적(complete)이고 무조건적(unconditional)이라고 보기는 어렵다. 더욱이 앞서 지적한 바와 같이 제10조제3(b)항에서 통관에 관련된 조치에 대하여는 국내사법절차에서 이를 즉각적으로 심사하고 잘못된 조치를 바로잡을 의무를 부과하고 있으나, 내국민대우원칙은 통관에 관련된 조치를 적

61) ECJ 역시 Van Parys 판결에서 이 점을 강조하면서 직접효력을 부인하였음은 앞서 보았다.
62) 물론 AGP 제20조에 해당하는 경우에는 예외임을 앞서 지적하였다. 또한 향후 WTO협정의 후속협상을 통하여 WTO 당사국들이 개별협정의 특정조문에 대하여 국내 사법절차 내에서의 직접효력을 인정하고자 의도한 경우에는 예외가 인정될 수 있음은 물론이다. 즉, WTO협정의 본질과 내용은 협상을 통해서 변화할 수 있으며, 그에 따라 동 협정의 직접효력 역시 가변적일 수 있다는 점을 부인하고자 함은 아니다.

용대상으로 하지 않는다는 점에서 더욱 직접효력을 인정하는데 소극적이 될 수 밖에 없다. AGP 제3조 역시 제23조에 예외사유가 규정되어 있는 점을 포함하여 GATT 제3조처럼 내국민대우원칙 규정에 대하여 지적한 점이 대체로 그대로 적용될 수 있다. 다만, AGP 제20조에서 사인이 동 협정 위반을 이유로 정부조달절차를 다투는 방법을 자세히 규정하고 있는 점에 비추어 보면, AGP의 협상 당사국들은 정부조달과 관련하여 사인이 소송을 통하여 국내법원에서 동 협정 위반을 직접 주장할 수 있도록 의도한 것임을 알 수 있다. 그런 점에서 만약 본 사안이 구체적으로 농수산물 수입업자가 실제로 행해진 학교급식 조달절차의 효력을 다투는 것이었다면 AGP 제20조상의 절차로 파악될 수는 있을 것이다.[63] 결국 GATT 제3조나 AGP 제3조가 조문 그 자체는 상세하다고 하더라도 앞서 본 WTO협정의 전체 취지에 비추어 사인의 직접원용을 부인해야 한다는 결론을 뒤집을 만한 이유는 없다고 생각된다.

(2) 기관소송에서의 WTO협정의 직접효력

앞서 자세히 분석한 것은 사인이 국내 소송에서 WTO협정을 직접원용할 수 있는지에 관한 것이었고, 필자는 다른 주요 WTO회원국의 경우처럼 그 직접효력을 부인하여야 한다는 견해를 제시하였다. 그런데 본 대상판결이 다루고 있는 사안은 그와는 전혀 다른 상황임을 유의하여야 한다. 즉, 본 사안은 해외 농수산물 생산업자나 국내 수입업자가 소를 제기한 것이 아니다. 본 대상판결은 지방자치단체의 장인 전북 교육감이 원고가 되어 지방의회를 피고로 하여 지방자치법 제98조에 따라 조례에 대한 추상적 규범통제로서의 기관소송을 제기한 사건이다. 현재 대법원에 계속중인 다른 지방의회의 학교급식조례의 효력을 다투는 소송에서는 지방자치단체의 장이 소송을 제기하지 않아 상급 중앙감독기관인 행정자치부 장관이 지방자치법 제159조에 따라 원고가 되어 소를 제기한 경우도 있다. 그렇다면 과연 조약의 해석에 따른다면, 즉 WTO협정의 취지, 성격, 입법자의 의도 그리고 관련 WTO 협정 조문 등에 비추어 볼 때, 이러한 기관소송에서는 사인 소송과 WTO협정의 직접효력성이 다르게 해석할 소지가 있을 것인가? 또한 국내법체제가 기관소송에서의 특수성을 인정하는 쪽으로 마련되어 있는가? 필자의 견해는 이에 대해 긍정적이다.

우선 WTO협정 중에서 가장 상위의 협정인 설립협정 제16조 제4항은 "회원국들은 자국의 법, 규정 그리고 행정절차를 부속협정에 규정된 자국의 의무에 합치되도록 하여야 한다"라고 규정하고 있다.[64] 나아가 본 사안과 더 직접적으로 관련되는 GATT에서는 제24조 제12항에서 "체약국가들은 자국의 영토 내 지역 또는 지방정부나 당국이 동 협정을 준수하도

63) 실제 본 사안이 AGP의 적용대상이 되는지 등에 관하여는 아래에서 다시 자세히 다룬다.

64) WTO설립협정 제16조 제4항:

4. Each Member shall ensure the conformity of its laws, regulations and administrative procedures with its obligations as provided in the annexed Agreement

록 하는데 가능한 합리적인 조치를 취하여야 한다"[65]라고 규정하고 있으며, 우루과이 라운드 협상과정에서 채택된 GATT 제24조 제12항의 해석에 관한 양해(Understanding on the Interpretation of Article XXIV of GATT 1994) 제14항에 의하면 지역 또는 지방정부나 당국에 의해서 취해진 조치도 DSU에 따른 분쟁해결절차의 대상이 된다.[66] 이러한 WTO협정 중 관련 조항이 아니더라도 WTO 회원국 정부가 당연히 WTO협정상의 의무를 준수하기 위하여 자국내 법령들을 WTO 의무에 합치시키기 위한 노력을 하는 것은 WTO협정 취지에 부합하는 것이다. 따라서, 사인소송의 경우와는 달리 WTO회원국 정부가 스스로 자국내 정부나 지방정부(지방자치단체) 조치의 WTO 합치성 확보를 위하여 국내 정해진 절차에 따라 소송을 제기함은 WTO 협정을 조약해석의 기본원칙에 따라 해석해 보아도 그 취지에 부합하는 것으로 보아야 한다. 본 대상판결에서 문제된 전북의회조례는 그 중앙행정감독기관인 행정자치부의 요청에 따라 전북 교육청이 교육감의 이름으로 지방자치법에 따라 무효확인소송을 제기한 것으로 알려지고 있다. 이는 위 WTO 설립협정 제16조 제4항이나 GATT 제24조제12항에 부합하는 중앙정부의 '합리적인 조치'라고 볼 수 있을 것이다. 더욱이 위 협정 조문들은 '합리적인 조치'의 방법에 아무런 제한을 가하지 않고 있기 때문에 정부의 선택으로 사법절차를 이용함은 문제가 없다.

다만, 남아 있는 문제는 기관소송의 경우에는 사인소송의 경우에 예상되는 부작용이 그대로 발생되거나, WTO협정의 성격이나 취지에 반하거나, 특히 DSU 상의 절차를 손상시킬 위험성이 없는가 하는 점이다. 그런 위험성은 거의 존재하지 않는 것으로 판단된다.[67] 우선 지방자치단체가 발동한 조치가 중앙정부의 입장에서 WTO협정 위반이라고 판단한 경우이기 때문에 이는 외국정부나 외국 수입업자 또는 외국 생산업자가 관여하는 상황이 아니다. 따라서, 원천적으로 WTO분쟁해결절차를 무용화시킨다거나 회원국 정부간의 호혜성에 침해를 가한다거나 할 위험성이 없다. 구제수단에 있어서도 단지 기관간에 추상적 규범통제일 뿐이므로 과거손해의 배상 등 WTO협정에서 의도하지 않은 구제조치가 부여될 리도 없다. 사인의

65) GATT협정 제24조 제12항:

12. Each contracting party shall take such reasonable measures as may be available to it to ensure observance of the provisions of this Agreement by the regional and local governments and authorities within its territories.

66) Understanding on the Interpretation of Article XXIV of GATT 1994

14. The provisions of Article XXII and XXIII of GATT 1994 as elaborated and applied by the DSU may be invoked in respect of measures affecting its observance taken by regional or local governments or authorities within the territory of a Member. When the DSB has ruled that a provision of GATT 1994 has not been observed, the responsible Member shall take such resonable measures as may be available to it to ensure its observance. The provision relating to compensation and suspension of concessions or other obligations apply in cases where it has not been possible to secure such observance.

67) 이는 사인에게는 소송을 통해 직접 WTO협정을 원용할 수 없다는 것을 전제한 것이다.

소송처럼 일단 국내법원에 소송을 제기한 후 원하는 결과가 나오지 않으면 다시 WTO분쟁 해결절차를 사용하는 것과 같은 소위 '법정지 선택(forum shopping)'의 위험성도 없다. 비교법적으로 보더라도 기관소송을 통한 추상적 규범통제를 이용하여 중앙정부가 스스로 자국내 지방정부나 지방자치단체 하위법령의 WTO합치성을 확보하고자 하는 노력은 우리나라만에 특유한 것이 아니다. 미국의 경우에도 URAA에서 사인이 WTO협정을 직접 소송을 통해 원용하는 것을 금지하고 있을 뿐 연방정부는 그 금지대상에서 제외된다.[68] 특히 중앙정부는 지방정부의 조치가 WTO협정에 위반되는 때에는 이를 법원에 제소하여 이를 무효화할 수 있음을 명시적으로 규정하고 있다.[69] 유럽연합과 일본의 경우에도 문제된 사건들과 판례법은 사인이 소송을 통하여 WTO협정 위반을 주장하는 경우에 WTO협정이 직접적용되지 않는다고 판단한 것이지 중앙정부가 직접 WTO합치성 확보를 위하여 회원국 정부나 지방정부의 조치를 기관소송을 통하여 무효화시키고자 한 사안에 관한 것은 아니었다.

또한 앞서 자세히 논의한 것은 사인의 소송에서 WTO협정의 직접적용을 부인하여야 한다는 것이었지, WTO협정 자체가 '국내법'으로서의 지위나 효력이 전면 부인된다는 것은 아님을 유의해야 한다. 즉, 헌법 제6조제1항에 의하여 WTO협정은 '국내법'으로서의 지위를 취득한다. 그런데 지방자치법 제98조나 159조에서 지방의회에서 재의결한 사항이 '법령에 위반'된다고 판단하는 경우에는 지방자치단체의 장이나 행정자치부 장관이 대법원에 소를 제기할 수 있다고 명시적으로 규정하고 있는 바, WTO협정은 국내'법'으로서의 지위를 가지고 있으므로 대법원 입장에서는 지방의회가 의결한 사항이 WTO협정에 위반되는지를 판단할 수 있고, 판단해야 하는 것이다.

다만 실무적인 문제로 남는 것은 과연 국내 법원이 WTO 협정 위반 문제를 판단하는데 적절한 기관인지의 여부이다. 아래서 대상판결의 판시내용 중 오류를 지적하는 예에서 보듯이 WTO 협정 위반을 판단하는 것은 국내법 전문기관인 법원에 친한 업무가 아니기 때문에 항상 오류의 가능성이 있다. 더욱이 소송 당사자인 정부가 그냥 담당공무원을 통해서 소송수행을 하고 지방자치단체 역시 전문 변호사의 조력을 받지 못하는 상황에서는 충분한 공격방어방법이 현출되지 않은 상태에서 법원이 WTO협정 위반 여부를 판단할 수 밖에 없을 때

68) 1994 Uruguay Round Agreement Act, 19 USC, § 3512 (b)(2)(A);
No State law, or the application of such a State law, may be declared invalid... except in an action brought by the United States for the purpose of declaring such law or application invalid.

69) 1994 Uruguay Round Agreement Act, 19 USC, § 3512 (c)(1);
No person other than the United States--
(B) may challenge, in any action brought under any provision of law, any action or inaction by any department, agency, or other instrumentality of the United States, any State, or any political subdivision of a State on the ground that such action or inaction is inconsistent with such agreement.

그 오류의 가능성은 더욱 커진다.[70] 따라서, 정부의 입장에서는 정책적으로 이러한 기관소송을 제한적으로만 활용해야 할 것으로 생각된다. 예를 들어, 문제된 조치에 대하여 WTO분쟁해결절차가 종료되어 분쟁해결기구가 동 조치가 WTO협정 위반이라고 종국적으로 판단하였는데 지방자치단체나 지방의회가 그 조치를 폐지하지 않고 불응하는 경우 등이 그것이다. 미국 URAA에서 연방정부에게 제소권을 부여한 취지도 바로 이러한 제한적 상황을 염두에 둔 것이다. 나아가 WTO분쟁해결절차가 종료되지 않은 경우라고 하더라도 WTO협정위반요소가 명백한 경우에는 미리 기관소송을 통해서 자발적으로 WTO합치성 확보를 시도하고 그럼으로써 불필요한 WTO분쟁해결절차에 피소되는 상황을 미연에 방지할 수 있을 것이다. 그렇지만 본 사안 대상판결의 WTO협정 위반여부에 관한 아래에서의 구체적인 평석에서 볼 수 있듯이 WTO협정 위반 여부를 판단하는 것은 그리 쉬운 일이 아님을 생각하면 매우 신중한 사전 분석이 이루어진 후 WTO협정위반이 명백한 것으로 판단되는 경우에만 기관소송을 제기하는 것이 바람직 할 것이다.

Ⅳ. 결　　어

본 대상판결은 우리나라에서 WTO협정에 위반된 국내 지방자치단체 법령의 효력을 무효화한 첫 사건이라는 점에서 매우 중대성을 가진다. 비록 본 사안에서는 대한민국 법령이 아닌 지방자치단체 조례의 효력이 문제되었지만 여하튼 국내 규범이 WTO협정에 위반되면 국내법적으로도 효력이 없다고 판시한 점에서 매우 충격적인 판결로 인식될 수 있다. 다만, 본 사안처럼 WTO협정상의 의무를 준수해야 하는 주체가 기관소송을 통해 추상적 규범통제의 형식으로 지방의회의 조례를 WTO 협정에 합치시키려는 노력의 일환으로 파악되는 경우에는 WTO협정의 직접효력을 인정하는 것이 타당 할 수 있지만, 사인의 소송에서 WTO협정을 원용하여 국내 법령을 무효화 시키고자 하는 경우에는 WTO협정의 직접효력이 부인되어야 함을 유의하여야 한다. 즉, 이 사건 대법원 판결은 사인이 제기한 소송의 경우에는 적용되지 않음을 대상판결에서 명백히 하지 않은 아쉬움이 남지만, 앞으로 이 판결은 그렇게 제한적으로 해석되어야 한다.

본 대상판결에서 대법원은 헌법 제6조 제1항의 의미를 너무 쉽게 파악하여 조약이 국내법적 지위를 부여받는 문제와 구체적 사건에서 사인 또는 정부가 소송을 제기하여 동 조약을 직접원용함으로써 국내법을 무효화시킬 수 있는지의 문제를 준별하지 않은 아쉬움이 있다. WTO 협정은 아주 제한적인 경우[71]를 제외하고는 사인이 국내법원에서 소송을 통하여

70) 실제 본 대상판결 사안에서 그런 상황이 발생하였다.

71) 우리나라 국내법률이 해당 WTO협정 조문을 법문에서 명시적으로 원용하고 있는 경우 등이 이에 해당할

직접원용 가능한 쪽으로 해석되어서는 안된다. 이는 보호무역주의적인 정책적 고려에서 출발한 입장이 아니라 WTO협정을 탄생시킨 협상 당사국들의 의도가 그러하며, WTO협정의 취지, 특히 DSU에 따른 분쟁해결절차를 마련한 취지에 부합하는 해석이다. 다만 WTO협정을 이행하기 위한 국내법이 존재하는 경우에 동 법을 해석, 집행함에 있어서는 가능한 한 관련 WTO협정의 문언과 취지에 부합하는 방향으로 이를 해석함이 바람직함은 물론이다. 또한 이와 같은 해석론은 현행 WTO협정에 대한 것이며, 향후 WTO협정이 회원국들의 협상을 통해서 개정되거나 발전되는 경우에 다른 해석의 가능성까지 부인하는 것은 아니다.

수 있다.

33. 홍진기와 정부 수립 초기 국제법 활동*

정 인 섭**

Ⅰ. 서　　설

유민 홍진기(洪璡基: 1917-1986)라는 이름은 세간에 중앙일보와 구 동양방송(TBC)의 대표 그리고 삼성 구룹 내 여러 기업에 관여했던 경영인으로 널리 알려져 있다. 홍진기의 경력을 좀 더 아는 사람은 그가 이승만 정부 시절 법무장관과 내무장관을 역임하고, 4.19 혁명 이후 옥고를 치룬 사실을 기억할 것이다. 홍진기의 이력을 보다 소상히 아는 사람은 일제시 경성제국대학 법문학부(법과)를 졸업하고 같은 학교 조수(助手) 재직중 발표한 상법 논문이 당시 학계의 관심을 크게 끌었다는 사실까지 알 것이다.[1)]

그러나 홍진기가 1953년 6월 부산 피난시절 대한국제법학회에 창립부터 관여해 초대 이사로 선임되었고, 1956년 봄부터는 부회장으로 피선되어 4.19 직후까지 이 직을 맡고 있었다는 사실을 아는 이는 많지 않다. 그는 현직 법무장관으로 있으면서도 학회 부회장직을 수행했다. 그런 점에서 홍진기는 대한국제법학회 초기 핵심인물 중 하나이다. 국제법을 전공한 필자는 이 점을 이상하게 생각했었다. 그는 국제법에 관한 정식의 학술논문을 발표한 적이 없다. 외교부에 근무하지도 않았다. 청년 시절 상법을 전공했던 그가 왜 상사법학회도 아닌 국제법학회에 이토록 적극적으로 참여했을까? 그가 국제법에 애착을 갖게 된 계기는 무엇이었을까? 이 글의 작성은 이러한 의문에서 시작되었다.

알려진 바와 같이 홍진기는 경성제국대학 졸업 후 법문학부 사법연구실 조수로 근무했었는데[2)] 일제가 조선인 조수를 모두 해촉하자 교수의 꿈을 접고 전주지방법원 판사로 재직하다 해방을 맞았다.[3)] 미군정 시절 법제부 법제관, 사법요원양성소[4)] 교수, 법률조사국[5)] 법무관

---

* 본고는 2016년 11월 18일 홍진기법률연구재단 학술세미나에서 발표한 내용을 기본으로 하여 수정·보완한 글이다.

** 서울대학교 법학전문대학원 교수

1) 홍진기는 경성제국대학 법문학부 조수시절 「株式會社の合併における交付金」를 경성제대 法學會論集 제13책 제1호(1942)에 게재한 바 있다. 이에 대해 竹田省 큐슈제대 교수는 「再び會社の合併について」라는 반박논문을 民商法雜誌 제16권 제6호(1942)에 발표했다. 후일 홍진기는 「株式會社合併の本質」이라는 재반박 논문을 民商法雜誌 제17권 제5호(1943)에 발표했다. 이상 3편의 논문은 유민선생화갑기념논문집편찬위원회 편, 유민홍진기선생 화갑기념논문집 법학의 제문제(중앙일보 동양방송, 1977), pp. 337-413 및 pp. 545-622에 일문과 한글 번역으로 수록되어 있다. 이는 최근 발간된 홍진기법률문화재단편, 유민 홍진기 법률논문선집(경인문화사, 2016)에도 재수록되어 있다.

2) 홍진기의 지도교수는 상법 전공의 니시하라 간이치(西原寬一)였다. 1940년 경성제국대학 법문학부의 조수는 15명이었는데, 그중 6명만 조선인이었다. 법학과 조수는 홍진기, 윤동식, 배호 3인. 김영희, 이 사람아 공부해-유민 홍진기 이야기(민음사, 2011), pp. 79-80.

등으로 근무했으며, 1948년 대한민국 정부가 수립되자 곧 이어 법무부 조사국장으로 임명됐다. 수년간 서울법대에서 상법 강의를 담당하기도 했다. 후일 법무국장으로 보임되고, 1954년에는 법무차관 발령을 받았다. 이후 1955년 10월 해무청장(海務廳長)으로 발령받아 법무부를 떠났다가, 1958년 장관으로 다시 법무부로 복귀해 4.19 직전까지 법무장관으로 근무했다. 4.19 전후에는 약 1달간 내무장관 직을 맡았다.

홍진기는 공직생활의 상당 부분을 법무부에서 보냈고, 외견상 그는 국제법과 큰 관련이 없는 생활을 한 듯 보인다. 그러나 새롭게 대한민국을 수립하는 과정에서 일제와의 식민관계 청산을 비롯한 수많은 국제법적 현안이 발생했고, 모든 분야에서 전문가가 부족한 광복 직후 상황에서 고위 공직자요 법률전문가인 홍진기는 이러한 문제들을 피할 수 없었다. 그는 대일배상청구 준비, 대일평화조약 대비, 1951년부터 시작된 한일회담, 1954년 제네바 회담 등 정부 수립 초기 대한민국이 직면했던 다양한 국제법적 활동에 깊이 관여하였다. 이 같은 국가적 중대사에 홍진기는 대부분 핵심 중견 실무자로서 활동했다. 그의 아이디어가 한국 정부의 국제법적 주장에 빈번히 반영되었으며, 그 과정에서 홍진기는 오늘 날에도 되씹어 볼만한 흥미로운 국제법 이론을 전개하기도 했다.

Ⅱ. 미군정기 조선의 법적 지위

1945년 8월 15일 일제의 무조건 항복으로 35년의 식민지배는 끝났다. 일제는 물러갔으나, 국토가 분단되어 남과 북에 각각 미군과 소련군이 진주했다. 카이로 선언은 "적절한 과정"을 통한 한국민의 독립을 약속했으나, 군정은 계속되었다. 신탁통치를 실시한다는 소식도 들려 왔다. 아마 당시 한반도의 거의 모든 지식인들은 자신이 위치한 시점이 어떠한 시기인가를 파악하는데 고민했을 것이다. 그중 법률전문가들은 군정기 한반도의 법적 지위가 무엇인지를 고민하지 않을 수 없었을 것이다. 주권국가의 가장 기본적 요건인 대한민국 정부가 1948년 8월 15일 수립되었음은 주지의 사실이다. 미군정 하의 이 3년은 국제법적으로 어떠한 성격의 시기인가?

미국은 적국 일본에 대한 전시 점령의 일환으로 한반도를 통치했는가? 군정 하 3년간 한반도의 주권은 누구에게 속했는가? 그 시기의 한반도는 국제법상 여전히 일본의 판도에 속했는가? 후일 한일회담에서 일본은 자신의 동의 없이 한국이 평화조약 이전 미리 독립을 했

3) 홍진기, 나의 옥중 회고, 신사조 1962년 2월(창간호), p. 188. 그는 조수 시절인 1940년 고등문관시험에 합격했다.

4) 김병로, 이인 등 법조계 선배들이 미군정청과 협의해 만든 임시 법률교육기관, 1년 교육을 마친 졸업생은 변호사시험에 응시할 수 있었다.

5) 각종 법률의 한글화 작업을 담당하던 기관. 홍진기는 이곳에서 상법 분야를 담당했다.

다면 이는 국제법에 부합되지 않는다는 주장까지 제기했었다. 사실 이 3년간 한국의 국제법적 지위에 관해서는 국내에서도 명쾌한 이론이 없다. 한반도가 미·소에 의해 분할 통치되고, 이것이 남북 분단으로 이어져 이 부분에 대한 이론 구성을 더욱 어렵게 만들었다.

홍진기는 미군정 기간 중 광복의 의미에 대해 흥미로운 이론을 전개했다. 그는 미군정기의 한국을 "생성중의 국가(the state in the making)"라고 파악하고, 이는 "장래 성취될 완전한 나라 조선의 前生(Vorleben)"이라고 해석했다.[6] 이 같은 주장이 나오게 된 배경은 다음과 같다.

해방 후에도 적용이 계속되던 구 일본 민법상 처는 소송행위를 하기 위해 남편의 허가를 받아야 했다(제14조 1항 1호 및 제12조 2항 4호).[7] 그런데 군정대법원의 1947년 9월 2일 선고, 1947민상88 판결은 이 조항이 "우리 사회상태에 적합하지 아니"하다며 적용을 거부했다. 군정대법원은 여자도 선거권·피선거권을 갖고 공무원 임용자격에도 남녀 구별이 없는 등 남녀가 동등한 공권(公權)을 향유하며, 이는 사권(私權)에서 역시 마찬가지이므로 현저한 남녀차별적 내용인 민법 제14조는 우리 사회상태에 적합하지 않은 조항이라고 판단했다. "민주주의를 기초 삼아 국가를 건설할 것이고, 법률·정치·경제·문화 등 모든 제도를 민주주의 이념으로써 건설할 것"이 현재의 국시라고 전제한 군정대법원은 "사회의 진전과 법률의 해석을 조정함에 의하여 비로소 심판의 타당을 기할 수 있음에 감하여 동조에 의한 처의 능력제한을 인정치 아니"한다고 결론내렸다.[8]

군정대법원이 "현행 민법"의 적용을 거부하는 근거를 국시인 민주주의 이념에 비추어 볼 때 우리 사회상태에 적합지 않기 때문이라고 설명한 이 판결은 당시 국내 법조계에서 이례적일 정도로 많은 논란을 불러 일으켰다. 홍진기, 김갑수, 김안진, 황성희, 김증한, 장후영 등이 약 반년에 걸쳐 당시 법정(法政)지를 중심으로 이 판결에 대한 치열한 찬반 양론을 개진했다.[9]

그중 홍진기는 이 판결의 결론에 환호하며 이를 획기적 의의를 지니는 일종의 헌법재판이라고 성격을 규정했다. 그렇다면 당장 부딪치는 문제는 미군정 하의 남한이 과연 헌법을 갖고 있느냐라는 의문일 것이다.[10] 그는 이 점을 다음과 같이 설명했다.

---

6) 홍진기, 사법재판소의 법률심사, 법정 1947년 11월, p. 7.
7) 광복 후 한국이 제정한 민법은 1960년부터 시행되었다. 1959년 말까지 한국에서는 일본 민법 등이 계속 적용되었다.
8) 이 판결문은 법정 1947년 10월호, p. 49 수록.
9) 당시 찬반 논의의 전개와 그에 대한 평가에 관해서는 양창수, 우리 나라 최초의 헌법재판논의-처의 행위능력 제한에 관한 1947년 대법원 판결에 대하여, (서울대) 법학 제40권 제2호(1999), p. 125 이하 참조. 이 판결에 관한 또 다른 설명은 정인섭, 대한민국의 수립과 구법령의 승계, 국제판례연구 제1집(박영사, 1999), pp. 304-309 참조.
10) 홍진기는 이 판결에 대한 자신의 해석과 관련하여 그 밖에도 군정대법원이 헌법재판을 할 권한이 있는가, 헌법재판의 효과는 무엇인가, 구 민법 제14조가 과연 헌법에 위배되는가 등의 질문이 제기될 것임을 인식

"현재 조선은 독립국가가 아니다. 국가학적으로 보아 완전한 국가가 아니다. 그렇다고 하여 조선이란 국가가 아주 없는 것은 아니다. [그는 당시 일본내 조선인은 일본인이 아니고 외국인의 대우를 받아야 할 조선인이라고 설명하고 그렇다면][11) 조선인이 귀속할 주체로서 어떠한 의미로서든 조선이란 나라가 있을 것이다." [그는 이 국가가] "장래 성취될 완전한 나라 조선의 전생(前生)"으로 현재 "생성중의 국가"라고 규정했다. 일본에 탈취당한 주권이 해방으로 인해 다시 조선인민에게 광복되었고 당장은 남북한에 미소 군정으로 그 주권이 억제되고 있지만, 당시 남한은 주권의 완전한 회복을 위해 발전을 계속하고 있는 생성중인 국가 조선의 일부라는 해석이다. 이 생성중인 국가는 생성중인 헌법을 갖고 있으며, 이는 건국의 방향을 지시하는 이념이라고 판단했다. 그리고 당시의 "건국이념이란 두말할 것도 없이 민주주의"라고 주장했다.[12)] 따라서 그는 군정대법원이 위 판결을 통해 건국이념을 헌법재판의 기준으로 삼고, 민주주의의 속성으로서 남녀 동권(同權)에 근거해 재판함은 명백한 사리를 따른 일이라고 높이 평가했다.[13)]

이 판결 결론의 당부와 관계없이 홍진기는 위 글에서 우리가 아직도 명확히 해결하지 못하고 있는 미군정기의 법적 성격에 대해 뚜렷한 입장을 제시하고 있다. 한반도는 35년간 일제의 식민지배를 받았지만 루즈벨트 미국 대통령, 처칠 영국 수상, 장개석 중국 총통은 카이로 선언(1943.12.1.)을 통해 "한국민의 노예상태를 유의하고, 적절한 과정을 통해 한국은 자유롭게 독립할 것을 결정"한 바 있다.[14)] 이 내용은 포츠담 선언(1945.7.26.)에 의해 재확인되었고, 일본의 주권은 본토 4개 섬과 부속 도서로의 한정이 예정되었다.[15)] 일본의 항복과 동시에 남북한에는 미・소 군정이 실시되었다. 전통 국제법의 입장에서 보면 미군의 남한 통치는 적국 일본에 대한 전시점령의 일환일 뿐이라고 해석될지도 모른다.[16)] 제2차 대전 종전

했다. 이에 대한 홍진기의 설명은 본 논문의 분석 대상이 아니므로 생략한다. 홍진기(전게주 6), p. 4 이하 참조.

11) [ ] 안은 필자의 보충 설명. 이하 동일.

12) 홍진기(전게주 6), pp. 7-8.

13) 홍진기(전게주 6), p. 8. 양창수는 홍진기의 주장이 "그 당부는 별론으로 하더라도 대담한 구상력을 보여준다는 점에서 특필할 만하다. 또한 바탕에 깔려 있는 새 나라 건국에의 열정도 바로 느껴진다"고 평하며 (양창수(전게주 9), p. 138), "홍진기의 헌법재판론은 설사 그것이 謬見일지는 몰라도 도리어 계발적이다. 결국은 謬見이라 하여도 그것이 사물을 새로운 조명 아래 바라보고 그 의미를 다시 음미하게 하며, 말하자면 통설로 하여금 종래의 잠에서 깨어나게 하는 등에와 같은 것이라면 진리에로 나아가는 과정의 시작에서 볼 때 아무것도 말하지 않는 또는 아무것도 말할 것이 없는 진부한 정론보다 때로 훨씬 더 값진 것이다"라고 높이 평가했다(양창수(전게주 9), p. 146).

14) 영어 원문 "mindful of the enslavement of the people of Korea, are determined that in due course Korea shall become free and independent."

15) 영어 원문 "8. The terms of the Cairo Declaration shall be carried out and Japanese sovereignty shall be limited to the islands of Honshu, Hokkaido, Kyushu, Shikoku and such minor islands as we determine."

16) J. Crawford, The Creation of States in International Law 2nd ed.(Oxford UP, 2006), p. 468는 이러한 입장이다. 나인균, 한반도 점령정책의 국제법적 고찰, 국제법학회논총 48권 1호(2003), pp. 120-121도 한반도

시까지 한반도는 국제법상 일본의 일부로 간주되었기 때문이다. 그러나 일본으로부터 분리와 독립이 전제되었다는 점에서 미군의 남한 진주는 통상적인 전시점령과는 출발점을 달리 했다.

상법을 연구생활의 출발대상으로 삼았던 홍진기는 마치 "설립 중의 회사"가 일정한 법적 지위 인정받듯 당시 한반도의 상황을 "생성중의 국가"로 파악했다. 즉 남북한이 미・소에 의해 점령되어 당장은 주권이 억제되고 있으나, "남북의 군정이 점차로 그 군정성을 희박화(稀薄化) 하여 그 정권이 조선인에게로 위양되면 되는 만큼 그 억압이 풀려 조선의 주권은 선명의 도를 짙게 하면서 남북의 군정이 완전히 해소하는 날 조선의 주권은 또 완전히 하나로서 빛날 것"이라고 보았다. 당시 남한은 미군정 하에 고정되어 있는 존재가 아니라, 주권의 완전한 회복을 향해 발전을 계속하고 있으며 그 위에 점차 희박화 하는 미군정이 덮여져 있을 뿐이라는 해석이었다.[17] 미군정은 조만간 사라질 껍질에 불과하며, 남한의 정치적 실체는 주권을 회복중인 조선이라고 보았다.

사실 "설립(생성)중의 국가(states in *statu nascendi*)"가 국제법상 생소한 개념은 아니다.[18] 정치적 실체가 완전한 주권국가로 발전하는 과정으로서 일정한 과도기간을 거치는 경우가 종종 있다. 이는 독립 선포 후 실질적인 독립을 달성하는 과정일 수도 있고, 국제사회에 의해 독립이 예정된 민족이 국가를 수립하는 과정일 수도 있다. 완전 독립을 성취한 후에는 통상 과도기에 형성된 법질서가 계속된다. 예를 들어 영국의 식민지였다가 1947년 독립한 인도는 최소한 1926년 이후에는 일정한 국제법 주체성을 가졌다고 평가되며, 영국과는 별도로 국제연맹에도 가입했다. 그런 의미에서 1926년부터 1947년 사이의 인도는 설립중의 국가였다고 평가될 수 있다. 그 사이 주권국가만이 당사국이 될 수 있는 유엔에도 원 회의국으로 참여했다. 팔레스타인이 아직 완전한 주권국가라고 할 수 없다면 최소한 "설립중의 국가"에는 해당할 것이다.[19]

그러나 국제법상 설립중의 국가에 관한 명확한 개념 정의나 구체적인 판단기준은 없다. 설립중의 국가가 국제법상 어떠한 범위의 권리・의무를 향유할 수 있는가에 관한 명확한 답 역시 없다. 설립중의 국가라는 용어 자체가 상징하듯이 이는 제한적 기간 동안만 존재하는 과도적 존재이므로 국제법상 확립된 실행이 자리 잡기 어렵다. 설립중의 국가인가 또는 이미 설립된 주권국가인가의 구별 역시 항상 용이하지는 않다.[20]

여하간 미군정기의 조선이 "생성중의 국가"라는 홍진기의 주장은 군정의 와중에서 당시

에 대한 일본의 주권은 군정기 동안 그 행사가 배제되었을 뿐 소멸하지는 않았으며, 1948년 남북한 정부 수립에 의해 비로소 소멸되었다고 해석한다.

17) 홍진기(전게주 6), p. 7.

18) 설립중의 국가에 대한 일반적 설명은 J. Crawford(전게주 16), pp. 658-664 참조.

19) 이미 전세계 약 2/3의 국가는 팔레스타인을 국가로 승인하고 있고, UN 총회도 팔레스타인을 옵저버 국가로 인정하고 있다. 정인섭, 신국제법강의 제8판(박영사, 2018), pp. 163-164 참조.

20) J. Crawford, Brownlie's Principles of Public International Law 8th ed.(Oxford UP, 2012), p. 135.

한반도 상황에 대한 국제법적 개념 규정의 시도였다는 의의를 지녔다. 그의 "생성중의 국가"라는 개념으로부터 미군정기의 법적 성격과 관련된 다음의 질문에 대한 답을 얻을 수 있다.

첫째, 일제의 식민지였던 한반도는 국제법적으로 언제 일본으로부터 단절되었는가?

한국민들의 민족감정과 상관없이 일제의 1910년 대한제국 병합은 국제적으로 수락되어 있었다. 이를 전제로 한다면 대한민국은 국제법적으로 언제 일본으로부터 분리되었는가? 대일평화조약 제2조 1항은 일본이 한국(Korea)의 독립을 승인하고, 이에 대한 모든 권리·권원·청구권을 포기한다고 규정했다. 패전국의 영토 주권 처리는 평화조약에 의한다는 전통적 국제법 이론에 따라 일본으로부터 한국이 국제법적으로 분리된 시점은 평화조약 발효일인 1952년 4월 28일인가? 한일회담 시 일본의 구보다(久保田) 대표는 일본의 주권회복 전에 한국이 일본의 동의 없이 독립한 것은 원칙적으로 국제법에 부합되지 않는다는 주장까지 제기했었다.[21] 1965년 한일 국교정상화에 즈음하여 일본 정부는 1948년 8월 15일 대한민국의 독립은 역사적 사실로 인정하나, 단 당시는 일본이 미군정 하에 있었기 때문에 이를 법률적으로 인정한 것은 1952년 대일평화조약의 발효를 통해서라는 입장을 표시했다.[22] 일본은 유효하게 성립된 1910년 병합조약은 대일평화조약이 한국의 독립을 승인한 결과 1948년 8월 15일부터 무효화되었다는 입장이다.[23] 일본의 이 같은 해석의 이면에는 최소한 1948년 8월 14일까지는 한반도가 국제법상 일본의 일부(식민지)였다는 사고가 전제되어 있다. 1945년부터 1948년 사이 한반도가 무주지가 아니었다면 주권자는 여전히 일본일 수밖에 없었다는 견해이다.

홍진기의 "생성중의 국가"론은 군정기의 한반도의 주권자 문제를 해결한다. 1945년부터 1948년 사이 3년간 한반도는 미·소의 군정 하에 있었지만 이들 시정국이 한반도에 대해 주권을 획득한 것은 물론 아니었다. 전시점령만으로는 점령지에 대한 주권을 획득하지는 못하기 때문이다. 일단 일제의 한반도 식민지배관계는 1945년 8월 15일 종전(또는 9월 2일 항복문서 서명)으로 종료되었고, 한반도는 예정된 독립국가 수립의 과정에 들어가게 되었다. 그렇다면 군정기 한반도의 주권은 생성중의 국가인 한국(남북한)에 있고, 다만 그 완전한 발현이 미·소 군정에 의해 통제되고 있을 뿐이라고 해석할 수 있다. 생성중인 한국이 통상적인 주권국가와 같은 국제법상의 권리·의무는 행사할 수 없었으나, 한반도에 대한 주권의 궁극적 보유자라는 사실은 누구에 의해서도 부인될 수 없기 때문이다.[24]

---

21) 1953년 10월 15일 제3차 한일회담 제2회 재산 및 청구권 분과위원회에서. 김동조, 회상 30년 한일회담(중앙일보사, 1986), p. 58. 후일 일본 정부는 당시 久保田 대표가 그런 발언을 하지 않았다고 부인했다. 外務省條約局條約課, 日韓條約國會審議要旨(1966), p. 118.

22) 外務省條約局條約課(상게주), pp. 117, 112.

23) 推名 일본 외무장관 답변, 1965년 11월 1일 일본 중의원 일본국과 대한민국간의 조약 및 협정 등에 관한 특별위원회 회의록, p. 2. 外務省條約局條約課(상게주), p. 98 수록; 福田博, 基本關係, 法律時報 1965年 9月, p. 64.

둘째, 1945년 8월부터 1948년 8월 사이 한민족의 국적은 무엇이었나?

패전 후 일본은 적어도 일본 내 조선인은 평화조약 발효 시까지는 일본 국적을 유지하다가 조약 발효를 기점으로 일본 국적을 상실한다는 입장을 유지했다.[25] 평화조약 발효 직전 발표된 일본 법무성 민사갑 통달(民事甲 通達) 제438호(1952년 4월 19일) 제1항은 "조선 및 대만은 조약 발효일로부터 일본국 영토에서 분리되므로 이에 따라 조선인 및 대만인은 내지(內地)에 재주(在住)하는 자를 포함하여 모두 일본국적을 상실한다"고 규정했다. 이 문언은 일본 정부가 한반도에 거주하던 한국인까지 대일평화조약 발효를 기해 비로소 일본 국적을 상실한 것으로 보았다고도 해석될 수 있으나, 적어도 1948년 이후 한반도내 한국인이 형식상 일본 국적자였다고는 주장하지 않는다. 그러면 군정기간은 어떻게 해석해야 하나? 당시 한반도 거주민에게 군정국인 미국이나 소련의 국적이 부여되지 않았음은 물론이다. 국적이란 국가의 성립을 전제로 한다고 보았을 때, 남북한이 미처 주권국가로 출범하기 이전이라면 여전히 일본국적을 보유했다고 해석해야 하는가? 홍진기의 "생성 중의 국가론"은 한국인이 군정 기간중 이미 일본의 국적을 이탈하여 독자의 국적을 보유했었다는 이론 구성을 가능하게 한다. 비록 생성중의 국가가 국제법상 완전한 의미의 주권을 행사할 수는 없어도 자신에게 소속될 국민의 범위는 독자적으로 확정할 수 있다고 해석되기 때문이다.

홍진기의 생성중인 국가론은 학계의 분석이 좀 더 있어야 할 것이다.

Ⅲ. 대일배상청구의 준비

해방 직후부터 대일배상 청구문제는 국내 각계의 관심사였다. 역사적으로 패전국은 전승국에게 각종 배상을 하는 것이 관례였다. 일제의 대외침략의 희생국으로서 한국은 당연히 패전국 일본에게 배상을 청구할 수 있으리라 기대했다. 이미 1947년 8월 13일 남조선과도정부는 '대일배상요구조사위원회'를 구성해(위원: 오정수, 민희식, 윤호병, 이훈구, 신기준, 김우평) 그 해 11월부터 정기적인 회의를 개최하며 대일배상요구 항목을 논의했다. 정부 수립 이전 이 위원회는 배상요구액을 1945년 8월 9일자 가격기준 410억 9250만 7868엔으로 평가했다(이에는 한반도내 적산 가액 불포함).[26]

---

24) 이에 대해 생성중의 국가론은 일본에 의한 대한제국의 소멸을 전제로 한다는 지적이 있다. 이근관, 1948년 이후 남북한의 국가승계의 법적 검토, 서울국제법연구 제16권 1호(2009), p. 150. 즉 이는 생성중의 국가론이 대한제국과 대한민국의 동일성 및 계속성을 긍정하려는 오늘 날 한국내 주류적 입장과 상치된다는 문제 제기이다.

25) 일제기간 중 일본은 호적을 기준으로 일본인(내지인)과 조선인을 법적으로 구별했다. 내지 호적과 조선 호적 간에는 혼인이나 인지, 입양과 같은 입적 사유가 없다면 개인 의사만으로 이동할 수 없었다. 일본이 법적으로 조선인이라 할 때는 혈통상 일본인이 아니라, 조선 호적 입적자를 가리키는 개념이었다. 이에 관한 상세는 정인섭, 재일교포의 법적 지위(서울대학교 출판부, 1996), pp. 11-15 참조.

26) 조선일보 1948.8.13., p. 2.

정부 수립 후 각부처는 나름대로 대일배상문제를 검토했으리라 생각된다. 초대 법제처장이던 유진오는 다음과 같은 회고를 한 바 있다.

> "장차의 한일관계에 대비해 어떠한 행동을 취할 필요를 느끼고 그에 관해 준비작업을 하기 시작했다. 정부내에서 누가 그런 일을 선창했는지는 지금 기억이 없으나 당시 기획처장이던 이순탁씨(6.25 때 납북)와 둘이서 수차 이 문제에 대해 의견을 교환했던 기억이 아직도 새롭다. 우리 민족은 35년간이라는 오랜 세월동안 일본의 강점으로 막대한 피해를 보았으니 독립정부가 수립된 이상 우리는 마땅히 일본에 대해 배상을 청구해야겠다는 것이었다. 그 때 우리가 생각했던 배상은 물론 국제법상의 전쟁배상이었다."[27]

1948년 11월부터 법무부 조사국장으로 승진한 홍진기 역시 앞으로의 대일본관계 처리에 관심이 없을리 없었다. 그는 법무부내에 「대일강화회의준비위원회」를 설치하자고 건의했다. 다음은 이에 관한 그 자신의 회고이다.

> "법무부 조사국장 때의 일이다. 그 당시의 장관 이인(李仁)씨가 국장회의 때마다 건국에 긴요한 사업의 구상을 건의하도록 하여 그중에서 적절한 것을 대통령에게 다시 건의하곤 했다. 이러한 건의의 하나로시 내가 제시한 섯이 「대일강화회의준비위원회」 설치안이었다. 즉 대한민국이 일본으로부터 독립을 한 것이니 한일간의 제문제, 즉 한일합병조약·배상·재일교포·귀속재산 등의 처리를 건의할 자료의 수집, 기타의 준비를 하는 위원회를 두고, 그 사무국을 나의 조사국에 두자는 안이었다. 이것이 대통령에게 건의되었으나 대통령은 귀속재산은 맥아더 원사가 8.15 건국일에 와서 공개적으로 한국의 것이라고 선포하였고, 한미협약(한미재산협정)이 있으니 이것을 가지고 일본과 운운할 것이 없고, 그 밖의 문제 중에서 배상은 청구할 준비를 하되 공개적으로 할 것이 아니라 기밀히 해라, 위원회는 법무부에 둘 것이 아니라 기획처에 두라는 하명을 하였다."[28]

이에 국무회의는 1949년 1월 24일 법무장관이 제출한 대일배상조사기관 설치에 관한 안건을 의결했고, 2월에 기획처 기획국에 「대일배상청구위원회」가 설치되었다.[29] 홍진기도 이 위원회에 위원으로 참여했다. 위원회는 정부 각 부처의 협조 하에 관련자료를 수집했다. 기획처는 정확한 조사를 위해 개인이 갖고 있던 일본 은행권, 국채, 우편저금·보험, 기타 일본 정부와 그 기관이 발행한 각종 유가증권 등을 1949년 2월 21일부터 2월 말까지 전국 각 은행·금융조합·우편국에 등록하라고 공고도 했다.[30] 「대일배상청구조서」 제1권은 1949년 3월 15일 완성되었다. 내용은 1949년 3월 1일 기준 현물피해를 조사한 것이었다. 이는 1949년 4월 7일 동경의 연합국최고사령부에 제출되었다. 제2권은 1949년 9월 작성되었다. 여기에는 전쟁과 관련 없는 단순 채권(제2부), 전쟁중 받은 인적·물적 피해(제3부), 일제가

27) 유진오, 한일회담(외무부 외교안보연구원, 1993), p. 8. 이는 유진오가 중앙일보 1983.8.29.-1983.10.21.에 게재한 「남기고 싶은 이야기들-한일회담」을 다시 간행한 책자이다.
28) 홍진기(전게주 3), p. 190.
29) 박진희, 한일회담(선인, 2008), p. 53.
30) 경향신문 1949.2.22., p. 4.

공출의 형식으로 저가 수탈의 피해(제4부) 등으로 구성되었다.[31)]

이 2권의 책자는 후일 한일회담에서 한국의 대일 청구권 주장의 골격이 되었다. 1951년 9월 대일평화조약의 서명으로 일본의 주권회복이 임박하자 한일 양국은 1951년 10월부터 예비회담을 시작했다. 당시 대일 청구권의 요구는 한국으로서 가장 중요한 관심사 중 하나였다. 회담에서 일본은 한국측 청구권 주장의 내용과 근거를 제시하라고 요구했다. 이 때 바탕이 된 자료가 바로 대일배상청구조서였다. 다만 6.25 전쟁중 기획처에 보관된 조서의 원본과 증빙기록은 모두 소실되었고, 이를 인쇄하여 외무부로 보냈던 사본만 남아 있었다.[32)] 6.25 전쟁의 와중 부산의 피난 정부로서는 새로운 조사가 현실적으로 불가능했으므로, 1949년 작성된 조서가 없었다면 한국으로서는 대일 청구권 주장의 내용 구성 자체가 어려웠을 뻔 했다. 후일 유진오는 "이 조서마저 없었던들 한일회담에 임하는 우리 정부의 준비는 어떻게 됐을까. 지금도 가끔 이를 회상하면 모골이 송연할 뿐이다"라고 술회했다.[33)]

정부 수립 직후 대일 청구권 문제는 국민적 관심사였으며, 여러 기관에서 부분적인 검토도 진행되었다. 그러나 법무부 조사국장 홍진기의 「대일강화회의준비위원회」 설치 제안은 이러한 「대일배상청구조서」 작성작업이 범정부 차원에서 진행되게 된 계기를 제공했으며, 훗날 이 조서는 홍진기도 참여한 한일회담에서 빛을 발하게 되었다.

Ⅳ. 대일평화조약의 대비

대한민국 수립 이후 대일평화조약의 향방은 국내적으로도 초미의 관심사였다. 일단 한국 내 일본 재산은 미군정 당국이 1945년 12월 6일자 미군정법령 제33호를 통해 국공유 재산은 물론 사유재산까지 모두 몰수했다가, 1948년 8월 대한민국 정부가 수립되자 「대한민국 정부와 미합중국 정부간 재산 및 재정에 관한 최초 협정」에 의해 한국 정부로 그 소유권이 이양되었다. 이는 대한민국 정부가 체결한 조약 제1호였다.[34)] 한국은 대일평화조약 협상에 연합국 자격으로 참여하고 동시에 35년 식민지배 피해에 대해 일본으로부터 추가적 배상을 받기 원했다.

핵심 연합국간 의견 조율을 거쳐 미국은 1951년 3월 23일 대일평화조약 잠정초안을 성안해 관계국에게 회람했다(이른바 덜레스 초안). 이 초안에는 제2조에 일본은 한국(Korea)의 독립을 승인하고 이에 관한 모든 권리를 포기한다는 내용 뿐, 양국간 배상이나 청구권 문제

---

31) 박진희(전게주 29), pp. 54-55.
32) 유민 홍진기 전기 간행위원회, 유민 홍진기 전기(중앙일보사, 1993), p. 45. 이하 홍진기 전기로 약칭.
33) 유진오(전게주 27), p. 16.
34) 1948.9.11. 서명, 1948.9.20. 발효. 영문명: Initial Financial and Property Settlement Agreement between the Government of the Republic of Korea and the Government of the United States of America.

에 관해서는 별다른 조항이 없었다. 다만 제14조 내지 제16조에 연합국과 일본간의 배상문제 처리에 관한 방향이 규정되어 있었다. 기본적으로 연합국은 자신의 관할권 내 일본 재산을 몰수하는 대신 일본에 대한 별도의 배상청구권을 포기한다는 내용이었다. 그러나 이 경우에도 일본의 외교시설, 종교·자선·문화·교육 등 비정치적 단체의 재산은 몰수대상에서 배제되었다.[35)]

이 초안에 따르면 설사 한국이 연합국의 일원으로 참여한다 해도 재한(在韓) 일본재산의 몰수 외 일본에 추가 배상을 요구할 수 없게 된다. 또한 재한 일본재산이라도 외교시설, 종교·자선·문화·교육 등 비정치적 단체의 재산은 몰수대상에서 배제된다. 자칫 미군정법령 제33호에 의해 몰수되어 이미 한국 정부로 이양된 재산의 상당 부분을 일본으로 반환해야 할 사태가 발생할 수 있었다. 일본 쪽에서는 벌써 점령군의 사유재산 몰수는 헤이그 육전법규 위반이라는 주장이 제기되고 있었다.

이 초안에 관한 일본 신문의 보도를 홍진기가 보았다. 그는 우선 김준연 법무장관에게 정부로서 모종의 대책수립이 필요하다고 건의했다. 홍진기는 재한 일본재산 처리의 기정사실화를 비롯, 재일교포문제·어업문제 등에 관한 내용노 대일 평화조약에 포함되어야 한다고 지적했다. 아울러 정부 내에 이 문제를 주관할 대일강화준비위원회를 설치하자고 제안했다. 김 법무장관 역시 이에 공감하며 국무회의에서 이 같은 주장을 전했다.[36)]

그러나 이승만 대통령은 재한 일본재산 문제는 미군정법령과 한미간 협정에 의해 이미 최종 처리되었으므로 일본이 더 이상 시비를 걸 수 없다고 낙관했다. 맥아더 장군도 1948년 8월 15일 정부 수립 기념식에 참석차 내한하여 재한 일본인 재산은 한국의 재산으로 귀속된다고 공언한 바 있었다. 이 대통령은 재한 일본재산 문제는 처리가 끝났으니 걱정할 필요 없다며 김 법무장관의 건의를 수용하지 않았다.[37)]

홍진기는 대통령의 반응에 놀라며 법제처장을 지낸 유진오를 찾아 갔다. 당시를 유진오는 다음과 같이 회고했다.

> "3월 말 아니면 4월 초라고 기억된다. 홍국장은 한 장의 일본 신문을 들고 왔다. 그 신문에는 대일강화조약 초안의 역문이 실려 있었다. 홍국장은 '조약 초안에 우리 나라의 이해에 관계되는 부분이 적지 않을 뿐 아니라 귀속재산처리에 관한 규정은 까딱하면 우리나라에 아주 불리할 것 같다'고 말했다. 홍국장의 말을 듣고 조약 초안을 검토해 보니 과연 그러했다. 귀속재산에 관한 초안 규정은 불리의 정도를 넘어 우리 나라를 위해 명백히 위험한 것이었다."[38)]

---

35) 장박진, 대일평화조약 제4조의 형성과정 분석, 국제지역연구 20권 3호(2011), pp. 17-18.
36) 유진오(전게주 27), p. 18.
37) 유진오(전게주 27), p. 18.
38) 유진오(전게주 27), p. 10. 홍진기는 그의 회고에서 이 시기를 7월경으로 기억했다(전게주 3, p. 190). 그러나 이후의 전개과정으로 볼 때 시기 부분에서는 유진오의 기억이 정확하다. 7월이란 평화조약에 관한 다음 초안이 발표됐을 때이다.

사실 이 점에 관한 유진오의 기억은 부분적으로 부정확하다. 유진오는 이 초안에서 한국내 일본 재산과 일본내 한국 재산의 처리는 한일 양국간 특별협정에 의해 결정되도록 되어 있었으며(제4조 A항), 그래서 초안 내용이 "우리 나라를 위해 명백히 위험"하다고 평가했다. 그러나 위 제4조 A항과 같은 내용은 3월 23일 초안에는 담겨 있지 않았고, 7월 이후 수정 통고된 초안 속에 담겨 있다. 유진오는 양자를 혼동하고 묶어서 생각하며 위와 같이 회고한 것으로 보인다.

여하간 한국으로서는 3월 23일자 초안이 여러 가지 점에서 기대에 크게 못 미쳤다. 조약 초안을 보면 일본에 대한 추가적 배상 청구가 어려워질 뿐 아니라, 이미 몰수된 일본재산의 일부를 반환해야 될지 모른다는 걱정을 할만 했다. 또한 한국이 원하는 바와 같이 연합국의 일원으로 참여할 수 있을지도 불분명했다. 사실 당시만 해도 미국은 한국을 연합국의 일원으로 평화조약 당사국으로 참여시킬 의도였으며, 무초 주한 미국대사도 한국의 연합국 자격 인정을 본국 정부에 건의하고 있었다.[39] 그러나 영국은 한국의 대일평화조약 당사국으로의 참여에 반대했으며, 결국 미국도 1951년 봄을 지나면서 한국을 배제시키기로 방침을 변경했다고 알려져 있다.[40]

하여간 유진오는 홍진기의 우려에 공감하며 장면 총리를 찾아 갔다. 김준연 장관도 조병옥 내무장관, 홍진기 국장과 함께 장면 총리를 방문해 이 문제를 설명했다. 우선 조약안의 영문 원본을 구하는 일이 급선무였다. 장면 총리는 조약 초안이 신문에 보도될 정도면 미국이 한국 정부에도 통지했으리라 추측했다. 총리실에서 수소문하니 문제의 초안이 경무대 비서실에 도착한지 근 2주간이나 방치되고 있었다.[41] 장면 총리는 아무래도 홍진기의 건의와 같이 정부내 담당 위원회를 설치해야겠다고 판단했다. 이 대통령을 설득하기 위해 최두선 동아일보 사장은 무초 주한 미국대사까지 찾아가 한국측 대비의 필요성을 대통령에게 설득해 달라고 부탁했다. 결국 이 대통령도 동의해 4월 16일 「대일강화회의준비위원회」가 구성되었다(약칭 외교위원회). 위원회는 장면 총리(위원장), 조병옥 내무장관, 김준연 법무장관, 배정현 외교위원회 위원, 최두선 동아일보사 사장, 임송본 식산은행(현 산업은행 전신) 총재, 홍종인 조선일보 주필, 장기영 한국은행 부총재, 손원일 제독, 유진오 및 이건호 고대 교수 등으로 구성되었고 홍진기 국장이 간사를 맡았다.[42] 유진오, 임송본, 홍진기 3인을 대응방안 기초를 위한 소위원회 위원으로 임명하고 주로 법무부에서 회의를 진행했다.[43] 나이나 직함으로 보

---

39) 장박진(전게주 35), p. 9.
40) 장박진(전게주 35), pp. 25-29.
41) 이는 미국의 초안을 전달받은 주미 한국대사관이 이를 외무부를 거치지 않고 바로 경무대로 보냈기 때문이다. 유진오(전게주 27), p. 19.
42) 유진오(전게주 27), p. 21.
43) 김동조(전게주 21), p. 11.

아 홍진기가 주로 실무 준비를 맡았다. 위원회는 수 차례 논의 끝에 홍진기 국장의 기초를 바탕으로 ① 한국의 대일평화조약 참여, ② 재한 일본재산 몰수의 결과 인정 및 재일 한국인 재산에 관한한 연합국과 동일한 권리 인정, ③ 재일한국인의 연합국 국민 지위 인정, ④ 맥아더 라인을 통한 일본 어업제한의 계속 등을 요청하기로 결정했다. 외교위원회의 의견서는 홍진기가 총괄하여 정리했다.[44] 이를 변영태 외무장관이 직접 번역해 5월 초 미국 정부에게 전달했다.[45]

미국은 연합국들과 대일평화조약 초안에 관한 협의를 계속해 6월 14일에는 영국과 공동 초안에 합의했다. 이 초안 제4조는 한국내 구 일본재산 및 청구권과 일본내 한국재산 및 청구권에 관한 문제는 한일간 특별협정을 통해 해결하도록 규정하고 있었다.[46] 이 무렵 미국과 영국은 한국을 연합국에서 배제시키겠다는 방침을 확정했으므로 한국은 연합국에 관한 평화조약내 다른 조항의 적용도 받을 수 없었다. 초안대로라면 한국은 이미 정부의 재산으로 귀속시킨 재한 일본재산의 처리에 관해 일본과 다시 협상을 해야 될지도 모르는 처지에 놓이게 되었다. 해외 일본재산이라도 외교시설, 종교·자선·문화·교육 등 비정치적 단체의 재산은 몰수대상에서 배제된다는 조항(제14조) 역시 유지되고 있었다. 새 초안은 3월 23일 초안에 비해 한국에 더 불리해진 내용이었다.[47] 1951년 7월 초 미국은 위와 같은 평화조약 초안을 한국과 일본 등에 제시했다.

홍진기는 더욱 크게 놀랐다. 이 내용이 그대로 확정된다면 "장래 큰 분란을 일으킬 소지가 다분했다."[48] 이 초안이 알려질 무렵 어떤 일본인은 한국인에게 편지하여 자신이 한국에 두고 온 집을 잘 간수해 달라는 부탁까지 하는 등 재한 일본재산 회복에 대해 일본인의 관심이 높아졌다고 한다.[49] 국내의 반발 여론도 비등했다. 홍진기는 "이러한 문제의 발단은 동 조약 초안에서 우리 나라에 대한 명문이 없는 때문이며, 최후에 채택될 동 초안은 기어이 한국을 연합국과 동등한 채권국가로 수정되어야 할 것이다. 이것은 대일배상 청구에 있어서 결여될 수 없는 절대 원칙"이라고 강조했다.[50] 변영태 외무장관 역시 국회에 대한 보고에서 재한 일본재산은 군정법령과 한미 협정에 의해 합법적으로 한국에 이양되었으며, 평화조약에

44) 유진오(전게주 27), p. 30.

45) 장박진(전게주 35), pp. 24-25; 박진희(전게주 29), p. 73. 그런데 당시 주미대사관 1등 서기관으로 근무하던 한표욱은 회고록에서 3월 초안에 대해 한국정부로부터 아무런 연락이 없다가 7월 초안이 다시 제시되자 그 때 비로소 본국으로부터 대응방안에 관한 연락이 왔다고 회고했다. 한표욱, 한미외교요람기(중앙일보사, 1984), p. 296. 이 내용의 정확성 역시 의심스럽다.

46) 장박진(전게주 35), p. 31.

47) 홍진기(전게주 3), p. 191.

48) 유진오(전게주 27), p. 24.

49) 홍진기(전게주 3), p. 191. 1951년 6월 16일자 일본 東洋經濟新聞에 나고야대 山下庚雄 교수는 연합국이 아닌 한국은 일본인의 재한재산을 취득할 수 없다는 취지의 기고를 했다. 유진오(전게주 27), p. 24.

50) 민주신보 1951.7.6.자. 자료 대한민국사 제22권(국사편찬위원회, 2006) 소재.

이의 처리에 관해 다른 내용을 규정해도 “우리로서는 그런 교섭에 절대로 응하지 않을 작정이다. 40년간 일인들의 착취에 의하여 얻어진 재산에 대하여 우리는 정의와 인도에 입각하여 당연히 접수할 권리를 가지고 있는 것”이라고 언명했다.[51)]

한국은 재차 평화조약 초안에 대한 입장을 정리했다. 그리고 7월 19일 양유찬 주미 대사를 통해 5개항의 요구사항을 다시 전달했다. 그 핵심은 한국을 연합국의 일원으로 인정할 것, 재한 일본재산의 한국 귀속을 인정할 것, 한일간 어획수역을 구분할 것, 대마도·독도·파랑도의 한국 영유를 인정할 것 등이었다.[52)]

그러나 한국은 평화조약 당사국 참가가 불가능하다는 미국의 확고한 입장을 통보받았다. 이에 양유찬 대사는 8월 2일 미국측에 평화조약 초안에 관한 수정의견을 다시 제출한다. 이때는 연합국 자격으로의 참여 요구와 대마도·파랑도 등의 한국 영유 주장을 포기하는 대신, 재한 일본재산의 한국 귀속 확인과 맥아더 라인의 존속 그리고 한국이 평화조약의 어느 조항의 적용을 받는지 명기해 달라고 요구했다.

미국이 이 같은 한국측 요구를 일부 받아들여 일본은 미군정 당국에 의해 실행된 일본 및 일본 국민의 재산 처리의 효력을 승인한다는 조항(제4조 B항)과 한국은 대일평화조약 제2조, 제4조, 제9조, 제12조의 이익을 받는다는 조항이 추가되었다(제21조). 특히 제21조는 홍진기의 제안으로 미국에 요청했던 안이었다. 즉 홍진기는 한국이 평화조약 당사자에서 배제된다면 일본과의 관계에서 어느 조항의 적용을 받게 될지 명확하지 않음을 발견하고 이의 명기를 요청하자고 제안했다. 이는 향후 한일간 공연한 시비거리나 분쟁을 방지하는 효과를 가질 것으로 기대했다.[53)] 제4조 B항 역시 재한 일본재산의 처리를 한일 양국 협정으로 처리한다는 구 초안에 비해 커다란 진전이었다.

홍진기는 얼마 후 총리실의 부름을 받고 가니 장면 총리가 미국 애치슨 국무장관으로부터 받은 전문을 보여주었다. 그 속에는 위와 같은 대일평화조약 제4조 B항과 제21조의 설치가 포함되어 있었다. 유진오는 “유민이 그 때 나를 찾아와 호소한 것이 계기가 되어 우리는 힘을 합해 활동을 시작”했고, 결국 대일평화조약 제4조 B항의 삽입에 성공하여 이 문제에 관한한 일본의 말문을 막을 수 있었다고 회고하며, 대일평화조약 초안의 수정은 “우리 초창기 외교의 큰 수확”이라고 평가했다.[54)] 더불어 유진오는 “만일 그 조항이 신설되지 않았던들 [일본이] 무슨 주장을 들고 나와 우리를 괴롭혔을지”[55)]라고 가정하며, “그 후 여러 해동안 일본이 이 문제를 끈질기게 물고 늘어져서 재산청구권문제 타결의 일대암초를 이루었던 사

51) 1951.7.16. 변영태 장관 국회 비공개 보고. 동아일보 1951.7.17. p. 2.
52) 박진희(전게주 29), p. 74.
53) 유진오(전게주 27), p. 30.
54) 유진오(전게주 27), p. 25.
55) 유진오(전게주 27), p. 25.

실을 생각하면 대일강화조약에 4조 B항을 삽입하게 하는데 원동력이 된 유민의 공적은 심대한 것이었음을 인정치 않을 수 없"다고 술회했다.[56)]

이상의 경과와 관계없이 미국은 군정법령 제33호와 한국과의 최초 협정을 통해 모든 재한 일본 재산을 몰수하여 한국 정부로 이양했음에도 불구하고, 왜 이 결과를 완전히 뒤엎는 초안을 만들었을까? 장박진은 재한 일본재산의 몰수를 통해 일본에 대한 한국의 배상청구를 마무리하는 것이 미국의 시종일관된 정책이었음을 감안할 때, 성안 과정에서의 실수로 추정했다.[57)] 미국은 조약의 초기 초안단계에서는 한국을 평화조약 당사국으로 참여시킬 의향이었는데, 뒤에는 한국 배제를 결정하고도 이로 인한 내용 변화의 필요성을 미처 반영하지 못했다는 것이다. 그래서 미국은 뒤늦게 한국의 제4조 B항 설치 요청을 일본과는 아무 상의도 없이 바로 수락했다고 보았다. 그것이 미국측 실무자의 실수였든 또는 의도적 입장이었든 이러한 문제점을 바로 잡을 수 있었다는 사실은 6.25의 혼란 속에도 당시 한국 외교가 거둔 수확이었다.[58)]

Ⅴ. 한일회담 참여와 구보다 망언

홍진기는 법무부 법무국장으로 근무하면서 초기 한일회담에 핵심인물의 하나로 참여했다. 그는 1951년의 예비회담부터 시작하여 1952년의 제1차 회담부터 1953년의 제3차 회담까지 참석했다. 한국 대표단원 중 제3차 회담까지 가장 많은 회의에 참석한 이가 홍진기였다.

사실 홍진기는 한일회담이 개시되는 계기를 제공한 인물 중의 하나이다. 반일 독립운동에 반평생을 바친 이승만 대통령은 한일 국교정상화에 그다지 흥미가 없었다. 그는 처음 예비회담 참석을 위해 1951년 10월 출국하는 한국대표단에 대해 다음과 같이 훈시했다고 한다. "우리가 한일회담을 하고 싶어서 하는 줄 아나, 미국 친구들이 자꾸 권하고 또 세계 여론을 생각해서 하는 것이지, 아무튼 내가 눈을 감기 전까지는 이 땅에 또 다시 일장기를 꽂지 못하게 할거야."[59)] 당시 대표단은 출국 전 준비회의 한번 못했고 정부로부터 훈령 한마디 없이 일본행 비행기를 탔다. 이 대통령으로부터 잘 해보라는 말 한마디가 유일한 지침이었다고 한다. 그러나 홍진기는 1951년 봄부터 유진오와 함께 한일회담의 조기 추진을 정부에 건의하고 있었다. 그는 대일평화조약 초안이 공개되기 시작하자 이를 검토하는 과정에서 아무래도 한일간에는 별도 회담이 필요하다고 판단했다. 회담을 한다면 일본이 연합국의 군정 하에 있을 때 진행해야 한국에게 유리할 것으로 생각했다.[60)] 결국 한국 정부는 1951년 6월 연합국

56) 유진오, 하사, 유민선생화갑기념논문집편찬위원회(전게주 1), p. 9.
57) 장박진(전게주 35), p. 32.
58) 김동조(전게주 21), p. 14.
59) 유진오(전게주 27), p. 62.

사령부에 한일회담 개시 주선을 요청하도록 주일 대표부에 통지했다. 연합국 사령부는 한일회담을 시작하라고 일본정부에 지시했다. 드디어 대일평화조약 서명 직후인 1951년 10월부터 동경에서 한일회담 예비회담이 개시되었다. 훗날 유진오는 "홍국장의 기민하고 예리한 문제의식이 큰 일을 해낸 원동력이 된 셈"이라고 평가했다.[61]

한일회담의 개시 초기 가장 중요한 역할을 한 인물은 유진오라고 할 수 있다. 그는 회담이 시작되기 전인 1951년 7월 28일 임송본 식산은행 총재와 함께 주일대표부 법률고문 자격으로 일본을 방문, 약 40일간 체류하며 회담에 필요한 자료를 수집했다. 그가 1951년 9월 10일 제출한 「일본출장보고서」는 이후 한일회담에서 한국정부가 취할 기본방향을 제시하고 있었다.[62] 유진오는 1951년 10월부터의 예비회담과 1952년부터의 제1차 회담에 참석하여 식견이나 40대 중반이라는 연배로 보아 한국대표단의 중심인물로 활약했다.

초기 회담에서 유진오에 못지않은 핵심 역할을 한 사람이 바로 홍진기였다.[63] 유진오가 제1차 회담 이후 이승만 정부 하에서의 한일회담에 더 이상 참여하지 못한데 반해, 홍진기는 제3차 회담까지 꾸준히 참석했을 뿐 아니라, 한국 대표단 가운데 실질적인 주역이었다. 법이론에 밝아 회담 중 일본과의 논쟁에 선봉에 섰다.

홍진기는 제1차 한일회담에 선박분과 한국측 수석을 맡았으며, 본회의 · 재일교포 법적지위 분과 · 청구권 분과에 위원으로 참석했다. 그는 수석을 맡은 선박분과위원회에 33회를 비롯하여 본회의에 5회, 재일교포 법적지위 분과에 29회, 청구권 분과에 8회를 참석하여 총 105회의 각종 회의중 75회 차례나 참석하여 당시 한국측 대표중 가장 많은 회의에 참여했다.[64]

제2차 회담에서 홍진기는 재일교포 국적 및 처우 분과와 선박 분과 2개 분과의 한국측 수석을 맡았으며 본회의 3회, 국적 및 처우 분과에 6회, 선박 분과에 1회, 어업분과에 13회, 청구권 분과에 3회 참석했다. 그는 본회의와 5개 분과 모두에 위원으로 참여했으며, 총 26차례 회의에 전부 참석한 유일한 한국측 위원이었다.

제3차 회담은 구보다 망언으로 실질적 회의가 진행되지 못하고 일찍 종결되었는데 홍진기는 본회의에 4회, 어업분과에 2회, 청구권 분과에 2회 참여했으며, 전체 9차례의 회의중

60) 유진오(전게주 27), pp. 9-11.

61) 유진오(전게주 27), p. 9.

62) 이 보고서는 김영미, 유진오의 일본출장보고서(1951.9.10.)와 협상준비, 일본공간 창간호(2007), pp. 298-312에 해설과 함께 전문 수록되어 있다. 이 출장 과정에 대한 당사자의 회고는 유진오(전게주 27), pp. 40-51.

63) 유진오는 한일회담을 위해 약 6개월간 동경에 체류하는 동안 저녁 시간 등에 사적으로 어울린 이는 주로 홍진기와 지철근이라고 회고했다. 유진오(전게주 27), p. 153. 지철근은 바로 평화선 설정의 주역이었다(정인섭, 1952년 평화선 선언과 해양법의 발전, 서울국제법연구 제13권 2호(2006), pp. 2-6 참조). 이들이야말로 회담의 주역으로 한국측 이론구성을 기초한 사람들이었다.

64) 그 다음으로는 김동조가 총 55회, 유진오가 총 46회 회의에 출석. 단 김동조는 정식 한국대표는 아니고 참관자격이었다. 김영미, 초기 한일회담에서 지식인 관료의 역할과 정체성, 진단학보 제109호(2010), pp. 161-162에 의함.

위원이 아닌 재일교포 국적 및 처우분과 1회만을 빼고 모두 8번 회의에 참여했다.

이상을 종합하면 홍진기는 제1차부터 제3차 한일회담까지 총 140차례의 회의중 109회 회의에 참석하여 한국측 대표중 가장 높은 출석율을 보였다. 그 이유는 한일회담 여러 분과에서 그의 전문적 지식을 필요로 했기 때문이었다. 홍진기는 특히 선박분과 한국측 수석을 맡으며 일제말 일본이 반출해 간 조선적 선박의 반환을 위해 일본측과 치열한 논전을 펼쳤다. 제1차 한일회담에서 분과위원회로는 재일교포 법적지위분과와 선박분과가 가장 많은 회의가 열렸을 만큼 이 분야는 초기 회담에서 주요 관심사였다.

일제말 기록으로 20톤 이상 조선적 선박이 총 855척, 10만 9700톤에 이르렀다. 그중 외항선박 규모는 6만톤 정도였다. 전쟁이 막바지에 달할 무렵 일제는 일정 규모 이상인 조선선박 대부분을 징발해 전쟁목적에 동원했다. 해방 당시 한반도에 남아 있던 큰 배는 조선우선(朝鮮郵船) 5척뿐이었다. 그나마 4척은 일본인 귀환 수송을 위해 일본으로 가 돌아오지 않았다. 국내에는 1500톤급 부산호 1척만 남아 있었다.[65] 이에 한국은 적어도 364척(7만 8210톤)의 선박 반환을 요구했다.[66] 이는 당시로서 막대한 재산에 해당하여 한국 정부는 이들 선박의 반환요구에 크게 힘을 기울였다. 홍진기는 한일회담이 시작되기 선인 1949년 4월에도 정부 대표단의 일원으로 도일하여 연합국 사령부측과 반환교섭을 벌인바 있기 때문에 계속 이 분과를 담당했다. 초기 선박분과위원회와 청구권분과위원회 토의는 어려운 여건에서도 홍진기의 주도로 비교적 성공적으로 협상을 진행할 수 있었다.[67]

홍진기의 한일회담 참여와 관련하여 세간의 가장 관심을 모았던 사건은 이른바 구보다(久保田) 망언이 나오게 된 논쟁이었다. 문제의 논란은 1953년 10월 15일 제3차 한일회담 제2회 재산 및 청구권분과위원회에서 벌어졌다.[68]

구보다는 한일회담 일본측 수석대표였다. 한일회담에서 당시 일본 정부는 재한(在韓) 일본재산을 포기함으로써 한국의 대일 청구권 주장을 상쇄시키자는 전략을 갖고 있었다. 한국이 추가적인 대일 청구권을 주장하자, 일종의 대응전략으로 일본도 한국에 대해 주장할 청구권이 있다고 내세웠다. 그 날 회담장에서 구보다는 한국이 배상을 요구한다면 "일본은 그동안 한인에게 입힌 은혜, 즉 치산치수·전기·철도·항만시설에 대해까지 그 반환을 청구할

---

65) 유진오(전게주 27), p. 99.
66) 김동조(전게주 21), p. 34.
67) 김영미(전게주 64), pp. 164-165.
68) 당일 발언내용은 「단기 4286년 10월 21일 김용식 주일공사 발 외무부장관 전 한일회담 제2차 재산 및 청구권 분과회의에 관한 보고의 건」(이는 한국학술정보간, 한일회담 청구권관련 문서 제8권, p. 170 이하에 수록)에 정리되어 있다(이하 전게주 68 보고서로 약칭). 단 이 공식 보고서에는 각 발언의 구체적 명의자는 적시되어 있지 않다. 김동조(전게주 21), p. 53 이하에는 각 발언자의 이름과 함께 대체로 유사한 발언 내용이 속기록 형식으로 수록되어 있다. 발언내용은 두 자료를 함께 고려하여 정리하며, 내용이나 구체적인 표현상 차이가 있는 부분은 공식 보고서의 기록을 우선시 한다.

것이다. 일본은 매일 2천만엔 이상의 보조를 하였다"고 주장했다. 그는 이어서 "외교사적으로 볼 때 일본이 진출하지 않았더라면 [한국은] 러시아 또는 중국에게 점령되어 현재의 북한 같이 더 비참했을 것"이라며 숨어 있던 생각을 토로했다.[69)]

청구권 분과의 한국측 수석은 장경근이었으나, 구보다 발언에 대한 논박은 주로 홍진기가 맡았다. 홍진기는 일본이 한국을 점령하지 않았다면 한국인은 잠만 자고 있었겠냐며, 일본의 강제점령이 없었더라면 한국은 훨씬 더 현대적인 국가를 건설했을 것이라고 주장했다. "일본이 보조금을 제공했다는 것은 한인을 위해 한 것이 아니고, 일본의 권력기구의 옹호를 위해 한 것"이라고 반박했다.[70)] 이어 "재한일인(在韓日人)의 축재가 정당하다고 생각하는냐? 당시 자본구성만 보드라도 95%가 일본인의 것으로 되었던 사실까지도 평등한 기회에 의해 획득한 것으로 생각하느냐? 일례를 들으면 어업권·광업권 같은 관면허에 의한 것은 한인(韓人)은 전연 소유하지 못했으며, 심지어 목욕·이발업·연초판매업까지 일인의 손으로 집중"되었다고 논박했다.[71)]

일본측이 자본주의 시대에는 어쩔 수 없었던 일일 뿐이라고 주장하자, 홍진기는 다시 그럼 "연합국이 왜 카이로 선언에서 한국인의 노예상태라고 지적"했겠냐고 공박했다. 구보다는 "그것은 연합국이 전시중 흥분 하에서 말한 것이며, 이는 연합국 자체의 인격을 손상시킨다"는 발언까지 했다.[72)] 그는 베르사유 조약에 비추어 보아도 일본의 대한(對韓) 청구권이 성립한다는 입장을 고수했다. 또한 구보다는 한국이 먼저 독립하고 미국이 재한 일본재산을 몰수한 조치에 대해 "원칙적으로 보아 국제법에 부합한다고는 말할 수 없지 않은가? 사유재산을 몰수하는 것은 더욱 위반이라고 생각한다"며, "이번의 평화조약이 국제법 정신을 충분히 반영한 것이라고 생각지 않는다"고 주장했다.[73)]

구보다는 샌프란시스코 대일평화조약이 국제법에 부합되지 않는다고 불만을 터뜨리며, 연합국 지도자들의 인격을 의심한다고 공격까지 하는 외교관으로서 좀처럼 하기 어려운 실수를 범했다. 김동조는 구보다의 망언이 홍진기의 질문공세에 밀려 궁지에 빠진듯한 측면이 없지 않았다고 회상했다. 그러면서도 구보다는 일본의 전전 세대들 의식의 밑바닥을 흐르는 어느 면에서 솔직한 대한관(對韓觀)을 그대로 공식석상에서 내뱉었다고 보았다.[74)] 홍진기 역시 구보다의 발언이 즉흥적이기는 했으나, 오히려 그렇기 때문에 솔직한 심정이었고, 식민지를 아는 일본인의 공통된 심정의 자연적 발로라고 해석했다.[75)]

---

69) 전게주 68 보고서, pp. 179-180 및 김동조(전게주 21), p. 55.
70) 전게주 68 보고서, p. 180.
71) 전게주 68 보고서, p. 181.
72) 전게주 68 보고서, p. 182. 김동조(전게주 21), p. 56.
73) 김동조(전게주 21), pp. 56-58.
74) 김동조(전게주 21), p. 53.
75) 홍진기(전게주 3), p. 194.

이 같은 구보다의 주장에 대해 홍진기는 제2차 대전 후의 국제질서를 "해방"의 논리를 통해 반박했다. 당시 한국 대표단 보고서로부터 다소 긴 인용을 한다.

> "제2차 대전 이후에는 해방이라는 새로운 국제정치적 현상이 발생했다. 그러므로 연합국의 전후 처리에 있어서 제1차 대전 이후와는 다르다. 즉 샌프란시스코 평화조약 체결 이전에 재산처리보다 더 중요한 영토처리를 일본의 동의 없이 실시했다. 즉 노예상태에 있던 한인을 일본으로부터 해방시키기 위해 한국을 독립시키고, 그에 살던 일인(日人) 60만을 일시에 추방하고, 그 재산을 몰수하여 한국에 귀속시켰다. 이 재산의 몰수라는 것은 이러한 해방이라는 커다란 처리의 하나의 현상에 불과하다.[76] [· · ·]
>
> 이번 전후에 있어서 연합국의 일본인 재산 처리상황을 보면 일본 국내 영토 내에 있는 사유재산은 의연히 존중했으며 오직 재외(在外)재산을 비(非)일본화 했으니 이러한 세계적인 비일본화 조치의 일환으로 재한(在韓) 일인재산을 처리한 것이다. 한국, 즉 노예상태의 지역에 소재하던 일인(日人) 재산은 원래 권력적 착취에 의해 불법하게 취득했던 것이라고 해서 몰수한 것이니 해(亥)지역을 해방시킨다는 제2차 대전 후의 새로운 고차원적 이상 즉 사소유권 존중보다도 더 고차적이고 더 강한 이상을 실현시키기 위하여 취해진 것이다."[77]

홍진기는 구보다의 논리가 식민 통치는 기본적으로 합법적이고 당연했음을 전제로 하는 주장으로 해방이라는 새로운 현상에 대한 일본의 몰이해와 오만의 발로라고 파악했다. 즉 "해방이란 과거 제국주의자들의 폭력에 기초를 둔 식민통치나 적국의 점령상태가 전적으로 불법이라는 것을 전제로 하여," "불법에서 벗어나 정상상태를 회복한다"는 의미라고 보았다.[78] 대일평화조약이 주한 일본인의 사유재산을 몰수한 미군정의 조치를 승인한다고 규정한 근거도 일본인의 한국 지배와 재산 축적이 불법적이었기 때문에 합리화될 수 있다고 해석했다. 후일 김동조는 구보다가 과거의 국제법 논리를 근거로 한 반면, 홍진기는 "해방"이라는 제2차 대전 후의 새로운 현상을 바탕으로 논박했다고 평가했다.[79] 결국 구보다 망언으로 제3차 한일회담은 결렬되었고, 회담은 이후 4년 이상의 휴지기를 갖게 된다. 홍진기 역시 법무장관이 되어 한일회담에는 더 이상 직접 참여하지 않았다.

회담 결렬 후 다른 대표단에 앞서 귀국한 홍진기는 이승만 대통령의 부름을 받고 경위를 설명했다. 당시 이 대통령은 해방에 관한 국제법 이론을 언제 공부해 두었냐며 홍진기를 칭찬했다.[80] 이후 홍진기는 구보다와의 논전시 자신이 바탕을 삼았던 "해방"의 이론을 다시 한 번 정리해 발표한 바 있다. 홍진기는 미군정이 한반도 내 일본인 사유재산까지 몰수하여 이

76) 전게주 68 보고서, p. 184.
77) 전게주 68 보고서, p. 188.
78) 홍진기, 해방의 국제법적 성격, 김영희, 유민 홍진기 이야기-이 사람아, 공부해(민음사, 2011), p. 480. 이 글은 국내에서 발간되던 アジア公論 제6권 제8호(1977년 8월) pp. 105-109에 일문으로 게재되었고, 이후 상게서, pp. 475-484에 한글판으로 재수록되었다.
79) 김동조(전게주 21), p. 57.
80) 홍진기 전기(전게주 32), p. 101.

를 한국 정부로 이양하고, 재한 일본인을 강제로 일본으로 퇴거시키고, 일본과 논의 없이 대한민국을 출범시킨 행위는 모두 제2차 대전 후의 새로운 국제법적 현상인 "해방"이라는 현상으로 설명되어야 한다고 주장했다. 사유재산 존중의 원칙도 중요하나 이는 더 고차적인 "해방"이라는 원칙이 적용될 때에는 빛을 잃어 한반도에서는 적용될 수 없게 된다고 보았다. 예를 들어 연합국 점령중 일본 본토에서는 사유재산 불몰수의 원칙이 존중되겠지만, 같은 연합국의 지배 하에 있지만 해방이 적용되는 한반도에서는 일본인의 재산과 거주가 보호될 수 없다는 주장이었다.[81)]

훗날 홍진기는 대만 중국문화학원에서의 명예법학박사 수락강연(1977년)에서도 「해방의 국제법적 성격」을 다시 한번 강조했다. 이미 국제법과의 관계는 오래 전에 끊어진 홍진기가 다시 이 문제를 제기한 이유는 일찍이 학인(學人)을 지향했던 그가 세상에 대해 가장 하고 싶은 말은 어쩌면 이것이었는지 모른다. 다만 홍진기도 해방이라는 새로운 사상이 아직 전통 국제법에 제대로 수용되지 못하고, "있는 법"이 아닌 "있어야 할 법"의 단계에 머무르고 있다며 안타까워했다. 법의 목적이 정의라면 억압받던 민족과 나라의 해방보다 더한 정의가 과연 무엇이냐며, 이 같이 지고의 정의인 "해방"이 국제법의 밖에서 방치되어 있다면 전통 국제법에 "해방"이라는 새로운 장(章)을 추가해 이를 법 안으로 끌어들이자고 제안했다.[82)] 국제적으로 식민지 독립이 사실상 완성된 21세기의 오늘 날까지 홍진기의 주장이 국제법의 한 장(章)으로 충분히 자리 잡지는 못한 듯하다. 그러나 제국주의의 시대가 역사의 뒤안길로 사라져 가고, 식민지 독립이 역사의 도도한 흐름을 이루기 시작할 당시 홍진기의 주장은 모든 피압박 식민지인들이 듣고 싶었던 이야기였을 것이다.

한 역사연구자는 이승만 대통령이 한일회담에 소극적이었음에도 불구하고, 실제 협상장에서는 유진오와 홍진기의 주도로 한국 대표단은 적극적으로 회담에 임하며, 국익의 극대화를 위해 "전투"를 벌였다고 평가했다. 일단 회담이 시작되자 전투를 만들어 간 주역은 회담장의 대표들이었다.[83)] 초기 한일회담에 임했던 한국측 대표단의 상당수는 일제시기에 엘리트 교육을 받고 관료나 전문직에 진출했던 사람들로 어느 면에서 친일 협력자라는 혐의에서 자유로울 수 없었다. 그러나 이들은 회담에서 국익실현을 위해 헌신했으며 비장한 각오 하의 마치 독립운동가와 같은 면모까지 보였다고 묘사했다. 그런 의미에서 초기 한일회담이 친일 경력자들에 의한 친일협상이라는 표면적 혐의는 적어도 역사적 실제와는 거리가 있다고 결론내렸다.[84)]

81) 홍진기(전게주 3), p. 193.
82) 홍진기(전게주 78), pp. 482-483.
83) 김영미(전게주 64), pp. 169-170.
84) 김영미(전게주 64), pp. 175-176.

Ⅵ. 제네바 회담 참여

1954년 2월 법무차관으로 승진한 홍진기에게는 4월 26일부터의 제네바 회담이 기다리고 있었다. 제네바 회담은 한국의 휴전협정을 평화체제로 전환하기 위한 정치회담으로, 한국을 비롯한 한국전 참전 16개국, 소련·중공·북한 등이 참여한 대규모 회의였다. 이 회의를 통해 한국은 6.25 전쟁 이후 처음으로 북한 및 중공과의 정부간 직접 회담에 참여하게 되었다. 그 때까지만 해도 6.25 전쟁의 분위기 속에서 통일에 대한 한국의 기본 방침은 북진통일이었다. 제네바 회의에서는 한반도 평화정착을 위한 통일방안을 제시해야 했다. 이는 전쟁에서 평화로의 발상 전환을 필요로 했다. 당시 한국 정부로서는 회담에 임하는 특별한 방침도 없는 상태였다.

회담 참가를 계기로 홍진기는 몇 달 전부터 외교사와 국제법을 공부하며 대비했으나, 평화통일의 기본 이념을 무엇으로 하느냐를 찾는데 애를 먹었다고 술회했다. 그러다가 결국 대한민국의 법적 동일성을 유지하는 통일, 대한민국 헌법의 동일성을 유지하는 통일이라는 목표를 설정했다. 이렇게 기본 이념을 세우고 나니 통일 후의 헌법질서나 정부 형태, 인구비례에 의한 남북 총선거 등은 부수문제로 저절로 답이 나왔다고 회고했다.[85]

대한민국의 헌법과 정부의 출발점은 UN 관리하 남북한 총선거에 의한 국회 구성과 이를 통한 정부 수립을 결정한 UN 총회 결의 제112호(Ⅱ)(1947.11.14.)였다. 소련의 거부로 남한에서만 총선거가 실시되어 대한민국 정부가 수립되었으나, UN 총회는 대한민국 정부를 유일 합법정부로 인정했다.[86] 홍진기는 한국의 통일이 이의 연장선상에 있어야 한다고 생각했다. 이렇게 마련된 한국 정부의 통일방안은 UN 감시하 인구비례에 입각한 남북한 총선거를 통한 입법부 구성이었다. 홍진기의 구상을 기초로 해 한국대표단은 이를 14개 조항으로 구체화했다. 총선거를 남북한 동시선거로 하느냐, 남한에서는 UN 결의에 따른 총선거가 이미 실시되었으니 나머지 북한에서의 선거만으로 하느냐에 관해 이승만 대통령이 후자를 주장하라고 지시했다. 이를 북한이 수락할 가능성이 있겠냐는 의문도 제기되었으나, 이 대통령은 제네바 회담이 어차피 성공 가능성은 없는 회의가 될 것이라고 예상하고 있었다.[87]

무력으로도 이루지 못한 통일을 정치회담으로 이루기는 더욱 어려웠다. 이 대통령의 예상대로 제네바 회담은 1달 반 이상 지루한 정치논쟁만 되풀이 하다 6월 15일 전체 회의를 마지막으로 실패로 종결되었다. 회담은 종료되었으나 한국으로서는 처음으로 평화통일정책을

---

85) 홍진기(전게주 3), p. 194.
86) UN 총회 결의 제195호(Ⅲ)(1948.12.12.).
87) 홍진기 전기(전게주 32), pp. 107-108.

수립한 계기가 되었다는 의의가 있었다. 이후 1970년대 초까지 UN 감시하 남북한 총선거를 통한 통일달성은 한국 정부의 기본적인 정책으로 유지되었다. 이 제네바 회담의 참여가 홍진기로서는 마지막 외교활동이 되었다.

회담을 마치고 대표단이 귀국하게 되자 변영태 장관은 홍진기에게 외무부로 옮겨 외무차관직을 맡지 않겠냐고 권유했다고 한다. 홍진기는 법무차관으로 승진한지 반년도 채 되지 않았다. 법조계 동료들은 법무부 잔류를 권고했다. 당시 한국 외교란 대미 외교가 거의 전부였으나, 법무부에서는 아직 할 일이 많다는 이유였다. 그는 결국 이직 제의를 거절하고 법무부 잔류를 결정했다.[88]

Ⅶ. 대한국제법학회 창설

홍진기는 대한국제법학회의 창립 발기인과 초대 이사로 참여하고, 1956년부터 1960년 상반기까지 학회 부회장을 재직하다가 4.19의 책임자로 구속되어 재판을 받게 되자 학회직을 사임했다. 홍진기와 대한국제법학회의 인연을 살펴 본다.

1952년 1월 한국 정부가 평화선을 선언하자, 일본 정부는 국제법 위반이라며 강력히 반발했다. 1950년대 내내 평화선 문제는 한일간 외교갈등의 진원지 중 하나였다. 부산 피난시절인 1953년 2월 외무부는 평화선과 한일회담의 대응을 위해 관련 정부부처 인사와 국제법 전문가를 초빙해 가칭 국제법연구회라는 간담회를 두 차례 개최했다. 이 모임에는 조정환 외무차관, 최문경 외무부 정무국장, 홍진기 법무부 법무국장, 대통령 비서실의 임철호, 장경근 변호사, 이한기·이건호·박관숙·박재섭 교수 등이 참석했다. 이 모임을 계기로 한국이 당면한 국제법적 문제에 좀더 조직적으로 대처하기 위해서는 학술단체를 결성할 필요가 있다는데 의견이 모아졌다.[89] 주로 외무부 직원들의 실무준비를 거쳐 5월 6일 홍진기를 포함한 26명 발기인 명의로 「대한국제법학회 설립취지서」가 발표됐다. 1953년 6월 16일 부산항의 해군함정에 있던 해군구락부에서 학회 창립총회가 개최되었다. 회장에 유진오 고려대 총장, 부회장에 황성수 의원과 장경근 변호사가 선임되고, 이사로 배정현 변호사, 이건호 고려대 교수, 이한기 서울대 교수, 전예용 변호사, 최병해 해군 법무관, 한환진 판사, 황산덕 서울대 교수, 홍진기 법무부 법무국장의 8인이 선임되었다. 최문경 외무부 정무국장이 간사장으로 학회 살림을 맡았다. 1년 뒤인 1954년 7월 10일 학회 정기총회에서는 규약 개정이 있어 이사를 상임이사와 일반이사로 구분하고 일반이사의 숫자를 대폭 늘렸다. 홍진기는 7인 상임

88) 홍진기 전기(전게주 32), pp. 113-114.

89) 정인섭, 대한국제법학회의 창설과 초기 활동, 서울국제법연구 제24권 2호(2017), p. 3. 이하 대한국제법학회 관련 내용은 위 논문을 주로 참고했다.

이사의 한명으로 선임되었다.

홍진기는 1956년 3월부터 대한국제법학회의 부회장직을 맡게 된다.[90] 학회는 창립 초창기 약 2년 동안 실무운영을 외무부 직원에 의존했다. 거의 모든 사무를 외무부 정무국 직원이 맡았었다. 1956년부터 학회는 점차 독자적인 운영체제를 수립했다. 사무실도 외무부로부터 나와 한국법학원 내로 이전하고, 직무이사제를 통해 사무분장제를 도입했다. 당시 학회 운영체제를 강화하는 시도의 일환으로 홍진기가 부회장에 피선된 것이었다. 1950년대 후반 대한국제법학회는 단순한 학술단체 이상의 기관이었다. 당시 학회 임원은 유진오 고려대학교 총장이 회장을, 국회의원과 내무장관 등의 직에 있던 집권당 실세 장경근과 현역 해무청장과 법무장관이던 홍진기가 부회장을 맡고 있었다. 이사 중에도 법조계와 경제계, 외무부 등의 유력 인사가 다수 포진하고 있었다. 1958년부터 학회는 안정적인 논총 발간과 학술행사 진행을 위해 발전기금을 모으기로 하자, 3인 회장단이 함께 할 약속시간 잡기가 어려운 게 문제였지, 일단 회동만 성사되어 관계기관이나 기업을 방문하면 기금이 어렵지 않게 모였다고 한다. 당시로서는 거금인 3천만환을 모금해 그 이식을 학회 활동에 사용할 수 있었다. 이 기금은 학회가 독지의 사무실을 마련하고 각종 학술활동을 하는데 기반이 되었다. 홍진기가 국제법학자로서 활동은 하지 않았지만, 학술단체인 대한국제법학회의 초기 정착에 기여가 컸다.

Ⅷ. 결 어

홍진기가 젊어서 특별히 국제법에 관심을 갖고 공부했다는 이야기는 들리지 않는다. 일제시 조선인이 공법분야, 특히 국제법을 공부하기로 결심하기는 어려웠을 것이다. 그 역시 관심의 출발점은 사법, 그중 상법이었다. 일찍이 그는 학자가 되기를 희망했다. 그러나 모든 것이 부족하고 혼란스러웠던 광복 직후의 시대적 상황 속에서 홍진기는 다양한 법률적 활동에 뛰어들 수밖에 없었다. 특히 광복과 새 정부 수립이라는 시대적 소명이 그를 국제법 분야에서도 활약하게 만들었다. 정규 법률교육을 받았고 수년간의 법조실무 경험도 갖춘 홍진기와 같은 사람이 워낙 귀했기 때문이었다. 법률가로서 그의 식견은 국제법 분야에서도 번뜩이는 활약을 남기게 했다. 미군정기 조선은 "생성중의 국가"라는 성격 규정이나 조선의 독립을 "해방"이라는 새로운 국제법적 현상으로 파악해야 한다는 주장 등은 당시로서는 획기적인 사고의 소산으로 평가된다. 대일배상청구의 준비나 대일평화조약에 대한 대비책 마련과 같은 일 역시 법률가로 그의 지혜를 돋보이게 한다. 그는 대한국제법학회 창설과 초기 정착

90) 당시 홍진기는 해무청장으로 재직 중이었다. 해무청은 "수산, 조선, 해운, 항만공사와 일반항만 및 해양경비에 관한 사무를 관장"했다(해무청직제 제1조). 현재 해양수산부의 원조격이다. 이어 그는 1958년 2월부터 법무부장관에 취임했다.

의 든든한 후원자이기도 했다. 평생 다양한 활동을 한 유민 홍진기였지만 광복 직후 한국의 국제법사 속에서도 그의 이름은 기억될 것이다.

34. 유럽에서의 법치주의 전환에 대한 고찰* – 북한의 법치주의 전환에 주는 시사점을 중심으로–

김 대 인**

Ⅰ. 서 설

최근 남북정상회담의 개최를 계기로 급격하게 한반도에 평화의 움직임이 나타나고 있다. 헌법에도 명시되어 있는 '평화통일'을 어떻게 준비할 것인지가 먼 미래의 문제가 아닌 현실의 당면과제가 되고 있는 상황이다. '평화'통일에서는 통일이라는 '결과' 그 자체보다는 통일을 이루어가는 '과정'을 어떻게 관리할 것인가 하는 점이 중요하다고 할 수 있다. 통일을 이루어가는 과정에서는 탈북자들이 남한 사회에 잘 적응하도록 지원하는 등 심리적인 통합을 위해서 노력하고, 남북 간의 지속적인 경제협력을 통해 경제적인 통합을 위해서 노력하는 것이 필요하다. 그러나 이에 못지않게 중요한 것은 북한에 법치주의가 정착되도록 함으로써 남북의 체제통합을 위한 준비작업이 이루어질 필요가 있다는 점이다.

이처럼 평화통일의 과정을 '북한의 법치주의 정착'라는 이슈로 접근하는 것은 '북한인권' 이슈로 접근하는 것과는 다음과 같이 차이점이 존재한다. 북한인권의 이슈는 정치적인 입장에 따라 지나치게 양극화되어 있어서 생산적인 정책대안을 제시하는 것이 쉽지 않은 상황이다. 그러나 법치주의는 좀 더 중립적이고 보편적인 개념으로서의 성격을 가지고 있어서 접근이 상대적으로 용이하다고 할 수 있다. 또한 법치주의는 실질적으로는 인권보호를 포괄하는 보다 넓은 개념이라는 점에서도 장점이 있다.

법치주의의 일반적인 내용으로는 성문(경성)헌법, 기본권과 실질적 적법절차의 보장, 권력분립, 사법적 권리보장, 포괄적 위임입법의 금지, 파생원칙인 신뢰보호의 원칙 등이 언급되고 있다. 그리고 종래의 형식적 법치주의를 탈피하여 자유・평등・복지의 원리에 입각한 실질적 법치주의가 강조되고 있다.[1)] 우리나라에서는 이처럼 주로 독일공법사를 배경으로 하여 형식적 법치주의와 실질적 법치주의가 소개되어 있으나, 이와 유사한 개념을 영미학계에서 사용하고 있는 것을 볼 수 있다. 예를 들어 Peerenboom은 '연한 법치주의'(thin rule of law)와 '진한 법치주의'(thick rule of law)의 개념을 사용하고 있다.[2)]

---

* 이 글은 김대인・김대식, 북한의 법치주의 전환에 대한 연구, 법무부 연구용역최종보고서, 2016의 필자의 집필내용 중 일부를 논문형식으로 수정・보완한 것이다.

** 이화여자대학교 법학전문대학원 교수, 법학박사

1) 성낙인, 헌법학(제15판), 법문사, 2015, 262면.

2) Peerenboom, Randall, "Varieties of Rule of Law: an Introduction and Provisional Conclusion", in:

'연한 법치주의'(thin rule of law)는 법치주의의 형식적 또는 수단적 측면을 강조하는 것으로서, 당해 국가의 법시스템이 민주주의적이든지 아니든지 상관없이 법체계로서 효율적으로 작동하기 위해 필수적으로 가져야 하는 특질들을 의미한다고 보고 있다.[3] '진한 법치주의'는 '연한 법치주의'에서 출발하기는 하나, 여기에 더해 특정의 경제체계, 정부의 형식, 인권의 개념들을 포함한다. 이러한 '진한 법치주의'의 가장 대표적인 형태라고 볼 수 있는 것은 시장경제와 자유민주주의를 기반으로 하는 법치주의라고 할 수 있다.[4] 법치주의 전환을 논의함에 있어서는 이러한 다양한 법치주의의 개념을 모두 염두에 둘 필요가 있다.[5]

북한의 법치주의 전환에 대한 시사점을 얻기 위해서 이글에서는 유럽에서의 법치주의 전환사례를 집중적으로 검토하고자 한다. 이를 위해서 우선 유럽연합(European Union: EU)가입과 법치주의 전환에 대해서 살펴보도록 한다. EU에서는 회원국을 확장하는 정책을 추진하는 과정에서 일정한 회원국 가입조건을 충족시키도록 하고 있는데, 그 중에 중요한 조건이 일정한 수준의 법치주의를 확보해야 한다는 점이다. EU의 가입을 추진하는 국가들의 상당수가 사회주의 경험을 한 동유럽국가들이라는 점에서 이를 살펴보는 것은 북한의 법치주의 전환에 주는 시사점이 크다(Ⅱ).

다음으로 '법을 통한 민주주의 유럽위원회'(European Commission for Democracy through Law: 이하 베니스위원회)를 통한 법치주의 정착노력에 대해서 살펴보도록 한다. 베니스위원회는 EU의 산하기구로서 유럽 내 법치주의 증진을 위해서 설립되었다. 베니스위원회는 법치주의와 관련한 체크리스트를 만드는 등 법치주의 확산을 위한 다양한 노력을 기울이고 있어서 북한의 법치주의 전환과정에 여러 가지 정보를 제공해줄 수 있다(Ⅲ).

이어서 유럽사례가 북한의 법치주의 전환에 주는 시사점을 찾아보도록 한다(Ⅳ). 결론에서는 이상에서의 논의를 바탕으로 일정한 결론을 제시해보도록 한다(Ⅴ).

Peerenboom, Randall (ed.), Asian Discourses of Rule of Law, Routledge, 2004, p. 2 참조. 여기서 '연한 법치주의'는 형식적 법치주의와, '진한 법치주의'는 실질적 법치주의와 유사한 개념이라고 볼 수 있다. 정태욱 교수는 '협의의 법치주의', '광의의 법치주의'라고 번역하고 있다. 정태욱, "북한의 법치주의론과 그 발전방향", 아세아여성법학 제9호, 2006 참조.

3) 이러한 특질로는 1) 어느 기구가 법을 제정하는가에 관한 규칙이 제정되어 있어야 하고, 2) 법이 유효하기 위해서는 그러한 규칙에 따라 제정되어야 하며, 3) 법은 공개되어야 하고 누구든지 접근가능해야 하며, 4) 법은 일반적으로 적용되어야 하며, 특정인을 상대로 제정되어서는 안 되며, 같은 상황에 있는 사람을 같게 취급해야 하며, 5) 법은 비교적 분명해야 하며, 전체적으로 일관성이 있어야 하고, 비교적 안정적이어야 하며, 일반적으로 장래효를 가져야 하고 소급효를 가져서는 안 되며, 6) 법은 제대로 집행되어야 하고, 법규범과 법현실간의 간격은 비교적 좁아야 하며, 6) 법은 그 법의 적용을 받는 다수의 사람이 합리적으로 수용가능해야 한다는 점 등을 들 수 있다. Randall Peerenboom, 앞의 글, pp. 2-3 참조.

4) Peerenboom, Randall, 앞의 글, pp. 2-3 참조.

5) 이에 관한 상세한 논의로 김대인, "국제개발협력의 관점에서 본 법치주의의 개념", 동북아법연구 제4권 제1호, 2010 참조.

Ⅱ. EU가입과 법치주의

1. 개　관

1997년 암스테르담 조약에서는 EU조약(Treaty on the European Union)에 "유럽연합은 자유의 원칙, 민주주의, 인권 및 기본적인 자유의 존중, 법치주의와 같이 회원국들에게 공통되는 원리들에 기반하여 설립되었다"(제6조 제1항)라는 규정을 포함시킨 바 있다. 이처럼 법치주의는 EU의 핵심적인 가치라고 할 수 있다. 또한 EU의 법치주의는 자유나 인권보호와 같은 자유민주주의에 입각한 법치주의를 추구하고 있다는 점에서 학문적으로는 앞서 본 '진한 법치주의'를 채택하고 있다는 평가가 이루어지고 있다.[6)]

EU조약에서는 EU의 민주주의적 가치를 존중하고 이를 증진시키기 위해 노력하는 것을 조건으로 회원국 지위를 얻기 위한 지원을 할 수 있다고 규정하고 있다. EU 회원국으로 가입하기 위해서는 이러한 가입조건을 충족시켜야 하는데, 이는 1993년에 코펜하겐에서 열린 유럽이사회(Europcan Council)에서 정해졌기 때문에 '코펜하겐기준'(Copenhagen Criteria)으로 부르기도 한다.[7)]

코펜하겐기준은 크게 세 가지로 구성된다. 첫째, 민주주의, 법치주의, 인권, 소수자에 대한 존중과 보호를 보장할 수 있는 제도의 안정성을 갖추어야 하며, 둘째, 시장경제가 기능해야 하고, EU내에서의 경쟁압력과 시장의 힘에 대응할 수 있는 역량을 갖추어야 하며, 셋째, EU규범(EU acquis)을 이루는 규칙, 기준, 정책을 효율적으로 시행할 수 있는 역량을 포함하여 회원국으로서의 의무를 이행할 수 있는 역량을 갖추어야 하며, 정치적, 경제적, 통화적 연합의 목표에 충실해야 한다.

이러한 기준에 따라 EU는 회원국의 숫자를 늘려가는 '확대'(enlargement) 정책을 실시하고 있는데, 최근의 EU 확대과정에서 쟁점이 되고 있는 것은 서부발칸지역의 국가들과 터키이다. 터키의 가입협상은 2005년도부터 시작되었는데 매우 느리게 진행되고 있다. 몬테네그로와는 2012년부터, 세르비아와는 2014년부터 협상이 시작되었다. 舊유고 마케도니아 공화국도 2005년부터 후보국(candidate country)의 지위를 가졌는데 여전히 가입과정이 교착상태에 놓여 있다. 알바니아의 경우 2014년부터 후보국의 지위를 가졌고, EU 집행위원회가 가입협상 개시를 추천하기 이전에 다양한 핵심선결과제들을 다루고 있는 중에 있다. 보스니아 헤르체고비나와의 '안정화 및 연합협정'(Stabilisation and Association Agreement: SAA)[8)]은 2015

6) Pech, Laurent, Rule of Law as a Guiding Principle of the European Union's External Action, Center for the Law of EU External Relations (CLEER) Working Papers 2012/3 (2012), p. 26 참조.
7) http://ec.europa.eu/enlargement/policy/conditions-membership/index_en.htm#
8) 이는 서부발칸지역의 국가들에게 추가적으로 요구되는 조건으로서, 지역 내에서의 협력과 인근국가들과의

년 6월에 발효되었다. 코소보와의 '안정화 및 연합협정'은 2015년 10월에 서명이 이루어졌다.[9)]

지난 수년간 이들 국가들에서 중요한 진전이 있었지만, 이들 국가들이 직면하고 있는 문제들이 많아서 어느 국가도 현재 EU 집행위원회가 정한 기간 내(2019년 말에 종료된다)에 EU에 가입할 준비가 되어 있지 않다. 이들 국가들은 특히 '법치주의'를 주요한 문제로 직면하고 있다. 사법시스템이 충분히 독립적이거나, 효율적이거나, 책임성이 있지 않다. 조직범죄나 부패를 막기 위해서는 많은 노력이 여전히 필요하다.[10)] 여기에서 볼 수 있듯이 EU 가입조건 중에서도 법치주의와 관련된 내용이 가장 핵심적인 쟁점이 되고 있음을 알 수 있다. 이하에서는 EU 가입조건으로서의 법치주의와 관련된 내용을 좀 더 상세히 살펴보도록 한다.

2. EU 가입조건으로서의 법치주의 내용

(1) 사법부의 기능(Functioning of judiciary)

회원국들은 공정한 재판을 보장할 수 있는 독립적이고도 효율적인 사법시스템, 예를 들어 법관과 검사가 성과에 따라 임명되고, 승진하며, 이들이 공정하고 책임성을 갖추며, 정치적이거나 기타 압력에 굴복하지 않는 시스템을 갖추기 위해 광범위한 사법개혁을 수행해야 한다. 사법개혁전략은 신뢰성이 있고, 견고하며, 효율적으로 시행되어야 한다. 헌법적・법적 보장이 (사법부의) 완전한 독립성을 보장함에 있어서 핵심적이다. '법관평의회와 검찰평의회'(judicial and prosecutorial council)는 관리기구로서 자신의 역할을 최대한 발휘할 수 있는 동시에 독립성과 책임성을 확보해야 한다. 사법의 질과 효율성을 보장하기 위한 조치들에는 모든 법원의 판결들이 적절하게 집행되는 것 이외에도 과도한 사건부담, 절차의 지연, 그리고 일관성 없는 판례 문제를 해결하는 것 등이 포함된다. 각국의 사법부 운영현황을 평가하는 요소 및 그 내용은 다음과 같다.[11)]

〈표 1〉 사법부 운영현황을 평가하는 요소 및 내용

평가요소	평가내용
전략적 틀 및 예산	각국이 효율적으로 단점을 발견하고 이를 해결하기 위한 일관된 비전을 어느 정도 수립할 수 있는지, 어떻게 개혁의 과정이 다루어지는지, 책임 있는 기관들의 권한이 명확하게 제시되어 있는지, 현실적인 예산이 어느 정도 부여되는지, 모니터링 메커니즘이 제대로 되어 있는지

좋은 관계와 관련된 내용으로 구성되어 있다.

9) European Commission, Communication from the Commission to the European Parliament, the Council, the European Economic and Social Committee and the Committee of the Regions-EU Enlargement Strategy, 2015, p. 2 참조.

10) *Ibid.*

11) European Commission, EU Enlargement Strategy, p. 33 참조.

사법부의 운영	사법위원회 및 검찰위원회의 기능, 이들의 구성과 선정과 관련한 문제, 독립성, 위임, 절차규범, 책임성, 투명성, 그리고 이들 위원회가 충분한 예산과 인력을 가지고 있는지 여부
독립성	독립성을 유지할 수 있는 법적인 보장수단, 그리고 이것이 어느 정도 실제로 존중되고 있는지, 법관들 간에 어떻게 사건배당이 이루어지는지, 직위보장(immovability)의 문제
책임성	윤리규범, 윤리교육, 재산공개시스템, 이러한 제도들이 어떻게 통제되는지, 독립적인 감사기구의 활동, 필요시 효율적인 징계조치가 어느 정도 이루어지는지
전문성과 역량	법관의 전문성 강화 및 연수 이외에도 사법공무원들의 초빙, 선정, 임명, 그리고 평가와 관련된 시스템
사법의 질	법원활동의 연수·모니터링·평가의 증진, 예산과 자원, 정보통신기술의 활용가능성과 사용, 대체적 분쟁해결제도, 판례가 일관성을 유지하는 정도, 판례에 대중들이 접근가능한지 여부
효율성	절차소요기간, 사건종결비율, 미결사건비율, 소송법의 개정, 법원 및 법원구조 네트워크의 간소화, 인적자원 전략의 존재, 지원인력의 활용가능성

(2) 부패척결(Fight against corruption)

회원국들은 부패를 효율적으로 예방하고 척결하는 강력한 틀을 갖출 필요가 있다. 공공조달이나 민영화와 같은 취약분야에서, 부패관행이 지속적으로 국내예산으로부터 희소한 자원들의 사용을 왜곡시키고 있으며, 발전을 위해서는 필수적인 경영과 투자환경의 안정성에 부정적인 영향을 미치고 있다. 부패는 또한 교육과 의료서비스와 같은 특정의 공공서비스에 접근할 때 시민들에게 직접적으로 영향을 미친다. 정당과 선거캠페인의 재원조달을 효율적으로 통제하고, 이해상충문제를 잘 관리하는 것이 필요하다. 공공재원의 사용에 있어서의 투명성, 정보의 공적인 접근의 충실한 시스템은 온전하게 활용될 필요가 있는 예방수단이다.[12)]

고위층의 부패사건을 포함하여 부패사건들이 적절하게 조사되고, 기소되고, 제재를 받는 것을 보장할 수 있는 보다 적극적이고, 잘 조율되고, 효율적인 법집행(여기에는 부당이득의 압수 및 환수 등이 포함된다)이 필요하다. 정보의 수집과 접근가능성 증진은, 투명성을 높이고 반부패정책의 집행을 모니터링하는 것을 돕는 데 필요하다. 각국의 반부패정책을 평가하는 요소들과 그 내용은 다음과 같다. 각국의 반부패정책을 평가하는 요소들과 그 내용은 다음과 같다.[13)]

---

12) European Commission, EU Enlargement Strategy, p. 34 참조.
13) *Ibid.*

〈표 2〉 반부패정책을 평가하는 요소들과 내용

평가요소	평가내용
전략적 틀	포괄적이고 신뢰할 수 있는 액션플랜이 존재하고, 이러한 액션플랜이 주요한 문제점을 해결하는 데 적절한지 여부, 적절하게 예산이 부여되는지, 적절한 모니터링 메커니즘이 존재하는지 여부, 취약분야에서 분야별 액션 플랜이 존재하는지 여부
법적인 틀	UN 반부패협약(Convention Against Corruption), 유럽이사회(Council of Europe)의 EU 반부패국가연합(Group of States Against Corruption: GRECO) 권고와 일치하는 분명하고도 포괄적인 법적인 개념정의, 정당에 대한 재정지원, 이해상충, 개인재산공개 등에 대한 분명한 규칙과 제재조치, 정보에 대한 접근, 공무원에 대한 건전한 인적 자원 정책, 내부고발자에 대한 보호
제도적인 틀(예방)	독립적인 반부패기관의 존재, 예방입법의 준수여부에 대한 모니터링을 위한 기관의 존재여부, 그리고 이들 기관들의 인력공급, 연수, 예산, 독립성 이슈들, 윤리규범의 존재, 내부적 통제 및 감사기구의 역할, 인식제고행위
제도적인 틀(억제)	법집행기관의 위임과 독립성의 평가, 이들 기관들의 전문성, 경찰과 검찰간의 협력, 제재조치가 적용되는지 여부, 정보의 보안성, 사면규정의 처리
결과(실적)	부패사건-고위층 부패사건도 포함한다-에서의 조사, 기소, 최종 유죄판결의 숫자와 성격, 재산환수의 정도, 이행상충사건의 처리, 개인재산공개의 확인, 정당재원지원의 규칙 위반, 정보공개사건 등

(3) 조직범죄척결(Fight against organized crime)

조직범죄를 척결하는 것은 정치·법·경제 시스템을 관통하는 범죄시스템에 대응함에 있어서 핵심으로 남아 있다. 법집행기관과 공소제기기관은 조직범죄를 효율적으로 척결하고 제재를 가할 수 있는 효율적인 법적수단과 조사수단을 갖추고 있어야 한다. 예를 들어서 자금세탁을 막고 복잡한 금융조사를 실시하는 것과 같은 협조역량이 현저하게 강화되어야 한다. 사이버범죄나 테러리즘과 같은 점증하는 위협에 대응하기 위해서는 높은 수준의 전문성이 요구된다. 범죄로 취득한 재산의 환수는 범죄네트워크를 효율적으로 해체하는 데에 있어서 핵심이 된다. 설명이 되지 않는 부패 현상을 해결하기 위해서는 부당이득한 재산을 범죄화하는 것이 고려되어야 한다. 확고한 증인보호 역시 필요하다. 많은 조직범죄가 국경을 넘는 성격을 가지고 있고, 이에 따라 회원국들간에 경찰 또는 사법공조가 긴밀하게 요청된다. 유럽형사경찰기구(European Police Office: Europol), 유럽사법협력기구(European Union's Judicial Cooperation Unit: Eurojust), 유럽국경관리청(European Border and Coast Guard Agency: Frontex) 등 유관기관과의 공조도 요청된다. 조직범죄를 평가하는 요소와 내용은 다음과 같다.[14]

14) European Commission, EU Enlargement Strategy, p. 35 참조.

〈표 3〉 조직범죄를 평가하는 요소와 내용

평가요소	평가내용
전략적 틀	리스크 분석에 기반하여 조직범죄의 전략적인 모습을 고려한, 포괄적이고, 신뢰할 수 있는 전략의 존재여부, 특정유형의 범죄 또는 금융조사의 전략
법적인 틀	적절한 형사절차의 보장이 이루어지는지, 형법이 유럽법과 일치하는지 여부(인신매매, 마약, 사이버범죄, 아동포르노 등)
제도적인 틀	경찰의 숫자, 경찰에 대한 연수와 전문성확보, 검찰을 포함한 법집행기관의 전문성, 국제공조, 재산환수와 관리 사무소의 운영, 증인보호시스템, 경찰감찰메커니즘
운영능력(실적)	조직범죄에서의 조사, 기소, 최종 유죄판결의 숫자와 성격, 범죄단체(단순한 개인이 아니라)를 적발하는 비율, 범죄로 취득한 재산의 환수의 정도, 공조시스템, 정보, 인력, 시설, 조사의 기밀보호, 자금세탁행위의 금지

(4) 표현의 자유(Freedom of expression)

표현 및 언론의 자유의 법적인 틀은 대부분의 EU 가입희망국들에 존재하며, 이들 국가들에 있어서 언론다원주의(media pluralism)는 명백하다. 그러나 표현 및 언론의 자유의 현실은 여전히 심각한 문제로 남아 있으며, 일부 국가에서는 지속적으로 악화되고 있다. 일부 국가들의 경우에는 언론인들에 대한 지속적인 폭력과 협박으로 인해 공포와 검열의 분위기가 존재하며, 언론의 자유 침해자들을 발견하고 적절하게 제재하는 기관들 또는 이렇게 하고자 하는 정치적인 의지는 거의 성공을 거두지 못했다. 때때로 정부 자체가 정부정책을 비판하는 언론인들을 악인으로 보는 분위기를 들고, 이로 인해 언론인들이 자기검열을 하게 만든다. 비록 명예훼손(defamation)이 탈범죄화되었으나, 언론인에 대한 공소제기는 계속해서 이루어지고 있다. 국가의 권력남용문제를 해결할 수 있도록 사법부를 개발하고 훈련시킬 필요가 있다.[15)]

언론의 자유를 정부가 침해하는 문제는 여전히 해결해야 할 문제로 남아 있다. 공영방송국의 정치적, 재정적 독립성을 보장하고, 규제기관을 강화하며, 기능적인 언론의 자율규제를 강화하기 위해서 더 많은 노력이 기울여져야 한다. 언론소유의 투명성을 높이고, 언론의 과도한 집중을 예방하며, 정부홍보의 조달과 관련하여 투명한 규칙을 보장하는 것을 통해서 언론에 대한 비공식적 경제적 압박을 예방할 필요성이 크다. 표현의 자유를 평가하는 요소와 내용은 다음과 같다.[16)]

15) European Commission, EU Enlargement Strategy, p. 36 참조.
16) *Ibid.*

〈표 4〉 표현의 자유를 평가하는 요소와 내용

평가요소	평가내용
언론인에 대한 협박	언론인에 대한 신체적인 공격과 협박이 경찰이나 사법기관에 의해서 어떻게 추적되는지, 언론인에 대한 자의적인 체포, 언론인을 협박하는 효과를 가져오고, 자기검열 환경에 기여할 수 있는 정치인의 말
법적인 환경	명예훼손, 모욕, 증오연설, 공적인 도덕에 대한 법적 규칙의 비례성심사, 온라인과 오프라인 언론에서의 국가안전의 보장, 언론인 직업에 대한 규제, 정보에의 접근의 제한
시행/제도	규칙이 일관되게 적용되는 정도에 대한 평가, 독립적인 언론 규제자들의 활동, 인터넷과 운영자에 대한 제한, 지식재산권의 처리, 프라이버시권과 정보보호규칙
경제적 요소	언론다원주의, 언론소유의 투명성, 언론의 공적 자금 사용의 투명성, 공영언론의 재원, 정부홍보이슈 및 이것이 언론에 어떠한 영향을 미치는지 여부
협회 및 근로조건	언론인들의 대표로 구성된 협회, 언론인들의 고용상황 및 근로조건

3. 구체적 사례

(1) 배 경

이하에서는 서부발칸지역의 대표적인 체제전환국인 알바니아의 EU 가입과정을 좀 더 상세하게 살펴보도록 한다. 알바니아는 2006년 6월 '안정화 및 연합협정'에 서명을 했으며, 이는 2009년 4월에 발효되었다. 이어서 알바니아는 2009년에 EU 회원국 가입신청을 했다. EU 이사회의 요청에 따라, EU 집행위원회는 알비니아의 신청서에 대한 의견서를 내면서 가입과정에서 해결해야 할 선결문제들을 지적했다. 2012년 10월 EU 집행위원회는 알바니아가 EU 후보국 지위를 부여하는 것을 추천하였는데 다만 사법부, 행정개혁, 의회의 절자규칙 등에 대한 일정한 조치를 완료하는 것을 전제로 했다.[17)]

그런데 이처럼 알바니아가 EU 회원국의 지위를 얻는 것을 지원하기 위해서 EU는 사법부의 역량강화 등 다양한 분야에 대해서 알바니아에게 원조를 제공하고 있다. 알바니아도 이러한 원조에 대응한 관련 조직을 마련하고 있다. 알바니아 정부의 '유럽통합부'(Ministry of European Integration)가 EU 원조의 모니터링과 조정을 담당하며, '전략 및 공여국 조정부'(Department of Strategy and Donor Coordination)는 '전략 및 원조조정팀'(Strategies and Aid Coordination Units)을 통해 'EU 가입희망국 지원체계'(Instrument for Pre-accession Assistance: IPA)를 비롯한 공여국간 조정을 지원하는 역할을 담당하고 있다. 알바니아 유럽통합부 장관은 EU 가입희망국 지원프로그램의 조정책임을 맡고 있다.[18)]

---

17) Imago/Berenschot, Thematic Evaluation of Rule of Law Judicial Reform and Fight Against Corruption and Organised Crime in the Western Balkans, 2012, p. 109 참조.

18) *Ibid.*

알바니아에 대해서는 체제전환과정에서 여러 가지 지원이 이루어졌는데 2000-2006년 사이에는 '재건, 개발, 안정을 위한 유럽공동체 원조'(Community Assistance for Reconstruction, Development and Stabilisation: CARDS) 프로그램을 통한 지원이 이루어졌으며, 2007년도부터는 IPA 프로그램을 통한 지원이 이루어졌다. 2000-2006년간 CARDS 프로그램을 통한 원조의 경우 다음과 같이 크게 네 가지 분야에 초점이 맞추어졌다. 1) 법무와 내무(40%), 2) 행정역량강화(20%), 3) 경제적, 사회적 개발(35%), 4) 민주주의안정(5%)이 그것이다. 위와 같은 통계를 보면 CARDS 프로그램에서 법치주의와 밀접한 관련이 있는 법무와 내무 분야(Justice and Home Affairs)에 가장 많은 재원이 투입된 것을 알 수 있다. 이러한 추세는 2007년부터 시작된 IPA를 통한 지원에서도 전체적으로 유지되고 있다.[19)]

EU 집행위원회는 회원국 가입을 준비하는 국가들에 대한 원조현황을 분석하고 계획을 수립하여 '다년간 특정계획서'(Multi-annual Indicative Planning Document: MIPD)을 작성하고 있는데, 2011년 계획서에서 알바니아가 해결해야 할 우선과제로 다음과 같이 크게 세 가지를 제시하고 있다. 1) 법치주의를 강화하고, 사법부의 독립성, 효율성, 책임성을 제고하며, 조직범죄에 대한 대응을 강화, 2) 행정의 전문성과 탈정치화를 제고하고, 공무원의 임명과 승진에 대해서 투명하고, 성과에 기반하여 접근하고, 모든 수준에서 반부패를 강화하기 위해서 행정개혁을 지원, 3) 특히 여성, 어린이, 소수자의 인권을 보호하고, 차별금지정책을 효율적으로 시행 등이 그것이다.[20)]

위의 내용을 보면 법치주의 강화, 사법부의 독립성 제고 등이 세 가지의 우선과제 중에서 가장 먼저 제시되고 있음을 볼 수 있다. EU 집행위원회는 위와 같은 우선과제를 실현하기 위해서 1) 법무 및 내무, 2) 행정개혁, 3) 교통, 4) 환경 및 기후변화, 5) 사회개발 6) 농림 및 농촌개발 등의 6가지 분야를 2011-2013년 동안 지원하기로 결정하였다.[21)] 이 중에서 법치주의와 관련된 내용을 좀 더 상세하게 살펴보도록 하겠다.

(2) 법치주의 정착 지원내용

2007년부터 2011년까지 IPA를 통해서 법치주의 정착과 관련해서 제공된 지원내용은 다음과 같다.

---

19) Imago/Berenschot, 앞의 글, p. 110 참조.

20) European Commission, Instrument for Pre-Accession Assistance (IPA) Multi-annal Indicative Planning Document (MIPD) 2011-2013 Albania, 2011, p. 4 참조.

21) European Commission, Instrument for Pre-Accession Assistance (IPA) Multi-annal Indicative Planning Document (MIPD) 2011-2013 Albania, pp. 4-5 참조.

〈표 5〉 IPA를 통한 알바니아에 대한 법치주의 정착관련 지원내용[22)]

IPA	프로젝트명	예산액(유로)	지원내용
2009	사법개혁을 위한 지원	3,300,000	법무부와 사법부의 기관들에게 입법적인 틀과 제도적 역량을 통합하고, 형사사법시스템을 개혁하는 것을 지원
2009	증인보호	555,000	형사사법개혁을 지원
2009	증인보호를 위한 IT시설의 제공	200,000	IT 커뮤니케이션 시설 지원
2009	증인보호를 위한 교통수단의 제공	265,971	적절하게 시설을 갖춘 자동차를 통해서 스테프와 피보호자들의 업무상 효율성과 안정성을 증진시키는 것을 지원
2010	형사사법개혁	3,000,000	형사사법시스템의 현대화, 특히 보통검찰청의 사건관리시스템의 개혁
2010	교정시설에 대한 지원 및 경찰교육센터의 연수 및 숙소시설개선	18,200,000	교도소에서 지나치게 많은 재소자가 수감되는 것을 방지하거나(Fieri에 새롭게 만들어진 교도소), 교도소의 생활환경을 개선하는 것(재소자의 인권 및 권리보호) 등을 통해 구금시설, 그리고 교정시설 일반에서의 상황의 개선지원
2011	Shkodra의 교도소에 새로운 미결구금센터의 건설	18,500,000	법원, 교도소, 미결구금시스템의 인프라를 향상시키는 것을 지원

(3) 성과 및 교훈

위와 같은 알바니아에 대한 법치주의 정착지원을 통해 여러 가지 성과를 거두었다. 특히 인프라, 법률과 제도적 틀에 있어서 많은 진전이 있었다. 이러한 진전은 2011년에 '사법개혁 전략 및 실천계획'(Judicial Reform Strategy and Action Plan)이 채택되는 성과를 낳기도 했다. 또한 법관의 면책권을 제한한 것도 큰 진전으로 평가받고 있다. 법관의 면책권은 반부패에 심각한 장애물로 평가받아왔기 때문이다. 법치주의 정착과 관련해서 채택된 법으로는, 조정법, 행정법원법, 개정형법, 사법행정법, 법원권한법, 고위사법위원회(High Council of Justice: HCJ)법, 고등법원법, 법률구조법, 헌법재판소법, 국가사법평의회법, 형사사건에 대한 국제사법공조법, 사법연수원법, 판결집행법, 검찰청의 조직 및 기능에 대한 법, 법률가법, 법무부의 조직과 기능에 대한 법률, 증인보호법 등을 들 수 있다.[23)]

위와 같은 알바니아에 대한 법치주의 정착지원 프로그램의 운영으로부터 다음과 같은 교훈을 얻을 수 있다는 점이 지적되고 있다. 첫째, 법관의 면책특권을 제한한 것은 사법부의 부패 및 조직범죄에 대한 전쟁에서 중요한 진전으로 평가할 수 있다. 다만 이것이 현실적인

22) Imago/Berenschot, 앞의 글, p. 114 참조.
23) Imago/Berenschot, 앞의 글, p. 115 참조.

시행여부는 좀 더 지켜보아야 한다. 둘째, 사법부의 부패에 대한 일반시민의 인식을 제고하기 위해서는 법관과 검사에 대한 조사절차에 더 많은 개선이 필요하다. 셋째, 사법부의 근무환경과 보수가 개선되어야 한다. 넷째, 권력분배를 위한 메커니즘을 보다 강화하는 것을 통해서 사법부(검찰 포함)의 독립성이 보다 더 강화되어야 한다. 충분한 예산적 독립성이 사법부의 독립을 보다 강화한다. 다섯째, 때때로, 사법부는 법무부와의 조정을 거치지 않고 독립적으로 프로그램을 운영할 필요가 있다. 왜냐하면 법무부와 사법부간의 이해상충문제가 발생할 수 있기 때문이다(예를 들어 지원내용이 사법부의 독립성을 보다 강화하는 경우가 그러하다). 여섯째, 의식의 변화를 요구하는 사법부의 필요한 개혁을 이루기 위해서는 장기적인 프로젝트 또는 연속성이 필요하다. 일곱째, 사건처리 지연문제가 해결되고 평가되어야 한다. 왜냐하면 이것이 사법부의 효율성을 여전히 저해하는 문제가 되고 있기 때문이다. 여덟째, 법치주의 지원과 관련해서 가장 약점이라고 할 수 있는 것은 지속가능성이며 이 문제가 해결되어야 한다. 영향과 지속성이 포괄적이고 체계적인 방식으로 평가되어야 한다. 아홉째, 아직 이에 관한 이슈에 대해서 통계가 부족하기는 하나, 사법부는 부패와 관련한 큰 사건들을 다루는 것이 가능해야 한다. 열째, 인프라 확보에 초점을 맞춘 다음에, 중장기적으로는 실체적인 이슈들가 관련된 직접적인 지원에 좀 더 초점을 맞출 수 있다. 열한째, 법원판결의 집행이 확보되어야 한다. 왜냐하면 그렇지 않을 경우 사법부에 대한 일반시민의 신뢰성을 저해하기 때문이다.[24]

Ⅲ. 베니스위원회와 법치주의

1. 개 관

'법을 통한 민주주의를 위한 유럽위원회'(European Commission for Democracy through Law: 이하 베니스위원회)는 1980년대 후반부터 동유럽국가들의 체제전환이 이루어지기 시작하면서 법률개혁 지원의 필요성이 대두되어 1990년에 유럽회의(Council of Europe) 산하에 설치되었다. 이후 다양한 동유럽국가들, 최근에는 아시아의 체제전환국가들에 대한 법제정비 지원에 참여하고 있다. 우리나라는 1999. 10. 6. 옵저버 국가가 되었고, 2006. 6. 1.에 정회원국이 되었다.[25]

베니스위원회는 2011년 제86차 총회에서 '법치주의에 대한 보고서'(Report on the Rule of Law)를 채택했다. 이 보고서는 영국의 법의 지배(Rule of Law), 독일의 법치국가(Rechtsstaat),

---

24) Imago/Berenschot, 앞의 글, p. 117 참조.

25) 이에 관한 상세한 소개로는 한부환, "법을 통한 민주주의를 위한 유럽위원회 (약칭 '베니스위원회') 현황과 향후 전망", 통일과 법률 제1호, 2010 참조.

프랑스의 법치국가(État de droit)간의 공통점을 밝혔다. 이 보고서에서는 특정국가에서 법치주의를 평가할 수 있는 체크리스트 초안이 부록으로 제시된 바 있다.[26] 2012년에 베니스위원회는 영국의 외무부(Foreign and Commonwealth Office) 및 '법치주의를 위한 빙엄센터'(Bingham Centre for the Rule of Law)와 함께 컨퍼런스를 개최하였고, 그 결과 법치주의 체크리스트를 좀 더 발전시키기로 하였다. 이후 여러 전문가들의 자문을 통해 법치주의 체크리스트를 개발하였고, 그 내용이 2016년에 발표된 바 있다.[27]

이하에서는 베니스위원회의 법치주의 지원내용을 검토하고, 이어서 2016년에 발표된 베니스위원회의 법치주의 체크리스트를 살펴보도록 한다.

2. 법치주의 지원내용

베니스위원회의 가장 주요한 특징으로는 헌법분야에 지원을 집중하고 있다는 점을 들 수 있다. 지원대상국의 헌법, 헌법개정, 헌법분야의 법률에 대해서 의견을 채택하는 것이 대표적이다. 이러한 의견제시는 관련 국가 또는 유럽회의의 요청에 의해서 이루어진다. 이러한 베니스위원회의 의견제시기능은 국가 또는 EU기관들의 요청에 의해 일반적으로 받아들여지고, 공유된 척도를 기준으로 관련된 (헌법)문서를 평가하는 것을 의미한다. 여기서의 공통의 척도라고 하는 것은 '유럽의 헌법전통'(European constitutional heritage)을 의미한다. 이러한 개념이 명확하게 정의된 바는 없지만, 인권분야의 국제적인 수단을 통해서 구체화되고 있다.[28]

이와 같은 맥락에서 베니스위원회는 설립초기부터 헌법재판에 많은 초점을 기울였다. 신흥민주국가들에게 헌법재판소가 설립될 수 있도록 많은 지원을 했다. 베니스위원회는 헌법재판의 절차나 조직에 대한 법률을 준비하고 채택하는 것을 지원했을 뿐만 아니라, 특정사건에 대해서 가능한 해결책에 대해서 베니스위원회의 의견을 개별국가에서 요청했을 때 구체적인 의견을 제시하는 역할도 담당했다. 이러한 베니스위원회의 의견이 개별국가의 견해를 대체하는 것은 물론 아니다. 개별 사건을 해결하는 것은 개별 국가의 법관의 임무이다. 다만 베니스위원회는 헌정주의의 원리에 부합하는 방식으로 논리를 전개하고, 사건에 접근하는 방법에 대해서 조언을 제시했을 따름이다.[29]

예를 들어 알바니아에 대해서 이루어진 베니스위원회의 지원내용을 정리해보면 다음과 같다.

---

26) European Commission for Democracy through Law, Report on the Rule of Law, 2011.
27) European Commission for Democracy through Law, Rule of Law Checklist, 2016.
28) Bartole, Sergio, "International Constitutionalism and Conditionality: The Experience of the Venice Commission", RIVISTA, 4/2014, p. 5 참조.
29) Bartole, Sergio, 앞의 글, p. 6 참조.

〈표 6〉 베니스위원회의 알바니아에 대한 법치주의 지원내용[30)]

연 도	지원내용
1998	주요 헌법규정의 최근 개정내용에 대한 의견
1999	사형제도의 헌법규정과의 부합여부에 대한 의견
2004	재산의 승인, 회복, 보상에 관한 법안에 대한 의견
2004	선거법 및 선거행정에 대한 의견
2004	최고위 법관의 임명과 관련한 헌법 제125조 및 제136조의 해석에 대한 의견
2007	입법, 도시계획, 무허가건물의 통합에 관한 법에 대한 의견
2007	선거법 개정에 대한 의견
2007	종교의 자유, 종교조직, 종교상호간 관계에 관한 법안에 대한 의견
2008	헌법개정안에 대한 의견
2009	선거법에 대한 의견
2009	헌법개정안의 폐지를 위한 국민투표의 허용가능성에 대한 의견
2009	행정부 고위공무원과 선출직 공무원의 청렴성에 관한 법률에 대한 의견
2011	선거법과 선거실무에 대한 의견
2014	형사소송법과 민사소송법의 개정안에 대한 의견
2015	사법부와 관련한 헌법개정안에 대한 잠정의견
2016	사법부와 관련한 헌법개정안에 대한 최종의견

위의 알바니아의 사례에서 볼 수 있듯이 베니스위원회의 지원은 헌법적인 내용이 주류를 이루고 있음을 볼 수 있다. 그런데 역사적인 이유 등으로 유럽의 헌법전통에 속하지 않았던 국가들에게 지원을 할 경우에는 여러 가지 문제가 발생할 수 있다. 베니스위원회는 이러한 새로운 문제들을 적극적으로 대처하는 것이 중요하다는 지적이 이루어지고 있다.[31)]

3. 법치주의 체크리스트

베니스위원회에서 2016년 발표한 법치주의 체크리스트의 내용을 보면 1) 합법성(Legality), 2) 법적인 명확성(Legal certainty), 3) 권력남용(오용)금지[Prevention of abuse(misuse) of powers], 4) 법 앞에의 평등과 무차별(Equality before the law and non-discrimination), 5) 사법에의 접근(Access to justice) 등 크게 5가지로 구성된다. 이 중에서 합법성 부분의 체크리스트를 살펴보면 다음과 같다.

30) http://www.venice.coe.int/webforms/documents/?country=34&year=all.
31) Bartole, Sergio, 앞의 글, p. 6 참조.

(1) 법의 우위(Supremacy of law)

법의 우위가 인정되어야 한다. 이는 ① 성문의 헌법이 존재하는지, ② 법률이 헌법에의 합치가 보장되는지, ③ 헌법적 요청이 있는 경우 지연되지 않고 법률이 채택되는지, ④ 행정부의 행위가 헌법과 다른 법률들에 합치되는지, ⑤ 입법적 요청이 있는 경우 지연되지 않고 행정입법이 채택되는지, ⑥ 행정청의 행위 및 결정이 법률에 합치되는지 여부를 심사하는 효율적인 행정소송제도가 존재하는지, ⑦ 행정소송제도가 독립위원회나 공무를 수행하는 사인에게도 적용되는지, ⑧ 사인에 의한 개별적인 인권에 대한 침해로부터 효율적인 법적 보호가 보장되는지 여부 등을 기준으로 판단한다.[32)]

(2) 법에의 합치(Compliance with the law)

행정청은 법에 따라 행정작용을 해야 한다. 이는 ① 행정청의 권한이 법에 의해 정해져 있는지, ② 서로 다른 행정청간에 권한의 분배가 명확하게 되어 있는지, ③ 행정청이 준수해야 하는 절차가 법에 의해 정립되어 있는지, ④ 법적인 근거를 가지지 않고 행정청이 행정작용을 할 수 있는지, 이것이 정당화될 수 있는 경우인지, ⑤ 집행을 보장하고, 인권을 효율적으로 보호하는 것을 통해서 행정청이 자신의 실정법상 의무를 준수하는지, ⑥ 사인에게 행정권한이 위탁된 경우 동등한 수준의 보장이 법에 의해서 이루어지는지 여부 등을 기준으로 판단한다.[33)]

(3) 국제법과 국내법의 관계(Relationship between international law and domestic law)

국내법은 국제법상 의무를 국가가 준수하도록 보장해야 한다. 이는 ① 국제적인 법원의 구속력 있는 판결을 포함하여 인권법의 준수를 국내법이 보장하는지, ② 이러한 의무들을 국내법으로 전환하는 명확한 규칙이 존재하는지 여부 등을 기준으로 판단한다.[34)]

(4) 행정부의 입법기능(Law-making powers of the executive)

법률의 우위가 보장되어야 한다. 이는 ① 헌법으로 정한 예외를 제외하고, 법률 또는 법률의 위임에 따른 행정입법에 법률우위와 관련한 일반적이고 추상적인 규칙을 두고 있는지, ② 이러한 예외가 무엇인지, 이들 예외가 시간적으로 제한되어 있는지, 이들 예외는 의회와 사법부에 의해서 통제가 되는지, 남용에 대한 효율적인 구제수단이 존재하는지, ③ 입법권이 의회로부터 행정부에게 위임된 경우에, 법률에 그 목적, 내용, 위임된 내용이 명확하게 정의되어 있는지 등을 기준으로 판단한다.[35)]

---

32) European Commission for Democracy through Law, Rule of Law Checklist, 2016, p. 11 참조.
33) *Ibid.*
34) European Commission for Democracy through Law, Rule of Law Checklist, p. 12 참조.
35) *Ibid.*

(5) 입법절차(Law-making procedures)

입법절차가 투명하고, 책임성이 있고, 포용적이고, 민주적이어야 한다. 이는 ① 입법절차에 대한 분명한 헌법적 규칙이 존재하는지, ② 법의 내용을 결정함에 있어서 의회의 우위가 인정되는지, ③ 제안된 법률이 공적으로 토론되고, 적절하게 정당화되는지(예를 들어 설명보고서 등을 통해), ④ 국민이 입법안에 대해서 최소한 의회에 제출된 시점에서 접근이 가능한지, 국민이 의견을 제시할 수 있는 의미 있는 기회가 존재하는지, ⑤ 적절한 경우에 입법이 이루어지기 전에 영향분석이 이루어지는지(예를 들어 인권에의 영향과 예산적인 영향), ⑥ 국제조약의 법안작성, 승인, 편입, 시행에 의회가 참여하는지 여부 등을 기준으로 판단한다.[36)]

(6) 비상상황에서의 예외(Exceptions in emergency situations)

비상상황에서의 예외는 법에 정해져야 한다. 이는 ① 비상상황에 적용되는 구체적인 국내법규정이 존재하는지(전쟁 또는 국가의 안위를 위협하는 비상상황 등), 국내법상 이러한 상황에서 인권규정을 벗어나는 것이 가능한지, 이러한 예외가 인정되기 위한 상황과 기준은 무엇인지, ② 국내법에서 비상상황에서 불구하고 일정한 권리로부터 벗어나는 것을 금지하고 있는지, 이러한 예외규정이 상황에 따라 엄격하게 제한된 범위 내에서만 허용되고, 기간, 상황, 범위 면에서 비례원칙에 부합하는지, ③ 행정부가 비상시 일반적인 권한분배로부터 벗어날 수 있는 가능성이 기간, 상황, 범위 면에서 제한되어 있는지, ④ 비상상황을 결정하는 절차는 무엇인지, 비상상황의 존재와 기간, 그리고 예외인정의 범위에 대해서 의회의 통제가 존재하는지 여부 등을 기준으로 판단한다.[37)]

(7) 법을 적용할 의무(Duty to implement the law)

행정청이 효율적으로 법을 집행하는 것을 보장하기 위해서 일정한 조치가 취해져야 한다. 이는 ① 법이 시행된 전후로 법집행의 장애물이 분석되는지, ② 법의 집행이 이루어지지 않는 것에 대해서 효율적인 구제수단이 존재하는지, ③ 위법행위에 대해서 분명하고도 구체적인 제재에 대해서 법이 정하고 있는지, ④ 이러한 제재를 시행하기 위해서 행정청에 의하여 견고하고도 일관된 법집행시스템이 존재하는지, ⑤ 이러한 제재가 일관되게 적용되는지 등을 기준으로 판단한다.[38)]

(8) 공적 임무를 담당하는 사인(Private actors in charge of public tasks)

국가가 아닌 사인이 전통적으로 공적인 성격의 임무를 전적으로 또는 일부 담당하고 있고 이러한 사인의 행위 또는 결정이 행정청의 행위와 동일하게 영향을 미치는 경우, 이러한

36) European Commission for Democracy through Law, Rule of Law Checklist, p. 13 참조.
37) *Ibid.*
38) European Commission for Democracy through Law, Rule of Law Checklist, p. 14 참조.

행위 또는 결정이 법치주의의 적용을 받도록 하고, 행정청과 마찬가지로 책임성을 갖도록 법에서 보장해야 한다.[39]

Ⅳ. 유럽사례가 북한의 법치주의 전환에 주는 시사점

1. 개 관

EU 회원국 가입조건이 북한에 주는 시사점에 대해서는 다음과 같은 견해가 있다. EU 가입조건에서 제시하고 있는 민주주의, 법치주의, 그리고 시장경제체제라는 정치적 및 경제적 기준을 현재로서는 북한에 그대로 적용하기는 힘들지만, 통일의 과정으로서 남북평화경제공동체의 설립을 전제로 적용가능한 법질서를 모색해볼 수는 있다는 것이다. 이를 위해서 1) 남북평화경제공동체에 적용되는 법의 존재형식의 문제, 2) 남북공동체법과 남한과 북한 국내법간의 우위와 충돌의 문제, 3) 남북사법재판소의 역할문제, 4) 남북공동기구들간 권한의 배분 원칙문제 등이 해결되어야 한다는 것이다.[40]

위와 같은 견해는 남북통일의 맥락에서 제시된 것으로 의미가 있다고 할 수 있다. 다만 남북평화경제공동체의 설립이 단기간에 가능할 것으로 예상되지 않는 상황에서는 다음과 같은 시사점을 현실적으로 얻을 수 있다. 무엇보다 북한의 법치주의 전환을 이루기 위해서는 무엇보다 EU가입에서 볼 수 있듯이 '동기부여'가 무엇보다 중요하다고 할 수 있다는 점이다. 즉, 북한 스스로가 법치주의 전환을 통해 경제발전을 이루어내야겠다는 동기를 갖도록 만드는 것이 중요하다. 북한은 EU가입과는 직접적으로 관계가 없지만 AIIB가입에는 많은 관심을 가지고 있는 것으로 알려져 있다. EU가입과 유사한 법치주의 정착요건을 AIIB가입에 부과할 경우 법치주의 전환을 위한 일정한 동기부여가 될 가능성이 존재한다.

베니스위원회에서 다양한 헌법분야의 자문을 실시하고 있는 것도 시사점이 크다. 우리나라도 베니스위원회의 회원으로 가입되어 있는 상태이기 때문에 향후 베니스위원회를 통해 북한헌법에 간접적으로 자문을 할 수 있는 기회를 제공받을 수 있다. 그리고 베니스위원회에서 수립한 바 있는 다양한 법치주의 지표들을 통해 북한의 법치주의 현황을 면밀하게 분석하고 이를 토대로 개선점을 찾아내는 것도 필요하다고 할 수 있다.

다음으로 베니스위원회에서 수립한 '법치주의 체크리스트'를 토대로 북한의 법치주의 현황을 평가해보고 이를 토대로 북한의 법치주의 강화를 위한 구체적인 방향을 모색해보는 것도 필요하다. 물론 이러한 북한의 법치주의 현황에 대한 정확한 평가는 북측의 적극적인 정

39) *Ibid.*

40) 채형복, "EU통합의 남북한 통일정책에 대한 시사점-사법제도를 중심으로-", 법학논총 제28집, 2008, pp. 549-552 참조.

보제공이 없이는 곤란할 것으로 예상된다. 이러한 북한의 정보제공은 신뢰할 수 있는 협력대상자(예를 들어 중국)와의 관계에서 중장기적으로 가능할 것으로 보인다.

이하에서는 위와 같은 유럽사례로부터의 시사점을 좀 더 구체화할 수 있는 방안들을 제시해보도록 한다.

2. 북한의 법치주의 전환 동기부여방안

국제사회가 아무리 북한의 법치주의 전환을 강조한다고 하더라도 정작 북한이 이를 실시할 동기를 갖지 못한다면 큰 의미가 없다고 할 수 있다. 따라서 가장 중요한 과제는 북한이 법치주의 전환을 하도록 어떤 방식으로 동기부여를 할 것인가 하는 점이다. 이와 관련해서는 경제분야와 비경제분야(정치, 인권분야 등) 크게 두 가지를 나누어서 볼 필요가 있다.

동유럽국가들의 경우 EU 가입이라고 하는 목표가 법치주의 전환의 주요한 동기가 된 것을 볼 수 있다. 중국의 경우 국제무역기구(World Trade Organization: WTO) 가입이 법치주의의 전환의 주요한 동기가 되었다. 결국 이러한 법치주의 전환의 배경에는 경제적인 동기가 있었음을 볼 수 있다. 북한의 경우 EU 가입과는 무관하고, WTO 가입도 단기간에 기대하기는 힘든 상황인 것으로 보인다. 2005년 7월 경 북한이 평양을 방문한 유럽의회 대표단에게 북한이 옵서버(observer) 자격으로 WTO에 가입하고자 한다고 언급한 것을 볼 때 북한에게 WTO 가입의사는 분명히 있는 것으로 보인다. 그러나 북한은 미국의 반대로 인해 WTO 옵서버 자격도 얻지 못하고 있는데, 북한이 WTO 관련문헌에서 국제기구로서의 WTO의 구조 및 기능과 법제도로서의 WTO 협정 및 판례법에 대한 언급보다는 미국에 대한 강도 높은 비난에 더욱 중점을 두고 있는 것도 이 때문인 것으로 보인다는 분석이 있다.[41)]

그러나 WTO 가입은 아니라고 하더라도 경제개발의 동기는 여전히 북한이 강력하게 가지고 있는 것으로 볼 수 있다. 2015년에 북한이 아시아인프라투자은행(Asia Infrastructure Investment Bank: AIIB)에 가입하려고 시도를 한 사실이나, 경제특구를 제한적 범위 내에서 지속적으로 운영하고 있는 사실이 그것을 보여준다. 따라서 북한의 법치주의 전환을 법치주의의 보편성이라는 관점에서만 접근하는 것은 한계가 있으며 북한의 경제적인 동기와 맞물려서 추구하는 것이 현실적이라고 할 수 있겠다.

그리고 기존에 비경제분야의 변화를 이끌어냈던 사례들을 적극적으로 활용해볼 필요가 있다. 예를 들어 북한은 자신의 제도나 체제를 조금이라도 건드리는 것을 용납하지 않겠다고 대외적으로 강조하였음에도 불구하고 2004년에 형법과 형사소송법을 개정한 바 있다. 개정 형사소송법에는 구금기간 단축, 기소 및 재판을 위한 구류기간과 체포영장제도의 명시, 강압이나 유도에 의한 진술의 증거채택 금지 등 기존에 없었던 인권보장을 위한 규정이 도입되

---

41) 주진열, “국제경제법에 대한 북한의 인식”, 서울국제법연구 제17권 제1호, 2010, p. 107 참조.

었다. 이처럼 인권보장과 관련한 수정은 외부세계와의 '선택적 협조'의 결과라고 평가하면서, 이는 EU가 확산시키고자하는 보편적 인권 규범이 UN과 같은 국제사회의 다자적 틀 속에 계승되고 이를 통해 북한의 형사소송법 개정으로 이어졌다는 분석이 있다.[42)]

이러한 과거경험을 보면 비경제적인 분야라고 해서 북한의 변화가 완전히 불가능하다고 볼 것은 아니다. 다만 정치나 인권과 관련한 비경제적 분야의 경우에는 신뢰할 수 있는 협력파트너가 중요하다고 할 수 있으며, 이러한 맥락에서 위 형법이나 형사소송법 개정 사례에서 EU의 역할이 컸다는 점을 주목해볼 필요가 있다.

다음으로 또한 경제적 분야, 비경제적 분야의 구별과 무관하게 '연한 법치주의'와 관련된 법의 명확성, 예측가능성 등의 분야는 법제정법의 제정에서 알 수 있듯이 북한이 관심을 보이고 있는 분야라고 할 수 있다.[43)] 다만 북한은 이 분야는 스스로의 역량으로 충분히 체계화가 가능하다고 주장할지 모르나, 실제로 북한의 법현실에서는 법현실과 법규범의 괴리 문제가 심각하다는 점이 지적되고 있어서 '연한 법치주의'의 측면에서 보더라도 아직 개선의 여지는 많이 남아 있는 것으로 보아야 한다. 따라서 '연한 법치주의'와 관련한 분야들의 개혁을 지속적으로 자극하는 것도 필요하다.

이러한 북한의 법치주의 전환을 추진할 수 있는 방식으로는 크게 2가지를 생각해볼 수 있다. 경제특구 등을 통해서 양자간 협력방식으로 추진하는 방안과 국제기구 등을 통해 다자간 방식으로 추진하는 방안이 그것이다. 이는 이어서 살펴보도록 한다.

3. 법치주의 전환의 지원방식 - 양자간 협력방식

(1) 중국과 러시아

우선 양자간 협력과 관련해서는 북한이 우호적인 관계를 유지하고 있는 중국, 러시아, EU 등이 중심이 된 국제협력이 보다 적극적으로 추진될 필요가 있다는 지적이 있다.[44)] 개성공단이 운영되던 시절에는 남과 북의 협력을 통한 북한의 법치주의 지원이 일부 가능했으나 현재 그러한 길이 차단된 상태에서는 중국, 러시아, EU 등을 통해 간접적인 방식으로 북한의 법치주의 전환을 지원하는 방안을 모색해볼 필요가 있다.

경제특구는 북한의 다른 지역과 차단되어 있고, 또한 일반법제와는 다른 법규범이 적용되

---

42) 이무성, "북한인권 함양을 위한 방법론의 실효성과 한계성: EU규범과 현실정치의 양면성", 통일연구원, 북한인권이해의 새로운 지평, 2012, pp. 140-145 참조.

43) 북한에는 법규범의 제정과 관련한 대체적인 규정들이 있었지만 그 절차를 명확하게 규정하는 절차법은 없었는데, 북한의 문헌에 따르면 북한은 2012년 12월 19일 「법제정법」을 새로 제정하고 2013년 7월 1일부터 이 법을 시행한 것으로 보인다. 리경철, "법제정법을 제정하는 것은 현시기 법제정 사업을 개선하기 위한 중요한 방도", 정치법률연구 2013년 2호, 손희두, 앞의 글, p. 57에서 재인용.

44) 맹준호, "국제사회의 북한개발지원 동향과 정책과제", 한국수출입은행 북한개발연구센터 편, 「북한개발과 국제협력」, 오름, 2014, p. 43 참조.

고 있기 때문에 북한으로서는 법제를 조심스럽게 시험하고 교류하기에는 가장 최적의 장소라고 할 수 있다.[45] 특히 중국과 러시아는 황금평 지역이나 라진 지역에서의 경제특구활동을 통해 북한과 지속적인 경제교류를 실시하고 있다. 따라서 중국과 러시아가 경제특구에서의 관련법제 개혁을 통해 북한에 영향을 미칠 수 있는 가능성이 충분히 존재한다.

(2) EU

EU의 경우에도 현재는 북핵문제 등으로 인해 양자간 협력이 많이 제한되어 있는 상태이기는 하지만, 향후 북핵문제 등이 전향적으로 해결될 경우 북한이 특히 인권분야 등 비경제적 분야에 있어서 EU와 협력할 가능성이 가장 높다고 볼 수 있다. 현재도 EU의 대다수 국가들이 북한과 수교를 체결하고 있고, 민간단체들을 통해서 지속적으로 교류가 이루어지고 있는 점도 이러한 예상의 근거가 된다. 그리고 무엇보다 EU는 동유럽국가들의 체제전환 지원경험을 풍부하게 가지고 있어서 이러한 협력을 성공적으로 이끌어낼 수 있는 역량을 갖추고 있다는 점도 장점이다.

(3) 남측의 역할

위와 같이 중국, 러시아, EU 등이 북한의 법치주의 전환을 양자간 협력을 통해 지원할 경우 보다 실효적인 협력이 이루어지기 위해서는 북한의 법에 대한 이해가 무엇보다 필요하다고 할 수 있다. 물론 양자간 협력과정에서 이에 대한 정보공유가 이루어지기는 하겠지만, 북한을 제외하고 북한법에 대한 연구성과가 세계적으로 가장 많이 축적되어 있는 남측의 북한법 연구성과를 이들 국가들에게 제공함으로써 이러한 양자간 협력이 성공적으로 이루어지도록 돕는 것이 필요할 것이다.

이러한 맥락에서 2008년부터 시작된 한국고등교육재단이 중국 연변대학교와 함께 두만강을 중심으로 한 동북아지역의 발전 방안을 모색하는 학술포럼인 '두만강 포럼'은 주목할 만한 가치가 있다. 중국의 연변자치주는 지속가능한 발전을 두만간 개발을 통해 이룩하려 하고 있으며 두만강 포럼은 이러한 계획을 진행하기 위한 촉매역할을 하고 있다.[46] 그리고 이 학술포럼에서는 남측의 북한법연구성과가 발표되고 있으며,[47] 북측의 학자들도 참여를 하고 있다. 두만강포럼에 북측의 학자들이 더 적극적으로 참여할 수 있도록 노력하고, 이를 통해 북측의 학자들이 법치주의에 대한 인식을 제고할 수 있는 기회를 소중한 기회로 삼을 필요가 있다.

---

45) 손희두, 앞의 글, pp. 149-150 참조.

46) 두만강 포럼에 대한 소개로 이창규, "2013 두만강 포럼 아젠다", KHU 글로벌 기업법무 리뷰 제6권 제2호, 2013 참조.

47) 예를 들어 2015년의 제8호 두만강포럼에서는 이효원, "라선경제무역지대법의 특징과 개선과제-경제개발구법과 비교를 중심으로", 서울대학교 법학 제56권 제4호, 2015가 발표된 바 있다.

4. 법치주의 전환의 지원방식 - 다자간 협력방식

(1) 유럽부흥개발은행(EBRD)

국제기구를 통한 다자간 협력방식도 적극적으로 모색해볼 필요가 있다. 이와 관련해서 주목해볼 국제기구로는 유럽부흥개발은행(European Bank for Reconstruction and Development: EBRD)과 아시아인프라투자은행(Asia Infrastructure Investment Bank: AIIB)이다. 우선 북한의 체제전환을 지원하는 기구로서 EBRD가 다음과 같은 점에서 중요하다는 점이 지적되고 있다. 첫째, EBRD는 구사회주의 국가들이 시장화와 민주화를 기반으로 한 체제전환을 선택하는 경우 어떤 정책에 주안점을 두어야 하는지와 어떻게 지원하는지를 잘 파악하고 있다. 또한 체제전환과정에서 개혁성과를 평가할 수 있는 구체적인 시스템을 구축하고 있다. 이러한 점들로 인해 EBRD가 북한의 체제전환을 지원할 수 있는 가장 적절한 기관이 될 수 있다는 것이다.[48)]

둘째, EBRD가 핵문제 해결에도 가장 적절한 전문성과 지원체제를 갖추고 있다는 점이다. 북한이 핵발전소를 포기할 경우 이를 안전하게 처리하고 대체할 수 있는 대체 에너지 공급을 위한 발전소를 건설할 수 있도록 지원할 수 있다는 점이다.[49)]

셋째, 남북한이 통일되는 경우 EBRD는 금융지원을 받을 수 있는 유일한 국제금융기구가 된다는 점이다. 남북한이 통일될 경우 북한의 1인당 GDP는 국제사회에서 규정하고 있는 빈곤국 수준을 넘어서게 될 것으로 예상되지만, EBRD는 빈곤국 여부가 지원기준이 아니기 때문에 북한지역의 체제전환을 지원할 수 있다는 점이다.[50)]

다만 EBRD의 지원은 북한이 체제전환을 확실하게 선택한 경우에만 가능하다는 점에서는 한계가 존재한다. 물론 북한이 본격적인 체제전환에 나거기 전이라도 잠재수원국의 지위를 인정받아서 지원도 받고 체제전환을 준비하는 것도 가능하지만 이것 역시 종국적으로 체제전환에 나선다는 것을 상정해야 한다.[51)]

(2) 아시아인프라투자은행(AIIB)

다음으로 중국이 주도하고 있는 AIIB의 경우에도 북한의 법치주의전환에 주요한 역할을 할 수 있다. 남북한 종단 철도의 건설과 같은 한반도 개발 프로젝트가 AIIB 시범사업으로 채택되어 추진되기 위해서는 북한의 AIIB 가입이 매우 중요한 전제조건이 된다. 북한은 AIIB에 가입하려고 했으나 중국의 거부로 무산된 것으로 보인다. 북한이 2015년 2월 특사를

48) 윤덕룡, “EBRD의 체제전환 지원과 대북지원 시사점”, 한국수출입은행 북한개발연구센터 편, 「북한개발과 국제협력」, 오름, 2014, p. 190 참조.
49) 윤덕룡, 앞의 글, p. 191 참조.
50) 윤덕룡, 앞의 글, p. 191 참조.
51) 윤덕룡, 앞의 글, p. 193 참조.

보내 진리퀀 AIIB 임시사무국 국장에게 AIIB 가입의사를 전달했지만 가입불가통보를 받았다는 것이다. 그 이유는 북한의 금융·경제체제가 국제기구에 참여할 수준에 미치지 못해 가입이 거부되었으며 북한은 이 같은 중국의 가입거부에 충격을 받는 것으로 전해지고 있다. 북한이 유엔 안전보장이사회 결의를 위반하는 등 국제 안보체제에 걸림돌이 되는 상황에서 중국이 주도하는 기구라도 북한의 요청을 쉽게 받아들일 수 없을 것으로 분석된다.[52)]

이와 같이 현재로서는 AIIB를 통한 북한의 경제개발지원, 그리고 이에 부수되는 법치주의 전환지원이 불가능한 상태로 보이나, AIIB를 북한과 가까운 중국이 주도하고 있다는 점, 중국이 WTO 가입과정에서 풍부한 법치주의 전환경험을 보유하고 있다는 점에서 그 어느 국제기구보다 향후 북한의 법치주의 전환에 중요한 역할을 담당할 가능성이 존재한다.

(3) 남측의 역할

남측도 AIIB의 초대회원으로 가입되어 있고 많은 분담금을 제공한 점을 고려하면 AIIB를 통해 간접적으로 북한의 법치주의 전환을 지원하는 것을 준비할 필요가 있다. 세계은행 등 기존의 국제기구들의 경험을 토대로 볼 때 AIIB가 북한의 법치주의전환을 지원하게 될 경우 북한의 법제도와 법치주의 현황에 대한 다양한 리서치가 필요하게 될 것으로 예상된다. 남측의 전문가들이 북한에 대한 이해와 관련 분야에 대한 국제적인 동향에 대한 이해를 동시에 갖추고 있어서 AIIB에 파견근무를 하면서 이러한 리서치를 담당하는 데에 중요한 역할을 담당할 수 있다. 이러한 남측전문가들의 역할은 EBRD에서도 충분히 발휘될 수 있을 것이다.

5. 법치주의 전환의 지원내용

(1) 입법 및 법령관리시스템 지원사업

북한법령의 실질적, 형식적 발전을 지속적으로 추진할 수 있도록 하는 방안이 다음과 같이 제시되고 있다. 1차적으로 북한측의 입법 및 법령정보와 우리나라 국회와 법제처가 수행하고 있는 법령제정절차 및 입법기술, 법제처와 법령관리원의 법령집 발간시스템과 법령 DB 시스템, 법령입안시스템, 한국법제연구원의 법령영역, 영문법령집 발간 및 DB시스템, 법령용어 정비 및 법령정보시소러스 등에 대한 자료와 정보를 상호간에 교류하는 작업이 필요하다는 것이다. 2차적으로는 법령을 수집, 입법, 관리하는 데 대한 기술적인 지식과 시스템의 교류, 그리고 북한측 입법 및 법령관리시스템 개선을 직접 지원하는 사업을 추진해볼 수 있다는 것이다.[53)]

위와 같은 북한의 입법 및 법령관리시스템 지원사업은 다음과 같은 맥락에서 우선추진을

---

52) 고정식, "아시아인프라투자은행(AIIB)과 한반도 개발 프로젝트", 한국동북아경제학회 제27권 제3호, 2015, p. 10 참조.

53) 손희두, 「북한 법이념의 변화와 남북한 법제협력」, 한국법제연구원, 2014, pp. 147-148 참조.

해볼 필요성이 있다. 북한이 내세우는 '사회주의 법치주의'라는 개념, 그리고 이에 입각한 최근의 「법제정법」의 제정 등을 보면 그 내용이 상당부분 '연한 법치주의' 또는 형식적 법치주의 겹치는 부분이 존재한다. 그리고 이러한 부분은 경제체제의 전환을 반드시 전제로 하지 않더라도 북한이 수용가능한 부분이다. 이처럼 단기적으로 최소주의에 입각한 법치주의 정착을 북한에 권유하는 것이 필요하다. 다음으로 북한의 수용가능성이 높은 각종 경제특구관련 법제도의 정비도 우선적인 지원대상으로 삼아볼 수 있다.

(2) 인적 개발 사업

다음으로 북한측이 가능한 한 국제협력에 거부감을 갖지 않으면서도 협력의 효율성을 제고시키기 위해서는 수혜성 협력의 추진 시에 인적 자원의 개발과 관련한 사업을 우선적으로 추진하는 것이 필요하다는 견해가 제시되고 있는데,[54] 위와 같은 우선지원분야에서 인적 자원의 교류를 실시해보는 것도 필요하다. 이를 위해서 중국이나 EU의 지원을 우리나라가 국제기구 등을 통해 간접적으로 재정지원하는 방안도 모색해볼 수 있다.

특히 북한의 전문가들이 국제적인 동향을 계속적으로 접할 수 있는 기회를 갖도록 하는 것은 매우 중요하다고 할 수 있다. 독일의 한스 자이델(Hans Seidel) 재단이 북한의 전문가들이 국제학술대회에 참여할 수 있는 기회를 제공하고 있는 것은 매우 중요한 사업이라고 할 수 있다. 이러한 사업이 법률분야에까지 확장되고 이러한 국제학술대회에 남측의 학자들과 북측의 학자들이 함께 참여하여 지속적으로 대화를 나눌 수 있는 기회를 갖는 것이 필요하다.

V. 결　어

이상에서 북한의 법치주의 전환을 위해서 유럽에서의 법치주의 전환사례를 집중적으로 살펴보고 이를 통해 시사점을 도출해보고자 하였다. EU에서는 회원국을 확장하는 정책을 추진하는 과정에서 일정한 회원국 가입조건을 충족시키도록 하고 있는데, 그 중에 중요한 조건이 일정한 수준의 법치주의를 확보하도록 하고 있다. 또한 베니스위원회에서는 법치주의 체크리스트를 기반으로 법치주의 정착을 위해 노력하고 있다.

이와 같은 유럽사례를 통해 북한의 법치주의 전환에 다음과 같은 시사점을 발견할 수 있다. 우선 북한의 법치주의 전환을 법치주의의 보편성이라는 관점에서만 접근하는 것은 한계가 있으며 북한의 경제적인 동기와 맞물려서 추구하는 것이 현실적이라고 할 수 있겠다. 예를 들어 북한의 아시아인프라투자은행(AIIB)의 가입조건으로 일정한 수준의 법치주의 전환을

54) 맹준호, "국제사회의 북한개발지원 동향과 정책과제", 한국수출입은행 북한개발연구센터 편, 「북한개발과 국제협력」, 오름, 2014, p. 43 참조.

요구하는 것이 하나의 방안이 될 수 있다. 또한 법체계가 효율적으로 작동하기 위해서 최소한으로 갖추어야 특질들을 중시하는 '연한 법치주의'의 개념으로부터 출발함으로써 북한의 법치주의 전환에 대한 수용성을 높일 필요가 있다.

양자간 협력과 관련해서는 북한이 우호적인 관계를 유지하고 있는 중국, 러시아, EU 등이 중심이 된 국제협력이 보다 적극적으로 추진될 필요가 있다. 개성공단이 운영되던 시절에는 남과 북의 협력을 통한 북한의 법치주의 지원이 일부 가능했으나 현재 그러한 길이 차단된 상태에서는 중국, 러시아, EU 등을 통해 간접적인 방식으로 북한의 법치주의 전환을 지원하는 방안을 모색해볼 필요가 있다. EU의 경우에도 현재는 북핵문제 등으로 인해 양자간 협력이 많이 제한되어 있는 상태이기는 하지만, 향후 북핵문제 등이 전향적으로 해결될 경우 북한이 특히 인권부분에 있어서 EU와 협력할 가능성이 가장 높다고 볼 수 있다. 무엇보다 EU는 동유럽국가들의 체제전환 지원경험을 풍부하게 가지고 있어서 이러한 협력을 성공적으로 이끌어낼 수 있는 역량을 갖추고 있다는 점도 장점이다.

국제기구를 통한 다자간 협력방식도 적극적으로 모색해볼 필요가 있다. 이와 관련해서 주목해볼 국제기구로는 유럽부흥개발은행(EBRD)과 아시아인프라투자은행(AIIB)이다. EBRD는 구사회주의 국가들이 시장화와 민주화를 기반으로 한 체제전환을 선택하는 경우 어떤 정책에 주안점을 두어야 하는지와 어떻게 지원하는지를 잘 파악하고 있다는 점, 핵문제 해결에도 가장 적절한 전문성과 지원체제를 갖추고 있다는 점에서 장점을 갖는다. 다음으로 중국이 주도하고 있는 AIIB의 경우에도 북한의 법치주의전환에 주요한 역할을 할 수 있다. 남측도 AIIB의 초대회원으로 가입되어 있고 많은 분담금을 제공한 점을 고려하면 AIIB를 통해 간접적으로 북한의 법치주의 전환을 지원하는 것을 준비할 필요가 있다.

북한에서의 법치주의 전환은 일시적으로 이루어질 수 있는 것은 아니며 오랜 과정을 거쳐야 하는 과제로 보아야 할 것이다. 우리나라의 경우에도 법치주의는 여러 단계를 거쳐서 발전해온 것을 볼 수 있는데,[55] 일정한 체제전환까지 요구되는 북한의 경우에는 더욱 지난한 과정으로 보아야 할 것이다. 이러한 맥락에서 북한의 법치주의 전환에 대해서 지나치게 낙관적인 생각을 가지는 것은 곤란하다. 그러나 한반도에 새로운 평화의 움직임이 나타나고 있는 현 상황에서 북한의 법치주의 전환에 대한 희망을 놓지 않고 장기적인 관점에서 지속적인 노력을 기울여야 할 것이다.

---

55) 우리나라에서 법치주의의 핵심요소를 이루는 행정법도 여러 단계를 통해서 발전해왔다는 견해가 제시되고 있다. 비교법 중시(1단계) → 판례 중시(2단계) → 헌법과 행정법의 통합(3단계) → 종합적인 행정과학 지향(4단계) 순으로 우리나라 행정법이 발전해왔다는 견해를 제시하고 있는 문헌으로 박정훈, "한국 행정법학 방법론의 형성·발전·전개", 공법연구 제44집 제2호, 2015 참조.

35. 초국가적 수준의 헌법 담론* – 영국의 유럽연합 탈퇴(Brexit)를 소재로

김 용 훈**

Ⅰ. 서　　설

2016년 6월 23일에 실시된 국민투표를 통하여 영국은 유럽연합과의 결별을 선언하였다. 물론 이후 영국 의회의 최종적인 결정 등 형식적인 사후 절차가 남아 있는 것이 사실이지만 국민투표의 결과인 유럽연합에서의 탈퇴라는 국민적 결단을 뒤엎을 것으로 보이지는 않는다.[1)] 자신만의 헌법 제정 시도가 좌절되는 등 통합에 있어서의 여러 번의 난관에도 불구하고 국제사회에서의 독특한 행위자로서 자신의 통합을 꾸준히 도모하고 있었던 유럽연합으로서는 영국의 탈퇴가 다소 충격적인 것이 사실이다. 하지만 여전히 연방국가라고 볼 수 없는 유럽연합의 회원국은 자신의 주권을 온전하게 보유·행사하고 있다는 점에서 그리고 리스본 조약에서 회원국의 탈퇴 규정을 도입했다는 점에서 회원국 탈퇴의 가능성이 완전히 봉쇄되어 있었던 것은 아니다. 이에 대하여 유럽연합은 발빠른 대처를 하고 있는 것으로 보인다. 영국과의 탈퇴를 위한 협의를 하는 데에 있어 주도권을 잡기 위한 노력을 경주하고 있을 뿐만 아니라 영국에 대하여 선을 긋는 명확한 입장을 표명하고 있기 때문이다. 영국의 탈퇴로 말미암아 유럽연합의 와해 가능성을 점치는 혹자도 없는 것은 아니지만 유럽연합과 통합을 주도한 주요국들은 이번에도 통합의 진전을 위한 돌파구를 찾으려고 안간힘을 쓸 것으로 보인다. 통합을 위하여 줄곧 유럽연합이 집중을 했던 것은 주지하다시피 유럽연합법을 통한 통합의 추진력 확보였다. 급기야 유럽연합은 자신만의 헌법 제정을 시도하였다는 것은 주지의 사실이기도 하다.[2)] 그런데 영국의 탈퇴는 통합을 이어오던 유럽연합에게 적지 않은 충격을 주고 있지만 유럽연합은 이를 담담히 받아들이고 이성적으로 대비를 하고 있는 것으로 보인다. 즉 유럽연합은 통합의 동력을 지속적으로 확보하기 위하여 이번에도 자신의 법질서 정비를 위한 노력을 경주할 것으로 보인다. 하지만 그간 초국가적 수준에서 헌법을 보유하였다는

---

* 본 논문은 김용훈, "영국의 유럽연합 탈퇴와 유럽연합법질서의 국내법적 위상", 유럽헌법연구 제24호, 2017.8에 현재의 상황을 반영하고 나아가 논문집의 취지에 맞추어 수정·보완한 것이다.

** 상명대학교 공공인재학부 부교수, 법학박사

1) 2018년 1월 17일 영국의 유럽연합(EU) 탈퇴를 위한 법제정비 법안인 'EU탈퇴법안'이 영국 하원에서 통과되었다. 영국 하원은 정부가 제출한 'EU탈퇴법안'을 찬성 324표(반대 295표)로 가결한 것이다. 아직까지 영국의 유럽연합 탈퇴 수순은 예정대로 진행되고 있는 것으로 보인다. 연합뉴스 2018년 1월 18일 기사. 이는 다음의 사이트에서 확인 가능하다(2018년 4월 14일 방문). http://www.yonhapnews.co.kr/bulletin/2018/01/18/0200000000AKR20180118187400085.HTML

2) 당해 헌법 보유 시도는 당시 프랑스와 네덜란드가 비준을 거부함으로써 실패로 돌아갔다. 박인수, "EU 헌법의 주요 내용과 특징", 유럽헌법연구 Ⅰ, 영남대학교 출판부, 2006, 2면.

평가를 받았던 유럽연합으로서는[3] 영국의 탈퇴가 작지 않은 부담임이 틀림없다. 특히 향후 영국의 유럽연합 탈퇴는 유럽연합법 질서의 성쇠와 관련한 주요한 시험대가 될 것이라는 점에서 초국가적 헌법 담론에 대한 주요한 소재 역시 될 수 있을 것이다. 따라서 영국의 유럽에서의 위상 및 입장에 대한 고찰 및 영국 탈퇴 이후 유럽연합법 질서의 위상과 관련한 전망을 통한 유럽연합의 향후 정체성에 대한 논의는 초국가적 헌법과 관련한 전망을 가늠해볼 수 있는 주요한 동기를 제공해 줄 것이다.

Ⅱ. 국제정치 행위자 및 유럽연합 회원국으로서의 영국

영국의 유럽연합 탈퇴 결정은 세계경제뿐만 아니라 유럽연합 통합 과정에 있어서도 적지 않은 충격을 주고 있다.[4] 하지만 과거 유럽외교사의 흐름 및 그의 연장선상에서 전개된바 있는 유럽연합 통합 과정에서의 영국의 입장을 고려하면 영국의 유럽연합 탈퇴 결정은 그리 놀랄만한 것은 아닌 것이 사실이다.

1. 유럽 외교사에 있어서 균형자로서의 영국

영국은 역사적으로 고립주의를 즐겨온 국가라는 평가를 받고 있다. 유럽외교사는 실제적으로 나폴레옹 전쟁 시기까지 거슬러 올라가는데 나폴레옹이 유럽 대부분을 점령하는 와중에서도 영국은 그의 정복을 피했으며, 나폴레옹의 대륙봉쇄령 조치에 대하여 오히려 해상 봉쇄령으로 맞서는 등[5] 영국은 독자적으로 자신만의 정체성을 고집한 바 있다. 특히 교황과 유럽대륙과의 작별을 고하게 된 계기를 만든 헨리 8세의 수장령[6]으로 말미암아 영국은 유럽 대륙과 결정적으로 멀어지게 된다. 뿐만 아니라 영국은 해상 무역을 확대하고 해군을 강화하여[7] 유럽대륙 이외의 다른 대륙과의 교역을 추진하게 되는데[8] 이를 통하여 종국적으로 유럽 대륙과 일정 정도의 거리를 둘 수 있는 조건을 마련하기도 한다.[9]

---

3) 유럽연합 사법재판소는 유럽연합법을 헌법적인 문서(constitutional document)로 상정하고 있기 때문이다(대표적으로 Case 294/83, *Parti Écologiste 'Les Verts' v. European Parliament*, 1986 ECR 1339, at 1365 para 23. 김용훈, 유럽연합의 규범통제제도-유럽연합 정체성 평가와 남북한 통합에의 함의-, 경인문화사, 2012, 73면에서 재인용).

4) Tim Oliver, A European Union without the United Kingdom-The Geopolitics of a British Exit from the EU, LSE IDEAS, 2016. 2, p. 7.

5) 안문석, 브렉시트의 근원은 영국의 고립주의, 인물과 사상 제220호, 2016, 114면.

6) 헨리 8세는 당시 왕비 캐서린과 이혼하고 왕비의 시녀 앤 불린과 결혼을 원했지만 이혼이 금기시되는 카톨릭에 따라 이는 불가능했다. 이에 따라 헨리 8세는 카톨릭으로부터 독립하여 영국 국왕인 자신이 최고 자리에 취임하기 위하여 영국 국교회를 따로 설립하는 계기를 마련한 것이 수장령의 반포이다. 안문석, 위의 논문, 117면.

7) 특히 영국은 위트레히트 조약 이후 해양 영역을 독점하여 유럽 국가체제에 상당한 영향력을 행사하였다. 김용구, 세계외교사, 서울대학교 출판부, 2006, 9면.

8) 안문석, 앞의 논문, 117면.

이와 같은 독자적인 영국의 정책 노선은 외교 정책에서도 여실히 드러난 바 있다. 나폴레옹 전쟁 이후 종전 처리를 위하여 오스트리아 메테르니히 재상의 주재로 비엔나 조약이 체결되어 비엔나 체제(Concert of Europe)가 국제정치의 협력 장치로 작동하게 되는데 이후에 등장한 비스마르크체제를 포함하여 당시 유럽에서의 주요한 평화유지 장치는 세력균형(balance of power)이었다.[10] 당시 동맹을 통한 평화의 추구가 일반적인 외교적 정책이었던 것이다. 이와 같은 상황에서 영국은 균형자(balancer)의 역할을 자처함으로 유럽 강대국 사이에서의 힘의 균형을 통한 안정과 평화를 도모하게 된다. 실제로 유럽협조시기에 영국은 유럽 강대국 사이에서 균형자 역할을 자처하여 당시 유럽의 강대국이었던 영국 · 프랑스 · 오스트리아 그리고 러시아 사이에서 프랑스가 강할 때에는 프랑스를 그리고 프로이센이 강할 때에는 프로이센을 견제하는 역할을 담당, 유럽 내 세력 균형을 유지하기 위한 노력을 경주하였다.[11]

2. 유럽공동체의 출범과 유럽연합 통합 과정에서의 영국의 입장

영국은 외교사의 전개과정에서와 유사하게 유럽연합 통합 과정에서도 능동적이고 적극적인 통합의 주인공보다는 소극적인 균형자 역할을 자처하고 있었다고 할 수 있다.[12] 물론 제2차 세계대전 이후 독일의 재무장방지를 위하여 루르-자르 지방의 석탄 및 철광석 개발을 통한 경제 협력을 의도했었던 유럽공동체의 출범 배경을 고려한다면 영국의 적극적인 역할을 기대하는 것이 어려웠던 것이 사실이기는 하다. 실제로 유럽의 국가들이 공동으로 참여할 수 있는 공동체를 설립하고 추진하기 위한 프랑스 슈망 장관의 제안을 독일과 베네룩스 3국은 수용한 반면 영국은 이를 거부하였고[13] 오히려 자신의 주도로 유럽자유무역연합(EFTA: European Free Trade Association)을 창설, 이의 운영에 집중하게 되었다.[14] 즉 영국은 자신

---

9) 실제로 영국은 프랑스 정복(French occupation)을 받지 않았음에도 불구하고 내부적인 혁명의 기운이 있었던 것은 사실이지만 해군의 승리와 프랑스 공격의 위협 등으로 말미암아 자체적인 고립성(British solidarity)은 더욱 강화되었던 것이 사실이다. Norman Davies, Europe-A History-, Oxford University Press, 1998, p. 737.

10) 비엔나 회의 이전의 나폴레옹 전쟁 와중에 체결되었고 차후에 4국 동맹의 모체가 되었던 쇼몽조약에서도 전문에서 "유럽의 평화유지는 '정당한 세력 균형' juste equilibre에 의해서만 이루어진다"라는 사항을 담고 있었으며(김용구, 앞의 책, 22면), 빈 회의를 통하여 등장한 비엔나 체제를 지배한 국제정치적 원칙 역시 세력균형 원칙이었다. 특히 당시 세력균형 정책은 유럽의 어느 열강도 나폴레옹과 같은 절대적 패권으로 등장하는 것을 방지하려는 의도로 영국에 의하여 주도되게 된다(이기택, 국제정치사, 일신사, 2003, 32면). 나아가 이후 발발한 크림 전쟁 역시 오토만 제국 문제를 둘러싼 세력균형의 유지에 그 의의를 찾을 수 있었다(김용구, 앞의 책, 266면).

11) 안문석, 앞의 논문, 120면. 제2차 세계대전 이후에도 영국은 미국과 유럽에서의 세력 균형의 회복을 논한 바 있다. 이상우, 국제관계이론-국가간의 갈등원인과 질서유지-, 박영사, 2001, 499면.

12) Tony Wright, British Politics-*A Very Short Introduction*-, Oxford University Press, 2003, p. 108에서도 영국이 미국과 유럽 간 다리(bridge)의 역할을 수행하였다면 향후에도 그와 같은 부담을 계속 감당할 것인지 의문을 제기하고 있다.

13) 이종광, 유럽통합의 이상과 현실, 일신사, 1996, 32면.

의 주도로 EFTA를 설립하여 유럽연합과 별도의 경제 블럭을 도모하였던 것이다.[15] 하지만 유럽방위공동체의 실패 등의 시련에도 불구하고 유럽 경제의 중심축이 유럽연합이 되어 감에 따라 그리고 영국 경제가 난관에 봉착하자 영국은 결국 유럽연합으로의 가입을 추진하게 되는 데 이마저도 프랑스의 반대로 수월하지는 않았다. 당시 프랑스 대통령이었던 드골은 영국과 다른 국가들이 가입을 할 경우, 전체회원국 간 응집력의 약화와 유럽공동체의 미국 종속을 우려하여 영국의 유럽공동체의 가입을 반대하였기 때문이다.[16] 하지만 독일과 프랑스의 주도권 장악 시도에 대하여 우려를 한 베네룩스 3국은 영국의 가입에 적극적이었고 결국 영국은 1973년 1월 1일부로 유럽공동체에 공식적으로 가입하기에 이른다. 하지만 애초에 독일과 프랑스의 대립적인 관계를 고려하여 유럽공동체의 통합에 대하여 비판적이었던 영국은[17] 유럽공동체가 유럽연합으로 발전하고 이후 여러 분야에서의 통합을 강화하는 데에 있어서도 적극적인 입장을 견지한 것은 아니었다. 미래환율변동의 위험을 제거하고 무역과 특화로부터 확보할 수 있는 이익을 극대화하여 효율적인 자원배분을 담보할 수 있도록 하는 단일통화 사용의 이점을 고려하여[18] 유럽연합은 유로화라는 단일통화를 도입하였지만 영국은 이에 동참하지 않았을 뿐만 아니라 유럽연합의 기구 및 제도 운영에 있어서도 상당히 소극적인 입장을 견지하였기 때문이다.[19] 결국 영국의 유럽연합 탈퇴이후 유럽연합 통합에 있어 주도적인 역할을 담당하고 있었던 독일이 독일-프랑스 축을 중심으로 유럽연합의 안정적인 통합을 추진하는 데에 전력을 기울일 것으로 보인다.[20]

---

14) 김세원, EU경제학-유럽경제통합의 이론과 현실-, 박영사, 2004, 22면.

15) 유병화외 2인공저, 국제법 I, 진성사, 447면.

16) Neil Nugent, The Government and Politics of the European Union, London, Macmillan, 1994, p. 29. 이종광, 앞의 책, 51면에서 재인용.

17) 김세원, 앞의 책, 21면.

18) 김세원, 위의 책, 364면.

19) 실제로 영국은 유럽연합의 통합 와중에 불확실한 회원국(an uncertain member state)으로 존재하였을 뿐만 아니라(David Allen, "Great Britain and the Future of the European Union: Not Quite There Yet", in S. Serfaty, The European Finality and its National Dimentions, Washington D.C.: Center for Strategic and International Studies, 2003, pp. 77-105; Menon A., Leading fron Behind: Britain and European Constitutional Treaty, Paris: Notre Europe, Research and European Issues, No. 32, 2004 January; Miller, V., The Government's Policy on Europe, House of Commons Library, Stanford Note, SN/1A?5b54, 2011, 7, February. David Allen, "The United Kingdom: Towards Isolation and a Parting of the Ways?", in Simon Bulmer and Christian Lequesne(eds.), The Member States of the European Union, Oxford University Press, 2005, p. 109에서 재인용) 유럽연합 활동 혹은 기능에 협조하기 위한 국내적 수준의 전반적 총의를 도출하는 데에 성공적이지 못했다는 평가가 일반적이다. David Allen, "The United Kingdom: Towards Isolation and a Parting of the Ways?", in Simon Bulmer and Christian Lequesne(eds.), The Member States of the European Union, Oxford University Press, 2005, p. 129.

20) Tim Oliver, *supra* note 1, p. 7.

3. 유럽통합에 있어 브렉시트의 의의

(1) 유럽연합과 영국 간 통합에 있어서의 불협화음

유럽통합 과정에서 영국 대처 수상의 등장으로 말미암아 유럽은 유럽통합에 있어서 회의주의에 빠진 것이 사실이다. 특히 영국은 애초에 유럽연합에 가입하자마자 가입에 대한 재협상을 시도하는 등 통합에 적극적인 태도를 고수한 것은 아니었는데 이에 더해 통합에 대해 회의적인 대처 수상의 등장으로 유럽연합의 통합은 더욱 난관에 봉착하게 되었던 것이다. 대처 수상은 취임하자마자 공동농업정책과 영국의 분담금 문제를 지속적으로 제기하며 통합에 찬물을 끼얹은바 있으며 특히 공동농업정책의 개혁과 관련한 프랑스와의 대립은 유럽연합의 심도 있는 통합을 보다 어렵게 만들었다.[21] 당시 5년 동안 지속된 영국의 몽니는 1984년 퐁텐블루 유럽이사회에서 영국이 부담하는 분담금 중 2/3 가량을 되돌려주겠다는 결정으로 점차적으로 누그러지게 되었고[22] 회원국의 확대를 통하여 유럽연합은 자신의 통합 동력을 꾸준히 확보하게 된다. 하지만 유럽연합 통합 과정에서 영국은 정도의 차이는 있지만 계속 반항적인(recalcitrant) 회원국으로 평가받고 있었던 것이 사실이다.[23]

(2) 영국의 고립주의와 브렉시트

유럽통합에 있어 주도적인 역할을 담당하였던 국가는 프랑스와 독일이었고[24] 현재도 마찬가지이다. 영국은 유럽연합 통합에 적극적이지도 않았고 긍정적이지도 않았다. 물론 이는 앞서 고찰한 바와 같이 영국의 그간 역사적 경험과 유럽에 대한 입장을 고려하면 그리 놀랄 만한 것은 아니다. 다음의 논변 역시 당해 사항을 직접적으로 현시하고 있음은 물론이다.

> 영국 외교의 역사를 보면 브렉시트가 그렇게 놀라운 일은 아니다. 영국은 전통적으로 고립주의의 외교정책 성향을 고수해왔다. 유럽대륙의 번잡스런 일에 관여하지 않으면서 영국의 국가이익을 추구하는 외교정책을 추진해온 것이다. 이를 '화려한 고립(Splendid Isolation)'이라고 일컫는다.… 요컨대 브렉시트는 눈에 보이는 난민 문제나 영국의 많은 재정 부담 등이 원인이 되어 발생한 것 같지만, 그 깊은 원인은 영국의 오랜 외교 전통인 고립주의에 있다.[25]

물론 영국의 유럽연합 통합에 대한 소극적인 입장은 영국의 이 같은 전통적인 고립주의적 정책 성향에 기인한 것이 사실이지만 유럽연합 회원국의 지위로 말미암아 자신의 고유한 주권을 상실할 수 있을 것이라는 우려 역시 그와 같은 소극적인 입장에 상당한 영향을 미친

---

21) 이상 노명환 · 이선필, 유럽통합사, 높이깊이, 2009, 75-76면.
22) 노명환 · 이선필, 위의 책, 77면.
23) 브렉시트 여부에 대한 국민투표 이후 사퇴를 한 데이비드 캐머런 내각조차 국민 투표 전 유럽연합 고용법과 사회정책, 형법 그리고 지역별 재원 확보 구조로부터의 실질적인 선택적 일탈을 노리고 있었다. 안 지엘론카(신혜경 옮김), 유럽연합의 종말-EU는 운을 다했는가?-, 아마존의 나비, 2015, 64면.
24) 안문석, 앞의 논문, 117면.
25) 안문석, 위의 논문, 113면, 125면.

것도 사실이다.[26] 결국 자신의 고유한 주권을 상실할 수 있다는 염려에 따라 영국은 브렉시트를 추진한 것이라는 평가가 가능하다. 유럽연합의 통합 과정에서 야기되는 회원국 주권과의 상충문제는 영국뿐만 아닌 상당수의 회원국에서 불거진 바 있지만 영국은 급기야 극단적인 선택지인 탈퇴를 선택하고 만 것이다. 하지만 영국의 탈퇴가 유럽연합에 대한 영국 주권의 승리를 의미한다고 섣불리 결론내릴 수는 없을 것이다. 영국의 탈퇴 그리고 그 주권의 온전한 보전이 유럽연합의 와해를 의미하는 것은 아니기 때문이다.

(3) 소결 - 유럽연합에 대한 브렉시트의 함의

유럽연합 통합에 있어 영국의 입장이 소극적이었고 심지어 동력에 장애가 됐었다는 평가가 존재했었던 것이 사실이지만 유럽연합의 통합 과정에 있어 브렉시트의 함의를 무시할 수만은 없다.[27] 영국은 유럽연합 내에서 가장 많은 인구를 보유한 국가 중 하나일 뿐만 아니라 상당 정도의 경제적 그리고 군사적 영향력을 가지고 있었기 때문에 영국의 유럽연합 탈퇴의 향후 파장은 쉽게 예측하기가 힘든 것이 사실이기도 하다. 실제로 영국이 EU 예산분담금의 상당한 부분을 담당하였다는 점과 EU가 단일공동시장이라는 특수성을 가지고 있다는 사항까지 고려한다면 영국의 유럽연합 탈퇴는 적지 않은 파급효과, 특히 경제적 혹은 산업적 측면에서의 유럽 산업 지도를 크게 변화시킬 것이라는 예상을 어렵지 않게 할 수 있다.[28] 결국 영국은 향후 자신에게 가장 좋은 거래는 무엇인지 영국과 유럽에 있어 더욱 큰 규모의 집단적 이익이 무엇인지 결정을 내려야 하는 중대한 기로에 봉착하고 있다.[29] 물론 영국은 NATO와 같은 포럼을 통하여 유럽연합과의 협력을 유지할 것이고 독일과 프랑스 등 개별 국가와도 양자 조약 등의 수단을 통하여 일정 정도의 관계를 유지할 것으로 보인다.[30] 특히 당해 관계는 경제적 영역을 중심으로 유지될 것임은 어렵지 않게 예측해볼 수 있다. 유럽연합의 입장에서도 영국과 관계 유지를 위한 주요한 동기는 경제적 수준의 교역을 통한 경제적 이익의 확보라는 점에서 더욱 그러하다.[31] 그런데 브렉시트로 인하여 또한 주요한 쟁점으로 부상하고 있는 것으로 영국 정당 정치에 있어서의 긴장, 변화하는 헌법, 정체성 및 정치경제 그리고 변화하는 유럽에 있어서의 세계화와 그에 대한 반응 등[32]이 다각적으로 제시되고 있다는 점에서 브렉시트로 말미암는 양상은 보다 다변적이고 복잡하다.

---

26) 안문석, 위의 논문, 118면.
27) Tim Oliver, *supra* note 1, p. 3.
28) 김종욱, 브렉시트(Brexit)가 EU에 미치는 영향에 관한 연구: 자동차산업을 중심으로, 유럽연구 제34권 3호, 2016년 가을, 128-129면.
29) Tim Oliver, *supra* note 1, p. 3.
30) *Ibid.*, pp. 3-4.
31) *Ibid.*, p. 5.
32) Tim Oliver, 'To be or not to be in Europe: is that the question?' International Affairs, January 2015. *Ibid.*, p. 4에서 재인용.

특히 브렉시트로 인하여 주목을 받는 것은 유럽연합 법질서의 위상이다. 물론 일반 국제법 상 특히 조약의 경우 일방 당사국의 폐기 선언으로 당해 당사국의 조약 관련 의무는 일반적으로 소멸하는 것이 원칙이다. 하지만 유럽연합의 경우는 그와 같이 일반적인 수준에서만 고찰할 수는 없다. 유럽연합은 자신만의 법질서를 기반으로 독특한 법적 기제를 개발한 후 영국을 포함한 회원국에 대하여 지속적인 영향을 끼쳐왔기 때문이다. 영국의 법제 역시 유럽연합법의 지속적인 영향을 통하여 변화의 부침의 경험을 겪었던 것도 사실이다. 브렉시트로 말미암아 유럽연합은 전례 없는 실제적이면서 철학적인 도전에 직면하고 있으며,[33] 유럽연합법의 향후 운명 역시 중요한 시험대에 올라가게 된 것이다.

Ⅲ. 영국 법질서의 특징과 유럽연합법질서와의 관계

1. 영국 법질서의 특징

(1) 영국 내 헌정주의의 의의 및 특징

주지하다시피 영국은 불문헌법국가라는 점에서 미국과 호주와 같은 성문헌법국가와는 달리 영국 헌법의 내용적 연원(sources for the content)을 탐색하기 위해서는 다양한 종류의 연원을 참고하여야 한다.[34] 특히 영국은 보통법국가로서 판사가 개별 사건에서 선언하는 것이 집적되어 법규범으로 굳어지는 보통법이 중요한 법원으로 인정되고 있기 때문에 영국에서는 판사의 판결이 선언될 때마다 법이 창출되는 결과가 나온다는 평가가 일응 가능해진다.[35] 이와 같은 영국의 헌정주의 측면에서의 특징은 영국의 근대시민혁명 과정과 관련되어 있다. 근대시민혁명을 경험한 미국과 프랑스의 경우 새로운 시대의 출발을 알리는 것이 헌법이었고 이는 임의적 권력, 즉 군주주권에 대한 자유를 선언한다는 의미에서 성문의 형식을 띠는 것이 자연스러웠다.[36] 하지만 영국의 경우에는 주지하다시피 혁명적 봉기(revolutionary insurrection)를 경험하지 않고 혁명의 결과를 달성하였기 때문에 영국은 탄력적인 헌법적 전통(the flexibility of their traditional constitution)을 가질 수 있었다. 물론 이로 말미암아 영국에서는 하나의 문서에서 헌법을 발견할 수 없게 되어[37] 영국에서의 헌법은 지속적인 변화를 경험하게 된다. 이와 같은 특징을 보고 토크빌은 자신의 저서인 '미국의 민주주의'에서 "영국에서 헌법은 실제로 존재하지 않는다"라고 까지 언급을 하기도 하였다.[38] 이와 같은 역

33) *Ibid.*, p. 15.
34) Neil Parpworth, Constitutional & Administrative Law, Oxford University Press, 2012, p. 12.
35) John Uff, Construction Law, Sweet & Maxwell, 2013, p. 6.
36) Martin Loughlin, The British Constitution-A Very Short Introduction-, Oxford University Press, 2013, p. 14.
37) *Ibid.*, p. 14.
38) *Ibid.*, p. 14.

사적인 배경을 통하여 영국에서는 헌법이라는 규범을 다루는 주요한 주체는 의회가 되어 버렸고 의회는 헌법적 중요성을 가지는 사항을 자신의 입법행위를 통하여 주요하게 다룰 수 있게 된다. 실제로 영국에서는 정부의 구성 등 헌법적 중요성을 가지는 사항도 의회의 입법(Act of Parliament)에 의하여 폐지되거나 개정되고 있다.[39)]

(2) 영국에서의 의회 우위의 원칙 및 법질서 상의 특징

영국 법질서와 관련하여 또한 주목하여야 하는 것은 영국의 경우 의회에 의한 법률적 지위가 남다르다는 것이다. 영국에서는 군주에 대한 끊임없는 투쟁으로 구교와 신교 간의 대립이 격화된 바 있는데 급기야 제임스 2세의 구교 부흥 시도는 국교도를 신봉했던 의회의 두려움을 사게 되었고 의회는 제임스 2세의 차녀였던 메리 2세에게 영국 침공을 요구하여 결국 명예혁명(Glorious Revolution)을 성공적으로 이끌게 된다.[40)] 이에 따라 의회는 군주에 대한 우위의 지위를 확보할 수 있었고 결국 이후의 영국 헌정사는 의회를 중심으로 전개가 된다.[41)] 이로 말미암아 영국 내에서는 의회주권 우위의 원칙(principle of supremacy or sovereignty of Parliament)이 주요한 법질서 상의 원칙으로 등장하게 되는 데 이에 따라 영국 의회는 남자를 여자로 만드는 것 외에는 어떠한 것도 할 수 있다는 권한을 인정받게 되었고 나아가 이에 기반하여 광범위한 입법 권한을 향유하게 되었던 것이다.[42)] 결국 의회는 자신뿐만 아니라 자신의 승계자도 구속할 수 없게 되었고 영국 내 재판소는 의회가 제정한 법률을 위헌으로 선언할 수도 없게 된다.[43)] 따라서 영국의 경우 이와 같은 의회의 우월적인 지위로 말미암아 헌법적 내용을 고찰하는 데에 있어서는 그 수준을 달리하여야 한다. 의회주권의 원리에 따라 의회 입법(Acts of Parliament)의 경우 분명히 헌법적 특징을 향유하고 있기 때문에 많은 종류의 법령집(statute book)에서의 법률은 헌법(constitutional law)으로까지 인식되고 있기 때문이다.[44)] 다시 말해 영국에서도 '헌법'이라는 용어가 등장하고 있는 것이 사실이지만 대부분 중의적 의미를 담고 있는 '근본법(leges fundamentales, fundamental laws)'이라는 의미와 상응하고 있는 것으로 여겨지고 있는 것이다.[45)] 결국 영국 헌법은 무제한한 권한을 향유하는 의회에 토대하여 발달되었던 것이고[46)] 이를 기반으로 한다면 의회 입법에 대한 사법

---

39) *Ibid*., p. 14.

40) 케네스 O. 모건 엮음(영국사학회 옮김), 옥스퍼드영국사, 한울 아카데미, 1999, 394면.

41) 이는 영국의 정부형태, 즉 의원내각제에도 반영되어 국왕은 군림하지만 통치하지 않는 상징적이며 의례적·명목적 존재로 남게 되고 의회의 구성 후 다수당에서 내각이 구성되고 있는 등 국정은 내각, 특히 수상 중심으로 운영되고 있는 것이 사실이다. 성낙인, 헌법학, 법문사, 2016, 363면.

42) John Uff, *supra* note 32, p. 9.

43) 김대순, 영국의 "인권법 1998"과 의회주권원칙의 동요, 국제법학회논총 제47권 제3호, 2002.12, 2면.

44) Neil Parpworth, *supra* note 31, p. 12.

45) Dieter Grimm, "Types of Constitutions", in Michel Rosenfeld & Andras Sajo(eds.), The Oxford Handbook of Comparative Constitutional Law, Oxford University Press, 2013, p. 101.

46) 김대순, 앞의 논문, 16면. Dieter Grimm, *supra* note 42, p. 101에서는 헌법제정권력(Constituent Power)가

심사가 불가능할 것이라는 것은 어렵지 않게 추론할 수 있는 사항이기도 하다. 특히 이에 따르면 영국인의 권리를 포함한 영국 헌법(British Constitution)을 형성하는 규칙은 근본적(fundamental)이기는 하지만 무상(supreme)의 것은 아니라는, 즉 헌법이 최고성(supremacy)을 결여하고 있다는 평가[47] 역시 어색하지는 않다. 결국 영국에서는 보통법뿐만 아니라 의회에 의한 제정법 역시 국가 수준의 거시적인 정책과 제도를 운영하고 추진하기 위한 주요한 기제로서 활용되고 있어서[48] 제정법의 중요성은 보다 강조되고 있다는 평가가 가능하다.

(3) 국제법에 대한 영국의 대응

국제법에 국내법적 효력을 어떻게 부여할 것인 지에 대한 방향성 관련 원칙은 존재하지 않는다.[49] 그런데 영국은 주지하다시피 엄격한 이원론 국가로서 국제법의 국내적 적용을 위해서는 국내 입법의 제정이 필수적으로 요구되고 있다. 예를 들어 유럽인권협약의 가입과 유럽연합의 가입이 관련 국제법규의 자동적인 국내적 효력과 집행을 담보해 주지는 못했고 관련 국내법의 제정이 요구되어 전자의 경우에는 「인권법 1998」, 후자는 「유럽공동체법 1972」를 제정한 바 있다. 이와 같은 영국의 고집은 물론 의회주권의 원리에 기인한다. 국제법적 원칙 및 관행은 영국 헌법의 근간을 이루는 의회주권의 원리에 영향을 주지 못하기 때문에[50] 국제법의 국내 적용을 위해서는 국내법적인 별도의 입법이 요구되고 있는 것이다. 특히 영국은 이와 같은 이유로 유럽인권협약을 비준한 최초의 국가임에도 불구하고 당해 인권법 1998년의 제정 전 50여년의 기간 동안 영국 내 재판소들은 당해 인권협약을 직접 적용하여 재판할 수는 없었다.[51] 이와 같이 유럽연합법 역시 그의 국내적인 수준의 적용을 위하여 영국은 「유럽공동체법 1972」를 제정하게 되는데 당해 국내 입법의 제정 없이는 영국이 국제적인 수준에서 의무를 부담하는 것과는 별개로 국내적인 수준에서는 유럽연합법의 어떠한 효력도 인정할 수는 없었기 때문임은 물론이다.[52] 따라서 「유럽공동체법 1972」라는 국내 입법 기제는 영국 의회가 조약에 동의를 부여하는 절차로서의 의미뿐만 아니라 영국 내 유럽연합

의회주권의 원리에 흡수됐다는 언급을 하고 있기도 하다.

47) Gerald Stourzh, Fundamental Laws and Individual rights in the 18th Century Constitution, 1984; Martin Loughlin, 'Constituent Power Subverted: From English Constitutional Argument to British Constitutional Practices?' in Martin Loughlin and Neil Walker(eds.) The Paradox of Constitutionalism. Constituent Power and Constitutional Form, 2007, p. 27. *Ibid.*, p. 101에서 재인용.

48) 통상적으로 매년 3,000개가량의 행정입법을 포함한 위임입법이 제정되고 있으며 70 내지 80개 정도의 의회입법도 꾸준히 제정되고 있다. Jacqueline Martin, English Leal System, Routledge, 2014, p. 36.

49) Trevor C. Hartley, The Foundations of European Union Law, Oxford University Press, 2010, p. 278.

50) *Ibid.*, p. 278.

51) 김대순, 앞의 논문, 2면. 실제로 영국재판소는 「인권법 1998」 이전에는 "국내법의 모호함을 해소하거나 사법재량의 행사를 지도하기 위한 목적 등 제한된 상황에서만 유럽인권협약을 언급할 수 있"을 뿐이라고 하는 등 유럽인권협약에 대하여 소극적이었다. Steven Greer, "A Guide to the Human Rights Act 1998", (1994) 24 E.L.Rev. 3 at 13. 김대순, 위의 논문, 2-3면에서 재인용.

52) Trevor C. Hartley, *supra* note 46, p. 278.

법의 직접 효력을 위한 법적 토대를 제공하는 것이었다.[53] 다음의 *McWhirter v. Attorney-General* 사건[54]에서 Lord Denning MR 판사의 논변 역시 당해 사항을 직접적으로 보여주고 있다.

> 로마 조약이 서명된 것이 사실이지만 의회 입법(an Act of Parliament)이 제정되기 전까지는 법원과 관련한 한 효력은 없다. 의회 입법이 일단 제정된 후 실시되면 법원은 의회입법에 따라 사건을 다루어야 하는 것이다.[55]

따라서 「유럽공동체법 1972」 및 「인권법 1998」등 국내 법률의 제정은 영국으로 하여금 국내적인 수준의 관련 의무의 부담을 수반하게 하였던 것이고 이후 영국 국내재판소는 불완전하기는 하지만 의회 입법에 대한 사법심사와 관련하여 다소 적극적인 입장을 견지할 수 있었던 것이다.

2. 유럽연합법질서의 특징

유럽연합법은 국가 간 관계를 다루는 법에 국세법이라는 전통적인 견해에 입각한다면 국제법 영역으로 일단 분류할 수 있다. 하지만 유럽연합은 기존의 국가와 국제기구 등 전통적인 행위 주체와는 달리 통합을 위한 자신만의 독특한 영역을 확보하고 자신의 법규범을 통하여 통합의 정도를 강화하고 있다. 통상적으로 법치주의원리에 따라 정책의 확보 및 집행은 법을 통해서 도모된다는 점에서 유럽연합 역시 연합 수준의 정책의 확보와 이의 실시를 위한 법규범의 개발에 상당 정도의 노력을 경주하고 있는데 유럽연합은 국제법 주체라는 점에서 이례적이다. 물론 주권국가와 같은 군사적 역량과 과세 권한을 보유하고 있지 않은 유럽연합으로서는 자신의 지배의 주요한 수단으로 형식적 법규범, 즉 법적 규칙의 제정(legal rule-making)을 선택할 수밖에 없었던 것이 사실이다.[56] 특히 이를 위하여 법해석에 대한 최종적 권한을 보유하고 있는 유럽연합 사법재판소는 사법적극주의에 입각하여 통합의 동력을 확보하고자 하는 시도를 줄기차게 도모하였는데[57] 무엇보다 유럽연합법 질서가 일반적인 국제법과는 다른 범주의 질서라는 점을 확인하여 자신만의 통합의 동력으로서의 유럽연합법 질서를 확보하고자 하였다. 이로 말미암아 다음의 유럽연합법질서의 원칙이 도출되게 된다.

---

53) *Ibid.*, p. 278.
54) [1972] CMLR 882 at 886.
55) Trevor C. Hartley, *supra* note 46, p. 278에서 직접 인용.
56) Martin Loughlin, *supra* note 33, 2013, p. 79. 특히 *Ibid.*에서는 유럽연합이 독일어로 a Rechtsgemeinshaft (a community of law, 법공동체)로 불리고 있다는 점을 언급하고 있으며 이는 본문에서의 이유 때문이라고 언급하고 있다.
57) 특히 유럽연합법원은 'Policy'를 자신의 판단의 근거로 삼아 자신에게 맡겨진 사건을 판단하고 있다는 비판을 받고 있기도 하다(T. C. Hartley, The Foundation of European Community Law, Oxford University Press, 1988, p. 81).

(1) 유럽연합법 우위의 원칙

유럽연합 사법재판소는 유럽연합법 우위의 원칙을 통하여 국내법원이 일방적으로 공동체 정책에 반하는 결정을 할 수 없다는 사항을 강조하였는데 이는 회원국 법과 유럽연합법규정 간 상충의 상황에서 유럽연합법이 우선한다는 것을 의미하는 것이었다.[58] 사실 유럽연합의 질적 통합을 위해서는 유럽연합법의 직접 효력이 인정되어야 하는데 그렇다면 유럽연합법과 회원국 국내법의 상충의 상황에서 유럽연합법 우위는 필연적 결과라고 할 수 있었다.[59] 하지만 자신의 법에서 이에 대한 관련 명문 규정을 보유하고 있지 않았던 유럽연합으로서는 유럽연합 사법재판소를 중심으로 적극적으로 당해 원리를 개발하게 되었고 회원국에 대하여 당해 원리를 지속적으로 강요하려는 노력을 기울이게 되었던 것이다. 특히 유럽연합법의 최고성에 대한 원칙적인 입장의 표명은 다음과 같이 *Simmenthal 사건*[60]에서 도모된 바 있다.

> [14] 공동체 법의 규칙은 효력이 존재하는 한 전 회원국의 영역에서 충만하고 일관되게 적용되어야 한다. [17] 더욱이 공동체 법의 우위의 원칙에 따라 공동체 규정에 양립하지 않는 특정 국내 입법 조치의 채택은 배제된다. [20] 만일 국내법원이 공동체법원의 선례 혹은 결정에 따라 공동체법을 즉각적으로 적용하지 않는다면 당해 규정의 효력은 손상을 입게 된다. [21] 모든 국내 법원은 자신의 관할권 하에서 공동체 법을 완전하게 적용하여야 하며 공동체 법이 개인에게 부여한 권리를 보호하여야 한다. 나아가 공동체 법과 양립하지 않는 국내법의 규정을 (공동체 규칙 제정 선후에 상관없이) 제외시켜야 한다.[61]

즉 유럽연합은 당해 원리 덕분에 유럽연합법이 회원국 헌법보다도 상위의 위상을 차지한다는 주장을 할 수 있었고[62] 유럽연합법은 회원국법과의 관계에서 법의 충돌(conflict of law) 문제를 야기하지 않는다는 주장도 제기할 수 있었을 뿐만 아니라 회원국들 재판소 역

58) Martin Loughlin, *supra* note 33, p. 77.

59) 이창훈 · 이종원 · 김대순, EU-정치 · 경제 · 법-, 삼영사, 2000, 220면. 왜냐하면 직접 효력은 최고성의 원칙과 연계(linked)되어 있기 때문에(Lenore Jones, "Opinions of the Court of the European Union in National Courts," Thomas M. Franck & Gregory H. Fox(eds.), International Law Decisions in National Courts(Transnational Publishers, Inc.), 1996, p. 235), 유럽연합법 최고성의 원칙을 다루는 데에 있어서는 직접 효력의 원칙도 함께 다루어야 하기 때문이다(있다(Allan Rosas and Lorna Armati, EU Constitutional Law, Hart Publishing, 2010, p. 55). 김용훈, 유럽연합의 규범통제제도-유럽연합 정체성 평가와 남북한 통합에의 함의-, 경인문화사, 2012, 42면에서 재인용.

60) Case 106/77 Amministrazione delle Finanze v. Simmenthal 1978 ECR 629, Court of Justice of European Communities.

61) 김용훈, 앞의 책, 43-44면을 참고하여 일부 수정.

62) 유럽연합법원은 연합 내 법질서의 위계질서와 관련하여 직접적으로 「제1차적 유럽연합법(EC Treaty와 ECHR를 포함)>국제협정 또는 국제기구 결정>규칙과 지침으로 대표되는 제2차적 유럽연합법>헌법을 포함한 국내법」이라는 주장을 한 바 있기 때문이다(Lavranos, N., Legal Interaction Between Decisions of International Organizations and European Law(Europa Law Publishing Groningen, 2004(Nikolaos Lavranos, "The Interface between European and National Procedural Law: UN Sanctions and Judicial Review", in D. Obradovic and N. Lavranos(eds.), Interface between EU Law and National Law, Europa Law Publishing, 2007, p. 355에서 재인용).

시 연합법을 하나의 외국법으로 취급하여서는 안 된다는 결론을 도출할 수 있었다.[63)]

(2) 유럽연합법 직접 효력의 원칙

유럽연합법 직접효력의 원칙에 따라 유럽연합 회원국은 회원국으로서의 의무를 부담할 뿐만 아니라 회원국 내 개인도 자신 국적국의 국내 법정에서 유럽연합법에 위반하는 국내법은 적용되지 않아야 한다는 주장을 할 수 있는 기회를 보장받게 된다.[64)] 즉 당해 원칙에 기반하여 개인은 국내 법정에서 유럽연합법을 원용할 수 있게 되는 것이다.[65)]

이와 관련하여 주목을 끄는 사건은 *Van Duyn* 사건[66)]이다. 당시 Scientology에 관여하고 있던 네덜란드 여인 Van Duyn는 영국으로 이주하여 영국의 일명 Church of Scientology에서 일자리를 구하려고 하였다. 그러나 Scientology라는 종교는 일종의 주변부 종교(fringe religion)로서 영국 내 상당히 많은 종교단체들(religious bodies)은 당해 종교를 정통 종교로 인정하지 않았을 뿐만 아니라 당해 사건 몇 년 전부터 영국은 당해 종교가 정신 건강에 해를 끼친다는 판단 하에 당해 종교를 신봉하는 것이 불법이 아님에도 불구하고 이를 억압하고 위축시키는 정책을 펴고 있었다. 이에 따라 영국 정부는 이의 신도들에 대해 입국 등의 이주를 거부하는 정책을 고수하고 있었는데 Van Duyn 역시 당시 공공정책의 이유(the public policy proviso)로 영국 입국이 거부되었던 것이다. 결국 Van Duyn은 당해 입국 거부처분에 대하여 영국법원에 소송을 제기하게 되는데 특히 이와 관련 당시 EEC 제48조 제3항의 직접 효력여부가 문제되었다. 이에 대해 영국은 당해 규정의 재량적 요소로 인하여 해당 조항의 직접효력이 배척된다는 주장을 하였지만 선결적 부탁 절차에 따라 부탁을 받은 유럽연합법원은 영국의 주장을 배척하여 해당 조항의 직접 효력을 인정한다.[67)] 즉 Van Duyn이라는 여성은 직접 효력이 인정되는 유럽연합법 규정을 영국 법정 내에서 직접 원용하여 관련 국내법적 조치의 위반을 주장할 수 있다는 결정이었다.[68)] 당해 사건에서 영국 정부는 Van Duyn이 영국 국내법에 입각하여서도 자신의 권리가 침해되었음을 주장할 수 있었기 때문에 여전히 국내법적으로 집행을 담보되고 있지 못한 유럽연합법을 원용하지 못한다는 주장을 하였지만 유럽연합법원은 귀책사유가 여전히 영국 정부에게 있기 때문에 그녀는 종국적으로 영국 법정에서 관련 지침 규정을 원용(invoke)할 수 있음이 확인되었던 것이다.[69)]

---

63) 이창훈 · 이종원 · 김대순, 앞의 책, 220면. 당해 사항이 직접적으로 현시된 사건은 *Internationale Handelgeselshaft* 사건이다. 당해 사건에서 유럽연합법원은 국내 헌법이 공동체법과 양립하지 않는다는 사실을 선언할 수 있음이 확인된 바 있기 때문이다. 서보건, 유럽헌법과 국내법 간의 효력, 유럽헌법연구 I, 영남대학교 출판부, 2006.2, 197면.

64) Martin Loughlin, *supra* note 33, pp. 77-78.

65) 직접 효력이란 자연인 및 법인이 회원국 국내 법원에서 유럽연합법에 직접 기대어 자신의 주장을 제기할 수 있는 가와 관련한 문제이기 때문이다. 김용훈, 앞의 책, 42면.

66) *Van Duyn* case 41/74. [1974] ECR 1337.

67) 이상 Trevor C. Hartley, *supra* note 46, p. 213.

68) *Ibid.*, p. 219.

결국 당해 유럽연합법의 직접 효력을 통하여 유럽연합은 회원국이 자신의 잘못을 핑계 삼아 유럽연합법의 집행을 게을리하는 것을 방지할 수 있는 수단 및 목적을 확보할 수 있게 되었던 것이다.[70)]

(3) 유럽연합법의 회원국 국내법적 의의

유럽연합 사법재판소는 설립 조약의 비준이 회원국 내에서의 관련 조약의 편입을 의미함에도 불구하고 조약에 대한 회원국의 법질서 등 국내적 상황을 무시하고 국내법에 공동체법이 우선한다는 주장 및 회원국들의 주권적 권리가 공동체에 양보되었다는 과격한 주장을 하고 있는 것이 사실이다.[71)] 이에 따라 유럽연합 사법재판소는 일반적인 수준의 국내법보다 유럽연합법을 우위에 위치시킬 수 있는 계기를 마련하게 되었음은 물론이다.[72)]

그와 같이 유럽연합법 우위의 원칙이 선언되고 실제로 이와 관련한 여러 가지 사건에서 당해 원칙이 심각한 손상을 입지 않은 것은 사실이지만 이는 통합과 관련한 유럽연합의 조심스러운 태도에 기인하고 있는 바가 크다. 유럽연합법은 자신의 법규범의 종국적인 실현, 즉 회원국 법질서 내에서의 집행을 위해서 그 주도권을 국내 권한 있는 기관에 양보하고 있는 것으로 보이기 때문이다. 정책은 통상적으로 정책 결정→정책집행→정책평가의 과정을 통하여 실현되게 된다.[73)] 물론 정책은 그 실현이 법적인 장치를 통하여 도모된다는 점에서 특정 정책의 적용을 위해서는 원칙적으로 법의 제정 및 집행이 요구된다. 유럽연합 역시 이와 크게 다르지는 않을 것인데, 실제로 유럽연합도 자신의 법질서의 확립과[74)] 관련 법적 장치를 통한 정책의 실현을 위하여 관련 노력을 경주하였던 것이 사실이다. 유럽연합 사법재판소가 유럽연합법 우위 및 직접 효력 등의 원칙을 발명한 것도 그를 위한 노력의 일환이라고 보아도 무방할 것이다.

실제로 유럽연합 사법재판소는 국내 법원과의 직접적인 충돌을 회피하고 있는데 이를 위하여 유럽연합법에 위반되는 국내법이라고 하더라도 그 국내법의 무효 혹은 폐지를 직접적으로 선언하고 있지는 않으며 국내 법원으로 하여금 당해 국내법의 적용을 자제하라는 방식을 선호하고 있을 뿐이다.[75)] 실제로 유럽연합법에 위반되는 국내법이 채택된다면 이는 공동체의 통합 기로에 큰 장애가 될 것이기 때문에 연합법에 위반되는 국내법의 무효를 직접 선

69) *Ibid.*, p. 220.
70) *Ibid.*, p. 220.
71) 김대순 · 김민서, EU법론, 삼영사, 2015, 190-191면.
72) Nigel Foster, Foster on EU law, Oxford University Press, 2006, p. 144.
73) 표시열, 정책과 법-원리 · 판례-, 박영사, 2012, 5면.
74) 이는 *Van Gend end Loos* 사건에서 유럽연합법원이 시도한 사항이다. 즉 유럽연합법원은 유럽연합이 "국제법 질서에 있어서 하나의 새로운 법질서를 형성하고 있"음을 선언하여 공동체법질서를 종래의 국제법과 국내법에 대한 전통적인 논의인 일원론 혹은 이원론에 대한 논의로부터 탈피하고자 하는 시도를 하였던 것이다. 김대순 · 김민서, 앞의 책, 191면.
75) 김용훈, 앞의 책, 59면.

언하기보다는 추후 당해 국내법에 대한 별도의 국내적 조치가 불필요하다는 식의 논리를 개발하여 되도록 국내 법원 등 국내 당국과의 갈등 상황을 회피하려는 노력을 경주하고 있다.[76] 결국 유럽연합은 유럽연합법의 집행과 적용을 종국적으로 회원국의 동의와 협력을 전제로 도모하고 있다는 평가가 가능하다.[77]

(4) 소결 - 유럽연합법의 초국가적 법질서로서의 위상

그렇다고 하더라도 유럽연합 법질서는 위에서 본 바와 같이 여러 원리들을 통하여 그 만의 위상 및 기능을 확보해 오고 있는 것이 사실이다. 즉 유럽연합법 우위의 원리, 유럽연합법의 직접 효력 및 직접 적용 원리 등의 여러 원리를 개발하여 국내법질서에 대한 직접적인 영향력을 확보하고자 하는 노력을 경주하고 있을 뿐만 아니라 실제적으로도 국내법질서에 영향을 끼치고 있다는 평가가 무색하지는 않기 때문이다. 일례로 유럽연합은 선결적 부탁절차를 통하여 독일 국내법질서에 직접적인 영향을 끼친 적이 있다. *탄야 크라일* 사건[78]이 대표적인데 당시 여성에게 군대 복무를 금지시키는 독일기본법 규정에 대하여 유럽연합법원은 유럽연합법, 특히 남녀동등처우 지침(directive)에 위배됨을 선언하였고 이후 독일 기본법은 개정되어 여성의 군복무가 가능하게 된 바 있다.[79] 실제로 유럽연합의 통합과정, 특히 유럽 헌정주의(European constitutionalization)의 더디고 지루한 과정으로 말미암아 헌법 학자들에 의하여 무시되었던 것이 사실이지만[80] 1960년대와 1970년대에 들어 유럽공동체는 정치에 관심이 없고 기술관료적이기는 하지만 '기능적 통합을 위한 의도적인 연합(purposive association of functional integration)'으로 상정이 되고 있다.[81] 앞서 언급한 바와 같이 독일뿐만 아니라 프랑스에서도 유럽연합법에 상응하도록 자신의 헌법을 개정한 바 있는데[82] 이와 같은 사항

76) Nigel Foster, *supra* note 69, p. 145.

77) Paul Craig & Gráinne de Búrca, EU Law, Oxford University Press, 2008, p. 353. 김용훈, 앞의 논문(각주 56), 50면에서 재인용.

78) Entscheidung am 11. Januar 2000. Rs. C-285/98, Kreil/Bundesrepublik Deutschland, Slg. 2000 S. Ⅰ-69 ff. 신옥주, "유럽재판소 판결의 독일 국내적 효력-독일기본법 제12조a (4)의 여성 집총병역금지(Frauen-waffendienstverbot)에 대한 유럽재판소 판례를 중심으로-", 공법연구 제36집 제3호, 2008. 2, 134면에서 재인용.

79) 이에 대해서는 신옥주, 위의 논문 참고.

80) Dreier, "Kontexte des Grundgesetzes", 114(10) *Deutsches Verwaltungsblatt* 667, 1999, p. 677. Jo Eric Khushal Murkens, From Empire to Union-Conceptions of German Constitutional Law since 1871-, Oxford University Press, 2013, p. 99에서 재인용.

81) Jo Eric Khushal Murkens, From Empire to Union-Conceptions of German Constitutional Law since 1871-, Oxford University Press, 2013, p. 100.

82) 특히 프랑스 헌법평의회는 당시 가입국 간 국경과 유럽연합 국가・비가입국 간 국경 모두를 연합이 규율하도록 한 암스테르담조약 관련 규정이 프랑스의 헌법과 상충한다는 선언을 한 바 있다(Constitutional Council(France) 97-394 DC of 31 Dec. 1997). 이에 따라 프랑스는 1999년 1월 18일 헌법을 개정하였고 이후 3월 하원은 당해 조약의 비준동의를 한 바 있다(Norman Dorsen・Michel Rosenfeld・Andras Sajo・Susanne Baer, Comparative Constitutionalism-Case and Materials-, West Group, 2003, p. 65. 김용훈, "초국가적 수준의 헌법 재고-유럽연합의 경우를 중심으로-", 법학논고 제42집, 2013.5, 52면에서 재인용.

은 유럽연합 수준에서의 초국가적 수준의 법규범 존재 가능성에 대하여 긍정적인 평가를 가능하게 하는 것이다. 특히 유럽연합 내 권리 보장 장치가 상당히 높은 수준에서 확보되어 있고, 권력분립 원리 역시 느슨하게나마 작동하고 있으며[83] 나아가 유럽연합법 자체에서 회원국에게 직접적인 의무를 부과한다는 사실은[84] 이와 같은 평가에 설득력을 더하고 있다. 특히 하지만 영국의 유럽연합으로부터의 탈퇴 시도는 이와 같은 평가에 의구심을 던져주고 있는 것 역시 사실이다. 따라서 영국의 유럽연합 탈퇴 후 유럽연합법질서에 대한 고찰은 향후 유럽연합법질서의 위상에 대한 객관적인 판단 나아가 초국가적 수준의 헌법에 대한 논의를 보다 구체적으로 전개할 수 있는 토대를 마련하도록 할 것이다.

3. 유럽연합법 질서에 대한 영국의 대응

(1) 유럽연합 가입과 유럽연합법에 대한 영국의 입장

언급한 바와 같이 영국은 엄격한 이원론 국가로서 국제법의 국내 실시를 위해서는 국내 법률이 요구되었는데 유럽연합 역시 마찬가지였다. 이로 말미암아 영국은 「유럽공동체법 1972(European Communities Act 1972)」를 제정하여 유럽연합법의 효력이 국내법적 수준에서 인정되게 된다.[85] 물론 유럽연합에의 가입으로 말미암아 영국은 국내법질서의 운영에 상당 정도의 변용을 겪게 되는데 특히 영국의 유럽연합 가입에 따른 유럽연합법 준수 약정은 1972년 이래 영국의회의 입법 관련 권한을 상당 정도 제한하게 되었고 결국 유럽연합법에 합치하도록 하는 방향으로 영국법 개정까지 강제 받게 되었다.[86] 다음의 논변 역시 당해 사항을 보여주고 있다.

> 의회의 입법적 우위, 법의 지배, 대권(the royal prerogative), 그리고 헌법 관습(constitutional conventions)과 같이 법원의 판결 역시 헌법의 연원이다. 영국 헌법의 마지막 연원은 유럽연합법에서 발견될 수 있다. 유럽연합에 의하여 제정된 일단의 법은 영국의 헌법의 구성 부분(forming part)으로 적절하게 제시될 수 있는 것이다. 따라서 유럽연합의 기구(institutions of the EU)들은 … 유럽연합기능조약 하에서 제공되는 입법적 절차(legislative procedures)와 다양한 종류의 법적 장치(legal instrument)로서 고려될 수 있다.[87]

---

83) 이에 대해서는 김용훈, "유럽연합 수준의 권력분립원리: '권력' 개념을 중심으로", 법학논총 제17권 제4호, 2013 참고.

84) 리스본 조약상의 신의성실 원칙이 대표적이다. 뿐만 아니라 유럽사법 재판소는 유럽연합 회원국 소속 기관이 유럽연합법 상의 법적 안정성(legal certainty)을 확보하도록 하는 조치를 취하여야 하는 의무를 부담한다고 줄기차게 선언하고 있기도 하다. Case C-159/99 *Commission v. Italy*(Conservation of wild birds) [2001] ECR Ⅰ-4007. Damian Charlmers, European Union Public Law, Cambridge University Press, 2010. p. 224에서 재인용.

85) Martin Loughlin, *supra* note 33, p. 77.

86) *Ibid.*, p. 58.

87) Neil Parpworth, *supra* note 31, p. 12.

이렇듯 유럽연합에 가입한 영국으로서는 유럽연합법 준수의 책무를 부담할 수밖에 없었던 것이고[88] 급기야 관련 국내법 제정을 도모함으로 당해 책무를 이행하였던 것이다. 이에 따라 영국 내 법질서 상의 적지 않은 변화의 가능성은 어렵지 않게 예상할 수 있었다.

(2) 영국의 「유럽공동체법 1972」의 의의

언급한 바와 같이 유럽공동체법의 국내적 집행을 위하여 영국이 제정한 「유럽공동체법 1972」는 유럽연합법의 주요한 원칙인 유럽연합법 우위의 원칙과 직접 효력의 원칙에 대하여서도 수용적인 입장을 취하였다. 특히 유럽연합법의 직접 효력과 관련하여 당해(European Union(Amendment) Act 2008)에 의하여 개정된 당해 법률 제2조 제1항의 함의하는 바가 상당하다고 할 수 있을 것인데 이는 다음과 같다.

> 당해 조약에 의하여 혹은 당해 조약 하에서 수시로 발생하고, 유래하는 모든 권리와 권한, 책임, 의무 및 제한 그리고 당해 조약에 의하여 혹은 당해 조약 하에서 수시로 발생하고 유래하는 모든 구제와 관련한 절차는 당해 조약에 근거하여 영국 내에서 별도의 법적 조치 없이 법적 효력을 부여받는 사실이 인정되어야 할 뿐만 아니라 법적으로 용인되고, 강제되고, 허용되며 나아가 준수되어야 한다; 그리고 '강제가능한 공동체 권리(enforceable Community right)'란 표현 및 이와 유사한 표현들은 당해 항이 적용되는 것을 가리키는 것으로 해석되어야 한다.[89]

이에 따라 유럽연합의 제1차적 법원 및 유럽연합의 입법 장치는 영국 내 국내적인 직접 효력을 인정받게 되는데 이에는 장래의 유럽연합법까지 당해 효력을 인정받게 되어 유럽연합법의 집행을 위한 별도의 국내 입법의 필요성이 부인되기에 이른다. 특히 어떠한 특정 규정이 직접 효력이 있는 지에 대해서도 결국 유럽연합법이 결정을 할 수 있게 됨에 따라 유럽연합법이라고 하면 모든 형태의 성문 연합법(written Union law)을 의미하게 되었고[90] 종국적으로 유럽연합법의 영국 내 입지는 보다 강화되었던 것이 사실이다.

(3) 영국 국내법 질서에서의 유럽연합법

영국의 유럽연합 가입은 영국의 법질서에 근본적인 변화와 충격을 초래하게 되었음은 계속 언급하고 있는 바와 같다. 유럽연합이 유럽연합법의 우위의 원칙을 지속적으로 강조하였던 것은 자신의 통합의 진전을 위해서 회원국의 헌법에 구애받지 않는 통합 방향성을 확보하여야 하기 때문이었다. 이에 따라 유럽연합 사법재판소는 통합의 진전을 위한 선봉장의 역할을 맡아 기술적인 수준에서의 행정재판소적인 기능뿐만 아니라 국내적인 수준에서의 헌법재판소적 기능도 적극적으로 담당하였던 것이다.[91] 이는 영국이라고 하여 예외는 아니어서

88) 국제적인 수준의 기구와 조약에의 가입은 유보를 하지 않는 한 관련 법규범의 준수를 전제로 하는 것이기 때문이다. 정인섭, 신국제법강의, 박영사, 2010, 657면.
89) 유럽공동체법 1972 제2조 제1항. Trevor C. Hartley, *supra* note 46, pp. 279-280에서 직접 인용.
90) *Ibid.*, p. 280.

영국 역시 유럽연합법의 국내적 수준의 안정적 집행을 위하여 유럽공동체의 로마조약을 국내적 수준에서의 헌법의 '특별한' 구성요소(a 'special' ingredient in Britain's constitutional recipe)로 수용하게 되었고[92] 이로 말미암아 유럽연합법에 입각한 의회제정법 심사의 가능성 역시 본격적으로 열리게 된다.[93]

전통적으로 의회주권 원칙에 입각하여 영국은 특정 조약이 의회제정법에 위반되는 경우에는 의회제정법이 당연히 우위라는 결론을 도출하고 있었다.[94] 즉 영국의 헌법적 전통에 따르면 법규정 간 상충의 경우에 가장 최근에 제정된 법규가 우선한다는 결론에 자연스럽게 도달하였고 이는 국제법과의 관계에서도 유사하게 적용되고 있었던 것이다. 하지만 영국이 유럽연합에 가입함으로 인하여 유럽연합법 우위의 원칙에 대한 대응이 본격적으로 부각되게 된다. 특히 영국은 대응의 일환으로 「유럽공동체법 1972」를 제정하게 되는데 이로 말미암아 국내 입법이 「유럽공동체법 1972」의 이전이나 이후에 제정된 여부와 무관하게 유럽연합법이 국내 법규에 우선한다는 사항을 영국 의회가 용인했다는 평가가 존재하기도 하였다.[95] 더욱이 「유럽공동체법 1972」 제3조 제1항에서는 "모든 설립조약과 연합 입법(Union legislation)의 효력은 유럽법원의 적절한 판결의 원칙, 특히 유럽연합법 우위(the supremacy of Union law)의 원칙에 따라 결정되어야 한다"라고 규정하고 있어서 그와 같은 사항은 더욱 부각되고 있었다.[96] 그런데 당해 사항이 직접적으로 문제가 된 사건이 발생하는데 그것은 *Factortame* 사건[97]이다. 당시 상선법(the merchant shipping act 1988)은 「유럽공동체법 1972」에 의하여 효력이 부여된 로마조약 규정과 상충하였는데 영국의 전통에 따른다면 후법인 상선법이 유럽연합법에 대하여 우선적 효력을 확보하여야 하는 것이 당연하였지만 공동체법에 입각한다면 로마조약이 우선적 효력을 확보하여야 했다. 그런데 당해 사건에서 유럽연합법원은 당연하게 관련 상선법 규정이 로마조약 상 의무와 상충한다는 결정을 내렸는데 당시 영국의 대법원 지위를 향유하고 있었던 영국 상원 역시 유럽연합법에 위배됨을 이유로 상선법의 적용이 정지되어야 한다는 판결을 내리게 된다.[98] 유럽연합법이 영국 제정법과 충돌하는 경우에

---

91) Brown, L. Neville and Tom Kennedy, The Court of Justice of the European Communities, Sweet & Maxwell, 1994, pp. 101-102, 123-124. 김용훈, 앞의 책(각주 56), 112면에서 재인용.

92) I. Loveland, Constitutional Law-A Critical Introduction, Butterworths, 1996, p. 502. 이병훈, "유럽공동체법의 형성과 헌법이론의 변모: 영국의 경우", 공법연구 제28집 제2호, 109면에서 재인용.

93) 특히 Tony Wright, *supra* note 9, p. 28에서는 인권법 등 국제적인 수준의 규범의 국내 집행을 위한 각종 작업으로 말미암아 영국 정치 전반에 걸치는 새로운 헌법적 프레임(a new constitutional framework)이 양산되었다는 언급을 하고 있기도 하다. 김용훈, "영국의 헌정질서의 특징과 도전-2005년 헌법개혁법에서의 사법 개혁의 방향과 함의", 법학논고 제51집, 2015.8, 17면에서 재인용.

94) 정인섭, 앞의 책(각주 78), 74-75면.

95) Trevor C. Hartley, *supra* note 46, p. 282.

96) *Ibid.*, p. 282.

97) *R v. Secretary of State for Transport, ex parte Factortame*, [1990] 2 AC 85.

98) Martin Loughlin, *supra* note 33, p. 58.

는 유럽연합법이 우선하여 적용된다는 사항이 확인되었던 것이다.[99] 이와 같이 유럽연합법은 영국에 대해서도 다른 국내 법규범에 대한 심사 기준으로서 원용되는 상위의 지위를 향유하고 있었던 것이 사실이다. 이와 같은 입장에서 유럽연합법을 바라보는 견해 역시 어렵지 않게 발견할 수 있었던 것 역시 사실인데 대표적으로 Usher 교수는 "한 때 회원국들이 행사하던 권한들이 이제 공동체에 의하여 행사되고 있는 상황을 묘사하는 유일의 적절한 방법은 '이전(양도)'(transfer)라는 단어인 것으로 생각된다. … 사실, 현재의 논쟁의 많은 부분은 이전(양도)의 존재에 관한 것이 아니라 이전(양도)의 범위에 관한 것이다."라고 언급한 바도 있다.[100] 당해 사항은 불문헌법국가인 영국으로서는 획기적인 현상이라고 보아도 무리는 아니다. 즉 현재 헌법재판제도로 말미암아 현재 대부분의 국가에서는 의회우위의 원리가 부인되고 있는 것이 사실이지만 영국은 뉴질랜드와 더불어 여전히 의회우위의 원리를 고수하는 몇 안 되는 나라에 속한다고 볼 수 있다.[101] 하지만 이와 같이 의회우위의 원리를 채용하고 있는 국가에서도 헌법재판 유형(some form of constitutional review)은 존재한다고 여겨지는데[102] 영국의 경우 유럽연합법 및 유럽인권법을 기준으로 국내법에 대하여 이루어지는 심사가 그와 같은 헌법재판 유형이라고 볼 수 있을 것이다.

그런데 이와 같은 유럽연합법질서에 우호적인 영국 국내법적 사정이 일관되게 유지되었던 것은 아니다. 실제로 앞에서 언급한 바 있는 *Factortame* 사건 이후 영국에서는 헌법 실무자 간에 상당한 논란이 점화된 바 있다.[103] 당해 결정에 대하여 1972년의 의회가 1988년의 의회를 제한하는 데 성공하였다는 등의 긍정적인 평가가 없었던 것은 아니지만 Sir William Wade를 위시한 전통주의자들은 당해 결정은 헌법적으로 불가능했다고 폄하하는 등 유럽연합법의 영국 국내법적 입지가 확고하게 자리를 잡고 있었던 것은 아니다. 특히 의회의 입법권은 존중받아야 마땅하기 때문에 유럽연합으로의 입법권 위임(delegation of law-making authority)은 결국 주권적인 영국 의회의 결정에 의하여 가능하였다는 점에서 당해 「유럽공동체법 1972」가 주권의 공유를 의미하는 것은 아니라는 신랄한 비판적 견해도 제기된 바 있다.[104]

---

99) Catherine Eastern, The English Legal System, Hodder Education, 2012, p. 10. 이와 같은 상황을 감안한다면 Mark Tushnet, Advanced Introduction to Comparative Constitutional Law, Edward Elgar, 2014, p. 41에서의 "의회주권 원칙이 엄격하게 적용되고 있는 영연방 국가 중 하나인 뉴질랜드와는 달리 영국은 이스라엘과 더불어 의회주권 원칙이 유효하게 작동하기는 하지만 현재에는 헌법재판(constitutional review)이라는 형식이 존재하고 있다는 분석이 적절하다"는 언급 역시 이해하는 것이 어렵지가 않다. 위와 같이 유럽연합법에 기대어 최상위의 규범으로 여기는 의회의 법률에 대한 심사가 실제로 도모되고 있기 때문이다.

100) John Usher, European Community Law and National Law: The Irreversible Transfer? (London: George Allen & Unwin, 1981), pp. 83-84. 김대순, "영국의 의회주권 법리: 변화가 보이나?", 법학연구 제25권 제4호, 2015.12, 267면에서 재인용.

101) Mark Tushnet, Advanced Introduction to Comparative Constitutional Law, Edward Elgar, 2014, p. 41.

102) *Ibid.*, p. 41.

103) Martin Loughlin, *supra* note 33, p. 79.

(4) 조약의 주인으로서의 영국

앞서 살펴 본 *Factortame* 사건에서도 여전히 조약의 주인은 유럽연합이 아닌 영국이라고 보고 있는 것이 사실이다. 실제로 「유럽공동체법 1972」는 영국 의회에 의하여 제정된 것이기 때문에 주권자인 의회는 언제든지 당해 입법을 폐지할 수 있다는 것이 논리적이라는 것이 영국 내 일반적인 견해이기도 하다.[105] 결국 유럽연합법의 국내적인 효력은 영국 의회의 용인 하에 가능했기 때문에 「유럽공동체법 1972」가 제정되었다고 하더라도 연합법에 우선할 수 있는 국내 입법을 제정할 수 있는 의회의 권한을 박탈하려는 시도를 의회 자신이 도모한다고 하더라도 당해 규정의 효력은 부인될 수밖에 없다.[106] 따라서 의회가 명시적이고 분명하게 장래의 법률에서 국내 법률이 연합법을 압도한다는 사항을 규정하지 않는 조건 하에서 연합법이 영국법에 대하여 우선적인 효력을 향유할 수 있을 뿐이어서[107] 결국 유럽연합법과 국내 법률 간 관계의 중심에는 영국 의회가 있다고 볼 수밖에 없다.

실제로 유럽연합 사법재판소의 '영구적 제한(permanent limitation)'에 대한 선언에도 불구하고 미래의 영국 의회는 「유럽공동체법 1972」를 폐기할 수 있을 뿐만 아니라 유럽연합으로부터의 탈퇴도 가능하다는 점에서 종국적인 국가 주권은 여전히 영국이 보유하고 있다는 견해가 상당하였다.[108] 물론 영국 법원이 유럽연합 사법재판소를 의도적으로 배척하거나 유럽연합법의 적용을 의도적으로 거부한 적이 없는 것이 사실이지만 영국법과 유럽연합법 간 관계를 결정하는 것은 결국 유럽연합법이 아닌 영국법이라는 점에서,[109] 유럽연합법의 영국 내 운명은 영국에게 맡겨져 있다고 볼 수 있었던 것이 사실이다.

4. 브렉시트와 영국 내 유럽연합법의 위상

(1) 국제기구로부터의 탈퇴 쟁점

일반적으로 양자 조약이 폐기되면 조약 상 요구되었던 의무로부터 벗어나는 것이 원칙이며 다자조약이라고 하여 이와 크게 다르지 않다. 즉 양자조약의 경우에는 조약의 폐기 혹은 종료선언 그리고 다자조약의 경우에는 탈퇴를 통하여 당사국은 관련 의무를 면할 수 있게 되는 것이다.[110] 다만, 양자 조약의 경우에는 종료 선언 등을 통하여 당해 조약은 수명을 다하게 되지만 다자조약의 경우에는 남은 당사국을 중심으로 조약은 여전히 유효하게 남아있

---

104) *Ibid.*, p. 79.
105) 김대순, 앞의 논문, 17면.
106) Trevor C. Hartley, *supra* note 46, p. 282.
107) *Ibid.*, p. 282.
108) Martin Loughlin, *supra* note 33, p. 78.
109) Trevor C. Hartley, *supra* note 46, p. 284.
110) 즉 조약에서 탈퇴(withdrawal)를 하는 경우 그 탈퇴국가에 대해서는 조약은 종료되는 효과를 발생시키는 것이다. 정인섭, 조약법강의, 박영사, 2016, 272면.

게 된다. 그렇다면 국제기구의 경우에는 어떠할 까? 국제기구 역시 조약의 경우와 크게 다르지 않다. 국제기구 설립협정으로부터의 탈퇴 여부는 국가 주권에 맡겨져 있다는 견해가 일반적이기 때문에[111] 국제기구로부터의 탈퇴는 회원국의 재량이라고 볼 수밖에 없는 것이다. 국제연맹과 달리 국제연합은 탈퇴에 대한 규정을 가지고 있지 않지만 경쟁국이었던 말레이시아가 비상임이사국이 되는 것에 불만을 품은 인도네시아가 국제연합 전문기구인 UNESCO에서 탈퇴한 적이 있다는 점을 고려한다면 국제기구로부터의 탈퇴는 회원국의 재량적 선택에 의한다고 볼 수밖에 없다.[112]

하지만 유럽연합은 자신만의 사법보호체제를 가지고 있다는 평가를 받을 정도로[113] 공동체로서의 차별성을 자랑하였기 때문에 이를 일반적 수준의 국제기구로 분류하는 것에는 상당한 부담이 있었다. 특히 유럽공동체 결성조약의 경우 당해 조약은 무기한으로 발효한다는 조항까지 보유하고 있어서[114] 유럽연합으로부터의 탈퇴가 과연 가능한지에 대한 의구심도 많았던 것이 사실이다.[115] 하지만 리스본 조약에서 회원국 탈퇴에 대한 조항을 두었는데, 급기야 이를 기반으로 영국은 탈퇴를 감행하였다. 2005년에 좌절된 유럽헌법조약의 경우 자발적 탈퇴 조항을 두고 이를 수용한 리스본 조약의 탈퇴조항으로 말미암아 유럽연합 역시 탈퇴가 회원국의 자발적 성격의 행위임을 확인하여 준 것이라는 점에서[116] 영국은 탈퇴를 도모하는 데에 있어 많은 부담을 느낀 것으로 보이지는 않는다.

(2) 영국의 유럽연합 탈퇴의 법적 결과 및 유럽연합의 특수성

영국은 향후 유럽연합과의 협의를 통하여 유럽연합으로부터의 단계적 탈퇴 절차를 밟을 예정이다. 리스본 조약 제50조 상의 탈퇴 조항을 통하여 영국은 종국적으로 유럽연합 회원국으로서의 자격을 벗을 것이고 이로 말미암아 그간의 유럽연합 회원국으로서 누렸던 권한 및 부담했었던 의무로부터 벗어나게 되는 것이다. 특히 리스본 조약 제50조 제3항에서 규정하고 있는 바와 같이 유럽연합으로부터 탈퇴한 국가에 대하여 조약은 더 이상 적용되지 않기 때문에[117] 유럽연합법의 국내적 집행을 위하여 채택된 국내 행위 역시 더 이상 유효하게

111) Christakis, Article 56, in O. Corten & P. Klein, Commentary, p. 1275. 정인섭, 위의 책, 283면에서 재인용.
112) 물론 당시 국제연합은 인도네시아의 탈퇴 통고 후 탈퇴를 전제로 행정적 사무를 정리하였지만 이 후 복귀 의사를 밝히자 단순히 회원국으로서의 협력을 정지했던 것으로 간주했었다. 정인섭, 위의 책, 283면.
113) 이는 분쟁발생시 유럽연합법에 기인한 분쟁해결절차를 통하여 분쟁을 해결하여야 하는 것을 의미하는 것으로 결국 유럽연합이 보유하고 있는 분쟁해결제도가 자기완비적(self-contained)이라는 것을 보여주는 것이기도 하다. 김대순, 국제법론, 삼영사, 2009, 1532면.
114) 이에 대하여 유럽연합으로부터의 회원국 탈퇴를 막기 위한 것이라는 분석도 있지만(Hermann-Josef Blanke and Stelio Mangiameli(eds.), The Treaty on European Union(TEU): A Commentary, Springer, 2013, p. 1386. 이주윤, EU조약과 영국법상 브렉시트의 제 문제에 대한 고찰, 국제법평론 통권 제46호, 2017, 112면에서 재인용) 유럽연합의 독특한 실체로서의 특징을 보여주고 있은 것은 사실이다.
115) 정인섭, 앞의 책(각주 97), 283면.
116) Hermann-Josef Blanke and Stelio Mangiameli(eds.), The Treaty on European Union(TEU): A Commentary, Springer, 2013, p. 1406. 이주윤, 앞의 논문, 113면에서 재인용.

남아 있을 수는 없게 될 것이다.[118] 보다 구체적으로 영국의 탈퇴는 자연스럽게 「유럽공동체법 1972」의 폐지를 초래할 것이고 유럽연합법 우위의 원칙이나 직접 효력의 원칙 등 그간 유럽연합의 통합을 이끌었던 여러 가지 기제도 더 이상 영국 내에서는 인정되지 않을 가능성이 크다. 뿐만 아니라 유럽연합법의 제2차적 연원으로 여겨지는 규칙, 결정 및 지침 등의 법적 장치 역시 그 수명을 다하거나 상당 정도의 수정을 가해야 할 것으로 예상된다.[119]

하지만 유럽연합의 경우 자신만의 법질서를 기반으로 규칙, 결정 그리고 지침 등의 독특한 법적 장치를 보유하고 그를 자신의 통합의 주요한 수단으로 적극 활용하였다는 점에서 영국법과 유럽연합법 간의 관계를 그와 같이 단순하게만 볼 수만은 없을 듯 하다. 물론 일반 국제법의 경우 관련 조약 등 국제법에서부터의 이탈은 기술적으로 그를 위한 국내 입법의 종료를 야기하는 것이 일반적이다. 특히 특정 당사국의 관련 국제법으로부터의 이탈은 당해 국제법의 목적 및 취지에 동의하지 않는다는 것을 의미한다는 점에서 통상적으로 국내 입법을 종료시키는 조치가 자연스럽기도 하다. 하지만 유럽연합의 경우에는 국내 입법이 필요 없는 규칙과 지침 등 직접적으로 국내적 수준의 효력을 인정받는 입법 장치를 고려한다면 그 처리가 일반적 국제법의 경우보다는 복잡하다고 보아야 한다. 유럽연합은 전문성의 원칙에 터 잡아 설립되는 일반 국제기구와 달리 지역공동체로 여겨지는 고유한 실체(*sui generis* entity)라는 점에서 유럽연합법의 규율 범위는 일반적인 수준의 국제법과는 달리 상당히 넓기 때문이다.[120]

(3) 유럽연합 회원국으로서의 영국 내 기본권 보장의 특이성

유럽에서의 기본권 보장은 흔히 다중적(multi-layered)이라는 평가를 받고 있는 데[121] 국적국 수준의 보장과 회원국이라는 전제 하에 유럽연합법 및 유럽인권협약 수준의 보장이 예정되어 있기 때문이다. 물론 브렉시트는 형식적으로 영국에서의 기본권 보호 장치를 유럽인권협약 레짐 및 국내적 수준의 권리보호 장치만으로 축소할 것이라고 예상해볼 수 있다.[122] 그런데 유럽연합은 유럽인권협약을 통합을 추진하는 데에 있어서의 구성원 권리 보장의 전거(典據)로 원용하고 있었다는 점에서[123] 영국의 유럽연합 탈퇴가 제도적 그리고 기구론적인

117) 이주윤, 앞의 논문, 42면. 특히 탈퇴 협정 발표일로부터 혹은 탈퇴의사의 통지일로부터 2년째 되는 해에 비로소 리스본 조약상 의무에 기속되지 않게 된다. 채형복, 유럽통합과 리스본조약, 높이깊이, 2015, 66면.

118) Eva-Maria Poptcheva, "Article 50 TEU: Withdrawal of a Member State from the EU", Briefing February 2016, European Parliamentary Research Service, 2016, p. 3(이주윤, 위의 논문, 42면에서 재인용).

119) 이주윤, 위의 논문, 129면.

120) 리스본 조약, 특히 TEU 제3조 제1항은 유럽연합이 궁극적으로 지향하는 바는 "평화와 그 가치 그리고 구성원들의 복지 증진"이라고 보다 개괄적으로 규정하고 있다.

121) Jo Murkens & Sarah Trotter, The implications of Brexit for fundamental rights protection in the UK, LSE Commission on the Future of Britain in Europe, Report of the hearing held on 25th February 2016, 2016, p. 11.

122) *Ibid.*, p. 6.

의미에서의 결과는 별론으로 하더라도 법규범 수준까지 포함하는 유럽연합으로부터의 완전한 이탈을 초래할 것이라는 결론을 선불리 내릴 수는 없을 듯하다. 실제로 이와 관련 영국에서는 기존에 기득권을 향유하던 사인이 적극적으로 자신의 권리를 주장하는데 있어 유럽연합법 또는 일반 국제법을 원용할 수 있을 것인지가 뜨거운 감자로 부상하고 있다.[124)] 사실 유럽연합의 독특한 성격으로 말미암아 이에 대한 면밀한 분석을 도모하는 것은 어려운 것이 사실인데 다음의 논변 역시 이를 직접적으로 보여주고 있다.

> 개인적으로 나는 유럽연합 시민권을 상실하게 되겠지만 지속적으로 이의 이익을 향유했던 (그들의 후손의 권리는?) 수백만 사인들의 "기득권(acquired right)" 중 어떠한 것이 유효하게 남아있을 것인지에 대한 새로운 법적 이론이 고안될 것이라고 생각하지는 않는다(유럽연합 회원국 간 이동의 자유는 인정될 것인가? 유럽의회 선거권 및 피선거권은 인정될 것인가?). 당해 이론은 조약(Treaties)에서 어떠한 법적 지지를 확보하고 있지 않으며 이로 인하여 터무니없는 결과(absurd consequence)가 초래될 수도 있다.[125)]

물론 사인의 기존의 권리가 영국의 탈퇴로 말미암아 일방적으로 폐기된다고 볼 수만은 없다. 조약법 협약 상으로도 조약의 종료 전에 조약의 집행을 통하여 창출된 당사국의 권리, 의무 혹은 법적 상황은 조약의 종료에 의하여 영향을 받지 않는다는 점을 확인하고 있을 뿐만 아니라 일반국제관습법 상으로도 탈퇴 전 이미 집행되고 효력을 확보한 조약 하에서 성립한 권리와 규정은 탈퇴와 무관하게 유지될 수 있다고 보고 있기 때문에 조약의 종료가 기존의 권리에 영향을 미치지 못한다는 주장은[126)] 여전히 유효하기 때문이다. 하지만 그와 같은 기득권에 대한 일반적인 수준의 논의가 관습적 규범성(customary normativity)을 확보하고 있다고 볼 수는 없을 뿐만 아니라[127)] 유럽연합은 자신만의 독특한 법적 장치를 보유하고 있었다는 점에서 유럽연합의 경우에는 보다 면밀한 고찰이 요구된다고 보인다. 이와 관련 2016년 5월 상원의 유럽연합 위원회(the House of Lords EU Committee)는 기득권에 대한 이슈는 영국 탈퇴를 위한 협의에 있어서 가장 복잡한 사항 중 하나라는 사실을 인정한 바도 있다.[128)] 요컨대 영국 역시 유럽연합의 회원국이라는 점에서 영국 국민은 연합 시민으로서의

123) 특히 Hauer 사건(Case 44/79 *Liselotte Hauer v. Land Rheinland-Pfalz* [1979] ECR 3727)에서 유럽연합 사법재판소는 "'회원국에 공통된 헌법적 전통'과 함께 '회원국이 협력하고 있거나 서명국으로 되어 있는 국제인권보호조약'을 EU법상 인권의 새로운 연원으로 인정한"다는 선언을 한 바 있는데 당해 국제인권보호조약의 대표격으로 유럽인권협약을 들 수 있었던 것이다. 박덕영 외 16인 공저, EU법 강의, 박영사, 2012, 276면.

124) Paul Bowers, Arabella Lang, Vaughne Miller, Ben Smith, Dominic Webb, Brexit: some legal and constitutional issues and alternatives to EU membership, House of Common Library(Briefing Paper), 2016. 6, p. 19.

125) Jean-Claude Piris, 'Should the UK withdraw from the EU: legal aspects and effects of possible options', Robert Schumann Foundation European Issues no. 355, May, 2015. *Ibid.*, p. 19에서 재인용.

126) Lord McNair, The Law of Treaties, Oxford University Press, 1961, pp. 531-532. *Ibid.*, p. 21에서 재인용.

127) 이는 체코 헌법재판소의 견해이다. *Ibid.*, p. 23.

자격을 가지고 있었고 그에 따르는 권리를 보유하였지만 타 회원국 국민 역시 영국 내에서 일정 정도의 이익을 누렸기 때문에 이에 대한 처리가 우선 급선무라고 볼 수 있는 것이다. 예를 들어 유럽인권협약 제8조(사생활 및 가정생활 존중의 권리)에 따르면 장기간의 거주자에게 일정 정도의 보호를 제공하도록 요구하고 있는데 이에 따라 유럽연합법 하에서 단절 없이 5년 간 적법하게 거주를 한 유럽연합 회원국의 국민은 자신이 거주한 유럽연합 국가에서 영구적으로 거주(permanent residence)할 수 있는 자동적 권리(automatic right)가 예정되어 있었다.[129] 그렇다면 영국의 탈퇴로 말미암아 영국 내 기존의 거주자에게 지속적인 거주권을 인정하여야 하는 것인지 나아가 영국 역시 타국에게 자국민의 당해 권리를 요구할 수 있을지에 대한 문제가 실제적으로 부각되고 있다. 그런데 유럽연합법이 두드러지는 경우는 더욱 문제이다. 예를 들어 유럽인권협약에 명시적으로 규정되어 있지 않은 인간의 존엄성은 유럽연합 기본권 헌장에는 규정되어 있다. 혼인 및 가정 형성의 권리에 대하여 다소 보수적으로 해석하고 있는 유럽인권법원과 달리 동성혼(the same sex marriage) 등의 소수자 인권의 보호는 오히려 유럽기본권 헌장을 통하여 보다 심도 있게 논의될 수 있는 것이다.[130] 결국 영국 내 유럽연합법의 향후 입지에 대한 논의는 기본적 권리의 지지자 및 증진자(an upholder and promoter of fundamental rights)로서의 자부심을 가지고 있는 영국의[131] 향후 대응이 주목되는 지점인 것이다.

(4) 영국에서의 유럽연합법의 위상

영국의 유럽연합 탈퇴는 유럽연합의 법적 장치에 대한 대응을 필히 요구할 것이다. 이에 따라 영국은 의회의 개입으로 자신에게 불필요한 입법(unwanted legislation)을 폐기하거나 이행입법에 대한 검토를 수행할 수 있을 것이고 더 이상 불필요한 입법의 폐기를 위한 헌법회의(constitutional convention) 등을 개최할 수도 있을 것이다. 심지어 영국은 극단적으로 유럽연합으로부터 유래한 모든 입법을 폐기하거나 그에 상응하는 국내 입법을 제정하도록 하는 조치 역시 도모할 수 있을 것으로 예상된다.[132] 유럽연합의 흔적을 지우기 위한 영국 국내적인 조치는 어렵지 않게 예상할 수 있는 사항이다. 여하튼 영국은 자신의 국내법 질서에 있어 유럽연합법의 위상에 대한 근본적인 재고를 하여야 하는 상황에 직면하게 되는 것이다.

1) 브렉시트와 유럽연합 회원국으로서의 영국 내 권리 보호

하지만 누누이 강조를 하고 있는 바와 같이 유럽연합의 경우 회원국에 대한 자동집행력

128) *Ibid.*, p. 25.
129) *Ibid.*, p. 25.
130) Jo Murkens & Sarah Trotter, *supra* note 108, p. 7.
131) *Ibid.*, p. 8.
132) 이는 Trinity 대학교의 Catherine Barnard 교수의 견해이다. *Ibid.*, p. 7.

을 담보하는 규칙 등의 법적 장치는 그간 회원국의 법질서와 융합을 하고 있었다는 점에서 유럽연합의 탈퇴로 말미암는 법적 수준의 후속 조치와 관련, 영국에게 또 다른 고민거리를 안겨 준다고 할 수 있다. 먼저 염두를 하여야 하는 사항은 앞서 언급한 바 있는 기존 사인이 보유하고 있었던 기득권에 대한 처리 방향이다. 유럽연합은 비회원국 시민에게도 일정 정도의 권리를 보장한 바 있으며[133] 유럽연합법 역시 영국 시민들에게도 일정 정도의 혜택을 부여한 바 있는데 거주의 자유 또는 노동의 자유와 같은 권리가 대표적이다.[134] 그렇다면 영국의 탈퇴는 회원국으로서 누렸던 권리의 즉각적이고 완전한 박탈을 의미할 것인가? 그렇지는 않을 것이다. 원칙적으로 이는 유럽연합과 영국 간의 탈퇴를 위한 협의 과정에서 정해질 것이지만[135] 유럽연합 판례법(EU case-law)은 사인들을 위한 기득권(acquired rights)을 창출하는 기제로 여겨지고 있었다는 점에서[136] 유럽연합의 기존 법적 조치에 상응하여 당해 사항은 정해질 가능성이 농후하다.[137] 유럽연합법은 회원국 국민들에게 권리를 창설하고 법적 유산(legal heritage)의 일부분을 형성하고 있을 뿐만 아니라 유럽연합법상 개인에 대한 법적 유산은 그를 창출한 장치(instrument)보다 수명이 길 것이라는 평가가 일반적이기 때문이다.[138] 그렇다면 유럽연합의 기본권 헌장이 브렉시트로 말미암아 영국 내에서 더 이상 직접

---

133) Paul Bowers, Arabella Lang, Vaughne Miller, Ben Smith, Dominic Webb, *supra* note 111, p. 19.

134) Jean-Claude Piris, 'If the UK votes to leave: the seven alternatives to EU. membership', Centre for European Reform Policy brief, 12 January 2016. Paul Bowers, Arabella Lang, Vaughne Miller, Ben Smith, Dominic Webb, *supra* note 111, pp. 20-21에서 재인용.

135) Jonathan Lindsell, Lessons from Switzerland: How might Britain go about business outside the EU? Civitas, October 2015. *Ibid.*, p. 31에서 재인용. 이와 관련 스위스와 같이 영국 역시 유럽연합과 개별적인 협정을 체결할 가능성이 상당하다. 실제로 스위스는 시장 접근(market access)과 관련하여 유럽연합과 개별적으로 100개 이상의 협정에 대하여 협의를 한 바 있기 때문이다(HM Government, Alternatives to membership: possible models for the united Kingdom outside the European Union, March 2016, para 3.27. *Ibid.*, p. 30에서 재인용).

136) *Ibid.*, p. 20.

137) 이와 관련하여 흥미로운 사건이 영국에서 발생한 바 있다. 당해 사건은 프랑스 국적의 한 프랑스인이 학생 신분으로서 중등학교에 다니기 위하여 영국에 3년 간 자신의 조모와 거주하였는데 '5년 계속 거주'라는 요건을 충족하지 못한 것이 문제된 사건이다. 특히 당해 사건에서는 당해 학생에게 영국에서의 영구 거주권을 인정할 수 있을 것인지가 문제되었다. 당해 사건에서 법원은 '일정한 소재국 사회로의 동화 정도(a certain degree of integration into the society of 「the host」 State)'라는 기준을 적용하여 원고의 손을 들어주는 결정을 내리게 된다. 이는 물론 5년 간 계속 거주 요건을 충족하지 못한 경우에는 특히 학업을 위한 계속 거주를 허가하지 않아야 한다고 규정한 Directive 2004/38, Article 24(2)과 상충하는 결정이었다. 하지만 당해 사건에서의 법률고문관인 Geelhoed가 밝힌 바와 같이 유럽공동체 조약에 의하여 유럽연합 시민에게 직접적으로 부여된 기본권 권리는 충분히 존중되어야 하기 때문에 당해 결정은 교육 제도와 거주국 회원국의 사회와의 진정한 연계(a genuine link)가 있는 지에 대한 모든 관련 있는 요소(all relevant factors)가 고려된 의미 있는 결정이었다(Case C-209/03 *Bidar v. London Borough of Ealing; Secretary of Stata for Education and Skills* [2005] ECR Ⅰ-2119, Opinion of AG Geelhoed, at [64]). 이상 Ferdinand Wollenschläger, "The judiciary, the legislature and the evolution of Union citizenship", in Phil Syrpis (ed.), *The Judiciary, the Legislature and the EU Internal Market*, Cambridge University Press, 2012, p. 340. 물론 이는 유럽연합 사법재판소의 결정이지만 영국에 대한 직접적인 법적 영향을 끼쳤다는 점과 기본적 권리 보장의 관성을 고려한다면 영국의 향후 권리 보장의 양상에 지속적으로 작용을 할 것으로 보인다.

적으로 적용될 것으로 보이지는 않지만 당해 헌장은 그간 유럽연합 정책의 주요한 방향키로서 기여하였다는 점에서 영국 국내법 수준에서도 지속적으로 부차적인 효과(residual effect)를 발휘할 것이라는 평가가[139] 가능하다고 생각된다.

2) 브렉시트와 유럽연합법의 영국에 대한 영향

그리고 이와 관련 고려하여야 하는 것은 회원국 국내법 질서에 직접적이고 구체적인 영향을 미쳤던 유럽연합의 제2차적 법원의 처리 문제이다. 물론 브렉시트로 말미암아 영국은 그간의 유럽연합법의 법적 장치에 대한 효력을 인정하지 않을 것이며 결국 이는 「유럽공동체법 1972」의 폐지를 통하여 구체화될 것이다. 나아가 이행입법이 필요 없었던 규칙과 지침 역시 그 수명을 다할 것임은 물론이다. 하지만 그간 영국 국내법이 미처 규율하지 못했던 분야 등 법적 공백을 메꾸는 기능을 유럽연합법이 담당하였다는 점에서 브렉시트가 유럽연합법으로부터의 영국의 완전한 이탈을 초래한다고 볼 수는 없다. 영국 국내적으로 필요한 이행입법의 경우에는 국내법적 장치로 개정 등의 절차를 나아가 이행입법이 불필요했던 규칙 등의 유럽연합법적 수단은 국내법으로의 제정 절차를 밟을 것이기 때문이다.

또한 브렉시트와 관련하여 염두에 두어야 하는 사항은 과연 유럽연합이 외부적인 수준에서 지속적으로 영국에 대하여 영향력을 발휘할 수 있을 것인가 하는 점이다. 외부적 수준의 기준(external reference points)은 국내 권력에 대한 규제를 지속적으로 도모할 수 있도록 할 것이기 때문에[140] 영국 내 기본권 보장 수준의 제고를 위해서 당해 논의는 그 의미가 상당하다고 보인다. 이와 관련하여 주목할 수 있는 것은 유럽연합 사법재판소로의 소제기가 보다 일반적인 수준에서 인정되고 있다는 것이다. 실제로 리스본 조약 제263조에 따르면 "자연인이나 법인은 누구나 제1단 및 제2단에 언급된 조건 아래 자신에게 시달된, 또는 자기와 직접적이고도 개별적으로 관계하는 행위에 대해, 또 자기에게 직접 관계되는 실시 조치를 수반하지 않는 규칙의 성질을 가지는 행위에 대해 소송을 제기할 수 있"도록 하고 있다.[141] 즉 유럽연합에서는 이례적으로 국제적인 수준의 재판소에 사인의 원고적격(*locus standi*)이 직접 인정되고 있는 것이다.[142] 브렉시트 이후 영국 국민 역시 유럽연합 사법재판소에 소송을 제

138) Paul Bowers, Arabella Lang, Vaughne Miller, Ben Smith, Dominic Webb, *supra* note 111, p. 20.

139) Jo Murkens & Sarah Trotter, *supra* note 108, p. 5. 당해 자료는 유럽연합법을 연구하는 교수와 연구원 등 유럽연합 연구자들의 브렉시트를 주제로 도모한 논의(hearing)를 정리한 보고서이다.

140) 이는 런던 유럽의회(European Parliament for London)의 구성원인 Mary Honeyball의 견해이다. *Ibid*., p. 13.

141) 채형복 옮김, 리스본조약, 국제환경규제 기업지원센터, 2010, 222면에서 직접 인용.

142) 국제적인 수준의 사법기관에 사인이 직접 소를 제기하도록 하는 것은 흔치 않은 것이 사실이다. 일례로 국제연합의 국제사법법원의 경우 사인의 제소권은 인정되지 않고 있다. 국제사법재판소 규정 제34조는 "국가만이 법원의 사건에서 당사자가 될 수 있다(Only States may be parties in cases before the Court)"라고 규정하고 있기 때문인데 이에 따라 주권 국가(sovereign States) 이외의 사적 단체 등은 자신의 분쟁 해결을 국제사법법원에 맡길 수는 없다(Andreas Zimmerman, Christian Tomuschat & Karin Oellers-Frahm (eds.), The Statute of the International Court of Justice, Oxford University Press, 2006, p. 546). 물론 유

기할 수 있을 것인데[143] 만일 관련 사건이 영국의 법제도 혹은 정책과 관련되어 있다면 유럽연합의 법질서와 정책은 간접적으로나마 영국에 영향을 미칠 수 있을 것으로 보인다. 더욱이 브렉시트로 말미암아 영국 내 권리보호에 있어서의 보다 광범위한 이동(broader shifts)은 영국인들이 향후 외부적 혹은 내부적 기준 중 어느 것을 적극적으로 원용할 것인지에 달려 있다는 점에서[144] 당해 원고적격의 인정은 유럽연합법제도의 영국에 대한 지속적인 법질서상의 영향을 담보해 줄 수 있을 것으로 보인다.

3) 브렉시트와 영국 내 유럽연합법 질서에 있어서의 영국 사법부

고찰을 한 바와 같이 유럽연합법 우위의 원칙과 직접 효력의 원칙 등을 통하여 유럽연합은 자신의 통합을 위한 동력을 확보하고자 하였고 이를 통하여 회원국의 협조와 동의,[145] 때로는 강요를 통하여 자신의 통합을 지속적으로 도모하고 있다. 하지만 조약의 주인은 결국 회원국이라는 원칙적인 입장을 적지 않은 수의 회원국이 고수함에 따라 유럽연합은 통합의 주도권을 일관되게 확보할 수 있었던 것은 아니다. 하지만 유럽연합은 유럽연합 사법재판소가 주도하는 선결적 부탁절차를 통하여 회원국의 최고재판소 혹은 헌법재판소의 협조와 양해를 확보할 수 있었고 이로 말미암아 그간의 통합에 직접적인 장애가 존재하지는 않았다. 영국 역시 이와 크게 다르지 않아 영국 사법부는 의회제정법 우위의 원칙이 통용되는 국내적 상황에도 불구하고 유럽연합법에 대하여 적대적이고 비협조적인 태도를 직접적으로 보인 경우는 많지 않았다. 하지만 영국은 탈퇴라는 선택지를 통하여 유럽연합법으로부터의 완전한 이탈을 시도하고 있다. 그렇지만 그와 같은 탈퇴가 유럽연합의 영향력으로부터의 완전한 자유를 의미하는 지는 재고를 요한다. 언급한 바와 같이 영국뿐만 아니라 유럽연합 회원국의 구성원들은 다중의 권리 보호 장치를 누리고 있기 때문이다. 더욱이 유럽연합은 유럽연합법에 입각하여 기존의 권리를 보호하거나 청구의 존속에 대하여 다룰 수 있도록 하는 '존속 규정(survival clause)'을 명시적으로 보유하고 있지 않기 때문에 기존의 권리(acquired right)를

럽인권협약 제34조를 통하여('법원은 협정이나 의정서에 규정된 권리를 당사국에 의하여 침해당했다고 주장하는 사인, 비정부 기구 혹은 사적 단체의 청구를 심사한다. 협정 당사국은 어떠한 방식으로라도 당해 권리에 대한 효과적인 행사를 방해하지 않아야 한다') 유럽인권법원에서도 사인의 원고 적격이 인정되고 있지만(김용훈, "국제적 수준에서의 기본권의 제한과 보호-프라이버시권을 중심으로-", 한양법학 제24권 제3호, 2013.8, 42면), 인권 보호 장치로서의 특수성을 감안한 자연스러운 조치라고 보인다. 물론 이례적인 제도임은 분명하다.

143) 리스본 조약에 기반한 취소소송의 제소권은 국적이나 주소지에 근거하여 인정되는 것이 아니라 당해 규정에서 정하고 있는 제조건의 충족여부에 따라 결정되기 때문이다. 외국인 역시 당해 조건이 충족된다면 유럽연합 사법재판소에 소를 제기할 수 있게 되는 것인데(김대순·김민서, 앞의 책, 326면) 브렉시트 이후의 영국민 역시 마찬가지일 것이다.

144) Jo Murkens & Sarah Trotter, *supra* note 108, p. 15.

145) 물론 유럽연합이 보유하고 있었던 이의 주요한 수단은 선결적 부탁절차(preliminary ruling procedure)였다. Anthony Arnull, "Judicial Dialogue in the European Union", in Julie Dickson & Pavlos Eleftheriadis, Philosophical Foundations of European Union Law, Oxford University Press, 2012, p. 130.

향유하고 있는 구성원들이 당해 권리를 유럽연합법 혹은 일반국제법에 입각하여 주장할 수 있는 지에 대한 명시적인 결론도 존재하지 않는다.[146]

그렇다면 이 지점에서 주목할 수 있는 것은 영국 내 사법부의 역할이다. 영국의 사법부는 제한적이기는 하지만 유럽연합 정책에 대한 협조적인 태도를 통하여 연합 통합에 통하여 도움을 준 경험이 있기 때문이다. 법원이 조약 및 법규 적용 범위에 대한 최종적 결정권자(the ultimate arbiter)라는 점에서[147] 영국의 사법부 역시 브렉시트 이후 영국 내 법제의 적용 여부 및 그 범위에 대한 결정을 내릴 것이고 이 와중에 그간 유럽연합 회원국으로서의 경험을 십분 고려할 수 있을 것이다. 당해 지점 역시 유럽연합법질서가 영국의 법질서에 지속적인 영향력을 끼칠 수 있는 여지를 남겨두는 것이다. 다만, 유럽연합 내 입법부와 사법부 간 결투의 무대(the stage for a legislative-judicial battle)가 암울하게 설치되어 있는 듯 보인다는 Ferdinand Wollenschläger 교수의 언급은[148] 영국에서는 다른 양상을 보일 수 있다. 영국 사법부는 브렉시트 이후에도 철저히 의회의 입법에 입각하여 판단할 수 있기 때문에 입법을 해석하고 적용하는 데에 있어서 단지 유럽연합 회원국으로서의 경험을 고려하는 정도의 판단을 할 가능성이 농후하기 때문이다. 그렇다면 상원의 구성원이었던 Baroness Hale 재판관의 언급처럼 "법원은 개인의 권리에 영향을 미치는 정부의 조치를 사법심사의 대상에서 제외함으로써 법의 지배를 무너뜨리려는 일체의 시도를 특히 의심스럽게 대"할 것인데[149] 그렇다면 영국에서는 사법부와 정부 간의 대결의 양상을 쉽게 예상해 볼 수 있을 것이다. 그렇다고 하여 브렉시트 이후 사법부의 역할과 기능을 소극적으로만 조망할 수는 없을 듯하다. 인권법을 제정하기 전 유럽인권법원의 결정이 영국의 국내법에 간접적인 영향을 끼친 바 있는데 영국 의회는 실제로 인권법원의 협약 위반 선언 이후 상당한 수의 국내법을 개정한 있다.[150] 특히 영국 사법부는 애매한 국내 법규정을 명확히 하기 위하여 유럽인권협약과 유럽인권법원에 의한 해석을 참조한 적이 적지 않다.[151] 더욱 흥미로운 것은 유럽연합 사법재판소가 기본적 권리의 보호가 중요한 사안에서 유럽인권협약을 직접 원용하고 있기 때문에[152] 당해 인권협약이 유럽연합법을 국내 재판소 결정에 고려하도록 유인할 수 있다는 점

146) Paul Bowers, Arabella Lang, Vaughne Miller, Ben Smith, Dominic Webb, *supra* note 111, p. 4.

147) Ferdinand Wollenschläger, "The judiciary, the legislature and the evolution of Union citizenship", in Phil Syrpis (ed.), *The Judiciary, the Legislature and the EU Internal Market*, Cambridge University Press, 2012, p. 341.

148) *Ibid*., p. 341.

149) *R(Jackson) v. Attorney General* [2005] UKHL 56, [2006] 1 AC 262, para 159. 톰 빙험(김기창 옮김), 법의 지배, 이음, 2013, 287면에서 재인용.

150) 따라서 유럽인권법원의 결정이 자동적으로 국내법의 개정을 수반하지는 않았음은 물론이다. *Sunday Times v. The United Kingdom* of 26 April 1979, *Publ. Eur. Court of H.R.*, Series A, no. 30. Gerhard van der Schyff, Judicial Review of Legislation-A Comparative Study of the United Kingdom, the Netherlands and South Africa-, Springer, 2010, p. 17.

151) R. v. Secretary of State for the Home Department, Ex Parte Brind,

이다.[153] 앞서 본 바와 같이 유럽 지역에서의 기본적 권리의 보장은 중첩적인 특징을 보이고 있기 때문이다. 더욱이 사법부가 향후 의회주권의 원리에 대한 우호적인 입장만을 고수할 것으로 보이지는 않는다는 평가는[154] 영국 사법부의 입장 및 태도에 따라 유럽연합법의 향후 입지가 보다 선명해질 것이라는 예상을 가능하게 한다.[155] 요컨대 브렉시트 이후에도 유럽연합법질서는 다소 제한적인 범위에서나마 지속적으로 영국에서 그 영향력을 확보해 나갈 것으로 예상해 볼 수 있다. 지금까지의 논의를 정리하면 다음과 같이 정리할 수 있을 것이다.

<EU가입 이전 영국의 법체계> 의회주권 우선의 원칙(엄격한 이원론 국가로서의 영국) → <EU가입 이후 영국의 법체계> 영국 내 유럽연합법의 영향력 확장(사법심사 기준으로 원용) → <실질적인 유럽연합 탈퇴 완료 이후 영국의 법체계> 영국 내 유럽연합법의 영향력 행사 가능성(유럽연합 시민권 등 기득권 보호 및 유럽인권법원의 유럽연합법 원용 등 융합법적 영향 가능성)

영국의 유럽연합 탈퇴는 연합이 경험해 보지 않은 중대한 결과를 야기할 것이라는 점에서 나아가 초국가적 법질서를 자랑하였던 유럽연합 법질서 상으로도 상당한 영향을 끼칠 것이라는 점에서 그 함의는 상당하다고 보아야 한다. 특히 유럽연합의 정체성과 초국가적 법질서로서의 특징을 자랑하였던 유럽연합법실서 상으로도 많은 부침을 겪게 할 것이다. 따라서 이와 관련한 분석은 유럽연합의 통합행보에 상당히 의미를 지니게 된다.

Ⅳ. 유럽연합의 정체성과 초국가적 헌법 담론

1. 브렉시트 이후 영국과 유럽연합 간 관계

영국은 유럽연합의 출범 초기부터 나아가 통합과정에서도 통합의 주도자라기보다는 소극적인 방관자로서의 자신의 입지를 고집한 것이 사실이다. 실제로 영국의 그간 유럽연합에 대한 입장과 정책을 고려하여 영국과 같은 비협조적인 회원국(an awkward partner)의 탈퇴는 향후 유럽연합과 기존 회원국 간 보다 효과적인 협조를 도모할 수 있도록 할 것이라는 평가도 어렵지 않게 눈에 띈다.[156] 그렇다고 영국이 유럽연합과 전혀 무관한 관계를 설정할 것으

152) John Wadham, Helen Mountainfield, Anna Edmundson and Caoilfhionn Gallagher, Blackstone's Guide to the Human Rights Act, Oxford University Press, 2007, pp. 101-109. Gerhard van der Schyff, *supra* note 137, p. 17에서 재인용.

153) *Ibid.*, p. 17.

154) *Ibid.*, p. 22.

155) 영국의 보통법은 순전히 기계적으로 형성되는 것으로 보고 있지는 않으며 오히려 판사의 결정을 통하여 특정 내용이 보통법에 부가되는 것으로 보고 있다. 이에 따라 영국에서는 법원 판사의 결정이 법원(a source of law)의 하나로 간주되고 있다는 점에서(Lucas Parkke, "The Unjited Kingdom of Great Britain and Northern Ireland", in Lucas Parkke and Constantijn Kortmann, Constitutional Law of 15 EU Member States, Kluwer Legal Publishers, 2004, p. 872), 법질서형성에 있어서 사법부의 위상을 어렵지 않게 간파할 수 있다.

로 보이지는 않는다. 현재 유럽연합의 비회원국이지만 연합과 일정 관계를 유지하고 있는 스위스와 노르웨이와 같이 영국 역시 유럽연합과 상당 정도의 관계를 유지할 것으로 예상되기 때문이다. 특히 영국이 노르웨이와 스위스보다 많은 인구와 더 큰 경제적, 사회적 그리고 군사적 규모를 자랑하고 있다는 점에 당해 가능성은 더욱 높다.[157] 유럽연합 역시 현재 러시아와 미국 그리고 터키 및 이스라엘 등 비회원국간 관계 설정에 있어서 일관성 있는 정책을 확보하기 위한 노력을 경주하고 있다는 점에서 향후 영국과의 관계 역시 비관적이라고만은 볼 수 없다.[158]

2. 브렉시트 이후 유럽연합의 통합 전망

문제는 향후 유럽연합의 통합에 대한 전망이다. 유럽연합이 현재 통합의 강력한 동력을 확보하고 통합을 구체화하고 있다는 평가를 내리는 것이 망설여지는 여러 가지 이유가 발견되고 있기 때문이다. 유럽연합의 헌법적 특징을 강화하고자 했던 유럽헌법은 2005년에 좌절되었고 이후 2009년 체결된 리스본 조약은 유럽연합이 회원국의 헌법적 정체성을 고려하여야 한다고 규정하고 있다.[159] 급기야 영국의 탈퇴로 말미암아 유럽연합의 통합 전망에 암운이 감돌고 있음을 부인할 수는 없다. 그런데 브렉시트로 말미암는 유럽연합 통합에 대한 향후 전망에 대하여 Tom Wright 교수는 다음과 같이 제시를 한 바 있는데 이를 고려한다면 유럽연합의 통합을 비관적으로만 조망할 수는 없을 듯하다.

① 더 높은 수준의 통합, 보다 고양된 수준의 효과적인 기능 확보를 통한 통합의 진전
② 더딘 통합 과정
③ 지속된 분리 및 이에 따른 유럽연합의 붕괴[160]

물론 영국의 탈퇴로 말미암아 유럽연합의 종말을 예견하는 견해가 없는 것은 아니다. 브렉시트는 유럽연합 내 분산을 더욱 가속화시킬 것이고 그로 인하여 유럽연합을 약화시키는 원심력(centrifugal force)이 더욱 강화될 것이라는 분석 역시 본격적으로 제기되고 있기 때문이다.[161] 하지만 영국의 그간 행보를 고려하여 영국의 이탈은 오히려 유럽연합에게 더 높은 수준의 통합으로 이끌 것이라는 견해 역시 어렵지 않게 발견할 수 있다. 협조[162]적이지 않은

156) Michael Rocard, ‘A French message to Britain: get out of Europe before you wreck it’, The Guardian, 6 June 2014. Tim Oliver, *supra* note 1, p. 7에서 재인용.
157) *Ibid.*, p. 8.
158) *Ibid.*, p. 9.
159) Martin Loughlin, *supra* note 33, p. 86.
160) Tim Oliver, *supra* note 1, p. 3.
161) *Ibid.*, p. 2.
162) 나아가 영국은 향후 유럽연합과의 협상 과정에서 유럽연합에서의 잔류를 선언할 수도 있다. 지금까지 고찰을 하고 있는 바와 같이 유럽연합 수준에서의 시민권(citizenship)이라는 기제가 내적 결속을 다지는 데 상당 정도의 역할을 수행한 것이 사실이며 영국 이와 같은 유럽연합 회원국으로서의 이점을 포기하는 것이

파트너(an awkward partner)로 알려진 회원국의 탈퇴는 유럽연합으로 하여금 보다 효과적인 정책 수행에 순영향을 끼칠 것이라는 점에서[163] 브렉시트는 종국적으로 유럽연합의 기능을 보다 효과적으로 제고할 수 있다는 견해가 대표적이다.[164] 뿐만 아니라 유럽연합의 정책에 여전히 적극적으로 협력을 제공하는 회원국의 수가 상당하다는 점에서 유럽연합의 정체성 평가와 향후 전망을 부정적으로만은 상정할 수는 없다는 견해도 있다. 실제로 1971년 이래 벨기에의 파기원은 유럽연합법의 국내 규범에 대한 우위를 전적으로 인정하고 있으며 아일랜드와 네덜란드 최고 법원 역시 유럽연합법의 최고성 원리를 상당 정도 수용하고 유럽연합법의 국내 집행을 위한 노력을 경주하고 있기 때문이다.[165]

3. 유럽연합의 정체성 평가

와일러 교수는 새로운 유럽은 자신의 궁극적인 권위의 중추적인 위치(central location of ultimate authority)로 인하여 주권을 굳이 필요로 하지 않을 것이라는 점과 복잡하면서 여러 겹의 복수의 정치적인 형태(a complex overlapping pluralistic political form)를 띠고 있다는 점을 들어 향후 유럽통합에 대한 긍정적인 주장을 한 바 있다.[166] 실제로 유럽연합은 마스트리히트 조약 이후에 자신의 정책결정 수준을 다국적(transnational), 정부간, 초국가적(supernational) 그리고 지역적 수준으로 확장한 바 있다는 점에서[167] 일국의 이탈이 유럽연합의 통합 행보에 유의미한 타격을 직접적으로 가할 것으로 보이지는 않는다. 더욱이 유럽연합은 자신의 통합을 추진하는 데에 있어 지속적으로 자신의 법질서를 활용하였음은 이미 언급한 바와 같은데 향후에도 그러할 것이다. 이로 말미암아 유럽연합의 정체성을 시민적 혹은 규범적 권력(civilian or normative power)에서 찾으려는 시도[168] 역시 존재하고 있으며 급기야 유럽연합

쉽지만은 않을 것이기 때문이다. 실제로 과거 영국 내에서 시민권을 획득한 외국인은 그것만을 기반으로 유럽연합 시민권을 획득할 수 없다는 유럽연합법원의 결정(*R v. Secretary for the Home Department, ex p Kaur* C-192/99 [2001] All ER(EC) 250. Chris Turner, *EU Law-Key Facts Key Cases-*, Routledge, 2014, p. 223)은 당시 시민권을 매개로 하는 유럽연합 내 결속의 강도를 현시하는 사항이기도 하다. 이와 같이 유럽연합 외부에 대해서는 배타적인 취급을 가능하도록 한 반면 내부에 대해서는 결속의 주요한 도구로 활용됐던 당해 유럽연합 시민권의 여러 이점을 누려온 영국으로서도 유럽연합 잔류의 결정을 할 수 있는 것이다. 물론 국민투표의 결정에 기반하여 법원의 결정 등 일련의 절차가 유럽연합 탈퇴로 방향성을 굳히고 있는 현 상황에서는 영국의 잔류 가능성이 상당 정도로 희박할 수밖에 없다.

163) Michael Rocard, 'A French message to Britain: get out of Europe before you wreck it', The Guardian, 6 June 2014. Tim Oliver, *Ibid.*, p. 7에서 재인용.

164) *Ibid.*, p. 2.

165) Richart Geovontian, Droit Communautaire, Sirey(2006). p. 140이하. 조용준, "유럽연합법의 적용원리와 사법적 통제-프랑스 사례를 포함하여-", 법조 제646호, 2010, 7, 98면에서 재인용.

166) Joseph Weiler, The Constitution of Europe: 'Do the New Clothes Have an Emperor' And Other Essays on European Integration, Cambridge University Press, 1999. Raia Prokhovnik, Sovereignties-contemporary Theory and Practice-, Palgrave Macmillan, 2007, p. 207에서 재인용.

167) Jefferey T. Checkel and Peter J. Katzenstein, "The Politization of European identities", (in) Jefferey T. Checkel and Peter J. Katzenstein(eds.), European Identity, Cambridge University Press, 2009, p. 7.

의 로마조약이 개정되는 가운에 유럽연합 내에서는 사실상의 헌법(a *de facto* constitution)이 존재하고 있다는 평가도 눈에 띈다.[169] 개인 수준에서도 유럽연합은 충성심과 의무감이라는 지속적인 감각을 공동체에 연계시키고 있다는 주장 역시 유효하다는 점에서[170] 향후 유럽연합은 자신의 정체성 확립에 더욱 열을 올릴 것으로 보인다. 브렉시트 이후 유럽연합법 질서의 위상과 관련한 위의 고찰에서 본 바와 같이 유럽연합의 향후 정체성에 어떠한 뚜렷한 변화가 있을 것으로는 보이지 않는다는 점에서 더욱 그러하다.[171] 하지만 유럽연합이 주권의 개념을 필요로 하지 않고 전체적으로 정책을 추진할 수 있다는 혹은 추진하고 있다는 주장은 다시 활성화된 민주주의(revitalised democracy)대신 고루한 정치적 정체성(political identity)에 매몰되는 실수를 범할 수 있다는 점에서[172] 유럽연합의 통합에 대해서는 보다 객관적이고 냉철한 접근이 필요함은 물론이다.

4. 유럽연합 법규범과 초국가적 헌법 담론

유럽연합법이 일반적인 국제법 규범과 다른 특이점을 자랑한다고 하더라도 이를 초국가적인 수준이 헌법이라고 보는 데에는 여전히 부담이 상당하다. 영국의 탈퇴 절차와 관련 법리적 장애가 존재하지 않는다는 점은 이를 현시하는 것이며 유럽연합법은 통상적인 수준에서의 헌법이 지니고 있는 기본적인 특징을 완전하게 보여주고 있지는 않기 때문이다. 즉 헌법이라는 규범은 '국가의 조직과 구성에 관한 법'으로서[173] 국법질서 체계상 최고규범, 자유(기본권 장전), 정치제도를 설계하는 권력 체계 그리고 헌법보장을 위한 규범으로서의 규범적 특징을 보이고 있는데[174] 유럽연합법이 당해 특징을 명확히 보이는 지에 대해서는 부정적으로 조망하는 것이 타당하다고 보이기 때문이다.

하지만 유럽연합법은 제한적인 수준에서나마 연합 수준에서의 원칙 규범 및 고차법으로

---

168) Ian Manners, "The Normative Power Europe: A Contradiction in Terms?", *Journal of Common Market Studies* 40, 2002, pp. 235-258. Jefferey T. Checkel and Peter J. Katzenstein, "The Politization of European identies", (in) Jefferey T. Checkel and Peter J. Katzenstein(eds.), European Identity, Cambridge University Press, 2009, p. 7에서 재인용.

169) Andrew Moravcsik, "What Can We Learn from the Collapse of the European Constitutional Project?", *Politische Vierteiljahrreschrift* 47, 2006, pp. 219-241. Jefferey T. Checkel and Peter J. Katzenstein, "The Politization of European identities", (in) Jefferey T. Checkel and Peter J. Katzenstein(eds.), European Identity, Cambridge University Press, 2009, p. 7에서 재인용.

170) Jefferey T. Checkel and Peter J. Katzenstein, *supra* note 153, p. 12.

171) 물론 향후 유럽헌법 제정 과정에서의 논란에서와 같이 유럽연합 통합과정에서는 회원국의 입김과 유럽연합의 통합 심화 사이에 불협화음을 조정하는 것이 통합의 관건이 될 것이다. 특히 유럽연합은 초국가적 헌법제도와 같은 기제를 통하여 지속적으로 회원국에게 영향을 미치려 할 것이다. Turkuler Isiksel, *Europe's Functional Constitution, Oxford University Press*, 2016, pp. 4-7.

172) Raia Prokhovnik, *supra* note 152, p. 207.

173) 성낙인, 앞의 책, 3면.

174) 성낙인, 위의 책, 29-31면.

서 나아가 권리보장 규범으로서 제 역할을 수행하고 있다는 평가가 없는 것은 아니다.[175] 유럽연합법은 유럽연합법질서 유지 및 통합의 진전을 위한 원동력으로서 받아들여지고 있으며 유럽연합 시민의 권리 보장을 법규범으로서 직접 봉사하고 있기 때문이다. 특히 앞서 살펴본 바와 같이 유럽연합법은 자체적으로 보유하고 있는 절차를 위하여 유럽연합 시민의 권리보장을 위한 노력을 경주하고 있으며, 회원국에 대하여 통합을 위한 일정 정도의 영향력을 끼치고 있는 것이 사실이기도 하다. 여하튼 유럽연합법은 일반 국제법 영역에서는 논의될 수 없는 그만의 특징과 성격을 자랑하고 있다고 볼 수 있다. 권리보장 측면에서의 유럽연합의 특징을 명확하게 보여주고 있는 다음의 논변 역시 주목할만 한다.

> 유럽연합 내 기본권의 지위는 연합의 헌법적 위계질서(the constitutional hierarchy of the EU) 내에 있기 때문에, … 특정 상황 하에서 손상될 수 있는 일반적인 국제법적 규칙(ordinary treaty rules)보다는 상위의 지위(a higher status)를 점하고 있다.[176]

다만, 당해 사항이 과연 회원국 국내적인 수준에서 헌법에 상응할 정도의 규범성을 자랑하는 것인지에 대해서는 보다 심도 있는 고민이 필요하다. 유럽연합법의 특이성 및 차별성이 곧 유럽연합이 회원국 헌법 수준의 법규범이라는 것을 확정하는 것은 아니기 때문이다. 하지만 유럽연합 내 시민의 기본권은 유럽연합법의 최고규범성 및 직접 효력 등 연합 만의 원리를 근거로 보장받고 있다는 점에서 유럽연합 내 권리를 자연권이라고는 할 수 없다는 점에서[177] 개별 회원국의 입장이나 상황과 무관하게 독자적인 권리보장 방향성을 고수하고 있다는 점에서 초국가적인 권리보장수단을 보유하고 있다는 분석이 가능하다.

V. 결 어

유럽연합법을 국내 수준의 헌법이라고 단정할 수는 없다. 영국의 탈퇴 선언과 이를 위한 절차는 그를 현시하는 것이기도 하다. 하지만 의회주권원리가 확립된 영국에서 사법심사 기준으로 원용되었을 뿐만 아니라 유럽연합법 최고성의 원리에 기반하여 나름대로 유럽연합

175) 김용훈, "초국가적 수준의 헌법 재고-유럽연합의 경우를 중심으로-", 법학논고 제42집, 2013.5, 60면.

176) Katja S Ziegler, "Autonomy: from myth to reality-or hubris on a tightrope? EU law, human rights and international law", in Sionaidh Douglas-Scott · Nicholas Hatzis, Research Handbook on EU Law and Human Rights, Edward Elgar Publishing, 2017, p. 269.

177) 정종섭, 기본권의 개념, 금붕어, 2007, 51면에서는 "실정법체계에서 헌법에서 정하고 있는 권리인 기본권을 헌법보다 하위에 있는 법령들이 침해하거나 부정하지 못하는 것은 국민주권원리와 입헌주의원리가 확보하고 있는 헌법의 우위(Supremacy of Constitution, Vorrang der Verfassung, Suprématie de la Constitution)와 헌법의 최고규범성이 작동하기 때문이므로 이러한 법리를 정당화하기 위하여 기본권을 자연권이라고 하는 것은 합당하지 않다"라고 언급하고 있다. 물론 당해 언급은 국내법질서를 전제로 하고 있지만 법규범의 최고규범성(유럽연합의 경우 유럽연합법 최고성의 원리)을 전제로 한다면 유럽연합법질서에 조심스럽게 적용하는 것이 불가능한 것은 아닐 것이다.

시민의 권리 보장을 위한 유의미한 역할을 수행한 유럽연합법의 위상과 역할을 폄하할 수만도 없다. 결국 유럽연합법은 일반 국제법과는 구별되는 나름의 역할과 위상을 자랑하는 고유한(*sui generis*) 법규범이라고 보는 것이 타당하다고 생각된다. 그렇다면 이는 결국 유럽연합의 정체성을[178] 그대로 보여주는 법규범적 특징인 것이고 유럽연합의 정체성은 연합의 통합 진전에 따라 변모 혹은 강화되고 있다는 점에서 유럽연합법 역시 연합의 통합 진전에 따라 그 효력의 강화 및 적용범위의 확대를 도모해나갈 것으로 어렵지 않게 예상해볼 수 있다. 자신의 통합 진전에 있어 유럽연합은 정치적으로 작동할 수 있고(politically workable) 민주적으로 정당화될 수 있는(democratically legitimized) 유럽을 향한 행로(route)에 본격적으로 들어설 것이라는 전망을 통하여 유럽연합의 헌법적 계획(constitutional project)을 진단하고 있는 분석은[179] 당해 사항을 직접적으로 보여주고 있음은 물론이다.

다만 영국의 유럽연합 탈퇴는 유럽연합법의 초국가적 헌법 혹은 다른 특징을 가늠해볼 수 있는 중요한 계기를 제공할 것으로 보인다. 영국의 탈퇴에 대한 대처 및 추후 대응 전략은 국제적인 수준에서 가장 발전적인 법규범으로서의 면모를 자랑하는 유럽연합법의 향후 면모, 특히 초국가적인 헌법으로서의 발전가능성을 타진해 볼 수 있는 중요한 계기를 마련할 것이기 때문이다. 물론 이는 결국 유럽연합의 정체성과 관련성을 맺고 있다는 점에서 유럽연합의 정체성의 변모와의 상관관계를 유심히 들여다 보아야 함은 물론이다.

178) Lenore Jones, "Opinions of the Court of the European Union in National Courts," Thomas M. Franck & Gregory H. Fox(eds.), International Law Decisions in National Courts(Transnational Publishers, Inc., 1996). p. 221에서는 유럽연합의 정체성을 고유한(*sui generis*) 실체로 파악하고 있다. 김용훈, 앞의 책, 298면에서 재인용.

179) Jürgen Habermas, The Crisis of the European Union-A Response-, Polity Press, 2012, p. 11.

36. Jürgen Habermas의 국제질서이론과 UN헌장의 세계헌법적 성격

박 진 완*

Ⅰ. 서 설

글로벌 거버넌스(global governance)의 측면에서 세계헌법의 성립을 정당화하고 이의 규범적 효력을 인정하는 것이 도덕적 그리고 정치적 측면에서 어떻게 정당화될 수 있는가? 세계질서를 국제적 헌법주의 실행을 위한 법적 조건에서 이해하고, 해석하는 시도가 간절히 필요하다고 볼 수 있는가? UN헌장에 기초한 국제연합(UN)이나 세계무역기구(WTO)와 같은 세계헌법적 질서의 정립을 통한 법적, 정치적 그리고 경제적 이해관계의 조정과정의 보장은 현재의 글로벌 거버넌스의 핵심적 내용이다. 국제법 질서의 시대적 발전과정을 살펴보면 대등적 질서(Koordinationsordnung)의 단계로 부터 협력적 질서(Kooperationsordnung)의 단계를 경유하여 최종적인 현실적 단계인 (부분적) 헌법화(partielle Konstitutionalisierung)의 단계로 접어들고 있다.[1]

이러한 국제적 헌법주의의 현실적 전개과정과 관련된 분석에 있어서 국제법의 헌법화(constitutionalization of international law, Konstitutionalisierung des Völkerrechts)와 국제법 안에서의 헌법화(constitutionalization within international law)라는 두 가지 개념의 세부적 구분의 필요성이 제기된다. 전자는 일반적 국제법의 헌법화(constitutionalization of general international law) 과정으로서 UN 헌장(Charter of the United Nations)과 같은 보편적 인권 보장체계의 구축을 위한 국제법의 헌법화 과정이다. 후자는 국제적 하부체계 속에서의 결정을 내리는 주체(adjudication bodies)와 연관성을 가지고 행해지는 발전적 진행과정으로서, 국제적 하부체계의 헌법화(constitutionalization of international subsystem)로 설명된다.[2] 그러한 예로서 최근의 국제무역기구(World Trade Organisation, WTO)의 헌법화 문제[3]를 들 수

---

* 경북대학교 법학전문대학원 교수

1) Reiner Wahl, Konstitutionalisierung-Leitbegriff oder Allerweltsbegriff?, in: Carl-Eugen Eberle/Martin Ibler/Dieter Lorenz(hrsg.), Der Wandel des Staates vor den Herausforderungen der Gegenwart. Festschrift für Winfried Brohm zum 70. Geburtstag, München 2002, S. 199.

2) Wahl, 위의 책, S. 191 ff.

3) Debora Z. Cass, The Constitutionalization of International Trade Law: Judicial Norm-Generation as the Engine of Constitutional Development in International Trade, 12 European Journal of International Law 39(2001); Cass, The Constitutionalization of the World Trade Organisation. Legitimacy, Democracy and Community in the international Trading System(Oxford University Press 2005); John H. Jackson, Sovereignty, the WTO and Changing Fundamentals of International Law(Cambridge University Press 2006); Jeffrey L. Dunoff, The Politics of International Constitutions: The Curious Case of the World

있다.[4] 국제경제법 질서의 성립에 바탕을 둔 국제적 헌법주의의 전개에 대한 논의는 이른바 '세계무역기구의 헌법(World Trade Organization's Constitution)'이라는 주제로 강조되고 있다. 이러한 논의의 핵심적 내용은 무역체제(trade regime)로서 세계무역기구를 헌법적 실재(constitutional entity)로 볼 수 있는가 하는 점이다. 헌법화라는 용어는 세계무역기구(WTO)의 협약제정과 관련하여 세계무역기구 속에서 법과 정의에 대한 근본적 이상의 발전과정 그리고 이와 관련하여 사법적 결정을 통해서 헌법적 규범과 구조들이 생성되는 과정 그리고 공동체적 이해관계와 세계화관련 관심사에 대한 세계무역기구의 커져나는 영향력에 대한 기술로서 사용되기도 한다.[5] 그럼에도 불구하고 헌법 혹은 헌법화의 개념과 관련지워 볼 때 그 조직의 본질, 범위 그리고 특성의 인정과 관련하여 유럽연합(EU)과 달리 세계무역기구는 헌법화 과정자체가 없다고 볼 수 있다. 왜냐하면 세계헌법기구 속에서는 헌법법원(constitutional court), 헌법적 의회(constitutional assembly) 그리고 이와 비견될 수 어떠한 헌법적 판단양식(constitutional moment)도 존재하지 않기 때문이다.[6] 더 나아가서 국제법의 헌법화의 판단기준을 헌법적 특성이 아닌 헌법적 기능(constitutional function)으로 전환해 보더라도 Jeffrey L. Dunoff는 세계헌법기구를 헌법화된 체제로 보기에는 여전히 충분한 논증이 확보될 수 없다고 보고 있다.[7] 세계무역기구의 문서들(texts)과 무역실무는 세계무역기구를 헌법적 실재로 볼 수 있는 명백한 증거를 제시해 주지 않음에도 불구하고, 저명한 무역학자들이 세계무역기구의 (존재하지도 않는) 헌법적 특징(constitutional features)을 주장하기 위하여 전력을 다하는 이유는 무엇인가?[8] 이와 관련하여 Joel Trachtman은 세계화의 역할에 초점을 맞춘 헌법적경제학(constitutional economics)의 관점에서 세계무역기구(WTO)의 헌법화의 원인과 결과를 분석하였다. 세계화가 국제경제적 통합을 증진시키는 것으로 정의되는 한에서는 세계무역기구는 세계화의 중요한 수단이 된다.[9] 세계화는 명백히 시장자유화(market liberalization)를 증진시킨다. 국제경제법은 세계화와 관련된 상품, 재화, 사람 그리고 아이디어(ideas)의 이동

Trade Organization, in Jeffrey L. Dunoff and Joel P. Trachtman(eds.) Ruling the World? Constitutionalizm, International Law, and Global Governance, Cambridge: Cambridge University Presss 178-205(2009); Joel P. Trachtman, Constitutional Economics of the World Trade Organization, in Jeffrey L. Dunoff and Joel P. Trachtman(eds.) Ruling the World? Constitutionalizm, International Law, and Global Governance, Cambridge: Cambridge University Presss 206-229(2009).

4) 박진완, 글로벌 거버넌스와 국제공법, 법학논고 제41집, 경북대학교 법학연구원 2013, 356쪽.

5) Theodor Schilling, On the Constitutionalization of General International Law 10(NYU School of Law the 2005 Jean Monnet Working Paper Series).

6) Dunoff, The Politics of International Constitutions, 앞의 책(주 3), 180.

7) Dunoff, 앞의 책(주 3), 181.

8) Jeffrey L. Dunoff The Politics of Interantional Constitutions: The Curious Case of the World Trade Organization 179.

9) Joel p. Trachtman, Constitutional Economics of the World Trade Union, in Jeffrey L. Dunoff and Joel P. Trachtman(eds.) Ruling the World? Constitutionalizm, International Law, and Global Governance, Cambridge: Cambridge University Presss 206-207(2009).

을 촉진한다.[10] 이런 점에서 볼 때 세계무역기구의 성립을 통한 국제경제법 체제의 발전은 세계화를 촉진시키고 이른 통한 글로벌 거버넌스 체제확립에 기여한다는 점에서 세계헌법적 질서의 구성부분으로 평가할 수 있다. 그럼에도 불구하고 글로벌 거버넌스의 이해와 관련하여 어떻게 우리가 지배받는가에 대한 이해의 불균형성이 지적되고 있다. 이것은 우리가 어떻게 세계공동체의 구성원으로서 구성되고 참여하는지에 대한 이해와도 관련성을 가진다. 이와 관련하여 David Kennedy는 지구의 북쪽(global North)과 글로벌 남쪽(global South)의 세계적 권력과 질서에 대한 이해가 아주 다르다는 점을 지적하고 있다.[11] 이러한 글로벌 거버넌스의 실행과정과 체제에 대한 지식배분의 불균형성 그리고 이로 인하여 발생하는 이에 대한 이해의 차이의 극복 및 조정의 문제 역시 헌법적 쟁점(constitutional issue)으로 볼 수 있다.

이에 반해서 국제인권법 혹은 국제환경법과 같은 다른 유형의 국제법은 일반적으로 세계화 그 자체를 증진시키지 않는다. 국제경제법 체제의 헌법화 과정과 달리 국제적 인권보장체제의 보편적 전개과정의 확대의 측면에서의 국제법의 헌법화 논의의 착안점은 오늘날 개인의 근본적 권리(fundamental rights)로서 인권을 보장하는 두 개의 중요한 시스템(system)인 각 국가들의 국내헌법상의 기본권 보장규정들과 국제인권법 규정들과의 상호연관성과 관련성의 증대에서 찾아야 한다고 생각한다. 이 문제는 전통적인 국제조약직 체제에 기반을 둔 일원론 대 이원론(monism versus dualism)의 대립관계를 바탕으로 한 전통적인 국내법 질서와 국제법 질서의 상호관련성의 문제를 국제헌법적 체제의 성립과 전개를 어떻게 극복, 조정할 수 있는가 하는 문제라고 볼 수 있다.[12] 왜냐하면 적극적으로 인권보장과 관련된 헌법규범을 제정하고, 이를 실행하는 자유주의적 헌법국가 속에서 인권보장을 위한 국내법 질서와 국제법 질서 양 시스템 사이의 긴밀한 협력증대의 필요성과 중요성은 점점 더 증가할 수 밖에 없기 때문이다.[13] 결국 이러한 헌법주의의 국제적 영역의 확대의 문제로서 국내적 인권보장과 국제적 인권보장의 조화의 문제는 초국가적 공간에 나타나는 인권보장을 위한 거버넌스의 헌법적 실행(constitutional practice)에 대한 법적 검토와 그리고 이에 대한 헌법적 담론(constitutional discourse)의 형성과 전개에 관한 논의라고 볼 수 있다. 이러한 인권보장을 위

10) Dunoff/Trachtman, A Functional Approach to International Constitutionalization, 위의 책(주 3), p. 5.

11) David Kennedy, Mystery of Global Governance, in Jeffrey L. Dunoff and Joel P. Trachtman(eds.) Ruling the World? Constitutionalizm, International Law, and Global Governance, Cambridge: Cambridge University Presss 40-41(2009).

12) 이와 관련성을 가지는 헌법적 논의로서는 Mattias Kumm, The Cosmopolitan Turn in Constitutionalism, in Jeffrey L. Dunoff and Joel P. Trachtman(eds.) Ruling the World? Constitutionalizm, International Law, and Global Governance, Cambridge: Cambridge University Presss 258, 274-279(2009); Arthur Roberto Capella Giannattasio, The Interaction between International and Domestic Legal Orders: Framing the Debate according to the Post-Modern Condition of International Law 19 German Law Journal 1-20 (2018).

13) Gerald L. Neuman, Human Rights and Constitutional Rights: Harmonny and Dissonance, 55 Stanford Law Review 1863-64(2003).

한 국제적 헌법주의의 전개는 현재 어느 정도의 수준에 도달하고 어느 정도의 결실을 맺고 있는가? 국제적 평화와 안전의 보장 및 국제적 인권보장을 위한 UN과 같은 국민국가(nation-state)를 넘어서는 법질서를 통한 글로벌 거버넌스이 실행을 설명하기 위하여 헌법적 은유(metaphor of a constitution)를 사용하는 시도가 행해지고 있다.[14] 국제적 분쟁의 해결과 관련된 무력사용의 문제와 관련해서 UN 헌장(UN Charter)을 국제공동체의 헌법으로 이해하고,[15] UN 헌장의 세계헌법(global constitution)으로서의 성격을 전제로 하여 국제법 속에서의 헌법질서성립을 정당화시키는 시도들 역시 헌법적 가치로서 인권이 국제적 공권력행사의 정당성의 근거로서 인정되는 것을 정당화하는 입장으로 이해할 수 있다. 물론 국제헌법적 질서의 성립을 전제로 한 새로운 글로벌 거버넌스 체제(regime)를 희망하고, 건설하는 작업들은 많은 총제적 희망과 노력 그리고 실망까지도 포함되는 과정이 될 수도 있다.[16] 그럼에도 불구하고 국제공법적인 측면에서 글로벌 거버넌스 실행의 중요한 법적 근거가 되는 UN헌장의 세계헌법적 성격을 인정할 수 있는가? 이러한 질문에 대한 대답은 우선적으로 한 국가의 법질서에서 헌법은 무엇을 의미하는가 그리고 헌법과 대비되는 다른 대안적 법규범은 무엇인가 하는 질문에서 찾아서는 안된다고 생각한다. 왜냐하면 어떤 국가 혹은 세계국가를 전제로 한 헌법의 특성인정을 UN헌장에 바로 적용할 수 없기 때문이다. 왜냐하면 UN은 하나의 세계국가질서의 성립을 전제로 창설된 국제조직이 아니기 때문이다.

이러한 UN 헌장의 세계헌법적 성격의 인정의 정당화 근거로서 국제법 질서에 대한 Kant의 보편적 개인주의 패러다임(paradigm of universalistic individualism)을 보완하고 새롭게 재구성한 Jürgen Habermas의 국제질서이론의 잠재적 발전가능성과 문제점에 대해서 검토해 볼 필요가 있다. 이러한 Habermas의 국제질서 이론에 대한 검토에 있어서 가장 핵심적 논의점은 하버마스의 의사소통적 패러다임(communicative paradigm)이 어떻게 그리고 어느 정도까지 국제적인 평화와 인권을 보호할 수 있는 보편적인 국제공법질서 형성을 위한 개념적 틀을 제공할 수 있는지 여부에 대한 것이다.[17] 이와 전체적인 국제질서 이론의 전체적 발전과정에 대한 개괄적 검토를 할 필요가 있다.

14) Kennedy, 위의 책(주 11), p. 37.

15) Bardo Fassbender, The United Nations Charter As Constitution of The International Community, 36 Columbia Jouranl of Transnational Law 530(1998); 같은이, Rediscovering a Forgotten Constitution on the Place of the UN Charter in the International Legal Order, in Jeffrey L. Dunoff and Joel P. Trachtman(eds.) Ruling the World? Constitutionalizm, International Law, and Global Governance, Cambridge: Cambridge University Presss 258, 133(2009).

16) David Kennedy, 위의 책(주 11), p. 40.

17) Armin von Bogdandy/Sergio Dellavalle, Universalism! Renewed: Habermas' Theory of International Order in Light of Competing Paradigms 10 German Law Journal 5(2009).

Ⅱ. 국제질서 이론의 전체적 발전과정

인간공동체로서 국가가 성립되면서 제기되는 근본적인 문제점들 중의 하나는 공동체의 평화와 안전을 담보할 수 있는 보편적 질서의 성립이 어떻게 정당화하고 실현될 수 있는가 하는 것이다. 물론 국가는 국내적 헌법주의의 확립을 통해서 이에 대한 해답을 헌법에서 찾고 있다. 세계화가 진행되고 현재의 시점에서 보편적인 국제질서의 성립을 정당화시키고, 실행할 수 있는 법적 근거를 과연 국제사회는 그 해답을 헌법화된 국제법 질서에서 찾을 수 있는가 하는 질문과, 단일의 성문헌법전이 존재하지 않는 현재의 국제사회에서 UN헌장과 같은 보편적 국제규범이 이러한 국제공동체의 헌법으로서의 지위를 인정받을 수 있는가 하는 질문을 제기할 수 있다.

이러한 두가지 중요한 질문에 대한 해답제시의 시발점은 개인적으로 국제시민사회의 형성과 이를 구성하는 시민에 대한 법이론적 및 법실무적 관점에서의 정당화 시도에서 찾을 수 있고, 또 찾아야만 한다고 생각해 본다. 이것은 기존의 전통적인 고전적인 국제법의 주체로서 국가와 별도로 국가 속에서의 헌법제정권력의 주체로서의 국민과 같은 집합적 주체(collective subjects)로서 세계동포적인 보편적인 인류공동체의 구성원으로서 개인의 인정을 전제로 한다. 이러한 국제법의 주체의 범위의 확장을 위해서는 우선적으로 세계시민사회의 형성을 법이론적인 측면뿐만 아니라 현실적 법실무적 측면에서 국제적 헌법주의의 측면 혹은 국제공법적 측면에서 정당화될 수 있어야만 한다.

이와 관련하여 이러한 국제시민사회 및 국제시민들의 UN 헌장과 같은 세계헌법규범에 바탕을 둔 법의 공동체 형성의 정당화 근거 역시 개별 국가와 국민들 사이의 사회계약적 합의에서 찾을 수 있을까 하는 질문을 제기해 본다.

현대적 의미에서의 헌법을 일반적 의미에서 이해한다면 어떤 한 주권국가의 최고법이다. 이에 반해서 국제법은 관습적인 측면에서 볼 때 국가의 동의에 바탕을 둔 국가들 사이의 법으로서, 주로 국가의 외교적 사안이 국제법의 중요한 규율대상이다. 전통적인 국내법과 국제법의 이원론적인 패러다임(dualist paradigm) 속에서는 국가초월적인 국제법에서의 헌법주의의 성립에 대한 논의는 그 설득력을 인정받기 어렵다.[18] 따라서 국제공법과 관련하여 헌법주의의 성립과 전개를 주장하는 자들은 하나의 세계헌법국가(a world state)의 성립을 희망하고 지지한다는 추정을 받기도 한다. 그럼에도 불구하고 국제적 헌법주의를 지지하는 대부분의 국제법 학자들이 하나의 세계연방국가(a federal world state) 건설이라는 거대한 제도형성적 프로젝트를 주장하지는 않는다. 그들은 단지 국내적 헌법의 특징과 유사함을 가지고 있는 현

18) Kumm, 앞의 책(주 12), pp. 258-259.

재의 국제법의 여러 단면들을 보다 적절하게 잘 묘사하고, 설명하기 위해서 국제법의 헌법화 명제를 사용하고 있다.[19] 이러한 점을 고려해 볼 때 국제법의 헌법화를 주장하는 대부분의 국제법 학자들이 세계주의적 헌법주의(cosmopolitan constitututionalism)와 하나의 세계국가와의 상관성을 인정하는지 여부 혹은 이를 인정한다면 어느 정도까지 이를 허용할 수 있는지 여부에 대한 논의는 매우 중요한 의미를 가진다. 국제적 헌법공동체 구성을 이러한 사회계약주의(contractualism)의 측면에서 이론적으로 정당화하고 이를 실행하기 위해서 Jürgen Habermas의 의사소통적 패러다임은 매우 중요한 역할수행과 기여를 할 수 있다는 주장과 시도들의 이론적 정당화의 전제조건으로서 국제질서에 대한 법질서 형성에 대한 전체적 발전과정에 대해서 검토해 본다.

1. 초기질서 패러다임으로서 전체론적 개별주의(holistic particularism)

개인의 자유의지를 바탕으로 형성된 사회적 합의에 기반한 헌법주의적 국가공동체 구성의 정당화와 관련하여 다양한 질서이론적 패러다임의 형성과 발전과정이 역사적으로 나타났다. 가장 오래된 질서이론(theory of order)은 규칙(rule)에 기반을 둔 공동체의 확대와 관련하여, 이러한 공동체는 필연적으로 단일의 정부형태(polity)에만 한정되지, 전체로서의 인류전체로 확대될 수 없다고 보고 있다. 이 이론은 질서의 기본적 구성단위는 그것이 고대 그리스(Greece)의 도시국가의 시민(demos), 하나의 민족(nation) 혹은 하나의 국가(state)이든 관계없이 인간의 전체이지, 개인이 될 수 없다고 보고 있다. 이렇게 개별적 질서의 기본적 구성단위를 개인이 아닌, 전체로서의 어떤 개별적인 국가 혹은 정부로 보는 질서이론은 어떤 국가 혹은 특정한 정부형태의 전체적인 동종성에 기반을 둔 이익보호에 기여한다. 이러한 질서이론은 질서이론의 가장 초기의 패러다임으로서 전체론적 개별주의(holistic particularism)로 명명된다.[20]

이러한 가장 오래된 질서의 패러다임인 전체론적 개별주의의 첫 번째 형태는 고대 그리스의 국가질서이론을 통해서 발전되었고, 이것을 정치이론에서는 보통 모든 정치의 목적을 정의실현보다는 현실적인 권력쟁취의 추구로 보는 고전적 현실주의(classic realism)이다. 이러한 이론의 대표자인 고대 그리스의 역사학자인 투키디데스(Thucydides) 그리고 르네상스(Renaissance) 시대의 이탈리아의 정치사상가인 마키아벨리(Machiavelli)와 이들의 계승자들은 국가의 내부정치와 외부정치의 현실적 차이를 명백히 잘 설명할 수 없었다. 이러한 고전적 현실주의는 반세기 전에 국가의 대외적 관계와 관련된 있어서 일정한 제한의 부과를 통해서 현실주의의 기본적 주장을 계속 이어나가는 이른바 '구조적 현실주의(structural realism)' 혹

19) Kumm, 앞의 책(주 12), p. 259.
20) Von Bogdandy/Dellavalle, 위의 논문(주 17), p. 7.

은 신현실주의(neo-realism)로 발전되었다.[21)]

국가의 대외적 외교정책의 실행에 있어서 법의 지배(rule of law)의 원리의 확대적인 우선적 적용을 수용할 수 없었던 현실주의자들(realists)은 왜 국내적 법질서 속에서 법의 지배가 적용되는 이유를 설명하기 위하여 한 정치적 조직체인 국가의 중요한 구성요소인 국민개념(concept of nation)을 원용하고 있다.[22)] 전체론적 개별주의의 두 번째 전개형태인 민족주의(Nationalism)는 고전적 현실주의 개념적 틀을 포기하고, 특별한 역사, 특별한 운명, 특별한 문화 혹은 특정한 민족(ethnos)의 공동체로서의 국민을 중요한 이론적 도구로 적용하고 있다.

이러한 국가중심의 민족주의의 전개를 통해서 "전통적" 현실주의의 개념적 구조가 포기되는 대신에, 국가가 제2의 다른 배타주의적인 전체론족 패러다임의 주요한 이론적 도구로 변하였다. 이것은 국가를 특정한 역사, 특정한 운명, 특정한 문화 또는 특정한 민족을 가진 공동체로 이해하는 것을 통해서 실현되었다. 민족주의는 개인의 민족공동체의 소속이 정치적 조직치인 국가의 내적인 융합실현을 가장 중요한 요소로 보고 있다. 민족주의 이론은 민족공동세에 있어서 개개의 소유물은 정부형태의 내부적 화합에 있어서 가장 적절한 요소라고 주장한다. 민족주의는 민족내부간의 결속 그리고 민족의 외부에 대한 충돌과 배척을 설명하고 정당화시킨다.

이 이론은 또한 정부형태 내부의 결속과 포섭에 더하여 정부형태 외부의 불일치와 제외를 추구하는 것을 설명하고 정당화한다. 현실주의 보다 오래되지 않았지만, 오래된 역사를 가지고 있는 민족주의는 확실한 등장시기는 정치적 낭만주의(political Romanticism) 시대로 거슬러 올라간다. 프랑스 혁명 당시의 진보적 어휘인 민족 개념을 차용한 독일의 보수정치가들은 재발견된 사회적 그리고 정치적 보수주의의 요구에 맞게 조정하여 수용하였다. 그들은 민족개념을 정치적 조직체인 국가와 결합시켜서 민족주의(nationalism)라는 강력한 관념을 만들어 냈다.

또 다른 형태의 전체론적 개별주의의 변형으로서 민족주의는 종래의 민족 중심의 세계에서 보다 서로 밀접하게 상호연결된 세계로의 진행과정이 가속화됨으로서 점점 더 자신의 입지를 상실하게 되었다. 주로 자기부양능력이 충분한 민족의 융성과 보호를 위해서 고안된 관념인 민족주의는 국가들이 서로 밀접한 연관성을 가지고, 거의 자급자족하지 못하는 세계에 대응하기에 적합한 개념적 체계를 제공할 수 없었다. 이것은 전체론적 개별주의가 더 이상 국제법 질서의 패러다임으로 더 이상 적용될 수 없다는 것을 의미한다. 따라서 민족에 한정된 전체론적인 개별주의를 넘어서는 패권주의(hegemonism)가 전체론적 개별주의의 세 번째

21) Von Bogdandy/Dellavalle, 위의 논문(주 17), p. 7.
22) Von Bogdandy/Dellavalle, 위의 논문(주 17), p. 8.

변형적 패러다임으로서 등장하게 된다.[23] 패권주의는 진정한 국제공법적 질서에 바탕을 둔 보편적 관점을 바탕으로 하는 질서 패러다임은 아니다. 이러한 보편적인 국제공법적 질서에 기반을 둔 것이 아닌, 패권주의의 실현형태로서 Carl Schmitt는 광역질서이론(theory of Großraumordnung/large range order)을 전개하고 있다. 그는 전통적인 유럽의 민족국가 개념(concept of nation state)은 더 이상 새로운 시대적 도전에 잘 적응할 수 없기 때문에, (보편적인 것이 아닌) 몇몇 강대국에 의하여 지원되는 세계질서관념으로서 광역질서이론을 주장하고 있다.[24]

패권국가들은 자신들의 영향력 행사의 범위의 핵심적 영역인 민족적으로 그리고 이념적으로 동질화된 집단인 민족국가에 의하여 장악되는 광역의 범위 내에서 즉 자신의 영향력 행사가 유지되는 범위 내에서 질서를 보장해야만 한다. 그리고 이러한 패권국가들의 각 세력권 행사의 범위에 대해서는 상호불간섭의 원칙이 보장되는 범위 내에서 고전적 형식의 규칙인 국제법 질서가 보장된다. 이러한 Carl Schmitt의 광역질서이론의 기본적 내용들은 수십년 동안 주목을 받지 못하다가 Samuel P. HuntingtonHuntington의 '문명충돌론(clash of civilizations)[25]'을 재등장하게 된다.[26] 이러한 패권주의는 새로운 형태로 발전되어 국제질서에 대한 패권적 접근방법의 가장 급진적 형태인 신보수주의(neo conservatism)로 발전되면서 현재의 세계화된 국제질서에 대한 조화를 모색하고 있다. 그럼에도 불구하고 패권주의의 발전적 형태로서 신보수주의가 국제적 인권보호를 강조하는 것을 통해서 전체주의적 개별주의의 기본적 입장을 극복했다고 볼 수 있음에도 불구하고, 신보수의가 하나의 보편적인 국제공동체의 설립을 통한 국제적 평화와 안전의 보장이 아닌. 주로 초강대국의 이익실현과 밀접하게 관련된 정치적 아젠다(agenda)를 계속적으로 적용할려고 시도하는 한에서는 신보수주의는 보편주의가 아닌 고전적인 개별주의에 머물러 있다고 볼 수 있다. 따라서 신보수주의적 입장에서의 국제문제해결시도는 주로 강대국 중심의 일방적인 확정된 해결책을 정당화시키고 실행하는 것이다.[27] 그러나 이론적인 측면뿐만 아니라 현실적인 측면에서 가장 바람직한 국제질서에 평화와 안전보장 그리고 인권보장의 요구의 실현은 이러한 개별주의적 입장이 아닌, 사해동포적인 보편주의적 입장에 근거해서 실행되어야만 할 것이다.

---

23) Von Bogdandy/Dellavalle, 위의 논문(주 17), p. 8.

24) Carl Schmitt, Völkerrechtliche Großraumordnung: mit Interventionsverbot für raumfremde Mächte. Ein Beitrag zum Reichsbegriff im Völkerrecht, Berlin 1939; 나중에 개념들을 새롭게 재정립했지만, 실질적 내용들은 그대로 유지된 Carl Schmitt, Der Nomos der Erde im Völkerrecht des Jus Publicum Europaeum, Berlin 1950.

25) Samuel P. Huntington, The Clash of Civilizations and the Remaking of World Order(1997).

26) Von Bogdandy/Dellavalle, 위의 논문(주 17), p. 8.

27) Von Bogdandy/Dellavalle, 위의 논문(주 17), p. 9.

2. 전체론적 개별주의에서 보편주의(universalism)로의 전환

물질적인 것뿐만 사회적 것까지도 보편적 법칙인 로고스(logos)에 지배된다는 서양의 고대의 스토아 철학적 관점(Stoic view)은 사회 역시 모든 사람과 원칙적으로 모든 사회에 대하여 보편타당하게 적용될 수 있는 유효한 법에 의하여 규율되어야 한다고 보고 있다. 이러한 법은 최고이성인 logos로부터 파생된 보편적 법인 nomos였다. 따라서 각 개별 정부들의 실정법은 이러한 보편적인 nomos에 일치하는 범위 내에서 그 규범적 유효성을 인정받을 수 있었다. 이러한 스토아 철학적 관념들은 서양의 중세 기독교 사상 속에 반영되었다. 기독교 철학 역시 보편적 logos 개념과 모든 인간을 아우르는 공동체 개념을 인정하고 있었다. 따라서 기독교 교리에 있어서 보편성의 원리를 핵심적 구성요소가 되었으며, 법과 정치의 영역 역시 이러한 보편성 원리를 구현하는 데 기여해야만 했다.[28)]

기독교 정치철학은 현실적인 정치적 다양성에 대하여 보편적 원리를 바탕으로 하여 모든 사람들 사이의 관계를 규율하는 만민들 사이의 법(jus inter gentes/law between the peoples) 개념을 통해서 대응하였다. 각 국가들 사이의 정치적 다양성을 인정하면서 만민들 사이의 상호작용을 보장할 수 있는 최소한의 법적 기준을 마련하는 것이 최초의 국제법 관념이 되었다. 그럼에도 불구하고 기독교적인 성스러운 신법에 의하여 구현되는 보편주의는 단지 오로지 기독교인들만의 평화, 안전 그리고 협력을 위한 질서구현을 위한 것이었다. 따라서 비기독교인들은 그들의 권리와 존엄이 인정되는 않는 국제법 체계의 미미한 구성요소로 인정되었고 또 그렇게 다루어졌다.

중세의 가톨릭 신학에 있어서 인간의 가장 일반적인 법으로서 오늘날의 국제법의 보편성은 신법(divine law)의 보편성의 보편성으로부터 도출된다. 16세기 유럽에서의 중세의 종교적 지배가 막을 내리면서 기독교적인 신법의 보편성에 근거한 법질서의 불변성의 가정도 포기될 수 밖에 없었다. 그럼에도 불구하고 이러한 법질서의 불가변성의 포기를 자연법관념의 완전한 배제로 이해할 것이 아니라, 단지 신의 의지에 대한 확정성의 포기로 받아들여져야 한다.[29)] 물론 이성법(Vernunftrecht)의 도움으로 현대사회의 법은 도덕, 법 그리고 정치의 전통적 복합체로부터 어느정도 자신의 독자성을 확립할 수 있었다. 그러나 이것은 법의 정치와 도덕으로부터 완전한 분리를 의미하는 것은 아니다. 법과 다른 사회규범과의 완전한 실현되지 않는 근거를 Habermas는 실정법(das positive Recht)의 생성에서 구하고 있다.[30)] 법의 실정화(die Positivierung des Rechts)는 무엇을 의미하는가 하는 문제의 해결의 출발점을

28) Von Bogdandy/Dellavalle, 위의 논문(주 17), p. 9.

29) Dieter Grimm, Politik und Recht, in: Eckart Klein(Hrsg.), Grundrechte, soziale Ordnung und Verfassungsgerichtsbarkeit: Festschrift für Ernst Benda zum 70. Geburtstag, Heidelberg 1995, S. 93.

30) Habermas, Wie ist Legitimität durch Legalität möglich?, Kritische Justiz 1987, S. 1.

Habermas는 붕괴된 중세의 법체계의 교회법, 관습법 그리고 세속법의 구분의 배경에서 찾고 있다.[31] 중세시대의 모든 법의 근거는 기독교적인 자연법에 표현된 신의 현존이다. 따라서 정치권력의 의미와 목적은 신의 의사를 대변하는 교회법질서의 유지와 강화에 기여하는데 있다. 정치적인 권력행사가 교회법질서를 침해하지 않는 범위 내에서 가능한 중세에 있어서는 정치는 법에 대한 봉사개념이라 할 수 있다. 이러한 교회법과 구분되는 현실생활의 질서로서 세속법은 교회법의 가르침을 침해하지 않고 전통적인 관습법의 토대위에서 일상생활 속에서 정착되어 있는 한에서만 유효하다. 중세의 몰락과 더불어 나타난 이러한 교회법의 권위의 붕괴는 기존의 관습법적인 전통을 현대적인 관습에 의하여 대체하는 현실을 초래하였다. 이것은 바로 법의 영역의 축소를 의미하는 것이다. 따라서 신학적으로 해석되어지고 적용된 자연법질서의 붕괴로 초래된 법의 영역의 흠결(Lücke)은 정치적인 주권적 지배자의 정치적 입법에 의해서 보충되어 져야만 했다.[32] 바로 여기에 법의 실정화의 시발점이 있다. 법의 실정화는 중세의 종교지배의 분리로 부터의 독립과 더불어 나타난 근대국가의 성립과 밀접한 연관성을 가지고 있다. 이러한 양자의 관련성은 법과 정치의 관계를 변화시켰다. 법은 더 이상 영구불변한 질서가 아니라 새롭게 정립되어 질 수 있는 것이며 정치적인 목적에 봉사하는 수단이 되었다. 따라서 정치가 법위에 군림하는, 즉 정치가 법에 그 내용과 효력을 부여하는 국면이 되었다.[33] 따라서 이러한 자의적이고 변경가능한 정치적인 입법속에서는 중세적인 의미의 법의 불변하고 불가양적인 법의 권위를 발견할 수가 없다. 따라서 이러한 측면에서 정치의 불변적인 원리에의 구속에 대한 보완으로서 나타난 것이 헌법주의(Konstitutionalismus)라 할 수 있다. 중세적인 자연법의 붕괴로부터 초래된 상위법으로부터 실정법의 정당성을 도출할 수 없는 상황에 대한 극복방법은 이성법적인 법이해를 기반으로한 한편으로는 국민주권(Volksouveränität)의 원리의 실현을 통해서, 또 한편으로는 인권(Menschenrechte)의 보장을 통한 법률의 지배의 정당화이다.[34]

이렇게 종교개혁과 더불어 전개된 새로운 사상적 전환은 인간의 세속법과 신법과의 관계에 대한 새로운 이해를 발전시켰으며, 이러한 발전은 국제법이 정당화 근거를 더 이상인 신적인 보편성이 아닌, 세속적 현실에서 찾게 만들었다. 이러한 근대 국제법 관념의 정립시도는 Francisco de Vitoria and Francisco Suarez를 통해서 Hugo Grotius에 이하여 완성되었다. Grotius는 인간존재의 자연적이고 보편적인 사교성에 의하여 형성되는 인간본성의 존재론적 요구 속에서 국제법상의 보편주의 요구의 세속적 근거를 찾았다.[35] 따라서 국제법은

31) Habermas, 위의 논문, S. 1 f.
32) Habermsa, 위의 논문, S. 3.
33) Grimm, 앞의 책 (주 29), S. 94.
34) Habermas, Über den internen Zusammenhang von Rechtsstaat und Demokratie, S. 298.
35) Von Bogdandy/Dellavalle, 앞의 논문(주 17), p. 12.

인간의 문화적 혹은 종교적 종속성에 관계없이 자신에 대하여 구속력을 가지는 자연적 이성(natural reason)이 반영된 인류의 일반법(common law)으로 이해되었다.

(1) 개인주의(individualism)로의 전환

전체론적인 질서 패러다임은 그것이 단일의 정치적 공동체이든 혹은 전체 인류이든에 관계없이, 항상 개인보다 우위에 있는 전체 혹은 사회적 전체성에 의하여 결정된다는 입장이다. 그러나 개인이 구시대적인 선천적 신분적 계층질서에 대한 구속을 벗어나기 위하여 기존질서에 대한 저항을 시도하면서부터, 전체가 아닌 개인의 인식능력이 새로운 질서형성의 핵심적 기준으로 부각되었다. 이러한 개인주의적 입장은 데카르트(René Descartes)의 지식철학 속에서 처음으로 표현되고, 정치적으로는 Thomas Hobbes에 의하여 체계화되었다.

이러한 개인주의적 입장에서는 국가와 같은 정치적 기관이나 제도들은 개인들 사이의 계약의 산물이다. 이러한 계약주의(contractualism)의 국제법 영역에로의 확장에 대해서는 많은 의문이 제기되었다. 그럼에도 불구하고 계약주의의 국제적 확장에 대해서 명백히 반대할 만한 개념상의 이유가 존재하지 않았다. Immanuel Kant는 어떤 종교나 외적인 권위에 의존하지 않고 보편적 이성이나 도덕원리에 따라 자유롭게 사고하는 합리적 개인을 중심으로 한 법치국가적 헌법질서 구축을 위한 계약주의적 입장을 발전시켰다. 도덕적 자율능력을 가지는 있는 Kant의 개인주의적 인간상은 일반화될 수 있는 도덕적 법칙에 따라 행위하라고 요구한 Kant의 정언명령(Kategorischer Imperativ)을 근거로 하고 있다. 인간의지의 자유를 기반으로 한 자율성에 바탕을 둔 Kant의 정언명령에 따른 도덕원리의 실현은, 인간이 모든 상황에서 자유롭게 행위 할 수 있는 자율적 존재라는 인정할 때에만 가능한 것이다. 이런 점에서 볼 때 Kant에 있어서 인간의 자율성은 개인의 도덕판단과 실제적 행위의 전제조건이 된다.[36] 도덕적 자율은 적극적인 자유의 반영으로서 이러한 도덕적 자율로부터의 독립을 의미하는 소극적 자유와는 구분된다. 이러한 Kant의 자유개념을 근거로 Otfried Höffe는 한 개인이나 집단 혹은 정치적인 공동체의 완전한 자기결정의 기반이 되는 자유관념을 정립하였다.[37]

Kant는 법(Recht)을 한 개인의 자의와 또다른 개인과의 자의가 일반적인 자유의 법칙(Gesetz)에 의해서 상호 일치되어지는 조건들의 총체라고 하였다. Kant가 법원칙들의 지배하에 있는 인간의 집단의 일치라고 표현한 이러한 일치과정은 국가속에서 실현된다. 따라서 도덕적인 관점에서의 자유가 다른사람으로부터 강요되어지는 자의로부터의 독립을 의미한다면, 그것은 실제적인 이성(praktische Vernunft)을 기반으로한 보편적인 법칙에 구속되는 경우에만 의미가 있다.[38] O. Höffe는 이러한 Kant의 자유의 소극적개념과 적극적 개념을 발전시

36) G. Schwarzkopf: Immanuel Kant-Leben, Umwelt, Werk-, 1974. S. 37.

37) Otfried Höffe, Autonomie und Verallgemeinerung als Moralprinzipien, in: Fritz Oser/Höffe, Transforamtion und Entwicklung, Frankfurt am Main 1986, S. 56 f.

켜 많은 학자들에게 영향을 주었다. Höffe에 따르면 자유는 한 개인이나, 집단 혹은 정치적인 공동체의 완전한 자기결정을 의미한다. 이러한 자기결정은 두가지 측면에서 분석되어 질 수 있다. 소극적인 측면에서 이러한 자기결정이란 것은 자연적인, 사회적인 그리고 정치적인 결정요인들에 의해 강요된 낯설고 이질적인 결정가능성으로부터의 독립을 의미한다. 적극적으로는 이러한 각개인, 집단 그리고 적극적인 의미에서는 정치적인 공동체가 자신의 적극적 행위 혹은 소극적 행위에 대하여 특정한 의미를 부여하는 것을 말한다.[39] 이러한 Kant의 도덕적 자치는 인간의 존엄과 인간의 행위의 품위를 근거지운다.

Kant는 국제질서를 확립하는 것은 법과 정치의 가장 높은 목적인 동시에 개인이 완수해야하는 가장 고상한 의무로 보았다. 이러한 사회에 대한 현대적인 개인주의적 입장에 근거하여 형성된 Kant의 국제질서이론은 보편적 개인주의(universalistic individualism)를 바탕으로 한 질서의 패러다임으로 볼 수 있다. Kant는 세계질서를 확립하기 위한 두가지 해결책을 제시하고 있다. 그는 자신의 어떤 저작인 영구평화론(Zum Ewigen Frieden)속에서 일종의 세계초강대국의 하나의 세계공화국(Weltrepublik/world republic)을 이야기하고,[40] 또 다른 저작인 도덕형이상학(Metaphysik der Sitten) 속에서는 이와 반대로 국가연합(Völkerbund/league of nations)에 대해서 이야기 하고 있다. 그는 하나의 세계공화국은 보편적 국제질서확립을 위한 유일한 방법이지만, 다양성을 억합하는 보편주의에 기반한 전제적 폭정으로 변질될 위험이 있기 때문에, 국가연합을 대안으로 제시하였다. 그는 다음의 두가지 측면에서 국가연합을 지지하고 있다. 첫째로 모든 사람들은 자신의 정체성을 보호받아야만 한다. 두 번째로 국가에 대하여 그들의 주권의 이양을 강제해서는 안된다.

Immanuel Kant는 보편적 개인주의에 바탕을 두면서 개인의 이익을 넘어서는 보편적 질서의 설립하는 것을 희망하였다. Kant는 자신의 저작들 속에서 보편적 질서로서 세계질서를 완성하기 위한 기관으로서 한편으로서는 일종의 세계적 초강력 국가(global superstate)로서 하나의 세계공화국(Weltrepublik, world republic)[41] 그리고 또 다른 한편으로는 아무런 가식이 없는 국가연합(Völkerverbund, league of nations)[42]이라는 서로 다른 형태를 제시하고 있다.[43] Kant는 이성(reason)에 따른 세계주의적 헌법 하에서의 세계공화국(world republic) 즉 하나의 보편적 국민들의 국가(universal state of nations)를 통해서만 효율적으로 세계의 모든

---

38) Kant, Die Metaphysik der Sitten, ed. Weischedel, 1979, S. 337 f.; Eberhard Döring, Recht und Moral: Freiheit und Verantwortung: Zum Verhältnis von Legitimität und Legalität bei Kant, Rechtstheorie 27 (1996), S. 170.

39) Höffe, 앞의 책(주 37), S. 56 f.

40) Kant, Zum Ewigen Frieden, S. 212.

41) Immanuel Kant, Zum Ewigen Frieden. Einphilosophischer Entwurf, in: Werkausgabe XI, S. 191.

42) Kant, Die Meaphysik der Sitten, in: Werkausgabe VIII, S. § 54 S. 467, § 61 S. 475.

43) Von Bogdandy/Dellavalle, 앞의 논문(주 17), p. 15.

구성원들에 대한 동등한 권리 권리를 보장하고, 세계의 모든 행위자들을 구속하는 규칙을 제정하는 것이 가능하다고 보았다.[44] 결국 그는 세계공화국만이 최종적으로 국제적 무법상태를 종료시킬 수 있다고 보았다. 그러나 이러한 하나의 세계공화국을 건설하는 시도는 궁극적으로 각 국가들 사이에 존재하는 다양성을 억누르고, 보편주의 전제주의를 초래할 위험을 초래하게 된다는 현실적 문제점이 존재한다.[45] Kant는 모든 세계의 국민으로 구성된 하나의 세계국가의 성립을 위해서 세계의 모든 다른 국가들의 국민들을 하나로 통합시키는 작업의 실행과정은 필연적으로 궁극적으로 맹목적인 전체주의(despotism)를 초래할 수 현실적 위험성을 진지하게 받아들여서, 보다 덜 야심적인 국가연합(Völkerverbund)을 다음의 두 가지 논거를 통해서 지지한다[46]: 첫 번째 각 국가이 국민들은 자신들의 정체성(identity)을 보호받아야만 한다.[47] 두 번째 국가들은 자신들의 주권을 함부로 포기할 수 없다.[48] 이러한 Kant의 논거들 속에는 현재의 주권국가들의 국민들이 자신의 국가적 정체성 그리고 국가가 자기의 국가주권을 쉽게 순순히 포기할 수 있는가 하는 문제에 대한 고민이 반영된 것이라고 볼 수 있다. 이러한 논거들을 잘 살펴보면 가장 효율적이고 강력하게 평화, 안전 그리고 인권을 보장할 수 있는 전세계적인 구속력있는 체계인 세계공화국의 설립은 정치적 실행의 측면에서도 현실적 어려움이 존재하고, 이론적인 측면에서도 결함이 있다고 볼 수 있다.

따라서 Kant는 하나의 세계공화국에 대한 좀 더 약한 대안으로서 하나의 국가들의 연합(a league of nations)을 제시한다. 즉 영구평화를 확보하기 위한 주권국가들의 자발적인 연합(a voluntary association of sovereign states)이 대안으로서 고려된다. 보편주의적 개인주의를 전제로 하고 있는 Kant의 지식과 행위이론 그리고 사회와 법이론은 일방적인 주관성(subjectivity)의 체계를 전제로 하고 있기 때문에, 사회적 콘텍스트(social context)와 유리되고 유연성(flexibility)이 결여된 결론에 이를 수 있다.[49] 더 나아가서 일인극적인 주관성의 불가침성에 바탕을 둔 Kant의 이론과 행위 체계들 속에서는 다원성(plurality), 즉 다원적 질서(pluralistic order)가 들어설 공간이 존재하지 않는다는 문제점이 있다.[50] 이와 관련하여 Kant의 세계국가가 단일적 주권(unitary souvereignty)만을 가지고 있다는 설정의 현실적 부적합성이 지적된다.[51] 주권의 분할가능성을 고려하지 못한 Kant의 오류는 한 국가의 주권의

44) Kant, 앞의 책(주 41), S. 212.
45) Kant, 앞의 책(주 41), S. 225.
46) Von Bogdandy/Dellavalle, 앞의 논문(주 17), p. 16.
47) Kant, 앞의 책(주 41), S. 209.
48) Kant, 앞의 책(주 41), S. 210.
49) Von Bogdandy/Dellavalle, 앞의 논문(주 17), p. 16.
50) Von Bogdandy/Dellavalle, 앞의 논문(주 17), p. 16.
51) Habermas, Eine politische Verfassung für die pluralistische Weltgesellschaft, Kritische Justiz 38(2005), S. 224.

단일성 개념을 전제로 하는 Rousseau의 국민주권사상을 고수하고 있었기 때문이다.[52] 이러한 Kant의 시간적인 역사적 인식의 한계는 그가 1795년 「영구평화론(Zum ewigen Frieden)」을 발표한 당시의 시점에서 연방정부와 이를 구성하는 개별 주정부들 사이의 주권분할의 인정을 통하여 연방과 주 두 체계 사이의 견제와 균형성을 도모하고 있는 미국의 연방국가 체제를 잘 고려할 수 없다는 사실에 근거한 것이라고 볼 수 있다.[53]

그러나 하나의 단일의 주관성(a unitary conception of subjectivity), 즉 이성의 단일성 관념을 근거로 하여 성립된 Kant 보편주의적 개인주의의 일방적 성격, 즉 유연성(flexibility)의 부족에 대해서는 많은 비판이 제기된다. 이러한 독백적인 주관성의 불가침성을 전제로 하여 성립된 Kant의 개인주의에는 광범위한 다양성까지도 반영할 수 있는 다원성이 결여되어 있다. 이러한 Kant 이론의 단점들을 극복하기 위해서 Niklas Luhman의 체계이론(system theory)과 포스트 모던 철학(postmodern philosophy)의 적용을 통한 단일적 사고체계의 해체 시도에 검토도 필요하다.[54] Kant의 개인적 보편주의는 이성적 원리의 보편타당성의 인정을 바탕으로 하여 각 이성적 주체의 동종의 주관적인 보편적 이성의 원리에 근거한 사회질서형성을 정당화하였다. 이러한 주관성과 관련성 문제점을 극복하기 위하여 체계이론과 포스트모던 철학은 우선적으로 이러한 주관성의 해체를 시도하였다.

Kant의 보편적 개인주의 패러다임을 넘어서는 다른 가장 중요한 대안적인 사유방법으로서 Niklas Luhman의 체계이론(systems theory)과 포스트 모더니즘(postmodernism)이 고려될 수 있다. 이에 반해서 Habermas의 새로운 의사소통적 패러다임에 근거한 개념적 구조의 틀 속에서 보편주의의 현실적 실행가능성을 주장하고 있다. Habermas의 의사소통적 패러다임은 Kant의 합리적 개인의 인식과 행위에 바탕을 둔 보편적 질서 개념을 계속유지하고 발전시키기 위한 것이다. Habermas는 이를 기반으로 하여 의사소통적 상호작용의 다단계적인 상호주관적 개념(intersubjective notion of a multi-level structure of interaction)에 바탕을 둔 국제질서이론을 전개하고 있다.[55] Habermas는 자신의 의사소통적 패러다임을 가장 광범위하고 일반적인 전 세계적 차원에 적용하는 것을 통해서 다양한 인간들 사이의 의사소통적 상호작용을 기반으로 형성된 다원적인 국제공법 체계가 Kant의 주관적인 일방적인 보편주의적 국제질서이론의 약점을 극복할 수 있다고 보고 있다.

이러한 개인적 보편주의의 독백적인 일방적인 주관성과 이성의 결점을 극복하기 위한 시

---

52) Thomas Giegerich, The Is and the Ought of International Constitutionalism: How Far Have We Come on Habermas's Road to a "Well .Considered Constitutionalization of International Law"?, 10 German Law 34(2009).

53) Giegerlich, 위의 논문, p. 34.

54) Von Bogdandy/Dellavalle, 앞의 논문(주 17), pp. 17-20.

55) Von Bogdandy/Dellavalle, 위의 논문(주 17), pp. 5-6.

도로서 독일 이상주의(German idealism)와 앵글로 색슨적인 프라그머티즘(Anglo-Saxon pragmatism)의 독창적 융합으로서 Karl Otto Apel과 Jürgen Habermas에 의하여 의사소통적 패러다임(communicative paradigm)이 개발되었다. 이들은 체계이론의 주장들을 고려하여 이성의 단일적 이해의 불충분성을 받아들이고, 다른 체계들 속에서의 기능적으로 서로 다른 세분화된 이성들의 존재를 인식하였다. 그럼에도 불구하고 의사소통적 패러다임의 발명자들은 개념으로 실체화된 주관성의 현실적 과장을 주관성의 해체를 통해서 극복하는 것이 아니라, 오히려 주관성의 관념을 상호작용적인 상호주관적 구조로 보완하려고 시도하였다.[56)]

3. Habermas의 의사소통적 패러다임

Habermas는 Kant의 주관적인 단일적 보편적 개인주의의 패러다임(paradigm of universalistic individualism)의 문제점을 극복하기 위한 재구성된 보편주의(renewed universalism)의 관점에서 의사소통적 패러다임(communicative paradigm)을 제시하고 있다. 따라서 Habermas는 Kant와 다른 새로운 개념적 구조를 기반으로 하여 보편주의의 실행가능성을 주장한다. 이러한 Habermas의 보편저주의적 패러다임은 효율적이고 정당화된 방법으로 국제평화와 인권을 보장하기 위한 국제공법적인 개념적 체계를 제공하기 위한 이론적 기반이 된다.[57)] 왜냐하면 점점 더 서로 연결되어지는 세계질서 속에서 평화와 인권을 보장하기 위한 국제적 공권력의 행사 혹은 거버넌스 실행을 위한 잘 균형잡힌 접근방법은 일방적으로 규정된 이해관계를 관철화는 세계화를 넘어서는 의사소통적 패러다임에 근거한 것이어야만 하기 때문이다.

Habermas의 의사소통적 패러다임(communicative paradigm)은 국제법 영역에서 가장 중요한 주제 중 하나인 재구성된 보편주의(universalism)에 의한 국제법의 헌법화 현상을 분석·검토하는 시도이다. 이러한 Habermas의 시도는 국제법의 헌법화 문제를 21세기 초의 도전적 시각에서 이러한 보편적 이론의 잠재성과 문제점을 중점적으로 검토해 보는 계기를 제공한다. 왜냐하면 Habermas의 의사소통 패러다임은 효과적이고 정당한 방법으로 평화와 인권을 보호하는 보편적 공법(universal public law)을 위한 개념적 틀(conceptual framework)을 제공하는 것을 목적으로 하고 있기 때문이다. Habermas의 이러한 의사소통적 패러다임에 근거한 보편주의적 구상은 하지만 현재의 제도적인 이해(institutional setting)에서 국제법을 개념화하는 이론적인 도구로서 보는 것 보다는 오히려 학자들과 정치가들 그리고 변호사들의 변형적 작업을 안내하는 조정적 관념(regulative idea)으로 방법으로 볼 수도 있다.[58)] 이러한 Habermas의 구상에 대한 검토는 그의 제안들이 나중에 구체화된 사회질서에 대한 논

56) Von Bogdandy/Dellavalle, 앞의 논문(주 17), p. 20.
57) Von Bogdandy/Dellavalle, 앞의 논문(주 17), p. 5.
58) Armin von Bogdandy/Sergio Dellavalle, Universalism Renewed: Habermas' Theory of International Order in Light of Competing Paradigms, 10 German Law Journal 5(2009).

의가 전개되는 패러다임을 발전시키는 것이 된다. 이러한 시도는 고전적인 이론적 기초자인 Immanuel Kant에 의하여 개발되고, 이러한 Kant의 이론적 구상을 Habermas가 대부분 수용하여 발전시킨 보편적인 개인주의 패러다임(paradigm of universalistic individualism)에 대한 검토를 그 목적으로 하였다. 칸트의 질서 개념 범위 안에서 발생하는 긴장상태는 많은 질서개념에 공통적으로 내재되어 있는 어려움들이 드러난 것이다. 질서에 대한 긴장은 일반적으로 여러 질서의 개념에 대한 어려움을 나타낸다. 그러나 체계이론(system theory)과 포스트모더니즘(postmodernism)은 보편적 개념에 대한 어느 정도의 회의적인 태도에 의하여 Kant의 보편적 개인주의(universalistic individualism)를 넘어서는 가장 의미있는 질서에 대한 사고방법으로서의 특징을 가진다. 이와 반대로, 하버마스는 새로운 개념구조를 토대로 하여 보편주의(universalism)의 계속적 유지가능성을 주장한다. 국제법의 헌법화 논의는 인류의 이러한 보편주의적 사고가 국제법 영역에 대해서도 적용될 수 있는가 하는 중요한 실험이라는 점에서 그 중요한 가치가 인정된다.

역사적으로 볼 때 고대의 신정국가 그리고 그 이후의 근대의 민족국가는 실존적인 문화적 담론(existential-cultural discourse)과 정치적 담론(political discourse)의 중복적 겹침을 통해서 국가질서가 형성되었다. 이와 관련하여 민족국가 혹은 국민국가는 자신의 문화적 혹은 정치적 정체성의 강조를 통해서 국민들 사이의 결속을 강화시키고, 이러한 공통의 정체성을 공유하지 못하는 타인은 질서로 배제할려고 시도하였다. 이렇게 실존적 문화적 담론과 정치적 담론의 중복적 적용을 통해서 사회통합을 시도하는 기존의 국민국가적 질서 패러다임은 이보다 좀 더 높은 단계의 초국가적 공동체의 형성을 통한 그 공동체의 내부의 통합에 그대로 적용될 수 없다. 예컨대 유럽연합과 같이 각 유럽연합의 구성국가의 국민들의 범위를 넘어서는 범유럽시민관념의 적극적 형성과 보장은 쉽지 않기 때문이다.

이와 관련하여 Habermas는 의사소통적 상호작용에 있어서 이러한 실존적-문화적 영역을 정치적으로부터 분리시킴으로서, 각 국가의 국민적 지위 혹은 공동의 종교적 결합과 같은 연결성없이 형성되는 다민족 사회형성을 위한 의사소통적인 질서 패러다임을 발전시켰다. 따라서 실존적-문화적 영역과 분리된 정치적 담론은 민족국가 혹은 국민국가의 범위를 넘어서는 초국가적 혹은 전세계적 영역에서의, 즉 국가를 넘어서는 공권력 행사의 민주적 정당성의 근거를 제공한다.[59] Habermas는 "국제법의 헌법화는 여전히 한번의 기회를 가지는가(Does the Constitutionalization of International Law Still Have a Chance?/Hat die Konstitutionalisierung des Völkerrechts noch eine Chance)?[60]"라는 자신의 저서 속에서 '세계주의적 헌법(cosmopolitan

59) Von Bogdandy/Dellavella, 앞의 논문(주 17), p. 25.

60) Jürgen Habermas, Does the Constitutionalization of International Law Still Have a Chance?, in Habermas(Ciaran Cronin (transl.)) The divided west 115(polity 2008); 같은이, Hat die Konstitutionalisierung des Völkerrechts noch eine Chance, in: Habermas, Der gespaltene Westen, Frankfurt am Main 2004, S.

constitution)'을 지지하는 세계주의의 조건에 대한 자신의 이상주의적 구상, 세계공화국(world republic)에 대한 자신의 고전적 보편주의적 프로젝트(classical universalist project) 그리고 이에 대한 보다 약한 대안으로서 자유국가들의 연방주의(federalism of free state)를 헌법주의적 관점에서 제시하고 있다. Habermas는 이러한 자신의 구상을 실현시키기 위하여, 국제사회는 기존의 정치적 구조로부터 출발해서 전체적으로 하나의 국가적 성격이 결여된 다단계 체계(multilevel system)로서 하나의 분산된 세계사회의 정치적 헌법(a political constitution of a decentred world society)을 제정해야만 한다고 주장하고 있다.[61] Habermas는 이러한 다단계 체계를 다음의 세가지 단계로 구분하고 있다: ① 초국가적 상위차원(a supranational upper level), ② 국가간 중간단계(a transnational intermediate level), ③ 국민국가의 하위단계(a lower national (state) level). 그는 이러한 단계적 구분을 통해서 하나의 세계정부없이 세계적 국내정책(global domestic politic)이 가능하다고 보고 있다.[62] Habermas는 공리주의적인 실용성의 공유를 통한 단순한 국가들 사이의 협력의 범위를 넘어서는 국제법 관념의 형성을 강조한다. 이것은 세계적 차원에서 공통적 문제에 대한 인식을 통한 세계내부적정책(world internal politics)이 국제법을 통해서 실행되는 것을 요구한다. 이에 대한 해답을 Habermas와 그의 지지자들은 국제법의 헌법화에서 찾고 있다. 이러한 단순한 국가들 상호간의 협력의 범위를 넘어서는 헌법화된 국제법은 다음의 국가 이후의 차원에 적용된다.[63] 상위단계인 초국가단계(a supranational level)에서 Habermas는 평화와 세계적 안전의 보호 그리고 인권보호의 효과적인 성취를 위하여 각 국민국가들의 주권의 이전을 통해서 권한이 부여된 초국가적 세계기관이 존재해야만 한다고 주장한다. 이 단계에서 Habermas는 효율적이고 비선택적 방식으로 그리고 국가와 유사한 특성의 인정없이 평화의 보장과 인권보장의 실행이라는 단지 두가지 제한된 기능만을 행하는 충분히 개혁된[64] 안전보장이사회를 가지고 있는 국제연합(United Nations)을 이러한 초국가적 세계기관으로 보고있다.[65] 보다 덜 통합된 중간단계의 국가간 단계(transnational level)에서는 에너지, 환경, 무역 그리고 화폐와 재화의 이동과 같은 공동의 이익의 보장을 위한 규칙의 형성의 보장을 위한 기관이 필요하다고 보고 있다. 그는 이러한 기관으로서 지속적인 협의와 협상의 공간이 보장되는 구조적 틀의 범위 속에서 세계경제적 문제 그리고 생태학적 문제를 해결하는 주요권력들(major powers)을 고려하고 있다. Habermas에 의하면 이러한 주요권력들은 유럽연합 모델과 같은 국민국가들에 의하여 구

113 ff.

61) Habermas, 위의 책, p. 135.

62) Giegerich, 앞의 논문(주 52), p. 35; 박진완, UN 헌장의 세계헌법적 성격-Jürgen Habermas의 헌법화된 국제질서이론에 대한 검토-, 헌법학연구 제20권 제2호, 한국헌법학회 2014, 186쪽.

63) Von Bogdandy/Dellavella, 앞의 논문(주 17), pp. 25-26.

64) 필요한 UN의 개혁에 대해서는 Habermas, 앞의 책(주 60), p. 173.

65) Habermas, 앞의 책(주 60), p. 136.

성되는 연방의 형태로 조직된 대륙적 체제(federally structured continental regimes established by the nation-states)로 구성된다.[66] 이러한 중간단계의 국가들 사이의 협력은 기존의 전통적인 국제법상의 국가들의 사이의 협력의 범위를 넘어서서 전세계적인 차원에서의 공통적 관심사에 대한 협력을 형성한다. Habermas는 이러한 다단계의 체제를 미국에 의하여 강제된(도덕적인(moralist)) 패권적 자유주의(hegemonic liberalism)의 단독적 세계질서와 또 다른 한편으로는 Carl Schmitt의(현실주의적인(realist)) 작은 수의 제국적 권력의 다극적 대립주의(pluripolar antagonism)와 비교하고 있다.[67]

이러한 Habermas의 의도는 명백히 Kant가 생각하는 국제질서이론에 공감하면서, 이를 바탕으로 하여 국제적 헌법주의(international constitutionalism)의 개념을 새롭게 형성·전개하는 것이다. Kant와 Habermas의 국제법 이론의 주된 목적은 국제법의 효력을 보다 강화시킴으로서, 즉 국제관계를 보다 법이 보다 효율적으로 규율하게 만듬으로서 영구적 평화(perpetual peace)를 확보하려는 것이다. 국제관계의 법적 효력을 강화시키는 것은 많은 정책적 선택을 공간을 제공하는 국제법 질서의 기본적 틀 속의 범위 내에서 안정적이고, 정돈된 그리고 평화로운 국제적 협력을 통하여 무정부적이고 공격적인 힘을 추구하는 국제정책을 대체하는 것을 의미한다.[68]

Habermas의 의사소통적 패러다임을 국제적 차원에서 적용하는 것은 단순한 개념의 이론적 적용가능성의 문제가 아니라, 국제관계에서 현실적으로 의사소통적 행위에 의한 합의도출이 행해지는 것에 대한 경험적 증거를 제시하는 것이다. 이것은 국제관계에 있어서 국제적 행위주체들 사이의 상호작용이 단순하게 전략적 목적에 따라서 행해지는 것이 아니라, 다양한 주장들의 상호교환을 통해서 합의를 도출하는 과정까지도 포함할 수 있다는 것을 의미한다.[69] Harald Müller는 다양한 공리주의의 변형에 근거한 국제행위이론에 대한 비판으로서 Habermas의 의사소통이론의 중요성을 강조하고 있다.[70]

의사소통이론의 주장자들은 국제관계 속에서 의사소통의 잠재적 능력과 의사소통적 이성의 특별성을 강조하면서, 의사소통이론에 근거한 대화윤리(discourse ethics)는 오늘날 국제관계 속에서 가장 어려운 개념들 중의 하나인 강제법(jus cogens)의 구체화에 잘 적용될 수 있다는 점을 강조하고 있다.[71] 국제법상의 행위주체의 의지에 관계없이 그들에 대하여 구속력을 가지는 국제법상의 상위규범인 강제법과 관련된 여러 가지 어려운 문제점들을 해결하기

66) Habermas, 앞의 책(주 60), p. 136; 박진완, 앞의 논문(주 62), p. 187.
67) Giegerich, 앞의 논문(주 52), p. 31; 박진완, 앞의 논문(주 62), pp. 181-182.
68) Giegerich, 앞의 논문(주 52), p. 34.
69) Harald Müller, Internationale Beziehungen als kommunikatives Handeln Zur Kritik der utilitaristischen Handlungstheorien, Zeitschrift für Internationale Beziehungen 1(1994), S.
70) Müller, 위의 논문. S. 37.
71) Von Bogdandy/Dellavalle, 앞의 논문(주 17), p. 27.

위해서는 기존의 자연법(natural law) 혹은 법실증주의(positivism)를 넘어서는 새로운 강제법 정당화의 이론적 근거가 필요하다. 왜냐하면 강제법의 난문제 중의 하나는 강제법을 확정하는 절차적 정당성의 확보의 문제와 관련성을 가지고 있기 때문이다. 따라서 강제법의 형성과정에 대하여 대화윤리를 적용하는 것을 통해서, 강제법은 보편적인 인식을 바탕으로 형성된 법원리로서의 지위를 획득할 수 있다. 이를 통해서 강제법은 단순히 국가 뿐만 아니라 새로운 국제법의 주체로서 인정될 수 있는 개인까지 포함된 보편적인 의사소통 공동체(community of communication)로서 전세계적인 정치공동체의 승인과 연결된 법개념으로서의 지위를 가지게 된다.[72] 정치공동체가 평화적이고, 상호협력적이고 그리고 효율적으로 존재하기 의하여 필요한 규범적 규칙(rule)의 제정을 위한 의사소통적인 대화윤리의 적용은 그 규범적 규칙에 대하여 정당성을 부여한다.

Kant는 주로 하나의 세계연방공화국(a world federal republic) 혹은 국가연합(league of nations)과 주로 국가 혹은 국가적 결합형태의 국제적 확장을 통해서 세계평화를 실현할 수 있는지 여부에 치중하였다. Habermas는 Kant의 이러한 국가형태의 국제질서에 대한 유추적 적용으로 인하여 발생하는 문제점을 극복하기 위하여, 국가를 넘어서는 다단계의 국제질서에 대한 법제화를 통해서 국제적인 평화와 안전 그리고 인권보장이 실현될 수 있다고 보았다.

Habermas는 국가와 헌법의 전도된 이미지가 나타난 고전적 국제법이 평화를 증진시키는 국제질서의 법제화의 출발점이 된다고 보았다. 그는 고전적 국제법에서 결여된 것은 법아래서 자유와 권리를 보장하는 헌법적 요소가 아닌, 국제법상의 규칙과 결정을 실행하기 위하여 필요한 집행권과 제재권을 갖춘 국제공동체의 형성을 위하여 필요한, 각 국가들 보다도 우위에 위한 초국가적 권력이라고 보았다. 왜냐하면 고전적 국제법 역시 그 당사자들 사이에 형식적으로 평등한 권리를 보장하는 법적 공동체를 형성하는 헌법적 성격을 가지고 있기 때문이다. 따라서 Habermas는 평등한 주권국가들 사이를 규율하는 고전적 국제법을 최초의 국제적 헌법(international proto-constitution)으로 보고 있다.[73]

Habermas는 헌법을 국가로부터 단절시켜서 그의 입장에 의하면 비국가적 존재(non-state entities)도 헌법을 가질 능력이 있다고 보면서, 비국가적 다단계의 세계사회(mutilevel world society)는 진정한 정치적 헌법(genuine political question)에 의하여 규율되어야 한다고 보고 있다.[74] Habermas는 자유주의적 의미의 헌법(Constitution in the Liberal Sense)과 공화주의적 (민주적 의미) 의미의 헌법(Constitution in the Republican (Democratic) Sense)을 구분하고 있다.[75] 전자는 주로 권력분립의 원리에 의 국가권력의 적절한 배분을 통한 이미

72) Von Bogdandy/Dellavalle, 앞의 논문(주 17), p. 27.
73) Habermas, 앞의 책(주 60), p. 132-133.
74) Giegerlich, 앞의 논문(주 52), pp. 35-36.
75) Habermas, 앞의 책(주 60), S. 138.

존재하는 정치적 권력의 제한에 중점을 두고 있고 있다. 이에 반해서 후자인 공화주의적(민주적 의미) 의미의 헌법은 새롭게 합리적 원리에 바탕을 둔 지금까지 존재하지 않는 지배권력(governmental authority)을 인정하고, 종종 혁명적인 격변을 통한 이전의 정부의 대체 후에 피지배자의 합의를 통하여 그 권력을 도출하는 것을 정당화시킨다.

Ⅲ. 초국가적 헌법으로서 공화주의의적 의미의 헌법

현재의 개별국가 수준을 넘어서는 정치적 공동체 혹은 유럽연합과 같은 유럽의 정부에 대해서는 단지 자유주의적 헌법(constitution of the liberal type)이 타당하게 적용된다 볼 수 있다. 왜냐하면 국제법 질서에서 국민국가적 차원을 넘어서는(beyond the nation-state) 민주적 정당성은 아직 확보되지 않았기 때문이다.[76] 그럼에도 불구하고 초국가적 공동체로서의 새로운 국제질서 형성의 정당화 근거는 자유주의적 의미의 헌법이 아닌, 공화주의적 의미의 헌법에서 찾아야만 할 것이다.

Habermas는 국내법 질서의 헌법화와 국제법의 헌법화 즉 국내적 헌법주의와 국제적 헌법주의의 전개의 서로 다른 출발점 때문에 양자는 동일한 조건들 속에 이해될 수 없다고 보면서 국제법의 헌법화의 출발점을 고전적 국제법이 설정한 국제관계의 법제화에서 찾고 있다. 물론 고전적 국제법은 헌법과 국가의 관계를 그 출발점에 있어서는 헌법 중심이 아닌 국제법 질서를 형성하는 국가중심적 측면에서 자신의 규칙과 결정을 실행하기 위하여 필요한 집행권과 제제권을 갖추고 있는 국제적 공동체를 설치할 수 있는 각 국가를 넘어서는 초국가적 권력이 전제된 헌법화된 국제공동체를 상상하고 있지는 않음에도 불구하고,[77] Habermas는 형식적으로 동등한 권리를 가지고 있는 당사자들 사이의 법적 공동체를 창설함다는 점에서 볼 때 고전적 국제법을 이미 헌법의 한 종류로 보고 있다.[78] 그러나 그는 개인보다는 집합적 행위자인 국가들 중심으로 구성되는 헌법으로서 고전적 국제법은 그 본질적인 측면에서 공화주의적 헌법(repulican constitution)과 구분된다고 보면서,[79] 평등한 주권국가들 사이를 규율하는 고전적 국제법을 최초의 국제적 헌법(international proto-constitution)으로 보고 있다.[80]

Habermas는 헌법을 국가로부터 단절시켜서,[81] 그는 국가를 넘어서는 다단계의 국제질서를 설정하고 있다. 따라서 그는 국가를 넘어서는 국가간의 공동체, 더 나아가서는 국가초월

76) Habermas, 앞의 책(주 60), S. 139.
77) Habermas, 앞의 책(주 60), p. 132.
78) 박진완, 앞의 논문(주 62), 188쪽.
79) Habermas, 앞의 책(주 60), p. 133.
80) Habermas, 앞의 책(주 60), p. 133.
81) Habermas, 앞의 책(주 60), p. 131.

적인 공동체인 비국가적 존재(non-state entities)도 헌법을 가질 능력이 있다고 보고 있다.[82] 그는 이러한 다단계의 세계사회(multilevel world society)가 진정한 정치적 헌법(genuine political question)에 의하여 규율된다고 보고 있다.[83]

그는 자유주의적 의미의 헌법(Constitution in the Liberal Sense)과 공화주의적(민주적 의미) 의미의 헌법(Constitution in the Republican (Democratic) Sense)을 구분하고 있다.[84] 개인의 자유보장을 위해서 권력분립을 통해서 국가권력을 제한하는 자유주의적 의미의 헌법과 달리, 공화주의적 (민주적 의미) 의미의 헌법은 새롭게 합리적 원리에 바탕을 둔 지금까지 존재하지 않는 지배권력(governmental authority)을 인정하고, 종종 혁명적인 격변을 통한 이전의 정부의 대체 후에 피지배자의 합의를 통하여 그 권력을 도출하는 것을 정당화시킨다.[85]

완전한 국가초월적인 국제연방과 같은 새로운 초국가적 공동체의 성립과 이의 성립을 정당화시키는 세계의회와 세계시민이 완전하게 형성되지 않은 현재의 국제질서에 있어서 국제법은 단지 자유주의적 의미(liberalen sense)의 헌법 정도로 이해되고, 현재의 국제질서 역시 적어도 이 정도 차원에서는 헌법화되었다고 볼 수 있다. 국제법 질서에서 국민국가적 차원을 넘어서는(beyond the nation-state) 새로운 세계시민적 질서를 바탕으로 한 새로운 민주적 정당성의 확보는 아직 존재하지 않기 때문이다.[86]

Habermas는 영구적인 세계평화를 보장해 줄 만큼 충분히 강력한 초국가적 권력(supranational power)이 존재하지 않음으로 인한 현재의 국제법의 효력확보의 어려움을 극복하기 위한 시도로서, 새로운 헌법적 질서에 바탕을 둔 국제공동체의 성립을 정당화시키기 위하여 국제질서에서의 공화주의적 의미의 공화주의적 헌법개념(republican concept of constitution)을 끌어들이고 있다. 초국가적 헌법 체제로서 세계헌법적 질서의 규범적 실체는 당연히 공화주의적 헌법개념을 바탕으로 구성되고, 실현되어야만 하기 때문이다. Habermas는 이러한 공화주의적 의미의 헌법개념이 UN헌장과 세계인권선언(Universal Declaration of Human Rights)뿐만 아니라, 이전의 GATT 그리고 세계무역기구를 창설하는 조약에 대해서도 타당하게 적용된다고 설명하고 있다.[87] 이전의 유럽헌법조약의 성립과정에서 유럽연합에서의 기본권 보호를 위한 대의제 헌법에 기초한 공화국 성립을 정당화시키기 위한 이론적 근거를 제공했던 Armin von Bogdandy 교수의 주장 역시 이러한 기본적 주장의 연장선상에 있다고 볼 수 있다.[88]

---

82) Giegerlich, 앞의 논문(주 52), p. 36.
83) 박진완, 앞의 논문(주 62), 188쪽.
84) Habermas, 앞의 책(주 60), p. 138.
85) Giegerlich, 앞의 논문(주 52), p. 36.
86) Habermas, 앞의 책(주 60), p, 139.
87) Habermas, 앞의 책(주 60), 140쪽.
88) Von Bogdandy, Konstitutionalisierung des europäischen Rechts in der euopäischen Republik, JZ 2005,

따라서 Habermas의 다단계의 세계사회의 최상위 단계 혹은 초국가적 단계(supranational level) (UN과 같은)에 대해서 공화주의적 의미의 헌법개념이 타당하게 적용된다. 그러나 강력한 초국가적인 헌법적 실체가 존재하지 않는 중간단계의 국가간의 단계(transnational level)에서는 공화주의적 헌법개념의 적용의 타당성의 근거와 그 실현정도가 약해진다. 이러한 점을 고려하여 Habermas는 서서히 발전되는 세계적 공적 여론(global public opinion)에 의하여 보충적인 지원을 받는, 초국가적 세계기구(supra national organization)를 창설하고, 국가간 회의를 개최할 수 있는 국민국가를 통한 초국가적 그리고 국가간 권력의 간접적 (파생적) 정당화를 강조하였다.[89] Habermas는 공화주의적 (즉 민주적) 정부형태가 평화적인 국제행위를 가장 잘 이끌어내고,[90] 모든 국가들이 공화주의적 정부형태를 갖추고 있을 때, 영구평화는 가장 잘 확보될 수 있다고 주장한 Kant의 주장[91]을 계승하여 발전시키고 있다. 그는 초국가적 권력 그리고 국가간 권력의 간접적인 민주적 정당화는 국민국가 그 자체가 충분히 민주화된 것을 전제로 한다는 것을 강조하고 있다.[92]

Ⅳ. 국제공동체의 헌법으로서 UN헌장

아직까지 명문의 단일 성문헌법전이 존재하지 않는 국제사회에서, UN헌장의 세계헌법적 성격 인정여부에 대하여 검토해 보는 것은 국제법의 헌법화 논의의 중요한 부분을 구성한다. UN헌장의 국제헌법으로서의 성격을 인정하기 위해서는 우선적으로 실제적으로 기능하는 국제적인 정체(regime)인 국제기구를 바탕으로 한 국제법의 헌법화 과정을 살펴볼 필요가 있다. 왜냐하면 국제법의 헌법화 과정은 국제기구의 헌법적 제도화 과정과 밀접한 관련성을 가지고 있기 때문이다. 국제연맹(League of Nations)으로부터 국제연합(United Nations)으로, 헤이그 평화회의(Hague Peace Conferences)로부터 영구적 국제법원 부속문서(statutes of the Permanent Court of International Justice) 그리고 국제사법재판소(International Court of Justice)로, 뉘른베르크(Nuremberg)에서 국제형사재판소(International Criminnal Court, ICC)로, 국제노동기구(International Labor Organizatin, ILO)와 브레트 우즈(Bretton Woods) 체제로부터 세계무역기구(World Trade Organization, WTO)로의 발전의 경우처럼 국제기관(international institutions)의 설립과정과 관련된, 국제질서의 기구화(move to institutions)[93]는 20세기의 국제법의 제도화 과정과 국제법의 헌법화와의 관련성을 드러내는 국제법의 가장 중요한 특징

S. 529-580.

89) Giegerlich, 앞의 논문(주 52), 36쪽.

90) Zum ewigen Frieden, Erster Definitionsartikel.

91) Kant, Metaphysik der Sitten, Erster Teil: Metaphysische Anfangsgrüne der Rechtslehre §§ 53 354(1797).

92) Giegerlich, 앞의 논문(주 52), 36쪽; 박진완, 앞의 논문(주 62), 189-190쪽.

93) David Kennedy, The Move to Institutions, 8 Cardozo Law Review 841(1987).

이다.[94] 이러한 새로운 국제적 정체로서 국제기구의 설립과 그 실행과정은 국제법의 제도화 과정은 국제기구를 새로운 국제법의 주체를 창조하였을 뿐만 아니라, 이러한 국제기구를 통하여 만들어 진 규칙의 국가와 개인에 대한 수직적 적용을 허용하게 함으로서 국제법의 헌법화 과정에 기여하였다. 이러한 국제법의 제도화(institutionalization)는 국제법의 헌법화와 밀접한 관련성을 가진다. 국제법의 제도화와 관련하여 사용되는 헌법이란 용어의 약한 이해(weak understainding)는 (기관설립)부속문서(statute) 혹은 창설조약(founding treaty)에 대한 다른 표현으로 받아들여질 수 있다.[95]

이러한 국제기구의 제도화를 통해서 전체 국제질서를 헌법화시키는 잠재성과 현실적 능력이 가장 강한 국제기구는 국제연합(UN)이다. 국제적 평화와 안전의 보장 그리고 인권의 보장을 목적으로 설립된 UN의 규범적 기초가 된 UN헌장의 세계헌법적 성격에 대한 검토, UN을 구성하고 핵심적 기관으로서 안전보장이사회(security council)의 입법과정과 활동에 대한 헌법적 측면에서의 검토는 UN헌장의 세계헌법적 성격 인정과 관련된 국제법의 헌법화 논의의 핵심적 내용을 구성한다. 궁극적으로 UN헌장의 세계헌법적 성격에 대한 인정논의는 UN의 의사결정과정에서의 참가의 다양성의 확대를 통한 세계적인 민주적 정당성의 강화를 요구하게 만든다. UN을 통한 글로벌 헌법주의의 정당화는 UN의 규칙에 해당하는 UN헌장과 기관의 내용에 따라 결정된다.

1945년 6월 26일 UN헌장(UN Charter)이 처음의 51 창립회원국(originl member countries) 중 50개국에 의하여 서명된 (나머지 1개국인 폴란드(Poland)는 2개월 후에 서명함) UN헌장을 당시의 미국대통령 Harry Truman은 미국헌법과 비교하면서 다음과 같이 이야기하고 있다[96]: "헌장은 우리자신들의 헌법과 마찬가지로 시간이 흘러감에 따라 확대되고 개량될 것이다. 그는 미국의 국가적 초석을 다진 미국헌법의 성공적 성과가 새롭게 제정된 UN헌장을 통한 UN의 조직적 강화를 통해서 그대로 재현될 것이다라는 기대를 다음과 같이 표현하고 있다[97]: "UN헌장의 기반 위에 보다 큰, 보다 나은 그리고 보다 완벽한 연합(union)이 건설되었다". 그 후 동서간의 냉전이 격화됨에 따라, UN헌장의 이상은 점점 더 설득력을 상실하게 되면서, 서서히 망각의 단계에 접어들었다가, 그 후 1989년을 기점으로 해서 다시 UN헌

94) Andreas L. Paulus, The International Legal System as a Constitution, in Jeffrey L. Dunoff and Joel P. Trachtman(eds.) Ruling the World? Constitutionalizm, International Law, and Global Governance 76 (Cambridge University Presss 2009).

95) Paulus, 위의 책(주 94), p. 76; 박진완, 앞의 논문(주 62), 190-191쪽.

96) Harry S, Truman, Speech at the final session of the San Fransico Conference(June 26, 1945), 1 Documents of the United Nations Conference on International Organization 680(1945); Bardo Passbender, Recovering a Forgotten Constitution: Notes on the Place of the UN Charter in the International Legal Order, in Jeffrey L. Dunoff and Joel P. Trachtman(eds.) Ruling the World? Constitutionalizm, International Law, and Global Governance 133(Cambridge University Presss 2009).

97) Truman, 위의 연설문; Passbender, 위의 책, p. 134.

장의 신뢰성이 회복된다.[98)]

UN헌장의 헌법적 성격의 인정여부와 관련하여 1979년부터 1981년까지 국제사법재판소 소장을 역임했던 Sir Humphrey Waldock는 1962년의 헤이그 강의(Hague Lectures)에서 UN헌장의 헌법적 성격을 다음과 같이 인정하고 있다[99)]: "UN헌장은 국제연맹규약(Covenant of the League of Nations)과 마찬가지로 기술적으로는 국가들 사이의 다자간 조약(multilateral treaty)이다. 그러나 헌장은 자신이 규약을 넘어서는, 어떤 조직의 헌법이고 단순히 조약이 아니라는 것을 보다 공개적으로 선언하고 있다". 엄격한 의미에서 본다면 UN헌장은 조직의 헌법(constitution of organization)이다. 왜냐하면 UN헌장의 기관의 권한과 기능 그리고 구성국가의 의무에 대하여 규정하고 있고 있기 때문이다. 이러한 Waldock의 지적은 매우 타당하다고 볼 수 있다. UN과 같은 강력한 권한을 가진 국제기관의 중요한 특징 중의 하나는 경우에 따라서는 가입국의 통제범위를 벗어나늘 결정을 할 수 있다는 것이다.[100)] 국제조직법상의 기능주의(functionalism)와 헌법주의와는 서로 다른 정반대적인 개념이다.[101)] 이러한 양자의 입장이 서로 충돌하는 경우에 대하 법적 통제를 어떻게 할 것인가의 문제는 유럽연합조약의 헌법위반성에 대한 중요한 통제기준 중의 하나인 공동체의 목적에 의한 통제(Ultra-virus Kontrolle)와 마찬가지로 결국 UN헌장의 자체적이 조직규범성 자체에서 찾아야 할 것이다.

그럼에도 불구하고 UN 헌장은 UN헌장은 세계공동체의 근본적 법원리를 선언하고 있기 때문에, Sir Humphrey가 지적한 바와 같이, 넓은 의미에서 오늘날의 국제법의 헌법적 기본적 구조(constitutional framework)을 제공하고 있기 때문에, 단순한 조직의 헌법 이상의 의미를 가진다.[102)] 그러므로 UN헌장의 해석과 적용과 관련하여 단순한 조약법의 해석 뿐만 아니라 헌법으로서의 UN헌장의 특별한 특성도 고려한 해석과 적용이 행해져야만 한다.[103)] 국제조직의 헌법적 성격 특히 수직적 성격의 강화는 전통적 국제법 구조와 수직적 국제법 구조의 불일치를 초래하고 있다. 특히 UN과 같은 국제조직의 강제법(jus cogens)의 적용과 관련하여 국제법의 수직적 성격은 강화되고 있다. 국제질서의 국제적 연방 혹은 수직적 질서가 타당하지 적용될 수 없다면, 이에 대한 세가지 대안으로서 Jan Klabbers는 국제인권법의 적용에 있어서 다음의 세가지 보다 특수한 제한된 적용기술이 강제되어야 한다고 주장한다: 국

98) Passbender, 위의 책, p. 134.
99) Waldock, General Course on Public International Law, 106 Recueil des Coures 20(II 1962); Blaine Sloan, The United Nations Charter as a Constitution, 1 Pace Yearbook of Interantional Law 62(1989).
100) Geir Ulfstein, in Jan Klabbers, Anne Peters and Geir Ulfstein, The Constitutionalization of International Law 45(Oxford University Press 2009).
101) Jan Klabbers, 위의 책, p. 10.
102) Waldock, 위의 논문, 106쪽; Sloan, 위의 논문(주 99), p. 62.
103) Sloan, 위의 논문(주 99), p. 62.

제법의 보충성(subsidiarity), 평가영역(margin of appreciation) 그리고 비례성(porportionality).[104) 물론 유럽인권법원의 판례에서 나타난 바와 같이 국제적 인권보호와 관련하여 평가영역을 적용하는 것에 대한 비판들이 존재한다. 이러한 비판에 대한 해결책으로서 Klabbers는 평가영역의 공정성 확보, 즉 공평하고 제한된 상황에서의 평가영역의 주장을 주장하고 있다.[105)]

이러한 국제적 헌법주의의 국제법 영역에서의 적용과 관련된 많은 문제점들과 이에 대한 비비판적 견해들의 개진에도 불구하고 국제법 특히 UN헌장과 관련하여 국제적 헌법주의 적용을 주장하는 것은 중요하다. Bardo Fassbender는 국제법, 특히 UN헌장의 해석과 적용에 있어서 헌법주의의 적용의 관점에서 헌법적 논거의 사용을 정당화하고 있다.[106)] UN헌장을 국제적 헌법으로 보는 입장의 출발점은 국제법에서의 헌법주의 적용의 문제는 국제법 체계를 하나의 체계(system) 즉 하나의 헌법으로 볼 수 있는가 하는 질문에서 시작된다.

Hans Kelsen의 법체계 이론의 초기의 견해의 입장에 의하면 법체계의 통일성은 국내법에 대한 국제법의 우위를 선택함으로서 달성될 수 있다. 그래서 그는 법질서의 위계질서 확립을 위한 하나의 국내법질서에 즉 국내법적인 법질서 통일성 확보를 국내적 헌법주의에 대한 집착을 기부히였다.[107)] Hans Kelsen의 제자로서 국제공동체법에 대하여 처음으로 헌법이란 용어를 적용한 학자 Alfred Verdross[108)]가 1920년대에 이러한 자신의 입장을 전개할 당시의 당시의 국제적 상황은 국제연맹(League of Nations)이 좋은 시절을 구가하던 때였다.[109)] 국제법의 헌법적 특성성의 가장 핵심적 내용은 하나의 단일한 법원으로부터의 국제법 의 도출과 형성을 통한 국제법의 법체계로서의 완결성 확보이다. 이러한 국제법 체계의 완결성 확보는 그 체계의 정합성(coherence) 실현여부에 달려있다.[110)]

헌법화된 국제법으로서 UN헌장이 세계헌법으로서 기능하기 위하여 UN헌장이 국제공동체에 대하여 법규범으로서 효력을 발생하고, UN헌장의 준수의 요구가 매우 유효하게 강제될 수 있는다는 것을 전제로 한다. 저명한 캐나다(Canada)의 법률가이며, UN헌장의 헌법적 성격을 인정하는 대표학자인 Ronald Macdonald는 대부분의 국제법학자는 아마도 UN헌장을 "조약이상의 것으로서 보지만, 그렇지만 하나의 세계헌법으로서는 다소 부족한 것"으로 인식한다는 입장을 밝히고 있다.[111)] 그러나 Macdonald는 그 후 2000년에 발간된 「하나의

104) Jan Klabbers, 앞의 책(주 100), p. 32.
105) Jan Klabbers, 앞의 책(주 100), p. 33.
106) Passbender, The UN Charter as Constitution of the International Community, 36 Columbia Journal of Transnational Law 538-41(1998); 같은이, 앞의 책(주 96), p. 135.
107) Hans Kelsen, Reine Rechtslehre. Einleitung in die rechtswissenschaftliche Problematik, Leibzig 1934, 147-54; Paulus, 앞의 책(주 94), p. 73,
108) Alfred Verdorss, Die Einheit des rechtlichen Weltbildes auf Grundlage der Völkerrechtsverfassung 1923, 101; 같은이, Die Verfassung der Völkerrechtsgemeinschaft, 1926; Paulus, 앞의 책(주 94), p. 73.
109) Passbender, 앞의 책(주 96), p. 135.
110) 박진완, 앞의 논문(주 62), 193쪽.

세계헌법으로서 국제연합의 헌장(The Charter of the United Nations as a World Constitution)」이란 자신의 논문에서 UN헌장의 원리의 헌법화를 논증할려고 시도하면서, 비국가적 영역에서의 국제적 헌법주의의 발전에 대하여 연구하기를 희망하고 있다.[112] Michael Doyle은 UN헌장을 조약으로 보지만, 특별한 조약으로 인식하면서 일반조약과 UN헌장의 차이점을 부각시키고 있다. 그 차이점을 Doyle을 UN헌장의 헌법적 성격에서 찾고 있다. 그는 UN헌장의 헌법적 특성으로서 최고성, 조약체결시의 유보의 불적용 그리고 조약개정의 어려움을 들고 있다.[113]

그럼에도 불구하고 UN헌장의 기본권의 전체적 법질서에 대한 방사적 효력(Ausstrahlungs-wirkung)과 같은 침투적 법(pervasive law) 그리고 기본법으로서의 성격의 결여, UN헌장에 반영된 분산되고 비중심적인 국제질서에 대한 고려들이 UN헌장의 헌법적 성격에 대한 비판적 근거인 경험적인 측면에서의 근거가 될 수 있다. 그럼에도 불구하고 UN헌장의 헌법의 세 번째 특성인(위에서 언급한 전체법질서에 대한 방사적 효력 및 기본법의로서의 성격 외에) 최고규범으로서의 우위성(supremacy)은 확보하고 있다고 보고 있다.[114]

저명한 캐나다(Canada)의 법률가이며, UN헌장의 헌법적 성격을 인정하는 대표학자인 Ronald Macdonald는 대부분의 국제법학자는 아마도 UN헌장을 "조약이상의 것으로서 보지만, 그렇지만 하나의 세계헌법으로서는 다소 부족한 것"으로 인식한다는 입장을 밝히고 있다.[115] 그러나 Macdonald는 그 후 2000년에 발간된 「하나의 세계헌법으로서 국제연합의 헌장(The Charter of the United Nations as a World Constitution)」이란 자신의 논문에서 UN헌장의 원리의 헌법화를 논증할려고 시도하면서, 비국가적 영역에서의 국제적 헌법주의의 발전에 대하여 연구하기를 희망하고 있다.[116] Michael Doyle은 UN헌장을 조약으로 보지만, 특

111) Ronald St. J. Macdonald, The Charter of the United Nations and the Development of Fundamental Principles of International Law, in Comtemporary Problems of International Law: Esssays in Honour of Georg Schwarzenberger 196, 197(B, Cheng & E. D. Brown eds., 1988); Passbender, 앞의 책(주 96), p. 144.

112) Macdonald, The Charter of the United Nations as a World Constitution, in International Law Across the Spectrum of Conflict: Essays in Honour of Professor L.C. Green on the Occassion of His Eightieth Birthday 293(Michael N. Schmitt(ed.) Navak War College 2000); 박진완, 앞의 논문(주 62), 194쪽.

113) Doyle, 앞의 책(주 112), pp. 114-115.

114) Michael W. Doyle, The UN Charter-A Global Constitution?, in Jeffrey L. Dunoff and Joel P. Trachtman(eds.) Ruling the World? Constitutionalizm, International Law, and Global Governance 114 (Cambridge University Presss 2009).

115) Ronald St. J. Macdonald, The Charter of the United Nations and the Development of Fundamental Principles of International Law, in Comtemporary Problems of International Law: Esssays in Honour of Georg Schwarzenberger 196, 197(B, Cheng & E. D. Brown eds., 1988); Passbender, 앞의 책(주 94), p. 44.

116) Macdonald, The Charter of the United Nations as a World Constitution, in International Law Across the Spectrum of Conflict: Essays in Honour of Professor L.C. Green on the Occassion of His Eightieth Birthday 293(Michael N. Schmitt(ed.) Navak War College 2000); 박진완, 앞의 논문(주 62), 194쪽.

별한 조약으로 인식하면서 일반조약과 UN헌장의 차이점을 부각시키고 있다. 그 차이점을 Doyle을 UN헌장의 헌법적 성격에서 찾고 있다. 그는 UN헌장의 헌법적 특성으로서 최고성, 조약체결시의 유보의 불적용 그리고 조약개정의 어려움을 들고 있다.[117)]

국제법 영역에서의 단편적이고 일방적인 Kant의 보편적 개인주의의 적용의 문제점들을 극복하기 위하여 Habermas는 새로운 의사소통적 패러다임의 적용을 통한 국제질서의 다양성 보장을 자신의 국제법의 헌법화 논의의 중요한 구성요소로 받아들이고 있다. Bruno Simma는 세계의 대부분의 국가들이 UN에 가입하고, UN헌장의 기본원칙들을 승인하고 있는 현실은 UN헌장이 보편적인 국가들의 공동체의 헌법으로서의 지위를 획득했다고 보고 있다.[118)] 왜나하면 국제법의 헌법화의 중요한 절차적 정당화 조건은 여전히 국제조약이나 국제기관에 대한 여러국가들의 가입동의에 의하여 구체화되기 때문이다. Simma는 인권을 국제법 속에서 가장 중요한 공동체적 자산(Gemeinschatsgut)으로 보았다. 이러한 인권보장의 요구의 국제적 영역에로의 확대는 공동체적 법질서의 성립을 요구한다.[119)]

Christian Tomuschat은 UN헌장을 세계질서조약(world order treaty)으로 구분하면서,[120)] 유엔헌장이 국제공동체의 헌법과 유사하다는 주장을 전개하고 있다. Tomuschaft의 이론적 공헌은 독일에서의 국제법의 헌법화를 위한 세계헌법이론(Weltverfassungslehre)의 전개와 관련된 Andereas L. Paulus의 다음의 설명을 통해서 확인될 수 있다[121)]: "기본적 요구조건은 '무시될 수 없는 세계질서조약(Weltordungsverträgen)'[122)] (Tomschat)으로부터 시작해서 '공동체이익의 국제법(Völkerrecht der Gemeinschaftsinteressen)'[123)] (Bruno Simma)을 거쳐서, '세계내부법(Weltinnenrecht)'[124)] (Jost Delbrück)으로 완성된다".[125)]

UN헌장의 헌법적 특성은 UN헌장과 미국헌법과의 비교·분석을 통해서도 논증될 수 있다. Blaine Sloan은 우선적으로 UN의 정부형태와 관련하여, UN은 아직 하나의 정부는 아니지만, UN은 다소의 세계정부적 기능을 수행하고 있다고 점을 주목하고 있다.[126)] Michael

---

117) Doyle, 앞의 책(주 111), pp. 114-115.
118) Alfred Verdross/Bruno Simma, Universelles Völkerrecht, 3. Aufl., Berlin 1984, vii-viii쪽.
119) Von Bogdandy, Constitutionalism in International Law: Comment on Proposal from Germany, 47 Harvard International Law Journal 226(2006).
120) Tomuschat, International Law: Ensuring the Survival of Mankind on the Eve of New Century, General Course on Public International Law, in 281 RECUEIL DES COURS 79(1999).
121) Paulus, Zur Zukunft der Völkerrechtswissenschaft in Deutschland: Zwischen Konstitutionalisierung und Fragmentierung des Völkerrechts, ZaöRV 2007, S. 703.
122) Tomuschat, Obligation Arising for States Without or Against Their Will, RdC 241(1993-VI), 268-274.
123) Bruno Simma, From Bilateralism to Community Interest in International Law, RdC 250(1994 VI), 217.
124) Jost Delbrück, Globalization of Law, Politics, and Markets-Implications for Demstic Law-A European Perspective, 1 Indiana Journal of Global Legal Studies 9(1993/4).
125) 박진완, 앞의 논문(주 62), 194-195쪽.
126) Sloan, 앞의 논문(주 99), p 63.

W. Doyle 역시 이러한 비교법적 연구의 연장선상에서 국제연합 헌장의 내용과 미국헌법의 전문의 내용을 비교하면서,[127] 연방국가인 미국과 달리 국제연합(UN)은 하나의 세계국가(a world state)를 창조하기 위하여 창설된 것이 아니라는 점을 강조하고 있다. UN헌장 속에 잘 나타나난 UN창설의 의도와 특별한 목적은 국제적 평화와 안전 그리고 인권의 보장이다: "후속세대를 전쟁의 재앙으로부터 구하기 위하여, 근본적 인권(fundamental human rights)에 대한 믿음을 다시 확인하기 위하여, 정의 그리고 조약과 다른 국제법원(sources of international law)에서 도출되는 의무에 대한 존중이 유지될 수 있는 조건들을 확립하기 위하여 그리고 사회적 발전과 보다 많은 자유 속에서 보다 좋은 삶의 수준을 증진하기 위하여".

이러한 목적으로 실현하기 위하여 국제연합은 모든 가입국가들의 주권적 평등성(sovereign equality)에 근거하여 조직되고(UN헌장 제2조 제1항), 그 가입자격을 평화를 사랑하는 모든 국가들에 대하여 개방하고 있다(UN헌장 제2조 제1항).[128] 이러한 점에서 볼 때 주권창설적인 연방국가 설립을 헌법제정의 목적으로 기술하고 있는 미국헌법의 전문은 이러한 UN헌장의 내용과 두드러진 대조를 보이고 있다[129]: "보다 완전한 연방(union)을 형성하고, 정의를 확립하고, 국내적 안정을 확보하고, 공동의 방어를 제공하고, 일반적 복지를 증진하고 그리고 우리자신과 우리의 후손들에 대한 자유의 축복을 보장하기 위하여".

전통적인 국내헌법적인 삼권분립적인 권력분립적 사고를 국제조직, 특히 UN과 같은 국제조직에 그대로 적용할 수 없다. 왜냐하면 UN의 주요기관들 사이에는 사법, 집행 그리고 입법기능이 명백히 구분되어 있지 않기 때문이다.[130] UN헌장 그리고 국제사법재판소 부속문서(ICJ Statute)들을 살펴볼 때, UN헌장체계는 총회, 안전보장이사회 그리고 국제사법재판소 사이의 권력분립에서 시작해서 국제사법재판소설립조약 포함되어 있는 제38조 속의 입법에 관한 규칙(rules of law making)에 이르는 질서를 포함하고 있다. UN 속에서 세계시민들로 구성된 세계공동체를 대표하는 의회가 구성되어 있지 않기 때문이다. 이러한 측면에서 UN의 입법권은 국제적 입법기관인 의회가 없기 때문에 제한적으로 행사될 수 밖에 없다. 이러한 까닭에 UN 안정보장이사회의 입법권은 국제적인 평화와 안전의 보장을 위해서만 행사될 수 있다. 최근 국제적 테러리즘에 대한 재정적 지원과 대량살상무기에 대한 접근을 제한하기 위한 광범위한 일반적 제재조치들을 실행하기 위한 입법권을 강화하고 있다. 이와 관련하여 유럽연합법원(European Court of Justice)의 Kadi case는 안전보장이사회의 제재결의의 국내적 실행의 법적 한계를 제시한 것이다.

---

127) Doyle, 앞의 책(주 111), p. 113.

128) Doyle, 앞의 책(주 111), 113쪽; 박진완, 앞의 논문(주 62), 195-196쪽.

129) U.S. Const. pmbl.: José E. Alvarez, International Organization as Law-makers 67-68(Oxford University Press 2006); Doyle, 앞의 책(주 111), p. 113.

130) Ulfstein, 앞의 책(주 100), p. 67.

UN헌장의 헌법적 특성을 인정하는 가장 중요한 근거인 UN헌장의 우위는 UN헌장 제103조를 통해서 보장되고, UN헌장에 의한 사법적 통제는 결코 완전하게 행해지지 않지만, UN헌장 제96조에 의하여 UN총회와 안전보장이사회 그리고 UN의 다른 기관들은 국제사법재판소에 대한 권고적 의견(advisory opinion)을 요청함으로서 이에 대한 법적 통제의 기회가 부여된다. 바로 이점에서 UN 헌장의 사법심사제도(judicial review)는 헌법재판제도 혹은 사법심사제를 두고 있는 많은 국내헌법과는 차이가 있다.131) 국제사법재판소의 사법적 권한은 UN헌장체계의 한 부분이다. 국제사법재판소에 대하여 권고적 의견(advisory opinion)을 요청하는 것을 통해서, 총회와 안전보장이사회는 적어도 헌장의 헌법(constitutional law of the Charter)에 대한 권위있는 선고(pronouncement)를 할 수 있다.132) 이러한 권고적 의견제시권한을 통해서 국제사법재판소는 국제기관 결정의 적법성(legality)에 대하여 심사한다.133)

UN헌장의 헌법적 특성은 다른 국제조약과의 관계에서 UN헌장이 가지는 최고우위성에서 찾을 수 있다. 이러한 점은 UN헌장을 다른 전형적인 계약적 형태를 조약과 비교해 볼 때 아주 명백히 드러난다. UN헌장 역시 조약임에도 불구하고 특별한 성격을 가진 조약이다. 헌법과 미찬가지로 UN헌장은 조약의 승계에 있어서 후조약 우선의 원칙(the last in time rule)(조약법에 관한 비엔나협약 제30조)에 의하여 폐기될 수 없는 최고규범성을 가진다(UN헌장 제103조). 이러한 UN헌장의 우위는 모든 국제법들에 다 적용되는 것은 아니며(이런 점에서 볼 때 UN헌장은 헌법과 같이 침투성(pervasive) 혹은 기본적(basic) 특성을 가지지 않는다), 단지 평화와 안전과 같은 UN헌장이 부과하고 있는 가장 특별한 의무의 이행과 관련되어서 인정된다.134)

기본권 보장의 요구가 법질서 이전에 국가에 앞서서 선재하는 것이라면 이러한 요구는 국제적 인권보장의 요구에도 그대로 준용된다. UN헌장(UN Charter) 제2조는 국가의 기본적 권리와 의무를 개념정의하고 있다. 그러한 국가의 기본적 권리와 의무들 중에서 무력(force)의 사용금지는 강제법(jus cogens)에 속한다. 집단학살의 금지와 고문을 받지 아니할 권리와 같은 강제법적 성격(jus cogens nature)을 가지는 다른 규범들은 인권에 속한다.

모든 국가에 적용되는 절대적 권리로서의 의무(erga omnes duties)를 국가에 대하여 부가하는 것에 대하여 논쟁을 제기한다. 최종적으로 UN헌장(UN Charter) 제103조는 우월조항(supremacy clause)의 한 형식을 제시한다. UN 헌장 103조는 다음과 같이 규정되어 있다: "국제연합의 구성국가의 현재의 헌장에서의 의무와 다른 국제협정상의 의무가 충돌하는 경우에는, 현재의 헌장에서의 의무가 우선한다". 그럼에도 불구하고 물론 헌장 그 자체는 어떠

131) Paulus, 앞의 책(주 94), p. 77.
132) Paulus, 앞의 책(주 94), pp. 77-78; 박진완, 앞의 논문(주 62), 196쪽.
133) Ulfstein, 앞의 책(주 100), p. 64.
134) Doyle, 앞의 책(주 111), p. 114.

한 구체적인 인권법적인 의무를 포함하지 않고, UN헌장 제103조가 헌장의 일반적 지원하에서 명령되거나 혹은 허가된 후속적인 인권법적인 조치들을 포함하는 정도는 여전히 불확정적인 문제로 남아있다. 국제인권조약의 콘텍스트(context)의 범위 내에서 (일반적으로 강제법(ius cogens)의 범주와 별개로) 명백히 불가침(nonderogable)이라고 규정된 권리들은 제한이 가능한 권리(derogable ones)보다 위계질서상으로 우위에 있다는 주장이 제기된다. 그러나 인권법상이에 위계질서가 있는지 여부는 (모든 혹은 일부의) 인권이 국제법의 다른 유형들보다 우위에 있는지 여부와 직접적인 연관성을 가지지 않는다.

미국헌법과 마찬가지로 UN헌장은 그 구성국가에 의하여 폐지될 수 없는 영구성(perpetual)을 가진다. UN 구성국가는 퇴출될 수는 있지만, 그 국가의 사퇴(resignation)에 관한 규정은 없다(UN헌장 제6조). 그 외에도 UN헌장은 UN의 평화와 안전의 문제에 있어서는 그 국가가 구성국가이든 혹은 구성국가가 아니든지에 관계없이 모든 국가들에 대하여 구속력을 가진다.[135)]

조약유보(reservations)가 인정되는 다른 조약들과 달리, UN헌장은 어떠한 조약내용의 적용유보를 통해서 UN헌장을 비준한 국가에 대한 UN헌장의 효력을 제한할 수 없다. 더 나아가서 UN헌장의 개정절차 그 자체도 매우 어렵게 규정되어 있다. UN헌장의 개정을 위해서는 국제적 회의의 개최와 안전보장이사회의 5개의 상임이사국의 찬성이 포함된, 전체구성원의 2/3이상의 찬성이 필요하다(UN헌장 제109조).

국가가 자신의 영역에 있어서 필수적인 국내적 관할권(domestic jurisdiction)을 가지는 것처럼, UN은 국제적 평화와 안전을 위한 국제적 관할권(international jurisdiction)을 가진다. 다른 많은 헌법들과 마찬가지로, UN헌장 역시 권한을 구성원들(constituents)과 구성기관들(constituted institution)에 배분하고 있다. UN헌장은 거버넌스의 기능적 구성요소들(functional component of governance)에 따른 권한분배를 규정하고 있다 – 준집행(quasi-executive functions), 입법기능(legislative functions), 행정기능(administrative functions) 그리고 사법기능(judicial functions)을 가지는 안전보장이사회(Council), 총회(General Asssembly), 사무국(Secretariat), 국제사법재판소(International Court of Justice) 그리고 나머지 기관들.[136)]

Habermas는 UN 헌장의 잠정적인 헌법적 특징(prima constitutional features)을 어떻게 정리할 수 있는가 하는 문제의 검토와 관련하여 국제공동체의 헌법(constitution for the international community)으로서의 성격을 명백히 인정하지는 않았다. 그렇지만 그는 잠정적인 헌법적 특징을 가지고 있는 국제연맹규약(Covenant of the League of Nations, with *prima facie* features of a constitution)과 대조해 볼 때, UN 헌장이 가지고 있는 세가지 규

135) Doyle, 앞의 책(주 111), 114쪽; 박진완, 앞의 논문(주 62), 197-198쪽.
136) Doyle, 앞의 책(주 111), p. 115.

범적 혁신(normative innovations)을 강조하였다.[137] Habermas는 UN헌장(Charter)이 처음부터 세계헌법(global constitution)으로 제안되거나 혹은 의도는 것이라고 할 수는 없지만, 헌장이란 표현 자체는 전통적인 헌법적 이해 그리고 헌법해석으로의 통로를 열어놓고 있는 것으로 보았다. Haberrmas는 이러한 자신의 주장의 근거를 다음의 세가지의 규범적 특징에서 찾을 수 있다고 주장하고 있다[138]:

① 평화보장의 목적과 인권정책의 명백한 연계, ② 무력사용의 금지와 형사적 소추와 제재의 현실적 위협과의 결합, ③ UN의 세계기구로서의 포괄적 성격(inclusive character)과 이를 실행하는 법의 보편적 유효성(universal validity).

V. 결 어

UN은 처음 출발 때부터 전세계의 국가들을 가입시키기 위하여 조직되었다. 오늘날 193개국이 국제연합 가입국가이다. 이렇게 UN이야말로 진정한 세계기구(world organization)이다. Habermas는 모든 잠재적 적대국가가 UN 가입국가이면, 국가들 사이의 충돌과 갈등은 하나의 동일한 정치체계인 UN의 범위 내에서의 문제로 전환될 수 있다는 점을 강조하고 있다. 이렇게 국가간 갈등을 UN의 내부문제로 전환시키는 논의는 갈등의 평화적 해결을 더욱더 쉽게 만들 수 있다. 이러한 UN의 확대로 인하여 발생하게 되는 다양한 구성국가들의 의사의 불일치의 문제는 UN 헌장의 헌법적 특성의 인정에 대한 의문을 제기하는 근거가 될 수 있다. Habermas도 지적한 바와 같이 UN 권한(power)의 간접적인 민주적 정당화는 UN 가입국가들이 충분히 민주화되었다는 것을 전제로 한다.[139]

UN 헌장(UN Charter, Charta(Satzung) der Vereinten Nationen)은 가장 중요한 국제조직의 기본질서로서 생성 중에 있는 세계공동체법(Weltgemeinschaftsrecht)의 중심점을 형성하는 잠재력을 가지고 있다. UN헌장이 인류의 보편적인 근본적 가치를 하나의 문서에 고정하고 있다는 점은 국제법의 헌법화를 불러 일으키는 다른 현상들과의 중요한 차이가 된다.[140]

UN 헌장은 국가들 사이의 지배적 관계에 대한 근본원칙들, 국제적 평화와 안전을 위한 초석으로서 국제공동체에 의하여 일반적으로 승인된 원리들을 규정하고 있다.[141] UN 헌장 제1조에 규정된 핵심원리들에 의하면 UN의 주요기능은 다음과 같다: ① 평화와 안전의 유지, ② 평화적 수단에 의한 국제적 분쟁의 조정 혹은 해결의 도출, ③ 국민들의 동등한 권리

137) Giegerlich, 앞의 논문(주 52), p. 35.
138) Habermas, 앞의 책(주 60), pp. 160-161.
139) Habermas, 앞의 책(주 60), p. 141; 박진완, 앞의 논문(주 62), 212쪽.
140) Matthias Knauf, Konstitutionalisierung im inner- und überstaatlichen Recht-Konvergenz oder Divergenz?. ZaöRV 68(2008), S. 463.
141) Spencer Zifcak, Globalisation and the Rule of Law 40(Routledge 2005).

와 자기결정의 원칙의 존중에 근거한 국가들 사이의 우호적 관계의 발전, ④ 경제적 그리고 사회적 공동협력의 촉진, ⑤ 모든 사람들의 인권과 자유의 존중의 증진. UN 헌장 제2조는 이러한 UN 헌장 제1조에 규정된 UN의 기능을 수행하는 데 있어서 매우 중요한 3가지 핵심 원칙들을 규정하고 있다: ① 모든 UN 가입국가들의 주권적 동등성, ② 분쟁의 평화적 해결, ③ 위협 혹은 무력의 사용금지. 1970년의 우호적 관계에 대한 UN선언의 전문(Preamble to the UN Declaration on the Friendly Relation)[142) 속에 다음의 4가지 사항이 추가되었다: ① 다른 국가의 국내적 혹은 대외적 문제에 대한 개입금지, ② 국가사이의 공동협력의 의무, ③ 국제적 의무수행에 있어서 신의성실의 원칙(principle of good faith), ④ 국민들(peoples)의 동등한 권리와 자기결정의 원칙. 이렇게 볼 때 UN 헌장 속에는 여러 가지 측면에서 실질적 헌법적 요소들이 반영될 수 있는 통로가 규정하고 있다.

UN은 UN 헌장 제1조에 규정된 UN의 주요기능을 실행하기 위한 기관적 구조(organizational structure)를 창설하였다. UN의 중요한 핵심기관은 집행부에 해당하는 흔히 안전보장 이사회(Security Council)와 경제·사회이사회(Economic and Social Council), 입법부에 해당하는 총회(General Assembly) 그리고 국제사법의 주요기관에 해당하는 국제사법재판소(International Court of Justice). 그러나 이러한 UN의 기관들의 상호관계는 결코 진정한 권력분립의 원칙을 실현한 것은 아니다.[143) UN 헌장의 채택이래로 이러한 기관적 골격은 수많은 국제조약, 국제적 행위규범의 국제관습법으로 계속적 발전, 국제사법재판소의 많은 규범적 판결을 통해서 보충되어졌다.[144)

Habermas는 세계기구가 자신이 제정하는 법에 대한 보편적 유효성(universal validity), 보편적 효력보장의 요구에 대해서는 설명을 하지 않았다. UN은 국제조약의 기술적인 의미 속에서 볼 때(in the technical sense) 법제정권이 없다. 조약은 조약문의 채택 후에 총회(General Assembly)의 승인 후에, 정당한 절차를 통하여 조약에 자발적으로 가입한 UN 가입국가에 대해서만 구속력을 가지기 때문이다. 그러나 최근에 UN 안전보장이사회가 새로운 일반적이고 추상적인 국제법의 규칙(rule of international law)을 제정하는 몇몇 결의들(resolutions)을 통과시켰다. 이와 관련하여 안전보장이사회의 권한에 입법권이 포함되는가 하는 문제가 제기된다.

Habermas는 이러한 UN의 법제정권에 대해서는 검토하는 대신에, UN 헌장 제103조 그리고 조약법에 관한 비에나 협약(Vienna Convention on the Law of Treaties) 제53조, 제64

---

142) UN 헌장에 의한 국가사이의 우호적 관계 그리고 공동협력에 관한 국제법 원칙들에 관한 선언(Declaration on Principles of International Law Concerning Friendly Relations and Co-operation Among States in Accordance with the Charter of the United Nations).

143) Zifcak, 앞의 책(주 141), p. 40.

144) Zifcak, 앞의 책(주 141), p. 41.

조의 범위 내에서의 규범적 위계질서의 발전에 주목하였다. 모든 다른 국제법적 의무에 대한 UN 헌장상의 의무의 우선성을 인정하고 있는 UN 헌장 제103조는 UN 헌장의 헌법적 특성의 표현으로 볼 수 있다. 비에나 협약은 UN 헌장체계와 관련된 부분과 국제적 강제법(jus cogens)을 위한 규범적 우위인정조항(supremacy clauses)을 두고 있지 않고 있다. 이러한 조문들은 UN 헌장의 헌법적 특성을 위한 인정근거가 아닌, 국제적 입법의 법제정 권한(law-making powers), 즉 국제적 법제정-조약(international law-making treaties)- 당사자로서의 국가의 능력을 제한하기 위한 시도를 반영한 것이다.[145] 이러한 헌법적 특성의 인정을 통한 규범적 위계질서의 확립의 시도는 국제법 질서의 불완전함을 가중시킬 수 있다. 왜냐하면 이러한 경우에 있어서 해결기준이 되는 구속력 있는 결정을 도출하기 위한 어떠한 강제적 해결과정(compulsory processs)이 존재하지 않기 때문에, 어떠한 일반적 국제법 규범이 강제적 성격(peremptory)을 가지고, 그 결과 다른 조약에 대한 규범적 위계질서상의 우위를 가지는지에 대해서 정확하게 알 수 없기 때문이다. 이러한 논의와 관련된 국제사법재판소(ICJ)의 관할권(jurisdiction)의 확립을 목적으로 하고 있는 조약법에 관한 비엔나 협약 제69조에 대해서는 많은 국가들이 유보(reservations)를 두고 있다.[146]

그럼에도 불구하고 일반적인 국제법질서의 헌법화의 시발점이자 근거로서의 UN 헌장에 규정된 내용들은 UN에 있어서 그 실현과 관련하여서는 여러 가지 어려움에 봉착하고 있다. 모든 고전적인 국제조직처럼 비회원국에 대해서는 그 국가의 동의없이는 어떠한 법적인 구속을 부과할 수 없다. 설사 인권이 UN 헌장의 본문 속에 규정되어 있다 하더라도, UN 헌장은 인권을 법적인 권리로 보장하기 보다는 단지 그러한 인권의 증진에 대해서만 규정하고 있다. 요청된 구성국가들의 동등성의 요구는 안전보장이사회(security council)의 운영과 관련하여서는 한계에 봉착한다. 안전보장이사회는 상임이사국(permanent members)과 비상임이사국(non-permanent members)을 구별하고 있다. UN의 구성국가들의 불평등성은 안전보장이사회에서 거부권이 인정되는 5개의 상임이사국(veto-wielding permanent members)의 지위의 인정을 통해서 가장 명백히 드러난다. 안전보장이사회의 정치적 결정들을 법적으로 규정하고, 특히 안전보장이사회에서의 거부권의 행사에 있어서 헌법적 구속을 근거지우려는 시도들은 지금까지 국제법학에서도조차 한 번도 성공을 할 수가 없었기 때문에 하물며 실무에서도 실현될 수가 없었다.[147]

145) Habermas, 앞의 책(주 60), p. 159; Brun .Otto Bryde, Konstitutionalisierung des Vöolkerrechts und Internationalisierung des Verfassungsrechts, Der Staat 42(2003), S. 62.
146) Giegerich, 앞의 논문(주 52), p. 42.
147) Vgl. Knauf, 앞의 논문(주 140), S. 464.

제2편

憲法과 政治制度

1. 근대적 의미의 권력분립론에 관한 연구 – 로크와 몽테스키외의 이론을 중심으로

최 창 호*

Ⅰ. 서 설

권력분립이란 국가작용의 원활한 수행과 국민의 기본권보장을 위하여 입법·행정·사법 등의 국가 기능이 상호 독립성을 유지하면서 각기 상이한 기관으로 하여금 담당하게 하는 것이 합리적이라는 점에 기초한 이론이다.[1)]

근대적 의미의 권력분립론은 근대 시민혁명을 통하여 완성되었다고 할 수 있다. 국가권력에 대한 작용을 분립하여 별개의 기관으로 하여금 담당하게 함으로써 개인의 자유를 확보하고자 하는 사상은 이미 영국의 청교도 혁명 당시에도 존재하였다. 그러나 이를 더욱 발전시킨 사람은 입법권과 집행권의 2권 분립을 주장한 J. Locke와 입법·행정·사법권의 3권 분립을 주장한 Montesquieu라 할 수 있고, 미국의 독립과 프랑스 대혁명을 거치면서 제도적으로 실현되기에 이르렀다.[2)]

근대적 권력분립이란 절대적인 권력을 가진 군주를 제한하고 견제하기 위하여 군주가 가진 권력 중의 일부를 군주의 손으로부터 다른 국가기관이 담당하도록 하기 위한 것이었다. 그 당시에는 군주세력, 시민세력 및 귀족세력이 각 세력간 균형을 이루고 있었다고 할 수 있는데, 군주세력이 집행권을, 시민세력이 의회를, 그리고 귀족세력이 사법부를 담당하고 있었다.[3)]

오늘날의 민주주의국가에서는 과거 군주국가에서와 같이 분할하고 분리할 대상인 선재(先在)하는 국가권력이 존재하지 않는다고 할 수도 있다.[4)]

이와 같은 권력분립론이 주장된 이유를 역사적으로 고찰하면, 권력을 가진 자는 권력을 남용하기 쉬운데, 이러한 국가권력의 남용을 방지하기 위한 제도적 장치로서 국가권력을 분립하여 이를 별개의 기관으로 하여금 행사하게 하여 상호 견제와 균형의 원칙(checks and balances)에 따라 제한함으로써 국민의 자유와 권리를 확보하기 위한 것이라고 할 수 있다. 권력이란 한번 부여되면 그 속성상 집중과 남용의 위험이 있다. 이는 인류의 역사를 돌이켜 보면 알 수 있다. 이와 같은 권력의 남용을 방지할 수 있는 방법을 고안해 내는 것은 오랜

---

* 서울고등검찰청 검사

1) 성낙인, 헌법학, 법문사, 2017, 343면.
2) 김철수, 학설판례 헌법학(상), 박영사, 2009, 9면.
3) 계희열, 헌법학(상), 박영사, 2005, 358면.
4) 계희열, 헌법학(상), 박영사, 2005, 359면.

논의와 연구의 대상이었다.[5)]

입법권은 국민의 대표로 구성된 의회에 전속시킴으로써 국민의 권리와 의무에 관련되는 사항에 대하여는 반드시 국민의 의사를 반영시키고, 행정과 사법은 의회가 제정한 입법에 따라 행사하게 함으로써 국가권력의 자의(恣意)로부터 국민의 자유와 권리를 보호하기 위한 것이다.

근대적 의미의 권력분립제도는 엄격한 권력분립으로 인하여 결과적으로 복지국가의 실현에 미흡한 면이 발생하게 되었고, 전쟁 등 위기에 봉착하여 국가긴급권이 남용되어 권력분립을 파괴하는 경우가 생기기도 하였다.[6)]

따라서 오늘날 권력분립의 원리가 갖는 현대적 의미는 단순히 국가권력을 분리하여 통제 및 억제함에 있는 것이 아니라 오히려 적극적으로 개개의 국가권력을 구성하고 거기에 권한을 부여함으로써 국가가 기능을 수행할 수 있도록 하기 위한 것이다.[7)] 이에 반하여 국민주권의 사상에 기초하여 권력의 통일성을 주장하거나 국가권력의 불가분성을 강조하면서 권력분립을 회의적으로 보는 입장도 있었다.[8)]

권력분립의 원리에 대하여는 고대 그리스에서부터 많은 이론이 주장되었다. 또한 혼합정체의 원리, 각료의 책임원리, 법지배의 원리, 견제와 균형의 원리 등을 주장한 사상가들은 많이 존재하였다. 기능적 분업의 필요성 때문이 아니라 자유를 위한 정부조직의 원리 또는 수단[9)]으로서 근대적 의미의 권력분립론은 절대군주의 무제한적 권한에 한계를 설정하려는 정치적 발전과 결부되어 등장한 것이라 할 것이다. 본고에서는 로크와 몽테스키외의 이론을 중심으로 권력분립의 원리를 살펴보고,[10)] 현재 오늘을 사는 우리들에게 권력분립의 원리가 어떠한 의미를 가지는지 검토해 보고자 한다.

Ⅱ. 로크의 이론

1. 시대적 배경 및 사상적 기초

(1) 시대적 배경

국가권력의 제한, 권력남용의 방지, 자유실현이라는 이념에 의하여 징표되는 고전적 권력

---

5) 한수웅, 헌법학, 법문사, 2011, 223면.
6) 김철수, 학설판례 헌법학(상), 박영사, 2009, 10면.
7) 계희열, 헌법학(상), 박영사, 2005, 359면.
8) 장영수, “헌법의 기본원리로서의 법치주의”, 안암법학(제2집), 안암법학회, 1994, 169면.
9) 최대권, 헌법학강의(증보판), 박영사, 2001, 309면.
10) 유진오, 헌법의 기초이론, 일조각, 1950, 62면. 권력분립론의 선구자는 영국의 로크와 프랑스의 몽테스키외라고 적시하고 있다. 한편 한태연, 헌법학, 법문사, 1985, 332면에서는 다양한 역사적 상태에 대한 반동의 가능성이야말로 권력분립론의 초시간적 가치라고 지적하고 있다.

분립론은 군주에 의한 전제정치가 제한정치로 변화되는 17세기의 영국의 정치상황에서 등장하였다.[11] John Rocke(1632~1704)가 출생한 해로부터 약 70년간 영국은 극심한 내란과 혁명을 경험한 격동의 시기라 할 수 있다. 내전, 국왕 차알스 1세의 처형, 크롬웰의 독재, 왕정복고 등이 이어졌고, 정국은 큰 변화를 겪었다. 로크는 전제적 권력의 압제로부터 자유의 중요성을, 내전의 혼란으로부터 질서의 중요성을 자각하였다고 할 수 있다.[12]

영국에서 명예혁명을 전후로 격동의 정치적 상황 한가운데 있었던 로크는 왕권신수설 및 신분제 질서를 뒷받침하던 기존의 정치이론을 지속적으로 비판하였다.

Robert Filmer(1588~1653)는 '가부장 또는 왕들의 자연스러운 권력' 등에서 구약성서의 창세기를 기초로 하여 군주의 통치권을 하느님으로부터 상속 및 세습되어진 가부장권이라고 설명한 바 있다. 필머는 사회계약론을 날카롭게 비판하면서 세상의 군주들이 아담의 직계 상속자로서 인민에 대하여 정당한 지배권을 가진다고 주장함으로써 당시 휘그파와 대립하던 왕 및 토리파의 입장을 이론적으로 옹호하고 보강하는데 강력한 영향을 미쳤다.[13] 따라서 이러한 주장은 왕정복고기의 왕당파세력에게 절대군주제를 정당화하는 논리의 토대가 되었다.[14] 로크는 왕정복고의 사상적 체계를 비판하고 명예혁명을 옹호하는데 집중하였으므로 왕정복고기의 잔당들이 다시 준동하려는 음모에 대하여 집요하게 조목조목 논박을 가한 것이다.

(2) 사상적 기초

봉건적 신분질서와 개인의 생사여탈의 권력을 행사할 수 있는 군주가 존재하는 17세기의 영국에서 개인의 자유를 언급하기 위하여 우선 '자연상태'라는 가정을 전제하면서, 아메리칸 인디언을 전정치적(前政治的) 사회의 한 예로 적시하였다. 로크는 자연상태에서 사람들이 가지고 있는 것은, 어떤 타인의 허가를 구하거나 타인의 의사에 의존함이 없이 자연 법칙의 테두리 내에서 자기들이 적당하다고 생각하는 대로 자기들의 활동을 결정하고, 또한 자기들의 재산과 일신을 사용할 수 있는 완전한 자유라고 언급하였다.[15] 이것은 또한 평등의 상태이기도 한데 거기서 모든 권력과 권한은 호혜적이고 무릇 어느 누구도 다른 사람보다 더 많이 가지지 않는 것이다.[16] 한편 이 자연상태는 자유의 상태일 뿐 방종의 상태는 아니다.

로크의 자연상태는 사람들의 결합체라는 점에서는 사회적이고, 자연상태에 놓인 사람들이

---

11) 허영, 한국헌법론(전정3판), 박영사, 2007, 670면.
12) 최양수, "존 로크 헌법사상의 재조명", 연세법학연구(제5집 2권), 연세법학연구회, 1998, 6면.
13) 정윤석, 로크 통치론, 서울대학교 철학사상 연구소, 2003, 12면. "하느님은 왕이 될 권리를 오직 한 사람에게 부여하였다. 그 사람은 바로 아담이다. 아담은 전 인류의 아버지다. 그리고 지구상에 있는 모든 왕은 이 아담의 상속자들이다. 따라서 우리는 아버지에게 복종하듯 왕에게 복종해야 한다. 왕에 대한 불복종은 신을 공경하지 않는 것과 같다." 안광복, 철학 역사를 만나다, 어크로스, 2017, 162면.
14) 정종섭, 헌법연구 I (제3판), 박영사, 2004, 127면.
15) 스털링 P. 램프레히트, 김태길 외 역, 서양철학사, 을유문화사, 2006, 402면.
16) 존 로크, 강정인/문지영 역, 통치론, 까치, 2005, 11면.

자신의 사적인 판단에 따라 자연법을 집행할 권한이 있다는 점에서 정치적이라 할 수 있다.

인간이 충분히 이성적이라면 자연상태야말로 실로 조화와 행복의 조건이라 할 수 있으나, 불행하게도 자연상태는 목가적이 아니다. 정부가 아니라고 하더라도 약간의 사람들은 탐욕으로 인하여 타인의 권리를 침해하려고 하기 때문에 자연상태는 전쟁상태에 이르게 된다. 따라서 대다수의 어진 사람들은 스스로의 권리를 지키기 위하여 침략에 대한 대책을 강구하게 되고, 상호 보호에 대한 계약을 체결하고 단결하게 된다. 이 계약은 이후에 계약관계에 포섭되고자 하는 사람들로 하여금, 이후 활동에 있어서 계약의 이행을 위하여 선출된 사람들에게 자신들이 가지고 있는 약간의 권리를 양도하지 않을 수 없게 한다. 그러나 자기들이 가지고 있는 모든 권리를 양도하는 것은 아니다. 임무수행에 필요한 충분한 힘을 주는데 필요 이상의 권리를 양도하지는 않는 것이다.

로크에게 정치 사회란 일정한 수의 사람들이 모여서 하나의 공동체를 형성하기로 합의를 하고, 자신이 자연적으로 갖는 권리에 대한 집행권을 공동체에 양도하는 것을 말한다. 즉 모든 정치 사회는 반드시 자유로운 성인의 자발적인 동의와 협정을 통하여만 성립할 수 있는 것이다.[17] 이러한 시민사회는 전쟁상태보다는 낫기 때문에 시달리는 경험이 있는 사회들은 정치적 힘의 보호 밑에 살겠다는 계약을 체결하게 된다. 추상적으로 보면 자연의 상태가 인간에게는 최선의 상태라고 할 수 있다. 그러나 실질적으로 보면 정치적 사회의 상태야말로 사람들이 상당한 자유와 충분한 안전의 공동보장을 위하여 도출할 수 있는 최선의 상태라 할 수 있다. 시민사회의 상태는 전쟁의 상태에 대비한 일종의 보험이라 할 수 있는 것이다.[18]

로크의 주장에 의하면, 개인들이 정치 사회의 결성 또는 가입을 통하여 확보하려는 것은 생명(life), 자유(liberty), 자산(estate)을 포괄적으로 의미하는 재산(Property)을 보존하기 위한 것이고,[19] 이를 달성하기 위한 주요한 도구와 수단은 사회에서 확립된 법률이다.[20] 모든 국가의 기본이 되는 최초의 실정법은 입법권을 확립하는 것이다. 따라서 로크에 의하면 어느 누구도 사회 자체의 동의나 사회로부터 권위를 위임받은 사람의 동의가 없이는 사회에 대하여 법률을 제정할 수 없다.

애초에 모든 인간은 타인의 의지에 구애받지 않고 자연법의 테두리 안에서 스스로 적당하다고 생각하는 바에 따라서 생활하는 완전한 자유의 상태에 있었다. 자연상태에서의 인간

17) 정윤석, 로크 통치론, 서울대학교 철학사상 연구소, 2003, 91면.
18) 스털링 P. 램프레히트, 김태길 외 역, 서양철학사, 을유문화사, 2006, 403면.
19) 정윤석, 로크 통치론, 서울대학교 철학사상 연구소, 2003, 92면; 정종섭, 헌법연구(제3판), 박영사, 2004, 127면. 오늘날 일반적으로 통칭하는 유·무형의 재산을 로크는 estate라 하고, 개인의 재산 보전이 국가의 목적이라고 할 때의 재산이란 단순히 개인의 자산을 보호하는 차원을 넘어 그의 생명과 자유까지 보호한다는 의미로 사용되는 것이다. 강정인 외, 서양 근대 정치사상사, 책세상, 2007, 286면.
20) 정윤석, 로크 통치론, 서울대학교 철학사상 연구소, 2003, 98면.

은 씨족적 존재가 아니라 사회적 신분에 따른 일체의 제한들로부터 자유로운 존재, 즉 개인으로 존재하는 것이다. 이 때의 개인은 신체와 자유의 능력에서 평등하고 동등한 자연권을 가지는 것이고, 무엇보다도 이성적인 존재라 할 것이다.

그러나 사적 이익을 추구하는 사적 판단에 입각한 개인의 자연법 집행권은 공공선을 지향하는 대표자의 판단과 국가에 의한 공정한 자연법의 집행권에 항상 우선 순위를 내어주어야 한다.[21)]

2. 권력의 분립

로크에 의하면 정치 사회의 형태, 즉 정부의 형태는 최고의 권력인 입법권을 어떻게 배치하느냐에 따라 좌우된다고 할 수 있다.[22)] 로크에 의하면, 입법권은 공동체와 그 구성원들을 보존하기 위하여 국가의 힘을 어떻게 사용할 것인가를 지도할 수 있는 권리를 가진 권력이다. 법률의 제정은 단기간 내에 가능한 반면 그 효력은 항구적이고 지속적일 수 있다. 입법부는 항상 업무가 있는 것은 아니기 때문에 상시적으로 개회 중일 필요는 없다.[23)] 이러한 법률의 지속적 효력은 법률의 지속적 집행에 근거하는 것으로 행정권이 분리되는 것은 이에 근거하는 것이다.[24)] 따라서 제정된 유효한 법의 집행을 담당하는 권력이 상시적으로 필요한데, 이에 따라 입법권과 집행권은 때때로 분리된다.[25)]

비록 입법권이 국가의 최고권력이라 하더라도 구성원의 삶과 운명을 마음대로 할 수 있는 권력기구가 되어서는 안 된다. 따라서 입법권은 다음과 같은 한계를 가진다. 즉 ⅰ) 입법권은 공포·확정된 법률에 의하여 지배되어야 하고 법의 규정은 만인에게 평등하여야 한다. ⅱ) 법률은 공공의 복지 이외의 목적을 궁극의 목적으로 해서는 안 된다. ⅲ) 입법권은 인민 자신 또는 그 대표자에 의하여 동의가 주어진 경우 외에는 인민의 소유를 침해하지 않고 조세를 부과할 수 없다. ⅳ) 입법권은 인민으로부터 위임된 것이므로 입법부는 입법권을 다른 어떠한 사람에게도 양도하거나 이전할 수 없다.

집행권은 만들어진 법을 집행하는 권력으로 정의된다. 한편 특정 공동체가 다른 공동체 또는 공동체 밖의 사람들에 대하여 갖는 관계는 자연상태에 해당하는데 이를 지도하고 안내할 방도가 필요하다. 즉 공동체와 공동체, 공동체와 공동체 외의 사람들 사이에서 구성되는 권력은 연합적 권력(federative power) 즉 연합권이다. 연합권의 내용은 '전쟁 및 강화의 권력과 연맹 및 동맹의 권력 그리고 국가 밖에 있는 모든 사람 및 공동체와 모든 교섭을 할

---

21) 정윤석, 로크 통치론, 서울대학교 철학사상 연구소, 2003, 130면.
22) 정윤석, 로크 통치론, 서울대학교 철학사상 연구소, 2003, 94면.
23) 존 로크, 강정인/문지영 역, 통치론, 까치, 2005, 139면.
24) 정윤석, 로크 통치론, 서울대학교 철학사상 연구소, 2003, 96면.
25) 존 로크, 강정인/문지영 역, 통치론, 까치, 2005, 140면.

수 있는 권력을 말한다.[26)]

로크가 집행권과 연합권을 구분하는 것은 집행권이 사회 내에서 사회의 구성원 모두를 대상으로 하여 사회의 국내법의 집행을 담당하는 권력인 반면, 연합권은 대외적으로 사회가 이득이나 손해를 받을 수 있는 모든 자들을 대상으로 하여 공공의 안전과 이익을 다루는 권력이기 때문이다.[27)]

로크는 그 외에도 대권에 대하여 언급하였다. 대권이란 군주가 의회의 승인 없이 행사할 수 있는 권한인데, 법률의 지시가 없거나 또는 때로는 심지어 법률을 위반하여서라도 공공선을 위하여 재량에 따라 행동할 수 있는 권력을 말한다.[28)] 입법권과 행정권이 상이한 사람들의 수중에 장악되어 있는 경우에는 사회의 복지를 위하여 몇 가지 사항들이 행정권을 가진 자의 재량에 맡겨질 것이 요구되는 경우가 있다. 입법자들이 공동체에 유용한 모든 것을 예견하고 법률로 규정할 수 없으므로 법률의 집행권자는 국내법이 아무런 지침을 규정하지 않은 많은 경우에 입법부가 그 지침을 마련하기 위하여 편의에 따라 소집될 수 있을 때까지 사회의 복지를 위하여 공통의 자연법에 따라 그 법을 활용할 권리가 있기 때문이다. 법률이 결코 규정할 수 없는 많은 것들이 있는데, 이러한 것들은 행정권을 가진 자가 재량에 의하여 공공선과 공익이 요구하는 바에 따라 명령할 수 있도록 반드시 그에게 위임하여야 한다.[29)] 그 예로는 법의 가혹한 적용을 완화시키거나 범법자를 사면할 수 있는 권력이 이에 속한다.[30)] 이와 같은 권력이 정당하게 사용되었는지 여부에 관하여 누가 재판관이 될 것인가 하는 문제에 대하여 로크는 지상에는 어떠한 재판관도 존재할 수 없다고 언급한 바 있다.[31)]

로크는 대권의 남용가능성을 사전에 차단하기 위하여 나름대로 발동요건을 상세히 열거하고 있다. i) 법률의 집행에 필요하고 신속한 조치를 취할 수 없을 경우, ii) 법률이 예견하지 못한 우발적인 사건이 발생한 경우, iii) 모든 사람들이 수긍할 수 있는 공정한 법률의 제정을 기대할 수 없는 경우 등이 이에 해당한다. 그러나 이러한 요건은 너무 추상적이고 외연 또한 너무 광범위하여 남용의 여지가 여전히 크다는 지적을 받기도 한다.[32)]

이와 같이 정치상황의 변화에 따라 나타나는 국가권력을 입법권, 집행권, 연합권(외교권), 대권의 4가지로 나누고 국왕과 의회의 두 기관에 의하여 행사된다는 점을 강조하는 로크의 이론을 4권분립(Vierteilung der Gewalten)으로 이해하는 견해도 있다.[33)]

---

26) 정윤석, 로크 통치론, 서울대학교 철학사상 연구소, 2003, 96면.
27) 존 로크, 강정인/문지영 역, 통치론, 까치, 2005, 141면.
28) 존 로크, 강정인/문지영 역, 통치론, 까치, 2005, 154면.
29) 존 로크, 강정인/문지영 역, 통치론, 까치, 2005, 153면.
30) 정윤석, 로크 통치론, 서울대학교 철학사상 연구소, 2003, 103면.
31) 어네스트 바커 외, 강정인/문지영 편역, 로크의 이해, 문학과지성사, 1995, 214면.
32) 국순옥, 민주주의 헌법론, 아카넷, 2015, 47면.
33) 허영, 한국헌법론(전정3판), 박영사, 2007, 671면; 허영, 헌법이론과 헌법(신판), 박영사, 2007, 909면. 로크

3. 통치론에 나타난 주요 내용

(1) 저술동기

로크가 통치론(시민정부론)을 저술한 동기에 대하여는 일반적으로 1688년의 명예혁명을 옹호하고, 다음 세기에 영국 정치를 지배하게 된 휘그 당의 원칙을 정당화하기 위하여 저술된 것이라고 오랫동안 인식되어 왔다. 그 책의 서문에서 "위대한 복원자인 현재의 윌리엄(William) 왕의 왕위를 확립하고, 그의 권좌를 인민들의 동의를 통해 유효하게 하고 … 정당한 자연권에 대한 사랑 및 이를 보존하고자 하는 결의에 의하여 국가가 예종과 파탄의 위험에 처하였을 때 국가를 구한 영국 인민들을 세상에 정당화시키는데 충분하기"를 희망한다고 기술하고 있기 때문이다. 그러나, 로크는 명예혁명을 옹호하기 위하여가 아니라 왕을 포함한 토리 파와 휘그 파가 팽팽하게 대립하던 '배척위기'의 와중에서 휘그 파의 입장을 정당화하기 위하여 저술을 구상한 것으로, 사실상 혁명에 대한 요구와 선동으로 집필된 것이라는 견해도 있다.[34]

(2) 소유권

인간은 자신의 생명을 보존할 권리를 가진다. 로크에 의하면, 자연의 이성은 인간이 일단 태어나면 자신의 보존에 대한 권리, 따라서 고기와 음료, 기타 자연이 그들의 생존을 위하여 제공한 것에 대한 권리를 가진다고 가르친다. 다윗 왕이 하느님께서 "땅은 사람들에게 주셨다"[35]라고 말하는 것처럼 신이 그것을 인류에게 공유물로 준 것은 명백하다고 한다.[36] 비록 대지와 모든 열등한 피조물은 만인의 공유물이지만, 모든 사람은 자신의 인신(person)에 대하여는 소유권을 가지고 있다.

또한 태초에는 누구라 하더라도 공유물이던 것에 기꺼이 노동을 투자하면 어디에서나 노동이 그것에 소유권을 부여하였다고 언급하고 있다.[37] 인간의 노동은 그 자신의 것이기 때문에 원래 인류에게 공동으로 주어진 땅과 그 산물에 자신의 노동을 투여하여 이를 자연으로부터 분리시키면 그것에 대한 개인의 소유권이 발생한다고 본 것이다. 로크는 소유권을 개인 상호간이나 동의에 의해서가 아니라 개인의 자발적 노동에 토대를 둔 전사회적, 전국가적 자연권으로 규정하고 있는데, 이와 같은 노동가치설적 소유권의 관념은 신흥 부르주아 계급의

의 주장을 이해함에 있어 외교권을 집행권에 포함시킨다고 하더라도 대권을 도외시한 채 2권분립론으로 단정짓는 것은 문제가 있다고 지적하고 있다. 다만, 국가의 통치기능을 그 성질에 따라 분류하고 이 상이한 통치기능을 각기 다른 국가기관에 맡겨야 한다는 권력분립적 인식이 로크이론의 핵심이라 할 것이므로, 2권분립인지 4권분립인지 여부는 본질적인 면에서는 중요한 것이 아니라고 언급하고 있다.

34) 존 로크, 강정인/문지영 역, 통치론, 까치, 2005, 242면.

35) 시편 115장 16절; Heaven belongs to the Lord alone, but he gave the earth to us Humans.

36) 존 로크, 강정인/문지영 역, 통치론, 까치, 2005, 33면.

37) 존 로크, 강정인/문지영 역, 통치론, 까치, 2005, 49면.

소유권을 반영하는 것이라 할 수 있다.[38] 즉 로크는 공동체의 승인과 보장에 의해서 창설된 것이 아니라 공동체 이전에 존재하는 자연적이고 고유한(inherent) 재산권을 주장함으로써 휘그당 중에서 유산 계급을 만족시킨다.[39]

로크의 논의에서 재산권은 단순한 재산을 의미하는 것이 아니라, 광의로 생명, 자유 및 자산을 총괄하는 의미로 사용되고 있는데, 이러한 사상은 미국 독립선언서에 영향을 주었다.

(3) 계 약

로크는 사회계약을 자연적 자유를 보존하기 위하여 사용하는데, 정부의 권력은 동의를 기초로 하여야 하며, 계약은 통치자와 피치자가 아니라 자유로운 개인 사이에 체결되는 것이므로 통치자는 계약에서 배제된다.

사회계약은 한번 체결되는데 후대의 동의는 묵시적 동의라는 개념을 설명하고 있다. 묵시적 동의는 개인들이 성년에 도달한 후에도 다른 공동체나 신대륙으로 이주하는 대신 이미 존재하는 정부의 보호와 이득을 계속 향유할 때 암묵적으로 주어지는 것이다. 그러나 묵시적 동의의 개념은 이러한 난관을 해결하는데 적절한 해결책에 해당하는지 여부에 대하여는 의문이 있다. 사람들은 묵시적 동의기 가정하는 만큼 자유롭게 자신들의 거주지나 충성심을 이전하기 곤란하기 때문이다.[40]

일단 사회계약이 체결되면 다수가 지배하게 된다. 일단 수립된 사회는 공동의 업무를 결정하기 위하여 만장일치에 의할 수는 없다. 이러한 이유로 로크는 사회계약이 체결되면 다수가 지배하여야 한다고 주장한다. 그러나 소수파가 다수의 횡포(tyranny of majority)로부터 어떻게 보호받을 수 있는 것인가에 대하여는 분명한 해결책을 제시하지 못하였다.[41]

(4) 저항권

입법부나 행정부가 권력을 수중에 쥐고 인민을 노예화시키거나 파멸시키고자 계획하거나 시도한다면 인민은 이에 관하여 하늘에 호소하는 것 이외에는 그 밖의 다른 치유책이 없다. 홉스는 주권적 권위를 폐지하는 것은 국가를 파괴하는 것이고, 자연상태의 혼란으로 회귀하는 것이라고 주장한 바 있다. 그러나 로크는 사회의 해체와 정부의 해체를 구분하면서 외부로부터의 정복이 정부를 근절하는 것이며 사회를 난도질할 수 있다는 점을 인정하는 한편, 정치체 자체는 해체되지 않으면서 정부가 내부로부터 해체되어 새로운 정부가 수립될 수 있다고 주장한다.[42]

38) 국순옥, 민주주의 헌법론, 아카넷, 2015, 37면.
39) 어네스트 바커 외, 강정인/문지영 편역, 로크의 이해, 문학과지성사, 1995, 27면.
40) 존 로크, 강정인/문지영 역, 통치론, 까치, 2005, 247면.
41) 존 로크, 강정인/문지영 역, 통치론, 까치, 2005, 247면.
42) 어네스트 바커 외, 강정인/문지영 편역, 로크의 이해, 문학과지성사, 1995, 214면.

다수의 전제로부터 보호받을 수 있는 방법은 저항권에 의한다.[43] 나 스스로의 동의가 없는 경우 어느 누구라 하더라도 나를 정당하게 지배할 수 없고 또한 나는 거기에 복종할 필요가 없다는 논리적 귀결은 인민의 동의에 의하지 아니한 정부 또는 신탁의 목적에 위배되는 권력 행사는 부당할 뿐만 아니라 거부되어 마땅하다는 것이다. 로크는 "정부의 목적은 인류의 복지라 할 것인데, 인민이 항상 폭군의 무제한적인 의지에 신음하는 것과 통치자가 권력을 방만하게 행사할 때 그리고 권력을 인민의 재산을 보호하기 위해서가 아니라 파괴하기 위하여 사용할 때 종종 저항을 하는 것 중 과연 어느 편이 인류에게 최선인가"라고 묻고 있다.[44]

4. 평 가

로크는 입법기관과 집행기관이 분리되어야 한다는 주장을 하였으나, 이에 대한 충분한 논거를 제시하지는 못하였고,[45] 현실적이고 실천적인 관점에서 자신의 생각을 피력했던 만큼 깊은 이론적 검토가 있었던 것으로는 보이지 않는다.[46] 또한 몽테스키외에서와 같이 명백한 삼권분립에 따른 견제와 균형의 논리를 찾기도 어렵다.[47] 오히려 로크는 의회의 최고성을 주장하였다. 즉 로크는 두 개의 권력에 입각한 관점에서 자신의 주장을 전개하였는데, 로크의 이론에서 행정권은 사법권을 포함하는 의미이다. 입법권이 공포한 법률 아래서 정의를 집행하는 대내적인 문제로 파악한 것이다. 로크는 그 당시까지의 보통법의 전통에 따라 사법권과 집행권을 동일한 것으로 간주하였다고 보인다.[48] 이와 같이 모든 국가생활이 보통법의 지배를 받는 것으로 인식되었던 보통법 우월사상(Supremacy of Common Law)의 전통은 전제군주제하에서도 전제군주의 전제정치를 제한하는 실효성 있는 법원리로 기능할 수 있었다.[49]

로크가 언급한 대권은 법을 위반하고서라도 어떤 결단적 행위를 감행하는 것인데, 이 힘은 역동적이고 진보적인 문명을 만들었던 것으로 마키아벨리가 신봉하였던 군주와 같이 신질서를 구축하는데 필요한 것이다. 그러나 대권이란 헌법이 병들었을 때 사용하는 독한 치료제와 같은 것이지 일상생활에서 상용하는 빵과 같은 아니므로, 로크의 발상은 위험한 것이라는 지적을 받기도 한다.[50]

---

43) 존 로크, 강정인/문지영 역, 통치론, 까치, 2005, 201면.

44) 존 로크, 강정인/문지영 역, 통치론, 까치, 2005, 215면.

45) 성낙인, 헌법학(제17판), 법문사, 2017, 344면; 조지 세이빈/토머스 솔슨, 정치사상사(2), 성유보/차남희 역, 한길사, 2003, 801면. 로크의 이론은 복잡한 주제를 수용할 만큼 정교한 논리적 구조를 전혀 가지지 못하였다.

46) 정종섭, 헌법연구 I (제3판), 박영사, 2004, 129면.

47) 정윤석, 로크 통치론, 서울대학교 철학사상 연구소, 2003, 95면.

48) 허영, 한국헌법론(전정3판), 박영사, 2007, 672면; 어네스트 바커 외, 강정인/문지영 편역, 로크의 이해, 문학과지성사, 1995, 211면. 당시 재판관의 기능은 사법적인 것 못지않게 행정적이었다는 사실을 상기할 필요가 있다.

49) 허영, 헌법이론과 헌법(신판), 박영사, 2007, 910면.

사회계약이론은 역사의 법정에 풍성한 성과의 기록을 제시하고 있다.[51] 로크의 사상은 인간의 천부인권을 옹호하고, 대의제 민주주의라는 위대한 민주주의 전통의 토대가 되었다.[52] 로크의 사상이 미국 독립선언서에 큰 영향을 준 것은 주지의 사실이라 할 것이고,[53] 미국에서 가장 비옥한 토양을 발견하였다는 평가를 받기도 하며,[54] 또한 프랑스 혁명의 도화선이 되기도 하였다. 로크의 이론에서는 몽테스키외와 같은 권력균형의 관점이 뚜렷하게 나타나지 않는다고 하더라도, 국가권력을 기능적으로 분리하는 것이 결과적으로 권력남용을 막고 이로 인하여 자유의 보호에 도움이 된다는 잠재적인 인식은 로크도 가지고 있었다고 보아야 한다.[55]

법이 끝나는 곳에서 폭정은 시작된다. 그리고 폭정은 도전을 초래하며, 도전을 받아야 마땅하다.[56] 로크의 통치론은 자유를 향한 영국인들의 투쟁을 정제(精製)한 것이라는 평가를 받고 있는데,[57] 로크가 상정하는 입법권 우위의 권력분립론은 역사적 현실과는 동떨어진 일종의 허상에 지나지 않는다는 평가를 받기도 한다.[58]

Ⅲ. 몽테스키외의 이론

1. 시대적 배경 및 사상적 기초

Montesquieu(1689~1755)는 1729년부터 1731년까지 약 2년간에 걸친 영국 여행을 통하여 영국헌정을 경험한 후 정치적 자유의 원인을 분석하고 정치적 자유를 신장시키는 통치구조의 모텔을 찾아내려는 의도로 '법의 정신'에서 고전적 권력분립론을 주장하기에 이르렀다.[59]

대륙법계에서의 자연법사상은 인간이 모두 평등하고, 자유·재산·생명에 관한 권리를 당연히 향유하게 되므로 정부는 이러한 권리를 보호하여야 한다는 생각에 기초하고 있다. 따라서 이러한 사고와 배치되는 토지소유권에 바탕을 둔 기존의 사회적 신분이나 공직은 붕괴하기에 이르렀다. 프랑스의 경우 혁명 전에는 판사신분이 하나의 재산으로 인정되었고 매매나 상속이 가능한 것으로 판사들은 토지귀족인 귀족영주의 권익을 보호하는 입장에 서서 국

50) 정윤석, 로크 통치론, 서울대학교 철학사상 연구소, 2003, 105면.
51) 어네스트 바커 외, 강정인/문지영 편역, 로크의 이해, 문학과지성사, 1995.
52) 정종섭, 헌법연구 I (제3판), 박영사, 2004, 130면.
53) 어네스트 바커 외, 강정인/문지영 편역, 로크의 이해, 문학과지성사, 1995, 221면. 제퍼슨의 선언서는 로크의 통치론을 베꼈다고 비판을 받았다.
54) 존 로크, 강정인/문지영 역, 통치론, 까치, 2005, 249면.
55) 허영, 한국헌법론(전정3판), 박영사, 2007, 671면.
56) 스털링 P. 램프레히트, 김태길 외 역, 서양철학사, 을유문화사, 2006, 403면.
57) 존 로크, 강정인/문지영 역, 통치론, 까치, 2005, 251면.
58) 국순옥, 민주주의 헌법론, 아카넷, 2015, 47면.
59) 허영, 헌법이론과 헌법(신판), 박영사, 2007, 912면.

가의 개혁을 반대하였다.[60] 이에 따라 판사귀족은 프랑스혁명의 대상이 되었고, 몽테스키외는 이러한 사법부 권한의 남용을 방지하는 가장 확실한 방법이 입법권과 행정권을 사법권과 분리한 후, 사법부는 입법부가 만든 법률을 단순히 적용하기만 하고 새로운 해석이나 법을 창조하지 못하도록 하는 이론을 발전시킨 것이다.[61]

몽테스키외는 "재판권이 입법권 및 집행권으로부터 분리되지 않고 있는 경우에는 자유는 없다. 만일 재판권이 입법권과 결합하면 시민의 생명 및 자유에 대한 권력이 자의적이 될 것이다. 또한 재판권이 집행권과 결합되면 재판관은 압제자의 힘을 가지게 될 것이다"라고 언급한 바 있다.[62]

몽테스키외는 귀족에 대한 재판권은 의회 상원에 속하여야 한다고 생각하였다. 또한 그가 말하는 재판권은 민사 및 형사에 대한 재판권을 말하는 것일 뿐 행정재판은 제외된다. 재판관의 선임은 인민으로 구성된 선거인단에 의하는 것이고, 재판기구는 상설기구가 아니라 임무가 종료하면 해체되는 것이다. 몽테스키외는 3권 중 사법권은 비유하여 말하자면 무(無)이고, 단순히 법률을 적용하는 기계에 불과하며, 법관을 법을 말하는 입, 그 힘이나 엄격함을 완화할 수 없는 무생물에 지나지 않는다고 하였다.[63] 민선으로 선임되어 그 기능의 행사가 종료하면 해체되는 기관으로 보았고, 권력분립의 문제에서 쟁점은 입법권과 집행권, 즉 국왕과 귀족 및 시민 사이의 문제로 본 것이다.

법관의 전단(專斷)으로부터 개인의 자유와 권리를 보장하기 위하여는 입법부가 범죄와 형벌을 미리 법률로써 명확히 규정해야 한다는 죄형법정주의도 몽테스키외의 삼권분립론에 기초한 것으로 설명되고 있다.[64]

이와 달리 영국과 미국에서는 판사가 국가권력의 남용에 대하여 시민을 보호하는 역할을 담당하였고, 국가권력의 중앙집권화와 봉건주의 해체에 중요한 기능을 담당하였다. 그 결과로 행정공무원에 대하여 직무집행 명령권이나 권한개시명령권을 가져도 아무런 문제가 되지 않았다. 그 결과 행정법에서 언급되는 이행의 소에 대한 인정 여부는 이러한 역사적 배경에서 대륙법과 영미법의 차이에서 유래하는 것이다. 즉 대륙법계에서는 원칙적으로 이러한 소송이 인정되지 않음에 반하여 영미법계에서는 인정되고 있다.

---

60) 장영진/하혜경, 미국법(1), 법률문화원, 2008, 84면.
61) 장영진/하혜경, 미국법(1), 법률문화원, 2008, 85면.
62) 한상범, "사법권의 독립과 그 과제", 판례월보(181호), 1985, 12면.
63) 이재상, 형법총론(제5판), 박영사, 2003, 11면. 이러한 입장은 미국에 있어서 비록 법관들이 헌법 아래에 있지만, 헌법이 무엇인지를 말하는 것은 연방대법원이 판결하는 것에 의하여 결정된다고 말한 Hughes 대법원장의 언급과는 대비되는 것이다.
64) 정웅석/최창호, 형법총론, 대명출판사, 2018, 16면.

2. 권력의 분립

국가 즉 법이 존재하는 사회에서의 자유란 원하는 것을 행할 수 있고, 원하지 않는 것을 강제당하지 않는데 있다. 일반적으로 모든 국가는 자기를 유지한다는 공통의 목적을 가지고 있다. 세상에는 정치적 자유를 그 국가조직의 직접적인 목적으로 삼는 국민이 있다.[65)]

몽테스키외는 모든 국가에는 세 가지 형태의 권력이 존재한다고 가정한다. 입법권에 의하여 통치자는 법률을 제정·개정·폐지하고, 국제법에 속하는 사항의 집행권에 의하여 통치자는 선전·강화와 외교사절의 파견·영접을 하고, 국가안전을 확보하고 외국의 침략에 대비하며, 시민권에 관한 사항의 집행권에 의하여 통치자는 범인을 처벌하고 개인간의 쟁송을 재판하게 된다고 한다. 그러면서 국제법에 관한 사항의 집행권을 단순히 집행권으로, 시민권에 관한 사항의 집행권을 사법권으로 부르는 것이 좋겠다는 견해를 제안한다.[66)]

동일한 인간 또는 동일한 집정관 단체의 수중에 입법권과 집행권이 결합되어 있을 때에는 자유란 존재하지 않는다. 왜냐하면 군주 또는 같은 원로원이 폭정적인 법률을 만들고, 그것을 폭정적으로 집행할 우려가 있기 때문이다.

재판권이 입법권과 집행권으로부터 분리되어 있지 않을 때에도 자유는 존재할 수 없다. 만약 재판권이 입법권에 결합되어 있다면 시민의 생명과 자유를 지배하는 권력은 자의적일 것이다. 왜냐하면 재판관이 곧 입법자이기 때문이다. 한편 재판권이 집행권과 결합하여 있다면 재판관은 압제자의 힘을 가지게 될 것이다.

동일한 인간, 또는 귀족이나 시민 중 주요한 사람의 동일 단체가 이 세 가지 권력, 즉 법률을 제정하는 권력, 공공의 결정을 실행하는 권력, 죄나 개인의 쟁송을 심판하는 권력을 행사한다면 모든 것은 상실되고 말 것이다.[67)]

몽테스키외는 국가권력을 이렇게 나누는 것에 그치지 아니하고 세 가지 국가권력을 시민의 자유가 보장될 수 있도록 각기 다른 국가기관에 맡겨야 한다고 주장하고 있다. 즉 기능상의 분립뿐만 아니라 조직상의 분립을 지적한 것이다. 몽테스키외의 권력분립론은 세 기관끼리 권력을 상호견제하도록 하고 그를 통하여 시민의 자유를 보호하겠다는 법치국가적인 자유보장이론이라고 할 수 있다.[68)]

정치적 자유란 난폭한 전제주의체제가 아닌 절제된 정부에서만 존재한다.[69)] 그러나 정치적 자유는 절제된 정부[70)]에서도 항상 존재하는 것이 아니라, 이 권력을 남용하지 않을 때에

---

65) 몽테스키외, 이명성 역, 법의 정신, 홍신문화사, 2005, 140면.
66) 허영, 헌법이론과 헌법(신판), 박영사, 2007, 913면.
67) 몽테스키외, 이명성 역, 법의 정신, 홍신문화사, 2005, 141면.
68) 허영, 헌법이론과 헌법(신판), 박영사, 2007, 914면.
69) 성낙인, 헌법학(제17판), 법문사, 2017, 345면.

만 존재하는 것이다. 권력을 가진 자가 그 권력을 남용하려 한다는 것은 인류의 영원한 경험이다. 그는 권력의 한계에 이를 때까지 이를 행사하려 한다. 이러한 권력이 남용되지 않도록 하기 위하여 권력이 권력을 차단하는 장치가 필요하다. 몽테스키외가 언급한 정체의 구분에서 핵심적인 것은 순화된 체제인가의 여부라 할 것이다. 순화된 정부 즉 제한 정부는 권력의 상호 견제와 감시의 체계를 의미하는 것이고, 몽테스키외는 이를 '입법의 걸작'이라고 했다.[71)]

3. 평 가

몽테스키외의 권력분립론은 시민의 자유보장이라는 구체화된 목적을 위하여 제시된 것이다. 18세기 프랑스에서는 모든 권력이 군주에게 집중되어 있었다. 이에 따라 몽테스키외는 자유를 확보하기 위한 최선의 방법은 서로 다른 기관 사이에 권력의 분립을 실천하는데 있다는 점을 인식하고, 이를 이론의 출발점으로 삼고 있다. 그러나 입법권은 법률제정을, 집행권은 안정을 확보하고, 사법권은 형벌 등의 집행을 담당할 것을 제시한 그 이상의 것에 대한 분석은 명확하지 아니하다. 그의 이론은 당시 공법학 연구에 있어서 제시되지 못하였던 사항에 대한 더 이상의 분석의 틀을 제시하지 못하였다는 평가를 받고 있다.[72)]

몽테스키외의 권력분립론은 '견제와 균형이론'으로 명명되기도 하는데, 몽테스키외 자신이 이러한 표현을 사용하지는 않았으나 견제와 균형은 그의 이론을 잘 표현해 놓은 것이라 할 수 있다.[73)]

몽테스키외가 권력분립이론은 정립할 당시의 18세기 국가는 질서유지적, 야경국가적 기능에 국한되었던 소극적 국가였다. 그러나 오늘날은 빵, 자유, 재난으로부터의 해방을 요구하는 동시에 국민의 기본적 수요를 충족시켜야 하기 때문에 국가의 적극적이고 급부국가적 기능이 급격하게 증가하고 있다. 행정국가적 경향과 비례하여 사법권의 강화를 의미하는 사법국가의 요청이 함께 나타나는 것도 결코 우연이 아니다. 국가기능의 중점이 집행권과 사법권으로 모아지는 시대상황에서 사법권을 경시하는 몽테스키외의 고전적 3권 분립론이 통치기구의 조직원리로서 그대로 적용될 수 없다는 것은 스스로 자명한 것이다. 몽테스키외가 사법권을 경시한 것은 뢰벤쉬타인도 지적하고 있다.[74)]

그러나 몽테스키외의 입장에서는 귀족들이 세습하거나 매수하여 법관의 지위를 가지면서

70) 홍태영, 몽테스키외 & 토크빌: 개인이 아닌 시민으로 살기, 지식인마을, 2006, 77면. 권력이 남용되지 않도록 하기 위해서는, 사물들의 배치를 통해 권력이 권력을 멈추게 하여야 한다.

71) 정태욱, 자유주의 법철학, 한울 아카데미, 2007, 129면.

72) 성낙인, 프랑스헌법학, 법문사, 1995, 294면.

73) 성낙인, 헌법학(제17판), 법문사, 2017, 346면

74) 허영, 한국헌법론(전정3판), 박영사, 2007, 680면. 허영 교수는 몽테스키외의 권력분립론이 고전적이라고 평가하면서 사법권을 중시하지 않은 점을 지적하고 있다.

기득권을 유지하려는 입장에 서 있는 사법부를 마냥 높이 평가할 수는 없었을 것이다. 몽테스키외가 '법의 정신'을 저술함에 있어 영국에서의 체험이 큰 영향[75]을 준 것과 마찬가지로 토크빌이 미국의 민주주의를 저술함에 있어 미국에서의 체험이 큰 영향을 주었다.

권력분립이라는 표현은, 프랑스의 역사, 프랑스의 입법, 프랑스의 판례들에 의하여 해석되는 바로는 일반법원의 법관이 행정부에 의하여 해고될 수 없고 따라서 행정부로부터 독립적인 반면, 정부와 그 공무원은 (공무를 수행하는 한) 일반법원의 관할로부터 상당부분 자유로우며 독립되어 있다는 원칙의 주장인 것이며 그 이상도 그 이하도 아니다. 몽테스키외의 '법의 정신'에서 몽테스키외는 뭔가 이중적인 착각에 빠져 있지 않았는가 하는 생각을 지울 수 없다. 몽테스키외는 적어도 권력분립원칙에 관한 한 영국 헌법의 이론과 실제를 잘못 이해하고 있거나, 가사 잘못 이해한 것이 아니라 하더라도 그의 관찰은 과장되거나 왜곡된 형태로 혁명기의 프랑스 정치인들에게 전파되었다는 지적을 받기도 한다.[76]

몽테스키외가 '법의 정신'에서 기술하고 있는 내용 중에는 선교사의 기행문 등을 참조로 적어내려간 부분이 발견되기도 한다. 비교법적 연구가 용이한 시절은 아니었다고 하더라도 정확한 분석이 이루어졌는지에 대하여는 의문이 남는다.

한편 1791년 프랑스 헌법을 시발점으로 하는 프랑스헌법사에 있어서 권력분립의 원리보다는 오히려 권력통합의 원리를 의미하는 권력위계의 원리가 압도적이었고, 이는 몽테스키외에 대한 루소의 승리를 의미하는 것이라는 견해[77]도 있다.

또한 몽테스키외의 분류 자체에 의문이 지적되기도 하고, 법제정 · 법집행 · 법적용 등 법을 중심으로 파악한 분류가 경험에 비추어 적절하지 않다는 비판이 제기되기도 한다.[78]

권력이 군주에게 집중되었던 18세기에 제시된 몽테스키외의 3권분립론은 19세기에 이르러 자유주의적 공법학이론을 통하여 보다 정밀한 권력분립의 원리로 정립되기에 이르렀고,[79] 절제된 통치, 공포의 제거가 사람들을 행복하게 만들거나 또는 사람들을 덕스럽게 만들지는 못한다고 하더라도 그러한 조건의 부재는 행복과 덕성에 대한 희망을 없애는 것이 된다.[80]

---

75) 허영, 한국헌법론(전정3판), 박영사, 2007, 672면.
76) 알버트 다이시, 안경환/김종철 역, 헌법학입문, 경세원, 2001, 228면.
77) 한태연, 헌법학, 법문사, 1985, 277면.
78) 최대권, 헌법학강의(증보판), 박영사, 2001, 313면.
79) 성낙인, 헌법학(제17판), 법문사, 2017, 346면.
80) 정태욱, 자유주의 법철학, 한울 아카데미, 2007, 133면.

Ⅳ. 현대적 변용

1. 현대적 의미

권력분립의 원리는 헌정체제 또는 정부형태를 유형화하여 분석하는데 하나의 논리적 기초를 제공하고 있다.[81] 고전적 권력분립론은 오늘날에 이르러 그 기본적인 모습은 유지하고 있으나, 다양한 헌정체제의 구축, 정당국가화 경향, 집행부 강화의 경향, 지방분권, 각종 이익단체의 출현, 의회의 거부권[82] 등 시대상황의 변화로 인하여 고전적 의미에서의 견제와 균형의 윤곽을 뛰어넘어 새로운 모습을 요구하고 있다.[83]

특히 정당국가화 경향으로 의회를 장악한 정파가 행정부를 운영하는 것은 사실상 규칙을 정하는 심판이 선수로 출전하는 것과 같다. 선거에서 승리한 정파가 승자독식의 원리에 따라 의회와 행정부를 장악하는 것은 효율성의 면에서는 수긍할 바 있으나, 견제가 사실상 불가능한 독재적 전단에 이를 가능성은 상존하게 된다. 스스로가 만든 법률에의 복종을 면제받을 수 있는[84] 위치를 점할 수 있기 때문이다. 입법권과 집행권의 강화가 양자의 융합으로 발전하자, 권력분립의 차원에서 사법권의 중립적 성격이 오히려 강화되기에 이른다.[85]

현대적 의미에서의 권력분립은 과거와 같이 이미 존재하는 국가권력을 소극적으로 분리하고 제한하는데 그치는 것이 아니라, 적극적으로 개개의 권력을 구성하고, 권한을 확정 또는 한정하며 그 협력을 규율하며 국가권력을 통일로 이끌어 가는 역할을 담당하는 것이다.[86]

2. 각국의 입장

(1) 영 국

국가 설계의 측면에서 바라본다면 로크의 이론에서 법원의 위치나 자리는 것은 미미한 것이라 할 수 있다.[87] 영국의 경우에는 오히려 의회가 무소불위의 주권자라 할 수 있다. 따라서 영국의 의회는 어떠한 내용의 법이라도 제정할 수 있고 파괴할 수도 있는 것이다. 따라서 영국의 법은 어떠한 사람이나 단체가 의회의 법률에 우선하거나 이를 무효화할 수 있는 권한이나 권리를 가지는 것이 허용되지 않는다.[88]

---

81) 성낙인, 헌법학(제17판), 법문사, 2017, 347면.
82) 윤명선, 미국헌법과 통치구조, 유스북, 2006, 210면.
83) 성낙인, 헌법학(제17판), 법문사, 2017, 354면.
84) 성낙인, 헌법학(제17판), 법문사, 2017, 344면.
85) 이국운, 헌법, 책세상, 2010, 135면.
86) 계희열, "헌법원리로서의 권력분립의 원리", 고려법학(38호), 고려대학교 법학연구원, 2002.4, 24면.
87) 조홍식, 사법통치의 정당성과 한계, 박영사, 2010, 4면.
88) 알버트 다이시, 안경환/김종철 역, 헌법학입문, 경세원, 2001. 참조.

17세기 이래 영국은 군주세력의 약화와 함께 의회권한의 강화가 두드러지게 나타나게 되어, 마침내 국왕의 권한은 형식적, 의례적인 것에 국한되고 의회가 통치의 실질적인 중심이 되는 것으로 귀결되었다.[89]

양당제 체제를 가지는 영국에서는 하원의 다수파를 이루는 정당이 정부를 장악하게 되는데, 다수파 정당의 지도자들이 정부를 구성하게 되므로 결국 국가권력이 내각에 집중될 수밖에 없다. 이와 같은 점을 살펴보면 세계에서 가장 자유민주적 헌정체제를 가지고 있다고 평가되는 영국에서도 자유민주주의의 정립이 결코 권력분립의 원리에만 기초한다고 볼 수는 없고,[90] 의회와 국왕 사이의 오랜 정치적 투쟁의 결과로 나타난 것이라 할 수 있다.

(2) 미 국

권력은 기본적으로 침해의 속성을 가지고 있는데, 권력이 주어진 한계를 넘어서지 못하도록 제한되어야 한다는 것은 부인할 수 없는 사실이다. 권력을 분립한 후 가장 중요한 임무는 그 침해에 대한 안전장치를 마련하는 것이었다. 과도한 자유에서 오는 위험과 세습적인 입법부에 의하여 지지되고 강화된 세습적 군주의 절대적 특권으로부터 나오는 자유에 대한 위험으로부터 눈을 돌려서는 안 된다. 미국의 헌법 기초자들은 모든 권력을 한 곳으로 집중함으로써 발생하는 행정부의 전횡에 대한 전제와 마찬가지로 입법부의 전횡으로부터 초래되는 위험을 방지하고자 하였다.[91] 즉 어떠한 권력도 너무 많은 권한을 가짐으로써 전제에 흐르지 못하도록 권력을 분산하였다.

헌법 기초자들은 권력의 혼합을 바로 독재로 간주하고,[92] 독재의 뿌리는 정부기능에 필요한 세 분야를 한 사람이나 한 집단에 맡기는데 있다고 확신하였다. 그들은 정부의 한 부가 다른 부의 권한을 계속하여 침해하고 찬탈할 것으로 확신하였다.[93] 매디슨이 언급한 한 부처에 대한 여러 권력의 단계적 집중에 대항하기 위한 안전장치로는 거부권, 행정부의 특권 등이 논의되고 있다.

미국이 독립을 선언하고 영국과의 전쟁에서 승리한 후 새로운 공화국을 설립하는 과정에서 헌법 기초자들은 거대한 영토에 기반한 공화국을 만들었다. 그들에게는 군주도 귀족도 존재하지 않았기 때문에 권력분립의 원칙에 충실한 공화국을 설립할 수 있었던 것이다.[94] 미국은 역사적으로 봉건제 등의 역사를 거치지 않았으므로 이후 근대화의 길에서 세계사적인 보편성으로부터 구별되는 특수한 예외의 길을 걷게 되었다는 견해[95]도 있다.

---

89) 장영수, “헌법의 기본원리로서의 법치주의”, 안암법학(제2집), 안암법학회, 1994, 142면.
90) 성낙인, 헌법학(제17판), 법문사, 2017, 348면.
91) 알렉산더 해밀턴/제임스 매디슨/존 제이, 김동영 역, 페더랄리스트 페이퍼, 한울아카데미, 1995, 303면.
92) 윤명선, 미국입헌정부론, 경희대학교출판국, 2008, 178면.
93) 법무부, 미국의 사법제도, 2001, 389면.
94) 홍태영, 몽테스키외 & 토크빌: 개인이 아닌 시민으로 살기, 지식인마을, 2006, 92면.

19세기의 행정권 비대, 대통령의 거부권 행사와 의회의 재의결, 대통령의 임명권에 대한 의회의 거부, 행정부와 입법부에 대한 사법부의 견제 등이 많은 논란을 야기하였으나 결국은 헌법 기초자들이 의도한 대로 정립된 국가권력이 균형을 이루고 있다는 평가를 받는다.

(3) 프랑스

군주시대의 국민은 군주의 충실한 신민에 불과한 것이다. 절대권력자의 말이 곧 법이 되는 시대에 살고 있다면 국민의 자유와 권리는 공허한 메아리에 불과하다. 1789년 프랑스혁명기에 천명된 '인간과 시민의 권리선언' 제16조는 "권리의 보장이 확보되지 아니하고, 권력의 분립이 규정되지 아니한 모든 사회는 헌법을 가지고 있지 않다"라고 규정함으로써 권력분립의 원리가 국민의 자유와 권리를 확보하기 위한 불가결한 요소임을 천명하고 있다.[96]

미국 연방헌법의 제정에 상당한 영향력을 미친 몽테스키외의 권력분립론은 사실상 프랑스에서는 상대적으로 영향이 크지 않은 편이었다. 그는 현존하는 군주세력, 귀족세력 및 시민세력 사이에 정치적 균형을 이루게 하는 질서를 형성함으로써 새로 대두하는 시민세력의 존재를 인정하고, 그들의 사회적 기능에 상응하는 정치적 지위를 부여하려고 한 것이라 할 수 있다. 그 후 시민세력의 실질적 비중이 더욱 증대되고 시민세력이 군주제에 대한 신뢰를 상실함에 따라 구체제의 타파를 외치게 되었을 때 그의 이론은 더 이상 유지되기가 어렵게 되었다.[97]

한편 19세기에 있어서 프랑스헌법사는 국민주권 원리와 권력분립 원리의 대립과 갈등의 역사라고 할 수 있다.[98]

3. 우리나라에서의 논의

우리나라는 기본적으로 3권 분립주의에 입각하고 있다고 할 수 있는데, 입법권과 행정권의 관계를 어떻게 구성할 것인가 하는 점은 정부형태에 따라 상이하다.[99] 다만, 권력분립의 문제는 정부형태의 문제만이 아니라, 사법부의 독립, 선거제도, 정당 및 이익단체의 구조, 지역분권의 모습, 직업공무원제도의 존부 및 정치문화 등의 문제도 함께 종합적으로 고려하여야 할 문제라 할 것인바,[100] 우리나라에서 권력분립이 언급되었던 내용을 검토해 보기로 한다.

(1) 특별검사 임명에 타 기관 관여

3권분립의 원리에 따라 형사사법을 운용함에 있어 수사권은 집행부의 범위에 속하는데,

---

95) 세이무어 마틴 립셋, 문지영 외 역, 미국 예외주의, 후마니타스, 2006.
96) 성낙인, 헌법학(제17판), 법문사, 2017, 346면.
97) 장영수, "헌법의 기본원리로서의 법치주의", 안암법학(제2집), 안암법학회, 1994, 146면.
98) 한태연, 헌법학, 법문사, 1985, 282면.
99) 양건, 헌법강의 I, 법문사, 2007, 98면.
100) 최대권, 헌법학강의(증보판), 박영사, 2001, 311면.

특별검사를 임명하는데 대법원장이 관여하는 것이 권력분립의 원리에 반하는 것이 아닌가 하는 논의가 있다.

이에 대하여 헌법재판소는, "본질적으로 권력통제의 기능을 가진 특별검사제도의 취지와 기능에 비추어 볼 때, 특별검사제도의 도입 여부를 입법부가 독자적으로 결정하고 특별검사 임명에 관한 권한을 헌법기관 간에 분산시키는 것이 권력분립원칙에 반한다고 볼 수 없다. 한편 정치적 중립성을 엄격하게 지켜야 할 대법원장의 지위에 비추어 볼 때 정치적 사건을 담당하게 될 특별검사의 임명에 대법원장을 관여시키는 것이 과연 바람직한 것인지에 대하여 논란이 있을 수 있으나, 그렇다고 국회의 이러한 정치적·정책적 판단이 헌법상 권력분립원칙에 어긋난다거나 입법재량의 범위에 속하지 않는다고는 할 수 없다"라고 판시한 바 있다.[101]

(2) 공무원의 겸직금지

헌법 제83조는 대통령의 겸직금지를, 헌법 제43조는 국회의원의 겸직금지를 규정하고 있다.

대통령의 겸직금지는 권력분립과 국가기관의 기능상의 분리를 실현하기 위하여 필요한 것이다.[102] 국회의원은 국회구성원으로서의 지위와 조화될 수 없는 다른 직을 겸할 수 없는데, 국회법 제29조에서 이를 규정하고 있다.[103] 국회의원이 국무총리 또는 국무의원이 되면 국회의원이 대통령의 지시와 명령을 받는 지위에 서게 되어 국회에 의한 행정부의 통제 기능이 약화될 수 있다.[104]

행정공무원의 지방의회 의원의 입후보와 관련하여 헌법재판소는 "권력분립의 원리는 인적 측면에서도 입법과 행정의 분리를 요청하고, 만일 행정공무원이 지방입법기관에서라도 입법에 참여하면 권력분립의 원칙에 배치되게 되는 것으로, 공무원의 경우는 지방의회의원의 입후보제한이나 겸직금지가 필요하다"라고 판시하고 있다.[105]

몽테스키외가 권력분립론에서 기능의 분리와 조직의 분리를 함께 요구한 것은 바로 기능만 분리하고 조직은 같이 하는 겸직을 금지한 것이라 이해할 수 있다.[106] 즉 기능의 분리와 기관의 분리를 함께 실행하여야 한다는 몽테스키외의 입장은 실질적 의미의 입법·행정·사법작용과 형식적 의미의 입법·행정·사법작용이 항상 일치하는 것이 바람직한 것이라는 의

101) 헌재 2008.1.10. 2007헌마1468.
102) 정종섭, 헌법학원론(제11판), 박영사, 2016, 1333면.
103) 허영, 한국헌법론(전정3판), 박영사, 2007, 927면.
104) 정종섭, 헌법학원론(제11판), 박영사, 2016, 1205면.
105) 헌재 1991.3.11. 90헌마28. 한편 헌법재판소에서는 정부투자기관 직원의 겸직금지(헌재 1985.5.25. 91헌마67), 지방의회의원의 지방공사 겸직금지(헌재 2012.4.24. 2010헌마605), 지자체장의 지방의회 사무직원 임용권(헌재 2014.1.28. 2012헌바216)에 대하여도 판시한 바 있다.
106) 허영, 헌법이론과 헌법(신판), 박영사, 2007, 917면.

미로 해석될 수 있다.

(3) 법률안 제출

헌법 제52조는 “국회의원과 정부는 법률안을 제출할 수 있다”라고 규정되어 있고, 법원조직법 제9조 제3항은 “대법원장은 법원의 조직, 인사, 운영, 재판절차, 등기, 가족관계등록, 그 밖의 법원 업무와 관련된 법률의 제정 또는 개정이 필요하다고 인정하는 경우에는 국회에 서면으로 그 의견을 제출할 수 있다”라고 규정되어 있다.

일반적으로 법원은 판결로 말을 한다고 한다. 그러나 법원조직법의 의견 제출권에 의하여 단순히 서면으로 의견을 제출하는 것이 아니라 사실상 법률안을 제출할 수 있는 것이다. 일반적으로는 법원에 우호적인 의원을 통하여 의원입법을 하는데, 이전에는 법무부의 협조를 받아서 법무부가 법률안을 제출하였으나, 이제는 법원 출신 의원을 통하는 경우가 많다. 선거법 등에서 자유롭지 못한 의원들은 법원의 의견을 무시하기가 쉽지 않고, 국회 등을 상대하는 법원행정처의 인적, 물적 능력은 막강하다. 한편 헌법재판소장도 의견제출권이 있다고 헌법재판소법 제10조의2에 규정되어 있다.

법원이 특정 사안에 대하여 서면으로 의견을 제출하는 정도를 넘어 법원에 우호적인 입장을 가진 국회의원에게 법률안을 만들어 주어 의원입법 형태로 입법을 하고 있고, 법무부와 견해가 상이한 경우 법원의 이익을 위하여 법원행정처에서 의원들 상대로 치열한 로비까지 하고 있는 현재의 상황에서 이러한 태도가 과연 우리 헌법과 법원조직법이 허용하는 방식인지 의문이 제기된다.

(4) 행정소송 원고적격 확대

사법부가 국가 운영에 있어서 최근 주목을 받게 된 것은 민주주의에 대한 불신[107]이나 정부실패로 촉발된 행정에 대한 불신에 기인한다고 볼 수 있다.

행정소송에 있어서 원고적격의 확대를 통한 사법부의 팽창[108]이 바람직한 것인지에 대하여도 논란이 있다. 우리나라 대법원은 행정소송법 개정안을 제시함으로써 소극적 존재에서 탈피하여 사법부 스스로의 이익을 확보하고자 하는 태도를 나타낸 바 있다.

원고적격을 확대함으로써 많은 이해관계인으로 하여금 법원으로 가는 문호를 확대하여 기본권보장에 진일보하였다는 평가를 받기도 하지만, 실체적 실정법률과의 직접적 연계성을 희석시키고 공·사익을 분배·조정할 수 있는 입법형성권을 침해함으로써 법치국가가 소송국가, 사법국가, 법관국가로 환치할 가능성이 있고, 사법보호의 확대는 권리구제의 확대가 아니라 권리침해의 확대로 나아갈 수 있다는 비판을 받고 있다.[109]

---

107) 존 하트 일리, 전원열 역, 민주주의와 법원의 위헌심사, 나남출판, 2006 참조.
108) 조홍식, 사법통치의 정당성과 한계, 박영사, 2010, 13면.
109) 조홍식, 사법통치의 정당성과 한계, 박영사, 2010, 71면.

민주적 정당성을 갖지 못하는 법원이 국가구조의 근간을 이루는 법률을 개정함에 있어 법원의 권한을 확대하는 방향으로 물꼬를 트는 것은 주어진 규칙에 대한 판정을 하는데 그치는 것이 아니라 심판이 규칙의 내용까지 스스로 간섭한다는 시도로 보여질 수 있다.

(5) 민주주의의 실패

선거제도의 결함 또는 국민의 대표가 모여 입법활동을 벌이는 의회 내부의 입법과정에서 발생하는 문제들로 인하여 민주주의의 실패[110]가 나타나게 된다. 한편 권력의 분립은 실제로 작동하지도 않고 그렇게 될 수도 없다는 비판도 존재한다. 민주주의의 실패를 교정하는 방법에는 여러 가지가 있겠으나 대표적으로 헌법재판을 상정할 수 있다.

헌법재판의 성격에 대하여는 견해가 나뉘기도 하지만, 우리나라는 헌법재판소의 위헌 또는 일부위헌 결정은 법률의 폐지나 삭제, 한정위헌결정은 법률의 변경, 법률개선입법촉구결정을 동반한 헌법불합치결정은 법률의 개정, 입법부작위 위헌확인의 입법강제와 같은 결과를 야기하므로 입법작용을 하는 것이라 평가할 수 있다.[111]

V. 결　어

기본적으로 권력분립의 원리는 인간에 대한 불신에서 출발하였다고 할 수 있다.[112] 인간이 천사라면 어떤 정부도 필요없을 것이다. 또한 천사가 인간을 다스린다면 정부에 의한 내적, 외적 통제가 필요없을 지도 모른다.[113] 규모가 크지 않고 변수가 많지 않은 소규모 사회의 경우에는 플라톤이 상정한 철인왕[114]에 의한 통치를 이상적인 형태로 고려할 수도 있을 것이다. 정의란 강자의 이익이라는 트라시마코스의 주장에 대하여 플라톤은 소크라테스의 입을 빌려 이를 논박하고 있다. 군주의 권력이 일정한 범위의 한도 내에 있다면 이를 분립하여 국가를 운영하는 것이 어느 정도 의미를 갖는다고 할 수 있으나, 현대사회에서 권력의 범위가 폭발적으로 증가한다면 이를 어떻게 분립하고 견제시킬 것인가에 대한 새로운 논의가 필요하다.

국가권력을 서로 나누어서 나눈 분량의 총합이 원래의 권력과 동일하다면 제로섬 게임(Zero-Sum Game)에 해당한다고 할 것이나, 권력의 속성상 대립만이 아니라 협력이라는 요소가 추가되어 논제로섬 게임(Non-Zero-Sum Game)에 해당한다면 새로운 방향에서의 분석이 필요하다. 즉 국가의 존재이유, 국가의 개념에 대한 새로운 의문이 제기되고, 현재까지

110) 임지봉, 사법적극주의와 사법권 독립, 철학와 현실사, 2004, 122면.
111) 성낙인 외, 헌법소송론, 법문사, 2012, 8면.
112) 윤명선, 미국입헌정부론, 경희대학교출판국, 2008, 175면.
113) 알렉산더 해밀턴/제임스 매디슨/존 제이, 김동영 역, 페더랄리스트 페이퍼, 한울아카데미, 1995, 316면.
114) 플라톤, 박종현 역, 국가/정체, 서광사, 2005.

인식하지 못하였던 새롭고 광대한 권력의 존재가 부각된다면 권력분립의 논의에 대한 새로운 접근이 필요할 수 있다. 국가의 성패를 가르는 결정적 요인은 제도의 선택에 있다고 보아야 한다.[115) 포용적 정치제도를 통한 창조적 파괴가 필요한 시점이다. 권력의 집중이란 독재의 다른 이름에 불과하다.[116)

정치적 기술로서의 권력분립은 역사적 경험을 통한 하나의 정치적 지혜이자 인간 문명의 소산이라 할 수 있다. 권력은 그 본질상 당연히 분리되어야 하는 것이 아니라 할 것이고, 둘 또는 셋으로 분립되는 것은 그 시대적 상황에 부응한 것일 뿐이다.[117)

한편 국가의 목적이 구성원의 복지를 추구하는 것이라고 한다면, 정치권력의 행사는 개인의 동의에 기반할 때 정당한 것이라는 주장은 오늘날에도 여전히 위력을 발휘하고 있다.

자유는 권력이 권력을 억제할 경우에만 유지될 수 있다. 1984년 프랑스 헌법 제19조는 "권력의 분립은 자유정부의 첫째 조건이다"라고 규정하고 있기까지 하다.[118)

1987년 헌법 체제에 대한 변화의 움직임이 있다. 몸에 맞지 않는 옷이므로 바꾸어야 한다는 것이다. 헌법의 왈츠시대[119)가 도래하였는지 모른다. 정치적으로 권력분립의 원리는 상호 분립된 권력의 공화를 통하여 균형을 이루어서 정치적 자유의 원동력으로 기능을 하고 있다. 이는 대의제 원리에 따라 의회 등에 의한 기본권 침해의 가능성을 제어하는 중요한 역할을 하고 있음을 의미한다.[120) 제왕적 권력에 대한 적절한 견제와 균형으로 국민의 기본권을 보장하는데 소홀함이 없기를 바란다. 권력의 분할과 배치에 관한 문제는 한 나라의 정치체제의 문제이고, 이는 고대 그리스의 플라톤부터 현재에 이르기까지 지속적으로 탐구되어 오는 문제이다.[121) 형식적으로 권력분립이 이루어진 국가에서도 특정기관의 압도적인 권위 앞에 헌법에 규정된 수많은 견제의 수단이나 권력분립의 원리가 종이호랑이로 전락하고, 기능을 상실하는 현실을 자주 목도할 수 있다. 제도의 문제이기도 하고 이를 뒷받침해야 하는 정치문화의 문제일 수도 있다.

로크나 몽테스키외의 철학에서 발전된 권력분립의 원칙은 장기적인 역사의 흐름 속에서

---

115) 대런 애쓰모글루/제임스 A. 로빈슨, 최완규 역, 국가는 왜 실패하는가, 시공사, 2013.
116) 최대권, 헌법학강의(증보판), 박영사, 2001, 309면.
117) 성낙인, 헌법학(제17판), 법문사, 2017, 343면; 성낙인, "권력분립론, 프랑스 헌법의 이론과 실제", 고시계(제39권제9호), 1994, 99면.
118) 한태연, 헌법학, 법문사, 1985, 271면.
119) 성낙인, 헌법학(제17판), 법문사, 2017, 58면. 한국헌법사에 있어서 불안정한 시기를 '헌법의 왈츠시대'로 표현하고 있는데, 이는 프랑스 뒤베르제 교수의 표현을 따른 것이다. Maurice Duverger, 문광삼/김수현 역, 프랑스 헌법과 정치사상, 해성, 2003, 70면. 1789년부터 1875년까지 프랑스에서는 13차례에 걸쳐 성문헌법이 출현하였다. 86년간 15차례 이상 서로 다른 정체, 더구나 일반적으로 대립하는 정치체제를 경험하게 된다. 비록 이들 헌법이 비엔나의 리듬이 아닌 혁명의 선율에 맞추어 춤을 추었기는 하지만, 이를 '헌법의 왈츠'라 하여도 과장이 아닐 것이다.
120) 성낙인, "권력분립론, 프랑스 헌법의 이론과 실제", 고시계(제39권제9호), 1994, 99면.
121) 홍태영, 몽테스키외 & 토크빌: 개인이 아닌 시민으로 살기, 지식인마을, 2006, 18면.

새롭게 구성되어지는 경향을 찾아서 제시한 인간들의 정치적 삶의 문제이고, 공동체의 방향성과 관련을 가지는 것이다. 17세기 및 18세기에 권력분립의 문제를 고민하였던 로크나 몽테스키외의 문제의식은 통제의 메카니즘[122]을 마련함에 있어서 아직도 우리의 삶에서 진행형이다. 제도의 발달은 사상을 낳고, 사상은 제도의 발달을 유도하기도 하는 것이다.[123] 권력분립의 원리가 반드시 지고의 정의라 할 수는 없다. 자기교정의 능력을 갖춘 체제를 구축하는 것은 우리 모두의 몫이다.

비록 시대상황의 변화로 로크와 몽테스키외의 의견이나 신념의 다양성이 현재의 입장에서 적절하지 않은 부분이 있을 수 있다고 하더라도,[124] 결코 역사적 유물로서 박물관에 보관되어야 할 내용이 아니다. 권력분립의 원리에 대한 논의는 헌정사를 연속된 것으로 이해하고, 현재의 시점에 발을 딛고 과거와 미래를 투사하는 관점에서 해석되어야 할 것이다.

---

122) 허영, 한국헌법론(전정3판), 박영사, 2007, 688면.
123) 최대권, 헌법학강의(증보판), 박영사, 2001, 315면.
124) 최대권, 헌법학강의(증보판), 박영사, 2001, 311면. 권력분립론에 대한 비판 내지 공격은 대체로 Rousseau적인 급진적 민주주의 또는 효율성의 시각에서 지적되고 있다.

2. 국회의 자율권과 사법심사*

정 극 원**

Ⅰ. 서　　설

헌법은 국가권력의 형성과 배분을 규정하여 국가작용의 정당성을 부여하게 된다. 국가권력의 형성은 국민이 국가에 권력을 부여하는 것으로서, 이에 우선적으로 적용되는 것이 국민주권의 원리와 민주주의원리이다. 국민주권의 원리란 국가의 최고의사를 결정할 수 있는 원동력의 근거는 국민이라는, 즉 주권재민을 말한다. 민주주의원리란 국가구성원으로서의 국민 개개인의 자기결정에 기초하여 정치적 통치조직을 구성하게 함으로써 국가권력에 대하여 민주적 정당성을 부여하는 원리이다. 이러한 국민주권의 원리와 민주주의원리는 국민으로부터의 국가권력의 형성이라는 점에서 투입(Input)이라 한다. 국민은 그 투입을 통하여 통치조직을 구성하는 것이지만 그에 근거한 통치권행사에 대한 회의, 불신 및 남용을 방지하고자 헌법적 장치로서의 권력분립의 원리를 규정하게 되는데, 이것이 바로 권력의 배분이다. 권력분립의 원리는 한편으로는 개개인으로서의 자유와 권리를 확보하기 위한 수단으로서 권력의 남용을 방지하는 것으로서 국민에 의한 국가권력의 통제장치이며, 다른 한편으로는 입법・행정・사법으로 나누어진 권력에 대한 기능적 정당성을 부여하여 그러한 한에서는 타 기관으로부터의 간섭과 개입을 배제하고서 독자적으로 권한의 행사를 가능하게 하는 것이다.[1] 민주적 정당성이라는 측면에서 볼 때, 각각의 국가권력은 국민들로부터의 투입에 의하여 형성되며, 이렇게 형성된 권력은 국민의 자유와 권리가 최대한으로 실현되게 하는데 있어서 각자의 독자적이고 고유한 목적과 기능을 수행하게 되는데, 이러한 정당한 권한의 행사가 바로 산출(Output)에 해당된다. 예를 들어 입법부인 국회에 있어서 주권자인 국민들이 국회의원을 선출하는 것은 Input이며, 이러한 Input에 의하여 구성된 국회는 민주적 정당성을 가지고서 국민의 자유와 권리를 실질적으로 실현될 수 있는 권한을 행사하게 되는데, 이것이 바로 Output기능이다. 국민들로부터 선출된 국회는 Output기능을 보다 잘 수행할 수 있게 입법권, 재정에 관한 권한, 헌법기관구성권, 국정통제권, 특권(면책특권과 불체포특권)[2] 및 자율권

---

* 이 글은 정극원, 국회의 자율권과 사법심사, 대구법학 제7권 2호, 대구대학교 법학연구소, 2010.12, 1-32면에 게재된 것으로서, 새로운 자료를 반영하여 수정한 것이다.

** 대구대학교 법대 교수

1) 경성적 권력분립의 적용 하에서 입법기관인 국회는 집행부의 수반인 대통령과의 관계에서 기본적으로 상호 대등한 입장에서 권력적 균형을 유지하고 있다. 정만희, 국회의 국정통제기능에 대한 검토, 헌법학연구 제20권 제3호, 한국헌법학회, 2014.9, 199면.

등의 다양한 권한을 가지게 된다. 국회는 자율권을 통하여 국회의 기능적 정당성을 침해받지 않고서 독자적이고 고유한 권한을 행사하게 된다. 즉 국회의 자율권이라 함은 의회가 그 밖의 다른 국가기관의 간섭을 받지 아니하고, 헌법과 법률 그리고 의회규칙에 따라 의사와 내부사항을 독자적으로 결정할 수 있는 권한을 말한다. 국회의 자율권이 인정되는 이론적 근거로는 권력분립의 요청, 기능독립의 요청 및 기능자치의 요청[3] 등이 있다.[4] 헌법 제64조 제1항 "국회는 법률에 저촉되지 아니하는 범위 안에서 의사와 내부규율에 관한 규칙을 제정할 수 있다.", 제2항 "국회는 의원의 자격을 심사하며, 의원을 징계할 수 있다.", 제3항 "의원을 제명하려면 국회재적의원 3분의 2이상 찬성이 있어야 한다."라고 하여 국회의 자율권에 대하여 직접 규정하고 있다.[5] 국회의 자율권에 속하는 것으로서는 국회규칙제정권, 의사진행에 관한 자율권, 내부조직권, 질서유지권(내부경찰권과 의원가택권) 및 의원의 자격심사·징계 등 신분에 관한 권한 등이 있다. 국회는 이러한 범위에서 자율권을 가지는 것이므로 의사규칙의 제정, 회기 및 회의의 방법, 조직, 의원의 신분, 질서 등의 사항에 대하여서는 다른 국가기관으로부터 간섭과 통제를 받지 않고서 스스로 처리할 수 있는 권능을 가지게 된다.[6] 국회가 국민의 대표기관으로서 그 기능과 위상을 확립하려면 집행부로부터의 독립을 확보하고, 정당에 의한 패권적 지배로부터 벗어나 자율성을 강화하는 것이 긴요하다.[7] 특히 대통령제 하에서 국회가 자신의 권한을 실제적으로 행사할 수 있기 위해서는 대통령으로부터 자율적인 독자적인 권력을 가져야 한다.[8] 그러나 문제는 국회가 이러한 자율권에 기대어 주권자인 국민들에게 꼴불견으로 보이는 입법의 날치기 통과, 의사당 내에서의 폭력행사의 난무, 정책제시가 실종된 인신공격 등으로 빈번히 악용되고 있어 국민으로부터 큰 지탄의 대상이 되고 있

2) 국회의원에게 면책특권·불체포특권을 인정한 제도적 의의는 주관적으로는 국회의원에게 국회 내에서의 언론의 자유(면책특권) 및 그 전제로서 '신체의 자유(불체포특권)'를 강력하게 보호함으로써, 그 결과 객관적-제도적으로 의회민주주의 및 대의제 민주주의체제하에서 집단적 대표로서 활동하는 헌법기관인 국회가 자신에게 부여된 기능을 원활하게 수행할 수 있도록 보장하는데 있다. 김선택, 국회의원의 면책특권·불체포특권 제한입법의 헌법적 한계, 헌법학연구 제10권 제3호, 한국헌법학회, 2004.9, 16면.

3) 기능자치의 요청이란 원내에서 다수파의 횡포로부터 소수파를 보호하기 위해서는 의회의 자율적인 의사규칙이 있어야 하는 것을 말한다. 심경수, 헌법, 법문사, 2018, 448면.

4) 이에 대한 상세한 참조는 정호영, 국회법론, 법문사, 2012, 588면.

5) 의회의 자율성이 인정되어야 하는 이론적 근거는 다음과 같다. 첫째, 권력분립의 정신에 비추어 의회의 내부사항에 관해서는 집행부나 사법부 등 다른 국가기관의 개입이나 간섭이 허용될 수 없다(권력분립의 요청). 둘째, 의회로 하여금 입법기능·국정통제기능·헌법기관구성기능 등을 적절히 수행하게 하려면 의사와 내부사항에 관한 의회의 자주적 결정을 존중해야 한다(기능독립의 요청). 셋째, 원내에 있어서 다수파의 횡포로부터 소수파를 보호하기 위해서는 의회의 자율적인 의사규칙이 있어야 한다(기능자치의 요청). 권영성, 헌법학원론, 법문사, 2010, 934면 이하.

6) 자율권은 다른 국가권력으로부터의 의회의 기능적 독립과 의회 내에서는 소수파가 다수파로부터 그 자율성을 유지할 수 있는 기능적 자치를 통하여 형성된다는 것이다. 김상겸, 의회의 자율권과 사법-독일의 경우를 중심으로-, 헌법학연구 제9권 제2호(한국헌법학회), 2003.6, 104면.

7) 박병섭, 국회기능의 정상화와 정당, 헌법학연구 제8권 제2호, 한국헌법학회, 2002.8, 61면.

8) 음선필, 한국 헌정사에 나타난 의회민주주의, 헌법학연구 제22권 제3호, 한국헌법학회, 2016.9, 186면.

다. 이러한 행태의 자행은 결국 주권자인 국민들로부터 자율권에 대한 폐치를 촉발시키는 계기로 나타나게 되는 것이다. 이 글은 이와 같은 국회의 자율권의 구체적인 내용이 무엇이며(단락 Ⅱ.), 이러한 자율권행사에 대하여 어디까지 사법심사가 가능한지의 여부(단락 Ⅲ.)에 대하여 고찰하고자 하는 데에 그 목적이 있다.

Ⅱ. 국회의 자율권의 내용

1. 국회규칙제정권

국회의 규칙제정권은 국회의 독자성·자율성을 보장하기 위한 제도적 장치이다. 국회의 규칙제정권은 전속적 입법을 행사하는 국회의 고유의 권한이라 할 것이다. 국회의 자율권이란 의회가 그 밖의 다른 국가기관의 간섭을 받지 아니하고, 헌법과 법률 그리고 의회규칙에 따라 의사와 내부사항을 독자적으로 결정할 수 있는 권한이라고 정의되고[9] 있다는 점에서 보는 바와 같이 규칙제정권은 자율권의 가장 핵심적인 내용이 된다. 즉 국회의 규칙자율권은 다른 국가기관의 개입을 차단하여 영향을 받지 않고 국민의 의사를 실현하고자 하는 것이라는 점에서 국민대표의 독립성과 독자성을 보장하기 위한 것이며,[10] 제도로서의 취지는 변천하는 정치적·사회적 환경에 대응하는 의회의 적응력을 위한 것이라 할 수 있다. 그러므로 그 범위는 전통적인 의회사무의 영역에서 다루어지는 내용들을 당연히 포함한다.[11] 헌법 제64조 제1항에 의거하여 국회가 제정하는 국회규칙의 성격에 관해서는 두 가지 견해가 갈리고 있다. 첫째, 국회규칙을 법률(국회법)의 세목규정으로 보는 명령설, 둘째, 국회의 자주적 결정에 의한 법규범으로 보는 자주법설이 그것이다. 전자는 국회규칙은 헌법이나 법률의 수권(授權)에 의하여 국회가 제정하는 명령으로서 흔히 국회법의 시행령이라고 한다. 후자는 국회규칙은 국회가 자주적으로 제정하는 법규범으로 명령과는 본질적으로 상이한 것이라고 한다. 국회규칙제정권은 입법에 관하여 실질설을 취할 때의 입법권의 일종이 되는 것이나, 국회의 자주성을 보장하기 위하여 인정된 것이라 할 것이다.[12] 법규범의 성격이라는 점에서 본다면 국회규칙은 국회의 자주적인 결정에 따른 독자적인 법규범이라고 할 수 있지만, 국가법규범 체계상 명령과 동일한 효력을 갖기 때문에 법률의 하위에 있는 규범이라 할 것이다. 즉 규정형식에서 보면 이러한 명령설의 논거가 더 타당하다고 할 것이다. 이는 헌법 제64조

9) 권영성, 전게서, 934면; 김철수, 학설 판례 헌법학(하), 박영사, 2008, 1638면; 성낙인, 헌법학, 법문사, 2018, 526면; 장영수, 헌법학, 홍문사, 2008, 1154면; 허영, 한국헌법론, 박영사, 2016, 978-982면; 홍성방, 헌법학(하), 박영사, 2010, 162면.
10) 이에 대해서는 박진완, 독일에서의 의회의 자율권 보장, 유럽헌법연구 제8호(유럽헌법학회), 2010.12, 190면 참조.
11) 예를 들어 절차에 관한 것과 조직, 규율 등이다. 박선영, 헌법 제64조, 헌법주석서Ⅲ, 법제처, 2008.12, 326면.
12) 김백유, 헌법학(Ⅰ), 도서출판 한성, 2016, 1728면.

제1항의 문언에서도 나타나고 있다. 이러한 문제점을 명확히 하기 위하여서 각국은 그 나라의 특성에 따라서 국회법이 아닌 국회규칙이라는 독자적인 법규범형태를 취하기도 한다. 예를 들어 영국·미국·독일 등에서는 의회내부의 조직과 운영에 관하여 헌법이 규정하고 있는 것 외에는 원칙적으로 의회규칙에 위임하고 있기 때문에, 의회규칙의 내용과 범위가 상당히 광범위하며, 세부사항에 대하여 명령의 효력을 가지고 있다.

국회규칙에는 주로 '의사와 내부규율'에 관하여 규정하게 되는데, 우리의 경우는 헌법과 국회법에서 의사절차와 내부규율을 상세히 규정하고 있기 때문에, 국회규칙은 비교적 기술적·절차적 사항을 그 내용으로 하고 있는 특색이 있다. 이러한 점에서 국회규칙의 법규범적 가치가 반감되어 있다.[13] 국회규칙은 그 성격에서 보는 것처럼 그 효력에 있어서는 대인적 및 시간적으로 특수한 효력들을 가지게 된다. 국회규칙은 법률의 하위에 있다고 할 때에의 효력은 형식적 효력에 해당한다. 구체적으로 말하면, 국회규칙 중 내부사항을 규율하는 규칙은 국회의 내규로서 행정규칙에 준하는 것이므로 국회구성원(의원과 직원)에 대해서만 구속력을 가진다. 그렇지만 국회의 독립성을 보장하기 위한 강제적 수단을 가지게 되는 의사에 관한 국회규칙은 국회법의 시행령으로서 명령에 준하는 것이라 하더라도 제3자(국회에 출석한 국무위원이나 정부위원·방청인·증인·감정인 등)에 대해서도 구속력을 가진다. 다만 국회규칙이 헌법 또는 법률에 규정되지 아니한 새로운 의무를 부과하는 것일 때에는 그 범위는 가능한 한정적으로 적용된다는 점에서 대인적 효력의 범위는 제한적이다. 국회규칙은 제정·개정의 의결과 동시에 효력을 발생하고 원칙적으로 국회 내에서만 효력을 가지기 때문에 일반에 공포되지 아니한다. 국회규칙은 의원의 개선(改選)에 의하여 효력이 중단되거나 소멸되지 아니한다는 점에서 시간적 효력은 중지되지 아니하는 것이다. 즉 국회가 동일의원들로 구성되는 시기로부터 임기가 만료되거나 해산되기까지의 시기를 의미하는, 즉 임기를 의미하는 입법기와 상관없이 지속적인 효력을 가지고 있는 것이다.

국회규칙은 자율기능에 속하는 것이기는 하지만, 넓은 의미에서 보면 국회규칙은 국회가 가지는 입법기능에도 포함된다고 볼 수 있다. 즉 국회규칙은 다른 통치기관의 규칙과 마찬가지로 그 규율대상이나 효력이 그 기관 내에 한정되는 것이 원칙이지만 국회방청규칙처럼 국회에 들어가는 외부인에게도 효력이 미치는 경우도 있다.[14] 이러한 대인적 효력은 예외적인 것이지 본질적인 것이 되어서는 아니 된다. 국회규칙은 원칙적으로 대내적 적용을 위한 것임에도 불구하고 대외적 효력을 가지게 되는 것은 법률에 의하지 않고서 국민의 자유와 권리의 침해를 야기하는 문제가 생기는 것이므로 예외적이고 제한적인 범위에서 적용되어야 하는 것이다.

---

13) 성낙인, 전게서, 527면.
14) 허영, 전게서, 979면 참조.

2. 집회와 의사에 관한 권한(의사자율권)

국회는 헌법과 국회법이 정하는 바에 따라 집회·휴회·폐회·회기 등을 자주적으로 결정한다. 헌법 제47조 제3항의 대통령의 임시집회소집요구권은 국회의 자율성과 모순되지만, 국가적 비상사태 등이 발생한 경우에는 그에 대처하기 위하여 부득이한 것이다. 국회가 휴회중이라도 첫째, 대통령의 요구가 있는 때, 둘째, 의장이 긴급한 필요가 있다고 인정한 때, 셋째, 재적의원 4분의 1 이상의 요구가 있는 때에는 회의를 재개한다(국회법 제8조 제2항: 이하 법이라고 함). 의사자율권에도 불구하고 "정기회는 100일을, 임시회는 30일로 한다(법 제5조의2 제2항 1)"라는 규정을 두고 있다. 이것은 상설국회의 폐해를 방지하기 위한 회기의 최대한에 관한 규정을 의미하는 것이라는 점에서 자율권과 상치하는 것은 아니다. 즉 회기를 얼마동안으로 하느냐 하는 것은 집회 직후 국회가 정한다(법 제7조 제2항). 국회는 의사일정의 작성, 의안의 발의·동의·수정 등 의사에 관해서는 헌법과 국회법 및 국회규칙의 구속을 받는 외에는 스스로 이를 행한다. 따라서 의사절차의 적법성이 문제되는 경우에도 국회는 스스로 판단하고 해석하는 것을 원칙으로 한다. 의사에 관한 자율권은 보다 폭넓은 자유에 해당하는 것으로서 명백히 자의적이지 않는 한 국회의 자율적 결정은 최대한으로 존중되고 있다. 우리 헌법재판소도 국회상임위원회 방청불허행위 위헌확인 등(기각) 심판에서 "원만한 회의진행 등 회의의 질서유지를 위하여 방청을 금지할 필요성이 있었는지에 관하여는 국회의 자율적 판단을 존중하여야 하며 헌법재판소가 관여할 정도로 명백히 이유없는 자의적인 것이라고 보여지지 않는다."라고 하여 그러한 입장에 있다.[15] 그러나 의사자율권으로서 방청제한 자체는 허용된다 하더라도 의사내용에 대하여 전혀 공개하지 않는 것은 회의공개의 원칙과의 상충의 문제가 야기될 수 있다고 본다. 국회의 회의는 공개를 원칙으로 하나, 의장의 제의 또는 의원 10인 이상의 연서에 의한 동의로 본회의의 의결이 있거나 의장이 각 교섭단체 대표의원과 협의하여 국가안전보장을 위하여 필요하다고 인정할 때에는 공개하지 아니할 수 있다(법 제75조 제1항). 이러한 제의나 동의에 대하여는 토론을 하지 아니하고 표결한다(동 제2항). 즉 회의의 내용을 비공개로 하기 위하여서는 이러한 구체적으로 적시한 열거된 항목에 해당성이 있는 경우에만 허용된다고 보아야 할 것이다. 일반적으로 기본권보장과 관련하여 헌법 제11조의 평등권보장에서의 "성별·종교 또는 사회적 신분에 의하여 정치적·경제적·사회적·문화적 생활의 모든 영역에 있어서 차별을 받지 아니 한다."라고 규정하고 있는 경우처럼 그 보장의 범위를 해석하는데 있어서 이를 제한적 열거규정이 아니라 하나의 예시규정으로 봄으로서 이에 해당하지 않는 영역에 있어서도 차별은 금지되는 것으로서 하여 기본권보장의 범위를 넓게 해석하는 것이지만, 회의의 비공개와 같이 권리의 제한의 경우

15) 헌재 2000.6.29. 98헌마443등.

에는 이를 예시규정이 아니라 제한적 열거규정으로 보아야 할 것이다. 즉 열거된 경우에 있어서만 비공개가 허용되는 것이고, 열거된 사항이 아닌 경우에는 반드시 회의를 공개하는 것을 원칙으로 하여야 하는 것이다. 즉 의사자율권에 따른 회의의 비공개는 보다 엄격하게 적용할 필요가 있다고 할 것이다.

3. 내부조직권

국회는 내부조직의 구성에 관한 자율권을 가진다. 이를 흔히 자주조직권이라 한다. 국회는 헌법과 국회법에 따라 의장·부의장·임시의장 등의 의장단 선출, 각종 위원회의 구성, 사무총장과 그 밖의 각종 직원의 임면을 스스로 행한다. 의장과 부의장은 무기명 투표로 선거하되 재적의원 과반수의 투표로 당선되며(법 제15조 제1항),[16] 임시의장은 재적의원 과반수의 출석과 출석의원 다수득표자를 당선자로 한다(법 제17조). 국회의장은 그 임무수행에 있어서의 보다 강화된 민주적 정당성을 담보하기 위하여 재적의원 과반수 투표에 의한 당선을 정하고 있는 것이지만, 임시의장의 경우에는 일회성의 정당성이라는 점에서 보다 완화된 민주적 정당성을 확보하는 다수득표자로 하고 있는 것이다. 내부조직으로서 사무총장은 의장이 각 교섭단체대표의원과의 협의를 거쳐 본회의 승인을 얻어 임면한다(법 제21조 제3항). 국회사무처 이외에도 도서 및 입법자료에 관한 업무를 처리하기 위하여 국회도서관을 두며(제22조), 국가의 예산·결산·기금 및 재정운영과 관련된 사항에 관하여 연구분석·평가하고 의정활동을 지원하기 위한 국회예산정책처를 두며(제22조의2: 본조 2003.7.18 신설), 입법 및 정책과 관련된 사항을 조사·연구하고 관련 정보 및 자료를 제공하는 등 입법정보서비스와 관련된 의정활동을 지원하는 국회입법조사처를 둔다(제22조의3: 본조 2007.1.24 신설). 이러한 내부기관은 국회의 조직자율권을 보장하기 위한 측면에서 그 임기를 두고 있지 않고 있다. 이는 상층부에서의 조직자율권의 보장을 위한 장치는 되는 것이지만, 조직의 안정과 효율적 운영에 있어서는 바람직하지 않는 것이 된다고 할 것이다. 국가에 기관과 조직을 두는 것은 궁극적으로 행정의 효율성을 제고하는 데에 있는 것이라는 점에서 이러한 내부조직에 있어서도 최소한의 임기를 보장함으로서 조직의 안정성과 행정의 효율성을 동시에 보장할 수 있는 장치를 마련할 필요가 있다고 할 것이다. 이러한 조직의 안정성과 효율성은 궁극적으로 국회의 권능강화로 이어질 수 있는 것이다.

4. 질서유지에 관한 권한

국회는 국회법에 의한 내부질서의 유지를 위하여 의장이 행사하는 내부경찰권과 의원가

---

16) 이러한 자율권은 헌법이나 법률의 범위 내에서 인정되는 것이며, 실정법규의 규정이 없이도 헌법상 국회제도에 의하여 인정되는 것이다. 정종섭, 헌법학원론, 박영사, 2014, 1137-1141면 참조.

택권을 가진다. 내부경찰권이라 함은 국회 내에서의 질서유지를 위하여 의원·방청객은 물론 원내에 있는 모든 자에 대하여 일정한 사항을 명하거나 실력으로써 명령을 강제할 수 있는 권한을 말한다. 의원가택권이라 함은 국회가 그 의사에 반하여 타인이 국회 내에 침입함을 금지하고, 국회 내에 들어오는 모든 자를 필요하다고 인정할 때에는 그 퇴장을 요구할 수 있는 권한을 말한다. 이러한 내부경찰권과 의원가택권은 국회의 권한이지만 구체적으로는 의장이 관장한다. 국회법은 이를 경호권과 질서유지권으로 규정하고 있다(법 제143-154조). 의장의 질서유지권에는 질서를 문란하게 하는 언동을 한 국회의원에게 그 내용과 정도에 따라 단계적 제재를 가할 수 있는 권한이 포함된다는 점에서 국회의원에게도 미친다고 할 것이다.[17] 이 밖에도 질서유지권에 속하는 권한으로는 다음과 같은 것들이 있다. 국가경찰공무원의 파견요구권(법 제144조 제2항),[18] 회의장내에서 의원체포명령권(법 제150조), 방청허가권(법 제152조 제1항), 방청금지와 신체검사권(법 제153조), 방청인에 대한 퇴장명령권(법 제154조 제1항), 윤리심사 및 징계의 요구와 회부권(법 제156조), 징계의결선포권(법 제163조 제4항) 등이 그것이다.

5. 국회의원의 신분에 관한 권한

(1) 의원의 사직허가권

국회는 의원의 사직을 허가한다. 폐회중에는 의장이 이를 허가한다. 사직의 허가여부는 토론을 거치지 아니하고 표결한다(법 제135조 제1항 제3항). 사직의 경우 의례적으로 의장이 허가하는 것이지만, 자의에 의한 사직을 강제적으로 막을 수 있는 것은 아니다. 통상적으로 사직에 있어서의 의장이 권한을 행사하는 경우는 드물다고 할 것이다. 일반적으로 야당에서는 정치적 현안에 대하여 시위의 목적으로 의원직의 사직을 신청하게 되고, 이 경우에 표결을 거쳐서 처리한 경우는 거의 없었던 것이다.

(2) 의원의 자격심사권

국회는 의원의 자격을 심사할 수 있다(법 제64조 제2항 전단). 의원의 선거에 관한 소송은 공정한 처리를 위하여 대법원의 관할로 하고 있지만, 의원의 자격에 관한 심사는 국회가 스

---

17) 그러나 의장의 질서유지권은 국회의원에게 무제한적으로 미치는 것은 아니다. 예컨대, 국회의원 본인이 계속 동 위원회에서 활동하기를 원하고 있다면 국회법 제48조 제6항과 같은 사유, 즉 "의원이 기업체 또는 단체의 임·직원 등 다른 직을 겸하게 되어 그 직과 직접적인 이해관계를 가지는 상임위원회의 위원으로 계속 활동하는 것이 공정을 기할 수 없는 현저한 사유가 있다고 인정하는 때"나 기타 "그 위원회와 관련하여 위법하거나 부당한 행위를 한 사실이 인정되는 경우"가 아닌 한 본인의 의사에 반하여 강제로 위원회에서 사임시킬 수는 없다고 보아야 할 것이다. 그렇다면 국회의장이 상임위원회에 소속된 국회의원에 대한 이 사건 사·보임행위는 국회 보건복지위원회에서 국민건강보험법중개정법률안에 대하여 심의·표결할 청구인의 권한을 침해하고, 아울러 특별한 사정이 없는 한 동 위원회의 상임위원으로서 2년의 임기 동안 활동할 수 있는 청구인의 권한을 역시 침해한 것이라고 할 것이다. 참조: 헌재 2003.10.30. 2002헌라1.

18) 동 규정은 2006년 2월 21일 개정에서 신설되었다.

스로 행한다. 의원의 자격이라 함은 헌법과 법률이 규정한 의원으로서의 신분을 유지하는 데 필요한 적격성을 말한다. 현행법상 의원의 자격요건으로는 예컨대 적법한 당선인일 것, 겸직이 금지된 직에 취임하지 아니할 것,[19] 국회법 제29조 제2항의 규정에 의하여 임기개시일 이후에 해직된 직의 권한을 행사하지 아니할 것, 법률에 규정된 피선거권을 계속 보유할 것 등이다. 의원이 다른 의원의 자격에 관하여 이의가 있으면, 30인 이상의 연서로 자격심사를 의장에게 청구할 수 있다(법 제138조). 의원의 자격심사는 법 제46조의 윤리특별위원회의 예심을 거치며, 자격이 없음을 의결할 때에는 본회의에서 재적의원 3분의 2 이상의 찬성이 있어야 한다(법 제142조 제3항). 가중다수에 의하여 그 적격여부를 심사하게 함으로써 강한 민주적 정당성을 보장하고 있다. 국회가 행한 자격심사의 결과에 대해서는 권력분립의 원리와 국회의 자율권을 존중한다는 견지에서 법원에의 제소를 인정하지 않고 있다(헌법 제64조 제4항). 이것은 국회의 독자성을 보다 강하게 보장하기 위한 것으로서 국회결정의 최종성이라 한다.[20]

(3) 의원에 대한 징계권

국회는 의원을 징계할 수 있다(법 제64조 제2항 후단). 의원의 징계라 함은 원내질서를 문란하게 하거나 국회의 품위와 위신을 손상하는 의원이 있을 때, 국회가 당해 의원에게 과하는 제재를 말한다. 국회의원의 징계사유는 국회법 제155조 제2항에 열거되어 있다. 규정된 징계사유를 들면 ① 헌법 제46조 제1항(청렴의 의무)및 제3항(이권운동의 금지)의 규정에 위반되는 행위를 한 때, ② 법 제102조(의제 외 발언의 금지) 및 국회법상 발언시간제한의 규정에 위반하여 의사진행을 현저히 방해한 때, ③ 탄핵소추사건의 조사를 함에 있어서 「국정감사 및 조사에 관한 법률」이 규정하는 조사상의 주의의무에 위반되는 행위를 한 때, ④ 법 제145조 제1항의 규정에 해당되는 회의장의 질서문란행위를 하거나 이에 대한 의장 또는 위원장의 조치에 불응한 때, ⑤ 정당한 이유없이 국회집회일로부터 7일 이내에 본회의 또는 위원회에 출석하지 아니한 때, ⑥ 「국정감사 및 조사에 관한 법률」에서 정한 징계사유에 해당하는 때 등등이다. 징계요구권자는 의장, 위원장, 의원 20인이상, 모욕당한 의원 등이며, 징계사유가 되는 행위는 회기중의 행위에 한하는가 전회기중의 행위와 폐회중의 행위도 포함되는가가 문제된다. 회기말(會期末)중의 혼란을 방지하고 의원의 품위를 항상 유지하게 하려면, 전회기중의 행위는 물론이고 폐회중의 행위에 대해서도 차기국회에서 징계를 할 수 있어야 한다.[21] 징계요구는 징계사유가 발생한 날 또는 징계대상자가 있음을 알게 된 날로부터

19) 예컨대 제43조 "국회의원은 법률이 정하는 직을 겸할 수 없다", 제101조 제3항 "법관의 자격은 법률로 정한다."라는 규정에 따라 국회의원은 법관을 겸직할 수 없다.

20) 김철수, 전게서, 1640면.

21) 권영성, 전게서, 939면.

10일 이내에 하여야 한다(법 제157조 제2항).

국회법 제14장에는 징계에 관한 규정을 따로 두고 있는데, 징계의 종류로는 ① 공개회의에서의 경고, ② 공개회의에서의 사과, ③ 30일 이내의 출석정지, ④ 제명의 네 가지가 있다(법 제163조 제1항). 제명을 의결하려면 재적의원 3분의 2 이상의 찬성을 요하며, 징계로 제명된 자는 그로 인하여 궐원된 의원의 보궐선거에서 후보자가 될 수 없다(법 제164조). 의원에 대한 국회의 징계처분에 대해서는 법원에 제소할 수 없다고 봄이 타당하다.[22] 그러나 헌법재판소에 헌법소원을 제기하는 것은 가능하다고 보는 경우도 있다.[23] 이에 반하여 "그 자율권의 범위 내에 속하는 사항에 관한 국회의 판단에 대하여 다른 국가기관이 개입하여 그 정당성을 가리는 것은 바람직하지 않고, 헌법재판소도 예외는 아니다."라고 하여[24] 제기가 가능하지 않다고 보는 경우도 있다.

이러한 징계의 규정에도 불구하고 실제적 적용에 있어서 국회에서는 가능하면 국회의원에 대하여 징계를 하지 않으려는 경향에 있다고 할 것이다. 이러한 경향성은 '제 식구 감싸기'의 속성에 기인하는 것이기도 하지만, 궁극적으로 정치활동을 하는 의원 개개인의 자기족쇄로 작용하게 될 수 있다는 점에서 가능하면 관용하려고 하기 때문이다. 문제는 사회적 물의를 일으켜 국회의 품위와 위신을 심하게 손상시키고 국민의 정치적 불신을 야기한 의원의 경우에도 자율권의 미명하에 관용을 하게 되는 경우이다. 이렇게 될 경우 국회의 자율권과 국민의 감정 사이에는 큰 괴리가 생기게 되고, 그 괴리가 크면 클수록 국회에 대한 불신의 팽배로 이어져 자율권 자체에 대한 존폐문제로 붉어지게 된다는 점이다. 따라서 사회적 물의를 일으킨 국회의원에 대해서는 더 객관적이고 더 엄격한 잣대로 징계를 하여야 할 것이다. 실질적인 징계권과 집행력을 강화하기 위해 변호사, 대학교수 등 외부 전문가인사로 전원 구성하여 윤리위원회의 실효성을 강화해야 한다는 것이다.[25]

---

22) 그러나 지방의회의원에 대한 징계의결은 법원의 재판대상이 된다. 대판 1993.11.26. 93누7341.

23) 미국판례: 국회의원의 제명결의가 헌법에 규정된 연령·시민권·거주조건 이외의 사유에 의하여 성립할 경우에는 사법심사의 대상이 된다(Powell et al. v. McCormack, Speaker of the House of Representatives, et al., 395 U. S. 486[1969]). 권영성, 전게서, 939면에서 재인용. 특히 Powell et al. v. McCormack 사건에 대한 자세한 참조는 김형남, 미국 연방의회의 자율권, 유럽헌법연구 제8호, 유럽헌법학회, 2010.12, 181면 이하.

24) 헌재 1997.7.16. 96헌라2.

25) 이러한 외부인사의 구성이 의회의 자기 결정권을 침해하는 것이 아니며 의정활동 내용과 의안에 대한 외부인사 감사 및 조사가 아니므로 그것과는 별개의 문제이다. 김용철, 국회운영제도 개선의 과제와 방향, 국민과 함께하는 개헌이야기, 국회미래한국헌법연구회, 2010, 470면.

Ⅲ. 국회의 자율권에 대한 사법심사여부

1. 국회의 자율권에 대한 사법심사

자율권이란 국가기관의 독자성을 존중하여 일정한 범위 안에서 그 기관이 스스로 규칙을 제정하거나 어떠한 사안에 대하여 외부의 간섭없이 스스로 결정할 수 있는 권리인 것으로서, '일정한 범위'라는 스스로의 한계가 이미 전제되어 있다고 할 것이다. 그러나 스스로의 범위가 추상적이라는 점, 자율이란 스스로의 통제기준은 정할 수 없다는 점에서 그 구체적인 범위를 설정하는 것이 매우 어렵다고 할 것이다. 권한의 측면 혹은 그 속성상 외부의 견제와 간섭에 의하지 않는 스스로의 통제를 정하는 것은 어려운 일이라 할 것이다. 권한이란 가지게 될수록 스스로 최대한으로 행사하는 것을 그 속성으로 하고 있기 때문이다. 물론 헌법 제64조 제1항에는 '법률에 저촉되지 아니하는 범위'라고 규정하고 있지만, 이 또한 추상적이고 막연하여 구체적인 범위를 설정하는데 있어서 어려움이 있다. 헌법 제64조 제1항에 의할 때, 법치국가원리가 적용된다는 점,[26] 입법권자의 행위는 헌법과 법률에 기속되는 것으로서 입법의 기본권기속성에 의하여 통제된다는 점이 원칙적 규준으로서 도출된다고 할 것이다. 그럼에도 불구하고 법원이 그 통제를 자제하거나[27] 국회의 판단에 대하여 다른 국가기관이 개입하여 그 정당성을 가리는 것은 바람직하지 않다고 보고 있기도 하다.[28] 그러나 헌법 제64조 제1항의 규정에 의하지 않는다 하더라도 헌법과 법률에 명백히 위반되는 경우에 있어서는 국회의 자율권의 행사라 하더라도 사법심사의 가능성이 열려있는 것이다. 문제는 최후의 규범통제기능을 가진 헌법재판소가 국회의 자율권에 대하여서도 그 적부를 심사할 수 있느냐 혹은 적극적으로 심사를 하려고 할 것인가 하는 것이다. 이에 대해서는 긍정설과 부정설로 나누어지고 있다.[29]

심사긍정설(사법적극주의)에 의하면 헌법재판소는 법률에 관한 형식적 심사권을 가질 뿐

---

26) 법치국가는 법률의 기준에 의하여 국가권력을 통제하기 때문이다. 김상겸, 전게논문, 110면.

27) 법원은 국회의 자주성·자율성을 존중해 적법절차를 통해 공포된 법률은 일단 수용하여 그 위헌여부를 심사하는 것을 자제해야 한다는 것이다(일본 최고재판소 1962년 3월 7일 판결), 이에 대해서는 한상범, 살아있는 우리 헌법이야기, 삼인, 2005, 349면.

28) 국회는 국민의 대표기관이자 입법기관으로서의 의사와 내부규율 등 국회운영에 관하여 폭넓은 자율권을 가지는 것이므로 국회의 의사절차나 입법절차에 헌법이나 법률의 규정을 명백히 위반한 흠이 있는 경우가 아닌 한 그 자율권은 권력분립의 원칙이나 국회의 위상과 기능에 비추어 존중되어야 한다. 헌재 1997.7.16. 96헌라2.

29) 흔히 심사긍정설을 사법적극주의라 하고, 심사부정설을 사법소극주의라고 부르고 있다. 즉 사법적극주의는 적극적 헌법보장의 원칙, 적극적인 헌법해석으로 법창조기능 인정을 그 논거로 하고 있으며, 사법소극주의는 합헌성추정의 원칙, 권력분립주의원리의 존중 및 통치행위의 인정을 그 논거로 제시하고 있다. 이에 대한 자세한 참조는 이동훈, 헌법 제64조 제4항의 해석과 헌법재판, 유럽헌법연구 제8호, 유럽헌법학회, 2010. 12, 309면 이하.

만 아니라, 법치주의에 따라 정당한 법의 적용을 보장하는 것이 그 사명이므로, 모든 법률문제의 적부를 판단할 권한을 가진다고 한다.[30] 헌법재판의 기능이 헌법의 보장, 기본권보장, 입헌주의의 실현, 소수파의 보호, 정치의 순치에 있는 것이라면,[31] 헌법재판의 이와 같은 기능실현의 관점에서 본다면 국회의 자율권에 대하여서도 그 심사권을 가질 수 있어야 한다는 것이다. 국회의 자율권은 헌법 및 법률에의 기속이라는 한계를 가지고 있고, 이 한계를 일탈한 경우, 헌법재판소 등에 의한 사법심사의 대상이 된다고 보아야 한다. 특히 자율권행사의 결과가 국회내부에서만 영향을 미치지 않고 국민의 기본권과 관련되거나 기타 국회 외적인 효과를 발생시킬 경우, 사법심사의 가능성은 더욱 커진다.[32] 헌법재판소도 입법절차의 명백한 하자에 대하여 사법심사를 하고 있다. 우리 헌법재판소는 "국회는 국민의 대표기관, 입법기관으로서 폭넓은 자율권을 가지고 있고, 그 자율권은 권력분립의 원칙이나 국회의 지위, 기능에 비추어 존중되어야 하는 것이지만, 한편 법치주의의 원리상 모든 국가기관은 헌법과 법률에 의하여 기속을 받는 것이므로 국회의 자율권도 헌법이나 법률을 위반하지 않는 범위 내에서 허용되어야 하고 따라서 국회의 의사절차나 입법절차에 헌법이나 법률의 규정을 명백히 위반한 흠이 있는 경우에도 국회가 자율권을 가진다고는 할 수 없다."라고 판시하여[33] 심사를 긍정하고 있다. 또한 헌법재판소는 지방자치단체의 폐치·분합의 경우, 대상지역주민들의 정당한 청문권 등을 침해받게 될 수도 있다는 점에서 기본권과의 관련성을 인정하여 헌법소원을 정당하다고 본 바 있다.[34][35] 생각건대, 헌법재판소는 국회의 자율권에 대한 심사에 있어서 전적으로 심사하여야 한다는 것이 아니라 사안에 따라서 '명백히 위반한 흠'이 있는 경우에만 인정하고 있다고 할 것이다. 헌법재판소는 원칙적으로 국민에게 정당한 입법을 요구할 절차적 기본권이 인정되지 아니하므로, 입법절차의 하자만으로는 국민의 기본권을 침해할 여지가 없다고 보지만, 국민에게 특정의 절차적 기본권이 인정되는 특수한 경우에는, 입법절차의 하자가 그 특정의 절차적 기본권을 침해할 여지가 있다면 헌법소원이 적법하다고 본다. 그 심사의 허용은 '명백한' 혹은 '현저한' 경우에 있어서 가능하다고 보는 점에서 좀 엄격한 기준에 따른 심사긍정설에 있다고 할 것이다.

심사부정설(사법소극주의)에 의하면 위헌·위법의 문제라고 하여 그 모두가 법원이나 헌

---

30) 성낙인, 전게서, 530면.
31) 헌법재판의 기능에 대해서는 신평, 헌법재판법, 법문사, 2011, 5면 이하.
32) 성낙인, 전게서, 530면.
33) 헌재 1997.4.16. 96헌라2, 국회의원과 국회의장간의 권한쟁의(기각).
34) 헌재 1994.12.29. 94헌마201, 경기도남양주시등33개농복합형태의시설치등에관한법률 제4조 위헌확인(기각); 헌재 2001.2.22. 99헌마613등, 세무대학설치폐지법률위헌확인(기각)
35) 그러나 국회의 경우와 지방자치단체의 의회의 경우 민주적 정당성이라는 점에서 그 심사여부를 같은 수준에서 정할 수 있는 것은 아니다. 민주적 정당성의 실현이라는 점에서 국회에 대한 사법심사여부는 지방자치단체의 의회에 있어서의 사범심사보다는 훨씬 더 엄격하게 적용하여야 하는 것이다.

법재판소의 심리대상이 되는 것은 아니라는 점, 국회가 의결한 것이고 또 적법한 절차에 따라 공포된 이상 헌법재판소는 국회의 자주성을 존중해야 하므로, 법률 제정 등의 의사절차에 관한 사실을 심리한다든가 그 유효·무효를 판단하여서는 아니 된다는 것이다.[36] 이와 관련하여 제3공화국헌법에서 대법원이 위헌법률심판권을 갖고 있을 때, 대법원은 "국민투표법은 국회에서 의결을 거친 것이라 하여 적법한 절차를 거쳐서 공포·시행되고 있으므로, 법원으로서는 국회의 자주성을 존중하는 의미에서 논지가 지적하는 점을 심리하여 그 유·무효를 판단할 성질의 것이 아니다."라고 판시[37]한 바 있다. 권력분립의 원리와 국회의 자주성존중의 원칙에 비추어 기본적으로는 심사부정설이 타당하다는 것이다.[38] 우리 헌법 제64조 제2항 "국회는 의원의 자격을 심사하며, 의원을 징계할 수 있다." 제3항 "의원을 제명하려면 국회재적의원 3분의 2 이상의 찬성이 있어야 한다." 이에 대하여 제4항에는 "제2항과 제3항의 처분에 대하여는 법원에 제소할 수 없다."라고 규정하여 법원에 제소를 명문으로 금지하고 있다.[39] 헌법재판소는 이러한 징계 이외의 자율권에 대하여서 "법률의 입법절차가 헌법이나 국회법에 위반된다고 하더라도 그러한 사유만으로는 그 법률로 인하여 국민의 기본권이 현재, 직접적으로 침해받는다고 볼 수 없으므로 헌법소원심판을 청구할 수 없다."라고 판시하여[40] 원칙적으로 입법절차의 하자를 이유로 한 헌법소원을 제기할 수 없다는 입장이다. 따라서 국회가 법에 규정된 다수결로써 가결한 것인가, 그 회의가 법에 규정된 정족수의 출석으로 개최되었는가, 투표의 계산에 착오가 없었는가 하는 문제들은 원칙적으로 국회의 자주적 판단에 일임하고, 헌법재판소가 개입할 문제가 아니라는 것이다.[41] 우리 헌법재판소는 법률안의 소위 날치기통과의 경우, 국회의원 및 교섭단체의 헌법소원은 국가기관 또는 그 일부가 제기한 헌법소원으로 보아서 청구인적격을 부정하였다.[42]

---

36) 권영성, 전게서, 940면.
37) 대판 1972.1.18. 71도1845.
38) 권영성, 전게서, 940면.
39) 법원에 제소의 금지가 헌법소원의 제기를 금지하는 것은 아니다. 그러므로 제명의 경우 헌법재판소에 헌법소원을 제기하는 것은 가능하다고 보는 것이다(권영성, 전게서 940면). 그러나 제명을 이유로 하는 헌법소원의 경우 국민의 기본권침해와 직접 관련성이 없는 것이므로 헌법재판소는 그 판단을 자제하거나 부정할 가능성이 크다고 할 것이다.
40) 헌재 1998.8.27. 97헌마8등, 노동조합 및 노동관계조정법 등 위헌확인(각하); 헌재 1994.6.30. 91헌마162, 경찰법 등에 대한 헌법소원(각하).
41) 권영성, 전게서, 941면.
42) 헌재 1995.2.23. 90헌마125, 입법권침해 등에 대한 헌법소원(각하).

2. 방청허가불허 위헌확인

(1) 사건개요[43)]

1) 98헌마443 사건

시민단체인 경제정의실천시민연합(청구인)은 1998.11.30. 예산안의 내용을 결정하는 국회 예산결산특별위원회 계수조정소위원회의 방청을 허가해 줄 것을 신청하였으나, 1998.12.1. 이를 불허한다는 통보를 받았다. 이러한 방청불허처분은 알 권리, 재산권 등의 헌법상 보장된 기본권을 침해하는 것이라고 주장하면서, 1998.12.4. 이 사건 심판청구를 하였다.

2) 99헌마583 사건

국회의원들의 국정감사활동을 감시, 비판함을 목적으로 결성된 '국정감사모니터시민연대'의 회원들(청구인)은 국정감사활동에 대한 방청을 하기 위하여 국회의장, 3당원내총무 및 각 소관 상임위원장에게 미리 방청에의 협조요청 공문을 보내고 방청을 하려고 하였으나, 1999.10.11. 법제사법위원회의 감사원 국정감사장에서, 같은 달 청구인1. 보건복지위원회의 국민연금관리공단 감사장에서, 같은 달 청구인2. 재정경제위원회 감사장에서, 같은 날 건설교통위원회 감사장에서, 같은 달 청구인4. 정무위원회 감사장에서, 청구인5. 1999.9.28. 국방위원회 감사장에서, 같은 날 통일외교통상위원회 감사장에서 구두로 또는 공문으로 각각 회의장의 방청을 불허당하였다. 이에 청구인들은 이 사건 국감방청불허행위와 그 근거가 된 국회법 제55조 제1항,[44)] 국회방송규칙 제3조 제2항, 제6조[45)]가 청구인들의 알 권리를 침해하는 것이라고 주장하면서 1999.10.13 이 사건 심판청구를 하였다.

(2) 헌법재판소의 판단

헌법재판소는 의사공개의 원칙과 방청의 자유에 관하여 "헌법 제50조 제1항은 '국회의 회의는 공개한다.'라고 하여 의사공개의 원칙을 규정하고 있는바, 이는 단순한 행정적 회의를 제외하고 국회의 헌법적 기능과 관련된 모든 회의는 원칙적으로 국민에게 공개되어야 함을 천명한 것으로서, 의사공개원칙의 헌법적 의미, 오늘날 국회기능의 중점이 본회의에서 위원회로 옮겨져 위원회중심주의로 운영되고 있는 점, 국회법 제75조 제1항 및 제71조의 규정내용에 비추어 본회의든 위원회의 회의든 국회의 회의는 원칙적으로 공개되어야 하고, 원하는 모든 국민은 원칙적으로 그 회의를 방청할 수 있는 것이다."[46)]라고 하였다. 또한 헌법재

43) 헌재 2000.6.29. 98헌마443, 99헌마583(병합).

44) 국회법 제55조 제1항(위원회의 방청 등) "위원회에서는 의원이 아닌 자는 위원장의 허가를 받아 방청할 수 있다."

45) 국회방송규칙 제3조 제2항(방청권의 교부) "방청권은 의장의 지휘를 받아 사무총장이 그 장수를 정하여 교부한다." 제6조(일반방청권) "일반방청권은 국회의원 · 국회소속 기관의 2급상당이상의 별정직 또는 서기관이상의 일반직공무원의 소개에 의하여 교부한다."

46) 헌재 2000.6.29. 98헌마443등(병합).

판소는 "국회법 제55조 제1항은 위원회의 공개원칙을 전제로 한 것이지, 비공개를 원칙으로 하여 위원장의 자의에 따라 공개여부를 결정케 한 것이 아닌바, 위원장이라고 하여 아무런 제한없이 임의로 방청불허 결정을 할 수 있는 것이 아니라, 회의장의 장소적 제약으로 불가피한 경우, 회의의 원활한 진행을 위하여 필요한 경우 등 결국 회의의 질서유지를 위하여 필요한 경우에 한하여 방청을 불허할 수 있는 것으로 제한적으로 풀이되며, 이와 같이 이해하는 한, 위 조항은 헌법에 규정된 의사공개의 원칙에 저촉되지 않으면서도 국민의 방청의 자유와 위원회의 원활한 운영간에 적절한 조화를 꾀하고 있다고 할 것이므로 이를 두고 국민의 기본권을 침해하는 위헌조항이라 할 수 없다."라고 판시하였다.[47]

그리고 "소위원회의 회의도 가능한 한 국민에게 공개하는 것이 바람직하나, 전문성과 효율성을 위한 제도인 소위원회의 회의를 공개할 경우 우려되는 부정적 측면도 외면할 수 없고, 헌법은 국회회의의 공개여부에 관하여 회의 구성원의 자율적 판단을 허용하고 있으므로, 소위원회 회의의 공개여부 또한 소위원회 또는 소위원회가 속한 위원회에서 여러 가지 사정을 종합하여 합리적으로 결정할 수 있다 할 것인바, 예산결산특별위원회의 계수조정소위원회는 예산의 각 장·관·항의 조정과 예산액 등의 수치를 종합적으로 조정·정리하는 소위원회로서, 예산심의에 관하여 이해관계를 가질 수밖에 없는 많은 국가기간과 당사자들에게 계수조정 과정을 공개하기는 곤란하다는 점과, 계수조정소위원회를 비공개로 진행하는 것이 국회의 확립된 관행이라는 점을 들어 방청을 불허한 것이고, 한편 절차적으로도 계수조정소위원회를 비공개로 함에 관하여는 예산결산특별위원회 위원들이 실질적인 합의 내지 찬성이 있었다고 볼 수 있으므로, 이 사건 소위원회 방청불허행위를 헌법이 설정한 국회 의사자율권의 범위를 벗어난 위헌적인 공권력의 행사라고 할 수 없다"라고 판시[48]하였다. 이상과 같은 이유로 국회방속규칙에 관한 부분은 각하하고, 나머지 심판청구는 기각하였다.

이에 대해 김영일 재판관은 반대의견을 제시하였다. "알 권리는 민주주의 국가에서 국정에 대한 참여를 보장하고, 인격의 자유로운 발전을 도모하며, 인간다운 생활을 확보하기 위하여 필요한 정보수집의 권리를 의미하는데(헌재 1991.5.13, 90헌마133), 헌법 제1조 제2항(국민주권주의 원리), 제21조(표현의 자유), 제41조(국회의원의 국민대표성), 제50조 제1항(의사공개의 원칙)을 종합하여 볼 때, 공개된 국회를 방청하여 필요한 지식·정보를 수집하는 것은 알 권리의 일환으로서 국민에게 보장된 기본권이라 할 것이다. 알 권리로서의 국회방청권이 기본권으로 보장되는 한, 이를 제약하기 위하여는 헌법과 법률에 정한 요건을 갖추어야 할 것이고, 그러한 요건을 갖추었는지에 관하여 국회의 판단을 원칙적으로 존중한다 하더라도, 그것이 명백히 이유없는 자의적인 경우에까지 국회의 자율권을 이유로 시인될 수 없다." "소위

47) 헌재 2000.6.29. 98헌마443등(병합).
48) 헌재 2000.6.29. 98헌마443등(병합).

원회는 위원회의 내부기관이며, 소위원회에 관하여는 위원회에 관한 규정이 적용되므로, 위원회의 회의와 마찬가지로 소위원회의 회의도 원칙적으로 공개되어야 하고, 소위원회의 회의를 비공개로 하기 위하여서는 첫째, 위원회(그 산하 소위원회를 포함하여)의 의결이 있거나, 둘째, 위원장이 국가의 안전보장을 위하여 필요하다고 인정하여야 한다. 당시의 계수조정소위원회는 위와 같은 비공개회의의 요건을 갖추지 못하였고, 위원회 소속 의원들의 '양해'가 있었다거나, 오래된 관행이라는 이유만으로는 알 권리로서 헌법상 보장되는 국민의 기본권인 국회방청권을 제약하는 정당한 사유가 되지 못하며, 소위원회를 이해관계 당사자들에게 공개함으로써 발생할 수 있는 부작용에 비하여 소위원회를 공개하지 않음으로써 야기되는 폐해가 훨씬 더 심각하다고 할 뿐만 아니라, 회의를 공개한다고 하여 허심탄회하고 충분한 토론·심의를 하는데 특별한 지장이 생긴다고 보기도 어려우므로 이 사건 소위원회 방청불허행위는 청구인들의 헌법상 보장된 알 권리 국회방청권을 침해한 것이다."[49]라는 반대의견을 제시하였다.

3. 국회의장등과 국회의원간의 권한쟁의

(1) 사건개요

1) 2000헌라1 사건

여당측 국회운영위원회 간사인 국회의원 2(피청구인)은 2000. 7월 운영위원장의 직무를 대리하여 운영위원회를 개의한 뒤 국회법 중 개정법률안을 상정, 가결선포하였다. 야당 국회의원 1(청구인들)은 위의 가결은 헌법 및 국회법의 규정을 위반한 것으로, 독립된 헌법기관인 청구인들의 법률안 심의·표결권을 침해하였다고 주장하면서 그 가결선포행위의 무효확인을 구하는 권한쟁의심판을 청구하였다.

위 가결선포 후 해당 법률안은 그 절차의 진행에 따라 법제사법위원회에 회부되어 있었는데, 여·야당간 정치적 절충에 의하여 이 법률안은 다시 운영위원회로 되돌려 받아 심의하기로 하되 권항쟁의심판청구는 취하하기로 합의가 되었고, 이에 따라 심판청구취하가 이루어졌다.[50]

---

49) 헌재 2000.6.29. 98헌마443등(병합).

50) 비록 권한쟁의심판이 개인의 주관적 권리구제를 목적으로 삼는 것이 아니라 헌법적 가치질서를 보호하는 객관적 기능을 수행하는 것이고, 특히 국회의원의 법률안에 대한 심의·표결권의 침해여부가 다투어진 이 사건 권한쟁의심판의 경우에는 국회의원의 객관적 권한을 보호함으로써 헌법적 가치질서를 수호·유지하기 위한 쟁송으로서 공익여부가 국회의원 스스로의 판단에 맡겨져 있는 사항일 뿐만 아니라, 그러한 심의·표결권이 침해당한 경우에 권한쟁의심판을 청구할 것인지 여부 또한 국회의원의 판단에 맡겨져 있어서 심판청구의 자유가 인정되고 있는 만큼, 위에서 본 권한쟁의심판의 공익적 성격만을 이유로 이미 제기한 심판청구를 스스로의 의사에 기하여 자유롭게 철회할 수 있는 심판청구의 취하를 배제하는 것은 타당하지 않다. 헌재 2001.6.28. 2000헌라1.

2) 98헌라3 사건

1997.12.18. 실시된 제15대 대통령선거에서 김대중은 그가 이끄는 새국민정치회의와 김종필이 이끄는 자유민주연합의 연계로 대통령에 당선되었다. 김대중은 1998.2.25. 대통령직에 취임하면서 같은 날 김종필에 대한 국무총리 임명동의안 등을 국회에 송부하였다. 국회의장은 같은 날 14:00 위 임명동의안 등을 처리하기 위하여 회기를 위 같은 날부터 같은 해 3.2.까지로 하여 제189회 임시국회를 소집하였으나, 야당인 한나라당의원들의 불참으로 개회되지 못하였고, 임시국회는 그 후로도 여·야의 대립으로 계속 공전되었다. 그러다가 1998. 3.2 15:21경 여·야 의원들이 출석한 가운데 제189회 국회 임시회 제1차 본회의가 개의되어, 같은 날 15:44경 국회의장은 '국무총리(김종필) 임명동의의 건'을 상정하였고, 곧이어 국회법 제112조 제5항에 따라 무기명투표방식에 의하여 국회의원들의 투표가 시작되었다. 그러나 15:50경부터 새정치국민회의와 자유민주연합 소속 국회의원들은 한나라당 소속 의원들이 백지투표를 하고 있다고 주장하면서 투표용지 교부대와 투표함을 가로막는 등 투표를 방해하였고, 이에 따라 투표의 계속진행을 주장하는 한나라당 소속 의원들과, 투표의 중지 혹은 재투표를 요구하는 새정치국민회의 및 자유민주연합 소속 의원들과 사이에 회의장 곳곳에서 말다툼과 몸싸움이 벌어져 투표의 진행이 곤란할 정도로 회의장이 소란스럽게 되었다. 국회의장은 16:05경 정회를 선포하였다가, 16:08경 회의의 속개를 선언하였으나 16:21경과 16:24경 다시 투표가 중단되는 등 정상적인 투표진행이 이루어지지 않았다. 같은 날 22:00경 국회의장실에서 상황의 타개를 위하여 위 3당의 총무회담이 개최되었으나 합의가 결렬되었다. 피청구인은 22:40경 본회의장에 돌아와 투표를 마치지 아니한 의원들에게 23:00까지 투표할 것을 종용하였으나 투표의 속개는 무산되었고, 같은 날 자정이 경과됨에 따라 회의는 자동 산회되고, 제189회 임시국회의 회기도 종료되었다. 그 후 여·야 대표의원 명의의 투표함 등 보전신청에 의하여 그 때까지 201명의 국회의원들(한나라당 소속 155명, 새정치국민회의 소속 40명, 국민신당 소속 6명)이 투표를 마친 투표함 등이 봉인처리 되었다. 국회의원(청구인)들은 국회의장(피청구인)이 1998.3.2.의 국무총리 임명동의안 표결과정에서 투표절차가 적법하였음에도 개표하지 아니하고 표결결과를 선포하지 않음으로써 국회의원인 자신들의 국무총리 임명동의안에 대한 표결권한을 침해하였다고 주장하면서 1998.3.26. 국회의장을 상대로 이 사건 권한쟁의심판을 청구하였다.[51]

(2) 헌법재판소의 판단(98헌라3 사건)

헌법재판소는 "국회의장은 표결이 적법하게 진행되어 정상적으로 종결된 경우에는 개표절차를 진행하여 표결결과를 선포할 의무가 있다. 그러나 국무총리 임명동의안에 대한 투표

51) 헌재 1998.7.14. 98헌라3.

가 진행되던 투표의 유효성을 둘러싸고 여・야간에 말다툼과 몸싸움이 벌어져 정상적인 투표가 이루어지지 않은 끝에 자정의 결과로 상당수의 국회의원들이 투표를 마치지 못한 가운데 본회의가 자동 산회되었고, 이미 행하여진 투표가 과연 적법하게 진행되어 정상적으로 종결된 것인지 관련 법규나 국회의 의사관행에 비추어도 분명하지 않은 사정이라면 그 투표절차를 둘러싼 여러 문제는 국회가 여・야의 합의를 통하여 자율적으로 처리할 수 있다고 할 것이나, 투표의 종결 여부, 개표절차의 진행 여부 등 의사절차를 어떻게 진행할 것인지에 관한 선택권을 가진다고 할 것인데, 국회의장이 이와 같이 논란의 여지가 많은 사실관계 하에서 개표절차를 진행하여 표결결과를 선포하지 아니하였다 하여 그것이 헌법이나 법률에 명백히 위배되는 행위라고는 인정되지 않으므로 다른 국가기관은 이를 존중하여야 한다. 따라서 투표가 정상적으로 종결되었는지에 관하여 헌법재판소가 독자적으로 판단하는 것은 바람직하지 않으며, 그 결과 국회의장에게 개표절차를 진행하여 표결결과를 선포할 의무가 있음을 인정할 수 없다. 이를 인정한다면 헌법재판소의 법적 판단으로 피청구인의 자율적 판단을 배척하는 것이 되어 국회의 자율권을 존중하지 않는 것이 되기 때문이다."라고 하면서, "피청구인에게 임명동의안에 대한 투표에 관하여 개표절차를 진행하여 표결결과를 선포하여야 할 작위의무가 있다고 할 수 없고, 그러한 작위의무가 인정되지 않는 이상 피청구인의 부작위에 의한 권한침해를 다투는 권한쟁의심판은 허용되지 않으므로 이 사건 심판청구는 부적법하다."라고 결론을 내렸다.[52) 아울러 "헌법재판소법 제62조 제1항 제1호[53)에 열거되지 아니한 기관 또는 열거된 기관내의 각급기관은 권한쟁의심판당자사가 될 수 없으므로 국회만이 당사자로 권한쟁의심판을 수행할 수 있을 뿐이고, 국회의 구성원이나 국회내의 일부기관인 국회의원 및 교섭단체 등이 국회 내의 다른 기관인 국회의장을 상대로 권한쟁의심판을 청구할 수 없다." 또한 "국회의원으로서의 권한이 침해되었다고 주장할 경우 이를 확인하고 해결해 줄 법적 구제방법이 없게 된다."라고 하였다.[54)]

52) 헌재 1998.7.14. 98헌라3.

53) ① 권한쟁의심판의 종류는 다음과 같다. [개정 95・8・4]

1. 국가기관 상호간의 권한쟁의심판
   국회, 정부, 법원 및 중앙선거관리위원회 상호간의 권한쟁의심판
2. 국가기관과 지방자치단체간의 권한쟁의심판
   가. 정부와 특별시・광역시 또는 도간의 권한쟁의심판
   나. 정부와 시・군 또는 지방자치단체인 구(이하 "자치구"라 한다)간의 권한쟁의심판
3. 지방자치단체 상호간의 권한쟁의심판
   가. 특별시・광역시 또는 도 상호간의 권한쟁의심판
   나. 시・군 또는 자치구 상호간의 권한쟁의심판
   다. 특별시・광역시 또는 도와 시・군 또는 자치구간의 권한쟁의심판

54) 헌재 1998.7.14. 98헌라3.

4. 사 견

국회의 자율권에 대한 사법심사는 첫째, 헌법의 기본원리의 측면, 둘째, 헌법의 궁극적인 목적인 기본권보장의 측면의 요소들을 고려하여서 그 인정여부를 결정하여야 할 것이다. 국회의 자율권에 대한 심사에 있어서 헌법의 기본원리의 내용을 고려하여야 한다는 것이다. 헌법에는 일반적으로 헌법의 이념적 기초로서 헌법을 총체적으로 지배하는 지도원리로서의 기본원리를 둔다. 국민주권주의, 자유민주주의, 사회국가원리, 문화국가원리, 법치국가원리, 평화국가원리 등이 이러한 헌법의 기본원리에 해당된다. 헌법의 기본원리는 "입법이나 정책결정의 방향을 제시하며, 공무원을 비롯한 국민·국가기관이 헌법을 존중하고 수호하도록 하는 지침이 되며, 구체적 기본권을 도출하는 근거로 될 수 없으나 기본권해석 및 기본권제한입법의 합헌성 심사에 있어 해석기준의 하나로서 작용하는" 것이다.[55] 국가 내에서의 최고규범인 헌법규범 상호간에는 그 우열이 없듯이 헌법의 기본원리 간에도 그 우열이 없다고 할 것이다. 그 우열이 없다는 것이 그 원리들 상호간에 충돌이 없다는 것을 의미하는 것은 아니다. 예컨대 위에서 살펴본 방청허가불허 위헌확인(98헌마443, 99헌마583)에서처럼 국민주권의 실현으로서의 국민의 방청의 자유와 권력분립의 원칙의 보장으로서 국회의 자율권의 충돌이 발생하는 것이다. 이러한 헌법의 기본원리의 내용에 대한 숙고없이 자율권만을 더 존중하여 방청불허를 인정하는 것은 국민주권의 원리에 대한 침해로 나타날 수 있다는 점이다. 그러므로 헌법재판의 심사에 있어서는 헌법의 기본원리에 포함된 내용도 동시에 고려되어야 하는 것이다.

나아가 국회의 자율권에 대한 심사에 있어서 국민의 기본권보장이라는 실질적 내용도 고려하여야 하는 것이다. 국회의 자율권에 대한 사법심사는 형식적인 해당성에 있어서는 국회의 자율권을 최대한으로 존중하여서 사법심사를 인정하지 않으려 하고 있지만, 국회의 자율권의 행사가 그 내용면에서 국민의 자유와 권리의 침해로 이어지는 경우에 있어서는 그 심사가 인정될 수 있어야 할 것이다. 헌법재판의 궁극적인 목적은 국민의 기본권보장에 있는 것이라는 점에서 본다면 당연한 것이라 할 것이다. 국회의 자율권의 행사는 회의의 비공개의 경우처럼 국민과의 관계에서 기본권침해로 나타날 수 있다고 할 것이다. 그러므로 국회의 자율권의 행사가 의사절차와 운영에 관한 것일 때에는 최대한으로 존중되어야 하는 것이지만, 그것이 결과적으로 국민의 기본권침해를 유발하는 경우에 있어서도 자율권의 우산아래 보장되는 것은 아니라 할 것이다. 그러므로 헌법재판소는 국회의 자율권에 대한 사법심사에 있어서 가능한 자제하거나 부정할 것이 아니라 그 내용면에 있어서의 국민의 기본권침해와의 관련성을 살펴서 그것이 명백한 기본권침해로 이어지는 경우에는 이익형량의 원칙에 따라서

---

55) 헌재 1996.4.25. 92헌바47.

적극적으로 심사를 하여야 할 것이다. 국회의 자율권도 헌법과 법률의 테두리 내에서만 보장되는 것이기 때문에 무제한적으로 보장되는 것은 아니다.[56]

Ⅳ. 결 어

오늘날 대부분의 현대국가는 그 통치조직의 운영에 있어서 간접민주제인 대의제의 원리를 취하고 있다. 대의제의 원리는 주권자인 국민이 국가의사와 국가정책을 직접 결정하는 것이 아니라 국민에 의하여 선출된 국민을 대의하는 대표자가 국가의사와 국가정책을 결정하는 원리이다. 우리 헌법 제40조, 제41조, 제66조 제4항, 제67조 등에서는 이러한 의회주의를 핵심으로 하는 대의제를 통치질서를 기본으로 규정하고 있다. 대의제의 원리는 그 개념에서 보는 것처럼 주권자인 국민을 대신하여 국가의사를 결정하는 대의기능, 대표자는 합의의 과정을 거쳐서 국가의사를 결정하게 되는 합의기능을 핵심내용으로 하고 있다. 국회가 가지는 규칙제정권, 의사자율권, 내부조직권, 질서유지권 및 신분에 관한 권한 등의 자율권은 이러한 기능실현을 위한 것이라 할 것이다. 국회의 자율권으로서의 내부조직권, 질서유지권 및 신분에 관한 권한은 단지 국회 내에서의 기능실현만으로도 그 목적이 달성되는 경우도 있지만, 그 특성상 외부관계에 있어서도 영향력을 미치는 경우도 있다. 예컨대 규칙제정권과 의사자율권 등은 원칙적으로는 국회 내부의 기능실현에 초점이 맞추어져 있는 것이지만, 국회 외부의 사회생활, 사회질서 및 공동체관계에서도 그 규범적 의미와 사회적 영향력은 매우 크다. 혼자 고립된 개인으로서 존재가 아니라 더불어 사는 사회공동체의 구성원으로서 개인들이 어떠한 사안에 대하여 회합을 하고 합의와 결정의 과정을 거치게 되는 데 있어서 흔히 준용하거나 표준모델로 작용하게 되는 절차의 방식이 바로 국회의 의사의 방식이다. 즉 국회의 규칙 및 의사자율권은 공동체사회에서의 구성원들로부터의 절차적 동의를 이끌어 내는 데 있어서의 그 운영의 모델이 될 뿐 아니라 공동체의 유지존속을 위한 사회적 준용규범으로서 적용되고 있는 것이다. 그러므로 국회는 자율권의 행사에 있어서 단지 내부의 기능실현만이 아니라 사회에서의 교육적 기능의 수행과 사회적 규범모델의 정립이라는 점을 잊어서는 안 되는 것이다. 국민의 눈에 자주 목격되는 자율권에 기댄 입법의 날치기 통과, 의사당 내에서의 폭력행사, 정책제시가 실종된 인신공격, 수준이하의 의사발언 등이 빈번하게 발생하게 되는 경우에는 입법부 스스로가 정립하여야 하는 사회적 규범정립에도 역행하는 것이 될 뿐만 아니라 국민들에게 규범준수의 교육적 역효과를 초래하게 되어 법치국가의 실현의 심각한 저해로 나타나게 된다. 자율권이라는 점에서 국회가 스스로 결정하는 것에 대하여 외부적 통제장치가 미약하거나 사법이 그 심사를 회피하는 것은 국민으로부터 민주적 정당성

56) 장영수, 전게서, 1155면.

을 확보한 국회가 고양된 수준에서 자율권을 행사할 수 있을 것이라는 믿음에 대한 장치인 것이지 법적으로 통제할 수 없는 무소불위의 권한을 부여하고 있다는 의미는 아닌 것이다. 국회의 자율권은 사실상 통제장치가 거의 없는 것이라 하여도 사회적 정서에 반하는 입법의 날치기, 의사당에서의 폭력의 행사, 수준없는 의사발언 등이 자율권의 행사라는 미명하에 보호를 받게 되면 이는 국민의 정서와 심각한 괴리를 유발하게 되어 자율권 그 자체의 폐지라는 국민들의 저항에 부딪히게 된다. 국회의 구성이 국민의 주권행사에 의한 것이듯 국회에 부여된 자율권 또한 국민의 주권행사에 의하여 회수될 수 있는 것이다. 자율권이란 스스로에 의하여 그 품위를 격상시키는 것으로 작용하고 궁극적으로는 국민의 자유와 권리를 최대한 실현으로서의 의회의 활동으로 이어져야 그 원래의 기능적 가치를 발휘할 수 있는 것이다. 국회가 스스로의 자율권을 고양시키려는 실천적 노력의 결과로서 국민들로부터 그 필요성과 권위에 대한 지지 및 인정을 받는 것이 그 무엇보다도 중요한 것이라 할 것이다. 오늘날 세계 각국은 급부국가 및 복지국가라는 국가의 기능의 강화로 인하여 급속하게 행정국가화되어 가고 있다. 행정권의 기능이 거대하여지고 강화될수록 국민으로부터 민주적 정당성을 확보한 국회에 의한 국정통제의 기능 또한 강화되어야 한다. 국회의 자율권은 이러한 점에서 보다 더 발전적으로 자리 잡아가야 할 것이다. 그러한 점에서 국민들의 정서에 맞지 않는 자율권의 남용으로 인하여 그 존재가치에 대한 부정과 회의를 자초할 것이 아니라 이러한 행태들이 발붙이지 못하고 횡행할 수 없도록 국회가 스스로 자정하는 노력을 다함으로서 이를 통하여 오로지 국정통제의 기능이 보다 강화될 수 있도록 하여야 할 것이다. 자율권의 속성이 그러하듯 그것 또한 국회 스스로가 행하여야 할 임무인 것이다.

3. 조세의 본질과 국가 과세권의 한계*

이 전 오**

Ⅰ. 서 설

세계경제협력기구(OECD)는 2016. 2. 18. '글로벌 식품 및 농업을 위한 대안적 미래(Alternative Futures for Global Food and Agriculture: Developing Robust Strategies)'라는 보고서를 통해 건강을 해치는 식품을 생산·소비하는 데서 벗어나 좀 더 지속가능하고 건강한 식생활로 유도하도록 인센티브 시스템을 전환해야 한다고 각국에 정책을 권고했다. 그러면서 고지방 음식 및 정크푸드 등의 유해음식에 대해 세금을 부과하는 방안을 제시했다.[1)]

이에 따라 미국의 필라델피아 시의회는 2016년 6월 청량음료에 대한 세금인 일명 '소다세(soda tax)'를 통과시킴으로써 미국 대도시 중에서는 처음으로 소다세를 부과하는 도시가 됐다. 2016년 8월에는 인도의 케랄라(Kerala) 주에서 정크푸드(junk food)에 비만세를 도입한다고 밝혔다.[2)]

OECD의 권고 이전부터 비만세를 도입한 국가도 있는데, 헝가리는 2011년부터 비만을 유발하는 설탕, 소금, 지방 함유량이 높은 가공식품에 대해 개당 약 40원의 부가가치세를 부과하고 있고, 멕시코는 2014년부터 탄산음료 1리터당 1페소의 비만세를 도입했다. 프랑스는 정크푸드세를 2017년부터 채택 예정이라고 보도되었고, 영국은 2018년부터 설탕세를 도입할 계획이라고 알려졌다.

반면에 덴마크는 덴마크에서는 포화지방이 2.3% 이상 함유된 모든 음식에 대해 세금을 부과하는 비만세를 2011년에 도입했으나 국내 식품기업에 막대한 손해를 안긴 채 1년 만에 폐지됐다. 실제 효과는 미미한 대신 국민들이 부가세가 없는 인접 국가로 가서 식품을 구입해오는 부작용만 생겼기 때문이다.[3)]

한편 최근에는 4차산업혁명과 관련하여 노동시장에서 인간을 대체하는 기계설비와 인공지능(AI)에 대해 이른바 '로봇세(robot tax)'를 물리자는 논의가 있다.[4)] 우리나라에서도 국회

---

* 이 논문은 이전오, "조세의 징표로서의 담세력", 「조세논총」 제1권, 한국조세법학회, 2016.12, 97-115를 수정·보완한 글이다.

** 성균관대학교 법학전문대학원 교수

1) OECD, Alternative Futures for Global Food and Agriculture: Developing Robust Strategies, 2016.2.18., p. 61.

2) "비만세 도입하는 국가 늘어난다", Sciencetimes 2016.10.13.

3) 김상겸, "덴마크 비만세(fat tax) 정책의 실패와 교훈", 한국경제연구원, KERI 칼럼, 2012.12.28.

4) "Bill Gates calls for income tax on robots", Financial Times, 2017.2.19.

의원들의 정책연구모임인 ‘어젠다 2050’ 창립총회에서도 로봇세 도입의 필요성이 주창되었다.[5)]

그 밖에 가까운 예로는, 요즈음 정부가 특정 경제문제에 관한 대책 또는 방침을 발표할 때에 조세에 관한 항목이 빠지는 경우가 드문 것을 본다. 그중에는 조세가 적절한 수단인 경우도 있지만, 때로는 “이런 경제문제를 해결하는 데에 왜 조세를 동원하는가?”하는 의문이 드는 경우도 종종 있다. 예컨대, “벤처기업의 우수한 인재 영입 지원”, “에너지 자원개발 지원”, “영세자영업자 지원” …등 그 예는 매우 많다.

이런 일들을 지켜보면서 궁극적으로 드는 의문은, “세금이란 도대체 무엇이며 조세의 본질적인 기능은 무엇인가? 조세를 이렇게 정책 목적으로 널리 사용하는 것이 가능한가? 가능하다 하더라도 바람직한 일인가? 국가의 과세권에 어떤 한계가 있어야 하지 않을까?”하는 생각을 지울 수 없다.

이 글은 이런 소박한 의문을 계기로 출발하여, 조세의 본질과 과세권의 한계를 생각해보고자 하는 소고(小考)이다. 아래에서 우선, 조세의 개념에 관한 견해들을 살펴보고, 조세의 본질을 담세력과 언관해서 논한 후에, 우리나라의 현행 세세 중 ‘명의신탁재산의 증여의제규정’을 소재로 하여 과세권의 한계를 고찰해 보기로 한다.

Ⅱ. 조세의 개념

우리나라 세법 어디에도 조세에 관한 정의 규정은 없다. 따라서 조세의 개념에 관하여는 학설 및 판례에 맡겨져 있다.

국어사전에서는 조세의 뜻에 관하여 “국가나 지방자치단체가 필요한 경비를 충당하기 위해 국민으로부터 강제적으로 거두는 금전이나 재물”이라고 정의하고 있다.[6)] 경제학자인 박홍립 교수는 “조세는 국가 또는 지방자치단체가 재정조달의 목적으로 법률이 정한 과세요건을 충족한 모든 자에 대하여 공권력에 의하여 반대급부없이 강제적으로 징수하는 금전급부”라고 정의한다.[7)] 재정학자 중 이준구 교수는 “조세는 재정수입의 필요성에 따라 민간부문으로부터 강제적으로 징수되는 자원”이라고 정의하고,[8)] 곽태원 교수는 “조세는 정부의 다양한 활동을 가능하게 하기 위하여 자원을 민간부문에서 정부부문으로 이전하는 수단”이라고 설명한다.[9)] 세법학자인 최명근 교수는 조세를 “국가 또는 지방자치단체 등 공권력체가 그의 경

---

5) ‘어젠다 2050’ 창립총회 … ‘기본소득제 · 로봇세’ 화두, 아시아경제 2016.6.29.(http://www.asiae.co.kr/news/view.htm?idxno=2016062910123262615).
6) 다음 국어사전(http://dic.daum.net/search.do?q=%EC%A1%B0%EC%84%B8).
7) 박홍립, 「경제학 원론」, 박영사, 1981., 791-792면.
8) 이준구 · 조명환, 「재정학(제5판)」, 문우사, 2016., 389면.
9) 곽태원 · 현진권, 「조세론(제2판)」, 법문사, 2007., 52면.

비충당의 재정조달목적으로 그의 과세권에 기하여 법률에 규정된 과세요건을 충족한 모든 자에 대해 부과하는 금전급부이며 특별급부에 대한 반대급부가 아니다"라고 정의한다.[10] 임승순 변호사는 "① 국가 또는 지방자치단체가, ② 국민에 대한 각종의 공공서비스를 제공하기 위한 자금을 조달할 목적으로, ③ 특별급부에 대한 반대급부 없이, ④ 법률에 규정된 과세요건에 해당하는 모든 자에 대하여, ⑤ 일반적 기준에 의하여 부과하는, ⑥ 금전급부"라고 정의한다.[11]

위의 주장들은 모두, 조세의 본질적인 기능은 재정수요 충족에 있다고 본다는 점에서 공통적이다. 조세의 주목적이 재정수입 확보에 있다는 점에 대하여는 외국학자들의 견해도 같다.[12] 이런 견해에 따르면, 조세의 주목적은 국가나 지방자치단체의 운영에 필요한 재원을 마련하기 위하여 담세력이 있는 곳에 부과하는 것이다. 다만 위의 견해 중 어느 것도, "조세는 오로지 재정수요 충족의 목적으로만 부과되어야 하지, 그 이외의 비재정적인 목적 즉 정책적인 목적[13]으로 쓰면 안 된다"고 주장하지는 않는다. 따라서 위 견해들에 따르면 조세는 재정적 목적 외에, 예컨대 경기조절·특정 경제활동의 지원이나 억제·부의 재분배 등과 같은 정책적인 목적을 부차적으로 수행할 수도 있을 것이다.

한편, 독일 조세기본법(Abgabenordnung) 제3조 제1항은 "조세란 공법인체(公法人體)가 어떤 특별한 급부에 대한 반대급부가 아니라 자신의 재정수요 충족을 위해 법률이 정하는 요건에 해당하는 모든 사람에게 부과하는 금전적 급부이다. 재정수요 충족은 부수적 목적일 수 있다."라고 명문으로 정의하고 있다. 이 규정에 따르면, 조세는 재정적인 목적으로 사용하는 것이 원칙이지만, 비재정적인 목적을 주기능으로 하고 재정수요 충족을 부차적인 기능으로 하여 부과될 수도 있다는 것이다. 다만, 문언에서 명시하고 있지는 않지만 문언의 취지로 볼 때, 부수적이나마 재정수요에 충당한다는 목적조차 전혀 없이 오로지 정책적인 목적만으로 조세를 부과할 수는 없다고 할 것이다.

그런데, 우리 헌법재판소는 "조세는 국가 또는 지방자치단체가 재정수요를 충족시키거나 경제적·사회적 특수정책의 실현을 위하여 국민 또는 주민에 대하여 아무런 특별한 반대급부없이 강제적으로 부과징수하는 과징금을 의미하는 것이다"라고 판시한 바 있다.[14] 재정수

---

10) 최명근, 「세법학총론」, 세경사, 2003., 30면.

11) 임승순, 「조세법(제18판)」, 박영사, 2018., 4면.

12) 예컨대, Avi-Yonah, Reuven S. "The Three Goals of Taxation." Tax L. Rev. 60, no. 1(2006), p. 3.; Åsa Gunnarsson, "The use of taxation for non-fiscal purposes", Paper prepared for NSFR: seminar in Stockholm 2008.10.30.-31. p. 1 등 참조.

13) 이 논문에서는 재정수요 충족 이외의 조세의 목적을 널리 비재정적인 목적 또는 정책적인 목적이라고 부르기로 한다. 비재정적인 목적과 정책적인 목적은 동일한 뜻으로 쓰고자 하며, 문맥에 따라 양자를 적절히 골라 쓰기로 한다.

14) 헌법재판소 1990.9.3. 89헌가95 국세기본법 제35조 제1항 제3호의 위헌심판.

요를 충족시키기 위하여 조세를 부과할 수 있다는 것은 의문의 여지가 없지만, 위 헌법재판소 결정의 문언[15] 자체만으로는 재정수요와 전혀 관계없이 정책적인 목적만으로 조세를 부과할 수 있는지 여부는 불분명하다.

Ⅲ. 담세력과 조세

위에서 말한 바와 같이 조세는 대부분의 경우, 국가 또는 지방자치단체가 재정 수입을 얻을 목적으로 부과된다. 이 때 조세의 부과대상이 되는 것은 소득·소비·재산 등의 담세력이다. 그런데, 어떤 조세가 재정수입을 목적으로 하지 않고 담세력과 무관하게 '경제적·사회적 특수정책의 실현'을 위하여 부과될 수 있을까? 나아가, 헌법재판소 89헌가95 결정의 표현인 '경제적·사회적 특수정책의 실현'을 넘어서서 제재적 내지 징벌적 목적에서 국가가 과세권을 행사할 수도 있을까? 우리나라 세법에 이런 조세는 없는가? 그런 조세가 있다면 그것이 허용되는가? 이런 문제는 요약하면, '국가는 담세력이 전혀 없을 때에도 조세라는 명목의 경제적 부담을 국민에게 부과할 수 있는가'하는 문제로 귀착된다.

우선 아래에서 담세력의 의미에 관하여 살펴보고, 이어서 목차를 바꾸어서 담세력 없는 조세의 허용 여부를 살펴본다.

1. 조세의 공평기준: '응익과세(應益課稅)' 대 '응능과세(應能課稅)'

조세에서 특히 요구되는 것은 공평성이다. 그런데, 조세에서 무엇이 공평인가, 즉 조세부담을 어떻게 하는 것이 공평한가를 판단하는 기준으로 크게 응익설(편익원칙)과 응능설(능력원칙)이 대립한다.

응익설(benefit received principle)은 정부로부터 더 많은 편익을 받은 사람이 그에 상응하여 더 많은 세금을 부담하여야 한다는 원칙이다. 그에 비하여 응능설(ability-to-pay principle)은 정부로부터 받은 편익의 정도가 아니라 세금을 지불할 수 있는 능력이 큰 사람이 더 많은 세금을 부담하여야 한다는 원칙이다. 근세 초기에는 조세는 '응익과세(應益課稅)'의 원칙에 따라 부과하여야 한다고 생각하였다. 홉스, 로크 등 17세기 계몽주의 철학자들은 정부의 보호로 혜택을 받는 재산소유자들이 그 대가로 세금을 내는 게 마땅하다고 생각하였기에 편익원칙에 가까운 사상가들이다. 이탈리아의 경제학자 Mazzola, 오스트리아 학파 중 Wicksell, Lindahl 등도 편익기준 조세를 공평한 조세라고 생각하였다.[16][17] 그러나, 편익원

---

15) "경제적·사회적 특수정책의 실현을 위하여 국민 또는 주민에 대하여 아무런 특별한 반대급부없이 강제적으로 부과징수하는 과징금"이라는 표현.
16) 곽태원·현진권, 앞의 책, 156면.
17) 편익원칙과 능력원칙에 관하여 더 자세한 것은, 이준구·조명환, 앞의 책, 393-405면 참조.

칙은 '조세란 반대급부없이 강제로 징수하는 금전적 부담'이라는 오늘날의 보편적인 견해와 조화를 이루기 어렵고, 국가가 특정 개인에게 주는 혜택의 크기를 계량적으로 측정하는 것은 물리적으로 불가능하기 때문에 찬성하기 어려운 견해이다. 예를 들어 쉽게 설명하면, 서울에 사는 A와 지방에 사는 B가 국가에서 받는 국방·치안·사회적 인프라 등의 혜택은 크기가 같은가 다른가, 다르다면 얼마나 다른지 정확하게 계측할 수 있겠는가? 또는, 부자인 C와 가난한 사람인 D가 국가에서 받는 편익의 크기를 계측하여 그에 상응하여 과세할 수 있는가? 불가능할 것이다. 나아가, 편익원칙에 따른다면 가난한 사람이 더 많은 세금을 내야 한다는 이상한 결론에 이를 수도 있다. 오늘날의 복지국가에서는 대개 가난한 사람일수록 국가에서 더 많은 혜택을 받기 때문이다.[18)]

그렇다면 능력원칙에 따라 조세를 부담하게 하는 것이 낫다고 일응 결론지을 수 있고, 그런 까닭에 오늘날에는 조세는 소득·재산·부(富)와 같은 납세능력 내지 담세력에 따라 부담하여야 한다는 '응능과세(應能課稅)'의 원칙이 일반적으로 받아들여지고 있다.[19)] 응능과세원칙을 표명한 입법례로는 예컨대, 프랑스인권선언 제13조는 "공적인 무력을 유지하고 행정비용을 지출하기 위해서는 공동의 조세가 불가결하다. 따라서 그 조세는 모든 시민들 사이에 능력에 따라 배분되지 않으면 안 된다"고 규정하고 있고, 1919년에 제정된 독일헌법 제134조는 "모든 공민은 그의 자력(資力)에 따라 균등하게 법률이 정하는 바에 따라 공적 부담에 기여한다"고 규정함으로써 능력원칙을 천명하고 있다.

물론, 예컨대 부동산 등의 재산은 별로 없지만 사업 등으로 벌어들이는 소득이 많은 사람과 가득(稼得) 소득은 별로 없지만 재산이 많은 사람 중에서 누가 더 '능력'이 있다고 보아야할까라는 질문을 떠올려보면 짐작할 수 있듯이, '능력'의 정의나 계측도 쉽지는 않다. 그렇지만, 소득과세 세목에서는 소득이 많은 사람이, 재산과세 세목에서는 재산이 많은 사람이, 소비과세 세목에서는 소비가 많은 사람이 일응 '능력'이 많다고 볼 수 있을 것이고 그렇게 된다면 '능력'의 측정은 한결 쉬워질 것이다. 이와 같이 생각하면 능력원칙에 따라 조세를 부담하는 것이 보다 공평한 제도라고 볼 수 있다. 그리고 이처럼 조세를 부담할만한 능력을 담세력이라고 부른다. 담세력의 의미에 관하여는 항을 바꾸어서 본다.

2. 담세력의 의미

과세요건(tax requisition)은 납세의무의 성립에 필요한 법률상의 요건으로서, 일정한 요건이 충족됨으로써 납세의무의 성립이라는 법률효과가 발생하는 법률요건을 말한다.[20)] 모든 조

---

18) Theories of Taxation(http://economicsconcepts.com/theories_of_taxation.htm)

19) M. Slade Kendrick, "The Ability-to-Pay Theory of Taxation", The American Economic Review Vol. 29, No. 1(Mar., 1939), p. 92.

20) 국회예산정책처, 「2015 조세의 이해와 쟁점 제1권: 조세개요」, 2015., 33면.

세에 공통되는 과세요건으로는 과세권자, 납세의무자, 과세물건, 과세표준, 세율 등을 들 수 있다.

그중 과세물건(object of taxation)이란 조세법에서 과세의 대상으로 정하고 있는 물건·행위 또는 사실을 가리킨다. 경제적 관점에서의 과세물건은 재산 기타 경제적 가치가 있는 물건의 취득·소유·이용·소비·이전 등을 표시하는 것으로서 납세의무자의 담세력(경제적 부담능력)을 의미한다.

담세력을 표상하는 과세물건은 크게 소득·소비(또는 지출)·재산으로 구분할 수 있는데 이 중 무엇에 중점을 두어 세제를 구상하는가에 따라 국민 각 계층 간의 조세부담의 공평성과 국민경제에 미치는 효율성이 다르게 나타날 수 있으므로 과세물건에 대한 논의는 중요하다.

과세물건은 소득, 소비(또는 지출), 재산의 셋으로 크게 나눌 수 있다. 아래에서 간략하게 본다.[21]

(1) 소득과세

소득을 담세력의 표상으로 보아 이를 과세물건으로 하는 조세는 경제적 가치의 유량(flow)에 대한 소득과세에 해당한다. 국세 중 법인세, 소득세,[22] 지방세 중 지방소득세 등이 소득과세 세목에 속한다.

(2) 소비과세

소비를 담세력의 표상인 과세물건으로 하는 조세는 소비를 위한 지출에 대한 과세에 해당한다. 국세 중 부가가치세, 개별소비세, 주세, 관세, 교통·에너지·환경세 등과 지방세 중 담배소비세, 레저세, 지방소비세 등이 소비과세 세목에 해당한다.

(3) 재산과세

재산을 과세물건으로 하는 조세는 경제적 가치의 저량(stock)에 대한 과세로서, 세원이 고정되어 안정적이며 응능부담의 원칙에 부합하기 때문에 소득과세의 보완적 기능을 수행할 수 있다. 국세 중 종합부동산세, 상속세, 증여세[23] 등과 지방세 중 재산세 등이 이에 해당한다.

---

21) 국회예산정책처, 위의 책, 38-39쪽 참조.

22) 양도소득세는 보통 소득세의 일종으로 분류되지만, '재산'의 보유에 따른 자본이득(capital gain)을 과세대상으로 삼는다는 점에서 재산세적 측면도 포함하고 있다는 견해가 있다(임승순, 앞의 책, 11면).

23) 상속세 및 증여세는 소득세의 보완적 성격이 있지만, 상속·증여로 취득한 재산에 대한 조세라는 점에서 재산세의 일종으로 분류할 수 있을 것이다.

Ⅳ. 담세력과 관계 없는 조세도 가능한가?

1. 조세의 목적

인류가 집단 내지 공동체를 이루기 시작한 역사가 언제부터인지 정확하게 알 수는 없지만 공동체를 운영하자면 재원이 필요하였을 것이고 그 재원을 구성원이 분담하였을 것은 명백하며 그것이 조세의 기원이라 하겠다. 따라서 조세의 본래적 기능이 재원조달 목적임은 의문의 여지가 없다. 그렇지만 조세가 국가의 재원조달수단으로서 법적으로 중요한 의미를 갖기 시작한 것은 근대시민국가의 성립 이후이다.

고대 또는 중세시대의 절대왕정체제 하에서는 국가는 곧 군주와 이념적으로 동일시되고 국가의 재산은 군주의 사유재산으로 간주되었으므로(이른바 有産國家) 군주는 필요한 경우에 마음대로 피치자인 국민에게서 경비를 징수하면 그만이었고 국민은 그와 같은 공납(貢納)을 당연하게 받아들였다. 그러나, 17세기 영국에서 비롯된 시민혁명은 절대왕권을 무너뜨리고 입헌국가를 세우기에 이르렀고, 시민혁명과정에서는 국민이 군주로부터 개인의 신체의 자유 및 재산권적 기본권을 쟁취하는 것이 주요 목표였으며 조세는 재산권의 핵심적인 내용이었다.

근대시민국가 하에서는 모든 재산이 국민에게 귀속되고 국가는 원칙적으로 재산을 가질 수 없게 되었으므로(이른바 無産國家) 국가운영에 필요한 경비는 국민들이 납부하는 조세로 충당하게 되었다. 이와 같은 '조세국가'적 현상은 현대국가에서는 더욱 가속되고 있고[24] 오늘날 모든 나라는 국민들이 납부하는 세금을 국가 재정수입의 주원천으로 삼고 있다.[25]

그런데, 현대에 이르러 조세는 국가나 지방자치단체의 재정수요 충족이라는 고전적인 목적 이외에 비재정적인 목적으로 널리 쓰이고 있다.[26] 경기조절, 경제활동의 조장 또는 억제, 부의 재분배 등의 정책적 목적으로 광범위하게 쓰이는 것이 그 예이고, 나아가 조세는 제재

24) 헌법재판소 1990.9.3. 89헌가95 결정.

25) 이전오, "조세법률의 입법절차에 관한 연구", 「성균관법학」 제22권 제2호, 2010.8., 439면 참조.

26) 미국의 농경제학자 Tyler F. Haygood은 조세의 목적을 다음과 같이 무려 10가지로 설명한다. Tyler F. Haygood, TAXATION FOR NONFISCAL PURPOSES, The Bulletin of the National Tax Association Vol. 32, No. 4, (January, 1947), p. 99.

① 재정수입
② 특정 산업을 외국과의 경쟁에서 보호함
③ 국민들에게 납세의식을 환기시킴
④ 특정 행동을 금지함
⑤ 완전고용에 우호적인 환경 조성
⑥ 특정 생산의 억제 및 타 생산의 지원을 통한 경제적 자원의 재분배
⑦ 부와 소득의 재분배
⑧ 경제집단이나 산업에 대한 제재
⑨ 마약, 술, 담배 소비와 관련된 사회적 해악의 축소
⑩ 구매력의 안정성, 산업 인센티브의 창출, 투자 자본의 보충 등과 같은 여타 경제 목표의 달성

적 내지 징벌적 목적으로도 쓰이고 있다. 이렇게 광범위한 조세의 목적은 다음과 같이 크게 세 가지로 유형화할 수 있다.[27)]

첫째, 오로지 국고 수입을 위한 재정적 목적으로 쓰이는 경우

둘째, 재정적 목적을 주로 하면서 부차적으로 비재정적 목적으로 쓰이는 경우

셋째, 주된 목적이 비재정적이고 부차적으로 재정 목적으로 쓰이는 경우

재정적 목적의 조세에 대하여는 의문이 없지만, 비재정적 목적의 조세가 허용되어야 할 것인지 여부에 관하여는 목차를 달리하여 살펴본다.

2. 비재정적 조세

조세의 기능과 관련하여, 재정 목적 이외의 정책적인 조세가 허용될 것인지에 관하여 정책 목적의 조세는 있을 수 없다는 견해가 있다. 이 견해는 다음과 같이 주장한다.

"법률상의 개념으로서의 조세를 어떻게 헌법적으로 평가할 것인가 하는 점에 대해서는 우선 법률에서 '조세'라고 부르고 있다고 하여 그것이 전부 헌법적으로도 조세로 포섭되어 질 수 있는 것은 아니다. 조세라는 개념은 다른 행정형식과는 다른 점을 가지고 있다. 헌법이 스스로 정하고 있기 때문이다. 그리고 헌법이 스스로 조세에 대하여는 이러하여야 한다는 점을 밝히고 있다(헌법 제59조). 그러므로 무엇이 헌법상의 개념으로서 '조세'인가 하는 것은 매우 중요하다. 이른바 '정책목적조세'라는 관념은 헌법적으로 인정되어질 수 없다. 헌법적으로 보았을 때, '조세'와 '정책적 기능'은 서로 어울릴 수 없는 말이다. 정책적 기능을 가진 금전적 부담은 조세가 아니다. 그러므로 조세의 특유한 문제인, 이중과세금지원칙, 조세법률주의, 응능부담의 원칙, 조세의 중립성은 논의될 여지가 없다."[28)]

그러나, 오늘날 조세가 재정 목적 이외의 정책 목적으로 쓰이는 예는 허다하고, 우리 헌법 어디에도 조세가 정책적 목적으로 일체 사용될 수 없다는 규정은 없다. 오히려 독일의 조세기본법에는 "조세의 재정 목적은 부수적일 수 있다"고 하여 재정 목적 이외의 조세가 허용된다는 사실을 명시적으로 밝히고 있다. 국가는 국민의 모든 생활영역에서 과세권의 행사를 통해 국가정책의 달성을 의도할 수 있는바, 사회가 분화되고 사회적 현안의 조정이 중요한 쟁점이 됨에 따라 국가의 책무가 증대될 때에는 더 많은 관련 법령들을 요구하게 되는데 조세법이 유효한 수단이 될 수 있다.[29)]

우리나라 헌법재판소도, 조세가 정책적 목적으로 사용되는 것이 오늘날의 일반적인 경향

---

27) Tyler F. Haygood, *Ibid.*, pp. 99-100.

28) 정주백, "조세의 정책적 기능의 규범적 한계", 「조세법연구」 XVII-1, 한국세법학회 2011.4., 42면.

29) H. Weber-Grelett, Lenkungssteuern im Rechtssystem, NJW, 2001., S. 3657(강주영, "정책실현을 위한 과세권 행사의 공법적 한계: 독일법상 절반분배의 원칙을 중심으로"', 「법제연구」 제33호, 한국법제연구원, 2008.2., 348면 주석 10에서 재인용).

이라고 보고 있다. 예컨대, 헌법재판소 1994.7.29. 92헌바49,52(병합) 결정은 다음과 같이 판시한다.

"현대에 있어서의 조세의 기능은 국가재정 수요의 충당이라는 고전적이고도 소극적인 목표에서 한걸음 더 나아가, 국민이 공동의 목표로 삼고 있는 일정한 방향으로 국가사회를 유도하고 그러한 상태를 형성한다는 보다 적극적인 목적을 가지고 부과되는 것이 오히려 일반적인 경향이 되고 있다. 이러한 조세의 유도적·형성적 기능은 우리 헌법상 "국민생활의 균등한 향상"을 기하도록 한 헌법 전문(前文), 모든 국민으로 하여금 "인간다운 생활을 할 권리"를 보장한 제34조 제1항, "균형 있는 국민경제의 성장 및 안정과 적정한 소득의 분배를 유지하고, 시장의 지배와 경제력의 남용을 방지하며, 경제주체간의 조화를 통한 경제의 민주화를 위하여" 국가로 하여금 경제에 관한 규제와 조정을 할 수 있도록 한 제119조 제2항, "국토의 효율적이고 균형 있는 이용·개발과 보전을 위하여" 국가로 하여금 필요한 제한과 의무를 과할 수 있도록 한 제122조 등에 의하여 그 헌법적 정당성이 뒷받침되고 있다."

오늘날의 경제 현실을 감안할 때에, 조세는 오로지 재정수입을 확보하기 위한 목적으로만 존재할 수 있고 경제정책적 내지 사회정책적 목적을 수행하는 조세는 일체 있을 수 없다고 보는 것은 현실과 동떨어진 주장이라고 할 것이다. 따라서, 조세는 오로지 국가의 재정수입의 충족을 위해서 존재할 수 있을 뿐이고 재정목적 이외의 정책적 조세는 일체 존재할 수 없다는 견해에는 찬성하기 어렵다.

이와 같이, 정책적 목적의 조세가 허용된다고 할 때에 그 조세의 일차적인 목적은 재정수입의 조달에 있고 부수적인 목적이 경제적 또는 사회적 목적인 경우도 있고, 반대로 주된 목적이 경제적 또는 사회적 정책 수행에 있고 재정수입이 부수적인 경우가 있을 것이다. 정책적인 목적의 조세가 허용된다고 할 때에는 전자뿐만 아니라 후자도 허용된다고 보는 것이 일반적이다. 그렇다고 하여 후자가 바람직하다는 의미는 아니다. 문제는 재정적인 목적은 전혀 없이 오로지 정책적인 목적만 가진 조세도 허용될 것인지 여부이다. 다시 항을 바꾸어서 본다.

3. 담세력과 무관한 조세의 허용 여부

재정적인 목적은 전혀 없이 오로지 정책적인 목적으로 부과되는 조세란 요컨대, 소득·재산·소비 등의 과세대상 즉 담세력과 무관하게 부과되는 조세를 가리킨다. 오로지 제재적 내지 징벌적 목적으로 조세를 부과하는 것이 단적인 경우라 하겠다.

독일의 통설과 연방헌법재판소 등 연방최고법원은 입법자가 조세를 통해 일정한 정책적 목표 달성을 우선적으로 의도한다고 하더라도 국가에게 일반경비 충당에 필요한 재원을 조달한다는 "재정충당목적(Fiskalzweck)"을 완전히 포기해서는 안 된다고 한다. 국가가 자신의 과제수행을 위해 필요한 경비를 조달하는 것을 부수적으로라도 "목적으로" 하지 않고 오로지 해당 납세의무자들을 경제적으로 압박하기 위하여 조세정책을 사용한다면 이는 더 이상 헌법상 조세 개념에 의해 정당화되지 않는다는 것이다. 이러한 조세의 경우에는 입법자의 입법의도가 처음부터 그 조세를 통한 재정수입이 "0"이 되는 것을 목표로 하고 있기 때문에[30] 조세의 재정기능은 고려하지 않고 실정법상 다른 규제법규에 의해 금지되지 않은, 그래서 헌법상 자유권에 기초하여 납세자가 자유로이 행동할 권리가 있는, 일정한 행위를 "금지"하는 것을 목표로 할 뿐이다.[31]

그렇지만 어떤 조세 규정이 재정수요 충족은 목적으로 하지 않고 오로지 납세자를 경제적으로 압박하기 위한 목적으로 제정된 것인지 아니면 부수적으로라도 재정 목적을 가지고 있는 것인지를 판단하는 것은 매우 어려운 문제이고, 그런 까닭에 독일의 연방헌법재판소나 연방행정재판소에서 어떤 세법 규정이 오로지 납세자를 압박하기 위한 목적으로 만들어진 규정이기 때문에 헌법상 조세 개념에 의해 정당화가 되지 않는다고 실제로 판결된 사례는 없다고 한다.[32] 그러나, J. Lang 교수는 투견세(鬪犬稅)[33]가 단순히 압살적 목적으로 제정되었기 때문에 위헌이라고 보고 있고, 하급심에서는, 조례 변경을 통해 도박기계설치업자에게 식당에 설치된 도박기계 1대에 대해 유흥세(Vergnüungssteuer)로 월 90 마르크(DM)를 부과하던 것을 250 마르크로 인상한 것은 사업자의 영업을 불가능하게 하려는 압살적 조세(Erdrosselungssteuer)에 해당한다고 판단한 예가 있다고 한다.[34]

생각건대, 본래대로라면 담세력이 없기 때문에 과세가 불가능함에도 불구하고, 재정목적은 전혀 없이 오로지 바람직하지 못한 특정행위를 금지시키기 위하여 그런 특정행위를 한데 대한 처벌의 목적으로 부과되는 조세는, 명목은 조세이지만 헌법 제38조[35] 및 제59조[36]가 의미하는 조세가 아니라고 보아야 한다.

국가가 특정 행위를 금지시키기 위하여 처벌조항을 두고자 한다면 해당 행위의 위법성의 정도 및 실효성을 확보하기 수단의 종류를 무엇으로 할 것인가에 따라 형사벌이나 행정벌로 하는 것이 마땅하지 조세로 처벌을 대신하는 것은 조세의 본질에 어긋나기 때문이다. 조세는 어떤 경우에도 최소한의 징표로서 담세력을 지녀야 한다고 본다. 따라서, 정책적 목적이 일

30) 과세대상인 행위가 일체 일어나지 않도록 하는 것이 해당 조항의 입법목적이라는 뜻이다. 과세대상인 행위가 전혀 없다면 세수는 0이 될 수밖에 없다.
31) 이동식, "헌법적 관점에서 바라본 부동산세제", 「조세법연구」 XII-1, 한국세법학회, 2006.7., 79-80면.
32) 이동식, 위의 논문, 81면
33) 지방자치단체에서 조례개정을 통해 투견(鬪犬)에 대해 보통 개보다 8배 높은 견세(Hundesteuer)를 부과한 것이 오로지 투견을 보유하지 말라는 것을 목표로 할뿐이고 재정 목적은 전혀 없는 것이 아닌지가 문제된 사안이다.
34) 이동식, 앞의 논문, 81면 주석 21 및 24 참조.
35) 헌법 제38조: 모든 국민은 법률이 정하는 바에 의하여 납세의 의무를 진다.
36) 헌법 제59조: 조세의 종목과 세율은 법률로 정한다.

차적인 조세라고 할지라도 부수적(이차적)으로나마 담세력과의 관련성이 있어야 하는 것이지, 담세력과 아무런 관련 없이 오로지 제재 내지 처벌 등의 목적으로 부과되는 조세는 조세의 형식을 띤 징벌이자 조세 형식의 남용으로서 재산권의 본질적 내용을 침해하기 때문에 헌법에 위반된다고 생각한다. 이런 견지에서 볼 때에, "정책목적 조세는 재정목적 조세와는 달리 행위자의 반사회적 행위 자체 또는 그 결과에 대해서 과세하는 것이므로 담세능력에 따른 세 부담이라는 응능부담의 원칙이 설 자리가 없다"는 주장[37] 즉, 정책 목적 조세는 담세력과 관계없이 마음대로 부과할 수 있다는 식의 주장에 찬성하기 어렵다. 이와 같은 주장은 자칫하면 조세와 다른 금전적 제재수단(예컨대 과징금, 과태료 등) 사이의 경계를 무너뜨리게 되고,[38] 여기에서 더 나아가면 조세와 형벌(예컨대 벌금) 간의 구별을 의미가 없게 만들어 버릴 수 있기 때문이다. '법률에서 조세라는 형태로 규정하기만 하면 헌법상 아무런 문제가 없다'는 식의 사고는 법률만능주의에 빠진 나머지 조세를 오·남용에 이르게 할 위험이 있다.

요약하자면, 조세는 전통적인 기능인 재정수요 충족을 위하여 부과되는 것이 바람직하고, 재정적인 목적과 더불어 비재정적인 목적으로도 부과될 수는 있지만 재정적인 목적은 전혀 없이 오로지 비재정적인 목적만으로는 부과될 수 없다고 할 것이다.

Ⅴ. 담세력과 무관한 비재정적 조세의 일례

오늘날 동서양을 가릴 것 없이 정책적인 조세가 점차 늘어나는 경향이 있다. 그렇지만 그런 경우에도 담세력과 전혀 무관한 경우 즉, 재정적인 목적이 전혀 결여된 조세는 찾아보기 어렵고, 만약 그런 조세가 있다면 조세의 본질에서 동떨어진 것이기에 허용되어서는 아니될 것이다. 이런 관점에서 보자면, 외부불경제를 교정하기 위한 피구세(Pigouvian tax)의 원리에 기초를 둔 환경세, 비만세(fat tax 또는 junk food tax), 죄악세(sin tax) 등도 그 정당성을 면밀하게 검토해볼 필요가 있다. 그렇지만, 이들 세금이 바람직하거나 효율적인 정책 수단인지는 차치하고, 이들 세금은 제조 또는 소비 등의 경제적 행위에 대하여 부과될 뿐만 아니라 거두어들인 재원을 환경보전·건강증진 등의 공익 목적으로 사용할 계획 하에 해당 조세를 부과한다는 점에서 최소한의 재정적인 목적은 가진다고 볼 여지가 있다. 그런데 우리 세법에서 담세력과는 전혀 상관없이 오로지 비재정적인 목적으로 부과되는 조세가 있다. 명의신탁재산 증여의제 규정에 따른 증여세가 그것이다. 아래에서 조세의 본질 내지 정책기능

37) 강주영, 앞의 논문, 358면.

38) 이 점과 관련하여, 과세권은 재정수입을 목적으로 하고 규제권은 억제하고 처벌하는 기능을 한다는 점에서 양자는 다르며, 조세도 억제·처벌 기능을 할 수는 있지만 그것은 재정충족이라는 주목적에 부수하여 가능하다는 주장으로, Peck W. Harvey, "The Use of the Taxing Power for Non-Fiscal Purposes", The Annals of the American Academy of Political and Social Science Vol. 183, Government Finance in the Modern Economy(Jan., 1936), p. 61 참조.

의 한계라는 관점에서 이 규정이 과연 헌법상 정당화될 수 있는지를 검토해보기로 한다.

1. 명의신탁재산 증여의제 규정의 내용

권리의 이전이나 그 행사에 등기 등이 필요한 재산(토지와 건물은 제외한다)의 실제소유자와 명의자가 다른 경우에는 국세기본법 제14조의 실질과세원칙에 불구하고 그 명의자로 등기 등을 한 날에 그 재산의 가액을 명의자가 실제소유자로부터 증여받은 것으로 보아서 명의수탁자에게 증여세를 부과한다(상속세 및 증여세법 제45조의 2).

증여의제의 대상이 되는 명의신탁재산은 권리의 이전이나 그 행사에 등기 등이 필요한 재산이다. 1997년 이전에는 부동산에 관하여 명의신탁이 이루어진 경우에도 명의수탁자에게 증여세가 부괴되었다. 그런데, 1995.7.1.부터 부동산 실권리자명의 등기에 관한 법률이 시행됨에 따라서 부동산에 관한 명의신탁은 금지되었고(위 법 제3조 제1항), 부동산에 관하여 명의신탁을 한 명의신탁자에 대하여는 과징금을 부과하고(위 법 제5조), 나아가 명의신탁자와 명의수탁자를 형사처벌하게 되었다(위 법 제7조). 위와 같이, 1995.7.1.부터 부동산실명제가 실시되면서 1997.1.1. 이후에는 명의신탁의 증여의제 과세대상 재산에서 토지와 건물은 제외되었다.

토지와 건물이 제외되고 현재 남아있는 것은 권리의 이전이나 그 행사에 등기·등록·명의개서 등을 요하는 재산인데, 등기를 요하는 재산으로는 입목·공장재단·광업재단과 선박등기법에 의한 선박 등을 들 수 있다. 등록을 요하는 재산으로는 특허권·실용신안권·디자인권·상표권·저작권 등과 수산업법에 의한 어업권·광업법에 의한 광업권·자동차관리법에 의한 자동차·항공법에 의한 항공기·건설기계관리법에 의한 건설기계 등을 들 수 있다. 명의개서를 요하는 재산으로는 주식과 사채 등이 있다.[39)][40)] 그렇지만, 명의신탁재산의 증여의제 규정 적용과 관련하여 현실적으로 문제가 되는 거의 모든 경우는 주식이다.

2. 명의신탁재산 증여의제 규정의 본질

우리나라의 증여세는 무상으로 취득한 재산을 담세력으로 삼아 수증자에게 부과하는 조

39) 김완일, “비상장주식의 명의신탁에 대한 증여의제적용의 형평성”, 「조세연구」 제8권 제2집, 한국조세연구포럼, 2008.12., 264면.

40) 상속세 및 증여세 집행기준(2014) 45의2-0-4 【등기·등록 등을 요하는 재산】
등기·등록 등을 요하는 재산은 권리의 이전이나 행사에 등기 등이 효력발생요건 내지 대항요건으로서 법률상 요구되는 다음과 같은 자산을 말한다.

등기를 요하는 자산	입목, 공장재단, 광업재단, 선박(토지, 건물 제외)
등록을 요하는 자산	특허권, 실용신안권, 의장권, 상표권, 저작권, 어업권, 광업권, 자동차, 항공기, 건설기계
명의개서를 요하는 자산	주권, 사채권

세이다. 증여세의 부과대상인 증여라는 개념은 원래 민법상의 개념이다. 민법상 증여란 당사자의 일방이 아무런 대가없이 상대방에게 재산을 이전한다는 의사를 표시하고 상대방이 그 것을 승낙함으로써 성립하는 계약이다. 그런데 2004년 증여세 완전포괄주의가 도입되기 이전의 구 상속세 및 증여세법에서는 민법상의 증여에 해당하는 경우뿐 아니라 민법상의 증여 개념에는 해당하지 않지만 수증자가 증여자에게서 대가 없이 재산적 이익을 받는 경우에도 민법상 증여와 마찬가지로 담세력이 있기 때문에 수증자가 받은 경제적 이익에 대하여 증여로 간주하여 증여세를 부과하였는데, 이것을 증여의제라고 한다.[41] 그리하여 14개의 개별적인 증여의제규정을 두었다.

2004.1.1.부터 증여세 완전포괄주의가 도입된 이후에는 구 상속세 및 증여세법상의 증여의제규정들은 판례[42]의 표현을 빌리면 개별 가액산정규정 즉, 증여재산가액의 계산에 관한 예시규정으로 존속하고 있다. 그러나, 이 규정들 역시 수증자가 취득한 경제적 이익을 계산하여 그 가치에 해당하는 증여세를 부과한다. 즉, 담세력은 모두 존재한다.

그에 비해 명의신탁재산 증여의제규정은 수증자가 증여자에게 명의를 빌려주었다는 행위(사실)에 대하여 과세하는 것이다. 명의신탁을 하였더라도 재산의 실질적인 소유자는 여전히 명의신탁자이지 명의수탁자가 아니다. 즉, 명의수탁자에게는 아무런 담세력도 생겨난 바가 없다. 따라서 명의신탁재산의 증여의제규정에는 재정적인 목적은 부차적으로도 전혀 없고 오로지 조세회피행위 방지라는 정책적 목적으로 행하여지며, 그 본질은 담세력과는 무관한 행정상의 제재 또는 징벌이라고 보아야 한다.

3. 담세력 측면에서 본 명의신탁재산 증여의제 규정: 실질과세원칙 위배로 인한 재산권 침해 여부

명의신탁재산 증여의제규정의 위헌성에 관하여는 여러 측면에서의 논의가 있지만, 무엇보다도 조세법의 기본원리인 실질과세원칙을 침해함으로써 납세자의 재산권을 침해하는 것이 아닌가라는 논란이 핵심이다. 아래에서 살펴본다.

(1) 합헌의견[43]

명의신탁재산 증여의제규정이 실질과세원칙을 침해하지 않는다는 견해이다. 아래에서 구체적으로 그 논거를 본다.

1) 증여를 은폐하는 수단으로 명의신탁을 이용한 경우에 이를 제재하는 하나의 방법으로, 조세회피의 목적이 인정되는 제한적인 범위 내에서, 증여세를 부과하는 것은 조세정의와 조

41) 김두형, "완전포괄주의 증여의제 입법의 과제", 「조세법연구」 IX-1, 한국세법연구회, 2003.7., 82면.
42) 대법원 2015.10.15. 선고 2013두13266 판결.
43) 헌법재판소 2004.11.25. 선고 2002헌바66 결정 및 헌법재판소 2005.6.30. 2004헌바40, 2005헌바24(병합) 결정 등의 다수의견을 요약한 것이다.

세의 공평을 실현하기 위한 적절한 방법으로서 그 합리성이 인정되므로 실질과세의 원칙에 대한 예외로서 허용되고 이는 헌법에 위반되지 않는다.

2) 명의신탁에 동조함으로써 명의신탁자의 증여세회피행위를 가능하게 한 명의수탁자의 책임을 고려할 때, 명의신탁자와 명의수탁자 두 사람 중 누구에게 일차적인 납세의무를 부과할 것인지의 문제는 입법의 재량에 속한다고 보아야 하기 때문에 증여세회피의 목적으로 명의신탁을 한 재산의 실제 소유자를 제재하지 않고 명의수탁자를 제재하더라도 실질과세의 원칙에 위배되지 않는다.

3) 명의신탁에 이르게 된 경위나 유형, 그에 내재된 반사회성의 정도 등을 참작할 것인지 여부 및 그 참작의 방법이나 정도 등도 역시 입법의 재량에 속하기 때문에 명의신탁의 경위나 유형, 그에 내재된 반사회성의 정도 등을 참작하지 않고 일률적인 제재를 가하더라도 조세평등의 원칙과 실질과세의 원칙에 어긋난다고 할 수 없다.

4) 증여를 받지 아니한 사람에게 증여세를 부과하는 것은 실질과세의 원칙에 어긋날 수 있으나 증여를 은폐하는 수단으로 명의신탁을 이용한 경우에 이를 제재하는 방법으로 증여세를 부과하는 것은 조세정의와 조세의 공평을 실현하기 위한 적절한 방법으로서 그 합리성이 인정되므로 실질과세의 원칙에 대한 예외로서 허용된다.

(2) 위헌의견[44)]

이 견해에서는, 명의신탁재산에 대한 아무런 실질적인 권리 내지 이익을 취득하지 아니하고 단순히 권리의 외양만을 취득하여 담세능력이 없는 명의수탁자에 대하여 실질적으로 재산을 증여받은 자인 것처럼 보아서 고율의 증여세를 부과하는 것은 실질과세원칙에 위배된다고 본다.

(3) 검 토[45)]

1) 실질과세원칙의 의의

실질과세의 원칙이란 형식과 실질이 다른 경우에는 그 실질에 따라서 과세하여야 한다는 원칙이다. 국세기본법 제14조는 과세물건의 귀속이 명의일 뿐 사실상 귀속되는 자가 따로 있을 때에는 그 사실상 귀속되는 자를 납세의무자로 하여 세법을 적용하고, 과세표준의 계산에 관한 규정은 소득·수익·재산·행위 또는 거래의 명칭이나 형식에 불구하고 그 실질내용에 따라 적용한다고 규정하고 있다. 국세기본법 제14조의 성격에 대하여서는, 이 규정이 없다고 하더라도 조세는 납세의무자가 지배하는 경제력에 대하여 부과되는 것이라는 점에서

44) 헌법재판소 2004.11.25. 선고 2002헌바66 결정 및 헌법재판소 2005.6.30. 2004헌바40, 2005헌바24(병합) 결정 등의 소수의견을 요약한 것이다.

45) 필자가 한국세무학회의 명의로 한국조세재정연구원으로부터 수주받아 연구한 「명의신탁재산 증여의제규정의 개선방안」 보고서 중의 일부 내용을 요약 및 수정한 것이다.

국세기본법 제14조는 조세부담의 공평을 실현하기 위한 당연한 논리를 선언적으로 규정한 것이라고 해석하는 견해가 다수설이다.

2) 구체적 검토

명의신탁재산의 증여의제 규정의 합헌성을 인정하는 견해는 명의신탁의 증여의제 규정은 실질과세 원칙의 예외로서 헌법상 허용된다고 하나 수긍할 수 없다. 명의신탁재산의 증여의제 규정은 본질적으로 증여가 아닌 경제적 거래를 세법상으로는 증여로 보아서 증여세를 부과하겠다는 것이 그 핵심이므로, 이것은 조세의 이름을 빌려서 헌법상 보장된 재산권의 본질적 내용을 침해하는 것이라고 볼 수밖에 없다. 2003.12.30. 상속세 및 증여세법의 개정을 통하여 도입된 이른바 증여세완전포괄주의가 시행되기 이전의 구 상속세 및 증여세법에는 많은 개별적 의제조항들이 있었으나 그 경우들은 어쨌거나 재산권이 무상으로 이전되어 과세소득 내지 담세력이 있는 경우임에 비하여, 명의신탁재산의 증여의제 경우는 명의수탁자에게 아무런 소득 내지 담세력이 없는 경우이기 때문이다.

한편, 과세소득 내지 담세력이 있는 경제적 거래 자체는 존재하지만 그것이 누구에게 귀속되는 것인가 하는 점에 대하여 원칙적 귀속자인 실질소유자가 아니라 명의자에게 귀속된 것으로 보아 과세하기 위하여 실질과세원칙의 예외가 허용되는 경우는 있지만,[46] 과세소득 내지 담세력이 일체 없음에도 불구하고 과세소득 내지 담세력을 법률규정으로 발생시켜서 조세를 부과하는 것은 부당하다. 요컨대 경제적으로 존재하지 않는 담세력을 법률로 만들어 과세할 수는 없는 것이다.

따라서 과세소득 내지 담세력이 전혀 발생하지 않았음에도 불구하고 법률의 규정으로 담세력을 창출시켜서 증여세를 부과하는 것을 가리켜 실질과세원칙의 예외라는 논리를 내세워 합리화할 수는 없고,[47] 명의신탁재산의 증여의제 규정은 헌법상 보장된 재산권의 본질적 내용을 침해하기 때문에 헌법에 위반된다고 생각한다.[48] 그럼에도 불구하고 헌법재판소가, '조세정의와 조세의 공평을 실현하기 위한 적절한 방법으로서 그 합리성이 인정된다'는 막연한 이유를 들면서 명의신탁재산 증여의제제도는 실질과세의 원칙에 대한 예외로서 허용되고 이는 헌법에 위반되지 않는다고 판시한 것은 찬성할 수 없다. 또한, 결론의 당·부당을 떠나

---

46) 예컨대 1994.12.21. 개정 전의 구 소득세법 및 1994.12.31. 개정 전의 구 소득세법 시행령은 다음과 같이 규정하고 있다.
구 소득세법 제7조(실질과세) ① 소득의 귀속이 명목뿐이고 사실상 그 소득을 얻은 자가 따로 있는 경우에는 국세기본법 제14조 제1항에 의하여 사실상 그 소득을 얻은 자에게 이 법을 적용하여 소득세를 부과한다. 다만, 대통령령이 정하는 사업에서 발생하는 소득에 관하여는 그러하지 아니하다.
② 이 법 중 소득에 관한 규정은 그 명칭 여하에 불구하고 국세기본법 제14조 제2항에 의하여 실질내용에 따라 이를 적용한다.

47) 신용주, "명의신탁으로 인한 증여의제 과세에 관한 연구", 경희대학교 법과대학원 박사학위논문, 2004.2., 127-128면은, 명의신탁의 증여의제 규정은 이를테면 남자를 여자로 보겠다는 규정과 같다고 비판하고 있다.

48) 같은 취지: 임승순, 앞의 책, 931-932면; 이태로·한만수, 「조세법강의(신정12판)」, 박영사, 2016., 812면.

조세의 본질 및 기능에 대한 깊은 논의나 성찰이 없이 피상적인 고찰에 그치고 있는 점이 몹시 아쉽고 불만스럽다.

명의신탁재산의 증여의제 규정은 담세력과의 최소한의 연관성도 없이 오로지 제재적 내지 징벌적 목적으로 조세를 부과하는 제도이므로 진정한 조세라고 할 수 없고 따라서 폐지하여야 한다.[49] 폐지한다면 그 대안이 무엇인가에 관하여는 여러 가지 논란이 있을 수 있는데, 이 논문과는 직접 연관이 없고 다른 기회에 따로 논할 것이기 때문에 여기에서는 생략한다.

Ⅵ. 결 어

조세가 국가재정수입의 주원천으로서 특히 중요한 의미를 갖기 시작한 것은 정치적으로는 중세의 전제군주국가가 몰락하고 근대시민사회의 형성에 따라 민주주의, 법치주의 체제의 통치기구가 수립되고, 경제적으로는 사유재산제도와 자유경쟁 및 시장경제의 원리가 지배하는 자본주의 경제체제가 대두되면서 부터이다. 그런데 현대에 이르러 국가의 활동영역이나 기능이 방대하여짐에 따라 그에 소요되는 재정수요도 막대하게 팽창되었으며, 그 재정자금의 대부분을 담당하는 조세의 문제야말로 국민과 가장 밀접하게 이해관계가 상충되는 문제로서, 조세정책의 향방에 따라 국민의 재산권에 미치는 영향은 지대하게 되었으니, 그러한 의미에서 현대국가는 조세국가라고 할 수 있고 우리나라도 그 예외는 아니라고 할 것이다.[50]

한편, 조세법령이 지나치게 양이 많고 어렵다는 이야기는 예전이나 지금이나 늘 듣던 이야기이지만, 근래에 들어서는 세법이 더욱 어렵고 복잡해지는 경향이 있다. 조세정책적인 세법 규정들이 계속 늘어난 때문이다. 그런데 그 중에는 특정 사회적 내지 경제적 문제에 대하여 과연 조세법령의 신설 또는 개정 방식을 통하여 대응하는 것이 적절한지 의문이 드는 경우도 많다. 조세는 어디까지나 중립성을 유지하면서 재정수입의 충족이라는 고전적 사명에 충실하는 것이 옳다고 생각한다.

비재정적인 목적의 조세가 허용되는지에 관하여는 예컨대 미국에서는 아주 예전에 치열한 논쟁이 있었고 그 당시에는 비재정적 목적인 조세는 일체 허용되지 않는다는 견해가 있었지만,[51] 오늘날은 비재정적인 목적의 조세가 허용된다고 보는 것이 대체적인 견해이고 현

49) 명의신탁 증여의제 과세제도는 반문명적인 제도이므로 시급히 폐기되어야 한다는 주장으로, 소순무, "약탈적 조세 명의신탁 증여의제 폐기해야", 조세일보 2015.6.11. 참조(http://www.joseilbo.com/news/htmls/2015/06/20150611261152.html).

50) 헌법재판소 1990.9.3. 89헌가95 국세기본법 제35조 제1항 제3호의 위헌심판 결정문 참조.

51) 예컨대, 19세기 미국 경제학자 David A. Wells는 세수 확보 이외의 어떤 것도 조세가 아니라 과세권의 위헌적인 행사에 불과하다고 주장하였다. Otto L. Walter, "Non-Fiscal Aspects of Taxation", The New York Certified Accountant, (Oct. 1943), p. 16 참조.

실도 그러하다. 우리나라에서는 유감스럽게도 그런 논의 자체가 없었지만[52] 어쨌거나 정책 목적의 조세가 일체 허용되지 않는다고 보는 것은 자유지상주의 철학 이론이라면 몰라도 현실을 무시할 수 없는 조세이론의 속성을 고려할 때 현실적합성이 떨어지는 견해이다.

그렇지만, 조세정책적인 조세가 불가피한 경우에도 정책적인 목적은 부수적인 데에 머물러야 한다고 생각한다.[53] 아울러, 재정적인 목적은 전혀 없이 즉, 담세력과의 최소한의 연관성도 없이 오로지 정책적인 목적만으로 부과되는 조세는 명칭만 조세일 뿐 본질에서는 조세가 아니므로 헌법상 허용될 수 없다고 할 것이다.

위에서 말한 것처럼, 조세의 본질적인 기능은 국가운영에 필요한 재정수입의 확보에 있으나 그 외에 경기조절·특정 경제활동의 조장 또는 억제·부의 재분배 등의 정책적인 기능을 현실적으로 수행하기도 한다. 그러나, 어느 경우이든 조세는 위법행위에 대한 제재인 형벌 또는 반사회적 행위에 대한 응징과는 본질을 달리 한다. 그런데도 우리는 조세가 본래의 기능과 중립성을 잃어버린 채 광범위하게 제재수단으로 쓰이는 현실에 대하여 무감각하거나 당연하게 여기는 경향이 있다. 이렇게 정치적·정책적 목적으로 조세를 오·남용하면 국민들의 조세에 대한 인식을 악화시켜서 성실납세의식을 해치게 된다. 조세는 반사회적·반윤리적 행위에 대한 처벌수단이 아니므로 조세를 본래의 재정목적 이외의 목적으로 편리하게 이용하려는 사고를 버려야 한다.[54]

또한, 법률이 만능은 아니기에, 조세입법시에는 조세의 본질과 기능에 관한 성찰을 필요로 한다. 다시 말하지만, 조세의 본질적인 기능은 국가 운영에 필요한 재정수입의 안정적 확보에 있고, 그 외에 경기조절, 경제활동의 조장 또는 억제, 부의 재분배 등의 정책적 기능을 가지고 있지만 모두 담세력을 기초로 하여야 한다. 담세력이 없는데도 특정행위를 제재 내지 처벌하기 위하여 국가가 조세라는 이름으로 납세자에게 재산상 불이익을 가하여서는 아니된다. 조세정책상의 필요가 절실하다고 하여 헌법 및 조세법의 원리나 법률 체계에 어긋나는 조세제도를 창출할 수는 없다. 조세의 본질이 비윤리적·반사회적 행위에 대한 제재나 처벌이 아닌 만큼, 정책목표를 달성하기 위한 입법취지가 아무리 정당하다고 하더라도 그것을 실천하기 위한 조세법률의 형식이나 내용이 헌법 이념 및 조세법 원리에 어긋나서는 아니된다.[55]

결론적으로 말하자면, 조세의 주목적은 재정수요의 충족에 있고 담세력은 조세의 최소한

---

52) 다만, 최근에 제재적 목적의 조세에 관하여 연구한 것으로, 이동건, "규제적 조세의 입법원칙에 관한 연구", 고려대학교 대학원 법학과 박사학위논문, 2016.12.가 있다.

53) 담세력 있는 곳에 부과된다 하더라도 제재 목적의 조세는 최소한에 그쳐야 한다는 견해로, Eric M. Zolt, "DETERRENCE VIA TAXATION: A CRITICAL ANALYSIS OF TAX PENALTY PROVISIONS", 37 UCLA L. Rev. 343, (Dec., 1989), p. 381 참조.

54) 이전오, "세정개혁의 전제와 과제", 「공인회계사」, 1994.6., 25면.

55) 이전오, "증여세 완전포괄주의 규정의 문제점", 「조세연구」 제4집, 한국조세연구포럼, 2004.9., 472면.

의 징표이므로 담세력이 전혀 없는 곳에 조세를 부과하는 것은 우리 헌법체계에서는 허용하여서는 아니된다. 요약하면, 담세력이야말로 조세의 본질과 국가 과세권의 한계를 표상하는 본질적 징표이다.

4. 한국과 프랑스의 의원의 면책특권과 불체포특권에 관한 연구*

변 해 철**

Ⅰ. 서 설

시민혁명 이래로 국민의 자유와 권리를 보장하고 국가권력의 남용을 억제하기 위해 채택되어온 법치국가원리의 중심에 의회가 자리하고 있음은 주지의 사실이다. 의회는 국민의 직접 선거로 구성되며, '일반의사의 표현(l'expression de la volonté génerale)'로 이해되어온 법률을 제정하고 일반의사에 따라 국정운영이 이루어지고 있는지를 통제하는 기능을 수행하고 있기 때문이다.

이러한 의회가 국민의 대의기관으로서 정상적으로 기능하는 데에 필수적인 것으로 여겨왔던 것이 의원의 면책특권과 불체포특권이다. 의원의 면책특권에 대해서는 1689년 영국의 권리장전, 프랑스 대혁명 후의 1791년 프랑스 헌법을 비롯한 근대헌법과 이를 계승・발전한 오늘날의 현대 헌법에 이르기까지 거의 대부분의 성문헌법에 규정되어 있다.[1)]

이에 비해 의원의 불체포특권은 1603년 영국의 의회특권법(Privilege of Parliament Act)에서 명문화된 이후 세계 각국의 헌법이 이를 수용하고 있다. 물론, 유럽의회 의원에 대해서도 면책특권과 함께 불체포특권은 인정되고 있다.[2)]

프랑스의 경우, 시민혁명 후 1791년 헌법 제3편(공권력) 제1장(국민입법의회) 제5절(국민입법의회의 대표자회의) 제8조에서 "국민 대표는 중범죄행위에 대한 현행범인이거나 체포영장에 의해 체포될 수 있다. 그러나 입법부에 지체 없이 통고되어야 하며, 입법부가 기소 이유가 있

---

* 이 논문은 한국의 법학, 특히 공법분야 발전에 크게 기여하신 성낙인 박사님의 정년퇴임을 기념하기 위하여, 기존의 관련 논문들을 종합하고 재정리하여 작성되었다.

** 한국외국어대학교 법학전문대학원 교수

1) 프랑스 헌법상의 면책특권에 대해서는, 변해철, "한국과 프랑스의 의원의 면책특권에 관한 비교법적 고찰", 『외법논집』, 제38권 제1호(2014.2), pp. 3-16 참조.

2) 1965년에 채택된 유럽연합의 면책 및 특권에 관한 의정서 제7호(Protocol (n° 7) on the privileges and immunities of the European Union)

Article 9 During the sessions of the European Parliament, its Members shall enjoy:

(a) in the territory of their own State, the immunities accorded to members of their parliament;

(b) in the territory of any other Member State, immunity from any measure of detention and from legal proceedings.

Immunity shall likewise apply to Members while they are travelling to and from the place of meeting of the European Parliament.

Immunity cannot be claimed when a Member is found in the act of committing an offence and shall not prevent the European Parliament from exercising its right to waive the immunity of one of its Members.

음을 의결한 후에만 소추될 수 있다"고 규정한 이래, 넓은 의미에서의 면책특권(les immunités parlementaires)을 좁은 의미에서의 면책특권(l'irresponsabilité parlementaire)과 불체포특권(l'inviolabilité parlementaire)으로 구분하여 이해하고 있다.[3] 1958년 드골 헌법도 제26조는 제1항에서 의원의 좁은 의미에서의 면책특권에 대해,[4] 제2항, 제3항 및 제4항에서는 불체포특권에 대해 규정하고 있었다.[5] 그러던 중, 의원의 불체포특권의 남용이 문제가 되어 이를 개선하고자 1995년에는 헌법을 개정하기에 이르렀다.

우리의 경우, 근대입헌주의 헌법으로서의 성격을 갖는 대한민국임시헌법에서 처음으로 의원의 면책특권과 함께 불체포특권에 대해 규정하였다. 면책특권의 경우, 대한민국임시헌법에서 처음으로 규정하였으며,[6] 건국헌법에서도 이를 규정하였고,[7] 1962년 헌법개정 시에는 "직무상" 행한 행위에 대해서만 면책을 인정한다는 점을 분명히 하는 등 부분적 자구 수정을 거쳐 오늘에 이르고 있다. 현행 헌법은 제45조에서, "국회의원은 국회에서 직무상 행한 발언과 표결에 관하여 국회 외에서 책임을 지지 아니 한다"고 규정하고 있다.

그러나, 국회의원의 면책특권이 현실적으로 논의되기 시작한 것은 최근에 이르러서이다.[8] 1980년 대 말 제기된 이른바 유성환 의원의 국시논쟁과 관련하여, 대법원은 국회의원의 본회의장에서 발표할 원고를 기자들에게 국회 내에서 사전에 배포한 행위를 직무부수행위로 보아 해당 의원에게 면책특권을 인정하였다.[9] 이 사건의 경우, 당시 야당 의원의 행위에 대해 문제가 제기되었으나,[10] 이후 헌법 개정을 통한 민주화 실현 및 정당 정치적 구조변화(삼

3) 프랑스의 면책특권을 의원의 '무책임'과 '불가침'으로 이해하는 견해도 있는데, 이에 대해서는, 한태연, 신헌법, 법문사, 1961, p. 386 참조; 1995년 프랑스헌법개정 이전에는 불가침특권이라는 용어가 적합할 수 있었으나, 개정 이후에는 불체포특권에 가깝게 제도가 바뀌었다는 점을 고려하여 불체포특권으로 통일적으로 사용하고자 한다.

4) 프랑스 헌법 제26조 제1항 "의회의원은 그 직무상 행한 의견과 표결에 대해 소추, 수사, 체포, 구금 또는 재판받지 아니 한다."

5) 프랑스 의원의 불체포특권에 대해서는, G. Soulier, L'inviolabilité parlementaire en droit français, LGDJ, 1966; Cécile Guérin-Bargues, Immunités parlementaires et régime représentatif: L'apport du droit constitutionnel comparé(France, Royaume-Uni, Etats-Unis), LGDJ, 2011. 참조.

6) 대한민국임시헌법(1919년 9월 11일) 제31조 "임시의정원 의원은 원내의 언론 및 표결(言論及票決)에 관하여 원외에서 책임을 부(負)치 아니함. 단, 의원이 그 언론(其言論)을 연설, 인쇄, 필기 기타방법으로 공포할 시는 일반법률에 의하여 처분함". 김철수, 비교헌법론(상), 박영사, 1980, p. 772 인용.

7) 건국 헌법 제50조 "국회의원은 국회 내에서 발표한 의견과 표결에 관하여 외부에 대하여 책임을 지지 아니 한다."

8) 신동운, "국회의원의 면책특권과 그 형사법적 연구", 서울대 법학 34-2, 1993; 최윤철,"국회의원의 면책특권의 보호범위에 관한 연구", 법학연구 11, 한국법학회, 2003, pp. 359; 김선택, "국회의원의 면책특권·불체포특권 제한입법의 헌법적 한계", 헌법학연구 10-3, 2004, pp. 13-46; 박규환, "국회의원 면책특권의 허용범위 확정에 관한 기본권 이론적 연구-인격권(명예훼손)을 중심으로-", 공법연구 34-4-1, 2006, pp. 147-164.

9) 대판 1992.9.22. 91도3317 및 이른바 떡값 검사 사건에서의 원고사전배포행위에 대해서도 직무부수행위로 보아 면책특권의 대상임을 인정한, 대판 2011.5.13. 2009도14442 참조.

10) 1심에서는 사전원고배포행위를 직무상 행위로 인정하지 않음으로써 면책특권을 배제하였음. 서울지법 1987. 4.13. 86고합1513.

당합당을 통한 거대 여당 출현)를 거치면서 결국에는 여당 의원에게 면책특권을 적용하였다는 점에서 야당 의원의 자유로운 발언 및 표결 보장이라는 기능적 권력분립 측면에서는 그 의미가 다소 퇴색되었다고 볼 수 있다. 그럼에도 불구하고, 면책특권의 적용 대상을 구체화하고 확대하였다는 점에서 그 의의를 간과하여서는 아니 될 것이다.

이렇듯이, 과거 의원의 면책특권은 의원활동에 대한 보호적 측면에서 논의되어 왔으나 2000년대에 이르러서는 의원의 '막말'이 속출하는 가운데 오히려 이를 축소하자는 주장이 제기되고 있는 실정이다.[11)]

불체포특권의 경우, 1919년 9월 11일 제정된 임시헌법은 제32조에서 "임시의정원의원은 내란외환의 범죄나 혹 현행범이 아니면 회기중에 원의 허락이 무(無)히 체포함을 부득(不得)함"이라고 규정하였다.[12)] 건국헌법은 제49조에서 "국회의원은 현행범을 제한 외에는 회기중 국회의 동의없이 체포 또는 구금되지 아니하며 회기전에 체포 또는 구금되었을 때에는 국회의 요구가 있으면 회기중 석방된다"고 규정함으로써 의원의 불체포특권의 내용과 범위를 좀 더 구체적으로 명문화하였다. 1962년 헌법개정 시에는 제41조를 제1항과 제2항을 나누어 회기중의 경우와 회기전의 경우를 각각의 항에서 규정하는 한편, 회기전의 현행범에 대해서도 불체포특권을 인정하지 않도록 하였다.[13)] 이후 자구 수정 없이 현행 헌법 제44조에 규정한 바와 같이 이어져 오고 있다.

물론, 우리의 경우도 의원의 불체포특권의 남용에 대한 문제, 이른바 '방탄 국회'에 대한 비판의 목소리가 커지고 있는 현실 속에서 이에 대한 제도개선이 요구되고 있는 실정이다. 여기서는 프랑스법상, 넓은 의미에서의 면책특권 중 좁은 의미에서의 면책특권을 제외하고 불체포특권을 중심으로 하여, 필요시 한국과 프랑스의 경우를 비교법적으로 검토하면서 관련 법제도의 현황과 문제점에 대해 고찰하고자 한다.

---

11) 2010년 대정부질의에서 김윤옥 여사에게 1천달러 수표묶음을 건넸다는 의혹을 제기한 강기정 의원의 발언, 2011년 6월 24일 민주당의 비공개회의 녹취록을 한선교 의원이 공개한 사건, 2012년 국정감사에서 정문헌 의원이 폭로했던 2007년 남북정상회담 당시 노무현 전 대통령의 서해북방한계선(NLL)과 관련한 '미국 땅따먹기' 등의 발언, 2013년 5월 22일에는 국회에서의 최루탄 테러, 이적성 발언 등을 계기로 '국회의원 면책특권 제한에 관한 입법 청원'이 다수의 사회단체들에 의해 제기되기도 하였다.

12) 면책특권에 대해서는 제31조에서 "임시의정원 의원은 원내의 언론 및 표결(言論及票決)에 관하여 원외에서 책임을 부(負)치 아니함. 단, 의원이 그 언론(其言論)을 연설, 인쇄, 필기 기타방법으로 공포할 시는 일반법률에 의하여 처분함"이라고 규정하였다. 김철수, 비교헌법론(상), 박영사, 1980, p. 772 인용.

13) 1962년헌법 제41조 제1항 "국회의원은 현행범인인 경우를 제외하고는 회기중 국회의 동의없이 체포 또는 구금되지 아니한다." 제2항 "국회의원이 회기전에 체포 또는 구금된 때에는 현행범인이 아닌 한 국회의 요구가 있으면 석방된다."

Ⅱ. 의원의 면책특권에 대한 검토

1. 의원의 면책특권의 헌법적 의의

(1) 국민주권원리의 확립과 의원의 면책특권(헌정사적 배경)

프랑스 헌법상 의원의 면책특권(irresponsabilité)은 그 의회주의의 역사와 맥을 같이하고 있다. 18세기 말 시민혁명기에 프랑스 국민의회는 법원과의 갈등관계 속에서 그 스스로 일정한 특권을 인정함으로써 행정권의 침해로부터 입법권을 보장하고자 하였다. 시민혁명 당시 삼부회는 1789년 6월 23일 "현 회기 중 또는 이후에 삼부회(…)에서 행한 제안, 의견, 견해 또는 발언을 이유로 의원을 소추, 수사, 체포 또는 체포토록 하거나 구금 또는 구금토록 하는 개인 … 법원 또는 위원회는 국민을 경멸하고 반역하는 자이며 중대한 범죄자이다"라고 의결[14]함으로써 그 스스로가 구성원인 의원에 대해 일정한 특권을 창설하였다. 이 후 제정된 1791년 9월 3일 헌법은 이를 명문화하였으며,[15] 오늘에까지 이르고 있다. 현행 프랑스 헌법 제26조 제1항은 "의회의원은 그 직무상 행한 의견과 표결에 대해 소추, 수사, 체포, 구금 또는 재판받지 아니 한다"고 규정[16]하고 있다. 넓은 의미에서의 면책특권(les immunités parlementaires)은 좁은 의미에서의 면책특권(l'irresponsabilité parlementaire)과 불체포특권(l'inviolabilité parlementaire)으로 구성된다.[17] 의원이 정치권력이나 시민으로부터 위협을 받지 않고 그 직무를 수행할 수 있도록 하는 일종의 보호 장치이다. 물론 프랑스의 경우, 명령적 위임이 성문 헌법상으로 금지되어 있기는 하지만(헌법 제27조), 그 외에도 선출된 자의 독립성을 확고히 하기 위하여 권력분립원칙으로부터 도출되는 제도이다. 1789년 프랑스 인권선언 제6조가 정하고 있는, 법 앞에 평등원칙에 반할 정도까지 처벌받지 않은 특권으로 이해되어서는 아니되며, 대표자로서의 직무를 자유롭게 수행토록하기 위한 보호 장치로 이해되어야 한다. 어떠한 국가의 대표자도 그 스스로가 보호 장치를 포기할 수 없다. 왜냐하면, 이러한 보호 장치는 그를 위해 만들어진 것이 아니라 의회 전체를 위해 만들어진 것이기 때문이다.

프랑스의 경우, 시민혁명 과정에서 국민의 대표자로 구성된 의회는 기존의 봉건세력으로 구성된 정부 및 사법부와의 투쟁 속에서 새로운 정치체제를 추구해 나가야했으며, 이에 필요

---

14) Pierre Avril et Jean Gicquel, Droit parlementaire, Montchrestien, 1988, p. 41 인용.

15) 1791년 헌법 제3편(공권력) 제1장(국민입법의회) 제5절(국민입법의회의 대표자회의) 제7조 "국민 대표는 침범할 수 없다: 국민대표는 언제든지 대표로서의 직무상 행한 발언, 표기 또는 행위로 인하여 수사를 받거나 기소되거나 재판받지 아니한다." Charles Debbasch et Jean-Marie Pontier, les Constitutions de la France, Dalloz, 1983, p. 18 참조.

16) Art. 26 al. 1 "Aucun membre du Parlement ne peut être poursuivi, recherché arrêté, détenu ou jugé à l'occasion des opinions ou votes émis par lui dans l'exercice de ses fonctions."(Modifié par Loi constitutionnelle n° 95-880 du 4 août 1995-art. 7)

17) 면책특권을 의원의 무책임과 불가침으로 이해하는 견해도 있다. 한태연, 신헌법, 법문사, 1961, p. 386 참조.

한 것들을 스스로 창출해서 스스로가 정당성을 부여할 수밖에 없었고 이 후에 성문헌법 제정시에 이를 수용함으로써 사후적으로 정당성을 확보하였다. 이에 비해 우리의 경우, 봉건체제에 대한 시민혁명을 겪지 않고 국민주권의 원리를 당연한 것으로 받아들인 시대적 상황 속에서 그 대표자인 의원의 국민대표성 보장을 위한 차원에서 의원에게 헌법상의 면책특권을 부여하는데 이론의 여지가 없었다고 본다.

우리의 경우, 의원의 면책특권은, 근대입헌주의헌법의 기본원리를 채택하고 있는 대한민국임시헌법에서 처음 성문화된 이래 현행 헌법에 이르기까지 일부의 자구 수정을 거쳐 인정되어오고 있다.

(2) '법 앞에 평등'과 의원의 면책특권(이론적 배경)

1) '법 앞에 평등'에 대한 예외로서의 면책특권

프랑스 1789년 인간과 시민의 권리선언 제6조에 의해 법률은 "보호하거나 벌을 가하거나 모든 사람에게 같아야 한다". 헌법 제2조에 의하면 공화국은 "출신, 인종 또는 종교의 구별 없이 모든 시민의 법 앞에 평등을 보장한다."

우리 헌법도 제11조 제1항에서 "모든 국민은 법 앞에 평등하다. 누구든지 성별·종교 또는 사회적 신분에 의하여 정치적·경제적·사회적·문화적 생활의 모든 영역에 있어서 차별을 받지 아니한다"하고 제2항에서는 "사회적 특수계급의 제도는 인정되지 아니하며, 어떠한 형태로도 일 창설할 수 없다"고 규정하고 있다.

헌법이 직접 이러한 평등원칙에 대한 예외를 인정하는 경우가 있는데, 경우에 따라 특정인에 대해 불리한 차별을 설정하거나 특정인에 대해 유리한, 우대적인 차별을 설정하기도 한다. 우리 헌법상, 군인 등에 대한 손해배상청구권제한(제29조 제2항)이 전자에 해당한다면, 일반결사에 대한 정당의 존립·활동상의 특권(제8조), 일반인이나 기타 공직자에 대한 대통령의 형사상 특권(제84조), 의원의 면책특권(제45조)과 불체포특권(제44조)이 후자에 속한다. 프랑스의 경우도, 의원의 면책특권(제26조 제1항) 및 불체포특권(제26조 제2,3항)과 대통령의 특권(제67조)[18]을 명문화하고 있다.

2) 권력분립원리와 의원의 면책특권

프랑스에 있어 의원의 면책특권은 시민혁명 기에 국민주권의 원리를 확립해 나가는 과정

---

18) 2008년 헌법 개정 전에는, 제68조 제1항 제1문에서, "대통령은 반역의 경우에만 직무상 행한 행위에 대해 책임은 진다"고 규정하였다. 현행 헌법은 제67조에서 "대통령은, 제53-2조 및 제68조가 정하는 경우를 유보하고, 대통령으로서 행한 행위에 대해 책임을 지지 아니한다"고 함으로써 대통령으로서 행한 행위에 대해 어떠한 정치적 및 민·형사상의 책임을 지지 아니함을 명백히 하였다. 여기서 제53-2조의 경우란, 1998년 7월 18일 서명된 로마협약에 따라 반인륜범죄 등에 대하여 국제형사재판소에 의하여 재판받는 경우를 말하며, 제68조의 경우는 직무상 중대한 의무 위반으로 인하여 탄핵재판소에 의해 파면되는 경우를 말한다. Jean Gicquel et Jean-Eric Gicquel, Droit constitutionnel et institutions politiques, Montchrestien, 22ème édition, 2008, p. 568 및 p. 569.

에서 봉건체제 하에서 형성된 기득권 세력(군주나 귀족 중심의 행정부 및 사법귀족 중심의 사법부)과의 투쟁 수단으로 창출되었음은 살펴본 바와 같다. 그렇다면, 국민주권의 원리에 바탕을 둔 성문헌법체계 하에서는 일반 국민이나 기타 공직자에 대한 법 앞에 평등원칙에 대한 예외적 상황은 어떻게 정당화될 수 있는가?

우리의 경우, 다소 표현상의 차이는 있으나 대체로 면책특권을 국회의 특권으로 보는 견해와 이를 의원의 특권으로 보는 견해로 나누어 이해하고 있다. 다만, 이러한 특권을 인정하는 취지는 국회의 기능(입법이나 국정통제 기능)을 보장하기 위한 것이라는 점에 의견을 같이 하고 있다. 면책특권을 국회 그 자체의 특권으로 보는 견해에 따르면, “의원의 이러한 자유는 의원 개인의 이익을 위하여 인정되는 자유가 아니라, 국회의 기능을 보장하기 위한 수단으로서 인정되고 있는 자유라는 의미에서, 그것은 국회 그 자체의 특권으로 간주되고 있다”고 하면서, 이를 의원이 일방적으로 그 특권을 포기할 수 없는 근거로 보았다.[19] 이에 비해, 최근에는 국회에서의 발언·표결 등에 대한 면책특권을 의원의 특권으로 보면서 국회의 입법·국정통제기능을 보장하기 위한 것으로 이해하고 있다.[20] 대법원 판례 또한, “(면책특권의) 취지는 국회의원이 국민의 대표자로서 국회 내에서 자유롭게 발언하고 표결할 수 있도록 보장함으로써 국회가 입법 및 국정통제 등 헌법에 의하여 부여된 권한을 적정하게 행사하고 그 기능을 원활하게 수행할 수 있도록 보장하는 데에 있다”고 함으로써 같은 태도를 보이고 있다.[21] 그 외에 추가적으로 의회의 자율성 보장 차원에서 이해하기도 한다.[22]

프랑스의 경우, 국민대표직의 자유로운 수행을 보장하기 위한 제도로서 전통적으로 의원의 특권으로 인정되어 왔다.[23] 대표자의 자주성(독립성)을 강화하기 위하여 권력분립원리로부터 파생된 것이라 한다.[24] 권한행사에 있어 필수불가결한, 의원의 직무수행에 있어서 정부에 대하여 자주성(독립성)을 보장하기 위한 것이다.[25]

1789년 프랑스 인권선언 제16조는 국민의 권리보장과 함께 권력분립을 헌법의 기본원리로 정의하고 있다. 고전적 권력분립론에서는 기능적 전문화(spécialisation fonctionnelle)란 용어를 기능적 분립(séparation fonctionnelle)이란 용어와 동의어로 사용하였고, 이러한 해석에 따라, 의회의 자율권이 의회의 독립을 보장하는 것으로 여겨졌다.[26]

---

19) 한태연, 전게서, p. 387.
20) 양건, 헌법강의, 제3판, 법문사, 2012, p. 897; 정재황, 헌법입문, 박영사, 2010, p. 517.
21) 대판 1996.11.8. 96도1742.
22) 정재황, 전게서, p. 517.
23) Pierre Pactet, Institutions politiques et Droit constitutionnel, Masson, 9ème éd., 1989, p. 407.
24) Jean Gicquel et Jean-Eric Gicquel, *op. cit.*, p. 666.
25) Jacques Cadart, Institutions politiques et Droit constitutionnel, Economica, T.Ⅱ, 3ème éd., 1990, p. 1224.
26) Xavier Barella, “L'autonomie des Assemblées parlementaires”, RDP, 2013, p. 846.

그러나, 오늘날 프랑스 헌법상 권력분립에 대한 이러한 해석은 더 이상 받아들여지지 않고 있다. 오르도낭스를 통한 정부입법이 가능하며, 또한 대부분의 법률안이 정부로부터 제출되는 등 의회가 더 이상 유일한 입법기관으로 여겨지지 않고 있다. 의회 또한 각종의 통제를 통해 정부 기능에 참여하고 있다. 즉 권력분립은 국가기능은 구별하되 국가기관 간에 협력을 금지하지는 아니하는 원칙으로 이해되고 있다. 이러한 측면에서 볼 때, 입법부와 행정부 간의 권력적 견제와 균형이라는 측면에서의 논거로는 의회의 자율권을 정당화하기에 부족하다. 의회자율권은 더 이상 권력분립원칙의 직접적인 논리적 귀결로 볼 수는 없다.[27)]

최근에는 "의회의 자율권이 왜 존재하는가라는 논의보다는, 고전적 권력분립론의 포기에도 불구하고 이를 유지하는 이유가 무엇인가"에 논의의 초점을 맞추자는 견해가 제기되기도 하였다.[28)] 즉 엄격한 고전적 권력분립론에 근거하였던 의회의 자율권을 오늘날에도 존치시킬 필요성이 있는지를 검토하자는 의미로 이해할 수 있다.

각각의 국가권력이 각자 고유한 조직을 갖추며 각자 조직적 독립을 유지할 필요가 있다는 측면에서 이해될 수 있다. 즉 의회의 자율권은 의회의 기능적 독립 측면에서 보장된다는 것이다. 국가권력 간에 협력과 조화를 이루면서 헌법이 의회에 부여한 임무를 충실히 수행하기 위해서 국가권력 간에 일정한 자주성과 독립성이 요구되는 것으로 권력분립원리를 기능적으로 해석함으로써 그 모순을 해소할 수 있다고 본다.

의회의 기능적 독립을 보장하기 위해 구조적이고 기능적 측면에서의 행정적 자유 및 의회 공무원의 지위 형성 및 인사상의 자유가 행정부로부터 독립적으로 보장되어야 한다. 우리 헌법은 특히 의원의 면책특권과 함께 내부적 자율권을 보장하고 그 일환으로서의 제명을 포함하는 징계 처분 등에 대해서는 사법심사를 배제함으로써 국회활동의 자주성 내지는 독립성을 보장하고 있다고 할 수 있다.

결론적으로, 권력분립의 원리는 국가의 기능을 구별하도록 하기는 하지만, 어쩔 수 없을 정도의 절대적인 독립을 요구하지는 않는다. 국가조직의 원활한 기능을 위해서는 협력이 필요하다는 점은 명백하다. 의원의 면책특권과 의회의 자율권은 적어도 권력분립원리의 보완적 요소의 하나로 보는 것이 타당하다. 각 국가기관이 자율적으로 기능할 때, 서로가 평등한 관계를 유지할 수 있고 또한 권력분립원리의 범주 내에 자리할 수 있다고 본다.

의원의 면책특권과 의회의 자율권은 최우선적으로는 입법자에게 내·외부적 압력을 받지 않고 그 임무를 수행할 수 있도록 한다는 헌법적 요구에 있다.

3) 법률에 의한 면책특권의 확장 또는 제한가능성여부

헌법이 직접 정하고 있는 경우 이외에 법률로 면책특권의 범위를 확장 또는 제한할 수

27) Xavier Barella, *op. cit.*, p. 847.

28) E. Marc, "Réflexion sur le statut de l'Assemblée nationale", RRJ, 2003-3, p. 2073.

있는가라는 의문이 들 수 있다. 프랑스의 경우, 의원은 원칙적으로 비선출공직을 겸할 수 없으나[29] 예외적으로 의원이 정부로부터 부여받은 임시 임무를 수행할 수 있도록 하고 있는데,[30] 이 경우 임무수행결과에 대한 보고서의 내용에 대해 면책특권을 인정할 수 있는가와 관련하여 논란이 제기되기도 하였다. 이와 관련하여, 국민의회(하원) 특별위원회는 1985년 작성한 보고서에서 관련 의견이나 보고서 작성이 의원으로서의 직무수행과 구별될 수 있는 행위가 아니라는 점에서 면책대상에 포함시켜야 한다는 의견을 제시한 바 있다.[31] 이후 실제로 의회가 법률로 이를 인정하려는 시도가 있었고 이에 대한 사전적 규범통제절차에서 헌법원에 의해 위헌 판단[32]을 받은 바 있다. 프랑스 의회는 1989년 10월 11일 의원의 면책에 관한 법률을 채택하였는데, 동 법률은 언론의 자유에 관한 1881년 7월 29일 법률 제41조 제2항 다음에 다음과 같은 조항을 신설하고자 하였다. 즉, "선거법 제 LO 144조에 따라 정부로부터 부여받은 임무에 대한 의원의 보고서는 어떠한 조치의 대상이 되지 아니 한다"는 조항이었다. 이에 대해 헌법 제61조 제2항이 정하는 바에 따라 의원 60인 이상의 동의로 위헌법률심판이 청구되었다.

그 심판청구취지를 보면,

- 동 법률은, 선거법 제 LO 144조에 따라 정부로부터 일정한 임무를 부여받은 상·하원의원이 이에 대해 작성한 보고서에까지 의원의 면책특권을 확장하고 있다;
- 헌법 제26조 제1항은 단지 이 면책특권을 "의원이 그 기능 수행 상 행한 의견과 표결"에 대해서만 인정하고 있다;
- 정부의 요청에 의하거나 정부를 위해, 정부의 명에 의해 배포되는 보고서의 작성은 의원의 직무 수행에 관련되지 않은 것으로 보인다;
- 또한, 관련 보고서는 선거법 제 LO 144조의 적용 대상이 되는 임무에 관하여 작성된 것이다. 그런데, 선거법 제 LO 144조는 단지 겸직금지에 대한 예외를 최대 6개월 범위 내에서 허용하기 위한 규정에 불과하고, 원칙적으로는 관련 임무는 의원이 겸직할 수 없는 것이라는 것이다.

이에 대해, 헌법법원은 우선 동 법률조항이 결과적으로 의원이 작성한 보고서의 내용에 대해 민·형사상의 책임을 묻는 어떠한 조치도 취할 수 없도록 한다는 점(Cons. 1er), 동 법률은 헌법 제26조 제1항 상의 면책특권을 의원이 그 기능 수행상 행한 의견과 표결과는 다

29) 선거법 제 LO 142조 제1항 "선거에 의하지 않는 공직은 제2항에 열거된 경우를 제외하고는 의원직무와 겸할 수 없다."

30) 선거법 제 LO 144조 "정부로부터 부여받은 임시 임무를 수행하는 자는 6개월을 초과하지 않는 범위 내에서 의원직과 겸직할 수 있다."

31) Ass. nat. rapport n° 2930, 25 juillet 1985.

32) Cons. const., décision n° 89-262 DC, 7 nov. 1989; Rec. Cons. const., p. 90; RFDC, 1990, p. 250, comm. critique Th. S. Renoux.

른 행위에 대해 확장하고 있다는 점, 정부의 요청에 의하거나 정부를 위해, 정부의 명에 의해 배포되는 보고서의 작성은 의원의 직무 수행에 관련되지 않은 것으로 보인다는 점, 선거법 제 LO 144조는 단지 겸직금지에 대한 예외를 최대 6개월 범위 내에서 허용하기 위한 규정에 불과하다는 점을 인정하였다(Cons. 2ème).

또한, 이러한 정부로부터의 임무는 의원이 아닌 사람에게도 부여될 수 있는 것으로서, 이러한 임무에 대한 의원의 보고서는, 의원에 의해 헌법 제26조 제1항이 의미하는 바와 같은 "그 기능수행"상 행해진 행위로 볼 수 없는데도 불구하고 심판대상 법률은 헌법 제26조 제1항의 면책특권에 관한 해석을 그대로 적용하고자 하는 입법으로서 헌법이 정의하고 있는 바와는 다른 면책제도를 설립하고 있다는 것이다.

헌법법원은, 인간과 시민의 권리선언 제6조에 의해 법률은 보호하거나 벌을 가하거나 모든 사람에게 같아야 하고, 헌법 제2조는 공화국은 출신, 인종 또는 종교의 구별 없이 모든 시민의 법 앞에 평등을 보장하고 있으므로 형사법 앞에 평등 또한 보장되어야 한다고 하면서, 형사법이 죄와 형벌을 정함에 있어 평등원칙에 반함이 없이 동일한 범죄에 대하여 특정인을 위하여 절대적으로 책임을 면제토록 할 수는 없다는 점을 분명히 하였다(Cons. 9ème).

결국, 심판 대상 법률은 의원에게 그 기능 수행상 행해지는 행위와 구별되는 행위에 대해 모든 민·형사상의 책임을 절대적으로 면제해줌으로써 헌법상의 법 앞에 평등원칙을 부인하고 있으며, 따라서 헌법에 위반된다고 선언하였다(Cons. 10ème).

우리의 경우, 국회의원의 겸직과 관련하여 문제가 제기될 수 있다. 국회의원이 국무위원을 겸하는 경우도 있고, 때로는 국회의원들이 대통령이나 대통령당선인의 특사 자격으로 외국을 방문하는 경우도 있다. 최근 국회의원의 특혜로 인식되어 온 국회의원의 겸직과 영리업무 종사를 엄격히 제한함으로써 정치쇄신에 대한 국민적 요구에 부응하고 국회의원의 의정활동에 대한 국민의 신뢰를 제고하기 위하여 국회법을 개정[33]하여, 국회의원은 국무총리 또는 국무위원의 직 이외에는 원칙적으로 다른 직을 겸할 수 없도록 하되, 예외적으로 공익목적의 명예직, 다른 법률에서 국회의원이 임명·위촉되도록 정한 직 및 「정당법」에 따른 정당의 직은 겸할 수 있도록 하고 있다(제29조 제1항). 이럴 경우에는 어떠한 지위에서 행한 행위인지를 기준으로 판단할 수밖에 없으나, 우리도 죄형법정주의와 함께 법 앞에 평등원칙을 채택하고 있다는 점에서 의원의 면책특권을 헌법이 직접 인정하는 예외로 보고 그 한계 내에서 제한적으로 해석하여야 할 것이다. 특히 면책특권의 주체를 의원 이외로 확대하거나 면책대상행위를 확대하는 입법은 헌법에 반하는 것으로 보아야 할 것이다.

이러한 해석은 의원의 면책특권을 제한하는 입법에도 적용할 수 있을 것이다. 헌법제정자

33) 법률 제12108호, 2013.8.13., 일부개정. http://www.law.go.kr/

가 직접 죄형법정주의와 법 앞에 평등원칙에 대한 예외로 인정하고 있는 것을 입법자가 제한할 수는 없다고 할 것이다. 특히 정당국가화의 경향에 따라 정부·여당이 입법을 통해 야당 의원의 발언·표결을 제한하는 결과가 초래되어서는 아니 된다. 다만, 국회의원의 면책특권의 남용 문제는 헌법 제64조 제2항 등이 정하고 있는 바에 따라 국회가 자율적으로 해결토록 하는 것이 국회의원에 대한 자격심사, 징계·제명 처분에 대해 법원에 제소할 수 없도록 하고 있는 동조 제4항 등과의 헌법 체계적·조화적 해석 차원에서 바람직하다.

2. 면책특권의 구체적 내용

(1) 일반적 논의

1) 면책특권의 주체

건국 헌법 제50조의 "국회의원은 국회 내에서 발표한 의견과 표결에 관하여 외부에 대하여 책임을 지지 아니한다"라는 규정을 "국회의원의 소위 면책특권" 규정으로 보거나[34] '의원의 발언과 표결의 자유'를 보장하는 규정으로 해석하면서[35] "의원의 이러한 자유는 의원 개인의 이익을 위하여 인정되는 자유가 아니라, 국회의 기능을 보장하기 위한 수단으로서 인정되고 있는 자유라는 의미에서, 그것은 국회 그 자체의 특권으로 간주되고 있다"고 하였고 동시에 이를 의원이 일방적으로 그 특권을 포기할 수 없는 근거로 보았다.[36]

오늘날에 있어서는 대체로 면책특권의 주체를 국회의원으로 보고 있다.[37] 다만, 의원의 면책특권을 통한 국회활동보장이라는 면책특권의 기능적 측면을 강조하여 대상을 확대하자는 견해는 있다.[38]

프랑스의 경우, 상·하원의원을 면책특권의 주체로 보고 있다.

2) 면책특권의 효과

의원의 표현 및 결정의 자유를 보장하는 이러한 면책특권은 두 가지 효과를 갖는다. 우선 의원으로서의 직무상 행한 발언과 표결에 대하여 민·형사상 모든 법적 책임이 면제된다는 점에서 절대적이다. 또한, 임기 종료 후에도 인정된다는 점에서 영구적인 것으로,[39] 원칙

---

34) 유진오, 헌법해의, 일조각, 1957, p. 174.

35) 이 경우, 의원의 면책특권은 제49조의 불체포특권만을 의미하는 것으로 해석하였다. 한태연, 전게서. p. 386.

36) 한태연, 전게서, p. 387.

37) "국회의원의 헌법상 특권은 국민의 대표자인 국회의원이 직무수행에 있어서 자주성·독립성을 확보한 가운데 헌법상 권한을 적절히 행사할 수 있도록 하기 위한 것이다." 성낙인, p. 989; "소신있는 의사활동을 보장하여 … 국정통제의 임무를 제대로 소신껏 수행할 수 있게 하고 의회주의의 기능을 확보하기 위한 특권이다. 또한 의회의 자율성을 보장하기 위한 것이기도 하다." 정재황, 전게서, p. 517.

38) 면책특권의 주체는 국회의원이나, "면책특권은 의원 개인을 위한 특권이 아니라 국회활동의 보장을 위한 것이므로 이런 취지에 비추어 의원보좌관 등의 방조행위도 면책대상이 된다고 보아야 할 것이다." 양건, 헌법강의, 제3판, 법문사, 2012, p. 897 참조.

39) 예외적인 경우가 없지는 않다. 1945년 4월 6일 명령으로 설치된 명예배심단이 1940년 7월 10일 Vichy 정부 하에서 뻬땡 원수(maréchal Pétain)에게 전권을 위임한 상·하원의원에게 피선거권이 없음을 이유로 이

적으로 회기 중에만 인정되는 의원의 불체포특권과는 성격을 달리하고 있다. 이는 프랑스의 경우도 같다.

3) 면책특권의 대상

(i) 우리의 경우, 3 가지 요소 즉, "국회에서" "직무상 행한" "발언과 표결"이라는 요소를 중심으로 면책특권 대상여부에 대해 판단하고 있다. 여기서, "국회에서"는 본회의, 위원회 활동 등이 이루어지는 "국회의 직무활동영역 내에서"로, "직무상 행한"은 "국회의원이 직무수행으로서 한"으로 그리고 "발언과 표결"은 토론·연설·질문·사실의 진술 등 "모든 의사표시"로 이해되고 있다.

이에 비해, 프랑스의 경우는 "직무상 행한" "발언과 표결"이라는 2가지 요소를 중심으로 그 대상여부에 대해 판단하고 있는데, "발언과 표결"을 "모든 의사표시"로 이해하므로 사실상으로는 의원의 의사표시가 "직무상 행한" 것인지 여부를 중심으로 면책대상여부를 판단한다고 볼 수 있다.

그렇다면 결국 "직무상 행한" 행위여부에 대한 판단이 면책특권대상여부에 대한 판단의 중심에 서게 된다. 우리는 좁은 의미에서의 직무상 행위 개념 이외에 직무부수행위 개념을 도출하여 면책특권의 대상을 확대하였다. 직무부수행위의 예로는, 원고사전배포행위[40] 이외에 국회의원이 국회 내에서 하는 정부·행정기관에 대한 자료제출의 요구 또한 국회의원이 입법 및 국정통제 활동을 수행하기 위하여 필요로 하는 것이므로 그것이 직무상 질문이나 질의를 준비하기 위한 것인 경우에는 직무상 발언에 부수하여 행하여진 것으로서 면책특권을 인정[41]하였다. 프랑스의 경우, 직무수행과 구별내지는 분리될 수 있는 행위여부를 기준으로 하여 이를 판단하였다. 즉, 직무수행에 연계된 행위(les actes rattachés à l'exercise du mandat parlementaire)에 대해서는 면책특권을 인정하고 직무수행과 구별내지는 분리될 수 없는 행위(les actes détachables de l'exercise du mandat parlementaire)에 대해서는 이를 인정하지 아니하고 있다.

(ii) 일반적으로 면책특권의 대상이 되는 행위를 정리해보면,

- 본회의나 위원회 및 교섭단체에서의 발언 및 표결, 보고서 및 제안서[42] 그리고 의회의 특별임무를 위한 활동[43]에 대해 인정된다;
- 발언 내용을 언론에 공개한 경우; 1958년 11월 17일 오르도낭스(제58-1100호) 제9조 제2항

를 인정하지 않았다. Pierre Avril et Jean Gicquel, *op. cit.*, p. 41 인용.

40) 대판 1992.9.22. 91도3317; 대판 2011.5.13. 2009도14442.

41) 대판 1996.11.8. 96도1742.

42) 1958년 11월 17일 오르도낭스(제58-1100호) 제9 제1항은 1881년 7월 29일 법률(언론법) 제41조 제1항을 개정하여 "하원이나 상원에서의 연설, 의회가 발간한 보고서나 기타 인쇄물은 어떠한 소송의 대상이 되지 아니한다"고 하였다.

43) 정부로부터 부여받은 특별임무를 위한 활동에는 면책특권이 인정되지 아니함은 이미 살펴본 바와 같다.

은 1881년 7월 29일 법률(언론법) 제41조 제2항을 개정하여 "의회 내에서의 연설, 의회가 발간한 보고서나 기타 인쇄물, 공개회의의 회의록에 대한 선의의 신문게재는 어떠한 소송의 대상이 되지 아니한다"고 하였다.

(iii) 면책특권의 대상이 아닌 행위를 정리해보면,

- 의원이 사인(私人)으로서 한 행위에 대해서는 당연히 일반법이 적용된다. 대중 집회에서의 연설[44]이나 텔레비전 방송, 언론 기고와 같은 외부 활동에 대해서는 인정되지 않는다. 보좌관과의 고용계약의 파기,[45] 언론사 기자에 대한 폭력행위 등에 대해서는 일반법이 적용된다;
- 정부로부터 부여받은 임시 임무 수행에 관한 의견이나 보고서는 직무수행과 구별내지는 분리될 수 있는 행위라는 점에서 대상에서 제외;[46]
- 면책대상인 발언과 표결을 외부에서 공표 또는 출판한 경우;
- 국민의회(하원) 법사위원장의 법정모독발언; 해외 영토인 누벨 칼레도니(Nouvelle-Calédonie)에 관한 법률안에 대한 보고자였던 하원 법사위원장에게 헌법 제26조상의 면책대상이라는 항변을 받아들이지 않고 형법 제226조[47]를 적용하여 형사처벌(벌금 1,000프랑과 집행유예) 및 민사 배상을 선고한 원심 판결을 확정하고 상고 기각판결을 하였다.[48] 해당 의원은 당시 자택에서 이루어진 라디오 채널 기자와의 전화 인터뷰에서 누벨 칼레도니 분리독립운동단체의 지도자에 대한 법원의 판결에 대해 비판적 발언을 한 바 있다. 물론, 해당 의원의 발언은 하원의원이자 법사위원장으로서 동시에 누벨 칼레도니에 관한 법률안에 대한 보고자로서 방송에 초대되어 한 발언이며, 그 내용이 누벨 칼레도니의 법적 지위에 관한 문제에 관련되어 있는 발언으로서 의원으로서 동시에 누벨 칼레도니에 관한 법률안의 보고자로서의 직무수행 밖으로 여겨질 수는 없다. 해당 의원의 발언은 법정을 모독하고 법원의 독립성을 침해하였다. 발언은 헌법 제4편 및 제5편에 규정된 활동 중에 행해진 것이 아니며 더구나 하원 내에서 행해지지도 않았음이 명백하므로 법사위원장으로서의 발언이라는 점을 밝히는 것만으로는 의원으로서의 직무 수행 행위로서의 성격을 규정하는데 충분치 못하다는 점을 분명히 하였다.

---

44) 최근 유럽의회는, 극우파 정당인 국민전선(Front National)의 당수이며 유럽의회의원인 마린 르 펜(Marine Le Pen)이 무슬림이 거리에서 기도하는 것을 나치가 프랑스를 점령한 것에 비유함으로써 인종적 증오를 불러일으켰다는 이유로 리용 지방검찰청이 요구한 면책특권 유보 청구를 받아들여 마린 르 펜의 면책특권을 박탈한 바 있다. www.france24.com/…parliament-vote-lift-immunity-french… Cached.

45) X. Prétot, "Les collaborateurs des parlementaires et le droit du travail", Droit social, 1986, p. 431.

46) Pierre Avril et Jean Gicquel, *op. cit.*, p. 42 참조.

47) 현행 형법 제434-25조에 해당함. 형법 제434-25조(2000년 9월 19일 오르도낭스 제2000-916호 제3조에 의해 개정됨)

제1항 "각종의 행위, 발언, 서신 또는 그림을 통해, 법원의 권위나 독립성을 침해하여, 공개적으로 법원의 행위나 판결에 대한 신뢰를 손상하고자 하는 행위는 징역 6개월 및 벌금 7500유로에 처한다."

Article 434-25(Modifié par Ordonnance n° 2000-916 du 19 septembre 2000-art. 3 (V) JORF 22 septembre 2000 en vigueur le 1er janvier 2002)

"Le fait de chercher à jeter le discrédit, publiquement par actes, paroles, écrits ou images de toute nature, sur un acte ou une décision juridictionnelle, dans des conditions de nature à porter atteinte à l'autorité de la justice ou à son indépendance est puni de six mois d'emprisonnement et de 7 500 euros d'amende."

48) Cass. crim. 7 mars 1988, *Forni et Association professionelle des magistras*, pourvoi n. 87 80 931.

4) 면책특권의 한계: 명예훼손적 발언과 행동에 대해

독일의 경우, 기본법에 면책특권이 적용되지 않음을 명시하고 있다(독일 기본법 제46조 제1항 제2문). 다만, 형법상 중대한 명예훼손에 해당하는 경우에만 동 규정을 적용하고 있다.

우리의 경우, 성문 헌법은 면책특권의 한계에 대해 직접 규정하고 있지 않다. 다만, 국회법 제146조에서 "의원은 본회의 또는 위원회에서 다른 사람을 모욕하거나 다른 사람의 사생활에 대한 발언을 할 수 없다"고 규정하고 이를 위반하였을 경우에는 "국회는 … 윤리특별위원회의 심사를 거쳐 그 의결로써 이를 징계할 수 있다"(동법 제155조)고 하고 있을 뿐이다. 여기서 헌법상의 면책특권 조항과 국회법 관련 조항의 관계에 대해 다양한 해석이 제기되고 있다. 즉, 명예훼손적 언동은 면책특권의 대상에 포함되지 않는다는 견해와 명예훼손적 언동도 포함된다는 견해,[49] 사안에 따라 개별적으로 검토해야 한다는 견해,[50] 면책대상인 발언과 표결의 의미를 완화하여 해석하자는 견해[51] 등으로 의견이 나누어져 있다.

생각건대, 우리 헌법은 "국회의원은 국회에서 직무상 행한 발언과 표결에 관하여 국회 외에서 책임을 지지 않는다"(제45조)고 명시하고 있다는 점에 주목한다면, 국회법상의 관련 조항은 국회 내에서의 책임은 면제되지 않는다는 점을 분명히 한 것으로 해석된다. 다만, 명예훼손적 언동과 같이 문제가 되는 언동이 직무상 행한 것인지 여부에 대한 판단이 전제가 되어야 한다.

면책특권을 제한하기 위해서는 헌법개정이 필요하다는 점은 앞에서 살펴본 바와 같다.[52]

(2) 개별적 논의

1) 의원의 면책행위의 상대방인 공무원에게 발생한 손해에 대한 구제

그렇다면, 의원의 직무수행상의 행위로 인하여 손해를 받은 사람은 구제받을 방법이 전혀 없는가? 예컨대, 의원이 국정감사나 국정조사에서 기업인이나 정부 각료 또는 관련 공무원에게 명예훼손적 언동을 한 경우, 문제의 언동을 한 의원은 면책이 되고 그 상대방인 일반 국민으로서의 기업인이나 직무수행 중에 있던 공무원은 받은 손해를 일방적으로 감수하여야 한다면 이는 정의의 원칙에 반하는 것이 아닌가라는 의문이 들 수 있다.

이에 대해서는 두 가지 차원에서의 검토가 가능하다고 생각한다.

첫째, 헌법 제29조 제1항은, "공무원의 직무상 불법행위로 손해를 받은 국민은 법률이 정하는 바에 의하여 국가 또는 공공단체에 정당한 배상을 청구할 수 있다. 이 경우 공무원 자신의 책임은 면제되지 않는다"고 규정하고 있다. 만일, 동 조항상의 공무원에 국회의원이 포

49) 유진오, 전게서, p. 174.

50) 신동운, "국회의원의 면책특권과 그 형사법적 효과", 서울대 법학 34-2, 1993, p. 211 참조.

51) 성낙인, 헌법학, 법문사, 2013, p. 992 참조.

52) 동지, 양건, 전게서, p. 900.

함된다면, 국회의원이 직무상 행한 명예훼손적 언동으로 손해를 받은 상대방은 기업인이든 공무원이든 국민으로서 국가(또는 국회)에 대하여 손해배상을 청구할 수 있을 것이다. 물론, 단서조항에도 불구하고 국회의원은 면책된다. 그런데 헌법상의 국가배상청구권을 구체화하고 있는 국가배상법은 제2조 제1항에서, 국가나 지방자치단체는 공무원 또는 공무를 위탁받은 사인이 직무집행상 타인에게 입힌 손해에 대해 배상하여야 한다고 규정하고 있을 뿐, 공무원의 범주를 명확히 하고 있지 않음으로써 해석의 여지를 남기고 있다. 국가공무원법상, 국회의원은 특수경력직공무원 중에 정무직공무원에 해당한다.

둘째, 국회의원의 명예훼손적 언동으로 직무수행 중인 공무원이 받은 손해에 대한 국가배상청구는 가능한가이다. 우리 헌법상 공무원이 직무집행과 관련하여 받은 손해에 대한 배상에 대한 일반적 규정은 없다. 다만, 군인·군무원·경찰공무원 등이 전투·훈련등 직무집행과 관련하여 공무원의 직무상 불법행위로 받은 손해에 대해서만 배상이 아니라 보상 청구를 인정하는 규정을 두고 있을 뿐이다(헌법 제29조 제2항). 이 또한 직무수행 중인 공무원을 보호하는 차원에서가 아니라 위험에 노출된 직무수행 상 발생할 수 있는 손해에 대한 배상청구를 제한하는 차원에서 규정된 것임은 주지의 사실이나. 국가공무원법 상으로도 공무원에게 직무수행 상의 각종 의무만을 규정하고 있을 뿐, 공무원이 직무수행 상 받을 수 있는 손해에 대한 구제에 대해서는 언급이 없다. 물론, 공무집행을 방해한 개인에 대해서는 공무집행방해죄를 적용하여 형사상 책임을 묻는데 그치고 있다. 입법적 불비로 볼 수 있다.

프랑스의 경우, 의원의 직무 수행상의 모든 행위에 대해 면책특권이 적용된다. 그렇지만, 본회의에서 의원의 비난이나 명예훼손적 언동으로 직무수행 중인 공무원이 받은 손해에 대하여 국가배상청구를 인정하고 있다. 실제로, 우편·통신부 고위공무원이 상원에서 관련 업무의 손익에 관한 조사위원회의 요청에 따라 작성한 보고서에 대해 상원의원으로부터 불쾌감을 주는 평가를 받았고 이로 인해 정신적 피해가 발생하였다며 우편·통신부장관에게 이에 대한 배상을 청구하였으나 거부당하자 그 처분의 취소를 구하는 소송을 제기하였다.

이에 대해 최고행정법원(Conseil d'Etat)은 1959년 2월 4일 오르도낭스 제12조 제2, 3항에 근거하여 "국가나 지방자치단체는 공무원의 직무 수행에 있어 받을 수 있는 다양한 위협, 공격 등으로부터 공무원을 보호하고 그로부터 받은 손해를 배상할 의무를 진다"는 점과 헌법상 의원에게 인정되는 면책특권이 이러한 국가 등의 배상의무에 장애가 되지 않는다는 점을 확인하고 해당 공무원에게 배상금을 지급하라는 판결을 하였다.[53] 비록 배상금은 1프랑에 불과하였지만, 직무수행 중인 공무원에 대한 의원의 발언이 면책특권의 대상이 된다고는 하더라도 불법행위가 성립되는 경우에는 이에 대해서는 국가가 배상하여야 한다는 것을 인

53) Cons. d'Etat 28 mars 1969, *Jannès*; AJDA 1969, Ⅱ, p. 504, note V. Silvera.

정하였다는 점에서 상징적으로 중요한 의미를 가진다. 동시에 의원에 대해서 비록 면책특권이 인정된다 하더라도 국민의 대표자로서 직무수행에 있어 품위를 유지하며 용인할 수 없는 용어(les termes inacceptables)의 사용이나 언동을 자제할 의무(devoir de réserve)가 있음을 환기시켰다는 점에서도 그 의의가 있다.

2) 과도한 행위에 대한 의회 내부적 징계

의원은 자신의 행위에 대해 의회의 자율권에 근거한 징계책임을 진다. 프랑스의 경우, 연단은 의회의 관할에 속한다(*la tribune ne relève que de la chambre*)라는 대의제의 기본원리[54]에 따라 의회만이 그 구성원인 의원의 과도한 행위나 회의의 진행을 심각하게 방해하는 행동에 대해 징계를 할 수 있다(하원규칙 제70조~78조 및 상원규칙 제92조~100조). 징계는 회의에서의 질서에 관련하여 행해진다. 반면에, 의회는 명예나 윤리적 측면에서의 의원의 행위에 대하여서는 심사할 수 없다. 징계 대상 행위, 징계종류 등에 대해서는 하원이나 상원의 규칙으로 정하고 있다. 징계는 각 의회의 제안에 따라 의장이 또는 의회가 선언한다.

의장만이 질서를 문란케 하는 발언자에게 질서유지를 명할 수 있다. 이 경우, 그는 표결권이 제한되며, 만일 발언자가 질서문란행위를 지속하거나 동료를 모욕하는 경우, 질서유지 명령을 받았음을 의사록에 기록한다. 이 경우, 한 달간 의원 세비의 1/4을 삭감한다(하원규칙 제71조).

또한, 의회는 중대한 사안에 대해 단순 견책(la censure simple)이나 임시 퇴장을 수반한 견책(la censure avec exclusion temporaire)을 선언할 수 있다. 중대한 사안으로는 소란, 폭력 선동, 의회나 의장에 대한 심한 모욕, 대통령이나 정부 각료 및 헌법이 정하고 있는 의회에 대한 위협이나 명예훼손을 들 수 있다(하원규칙 제73조).[55] 관보에 회의록을 게재하는 외에 한 달간 의원세비를 삭감하거나 퇴장을 당한 경우에는 두 달간의 세비를 삭감한다. 프랑스의 경우, 상·하원이 직접 자신의 규칙으로 징계 등에 대해 정하며, 의회나 의장 외에 대통령이나 정부각료 등에 대한 위협이나 명예훼손 등을 징계사유로 직접 규정하고 잇다는 특징을 보이고 있다.

우리의 경우, 헌법 제64조 제2항에 따라 국회는 의원을 징계할 수 있으며, 국회법 제155조가 정하는 바에 따라 윤리특별위원회의 심사를 거쳐 그 의결로 징계를 할 수 있다. 최근 국회의원의 막말 발언이나 폭력적 행동으로 인한 비판 속에 징계를 강화하기 위한 차원에서의 법률개정[56]이 있었음은 주지의 사실이다. 징계사유는 국회법 제155조가 열거하고 있는데,

---

54) Jean Gicquel et Jean-Eric Gicquel, *op. cit.*, p. 668.

55) 프랑스 제5공화국 헌정사상 첫 단순 견책은 1984년 2월 2일 세 명의 야당 의원들에게 내려졌는데, 당시 프랑수와 미테랑 대통령의 명예를 훼손하였다는 이유에서였다. Jean Gicquel et Jean-Eric Gicquel, *op. cit.*, p. 668 각주)77 인용.

56) 법률 제11453호, 2012.5.25., 일부개정.

헌법상의 청렴의무와 직권남용금지의무 위반, 국회법상의 각종 의무 위반(의사진행방해, 공표금지 내용 공표, 타인에 대한 모욕이나 사생활 관련 발언 등) 등이다. 위반징계의 종류로는 공개회의에서의 경고, 공개회의에서의 사과, 30일 이내의 출석정지(출석정지기간에 해당하는 수당·입법활동비 및 특별활동비는 그 2분의 1을 감액), 제명이 있다(국회법 제163조 제3항). 국회의원에 대한 제명을 포함한 징계처분에 대해서는 헌법이 직접 사법심사를 배제하고 있음은 권력분립원리와 관련하여 앞에서 살펴본 바와 같다.

Ⅲ. 의원의 불체포특권에 대한 검토

1. 프랑스 1995년 헌법 개정에 있어 불체포특권 관련 조항의 개정 배경

프랑스는 1995년 헌법 개정[57] 시에 의원의 불체포특권을 축소하는 차원에서 관련 조항의 내용을 개정하였던 바 있다. 그 개정 배경으로는, 첫째, 체포동의요구 건수의 현실적 증가를 들 수 있다. 프랑스의 경우, 의원의 불체포특권은 전통적으로 의원에 대한 소추(또는 형사절차의 개시)와 체포에 대해 인정되어 왔다. 그런데, 1980년대를 통틀어 8건에 그쳤던 체포동의에 대한 요구가 1990년대에 들어서면서 급격히 증대하여 1992년부터 1995년 사이에 14건에 이르렀다. 그중 2/3가 소추에 대한 동의요구였다. 특히 따피 사건(L'affaire Tapie)[58]에 대해서만 5건의 특권박탈을 위한 동의가 요구되기도 하였다. 결국 헌법개정 당시 과거의 의원을 둘러싼 각종 사건과 의원의 불체포특권에의 도피에 대한 국민적 불만은 의회 의원에게 필요한 보호와 형사소송법상의 원칙에 대한 존중 간의 최상의 조화를 요구하게 되었다. 1995년 헌법개정취지에 의하면, 의원의 불체포특권은 의원으로서의 직무수행에 엄격히 필요한 정도에 그쳐야 한다는 점이 강조되었다.[59]

둘째, 무죄추정의 원칙과의 충돌 문제가 제기되었다. 의원의 불체포특권 박탈 동의여부를 위한 의회에서의 논의는 본질적으로 무죄추정의 원칙에 반할 수 있다는 문제가 제기되기도 하였다. 즉 체포 동의 요구에 따라 소속 의회가 관련 의원에 대한 체포의 필요성을 인정하

57) Loi constitutionnelle n° 95-880 du 4 août 1995-art. 7

58) 이 사건은 아디다스 사건(L'affaire Adidas) 또는 라가르드-따피 사건(L'affaire Lagarde-Tapie)이라고도 불리는데, 1992년 당시 아디다스사를 경영하고 있던 베르나르 따피(Bernard Tapie)와 사건 발생 당시 공공은행이었던 크레디 리오네(Crédit Lyonnais)의 자회사인 쏘시에떼 드 방크 옥시덴탈(la Société de Banque Occidentale, SdBO)간에 아디다스사의 매각 및 부도 이후의 청산과정을 둘러싸고 발생한 사건으로 2014년 9월 현재까지도 법정공방이 이어지고 있는 대형 정치·경제적 스캔들이다. 당시 성공한 사업가로 알려져 있던 베르나르 따피가 하원의원으로 당선되고 미테랑 정부에 입각하게 됨에 따라 사업에 대한 정리를 요구받았으며 SdBO가 베르나르 따피가 경영하고 있던 아디다스사의 매각을 대행하였었다. 2014년 9월까지의 동 사건의 진행상황에 대해서는, http://fr.wikipedia.org/wiki/Affaire_Tapie-Cr%C3%A9dit_lyonnais 참조.

59) Le projet de loi constitutionnelle portant extension du champ d'application du référendum, instituant une session parlementaire ordinaire unique et modifiant le régime de l'inviolabilité parlementaire. http://mjp.univ-perp.fr/france/pjlc1995-1.htm

는 경우, 법원의 최종 판결 이전에 범죄행위 자체에 대해 판단하게 되므로 이는 헌법상의 무죄추정의 원칙에 반한다는 것이다.

셋째, 체포동의여부에 대한 의회에서의 논의에 있어 공개절차로 인한 부작용이 발생한다는 문제가 제기되었다. 1995년 헌법 개정 이전의 법제도하에서는 의원의 불체포특권 박탈요구에 대한 동의여부는 공개토론을 거쳐 본회의에서 결정하였었다. 그러나 이러한 공개적 절차는 의원의 의정활동보장이라는 본래의 목적보다는 오히려 통상적으로는 의원이 연루된 사건을 사회적으로 이슈화시키고 해당의원의 사건관련성을 부각시킴으로써 의회가 단순히 의원에 대한 사법적 행위를 지연시키고 있다는 여론의 비판을 초래하였던 바 있다.[60)]

또한, 절차의 왜곡이라는 부작용을 초래할 수 있다는 문제가 제기되었다. 때로는 악의나 근거 없는 고소·고발로 인한 특권박탈요구로 의원의 명예가 훼손될 수 있는 경우, 동의거부보다는 무효라는 절차적 수단이 강구되기도 하였다. 한편으로는, 불체포특권 박탈절차가 의원 개인이나 소속 정당의 소기의 목적을 위하여 의원 자신에 의해 유도되기도 하였다. 그 단적인 예가 프랑스의 극우정당인 국민전선의 당수인 쟝-마리 르 펜(Jean-Marie Le Pen)의 경우로서, 극우적인 발언으로 1989년부터 1997년까지 수차례에 걸쳐 불가침권박탈 동의요구가 있었고 당사자는 이를 공개적 발언·선전의 기회로 활용하였다는 평가를 받기도 하였다.[61)]

이에 따라 1995년 이후의 법제도하에서는 본회의에서의 의결 대신에 의장단이 내부적으로 불체포특권 박탈여부를 결정하도록 변경하였다.

〈표 1〉 1995년 프랑스 헌법 전·후의 불체포특권에 관한 헌법조항 비교

	1958년 헌법	1995년 개정 헌법	비고
제26조 제2항	의원은 현행범인인 경우를 제외하고는 회기 중 소속 의회의 동의 없이 범죄와 관련하여 체포 또는 소추되지 아니 한다.	의원은 소속 의회의 의장단(le Bureau de l'assemblée)의 동의 없이는 경죄 또는 중죄와 관련하여 체포되거나 자유를 박탈 또는 제한받지 아니한다. 단, 현행범이나 확정판결이 선고된 경우는 예외로 한다.	- 불체포특권의 대상에서 소추 제외 사법적 통제 추가
제26조 제3항	의원은 현행범인인 경우와 동의를 받은 소추나 확정판결의 경우를 제외하고는, 회기 외의 경우, 소속 의회의 의장단(le bureau de l'assemblée)[62)] 의 동의 없이는 체포되지 아니한다."	의원의 소속 의회의 요구에 따라 회기 중에는 의원에 대한 구금·자유의 박탈 또는 제한·소추가 중단된다.	

60) Cécile Guérin-Bargues, *op. cit.*, p. 375 이하 참조.

61) C. Bonnotte, Recherche sur la notion d'immunité en droit français, th. Limoges, 2002, pp. 237-240.

62) 상·하원 의장단은 각 의회별로 의장, 부의장, 회의에서의 발언·표결 담당 간사(secrétaires) 및 의회내부 행정담당 간사(questeurs)로 구성됨.

제26조 제4항	의원에 대한 구금이나 소추는 소속 의회가 요구하는 경우 중단된다.	해당 의회는 전항의 적용을 위해 임시회를 자동으로 소집한다.	임시회소집요건 완화

결국 1995년 헌법 개정으로 소추에 대한 특권 부분이 제외되었다. 반면에 체포 이외에도 자유의 박탈이나 제한에 대해서도 의회 의장단의 동의를 얻도록 함으로써 의원으로서의 직무수행에 필요한 특권의 인정 범위를 확대하였다.[63)]

2. 의원의 불체포특권의 내용

(1) '법 앞에 평등'에 대한 예외로서의 불체포특권

프랑스 헌법의 경우와 마찬가지로 우리 헌법은 평등원칙을 선언함과 동시에 평등원칙에 대한 예외를 헌법이 직접 인정하고 있으며, 의원의 면책특권과 불체포특권이 이러한 평등원칙에 대한 헌법적 예외에 해당한다는 것은 주지의 사실이다.[64)]

그런데 이러한 평등원칙의 예외로서의 의원의 특권은 그 헌법적 의의에 따라 제한적으로 인정될 수밖에 없다. 즉, 헌법이 의원의 면책특권이나 불체포특권을 인정하는 것은 일반 국민과 구별되는 특권층을 창설하고 인정한다는 것이 아니라 국민에 의해 대표로 선출된 의원의 독립성을 보장하고 헌법에 부여된 임무(의정활동)를 자유로이 수행할 수 있도록 하기 위한 것이라는 점에는 이론의 여지가 없다.

이러한 측면에서 불체포특권의 범위나 효과 등의 구체적 한계가 정해진다고 볼 수 있다. 의원의 면책특권은 민·형사상의 법적 책임을 임기중 및 임기종료 후에도 면제한다. 이에 비해 의원의 불체포특권은 형벌의 면제가 아니라 다만 형사절차상의 특권 내지는 예외를 인정하는 것에 불과한 것으로 절차를 지연하는 효과에 그친다. 의원의 직무수행과는 무관하거나 구별되는 사실을 이유로 의원에게 제기될 수 있는, 중죄나 경죄에 대한 부당하거나 억압적인 형사소추로부터 의원을 보호하는 절차적 면책특권이라 할 수 있다.[65)] 이는 의원이 개인 신분에서 정부나 정부 편 지지자로부터 정당하지 아니한 체포나 위협의 대상이 되는 것을

63) Art.26
Aucun membre du Parlement ne peut faire l'objet, en matière criminelle ou correctionnelle, d'une arrestation ou de toute autre mesure privative ou restrictive de liberté qu'avec l'autorisation du Bureau de l'assemblée dont il fait partie. Cette autorisation n'est pas requise en cas de crime ou délit flagrant ou de condamnation définitive.
La détention, les mesures privatives ou restrictives de liberté ou la poursuite d'un membre du Parlement sont suspendues pour la durée de la session si l'assemblée dont il fait partie le requiert.
L'assemblée intéressée est réunie de plein droit pour des séances supplémentaires pour permettre, le cas échéant, l'application de l'alinéa ci-dessus.

64) 변해철, 앞의 글, p. 5 참조.

65) Jean Gicquel et Jean-Eric Gicquel, Droit constitutionnel et institutions politiques, Montchrestien, 22ème édition, 2008, p. 268.

피하도록 한다는 의미를 가진다. 의회로 하여금 그 구성원을 재판에서 벗어나도록 하는 것이 아니라 비난받고 있는 사실에 대한 실체를 밝히는 절차를 밟도록 한다는 것이다.

(2) 구체적 내용

1) 특권의 주체

불체포특권의 주체는 의원이다. 보좌관이나 협력자, 고용인 등에 대해서는 인정되지 아니한다. 가택이나 집무실에 대해서는 특권이 인정되지 아니하고 재산에 대한 압수나 가택수색이 허용된다.[66)]

2) 효 과

소속 의회 의장단의 동의 없는 체포는 무효이다. 물론 체포 동의가 있더라도 의원으로서의 신분이 박탈되거나 하지는 아니한다.

3) 적용범위

프랑스의 경우, 의원으로서의 직무수행 중에 저지른 범죄이거나 직무수행과 무관하게 저지른 범죄인지는 중요하지가 않다(우리의 경우, 형사범으로 공소 제기하는데 국회고발이 필요한지에 대해 견해가 나뉨[67)]). 그렇지만, 단순 질서위반이나 민사상 또는 조세상의 소추에 대해서는 특권이 인정되지 아니 한다.[68)]

앞에서 언급하였듯이 의원의 불체포특권은 전통적으로 의원에 대한 소추(또는 형사절차의 개시)와 체포에 대해 인정되어 왔으나, 1995년 헌법 개정으로 소추에 대한 부분이 제외되고 체포 및 자유의 박탈이나 제한에 대해서만 특권이 인정되게 되었다. 오늘날에는 수사판사(le juge d'instruction)는 의원에 대한 심리를 자유롭게 할 수 있게 되었다. 다만, 의원에게 형사소송법 제138조에 따른 사법절차 상의 체포 및 자유의 박탈이나 제한을 가하기 위해서는 소속 의회 의장단의 동의를 얻어야만 한다.

– 물론 현행범이나 확정 판결이 난 경우에는 소속 의회 의장단의 동의를 얻을 필요가 없다(헌법 제26조 제2항). 현행범에 대하여, 프랑스 형사소송법 제53조 제1항은, "현재 범하거나 또는 직전에 범행을 종료한 중죄 또는 경죄를 중죄 또는 경죄의 현행범으로 한다. 행위와 극히 인접한 시점에서 혐의를 받고 있는 자가 공중의 소리침에 의하여 추적되고 있는 때, 도는 중죄 혹은 경죄에 가담하였다고 인정되기에 충분한 물품을 소지하거나 또는 흔적 혹은 징표를 나타내고 있는 때에도 이를 중죄 또는 경죄의 현행범으로 한다"고 규정하고 있다.[69)70)]

---

66) 예를 들면, 2004년 2월 10일 오-드 센느(Hauts-de-Seine)의 상원의원인 쓰칼디-레이노(M. Ceccaldi-Raynaud)의 집무실에 대한 수색, 같은 지역 하원의원인 조엘 쓰칼디-레이노(Mme. Joëlle Ceccaldi-Raynaud)의 하원 의원실에 대한 수색 등이다. Jean Gicquel et Jean-Eric Gicquel, *op. cit.*, p. 669 참조.

67) 성낙인, 헌법학, 법문사, 2013, pp. 995-996.

68) Th.S.Renoux et M. de Villiers, Code Constotutionnel, Litec, 1995, p. 311.

69) 검찰, 프랑스 형사소송법, 2005, pp. 66-67 참조.

70) Code procédure pénal Art. 53 Al.1 "Est qualifié crime ou délit flagrant le crime ou le délit qui se

우리 형사소송법 제211조 제1항에서는 "범죄의 실행 중이거나 실행 즉후인 자를 현행범인이라 한다"고 규정하고 있다.

4) 회기 중의 불체포특권

- 우리의 경우, 회기중 체포, 즉 불체포특권의 박탈을 위해서는 검사의 체포영장 신청에 따라 관할법원의 판사는 체포동의요구서를 정부에 제출하고, 정부는 수리 후 사본을 첨부하여 국회에 체포동의를 요청하며 국회의장이 첫 본회의에 이를 보고한 후 그 때로부터 24시간 이후 72시간 이내에 표결한다(국회법 제26조). 재적의원 과반수의 출석과 출석의원 과반수의 찬성으로 동의한다(헌법 제49조, 국회법 제109조).
- 프랑스의 경우, 관할 고등법원(Cour d'appel)에 상응하는 고등검찰청의 검사장이 체포동의요구서를 작성하고 법무부장관은 이를 소속 의회(상원 또는 하원)의 의장에게 제출한다.[71] 체포동의요구에 대하여 소속 의회의 의장단은 의장단 내부에 심사위원회를 구성하여 이로 하여금 우선 체포동의요구의 근거가 되는 사실관계와 관련하여(여타 목적은 배제한 채), 체포동의요구의 "진정성(sincère), 정당성(loyal) 및 중대성(sérieux)"여부에 대한 제1차적 판단을 하도록 한다. 이후 의장단은 그 결과보고를 바탕으로 심사위원회와는 별도로 체포동의요구의 진정성, 정당성 및 중대성 여부에 대한 검토를 한 후 최종적으로 의결한다.[72] 여기서 중대성이라 함은 체포동의의 요구가 의원에게 책임을 지을 수 있는 범죄를 구성하는 행위에 기인하고 있는지 여부에 대한 판단을 의미하며, 진정성 및 정당성이라 함은 당해 요구가 정치적 의도에 기인하지 않는지 여부에 대한 판단을 의미한다.[73]

이러한 절차상의 특권은 의원 개인에게 적용됨으로써 결국 국민대표 전체에 대해 인정된다.[74]

5) 회기 전의 불체포특권

- 회기 전이란 전회기의 기간을 포함하여 회기시작 이전을 말한다. 현행범에 대해서는 인정되지 않으며, 회기 중에만 석방된다. 국회재적의원 1/4 이상의 연서로 그 이유를 첨부한 요구서를 의장에게 제출하면 재적의원 과반수의 출석과 출석의원 과반수의 찬성으로 석방요구를 의결한다(국회법 제28조, 제109조).
- 프랑스의 경우, 형사소추는 자유로운 반면에, 체포는 현행범, 동의를 받은 소추나 확정판결의 경우를 제외하고는, 소속 의회의 의장단의 동의를 받아야 한다.

의원에 대한 구금, 자유의 박탈이나 제한 또는 소추는 소속 의회의 요구가 있는 경우에는 회기 중 중단된다(헌법 제26조 제3항). 이를 위해 하원에는 상임위원회(이른바 면책특권위

---

commet actuellement, ou qui vient de se commettre. Il y a aussi crime ou délit flagrant lorsque, dans un temps très voisin de l'action, la personne soupçonnée est poursuivie par la clameur publique, ou est trouvée en possession d'objets, ou présente des traces ou indices, laissant penser qu'elle a participé au crime ou au délit"

71) 하원의 경우, 1958년 11월 17일 오르도낭스 제9조의1 참조.

72) C.C., décision n. 62-18 DC. 10 juillet 1962, Rec., Cons. const., p. 17.

73) Pierre Avril et Jean Gicquel, Droit parlementaire, Montchrestien, 1988, p. 43 참조.

74) Th.S.Renoux et M. de Villiers, *op. cit.*, p. 311.

원회)가 교섭단체에 비례하여 구성되어 있으며, 상원에는 관련 구금 등의 중단요구를 위하여 특별위원회가 구성된다.[75] 최고사법법원인 파기원은, 의회회기 사이에 이루어진 소추나 구금은 회기 계속 시에는 의회의 공식적 결정이 있는 경우에만 중단된다고 하였다.[76][77] 물론 구속되지 않은 의원은 회의에 계속 참석할 수 있다.

과거에는 상원은, 회기 중 불체포특권의 박탈요구가 상원에 의해 부결된 사실에 대해 회기 외에 소추를 하는 경우, 소추중단 요구를 하는 것이 관례였다.[78]

6) 기 타

- 불체포특권의 박탈 내지는 체포 동의의 효과는 그 박탈 내지는 체포동의가 요구된 사실관계에 대해서만 인정되며, 새로운 사실관계에 대해서는 별도의 의회결의가 있어야 체포 등을 할 수 있다.
- 의원으로 복귀한, 전직 장관에 대한 체포에 대해서도 체포동의(불체포특권의 박탈의결)가 요구된다.[79]
- 의회 회기 중에, 형사재판에서 피고에 대해 손해배상을 청구하기 위한 소송참가를 목적으로 사인이 의원에 대해 고소를 한 경우, 그 고소는 무효이다. 반면에, 회기 외에, 사인의 고소에 근거해서가 아니라 고소에 첨부된 문서에 근거하여 검사가 수사판사(juge d'instruction)에게 이를 회부하는 행위는 합법적이다.[80]
- 법관이나 고위 공직자의 심문을 필요로 하는, 형사재판에서 피고에 대해 손해배상을 청구하기 위한 소송참가를 목적으로 사인이 형사소송법 제681조 제3항에 따라 형사법원에 고소를 제기하고 이러한 고소가 있은 날에 이미 소송절차가 진행 중인 경우, 체포 당일에 의회가 회기 중이 아니라서 형사법원이 의원에 대한 고소 기한을 연장하였다면 이는 헌법 제26조 제2항에 반하는 것이 아니다.[81]
- 의회의 폐회 기간에 소환장을 발부함으로써 의원에 대한 소추가 개시되며 심문 등이 있는 것으로 본다. 실제 소환하여 심문이 행해진 날짜는 중요하지 않다.[82]

3. 불체포특권 축소를 위한 1995년 프랑스 헌법 개정에 대한 평가

의원의 불체포특권을 축소를 위한 헌법 개정에 대한 평가는 반드시 긍정적이지만은 않다.

---

75) 프랑스 상원은 1997년 12월 10일 증인출석을 거부한 이유로 벌금형이 가해진 미셸 샤라쓰(Michel Charasse) 의원에 대한 소추 중단 의결을 한 바 있다. Jean Gicquel et Jean-Eric Gicquel, *op. cit.*, p. 670 인용.

76) Cass. crim. 11 avril 1973, pourvoi n. 90 334 73.

77) 하원의 경우, 교섭단체 간 의원수에 비례하여 구성된 상임위원회(이른바 면책위원회)가, 상원의 경우, 특별위원회가 석방요구에 대한 심사를 한다.

78) JO débat Sénat, séance 29 avril 1987, p. 547.

79) 공무원인사담당 장관이었다가 하원의원으로 복귀한 조르주 트롱(Georges Tron)에 대한 강간 등의 혐의로 인한 체포동의(2011년 6월 30일)의 경우를 예로 들 수 있다. 이에 대해서는, http://www.humanite.fr/limmunite-parlementaire-de-georges-tron-est-levee#sthash.jM4mT1HO.dpuf 참조.

80) Cass. crim. 30 juin 1991, pourvoi n. 91 81 346 P.

81) Cass. crim. 12 mai 1992; JCP 92, n. 44, p. 301, n. 2770.

82) Cass. crim. 8 déc. 1983, *Audinot.*

첫째, 헌법 개정 자체에 대한 부정적 견해가 있다. 특히, 헌법 개정에 의한 의회의 동의 없는 소추의 허용은 광범위하게 형성된 기존 사실을 단지 확인한 것에 불과할 수 있다는 점이 강조되었다. 왜냐하면, 이미 회기 외의 기간에는 소추가 가능하였고 특히 중죄나 경죄의 현행범의 경우에는 회기여부를 불문하고 언제라도 소추가 가능하였다는 점을 고려할 때, 헌법 개정에 의하여 회기 중에 의원에 대한 소추를 허용한 것은 단지 관련 제도에 대한 통일적 정비 차원으로 축소 해석될 수도 있다는 것이다. 또한, 헌법 개정 전에도 의원에 대한 소추를 위한 불체포특권의 박탈 동의 요구에 대해서는 의회가 대체로 동의를 해주었었다는 점이 이를 경험적으로 확인해주고 있다는 것이다.[83)]

둘째, 다른 개정 헌법조항, 특히 회기 관련 조항 개정과의 부조화의 문제이다. 1995년 헌법 개정으로 의회의 회기가 년 2회, 각 3개월의 정기회 대신에 년 1회 9개월(10월부터 익년도 6월까지)의 정기회로 변경(헌법 제28조 제1항)됨에 따라 회기 외의 기간이 원칙적으로 축소됨으로써 불체포특권이 적용되지 않는 기간이 3개월 축소될 뿐만 아니라 1년 중 9개월 동안 계속적으로 보통법의 지배에서 벗어나게 된다는 결과를 초래하였다는 것이다.[84)]

셋째, 헌법 개정으로 본회의에서의 의결 대신에 의장단 의결로 의원의 불체포특권 박탈 여부를 결정토록 한 것이 오히려 의원에 대한 보호를 강화하고 있다는 비판을 받고 있다. 과거 본회의에서의 공개적 논의가 관련 의원에 대한 인신 공격적 발언이나 소속 정당에 대한 비난 등으로 정쟁의 도구로 전락하고 있다는 점 그리고 사법절차의 지연의 요인이 되고 있다는 비판을 고려하여 소수로 구성된 의장단에서 내부적으로 신속히 불체포특권의 박탈여부를 결정토록 하였으나 실제로는 의장단에서의 비공개적 논의 및 결정으로 인하여 오히려 실제로는 범죄 의혹이 제기된 의원에 대해 사법적 절차가 적용되지 못하는 결과를 초래하고 있다는 것이다. 실례로는 세르지 다쏘(serge Dassault) 상원의원 관련 사건을 들 수 있는데, 부정부패 등의 혐의로 동 의원에 대해 요구된 체포 동의안이 두 번이나 상원의장단에 의하여 부결된 이후 이러한 문제가 사회적으로 크게 이슈화가 되었고 많은 여론의 비판을 받은 바 있다. 1990년대 따피 사건(Affaires Tapie)이 의원에 대한 사법적 과잉보호 또는 지나친 법 앞에 불평등을 초래함으로써 1995년 헌법개정의 계기가 되었듯이 동 사건도 의원의 불체포특권에 대한 축소 요구로 이어질 수도 있다는 것이다.[85)] 결국, 동 의원에 대한 세 번째 체포동의요구가 상원의장단에 의해 받아들여짐으로써 불체포특권 박탈된 바 있다.[86)]

넷째, 소속 의회 의장단의 동의 대상이 확대됨으로써 사실상으로는 의원에 대한 사법적

---

83) Cécile Guérin-Bargues, *op. cit.*, p. 382 이하 참조.

84) Projet de loi constitutionnelle n° 2120, AN. Première lecture, Xème législature, 1995, p. 25.

85) Cécile Guérin-Bargues, "Iviolabilité parlementaire: attention fragile!", www.lemonde.fr/…/2014/01/28/inviolabilite-parlementaire…

86) www.lemonde.fr/…/12/02/2014-immunite-parlementaire-comment-ca…

특권이 오히려 강화되었다는 지적이다. 위에서 살펴본 바와 같은 의원에 대한 사법적 예외를 균형적으로 조정하기 위한 차원에서 검토되었던 것이 의원에 대한 사법통제제도의 적용이었다. 사법통제제도는 1970년 7월 17일 법률(법률 제70-643호)로 형사소송법 상 형사피의자에 대한 구속을 제한하기 위해 도입된 제도로, 수사상의 필요나 안전을 이유로 형사피의자에게 일정한 자유를 제한하는 의무(출금금지, 부양비지출증명 등 17종의 의무)를 부과하는 제도를 말한다.[87] 이와 같은 의원의 통행의 자유 등을 제한하는 사법통제는 소속 의회 의장단의 동의를 받아 행해질 수 있도록 헌법적 근거를 마련하였다(헌법 제26조 제1항). 이는 결국 헌법 개정으로 불체포특권에 대한 박탈 동의 요구를 사법통제 전반으로 확대하고 있다는 점에서, 특히 의원의 자유 박탈 조치도 소속 의회 의장단의 동의를 받도록 확대하였다는 점에서 사실상 의원에 대한 사법적 보호가 강화됨으로써 의원의 불체포특권의 축소를 위한 헌법 개정의 실효성에 의문이 제기될 수밖에 없다고 할 수 있다.

Ⅳ. 결　어

시민 혁명 이래로 국민의 자유와 권리를 보장하고 국가권력의 남용을 억제하기 위해 채택되어온 법치국가원리의 중심에 의회가 자리하고 있었으나, 현대 국가에 와서는 그 위상이 크게 흔들렸다. 의회는 더 이상 직접 선거를 통해 구성되는 유일한 국가기관이 아니라 대통령과 국민적 정당성을 경합하는 기관이 되었고, 위헌법률심사제도가 도입·확대되는 등 법률 또한 절대적 법규범으로서의 지위를 상실하게 되었다. 이러한 의회 권력의 약화에도 불구하고 그 유지·보존이 요구되었던 것이 의회의 자율권과 의원의 자주성 내지 독립성이다. 왜냐하면, 모든 법제도가 민주주의원리 및 권력분립의 원리에 바탕을 두고 있는 한, 의회가 외부의 압력이나 영향에서 벗어나 자신에게 주어진 헌법적 임무를 독립적으로 수행하는데 필수적이기 때문이다.

의원의 면책특권은 권리장전에 규정되고 각국의 헌법에 수용된 이래로 의원의 자주성을 보장하는 중요한 제도적 장치로 기능해왔음은 주지의 사실이다. 우리의 경우도, 최근 직무부수행위 개념을 통해 면책특권의 대상을 확대하기도 하였으나, 동시에 면책특권이 남용되고 잇다는 비판 속에 이를 축소하자는 주장도 제기되고 있는 실정이다. 앞에서 살펴보았다시피, 의원의 면책특권의 확대나 제한은 헌법사항으로 헌법 개정을 통해서만 가능하다고 보며, 의

87) 프랑스 형사소송법 제138조 제1항 "예심수사판사 또는 석방구금판사는 예심수사피의자가 경죄에 관한 구금형 또는 그 보다 중한 형에 해당하는 때에는 사법통제를 명할 수 있다."
제2항 "사법통제는 예심수사판사의 결정에 따라, 그 대상자에게 다음 각 호에 열거된 하나 또는 둘 이상의 의무를 준수하도록 한다.
1. 예심수사판사가 정하는 지역 밖으로 나가지 아니할 것 등"
검찰, 프랑스 형사소송법, pp. 133-136 참조.

원의 자주성 내지는 독립성을 확보하여 의회의 기능을 보장한다는 면책특권의 헌법적 의의를 살리기 위해서는 의회의 자율권 행사를 통해, 즉 의회 내부적 징계를 강화함으로써 그 남용을 방지하는 것이 헌법합치적이라고 생각한다.

최근 프랑스의 경우, 2008년의 헌법 개정에서도 반영되었다시피 의회에 좀 더 많은 권력을 부여하고자하는 경향을 보이고 있는 것도 결국 국가기관을 현대화하고 특히 의회와 정부간의 새로운 권력적 균형과 조화를 모색하기 위한 것으로 이해될 수 있다. 의원의 면책특권에 대한 합헌적 해석은, 의원의 자유로운 발언과 표결의 보장이라는 전통적 기능을 통해 의회의 자율권을 강화함으로써 의회주의의 기능회복이라는 시대적 요구에 부응토록 할 수 있을 것이다.

의원의 불체포특권은 1603년 영국의 의회특권법에서 명문화된 이후 각국의 헌법에 수용된 이래로 의원의 자주성을 보장하는 중요한 제도적 장치로 기능해왔음은 주지의 사실이다. 의회민주주의가 어느 정도 정착된 국가의 경우, 최근에는 이러한 특권을 축소 문제가 제기되어 오고 있다. 프랑스의 경우, 1995년 헌법개정을 통하여 불가침특권을 내용적으로 축소하여 불체포특권에 한하도록 하였고 동시에 절차적으로도 불체포특권의 박탈을 용이하게 한 바 있다. 그런데, 1995년 헌법 개정으로 불체포특권의 적용범위는 축소되었지만, 의회 회기의 연장, 소속 의회 의장단의 동의 대상의 확대 등으로 현실적으로는 오히려 역설적으로 의원에 대한 사법적 보호를 강화하였다는 평가를 받고 있다. 우리의 경우도, 의원의 불체포특권이 남용되고 있다는 비판 속에 이를 축소하자는 주장도 제기되고 있는 실정인데, 프랑스 사례를 참고로 하여 전체적 헌법체계에 합치되는 실효성있는 개선이 요구된다. 다만, 의원의 불체포특권의 확대나 제한은 헌법사항으로서 헌법 개정을 통해서만 가능하다는 것은 분명하다.

5. 프랑스 제5공화국 헌법상 하원과 집행권의 관계*

한 동 훈**

Ⅰ. 서 설

1987년 현행 헌법이 제정된 지 30년이 지난 지금 대한민국은 헌법개정과 관련된 학문적 논의가 무성하며, 이와 같은 학문적 논의는 국회의 헌법개정특별위원회의 활동, 대통령의 제안에 따른 국민헌법자문특별위원회의 활동 등으로 보다 현실화되고 있는 상황이다.

즉, 국회의 헌법개정특별위원회는 현행 대통령중심제를 유지하면서 4년 중임제 등으로 개선하는 방안, 대통령을 직선하고 총리를 국회에서 선출하는 혼합정부제나 대통령이 의례적인 권한만 보유하는 내각제 등 새로운 정부형태를 도입하는 방안을 제시한 바 있으며,[1] 문재인 대통령도 조국 민정수석의 브리핑을 통하여 대통령의 4년 연임을 특징으로 하는 대통령의 개헌안을 제안한 바 있다.[2]

그런데 비록 대통령의 4년 연임을 주장하는 대통령의 개헌안은 국민의 다수가 대통령제를 지지하고 있다는 점을 근거로 하고 있지만, 다른 여론조사에 따르면 혼합정부제(이원정부제)에 대한 호감 또한 적지 않은 것으로 판단되며,[3] 무엇보다도 대통령의 4년 연임이 기존의 제왕적 대통령제에 대한 반성으로 볼 수 있는지도 의문이다.[4]

따라서, 현재 진행되고 있는 개헌논의에서 혼합정부제(이원정부제)에 대한 검토는 여전히 현실적인 의미를 가지고 있다고 판단되지만, 그 언급되는 빈도에 비해 그 구체적인 운영의 메커니즘에 대한 분석 및 연구는 아직 풍부하게 진행되었다고 볼 수는 없을 것 같다. 즉, 입법권과 집행권의 거시적 차원의 관계에 대한 논의는 어느 정도 진행되었다고 평가할 수 있으나, 입법권(특히 하원)과 집행권의 개별적·미시적 권한 및 관계에 대한 논의는 아직은 부족한 것으로 판단된다. 또한, 대표적으로 혼합정부제(이원정부제)를 채택하는 국가로 분류되

---

* 본 논문은 공법연구 제46집 제1호(2017.10) 145-172쪽에 기수록된 논문을 일부 수정한 것이다.

** 헌법재판연구원 책임연구관, 법학박사

1) 국회헌법개정특별위원회, 헌법개정 주요 의제, 2017.9, 101-106쪽.

2) 대통령의 개헌안에 대한 소개로는 한국공법학회, 2018년 4월 학술대회-국민의 입장에서 본 헌법개정, 2018.4.6. 자료집 참조.

3) 개헌과 관련하여 최근 국회가 실시한 국민여론조사에 따르면, 선호하는 정부형태에 있어서 전문가 집단의 경우 대통령제에 대한 선호(48.1%)가 혼합형 정부형태에 대한 선호(47.1%)보다 더 높았지만, 일반 국민은 혼합형 정부형태에 대한 선호(46.0%)가 대통령제에 대한 선호(38.2%)보다 더 높았다고 한다. 전진영, 이슈와 논점, 제1362호, 국회입법조사처, 2017.9.27., 1쪽.

4) 이에 대해서는 한국공법학회, 2018년 4월 학술대회-국민의 입장에서 본 헌법개정, 2018.4.6. 자료집의 장영수 교수의 "2018년 3월 26일 발의된 대통령 개헌안의 문제점" 참조.

는 프랑스의 경우 2008년에 대폭적인 헌법개정을 하였지만, 국내에서는 아직 이에 대한 분석 또한 부족한 것으로 판단된다.

따라서 본 논문은 혼합정부제(이원정부제)를 대표하는 국가인 프랑스의 집행권과 하원의 관계의 구체적인 면－즉, 하원의 집행권에 대한 ⅰ) 여러 가지 종류의 정보권, ⅱ) 정부의 정치적 책임을 물을 권한, 집행권의 하원에 대한 ⅰ) 하원해산권과 국민투표회부권, ⅱ) 입법권에 대한 개입권－을 우선 살펴보고, 이를 통해 현재 진행되고 있는 우리의 개헌논의와 관련된 시사점을 살펴보고자 한다.

Ⅱ. 프랑스 헌법상 하원의 지위

1. 의 의

프랑스는 하원우위의 불평등한 양원제를 채택하고 있다. 상원의원은 간접선거로 선출되어 1/2씩 부분적 개선이 됨에 반해 하원의원은 직접·보통선거로 선출되며, 부분 개선이 아닌 하원의원 선제가 새로이 선출된다.

그리고 그 권한의 면에서 상원과 하원은 입법권에 있어서 동일한 권한을 가지는 것으로 평가되지만, 상원과 하원이 충돌하는 경우 수상은 하원에 최종적 결정권을 부여하며, 하원만이 정부를 전복시킬 수 있다는 점에서 상원보다는 하원의 권한이 강하다고 평가된다.[5)6)]

따라서 프랑스 헌법상 집행권과 입법권의 관계를 살펴보기 위해서는 입법권의 경우 상원이 아닌 하원을 중심으로 살펴보는 것이 집행권과 입법권의 관계를 보다 명확하게 드러내 보일 수 있을 것으로 생각된다.[7)]

2. 하원의 권한

프랑스 헌법 제24조는 "① 의회는 법률을 표결한다. 의회는 정부의 행위를 통제한다. 의회는 공공정책을 평가한다. ② 의회는 하원과 상원으로 구성된다."고 규정한다. 따라서 프랑스 헌법상 하원의 권한은 입법권, 통제권, 공공정책에 대한 평가권으로 분류될 수 있다.

(1) 입법권

하원은 상원과 동일하게 입법권을 가지지만, 프랑스 헌법상 상원과 하원만이 법률을 가결

5) http://www2.assemblee-nationale.fr/decouvrir-l-assemblee/role-et-pouvoirs-de-l-assemblee-nationale/les-institutions-francaises-generalites/presentation-synthetique-des-institutions-francaises, 2016.12.9. 방문.

6) 프랑스 헌법상 상원의 지위 및 권한에 대해서는 한동훈, 「프랑스 헌법상 상원의 지위」, 세계헌법연구, 제22권 제1호, 2016 참조.

7) 프랑스 하원의원의 선출방법에 대해서는 헌법재판연구원, 프랑스 헌법상 하원과 집행권의 관계, 2017, 75쪽 참조.

하는 것은 아니다. 왜냐하면, 프랑스 헌법 제11조는 국민이 국민투표를 통해 법률을 가결하는 것을 규정하고 있기 때문이다.

그리고 프랑스의 경우 의회는 일반법률뿐만 아니라 조직법률(lois organiques, 헌법 제46조[8]), 재정법률(lois de finances, 헌법 제47조[9]), 자금조달법률(lois de financement, 헌법 제47-1조[10]), 조약의 비준을 승인하는 법률(헌법 제53조[11]), 헌법개정안(lois constitutionnelles, 헌법 제89조[12])을 가결할 권한을 가진다.[13]

(2) 통제권

프랑스 헌법상 하원의 통제권은 헌법 제49조 및 헌법 제50조가 규정하고 있는 정부불신임권과 광범위한 조사권으로 나누어 볼 수 있다. 이 가운데 구두질문권은 헌법 제48조[14]에서 규정하고 있으며, 조사위원회(commission d'enquête)에 대해서는 헌법 제51-2조[15]에서

---

8) 프랑스 헌법 제46조 "① 헌법에서 조직법률의 성격을 부여하는 법률들은 다음 요건에서 의결되고 개정된다. ② 정부제출법률안이나 의원발의법률안은 제42조 제3항에서 지정한 유예기간이 지났을 때에만 1차 독회에서 토의나 표결에 넘겨질 수 있다. 그러나 제45조에 정해진 조건하에 가속화된 절차가 개시된 경우에는 정부제출법률안이나 의원발의법률안은 법률안이 제출된 날부터 15일이 경과하기전 처음 제출된 원의 토의에 넘겨질 수 있다. ③ 제45조의 절차를 준용할 수 있다. 단, 양원 간에 이견이 있을 경우에는 국민의회의 최종독회에서 재적의원 절대 과반수의 찬성에 의해서만 법안이 채택될 수 있다. ④ 상원에 관한 조직법률은 양원에서 동일한 조문으로 의결되어야 한다. ⑤ 조직법률은 헌법재판소의 합헌결정이 있은 이후에만 공포할 수 있다."

9) 프랑스 헌법 제47조 "① 의회는 조직법률에서 정하는 바에 따라 재정법률안을 의결한다. ② 국민의회에 정부제출 법률안이 제출된 날로부터 40일 이내에 제1차 독회를 통해 의결하지 아니하면 정부는 이를 상원에 회부하고, 상원은 이를 15일 이내에 의결하여야 한다. 그 다음은 제45조에서 정한 조건에 따른다. ③ 의회가 70일 이내에 의결하지 않으면, 정부제출법률안은 법률명령으로써 발효될 수 있다. ④ 한 회계연도의 세입 및 세출을 정하는 재정법률이 당해 회계연도가 개시되기 전에 공표될 수 있는 기한 내에 제출되지 아니한 경우에 정부는 의회에 대하여 조세징수의 승인을 긴급요구하고, 명령으로써 의결된 항목에 대한 지출을 개시한다. ⑤ 의회가 회기 중이 아닌 때에는 본 조에서 정하는 기간은 중단된다."

10) 프랑스 헌법 제47-1조 "① 의회는 조직법률에서 정하는 바에 따라 사회보장자금조달법률을 의결한다. ② 국민의회에 정부제출 법률안이 제출된 날로부터 20일 이내에 제1차 독회를 통해 의결하지 아니하면 정부를 이를 상원에 부의하고, 상원은 이를 15일 이내에 의결하여야 한다. 그 다음은 제45조에 따른다. ③ 의회가 50일 이내에 의결하지 않으면, 정부제출법률안은 법률명령으로써 발효될 수 있다. ④ 의회가 회기 중이 아니거나 제28조 제2항에 의해 각 원에서 휴회결정을 한 주간에는 본 조에서 정하는 기간이 중단된다."

11) 프랑스 헌법 제53조 "① 평화조약, 통상조약, 국제기구와 관련한 조약 또는 협정, 국가의 재정부담, 법률의 개정, 개인의 신분변화, 영토의 할양·교환·병합을 야기하는 조약 또는 협정은 법률에 의해서만 비준 또는 승일할 수 있다. ② 조약 또는 협정은 비준 또는 승인되어야만 효력을 발휘한다. ③ 관련 국민들의 동의 없이 이루어지는 모든 영토의 할양·교환·병합은 무효이다."

12) 프랑스 헌법 제89조 "① 수상의 제안에 따른 대통령과 의회가 공동으로 헌법개정안의 발의권을 가진다. ② 정부제출 또는 의원발의 헌법개정안은 동일한 내용으로 양원에서 제42조 3항에 정해진 기간에 대한 조건에 따라 검토된다. 국민투표에서 승인되면 헌법개정이 확정된다. ③ 단, 대통령이 헌법개정안을 양원합동회의(Congrés)에 제출할 것을 결정하면 이에 대한 국민투표는 시행되지 아니한다. 이 경우의 의장단이 양원합동회의의 의장단이 된다. ④ 영토의 보전을 침해하는 개정절차는 일체 착수·추진될 수 없다. ⑤ 공화정체는 헌법 개정의 대상이 될 수 없다."

13) Dalloz, *Code constitutionnelle et des droits fondamentaux*, 2016, p. 782.

14) 프랑스 헌법 제48조 "⑥ 제29조에 정해진 임시회기를 포함하여 최소한 매주 1회의 회기는 의회구성원의 질문과 정부의 답변에 우선적으로 할애된다."

15) 프랑스 헌법 제51-2조 "① 제24조 제1항에 규정된 통제와 평가임무를 수행하기 위하여 조사위원회가 각각

규정하고 있다. 그리고 의회의 통제권을 실질적으로 보장하기 위하여 정기회 기간 중에 4주 가운데 1주는 의회의 통제활동에 우선적으로 의사일정이 정해지도록 규정하고 있다(헌법 제48조[16]).[17]

(3) 공공정책의 평가권

하원의 권한으로서 공공정책의 평가권이란 "공공정책의 목적과 그 실행된 수단을 비교함으로써, 공공정책의 효율성을 평가하는 것"으로 프랑스의 경우 2008년 헌법개정에 따라 기존의 의회의 권한인 입법권, 통제권에 더하여 헌법상 도입되었다.[18]

프랑스 헌법은 의회의 공공정책의 평가권을 보다 실질적으로 행사할 수 있도록, 회계감사원(Cour des compte)이 의회의 정부활동에 대한 통제행위를 보조하도록 하였으며(제47-2조[19]), 의회 내에 조사위원회를 설치하도록 규정하였다(제51-2조). 이에 따라 그동안 공공정책의 평가와 관련된 활동은 하원의 상임위원회의 활동, 조사위원회의 활동, 정부단의 활동을 통해 묵시적으로 수행되었다.[20][21]

의 원내에 창설되어 법률에 의해 정해진 조건에 따라 정보자료를 수집한다. ② 법률은 조사위원회의 조직과 기능규칙을 정한다. 조사위원회의 창설조건은 각 원의 규칙으로 정해진다."

16) 프랑스 헌법 제48조 "④ 4주의 회기 중 한 주는 각각의 원에 의해 정해진 순서에 따라 정부행동의 통제와 공공정책의 평가에 우선적으로 할애된다."

17) Dalloz, *Code constitutionnelle et des droits fondamentaux*, 2016, p. 782.

18) Ferdinand Mélin-Soucramanien/Pierre Pactet, *Droit constitutionnel, Dalloz-Sirey*, 2015, pp. 518-519.

19) 프랑스 헌법 제47-2조 "① 회계감사원은 의회의 정부활동의 통제를 보좌한다. 회계감사원은 의회와 정부가 재정법률의 실행과 사회보장 자금조달법의 적용에 대한 통제 그리고 공공정책에 대한 평가를 하는데 보좌한다. 회계감사원은 공적인 보고서를 통하여 시민들에게 정보전달을 하는데 기여한다."

20) 예를 들면, "l'Office parlementaire d'évaluation des politiques publiques", "Mission d'évaluation et de contrôle, Mission d'évaluation et de contrôle de la sécurité sociale", "Office parlementaire d'évaluation des politiques de santé"와 같은 기관은 상임위원회의 평가활동을 풍부하게 하는 것을 그 목적으로 하였다.

21) 그렇지만, 일부의 공공정책(예를 들면, 도시정책, 기업, 연구, 혁신을 지원하는 정책, 범죄방지정책)의 경우 하나의 기구에 의해 종합적으로 다루어질 필요가 있음에도 여러 상임위원회의 소관영역에 걸쳐 있다는 비판이 제기되었으며, 그 결과 "공공정책의 평가 및 통제 위원회"(Comité d'évaluation et de contrôle des politiques publiques, CEC)가 새로이 설치되었다. "공공정책의 평가 및 통제 위원회"는 다음과 같은 3가지의 주요임무를 수행한다. ⅰ) 우선, 평가의 분야에서 "공공정책의 평가 및 통제 위원회"는 자신의 발의 또는 상임위원회의 요구로 여러 상임위원회에 걸쳐 있는 일을 수행한다. 이와 관련하여, "공공정책의 평가 및 통제 위원회"의 매년 계획은 각각 교섭단체가 자유롭게 매년 평가주제를 선택하지만, 각각의 주제는 반대파가 1명 포함된 공동 보고자에 의해 처리된다. 보고자는 당연히 하원의 부서의 도움을 받을 수 있으며, 하원 외부의 전문가 특히 회계감사원(Cour des comptes)은 헌법 제47-2조에 따라 조력한다. ⅱ) 그리고 "공공정책의 평가 및 통제 위원회"는 정부제출법률안이 제출된 상임위원회의 위원장 또는 하원의장의 요구로 정부제출법률안에 부가된 영향평가서에 대한 의견을 제기하는 역할을 한다. ⅲ) 마지막으로 "공공정책의 평가 및 통제 위원회"는 하원의 평가 및 통제의 "관제탑"(tour de contrôle)으로서의 역할을 한다. 즉, "공공정책의 평가 및 통제 위원회"는 상임위원회나 의장단회의가 창설한 정보단에 업무의 원활한 조정과 통제 및 평가에 우선적으로 할애된 의사일정의 등록요구를 가능하게 하는 권고를 한다. 또한, "공공정책의 평가 및 통제 위원회"는 헌법개정에 따라 규정된 우선적 의사일정에 관하여 의장단회의에 모든 유용한 제안을 할 수 있으며, 특히 본회의에서 자신의 보고서의 결론 또는 정보단의 결론 또는 다른 통제 및 평가(예를 들면 특별한 주제에 대한 회계감사원의 보고서)의 주제의 결론에 대한 투표 없는 토의나 질문회의의 조직을 제한할 수 있다. http://www2.assemblee-nationale.fr/14/les-delegations-comite-et-office-parlementaire/

Ⅲ. 집행권에 대한 하원의 통제수단

프랑스 제5공화국 헌법은 비록 대통령이 실질적인 권한을 가지고 있음에도 이에 대한 의회의 통제수단이 실질적으로 존재하지 않기 때문에, 집행권에 대한 의회의 통제수단은 수상이 이끄는 정부에 대한 통제수단으로서의 성격을 가진다.[22)]

1. 하원의 정보권

(1) 질문권

질문권은 구두질문권 및 서면질문권으로 분류되며, 정부활동에 대한 가장 오래된 의회의 통제수단으로서의 성격을 가진다. 그리고 투표절차가 없는 이와 같은 질문권은 그때그때의 현안이 되는 사안에 대해 정부의 정치적 책임을 묻지 않으면서 하원의원이 정보를 제공받을 수 있는 수단이다.[23)]

(2) 청문 및 정보단의 운영

프랑스 하원의 상임위원회는 정부활동에 대한 통제를 위해 하원의 정보를 보장하는 주요한 역할을 한다. 그리고 이와 같은 상임위원회의 정보활동은 주로 청문과 정보단의 운영을 통해 이루어진다.[24)]

2. 하원에 대한 정부의 정치적 책임

프랑스 헌법은 하원에 대한 정부의 정치적 책임과 관련하여 프랑스 헌법 제49조 제1항, 제49조 제2항, 제49조 제3항을 규정하고 있으며, 이와 같은 규정은 프랑스 제3·4공화국 시

---

comite-d-evaluation-et-de-controle-des-politiques-publiques/secretariat/qu-est-ce-que-le-cec/l-evaluation-des-politiques-publiques-au-caeur-de-la-mission-de-controle-parlementaire, 2017.1.23일 방문.

22) 프랑스 제5공화국 헌법상 집행권에 대해서는 한동훈, 「프랑스 제5공화국 헌법상 집행권」, 세계헌법연구, 제23권 제2호, 2017 참조.

23) 프랑스 헌법 및 하원규칙상 인정되는 질문권으로는 ⅰ) 구두질문권(토의없는 구두질문권, 정부에 대한 질문권, 각료에 대한 질문권), ⅱ) 서면질문권이 있다.http://www2.assemblee-nationale.fr/decouvrir-l-assemblee/role-et-pouvoirs-de-l-assemblee-nationale/les-fonctions-de-l-assemblee-nationale/les-fonctions-de-controle-et-l-information-des-deputes/les-questions, 2016년 12월 18일 방문.

24) 예를 들면, 재정위원회(commission des finances)는 공공정책의 효율성에 대한 평가를 하는 "평가 및 통제단"(mission d'évaluation et de contrôle, MEC), 사회보장위원회(commission des affaires sociales)는 "사회보장 자금조달법률에 대한 평가 및 통제단"(mission d'évaluation et de contrôle de lois de financement de la sécurité sociale, MECSS)의 조사권을 가지고 있으며, 이를 통해 정부의 재정활동에 대한 통제에 필요한 정보를 제공받는다. http://www2.assemblee-nationale.fr/decouvrir-l-assemblee/role-et-pouvoirs-de-l-assemblee-nationale/les-fonctions-de-l-assemblee-nationale/les-fonctions-de-controle-et-l-information-des-deputes/le-role-des-commissions-permanentes-en-matiere-de-controle-du-gouvernement, 2016년 12월 18일 방문.

기에 경험한 정부의 불안정을 피하기 위하여 정부가 책임을 지는 조건을 합리화하였다는 점이 특징적이다.

그리고 정부가 의회에 대해 책임이 있는 경우와 관련하여 프랑스 헌법 제50조는 "하원이 불신임안을 가결하거나 정부의 계획 또는 일반정책선언을 부결하는 경우에 수상은 대통령에게 정부의 사퇴서를 제출하여야 한다."고 규정하고 있다.

(1) 헌법 제49조 제1항의 수상의 신임문제의 제기

1) 의 의

프랑스 헌법 제49조 제1항은 "수상은 정부의 계획(시정방침, programme) 또는 경우에 따라서는 일반정책선언과 관련하여 국무회의의 심의를 거친 후 하원에 대해 정부의 책임을 진다."고 규정함으로써 정부가 하원의 신임을 가지는 지 수상이 확인할 수 있는 권한을 규정하고 있다.

제49조 제1항의 규정의 특징적인 점은 여기서의 신임은 특정한 법률안을 그 대상으로 하는 것이 아니라(법률안의 경우 제49조 제3항이 적용된다), 정부의 정책 전체 또는 상당부분을 그 대상으로 한다는 점이다.[25] 그리고 제49조 제1항은 수상이 자기 자신이 임명될 때 또는 정부가 구성될 때 포함되는 권한으로서의 성격을 가지고 있으며, 헌법규정상 시기에 대한 규정이 없기 때문에 수상은 자신의 계획에 대한 신임투표를 요구하기에 가장 적절한 순간을 선택할 권한도 포함되는 것으로 이해된다.[26]

또한, 헌법 제49조 제1항의 사용은 새로운 정부가 구성되었을 때에만 정당화되며, 정부가 단지 개편되었을 경우에 사용하는 것은 바람직하지 않은 것으로 이해된다.[27] 마지막으로, 계획과 일반정책의 선언간의 법적인 차이점은 존재하지 않는 것으로 판단된다. 왜냐하면, 프랑스 제5공화국의 여러 수상들은 이들 용어에 대한 명확한 의미를 염두에 두고 사용하지 않았기 때문이다. 예를 들면 P. Mauroy는 1981년 10월 6일과 1982년 6월 23일에 에너지, 경제문제도 "일반정책의 선언"이라고 하기도 하였다.[28]

---

25) 예를 들면 1995년 Juppé 정부의 사회보장개혁, 2009년 3월 Fillon정부의 프랑스의 북대서양조약기구(Organisation du Traité de l'Atlantique Nord, OTAN)로의 복귀의 문제가 그러하다. Dalloz, *Code constitutionnelle et des droits fondamentaux*, 2016, pp. 1022-1023.

26) 표현상 프랑스 헌법 제49조 제3항의 "peut engager"와 제49조 제4항의 "a la faculté de demander"라는 표현과 달리 제49조 제1항은 "engage"라는 표현을 사용하기 때문에 단순한 권한이 아닌 의무를 의미하는 것으로 이해될 수 있지만, 프랑스 학계에서는 일반적으로 수상의 권한으로 이해하고 있는 것으로 판단된다. Dalloz, *Code constitutionnelle et des droits fondamentaux*, 2016, p. 1023.

27) 따라서 François Fillon은 2007년 7월 3일 자신의 정부의 임명시에 일반정책의 선언에 대한 승인을 요구하였으며, 2010년 11월 24일 자신의 세 번째 정부가 임명되었을 경우에도 그러했다. 그렇지만 여러 번의 정부개편, 특히 이와 같은 정부개편이 광범위했을 경우에는 헌법 제49조 제1항을 사용하지 않았다. Dalloz, *Code constitutionnelle et des droits fondamentaux*, 2016, p. 1023.

28) Dalloz, *Code constitutionnelle et des droits fondamentaux*, 2016, p. 1023.

2) 헌정실제

프랑스 헌법 제49조 제1항의 신임과 관련된 규정은 헌정실제에 있어서 많이 사용되지는 않았으며, 그 실질적 효과 또한 많지는 않은 것으로 판단된다. 즉, 제5공화국의 상당수의 수상은 헌법 제49조 제1항의 권한을 사용하지를 않았다. 그럼에도 이들 수상의 정부는 역시 자신의 권한을 완전히 행사하였으며, 하원에 의해 승인받지 않았던 계획을 집행하였다.[29]

(2) 헌법 제49조 제2항의 하원에 의한 정부불신임동의

1) 의 의

프랑스 헌법 제49조 제2항은 "하원은 불신임안의 가결을 통해 정부의 책임을 묻는다. 이와 같은 불신임안은 하원의원의 최소한 10분의 1이 서명하여야만 수리될 수 있다. 불신임안의 표결은 불신임안이 제출된 후 48시간이 경과한 후에만 표결할 수 있다. 불신임안은 찬성하는 표만 집계되며, 하원을 구성하는 의원의 과반수에 의해서만 가결될 수 있다. 다음 항에서 정하는 경우를 제외하고 하원의원은 동일한 정기회기 중에 3번을 초과하여, 동일한 임시회기 중에 한 번을 초과하여 불신임안에 서명할 수 없다."고 규정함으로써 하원에 의한 정부불신임동의권을 규정하고 있다.

이와 같은 불신임안은 의원들이 정부에게 더 이상 신임을 부여하지 않는다는 것을 알리는 의원들에게 부여된 수단으로서의 성격을 가진다. 종종 제49조 제3항의 불신임안과 구별하기 위하여 헌법 제49조 제2항의 불신임안은 "자발적 불신임안"(motion de censure spontanée)이라고도 부른다.[30]

2) 헌정실제

1958년 이래 제5공화국 하에 제출된 50번 이상의 불신임안 가운데 1번의 불신임안만 가결되었고, 이는 1962년 10월 5일의 퐁피두 정부의 사퇴를 가져왔다.[31] 그렇지만, 드골 대통령은 즉각 하원을 해산하여 안정적인 다수를 확보한 다음 다시 퐁피두를 수상으로 임명함으로써 제5공화국 헌정사상 유일한 의회의 정부불신임은 사실상 대통령과 정부의 승리로 귀결

29) Dalloz, *Code constitutionnelle et des droits fondamentaux*, 2016, p. 1023.

30) 헌법 제49조 제2항에 규정된 불신임안은 하원을 구성하는 의원의 최소 1/10이 서명하는 경우에만 수리되며 (현재 58명의 하원의원임), 불신임안이 제기되는 경우 이와 같은 불신임안은 토의되며, 48시간의 성찰의 기간을 가진 후에 표결에 부쳐지며, 의사를 표명한 사람의 다수가 찬성으로 투표하는 경우 불신임안은 가결된다는 조건이 부가되어 있으며, 의원들은 정기회가 진행되는 경우 3번, 임시회가 진행되는 경우 1번만 불신임안에 서명할 수 있다는 점에서 무제한적인 권한이 아니라는 점이 특징적이다. 이와 같은 불신임안에 여러 조건 및 절차를 부여한 것은 프랑스 제3·4공화국 시기에 행해진 불신임안의 남용으로부터 정부를 보호하기 위함이다.
헌법 제49조 제2항의 절차와 조건에 따라 불신임안이 가결된 경우 수상은 헌법 제50조의 규정에 따라 대통령에게 정부의 사임을 제출한다. Dalloz, Code constitutionnelle et des droits fondamentaux, 2016, p. 1024.

31) Dalloz, *Code constitutionnelle et des droits fondamentaux*, 2016, p. 1024.

되었다고 한다.[32)]

(3) 헌법 제49조 제3항의 수상의 법률안의 표결에 대한 신임문제의 제기

1) 의 의

프랑스 헌법 제49조 제3항은 "수상은 정부제출 예산법률안 또는 사회보장제도의 자금조달법률안의 표결과 관련하여 국무회의의 심의를 거친 후 하원에 대해 책임을 진다. 이 경우 24시간 이내에 제출된 불신임안이 전항에서 정하는 요건에 따라 가결되지 아니하는 한 정부제출 예산법률안 또는 사회보장제도의 자금조달법률안은 채택된 것으로 간주된다. 뿐만 아니라, 수상은 회기마다 하나의 정부제출법률안 또는 의원발의법률안에 대해서도 이 절차를 사용할 수 있다."고 규정함으로써 법률안의 표결에 대해 정부의 책임을 결부할 수 있다.

이와 같은 헌법 제49조 제3항의 수단은 단순히 정부에 대한 통제수단이라기 보다는 어떤 법률안을 강제로 가결시키도록 하는 입법절차상의 하나의 수단으로서의 성격이 강하다. 즉 헌법 제49조 제3항은 정부의 하원에 대한 일종의 사임협박으로서의 성격이 강하며, 하원은 하원해산의 위험을 감수하고 정부를 전복하던가, 아니면 정부가 제안한 법률안을 인정할 수 밖에 없는 상황에 처하게 된다.[33)]

2) 실제운영

헌법 제49조 제3항의 규정 가능한 가장 실효성 있게 사용되기 위해서 실제로는 법률안이 가결되도록 하기 위해서는 신임의 문제와 헌법 제49조 제2항의 하원에 의한 정부불신임동의(motion de censure) 규정을 결합한다. 즉, 수상이 국무회의에서의 심의 후에 어떤 법률안에 대해 자신의 정부의 책임을 결부하였을 때(수상은 입법절차의 어느 순간에도 정부의 책임을 결부할 수 있다), 의회 토의는 즉각 중단되며, 주도권은 정부쪽으로 넘어가게 된다. 즉 정부는 아무런 행동을 하지 않을 뿐만 아니라, 어떤 것도 일어나지 않아도, 해당 법률안은 어떠한 투표 없이 가결된 것으로 간주된다.

반면에, 24시간 내에 반대파(정부를 반대하는 의회의 교섭단체와 같은)가 주도하여 정부불신임안(motion de censure)－이 경우 제49조 제2항의 불신임안과 구별하기 위해 "촉발된 불신임안"(motion de censure provoquée)이라 부른다－을 제기할 수도 있다. 이와 같은 헌법 제49조 제3항에 따른 불신임안－즉 "촉발된 불신임안"(motion de censure provoquée)－은 헌법 제49조 제2항에서 규정된 조건에 따라 제출되며, 제49조 제3항의 규정에 따른 촉발된 불신임안(motion de censure provoquée)을 서명하는 것은 헌법 제49조 제2항의 불신임안의 사용횟수에 영향을 미치지 않는다. 즉, 동일한 회기에 헌법 제49조 제2항의 불신임안을 서명하는 하원의원은 헌법 제49조 제3항의 규정의 범주에서 필요한 경우 불신임안을 서명할 수

32) 성낙인, 프랑스 헌법학, 법문사, 1995, 533쪽.

33) Dalloz, *Code constitutionnelle et des droits fondamentaux*, 2016, p. 1024.

있으며, 헌법 제49조 제3항의 불신임안을 서명하고, 아직 헌법 제49조 제2항의 불신임안에 대해 허용된 횟수를 소진하지 않은 하원의원은 헌법 제49조 제2항의 한계 내에서 불신임안을 계속해서 서명할 수 있다.

"촉발된 불신임안"(motion de censure provoquée)이 제출된 경우 하원은 해당 법률안이 아니라 불신임안에 대해 새로운 48시간이 경과한 후에 결정한다. 따라서 법률안에 대해 반대를 하는 측은 자신들이 정부에 대해서도 적대적인지 판단해야 하며, 이 경우 불신임안에 대한 찬성을 투표하며, 반대의 경우 기권한다. 왜냐하면, 불신임안에 대해 찬성하는 표만 집계되기 때문이다.

결국 기권하는 것은 바로 묵시적으로 정부를 지지하는 것이며, 불신임안이 절대다수로 가결된 경우 정부는 전복되며 그 결과 법률안은 부결된다. 반면에 불신임안이 절대다수를 획득하지 못한 경우 법률안은 가결된 것으로 간주되며, 정부는 유지된다.[34)]

3) 헌정실제

프랑스 제5공화국 하에 헌법 제49조 제3항을 사용한 모든 경우 법률안은 채택되었으며, 이는 이 조항이 정부의 입장에서는 상당히 유용성이 있는 규정이라는 점을 보여준다.

그렇지만, 헌법 제49조 제3항의 규정의 남용은 의회의 입법권을 상실하게 되는 결과를 초래하게 할 위험이 있으며,[35)] 대의민주주의에 대한 원칙적 부인으로서의 성격을 가지며, 그리고 하원의원으로 하여금 법률안이 아닌 정부불신임안(motion de censure)에 대한 투표를 하게 한다는 점에서 비판이 제기되고 있다.[36)]

Ⅳ. 하원에 대한 집행권의 통제수단

1. 대통령의 하원해산권과 국민투표회부권

(1) 하원해산권

1) 의 의

정부의 의회에 대한 책임에 대한 보상인 하원해산권은 프랑스에서 오랫동안 반공화주의적인 무기로 간주되었다.[37)]

---

34) Dalloz, *Code constitutionnelle et des droits fondamentaux*, 2016, pp. 1024-1025.

35) Dalloz, *Code constitutionnelle et des droits fondamentaux*, 2016, p. 1025.

36) Ferdinand Mélin-Soucramanien/Pierre Pactet, *Droit constitutionnel*, Dalloz-Sirey, 2015, p. 518.

37) 1814년 헌장에 규정된 하원해산권은 왕정복고기나 7월 왕정(monarchie de Juillet)시기의 군주들에 의해 행사되었다. 특히 1830년 샤를 10세(Charles Ⅹ)의 하원해산권의 사용은 오랫동안 권리남용의 불명예스러운 사례로 기억되었다. 즉 샤를 10세는 하원해산을 선언했으나, 선거결과가 만족스럽지 않았고 따라서 새로이 선출된 하원이 소집되기도 전에 새로이 하원해산을 선언했다. 마지막으로 1877년 마크-마옹(Mac-Mahon)은 하원해산권의 행사를 통해 하원에 정부와 군주주의적 경향의 정책을 강요하고자 하였으며, 이와 같은 사례 또한 하원해산권의 가치를 떨어뜨리게 하였다.

그렇지만, 현재 하원해산권은 정부와 의회가 대립하는 경우 유권자가 분쟁을 해결하도록 하는 점에서 의회제에서 유용한 수단으로 이해되고 있다.[38] 프랑스 헌법 제12조는 "① 대통령은 수상, 양원의 의장과 협의한 후 하원의 해산을 선포할 수 있다. ② 총선거는 하원해산 후 20일 내지 40일 이내에 실시된다. ③ 하원은 선거 후 두 번째 목요일에 자동으로 소집된다. 정기회 기간 외에 소집되는 경우에는 15일간의 회기가 자동으로 개회된다. ④ 하원총선거가 실시된 후 1년이 지나기 전에는 다시 하원을 해산할 수 없다."고 규정함으로써 대통령의 고유한 권한으로서의 하원해산권을 규정하고 있다.[39]

2) 하원해산권의 조건

대통령의 하원해산권에 대해서는 실질적 제한조건이 없으며, 형식적인 제한조건만 있다고 일반적으로 이해된다.

즉, 형식적인 면에 있어서 대통령은 하원해산을 선포하기 전에 수상, 상원의장, 하원의장에게 자문(협의)을 구해야 하지만, 이들의 의견에 따를 의무도 없다. 그리고 시기적인 제한과 관련하여 i) 하원해산권이 사용된 후 하원총선거가 있었던 다음해(헌법 제12조 제4조), ii) 대통령이 헌법 제16조[40]에 규정된 긴급명령권을 행사하는 경우, iii) 대통령의 궐위시 상원의장이 권한대행을 하는 경우(헌법 제7조 제4항[41])에는 하원해산권을 행사할 수 없다. 또한, 하원해산권은 대통령의 고유의 권한이기 때문에 하원해산명령(décret de dissolution)에 대한 수상의 부서는 필요 없다.[42]

---

38) Dalloz, *Code constitutionnelle et des droits fondamentaux*, 2016, p. 649.

39) 프랑스 하원해산권에 대한 국내문헌으로는 전학선, 프랑스의 의회해산제도, 공법학연구 제12권 제3호, 2011. 참조; 한편, 의원내각제 헌법으로서의 성격을 가지는 프랑스 제3공화국 및 제4공화국의 하원해산권은 제5공화국의 하원해산권과 다르다. 즉, 제3공화국의 헌법에 해당하는 1875년 2월 25일 헌법 제5조는 하원해산권의 행사를 위해서 상원의 동의를 그 조건으로 하며, 1946년 제4공화국 헌법은 하원해산은 국무회의(Conseil des ministres)에서 결정되며, 대통령의 명령(décret)으로 선포된다고 조심스럽게 규정하였다. Jean Massot, *Chef de l'État et chef du Gouvernement*, La Documentation française, 2008, pp. 110-111.

40) 프랑스 헌법 제16조 "① 공화국의 제도·국가의 독립·영토의 보전·국제협약의 집행이 심각하고 직접적으로 위협받고, 헌법에 의한 공권력의 정상적인 기능이 정지되는 경우에 대통령은 수상·양원의 의장·헌법재판소와 공식협의를 거친 후 필요한 조치를 취한다. ② 대통령은 교서를 통해 국민에게 이를 알린다. ③ 이러한 조치는 헌법에 기초한 공권력이 그 직무를 완수할 수 있는 수단을 최단기에 확보하는 것을 목적으로 하여야 한다. 이와 관련하여 헌법재판소와 협의한다. ④ 의회는 자동으로 소집된다. ⑤ 하원은 비상권한의 발동기간 중에는 해산될 수 없다. ⑥ 비상권한 발동기간이 30일이 지나면 하원의장이나 상원의장 또는 60인의 하원의원이나 60인의 상원의원은 제1항에서 명시된 조건들이 충족되었는지에 대한 심사를 헌법재판소에 청구할 수 있다. 헌법재판소는 최단 기간 내에 의견을 공표한다. 헌법재판소는 비상권한이 발동된 후 60일이 되면 당연히 이와 같은 검토에 착수하며 동일한 조건으로 의견을 제시하며, 60일이 지나면 언제든지 할 수 있다."

41) 프랑스 헌법 제7조 "④ 어떠한 이유로 공화국 대통령이 궐위되거나 정부의 제소에 의해 헌법재판소가 재적위원 절대 과반수로 공화국 대통령이 직무를 수행할 수 없다고 확인한 경우에는, 제11조 및 제12조에서 정한 직무를 제외하고 상원의장이 공화국 대통령의 직무를 임시로 대행하며, 상원의장도 그 직무를 수행할 수 없는 경우에는 정부가 대행한다."

42) Ferdinand Mélin-Soucramanien/Pierre Pactet, *Droit constitutionnel*, Dalloz-Sirey, 2015, pp. 446-447.

3) 하원해산권의 기능

프랑스 제5공화국 하에서 하원해산권은 5번 사용되었으며,[43] 대통령의 명목적인 권한이 아닌 실질적인 권한으로 기능하고 있다고 이해된다.

프랑스 제5공화국 헌정체제 하에서 하원해산권은 다음과 같은 기능을 하고 있다. i) 우선, 하원해산권은 대통령과 하원다수파간의 불일치에서 비롯되는 제도적 장애의 위험을 헌법적으로 해결하는 중요한 하나의 방법이다.[44] ii) 그리고 하원해산권은 연립정부의 일부의 당이 대통령에게 공격을 하는 경우 대통령이 사용하는 무기로서 기능할 수 있다.[45] iii) 또한 하원해산권은 1968년에 사용된 바와 같이 사회적인 위기를 탈출하는 하나의 수단으로 기능하였다.[46] iv) 마지막으로, 하원해산권은 대통령이 자신의 다수파에 활력을 부여하거나, 장래의 어려움에 대비하여 자신의 정책에 활력을 부여하기를 원하는 경우 실시하는 유용한 수단으로 성격을 가진다. 이 경우 일반적으로 수상과 합의하거나, 수상의 제안에 따라 하원총선거를 예정보다 빨리 실시하게 된다.[47] 따라서 제5공화국 헌법상 하원해산권은 실제에 있어서 1997년 의회다수파가 100석을 잃은 경우를 제외하고 이전의 공화국과 달리 대부분 대통령의 승리로 귀결되었으며, 대통령의 무기이자 공권력간의 균형을 유지하는 하나의 장치로서의 성격을 가지게 되었다.

한편, 동거정부의 시기에는 대통령이 의회다수파와 어려움을 겪고 있는 정부를 도와야 할 어떠한 의무도 없으며, 반대로 대통령은 새로운 의회다수파에게 불리한 시기에 하원해산권을 행사할 여지가 있게 된다.[48]

---

43) 즉, i) 1962년 10월 9일: 하원이 Pompidou 정부의 불신임을 가결함으로써 이에 대한 반작용으로 하원해산권이 행사된 경우, ii) 1968년 5월 30일: "68년 5월의 사건"(événements de mai 68)이라 불리우는 68혁명에 따라 발생한 사회적 위기를 해결하기 위해 하원해산권이 행사된 경우, iii) 1981년 5월 22일과 1988년 5월 14일: François Mitterrand이 대통령으로 선출되거나 재선출되어 자신에게 우호적인 의회다수파가 없는 상황에서 자신을 지지하는 의회다수파를 확보하기 위해서 하원해산권을 행사한 경우. 1981년의 경우 용이하게 하원다수파를 확보했지만, 1988년의 경우 덜 분명했음. iv) 1997년 4월 21일: 다음해에 정상적으로 예정된 하원총선거에서의 패배가 예상되자 이를 방지하고자 하원해산권을 Jacques Chirac가 행사하였지만, 결국 3차 동거정부로 귀결되었음. Dalloz, *Code constitutionnelle et des droits fondamentaux*, 2016, p. 650.

44) 즉, 하원해산권이 행사된 경우 국민에게 발언권이 주어지게 되며, 대립은 어떤 식으로든 해결되게 된다. 즉 국민이 새로운 하원다수파를 선출함으로써 대통령의 손을 들어주는 경우 조화는 회복되게 되며, 이에 반하여 국민들이 이전의 다수파를 재확인함으로써 대통령이 틀렸다고 판단하는 경우 대통령은 복종할 방법 외에 다른 방법이 없다. Ferdinand Mélin-Soucramanien/Pierre Pactet, Droit constitutionnel, Dalloz-Sirey, 2015, p. 447.

45) 1962년에 한번 사용되었던 하원의 정부불신임권의 행사하였을 때 그 당시 대통령인 드골이 행사한 하원해산권은 이와 같은 경우에 해당된다. Ferdinand Mélin-Soucramanien/Pierre Pactet, Droit constitutionnel, Dalloz-Sirey, 2015, p. 447.

46) 즉 대통령과 의회다수파간의 불일치가 없을 경우에도 국민에게 국민의 의사를 표현할 수 있게 함으로써 활동적인 소수파의 입을 다물게 하고, 제도가 더 이상 통제하지 못하는 무질서를 종결시키도록 한다. Ferdinand Mélin-Soucramanien/Pierre Pactet, Droit constitutionnel, Dalloz-Sirey, 2015, p. 448.

47) Ferdinand Mélin-Soucramanien/Pierre Pactet, *Droit constitutionnel*, Dalloz-Sirey, 2015, p. 448.

(2) 대통령의 국민투표회부권

1) 2008년 헌법개정 이전의 국민투표제도

1958년 프랑스 제5공화국 헌법상 국민투표제도는 원래 국민적 중재(arbitrage national)의 수단으로 그 중요성이 강조되었으며, 특히 드골 대통령이 집권하는 시기에는 의회의 통제를 회피하는 대통령의 통치수단으로서 및 집행권의 우월성을 담보하는 수단으로서의 성격이 강했다.

그렇지만, 헌정실제에 있어서 드골 대통령이 국민투표제도를 헌법개정방법으로 사용한 점은 헌법에 대한 중대한 왜곡으로 평가되며, 국민투표에 회부할 것인가의 여부는 대통령의 재량적인 권한이라는 점에서 비판의 대상이 되었다.[49]

2) 2008년 헌법개정 이후의 국민투표제도

프랑스 헌법상 국민투표제도는 2008년 헌법개정에 따라 그 성격에 상당한 변화가 있었다.[50] 즉, 프랑스 헌법상 국민투표제도는 1958년 최초의 제5공화국 헌법의 규정에 비해 국민투표의 대상, 국민투표의 발의권자, 헌법재판소에 의한 국민투표에 대한 통제권의 측면에서의 상당한 변화를 겪게 되었다.

우선 국민투표의 발의권자와 관련하여, 프랑스 헌법 제11조의 "…국민투표는 선거인명부상에 등록된 유권자의 1/10의 지지를 받는 의회구성원 1/5의 발의로 조직될 수 있다. 이러한 발의는 의원발의법률안의 형식을 띠며, 최소 1년 전에 공포된 법률규정의 폐지를 목적으로 할 수는 없다."는 규정은 국민투표제도가 이전의 대통령의 재량적 권한으로만 해석될 수 없으며, 의회의 소수파의 권리로서의 성격도 가진다는 점을 보여준다.[51] 그리고 국민투표의

48) Jean Massot, *Chef de l'État et chef du Gouvernement*, La Documentation française, 2008, pp. 111-112.

49) 성낙인, 프랑스 헌법학, 법문사, 1995, 365-383쪽; 드골의 후임자들은 국민투표제도를 통하여 신임의 문제를 제기하지 않았기 때문에 국민투표제도의 정치적인 의미는 변화되었다. Jean Massot, *Chef de l'État et chef du Gouvernement*, La Documentation française, 2008, pp. 132-133.

50) 즉, 2008년 개정된 프랑스 헌법 제11조는 "① 대통령은 의회 회기 중에 공화국 관보에 공표된 정부의 제안 또는 양원의 공동제안에 따라, 공권력의 조직, 국가의 경제·사회 또는 환경정책에 관한 개혁과 이에 기여하는 공역무에 대한 개혁, 또는 헌법에 위반되지는 않으나 제도의 기능에 영향을 미칠 조약의 비준동의를 목적으로 하는 모든 법률안을 국민투표에 붙일 수 있다. ② 정부의 제안에 대한 국민투표가 조직되는 경우, 정부는 하원과 상원에 대하여 토론이 수반되는 선언을 한다. ③ 제1항에서 언급한 사항에 대한 국민투표는 선거인명부상에 등록된 유권자의 1/10의 지지를 받는 의회구성원 1/5의 발의로 조직될 수 있다. 이러한 발의는 의원발의법률안의 형식을 띠며, 최소 1년 전에 공포된 법률규정의 폐지를 목적으로 할 수는 없다. ④ 국민투표발의의 제출조건과 헌법재판소가 전항의 규정의 준수를 통제하는 조건은 조직법률에 의해 정해진다. ⑤ 위의 의원발의법률안이 조직법률에서 정한 기간 내에 하원과 상원에서 심사되지 않을 경우, 대통령은 동법률안을 국민투표에 붙인다. ⑥ 위의 의원발의법률안이 프랑스국민에 의해 채택되지 않을 경우, 국민투표일 후 2년이 경과되기 전에 동일한 주제의 어떤 새로운 국민투표제안은 제출될 수 없다. ⑦ 국민투표를 통해 정부의 제안이나 양원의 공동제안에 따른 법률안이 채택되면, 대통령은 국민투표결과가 공표된 날로부터 15일 이내에 법률을 공포한다."고 규정한다.

51) Jean Gicquel/Jean-Éric Gicquel, *Droit constitutionnel et institutions politiques*, Montchrestien, 2015, p. 611.

대상과 관련하여, 1995년 8월 4일의 헌법개정과 2008년 헌법개정에 따라 국민투표의 대상은 최초의 1958년 헌법에 비해 확대되었다.[52] 마지막으로, 국민투표와 관련된 통제권과 관련하여, 프랑스 헌법재판소는 사전적 및 사후적 통제권을 가지고 있다는 점이 특징적이다.[53]

2. 정부의 입법권에 대한 개입

(1) 의 의

프랑스 헌법 제24조 "① 의회는 법률을 표결한다. 의회는 정부의 행위를 통제한다. 의회는 공공정책을 평가한다."가 규정하는 바와 같이 법률은 의회의 작품으로서의 성격을 가진다. 그렇지만 프랑스는 유럽연합의 회원국이기 때문에 특히 경제 및 재정 분야의 입법자의 활동은 상당히 제한을 받고 있을 뿐만 아니라, 가결된 수 많은 법률의 근원은 정부제출법률안이기 때문에 입법분야에서의 정부의 역할은 상당히 중요하다.[54]

프랑스 제5공화국 헌법상 법률제정작업은 정부와 의회의 협력, 보다 정확한 표현으로는 정부에게 유리한 방향으로의 협력을 특징으로 하며, 프랑스 제5공화국 헌법의 특징인 정부의 우월성은 정치적 측면뿐만 아니라 제도적 측면에서도 확인할 수 있다. 즉, 정부를 지지하는 의회다수파의 존재는 정부의 법률안의 가결을 용이하게 하며, 헌법상 의회의 활동영역을 정하고, 정부로 하여금 자신의 의견을 앞세울 수 있도록 하는 규정이나 특권이 제도화되어 있다. 특히, 헌법 제34조[55]의 규정에 따른 입법의 영역의 제한은 이전의 프랑스의 전통과의 단절을 나타내는 것으로 평가된다.[56]

---

52) Jean Gicquel/Jean-Éric Gicquel, *Droit constitutionnel et institutions politiques*, Montchrestien, 2015, p. 612.

53) 즉, 프랑스 헌법재판소는 헌법 제60조-"헌법재판소는 제11조·제89조·제15장에서 규정하는 국민투표의 적법한 시행을 감시한다."-의 규정에 따라, 사전적으로 의원발의법률안에 대한 국민투표의 적법성-특히 지지의 집계-을 확인해야 할 뿐만 아니라, 시행된 국민투표에 관한 문제를 조사 및 해결해야 할 권한이 부여되었다. Jean Gicquel/Jean-Éric Gicquel, Droit constitutionnel et institutions politiques, Montchrestien, 2015, p. 613.

54) Ferdinand Mélin-Soucramanien/Pierre Pactet, *Droit constitutionnel*, Dalloz-Sirey, 2015, p. 497.

55) 프랑스 헌법 제34조 "① 법률은 다음 사항을 규정한다. •시민적 권리 및 공적 자유의 행사를 위해 시민에게 부여된 기본적 보장; 자유, 다원주의 미디어의 독립; 국방을 위해 시민에게 과하여진 신체 및 재산상 의무 •국적, 개인의 신분 및 법적 능력, 부부재산제, 상속 및 증여 •중죄 및 경죄 및 위법행위의 결정과 그에 대한 형벌; 형사소송절차; 사면; 새로운 심급의 법원 설치와 사법관의 지위에 관한 규정 •모든 주세의 과세기준, 세율, 징수방식; 화폐발행제도. ② 법률은 다음 사항에 대해서도 규정한다. •의회, 지방의회, 재외프랑스인의 대표부, 지방자치단체의 심의회 구성원의 선거위임과 선거기능의 행사조건 •공공기관의 설립 •국가의 일반공무원 및 군공무원의 신분보장 •기업의 국유화 및 공기업의 민영화 ③ 법률은 다음사항의 기본원칙을 정한다. •국방조직 •지방자치단체의 자유행정, 권한, 재원 •교육 •환경보존 •재산권, 물권, 민간채권, 상업채권 •노동권, 노동조합권, 사회보장권. ④ 재정법률은 조직법률에서 정한 요건과 그 유보조항에 따라 국가의 재원과 및 부담을 정한다. ⑤ 사회보장 자금조달법률은 조직법률에서 정한 요건과 그 유보조항에 따라 균형재정에 대한 일반적인 요건을 정하고, 예상수입을 감안하여 지출의 용도를 정한다. ⑥ 프로그램적 법률은 국가활동의 목적을 정한다. ⑦ 공공재정의 다년간의 방향설정은 프로그램적 법률에 의해 정해진다. 공공재정의 다년간의 방향설정은 공공행정의 회계균형이라는 목적에 포함된다. ⑧ 본 조항은 조직법률로 구체화되고 보완될 수 있다."

(2) 법률안 발의단계에서의 정부의 개입

1) 프랑스 헌법상 법률안의 발의권

프랑스 헌법 제39조-"① 수상과 국회의원은 법률안 발의권을 가진다."-에 따라 법률안의 발의권은 수상 및 의원들에게 공동으로 속한다.

하원의원과 상원의원은 개인적 자격 또는 교섭단체(groupe parlementaire)의 이름으로 의원발의법률안과 수정안을 제출한다. 이에 반하여, 수상이 제출하는 정부제출법률안은 국사원의 자문을 거쳐야 한다. 여기서 국사원의 자문은 특히 이전의 법규정과의 관계에서 법률안의 질 및 법적인 일관성을 검토하는 것을 주요 목적으로 한다. 수상은 국사원의 자문을 거친 일반 법률안을 하원 또는 상원의 사무국에 제출하지만 재정법률안의 경우 반드시 하원에 먼저 제출해야 한다. 수상은 또한 수정안도 제출할 수 있다.[57] 그리고 2008년 7월 23일의 헌법개정은 법률의 질의 개선을 위해 하원 또는 상원의장도 소속 의원들이 반대하지 않는 한 의원들에 의해 제출된 의원발의법률안을 위원회의 심의 전에 국사원에 자문을 구할 수 있게 하였다(헌법 제39조 제5항).[58] 이에 따라, 국사원은 단지 정부의 위원회로서만 기능하는 것이 아니라, 의회의 위원회로서도 기능하게 되었다.[59]

2) 법률안 발의권과 정부개입

프랑스 헌법 제40조와 제41조의 규정에 따라 정부는 법률안의 발의단계에서 의회에 개입을 할 수 있으며, 이는 정부에게만 배타적으로 유리한 규정으로서의 성격을 가진다.

---

56) 프랑스 제5공화국 헌법이 정부로 하여금 입법절차에 실제적으로 개입할 수 있도록 하는 여러 특권에 대한 설명으로는 헌법재판연구원, 프랑스 헌법상 하원과 집행권의 관계, 2017, 93-94쪽 참조.

57) 프랑스 헌법재판소의 경우 헌법 제41조 또는 헌법 제61조 제2항의 규정에 따라 수정안에 대한 제소를 받을 수 있다. 1980년대 헌법재판소는 수정안은 "토의 중인 정부제출법률안과 전혀 관계가 없어서는 안 된다."고 판시하였고(Décision n° 85-198 DC du 13 décembre 1985), 수정안은 그 목적 및 효과에 있어서 "수정권의 행사에 고유한 제한을" 넘어서는 안 된다고 판시한 바 있다(Décision n° 86-221 DC du 29 décembre 1986; Décision n° 86-225 DC du 23 janvier 1987; Décision n° 90-277 DC du 25 juillet 1990). Ferdinand Mélin-Soucramanien/Pierre Pactet, *Droit constitutionnel*, Dalloz-Sirey, 2015, p. 500.

58) 프랑스 헌법 제39조 "② 정부제출법률안은 국사원의 의견을 청취하고 국무회의 심의를 거쳐 양원 중 한 원에 제출된다. 재정법률 및 사회보장자금조달 법률은 하원에 먼저 제출된다. 제44조 제1항과 별도로 지방자치단체의 구성을 주목적으로 하는 정부발의법률안은 상원에 먼저 제출된다. ③ 하원 또는 상원에 제출된 정부제출법률안은 조직법률에 의해 정해진 조건에 따른다. ④ 처음 법률안을 제출받은 원의 의장단회의가 조직법률에 의해 정해진 규칙이 지켜지지 않았다고 인정한다면, 정부제출법률안은 의사일정에 등록될 수 없다. 의장단회의와 정부간에 의견이 일치하지 않는 경우 해당의회의장 또는 수상은 헌법재판소에 청구할 수 있으며, 헌법재판소는 8일내에 결정을 내린다. ⑤ 양원의장은 법률에 정해진 조건에 따라 각 원의 구성원 중의 하나에 의해 제출된 의원발의법률안을 위원회의 검토에 앞서 의원발의법률안을 발의한 의원이 반대하지 않는 한 국사원에 제출하여 의견을 구할 수 있다."

59) Ferdinand Mélin-Soucramanien/Pierre Pactet, *Droit constitutionnel*, Dalloz-Sirey, 2015, p. 499; 한편, 정부제출법률안과 의원발의법률안의 최종적인 성공률은 동일하지 않다. 즉 정부제출법률안이 최종적으로 가결될 확률이 높다. 왜냐하면 정부는 여러 가지 특권을 가지고 있으며, 그리고 특히 정부제출법률안의 대부분은 정부의 법률적 계획을 실현하는 것을 그 목적으로 하기 때문이다. Ferdinand Mélin-Soucramanien/Pierre Pactet, *Droit constitutionnel*, Dalloz-Sirey, 2015, pp. 499-500.

(i) 헌법 제40조에 따른 불수리　　프랑스 헌법 제40조는 "공적 자원의 감소 또는 공공부담의 신설 내지 증가를 수반하는 의원발의법률안 · 개정안은 접수될 수 없다."고 규정하고 있다. 따라서 헌법규정상 이와 같은 제한은 정부제출법률안이나 수정안의 경우에는 적용되지 않는다.[60)]

(ii) 헌법 제41조에 따라 불수리　　프랑스 헌법 제41조는 "① 정부 또는 법률안을 제출받은 의회의 의장은 입법절차 중에 법안 또는 개정안이 법률의 소관사항이 아니거나, 제38조[61)]에서 위임한 바에 위배된다고 판단하는 경우 그 수리를 거부할 수 있다. ② 정부와 해당 원의 의장 사이에 이견이 있을 경우, 어느 한 편의 청구에 따라 헌법재판소가 8일 이내에 이에 대해 결정한다."고 규정한다.

따라서 헌법 규정에 따라 정한 법률의 영역에 속하지 않거나, 헌법 제38조의 규정에 따라 부여된 위임에 반하는 의원발의법률안과 의원들의 수정안은 수리될 수 없다. 이 두 경우에 정부만이 각각의 독회에서(특히 의원들의 수정안에 대해) 불수리성을 주장할 수 있다. 만약 상원의장 또는 하원의장이 불수리성을 다투는 경우 헌법재판소에 제소할 수 있으며, 헌법재판소는 8일의 기간 내에 결정을 내린다. 정부 또한 이에 대해 헌법재판소에 제소를 할 수 있다.[62)]

(3) 법률안 토의단계에서의 정부의 개입

프랑스의 입법절차는 하원과 상원에서의 법률안에 대한 심사 및 표결로 구성되며, 모든 정부제출법률안 또는 의원발의법률안은 우선 위원회에서 심의되며, 그 뒤에 본회의에서 심의된다.

1) 법률안의 제출과 위원회에서 심의

원칙적으로 법률안이 심의되는 위원회를 정하는 것은 하원의장 또는 상원의장의 권한이다. 그리고 위원회의 보고 후에도 모든 수정안은 제출될 수 있지만, 정부는 헌법 제44조 제2항[63)]의 규정에 따라 이전에 관계 상임위원회에서 제출되지 않는 모든 수정안에 대한 심사를

---

60) 만약 헌법 제40조의 이유로 의원발의 법률안에 대한 다툼이 있고, 불수리성이 다투어지는 경우, 하원의 재정위원회의 사무국(bureau de la Commisssion des finances)이 법률안의 제안자 및 필요한 경우 정부의 의견을 들은 다음 최종적인 결정을 한다. 그리고 수정안에 대한 다툼이 있는 경우 하원의장이 재정위원회의 위원장 또는 수석보고자(Rapporteur général)에 대한 자문을 거친 다음 최종적인 결정을 한다. 이와 관련하여 프랑스 헌법재판소는 경우에 따라서는 추상적 규범통제제도(헌법 제61조 제2항)를 통해 헌법 제40조의 문제를 다루게 된다. Ferdinand Mélin-Soucramanien/Pierre Pactet, Droit constitutionnel, Dalloz-Sirey, 2015, pp. 500-501.

61) 프랑스 헌법 제38조 "① 정부는 국정수행을 위하여 법률의 소관사항에 속하는 조치를 일정한 기간 동안 법률명령으로써 행할 수 있도록 승인해줄 것을 의회에 요구할 수 있다. ② 법률명령은 국사원의 의견청취 후 국무회의에서 발한다. 법률명령은 공포 즉시 발효된다. 그러나 수권법률에서 정한 기한 내에 이를 승인하는 법안이 의회에 제출되지 아니하면 폐기된다. ③ 본 조의 제1항의 기한이 만료되면 법률명령의 법률 소관사항은 법률에 의해서만 개정될 수 있다. 법률명령은 명시적인 방법으로만 비준될 수 있다."

62) Ferdinand Mélin-Soucramanien/Pierre Pactet, *Droit constitutionnel*, Dalloz-Sirey, 2015, p. 501.

거부할 수 있다.[64)]

2) 의사일정에 등록

법률안이 토의되기 위해서는 법률안은 의사일정에 등록이 되어야 한다. 헌법 제48조[65)]의 규정에 따라 정부는 재정법률안 및 사회보장자금조달법률안, 정부제출법률안 및 정부가 수락한 의원발의법률안을 우선적으로 의사일정에 등록할 수 있으며, 2008년 헌법개정으로 새로 도입된 4주 가운데 2주에 대해 우선적으로 의사일정을 허용한 점을 제외하고, 다른 의원발의법률안의 의사일정 등록을 연기할 수 있다.[66)]

3) 본회의 토의

2008년 7월 23일 헌법개정에 따라 도입된 헌법 제42조 제1항은 "① 회기 중 정부제출법률안과 의원발의법률안에 대한 토론은 헌법 제43조[67)]의 적용에 따라 지정된 위원회가 채택한 법률안을 대상으로 하고, 그와 같은 법률안이 없는 경우 의회에 제출된 법률안을 대상으로 한다."고 규정하고 있다. 본회의에서의 토의대상 법률안은 소관 위원회가 채택한 법률안을 대상으로 한다.

그렇지만, 헌법개정안, 재정법률안, 사회보장자금조달법률안의 경우 본회의에서의 토의는 정부가 제출한 법률안을 대상으로 하며, 소관 상임위원회에 의해 가결된 수정안에 대한 심사는 진행되지만, 수정안과 관련된 법률조항에 대한 토론이 진행되는 경우에만 심사가 이루어진다. 따라서 소관 상임위원회에 의해 가결된 수정안은 정부의 법률안을 변질시킬 수는 없게 된다.[68)]

4) 본회의 가결과 다른 원으로의 이송

(ⅰ) 개별 조항 및 수정안에 대한 가결 본회의에서는 우선 조항별 투표가 이루어지며, 수정안은 관련 조항이 심사될 때 토의된다. 정부에 의해 제출된 수정안과 소관상임위원회가

63) 프랑스 헌법 제44조 "② 일단 토론이 개시되면 정부는 사전에 위원회에 제출되지 아니한 모든 수정안의 심사를 거부할 수 있다."

64) Ferdinand Mélin-Soucramanien/Pierre Pactet, *Droit constitutionnel*, Dalloz-Sirey, 2015, p. 502.

65) 프랑스 헌법 제48조 "① 의회의 의사일정은 제28조의 마지막 3개항(제2항·제3항·제4항)과 별도로, 양원이 각각 결정한다. ② 4주의 회기 중 2주는 정부가 정한 순서에 따라 정부가 의사일정에 등록을 요구하는 법안의 검토와 토의에 우선적으로 할애된다. ③ 또한, 재정법률안과 사회보장제도 자금조달법률안, 다음 항의 규정의 유보하에 다른 원에서 회부된 지 최소한 6주 이상된 법안, 위기상황과 관련된 법률안 및 제35조에서 관련된 허가요구는 정부의 요구가 있을 시 우선적으로 의사일정에 등록된다. ④ 4주의 회기 중 한 주는 각각의 원에 의해 정해진 순서에 따라 정부행동의 통제와 공공정책의 평가에 우선적으로 할애된다. ⑤ 한 달 중의 하루의 회기는 관련된 의회의 반대그룹, 소수파그룹의 발의로 각각의 원에 의해 결정된 의사일정에 할애된다. ⑥ 제29조에 정해진 임시회기를 포함하여 최소한 매주 1회의 회기는 의회구성원의 질문과 정부의 답변에 우선적으로 할애된다."

66) Ferdinand Mélin-Soucramanien/Pierre Pactet, *Droit constitutionnel*, Dalloz-Sirey, 2015, p. 502.

67) 프랑스 헌법 제43조 "① 정부제출법률안과 의원발의법률안은 검토를 위하여 그 수가 각 원내에서 8개로 제한되어 있는 상임위원회 중 하나의 상임위원회에 이송된다. ② 정부 또는 법률안을 제출받은 의회의 요구로 정부제출법률안 또는 의원발의법률안은 검토를 위하여 특별히 조직된 위원회로 이송된다."

68) Ferdinand Mélin-Soucramanien/Pierre Pactet, *Droit constitutionnel*, Dalloz-Sirey, 2015, pp. 502-503.

제출한 수정안이 동일한 목적을 가지고 있다 하더라도 정부가 제출한 수정안이 일반의원이 제출한 수정안에 대해 우선권을 가진다. 각 조항은 표명된 투표의 과반수로 가결된다.[69)]

(ii) **일괄투표의 요구** 법률안의 조항별 투표(즉 수정안에 대한 투표)를 할 때 정부는 헌법 제44조 제3항[70)]에 규정된 일괄투표(vote bloqué)를 요구할 수 있다. 즉 정부는 자신들의 수정안 또는 정부에 의해 수락된 의원들이 제출한 법률안에 대해 해당 의회에게 한 번의 투표로 법률안의 전부 또는 일부에 대해 결정을 할 것을 강제할 수 있다.[71)]

(iii) **제2독회의 요구** 조항별 투표가 끝난 다음 정부는 법률안의 전부 또는 일부분에 대한 제2독회를 요구할 수 있으며, 이에 대해 해당 의회는 이를 결정한다.

그리고 제2독회에서는 정부 또는 소관위원회의 새로운 제안 또는 수정안만을 대상으로 하며, 제2독회가 없는 경우 하원은 정당대표자의 투표에 관한 설명을 듣고, 전체 법률안에 대한 표결에 들어가며, 여기서도 표명된 투표의 다수가 요구된다. 또한, 헌법 제49조 제3항에 근거하여 수상은 하원에 대해 해당 정부제출법률안에 정부의 책임을 결부할 수 있다.[72)]

5) 법률안의 왕복심의

프랑스 헌법상 법률안 심의는 원칙적으로 하원 및 상원의 왕복심의가 원칙이지만, 상원과 하원의 의견이 일치하지 않는 경우 특별한 장치를 두고 있다.

(i) **하원과 상원의 합의에 의한 법률안의 가결** 헌법 제45조는 "① 동일한 법률을 채택하기 위해 모든 정부제출법률안 및 의원발의법률안은 양원에서 차례로 심의한다.…"라고 규정하고 있으며, 이는 프랑스 제4공화국에서와 달리 상원이 입법활동에서 제한을 받지 않고 있으며, 법률안의 왕복심의를 규정하는 것으로 이해되고 있다.

그런데 법률안의 왕복심의는 두 가지 규칙을 준수해야 한다. 우선 법률안에 대한 일련의 독회 중에 토의는 양원의 의사가 일치하지 않은 조항을 대상으로 하며, 양원의 의견이 일치한 조항은 채택된 것으로 간주되며, 이에 대해서는 수정안의 대상이 될 수 없다. 그리고 두 번째는 하원과 상원에서의 각각의 법률안 심의는 일반적인 법률제정절차를 따라야 한다는 점이다. 이는 처음 법률안이 제출된 상임위원회로의 이송, 논쟁적인 조항에 대한 새로운 수정안의 제출이 가능하다는 점, 그리고 본회의에서의 토의를 의미한다.[73)]

---

69) Ferdinand Mélin-Soucramanien/Pierre Pactet, Droit constitutionnel, Dalloz-Sirey, 2015, p. 503.

70) 프랑스 헌법 제44조 제3항 "③ 수정안을 심의중인 원은 정부의 요구에 따라 정부에서 제출하거나 수락한 수정안에 한해 그 전부 또는 일부에 대해 일괄투표한다."

71) 이와 같은 일괄투표제도는 정부로 하여금 여러 표결의 장애로부터 자유롭게 하며, 본회의중 예측하지 못한 일로부터 정부를 보호하는 역할을 하기 때문에 정부에게 상당히 효과적인 수단으로 평가된다. 왜냐하면, 일괄투표는 정부로 하여금 정부가 원하는 법률안에 대해 우호적인 표결을 획득할 수 있게 하며, 정부가 선호하지 않는 모든 수정안을 토론 없이 한꺼번에 제거할 수 있기 때문이다. 박인수, 프랑스의 입법과정, 「사회과학연구」, 제18집 제2권, 영남대학교 사회과학연구소, 1999, 17쪽.

72) Ferdinand Mélin-Soucramanien/Pierre Pactet, *Droit constitutionnel*, Dalloz-Sirey, 2015, p. 504.

73) Ferdinand Mélin-Soucramanien/Pierre Pactet, *Droit constitutionnel*, Dalloz-Sirey, 2015, p. 505.

(ii) 하원에 의한 법률안의 가결절차　하원과 상원이 의견이 일치되는 않는 경우와 관련하여 프랑스 헌법 제45조 "④ 양원동수위원회가 공동의안을 채택하지 못하거나 그 의안이 전항에서 정하는 바에 따라 가결되지 아니하면, 정부는 상원과 하원에서 각기 다시 독회를 한 후 하원에서 최종적으로 의결할 것을 요구할 수 있다. 이 경우에 하원은 양원동수위원회에서 작성한 의안 또는 하원에서 의결한 의안을 경우에 따라서는 상원에서 채택된 1개 또는 수개의 개정안으로 수정하여 재심의할 수 있다."고 규정한다.

따라서, 수상은 상원과 하원의 의견이 일치하지 않아서, 정부제출법률안이 양원의 2 독회 후에도 가결되지 않은 경우 개입할 수 있다. 정치적인 차원에서 수상은 하원의 다수파에 의해 지지를 받을 때에만 하원의 의사를 앞세우기 위해서 개입한다는 점은 자명하다. 그리고 수상은 상원이 법률안에 적대적일 경우 헌법 제45조 제3항과 제4항[74)]의 절차를 사용함으로써 하원으로 하여금 최종적으로 결정하게 할 수도 있다.

반면에 만약 정부가 상원과 의사가 일치되고(그러나 이와 같은 경우는 거의 없음), 하원다수파와 불일치하는 경우, 정부는 단지 기권을 통해 하원을 꼼짝 못하게 할 수도 있다. 왜냐하면, 정부가 최종적 결정권을 하원에 부여하지 않는 경우 법률안에 대한 왕복심의는 계속 진행되기 때문이다.[75)]

한편, 2008년 7월 23일의 헌법개정에 따라 의원발의법률안의 경우 하원의장과 상원의장에게도 양원동수위원회의 소집권한이 부여되었으며(헌법 제45조 제2항), 헌법 제45조의 규정은 일반법률과 조직법률의 경우에만 적용되며, 헌법개정안의 경우 적용되지 않으며, 헌법개정안의 경우 상원의 투표는 불가결하다(헌법 제89조[76)]).[77)]

(iii) 헌법 제45조의 규정에 따른 양원동수위원회　양원동수위원회와 관련하여 프랑스 헌법 제45조 제2항은 "② 양원간의 이견으로 인하여 정부제출법률안 또는 의원발의법률안이 각 원에서 2차 독회를 거친 후에도 채택되지 아니하거나, 또는 각 원의 1차 독해후 양원의 장회의가 공히 반대하지 않고 가속된 절차를 개시하기로 결정하였을 때 수상과 의원발의법률안의 경우 공동으로 행동하는 양원의장은 토의중인 조항에 대한 법안제출을 담당할 양원동수위원회를 소집할 권한을 갖는다."고 규정한다.

---

74) 프랑스 헌법 제45조 "③ 정부는 각 원에 양원동수위원회에서 작성된 의안을 채택하도록 부의할 수 있다. 정부의 동의 없이 어떠한 개정안도 접수될 수 없다."

75) Ferdinand Mélin-Soucramanien/Pierre Pactet, *Droit constitutionnel*, Dalloz-Sirey, 2015, p. 505.

76) 프랑스 헌법 제89조 "① 수상의 제안에 따른 공화국 대통령과 의회가 공동으로 헌법개정안의 발의권을 가진다. ② 정부제출 또는 의원발의 헌법개정안은 동일한 내용으로 양원에서 제42조 3항에 정해진 기간에 대한 조건에 따라 검토된다. 국민투표에서 승인되면 헌법개정이 확정된다. ③ 단, 대통령이 헌법개정안을 양원합동회의(Congrés)에 제출할 것을 결정하면 이에 대한 국민투표는 시행되지 아니한다. 이 경우의 의장단이 양원합동회의의 의장단이 된다. ④ 영토의 보전을 침해하는 개정절차는 일체 착수·추진될 수 없다. ⑤ 공화정체는 헌법 개정의 대상이 될 수 없다."

77) Ferdinand Mélin-Soucramanien/Pierre Pactet, *Droit constitutionnel*, Dalloz-Sirey, 2015, pp. 505-506.

이와 같은 양원동수위원회의 운영은 정부가 항상 상황의 주도권을 가지고 있다는 점이 특징적이다. 즉 정부는 언제든지 입법절차를 중단 및 진행시킬 수 있을 뿐만 아니라, 양원에 제출된 양원동수위원회의 법률안은 정부에 의해서 제안되거나 인정된 수정안에 의해서만 수정될 수 있다. 따라서 정부는 종종 자신의 수정안만을 채택함으로써 이와 같은 특권을 사용하며, 이는 타협적인 절차의 정신을 변경을 초래한다. 또한, 이와 같은 절차에서 상원은 따르는 것 외에 다른 실효적인 수단이 없게 된다.[78)]

V. 결 어

일반적으로 혼합정부제(이원정부제)로 분류되는 프랑스 제5공화국 헌법은 프랑스 제3공화국 및 제4공화국의 프랑스식 의원내각제에 대한 개혁론(합리화된 의회주의, parlementarisme rationalisé), 프랑스 식민지인 알제리에서 일어난 독립전쟁, 강력한 집행권을 강조한 드골의 생각이 반영된 헌법으로서의 성격을 가진다. 따라서 프랑스 제5공화국 헌법은 최근 대통령제로서의 성격이 일부 강조되고 있기는 하지만, 기본적인 출발은 프랑스의 의원내각제를 합리화하기 위한 시도의 결과물로서의 성격을 가지는 것으로 판단된다.

그리고 본문에서 자세히 살펴본 바와 같이 프랑스 헌법상 집행권과 하원의 관계에 있어서, 하원은 집행권에 대하여 ⅰ) 여러 가지 종류의 정보권, ⅱ) 정부의 정치적 책임을 물을 권한 등이 있으며, 하원에 대해서 집행권은 ⅰ) 하원해산권과 국민투표회부권, ⅱ) 입법권에 대한 개입권 등을 가진다.

이 가운데 제49조 제3항의 하원에 대한 정부의 정치적 책임규정, 국민투표회부권, 입법권에 대한 정부의 개입권 등은 우리의 개헌논의에서 정부형태를 혼합정부제(이원정부제)로 채택하는 경우 주의깊이 살펴보아야 할 규정이라 판단된다.

우선, 프랑스 헌법 제49조 제3항에 따른 수상의 법률안 표결에 대한 신임문제의 제기의 규정은 법률안의 표결에 대해 정부가 책임을 결부하는 규정으로 정부에 대한 정치적 책임을

---

78) 이와 같은 상황을 요약하면, 1) 양원동수위원회가 타협안을 도출한 경우: 정부는 ㉠ 첫 번째 가능성으로 정부가 수락하거나 제안한 수정안으로 보충된 양원동수위원회의 법률안이 하원과 상원에 의해 가결될 수 있으며, ㉡ 두 번째 가능성으로 양원동수위원회의 법률안이 하원과 상원에 의해 가결되지 않을 경우에는 새로운 1독회 후에 정부는 하원에 양원동수위원회가 만든 법률안 또는 하원에 의해 가결되고, 필요한 경우 상원에 의해 채택된 하나 또는 여러 개의 수정안에 의해 개정된 최종법률안을 하원으로 하여금 최종적으로 결정하도록 할 수 있다. 그리고 정부가 간섭하지 않는 경우 법률안의 왕복심의는 다시 시작되게 된다. 2) 양원동수위원회가 타협안을 도출하지 못한 경우: 정부는 새로운 1독회 후에 하원으로 하여금 하원에 의해 가결되고, 필요한 경우 상원에 의해 채택된 하나 또는 여러 개의 수정안에 의해 개정된 최종법률안에 대한 결정을 하도록 요구할 수 있다. 그리고 이 경우에도 정부가 간섭하지 않는 경우 법률안의 왕복심의는 다시 시작되게 된다. Ferdinand Mélin-Soucramanien/Pierre Pactet, Droit constitutionnel, Dalloz-Sirey, 2015, pp. 506-507.

묻는 성격 보다는 하원에 대한 일종의 사임협박을 통해 정부가 제안한 법률안이 가결되도록 하는 수단으로서의 성격이 강하다. 따라서 프랑스 헌법 제49조 제3항의 규정은 대의민주주의 자체를 부인할 수 있는 바람직하지 않은 규정이라고 판단되기 때문에, 입헌민주주의적인 토대 및 역사적 배경이 다른 나라의 경우 도입의 필요성은 많지 않다고 생각된다.

그리고, 프랑스 헌법상 국민투표회부권은 2008년 헌법개정에 따라 대통령의 고유한 권한이 아닌 국민의 발의에 따른 의회 소수파의 권한으로 성격이 변화되었으며, 프랑스 헌법재판소가 사전적 및 사후적인 관리권을 가지고 있다는 점이 특징적이다. 따라서 우리의 개헌논의에서 대의민주주의의 흠결을 보완하고 직접민주주의를 강화하기 위해 국민발안제의 도입을 위한 논의의 전개와 관련하여 긍정적으로 살펴볼 필요가 있으며, 향후 보다 깊이 있는 비교법적 검토가 필요할 것으로 판단된다.

마지막으로, 프랑스 제5공화국의 입법권과 관련하여, 헌법이 의회의 입법권을 열거하는 태도를 취하는 점, 법률외의 여러 규범형식이 존재한다는 점, 정부가 입법절차에 대해 광범위하게 개입할 수 있는 권한이 있다는 점 등은 의회의 무력화를 위한 드골의 생각이 반영된 프랑스의 헌정사적인 전통의 산물이라고 판단된다. 따라서 프랑스 제3공화국 및 제4공화국의 의원내각제적 전통과 무관한 우리의 개헌논의에서는 프랑스 제5공화국의 입법권 분야와 관련된 특수한 헌법규정은 맹목적인 답습보다는 비판적인 입장에서 평가하는 것이 바람직할 것으로 판단된다.

6. 대통령의 인사권* – 미국 헌법을 중심으로 –

심 경 수**

Ⅰ. 서 설

2017년 9월 11일, 김이수 헌법재판소장 후보자에 대한 임명동의안이 국회 본회의에서 부결됐다. 청와대는 "상상도 못 했던 일로 헌정질서를 정치적이고 정략적으로 악용한 가장 나쁜 사례로 기록될 것"이라는 입장을 냈다. 윤영찬 청와대 국민소통수석은 "상상도 못 했다. 헌법재판소장 임명동의안이 국회를 통과하지 못한 건 헌정사상 처음"이라며 이같이 밝혔다. 또 "(야당이) 다른 안건과 김 후보자의 임명동의안을 연계하려는 정략적 시도는 계속됐지만, 그럼에도 부결까지 시키리라고는 상상도 못했다"며 "국회에서 벌어진 일은 무책임의 극치, 반대를 위한 반대로 기록될 것"이라고 말했다. 그는 "김 후보자에게는 부결에 이를만한 흠결이 발견되지 않았다. 헌법 재판소장 공백 사태의 책임이 누구에게 있는지 국민께서 가장 잘 아실 것"이라고 강조했다.

청와대 고위 관계자는 "다수당의 힘에 의해 어떠한 정당성도 갖지 않고, 그것도 110일째 끌어오던 표결을 하면서 부결로 결론냈다"며 "굉장히 실망과 분노를 하지 않을 수 없다"고 말했다.

야당에서 주장하는 '코드인사' 논란에 대해서도 "어떤 인사를 임명할지에 대한 임명권과 인사권은 대통령에게 있고, (야당이 문제 삼는) 그분들이 코드인사 대상이라고 생각하지도 않는다"고 잘라 말했다. …………[1]

일간지에서 인용한 이 장면은 역대 정부에서 자주 보아 왔던 낯익은 풍경으로 인사청문회가 실시된 이후에도 별로 달라진 게 없다. 2000년에 도입된 국회 인사청문회제도[2]는 대통령의 고위공직자 인사권을 견제하는 중요한 수단으로 기능해 온 것이 사실이다. 그러나 국회의 고위공직자 자질검증이 업무적격성이나 전문성 검증보다는 도덕성 검증에 치중되어 왔고, 인사청문회가 대통령의 인사권 견제보다는 여야 간 정쟁의 수단이 되고 있다는 비판이 제기되어 왔다. 나아가 인사청문회 무용론까지 제기되고 있다.

지난 18년간 여야는 정권교체에 따라 창과 방패의 역할을 교대로 담당하였고, 그 폐단을 함께 경험하였다. 여야를 막론하고 이제는 제도적 측면에서 인사청문회의 순기능은 살리고

---

* 이 논문은 "미국 헌법상 인사의 본질", 『헌법재판연구』 제4권 제2호, 헌법재판소 헌법재판연구원, 2017, 279-313면에 게재된 논문을 수정한 것이다.

** 충남대학교 법학전문대학원 교수

1) http://news.joins.com/article/21926223#none.

2) 대통령제 국가에서 대통령이 행사할 수 있는 인사권은 방대하고 강력하다. 그렇기 때문에 인사청문회제도는 대통령제 국가에서만 시행된다. 미국과 한국, 2008년 이후의 프랑스, 그리고 필리핀을 대표적으로 들 수 있다. 한국의 대통령이 직·간접으로 임명에 영향력을 행사할 수 있는 공직은 수천 개에 달한다. 대통령의 인사권이 자의적으로 행사되는 것을 견제하려고 만든 것이 국회 인사청문회제도이다.

역기능은 줄이는 노력을 원점에서 시작하여야 할 때가 아닌가 한다.

그동안 인사청문회제도의 개선방안에 대해서는 많은 연구가 있었다. 검증을 강화하고, 청문기간을 확대하며, 인사 검증대상 범위를 늘리는 등 여러 방안이 제시되었다. 그럼에도 불구하고, 새 정부가 출범한 뒤에도 인사문제에 대한 우려는 불식되지 않고 있다. 이러한 때일수록 우리는 인사제도의 가장 기본적이고 근본적인 본질 문제에 천착할 필요가 있다. 그러기 위해서는 230년의 역사를 지닌 미국 헌법상의 인사제도[3]에서 많은 교훈과 시사를 찾을 수 있다.

이하에서는 미국 상원의 인준을 중심으로, 미국 인사제도의 성립 배경과 인사권의 본질에 초점을 맞추어 대통령의 공직인사권에 대하여 재조명을 하고자 한다. 우선 미국 헌법의 사상적 기초를 먼저 살펴보고(Ⅱ), 그 이후에 공직 인사에 대한 미국 상원인준을 검토한 후, 미국 헌법상 인사의 본질을 고찰한 후(Ⅲ 내지 Ⅴ), 결론(Ⅵ)을 맺기로 한다.

Ⅱ. 미국 헌법상 인사제도의 운용

1. 공직 인사에 대한 헌법 규정

(1) 인사(Appointments)

권력분립의 원리는 미국 헌법상 공직인사의 임명권한에 대해서도 동일하게 작동한다. 공직의 임기와 공직자 선출방식은 미국 정부체제의 성격을 규정짓는데 있어서 중요한 요소가 된다.[4] 대통령과 부통령을 제외한 미국연방의 모든 공직자(officer)는 임명을 받는다. 권력분립의 원리에 의하여 연방의회 의원과 양원에서 근무하는 직원은 여기에 포함되지 않는다.[5]

---

3) 인사청문회제도의 효시인 미국을 보면, 1787년 헌법제정 당시부터 공직에 대한 인사문제를 논의한 것으로 나타난다. 당시 대통령에게 공직 임명권을 모두 위임하자는 견해와 의회가 인사권을 가져야 한다는 견해가 대립하였다. 대통령의 인사권을 보장하되 자의적인 행사를 견제하기 위해 상원의 인준을 받도록 하는 타협이 이뤄지면서 인사제도가 정착되었고, 20세기 중반 이후에 위원회를 중심으로 인사청문회제도가 도입되어 오늘에 이르렀다. 현재 미국의 인사청문회 대상 공직은 1,000개가 넘는다. 장관은 물론 차관과 차관보, 정보와 수사를 담당하는 국가기관의 국장급과 각국 대사 등도 포함된다. 이들 가운데 일부 하위 공직에 대해서는 관례적으로 인사청문회 없이 상원의 인준이 이루어져 실제로 청문회를 거쳐야 하는 자리는 600여개에 이른다. 미국에서의 사전 검증은 백악관 인사팀의 지휘로 공직자윤리국(OGE), 연방수사국(FBI), 국세청(IRS) 등 다양한 기관들이 참여하여 이루어진다. 사전 검증에만 통상 2~3개월 정도 걸린다. 후보자 주변 사람들에 대한 탐문조사까지 실시할 만큼 철저한 검증이 이루어진다. 이렇게 까다로운 사전 검증을 통과한 후보자가 인사청문회에서 낙마할 가능성은 크지 않음은 자명하다. 실제로 미국에서 공직 후보자에 대한 상원의 인준 거부율은 약 2% 미만이다. 즉 철저한 사전 검증을 실시하고, 여기에서 드러나지 않은 낙마 사유가 인사청문회에서 새롭게 발견되면, 그 후보자는 사퇴하는 것을 전통으로 한다.

4) Erwin Chemerinsky, *Constitutional Law: principles and policies*(4th ed.), Wolters Kluwer law & Business, 2011, p. 2.

5) 대통령의 임명에 있어서 국회겸직 금지나 동의권 부여는 입법부가 국민의 대표기관이라는 점에서도 이해될 수 있다; 오성호, 대통령의 임용권 제한에 관한 연구: 정치적 임명을 중심으로, 한국인사행정학회보 제7권 제3호, 한국인사행정학회, 2008, 156쪽; 조한상 · 신희성, 개정 국회법상 국회의원 겸직제한 제도에 관한 고

미국 각 주의 중요한 공직은 선거제가 원칙이지만, 미국연방의 공직자는 전부 임명제이다.[6)]

미국 헌법 제2조 제2항 제2절에서는 "……대통령은 대사, 그 밖의 공사, 영사, 연방대법원판사, 그리고 임명에 관하여 이 헌법에 특별한 규정이 없고 법률에 의해 정하는 그 밖의 모든 합중국 관리를 지명하여 상원의 조언과 동의를 얻어 임명한다. 다만 연방의회는 적당하다고 인정되는 하급관리 임명권을 법률에 의하여 대통령 단독으로, 법원에게, 각부 장관에게 부여할 수 있다."

또한 제3절은 "대통령은 상원의 휴회 중 발생하는 모든 결원을 보충할 권한을 갖는다. 단, 그 임명은 다음 회기가 만료될 때에 효력을 상실한다."고 규정한다.

미국 대통령은 공직임명권을 통해 연방정부를 구성한다. 이와 같은 공직임명권은 대통령에게 중요한 권한 중의 하나라는 것은 분명하다. 그런데 이러한 공직인사는 입법부에 대해서도 많은 영향을 미친다. 그 이유는 연방의회의 의원은 자기 선거구 주민을 공직에 추천하는 경우가 많기 때문이다.[7)]

공직에 대한 인사(Appointments)는 의회에서 공직을 설치한 이후, 다음과 같은 3가지 단계가 필요하다. 1) 대통령의 후보자 지명(nomination), 2) 상원의 인준(confirmation), 3) 대통령의 위촉(commissioning)이다. 하급 공무원의 경우, 의회는 인준 절차를 생략하고, 공무원 임명권을 직접 대통령, 법원 혹은 장관에게 줄 수 있다.[8)] 적어도 이론상으로 지명은 대통령의 특권이다. 실제로 그것은 집행부의 구성원, 의원들과 법관 및 민간 부문의 대표자들과 공유되며, 모두 다양한 법적 제한을 받는다.

상원은 출석자 다수결에 의해 대통령이 지명한 후보자를 인준한다. 상원은 그 동의에 어떤 행동을 하거나 그만두게 하는 약속을 요구하는 조건을 붙일 수 없다. 그러나 대개 후보자가 관할 위원회의 상원의원 사무실을 순회할 때 핵심 의원들의 우려에 대해 후보자로부터 다시 다짐을 받는다.[9)]

대통령이 지명안을 제출해도 상원에서 신속히 행동해야 할 의무는 없다. 특히 대통령의 임기가 끝날 즈음에, 의회는 그의 후임자가 지명하는 것을 선호할 수 있다. 1976년 포드(Ford) 대통령이 지명한 수십 명의 후보들이 의회로 넘겨졌지만 위원회에서 조용히 사라졌

찰, 의정연구 통권 제41호 한국의회발전연구회, 2014, 113쪽.

6) 연방공무원의 임무는 '임시적이거나 일시적'인 것이 아니라 '연속되고 영구적'이다. 임시적이거나 간헐적인 임무는 공무원이 아닌 대리인에 의하여 수행된다. 대통령의 임명 또는 법에 의하여 허가된 법원이나 장관의 임명으로 자신의 직위를 유지하지 않는 한 그 사람은 미국의 공무원이 아니다. 즉 연방법에 따라서 '중요한 권한'을 행사하는 피임명자는 미국의 공무원에 해당한다.

7) 문홍주, 미국헌법론, 일조각, 1956, 161쪽.

8) Louis Fisher, *Constitutional Conflicts Between Congress and the President*, 5th ed. rev., University Press of Kansas, 2007, p. 21.

9) Richard M. Pious, *The Presidency*, Allyn & Bacon, 1996. p. 360.

다. 그 자리에는 연방법관, 연방검사, 연방보안관, 그리고 규제위원회가 포함되었다. 1980년 공화당이 백악관을 차지할 것이라는 것을 감지했을 때, 카터(Carter) 대통령도 동일한 대우를 받았다.

실제로 상원은 대통령의 지명, 특히 각료의 지명에 대하여는 관대하게 인준을 승인하는 편이지만, 법관과 외교관에 대해서는 엄격한 경우가 많다. 상원의 반대 여부는 공직 후보자의 개인적인 능력에 좌우되는 것이 바람직하지만, 대통령과 상원의 다수당이 동일정당에 속하느냐 여부에도 영향을 받는다. 대표적 예로, 상원 제78대(1944.1.10-12.19)의 경우 10,129명의 후보자 중, 동의 10,073명, 반대 4명, 철회 18명, 미결 24명으로 대통령과 상원 다수당이 민주당이기 때문에 대부분 동의를 하였다. 그러나 제80대(1948.1.6-12.31)에서는 상원 다수당이 공화당이고 대통령은 민주당이었기 때문에 25,084명의 동의요청자 중 11,122명만을 통과시켰다. 또 하나는 대통령이 지역주재 연방공직자를 임명할 때, 그 지역출신의원과 사전에 논의하는 것이 상원의 동의를 얻는데 편리하므로, 이것이 상원의례(Senatorial Courtesy)로 관례화되었다.

상원의 휴회 중에 공직에 결원이 생겼을 경우, 대통령은 상원의 동의 없이 결원을 보충할 수 있는 권한을 가진다. 이를 휴회임명(Recess Appointment)이라고 한다.[10] 그러나 이 보충임명은 다음 회기가 종료할 때까지 효력을 가지며 그 중이라도 상원의 동의를 얻어 후임자가 정식으로 임명되면 보충임명은 그때부터 효력을 상실한다. 만일 후임자의 임명 없이 다음 회기가 종료하면 새로운 임명이 필요하다(제2조 제2항 제3절).

대통령의 상원에 대한 인준요청은 1차 부결되었을 때, 다시 요청할 수 있지만, 상원은 일단 동의한 것을 취소하지는 못한다. 쿨리지(Coolidge) 대통령은 법무부 장관으로 워렌(Warren)을 지명하여 인준을 요청하였으나, 상원에서 부결되었는데, 재지명하여 다시 인준요청을 하였지만, 상원은 다시 부결시켰다. 1930년 후버(Hoover) 대통령의 요청에 의하여 상원은 스미스(G. O. Smith)를 연방동력위원회 위원장에 동의하였는데, 그 후 스미스가 마음대로 소속 직원을 해임시켰기 때문에 동의를 철회할 것을 결의하였으나, 연방대법원은 이와 같은 상원의 철회결의를 인정하지 않았다.[11]

비록 상원에 일부 재량권이 있지만, 대통령은 지명을 거부할 수 없다. 일단 의회에 의해 부서가 인가되면, 그것은 반드시 채워져야 한다. 실제로 프랭클린 루스벨트(Franklin D.

---

10) Diana Gribbon Motz, *The Constitutionality and Advisability of Recess Appointments of Article III Judges*, Virginia Law Review, Vol. 97, No. 7(2011), p. 1666; 휴회임명에는 상원의 동의를 요하지 않는다는 견해; Matthew C. Stephenson, *Can the President Appoint Principal Executive Officers Without a Senate Confirmation Vote?*, The Yale Law Journal, Vol. 122, No. 4(2013), p. 978; 휴회임명도 상원의 사후동의를 요한다는 견해; Scott E. Graves, Robert M. Howard, *Ignoring Advice and Consent? The Uses of Judicial Recess Appointments*, Political Research Quarterly, Vol. 63, No. 3(2010), p. 650.

11) United States v. Smith, 286 U.S. 6(1932).

Roosevelt) 대통령이 1930년대에 감사원장 지명을 늦춘 것처럼 대통령은 잠시 이 목적을 좌절시킬 수는 있으나, 어느 시점에서는 명단이 제출되어야 한다.[12)]

(2) 주요 공무원과 하급 공무원의 구별

연방공직자들에 대한 인사는 ① 상원의 인준을 요하는 "공무원(officers)"과 ② 인준이 필요 없는 "하급 공무원(inferior officers)" 두 그룹으로 나뉜다. 둘로 나뉘는데 기준은 존재하지 않는다. 주요 공무원 범주에는 외교관, 법관, 장관, 규제위원, 검사, 보안관, 세관장 등이 포함된다. 의회는 종종 임용가능성을 넓히기 위해 이 그룹을 확대한다. 일부 국장과 사실상 다른 하위 직급의 모든 공무원은 하급 공무원 그룹에 속한다.

연방대법원은 몇몇 사건[13)]에서 연방의회가 하급 공무원의 범위를 정할 권한을 갖는다고 판시했다. 1898년 United States v. Eaton 사건에서 행정공무원들이 영사가 일시적 유고가 있는 동안 '부영사'(vice consul)를 임명하도록 되어있는 국무부 규정을 지지하였다. 연방대법원은 "하위 공무원(subordinate officer)이란 한정된 기간 동안 특수하고도 일시적인 조건 하에서 상급 공무원의 임무수행에 대하여 책임을 지는 것이므로" 부영사는 하위 공무원이라고 결론지었다.[14)]

연방대법원은 1988년 Morrison v. Olson 사건[15)]에서 이 문제를 다시 다루었다. 연방대법원은 7 대 1로 연방판사가 독립검사(independent counsel)를 임명하는 것이 합헌이라고 결정하였다. 렌퀴스트(Rehnquist) 대법원장은 법정의견에서 독립검사가 '주요'(principal) 공무원이기 보다는 '하급'(inferior) 공무원이기 때문에 연방의회는 연방법원에 임명권을 부여하는 것이 허용된다는 점을 강조하였다. 첫째, 연방대법원은 법무부장관이 충분한 이유를 제시하여 독립검사를 해임할 수 있으므로 독립검사는 하급 공무원이라고 하였다. 둘째, 연방대법원은 광범위한 권한을 가지고 행정부의 정책형성에 참여하는 법무부장관에 비하여 독립검사는 하급의 권한을 갖고 있다는 점을 언급하였다. 연방대법원은 독립검사가 한정된 기간 동안 임명법원의 지시에 따라 제한된 관할범위 내에서 임명된다는 점에 주목하였다.[16)] 또한 독립검사를 해임할 수 있는 요건이 제한적이어서 권력분립원칙에 위배하여 대통령의 권한을 제한한 것이 아닌가 하는 점에서 문제가 되었으나, 다수의견은 독립검사를 임명할 것인지 여부를 결정할 권한이 대통령에게 유보되어 있고, 독립검사에게는 법무부 정책을 따라야 하는 의무가 있으며, 특정한 사유가 있으면 법무부장관이 이를 해임할 수 있다는 점에서, 대통령이 헌법상 부여된 직무를 수행할 수 있도록 독립검사를 충분히 통제할 수 있다는 이유로, 권력분

12) Louis Fisher, id., p. 27.
13) *Ex parte Siebold* 사건, 100 U.S. (10 Otto) 371(1879), *Rice v. Ames* 사건, 180 U.S. 371(1901) 등이 있다.
14) 169 U.S. 343(1898).
15) 487 U.S. 654(1988).
16) Erwin Chemerinsky, id., p. 353.

립원칙에 위배하여 대통령의 권한을 제한하는 것이 아니라고 판시하였다.

(3) 해임(Removal)

미국 헌법상 대통령의 해임권[17]에 관한 명문규정은 없다. 대통령의 해임권에 관해서는 이미 제1회 연방의회에서 논란이 벌어졌다. 대통령의 해임권은 임명권에 포함되는 것으로, 상원의 조언과 동의를 얻어 행사하는 권리에 속한다고 주장한 해밀턴(Alexander Hamilton)은, 행정권은 대통령에게 속하기 때문에 대통령은 행정부에 속하는 공무원을 상원의 동의 없이 해임할 수 있다는 매디슨(James Madison)과 대립했다.

1867년 "대통령이 상원의 조언과 동의를 얻어 임명된 공무원은 대통령이 그 공무원을 해임할 때에도 상원의 동의가 필요하다. 혹은 대통령은 상원의 조언과 동의를 얻어 후임을 임명한 후에 전임자를 해임할 수 있다. 그 위에 연방의회가 휴회 중에 동의를 얻지 못한 경우에는, 대통령은 임의로 공무원을 정직시킬 수 있지만, 해임할 수 없다. 상원이 회기재개 후에 대통령의 정직조치에 동의하는지 여부를 결정한다."는 내용의 공무원임기법안이 양원을 통과했다. 하지만 해임권은 대통령 단독으로 행사할 수 있는 권한이므로 공무원임기법(The Tenure of Office Act)은 위헌이라는 이유로 앤드류 잭슨(Andrew Jackson) 대통령은 통과법안에 거부권을 행사했다. 그러나 이 법안은 다시 양원에서 각각 2/3이상의 다수로 통과되었다. 그리고 1869년 일부 수정을 거쳐 법률로 되었다. 그 후 이 공무원임기법은 클리블랜드(Grover Cleveland) 대통령의 반대에 의해 1887년 전면 폐지되었다.

1876년에는 공무원임기법과 동일한 내용의 우편국장 임명에 관한 '우편국장법'(The Postmaster Act)이 제정되었다. 1920년 윌슨(Woodrow Wilson) 대통령이 우편국장 이었던 마이어스(Myers)를 상원의 동의를 구하지 않고 해임했다. 그 후 윌슨 대통령이 후임자 임명에 관해 상원의 동의를 구했지만, 상원은 그것을 부결시켰다. 이에 마이어스는 대통령의 해임행위가 우편국장법 위반이라며 임기잔존 기간 중의 급료지불청구소송을 행정법원에 제기하였다. 이 재판에서 패소했기 때문에 마이어스는 대통령의 해임권에 관한 헌법해석 문제를 묶어서 연방대법원에 상고했다. 1926년 윌슨 대통령 직전 대통령 이었던 윌리엄 하워드 태프트(William Howard Taft) 이하 9명의 대법관은 Myers v. United States(1926) 사건에서 매디슨이 주장한 것과 같은 내용의 "대통령에 의해 임명된 행정부 소속 공무원에 대한 대통령의 해임행위가 연방의회에 의해 제약받는 것은 타당하지 않다."[18]고 판결했다. 이 판결에 의해 대통령은 상원의 동의 없이 공무원을 해임할 수 있게 되었다.

그러나 그 후 프랭클린 루즈벨트(Franklin D. Roosevelt) 대통령(Dem.)이 공화당 소속의

---

17) 미국 대통령의 공무원해임권에 대해서는 다음의 논문을 참조: 심경수, 미국헌법상 대통령의 공무원해임권에 관한 법리, 법학연구 제15권 제1호, 충남대학교 법학연구소, 2004, 89-112쪽.

18) Myers v. United States, 272 U.S. 52(1926).

연방거래위원회(Federal Trade Commission) 위원이었던 윌리엄 험프리(William S. Humphrey)를 대통령 정책에 따르지 않는다는 이유로 해임했다. 연방대법원은 1935년에 "연방의회가 행정부 내에 반드시 행정상의 기능을 완수하는 것이 아닌 기관도 설치할 수 있다. 그러나 이와 같은 기관에는 대통령의 권한이 전면적으로 미치지 않는다. 연방거래위원회는 행정부 내에 설치되어 있는 이른바 독립위원회(Independent Commission) 이다. 연방의회는 무능력, 태만, 불법행위나 부정행위 등의 이유로 위원을 해임시킬 수 있지만, 대통령의 해임권은 독립행정기관 공무원에까지 미치지 않는다."[19]고 판결했다. 이 판결에 의해 대통령은 준 입법적인 독립행정기관 공무원을 상원의 동의 없이 해임시킬 수 없게 되었다.

2. 공동권한(concurrent authority), 이중책임(dual responsibility), 헌법상 연대책임(joint constitutional responsibility)

1787년 필라델피아 헌법제정회의(Constitutional Convention)가 개최되었을 때, 12개 주 대표들에게는 행정부 관리와 사법부 법관을 어떻게 선발할 것인가에 대한 일반 원칙이 없었다. 55명 대표자들 대부분이 주 정부, 의회 혹은 군대에서 일해 왔던 사람들로 이루어졌고, 인사는 주(state)의 선례가 기준으로 작용하였다. 주 헌법은 인사권을 주 의회나 의회가 지정하는 평의회(council)에 부여하고 있었다. 이러한 점은 기존의 연합규약 정부 하에서 별도의 집행부 없이 단원제 의회가 소속 주 대표자들의 추천에 기초하여 모든 인사를 담당하도록 하게 하였다. 다만, 헌법제정회의에서 새 정부 구성을 위한 초기 계획에 의하면, 의회는 사법부에 대한 인사권을 갖고 대통령은 행정부 관료들에 대한 선발권을 갖는 것으로 하여, 의회와 대통령이 인사권을 나누어 가졌다. 작은 규모가 비밀유지에 용이하고 절차적 효율성을 증진시킬 것이라 믿었기 때문에, 헌법의 기초자들은 의회 역할을 상원으로 제한하기로 합의하였다.

그런데 상원과 대통령 중 누가 가장 적합한 후보를 식별할 수 있느냐에 대한 논쟁이 이어졌다. 헌법제정회의 마지막 날에 대표단은 대통령과 상원 사이에 책임을 나누었다. 인사권을 대통령에게 독점적으로 부여하는 것은 군주제로 기우는 것이 아닐까하는 우려를 갖고 있는 몇몇 영향력 있는 대표자들의 의견을 반영한 것이었다. 상원이 각 주를 동등하게 대표하기 위해서, 그들의 역할은 그들이 더 큰 주들에 동조하는 후보자들에 의해 압도당하는 것이 두려운 작은 주들에게 안전망을 제공하였다. 입법부 간섭에서 벗어나 행정부를 강화시키길 원했던 해밀턴도, 상원은 대통령의 선택을 받아들이거나 거부할 수밖에 없기 때문에, 대통령의 지명권이면 인사절차에 대한 통제로 충분하다는 믿음에서 이중책임(dual responsibility)의 개념을 지지하였다. 헌법의 기초자들은, 정치적 압력으로부터 상대적으로 영향을 덜 받도록

---

19) Rathban v. United States, 295 U.S. 602(1935).

의도된 상원에게 입법적인 역할을 주면서, 대통령과의 공동행위(joint action)를 요구함으로써, 인사에 대한 부패한 협상이 최소화되기를 원하였다.[20] 실제로 그동안 미국의 상원과 대통령은 행정부와 사법부의 주요한 공직에 대한 인사에 있어서 그들의 헌법상의 연대책임(joint constitutional responsibility)에 대해 신중한 관계를 유지하여 왔다.[21]

뿐만 아니라 연방대법원은 의회가 자신 내지 소속 공무원에 대한 인사권이 없음을 명백히 하였다. 미국헌법 제2조는 누가 인사권을 보유할 수 있는지에 대하여 몇 가지 경우를 열거하고 있지만, 연방의회는 여기에 해당되지 않는다는 것이다. Buckley v. Valeo 사건에서 연방대법원은 하원의장과 상원의 임시의장에게 연방선거관리위원회 위원 6명 중 4명을 지명할 권한을 부여한 연방법률을 위헌이라고 판시하였다.[22]

연방대법원은 인사권자를 열거하고 있는 연방헌법 제2조의 문언을 강조하였다. 즉 미국헌법 제2조에 의해 연방의회는 하급공무원의 인사권을 대통령, 행정각부의 장 또는 연방하급법원에 부여할 수 있다고 판시하였다. 그러나 하원의장과 상원 임시의장은 분명히 여기에 속하지 아니하므로, 하원의장과 상원 임시의장에게는 인사권이 없다고 보았다. 이 판결은 연방의회가 자신 내지 소속 공무원에게 권한을 위임할 수 없다고 한 연방대법원의 다른 결정과도 궤를 같이한다.[23]

물론 대통령과 동일한 당의 상원의원은 종종 자신의 주에서 봉사하는 연방판사, 연방검사 및 연방보안관을 사실상 지명하기도 하지만, 인사에 있어서 가장 중요한 부분인 공직후보자의 지명권은 오직 대통령만이 행사할 수 있다. 따라서 후보자를 선택하는 것은 대통령의 일이다. 알렉산더 해밀턴이 말했듯이,[24] 상원은 선택할 권한이 없다. 그들은 행정부가 한 선택을 좌절시킬 수 있으며, 또 다른 선택을 강요할 수 있으나 그들 스스로 선택할 수는 없다. 그들은 대통령의 선택을 승인하거나 거부할 수밖에 없다. 1803년 Marbury v. Madison 사건에서 대법원장 마셜(Marshall)은 지명과정을 '대통령의 단독 행위' 혹은 '완전히 자발적인' 것이라고 판시했다.[25] 또한 연방대법원은 의회는 공직을 설치할 수는 있지만 이를 담당할 공직자를 임명할 수는 없다고 판결했다.[26] 그러나 기술적으로 요구되는 것과 정치상황에 따라 대통령의 결정이 결정되는 방식에는 차이가 있다. 처음에 후보자 지명에 대해 독점권을 주장하던 미국의 대통령들도 곧 정치적 현실 때문에 다른 사람들과 함께 지명해야 한다는 것을

---

20) https://www.senate.gov/artandhistory/history/common/briefing/Nominations.htm. Chapter 2.
21) https://www.senate.gov/artandhistory/history/common/briefing/Nominations.htm. Chapter 9.
22) 424 U.S. 1(1976).
23) *Bowsher v. Synar*, 478 U.S. 714(1986), *Metropolitan Washington Airports Authority v. Citizens for the Abatement of Aircraft Noise*, 501 U.S. 252(1991) 참조.
24) The Federalist No. 66(Alexander Hamilton).
25) 5 U.S.(1 Cr.) 137, 155(1803).
26) *U.S. v. Ferreira*, 54 U.S.(13 How.) 39, pp. 50-51.

알게 되었다. 이런 측면에서 미국헌법에 명시된 공직후보자에 대한 인사권 규정이 대통령의 독점적인 권한으로 보이지만, 실상은 대의정체와 정치적 압력을 수용할 필요가 있기 때문에 훨씬 더 복잡한 것이다.[27)]

따라서 미국 헌법상 고위공직에 대한 인사권한은 대통령의 고유한 권한이 아니라, 상원과 대통령의 공동권한으로 인식되었다.[28)]

Ⅲ. 미국 상원인준의 실제

1. 헌법적 이유와 인사 적합성 기준

실제 공직인사에 대한 상원인준의 예를 보면, 헌정초기에는 상원과 대통령 간의 의사수렴에 의하여 상원의 거부결정은 많지 않았다. 다만 인사에 헌법적 문제가 있거나, 그 직위에 부적합하다고 여겨지는 경우에 거부결정이 있었다.[29)] 대표적 예로, 워싱턴(George Washington) 초대 대통령 재임기간을 들면, 제3대 상원에서 1793년 2월 27일에 토머스 존슨(Thomas Johnson)의 후임으로 윌리엄 패터슨(William Paterson)을 연방대법관으로 지명하였으나, 당시 상원의원이었던 패터슨을 지명하게 되면 "연방의회 의원은 연방공직 어디에도 임명될 수 없고, 연방공직에 있는 자들도 재직 중 연방의회 의원이 될 수 없다"는 미국 헌법 제1조 제6항 제2절 규정을 위반한다는 사실을 발견하고 다음 날인 2월 28일에 철회하였다. 패터슨이 상원 임기를 모두 마치고 난 이후인 3월 4일에 대통령은 그를 연방대법관에 다시 지명하였고, 상원은 당일에 동의를 하여 헌법적 문제를 해결하였다.[30)] 존 제이(John Jay) 연방대법원장이 사직한 1795년, 워싱턴 대통령은 휴회임명(recess appointment)을 통해 상원의 인준을 얻지 않고 존 러틀리지(John Rutledge)를 후임 대법원장으로 임명했다. 그러나 존 러틀리지는 존 제이 대법원장이 맺었던 협약에 대한 비판적 연설이 공감을 얻지 못한데다가 그의 정신상태에 대한 우려로 인해 결국 상원의 인준을 받지 못했다(10－14).[31)]

---

27) Louis Fisher, id., p. 25.

28) "The one would have a like concurrent authority in appointing to offices; the other is the sole author of all appointments."The Federalist No. 69(Alexander Hamilton).

29) 상원의 조언에서 주로 지적되는 것은 지명인이 그 담당직무에 적합하지 않다는 것을 이유로 든다; Nolan McCarty, Rose Razaghian, *Advice and Consent: Senate Responses to Executive Branch Nominations 1885-1996*, American Journal of Political Science, Vol. 43, No. 4(1999), p. 1127.

30) http://www.senate.gov>Supreme Court Nominations(1789-present)>William Paterson; 이하 출처는 동일하므로 Supreme Court Nominations>William Paterson으로 간략히 표기하기로 한다.

31) 이후 1796년 1월 26일 William Cushing을 대신 대법원장으로 지명하였으나, 다음날에 지명인(nominee)이 스스로 사절(Declined)을 하였다. 1796년 3월 3일에 그를 대신하여 Oliver Ellsworth를 다시 지명하였고, 다음날인 3월 4일에 상원은 동의를 하였다; Supreme Court Nominations>John Rutledge & William Cushing & Oliver Ellsworth; 1795년 연방대법관 지명인인 John Rutledge의 상원의 거부의사는 정치적 이유였다는 견해도 있다; James E. Gauch, *The Intended Role of the Senate in Supreme Court*

이러한 점은 제임스 매디슨 대통령 재임기간에서도 나타난다. 제12대 상원에서 1811년 2월 4일 윌리엄 쿠싱(William Cushing)의 사망으로 알렉산더 월코트(Alexander Wolcott)를 후임대법관에 지명하였으나, 상원은 세관검사관으로 재직하였기 때문에 사법부 경험이 없다는 이유로 2월 13일 거부했다(9-24).[32] 제14대 상원에서는 헨리 디어본(Henry Dearborn)[33]을 연방정부의 전쟁부 장관으로 1815년 3월 1일에 지명하였으나, 상원이 투표 전에 대통령에게 1812년의 전쟁에서 디트로이트(Detroit)를 방위하지 못한 실책이 있다는 이유로 거부의사를 밝혔고, 대통령이 이를 받아들여 다음 날인 3월 2일에 철회하였다.[34]

2. 정당 간의 정치적 대립의 도구

정당제도가 합법화되던 시기에는 공직인사에 대한 상원의 인준은 정당 간의 정치적 대립의 도구가 되기도 하였다. 대표적 예로, 존 퀸시 애덤스(John Quincy Adams) 대통령은 제20대 상원에서 1828년 12월 로버트 트림블(Robert Trimble)의 후임으로 존 J. 크리텐던(John J. Crittenden)을 연방대법관에 지명하였으나, 당시 다수 상원의원은 앤드류 잭슨(Andrew Jackson)을 지지하였고, 대통령선거가 얼마 남지 않은 상황에서 애덤스 대통령을 지지하였던 크리텐던에 대하여 결정을 연기한 이후에 아무런 행동을 취하지 않고 방치하였다(No Action). 이후 앤드류 잭슨이 대통령에 당선되고 난 이후 1829년 3월 6일 로버트 트림블의 후임으로 존 맥린(John McLean)을 연방대법관에 지명하였고, 다음 날인 3월 7일에 여대야소인 제21대 상원에서 인준을 받았다.[35] 그러나 여소야대인 제23대 상원에서는 앤드류 잭슨 대통령이 1834년 6월 23일 로저 태니(Roger B. Taney)를 재무부 장관(Secretary of Treasury)에 지명하였으나, 상원은 다음날인 6월 24일에 거부하였다(18-28).[36] 이후 제24대 상원이 여대야소로 구성되고, 연방대법원장 가브리엘 듀발(Gabriel Duvall)의 은퇴로 공석이 생기자, 1835년 1월 그의 후임으로 로저 태니를 연방대법원장에 다시 지명하였으나, 상원 내의 반(反)잭슨파가 의결을 하지 못하도록 방해를 하면서 결정은 연기되었다. 그러나 그해 12월 잭슨 대통령은

Appointments, The University of Chicago Law Review, Vol. 56, No. 1(1989), pp. 337-365; Wendy L. Martinek, Mark Kemper, Steven R. Van Winkle, *To Advise and Consent: The Senate and Lower Federal Court Nominations*, 1977-1998, The Journal of Politics, Vol. 64, No. 2(2002), p. 345.

32) 2월 21일에 John Quincy Adams를 다시 지명하였으나, 다음 날 지명인이 사양하였다. 이후 11월 15일에 Joseph Story를 대신 지명하였고, 상원은 11월 18일에 동의하였다: Supreme Court Nominations>Alexander Wolcott & John Quincy Adams & Joseph Story

33) Henry Dearborn은 제퍼슨 공화주의자(Jeffersonian Republicans)로 제퍼슨 대통령 재임기간인 1801년부터 1809년까지 전쟁부 장관을 역임한 바 있으나, 1812년 미영전쟁에서 Montreal, Kingston, Fort Niagara, Amherstburg를 동시에 공격하려는 계획을 세웠기 때문에 Detroit를 방위하기 위하여 군대를 빨리 움직이지 못하여 방위를 하지 못한 실책을 범하였다.

34) Cabinet Nominations>Henry Dearborn

35) Supreme Court Nominations>John J. Crittenden & John McLean

36) Cabinet Nominations>Roger B. Taney

로저 태니를 다시 지명하였고, 다음 해인 1836년 3월 결국 상원은 동의를 하였다.[37] 앤드류 잭슨 대통령의 연방정부의 장관의 지명에서도 여소야대인 제23대 상원은 거부결정(Rejected)을 하였는데, 1834년 6월 23일 로저 태니를 재무부 장관(Secretary of Treasury)에 지명하였으나, 상원은 다음 날인 6월 24일에 거부하였다(18-28).[38]

3. 연방정부 정책에 대한 상원의 견제

대통령의 연방정부 정책이 상원의 견해와 대립하는 경우에는 거부결정(Rejected)이나 무반응에 의한 방치(No Action)로 이의를 제기하기도 한다.[39] 대표적 시기로는 남북전쟁 이후를 들 수 있는데, 흑인 인권문제와 남부재건에 대한 정책 마찰에서 나타난다. 링컨 대통령의 후임인 앤드류 존슨(Andrew Johnson) 대통령은 1866년 4월 존 캐트론(John Catron)의 후임으로 헨리 스탠베리(Henry Stanbery)를 연방대법관에 지명하였으나, 여소야대였던 제40대 상원은 아무런 행동을 취하지 않고 방치하였다(No Action).[40] 또한 링컨 대통령 당시부터 전쟁부 장관으로 계속 재임해 왔던 에드윈 스탠턴(Edwin M. Stanton)을 해임하고, 1868년 2월 존슨 대통령이 토마스 어윙(Thomas Ewing, Sr.)을 전쟁부 장관으로 지명하자, 상원은 이러한 대통령의 해임을 문제 삼았고, 공화당이 지배하고 있던 하원은 대통령을 탄핵소추하고 상원에 회부하자, 이에 대통령은 그 지명을 철회하였다.[41] 존슨 대통령에 대한 상원의 탄핵심리는 1868년 4월과 5월에 계속되었으나, 5월 26일 투표결과가 35 대 19로 상원 2/3이상의 탄핵정족수에 미치지 못했다.[42] 그러나 그 다음 날인 5월 27일 존슨 대통령이 헨리 스탠베리를 법무부 장관에 지명하였으나, 상원은 6월 2일에 거부결정을 하였다(11-29).[43]

1866년 법원조직법 개정으로 이후 은퇴하는 3명의 연방대법관은 새로운 연방대법관으로 대체되지 않도록 규정하였고, 이에 따라 연방대법관 수는 7명으로 축소되었으나, 존슨 대통령의 후임인 그랜트(Ulysses S. Grant) 대통령은 1869년 법원조직법 개정으로 새로운 연방대법관 2명을 지명할 수 있었다.[44] 그중 1명을 에벤져 호어(Ebenezer R. Hoar)로 지명하였으

37) Supreme Court Nominations>Roger B. Taney
38) Cabinet Nominations>Roger B. Taney
39) Glen S. Krutz, Richard Fleisher, *Jon R. Bond, From Abe Fortas to Zöe Baird: Why Some Presidential Nominations Fail in the Senate*, The American Political Science Review, Vol. 92, No. 4(1998), p. 878.
40) Supreme Court Nominations>Henry Stanbery
41) Cabinet Nominations>Thomas Ewing, Sr.
42) Alan Brinkley, *The Unfinished Nation: A Concise History of the American People*, 6th Edition, Volume 1 & 2, The McGraw-Hill Companies, Inc., 2011, p. 407.
43) Cabinet Nominations>Henry Stanbery
44) 연방대법관의 수는 1789년에는 6명이었으나, 미국의 영토 확장과 함께 1807년에는 7명으로 늘어났다. 이후 1837년에는 9명이 되었고, 1863년에는 10명으로 늘어났다. 그러나 1866년 법원조직법(Judiciary Act)에서는 이후 은퇴하는 3명의 대법관은 새로운 대법관으로 대체되지 않도록 하였고, 이에 따라 대법관 수는 7명으로 축소되었다. 하지만 1869년 개정법이 통과되면서 대법관 수는 다시 9명이 되었고, 그 이후로는 변하지

나, 그는 앤드류 존슨 대통령 재임기간에 공화당 상원과 대립하여 대통령 탄핵을 반대했던 인물이었다. 이를 이유로 제41대 상원은 1970년 2월 거부결정을 하였고, 이후 새로운 공석은 조셉 브래들리(Joseph Bradley)에게로 돌아갔다(2월 7일 지명, 3월 21일 동의).[45] 1873년 12월 연방대법원장 샐먼 체이스(Salmon P. Chase)의 후임으로 조지 헨리 윌리엄스(George Henry Williams)를 지명하였으나, 제43대 상원은 법무부 기금을 개인 용도로 사용하였다는 혐의로 철회를 조언하였고, 이에 대통령은 1874년 1월 8일 철회하였다. 다음날 1월 9일 칼렙 쿠싱(Caleb Cushing)을 대신 그 자리에 지명하였으나, 당시 상원과의 정책에 대립이 있었던 이유로 철회를 조언하였고, 이에 대통령은 1월 13일에 철회하였다.[46]

4. 인디언 및 흑인 등 인권보장 정책의 대립

양차 세계대전 이후, 참전한 제대군인 흑인들의 차별금지의 목소리와 함께 흑인들의 인권보장, 인디언 원주민들의 인권보장, 여성들의 인권보장 문제가 대두되면서, 인권보장에 관한 대법관의 구성에 관하여 대통령과 상원 간의 대립이 있기도 하였다.[47] 후버(Herbert Hoover) 대통령은 에드워드 스탠포드(Edward T. Sanford)의 후임자로 1930년 3월 21일 존 파커(John J. Parker)를 연방대법관에 지명하였으나, 그는 당시 인디언 원주민, 노동자들과의 갈등이 있었고, 제71대 상원은 여대야소였음에도 이를 이유로 5월 7일 거부결정을 하였다(39-41). 이후 5월 9일 오웬 로버츠(Owen Roberts)를 다시 지명하였고 상원은 5월 20일 동의하였다.[48] 아이젠하워(Dwight D. Eisenhower) 대통령은 로버트 잭슨(Robert H. Jackson)의 후임자로 존 할란(John Harlan)을 연방대법관에 지명하였으나, 제83대 상원에서는 아무런 행동을 취하지 않고 방치하였다(No Action). 1955년 1월 10일 다시 그를 지명하였고, 제84대 상원에서 3월 16일에 동의하였다.[49]

린든 존슨(Lyndon B. Johnson) 대통령은 연방대법원장 얼 워렌(Earl Warren)의 후임으로 1968년 6월 26일 아베 포타스(Abe Fortas)를 지명하였으나, 워렌 대법원장처럼 인권보장을 중요시하는 성향의 아베 포타스에 반대하여 제90대 상원은 여대야소임에도 그 지명을 철회할 것을 조언하였고, 대통령은 아베 포타스 대신 호머 톤베리(Homer Thornberry)를 지명하였으나, 상원의 조언을 받아들여 대통령은 10월 4일 모두 철회하였다. 이후 워렌 대법원장의

않고 있다.

45) Supreme Court Nominations>Ebenezer R. Hoar & Joseph Bradley

46) 이후 1월 19일에 Morrison Waite를 연방대법원장의 후임으로 다시 지명하였고, 상원은 1월 21일에 동의하였다; Supreme Court Nominations>George Henry Williams & Caleb Cushing & Morrison Waite

47) Alan Brinkley, *The Unfinished Nation: a Concise History of the American People*, 4th Edition, Volume: 1 & 2, The McGraw-Hill Companies, Inc., 2004, p. 799.

48) Supreme Court Nominations>John J. Parker & Owen Roberts

49) Supreme Court Nominations>John Harlan

후임으로는 닉슨(Richard Nixon) 대통령시기에 워렌 버거(Warren Burger)를 1969년 5월 23일 지명하였고, 6월 9일 상원이 동의하였다.[50] 닉슨 대통령은 아베 포타스의 후임으로 1969년 8월 21일에 인종분리정책을 지지하는 클레멘트 헤인스워스(Clement Haynsworth)를 연방대법관에 지명하였으나, 제91대 상원은 여소야대로 인디언 원주민과의 갈등을 이유로 11월 21일에 거부결정을 하였다(45-55). 그를 대신하여 1970년 1월 19일 해롤드 카스웰(G. Harrold Carswell)을 지명하였으나, 상원은 인종분리를 지지하는 성향이 있음을 이유로 4월 8일에 다시 거부하였다(45-51). 4월 15일 중도적 성향의 해리 블랙먼(Harry Blackmun)을 지명하였고, 상원은 5월 12일 동의하였다.[51]

5. 불법적 사유에 의한 부적합성

1990년대 이후 최근에 이르기까지 상원은 불법적 사유로 인한 직무상 부적합성을 들어 인준을 거부하고 있다. 조지 H. W. 부시(George H. W. Bush) 대통령 시절, 여소야대였던 제101대 상원은 1989년 1월 20일 국방부 장관에 지명된 존 타워(John G. Tower)를 과음을 이유로 3월 9일 거부결정을 하였다(47-53).[52] 클린턴(Bill Clinton) 대통령 시절, 제103대 상원은 여대야소였음에도, 1993년 1월 21일 조이 베어드(Zoë E. Baird)를 첫 여성 법무부 장관으로 지명하자, 상원은 불법이민자를 고용하고 세금포탈을 했다는 이유로 철회를 조언하였고, 대통령은 1월 26일 철회하였다.[53] 또한 조지 W. 부시(George W. Bush) 대통령 재임기간인 제107대 상원도 여대야소였음에도, 2001년 1월 3일 린다 차베스(Linda Chavez)를 노동부 장관에 지명하였으나, 상원은 불법이민자를 고용했었다는 이유로 철회를 조언하였고, 대통령은 1월 9일 철회하였다.[54] 제108대 상원(여대야소)에서는 2004년 12월 2일 버나드 케릭(Bernard Kerik)을 국토안보부 장관(Secretary of Homeland Security)에 지명하였으나, 상원은 불법이민자를 고용했었다는 이유로 철회를 조언하였고, 대통령은 12월 10일 철회하였다.[55] 2005년 10월 7일에는 샌드라 데이 오코너(Sandra Day O'Connor)의 후임자로 해리엇 마이어스(Harriet Miers)를 연방대법관에 지명하였으나, 상원은 재판관 경험이 없다는 이유로 철회를 조언하였고, 이에 대통령은 10월 28일에 철회하였다.[56] 오바마(Barack Obama) 대통령 재임기간인 제110대 상원도 여대야소였으나, 2008년 12월 11일 톰 대슐(Tom Daschle)을 보

50) Supreme Court Nominations>Abe Fortas & Homer Thornberry & Warren Burge
51) Supreme Court Nominations>Clement Haynsworth & G. Harrold Carswell & Harry Blackmun
52) Cabinet Nominations>John G. Tower
53) Cabinet Nominations>Zoë E. Baird
54) Cabinet Nominations>Linda Chavez
55) Cabinet Nominations>Bernard Kerik
56) 이후 2005년 11월 10일 Samuel Alito, Jr.를 지명하였고, 상원은 2006년 1월 31일에 동의하였다; Supreme Court Nominations>Harriet Miers & Samuel Alito, Jr.

건복지부 장관(Secretary of Health & Human Services)에 지명하였으나, 상원은 세금탈루혐의를 이유로 철회를 조언하였고, 이에 대통령은 2009년 2월 9일 철회한 바 있다.[57]

Ⅳ. 미국 헌법상 인사의 본질

1. 상원의례(Senatorial Courtesy)의 전통 확립

미국 헌법상 공직인사에 대한 상원인준의 운용사례를 보면, 헌정초기에는 권력분립의 원칙에 근거하여 헌법적 문제가 있거나 부적합한 인사에 중점을 두었다. 워싱턴 초대 대통령의 경우를 보면, 초대 연방대법관 6명을 지역을 고려하여 북부 출신 3명, 남부 출신 3명으로 임명하였다. 워싱턴 대통령은 자신의 모든 행동이 새로운 정부의 성공에 중대한 결과를 가져올 것이라는 것을 알고 있었고, 인사가 가장 어려운 임무 중 하나가 될 것이라고 예측했었다. 후보자들을 선택할 때, 워싱턴은 그의 가장 가까운 보좌관들과 의회 의원들에게 의지하였다. 그러나 대통령 자신의 최종지명에 대하여 단독으로 책임지겠다고 단호하게 주장하였다. 그는 헌법상 상원의 조언은 후보지에 대한 지명이후에 이루어져야 한다는 견해를 갖고 있었다. 이것은 주지사가 지명하기 전에 그의 평의회(council)에 자문을 구하였던 기존의 주헌법상의 인사절차와는 다른 것이었다. 워싱턴은 연방대법관 지명자에 대한 가장 많은 기록을 가질 수밖에 없었다. 1789년부터 1796년까지 6인으로 구성된 대법관의 10개 공석에 13명을 지명하였다. 1789년에는 인준 후에 1명의 연방대법관이 사퇴하였고, 1795년에는 1명의 후보자가 거부되었으며, 1796년에는 한 연방대법관이 연방대법원장으로의 승진을 거절하였다. 워싱턴 대통령은 그가 잘 알고 있는 사람들만을 지명하였고, 그들의 헌법에 대한 지지, 모범적인 병역기록, 이전의 현저한 정치적·사법적 공헌을 포함한 지명인의 성격과 건강의 적합성, 엄격한 훈련, 그리고 대중들의 지지 등의 특정한 기준으로 그들을 평가하였다.[58]

1789년 8월 5일 상원은 처음으로 인준을 거부하였고, 그로 인해 대통령이 지명한 자에 대한 인준을 지역출신 의원의 동의가 있어야만 통과시키는 '상원의례' 전통이 확립되었다. 이틀 전인 8월 3일 워싱턴 대통령은 세무관리, 해군장교, 그리고 항구도시 측량사들로 이루어진 102명의 임명동의안을 의회에 제출하였다. 이에 상원은 조지아 주의 벤자민 피시번(Benjamin Fishbourn)만 제외하고 모두 동의하였다. 상원이 인준거부를 한 피시번은 1789년 조지아 주 상원의원에 당선된 제임스 건(James Gunn)을 불쾌하게 한 적이 있었다. 상원은

57) Cabinet Nominations>Tom Daschle

58) 상원은 후보자의 연령, 건강상태와 같은 일반적인 심사항목 외에 사법철학과 이념적 성향, 논쟁적인 국정현안에 대한 입장, 대통령과의 관계, 전문성, 후보자에 대한 이익단체의 평가, 윤리적 도덕성 등을 까다롭게 검증한다; 강승식, 미국 상원의 행정부 공직후보자에 대한 인사청문회, 미국헌법연구 제26권 제1호, 미국헌법학회, 2015, 23쪽.

그를 거부결정하면서 자신들의 주 출신 후보자들의 적합성을 판단할 수 있는 가장 적격자는 상원의원이라는 견해를 공유하였다. 대통령은 후임자를 다시 지명하였고, 항의 편지를 보냈다. 대통령은 상원이 피시번을 거부하는 이유가 있을 것이라는 언급을 하면서도, 장래의 지명에 의문을 제기할지도 모르는 의원들에게, 자신과 소통하기를 원하였고, 자신의 지명이유에 대한 정보를 기꺼이 공유하겠다고 하였다. 이후에, 상원의례의 전통이 점차 발전하면서, 대통령들은 행정부와 사법부의 주요한 자리를 채우기 위해서 정식으로 후보자들을 제출하기 전에 관례적으로 그들 출신 주 상원의원들의 의견을 수렴하는 절차를 거쳤다.[59)]

2. 인사청문회제도의 도입과 상원의 견제

양차 세계대전과 경제대공황은 연방의회와 대통령사이의 공직인사에 있어서 중대한 변화를 가져왔다. 양차 대전과 경제위기의 극복을 위하여 대통령에게 광범위한 권한이 위임되었고, 이후 미국이 세계 강대국의 지위로 올라서면서, 대통령의 권한은 더욱더 강화되었다. 이러한 변화는 특히 상원의원 다수가 대통령과 같은 정당에 속하였을 때, 상원이 대통령의 임명에 반대하는 숫자가 줄어든 점에서 잘 드러났다. 1897년에서 1955년까지, 대통령과 상원은 4년(1919-1921년과 1947-1949년)을 제외한 모든 기간 동안 동일한 당에 소속되었다. 20세기의 초기 90년 동안, 상원은 단 3명의 각료지명자와 5명의 대법관지명자를 거부했을 뿐이었다. 또한 이러한 8건의 거부 중에서, 5건은 대통령과 상원 다수가 다른 정당이었을 때에 나타났다.[60)]

1916년 윌슨(Wilson) 대통령은 보스톤 출신의 시민변호사인 루이스 브랜다이스(Louis D. Brandeis)를 대법관으로 지명하였는데, 브랜다이스의 지명은 '법원 역사상 가장 격렬하고 가장 치열한 싸움'으로 간주되는 인준전쟁을 촉발함으로써 인준절차의 '평화적인' 시대는 막을 내리게 되었다.[61)] 미국 변호사협회는 처음으로 브랜다이스가 부적절하다고 주장하며 지명을 파기하려고 하였다. 그의 사법적 기질에 대한 결여의 비난 속에는 유대인에 대한 반유대주의가 숨어있었다. 상원 법사위원회는 두 표 차이로 그를 찬성했지만, 이후 브랜다이스는 47대 22로 상원의 인준을 얻었고, 대법원 역사상 존경받는 대법관 중 한명이 되었다.

---

59) https://www.senate.gov/artandhistory/history/common/briefing/Nominations.htm. Chapter 3.

60) 연방대법관의 경우에는 상원과의 정책적 대립에 의한 정치적 이유도 하나의 원인으로 작용하고 있다; Kevin J. McMahon, *Presidents, Political Regimes, and Contentious Supreme Court Nominations: A Historical Institutional Model*, Law & Social Inquiry, Vol. 32, No. 4(2007), p. 933; Keith E. Whittington, *Presidents, Senates, and Failed Supreme Court Nominations*, The Supreme Court Review, Vol. 2006, No. 1(2006), p. 404; P. S. Ruckman, Jr., *The Supreme Court, Critical Nominations, and the Senate Confirmation Process*, The Journal of Politics, Vol. 55, No. 3(1993), p. 795.

61) 브랜다이스는 "사회학적 법학"을 옹호하면서 국가의 보수적인 법적 체제에 깊이 반발했다. 브랜다이스는 소위 "Brandeis Brief"라는 이름으로 법조계에서 유명하였다. 그것은 헌법상의 문제와 판례를 중시하지 않고, 대신에 노동자의 건강과 복지 같은 사회적, 경제적 이슈에 초점을 맞추었다.

이후 1925년 상원은 처음으로 연방대법관 후보자를 법사위원회에서 증언하도록 소환하였다. 할란 피스케 스톤(Harlan Fiske Stone)의 청문은 빨리 끝났지만 상원의 까다로운 질문을 받아야만 했다. 다음 5명의 후보자들은 이러한 질문절차를 피할 수 있었으나, 1939년 펠릭스 프랑크푸르터(Felix Frankfurter)는 위원회의 소환요청에 응하여야만 했다. 이처럼 상원은 대통령이 자유롭게 지명하는 것을 허용해야 한다는 원칙에 따라 내각 및 기타 핵심 집행부 후보자를 인준하는 전통을 고수하였으나, 인사에 부적합하다고 판단하는 후보자 지명에 대하여는 인사청문회를 거치는 절차가 이루어졌다. 특히 여소야대의 경우에는 대통령의 지명에 더욱 견제하는 모습으로 나타난다. 대표적 예로, 1947년 민주당 소속의 트루먼(Harry Truman) 대통령 재임기간을 들 수 있다. 당시 상원은 공화당이 지배했기 때문에, 대통령은 상원의 인준을 얻기가 어려웠다. 트루먼 대통령은 상원이 수용할 것이라고 생각하는 사람들을 지명함으로써 논쟁을 피하였다. 그 결과 상원은 그의 지명자에 대한 인준을 거부하지 않았다. 그러나 1948년 트루먼 대통령이 재선된 이후, 대통령과 상원 간의 정책갈등으로 상원은 대통령의 지명자에 대한 인준요청에 엄격하였다. 이후 1950년부터 1955년까지는 여대야소로 운영되었으나, 아이젠하워(Dwight D. Eisenhower) 대통령 재임기간에 이르러 다시 여소야대가 되었다. 대통령은 로버트 잭슨(Robert H. Jackson)의 후임자로 존 할란(John Harlan)을 연방대법관에 지명하였고, 상원은 인준하였다.[62] 그 이후 모든 대법관 후보자는 법사위원회에 출두하여야 했다. 상원의 인준은 미국 헌법 출범당시부터 진행되었으나, 그것은 서류상 이루어진 것이고, 고위 공직 후보자를 상원 위원회에 출석시켜 당사자로부터 진술 또는 설명을 청취하고, 필요한 경우 증인 및 참고인으로부터 증언, 진술의 청취, 기타 증거를 채택하는 인사청문회는 이때부터 자리를 잡게 되었다. 이는 또한 현장을 생중계하는 통신기술의 발달에 힘입어 상원의 인준이 곧 인사청문회와 동의어로 사용될 만큼 인사청문회의 역할이 확대되었다. 즉 현재의 인사청문회는 이때부터 실질적인 제도로 자리매김 되었고, 상원의 견제가 중요한 요소로 작용하고 있다.[63]

3. 대통령과 상원 간의 공동권한

미국 상원은 제헌초기부터 행정부와 사법부 공무원에 대한 대통령이 지명한 후보자들을

62) Supreme Court Nominations>John Harlan

63) 제2차 세계대전이후 1990년대 이전까지는 연방대법관의 상원인준에 있어서 연방의회의 정책과 관련하여 대립이 있었다. 가장 유명한 것으로는 1969년 상원은 Nixion 대통령이 지명한 Clement Haynsworth와 G. Harold Carswell의 인준거부, 1987년 Reagan 대통령이 지명한 Robert H. Bork의 인준거부이다. Bork은 반인종차별법 등 60년대 민권운동의 성과를 공공연하게 부정하고 여성 낙태에도 반대한 극우 인사로, 워터게이트 스캔들 당시 닉슨의 아치볼드 콕스 특별검사 해임 지시에 맞서 법무장관·차관이 잇달아 사임하던 와중에 콕스의 해임을 집행한 법무부 3인자(송무실장)였다. Bork의 인준은 여당인 공화당 의원 6명의 이탈로 인해 48대 52의 근소한 표차로 부결됐다. 1991년에는 Clarence Thomas의 인준을 놓고 논란이 많았는데, 근소한 차이인 52대 48로 인준되었다.

검토, 승인 혹은 거부할 수 있는 권한을 지키기 위한 많은 노력을 기울여 왔음을 알 수 있다. 헌정사상 미국 상원은 그동안 124건의 대법관 지명자와 500건이 넘는 각료 지명자를 인준하여 왔다. 19세기까지만 하여도 미국 상원은 소수의 지명자들만 위원회에 회부하였으나, 20세기 중반 이후부터는 위원회 회부가 일상화되었고, 대부분의 지명자들은 상원의 인사청문회를 거쳐 임명되었다. 미국 헌법 제2조 제2항에 규정된 인사에 관한 조항이 채택된 이후 200년이 넘는 기간 동안 대통령과 상원 간의 공동권한으로 그리고 연대책임으로 운영되어 왔다. 미국 대통령은 사법부의 모든 연방법원 판사, 각료급 부서, 독립기관, 군사기관, 외교관, 민간서비스부문의 지정된 관리뿐만 아니라 연방 검사 및 보안관 후보자를 지명한다. 최근에는, 15개 내각 기관의 약 300개의 직책과 독립기관 및 기타 기관 내의 100여개 이상의 공직을 대통령이 임명한다. 매 2년간 의회의 회기 동안에, 약 4,000명의 민간인과 65,000여 명의 군인에 대한 지명이 상원에 제출되고 있다. 그 대부분은 상원의 조언과 동의로 일상적으로 인준된다. 매우 적은 수가 그 임명에 적합하지 않음을 이유로 인준에 실패한다. 물론 상원의 인준은 그 지명하는 자리의 중요성, 후보자의 자격, 특정한 시기의 정치적 환경에 영향을 받기도 한다. 그러나 관례적으로 상원과 대통령 간의 협력에 의하여 인사가 이루어진다.[64)]

다만, 연방정부의 인사는, 임기가 정해진 독립기관의 공무원을 제외하고는, 대통령의 임기 마감과 함께 종료함에 반하여, 연방대법원의 대법관 임기는 종신직으로 국회 탄핵 절차를 통해서만 종료시킬 수 있다는 점에서, 역사적으로 대법관 지명 후보자들은 그들 숫자에 비하여 상원의원, 언론, 학자들의 많은 관심을 받았다. 1789년 미국헌법이 제정된 이후로 연방정부 각부 장관의 지명자 중 상원에서 거부한 경우는 2% 미만이었지만,[65)] 연방대법원의 대법관 지명 후보자의 경우는 약 35%에 해당하는 후보가 거부, 철회, 사퇴로 인준에 실패했다.[66)] 이는 연방정부의 공직자들의 임명에 대한 상원의 역할과는 다른 측면을 보이는 수치이

64) 헌법의 명시적 및 묵시적 구도가 중시되어야 하는데, 특히 묵시적 구도의 이해에 있어서, 대통령제의 근본취지를 존중해야 한다; 양건, 미국헌법상 대통령과 의회의 권한관계: 공무원 임명권 및 탄핵제도를 중심으로, 공법연구 제31집 제1호, 한국공법학회, 2002, 294쪽; 상원의 '적절한 역할'에 대하여는, 좁게는 후보자의 능력이 명백히 부족하지 않고 성격에 특별한 결함이 없는 이상 상원은 인준해야 한다는 견해에서부터, 넓게는 대부분의 상원의원이 적당하다고 생각하는 이유를 근거로 거부할 수 있는 권한이 주어진다는 견해가 있으나, 대통령과 상원의 공동책임으로 운영되어 왔다.

65) http://www.senate.gov>Nominations; 1983년과 1985년 사이에는 대통령의 민간공직자들에 대한 임명에 대해서 제98대 상원은 92%이상을 동의하였다; Michael Nelson, *Guide to the Presidency and the Executive Branch Vol. 1 & 2*, CQ Press, 2013, p. 637; 이러한 점에서 여대야소는 대통령의 지지자 역할을 하는 측면은 있다; Brandon Rottinghaus, Daniel E. Bergan, *The Politics of Requesting Appointments: Congressional Requests in the Appointment and Nomination Process*, Political Research Quarterly, Vol. 64, No. 1(2011), p. 34.

66) 1789년 현재에 이르기까지 연방대법원의 대법관의 임명에 있어서 공식적으로 상원에 제출된 건수는 124건으로, 그 중 스스로 지명인이 철회한 건수는 7건, 조언으로 인한 대통령의 철회는 12건, 상원의 명시적 거부결정은 12건, 연기 3건, 무반응 9건으로, 스스로 자진해서 철회한 건수를 합친다면, 43건으로 대략 35%에 해당한다. 대통령은 현재까지 160명의 연방대법관의 지명이 있었으나, 그 중에서 공식적으로 상원에 제

다. 미국의 역사를 살펴보면 연방대법원의 대법관 이외의 하위직 법관에 대한 사법부 인사는 큰 논쟁거리가 되지 않았다. 상당히 많은 숫자의 인사가 이루어졌기 때문이기도 하였지만, 상원의례에 의하여 특정한 후보자가 거주하는 주의 상원의원의 전통에 따른 것이기도 하였다. 하급 법원 판사는 선례를 따라야 하는 제약이 있어 잠재적으로 덜 유해하다고 여겨졌고, 연방대법원의 대법관과는 달리, 중요한 이슈에 대한 사법적인 최종 발언권이 없었기 때문이기도 하였다. 이에 반하여 연방대법원은 연방의회에서 제·개정한 법률에 대하여 위헌법률심판을 할 수 있고, 대통령과 연방의회 간의 권한다툼에 대한 헌법재판을 할 수 있는 기관으로 상원은 보다 더 신중을 기하는 경향이 있어 왔다. 그러나 이러한 연방대법원의 대법관에 대한 임명을 제외하고는, 대부분 위원회 수준에서는 투표로 지명안을 상원에 보내지 않는 등의 사실상의 인준부결을 하지는 않았다.[67)]

대통령은 회기사이의 휴회기간 혹은 회기 내의 휴식기간에, 이른바 휴회임명을 이용하여 인준절차를 우회하기도 하였으나,[68)] 헌법에 규정된 바와 같이 그러한 임명은 다음 회기가 끝날 때 종료하였고, 다음 회기의 상원의 인준절차를 거쳐야 했다. 즉 미국 역사를 통틀어 상원과 대통령은 행정부와 사법부의 주요한 공직에 대한 인사에 있어서 그들의 헌법상의 공동권한으로 신중한 관계를 유지하여 온 셈이다. 이론상으로는 공직후보자에 대한 지명은 대통령의 특권에 해당한다. 그러나 후보자의 철학이나 이념을 대통령과 상원은 통상적으로 함께 고려하고 있으며, 그것은 집행부의 구성원, 의원들과 법관 및 민간 부문의 대표자들과 공유된다. 특히 연방대법원의 대법관에 대한 대통령 임명에 대한 상원의 조언과 동의는 대법관이 평생직이고 오직 탄핵만이 그를 제명할 수 있기 때문에 더욱 신중히 하는 경향이 있다.[69)]

4. 결합된 권한(United Power)로서의 이해

미국 인사제도를 전반적으로 살펴보면, 미국 대통령의 지명과 상원인준의 공직인사는 헌법제정자가 고민했던 입법부와 집행부 간 균형성에 근거하고 있다. 입법부와 집행부 간의 권

출된 건수는 124건이다; http://www.senate.gov>Nominations>Rejected or Withdrawn & U.S. Supreme Court Statistics: Nominees present-1789.

67) 1860년대 이전에는 상원은 대부분의 지명을 공석에 대한 관할권을 갖고 있는 위원회에 회부하지 않고 처리하였고, 1868년에야 처음으로 지명안을 관련 위원회에 회부하는 상원규칙이 규정되었다. 그러나 20세기 중반이후 비로소 위원회가 주요 공직후보자에 대한 직접 출두를 요구하는 것이 일상화 되었다.

68) 대표적 예로 조지 H. W. 부시 대통령은 상원의 권고와 동의를 피하기 위하여 휴회임명을 많이 한 것으로 알려져 있다; Michael A. Carrier, *When Is the Senate in Recess for Purposes of the Recess Appointments Clause?*, Michigan Law Review, Vol. 92, No. 7(1994), p. 2208

69) Joel B. Grossman, Stephen L. Wasby, *The Senate and Supreme Court Nominations: Some Reflections*, Duke Law Journal, Vol. 1972, No. 3(1972), p. 590; 대법관의 임명절차가 사법부의 하위 법관과 행정부의 관직보다 훨씬 더 중요한 의미를 지니는 이유이기도 하다. 이에 반하여 연방이나 주 정부의 그 외의 직책들에 대한 인준 절차에서는 후보자의 견해를 밝히는 기회를 주어서 그의 미래성과를 추정하기 위한 참고적 역할을 하는 것에 불과하다.

력이 어느 한편이 다른 한편을 제압하는 경우에는 그 권력의 균형성을 담보하지 못한다. 공직인사에 있어서 지명은 대통령의 권한이지만, 그 권한을 상원의 견제 없이 대통령의 임명으로 이어지게 한다면, 인사에 있어서 균형성을 기할 수 없다. 그렇다고 지명과 임명권한을 모두 상원에게 부여할 수도 없다. 그러나 현실적으로 그 권력을 같은 크기로 양분할 수 없다는 문제점이 있다. 즉 권력을 절대적으로 분리하지 못한다는 것이 헌법현실이다. 이러한 권력분립에 대한 이해는 메디슨의 언급에서도 나타난다. 그는 "인간이 천사(angel)라면, 어떠한 정부도 필요 없을 것이다. 또한 천사가 인간을 다스린다면, 정부에 대한 통제가 필요 없을 것이다. 인간의 정부를 구성하는 데 큰 어려움은 바로 여기에 있다. … 각 부문들이 서로 견제하게 하는 방식으로 직무를 분배하고 조정하는 것이 필요하다."고 하였다.[70] 즉 대통령과 의회와의 권력을 현실세계에서는 절대적으로 분리할 수 없으므로, 상호 간의 견제기능으로 권력의 균형성을 유지할 수 있다는 함의일 것이다.[71]

이는 상대적 권력분립과 공직인사가 대통령과 상원의 결합된 권한이라는 이해로 나아가게 한다. 공직인사의 지명은 대통령이든 의회이든 어느 한편에서 시작하는 것으로 처음부터 우선적 지위가 있을 수밖에 없다. 대통령제에서는 대통령이 공직인사의 지명권을 갖는다. 그 상대적 우위관계를 우선적 지위라고 한다면, 우선적 지위는 정지조건부에 해당한다. 즉 공직인사에 있어서 대통령의 지명은 우선적 정지조건이다. 다시 말해서, 대통령의 지명은 우선적 지위를 가지지만, 그 지명이 바로 임명으로 이어지는 것이 아니고, 그 효력은 의회의 동의를 받을 때까지 정지하는 것이다. 만약 의회가 대통령의 지명에 대하여 거부결정을 하는 경우에는 대통령은 다른 후보자를 지명하여야만 한다. 그리고 다시 그 지명에 대한 의회의 조언과 동의를 얻어야만 한다. 그러한 절차과정이 없이도, 즉 의회의 동의를 받지 않아도 대통령이 지명인을 임명 강행할 수 있다면, 상대적 권력분립이라고 할 수 없다. 처음부터 대통령의 지명이 임명이 되는 셈이고, 의회의 동의는 형식에 불과할 뿐이다.[72] 이러한 점에서 보면, 대통령과 의회 간의 공직인사과정은 결합된 권한(United Power)으로 이루어진다는 사실에 중요성을 둘 필요가 있다. 즉 어느 하나의 권한을 대통령과 의회에 절대적으로 양분하는 것은 불가능하다는 점에서 이해를 같이한다. 임명권은 하나의 권한이다. 그런데 이를 대통령의 절대적 권한으로 한다면, 의회의 견제 없는 대통령의 자의적 판단으로 이루어질 수 있다.[73] 의

70) Federalist No. 51; Walter Dellinger, *The Constitutional Separation of Powers between the President and Congress*, Law and Contemporary Problems, Vol. 63, No. 1/2, The Constitution under Clinton: A Critical Assessment(2000), p. 523.

71) 심경수, 헌법, 충남대학교출판문화원, 2016, 424쪽; 장영수, 헌법학, 홍문사, 2017, 988쪽.

72) 양정윤, 국회와 대통령 간의 입법갈등: 권력분립의 이해와 그에 기초한 유형별 개선방안, 고려대학교 일반대학원 박사학위논문, 2017.2, 87-89쪽.

73) 대통령에 대한 국회의 견제는 대통령의 권한남용을 억제하기 위함뿐만 아니라 이 방법으로만 국민의 의사가 실현될 수 있다; 김경제, 대통령의 헌법재판소장 임명권, 공법연구 제36집 제4호, 한국공법학회, 2008, 316쪽.

회의 견제 없는 절대적 권한은 절대군주정(an absolute monarchy)으로 회귀하는 것과 다를 바 없다. 이는 전제정치(tyranny)로 이어진다는 것이 그동안의 역사적 교훈이다.[74] 그러므로 공직에 관한 인사는 대통령의 지명(nomination), 의회의 조언과 동의(advice and consent), 대통령의 임명(appointment)로 행사되어야 하는 것이고, 그 '지명-조언 · 동의-임명'은 하나의 '결합된 권한'의 구성요소라 할 것이다.[75] 견제와 균형의 원리에 의하여 운영되는 대통령제에서는 이에 대한 상대적 균형성에 입각한 결합된 권한의 구조적 이해가 필요하다. 요컨대, 미국 대통령제에 있어서 공직인사권의 본질은 대통령과 의회 간의 상호 협력과 견제를 반드시 함께 요구하는 상대적 권력분립으로서의 '결합된 권한'으로 보아야 한다.[76]

Ⅴ. 결 어

미국 헌법의 기초자들은 권력을 연방정부와 주 정부에 분산시키는 것에 머물지 않고, 연방정부의 3기관에 분배시킨 권한이 다른 기관에 주어진 권한을 견제할 수 있는 정치제도를 확립했다. 연방통치기구 내의 한 기관에 부여된 권한은, 다른 한 기관 내지 두 기관에 주어진 권한에 의해 견제되도록 되어 있다. 그리고 각각의 기관이 견제됨으로써 상호 균형이 유지되고 있다. 공직인사도 마찬가지이다.

미국 헌법상 공직에 대한 인사(Appointments)는 의회에서 공직을 설치한 이후, 다음과 같은 3가지 단계가 필요하다. 1) 대통령의 후보자 지명(nomination), 2) 상원의 인준(confirmation), 3) 대통령의 위촉(commissioning)이다. 하급 공무원의 경우, 의회는 인준 절차를 생략하고, 공무원 임명권을 직접 대통령, 법원 혹은 장관에게 줄 수 있다. 적어도 이론상으로 지명은

---

74) 대통령과 국회 간에 어떻게 '견제와 균형'을 유지하느냐의 문제는 대통령이 강력한 권한을 가지면서도 전제적이어서는 안 된다는 요구에 있다; 심경수, 현행 헌법상 권력구조의 문제점, 동아법학 통권 제62호, 동아대학교 법학연구소, 2014, 23-51쪽.

75) 동의형 임명절차에서의 인사청문회 제도는 국회의 동의권을 제도적으로 뒷받침하기 위한 것이다; 강승식, 대통령의 공무원 임명에 대한 의회의 견제: 미국 헌법상 공무원 임명권 조항을 중심으로, 공법연구 제38집 제1-2호, 한국공법학회, 2009, 7쪽.

76) 이러한 결합된 권한으로서의 구조적 실현은 각국의 헌법규정에서도 발견된다. 우리나라처럼 행정각부의 장관과 헌법재판소 재판관 9인 중 6인을 국회의 동의 없이 임명할 수 있는 나라는 찾아보기 드물다. 멕시코는 상원의 동의없이 대통령이 임명할 수 있는 장관은 오직 국무장관에 불과하다(멕시코 헌법 제89조 II 내지 XVI). 대법관은 공석이 생기는 1인을 충원하기 위하여 대통령이 3명의 후보자를 지명하고, 상원 출석의원 2/3이상의 찬성으로 후보자 중 1명을 선출한다(멕시코 헌법 제96조). 프랑스는 대통령이 국무총리를 임명하며, 국무위원인 행정각부 장관을 국무총리의 제청에 의하여 대통령이 임명한다는 점은 한국과 유사하다(프랑스 헌법 제8조). 그러나 차이점은, 대통령의 임명권 행사는 양원의 소관위원회의 공식의견을 반드시 구하여야 하며, 각 위원회에서 반대표가 행사된 투표수의 3/5이상에 달하는 경우에는 대통령은 임명할 수 없다(프랑스 헌법 제13조 제5항). 프랑스의 헌법위원회 9인은 대통령, 하원의장, 상원의장이 각 3인을 임명하고 있고, 헌법위원회의 위원장은 대통령이 임명하지만, 그 임명은 제13조 제5항의 양원의 소관 위원회의 3/5이상의 반대의사가 없어야 한다(프랑스 헌법 제56조 및 제57조); 국회, 세계의 헌법 (Ⅰ), (Ⅱ), 국회도서관, 2013.

대통령의 고유권한이지만, 실제로 그것은 집행부의 구성원, 의원들과 법관 및 민간 부문의 대표자들과 공유되며, 모두 다양한 법적 제한을 받는다.

미국 역사를 통틀어 상원과 대통령은 행정부와 사법부의 주요한 공직에 대한 인사에 있어서 그들의 헌법상의 연대책임(joint constitutional responsibility)에 대해 신중한 관계를 유지해 왔다. 후보자의 철학이나 이념이 상원에서 정당한 고려 대상이 아니라는 주장과는 달리, 상원은 이러한 점을 통상적으로 고려해왔다. 단지 후보자의 능력과 성격에 의거해서 반대 의견을 나타내는 것처럼 하면서 상원의 의도를 감추곤 했다. 모든 인사 가운데, 연방대법관의 임명은 사법부의 하위 법관과 행정부의 관직보다 훨씬 더 중요한 의미를 지니고 있다. 연방이나 주 정부의 그 외의 직책들에 대한 인준 절차에서는 후보자의 견해를 밝히는 기회를 주어서 그의 미래성과를 추정하기 위한 참고적 역할을 하는 것이었다. 그래서 매우 부적격한 후보자의 경우에만 상원에서 거부당하곤 하였다.

미국 헌법상 공직인사권의 본질은 대통령과 의회 간의 상호 협력과 견제를 반드시 함께 요구하는 상대적 권력분립으로서의 '결합된 권한'(united power)으로 보아야 한다.

따라서 미국 헌법상 고위공직에 대한 인사권한은 대통령의 고유한 권한이 아니라, 상원과 대통령의 공동권한으로 인식되었다. 다만 대통령에게는 지명권(nomination)이 부여되고, 상원에게는 인준권(confirmation)이 주어지며, 위촉장 수여는 대통령에게 주어지는 것이다. 다만 위촉장 수여(commissioning)는 요식행위이고, 인사의 본질은 대통령의 후보자 지명과 상원의 인준이다.

현행 한국 헌법상 미국의 공직인사제도를 그대로 도입해서 적용할 수는 없지만, 우리의 경우에도 국회의 동의를 얻어 대통령이 임명하는 한국 헌법상의 17개 공직(제104조 1항과 2항, 제11조 4항, 제86조, 제98조 2항; 다만 제104조 2항의 대법관은 대법원장이 제청하므로 약간 다르다)에 대한 인사권은 미국 헌법과 같은 맥락에서 이해할 수 있다. 그러나 머리말("어떤 인사를 임명할지에 대한 임명권과 인사권은 대통령에게 있고,…)에서 보는 것처럼, 아직도 헌법상 공직에 대한 인사권을 대통령의 고유한 권한으로 알고 있는 정치권의 인식이 큰 문제가 아닐 수 없다.

우리 헌법상 공직 인사 개념에 대한 인식의 대전환이 요구된다. 이러한 인식에 토대를 둔 인사제도가 이번 개헌 과정에서 반영되어야 할 것이다.

인사문제는 아무리 강조하여도 지나침이 없고, 지속적인 관심과 연구가 필요하다. '인사(人事)가 만사(萬事)', "나라가 망하는 비극은 인재가 부족하여서가 아니라, 인재가 있어도 그 활용 시스템이 제대로 작동하지 않을 때 일어난다."는 말은 인사문제의 중요성을 일깨워 주고 있다.[77)]

---

77) 시오노 나나미, 오화정 역, 시오노 나나미의 국가와 역사, 혼미디어, 2015, 26쪽.

7. 위헌인 대통령의 긴급조치 발령이 불법행위를 구성하는지 여부
– 대법원 2015.3.26. 선고 2012다48824 판결 –

윤 진 수*

Ⅰ. 서　　설

이 글의 대상판결인 대법원 2015.3.26. 선고 2012다48824 판결은, 1975.5.13. 유신헌법 제53조에 근거하여 발령된 국가안전과 공공질서의 수호를 위한 대통령긴급조치 제9호(이하 '긴급조치 제9호'라고만 한다)는 위헌·무효이기는 하지만, 대통령은 국가긴급권의 행사에 관하여 원칙적으로 국민 전체에 대한 관계에서 정치적 책임을 질 뿐 국민 개개인의 권리에 대응하여 법적 의무를 지는 것은 아니므로, 대통령의 이러한 권력행사가 국민 개개인에 대한 관계에서 민사상 불법행위를 구성한다고는 볼 수 없다고 하여, 위 긴급조치에 따라 수사를 받았던 사람의 국가에 대한 국가배상청구를 기각하였다. 이 판결은 그 후 많은 비판을 받았는데, 비판의 초점은 주로 대법원이 종전에 위 긴급조치는 위헌이라고 하였던 것과 모순된다는 것이었다.

필자도 위 판결은 부당하고, 법원으로서는 국가의 불법행위책임을 인정하였어야 한다고 생각한다. 그러나 그러한 결론에 이르기 위하여는 여러 가지 따져 보아야 할 문제가 많다. 이하에서는 구체적으로 대상판결의 부당성을 논하여 보고자 한다.

이 글은 기본적으로 판례평석이라고 할 수 있으나, 실제로는 대상 판결의 사실관계 등은 그다지 중요하지 않고, 관련된 여러 가지 쟁점이 많으므로 전통적인 판례평석의 형식은 취하지 않았고, 실질은 독립된 논문에 가깝다.

---

* 서울대학교 법학전문대학원 교수
이 글은 2017.10.21. 민사법학회 추계학술대회에서 발표하였던 것을 기초로 하여 내용을 보완한 것이다. 민사법학회에서 지정토론을 맡아 주신 연세대학교 박동진 교수님과 강원대학교 문병효 교수님께 감사드린다. 또한 이 글은 2017.12.6. 서울대학교 법학전문대학원의 법과 문화 포럼에서도 발표하였는데, 당시 헌법재판소의 결정 배경에 대하여 설명해 주신 박한철 전 헌법재판소장님(현 서울대 초빙교수)과, 라드브루흐 공식의 서술에 대하여 보완할 점을 지적해 주신 김도균 교수님께 감사드린다. 그리고 논문의 심사 과정에서 수정하여야 할 내용을 지적하여 주신 심사위원들께도 감사드린다.

Ⅱ. 대상판결의 배경과 대상판결 및 그 후의 경과[1)]

1. 유신헌법의 긴급조치 규정

박정희 대통령은 1972.10.17. 전국에 비상계엄을 선포하고, 국회를 해산하고, 정당 및 정치 활동의 중지 등 현행 헌법의 일부 조항 효력을 정지시키는 대통령 특별선언을 발표하였다. 이를 같은 달 27일부터는 10월유신이라고 불렀다. 그리고 새로운 개헌안을 공고하고, 같은 해 11.21. 이를 국민투표에 붙여, 이를 통과시킴으로써 이른바 유신헌법이 제정되었다. 이 헌법은 같은 해 12.27.부터 시행되었다.

유신헌법 제53조는 대통령의 긴급조치권에 관하여 다음과 같이 규정하고 있다.

> "① 대통령은 천재·지변 또는 중대한 재정·경제상의 위기에 처하거나, 국가의 안전보장 또는 공공의 안녕질서가 중대한 위협을 받거나 받을 우려가 있어, 신속한 조치를 할 필요가 있다고 판단할 때에는 내정·외교·국방·경제·재정·사법등 국정전반에 걸쳐 필요한 긴급조치를 할 수 있다.
>
> ② 대통령은 제1항의 경우에 필요하다고 인정할 때에는 이 헌법에 규정되어 있는 국민의 자유와 권리를 잠정적으로 정지하는 긴급조치를 할 수 있고, 정부나 법원의 권한에 관하여 긴급조치를 할 수 있다.
>
> ③ 제1항과 제2항의 긴급조치를 한 때에는 대통령은 지체없이 국회에 통고하여야 한다.
>
> ④ 제1항과 제2항의 긴급조치는 사법적 심사의 대상이 되지 아니한다.
>
> ⑤ 긴급조치의 원인이 소멸한 때에는 대통령은 지체없이 이를 해제하여야 한다.
>
> ⑥ 국회는 재적의원 과반수의 찬성으로 긴급조치의 해제를 대통령에게 건의할 수 있으며, 대통령은 특별한 사유가 없는 한 이에 응하여야 한다."

이러한 대통령의 긴급권 자체는 새로운 것은 아니다. 유신헌법 전의 제3공화국 헌법 제73조도 대통령의 긴급명령권과 긴급재정명령권을 인정하였고, 현행 헌법 제76조도 대통령의 긴급명령권과 긴급재정명령권을 인정하고 있다. 그러나 유신헌법상의 긴급조치는 이와는 다르다. 즉 천재·지변 또는 중대한 재정·경제상의 위기에 처하거나, 국가의 안전보장 또는 공공의 안녕질서가 중대한 위협을 받을 경우뿐만 아니라, 그와 같은 우려가 있는 경우에도 긴급조치를 발령할 수 있다. 또 그 내용도 국민의 자유와 권리를 잠정적으로 정지하는 긴급조치를 할 수 있고, 정부나 법원의 권한에 관하여 긴급조치를 할 수 있다는 강력한 것이다. 그리고 국회는 대통령에게 긴급조치의 해제를 건의할 수 있을 뿐이고, 대통령은 특별한 사유가 있으면 이에 응하지 않을 수 있어서, 대통령의 긴급명령이 국회의 승인을 받지 못하면 효력을 상실하는 이 이전의 헌법이나 현행헌법과는 차이가 있다. 무엇보다도 유신헌법상의

---

1) 김세용, "違憲인 刑罰法規와 國家의 損害賠償責任: 維新憲法下의 大統領 緊急措置에 대하여", 민사판례연구 38권, 박영사, 2016, 601면 이하 등 참조.

긴급조치는 사법적 심사의 대상이 되지 아니하였다.

2. 긴급조치의 발령

유신헌법에 기한 대통령 긴급조치는 총 9차례 발령되었는데, 그중 일부는 긴급조치를 해제하는 것이었다. 위헌 여부에 관하여 많이 논란되었던 것은 처벌규정을 담고 있던 긴급조치 제1호, 제4호 및 제9호이다.

긴급조치 제1호는 1974.1.8. 공포되었는데, 이는 대한민국 헌법을 부정, 반대, 왜곡 또는 비방하는 일체의 행위와 그 개정 또는 폐지를 주장, 발의, 제안, 또는 청원하는 일체의 행위 및 유언비어를 날조, 유포하는 일체의 행위를 금하고, 그 금지된 행위를 권유, 선동, 선전하거나, 방송, 보도, 출판 기타 방법으로 이를 타인에게 알리는 일체의 언동도 금하며, 이 조치에 위반한 자와 이 조치를 비방한 자는 법관의 영장없이 체포, 구속, 압수, 수색하며 15년 이하의 징역에 처하고, 15년 이하의 자격정지를 병과할 수 있다고 규정하였다. 한편 같은 날 공포된 긴급조치 제2호는 긴급조치 1호 위반자를 심판하기 위하여 비상군법회의를 두기로 하는 것이었다.

긴급조치 제4호는 1974.4.3. 공포되었다. 그 주된 내용은 전국민주청년학생총연맹(이른바 민청학련)을 조직하거나 가입하는 행위, 그 활동을 찬양, 고무하는 행위 등을 금지하고, 이에 위반한 자는 사형, 무기 또는 5년 이상의 유기징역에 처한다는 것이었다.

그리고 긴급조치 제9호는 1975.5.13. 공포되었다. 여기서는 유언비어를 날조, 유포하거나 사실을 왜곡 하여 전파하는 행위, 대한민국 헌법을 부정·반대·왜곡 또는 비방하거나 그 개정 또는 폐지를 주장·청원·선동 또는 선전하는 행위 등을 금지하고, 그에 위반한 자는 1년 이상의 유기징역에 처하도록 하였다.

위와 같은 긴급조치 위반으로 인하여 처벌받은 사람의 숫자는 1,000명이 넘는 것으로 보인다.[2)]

3. 긴급조치의 위헌성에 관한 대법원과 헌법재판소의 판례

(1) 대법원 판례

종래 대법원의 판례는, 긴급조치는 유신헌법에 근거한 것으로서 사법적 심사의 대상이 되지 아니하므로 그 위헌 여부를 다툴 수 없다고 하였다.[3)] 그러나 근래 대법원은 이러한 판례

---

2) 진실·화해를 위한 과거사정리위원회가 분석한 자료에 따르면 긴급조치 위반으로 처벌받은 피해자는 1140명, 사건수는 585건에 이른다고 한다. 진실·화해를 위한 과거사정리위원회, 2006년 하반기 조사보고서, 2007, 291-296면. 그 재판의 실태에 대하여는 사법발전재단, 역사 속의 사법부, 2009, 419-432면 참조.

3) 대법원 1975.4.8. 선고 74도3323 판결; 대법원 1977.3.22. 선고 74도3510 전원합의체 판결; 대법원 1977.5.13.자 77모19 전원합의체 결정 등.

를 변경하여, 긴급조치는 위헌이라고 하였다.

그 첫 번째는 대법원 2010.12.16. 선고 2010도5986 전원합의체 판결이다. 이 사건은 긴급조치 제1호 위반으로 처벌받았던 피고인들이 위 긴급조치가 위헌이라고 하여 재심을 청구한 것인데, 대법원은 긴급조치 제1호가 위헌이라고 하여 무죄를 선고하였다. 그 요지는 다음과 같다.

1) 국가긴급권은 국가가 중대한 위기에 처하였을 때 그 위기의 직접적 원인을 제거하는 데 필수불가결한 최소의 한도 내에서 행사되어야 하는 것으로서, 국가긴급권을 규정한 헌법상의 발동 요건 및 한계에 부합하여야 하고, 이 점에서 유신헌법 제53조에 규정된 긴급조치권 역시 예외가 될 수는 없다.

2) 긴급조치 제1호의 내용은 유신헌법 등에 대한 논의 자체를 전면금지함으로써 이른바 유신체제에 대한 국민적 저항을 탄압하기 위한 것임이 분명하여 긴급조치권의 목적상의 한계를 벗어난 것일 뿐만 아니라, 위 긴급조치가 발령될 당시의 국내외 정치상황 및 사회상황이 긴급조치권 발동의 대상이 되는 비상사태로서 국가의 중대한 위기상황 내지 국가적 안위에 직접 영향을 주는 중대한 위협을 받을 우려가 있는 상황에 해당한다고 할 수 없으므로, 그러한 상황에서 발령된 긴급조치 제1호는 유신헌법 제53조가 규정하고 있는 요건을 결여한 것이다.

3) 한편 긴급조치 제1호의 내용은 민주주의의 본질적 요소인 표현의 자유 내지 신체의 자유와 헌법상 보장된 청원권을 심각하게 제한하는 것으로서, 국가가 국민의 기본적 인권을 최대한으로 보장하도록 한 유신헌법 제8조(현행 헌법 제10조)의 규정에도 불구하고, 유신헌법 제18조(현행 헌법 제21조)가 규정한 표현의 자유를 제한하고, 영장주의를 전면 배제함으로써 법치국가원리를 부인하여 유신헌법 제10조(현행 헌법 제12조)가 규정하는 신체의 자유를 제한하며, 명시적으로 유신헌법을 부정하거나 폐지를 청원하는 행위를 금지시킴으로써 유신헌법 제23조(현행 헌법 제26조)가 규정한 청원권 등을 제한한 것이다.

4) 이와 같이 긴급조치 제1호는 그 발동 요건을 갖추지 못한 채 목적상 한계를 벗어나 국민의 자유와 권리를 지나치게 제한함으로써 헌법상 보장된 국민의 기본권을 침해한 것이므로, 긴급조치 제1호가 해제 내지 실효되기 이전부터 유신헌법에 위배되어 위헌이고, 나아가 긴급조치 제1호에 의하여 침해된 위 각 기본권의 보장 규정을 두고 있는 현행 헌법에 비추어 보더라도 위헌이다.

한편 위 판결은, 긴급조치를 사법적 심사의 대상에서 배제하고 있는 유신헌법 제53조 제4항에 대하여, 재심소송에서 적용될 절차에 관한 법령은 재심판결 당시의 법령이므로, 사법적 심사의 대상이 되는지 여부는 현행 헌법에 기하여 판단하여야 하고, 현행 헌법 제76조는 대통령의 긴급명령·긴급재정경제명령 등 국가긴급권의 행사에 대하여 사법심사배제 규정을 두고 있지 아니하며, 유신헌법 자체에 의하더라도 그 제8조가 기본권 보장의무를 규정하고, 제9조 내지 제32조에서 개별 기본권 보장 규정을 두고 있었으므로, 유신헌법 제53조 제4항이 사법심사를 배제할 것을 규정하고 있다고 하더라도 이는 사법심사권을 절차적으로 제한하는 것일 뿐 이러한 기본권 보장 규정과 충돌되는 긴급조치의 합헌성 내지 정당성까지 담보한다고 할 수 없다고 하였다. 따라서 이 사건 재심절차를 진행함에 있어, 모든 국민은 유신헌법에 따른 절차적 제한을 받음이 없이 법이 정한 절차에 의해서 긴급조치의 위헌성 유무를 따지는 것이 가능하다고 하였다.

그리고 위 판결은, 헌법재판소에 의한 위헌심사의 대상이 되는 '법률'이라 함은 '국회의 의결을 거친 이른바 형식적 의미의 법률'을 의미하고, 형식적 의미의 법률이 아닌 때에는 그와 동일한 효력을 갖는 데에 국회의 승인이나 동의를 요하는 등 국회의 입법권 행사라고 평가할 수 있는 실질을 갖춘 것이어야 하는데, 유신헌법에 근거한 긴급조치는 국회의 입법권 행사라는 실질을 전혀 가지지 못한 것으로서, 헌법재판소의 위헌심판대상이 되는 '법률'에 해당한다고 할 수 없고, 긴급조치의 위헌 여부에 대한 심사권은 최종적으로 대법원에 속한다고 하였다.

그 후 대법원 2013.4.18. 자 2011초기689 전원합의체 결정은 긴급조치 제9호에 대하여, 대법원 2013.5.16. 선고 2011도2631 전원합의체 판결은 긴급조치 제4호에 대하여 위 2010도5986 결정과 대체로 같은 취지에서 위헌이라고 하였다.[4)]

(2) 헌법재판소의 판례

그런데 헌법재판소 2013.3.21. 선고 2010헌바70, 132, 170 결정은, 대법원과는 별도로 긴급조치 제1호, 제2호 및 제9호가 위헌이라고 하였다. 이 결정은 우선, 일정한 규범이 위헌법률심판 또는 헌법재판소법 제68조 제2항에 의한 헌법소원심판의 대상이 되는 '법률'인지 여부는 그 제정 형식이나 명칭이 아니라 그 규범의 효력을 기준으로 판단하여야 하는데, 이 사건 긴급조치들은 최소한 법률과 동일한 효력을 가지는 것으로 보아야 하고, 따라서 그 위헌 여부 심사권한도 헌법재판소에 전속한다고 하였다.

그리고 이 사건 긴급조치들의 위헌 여부를 심사하는 기준은 유신헌법이 아니라 현행헌법이라고 보았다. 즉 이미 폐기된 유신헌법에 따라 이 사건 긴급조치들의 위헌 여부를 판단하는 것은, 유신헌법 일부 조항과 긴급조치 등이 기본권을 지나치게 침해하고 자유민주적 기본질서를 훼손하는 데에 대한 반성에 기초하여 헌법 개정을 결단한 주권자인 국민의 의사와 기본권 강화와 확대라는 헌법의 역사성에 반하는 것으로 허용할 수 없고, 또 헌법재판소의 헌법 해석은 헌법이 내포하고 있는 특정한 가치를 탐색·확인하고 이를 규범적으로 관철하는 작업이므로, 헌법재판소가 행하는 구체적 규범통제의 심사기준은 원칙적으로 헌법재판을 할 당시에 규범적 효력을 가지는 헌법이라는 것이다.

그리고 긴급조치를 사법심사에서 배제하는 유신헌법 제53조 제4항에 대하여는, 이러한 사법심사 배제조항은 근대입헌주의에 대한 중대한 예외가 될 뿐 아니라 기본권보장 규정이

---

4) 위 2011초기689 전원합의체 결정에 대하여는 아래 주 85) 및 그 본문 참조.

나 위헌법률심판제도에 관한 규정 등 다른 헌법 조항들과 정면으로 모순·충돌되는 점, 현행헌법에서는 그 반성적 견지에서 긴급재정경제명령·긴급명령에 관한 규정(제76조)에서 사법심사 배제 규정을 삭제하여 제소금지조항을 승계하지 아니한 점 및 긴급조치의 위헌 여부는 원칙적으로 현행헌법을 기준으로 판단하여야 하는 점에 비추어 보면, 이 사건에서 유신헌법 제53조 제4항 규정의 적용은 배제되고, 모든 국민은 현행헌법에 따라 이 사건 긴급조치들의 위헌성을 다툴 수 있다고 보아야 한다고 설시하였다.

이러한 점을 전제로 하여, 헌법재판소는 긴급조치 제1호, 제2호 및 제9호가 모두 위헌이라고 하였다. 구체적으로는 긴급조치 제1호, 제2호는 입법목적의 정당성이나 방법의 적절성을 갖추지 못하였을 뿐 아니라 죄형법정주의에 위배되고, 헌법개정권력의 행사와 관련한 참정권, 표현의 자유, 영장주의 및 신체의 자유, 법관에 의한 재판을 받을 권리 등 국민의 기본권을 지나치게 제한하거나 침해하므로 헌법에 위반되며, 긴급조치 제9호는 입법목적의 정당성과 방법의 적절성을 갖추지 못하였을 뿐 아니라 죄형법정주의에 위배되고, 헌법개정권력의 행사와 관련한 참정권, 표현의 자유, 집회·시위의 자유, 영장주의 및 신체의 자유, 학문의 자유 등 국민의 기본권을 지나치게 제한하거나 침해하므로 헌법에 위반된다고 하였다.

위와 같은 대법원과 헌법재판소의 판례를 비교하여 보면, 대법원은 긴급조치의 위헌 여부에 대한 심사권은 최종적으로 대법원에 속한다고 본 반면, 헌법재판소는 그 심사 권한은 헌법재판소에 전속한다고 하였다. 그리고 대법원은 위헌 여부의 심사 기준을 유신헌법으로 보면서도, 현행 헌법에 비추어 보더라도 위헌이라고 하였으나, 헌법재판소는 그 심사 기준을 유신헌법 아닌 현행 헌법이라고 하였다.

4. 피해자들의 국가배상청구

이처럼 긴급조치가 위헌으로 선고되자, 그에 의하여 처벌받았거나 수사를 받았던 사람들은 형사보상을 청구하는 외에 국가를 상대로 국가배상을 청구하였다. 그러나 대법원은 이러한 청구를 받아들이지 않았다.

(1) 대법원 2014.10.27. 선고 2013다217962 판결

이 판결은, 긴급조치 제9호에 의하여 수사를 진행하고 공소를 제기한 수사기관의 직무행위나 유죄판결을 선고한 법관의 재판상 직무행위는 공무원의 고의 또는 과실에 의한 불법행위에 해당하지 않는다고 하였다. 즉 형벌에 관한 법령이 헌법재판소의 위헌결정으로 소급하여 효력을 상실하였거나 법원에서 위헌·무효로 선언된 경우, 그 법령이 위헌으로 선언되기 전에 그 법령에 기초하여 수사가 개시되어 공소가 제기되고 유죄판결이 선고되었더라도, 그러한 사정만으로 수사기관의 직무행위나 법관의 재판상 직무행위가 국가배상법 제2조 제1항에서 말하는 공무원의 고의 또는 과실에 의한 불법행위에 해당하여 국가의 손해배상책임이 발생한다고 볼 수는 없고, 긴급조치 제9호 위반의 유죄판결에 대한 재심절차에서 피고인에게 적용된 형벌에 관한 법령인 긴급조치 제9호가 위헌·무효라는 이유로 형사소송법 제325조 전단에 의한 무죄판결이 확정된 경우에는 다른 특별한 사정이 없는 한 수사과정에서 있었던 국가기관의 위법행위로 인하여 재심대상판결에서 유죄가 선고된 경우라고 볼 수 없으므로, 그와 같은 내용의 재심무죄판결이 확정되었다는 사정만으로는 유죄판결에 의한 복역 등이 곧바로 국가의 불법행위에 해당한다고 볼 수 없다고 하였다. 다만 이 판결도, 당해 사건에서는 수사관이 고문 등 가혹행위를 하여 당사자들이 유죄판결을 받은 것으로 인정하여 국가의 손해배상책임을 인정하였다.

(2) 대상판결

이 사건의 사실관계는 다음과 같다. 이 사건 원고는 서울대학교에 재학 중이던 1978. 6. 경 중앙정보부 소속 공무원들에 의해 당시 서울 남산에 소재하고 있는 중앙정보부 건물로 끌려가서, 약 20여 일 간 그 친구에게 유신 체제에 대한 비판적인 내용의 편지를 보낸 것 등에 대한 이유에 대해 조사를 받으면서, 법관의 영장 없이 구금되어 있었다. 원고는 피고 대한민국에 대하여 이를 이유로 국가배상을 청구하였다.

원심은, 위와 같이 중앙정보부 직원이 강제 연행한 것은 불법체포이고, 영장 없이 구금한 것은 불법구금이라고 하였다. 이에 대하여 피고는, 원고는 긴급조치위반을 이유로 중앙정보부에서 수사를 받은 것으로 보이는데, 당시 긴급조치를 집행하는 공무원으로서 긴급조치가 헌법에 위반되는지 여부를 심사할 권한이 없어서, 당해 공무원에게 고의 또는 과실이 있다 할 수 없으므로, 국가의 원고에 대한 손해배상책임은 성립되지 않는다는 취지로 주장하였다. 그러나 원심은 긴급조치 제9호는 그 발동 요건을 갖추지 못한 채 목적상 한계를 벗어나 국민의 자유와 권리를 지나치게 제한함으로써 헌법상 보장된 국민의 기본권을 침해하고, 헌법상의 기본원리인 자유민주적 기본질서에도 반하는 것이므로, 긴급조치 제9호가 해제 내지 실효되기 이전부터 유신헌법에 위배되어 위헌이고, 대통령이 긴급조치 제9호를 발령한 행위는 대통령의 헌법수호의무를 위반한 것으로서, 긴급조치 제9호를 발령한 대통령에게 고의 내지 과실이 인정되며, 유신헌법에 기초하더라도 명백히 위헌적인 내용의 긴급조치를 발령한 대통령의 행위에 대하여는, 법원이 그 긴급조치의 위헌성과 대통령의 행위에 대한 위법성을 인정하여 위헌적인 긴급조치로 인하여 피해를 받은 국민들의 국가에 대한 국가배상청구권을 인정하는 것은 가능하다고 하여 원고의 손해배상청구를 인용하였다.[5)]

그러나 대상판결은, 긴급조치 제9호가 사후적으로 법원에서 위헌·무효로 선언되었다고

5) 대전지방법원 2012.5.3. 선고 2012나974 판결.

하더라도, 유신헌법에 근거한 대통령의 긴급조치권 행사는 고도의 정치성을 띤 국가행위로서 대통령은 국가긴급권의 행사에 관하여 원칙적으로 국민 전체에 대한 관계에서 정치적 책임을 질 뿐 국민 개개인의 권리에 대응하여 법적 의무를 지는 것은 아니므로, 대통령의 이러한 권력행사가 국민 개개인에 대한 관계에서 민사상 불법행위를 구성한다고는 볼 수 없다고 하여 원심판결을 파기하였다.[6)]

5. 대상판결 이후의 경과

(1) 헌법소원

대상판결 후에도 대법원은 위와 같이 긴급조치의 발령 자체가 불법행위가 된다는 점을 근거로 하는 국가배상청구를 기각하였고, 이에 대하여 패소한 당사자들은 위와 같은 판결들이 그들의 기본권을 침해한다는 이유로 헌법소원을 제기하였으나, 헌법재판소의 지정재판부는 위와 같은 대법원 판결은 헌법소원의 대상이 되는 법원의 재판에 해당하는 경우가 아니므로, 이를 대상으로 한 이 사건 심판청구는 부적법하다고 하여 헌법소원을 각하하였다.[7)]

(2) 하급심 판결

한편 대상판결에도 불구하고 대통령의 긴급조치 발령 자체가 불법행위가 된다고 하여 국가배상을 인정한 하급심 판결들도 있었다.

우선 서울중앙지방법원 2015.9.11. 선고 2013가합544225 판결은, 대통령의 긴급조치 제9호 발령행위는 대통령의 헌법수호의무를 위반한 것으로서, 긴급조치 제9호의 내용이 헌법의 문언에 명백히 위반됨에도 불구하고 대통령이 당해 국가긴급권을 행사한 것과 같은 특수한 경우에 해당하므로, 대통령의 긴급조치 제9호 발령행위는 고의 내지 과실에 의한 위법행위에 해당한다고 봄이 상당하다고 하였다.

그리고 광주지방법원 2016.2.4. 선고 2013가합11470 판결도, 대통령의 긴급조치 발령이

---

6) 한편 대상판결은, 중앙정보부 소속 공무원이 수사권이 없음에도 불구하고 원고가 대통령의 긴급조치를 위반하였다는 혐의로 체포·구금한 행위는 불법행위에 해당하지만, 원고의 체포·구금상태가 종료된 후 이 사건 소 제기 시까지 30년 이상이 경과한 점 등에 비추어 보면, 원심이 들고 있는 사유만으로는 원고가 피고에 대하여 이 사건 손해배상청구권을 행사할 수 없는 객관적 장애사유가 있었다고 보기 어렵다고 하여, 원심이 피고의 소멸시효 완성 주장이 권리남용에 해당한다고 한 것도 잘못이라고 하였다. 장병일, "국가배상청구 사건에 있어서 손해와 가해행위 그리고 소멸시효", 동아법학 제69호, 2015, 265면 이하는 이러한 판시를 지지하고 있다. 과거사 정리와 소멸시효의 문제 일반에 대하여는 윤진수, "과거사 정리와 소멸시효", 민사재판의 제문제 제23권, 사법발전재단, 2015, 819면 이하 참조.

7) 헌법재판소 제2지정재판부 2015.7.31. 자 2015헌마732 결정; 헌법재판소 제1지정재판부 2015.11.10. 자 2015헌마1021 결정. 이들 결정은, 헌법재판소가 위헌으로 결정한 법률을 적용함으로써 국민의 기본권을 침해한 재판에 대하여만 헌법재판소법 제68조 제1항에 의한 헌법소원심판을 청구할 수 있는데, 헌법소원의 대상인 판결들은 모두 긴급조치 제1호와 제9호가 위헌임을 전제로, 긴급조치에 대한 대통령의 발령 행위와 위헌 결정 이전에 수사기관이나 법관이 긴급조치를 적용하여 수사하거나 재판한 직무행위가 위법행위에 해당하지 않거나 해당 공무원의 고의·과실이 인정되지 않아 국가배상책임이 성립하지 않는다고 판단하였을 뿐, 헌법재판소가 위헌으로 결정한 긴급조치가 유효하다고 보아 이를 당해사건에 적용한 것이 아니라고 하였다.

불법행위가 된다고 하였다. 이 판결은 대상판결이 대통령은 국가긴급권의 행사에 관하여 원칙적으로 국민 전체에 대한 관계에서 정치적 책임을 질 뿐 국민 개개인의 권리에 대응하여 법적 의무를 지는 것은 아니므로, 대통령의 이러한 권력행사가 국민 개개인에 대한 관계에서 민사상 불법행위를 구성한다고는 볼 수 없다고 하는 점에 대하여 다음과 같은 이유로 유신헌법 제8조와 제53조에서 긴급조치 제9호의 발령과 관련하여 대통령에게 부과한 직무상 의무는 오로지 공공 일반의 전체적인 이익을 도모하기 위한 것에 불과한 것으로 볼 수 없고, 국민 개개인의 안전과 이익을 보호하기 위하여 설정된 것으로 봄이 타당하다고 판시하였다. 즉 긴급조치 제9호의 발령과 관련하여 유신헌법 제8조의 기본권보장의무에 관한 조항과 제53조의 긴급조치권의 발령 요건과 한계를 규정한 조항에 의하여 국민의 기본권에 대응한 대통령의 직무상 의무를 인정할 수 있는데, 헌법에 의하여 인정되는 국민의 기본권은 위 직무상 의무의 사익보호성에 관한 법리에서 말하는 '국민 개개인의 안전과 이익'에 포함되고, 이는 긴급조치에 의하여 침해될 우려가 있는 기본권을 보호하기 위한 것이므로, 위 조항 또한 국민의 기본권을 보호함으로써 국민 개개인의 안전과 이익을 보호하기 위한 조항이라는 것이다.

그러나 이들 판결들의 항소심 판결들은 대상판결과 같은 취지에서 불법행위의 성립을 부정하였고,[8] 대법원은 심리불속행 판결에 의하여 원고들의 상고를 기각하였다.[9]

Ⅲ. 쟁점의 소재

이 판결에 대하여는 부정적인 평가가 많다. 즉 대상판결은 긴급조치가 위헌이라고 한 대법원 2010.12.16. 선고 2010도5986 전원합의체 판결 등과는 모순되고, 국가의 기본권 보호의무와도 모순된다는 것이다.[10] 또한 대상판결에 대하여 긴급조치 발령을 통치행위라고 하여 책임을 부정한 것은 부당하다는 비판도 있다.[11]

---

8) 서울고등법원 2015.12.24. 선고 2015나2053047 판결; 광주고등법원 2016.11.18. 선고 2016나11294 판결.

9) 대법원 2016.5.12. 자 2016다203711 판결; 2017.3.9. 자 2016다272687 판결.

10) 논문으로서 김세용(주 1), 591면 이하; 문병효, "대법원의 긴급조치 및 국가배상 관련 판결들에 대한 비판적 고찰", 민주법학 제59호, 2015, 41면 이하; 서동근, 김문석, 이정화, 이준석, 정한결, "긴급조치 제9호에 따른 위법행위에 대한 국가배상청구 인용을 부인한 대법원판례(대법원 2015.3.26. 선고 2012다48824)의 문제점", 전남대학교 인권법평론 제15호, 2015, 119면; 이덕연, "긴급조치와 국가배상책임", 헌법판례연구 17권, 박영사, 2016, 121면 이하; 한상희, "통치행위와 긴급조치: 그 사법심사의 문제", 민주법학 제59호, 2015, 11면 이하 등. 또한 민주사회를 위한 변호사모임, "대법원, 민주주의의 무덤이 되다", 토론회 자료집, 2015.6.22.(http://minbyun.or.kr/?p=29051); 민주사회를 위한 변호사모임 긴급조치 변호단 논평, "사법부 또한 긴급조치로 인한 국가배상 책임을 져야할 당사자이다", 2015.9.16. (http://minbyun.or.kr/?p=29807); 민주사회를 위한 변호사모임 긴급조치 변호단 논평, "국가배상 책임을 인정한 판결에 관한 논평-긴급조치 발령행위는 입법행위와 달리 국가배상 책임을 져야할 불법행위다", 2016.2.15. (http://minbyun.or.kr/?p=31196) 등 참조.

11) 문병효(주 10), 57면 이하; 서동근 등(주 10), 124면 이하; 이덕연(주 10), 121면 이하; 한상희(주 10), 11면

그런데 우선 대상판결을 긴급조치 발령이 통치행위라는 이유로 국가배상책임을 부정한 것으로 이해하는 것은 타당하지 않다. 대법원은 대통령의 긴급조치 발령을 통치행위로 본 것은 아니고, 국회와 같은 입법기관의 입법행위에 대하여 국가배상책임이 성립할 수 있는가 하는 문제와 같이 보아, 후자에 관한 이론을 전자에도 적용한 것이다.[12] 이 점은 아래 Ⅳ. 1. (1) 1)에서 다시 살펴본다.

필자가 파악하는 이 사건의 쟁점은 다음과 같다. 첫째, 과연 대상판결과 같이 대통령은 국가긴급권의 행사에 관하여 원칙적으로 국민 전체에 대한 관계에서 정치적 책임을 질 뿐 국민 개개인의 권리에 대응하여 법적 의무를 지는 것은 아니므로 국가배상책임을 지지 않는다고 할 수 있을까? 이를 좀더 일반화한다면, 대통령뿐만 아니라 국회와 같은 입법기구의 입법작용으로 인한 국가배상책임은 어느 경우에 인정될 수 있는가? 둘째, 일반적으로는 입법작용으로 인한 국가배상책임을 인정할 수 있다고 하더라도, 유신헌법 제53조 제4항은 긴급조치는 사법적 심사의 대상이 되지 아니한다고 규정하고 있으므로, 이 점이 긴급조치 자체의 위헌성을 인정하는데 장애가 되지는 않는가? 셋째, 긴급조치의 위헌성이 인정되면, 국가배상책임은 인정될 수 있는가?

그리하여 이하에서는 다음과 같은 순서로 논의를 진행하고자 한다. 첫째, 긴급조치를 포함한 입법작용이 위헌으로 밝혀진 경우 국가가 배상책임을 지기 위한 요건은 무엇인가(아래 Ⅳ.)? 둘째, 대법원과 헌법재판소는 긴급조치는 사법적 심사의 대상이 되지 아니한다는 유신헌법 제53조 제4항의 적용을 배제하였는데, 이는 타당한가(아래 Ⅴ.)? 셋째, 긴급조치가 위헌이라면 국가배상책임을 인정할 수 있는가(아래 Ⅵ.)? 그리고 여론으로서, 긴급조치에 따른 수사기관 또는 법관의 위법행위로 인한 국가배상책임이 성립할 수 있는가에 대하여도 언급한다(아래 Ⅶ).

아래의 논의에서는 대통령의 긴급조치는 국회가 제정한 법률과 마찬가지로 취급하여야 한다는 것을 전제로 한다. 헌법재판소 2013.3.21. 선고 2010헌바70 · 132 · 170 결정은 대통령의 긴급조치가 법률과 동일한 효력이 있는 것으로 본 반면, 대법원 2010.12.16. 선고 2010도5986 전원합의체 판결은, 유신헌법에 근거한 긴급조치는 국회의 입법권 행사라는 실질을 전혀 가지지 못한 것으로서, 헌법재판소의 위헌심판대상이 되는 '법률'에 해당한다고 할 수 없다고 하였다. 그러나 대통령 긴급조치가 그 효력 면에서는 법률과 동일한 효력을 가진다는 것은 부정할 수 없다.[13] 필자는 이 점에서 긴급조치의 위헌 여부의 심판권은 대법원 아닌 헌법재판소가 가진다고 본다. 그러나 이 글에서는 이 점은 더 이상 다루지 않는다.

이하.

12) 김세용(주 1), 640면 주 113)도 같은 취지이다.

13) 같은 취지, 김세용(주 1), 607-608면. 논자에 따라서는 긴급조치가 법률적 효력을 가지는 것 외에 헌법적 효력이 있는 것도 있다고 한다. 金哲洙, 憲法學槪論, 增補版, 法文社, 1973, 431면 참조.

Ⅳ. 위헌인 법률로 인한 국가배상책임의 성립요건

1. 국내의 논의

(1) 판 례

이 점에 관한 판례로는 다음과 같은 것들을 들 수 있다.

1) 대법원 1996.7.12. 선고 94다52195 판결

이 사건에서는 국회공무원이던 원고들이 "이 법 시행당시의 국회사무처와 국회도서관은 이 법에 의한 사무처 및 도서관으로 보며, 그 소속 공무원은 이 법에 의한 후임자가 임명될 때까지 그 직을 가진다"라고 규정하고 있는 국가보위입법회의법(1980.10.28. 법률 제3260호) 부칙 제4항 후단의 규정에 의하여 면직되었는데, 헌법재판소 1989.12.18. 선고 89헌마32, 33 결정은 위 조항이 위헌이라고 하였다. 그러자 원고들이 국가를 상대로 국가배상청구를 하였는데, 대법원은 헌법재판소에 의하여 면직처분의 근거가 된 법률 규정이 위헌으로 결정되어 위헌결정의 소급효로 인하여 면직처분이 당연무효가 되고 그 면직처분이 불법행위에 해당한다고 판시하였다.[14] 다만 이 판결은 어느 경우에 위헌인 법률로 인하여 불법행위가 성립하는지에 관하여는 구체적으로 설시하지 않고 있다.

이 판결에 대하여는, 다음과 같이 이를 지지하는 평석이 있다. 즉 일반론으로서는 입법자가 헌법에 어긋나지 않는다고 믿고 법률을 제정하였는데 사후에 헌법재판소가 그 법률을 위헌으로 결정하였다고 하더라도 그것만으로 바로 입법자에게 과실이 있다고 하기는 어려울 것이나, 입법자가 위헌성이 명백함에도 불구하고 위헌인 내용의 법률을 제정하였다고 하는 예외적인 경우에까지 국가배상책임을 부정할 수는 없다는 것이다.[15][16]

---

14) 대법원 1996.4.23. 선고 94다446 판결도 거의 동일한 사안에 관한 것이지만, 여기서는 불법행위의 성립을 전제로 하여 손해배상의 범위만이 문제되었다.

15) 尹眞秀, "違憲인 法律에 근거한 公務員 免職處分이 不法行爲로 되는 경우 그로 인한 損害賠償請求權 消滅時效의 起算點", 民法論攷 3, 2009, 667면(처음 발표: 1997). 鄭夏重, "立法上의 不法에 대한 國家責任의 問題(특히 서울民事地法 42부 判決 91가합84035에 관련하여)", 司法行政 1993.3(제387호)은, 위 국가보위입법회의법 부칙 제4항은 헌법상 보장된 공무원의 신분보장을 본질적으로 침해하는 명백한 위헌인 법률로서 입법에 종사한 입법회의 의원들에게는 그 위헌성을 식별하는 데 아무런 어려움이 없었고 따라서 당시 국가보위입법회의법을 의결한 의원들의 과실은 쉽게 인정할 수 있다고 하였다.

16) 한편 위 대법원 1996.4.23. 선고 94다446 판결(주 14)의 원심판결인 서울고등법원 1993.11.9. 선고 92나62725 판결 및 그 제1심 판결인 서울민사지방법원 1992.10.2. 선고 91가합84035 판결에 대하여, 위헌판결을 받은 국가보위입법회의법 부칙 제4항에 근거하여 면직당한 국회사무처 및 국회도서관직원의 국가배상청구를 인정한 것은 위 부칙 제4항에 의하여 직접 원고의 권리가 침해당한 것이 아니라 헌법재판소에 의해 위헌판결을 받은 법률에 근거하여 발급된 무효인 면직처분으로 인하여 면직원고들의 취로(就勞)가 거부당해 원고의 권익침해가 발생하였고, 따라서 법률에 근거한 행정청의 처분에 의하여 손해가 발생한 경우라고 하는 주장이 있다. 鄭南哲, "規範上 不法에 대한 國家責任", 공법연구 제33집 1호, 2004, 553-554면; 徐基錫, "國會의 立法行爲 또는 立法不作爲로 인한 國家賠償責任", 行政判例研究 제14집 2호, 2009, 239면. 그러나 위 부칙조항이 위헌이 아니라면 면직처분이 따로 불법행위가 될 근거는 없고, 반대로 위 부칙조항이 위헌이라면

2) 대법원 1997.6.13. 선고 96다56115 판결

이 사건에서는 보안처분을 규정하고 있던 구 사회안전법 규정이 위헌인가가 문제되었는데, 대법원은 위 규정이 위헌이 아니라고 하면서, 그에 덧붙여서 다음과 같이 판시하였다.

"우리 헌법이 채택하고 있는 의회민주주의하에서 국회는 다원적 의견이나 각가지 이익을 반영시킨 토론과정을 거쳐 다수결의 원리에 따라 통일적인 국가의사를 형성하는 역할을 담당하는 국가기관으로서 그 과정에 참여한 국회의원은 입법에 관하여 원칙적으로 국민 전체에 대한 관계에서 정치적 책임을 질 뿐 국민 개개인의 권리에 대응하여 법적 의무를 지는 것은 아니므로 국회의원의 입법행위는 그 입법 내용이 헌법의 문언에 명백히 위반됨에도 불구하고 국회가 굳이 당해 입법을 한 것과 같은 특수한 경우가 아닌 한 국가배상법 제2조 제1항 소정의 위법행위에 해당된다고 볼 수 없다 할 것이다."

이는 대상판결과 동일한 취지라고 할 수 있다. 그러나 대법원이 위 사회안전법 규정이 위헌이 아니라고 한다면 굳이 사회안전법의 입법이 위법행위인지 여부를 따져 볼 필요도 없었을 것이므로, 이 부분 판시는 방론이라고 할 수 있다.

3) 대법원 2008.5.29. 선고 2004다33469 판결

이 사건에서는 국군이 1951년 경남 거창 신원면 일대에서 지역주민 수백 명을 사살한 이른바 거창양민학살사건에 관하여 국가가 피해보상을 위한 특별법을 제정하지 않은 것이 부작위로 인한 불법행위에 해당하는가가 문제되었다. 대법원은 다음과 같이 판시하여 이를 부정하였다.

"우리 헌법이 채택하고 있는 의회민주주의하에서 국회는 다원적 의견이나 각가지 이익을 반영시킨 토론과정을 거쳐 다수결의 원리에 따라 통일적인 국가의사를 형성하는 역할을 담당하는 국가기관으로서 그 과정에 참여한 국회의원은 입법에 관하여 원칙적으로 국민 전체에 대한 관계에서 정치적 책임을 질 뿐 국민 개개인의 권리에 대응하여 법적 의무를 지는 것은 아니므로 국회의원의 입법행위는 그 입법 내용이 헌법의 문언에 명백히 위반됨에도 불구하고 국회가 굳이 당해 입법을 한 것과 같은 특수한 경우가 아닌 한 국가배상법 제2조 제1항 소정의 위법행위에 해당된다고 볼 수 없고(대법원 1997.6.13. 선고 96다56115 판결 등 참조), 같은 맥락에서 국가가 일정한 사항에 관하여 헌법에 의하여 부과되는 구체적인 입법의무를 부담하고 있음에도 불구하고 그 입법에 필요한 상당한 기간이 경과하도록 고의 또는 과실로 이러한 입법의무를 이행하지 아니하는 등 극히 예외적인 사정이 인정되는 사안에 한정하여 국가배상법 소정의 배상책임이 인정될 수 있으며, 위와 같은 구체적인 입법의무 자체가 인정되지 않는 경우에는 애당초 부작위로 인한 불법행위가 성립될 여지가 없다."

따로 면직처분 자체가 불법행위가 되는지를 따질 필요도 없다. 아래 Ⅶ. 참조. 朴均省, 行政法論 (上), 제15판, 박영사, 2016, 750면은 입법작용으로 인한 국가배상책임은 위헌인 법률에 근거한 행정처분에 의해 발생한 경우도 포함하는데, 공무원에게는 위헌법률심사권이 없으므로 위헌인 법률을 집행한 공무원에게 과실이 있다고 보기 어렵고, 위헌인 법률의 집행으로 인하여 발생한 손해는 위헌인 법률에 의하여 발생한 것으로 보아야 한다고 하면서 위 서울민사지방법원 1992.10.2. 선고 91가합84035 판결을 들고 있다.

그런데 위 사건에서는 입법의 부작위가 위법한가가 문제되었고, 이때에는 이 판결도 설시하고 있는 것처럼 입법의무 자체가 인정되는가가 선결문제이며, 입법의무 자체가 인정되지 않는다면 불법행위의 성립 여부를 논할 여지가 없다.[17)]

4) 대상판결

대상판결은 긴급조치 발령으로 인한 국가배상책임을 부정하는 이유를 다음과 같이 설시하였다. 즉 유신헌법에 근거한 대통령의 긴급조치권 행사는 고도의 정치성을 띤 국가행위로서 대통령은 국가긴급권의 행사에 관하여 원칙적으로 국민 전체에 대한 관계에서 정치적 책임을 질 뿐 국민 개개인의 권리에 대응하여 법적 의무를 지는 것은 아니므로, 대통령의 이러한 권력행사가 국민 개개인에 대한 관계에서 민사상 불법행위를 구성한다고는 볼 수 없다는 것이다.

여기서 대통령이 국가긴급권의 행사에 관하여 원칙적으로 국민 전체에 대한 관계에서 정치적 책임을 질 뿐 국민 개개인의 권리에 대응하여 법적 의무를 지는 것은 아니라고 한 것은, 대상판결이 대법원 2008.5.29. 선고 2004다33469 판결을 선례로서 인용하고 있는 점에 비추어도 알 수 있듯이 국회의원의 입법행위에 관한 종래 판례를 원용한 것이다.

그런데 앞에서도 언급한 것처럼, 대상판결에 대하여는, 대법원이 대통령의 긴급조치권 행사를 통치행위로 보았기 때문에 국가배상책임을 부정한 것이라는 주장이 있다.[18)] 그러나 이러한 주장은 타당하지 않다. 원래 통치행위라는 개념을 인정할 것인가에 대하여도 다툼이 있으나, 일반적으로는 고도의 정치성을 띤 국가행위에 대하여는 법원 스스로 사법심사권의 행사를 억제하여 그 심사대상에서 제외하는 경우에 그러한 국가행위를 통치행위라고 부른다.[19)] 그리고 유신헌법 제53조 제4항이 긴급조치를 사법적 심사의 대상에서 배제한 것은 헌법에 의하여 긴급조치를 통치행위로 인정한 것이다.[20)] 그러나 긴급조치가 위헌이라고 하였던 위 대법원 2010.12.16. 선고 2010도5986 전원합의체 판결은, 긴급조치가 통치행위라 하더라도 사법심사의 대상이 된다고 하였다. 그러므로 대상판결은 긴급조치가 통치행위임을 이유로 국가배상책임을 부정한 것은 아니고, 아래에서 보는 것처럼 일본 또는 독일의 판례를 참조하여 입법행위에 대한 국가배상책임 자체에 대한 일반론을 편 것이다.

다만 대상판결은 "유신헌법에 근거한 대통령의 긴급조치권 행사는 고도의 정치성을 띤

17) 이 판결에 대한 재판연구관의 해설인 김시철, "국가배상청구에 대한 소멸시효 항변에 관한 신의성실의 원칙과 입법부작위 내지 입법과정에 의한 국가배상책임의 성립요건 등에 대하여", 대법원판례해설 제75호, 2008, 299면도 구체적인 입법의무 자체가 인정되지 않는 경우에는 애당초 부작위로 인한 불법행위가 성립될 여지가 없다고 한다. 한상희(주 10), 33면도 이 사건에서는 입법부작위의 불법행위 그 자체가 존재하지 않는 상황이었다고 한다.

18) 위 주 11)의 각 문헌 참조.

19) 대법원 2004.3.26. 선고 2003도7878 판결.

20) 아래 주 79) 및 그 본문 참조.

국가행위"라고 하는 표현을 쓰고 있어서, 통치행위이므로 불법행위가 되지 않는다고 한 것이라고 받아들일 여지도 있으나, 대법원이 국민 개개인에 대한 관계에서 민사상 불법행위를 구성하는 것은 아니라고 하는 법률적인 근거는 대통령은 국가긴급권의 행사에 관하여 원칙적으로 국민 개개인의 권리에 대응하여 법적 의무를 지는 것은 아니라는 점에 있으므로, "고도의 정치성을 띤 국가행위"라는 말에 그다지 의미를 부여할 필요는 없다.

또한 논자에 따라서는 긴급조치의 발령행위를 일반적인 입법 또는 입법부작위와 다르게 보아서, 국회의원의 입법행위에 관한 기존 법리를 그대로 원용하는 것은 문제가 있고, 불법행위의 성립을 좀더 쉽게 인정하여야 한다는 주장도 있다.[21] 그러나 양자는 입법작용이라는 점에서 기본적으로 차이가 없다. 대통령의 긴급권 행사나 국회의 입법행위가 불법행위가 될 수 있는지는 그때그때 구체적인 사정을 살펴야 하는 것이고, 일반론으로서 어느 경우에 더 쉽게 불법행위를 인정하여야 한다고 말할 수는 없다. 다만 종래의 판례는, 국회의원의 입법행위는 그 입법 내용이 헌법의 문언에 명백히 위반됨에도 불구하고 국회가 굳이 당해 입법을 한 것과 같은 특수한 경우에는 불법행위가 될 수 있다고 하였음에 반하여, 대상판결은 이 점은 언급하지 않고 있어서, 오히려 국회의원의 입법행위보다 더 엄격하게 불법행위의 성립을 제한하려는 것이 아닌가 하는 의문을 불러일으킨다.

(2) 학 설[22]

이제까지 국내의 논의는 주로 입법기관의 과실을 인정할 수 있는가 하는 점에 집중되어 있었다. 종래의 학설은 제한된 범위에서만 불법행위를 인정하려고 한다. 즉 입법자가 입법을 함에 있어서 통상적으로 요구되는 직무상 의무를 이행하지 않는 경우, 예컨대 일견하여 위헌의 가능성이 매우 높아 보이거나 입법과정에서 위헌성의 문제가 강력하게 제기되었음에도 불구하고 이에 관한 충분한 검토 없이 입법을 강행한 경우 또는 변칙적인 방법에 의해 법률을 제정한 경우에는 입법행위가 국가배상법상의 위법행위에 해당하지만, 입법자는 광범한 형성의 자유를 가지며, 또한 법률의 위헌성 여부는 법률전문가라도 쉽게 판단하기 곤란한 경우가 많음을 생각할 때, 국회에서 제정한 법률이 사후에 위헌결정을 받았다 하여 법률의 제정에 참여한 국회의원에게 과실이 있다고 보는 것은 옳지 않다고 한다.[23] 입법작용으로 인한 국가배상책임에 있어서는 국회의원 개개인의 입법활동상의 위법 및 과실이 아니라 합의체로서의 국회의 입법활동상의 위법 및 과실이 문제되는데, 국회 및 국회의원의 입법권 내지 입법형성의 자유를 고려할 때 국회의원의 과실을 인정하는 것에는 어려움이 있다는 주장[24]도

21) 김세용(주 1), 651면; 문병효(주 10), 64-65면; 광주지방법원 2016.2.4. 선고 2013가합11470 판결 등.
22) 상세한 것은 김세용(주 1), 647면 이하 참조.
23) 이일세, "입법상의 불법에 대한 국가의 배상책임", 행정법논단, 강원대학교 출판부, 2007, 204면 이하(처음 발표: 1997).
24) 朴均省(주 16), 751면.

같은 취지로 보인다.[25)]

이와는 다소 뉘앙스가 다른 설명으로 다음과 같은 주장이 있다. 즉 기본권 보호의무를 지는 입법자는 기본권 주체로서의 시민에 대하여 개별적 관계에서 직무상 의무를 부담하고, 어떤 법률이 사후에 위헌으로 확정된 것만으로 국회의원의 과실을 인정할 수는 없다고 하더라도, 입법과정 중에 그 위헌성이 여론 또는 법안에 반대하는 국회의원에 의하여 강하게 지적된 경우, 중대한 하자 때문에 위헌법률이 제정되었음이 추후 판명된 경우 혹은 유사 규율 영역에서 헌법재판소의 확고한 입장에 반하는 입법행위를 한 경우 등에는 과실의 추정을 인정하여야 한다는 것이다.[26)]

2. 외국에서의 논의

여기서는 독일과 유럽연합 그리고 일본에서의 논의를 살펴보고, 그 외의 다른 나라에 관하여는 간단히 언급한다.

(1) 독 일[27)]

독일에서는 입법기관의 입법행위에 의한 국가배상책임의 문제를 일반적으로 입법적 불법(legislatives Unrecht)이라고 부른다. 그런데 독일의 판례는 원칙적으로 이를 부정한다. 이 점에 관한 대표적인 판례는 독일연방대법원 1971.3.29. 판결[28)]이다. 이 사건에서 연방대법원은, 불법행위로 인한 손해배상법에서는 불법행위에 의하여 간접적으로라도 손해를 입은 누구라도 손해배상을 청구할 수 있는 것이 아니고, 직접적인 피해자만이 손해배상을 청구할 수 있는데, 이러한 배상청구권자의 범위 제한은 공무원의 직무상 의무 위반을 이유로 하는 손해배

---

25) 그런데 金東熙, 行政法 Ⅰ, 제21판, 2015, 박영사, 562-563면은 다음과 같이 설명한다. 즉 이를 법률에 의거한 행정청의 구체적 처분에 의하여 개인의 권익이 침해된 경우와, 법률에 의하여 직접적으로 개인의 권익이 침해된 경우로 나누어, 전자의 경우에는 공무원에게는 법률의 위헌 여부를 심사할 권한은 없으므로, 당해 처분이 결과적으로는 위법한 처분이 될지라도, 그에 이르는 과정에서는 공무원의 과실은 없다고 한다. 그리고 후자의 경우는 이른바 처분법규(Massnahmegesetz)에 의한 침해인데, 그러한 처분법규의 입법과정상에 과실을 인정하는 데는 여러 가지 난점이 있다고 하면서, 국회의원은 입법에 관하여 원칙적으로 국민 전체에 대한 관계에서 정치적 책임을 질 뿐 국민 개개인의 권리에 대응하여 법적 의무를 지는 것은 아니므로, 국회의원의 입법행위는 그 입법 내용이 헌법의 문언에 명백히 위반됨에도 불구하고 국회가 굳이 당해 입법을 한 것과 같은 특수한 경우가 아닌 한 국가배상법 제2조 제1항 소정의 위법행위에 해당된다고 볼 수 없다고 한 위 대법원 1997.6.13. 선고 96다56115 판결을 인용하고 있다. 이러한 설명에 의하면 처분법규가 아니라 법률에 의거한 행정청의 구체적 처분에 의하여 개인의 권익이 침해된 경우에는 국가배상책임이 인정될 여지가 없는 것으로 되지만, 그러한 설명이 타당한지는 의문이다. 朴均省(주 16), 750면은 입법작용으로 인한 국가배상책임은 위헌인 법률에 근거한 행정처분에 의하여 발생한 경우도 포함한다고 하면서, 위헌인 법률의 집행으로 인하여 발생한 손해는 위헌인 법률에 의해 발생한 것으로 보는 것이 타당하다고 한다.

26) 김병기, "立法的 不法에 대한 國家賠償責任 小考", 행정법연구 제11호, 2004, 230면 이하. 또한 鄭南哲(주 16), 555-556면도 대체로 같은 취지이다.

27) 국내에도 독일의 상황은 많이 소개되어 있다. 이일세(주 23), 188면 이하; 鄭南哲(주 16), 547면 이하; 姜求哲, "입법·사법상의 불법과 국가배상에 관한 연구", 국민대학교 법학논총 제16집, 2004, 63면 이하 등 참조.

28) BGHZ 54, 40=NJW 1971, 1172.

상에 관한 독일 민법 제839조의 경우에도 마찬가지라고 하였다. 이 규정에 따르면 직접적인 피해자는 위반된 직무상 의무가 그에 대하여 존재하는 "제3자(Dritte)라는 것이다.[29)] 개별적인 경우에 피해자가 이러한 의미에서의 제3자에 해당하는가는 그 직무상 의무가 바로 이 피해자의 이익을 위한다는 목적을 가지고 있는지에 의하여 결정되는데, 직무상 의무를 발생시키고 이를 개관하는 규정 및 직무의 특별한 성격으로부터 피해자가 직무의 목적과 법규정에 따를 때 피해자의 이익이 보호되거나 촉진되어야 하는 집단에 속할 때에만, 그에 대한 배상의무가 존재한다고 하였다. 반면 그 외의 자에 대하여는, 비록 직무상 의무 위반이 그에 대하여 다소간 손해를 가져왔다고 하더라도 배상의무가 존재하지 않는다는 것이다. 그러므로 위반된 직무상 의무와 피해를 입은 제3자 사이에는 특별한 관계가 존재하여야 한다고 하였다. 그런데 공무상 직무 수행자의 모든 직무상 의무는 제1차적으로는 공공의 이익을 위한 것이고, 직무상 의무와 특정인 사이에 그러한 특별한 관계가 존재하지 않는다면 그들을 위한 직무상 의무 위반으로 인한 손해배상청구권은 문제되지 않는다고 하였다. 특히 입법작업에 관여하는 자의 의무는 일반적으로 그러하다는 것이다. 법률과 명령은 일반적이고 추상적인 규율을 담고 있으며, 입법자는 원칙적으로 일반을 위한 임무만을 수행하며, 그 임무에는 특정인이나 특정인의 집단에 대한 것이라는 지향성은 결여되어 있다고 한다. 다만 예외적으로 가령 처분법률이나 개별사례법률(Maßnahme- oder Einzelfallgesetzen)의 경우에는 특정한 개인들의 이익이 관련될 수 있으므로, 이들이 민법 제839조의 제3자에 해당할 수 있다고 하였다.

이 판결의 취지를 요약한다면, 국가배상책임이 성립하기 위하여는 단순히 공무원이 직무의무를 위반하였다는 것만으로는 부족하고, 그 직무의무가 제3자 보호를 목적으로 하는 것이라야 하는데, 입법작업에 관여하는 자의 의무는 원칙적으로는 일반적인 공익을 위한 것이며, 특정 제3자 보호를 위한 것은 아니어서 제3자관련성(Drittbezogenheit)이 결여되었으므로, 입법자의 의무 위반으로 인한 국가배상은 인정될 수 없다는 것이다. 독일 연방대법원은 이 이후에도 이러한 판례를 계속 유지하고 있다.[30)]

---

29) 독일 민법 제839조 제1항: 공무원이 고의 또는 과실로 제3자에 대하여 부담하는 직무상 의무를 위반한 때에는 그는 제3자에게 이로 인하여 발생하는 손해를 배상하여야 한다. 공무원이 과실을 범한 데 그치는 경우에는, 피해자가 다른 방법으로 배상을 받을 수 없는 때에만, 공무원에게 대하여 배상이 청구될 수 있다(Verletzt ein Beamter vorsätzlich oder fahrläassig die ihm einem Dritten gegenüber obliegende Amtspflicht, so hat er dem Dritten den daraus entstehenden Schaden zu ersetzen. Fällt dem Beamten nur Fahrlässigkeit zur Last, so kann er nur dann in Anspruch genommen werden, wenn der Verletzte nicht auf andere Weise Ersatz zu erlangen vermag). 독일 민법 제839조 제1항은 공무원의 직무상 의무 위반으로 인한 공무원의 개인책임을 규정하고 있는데, 그 후 독일 기본법 제34조에 의하여 공무원의 개인책임은 배제되고, 공무원이 근무하는 국가나 단체만이 책임을 지고, 공무원은 구상의무만을 부담하는 것으로 바뀌었다. 그러나 국가배상책임의 기본 요건은 위 제839조 제1항에 의하여 규율된다. 이일세, "독일 국가배상책임의 법적 구조와 그 요건에 관한 연구", 강원법학 제5호, 1993, 94면 이하 참조.

30) BGHZ 56, 40 [46]=NJW 1971, 1172 [1174]; BGHZ 84, 292 [300]=NJW 1983, 215; BGHZ 87, 321 [335]=NJW 1988, 478 [482]; BGH NJW 1989, 101; BGHZ 100, 136=NJW 1987, 1875; BGHZ 102,

이 문제에 관한 독일의 학설은 나누어져 있다. 판례의 결론을 지지하는 학설도 그 이유에서는 반드시 일치하지는 않는다. 예컨대 1설은, 직무상 의무의 제3자관련성은 국가배상책임의 구성요건으로서 중요한 책임 제한의 기능을 가지는데, 이 기능은 국가배상책임의 요건을, 공권력 행사자와 피해자가 특별한, 개별화되거나 개별화될 수 있는 접촉을 한 손해의 사안으로 제한한다고 한다. 그런데 이러한 개별화된 관계는 입법자와 법률의 수범자 사이에는 원칙적으로 존재하지 않으며, 법률은 일반적으로 일반적, 추상적 규율을 포함하고 있고, 특정한 수범자가 없으므로, 입법자는 원칙적으로 공공에 대하여만 임무를 수행하고, 특정인이나 특정인의 집단에 대한 임무를 수행하지는 않는다고 한다.[31)]

다른 설은, 연방대법원의 논증은 결론에 있어서는 동의할 수 있지만, 그 근거에 관하여는 그렇지 않다고 한다. 우선 기본권의 개인적 권리라는 성질을 상기할 필요가 있는데, 이러한 성질은 모든 시민의 기본권을 보호할 국가의 법적 의무를 발생시킨다고 한다. 그렇지만 기본권의 추상성 때문에 이로부터 직접적으로 민법 제839조의 의미에서의 모든 공무원에 대하여 그에 상응하는 직무상 의무가 나오지는 않으며, 법률이나 행정규칙과 같이, 개별적으로 상급자(Dienstherr)에 의한 구체화가 선행되어야 한다고 한다.[32)]

반면 입법상의 불법으로 인한 국가배상책임을 인정하여야 한다는 견해도 유력하다. 한 논자는, 정의사상을 지향하는 법치국가는 행정부나 사법부의 위법한 조치뿐만 아니라, 위헌적인 입법행위에 대하여도 국가가 보상하여야 할 의무를 요구하며, 이로 인하여 국가의 재정파탄이 일어나거나, 입법자의 결정의 자유가 침해된다는 두려움은 과대평가되어서는 안 된다고 한다.[33)] 특히 판례가 국가배상책임의 주된 근거로 드는 제3자관련성의 결여에 대하여는, 직무상 의무의 제3자관련성 기준으로서는 직무상 의무를 발생시키고, 이를 요약하는 규정을 기준으로 하면서도, 입법상 불법으로 인한 배상책임에 관하여는 입법하는 법규범 그 자체를 기준으로 하는 것은 모순이라고 한다. 국회의원들에게는 기본법, 유럽공동체의 법규정 및 유럽인권협약의 규정들이 직무상 의무를 발생시키는 규정이라는 것이다. 주관적 공권의 보유자는 그의 법적 지위에 대한 위법한 침해의 중지에 관한 고유한 개별적인 청구권을 가지고 있으므로, 국회의원들이 입법 활동에서 부담하는 직무상 의무는 개별 기본권 보유자의 이익을 위한 것이고, 단순히 일반의 이익만을 위한 것이라고는 할 수 없다는 것이다.[34)]

350=NJW 1988, 478; BGHZ 125, 27 [38]=NJW 1994, 858; BGH BeckRS 2015, 08777 Rn. 32 등. 판례의 소개는 예컨대 BeckOK BGB/Bamberger/Roth, 42. Edition, 2017, BGB § 839 Rn. 64 ff. 참조.

31) Fritz Ossenbühl/Matthias Cornils, Staatshaftungsrecht, 6. Aufl., C. H. Beck, 2013, S. 105 f.

32) Martin Morlok, "Einstandspflichten für rechtswidriges Staatshandeln", in: Hoffmann-Riem/Schmidt-Aßmann/Voßkuhle(Hrsg.), Grundlagen des Verwaltungsrechts, Bd. Ⅲ, C. H. Beck, 2009, § 52 Rdnr. 97(S. 1051).

33) Rhona Fetzer, Die Haftung des Staates für legislatives Unrecht, Duncker & Humboldt, 1993, S. 42 ff.

34) Fetzer(주 33), S. 88 ff.

다른 논자는, 입법자는 입법에 있어서 직무상 감독을 받지 않으므로, 한 공무원이 하나 또는 복수의 시민에게 잘못을 저지른 것에 맞추어진 공무원책임이 입법적 불법에는 잘 들어 맞지 않지만, 입법자가 이 점에 대하여 입법을 하지 않고 있으므로, 법원이 이 분야에 관하여 법형성(Rechtsfortbildung)을 할 권한을 가져야 하고, 기본권의 보유자에게 기본권의 침해로부터 생기는 손해의 배상을 해야 한다는 것은 기본권의 불가결한 요청이라고 한다.[35]

독일연방헌법재판소장이었던 파피어와 쉬르바니도, 국가배상책임을 부정하는 판례와 같은 견해는 따를 수 없고, 입법자 등이 개인의 자유권을 부당하게 침해하는 법규를 제정하였다면, 단순히 객관적인 헌법의 규범만이 아니라 동시에 자유권으로부터 나오는 개인의 공법상의 중지청구권이 침해된 것이며, 시민의 주관적인 공권에는 항상 해당 기관 담당자의 직무상 의무가 대응하고, 본질적인 것은 개인의 주관적인 권리 관련성이지, 침해하는 공권적 행위의 법적 성질이 아니라고 한다.[36]

(2) 유럽연합

유럽연합[37]에서도 유럽연합의 회원국이 상위인 유럽연합의 법이나 지침을 위반하였을 때 회원국이 배상책임을 지는가 하는 점이 문제되고 있는데, 유럽연합의 유럽사법재판소(European Court of Justice, Court of Justice of the European Union)는 이 점을 긍정하고 있다.[38] 이를 처음으로 긍정한 것은 1991년의 Frankovich and Others v. Italy 판결이다.[39] 이 사건에서는 유럽연합의 지침(directive)을 국내법으로 전환하지 않은 이탈리아에게 배상책임이 있다고 하였다.[40]

그리고 그 요건을 상세하게 판시한 것은 1996.3.5. 선고된 Brasserie du Pêcheur/Factortame 판결이었다.[41][42] 이 판결은 두 병합된 사건에 대한 것이었다. 한 사건(Brasserie du Pêcheur

---

35) Lange(주 26), S. 365 ff.

36) Münchener Kommentar zum BGB/Papier/Shirvani, 7. Auflage, C. H. Beck, 2017, BGB § 839 Rn. 261. 같은 취지, Maunz/Dürig/Papier, Grundgesetz-Kommentar, 79. EL Dezember 2016, C. H. Beck, GG Art. 34 Rn. 195.

37) 유럽연합(European Union)은 1993년에 성립하였고, 그 전신은 유럽공동체(European Communities)였으나, 이하에서는 이를 구별하지 않고 유럽연합이라고 한다.

38) 이에 대하여는 Ossenbühl/Cornils(주 31), 15. Teil(S. 592 ff.); Björn-Peter Säuberlich, Legislatives Unrecht und EU-Amtshaftungsanspruch, Peter Lang, 2005; Pekka Aalto, Public Liability in EU Law: Brasserie, Bergaderm and Beyond, Hart Publishing. 2011; Julia Iliopoulos-Strangas, Stanislaw Biernat, Michael Potacs (eds.), Verantwortung, Haftung und Kontrolle des Verfassungsstaates und der Europäischen Union im Wandel der Zeit=Responsibility, accountability and control of the constitutional state and the European Union in changing times=Responsabilités et contrôle de l'État constitutionnel et de l'Union européenne au fil du temps, Nomos, 2014; Michael Haba, The Case of State Liability, Springer Gabler, 2015 등 참조.

39) Case numbers C-6/90 and C-9/90.http://curia.europa.eu/juris/showPdf.jsf?text=&docid=97140&pageIndex=0&doclang=en&mode=lst&dir=&occ=first&part=1&cid=911189.

40) 이에 대한 국내 문헌으로는 김두수, "EU법상 개인에 대한 국가배상책임", 외법논집 제24집, 2006, 255면 이하가 있다.

v. Germany)에서는 프랑스의 맥주회사인 원고가 맥주를 만드는데 일정 첨가물을 사용하지 못하게 하는 독일의 법률로 인하여 독일에 프랑스맥주를 수출할 수 없게 되었는데, 유럽사법재판소는 1987년에 위 법률이 유럽연합 조약에 위반된다고 선고하였다. 이에 원고는 자신이 독일에 맥주를 수출할 수 없었던 기간에 대한 배상을 구하기 위해 독일정부를 상대로 독일법원에 소를 제기하였다. 독일 연방대법원은, 독일 국내법상으로는 앞에서 살펴본 제3자관련성이 존재하지 않으므로 원고가 손해배상을 청구할 권원이 존재하지 않는다고 보았지만, 유럽법 위반으로 인한 배상책임이 있는지에 관하여 유럽사법재판소의 의견을 구하였다.

다른 사건(The Queen and Secretary of State for Transport, ex parte Factortame Ltd and others)에서는 영국이 1988년에 법률을 제정하여 새로운 어선 등기제도를 도입하고, 기존에 등기되어 있던 어선도 포함하여 등기되기 위하여는 소유자의 국적, 주소지 및 거소에 따른 제한을 부과하고, 등기되지 않은 어선은 어업을 할 권리를 박탈하였다. 그러나 유럽사법재판소는 1991년에 이러한 제한이 유럽연합조약에 위반된다고 선고하였다. 그러자 영국의 고급법원(High Court)은 위 법률로 인하여 조업을 하지 못하게 되었던 자들이 영국을 상대로 손해배상을 청구할 수 있는지에 관하여 유럽사법재판소에 의견을 구하였다.

유럽사법재판소는, 문제되는 유럽연합 조약의 규정은 개인이 각국의 법원에 소를 제기할 수 있는 근거가 된다는 의미에서 직접적 효력이 있고, 이를 위반하면 배상을 하여야 한다고 하면서, 국제법상 국제적 약속을 위반한 자의 책임은 그 위반이 입법부나 사법부 또는 행정부인가와 관계없으며, 문제된 위반이 입법자의 행위로 인한 것인지는 유럽연합의 법에 의존하는 개인의 권리 보호의 고유한 요건에 영향을 주지 못한다고 하였다.

나아가 유럽사법재판소는 다음과 같은 조건이 충족된 경우에 유럽연합의 법은 배상청구권을 부여한다고 하였다: 첫째, 위반된 법의 규정이 개인에게 권리를 부여하려는 것이었어야 한다; 둘째, 위반은 "충분히 중대한"(sufficiently serious) 것이어야 한다; 셋째, 회원국의 의무 위반과 피해를 입은 당사자들의 손해 사이에 직접적인 인과관계가 있어야 한다.[43)]

유럽사법재판소는 이 사건에서 첫 번째 조건은 충족되었다고 하면서, 두 번째 조건에 대하여는 다음과 같이 설시하였다. 즉 위반이 충분히 중대한지 여부의 결정적인 기준은 회원국이 그 재량의 한계를 명백하고 중대하게(manifestly and gravely) 무시하였는가 하는 점이다. 그리고 권한을 가진 법원이 고려할 수 있는 요소는 위반된 규칙의 명확성과 저일성, 국내

---

41) Cases C-46, 48/93, Brasserie du Pêcheur v. Germany; The Queen and Secretary of State for Transport, ex parte Factortame Ltd and others. http://curia.europa.eu/juris/showPdf.jsf?text=&docid=81389&pageIndex=0&doclang=en&mode=lst&dir=&occ=first&part=1&cid=912901.

42) 이에 대한 국내 문헌으로는 김대순, "EU 준칙(Directives)의 회원국 내에서의 효력에 관한 연구", 유럽연구 제29권 2호, 2011, 21면 이하가 있다.

43) paras. 51 ff.

또는 유업연합의 재량에 맡겨진 정도, 침해와 발생한 손해가 고의적이었는가 아니면 비자발적이었는가, 법의 착오가 용서될 수 있는 것인지 아닌지, 유럽연합의 기관이 취한 태도가 부작위(omission)에 기여하였는지, 그리고 유럽연합법에 반하는 각국의 조치나 관행을 채택하거나 유지하였는가 하는 점이다.

한편 유럽인권재판소는, 이러한 배상책임이 성립하기 위하여 과실(fault)이 요구되는가에 관하여는, 배상의무는 충분히 중대한 유럽연합법 위반이 있다는 것 이상의 과실 요건에 달려 있지는 않다고 하였다.

유럽인권재판소는 이 이후에도 이러한 판례를 유지하고 있다.[44)]

이 판결 후 독일과 영국의 법원은 서로 다른 결론을 내렸다. 독일연방대법원은 당해 사건에서 독일의 유럽연합법 위반이 충분히 중대하지 않다(nicht hinreichend qualifiziert)고 하여 원고의 배상청구를 기각하였다.[45)] 반면 영국 귀족원(House of Lords)은 영국 정부의 배상책임을 인정하였다.[46)]

(3) 일　본[47)]

일본 최고재판소 1985(昭和 60).11.21. 판결[48)]은, 보행이 현저히 불편한 자를 위한 재택투표제도(在宅投票制度)가 존재하였다가 공직선거법 개정으로 재택투표제도가 폐지되고 재입법되지 아니한 것이 위법한 입법부작위임을 주장하며 국가배상을 구한 사건에서, 다음과 같이 판결하여 국가배상책임을 부정하였다.

즉 국회의원의 입법 행위나 입법부작위가 국가배상법 제1조 제1항[49)]의 적용상 위법으로 되는가 아닌가는 국회의원의 입법 과정에서의 행동이 개별 국민에게 대하여 부담하는 직무상의 법적 의무에 위배되었는가 아닌가의 문제로서, 당해 입법의 내용의 위헌성의 문제와는 구별되어야 하고, 가령 당해 입법이 내용이 헌법이 규정에 위반된다는 혐의가 있다고 하더라도, 그 때문에 국회의원의 입법행위가 바로 위법의 평가를 받는 것은 아니라고 하였다. 국회의원의 입법행위는 본질적으로 정치적인 것이고, 그 성질상 법적 규제의 대상으로 되지 않으

---

44) Säuberlich(주 38); Pekka Aalto(주 38) 참조.

45) BGH NJW 1997, 123. 여기서 주목할 것은, 이 판결은 독일 국내법적인 관점에서는 여전히 원고에게 제3자 관련성이 인정되지 않으므로 독일 민법 및 기본법에 따른 책임은 인정되지 않는다고 하였다는 점이다. 독일 연방대법원은 그 후에도 독일 법이 유럽연합 법과 저촉된 것으로 판단된 다른 사건에서도 여전히 위반이 충분히 중대하지 않다고 하여, 손해배상청구를 받아들이지 않고 있다. BGH NJW 2013, 168; BGH BeckRS 2015, 08777 등.

46) R v. Secretary of State for Transport, Ex parte Factortame Ltd. and Others(No. 5), [2000] 1 A.C. 524 (1999).

47) 일본의 상황에 관한 최근 문헌으로는 戸部真澄, "再婚禁止期間の改廃に係る立法不作為が国家賠償法上違法でないとされた事例", 新・判例解説Watch, vol. 19, 2016, 33면 이하가 있다.

48) 民集 39권 7호 1512면.

49) 이는 우리나라 국가배상법 제2조 제1항 본문과 같은 내용이다.

며, 특정 개인에 대한 손해배상책임의 유무라고 하는 관점에서 있어야 할 입법행위를 전제하여 구체적 입법행위의 적부를 법적으로 평가한다고 하는 것은 원칙적으로 허용되지 않는다는 것이다. 그리하여 국회의원은 입법에 관하여 원칙적으로 국민 전체에 대한 관계에서 정치적 책임을 지는 것에 그치고, 개별 국민의 권리에 대응하는 관계에서의 법적 의무를 부담하는 것은 아니며, 국회의원의 입법행위는 입법의 내용이 헌법의 일의적(一義的) 문언에 위반되었음에도 불구하고 국회가 감히 당해 입법을 행하였다고 하는 것과 같이 쉽게 상정하기 어려운 예외적인 경우가 아닌 한, 국가배상법 제1조 제1항의 규정의 적용상 위법하다는 평가를 받지 않는다고 하지 않으면 안 된다고 하였다.[50)]

또한 최고재판소 1995(平成 7).12.5. 판결[51)]은, 여성의 혼인 해소 후 6개월의 재혼금지기간을 규정하고 있던 당시의 일본 민법 제733조 이유로 혼인신고의 수리가 거부된 당사자들이, 일본의 국회 내지 내각이 위 규정을 폐지 내지 삭제하지 않고 있는 것은 위법한 공권력의 행사에 해당한다고 하여 손해배상을 청구한 사건에 관하여, 위 판결을 인용하면서, 위 규정의 원래의 입법취지가 부성(父性) 추정의 중복을 회피하고, 부자관계를 둘러싼 분쟁의 발생을 미연에 방지하는 데 있다고 해석되는 이상, 국회가 위 조문을 개폐하지 않은 것이 바로 위와 같은 예외적인 경우에 해당한다고 할 수 없다고 하여, 그 청구를 배척하였다.

그러나 일본 최고재판소 2005(平成 17).9.14. 대법정 판결[52)]은, 국외에 거주하고 있던 일본 국민들이, 당시의 공직선거법이 국외에 거주하고 있던 국민들에게 선거권을 인정하지 않았던 것이 위법이라는 것의 확인과, 예비적으로 앞으로의 선거에 관하여 선거권을 행사하는 권리를 가진다는 것의 확인을 구함과 아울러, 재외국민에게 선거권을 인정하는 입법을 하지 않은 입법부작위를 이유로 정신적 손해를 입었다고 하여 국가배상을 청구한 데 대하여, 위 공직선거법이 위헌이라고 하면서, 다음과 같이 판시하여 국가배상을 인정하였다.

우선 입법의 내용 또는 입법부작위가 국민에게 헌법상 보장되는 권리를 위법하게 침해하였다는 것이 명백한 경우나, 국민에게 헌법상 보장되어 있는 권리행사의 기회를 확보하기 위하여 필요한 입법조치를 하는 것이 필요불가결하고, 이것이 명백함에도 불구하고 국회가 정당한 이유 없이 장기에 걸쳐서 이를 태만히 하는 경우 등에는 예외적으로 국회의원의 입법행위 또는 입법부작위는 국가배상법 제 1 조 제1항의 규정의 적용상 위법의 평가를 받는다고 하여야 한다고 하면서, 위 최고재판소 1985(昭和 60).11.21. 판결[53)]도 이와 다른 취지는 아니라고 하였다. 그리하여 이 사건의 경우에는 10년 이상의 장기간에 걸쳐 아무런 입법조치

50) 이 판결은 독일의 판례와 통설을 참고하였을 것이라고 추측하는 견해가 있다. 毛利 透, "選擧權制約の合憲性審査と立法行爲の國家賠償法上の違法性判斷", 論究 ジュリスト No. 1, 2012, 85면.
51) 判例時報 1563호 81면.
52) 民集 59권 7호 2087면.
53) 위 주 48).

를 취하지 않았으므로 그러한 현저한 부작위는 위의 예외적인 경우에 해당하고, 이러한 경우에 과실의 존재를 부정할 수는 없으며, 그러한 입법부작위의 결과 원고들이 이 사건 선거에서 투표를 할 수 없었고, 그로 인하여 정신적 고통을 입었다고 하여야 하므로, 이러한 입법부작위를 이유로 하는 국가배상청구는 인용하여야 한다고 판시하였다.[54)]

그러나 최고재판소 2015(平成 27).12.16. 대법정 판결[55)]은, 여성의 6개월의 재혼금지기간 중 100일을 초과하는 부분은 위헌이라고 하면서도, 그로 인한 국가배상청구에 대하여는, 위 최고재판소 1985.11.21. 판결[56)]과 2005.9.14. 대법정 판결[57)] 등을 인용하면서, 다음과 같이 판단하여 이를 배척하였다. 즉 법률의 규정이 헌법상 보장되었거나 보호되고 있는 권리이익을 합리적인 이유 없이 제약하고 있어 헌법의 규정에 위반됨이 명백함에도 불구하고, 국회가 정당한 이유 없이 장기에 걸쳐서 그 개폐 등의 입법조치를 게을리하는 경우 등에 있었는 국회의원의 입법과정에서이 행동이 직무상의 법적 의무에 위반하였다고 하여, 예외적으로 그 입법부작위가 국가배상법 제1조 제1항의 규정의 적용상 위법하다는 평가를 받는다고 하여야 하지만, 이 사건의 경우에는 그러한 경우라고 평가할 수 없으므로 입법부작위가 국가배상법 제1조 제1항의 적용상 위법의 평가를 받는 것은 아니라고 하였다.

요컨대 일본의 판례는, 국회의원은 입법에 관하여 원칙적으로 국민 전체에 대한 관계에서 정치적 책임을 지는 것에 그치고, 개별 국민의 권리에 대응하는 관계에서의 법적 의무를 부담하는 것은 아니지만, 예외적으로 입법의 내용 또는 입법부작위가 국민에게 헌법상 보장되는 권리를 위법하게 침해하였다는 것이 명백한 경우나, 국민에게 헌법상 보장되어 있는 권리 행사의 기회를 확보하기 위하여 필요한 입법조치를 하는 것이 필요불가결함이 명백함에도 불구하고. 국회가 정당한 이유 없이 장기에 걸쳐서 이를 태만히 하는 경우에 한하여 국가배상법상 위법이 된다고 보고 있다.[58)]

(4) 다른 나라

미국에서는 판례는 연방이나 주는 제소될 수 없다는 이른바 주권면책(sovereign immunity)

---

54) 이 판결에 대한 국내 문헌으로는 손형섭, “일본 재외선거제도와 그 시사점에 대한 연구”, 공법연구 제39집 3호, 2011, 199면 이하가 있다. 또한 徐基錫(주 16), 224면은, 위 판결의 태도는 매우 시사하는 바가 크며, 우리 대법원도 적어도 위 판결에서 제시하고 있는 기준 정도는 받아들여야 한다고 주장한다.

55) 民集 69권 8호 2427면.

56) 위 주 49).

57) 위 주 53).

58) 姜求哲(주 27), 69면 이하는 일본에서의 학설을 어떠한 입법 또는 입법의 부작위가 내용적으로 위헌이라면 곧 국가배상법상 위법한 직무행위에 해당한다는 위헌즉위법설, 입법행위에 대해 국가배상책임이 성립하기 위해서는 입법에 관한 국회의원의 의무가 개별 국민에 대한 법적 의무라고 보아야 하는 특별한 이유가 있다든지, 아니면 당해 국민이 받은 손해가 통상의 위헌입법이나 부작위에 의한 손해와는 구별되는 특수한 것이라든지 하는 특별한 요건을 필요로 한다는 위헌요건가중설 및 입법이 국민의 인권에 관계되는 것인지의 여부에 따라 나누어 살펴보는 절충설로 나누어 설명한다. 徐基錫(주 16), 211-213면도 참조.

이론에 의하여, 연방이나 주는 위헌인 법률을 제정하더라도 그에 대한 손해배상책임을 지지는 않으며, 다만 공무원들의 개인책임은 문제될 수 있다고 본다. 다만 1946년의 Federal Tort Claims Act는 제한된 범위에서 연방에 대하여도 소송을 제기할 수 있도록 하였으나, 위헌입법으로 인한 책임은 이에 포함되지 않는다.[59] 그러나 많은 학자들은 이러한 주권면책이론에 헌법적인 근거가 없다고 비판한다.[60] 그렇지만 공무원의 개인책임이 인정되고, 주가 공무원에 대하여 그로 인한 배상을 전보하여 주므로, 실제로는 주의 책임을 인정하는 것과 다름이 없다는 주장도 있다.[61][62]

한편 프랑스에서는 입법작용에 대하여는 법률에 특별한 규정이 없는 한 원칙적으로 국가배상이 인정되지 않는다.[63][64]

3. 검 토

(1) 입법행위로 인한 불법행위 책임의 성립 여부에 관한 일반론

대상판결이 대통령은 국가긴급권의 행사에 관하여 원칙적으로 국민 전체에 대한 관계에서 정치적 책임을 질 뿐 국민 개개인의 권리에 대응하여 법적 의무를 지는 것은 아니므로, 대통령의 국가긴급권의 행사가 국민 개개인에 대한 관계에서 민사상 불법행위를 구성한다고는 볼 수 없다고 한 것은 받아들일 수 없다.[65] 이는 국회의 입법에 관하여도 마찬가지이다. 앞에서 보았듯이 이러한 판시는 일본의 판례를 참고한 것이고, 또 일본의 판례는 독일의 판례에 영향을 받은 것으로 보인다. 그러나 이러한 일본이나 독일의 판례 자체에 문제가 있다.

우선 독일의 판례가 말하고 있는, 공무원의 위법행위로 인하여 피해를 입은 자가 공무원의 직무상 의무가 피해자의 이익을 보호하기 위한 것일 때에만 그에 대한 배상의무가 존재한다고 하는 주장은 그 자체로서는 타당하다. 이는 국가배상법뿐만 아니라 일반적인 불법행

---

59) Fred L. Morrison, “The Liability of Governments for Legislative Acts in the United States of America”, 46 American Journal of Comparative Law, Supplement 531, 540 f. (1998).

60) Alfred Hill, “In Defense of Our Law of Sovereign Immunity”, 42 Boston College Law. Review. 485 ff.(2001)의 소개 참조.

61) Daniel J. Meltzer, “Member State Liability in Europe and the United States”, 4 International Journal of Constitutional Law 39, 46(2006).

62) 미국의 주권면책 이론에 대한 국내 문헌으로는 김치환, “미국에서의 주권면책특권에 관한 고찰”, 美國憲法研究 제26권 1호, 2015, 229면 이하가 있다.

63) 권세훈, “입법작용에 대한 국가손해배상제도”, 비교법학 제24집, 2013, 21면 이하 참조.

64) 미국과 프랑스의 상황에 대하여는 또한 Friederike Valerie Lange, Grundrechtsbindung des Gesetzgebers, Mohr Siebeck, 2010, S. 372 ff. 참조.

65) 한편 대법원 2010.12.16. 선고 2010도5986 전원합의체 판결은, 유신헌법에 근거한 긴급조치는 헌법재판소의 위헌심판대상이 되는 ‘법률’에 해당한다고 할 수 없으므로, 긴급조치의 위헌 여부에 대한 심사권은 최종적으로 대법원에 속한다고 하였는데, 대상판결이 대통령은 국가긴급권의 행사에 관하여 원칙적으로 국민 전체에 대한 관계에서 정치적 책임을 질 뿐 국민 개개인의 권리에 대응하여 법적 의무를 지는 것은 아니라고 하면서, 국회의 입법에 관한 대법원 2008.5.29. 선고 2004다33469 판결을 인용하고 있는 것은 다소 어색하다.

위법에서도 인정되는, 이른바 규범의 보호목적(Schutzzweck des Norms) 이론 내지 규범목적(Normzweck) 이론이다. 이에 따르면 법령을 위반하는 행위가 있는 경우에, 위반자는 그 위반으로 인하여 발생한 모든 손해가 아니라, 그 법령이 보호하고자 하는 특정한 법익의 침해로 인한 손해만을 배상하면 되고, 그 외의 법익침해는 배상할 필요가 없다는 것이다.[66)]

이러한 규범목적설은 원래 불법행위로 인한 손해배상의 범위를 한정하기 위한 요건으로 종래 인정되어 왔던 상당인과관계설을 대체하기 위한 것이었다. 상당인과관계설에서는 어느 행위로 인한 결과가 발생한 모든 경우에 인과관계가 있는 것은 아니고, 그 행위로 인하여 결과가 발생할 개연성이 높은 경우에만 상당인과관계가 있고, 그렇지 않으면 상당인과관계가 없다고 본다. 반면 규범목적설은 그러한 개연성뿐만 아니라 규범의 목적을 중요시한다. 다시 말하여 어느 행위로 인한 결과 발생의 개연성이 높은 경우에도 항상 손해배상책임을 인정하여야 하는 것은 아니며, 그 손해가 위반된 규범이 보호하려는 특정한 법익의 침해로 인한 것이라야 한다는 것이다.[67)] 근래 독일에서는 상당인과관계설이나 규범목적설 어느 한 가지만으로 인과관계 내지 배상범위 제한의 문제를 해결할 수는 없고, 양자는 병존적으로 인정되어야 한다는 주장이 다수의 지지를 받고 있다.[68)]

대법원의 판례도 손해배상의 범위를 정함에 있어서 이러한 규범목적을 상당인과관계의 유무를 판단하는 한 고려 요소로 들고 있다. 즉 상호신용금고의 대표이사가 상호신용금고법 제12조 등 법령에 위배하여 추가대출을 한 것을 계기로 하여 제3자가 손해를 입었다고 하더라도, 상호신용금고 및 그 대표이사가 그 제3자에게 손해배상책임을 지기 위하여는 위 법령에 위배된 행위와 제3자의 손해 사이에 상당인과관계가 있어야 하는데, 상당인과관계 유무를 판단함에 있어서는 결과발생의 개연성은 물론 같은 법조의 입법목적과 보호법익, 위 법령 위배행위의 태양 및 피침해이익의 성질 등을 종합적으로 고려하여 판단하여야 한다는 것이다.[69)]

판례가 이처럼 규범목적을 고려하기 시작한 것은 원래 국가배상에 관한 것에서 비롯되었다. 즉 대법원 1993.2.12. 선고 91다43466 판결은, "공무원에게 부과된 직무상 의무의 내용이 단순히 공공 일반의 이익을 위한 것이거나 행정기관 내부의 질서를 규율하기 위한 것이 아니고, 전적으로 또는 부수적으로 사회구성원 개인의 안전과 이익을 보호하기 위하여 설정된 것이라면, 공무원이 그와 같은 직무상 의무를 위반함으로 인하여 피해자가 입은 손해에

66) 이에 대하여는 예컨대 박희호, "책임법에 있어서 인과관계의 구체적 척도에 관한 연구", 동아법학 56호, 2012, 297면 이하; 위계찬, "독일민법상 인과관계 및 손해의 귀속", 財產法硏究 제31권 2호, 2014, 89면 이하 등 참조.

67) 民法注解 9/池元林, 박영사, 1995, 504면 이하; 윤진수, 민법기본판례, 홍문사, 2016, 460면 이하 등.

68) 예컨대 Münchener Kommentar zum BGB/Oetker, 7. Aufl., 2016, § 249 Rdnr. 109 ff. 등.

69) 대법원 1995.1.12. 선고 94다21320 판결.

대하여는 상당인과관계가 인정되는 범위 내에서 국가가 배상책임을 지는 것이고, 이때 상당인과관계의 유무를 판단함에 있어서는 일반적인 결과발생의 개연성은 물론 직무상 의무를 부과하는 법령 기타 행동규범의 목적이나 가해행위의 태양 및 피해의 정도 등을 종합적으로 고려하여야 할 것이다"라고 판시하였고, 이러한 판례는 현재까지 여전히 유지되고 있다.[70] 이는 국가배상법에서는 공무원의 직무상 의무를 분석하여 제3자 보호성이 있는지 여부에 따라 국가배상책임의 유무를 결정하여야 한다는 이른바 직무상 의무의 제3자 보호성 이론을 의미한다.[71]

예컨대 대법원 1994.6.10. 선고 93다30877 판결은, 재임 중의 노태우 대통령이, 지방자치법에서 규정된 자치단체장 선거를 실시하지 않자 유권자가 불법행위를 이유로 위자료를 청구한 데 대하여, 대통령에게 지방자치단체장 선거일을 공고하는 의무를 부과한 목적은 지방자치행정의 민주성을 도모하고 지방자치와 민주정치의 발전에 기여한다는 공공일반의 이익을 보호하기 위한 것이며 국민 개인의 인격권을 보호하기 위한 것이 아니므로, 대통령의 직무상 의무 위반과 유권자의 정신적 손해 사이에는 상당인과관계가 없다고 하였다.[72]

다만 이러한 규범목적설이 반드시 손해배상책임을 부정하는 근거로만 사용되는 것은 아니며, 행위로 인한 결과 발생의 개연성이 어느 정도인지 불분명한 경우에도, 법령이 어떤 행위로 인한 손해 발생을 막기 위하여 그러한 행위를 금지하고 있다면, 법령 자체가 금지된 행위와 손해 발생과의 개연성이 있다는 것을 전제로 한 것으로 보아 따로 개연성 여부를 심사할 필요가 없이 손해배상책임이 인정되기도 한다.[73]

그렇다면 이러한 규범목적이론이 위헌인 법률로 인한 국가배상책임을 부정하기 위한 일반적인 근거가 될 수 있는가? 이 점은 부정하여야 한다. 논의를 법률이 위헌인 이유가 기본권을 침해한 데 있는 경우로 한정한다면, 기본권은 국민을 보호하기 위한 것이므로, 기본권을 침해하는 법률을 만든 것은 국민 개개인을 보호하기 위한 헌법 규정을 위반한 것임이 명백하다. 헌법은 국가의 기본권보호의무를 규정하고 있는데(제10조), 이러한 기본권보호의무는 행정부나 사법부뿐만 아니라 입법부도 부담한다. 그러므로 입법부가 위헌인 법률을 제정함으로써 국민의 기본권을 침해하였다면, 그에 따른 책임도 부담하여야 한다는 것은 이러한 헌법 규정으로부터 당연히 도출되는 결론이다.

그렇지만 입법부가 국민의 기본권을 침해하는 위헌인 법률을 제정하였다고 하여 언제나

70) 근래의 것으로는 대법원 2010.7.22. 선고 2010다13527 판결; 2012.5.24. 선고 2012다11297 판결 등이 있다.

71) 이규진, "등기관의 과실과 국가배상책임", 특별법연구 제10권, 사법발전재단, 2012, 910면 이하 참조. 이 글 913면 이하는 이에 관한 판례를 상세히 소개하고 있다.

72) 이와 같이 규범목적을 근거로 하여 국가배상책임을 부정한 예로는 대법원 2001.4.13. 선고 2000다34891 판결; 2010.7.22. 선고 2010다13527 판결 등이 있다.

73) 위 대법원 1993.2.12. 선고 91다43466 판결 등. 윤진수(주 67), 462면 이하 참조.

국가배상책임이 인정된다고 할 수는 없다. 종래 독일이나 일본의 판례가 입법행위에 의한 국가배상책임의 인정에 소극적이었던 것은, 그렇게 되면 입법자의 입법 형성의 자유를 침해할 것이라는 우려 때문이었다. 그런데 입법부가 국민의 기본권을 침해하는 법률을 제정한 것이 항상 국가배상책임을 초래한다면, 입법부는 이러한 책임을 회피하기 위하여, 위헌일 가능성이 조금이라도 있다면 입법을 주저하게 될 수 있고, 이러한 입법자에 대한 위축효과(chilling effect)는 입법자의 입법 형성의 자유를 해치는 것이 될 것이다.

다른 한편 입법행위로 인한 국가배상책임을 인정하지 않으려는 것은, 그로 인한 재정 부담을 우려한 때문일 수도 있다. 그러나 이 자체는 국가배상책임을 부정할 수 있는 충분한 근거가 되지 못한다. 문제는 국가배상책임을 인정하는 것이 정당한가 아닌가에 있는 것이고, 법리상 국가배상책임을 인정하여야 함에도 불구하고 국가 재정을 우려하여 입법행위로 인한 국가배상책임의 성립 가능성 자체를 부정하는 것은 올바르다고 할 수 없다.

그러면 어떻게 해야만 입법자의 입법 형성의 자유를 침해하지 않으면서도 국민의 기본권 보호의무를 소홀히 하지 않을 수 있을까? 이 점에 대하여는 앞에서 살펴본 유럽사법재판소의 판례가 좋은 시사점을 제공한다. 유럽사법재판소는 회원국의 입법이 유럽연합의 법령을 위반한 것이 충분히 중대한(sufficiently serious) 것이어야만 회원국이 손해배상책임을 부담하는데, 위반이 충분히 중대한지 여부의 결정적인 기준은 회원국이 그 재량의 한계를 명백하고 중대하게(manifestly and gravely) 무시하였는가 하는 점이라고 보고 있다. 일본 최고재판소가 입법의 내용 또는 입법부작위가 국민에게 헌법상 보장되는 권리를 위법하게 침해하였다는 것이 명백한 경우나, 국민에게 헌법상 보장되어 있는 권리행사의 기회를 확보하기 위하여 필요한 입법조치를 하는 것이 필요불가결하고, 이것이 명백함에도 불구하고. 국회가 정당한 이유 없이 장기에 걸쳐서 이를 태만히 하는 경우 등에는 예외적으로 국회의원의 입법행위 또는 입법부작위는 위법하다는 평가를 받는다고 한 것도, 뉘앙스의 차이는 있지만 같은 취지로 볼 수 있다.

원래 어느 법률이 사후적으로 위헌이라고 선언되었다고 하더라도, 이를 제정할 당시에 이러한 결과를 예측하기란 쉽지 않다. 헌법의 규정 자체가 추상적이어서, 어느 법률이 위헌인지 여부에 대하여는 의견이 갈리거나, 그 해석이나 적용에서 의견이 대립하는 경우가 많다. 따라서 법률이 사후적으로 위헌이라고 판정되었다고 하여, 그것만으로 국가가 배상책임을 져야 한다는 것은 합리적이라고 할 수 없다. 물론 공무원의 직무집행행위로 인하여 국가배상책임이 성립하기 위하여는 공무원에게 고의 또는 과실이 있어야 하지만(국가배상법 제2조 제1항 본문), 법률을 제정할 당시에 위헌으로 판단될 가능성을 전혀 예견할 수 없었던 것이 아니라면, 통상적인 의미에서의 과실이 없었다고 하기는 어려울 것이다. 그러므로 위헌인 법률을 제정하였다는 이유로 국가배상책임을 묻기 위하여는, 그 법률의 위헌성이 제정 당시에 이미

명백하였음에도 불구하고 입법을 강행하였다는 것과 같은 특별한 사정이 있어야 할 것이다.[74]

이 문제는 법관의 재판에 대한 국가배상책임이 인정되기 위한 요건과 비교하여 볼 필요도 있다. 판례[75]는 "법관이 행하는 재판사무의 특수성과 그 재판과정의 잘못에 대하여는 따로 불복절차에 의하여 시정될 수 있는 제도적 장치가 마련되어 있는 점 등에 비추어 보면, 법관의 재판에 법령의 규정을 따르지 아니한 잘못이 있다 하더라도 이로써 바로 그 재판상 직무행위가 국가배상법 제2조 제1항에서 말하는 위법한 행위로 되어 국가의 손해배상책임이 발생하는 것은 아니고, 그 국가배상책임이 인정되려면 당해 법관이 위법 또는 부당한 목적을 가지고 재판을 하는 등 법관이 그에게 부여된 권한의 취지에 명백히 어긋나게 이를 행사하였다고 인정할 만한 특별한 사정이 있어야 한다"고 보고 있다.[76] 이 문제도 논란이 많으나, 다른 나라에서도 법관의 재판에 대한 국가배상책임은 매우 제한적으로만 인정하고 있는 것은, 법관의 오판을 다른 공무원의 경우와 마찬가지로 취급하여, 단순한 과실이 있을 때에는 국가배상책임이 성립한다면, 법관은 그로 인한 부담 때문에 위축되어 소신껏 재판을 할 수 없을 것이라는 우려에 근거한 것이다.[77] 이는 위헌인 법률로 인한 국가배상책임에도 마찬가지로 적용될 수 있다. 어느 법률이 위헌이라고 선언되었고, 그 법률 제정 당시에 그러한 사태를 어느 정도는 예견할 수 있었다고 하더라도, 그것만으로는 국가배상책임을 인정하기에 충분하지 않고, 위헌성이 명백함에도 불구하고 입법을 강행하였다는 것과 같은 특별한 사정이 있어야 하는 것이다.

이처럼 위헌성이 명백하다는 것이 국가배상책임이 인정되기 위한 필수적인 요건이라고 한다면, 이는 국가배상법의 체계 내에서는 어떻게 설명할 수 있을까? 이는 1차적으로는 입법부의 과실이라는 관점에서 파악할 수 있다. 즉 제정하려는 법률의 위헌성이 명백함에도 불구하고 입법을 강행하였다면 이는 입법부에게 적어도 과실이 있었다고 보아야 할 것이다. 그런데 종래 입법행위로 인한 국가배상책임의 인정에 소극적인 논자들은, 국회 및 국회의원의 입법권 내지 입법형성의 자유를 고려할 때 국회의원의 과실을 인정하는 것에는 어려움이 있다고 주장한다. 그러나 제정하려는 법률의 위헌성이 명백한 경우에는 입법부의 과실을 인정하는 데 별다른 문제점이 없다. 여기서는 과실 유무를 입법에 참여한 개별 국회의원의 주관적인 심리상태에 따라 판단하는 것이 아니고(주관적 과실개념의 배척), 국회의원이 합리적인 국회의원에게 기대되는 충분한 판단능력을 가지고 있음을 전제로 하여, 입법의 위헌성이 명백하였음에도 불구하고 이를 인식하지 못하였는지를 따져보는 것이다(객관적 과실개념의 채택).[78]

---

74) 尹眞秀(주 15), 667면 참조.
75) 대법원 2001.4.24. 선고 2000다16114 판결.
76) 같은 취지, 대법원 2003.7.11. 선고 99다24218 판결.
77) 김세용(주 1), 629면 이하; 金載亨, "法官의 誤判과 責任", 法曹 2001.9, 72면 이하 등 참조.
78) 金東熙(주 25), 570면은 국가배상법상의 과실을 주관적 심리상태로 보지 않고 고도화된 객관적 주의의무

뿐만 아니라 국가배상법상의 과실을 인정하기 위하여 개별 공무원을 특정할 필요가 없고, 조직 내지 기관 자체가 제대로 기능을 수행하지 않았으면 과실이 인정된다고 하는 이른바 조직과실(Organisationsverschulden)이라는 개념을 인정한다면,[79] 입법행위로 인한 국가배상책임을 인정하기 위하여 개별 국회의원의 과실 여부를 따질 필요가 없고, 입법부 자체의 과실을 충분히 인정할 수 있다.[80]

다른 한편 이 문제는 입법행위의 위법성 관점에서도 접근할 여지가 있다. 앞에서 본 것처럼 일본의 판례는, 어느 법률이 위헌이라는 것만으로 바로 국가배상법상으로 위법이 되는 것은 아니고, 예외적으로 입법의 내용 또는 입법부작위가 국민에게 헌법상 보장되는 권리를 위법하게 침해하였다는 것이 명백한 경우 등에 한하여 국가배상법상 위법이 된다고 하여, 위헌의 명백성을 위법성의 판단요소로 보고 있다. 일반적으로 국가배상법상의 위법성을 어떻게 파악할 것인가, 항고소송에서의 위법성과 국가배상청구소송에서의 위법성을 동일한 차원에서 파악할 것인가에 대하여는 여러 가지 논의가 있다.[81] 그러나 여기서는 일단 어느 법률이 위헌이라고 선언되었다면, 이는 국가배상법에서도 위법한 것으로 보아야 하고, 그 위헌성이 명백하였음에도 불구하고 이를 인식하지 못하였거나 또는 인식하였음에도 불구하고 입법을 강행한 것은 책임요건으로서의 고의 또는 과실에 해당한다고 보고자 한다. 이 문제는 체계상의 문제일 뿐 결과에 있어 어떤 차이를 가져오는 것은 아니라고 생각된다.

(2) 대상판결의 경우

그렇다면 대상판결에서 문제된 대통령 긴급조치는 어떻게 보아야 할 것인가? 여기서 위헌 여부 판단의 준거가 되는 헌법이 긴급조치 당시의 유신헌법인지, 아니면 현행헌법인지 하는 것은 문제가 있고, 이는 아래에서 다시 살펴본다. 그러나 문제되는 기본권 자체는 유신헌법과 현행헌법이 다같이 보장하고 있다. 그러므로 유신헌법이나 현행 헌법의 기본권 규정에 비추어 본다면 위 긴급조치의 위헌성은 그야말로 명백한 것이라고 하지 않을 수 없다. 헌법재판소와 대법원의 판례가 설시하고 있듯이, 위 대통령 긴급조치는 유신헌법이 규정하고 있는 긴급조치 발령의 요건을 결여하였을 뿐만 아니라, 그 내용을 보더라도 긴급조치 제1호와 제9호의 경우에는 유신헌법에 대한 비판을 금지하고, 이를 위반하는 자는 처벌하도록 규정하고 있으며, 법관의 영장 없이 체포·구속 등을 할 수 있도록 허용하고 있고, 민간인을 군

위반으로 파악하는 입장이 학설·판례의 일반적인 경향이라고 하면서, 이러한 의미의 과실 판단에 있어서는 당해 공무원의 주의력이 아닌 동일 직종의 평균적 공무원의 주의력이 그 표준이 된다고 한다. 또한 Ossenbühl/Cornils(주 31), S. 78 참조.

79) 金東熙(주 25), 570-571면; Ossenbühl/Cornils(주 31), S. 79; beck-online.GROSSKOMMENTAR zum Zivilrecht/Dörr, C. H. Beck, BGB § 839 Rdnr. 471 ff. (2017.7.1.).

80) 김병기(주 26), 233면 등.

81) 金東熙(주 25), 565면 이하 참조.

법회의에서 재판하도록 하여, 죄형법정주의에 위배되며, 참정권, 표현의 자유, 영장주의 및 신체의 자유, 법관에 의한 재판을 받을 권리 등 국민의 기본권을 침해하고 있음이 명백하다.[82] 이처럼 유신헌법에 대한 비판 자체를 금지한 것이 위헌임은 그 당시 상황에서도 명백하였다고 하지 않을 수 없다. 또 긴급조치 제4호도 오로지 유신체제를 유지하고 그에 대한 국민적 저항을 탄압하기 위한 것임이 분명하여,[83] 위헌임이 명백하다고 하지 않을 수 없다.

실제로 당시 박정희 대통령은 긴급조치를 사법적 심사의 대상에서 배제하고 있는 유신헌법 제53조 제4항이 없었더라면 긴급조치를 발령할 엄두를 내지 못했을 것이다. 다시 말하여 박정희 대통령 자신도 위 긴급조치가 당시의 유신헌법의 기본권 규정에는 어긋난다는 점을 충분히 인식하고 있었을 것이다.

Ⅴ. 유신헌법 제53조 제4항 적용 배제의 근거

1. 문제의 소재

그런데 앞에서의 분석은 대통령의 긴급조치에 대하여 사법적 심사를 배제하고 있던 유신헌법 제53조 제4항을 논외로 하고 이루어졌다. 그러나 위 조항은 명문으로 긴급조치를 사법적 심사의 대상이 되지 아니한다고 규정하고 있었으므로, 위 조항이 적용되는 한 긴급조치의 발령을 불법행위로 인정하는 것은 불가능하다. 이는 불법행위의 성립에만 한정되는 것이 아니고, 기본적으로 당시의 유신헌법에 근거하여 이루어졌던 긴급조치가 어떻게 위헌이 될 수 있는가 하는 점부터 문제가 된다. 이 점에 관하여는 대법원과 헌법재판소도 서로 다른 태도를 보이고 있다.

2. 대법원의 판례에 대하여

이 문제에 대하여 대법원 2010.12.16. 선고 2010도5986 전원합의체 판결은 대통령 긴급조치위반 사건의 재심 절차에서 다음과 같이 판시하였다. 즉 재심소송에서 적용될 절차에 관한 법령은 재심판결 당시의 법령이므로, 사법적 심사의 대상이 되는지 여부는 현행 헌법에 기하여 판단하여야 하는데, 현행 헌법 제76조는 국가긴급권의 행사에 대하여 사법심사배제 규정을 두고 있지 아니하고, 유신헌법 자체에 의하더라도 제8조가 "모든 국민은 인간으로서의 존엄과 가치를 가지며, 이를 위하여 국가는 국민의 기본적 인권을 최대한으로 보장할 의무를 진다."고 규정하고 제9조 내지 제32조에서 개별 기본권 보장 규정을 두고 있었으므로, 유신헌법 제53조 제4항이 사법심사를 배제할 것을 규정하고 있다고 하더라도 이는 사법심사

82) 같은 취지, 김세용(주 1), 652-653면.
83) 대법원 2013.5.16. 선고 2011도2631 전원합의체 판결 참조.

권을 절차적으로 제한하는 것일 뿐 이러한 기본권 보장 규정과 충돌되는 긴급조치의 합헌성 내지 정당성까지 담보한다고 할 수 없다는 것이다. 따라서 이 사건 재심절차를 진행함에 있어, 모든 국민은 유신헌법에 따른 절차적 제한을 받음이 없이 법이 정한 절차에 의해서 긴급조치의 위헌성 유무를 따지는 것이 가능하므로, 유신헌법 제53조 제4항에 근거하여 이루어진 긴급조치에 대한 사법심사가 불가능하다고는 할 수 없다고 하였다. 나아가 위 판결은 긴급조치의 위헌 여부를 판단함에 있어서는 제1차적으로 유신헌법을 판단 근거로 들고 있다.

그러나 이러한 판시는 의문이다. 우선 형사절차법은 행위 후에 변경된 것이라도 재심절차에서 적용될 수 있는 여지가 있다. 그러나 유신헌법 제53조 제4항은 단순히 사법심사권을 절차적으로 제한하는 것이라고는 할 수 없다. 유신헌법 당시의 헌법 교과서들은, 유신헌법 제53조 제4항이 이른바 통치행위의 이론을 성문화한 것으로 이해하고 있었다.[84] 그런데 위 유신헌법의 조항은 이러한 통치행위의 이론에 헌법적인 근거를 부여하여, 유신헌법이 당시 법원이나 헌법위원회에 긴급조치에 관한 사법심사권한을 부여하지 않음을 규정한 것이다. 따라서 위 조항이 단순한 절차적 제한에 불과하다고는 할 수 없다.[85]

그런데 이 사건에 관하여 재판연구관으로 보고한 것으로 보이는 한 판사의 위 전원합의체 판례 해설은 다음과 같이 설명하고 있다. 즉 헌법재판소 1989.12.18. 선고 89헌마32, 33 전원판부 결정은 1980.10.27. 공포된 제5공화국 헌법 부칙 제6조 제3항의 제소금지 규정[86]을 절차법규로 파악한 후, 구체적 사건 당시의 헌법 및 법률상태를 기준으로 할 것이 아니고 현행 헌법이 정한 법정절차에 의하여 위헌성 유무를 따지는 것이 가능하다고 판시하고 있는데, 이러한 법리는 이 사건에도 적용될 여지가 있다고 한다. 다시 말하여 국가긴급권에 대한 통제로서 사법적 심사를 배제한 유신헌법 제53조 제4항의 규정은 유신헌법의 기본권보장 규정과도 모순, 충돌되고, 현행 헌법에서는 국가긴급권의 또 다른 형태인 긴급명령·긴급재정경제명령에 관한 규정에서 사법적 심사 배제 규정을 삭제하는 등 반성적 견지에서 제소금지 조항을 승계하지 아니하였으므로, 긴급조치와 관련하여서 유신헌법 제53조 제4항의 규정의 적용은 배제되고, 모든 국민은 아무런 제약이 따르지 않는 기본권에 의하여 긴급조치에 대해 위헌성 유무를 따지는 것이 가능하다는 것이다.[87]

---

84) 金哲洙(주 13), 433면; 葛奉根, 維新憲法論, 한국헌법학회출판부, 1976, 309면.

85) 김경제, "대법원의 긴급조치 위헌판결이 가지는 문제점", 공법연구 제42집 1호, 2013, 206-207면; 정태호, "유신헌법에 의한 긴급조치의 위헌제청적격성에 관한 관견", 헌법학연구 제17권 4호, 2011, 420면; 이재희, "유신헌법 제53조와 긴급조치의 위헌심사에 대한 검토", 헌법재판연구 제2권 1호, 2015, 322면 참조. 또한 박찬주, "대통령긴급조치와 위헌선언", 인권과 정의 2011년 11월, 41면 이하도 대체로 같은 취지이다.

86) 1980.10.27. 공포된 제5공화국 헌법 부칙 제6조 제3항: 국가보위입법회의가 제정한 법률과 이에 따라 행하여진 재판 및 예산 기타 처분 등은 그 효력을 지속하며, 이 헌법 기타의 이유로 제소하거나 이의를 할 수 없다.

87) 박순영, "유신헌법에 기한 대통령긴급조치의 위헌성", 형사실무연구회 편, 형사재판의 제문제, 제7권, 2014, 828-829면. 권순일, "유신헌법에 기한 대통령긴급조치의 위헌 여부 및 위헌심판기관", 사법발전재단, 2011,

그러나 위 헌법재판소 결정에서 문제되었던 제5공화국 헌법 부칙 제6조 제3항과 유신헌법 제53조 제4항을 동일하게 취급할 수는 없다. 위 헌법재판소 결정은 위 제소금지 규정은 국가보위입법회의라는 비상기관에서 비상절차에 의하여 제정한 각종 법률에 대하여 헌법적 근거를 부여함과 동시에 그 제정절차, 즉 성립의 하자를 문제삼는 것을 예방하기 위한 비상제동장치를 마련하는데 있었다고 사료되며 그 내용의 합헌성 여부를 다투는 것을 봉쇄하는데 그 의도가 있었던 것이라고는 보여지지 않는다고 설시하였다. 그런데 유신헌법에 의한 대통령 긴급조치에서는 대통령의 발령 권한이 문제될 여지는 처음부터 없었으므로, 제53조 제4항은 제정절차의 문제만이 아니라, 내용의 합헌성 여부를 다투는 것 자체를 처음부터 봉쇄하려는 것으로 이해할 수밖에 없다. 결국 위 대법원 판결은 실질적으로 긴급명령 등에 대한 사법심사를 배제하지 않고 있는 현행 헌법의 규정을 유신헌법에 근거한 긴급조치에 관하여 소급하여 적용한 것으로 보지 않을 수 없다.

그리고 형사실체법의 경우에는, 재심절차에서도 그 적용될 법령은 1차적으로는 행위 당시의 법령이어야 하고, 다만 범죄후 법률의 변경에 의하여 그 행위가 범죄를 구성하지 아니하거나 형이 구법보다 경한 때에는 신법에 의한다고 규정하고 있는 형법 제1조 제2항이 적용될 수 있는 경우에 비로소 신법이 적용될 수 있을 뿐이다.[88] 그러나 유신헌법 제53조 제4항이 이러한 의미에서의 형사실체법이라고 할 수는 없다.

뿐만 아니라, 위 유신헌법 제53조 제4항은 재심절차가 개시된 후에만 문제되는 것이 아니라, 재심을 개시할 것인지 여부의 단계에서도 문제된다. 위 조항은 그 자체로서 재심 개시결정에 장애 사유가 되기 때문이다. 위 대법원 2010.12.16. 선고 2010도5986 전원합의체 판결의 원심 판결인 서울고등법원 2010.4.30. 선고 2009재노19 판결에 의하면, 그 사건에서는 담당 수사관들이 수사 과정에서 피고인에 대하여 가혹행위를 함으로써 직무상 범죄를 저질렀다는 점이 증명되었다고 보아 재심개시결정이 있었다. 또 긴급조치 제4호가 위헌이라고 한 대법원 2013.5.16. 선고 2011도2631 전원합의체 판결도 마찬가지이다.[89] 그러나 그와 같은 별도의 재심 사유가 없는 경우에, 위 긴급조치 자체의 위헌을 이유로 하는 재심개시결정이 가능할 것인가?

965면도 같은 취지이다. 참고로 권순일 당시 법원행정처 기획조정실장은 위 대법원 2010.12.16. 선고 2010도5986 전원합의체 판결이 선고될 당시 대법원의 수석재판연구관이었고, 그 후 대법관이 되어 대상판결의 주심을 맡았다.

88) 김경제(주 85), 200면 이하 참조. 독일의 학설도 이와 같다. Satzger · Schluckebier · Widmaier/Kaspar, Strafprozessordnung, 2. Aufl., Carl Heymanns Verlag, 2016, StPO § 373 Rdnr. 5.

89) 그런데 이 사건에서 서울고등법원은 수사관들이 피고인을 불법적으로 체포, 감금한 상태에서 고문 및 가혹행위를 가하였다는 이유로 재심개시결정을 하였는데, 재심의 본안판결에서는 피고인이 위 수사관들로부터 고문 또는 가혹행위를 당하였다는 점은 인정할 뚜렷한 자료가 없다고 하였다. 서울고등법원 2011.2.11. 선고 2009재노53 판결. 검사는 상고이유에서 이 점을 다투었으나, 대법원은 설령 재심개시결정이 부당하더라도 이미 확정되었다면 법원은 더 이상 재심사유의 존부에 대하여 살펴볼 필요가 없다고 하였다.

헌법재판소 2013.3.21. 2010헌바70 · 132 · 170 결정에서 병합된 2010헌바132 사건과 2010헌바170 사건의 헌법소원 청구인들은 긴급조치 제9호 위반을 이유로 형을 선고받았는데, 그 후 법원에 위 확정판결에 대하여 긴급조치 제9호가 위헌이라는 이유로 재심청구를 하면서 긴급조치 제9호에 대하여 위헌제청신청을 하였으나, 법원은 긴급조치 제9호에 대해서는 재판의 전제성이 인정되지 않는다는 이유로 위헌제청신청을 각하하고, 위 청구인의 주장은 재심사유가 되지 않는다고 하여 재심청구를 기각하자, 청구인들이 긴급조치 제9호에 대하여 헌법재판소법 제68조 제2항에 의한 헌법소원심판을 청구하였다. 이에 관하여 헌법재판소는, 재심의 대상이 된 유죄판결의 처벌 근거 조항인 긴급조치 제9호의 위헌 여부가 당해 사건에서 재판의 전제성이 인정된다고 하면서 다음과 같이 판시하였다. 즉 확정된 유죄판결에서 처벌의 근거가 된 법률조항을 재심의 개시 여부를 결정하는 재판에서 재판의 전제성을 인정하지 않는 주된 이유는, 재심대상사건의 재판절차에서 처벌조항의 위헌성을 다툴 수 있었던 피고인이 이를 다투지 않고 유죄 판결이 확정된 뒤에야 비로소 형사소송법에 정한 재심사유가 없는데도 처벌조항의 위헌성을 들어 재심을 통하여 확정된 유죄판결을 다투는 것을 재판의 전제성이 없다고 차단함으로써 형사재판절차의 법적 안정성을 추구하자는 데 있은데, 만약 피고인이 재심대상사건의 재판절차에서 그 처벌조항의 위헌성을 다툴 수 없는 규범적 장애가 있는 특수한 상황이었다면, 그에게 그 재판절차에서 처벌의 근거 조항에 대한 위헌 여부를 다투라고 요구하는 것은 규범상 불가능한 것을 요구하는 노릇이므로 이러한 경우에는 예외적으로 유죄판결이 확정된 후에라도 재판의 전제성을 인정하여 위헌성을 다툴 수 있는 길을 열어줄 필요가 있다고 한다. 그런데 유신헌법 당시 긴급조치 위반으로 처벌을 받게 된 사람은 재심대상사건 재판절차에서 긴급조치의 위헌성을 다툴 수조차 없는 유신헌법 제53조 제4항이라는 규범적 장애가 있었으므로, 그 재심청구에 대한 재판절차에서 긴급조치의 위헌성을 비로소 다툴 수밖에 없기 때문에, 일반 형사재판에 대한 재심사건과는 달리 긴급조치 위반에 대한 재심사건에서는 예외적으로 형사재판 재심절차의 이원적 구조를 완화하여 재심개시 여부에 관한 재판과 본안에 관한 재판 전체를 당해 사건으로 보아 재판의 전제성을 인정함이 타당하다고 하였다.

위와 같은 헌재 결정의 결론은 타당하지만, 이는 재심개시 여부를 결정하는 단계에서도 유신헌법 제53조 제4항이 적용되지 않는다는 것을 전제로 하여야만 가능하다. 따라서 재심소송에서 적용될 절차에 관한 법령은 재심판결 당시의 법령이라는 것만으로는 이와 같은 경우를 해결할 수 없다. 실제로 대법원은, 위 헌재 결정이 있은 후에 그 본안 사건인 2013.4.18. 자 2010모363 결정에서, 같은 날 고지된 대법원 2013.4.18. 결정 2011초기689 전원합의체 결정이 긴급조치 제9호가 위헌이라고 선언하였음을 원용하여, 재심사유가 있다고 하였다. 그런데 위 2011초기689 사건의 내용은 긴급조치 제9호 위반을 이유로 기소된 사람이

'긴급조치 제9호가 1979.12.8. 해제되었음을 이유로 대법원으로부터 1980.5.13. 면소판결을 받았는데(대법원 1980.5.13. 선고 79도2149 판결), 그 상속인이 형사보상을 청구한 것이다. 대법원은, 긴급조치 제9호는 헌법에 위배되어 당초부터 무효이고, 이와 같이 위헌·무효인 긴급조치 제9호를 적용하여 공소가 제기된 경우에는 법원은 무죄를 선고하였어야 하였다고 하여 형사보상청구를 받아들였으나, 유신헌법 제53조 제4항이 왜 적용되지 않는지에 관하여는 아무런 설명이 없다.[90)]

한편 "이 헌법시행 당시의 법령과 조약은 이 헌법에 위배되지 않는 한 그 효력을 지속한다"고 규정하고 있는 현행헌법 부칙 제5조를 근거로 하여, 유신헌법상의 사법심사배제규정을 우회하는 것을 가능하게 한다는 주장도 있다.[91)] 그러나 대통령 긴급조치는 현행헌법 시행 당시 이미 실효되었으므로, 이 헌법 시행 당시의 법령과 조약에 해당하지 아니하고, 따라서 헌법 부칙 제5조는 처음부터 적용될 여지가 없다.

그리고 위 대법원 판결은 위 판결은 긴급조치의 위헌 여부를 판단함에 있어서는 제1차적으로 유신헌법을 판단 근거로 들고 있으면서, 현행 헌법에 비추어 보더라도 위헌이라고 하였나. 그러나 이에 대하여는 비판이 있다. 즉 기본권을 광범위하게 제한하고 대통령에 권력을 독점시키며 민주적 기본질서를 침해하는 헌법으로서 내용적 정당성을 확보할 수 없고, 성립절차에 있어서도 정당성을 확보할 수 없는 유신헌법을, 현재의 위헌심사에서 준거규범으로 삼아 논증하는 것은 유신헌법을 오히려 현재에 와서 사후적으로 정당화해주는 것이 된다는 문제가 있으며, 이는 불법적 과거사 청산의 역사적 흐름에 오히려 역행하는 것이 될 수 있다는 것이다.[92)] 위 헌법재판소 2013.3.21. 선고 2010헌바70·132·170 결정도, 이미 폐기된 유신헌법에 따라 이 사건 긴급조치들의 위헌 여부를 판단하는 것은, 유신헌법 일부 조항과 긴급조치 등이 기본권을 지나치게 침해하고 자유민주적 기본질서를 훼손하는 데에 대한 반성에 기초하여 헌법 개정을 결단한 주권자인 국민의 의사와 기본권 강화와 확대라는 헌법의 역사성에 반하는 것으로 허용할 수 없다고 하여, 긴급조치들의 위헌성을 심사하는 준거규범은 유신헌법이 아니라 현행헌법이라고 하였다.

이러한 비판은 유신헌법의 성립과정 등을 고려할 때 심정적으로는 충분히 이해될 수 있는 것이다. 아래에서 보는 것처럼 이와 같은 이유로 유신헌법 자체가 위헌이라는 주장도 있다. 그러나 유신헌법도 문제되고 있는 기본권을 모두 보장하고 있다. 물론 이것이 명목적인 것이었다고 할 수는 있지만, 유신헌법을 배제한다면 헌법재판소와 마찬가지로 결국 현행헌법

---

90) 위 전원합의체 결정에 대한 재판연구관의 해설인 朴鎭煥, "긴급조치 제9가 해제됨으로써 면소판결을 받은 자가 '형사보상 및 명예회복에 관한 법률'에 따라 형사보상을 받을 수 있는지 여부", 대법원판례해설 제96호(2013 상), 2013, 1100면 이하도 이 점에 대하여는 언급하고 있지 않다.

91) 정태호(주 85), 423면.

92) 이재희(주 85), 325면.

이 소급적용된다고 보아야 할 것인데, 내용에 차이가 없어서 결과가 달라지지 않음에도 불구하고 법령불소급의 원칙에 어긋나게 현행헌법의 소급적용을 인정할 필요가 있는지는 의문이다. 특히 긴급조치의 발령으로 인한 국가배상책임이 성립하기 위하여 위헌임이 명백할 것임이 요구된다면, 이는 긴급조치 발령 당시를 기준으로 하여야 할 것이고, 따라서 위헌 여부도 그 때의 헌법에 비추어 판단하여야 할 것이다.

아래에서 보는 것처럼 필자는 유신헌법 가운데 긴급조치에 대하여 사법심사를 배제하는 제53조 제4항은 현행 헌법에 의하여 적용이 배제되어야 하지만, 그 나머지의 기본권 조항은 긴급조치의 위헌성을 판단하는 규범이 될 수 있다고 본다.

3. 헌법재판소의 결정

반면 헌법재판소 2013.3.21. 선고 2010헌바70 · 132 · 170 결정은, 헌법재판소의 헌법 해석은 헌법이 내포하고 있는 특정한 가치를 탐색 · 확인하고 이를 규범적으로 관철하는 작업이므로, 헌법재판소가 행하는 구체적 규범통제의 심사기준은 원칙적으로 헌법재판을 할 당시에 규범적 효력을 가지는 헌법이라고 하여, 현행 헌법을 기준으로 하여 긴급조치가 위헌이라고 하였다. 그리고 그에 따라 유신헌법 제53조 제4항 규정의 적용은 배제된다고 하였다.

이와 같은 판시는 이 사건에서 처음 나온 것은 아니다. 헌법재판소 1994.6.30. 선고 92헌가18 결정도, 1971년에 제정된 국가보위에 관한 특별조치법[93] 제5조 제4항에 근거하여 1977년에 이루어진 수용처분이 문제된 사건에서, 위 규정의 위헌이라고 하면서 그 근거로서 현행 헌법 제76조와 제77조를 들었다. 그러나 위 결정은 왜 현행 헌법이 현행 헌법 시행 전에 이미 폐지된 법률의 위헌 여부를 판단하는 근거가 될 수 있는지에 대하여는 밝히고 있지 않다. 그리고 위 2010헌바70 · 132 · 170 결정 이후에 선고된 헌법재판소 2015.3.26. 선고 2014헌가5 결정도, 위 특별조치법 제11조 제2항 중 제9조 제1항에 관한 부분은 헌법에 위반된다고 하면서, 근거가 되는 헌법조항으로서 현행 헌법 제33조 제1, 2항을 들고 있다. 나아가 헌법재판소 2016.4.28. 선고 2013헌바396, 2014헌바394 결정에서의 이정미, 안창호 재판관의 반대의견은 위 헌법재판소 2013.3.21. 선고 2010헌바70 · 132 · 170 결정을 인용하면서, 구체적 규범통제의 심사기준은 원칙적으로 헌법재판을 할 당시에 규범적 효력을 가지는 헌법이라고 하여, 1958.2.22. 제정된 민법 시행 이전의 구 관습법 중 "여호주가 사망하거나 출가하여 호주상속인 없이 절가된 경우, 유산은 그 절가된 가(家)의 가족이 승계하고 가족이 없을 때는 출가녀(出家女)가 승계한다"는 부분은 현행 헌법 하에서 용인될 수 없다고 하였다.

그러나 현행 헌법이 시행되기 전에 적용되었고, 현행 헌법 당시에는 이미 규범으로서의 효력을 상실한 법률이나 관습법에 대하여 일반적으로 현행 헌법이 위헌 여부의 판단 기준이

93) 위 법은 1981.12.17. 폐지되었다.

될 수 있는 근거가 무엇인지 명확하지 않다. 이는 현행 헌법을 소급적용하는 것이 되는데, 이러한 소급적용은 원칙적으로 허용되지 않는 것이기 때문이다.[94] 헌법재판소의 판례는, 과거의 사실관계 또는 법률관계를 규율하기 위한 소급입법을 이미 과거에 완성된 사실 또는 법률관계를 규율의 대상으로 하는 이른바 '진정소급효'의 입법과, 이미 과거에 시작하였으나 아직 완성되지 아니하고 진행과정에 있는 사실 또는 법률관계를 규율의 대상으로 하는 이른바 '부진정소급효'의 입법을 구별하여, 전자의 경우에는 입법권자의 입법형성권보다도 당사자가 구법질서에 기대했던 신뢰보호와 법적안정성을 위하여 특단의 사정이 없는 한 구법에 의하여 이미 얻은 자격 또는 권리를 그대로 존중할 의무가 있다고 보고 있다.[95] 이는 헌법의 소급 적용에 대하여도 마찬가지라고 보아야 할 것이다.[96] 독일연방헌법재판소의 판례도, 독일 기본법 제정 또는 개정 전에 발생한 사안에 대하여는 독일 기본법이 적용되지 않는다고 보고 있다.[97]

가령 이 사건과 같은 경우를 일반화한다면, 유죄판결이 선고되어 확정될 당시에는 그 당시의 헌법에 비추어 볼 때 유죄의 근거가 된 법률이 위헌이 아니었는데, 나중에 개정된 헌법에 의하면 그 법률이 위헌으로 보이는 경우라고 하여도, 위 확정판결에 대하여 재심을 청구할 수는 없는 것이 원칙이라고 보아야 할 것이다.[98] 헌법재판소법 제47조 제3항은, 위헌으로 결정된 법률 또는 법률의 조항에 근거한 유죄의 확정판결에 대하여는 재심을 청구할 수 있다고 규정하고 있지만, 이는 유죄판결 당시에도 근거 법률이 위헌이었던 경우를 가리키는 것이지, 유죄판결 당시에는 위헌이 아니었으나 그 후의 개정 헌법에 비추어보면 위헌인 경우까지를 포함한다고 할 수는 없다.

그런데 위 헌법재판소 결정에 대하여, 다음과 같이 이를 옹호하는 견해가 있다. 즉 재심이 개시된 사건에서 범죄사실에 대하여 적용하여야 할 법령은 재심판결 당시의 법령이라고 하는 위 대법원 2010.12.16. 선고 2010도5986 전원합의체 판결을 원용하면서, 재심에서 적용할 법률은 재심판결 당시의 법률이고, 이는 재심판결 당시의 '합헌적' 법률이며, 이 때 합

94) 같은 취지, 김경제, "긴급조치에 대한 헌법재판소 결정의 문제점", 헌법학연구 제19권 3호, 2013, 337면 이하; 승이도, "초헌법적 국가긴급권에 대한 위헌심사 연구", 공법연구 제45집 1호, 2016, 152면; 윤진수, "상속관습법의 헌법적 통제", 헌법학연구 제23권 2호, 2017, 175면 이하.

95) 헌법재판소 1989.12.18. 선고 89헌마32, 33 결정 등.

96) Burkhard Hess, Intertemporales Privatrecht, Mohr Siebeck, 1998, S. 316은 시제헌법(時際憲法, das intertemporale Verfassungsrecht)은 법기술적으로는 다른 저촉법(Kollisionsrecht)와 구별되지 않는다고 한다. *Sachs*, in: Sachs (Hrsg.), Grundgesetz, 7. Aufl., C. H. Beck, 2014, Einführung, Rdnr. 29도 위 책을 인용하면서, 독일 기본법은 시간적으로는 기본법이 시행된 후에만 효력이 있고, 소급효는 없으며, 기본법 시행 전의 국가의 고권행위나 다른 종국적으로 유효하게 된 법률효과는 종전의 헌법적 근거가 상실된 것에 관계없이 여전히 존속하는 것은 그것이 나중에 발효되었더라면 헌법에 침해되었을 것인 경우에도 헌법에 위반됨이 없이 여전히 효력을 가진다고 한다.

97) BVerfGE 2, 237; BVerfGE 84, 90 등.

98) 박찬주(주 85), 35면 참조.

헌적이라 함은 재심판결 당시의 헌법에 부합하는 법률임을 의미한다는 것이다. 그리고 우리 사회가 헌법개정을 통해 긴급조치 발령권을 삭제하고 다른 내용의 완화된 국가긴급권으로 대체하는 등 유신헌법의 문제점들을 해소해 나간 것은 더 이상 우리 사회에서 유신헌법의 문제적 조항들로 인한 폐해가 반복되지 않도록 하겠다는 주권자의 결의, 문화사적 인식을 읽을 수 있고, 만약, 헌법개정에도 불구하고 유신헌법에서 발생했던 문제적 행위들의 효력을 존치시키고자 했다면 이는 부칙으로 규정해 둘 수 있었고, 또한 두어야 했으므로, 유신헌법이 아닌 현행헌법을 적용한 것은 헌법개정권자들의 의사와 인식에 부합한다고 한다.[99]

그러나 앞에서 본 것처럼 재심사건에서 범죄사실에 대하여 적용하여야 할 법령이 재심판결 당시의 법령이라고 하는 주장을 일반적으로 받아들일 수는 없다. 또 유신헌법에서 발생했던 문제적 행위들의 효력을 존치시키고자 했다면 이는 부칙으로 규정해 두었어야 한다고 하는 것은 거꾸로 된 논리이다. 오히려 유신헌법상 효력을 발생했던 행위의 효력을 현행헌법하에서 부인하려면 부칙에서 이를 규정하였어야 하고, 그러한 규정이 없는 이상 유신헌법상 유효했던 행위는 현행헌법에서도 그대로 유효하다고 보아야 한다.

다만 이러한 원칙에 전혀 예외가 인정될 수 없는 것은 아니다. 필자로서는 아래에서 보는 것처럼, 적어도 대통령 긴급조치의 사법심사 배제에 관하여는 예외적으로 현행 헌법의 규정이 소급적용되는 것이 옳다고 생각하지만, 헌법재판소의 판례와 같이 현행 헌법 시행 전의 사안에 대하여도 무조건 현행 헌법이 소급적용되어야 한다고 보는 것에는 찬성할 수 없다.

4. 유신헌법 제53조 제4항 또는 유신헌법 자체가 위헌이라는 주장에 대하여

학설 가운데에는 유신헌법 제53조 또는 유신헌법 전체가 위헌이므로, 헌법재판소가 이에 대하여도 위헌선언을 했어야 한다는 주장이 있다. 즉 유신헌법으로의 개정 절차가 당시의 제3공화국 헌법상 규정된 헌법개정 절차에 어긋나고, 또 그 내용에 있어서도 대통령의 종신집권을 제도적으로 보장하고 있으며, 대통령의 절대적 대권을 부여하고 있고, 기본권보장이라는 헌법의 기본적 사명을 포기하였다는 것 등이다. 특히 유신헌법 제53조에 대하여는, 헌법이 권력통제의 사명을 포기하고 오히려 무한권력을 허용하는 '수권헌법'으로 전락하였다고 한다.[100]

유신헌법이나 그 중 제53조에 대한 위와 같은 비판 자체는 정당하다. 그러나 문제는 헌법재판소가 헌법 규정 자체에 대하여 위헌이라는 판단을 할 수 있는가 하는 점이다. 이 점

---

99) 이황희, "구 헌법 제53조 등 위헌소원", 헌법재판소결정해설집 (2013년), 2014, 17-18면.

100) 김선택, "참고인 의견서", 헌법연구 제2권 1호, 2015, 189면 이하(이는 헌법재판소 2010헌바70, 132, 170 사건에서 헌법재판소에 제출한 의견서이다). 또한 김경제(주 94), 345면 이하; 이재희(주 85), 326면 이하; 정연주, "긴급조치에 대한 심사 관할권과 유신헌법 제53조의 위헌성", 헌법학연구 제20권 3호, 2014, 253면 이하 등도 같은 취지이다.

에 대하여 헌법재판소 1995.12.28. 선고 95헌바3 결정은, 군인·공무원·경찰공무원 등의 국가배상청구를 제한하는 헌법 제29조 제2항에 대한 헌법소원을 다음과 같은 이유로 부적법하다고 보아 각하하였다. 즉 이른바 헌법제정권력과 헌법개정권력을 준별하고, 헌법의 개별규정 상호간의 효력의 차이를 인정하는 전제하에서 헌법제정규범에 위반한 헌법개정에 의한 규정, 상위의 헌법규정에 위배되는 하위의 헌법규정은 위헌으로 위헌심사의 대상이 된다거나, 혹은 헌법규정도 입법작용이라는 공권력 행사의 결과이므로 헌법재판소법 제68조 제1항에 의한 헌법소원의 대상이 된다는 견해가 있을 수는 있지만, 우리 헌법의 각 개별규정 가운데 무엇이 헌법제정규정이고 무엇이 헌법개정규정인지를 구분하는 것이 가능하지 아니할 뿐 아니라, 각 개별규정에 그 효력상의 차이를 인정하여야 할 형식적인 이유를 찾을 수 없고, 현행 헌법 및 헌법재판소법의 명문의 규정취지에 비추어, 헌법제정권과 헌법개정권의 구별론이나 헌법개정한계론은 그 자체로서의 이론적 타당성 여부와 상관없이 우리 헌법재판소가 헌법의 개별규정에 대하여 위헌심사를 할 수 있다는 논거로 원용될 수 있는 것이 아니라는 것이다. 헌법재판소는 그 후에도 이와 같은 판례를 유지하고 있다.[101)]

과연 법률이 아닌 헌법의 개별 규정에 대하여도 위헌이라고 할 수 있는가 하는 점은 이론적으로는 논의해 볼 수 있는 문제이나, 현실적으로는 헌법과 헌법재판소법의 명문 규정을 뛰어넘어서 헌법재판소가 헌법의 규정에 대하여 위헌 판단을 할 수 있는 권한을 가지고 있다고 보기는 어렵다. 뿐만 아니라 여기서 문제되고 있는 유신헌법 제53조 제4항은 이미 실효된 규정이므로, 이 자체에 대하여 위헌선언을 하는 것이 큰 실익을 가지는 것도 아니다. 다시 말하여 다른 방법에 의하여 위 조항의 적용을 배제할 수 있다면, 구태여 위 조항 자체가 위헌인지 여부에 대하여 판단할 필요가 없다. 그런데 아래에서 보는 것처럼, 긴급조치의 위헌 여부에 대하여 현행 헌법이 소급적용될 수 있다고 본다면, 굳이 이론적으로나 현실적으로 어려운 헌법 규정에 대한 위헌판단의 문제를 제기할 필요가 없다.

헌법재판소 2013.3.21. 선고 2010헌바70·132·170 결정도, 위 긴급조치의 위헌 여부는 유신헌법이 아닌 현행헌법에 의해 판단되어야 하므로, 유신헌법 제53조는 이 사건 심판의 대상에서 제외하기로 한다고 판시하여 이 문제에 대한 판단을 회피하였다.

5. 유신헌법 제53조 제4항의 적용 배제와 라드브루흐 공식

그러면 대통령 긴급조치의 위헌 여부를 따짐에 있어서 현행 헌법을 소급적용할 여지는 전혀 없는 것인가?

---

101) 헌법재판소 2001.2.22. 선고 2000헌바38 결정; 2007.11.29. 선고 2007헌바30 결정. 다만 2000헌바38 결정에는 헌법의 개별조항도 법률의 개념에 포함되는 것으로 해석하여 헌법재판소가 그 위헌성을 확인할 수 있으며, 헌법 제29조 제2항은 위헌이라는 하경철 재판관의 반대의견이 있다.

이 점과 관련하여서는 다음과 같은 주장이 있다. 즉 긴급조치에 대한 위헌심사 기준을 현행헌법으로 명시한 헌재 2010헌바70등 결정은 한시법의 추급효 인정 여부에 관한 형법 제1조 제2항의 해석론과 유사한 맥락에 있는 것으로 보인다고 한다. 즉 유신헌법 제53조는 이후의 헌법개정 과정에서 그 권한범위 및 사법심사배제가 부당하였다는 반성적 고려에서 폐지되었다고 봄이 상당하므로, 긴급조치에 대한 위헌심사 준거규범을 헌법재판 당시의 규범인 현행헌법으로 판단한 헌재 2010헌바70등 결정은 타당하다는 것이다.[102)]

그런데 예외적인 상황에서는 현행 헌법을 적용할 수 있다는 생각 자체는 긍정적으로 평가할 수 있지만, 단순히 반성적 고려의 유무는 이 문제를 해결하기 위하여 적절한 기준이라고 할 수 없다. 헌법 조항이 개정되었다면, 대부분의 경우에는 구 조항에 문제가 있기 때문에 더 나은 조항으로 대체하여야 한다는 반성적 고려에 기한 것일 텐데, 그렇다면 대부분의 경우에는 결국 현행 헌법의 조항이 소급적용되어야 한다는 결론에 이르게 된다.

이 점에 관하여는 남아프리카 공화국 헌법재판소가 1996년에 선고한 두 플레시 판결[103)]을 참고할 필요가 있다. 이 사건에서의 논점의 하나는, 1994.4.27.부터 시행된 과도헌법(Interim Constitution) 시행 전에 있었던 언론 보도가 당시에는 위법한 명예훼손이었던 것이 언론의 자유를 보장한 과도헌법 제15조의 시행으로 적법한 것이 되는가 하는 점이었다. 이에 대하여 남아프리카 공화국 헌법재판소는, 제15조를 포함하는 과도헌법 제3장(Chapter 3)은 소급하여 적용되지 않고, 따라서 과도헌법 시행 전에 위법하였던 것이 시행 후에 합법적인 것이 되지는 않는다고 하였다.[104)] 다만 이 판결은, 이전에 취득한 권리의 집행이 현재의 헌법적 가치에 비추어 볼 때 매우 부당하고 혐오스러워서 묵인할 수 없는 경우가 있을 수 있다고 하여 예외의 여지가 있음을 인정하였다.[105)106)]

그러므로 과거의 헌법 조항이 현재의 헌법이나 그 이념에 비추어 볼 때 참을 수 없을 정도로 매우 부당한 경우에는, 과거의 헌법 조항의 적용을 배제하고, 현재의 헌법에 따라 재판할 수 있어야 할 것이다. 이 점에 관하여는 이른바 라드브루흐 공식(Radbruchsche Formel)을 참고할 필요가 있다. 독일의 라드부르흐(Gustav Radbruch)는 다음과 같이 주장하였다. "정의와 법적 안정성 사이의 갈등은 다음과 같이 해결될 수 있다. 즉 규정과 권력에 의해 확보된 실정법은 비록 그 내용이 부정의하고 합목적적이지 못하다 하더라도 일단 우선권을 갖는다. 그러나 실정법의 정의에 대한 위반이 참을 수 없는(unerträglich) 정도에 이르면 부

102) 송이도(주 94), 152-153면.
103) Du Plessis and Others v De Klerk and Another, 1996 (3) SA 850.
104) Paras. 12 ff.
105) Para. 20.
106) 이 판결에 대하여 좀더 상세한 것은 윤진수, "보통법 국가에서의 기본권의 수평효", 연세대학교 법학연구 제27권 3호, 2017, 185면 이하 참조.

정의한 법인 이 법률은 정의에 자리를 내주어야 한다. 법률적인 불법과 부정의한 내용을 가졌지만 여전히 효력이 있는 법률 사이에 더 분명한 경계선을 긋는 것은 불가능하지만, 다음과 같은 경우에는 더 분명하게 경계를 그을 수 있다: 정의를 전혀 추구하지 않은 경우, 정의의 핵심을 이루는 평등이 실정법을 정립함에 있어서 알면서 부인된(bewußt verleugnet wurde) 경우에는 법률이 단지 부정의한 법이 아니라, 법으로서의 성질을 가지지 못한다. 왜냐하면 법은 실정법이라도 그 의미상 정의에 봉사하도록 정해진 질서와 규정이라고 정의할 수밖에 없기 때문이다."[107][108]

독일의 법원은 이러한 라드브루흐 공식을 원용하여, 나치스 시대의 법의 효력을 부정하였다. 예컨대 독일연방헌법재판소의 판례는, 외국에 주소를 둔 유태인의 독일 국적을 박탈하고 그 재산을 국가에 귀속시키는 내용의 제국국민법(Reichsbürgergesetz)에 의한 1941.11.25.의 행정명령은 정의와의 모순이 참을 수 없을 정도여서, 처음부터 무효로 보아야 한다고 판시하였다.[109]

물론 이러한 라드브루흐 공식에 대하여도, 법률의 정의에 대한 위반이 어느 정도에 이르러야 농 실정법이 효력을 상실하세 되는가에 대한 명확한 기준이 없고, 라드브루흐 공식에서 제시하는 정의개념이 불확실하다는 등의 비판이 있다.[110] 그러나 유신헌법, 그 중에서도 긴

---

107) 원문은 다음과 같다. "Der Konflikt zwischen der Gerechtigkeit und der Rechtssicherheit dürfte dahin zu lösen sein, daß das positive, durch Satzung und Macht gesicherte Recht auch dann den Vorrang hat, wenn es inhaltlich ungerecht und unzweckmäßig ist, es sei denn, daß der Widerspruch des positiven Gesetzes zur Gerechtigkeit ein so unerträgliches Maß erreicht, daß das Gesetz als ‚unrichtiges Recht' der Gerechtigkeit zu weichen hat. Es ist unmöglich, eine schärfere Linie zu ziehen zwischen den Fällen des gesetzlichen Unrechts und den trotz unrichtigen Inhalts dennoch geltenden Gesetzen; eine andere Grenzziehung aber kann mit aller Schärfe vorgenommen werden: wo Gerechtigkeit nicht einmal erstrebt wird, wo die Gleichheit, die den Kern der Gerechtigkeit ausmacht, bei der Setzung positiven Rechts bewußt verleugnet wurde, da ist das Gesetz nicht etwa nur ‚unrichtiges' Recht, vielmehr entbehrt es überhaupt der Rechtsnatur. Denn man kann Recht, auch positives Recht, gar nicht anders definieren als eine Ordnung und Satzung, die ihrem Sinne nach bestimmt ist, der Gerechtigkeit zu dienen." Gustav Radbruch, "Gesetzliches Unrecht und übergesetzliches Recht", SJZ(Süddeutschen Juristenzeitung) 1946, S. 107. 인용은 Ralf Dreier/Stanley Paulson (Hrsg.), Gustav Radbruch Rechtsphilosophie, Studienausgabe, 2. Aufl., C. F. Müller, 2003, S. 216에서. 이 논문의 한국어 번역으로는 프랑크 잘리거 지음, 윤재왕 옮김, 라드브루흐공식과 법치국가, 제2판, 세창출판사, 2011, 138면 이하와 이재승, 국가범죄, 앨피, 2010, 636면 이하가 있다. 본문의 번역은 필자가 한 것이다.

108) 다만 이 공식을 어떻게 파악할 것인가에 대하여, 특히 인용한 글 중 앞 부분의 참을 수 없음 테제(Unerträglichkeitsthese)와 뒷 부분의 부정테제(Verleugnungsthese)의 관계에 대하여는 의견이 나누어지고 있다. 잘리거(주 107), 5면 이하와 이재승, "라드브루흐 공식", 법철학연구 제7권 1호, 2004, 102-103면을 비교할 것.

109) 독일연방헌법재판소 1968.2.14. 결정(BVerfGE 23, 98=VerwRspr 1969, 261). 다만 이 결정에는 라드브루흐의 이름은 직접 언급되어 있지 않다. 이 결정은 이재승, 국가범죄(주 107), 489-490면에도 소개되어 있으나, 결정 아닌 판결이라고 하였고, 출전도 BVerfGE 6, 99 ff.로 잘못 표기되어 있다.

110) 김동률, "체제범죄의 형법적 청산에 있어 형벌불소급원칙의 극복원리", 刑事政策 제25권 제2호, 2013, 163면; 김학태, "법을 통한 과거청산", 외법논집 제18집, 15면 등의 소개 참조.

급조치에 대한 사법심사를 배제하는 제53조 제4항에 대하여는 이러한 라드브루흐 공식이 충분히 적용될 수 있다.[111] 위 조항에 따른다면, 대통령의 긴급조치는 어느 국가기관으로부터도 통제를 받지 않는 것이 되어,[112] 그야말로 헌법으로부터 자유로운 영역이 된다. 이는 모든 국가권력은 헌법에 의하여 통제되어야 한다는 근대 입헌주의에 정면으로 충돌된다. 대통령의 긴급권은 제헌헌법 제57조에서부터 인정되었는데, 유신헌법을 제외하고는 긴급권 행사를 사법심사에서 제외한 예가 없었다. 그러므로 이러한 조항은 입헌주의의 이념을 의도적으로 부인한 것이므로 그 부정의의 정도가 그야말로 참을 수 없을 정도에 이르렀다고 하지 않을 수 없다. 그러므로 이와 같은 유신헌법 제53조 제4항을 근거로 하여, 현행헌법 하에서도 긴급조치의 위헌심사를 부정하는 것은 정의의 관념에 현저하게 어긋난다.

따라서 유신헌법 제53조 제4항은 더 이상 적용될 수 없고, 이 때에는 입헌주의의 기본원칙에 돌아가, 긴급조치도 사법심사의 대상이 된다고 보아야 할 것이다. 그렇게 되면 결국 대통령의 긴급권 행사에 대하여 사법심사를 배제하지 않는 현행 헌법이 소급적용되는 것과 마찬가지가 된다.

헌법재판소 2013.3.21. 선고 2010헌바70, 132, 170 결정도 유신헌법 제53조 제4항의 적용을 배제하는 근거로서, 이러한 사법심사 배제조항은 근대입헌주의에 대한 중대한 예외가 될 뿐 아니라 기본권보장 규정이나 위헌법률심판제도에 관한 규정 등 다른 헌법 조항들과 정면으로 모순·충돌되는 점 및 현행헌법에서는 그 반성적 견지에서 긴급재정경제명령·긴급명령에 관한 규정(제76조)에서 사법심사 배제 규정을 삭제하여 제소금지조항을 승계하지 아니한 점을 들고 있어, 기본적으로는 같은 생각이 바탕에 깔려 있었다고 할 수 있다.

다른 한편 이러한 라드브루흐 공식, 그 중에서도 부정 테제를 끝까지 관철할 경우에는, 위와 같은 유신헌법 제53조 제4항은 처음부터 법으로서의 효력을 가지지 못하였다고 주장할 수도 있을 것이다. 그러나 이는 앞에서도 언급한 것처럼 현재의 해석론으로는 무리한 것으로서, 현행 헌법 시행 후에는 더 이상 위 조항을 내세워 긴급조치의 사법심사 가능성을 부정할 수 없다고 하는 것만으로도 충분히 문제를 해결할 수 있다.

그러므로 유신헌법 제53조 제4항을 이유로 하여 긴급조치에 대한 사법심사를 부정할 수는 없고, 따라서 위 긴급조치는 위헌이라고 하여 당시 긴급조치 위반을 이유로 처벌받았던 사람들에 대한 재심을 허용한 대법원의 판결은 결과적으로 매우 타당한 결론에 이르렀다고 말할 수 있다. 그러나 긴급조치가 실제로 위헌인지 여부를 판단함에 있어서 그 근거가 되는 헌법은 현행 헌법이 아닌 유신헌법이라고 보아야 한다.

111) 김선택(주 100), 212면은 유신헌법이 위헌이라고 하면서 라드브루흐 공식을 원용하고 있다.
112) 유신헌법 제53조 제6항은 "국회는 재적의원 과반수의 찬성으로 긴급조치의 해제를 대통령에게 건의할 수 있으며, 대통령은 특별한 사유가 없는 한 이에 응하여야 한다"고 규정하여, 국회의 건의에 실질적인 구속력을 인정하지 않고 있다.

Ⅵ. 긴급조치의 위헌으로 인한 국가배상책임의 성부

이처럼 유신헌법 제53조 제4항의 적용이 배제되어, 대통령 긴급조치가 위헌인 것이라면, 그로부터 바로 대통령의 긴급조치 발령이 불법행위가 되어 국가배상책임이 성립하는가? 이 문제는 좀더 따져 볼 필요가 있다. 앞에서 살펴본 것처럼, 어느 법률이 위헌이라는 것과, 그로 인한 국가배상책임의 문제와는 구별된다. 대통령 긴급조치가 위헌이라고 하여 그에 의하여 처벌받은 사람을 형사 재심절차에서 무죄로 하고, 형사보상을 허용하는 것은 기본권을 침해당한 사람에 대한 구제(remedy)로서 허용될 수 있지만, 그에 대한 불법행위책임을 인정하는 것은 피해자에 대한 구제뿐만 아니라 국가에 대한 제재(sanction)도 부과하는 것이 된다.

그런데 이 사건에서는 적어도 대통령의 긴급조치가 발령될 당시에는 유신헌법 제53조 제4항 때문에 그 긴급조치의 위법성 자체를 법원이 판단할 수 없었고, 따라서 불법행위가 된다고 할 수도 없었다. 그러므로 현행 헌법이 사후적으로 소급 적용된다고 하여 국가배상책임이 인정된다고 하는 것은 진정소급입법에 해당하여 허용되지 않는 것이 아닌가 하는 의문이 제기될 수 있다.

이는 위와 같은 라드브루흐 공식이 소급적인 형사처벌의 근거로 원용되는 경우에는 매우 심각한 문제가 된다. 독일연방대법원 1992.11.3. 판결[113]과 독일연방헌법재판소 1996.10.24. 결정[114]은, 독일 통일 전에 동독을 탈출하려던 사람을 사살한 동독 국경경비대원의 행위나, 이에 대한 책임이 있는 당시의 동독 국방위원회(Nationaler Verteidigungsrat)의 위원들의 행위가 비록 당시 동독의 법상으로는 정당화되었던 행위였지만, 이를 통일된 독일의 법원에서 처벌하는 것이 독일 기본법 제103조 제2항이 규정하는 소급형벌 금지의 원칙에 어긋나지 않는다고 하면서, 라드브루흐 공식을 원용하였다. 그러나 이에 대하여는 독일 내에서도 많은 비판이 있었다.[115]

그러나 국가에게 소급적으로 민사상 손해배상책임을 부과하는 것은 이와는 다른 문제이다. 헌법은 소급입법에 의한 재산권의 박탈을 금지하고 있는데(제13조 제2항), 소급입법에 의한 손해배상책임의 부과도 여기에 해당된다고 볼 여지가 있다. 그러나 여기서 문제되는 것은 위헌적인 법률에 의하여 국가가 국가배상책임을 부담하여야 하는가 하는 점인데, 그것이 헌법의 소급 적용에 의하여 이루어진다고 하여, 위 조항에 의하여 금지된다고는 볼 수 없을

113) BGHSt 39, 1=NJW 1993, 141.

114) BVerfGE 95, 96=NJW 1997, 929. 이에 대하여는 당사자들이 유럽인권재판소에 소원을 제기하였으나, 유럽인권재판소는 2001.3.22. 이 소원을 기각하였다. European Court of Human Rights, CASE OF STRELETZ, KESSLER AND KRENZ v. GERMANY. (https://hudoc.echr.coe.int/eng#{"fulltext":["STRELETZ"], "itemid":["001-59353"]}).

115) 김동률(주 110), 163면 참조.

것이다. 국가는 국민의 기본권을 보호 내지 실현해야 할 책임과 의무를 지니고 있는 지위에 있을 뿐이므로, 기본권의 주체가 될 수 없다.[116)]

다른 한편 헌법재판소의 판례는 진정소급효를 가지는 입법은 원칙적으로 허용되지 않는다고 보고 있으므로,[117)] 이 점에서 국가의 국가배상의무를 인정하는 것은 위헌이 아닌가 하는 점도 생각해 볼 필요가 있다. 그러나 헌법재판소의 판례는 신뢰보호의 요청에 우선하는 심히 중대한 공익상의 사유가 소급입법을 정당화하는 경우에는 예외적으로 진정소급입법이 허용된다고 본다.[118)] 그런데 이 사건에서는 국가가 명백히 헌법에 어긋나는 방법으로 기본권을 침해한 경우이므로, 국가의 신뢰 보호를 운위할 수 있는 경우가 아니고, 국가의 국민에 대한 기본권 침해로 인한 손해를 배상하여야 한다는 것은 심히 중대한 공익에 해당하므로, 진정소급입법이라 하여도 허용되는 것으로 보아야 할 것이다. 가령 특별법을 제정하여 국가에게 긴급조치로 인하여 처벌을 받은 사람에 대한 배상의무를 부과한다고 하더라도, 이것이 소급입법이므로 위헌이라고 할 수는 없을 것이다.

다만 이러한 경우에 법원이 국가의 손해배상책임을 인정한다면, 결국 법원이 이러한 입법을 하는 것과 마찬가지가 되는데, 법원이 이러한 권한을 가지는지에 대하여 의문을 제기할 수는 있다. 그러나 이는 현행 헌법이 소급적용된다는 것을 전제로 하여 국가배상법을 해석한 결과이므로, 법원에게 주어진 권한을 넘어서는 것이라고는 할 수 없다.

한 가지 더 따져 보아야 할 것은, 긴급조치가 위헌인 근거를 현행 헌법의 기본권 규정에서 찾는다면, 이는 현행 헌법의 소급적용이고, 따라서 당시에는 긴급조치가 위헌이라는 점이 명백하지 않았으므로 불법행위책임이 성립하지 않는다는 주장이 있을 수 있다. 그러나 앞에서 본 것처럼, 유신헌법 당시의 기본권 규정에 의하여도 위 긴급조치는 위헌이었다고 보아야 하므로, 이러한 주장은 타당하지 않다. 설령 긴급조치가 위헌이라는 근거를 현행 헌법에서 찾는다고 하더라도, 현행 헌법과 유신헌법 사이에 내용상의 차이가 있었던 것은 아니므로, 이를 이유로 불법행위의 성립을 부정할 수는 없다.

Ⅶ. 여론 – 긴급조치에 따른 수사기관 또는 법관의 위법행위로 인한 국가배상책임의 성립 여부

위 대법원 2014.10.27. 선고 2013다217962 판결은, 긴급조치가 위헌으로 선언되기 전에 그에 기초하여 수사가 개시되어 공소가 제기되고 유죄판결이 선고되었더라도, 그러한 사정만

116) 헌법재판소 1994.12.29. 선고 93헌마120 결정; 2006.2.23. 선고 2004헌바50 결정 등.
117) 헌법재판소 1989.12.18. 선고 89헌마32, 33 결정 등.
118) 헌법재판소 1998.9.30. 선고 97헌바38 결정.

으로 수사기관의 직무행위나 법관의 재판상 직무행위가 국가배상법 제2조 제1항에서 말하는 공무원의 고의 또는 과실에 의한 불법행위에 해당하여 국가의 손해배상책임이 발생한다고 볼 수는 없다고 하였다. 이러한 판시에 대하여도 비판하는 견해가 있다. 즉 긴급조치의 위헌성이 명백하게 인정되는 특별한 사정을 고려하여, 긴급조치에 터잡은 수사기관이나 법관의 직무행위에 대해서는 과실의 입증책임을 전환시키거나, 이를 아래에서 볼 긴급조치의 입법상 불법행위와 연결된 일련의 국가작용으로 보아 과실을 인정하는 것도 충분히 가능하다는 것이다.[119] 그리고 명백히 정당한 절차가 없었고 위헌적 내용을 포함한 법을 준수하여야 하는 경우라면 공무원의 법령준수의무 자체가 발생하지 않는다고 보아야 한다는 이유로 위 판결을 비판하기도 한다.[120][121]

우선 실제로는 대통령의 긴급조치 발령 자체가 불법행위에 해당한다면 따로 수사기관이나 법관의 직무집행행위가 불법행위가 되는지 여부를 따져 볼 실익이 없다. 이론적으로도 수사기관이나 법관의 직무집행행위가 따로 불법행위가 될 수는 없다. 공무원에게는 위헌법률심사권이 없으므로, 긴급조치가 위헌이라는 결정이 있기 전에는 긴급조치의 위헌성을 이유로 그 집행을 거부할 권한이 있다고는 볼 수 없다.[122] 이는 법관도 마찬가지이다. 비록 유신헌법상으로도 법원이 헌법위원회에 법률의 위헌 여부 제청을 할 수는 있었으나(제105조 제1항), 제53조 제4항이 긴급조치에 대한 사법적 심사를 배제하고 있었던 점에 비추어 보면, 법원이 긴급조치의 적용을 거부할 수는 없었을 것이다. 만일 유신헌법의 규정 자체가 그 당시에도 무효였다고 본다면 결론이 달라질 수도 있겠으나, 그러한 주장을 받아들이기는 어렵다는 것은 앞에서도 언급하였다. 과연 이제 와서 당시의 수사기관이나 법관에게 유신헌법의 규정이 무효라는 전제에서 행동하였어야 한다고 말할 수 있을까?

그리고 대통령의 긴급조치 발령은 불법행위가 아니라고 한다면, 수사기관과 법관의 직무집행이 별도로 불법행위가 될 수는 없다.

Ⅷ. 결 어

이 글의 결론은 다음과 같다. 첫째, 국회가 국민 일반에 대하여 정치적 책임을 질 뿐 국민 개개인의 권리에 대응하여 법적 의무를 지는 것은 아니라는 것은 받아들일 수 없고, 국회도 국민의 기본권을 보호하여야 할 법적 의무를 부담하며, 이는 대통령의 긴급조치에 관하

119) 김세용(주 1), 628면, 637면 이하.

120) 문병효(주 10), 67면 이하.

121) 또한 김중권, "국가배상책임상 주관적 책임요소와 법치국가원리적 문제점", 법률신문 제4357호(2015.10.12.), 11면은 주관적 책임요소의 존재를 법치국가원리적 차원에서 심각하게 문제 삼아야 한다는 이유에서 위 판결을 비판하고 있고, 이덕연(주 10), 128면 이하도 이에 동조한다.

122) 朴均省(주 16), 750면 등 참조.

여도 마찬가지이다. 둘째, 유신헌법 제53조 제4항은 모든 국가권력은 헌법에 의하여 통제되어야 한다는 근대 입헌주의에 정면으로 충돌되므로 이를 이유로 긴급조치에 의한 사법심사를 배제할 수는 없다. 그러나 긴급조치의 위헌 여부를 따지는 기준은 현행 헌법 아닌 유신헌법의 기본권 규정이 되어야 한다. 셋째, 긴급조치의 위헌을 이유로 하여 국가배상책임을 인정하는 것이 소급입법이라는 이유로 허용될 수 없다고는 할 수 없다.

우리나라에서 과거에 행하여졌던 국가 권력에 의한 기본권 침해를 시정하는 것은 쉬운 문제는 아니다. 그렇지만 근래에 법원과 헌법재판소는 이러한 시정 노력을 보이고 있다. 그런데 대법원은 최근에 이르러서는 국가권력에 의한 기본권 침해로 인한 국가배상책임의 범위를 줄이려는 태도를 보이고 있다. 가령 판례[123]는 공무원들에 의하여 불법구금되어 유죄의 확정판결까지 받았다가 오랜 시일이 경과된 후에 재심을 통하여 무죄가 확정된 경우 그로 인한 위자료 지급채무의 지연손해금의 기산점은 사실심 변론종결일이라고 하였다. 또 다른 판례[124]는, 국가기관이 수사과정에서 한 위법행위 등으로 수집한 증거 등에 기초하여 공소가 제기되고 유죄의 확정판결까지 받았으나 재심절차에서 무죄판결이 확정된 후 국가기관의 위법행위 등을 원인으로 국가를 상대로 손해배상을 청구하는 경우, 재심절차에서 무죄판결이 확정될 때까지는 채권자가 손해배상청구를 할 것을 기대할 수 없는 사실상의 장애사유가 있었지만, 채권자는 특별한 사정이 없는 한 그러한 장애가 해소된 재심무죄판결 확정일로부터 민법상 시효정지의 경우에 준하는 6개월의 기간 내에 권리를 행사하여야 한다고 하여, 6개월이 지난 후에 국가배상청구의 소를 제기하면 소멸시효 완성을 이유로 이를 받아들이지 않고 있다.

대상판결도 그와 같은 흐름의 연장선상에 있는 것으로 보인다. 그러나 국가의 조직적이고 고의적인 불법행위에 대하여 저항하지 못했던 피해자들을 법원이 이처럼 각박하게 대하여야 할 이유가 있을까? 이러한 판례가 혹시 국가의 재정 부담을 고려한 것이라면 매우 실망스럽다.[125]

현재 이처럼 국가배상책임을 부정한 법원의 재판에 대한 헌법소원이 헌법재판소에 여러 건 계류되어 있다고 한다. 그러나 헌법재판소에서 이에 대하여 어떤 결론을 내릴지는 예측하기 어렵다. 그러므로 이러한 경우에 대하여 일괄적으로 보상을 하는 법률을 제정하여야 하는 것은 아닐까?[126] 이는 별도의 논문으로 다루어야 할 성질의 것이고, 분량의 제약상 이 글에서 이 이상의 자세한 설명을 하기는 어렵다.

---

123) 대법원 2011.1.13. 선고 2009다103950 판결; 2011.7.21. 선고 2011재다199 전원합의체 판결 등.
124) 대법원 2013.12.12. 선고 2013다201844 판결 등.
125) 윤진수(주 6), 861면 참조.
126) 이재승, "국가범죄에 대한 포괄적 배상방안", 민주법학 제30호, 2006, 77면 이하 참조.

8. 국민 안전보장을 위한 정부조직 개편 연구(Ⅱ)*

손 형 섭**

Ⅰ. 서　　설

1. 17세기-18세기 사회계약론과 헌법 이론가인 홉스와 로크 그리고 루소 등은 헌법을 통하여 국민의 안전을 지키기 위해 노력했다.[1] 대한민국 헌법은 제34조 제6항에서 "국가는 재해를 예방하고 그 위험으로부터 국민을 보호하기 위하여 노력하여야 한다."고 규정하고, 제37조 제2항에서도 국가안전보장을 규정하고 있다. '재난 및 안전관리기본법' 제4조 제1항에서는 국가 및 지방자치단체는 재난으로부터 국민의 생명·신체 및 재산을 보호할 책무 등을 통하여 정부의 안전을 위한 책무를 명확히 규정한다.

그러나 2014년 4월 16일 세월호 사건으로 304여 명의 승객이 구조되지 못하고 죽거나 실종되었다. 이 사건은 그동안 성장주도형의 대한민국 사회에 안전의 중요성을 깊게 인식시키는 계기가 되었다. 이 구조과정에서 관련 행정기관의 구조 실패로 국민의 정부에 대한 신뢰감은 크게 손상되었다. 세월호의 희생이 헛되지 않도록 안전한 사회를 위한 국가 개혁이 필요하게 되었다.

세월호 사태로 재난 안전을 위한 행정조직의 개편이 필요하여, 2014.6.11. 정부는 국가안전처를 신설하는 정부조직법 개편을 제안하였다. 이 논문은 세월호 사건을 계기로, 2014년 재난 및 안전 관련 정부조직의 논의에 대하여 법 논리적으로 방향을 제시하기 위해 연구·발표되었고, 관련 정부조직법 개정의 경과와 개정법에 대해 평가하였다. 본문에서는 세월호 관련 재난안전·구조 기관의 문제점을 검토하여, 새로운 정부조직 개편에서 국민의 안전을 위해 이루어야 할 다음의 사항을 고려되어야 함을 제시했다. 그것은, ① 합리적인 재난방지와 효율적인 재난구조 업무의 강화를 위한 기구 통합, ② 전문가들에 의한 재난 컨트롤의 전문성 강화와 재난구조 업무에 역량 집중과 충실, ③ 재난구조에 비리와 유착 근절 등 공직 기강 확립, 그리고 ④ 공무원의 수는 해야 할 업무의 경중이나 유무와 관계없이 일정 비

---

* 이 논문은 2014년 공법학연구 제15권 4호에 게재된 "국민 안전보장을 위한 정부조직 개편 연구"에 2017년 정부조직법을 반영하여 2018년 3월 기준으로 일부 수정, 성낙인총장 퇴임기념논문으로 제출한 것이다(별개의 연구실적물이 아님).

** 경성대학교 법정대학 부교수(법학박사), UC Berkeley School of Law(Senior Visiting Scholar)

1) 홉스는 인간으로부터의 위험뿐만 아니라 자연, 종교 모든 위협에 대한 두려움과 이것을 극복하기 위한 사회계약과 헌법적 대응을 논의했다. 손형섭, "위험사회에서의 헌법이론", 한국법학회, 법학연구 제51집, 2013, 9면 이하 참고.

율로 증가하는 면이 있다는 파킨슨의 법칙(Parkinson's Law)[2]을 고려하여 조직의 효율적 축소 방향을 검토하는 것이다.

2. 세월호의 침몰로 304여 명의 승객이 구조되지 못하고 죽거나 실종되었다. 세월호 대참사에서 크나큰 문제점은 참사 후 구조작업을 통하여 생존 가능했던 승객을 구조하지 못하였다는 것이다. 선장을 비롯한 15명의 선박 선원들은 선원 복을 벗고 일반 승객처럼 위장하여 도망·구조되었다. 검찰은 선장과 3명의 선박 선원들에게 중형을 검토하고 있다. 해경은 모든 승객을 구조해야 할 때에, 구조작업을 최선으로 수행하지 못하고 승객 304여 명을 구조하지 못했다.

세월호 침몰사고와 관련하여 한국 선급협회는 세월호의 여객실 증축공사가 준공되기 13일 전인 2013년 1월 24일 세월호에 대한 복원성 검사를 하였음에도 불구하고, 여객실 증축으로 배 자체 무게(경하 중량)가 5,926t에서 6,113t으로 187t 늘어난 세월호에 대해 화물적재량과 평형수를 조정해 운항해야 한다는 조건을 달아 복원성 검사를 통과시켰다.[3] 세월호 사건의 배경에는 선박 연령 규제의 완화, 관련 법규와 행정 그리고 안전점검 등을 무시하고 성장과 경제적 이윤을 추구하려는 욕심이 있었다.[4]

해경 소속 진도 해상교통관제센터(VTS)[5]는 세월호가 급 변침한 뒤 표류하는 모습을 모니터링하지 못했다. 2인 1조의 야간근무를 1인이 근무한 것이 원인이었다.[6] 재난 구조 과정에서도 해양경찰청이 초기에 구조를 침착하고 적절히 대응·지시하지 못했다.[7] 목포해경은 세월호와 직접 교신 중에 적절한 구조 업무 지시를 해야 했는데 별다른 지침이나 방안을 제시하지 않았다. 목포해경 123정에서는 해경의 세월호 선내 진입을 지시하지 않고, 승객의 탈출 지시도 하지 않았다.[8] 서해해경청은 오전 9시 47분 '배가 곧 침몰할 것 같다'는 123정 보고에도 '승객들이 동요하지 않게 안정시키라'고 지시했다.[9] 증언에 따르면 해경의 구조는 큰 도움이 되지 못하고, 오히려 세월호 승조원들을 우선 구조하는 실수를 범하였다. 이는 해경이

---

2) 이종수·윤영진, 『새 행정학』, 대영문화사, 2012, 51면.
3) 김용섭, "선박안전 및 재난관리에 관한 법정책적 검토", 인권과 정의, 제442호, 2014. 6, 9면.
4) 관련하여 인천항만청, 한국선급, 인천해경, 한국해운조합의 운항관리 소홀도 드러나고 있다. 경향신문, 2014.7.8. "[세월호 감사 결과] 해경·해수부·항만청 1곳이라도 제대로 했으면 참사는 없었다".
5) 2007.12.7. 충남 태안에서 발생한 허베이 스피리트호 오염사고로 태안 일대 해안에 인적·재산적·환경적 손실이 발생했다. 이 사후대책 논의 과정에서 관제 업무는 국토해양부, 구난업무는 해양경찰청으로 이원화되어 있는 문제점을 개선하기 위하여, 2007년 VTS 업무 중 연안 VTS 업무를 해양경찰청으로 이관하도록 결정하였다. 이후 해양경찰청은 국토해양부로부터 진도 연안VTS 업무와 여수권, 통영권 연안 VTS 구축 사업을 인수하게 된다. 정재용·정초영, "진도 VTS의 성과 분석 및 기능에 관한 실증적 연구", 해양환경안전학회지 제18권 제4호(통권 제51호), 2012. 8, 309면.
6) 경향신문, 2014.7.8. 앞의 기사.
7) 김용섭, 앞의 논문, 17면.
8) 그럼에도 선내 진입지시와 승객 탈출지시를 한 것으로 조작하여 이 문제가 수사 대상이다.
9) 경향신문, 2014. 7. 8. 위의 기사.

평소 해난구조를 위해 충분한 훈련 부족의 소치로 보인다. 언딘(Undine Marine Industries)과의 유착 의혹도 있었고, 효율적인 구조가 되지 않아 세월호 대참사의 비극을 초래하였다.

세월호 사건을 계기로 안전점검과 재난구조에 대한 행정의 강화와 관련 부정·비리의 근절이 필요하다. 재난안전사고 시 구조 과정에서도 정부의 적극적이고 효율적인 구조가 시행되지 않았기에 사고 발생시 합리적인 구조활동의 시스템화와 민간 전문가들과 협동의 필요성을 절감하게 되었다. 소방방재청, 해양경찰청, 해양수산부 등 정부의 재난대응 체계의 문제점을 검토하고 개선 방안을 도출해야 한다.

3. 정부조직에 관하여 여야의 정부조직법안이 국회에서 검토되었고, 안행부와 국회 '정부조직법 TF'를 중심으로 구체적인 방향이 검토되었다. 재난·안전에 관한 정부조직은 중앙조직은 물론 지방조직과 함께 검토개선이 필요하다. 이 논문은 정부 중앙부처의 조직을 중심으로 재난·안전행정의 효과적 구현이 가능하도록 검토하여 정부조직법 개정에 집중하여 논한다. 정부조직의 개편이 직접 재난 및 안전 행정의 충실화를 이끄는 것은 아니지만, 최대한 합리적인 조직을 구성하여 국민의 재난 안전과 구조에 대한 요망을 실현해야 한다. 이 논문은 이번 정부조직법 개정에 대한 논의와 새 정부조직법에 대한 평가를 통해 향후 정부조직 개편 논의에도 기여하려한다(2014년 11월).

4. 이후, 2017.3.10. 헌법재판소는 박근혜 대통령에 대한 탄핵심판을 인용하였고, 이에 2017.5.9. 실시된 대통령선거에서 문재인 후보자가 당선되어 대통령으로 취임하였다. 그리고 2017.7.26. 정부조직법[10]은 구법을 일부 개정하여 부칙 제1조에 따라 공포한 날부터 시행하였다. 기념논문집의 기고를 계기로 이에 대한 내용을 추가 검토한다(2018년 3월).

Ⅱ. 재난·구조 행정의 문제점

세월호 사건을 통하여 당시 소방방재청, 해양경찰청, 안전행정부와 해양수산부의 현황과 안전·재난 행정의 일부 문제점을 집어보면 다음과 같다. 이것은 구 정부조직법(법률 제12844호 일부개정 2014.11.19.) 개정 이전의 조직에 대한 검토이다.

1. 소방방재청

(1) 현 황

소방방재청은 1관 4국 24과 3 소속기관으로 총 619명의 인력을 확보하고 있었다. 소관 법률은 자연재해대책법, 지진재해대책법, 소방기본법 등 23개 법률, 30개 대통령령, 29개 부령이 있었다. 주된 업무는 ① 자연재난 종합대책, 재해예방사업, 재난복구·구호, 방재기준

10) 정부조직법(2017.7.26. 법률 제14839호).

관리, 풍수해보험, 기후변화 · 지진 대응 등 자연재난관리와 ② 인적재난 예방대책, 물놀이 및 유 · 도선 안전, 재난정보 관리, 취약시설 안전관리, 특수재난 대비, 재난대응 훈련 등 인적재난관리, ③ 소방안전 종합대책, 소방제도 및 화재예방, 화재조사 · 감식, 화재 방호관리, 구조 · 구급, 소방시설 · 장비관리, 항공안전관리 등 소방(구조 · 구급)업무, ④ 민방위대 조직 · 편제, 교육 · 훈련, 민방위 시설 · 장비 운영 등 민방위 업무 등이다.[11)]

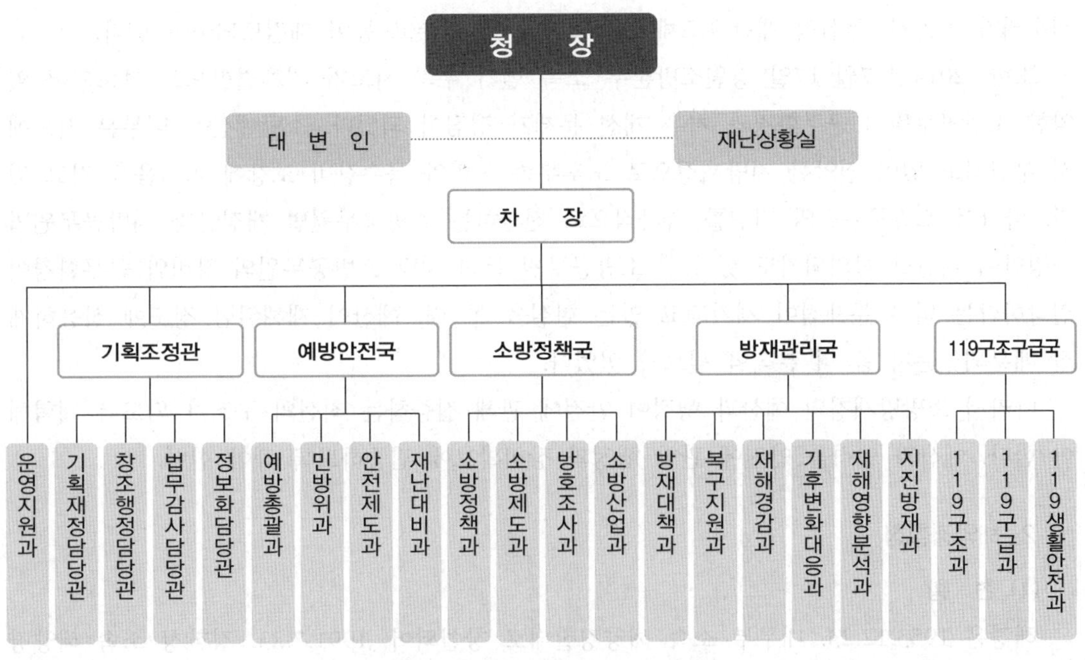

[그림 1] 구 소방방재청 조직도

1970년까지 국가소방에서 중앙은 내무부 치안국 소방과, 지방은 경찰국 소방과와 소방서가 담당하다 1971년 정부수립과 73년 지방소방공무원법 제정으로 지방직과 국가직이 이원화되었다. 2004년부터는 국가 광역소방체제로 중앙에는 소방방재청을 두고 지방에는 소방(방재, 안전, 재난) 본부를 운영하였다. 전국의 소방공무원은 39,519명으로 이중 국가직은 322명, 지방직은 39,197명이다. 인적재난, 자연재난, 특수재난에 대한 대비 · 대응에 80～90%를 이들 소방기관이 전담하고 있었다.

(2) 재난 · 구조 업무 충실 여부

세월호 사건에서 소방방재청이 구조 상황 발생시 재난 컨트롤타워로 역할을 적절히 수행하지 못하였고 구조 시에도 의전 업무 등과의 혼선으로 국민의 기대에 부응하지 못했다.

11) 소방방재청, “2014년도 예산안 개요”, 2면 참고.

2014년도 소방방재청의 세출예산을 검토하면 총 규모는 8,470억 원이다. 이 중 재해 위험지역 정비사업에 3,405억 원을 배정, 소하천정비사업에 2,010억 원을 배정 사용하고 있다. 농어촌구조개선특별회계 '농림어업인 삶의 질 향상 및 농산어촌지역개발 촉진에 관한 특별법' 및 소하천정비법에 의한 재해위험이 큰 소하천 정비를 위한 예방투자에 238억 원을 사용했다.12) 위 사업은 법적 근거하에 추진하고 있어 내용 절차상 하자도 없다. 그러나 국민의 생명재산에 위해가 실제 발생한 경우 얼마나 예산과 행정력이 투여되었는지, 재원배분의 우선순위가 맞는지, 현실적 재난구조체계를 얼마나 잘 갖추고 등이 재검토되어야 했다.

또한, 2014년 7월 17일 강원소방본부 소속 헬기 추락 사고가 기체결함으로 보도되어 열악한 소방공무원의 근무환경과 처우 개선 문제가 쟁점이 되었다. 소방예산을 대부분 시도에서 부담하고 있어 열악한 지방재정으로 노후부족 장비와 특수장비 보강에 어려움을 겪고 있다. 따라서 소방공무원의 지위를 국가직으로 전환하는 소방공무원법 개정안과 지방공무원법 개정안이 지난달 발의되기도 했다.13) 소방공무원 특히 지방 소방공무원의 장비와 근무환경이 열악하다는 많은 문제점이 제기되고 있는 현실을 볼 때, 예산이 재해위험 정도에 상응하게 잘 배분되었는지 좀 더 분석할 필요가 있었다.

따라서 소방방재청의 예산과 행정이 안전에 관해 집중하는 최선의 구조가 되도록 개혁해야 한다. 예산과 인력을 안전에 관한 행정과 장비확보에 집중하도록 해야 한다.

2. 해양경찰청

(1) 현 황

해경은 1953.12.23. 내무부 소속 해양경찰대로 창설되어, 1991.7.23. 경찰청 소속 해양경찰청으로 개편, 1996. 8. 8. 해양수산부 외청으로 승격, 2008.2.29. 국토해양부 외청으로 변경, 2013.3.23. 해양수산부 외청으로 변경되었다.

주요업무는 해양주권 수호를 위한 경비·작전, 해양치안 유지를 위한 정보·수사, 해양안전 관리를 위한 수색·구조, 해양오염 방지를 위한 감시·방제를 해왔다.

그동안 해경은 양과 규모에서 꾸준히 성장해왔다. 이것은 파킨슨의 법칙에서 말하는 공무원 조직이 업무의 증감과 무관하게 일정 비율로 증가하는 모습을 그대로 보여준다.14)

---

12) 소방방재청, "2014년도 예산안 개요" 참고.

13) 세계일보, 2014.7.21. "소방공무원 국가직 전환 논란 재점화".
http://www.segye.com/content/html/2014/07/21/20140721004069.html?OutUrl=naver

14) 본문 Ⅲ. 1. (3) 참조.

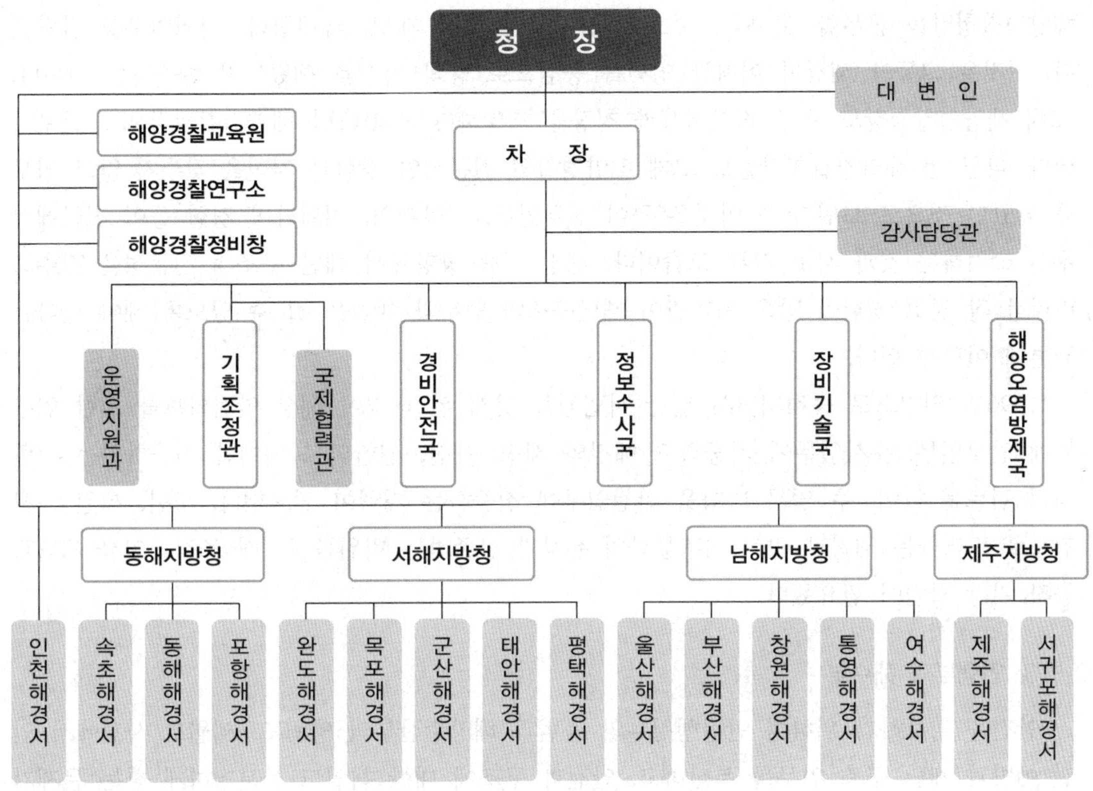

[그림 2] 구 해양경찰청 조직도

(2) 재난 · 구조 업무 충실 여부

세월호 사건 초기의 보고와 초동 조치에 대하여 해경의 업무 태만 및 경솔에 대해서 국민적인 비판이 집중되었다. 감사원 결과에 따르면 2014.4.16. 10시 17분 세월호 선체가 108도 가량 기울어 침몰 직전이었지만 해양경찰청 본청 상황실은 서해 해경과 목포해경 등에 문자통신망을 통해 '여객선 자체 부력이 있으니 차분하게 구조할 것'을 지시했다.[15] 이것으로 그동안 양적으로 성장해온 해경이, 실제 재난 상황에서 부적절한 판단으로 구조에서 실패하는 결과를 보여준다. 맹골수도에 대해 잘 알고 해난구조의 경험이 많은 지휘관이 세월호 사건을 지휘했어야 적절하고 효과적인 판단과 지시가 이루어질 수 있었다.

해양에서 다양한 재난구조 등의 업무 경험을 하지 못한 해양경찰청 지휘부가 재난업무에 효율적인 역할을 다 할 수 없다. 예컨대 현재 13대 해양경찰청장은 제37회 행정고등고시 출신으로 1997년 해경 경정으로 임용되어 2005년 완도해양경찰서장 근무와 2010년 남해지방

15) 경향신문, 2014.7.8. "세월호 전복 직전인데도 '차분히 구조' 지시한 해경".

해양경찰청장을 근무한 것 외에 주로 해양경찰정 내에 재정, 국제협력, 기획업무를 담당했다. 이것은 그동안 해경이 어떠한 영역을 중심으로 양적 성장을 해왔는지 반증하는 것이다. 12대 해양경찰청장도 육상 경찰서장과 청장을 역임하다가 2012년 해양경찰청장으로 근무하였다. 다른 전 해양경찰청장들도 크게 해양경찰의 전문적인 경험과 지식을 갖추지 않고 임무를 맡았던 것으로 보인다.[16] 이것은 군이 전투업무, 전방지역, 해외파병 경험 등이 진급에서 우선 고려하는 것과 사뭇 다른 모습이다. 해경 개혁 방향에서 해난 구조의 전문성을 갖추고 바다를 잘 알고 경험이 많은 지휘관이 재난구조의 업무와 책임을 질 수 있도록 해야 한다는 결론에 이르게 된다.

1996년 외청으로 승격되면서 일반 사법권을 갖게 된 해경이 해상 안전확보를 위한 업무 외에 안보업무, 수사업무에 치중하고 해경의 재정, 예산, 권한의 확대에만 치중하였는지 반성적 검토를 하여, 주 업무 방향을 안전업무에 집중하는 개혁이 필요했다. 또한, 세월호 사건으로 드러나는 해경과 관련 기관들과의 유착과 잔존하는 비위를 볼 때 조직·인사 개혁과 공직 기강 확립이 필요했다.

3. 안행부와 해수부

안전을 확보하기 위하여 안전행정부의 출범과 해양수산부의 양립도, 세월호 사건에서 안전 예방과 재난 구조 업무를 분산하고, 안전과 구조에 대한 책임도 불분명하게 하는 문제가 발생했다. 사건 당시 '재난 및 안전관리 기본법'[17]에서는 국무총리 소속으로 중앙안전관리위원회(동법 제9조 제1항)를 두고, 간사위원은 안전행정부장관이 된다(동법 제9조 제4항).[18] "대통령령으로 정하는 대규모 재난"[19]의 예방·대비·대응·복구 등에 관한 사항을 총괄·조정하고 필요한 조치를 하기 위하여 안전행정부에 중앙재난안전대책본부를 두도록(동법 제14조) 했다. 동조 제2항에 따르면, "중앙대책본부의 본부장은 안전행정부장관이 되며, 중앙대책본부장은 중앙대책본부의 업무를 총괄하고 필요하다고 인정하면 중앙재난안전대책본부회의를 소집할 수 있다."[20] 따라서 세월호 사건에서 안전행정부 장관이 주무부서인 해양수산부 등을

16) 해양경찰 역대청장, http://www.kcg.go.kr/main/user/cms/content.jsp?menuSeq=83, 2014.7.21.

17) 법률 제11994호 일부개정 2013.8.6.

18) 안전행정부장관 등이 중앙위원회 위원장의 직무를 대행할 때에는 소방방재청장이 중앙위원회 간사위원의 직무를 대행한다(동법 제9조 제6항).

19) 대규모 재난은 ① 재난 중 인명 또는 재산의 피해 정도가 매우 크거나 재난의 영향이 사회적·경제적으로 광범위하여 주무부처의 장 또는 법 제16조제2항에 따른 지역재난안전대책본부의 본부장의 건의를 받아 법 제14조제2항에 따른 중앙재난안전대책본부의 본부장이 인정하는 재난, ② 이에 준하는 것으로 중앙대책본부장이 재난관리를 위하여 법 제14조제1항에 따른 중앙재난안전대책본부의 설치가 필요하다고 판단하는 재난을 말한다(동 시행령 제13조).

20) 다만, "해외재난의 경우에는 외교부장관이, '원자력시설 등의 방호 및 방사능 방재 대책법' 제2조제1항제8호에 따른 방사능재난의 경우에는 같은 법 제25조에 따른 중앙방사능방재대책본부의 장이 각각 중앙대책본부장의 권한을 행사한다."고 규정하고 있다.

지휘하여 적절한 재난·구조 업무를 해야 했지만 안행부장관, 해양수산부장관, 소방방재청장, 시·도지사 등 현장지휘체계에 혼선이 있었다. 골든타임 내에 전문 대응자원의 신속 투입 및 일사불란한 지휘체계를 위한 개선을 위하여 조직의 통합 및 정비가 필요하다. 또한, 지휘체계 정비뿐만 아니라 재난구조를 위한 꾸준한 훈련도 필요했다.

해양수산부는 수산안전과를 중심으로 선박 안전점검을 철저히 하여 이러한 대형 참사를 예방해야 했다. 한국 선급협회와 인천항만청, 한국해운조합 등도 안전점검에 대한 일정한 책임이 있는 것으로 보인다. 해양수산부는 안전점검에 관한 업무의 혁신과 부당 유착을 근절하기 위하여 인사·행정의 대대적인 쇄신이 필요해 보인다.

Ⅲ. 정부조직법론

1. 정부조직법 개정의 이론

(1) 정부조직이론

세월호 사태로 재난 안전을 위한 행정조직의 개편이 필요하게 되었고, 2014.6.11. 정부는 국가안전처를 신설하는 정부조직법 개편을 제안했다.

조직개편에 필요한 조직이론을 검토하면 다음과 같다. 조직은 생애주기(Life cycle)가 있지만, 행정조직은 민간조직과 달리 그 기능이나 해당 조직 자체가 완전히 폐지되는 경우는 드물어서, 다른 조직으로의 승계나 통폐합을 중심으로 논의된다.[21] 따라서 조직개편은 '완전폐지', '대체', '분리', '통합', '흡수' 등[22]으로 이루어진다. 결국, 해경을 폐지한다는 것은 그 기능의 분리·흡수와 축소를 의미하는 것이라고 할 것이다.

토마스(Thomas)는 정부조직개편의 목적으로 ① 경제성과 능률성 목적, ② 효과성 목적, ③ 정치적 책임 및 통제 목적, ④ 의사결정에의 참여, ⑤ 조직 내 전문가의 자율성, ⑥ 안전과 신뢰성, ⑦ 형평과 규제효과, ⑧ 정치적 효능성, ⑨ 국민의 신뢰 수준 등을 들고 있다.[23] 시스테어(Sistare)는 정부조직 개편의 4가지 목적으로 정부가 더 일을 잘하도록 하는 목적, 정부의 중복기능들을 축소를 통한 재정적 절약, 권력의 증진, 그리고 상징적 차원에서 새로운 부처를 신설하는 것과 같이 사회적 문제를 제기하기 위한 목적을 제시하였다. 이처럼 조직개편은 여러 가지 목적을 가지고 있고, 대규모인 경우에는 부문마다 그 개편 목적이 다를 수 있다. 그 상황적 특성과 제도적 맥락에 따라 부각되는 것이 달라진다.[24]

21) 윤주철, "정부 조직개편의 유형과 결정요인에 관한 연구: 한국의 중앙행정조직 실증분석(1948-2010)", 한국사회와 행정연구, 제23권 제2호, 2012.8, 86면.
22) 윤주철, 위의 논문, 90면.
23) 박수경, "박근혜 정보조직개편의 시론적 논의", 한국공공관리학보, 제2권 제3호, 2013.6, 130면.
24) 박수경, 위의 논문, 130면.

강기홍 교수는 정부조직법 개편의 세부적인 기준으로 ① 동질성과 차별성, ② 전문성과 보완성, ③ 효율성, ④ 연속성, ⑤ 무공백성을 든다.[25] 즉 동질성과 차별성은 개개의 행정사무가 맡아야 할 사무를 그 성질, 내용, 특성 효과 등에 따라 동류끼리 묶고, 다른 것은 분리하는 것이 필요하다는 것이다.[26] 전문성은 업무를 전문적으로 추진할 수 있는 부처를 중심으로 통합하여 컨트롤타워를 구축하는 것을 의미한다. 보완성은 전문성을 컨트롤타워로 집중하고 기관 상호 간 및 하부 산하기관이 보완적 역할을 수행해야 한다는 것이다. 예를 들어, 미래창조과학부가 과학기술과 ICT 융합을 총괄하더라도 방송통신위원회와 긴밀한 협조가 필요하다. 효율성은 곧 행정업무 처리의 신속성을 의미하며 경제효과 측면에서 유익이 되는 것뿐만 아니라 비용부담을 줄이고 공공성을 높인다는 것을 의미한다. 연속성은 정책이 지속해서 추진될 수 있도록 도모해야 한다는 것을 의미한다. 무공백성은 국내외 정세 변화로 새롭게 발생하게 되는 사무나 정부의 교체 혹은 부처의 변화로, 해당 업무의 주무부서가 공백상태로 남지 않도록 하고 해당 업무를 신속하고 적시에 처리할 수 있도록 하는 것이다.[27]

(2) 헌법과 행정조직법정주의

또한, 정부조직법 개정은 헌법적 절차와 법적 논리에도 적합해야 한다. 국가 안전에 대한 경찰, 소방, 방위 등의 전형적인 공공재는 통상적인 사적재와 달리 소비의 배제성·경합성이 기능하지 않으므로 시장에서는 소비자가 자기 선호를 성실하게 현시하지 않고, 그러므로 적절한 공급이 이루어지지 않는다.[28] 따라서 공급기관인 국가의 역할이 무엇보다 중요하다. 경찰이나 소방과 같은 서비스를 시장에서 대가와 교환으로 공급하려고 하면 그 서비스는 대가를 지불하지 않는 사람들에게도 일반적으로 미치게 되므로 자기 효용의 최대화를 요구하는 '합리적'인 개인은 모두 다 가능한 한 서비스에 무임승차하려고 할 것이다. 그리고 모든 사람이 이러한 행동을 하면 공공재를 대가에 따라서 제공하는 사업은 유지할 수 없게 되고 결국 시장을 통해서 공공재가 공급되지 않는 상태에 이르게 된다. 그 결과 아무도 그 공공재를 적절하게 입수할 수 없게 되며 모든 사람이 불이익을 입게 된다.[29] 이러한 공공재의 제공에는 헌법적인 가치판단이 개입하게 된다.

헌법은 여러 조문에서 행정조직을 법률로써 정하도록 하여 행정조직법정주의를 택하고 있다.[30] 따라서 정부조직법도 입법내용과 입법과정 등이 헌법과 법률이 정한 절차에 부합해

25) 강기홍, "정부조직법 개편의 기준과 한계", 경상대학교 법학연구소, 법학연구 제21집 제1호, 2013.1, 7면.
26) 물론 게임물등급 분류 판정을 '문화'의 관점으로 볼 것인지 아니면 '산업'의 측면으로 볼 것인가에 따라 그 주무부서가 구분되는 경우, 현재는 전자를 전제로 하고 있지만 이러한 기준을 항시 고정적인 것은 아닐 것이다. 강기홍, 위의 논문, 8면 참고.
27) 강기홍, 앞의 논문, 10면.
28) 長谷部恭男,『憲法の理性』, 東京大学出版, 2006, 74頁.
29) 長谷部恭男, 前掲書, 74頁.
30) 홍정선, 『행정법원론(하)』, 박영사, 2013, 7면.

야 한다. 헌법과 국회법은 국회가 특정 법률을 제정·개정할 때 법률안의 제출, 심의 및 의결과정에서 매우 엄격한 절차를 밟도록 요구한다.[31] 이처럼 정부조직 개편을 위해서 정부는 법률안의 제출권한에 따라 정부조직의 개편법률안을 정부 제출 법률안으로 국회에 제출하더라도 국회의 입법절차라는 최종 절차가 중요하다.[32] 따라서 정부조직법은 충분한 국민적 공감대를 형성하기 위한 절차가 선행되어야 한다.[33] 헌법상 국민 안전 확보라는 국가적 의무가 충분히 실현될 수 있도록 논의와 공감대가 형성되어야 한다.

법적으로는 입법 정책적 접근과 정부조직법의 입법권한 및 그 절차 과정, 내용 그 자체, 조문구성, 위임입법의 체계를 놓고 세부적인 논의를 법적[34]으로 할 수 있다. 법안을 둘러싼 의사결정의 측면에서 국회에 제출된 법안은 소관 상임위원회와 법제사법위원회의 토의 절차를 거쳐야 한다. 정부조직법은 그 자체로는 안전행정위원회의 소관이지만, 행정 각부의 폐지 분합과 관련이 있어 모든 상임위원회의 토의와 관련 부처의 의견청취가 필수적이다(국회법 제59조 등). 이 과정에서 이견에 대한 안건조정위원회의 구성 및 의무(제57조의2), 공청회를 통하여 널리 의견을 청취하는 절차(제64조) 등이 경시되어서는 안 된다.[35]

(3) 업무 통합과 파킨슨의 법칙(Parkinson's Law)

정부조직법 개편에서 유의할 것 중의 하나가 파킨슨의 법칙(Parkinson's Law)이다. 파킨슨(C. Pakinson)은 1914~1928년 영국 해군의 인력에서, 함정이 감소하였음에도 행정 인력은 2,000명에서 3,569명으로 지상 인력만 78%나 증가한 사실과 식민지 인구나 영토의 증가는 없이 식민지들이 독립하고 있는데 식민지 관련 행정인력은 지속해서 매년 6.55% 증가하는 것을 발견하였다. 이를 바탕으로 파킨슨은 실제 일의 분량과 직원 수 사이에는 아무런 관계가 없으며 조직 인원의 수는 업무가 늘어나거나 줄어드는 것과 관계없이 지속해서 증가함을 증명하였다. 파킨슨의 법칙에 따라 업무와 무관히 조직이 팽창하는 것을 방지하기 위해서는 정기적으로 정부조직과 공무원 체계를 감축 개혁할 필요가 있다. 각 기관이 본연의 업무에 충실하지 않고 기관의 몸집 혹은 권한 늘리기에 몰두하는 것에 대하여 정기적으로 조직의 효율적 축소를 검토하여 개혁해야 한다.[36] 이런 의미에서 세월호 사태 이후 관련 부서의 개혁은 필수불가결이었다. 정부조직의 개편에서 그 동일성과 전문성, 효율성과 연속성, 무공백성을 도모하다가 세월호 사건 유책 기관들의 조직과 구조가 더 확대되는 결과로 논의

31) 오준근, "정부조직개편에 대한 입법 정책적 고찰", 한국행정학보, 제47권 제3호, 2013, 82면.
32) 오준근, 위의 논문, 75-76면.
33) 오준근, 위의 논문, 83면.
34) 오준근, 앞의 논문, 77면.
35) 오준근, 위의 논문, 83면.
36) 김범열, "지방분권 시대의 성공적 혁신 추구 방안", 대한지방행정공제회, 지방행정 제52권 제596호, 2003, 46면.

가 진행될 수 있다. 그러나 II.에서 검토한 바와 같이 관련 기관들은 지금까지도 꾸준히 권한과 조직이 확대되어 왔다. 따라서 그동안 안전을 위한 관계 부처의 노고를 십분 이해하면서도 관련 기관의 문제점을 개선하고 부당하게 확대된 구조는 기회가 있을 때마다 효율적 축소도 검토해야 국민이 공감할 수 있는 정부조직 개혁이 될 것이다.

2. 정부조직법 개정의 현실

행정조직법정주의에 따라 행정 각부의 설치·조직과 직무 범위는 법률로 설정할 사항이다. 그런데 그동안의 정부조직법 개정은 대통령직 인수과정에서 급격하게 검토 제안되는 관행[37]이 만들어지고 있다.

정부조직법은 국가행정사무의 통일적이고도 능률적인 수행을 위하여 국가행정기관의 설치·조직과 직무범위의 대강을 정하는 일반법[38]이라서 법에는 각 부처의 설치와 직무범위를 구체적으로 제시하고 있지 않은 경우가 허다하다. 정부조직법 제1조에서도 설치·조직과 직무범위의 대강을 정한다고 명시하고 있다. 우리나라의 정부조직법은 그 개편이 매우 유연하고 효율적이며 신속하게 개정되어 왔고, 일괄적인 정부조직법안 개정을 통해 체계적 정당성을 확보할 수 있는 장점이 있다. 하지만 정부조직법의 영향력이 크고 막중하므로 정부조직 개편에 영향을 미치는 요인이 무엇인지, 그것이 기능적으로 어떻게 조직되어야 하는지에 대한 다양한 분석이 필요하다.[39] 국가행정기관의 정부조직법 조문 구성과 그 내용을 검토하면, 각각의 행정 각부의 직무범위가 명확하지 않거나 다의적(多義的)으로 해석·적용할 수 있는 문제점이 있다.[40] 그동안 정부조직의 개편은 대통령 당선인을 중심으로 한 인수위원회에서 논의·결정한 안을 국회에서 통과시키는 형식적인 절차를 밟아 오고 있다. 18대 박근혜 대통령 취임 후 2013년 중앙행정기관을 217부 3처 17청으로 개편했다.[41] 정부조직의 수장인 장관의 임명은 2013년 4월 17일 미래창조과학부 장관과 해양수산부 장관을 끝으로 취임 52일에 완결되었다.[42]

정부주도로 정부조직법안이 국회에서 제기되고 국회에서 충분히 변경 가능성을 논의하지 못하고 그 심의가 형식적인 절차에 그치는 것은 헌법적으로 타당하다고 하기 어렵다.[43] 행정조직에 관한 사항은 기본적으로 법률로 정하여야 하는 행정조직법정주의에 따라 정부조직법이 정부에서 제기되는 경우에도 국회입법의 원칙에 따라 국회에서 충분한 검토가 필요하다.

---

37) 오준근, 앞의 논문, 76면.
38) 홍정선, 앞의 책, 39면.
39) 강기홍, 앞의 논문, 4면.
40) 오준근, 위의 논문, 79면 정부조직법 개정안 신·구 조문 대비표 예시 참조.
41) 박수경, 앞의 논문, 130면.
42) 오준근, 위의 논문, 75면.
43) 오준근, 위의 논문, 95면.

미국과 일본 정부조직법의 예와 유사하게, 정부조직기본법을 두고 그 아래 개별 법령으로 이를 구체화하자는 의견[44]은 향후 검토해볼 만하다. 예컨대 미국의 상업부(Department of Commerce USDC)는 1913년 상업부법(USDC Act. 15U.S.C.1501)에 따라 설치되고, 농업부(Department of Agriculture USDA)는 1862년 농업부법(USDA Act, 15.U.S.C.2201)에 근거하여 설치되었다.[45] 일본도 국가행정조직법[46]이 있지만, 이 법률은 국가행정조직의 체계와 각 기관의 장, 내부의 국의 설치, 각 기관장·차장·국장 등의 권한 분장 등을 규정하고 있을 뿐, 각각의 중앙행정기관의 설치 근거는 아니다. 대신 국토교통성은 국토교통성설치법(国土交通省設置法), 외무성은 외무성설치법(外務省設置法), 환경성은 환경성설치법(環境省設置法)이 각각 근거법으로 제정되어 있다. 금융청과 원자력위원회도 금융청설치법(金融庁設置法), 원자력위원회설치법(原子力委員会設置法) 등과 같이 독립성이 부여되는 청과 위원회 등을 설치할 경우 각각의 기관에 설치법을 별도로 두고 있다.

행정청의 권한은 원칙적으로 법률로 정해야 하는데, 현재 우리의 정부조직법은 많은 부분을 그 시행령과 규칙에 위임하고 있고 국회에서 구체적인 권한에 대한 논의를 거쳐 입법에 반영하지 못하는 면이 있다. 현재와 같이 행정기관의 기능과 세부조직의 설계 및 공무원의 보임을 포괄적으로 시행령 및 시행규칙에 위임하는 체계는 정부조직법의 포괄위임이라는 비판을 면하기 어렵다.[47]

정부조직의 운영상의 문제점과 현실은 정부가 국회보다는 더 잘 알 것이다. 다만 더 잘 안다고 더 잘 개혁할 수 있다고 하기는 어렵다. 절차적으로 국회에서 합리적인 토론과 조정의 역할과 기능을 무시할 수는 없다. 또한, 법률안에 대하여 충분한 국민적 공감대를 형성하기 위한 절차가 선행되어야 한다.[48] 다만 첨언하자면, 정부조직법의 개정만으로 국가의 모든 문제를 해결하는 것은 아니라는 것을 유념해야 한다. 일본에서 해상보안청은 국토교통성 소속이고, 소방청은 총무성 소속이라는 것을 보아도 조직통합만이 효율적인 재난·구조 업무를 달성하기 위한 최선의 답이라고 할 수는 없다. 국가 안전을 확보하기 위하여 정부조직 개편은 물론 다양한 조치가 수반되어야 한다.

---

44) 오준근, 앞의 논문, 91면 이하.
45) 오준근, 위의 논문, 88면.
46) 国家行政組織法(昭和二十三年七月十日法律第百二十号).
47) 同旨 오준근, 위의 논문, 82면.
48) 오준근, 위의 논문, 83면.

Ⅳ. 2014년 정부조직법의 개정 방향

1. 정부조직법 개정안

'재난 및 안전관리 기본법'에 따르면 안전행정부에 범정부재난안전 컨트롤타워인 중앙재난안전대책본부를 설치하고, 재난의 총괄기능을 안전행정부가 맡게 되어 있다. 그러나 해양수산부와 업무 책임의 혼선이 있었다. 그동안 국가안전보장은 대통령이, 재난총관과 사회재난 및 전시대비 및 국가기반체제보호는 안전행정부 장관이, 소방과 자연재난 및 민방위는 소방방재청장이 관할하였으나 통합적인 재난관리의 총괄조정이 이루어지지 못했다.[49] 세월호 사건으로 2014년 4월 17일 진도군청에 국무총리가 본부장, 안전행정부 장관과 해양수산부 장관이 부본부장을 맡는 11개 부처 합동 범부처 사고대책본부가 만들어졌다. 이 기구는 비공식적 기구로의 성격이 강하다.[50] 국무총리도 대통령을 보좌하며 행정에 관하여도 대통령의 명을 받아 행정각부를 통할하는데(헌법 제86저 제2항), 국가적인 재난 발생시 국무총리가 대통령을 제치고 상황을 지휘하는 것이 적절하고 효율적인지 의문이다. 따라서 재난 총괄기능의 재정비가 필요하다.

(1) 정부의 개정안

정부의 2014.6.11. 정부조직법 개정안(의안번호 1910843)은, "강력한 재난안전 컨트롤타워 구축을 통하여 종합적이고 신속한 재난안전 대응 및 수습체계를 마련하기 위하여 안전행정부, 소방방재청 및 해양경찰청 등에 분산된 재난안전 관리 기능을 통합 관리하는 국가안전처를 국무총리 소속으로 설치하고, 공직 개혁을 신속하고 효율적으로 추진하고 공무원의 전문역량을 높이기 위하여 공무원 인사 전담조직인 인사혁신처를 국무총리 소속으로 설치하며, 교육·사회·문화 분야 정책 결정의 효율성과 책임성을 높이기 위하여 교육·사회·문화 부총리를 신설하는 등 정부조직을 효율적으로 개편하려는 것"이라고 하였다. 정부가 정부조직법 개정안으로 밝힌 그 개정이유와 내용[51]은 다음과 같다.

1) 국무총리 소속의 국가안전처 설치

제·개정 이유는 점차 대형화·복합화된 각종 재난·재해에 대한 국가 차원의 유기적이고 체계적인 대응 및 복구 체계가 미흡한 상황이라는 것이다. 강력한 재난안전 컨트롤타워 구축을 통하여 종합적이고 신속한 재난안전 대응 및 수습체계를 마련할 필요가 있다는 것이다. 제·개정 내용은 안전행정부의 재난안전 총괄·조정, 소방방재청의 소방·방재, 해양경

49) 김용섭, 앞의 논문, 18면.
50) 김용섭, 위의 논문, 19면.
51) 이하의 내용은 법제처, 정부조직법 개정안 조문별 제·개정 이유서, 2014의 내용임.

찰청의 해양경비 · 안전 및 오염방제 기능 등을 통합하여 국무총리 소속으로 국가안전처를 설치한다는 것이다. 국가안전처 장관은 국무위원으로 보하고, 안전 및 재난에 관하여 국무총리의 명을 받아 관계 중앙행정기관을 총괄 · 조정하도록 한다. 국가안전처와 각 부처의 유기적 연계를 위하여 특정직공무원을 국가안전처의 보조기관 및 보좌기관에 보할 수 있도록 한다.[52)]

입법효과는 사회재난과 자연재난을 통합 관리하는 강력한 컨트롤타워를 구축하여 각종 재난에 대한 신속하고 전문적인 대응체계를 마련하고, 현장의 초동 대응능력을 재고한다는 것이다.

2) 국무총리 소속의 인사혁신처 설치

제 · 개정 이유는 공직사회의 적폐 근절 등 공무원 개혁을 전담하는 전담 인사기구 설치 필요하다는 것이다. 제 · 개정 내용은 안전행정부의 공무원 인사 · 윤리 · 복무 및 연금 기능을 이관하여 국무총리 소속으로 인사혁신처를 신설한다.[53)]

입법 효과로는 퇴직자 취업제한과 공무원 연금 개혁 등의 인사개혁 업무를 인사제도 개선과 연계하여 종합적이고 전문적으로 추진할 수 있도록 하는 것이다.

3) 안전행정부를 행정자치부로 개편

제 · 개정 이유는 안전행정부의 안전관리 및 공무원 인사 기능을 각각 신설되는 국가안전처와 인사혁신처로 이관함에 따라 안전행정부의 명칭과 기능 등 개편이 필요하다는 것이다. 제 · 개정 내용은 안전행정부의 명칭을 행정자치부로 변경하고, 정부 의전 · 서무, 정부조직관리, 전자정부, 정부혁신, 지방자치제도 및 재정 · 세제 등의 기능 중심으로 개편한다. 제 · 개정 내용은 국가와 지방의 상호 시너지를 기반으로 행정의 능률성 · 효과성을 높이고 지방분권을 안정적으로 추진할 수 있도록 한다.[54)]

4) 소방방재청 및 해양경찰청 설치근거 삭제

제 · 개정 내용은 소방방재청의 소방 · 방재 기능을 국가안전처로 이관하고, 소방방재청을 폐지한다. 해양경찰청의 수사 · 정보 기능을 경찰청으로, 해양에서의 경비 · 안전 및 오염방제 기능을 국가안전처로 이관하고, 해양경찰청을 폐지한다.[55)]

결국, 재난 컨트롤타워로서 국무총리 소속 국가안전처를 신설해 안전행정부의 재난안전 총괄기능, 소방방재청과 해양경찰청 등 재난대응 관련 정부기능을 통합하려는 것이다. 여기에 공직의 전문성과 개방성을 강화하고 민관 유착 문제 등을 개혁하는 역할을 담당하는 인사혁신처를 만든다는 내용도 포함되었다.[56)]

52) 안 제22조의2 신설 등
53) 안 제22조의3 신설.
54) 안 제34조.
55) 현행 제34조 제6항 · 7항 및 제43조 제2항 · 제3항 삭제.

5) 교육 · 사회 · 문화 부총리 신설

제 · 개정 이유는 경제정책이나 외교 · 국방 · 안보 외의 비경제정책 분야에 대한 정책조정을 강화할 수 있도록 기존 국무회의나 국가정책조정회의 외의 새로운 정책조정 시스템 구축이 필요하다는 것이다. 제 · 개정 내용으로는 교육부 장관이 겸임하는 교육 · 사회 · 문화 부총리를 신설하여 국무총리의 명을 받아 교육 · 사회 · 문화 정책에 관하여 관계 중앙행정기관을 총괄 · 조정하도록 한다. 입법 효과는 교육 · 사회 · 문화 분야 정책결정의 효율성과 책임성을 높이는 것으로 한다.[57] 새월호 사건으로 우리가 개선할 것은 단순히 안정행정에 국한된 것이 아니고 교육 · 사회 · 문화 분야에서 전반적으로 안전교육과 의식, 그리고 준법 교육 등의 사회적 자본(Social Capital) 확충이 필요하므로 그 적절한 역할을 할 수 있기를 기대한다.

(2) 야당의 개정안

정부원안에서는 정부조직은 해경의 수사 정보 기능은 경찰청으로 넘겨주고 해양 구조, 해양 경비 분야는 국가안전처로 흡수하였다. 이는 세월호 사건 구조 실책에 대하여 해경과 소방방재청의 일정 책임을 묻는 측면도 있었다. 새정치민주연합은 정부안에 반대하고, '국민안전부'를 신설하여 소방방새청과 해양경찰청을 외청으로 설치하자는 안을 제안하였다가,[58] 이후 새정치민주연합 소속 의원을 중심으로 2014.8.1. '정부조직법 일부개정법률안'(유대운 의원 대표발의, 의안번호 1911292)을 국회에 제출했다. 이 안은 국민안전부를 신설하여 국가 재난관리체계를 재확립하고, 국가공무원법의 개정으로 중앙인사위원회를 신설함에 따라 안전행정부 소관 사무에서 인사에 관한 사무를 제외하는 정부조직법 개정안이었다. 안전 및 재난에 관한 정책의 수립 · 운영 및 총괄 · 조정, 비상대비, 민방위, 방재에 관한 사무를 관장하기 위하여 국민안전부를 두고(안 제33조의2제1항 신설), 소방방재청 업무 중에서 민방위, 방재 업무는 국민안전부로 이관한 후 기관 명칭을 소방청으로 변경하여 국민안전부장관 소속으로 두며(안 제33조의2제2항 신설)", "해양경찰청의 명칭을 해양안전청으로 변경하여 국민안전부장관 소속으로 두고, 소관 업무 중 수사 및 정보 업무를 해상에서의 수사 및 정보 업무로 한정하기 위하여 육상에서의 수사 및 정보업무는 경찰청으로 이관하고(안 제33조의2제4항 신설 및 부칙 제2조제1항), 안전행정부의 인사업무를 중앙인사위원회로 이관하고, 안전행정부의 명칭을 행정자치부로 변경(안 제34조제1항)하는 것을 주요 내용으로 했다. 이 안은 국민안전부를 신설하고 소속에 해양경찰청을 해양안전청으로 변경하여, 육상의 수사 및 정보 업무는 경찰청으로 이관하는 것이다. 소방방재청을 소방청으로 축소 존속시키는 안이다.

56) 세계일보, 2014.7.21. "소방공무원 국가직 전환 논란 재점화".

57) 안 제19조제1항 · 제3항, 안 제19조제5항 신설

58) 울산매일, 2014.7.3. "새정치연합, '국민안전부 신설' 등 자체 정부조직개편안 발표". 개별의원 의견으로 사이버전담 조직도 통합 관리하자는 의견도 제시되었다.

또 2014.10.2. 새정치민주연합 의원을 중심으로 한 백재현 의원 대표발의 정부조직법 개정안(의안번호 1911964)은, 기존 안전행정부의 안전관리본부 기능과 소방방재청의 방재, 안전관리, 비상대비 및 민방위 업무를 통합하여 국민안전부를 신설하고, 국민안전부장관은 부총리급으로 하고(안 제27조의2제1항 신설), 소방방재청 명칭을 소방청으로 변경하여 국민안전부장관 소속으로 이관하며(안 제27조의2제2항 신설), 해양경찰청 명칭을 해양경비청으로 변경하여 국민안전부장관 소속으로 이관한다(안 제27조의2제4항 신설)는 주요 개정 내용을 담고 있다.

2. 정부조직법 개정 방향 분류

이번 정부조직법의 개정 목적은 안전을 위한 전담 부처로의 정부조직이 필요성에 따른 것이다. Ⅱ.에서 검토한 세월호 사건에서의 재난안전 기구의 문제점과 그로부터 도출한 조직 개편시 고려사항을 다음과 같이 정리할 수 있었다.

첫 번째, 합리적인 재난방지, 효율적인 재난구조업무 강화를 위하여 합리적인 기구 통합을 도모해야 한다. 상황 발생시 명확한 지휘체계에 따라 효과적인 대처가 가능해야 한다. 두 번째, 전문가들에 의해 재난 컨트롤의 전문성을 강화하고 재난업무에 역량을 집중해야 한다. 재난 관련 기구의 지휘자는 전문가를 두도록 하고, 고위직 일반 행정가가 맡는 것을 지양해야 한다. 또한, 각 부처가 재난방지 구조 업무가 아닌 다른 업무를 통하여 조직 비대화와 권한 강화에 몰두해서는 안 된다. 관련 기술과 장비를 확보하고 필요한 민간 전문 인력과의 협조·연대도 체계적으로 구축해야 한다. 세 번째, 재난구조에 비리와의 유착을 근절하여야 한다. 따라서 관련 비리와 유착의 고리를 끊기 위해 관련 기관의 인사·조직의 혁신을 도모해야 한다. 네 번째 재난구조 관련 기관에서 비대해지거나 불필요한 기관, 예산 사용 분야를 검토하여 효율적 축소 방향을 도모해야 한다.

정부의 개정원안은 국가안전처를 국무총리 소속으로 둔 것은 종래 '재난 및 안전관리 기본법'에서 중앙안전관리위원회를 국무총리 소속(동법 제9조)으로 두고 있는 것을 고려한 것으로 보인다. 반면, 2014.8.1. '정부조직법 개정안'은 국민안전부가 안전에 관한 주무부서로서 역할을 하도록 하고 있다.

안전을 전담하는 기구를 동일성을 중심으로 통합한다면 현행 헌법상 대통령의 보좌기관인 국무총리하에 안전처를 두는 것보다, 더욱 크게 안전 기관을 통합하는 방안도 논리적으로 제시할 수 있다. 예컨대 사회 안전에 관한 주무부서 중의 하나인 경찰청도 포함한 국민안전부의 신설을 고려할 수도 있다. 이 논문에서 정부의 국가안전처안을 소폭통합안이라 하고, 두 개의 의원입법 개정안을 중폭통합안으로 하고, 경찰청을 포함한 안전부안을 대폭통합안이라고 분류하여 다음과 같이 정리하였다.

〈표 1〉 세 가지 정부조직법 개정안 분류

정부조직법 통합 폭에 의한 분류	개정 내용
소폭통합안	국무총리 소속 국가안전처를 두고 그 안에 특수재난본부, 해양안전본부 등을 둠
중폭통합안	국민안전부를 두어 육상 수사·정보기능이 축소된 해양안전청(해양경비청)과 소방청을 두는 안
대폭통합안	국민안전부를 안전에 대한 전문부서를 만들고 외청인 경찰청을 포함하여 내청인 해양안전청, 소방방재청을 두는 안(관련 권한 축소 및 조정)

3. 개혁안의 검토

(1) 해양경찰청의 개혁

소폭통합안에서는 해경에서 수사·정보 담당 인원을 경찰청이 흡수하도록 논의하고 있어, 수사·형사·외사·정보활동으로 범죄예방·단속을 하는 해양경찰청의 정보수사국이 경찰로 이관될 것으로 보인다. 중폭통합안에서는 해경을 해양안전처로 변경하고 해상에서의 수사 및 정보 업무로 한정하고 기타 육상에서의 수사 및 정보 업무는 경찰청으로 이관하고 있다.

2014년 해경 총 세출예산 1,083,566백만 원에서, 경비구난지원 세출이 7,385백만 원, 해상안전활동 13,688백만 원, 해상치안확립 4,628백만 원, 수사활동 4,307백만 원, 외사활동 321백만 원으로[59] 수사·정보 활동비용과 해당 인원수가 해경에서 큰 비중을 차지하지는 않는다. 해수부가 자신의 비위 사실을 잘 아는 해경의 수사·정보 분야에 대한 견제의도가 작용한 것이라는 의혹도 있다. 만일 수사·정보 권한을 경찰로 이관하여도 함정을 보유하지 않는 경찰의 해양수사국에서 해당 업무를 효과적으로 할 수 있을지의 검토도 필요하다. 그러나 세월호 사건에서 재난구조업무에 관한 정치적 혹은 법적인 책임을 져야 하는 해당 기관이 예산과 조직 측면에서 확대되는 것은 국민의 뜻에 반할 수 있다. 관련 기관의 효율적 축소가 필요하다.

우리 해경의 영문명은 Korea Coast Guard이다. 미국의 해안경비대(United States Coast Guard)는 국토안보부 하의 국사조직으로 해양의 인명구조 및 밀입국자 체포, 범죄자 추적 업무 등을 한다.[60] 이를 참고할 때 해경은 앞으로 해난구조와 불법해상 행위 방지를 중심으로 업무를 정비해야 한다. 만일 중폭통합안과 대폭통합안에서 해양안전청(혹은 해양경비대)이라고 한다면 안전부의 내청으로 두고 정비하는 방안도 상정할 수 있다. 나아가 개편에 따른 업무의 효율성과 연속성 무공백성을 고려해야 했다.

---

59) 해양경찰청, "2013년도 결산 개요", 34면.

60) 미국에서 육군, 해군, 공군, 해병대와 함께 제5군으로서 전시에 해군의 지휘를 받는다. http://www.uscg.mil/top/about, 2014.8.13.

(2) 소방방재청의 개혁

소폭통합안에서 소방방재본부를 국가안전처에 두는 안으로는 최근 함께 문제된 소방공무원의 국가직 전환 문제를 함께 논의하기는 어려워 보인다. 소방방재청이 조직과 예산이 재난구조에 집중되도록 해야 했다.

소방방재청에서는 시·도 경계를 초월한 광역적 재난대응이 빈발해지고 있다. 중앙의 소방방재청과 시·도지사의 지휘·감독을 받는 소방본부 및 소방서로 이원화된 현행 체제에 대한 재검토 논의가 제기되고 있다. 소방조직을 국가직으로 일원화하여 신속하고 일사불란한 현장지휘 및 강력한 컨트롤타워 구축, 현장지휘는 재난경험이 풍부한 소방서장이 훈련이 잘 되어 있는 조직을 총괄지휘를 하도록 책임과 권한 일임하는 논의가 제기되고 있다. 소방방재청에서 주장하는 국가소방체제로의 복귀에도 일응 타당성이 있다. 현대 재난 대응을 전문화할 필요가 있다. 소방 공무원의 국가직화에 국비부담은 4,186억원의 소요될 것으로 본다.[61] 만약 소방공무원을 국가직화 한다면 소방방재청의 유지와도 연계될 수 있다. 소방조직을 중앙화하지 않으면 지방자치단체에 해당 소방안전본부의 소방방재 기능도 계속 남게 된다.

만일 소방방재청 개혁에 지방직 소방공무원을 국가직으로 전환과 함께 문제를 해결하려 한다면, 전술한 대폭통합안이 보다 효과적이라고 생각한다. 국민안전부 장관이 외청인 경찰청을 통괄하고 가칭 해양안전청과 소방방재청을 내청으로 직접 지휘하여 평시 국민 안전을 위한 통합 전문 부서로서 역할을 다하는 것을 상정할 수 있다. 국가안보에 관할 부서는 국방부로, 국민안전에 관한 부서는 안전부로 대비하여 구성하는 것도 좋다고 생각한다.

다만, 국가직화를 하더라도 공공재인 소방안전 서비스에 대한 지방마다 서비스 욕구의 차이에 따라, 지장자치단체는 유사업무에 인력을 추가로 증원할 여지가 있다. 대표적인 예가 제주특별자치도의 "자치경찰"이다. 대략 100명 남짓한 인력이 활동하지만, 경찰청에서도 주로 방법 업무에 종사하는 범위에서 활용을 긍정적으로 평가하고 있다. 미국과 일본도 정책·제도 등을 담당하는 소규모 국가직 외에 현장의 모든 소방사무는 지자체에 속한 지방직이 수행한다.[62]

기타 대폭통합안으로서 국민안전부로의 기관 통합을 시도하면, 가스안전과 전기안전업무는 안전부처에 통합해야 하는가 아니면 산업부에 소관으로 해야 하는 것이 맞는지 등의 부수적인 문제도 검토해야 한다. 기관 이익에 따르지 않고, 국민의 안전을 확보하기 위한 합리적인 조정과 결정이 필요하다.

---

61) 소방방재청, "소방공무원 국가직 일원화 설명자료", 2014.7.

62) 미국 : [중앙] FEMA 소속 소방국(국가직), [지방] 소방관서(市 소속, 지방직), 일본 : [중앙] 총무성 소속 소방청(국가직), [지방] 소방관서(기초 소속, 지방직). 안전행전부, "소방공무원 국가직 전환시 문제점 검토", 2014.

V. 협상을 통한 새 정부조직법

1. 2014년 정부조직법 협상안

2014년 정부조직법은 세월호특별법안, '범죄수익 은닉 규제 및 처벌에 관한 법'(이른바 유병언법)과 함께 이른바 세월호3법으로 정치적 타협을 통한 협의가 진행되었다. 결국 2014. 10. 31. 진통 끝에 여당과 야당이 세월호 사태 이후 정부조직법 개정안을 국가 재난 시스템을 재정비하고 해양경찰청을 해체하고 총리실 산하에 재난 컨트롤타워를 세우는 것으로 협상이 이루어졌다. 이 협상안은 2014.11.7. 안행위원회안 정부조직법 일부개정법률안(의안번호 1912357)으로 국회에서 재석 249인 중 찬성 146인, 반대 71인, 기권 32인으로 가결되어 새 정부조직법(법률 제12844호 일부개정 2014.11.19.)이 성립되었다.

그 내용은, 총리실 산하에 '국민안전처'를 신설하고 해양경찰청과 소방방재청의 주요 기능을 이관해 각각 차관급이 본부장인 해양경비안전본부와 중앙소방본부를 설치한다.[63] 대통령비서실에는 재난안전비서관을 두도록 했다. 기존 해양경찰청은 해체해 초동 수사 기능을 제외한 수사와 정보 기능은 경찰청으로 넘기고 해양구조·구난과 경비 분야만 해양경비안전본부가 담당한다. 소방방재청 역시 국민안전처 산하 중앙소방본부로 들어간다. 두 본부 모두 외청 존치를 주장한 야당의 요구를 일부 수용, 인사와 예산의 독자성을 유지토록 했다. 안전 주무부서였던 안전행정부는 핵심 기능인 안전과 인사·조직기능을 분리해 안전업무는 국민안전처로 넘겨 통합하고, 인사와 조직 기능은 총리 소속 인사혁신처를 신설해 담당하도록 한다. 해양수산부도 해양교통관제센터를 국민안전처로 넘겨주고 해양산업 육성과 수산업 보호 기능만 유지한다고 했다. 정부의전과 서무, 정부조직관리, 지방자치제도 등 남은 기능만 행정자치부로 이름을 변경해 계속 남겨놓게 된다.[64] 또 교육·사회·문화 부총리를 신설, 교육부 장관이 겸임하는 2014.6.11. 정부원안이 그대로 수용되었다.

---

63) 정부조직법(법률 제12844호 일부개정 2014.11.19.) 제22조의2(국민안전처) ① 안전 및 재난에 관한 정책의 수립·운영 및 총괄·조정, 비상대비, 민방위, 방재, 소방, 해양에서의 경비·안전·오염방제 및 해상에서 발생한 사건의 수사에 관한 사무를 관장하기 위하여 국무총리 소속으로 국민안전처를 둔다.
② 국민안전처에 장관 1명과 차관 1명을 두되, 장관은 국무위원으로 보하고, 차관은 정무직으로 한다.
③ 국민안전처에 소방사무를 담당하는 본부장을 두되 소방총감인 소방공무원으로 보하고, 해양에서의 경비·안전·오염방제 및 해상에서 발생한 사건의 수사에 관한 사무를 담당하는 본부장을 두되 치안총감인 경찰공무원으로 보한다.
④ 제3항에 따른 본부장은 각각의 소관사무에 관하여 국민안전처장관의 지휘아래 인사 및 예산에 대한 독자적인 권한을 수행한다.
⑤ 국민안전처장관은 안전 및 재난에 관하여 국무총리의 명을 받아 관계 중앙행정기관을 총괄·조정한다.
⑥ 국민안전처장관은 소관사무에 관하여 지방행정의 장을 지휘·감독한다.

64) 연합뉴스, 2014. 10. 31. 세월호특별법·정부조직법·유병언법 주요 내용은, http://www.yonhapnews.co.kr/bulletin/2014/10/31/0200000000AKR20141031195400001.HTML? input=1179m

이와 같은 새 정부조직법에 따른 정부조직도는 다음 그림과 같다.

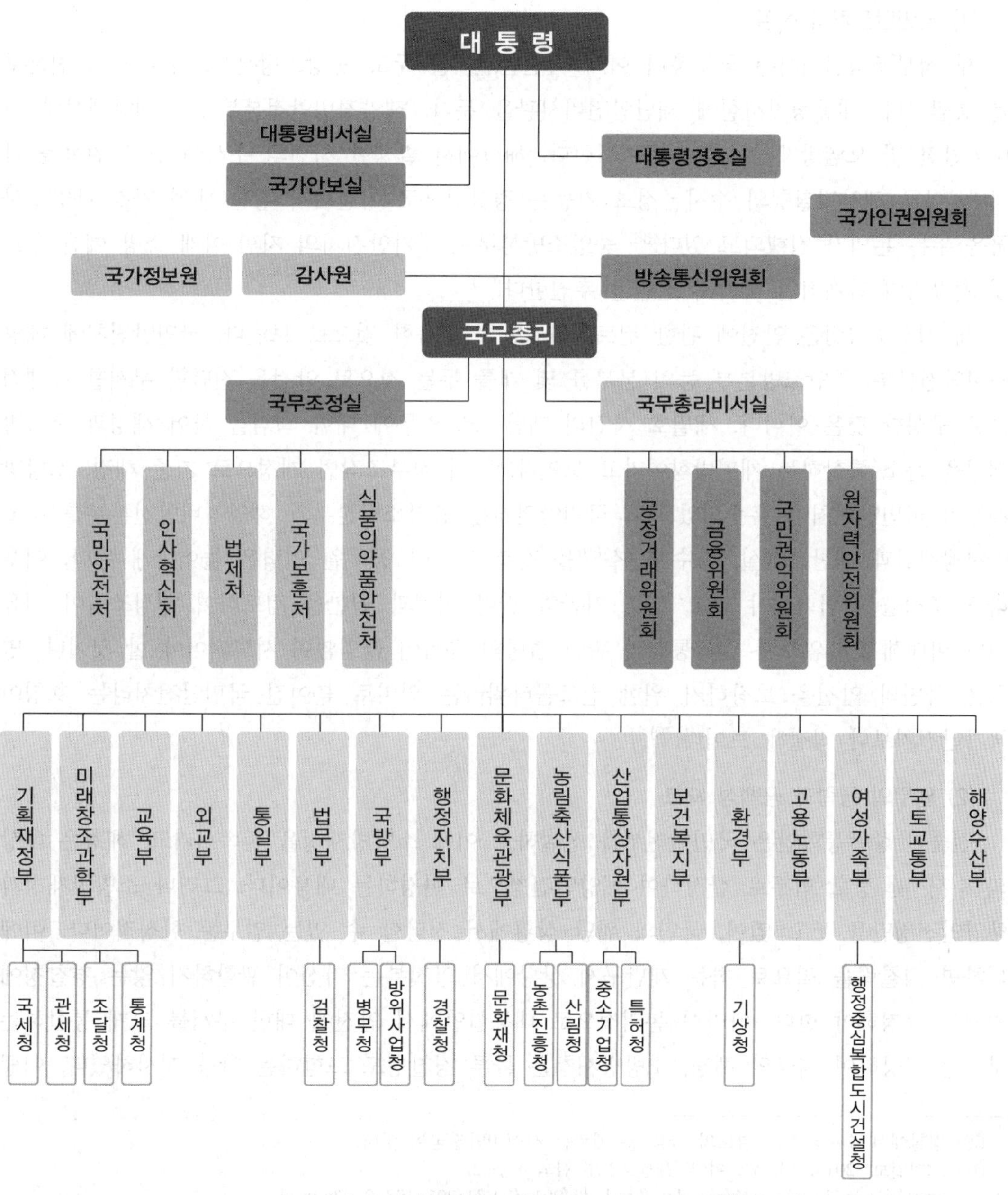

[그림 3] 구 정부조직법 조직도(2014.11.19.)[65)]

65) 새 정부조직법(법률 제12844호 일부개정 2014.11.19.)에서는 2014.6.11. 정부안에서 제시된 국가안전처의 명칭이 국민안전처로 바뀌었다.

2. 새 정부조직법에 대한 평가

(1) 국민안전처의 신설

새 정부조직법에서는 국무총리 아래 국민안전처를 두고 중앙소방본부, 해양경비안전본부를 통괄한다. 대통령비서실에 재난안전비서관을 둔다. 해양경비안전본부에서 해양에서의 경비·안전 및 오염방제 기능을 하도록 한다. 해상에서 발생한 사건의 수사에 관한 권한을 가지며, 다른 해양경찰청의 수사·정보 기능은 경찰청으로 이전되어 경찰 내에 가칭 해양수사국을 두는 논의가 진행되고 있다.[66] 중앙소방본부는 국가안전처의 지휘 아래 소방 예산 확보 및 지방직의 단계적인 국가직 전환을 추진한다.[67]

새 정부조직법은 안전에 관한 컨트롤타워만을 구축한 것으로 보인다. 국민안전처에 해양경비안전본부, 중앙소방본부 등의 본부를 몇 개를 두는 것으로 안전을 전담할 부서를 총체적으로 구성한 것은 아니다. 세월호 사건의 재난구조 업무에 대한 책임을 물어 해경과 소방방재청을 축소 통합하는 개편방향이라고 보인다.[68] 새 정부조직법 개정으로 기존 해경, 소방방재청이 국민안전처에 흡수되었으나, 국민안전처는 중앙소방본부와 해양경비안전본부를 두고 안전정책실과 재난관리실, 특수재난실[69]을 갖추게 되어 공무원 인력은 늘어나게 된다. 이후라도 조직을 슬림화해야 하고 행정 기관의 관련 법령과 권한을 검토하여 행정조직이 이유없이 비대해지지 않도록 업무통합과 관련 법령의 통합이 끊임없이 시도되어야 할 것이다. 명칭은 국민의 안전을 보장하기 위한 컨트롤타워라는 의미로 붙여진 국민안전처라는 호칭이 국가안전처보다 적절해 보이다.[70]

(2) 업무의 통합과 공백성 재고

전술한 중폭통합안은 국민안전부를 신설하고 이에 소방방재청을 존속시키고, 해경은 해상의 수사 및 정보 업무로 한정하여 해양안전청으로 변경하는 내용이다. 그러나 소방방재청과 해양안전청만을 두고 있어, 국민의 위난 상황에서 전담할 수 있는 업무는 한정적이다. 이에 의하면 경찰력을 필요로 하는 재난구제 상황에서 안전부는 자신이 관할하지 않는 경찰청에 지원을 요청해야 한다. 따라서 논리적으로 대통합안에서 안전에 대한 부서를 크게 통합하는 부서를 구상하여 지금의 해경, 소방방재청은 물론 경찰청도 포함하는 안을 제시하였다. 이렇

---

66) 경찰에서 수사국과는 별도의 국을 둔 예로는 사이버안전국이 있다.

67) 조선일보, 2014. 10. 31. 여야 '세월호3법' 합의사항-2, http://news.chosun.com/site/data/html_dir/2014/10/31/2014103103974.html

68) 나아가 언론에서는 국가안전처에 방사능 사고는 빠뜨렸다는 언론 비판도 있다. 신동아, 2014. 7, "국군 화생방방호사령부 활용 방사능 사고, 북핵 접수 대비하자".

69) 항공 에너지화학 가스 통신 등 특수재난에 대응하는 특수재난실.

70) 기타 안전행정부의 공무원 인사·윤리·복무 및 연금 기능을 이관하여 국무총리 소속으로 인사혁신처를 설치하는 내용을 포함하고 있다.

게 되면 해당 부서는 재난안전 총괄·조정의 역할을 하면서 국가의 대소 안전 행정에 대하여 책임을 갖고 집중할 수 있다. 국민의 안전이라는 본연의 업무에 충실하면서 경찰과 여타 해안, 소방 재난 관련 기관들의 협동도 가능할 것이다. 대규모 재난 발생시 대통령이 재난지역 선포 등을 통하여 안전부 장관을 간사로 하는 재난구제위원회에서 상황을 총괄 지휘할 수 있다.[71] 따라서 전술한 대폭통합안에서는 91년 외청으로 독립한 경찰청을 포함하는 안을 상정한 것이었다.

그러나 이러한 학계의 논의는 새 정부조직법에서 검토·반영되지 않고 국민안전처에 중앙소방본부, 해양경비안전본부를 두어 재난·구제에 대한 컨트롤타워를 성립되었지만, 안전·재난·구조의 총괄부서는 만들어지지 않았다. 관련 업무의 통합과 관련 무공백성이라는 면에서는 불충분한 개정법으로 평가할 수 있다.

2014.11.7. 국회본회의의 의원발언에서도 이 법이 컨트롤타워와 현장 능력 강화에 대한 구체적이고 현실적인 방안이 마련되지 않았고, 국민의 동의와 공론화 그리고 충분한 토의를 거치지 않았으며 대통령이 재난사태에 대한 컨트롤타워로서의 기능을 하지 못한다는 비판이 있었다.[72] 새 정부조직법의 개정 이후에도 안전·재난안전에 대한 업무 효율성과 공백성의 재고가 필요할 것으로 보인다.

새 정부조직법 개정 이후 군 출신의 안전행정처 장관과 차관이 임명되었다. 국민안전처를 군대 조직화하고 재난 대응을 군사작전 개념으로 체계화하겠다는 의도로 평가된다.[73] 하지만 이것은 국가안보를 위한 군사작전과 국민안전을 위한 재난·구제 행정을 구분하지 못한 것이라는 비판을 면하기 어렵다. 이미 국민안전처가 부처 통합의 시너지를 내기 위하여 현장을 중심으로 한 체질 개선을 해야 한다는 비판이 제시되었다.[74] 21세기 다양한 안전재난 위난 상황을 대비하기 위하여, 안전·재난·구조 전문인력과 전문지휘관의 양성으로 해당 분야(경찰, 해양, 소방방재) 전문가들이 책임을 맡도록 인사에서 고려해야 한다.

(3) 국무총리하의 컨트롤타워

이 논문 대통합안은 새로운 안전을 전담하는 기구로, 그 책임을 분명히 하고 신속한 행정을 하기 위하여 기본적으로 독임제 행정청으로 구성하는 안이었다. 그러나 2014.11.7. 정부조직법에서는 국무총리하에 장관급의 국민안전처를 두게 되었다. 현행 헌법 제86조 제2항에서 국무총리는 대통령을 보좌한다고 정하고 있기에, 국무총리하에 있는 국민안전처도 독자적으로 안전에 관한 의사결정과 행정업무를 효율적으로 할 수 있을지에 대하여 우려가 없지

---

71) 이때 국무총리는 재난구제위원회의 부의장이 되어 다른 부처의 지원 사항을 도출하는 방안도 좋을 것이다.
72) 제329회 정기국회 본회의회의록 제12호, 2014.11.7, 8면 참조.
73) 동아일보, 2014.11.19. "안전 컨트롤타워 장-차권 모두 軍출신"
74) 동아일보, 위의 기사.

않다.

최근 논의되고 있는 이원정부제나 책임총리제도에서의 국무총리의 모습이라면 이처럼 재난·구제에 대한 컨트롤타워의 지휘를 국무총리가 하는 것이 어색하지 않을 것이다. 대통령 비서실에 재난안전비서관을 둠으로써 안전에 관한 컨트롤타워와 책임은 국무총리실에 맡기고 대통령은 국가안보에 전념하는 것으로 정부조직법이 일단락된 것 같은 인상을 주게 된다.

3. 남은 과제들

(1) 재난 및 안전 교육

2014년 세월호 참사 후에도 5월 26일 경기도 고양 버스터미널 화재, 5월 28일 전남 장성 요양병원 화재, 6월 22일 강원도 태백 열차 충돌 등 안전사고가 끊이지 않았다. 세월호 사건에서 실종자들의 수색이 계속되는 동안에도 7월 2일 5시 51분 태백역－문곡역 사이에 영동선에서 열차 추돌사고도 발생했다. 계속되는 사고들은 우리 사회 전반에 확대된 안전 불감증에도 그 원인이 있다.

울리히 벡은 부는 위계적이지만 스모그는 민주적이라고 하고, 위험은 그 범위 내부에서 영향을 받는 사람들 사이에서 평등화 효과를 보여준다고 지적했다.[75] 위험에 내해서 대한민국 국민은 모두 평등하게 노출되어 있다. 따라서 세월호 사건에서의 피해는 우리 국민 모두에게 동일하게 발생할 수 있는 피해라는 점을 잊어서는 안 된다.

따라서 학교 교육에서 시민교육의 일환으로 안전 교육, 사고 발생시 대처 교육은 필수적이며 다른 학업에 밀려 등한시되어서는 안 될 것이다. 또한, 안전에 대한 교육과 국민들의 의식 개혁도 수반되어야 한다.

(2) 관련 법제의 정비

헌법을 위시해서 안전관련 법제는 주로, '재난관리 및 안전관리 기본법'이 기본이 되어, 전시재난에 대해서는 민방위기본법, 비상대비자원관리법, 자연재해에 관해서는 자연재해대책법, 농어업재해대책법, 수난구호법, 시설물의 안전관리에 관한 특별법, 소방관련법규, 원자력법, 전기사업법, 수도법, 환경정책기본법, 수질환경기본법, 해양오염방지법, 자동차운수사업법, 유해화학물질관리법, 철도법, 도시철도법 등으로 규정되고 있다. 즉, '재난 및 안전관리 기본법'을 기본법으로 하여 자연재해대책법, 소방기본법, 민방위기본법 등 다수의 법률로 세분화시켜놓고 있다. 이러한 세분화는 당해 법률적용범위에 대한 논란과 관리 기관의 중첩, 책임소재의 불분명 등의 문제점을 초래할 수 있어 바람직하지 않다.[76]

---

75) Ulrich Beck, Risikogesellschaft auf dem Weg in eine andere Moderne, Frankfurt am. Main, 1986, 홍성태 옮김, 『위험사회-새로운 근대(성)을 향하여』, 새물결, 1997, 77면-78면; 손형섭, 앞의 논문, 4면.

76) 조성제, "재난 및 안전관리와 관련한 법·제도 개선에 관한 연구", 한국위기관리논집, 제6권 제2호, 2010.

천안함 침몰사건을 계기로 2010년부터 국가 위기관리기본법의 제정에 논의된 바 있다. 이러한 법제들을 상시로 점검하고 정기적으로 통합하여 책임과 권한이 분명하도록 개정할 필요성이 있다. 관련 법령간 상호 연계성을 높여야 한다. 안전에 관한 전담부서를 중심으로 이 업무를 주로 수행해야 할 것이다. 나아가 계속되는 사고를 막기 위하여 법을 구체화하면서도 과학적이고 사고의 예방과 재난 구조에 관한 내용을 포함한 가이드라인(안전 매뉴얼)을 정비해야 한다. 그리고 관련 가이드라인이 재난 발생시 효과적으로 준수될 수 있도록 꾸준한 훈련과 교육을 해야 한다.

(3) 재난 및 안전 행정

위의 정부조직법 개정 논의에서 이야기한 것처럼 기존의 국가안보 분야와 국민 생활 안전 분야를 분리하여 각각의 영역에 집중하여 행정 업무를 수행해야 한다. 그런 의미에서 국방부에 대비되는 국민안전을 위한 부서의 신설은 고려할만하다. 또한, 중앙·지방·민간의 다양한 협업도 필요하다. 안전부를 중심으로 중앙과 지방의 다양한 협업이 필요하다. 또한, 세월호 구조작업에서의 민간 전문가들의 역할도 잊어서는 안 된다.

그리고 안전 관련 부서에서는 안전을 위한 충분한 자원을 확보할 수 있도록 관련 구조함, 구조 크레인, 구조 장비 등을 확보할 수 있도록 하고 사고 발생시 신속 투입할 수 있는 행정절차를 갖추고 지속적인 훈련을 해야 한다.

4. 2017년 정부조직법

(1) 정부조직법의 내용

문재인 대통령의 출범과 2017.7.26. 정부조직법[77]에 따라 현행 정부조직은 다음과 같이 변경되었다.

이 정부조직법의 개정이유는, “중소기업 육성과 과학기술 융합을 기반으로 미래 성장력 확충과 일자리 창출 등 경제 활성화를 뒷받침할 수 있도록 정부 조직체계를 재설계하고, 안전·재난 분야의 유기적 연계와 현장 기관의 전문 역량을 강화하기 위하여 국가 안전관리체계를 재조정하는 한편, 통상행정 분야를 효율화하고, 국가보훈 및 대통령 경호 시스템을 환경변화에 맞게 조정하는 등 국민들의 요구에 신속하게 반응하는 열린 민주 정부를 구현할 수 있도록 정부 기능을 재배치하려는 것”이었다. 이를 통하여 재난과 안전에 대한 국가조직은 국민안전처와 행정자치부를 통합하여 행정안전부를 설치하고, 행정안전부에 재난 및 안전관리를 전담할 재난안전관리본부를 설치(제34조제1항, 제34조제3항 신설)하도록 했다. 소방 정책과 구조구급 등 소방에 대한 현장 대응 역량을 강화하기 위하여 행정안전부장관 소속으로

6, 8면.

77) 정부조직법(2017.7.26. 법률 제14839호)

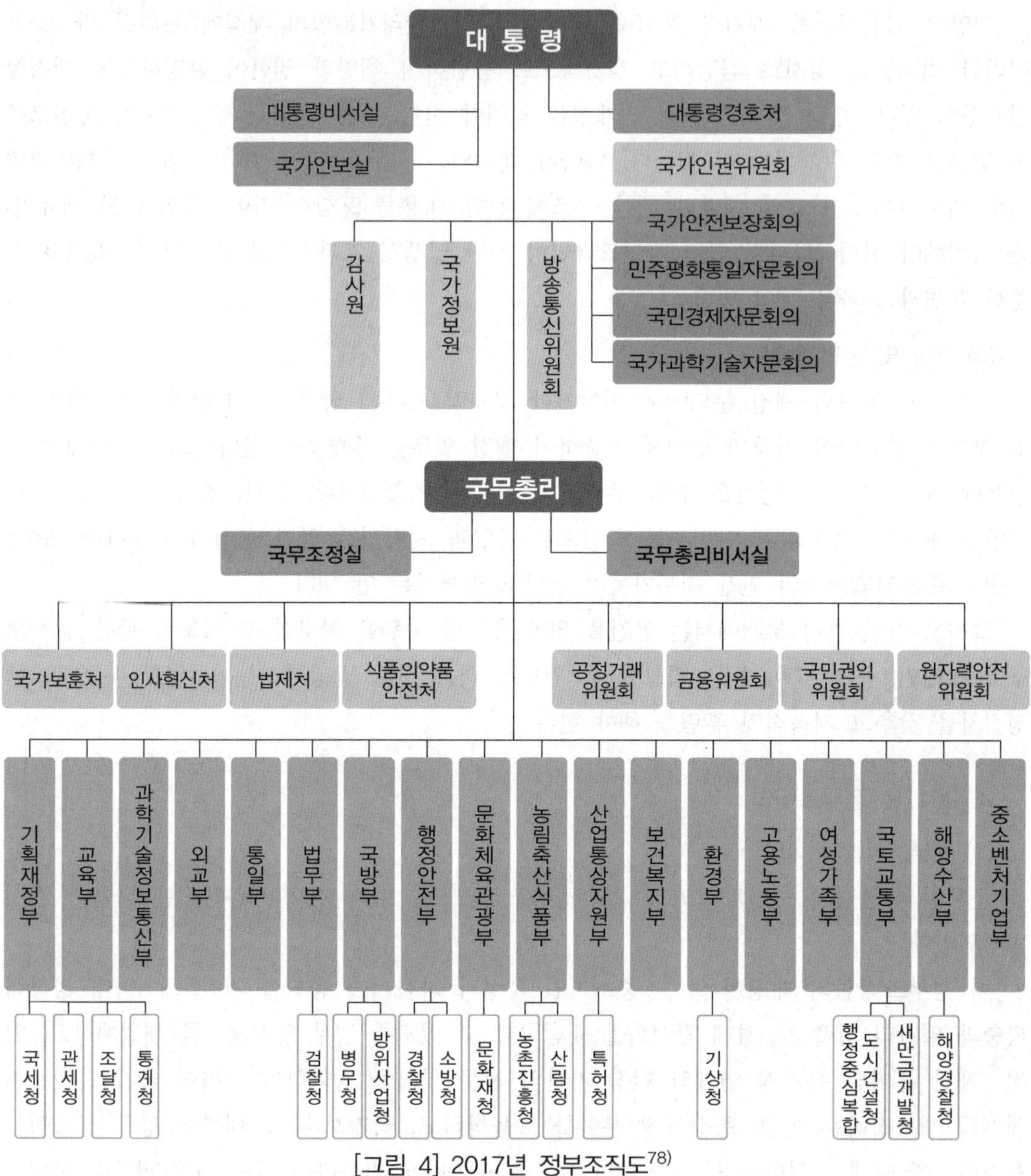

[그림 4] 2017년 정부조직도[78)]

소방청을 설치(제34조제7항 신설)하였다. 해양경찰의 역할을 재정립하여 해양안전을 확보하고, 해양주권 수호 역량을 강화하기 위하여 해양수산부장관 소속으로 해양경찰청을 설치(제43조제2항 신설)하였다. 이러한 개정은 세월호를 계기로 변경된 정부조직법을 그 이전 상태로 복귀하는 것이 주된 내용이었다.

78) https://www.gov.kr/portal/orgInfo

(2) 미래 방안

문재인 정부의 출현으로 안전과 재난관리에 대한 다양한 대비가 모색되고 있다. 그런데도 경주의 지진(2016.9.)과 포항의 지진(2017.11.) 영흥도 낚싯배 침몰사고(2017.12.), 대학병원 신생아 사고(2017.12), 제천화재 사고(2017.12.) 등 여전히 대형사건사고가 발생하고 있다. 정권이 교체되고 정부조직이 일부 바뀌어도 관련 공무원과 국민들의 안전의식, 그리고 재난 안전 관련 인프라가 일시에 바뀌는 것은 아니다. 재난 발생시에 이를 해결하기 위해서는 관민의 협조와 필요한 물자의 제공, 다양한 지원과 방재의 노력이 필요하다. 물론 이러한 재난을 효과적으로 예방·방재 및 구조하기 위해서 합리적 정부조직에 대한 고민도 끊임없이 현실에 맞추어 검토·개선되어야 한다.

이 논문에서 이미 서술한 바와 같이, 재난의 예방과 안전보장을 위한 정부조직 개편에 유의할 것은 ① 합리적인 재난방지와 효율적인 재난구조 업무의 강화를 위한 기구 통합, ② 전문가들에 의한 재난 컨트롤의 전문성 강화와 재난구조 업무에 역량 집중과 충실, ③ 재난구조에 비리와 유착 근절 등 공직 기강 확립, 그리고 ④ 공무원의 수는 해야 할 업무의 경중이나 유무와 관계없이 일정 비율로 증가하는 면이 있다는 파킨슨의 법칙을 고려한 조직의 증가에 대한 비판적 고려 등이다.

원칙적으로는 헌법하에서 정부조직법을 통한 정부조직의 빈번한 변화는 좋지 않다. 그러나 2014년 11월 세월호 사건 등이 개정 원인이 된 정부조직법에서 국무총리 아래 국가안전처를 두어 국가 안전을 책임으로부터 대통령의 역할을 배제한 모습은 특이한 것이었다. 2017년 정부조직법도 전직 대통령의 탄핵 인용으로 실시된 대통령 선거로, 정권교체과정에서 정부조직법에 대한 충분한 검토 기간을 갖지 못하였기에 세월호 정부조직법 이전의 정부조직법으로의 원상 복귀로 한 것으로 보인다. 최근 "중앙행정기관 등의 이전계획 변경"[79]의 검토[80]도 정부조직법 못지않게 실질적인 정부조직의 변화로서 고려되어야 한다. 최근에는 대통령의 권력 분산논의와 맞물려 국무총리에게 행정차지 업무와 안전에 관한 의무를 부과하는 분위기가 형성되고 있는 것이 아닌지 의문이 든다.

전술한 바와 같이, 사견(私見)으로는 안전에 관한 정부 역할을 전담하고 지방자치단체와 긴밀하게 공조할 수 있는 부서로써 국민안전부를 만들어 경찰청, 해경 그리고 소방방재청 등을 통괄하여 재난 예방 및 방제에 대한 효율성을 도모할 필요가 있다고 생각한다. 국민안전부 장관은 언제나 재난 예방과 위난 발생을 대비하여 관련부처를 지휘하여 필요한 인력과 장비와 체계를 구축하고 효율적으로 사용할 수 있도록 하는 책무를 맡긴다. 그리고 국민안전

79) 최근 관련 고시에는 '중앙행정기관 등의 이전계획 변경'(행정안전부고시 제2018-25호)이 있음.

80) 머니투데이, 2018. 3. 28. "文대통령, 행안부·과기부·해경 청사 이전 계획 재가", http://v.media.daum.net/v/20180328150403849?f=m&rcmd=rn(2018. 3. 31)

부와 지방자치단체에서 해결할 수 없을 정도의 큰 재난이 발생하면 대통령이 바로 정부의 모든 자원과 입법부 사법부의 필요한 지원을 받아 해결하도록 하는 정부조직을 구축하자는 것이다. 안보에 관한 국방부의 역할과 대비하여 안전에 대한 국민안전부, 그리고 대통령의 역할이 기존의 연구와 함께 바람직하게 검토되어 국민안전을 위한 정부조직이 잘 정비되기를 바란다. 물론 관련 기관의 권력분립도 기능적으로 수행될 수 있도록 검토되어야 한다. 그리고 정부조직법보다 상위의 국가조직 규범인 헌법의 개정과도 관련하여 검토되어야 할 문제이다.

Ⅵ. 결 어

세월호 사건을 계기로 대한민국은 안전과 재난구제를 위해 많은 변화를 도모해야 한다. 본문에서는 그 변화 중, 정부조직법의 개정을 중심으로 관련 기관의 문제점과 개혁 방향을 논의하였다.

2014.6.11. 정부는 국무총리 소속의 안전처를 만들어 그 안에 특수재난본부, 해양안전본부를 두는 안을 제시했다. 본문에서는 이 과정에서 법 논리적으로 검토 가능한 안들을 분류하고 국민안전부를 신설하고 안전부 안에 외청인 경찰청을 두고 내청으로 해양안전청과 소방방재청을 두고, 업무를 안전행정을 중심으로 조정한다는 안을 대폭통합안으로 제시하였다. 이 안은 소방공무원의 국가직화 논의에도 유용할 수 있다.

이후 2014.10.31. 여야 협상안에서는 국무총리 소속의 국민안전처를 만들어 그 안에 해양경비안전본부와 중앙소방본부를 신설하도록 하였다. 이것이 2014.11.19. 정부조직법으로 입법되어, 각계에서 요구하던 안전을 위한 컨트롤타워와 구축과 책임 있는 안전·재난 행정의 체계 확립은 다소 미흡하게 일단락되었다. 따라서 앞으로도 헌법과 법률에 따라 관련 안들이 국민 안전을 확보하는 데 효율적인 행정조직으로 조직이 되고 실제 상황에서 안전·재난 행정이 효율적으로 이루어지도록 국민과 관계자들의 꾸준한 관심과 노력이 필요하다.

나아가 국민의 안전 확보를 위해서는 정부를 어떻게 조직하는 것 못지않게, 정부가 어떠한 정신으로 어떻게 안전 업무를 수행하는지와 안전에 대한 국민의 의식 수준과 법질서 준수 의식·안전에 대한 공공서비스 등 다양한 사회적 자본(Social Capital)이 중요한 역할을 할 것이다.

국민의 안전을 전담하는 안전부서의 탄생과 관련 법제 정비, 그리고 안전 확보를 위한 안전 가이드라인의 제정과 그 준수를 위한 교육·훈련을 계속 하여, 세월호 사건 이후 더욱 안전한 사회를 구현하도록 부단한 노력을 다해야 할 것이다. 이러한 노력은 2014년에나 이 글을 다시 검토하는 2018년에나 동일하게 경주(傾注)되어야 한다.

9. 기술발전과 금융규제* - 이른바 'Regulatory Sandbox'의 한국법상 구상과 가능성

정 순 섭**

Ⅰ. 서 설

새로운 기술발전의 결과물을 금융에 접목하는 핀테크의 발전에 따라 금융시장에는 다양한 종류의 새로운 상품이나 거래방식이 등장하고 있다. 그러나 금융시장의 발전 속도와 규제 및 입법 사이에 존재하는 시차로 인하여 새로운 상품이나 거래방식은 그 자체 다양한 법적 위험에 노출될 수밖에 없다. 그러한 법적위험은 결국 새로운 상품이나 거래방식을 도입하고자 하는 시장참가자의 의욕을 사전적으로 위축시키는 위축효과를 발생시킬 수 있다. 따라서 영국 등에서는 시장참가자들이 기존의 규제입법에 명확히 반영되어 있지 않은 새로운 상품이나 거래방식을 운영하고자 할 경우 보다 완화된 규제환경에서 이를 시험적으로 도입해 볼 수 있는 규제공간을 제공하고 있다. 이를 '규제 샌드박스'(regulatory sandbox)라고 한다. 영국의 금융행위감독기구(Financial Conduct Authority, FCA)가 2016.5. 세계 최초로 도입했다.

국내에서는 이를 '금융규제 테스트베드'라는 이름으로 부르며 유사한 형태의 규제공간을 제공하고 있다. 그러나 국내법상 이러한 규제 샌드박스의 법적 지위가 명확하지 않아 논란의 대상이 될 수 있다. 이하 본고에서는 규제 샌드박스에 관한 외국사례를 살펴보고 국내법상 법적 지위를 확인하여 개선방안을 제시하는 것을 목적으로 한다.

Ⅱ. 규제 샌드박스의 의의와 구조

1. 의 의

'규제 샌드박스'(regulatory sandbox)는 "시장참가자들이 기존의 규제입법에 명확히 반영되어 있지 않은 새로운 상품이나 거래방식을 도입하고자 할 경우 보다 완화된 규제환경에서 이를 시험적으로 운영해 볼 수 있는 규제공간"을 말한다.[1] 금융위원회는 규제 샌드박스를

---

* 이 논문은 정순섭, 기술발전과 금융규제-이른바 'Regulatory Sandbox'의 한국법상 구상과 가능성, BFL 제85호, 2017에 게재한 글을 전재한 것임을 밝혀둔다.

** 서울대학교 법학전문대학원 교수

1) FCA, Regulatory sandbox, November 2015("a 'safe space' in which businesses can test innovative products, services, business models and delivery mechanisms without immediately incurring all the normal regulatory consequences of engaging in the activity in question"). 국내에서의 소개로는, 구자현 외, 미래금융 선진사례 분석 및 금융규제 테스트 베드 도입 방안, 한국개발연구원 연구보고서, 2016.9; 최해옥, "「규제 샌드박스(Regulatory Sandbox)」 정책 동향 및 시사점," 동향과 이슈 제33호, 2017, 1-20면.

'금융규제 테스트베드'라고 하면서 "'새로운 금융서비스를 도입하려는 사업자'가 '해당 서비스를 적용 대상이 되는 금융규제로부터 자유롭게 일정기간 테스트'하도록 허용하는 것"으로 설명하고 있다.[2)]

규제 샌드박스는 첫째, 새로운 사업모델을 시도하는 금융 또는 비금융 사업자를 대상으로, 둘째, 참가자나 기간을 한정하여 실증내용과 위험을 설명한 후 참가의 동의를 확인한 후에 일정한 거래를 하게 하고, 셋째, 기존에 적용되던 규제를 전면적으로 또는 부분적으로 적용하지 않으며, 넷째, 시행착오와 가설검증을 기본요소로 하면서 피드백 등을 통한 사후평가 결과 규제의 존속 여부이나 개선사항을 판단하는 구조를 말한다.

2. 필 요 성

규제 샌드박스는 다음과 같은 이유에서 필요성이 인정된다.

첫째, 금융시장의 발전 속도와 규제 및 입법 사이의 시차이다. 입법을 통하여 구축되거나 변화되는 규제제도는 급속히 변화하는 과학기술의 발전속도를 따라가기 어렵다. 따라서 새로운 상품이나 서비스에 대해서는 항상 기존의 규제제도에 부합하는지 여부라는 문제가 발생한다.

둘째, 법적 위험에 따른 거래위축효과이다. 새로운 상품이나 거래가 기존의 규제에 명확히 저촉되는지 그 자체가 불명확한 규제체계에서는 새로운 사업모델 자체를 시도해보지 못하게 된다. 그러나 규제 샌드박스는 일정한 제한 하에 "기존법령의 범위에서는 인정되지 않을 가능성이 있지만 유용할지도 모르는 서비스에 관하여 한정적인 범위에서 시험할 수 있는 환경을 갖추어 그 유용성의 확인도 포함하여 평가하는 구조"로서 "시행한 결과 문제가 없고, 사용자로서도 유용한 서비스임을 알게 되면 당해 서비스의 전개를 추진하도록 규제를 수정하고 실험중에 문제점이 발견되면 그에 대한 대처를 검토"하는 것을 기본방향으로 한다.[3)] "특히 핀테크의 특징이 금융기관이나 (비금융의) 사업회사, 벤처기업 등의 다양한 분야의 지식과 견문이나 기술이 사용자의 관점에서 연결되는 데 있는 것이 규제 샌드박스와 같은 구조가 다른 분야에 비하여 더욱 필요한 이유"라고 한다.[4)]

3. 국내 사례

현재는 "우리나라와 같은 규정중심 법체계에서는 개별 금융업법에서 금융규제의 요건과 부과여부 등을 엄격하게 정하고 있어 감독당국이 부여할 수 있는 재량 여지가 매우 제한적"

---

2) 금융위원회, 혁신적 금융서비스의 조기 정착을 위한 금융규제 테스트베드 도입 방안, 2017.3.20, 1면.
3) 経済産業省, FinTech ビジョン(FinTech の課題と今後の方向性に関する検討会合 報告), 2017.5.8, 53-54면.
4) 経済産業省, FinTech ビジョン(FinTech の課題と今後の方向性に関する検討会合 報告), 2017.5.8, 54면.

이라는 판단 아래 금융서비스를 실제 금융시장과 유사한 가상환경에서만 사전 테스트할 수 있는 Virtual Test-Bed만 가동중이다.[5] 대표적으로 "신규 핀테크 서비스가 코스콤, 결제원 등의 금융전산망에서 작동하는지 가상 시스템을 이용해 테스트"하는 핀테크 오픈플랫폼과 "로보어드바이저가 가상 시스템 내에서 일정기간 실제 자금을 운용토록 하여 알고리즘의 안정성을 테스트"하는 로보어드바이저(RA) 테스트베드[6]를 들 수 있다.

Ⅲ. 외국 사례

1. 의 의

규제 샌드박스의 법적 구조는 국가별로 차이가 있다. 첫째, 영국과 호주, 싱가포르,[7] 홍콩[8] 등 국가는 주로 핀테크분야를 중심으로 규제 샌드박스를 운용하고 있지만, 일본은 국가전략의 하나로 채택한 점에서 차별화된다.[9] 둘째, 홍콩은 다른 국가와는 달리 은행감독기관의 감독대상인 인가기관만을 대상으로 하고, 비인가기관은 인가기관과의 파트너십을 통하여 규제 샌드박스를 이용할 수 있는 점에서 다르다.[10]

이하에서는 영국과 호주 그리고 일본의 입법례와 논의상황을 법적 근거, 법적 구조, 소비자보호의 순서로 정리한다.

2. 영 국

(1) 법적 근거

FCA는 2014.10부터 소비자의 이익을 위한 혁신의 촉진과 파괴적인 혁신을 통한 경쟁 제고를 위한 'Project Innovate'를 시작하였다.[11] 규제 샌드박스는 동 프로젝트의 5대 정책과제 중의 하나이다. 영국에서의 규제 샌드박스 도입은 재무부에 제출된 영국 정부의 수석과학자문관의 보고서에서 제안되었다.[12] 이에 기초하여 FCA는 2015.11. 규제 샌드박스 도입방안을

---

5) 금융위원회, 앞의 자료, 6면.

6) 이에 관한 간단한 소개로는 안수현, "Automated Investment Tool(일명 "로보어드바이저")을 둘러싼 법적 쟁점과 과제," 상사판례연구 제29집 제2권, 2016, 165-216면.

7) Monetary Authority of Singapore, FINTECH REGULATORY SANDBOX GUIDELINES, November 2016.

8) Hong Kong Monetary Authority, Fintech Supervisory Sandbox(FSS), 6 September 2016.

9) 최해옥, "「규제 샌드박스(Regulatory Sandbox)」 정책 동향 및 시사점," 동향과 이슈 제33호, 2017, 4면.

10) Herbert Smith Freehills, HONG KONG LAUNCHES REGULATORY SANDBOX IN WAKE OF DEVELOPMENTS IN AUSTRALIA, MALAYSIA, SINGAPORE, AND THE UK, 30 September 2016, p. 1.

11) Anna Wallace, Head of Innovation Hub, UK Financial Conduct Authority, Project Innovate <http://www.meti.go.jp/committee/kenkyukai/sansei/fintech/pdf/006_02_00.pdf>.

12) Mark Walport, UK Government Chief Scientific Adviser, FinTech Futures: The UK as a World Leader in Financial Technologies, March 2015, p37("An innovative way to promote this could be creating areas of safe experimentation where ideas can be tested and new entrants can test business models in the system without the threat of destabilising the system, much like in medical trials").

발표하였다.[13] 영국은 2016.5.9.부터 규제 샌드박스를 시행하고 있다.

FCA는 규제 샌드박스와 관련한 제도운용의 효율성을 위하여 가능한 입법방안으로 다음 3 가지를 고려하고 있다.[14] 첫째, 시험을 위한 규제대상행위령[15]을 개정하여 샌드박싱을 규제대상행위의 하나로 추가하는 방안이다. 둘째, FCA의 면제기준을 개정하여 샌드박스에 관한 면제기준을 도입하는 것이다. 셋째, 인가면제령이나 영업성기준을 개정하여 샌드박스기업에 대한 인가를 면제하고, 샌드박스 행위의 영업성을 부인하는 것이다. 그러나 FCA는 셋째 방안은 EU 규제와의 관계에서 한계가 있다고 판단하고 있다.

(2) 법적 구조

1) 의 의

영국의 규제 샌드박스는 상품과 서비스의 시험을 위한 인가를 원하는 기업, 인가금융업자, 이들 업자의 업무위탁을 위한 기술회사 등이 이용할 수 있다. 규제 샌드박스를 위한 법적 수단은 기인가 금융업자와 미인가 사업자에 따라 차이가 있다. 시험기간에는 특별한 제한이 없다.

FCA는 규제 샌드박스 신청 대상업자의 선정기준을 다음 다섯 가지로 정리하고 있다.[16] 첫째, 업자의 범위 기준은 계획 중인 솔류션이 금융업을 위한 것이거나 이를 지원하는 것인지 여부를 검토한다. 둘째, 진정한 혁신 기준은 새로운 솔루션이 신규인지 또는 종래 제공되던 것과 다른 것인지를 판단한다. 셋째, 소비자 이익 기준은 그 혁신이 소비자에게 확인가능한 편익을 제공할 전망을 제시하는지를 따진다. 이 기준은 규제 샌드박스 시험기간 중 지속적으로 충족되어야 한다. 넷째, 샌드박스의 필요성 기준에서는 시험의 목적과 샌드박스 구조에서 시험할 진정한 필요성의 유무를 확인하는 것이다. 다섯째, 배경조사는 새로운 솔루션 개발, 적용 규제의 이해, 위험의 완화에 해당 사업이 적절한 자원을 투자했는지를 평가한다.

2) 인가받은 금융업자

이미 인가를 받은 금융업자나 업무위탁회사에 대해서는 비조치의견서(no enforcement action letter, NALs), 개별지침(individual guidance), 면제(waivers)의 3가지 수단이 사용된다.[17]

비조치의견서는 FCA가 요건 위반이나 규제목적 침해가 없는 경우에는 시험행위에 대하여 제재조치를 취하지 않을 것임을 명시하는 문서를 말한다. 이 경우 FCA는 시험을 중지할 수 있는 권한을 유보하는 것이 적절하다고 하면서, 비조치의견서는 그 발급일로부터 시험의 종료시점이나 FCA에 의한 중지시점까지 유효하다고 한다.[18]

---

13) FCA, Regulatory sandbox, November 2015.
14) FCA, Regulatory sandbox, November 2015, pp. 14-15.
15) Financial Services and Markets Act 2000 (Regulated Activities) Order 2001/544.
16) FCA, Regulatory sandbox, November 2015, pp. 7-8.
17) FCA, Regulatory sandbox, November 2015, p. 9.

개별지침은 "대상 기업이 수행할 업무에 대한 시험에 관하여 적용되는 규정을 해석하는 것"으로서 동 지침을 준수하면 해당 지침의 대상이 되는 규정을 준수한 것으로 간주된다.

면제는 시험행위가 FCA 규정을 충족하지 못하지만 면제요건을 충족하고 그 규정이 FCA의 면제권한 범위내에 있을 경우, FCA는 샌드박스 기업에 대한 특정한 규정을 면제하거나 수정할 수 있다. FSMA는 FCA에 첫째, 피감기관에 의한 규정이나 수정되지 않은 상태의 규정 준수가 지나치게 부담스럽거나 해당 규정이 제정된 목적을 달성할 수 없고, 둘째, 그러한 면제나 수정이 FCA의 규제목적 달성에 부정적으로 영향을 미치는 경우에 한하여 해당 규정의 면제나 수정을 할 수 있는 권한을 부여하고 있다(section 138A(4)). 면제나 수정은 규정의 일시적 위반에 해당할 행위를 허용한다. 다만 FCA의 면제권한은 EU 입법요건에 의하여 제한된다.

3) 미인가 사업자

미인가 사업자는 한정인가(tailored authorization)와 지정대리인(appointed representative) 제도를 이용할 수 있다.[19]

한정인가는 인가 요건의 전부를 충족할 수 없지만, 새로운 상품이나 서비스를 시험할 수 있는 인가를 요하는 기업에 의한 시험을 허용하는 제한적인 인가(restricted authorisation)를 말한다. 당해 기업이 모든 요건을 충족하게 되면 그러한 제한은 해제된다. 그러나 은행이나 지급기관 또는 전자화폐기관 인가는 적용대상에 포함되지 않는다.

지정대리인방식은 비영리기업을 미인가 사업자에 대한 업무위탁을 위한 샌드박스엄브렐라(sandbox umbrella)로 설립하는 방식이다. 이 경우 샌드박스엄브렐라는 미인가 사업자를 지정대리인으로 지정하여 그 인가받은 업무를 제공할 수 있게 하는 것이다. 엄브렐라회사는 대상 업무에 대하여 관련 인허가를 취득하여 인가금융업자로서 FCA의 감독을 받아야 한다. 엄브렐라회사가 지정대리인을 모니터한다.

(3) 소비자보호

FCA는 규제 샌드박스에 참여하는 소비자의 보호를 위하여 다음 4가지 방안을 제시하고 있다.[20]

첫째, 위험과 보상수단의 통지이다. 샌드박스 기업은 그 시험에 참여하는 데 동의(informed consent)한 소비자만을 대상으로 새로운 솔루션을 시험할 수 있으므로 소비자에게 잠재적인

18) 금융위원회는 "제재부과 여부에 대한 감독당국의 재량범위가 넓은 영국·호주와 달리 우리나라의 경우 개별 금융법에서 제재요건, 부과여부 등을 엄격하게 정하고 있어 비조치의견서를 활용한 규제면제 여지가 제한적"이라고 판단하고 있다. 금융위원회, 혁신적 금융서비스의 조기 정착을 위한 금융규제 테스트베드 도입방안, 2017.3.20, 3면.

19) FCA, Regulatory sandbox, November 2015, p. 8.

20) FCA, Regulatory sandbox, November 2015, pp. 21-22.

위험과 가능한 보상수단을 통지해야 한다. 이 방식은 당사자들이 특정한 시험에 적정한 보상구조를 합의할 수 있는 유연성에 장점이 있다. 그러나 전문투자자나 기업에게만 적용될 수 있다는 한계가 있다.

둘째, 적정한 공시, 보호, 보상의 승인이다. 시험에 적절한 공시, 보호, 보상구조를 기업이 제안하고 FCA가 충분한지를 판단하는 것이다. 장점은 역시 유연성에 있지만, 그 구조가 불충분한 것으로 판명된 경우 소비자의 고충이 따르게 된다.

셋째, 기인가업자와 거래하는 소비자와 같은 권리를 가지게 하는 방안이다. 소비자는 추가적인 위험을 부담하지 않게 되지만, 샌드박스 기업은 단순한 보상보다는 많은 부담을 안게 된다.

넷째, 샌드박스 기업이 소비자의 투자손실을 포함한 모든 손실을 보상하기로 약정하고 그에 필요한 재무자원을 보유하게 하는 것이다. 소비자는 일반 기인가업자와 거래하는 경우 보다 많은 보호를 받게 되지만, 샌드박스 기업에게는 지나친 부담으로 나타나게 되는 문제가 있다. 또한 손실 가능성이 전혀 없는 소비자를 대상으로 한 시험 결과가 왜곡될 가능성도 있다. FCA는 둘째 방안을 가장 적절한 방안으로 평가하고 있다.

3. 호 주

(1) 법적 근거

호주의 규제 샌드박스 구조는 일반적인 핀테크 인가면제(fintech licensing exemption)와 개별적 면제조치로 구성된다.[21] 호주는 영국보다는 넓은 면제권한을 금융감독기관인 호주증권투자위원회(Australian Securities and Investments Commission, ASIC)에 부여하고 있어서 규제 샌드박스의 법적 구조에 차이가 발생한다.

(2) 법적 구조

1) 핀테크 인가면제

호주는 일정한 금융상품이나 서비스의 제공을 위한 핀테크 인가면제를 두고 있다.[22] 샌드박스 기간은 12개월이지만(RG257.70), 일정한 요건을 충족하는 경우 그 기간을 연장할 수 있다(RG257.126-RG257.128). 이 면제는 통상적으로 호주금융업인가(Australian financial services license, AFS)나 신용업인가(credit liscense)를 요할 일정한 금융업이나 신용업무를 할 수 있게 한다.

---

21) ASIC, Testing fintech products and services without holding an AFS or credit licence, REGULATORY GUIDE 257, February 2017. 기초적인 논의는 ASIC, Further measures to facilitate innovation in financial services, CONSULTATION PAPER 260, June 2016.

22) ASIC Corporations(Concept Validation Licensing Exemption) Instrument 2016/1175; ASIC Credit(Concept Validation Licensing Exemption) Instrument 2016/1176.

핀테크 인가면제를 적용받기 위해서 별도의 신청절차는 없다. 일정한 자격요건을 충족하면 자동으로 적용되지만 관리목적상 감독기관에 그 사실을 통지하도록 규정하고 있다(RG 257.110-RG257.115). 필요한 경우 감독기관은 핀테크 인가면제를 이용할 수 없음을 서면으로 통지할 수 있다(RG257.54).

금융업 제공을 위한 핀테크인가면제와 관련하여 금융업 수행이 금지된 자, 이미 호주 금융업 인가를 보유한 자, 호주 금융업 인가 보유자의 대리인(authorised representative)이나 특별관계자는 이러한 인가면제를 이용할 수 없다(RG257.51). 마찬가지로 신용업무 제공을 위한 핀테크인가면제와 관련하여 신용업 수행이 금지된 자, 이미 신용업 인가를 보유한 자, 신용업 인가 보유자의 대리인(credit representative)이나 특별관계자는 이러한 인가면제를 이용할 수 없다(RG257.52).

핀테크 인가면제를 통하여 제공할 수 있는 금융업은 상장증권, 국채등, 단순집합투자상품, 예금, 일정한 손해보험상품, 예금취급기관이 제공하는 지급상품에 대한 자문이나 매매업무이다(RG257.57−RG257.58). 그러나 핀테크 인가면제를 이용하여 금융상품을 발행하는 것은 금지된다(RG257.59). 핀테크 인가면제를 통하여 제공할 수 있는 신용업무는 A$25,000 이하의 여신 등에 대한 중개나 보조업무이다(RG257.60-RG257.61). 핀테크 인가면제를 통하여 여신업무를 수행하는 것은 엄격히 금지된다(RG257.62).

핀테크 인가면제에 따라 시업사업을 실시한 업자는 종료 후 2월 내에 간단한 보고서를 감독기관에 제출해야 한다(RG257.119).

2) 개별 면제조치

핀테크 인가면제의 대상이 될 수 없는 사업자는 금융감독기관의 개별적인 면제조치에 의존하여 규제 샌드박스를 통한 시험사업을 할 수 있다. ASIC는 회사법상 호주 금융업인가나 전국신용법상 신용업 인가 등에 대한 폭넓은 규제면제권한을 보유하고 있다(RG257.131).[23]

(3) 소비자보호

첫째, 핀테크 인가면제를 통한 시험사업은 소매고객 기준으로 100명을 한도로 한다(RG257.81). 개별적인 거래한도로서 예금등의 경우 A$10,000, 여신상품의 경우 A$25,000, 손해보험상품의 경우 A$50,000을 초과할 수 없다(RG257.82). 그러나 도매고객에 대해서는 개별 거래한도가 없지만 모든 고객에 대한 최대 거래금액은 A$5,000,000을 초과할 수 없다(RG257.83).

둘째, 인가를 보유하지 않은 사실, 제공하는 업무가 핀테크 인가면제에 따라 시험중인 사실, 인가업자와의 거래 시 적용되는 통상적인 보호중 일부가 적용되지 않는다는 사실 등을

23) 상세한 면제 근거는 ASIC, Licensing: Discretionary powers, REGULATORY GUIDE 167, December 2016; Applications for relief, REGULATORY GUIDE 51, December 2009.

고객에게 통지해야 한다(RG257.86-RG257.93).

셋째, 고객의 손실이나 손해를 보전할 수 있는 적정한 보상구조를 갖추어야 한다(RG257. 94).

넷째, 적정한 분쟁해결시스템을 갖추어야 한다(RG257.101-RG257.108).

4. 일 본

일본의 경우 "참가자나 기간을 한정하여 실증내용과 위험을 설명한 후에 참가의 동의를 전제로 시행착오에 의한 사업모델의 발전을 촉진하는" 것을 '규제의 샌드박스'라고 하면서 정부횡단적인 체제의 구축을 제안하고 있다.[24] 경제산업성에서 발표한 핀테크비젼에 관한 보고서는 일본판 규제 샌드박스의 기본방향을 제시하고 있다.[25]

Ⅳ. 국내법상 규제 샌드박스의 법적 지위

1. 기본구조

(1) 의 의

금융위원회는 지난 3월 금융규제 테스트베드의 기본방안을 정리하여 발표하였다.[26] 그에 따르면 단기적으로 ① 금융회사를 통한 위탁테스트, ② 지정대리인, ③ 비조치의견서와 같은 현행 금융법을 준수하면서 별도의 입법 없이 추진할 수 있는 방안을 먼저 추진하고, 장기적으로, ④ 한정인가 부여, ⑤ 특례 적용, ⑥ 규제면제, ⑦ 인허가면제와 같은 방식은 필요시 별도 입법을 통하여 추진한다는 것이다.[27]

(2) 금융회사를 통한 위탁테스트[28]

미인가 개발업체가 기존 금융회사에게 자신이 개발한 금융서비스의 사용권을 위탁하여 시험사업을 하도록 허용하는 것이다. 예컨대 사기거래방지 프로그램 개발업체가 정책금융기관에게 프로그램 사용 권한을 위탁하여 시험사업을 하게 하는 것이다.

(3) 지정대리인[29]

일정한 요건을 충족하는 신규금융서비스 개발업체가 금융회사의 지정대리인이 될 수 있

---

24) 金融庁, 「未来投資戦略2017」(29年6月9日閣議決定)における金融庁関連の主要施策. <http://www.fsa.go.jp/policy/miraitoushi2017.pdf>.
25) 経済産業省, FinTech ビジョン(FinTech の課題と今後の方向性に関する検討会合 報告), 2017.5.8, 51-58면.
26) 금융위원회, 혁신적 금융서비스의 조기 정착을 위한 금융규제 테스트베드 도입 방안, 2017.3.20.
27) 금융위원회, 위의 자료, 6면.
28) 금융위원회, 위의 자료, 9-10면.
29) 금융위원회, 위의 자료, 10-11면.

도록 허용하여 시험사업을 수행할 있게 하는 방식이다. 이를 위해서는 규제 샌드박스의 시험사업 수행을 위한 업무위탁관련 규제의 개편이 필요하다. 또한 위탁자와 수탁자 그리고 거래상대방인 금융소비자 사이의 법률관계 특히 책임법리도 명확히 정리되어야 한다.

(4) 비조치의견서[30]

기존 법령상에 적용대상 규제가 불명확한 신금융서비스 영역을 대상으로 비조치의견서 발급을 통해 시범영업을 허용한다는 것이다. "법령등의 제개정 당시에는 예상하지 못했던 상황이 발생하여 당해 행위에의 적용여부가 불명확한 경우"(법령해석 및 비조치의견서 업무처리에 관한 운영규칙 4조 2호)로서 비조치의견서 발급이 가능하다는 것이다. 모바일 카드단말기를 통한 카드결제서비스를 일정한 요건 하에 제공하는 경우 여신전문금융협회에 등록하지 않아도 여신전문금융업법상 제재 대상이 아님을 회신한 사례를 들고 있다.

(5) 소비자 보호[31]

금융위는 규제 샌드박스의 소비자 보호를 위한 대책으로 첫째, 금융소비자군을 한정하여 테스트를 수행하되, 소비자에게 테스트베드 사업임을 사전에 설명하도록 의무화하고, 둘째, 테스트 과정에서 소비자에게 손실이 발생할 경우 소비자는 관련 법령에 따라 소송, 분쟁조정 및 보상 절차 등을 진행 가능하도록 하며, 셋째, 테스트베드 수행업체가 배상책임보험에 가입하도록 의무화하여 소비자 피해발생시 원활한 보상이 가능하도록 하는 방안을 제시하고 있다.

2. 행정적 해결의 한계

규제 샌드박스의 기본적인 발상은 법적 위험에 따른 거래위축효과를 사전적으로 제거하기 위한 시스템을 구축하자는 것이다. "우리나라와 같은 규정중심 법체계에서는 개별 금융업법에서 금융규제의 요건과 부과여부 등을 엄격하게 정하고 있어 감독당국이 부여할 수 있는 재량 여지가 매우 제한적"이라는 판단에 기초한 것이다.[32]

법적 위험에 대한 해결수단으로는 행정적 해결, 사법적 해결, 입법적 해결로 구분할 수 있다. 법적 확실성 등의 특면에서는 입법적 해결이 가장 완전한 구조라고 할 수 있다.[33] 그러나 입법적 해결에 소요되는 시간과 비용을 고려하여 행정적 해결을 시도하는 것이 현재 국내에서 추진되는 금융규제 테스트베드의 기본발상이라고 할 수 있다.

그런 면에서 영국이나 호주와 같이 금융규제법상 금융감독기관에 일반적·포괄적인 금융

30) 금융위원회, 위의 자료, 7-8면.
31) 금융위원회, 위의 자료, 11면.
32) 금융위원회, 위의 자료, 6면.
33) 정순섭, 은행법, 2017, 168-170면.

규제의 면제 또는 유예권한을 부여하고 있는 체계에서는 보다 용이하게 규제 샌드박스를 설계하고 운용할 수 있다.

3. 현행법상 규제 샌드박스의 활용 가능성

(1) 진입규제와의 관계

규제 샌드박스의 설계 및 운영과 관련하여 직접 관련되는 규제는 진입규제이다. 이는 영국이나 호주의 경우에도 1차적으로 진입규제의 면제를 위한 다양한 수단을 갖추려는 것을 보아도 명백하다. 은행법, 자본시장과 금융투자업에 관한 법률, 보험업법 등 현행 금융규제법상 진입규제는 금융감독기관에 의한 면제 가능성을 원천적으로 차단하고 있다.

자본시장과 금융투자업에 관한 법률상 인가제도를 보면, "누구든지 이 법에 따른 금융투자업인가(변경인가를 포함한다)를 받지 아니하고는 금융투자업(투자자문업, 투자일임업 및 전문사모집합투자업은 제외한다. 이하 이 절에서 같다)을 영위하여서는 아니 된다"라고 하여 무인가 영업행위의 금지를 선언하고(동법 11조), 이에 위반할 경우 5년 이하의 징역 또는 2억원 이하의 벌금에 처하고 있다(동법 444조 1호).

① 금융회사를 통한 위탁테스트, ② 지정대리인, ③ 비조치의견서와 같은 행정적 해결 이외에 현행법 해석상 규제 샌드박스의 도입방안으로는 첫째, 영업성의 평가와 둘째, 조건부 인가의 2가지를 생각해 볼 수 있다.

(2) 영업성

자본시장과 금융투자업에 관한 법률은 금융투자업을 "이익을 얻을 목적으로 계속적이거나 반복적인 방법으로 행하는 행위"라고 하여 영업성의 요건을 규정하고 있다(동법 6조 1항). 따라서 영업성의 요건을 충족할 수 없는 경우에는 진입규제도 적용되지 않게 된다. 일정한 제한된 범위의 금융소비자를 상대방으로 제한된 범위의 금융업무를 시험사업목적으로 수행하는 것에 영업성을 부정할 수 있는가. 영업성의 요건을 매우 넓게 해석하는 일반적인 경향을 고려할 때 비록 제한된 범위이지만 금융업에 해당하는 행위를 수행하는 경우를 두고 영업성의 요건을 충족하지 않는다고 판단할 수 있을지 의문이 있다. 그리고 영업성의 평가를 통한 해결은 개별 사안별로 해석과 판단이 이루어져야 하는 점에서 일반적인 법적위험해결 수단으로서는 한계가 있다. 영국과 같이 비영리단체를 엄브렐라로 사용하는 방안도 우리나라에서는 사용하기 어려울 것이다. 우리 금융규제법상 비영리단체가 인가나 허가를 받을 자격은 없다고 해석하는 것이 타당할 것이다.

(3) 조건부 인가

1) 의 의

은행법, 자본시장과 금융투자업에 관한 법률, 보험업법 등 현행 금융규제법은 인가나 허가에 조건을 붙일 수 있는 조건부 인가나 허가제도를 두고 있다.[34] 예컨대 은행법상 은행업 인가를 하는 경우에 금융시장의 안정, 은행의 건전성 확보 및 예금자 보호를 위해 필요한 조건을 붙일 수 있다(8조 4항). 조건부 인가는 인가대상인 업무단위를 무한히 세분화할 수 없는 점에서 인가업무단위로 규정되어야 할 사항을 입법기술상 조건이라는 형태로 반영하는 불가피한 측면이 있다.

2) 조건의 내용과 취지

여기서 '조건'은 장래의 불확실한 사실의 성부에 행정행위의 효력을 의존하게 하는 조건에 한정되는 것이 아니라 기한과 부담을 포함한 부관 전체를 의미하는 것으로 이해된다.[35] 은행법상 조건부 인가에 대해서는 "은행의 공공성을 감안하여 획일적인 인가를 피하고 구체적 사정에 적응키 위해" 라는 설명이 있다.[36]

3) 활용가능성

조건부 인가제도의 조건을 규제 샌드박스의 설계와 운영을 위한 목적으로 활용할 수 있는가. 첫째, 현행법상 인가제도는 현실적으로 금융업을 수행하는 것을 전제로 구성된 것인 점, 둘째, 현행법상 조건부 인가에서 조건은 법률상 설정되어 있는 업무의 범위나 그 방법을 제한하는 목적으로 활용되어 온 점 등을 고려할 때 동 제도를 규제 샌드박스의 설계와 운영을 위한 목적으로는 이용할 수 없다는 해석이 가능할 것이다.

또한 규제 샌드박스는 이용자격과 금융소비자보호를 위한 각종 규제장치 등이 수반되어야 한다. 이러한 규제장치를 단순히 조건부 인가나 허가의 조건에 의존하여 구성할 수 있는지에 대해서는 의문이 있다. 가장 중요한 문제는 조건부 인가나 허가를 취득하기 위해서도 일반적인 인가나 허가요건을 모두 갖추어야 한다는 점이다. 따라서 조건부 인가나 허가제도를 규제 샌드박스의 설계와 운영을 위한 근거로 활용하기에는 한계가 있다.

Ⅴ. 결 어

규제 샌드박스는 금융시장의 발전 속도와 규제 및 입법 사이의 시차에서 비롯된 법적 위험에 따른 거래위축효과를 출발점으로 한다. 새로운 상품이나 거래가 기존 규제에 위반되는

34) 은행법 8조 4항; 자본시장법 13조 4항; 보험업법 4조 7항 등. 은행법상 조건부 인가에 대해서는 정순섭, 은행법, 2017, 105-106면.

35) 정순섭, 은행법, 2017, 105면.

36) 은행감독원, 은행법 해설, 1993, 64면.

지 여부가 불확실한 상황에서는 사업성을 확인하기 위한 시험사업 자체가 금지될 수밖에 없기 때문이다.

현재 추진되고 있는 방안 중 지정대리인 제도와 같이 기존 금융회사의 업무위탁을 통한 시험사업수행을 허용하는 방안은 영국이나 호주에서도 인정되는 매우 유용한 수단이 될 것이다.

진입규제의 면제나 유예를 통한 방안이 규제 샌드박스의 활용가능성을 높이는 수단이라는 점은 부정하기 어렵다. 그러나 국내 금융규제법상 영국이나 호주와 같은 포괄적인 방식의 규제면제권한을 금융감독기관에 인정하는 것에 대해서는 우려가 제기될 가능성도 있다. 따라서 입법적 조치로는 대상업무와 거래상대방, 소비자보호장치, 업무수행기간 등을 엄격히 제한하는 규제 샌드박스의 제한적인 목적을 위한 진입규제의 면제나 유예제도를 검토하는 것이 타당할 것으로 본다.

규제 샌드박스의 도입을 위하여 조건부 인가나 허가제도를 활용할 수 있는지 여부에 대해서도 추가적인 검토가 필요할 것으로 본다. 업무의 범위와 방법에 관하여 엄격한 제한을 조건의 형태로 부과하면서 시험사업을 위한 제한적인 인가를 부여하는 것은 금융규제목적을 본질적으로 침해하지 않을 것으로 본다. 그러나 이 경우에는 인가 요건에 대한 완화가 동시에 이루어져야 하는 점에서 입법적 조치가 필요하다. 조건부 인가나 허가를 규제 샌드박스를 위하여 이용할 수 있는 것으로 규정하면서 인가나 허가 요건을 완화할 수 있으면, 규제 샌드박스에 한정해서 생각할 때 영국이나 호주에서 규정하는 진입규제의 면제나 유예와 동일한 효과를 달성할 수 있을 것이다.

10. 금융에 대한 국가의 감독 체계* - 영국의 금융규제기관을 중심으로 -

서 승 환**

Ⅰ. 서　　설

우리나라의 현행 금융감독체계는 1997년 아시아 외환위기를 겪으며 기본적인 틀이 구축되어 약간의 수정이 가해진 통합금융감독체계이다. 1997년 12월 29일 「금융감독기구의 설치 등에 관한 법률」이 제정되기 이전에는 은행, 증권, 보험 등 각 금융업종 별로 감독기구가 존재하였으나 당해 법률을 통해 전 금융업권을 포괄하여 감독하는 통합금융감독기구 모델이 도입되었다. 이듬해 금융감독원 설립위원회가 발족되어 새로운 금융감독체계를 구성하기 위한 실질적인 작업에 들어갔고 금융감독위원회 및 금융감독원이 출범하였다.[1] 그로부터 약 10년 후 이명박 정부가 출범하면서 2008년 법률 제8863호에 의하여 「금융위원회의 설치 등에 관한 법률」로 개정되어 종전의 금융감독위원회가 금융위원회로 대체되고, 종래 재정경제부의 권한으로 되어있던 금융정책에 관한 권한이 금융위원회로 이전되었으나 '금융(감독)위원회-금융감독원'이라는 기본적인 구조는 유지되고 있다.

2008년 세계금융위기 이후 금융규제 및 감독체계의 개편에 관한 논의가 전세계적으로 활발하게 진행되었고, 우리나라 역시 상호저축은행 부실사태, 키코(KIKO) 상품거래 분쟁과 같은 금융소비자보호 문제가 제기되면서 금융감독체계 개편에 대한 논의가 여전히 진행중이다. 일례로 2012년 이후 금융소비자보호위원회 신설을 비롯한 금융감독체계 개편과 관련하여 다수의 입법안[2]이 발의되기도 하였다. 각 입법안의 구체적인 내용은 상이하나 기본적으로 금융소비자보호기능을 강화하고, 건전성감독기관과 영업행위감독기관을 구분하는 기능적 이원화모델의 접근방식을 반영하고 있다고 평가받고 있다.[3] 우리나라의 금융현실에 현재의 통합금융감독모델이 더 적합한지, 아니면 기능적 이원화모델이 더 적합한지는 단순한 규범의 문제가 아닌

---

* 본 논문은 서승환, 영국 금융규제기관의 조직과 권한, 『행정법연구』 제44호(2016.2)의 글을 수정·보완한 것으로 국가 조직의 중요한 부분인 금융 규제·감독기구를 공법적 시각에서 고찰한 것입니다. 미력한 글이지만 평생을 학계에서 헌신하신 성낙인 총장님께 존경과 감사의 마음을 드립니다.

** 한국법제연구원 부연구위원, 법학박사

1) 금융감독원의 설립 및 추진 과정에 관한 상세한 내용은 금융감독원, 『금융감독원 10년사』, 금융감독원, 2009 참조.

2) (의안번호 2514, 발의연월일: 2012.11.9., 김기준의원 대표발의); (의안번호 2515, 발의연월일: 2012.11.9., 김기준의원 대표발의); (의안번호 5454, 발의연월일: 2013.6.13., 민병두의원 대표발의); (의안번호 7356, 발의연월일: 2013.10.28., 강석훈의원 대표발의); (의안번호 8152, 발의연월일: 2013.11.28., 이종걸의원 대표발의) 등.

3) 정순섭, "금융감독체계의 구성원리에 관한 연구-이원화모델을 중심으로", 『민사판례연구』 제37집, 박영사, 2015, 1043면 이하 참조. 금융규제기구 모델에 관해서는 뒤의 각주 16) 참조.

다양한 변수를 내재하고 있는 사실과 규범의 복합적인 난제이다. 따라서 우리나라의 입법자가 채택하고자 했던 감독체계 모델을 먼저 도입한 나라의 제도에 대한 고찰은 그러한 난제를 해결함에 있어 상당한 의미를 지닌다. 특히 우리나라 법제의 현재 모습을 이해하고 나아갈 방향을 모색함에 있어 외국 법영역의 발전과정과 전체적인 특성을 파악하는 거시적 고찰은 비교공법적 차원에서 중요한 의의를 지닌다.[4] 이에 본고에서는 현재 우리나라가 채택하고 있는 통합금융감독체계 모델에서 우리가 입법을 통해 채택하고자 했던 기능적 이원화 모델로 최근 전환한 영국의 금융규제체계를 고찰하고, 우리에게 주는 입법적 시사점을 살펴보고자 한다.

Ⅱ. 영국 금융규제체계의 역사적 변천

1. 자율규제의 전통

유럽대륙의 여러 나라에 비해 중앙집권화된 경찰권력 및 행정조직으로 상징되는 '국가'에 대한 관념이 상대적으로 희박했던 영국에서는 전통적으로 시장 전반에 걸쳐 자율규제(self-regulation)의 방식이 만연했다.[5] 특히 중세 이래로 정치적·사회적 영향력이 막강했던 금융산업은 외부의 통제기제를 구축하려는 다양한 시도에도 불구하고 20세기 후반까지도 외부의 통제를 배제하고 업계 스스로 자신들의 산업을 규율하는 그 독자성을 유지하였다. 일례로, 영국의 산업혁명이 한창이던 18세기에 금융업계의 전문가들은 사법부의 재판과정에서도 특별 배심원으로 선정되어 주요 금융사건을 결정하였다.[6]

입법을 통한 금융시장의 규제는 1284년의 법령[7]으로 거슬러 올라간다. 당해 법령은 주식 중개인이 허가를 받고 영업활동을 하도록 하면서 허가를 받지 않고 영업을 한 자에 대해서는 기소하도록 했으나 기본적으로 당해 법령을 통해 자율규제의 전통이 확립되었다는 평가를 받고 있다. 그 이후에도 금융시장에 대한 입법적 규제는 금융업계의 강력한 정치적·재정적 영향력으로 인해 번번이 좌절되었고, 1986년 「금융서비스법」(Financial Services Act)을 통해 비로소 활발해졌다. 이에 관하여 조지 길리건(George Gilligan)은 1986년 「금융서비스법」이 제정되기 전까지 어떤 입법적 조치도 영국 금융업계의 본질적인 독립성을 침해하지는 못했다고 평가하고 있다.[8]

영국의 금융규제 역사에서 1986년 「금융서비스법」은 기념비적인 의미를 지니고 있다. 당해 법률은 탈규제를 통한 소위 '금융시장의 빅뱅(Big Bang)' 시기를 열었지만, 이는 단순한

4) 박정훈, 『행정법의 체계와 방법론』, 박영사, 2005, 26면 이하 참조.
5) Kenneth Dyson, The state tradition in western Europe, Oxford 1980, pp. 33-44 참조.
6) W. R. Cornish/G. de N. Clark, Law and society in England 1750-1950, London 1989, pp. 36-38.
7) 13 Edward Ⅰ stat. 5 [1284].
8) George Gilligan, The origin of UK financial services regulation, The Company Lawyer, Vol. 18, No. 6, pp. 167-176, 1997.

규제완화라기보다는 오랫동안 영국 금융업계에 뿌리 깊게 자리하고 있었던 자율규제로부터의 탈피를 시도하였다는 의미가 더 크다고 볼 수 있다. 가령, 금융투자업계의 오랜 관행이었던 고정 수수료를 폐지하여 증권투자업계의 자유경쟁을 촉진시킨 것은 자율규제 체제 하에서의 오랜 관습을 입법으로 금지한 좋은 예이다. 그러나 규제기관의 경우 대처 정부가 자율규제 체제의 취약성을 인식하고 자문을 구한 짐 고우어(Jim Gower)교수의 견해가 반영되지 못했다. 고우어 교수는 당초 미국의 증권거래위원회(Securities Exchange Commission) 형태의 규제기관을 모델로 생각했으나 현실적 한계를 인식하고 금융업계의 분담금을 통해 운영되는 자율규제기관 형태를 제안하였다.[9)]

1986년 「금융서비스법」 체제 하에서 증권 및 금융투자에 대한 최종적인 규제권한은 정부에게 있었으나 정부는 규제권한을 직접 행사하지 않고 그 권한을 민간회사 형태의 비정부기구인 증권투자위원회(Securities and Investment Board; SIB)에 위임하였다. 증권투자위원회 역시 실질적인 규제활동을 직접 담당하기보다는 4개의 자율규제기구(Self-Regulatory Organisation; SRO)가 수행하도록 하고, 감독기관 전체를 총괄하는 책임을 졌다.[10)] 이에 반해 은행영역의 경우, 영국 은행규제의 역사상 최초의 입법적 규제라고 할 수 있는 1979년 「은행법」(Banking Act)에 따라 중앙은행인 영란은행이 규제권한을 수행했다.[11)] 또한 보험영역의 경우, 1982년 「보험회사법」(Insurance Companies Act)에 의거하여 정부부처인 재무부 소속의 보험감독위원회(Insurance Directorate)가 인가 및 건전성규제를 담당하였다. 그러나 장기보험상품의 경우 투자상품으로 분류되어 1986년 「금융서비스법」의 적용을 받았고, 자율규제기관인 보험중개등록협회(Insurance Brokers Registration Council)가 규제를 담당하였다.[12)]

2. 통합금융감독기구

많은 나라의 금융규제체계 개편의 과정이 그러하였듯이 영국 역시 금융규제체계의 개편은 크고 작은 금융 스캔들에 의해서 유발되었다. 1995년 베어링스(Barings) 은행이 파산하자 영국의회는 은행감독에 대한 중앙은행의 역할과 기능에 대해 전면적으로 검토하게 되었다. 이에 따라 중앙은행이 통화정책기능과 은행감독기능을 둘 다 수행하기는 힘들다는 결론에 이르게 되었고, 은행감독에 관한 권한을 별개의 규제기관에 이전시키는 결정을 내리게 되었

9) 1986년 「금융서비스법」 하에서 형성된 자율규제체계에 대한 개략적인 내용은 Dalvinder Singh, Banking regulation of UK and US financial markets, 2008, pp. 10-14 참조; 고우어 교수의 보고서 내용은 Laurence C. B. Gower, Review of investor protection: A discussion document, London 1982; Gower, Big Bang and City Regulation, Modern Law Review, Vol.51, No.1 참조.

10) George Walker, Financial services authority, in: Blair/Walker/Purves(eds.), Financial services law. 2. ed. Oxford 2008, pp. 11-14 참조.

11) 심영, "영국의 금융서비스 및 시장법에 관한 고찰", 『상사법연구』 제22권 제2호(2003), 11면.

12) 심영, 위의 글, 12면.

다. 이와 함께 기존의 자율규제기관(Self-Regulatory Organisations)을 중심으로 형성된 금융시장에 대한 규제체계의 한계를 인식하여 자율규제기관에 의한 규제방식을 대체하고, 금융상품의 통합화 추세에 따라 단일한 규제기관이 금융규제를 담당하는 통합금융감독기구 모델을 채택하여 영국 금융감독원(Financial Services Authority)이 설립되게 되었다.[13)]

영국 금융감독원은 회사 형태의 私법인이고, 독립적인 비정부기구이다. 금융감독원의 구성원 역시 공무원이 아니다.[14)] 금융감독원의 직원은 2,500명~3,000명 정도이고, 규제기능을 수행하는 데 있어 드는 비용은 연간 대략 300만 파운드 규모이다. 금융감독원의 규제대상은 7,500개의 투자회사, 660개의 은행, 70개의 주택금융조합, 1,000개의 보험회사 및 공제조합, 700개의 신용협동조합, 로이드(Lloyd's of London)를 포함한 대략 10,000개 정도의 금융기관에 달했다.[15)]

영국의 현 금융규제체계에 대해 살펴보기에 앞서 금융규제기구 모델에 대해 간단히 언급하고자 한다. 현존하는 금융규제기관 구성모델은 이론적으로 크게 세 가지 형태로 구분할 수 있다. 역사적으로 가장 먼저 등장한 금융규제기구 모델은 은행, 증권, 보험 등 각 영역별로 규제기관을 두는 다원화 모델이다. 1990년대 후반까지는 각 영역별로 규제기구를 조직하는 다원화 모델이 지배적인 규제기구 구성방식이었으나 파생금융상품 같은 다양한 금융상품이 발달함에 따라 고전적인 은행, 증권, 보험 영역의 구별이 파괴되었고, 이에 발맞추어 단일한 규제기관이 전체 금융시스템을 규제 및 감독하는 통합감독기구 모델이 전 세계적으로 유행하게 된다. 이러한 일원화 모델의 가장 큰 약점은 하나의 규제기관이 전체 금융시스템을 규제하면서 발생하는 권한의 집중과 규제의 공백 문제이다. 특히 2008년 세계금융위기를 겪으며 제기되었던 건전성규제 강화와 금융소비자보호 문제가 대두되면서 건전성규제와 영업행위규제를 기능적으로 분리하여 각각 별개의 기관이 규제 및 감독을 수행하도록 하는 기능적 이원화 모델 내지 트윈 픽스(Twin Peaks) 모델이 새롭게 부각되게 되었다.[16)]

3. 변형된 기능적 이원화 모델

(1) 마이클 테일러 박사의 트윈 픽스 모델[17)]

마이클 테일러(Michael Taylor) 박사는 1995년 영국이 통합금융감독 모델로의 전환을 검

13) Alastair Hudson, The law of finance, London 2010, pp. 169-170 참조.

14) George Walker, *op. cit.*, p. 18.

15) George Walker, *op. cit.*, p. 43.

16) 금융규제기구 모델은 크게 일원화 모델, 기능적 이원화 모델, 다원화 모델로 구분할 수 있다. 기능적 이원화 모델은 흔히 '쌍봉형 모델' 내지 '트윈 픽스'(Twin Peaks) 모델이라고도 명명되나 건전성규제 기능과 영업행위규제 기능을 구분하여 별개의 조직으로 구성하는데 착안하여 본고에서는 기능적 이원화 모델이라는 명칭을 사용한다. 금융규제기구 모델에 대한 상세한 내용은 서승환, 「합의제 독립규제기관의 민주적 정당성에 관한 연구-금융규제기관을 중심으로」, 서울대학교 박사학위논문, 2014, 169면 이하 참조.

17) 마이클 테일러의 트윈 픽스 모델 및 호주의 기능적 이원화 모델에 대한 상세한 내용은 서승환, 위의 글, 177-180면 참조.

토할 당시 '트윈 픽스'(Twin Peaks)라는 이름의 새로운 모델을 처음 제시하며 당시 세계적인 트렌드라고 볼 수 있었던 통합금융감독기구 모델이 아닌 기능적 이원화 모델을 역설하였다. 마이클 테일러 박사의 기능적 이원화 모델의 핵심 논변은 금융시스템 보호가 주된 목적인 건전성 규제기능과 금융소비자 보호가 주된 목적인 영업행위 규제기능은 각각 별개의 규제기관이 수행해야 한다는 것이다. 이에 대한 논거로 마이클 테일러 박사는 다음과 같은 세 가지의 논거를 제시하고 있다.

첫째, 금융시스템에 대한 보호와 금융소비자에 대한 보호는 근본적으로 상이한 규제목표이고, 전문투자자 등이 활동하는 도매금융 시장(Wholesale Market)과 일반투자자가 활동하는 소매금융 시장(Retail Market)에 대한 규제 수단 역시 기본적으로 다르다. 이처럼 서로 다른 규제 목적 내지 기능은 별도의 조직에서 수행되어야 한다는 것이다. 둘째, 건전성규제와 영업행위규제라는 서로 다른 규제목표는 결국 개별 사안에서 충돌할 수밖에 없고, 서로 다른 두 가지 규제목표를 하나의 조직에서 수행하는 단일규제기관에서는 중요한 정책적 판단을 규제기관 스스로 판단하게 된다는 면에서 바람직하지 않다. 이러한 서로 다른 규제목표 내지 원칙의 충돌은 정치적 차원에서 이루어져야 하고, 두 가지 규제 목표를 서로 다른 규제기관에서 수행하는 기능적 이원화 모델은 양 기관간의 충돌을 정치적 결정으로 해결하도록 한다는 장점을 지닌다. 셋째, 금융시장 전 영역에 대한 건전성 규제와 영업행위 규제를 모두 수행하는 통합금융기관 모델은 너무 많은 권한이 하나의 규제기관에 집중된다는 약점을 지니게 된다. 기능적 이원화 모델은 두 개의 규제기관에 권한이 배분됨에 따라 권한의 집중 문제를 해결할 수 있다.[18)]

마이클 테일러가 주창한 트윈 픽스 모델은 당시 영국 정부에 의해 채택되지 않았으나 호주와 네덜란드가 그의 이론에 따라 금융규제체계를 조직하였고, 미국 정부가 그러한 기능적 이원화 모델의 도입을 검토하였다. 영국 정부 역시 최근의 세계 금융위기 이후 금융규제체계를 개혁하면서 중앙은행 중심의 변형된 기능적 이원화 모델을 채택하였다.

(2) 글로벌 금융위기와 영국의 금융규제체계 개혁

금번 세계 금융위기의 시작은 2007년 8월 발생한 비엔피 파리바(BNP Paribas)은행의 미국 서브프라임 모기지 관련 펀드의 환매 중단 사태로 거슬러 올라간다.[19)] 당시 증권화 상품에 대한 시장의 의혹이 커짐에 따라 영국을 비롯한 세계 금융시장은 경색되었고, 주택론담보증권(Mortgage Backed Securities; MBS)의 리스크에 크게 노출되었던 영국의 노던 락(Northern

18) Michael Taylor, "Twin Peaks": A regulatory structure for the new century, Center for the study of financial innovation, 1995, p. 15.

19) 당시 미국의 서브프라임 모기지 채권에 대한 가치평가에 문제가 발생하였고, 비엔피 파리바(BNP Paribas)의 세 개 펀드가 환매를 중단하였다. The New York Times, BNP Paribas suspends funds because of subprime problems, 2007년 8월 9일자 기사 참조.

Rock) 은행이 유동성 위기에 빠지면서 영국은 140년만의 예금인출사태(Bank Run)를 경험하게 되었다.[20] 이후 전 세계적으로 금융위기가 진행되면서 영국의 9개 주요은행 중 5개의 은행이 전면적으로 혹은 부분적으로 국유화되었다.[21]

금융영역을 넘어 실물경제에까지 지대한 영향을 미친 금융위기에 대응하여 영국정부는 공적자금을 투입하고 금융기관을 국유화하는 등 다양한 조치를 취하였다.[22] 이와 동시에 기존의 금융규제 및 감독 체계의 실패 원인을 분석하고 규제개혁을 단행하기 위한 준비를 하게 된다. 이에 따라 기존의 금융규제체계의 주요 3당사자인 재무부, 중앙은행, 금융감독원(FSA)을 중심으로 다양한 보고서[23]가 발간되었고, 이 중 2010년 「금융서비스법」(Financial Services Act) 제정에 상당한 영향을 미친 보고서는 당시 영국 금융감독원(FSA) 이사회 의장이었던 터너 경의 보고서와 영국계 대형은행인 바클레이스(Barclays)의 이사회 의장을 역임한 바 있는 은행가 워커 경의 보고서이다. 2010년 「금융서비스법」의 주된 내용은 다음과 같다. 첫째, 금융규제기관의 규제목적에 금융안정을 추가하였다.[24] 둘째, 인가사업자의 임원보수규정에 대한 별도의 규정을 두었다.[25] 셋째, 회복 및 해산 계획에 관한 규정을 제정하였다.[26] 넷째, 금융규제기관의 징계권한을 강화하였다.[27] 다섯째, 소비자구제제도를 보완하였다.[28] 이상의 내용에서 알 수 있듯이 당해 법률은 영국 금융규제체계의 근본적인 변화를 담고 있기보다는 기존 체제의 수정・보완에 초점이 맞추어져 있다.[29]

영국 정부는 2010년 「금융서비스법」 제정을 통해 금융규제체계의 개혁을 마무리하려고

---

20) 노던 락(Northern Rock) 사태에 대한 상세한 내용은 The Economist, Northern Rock: Lessons of the fall, 2007년 10월 18일자 기사 참조.

21) 2007년 3월 당시 FTSE 100 지수에 포함되었던 9개 은행 중 5개 은행이 부분적으로 국유화되었다. House of Commons Treasury Committee, Banking Crisis: dealing with the failure of UK banks, Seventh Report of Session 2008-09(2009.4.21.) p. 7.

22) 한시법인 2008년 「은행(특례규정)법」(Banking (Special Provisions) Act 2008)은 주로 은행의 국유화와 관련된 법률이고, 2009년 「은행법」(Banking Act)은 2008년 법률을 대체하는 법률로서 은행의 특별해산체계(Part 1 Special Resolution Regime)를 포함하여 은행 도산(Part 2 Bank Insolvency), 은행 관리(Part 3 Bank Administration) 등을 주요 내용으로 하고 있다.

23) 주요 보고서는 다음과 같다. 당시 영국 금융감독원 이사회 의장인 터너(Sir Jonathan Adair Turner)가 작성한 터너 보고서 FSA, The Turner Review: A regulatory response to the global banking crisis(2009.3.); 터너 보고서의 구체화 버전이라고도 할 수 있는 FSA, A regulatory response to the global banking crisis(2009.3.) Discussion Paper 09/2; 영국의 저명한 은행가인 워커(David Alan Walker)가 은행 및 금융기관의 거버넌스에 관하여 작성한 워커 보고서 Sir David Walker, A review of corporate governance in UK banks and other financial industry entities(2009.7.16.); 영국 재무부의 White Paper인 HM Treasury, Reforming financial markets(2009.7).

24) 동법 제1조 제2항.

25) 동법 제4조-제6조.

26) 동법 제7조.

27) 동법 제9조.

28) 동법 제14조.

29) 오성근, "영국의 금융감독체계의 개혁 및 입법적 시사점", 『증권법연구』 제15권 제1호(2014), 293면 이하 참조.

하였으나 2010년 5월 보수당 연립정권이 탄생하면서 금융규제체계는 근본적인 변화를 맞이하게 된다.[30] 2010년 7월에 영국 재무부가 의회에 제출한 보고서는 기존의 금융규제체계인 3당사자구조(Tripartite System)가 다음의 세 가지 측면에서 내재적인 한계 내지 취약성을 지니고 있다고 평가하고 있다. 첫째, 현 체제는 단일규제기관인 금융감독원(FSA)에 글로벌 투자은행의 건전성감독부터 소규모 금융업자의 영업행위까지 너무 광범위한 영역에 걸쳐 규제 책임을 부여하고 있다는 점이다. 둘째, 2009년 「은행법」(Banking Act)에 따라 중앙은행은 금융 안정성에 대한 명목상의 책임을 지고 있으나 이를 효과적으로 수행할 수단이 부재하다는 점이다. 셋째, 기존 체제상 전체 금융시스템에 대한 최종적인 책임을 지고 있는 재무부가 수백억 파운드의 공적자금을 투여하는 위기상황에서는 도리어 그 책임이 불분명하다는 점이다.[31] 이러한 문제의식을 바탕으로 영국 재무부는 당해 보고서에서 거시건전성 규제를 담당하는 금융안정정책위원회(Financial Policy Committee), 미시건전성 규제를 담당하는 건전성규제기구(Prudential Regulation Authority), 영업행위 규제를 담당하는 소비자보호 및 시장 감독원(Consumer Protection and Market Authority)을 중심으로 하는 새로운 금융규제체계를 제안하였다. 이후 재무부는 협의를 거쳐 2011년 6월 새로운 금융규제체계에 대한 청사진을 제시하는 최종 보고서[32]를 의회에 제출하였다. 이와는 별도로 옥스퍼드 대학의 경제학 교수인 비커 경(Sir John Vickers)이 의장을 맡은 독립위원회(Independent Commission on Banking)가 영국 은행업의 안정성과 경쟁을 촉진하기 위한 근본적인 개혁안을 제시하는 보고서를 정부에 제출하였다.[33] 이를 바탕으로 2012년 「금융서비스법」(Financial Services Act)이 제정되어 영국의 현 금융규제체계가 구성되었다.

(3) 2012년 금융서비스법

현 영국 금융규제체계의 근거법률인 2012년 「금융서비스법」(Financial Services Act)은 전체 10개의 장(Part), 123개의 조문(Section), 21개의 별표(Schedule)로 구성되어있다. 새로운 규제체계와 관련하여 당해 법률의 주요 내용은 현 금융규제체계의 중심이라고 할 수 있는 영란은행(Part 1), 새로운 규제기구를 비롯한 2000년 「금융서비스 및 시장법」(Financial Services and Market Act)의 개정사항(Part 2), 재무부 및 규제기관간의 협력(Part 4) 등이다. 당해 법률이 2013년 4월 1일부터 시행됨에 따라 영국은 기존의 통합금융감독기구를 해체하고 기능적 이원화 모델에 따른 새로운 규제기관을 설치하였다. 우선 중앙은행인 영란은행 내부에 전체 금융시스템의 안정 및 거시건전성 감독을 담당하는 금융안정정책위원회(Financial

30) 오성근, 위의 글, 294면 참조.
31) HM Treasury, A new approach to financial regulation: judgement, focus and stability(2010.7.) Cm7874, pp. 3-4.
32) HM Treasury, A new approach to financial regulation: the blue print for reform(2011.6.) Cm8083.
33) Independent Commission on Banking, Final Report Recommendations(2011.9.).

Policy Committee; FPC)를 신설하였고, 영란은행의 자회사로서 미시건전성 규제를 담당하는 건전성규제기구(Prudential Regulation Authority; PRA)를 설립하였고, 주로 영업행위규제를 담당하는 금융행위감독기구(Financial Conduct Authority; FCA)를 독립된 규제기관으로 설치하였다.

2012년 금융서비스법 하에서의 금융규제체계의 특징은 금융시스템의 안정 및 건전성규제를 강조하는 중앙은행 중심의 금융규제체계라는 점이다. 이는 전체 금융시스템의 안정 속에서 비로소 금융소비자를 비롯한 공익에 부합하는 규제가 가능하다는 인식과 그러한 기능을 가장 잘 수행할 수 있는 조직은 중앙은행이라는 판단에서 비롯된 것이라고도 볼 수 있다. 이러한 인식과 판단에 근거해서 영국의 새로운 금융규제체계는 건전성규제를 담당하는 조직과 영업행위규제를 담당하는 조직을 분리하고, 건전성규제를 가장 잘 수행할 수 있는 중앙은행을 중심으로 거시건전성규제기관과 미시건전성규제기관을 구성하는 변형된 기능적 이원화 모델을 갖추게 되었다.[34]

Ⅲ. 현 영국 금융규제체계의 구성과 특징

1. 영란은행(Bank of England)

(1) 규제기관으로서의 영란은행의 역할

영국의 현 금융규제체계에서 영란은행은 중앙은행으로서의 일반적인 기능 이외에도 규제 및 감독 기능에 있어 크게 5가지의 역할을 수행한다고 볼 수 있다. 첫째는, 통화정책의 수행이다. 둘째는, 금융시스템의 안정성 보호이다. 셋째는, 예금수취기관, 투자회사 및 보험회사에 대한 건전성 규제이다. 넷째는, 은행해산(bank resolution)[35]에 대한 기능이다. 다섯째는, 금융시장 인프라에 대한 감독이다.[36] 영란은행의 이러한 규제기관으로서의 역할 중 핵심은 통화정책의 수행과 전체 금융시스템의 안정성 보호라고 할 수 있고, 각각의 역할은 영란은행 이사회의 소위원회(sub-committee)에 해당하는 통화정책위원회와 금융안정정책위원회가 수행한다. 또한 개별 금융회사에 대한 미시건전성 규제는 영란은행의 내부조직이 아닌 자회사 형태의 별도의 조직인 건전성규제기구가 담당한다. 아래에서는 영란은행의 내부조직으로 구

34) 중앙은행 중심의 규제체계를 형성하는 근거는 앞의 HM Treasury 2010년 7월 보고서 9면 이하 참조.

35) 'bank resolution'이란 용어를 은행 파산이라고 번역하기도 하나(오성근, 앞의 글, 293면 참조), 영국의 2009년 「은행법」 상 은행도산(bank insolvency)이란 장이 별도로 존재하고 Special Resolution Regime 하에서 위기에 처한 은행을 처리하는 방식이 민간에의 매각, 중앙은행 산하의 브릿지 뱅크(bridge bank)로의 한시적 이전, 국유화 등이다. 따라서 '은행 파산'이란 용어보다는 '은행 해산'이란 용어가 더 적합하다고 여겨 본고에서는 '은행 해산'이란 용어를 사용한다.

36) George Walker, UK financial services reform, in: Walker/Purves/Blair(eds.), Financial services law. 3. ed. Oxford 2014, p. 31.

성된 주요 조직을 살펴보고, 항을 바꾸어 건전성규제기관과 금융행위규제기관을 살펴보기로 한다.

(2) 영란은행의 주요 조직 및 권한

1) 이사회(Court of Directors)

영란은행 이사회는 영란은행 총재와 3인의 부총재, 9인의 이사로 구성되는 영란은행의 최고의사결정기구로서 영란은행의 업무 전반에 대한 목표와 전략을 결정한다.[37] 또한 영란은행의 활동에 대해 매년 연례보고서를 재무부에 제출해야 하는 책임을 지고 있다.[38] 영란은행 총재는 기존에 5년의 임기로서 1회에 한해 연임이 가능하였으나 8년 임기의 단임제로 변경되었다.[39] 이는 중앙은행의 권한이 더욱 강력해짐에 따라 정치적 개입으로부터의 독립성을 유지하기 위한 방편으로 해석할 수 있을 것이다.[40] 또한 이사회의 의장은 총재와 부총재는 할 수 없고, 재무부가 지명하는 이사가 이사회의 의장을 맡게 된다.[41]

2) 내부감시위원회(Oversight Committee)

영란은행 내부감시위원회는 2012년 「금융시장법」에 의한 1998년 「중앙은행법」(Bank of England Act) 개정조항에 의해 신설된 이사회의 소위원회로서 그 주된 기능은 영란은행 및 금융안정정책위원회(Financial Policy Committee; FPC), 통화정책위원회(Monetary Policy Committee; MPC)의 업무를 감독하는 일이다.[42] 내부감시위원회의 위원장은 영란은행 이사회 의장이 맡게 되고, 내부감시를 위한 위원회의 절차를 결정할 수 있다.[43] 내부감시위원회는 내부감사에 관한 보고서를 재무부에 제출하여야 하고, 이사회가 공익에 반한다고 판단하지 않는 한 이를 출판하여야 한다.[44] 또한 내부감사에 대한 결과를 토대로 영란은행의 개선을 위한 권고를 할 수 있다.[45]

3) 통화정책위원회

영란은행의 핵심적인 목적은 통화정책과 금융안정이고, 영란은행은 2012년 연례보고서에서 그러한 핵심 목적을 달성하기 위한 7가지 전략을 제시하기도 하였다.[46] 통화정책은 주로 물가안정에 초점이 맞추어져 있고, 이에 관한 주요 결정은 영란은행의 소위원회인 통화정책

---

37) 1998년 「영란은행법」(Bank of England Act) 제1조 1항 및 2항, 2009년 「은행법」 제239조; 2012년 「금융서비스법」 제1조 1항.
38) 1998년 「영란은행법」(Bank of England Act) 제4조 1항.
39) 2012년 「금융서비스법」 별표(Schedule) 2 제1조.
40) Alastair Hudson, The law of finance. 2. ed., London 2014, p. 229.
41) 1998년 「영란은행법」(Bank of England Act) 별표(Schedule) 1 제13조 3항.
42) 동법 제3A조.
43) 동법 제3B조.
44) 동법 제3D조.
45) 동법 제3E조.
46) Bank of England, Annual Report 2012(2012), p. 29.

위원회(Monetary Policy Committee)에 의해 내려진다. 통화정책위원회는 영란은행 총재, 통화정책 담당 부총재, 금융안정성 담당 부총재, 영란은행 총재가 지명한 2인, 재무부 장관이 지명한 4인을 포함하여 총 9인으로 구성된다.[47] 시장개입에 관한 통화정책위원회의 결정은 개입의 목적 달성에 저해되지 않는 한 위원회 회의 이후에 공개된다.[48] 통화정책위원회의 의사록 역시 위원회의 목적을 방해하지 않는 한 6주 이내에 공개된다.[49]

4) 금융안정정책위원회

금융안정정책위원회(Financial Policy Committee; FPC)의 목적은 영란은행의 금융안정전략을 달성하고, 중장기적으로는 영국 경제의 성장과 고용을 증진시키는 정부정책을 지원하는데 기여하는 것이다.[50] 영란은행 이사회는 금융안정전략을 수립함에 있어 재무부 및 금융안정정책위원회와 협의를 거쳐야 한다.[51] 금융안정정책위원회의 역할은 한 마디로 말해 금융시스템 전체의 안정성을 증진하고 시스템 리스크(System Risk)[52]를 줄이기 위해 그러한 리스크를 식별하고 모니터하며 필요한 조치를 취하는 것이라고 할 수 있을 것이다.[53]

금융안정정책위원회는 영란은행 총재, 3인의 부총재, 금융행위감독기구의 최고책임자, 영란은행 총재가 지명한 1인, 재무부장관이 지명한 4인, 재무부 대표 1인 등 총 11인으로 구성된 영란은행 이사회의 소위원회이다.[54] 금융안정정책위원회의 주된 권한은 다음과 같다. (a) 시스템 리스크를 식별하고 평가하여 영국 금융시스템의 안정성을 모니터, (b) 거시건전성 규제수단을 집행하는 것과 관련하여 건전성규제기관과 금융행위규제기관에 대한 지시 (c) 재무부, 영란은행, 건전성규제기관, 금융행위규제기관에 대한 권고, (d) 금융안정성 보고서의 준비 및 공개.[55]

거시건전성규제의 수단과 관련하여 거시건전성 규제기관의 설립 초기부터 많은 논의가 있어왔다. 이와 관련하여 영란은행과 舊금융감독원(FSA)은 2011년 12월 거시건전성 규제수단에 대한 논의를 거쳐 보고서를 출간한 바 있다.[56] 당해 보고서에 따르면, 거시건전성 규제수단은 크게 대차대조표 수단(Balance-sheet tools), 거래 수단(Transaction tools), 시장구조

---

47) 동법 제13조 1항, 2항.
48) 동법 제14조 1항, 2항.
49) 동법 제15조 1항, 2항.
50) 동법 제9C조 1항.
51) 동법 제9A조 1항, 2항.
52) 동법 제9C조 3항은 시스템 리스크는 특히 다음과 같은 것을 포함한다고 규정하고 있다.
(a) 금융기관간의 연결과 같은 금융시장의 구조적 특징과 관련될 수 있는 것.
(b) 금융영역 내부의 리스크 배분과 관련될 수 있는 것.
(c) 레버리지, 부채 혹은 신용의 지속 불가능한 수준.
53) 동법 제9C조 2항.
54) 동법 제9B조 1항.
55) 동법 제9G조 1항; 금융안정성보고서(Financial Stability Report)에 관한 조문은 제9W조.
56) Bank of England/FSA, Instruments of macroprudential policy(2011.12.).

수단(Market structure tools) 등으로 구분할 수 있다.[57] 거시건전성 규제가 효과적이려면 실질적으로 이러한 규제 수단이 중요하나 이에 대한 상세한 내용은 후속 연구로 미룬다.

2. 건전성규제기구

(1) 목 적

건전성규제기구(Prudential Regulation Authority; PRA)는 2012년 「금융서비스법」에 의해 개정된 2000년 「금융서비스 및 시장법」(Financial Services and Market Act)에 의거하여 창설된 규제기관이다. 건전성규제기구의 기본적인 목적은 인가사업자의 안정성과 건전성을 향상하는 데 있다.[58] 이를 조금 더 구체화해보면, 당해 기관의 목적은 개별 금융기관이 금융시스템 전체의 안정성을 해치지 않으면서 사업을 영위하도록 보장하는 것과 개별 금융기관의 부실이 금융시장 전체의 안정성에 미칠 수 있는 악영향을 최소화하도록 보장하는 것이다.[59] 또한 당해 법률은 보험계약자를 보호하기 위한 별도의 목적 규정을 두고 있고,[60] 재무부장관의 명령에 의하여 추가적인 목적을 부여할 수 있도록 하고 있다.[61] 이러한 목적에 따라 건전성규제기구는 예금수취기관, 보험회사 및 주요 투자회사 등 900여 개의 금융회사에 대한 건전성규제임무를 수행하고 있다.[62]

(2) 권한과 임무

건전성규제기구는 각 개별 금융회사가 규제 대상 행위를 영위하기 위하여 필요한 인·허가 발급권한을 보유하고 있다. 개정 2000년 「금융서비스 및 시장법」은 인·허가 조건과 관련한 상세한 규정을 두고 있는데(동법 제55B조 및 별표 6), 인·허가 조건에 대한 수정권한은 재무부에 있다.[63] 진입규제와 함께 건전성규제기구의 주된 권한 내지 임무는 인가사업자에 대한 감독권한이다. 건전성감독기구는 인가사업자의 안정성과 건전성을 유지하고 향상시키기 위한 기준을 정하고, 개별 사업자가 이에 대한 기준을 준수하는지 여부를 평가한다. 이러한 평가에 있어 판단자는 현재의 위험만이 아닌 향후 발생할 수 있는 리스크까지 판단하게 되고, 이에 대한 판단을 기초로 개입을 결정하게 된다는 점이다.[64] 다시 말해 과거의 건전성규제는 금융기관이 자기자본비율을 유지하고 있는지 여부에 따라 인가사업자를 감독하고 적절

57) *Ibid.*, pp. 17-29.
58) 「금융서비스 및 시장법」제2B조 2항.
59) 동법 제2B조 3항.
60) 동법 제2C조.
61) 동법 제2D조 1항.
62) Bank of England Prudential Regulatory Authority, The prudential regulation authority's approach to banking supervision(2014.6.), p. 9.
63) 동법 제 55C조.
64) Bank of England/Financial Services Authority, The Bank of England, Prudential Regulation Authority: The PRA's approach to banking supervision(2012.10.), p. 11.

한 시정조치를 내리는 방식이 주된 것이었다면, 이제는 금융시스템 전체에 영향을 미칠 수 있는 리스크에 대하여 규제기관이 적극적으로 개입하는 방식을 취하고 있다는 것이다.[65)]

건전성규제기구는 인가사업자에 대해 적용하는 일반적인 규칙과 보수(remuneration)에 관한 규칙, 보수정책에 관한 규칙을 제정할 수 있다.[66)] 또한 2009년 「은행법」상 특별해산처리제도(Special Resolution Regime)에 기한 부실은행의 회생계획 및 해산계획에 관한 규칙을 재무부 및 영란은행과의 협의를 거쳐 제정할 수 있다.[67)] 이와는 별개로 건전성규제기구는 인가사업자와의 상담의무를 지는데, 이와 관련하여 당해 기구는 업계의 이익을 대변할 수 있는 사람으로 실무자 패널(Practitioner Panel)을 구성해야 한다.[68)] 실무자 패널 제도를 운영하는 것은 '업계의 참여'라는 자율규제 전통의 이점을 공식적인 입법적 제도의 틀 안으로 도입한 것으로도 볼 수 있을 것이다.[69)]

3. 금융행위감독기구

(1) 목 적

금융행위감독기구(Financial Conduct Authority; FCA)는 과거의 금융감독원(Financial Services Authority; FSA)을 해체하고 건전성규제기능을 수행하는 조직을 신설하면서 기존의 유한책임회사 형태의 법인의 명칭을 변경한 것이다.[70)] 당해 기관의 목적은 전략적 목적과 운영상의 목적으로 구분할 수 있는데 전략적 목적은 금융시장 및 관련시장이 원활하게 기능하도록 보장하는 것이고, 이러한 전략적 목적을 실현하기 위한 운영상의 목적은 (a) 금융소비자의 보호, (b) 금융시장의 완전성 보호, (c) 금융기관간의 경쟁 촉진이다.[71)]

(2) 권한과 임무

영업행위규제의 기본적인 프로세스는 인·허가와 같은 진입규제, 감독, 그리고 집행절차이다. 이와 관련한 금융행위감독기구의 주된 권한을 살펴보면, 첫째로 건전성규제기구의 인·허가 대상이 아닌 자에 대한 인·허가 권한과 건전성규제기관의 규제대상이지만 특정 행위가 영업행위인 경우 이에 대한 인·허가 권한이다.[72)] 둘째로 개정 「금융서비스 및 시장법」을 비롯한 기타의 법률에 의거한 지침 및 규칙의 제정권한이다.[73)] 여기에는 건전성규제기구

---

65) 오성근, 앞의 글, p. 311.
66) 동법 제137G조, 제137H조, 제137I조.
67) 동법 제137J조.
68) 동법 제2L조 및 제2M조.
69) George Walker, *op. cit.*, p. 4.
70) 동법 제1A조.
71) 동법 제1B조 2항 및 3항.
72) 동법 제55A조 및 55J조.
73) 동법 제1B조 6항.

에 의한 규제를 받지 않는 자에 대한 건전성규제 관련 규칙이 포함된다.[74] 셋째로 인가자 및 규제대상자에 대한 감독 및 집행권한이다.[75] 넷째로 건전성규제기구, 금융행위감독기구 및 기타 관련 기관의 운영에 필요한 수수료 징수권한이다.[76] 다섯째로 규칙 위반자 및 시장 남용행위를 한 자 등에 대한 벌금 부과권한이다.[77]

4. 규제기관 간의 협력

영국의 새로운 규제체계 하에서 건전성규제와 영업행위규제를 담당하는 기관이 각각 나누어지고, 다시 미시건전성규제를 담당하는 기관과 거시건전성규제를 담당하는 기관이 구분되면서 영국의 금융규제체계는 여러 규제기관에 의해 상당히 복잡하게 구성되었다. 이에 따라 각기 다른 목적과 권한을 가진 규제기관 간의 공조와 협력이 현행 규제체계의 효과성 및 효율성을 획득하는데 상당히 중요한 요소가 되었다. 우선 새로운 규제시스템 하에서 주요 규제기관의 역할과 책임성을 도해화하면 다음과 같다.[78]

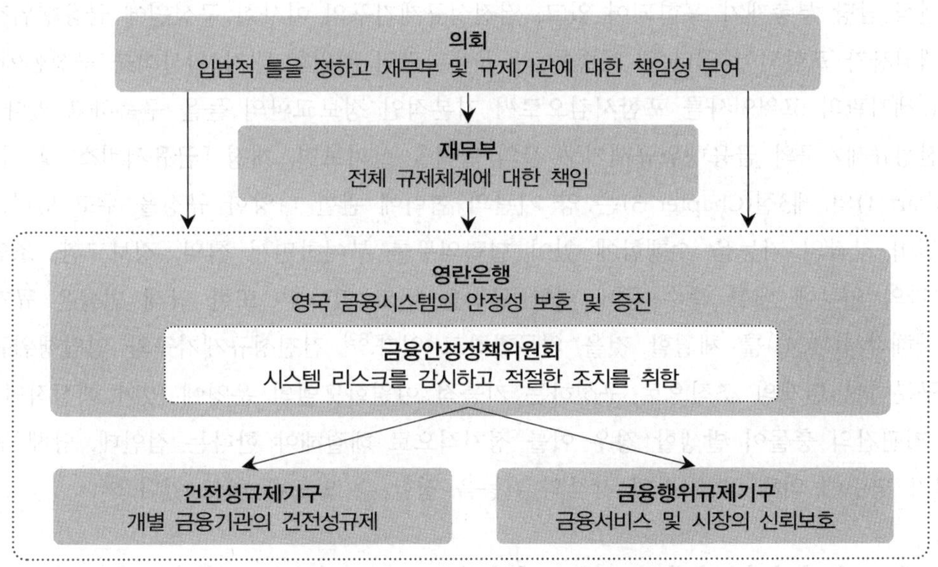

[그림 1] 주요 규제기관의 역할과 책임성

위 그림에서 알 수 있는 바와 같이 영국 의회는 입법을 통해 각 규제기관의 조직과 권한, 목적 및 기능 등에 대한 전체적인 틀을 설정한다. 또한 재무부에 영국의 전체 금융규제

74) Allen & Overy, Financial Conduct Authority: An overview(2013.4.), p. 18.
75) 동법 제1L조.
76) 동법 별표(Schedule) 1ZA Part 3 제23조; FCA가 징수한 수수료에 의해 운영되는 기관에 대한 상세한 내용은 https://www.the-fca.org.uk/fees-and-levies 참조.
77) 동법 제91조.
78) HM Treasury, A new approach to financial regulation: the blueprint for reform(2011.6.), p. 8.

체계에 대한 책임성(accountability)을 부여하고, 개별 규제기관에 대해서도 각각의 기능을 수행함에 있어 의회와 재무부에 대한 책임성을 부여하고 있다. 각 규제기관은 법률에 의한 명령과 재무부의 명령에 의해 규제기관 간의 공조와 협력을 이루기도 하지만 각 기관간의 양해각서(MOU)를 통해 보다 정치한 협력을 이루어낸다.

거시건전성 규제와 관련하여 각 규제기관 간의 협력을 살펴보면, 중앙은행 내부의 소위원회로서 거시건전성규제 기능을 담당하는 금융안정정책위원회는 거시건전성 규제를 수행하기 위하여 금융행위감독기구와 건전성규제기구에 대하여 그들의 기능을 행사할 것을 요구할 수 있다. 이와 함께 금융안정정책위원회는 영란은행, 재무부 및 각 규제기관에 대한 권고 권한도 가지고 있다.[79] 지시 및 권고 권한과 함께 중요한 것은 각 규제기관의 정보교환과 커뮤니케이션일 것이다. 이러한 정보교환 및 커뮤니케이션과 관련하여 우선 건전성규제기구는 영란은행의 자회사로 설립되었고, 앞서 살펴본 대로 금융안정정책위원회 구성원에 금융행위감독기구의 최고책임자가 포함되어 있다. 또한 금융행위감독기구의 이사회 구성원에 영란은행의 건전성 담당 부총재가 포함되어 있고, 건전성규제기구의 이사회 구성원에 금융행위감독기구의 책임자가 포함되어 있다.[80] 이렇듯 각 규제기관의 위원회 내지 이사회를 구성함에 있어 다른 규제기관의 고위인사를 포함시킴으로써 기본적인 정보교환의 틀을 구축하고 있다.

건전성규제기구와 금융행위규제기구 간의 협력을 살펴보면, 개정 「금융서비스 및 시장법」 제1장(Part 1)의 제3절(Chapter 3)은 양 기관의 협력에 관한 다양한 규정을 두고 있다. 우선 양 기관이 각각의 기능을 수행함에 있어 협력의무를 부여하면서 협의, 정보교환, 조언, 각 규제기관의 의무에 대한 준수 등에 대한 규정을 두고 있다.[81] 또한 당해 법률은 규제기관 간의 양해각서(MOU)를 체결할 것을 의무화하고 있다.[82] 건전성규제기구와 영업행위규제기구를 구분하여 별개의 조직으로 구성하는 기능적 이원화모델의 운영에 있어 핵심적인 부분은 양 기관간의 충돌이 발생할 경우 이를 정치적으로 해결해야 한다는 점인데, 당해 법률은 재무부가 명령에 의해 양 기관의 각각의 기능을 정할 수 있도록 하고 있다.[83]

Ⅳ. 우리나라 법제에 주는 시사점

1. 중앙은행 중심의 건전성규제 체계

영국의 새로운 금융규제체계는 기본적으로 건전성규제 기능을 담당하는 조직과 영업행위

79) 지시권한에 관한 규정은 1998년「영란은행법」 제9H조 이하, 권고권한에 관한 규정은 동법 제9O조 이하.
80) 「금융서비스 및 시장법」 별표 1ZA Part 1 제2조(2)(c), 별표 1ZB Part 1 제3조(d).
81) 동법 제3D조 1항.
82) 동법 3E조.
83) 동법 제3G조.

규제 기능을 담당하는 조직은 별개의 조직이어야 한다는 기능적 이원화 모델('Twin Peaks' 모델)의 아이디어를 따른 것이다. 이와 함께 건전성규제 기능을 가장 잘 수행할 수 있는 중앙은행을 중심으로 영란은행 내부의 소위원회(sub-committee) 형태의 조직에 거시건전성규제 권한을 배분하고, 영란은행의 자회사 형태의 조직을 신설하여 미시건전성규제 권한을 배분하였다. 이러한 방식은 과거 1997년 이전에 영국의 영란은행이 통화정책과 은행감독을 동시에 수행하던 방식으로 환원한 것으로도 볼 수 있으나 과거의 방식과는 엄격히 구분할 필요가 있다. 첫째, 과거 영란은행은 은행업 전체에 대한 건전성규제와 영업행위규제를 담당했으나 현재의 방식은 예금수취기관, 보험회사, 주요 투자회사에 대한 건전성규제를 담당한다는 점이다. 둘째, 영란은행의 자체 조직이 아닌 상당한 정도의 기능적 독립성이 유지되는 소위원회 형태의 조직이 거시건전성 규제를 담당하고, 기능적 독립성과 조직적 독립성이 유지되는 자회사 형태의 조직이 미시건전성 규제를 담당한다는 점이다.

현재의 금융환경에서 건전성규제가 더욱 중요해지는 이유는 영국보다 약 10년 이상 앞서 기능적 이원화 모델을 채택했던 호주의 사례에서 찾을 수 있다. 1997년 호주가 기능적 이원화모델을 채택하면서 제시했던 금융환경의 변화 및 건전성규제의 중요성 논거는 다음과 같다. 첫째, 인간의 기대수명이 급격히 증가하고 인구구조가 빠르게 변화하면서 금융자산 및 부채에 대한 중요성이 더욱 증대되었다는 점이다. 둘째, 기술의 발달이 국내금융은 물론 국제금융의 생태계를 바꾸어 놓았고 향후 그러한 변화는 더욱 가중될 것이라는 점이다.[84] 이러한 논거에 덧붙여 금융기관에 대한 거시건전성 규제가 강조되어야 하는 다른 한 가지 이유는 현재의 시스템 속에서 금융시장의 최종 리스크를 정부나 기업이 아닌 가계부문이 부담한다는 것이다. 금융시장의 최종리스크를 부담하게 되는 금융소비자의 보호를 위하여 예방적으로 금융기관에 대한 건전성규제를 강화하는 것은 또 다른 논거가 될 수 있을 것이다.

이러한 논거를 바탕으로 건전성규제 기능을 강조하여 영업행위규제를 주로 수행하는 기관과는 별개의 조직이 담당하게 하고, 그러한 기능을 가장 잘 수행할 수 있는 중앙은행을 중심으로 조직을 구성하고 권한을 배분하는 것이 영국의 현 금융규제체계의 핵심 골자이다.

영국의 이러한 중앙은행 중심의 건전성 규제체계가 우리에게 시사하는 점 중에서 깊이 고려해 볼 필요가 있는 부분은 과거 고질적으로 문제되었던 규제기관의 독립성 확보 문제이다. 우리나라에서 금융규제기관의 독립성 확보를 위하여 다양한 견해가 제시되고 있으나, 이미 상당한 정도의 독립성이 확보되었다고 평가되는 중앙은행을 중심으로 건전성 규제기관을 구성하고 운영하는 것은 이에 대한 효과적인 해결책이 될 수 있다고 본다.

84) Australia Financial System Inquiry, Final Report, 1997, p. 3 이하 참조.

2. 새로운 책임성 메커니즘

영국의 2012년 「금융서비스법」에 의거한 새로운 금융규제체계는 금융안정성 및 건전성규제를 강조하면서 중앙은행에 새로운 역할을 부여했다. 이에 따라 영란은행은 통화정책과 함께 금융안정정책 및 건전성규제를 담당하게 되었다. 상당한 정도의 독립성을 향유해 왔던 영란은행의 권한이 더욱 강력해짐에 따라 규제개혁 논의의 초점은 자연스럽게 영란은행의 책임성 문제로 넘어가게 되었고, 영국의 의회와 재무부 및 영란은행을 중심으로 이에 관한 활발한 논의가 진행되었다.[85)]

이러한 논의를 바탕으로 영란은행은 책임성과 투명성, 거버넌스를 제고하기 위해 다음과 같은 핵심요소를 제시하고 있다. 첫째, 통화정책위원회(Monetary Policy Committee; MPC)의 투명성 개선방안의 일환으로 의사록을 공개하고, 정책결정을 발표하는 것과 함께 인플레이션 보고서(Inflation Report)를 발간하는 것이다. 둘째, 영란은행의 기록과 문서의 투명성을 제고하기 위하여 1914년부터 1987년까지의 의사록을 공개하는 등의 방식으로 공개에 의한 통제를 강화하는 것이다. 셋째, 영란은행의 거버넌스를 개선하는 점이다. 넷째, 금융안정정책위원회(Financial Poicy Committee)와 건전성규제기구(Prudential Regulation Authority) 이사회의 지위를 통화정책위원회의 지위에 맞추어 조정하는 등의 접근방식을 통해 영란은행의 정책책임에 대한 거버넌스를 개선하는 부분이다.[86)]

이 중 도입 전부터 논란이 되었고, 우리에게도 시사하는 바가 있다고 여겨지는 부분은 영란은행 내부 이사회의 소위원회 형태로 내부감시위원회(Oversight Committee)를 신설한 부분이다. 영란은행에 대한 책임성을 높이기 위하여 별도의 감시위원회를 조직하는 것은 큰 논란이 없었으나 이를 내부적으로 조직할 것인지, 외부의 독립적인 조직으로 구성할 것인지는 지속적인 논의가 있어왔다. 가령, 영국 파이낸셜 타임즈 2012년 1월 18일자 기사[87)]는 내부감시위원회를 국제통화기금(International Monetary Fund; IMF)과 마찬가지로 외부의 독립적인 조직으로 운영해야 한다는 주장을 피력하고 있다. 그러나 당시 영란은행 총재였던 머빈 킹(Mervyn King)의 의견대로 내부감시위원회는 영란은행의 내부조직으로 구성되었다. 우리나라의 경우 「한국은행법」상 내부의 감사 1인이 임명되어 한국은행의 업무를 상시 감사하며, 그 결과를 수시로 금융통화위원회에 보고하도록 하고 있고, 매년 종합감사보고서를 정부

85) 중앙은행의 책임성에 관한 논의는 영국 하원의 여러 보고서를 통해서 확인할 수 있다. House of Commons Treasury Committee, Accountability of the Bank of England: Response from the Court of the Bank to the twenty-first report from the committee(2012.1.19.) 참조.

86) 이에 관한 상세한 내용은 Bank of England, Transparency and accountability at the Bank of England (2014.12.11.) 참조.

87) Financial Times, Hermetic old lady, 2012년 1월 18일자 기사.

와 금융통화위원회에 제출하도록 하고 있다.[88] 우리나라가 건전성규제기관과 영업행위규제기관을 분리하고, 독립성을 제고하기 위해 건전성규제 권한을 중앙은행 조직을 중심으로 배분하는 선택을 할 경우 영국의 새로운 책임성 메카니즘은 훌륭한 참고서가 될 수 있을 것이다.

3. 규제기관 간의 협력 및 효율성

기능적 이원화 모델의 핵심적인 작용기제 중 하나는 건전성규제기관과 영업행위규제기관 간의 협력과 조율이다. 앞서 살펴본 바와 같이, 기능적 이원화 모델의 주창자인 마이클 테일러는 규제기관 간의 목적 및 권한의 충돌이 발생할 경우 이를 규제기관 내부에서 스스로 결정하는 것이 아닌 정치적 차원에서 해결해야 하는 것이 바람직하다는 의견을 피력했고, 영국의 현 금융규제체계에서는 이를 재무부장관의 명령에 의해서 조율하는 방식을 취하고 있다. 또한 각 규제기관의 이사회 및 위원회 조직을 구성함에 있어 타 규제기관의 핵심인사를 포함시키고, 규제기관 간의 양해각서(MOU) 체결 및 정보교환의무를 법령으로 명령함으로써 규제기관 간의 협력을 꾀하고 있다. 이에 덧붙여 기능적 이원화 모델에 대한 비판론의 주요 논거 중 하나는 불필요한 규제의 중복과 규제비용의 증가인데, 이러한 규제기관 간의 협력 및 효율성과 관련된 문제는 규범의 문제이기보다는 사실적 문제이기 때문에 기능적 이원화 모델을 먼저 도입한 영국, 호주, 네덜란드의 구체적인 사례를 중심으로 실증적인 연구결과물을 토대로 논의를 전개하는 것이 바람직하다고 본다.

V. 결　　어

이번 세계금융위기가 우리에게 각인시켜준 근본적인 인식 중의 하나는 금융산업은 더 이상 단순히 실물경제를 뒷받침하는 수준이 아닌 실물경제 전체를 좌지우지할 수 있을 만큼 고도로 발전된 상태라는 점이다. 이러한 인식에 기해 금융규제체계를 구성하고 운영하는 것은 단순히 하나의 산업영역을 육성하고 규제하는 정도가 아닌 국가경제의 중대한 근본체계를 조직하고 관리하는 것일 것이다. 과거의 행정법 이론이 조세행정을 한 축으로 하여 발전하였던 것과 마찬가지로 현재와 같은 금융자본주의의 최첨단을 걷는 시기에는 금융행정 영역이 새로운 행정법 이론을 생성할 수 있는 중대한 영역이라고 생각한다.[89] 특히나 전 세계의 금융시장이 단일한 시장으로 통합되어가고 있고, 각국의 금융규제가 수렴하는 현상을 보이는 상황에서 금융 행정법은 개별 국가의 행정법만이 아닌 글로벌한 차원의 세계 행정법이라고도 표현할 수 있을 것이다. 따라서 국제금융의 주요 중심지인 영국, 독일, 미국, 일본을

---

88) 「한국은행법」 제43조 및 제45조.

89) 이원우, 『경제규제법론』, 홍문사, 2010, 882면 이하 참조; 백윤기, "금융행정에 있어서 행정규칙의 현황과 법적 문제점", 『행정법연구』 제40호(2014.11.) 참조.

중심으로 금융 공법을 연구하고, 이를 바탕으로 일반이론으로 발전시키는 것은 비교 공법의 중요한 방법이자 영역이라고 생각한다.

본 연구는 그러한 비교 공법의 한 부분으로서 영국의 금융규제체계를 고찰하고 우리 공법체계에 주는 시사점을 보이고자 하였다. 19세기부터 국제금융의 중심지였고, 현재에도 역시 우리나라를 비롯한 전 세계의 금융시스템 및 법제에 지대한 영향을 끼치고 있는 영국의 제도를 깊이 있게 이해하는 것은 우리의 현재를 인식하고 향후 나아갈 방향을 모색하는 데 있어 중요한 초석이 될 것이다. 우리나라가 외국의 법제를 학습하고 그것을 모방하는 수준에서 벗어나 우리나라의 현실에 적합한 제도를 창조해야 하는 상황에서 활발한 후속 연구를 통해서 주요국가의 금융규제법 및 공법체계를 이해하는 것은 '규제개혁'이라는 이름으로 새로운 제도를 도입하자는 주장에 앞서 반드시 선행되어야 하는 필수불가결한 요소일 것이다.

이에 덧붙여 우리나라에서 개헌에 대한 논의가 활발하게 진행되고 있는 만큼 한 국가의 금융시스템 및 경제체계의 중추를 이루고 있는 중앙은행에 대한 헌법적 근거규정을 마련하는 것이 필요하다고 여겨진다. 가령, 독일 기본법 제88조는 독일연방중앙은행의 임무와 역할, 독립성을 명시적으로 규정하고 있다. 이와 마찬가지로 우리나라 역시 갈수록 그 중요성과 권한이 커지고 있는 중앙은행에 대한 헌법적 근거규정을 마련하는 것은 '현실에 대한 인식을 규범으로 반영'하는 것이라고 생각된다.

11. 공무원의 복종의무와 그 한계* - 헌법 제7조와의 관계를 중심으로 -

우 미 형**

Ⅰ. 서 설

인공지능 시대에 기계가 대체할 수 있는 '정형적인 업무'의 범위가 얼마만큼 폭넓을 것인지는 아직 분명하지 않다. 그러나 이른바 제4차 혁명시대의 도래에 발맞추어 요구되는 공무원의 역량이 현재와는 질적으로 달라질 가능성에 대비할 필요가 있다. 이와 관련하여 본 논문에서는 특히 공무원 상호간의 협업과 소통의 중요성에 대해 강조하고자 한다.[1] 이미 예전부터 급변하는 환경에 관료제가 탄력적으로 대응하기 위해서는 공무원에게 보다 많은 자유와 책임을 부여해야하며, 조직 내 신속하고 탄력적인 의사결정이 이루어질 필요가 있다는 의견이 제시되어왔다. 그러나 막스 베버의 관료제 패러다임을 송두리째 벗어버리는 것이 정답은 아닐 것이다. 시대가 변해도 합리성과 예측가능성을 포함한 관료제가 가진 불변의 장점은 포기할 수 없기 때문이다.[2] 누군가 책임을 지고 최종적인 의사결정을 해야 한다는 의미에서 계층제 또한 완전히 벗어버리기는 어려울 것이다.

한편, 2016년 국정농단 사태의 여파는 여전히 진행 중이다. 관련 재판이 끝나지 않았고, 동 사태를 초래한 원인 및 그에 대한 해결책에 관한 논의도 아직 진행 중이다. 감사원은 국정농단 사건의 중심 부처인 문화체육관광부에 대한 감사를 실시하여 올해 6월 그 결과를 발표하였다.[3] 특히 여기에서 감사원은 공무원들이 상급자의 위법하거나 부당한 지시를 그대로 이행해 온 행태가 밝혀졌다고 지적하면서 해당 공무원에 대한 강력한 징계를 요구하였다. 상급자의 위법·부당한 지시를 거부할 공무원의 의무는 당연하게 여겨지고 비난의 화살은 개개의 공무원에게 향하기 쉽다. 그러나 이번 국정농단 사건을 넘어 왜 잘못된 관행이 장기간 지속적으로 이루어질 수 있었는지를 이해하기 위해서는 먼저 관련 법제도에 대한 면밀한 고찰이 필수적이다. 나아가 국정농단 사건을 차치하고서라도 인공지능으로 대표되는 이른바 제

---

* 본 논문은 2017.9. 일감법학(등재지) 제38호에 공간되었던 것으로, 성낙인 서울대 총장 퇴임기념논문집에 바칩니다.

** 법학박사, 전 행정사무관, 변호사, 대법원 재판연구관

1) 미래에 요구되는 공무원의 역량에 대해서는 인사혁신추진위원회·인사혁신처, 인사비전 2045, 지식공감, 2016, 214-215쪽.

2) 인사혁신추진위원회·인사혁신처, 위의 책, 247-248쪽 참조.

3) 감사원, "감사 보고서-문화체육관광부 기관운영감사-", 2017.6. 참조, <https://www.bai.go.kr/bai/cop/bbs/detailBoardArticle.do?bbsId=BBSMSTR_100000000009&nttId=117547&mdex=bai20&searchCnd=all_NTT_SJ_CN&searchWrd=&searchBgnDe=&searchEndDe=&searchYear=&pageIndex=3&recordCountPerPage=10>, 검색일: 2017.8.28.

4차 산업혁명의 시대에서는 정부의 인사제도가 크게 변화할 것으로 예상된다. 그러나 분명한 것은 미래에도 결국 '사람'이 모든 문제를 해결한다는 점이다.

본 논문에서는 특히 공무원의 복종의무와 그 한계에 초점을 둔다. 복종의무는 일차적으로 헌법 제7조 제1항을 구체화한 성실의무의 한계 내에서 이해되어야 하며, 따라서 성실의무가 실제 공익에 부합하게 수행되려면 관료제 위계조직 내에서 원활한 의사소통이 필수적이라는 결론으로 이어진다.

이하에서는 먼저 독일의 '이의제기'(Remonstration, 이하 '이의제기'라고 함)제도를 중심으로 독일공무원의 주된 의무에 대해 살펴보겠다(Ⅱ). 또한 우리나라의 복종의무의 한계를 둘러싼 현재의 법제도를 고찰하고 독일의 제도와 비교한 다음, 향후 우리나라에도 독일의 이의제기 제도를 참조하여 공무원의 복종의무의 한계를 도입할 때 고려해야 할 점에 대해 논한다(Ⅲ). 마지막으로 미래 관료제의 바람직한 모습과 정부조직 내부의 원활한 의사소통 및 민주화의 중요성에 대해 강조하고자 한다(Ⅳ).

Ⅱ. 독일의 '이의제기'(Remonstration)제도의 의의

1. 독일 연방공무원법상 공무원 의무의 개요

이의제기제도는 독일 연방공무원법 제63조에서 규정하고 있으나, 동 제도를 입체적으로 이해하기 위해서는 동법 상 공무원의 기본의무, 복종의무등과 함께 이의제기제도를 이해할 필요가 있다.[4] 동법 제60조 제1항 기본의무의 내용은 다음과 같다.

① 공무원은 일부가 아닌 전체 국민에 대해 봉사한다. 공무원은 그들의 임무를 불편부당하게 수행해야 하며 직무를 수행함에 있어 공익을 고려해야 한다. 공무원은 모든 행동에 있어 기본법상의 자유민주적 기본질서를 수호하고 그 유지를 보장해야 한다.

한편, 공무원의 복종의무를 규정한 제62조와 이의제기제도를 규정한 제63조는 아래와 같다.

> **제62조(복종의무)** ① 공무원은 상관에게 의견을 제시하고 상관을 보좌해야 한다. 공무원은 직무상 명령을 수행하고 일반적 기준을 따라야 한다. 다만, 공무원이 특정 법조항에 근거하여 지시에 구속되지 않고 단지 법만을 따라야 하는 경우에는 이와 같은 복종의 의무가 적용되지 않는다.
>
> **제63조(합법성에 대한 책임)** ① 공무원은 직무상 행위의 합법성과 관련하여 완전한 개인 책임을

4) 복종의무의 범위에 대한 규범적 검토시 공무원법상의 의무 전체를 연구의 대상으로 포섭해야 한다는 견해로는 이계수, "공무원의 복종의무의 내용 및 한계에 대한 규범적, 행정법사회학적 연구", 민주법학 제40호, 민주주의법학연구회, 2009, 130쪽.

진다.

② 직무상 명령의 합법성이 의심되면 공무원은 즉각 직속상관에게 그 점에 대해 주장해야 한다. 그럼에도 불구하고 명령이 유지되고 그 명령의 합법성에 대한 의심을 떨칠 수 없다면, 공무원은 직속상관의 상관 혹은 그 위의 상관에게 의견을 개진해야 한다. 그래도 여전히 직무명령이 유지되면 공무원은 이를 집행해야 하지만, 당해 명령의 집행에 대한 개인책임은 면책된다. 이는 명령된 행위가 인간의 존엄에 반하거나 형벌 혹은 질서벌의 대상이 되고, 공무원의 가벌 혹은 질서벌 대상 가능성을 인식한 경우에는 해당이 없다. 명령에 대한 (이의제기의) 확인은 신청이 있는 경우 문서로 해야 한다.

③ (임무를) 지체할 경우 위험이 존재하고 직속상관의 상관의 결정이 적시에 이루어질 수 없다는 이유로 직속상관이 명령의 즉시 수행을 요구할 경우, 제2항의 3문과 4문이 준용된다.

연방공무원법상의 의견제시의무 및 보좌의무, 복종의무 그리고 행위에 대한 개인적 책임 및 이의제기제도로 이어지는 일련의 규정들은 서로 모순되어 보일 수도 있지만 이들은 유기적이고 종합적으로 이해할 수 있다. 이들 개별 조항들은 서로 상호 규정을 통해서만 제대로 파악할 수 있다.[5)]

(1) 의견제시의무와 이의제기제도

이의제기제도의 일차적인 의미는 임무의 수행과 관련한 공무원의 개인 책임을 제한한다는 것인데, 이와 가장 밀접하게 관련되는 조항은 상관에게 의견을 제시하고 보좌하는 의무이다. 동 의무는 구체적으로 특정한 조치가 법위반으로 의심되는지 여부 혹은 법목적에 부합하는지 여부와 일정한 조치에 대한 법적, 사실적 근거를 상관에게 제시할 의무 및 임무를 수행하는 데 있어 방해가 될 수 있는 요소 등을 보고할 의무로 구성된다.[6)] 그리고 이중 특정한 조치의 위법성이 의심되는 경우에 이를 상관에게 보고하는 것은 이의제기를 구성하는 절차의 하나로 이해되며 이를 완수할 경우 결과적으로 일정한 개인 책임에서 면제되는 것이다.[7)]

의견제시의무와 보좌의무는 이의제기제도의 중요한 전제가 된다.[8)] 의견제시와 보좌의무는 수명공무원이 상관이 내린 조치가 과연 합목적적인지 또는 합법적인지 여부를 판단하고 상관에게 그 근거를 제시할 의무라고 할 수 있다. 다만 합목적성과 관련한 의견이 받아들여지지 않으면 수명공무원은 당해 명령을 따라야 한다.[9)] 이때 의견제시의무등은 단지 일방향적인 의무로 이해되어서는 안 된다. 상관이 부하직원의 견해를 능동적이고 적극적으로 받아들일 자세가 되어 있어야만 동 조항이 효과적으로 기능할 수 있다. 기본적으로 의견제시의무

---

5) Timo Hebeler, *Verwaltungspersonal*, Nomos Baden-Baden, 2008, S. 255.
6) Helmut Schnellenbach, *Beamtenrecht in der Praxis*, 8. Aufl., C.H.Beck München, 2013, S. 231.
7) Helmut Schnellenbach, a.a.O., S. 231 Fn. 57.
8) 이의제기에 있어서 합목적성에 대한 의심은 중요하지 않으나, 조언의무에 대해서는 합목적성도 고려대상이다. Vgl. Ulrich Battis, *Bundesbeamtengesetz Kommentar*, 3.Aufl., C.H.Beck München, 2004, S. 556.
9) Ulrich Battis, a.a.O., S. 548.

등은 위계적 정부 조직 내부에서 열려있는 상호간의 의사소통과 최선의 임무를 수행하기 위한 임무주체의 인식을 전제로 한다. 사실 의견제시의무등이 법의 취지대로 기능한다면 상급자와 부하직원이 상호간 설득 과정을 통해 합의를 토대로 의사결정에 이를 수 있을 것이다. 즉, 더 이상 탑다운 방식의 일방적인 명령이나 지시는 불필요해질 수 있다. 이러한 관점에서 상관의 일방적 지시는 합의에 이르지 못한 경우의 이차적 방법으로 이해될 수 있다.[10)]

(2) 복종의무와 이의제기제도

독일 연방공무원법 제62조의 복종의무를 관련 직무명령에 대한 수명공무원의 별도의 합법성 심사 없이 강제되는 것으로 이해할 경우 동법 제63조의 직무수행에 대한 개인 책임의 원칙과 충돌할 수 있다. 상관의 위법한 직무상 명령을 수행할 경우 행정상대방에 대한 행정행위 등도 위법해질 수 있는데 잠정적으로 동 행위 등에 대해 개인책임을 지는 수명공무원이 이에 대하여 아무런 사전심사를 행할 수 없다면 이는 매우 가혹하다. 말하자면, 수명공무원은 최소한 상관의 직무상 명령의 위법성에 대해서는 심사할 권한과 의무가 있다고 볼 수 있다. 나아가 위에서 살펴본 바와 같이 독일 연방공무원법상의 의견제시의무가 상정하는 공무원상은 무조건 상관의 직무상 명령에 복종하는 공무원이 아니라 함께 결정에 참여하는 공무원이다. 동시에 관료제의 주요 특징인 계서제를 바탕으로 하는 복종의무는 공무원 상호간 소통절차의 이행을 전제로 존중되어야 한다. 이의제기규정에서도 이의제기가 최종적으로 받아들여지지 않을 경우 상관의 명령에 복종해야 한다고 명시함으로써 공무원 개인의 책임과 복종의무 상호간의 긴장관계를 조정하고 있다.[11)]

(3) 공무원의 합법성에 대한 책임과 이의제기제도

독일 연방공무원법 제63조 제1항에 따르면 기본적으로 공무원은 직무상 행위의 합법성에 대한 책임을 진다. 동 조항은 1873년 독일제국시절 이후 거의 변화 없이 이어지고 있다.[12)] 공무원은 직무상 행위이전에 당해 행위가 법에 적합한지 여부를 심사해야 한다. 이때 독일 기본법 제20조 제3항의 법 준수 의무 이외에도 관습법, 국제법의 일반원칙, 일반 헌법 원칙 등을 토대로 공무원은 상관의 직무상 명령이나 일반 기준의 합법성 뿐 아니라 법령 자체의 합법성, 법적 타당성 또한 심사해야 한다. 이러한 심사의무는 기본법 제33조의 4의 기능유보로부터 유래한다. 심사의 범위는 직무관련 수행권한, 공무원의 경험과 기초지식에 따라 결정된다. 따라서 심사를 일정한 정도 이상으로 강제할 수는 없다.[13)]

10) Timo Hebeler, aaO., S. 259.
11) Timo Hebeler, aaO., S. 260.
12) Lenders/Peters/Weber u.a., *Das Dienstrecht des Bundes Kommentar*, 2.Aufl., Luchterhand Köln, 2013, S. 258.
13) Ulrich Battis, a.a.P., S. 553-554.

독일 기본법 제20조 제3항 상의 법률과 법에의 구속은 헌법상 공무원의 규범 해석권을 보장하는데 이는 직업관료제의 공익수행의무와 정치적 중립성에 기여한다. 규범에 대한 해석을 토대로 하는 이의제기제도는 수명 공무원의 형법상·징계법상·민사상 책임을 면하게 할 뿐만 아니라 법치국가의 명령과 나아가 민주원칙의 명령을 실현하도록 한다. 이처럼 민주법치국가의 이념에 맞닿아있는 이의제기는 공무원의 의무이자 권리라고 평가된다.[14]

(4) 공무원의 공익추구의무와 이의제기제도

독일 연방공무원법 제60조 제1항은 공무원이 공익에 맞고 공정하게 임무를 수행할 의무를 규정하는데 이는 공무원이 직무상 행위에 대하여 온전히 개인 책임을 지는 것과 연결된다. 물론 공무원과 그 직무는 관료조직 안에서 복종의 의무를 지는 위계의 일부를 구성한다. 그럼에도 불구하고 공무원의 개인 책임은 법치국가에서 공무원법의 토대로 인정된다.[15]

독일 기본법은 제33조 제5항에서 직업공무원제를 규정하고 있다. 여기서의 공무원은 관리직 공무원으로 공직에 종사하는 기타 피고용자(Arbeitsnehmer)와는 다르다. 후자와 달리 관리직 공무원(이하 '공무원')[16]은 단순한 공직수행 의무를 넘어서 항상 최선을 다해 필요할 경우 평소의 근무시간을 넘어서까지 행정임무의 해결에 힘써야 한다.[17] 공무원 관계는 주고받기식의 상호계약 관계에 기반하지 않는다. 공무원은 입법자가 이미 정한 임무의 범위 안에서 즉, 국가와 사회의 이익을 위해 정해진 임무를 수행한다. 그런데 법률과 법에 따른 임무의 범위는 매우 폭넓고 다양하여 이를 모두 입법에 반영하기는 쉽지 않다. 이를 공익 관점에서 실제 행정에 반영하기 위해서는 자유롭고 편향되지 않은 해석, 판단 능력을 가진 공무원의 가능성 있는 능력이 필요하다. 이를 할 수 있는 주체가 바로 '관리직' 공무원이다.[18]

합법성에 대한 판단을 전제로 하는 이의제기제도는 공익에 대한 판단과 직결된다. 직무상 명령이 합법적인지 여부가 다투어지는 경우의 대부분은 그 기준이 명확하지 않다는 것이다. 따라서 결국 합법성의 판단에 있어서도 공익 부합성이 중요한 고려 요소가 된다.

2. 이의제기제도

독일 연방공무원법 제63조의 법조문에 따르면 공무원은 직무상 명령의 합법성이 의심되면 즉각 직속상관에게 이를 주장해야 한다. 동 이의제기에 대한 내용은 일차적으로 공무원의

14) Ulrich Battis, a.a.O., S. 553.
15) Ulrich Battis, a.a.O., S. 553-554.
16) 우리나라의 공무원법은 관리직 공무원과 기타 공무원을 의무를 부여함에 있어 차별을 두지 않고 있다. 따라서 본 논문에서는 관리직 공무원을 특별히 구분하여 다루지 않는다.
17) Steffen Beilke, … *und fortzuentwickeln*, 1. Aufl., Nomos Baden-Baden, 2011, S. 79.
18) Steffen Beilke, a.a.O., S. 79. 앞으로 우리나라의 공무원법도 관리직 공무원과 기타 공무원의 의무와 책임을 차별화하여 다루는 것이 필요하다고 생각된다. 직급과 직위에 따라 요구되는 역할과 능력이 다른 만큼 그에 대한 책임도 당연히 달라야 할 것이기 때문이다.

의무로 이해된다. 그러나 이 절차를 완료한 후에는 최종적으로 직무상 명령에 복종할 의무만 남을 뿐 수명공무원의 개인 책임이 면책된다. 다시 말해, 공무원은 일정한 절차적 요건을 준수하면 면책될 수 있는 권리를 가진다고 할 수 있다.[19)]

(1) 이의제기제도의 절차 및 요건

제1단계에서 수명공무원은 심사결과 직무상 명령의 합법성에 의심이 생겼을 경우 망설이지 않고, 다시 말해 망설임에 대해서도 책임을 물을 수 있는데, 이를 직속상관에게 의견을 개진해야 한다.[20)] 이러한 의무를 다하면 결과적으로 책임이 명령을 내린 또는 명령을 재차 승인한 상관에게로 넘어간다. 다만 직무상의 전문적인 명령과 직무상의 개인적인 명령, 즉 직무담당자로서의 공무원에 대한 명령인지 독자적 개인으로서의 공무원에 대한 명령인지를 구분해야한다. 이는 곧 대체로 당해 명령과 지시가 행정행위로 연결되는지 여부에 따라 결정된다. 이는 기본관계와 경영관계의 구별과도 연결된다.[21)] 한편, 법위반이 의심된다는 것은 막연한 추측이나 단순한 법감정과는 다르고, 관련 법 근거 제시가 가능하고 중요한 사항에 대한 의심이어야 한다.[22)] 동 절차는 수명공무원이 제기한 의심을 직속상관이 받아들이거나 당해 직무상 명령이 철회되거나 아니면 오히려 수명공무원이 직속상관으로 부터 당해 명령의 적법성을 설득당하는 경우 종료된다. 이러한 구체적인 종료요건에 대해 독일 연방공무원법이 직접 규정하지는 않는다.[23)] 제2단계에서 직속상관이 수명공무원의 의견을 수용하지 않아서 당해 명령이 그대로 유지된 경우 수명공무원이 한 단계 더 높은 상관에게 한 번 더 의견을 제시한다.

이러한 절차에도 불구하고 제3단계에서는 공무원이 형법·질서법 및 인간의 존엄성 위반을 인식할 수 있었다면 여전히 공무원은 복종하면 안 된다. 그렇지 않을 경우 형법·징계법·민사법상의 책임을 질 수 있다. 그러나 헌법에 위반되는 명령에 대해서는 단지 그 위반이 명백하고 특별히 심각한 경우에만 복종 의무가 면제된다. 모든 위법한 명령은 동시에 헌법위반으로 이해될 수도 있으므로 이러한 제한은 타당하다.[24)]

마지막 제3단계에서는 제2단계에도 불구하고 당해 명령이 그대로 유지되는 경우 수명공무원이 인간의 존엄을 침해하는 경우 등 특별한 경우를 제외하고는 다시 복종의 의무를 준수하도록 하고 동시에 개인 책임에서는 면제시킨다.[25)] 개인 책임 면제와 동시에 다시 복종의

---

19) Ulrich Battis, a.a.O., S. 553.
20) Ulrich Battis, a.a.O., S. 554.
21) Ulrich Battis, a.a.O., S. 559-560.
22) Brinktrine/Schollendorf, a.a.O., BBG § 63.
23) Timo Hebeler, a.a.O., S. 260.
24) Ulrich Battis, a.a.O., S. 556-7.
25) Timo Hebeler, a.a.O., S. 260-261.

무를 부과함으로써 입법자가 수명공무원의 이익과 행정의 효과성을 동시에 고려했다고 이해할 수 있다. 수명공무원이 직무상 명령의 합법성에 대해 여전히 의심을 가지고 있더라도 이의제기절차 이후에는 결국 당해 명령을 수행한다는 점에서 행정의 계속성이 담보되지만 이로부터 개인의 책임은 면제되기 때문이다. 일견 이로써 수명공무원의 법적책임만 면제된 것으로 보일 수 있지만 이를 넘어서 수명공무원이 원래 의도했던, 즉 직무상 명령의 위법성을 수정하고 내리려 했던 결정에 대한 합법성 증명 부담 또한 함께 면제된다고 할 수 있다.[26)]

반면, 제3단계의 세 가지 예외는 동 제도의 전체 구조와 자연스럽게 조화된다고 하기는 어렵다. 이미 수명공무원의 복종의무가 생겼는데 평가된 위법성이 인식가능 할 경우에는 다시 복종 의무가 적용되지 않는다고 하면서 세 가지 요건을 명시하는 것은 위계적 질서에서의 의사결정에 대한 불신을 내포하고 있다. 입법자는 이의제기를 통해서도 행정활동의 합법성이 완전히 담보되기 어렵다는 점과 아주 중대한 법위반이 명백할 때, 즉 인식가능 할 때에는 예외로 해야 한다는 점을 고려한 것으로 보인다. 그런데 이 부분은 전체 구조에서 일관되지도 않고 실제 적용될 가능성도 높지 않아 보인다. 일정한 직무상 명령에 대해 평가된 위법성이 의심될 때, 특히 두 명의 상관이 이미 그 위법성을 인식하지 못한 경우에 수명공무원만이 이를 명백히 알 수 있는 경우를 상정할 수 있을지 의심스럽다.[27)]

마지막으로 즉시 직무상 명령을 수행해야 하는 경우는 그렇지 않을 경우 심각한 손해가 발생할 개연성이 있는 경우를 의미한다. 그리고 여기에 더해 상급자의 상관이 적시에 결정할 수 없다는 의미는 바로 즉시 수행해야 하거나 차상급자가 연락이 닿기 어려운 경우를 의미한다.[28)]

전체적으로 이의제기제도는 수명공무원의 책임과 복종의무 상호간의 긴장관계를 알맞은 교량을 통해 적절히 해결한 것으로 볼 수 있다. 즉, 절차를 모두 거친 후 행위를 수행하는 의무의 부담은 수명공무원이 지게 하되, 그로부터 개인 책임은 면제시켰다. 동시에 이의제기제도는 독일 기본법 제20조 제3항의 법에 따른 행정을 제대로 구체화한 것으로 평가된다.[29)]

(2) 직무상 명령의 합법성

직무상 명령이 명백히 위법한 경우는 흔치 않을 것이다. 오히려 그 위법성 여부가 명확하지 않은 경우가 대부분이다. 독일 연방공무원법의 복종의무와 책임조항은 일견 입법자가 공무원 개인의 책임과 복종의무를 서로 상반되는 의무로 이해하고 이를 전제로 단순하고 명백한 위법과 위법성이 의심되는 평가된 위법을 구분하였던 것으로 해석할 수도 있다. 이때

---

26) Timo Hebler, a.a.O., S. 262.
27) *Vgl.* Timo Hebler, a.a.O., S. 263.
28) Ulrich Battis, a.a.O., S. 557.
29) Timo Hebeler, a.a.O., S. 263.

오로지 후자의 경우, 즉 평가된 위법의 경우에만 두 차례의 이의제기를 거친 후 복종의 의무에서 면제될 수 있고 그 밖의 대부분의 경우에는 여전히 복종의 의무가 우선하여 직무상 명령의 적법성은 복종의 의무에 후퇴하는 것으로 보일 수 있다. 그러나 입법자는 직무 행위의 합법성에 대한 책임과 복종의 의무를 결코 대립하는 의무로 보지 않았다. 중요한 것은 입법자가 양 의무를 통해 결과적으로 하나의 목표, 즉 적법한 국가행위를 담보한다는 공통의 목표를 지향했다는 점이다. 독일 기본법 제20조 3항의 관점에서도 합법성 의무에 앞서는 복종의 의무의 법적 의미를 도출해 내기는 쉽지 않다. 복종의 의무나 이의제기의무 모두 행정활동의 합법성을 보장하기 위함이라고 보는 것이 타당하다. 다시 말해, 이의를 제기하는 수명공무원이나 상급 공무원 양자 모두 이의제기절차의 구체적인 결과와 관계없이 합법적인 행정활동을 보장하는 것이 목적이다.[30)]

그렇다면 직무상 명령의 합법성에 대한 판단에 있어 수명공무원과 상관의 의견 중 원칙적으로 일방의 의견이 타당하다고 평가할 수 있을까. 이를 결정할 수 있는 일반적이고 적용가능 한 기준은 찾기 어렵다. 결과적으로 이는 위계적 정부조직의 구조를 토대로 해결되어야 할 것이다. 이러한 사고가 이의제기 이후 복종의 의무를 부여하는 이의제기절차의 제3단계에 반영되어 있다.[31)]

(3) 이의제기제도와 공무원의 권리

기본적으로 이의제기제도는 공무원의 권리를 보호하는 제도가 아니다. 일차적으로 국가내부의 의사결정과정에서 예상되는 상충되는 의견의 충돌을 해결하는 문제에 관한 것이다. 위계질서에 편입된 복종의무를 가진 공무원이 그의 권리를 침해당할지 여부는 본 제도의 관심사항이 아니다. 동 절차는 해당 직무 명령의 취소소송을 배제하고 있는데 이 또한 여기에 대한 반증일 수 있다.[32)]

한편, 위법한 지시가 직무담당자로서의 신분을 넘어서 사인의 지위에도 영향을 미칠 경우 당해 공무원은 행정소송으로 이를 다툴 수 있다. 예를 들어, 공무원의 기본관계 다시 말해 채용계약관계에까지 영향을 미치는 상급자의 행위는 더 이상 직무상 명령이라고 할 수 없으며 따라서 공무원은 이를 행정소송으로 다툴 수 있다.[33)] 그러나 공무원의 복종의무가 면해지는 것은 아니다.[34)] 다만, 동 조항의 대상은 '직무상 명령'에 한정되므로 직무와 관련 없는 명령은 제외된다. 즉, 상급자가 저자인 책의 교정을 부하 직원에게 지시하는 것은 직무상 명령이라고 할 수 없으며 이는 동시에 상급자의 직무의무위반에 해당된다.[35)]

---

30) Timo Hebeler, a.a.O., S. 261-262.
31) Timo Hebeler, a.a.O., S. 262.
32) Ulrich Battis, a.a.O., S. 558.
33) Brinktrine/Schollendorf, a.a.O., BBG § 63.
34) Brinktrine/Schollendorf, a.a.O., BBG § 63.

(4) 이의제기제도와 공무원의 외부책임

직무상의 행위가 시민에 대해서는 위법하더라도 수명공무원이 직무의무를 위반했다고 단정할 수는 없다. 정부조직 내부적으로 구속력 있는 직무명령을 토대로 직무상 의무에 걸맞게 수행된 공무원의 행위는 처벌할 수 없다. 당해 행위가 시민과 행정 사이, 즉 외부법적으로 위법한지는 여기에서 중요하지 않다. 일단 이의제기절차가 끝나고 서면으로 동 절차가 확인되면 공무원은 더 이상 해당 조치의 합법성을 판단할 권한과 의무에서 모두 벗어난다. 상관의 명령이 이의제기절차를 거쳐서 최종적으로 이행되었다고 하여 그 합법성을 다시 추정할 필요도 없다. 위계조직인 국가내부에서 상호 의견이 일치하지 않을 경우 원칙적으로 상관의 의견에 따르게 된다. 나아가 시민에 대하여 위법한 행위라고 하여 공무원에 대하여 시민이 적법한 방어권을 행사하거나 무조건 불복할 수 있는 것도 아니다. 독일 연방행정절차법 제43조 제2항 및 제3항에 따라 시민은 행정행위가 무효가 아닌 한 이에 구속되기 때문이다.[36)]

3. 이의제기제도의 실효성

이의제기제도의 폭넓은 적용을 방해하는 주요요소들은 법적인 분쟁에 대한 것이 아니라 조직 내에서 각 역할을 담당하는 개별 지위에 대해 기대되는 역할에 대한 것이다. 사실 법학에서는 이러한 부분을 대체로 무시하지만 간과해서는 안 될 중요한 요소이다. 독일에서 이의제기절차를 활용하는 공무원은 매우 드물고 동 절차를 거치지 않았다고 해서 징계절차가 진행되는 경우는 사실상 없다. 사실 위계질서 하에서 상관의 법적 이해가 잘 못되었으니 명령을 바꾸어 달라는 것을 기대하기는 어느 위계조직에서도 쉽지 않다. 이의제기제도가 위계적 질서를 일부 수정하면서 위계의 반대방향으로 힘을 싣는 것이라는 이해는 한계가 있다. 오히려 동 제도를 이용하는 수명공무원은 위계질서의 방해자로 드러나기 쉽고 상관도 일반적으로는 그렇게 이해할 것이다. 수명공무원이 상관의 지시권을 더 이상 존중하지 않고 그의 권위를 거부한다고 볼 것이기 때문이다. 말하자면, 수명공무원이 용기를 내어 이의제기절차를 거쳤을 때 이는 결국 자신의 개인의 이익에 반할 수 있음에도 이의를 제기했다고 보는 것이 옳다.[37)]

그렇다면 이의제기제도는 무용하고 의미 없는 제도인가. 동 제도의 궁극적 목적은 법치행정의 구현으로 공익과 맞닿아 있으며 공익추구의 사명을 띤 공무원은 언제든지 동 제도를 활용할 가능성이 있다. 그러나 무엇보다 중요한 것은 상관과 수명공무원이 상호간 신뢰를 바탕으로 언제든지 명령의 실체적 내용과 공익 합치성 등에 대해 상호 비판적으로 의견을 교

35) Brinktrine/Schollendorf, a.a.O., BBG § 63.
36) Ulrich Battis, a.a.O., S. 555-556.
37) Timo Hebler, a.a.O., S. 264.

환할 수 있다는 점이다. 여기에서 동 제도의 본질을 찾을 수 있다.

4. 소 결

독일 연방공무원법에서 이의제기제도는 공무원 책임의 면제와 관련한 조문에 규정되어 있지만, 위의 논의에서 살펴본 바와 같이 동 제도는 공무원의 의견제시와 보좌의무를 매개로 국민 전체의 봉사자로서의 공무원, 즉 공익을 위해 임무를 수행하는 공무원의 일차적 의무로 연결될 수 있다. 말하자면, 이의제기를 규정하는 조항은 최종적으로 이의제기절차 이후 복종의무를 부담지우고 그에 따른 개인 책임을 면제시켰지만, 그 본질은 수명공무원이 직무상 명령이 위법하다는 근거를 상관에게 제시할 의무를 규정하고 있는 것이다. 다시 말해, 추상적인 공익을 담보하기 위한 법, 그리고 이에 근거하여 내려지는 구체적인 직무명령이 과연 법에 합치하는가에 대한 평가에 있어 수명공무원이 능동적이고 적극적인 의견표명을 해서 공익의 구체적인 형성과정에 참여해야 한다는 의미로 이해된다. 그리고 공무원 상호간 소통에 대해 직접 규정하고 있는 독일 연방공무원법상의 의견제시의무와 보좌의무는 그 전조항의 제3문, 즉 지무내외에서 존경받을 만한 행동을 할 의무에서 비롯된 깊이 신뢰하며 협업할 의무라고 한다. 협업의 대상은 상관뿐 아니라 동등한 지위 혹은 부하직원에게도 당연히 적용된다.[38)]

Ⅲ. 우리나라 공무원의 복종의무의 한계

1. 국내법상 주요 공무원 의무의 개요

(1) 헌 법

헌법 제7조 제1항은 공무원이 국민전체에 대한 봉사자라고 규정한다. "국민주권주의와 국민의 기본권보장을 양대 지주로 하고 있는 우리나라의 헌법이념상 공무원은 과거와 같이 집권자에게 충성관계나 관료적인 공리로서가 아니라 국민의 수임자로서 국민에게 봉사하는 것을 본래의 사명으로" 하는 것이 우리나라의 공무원이다.[39)] 나아가 "공무원은 그 임용주체가 궁극에는 주권자인 국민 또는 주민이기 때문에 국민 전체에 대하여 봉사하고 책임을 져야 하는 특별한 지위에 있고, 그가 담당한 업무가 국가 또는 공공단체의 공공적인 일이어서 특히 그 직무를 수행함에 있어서 공공성·공정성·성실성 및 중립성 등이 요구"[40)]된다.

이어 헌법 제7조의 제2항은 직업공무원제도를 규정하고 있다.[41)] 엽관제를 지양하고, 정권

38) Ulrich Battis, a.a.O., S. 548.
39) 헌법재판소 1993.9.27. 92헌바21 결정(합헌).
40) 헌법재판소 1992.4.28. 90헌바27등 결정, 국가공무원법 제66조에 대한 헌법소원(합헌).
41) 독일의 기본법 제33조 제4항 및 제5항은 직업공무원제를 명시적으로 천명하고 있으나 우리나라의 헌법 제7

교체에 따른 국가작용의 중단과 혼란을 예방하며 일관성 있는 공무수행의 독자성과 영속성을 유지하기 위하여 공직구조에 관한 제도적 보장으로서의 직업공무원제가 필요하다. 나아가 직업공무원제는 제도적 보장을 통하여 모든 공무원으로 하여금 어떤 특정 정당이나 특정 상급자를 위하여 충성하는 것이 아니라 국민 전체에 대한 봉사자로 법에 따라 그 소임을 다할 수 있게 하는 제도이다.[42]

(2) 국가공무원법

1) 성실의무

"국가공무원법"[43]은 국민 전체에 대한 봉사자로서 공공이익을 수행할 의무를 가진 헌법상 공무원의 의무를 구체화하고 있다.[44] 먼저 동법 제56조는 공무원이 성실히 법령을 준수해야 한다고 규정하는데 이를 성실의무와 법령준수의무로 나뉘어 이해하기도 한다.[45] 그러나 법치국가에서 성실히 법령을 준수할 의무를 굳이 성실의무와 법령준수의무로 나뉘어 생각할 필요는 없다. 글자 그대로 법의 테두리 안에서 성실히 국가의 이익, 즉 공익을 추구하는 것이 중요하다. 성실의무는 공무원의 의무의 원천이 되는 기본적 의무[46]로, 각종의 개별적인 직무상의 의무는 물론이고 직무 외에서의 의무도 여기에서 나온다.[47]

2) 복종의무

"국가공무원법" 제57조에 따르면 공무원은 직무를 수행할 때 소속 상관의 직무상 명령에 복종하여야 한다는 규정만 있고 위법·부당한 지시에 대한 거부 규정이 없다. 대법원 판례[48]에 따르면 소속 상관의 명백한[49] 위법 내지 불법한 명령은 직무상 지시명령이라고 할 수 없으므로 하급자는 이에 따라야 할 의무는 없다. 직무명령에 대한 위반은 위법은 아니지만 복종의무의 위반으로 인한 징계사유가 된다. 직무명령이 적법·유효하기 위하여 형식적 요건으로서 첫째, 권한 있는 상관이 발한 것일 것, 둘째, 부하의 직무범위 내에 속한 사항일 것, 셋째, 부하에게 직무상 독립이 보장되어 있는 사항에 관한 것이 아닐 것, 넷째, 법정의

조는 직업공무원제를 직접적으로 규정하고 있지는 않다. 그러나 우리 헌법이 직업공무원제를 채택했다는 점에 있어서는 학설·판례상 이견이 없다. 정호경, "공직가치 논의의 법적 함의와 문제점-직업공무원제 및 공무원법과의 관계를 중심으로", 법학연구 제50호, 전북대학교 법학연구소, 2016, 341-342쪽.

42) 헌법재판소 1997.4.24. 95헌바48 결정, 구 지방공무원법 제2조 제3항 제2호 나목 등 위헌소원(합헌).

43) 지방공무원법도 국가공무원법과 기본적으로 거의 유사한 복무규정을 두고 있다. 여기에서는 국가공무원법을 중심으로 살펴본다.

44) 성실의무를 일반적 의무·신분상의 의무로 볼 것인지 또는 직무상의 의무로 볼 것인지에 대해서는 견해가 나뉘어지지만 민주공화국에서의 성실의무는 주어진 직무와 관련하여 국민전체의 이익을 도모하라는 직무상의 의무로 보는 것이 타당하다. 김철용, 행정법Ⅱ, 박영사, 2009, 229쪽; 이계수, 앞의 글, 131쪽 참조.

45) 김동희, 행정법 2 제19판, 박영사, 2013, 170쪽.

46) 김동희, 위의 책, 170쪽; 대법원 1989.5.23. 선고 88누3161.

47) 대법원 1997.2.11. 선고 96누2125 판결.

48) 대법원 1988.2.23. 선고 87도2358 판결, 대법원 1999.4.23. 선고 99도636 판결 등.

49) 대국민 처분 등과 달리 정부조직 내부의 직무명령의 실질적 요건에 명백성을 포함시키는 것은 설득력이 없다는 견해가 있다. 이계수, 앞의 글, 139쪽 이하 참조.

형식 절차가 있으면 이를 갖출 것이 요구되고, 실질적 요건으로 그 내용이 법령과 공익에 적합할 것 등이 요청된다.[50)51)]

형식적 요건의 불비는 외관상 명백한 경우가 대다수일 것이므로 수명공무원은 이를 심사하여 복종을 거부할 수 있다는 것이 다수 견해로 보인다.[52)] 문제는 실질적 요건이다. 실질적 요건의 심사 여부에 대해서도 견해가 갈리고 있는데[53)] 공무원은 심사권을 넘어서 심사할 의무가 있다고 보아야 한다. 헌법 제7조 제1항이 집단으로서의 공무원의 지위가 아닌 개개의 공무원의 지위를 규정한 것으로 본다면 모든 공무원은 지위 여하를 막론하고 당연히 직무상 명령의 공익 적합성 여부를 심사해야 한다. 물론 심사가 불가하다는 주장도 일견 설득력이 있다. 즉, 조직체의 효율적이고 통일적인 운영의 확보의 중요성을 강조하는 입장이다. 특히 오늘날과 같이 효율성이 공익을 구성하는 주된 요소로 인정되는 점을 고려하면 반대설의 입장에 설득력이 더해지는 것으로 보인다.

그러나 직업공무원제의 위계질서를 기반으로 하는 조직의 효율성과 행정의 합법성을 토대로 하는 공익은 등가의 원칙이라 볼 수 없다. 당연히 후자가 우월한 원칙이다. 나아가 반대설은 행정행위의 공정력과 같은 효력이 직무상 명령에 적용된다고 하지만,[54)] 이는 행정 내부에서의 의사결정 과정과 대외적 행정작용을 혼동한 결과이다. 위에서 살펴본 바와 같이 공무원의 조직내부적인 명령의 복종이 바로 외부적 행정작용으로 이어진다고 해서 양자의 위법성 또는 합법성의 판단이 일치하는 것은 아니다. 따라서 직무명령의 위법성이 중대하고 명백하지 않더라도 수명공무원은 합법성, 공익 합치성을 심사하여 직무상 명령의 수행을 거부할 수 있고 그래야 할 의무가 있다. 다만 판례에 따르면 거부를 했어야 하는 직무명령에 공무원이 복종하면 이에 대하여 징계책임, 민사책임, 형사책임 등을 져야 하는데,[55)] 아래에서 살펴볼 바와 같이 이를 단순히 적용하여 위법한 직무명령에 거부의무를 부과하고, 이에 대해 공무원의 책임을 면하게 해주는데 그치는 입법안은 복종의무와 성실의무 및 법령준수의무 나아가 국민전체의 봉사자로서의 공무원의 의무와 권리의 관계를 전혀 잘 못 이해한 것이다.

3) 성실의무와 복종의무의 관계

위와 같은 공무원의 복종의무와 법령준수의무 및 성실의무는 일견 긴장관계에 있는 것으로 보인다. 그렇다면 두 가지의 의무는 원칙적으로 동등하고 상황에 따라 형량해야 하는 의

---

50) 김동희, 앞의 책, 171쪽.

51) 이러한 학설에 대해 직무명령의 형식적 요건과 실질적 요건의 구분 자체가 반드시 명확하다고 할 수 없으며, 실질적 요건 자체가 매우 추상적이어서 복종의무의 한계를 설정하는 기준으로 적절하지 않다는 견해가 있다. 이계수, 위의 글, 134쪽.

52) 김동희, 앞의 책, 171쪽.

53) 김동희, 위의 책, 172쪽.

54) 김동희, 위의 책, 172쪽 참조.

55) 대법원 1967.2.7. 선고 66누168 판결.

무인가. 그렇게 볼 수는 없다. 관료제의 핵심 징표인 계서제는 공무원의 복종의무를 전제로 하지만 오늘날 계서제의 계속적 필요성에 대한 논의는 차치하고서라도 원래부터 계서제는 관료제의 합리성을 담보하기 위한 수단으로 이해되었다. 반면 공무원의 법령준수의무와 성실의무는 국민전체의 봉사자인 공무원이 공익추구의무가 구체화된 것이다. 따라서 후자의 의무에 대한 한계를 논할 수는 없어도 전자, 즉 복종의 의무에 대한 한계는 논의가 가능하고 또한 필요한 것이다.

(3) 기타 법령상 공무원의 복종의무와 그 한계

"공무원 행동강령" 제4조에 따르면 상급자가 자기 또는 타인의 부당한 이익을 위하여 공정한 직무수행을 현저하게 해치는 지시를 하였을 때에는 그 사유를 그 상급 자에게 소명하고 지시에 따르지 아니하거나 행동강령책임관과 상담할 수 있는 등의 구체적 내용을 적시하고 있다. 동 대통령령과 "공무원 행동강령 운영지침"을 반영하기 위해 행정각부는 훈령 형식으로 소속 부처의 행동강령을 거의 유사하게 마련하고 있다. 예를 들어, "문화체육관광부 공무원 행동강령" 제5조에 따르면 공무원은 상급자가 자기 또는 타인의 부당한 이익을 위하여 공정한 직무수행을 현저하게 해치는 지시를 하였을 때에는 그 상급자에게 소명하고 지시에 따르지 아니하거나 행동강령책임관과의 상담 등에 대해 규정하고 있는데 내용은 "공무원 행동강령"과 대동소이하다.

다만, 행동강령책임관의 지정과 관련하여 "공무원행동강령" 제23조 제1항에 따르면 중앙행정기관의 장등은 4급 이상의 공무원 또는 이에 상당하는 공무원을 행동강령책임관으로 임명해야한다. 그러나 2017년 8월 21일 현재 17개 중앙행정부처 중 누구도 감사 담당 부서의 장을 행동강령책임관으로 임명하지 않고 있다. 또한 법무부, 문화체육관광부, 보건복지부 만이 행동강령 담당을 부처 홈페이지에 공지하고 있지만 이들 담당자는 모두 주무관으로 확인된다. 공정한 직무수행을 현저히 해치는 지시에 대해 상담하거나 필요할 경우 소속 기관의 장에게 보고할 수 있는 수 있는 권한을 가지는 역할을 주무관이 실효적으로 수행할 수 있기를 기대하기는 어렵다. 사실상 행동강령책임관 제도는 사문화된 제도이다.

2. 복종의무의 한계를 규정한 법안

(1) 개 요

2017년 7월 현재 국회에 이와 관련된 두 개의 법안이 발의되어 있다. 먼저 2017년 1월 발의된 기동민의원 대표 발의안은 국정농단 사태를 계기로 복종의 의무를 보다 명확히 개정해야 할 필요성이 높다고 하면서 "국가공무원법" 제57조에 "다만, 직무상 명령이 위법한 경우 복종을 거부하여야 하며 이로 인하여 어떠한 인사상 불이익 처분도 받지 아니한다."는 내용의 단서를 추가하도록 했다. 특히 제안이유를 통해 복종의 의무의 한계는 헌법 제7조 제1항에도 위배될 수 있다고 하는데 이는 공무원의 법령준수의무가 곧 복종의 의무의 한계가 된다는 것으로 이해된다.

2017년 6월 박주민의원 대표발의안인 "국가공무원법" 일부개정안은 동법 제57조의 직무상 명령을 구체화 하여 "정당하고 구체적인 직무상 명령"에 대한 복종의무를 규정하고 있으며, 동 조항에 대한 단서로 "부당한 명령에 대해서는 거부할 수 있다"는 내용을 추가한다.

두 가지 법개정안의 가장 큰 차이점은 복종의 의무의 한계의 요건으로 직무상 명령이 위법해야 하는지 또는 부당한 명령에 대해서도 거부할 수 있는지 여부이다. 다시 말해, 직무상 명령의 위법성과 부당성의 동이에 대한 문제이다. 부당한 명령에 위법한 명령이 포함된다고 볼 수 있다고 한다면 복종의 의무가 제한되는 범위는 후자의 경우가 더 넓어 보인다. 그러나 양자 모두 "확정된" 위법성과 "확정된" 부당성이라고 할 수 없다면 실질적인 차이는 없다고 할 수 있다. 즉, 상관의 명령이 위법한지 또는 부당한지 여부는 다툼이 있을 경우 최종적인 법해석권한을 가진 법원이 유권적 해석을 하게 될 것이다. 따라서 두 가지 법안 모두 직무상 명령의 위법성이 의심되는 경우와 직무상 명령의 정당성이 의심되는 경우로 이해할 수 있다. 이때 제기되는 또 다른 의문은 과연 위법성 등에 대한 판단에 있어 과연 상급자의 판단보다 지시를 받는 공무원의 판단이 더 옳다는 점을 담보할 수 있는지 여부이다. 제19대 국회 안전행정위원회 법안심사소위원회에서는 "공무원은 직무를 수행할 때 소속 상관의 직무상 명령에 정당한 사유가 없는 한 복종하여야 한다"라고 복종의 의무를 구체화하는 법안[56]을 심사하면서 위법·불법한 명령과 부당한 명령의 경계가 모호할 수 있고, 이들의 판단 기준은 사회 환경의 변화에 따라 달라질 수 있으며, 구체적인 사안이 위법한 명령인지에 대한 최종 판단은 재판을 통해 이루어진다는 점을 고려할 필요가 있다는 논의[57]를 한 바 있다. 위의 기동민의원 발의안에 대한 안전행정위원회 검토의견에서도 복종의 의무의 한계를 법률에 명시하는 것이 상징적인 차원에서 의미가 있을 수 있지만 직무상 명령의 위법 여부가 모호한 경우 공무원 개인의 주관적 판단에 따른 이행 여부 결정 또는 상호 의견 충돌·책임 관계 등의 다양한 문제가 발생하여 행정의 통일성·안정성 및 조직 관리의 효율성이 저하될 수 있다고 지적하고 있다.[58]

---

56) 국가공무원법 일부개정법률안(이명수의원 대표발의, 의안번호 1908212). 이 법안은 제19대국회 임기 만료로 폐기되었다.

57) 제331회국회(임시회) 안전행정위원회 제1차 법안심사소위원회(2015.2.23.) 회의록, 15-17쪽 요약 발췌. <http://likms.assembly.go.kr/bill/billDetail.do?billId=PRC_H1C3R1W1H2C9T1M7Q2W5F0K4Z8A8L2>, 검색일: 2017.8.28.

58) 박수철, "국가공무원법 일부개정법률안 검토보고서", 2017.7, <http://likms.assembly.go.kr/bill/billDetail.do?billId=PRC_M1I7L0B1J1V3S1K1H3X4I3S1T3W0Z0>, 검색일: 2017.8.28, 19-22쪽.

(2) 독일 제도와의 비교

일견 독일의 제도와 위에서 소개한 두 개의 입법안은 위법성과 부당성의 차이를 차치한다면 상관의 위법 또는 부당한 명령에 대하여 복종의 의무를 면하게 해준다는 의미에서는 동일한 것처럼 보인다. 그러나 몇 가지 근본적인 차이가 존재한다.

첫째, 이의제기제도는 공무원 복종의무의 한계를 지움과 동시에 개인 책임의 제한과 관련하여 일차적인 의미를 가지지만, 위에서 살펴본 바와 같이 전체 국민에 대해 봉사하는 공무원의 일차적인 의무와 연결해서 이해해야 한다. 독일의 연방공무원법은 의무와 관련된 부분에서 첫 번째로 국민 전체에 대한 봉사자로서 공익을 추구할 공무원의 의무를 규정하고 있다. 이는 우리나라 헌법 제7조 제1항에 상응하는 것으로 이해할 수 있다. 우리나라 "국가공무원법"은 공익을 추구할 공무원의 의무를 동법 목적조항 이외에 별도로 명시하고 있지는 않으나 헌법 제7조 제1항은 동법 상 규정되어 있는 공무원의 양대 의무인 성실의무와 복종의무 중 법령을 준수할 의무가 복종의 의무와 동등한 의무가 아니라는 점의 근거가 된다고 생각된다. 법령 준수 의무가 합헌적, 합법적 법령 준수 의무라고 해석할 경우 특히 그러하다.

말하자면, 복종의 의무의 한계에 대한 상기 두 개의 입법안은 기동민의원의 발의안에 대한 안전행정위원회 검토의견과 같이 상징적인 의미만 있을 것이라는 비판을 넘어서서 공무원의 전체 의무와의 맥락에서 복종의무가 가지는 위치를 제대로 반영하지 못하고 있다.

둘째, 독일 연방공무원법은 이의제기절차가 모두 완료되어도 직무명령이 그대로 유지될 경우 복종의무가 적용된다고 규정하고 있다. 위에서 본 바와 같이 독일에서도 동 제도가 위계적인 정부조직에서 실제 활발하게 작동하고 있다고 보기는 어렵지만 그럼에도 불구하고 이 부분은 법령준수의무 및 공익추구의무과 복종의무 상호간의 조화를 최대한 추구하고자 입법자의 노력으로 이해된다. 위법하거나 부당한 명령에 대해 단순히 불복할 수 있다는 우리나라 국가공무원법의 개정안은 독일의 기존제도보다 활용가능성이 훨씬 낮아 보인다. 앞서 사문화되었다고 평가했던 「공무원 행동강령」상의 행동강령책임관제도도 공무원 의무의 양대 축이자 직업공무원제에 기반 한 복종의 의무에 대한 고려가 없었던 것이기에 책임관의 형식적인 임명부터 지켜지지 않고 사문화된 것으로 이해된다.

셋째, 이의제기제도는 공무원 책임을 넘어서 공직 사회 내부의 원활한 의사소통을 전제로 하며 이를 촉진하기 위한 제도로 이해된다. 우리나라 "국가공무원법"에는 독일 연방공무원법 상 의견제시의무가 없다. 지방공무원법에서는 제49조에서 복종의무를 규정하면서 "이에 대한 의견을 진술할 수 있다."는 점을 명시하고 있고 이는 1963년 지방공무원법이 제정되면서부터 포함되어 있었다. 국가공무원법에도 1949년 국가공무원법이 제정된 후 1963년 4월 17일 폐지제정 된 국가공무원법이 시행되기 전까지는 복종의 의무를 규정하면서 "의견을 진술할 수 있다"고 추가하고 있었다. 당시 이 부분이 왜 삭제되었는지에 대한 구체적인 근거는 찾기 어렵다. 추측컨대 동 규정이 아무런 실익이 없다는 이유로 삭제되었을 수 있다. 물론 의견진술, 의견제시는 명문의 규정이 없다하더라도 공익추구를 사명으로 하는 개개의 공무원이 당연히 그 권한 내에서 할 수 있다. 따라서 단순한 의견진술의 가능성을 규정하는 조항은 실제적 의미가 없다. 다만 국가공무원법이 제정될 당시 동법에 선언적이고 형식적이더라도 의견진술에 대한 복무규정이 포함된 것은 복종의무의 한계와 관련한 고민이 있었다고 선해할 수 있다. 위에서 본 바와 같이 독일의 이의제기제도는 위계적 조직 내에서 원활한 상호 소통과 협업을 전제로 한 제도라는 점에서 실제 활용도는 낮지만 제도의 의의는 적지 않다.

Ⅳ. 미래관료제의 지향과 정부조직 내부의 민주화

1. 이미 급변하는 환경에서 관료제가 탄력적으로 대응하기 어렵다는 지적이 있어왔으며 이를 극복하는 방법으로 새로운 서비스와 가치에 대한 국민의 기대에 부응하고 공무원에게 보다 많은 자유와 책임을 부여하며, 조직의 창의성이 개발되며, 신속하고 탄력적인 의사결정이 이루어지는 조직이 필요하다는 의견이 제시되었다. 그리고 실제 중앙부처에 도입되었던 관료제 조직의 보완 내지 대안 중 하나가 팀제였다. 2005년 3월 행정자치부가 처음으로 전면적인 팀제를 도입한 주요 배경 중에는 계층제 중심의 조직구조와 연공서열 위주의 인력운영이 혁신에 방해된다는 이유가 있었다. 그리고 결과적으로 팀제가 실패한 원인도 무늬만 팀제이고 전통적인 관료적 조직운영방식, 즉 계층제 중심의 조직 운영이 문제였다.[59)]

2. 공무원은 국민 전체에 대한 봉사자이다. 구체적인 공적 결정에 있어 모든 국민을 만족시킬 수 있는 결정은 사실상 생각하기 어렵기 때문에 동 헌법규정은 "공무원은 대한민국 국민을 구성원으로 하는 대한민국의 공익에 대한 봉사자이다"라고 다시 쓸 수 있을 것이다. 그렇다면 개개의 행정결정에서 공익에 가장 봉사하는 결정은 항상 분명한가. 과거에도 무엇이 가장 공익에 봉사하는 지와 관련하여, 특히 그 결정의 사회적 파급효가 크거나 많은 주목을 받은 경우에는 의견의 일치를 있는 경우가 드물었다. 하물며 불확실성이 갈수록 심화되는 오늘날의 위험사회에서 공익적 판단을 내리기는 더욱 쉽지 않을 것이다. 그렇다면 공적 판단에 대한 책임을 기술의 발달을 전제로 시민들의 의견을 바탕으로, 즉 다수의 의견을 존중하여 판단하는 것이 옳을 것인가. 현재 원자력 발전의 운명을 결정지을 공론화위원회가 가동중이지만 과연 국가의 공익적 판단의 절차적 기초와 그 중요한 기준이 어떤 것이 되어야 하는지에 대해서는 여전히 갑론을박이 이어지고 있다. 국민 전체에 대한 봉사자로서의 공무원이 중

---

59) 박희봉, "정부기관 팀제 도입의 효과성 연구: 정부부처 공무원의 인식을 중심으로", 한국정책연구 제9권 제3호, 경인행정학회, 2009.12, 427-428쪽 참조.

요한 국가의 의사결정에 있어서 수동적으로 여론을 수렴하여 이를 결정에 반영하는 것에 머문다면 AI 시대 공무원의 역할에 대한 의문은 점증할 것이다. 그러나 기술이 아무리 발전하여도 주된 공익에 대한 판단은 국민 전체에 대한 봉사자인 공무원이 내려야 하고 동시에 공무원은 그에 응당한 책임을 져야 할 것이다.

3. 공적의사결정의 확실성은 낮아지고 국가임무에 대한 수요는 점증하는 시대에 있어 핵심은 공무원의 성실의무와 복종의무의 관계를 어떻게 풀어야 할지이다. 양자를 모순 없이 연결 지을 수 있는 매개는 행정내부의 민주화이다.[60] 다시 말해, 정부조직 내 소통의 강화를 통한 민주이념의 내부화는 법이 추구하는 공익을 구체화하는 과정에서 구체적 임무의 공익적합성을 보다 담보할 수 있을 것이며 자발적이고 능동적인 복종을 가능케 할 것이다. 중요한 점은 내부적으로 민주화된 이상적인 공무원 집단이 존재할 수 있도록 하기 위해서는 행정문화 못지않게 법제도의 개선이 우선적이며 필수적이라는 것이다.[61]

국가와 사회를 연결하는 행정이 오늘날과 같이 극도로 복잡한 사회에서 엄격하고 권위적인 위계조직에서 내부적으로 능동적이고 적극적인 토론 없이 상관의 결정이 우선한다면 아무리 외적으로 민주주의가 성숙해 나간다고 하여 진정한 공익에 가까워진다는 담보를 할 수 있을지 의문이다.

V. 결 어

실체적 공익에 대한 판단은 위계질서의 가장 최상단에 있는 상급자가 아닌 해당 직무를 가장 잘 수행할 수 있는 능력을 갖춘 자가 해야 할 것이다.[62] 다만 공조직의 위계질서상 구체적인 사안마다 최적임자를 최종 결재권자로 삼는 것이 현실적이지도 효율적이지도 않으므로 결국 이와 관련한 논의는 공직 조직 내에서의 민주화, 즉 자유로운 토론과 의견교환에 토대를 둔 의사결정의 필요성으로 이어진다.

정부조직 내부의 민주화에 대한 중요성은 정책 환경의 불확실성이 커지고 공익에 합당한 정책의 결정 요소가 점차 복잡해지면서 더욱 중요하게 부각된다. 공무원 상호간의 원활한 의사소통이 중요한 이유는 정책의 수요자인 국민 다수의 견해가 항상 정답이 아니기 때문이기도 하다. 기술의 발전으로 개별적인 국민이 국가정책결정에 참여할 수 있다고 하여 모두가 각자의 이성적인 판단에 기초하여 독자적인 견해를 주장하는 것을 담보한다고 단언할 수는 없다. 이스라엘 전기자동차 업체 베터 플레이스의 창립자인 샤이 아가시(Shai Agassi)는 "대

60) 이계수, 앞의 글, 153-154쪽 참조; 우미형, "조종의 주체로서의 행정에 관한 연구-청탁금지법의 부작용으로서 행정과 사인의 소통 장애의 극복을 위하여", 행정법연구 제47호, 행정법이론실무학회, 2016, 112쪽 참조.
61) 이계수, 위의 글, 157-159쪽 참조.
62) Helmut Schnellenbach, a.a.O., S. 290.

다수의 자유 전자는 가장 큰 중력의 중심으로 끌릴 것입니다."라고 말했다.[63] 가장 역동적인 플랫폼을 가진 회사들이 자유로운 개인들이 제공할 수 있는 엄청난 잠재적인 부를 가져갈 가능성이 높다는 것이다. 이를 사회 전체의 관점에서 이해하면, 인터넷과 기술의 발전이 자연스럽고 당연하게도 개인의 권리와 복지의 향상으로 이어지는 것이 아니라 오히려 부와 권력의 편중이 더 심하게 될 수 있다는 경고로 받아들일 수 있다. 공직사회에 대해서 이러한 견해는 어떤 시사점을 줄 수 있을까. 이른바 제4차 산업혁명시대에 국민전체의 공익 증진을 위해서는 국가의 역할이 그 어느 때보다 중요하다는 결론으로 이어질 수 있다. 그리고 공직사회 내부에서는 공익 적합성을 담보하기 위해 의사결정 과정에서 공직사회 구성원들 상호간에 보다 자유로운 의견 제시가 자유롭게 보장되어야 한다. 동시에 누군가는 결정을 해야 하고 책임의 소재 또한 분명해야 하기 때문에 위계적인 질서를 전적으로 포기할 수는 없다. 이것이 국가 전체의 공익을 지향하는 이의제기제도의 의의이다.

63) 돈 탭스코트, 앤서니 윌리엄스, 윤미나 옮김, 위키노믹스, 21세기북스, 2007, 328-329쪽.

12. 검찰제도의 모델에 관한 비교법제도적 연구

이 헌 환*

Ⅰ. 서 설

1. 검찰권의 조직원리 – 제도화의 기본원리

검찰권력은 법치주의를 실현하기 위한 중요한 기제이자, 헌법상의 국가권력에 관한 통제규범의 구체화·현실화를 위한 기제 중의 하나이다. 근대 입헌주의 이후 통치규범은 헌법을 정점으로 하는 법체계에 따라 형성되어 있다. 따라서 통치규범의 구체화·현실화는 헌법의 구체화·현실화를 의미한다. 통치규범을 구체화하고 현실화하는 기제는 개별 국가들마다 다양한 형태를 띠고 있다. 외형상 근대 입헌주의의 기본원리인 권력분립의 원칙에 따라 국가가 조직되어 있다 하더라도, 집권정치세력이 자신의 권력을 안정화하기 위하여 군이나 검찰, 경찰, 정보기관 등 사실적인 힘을 가진 기관을 이용하는 예가 적지 아니하다. 물론 이 나라들은 권력의 형성 및 유지·존속을 위하여 민주주의원칙에 충실하기보다는 국민을 적극적으로 억압하고 통제하거나 언론통제와 여론조작 등으로 국민의 정치적 자유를 제약하는 경우가 많다. 이러한 문제의식을 전제로 했을 때, 검찰권력을 헌법적으로 규율하기 위하여 고려하여야 할 요소, 특히 검찰권의 조직원리로는 다음과 같은 것들을 제시할 수 있다.[1]

첫째, 적법성의 원칙이다. 통치규범의 구체화·현실화의 한 수단인 형사법집행의 과정은, 개인의 행위에 대한 인식수단으로서의 수사절차, 인식된 사실에 대한 법적 포섭을 거친 기소절차, 최종적으로 처벌여부와 형량을 판단하는 재판절차 등으로 이루어져 있다. 수사절차는 일련의 사실적 행위로서의 성격을 띠고 있고, 기소절차는 법적 판단을 포함한 규범적 성격을 띠고 있으며, 재판절차는 인식된 사실에 대한 법적용으로서 역시 규범적 성격을 띠고 있다. 이러한 의미에서 수사절차는 사실적 권력으로서의 속성을 가지며, 기소절차와 재판절차는 규범적 권력으로서의 속성을 가진다고 할 수 있다. 물론 사실적 권력으로서 수사절차는 그 과정에서 규범적 판단을 필요로 하는 경우가 있지만, 이는 사실적 행위에 대한 부수적 성격을 가진다. 이 세 가지 절차를 누가 담당하느냐에 따라 형사법집행의 과정은 그 성격을 크게 달리 할 수 있다. 아울러 각 절차에서 엄정한 법원칙을 적용하지 못하면 형사법집행에서 요

---

* 아주대학교 법학전문대학원 교수

1) 이헌환, "검찰개혁-원인과 처방", 「헌법학연구」 제16권 제1호(한국헌법학회, 2010), 86-87면; 이헌환, "현대 사법제도의 경향과 특징-세계국가들의 헌법규정을 참고로-", 「세계헌법연구」 제16권 제4호(세계헌법학회 한국학회, 2010), 150-162면 참조.

구되는 법치주의 원칙은 쉽게 무너질 수 있다. 다시 말하여, 수사, 기소 및 재판절차에서 엄정한 법원칙 및 법집행의 원칙이 확보되지 못하고 권한담당자에게 과도하게 재량권이 부여된다면, 이는 법치주의를 형해화하는 결과를 낳는다. 이를 방지하기 위해서는 제도 자체가 법률에 의하여 엄정하게 설정되어야 한다.

둘째, 민주성의 원칙이다. 사법권력의 제도화와 관련하여 가장 취약한 부분이 바로 민주성의 원리이다. 현대 민주사회에서 검찰권력을 포함한 사법권력 담당기관인 사법부가 올바로 기능하기 위해서는 사법제도 자체가 민주주의의 원리에 합당하게 설정되어야 한다. 특히 형사법집행의 권한은 근원적으로는 국민주권주의에 기초한 국가권력으로부터 유래하며, 구체적으로는 국가를 조직하는 조직법률로부터 유래한다. 말하자면, 형사법집행은 국가권력이라는 이름 아래 행사되고 구체적으로 당해 권한을 규정하는 법률로부터 유래하는 것이다. 국가권력의 한 부분으로서 형사법집행권한이 국민주권에서 유래한다는 것은 형사법집행을 담당하는 권력이 국민주권원칙에 적합하도록 조직되고 구성되어야 함을 의미한다. 이는 곧 이들 조직구성에 있어서의 민주성을 의미한다. 물론 이러한 민주성의 원리는 조직 자체의 특성에 따라 변형될 수는 있지만, 결코 포기되어서는 안 된다. 아울러 민주성의 원리는 형사법집행 담당기관의 권한행사에 대한 감시와 통제에 대한 근거를 제시해 준다.[2)]

셋째, 전문성의 원칙이다. 형사법집행의 법치주의적 적합성을 위하여 고려되어야 하는 또 하나의 요소는 바로 전문성이다. 사법권력의 담당자는 헌법과 법률에 의하여 그 권한을 행사하게 되어 있다. 따라서 사법담당자는 분쟁의 해결과 관련하여 사물의 시비선악을 옳게 분별하고 편벽되지 않은 균형잡힌 안목과 헌법과 법률 즉 규범에 관한 전문적 지식을 가져야 한다.[3)] 특히 수사절차나 기소절차 모두 법적용을 위한 과정이므로 권한담당자들은 철저히 법적 전문성을 갖추어야 한다. 물론 사실적 행위로서 수사절차에서 요구되는 전문성은 이후의 기소절차와 재판절차에서 요구되는 전문성과는 성격이 다르다. 왜냐하면 기소절차와 재판절차에서 요구되는 합법성판단은 철저히 규범적 판단이기 때문이다.

넷째, 독립성의 원칙이다. 헌법상 중요한 국가구성의 원리인 권력분립원리는 사법제도의 구성에 있어서 독립성을 뒷받침하는 원리이다. 검찰권력을 포함한 사법권력 담당기관인 사법부를 조직하기 위한 가장 기본적인 원칙은 바로 독립성을 확보하는 것이다. 사법부 독립의 진정한 의미는 정치과정에서 독자적인 참여자로 기능할 수 있어야 한다는 것이고, 구체적인 제도화의 과정에서 이러한 독립성을 보장할 수 있도록 해야 한다. 특히 형사법집행은 개인의 자유를 침해할 가능성이 가장 큰 국가행위 영역이므로, 공정한 법집행이 필수적이며, 이 공

2) 검찰권력이 지니는 권력의 크기와 검찰조직의 구성에 있어서 요구되는 민주적 정당성의 크기에 있어 현재 비례성을 인정하기 어렵다는 지적도 존재한다. 명재진, "헌법문제로서의 검찰개혁", 「헌법학연구」 제17권 제4호(한국헌법학회, 2011), 76면 참조.

3) 송기춘, "사법개혁과 대법원의 구성", 「헌법학연구」 제6권 제4호(한국헌법학회, 2000), 277면 참조.

정성을 위하여 각 절차의 담당기관은 독립성이 강하게 요구된다.

이상과 같은 검찰권의 조직원리들을 준거로 하여 검찰의 구성, 기능 및 역할 등의 검찰제도에 대한 헌법적 규율이 이루어져야 한다.

2. 검찰제도의 헌법적 규율

현재 우리나라 헌법에서는 검찰에 관한 규정이 단 두 마디밖에 없다. 즉, 헌법 제12조의 신체의 자유 조항에서 체포 등의 영장을 청구할 때 '검사'의 신청에 의한다고 한 규정과, 제89조의 국무회의 심의사항 중 '검찰총장'의 임명에 관한 규정에서 검찰 관련 규정이 있을 뿐이다. 이것은 1948년 헌법 이래로 거의 변함이 없다. 중대한 헌법상의 제도인 검찰제도를 헌법에서 거의 언급하지 않은 것은, 현재의 제도가 과거 일제강점기의 검경제도로부터 유래하였기 때문이라고 생각된다. 일제강점기에는 조선총독부 산하에 법무국을 두어 사법행정과 검찰사무를 총괄하도록 하였고,[4] 그에 따라 검찰권이 당연히 행정부에 속해 있는 하부기관이라는 인식 때문이라 생각된다.

그러나 세계의 여러 나라들의 헌법에서는 검찰권을 헌법에서 규정하는 예가 적지 아니하다. 물론 정치적·사회적 경험과 전통에 따라 검찰권에 대한 통제가 적절히 이루어지고 있는 나라들의 경우에는 헌법에 따로 검찰권을 규정할 필요가 없기 때문에, 선진 민주주의 국가들에서는 검찰권을 헌법에 규정한 예가 많지 않다. 정치적으로 중대한 이슈로 되지 않는다면 굳이 헌법에까지 규정할 필요가 없지만, 검찰권의 남용이나 검찰권에 의한 혹독한 인권침해를 경험한 나라들은 대부분 검찰권 자체에 대하여 정치적으로 중대한 문제로 인식하고 이를 헌법적으로 규율하고 있는 것이다.

우리나라의 경우에도 검찰권의 자의적 행사로 말미암아 많은 인권침해와 고통을 경험하였고, 지금 현재도 검찰권행사에 대한 비판과 개혁의 목소리가 점점 커져가고 있는 상황에서 검찰권력의 문제를 헌법적으로 규율할 필요성이 점차 증대하고 있다. 현행 헌법상 검찰의 영장청구권 규정은 헌법사항이 아니라 법률사항이므로 삭제할 필요가 있다는 주장이 제기되거나, 반면에 검찰권의 자의적 행사를 막기 위해 검찰권력의 문제를 헌법적으로 규율할 필요가 있다는 주장이 제기되는 등 검찰의 구성, 기능, 역할에 대한 '헌법적 제도화' 혹은 '헌법적 규율'에 대한 여러 가지 논란이 진행되고 있는 실정이다.

현행 검찰제도의 개혁이 요청되는 상황과 '87년 헌법체제의 한계로 인한 헌법개정의 필요성이 제기되는 상황 등을 종합적으로 고려해 볼 때, 현 시점에서 검찰제도, 특히 검찰의 구성, 기능, 역할에 대한 '헌법적 제도화' 혹은 '헌법적 규율'의 문제를 다룰 필요성은 매우 크다고 할 것이다. 최근 헌법개정의 필요성이 강조되고 그 가능성이 커져가는 현실에서 검찰

4) 자세한 사항은 문준영, 법원과 검찰의 탄생, 역사비평사, 2010, 435쪽 이하 참조.

권력에 대한 헌법적 규율을 적극적으로 추진할 필요가 있다. 물론 헌법적으로 검찰권력을 규율하기 위해서는 상정가능한 여러 제도화 모델들에 대한 검토를 거친 후 우리나라 헌법의 이념과 현실에 가장 부합하는 하나를 선택하여 헌법에 규정해야 할 것이다.

Ⅱ. 검찰조직의 모델에 관한 일반론

필자는 이전의 연구에서 검찰조직의 모델에 관하여 시론적 연구를 행한 적이 있는 바,[5] 여기서는 각 모델에 관하여 간략히 서술한다.

1. 법무부직속의 수직적 구조 모델

법무부 직속의 수직적 구조 모델은 우리나라의 현행 제도와 같이, 행정부의 수반인 대통령 아래에 개별 부처인 법무부를 두고 법무부 아래에 검찰을 두며, 검찰 아래에 경찰을 두는 방안이다. 이 모델은 수직적 구조를 취하기 때문에 경찰의 수사권은 검찰의 통제를 받으며, 법무부 장관은 검사를 일반적으로 지휘·감독하며, 구체적인 사건에 대해서 검찰총장만을 통하여 대해서 지휘·감독을 받는 구조이다.[6]

이러한 구조에서는 정무직인 법무부장관이 스스로 정치적인 편향성을 갖거나 정치권력의 영향을 받아 검찰사무에 관여하게 되면 검찰조직 역시 정치적 중립성을 잃고 수사가 정치적 영향을 받을 수밖에 없다는 우려가 있다.[7] 또한 법무부가 검찰의 상급기관으로 배치되면서 법무부 검찰국의 위상은 높아지는 반면, 법무행정의 다른 영역들이 상대적으로 소홀히 다루어짐으로써 중앙집권화된 검찰행정으로 말미암아 정치적 영향을 더 크게 받을 수도 있으며, 사법부에 대응하는 검찰심급제로 인해 검찰조직의 위계질서와 인력의 효율적 배치를 가로막는다는 등의 비판도 함께 제기된다.[8]

더욱이 이러한 모델을 취하면서 검찰권행사에 대한 국민의 감시 장치가 별도로 마련되지 않은 상태라면 검찰의 권한행사에 대한 최종적 견제는 사법부인 법원이 담당하게 되는데, 검찰의 수사권 및 기소권이 남용되었다면, 이미 국민의 자유와 권리에 대한 사실적 통제와 억압이 선행되었다고 할 수 있기 때문에 이러한 법원의 최종적 통제가 무의미해질 수 있다.

---

5) 검찰의 소속 및 기능을 중심으로 분류한 모델에 대한 자세한 내용은 이헌환, “검찰개혁 - 원인과 처방-”, 「헌법학연구」 제16권 제1호(한국헌법학회, 2010), 86면 이하 참조.

6) 대한민국 검찰청법 제8조(법무부장관의 지휘·감독) 법무부장관은 검찰사무의 최고 감독자로서 일반적으로 검사를 지휘·감독하고, 구체적 사건에 대하여는 검찰총장만을 지휘·감독한다.

7) 하태훈, “검찰권에 대한 통제 및 검찰제도의 개혁방안”, 「서울시립대법학연구소·법과사회이론학회 2009년 추계학술대회」(서울시립대법학연구소·법과사회이론학회, 2009), 82면 등 참조.

8) 하태훈, “검찰권에 대한 통제 및 검찰제도의 개혁방안”, 「서울시립대법학연구소·법과사회이론학회 2009년 추계학술대회」(서울시립대법학연구소·법과사회이론학회, 2009), 80-82면 참조.

2. 법무부부서화 모델

법무부부서화 모델은 대통령 산하에 법무부를 두되, 검찰을 법무부의 한 부서로 통합하는 방안을 말한다. 미국의 검찰제도와 유사한 형태로, 경찰과의 관계를 고려하여 수사권은 경찰에게 전속시키고, 검찰은 기소권만을 갖게 하는 모델이다.

검찰의 수사권이 배제된다는 점에서 검찰의 권한이 가장 약화된 형태라고 볼 수 있으며, 정치권력이 검찰을 이용하려는 유혹이 그만큼 줄어들 수 있다는 장점이 있으나, 사실적 권력이라고 할 수 있는 수사권을 담당하는 경찰이 권한을 남용할 경우 이에 대한 견제 장치가 미흡할 수 있다는 단점이 제기될 수 있으므로, 현실적으로는 경찰의 범죄에 대해서는 제한적으로 검찰에게 수사권을 부여하는 것도 생각해 볼 수 있다.

3. 검찰권 2원화 모델

검찰권 2원화 모델은 현재의 검찰제도의 개혁과 관련하여 빈번히 제시되는 '공직자비리수사처'(이하 '공수처') 혹은 '상설특별검사제'(이하 '상설특검제')를 제도화하여, 기존의 검찰에 대한 견제장치로 작용할 수 있도록 하는 방안이다. 계속해서 거론되고 있는 현행 검찰 제도의 문제점들이 대통령－법무부－검찰－경찰로 이어지는 수직적인 구조에서 기인하였다는 점을 감안하여 공수처 혹은 상설특검제를 통해 기존의 검찰을 견제하게 하자는 것이다.

다만 이 모델에서 경찰을 일반경찰과 사법경찰을 분리한다면 자칫 검찰권이 더 강화될 수도 있으므로 이 부분에 대해서는 선택적이라고 할 것이고, 다만 경찰을 분리하지 않는다는 선택을 한다면 우리나라 현행 검찰 제도에서 공수처 혹은 상설특검제를 제도화하는 것과 동일하다고 할 수 있다.[9)]

검찰을 2원화하는 방안, 즉 공수처나 상설특검제 중 어느 것이 더 적절한가에 관해서는 여러 견해[10)]가 있을 수 있으나, 공수처를 설치하였을 때 공수처에 재직하는 검사와 경찰 역시 기존의 검찰과 경찰 조직의 일원이기 때문에, 기존의 조직과의 마찰을 감수하면서 그 직을 원활하게 수항할 수 있을지에 대한 염려가 있기 때문이다. 오히려 기존의 검찰조직의 위계의 한 부분으로 변질될 가능성이 있으며, 그 권한이 막강할수록 정치적 영향을 더 크게 받을 우려가 있다. 이와는 달리 상설특검제는 법률이 정한 요건에 해당하면 그때그때 특별검사가 임명되고 임무를 완수하여 그 직을 종료하게 되므로 임무수행에 있어서 훨씬 더 강한

9) 2017년 9월 법무·검찰개혁위원회는 고위공직자의 권력형 비리와 검찰 비리를 효과적으로 방지할 수 있는 정치적 중립성이 높은 독립적 수사기구인 공수처 신설 권고안을 발표하였다. 이후 10월 법무부는 권고안보다 조직 및 권한에 있어 축소된 방안을 발표하였다. 이에 대한 자세한 내용은 법무부 홈페이지 http://www.moj.go.kr/HP/COM/bbs_03/ShowData.do?strNbodCd=noti0005&strWrtNo=4012&strAnsNo=A&strFilePath=moj/&strRtnURL=MOJ_30200000&strOrgGbnCd=100000 참조.

10) 김진한, "사법개혁의 방향", 「저스티스」 통권 제119호(한국법학원, 2010), 72-78면 참조.

독립성을 보장받을 수 있다는 장점이 있다.

4. 사법부직속 모델

사법부직속 모델은 검찰을 법원과 함께 사법부에 직속시키는 방안이다. 이 모델은 검찰권의 발생사적 의미[11]에 가장 충실한 제도로 검찰권의 규범적 성격을 강조한다. 다만 우리나라의 경험에 비추어 보면, 일제강점기에 조선총독부 산하의 법무국에 법원과 검찰국이 병치되어 있었고,[12] 두 기관이 모두 식민지의 억압적 통치기구였던 경험에 비추어 자칫 사법부의 파쇼(fascio)화가 초래될 수 있다는 우려가 제기된다.

그러나, 사법부의 독립성이 확립되어 있고, 사법부 소속 검찰의 수장에 대하여 입법부 및 행정부에 견제장치를 둔다면,[13] 검찰권의 남용이나 사법부가 파쇼화하는 것을 예방할 수 있을 것으로 생각된다.

5. 독립화 모델

독립하 모델은 김찰권력을 입법권·행정권·사법권과 같이 별도의 국가권력으로 완전히 독립시키는 방안이다. 국가작용 중 형사법집행의 영역을 완전히 별도의 독립된 국가기관에게 맡김으로써, 검찰권행사의 공정성을 최대한 확보하는 방안이라 할 수 있다.

외견상으로는 검찰권이 완전히 독립되어 있기 때문에 오히려 검찰권의 남용가능성이 커지는 듯 보이지만, 검찰수장의 임기를 단임제로 하고, 그 임명과정에 입법부와 사법부 및 행정부의 관여를 인정하거나, 검찰권 남용의 의심이 있는 경우에 입법부에 의한 탄핵소추와 같이 검찰수장의 선출방법이나 임기와 관련된 규정 등에 다른 국가권력의 견제장치를 함께 규정한다면 이러한 문제점을 해결될 수 있을 것으로 판단된다.

그러나 이 모델을 두고 권력분립적 관점에서 3권분립론을 따를 경우 현실적이지 못하다는 비판이 제기될 수도 있으나 오늘날 권력분립은 기능적인 측면을 강조하여 기능적 권력통제론[14]을 취하고 있기 때문에 이러한 비판은 크게 문제되지 않을 뿐만 아니라 독립기관화하여 정치적인 영향력을 최소화 하는 것도 현행 제도 하에서 제기되고 있는 정치권력에 의한

---

11) 검찰제도의 출발은 프랑스에서 비롯되었다. 프랑스의 검찰제도는 프랑스 혁명 이후 소추권과 심핀권을 법관에게 집중시키고 있던 규문주의에서 탄핵주의로 전환하는 과정에서 종래의 규문절차를 타파하고 이에 대신하여 수립된 형사소송법의 산물이라고 할 수 있다. 다시 말해서 검찰제도는 검사라는 국가기관에게 수사와 공소제기의 권한을 맡김으로서 법원이 공정한 심판자로서 재판을 할 수 있도록 한 데에 가장 중요한 존재이유가 있다고 할 것이다. 이에 관한 자세한 내용은 문준영, 「법원과 검찰의 탄생」(역사비평사, 2010), 98면 각주 95 참조.

12) 문준영, 「법원과 검찰의 탄생」(역사비평사, 2010), 90면 이하 참조.

13) 외국의 경우에는 검찰권을 사법부에 직속시키거나 혹은 독립적으로 설치하면서, 최고사법평의회 등의 합의체기구의 통제를 받도록 하는 경우가 많다.

14) 허영, 「헌법이론과 헌법」(신조사, 2013), 800면 참조.

검찰권남용을 막을 수 있는 좋은 방법이 될 수 있다.

Ⅲ. 검찰조직에 관한 입법례

1. 명시적인 규정이 있는 헌법례

이 연구에서는 40개국의 헌법규정을 바탕으로 하여,[15] 검찰조직에 관하여 헌법에서 명시적인 규정을 두고 있는 헌법국가들의[16] 헌법규정을 정리한 후 앞에서 언급한 모델별로 분류하면 다음과 같다.

(1) 법무부직속의 수직적 구조 모델

1) 사우디아라비아

사우디아라비아의 헌법에 해당하는 통치기본법(Basic Law of Governance)에서는 검찰의 기능을 수행하는 수사소추국(The Bureau of Investigation and Public Prosecution)에 대해 규정하고 있다.[17] 또한 법률 '수사소추국에 관한 건'(The Bureau of Investigation and Public Prosecution)에서는 수사와 기소를 담당하는 수사소추국을 내무부(Ministry of Interior) 소속으로 규정하고 있다.

2) 아프가니스탄

아프가니스탄 검찰은 수사와 법원에의 공소제기를 모두 담당하며 헌법상 행정부의 소속기관이다.[18] 다만 예전에는 법률상 법무부의 산하기관이었으나, 2001년 탈레반 정권 붕괴 이후 법무부로부터는 독립된 행정기관이 된 것으로 보인다.[19]

3) 핀란드

검찰이 어느 부(府)에 속하는지에 관하여 헌법상 명확히 규정하고 있지 않으나, 법률상으로 검찰총장 이하 검찰조직은 법무부의 산하에 있는 것으로 규정되어 있다.[20] 한편 헌법상

---

15) 연구대상인 40개국은, 그리스, 남아프라카 공화국, 네덜란드, 노르웨이, 덴마크, 독일, 러시아, 마케도니아 구 유고슬라브 공화국, 멕시코, 미국, 벨기에, 보스니아・헤르체고비나, 사우디아라비아, 스웨덴, 스위스, 스페인, 슬로바키아, 아르헨티나, 아일랜드, 아프카니스탄, 알바니아, 알제리, 앙골라, 영국, 오스트리아, 우크라이나, 이라크, 이탈리아, 일본, 중화인민공화국, 칠레, 캐나다, 터키, 포르투갈, 폴란드, 프랑스, 핀란드, 필리핀, 헝가리, 호주 등이다.

16) 남아프리카공화국, 네덜란드, 멕시코, 벨기에, 아프가니스탄, 오스트리아, 핀란드, 앙골라, 이라크, 이탈리아, 터키, 러시아, 마케도니아 구 유고슬라브 공화국, 스페인, 슬로바키아, 아르헨티나, 알바니아, 중화인민공화국, 칠레, 포르투갈, 헝가리, 사우디아라비아, 아일랜드로 총 23개국.

17) 사우디아라비아 헌법 제54조.

18) 아프가니스탄 검찰청 영문 홈페이지 참조(최종방문 2017.9.20, http://ago.gov.af/en/page/about-us)의 '역사(History)' 항목; 『Afghanistan Justice Sector Support Program』의 영문 홈페이지(http://jsspafghanistan.com/index.php/wwork/sections/attorneygeneralsoffice.html) 참조.

19) 아프가니스탄 검찰청 영문 홈페이지(최종방문 2017.9.20., http://ago.gov.af/en/page/about-us)

20) 검찰청 홈페이지 참조(최종방문 2017.9.20., https://oikeus.fi/syyttaja/en/index/syyttajalaitos.html)

검찰 이외에 옴부즈만에게 '합법성 감독권'의 범위 내에서 일정한 기소권을 부여하는 특징이 있다.

(2) 법무부부서화 모델 – 아일랜드

아일랜드 헌법은 일반법원에 대한 모든 기소는 '법무부장관' 또는 '그 외에 그 목적을 위하여 법률로써 정한 자'가 이를 기소한다고 규정하여,[21] 이에 따라 법무부장관(Attorney General)은 어업법이나 범죄인인도법에서 정하는 몇몇 종류의 사건에 대한 기소만을 관할하는 반면에, 그 외의 범죄는 모두 1974년의 '범죄의 소추에 관한 법률'(Prosecution of Offences Act, 1974)에[22] 따라 두는 검찰총장(Director of Public Prosecutions)이 모두 관할하고 있다. 검찰총장은 정부가 임명하지만, 그 직무수행에 관하여는 정부로부터도 독립되어 있고, 따라서 정부가 기소여부 등에 관하여 지시할 수가 없다.[23] 그러므로 아일랜드 검찰은 조직상으로 법무부 부서화 모델에 해당하다고 볼 수 있으나 법무부가 정부 및 검찰에 대해서 상호소속 관계에 있지 않다는 특성이 있다.

(3) 사법부직속 모델

1) 남아프리카 공화국

남아프리카공화국 헌법은 제8장 법원 및 법무 제179조에서 검찰청에 관해 별도로 규정하고있으나, 동조 제6항[24]에서는 법무를 담당하는 각료(현행법상 법무·헌법부, Department of Justice and Constitutional Development(DOJ&CD))가 검찰에 대한 최종적 감독책임을 지도록 하고 있다.

2) 네덜란드

네덜란드 헌법상 검찰은 사법부에 속하는 것으로 규정되어 있다.[25] 그러나 같은 사법부 소속의 판사와는 달리 검사는 행정부 공무원으로 직무상 법무부장관의 지휘 및 책임 하에 있으며 법무부장관이 개개 검사뿐 아니라 전체 검찰에 대해서 일반적·구체적 지휘를 모두 할 수 있다.[26] 이렇게 검찰이 법무부 소속기관이 아니라고는 하나, 법무부장관이 수사지휘를

---

21) 아일랜드 헌법 제30조3항.

22) 아일랜드 전자법령집(최종방문 2017.9.15., http://acts.oireachtas.ie/en.act.1974.0022.1.html#sec2).

23) 아일랜드 검찰청 홈페이지에 수록되어 있는 소책자 『How we make prosecution decisions』(최종방문 2017.9.15., https://www.dppireland.ie/filestore/documents/victims_directive_publications/ENGLISH_-_How_we_make_prosecutions_decisions.pdf), 3면; 같은 곳에 수록된 소책자 『Role of the DPP』(최종방문 2017.9.15, https://www.dppireland.ie/filestore/documents/victims_directive_publications/ENGLISH_-_Role_of_the_DPP.pdf), 9면.

24) 남아프리카 헌법 제179조 제6항 6. The Cabinet member responsible for the administration of justice must exercise final responsibility over the prosecuting authority.

25) 네덜란드 대검찰청 홈페이지에서 제공하는 소책자를 보더라도 검찰과 법원이 함께 사법부를 구성한다고 설명하고 있다(『The Public Prosecution Service at a Glance』(최종방문: 2017.9.15., https://www.om.nl/publish/pages/31221/the_public_prosecution_service_at_a_glance.pdf), 3면.)

26) 하재욱, "네덜란드 형사소송법상 피의자의 지위", 「국외훈련검사 연구논문집」 제26집(대검찰청, 2011),

포함한 광범위한 지휘·통제권을 검찰 전체 및 개개 검사에 대하여 갖는다는 점에서, 법무부 직속 모델에 해당한다고 볼 여지도 있다.

한편, 네덜란드 검찰은 수사의 주재자이고 기소독점주의와 기소편의주의를 취하고 있고 공소를 유지한다는 점에서는 우리나라와 매우 유사하나, 실제 검사가 사건을 직접 수사하기보다는 수사를 기획하고 통제 및 관리하는 데 더욱 역점을 두고 있으며, 범죄의 혐의가 인정되는 경우에도 협상 혹은 제재명령 등으로 법원의 관여 없이 사건을 종결할 수 있는 권한이 있다는 점에서 다른 모습을 보이고 있다.

3) 멕시코

멕시코 헌법상 검찰권의 조직은 헌법 제3장 제4절 사법권 안에 편제되어 있으나,[27] 검찰총장은 공안국(Ministerio Publico)의 수장으로서 행정부에 소속되어 있다.[28] 다만 사법경찰권이 공안국에 강력하게 예속되어 있다는 특징이 있다.

4) 벨기에

헌법상 검찰에 관한 조항은 제6장 사법권에 편제되어 있으며, 이를 구체화한 사법부법(Code Judiciaire)에 따르면, 사법재판소의 검사의 기능은 법무부 장관의 권한 하에 행하여진다.[29]

5) 스페인

스페인 헌법에서 검찰에 관한 조항들은 제7장 사법권(TITULO VI Del Poder Judicial)에 편제되어 있다. 구체적으로 스페인 검찰청조직규정(Estatuto orgánico del Ministerio Fisca) 제2조 등에 비추어 보면, 검찰은 법원과 병렬적인 관계에 있는 헌법기관으로 볼 수 있다.[30] 특히 동법 제8조 제2항에서는 수상이 검찰총장에 대해 일정한 관여권을 가지되, 그 관여는 원칙적으로 법무부장관을 거쳐 검찰총장에게만 하고 개별검사에게는 예외적인 경우에만 가능하도록 규정하고 있다. 이러한 점들에 비추어 스페인 검찰을 두고 조직이론상으로는 독립형과 행정부형의 중간형태로 볼 수도 있으나 운영의 면에서는 정치권에서는 행정부형으로, 검사들은 독립형으로 운영하고자 하는 2개의 상반된 경향이 나타난다는 평가를 하기도 한다.[31]

6) 앙골라

앙골라는 헌법 제4장 사법부 안에 제3절 검찰청(ECÇÃO III MINISTÉRIO PÚBLICO)을 두

294-297면 참조.

27) 멕시코헌법 제102조.

28) 멕시코검찰청법 제1조.

29) 사법부법 제142·143조. 유럽연합 E-Justice 홈페이지의 회원국별 사법제도 소개란(최종방문-2017.9.19., https://e-justice.europa.eu/content_legal_professions-29-be-maximizeMS-en.do?member=1) 참조.

30) 노상길, "스페인의 검찰조직과 그에 따른 검사의 권한에 대한 소고", 「해외연수검사 연구논문집」 제22집(대검찰청, 2006), 9-10면 참조.

31) 노상길, "스페인의 검찰조직과 그에 따른 검사의 권한에 대한 소고", 「해외연수검사 연구논문집」 제22집(대검찰청, 2006), 9-10면 참조.

고 있는 편제를 보거나 제185조 제3항 '검찰청에 속한 법관'이라는 명시적인 규정에 비추어 볼 때, 검찰을 사법부의 구성요소로 본다고 할 수 있다. 이 밖에도 앙골라 헌법은 국군, 국가경찰 및 보안·내무 기관들 내에서의 적법성을 통제·감독하는 검찰총장 소속 기관으로서의 군검찰청,[32] 검사의 관리 및 규율을 담당하는 검찰청 최고사법평의회[33]를 각각 규정하고 있다.

7) 오스트리아

9개의 주(州)로 구성된 연방공화국인 오스트리아는 프랑스와 유사한 수사 및 검찰제도를 가지고 있다. 즉 오스트리아 검찰은 헌법상 제3장 연방의 집행권 중 B. 법원의 관할권에 '사법기관'으로 규정되어 있다.[34] 종래 수사권은 수사판사의, 공소유지는 검사의 각 권한이었으나, 2008.1.1.부터 시행된 개정 형사소송법상 현재는 검사가 수사의 주재자이다. 지방검찰청은 고등검찰청으로부터 지시·감독을 받고, 고등검찰청과 대검찰청은 서열구조상 모두 직접 법무부장관의 지시 아래 놓인다(검찰청법 제2조 제1항).[35]

8) 이라크

이라크 검찰은 과거에는 법무부의 지휘·감독을 받았으나, 후세인 정권의 붕괴 이후 법무부가 지휘·감독한다는 규정을 모두 개정·삭제함으로써 고등사법평의회, 연방대법원, 연방고등법원, 사법감독위원회 등과 함께 검찰을 연방의 사법부 소속으로 헌법에 규정하고 있다.[36]

9) 이탈리아

이탈리아 헌법은 고등법원의 수석법원장과 검찰청장을 대통령이 주재하는 고등사법평의회의 당연직 구성원으로 규정함으로써 검찰을 사법부소속으로 하고 있으나, 검찰총장은 법무부장관으로부터 지시를 받지 않는다는 점, 고등검찰청장이 법무부장관으로부터 일반적인 감독만을 받기는 하나 각 검찰청은 상명하복 관계에 있지 않은 점[37]이 우리나라와 다른 점이다.

10) 터 키

터키의 검찰은 법관과 함께 재판을 담당하여 조직 자체는 헌법상 사법부에 소속된 것으로 볼 수 있다.[38] 그러나 이들 업무 중 행정사무에 관하여는 법무부에 소속된 것으로 본다는 명시적인 규정을 갖고 있다는 점에서 조직보다는 업무의 성격에 따라 소속여부가 결정된

---

32) 앙골라 헌법 제191조.

33) 앙골라 헌법 제190조.

34) 제90a조(Staatsanwälte sind Organe der ordentlichen Gerichtsbarkeit).

35) 이정봉, "오스트리아 개정 형사소송법상의 검사의 지위와 수사절차에 관한 연구", 「형사법의 신동향」 통권 제24호(대검찰청, 2010).

36) 이라크헌법 제89조.

37) 김종민 前 서울고검 검사의 네이버 블로그의 '외국의 검찰(2): 이탈리아' 포스트 참조(최종방문 2017.9.16., http://blog.naver.com/PostView.nhn?blogId=magist418&logNo=220649699753&parentCategoryNo=&categoryNo=1&viewDate=&isShowPopularPosts=false&from=postView).

38) 터키 헌법 제140조 제1항.

다는 특징이 있다.[39)]

11) 포르투갈

헌법상 검찰은 제5편 법원의 제4장 검찰청(Ministério Público)에 편제되어 있으며, 법무부 기타 행정부의 직접적인 지휘·감독에 관한 명시적인 규정이 없으므로 독립화 모델에 속한다고 볼 여지도 있다.

(4) 독립화 모델

1) 러시아

러시아 헌법은 제7장 사법권과 검찰이라는 제목 하에 검찰의 임면에 관해서만 규정하고 있는데, 검찰총장·차장은 연방대통령의 제청으로 연방 상원에서 임면하고, 시·군 단위 이상의 지방검사는 연방대통령이, 시·군 단위 지방검사는 검찰총장이 각각 임면한다는 규정들에 비추어 볼 때, 어디에도 속하지 않은 독립화 모델을 가지고 있다고 할 수 있다.

2) 마케도니아 구 유고슬라브 공화국

마케도니아 구 유고슬라브 공화국은 헌법 제3장에서 국가기관의 조직에 관하여 규정하면서 검찰을 입법부·행정부·사법부와 병렬하여 제5절에 규정하고 있다. 나아가 검찰청법 제2조에서 검찰은 법무부 등 정부기관에 소속되어 있지 않고, 범죄소추 등을 담당하는 '단일하고 독립적인 국가기관'이라고 규정하고 있으며[40)] 동법 제28조에서는 법무부장관이 검찰청의 행정사무를 검찰총장과 공동으로 감독하되, 구체적인 사건에 관한 검찰의 처리에 대해 그 적법성이나 적정성을 심사하지 못한다고 규정하고 있다.[41)]

3) 슬로바키아

검찰이 입법부(제5장)·행정부(제6장)·사법부(제7장)와 같이 헌법 제8장에서 별도로 규정되어 있는 점에 비추어 볼 때, 3부로부터 독립된 기관이라고 할 수 있다.

4) 아르헨티나

아르헨티나 헌법이 제2장(국가의 권한) 제1절·제2절·제3절에서 각각 입법권·행정권·사법권을 규정하면서 제4절에서 검찰권을 가진 공안국(SECCION CUARTA Del ministerio público)을 규정하고 있는 점으로 볼 때,[42)] 아르헨티나 검찰은 독립화 모델에 속한다고 할 수 있다.

---

39) 터키 헌법 제140조 제6항.

40) 마케도니아 검찰청법 제2조.

41) 마케도니아 검찰청법 제28조.

42) 남아메리카 각국에서 흔히 볼 수 있는 'Ministerio Publico'는 대개 '검찰청'으로 볼 수 있다고 하겠으나, 아르헨티나의 경우에는 검찰총장을 수장으로 하는 '검찰청(Ministerio Público Fiscal)'과 방위총장을 수장으로 하는 '방위청(Ministerio Público de la Defensa)'의 양두 체계로 구성된 조직이어서 이를 통칭하는 'Ministerio Publico'는 '공안국'으로 보아야 할 것이다.

5) 알바니아

알바니아 헌법상 검찰은 여타의 부(府)와 별도로 제10편 검찰청(PJESA E DHJETË PROKURORIA)에 편제되어 있을 뿐 아니라 제148조 제2항에 의하여 독립기구로 규정되어 있다.

6) 중화인민공화국

헌법 제129조와 인민검찰원조직법 제1조에서는 인민검찰원을 국가의 법률감독기관으로서 국가를 대표하여 검찰권을 행사하는 조직으로 규정하고 있으며, 헌법 제3장 제7절의 제목을 인민법원과 인민검찰원(人民法院和人民检察院)이라 하여 법원과 병렬하여 편제하면서 이 두 기관 간의 관계를 '형사사선 처리에 있어, 각기 분리되어 상호 협력하고 상호 견제하는 관계'로 명시하고 있다. 특히 헌법 제131조에서는 '인민검찰원은 법률 규정에 따라 독립적으로 검찰권을 행사하며, 행정기관·사회단체 및 개인의 간섭을 받지 아니한다'라고 규정하여 직무상 독립성을 보장받고 있다.[43] 중국에서는 대부분의 수사를 공안기관이 맡고 있기 때문에 공안기관이 형사절차에서의 주된 권력기관으로 여겨지며, 바로 이러한 점 때문에 공안기관에 대한 인민검찰원(人民检察院)의 감독권이 중요한 의미를 가지게 된다. 인민감찰원은 공안기관의 상급기관은 아니지만 중국의 헌법체계 하에서 공안기관을 비롯한 행정부나 법원 등 국가의 주요기관을 감독하는 헌법기관으로서의 지위를 갖는다.[44] 다시 말해서, 인민감찰원은 행정부에서 독립된 기관이며, 공안기관은 행정부 소속의 한 부서에 해당하여 양자의 조직이 완전히 분리되어 있다.

7) 칠 레

칠레 헌법은 제4장 정부, 제5장 국회, 제6장 사법부에 이어 제7장에서 검찰에 해당하는 조직을 따로 공안국(MINISTERIO PÚBLICO)으로 규정하고 있다.

8) 헝가리

헝가리 검찰은 기소권을 전속적으로 가진 기관으로서, 헌법상 대통령·정부·의회·법원·헌법재판소와 별도의 장에서 규정하고 있는 것으로 보아 조직 면에서 독립된 기관이다.[45] 특히 수사권은 경찰, 기소권은 검찰로 분리되어 있어 독립성이 더욱 강화되어 있다고 볼 수 있다.

2. 명시적인 규정이 없는 헌법례

헌법에 검찰조직에 관한 명시적인 규정이 없는 국가들은 검찰사무를 관장하는 기관의 조

---

43) 第一百三十一条 人民检察院依照法律规定独立行使检察权，不受行政机关、社会团体和个人的干涉.

44) 박진현, "중국 검찰의 지위와 권한 및 우리나라에의 시사점", 「국외훈련검사 연구논문집」 제29집, (대검찰청, 2014), 4-5면 참조.

45) 헝가리 헌법 제29조.

직에 관한 법률에서 이를 규정하고 있다. 그러한 예로 그리스, 노르웨이, 덴마크, 독일, 미국, 보스니아·헤르체고비나, 스웨덴, 스위스, 알제리, 영국, 우크라이나, 일본, 캐나다, 폴란드, 프랑스, 필리핀, 호주로 총 17개국이다. 이들 국가들을 검찰조직 모델별로 분류하면 다음과 같다.

(1) 법무부직속의 수직적 구조 모델

1) 노르웨이

정부조직상 법무공안부(Ministry of Justice and Public Security) 안에 소추국(Prosecuting Authority)이 있고, 이 검찰국은 검찰총장(Director of Public Prosecutions), 지방검찰청(Regional Public Prosecution Offices), 경찰 내 소추국(The Prosecuting Authority in the Police)이 있다. 이 중 검찰총장과 지방검찰청을 고등소추국(The Higher Prosecuting Authorities)이라 하며, 대부분의 경미한 사건에 대해서는 경찰이 수사 및 기소를 모두 수행하고, 주요한 사건에 관해서만 지방검찰청 또는 간혹 검찰총장이 수사·기소를 한다.[46] 사건의 중대성에 따라 경찰과 검찰에 수사 및 기소권이 분산되어 있다는 특징이 있기는 하나, 두 조직 모두 법무공안부 소속이라는 점을 감안할 때 법무부직속 모델에 속한다고 할 수 있다.

2) 덴마크

덴마크의 검찰체계는 3개의 층위, 검찰총장(Director of Public Prosecutions), 지방검찰청(Regional Public Prosecutors), 경찰청장(Commissioner)으로 구성되어 있는데, 주로 경미한 범죄의 경우에는 경찰청장이 수사와 기소를 함께 관장하고 있다.[47] 앞서 살펴본 노르웨이의 경우와 유사하게 광의의 검찰체계 안에 경찰조직이 있으며 이들 모두는 법무부에 소속되어 있다.

다만 법무부는 구체적 사건의 수사에 원칙적으로 관여하지 못하고, 관여하고자 하는 경우에는 서면으로 이를 공개해야 하며 국회에도 이를 보고하여야 한다.[48] 또한 법무부는 검찰에 관한 일반적인 정책지침을 발령하는 등의 형태로 간접적인 지시를 내릴 수 있으며, 검사의 인사권은 법무부에 있다.[49]

3) 스웨덴

법률상 스웨덴의 검찰총장은 법무부의 소속으로 되어 있으나, 우리나라 검찰청법 제8조와 같이 법무부장관이 구체적 사건에 관하여 검찰을 지휘할 권한을 갖는다는 명시적인 규정은 없다.

---

46) 노르웨이 소추당국 영문홈페이지, 최종방문 2017.9.18., http://www.riksadvokaten.no/no/english/).

47) Administration of Justice Act, Retsplejeloven Kapitel 10 Anklagemyndigheden 및 Kapitel 11 Politiet.

48) 법원조직법 제98조.

49) 검찰청법 제98조, 제103조.

4) 일 본

법무성설치법(法務省設置法) 제14조[50]에 따르면, 일본의 검찰청은 법률상 법무성에 소속된 행정기관이다.[51] 검찰권 행사하는 법무대신은 검찰청을 일반적으로 지휘·감독하나 개별사건의 처리에 대하여는 검찰총장만을 지휘한다.[52]

일본 역시 우리나라와 같이 법무부직속 수직적 구조 모델을 갖는다고 할 수 있다.

(2) 법무부 부서화 모델

1) 미 국

연방 법무부장관(United States Attorney General)이 연방 검찰총장을 겸하고 있고, 법무부장관 밑에 부법무부장관(Deputy Attorney General)이 있고 우리나라 법무차관에 해당하는 Assistant Attorney General, 연방과 관련된 사건에서 연방정부를 대리하는 송무차관(Solicitor General)이 있다. 이들은 모두 미국 의회로부터 청문회를 거치고 승인을 받은 뒤에 임명되는 직책들이다. 미국에는 한국의 대검찰청과 같은 조직이 없으므로 연방 법무부가 그 역할을 담당하게 되고 연방 법무부 밑으로 본격적인 검찰조직이 구성된다. 예컨대, 한국의 고등검찰청과 비슷한 조직으로 연방검찰청(United States Attorney's Office)이 있으며, 각 주에는 한국의 지방고등검찰청이라고 볼 수 있는 State Attorney General를 두고 있다. 미국의 검찰청도 수사를 하기는 하지만 연방수사국(FBI), 마약단속국(DEA), 증권거래위원회(SEC), 국세청(IRS) 등 수사를 전담하는 기관이 있기 때문에 검찰은 송무에 더 집중한다고 할 수 있다.

2) 영 국

영국(the United Kingdom)을 구성하고 있는 4개 구성국인 ① 잉글랜드·웨일즈, ② 스코틀랜드, ③ 북아일랜드 각각의 검찰기관이 다르다.[53]

① 잉글랜드·웨일즈는 1985년의 '범죄 소추에 관한 법률(Prosecution of Offences Act)'로 일반검찰기관에 해당하는 Crown Prosecution Service(CPS, Attorney General 산하기관이다)를, 1987년의 '형사사법법(Criminal Justice Act)'으로 특별검찰기관인 중대비리수사청(Serious Fraud Office, SFO)를 각각 신설하였다. 전자는 기소권만을 가지는 반면, 후자는 기소권 및 수사권 모두를 가진다. 그 외에도 보건안전위원회 등 수사권·기소권을 모두 가진 특별형사사법기관이 다수 존재한다.

② 스코틀랜드는 검찰기관으로 The Crown Office and Procurator Fiscal Service(COPFS)

---

50) 法務省設置法 第十四条
　1. 別に法律で定めるところにより法務省に置かれる特別の機関で本省に置かれるものは、検察庁とする。
　2. 検察庁については、検察庁法（これに基づく命令を含む。）の定めるところによる。

51) 법무자료 제261집, 「각국의 법무제도」(대검찰청, 2004), 211면의 '일본 법무성 조직도' 참조.

52) 법무자료 제261집, 「각국의 법무제도」(대검찰청, 2004), 237면 참조.

53) 이하에 관하여는 신태훈, '검찰제도의 국제적 표준', 한국비교형사법학회·검찰제도-사법정책 전문검사 커뮤니티 공동학술대회 자료집(2017.11.3.), 21-22면을 참조.

를 두고 있고, 이는 수사권과 기소권 모두를 가진다.

③ 북아일랜드는 검찰기관으로 The Public Prosecution Service for Northern Ireland (PPS)를 두고 있고, 이는 기소권만을 가진다.

잉글랜드 · 웨일즈의 CPS를 중심으로 볼 경우, 법무부에 소속되어 있으면서 수사권(경찰)과 기소권(검찰)이 분리되어 있어 법무부부서화 모델에 해당한다고 할 수 있다.

3) 폴란드

2010년~2016년에는 검찰조직을 법률상 법무부로부터 독립시키기도 하였으나, 2016년 법 개정으로 검찰청이 다시 법무부의 소속기관이 되었고, 검찰청법 제1조 제2항에서는 검찰총장이 법무부장관(Attorney General)을 겸하고 있음을 규정하고 있는 것으로 볼 때, 법무부부서화 모델이라고 할 수 있다.

(3) 검찰권 2원화 모델 – 필리핀

법률상 검찰총장을 수반으로 하는 검찰청이 법무부 산하기관으로 규정되어 있다.[54)] 옴부즈먼청(dapat hirangin ng Ombudsman)이 헌법상 별도로 설치되어, 공무원범죄 등에 대한 독자적인 수사 · 기소권을 가지고 있고, 그 소속하에 특별검사를 두고 있으므로 검찰권 2원화 모델이라고 할 수 있다. 다만 일반검찰의 경우 검찰/경찰의 수사권이 분리되어 있다는 점이 전형적인 검찰권 2원화 모델과는 차이가 있다.

(4) 사법부직속 모델

1) 그리스

헌법이 검찰의 조직을 직접 규정하고 있지는 않으나, 법관의 독립에 관한 규정(헌법 제87조)에서 '법원의 검사 · 부검사', 최고사법평의회 규정(헌법 제90조)에서 '민 · 형사법원의 검사실 검사'등에 비추어 볼 때, 법원 내에 검찰청을 둘 것을 예정하고 있다고 볼 수 있으므로 사법부직속 모델이라고 할 수 있다. 다만 유럽검사자문평의회(Consultative Council of European Prosecutors)에 제출한 설문답변지에 따르면, 검찰은 소속상으로는 사법기관이지만 기능적으로는 행정부는 물론 법원으로부터도 독립된 기관이라 할 수 있다.[55)]

2) 독 일

검찰의 조직과 권한을 규정하고 있는 검찰청법이 따로 존재하지 않고 법원조직법

---

54) 검찰청법(Prosecution Service Act of 2010) Section 2:
The constituent offices herein covered shall include the Prosecution Staff and the Regional, Provincial and City Prosecution Offices under the Secretary of Justice, that compose the National Prosecution Service as created and established in the succeeding sections.

55) Questionnaire for the preparation of the Opinion No. 10 of the CCPE on the relationship between prosecutors and police and/or other investigation bodies-Compilation of replies to the questionnaire-, CCPE, 2015.4., 58면의 설문 A.1.에 대한 답변.

(Gerichtsverfassungsgesetz) 제141조 내지 제152조에서 검찰의 조직과 임무 등에 관하여 규정하고 있다. 그리고 독일 검찰청은 각급 법원관할 내에 설치한다. 연방대법원에서는 연방검찰총장(Generalbundesanwalt), 고등법원에서는 주(州)검찰총장(Generalstaatesanwalts), 지방법원에서는 검사장인 고등검사(Leitend Oberstaatesanwalt)가 검찰권을 행사한다. 검찰의 위계조직을 살펴보면, 연방에는 연방법무부장관－연방검찰총장－연방검사의 순으로, 주(州)에는 주(州)법무부장관－주(州)검찰총장(Generalstaatesanwalt beim OLG)－지방검찰청 검사장－검사로 이어진다.[56] 연방검찰은 연방법원의 관할사건에 대해서만 검찰사무를 담당하며, 주검찰청의 권한에 속하는 사항에 관해서는 고등검찰청이나 지방검찰청의 검사를 지휘·감독할 권한을 갖지 않는다.[57] 검찰총장은 연방법무부장관의 제청으로 연방상원의 동의를 거쳐 연방대통령이 임명하는데, 독일에서 살아있는 정치권력이라 할 수 있는 내각수상이나 하원이 인사권이나 지휘감독권을 갖고 있지 않다는 점에서 권력으로부터 독립되어 있다고 볼 수 있다.

3) 우크라이나

종래 제7장에 검찰에 대한 규정들을 따로 두고 있었으나, 2016. 6. 2. 헌법개정으로 제7장은 삭제하고, '제8장 사법권(Розділ Ⅷ ПРАВОСУДДЯ)' 안에 검찰에 관한 규정들을 두고 있다. 우크라이나 검찰청법 제6조 제1항에서는 검찰조직을 "우크라이나 검찰총장을 수장으로 하는 단일한 중앙조직"으로 규정하고 있고, 법원의 검찰에 대한 직접적인 통제권을 규정한 별도의 규정도 찾아볼 수 없을 뿐만 아니라 법무부장관의 통제 역시 별도로 받지 않는 것으로 보아 검찰은 행정부로부터 독립되어 있다고 볼 수 있다.

4) 프랑스

법률상 검찰은 법무부장관을 정점으로 하는 위계조직을 구성한다. 구체적으로 살펴보면, ① 검사는 법관과 동일하게 사법관(Magistrat)이라는 범주로 분류되어 상호 잦은 인사교류가 이루어지고, ② 법무부장관이 전체 검찰조직을 통할하면서 각 검찰청장이 관할 소속검사들을 지휘·감독하는 반면, ③ 검찰총장은 대법원에 대응하는 검찰청의 장일 뿐, 검찰조직 일반에 대한 지휘·감독권을 가지지 않는다.

(5) 독립화 모델

1) 보스니아·헤르체코비나

보스니아·헤르체고비나 연방 검찰청법(Zakon o tužilaštvu Bosne i Hercegovine)에는 법무부 기타 정부기관의 통제 등 관여에 관한 규정이 전혀 없고, 동법 제2조에서는 검사가 '보스니아·헤르체고비나의' 독자적인 기관으로서 독립하여 직무를 수행한다고 규정하고 있다.

---

56) 법무자료 제261집, 「각국의 법무제도」(대검찰청, 2004), 137-138면 참조.
57) 독일법원조직법 제147조.

2) 스위스

과거에는 검찰이 법무경찰부(Ministry of Justice and Police)에 소속되어 있었으나, 2014년의 법률개정으로 검찰 소속에 대한 규정이 삭제됨으로써 독립기구화 되었다.[58]

3) 알제리

알제리는 아랍권 국가로서 그 특유의 '니야바(Niyaba)' 검찰제도를 두고 있다.[59] 이는 수사·기소 기능을 모두 가진 검찰을 전제로 하여 그 수사기능은 사법권의 성격을 가진 것으로, 기소기능은 행정권의 성격을 가진 것으로 각각 보는 체제로서, 이 체제 하에서 검찰은 행정권과 사법권의 중간적 성격을 띤다.

4) 캐나다

종래 캐나다의 연방검찰청은 법무부에 속해 있었으나 2006년 검찰청법(An Act respecting the office of the Director of Public Prosecutions)의 시행으로 현재는 법무부로부터 독립한 행정기관이라고 할 수 있다.[60] 다만 캐나다의 주 가운데 노바스코티아, 퀘벡 등 일부 주에서는 연방검찰조직과 별도로 '공공소추국(Office of Director of Public Prosecutions)'이라는 독자적인 소추기구를 두고 있다.[61] 캐나다의 경우는 경찰이 원칙적으로 수사권을 전유하고 있고, 나아가 체포영장 청구권도 가지고 있다는 점에서, 전형적인 독립화 모델과는 다르다.

5) 호 주

호주는 커먼웰스(Commonwealth)에 속하는 주와 자치주, 제한적 자치권을 가지는 영역 등으로 나뉘어져 있는데, 각자가 독자적인 소추기관을 가지고 있다. 예컨대, 커먼웰스(Commonwealth) 영역에서는 Attorney General(법무부장관 겸 검찰총장)이 검찰조직을 대표하지만, A.G.의 정치적 성격으로 인해 별도로 Director of Public Prosecutor(DPP)를 두고 있고 DPP가 검찰조직을 지휘하는 반면 그 외의 지역에서는 각자 독자적인 DPP를 두고 있다.[62]

Ⅳ. 결 어

지금까지 세계 40개국의 검찰제도를 헌법과 법률의 규정을 참고로 하여 기본적인 모델화

---

58) Gilliéron, *Public Prosecutors in the United States and Europe: A Comparative Analysis with Special Focus on Switzerland, France, and Germany*, Springer Science & Business Media, 2014, 172면.

59) 아랍권 국가들의 니야바(Niyaba) 검찰제도에 관하여는 Nasr, et al., *Criminal Justice and Prosecution in the Arab World* (2004), 4면.

60) 최태원, "캐나다 경찰제도 및 검사와 경찰과의 관계 연구", 「국외훈련검사 연구논문집(III)」 제29집, (대검찰청, 2014), 57면 참조.

61) 이에 관하여는 김성돈, 「커먼로 국가에서 진행된 검찰기능 및 역할강화에 대한 연혁적 고찰」(대검찰청 연구용역보고서, 2012), 40-42면 참조.

62) 김성돈, 「커먼로 국가에서 진행된 검찰기능 및 역할강화에 대한 연혁적 고찰」(대검찰청 연구용역보고서, 2012), 31-36면 참조.

를 시도하여 살펴보았거니와, 각 국가들의 검찰제도는 이들의 역사적 · 정치적 경험의 차이에 따라 제도화에도 상당한 차이가 있음을 알 수 있다. 일찍이 민주주의와 법치주의를 발전시켜 온 나라들은 검찰권력에 대한 헌법적 규율보다는 법률적 차원에서 제도적으로 정착되어 있다. 이는 형사사법기능에 대하여 민주적 규율과 법률적 규율이 확립되어 헌법적 차원에서 규율할 필요성이 강조되지 않았기 때문이다. 이에 대해 정치적 변동이 심하고 민주주의와 법치주의가 확립되지 못한 나라들 특히, 2차 대전 이후 독재권력의 경험을 가진 나라들은 독재권력의 억압도구로서의 검찰권에 대한 반성으로 형사사법기능을 헌법적 차원에서 규율하려는 노력이 이어지고 있음을 알 수 있다.

범죄에 대한 기소권을 핵심으로 하는 검찰제도는 그 외연으로서 형사사법제도의 한 내포이다. 따라서 검찰권은 전체 형사사법제도 즉, 범죄수사를 담당하는 경찰과 재판을 담당하는 사법기관과의 연계 하에서 제도의 기본틀을 구성하여야 한다. 즉, 수사－기소－재판이라는 일련의 형사사법집행의 과정을 고려하여 개별국가의 정치적 · 사회적 경험을 토대로 하여 적절한 제도화의 방향을 추구하여야 한다. 그렇지 아니하고 수사나 기소 혹은 재판의 과정에서 어느 한 기능만을 강조하거나 각 기능을 담당하는 기관을 과도하게 분산시키는 것은 자칫 형사사법집행기능을 왜곡할 수도 있다.

우리나라의 경우, 형사사법집행기관으로서 경찰과 검찰은 과거 일제강점기에 그 뿌리를 두고 있고, 이에 대한 반성이 충분히 이루어지지 못한 채 독재권력의 도구로 이용되었다. 특히 경찰권에 대한 통제를 위하여 검찰과 경찰을 수직적으로 구성하였기 때문에 오늘날까지 검찰과 경찰의 권한다툼이 이어지고 있다. 경찰과 검찰이라는 용어조차도 수사기능과 기소기능을 분리하여 인식하고 있음을 보여주는 것이다. 오히려 경찰과 검찰의 각 기능을 통합하는 새로운 용어로 형사사법기능을 재구성하여 제도화하는 것이 더 적절해 보인다. 각각의 기존 조직을 중심으로 제도화를 추구하기보다는 기능적 측면에서 조직을 재구성하여 형사사법기능의 통일적 행사를 도모하여 국민의 인권보호와 안정적이고 평화적인 사회를 구축함이 적절할 것이다.

13. 중국 헌법상 감찰제도의 재정립과 한국 개헌에 주는 시사점*

朴 大 憲**

Ⅰ. 서설: 중국 헌법상 감찰제도 관련 규정의 개정

1. 감찰기관의 지위

2018년 제5차 헌법수정안 제37조는 종전 헌법 제3조 제3항 "국가행정기관・심판기관・검찰기관은 모두 인민대표대회에서 선출되고 인민대표대회에 대해 책임지고 인민대표대회의 감독을 받는다"을 "국가행정기관・감찰기관(監察機關)・심판기관・검찰기관은 인민대표대회에서 선출되고 인민대표대회에 대해 책임지고 인민대표대회의 감독을 받는다"로 개정하였다. 2018년 제5차 헌법수정안에서는 감찰기관을 헌법에 추가 명시하여 행정기관・심판기관・검찰기관과 함께 열거함으로써 권력기관인 인민대표대회 아래의 헌법기관임을 나타내고 있다.

헌법 제3조는 국가기구에 적용하는 민주집중제 조직원칙 관련 조항이고 권력기관인 인민대표대회와 감찰기관 사이의 관계 중 민주집중제 조직원칙은 아래와 같은 내용을 의미하고 있다. 첫째, 감찰기관은 인민대표대회에서 민주적인 방식으로 파생된다. 즉 감찰기관은 인민대표대회에서 제정한 법률 또는 결정에 의해 설치되고 감찰기관의 구성과 직권은 인민대표대회가 법률 또는 법규를 통해 규정하며 감찰기관의 구성인원은 인민대표대회 및 그 상무위원회로부터 선출 또는 결정・임명된다. 둘째, 감찰기관이 인민대표대회에 대해 책임진다. 즉 감찰기관은 매년 정기적으로 인민대표대회와 해당 인민대표대회 상무위원회를 상대로 업무를 보고한다. 셋째, 감찰기관은 인민대표대회의 감독을 받는다. 즉 인민대표대회는 감찰기관을 상대로 법률감독과 업무감독을 진행한다. 통상적인 법률감독의 경우 인민대표대회 및 그

---

* 배경: 2018년 3월 11일 전국인민대표대회(아래 '전국인대'로 약칭한다)에서 통과된 헌법수정안은 1982년에 전면적으로 수정된 헌법(아래 '1982년 헌법'으로 약칭한다)에 대한 제5차 수정이다. 2018년 제5차 헌법수정안에는 총 21개의 조항(2018년 제5차 헌법수정안 제32조 내지 제52조)이 포함되어 있지만 본 논문에서는 그 중 학계에서 공론화된 헌법상 감찰위원회의 신설과 감찰법의 제정에 관한 쟁점사항을 중심으로 논의를 전개한다. 2017년 중국 헌법학 연구회에서는 감찰법의 제정을 앞두고 먼저 개헌 후 감찰법을 제정해야 한다는 다수견해와 실무계의 개헌에 앞선 감찰법의 제정이 가능하다는 견해의 대립이 있었다. 2017년 한 해 동안 감찰위원회의 설립과 감찰법의 제정에 앞서 헌법을 개정해야 한다는 학계의 논쟁이 끊이지 않았지만 실무계의 개헌징조가 보이지 않았다가 2018년 1월 18일~19일에 개최된 중국공산당 제19차 중앙위원회 제2차 전체회의에서 '헌법의 부분내용을 개정하는 것에 관한 중국공산당 중앙위원회의 건의'를 통과시켰다. 이는 2018년 3월에 개최하는 전국인대에서 중국공산당에 의한 헌법수정안의 발의를 의미한다. 2018년 제5차 헌법수정안의 발의는 대체적으로 학계와 국민의 참여가 널리 이루어졌다고 보기 애매하다.
중국 헌법상 감찰제도의 재정립을 논의하기 위해 우선 2018년 제5차 헌법수정안 상 감찰제도 관련 규정을 살펴볼 필요가 있다.

** 중국 요녕대학교 법과대학 조교수, 법학박사

상무위원회는 감찰기관의 결정・명령 등이 헌법 또는 법률에 저촉되는지를 여부를 감독하고 감찰기관의 법집행 상황을 감독하며 감찰기관 및 그 구성인원의 위법행위에 대해 감독한다. 통상적인 업무감독의 경우 인민대표대회 및 그 상무위원회는 감찰기관의 업무보고를 청취하고 심의한다.

2. 종전 행정기관 관장 감찰권한의 삭제

2018년 제5차 헌법수정안 제51조는 종전 헌법 제107조 제1항 "현급 이상 지방 각급 인민정부는 법률이 규정한 권한에 의하여 본 행정구역내의 경제・교육・과학・문화・위생・체육사업・도농건설사업과 재정・민정・공안・민족사무・사법행정・감찰・계획생육 등 행정업무를 관리하고 결정과 명령을 발포하며 행정직원에 대하여 임면・교육・심사・상벌한다"을 "현급 이상 지방 각급 인민정부는 법률이 규정한 권한에 의하여 본 행정구역내의 경제・교육・과학・문화・위생・체육사업・도농건설사업과 재정・민정・공안・민족사무・사법행정・계획생육 등 행정업무를 관리하고 결정과 명령을 발포하며 행정직원에 대하여 임면・교육・심사・상벌한다"로 개정하여 종전 행정기관이 관장하던 감찰권한을 삭제하였다.

이에 대응하여 종전 헌법상 행정기관이 행사하던 감찰권한이 신설 감찰기관에 이양하게 되었다. 2018년에 새로이 제정된 감찰법을 참고하건대 신설된 각급 감찰위원회는 종전 정부 소속 감찰부서와 부패예방국의 직권을 행사하고 종전 검찰원 소속 뇌물수수 및 독직 등 직무관련 범죄의 수사부서 그리고 직무범죄 예방에 관한 부서의 직권을 행사하며 종전 법적근거가 부족한 중국공산당 기율검사위원회가 행사하던 부분 감찰직권을 행사한다. 헌법상 검찰원의 감찰직권 및 중국공산당 기율검사위원회의 감찰직권을 명시하지 아니한 이유로 2018년 제5차 헌법수정안에서가 아닌 감찰법의 제정과 관계 법령의 수정으로 감찰위원회가 기타 부서로부터 이양 받을 직권을 규범하고 있다.

3. 감찰위원회에 관한 헌법 규정

2018년 제5차 헌법수정안 제52조는 종전 헌법 제3장 국가기구에 하나의 절을 추가함으로써 제7절 감찰위원회를 신설하였다. 해당 제7절 감찰위원회에는 아래와 같은 5개의 조항으로 구성되었다.

헌법상 각급 감찰위원회가 국가의 감찰기관임을 명시하여 감찰위원회의 특징을 예시하였다(헌법 제123조). 감찰위원회는 국가감찰위원회와 지방 각급 감찰위원회로 분류될 수 있으며 국가감찰위원회는 국가의 최고 감찰기관으로써 지방 각급 감찰위원회의 업무를 영도하고 상급 감찰위원회는 하급 감찰위원회의 업무를 영도한다(헌법 제125조). 이러한 각급 감찰위원회의 상하관계는 각급 검찰원의 상하관계와 유사하다. 그리고 감찰위원회는 인민대표대회로부터 파생된 기관이므로 국가감찰위원회는 전국인대와 전국인대 상무위원회에 대하여 책임지고 지방 각급 감찰위원회는 해당 지방 각급 인민대표대회 및 그 상무위원회와 상일급 감찰위원회에 대하여 책임진다(헌법 제126조).

감찰위원회의 구성에 관하여 감찰위원회는 주임, 부주임, 약간 명의 위원으로 구성하고 감찰위원회의 주임은 해당 인민대표대회에서 선출·파면하고 감찰위원회의 부주임 및 위원은 감찰위원회 주임의 제청으로 해당 인민대표대회 상무위원회에서 임면한다. 그 밖에 감찰위원회 주임의 임기는 동급 인민대표대회의 임기와 동일하며 국가감찰위원회 주임은 2회를 초과하여 연임할 수 없다. 그리고 감찰위원회의 조직과 직권에 관한 구체내용은 법률로 규정하도록 헌법에 명시하고 있다(헌법 제124조).

감찰업무의 집행원칙에 관하여 감찰위원회는 법률규정에 의해 독립적으로 감찰권을 행사하고 행정기관 및 사회단체와 개인의 간섭을 받지 아니한다. 감찰기관이 직무위법과 직무범죄 안건을 처리할 경우 심판기관, 검찰기관, 법무집행부서와 상호 협조하고 상호 제약해야 한다(헌법 제127조). 그리고 감찰기관이 업무를 추진함에 있어서 협조가 필요한 경우 관련 기관과 단위는 응당 감찰기관의 요구에 따라 법에 의해 협조해야 한다(감찰법 제4조).

Ⅱ. 중국 감찰법의 제정과 문제점

1. 감찰법 초안의 심의과정

2012년 11월 중국공산당 제18기 전국대표대회에서 시진핑 중앙위원회 총서기를 포함한 7인의 중앙정치국 상무위원회 위원이 새로이 당선된 후 중국공산당은 부패문제를 정치적 이슈화하여 2016년에는 감찰제도 개혁을 추진하였고 2017년에는 감찰법초안을 공포하였다. 해당 감찰법초안은 2018년 전국인대에서 통과되었다. 통계해보건대 2014년에 중국공산당의 기율 및 행정기율의 처분을 받은 당직자 및 공직자는 약 23.2만 명이고 약 1.2만 명을 사법기관에 이송하였으며 2015년에는 약 33.6만 명이 처분을 받았고 약 1.4만 명을 사법기관에 이송하였으며 2016년에는 약 41.5만 명이 처분을 받았고 약 1.1만 명을 사법기관에 이송하였다.[1] 계속 늘어나는 사건에 수반하여 중국공산당의 기율검사위원회와 종전 정부 소속 감찰부서가 기율위반 사건을 조사하면서 혐의자에 대해 인신자유의 제한조치를 실시해왔으며 이는 학계의 비판을 받아 왔다. 설명컨대 중국공산당 기율검사위원회가 기율위반 사건을 조사함에 있어서 '중국공산당 기율검사기관의 사건검사업무조례'(아래 '기율검사조례'로 약칭한다)를

1) 2015년 1월의 중국공산당 제18기 중앙기율검사위원회 제5차 전체회의 업무보고(十八届中央纪委五次全会工作报告), 2016년 1월의 중국공산당 제18기 중앙기율검사위원회 제6차 전체회의 업무보고(十八届中央纪委六次全会工作报告), 2017년 1월의 중국공산당 제18기 중앙기율검사위원회 제7차 전체회의 업무보고(十八届中央纪委七次全会工作报告) 상의 수치를 참조하였다.

적용해왔으며 해당 기율검사조례 제28조에 의해 중국공산당 기율검사위원회는 관련 당사자로 하여금 규정된 시간 및 장소에서 기율위반사건에 관한 문제를 설명하도록 요구할 수 있고 관련 당사자는 반드시 증거를 제공해야 한다. 학계에서는 상기 '규정된 시간 및 장소'에서 관련 당사자의 인신자유를 제한하여 기율위반사건에 대한 증거를 제공하도록 하는 조치가 형사소송법상 인신에 대한 강제조치에 해당 한다고 지적해왔다. 또한 종전 정부 소속 감찰부서가 기율위반 사건을 조사함에 있어서 구 행정감찰법 제19조에 의해 행정감찰기관은 행정기율 위배 혐의자로 하여금 지정된 시간 및 장소에서 조사사항에 관한 문제에 대해 해명 및 설명하도록 명할 수 있으며 이를 경우 구금 또는 변형된 구금을 하여서는 아니 된다고 규정하였다. 학계에서는 상기 '지정된 시간 및 장소'에서 행정기율 위배 혐의자의 인신자유를 제한하여 조사를 진행하는 조치가 형사소송법상 인신에 대한 강제조치에 해당 될 수 있다고 지속적으로 의문을 제기해왔다. 이러한 학계의 지적과 질의를 해소하기 위해서도 감찰법의 제정이 필요로 하였다.

감찰법을 제정하기 위한 구체적인 심의과정을 보선대 우선 2016년 11월 중국공산당 중앙위원회 판공청은 '베이징 · 산시성 · 저장성에서 국가감찰체제 개혁을 전개하는 시행방안'을 반포하였다. 해당 시행방안을 근거로 2016년 12월 전국인대 상무위원회는 장차 전국에서 추진하게 될 국가감찰체제의 탐구를 위해 경험축적차원에서 '베이징 · 산시성 · 저장성에서 국가감찰체제 개혁을 시행하는 것에 관한 결정(关于在北京市、山西省、浙江省开展国家监察体制改革试点工作的决定)'(아래 '결정'로 약칭한다)반포하였다. 약 1년 동안의 시행을 거쳐 2017년 11월 전국인대 상무위원회는 '전국에서 국가감찰체제 개혁을 시행하는 것에 관한 결정(关于在全国各地推开国家监察体制改革试点工作的决定)'을 반포하여 전국을 상대로 감찰체제 개혁을 추진하였다. 다음 감찰법 초안은 2017년 6월에 전국인대 상무위원회에서 제1차 심의를 완료하였고 해당 감찰법 초안은 대외로 공포하지 않았다. 감찰법 초안을 참조하지 않은 상태에서 동년 8월에 헌법학연구회 연회에서 감찰법 제정에 앞선 개헌을 논의하였다. 2017년 11월에 전국인대 상무위원회는 감찰법 초안을 공개하여 사회각계의 의견을 수렴하였고 2018년 3월에 수정된 감찰법 초안을 공포하였으며 2018년 3월 20일 전국인대에서 감찰법이 통과되었다.

2. 문제의 제기

비록 2018년 3월 20일 전국인대에서 통과된 감찰법은 2018년 3월 11일에 통과된 2018년 제5차 헌법수정안 제52조 중 감찰위원회의 조직과 권한은 법률로 규정한다는 법률유보조항을 근거로 제정되었지만 2017년 11월에 공개한 감찰법 초안의 내용에 위헌적인 조항이 내포되어 있었고 2018년 1월 전까지 실무계의 개헌징조가 보이지 않자 학계에서는 감찰법 제정에 앞서 먼저 개헌을 해야 한다고 강력히 주장해왔다. 비록 지나간 "헌법위기"이지만 중국의 헌정과정을 살펴보기 위해 2017년 11월에 공개한 감찰법 초안(아래 '초안'으로 약칭한다)과 2018년 제5차 헌법수정안 통과 이전의 헌법(아래 '종전 헌법'으로 약칭한다)상 어떠한 저촉 문제가 있는지를 검토할 필요가 있다.

(1) 감찰위원회의 지위에 관한 헌법문제

초안에 의해 새로이 설치하게 될 감찰위원회는 국가감찰위원회와 성급·지급·현급 지방 감찰위원회로 분류되고 국가감찰위원회는 최고 국가감찰기관 역할을 하게 된다(초안 제5조). 각급 감찰위원회는 동급 해당 인민대표대회에서 파생되고 감찰위원회의 수반인 주임은 동급 해당 인민대표대회에서 선출된다(초안 제6조와 제7조). 종전 헌법 제62조에서는 전국인대가 행사하는 직권을 열거하고 있으며 해당 조항에서는 전국인대가 일부양원(정부, 법원, 검찰원을 지칭한다) 등 헌법기관을 파생한다고 명시하였지만 감찰기관이라는 헌법기관을 파생한다는 명문규정이 없었다. 헌법의 법적 효력이 모든 법률의 법적 효력보다 우위에 있다는 상식을 전제로 볼 때 전국인대가 입법을 통해 헌법상 명시하지 아니한 제3의 헌법기관을 설치할 수 있는지가 문제된다.

(2) 감찰위원회가 행사하는 권한에 관한 헌법문제

초안에 의해 새로이 설치하게 될 각급 감찰위원회는 정부 소속 감찰부서와 부패예방국의 직권을 행사하고 검찰원 소속 뇌물수수 및 독직 등 직무관련 범죄의 수사부서 그리고 직무범죄 예방에 관한 부서의 직권을 행사하며 중국공산당 기율검사위원회가 행사하던 부분 감찰직권을 행사한다(초안 제5장 감찰권한). 종전 헌법 제89조와 제107조에서는 각기 국무원이 행사하는 직권과 현급 이상 지방정부가 행사하는 권한을 열거하고 있으며 해당 조항에서는 국무원이 감찰의 업무를 영도하고 관리하고(종전 헌법 제89조 제1항 제8호) 지방 각급 정부가 법률이 규정한 권한에 의해 해당 행정구역 내의 감찰업무를 관리한다(종전 헌법 제107조 제1항)고 명시하였다. 그렇다면 헌법의 법적 효력이 모든 법률의 법적 효력보다 우위에 있다는 상식을 전제로 볼 때 전국인대가 입법을 통해 헌법상 명문으로 현급 이상 정부에게 부여한 감찰직권을 법률로 감찰위원회에게 부여할 수 있는지가 문제된다.

3. 문제점에 대한 학계의 논의

(1) 전국인대가 입법을 통해 헌법상 명시하지 아니한 제3의 헌법기관을 설치할 수 있는지의 문제점

상기 문제에 대해서는 먼저 개헌을 통해 감찰위원회의 설치를 헌법에 명시한 후 감찰법의 제정을 거쳐 감찰위원회의 구성 및 직권을 명확히 해야 한다는 견해(선개헌 후입법)를 보건대 판진쉐(范进学) 교수의 견해에 의하면 중국공산당 중앙위원회가 설치하고자 하는 국가감찰위원회는 종전 행정감찰권과 검찰기관의 수사권을 통합적으로 행사하고 인민대표대회에

서 선출하는 새로운 국가기구이다. 또한 국가감찰위원회의 설치는 국가권력의 새로운 배치를 수반함으로 중대한 정치체제 개혁이라고 볼 수 있으며 이를 경우 국가감찰위원회의 설치 및 그 직권의 배정은 반드시 개헌을 우선해야 한다고 보았다.[2] 마링(马岭) 교수는 새로이 설치될 각급 감찰위원회가 인민대표대회에 대하여 책임지고 인민대표대회의 감독을 받는 다는 규정(초안 제6조와 제7조) 및 각급 감찰위원회가 일부양원과 마찬가지로 인민대표대회로부터 파생된 다는 것은 일부양원과 동등한 헌법적 지위를 갖게 된다는 것을 의미하므로 인민대표대회제도 아래에 감찰위원회를 신설하는 것은 정치체제 내부의 변화를 초래한다고 보아 우선 개헌을 통해 감찰위원회의 설치를 헌법에 명시해야 한다고 주장하였다.[3]

반면 먼저 감찰법을 제정한 후 차츰 헌법을 개정 할 수 있다는 견해(선입법 후개헌)를 보건대 리딩추(李鼎楚) 교수는 중국공산당이 선진 생산력을 대변하기에 중국공산당이 주도로 하는 감찰위원회의 실험성적인 개혁은 부패척결에 있어서 당의 선진성질을 구현하며 일종의 사회주의의 정치모델로 보아 당권주도형 정치라고 개념화 한 후 중국의 당권주도형 개혁은 서방 경선정당제 아래에서의 정부주도형 국가경영(governance)과 구분된다고 보았다. 당권주도형 개혁은 중국 사회주의 특유의 정치모델이고 당이 주도하는 개혁은 최종 인민대표대회를 통해 결정되므로 당권주도형 감찰제도개혁은 합헌성을 가진다고 주장하였다.[4] 또한 리딩추 교수는 중국 개헌 연혁을 검토하여 중국이 습관적으로 경제 관련 중대한 개헌에 있어서 먼저 개혁을 한 후 차츰 헌법에 반영하였다고 설명하고 오직 선언적 의미를 가진 내용 예컨대 인권보장 관련 내용 등은 먼저 개헌한 후 입법을 통해 보장해왔다고 열거하면서 이번 감찰제도개혁은 감찰제도 관련 중대한 개헌인 만큼 개헌후치의 방식을 채택하도 무방하다고 보았다.[5]

검토해 보건대 상기 문제는 두 가지 경우로 구분할 수 있다. 첫째는 선개헌 후입법의 경우 비록 과거 중국이 개혁을 탐구함에 있어서 개헌에 앞서 개혁을 우선 진행해 왔고 헌법은 사후 확인 또는 추인하는 역할을 했지만 오늘날 감찰위원회의 설치는 개헌과 연계되어 중대한 개혁의 범주에 속하므로 우선 개헌을 진행한 후 법률을 제정하는 것이 마땅하다고 보는 것이 학계의 다수 견해이다.[6] 둘째는 선입법 후개헌의 경우 헌법상 입법을 통해 제3의 헌법

2) 范进学, 全面深化改革下的宪法修改问题, 中国法学会宪法学研究会2017年年会, 分论坛发言论文集, 2017년, 61쪽.
3) 马岭, 整体变迁与宪法修改:监查委员会入宪之讨论, 中国法学会宪法学研究会2017年年会, 分论坛发言论文集, 2017년, 187쪽.
4) 李鼎楚, 国家监察委员会的组织与运行:基于社会主义中国治理逻辑的展开, 中国法学会宪法学研究会2017年年会, 分论坛发言论文集, 2017년, 126-128쪽.
5) 李鼎楚, 앞의 논문, 128-129쪽.
6) 秦前红, 监察体制改革的逻辑与方法, 环球法律评论 제2기, 2017년, 20쪽. 童之伟, 将监察体制改革全程纳入法治轨道之方略, 法学 제12기, 2016년, 3쪽. 韩大元, 论国家监察体制改革中的若干宪法问题, 法理学评论 제3기, 2017년, 14쪽. 范进学, 앞의 논문, 60쪽. 马岭, 앞의 논문, 187쪽.

기관을 설치할 수 없다는 금지조항이 없는 한 법률을 통해 제3의 헌법기관을 설치하는 것을 위헌이라고 볼 수 없다고 보는 견해가 있다.[7] 만약 감찰법 초안에서 규정하고 있는 감찰기관의 설치·감찰대상·감찰직권 등 내용이 헌법과 정면으로 충돌하지 아니할 경우 선입법 후개헌 또는 헌법해석을 통해 헌법상 명시하지 아니한 제3의 헌법기관을 설치하는 행위를 묵인할 수도 있을 것이다. 하지만 중국 법체계상 헌법의 위상이 확고하지 아니한 국면에서 가급적으로 개헌을 통해 감찰위원회 설치의 정당성을 헌법차원에서 확인한 후 법률을 통해 구체화하는 것이 타당하다고 본다.

(2) 전국인대가 입법을 통해 헌법상 명문으로 현급 이상 정부에게 부여한 감찰직권을 법률로 감찰위원회에게 부여할 수 있는지의 문제점

상기 문제에 대해서는 검토할 필요 없이 당연히 소극적인 해답이 정답일 수밖에 없다. 하지만 학계 다수 학자의 비판에도 불구하고 실무계에서는 헌법상 명문으로 현급 이상 정부에게 부여한 감찰직권을 법률로 감찰위원회에게 부여하려는 시도를 했었다. 예컨대 앞에서 설명한바와 같이 전국인대 상무위원회는 개헌에 관한 논의조차 없는 상황에서 이미 2017년 11월에 '전국에서 국가감찰체제 개혁을 시행하는 것에 관한 결정'을 반포하여 전국에서 감찰체제개혁을 추진하였다.

비록 2018년 3월의 검찰법 제정은 개헌을 통해 헌법적 정당성 및 헌법적 근거가 마련되었지만 이번 감찰위원회의 설치 및 종전 정부 소속 감찰직권의 감찰위원회 이양을 위한 개헌은 우여곡절 속에서 추진되었다. 그리고 이번 개헌을 통해 여전히 학계와 실무계의 유리상태가 존재함을 찾아 볼 수 있다.

Ⅲ. 중국 감찰제도의 재정립이 한국 개헌에 주는 시사점

1. 개혁으로 인한 법률충돌문제를 해소하기 위한 헌법상 정당성 확보구상

중국은 1982년 헌법 제정 이래 매번 중대한 개혁이 진행되는 와중에 헌법조문과 배치되는 현상이 일어나고 있었으며 이러한 현상을 중국 특색으로 표방하는 견해가 있지만 헌법에 의한 국가경영을 강조하고 있는 현 정권은 최소한 개혁에 앞서 헌법합치적인 해석을 검토해야 함을 헌법적인 국가로 볼 수 있다고 생각한다. 개혁이 위헌인지 여부는 별론으로 하고 이번 중국 감찰체제개혁에서는 현행 법률과 정면으로 충돌한 적도 있다. 예컨대 2016년 12월 전국인대 상무위원회는 장차 전국에서 추진하게 될 국가감찰체제의 탐구를 위해 경험축적차원에서 '베이징·산시성·저장성에서 국가감찰체제 개혁을 시행하는 것에 관한 결정(关

7) 王广辉, 论监察制度重构的宪法基础, 中国法学会宪法学研究会2017年年会, 分论坛发言论文集, 2017년, 268쪽.

于在北京市、山西省、浙江省开展国家监察体制改革试点工作的决定)'을 반포하였고 해당 결정에서는 전국인대가 제정한 행정감찰법, 형사소송법, 검찰원조직법, 검찰관법, 지방 각급 정부조직법 상 일부 조항의 적용을 정지시켰다. 그렇다면 전국인대 상무위원회가 전국인대에서 제정한 법률을 정지시킬 수 있는지가 문제된다. 이러한 중국식 개혁은 법률충돌문제를 수반해 왔으며 헌법의 지혜가 부족한 현상으로 볼 수 있다.

반면 프랑스 헌법을 보건대 법률과 행정입법은 제한된 목적과 기간에 한하여 실험적인 조항(dispositions à caractère expérimental)을 포함할 수 있다(프랑스 헌법 제37-1조). 이러한 조항을 헌법의 지혜로 볼 수 있으며 중국이 추진하는 개혁에 헌법적 근거를 마련할 수 있다.

창의적인 개혁은 기존 법제도를 파괴하는 경우가 종종 있으며 정치제도개혁은 더욱 그러하다. 한국의 개헌에 있어서 장차 창의적인 개혁을 추진하기 위해서 프랑스 헌법상의 지혜가 필요하다고 본다.

2. 중국 감찰권의 독립이 한국 개헌에 주는 시사점

전국인대 상무위원회에서 공포한 감찰법 초안에 관한 설명을 참조하건대 우선 감찰법 제정의 의의(意義)에 관해 첫째, 감찰법은 국가감찰체제개혁을 추진해 온 산물이라고 볼 수 있다. 해당 감찰체제개혁은 정치체제개혁의 일환을 구성하고 있다. 국가감찰체제개혁의 목적은 반부패 역량을 통합하고 반부패업무에 대한 당의 집중적이고 통일된 영도를 강화하며 집중적이고 통일되며 효율적인 중국 특색 국가감찰체제를 구축하고 공권력을 행사하는 모든 공직자에 대해 감찰을 할 수 있도록 하게 하는 것이다. 감찰법의 제정을 통해 감찰위원회에게 직책과 권한 및 조사수단에 법적 정당성을 부여하고 유치(留置)로 종전 학계의 비판을 받아온 '규정된 시간 및 장소'에서 기율위반 당사자를 조사하는 수단을 대체하게 되었다.

둘째, 종전 중국 감찰체제의 문제점을 극복할 수 있다. 갑. 감찰범위의 확대에 관해 종전 당내감찰은 이미 모든 당원을 상대로 감찰을 진행해왔지만 행정감찰법에 의한 행정감찰의 대상은 주로 행정기관 및 그 직원에 한정되었다. 새로이 제정된 감찰법상 감찰대상은 공권력을 행사하는 공직자로 확대했다. 을. 반부패역량의 집중에 관해 종전 당의 기율검사기관은 당헌당규에 따라 당원의 기율위반행위를 심사하고 행정감찰기관은 행정감찰법에 따라 행정기관 및 그 직원의 위법 또는 기율위반행사를 감찰했으며 검찰기관은 형사소송법에 따라 공직자의 직무범죄를 수사·처리했었다. 이에 종전 반부페역할은 각기 행사되어 왔고 중첩되는 경우도 있었고 감찰기관은 직무범죄사건에 관해 수사권과 체포비준권 및 기소권한을 함께 행사해왔으며 감독체계가 미비했었다. 하지만 새로이 제정된 감찰법은 종전 분산된 반부패역량을 감찰위원회에 집중시켰다. 병. 감찰전문기관을 구축하고 당과 감찰기관의 집중통일에 관해 새로이 제정된 감찰법은 감찰위원회의 성질과 지위를 명확히 했고 각급 감찰위원회는 국가감찰직능을 행사하는 전문기관임을 명확히 하였다. 이는 당헌상 당의 각급 기율검사위원회가 당내감독업무를 수행하는 전문기관임과 호응되었다.

셋째, 당내감독과 국가감찰의 유기적인 통일을 확고히 하고 중국 특색 감찰체제의 창설에 이바지하고 있다. 당내 기율검사위원회는 당원을 감독하고 감찰위원회는 공권력을 행사하는 공직자를 감찰한다. 중국에서 80%의 공무원과 95%이상의 영도간부가 공산당 당원인 만큼 당내 감독과 국가감찰이 고도로 중첩되어 있으며 당내감독과 국가감찰의 통일이 객관적인 사실로 받아들이고 있다. 이러한 당과 국가기관의 유기적인 통일은 중국 특색으로 볼 수 있다. 실무에 있어서도 감찰위원회와 당의 기율감사위원회가 한 곳에서 업무를 보고 있으며 감찰위원회는 당과 국가를 대변하여 감찰권과 당원감독권을 행사하고 기율검사와 감찰의 직책을 이행한다.

넷째, 헌법의 실행을 강화하고 인민대표대회제도를 보완하며 국가운영능력의 향상에 이바지한다. 2018년 제5차 헌법수정안은 그간 중국이 실천을 통해 얻은 중대한 이론 · 실천 · 제도상의 성과를 헌법에 반영한 것이다. 해당 헌법수정안에서 중요한 비중을 차지하는 감찰위원회 관련 규정은 국가기구의 재배치를 초래하였다. 전국인대는 먼저 개헌을 진행하였고 다음 감찰법 초안을 심의하였다는 것은 의헌치국(依憲治國)의 구현이다. 2018년 제5차 헌법수정안에서는 국가감찰직능을 행사하는 전문기관을 국가기구체계에 편입하였고 새로이 구성된 감찰위원회는 동급 인민대표대회로부터 파생되며 인민대표대회에 대해 책임지고 인민대표대회의 감독을 받으므로 인민대표대회제도를 보완했다.[8)]

다음 감찰법의 주요내용을 보건대 감찰법의 제정은 중국공산당 중앙기율검사위원회가 주도한 국가감찰체제개혁의 일환이다. 개혁의 초기에는 종전의 행정감찰법을 국가감찰법으로 개정하고자 하였지만 전국인대 상무위원회 당조직 및 중국공산당의 기타 부서와 협의하여 새로이 감찰법을 제정하기로 하였다. 감찰법은 총 9개 장 총칙, 감찰기관 및 그 직책, 감찰범위와 관할, 감찰권한, 감찰절차, 반부패에 관한 국제공조, 감찰기관과 감찰인원에 대한 감독, 법적 책임과 부칙으로 이루어졌고 69개의 조문이 포함되었다.

특징적인 부분을 보건대 첫째, 중국공산당의 역할에 대해 중국공산당이 국가감찰업무를 영도하여 집중 · 통일 및 효율적인 중국 특색 국가감찰체제 구축한다(감찰법 제2조). 둘째, 감찰업무에 적용되는 원칙에 대해 감찰위원회는 법률의 규정에 의해 독립적으로 감찰권을 행사하고 행정기관, 사회단체, 개인의 간섭을 받지 아니한다. 그리고 감찰기관이 직무 관련 위법행위 및 직무범죄 사건을 처리할 때 심판기관, 검찰기관, 법집행부서와 상호 협조하고 상호 견제한다. 또한 감찰기관은 업무상 수요에 따라 관련 기관과 단위의 협조를 요청할 수

8) 전국인대 상무위원회가 공포한 감찰법 초안에 관한 설명의 원문은 아래 전국인대 사이트에서 찾아 볼 수 있다. 전국인대 사이트, http://www.npc.gov.cn/npc/xinwen/2018-03/14/content_2048551.htm, 2018년 4월 17일.

있고 해당 기관과 단위는 법에 따라 응해야 한다(감찰법 제4조). 셋째, 국가감찰위원회는 전국인대로부터 파생되고 전국의 감찰업무를 총괄한다. 그리고 지방 각급 감찰위원회는 동급 해당 인민대표대회로부터 파생되고 해당 행정구역 내의 감찰업무를 총괄한다(감찰법 제8조와 제9조). 넷째, 감찰위원회에 직책에 관해 감찰위원회는 감독, 조사, 처치(處置)의 직책을 가진다. 갑. 감찰위원회는 공직자를 상대로 청렴 관련 교육을 전개하고 공직자의 법한 직책이행, 권한의 공정한 행사, 청렴한 업무이행 및 도덕상의 품위유지를 감독하고 검사한다. 을. 감찰위원회는 뇌물수수, 직권남용, 업무태만, 국가자산 낭비 등 직무 관련 위법행위와 직무범죄를 조사한다. 병. 감찰위원회는 위법행위가 있는 공직자에 대해 정무차원의 처분을 결정하고 조사결과를 검찰원에 이송한다. 정. 감찰위원회는 감찰대상 소속 단위를 상대로 감찰건의를 제기한다(감찰법 제11조). 다섯째, 감찰위원회의 권한에 관해 갑. 감찰기관이 직무 관련 위법행위와 직무범죄를 조사할 때 면담, 동결, 수색, 압수, 감정 등 조치를 채택할 수 있다(감찰법 제19조 내지 제21조 및 제23조 내지 제27조). 을. 조사대상자가 뇌문수수, 독직 등 엄중한 직무 관련 위법행위 또는 직무범죄와 연계되고 감찰기관이 이미 부분 위법범죄사실 및 증거를 장악했지만 추가적인 조사를 필요로 하고 관련 사건이 중대하고 복잡하며 도주, 자살 또는 증거위조, 은닉, 파괴 등 우려가 있을 경우에는 감찰기관의 비준으로 특정장소에 조사대상자를 유치(留置) 할 수 있다. 유칙장소의 설치와 관리는 국가 관련 규정에 따라 집행한다(감찰법 제22조 제1항과 제3항). 병. 감찰기관이 기술조사, 수배, 출국금지조치를 필요로 할 경우에는 엄격한 비준절차를 거쳐 관련 기관으로 하여금 집행하게 할 수 있다(감찰법 제28조 내지 제30조).

마지막으로 중국은 개헌을 통해 감찰기관을 헌법기관으로 규정하고 감찰법을 새로이 제정하였지만 감찰위원회의 지위, 감찰권의 속성, 감찰권 행사 상의 권력통제와 협조 등에 과제가 남아 있다. 예컨대 감찰위원회는 최고 권력기관인 인민대표대회 아래의 국가기관이고 행정기관, 심판기관, 검찰기관과 동등한 헌법적 지위를 갖게 되었지만 과거 국무원 소속 행정기관인 행정감찰기구의 역할 대신하였기에 그 속성에 있어서 행정기관인지 사법기관인지에 대한 학계의 논쟁이 있다. 또한 현재 감찰위원회의 명칭은 '인민'이 아닌 국가감찰위원회이고 인민정부, 인민법원, 인민검찰원과 명칭을 달리하고 있다는 문제도 제기되었다.[9] 그리고 비록 감찰법이 제정되었지만 감찰의 조직구조, 감찰절창의 세부규칙, 감찰관의 선임에 대한 법제정이 아직 이루지지 않아 감찰권 행사에 지장을 주고 있다는 관측도 있다.[10] 한국 개헌논의가 본격적으로 시작된 이시기에 과거 삼권분립시대를 초월하여 신형 권력분립 구도를 탐구함에 있어서 감찰권의 독립도 함께 검토해볼 필요가 있다.

9) 徐汉明, 国家监察权的属性探究, 法学评论 제1기, 2018년, 10쪽.
10) 徐汉明, 앞의 논문, 10쪽.

14. 행정법과 '민주'의 자각* – 한국 행정법학의 미래 –

박 정 훈**

Ⅰ. 序　　說

영어 future의 어원은 라틴어 esse(영어의 be 동사)의 미래분사인 futurus이어서 '앞으로 무엇이 된다'는 의미를 가지며, 독일어 Zukunft도 '앞으로 온다'는 뜻이다. 우리말에서도 將來는 '장차 온다'는 것이지만, 未來는 '아직 오지 않았다'는 의미이다. 그러나 오늘 우리나라 공법학의 '미래'를 논의하는 것은 아직 우리에게 오지 않은, 먼 앞날의 상황을 상상하기 위한 것이 아니다. 그 미래가 반드시 우리에게 오도록 하기 위해서는 우리는 무엇을 해야 하느냐 라는 현재의 과제와 임무를 제시하기 위함이다. 거꾸로 말하면, 그 과제와 임무를 소홀히 하면 우리에게 그 미래는 오지 않는다.

행정법학은 다양한 행정영역의 수많은 법률과 법령들을 아우르는 '일반공법학'으로서, 보편과 개별의 변증법적 연결을 추구하면서, 입법부와 사법부를 포함하여 국법질서 전체를 파악한다.[1] 이를 위해 우리나라에서 전개되어 온 행정법학의 방법론은 크게 비교법에 의거한 체계정립, 판례연구를 통한 실제규명, 헌법과의 올바른 관계 정립, 학제간 연구를 통한 행정과학으로 발전 등 4가지 관점에서 요약될 수 있다.[2] 필자는 행정법학 연구의 방향을 법학의 4차원에 따라, 제1차원의 법도그마틱과 제2차원의 법제도론(행정소송·행정심판·행정과정·입법과정), 그리고 제3차원의 비교법과 제4차원의 역사적 인식 및 이념적 자각으로 제시하고, 그 마지막인 이념적 자각은 공법의 본질적 요소로서의 민주주의와 이와 연결된 객관적 법치주의 및 공공성에 대해 이루어져야 한다고 강조한 바 있다.[3]

행정법학의 미래는 바로 이러한 '民主'의 자각에 있다. 이러한 문제의식을 갖고 본고에서는 먼저 法治와 民主의 관계를 논의한 다음(Ⅱ.), 행정법의 출발점인 법률유보의 민주적 의미를 고찰하고(Ⅲ.), 이어 民主의 관점에서 행정의 개념과 범위를 검토하며(Ⅳ.), 나아가 民

---

* 본고는 대통령 탄핵소추가 의결되고 촛불집회가 진행 중이던 2016년 12월 16일 개최된 한국공법학회 2016년도 공법학자대회 『한국공법학의 미래』의 제2주제 발표문 "행정법학의 과제와 임무"를 수정·보완한 것으로서, 『행정법연구』 제53호(2018)에 게재되었음을 밝히면서, 행정법과 헌법의 중요한 접점에 관한 논제로, 성낙인총장 퇴임기념논문집에 바친다.

** 서울대학교 법학전문대학원 교수, 법학박사

1) 졸저, 행정법의 체계와 방법론, 2005, 제2장 행정법교육의 목표와 방향 참조.

2) 졸고, 한국 행정법학 방법론의 형성·전개·발전, 공법연구 제44집 제2호, 2015, 161-191면 참조.

3) 졸고, 전게논문, 182-183면. 그리하여 "행정법학은 법치주의의 '우리' 안에 갇히지 말고 민주주의의 '광야'로 나아가야 한다."고 주장하였다.

主와 객관적 법치 및 공공성의 관점에서 행정절차와 행정쟁송의 민주적 함의 및 기능을 강조하고자 한다(V.).

Ⅱ. 法治와 民主

1. 문제의 소재

(1) 먼저 용어의 문제부터 지적하면, '법치주의'와 '민주주의'는 모두 19세기 중후반 서양의 다른 많은 사상들과 함께 일본에 유입된 것으로, 일본인들에게는 이러한 사상들은 모두 主義, 主張으로 번역되었다. 특히 천황체제 하에서는 '민주'와 '법치'도 하나의 '主義'(ism)에 불과했다. 그러나 이제 우리나라에서 민주와 법치는 '주의'가 아니라, 엄연히 헌법에 의해 구성된 민주체제와 법치국가이다. 그런데 민주체제라고 하면 '체제'라는 용어로 인해 대의제 또는 직접민주제와 같이 특정한 정치체제가 연상된다. '君主'와 대비되는 民主, 즉 왕이 아니라 백성이 임금(주권자)이라는 그 핵심 의미를 강조하기 위해 그냥 '民主'라고 하는 것이 좋다. 그리고 법치국가라는 용어노 '법으로' (국민을) 지배하는 국가라는 의미－rule by law－로 오해될 수 있다. 사람이 아니라 '법이' 지배하는 국가라는 올바른 의미－rule of law－를 살리기 위해서는 그냥 '법치' 또는 '법의 지배'라고 하는 것이 바람직하다. 이러한 의미에서 본고에서도 특별한 경우가 아니면 民主와 法治라고 일컫는다.

(2) 행정법은 분명히 法治를 위해 성립한 것이지만, 그 법의 정당성은 民主에서 비롯된다. 私法에서 법의 정당성은 근본적으로 '합리성' 내지 '이성'에 있지만, 公法으로서 행정법에서는 합리성만으로는 부족하고 '권위' 내지 '힘'이 필요하고 이를 위해 민주적 정당성이 요구된다. 이러한 의미에서 공법의 본질적 징표는 민주주의와의 연결성이라고 할 수 있다.[4] 문제는 이러한 民主와의 관련성이 법의 효력요건으로서, 法治의 배경 내지 저변에 불과한 것이냐에 있다. 우리가 당초 일본을 통해 받아들인 행정법은 바이마르시대까지 민주주의의 발전이 지체되었던－그리하여 이를 법치주의의 발전으로 보완하고자 하였던－독일의 행정법이었고, 따라서 우리에게 행정법은 '법'으로 행정을 규율한다는 法治의 측면만이 부각되었다. 그 '법'의 민주적 정당성 문제가 소홀히 취급되었으며, 그 '법'이 주권자 국민을 위해 어떠한 기능과 역할을 하느냐는 아예 관심의 대상에서 제외되었다.

이는 독일에서 행정법이 당초 외견적 입헌군주제 하에서 군주와 분리되어, 군주와 무관하게, 성립・발전된 것의 연장선상이라고 할 수 있다. 다시 말해, 독일의 행정법은 '君主가 있지만 마치 君主가 없듯이'(als ob es keinen König gäbe) 法治를 지향하는 것이었는데, 君主

---

4) 공・사법 구별의 방법론적 의의와 한계: 프랑스와 독일에서의 발전과정을 참고하여, 공법연구 제37집 제3호 2009, 83-110면(107-108면) 참조.

가 民主로 바뀐 지금에도, 특히 우리나라에서, '마치 民主가 없듯이' 행정법이 성립할 수 있느냐가 문제의 핵심이다.

2. 인본주의적 개인주권과 직접(가능)민주제

(1) 군주제가 폐지되었음에도 여전히 행정법에서 民主가 소홀히 취급되고 있는 것은 근본적으로 간접민주제와 대표제 때문이다. 즉, 국민이 주권자이긴 하지만 대표를 선출하여 의회를 구성한 후에 그 의회가 법률을 제정하면 더 이상 국민의 주권이 미칠 수 없기 때문에, 법률은 '民主의 차단막'이 되고, 따라서 법률을 출발점으로 하는 행정법에서 民主는 사라지는 것이다.

(2) 이러한 간접민주제는 한편으로 국민 모두가 한 자리에 모여 직접 국정운영에 관여할 수 없다는 현실적인 불가능성과 다른 한편으로 주권이 국민 개개인에 의해 직접 행사되면 법질서가 파괴될 위험이 있다는 우려를 근거로 하고 있다. 그러나 이제 인터넷 내지 스마트폰을 이용한 – 그 방해·왜곡의 방지가 실현된다면 – 전자민주주의가 가능해짐으로써 위 첫 번째 사실상의 불가능성 문제는 거의 해결되었다고 할 수 있다. 두 번째의 법질서 파괴 우려에 관해서는, 이러한 우려는 서양에서 근대적 주권 개념이 장·보댕에 의해 '입법권'으로 정립되었다가 절대군주제를 거치면서 '법 위에 있음'(solutus legibus), 따라서 법을 무시하고 파괴할 수 있는 것으로 변질됨으로써 야기된 것이다.[5] 따라서 주권 개념을 원래의 '입법권', 즉 법을 만들고 바꿀 수는 있어도 자기가 만든 법을 위반할 수는 없는 것으로 회복시키게 되면, 위와 같은 우려는 근본적으로 없어진다. 바로 여기에 民主와 法治를 모순 없이 연결시킬 수 있는 길이 있다.

(3) 뿐만 아니라, 우리 헌법 제1조 제2항은 대한민국의 주권이 "국민"에게 있고, 모든 권력은 "국민으로부터" 나온다고 못 박고 있다. 헌법 어디에도 '집단으로서의 국민'이라는 용어가 없고, 주권자로서의 '국민'은 기본권주체인 개별 '국민'과 동일하다. 국가의 권력이 반드시 '국민의 대표'에 의해서만 행사된다는 규정도 없다.[6] 사람은 이 세상에 태어나 단 한 번의

---

5) 이에 관해 Reinhold Zippelius, Allgmeine Staatslehre: Politikwissenschaft. 16.Aufl., 2010, § 9 Ⅱ, Ⅲ (S.47- 54); Martin Kriele, Einführung in die Staatslehre: Die geschichtlichen Legitimitätsgrundlagen des demokratischen Verfassungsstaates. 6.Aufl., 2003, S. 32-50; 장·보댕(임승휘 편역, 국가론, 책세상문고 고전의 세계 45(2005) 참조.

6) 독일기본법 제20조 제2항 전단은 모든 국가권력은 'Volk'로부터 나온다고 규정하고 있는데, 여기서 'Volk'는 그 용어 자체로 '전체로서의 국민'이라는 의미를 지니면서, 기본권주체인 'Menschen'(인간) 또는 'Deutsche'(독일인), 그리고 통상 시민을 의미하는 'Bürger'와 분명히 구별된다. 그리고 동항 후단은 국가권력이 Volk에 의해 선거 및 투표, 그리고 입법, 집행 및 사법의 개별 기관을 통해 '간접적으로' 행사된다는 점을 명시하고 있다. 우리나라에서 주권자 국민을 집단으로서의 국민으로 보고 간접민주제를 주장하는 학설은 독일기본법의 강한 영향을 받고 있는 것으로 추측할 수 있다. 반면에 프랑스헌법 제3조 제1항은 국가의 주권이 'le peuple'에 속한다고 규정하고 있는데, 이 'le peuple'은 반드시 전체로서의 국민을 의미한다고 할 수 없고 개개의 民을 지칭하는 뉘앙스가 강하다. 최소한 인민(peuple)주권과 국민(nation)주권의 융합이라고 할

인생을 살아간다. 단 한 번뿐인 인생에서 각자가 이 세상의 주인, 국가의 주권자가 되어야 한다. 우리 모두 서로를 '임금님'으로 존중하고－이것이 바로 인간의 존엄성이다!－이 나라의 주인으로 긍지를 갖고 나라의 운명에 책임을 진다. 바로 이러한 실존주의적 '인본주의(휴머니즘)'에 의거하여 국민 각자가 모두 주권자임을 천명하고 있는 것이 헌법 제1조 제2항이다.[7)]

이러한 생각을 도그마틱적으로 정리하면, 주권은 국민 개개인에게 부여된 것으로, 원칙적으로 직접 주권을 행사할 수 있지만, 그 주권은 입법권에 한정되기 때문에, 현행 헌법 하에서는 헌법개정에 관한 국민투표(제130조 제2항)와 대통령의 국민투표회부(제72조) 제도에 의거하여 국가의 중요사안에 관하여 직접민주제적 결정을 할 수 있을 뿐이다. 그러나 헌법개정을 통해 직접민주제적 제도들을 확대 도입하는 데 헌법상 장애는 없다. 이것이 직접(가능)민주제의 핵심이다.

(4) 그리하여 직접민주방식에 의해 행정에 관한 규범이 제정되거나 개별결정이 내려질 가능성이 헌법개정 또는－국회에 의한, 또는 헌법개정에 의해 도입되는 직섭민주적 절차에 의한－법률제정에 의하여 실현될 수 있을 것이다. 그렇다면 직접민주방식에 의한 행정에 관한 의사결정절차도 행정법학의 연구대상이 되어야 한다.[8)] 그러나 시급한 연구과제는 현재 대의제 방식에 의해 제정되는 법률과 그에 의거한 제도들을 운용함에 있어 '주권자인 개개국민' 즉, 바로 '民主'를 자각하고 그 제도들이 국민들을 위해 어떠한 역할과 기능을 하도록 해야 할 것인가를 숙고하는 것이다.

3. 공동체 운영의 필수적 장치로서 法治

(1) 이와 같이 행정법학이 民主를 자각하고 이를 방법론적 지표로 삼는 데는 法治를 정확하게 이해하는 것이 무엇보다 중요하다. 먼저 法治의 헌법적 근거이다. 법치에 관해 헌법상 명문의 근거는 없고 헌법의 존재 자체가 그 근거가 된다고 생각하는 견해가 있을 수 있으나, 사견에 의하면, 헌법 제1조 제1항의 민주'공화국'에서 법치의 헌법적 근거를 찾을 수

수 있다(同旨 성낙인, 헌법학 제17판, 2017, 138면). 그리고 동항 후단은 그 le peuple이 그의 대표자 이외에도 국민투표(le référendum)를 통하여 국가 주권을 행사한다는 점을 분명히 하고 있다. 이 국민투표의 제안은 대통령뿐만 아니라 의회의원 5분의 1 및 유권자 10분의 1에 의해서도 가능하다. 이와 같이 프랑스 헌법은 직접민주제적 요소가 가능한데, 우리 헌법은 독일기본법보다 프랑스헌법에 가까운 것은 분명하다. 프랑스의 인민(peuple)주권과 국민(nation)주권의 연혁과 발전과정에 관하여, 성낙인, 프랑스헌법학, 1995, 164-185면 참조.

7) 필자가 말하는 '인본주의적 개인주권과 직접(가능)민주제'는 조병윤, 세계화와 통일을 위한 인간존중의 실질적 민주주의 실현방안, 공법연구 제26집 제2호, 1998, 63-118면에서 제시된 '인간존중의 실질적 민주주의'와 같은 맥락이라고 할 수 있다. 이에 관해 조병윤, 프랑스 인권제도의 발전의 근원과 실질적 민주주의 헌법철학 및 정치철학사상, 헌법학연구 제9권 제1호, 2003, 137-194면 참조.

8) 예컨대, 영업허가 등 행정결정을 해당 지역의 주민투표에 의해 결정하는 스위스의 주(Canton) 행정법이 연구대상이 될 수 있을 것이다.

있다. 즉, 공화국 republic의 라틴어 어원인 res publica는 '공동의 것', 다시 말해 '공동체'를 의미한다. 일본에서 번역된 '共和'는 우리에게 친숙한 말이 아니다. 결국 '민주공화국'은 우리 모두가 임금이 되어 다 함께 공동체를 이루어 사는 것이다. 두 사람이 카드놀이를 하더라도 규칙이 필요한데, 하물며 수천만 명의 임금들이 함께 살기 위해서는 법이라는 규칙이 있어야 한다는 것, 그것이 바로 법치의 헌법적 근거이다.[9)]

(2) 우리는 여기에서, 바로 그렇기 때문에 法治는 그 자체가 절대적인 목적이 아니라, 民主를 유지하고 운영하기 위한 수단이라는 소중한 깨달음을 얻는다.[10)] 행정법은 法治를 실현하기 위한 것이지만, 그 법치 안에 갇혀서는 아니 되며, 언제나 民主와 연결되어, 民主를 위한 기능과 역할이 자각되어야 한다. 이것이 행정법이 私法과 결정적으로 다른 점이다. 행정법의 제도들을 이해함에 있어 私法的 논리와 민사소송과의 類比에 빠져서는 아니 되는 이유가 바로 여기에 있다. 된다. 다시 말해, 法治와 행정법의 과제와 임무는 한 마디로 民主가 안전하게, 평화적으로, 그리고 활발하게 유지·발전될 수 있는 여건을 조성하는 데 있다.[11)] 이와 같이 행정법은 수단이기 때문에, 그 목적에 도움이 되지 않거나 방해가 된다면, 그 제도와 이론들은 언제든지 변경되어야 하는 것이다.

Ⅲ. 法律留保의 의미

1. 법률유보의 민주적 성격

(1) 제2차 세계대전 이후 독일에서 전부유보설 등 법률유보 범위의 확장을 주장하는 이론들은 의회민주제와 법치국가의 결합을 그 논거로 삼았다. 즉, 행정의 모든 영역의 모든 종류의 작용들은 의회에 의해 미리 제정된 법적 규칙에 의거하여 이루어져야 한다는 것이다.

9) 공화국과 법치국가 내지 법질서공동체의 관계에 관하여 Karsten Nowrot, Das Republikprinzip in der Rechtsordnungengemeinschaft: Methodische Annäherungen an die Normalität eines Verfassungsprinzips, Tübingen 2014, 특히 S. 619-651 참조. 또한 법체계에 대한 공화국의 의미에 관하여 Alexander Somek, Rechtssystem und Republik: Über die politische Funktion des systematischen Rechtsdenkens, Wien 1992, 특히 S. 441-578 참조.

10) 200년 전까지 유럽보다 문명이 앞섰던 이슬람국가들이 현재의 어려움을 겪고 있는 이유를 民主는 거의 실현하지 못하면서 法治를 절대화한 데서 찾을 수 있다. 이러한 문제에 관하여 유달승, 이슬람과 민주주의의 관계 연구, 한국중동학회논총 제31권 제2호 2010, 29-42면(30면) 참조.

11) 민주주의와 법치주의의 관계에 관하여 김비환, 현대자유주의에서 법의 지배와 민주주의의 관계: 입헌민주주의의 스펙트럼, 법철학연구, 제9권 제2호, 113-144면; 법의 지배와 민주주의: 역사적 및 이론적 단상, 연세 공공거버넌스와 법, 제2권 제1호, 2011, 1-24면; 이국운, 특집: 법치주의와 민주주의: 법과 "이웃"-법치의 본원적 관계형식에 관한 탐색(특집: 법치주의와 민주주의), 법과사회 제36권, 2009, 155-181면; Kurt Seelmann, Rechtsstaat und Demokratie-Geschichte und systematische Probleme aus rechtsphilosophischer Sicht, 서울대학교 법학 제49권 제3호, 76-96면(김준석 역, 법치국가와 민주주의-법철학적 관점에서 본 역사 및 체계적 문제들); Michael Becker/Hans-Joachim Lauth/Gert Pickel(Hg.), Rechtsstaat und Demokratie: Theoretische und empirische Studien zum Recht in der Demokratie, 2001; José Maria Maravall/Adam Przeworski(ed.), Democracy and the Rule of Law, 2003 등 참조.

여기서 '의회에 의해'라는 부분은 의회민주제의 징표이고, '미리 제정된 법적 규칙'은 법치국가의 요소이다.[12] 그런데 우리나라에서 1980년대까지 전자가 억압 내지 무시·간과되고 오직 후자의 관점만이 부각되었다가, 1990년대부터 전자가-특히 독일의 '의회유보'라는 개념에 의거하여-주목받기 시작했지만, 상술한 바와 같이 간접민주제에서 비롯된 '民主와 국회의 단절'로 말미암아, 법률유보의 민주적 함의가 그다지 살아나지 못했다. 법률유보 내지 의회유보는 말하자면 국회의 '기관독점'의 표현으로 치부된다. 그리하여 이에 대항하여, 어떤 법규가 합리성만 있으면 되지 그것이 꼭 국회에서 제정된 것이어야 하는가, 국회에서 만들면 오히려 정치적 타협에 의해 합리성이 확보되지 못하는 것이 아닌가 라는 비판도 제기된다.

(2) 그러나 의회유보 내지 법률유보는 의회의 기관독점의 산물이 아니라, 의회를 매개로 하여 民主와 행정을 연결하기 위한 기제로 파악되어야 한다. 이는 의회가 간접민주제에서의 대의기관이어서가 아니라, 의회의 개방성과 참여가능성을 통해 주권자 국민들의 의사와 이해관계가 가장 잘 반영될 수 있기 때문이다. 다시 말해, 의회와 법률도 자기목적적인 것이 아니라, 民主를 위한 수단인 것이다. 반면에, 대통령령·총리령·부령, 위원회규칙, 고시 등의 제정절차는 폐쇄적이어서 民主와 거리가 멀다. 이러한 관점에서 위임입법의 한계와 행정입법에 대한 의회의 통제 문제가 이해되어야 할 것이다. 또한 바로 이러한 이유로, 의회절차에 준하는 개방성과 투명성을 확보할 수 있는 행정입법절차가 마련된다면 행정입법의 민주적 정당성도 획득될 수 있다.

2. 부관의 법률적 근거 문제

(1) 법률유보의 민주적 함의와 관련하여, 부관의 법률적 근거 문제를 논의할 필요가 있다. 종래의 통설·판례는 수익적 재량행위에 붙이는 부관은 그것이 침익적 효과가 있다고 하더라도 법률적 근거를 요하지 않는다고 하여 법률유보의 중대한 예외를 인정하여 왔기 때문이다. 특히 부담은 대부분 상대방에게 의무를 부과하는 하명이므로 당연히 법률유보의 대상에 속함에도 불구하고, 수익적 재량행위에 붙이는 부관이라는 이유만으로 그 법률유보를 면제하고 있다. 독일에서는 행정절차법 제36조 제2항이 이를 명문으로 인정하고 있는데, 이는 전통적으로 한편으로 부관의 부종성 도그마, 즉 부관은 본체인 행정행위에 종속된 것이므로 본체에 관한 재량은 부관에 대한 재량을 포함한다는 논리와, 다른 한편으로 수익처분의

---

12) (의회)민주제적 논거를 강조한 것은 Dieter Jesch, Gesetz und Verwaltung: Eine Problemstudie zum Wandel des Gesetzmäßigkeitsprinzipes. 2.Aufl., 1968, 특히 S.171-175; 법치국가적 논거를 강조한 것은 Hans Heinrich Rupp, Grundfragen der heutigen Verwaltungsrechtslehre: Verwaltungsnorm und Verwaltungsrechtsverhältnis. 2.Aufl., 1991, 특히 S. 113-146. 이에 관하여 Fritz Ossenbühl, Vorrang und Vorbehalt des Gesetzes, in: Isensee/Kirchhof(Hg.), Handbuch des Staatsrechts der Bundesrepublik Deutschland Bd.V. 3.Aufl., 2007, § 101 Rn. 20-28 참조.

발급을 거부하는 것보다 부관을 붙여 발급하는 것이 상대방에게 더 이익이라는 소위 '잔고이론'(Saldotheorie)을 배경으로 한다.[13)]

(2) 우리나라에는 위 독일 행정절차법 규정과 같은 법률규정이 없을 뿐만 아니라, 위와 같은 부종성 도그마와 잔고이론은 오늘날 현대행정에서의 부관, 특히 부담의 실제와 유리된 것이다. 이를 法治와 民主의 관계로 파악해 보면, 본체인 행정행위가 법률에 의해 재량행위로 규정된 이상 거기에 종속되는 부관에 대해서는 또다시 법률적 근거가 없어도 된다는 것은 법률을 순전히 '법적 규칙'으로만 간주하는 法治의 관점에 함몰된 것이라고 할 수 있다. 民主의 관점에서 보면, 수익처분의 발급 여부에 재량이 허용되어 있다고 하더라도 그 발급시에 별개의 의무들을 부과할 수 있는지는 별도의 민주적 정당성, 다시 말해, 별도의 民主의 허용이 필요한 것이다.

(3) 따라서 사견에 의하면, 수익적 재량행위에 대한 조건·기한·부담은 원칙적으로 개별적인 법률상 근거가 필요하고, 예외적으로, ① 당해 수익처분의 발급요건의 사후탈락을 방지하는 부담, ② 당해 수익처분의 대상인 행위(건축, 영업활동 등)를 규율하는 부담은 상대방과의 협약이 있으면 이것으로 법률상 근거를 대체할 수 있으나,[14)] 그 행위 규율의 범위를 벗어나는 부담의 경우에는, 예컨대 기부체납의 부담 또는 대체시설의 설치를 명하는 부담은 명시적인 법률상 근거가 없으면 붙일 수 없고, 그에 관한 협약이 있더라도 사회상규 내지 강행법규 위반으로 무효로 보아야 할 것이다.[15)]

3. 판례에 의한 법형성의 한계

(1) 법률의 '해석'은 문언의 가능한 의미의 범위 내에서 가장 적합한 의미가 무엇인지를 밝혀내는 것이다. 그 범위를 벗어나 어떤 의미를 부여하는 것은 해석의 차원을 넘어서는 '법형성'(Rechtsfortbildung)에 해당한다. 법형성의 대표적인 방법은 유추와 목적론적 축소이다. 私法에서는 이러한 법형성이 원칙적으로 제한 없이 허용되는 데 반해, 형법에서는 피고인에게 불리한 법형성은 금지된다. 문제는 행정법 영역에서 상대방에게 불리한 법형성이 허용되는지 여부인데, 개별 행정영역에서는 거의 대부분 법률위반에 대해 형벌이 부과되기 때문에 형법과 마찬가지로 상대방에게 불리한 법형성은 그것이 유추이든 목적론적 축소이든 간에 금지된다는 견해가 독일의 다수설이다.[16)]

---

13) 상세한 내용은 졸고, 행정행위 부관의 재검토: 부종성 내지 '부관'적 성격의 극복을 위하여, 2016.6.30. 한국행정법학회 발표문(미공간) 참조.

14) 이러한 부담은 프랑스에서 행정계약의 형식으로 체결되는 부담(les cahiers des charges)에 상응하는 것이다.

15) 졸고, 전게 발표문, 7-8면.

16) 이상에 관한 상세한 내용은 졸고, 행정법과 법해석: 법률유보 내지 의회유보와 법형성의 한계, 『행정법연구』 제43호, 2015, 13-46면 참조.

(2) 여기에 民主의 관점을 적용하면, 법률 문언의 범위를 벗어나는 법형성은 판례가 의회입법을 대신하는 것으로서, 의회입법절차에서의 개방성과 참여가능성이 실종되고, 폐쇄적이고 비밀주의적인 (최고)법원의 평결절차를 거치게 됨으로써 民主와 완전히 단절된다는 비판이 가능하다. 또한 행정의 로비 가능성도 배제할 수 없다. 따라서 개별행정법 영역에서 예컨대 소비자와 생산자, 지입회사, 지입차주 등 특정 집단에게 유리 또는 불리하게 작용하기 때문에, 의회입법절차를 통한 民主와의 연결이 절대적으로 필요하다.[17] 반면에, 비례원칙, 신뢰보호원칙 등 행정법상 일반원칙들과 행정소송에서의 처분성, 원고적격 등에 관한 법형성은 대부분 국민에게 유리한 것일 뿐만 아니라, 특정한 경우 일정한 국민에게는 유리하고 다른 국민에게는 불리할 수 있으나 일반행정법 차원에서는 그 이해관계 대립 상황이 고정되지 않기 때문에, 상대적으로 판례에 의한 법형성이 民主에 반하지 않고 경우에 따라서는 民主에 의해 요청되기도 한다.

(3) 대법원 2014년 4월 판결[18]은 2004년 화물자동차운수사업법 개정법률 부칙 제3조 제2항에 의해 지입차주가 지입계약을 해지하고 특례허가를 받으면 그 화물자동차 대수만큼 지입회사의 허가대수가 감소한다고 판단하였는데, 이는 법률상 명문의 규정이 없는 상태에서, 위 개정법률의 입법취지를 근거로 지입차주의 특례허가의 법적 의미를 추론한 것이므로, 법창조 내지 입법에 가까운 법형성이라고 할 수 있다. 지입회사와 지입차주의 이해관계 대립을 民主와 완전히 단절된 방법으로 해결하였다는 비판을 면하기 어렵다.

(4) 반면에, 대법원 2016년 2월 판결[19]에서는, 도시개발법 제10조 제1항 제1호에서 도시개발구역이 지정·고시된 날부터 3년이 되는 날까지 실시계획의 인가를 신청하지 아니하면 도시개발구역의 지정이 해제된 것으로 간주되도록 정하고 있는데, 도시개발사업 시행자가 지정되지 않아 실시계획 인가 신청이 이루어지지 아니한 경우에는 위 규정이 적용되지 아니한다고 판단한 원심을 깨고, 그러한 경우에도 위 규정이 적용되어 지정·고시로부터 3년이 경과하면 도시개발구역 지정이 해제된다고 판시하였다. 원심의 판단은 문언의 가능한 의미 범위를 넘은 '목적론적 축소'에 해당하는데, 도시개발사업 시행자 지정 신청자와 그 지역주민의 이해관계가 대립하는 상황에서 판례에 의한 법형성을 부정하였다는 점에서 위 대법원판례를 긍정적으로 평가할 수 있다.

4. 법률과 법령의 실천적 의미

또한 강조되어야 할 것은 법률과 법령의 실천적 의미이다. 일차적으로, 民主와 法治의 관

17) 졸고, 전게논문, 31면 이하 참조.
18) 대법원 2014.4.10. 선고 2011두31604 판결.
19) 대법원 2016.2.18. 선고 2015두3362 판결.

계에서, 이념적 차원에서는 民主와 法治가 평행선을 이루면서 상호 충돌할 수 있기 때문에, 제도적 차원에서 民主가 法治의 틀 내에서 실현될 수 있도록 하는, 精緻하고 구체적인 법률과 법령이 절대적으로 필요하다. 그 제정과정이 民主에게 열려 있어야 함은 물론이다. 나아가 자유와 사회공동체의 조화, 특히 헌법 제119조 제1항의 '개인과 기업의 경제상의 자유와 창의'와 제2항의 '균형있는 국민경제의 성장 및 안정', '적정한 소득의 분배', '시장 지배와 경제력 남용의 방지' 등의 조화를 위해서도 반드시 精緻하고 구체적인 법률 및 법령과 그 제정·적용·통제를 위한 행정법이 필요하다.

Ⅳ. 行政의 개념과 범위

1. 행정의 개념

(1) 보다 근본적으로 民主의 자각은 '행정' 자체의 개념에 대한 새로운 성찰을 요구한다. 전통적인 행정의 개념, 특히 전체 국가작용 중 통치작용과 입법작용 및 사법작용을 제외한 부분이 행정이라고 하는 소위 '소극설'은 君主를 전제로 한 것이기 때문이다. 행정은 군주의 권력행사 자체로서, 한편으로 의회에서 제정된 법률의 통제를 받고, 다른 한편으로 그 법률의 준수 여부를 재판에 의해 통제를 받는다는 관념은 본질적으로－君主를 전제로 한－法治의 관점이다. 그리하여 행정에 대한 법률의 통제와 재판상 통제의 강도와 밀도에 따라 법치행정의 모습이 달라진다.[20)]

(2) 그러나 民主의 관점에서 보면, 주권자 국민들은 공동체(민주공화국)의 운영을 위해 의회를 통해 법률을 제정하는데, 그 법률이 형사소송과 민사소송에 의해 집행되는 것이라면 '판사의 법'이 되고, 판사 이외의 집행기관이 지정된 법률은 '행정의 법'이 된다. 다시 말해, 행정과 司法은 공히 民主의 법률을 적용하여 집행하는 집행기구들이다. 그 대상이 되는 법률이 다를 뿐이다. 행정은 법률을 '집행'하고 司法은 법률을 '적용'한다는 통속적 이해는 잘못이다. 법률의 집행과 적용은 동일한 것이다.[21)]

다만, 법률이 행정에 의해 적용·집행된 경우에는－국민의 재판청구권에 의거하여－그 적합성 여부가 행정재판에 의해 심사되는데, 그 행정재판이 다시 행정에 의해 이루어지느냐

---

20) 사견에 의하면, 행정의 우월성을 인정하여 그 통제 강도가 약한 단계를 행정법의 제1단계로, 시민의 자유와 권리를 전면에 내세우면서 행정에 대한 통제를 최대한 강화한 단계를 행정법의 제2단계로, 행정의 공적 책임과 시민의 권리의 균형을 위해 행정에 대한 통제를 조정하는 단계를 행정법의 제3단계로 분류한 바 있는데, 이들 단계는 모두 주로 法治의 관점에서 파악된 것이라고 할 수 있다.

21) 이러한 민주적 관점에서의 행정에 관하여 특히 Hans Kelsen, Vom Wesen und Wert der Demokratie. 2.Aufl., 1929(Neudruck 1981), S.69-77 참조. 행정과 민주주의의 관계에 관한 독일의 최근 논의는 Lothar Michael, Verfassung im Allgemeinen Verwaltungsrecht-Bedeutungsverlust durch Europäisierung und Emanzipation? VVDStRL 75(2016), S. 131-186(174-179) 참조.

아니면 司法에 이루어지느냐는 본질적인 문제가 아니다. 물론 우리나라에서는 헌법 제107조 제2항에 의해 행정재판이 司法에 의해 이루어지지만, 이러한 경우에도 그 법률의 최초 적용자는 행정이고, 司法은 단지 그 적용을 사후에 're-view', '다시 살펴보는 것'에 불과하다. 이러한 의미에서 행정법에 있어 제1법관은 행정이고 司法은 제2법관이다.[22)]

2. 행정의 범위: 행정청의 개념

(1) 그렇다면 '행정'의 범위는 어디까지인가? 위와 같은 民主의 관점에서 보면, 의회를 통해 제정된 법률이 '판사 이외의 기관'을 그 집행기관으로 지정하게 되면, 그 기관은 행정 내지 행정기관이 된다. 모든 법률은 판사의 법과 행정의 법으로 나뉘고, 따라서 판사의 법이 아니라면 행정의 법일 수밖에 없기 때문이다. 이러한 '판사 이외의 집행기관'으로 통상 국가의 기관과 지방자치단체의 기관이 지정되지만, 그 밖에 私人이 지정되기도 하고, 법률에 의해 새로운 단체(법인)가 설립되기도 한다.

(2) 私人의 경우에는 법률을 적용하여 어떤 결정을 할 수 있는 권한, 즉 행정권한을 부여받은 때에 한하여 그 행정권한을 행사하는 범위 내에서만 '공무수탁사인'으로서, 행정소송법상 '행정청'이 된다. 문제는 특별법에 의해 설립된 단체(법인)가 당해 특별법 또는 다른 법률의 집행기관으로 지정된 경우, 私人의 경우와 달리, 그 법률상 부여받은 권한 이외의 사항에 관해서도 행정소송법상 '행정청'이 되느냐이다. 이러한 문제는 대부분 「공공기관의 운영에 관한 법률」에 의해 공기업·준정부기관·기타공공기관으로 지정된 (특별법에 의해 설립된) 특수법인에 관하여 제기된다.[23)]

(3) 대법원 2014년 12월 판결[24)]에 의하면, 「한국철도시설공단법」에 의해 설립되어 준정부기관으로 지정된 한국철도시설공단이 법령이 아닌 내부규정에 의거하여 공사입찰과 관련하여 낙찰적격심사 감점조치를 한 경우에, 그 감점조치는 법령에 의하여 위임 또는 위탁받은 행정권한에 의거한 것이 아니므로, 위 공단은 그 조치에 관해서는 행정청이 될 수 없고, 따라서 그 조치가 상대방의 권리를 제한하는 행위라 하더라도 행정처분이라고 할 수 없다는 취지로 판시하였다.

또한 동일한 취지로 대법원 2010년 11월 결정[25)]은 수도권매립지관리공사가 기타공공기관으로서, 법률상 입찰참가자격제한 조치를 할 권한이 없기 때문에, 실제로 입찰참가자격제한 조치를 한 경우에도 행정청에 해당하지 않고, 따라서 위 조치는 행정소송의 대상이 되는 행

22) 이에 관한 상세한 내용은 졸저, 행정법의 체계와 방법론, 제3장, 96면 이하 참조.
23) 이하의 상세한 내용은 졸고, 공공기관과 행정소송-공공기관의 행정청 자격에 관한 대법원판례의 극복을 위해, 2017.6.23. 한국행정법학회 학술대회 발표문(未公刊) 참조.
24) 대법원 2014.12.24. 선고 2010두6700 판결.
25) 대법원 2010.11.26. 자 2010무137 결정.

정처분이 아니라 단지 상대방을 당해 공공기관의 입찰에 참가시키지 않겠다는 뜻의 사법상의 효력을 가지는 통지행위에 불과하다고 판시하였다.[26)]

(4) 위 판례들에 대하여 일단 도그마틱적으로 세 가지 점에서 반론이 제기될 수 있다. 첫째, 행정소송법 제2조 제2항에 의하면, '행정청'에는 "법령에 의하여 행정권한의 위임 또는 위탁을 받은 행정기관, 공공단체 및 그 기관 또는 사인이 포함된다"고 규정하고 있는데, 이는 행정권한이 위임·위탁되면 그 수임·수탁받은 행정기관, 공공단체 등도 행정청이 된다는 의미이지, 그러한 경우에만 한정된다는 것이 아니다. 다시 말해, 행정청의 개념을 한정적으로 정의하지 않고 그 개념에 포함되는 것들을 예시하고 있는 '개방적 정의규정'이다. 행정절차법 제2조 제1호 나목 규정은, 가목의 국가·지방자치단체의 기관과는 달리, 공공단체에 관하여 "법령 또는 자치법규에 따라 행정권한을 가지고 있거나 위임 또는 위탁받은"이라는 수식어를 부가하고 있지만, 여기서 말하는 '행정권한'은 입찰참가자격제한, 토지수용, 대집행 등 법령상 개별적으로 명시된 권한만이 아니라, 당해 공공기관의 설치 근거 법률에 의거하여 일반적으로 관리·운영을 위해 일방적 결정 내지 조치를 하는 권한도 포함하는 것으로 보아야 한다.[27)] 요컨대, 공공기관은 설치법률에 의거하여 행정조직법상 행정주체로서의 지위를 갖고 그 지위에 의거하여 행정권한을 원래부터 갖고 있는 '본래적' 행정청에 해당하는 것으로 해석되어야 한다.[28)]

둘째, 행정권한의 소재 여부는 본안의 문제이기 때문에, 처분성 내지 피고적격에서 문제삼을 수 없다. 더욱이 공급자등록제한, 낙찰자격심사 감점조치 등과 같이 사실상 입찰참가자격제한처분과 동일한 효과를 갖는 조치에도 불구하고, 따라서 법률유보의 위반임과 동시에 입찰참가자격제한의 범위를 넘는다는 점에서 법류우위의 위반임에도 불구하고, 그 조치권한

26) 같은 취지의 대법원 1995.2.28. 자 94두36 결정(한국토지개발공사)과 대법원 1999.2.9. 선고 98두14822 판결(수도권신공항건설공단)이 있다.

27) 대법원 1992.11.27. 선고 92누3618 판결은 대한주택공사가 택지개발사업의 이주대책의 일환으로 시행한 아파트 특별공급에 있어 특별공급 요구에 대한 거부의 처분성 문제에 관하여, "행정청에는 … 법령에 의하여 행정권한의 위임 또는 위탁을 받은 행정기관, 공공단체 및 그 기관 또는 사인이 포함되는바 특별한 법률에 근거를 두고 행정주체로서의 국가 또는 지방자치단체로부터 독립하여 특수한 존립목적을 부여받은 특수한 행정주체로서 국가의 특별한 감독 하에 그 존립목적인 특정한 공공사무를 행하는 공법인인 특수행정조직 등이 이에 해당한다."고 판시하면서, 대한주택공사의 행정청 자격을 긍정하였다. 이 판결에 따르면, 대한주택공사는 행정조직상 행정청으로서, 법령에 규정된 '이주대책'의 구체적인 방법으로 그 내부규정으로 정한 특별공급에 관해서도, 그에 관한 명시적인 법령의 근거가 없더라도, '행정권한'을 갖고 있는 것이다. 그런데 이후의 판례(대법원 1995.2.28.자 94두36 결정; 대법원 1999.11.26.자 99부3 결정; 대법원 2010.11.26. 자 2010무137 결정; 위 대법원 2014.12.24. 선고 2010두6700 판결)에서 '명시적인 법령상의 권한'이 있는 경우에만 행정청 자격을 인정하는 것으로 변질된 것이 문제이다.

28) 同旨 이원우, 항고소송의 대상인 처분의 개념요소로서 행정청, 저스티스 통권 제68호(2002), 160-199면, 특히 188면 이하. 다시 말해, 행정절차법에서는 공공단체가 국가·지방자치단체와 별도로 규정되어 있긴 하지만, 이는 국가·지방자치단체의 경우와는 달리 그 기관만이 아니라 공공단체 자체도 행정청이 된다는 점에 특별한 의미가 있을 뿐이고, 공공단체도 국가·지방자치단체의 기관들과 마찬가지로 본래적 행정청에 해당함에는 변함이 없고, 따라서 행정소송법상 행정청 개념과 모순되는 것은 아니다.

이 법령상 부여되어 있지 않다는 이유로 공공기관의 행정청 자격을 부정하게 되면 행정소송이 봉쇄되어 공공기관의 탈법행위를 허용하는 결과가 된다. 민사소송에서는－원고가 사전에 제출한 그러한 제한에 대한 동의 때문에－사실상 승소하기가 불가능하다.

셋째, 내부지침에 의거한 제한조치들이, 모든 국가기관·지방자체단체에 대해 효력을 발생하는 입찰참가자격제한처분과 달리, 당해 공공기관에 대해서만 입찰을 봉쇄하는 것이지만, 사인의 통상적인 사법상의 의사표시와 달리, 공공기관의 결정은 임의로 번복할 수 없는 자기구속력이 발생하기 때문에, 결코 사법상의 행위와 동일시할 수 없고, 당해 공공기관에 대한 입찰봉쇄만으로도 해당 사업자에게는 극도의 제재처분이 될 뿐만 아니라, 사실상 다른 국가기관·지방자치단체에 대해서도 사실상의 중대한 입찰장애로 작용하기 때문에, 행정소송으로 다툴 수 있도록 처분성이 인정되어야 한다.

(5) 근본적으로 民主의 관점에서 보면, 국가 및 지방자치단체와 위와 같은 공공기관들은 모두 '공공단체'(la collectivité publique), 즉 사람들의 공적 모임이라는 점에서 공통적이다. 그 구성원은 주권자 국민의 전부(국가), 일정 지역의 주민(지방자치단체) 또는 임원과 직원(공공기관)이다. 설립근거가 다를 뿐이다. 국가는 헌법과 함께, 헌법에 의해, 설립된 것이고, 지방자치단체는 헌법상의 제도적 보장 하에 법률(지방자치법)에 의해 설립된 것이며, 공공기관들은 각 설립법률에 의해 비로소 설립된 것이다. 民主의 관점에서는 이들 공공단체들은 모두 민주공동체 생활을 위한 수단 내지 장치로 설립된 것이다. 요컨대, 국가와 지방자치단체와 공공기관은 그 공공성에 있어 정도의 차이가 있을 뿐, 본질적인 차이는 없다.[29]

따라서 공공기관의 경우에도, 국가 및 지방자치단체와 마찬가지로, 법률에 의해 특정한 행정권한이 부여받았는지 여부와 관계없이 '행정청'에 해당하고, 상대방의 권리의무에 영향을 미치는 일방적 결정을 하였다면 '공권력 행사'로서 처분성을 충족한다. 이를 위한 법령상의 행정권한 유무는 본안문제일 뿐이다. 이와 같이 공공기관은 원칙적으로, 생래적으로, 행정청이지만, 경우에 따라－통상적인 이용관계에서와 같이－'공권력 행사'가 아닌 활동을 하는 경우에는, 국가 및 지방자치단체의 기관도 사법상의 행위를 하는 경우가 있는 것처럼, 처분이 아닐 뿐이다.

요컨대, 공기업 등 공공기관을 행정으로 파악할 때 비로소 民主와 연결된다. 私法은 民主와 거리가 멀다. 주권자 국민의 생존과 행복을 위해, 주권자 국민의 세금으로 설립·운영되는 공공기관임에도 불구하고, 판례에서와 같이 법령상 개별적으로 행정권한을 부여받은 범위에서만 행정청이 되어 공법적 통제를 받고 그 이외의 영역에서는 아무리 국민의 권리·이익을 침해하는 행위를 하더라도 사법적 행위에 불과하다고 한다면, 이 부분에 관해 民主를

29) 예컨대, 한국전력공사(시장형 공기업), 한국수자원공사(준시장형 공기업), 근로복지공단(준정부기관), 한국수력원자력 주식회사(기타공공기관)를 생각해 보라!

배제하는 결과를 야기하는 것이다.

(6) 마지막으로, 이러한 民主의 관점은 조달계약의 공공성[30]으로 연결된다. 조달계약의 공공성의 핵심은 부패방지인데, 이는 조달절차의 개방성과 투명성을 위한 공법적 통제를 요구한다. 공법적 통제의 보루는 이하에서 살펴보는 행정절차와 행정쟁송이다.

V. 행정절차와 행정쟁송

1. 주관적 법치와 객관적 법치

행정법에 있어 法治의 일차적 의미는 행정결정을 법에 구속시킴으로써 그 법에 의해 보장된 상대방의 권리를 보호한다는 '주관적 법치주의'에 있다. 그러나 民主를 자각하게 되면, 주권자 국민이 의회를 통해 제정한 법률을—역시 주권자 국민의 대표자인—행정이 준수하도록 행정을 통제 내지 유도한다는 '객관적 법치주의'가 강조된다. 이와 같이 民主는 객관적 법치와 연결되는데, 이에 따라 행정절차와 행정쟁송의 기능도 이해당사자 개인의 권리구제에 한정되지 않고, 근본적으로 民主와 객관적 법치를 위한 행정통제 수단으로 파악되어야 한다.[31]

2. 행정절차의 민주적 기능

(1) 종래 행정절차는 주관적 법치에 치중되어, 권리구제의 '時點'을 행정의 종국결정 이전으로 앞당겨 개인에게 절차적 권리를 보장하기 위한 것으로 이해되었다. 그러나 民主의 관점에서는 상술한 바와 같이 행정은 '행정의 법'을 적용·집행하는 제1법관인데, 그 제1법관이 주관하는—제2법관(판사)이 수행하는 사법절차(형사소송·민사소송)에 비유하여—'소송'이 바로 행정절차이다. 그리하여 행정절차는 행정으로 하여금 '행정의 법'을 제대로 적용하기 위한, 객관적 법치의 절차로 이해되는 것이다. 바로 그렇기 때문에, 당해 행정결정의 상대방만이 아니라 넓은 범위의 이해관계인, 나아가 전문가와 일반국민에까지 행정절차의 참여를 확대해야 한다는 民主와 다시 연결된다.

(2) 구체적으로, 사전통지 및 의견제출 또는 청문은 주관적 권리구제만이 아니라 근본적으로 행정의 적법성 확보와 이를 통한 民主 실현을 위한 것이다. 형사소송과 민사소송이 본질적으로 정당한 司法작용을 위한 제도인 것과 동일하다. 행정절차적 하자에 의거한 처분의

30) 이에 관하여 졸저, 행정법의 체계와 방법론, 224면 이하 참조.

31) 오늘날 외국인, 특히 외국법인의 행정절차 참가와 행정쟁송 제기가 빈번해짐에 따라, 모든 행정절차와 행정쟁송이 반드시 民主와 관련된다고 할 수 없을지도 모른다. 그러나 일단 民主를 기반으로 행정절차와 행정쟁송이 정착·발전하여 외국인에게도-헌법 제6조 제2항에 따라-개방된다는 점을 생각하면 그 기본은 어디까지나 民主라고 보아야 한다.

쟁송취소의 범위가 확대되어야 한다는 것도 이러한 民主 및 객관적 법치의 관점에서 이해되어야 한다. 주관적 법치에 한정하게 되면 권리구제에의 무익성과 분쟁의 연장이라는 비판이 제기된다.

3. 행정쟁송의 기능과 구조

(1) 民主의 관점에서 보면, 행정쟁송은 주권자 국민이 행정의 위법성을 탄핵하는 것으로서, 행정의 적법성 확보가 주된 기능임이 분명해진다. 독일의 외견적 입헌군주제 하에서는, 法治의 목적 내지 명분이 '君主에 의한 民의 권리 침해' 방지에 있었기 때문에, 행정소송은 오직 국민의 권리구제를 위한 것으로 인식되었고, 이것이 일본을 통해 우리나라에 수입되었다. 이제 民主가 확립된 우리나라에서는, 물론 국민의 권리구제도 행정쟁송의 주요한 기능에 속하지만, 행정쟁송의 초점을 행정의 적법성 확보로 바꾸어야 한다. 일찍이 民主가 확립된 프랑스에서는 행정의 적법성 확보가 행정소송의 주된 기능으로 이해되어 왔음은 주지의 사실이다.[32)]

이러한 행정쟁송의 민주적 기능은 특히 행정소송의 평화적 토론장 내지 '민주포럼'으로서 역할을 강조한다. 상술한 바와 같이, 法治의 목적이 民主의 실현을 위한 것인 만큼, 행정쟁송의 기능도 民主의 역동성과 위험성을 순치시켜 民主의 의지와 결단이 법의 틀 내에서 평화적으로 실현되도록 한다는 데 중점을 두어야 한다. 2016년 11월 서울경찰청장의 촛불집회 금지통고에 대한 서울행정법원의 효력정지결정들을 그 대표적인 예로 들 수 있다.[33)]

(2) 처분성의 민주적 함의

民主의 관점에서 보면, 처분성의 문제는 民主로 하여금 행정조치에 대하여 적절한 시점에서 적절한 주제에 대해 탄핵이 가능하도록 해결되어야 한다. 私法的인 '권리' 개념과 권리관계 변동 관념에 얽매여 처분성을 부정함으로써 행정쟁송의 기회를 사전에 봉쇄하는 것은 法治로써 民主를 질식시키는 처사라고 해도 과언이 아니다. 최근 처분성을 '쟁송의 필요성'의 관점에서 판단하는 소위 '쟁송법적 처분개념설'이 대법원판례에서 확대되는 것은 크게 환영할 만하다.[34)]

도그마틱적으로 볼 때, 처분성의 확대는 ― 특히 우리나라의 취소소송의 성질을 독일에서와 같은 순수한 형성소송이 아니라 처분의 위법성 확인을 중점으로 하는 공법상 확인소송으로 파악하면,[35)] ― 처분의 위법성을 확인할 수 있는 기회를 확대하는 것이 되는데, 민사소송의

---

32) 취소소송의 객관소송적 구조와 기능에 관해 졸저, 행정소송의 구조와 기능, 152면 이하 참조.

33) 최초로 서울행정법원 2016.11.5.자 2016아12248 결정.

34) 대법원 2009.9.10. 선고 2007두20638 판결(유역환경청장의 상수원 지역의 매수 거절통지); 대법원 2011.3.10. 선고 2009두23617 판결(세무조사결정); 대법원 2012.9.27. 선고 2010두3541 판결(부당공동행위 자진신고자 감면불인정) 등.

확인소송에서는 즉시확정의 필요가 있어야만 확인의 이익이 인정되는 것과 달리, 행정쟁송에서는 원고적격과 협의의 소익이 인정되면 충분하다. 처분의 개념을 좁게 파악하되 처분이 아닌 행정조치에 대해서는 위법성 확인소송으로 당사자소송을 활용하자는 반대견해에 대해서는, 기능적으로는 위법성확인이라는 점에서 결국 취소소송과 동일한 것이 되는데, 명문의 소송유형인 취소소송이 유리하다는 점 이외에도, 당사자소송의 형식을 취할 때에는 확인의 이익, 訴價, 입증책임, 가구제 문제에서 취소소송이 수월성을 갖는다는 반론이 가능하다.

(3) 원고적격 · 청구인적격의 민주적 함의

民主의 관점에서 보면, 원고적격은 주권자 국민 모두에게 인정되어 개인적인 이해관계와 무관하게 자신들의 봉사자인 행정을 탄핵할 자격이 인정되어야 하지만, 그렇게 되면 행정소송을 제기한 원고의 책임이 실종될 우려가 있기 때문에, 그 탄핵을 성실히 실효적으로 행할 수 있는 법률적 · 경제적 · 명예적 이해관련성이 있는 국민에게 원고적격이 인정되는 것이다. 다시 말해, 이해관련성은 소송의 대상 내지 목적이 아니라, 소송의 실효성을 확보하기 위한 수단이다. 물론 행정소송은 사실상 거의 대부분 자신의 이익을 위해 제기되는 것이지만, 이러한 民主의 관점에서 보면, 행정의 적법성 확보에 관하여 전체 국민의 '대표'와 같은 지위에 있음을 간과할 수 없다. 이와 관련하여 프랑스 월권소송에서는 사건명을 원고가 반대하지 않는 한, 승소 · 패소를 불문하고 원고의 이름으로 표시함으로써 그 소송과정상의 책임과 행정의 적법성 확보에 관한 기여를 강조한다는 점을 언급할 만하다.

(4) 협의의 소익의 판단기준시

취소소송의 협의의 소익 문제도 상술한 처분성과 원고적격과 같이, 주권자 국민에 의한 탄핵의 기회 부여라는 민주적 함의를 갖는다. 그 중에서 특기할 것은 협의의 소익의 판단기준시이다. 민사소송에서는 소익의 판단기준시가 상고심 또는 최종사실심의 판결시이다. 민사소송은 양 당사자의 권리관계를 판결시를 기준으로 확정하는 것인데, 그 확정이 과연 필요한 것인가가 문제되기 때문이다. 우리나라에서 취소소송의 소익 문제는－영업정지에 대한 취소소송 제기 후에 정지기간이 경과한 경우와 같이,－거의 대부분 소익의 판단기준시를 민사소송과 동일하게 판결시로 파악함으로써 발생한다. 만일 프랑스 월권소송에서와 같이 提訴時를 소익의 판단기준시로 보면, 제소 후의 사정변경에도 불구하고 모두 소익이 인정되기 때문이다.[36]

프랑스 월권소송에서 원고적격과 소익의 판단기준시가 提訴時라는 것이 갖는 민주적 함의를 간과할 수 없다. 즉, 개인적 이해관련성에 의거하여 提訴時에 원고적격이 인정되는 원

35) 취소소송의 확인소송적 성격에 관해 졸저, 전게서(행정소송의 구조와 기능), 165면 이하 참조.

36) 졸고, 취소소송에서의 협의의 소익-판단요소와 판단기준시 및 헌법소원심판과의 관계를 중심으로, 행정법연구 제13호, 2005, 1-18면(14면 이하) 참조.

고가, 民主의 대표로써, 提訴時에 유효한 행정행위를 탄핵하였으면 그 탄핵은 유효하고, 그 후의 사정변경은 재판이 지체됨으로써 발생한 것이기 때문에 고려하지 않는다는 것이다. 말하자면, 民主의 탄핵이 法治의 지연으로 인해 봉쇄되어서는 아니 된다.

(5) 본안판단의 범위

우리나라 취소소송이 객관소송적 '구조'를 취하고 있다는 것은 바로 독일에서 요구되는 '위법성견련성'(Rechtswidrigkeitszusammenhang)이 없다는 것인데, 이는 일차적으로 원고적격에 관한 것이다. 즉, 원고적격을 인정하는 근거가 위법성 주장 근거와 일치할 필요가 없다는 것이다. 예컨대, 환경영향평가법 위반이 위법사유로 주장되는 여부와 관계없이 환경영향평가법상의 평가대상지역 내의 주민에게 원칙적으로 원고적격이 인정된다는 것이 우리나라의 확립된 판례이다.[37]

이러한 원고적격의 문제는 바로 본안판단 범위의 문제로 연결된다. 위법성견련성 없이 원고적격이 인정되어 본안으로 넘어가면, 원고적격의 인정근거와 무관한 위법사유로도 처분을 취소할 수 있기 때문이다. 우리 행정소송법에는 日本 行政事件訴訟法 제10조 제1항 "취소소송에 있어서는 자기의 법률상 이익과 관련이 없는 위법을 이유로 하여 취소를 구할 수 없다."는 규정과 동일·유사한 규정이 없다. 바로 이 점이 우리나라 취소소송의 객관소송적 구조를 인정하는 결정적인 근거가 된다.[38] 최근 4대강 살리기사업 사건에서 대법원은 예산편성상의 하자가 원고들의 법률상이익과 관련 없다는 이유로 청구를 배척한 것이 아니라 그러한 절차상 하자만으로는 취소사유에 이를 정도는 아니라고 판시하였는바,[39] 이는 필자로서는 사견을 뒷받침하는 판례라고 생각한다.

이와 같이 본안판단의 범위를 원고적격 또는 원고의 법률상이익으로 제한하지 않는 것도 중요한 민주적 함의를 갖는다. 즉, 원고가 民主의 대표로서 제기하는 행정소송에서, 소송수행의 성실성과 실효성을 위해 요구되는 개인적인 이해관련성을 갖추어 원고적격이 인정된 이상, 본안판단의 범위에서는 民主의 행정에 대한 통제를 위해 취소사유를 제한하지 않는다.

Ⅵ. 결 어

행정법은 더 이상 '마치 民主가 없는 듯이' 존재할 수 없다. 오히려 民主를 자각하고 그

37) 이에 관하여 졸저, 전게서(행정소송의 구조와 기능), 214면 이하 참조.

38) 졸저, 전게서(행정소송의 구조와 기능), 283-284면; 최계영, 항고소송에서 본안판단의 범위: 원고의 권리침해가 포함되는지 또는 원고의 법률상 이익과 관계없는 사유의 주장이 제한되는지의 문제를 중심으로, 행정법연구 제42호, 2015, 107-134면 참조. 반대견해는 김중권, 제3자가 제기한 취소소송에서의 위법성견련성에 관한 小考, 특별법연구 제13권, 2016, 53-90면; 정남철, 행정법학의 구조변화와 행정판례의 과제, 저스티스 통권 제154호, 2016, 153-188면(176면 이하) 등 참조.

39) 대법원 2015.12.10. 선고 2011두32515 판결; 대법원 2015.12.10. 선고 2012두6322 판결.

불명확성과 恣意와 위험을 법의 틀 내에서 순치시켜 그 民主의 평화적 실현을 위해 봉사하여야 한다. 여기에 우리나라 행정법의 미래가 있다. 법률유보의 의미, 행정과 행정청의 개념, 행정절차와 행정쟁송의 구조 및 기능에 관하여 그 민주적 함의를 진지하게 성찰하여야 한다. 물론 모든 것을 民主의 관점에서 일도양단적으로 판단하자는 것이 아니다. 종래 法治의 관점에서만 행정법을 고찰하고 民主를 망각한 것을 반성하고, 法治와 民主를 동시에 포착하여야 한다. 한국의 행정법학은 이러한 民主의 자각을 통하여 비로소 보수·진보의 갈등을 극복하고 자유와 사회공동체가 조화를 이룬 통일한국의 '미래'를 꿈꿀 수 있다.

15. 행정준칙의 법적 구속력과 행정의 합리성*

남 하 균**

I. 서　　설

행정은 종국적으로 개별·구체적인 작용으로 귀착하지만, 충동이나 격정에 따른 것이 아니라면 이성적 행위로서의 행정결정은 필연적으로 일반·추상적 규범의 소산일 것이다. 여러 기관의 복합체로서 통일적 활동을 지향하는 행정조직에서 소통과 공유를 위하여 이러한 일반적 규범의 성문화는 불가피하다. 아울러 이렇게 외부화된 객관적 기준에 따라 사무를 수행함으로써 행정은 그의 공정함을 내세울 수 있고, 고려와 선택의 부담 및 책임을 크게 덜 수 있다. 의회제 및 우리 헌정체제에서 행정의 일반적 규범은 일차적으로 의회가 정립하여 행정을 규제하지만, 입법의 현실상 많은 부분은 행정부에 위임된다. 전통적인 법원法源이론에서는 법률 또는 헌법의 수권으로 행정부가 제정하는 대통령령·총리령·부령 등을 '법규명령'이라 하여 그것을 법질서의 일부로 인정하여 왔다. 여기서 행정기관이 자율적으로 마련하는 '행정규칙'은 행정의 법원으로 보지 않았다. 19세기 독일의 공법학은 당대의 정치상황을 반영하여 '법(Recht)' 개념을 인격 사이에 작용하는 규범으로 보는 규범관을 견지하고, 따라서 국가라는 법인격의 행정조직 내부에서만 타당한 행정규칙은 법이 될 수 없었다. 법규명령과 행정규칙의 이러한 엄별은 독일이 제2차 세계대전 후 나치 체제를 청산하며 의회주의를 복원·강화시킨 상황에서는 민주적·정치적 정당성의 기반까지 다지게 되었고, 우리 행정법학에서도 일찍부터 의심 없는 도그마로 자리를 잡았다.

그런데 영업정지·허가취소 등 행정처분의 기준을 정한 부령 규정을 단지 행정 내부의 사무처리준칙에 불과한 것으로 보고 법원에 대한 구속력을 인정하지 않는 판례가 잇달아 나오자 학계는 당혹감에 빠지고, 이에 관하여는 그동안 수많은 선행연구가 이루어진 바 있다. 그런가하면, 행정규칙에 불과한 것으로 분류되던 각종 인허가 지침을 판례는 그 기준이 객관적으로 합리적이지 않다고 보이지 않는 한 존중되어야 하는 것으로 보아, 그에 따라 처분의 적법성을 판단한다. 본 연구는 먼저 이처럼 엇갈리는 판례를 어떻게 조화시켜 이해할 수 있을지를 분석하고, 행정준칙의 효력이 상황구조에 따라 종래의 법원론으로 해소되지 않는 여러 양상으로 나타날 수 있음을 일반론으로 살펴본다(II). 나아가 행정결정의 정당성을 근거

* 「행정법연구」 제28호(2010)에 수록된 같은 제명의 논문을 약간의 수정·보완을 거쳐 전재한 것이다.
** 울산대학교 사회과학대학 법학과 조교수, 법학박사

법규범에의 합치 여부로 접근하는 합법주의적 사고를, 법규범을 매개하지 않고 곧바로 행정의 '합리성'이라는 가치에 물어보는 접근법으로 전환해 볼 수도 있지 않을지를 시론적으로 모색한다(Ⅲ). 끝으로 '합법성'이라는 근대적 재판척도에서 '합리성'으로 전화해나가야 할 당위성을 역사적 관점에서 조망해 보고자 한다(Ⅳ).

본 연구의 소재는 행정이 자신의 사무를 구체적으로 수행하기 위하여 스스로 제정한 기준으로서 법규명령과 행정규칙을 포괄하는 개념이다. 강학상 이것을 일컫는 말로서 '행정입법'이 보통 쓰이나, 이 용어는 이미 '법'이라는 성격이 부여된 인상을 주므로 본 연구의 목적에 적절하지 않은 것으로 생각된다. 한편 실무상 많이 쓰이는 '처분기준'이라는 용어가 본 연구의 소재에 거의 일치하긴 하지만, 이것은 '처분'의 기준에 국한되는 것으로 행정 일반에 적용하기에는 다소 포괄범위가 좁다. 본 연구가 표제어로 '행정준칙'을 쓴 것은 이러한 고려에 따른 것인바, 이것은 현재 거의 쓰지 않는 말이지만 그 뜻을 포착하는 데에는 큰 무리가 없을 것으로 기대해 본다.

Ⅱ. 행정준칙의 법적 구속력 재조명

1. 새로운 국면: 판례

전통 법원론에서 파악하는 행정준칙의 법적 성격과 합치하지 않는, 혹은 조화되지 않는 판례가 속출해왔다. 아래에서는 두 가지 유형으로 나누어 살펴보도록 한다.

(1) 제1유형(무시형): 처분기준의 법규성 부인

명령을 내용으로 하는 행정법규범은 그 위반에 대한 제재를 함께 규정함으로써 실효성을 확보하는 것을 그 속성으로 한다. 그러나 직접 규정을 두는 것은 위반의 유형에 따른 제재 종류 정도이고, 제재의 구체적 수준은 일정한 정도로 제재기관의 몫으로 남겨두기 마련이다. 이로써 제재기관은 재량권을 가진다. 각각 독립적인 법원과 달리 조직체제상 통일적인 사무처리를 지향하는 행정권은 자신의 재량권 행사에 관한 기준이 필요하다. 행정권은 이러한 기준을 상대적으로 절차와 격식에 부담을 느끼는 법규명령보다는 자율적으로 정립할 수 있는 '훈령', '지침', '요강' 등 행정규칙으로써 마련하는 것을 선호할 것이다. 이것이 곧 강학상 흔히 논의되는 재량준칙에 해당한다. 대체로 1980년대 이전에는 제재적 행정처분의 기준이 이와 같은 형식으로 규정되어 있었다고 볼 수 있다.

이러한 재량준칙에 대하여, 행정규칙 일반에 대하여 그러하듯이, 판례는 그의 법규성 및 대외적 구속력을 부인하였다.

1981.1.11자 교통부훈령 제680호(자동차운수사업법 제31조 등에 관한 처분요령)는 행정사무처리

의 기준에 관한 교통부장관의 훈령으로서 법규의 성질을 가지는 것으로는 볼 수 없고 상급행정기관인 교통부장관이 행정청 내부 및 관계행정기관의 직권행사를 지휘하고 직무에 관하여 명령에 불과하여 그 훈령의 규정이 자동차운수사업법 제31조에 의하여 보장된 행정청의 재량권을 기속하거나 법원이 그 훈령에 기속받는 것은 아니다.[1]

행정부는 1970년대 중반부터 "대민관계행정법령정비사업"에 착수하여 그 일환으로서 위와 같이 행정규칙으로 정하여졌던 제재적 행정처분의 기준을 부령 등의 규정으로 대치하는 작업을 진행하기 시작하였다.[2)3)] 이러한 처분기준규정은 "국민의 권리·의무에 관련한 사항"을 정한 것이라는 인식하에 이를 법규범화함으로써 처분기준의 정립에 있어서의 신중한 절차의 이행과 그 공개성을 확보하려는 의지를 표방한 것이다. 처분기준이 부령 등에 편입된 과정에 관하여는 당시 법제실무자의 회고에서 그 일단을 읽을 수 있다.

저자는 1976년도에 이미 우리의 행정실무에 관한 실증적 연구 결과 위의 내용과 같이 법규명령으로 정하여야 할 내용을 행정규칙으로 정하고 있는 예가 많음을 지적하면서, 법치주의의 정신에 입각하여 이들을 조속히 법규명령으로 전환시킬 것을 주장하였던 바,[4] 그 후 이에 힘입어 법제처 등 관계부처이 노력으로 지금까지 행정내부에서 비공개리에 실질적으로 국민의 권리·의무를 규율해 왔던 수많은 훈령·예규 등의 행정규칙들이 입법예고·법제처 심사·관보에의 공표 등 일련의 민주적 절차를 거쳐 위에 열거된 부령 등의 법규명령으로 제정되어 국민 앞에 공개되기에 이른 것이다.[5]

그러나 관점을 바꾸어 보면 여기에는 관계 행정분야의 전문성을 바탕으로 스스로 만든 처분기준이 대외적으로도—법원에 대하여도—구속력을 가지게 하여 행정상 법률관계를 주도적으로 규율하고자 하는 일반적 경향이 작용한 것도 부인하기는 힘들지 않을까 생각된다. 대법원은 정면으로 그러한 시도를 좌절시켰다. 대법원의 시각이 극적으로 나타난 예가 바로 위 판례의 대상이었던 처분기준이다. 교통부 훈령으로 제정되어 운영되었던 「자동차운수사업법 제31조 등에 관한 처분요령」은 1982.7.31. 교통부령 「자동차운수사업법제31조등의규정에의한사업면허의취소등의처분에관한규칙」으로 전환되었지만, 대법원은 전자에 대하여 내렸던 판단을 후자에도 그대로 적용한다.

---

1) 대법원 1983.2.22. 선고 82누352 판결. 같은 취지로 1981.4.14. 선고 80누172 판결; 1982.11.23. 선고 82누304 판결; 1983.3.22. 선고 82누347 판결 등.

2) 유재국, 「국민의 권리·의무를 정한 행정규칙에 관한 연구」, 서울대학교 행정대학원 석사학위논문, 1976, 17쪽 및 박윤흔/정형근, 「최신 행정법강의 (상)」, 2009, 234쪽 주5와 김도창, 「일반 행정법론 (상)」, 1993, 333쪽 주13 참조.

3) 한편 1984.5.11. 「행정처분기준의법제화를위한특별지시」(국무총리훈령 제196호)에서는 행정처분기준을 부령 또는 훈령으로 정하도록 하여 입법형식의 선택여지를 주고 있다. 하용득, "법규형식을 취하는 재량준칙의 법적 성질", 「법제」 제41호, 1993.5, 15쪽. 이러한 정부방침이 나간 후 각 부처에서는 부령 등의 형식을 기피하고 훈령·예규 등으로 행정처분기준을 마련하여 시행하는 경향도 나타났다고 한다. 유상현, "행정처분기준의 법적 성격에 관한 실무적 관점에서의 검토와 앞으로의 과제", 「법제」 제490호, 1998.10, 55쪽.

4) 유재국(주2), 같은 곳.

5) 유상현, 「한국행정법(상)」, 1995, 325-326쪽.

> 부령의 형식으로 되어 있으나 그 규정의 성질과 내용이 자동차운수사업면허의 취소처분 등에 관한 사무처리기준과 처분절차 등 행정청 내의 사무처리준칙을 규정한 것에 불과한 것이므로 이는 교통부장관이 관계행정기관 및 직원에 대하여 그 직무권한행사의 지침을 정하기 위하여 발한 행정조직 내부에 있어서의 행정명령의 성질을 가지는 것이고, 따라서 위 규칙은 행정조직 내부에서 관계행정기관 및 직원을 구속함에 그치고 국민이나 법원을 구속하는 힘은 없는 것이라 할 것이므로, 자동차운송사업면허취소 등의 처분이 위 규칙에 위배되는 것이라 하더라도 위법의 문제는 생기지 아니하고 또 위 규칙에 정한 기준에 적합한 것이라 하여 바로 그 처분이 적법한 것이라고도 할 수 없을 것이다. 그 처분의 적법 여부는 위 규칙에 적합한 것인가의 여부에 따라 판단할 것이 아니고 자동차운수사업법의 규정 및 그 취지에 적합한 것인가의 여부에 따라 판단할 것이다.

라고 판시하여,[6] 부령의 형식에 불구하고 그 규정의 실질적인 내용에 따라 이를 행정명령으로 보아 그 대외적인 법적 구속력을 부인하는 태도를 유지한 것이다.

사실 대법원의 이러한 대응은 예고된 것이기도 하다. 제재처분기준으로서 일찍이 법령화된 것이 1973.12.29. 내무부령 「도로교통법시행세칙」 제55조 제1항 [별표18]로 편입된 운전면허 행정처분인데, 여기에 법원이 기속받지 않는다는 점을 못박은 바 있다.

> 별표18인 운전면허 행정처분의 기준에 논지가 지적하는 바와 같은 기준이 정하여져 있다고 하더라도 이는 결코 그 상위법인 동법 제65조의 규정에 의하여 보장된 본건과 같은 사유에 대하여 관계행정청이 그 운전면허를 취소하거나 그 효력을 정지시킬 수 있는 재량권을 기속하는 것이라 할 수 없음은 물론 법원이 기속받을 성질의 것도 아니라고 할 것[이다].[7]

이후로 대법원의 태도는 일관되었다. 그 밖에도 部令규정으로서 그 법적 구속성이 부인된 예로는 도로교통법시행규칙,[8] 식품위생법시행규칙,[9] 공중위생법시행규칙,[10] 유기장업법시행규칙,[11] 석유사업법시행규칙,[12] 건축사법시행규칙,[13] 풍속영업의규제에관한법률시행규칙,[14] 국가기술자격법시행규칙[15] 등이 있으며, 판례는 總理令으로 제정된 공무원징계양정등에관한 규칙에 관하여도 같은 태도를 보였다.[16]

그동안 개별 규정들에 대하여 이루어져 왔던 판례의 입장을 일반화시켜 정리한 것이 대법원 1995.10.17. 선고 94누14148 전원합의체 판결이다.

---

6) 1984.2.28. 선고 83누551 판결.
7) 대법원 1980.4.8. 선고 79누151 판결.
8) 대법원 1989.11.24. 선고 89누4055 판결 등.
9) 대법원 1988.12.6. 선고 88누2816 판결 등.
10) 대법원 1989.12.22. 선고 89누5133 판결 등.
11) 대법원 1990.7.13. 선고 90누2284 판결.
12) 대법원 1991.4.9. 선고 90누7074 판결 등.
13) 대법원 1992.4.28. 선고 91누11940 판결 등.
14) 대법원 1994.4.12. 선고 94누651 판결.
15) 대법원 1992.5.12. 선고 91누11247 판결.
16) 대법원 1992.4.14. 선고 91누9954 판결.

[…] 대법원은, 부령인 시행규칙 또는 지방자치단체의 규칙으로 정한 행정처분의 기준은 행정처분 등에 관한 사무처리준칙과 처분절차 등 행정청 내의 사무처리준칙을 규정한 것에 불과하므로 행정조직내부에 있어서의 행정명령의 성격을 지닐 뿐 대외적으로 국민이나 법원을 구속하는 힘이 없고, 그 처분이 위 규칙에 위배되는 것이라 하더라도 위법의 문제는 생기지 아니하고 또 위 규칙에서 정한 기준에 적합하다 하여 바로 그 처분이 적법한 것이라고도 할 수 없으며, 그 처분의 적법 여부는 위 규칙에 적합한 것인지의 여부에 따라 판단할 것이 아니고 관계법령의 규정 및 그 취지에 적합한 것인지의 여부에 따라 개별적·구체적으로 판단하여야 한다고 일관되게 판시하여 왔다.

(2) 제2유형(존중형): 처분기준의 존중

자동차운송사업은 중앙정부에서 전국적으로 통용되는 일정한 자격·시설 기준만을 법령에 규정을 두고 구체적인 면허처분권한은 지역적 수요와 실정에 맞추게끔 지방자치단체장에게 부여해오고 있다. 그리하여 각 지방자치단체별로 개인택시운송사업면허에 관한 지침·요령 등을 제정하여 운용하는데, 이에 대하여 대법원은

개인택시운송사업면허는 특정인에게 권리나 이익을 부여하는 이른바 수익적 행정행위로서 법령에 특별한 규정이 없는 한 재량행위이고, 그 면허를 위하여 정하여진 순위 내에서 운전경력 인정방법에 관한 기준을 설정하거나 변경하는 것 역시 행정청의 재량에 속하는 것이므로, 그 기준의 설정이나 변경이 객관적으로 합리적이 아니라거나 타당하지 않다고 보이지 아니하는 이상 행정청의 의사는 가능한 한 존중되어야 하며, 설령 그 기준의 해석상 불명확한 점이 생길 수 있다고 하더라도 이를 합리적으로 해석하여 통일을 기함으로써 모든 면허신청자에게 동일하게 적용된다면 객관적으로 합리적이 아니라고 할 수 없다.

라고 하면서, 당해 지침에 객관적 합리성을 인정할 수 없는 특별한 사유가 없는 한 그 지침에 따라 한 면허처분은 적법한 것으로 보았다.[17] 건설교통부 훈령인「개발제한구역관리규정」및 안산시의「개발제한구역 내 음식점허가관련처리지침」,[18] 환경부 예규인「폐기물처리업허가업무처리지침」,[19]「서울특별시 토지의형질변경등행위허가사무취급요령」[20] 등에 이와 같은 판단구조가 이어졌다. 나아가 공익사업 시행자의 이주대책기준에 대하여서도 그 적용을 확장시키고 있으며,[21] 이러한 태도는 통상적인 입법 양식을 갖추지 아니한 재량기준에 대하여서도 볼 수 있다.

---

17) 2007.3.15. 선고 2006두15783 판결.
18) 대법원 1998.9.8. 선고 98두8759 판결.
19) 대법원 1998.4.28. 선고 97누21086 판결.
20) 대법원 1999.5.25. 선고 98다53134 판결.
21) 대법원 2009.3.12. 선고 2008두12610 판결: 사업시행자는 이주대책기준을 정하여 이주대책대상자 중에서 이주대책을 수립·실시하여야 할 자를 선정하여 그들에게 공급할 택지 또는 주택의 내용이나 수량을 정할 수 있고, 이를 정하는 데 재량을 가지므로, 이를 위해 사업시행자가 설정한 기준은 그것이 객관적으로 합리적이 아니라거나 타당하지 않다고 볼 만한 다른 특별한 사정이 없는 한 존중되어야 할 것이다.

사업시행자는 특별공급주택의 수량, 특별공급대상자의 선정 등에 있어 재량을 가진다(대법원 1995.10.12. 선고 94누11279 판결 참조). 기록에 의하면 피고는 이 사건 도시계획사업에 따른 이주대책으로 이 사건 아파트를 특별공급하면서 공급대상자를 특별공급 신청일 현재 무주택세대주(가족 모두 무주택일 경우에만 가능, 건물주 및 가족 등이 서울시 이외의 타 지역에도 건물을 소유하고 있지 않아야 함)로 제한하기로 하고 그와 같은 취지를 안내문과 주민대표를 통해 통지하였으며, 망인을 비롯한 철거주택 소유자들은 1999.9.21.경 피고에게 국민주택특별공급신청서를 제출하면서 "국민주택 신청일 현재 무주택 세대주이어야 하며, 이후 주택 소유 여부 전산조회 결과 유주택자로 판명될 경우 공급을 취소한다."는 내용의 서약서를 첨부한 사실을 알 수 있으므로, 사정이 이와 같다면 피고는 이 사건 아파트 특별공급 대상자를 특별공급신청일 현재 무주택세대주로 제한하였다고 할 것이고, [⋯] 원심으로서는 망인이 서울특별시규칙에 따른 특별공급신청을 한 일자에 관하여 심리한 후 그 일자에 망인이 무주택 세대주인지 여부를 판단하였어야 한다.[22]

2. 판례의 분석: 제재기준 vs 허용기준

판례가 제1유형과 제2유형에서 처분기준에 대하여 상반되게 취급한 것은 형식적으로 범주화한 기존의 법원 이론으로는 설명하기 힘들다. 이에, 각 사례 유형에 내재해 있는 어떤 실질적 요소를 분석해내는 작업이 필요하다.

(1) 비례 vs 평등

1) 제재기준과 비례원칙

제1유형은 제재적 처분의 기준에 해당하는데, 주로 영업허가의 취소·정지기준으로서 일단 허가를 받고 그를 기초로 일정한 사실적 법적 이해관계를 형성해온 사람에 대해 제재를 가하는 경우이다. 이러한 판례가 제재처분기준에 한정되고 있음은 지금까지의 판결례에서 뚜렷이 나타난다. 그 밖의 처분기준에서는 부령의 구속력을 당연히 인정하는 전제에 서 있다.[23]

여기에는 당해 사안에 고유한 상황에 대한 개별·구체적 심사가 중요한 의미를 가진다. 모든 공권력은 비례의 원칙에 부합하도록 행사되어야 한다. 즉 그로써 추구하는 공익과, 그로써 제약받게 되는 상대방의 기존 영업과 결부된 사익 혹은 공익 등이 고려되어야 한다. 제재결정을 단적으로 형사절차와 비교해본다면, 형사법을 부과하는 전통적인 법원의 역할을 행정청이 제1차적으로 담당하고 그 당부를 법원이 사후심사하는(review) 구조로 파악할 수도 있을 것이다. 법관의 양형결정권에 대한 지나친 법률상 제한이 허용되지 않듯이,[24] 행정청의

---

22) 대법원 2007.2.22. 선고 2004두7481 판결.

23) 가령, 구 「토지의형질변경등행위허가기준등에관한규칙」(2000.7.4. 건설교통부령): 대법원 2001.9.28. 선고 2000두8684 판결.

24) 헌법재판소 1992.4.28. 선고 90헌바24 결정: "⋯ 우리 헌법의 기본원리에 따라 형사관계법은 형의 집행에서뿐만 아니라 법정형을 규정함에 있어서도 범죄인의 사회복귀 및 순화적응의 목적에 적합하도록 합리적인 형벌체계를 갖추어 제정하도록 하고 있으며 구체적인 사건에서의 형량을 정함에 있어서도 헌법과 법률에 의하여 그 양심에 따라 독립하여 재판하는 법관에게 위임하여 합리적이고 적정한 형을 선고하도록 제도적으로 그 탄력적인 운용을 사법부에 위임하고 있다. 그런데 이 사건 법률조항에 해당하는 사건은 그 죄질의

제1차적 제재권능과 그에 대한 법원의 심사권능 또한－행정법관계에 국한된다는 점에서 일반 형사절차에서와 같은 정도는 아니더라도－일정한 여지가 확보되어야 한다. 수량화한 제재기준은 실무의 편의와 처분의 평등성을 증진시키는 것이지만, 제재의 목적과 그에 따라 고려할 요소들을 베일 속으로 감추는 결과를 낳는 것이다.[25)]

비례의 원칙은 법규범의 정립에서 요구되는 것으로(헌법 제37조 제2항) 그치지 않고 나아가 법의 구체적 집행단계에서도 관철되어야 한다. 그리고 각 단계에서의 적용은 고유한 의미를 가진다. 특히 비례원칙의 핵심은 무엇보다도 구체적 심사과정을 통하여 실현되는 것이므로, 법령의 규정이 그 자체로는－즉 일반·추상적으로는－비례원칙에 어긋나는 것이라 할 수 없는 경우에도, 그 집행으로서의 처분은 개별적 내지 구체적 사안과 관련하여 다시 비례원칙에 의한 심사를 받아야 하며 그에 따라 재량권의 한계를 넘어선 위법한 처분으로 평가될 수 있어야 한다. 이에 판례는 제재결정에 대하여 비례원칙을 적용하기 위한 전제로서, 제재기준의 법규성을 부인함으로써 그 구속력을 일반적으로 배제하는 대응방식을 취한 것으로 해석할 수 있다.[26)]

2) 허용기준과 평등원칙

행정규칙의 한 유형으로서 '재량준칙'은 학설상 일찍부터 소개되었는데, 제2유형의 사례들이 그 전형에 해당할 것이다. 판례가 그 법규성 여부에 대하여 명시적인 표현을 하고 있지 않기 때문인지 다른 유형에 비하여 큰 주목을 받지는 않았고 별다른 논란도 없으나, 판례의 판단구조는 법규범－특히 법규명령－에 대한 그것과 실질적으로 다른 점이 없다는 점에 필자는 주목한다.

이 유형의 규칙들이 규율대상으로 하는 것은 대부분 허가·특허나 그 거부임을 볼 수 있다. 허용결정에서는 어떠한 공익을 달성하기 위하여 취해지는 수단으로 말미암아 상대방이

형태와 정상의 폭이 넓어 탄력적으로 운용하여야 할 성질의 것인데 그 법정형이 최하 10년 이상의 유기징역과 무기징역 및 사형으로 규정하고 있어서 실무상 법관이 양형을 선택하고 선고하는데에 그 재량의 폭이 너무 한정되어 인간존중의 이념에 따라 재판을 할 수 없을 뿐 아니라 양형상 참작할 만한 사유가 있어서 최대한 작량감경을 하더라도 별도의 법률상 감경사유가 없는 한 집행유예를 선고할 수 없도록 법관의 양형선택과 판단권을 극도로 제한하고 있고 또 범죄자의 귀책사유에 알맞는 형벌을 선고할 수 없도록 법관의 양형결정권을 원천적으로 제한하고 있는 것이다."

25) 형사판결의 양형에 관하여서는 박은정, 「현대의 사회문제와 법철학」, 1995, 132쪽 참조.

26) 하지만 그러한 기준들은 행정내부에서 처분권자 또는 전결권자를 구속하는 사실상의 힘을 발휘할 것이다. 이 현실적인 괴리를 교정하는 제도적 장치를 모색해볼 필요가 있다. 이와 관련하여 이원우, "규제형평제도의 구상-좋은 규제 시스템 구축을 위한 제언-", 「행정법연구」 제27호, 2010, 1-47쪽이 주목할 만하다. 여기서 제안하는 규제형평위원회의 위상과 기능이 기존의 행정조직 및 행정심판제도 기타 대체적분쟁해결제도(ADR)와 체계적 조화를 이룰 수 있을지, 그리고 본고의 바로 아래 항에서 언급할 인허가 등 허용기준까지도 그 대상으로 함께 포괄하는 것(35쪽)이 그 성질상 타당할지 등은 좀 더 신중히 검토할 문제로 보인다. 그러나 한편으로는 처분 행정청 스스로 그 기준에서 벗어날 수 있는 합법적 절차를 마련해주고(26쪽), 다른 한편으로 처분의 상대방에게는 법원의 재판보다 유연하고 효율적인 구제를 보장해줄 것(44쪽)이라는 기본구상이 지니는 매력은 부인할 수 없을 것이다.

입게 될 불이익을 당해 목적으로 추구되는 공익과 비교 형량한다는 전형적인 비례원칙의 구조가 작용될 여지는 생각하기 힘들다.[27] 여기서도 물론 개별사안에 따라서는 일반기준을 정립하는 과정에서 담을 수 없었던 특수한 고려요소가 등장할 수 있으나, 상대방을 제재하는 처분이 아니므로 그 고려의 요청은 크다고 할 수 없으며 오히려 행정권의 일반정책 수립의 주도권이 중요하다. 이를 대체할 수 있는 기준을 스스로 상정하여 심사하는 적극적인 역할을 법원에 기대하기도 힘들다.

그러므로 여기서는 일반 법규범과 마찬가지로 평등의 요구가 중심적인 과제가 된다.[28] 기준을 그대로 따르는 것이 일단 평등원칙에 부합하는 것이므로 기준에의 합치 여부에 따라 처분의 적법성을 판단하게 된다. 판례상 이 유형의 기준들에 대하여 법규 내지 그 유사한 의의를 인정하고 있는 것은 이러한 의미에서 이해할 수 있다. 또한 심사의 중심은 일반·추상적 범주의 심사에 놓이게 된다. 해당 기준의 '객관적 합리성·타당성' 여부를 심사하고 그를 통과하면 곧바로 처분이 그 기준에 따른 것인 지만을 심사하는 입장도 이런 시각에서 이해될 수 있다.

(2) 결과 vs 행위

1) 목적론과 의무론

어떻게 행위 하여야 윤리적인가에 관하여 전통적으로 윤리학에서는 '좋은 결과를 가져온 것인가'(the good)로 판단하는 입장과, 결과와 관계없이 '의무에 합치하는 행위인가'(the right)로 판단하는 두 입장의 대립이 있어 왔다. 전자는 아리스토텔레스의 목적론(teleology)의 전통 위에 근대에는 공리주의로 발전하였고, 후자를 대표하는 것은 칸트의 의무론(deontology)이다.

2) 책임의 성립요소: 결과불법과 행위위법

가치판단의 이러한 두 관점은 우선 윤리와 밀접한 연관성을 가지는 형사책임의 영역에서 가장 근저에 깔린 논제를 형성해오고 있다. 가해자의 행위가 지니는 행위불법(Verhaltensunrecht, 또는 행위반가치: Verhaltensunwert)의 관점과, 그의 행위가 타인에게 미치는 결과불법(Erfolgsunrecht, 또는 결과반가치: Erfolgsunwert)의 관점이 그것이다. 전자는 법규범사고로 나

27) 일반적으로 수익적 행정작용에도 비례원칙이 적용된다고 하나, 역사적으로 비례원칙을 발전시킨 추동력은 국가권력에 대하여 시민의 자유와 권리를 최대한 보장한다는 이념이었고 이것은 물론 현재 비례원칙의 헌법적 근거이기도 하다. 비록 수익적 작용에 외형상 '비례'가 요청된다 하더라도 이를 전통적인 비례원칙과 동질적인 범주로 넣기는 곤란하다.

28) 개인택시운송사업면허는 특정인에게 권리나 이익을 부여하는 이른바 수익적 행정행위로서 법령에 특별한 규정이 없는 한 재량행위이고, 그 면허를 위하여 정하여진 순위 내에서 운전경력 인정방법에 관한 기준을 설정하거나 변경하는 것 역시 행정청의 재량에 속하는 것이므로, 그 기준의 설정이나 변경이 객관적으로 합리적이 아니라거나 타당하지 않다고 보이지 아니하는 이상 행정청의 의사는 가능한 한 존중되어야 하며, 설령 그 기준의 해석상 불명확한 점이 생길 수 있다고 하더라도 이를 합리적으로 해석하여 통일을 기함으로써 모든 면허신청자에게 동일하게 적용된다면 객관적으로 합리적이 아니라고 할 수 없다. [밑줄 필자] 대법원 2007.3.15. 선고 2006두15783 판결.

아가고 그 반가치는 규범침해로 나타난다. 반면 후자는 법익사고로 나아가 이익침해로 등장한다.[29] 민사상 손해배상책임에서는 결과불법의 관점이 통설적 지위를 차지하고 있다.

행정상 손해배상책임의 성립요소인 「위법성」 개념에 대하여도, 손해가 시민법 원리에 비추어 수인할 수 없는 것으로 파악하는 결과불법설의 관점이 제시되기는 하지만, 타인의 권리침해가 원칙적으로 허용되지 않는 사인 간의 관계와는 달리 행정의 전통적인 임무는 국민의 권익침해를 예정하는 것이고 다만 그 요건 및 절차를 법률로써 규제하는 것이므로 이러한 행위규범의 위반을 '위법'으로 파악하는 것이 통설이다.[30] 판례도 순찰차추적 사건에서 "국가배상책임은 … 공무원의 직무집행이 법령이 정한 요건과 절차에 따라 이루어진 것이라면 특별한 사정이 없는 한 이는 법령에 적합한 것이고 그 과정에서 개인의 권리가 침해되는 일이 생긴다고 하여 그 법령적합성이 곧바로 부정되는 것은 아니"라고 한다.[31] 그러나 영조물책임, 특히 매송리사격장과 김포공항의 "수인한도를 넘는" 소음피해에 대하여 배상을 인정한 판례는[32] 결과불법설에 근접하는 것이라고 할 수 있다. 또한 "행정처분의 발동에 대한 피해자측의 관여의 유무, 정도 및 손해의 정도 등 제반 사정을 종합하여 손해의 전보책임을 국가 또는 지방자치단체에게 부담시켜야 할 실질적인 이유가 있는지 여부에 의하여 판단"하여 위자료청구를 기각하거나,[33] 법령상 기준에 미달하는 수질의 수돗물을 공급받은 데 대한 위자료청구를 기각한 판례는[34] 결과불법설적 관점이 바탕에 깔린 것으로 설명할 수도 있겠다. 사견으로는 책임의 본질상, 결과불법과 행위위법의 관점은 어느 하나를 택할 것이 아니라 함께 책임을 귀속시키는 근거가 된다고 본다. 체계상 전자는 책임성립의 직접 원인으로서 '손해'의 개념 속에 넣을 수 있겠고,[35] 후자의 불성립은 '위법성'을 조각하는 사유에 해당하는 것으로 볼 수 있다. 만약 이때의 행위규범이 손해발생을 방지하기 위한 조치를 내용으로 하는 것이라면, 그 규범을 준수 않음은 주의의무 위반으로서 '과실'의 요소에 접근할 것이다.

(3) 결정의 효력기초: 결과가치와 행위가치

행정결정의 효력의 전제가 되는 적법성 개념에 대해서는 책임법에 깔려 있는 '결과인가

29) Maihofer, Der Unrechtsvorwurf, Gedanken zu einer personalen Unrechtslehre, *FS T.Rittler*, 1957, 142쪽 이하 참조. 윤용규, 「형법의 기대가능성 이론에 관한 연구」, 고려대학교 박사학위논문, 1992, 48쪽에서 재인용.
30) 김동희, 「행정법 I」, 2009, 520쪽; 박균성, 「행정법론(上)」, 2009, 661쪽.
31) 대법원 2000.11.10. 선고 2000다26807 판결.
32) 대법원 2004.3.12. 선고 2002다14242 판결 및 2005.1.27. 선고 2003다49566 판결.
33) 대법원 2003.11.27. 선고 2001다33789 판결.
34) 대법원 2001.10.23. 선고 99다36280 판결. 나아가 이 판결은 "그렇게 공급된 수돗물이 음용수 기준에 적합하고 몸에 해로운 물질이 포함되어 있지 아니한 이상, … 원고들에 대한 불법행위가 되지 아니한다."고 유보를 달고 있다.
35) 생명·신체·재산 등의 구체적·현실적 피해가 발생하여 분쟁화된 통상의 사건에서는 이것이 책임의 성립요소로 부각되지 않고 책임의 효과, 즉 배상액을 산정하는 문제로 나타나기 마련이다.

행위인가'의 관심은 아직 나타나지 않는 것 같다. 그러나 제1유형과 제2유형의 판례를 분석해보면 이에 대한 어떤 단초가 제공될 수도 있을 것으로 보인다.

제1유형은 제재를 내용으로 하는 결정으로서 그 결과가 관심의 대상이다. 가치판단의 중점은 상대방이 받는 제재가 상대방의 책임의 양에 부합하는지에 놓여야 할 것이다. 여기에 비례원칙이 중요한 판단기준으로서 작용하는 것은 위에서 본 바와 같다.

행위가치에 대한 것과 달리 결과가치에 대한 판정은 그 결과에 대한-일종의 전문적인-안목이 필요하다. 이런 관점에서 볼 때, 제1유형은 법원의 실질적 재량통제가 가능하고 또 요구되는 행정영역에 해당하는 점도 판례에 크게 작용하였을 것으로 보인다.[36] 그렇지 않은 영역에 대한 사법자제적 태도를 우리는 공정거래위원회의 여러 지침에 대한 판례에서 확인할 수 있다.

> 공정거래위원회는 독점규제및공정거래에관한법률에서 정한 과징금의 구체적인 부과액수의 산정을 위하여 내부적으로 '과징금산정방법및부과지침'을 제정하여 시행하고 있으므로, 위 지침이 비록 공정거래위원회 내부의 사무처리준칙에 불과한 것이라고 하더라도 이는 같은 법에서 정한 금액의 범위 내에서 적정한 과징금 선정기준을 마련하기 위하여 제정된 것임에 비추어 공정거래위원회로서는 과징금액을 산출함에 있어서 위 지침상의 기준 및 같은 법에서 정한 참작사유를 고려한 적절한 액수로 정하여야 할 것이고, 이러한 과징금 부과의 재량행사에 있어서 사실오인, 비례·평등의 원칙위배, 당해 행위의 목적위반이나 동기의 부정 등의 사유가 있다면 이는 재량권의 일탈·남용으로서 위법하다.[37]

이제 제2유형을 보자. 허용결정을 통해서도 그 결과 상대방은 일정한 이익(혹은 손실)을 얻을 수 있겠지만, 그 결과가 어떻게 나타날지는 상대방의 사적 영역에 속하는 것으로서 공동체의 관점에서 고려할 대상은 아니다. 따라서 여기서 고려할 '결과'는 존재하지 않으며, 결국 그 처분이 합당한 규칙에 따라 이루어졌는지에 따라 처분의 가치판단이 이루어져야 할 것이다.

여기서 행위가치를 인정하기 위한 요소로, 우선 결정이 규범에 형식적으로 합치하여야 한다. 이것은 결정자의 자의에 따라 결정하지 않았음을 일응 추정케 한다. 나아가 결정의 기초가 된 그 규범은 실질적·객관적으로 정당한 것이어야 한다.[38] 판례는 '객관적 합리성'의 표제로써 심사한다.

앞서 본 책임영역에서처럼, 행위가치가 인정되면 위법성이 조각될까? 책임은 사실을 기초로 하여 구성되는 것으로서 '현실화된 결과' 즉 손해에 대하여 '현실적인' 배상을 하는 것이

---

36) 박정훈, 「행정법의 체계와 방법론」, 2005, 47쪽 참조.
37) 대법원 2002.9.24. 선고 2000두1713 판결; 2006.7.27. 선고 2004두1186 판결.
38) "너의 의지의 준칙(Maxime)이 항상 동시에 보편적인 법칙(Gesetz) 수립의 원리로서 타당할 수 있도록, 그렇게 행위하라." Kant, 「실천이성비판」, 2002, 86쪽(V30).

다. 행위가치가 인정된다고 해서 이미 발생한 그 결과를 없애지는 못한다. 이와 달리 결정의 효력은 관념의 차원에서 구성되는 것이다. 여기서 말하는 결과는 결정에 따라 '현실화될' 결과이다. 가령 제재내용이 지나치게 가혹하여 결과불법이 인정되면 그 결정은 곧 위법한 결정으로서 취소할 수 있고 이로써 결과의 실현이 저지되는 것이다. 따라서 여기서 행위가치는 위법성조각사유로 작용하지 않는다.

3. 행정준칙의 효력 양상

(1) 법원론의 기능상 제약

전통적인 법원론, 특히 행정규칙의 법적 성격에 대한 기존 이론과는 상당히 양상을 달리하는 판례가 몇 가지 유형으로 생성되고, 또 지속되고 있다는 것은 종래의 법원 도그마가 현실의 사례 해결에 만족할 만한 이론적 지침을 제공해주지 못하고 있었다는 반증이기도 하다.[39] 그렇다고 해서 이 판례들을 수집하여 분류하고 정리하는 카주이스틱(Kasuistik)에 머무르는 것만으로 법학의 사명을 다하는 것은 아닐 것이다. 행정법적 문제해결의 중심축을 이루는 합법성이 판단을 무슨 기준에 의하여, 혹은 어떠한 방법으로 하여야 할 것인가에 대한 방향의 새로운 모색이 필요하다. 전통적인 법원론은 일정한 법형식들을 열거하고, 그에 합치하면 합법, 위반하면 위법이라는 단순한 도식적 구조를 띤다. 그리고 그 '법원'의 목록은 한정적이고 거기에 들지 못한 규범은 아무런 법적 구속력도 가지지 못하는 것으로, 말하자면 법의 세계 바깥에 존재하는 것으로 치부되어 관심의 대상에 제외한다. 이런 양상을 '범주적'이라고 이를 수 있겠다. 그러나 어떤 규범이 가지고 있는 힘은 실로 다양하여, 문제된 상황의 구조에 따라 각 다른 의미를 지닌다. 범주론적 법원론은 이러한 규범의 다양하고 동적인 효력 양상을 모두 포착하지 못하는 것이다. '법원'이냐 아니냐의 법원론적 접근보다는 개별 사례에서 문제된 규범의 효력이라는 관점에서 접근하는 보다 사안에 적정하고 밀착된 해결의 방법이 될 것으로 생각한다. 아래에서는 일반론으로서 규범이 상황구조에 따라 나타낼 수 있는 몇 가지 효력의 양상을 나누어 살펴보기로 한다.

(2) 규범효력의 여러 작용 양상

1) 수 권

행정법규범은 일차적으로 수범기관에게 권한을 부여하는 수권적 기능을 한다. 이것은 당해 규범을 집행한 결정이 적법한 것으로서 효력을 발생하기 위한 기초로 작용한다.

---

39) 박정훈(주36), 161쪽에서는 불문의 제 행정법규범을 법원에 맞추어 자리매김하려는 종래의 노력에 대하여, "방법론적 관점에서 보면, 당해 법명제를 일률적·일반적으로 특정의 법원범주에 귀속시키는 것만으로 근거부여를 마치게 됨으로 말미암아 당해 사안유형의 특수성을 고려한 합리적인, 설득력 있는 법발견의 노력이 봉쇄된다."고 평한다.

(가) 그러나 근거규범에의 합치성이 행정결정의 최종적인 정당성 논증을 완결시키지는 못한다. 규범은 우선 상위규범에 합치하여야 하는데, 이러한 법체계상 요구를 충족시키지 못하는 규범은 그 자체로 효력이 부인되고 그를 집행한 결정 역시 같은 상황에 놓인다. 이에 대하여 위헌법률심사 및 위헌·위법명령심사제가 마련되어 있다(헌법 제107조 제1, 2항). 그러나 실정제도로서 운영되는 이러한 규범통제방식만으로는 다양한 규범들의 의미내용과 실무적 필요에 적합하게 탄력적으로 대응하기 힘들다. 실제로 법원은 규범통제제도의 틀을 벗어나는 방법을 이용하여 규범의 구속력을 배제하는 경우가 종종 있는데, 판례를 분석해보면 대체로 세 가지의 유형으로 나누어볼 수 있다. 첫째, 법규명령의 형식으로 제정된 것임에도 그 법규적 성격 자체를 부인하는 것이 있다. 둘째, 법규에 해당하지 않는다고 하지는 않으면서도 그 구속력을 인정하지 않는 양식이 있다. 셋째, 법규성과 그리고 구속력도 인정하지만, 통상의 문언해석에 따른다면 인정하여야 할 구속력을 제한적으로만 인정하는 형태가 있다. 아래에서 각각을 분설해보기로 한다.

(ⅰ) 법규가 아닌 것으로 판단 제1유형에서 판례는 규범통제방식을 취하지 않고, 제재기준의 법규성 자체를 부인한다.[40] 사견으로는 규범통제를 통하여 당해 개별기준 자체의 효력을 일반적으로 배제하는 것은 체계상으로나 실질적으로나 곤란한 경우가 대부분이라고 본다. 일반…추상적 차원에서 제재기준 자체의 효력은 인정하면서, 당해 사안에서의 구체적 적용만을 배제하는 방식의 '적용통제'가 합리적이고, 또한 법규명령의 통제를 개별적 적용 거부로써 하는 우리 제도와도 부합할 것으로 본다. 어떤 규범이 일반적으로 가혹한 결과를 가져와 여기에 헌법상 비례원칙을 적용한다면 그 규범 자체의 효력이 상실된다. 그에 반해 규범이 일반적으로 가혹한 수준은 아니지만 어떤 특정한 사실관계에 그 규범을 적용하는 것이 가혹한 결과를 가져온다면 이때 비례원칙의 적용은 당해 처분에 한정하면 족할 것이다. 하지만 그 처분은 상위규범에 형식적으로 따른 것이므로, 규범 자체의 효력은 유지하면서 처분의 효력을 부인하기 위해서는 논리적으로 당해 규범의 구속력을 그 사안에 한해 배제하는 논리적 조작이 필요하다. 즉 이때 당해 규범의 구속력이 배제되는 것은 그 '규범에 비례원칙을 적용하여서'가 아니라 당해 '처분에 비례원칙을 적용하기 위한 전제로서'이다.[41]

(ⅱ) 법규의 해석을 통해 구속력 부인 가령 행정내부의 절차나 행위의 기간을 정한 것으로서 법원이 "훈시규정"이라 하여 그 구속력이 부인되는 것들이 있다.[42] 또한 국가배상법

---

40) 판례의 '가장적 이유제시' 방식에 비판적인 시각으로는 박정훈, 48-9쪽.

41) 상세히는 남하균, 「부령으로 정한 행정처분기준에 관한 연구」, 서울대학교 석사학위논문, 1998, 86-90쪽 참조.

42) 예컨대, 징계의결의 기한을 규정한 교육공무원징계령 제7조(대법원 1993.2.23. 선고 92누16096 판결), 개발부담금의 부과기간을 정한 개발이익환수에관한법률 제14조(대법원 1994.4.12. 선고 92누10562 판결), 주택건설사업계획의 승인기간을 정한 주택건설촉진법 제32조의2(대법원 1996.8.20. 선고 95누10877 판결) 등.

제3조의 위헌 주장에 대하여 이를 구속력 없는 기준에 불과하다고 본 것[43]과 같이 규범통제를 회피하는 수단으로 쓰인 경우도 있다.

일정한 권리에 관하여 법률이 규정한 존속기간을 뜻하는 제척기간은 권리관계를 조속히 확장시키기 위하여 권리의 행사에 중대한 제한을 가하는 것이므로, 모법인 법률에 의한 위임이 없는 한 시행령이 함부로 제척기간을 규정할 수는 없다고 할 것이다. 근로기준법은 제38조에서 "사용자의 귀책사유로 인하여 휴업하는 경우에는 사용자는 휴업기간중 당해 근로자에 대하여 평균임금의 100분의 60 이상의 수당을 지급하여야 한다. 다만 부득이한 사유로 인하여 사업계속이 불가능하여 노동위원회의 승인을 받은 경우에는 그러하지 아니하다."라고만 규정하고 있을 뿐, 노동위원회의 승인을 받을 수 있는 기간을 제한하는데 관하여는 직접 규명하지 않고 있음은 물론 시행령에 위임하지도 아니하였음에도 불구하고, 같은법시행령 제21조가 "사용자가 법 제38조 단서의 규정에 의하여 노동위원회의 승인을 받고자 할 때에는 그 사유가 발생한 후 적어도 5일 이내에 노동부장관이 정하여 고시하는 서식에 의하여 이를 신청하여야 한다."고 규정하고 있으므로, 시행령 소정의 사용자의 노동위원회에 대한 휴업수당지급의 예외승인 신청기간은 제척기간으로 볼 수는 없고 훈시규정으로 보아야 한다.[44]

(iii) 법규의 해석을 통해 구속력 제한 앞서 본 것처럼 제재적 처분기준은 그 해석적용에 있어서의 탄력성이 기본적으로 요청되므로 (i) 유형의 판례가 형성되었지만, 한편으로 그 기준에서 정한 만큼은 국민의 지위가 보장되어야 한다는 요청은 관철되어야 할 것으로 생각된다. 이에 관하여 (iii) 유형의 판단구조를 취한 대법원판결이 주목된다.

구 청소년보호법 제49조 제1항, 제2항에 따른 법시행령 제40조 [별표 6]의 위반행위의종별에따른과징금처분기준은 법규명령이기는 하나 모법의 위임규정의 내용과 취지 및 헌법상의 과잉금지의 원칙과 평등의 원칙 등에 비추어 같은 유형의 위반행위라 하더라도 그 규모나 기간·사회적 비난 정도·위반행위로 인하여 다른 법률에 의하여 처벌받은 다른 사정·행위자의 개인적 사정 및 위반행위로 얻은 불법이익의 규모 등 여러 요소를 종합적으로 고려하여 사안에 따라 적정한 과징금의 액수를 정하여야 할 것이므로 그 수액은 정액이 아니라 최고한도액이라고 할 것이다.[45]

이 판결은 대통령령으로 정한 처분기준에 대해 법규성을 인정한 판례[46]를 외형적으로 깨뜨리지 않으면서 실질적으로는 부령으로 정한 처분기준에 대해 일관되어 온 기존 판례의 심사구조를 유지한 것으로 볼 수 있다. 한편으로 재량권 부여의 목적을 달성하면서 아울러 비례의 원칙을 적용하기 위하여 구속력의 배제가 요청되면서도, 다른 한편으로는 일단 법령으로 제정·공포된 이상 거기에 정한만큼은 국민의 권리가 보장받아야 하는 것이 법치주의의 최소한 구성요소이다. 따라서 제재처분기준은 제재의 상한으로서의 구속력을 가지고, 그 기

43) 대법원 1970.1.29. 선고 69다1203 전원합의체 판결.
44) 대법원 1990.9.28. 선고 89누2493 판결.
45) 2001.3.9. 선고 99두5207 판결. 같은 판단구조를 취하는 것으로 대법원 2001.7.27. 선고 99두9490 판결.
46) 대법원 1997.12.26. 선고 97누15418 판결.

준을 초과하는 제재는 위법하다고 보아야 한다.[47] 그런 의미에서 실무적으로 무난한 길을 모색한 것이 바로 이 판례가 아닐까 생각된다. 몇 년 후 대법원은 구 「국민건강보험법 시행령」 제61조 [별표 5]의 과징금 부과기준이 무효라는 주장에 대하여 위와 같은 판시를 반복하고서는 "그 금액은 확정적인 것이 아니라 최고한도라고 해석되는 이상, 위 시행령 제61조의 [별표 5]의 과징금 부과기준에 관한 규정이 국민건강보험법 제85조의 위임범위를 벗어난 무효의 규정이라고 할 수는 없다."고 답한다.[48] 여기서 우리는 규범해석이 규범통제 즉 제도적 위헌심사를 대체한 모습을 볼 수 있다. 헌법재판소의 '합헌적 법률 해석'과 같은 구조라 할 수 있지만, 헌법재판소 스스로 이를 위헌결정의 한 종류로 취급하는 것과 달리 대법원은 심판대상인 명령이 위헌 또는 위법하다고 말하지 않는다. 법원은 스스로의 규범해석에 따라 구체적 처분을 통제할 수 있는 '적용'의 힘을 가지지만 헌법재판소는 법률의 위헌 여부에 대한 자신의 판단을 '선언'할 수밖에 없다는 점, 한편 대법원이 명령의 위헌·위법성을 선언하려면 특별히 전원합의체를 구성해야 한다는 점(법원조직법 제7조 제1항) 등의 제도적 차이뿐 아니라 두 기관의 정치적 입지와 그에 따른 문화가 이러한 상이한 양상을 초래한 배경으로 작용했을 것으로 짐작해볼 수 있겠다.

(나) 반면, 법령의 형식을 취하지 않았음에도 법원이 법규적 효력을 인정하기도 하는데, 이른바 '법령보충규칙'의 유형에서처럼 "법규명령"이라고 확인하는 방식과, 이 글의 제2유형과 같이 실질적으로 판단규범으로 받아들이는 경우가 있다. 후자의 판례는 그 법규성 여부에 대하여 명시적인 표현을 하고 있지 않기 때문인지 학설상 논란을 일으키지 않고 있으나, 그 심사구조는 법규명령에 대한 그것과 실질적으로 다름없다. 기준 자체, 즉 일반·추상적 범주에서의 합리성을 갖추고 있음이 전제된다면 그 기준을 처분의 합법성심사에 적용하는 것으로, 개별처분의 위법성을 심사함에 있어서 그 근거된 법규명령의 심사를 선행하는 것과 같은 구조인 셈이다.

2) 보 장

법규성이 인정되지 않는 재량준칙에 대하여도 평등원칙을 매개로 하여 행정규칙에 간접적 구속력을 인정하는 것이 오늘날의 학설 경향이다.[49] 그러나 행정규칙의 재판규범성 여하의 문제는 행정청이 행정규칙을 위반한 경우인가, 반대로 이를 준수한 경우인가에 따라 양상이 달라진다.[50] 이렇게 규범을 준수한 경우와 위반한 경우에 상반된 구속력 양상이 나타나는 것은 규범의 효력이 일차적으로는 행정청에게 권한을 부여함으로써 그에 따른 결정의 효력

---

47) 오준근, 「행정절차법」, 1998, 332쪽은 행정절차법 제20조에 따라 공표된 처분기준은 그 법적 형식을 불문하고-법규명령이든 행정규칙이든-행정청이 적용하여야 할 불이익처분의 최대기준이라고 해석한다.

48) 2007.6.28. 선고 2005두9910 판결.

49) 김동희(주30), 168-71쪽; 박균성(주30), 212-4쪽.

50) 박정훈(주36), 124쪽 참조.

을 기초 지어 결과적으로 국민의 자유 영역에 그만큼의 제한 여지를 창출하는 것이지만(위 (가) 참조), 다른 한편 국민에 대하여 일정한 보장적 기능을 수행하기도 때문이다. 따라서 어떤 규범에 정한 기준을 위반함으로써 국민에게 그 기준보다 더 불리한 조치를 할 때에는 그 규범은 법규에 준하는 구속력을 주장하게 되는 것이다. 이러한 보장적 효력을 조화시킨 것이 위 (iii)에서 본 판례의 해석방식이었다.[51)]

그러나 실제로 이러한 보장적 효력이 문제되는 분쟁사례가 많지는 않을 것이다. 내부지침이라 하더라도 행정의 속성상 스스로 이를 위반하는 것은 예상하기 어렵기 때문이다. 다만 처분청이 사실관계를 오인하였거나 행정규칙을 잘못 해석하여 결과적으로 그 위반이 생길 수 있다.[52)]

3) 면 책

앞서 본 것처럼 규범을 준수한 행위는 배상책임이나 징계책임 등을 면제받을 수 있다. 즉 이때 규범은 면책의 기초로 작용한다.

> 재항고인이 농산물원산지 표시요령 제4조 제2항을 신뢰하고 그에 따라 원산지표시를 하였다고 보기도 어려우므로, 그 위반행위에 정당한 사유가 있다고 보기도 어렵다.[53)]

징계책임은 행정체계내의 과오와 그에 대한 대응이라는 점에서 다른 유형의 책임과 구별되는 특성을 지닌다. 그리하여 공무원의 행위로 말미암아 외부에 발생한 결과를 책임의 판정에 고려하지 않을 수도 있을 것이다.

Ⅲ. 행정의 합리성의 체계

1. 행정합리성의 요청

지금까지 보았듯이 어떤 행정결정의 적법성을 판단하기 위하여 결정의 근거가 된 행정준칙이 '법규'에 해당하면 그 결정은 적법하고 법규가 아니라면 그 준칙은 재판의 준거로 사용되지 않는, 바꾸어 말하자면 법적으로 의미 없는 것으로 취급하는 단순한 접근법으로는 구체적 상황에 따라서는 그에 적절한 판단을 이끌어내는 데 도움이 되지 않고 오히려 혼란을 초

---

51) 다만, 규범의 보장적 기능은 해당 입법의 구상 및 규율 형식에 따라 제한·조정될 수 있다. 가령 판례는 국토계획법 시행령이 정한 이행강제금의 부과기준에 대하여, '법률의 위임에 따라 시행령이 이행강제금액의 기준을 위반행위의 유형별로 구분하여 각각에 대한 부과비율을 특정하여 규정하고 있고, 그 규정의 문언상 부과처분의 금액에 관한 재량을 허용하는 내용으로 되어 있지도 않은 점 등 관련 규정의 체계와 형식 및 내용에 비추어', 그 기준은 단지 상한을 정한 것이 아니라 위반행위의 유형별로 계산된 특정 금액을 규정한 것으로 보아야 하고, 따라서 행정청에 이와 다른 이행강제금액을 결정할 재량권은 없다고 보았다. 대법원 2014.12.24. 선고 2011두23580 판결.

52) 대법원 1994.10.14. 선고 94누4370 판결의 사안이 그 예에 해당한다.

53) 대법원 2006.4.28.자 2003마715 결정.

래할 수 있을 것 같다. 행정결정은 결국 구체적 목적을 지향하는 것인데, 그것이 일반적 규범에 매개될 것, 즉 합법성을 강제하는 것은 그 자체에 합목적성으로부터 괴리되는 공간을 내포하는 것이다. 다시 말해 목적을 지향하는 이성과 그 대상으로서의 사안 사이에 법규범이 끼어들어 이로써 왜곡의 발생은 불가피해진다. 나아가 결정 구조는 한 단계 더 늘어나므로 사태를 합목적적으로 교정하자면 사이에 끼어 있는 법규범의 위상에 대한 조작이 필요하고 그만큼 통제는 복잡해질 것이다. 위 판례들이[54] 일견 혼란스러운 양상을 띠는 것은 이런 결정 구조의 귀결이다.

'법률에 따른 행정 및 재판'의 체계는 안정성과 예측가능성을 높여주지만 합목적성이 요청되는 상황에서는 오히려 불안정한 모습을 드러내는 것이다. 여기서 곧바로－법규범을 매개하지 않고－구체적 목적을 지향하는 이성에 문의하는 접근법을 한번 생각해봄직하다. 즉 '합리성'이다. 합리성의 원칙은 영국의 司法史에 일찍이 등장한 바 있다. 1598년 Rooke사건에서 Coke 판사는 다음과 같이 말한다.[55]

> 위원회가 위원들에게 각자의 재량에 따라 행위할 권한을 명문으로 부여하고 있지만, 그들의 권한행사는 한계가 있는 것으로서 이성(reason)과 법(law)의 지배에 구속되어야 한다. 재량은 오류와 참을, 잘못함과 올바름을, 그림자와 실체를, 형평과 그럴싸한 겉치레 및 허위를 판별하는 과학(science) 내지 지성(understanding)이고, 그들의 의사(will)와 사적 선호에 따라 행위하는 것이 아니기 때문이다.

여기서 이성은 사람들이 저마다 행사하는 주관적 의지와는 다른, 마치 법과 마찬가지로 보편성을 지닌 규범의 등가물로 파악되고 있음을 볼 수 있다. 중세 때부터 통일된 중앙정부의 법규범이 없이 사법체제를 운영해왔던 영국에서 재판의 준거로서 합리성에 기대는 것은 필연적이었을 것으로 생각해볼 수 있고, 오늘날 영국 나아가 미국의 사법운영에서도 그 사고의 전통은 이어지고 있다.

합리성의 내용을 적극적으로 구성하는 것은 매우 어렵고 실천적 장애로 되기 십상이므로 행정결정의 심사에서는 비합리적인 요소를 찾아 탄핵하는 소극적인 접근을 취하게 마련이다. 영국의 항소법원이 행정권한의 명시적 한계를 넘는 경우에만 통제를 하던 종래의 판례를 넘어 실질적으로 행정재량 통제의 길을 열면서 '합리적인 기관이라면 결코 그러한 결정에 이르지 않았을 정도로 불합리한 경우'에는 권한유월(ultra vires)에 해당한다고 판시한 Wednesbury 사건이 그 전형적인 예에 해당한다.[56]

성문법체제의 국가 또한 그 체계의 완결성이 불가능한 것인 이상, 합리성이 행정을 규제

54) Ⅱ.3.(2)의 1)과 2).
55) Wade/Forsyth, *Administrative Law*, 2009, 294쪽.
56) Associated Provincial Picture Houses Ltd. v Wednesbury Corporation [1948] 1 KB 223.

하는 독자적인 원리로서 작동할 여지를 부인할 수 없을 것이다. 우리 법제는 상위규범에 형식적으로 어긋남은 없으나 실질적으로 용인할 수 없는 처분을 무효화할 수 있는 장치로써 「행정소송법」에 '재량권 남용'(제27조)[57]이나 「행정심판법」에 '부당'(제4조1호) 조항을 각각 두고 있는데, '불합리한' 행정결정은 이들 규정을 통하여 통제될 수 있을 것으로 본다.

2. 합리성의 개념과 유형

'합리성'은 개인으로서든 기관으로서든 사람의 행위 기초를 연구하는 분과에서－철학, 심리학, 경제학, 행정학 등－가장 많이 쓰이는 개념 중에 하나일 것이다. 문제는 그것이 구체화하기 힘들다는 실천적 장애에 있다. 이성능력 자체의－경험을 넘어서는－초월적 성격을 감안하다면, 우리가 여타의 형이상학적 개념과 마찬가지로 합리성의 구성요소를 완결된 목록으로 만들어내지 못한다 하더라도 좌절할 필요는 없을 것 같다. 여기서는 앞서 본 여러 행정준칙의 효력 양상을 단초로 소박하게나마 아래와 같은 두 유형을 통해 걸음을 내디뎌 보기로 한다.

(1) 형식적 합리성: 합리성의 기초로서의 규범

심사(review)에서는 소극적 방식으로 합리성을 고려할 수 있으나, 일차 결정기관의 입장에서는 합리적인 결정을 하기 위하여 적극적인 고려 요소를 성문의 규범으로 마련해둘 필요가 생긴다. 보통 행정기관의 내부적인 사무처리지침으로써 제정해두는, 통칭 행정규칙이 이에 해당한다. 이러한 규범을 따라 처분을 하였다면 그 처분은 합리적이라고 인정할 수 있을까?

'법원을 구속하지 못하는 행정규칙'임이 분명한데도 법원은 종종 그 규정에 사실관계를 포섭하고－때로는 그 전제로서 해당 규정을 해석하기도 한다. 사례 하나를 보자.

> 1997년도 개별공시지가조사·산정지침에 의하면, 토지특성항목 중의 하나인 토지의 고저는 간선도로[…]를 기준으로 하여 저지, 평지, 완경사, 급경사, 고지의 5가지로 나누어지는데, '저지'는 간선도로보다 현저히 낮은 지대의 토지, '평지'는 간선도로보다 높이가 비슷하거나 경사도가 미미한 토지, […]로 각 규정되어 있고, 한편 이 사건 토지가 소재한 수원시에 대한 지역비준표 중 상업지역 토지의 고저항목은 표준지가 평지일 때 저지는 0.94의 배율을 적용하도록 하고 있는바, 원심이 적법하게 인정한 사실에 의하면, […] 결국 이 사건 토지는 위 산정지침이 정한 '저지'에 해당하지 않는다고 할 것이다. 원심의 이유설시에 다소 미흡한 점은 있으나, 이 사건 토지에 평지의 가격배율을 적용한 피고의 가격결정이 적법하다고 본 결론은 정당하[다].[58]

여기서 대법원이 왜 「개별공시지가조사·지가산정지침」을 앞에 내세워 자신의 판단의 기

57) 지방자치법 제157조 제1항에서 정한 지방자치단체장의 명령·처분의 취소 요건인 '법령위반'에 '재량권의 일탈·남용'이 포함되는지 여부에 대한 시각이 최근 대법원에서 부딪힌 바 있다. 2007.3.22. 선고 2005추62 전원합의체 판결 참조.

58) 대법원 2003.5.30. 선고 2002두2437 판결.

초로 삼았을까. 원심판결에서 실마리를 찾아보자.

> 표준지의 공시지가를 기준으로 산정한 부과종료시점지가가 현저하게 불합리한 경우에는 이를 기초로 한 개발부담금의 부과처분이 위법하다고 할 것이고, 위 인정사실에 의하면, 부과종료시점 당시 이 사건 토지가 간선도로보다 다소 낮은 곳에 위치하고, 주변지역은 상업시설이 아닌 논, 초지 등으로 둘러싸인 곳이며, 이 사건 토지의 면적 29,182㎡ 중 골프연습장 건물의 건축연면적이 4,690.18㎡에 불과하고 나머지는 주차장, 페어웨이, 도로 등으로 구성되어 있는 등의 사정이 있기는 하나, 위와 같은 사정만으로 이 사건 토지의 부과종료시점지가의 산정이 현저히 불합리하다고 볼 수는 없[다].[59]

대법원과 달리 서울고등법원이 지가산정의 위법성 판단 기준으로 내세운 것은 '현저한 불합리성'이다. 전체적으로 상당히 복잡한 위임체계를 이루고 있어 그 판정이 쉽지만은 않지만, 개별공시지가조사·산정지침은 '법령보충규칙'의 유형처럼 그 성립의 근거가 되는 법령의 위임 규정이 있는 것으로 보기 힘들다. 어쩌면 원심은 실제로는 이 지침을 판단의 준칙으로 참고하였음에도 이것은 법원(法源)이 아니기 때문에 판결문에 드러나서는 안 된다고 생각한 것인지도 모른다. 하지만 그 대타로서 내세운 지가산정의 '합리성'을 기초 짓는 요소가 무엇인지 적극적인 해명은 전혀 보여주지 못하고 있다. 합리성 개념의 속성상 그것은 매우 어려운 일이다. 그 귀결로서 원심은 이 사건 지가산정의 합리성의 추정을 암묵적으로 전제한 판단 형태를 띠게 되었는데, 이제는 어떠한 근거로 그러한 추정이 주어지는가의 의문이 제기되는 것이다.

결론을 지지하면서도 상고심법원이 원심의 논증구조는 취하지 않은 데에는 이러한 난점이 작용한 것이 아닌가 생각된다. 원심에는 "이유설시에 다소 미흡한 점"이 있다는 것을 느끼면서도 상고심법원이 마찬가지로 합리성을 판단기준으로 내세운다면 역시 그 미흡함을 채울 방도가 마땅치 않았을 터이다. 힘 있는 논증을 하려면 맞춰 대어 볼 명료한 척도가 필요한데, 합리성 척도로써는 그러한 구실을 하기가 어렵다. 여기서 결국 대법원은 품속에 숨겨 놓았던 지가산정지침을 꺼내들고—그것이 법인지 아닌지는 밝히지 않는 채[60]—읽어내린 것이 아닐까.

다른 심급간의 판결을 비교하여 둘러보면 이처럼 행정결정의 실질적 기준이 된 준칙의 법적 성격을 다르게 보면서도 같은 결론에 다다른 사례를 찾는 것은 그리 어렵지 않다. 국세청훈령으로 제정된 「주세사무처리규정」에 대하여 광주고등법원은 이를 '법령보충규칙' 으로 파악하고 그 대외적 구속력을 인정하였다.[61]

---

59) 서울고등법원 2002.1.25. 선고 2000누9917 판결.

60) 적어도 당시까지의 판례 경향에 비추어볼 때 만약 원심이든 상고심이든 법원이 이 지침을 '법령보충규칙'으로 인정하였다면 판결문에 그 근거법령과 위임의 구조를 명시적으로 밝혔을 것이다.

61) 2000.4.19. 선고 99누768 판결. 강조는 필자.

> 주류판매업면허는 […] 강학상의 허가로 해석되므로, 구 주세법 제10조 제1호 내지 제11호에 열거된 면허 제한사유에 해당하지 않는 한 면허관청으로서는 임의로 그 면허를 거부할 수 없다 할 것이고, 위 관계법령의 규정내용에 비추어 보면 신규 종합주류도매업면허 허용범위에 대하여 규정하고 있는 위 주세사무처리규정과 이에 근거한 국세청의 고시는 구 주세법 제10조 제10호 결합하여 대외적으로 구속력이 있는 법규명령으로서의 효력을 갖는다 할 것이다. […] 위에서 살핀 바와 같은 주세법의 입법 목적, 주류판매업면허의 법적 성질 및 위 주세사무처리규정이 해당지역의 인구수와 주류소비량을 고려한 구체적인 기준을 마련하고 있는 점 등에 비추어 볼 때, 위에서 원고가 주장하는 사실을 감안한다 하더라도, 위와 같은 기준이 합리성을 결하였다는 특별한 사정을 엿볼 수 없는 이상 구 주세법 제10조 제8호, 제10호가 헌법상 규정된 행복추구권이나 직업선택의 자유를 침해하는 부당한 것으로서 헌법에 위배된다고 보기 어렵고, 이에 근거한 피고의 이 사건 처분이 그 재량권을 남용하거나 그 범위를 일탈한 것으로서 위법하다고 볼 다른 증거도 없으므로, 원고의 위 주장 또한 이유 없다.

그러나 대법원은 원심법원의 그러한 법적 성격파악을 명시적으로 거부한다.[62)]

> 주세수입을 효과적으로 확보하여 국가의 재정수요에 충당하는 한편 주류의 유통과정을 담당하면서 사실상 주세를 징수하는 중간징수기관의 역할도 하게 되는 주류판매업자의 난립을 방지하여 거래의 혼란을 막고 주세의 징수에 관하여 불안이 없도록 감독을 하려는 […] 주류판매업 면허제도의 취지에 비추어 보면, 주세사무해당지역의 인구수와 주류소비량을 고려하여 주류도매면허 업체 수를 제한하려는 위 주세사무처리규정 제14조는 그 합리성이 없는 것으로 보여지지 아니하므로, 이러한 규정 및 그에 따른 고시에 의거하여 한 이 사건 처분은 상고이유가 내세우는 여러 사정을 참작하더라도 헌법에 규정된 직업선택 및 영업의 자유를 부당히 침해하거나 재량권의 한계를 벗어난 위법한 것이라고 볼 수 없다. 그렇다면 원심판결이 위 주세사무처리규정을 법규명령으로 본 잘못이 있다 하여도 그것이 이 사건 처분의 적법성을 인정한 원심판결의 결론에는 아무런 영향을 미칠 수 없다.

이렇게 「주세사무처리규정」의 법적 성격에 대한 상반된 시각을 전제하면서도 원심과 대법원이 공통적으로 들이댄 잣대는 당해 규정의 '합리성'이다. 이것은 문제된 결정의 정당성을 판단함에는 그 결정의 근거가 되었던 규범의 법원성 여하에 관계없이 그 규범이 합리적인가가 관건이 된다는 것을 명시적으로 보여준 사례라 하겠다.

국가배상책임의 전제로서 위법성을 판단할 때에도 행정규칙의 준수 여부를 정면으로 고려한 판례가 나타난다. 호흡측정기에 의한 음주측정결과에 불복한 운전자가 단속 경찰공무원에게 즉시 혈액채취의 방법에 의한 측정을 요구하였으나 단속 현장에 채혈용기가 비치되어 있지 않아 1시간 12분이 지나서야 채혈이 이루어진 데 대하여 위자료를 청구한 사건에서, 원심은 '즉시 피측정자의 동의를 얻어 가장 가까운 병원 등 의료기관에서 채혈한 혈액을 국립과학수사연구소에 감정의뢰 하여야 한다'고 규정한 「교통단속처리지침」 제38조 제6항에서 "'즉시'라는 개념은 단순한 시간적 개념이라기보다는 '현장에서 곧바로' 또는 '다른 절차에 앞

---

62) 2001.7.27. 선고 2000두3849 판결. 강조는 필자.

서 곧바로'라는 개념으로 이해되어야 하고, 이를 위하여 적어도 음주운전 단속 업무에 임하는 경찰공무원으로서는 운전자의 혈액채취 요구에 응하기 위하여 필요한 장비를 현장에 비치하여, 그 요구가 있는 경우 현장에서 곧바로 또는 다른 절차에 앞서 그 운전자와 함께 가장 가까운 병원으로 가 혈액채취를 할 수 있도록 미리 필요한 준비를 하였어야 한다."고 전제하고, 결국 원고는 이 지침에 위반된 경찰공무원의 단속 행위로 인하여 정당한 절차에 따른 단속을 받을 권리를 침해당하였다고 보아 그의 청구를 인용하였다.[63] 이에 대하여 상고심은,

> 그러나 원심이 교통단속처리지침 제38조 제6항에 규정된 '즉시'의 의미를 '현장에서 곧바로' 또는 '다른 절차에 앞서 곧바로'라는 개념으로만 이해하여야 한다고 판단한 것은 그대로 수긍하기 어렵다. [···] 비록 위 지침상 경찰공무원에게 부과된 직무상 의무에 부수하여 교통법규 위반자의 입장에서도 이와 같은 단속절차 규정이 준수됨으로써 정당한 절차에 따른 단속을 받을 이익이 있다고 하더라도, 위 지침 제38조 제6항은 호흡측정기에 의한 측정결과의 오류방지와 음주운전 단속자에게 정확한 혈중알콜농도 측정의 기회를 제공하기 위한 규정으로서 위 규정의 '주취운전자 적발보고서를 작성한 후 즉시'의 의미는 상당한 시간 경과 등으로 운전 당시의 혈중알콜농도 입증이 곤란하여지는 것 등을 방지하기 위하여 운전자가 경찰공무원에 대하여 호흡측정기에 의한 측정결과에 불복하고 혈액채취의 방법에 의한 측정을 요구한 때로부터 상당한 이유 없이 장시간 지체하지 않을 것을 의미한다고 해석함이 상당하다. [···]
>
> 위 인정 사실에 의하면 단속 경찰공무원이 원고에 대한 음주운전을 단속하면서 한 일련의 조치 및 그로 인한 채혈의 지연이 합리적인 재량의 범위를 벗어나 부당한 의도나 불합리한 사유에서 비롯된 것으로 보이지는 아니하고, [···]

라고 판시하면서 원심판결을 파기하였다.[64] 비록 결론에서는 원심과 대법원이 갈라졌으나, 사안해결의 전제로서 「교통단속처리지침」규정의 의미를 해석하였다는 점에서는 같은 태도를 취한다. "경찰 내부의 구체적 절차 규정"에 불과한 것으로 성격 지어졌으면서도[65] 이 지침이 실제 재판에서 발휘했던 기능은 법규범과 다를 바 없었던 셈이다. 여기서도 우리는 행정준칙이 그에 따른 결정의 합리성을 이루는 근거(reason)로서 작용하고 있고, 비록 그 준칙이 법규에 해당하지 않는다 하더라도 행정결정의 합리성을 심사하는 잣대로 되는 구조를 확인할 수 있다.

(2) 실질적 합리성: 비례원칙과의 관계

실질적 합리성은 결국 그 내용을 어떤 것으로 채우느냐의 문제이기 때문에 형식적 합리성처럼 간명한 구조를 가지지는 않고 그 체계적 구성은 어려울 것이다.[66] 행정법의 불문법원으로서 '일반원칙'으로 구체화 작업이 이루어져 오는 것들이 대체로 여기에 해당할 것이다.

63) 청주지방법원 2006.5.2. 선고 2005나5059 판결.
64) 대법원 2008.4.24. 선고 2006다32132 판결.
65) 위 청주지방법원 판결.
66) 종래 행정법의 법원론으로 다루어지던 '조리'를 연상해보라.

아래에서는 그중 비교적 합리성의 개념과 중첩이 문제될 여지가 큰 비례성에 대하여 간략히 살펴본다.

영국은 1998년 「인권법」(Human Rights Act)을 시행하면서 비례원칙을 채택하고 있던 유럽인권법원의 판례를 고려할 의무를 지게 되고, 그에 따라 이 비례원칙이 종래 행정결정의 심사기준으로서 삼아 왔던 'Wednesbury 합리성'과 어떻게 조화시킬 것인가가 이론과 실무상의 현안으로 되고 있다.[67] 우리 행정법학과 실무에서는 비례원칙이 재량의 중심적인 통제원리로서 이미 뿌리를 확고하게 내리고 있다. 한편 앞서 본 것처럼(제2유형) 판례는 허용 처분기준의 합리성을 심사기준으로 삼고 있으며 이것은 곧 처분의 합리성을 의미하기도 한다. 그렇다면 합리성원칙은 비례원칙으로 해소될 수 없는 것일까. 그 타당범위에서 비례원칙과 중복되는 부분은 없는지 살펴볼 필요가 있다.

비례원칙은 '적합성', '필요성', '비례성'의 3개 부분원칙으로 구성되는 것으로 파악하는 것이 일반적이다. 그러나 독일에서 '비례원칙' 개념이 발전해온 실태를 보면 이러한 3부분의 구성이 역사적으로나 논리적으로나 합일적 기원을 가졌던 것은 아니다. 독일의 법제 속에 먼저 그 형태를 드러낸 것은 '필요성' 원칙이다. 1794년 프로이센 「일반국법」(ALR) 제10조제2항 17호의 경찰재량조항에 그 편린을 드러낸 이 원칙은 프로이센 고등행정재판소(OVG)에서 '관습법적 효력'을 인정받고 1931년의 「경찰행정법」(PVG)을 비롯한 각종 행정법규범에 편입되었다. 비례원칙의 발전사에 전기를 가져온 것은 제2차 세계대전에서 나치의 패망이다. 나치 불법의 청산이라는 시대적 소명에 자연법사상이 부활하였고, 실정법을 규제하는 법원리로서 비례원칙도 그 외연과 공감대를 넓혀간다. 우선 '협의의 비례원칙'에 해당하는 내용의 입법이 확산되었고, 연방헌법재판소도 1958년 '약국판결'[68] 이래로 이 원칙을 국가행위 전반을 심사하기 위한 기준으로 채택하여 헌법상 적용영역을 확대해 나갔다.[69] 헌법재판소의 판례에 발맞추어 당시의 학설은 필요성원칙과 협의의 비례원칙을 묶어서 '광의의 비례원칙' 내지 '과잉금지원칙'으로 파악하는 경향을 보였다.[70] 여기에 '적합성원칙'이 비례원칙의 목록에 추가되고, 이 3가지의 부분원칙들을 묶어 비례원칙을 구성하는 입장이 유력해진 것은 그 후의 일이다.[71]

---

67) 자세히는 Craig, *Administrative Law*, 2008, 19-023~027; Künnecke, *Tradition and Change in Administrative Law*, 2007, 95-105쪽 참조.

68) 판례집(*BVerfGE*) 7호, 377쪽.

69) Grabitz, Der Grundsatz der Verhältnismäßigkeit in der Rechtsprechung des Verfassungsgerichtshof, *AöR* 98(1973), 569쪽 이하.

70) Lerche, *Übermass und Verfassungsrecht: zur Bindung des Gesetzgebers an die Grundsätze der Verhältnismäßigkeit und der Erforderlichkeit*,, 1961, 19쪽.

71) Grabitz, 같은 글, 570쪽 이하; Hirschberg, *Der Grundsatz der Verhältnismäßigkeit*, 1981, 25쪽; Mayer/Kopp, *Allgemeines Verwaltungsrecht*, 1985, 297쪽 이하.; Maurer, *Allgemeines Verwaltungsrecht*, 2002, § 10-17.

목적과 수단 간의 합리적 관계를 통괄한다는 관점에서는 이들을 하나의 원칙 아래 통합하여 파악할 수도 있을 것이다. 그러나 특히 적합성은 '비례'원칙의 표제에는 어울리지 않으며, 침해작용에 대한 시민의 권리보장 이념 위에 발전해온 역사적 맥락과, 실제적인 분쟁구조-적합성은 침해적 결정뿐 아니라 허용적 결정에도 문제된다-의 관점에서 볼 때[72] 적합성은 비례원칙보다는 합리성의 범주에 편입하는 것이 보다 적절할 것으로 생각한다.

Ⅳ. 결어: 사적 조망

신화·혈통·신앙 등 (기껏해야) 형이상학적 이야기로 환원되는 실체적 판단의 우월성을 강요했던 이전 사회를 흔들면서 등장한 근대국가에서 그 자리는 형식적 합리성으로 메워졌고 이것은 공권력을 정당화하는 중심축을 이루었다. '형식'의 아래에서 만민은 평등한 대우를 요구할 수 있고 각자 자신의 행위의 결과를 예측하며 안정된 생활을 영위할 수 있는 길 앞에 서게 되었다. 그 '형식'을 시민의 대표자 의회가 만들면서 합리성은 '합법성'으로 전환한다. 독일의 공법학은 나아가 이때의 '법'과 '법이 아닌 것'을 엄별하여, 행정실무에 숱하게 사용되는 준칙들을 헌법과 법률에 수권의 사슬이 이어졌는가에 따라 법규명령과 행정규칙으로 나누어 이질적인 성격을 부여하였고, 일본을 거쳐 한국의 행정법학은 이것을 기본 체계로 받아들였다. 독일에서 범주적 법원론이 확고하게 자리 잡은 것은 재판기구의 위상이 확고하지 못하였던 데서 일차 기인한 것이고, 역동성이 부재했던 정치발전사, 관념론적 학문 전통, 그리고 오늘날에는 의회주의 정치체제가 그 배경으로 얽혀있는 것으로 보인다. 아무튼 논리적 귀결은 아닌 것이다. 앞서본 우리 재판실무에 나타나는 여러 변용들을 법원론의 선입관 없이 분석하고 검토해야 할 계제에 선 것은 우선 이 때문이다.

한편 형식적 합리성이 가지는 정당화 기능은 소극적·방어적인 데 그칠 뿐, 이를 넘어 실체적 정당화의 갈증까지 해소할 수는 없을 것이다. 이러한 모순 속에 실재하는 '겉과 속'을 폭로하는-가령 '자유법학'이나 '법현실주의'와 같은-반작용 또한 필연적이었다. 유교 이념에 따른, 말하자면 실질적 합리성이 지배하던 우리 사회는 바깥에서 밀어닥친 거센 물결에 휩쓸려 형식적 합리성의 법치주의 시대로 일거에 들어섰다. '법관의 법률기속'을 전면에 내세움으로써 실무상 불가피한 '실질적' 판단은 억제되고, 또 실제 적용한 판단요소들이 감추어지기도 했다. 그러나 사회·경제의 급속한 발전과, 민주화 이후 1990년대 정치권력의 진공 공간을 비집고 들어선 司法化의 추세는 이러한 상황에 하나의 전기가 되고 있다. 제도적으로도 법률의 형식적 기속성에 구속받지 않는 헌법재판관은 실질적 가치관의 충돌을 법정에서 숨김없이 드러냈고, 이런 심판양식은 법원에도 경쟁적으로 영향을 미치고 있는 것으로 보인

72) 앞 주27 참조.

다.[73] 한편, 행정에서 실질적 합리성 요청이 커진다는 것은 행정가와 법률가의 양성 방식이 중요해지고, 또 다양한 모색이 필요하다는 것을 시사한다. 최근 도입되어 자리잡아가는 법학전문대학원 체제는 여기에 의미 있는 역할을 할 것으로 기대된다. 복잡하고 다원적인 문화와 가치의 공존이 허용되는 사회에서는 합법성의 요구는 물론 그 이상으로 실질적 합리성의 요구가 커진다. 현재 우리가 근대초기의 소산인 합법성의 틀을 후자로써 깨고 있는 단계라는 것은 본문의 판례들에서도 그 실마리를 잡을 수 있다. 법관이 '법률을 말하는 입'을 넘어 '답을 내리는 입'으로 진화해 나가는 현실을 직시할 때, 그에 상응하는 제도적 통제장치의 모색이 당면 과제로 떠오르는 것도 당연하다. 이것은 또 다른 큰 작업이 될 것이다. 본 연구는 우선 사법내부적 관점에서, '합법성'의 막다른 골목을 잠시라도 벗어나 '합리성'의 길로 눈을 돌려 보자는 것이다. 열린 길인 만큼 막막하지만, 한번 디뎌 볼 만하지 않겠는가.

73) 외관상 확인할 수 있는 하나의 예로, 근래에 뚜렷이 나타나고 있는 전원합의체 심판의 활성화 현상을 들 수 있겠다.

16. 출입국관리행정, 주권 그리고 법치* – 미국의 全權 法理의 소개와 함께 –

최 계 영**

Ⅰ. 서　　설

2016년 국내에 체류하는 외국인은 2백만 명을 넘어서게 되었다. 외국인의 국내유입이 본격적으로 시작된 것은 그리 오래되지 않았다. 1980년대 말부터 비로소 시작되었기 때문이다. 그러나 체류외국인은 꾸준히 증가하여 2007년에는 107만 명에 이르렀고, 채 10년도 지나기 전에 다시 2백만 명을 돌파하게 되었다.[1] 이러한 증가 추세는 앞으로도 계속될 것이다. 낮은 출산율과 인구 고령화로 인해 외국인력의 도입은 불가피하다. 특히 3D 업종 중 건설업과 각종 서비스업은 산업구조를 조정한다고 해도 애초에 해외 이전이 불가능하다. 여성의 사회진출과 고령화로 인해 육아도우미, 간병인과 같은 돌봄노동의 수요도 커질 것이다.[2] 출입국·외국인정책본부에서도 불과 5년 뒤인 2021년에 체류외국인의 숫자가 3백만 명을 넘어서서 전체 인구의 5.8%에 해당할 것으로 예상하고 있다.[3]

기본적으로 외국인의 국내유입은 국가에 의해, 특히 행정에 의해 주도되는 성격을 갖는다.[4] 지금과 같은 증가추세가 지속된다면 외국인의 출입국과 체류를 조정하고 통제하는 출입국관리행정의 역할과 중요성은 더욱 커질 것이다. 그런데 출입국관리행정 영역은 다른 행정영역과 비교할 때 법치주의의 여러 요소들이 배제되거나 제한적으로만 관철되는 것이 현실이다. 다른 행정영역의 사건에서는 보기 드문 문서주의 위반의 하자가 이 영역에서는 종종 인정되기도 한다는 점[5]만 보아도 실제로 구현되는 법치행정의 수준이 높지 않을 것임을 짐작할 수 있다. 낮은 법치행정의 수준은 현실적으로만 그런 것이 아니라, 법리상으로도 외국인의 입국과 체류는 전적으로 각 국가의 주권에 맡겨져 있는 재량사항이라는 논리에 의해 정당화되고 있다. 행정실무, 법원실무, 문헌 등에서 출입국에 관한 주권을 법치주의 제한의 논거로 삼는 문장을 드물지 않게 발견할 수 있다. 이 글은 그러한 논리의 타당성을 검증하

---

* 이 논문은 행정법연구 제48호(2017.2)에 게재한 논문을 수정·보완한 것이다.

** 서울대학교 법학전문대학원 교수, 법학박사

1) 법무부, 『출입국·외국인정책 통계월보』, 2016년 12월호.

2) 스티븐 카슬/마크 J. 밀러(한국이민학회 옮김), 『이주의 시대』, 일조각, 2013, 8면.

3) 법무부, 『출입국·외국인정책 통계월보』, 2016년 12월호.

4) 김환학, 이철우/이희정(편), 『이민법』, 박영사, 2016, 25면.

5) 휴대폰 문자메시지에 의한 고지(서울고등법원 2016.9.27. 선고 2016누36934 판결); 구두에 의한 고지(서울고등법원 2016.10.12. 선고 2016누54482 판결); 유선 전화에 의한 고지(서울행정법원 2014.11.20. 선고 2013구합59590 판결) 등.

는 것을 목적으로 한다.

이를 위하여 먼저 국제법 차원에서 국경통제에 관한 사항이 각 국가의 주권에 속한다는 것이 어떠한 의미인지를 간략히 검토할 것이다(Ⅱ.). 다음으로 우리나라의 행정실무, 법원실무, 문헌 등에서 주권을 법치주의 제한의 논거로 사용하는 예를 살펴볼 것이다. 법률의 규율밀도, 사법심사의 대상과 강도, 적법절차의 순으로 검토한다(Ⅲ.). 이어서 미국의 全權 法理(plenary power doctrine)를 소개할 것이다. 이는 국제법상의 주권 개념으로부터 국내법체계 안에서 법치주의 제한의 근거를 도출하는 법리로서 현재 우리나라에서 통용되고 있는 논리와 유사하기 때문이다(Ⅳ.). 마지막으로 다시 우리나라의 문제로 돌아와, 주권에 기초한 논증의 문제점을 검토하고 향후의 과제를 제시하는 것으로 글을 마무리할 것이다(Ⅴ.).

Ⅱ. 외국인의 입국 · 체류 · 출국에 대한 국제법의 규율

국제법상 외국인의 입국을 허용해야 하는 일반적인 의무는 없다. 국가는 외국인의 입국을 거부하거나, 국가가 정한 일정한 조건 하에 제한적으로 허용할 수 있다.[6] 이러한 국가의 권능은 국가의 영토에 대한 지배권, 즉 영토주권으로부터 비롯된 것으로 설명된다. 모든 주권국가는 주권에 내재한 권능으로서, 외국인이 국가의 영역 안으로 들어오는 것을 금지하거나 특정한 조건 하에 들어오도록 할 수 있다.[7] 현 시점에서 이는 일반적으로 승인된 국제법규에 해당한다.[8] 외국인의 입국과 체류를 국가주권의 행사로 이해한 결과, 이는 국제법상 각 국가의 국내문제이고 재량사항이 된다.[9]

국제인권규범에서도 외국인이 입국할 권리는 보장되지 않는다. 세계인권선언(Universal Declaration of Human Rights 1948)은 “각 국가의 영역 안에서”만 거주이전의 자유를 보장한다(제13조 제1항). ‘시민적 · 정치적 권리에 관한 국제규약’(International Covenant on Civil and Political Rights 1966; 이하 ‘자유권규약’이라 한다)도 “합법적으로 어느 국가의 영역 내에 있는” 사람에 한해 “그 영역 내에서” 이동의 자유 및 거주의 자유의 권리를 인정한다. 출국할 권리가 국민과 외국인을 불문하고 인정되는 것과 대조적이다(세계인권선언 제13조 제2항, 자유권규약 제12조 제2항). 외국인은 언제나 자유로이 출국할 수 있다.

---

6) 정인섭, 『신국제법강의』, 박영사, 2016, 844면; 김대순, 『국제법론』, 삼영사, 2015, 907면.
7) 김대순, 앞의 책, 907면; 차용호, 『한국 이민법』, 법문사, 2015, 246면.
8) 차용호, 앞의 책, 246면; 설동훈, “외국인노동자와 인권-‘국가의 주권’과 ‘국민의 기본권’ 및 ‘인간의 기본권’의 상충요소 검토-”, 『민주주의와 인권』 제5권 2호(2005.10.), 51면 이하. 현재와 같은 광범위한 국경통제가 확립된 것은 19세기말 이후의 일이다. 박진아, “유엔인권협약상 외국인의 이동의 자유-「시민적 및 정치적 권리에 관한 국제규약」상의 권리 보장을 중심으로”, 『인하대학교 법학연구』 제18집 제1호(2015.3.), 40면 이하 참조.
9) 차용호, 앞의 책, 246면; 설동훈, 앞의 글, 51면.

다만, 외국인의 의사에 의하지 않은 출국, 즉 추방에 대해서는 자유권규약에서 일정한 절차적 제한을 가하고 있다. 합법적으로 당사국의 영역 내에 있는 외국인은 법률에 따른 결정에 의해서만 추방될 수 있다. 국가안보상 불가피하게 달리 요구되는 경우를 제외하고는 자신의 추방에 반대하는 의견을 제출할 수 있고, 권한 있는 기관 또는 그 기관에 의해 위임된 자에 의해 자신의 사건을 심사받을 수 있으며, 심사절차에서 다른 사람이 그를 대리할 수 있다(자유권규약 제13조).[10)]

Ⅲ. 출입국관리행정에서의 주권과 법치주의 제한

1. 개　관

2005년 헌법재판소는 사증발급에 관한 공권력 행사의 합헌성을 판단하면서 "출입국관리에 관한 사항 중 특히 외국인의 입국에 관한 사항은 주권국가로서의 기능을 수행하는데 필요한 것으로서 광범위한 정책재량의 영역에 놓여 있는 분야"라고 판단하였다.[11)] 이후 외국인의 출입국에 관한 사항이 국가주권의 행사라는 논리는 법원의 판결과 행정실무, 그리고 관련 문헌에서 빈번하게 등장하고 있다. 서울행정법원에서 발간된 실무서에 따르면, 출입국관리사무소장은 출입국관리법에 관한 거의 모든 소송에서 처분의 종류와 내용을 불문하고 위 헌법재판소 결정을 원용하면서 광범위한 재량이 있다고 주장하고 있다고 한다.[12)]

출입국에 관한 행정권의 행사가 주권의 행사라는 논리는 출입국관리행정에 광범위한 재량을 부여함으로써 법원의 재량하자 심사를 약화시키기 위한 논거로 가장 자주 쓰이지만, 법치행정의 구성요소 전반에 대하여 그 적용을 배제하거나 약화시키기 위한 논거로 등장한다. 법치행정의 원리는 권력분립을 전제로 하여, 한편으로는 입법권이 법률을 통해, 다른 한편으로는 사법권이 사법심사를 통해 행정을 통제한다는 것이다. 법치행정의 원리가 효과적으로 작동하기 위해서는, 입법권과의 관계에서는 행정에 대한 법률의 규율밀도가 일정 수준 이상이어야 하고, 사법권과의 관계에서는 행정에 대한 사법심사의 대상과 강도가 일정 수준 이상이어야 한다. 현행 법체계 하에서 전자는 법률유보 원칙과 포괄위임금지 원칙의 문제로, 후자는 처분성과 재량하자의 문제로 논의된다.[13)] 법률유보 원칙과 포괄위임금지 원칙은 국민의 대표로 구성된 입법부에서 행정권 행사에 관한 기본적 사항을 결정할 것을 요구하는 것이므로, 법치주의의 구성요소일 뿐만 아니라 그 자체로 민주주의의 실현수단이다. 여기에 더하여 근래에는 적법절차의 보장도 법치행정의 중요한 구성요소가 되고 있다.

---

10) 정인섭, 앞의 책, 844면; 김대순, 앞의 책, 911면.
11) 헌법재판소 2005.3.31. 자 2003헌마87 결정.
12) 서울행정법원 실무연구회, 『행정소송의 이론과 실무』, 사법발전재단, 2013, 363면.
13) 이상에 대하여 상세히는 박정훈, 『행정법의 체계와 방법론』, 2005, 17면 이하 참조.

위에서 열거한 법치행정의 요소들, 즉 법률의 규율밀도, 사법심사의 대상과 강도, 적법절차와 관련하여, 출입국관리행정 영역에는 이를 완화시켜 적용하거나 배제하여야 한다는 주장과 판결을 쉽게 접할 수 있다. 그리고 출입국에 관한 행정권의 행사가 주권 행사의 성격을 갖는다는 점은 이를 뒷받침하기 위한 논거로 사용된다. 이하에서는 주권을 정당화 논거로 사용하는 논리를 법률의 규율밀도, 사법심사의 대상과 강도, 적법절차 보장의 순으로 차례로 살펴볼 것이다.

2. 법률의 규율밀도

체류자격[14)]의 유형은 국가가 이민정책을 추진하는 기본적인 수단이다.[15)] 외국인이 어떠한 목적을 가지고 우리나라에 들어오고 머무를 수 있는지, 어떠한 요건을 갖춘 외국인을 어떠한 기준에 따라 받아들이고 머무르게 할 것인지, 머무르는 동안 어떠한 활동을 허용할 것인지, 얼마 동안 머무를 수 있게 할 것인지 등이 체류자격의 유형에 따라 결정된다. 예컨대 결혼이민자의 체류를 어떠한 요건 하에 허용할 것인지, 혼인관계가 단절된 후에도 체류할 수 있는지 등의 문제가 체류자격에 의해 결정된다. 그런데 현행 출입국관리법은 법률에서 체류자격의 유형에 관하여 전혀 규정하지 아니한 채 "입국하려는 외국인은 대통령령으로 정하는 체류자격을 가져야 한다"(같은 법 제10조 제1항)고 하여 이를 전적으로 대통령령에 위임하고 있다. 체류자격을 전면적으로 대통령령에 위임한 결과 체류자격에 연동되는 체류기간(같은 조 제2항)과 취업활동의 가능성(같은 법 제18조 제1항) 역시 대통령령에 위임된다. 이에 따라 체류자격은 현재 출입국관리법 시행령 제12조 [별표 1]에 규정되어 있다. 위와 같은 현재의 체류자격에 관한 법체계는 체류자격의 내용에 관하여 법률에서 전혀 규정하지 않은 채 전면적으로 대통령령에 위임하고 있으므로 법률유보 원칙, 포괄위임금지 원칙에 위반될 소지가 크다.[16)]

예를 들어 결혼이민자의 경우를 보자. 국민의 배우자에게 부여되는 결혼이민 체류자격(F-6)은 가족결합권을 실현시키는 수단이다. 가족결합권이란 한 가족 구성원이 특정 국가에

---

14) 외국인의 입국시 체류자격은 사증요건이 적용되는 경우에는 사증발급 단계에서, 그렇지 않은 경우에는 입국허가 단계에서 부여된다. 체류 중인 외국인은 체류자격 변경허가를 통하여 체류자격을 변경할 수 있다. 이현수, 이철우/이희정(편), 앞의 책, 97-98면.

15) 이희정, 이철우/이희정(편), 앞의 책, 129면.

16) 김환학, 이철우/이희정(편), 앞의 책, 28-29면에서는 체류자격은 "외국인의 지위를 정한 법규사항이므로 적어도 그 원칙과 대강이라도 법률에 규정하고 세부사항을 하위법령에 위임하는 입법방식"을 채택했어야 한다고 지적하고 있다. 이희정, 앞의 글, 20면 이하 역시 유사한 맥락에서 "최소한 체류자격의 대분류, 특히 그것이 단기방문인지, 고용 등이 가능한 일시정주를 허용하는 것인지, 아니면 영주를 허용하는 것인지에 따른 유형화 및 그 각 유형별로 체류자격부여의 요건으로 고려되어야 할 중요한 형량요소들"은 법률에 규정되어야 한다고 한다. 체류자격 중 특히 '영주자격'은 우리 사회의 영구적 구성원으로서의 자격을 부여하는 것이므로 영주자격 제도를 둔다는 점과 그 요건에 관해 국회 차원의 논의와 합의가 필요했다고 한다.

합법적으로 거주하고 있는 경우 가족이 함께 살기 위하여 다른 가족 구성원이 그 국가에 입국하고 거주할 권리를 의미한다. 이는 혼인의 자유 중 특수한 형태로서 보호된다(헌법재판소 2013.11.28.자 2011헌마520 결정). 그런데 현행 출입국관리법에서는 결혼이민 체류자격이 인정될 수 있다는 점이 간접적으로만 표현되고 있을 뿐이고[17], 국민의 배우자에게 체류자격이 부여될 수 있는지, 어떠한 요건 하에 부여될 수 있는지에 관하여 아무런 규정이 없다. 시행령에서도 국민의 배우자에게 결혼이민 체류자격이 부여될 수 있다는 점만 규정되어 있을 뿐 그 요건이나 제한에 관해서는 정하고 있지 않다.[18] 결혼이민 체류자격의 발급기준은 시행규칙에서 비로소 찾을 수 있다. 출입국관리법 시행규칙 제9조의5에서는 결혼이민사증 발급시 "혼인의 진정성 및 정상적인 결혼 생활의 가능성 여부"를 판단하기 위하여 혼인의 성립 여부 이외에 소득요건, 주거요건, 언어요건 등 일정한 사항을 심사하도록 하고 있다.[19][20] 위 기준에 따라 사증발급이 거부될 경우 외국인 배우자는 한국에 입국하는 것이 불가능하게 된다. 혼인의 진정성이 있음에도 재외공관의 장이 가장혼인이라고 판단하거나, 혼인의 진정성 이외의 소득, 주거와 같은 다른 요건을 충족하지 못할 경우를 상정해 보자. 이 경우 가족법상으로는 혼인은 유효하게 성립하였지만 혼인생활을 영위하는 것은 실질적으로 불가능해지고 혼인은 파탄에 이르게 된다.[21] 부령에서 정한 기준에 따라 가족결합권이 제한되는 것이다. 외국인의 가족결합권뿐만 아니라 국민의 가족결합권도 제한된다. 위 기준이 국민의 가족결합권의 실현에 미치는 영향에 비추어 보면, 소득 · 주거 · 언어요건의 충족 여부를 판단할

---

17) 출입국관리법 제25조의2에서는 '결혼이민자에 대한 특칙'이라는 표제 하에 가정폭력 피해자인 결혼이민자의 체류기간 연장허가에 관한 사항을 정하고 있다.

18) 출입국관리법 시행령 제12조 [별표 1] 28의4. 가.목.

19) 결혼이민 사증발급기준이 규정된 배경에 관해서는 차용호/나현웅, "결혼이민(F-6) 사증 발급기준 개선 방안", 『다문화사회연구』 제6권 제2호(2013 하반기). 109면 이하 참조.

20) 엄밀하게 말하면, 위 시행규칙 조항은 체류자격에 관한 조항이 아니라 사증의 발급기준에 관한 조항이고, 그 위임의 근거는 "사증발급에 관한 기준과 절차는 법무부령으로 정한다"는 출입국관리법 제8조 제3항이다. 그러나 앞서 본 것처럼 외국인의 입국시 체류자격은 사증발급 단계에서 부여되므로, 입국 전인 외국인에 대해 결혼이민 사증발급기준은 그대로 결혼이민 체류자격 부여 요건이 된다. 그러나 사증의 발급기준을 부령에 위임한 위 출입국관리법 제8조 제3항에도 가족결합권을 제한할 근거가 될 만한 내용이 전혀 담겨져 있지 않다.
나아가 현재 행정실무는 결혼이민 사증발급기준을 사증발급 뿐만 아니라 체류자격 변경허가에도 적용하고 있고, 하급심 판결(대구고등법원 2016.8.5. 선고 2016누4547 판결)에서도 그 정당성이 인정되고 있다. 즉 입국 전인 외국인에 대한 사증발급기준을 이미 입국하여 혼인생활의 실체를 형성하고 있는 외국인에게도 그대로 적용하고 있다. 그러므로 시행규칙상의 결혼이민 사증발급기준은 외국인의 입국 전후를 불문하고 결혼이민 체류자격의 부여 요건으로 기능한다.
이에 대하여 입국 전인 외국인에 대한 사증발급기준을 이미 입국하여 혼인생활의 실체를 형성하고 있는 외국인에게 그대로 적용하여서는 안 된다는 반론으로는 차규근, "이민행정에 있어 법치구현의 방법과 한계", 한국이민법학회 · 한국이민학회 · 이화여대 법학연구소 2016년 춘계공동학술대회 『이민행정과 법치주의』 자료집(2016.5.), 145면 이하 참조.

21) 현소혜, "국제혼인의 이론과 실무", 『민사판례연구』 제35권(2013.2.), 1215면. 이 경우 대개 이혼소송을 통해 혼인을 해소하는 방법을 택하게 된다.

기술적이고 세부적인 기준은 행정입법에서 정하더라도, 정상적인 결혼 생활의 가능성을 심사하여 결혼동거목적 사증의 발급을 제한할 수 있다는 기본적인 취지는 법률에서 규정하여야 할 것이다.

그러나 법무부에서 발간한 출입국관리법 해설서에서는 "외국인의 입국과 체류의 조건을 정하는 것은 국가의 고유한 주권행사로서 어떠한 형태의 규정 방식을 채택하는가는 해당 국가의 입법재량으로 보는 것이 일반적"[22]이라고 하여 위와 같은 입법방식이 정당하다는 근거로 주권을 원용하고 있다. 다만, 독일·미국·일본 등 다른 나라에서는 법률에서 체류자격을 규정하고 있다는 점을 의식하여, 체류자격을 법률에 상향하여 규정할 필요가 있다는 점은 덧붙이고 있다.[23]

3. 사법심사의 대상과 강도

(1) 사법심사의 대상

현재 입국 단계에서의 각종 행정작용은 사법심사의 대상이 될 수 있는지 자체가 다투어지고 있다. 사증의 발급거부가 취소소송의 대상인 처분인지에 관해 하급심에서는 판단이 엇갈리고 있고, 대법원에서는 아직 판단이 내려진 바 없다. 그런데 사증발급거부는 처분이 아니라는 판단을 내린 판결 중에는 주권을 그 근거로 삼는 경우도 있다. "입국사증의 발급 여부는 주권국가의 고권적 행위로서 국제법상 외국인에게 입국하고자 하는 국가에 대하여 사증을 발급해 줄 것을 요구할 권리가 있다고 보기 어려운 점"을 토대로 판례상 거부처분의 요건인 신청권을 부정하고 있다.[24] 문헌이나 소송에서의 피고 행정청의 항변에서 주권과 처분성의 관계에 관한 좀 더 뚜렷한 표현을 발견할 수 있다. "외국인에 대한 사증발급은 국가가 자유로이 결정할 수 있는 주권행사의 일부분으로서 일반적인 행정청의 부작위와는 구별된다"[25]거나 "외국인에 대한 입국허가 여부는 국내문제에 속하는 것으로서 국가의 완전한 재량사항"이라는 표현이 그것이다.[26] 피고 행정청이 난민인정심사불회부결정이 처분이 아니라고 주장하면서 그 근거로 입국에 관한 행정의 의사결정은 주권적 속성을 갖는다고 항변한 예도 찾을 수 있다. "난민인정심사불회부결정은 그 실질이 입국불허결정이고, 이러한 외국인의 입국허가 여부에 대한 처분은 국제법상 주권국가의 고권적 재량행위이므로, 이 사건 처분은 사법심사의 대상이 될 수 없다"는 것이다.[27]

---

22) 법무부, 『출입국관리법 해설』, 2011, 86면.
23) 법무부, 앞의 책, 87면.
24) 서울행정법원 2007.11.15. 선고 2007구합21983 판결.
25) 위 서울행정법원 2007.11.15. 선고 2007구합21983 판결에서의 피고의 본안전 항변.
26) 차용호, 앞의 책, 65면에 소개된 사증발급거부 처분성 부인설의 논거. "국가의 완전한 재량"이라는 논리는 "일정한 이유 없이" 사증발급을 거부하였더라도 언제나 적법한 처분이라는 논리로 연결된다. 같은 책, 69면 이하 참조.

(2) 사법심사의 강도

사법심사의 대상이 되더라도 본안에서 위법하다는 판단을 받기는 쉽지 않다. 출입국관리행정상의 처분은 대부분 재량행위인데, 법원에서 재량권 남용이 인정되는 경우는 흔하지 않기 때문이다. 이처럼 행정청의 재량판단을 용인하는 경향이 나타나게 된 것은 공·사익의 이익형량 과정에서 출입국 통제에 관한 국가의 이익에 높은 비중을 두기 때문으로 보인다. "당사자의 불이익보다는 국가의 이익과 안전을 도모하여야 하는 공익적 측면이 더욱 강조"되어야 한다는 것이다.[28] 그 근거로서 다시 주권이 등장한다. "출입국관리행정은 내·외국인의 출입국과 외국인의 체류를 적절하게 통제·조정함으로써 국가의 이익과 안전을 도모하고자 하는 국가행정작용"으로, 특히, 외국인의 입국, 체류, 출국에 관한 사항은 "주권국가로서의 기능을 수행하는 데 필수적인 것으로서 엄격히 관리"되어야 하고, 광범위한 정책재량의 영역의 영역에 놓여 있는 분야라는 것이다.[29] "국가가 자국에 바람직하지 못하다고 판단하는 외국인의 입국을 금지할 수 있는 권리" 또는 "국가가 자국 체류가 바람직하지 않은 외국인을 추방할 권리"는 국제법상 확립된 권리이고 국가가 그러한 권리를 갖는 것은 "주권의 본질적 속성상 당연"하다는 점이 함께 언급되기도 한다.[30]

출입국 통제가 주권의 행사임을 근거로 재량하자의 심사강도를 완화하는 논증은 외국인의 입국뿐만 아니라, 체류와 출국에 대해서도 공통되게 등장한다.[31] 아직 입국 전인 외국인의 입국을 허용할 것인지의 문제와 이미 입국하여 한국 사회와 일정한 유대관계를 맺고 있는 외국인을 강제로 출국시킬 것인지의 문제를 기본적으로 같은 선상에 놓고 있는 것이다. 또한 출입국 통제에 수반되는 보호(출입국관리법 제2조 제11호)에 대해서도 출입국 통제와 같은 기준이 적용된다. 예를 들어 한 하급심판결[32]에서는 보호에 대해서도 "주권국가로서의 기능을 수행하는 데 필수적인 것이므로 엄격하게 관리"되어야 한다고 강제퇴거명령과 함께 일반론을 전개하였고, 재량권 남용 여부도 함께 묶어서 판단하였다. 보호에 특유한 사정들은 따로 고려되지 않았다. 출입국관리법상의 보호는 보호라는 용어를 쓰고 있지만 이는 본인의

27) 인천지방법원 2014.5.16. 선고 2014구합30385 판결에서 피고 인천공항출입국관리사무소장의 본안전 항변. 그러나 법원은 입국불허결정과 구별되는 별도의 처분으로서 사법심사의 대상이 된다고 판단하였다.

28) 서울행정법원 2016.9.30. 선고 2015구합77189 판결; 인천지방법원 2015.5.21. 선고 2014구합3185 판결; 서울고등법원 2014.4.29. 선고 2013누47483 판결; 대구지방법원 2014.7.18. 선고 2014구합20300 판결 등.

29) '입국'에 대한 판결로는 서울행정법원 2016.9.30. 선고 2015구합77189 판결(입국금지결정) 참조.
'체류'에 대한 판결로는 서울행정법원 2015.6.18. 선고 2014구단15040 판결(체류기간 연장허가 거부); 대구고등법원 2016.8.5. 선고 2016누4547 판결(체류자격 변경허가 거부) 참조
'출국'에 대한 판결로는 인천지방법원 2015.5.21. 선고 2014구합3185 판결(출국명령); 서울고등법원 2014.4.29. 선고 2013누47483 판결(출국명령); 대구지방법원 2014.7.18. 선고 2014구합20300 판결(출국명령); 인천지방법원 2013.3.29. 선고 2012구합5910 판결(강제퇴거명령) 참조.

30) 서울행정법원 2016.9.30. 선고 2015구합77189 판결; 서울고등법원 2014.4.29. 선고 2013누47483 판결.

31) 위 각주 29) 참조.

32) 인천지방법원 2013.3.29. 선고 2012구합5910 판결.

의사에 반하여 신체의 자유를 박탈하는 행정작용으로서 실질적으로 인신구금에 해당한다. 외국인에게 출입국에 관한 거주이전의 자유는 보장되지 않지만 신체의 자유는 보장되므로, 보호에 관한 이익형량은 출국에 관한 이익형량과 비교할 때 이익형량시 고려되어야 할 사익의 비중이 클 것이다. 그럼에도 불구하고 인신구금으로서의 성격보다 출입국 통제에 부수된 수단으로서의 성격에 초점을 맞추어, 주권의 행사임을 근거로 출입국 통제와 마찬가지로 재량하자의 심사기준을 완화하고 있는 것이다.[33)]

4. 적법절차의 보장

마지막으로 주권은 절차적 보장을 배제하기 위한 논거로도 사용된다. 행정절차법에 따르면, 외국인의 출입국에 관한 사항에 대하여는 행정절차법이 적용되지 않는다(행정절차법 제3조 제2항 제9호 및 같은 법 시행령 제2조 제2호). 다만, 외국인의 출입국에 관한 처분 전부에 대하여 행정절차법의 적용이 배제되는 것이 아니라 성질상 행정절차를 거치기 곤란하거나 불필요하다고 인정되는 처분이나 행정절차에 준하는 절차를 거치도록 하고 있는 처분의 경우에만 행정절차법의 적용이 배제된다. 그러므로 외국인의 출입국에 관한 개개의 처분별로 그 처분이 '성질상 행정절차를 거치기 곤란하거나 불필요하다고 인정되는지'와 '행정절차에 준하는 절차를 거치도록 하고 있는지'를 살펴 행정절차법의 적용배제 여부를 판단하게 된다.[34)35)] 그런데 입국과 관련된 처분들, 즉 사증발급거부, 입국불허결정을 할 때 그 이유를 제시할 의무가 없다고 하면서 주권에 관한 사항임을 논거로 들기도 한다. 국가의 "주권 또는 국내관할에 속하는 사항"이고 "재량사항"이므로 행정절차를 거치기 곤란하고, "외국인을 입국시켜야 할 의무가 없으므로 입국이 불허된 사유를 제시하지 않더라도 국제법과 국내법적으로 문제가 되지 않는다"는 것이다.[36)]

---

33) 헌법재판소도 출입국관리법에 따라 보호된 자를 인신구제법에 따라 구제청구를 할 수 있는 피수용자 범위에서 제외한 것은 합헌이라고 판단하면서 "출입국관리법상 보호는 내·외국인의 출입국과 외국인의 체류를 적절하게 통제·조정함으로써 국가의 이익과 안전을 도모하는 국가행정인 출입국관리행정의 일환으로 외국인의 체류자격의 심사 및 체류자격 없는 외국인의 강제퇴거절차의 집행을 위하여 이루어지는 것인바, 출입국관리행정 중 이와 같이 체류자격의 심사 및 퇴거 집행 등의 구체적 절차에 관한 사항은 광범위한 정책재량의 영역에 있다"(헌법재판소 2014.8.28. 자 2012헌마686 결정)고 판단하였다. 신체의 자유의 제한이지만 출입국관리행정의 일환이기 때문에 광범위한 재량이 인정된다는 것이다.

34) 서울행정법원 2013.4.26. 선고 2012구합34679 판결; 서울행정법원 2013.6.12. 선고 2012구합36514 판결; 서울행정법원 2013.6.20. 선고 2012구합40506 판결 등. 공무원 인사관계 법령에 의한 처분에 관한 대법원 2007.9.21. 선고 2006두20631 판결의 법리를 차용한 것이다.

35) 이에 대하여 외국인의 출입국에 관한 처분이면 '성질상 행정절차를 거치기 곤란하거나 불필요하다고 인정되는지'와 '행정절차에 준하는 절차를 거치도록 하고 있는지'를 살펴볼 필요 없이 일률적으로 행정절차법의 적용이 배제된다는 일련의 하급심 판례군도 있다. 이 입장을 취하고 있는 판례와 그 근거에 대해서는 문중흠, 앞의 글, 137면 이하 참조.

36) 차용호, 『한국 이민법』, 법문사, 2015, 73면, 307면 이하. 다만, 실무상으로 사증발급이 거부되었을 때 신청인이 그 근거와 사유를 요청하는 경우 이를 안내할 수 있도록 별도의 서식을 두고 있다고 한다. 같은 책, 71면.

나아가 보호에 대해 영장주의를 채택하지 않은 것이 정당하다는 근거로도 주권 개념이 사용된다. 앞서 본 것처럼 보호는 인신구금의 성격을 갖지만 출입국관리법은 보호에 대해 영장주의를 채택하지 않고 있다. 법무부에서 발간한 출입국관리법 해설서에서는 보호는 "국제법상 국가의 주권으로 인정되는 외국인에 대한 강제송환 또는 강제퇴거를 목적으로 하는 점"을 보호에 대해 영장주의를 채택하지 않더라도 합헌이라는 논거의 하나로 들고 있다.[37)38)]

5. 소　　결

지금까지 우리나라의 행정실무, 법원실무, 문헌 등에서 주권을 법치주의 제한의 논거로 사용하는 예를 살펴보았다. 법률의 규율밀도, 사법심사의 대상과 강도, 적법절차에 관하여 다양한 방식으로 주권을 법치주의를 배제하거나 완화시키는 근거로 이용하고 있음을 확인할 수 있었다. 그러나 국제법 차원에서 주권국가가 갖는 재량이라는 점이 국내법 체계 안에서 법치주의 제한으로 연결되는 구체적인 논리는 발견하기는 어렵다. 다음 Ⅳ.에서는 미국의 全權 法理(plenary power doctrine)를 소개하고자 한다. 전권 법리는 국제법 차원에서의 주권 개념으로부터 국내법 차원에서의 사법심사 배제, 적법절차 배제와 같은 효과를 도출해내는 법리로서, 주권을 법치주의 제한의 논거로 사용하는 논리가 어떠한 사고방식에 기초하고 있는지를 알 수 있는 실마리가 될 수 있기 때문이다.[39)]

Ⅳ. 미국의 全權 法理(plenary power doctrine)

1. 개　　관

전권 법리는 미국 이민법의 기초를 이루는 법리로서 19세기말의 미국 연방대법원의 판례로 거슬러 올라간다. 법리의 골자는 이민규제에 관한 권한은 연방의 全權(plenary power)에 속한다는 것이다. 미국연방헌법에는 이민통제에 관한 권한이 규정되어 있지 않았고, 따라서 연방의 권한인지, 주의 권한인지에 대한 규정도 없었다. 연방대법원은 이민규제의 근거를 헌법조항이 아니라 국가의 주권에서 찾음으로써 이민규제의 권한이 연방에 속한다고 판단하였다. 그런데 이민규제권한이 주권에 근거한다는 논리는 연방과 주의 권한배분 문제를 정하는

37) 법무부, 『출입국관리법 해설』, 2011, 23면.

38) 헌법재판소 2016.4.28. 자 2013헌바196 결정에서 소수의견(4인)은 강제퇴거명령을 받은 사람을 즉시 대한민국 밖으로 송환할 수 없으면 송환할 수 있을 때까지 보호시설에 보호할 수 있도록 규정한 출입국관리법의 규정이 위헌이라는 의견을 개진하였다. "출입국관리법상의 외국인 보호는 형사절차상 '체포 또는 구속'에 준하여 외국인의 신체의 자유를 박탈하는 것이므로, 객관적·중립적 지위에 있는 자가 그 인신구속의 타당성을 심사할 수 있는 장치가 있어야 한다"는 것이다. 다수의견은 재판의 전제성을 갖추지 못하여 헌법소원심판 청구가 부적법하다는 취지인데, 그럼에도 그 중 2인은 "보호기간 연장에 대한 판단을 사법부가 심사하여 결정하도록 하는 입법정책을 택하는 것이 바람직"하다는 보충의견을 덧붙였다.

39) 덧붙여 미국 이민법의 기초를 이루는 법리이므로 그 자체로 우리나라에 소개될 필요성도 있다고 생각된다.

것 이상의 결과를 가져오게 된다. 이민에 관한 규제는 헌법이 아니라 헌법에 선재하는 주권에 근거한 것이므로 헌법적 제한을 받지 않고 사법심사의 가능성도 배제된다.[40)] 이민통제의 권한은 연방의 '정치적 부문'(political branches), 즉 입법부와 행정부의 완전한 권한에 속하는 것이므로 사법부는 개입할 수 없다.[41)]

2. 전권 법리의 형성

전권 법리는 1889년 *Chae Chan Ping v. United States*[42)] 사건에서 처음 등장하였다.[43)] 중국인 노동자 Chae Chan Ping은 1875년에 미국에 왔다. 당시에는 1868년 Burlingame 조약에 따라 중국으로부터의 자유로운 이민이 보장되었다. 그러나 대륙횡단철도가 완성되고 불황이 시작되자 반중국인 정서가 확산되었고 연방의회는 중국인의 입국을 제한하는 일련의 법률(Chinese Exclusion Act)을 제정하였다. 1882년 새로운 중국인 노동자의 입국을 10년 동안 금지하는 법률이 제정되었고, 1884년 일시적으로 미국에서 출국하기를 원하는 모든 중국인에게 재입국을 위한 허가증을 받아 둘 것을 요구하는 법률이 입법되었다. Chae Chan Ping은 미국에 12년 동안 거주하였는데 1887년 가족을 방문하기 위하여 재입국 허가증을 받고 중국으로 출국하였다. 그런데 1888년 그가 미국으로 다시 돌아오기 며칠 전에 재입국 허가증이 있는 자를 포함하여 모든 중국인 노동자의 입국을 금지하는 법률이 시행되었다. Chae Chan Ping의 입국은 금지되고 그는 샌프란시스코 만에 있는 배에 구금되었다. 그는 연방의회는 이민에 관한 법률을 제정할 권한이 없다고 주장하면서 연방대법원에 인신보호를 청구하였다. 연방대법원은 이민을 규율할 권한은 전적으로 연방의 권한에 속한다고 하면서, 이민에 관한 연방의 권한은 국가안보(national security), 영토에 대한 주권(sovereignty over its own territory), 국가의 자기보전(self-preservation)[44)]에 근거한다고 판단하였다. 또한 이는 연방의 '입법부와 행정부'(political branches)의 전권에 속하는 것으로서 사법부는 심사할 수

---

40) Koulish, Robert, Immigration and American Democracy - Subverting the Rule of Law, Routledge, 2010, p. 29; Kagan, Michael, "Plenary Power Is Dead! Long Live Plenary Power!", Michigan Law Review First Impressions, 2015, Forthcoming; UNLV William S. Boyd School of Law Legal Studies Research Paper(Available at SSRN: https://ssrn.com/abstract=2642449), p. 23.

41) Saito, Natsu Taylor. "Enduring Effect of the Chinese Exclusion Cases: The Plenary Power Justification for On-Going Abuses of Human Rights" Asian LJ 10(2003), p. 14.

42) 130 U.S. 581(1889).

43) 전권 법리를 형성한 개개의 판결에 대한 설명은 Koulish, 앞의 책, p. 31 이하; Kagan, 앞의 글, p. 23 이하; Wilsher, 앞의 책, p. 23-27, 60-61, 71-72 이하; Motomura, Hiroshi, "Immigration Law After a Century of Plenary Power: Phantom Constitutional Norms and Statutory Interpretation", 100 Yale L.J. 545 1990-1991, p. 550 이하; Saito, 앞의 글, p. 14 이하; 이철우, "정치의 사법화와 사법을 통한 정책결정 -이민정책을 중심으로-" 『법학연구』(연세대학교 법학연구원) 제26권 제1호(2016.3.), 333면 이하; 이현수, "사증발급거부 결정의 사법적 통제", 대법원 특별소송실무연구회 발표문(2016.9.5.), 9면 이하를 참조한 것이다.

44) Wilsher, 앞의 책, p. 24 참조.

없다고 하였다. 연방의회는 사법심사의 제약을 받지 않고 이민에 관한 권한을 행사할 수 있다. 외국인의 입국을 금지할 권한에 제한이 가해진다면, 제한되는 만큼 주권도 감소하는 것이기 때문이다. 진정으로 주권적인 것이 되기 위해서는 어떠한 외부의 힘에도 종속되지 않아야 한다는 것이다.[45] 이민사건은 '정치적 문제'(political question)로서 사법심사에서 배제되고, 주권에 부수한 것이므로 개인이 이를 다툴 수 없고 오로지 국가 사이의 외교적 협상에 맡겨질 문제가 된다. 특기할만한 점은 연방대법원은 이민을 무력에 의한 침입과 같은 수준의 국가안보에 대한 위협으로 평가하였다는 점이다. "국가의 독립을 유지하고 외국의 공격과 침입으로부터 안전을 확보하는 것은 모든 국가의 가장 고귀한 의무이고 이 목적을 달성함에 있어 거의 모든 다른 고려사항은 부차적인 것이다. 공격과 침입이 어떠한 형태인지는 중요하지 않다. 국가적 성격의 외국의 행위일 수도 있고, 외국인의 거대한 무리가 우리에게 몰려오는 것일 수도 있다. … 우리와 동화되지 않을 다른 인종의 외국인의 존재가 국가의 평화와 안전에 위협이 될 것이라고 판단된다면, 그 나라와 현재 적대적인 상태에 있지 않다는 것이 입국금지를 미룰 이유는 되지 않는다."

3년 뒤 *Nishimura Ekiu v. United States*[46] 사건에서 일본인인 Nishimura Ekiu는 사회복지의 대상자가 되어 공공의 부담(public charge)이 될 우려가 있다는 이유로 입국이 불허되었다. 그녀는 사전의 청문 없이 입국을 불허한 것이 적법절차 원칙에 위반된다고 주장하였다. 법원은 주권에 기초하여 적법절차 위반이 아니라고 판단하였다. "모든 주권국가는 자신의 영역 내로 외국인이 입국하는 것을 금지하거나 자신이 적절하다고 판단하는 경우에 그러한 조건 하에서만 외국인의 입국을 허용할 권리를, 주권에 내재하는 국가의 자기보전에 필수불가결한 권리로서 갖는다. 이는 일반적으로 승인된 국제법규이다." 이에 근거하여 법원은 의회가 명시적으로 부여한 권한 내에서의 행정부 공무원의 결정은 그 자체가 적법절차에 의한 것이라고 판단하였다. *Chae Chan Ping* 사건은 의회의 실체적인 규율에 대한 것인 반면, *Nishimura* 사건은 절차적 규율에 대한 것이고 최종적인 결정은 행정부 공무원에 의하여 이루어졌다. 절차적 규율에 대하여, 그리고 행정부의 결정에 대하여 전권 법리를 적용하였다는 점에서 *Nishimura* 사건은 전권 법리의 적용범위를 확장한 것으로 평가된다.[47]

1893년에는 다시 중국인을 배제하는 법률이 문제가 되었다. 1892년 의회는 이미 미국에 거주하고 있는 중국인 노동자 중 체류허가를 받지 못한 자의 체류를 금지시켰다. 체류허가를 받기 위해서는 해당 중국인이 1892년 이전부터 미국에 거주하고 있었다는 "신뢰할만한 백인 증인"의 진술이 요구되었다. Fong Yue Ting은 위 요건을 충족하지 못하여 추방명령을 받았

45) Wilsher, 앞의 책, p. 120.
46) 142 U.S. 651(1892).
47) Motomura, 앞의 글, p. 552.

다. *Fong Yue Ting v. United States*[48] 사건에서 법원은 백인 증인의 진술을 요구하는 것이 적법절차 원칙에 위반된다는 주장을 배척하고, 이전 사건에서와 마찬가지로 이민규제에 관한 의회의 결정은 사법심사가 배제된다고 판단하였다. 이 사건에서는 이미 체류하고 있는 외국인에 대한 추방은 입국금지와 달리 적법절차 원칙에 따라 보호되어야 한다는 주장이 제기되었다. 다수의견은 이 주장을 받아들이지 않았지만, 세 명의 소수의견은 이를 받아들였다. 아직 입국 이전인 자의 입국금지와 이미 체류 중인 자의 추방을 구별하는 논리는 훗날 전권 법리를 제한하고자 하는 시도의 실마리가 된다.[49] 체류 중인 외국인은 미국에 유대관계를 갖고 있기 때문에 적법절차의 원칙에 따른 헌법상 보호를 받아야 한다는 것이다. 소수의견은 이를 토대로 "신뢰할만한 백인 증인" 요건은 적법절차 원칙을 위반하였다고 판단하였다. 특히 Brewer 재판관은 이민에 관한 무제한적인 입법권한의 위험성을 강조하였다. "주권에 내재한 권한이라는 법리는 모호하고 위험"하다는 것이다. 이민에 관한 권한을 넓게 해석하면 외국인에 대한 어떠한 가혹한 조치도 가능해질 것이기 때문이다.[50]

Yamataya v. Fisher[51] 판결에서는 입국 전의 외국인과 체류 중인 외국인을 구별하는 *Fong Yue Ting* 판결의 소수의견의 논리가 받아들여졌다. Yamataya는 미국에 입국한 지 4일만에 구금되고 추방명령을 받았다. 법원은 전권 법리 자체를 문제 삼지는 않았지만, 미국 내에 체류하는 외국인은 입국을 신청하는 외국인보다 더 강한 헌법상의 보호를 받아야 한다고 하여여 전권 법리의 적용범위를 제한하였다. 또한 추방명령을 심사하는 법원은 실체적인 이민법 규정의 문제보다 적법절차의 문제를 더 면밀하게 심사하여야 한다고 하였다. 이로써 체류 중인 외국인은 적법절차 원칙에 따른 절차적 권리를 보장받게 되었다.[52] 이 사건에서는 청문의 기회를 부여하지 아니하고 구금과 추방명령이 이루어졌기 때문에 위법하다고 판단되었다.

3. 냉전 시대와 전권 법리의 강화

위와 같이 19세기말에서 20세기 초반에 걸쳐 연방대법원의 판결로 전권 법리의 기본적인 모습이 형성되었다. 20세기 전반기의 여러 판결에서는 전권 법리가 지나치게 가혹한 결과를 낳지 않도록 전권 법리의 적용을 제한하기도 하였지만, 냉전 시대에 접어들자 전권 법리는 다시 강화되었다.[53]

---

48) 149 U.S. 698(1983).
49) Motomura, 앞의 글, p. 553.
50) Wilsher, 앞의 책, p. 26.
51) 189 U.S. 86(1903) [the Japanese Immigrant case].
52) Wilsher, 앞의 책, p. 27.
53) Motomura, 앞의 글, p. 555.

Ellen Knauff는 나치 치하의 독일에서 도망 나와 2차 세계 대전 동안 영국 공군에서 근무하였고 종전 후에는 독일에서 연합군에 근무하였다. 1948년 미국인과 결혼하여 미국에 입국허가를 신청하였다. 정부는 청문 없이 영구적으로 입국을 금지하였다. 그녀를 입국시키면 미국의 국익에 해가 될 우려가 있다는 이유였고 그 이상의 구체적인 사유는 제시되지 않았다. *Knauff v. Shaughnessy*[54] 판결에서 연방대법원은, 국민의 배우자라고 할지라도, 외국인의 입국을 금지할 권한은 주권에 속하는 것으로서 사법심사가 배제되고, 이는 실체적 사유뿐만 아니라 절차적 사유도 포함한다고 판단하였다.

Mezei는 25년 동안 미국에 거주한 영주권자였다. 1948년 부인을 미국에 남겨 두고 임종 직전인 어머니를 만나기 위해 동유럽을 방문하였다. 그런데 미국으로 돌아왔을 때 청문 없이 입국이 금지되었다. 입국금지사유는 제시되지 않았는데, 그 사유가 공개할 경우 공익에 해가 될 우려가 있기 때문에 비밀로 유지해야 할 정보에 근거하고 있다는 이유에서였다. Mezei를 받아 줄 다른 나라가 없었기 때문에 그는 Ellis 섬에 구금되었고 이는 성질상 기간의 제한이 없는 구금이었다. *Shaughnessy v. United States ex rel. Mezei* 판결[55]에서 법원은 미국에 장기간 거주한 자라고 할지라도 재입국은 최초의 입국과 마찬가지로 취급되고 청문절차는 보장되지 않는다고 판단하였다. 강력한 반대의견이 있었으나 다수의견은 전권 법리에 따라 Mezei에게는 추방에 대해 적용되는 절차적 보장이 적용되지 않는다는 의견이었다. 무기한의 구금에서 해제해 달라는 청구에 대해서는 세계 어느 곳이든 자유롭게 갈 수 있으므로 구금이 아니라 일시적인 피난처를 제공해 준 것이라고 판단하여 청구를 배척하였다.[56]

Harisiades v. Shaughnessy[57] 사건에서는 앞서의 두 사건과 달리 실체적 사유가 문제되었다. 미국 의회는 공산당 당원인 외국인을 추방하는 법률을 제정하였다. 1939년 연방대법원은 현재 당원이 아닌 과거 당원이었던 자에 대해서는 추방이 허용되지 않는다고 판단하였다. 그러자 공산당은 외국인 당원을 추방의 위험에서 보호하고자 제명하였다. 이에 대응하여 의회는 과거에 당원이었던 자의 추방을 허용하는 법률을 제정하였다. Harisiades는 영주권자였는데 과거에는 공산당 당원이었으나 두 번째 법률이 제정될 당시에는 당원이 아니었다. 영주권자에게는 체류할 "기득권"이 인정된다거나 영주권자에 대한 추방사유는 "합리적"이어야 한다는 주장은 배척되었다. 외국인에 대한 정책은 외교관계, 공화정 유지에 관한 정책과 밀접하게 관련되어 있으므로 입법부와 행정부에 전적으로 맡겨져야 하고 사법부의 심사와 개입

54) 338 U.S. 537(1950).
55) 345 U.S. 206(1953).
56) 반대의견에서는 그가 자유롭게 이동할 수 있다는 것은 법적 의제에 불과하고 상식에 반하는 생각이라고 비판하였다. Mezei는 4년 동안 더 구금된 후에 가석방되었다. 가석방 전 이루어진 청문에서는 Mezei로 인한 위험이 종신구금을 정당화할 정도로 중대한 것은 아니라고 판단되었다. Wilsher, 앞의 책, p. 61.
57) 342 U.S. 580(1952).

으로부터 자유로워야 한다는 것이다. Knauff와 Mezei 사건과 비교하면 미국 내에 체류 중인 외국인이라는 차이가 있었으나, 절차적 사유가 아니라 실체적 사유를 주장하였기 때문에 청구가 인용될 수 없었다.[58)]

위 세 사건에는 모두 사법부에 의한 보호가 제한되는 것을 우려하는 반대의견이 있었다. Mezei 사건에서는 영주권자의 재입국을 입국과 마찬가지로 취급함으로써 입국금지가 아니라 추방에 보장되는 권리를 배제한 점이 문제로 지적되었다. 또한 Knauff와 Mezei 사건에서는 공통적으로 가장 기본적인 절차가 명백하게 무시되었다는 점이 비판되었다. Harisiades 사건에서는 영주권자의 추방에 대해서는 적법절차의 원칙과 평등원칙과 같은 헌법적 보호가 필요하다는 의견이 제시되었다.

4. 전권 법리의 균열과 9.11. 테러 이후의 재강화

1990년대 냉전이 종식되고 인권이 보장되어야 한다는 분위기가 확산되자 전권 법리에 균열이 생기기 시작하였다. *Zadvydas v. Davis*[59)] 사건에서는 기한의 정함이 없는 구금이 위헌이라는 판단이 내려졌다. 이 사건에서는 외국인 2명이 범죄를 저질렀다는 이유로 추방명령을 받고 구금되었다. 그러나 이들을 받아줄 국가가 없었기 때문에 구금은 7년 동안 계속되었다(소송이 종결될 때까지 2년 더 구금되었다). 다수의견은 무기한 구금이 허용되지 않는다고 판단하였다. 구금기간의 상한이 법률에 규정되어 있지 않았으나, 추방의 집행을 확보하기에 필요한 합리적인 기간 동안만 구금할 수 있다는 것이다. 추방사유 있는 외국인이라고 할지라도 적법절차가 보장되는 자유(liberty)의 이익을 향유하므로, 기한의 정함이 없고 따라서 영구적일 수 있는 구금을 허용하는 것은 헌법 위반이다. 위 판결은 이민행정일지라도 자유의 박탈을 포함하고 있는 한에서는 적법절차 원칙이 적용된다는 것을 확인하였다는 점에서 전권 법리에 균열을 낸 판결로 평가된다.[60)] 그러나 *Zadvydas* 판결에서는 무기한 구금이 허용될 수 있는 예외적 상황을 유보하여 두었고,[61)] 위 판결 직후 9.11. 테러가 일어나자 전권 법리는 다시 힘을 얻게 되었다. 전권 법리는 9.11. 테러 이후 이루어진 외국인에 대한 감시, 조사, 구금을 위한 각종 입법적·행정적 조치들을 정당화하는 근거가 되었다.[62)]

---

58) Motomura, 앞의 글, p. 560.
59) 533 U.S. 678(2001).
60) Kagan, 앞의 글, p. 24.
61) Aleinikoff, T. Alexander. "Detaining Plenary Power: The Meaning and Impact of Zadvydas v. Davis." Geo. Immigr. LJ 16(2001), p. 379 이하.
62) 구체적인 입법적·행정적 조치의 내용은 Saito, 앞의 글, p. 20 이하; Koulish, 앞의 책, p. 36 이하; Wilsher, 앞의 책, p. 233 이하 참조.

5. 전권 법리에 대한 평가와 전망

미국의 이민법 학자들은 대체로 전권 법리에 대해 비판적이다.[63] 전권 법리는 인종, 민족 등에 기초하여 차별하는 것을 가능하게 하는데, 이러한 차별은 다른 영역이었다면 강도 높은 사법심사의 대상이 된다. 또한 전권 법리는 법의 소급적용을 가능하게 하고, 비공개 증거의 사용과 청문 없는 무기한 구금을 허용한다.[64][65] 전권 법리로 인해 이민법 영역은 헌법적 보호에 있어 다른 영역으로부터 유리된 특별하고 예외적인 영역이 되었다. 이민법에 대한 사법심사가 제한되면서 다른 영역에서 이루어진 헌법원칙의 발전이 이민법 영역에는 영향을 미치지 못하게 되었다. 전권 법리를 비판하는 학자들은 이민법 영역을 특별하고 예외적인 영역으로 취급하지 말고 기존에 확립된 헌법원칙에 따라 판단할 것을 주장한다. 이민이라고 해서 특별할 것은 없다는 것이다.[66]

전권 법리는 100년 이상의 역사를 가진 오래된 법리이고, 전권 법리를 비판하는 학자들도 연방대법원이 가까운 시일 내에 전권 법리를 전면적으로 폐기할 것으로 예상하지는 않는다.[67] 그러나 2015년의 *Kerry v. Din* 판결[68]에서 변화의 단초가 나타났다. 미국인인 Din은 그녀의 남편인 아프가니스탄인 Kanishka Berashk의 사증발급 신청이 거부되자 소를 제기하였다. 국무부는 테러 활동에 가담했던 자의 입국을 금지하는 조항에 근거하여 사증발급을 거부하였으나 구체적인 사유는 제시하지 않았다. Din은 사증발급거부가 혼인생활에 관한 권리(동거할 권리)를 침해하므로 적법절차 원칙에 따라 국무부는 구체적 이유를 제시할 의무가 있다고 주장하였다. 결론적으로는 Din이 패소하였으나, 9인 중 4인의 대법관이 적법절차 위반이라고 판단하였다. 또한 다수의견 5인 중 2인만이 전권 법리를 근거로 원용하였다. 다수의견 중 3인은 전권 법리를 원용하지 아니하고 일반적인 적법절차 원칙에 따라 판단하였다. 배우자와 미국에서 함께 거주할 권리는 적법절차가 보장되는 자유(liberty)의 이익에 해당하지 않는다는 것이다. 대법관 9인 중 7인이 이민법의 독자성이나 특수성을 인정하지 아니하고 통상적인 헌법원칙에 따라 판단하였다는 점에서 위 판결은 이민법 발전의 새로운 전기가 될 것이라고 평가된다.[69]

---

63) 전권 법리를 비판하는 문헌에 관해서는 Augustine-Adams, Kif, "The Plenary Power Doctrine After September 11." UC Davis Law Review 38(2004), p. 703-704 각주 7) 참조.

64) Saito, 앞의 글, p. 20.

65) 이외에도 전권 법리는 사증발급거부에 대한 외국인의 원고적격을 부정하는 근거가 된다. 이현수, 앞의 글, 12면 참조. 다만, 외국인에 대한 사증발급거부가 미국 국민의 기본권에 영향을 미치는 경우에는 전권 법리의 예외로서 해당 미국 국민의 원고적격이 인정된다. 구체적 사건의 소개는 위의 글, 14면 이하 참조.

66) Legomsky, Stephen H. "Immigration Law and the Principle of Plenary Congressional Power." The Supreme Court Review(1984). p. 45 이하.

67) Kagan, 앞의 글, p. 25.

68) 135 S. Ct. 2128(2015).

Ⅴ. 주권 논증의 비판과 향후의 과제

1. 주권에 기초한 논증의 문제점

(1) 우선 외국인의 출입국에 관한 권한의 행사가 주권의 행사로서 광범위한 재량을 누린다는 명제가 갖는 가장 큰 문제점은 국제법상의 재량의 의미와 국내법상의 재량의 의미를 혼동하고 있다는 점이다. 국제법 차원에서 국내문제로서 재량사항이라는 의미는 자의적으로 외국인의 입국을 거부하거나 추방하더라도 이것이 외교적 문제는 될 수 있을지언정 국제법 위반의 문제는 되지 않는다는 의미이다. 여기에서 재량은 다른 국가와의 관계에서 주권국가가 갖는 재량을 의미한다. 그런데 국내법의 차원으로 옮겨 오면서 재량은 다른 의미로 변질된다. 출입국관리행정을 수행하는 행정권이 입법권과 사법권과의 관계에서 갖는 재량의 의미로 변모한다. 국가가 다른 국가에 대해 갖는 주권이, 국가 내의 행정권이 입법권과 사법권과의 관계에서 갖는 재량으로 바뀐다. 그러나 누구를 받아들이고 누구를 추방할지는 국제법 차원에서는 국가의 주권적 재량사항이지만, 국내법 차원으로 들어왔을 때 입법부, 행정부, 사법부 사이에서 어떻게 권한을 배분할지는 각 국의 헌법질서에 맡겨진 문제이다. 국제법상 국가주권에 관한 사항이라는 명제가, 국내법질서 안에서 입법부와 사법부의 권한과 책임을 감소시키고 행정부의 권한을 확장하는 방향으로 작동할 이유는 없다. 국가주권의 최고성과 무제약성을 행정권이 고스란히 가질 수는 없다.

국제법에서의 재량과 국내법에서의 재량이 다르다는 점을 전제로 하면, 그 다음으로 바로 등장하는 문제는 출입국에 관한 행정이 주권행사와 밀접한 관계가 있다거나 주권의 본질적 속성에 따른 것이라는 명제는 그 실체가 모호하다는 점이다. 미국의 전권 법리는 어쨌든 그 타당성을 떠나 국제법상의 주권이 국내법의 법리로 전환되는 연결고리를 갖고 있다. '정치적 문제'로서 또는 외교문제[70]로서 사법심사가 제한된다는 것이다. 우리나라의 법리에 대응시키면 가장 유사한 개념이 통치행위일 것이다.[71] 그러나 2백만 명의 외국인이 체류하는 시대에 일상적으로 이루어지고 있는 출입국관리행정이 모두 고도의 정치성을 갖는 통치행위라고 보기는 어렵다. Chae Chan Ping 사건에서처럼 외국인의 입국에 대한 통제를 무력 침입으로부

---

69) Kagan, 앞의 글, p. 25.

70) *United States v. Curtiss-Wright* 299 U.S. 304, 320(1936)에서는 이민통제에 관한 전권의 근거를 외교문제에 관한 대통령의 권한에서 찾았다. 외교문제에 관한 권한 역시 헌법에 선재하고 헌법과 무관하게 존재하며 주권에 내재하는 권한이다. 외교에 관한 권한을 이민통제에 관한 권한에 유추함으로써 여기에서 전권은 입법부와 행정부의 전권이 아니라 오로지 행정부의 전권이 된다. Cox, Adam B./Rodriguez, Cristina M., "The President and Immigration Law", 119 Yale L. J. 458 2009-2010, p. 475 이하; Koulish, 앞의 책, 31면 이하 참조.

71) 김동희, 『행정법 Ⅰ』, 박영사, 2016, 12면 참조.

터 국가의 자기보전을 위한 행위라고 관념할 수는 없을 것이다. 영국, 그리고 영국과 법적 전통을 함께 하는 캐나다, 호주의 경우에도 과거에는 이민통제에 관한 권한을 '국왕의 대권'(royal prerogative)에서 기원하는 것으로 보았다. 이는 이민에 관하여 행정의 광범위한 재량을 인정하고 법원은 사법심사에 있어 행정의 결정을 존중하는 결과를 가져왔다. 그러나 2000년대 이후의 판례에서는 점점 행정의 자유영역은 제한되고 법치주의가 강화되고 있다.[72] 독일의 경우에는 애당초 주권을 근거로 이민에 대하여 사법심사를 배제하거나 제한하는 법리가 없다. 독일은 미국과 달리 이민 문제를 외교정책의 문제로 보지 않고 국내 규제정책의 문제로 보기 때문이다.[73]

(2) 또 하나 지적할 점은 출입국관리행정의 형식적 상대방이 외국인이라고 하더라도 실제로는 국민의 권리를 제한하거나 국민의 이익에 영향을 미치는 부분이 적지 않다는 점이다. 노동이민과 결혼이민은 외국인 유입의 주요 원천이다. 2016. 12. 현재 체류외국인 약 205만여 명 중 취업자격으로 체류 중인 외국인이 약 60만 명, 국민의 배우자인 외국인이 약 15만명[74]이다.[75] 앞서 본 바와 같이 결혼이민의 경우 국민의 배우자에 대한 사증발급거부는 국민의 혼인의 자유를 제한하는 성격을 갖는다.

노동이민, 그 중에서도 대다수를 차지하는 단순기능인력[76]의 도입은 여러 국민 집단의 이해관계에 영향을 미친다. 내국인 근로자, 특히 저임금·저숙련 근로자 집단과 저임금 노동력을 필요로 하는 사업자 집단 사이에 이해관계가 상충되고, 내국인 근로자의 고용율과 임금수준에 중대한 영향을 미치는 사항이다. 현재는 '외국인 근로자의 고용 등에 관한 법률'이 제정되어 위 법률에 따라 고용허가제가 시행되고 있지만, 노동이민의 효시라고 할 수 있는 산업연수생 제도는 법률의 근거 없이, 심지어 대통령령이나 부령의 근거도 없이, 오로지 훈령에 의해 시행되었다.[77] 당시 산업연수생 제도의 도입을 둘러싸고 찬반논쟁이 거세었다. 인력난

---

72) Dauvergne, 앞의 글, p. 591, p. 605 이하.

73) Neuman, Gerald L., "Immigration and Judicial Review in the Federal Republic of Germany", 23 N.Y.U. J. Int'l L. & Pol. 35 1990-1991, p. 36, p. 74 이하. Neuman은 미국의 이민법 학자이다. 그는 이민 문제에 관한 사법심사를 배제하는 명시적인 조항이 없다는 점은 미국과 독일의 헌법이 같은데 독일 연방헌법재판소는 사법심사 권한을 행사하고 미국 연방대법원은 사법심사를 배제한다면 이는 미국이 특이한 것이라고 전권 법리를 비판한다. 또한 위와 같은 차이가 ① 독일 기본법에서는 기본권을 의식적으로 국민의 권리와 인간의 권리로 나누어 규정하여 외국인에게도 일정한 기본권이 인정될 수 있음이 명확히 하고 있는 점, ② 이민통제에 관한 책임을 연방과 주가 분담하고 있어 연방이 전권을 갖는 미국과 달리 법원이 사법심사를 자제하는 외교정책의 문제로 볼 여지가 없고 국내 규제정책의 문제로 보고 있는 점에서 비롯된 것으로 분석하고 있다.

74) 그 외에 지금까지 약 11만 명이 혼인으로 국적을 취득하였다(혼인귀화자).

75) 법무부, 『출입국·외국인정책 통계월보』, 2016년 12월호.

76) 약 55만명이 비전문외국인력인 단순기능인력에 해당한다.

77) 원래 산업기술연수 사증은 해외 현지법인이 있는 사업체가 3개월 동안 국내 사업체로 기술연수를 보내기 위한 사증이었다(출입국관리법 시행령 [시행 1984.7.1.] [대통령령 제11456호, 1984.6.30., 전부개정] 제9조 제1항 제13호). 산업연수생 제도는 기존의 산업기술연수 사증의 발급대상을 훈령을 통해 확대함으로써 도

을 겪고 있던 3D 업종의 중소기업은 외국인 근로자의 수입을 허용하라고 요구하였고, 노동조합은 임금과 고용의 유지를 위하여 반대 입장에 섰다. 정부 내에서도 부처별로 의견이 엇갈렸다.[78)]

법률유보 원칙에 따르면, 규율대상이 국민의 기본권 및 기본적 의무와 관련한 중요성을 가질수록 그리고 그에 관한 공개적 토론의 필요성 또는 상충하는 이익 사이의 조정 필요성이 클수록 국회의 법률에 의해 직접 규율될 필요성은 더 증대된다.[79)] 국회의 입법절차는 행정입법절차와 달리 다원적으로 구성된 합의체에서 공개적 토론을 통하여 다양한 견해와 이익을 인식하고 교량할 수 있는 절차이고, 일반국민과 야당의 비판이 허용되고 참여가 가능하기 때문이다.[80)] 그러나 우리나라의 노동이민은 국민의 집단 사이에 이해관계가 상충됨에도 국민의 대표인 국회의 의사결정 없이 시작되었다.[81)] 출입국 관리에 관한 사항을 단순히 국가의 외국인에 대한 주권행사라고 보아 법률유보 원칙의 적용을 배제하거나 약화시키는 것은 사실 이 문제가 국민의 권리와 이익에 중대한 영향을 미칠 수도 있는 문제임을 가리는 것이다. 외국인의 국내유입에 대해 기본적인 수준의 민주적 의사결정은 필요하다. 특히 노동이민과 결혼이민의 영향을 받는 국민 집단이 저임금·저숙련 근로자들과 경제적·사회적 요인으로 인해 국제혼인중개업을 통한 국제결혼을 시도하게 되는 사람들이라는 점에 비추어 보면, 행정부에 의한 의사결정과정에서는 이들의 의사와 이익이 경시될 우려가 크다.

2. 향후의 과제

여기에서는 이상의 논의를 토대로 여기에서는 출입국관리행정에 대한 법치주의의 적용에 있어 앞으로 나아갈 방향과 과제에 대해 간단히 언급하고자 한다. 추가로 해명이 필요한 문제들, 즉 법률유보 원칙과 포괄위임금지 원칙의 구체적 판단기준, 입국에 관한 행정작용에 대한 처분성 인정 여부, 재량하자 심사시 구체적인 이익형량의 방식, 행정작용의 종류에 따른 행정절차의 보장 여부와 그 범위, 인신구금인 보호에 대한 司法的 보호의 필요성과 범위 등은 그 자체로 각각 독립된 연구가 필요한 문제이므로 차후의 연구과제로 남기기로 한다.

입되었다. 1991년 10월 법무부 훈령(제255호)으로 제정된 "외국인 산업기술 연수사증 발급 등에 관한 업무지침"이 그것이다. 그런데 처음에는 해외투자 기업에만 허용되었기 때문에 인력난을 겪고 있던 중소기업이 산업연수생 제도를 이용하기는 어려웠다. 정부는 1993년 12월 28일에 "외국인산업기술연수 사증발급에 관한 업무지침"을 개정(법무부훈령 제294호)하여 종전의 연수업체 대상에 더하여 "주무부처의 장이 지정하는 산업체 유관 공공단체 장이 추천하는 사업체"를 추가함으로써 중소기업중앙회의 추천에 의해서도 연수생의 도입이 가능하도록 하였다. 새로운 제도에 의거하여 1994년 5월말부터 중국, 베트남, 필리핀 등 10개국으로부터 연수생의 입국이 시작되면서 본격적으로 우리나라에 외국인 근로자가 유입되게 되었다.

78) 이혜경, 앞의 글, 114면; 최홍엽, 앞의 글 참조.

79) 대법원 2015.8.20. 선고 2012두23808 전원합의체 판결.

80) 헌법재판소 2004.3.25.

81) 이혜경, 앞의 글, 121면에 따르면 산업연수생 제도는 사업자단체의 로비에 의해 도입되었을 뿐만 아니라 사업자단체는 연수생관리수입과 같은 금전적 수입을 취득할 수 있었다고 한다.

(1) 법률의 규율밀도에 관하여

국가는 국가의 이익에 도움이 될 외국인을 선택적으로 받아들이고 국가의 이익에 해를 끼칠 외국인을 추방한다. 유입과 배제의 선별기준은 법률에 규정되고 행정청은 그 안에서 재량을 행사하여 구체적 결정을 내린다. 현대 행정의 특성상 법률의 규율밀도가 낮은 것은 불가피하고 법률유보 원칙과 포괄위임금지 원칙의 요청도 완화될 수밖에 없다.[82] 그럼에도 불구하고 법치주의 원칙을 채택하고 있는 이상 위와 같은 요청을 완전히 포기할 수는 없다. 출입국관리행정 영역도 마찬가지이다. 출입국관리행정의 법률관계가 마치 과거의 특별권력관계처럼 다른 행정영역과 질적으로 다른 것으로 분리되어 취급될 이유는 없다. 법률유보 원칙이나 포괄위임금지 원칙을 적용하기 위해 본질적 사항인지, 위임이 구체적인지를 판단할 때에는 규율대상의 성질, 기본권 제한의 효과 등을 고려하여 판단한다. 출입국관리행정이 갖는 특수성은 그 안에서 고려되면 충분하다. 외국인의 입국, 체류, 출국에 관한 사항이 주권적 사항이라는 이유만으로 법률의 규율밀도가 낮아도 좋다고 일률적으로 이야기할 수는 없다. 출입국관리정책에 관한 결정이 본질적 사항이라면 국회에서 결정하여야 하고(법률유보의 원칙), 비본질적 사항이라 하더라도 시민의 권리의무에 영향을 주는 사항이라면 법률의 위임이 필요하고 그 위임은 구체적이어야 한다(포괄위임금지의 원칙). 법률이 좀 더 구체화되더라도 국경관리와 체류외국인 관리에 실제로 문제가 없는데도 '출입국관리행정은 법치주의가 유보되는 분야'라는 인식하에서 법적 근거가 마련되지 않거나 추상적으로만 규정되어 있는 경우가 많은[83] 현재의 상태는 개선되어야 한다.

(2) 사법심사의 강도에 관하여

서두에 본 것처럼 하급심 판결에서는 외국인의 출입국에 관한 사항은 "주권국가로서의 기능을 수행하는 데 필수적"이고, "국가가 바람직하지 않은 외국인을 추방할 권리를 갖는 것은 주권의 본질적 속성"이므로, 출입국에 관한 사항은 "광범위한 정책재량의 영역"에 놓여 있고, "엄격히 관리"되어야 하며 "당사자의 불이익보다는 국가의 이익과 안전을 도모하여야 한다"는 표현이 반복적으로 등장하고 있다. 이는 재량하자 심사에 있어 행정청의 재량권 행사를 용인하는 결론으로 이어진다. 그러나 출입국에 관한 사항을 주권행사에 관한 사항으로 보아 광범위한 재량을 인정하면 사법심사 과정에서 공·사익의 이익형량은 형해화·형식화된다.[84] 광범위한 정책재량은 정책형성의 영역에서 인정될 수 있을 뿐이고, 정책집행, 즉 개개의 외국인에 대한 개별처분의 단계에서의 재량의 범위는 근거법령의 문언과 규율밀도, 출

82) 박재윤, "위임명령을 통한 행정의 통제와 조종-헌법재판소 2011.6.30. 선고 2008헌바166등 결정-", 『공법연구』 제41집 제3호(2013. 2.), 388면 이하 참조.
83) 차규근, 앞의 글, 141면 이하.
84) 문중흠, 앞의 글, 108면 이하.

입국관리행정의 단계, 처분의 성격이 침익적인지 아니면 수익적인지 등에 따라 달리 판단되어야 할 것이다.[85)86)]

물론 출입국관리행정 영역은 그 특성상, 예를 들어 외교정책 또는 국가안보와 관련이 있을 수 있기 때문에, 외국인의 유입이 장래 우리 공동체에 미칠 영향에 대한 예측적 판단(예를 들어 인구구조와 노동시장의 변화)을 근거로 하기 때문에, 외국인에게는 입국과 체류의 권리가 기본권으로 보장되지 않기 때문에 법원의 심사강도가 낮고 재량의 여지는 넓을 수 있다. 그러나 이는 경제규제, 도시계획, 환경행정의 영역에서는 경찰행정의 영역보다 재량이 넓게 인정된다는 말과 본질적으로 다르지 않은 말이다. 출입국관리행정이라고 해서 특별할 것은 없고, 출입국관리행정을 구성하는 다종다기한 행정작용이 모두 주권행사라는 말로 법원의 심사로부터 보호될 수는 없다.

최근 대법원은 체류자격 변경허가 취소소송에서 체류자격 변경허가가 재량행위라는 점을 논증함에 있어서 주권에 대한 언급 없이[87)] 근거 법령의 문언, 내용 및 형식, 체계만을 기초로 판단하였고, 재량의 범위나 법원의 심사기준에 관해서도 출입국관리행정의 특수성에 대한 언급 없이 보통의 처분과 동일한 일반론을 전개하였다.[88)] 구체적인 사안의 판단에 있어서도 대법원은 인도주의적 관점에서 체류자격 변경허가 거부처분이 재량권의 일탈·남용으로 위법하다고 판단하였다.[89)] 출입국관리행정의 특수성을 근거로 한 광범위한 재량을 인정하지 않고 일반적인 재량행위와 동일한 심사기준을 적용했기 때문에 가능한 결과일 것이다.

---

85) 서울행정법원 2013.10.10. 선고 2013구합10342 판결.

86) 이희정, 앞의 글, 21면 이하는 외국인은 국가법체계로부터 내국인과 같은 법적 지위를 부여받지 못하였으므로 질적 또는 양적으로 더 넓은 특별한 재량인 '이민재량'이 인정될 수 있다고 한다. 위 견해는 일반적인 행정재량과 구별되는 이민재량의 특수성을 출발점으로 삼기는 하지만, 외국인의 지위에 따라 재량권이 세분되어야 하다는 점과 외국인의 기본적 인권, 다른 국가와의 관계 존중 등 이민재량에는 특별한 한계가 있다는 점도 함께 지적하고 있다.

87) 의도적인 것인지 우연적인 것인지는 알 수 없으나, 하급심 판결에는 반복적으로 등장하는 주권에 관한 언급을 이 판결뿐만 아니라 다른 대법원 판결에서도 찾아볼 수 없다.

88) "출입국관리법 제10조, 제24조 제1항, 구 출입국관리법 시행령(2014.10.28. 대통령령 제25669호로 개정되기 전의 것) 제12조 [별표 1]제8호, 제26호 (가)목, (라)목, 출입국관리법 시행규칙 제18조의2 [별표 1]의 문언, 내용 및 형식, 체계 등에 비추어 보면, 체류자격 변경허가는 신청인에게 당초의 체류자격과 다른 체류자격에 해당하는 활동을 할 수 있는 권한을 부여하는 일종의 설권적 처분의 성격을 가지므로, 허가권자는 신청인이 관계 법령에서 정한 요건을 충족하였더라도, 신청인의 적격성, 체류 목적, 공익상의 영향 등을 참작하여 허가 여부를 결정할 수 있는 재량을 가진다. 다만 재량을 행사할 때 판단의 기초가 된 사실인정에 중대한 오류가 있는 경우 또는 비례·평등의 원칙을 위반하거나 사회통념상 현저하게 타당성을 잃는 등의 사유가 있다면 이는 재량권의 일탈·남용으로서 위법하다"(대법원 2016.7.14. 선고 2015두48846 판결).

89) 원고의 배우자는 파키스탄 국적의 남성으로 산업연수(D-3) 자격으로 체류 중 산업재해를 당하여 '좌측 전완부 절단' 등의 상병을 입었다. 원고는 파키스탄 국적의 여성으로 단기방문(C-3) 자격으로 체류하다가 배우자 간병을 위하여 방문동거(F-1) 자격으로의 체류자격 변경허가 신청을 한 사안이다.

Ⅵ. 결 어

이 글에서 말하고자 하는 바는 다음과 같다. 출입국관리행정은 법치주의의 적용에 있어 특별하지 않다는 것이다. 그렇다고 해서 출입국관리행정에 대한 법률이 매우 구체적이고 명확해야 한다거나 사법심사의 강도가 높아야 한다고 주장하고자 하는 것은 아니다. 법률의 규율밀도나 사법심사의 강도는 다른 행정영역과 마찬가지로 규율대상의 특성을 고려하여 결정하면 족하다. 그 결과 다소간 낮은 규율밀도와 심사강도로 충분한 경우도 생기겠지만 이는 다른 행정영역에서도 나타날 수 있는 현상이다. 주권행사라는 모호한 개념으로 포괄적인 법령의 규정, 행정재량에 대한 법원의 용인이 무차별적으로 정당화될 수는 없다. 출입국관리행정 영역은 규율상대방이 외국인이라는 특성으로 인해 사법심사에 상대적으로 덜 노출되고 있는 영역이다. 또한 외국인들은 정치적 의사결정과정에 참여하여 법령의 제·개정에 영향을 미칠 수도 없다. 이미 법치주의가 작동하기 어려운 사실상의 제약조건 하에 놓여 있다. 출입국관리행정의 특성을 고려하되 이를 주권과 같은 모호한 개념으로 과장하지 말고 법치주의 적용의 적절한 균형점을 모색해야 할 시점이라고 할 것이다.

17. 행정재량과 법원리* - 서론적 고찰 -

송 시 강**

I. 서 설

1. 재량의 의의 - 재량은 선택지에서 이루어지는 선택에 대한 면책이다!

재량은 행정법에서 핵심적인 개념이다. 그런데 의외로 문헌에서 재량에 대한 직관적인 정의를 찾기는 쉽지 않다. 그 대신에 행정이 법률에 기속되는 정도에 초점을 맞추어 - 기속행위와 재량행위의 구별이라는 틀에서 - 재량의 개념을 설명하는 것이 일반적이다. 예를 들어, "행정법규가 행정행위를 규율함에 있어서 행정청에게 정책적 · 행정적 판단의 여지를 전속적으로 부여하고 있는 경우에 행정청이 행하는 행정행위를 말한다."고 하거나,[1] "법률이 행정청에 그 요건의 판단 또는 효과의 결정에 있어 일정 한도의 독자적 판단권을 인정하고 있는 경우 당해 행위를 재량행위라고 한다."고 하거나,[2] "재량행위란 행정법규가 행정청에 법적 효과를 스스로 결정할 수 있는 권한을 위임한 경우를 말한다. 즉 복수행위 가운데 어느 것을 선택할 수 있는 자유로서의 재량이 인정되는 행정행위를 말한다."고 하거나,[3] "재량권은 행정기관이 행정권을 행사함에 있어서 둘 이상의 다른 내용의 결정 또는 행태 중에서 선택할 수 있는 권한을 말한다."고 하거나,[4] "행정청에 수권된, 그리고 합목적성의 고려 하에 이루어지는 선택과 결정의 자유가 재량이다."고 하거나,[5] "재량행위는 행정법규가 다의적 · 불확정적으로 규정되어 있고, 이를 통하여 행위요건의 판단 또는 행위효과의 결정에 있어서 행정기관에게 다양한 선택의 가능성이 부여되어 있는 경우의 행정작용을 말한다."고 하거나,[6] "법규가 행정청에 일정한 행위자유를 주어 일정 범위 안에서 행정청이 결정이나 선택의 여지를 가지는 행정행위를 재량행위라 한다."라고 설명한다.[7] 대체로 ① 법규의 불확실성 또는

* 본 논문은 행정법연구 제48호에 동명으로 게재된 것입니다. 우리 공법학과 서울대학교의 발전에 불철주야의 헌신으로 크나큰 족적을 남기신 성낙인 서울대학교 총장님의 정년퇴임을 기념하는 논문집에 부족한 논문을 게재할 수 있게 되어 영광입니다. 그동안 모교의 은사님과 공법학의 태두로서 베풀어 주신 학은과 후의에 깊이 감사드립니다. 멈추지 않는 열정으로 계속해서 질정해 주시고 이끌어 주시기를 바라 마지않습니다.

** 홍익대학교 교수, 법학박사, 변호사

1) 김철용, 행정법, 전면개정 제3판, 고시계사, 2014, 173면.
2) 김동희, 행정법 I, 제22판, 박영사, 2016, 264면.
3) 김남진 · 김연태, 행정법 I, 제20판, 법문사, 2016, 213면.
4) 박균성, 행정법론(상), 제15판, 박영사, 2016, 304면.
5) 홍정선, 행정법특강, 제12판, 박영사, 2011, 194면.
6) 류지태 · 박종수, 행정법신론, 제14판, 박영사, 2010, 73면.
7) 김유환, 현대 행정법강의, 법문사, 2016, 89면.

법규에 의한 위임, ② 합목적성의 고려, ③ 다양한 선택의 가능성 내지 자유가 중요한 개념표지로 사용되고 있다. 그러나 엄밀히 보았을 때, ① 법규의 불확실성 또는 법규에 의한 위임은 재량이 언제 인정되는가(이점을 본 연구에서는 '재량의 가능성'이라 부른다)에 대한 것이고, ② 합목적성의 고려는 재량이 왜 인정되는가(이점을 본 연구에서는 '재량의 필요성'이라 부른다)에 대한 것이기 때문에, 본질적인 개념표지가 될 수 있는 것은 ③ 다양한 선택의 가능성 내지 자유뿐이라 하겠다.

재량의 본질을 이해하는 데에는 논의의 범주를 행정법 밖으로 확대하는 것이 도움이 된다. 우선 재량 개념은 공법에 국한되지 않고 사법에서도 널리 사용되고 있다. 특히 실무에서 그런 경향이 두드러지는데, 더 자세한 것은 후술하기로 하고, 여기서는 아예 법의 영역을 넘어 일상생활에서 보편적으로 사용되는 재량의 용례를 살펴보기로 한다. 예를 들어, "알아서 맛있는 것 좀 사와라." 또는 "치킨이나 피자 중에서 알아서 주문해라."고 말하는 경우가 그러하다. 이때 상대방이 스스로 맛있다고 생각하는 것을 알아서 사오거나 치킨이나 피자 중에서 알아서 어느 하나를 주문했는데, 나중에 그렇게 선택한 것 자체를 두고 비난을 받는다면 상대방은 틀림없이 부당하다고 여길 것이다. 알아서 사온 음식이나 알아서 주문한 치킨 또는 피자가 나중에 보니 맛이 없거나 양이 적어서 불만이 있다고 하더라도 그러한 결과가 곧바로 그것을 선택한 사람을 비난할 이유가 되지는 못한다. 이러한 일상적인 용례까지 포괄하는 정의를 시도해 보면, 다양한 가능성 중에 어느 하나 또는 그 이상을 선택할 수 있는 기회가 주어진 경우에 어느 특정한 가능성을 선택하지 않고 다른 가능성을 선택하였다고 해서 그 이유만으로 비난을 해서는 안 되는 상황을 재량이라 부를 수 있겠다. 이를 다시 분석해 보면, 첫째로 선택지(alternatives)에서 선택이 이루어지고, 둘째로 그 선택이 존중되는 결과 비난의 면제, 즉 면책(exemption)이 나타나는 상황을 재량이라 하는 것이다. 여기서 면책은 자유라고 부를 수도 있는 것인지만, 소극적으로 비난을 피한다는 의미에 그치는 것이지 더 나아가 마음대로 해도 된다는 능동적인 의미까지 당연히 가지는 것은 아니기 때문에,[8] 자유보다는 면책이라는 표현이 오해의 소지를 줄이는 점에서 더 적절하다는 생각이다.

2. 재량의 필요성 - 재량은 법적으로 제한되기에 앞서 요청된다!

재량이라는 현상이 많이 관찰되는 영역으로 공공선택론(public choice theory)에서 말하는 주인-대리인(principal-agent)의 관계[9]를 들 수 있다. 대리인(주인을 위해 임무와 권한을 수행

---

8) 앞서 든 피자와 치킨의 사례로 설명하면 다음과 같다. 구체적으로, ① 치킨이든지 피자든지 간에 더 맛있는 것을 알아서 주문해라, ② 치킨이든지 피자든지 간에 맛있으면 되니까 아무거나 알아서 주문해라, ③ 맛도 상관없고 치킨이나 피자이기만 하면 되니까 알아서 주문해라 이상 3가지 상황을 상정할 수 있다. 마지막의 경우라면 상대방은 마음대로 주문을 하더라도 면책이 된다. 첫째와 둘째의 경우에는 선택에 일정한 한계가 있다. 아무튼 선택을 할 수 있고 그 선택 자체에 대해 면책이 인정되면 재량이라 부를 수 있다.

하는 자를 말한다. 공법질서에서는 국회의원일 수도 있고, 장관일 수도 있으며, 사무관이나 주무관일 수도 있다. 사법질서에서는 고용계약상 근로자일 수도 있고, 위임계약상 수임인 또는 도급계약상 수급인일 수 있다)은 주인(대리인에게 임무와 권한을 준 자를 말한다. 공법질서에서는 국민일 수도 있고, 국회일 수 있다. 사법질서에서는 고용계약상 사용자일 수도 있고, 위임계약상 위임인 또는 도급계약상 도급인일 수 있다)의 경험적 의사에 따라서 임무를 수행하는 경우도 있지만, 그것이 불가능하거나 적절하지 않은 경우에는 주인의 추정적 의사를 좇아 스스로 사안에 적합한 결정을 내릴 것이 요청된다. 다시 말해, 재량이 요청되는 경우가 있는 것이다. 이를 재량의 필요성이라 부를 수 있겠다. 여기서 재량이 요청된다는 것은 재량이 주인-대리인의 관계에서 순기능을 가진다는 것을 전제하는 것이다. 이것이 가능한 이유는 재량이 단순한 방임을 의미하는 것이 아니라 대리인의 주인에 대한 의무를 내포하는 개념이기 때문이다. 단적인 예로, 우리가 일상에서 '적의'(適宜) 판단하라고 할 때에 그 의미는 대부분 아무렇게나 하라는 것이 아니라 상황을 봐서 합당하고 마땅하게 하라는 것이다.[10] 다시 말해, 제반사정, 즉 공익과 공익의 충돌, 공익과 사익의 충돌, 사익과 사익의 충돌 등을 고려해서 최선의 결정을 하라는 의무가 재량의 개념에 내포되어 있는 것이다. 이러한 의미에서 행정이 가지는 재량을 법적으로 표현한 것이 바로 의무에 합당한 재량(pflichtgemäßes Ermessen)으로, 그 의무의 핵심은 바로 가치의 형량(Abwägung)에 있고, 그 형량을 통해 달성하고자 하는 바는 최적화(Optimierung)이다.[11]

---

9) 유민봉, 한국행정학, 제5판, 박영사, 2015, 149면. 주인-대리인 관계는 국내에서는 주로 행정학, 정치학 관련 문헌에서 다루어지고 있음에 반하여, Ekkhard Hofmann, Abwägung im Recht. Mohr Siebeck, 2006, 353면 이하는 법원에 의한 행정통제가 개인적인 권리구제의 기능을 넘어 주인-대리인 관계의 측면에서 가지는 의의를 분석하고 있는데, 이는 본 연구의 문제의식과 유사한 것이다.

10) 이점에서 행정이 가지는 재량은 행정의 구조적 원리에 해당하는 편의주의(Opportunitätsprinzip)에서 도출되는 것이다. 이점에 대해서는 Wolff/Bachof/Stober, Verwaltungsrecht. Band 1. 11.Auflage Verlag C.H.Beck, 1999, 455면. 경찰재량 또한 편의주의에 의하여 정당화가 되는데, 이점은 법정주의(Legalitätsprinzip)가 적용되는 사법경찰과 대비가 된다. 이점에 대해서는 Pieroth/Schlink/Kniesel, Polizei- und Ordnungsrecht. 7.Auflage. Verlag C.H.Beck, 2012, 181면.

11) 의무에 합당한 재량은 재량이 법률의 한계 내에서만 법률로부터 자유롭고, 법으로부터는 자유롭지 못하고 법에 구속된다는 의미로 독일법의 문헌에서 보편적으로 사용되는 용어이다. 이와 동일한 내용이 연방행정절차법 제40조에 규정되어 있다. 이점에 대해서는 Hartmut Maurer, Allgemeines Verwaltungsrecht. 14.Auflage. Verlag C.H.Beck, 2002, 136면. 형량의 의미는 계획재량에 관하여 독일법의 학설과 판례에 의해서 인정되고 있는 형령명령(Abwägungsgebot)의 내용에서 추론할 수 있다. 형량명령은 3단계, 즉 ① 형량의 대상에 관한 조사, ② 이익의 비중에 관한 분석, ③ 경합적인 이익의 조정으로 구성된다. 첫째, 형량의 대상에 관한 조사는 현재적인 이익뿐만 아니라 장래적인 이익에 대해서까지 미친다. 판례는 이를 형량의 대상을 총괄하는 것으로 설명하고, 다시 2가지 요소, 즉 ① 형량에 있어 중요한 관점들을 추상적인 개념으로 포착하는 것, ② 이러한 개념에 포섭될 수 있는 구체적인 상태를 결정하는 것으로 구분한다. 사물의 상태에 비추어 반드시 고려되어야 하는 이익이 형량에서 고려되지 않은 때에는 형량명령을 위반한 것이 된다. 둘째, 이익의 비중에 관한 분석에 있어서는 형량의 대상이 되는 모든 구체적인 이익에는 법적인 기준과 사실적인 상태에 따른 객관적인 비중이 주어져야 한다. 셋째, 경합적인 이익의 조정에 있어서는 계획으로 침해되는 이익 간 조정은 개별적인 이익의 객관적인 비중에 비례적으로 처리되어야 한다. 사안에 적합하고 충분히 비중 있는 이유가 어떠한 이익을 다른 이익의 열위에 두는 것을 정당화할 수 있는지 여부가 심사되어야 한

물론 가치의 형량과 그 최적화가 문제되는 모든 경우에 재량이 요청되는 것은 아니다. 전술한 바와 같이 선택에 대한 비난의 면제까지 주어져야 비로소 재량이 인정되기 때문이다. 행정은 외부의 통제와 무관하게 스스로 합리성을 추구하는데, 이러한 속성은 관료제(bureaucracy)에서 그 기원을 찾을 수 있다고 생각한다.[12] 이와 같이 내재화 되어 있는 행정의 합리성은 항상 그런 것은 아니지만 외부적 통제에서 제외될 때에 비로소 보장되는 경우가 있다. 예를 들어, 인사권자에 의한 공무원의 보직에 관한 결정에 만약 재량이 인정되지 않는다면 인사권의 행사는 본질적으로 제약되어 그 합리성의 구현에 적지 않은 어려움이 생길 것이다. 이 경우에 가치의 형량과 그 최적화의 구조적인 보장을 위해서 재량이 요청되는 것이다.[13] 이 점은 재량의 본질적인 표지인 면책과 논리적으로 자연스럽게 연결된다. 선택지에서 이루어지는 선택 자체에 대한 책임의 면제가 바로 재량인데, 이러한 재량을 인정하는 것이 행정에 의한 가치의 형량 및 그 최적화의 논리적인 전제가 되는 경우에 바로 재량의 필요성이 추론된다.

한편, 재량이 주인-대리인의 관계와 무관하게, 법률관계의 어느 일방 당사자에게 주어지는 경우가 있다. 후술하는 바와 같이 취업규칙이나 근로계약에서 사용자에게 해고의 정당한 이유에 관한 재량이 인정되는 경우가 대표적이다. 이 경우에는 재량의 필요성을 개별적으로 검토하여야 한다.

3. 재량의 가능성 - 재량이 가능하기 위해서는 수권이 필요하다!

앞서 재량이 요청되는 경우가 있다는 것을 설명하였는데, 여기서 재량이 요청된다는 것과

다. 이를 판례는 대차대조표에 의한 종합적인 판단이라고 표현한다. 이와 관련이 있는 것이 최적화명령(Optimierungsgebot)이다. 최적화명령은 개별적인 이익에 특별한 비중을 부여하고 그에 대해 가능한 한 많이 고려할 것을 요구한다. 이에 따라 침해되는 이익을 위한 논증의 부담이 전환되어서, 이러한 이익을 능가하기 위해서는 비중 있는 객관적인 법적인 정당화 근거가 필요하다. 이점에 대해서는 Wolff/Bachof/Stober, Verwaltungsrecht. Band 2. 6.Auflage. Verlag C.H.Beck, 2000, 407면 이하. 이러한 최적화명령을 후술하는 원리이론(Prinzipientheorie)에서 법규칙과 구별되는 법원리의 속성으로 설명하는 견해는 알렉시/이준일, 기본권이론, 한길사, 2007, 117면: 원칙은 최적화명령이다. 즉, 그것은 상이한 정도로 실현될 수 있다는 점, 그리고 그 실현의 명령된 정도가 사실적 가능성뿐만 아니라 법적 가능성에 의해 결정된다는 점이 특징이다.

12) F. 몰스타인 마르크스/안해균, 행정국가와 관료제, 개정판, 박영사, 1987, 46면 이하: 관료제는 정부의 기능을 수행하기 위한 하나의 장치로서, 이를 통해 공무원은 미리 설정된 조직목표, 조직구조 및 이미 계획된 운영방법에 따라 행동한다. 다시 말해, 공무원은 자신의 개인적인 선택과는 거의 관계없이 제도적인 조직 내에서 그 조직의 목표를 달성하는 데 필요한 준칙(discipline)에 따라 행동한다. 이러한 준칙은 국가에의 봉임의무에서 비롯한다. 관료제는 그 자체 내에서 파생하는 인간의 비합리적인 본성과 투쟁하여야 하며, 공공정책이 표방하는 목표를 달성하는 가장 좋은 방법을 체계적으로 탐색하기 위하여 통합력을 가져야 한다.

13) Martha S. Feldman, *Social Limits to Discretion: An Organizational Perspective,* The Uses of Discretion, Oxford University Press, 2001, 165면 이하에 따르면, 일선관료(street-level bureaucracy)는 선택을 해야 하지만 그에 관한 감독자의 지시나 규칙이 없는 경우가 많고, 따라서 재량이 필수적이다. 또한 재량이 필수적인 관료, 예를 들어 경찰관이나 교사의 경우에는 단순한 산출(output)이 아닌 성과(outcome)로 평가해야 하고, 그렇지 않으면 직무의 본성이 왜곡된다.

재량이 가능하다는 것은 구별하여야 한다. 재량이 요청되는 경우라고 해서 언제나 재량이 가능한 것은 아니다. 대리인이 재량을 행사하려면 그에 앞서 재량에 대한 주인의 수권이 필요한 것이다. 공법에서 재량의 수권은 민주적 정당성을 가지는 국회에서 제정한 법률의 해석을 통해서 확인된다. 다만, 그 수권은 명시적인 방식뿐만 아니라 묵시적인 방식으로도 가능하다. 이점에서 보면 불확정개념이 사용된 경우에 재량이 성립할 수 있는지에 관한 학설상 논란은 재량의 가능성을 도출하기 위한 법해석(Rechtsauslegung)의 문제가 된다.[14)]

재량을 전술한 바와 같이 선택지에서 이루어지는 선택에 대한 면책으로 정의한다면, 재량의 가능성은 선택에 대한 수권과 아울러 면책에 대한 수권이 있는 경우에 인정된다.[15)] 따라서 선택에 대한 수권이 없는 경우나 선택에 대한 수권은 있지만 면책에 대한 수권이 없는 경우에는 재량이 가능하지 않다. 선택지(選擇地)가 주어지는 것만으로는 부족하고 더 나아가 면책지(免責地)까지 열려야 재량이 가능한 것이다. 선택지와 관련하여서는 법해석을 넘어서는 법발견(Rechtsfindung)[16)]이 선택지가 열리는 데 어떠한 역할을 하는지가 문제되고, 면책지와 관련하여서는 전술한 바와 같은 재량의 필요성에 대한 고려가 면책지가 인정되는 데 어떠한 영향을 미치는지가 문제된다.

평등원칙, 비례원칙, 신뢰보호원칙, 부당결부금지원칙 등 문헌에서 행정법의 일반원칙으로 소개되는 법원리(Rechtsprinzip)[17)]는 입법자가 가치의 형량을 명시적으로 수권한 경우에 행정에게 그 구체적인 방향을 제시한다. 이 경우에 행정법의 일반원칙을 발견하고 적용하는 것은 통상적인 법해석의 일환이다. 그러나 행정법의 일반원칙은 가치의 형량에 관한 입법자의 수권이 명시적으로 확인되지 않는 경우에도 행정에 의한 가치의 형량이 가능하도록 만들

14) 이러한 전제에서 재량규범의 논리적인 구조를 분석한 문헌으로는 박정훈, 불확정개념과 판단여지, 행정작용법(중범김동희교수정년기념논문집), 박영사, 2005, 250면 이하.

15) 본고에서 '선택에 대한 수권'이라 함은 '선택의 가능성'을 의미하고, 선택지가 열린다거나 선택지를 연다거나 선택지가 주어진다거나 선택지가 인정된다는 표현 또한 같은 의미로 사용된다. '면책에 대한 수권'도 이와 마찬가지이다.

16) Jeong Hoon Park, Rechtsfindung im Verwaltungsrecht, Duncker & Humblot, 1999, 7면 이하에 따르면, 법발견은 법해석과 법형성(Rechtsfortbildung)을 포괄하는 것으로서 입법(Gesetzgebung)에 대비되는 법적용을 의미하기도 하고(최광의), 그중에서 법해석을 제외한 나머지, 즉 법형성만을 의미하기도 하며(광의), 다시 법형성이 인지적인 것과 의지적인 것으로 구분된다는 전제 아래 전자만을 의미하기도 한다(협의). 일반적으로 사용되는 의미는 광의로 정의되는 것이다. 따라서 법해석을 넘어서는 영역에서 법발견이 작동하는데, 법해석을 통해 의미가 확정된 규율에 공백이 있음이 드러나거나 법적용의 결과가 정당하지 않다고 생각되는 경우가 그러하다.

17) 위의 책, 9면 이하에 따르면, 법원리는 적용범위가 일반적인 규범을 의미하기도 하고(최광의), 그중에서 언어적인 의미가 매우 불확정한 것만을 의미하기도 하며(광의), 다시 그중에서 개별적인 사례에서 서로 충돌하기 때문에 서로 조정되어야 하고 또 조정될 수 있는 것만을 의미하기도 한다(협의). 법이론적인 관점에서 중요한 것은 광의의 법원리이다. 그 규범적인 내용과 방법론적 기능을 조사하고 승인하는 것을 일반적으로 원리이론(Prinzipientheorie)이라고 한다. 본 연구에서 초점을 두는 것은 협의의 법원리이다. 이는 형량이 필요하고 또 형량이 가능하다는 것을 본질적인 표지로 한다. 이와 달리, 비록 언어적인 의미는 매우 불확정하다고 하더라도 형량이 필요하지 않고 또 가능하지도 않은 규범을 법규칙(Regel)이라고 한다.

수 있다. 이 경우 행정법의 일반원칙을 발견하고 적용하는 것은 엄밀히 말해 법해석의 수준을 넘어서는 점에서 법형성에 해당한다. 이와 같이 가치의 형량을 가능하게 하는 법원칙이라는 관점에서 행정법의 일반원칙을 분석하는 것이 본 연구의 목적이다. 이에 관한 더 구체적인 설명은 후술하기로 한다.

이와 같이 행정법의 일반원칙은 행정에게 가치의 형량을 위하여 선택지를 열어주기도 하고 선택지 안에서 합리적인 선택이 가능하도록 구체적인 방향을 제시하기도 하지만, 더 나아가 그 선택에 대해서 면책이 가능한지의 문제에 있어서는 기능하는 바가 없다. 다시 말해, 행정법의 일반원칙은 재량의 2요소 중에서 선택지의 문제에만 관여하지 면책지의 문제에는 관여하지 않는다. 행정법의 일반원칙을 발견하고 적용하는 것이 재량행위에 대한 사법심사에서 매우 중요한 일임은 분명하다. 그러나 행정법의 일반원칙이 등장하는 것은 해당 규범에 가치의 형량이 필요하기 때문이다. 가치의 형량은 선택지의 문제를 야기하지만 이것이 바로 면책지의 문제로 전환되는 것은 아니기 때문에, 행정법의 일반원칙이 선택지를 열어주거나 선택지 안에서 합리적인 선택을 가능하게 해 주는 경우라고 해서 그 사실로부터 바로 면책에 대한 수권을 추론해서는 안 된다. 이점에 대한 분명한 인식의 결여는 사법심사의 강도에 관한 오해를 초래한다.

4. 행정재량과 사법심사 - 행정법의 일반원칙은 사법심사의 강도와 무관하다!

대법원은 항고소송의 대상이 되는 행정작용이 재량행위인가, 기속행위인가에 따라 사법심사의 방식이 달라진다는 점을 선언한다. 예를 들어, 대법원 2001.2.9. 선고 98두17593 판결[18]은 "행정행위가 그 재량성의 유무 및 범위와 관련하여 이른바 기속행위 내지 기속재량행위와 재량행위 내지 자유재량행위로 구분된다고 할 때, 양자에 대한 사법심사는, 전자의 경우 그 법규에 대한 원칙적인 기속성으로 인하여 법원이 사실인정과 관련 법규의 해석·적용을 통하여 일정한 결론을 도출한 후 그 결론에 비추어 행정청이 한 판단의 적법 여부를 독자의 입장에서 판정하는 방식에 의하게 되나, 후자의 경우 행정청의 재량에 기한 공익판단의 여지를 감안하여 법원은 독자의 결론을 도출함이 없이 당해 행위에 재량권의 일탈·남용이 있는지 여부만을 심사하게 되고, 이러한 재량권의 일탈·남용 여부에 대한 심사는 사실오인, 비례·평등의 원칙 위배, 당해 행위의 목적 위반이나 동기의 부정 유무 등을 그 판단 대상으로 한다."고 설시한다.

이에 따르면, 재량행위에 대한 사법심사에 있어서는 법원이 독자의 결론을 도출해서는 안

18) 위 판결의 설시는 이후 대법원 2005.7.14. 선고 2004두6181 판결, 대법원 2010.2.25. 선고 2009두19960 판결, 대법원 2010.12.23. 선고 2010두21204 판결을 거쳐 최근 2016.1.28. 선고 2015두52432 판결에 이르기까지 반복해서 인용되고 있다.

되고 행정이 한 판단에 재량권의 일탈·남용이 있는지 여부만이 심사되어야 한다는 것이나, 이러한 명제가 보편적으로 실천성을 획득하고 있는지에 대해서는 의문의 여지가 있다. 법원이 독자의 결론을 도출하여 행정이 내린 판단의 적부를 심사하고 있음에도 불구하고 다만 그 논증의 부담을 덜기 위해서 재량권의 일탈·남용의 여부만을 판단하는 것처럼 위장하고 있는 사례가 적지 않다는 의심이 있다. 다시 말해, 법원의 자신의 결론과 행정의 결론을 비교해서 동일하면 재량에 하자가 없다는 식으로 논증하고, 서로 다르면 자신의 결론을 앞세우기 위해서 재량에 하자가 있다는 식으로 논증을 하는 것이 아닌지 의심이 든다는 것이다.[19)]

이러한 적극적 사법심사의 본질적인 문제는 엄밀한 사법심사를 담보하지 못한다는 것이다. 적극적 사법심사가 논리가 아닌 직관에 의존할 때에 사법심사의 권력분립적 기초를 흔들 수 있다. 행정의 재량이 법원의 편의적이거나 자의적인 관점에서 존중되거나 무시되는 결과가 초래되기 때문이다. 입법자가 행정에게 수권한 재량을 법원이 임의로 부정하는 결과는 곧 사법의 재량이다. 사법의 재량이 정당하기 위해서는 행정의 재량과 마찬가지로 입법자로부터 별도의 수권이 있어야 한다.[20)] 민주적 정당성의 관점에서 법원이 행정보다 취약한 지위에 있

---

19) 대표적인 사례로 대법원 2005.11.5. 선고 2004두6822 판결을 들 수 있다. 동 판결은 「건축법」 제11조 제4항에 따라 숙박시설의 건축이 주변 교육환경이나 주거환경에 적합하지 않다는 이유로 내려진 허가거부에 대한 취소소송에서 "무분별한 유흥업소 및 숙박시설 등 청소년유해업소의 난립이나 주택가로의 유입 및 이에 따른 향락문화의 확산과 범죄의 증가 등 날로 심각해지고 있는 교육환경과 주거환경의 저하를 막고 주민 대다수가 보다 쾌적한 환경에서 생활할 수 있게 하는 것은, 국가나 지방자치단체의 의무인 동시에 모든 국민의 당연한 권리이자 의무로서 이와 같은 사회적 환경의 보호는 자연환경의 보호 못지 않게 중요한 가치이며, 일단 대규모 숙박업소가 집단적으로 형성되어 향락단지화된다면 그 허가를 함부로 취소할 수도 없고 인근의 다른 숙박업소의 허가신청도 거부하기 어려워 그 영업이 장기간 계속될 것이 예상되므로, 이로 인한 교육환경과 주거환경의 침해는 인근 주민과 학생들의 수인한도를 넘게 될 것으로 보일 뿐 아니라 일단 침해된 사회적 환경은 그 회복이 사실상 불가능하다는 점 등에 비추어 보면, 이 사건 처분에 의하여 피고가 달성하려는 학생들의 교육환경과 인근 주민들의 주거환경 보호라는 공익은 이 사건 처분으로 인하여 원고들이 입게 되는 불이익을 정당화할 만큼 강한 경우에 해당한다."고 설시한다. 여기서 법원은 불확정개념의 해석과 포섭에 관한 행정청의 재량을 통제하는 것과 같은 입장을 취하지만 그 내용을 들여다보면 행정청의 판단을 전적으로 대체하고 있음을 알 수 있다. 참고로, 대법원 2005.7.14. 선고 2004두6181 판결(토지의 형질변경허가는 그 금지요건이 불확정개념으로 규정되어 있어 그 금지요건에 해당하는지 여부를 판단함에 있어서 행정청에게 재량권이 부여되어 있다), 대법원 2016.1.28. 선고 2013두21120 판결(불확정개념으로 규정되어 있는 의료법 제59조 제1항에서 정한 지도와 명령의 요건에 해당하는지, 나아가 요건에 해당하는 경우 행정청이 어떠한 종류와 내용의 지도나 명령을 할 것인지의 판단에 관해서는 행정청에 재량권이 부여되어 있다), 대법원 2016.1.28. 선고 2015두52432 판결(개발제한구역법 및 액화석유가스법 등의 관련 법규에 의하면, 개발제한구역에서의 자동차용 액화석유가스충전사업허가는 그 기준 내지 요건이 불확정개념으로 규정되어 있으므로 그 허가 여부를 판단함에 있어서 행정청에 재량권이 부여되어 있다)은 모두 요건이 불확정개념으로 규정되어 있는 경우에 그에 해당하는지 여부를 판단함에 있어서는 행정청에게 재량권이 부여되어 있다고 본다.

20) 민주주의에서 무엇이 법인지를 정하는 재량은 입법부에 속한다. 이점에서 입법권은 본질적으로 재량을 내포하는 개념이다. 입법권을 행사한 결과는 법률로 나타나는데, 법률집행이라는 측면에서는 행정과 사법은 본질적으로 동일하다. 법률집행은 법률적용이지만 그 과정에서 법률형성이 수반되고, 법률형성은 실질적인 입법권의 행사인 점에서 입법권의 위임을 필요로 한다. 물론 입법권의 위임에는 한계가 있고, 이것을 미국법에서는 포괄위임금지원칙(non delegation rule)이라고 하고, 독일법에서는 의회유보원칙(Parlamentsvorbehaltsprinzip)이라고 하는데, 이에 따라 본질적이거나 중요한 사항은 위임이 금지된다. 이러한 한계 내에

음을 간과해서는 안 된다.[21] 이와 관련하여, 그 과정이나 논리야 어떻든 간에 사법심사의 강도가 높아지는 것은 결과적으로 법치주의적 관점에서 바람직하다고 여기는 분위기는 행정의 자율성을 침해한다는 우려를 불러일으킬 수 있다.

본 연구는 법실무가 재량에 관한 사법심사를 할 때에 직관에 의존하여 그 강도를 정하고 있는 문제점의 원인 중 하나로 평등원칙, 비례원칙, 신뢰보호원칙, 부당결부금지원칙 등 행정법의 일반원칙이 수행하는 기능에 관한 오해에 주목한다. 행정법의 일반원칙을 발견하고 적용하는 일은 재량행위에 대해서뿐만 아니라 기속행위에 대해서도 필요할 수 있다. 사법심사의 강도는 행정에 의해서 행정법의 일반원칙이 적용된 결과를 법원이 얼마나 존중할 것인지의 문제이다. 법원에 의해서 적용된 결과를 행정에 의해서 적용된 결과에 앞세우면서도, 쟁점이 되고 있는 것이 실정법의 적용이 아니라 행정법의 일반원칙의 적용이기 때문에 적극적 사법심사가 아니라 소극적 사법심사인 것처럼 이해하는 것은 재량의 본질과 사법심사의 강도에 관한 오해가 아닐 수 없다.

Ⅱ. 법적용에 대해서

재량의 행사 또한 법적용의 일환이다. 따라서 재량하자(Ermessensfehler)는 법위반(Rechtsfehler)의 한 양상이다. 그러나 오랫동안 재량은 법의 영역에서 벗어나 있는 것으로 취급되었다. 이에 관한 그동안의 법발전은 재량을 법의 영역으로 끌어오는 데 있었고, 그 결과 재량하자라는 개념이 이제는 보편적으로 받아들여지고 있다. 그러나 재량하자는 아직도 법위반

서 입법자는 입법권을 행정에 위임할 수도 있고 법원에 위임할 수도 있다. 침해행정과 급부행정을 비교하면 전자의 경우에 비하여 후자의 경우에 상대적으로 폭넓은 위임이 가능하다. 예를 들어, 시민이 행정의 급부에 대해서 권리를 가지는지에 관하여 법률이 완전하게 정하고 있으면 행정과 법원은 그 법률을 단순히 적용하기만 하면 된다. 이 경우 행정의 거부는 항고소송의 대상이 되지 않는다. 이와 달리 입법자가 행정에게 입법권을 위임하면 행정은 그에 관하여 재량을 가지고, 이 경우 행정의 거부에 대해서는 항고소송을 제기하여야 한다. 입법자가 법원에 입법권을 위임할 수도 있는데, 법률이 완전하게 정하지 않고 있어서 입법권의 위임이 이루어졌으나 행정에게 위임되지 않은 것은 법원에 위임된 것이다. 이에 관하여 Ulrich Karpen, Gesetzsgestalung und Gesetzesanwendung im Leistungsrecht, NJW 1988, 2512면 이하; Gary Lawson, Delegation and Original Meaning, Virginia Law Review 88, 2002, 327면 이하.

21) 이 점은 행정은 민주적 정당성을 가지고 법원은 그렇지 않다는 문제의식에서 출발한다. 물론 행정이 가지는 민주적 정당성에 대해서는 논란이 있을 수 있다. 고전적 관점에서는 의회가 행정을 엄격하게 통제하고 감독할 수 있도록 함으로서 행정의 민주성을 담보할 수 있다고 여겼다. 베버(Weber)가 고안한 관료제가 그 대표적인 사례이다. 이에 따르면 재량은 불가피한 측면이다. 이에 더해 오늘날에는 그와 같은 간접적 민주성이 아닌 직접적 민주성의 관점에서 접근하는 이론적인 시도가 이루어지고 있다. 시장이 민주적이라는 가정 아래 공공관리(public management)에 시장이나 그에 유사한 메커니즘을 도입하려는 것이나 시민을 단순히 객체로 보지 않고 행정의 의사결정에 적극 참여시킴으로써 거버넌스(Governance)를 권력이 수평적으로 분산되는 네트워크로 구성하려는 것이 그러하다. 이 점에 대해서는 Linda Deleon, *Public management, Democracy, and Politics*, The Oxford Handbook of Public Management, Oxford University Press, 2005, 103면 이하. 재량이 일탈・남용되는 현상은 법치주의적 관점에서뿐만 아니라 오히려 그에 앞서 민주주의적 관점에서 반가치를 형성한다.

의 범주에 완전히 용해되지 못하고 별개의 영역인 것처럼 취급되고 있다.[22] 이에 재량의 본질적인 이해를 위해서는 다소 진부한 느낌이 있어도 법적용의 일반론에서 출발할 필요가 있다는 생각이다.

1. 삼단논법

일반적으로 알려진 바와 같이, 법적용은 삼단논법의 논리적인 결과로서 나타난다. 더 자세히 분석하면, ① 대전제로서 법의 해석, ② 소전제로서 사실의 인정, ③ 결론으로서 법적용이 순서대로 이루어진다.[23] 이는 연역적 추론(deductive inference)인데, 대전제와 소전제가 참이라면 그 결론이 언제나 참일 수밖에 없다는 것이 논리학에 따른 귀결이다. 이러한 연역적 추론은 지식의 범위를 확대하는 데에는 기여하지 못하고, 다만 전제의 내용을 명백하게 드러내는 일을 한다. 전제의 내용을 확장하는 것을 포기함으로써 전제와 결론 사이의 논리적인 필연성을 획득하는 것이다.[24]

2. 법 해 석

법해석에서 가장 중요한 일은 언어의 의미를 확정하는 일이다. 어느 단어가 가지는 의미를 언어로 표현한 것을 논리학에서 정의(definition)라고 한다. 법률이 직접 용어를 정의하는 경우가 있으나, 법률에 사용되는 단어의 정의는 대부분 해석에 맡겨져 있다. 따라서 법해석은 사용된 단어의 정의를 획득하는 일에서부터 시작한다. 어떤 단어는 추가적인 해석의 노력 없이도 그 의미가 명료하지만, 그 자체로는 의미하는 바가 거의 없을 정도로 불확정한 단어도 있다. 아래 「건축법」 제11조를 보면, [1] 건축물, [2] 건축 · 대수선, [3] 특별시장 · 광역시장 · 특별자치도지사 · 시장 · 군수 · 구청장 · 건축위원회, [4] 용도 · 규모 · 형태, [5] 위락시설 · 숙박시설, [6] 21층, [7] 주거환경 · 교육환경 · 주변환경, [8] 부적합, [9] 고려 · 인정, [10] 심의, [11] 허가, [12] 거치다, [13] 받아야 한다, [14] 하지 아니할 수 있다 등과 같은 단어들이 사용되고 있다.

이들 단어 중에 [4], [6], [8], [9]는 우리가 일상에서 사용하는 의미로 이해하면 족하고 특별히 해석할 필요성은 느껴지지 않는다. [1], [2], [3]은 「건축법」에서 직접 정의하거나 다른 법률을 참조함으로써 그 의미를 획득할 수 있다. 그러나 그렇다고 해서 추가적인 해석의 여지가 없을 정도로 의미가 명확해지는 것은 아니다. 특히 [1]의 경우가 그러하다. [5]는 우

22) 이와 같이 기속행위와 재량행위가 서로 다른 기원을 가지는 것처럼 준별하는 입장을 이원주의(Dualismus)로 명명하고 재량에 관한 법의 발전을 이원주의의 극복을 위한 과정으로 구성하는 견해로는 Ulla Held-Daab, Das freie Ermessen. Duncker & Humblot, 1996, 223면 이하.

23) 라인홀트 치펠리우스/김형배, 법학방법론, 삼영사, 1993, 119면; 라렌츠 · 카나리스/허일태, 법학방법론, 세종출판사, 2000, 121면 이하.

24) W.C. 새먼/곽강제, 논리학, 제2전정판, 박영사, 2004, 29면 이하.

〈표 1〉 건축법 제11조

제11조(건축허가) ① 건축물을 건축하거나 대수선하려는 자는 특별자치도지사 또는 시장·군수·구청장의 허가를 받아야 한다. (…) ④ (…) 다음 각 호의 어느 하나에 해당하는 경우에는 이 법이나 다른 법률에도 불구하고 건축위원회의 심의를 거쳐 건축허가를 하지 아니할 수 있다. 1. 위락시설이나 숙박시설에 해당하는 건축물의 건축을 허가하는 경우 해당 대지에 건축하려는 건축물의 용도·규모 또는 형태가 주거환경이나 교육환경 등 주변 환경을 고려할 때 부적합하다고 인정되는 경우

리가 일상에서 사용하지만 그 의미가 항상 명백한 것은 아닌 경우이다. 이에 「건축법 시행령」이 그 의미를 예시하고 있다. [7]은 그 자체로 의미가 불확정한 경우이다. 특징적인 점은 그 의미를 명료하게 하는 작업이 논리적으로 쉽지 않다는 것이다. [10], [11]도 마찬가지로 그 의미가 불확정하다. 다만 정의의 내용에 대해 다툼이 있을지언정 정의를 하는 것이 논리적으로 어렵지는 않다. [12], [13], [14]는 문언적인 의미도 중요하지만 그보다는 맥락적인 정의가 더 중요하다.

이하에서는 [1], [7], [11]을 중심으로 설명한다. 건축물에 대해서 「건축법」은 "토지에 정착하는 공작물 중 지붕과 기둥 또는 벽이 있는 것과 이에 딸린 시설물, 지하나 고가의 공작물에 설치하는 사무소·공연장·점포·차고·창고, 그 밖에 대통령령으로 정하는 것을 말한다."고 규정한다(제2조 제1항 제2호). 이는 내포적인 정의(intensional definition)가 가능할 뿐만 아니라 외연적인 정의(extensional definition)도 가능한 성질의 것이다.[25] 이는 단어가 사물적인 관련성을 가진다는 것을 말한다. 이와 달리 교육환경, 주거환경, 주변환경은 내포적으로 정의하기는 쉬우나 외연적으로 정의하기는 어렵다. 이는 단어가 사물적인 관련성을 가지나 그것만으로는 의미를 밝히는 데 충분하지 않다는 것을 말한다. 한편, 일반적 금지를 해제하는 행정작용을 의미하는 허가는 아무런 사물적인 관련성을 가지지 않는다. 마치 수(數)나 기하(幾何)가 그러한 것처럼 논리적인 법칙성의 발현에 불과하다. 따라서 허가를 외연적으로 정의하는 것은 불가능하고 내포적으로 정의하는 것만이 가능하다. 외연적인 정의는 유형비교(analogy)를 통한 귀납적인 추론(inductive inference)을 전제하지 않고서는 가능하지 않다. 외연적 정의는 어떤 단어의 외연에 속하는 대상들 가운데서 일부를 사례로 제시하는 방식인데, 이는 그 외연에 속하는 나머지 대상들이 사례와 유사하다는 가정 아래서 진행되는 것이기 때문이다.

---

25) 어떤 단어의 외연에 속하는 대상들 가운데서 일부를 사례로 제시하는 방식이 외연적인 정의이고, 내포적인 정의는 정의되고 있는 단어가 의미하는 바를 다른 단어를 통해 해명하는 방식이 대표적이다.

3. 사실인정과 포섭

소전제로서 사실의 인정에는 포섭(subsumption)이 개입한다. 포섭은 일반적으로 종개념(specific concept)이 유개념(genetic concept)에 포함되는 것을 말한다. 법적용의 경우에는 소전제에서 어느 사실이 대전제에서 사용된 단어로 정의되는 것을 말한다. 이 경우 사실과 단어 사이에는 의미적인 공통성이 요구된다. 즉, 유형비교가 이루어지는 것이다. 이점에서 포섭은 본질적으로 귀납적인 추론이다. 삼단논법 전체는 연역적 추론이지만 소전제에서 사실인정은 귀납적 추론을 통해 비로소 가능한 것이다. 이러한 포섭은 법해석과 무관하지 않은 경우가 적지 않다. 대전제에서 어느 단어가 유형비교를 통해 외연적으로 정의되면 그 의미는 구체화를 통해 축소되기 마련인데, 이는 소전제에서 사실이 유형비교를 통해 좀 더 일반적인 의미를 가지는 단어로 포섭되는 과정과 정확하게 대칭된다. 즉, 대전제에서는 법해석을 통해 단어의 의미를 축소하고, 소전제에서는 포섭을 통해 사실에 내포된 의미를 확대하는 것이다. 양자의 접점이 결론으로서 법적용이 도출되는 데 관건인 것이다. 다만 법해석과 포섭의 상호작용은 대전제에서 사용된 단어의 속성에 따라 다르게 나타난다. 우선, 외연적인 정의가 가능한 단어이어야 한다. 사물적인 관련성이 전혀 없는 경우에는 법해석은 포섭과 무관하게 이루어진다. 상호작용 없이 법해석이 있은 다음에 포섭이 뒤따를 뿐이다. 따라서 허가의 의미는 허가에 대한 포섭과 무관하게 결정된다. 다음, 사물적인 관련성이 있는 경우에도 그 정도에 따라 상호작용은 다르게 나타난다. 건축물과 같이 사물적인 관련성의 정도가 높은 경우에는 포섭보다는 법해석이 결론의 도출에 주된 역할을 한다. 이와 달리 교육환경, 주거환경, 주변환경과 같이 사물적인 관련성의 정도가 낮은 단어의 경우에는 포섭이 법해석보다 결론의 도출에 주된 기능을 수행한다.

이처럼 포섭이 법해석과 동일하게 유형비교를 통한 귀납적 추론을 사용하고 양자가 상호 밀접한 관련을 가지는 점에서, 포섭을 법해석의 문제로 보는 입장도 있다.[26] 그러나 정반대로, 포섭에 독립적인 의미를 부여하는 입장도 가능할 것이다. 전자의 입장에 의하면 법해석의 종류가 2가지, 즉 포섭과 관계있는 법해석과 그와 무관한 법해석으로 구분될 것이다. 후자의 입장에 의하면 포섭의 종류가 2가지, 즉 법해석과 관계있는 포섭과 그와 무관한 포섭으로 구분될 것이다. 어느 경우이거나 간에 중요한 것은 법적용이 순수하게 연역인 추론만으로 이루어지는 것이 아니라 그 과정에서 귀납적 추론이 중요한 기능을 수행한다는 점이다. 따라서 연역적 추론에 내재하는 귀납적 추론과 관련된 오류의 검증은 연역적 추론이 아니라

---

26) 라인홀트 치펠리우스/김형배, 앞의 책, 136면 이하. 그러나 모든 포섭의 문제를 법해석의 문제로 환원하는 데에는 의문이 있다. 수나 기하와 같은 논리법칙의 경우에서 보다시피, 대전제에서 사용된 단어의 의미가 처음부터 포섭과 무관한 경우가 존재하기 때문이다. 이런 경우에 법해석은 포섭과 무관하게 이루어진다.

귀납적 추론에서 하는 것과 동일한 방식으로 이루어져야 할 것이다. 예를 들어, 전제가 추가되고도 결론이 유지되는지를 검토하는 것이 그러하다.[27)]

이는 중요한 점을 시사한다. 외연적인 정의가 가능한 법의 적용에서는 해석을 위한 귀납적 추론이 중요하고, 그렇지 않은 법의 적용에 있어서는 포섭에 있어서 귀납적 추론이 중요하다. 어느 경우에나 법의 적용을 위해서는 귀납적 추론이 중요하다. 따라서 "숙박시설"을 해석할 때에도 "교육환경"이나 "주거환경"을 해석할 때와 마찬가지로 귀납적 추론이 중요하다. 전자의 경우에는 포섭보다 해석이 중요하고 후자의 경우에는 해석보다 포섭이 중요하다는 이유에서 양자의 법적용 과정이 본질적으로 차별되어야 할 이유는 없다. 이점에서 보면 이른바 불확정개념이 사용된 법이라고 해서 그 이유만으로 법적용에 있어 특별한 취급을 할 필요는 없는 것이다. 이때 행정의 법적용이 사법심사에서 존중되어야 한다면, 이는 추가적인 정당화가 필요한 일이다.

4. 일차적 법적용과 이차적 법적용

사법심사에서 법적용의 삼단논법은 2차례에 걸쳐 순서대로 이루어진다. 일차적으로는 행정이 법적용을 하고, 그 결과로 나타난 행정작용에 대해서 행정소송이 제기되면 법원이 이차적으로 법적용을 한다. 일차적 법적용과 이차적 법적용이 서로 다른 결론에 이르는 경우에 우리 헌법은 이차적 법적용이 법질서에서 최종적인 권위를 가지도록 설계하고 있다(→ 권력분립의 원리).

이 같은 법적용의 2단계 구조는 행정소송에 고유한 것이 아니다. 민사소송과 형사소송에서도 나타난다. 예를 들어, 「근로기준법」은 제23조 제1항에서 사용자는 근로자에게 "정당한 이유" 없이 해고를 하지 못한다고 규정하고, 제24조 제1항에서 사용자가 경영상 이유에 의하여 근로자를 해고하려면 "긴박한 경영상의 필요"가 있어야 한다고 규정한다. 여기서 사용자는 대전제에서 사용된 "정당한 이유" 또는 "긴박한 경영상의 필요"를 해석한 다음에, 개별적이고 구체적인 사안을 이에 포섭하는 방법으로 법적용을 한다. 그 결론에 이의가 있는 근로자가 민사소송으로 이른바 해고무효확인소송을 제기하면 법원은 사용자가 거친 것과 동일한 방식으로 이차적인 법적용을 한다. 이와 마찬가지로, 검사가 공연히 "음란한 행위"를 한

---

27) W.C. 새먼/곽강제, 앞의 책, 177면 이하에 따르면, 전제의 내용적인 확장을 포기함으로써 전제와 결론 사이의 필연성(necessity)을 획득하는 연역적 추론과 달리, 전제와 결론 사이의 필연성을 포기함으로써 전제의 내용을 확장하는 귀납적 추론의 경우에 중요한 것은 개연성(probability)이다. 귀납적 추론에서 전제가 결론을 입증하는 힘의 정도는 추가되는 전제가 새로운 증거를 제공함에 따라 증가할 수도 있고 감소할 수도 있다. 귀납적 추론의 결론은 전제가 옳을지라도 그를 수 있기 때문에 결론과 관련 있는 추가적인 증거는 결론이 참으로 옳은가 그른가를 좀 더 확실하게 판단할 수 있게 한다. 이와 같이 추가적인 증거가 결론이 입증되는 정도에 관여할 수 있는 것은 오직 귀납적인 추론에서만 발견되는 특성이며 연역적인 추론에서는 찾아볼 수 없다.

자(형법 제245조)를 수사하고 기소를 하여 법원이 그 유죄의 여부를 판결하는 과정에서도 검사의 일차적 법해석과 법원의 이차적 법해석이 나타난다.

그런데 사법심사에서 이차적 법적용이 일차적 법적용에 우선할 수 없는 경우가 있는데, 그것이 바로 재량이다. 좀 더 정확하게 말하면, 이차적으로 법적용한 결과를 일차적으로 법적용한 결과와 비교하는 방식으로 위법성을 논증하지 말고, 이차적인 법적용 없이 일차적 법적용만을 두고 그 법적용에 위법이 있는지를 심사하라는 것이 재량에 요청되는 사법심사의 방식이다. 문제는 언제 이러한 재량이 인정되는가이다. 또 문제는 이러한 재량이 공법에서, 사법심사에 한정된 현상인가 하는 점이다. 전술한 민사소송이나 형사소송에서 이러한 재량의 가능성은 논리적으로 있을 수 없는 것인가. 이들 문제에 대해서는 항을 달리하여 설명하기로 한다.

5. 소 결

지금까지 설명한 내용을 요약하면 다음과 같다. ① 법적용의 삼단논법은 큰 틀에서는 연역적인 추론이다. 그러나 소전제로서 사실의 인정에 개입하는 포섭은 본질적으로 귀납적인 추론이다. ② 포섭과 관련한 오류의 검증은 귀납적인 추론의 경우에 사용되는 방식에 따라야 한다. 귀납적으로 추론된 결론을 뒷받침하거나 배격하는 증거들을 동원하는 방법이 사용되어야 한다. 연역적인 추론의 오류 문제로 다루어서는 안 된다. ③ 사법심사에서 법적용은 2단계로 이루어진다. 법원에 의한 이차적 법적용이 행정에 의한 일차적 법적용에 우선하는 것이 헌법적인 요청이다. 그러나 행정에게 재량이 인정되는 경우는 그렇지 않다. 이때 법원은 자신의 독자적인 결론의 도출 없이 행정의 일차적 결정만을 두고 그 과정에 오류가 없는지를 반성적으로 심사할 수 있을 뿐이다.

Ⅲ. 행정재량에 대해서

1. 재량의 발견 조건

재량의 가능성에 관한 판단은 법률의 문언 해석에서 시작된다.[28] 행정재량은 판례에서 [1] 법률에서 정하는 조건이 충족되는 경우에도 법률에 없는 조건을 내세워 법률에서 정하는 결과를 발생시키지 않아도 되는지,[29] [2] 법률에서 조건을 따로 정하지 아니하는 경우에

28) 이에 관한 최근의 판례로서 대법원 2013.12.12. 선고 2011두3388 판결: 어느 행정행위가 기속행위인지 재량행위인지는 이를 일률적으로 규정지을 수는 없는 것이고, 당해 처분의 근거가 된 규정의 형식이나 체재 또는 문언에 따라 개별적으로 판단해야 한다. 또한 침익적 행정행위의 근거가 되는 행정법규는 엄격하게 해석·적용하여야 하고 그 행정행위의 상대방에게 불리한 방향으로 지나치게 확장해석하거나 유추해석해서는 안 되며, 그 입법 취지와 목적 등을 고려한 목적론적 해석이 전적으로 배제되는 것은 아니라고 하더라도 그 해석이 문언의 통상적인 의미를 벗어나서는 안 된다.

는 임의의 조건을 내세워 법률에서 정하는 결과를 발생시키지 않아도 되는지,[30] [3] 법률에서 정하는 조건이 충족되는 경우에 발생하도록 법률에서 정하고 있는 결과가 무엇이고,[31] 법률에서 정하는 것이면 어떠한 결과도 발생시킬 수 있는지,[32] [4] 법률에서 정하는 조건에 불확정개념이 사용되는 경우에는 그 조건의 충족 여부를 어떻게 판단할 것인지[33]의 문제로 나타나고 있다. 나아가 판례는 [5] 재량이 인정되는 경우에 그 재량의 행사로 수립되는 행정규칙 또한 존중된다는 입장이다.[34]

[1], [2]의 문제는 법률효과의 결정재량으로, [3]의 문제는 법률효과의 선택재량으로 다루어진다. 이 점은 재량의 본질을 법률요건에 있어 불확정성으로 보는 견해(이하 '요건재량설'

29) 대법원 2009.9.24. 선고 2009두8946 판결: 건축허가권자는 건축허가신청이 건축법 등 관계 법규에서 정하는 어떠한 제한에 배치되지 않는 이상 당연히 같은 법조에서 정하는 건축허가를 하여야 하고, 중대한 공익상의 필요가 없는데도 관계 법령에서 정하는 제한사유 이외의 사유를 들어 요건을 갖춘 자에 대한 허가를 거부할 수는 없다.

30) 대법원 2004.3.25. 선고 2003두12837 판결: 개발제한구역 내에서는 구역지정의 목적상 건축물의 건축 및 공작물의 설치 등 개발행위가 원칙적으로 금지되고, 다만 구체적인 경우에 이러한 구역지정의 목적에 위배되지 아니할 경우 예외적으로 허가에 의하여 그러한 행위를 할 수 있게 되어 있음이 그 규정의 체제와 문언상 분명하고, 이러한 예외적인 개발행위의 허가는 상대방에게 수익적인 것이 틀림이 없으므로 그 법률적 성질은 재량행위 내지 자유재량행위에 속하는 것이고, 이러한 재량행위에 있어서는 관계 법령에 명시적인 금지규정이 없는 한 행정목적을 달성하기 위하여 조건이나 기한, 부담 등의 부관을 붙일 수 있고, 그 부관의 내용이 이행 가능하고 비례의 원칙 및 평등의 원칙에 적합하며 행정처분의 본질적 효력을 저해하지 아니하는 이상 위법하다고 할 수 없다.

31) 대법원 2013.12.12. 선고 2011두3388 판결: 침익적 행정행위의 근거가 되는 행정법규는 엄격하게 해석·적용하여야 하고 그 행정행위의 상대방에게 불리한 방향으로 지나치게 확장해석하거나 유추해석하여서는 안 되며, 그 입법 취지와 목적 등을 고려한 목적론적 해석이 전적으로 배제되는 것은 아니라 하더라도 그 해석이 문언의 통상적인 의미를 벗어나서는 아니 된다(대법원 2008.2.28. 선고 2007두13791, 13807 판결 등 참조).

32) 대법원 2013.5.9. 선고 2010두28748 판결: 구 자동차관리법(2009.2.6. 법률 제9449호로 개정되기 전의 것, 이하 '법'이라 한다) 제13조 제3항 제4호가 사위 기타 부정한 방법으로 등록을 마친 경우 제재적 효과가 발생하는 직권말소 처분을 할 수 있도록 규정한 목적은, 자동차를 효율적으로 관리하고 자동차의 성능 및 안전을 확보함으로써 공공의 복리를 증진하기 위함이고(법 제1조), 위 규정에 따른 직권말소 처분은 그 규정 형식 등에 비추어 볼 때 행정청에게 재량권이 부여되어 있는 재량행위에 속한다. 다만 이러한 재량을 행사함에 있어서 재량권 행사의 한계를 벗어나면 이는 위법하다고 할 것인데, 그 직권말소 처분이 재량권의 범위를 일탈하거나 남용한 것인지는 위와 같은 입법 목적을 토대로 등록과정에서 사용된 사위 기타 부정한 방법의 내용 및 태양, 직권말소 처분에 의하여 달성하려는 공익목적, 자동차등록을 말소함으로써 초래되는 사익 침해의 정도 등 구체적·개별적 사정을 모두 고려하여 판단하여야 한다.

33) 대법원 2013.10.31. 선고 2013두9625 판결: 국토의 계획 및 이용에 관한 법률(이하 '국토계획법'이라 한다)에 따른 토지의 형질변경허가는 그 금지요건이 불확정개념으로 규정되어 있어 그 금지요건에 해당하는지 여부를 판단함에 있어서 행정청에 재량권이 부여되어 있다고 할 것이므로, 국토계획법에 따른 토지의 형질변경행위를 수반하는 건축허가는 재량행위에 속한다. 한편 재량행위에 대한 사법심사는 행정청의 재량에 의한 공익판단의 여지를 감안하여 원칙적으로 재량권의 일탈이나 남용이 있는지 여부만을 대상으로 하고, 재량권의 일탈·남용 여부에 대한 심사는 사실오인, 비례·평등의 원칙 위반 등을 그 판단 대상으로 한다.

34) 대법원 1999.2.23. 선고 98두17845 판결: 형질변경의 허가가 신청된 당해 토지의 합리적인 이용이나 도시계획사업에 지장이 될 우려가 있는지 여부와 공익상 또는 이해관계인의 보호를 위하여 부관을 붙일 필요의 유무나 그 내용 등을 판단함에 있어서 행정청에 재량의 여지가 있으므로 그에 관한 판단 기준을 정하는 것 역시 행정청의 재량에 속하고, 그 설정된 기준이 객관적으로 합리적이 아니라거나 타당하지 않다고 볼 만한 특별한 사정이 없는 이상 행정청의 의사는 가능한 한 존중되어야 할 것이다.

이라 한다)를 따르거나 법률효과에 있어 등가적인 선택으로 보는 견해(이하 '효과재량설'이라 한다)를 따르거나 간에 차이가 없다.[35] 결과(→법률효과)의 선택가능성은 달리 보면 언제나 조건(→법률요건)의 불확정성이 되기 때문이다.[36] 다만, 그 반대 명제가 성립하는지에 관하여는 견해의 차이가 있어서, 요건재량설이 긍정적인 입장인 반면에 효과재량설은 부정적인 입장이다. 효과재량설에 따르면 조건(→법률요건)이 불확정한 경우에 당연히 결과(→법률효과)의 선택가능성이 주어지는 것은 아니고 그 선택의 자유가 있음이 별도로 인정되어야 하는데 개념의 해석이나 포섭의 차원에서는 그러한 자유가 있을 수 없다. 이점에서 요건재량설은 단어의 정의(→인식의 측면)에 초점을 맞추어 재량의 가능성을 추론하는 방법으로 볼 수 있고, 효과재량설은 단어의 맥락(→의지의 측면)에 초점을 맞추어 재량의 가능성을 추론하는 방법으로 볼 수 있다. 그러나 언어 사용의 불확정성을 일차적인 기준으로 삼는 형식주의적인 접근이라는 점에서는 동일하다. 그 결과, ① 법률요건이 공백인 경우에, ② 법률요건이 충족됨에도 불구하고 추가적인 법률요건을 들어 법률효과의 발생을 거부할 수 있는 경우에, ③ 법률요건이 충족되면 발생하도록 정해져 있는 법률효과를 일정한 범위 내에서 선택할 수 있는 경우에, 어느 견해를 취하더라도 재량의 가능성 추론에 차이가 생기지 않는 것이다. 견해에 따른 차이는 [4]의 문제, 즉 법률요건의 불확정개념에 관한 해석과 포섭에도 재량이 가능하다고 볼 것인지 여부에 있다. 요건재량설은 이를 긍정하는 입장이고, 이에 따라 법률요건에서 성립하는 재량이 바로 요건재량의 개념이 된다. 효과재량설은 이를 부정하는 입장이고, 이에 따라 재량은 오로지 법률효과에서만 성립이 가능한 개념이 된다. 여기서 법률요건에 재량은 성립할 수 없지만 경우에 따라 판단여지는 인정할 수 있다는 견해가 추가로 제시된다(판단여지설).[37] 따라서 판단여지설은 효과재량설을 전제로 하는 견해이다. 법률요건에서 재량의 성립은 부정하면서 판단여지를 인정하는 근거는 무엇인지[38]에 관하여는 다시 세부적인

35) 베르나치크(Bernatzik)의 요건재량설과 테츠너(Tezner)의 효과재량설에 관하여는 이은상, 독일 재량행위 이론의 형성에 관한 연구-요건재량이론에서 효과재량이론으로의 변천을 중심으로, 서울대학교 박사학위논문, 2014, 24 내지 85면.

36) 예를 들어, 피추천자 2인 중에 1인을 임명하도록 하는 규정이 있고, 추천자가 1순위자와 2순위자를 지정하여 추천한 경우에, 임명권자의 재량에 관하여는 2가지 견해가 있을 수 있다. 첫째는 임명권자는 추천자가 추천한 순위에 구속되지 않으므로 1순위자의 자질에 특별한 문제가 없더라도 2순위자를 임명할 수 있다는 견해이다. 둘째, 임명권자는 추천자가 추천한 순위에 구속되므로 1순위자의 자질에 특별한 문제가 없다면 2순위자를 임명할 수 없다는 견해이다. 그중 첫째의 견해에 입각하면 피추천자 2인 중에 누구를 임명할 것인지는 법률효과에 있어 등가적인 선택에 해당한다. 그런데 이는 추천자가 추천한 순위에 구속된다는 것이 법률요건이 아니라고 해석한 결과이다. 만약 추천자가 추천한 순위에 구속된다는 것을 법률요건으로 해석한다면 피추천자 중 2인 중에 누구를 임명할 것인지는 법률효과에 있어 등가적인 선택이 아니게 된다. 이로써 추론되는 바는 법률효과에서의 등가적인 선택은 법률요건에서의 불명확성을 전제한다는 것이다.

37) 우리 학설은 판단여지를 재량과 본질적으로 동일한 것으로 볼 것인지에 관하여 견해가 대립한다.

38) 박정훈, 앞의 글(각주 14), 255면에 따르면, 이점에 대해서는 불확정개념의 해석과 포섭을 구별하고 인식적인 작용에 그치는 전자에서와 달리 후자에서는 평가적인 작용까지 이루어지기 때문에 일정한 범위 내에서 선택지가 주어진다는 견해(Otto Bachof), 불확정개념을 경험적인 것과 규범적인 것으로 구별하고 후자의

견해의 대립이 있다. 이러한 판단여지설과 동일선상에서, 계획규범의 적용에 있어서는 행정에게 폭넓은 형성의 자유가 인정되고, 이러한 계획재량은 목적-수단의 규범구조에서 나타나는 점에서 조건-결과의 규범구조에서 나타나는 일반적인 재량과 본질적으로 다르다고 보는 견해가 있다(계획재량설). 이와 같이 행정의 결정여지(Entscheidungsspielraum)를 효과재량-판단여지-계획재량으로 구분하여 삼원적으로 이해하는 견해가 독일의 통설적인 견해이다.[39] 최근에는 규제기관의 최종결정권한을 강화하는 규제재량(Regulierungsermessen)의 개념이 판례에 의해 추가하였고, 이에 관한 학설상 논의가 진행 중이다.[40]

본 연구에서 재량을 정의하는 '선택지에서 이루어지는 선택에 대한 면책'이라는 의미에서 보면, 요건재량설이 말하는 요건재량, 판단여지설이 말하는 판단여지, 계획재량설이 말하는 계획재량은 그 본질에 있어서 차이가 없다. 판단여지설이나 계획재량설이 요건재량설과 차이가 나는 점은 재량의 가능성을 논증하는 방법에 있다. 요건재량설은 입법자가 불확정개념을 사용한 것으로부터 바로 재량의 가능성을 추론한다. 선택의 가능성이 인정되면 당연하게 면책의 가능성까지 인정되는 것이다. 이와 달리 판단여지설이나 계획재량설은 재량의 필요성을 추가적으로 고려하여 재량의 가능성을 추론한다. 불확정개념이 사용되었다는 것으로부터 당연히 재량의 가능성을 추론하지는 않는다. 이점은 효과재량설과 동일하다. 효과재량설과 다른 점은 효과재량설은 재량의 가능성을 언제나 부정하지만 판단여지설이나 계획재량설은 재량의 필요성이 인정되는 경우에 예외적으로 재량의 가능성을 인정한다는 점이다. 면책의 가능성은 선택의 가능성을 논리적으로 전제하는 점에서, 판단여지설에서 말하는 판단여지나 계획재량설에서 말하는 계획재량은 일견 면책지가 열린다는 점만을 의미하는 것처럼 보이지만 선택지가 열린다는 점까지 당연히 내포하는 것이다.[41] 이와 같이 선택의 가능성과 면책의 가

해석과 포섭에는 행정의 가치적인 판단이 불가피하므로 전문성을 가지는 행정의 판단이 불확정개념의 테두리 안에서 충분히 주장될 수 있는 상당성을 가지면 법원으로서는 이를 자신의 판단으로 대체해서는 안 된다는 견해(Carl Hermann Ule), 불확정개념의 해석과 포섭은 법의 인식적인 작용이기는 하지만 그 인식적인 작용을 할 권한이 입법자에 의해서 행정에게 주어진 것이기 때문에 권력분립의 관점에서 법원은 입법자의 행정에 대한 판단수권을 존중하여야 한다는 견해(Rainer Wahl, Eberhard Schmidt-Aßmann)가 대립한다. 참고로, 정하중, 행정법에 있어서 재량과 판단여지 그리고 사법심사의 한계, 공법연구 제23집 제3호, 한국공법학회, 1995, 153면 이하는 위 바호프(Bachof)의 견해, 울레(Ule)의 견해 외에도 예쉬(Jesch)의 견해(법개념을 개념의 핵과 개념의 장으로 구분하고 후자에 대해서 일정한 한계 내에서 행정청의 자유를 인정)를 소개하고 있고, 이점은 박종국, 행정재량론에 관한 현대적 과제, 안암법학 제10권, 안암법학회, 1999, 74면 이하도 동일하다.

39) 독일법이 요건재량설에서 효과재량설, 판단여지설, 계획재량설로 발전한 역사적 경과에 관하여는 Eckard Pache, Tatbestandliche Abwägung und Beurteilungsspielraum, Mohr Siebeck, 2001, 11면 이하. 이와 같이 행정의 결정여지를 삼원적으로 구성하는 통설적인 견해와 다르게 일원적으로 구성하는 소수설(Einheitstheorie)에 관하여는 같은 책, 108면 이하. 현재 학설과 판례의 개관에 관하여는 Martin Kment, Beurteilungsspielraum und Ermessen, JuS 2015, 193면 이하.

40) 이점에 대해서는 김태오, 방송통신 규제기관의 최종결정권과 사법심사-독일 연방행정법원의 규제재량을 중심으로, 성균관법학 제26권 제3호, 성균관대학교 법학연구소, 2014, 110면 이하; 문병효, 규제재량과 행정법원의 통제, 공법학연구 제15권 제1호, 한국비교공법학회, 2014, 209면 이하.

능성을 모두 요소로 하는 점에서 판단여지나 계획재량은 요건재량과 본질적인 차이가 없는 것이다. 다만, 선택의 가능성에서 그 당연한 결과로 면책의 가능성을 추론하는 요건재량설의 경우에 비해서, 면책의 가능성에서 그 당연한 전제로 선택의 가능성을 추론하는 판단여지설이나 계획재량설의 경우에, 행정이 자율성을 누리는 영역은 상대적으로 줄어들 수밖에 없다.

불확정개념이 사용된 경우에 요건재량설이 언제나 면책에 대한 수권을 인정하거나 효과재량설이 언제나 면책에 대한 수권을 부인하는 것은 모두 법률의 문언에 천착하는 형식주의적인 방법론에 따른 귀결이다. 물론 법률에서 사용된 언어의 가능한 의미를 확정하는 노력은 입법자의 의사를 확인하는 데 무엇보다 중요한 작업이다.[42] 따라서 형식주의적 접근이 그 자체로 문제가 되는 것은 아니다. 다만 재량의 가능성을 추론하는 데 고려가 필요한 대상을 법률의 문언에 국한한다는 데 문제가 있는 것이다. 이와 같은 단점을 극복하기 위해서는 목적론적 해석[43]이 필요하다는 생각이다. 그 초점은 재량의 필요성, 즉 재량이 요청되는지 여부이다. 재량이 요청되는 경우에 한해서 재량이 가능한 것으로 보는 것이 논리적으로 자연스럽다. 굳이 칸트의 명제를 빌어 표현하면, 행정은 재량을 행사하여야만 하므로 그 범위 내에서 재량을 행사할 수 있는 것이다. 그리고 재량의 요청은 전술한 바와 같이 가치의 형량과 그 최적화의 구조적 보장에서 생겨난다.

---

41) 이 점에서 보면, 판단여지에 관하여 각주 38에서 소개되고 있는 학설 중 선택지가 열린다는 점을 강조하는 견해(Otto Bachof)와 면책지가 열린다는 점을 강조하는 견해(Carl Hermann Ule)는 재량의 가능성이라는 본질이 가지는 2가지 측면, 즉 선택의 가능성과 면책의 가능성 중 어느 한 면을 강조하는 입장으로 분석할 수 있다는 생각이다.

42) 입법자의 의사를 탐구하는 법해석의 방법론으로 사비니(Savigny)는 문리적 해석, 체계적 해석, 역사적 해석, 목적론적 해석을 제시하였고, 이는 오늘날에도 일반적으로 받아들여지고 있다. 이에 관하여 김학태, 법해석에 있어 법률의 흠결과 사물의 본성, 외법논집 제37권 제1호, 한국외국어대학교 법학연구소, 2013, 295면: 사비니에 의하면 법해석은 우선적으로 법문의 일상적인 의미에 따라야 하며, 둘째 법규의 체계와 논리에 따라야 할 것이며, 셋째 역사적으로 주관적인 입법자의 의도가 무엇인지를 객관적으로 고려하여 이루어져야 한다는 것이다. 그리고 이러한 법해석은 전체적으로 합리적인 구도 속에서 이루어져야 한다고 주장하였으며 (…) 문리적 해석은 법률문언에 근거하고 그것의 자연적인 의미를 밝히는 것이며, 논리적, 체계적 해석은 규범의 맥락, 즉 법률문맥이나 법률의 전체 관련성을 밝히는 것이라고 강조하였다. 또한 역사적 해석이란 법률 제정 시의 법적인 상황을 비교함으로써 해석을 요하는 법규의 의미 이해의 근거점을 찾아서 해석의 기준으로 삼아야 한다는 것으로 파악하였으며, 마지막으로 목적론적 해석은 해석하려는 법률이 법의 전체 규율목적에 어떻게 합목적으로 부합되는가, 즉 법률의 의미와 목적을 참고하여 해석하는 방법이라고 주장하였다.

43) 여기서 목적은 사물의 본성과 닿아 있는 개념이다. 따라서 목적론적 해석은 문언이 가지는 의미를 화자(話者)의 입장이 아닌 청자(聽者)의 입장에서 탐구하고, 이점에서는 객관적 해석이 된다. 그러나 해석하는 사람의 주관이 개입될 수밖에 없기 때문에 구성적 오류의 위험이 내재한다. 이에 목적론적 해석이라고 하더라도 그것이 해석인 이상은 문언의 가능한 의미가 한계가 된다. 그 한계를 넘어서면 더 이상 법해석이 아닌 법형성이 되고, 법형성은 법해석과 달리 사법의 본성에 따른 구조적인 제약을 받는다. 일반적으로 유추해석이라고 불리는 유비추론은 문언의 가능한 의미를 넘어서는 법형성, 즉 목적론적 확대적용에 해당하는 점에서, 언제나 허용되는 방법론이라고 보기는 어렵다. 법해석과 법형성의 관계, 목적론적 해석과 유추적용의 구별에 관하여는 박정훈, 행정법과 법해석-법률유보 내지 의회유보와 법형성의 한계, 행정법연구 제43호, 행정법이론실무학회, 2015, 24면 이하. 대법원 1994.12.20. 선고 94모32 전원합의체 결정을 대상으로 유추해석의 한계에 관한 형사법적 논의를 정리한 문헌으로는 신동운 외 4, 법률해석의 한계, 법문사, 2000.

요컨대, 재량의 가능성을 추론함에 있어서는 법률의 문언이 그 출발점이 되어야 하겠으나 문리적인 해석만으로는 안 되고 목적론적인 해석이 추가되어야 한다는 생각이다. 이러한 관점에서 보면, 규범이 불확정한 경우에 선택의 가능성이 인정되지만, 더 나아가 면책의 가능성이 인정되려면 재량의 필요성에 관한 논증이 필요하다고 보는 것이 타당하다는 생각이다. 따라서 단지 규범이 불확정하다는 이유만으로 재량행위로 인정하는 것은 타당하지 않다. 이는 규범의 불확정성이 입법의 과정에서 봉착하는 언어적인 한계나 규제의 집행 과정에서 발생하는 기술적인 한계에 기인하는 경우가 적지 않은데, 그러한 경우에까지 재량을 인정하는 것은 원래 재량을 인정하는 취지에 맞지 않기 때문이다.[44)]

다만 이러한 결론은 행정법의 영역에서만 그 논리적인 타당성을 유지할 수 있고, 이를 넘어 민사법이나 형사법의 영역에까지 보편적으로 타당할 수는 없다. 문제가 되는 법영역이 달라지면 목적론적 해석의 지향점이 달라진다고 보는 것이 오히려 자연스럽기 때문이다. 따라서 비슷한 정도로 규범이 불확정한 상황이라고 하더라도 행정법이 아닌 민사법이나 형사법의 영역에서는 목적론적 해석을 했을 때 오히려 재량이 부정되는 경우도 있을 수 있다. 다만 이는 재량이라는 관념이 행정법의 영역을 넘어 민사법이나 형사법에서도 존재할 수 있다는 것을 전제로 해야만 논의의 실익이 있는데, 이점에 대해서는 항을 달리하여 설명한다.

2. 재량의 영역 문제

(1) 재량은 공법에서만 관념될 수 있는가

재량이 행정법이 아닌 다른 법영역에서도 존재할 수 있는가 하는 문제는 단순히 이론적인 차원에 그치지 않는다. 실제 행정사건이 아닌 민사사건에서, 특히 전혀 행정법과 무관한 소송에서 재량이라는 용어가 적지 않게 사용되고 있고, 더 나아가 행정소송에서나 가능할 법한 재량심사가 이루어지고 있는 점에서, 이는 오히려 법실무적인 차원에서 시급히 해명되어야 할 문제가 아닐 수 없다.

---

44) 이와 관련하여, 「건축법」 제11조 제4항 제1호 규정(위락시설이나 숙박시설에 해당하는 건축물의 건축을 허가하는 경우 해당 대지에 건축하려는 건축물의 용도·규모 또는 형태가 주거환경이나 교육환경 등 주변 환경을 고려할 때 부적합하다고 인정되는 경우)과 제4호 규정(「국토의 계획 및 이용에 관한 법률」 제37조 제1항 제5호에 따른 방재지구 및 「자연재해대책법」 제12조 제1항에 따른 자연재해위험개선지구 등 상습적으로 침수되거나 침수가 우려되는 지역에 건축하려는 건축물에 대하여 지하층 등 일부 공간을 주거용으로 사용하거나 거실을 설치하는 것이 부적합하다고 인정되는 경우)을 비교해 보는 것은 재량의 필요성에 관한 이해에 도움이 된다. 제1호 규정에서 불확실성은 주거환경이나 교육환경에 적합한지 여부에 있고, 제4호 규정에서 불확실성은 주거용으로 사용하거나 거실을 설치하는 것이 적합한지 여부에 있다. 전자가 지역적인 토지이용에 초점이 맞추어진 도시계획적인 안녕에 관한 판단이라면 후자는 개별적인 건물이용에 초점이 맞추어진 건축경찰적인 위험에 관한 판단이다. 전자의 경우에는 재량의 필요성이 쉽게 인정되는 반면에 후자의 경우에는 재량이 특별히 요청되지 않는다. 그 결과, 다 같이 불확정개념이 사용되고 있지만 제1호 규정에 관하여는 재량이 인정되는 반면에 제4호 규정에 관하여는 재량이 부인되는 것이다.

〈표 2〉 대법원 1991.10.25. 선고 90다20428 판결

근로자에 대한 전직이나 전보는 피용자가 제공하여야 할 근로의 종류와 내용 또는 장소 등에 변경을 가져온다는 점에서 피용자에게 불이익한 처분이 될 수도 있으나 이는 원칙적으로 사용자의 권한에 속하는 것이므로 **업무상 필요한 범위 안에서는 상당한 재량을 인정하여야 할 것이고,** 전직명령이 근로기준법 제27조 제1항이나 제105조의 규정에 위반되거나 권리남용에 해당한다는 등 특별한 사정이 없는 한 무효라고는 할 수 없다. (…) 사용자가 근로자에 대하여 징계해고 처분을 함에 있어서의 '정당한 이유'라 함은 사회통념상 고용관계를 계속시킬 수 없을 정도로 근로자에게 책임이 있는 사유가 있는 경우를 말하고, 한편 취업규칙 등에서 징계사유를 규정하면서 동일한 사유에 대하여 여러 등급의 징계가 가능한 것으로 규정한 경우에 **그중 어떤 징계처분을 선택할 것인지는 징계권자의 재량에 속한다고 할 것이지만** 이러한 재량은 징계권자의 자의적이고 편의적인 것에 맡겨져 있는 것이 아니며, 징계사유와 징계처분과의 사이에 사회통념상 상당하다고 인정되는 균형의 존재가 요구되고, 경미한 징계사유에 대하여 가혹한 제재를 과하는 것은 징계권의 남용으로서 무효라고 할 것이다.

위 <표 2>는 사용자의 해고에 「근로기준법」상 "정당한 이유"가 없어서 무효라는 취지의 판결인데, 그 "정당한 이유"의 의미를 구체적으로 규정하는 취업규칙이 사용자에게 법률효과를 선택할 수 있는 재량을 수권하고 있으나, 그 재량이 무제한의 것일 수는 없어서 비례원칙 또는 평등원칙에 위반되는 징계권의 행사는 권리남용으로서 무효라고 설시한다. 이는 「근로기준법」상 해고사유로서 "정당한 이유" 및 그 의미를 구체적으로 규정하는 취업규칙이 사용자에게 재량을 수권하고 있다는 것을 인정하는 것이다. 이와 동일한 취지는 사립대학 교원의 재임용 여부에 대해서 임용권자가 원칙적으로 재량을 가진다는 아래 <표 3>의 판결에서 또한 확인할 수 있다. 동 판결은 특히 공익원칙, 비례원칙, 평등원칙과 같은 행정법에 전형적인 법원리를 명시적으로 제시하고 있는 점에서 인상적이다.

〈표 3〉 대법원 2010.9.30. 선고 2008다58794,58800,58817 판결

이러한 헌법규정 및 교육 관련 법령의 취지에 비추어 보면, 사립대학의 교원은 관련 법령과 학교법인의 정관에서 교원의 자격 심사기준으로 삼고 있는 덕목인 학문연구, 학생교육, 학생지도, 교육관계 법령의 준수 및 기타 교원으로서의 품위유지에 관한 능력과 자질을 기본적으로 갖추고 있어야 하고, 이는 재임용의 경우에도 마찬가지라 할 것인바, 대학교원의 임용기간이 만료되면 임용권자는 이와 같은 여러 가지 사정을 참작하여 재임용 여부를 심사할 필요성이 있으므로, **임용기간이 만료된 자를 다시 임용할 것인지 여부는 임용권자의 판단에 따른 재량행위에 속한다.** 다만, 앞서 본 바와 같은 개정 사립학교법과 구제특별법의 관련 규정에 의하면, 대학교원 기간임용제에 의하여 임용되어 임용기간이 만료된 사립대학 교원으로서는 교원으로서의 능력과 자질에 관하여 합리적인 기준에 의한 공정한 심사를 받아 위 기준에 부합되면 특별한 사정이 없는 한 재임용되리라는 기대를 가지고 재임용 여부에 관하여 합리적인 기준에 의한 공정한 심사를 요구할 권리를 가지며, 임용권자가 재임용신청을 한 교원에 대하여 재임용을 거부한 경우에 있어, 재임용 거부의 객관적 사유, 즉 재임용 심사기준에 미달된다는 사유가 전혀 존재하지 않거나 그 사유가 존재한다 하더라도 교원으로서의 능력과 자질을 검증하여 적격성 여부를 심사하기 위한 재임용 심사에 있어서 허용될 수 있는 정도의 **재량권을 일탈·남용한 결과 합리적인 기준에 기초한 공정한 심사가 결여된 것으로 인정되어 그 사법상의 효력 자체를 부정하는 것이 사회통**

념상 타당하다고 인정될 경우에는 그 재임용 거부결정을 무효라고 볼 수 있다. 그런데 재임용 거부결정이 재량을 일탈 · 남용하였다고 함은 그 결정이 공익의 원칙에 반하거나 재임용 거부의 판단근거로 삼은 부정적 평가 요소에 비추어 균형을 잃음으로써 비례의 원칙에 위반하거나 또는 합리적인 사유 없이 일반적으로 적용하여 온 기준과 어긋나게 공평을 잃은 결과 평등의 원칙에 위반한 경우 등을 말하고, 이는 구체적인 사례에 따라 부정적 사실의 내용과 성질, 재임용 심사기준에의 부합 정도 등 여러 요소를 종합적으로 판단하여야 하며, 재량권의 일탈 · 남용으로 인한 재임용 거부결정의 무효 사유에 관하여는 이를 주장하는 사람이 증명책임을 부담한다.

위 <표2>, <표3>의 판결이 사법상 근로관계의 존속과 관련하여 재량의 개념을 다루는 것과 달리, 아래 <표4>는 채무불이행을 원인으로 하는 손해배상책임의 성립요건인 과실의 여부를 판단하는 과정에서 재량 개념을 사용하고 있다. 의사에게는 진료방법을 선택할 재량이 인정되기 때문에 의사가 어느 진료방법을 선택하지 않고 다른 진료방법을 선택했다는 사실은 특별한 사정이 없는 한 그 자체로 비난받지 않는다는 것이다. 서론에서 정의된 재량의 개념적 표지에 잘 들어맞는다고 하겠다.

〈표 4〉 대법원 2010.7.22. 선고 2007다70445 판결

인간의 생명과 건강을 담당하는 의사에게는 그 업무의 성질에 비추어 보아 위험방지를 위하여 필요한 최선의 주의의무가 요구되고, 따라서 의사로서는 환자의 상태에 충분히 주의하고 진료 당시의 의학적 지식에 입각하여 그 치료방법의 효과와 부작용 등 모든 사정을 고려하여 최선의 주의를 기울여 그 치료를 실시하여야 하며, 이러한 주의의무의 기준은 진료 당시의 이른바 임상의학의 실천에 의한 의료수준에 의하여 결정되어야 하며, 의사는 진료를 행함에 있어 환자의 상황과 위와 같은 의료수준 그리고 자기의 지식경험에 따라 적절하다고 판단되는 진료방법을 선택할 상당한 범위의 재량을 가진다고 할 것이고, 그것이 합리적인 범위를 벗어난 것이 아닌 한 진료의 결과를 놓고 그 중 어느 하나만이 정당하고 이와 다른 조치를 취한 것은 과실이 있다고 말할 수는 없다. (…) 위와 같은 사실관계를 앞서 본 법리에 비추어 볼 때, 이 사건 사고 당시 관련 임상의학에서 실천하고 있는 의료수준에 의하면 망인이 비록 좌심방이 크고 심방세동을 동반한 상태에서 이 사건 수술을 받았다고 하더라도 망인에 대하여 INR을 반드시 2.0 이상으로 유지하도록 와파린의 투약량을 조절하여야 한다고 단정할 수 없고, 더구나 과도한 INR의 유지는 출혈의 위험성만을 높일 수 있다는 것이므로, 피고 1로서는 위와 같은 망인의 병력, 수술부위와 내용, 신체상태, 혈전 형성 및 출혈의 가능성, 항응고제에 대한 반응 정도, INR의 안정적 유지 여부 등을 종합적으로 고려하여 자기의 지식과 경험에 따라 적절하다고 판단되는 INR의 유지범위를 선정할 수 있는 재량이 있다 할 것인데, 피고 1이 망인에 대하여 유지하고 있던 INR의 범위가 그와 같은 재량의 합리적인 범위를 벗어난 것으로 보기는 어려우며, 망인에 대한 INR 검사주기 또한 그 당시 의료수준에 비추어 적정하였던 것으로 보인다. 그럼에도 원심은 피고들에게 망인에 대한 INR 수치를 낮게 유지한 과실이 있다고 판단하였는바, 이러한 원심판결에는 의료사고에 있어 과실 인정 및 인과관계의 증명에 관한 법리오해 등으로 인하여 판결 결과에 영향을 미친 잘못이 있다고 할 것이다. 이 점을 지적하는 피고들의 주장은 이유 있다.

아래 <표 5>, <표 6>은 상급심(법률심)의 입장에서 보았을 때 하급심(사실심)에게 인정되는 선택지와 그에 따른 면책에 대해서 설시하고 있다. 이처럼 재량 개념은 상급법원과

하급법원의 위계적 관계를 설명하는 데에도 상당히 합리적인 측면이 있다.

〈표 5〉 대법원 2009.12.24. 선고 2008다3640 판결

따라서 사실심법원은 항공기사고의 위자료를 산정함에 있어 일반적인 위자료 참작 요소 외에 앞서 본 바와 같은 피해자의 극심한 공포와 고통, 결과의 처참성, 사고수습 및 손해배상의 지연, 가해자측의 과실 정도와 사고 후의 태도, 항공보험을 통한 위험의 분담, 사고발생에 대한 제재와 예방의 필요 등 변론에 나타난 항공기사고의 특수한 사정도 함께 참작하여 **그 직권에 속하는 재량으로 위자료 액수를 정하여야 한다.** 그런데 원심판결의 이유와 기록에 의하면, 이 사건 사고는 항공기 승무원들의 중대하고 전적인 과실로 발생하였고 그 승객들에게는 아무런 과실이 없었던 점, 이 사건 사고 과정에서 발생한 항공기의 충돌·폭발·화재로 승객 대다수가 사망하고 사체가 대부분 심하게 손상되는 등 사고의 결과가 참혹하였고, 이에 따른 승객들의 공포와 고통 또한 극심하였을 것으로 보이는 점, 피고는 항공보험을 통하여 항공기사고에 따른 손해배상의 위험을 충분히 담보해 둔 것으로 보이는 점, 그런데도 망인들과 원고들의 손해는 장기간 전혀 전보되고 있지 아니한 점 등을 알 수 있는바, 이와 같은 항공기사고로서의 특수한 사정들과 앞서 본 법리에 비추어 보면, **원심은 위자료 산정에 있어 이 사건 변론에 나타난 항공기사고의 특수한 사정을 제대로 참작하지 아니함으로써 손해의 공평한 분담이라는 이념과 형평의 원칙에 현저히 반하여 그 재량의 한계를 일탈하였다고 볼 수 있다.** 이에 관한 상고이유의 주장은 이유 있다.

〈표 6〉 대법원 2008.5.29. 선고 2008도1816 판결

양형의 조건에 관하여 규정한 형법 제51조의 사항은 널리 형의 양정에 관한 법원의 재량사항에 속한다고 해석되므로, 상고심으로서는 형사소송법 제383조 제4호에 의하여 사형·무기 또는 10년 이상의 징역·금고가 선고된 사건에서 형의 양정의 당부에 관한 상고이유를 심판하는 경우가 아닌 이상, 사실심법원이 양형의 기초 사실에 관하여 사실을 오인하였다거나 양형의 조건이 되는 정상에 관하여 심리를 제대로 하지 아니하였다는 주장은 적법한 상고이유가 될 수 없다고 할 것이나, **이러한 사실심법원의 양형에 관한 재량도, 범죄와 형벌 사이에 적정한 균형이 이루어져야 한다는 죄형균형 원칙이나 형벌은 책임에 기초하고 그 책임에 비례하여야 한다는 책임주의 원칙에 비추어 당해 피고인의 공소사실에 나타난 범행의 죄책 내 양형판단의 범위에서 인정되는 내재적 한계를 가진다 할 것이므로,** 사실심법원이 피고인에게 공소가 제기된 범행을 기준으로 그 범행의 동기나 결과, 범행 후의 정황 등의 형법 제51조가 정한 양형조건으로 포섭되지 않는 별도의 범죄사실에 해당하는 사정에 관하여 그것이 합리적인 의심을 배제할 정도의 증명력을 갖춘 증거에 의하여 증명되지 않았음에도 핵심적인 형벌가중적 양형조건으로 삼아 형의 양정을 함으로써 피고인에 대하여 사실상 공소가 제기되지 않은 범행을 추가로 처벌한 것과 같은 실질에 이른 경우에는 단순한 양형판단의 부당성을 넘어 위와 같은 죄형균형의 원칙 내지 책임주의의 원칙의 본질적 내용을 침해한 것이 되므로, 그 부당성을 다투는 피고인의 주장은 이러한 사실심법원의 양형심리 및 양형판단 방법의 위법성을 지적하는 취지로 보아 적법한 상고이유로 평가될 수 있다.

이상에서 보다시피, 법실무에서 재량이라는 용어는 상당히 많은 민사사건에서 보편적으로 사용되고 있다.[45] 이로써 민사판례에서 정의하는 재량의 개념이나 그 재량의 한계에 관한 설

45) 그러나 민사적인 재량 개념을 정립하려는 이론적인 시도는 아직 본격적으로 이루어지지 않고 있다.

시가 행정법문헌이나 행정판례에서 기술하는 것과 그 양상이 본질적으로 다르지 않다는 것을 알 수 있다. 이와 달리 형사사건에서는 공법상 재량에 상응하는 개념을 쉽게 확인하기 어렵다. 죄형법정주의를 결코 양보할 수 없는 명제로 여기는 결과로 보인다. 다만 전혀 다른 형태로 재량이 관념되는 경우는 있는데, 검사의 기소편의주의가 바로 그것이다.[46] 이 경우 검사에게 인정되는 재량은 특이하게도 헌법재판소에 의해서 통제가 이루어진다.[47]

(2) 공법에서는 어느 경우에나 재량이 관념되는가

이 문제는 앞서 다룬 재량이 언제 인정되는가의 문제를 다르게 표현한 것이다. 규범이 불확정하더라도 굳이 재량을 인정할 필요가 없는 경우가 있을 수 있다. 이에 목적론적 해석을 통해 재량이 가능한 범위를 재량이 필요한 경우로 축소하는 것이 필요하다는 점은 이미 전술한 바와 같다. 여기서는 실증적인 사례를 들어 논증하고자 한다. 아래 <표 7>의 판결은 사용자의 인사조치가 부당노동행위라고 주장하며 근로자가 한 구제신청에 대해서 지방노동위원회가 이를 받아들여 구제명령을 내렸고, 이에 사용자가 중앙노동위원회에 재심판정을 신청하였으나 기각되었는데, 소송에 이르러 제1심 판결이 그 재심판정을 취소하였고, 이에 불복한 중앙노동위원회와 근로자가 항소, 상고를 하였으나 결국 대법원에서 패소한 사건에서 내려진 것이다.[48]

---

46) 「형사소송법」 제247조(기소편의주의) 검사는 「형법」 제51조의 사항을 참작하여 공소를 제기하지 아니할 수 있다.

47) 헌법재판소 1990.11.19. 89헌마116 결정: 검사가 의료과실사건을 수사함에 있어서는 피해자의 진술을 토대로 하여 여러 가지 방향과 각도에서 의사의 과실유무를 검토해 볼 것이며, 피해자가 사리판단을 그르치거나 착오로 잘못 주장하고 있거나 마땅히 주장하고 다투어야 할 부분을 묵과하고 있을 때에도 이에 구애됨이 없이 사건의 진상규명에 최선을 다하여야 하는 것이므로, 수사검사가 이러한 점에 관하여 충분한 수사를 펴보지도 않은 채 미진한 상태에서 만연히 피의자 등에 유리한 '혐의없음'의 결론을 내렸다면 고소인의 평등권을 침해한 것이 된다.

48) 서울행정법원 2006.12.5. 선고 2006구합22576 판결: 재심판정의 경위

가. 원고 은행은 상시근로자 2,700여명을 고용하여 은행법에 의한 은행업무 등을 영위하는 법인이고, 피고 보조참가인(이하 '참가인'이라 한다) 2는 1979.11.15., 참가인 3은 1980.1.26., 참가인 1은 1980.10.20. 원고 은행에 각 입사하여 참가인 2는 기업영업팀, 참가인 3은 여신지원팀, 참가인 1은 북삼지점에서 차장(4급)으로 근무하던 사람들이다.

나. 원고 은행은 2005.3.29. 참가인들에게 근무성적불량 및 장기간 승진누락에 따른 승진가능성 희박 등의 사유가 있다는 이유로 참가인들을 여신지원팀 관리역으로 인사발령한 후, 같은 해 4.1. 정기인사에서 참가인들을 다시 공공PB추진팀 업무추진역으로 인사발령하여 참가인 2는 ○○지점, 참가인 3은 △△지점, 참가인 1은 □□지점에서 각 연체관리 업무 등을 담당하게 하였다(이하 '이 사건 각 인사발령'이라 한다).

다. 참가인들은 이 사건 각 인사발령에 불복하여 2005.6.23. 경북지방노동위원회에 2005부해168호로 구제신청을 하였고, 경북지방노동위원회는 같은 해 9.1. 이 사건 각 인사발령을 부당인사발령으로 인정하여 이 사건 각 인사발령을 취소하고, 참가인들을 원직에 복직시키며, 이 사건 각 인사발령으로 인한 임금 차액을 지급하라는 구제명령을 발령하였다.

라. 원고 은행은 2005.10.4. 중앙노동위원회에 2005부해839호로 재심신청을 하였고, 중앙노동위원회는 2006.5.11. 원고 은행의 재심신청을 기각하였다.

〈표 7〉 대법원 2009.4.23. 선고 2007두20157 판결

근로자에 대한 전직이나 전보처분은 근로자가 제공하여야 할 근로의 종류 · 내용 · 장소 등에 변경을 가져온다는 점에서 근로자에게 불이익한 처분이 될 수도 있으나, 원칙적으로 인사권자인 사용자의 권한에 속하므로 업무상 필요한 범위 안에서는 상당한 재량을 인정하여야 하고, 그것이 근로자에 대하여 정당한 이유 없이 해고 · 휴직 · 정직 · 감봉 기타 징벌을 하지 못하도록 하는 구 근로기준법(2007.4.11. 법률 제8372호로 전문 개정되기 전의 것) 제30조 제1항에 위반되거나 권리남용에 해당하는 등 특별한 사정이 없는 한 무효라고는 할 수 없고, 전직처분 등이 정당한 인사권의 범위 내에 속하는지의 여부는 당해 전직처분 등의 업무상의 필요성과 전직에 따른 근로자의 생활상의 불이익을 비교 · 교량하고, 근로자가 속하는 노동조합(노동조합이 없으면 근로자 본인)과의 협의 등 그 전직처분을 하는 과정에서 신의칙상 요구되는 절차를 거쳤는지 여부를 종합적으로 고려하여 결정하여야 한다. 원심은 그 채택 증거를 종합하여 판시와 같은 사실을 인정한 다음, 원고 은행이 노동조합과 합의하여 조직 경쟁력을 강화하고 연공서열 중심의 고연령, 고비용 인력구조를 개선하기 위하여 최근 3년간의 근무실적, 근속년수, 승급누락 등 종합적 기준으로 근무평정을 실시하여 명예퇴직 및 후선발령 대상자를 선발하기로 하였는데, 참가인들이 근무평정에서 하위 4%에 포함되는 것으로 평가되었고, 4급 승급 이후 12년 내지 13년간 승급에서 누락되었으며, 그 직전 실시한 승급심사에서도 3급 승급기준과 상당한 격차로 탈락하였으므로 참가인들에 대하여 후선발령직원 인사관리지침에 따라 이 사건 각 인사발령을 단행할 업무상 필요가 있었고, 이 사건 각 인사발령으로 인하여 참가인들의 임금이 삭감되는 등의 불이익이 발생하기는 하나 그 불이익이 통상 감수하여야 할 정도를 현저히 벗어나 참가인들에게 과도한 생활상의 불이익을 가하는 것이라고 보기 어려우며, 원고 은행이 참가인들에게 명예퇴직 및 후선발령 대상자로 선정된 사정을 수회 고지한 점 등을 고려하면 원고 은행으로서는 이 사건 각 인사발령에 앞서 신의칙상 요구되는 가능한 절차를 거쳤다고 판단하였다. 앞서 본 법리 및 기록에 비추어 살펴보면, 원심의 사실인정 및 판단은 정당하고, 거기에 채증법칙 위반 등의 위법이 없다.

형식적으로만 보면 이 사건에서 법적용은 3단계, 즉 사용자에 의한 일차적 법적용, 노동위원회에 의한 이차적 법적용, 법원에 의한 삼차적 법적용으로 이루어진다. 그러나 실질적으로 보면 사용자에 의한 법적용에 오류가 없는지를 먼저 노동위원회가 심사한 후에 그에 이어서 그와 별도로 법원이 심사하는 구조인데, 노동위원회는 사용자에 의한 법적용에 오류가 있다는 입장이고, 이와 달리 법원은 사용자에 의한 법적용에 오류가 없다는 입장인바, 양자가 서로 상충되는 결과 후자가 전자에 우선하게 된다. 다시 말해, 사용자에 의한 법적용은 노동위원회에서나 법원에서 모두 존중되는 점에서 사용자에게 재량이 인정되고 있고, 그에 반해 노동위원회의 그와 같은 판단은 법원에서 전혀 존중받지 못하는 점에서 노동위원회에게는 재량이 없다. 정작 공법질서에 속하는 노동위원회에게는 재량이 인정되지 않고 사법질서에 속하는 사용자에게는 재량이 인정되는 격이다.

얼핏 보면 모순인 것 같은 이상의 상황이 그러나 좀 더 논리적으로 분석해 보면 타당하다는 생각이다. 사용자의 근로자에 대한 인사조치에 관한 다툼은 본질적으로 민사소송의 대상이다. 그럼에도 불구하고 권리구제의 신속성과 효율성, 효과성을 위해 특별히 도입된 공법상 분쟁해결절차가 바로 노동위원회의 구제명령제도이다. 노동위원회의 판정은 행정작용으로

서 성격을 가지기 때문에 이에 대한 불복은 항고소송을 통해 이루어지는데, 비록 그 형식은 항고소송이지만 민사소송으로서 성격이 여전히 유지되고 있다고 보아야 한다. 이와 같이 실질적으로 민사소송을 대신하는 항고소송에서 노동위원회에게 재량의 필요성은 쉽게 논증될 수 없다. 원래 민사소송으로 해 오던 일이고, 특별히 공법적인 관점에서 특별한 가치의 형량이 문제되지 않기 때문이다.49) 이와 같이 그 본질이 민사적인 분쟁을 다루는 공법소송에서는 공법에 고유한 재량 및 그 통제라는 현상이 나타나지 않는다. 이점은 공법적인 재량과 비공법적인 재량의 구별 가능성을 시사한다.

3. 공법에서 인정되는 재량의 고유성

(1) 공법적인 재량과 비공법적인 재량

이상에서 보다시피 재량은 이제 더 이상 행정법에 고유한 관념이 아니다. 앞으로 남은 과제는 공법적인 재량이 그렇지 않은 재량, 특히 사법적인 재량과 어떤 점에서 같고 어떤 점에서 다른지를 논증하는 일이라 생각한다. 이는 결국 공법과 사법의 구별 문제로 환원되는 것이 아닌가 생각한다.

공법과 사법의 구별은 오늘날 권력적인 작용인가 아닌가(권력설), 추구하는 이익이 공익인가 아닌가(이익설), 입법자에 의해 행정에게 주어진 임무의 성격이 무엇인가(귀속설)를 종합적으로 고려해서 결정해야 한다는 것이 일반적인 입장이다. 아무튼 공법에 해당하면 사법의 것과는 다른 원리적 지도를 좇게 된다. 후자가 대등한 인격들 간의 자유의지에 의한 합의에 기초한다면, 전자는 정치공동체를 구성하고 운영하는 원리로서 민주주의, 법치주의, 권력분립원리에 기초한다. 이를 목적론적으로 해석하면, 민주주의, 법치주의, 권력분립원리의 요청이 두드러지는 법률관계가 바로 공법적인 것이다.50)

(2) 공법적인 재량의 필요성과 가능성

공법적인 재량의 필요성과 가능성은 민주주의, 법치주의, 권력분립원리 모두에 걸쳐 함의를 가진다. 예를 들어 재량의 요청은 민주주의를 그 배경으로 한다(대리인의 재량은 주인을 위한 것이다!). 그러나 재량이 그 요청대로 행사되지 않는 경우에는 법치주의적인 측면이 부

---

49) 이렇게 노동위원회의 판정에 재량이 부정되는 결과는 이른바 분쟁해결적 행정작용에는 일반적으로 재량이 부정된다는 명제로 설명할 수도 있다. 이는 행정심판법상 재결에 대해 항고소송이 제기된 경우 법원이 행정심판위원회에 재량을 인정하지 않는 것과 마찬가지의 이치다. 종래 학설이 준법률행위로서 확인행위를 기속행위로 설명하는 것은 이러한 측면에서 이해할 수 있다. 박균성, 앞의 책, 350면: 확인행위는 사실 또는 법률관계를 확인하는 행위이므로 원칙상 행정청에게 재량권이 인정될 수 없고 따라서 기속행위이다.

50) 이에 관하여 박정훈, 공·사법 구별의 방법론적 의의와 한계-프랑스와 독일에서의 발전과정을 참고하여, 공법연구 제37집 제3호, 한국공법학회, 2009, 83면 이하는 공법과 사법의 구별은 결코 존재론적 구별이 아니고, 방법론적인 의의가 있기 때문에 논의할 가치가 있다는 입장이다. 이에 따라 ① 문제해결 방법론의 차원(재판관할/규율내용), ② 문제발견 방법론의 차원(법학교육/법학연구), ③ 문제접근 방법론의 차원(이데올로기/공법철학)을 구분하여 검토한다.

각된다. 한편 재량의 가능성은 민주적 정당성을 가지는 의회가 제정한 법률의 문언에서 추론되는 것이지만 재량의 필요성을 고려한 목적론적 해석을 통하여 재량의 가능성을 추론할 수도 있는 점에서 보면, 재량의 가능성은 민주주의적인 차원뿐만 아니라 법치주의적인 차원에서도 중요한 의미를 가진다.

이하에서는 재량의 필요성 측면과 가능성 측면을 구분하고, 각 측면에서 바라본 공법적인 재량의 특수성에 대해서 설명하기로 한다.

(3) 재량의 필요성 측면에서 바라본 공법적인 재량의 특수성

공법적인 재량은 사법적인 재량과 비교할 때 형량의 지향성에서 적지 않은 차이가 있다. 공동체의 이익이 중요한 고려요소가 될 뿐만 아니라 공동체의 세부적인 이익 상호 간에 있을 수 있는 충돌도 조정하여야 하며 개인의 이익도 순수하게 사적인 것으로 취급되지 않고 여기에 공화주의적인 요청이 가미되기도 한다.[51] 그만큼 형량의 측면이 다수일 뿐만 아니라 다양하다는 것을 말한다. 그리고 공동체의 외부적 환경과 내부적 동인이 시시각각 급변함에 따른 행정의 대응도 달라져야 하고 그 결과 공법적인 재량은 단 한 차례에 그치는 것이 아니라 반복적이고 계속적으로 이루어지는 속성을 가진다. 이와 달리 사법적인 재량에서는 변수가 다양하지 않아 계량적인 비교가 상대적으로 쉽다고 할 수 있다. 개인의 이익이 공동체의 이익 속에서 조망되지 않기 때문에 어느 사건에서 이루어진 형량의 결과를 사회 전체에 그대로 적용하기가 어려워 그 효과가 개별적인 것에 그친다. 형량의 결과가 그대로 개인의 권리, 의무로 전환되기 때문에, 한번 형량이 이루어진 것을 다시 형량의 대상으로 삼는 것은 쉽지 않은 일이 된다.

(4) 재량의 가능성 측면에서 바라본 공법적인 재량의 특수성

공법적인 재량은 주인(→의회)이 대리인(→행정)에게 주는 것이다. 정보의 비대칭성으로 인하여 대리인에게는 기회주의적 동기가 생길 수 있기 때문에 대리인의 재량은 주인의 수권에 종속되어야 한다. 더 나아가 대리인의 자격도 매우 까다로운 편이다. 관료제는 자신의 존재의의를 공동체에 대한 봉임에서 찾는 개개인으로 구성되고, 그러한 개개인의 자세가 제도적으로 독려될 수 있는 행위규범과 조직문화를 가지고 있다. 이러한 점에 비추어 보았을 때 공법적인 재량의 가능성은 주인의 지위가 대리인보다 월등히 우월함으로 인하여 전체적으로 엄격하고 공정하다고 할 수 있다. 이와 달리 사법적인 재량은 대등한 인격들 간에 공평하게 귀속하는 것이 아니라 상대적으로 강한 자가 약한 자로부터 수권을 받는 것이 일반적이다. 그 결과 대리인이 주인보다 우월한 지위를 가지는 경우가 빈번하게 발생하는데, 여기에 정보

51) 공법의 일반원리로서 공화주의에 관하여는 이원우, 행정조직의 구성 및 운영절차에 관한 법원리-방송통신위원회의 조직성격에 따른 운영 및 집행절차의 쟁점을 중심으로, 경제규제와 법 제2권 제2호, 서울대학교 공익산업법센터, 2009, 101면 이하.

의 비대칭성까지 더하면 심각하게 공정성이 훼손될 수 있다. 공정거래위원회가 약관을 심사하거나 법원이 계약의 반사회성과 불공정성을 심사하는 이유가 바로 여기에 있다고 할 것이다.

4. 소　결

지금까지 설명한 내용을 요약하면 다음과 같다. ① 행정재량은 규범이 불확정한 경우에 그리고 더 나아가 재량이 요청되는 경우에 한하여 인정된다. 전자는 법률의 문리적 해석을 통해서, 후자는 합리성을 추구하는 행정에게 재량을 수권해야 할 필요성이라는 목적론적 해석을 통해서 규명된다. ② 주인이 대리인에게 선택지를 주고 대리인의 선택에 대해서 주인이 비난하지 않는 개념으로서 재량은 공법에 한정되지 않고 민법 기타 법 일반에 걸쳐서 보편적으로 사용되고 있다. 이미 법실무에서 관철되고 있는 비공법적 재량이라는 관념을 부정할 수는 없고, 앞으로는 공법적 재량과 비공법적 재량이 어떻게 같고 다른지에 대한 규명이 중요하다. ③ 공법적인 재량이 가지는 제도적인 의의와 기능은 민주주의와 법치주의, 권력분립원리라는 정치공동체의 기본원리의 관점에서 조명되어야 하는데, 이러한 관점에서 보면 공법적인 재량의 필요성은 사법적인 재량의 그것과 비교하였을 때 다양하고 다층적이며 계속적이고 반복적인 속성을 가진다. 그 연장선상에서 공법적인 재량의 가능성은 사법적인 재량의 그것과 비교하였을 때 엄격함과 공정성을 유지하고 있다.

Ⅳ. 행정법의 일반원칙에 대해서

전술한 바와 같이 행정법의 일반원칙은 사법심사의 강도와는 직접적인 관련이 없다. 행정재량은 대개 개방적인 구조의 규범에서 나타나고 가치의 형량을 위해서는 그것을 가능하게 해주는 법원리가 필요하기 때문에 행정재량에 대한 사법심사에서 행정법의 일반원칙이 중요하게 고려되지만 기속행위라고 해서 이러한 행정법의 일반원칙이 필요 없는 것은 아니다. 예를 들어, 기속행위라고 알려져 있는 과세처분에 신뢰보호원칙이 적용된다고 해서 그 과세처분이 재량행위로 성격이 변하는 것은 아니다. 이때 신뢰보호원칙은 과세요건에 없는 추가적인 법률요건이 되는 것이다. 이점에 대한 논리적인 해명을 위하여 이하에서는 원리이론(Prinzipientheorie)[52]의 기초개념을 활용하고자 하다. 다만 본 연구는 행정법의 일반원칙이

52) 특히 알렉시의 원리이론에 대한 법철학적 성찰에 관하여는 은승표, R. 알렉시의 원칙과 규칙 구별 이론에 대한 하나의 단상, 영남법학 제41집, 영남대학교 법학연구소, 2015, 125면 이하; 이부하, 원칙이론에 의한 헌법재판적 형량-알렉시 교수의 원칙이론에 대한 비판을 겸하여, 법학논고 46집, 경북대학교 법학연구원, 2014, 38면 이하; 안준홍, 법규칙과 법원리를 질적으로 구별할 가능성에 대한 비판적 고찰, 법철학연구 제11권 제2호, 한국법철학회, 2008, 427면 이하; 박완진, 규칙과 원리로서 기본권, 공법연구 제34집 제1호, 한국공법학회, 2005, 273면 이하; 알렉시/김효전, 주관적 권리와 객관규범으로서의 기본권, 헌법학연구 제6권

행정재량에 작동하는 기제를 해명하는 과정에서 원리이론의 기초개념을 차용하는 데 그치고, 더 나아가 원리이론이 드워킨(Dworkin), 알렉시(Alexy)에 의해서 성립하고 발전하는 과정을 본격적으로 분석하는 데 목적이 있지 않다.[53)]

1. 형량을 가능하게 하는 법원리

(1) 법규칙의 배후로서 법원리

법규칙은 법적용의 삼단논법에서 대전제가 될 수 있는 성질의 것으로서, 그에 대해서 법해석과 사실인정 및 포섭을 거치면—그로부터 하위의 법규범을 추가로 도출하여 삼단논법을 거칠 필요 없이—바로 결론이 도출될 수 있는 것을 말한다. 따라서 법규칙은 그 자체로는 의미나 맥락이 확정적이지 않을 수 있지만 삼단논법을 거치면 불확정성이 해소될 수 있다. 다양한 법규칙은 다양한 결론을 낳고 그 결론들 중에는 내용적으로 양립할 수 없어 서로 충돌하는 경우도 있는데, 이러한 때에는 신법 우선의 원칙, 특별법 우선의 원칙과 같은 기준을 통해 어느 하나가 타당한 것으로 인정된다. 이와 달리 기존의 법규칙 배후에서 해당 법규칙을 지도하기나 마땅한 법규칙이 흠결된 경우에 그로부터 새로운 법규칙이 추가로 도출될 수 있고 경우에 따라서는 새롭게 도출된 법규칙이 기존 법규칙의 효력을 제한하거나 배제할 수도 있는 고차원의 법규범을 법원리라고 한다. 이러한 법원리 간에는 법규칙들 사이에서와 달리 공존이 가능하기 때문에 내용적인 충돌이 있더라도 어느 일방이 효력을 완전히 상실하지 않고 어떤 사안에서는 일방이 우선할 수 있지만 다른 사안에서는 타방이 우선할 수 있다. 다시 말해, 법원리는 언제나 다른 법원리와 형량이 가능하고 필요한 법규범으로서, 전체적인 질서를 위해서 자신의 규범적 내용 중 일부 또는 전부를 양보한다. 법원리 간 형량이 어떻게 이루어지는가에 따라 어느 하나의 법규칙에서 도출되는 결론이 상황에 따라 달라질 수도 있고 기존에 없던 법규칙이 새로이 도출될 수도 있고 기존의 법규칙과 결론에 있어 전부 또는 일부 양립할 수 없는 새로운 규칙이 도출되기도 한다. 법원칙은 그 자체로는 법적용의 삼단논법상 대전제가 될 수 없고, 이를 위해서는 법규칙으로 전환되어야 한다. 뒤집어 말하면, 어느 법규범이 위법성을 논증하는 직접적인 근거가 된다면 그것은 법원칙이 아닌 법규칙의 상태에 있는 것이다.[54)]

제2호, 한국헌법학회, 2000, 301면 이하.

53) 드워킨, 알렉시의 원리이론이 나타나기 이전부터 일찍이 법학의 여러 분야에서는 일반원칙라는 이름의 개념과 체계가 널리 사용되어 왔다. 특히 오늘날 보편적으로 받아들여지고 있는 행정법의 일반원칙은 볼프(Wolff)의 일반원칙(Rechtsgrundsätz)에 그 원형이 있다. 이점에 대해서는 Jeong Hoon Park, 앞의 책, 184면 이하. 따라서 오늘날의 원리이론에 입각하여야만 행정법의 일반원칙, 더 나아가 행정재량을 이해할 수 있는 것이 아니다. 드워킨의 관심사는 행정재량이 아닌 사법재량이었고, 알렉시의 재량이론은 원리이론과 반드시 관련이 있어 보이지 않는다. 참고로, 알렉시의 재량이론에 대해서는 이호용, 재량하자의 체계론 연구-알렉시의 이론을 중심으로, 한양법학 제18권, 2005, 151면 이하.

54) 이상의 내용은 박정훈, 행정법의 체계와 방법론 [행정법연구 1], 박영사, 2005, 42면 이하; 김도균, 권리의

(2) 형량의 대상이 되는 법원리

법원리가 다른 법원리와 형량이 가능하고 필요한 법규범이라는 것은 법원리가 형량의 대상이 된다는 것을 의미한다. 법원리를 행정제한적인 것과 행정지원적인 것으로 구분하고, 전자로 법치국가원리, 민주주의원리, 사회국가원리 등을 들고 후자로 행정의 자율성, 경제성, 효율성 등을 들면서, 행정법의 모든 쟁점을 행정제한적 법원리와 행정지원적 법원리의 충돌문제로 접근하는 방법론[55]에서 초점은 형량의 대상이 되는 다양한 법원리를 적절하게 분류해서 합당한 대구를 설정하는 데 있다. 이러한 법원리는 저마다 대변하는 고유한 이익이나 가치를 가진다. 쉽게 말해, 형량은 이같이 법원리가 대변하는 이익이나 가치를 조율하는 것이다.

(3) 형량을 가능하게 하는 법원리

행정법 문헌에서는 보편적으로 행정법의 일반원칙이라는 제목 아래 평등원칙, 비례원칙, 신뢰보호원칙, 부당결부금지원칙이 서술되어 있다. 이들의 규범으로서 효력은 헌법재판소 결정이나 대법원의 판례를 통해 실증되고 있는 상황이다. 특히 비례원칙에 대해서 이것이 법원리에 해당하는지, 법규칙에 해당하는지에 대해서 논란이 있는데, 다른 법원리와의 형량을 상정하기 어렵다는 점에서 법원리라 보기 어려울 뿐만 아니라 그와 모순되는 법규칙을 발견하기도 어렵고 따로 보호하고자 하는 실체적인 법익도 없는 점에서 법규칙이라 보기도 어렵다. 그러나 이를 통해 형량이 가능해진다는 점에서 비례원칙은 법질서에서 매우 중요한 기능을 수행하는 근본규범(Fundamentalnorm)에 해당한다. 다만 실체적인 내용을 가지지 않는 점에서 형식적인 메타원리(Meta-Prinzip)로 정의될 수 있다.[56] 본 연구는 이 같은 수단적인 기능

문법-도덕적 권리·인권·법적 권리, 박영사, 2008, 195면 이하; 염수균, 드워킨의 법철학, 법과 권리(드워킨/염수균), 한길사, 2010, 13면 이하; 이준일, 분석적 자유주의자의 기본권 이해, 기본권이론(알렉시/이준일), 한길사, 2007, 15면 이하에서 공통적으로 다루어지는 내용을 본 연구의 취지에 맞추어 정리한 것이다. 참고로, 드워킨(Dworkin)의 원리이론은 권리에 기초한 자유주의 철학의 한 부분으로 기획된 것이다. 다만 표면적으로는 법의 개념에 관하여 하트(Hart)와 논쟁한 것이 계기가 되었다. 따라서 드워킨/염수균, 법과 권리, 한길사, 2010은 하트/오병선, 법의 개념, 아카넷, 2002와 짝을 이룬다. 그러나 하트나 드워킨의 논의는 일상의 법실무에 당장 적용할 수 있을 만큼 충분히 구체적이지 않다. 이와 달리 드워킨의 이론을 발전시킨 알렉시(Alexy)는 엄격한 법적인 개념과 논리로 이론을 전개하였고, 그만큼 우리 법학에도 많은 영향을 미치고 있다. 다만 알렉시의 원리이론은 독일 기본법상 기본권 목록과 그에 관한 헌법재판소의 판례에 초점이 맞추어져 있고, 대화이론이라는 특수한 방법론이 첨가되어 있다. 그 결과 알렉시의 원리이론은 그 모태가 된 드워킨의 원리이론과 단순비교가 쉽지 않다. 참고로, 국내문헌에서 드워킨의 원리이론과 알랙시의 원리이론을 비교하는 내용은 대부분 알렉시가 스스로 드워킨의 원리이론을 분석한 결과에 토대를 두고 있다. 위 본문에서 정리한 내용은 오늘날 교과서적으로 통용되는 원리이론에 관한 설명이다.

55) 박정훈, 앞의 책, 44면 이하.

56) Jeong Hoon Park, 앞의 책, 268면 이하. 참고로, 원리이론과 비례원칙의 관계에 관하여 알렉시/이준일, 앞의 책, 146면 이하: 원칙성격은 비례원칙을 내포하고, 비례원칙은 원칙성격을 내포한다. 원칙성격이 비례원칙을 내포한다는 것은 비례원칙이 적합성원칙, 필요성원칙, 협의의 비례원칙이라는 부분원칙들과 함께 원칙성격에서 논리적으로 도출된다는 것, 즉 연역될 수 있다는 것을 뜻한다. 연방헌법재판소는 비례원칙이 "근본적으로 이미 기본권의 본질 자체에서" 나온다고 말한다.

에 착안하여 비례원칙을 다른 법원리들 간 형량을 가능하게 하는 법원리로 부르고자 한다. 더 나아가 평등원칙, 신뢰보호원칙, 부당결부금지원칙 또한 비례원칙과 마찬가지로 다른 법원리들 간 형량을 가능하게 해 주는 법원리로 보고자 한다. 이하에서는 형량을 가능하게 하는 법원리만을 설명하고자 한다.

2. 법원리의 실천적인 기능과 한계

(1) 법원리는 재량을 통제하기 위한 것인가

평등원칙, 비례원칙, 신뢰보호원칙, 부당결부금지원칙은 법실무에서 형량을 통제하는 기능을 수행하고 있지만 오히려 형량을 가능하게 하고 그 방침을 제시하는 것이 그 본질에 부합하는 기능이다. 형량을 가능하게 하는 법원리를 통해서 형량의 대상이 되는 법원리들 간 형량이 이루어질 수 있는 것이다. 이와 같이 형량을 가능하게 하는 작용을 만일 법원리의 구성적 측면(constitutive aspect)이라고 한다면, 사법심사에서 형량을 통제하는 작용은 법원리의 규제적 측면(regulative aspect)이라 할 수 있다. 다시 말해, 법원리의 규제적인 측면은 법원리가 기지는 재판규범으로서 속성을 나타내고, 법원리의 구성적인 측면은 법원리가 가지는 행위규범으로서 속성을 나타내는 것이다. 여기서 재판규범은 행위규범의 충분조건이 되는데 그친다. 즉, 재판규범은 행위규범의 최소한으로서 기능하는 것이다.

이와 같이 법원리는 형량을 통제하기 위한 것만이 아니다. 더욱이 형량의 통제는 재량행위의 경우에 국한되지 않는다. 전술한 과세처분에 신뢰보호원칙이 적용되는 사례는 재량행위뿐만 아니라 기속행위의 경우에도 가치의 형량이 요구되고 사법심사에서 그 형량에 대한 통제가 이루어진다는 점을 잘 보여준다. 구체적으로, 판례는 "조세법률관계에 있어서 신의성실의 원칙이나 신뢰보호의 원칙 또는 비과세 관행 존중의 원칙[57)]은 합법성의 원칙을 희생하여서라도 납세자의 신뢰를 보호함이 정의에 부합하는 것으로 인정되는 특별한 사정이 있을 경우에 한하여 적용되는 예외적인 법원칙이다. 그러므로 과세관청의 행위에 대하여 신의성실의 원칙 또는 신뢰보호의 원칙을 적용하기 위해서는, 과세관청이 공적인 견해표명 등을 통하여 부여한 신뢰가 평균적인 납세자로 하여금 합리적이고 정당한 기대를 가지게 할 만한 것이어야 한다. 비록 과세관청이 질의회신 등을 통하여 어떤 견해를 표명하였다고 하더라도 그것이 중요한 사실관계와 법적인 쟁점을 제대로 드러내지 아니한 채 질의한 데 따른 것이라면 공

57) 비과세 관행 존중의 원칙은 「국세기본법」 제18조 제3항(세법의 해석이나 국세행정의 관행이 일반적으로 납세자에게 받아들여진 후에는 그 해석이나 관행에 의한 행위 또는 계산은 정당한 것으로 보며, 새로운 해석이나 관행에 의하여 소급하여 과세되지 아니한다)을 의미한다. 즉, 관행에 반하는 소급적용을 금지하는 원칙인데, 「행정절차법」 제4조 제2항(행정청은 법령등의 해석 또는 행정청의 관행이 일반적으로 국민들에게 받아들여졌을 때에는 공익 또는 제3자의 정당한 이익을 현저히 해칠 우려가 있는 경우를 제외하고는 새로운 해석 또는 관행에 따라 소급하여 불리하게 처리하여서는 아니 된다)에 의해 모든 행정작용으로 그 적용범위가 확대되었다.

적인 견해표명에 의하여 정당한 기대를 가지게 할 만한 신뢰가 부여된 경우라고 볼 수 없다. 또한 비과세 관행 존중의 원칙도 비과세에 관하여 일반적으로 납세자에게 받아들여진 세법의 해석 또는 국세행정의 관행이 존재하여야 적용될 수 있는 것으로서, 이는 비록 잘못된 해석 또는 관행이라도 특정 납세자가 아닌 불특정한 일반 납세자에게 정당한 것으로 이의 없이 받아들여져 납세자가 그와 같은 해석 또는 관행을 신뢰하는 것이 무리가 아니라고 인정될 정도에 이른 것을 의미하고, 단순히 세법의 해석기준에 관한 공적인 견해의 표명이 있었다는 사실만으로 그러한 해석 또는 관행이 있다고 볼 수는 없다."는 입장이다.[58] 여기서 신의성실의 원칙이나 신뢰보호의 원칙 또는 비과세 관행 존중의 원칙은 명확성이 요청되는 과세의 요건을 결과적으로 매우 불확정하게 만들지만 그 가치의 형량에 대해서 법원은 전면적으로 사법심사를 하고 그에 관한 행정청의 일차적인 판단을 존중하지 않는다.

요컨대, 평등원칙, 비례원칙, 신뢰보호원칙, 부당결부금지원칙을 다루는 데 있어서 재량의 통제 측면에만 초점을 맞추는 것은 형량을 가능하게 하는 법원리가 온전하고 능동적으로 기능하는 데 장애가 될 수 있다는 생각이다.

(2) 법원리는 법적용의 삼단논법에 영향을 미치는가

평등원칙, 비례원칙, 신뢰보호원칙, 부당결부금지원칙의 기능은 대체로 법률효과에 있어 형량을 가능하게 하고 더 나아가 그 방침을 제시하는 데 그 초점이 맞추어져 있다. 경우에 따라서는 맥락적인 의미를 어느 것에서 다른 것으로, 즉 가능규정을 의무규정으로, 의무규정을 가능규정으로 전환시키기도 하고, 불확정한 맥락적인 의미를 상세하게 규명하는 데 도움을 주기도 한다. 그러나 이러한 법원리의 기능으로 말미암아 법적용의 삼단논법에서 귀납적 추론이 연역적 추론으로 바뀌거나 그 반대의 사태가 일어나거나 하지는 않는다. 따라서 평등원칙, 비례원칙, 신뢰보호원칙, 부당결부금지원칙을 적용하기만 하면 저절로 위법성의 논증이 쉬워질 것 같은 선입견을 가져서는 안 된다. 그럴 경우 자칫 목표대치현상이 발생할 수도 있다. 만일 사법심사가 어렵다면 그것은 심사의 대상이 되는 행정작용의 성격과 그 전제가 되는 법률의 구조에 원인이 있고, 행정의 일차적 결정이 법원의 이차적 결정에 의해서 대체될 것인지 아닌지, 만일 대체되지 않는다면 행정의 일차적 결정이 어느 정도로 존중될 것인지의 문제는 어떠한 법원리를 동원해서 사법심사를 하는가와 무관하다는 생각이다.[59] 예

58) 대법원 2013.12.26. 선고 2011두5940 판결.

59) 헌법재판소는 평등원칙을 적용함에 있어서 통상적으로는 자의적 차별이 있는지 여부를 심사하지만 차별적인 취급으로 인하여 기본권에 대한 제한을 초래하는 경우에는 엄격한 비례성이 준수되었는지 여부를 심사하여야 한다는 입장이다. 이는 어떠한 일반원칙을 적용할 것인지가 어떠한 강도로 사법심사를 할 것인지와 별개의 문제라는 점을 인식한 결과라고 생각한다. 이에 관하여 헌법재판소 2003.9.25. 선고 2003헌마30 결정: 일반적인 평등원칙의 위반 내지 평등권의 침해 여부에 대한 헌법재판소의 통상의 심사기준은 입법과 법의 적용에 있어서 합리적인 근거가 없는 자의적 차별이 있는지 여부이다(헌재 1998.9.30. 98헌가7, 판례집 10-2, 484, 503-504 참조). 그런데 입법자가 설정한 차별이 국민들 간에 단순한 이해관계의 차별을 넘

를 들어, 같은 재량행위라고 하더라도 행정의 재량이 더 존중되어야 하는 경우가 있고, 이때 어떠한 법원리를 사법심사에 적용하는가에 따라 그 존중의 정도가 달라지는 것은 아니다. 중요한 것은 행정의 일차적 결정을 존중할 것인가, 얼마나 존중할 것인가 이고, 그에 따라 사법심사의 강도는 자연스럽게 결정되며, 법원리라는 것은 그렇게 방식과 강도가 정해지는 사법심사를 사안에 가장 적합하도록 논리적으로 구성하는 수단에 불과하다.

(3) 법원리가 사법심사의 강도에 영향을 미치는가

재판규범으로서 법원리는 사법심사의 강도와 일정한 관련을 가지는 것으로 여겨져 왔다. 주로 사법심사의 과정에서 법관에 의한 법해석을 넘어서는 법발견을 통해서 역사적으로 형성되어 왔기 때문이다. 예를 들어, 비례원칙의 사법심사 강도가 높다고 일반적으로 말하는 것은 비례원칙이 사법심사를 강하게 해야 할 필요성이 상대적으로 높은 경찰작용을 주된 소재로 해서 판례를 통해 형성되었기 때문이다. 그러나 이제 비례원칙은 경찰행정에 국한되지 않고 모든 국가작용에 적용되며 더 나아가 행정조직에 대해서까지 적용범위를 확장하고 있는 법원리이다.[60] 이에 비례원칙이면 곧 강력한 사법심사를 연상하는 논리적인 연결고리를 단절할 필요가 있다는 생각이다.[61] 그러면 비례원칙은 오로지 형량을 기능하게 하고 그 방침을 제시하는 기능에 그치고, 사법심사의 방식이나 강도 문제는 이와 별도로 사법심사의 대상이 되는 행정작용이 무엇인가, 관계되는 이익이나 가치가 무엇인가에 따라 사안별로, 유형별로 접근해서 해결하는 것이 타당하다는 생각이다. 예를 들어, 미국의 판례는 어떠한 법률이 평등원칙에 위반되는지 여부를 심사할 때에 사안의 유형에 따라 합리성 심사(the rational relationship test), 중간적 심사(the intermediate test), 엄격한 심사(the strict scrutiny test)를 구분해서 적용한다. 일반적으로는 합리성 심사가 적용되어 사법심사가 소극적으로 이루어지지만 심각한 사안에 대해서는 사법심사의 강도가 높아져서 성별의 문제에 대해서는 중간적

어서서 기본권에 관련된 차별을 가져온다면 헌법재판소는 그러한 차별에 대해서는 자의금지 내지 합리성 심사를 넘어서 목적과 수단 간의 엄격한 비례성이 준수되었는지를 심사하여야 할 것이다. 나아가 사람이나 사항에 대한 불평등대우가 기본권으로 보호된 자유의 행사에 불리한 영향을 미칠 수 있는 정도가 크면 클수록, 입법자의 형성의 여지에 대해서는 그만큼 더 좁은 한계가 설정되므로, 헌법재판소는 보다 엄격한 심사척도를 적용함이 상당하다. 헌법재판소는 제대군인 가산점 사건에서 "차별적 취급으로 인하여 관련 기본권에 대한 중대한 제한을 초래하게 된다면 입법형성권은 축소되어 보다 엄격한 심사척도가 적용되어야 할 것이다."고 한 바 있는데(헌재 1999.12.23. 98헌마363, 판례집 11-2, 770, 787), 이러한 판시는 차별적 취급으로 인하여 기본권에 중대한 제한을 초래할수록 보다 엄격한 심사척도가 적용되어야 한다는 취지이며, 기본권에 대한 제한이기는 하나 중대하지 않은 경우에는 엄격한 심사척도가 적용되지 않는다는 취지는 아니라고 볼 것이다.

60) Andreas Heusch, Der Grundsatz der Verhältnismäßigkeit im Staatsorganisationsrecht, Duncker & Humblot, 2003, 21면 이하.

61) 안동인, 비례원칙과 사법판단권의 범위-행정재량권의 통제원리로서 비례원칙을 중심으로, 행정법연구 제34호, 행정법이론실무학회, 2012, 3면은 "현재 비례원칙은 흡사 법적 분쟁의 해결을 위한 전가의 보도와 같이 인식되고 있으며, 상대적으로 그에 수반하는 위험성에 대한 인식은 다소 희박한 것으로 보인다."고 평가한다.

심사가 적용되고 인종의 문제에 대해서는 엄격한 심사가 적용된다.[62] 이와 같이 서로 다른 강도를 가지는 다양한 사법심사기준을 발전시켜 나가는 방안이 우리도 시급히 필요하다는 생각이다.[63]

3. 소 결

이상에서 설명한 내용을 정리하면 다음과 같다. ① 법원리에는 형량의 대상이 되는 것과 형량을 가능하게 하는 것이 있고, 행정법 문헌과 법실무에서 실증적인 효력을 인정받는 평등원칙, 비례원칙, 신뢰보호원칙, 부당결부금지원칙과 같은 행정법의 일반원칙은 형량을 가능하게 하는 법원리에 해당한다. ② 일반적으로 행정법의 일반원칙을 재량의 통제수단으로만 생각하기 쉬우나, 본질적인 관점에서는 형량을 가능하게 하는 기능이 우선시되어야 한다. ③ 법원리는 법적용의 삼단논법에 아무런 영향을 미치지 못하며, 형량을 가능하게 하고 그 방침을 제시하는 데 그친다. 따라서 어떤 법원리를 적용한다고 해서 원래 귀납적 오류에 대한 검증을 해야 할 것이 연역적 오류에 대한 검증으로 변경되거나 하지 않는다. ④ 만일 사법심사의 강도가 높거나 낮다면 그 원인은 어떠한 법원리에 있는 것이 아니고 심사대상이 되는 행정작용의 성격과 그 전제가 되는 법률의 구조에 그 원인이 있는 것이기 때문에, 평등원칙이나 비례원칙, 신뢰보호원칙, 부당결부금지원칙을 적용한다고 해서 사법심사의 방식이 달라지거나 강도가 높아지거나 하는 것이 아니다. 사법심사의 방식이나 강도는 이미 주어져 있고, 그 전제 아래에서 심사를 논리적이고 효과적으로 수행하기 위해서 필요한 것이 법원리이다.

Ⅴ. 결어: 향후 연구계획

서론적인 고찰인 본 연구의 의의와 그 후속적인 연구계획을 밝히는 것으로 결론을 갈음하고자 한다.

본 연구는 주로 논리적인 관점에서 재량의 본질과 그에 관하여 행정법의 일반원칙이 수행하는 기능을 분석하였다. 이를 통해 선택지에서 이루어지는 선택에 대한 면책이라는 재량의 정의를 도출하고, 이러한 재량이 왜 인정되는지를 재량의 필요성의 개념으로, 언제 인정되는지를 재량의 가능성의 개념으로 구성하였으며, 재량의 필요성이 재량의 가능성을 범주적으로 제약하는 관계에 있음을 논증하였고, 가치의 형량과 그 최적화를 가능하게 해 주는 행

---

62) Nowak/Rotunda, Constitutional Law, Seventh Edition, Thomson · West, 2004, 685면 이하.

63) 미국법의 사법심사강도에 관한 쉐브론원칙(Chevron Rule)과 자의금지기준(arbitary capricious test) 내지 엄격심사원리(hard look review)에 관하여는 임성훈, 불확정개념의 해석 · 적용에 대한 사법심사에 관한 연구, 서울대학교 법학박사학위논문, 2012, 25면 이하.

정법의 일반원칙이 기속행위와 재량행위의 구별이나 재량행위에 대한 사법심사의 강도에 있어서는 아무런 기능을 하지 못한다는 점을 규명하였다.

앞으로는 독일법, 프랑스법, 미국법, 영국법에서 재량의 개념이 역사적으로 어떻게 형성되어 왔고 행정법의 체계 안에서 어떠한 기능을 수행하는지에 관하여 국가별로 구체적으로 분석할 계획이다. 그 과정에서 각국에서 서로 다르게 발전한 행정법의 일반원칙에 관한 분석도 아울러 수행될 것이다. 이를 통해 본 연구에서 도출된 명제가 얼마나 보편성을 가질 수 있는지가 검증될 수 있을 것으로 기대한다. 또한 우리 판례가 재량행위를 사법심사에서 어떻게 취급해 왔는지에 관하여 통시적인 분석을 시도할 계획이다. 이를 통해 사법심사의 강도에 관한 판례의 변천 과정과 아울러 사안의 유형화가 가능할 것으로 기대한다. 끝으로, 그때까지의 모든 연구성과를 토대로 행정재량이 공법질서에서 가지는 함의를 법철학적으로 탐구할 계획이다. 이 모든 연구의 출발점에 본 연구가 있다.

18. 부정당업자에 대한 입찰참가자격제한과 법률유보원칙*
– 입찰참가 제한범위 확장을 중심으로 –

임 성 훈**

Ⅰ. 서 설

우리나라의 부정당업자 제재는 계약주체, 사업형식, 사업분야 등에 따라 「국가를 당사자로 하는 계약에 관한 법률」(이하 국가계약법), 「지방자치단체를 당사자로 하는 계약에 관한 법률」(이하 지방계약법), 「공공기관의 운영에 관한 법률」(이하 공공기관운영법), 지방공기업법, 「사회기반시설에 대한 민간투자법」(이하 민간투자법), 「원전비리 방지를 위한 원자력발전사업자등의 관리·감독에 관한 법률」(이하 원전감독법)과 같이 다양한 법률에 관련 규정을 두고 있다. 이렇게 개별법률에서 부정당업자 제재에 관한 규정을 두고 있는 관계로, 한 법률에 따른 부정당업자 제재의 효력이 다른 기관에까지 효력을 미치는지에 관한 법적 문제가 발생한다. 부정당업자 제재는 부정당업자가 국가기관, 지방자치단체, 공공기관, 지방공기업 등 공적 기관과 체결하는 계약에 관여함에 따라 여러 가지 공적 폐해가 발생할 우려가 있는 경우를 방지하고 계약의 공정성을 확보함과 동시에 공적 기관이 추구하는 공적 목표를 달성하기 위하여 계약의 충실한 이행을 확보하는 것을 목적으로 하는 제도인데,[1] 그와 같은 입법목적 달성과 관련하여 발주기관 이외의 다른 기관의 추가적인 제한이 미흡하다는 견해도 있고,[2] 반대로 발주기관 외 다른 공적 기관으로 광범위하게 제한범위가 확대되어 개별 법률에서 예정한 것보다 제재범위가 과도하다는 문제 제기도 있다.[3]

우리나라 부정당업자 제재에 관한 근거법률은 모두 "발주기관은 … 입찰 참가자격을 제한하여야 한다(또는 제한할 수 있다)"라는 형식의 규정을 두고 있지만, 발주기관이 입찰 참가자격을 제한하는 조치에 따라 다른 공적 기관이 부정당업자를 자신이 발주하는 입찰에서도 참가자격제한을 할 것인지에 대하여는 국가계약법(국가기관의 입찰참가자격제한은 다른 국가기관에 확대),[4] 민간투자법(주무관청의 입찰참가자격제한은 다른 주무관청에 확대),[5] 지방계약법(지

---

* 행정법연구 제51호(2017.12)에 게재한 논문이다.

** 대법원 재판연구관, 법학박사, 변호사

1) 헌재 2005.4.28. 선고 2003헌바40 결정.

2) 강운산, 부정당업자제재제도 개선 방안, 한국건설산업연구원, 2010, 50쪽.

3) 두성규, 현행 부정당업자제재제도의 문제점 및 개선방안, 한국건설산업연구원, 2013, 20쪽.

4) 국가계약법 제27조 ① 각 중앙관서의 장은 다음 각 호의 어느 하나에 해당하는 자(이하 "부정당업자"라 한다)에게는 2년 이내의 범위에서 대통령령으로 정하는 바에 따라 입찰 참가자격을 제한하여야 하며, 그 제한사실을 즉시 다른 중앙관서의 장에게 통보하여야 한다. 이 경우 통보를 받은 다른 중앙관서의 장은 대통

방자치단체의 입찰참가자격제한은 다른 지방자치단체에 확대, 추가로 다른 법령에 따라 입찰참가자격제한이 있는 경우 모든 지방자치단체에 확대되는 규정을 두고 있음)[6]에서만 개별적인 규정을 두고 있다.

그런데, 실제로는 법률에서 확장을 예정한 제재범위보다 부정당업자가 입찰에 참가하지 못하는 범위가 더 광범위하게 확대되고 있는데, 그 이유는 다음과 같다. 첫 번째로는 법률상 명시적인 위임 규정 없이[7] 국가계약법 시행령,[8] 공기업・준정부기관 계약사무규칙(이하 계약사무규칙)[9]과 같은 하위 법령에서 다른 발주기관의 입찰참가자격제한을 받은 경우 국가기관 또는 공공기관 입찰참가를 제한하도록 하는 규정을 두고 있기 때문이고, 두 번째로는 위와 같은 시행령이나 시행규칙이 없더라도 (1) 조달청 운영 전자조달시스템에서 시스템 이용 발주기관이 입찰참가자격제한을 게재하도록 함으로써 부정당업자에 대한 데이터베이스를 구축하고 부정당업자로 게재된 자에 대한 입찰차단 시스템을 통하여, 부정당업자로 게재된 자가

령령으로 정하는 바에 따라 해당 부정당업자의 입찰 참가자격을 제한하여야 한다(밑줄은 필자, 법령에서의 밑줄은 이하 같음).

5) 민간투자법 제46조의 2 주무관청은 경쟁의 공정한 집행 또는 실시협약의 적정한 이행을 해칠 염려가 있거나 그 밖에 민간투자사업에 참가시키는 것이 부적합하다고 인정되는 자에 대하여는 2년의 범위에서 대통령령으로 정하는 바에 따라 민간투자사업 참가자격을 제한하여야 하며, 이를 즉시 다른 주무관청에 통보하여야 한다. 이 경우 통보를 받은 주무관청은 대통령령으로 정하는 바에 따라 해당자의 민간투자사업 참가자격을 제한하여야 한다.

6) 지방계약법 제31조 ④ 제1항부터 제3항까지의 규정에 따라 입찰 참가자격을 제한받은 자는 그 제한기간 동안 각 지방자치단체에서 시행하는 모든 입찰에 대하여 참가자격이 제한된다. 다른 법령에 따라 입찰 참가자격의 제한을 받은 자도 또한 같다.

7) 국가계약법 제27조 제1항은 "각 중앙관서의 장은 부정당업자에게는 2년 이내의 범위에서 대통령령으로 정하는 바에 따라 입찰 참가자격을 제한하여야 하며"라고 규정하고 있고, 공공기관운영법 제39조 제3항은 "제1항과 제2항의 규정에 따른 회계처리의 원칙과 입찰참가자격의 제한기준 등에 관하여 필요한 사항은 기획재정부령으로 정한다"라고 규정하고 있는데, 이러한 하위법령에 대한 수권규정에서의 수권범위에 「다른 공적 기관의 입찰참가자격제한 처분을 기초로 국가기관 또는 공공기관으로 제재범위를 확대」가 포함되어 있는지가 문제된다. 위 법규정에는 그와 같은 제재범위 확대를 수권하는 내용이 포함된 것으로 볼 수 없다는 점에 대하여는 아래 *에서 후술한다.

8) 국가계약법 시행령 제76조 ⑪ 각 중앙관서의 장 또는 계약담당공무원은 「지방자치단체를 당사자로 하는 계약에 관한 법률」 또는 「공공기관의 운영에 관한 법률」 등 다른 법령에 따라 입찰참가자격 제한을 한 사실을 통보받거나 전자조달시스템에 게재된 자에 대해서도 입찰에 참가할 수 없도록 하여야 한다.

9) 현행 계약사무규칙 제15조는 "법 제39조제3항에 따라 기관장은 공정한 경쟁이나 계약의 적정한 이행을 해칠 것이 명백하다고 판단되는 자에 대해서는 「국가를 당사자로 하는 계약에 관한 법률」 제27조에 따라 입찰참가자격을 제한할 수 있다"라고만 규정하고 있어, 국가기관이나 지방자치단체, 그리고 다른 공공기관의 입찰참가자격제한처분이 있는 경우 모든 공공기관에 제재범위가 확대되는지가 명확하지 않다. 다만, 2016. 9.21. 기획재정부령 제571호로 개정되기 전의 계약사무규칙 제15조 제7항(기관장은 제6항에 따라 입찰참가자격 제한 사실이 전자조달시스템에 게재된 자에 대하여 해당 제한 기간에는 그 공기업・준정부기관에서 집행하는 모든 입찰에 참가할 수 없도록 하여야 한다) 및 같은 조 제11항(기관장은 「국가를 당사자로 하는 계약에 관한 법률」 및 「지방자치단체를 당사자로 하는 계약에 관한 법률」에 따라 입찰참가자격 제한 사실을 통보받거나 전자조달시스템에 게재된 자에 대하여도 입찰에 참가할 수 없도록 할 수 있다. 다만, 「국가를 당사자로 하는 계약에 관한 법률 시행령」 제76조제8항 단서 및 「지방자치단체를 당사자로 하는 계약에 관한 법률 시행령」 제92조제8항 단서에 따른 사유로 입찰참가자격의 제한을 받은 자에 대하여는 반드시 입찰에 참가할 수 없도록 하여야 한다)에서는 국가기관이나 지방자치단체, 그리고 다른 공공기관의 입찰참가자격제한처분이 있는 경우 모든 공공기관에 제재범위 확대에 관한 규정을 두고 있었다.

자동적으로 입찰에 참가하지 못하도록 되어 있고, (2) 전자조달시스템을 이용하지 않는 입찰에서도 발주기관은 법적 근거와 무관하게 입찰공고를 하면서 통상 부정당업자 제재 기간 중인 자에 대하여는 입찰참가자격을 배제하고 있기 때문이다.

그렇다면, 법률의 근거 없이 다른 발주기관의 입찰참가자격제한처분이 있다고 하여 공적 기관이 자신의 입찰에 부정당업자의 입찰참가를 제한하는 것은 법률유보원칙 위반에 해당하는 것 아닌가 하는 의문이 제기된다. 이에 대하여 대전지방법원 2016.11.24. 선고 2015구합104908 판결에서는 (1) 준정부기관이 공공기관운영법 제39조에 따라 입찰참가자격제한을 한 경우 현재 공공입찰 실무에 의하면 공공기관의 입찰참가자격제한의 효과가 국가기관 및 다른 공공기관에까지 미치는 것이고, (2) 국가계약법 시행령, 계약사무규칙 등에 따라 부정당업자가 국가기관 및 다른 공공기관 입찰에 참가하지 못하게 되는 것은 법률유보원칙 위반에 해당하므로, (3) 발주기관뿐만 아니라 국가기관 및 다른 공공기관에 대한 입찰까지 제한하는 준정부기관의 입찰참가자격제한처분은 법률유보원칙에 위배된 침익적 처분으로서 위법하다고 판단하였다. 반면, 대법원 2017.4.7. 선고 2015두50313 판결은 발주기관의 입찰참가자격제한 처분을 기초로 하여 다른 공적 기관이 자신의 입찰에 참가하지 못하도록 하는 하위법령 조항(대법원 판결에서 사용한 용어에 따라 '확장제재 조항'이라 한다)은 "최초의 입찰참가자격제한처분에 직접 적용되는 근거규정이 아니라, 입찰참가자격제한처분이 있은 후에 그 처분에 기초하여 다른 처분청이 새로운 제재를 할 수 있는 근거조항일 뿐이다. 따라서 어떤 처분청이 부정당업자의 입찰참가자격을 제한하는 처분을 한 경우 확장제재 조항에 따라 다른 처분청에 의한 별도의 제재 없이도 그 효력이 당연히 확장되는 것은 아니다"라고 판단하였다. 이와 같이 대법원은 개별 법률에 따른 발주기관의 입찰참가자격제한처분과 확장제재 조항에 따른 다른 공적 기관으로의 제재범위 확대는 별도의 제재라는 입장을 제시하면서, 그와 같은 확장제재 조항이 법률유보원칙 위반인지에 대한 판단까지 나아가지는 않았다.

이러한 대법원 판결에 따르면, 개별 법률에 의한 발주기관의 입찰참가자격제한처분에 따른 다른 처분청의 후속 제재의 법적 성격을 「통상의 입찰참가자격제한처분과 동일한 행정처분」으로 볼 것인지, 아니면 「사법(私法)상 계약상대상 선택의 자유에 따른 입찰참가자격제한처분 기간 동안 입찰참가 거부」로 볼 것인지가 문제된다. 이는 (1) 법률유보원칙 위반과 관련하여 다른 처분청의 별도의 제재에 대하여 법률상 근거가 필요한지뿐만 아니라, (2) 다른 처분청이 별도의 제재를 함에 있어 행정절차법에 따른 행정절차를 거쳐야 하는지, (3) 다른 처분청의 별도의 제재에 대한 구제수단은 행정소송인지 민사소송인지 등에 있어서 중요한 의미를 가진다.[10]

---

10) 공공조달계약에서 취소소송이 민사소송에 비해 기능적 수월성을 갖는다는 점에 대하여는 박정훈, 행정조달계약의 법적 성격, 민사판례연구 제25권(2003.2.) 622-624쪽, 처분성을 부인할 경우 권리구제의 문제점에

이하에서는 (1) 우선 미국, EU 및 영국, 프랑스, 독일의 경우에 발주기관 이외의 다른 기관으로 입찰참가자격제한이 확장되는 매커니즘을 살펴보면서, 우리법에서의 '발주기관의 입찰참가자격제한처분' 및 '이를 기초로 한 다른 처분청의 별도의 제재'를 어떤 관점에서 볼 수 있는지에 대하여 살펴보고(Ⅱ), (2) 다음으로 우리법에서 입찰참가자격제한제도의 도입 및 발전과정, 특히 국가 및 지방자치단체에서 공공기관 및 다른 기관으로 입찰참가자격제한제도가 확장되면서 입찰참가자격제한의 행정처분성이 확장되는 과정에 대하여 살펴본 후(Ⅲ). (3) '대법원 판결에 따른 처분청의 별도의 제재'의 법적 성격 및 법률적 근거를 요하는 법률유보원칙 대상에 해당하는지에 대하여 검토하고(Ⅳ), (4) 입찰참가자격제한처분의 다른 처분청에의 제재범위 확장이 '적정한 규제'가 될 수 있도록 하기 위한 결론(Ⅴ)을 제시해 보고자 한다.

Ⅱ. 입찰참가자격제한 및 제한범위 확장에 관한 비교법적 고찰 및 시사점

1. 미 국

미국의 입찰참가자격제한 제도는 (1) 연방법률에 따른 제한과 (2) 연방조달규칙(Federal Acquisition Regulation: FAR)에 따른 제한으로 나누어진다.[11] 연방법률에 따른 제한의 일례로서 공기정화법(Clean Air Act)을 보면, ① 모든 연방기관(Federal Agency)은 해당 법률상 법위반으로 인하여 유죄판결을 받은 자를 계약에서 제외하되, ② 연방환경청장은 위 규정의 목적을 달성하기 위해 필요한 모든 연방행정청에의 통지(notification) 절차를 수립해야 한다는 내용으로 구성되어 있다.[12]

대하여, 이원우, 정부투자기관의 부정당업자에 대한 입찰참가제한조치의 법적 성질-공기업의 행정주체성을 중심으로-, 한국공법이론의 새로운 전개, 2005, 426-427쪽, 공법상 계약의 선정행위 관련 프랑스의 분리가능행위이론이나 독일의 이단계이론에 의한 접근이 유용할 수 있다고 하면서, 입찰절차 영역을 공법상 계약 내지 처분으로 파악하면서, 입찰에서 탈락된 당사자가 일정한 시기동안 충분히 입찰결정의 위법성을 다툴 수 있는 법리적인 뒷받침이 필요하다는 견해로, 박재윤, 공법상 당사자소송 활용론에 대한 비판적 고찰, 충북대학교 법학연구 제27권 제2호(2016.12.), 107-108쪽

11) 미국의 입찰참가자격제한에 관한 선행연구로는 강운산, 앞의 책, 19-30쪽, 김대인, 미국의 부정당업자제재제도에 대한 연구, 미국헌법연구 제26권 제1호(2015.4.), 31-68쪽, 박정훈, 부정당업자의 입찰참가자격제한의 법적 제문제, 서울대학교 법학 제46권 제1호(2005.3.), 289-291쪽, 김대식 외, 부정당제재재도 실효성강화 방안 연구, 한국조달연구원, 2016, 9-31쪽 등이 있다.

12) 42 U.S.C. § 7606 (a)항은 "어느 연방기관도 이 장의 7413(c)절 위반으로 유죄판결을 받은 자와 계약을 체결해서는 안 된다(No Federal agency may enter into any contract with any person who is convicted of any offense under section 7413(c) of this title.)", "그와 같은 계약체결금지는 연방환경청장이 유죄판결의 원인이 해소되었음을 확인할 때까지 지속된다(The prohibition in the preceding sentence shall continue until the Administrator certifies that the condition giving rise to such a conviction has been corrected.)"라고 규정하고 있고, (b)항에서는 통지절차(Notofication procedure)관련하여 "연방환경청장은 모든 연방기관에 이 절의 (a)항의 목적을 달성하기 위하여 필요한 통지를 하기 위한 절차를 수립하여야 한다(The Administrator shall establish procedures to provide all Federal agencies with the notification

연방조달규칙에 따른 제한에서는, 발주기관이 계약과정에서 제한사유가 있는 경우 3년의 범위 내에서 발주금지(debarment)를 하게 되면,[13] 연방조달청(General Services Administration)의 웹 기반의 조달시스템(web-based System for Award Management)에 발주금지된 사업자에 관한 정보를 게재(listing)하고,[14] 그와 같은 게재의 효과로서 발주가 금지된 사업자는 계약에서 배제된다. 이 경우 행정부(executive Branch)내의 행정기관(Agency)은 발주금지된 사업자로부터 입찰을 받거나 계약을 체결하거나 하수급계약자로 참여하는 것에 동의해서는 안되지만, 예외적으로 연방기관이 계약체결 또는 하수급계약자로 참여할 불가피한 이유가 있다고 결정하는 경우에는 이를 허용할 수 있다.[15]

2. EU 및 영국

EU에서는 공공조달지침(Public Procurement Directive)에서 입찰참가자격제한 사유에 대하여 '의무적 제한사유'(형사처벌이 이루어지는 경우, 세금납부를 하지 않는 경우)와 그와 같은 사유에 이르지 않는 기타 비위행위에 해당하는 '선택적 제한사유'로 나누어 규정하고 있다. 그러면서 입찰참가자격제한을 할 때 별도의 독립된 위원회에서 해야 하는지 아니면 발주기관에서 직접 해야 하는지에 대한 규정을 두고 있지 않고, 다만 형사판결이 연계되는 '의무적 제재사유'의 경우 확정판결 이후에 제한을 할 수 있도록 하고 있다.[16]

위와 같이 EU 공공조달지침에 따른 의무적 또는 선택적 제한을 하는 기관은 계약 기관(Contracting authorities)으로서, 이는 국가, 지역 또는 지방의 기관이거나 '공법의 적용을 받는 기관'(the State, regional or local authorities, bodies governed by public law)을 의미하고,[17] '공법의 적용을 받는 기관'은 (1) 산업적 또는 상업적 성격을 가지지 않고, 일반 이익을 필요를 충족하기 위한 특수한 목적에서 설립되고, (2) 법인격을 가지며, (3) 상당한 부분이 지역 또는 지방의 기관이거나 '공법의 적용을 받는 기관'이 출자하거나, 그러한 기관의 경영감독을 받거나, 또는 그러한 기관의 과반수 이상의 위원으로 구성된 위원회가 있을 것 이라는 세 가지 요건을 충족하는 기관으로 정의되어 있다.[18] 이에 대하여는 2004년 EU 공공조달지침(Directive 2004/18/EC)에서는 Annex Ⅲ에서 각국의 '공법의 적용을 받는 기관' 리

---

necessary for the purposes of subsection (a) of this section.)"라고 규정하고 있다.

13) 연방조달규칙에 의한 제한은 제한사유가 존재한다고 하여 자동적으로 입찰참가자격제한조치가 이루어지는 것은 아니고 담당공무원이 재량권을 행사하여야 하고, 업체의 행위가 심각하지 않고 감경사유가 존재할 경우에는 입찰참가자격제한조치를 취하지 않는 것이 적절하다고 한다. 김대인, 앞의 글(각주 10), 37쪽.

14) FAR 9.404.

15) FAR 9.405(a).

16) EU의 입찰참가자격제한에 관한 선행 연구로는 김대식 외, 앞의 책, 32-42쪽, 김대인, EU법의 부정당업자 제재제도에 대한 연구, 공법연구 제45집 제3호(2017.2.), 249-274쪽이 있다.

17) DIRECTIVE 2014/24/EU Article 1. (1)

18) DIRECTIVE 2014/24/EU Article 1. (4)

스트를 정하였으나, 2014년 개정된 EU 공공조달지침에서는 위 리스트를 별도로 두고 있지는 않은 상태이다.

영국[19]은 위와 같은 EU 공공조달지침 규정을 국내법에 반영하여, 공공조달계약법(The Public Contract Regulation) 제57조에 계약배제(Exclusion)에 관한 규정을 두고 있다. EU 공공조달지침상의 '의무적 제한사유'에 해당하는 자에 대하여 의무적 배제(Mandatory exclusions)를 참가자격을 제한하여야 하나(1항), 다만 공중보건이나 환경보호와 같은 공익과 관련하여 불가피한 이유가 있는 경우 예외적으로 배제하지 않을 수 있고(6항), EU 공공조달지침상의 '선택적 제한사유'에 해당하는 자에 대하여 재량적 배제(Discretionary exclusions)를 할 수 있으며(8항), 배제기간은 의무적 배제의 경우에는 판결시로부터 5년(11항), 재량적 배제의 경우 배제사유 발생시로부터 3년(12항)으로 규정하고 있다.

3. 프 랑 스

프랑스에서의 입찰참가자격제한의 가장 큰 특징은, 공공조달계약에 관한 정부조달계약법전에 관련 규정을 두고 있지 않고, 범죄행위에 대한 형벌로서 부과된다는 점이다.[20] 프랑스 형법 131-34조는 "공공조달계약 제한 형벌"과 관련하여 "공공조달계약의 입찰참가자격제한의 형은 직접적 또는 간접적으로 국가와 공공영조물, 지방자치단체, 지방자치단체의 기구와 그 소속 영조물에 의해 체결되는 모든 공공조달계약과 특허기업이나 국가의 감독을 받는 기업 또는 공공단체나 그 기관에 의해 이루어지는 공공조달계약에 참가하는 것을 금지하는 것을 포함한다"라고 규정하고, 제131-39조는 법인에 대한 특별형벌의 일종으로서, "영구적 또는 5년 이하의 공공조달계약 제한"(5호)을 정하고 있다. 자연인에 대하여는 131-10조에서 "보충형"으로서 "금지, 실권"등을 포괄적으로 규정하고 있고, 개별 범죄에서 일정 기간의 공공조달계약 제한의 보충형에 대한 규정을 두고 있다. 우리 형법상 집행유예와 유사하게 프랑스 형법상 공공조달계약 제한 형벌에 대하여도 집행유예를 할 수 있다. 자연인에 대하여는 제132-31조 제1항에 따라, 법인에 대하여는 제132-32조에 따라 집행유예를 할 수 있고, 제132-35조에 따라 확정일로부터 5년 이내에 유죄판결을 선고받아 집행유예가 취소되지 않는 이상 형의 무효가 확정된다.

4. 독 일

독일의 경우에도, 영국과 마찬가지로 EU 공공조달지침을 국내법인 경쟁제한방지법(Gesetz

19) 영국의 입찰참가자격제한에 관한 선행 연구로는 강운산, 앞의 책, 31-34쪽이 있다.
20) 프랑스의 입찰참가자격제한에 관한 선행 연구로는 강운산, 앞의 책, 38-39쪽, 김대식 외, 앞의 책, 56-69쪽, 박정훈, 앞의 글, 291-292쪽이 있다.

gegen Wettbewerbsbeschränkungen, GWB) 제123, 124조에 공적 발주기관(öffentliche Auftraggeber)이 의무적 또는 선택적 제한을 하도록 하는 규정을 두면서 제126조에서는 의무적 제한의 경우에는 최종 유죄판결일로부터 최대 5년, 선택적 제한의 경우에는 제한사유 발생시로부터 최대 3년의 기간을 넘지 않도록 규정하고 있다. 한편 EU 공공조달지침에서 공공조달에 관한 권리구제수단을 제도화하도록 함에 따라 EU 공공조달지침에서 정한 기준을 넘는 계약에 대하여는 일반 민사소송이 아닌 경쟁제한방지법에 따른 발주심판소(Vergabekammer)의 심판 절차 및 일반고등법원(Oberlandesgericht)의 항고절차라는 별도의 구제절차를 두고 있으나, 위와 같은 경쟁제한방지법상 특별 구제 절차의 대상은 경쟁제한방지법 제97조 제6항에 따른 "공공조달 절차 규정 준수를 청구할 수 있는 권리"의 침해가 발생한 경우로 한정된다.

한편, 독일에서는 전통적으로 공사법 구별에 관한 권력설과 국고이론을 기초로 공공조달계약을 사법상 계약으로 보기 때문에, 연장선상에서 공공조달계약에 대한 입찰참가자격제한은 원칙적으로 공적 기관이 향유하는 계약체결의 자유와 관련하여 '제한 상대방과 일정 기간 조달계약을 체결하지 아니한다는 의사를 표명하는 사법상 행위'로서 행정소송의 대상이 아닌 것으로 이해되고 있다. 그에 따라 독일에서 EU 공공조달지침에 따라 경쟁제한방지법 제123, 124조에서 정하고 있는 입찰참가자격제한과 별도로, 독일 행정실무상 이루어지고 있는 '행정규칙에 의한 발주차단', 특히 발주기관이 속하는 행정주체 및 다른 행정주체의 입찰절차까지 제한범위를 확대하는 '통합적 발주차단'이 허용되는지에 대하여도 통설과 판례는 (1) 이는 행정기관 및 행정주체 상호간의 정보교환으로 정당화되고, (2) 위와 같은 독일의 국고이론에 의거하여 행정조달계약을 사법상 계약으로 파악하는 것을 배경 하에서 가능하다는 입장이고, 경쟁제한방지법상 특별 구제 절차의 범위에 속하지 않는 입찰참가제한은 여전히 민사소송에서 피고 행정주체가 발주절차에서 원고 기업을 고려대상에서 배제할 권리가 없다는 것의 확인을 구하는 확인소송의 형태로 진행된다.[21)]

5. 시 사 점

이상에서 살펴 본 바에 따르면, 발주기관과의 사이에서 발생한 위법사유를 기초로 한 입찰참가자격제한 범위가 해당 발주기관이 아닌 다른 기관으로 확대되는 매커니즘은 아래와 같이 세 가지 유형으로 나누어 볼 수 있다.

제1유형(발주기관 처분형)은 "발주기관이 기간을 정하여 입찰참가자격제한 조치를 하고 다른 기관은 발주기관이 정한 기간에 따라 별도로 참가자격을 제한하거나 제한할 수 있는 방식"이다. 현재 우리나라의 입찰참가자격제한 처분 및 미국법상 연방조달규칙에 의한 제한이

---

21) 박정훈, 앞의 글, 287-289쪽.

여기에 해당한다. 이 두 경우 모두 ① 전자조달시스템에 입찰참가제한을 게재하고, ② 그러한 게재의 효과로 다른 기관으로 입찰참가자격제한 범위가 확대되며, ③ 그와 같은 게재 및 제한범위 확대의 구체적인 법적 근거가 법률이 아니라 하위법령에 두고 있다는 점에서 공통점이 있다. 다만, 미국의 경우에는 '행정부 내의 행정기관'의 범위까지만 제한범위가 확대되는 반면, 우리나라의 경우에는 모든 국가기관, 지방자치단체, 공공기관에까지 확대된다는 '확대범위'에 차이가 있다.

제2유형(법률규정형)은 "법률에서 필수적 또는 선택적 입찰참가자격제한 사유를 정하고, 발주기관의 별다른 조치 없이 법률의 적용을 받는 모든 공적 기관이 법률에 따라 개별적으로 입찰참가를 제한하거나 제한할 수 있는 방식"이다. 이 방식은 EU 공공조달지침에 따라 영국이나 독일에서 국내법을 제정하면서 적용한 방식이자, 미국의 연방법률에 의한 제한 방식이고, 우리나라 국가계약법 제27조의5에서 조세포탈의 유죄확정판결을 받은 자에 대하여 2년간 입찰참가자격을 제한하도록 한 것도 이러한 유형으로 볼 수 있다. 제2유형에서도 영국법이나 우리나라 조세포탈 규정에서와 같이 참가자격 제한기간을 법률에 확정함으로써 공적 기관이 제한기간을 성할 여시가 없는 경우와, 독일 경쟁제한방지법 제123, 124조에서와 같이 공적 기관이 개별적으로 자신의 입찰에 대한 제한기간을 탄력적으로 정할 수 있는 경우로 나누어 볼 수 있다.

제3유형(부가형벌형)은 프랑스에서 독특하게 발전한 것으로, 형벌의 부가형으로 입찰참가자격제한을 하는 것이다. 이 경우에는 발주기관이나 공공조달계약 업무를 수행하는 공적 기관이 아니라 제3기관인 법원이 제한기간을 결정하고, 부정당업자는 법원이 정한 기간 동안 형법이 정한 공적 기관의 입찰에 참가할 수 없게 된다.

다음으로 이 글에서의 주된 관심 사항인 제재범위 확장에 대한 법률유보원칙 위반에 관하여 살펴본다. 우선 제2유형에서는 법률에서 필수적 제한 또는 공적 기관이 선택적 제한을 할 수 있는 근거를 두고 있고, 제3유형에서도 형법상 형벌로서의 제한의 근거 및 법관에 의한 양형으로서 모든 공적 기관에 대한 제재기간을 정하도록 하고 있으므로 애당초 법률유보 위반이 문제되지 않는다.

한편 제1유형에서 미국 연방조달규칙에 따라 발주기관의 발주금지가 다른 행정기관으로 확장되는 것이 허용되는지에 대하여 보면, 연방조달규칙은 연방조달청(General Service Administration), 국방부(Department of Defense), NASA(National Aeronautics and Services Administration)가 합동으로 운영하는 것으로서,[22] 연방공공조달정책은 연방조달규칙을 통하여 구체화되고,[23] 행정부 내 행정기관은 연방조달규칙에서 구체화된 정책을 준수하여야 하

22) 41 U.S.C. § 1303 (a)
23) 41 U.S.C. § 1121 (b)

며,[24] 행정기관은 입찰배제가 공익에 부합하는 경우 입찰을 배제할 수 있다[25]는 정도의 규정만 두고 있을 뿐, 제한범위 확장에 관한 명시적 법률을 두고 있지는 않다. 그렇지만, 미국법의 경우 헌법상 명확성 원칙이나 포괄위임금지원칙보다 훨씬 완화된 비위임원칙(Non-delegation doctrine)이 적용되어 법률상 인식가능한 원칙만 있으면 되므로,[26] 법률에서 연방조달규칙 제정에 관한 수권을 하면서 연방조달규칙이 연방공공조달정책을 구체화하는 수단이고 공익에 부합하는 경우 입찰배제를 할 수 있다는 정도의 법률적 근거가 있으면 연방조달규정에 의한 제한범위 확대가 비위임원칙 위반으로 보기는 어렵다. 이와 같이 미국법상 비위임원칙의 판단기준과 우리나라의 헌법적 기준의 차이가 있어, 미국법상 연방조달규정에 의한 제한범위 확대가 비위임원칙 위반 문제가 제기되지 않는다고 하여, 우리나라에서도 확장제재 조항이 법률유보원칙 위반이 아니라고 볼 수 없다.

독일은 우리나라와 마찬가지로 명확성 원칙, 포괄위임금지원칙, 법률유보위반에 대한 적용기준이 높지만, 공공조달계약에서의 입찰참가자격제한에 있어서만큼은 '사법상 계약'으로 보고 그 제한은 공적 기관의 '계약상대방 선택의 자유'에 해당하는 것이어서, '행정규칙에 의한 발주차단'이 법률유보원칙 위반인지는 크게 문제되지 않는 것으로 보인다. 독일의 경우 발주차단이 행정처분이 아니라는 근거로서 제한범위 확장이 계약체결의 자유로서 '계약상대방 선택의 자유'의 영역에 속하는지 여부가 주요 논거로 제시되고 있는데, 이는 우리나라에서도 입찰참가자격제한이 행정처분인지 아니면 사법상 통지행위인지와 관련한 중요한 판단기준을 제공한다.

Ⅲ. 우리법에서의 입찰참가자격제한 및 제한범위 확장의 전개 과정

1. 1975년 입찰참가자격제한 제도의 도입 - 국가기관 및 지방자치단체에 대하여, 법률유보위반 이슈 없는 행정처분 방식 채택

우리나라에 처음으로 입찰참가자격제한 제도가 도입된 것은 1975.12.31. 법률 제2826호로 개정된 예산회계법 제70조의18 및 같은 날 법률 제2804호로 개정된 지방재정법 제52조의4에서이다. 국가계약은 예산회계법에서, 지방자치단체의 계약은 지방재정법에서 규율하고 있던 상황에서, 각 계약을 규율하는 법률에 국가기관과 지방자치단체의 입찰참가자격제한에 관한 근거규정을 두면서, ① 제한사유는 "경쟁의 공정한 집행 또는 계약의 적정한 이행을

24) 41 U.S.C. § 1121 (c)

25) 41 U.S.C. § 3701 (b)

26) 미국 비위임원칙에 따른 행정에 대한 수권범위가 우리법이나 독일법상 명확성원칙 도는 포괄위임원칙에 비하여 훨씬 완화된 기준에 따라 광범위한 수권을 허용한다는 점에 관하여는, 임성훈, 불확정법개념의 해석·적용에 대한 사법심사에 관한 연구, 2012, 97-109쪽 참조.

해할 염려가 있거나 기타 입찰에 참가시키는 것이 부적합하다고 인정되는 자"라고 함으로써 동일한 제한사유를 규정하였고, ② 위와 같은 제한사유가 인정되면 "입찰참가자격을 제한하여야 한다"라고 함으로써 동일하게 필수적 제한방식으로 규정하였으며, ③ 제한범위도 두 규정 모두 그 자격제한기간에 있어서는 다른 국가기관이나 지방자치단체까지 동일하게 제한된다는 같은 취지의 규정을 두었다.[27)]

이와 같이 우리나라의 입찰참가자격제한의 출발은 제한의 주체나 제한범위 확장의 범위는 국가기관과 지방자치단체로 한정된 상태에서, "경쟁의 공정한 집행 또는 계약의 적정한 이행을 해할 염려가 있거나 기타 입찰에 참가시키는 것이 부적합하다고 인정되는 자"에 대하여 발주기관이 입찰참가자격제한을 하면, 제한범위는 모든 국가기관과 지방자치단체로 필수적으로 확장되는 구조를 가지고 있었다. 이는 「1유형(발주기관 처분형)과 2유형(법률규정형) 중 발주기관이 결정한 제한기간 동안 필수적으로 다른 기관도 제한되고 다른 기관의 재량을 인정하지 않는 방식」에 해당한다. 그렇기 때문에 국가기관과 지방자치단체의 입찰참가자격제한에 대하여는 공공조달계약의 법적 성질이 사법상 계약인지와 무관하게 (1) 국가기관과 지방자치단체는 행정청의 지위에 있고, (2) 법률에 근거를 둔 제한이며, (3) 대외적 효력까지 가지기 때문에, 당연히 행정처분성이 인정되었다.[28)]

2. 1995년 국가계약법 신설에 따른 변화 – 국가계약과 지방계약의 괴리 및 국가기관에의 제한범위 확장 관련 법률유보위반 이슈 발생

우리나라가 1994년 정부조달협정(Government Procurement Agreement)에 가입함으로 인하여 국내법제의 정비 필요성이 있어 1995.1.5. 법률 제4868호로 국가계약법이 제정되면서, 국가계약법 제27조 제1항에서 '부정당업자의 입찰참가자격제한'을 규정하였는데, 제한범위 확대에 관하여는 종전 예산회계법에서와 다른 방식을 채택하였다.

종전 예산회계법에서는 "다른 법령의 규정에 의하여 입찰참가자격의 제한을 받은 자도 또한 같다"라고 함으로써, 발주기관 처분 및 발주기간에 결정한 제한기간 동안 다른 기관의 입찰이 필수적으로 제한되는 규정을 법률에서 정하고 있었으나, 국가계약법에서는 (1) 다른 국가기관의 경우에는 통보절차[29)]를 통하여 국가기관의 입찰참가자격제한에서 정한 제한기간

27) 예산회계법 제70조의18 ② 제1항의 규정에 의하여 입찰참가자격을 제한받은 자는 그 자격제한기간에 있어서는 국가에서 시행하는 모든 입찰에의 참가자격이 제한된다. 다른 법령의 규정에 의하여 입찰참가자격의 제한을 받은 자도 또한 같다.
지방재정법 제52조의4 ② 제1항의 규정에 의하여 입찰참가자격을 제한받은 자는 그 자격제한기간에 있어서는 각급 지방자치단체에서 시행하는 모든 입찰에의 참가자격이 제한된다. 다른 법령의 규정에 의하여 입찰참가자격의 제한을 받은 자도 또한 같다.

28) 대법원 1979.10.30. 선고 79누253 판결, 대법원 1983.12.27. 선고 81누366 판결, 대법원 1986.3.11. 선고 85누793 판결 등.

29) 다만, 통보 절차는 1995.7.6. 대통령령 제14710호로 제정된 국가계약법 시행령 제76조 제6항에서 통보와 별

동안 필수적으로 제한되는 것으로 규정한 반면, (2) 지방자치단체의 제한이 국가기관에 확장되는 방식에 관하여는 법률이 아닌 국가계약법 시행령 제76조 제8항에서 규정하였는데, 여기에서는 「다른 기관의 입찰참가자격제한 사실 통보 또는 관보 게재→국가기관의 임의적 제한」 방식을 원칙으로, 특정 사유에 대하여는 필수적으로 제한하도록 하는 예외를 규정하였다.

이와 같은 국가계약법 개정으로 인하여, 국가계약법과 지방계약법은 제한범위 확장에 대하여 서로 다른 체계를 가지게 되는 한편, (1) 법률의 근거 없이 시행령에서 지방자치단체의 입찰참가자격제한에 따른 제재범위를 국가기관에 확대가 가능한지, (2) 지방자치단체의 제한에 대하여 국가기관이 임의적 제한을 하는 경우, 국가기관의 그와 같은 제한 조치의 법적 성질이 무엇인지에 대한 법적 의문이 제기된다.

3. 정부투자기관의 입찰참가자격제한 - 대법원의 행정처분성 불인정 및 1999년 정부투자기관관리기본법 개정으로 법률적 근거 마련

정부투자기관이 법률상 근거 없이 정부투자기관이 자체적으로 또는 재정경제부장관이 정한 회계규정만을 근거로 입찰참가자격제한을 한 것에 대하여, 대법원[30]은 사법상 효력을 가지는 통지행위에 불과하다고 보면서, 당해 정부투자기관에만 참가제한의 효력을 가지는 것이고 다른 기관으로 제한범위가 확대되는 것은 아니라는 입장을 보여 왔다. 대법원이 그와 같이 정부투자기관 제한의 행정처분성을 부정하면서 '당해 정부투자기관에의 제한 효력'만을 가지는 사법상의 통지라고 한 것은, 구 예산회계법 및 지방재정법에서 '다른 법령의 규정에 의하여 입찰참가자격의 제한을 받은 자'에 대하여 모든 국가기관 및 지방자치단체에 입찰참가 제한범위를 확대하고 있는 상황에서, 다른 법률의 근거 없는 회계규칙에 따른 입찰참가자격제한만으로 모든 국가기관 및 지방자치단체로 제한범위 확대를 허용할 수 없다는, 즉 '제한범위 확대에 있어 법률유보원칙이 기본이 되어야 한다는 사고'가 바탕이 된 것으로 볼 수 있다.

그에 따라, 1999.2.5. 법률 제5812호로 개정된 정부투자기관관리기본법에 정부투자기관도 입찰참가자격제한을 할 수 있는 근거규정을 신설함으로써, 대법원이 지적한 법률유보원칙의 관점에서의 문제가 시정되고, 국가계약법령 및 구 지방재정법에 따른 모든 국가기관 및 지방자치단체로 제한범위가 확대될 수 있는 법률적 근거를 마련하게 되었다.

도로 관보 게재를 하도록 하면서 같은 조 제7항에서 관보에 게재된 자에 대하여도 모든 국가기관은 입찰에 참가할 수 없도록 하여야 한다고 규정하였고, 2002.7.30. 대통령령 제17688호로 개정된 국가계약법 시행령 같은 조항에서는 지정정보처리장치(현 전자조달시스템) 게재를 하도록 하면서 지정정보처리장치(현 전자조달시스템)에 게재된 자에 대한 참가제한 규정을 두고 있다.

30) 대법원 1985.1.22. 선고 84누647 판결, 대법원 1985.4.23. 선고 82누369 판결, 대법원 1985.8.20. 선고 85누371 판결 등.

그런데, 문제는 법률에서 ① 국가기관 및 지방자치단체의 입찰참가자격제한이 정부투자기관에 제한범위가 확대되는지 및 ② 하나의 정부투자기관의 입찰참가자격제한이 다른 정부투자기관에 제한범위가 확대되는지에 대하여는, 구 예산회계법 및 지방재정법과 같이 명확한 법률규정을 두지 않았다. 다만, 위 2항에서 지적한 바와 같이 법률유보원칙상 문제가 있는 국가계약법 시행령 규정을 기초로 정부투자기관회계규칙에서 (1) 입찰참가자격을 제한하는 때, 국가기관, 지방자치단체, 다른 투자기관에 통보 및 관보 게재 의무를 부과하고(제23조 제5항), (2) 다른 투자기관은 위 통보 및 관보 게재된 자에 대하여 당해 제한기간 내에 필수적 참가 제한을 하고(제23조 제6항), (3) 국가계약법 및 지방재정법에 의하여 통보 및 관보 게재된 자에 대하여는 원칙적으로 선택적 제한이나, 특정 사유시 필수적 제한을 하도록 규정하였다(제23조 제7항). 이는 국가계약법 시행령의 규정을 그대로 위 회계규칙에 도입한 것으로서, 국가계약법 시행령에 내재된 법적 문제가 반복되는 형국이 되었고, 정부투자기관관리기본법이 2007.1.19. 법률 제8258호로 제정된 공공기관운영법으로 변경된 이후에도 법령의 내용은 유사하게 규정되어, 동일한 법적 문제가 지속되었다.

4. 2000년대 이후 입찰참가자격제한 적용범위의 폭증

우선, 국가기관, 지방자치단체, 정부투자기관에만 적용되던 입찰참가자격제한이 2002년 지방공사로,[31] 2006년 방위사업으로,[32] 2008년 민간투자사업으로,[33] 2014년 원자력발전감독기관[34]으로 관련 법률개정을 통하여 그 범위를 확대해 가고 있다. 뿐만 아니라, 입찰참가자격제한 정보 공유를 통한 제한범위 확대와 관련하여 종전에는 통보 또는 관보라는 방법을 사용하다가 2000년대에 들어서는 지정정보처리장치에 게재의무를 부과하기 시작하였고,[35] 2010년에는 조달청이 운영하는 전자조달시스템에 입찰참가자격제한에 관한 데이터베이스를 구축하고 부정당업자에 대하여는 입찰 자동차단 시스템을 도입함으로써,[36] 법률상 근거와 무

31) 2002.3.25. 법률 제6665호로 개정된 지방공기업법 제64조의2 제4항.
32) 2006.1.2. 법률 제7845호로 제정된 방위사업법 제39조.
33) 2008.12.31. 법률 제9282호로 개정된 민간투자법 제46조의2.
34) 2014.12.31. 법률 제12932호로 제정된 원전감독법 제18조 제2항.
35) 국가기관에는 2002.7.30. 대통령령 제17688호로 개정된 국가계약법 시행령에서, 지방자치단체에는 2002.11.29. 개정된 지방재정법 시행령에서, 공기업·준정부기관에는 2007.11.28. 재정경제부령 제586호로 제정된 계약사무규칙에서 지정정보처리장치 게재의무를 부과하였다.
36) 조달청 고시인 「국가종합전자조달시스템 전자입찰특별유의서」 제8조 제1항은 "부적격 입찰자의 입찰서 자동차단 적용 범위<별표2>(그 중 한 항목으로 부정당업자 제재중인 자가 부적격자로 열거되어 있음)에 따라 전자조달시스템에 등록된 투찰제한 사항 등을 확인하고 입찰에 참가하여야 한다"라고 규정하는 한편, 같은 조 제3항에서는 "운영자는 전자조달시스템에 등록된 입찰자의 자기정보가 '부적격 입찰자의 입찰서 자동차단 적용범위'에 해당하는 경우 전자조달시스템에 의해 입찰서를 차단할 수 있다"고 규정되어 있다. 그리고 조달청 고시인 「국가종합전자조달시스템 이용약관」를 통하여, 수요기관이 전자조달시스템을 이용하려면 이용자등록을 하여야 하는데, 그 이용자등록을 위해서는 위 약관에 동의하여야 하는 것으로 정하였고(제4조 제1, 2항), 수요기관이 전자입찰을 집행하고자 하는 경우에는 입찰참가자격이 없는 자의 입찰서 차

관하게 입찰참가자격이 제한되는 범위가 전자조달시스템을 이용하는 모든 공적 기관으로 확대되었다.

Ⅳ. 대법원 2017.4.7. 선고 2015두50313 판결에 따른 제한범위 확장 방식인 '다른 처분청의 별도의 제재'의 법적 성격과 법률유보원칙 적용 여부

1. 대법원 2017.4.7. 선고 2015두50313 판결의 의미 - '입찰참가자격제한 처분성' 및 '법률유보원칙'에 관한 근본적인 접근방법의 전환

국가기관, 지방자치단체, 공공기관의 공공조달계약은 사법상 계약이라는 것이 우리나라 판례의 주류이므로,[37] 국가기관, 지방자치단체, 공공기관이 자신의 입찰에 일정기간 입찰참가를 제한하는 조치는 독일에서와 같이 사법상의 통지로 해석될 여지가 높았다. 그럼에도 국가기관, 지방자치단체, 정부투자기관(또는 공기업·준정부기관)의 입찰참가자격제한을 행정처분으로 본 것은 (1) 법률에서 부정당업자 제재와 관련하여 법률상 수권을 하고,[38] (2) 처분기관뿐만 아니라 다른 기관으로 제한범위가 확대된다[39]는 점이 주요한 근거가 되었다. 위와 같이 입찰참가자격제한에 대한 법률의 수권을 중시한 것은, 회계규정만을 기초로 한 정부투자기관의 입찰참가자격제한에 대한 대법원 판결에서와 같이, 법률의 수권이 있어야 다른 기관으로 제한범위 확대가 법률유보원칙상 정당화될 수 있다는 사고가 밑바탕이 되었다. 결국

단범위 등을 전자조달시스템에 등록하여야 하고, 입찰참가자격이 없는 자의 입찰서 차단하는 범위는 <별표1>에 따르고(제9조 제1항), <별표1> 부적격 입찰자의 입찰서 자동차단 적용범위에는 「국가종합전자조달시스템 전자입찰특별유의서」<별표2>와 동일하게, '부정당업자 제재 중인 자'를 포함한다. 이와 같은 관련 약관에 대한 입찰자와 수요기관의 동의만을 기초로 전자조달시스템의 운영자인 조달청은 법률의 근거 없이 부정당업자로 게재된 입찰자에 대한 자동차단 시스템을 운영하고 있다.

37) 다만 공공조달계약을 사법상 계약으로 보는 판례의 주류적 입장에 대한 비판적 견해에 대한 정리 및 공공조달계약을 공법상 계약의 범주에 넣고 그 통제 수단에 대한 논의 필요성에 관하여는 정호경/선지원, 공공조달계약의 법적 성격과 통제에 관한 연구-공법상 계약 이론을 중심으로-, 법제연구 통권 제46호(2014), 185-188쪽.

38) 대법원은 기타공공기관인 수도권매립지관리공사의 입찰참가자격제한에 대하여 "공공기관운영법에 의한 '기타공공기관'에 불과하여 같은 법 제39조에 의한 입찰참가자격제한 조치를 할 수 없을 뿐만 아니라, 그 대표자는 국가계약법 제27조 제1항에 의하여 입찰참가자격제한 조치를 할 수 있는 '각 중앙관서의 장'에 해당하지 아니함이 명백"하다고 함으로써, 행정처분성을 부정한 근거로 '법률상 입찰참가자격제한 조치를 할 근거가 없다'는 점을 정면으로 제시하였다(대법원 2010.11.26.자 2010무137 결정).

39) 공기업인 한국철도시설공사가 공공기관운영법 제39조 제1항, 제3항, 계약사무규칙 제12조에 근거하여 정한 내부규정에 따라 공사낙찰적격심사 감점조치를 한 것에 대하여 대법원은 행정처분성을 부정하면서, 위 규정은 "공공기관이 사인과 사이의 계약관계를 공정하고 합리적·효율적으로 처리할 수 있도록 관계 공무원이 지켜야 할 계약사무처리에 관한 필요한 사항을 규정한 것으로서 공공기관의 내부규정에 불과하여 대외적 구속력이 없는 것"이고, "그로 인하여 공공기관운영법 제39조 제2항, 제3항, 계약사무규칙 제15조에 의한 국가, 지방자치단체 또는 다른 공공기관에서 시행하는 모든 입찰에의 참가자격을 제한하는 효력이 발생한다고 볼 수도 없다"고 함으로서, 처분기관 이외의 다른 기관으로 제한효력이 확대되지 않는 점을 부각하였다(대법원 2014.12.24. 선고 2010두6700 판결).

종전의 대법원 입장은 (1) 법률의 수권에 따라 확장제재 조항 적용이 법률유보원칙상 정당성을 가지는 경우에 한하여, (2) 다른 기관으로 제한범위 확대가 이루어지는 경우에 해당 입찰참가자격제한은 행정처분성을 가지는 것이고, 만약 법률의 수권이 없어 제한범위 확대가 정당화될 수 없는 경우에는, 당해 기관에만 참가제한이 될 뿐이고 이는 사법상 통지로 본다는 것이었다.

그런데 대법원 2017.4.7. 선고 2015두50313 판결은 위와 같은 종전 대법원 입장에 대한 중대한 전환점을 마련하였다. 위 대법원 판결에 따르면, 입찰참가자격제한의 근거법률은 발주기관인 제한조치를 하는 기관에 일정한 기간동안 입찰참가를 제한하는 법적 근거만 되는 것이고,[40] '제재범위 확대'는 '다른 처분청의 별도의 제재'에 의한 것이고, 확장제재 조항은 입찰참가자격제한처분에 적용되는 근거규정이 아니라고 하면서, 입찰참가자격제한처분과 제재범위를 확대하는 '별도의 제재'라는 별도 조치로 이루어진다는 입장을 취한 것이다.

이러한 대법원 판결에 따르면, 우리나라의 입찰참가자격제한은 1단계에서는 발주기관이 자신이 시행하는 입찰에 일정기간 참가를 제한하는 조치를 하고, 2단계로 다른 법령(확장제재 조항)을 근거로 다른 기관이 부징당업자에 대하여 발주기간이 처분힌 기긴 동안 입찰참가를 제한하는 '별도의 제재'를 하는 구조를 가지게 된다. 이 경우 1단계에서의 발주기관의 입찰참가자격제한 조치는 '제한범위 확대'와 무관하게 법률에 근거를 둔 부정당업자 제재로서 종전과 동일하게 행정처분성이 인정될 것이다. 그런데 2단계의 확장제재 조항을 근거로 한 다른 기관의 별도의 제재 조치에 대하여는 어떻게 볼 것인가라는 새로운 문제가 제기된다.

2. "별도의 제재"에 관한 법률의 수권 여부

지방계약법의 경우에는 법률에서 제한범위 확대에 관한 규정을 두고 있으므로 지방자치단체는 '별도의 제재'에 대한 법률의 수권을 받았다고 볼 수 있다. 반면 국가계약법과 공공기관운영법은 법률에서 명시적으로 '제재범위 확장'에 대한 규정을 두고 있지 않고, 다만 (1) 국가계약법 제27조 제1항에서는 "각 중앙관서의 장은 대통령령이 정하는 바에 따라 … 입찰참가자격을 제한하여야 하며"라는 위임규정, 그리고 (2) 공공기관운영법 제39조 제3항은 "제2항의 규정에 따른 입찰참자격의 제한기준 등에 관하여 필요한 사항을 기획재정부령으로 정한다"라는 위임규정만을 두고 있다. 이러한 위임규정에 "별도의 제재"에 관한 수권도 포함되는지가 문제이다.

관련하여 공공기관운영법 제39조 제3항에 따른 수권범위에 관한 최근 법원 판결 및 헌법

40) 헌법재판소도 공공기관운영법 제39조 위헌소원 사건에서 '확장제재 조항'에 따른 제재범위 확대에 관하여 대법원 2017.4.7. 선고 2015두50313 판결을 근거로 '별도의 제재'에 의해 발생하는 것이지 공공기관운영법 제39조 제2항 및 제3항에 의하여 발생하는 것이 아니라는 입장을 분명히 하였다(헌재 2017.8.31. 선고 2015헌바388 결정).

재판소 결정을 주목할 필요가 있다. 대법원 2013.9.12. 선고 2011두10584 판결은 공공기관운영법 제39조 제3항의 수권범위에 대하여 그 조항에서 "부령에 위임한 것은 '입찰참가자격의 제한기준 등에 관하여 필요한 사항'일 뿐이고, 이는 그 규정의 문언상 입찰참가자격을 제한함에 있어 그 기간의 정도와 가중 · 감경 등에 관한 사항을 의미한다"라고 선언하였고, 그에 따라 공공기관운영법 제39조 제2항의 제한범위를 "공정한 경쟁이나 계약의 적정한 이행을 해칠 것이 명백하다고 판단되는 사람 · 법인 또는 단체"라고 규정하고, 구 계약사무규칙 제15조 제4항에서 제한 범위를 "법인 또는 단체의 대표자"로 확대하고 있는 것에 대하여, 법원은 위와 같은 계약사무규칙에 의한 제한대상 확대는 공공기관운영법 제39조 제3항의 위임범위에서 벗어난 것이라고 판단하였다.[41)]

헌법재판소도 공공기관운영법 제39조 제2항에 대한 위헌소원 사건에서, '확장제재 조항'에 따른 제재범위 확대는 대법원 2017.4.7. 선고 2015두50313 판결을 근거로 '별도의 제재'에 의해 발생하는 것이지 공공기관운영법 제39조 제2항 및 제3항에 의하여 발생하는 것이 아니라고 하면서, 공공기관운영법 제39조 제3항의 수권 범위는 "입찰참가자격 제한사유인 '공정한 경쟁이나 계약의 적정한 이행을 해칠 것이 명백하다고 판단되는 경우'를 구체화하고, 제한기간인 2년의 범위 내에서 개별적인 위법성의 정도에 따라 구체적으로 어떠한 처분을 할 것인가 등의 내용과 입찰참가자격제한처분을 위한 구체적인 절차 등"에 관한 것이라는 입장이다.[42)]

이와 같은 헌법재판소 및 법원의 판결 취지에 비추어 볼 때, 공공기관운영법 제39조 제3항 및 그와 유사한 국가계약법 제27조 제1항은 발주기관의 입찰참가자격제한에 관한 제한사유의 구체화, 개별적인 사건에서 구체적인 제한기간의 결정(가중 · 감경, 사안별 기준 등), 처분을 위한 구체적인 절차에 관하여만 수권한 것이지, 다른 기관의 입찰참가자격제한이 있는 경우에 제한범위 확대를 위한 '별도의 제재' 권한까지 수권한 것으로 보기는 어려울 것이다.

3. 다른 기관의 "별도의 제재" 조치의 법적 성격 및 법률유보원칙 위반 여부

다른 기관의 "별도의 제재"는 '발주기관의 입찰참가자격제한처분'을 요건으로 법령에 입찰참가자격제한의 행정처분성의 인정 기준으로서 "(1) 법률의 명시적 수권, (2) 다른 기관으로 제한범위 확대"라는 징표가 대법원 2017.4.7. 선고 2015두50313 판결로 더 이상 적용될 수 없게 된 상황에서, 입찰참가자격제한의 처분성 인정에 어떠한 새로운 기준을 적용할 것인지가 문제이다.

---

41) 서울고등법원 2017.1.24. 선고 2016누42717 판결, 이는 대법원 2017.6.29. 선고 2017두39075 판결(심리불속행 기각)로 확정되었다.

42) 헌재 2017.8.31. 선고 2015헌바388 결정.

이에 관하여는 (1) 독일에서의 논의를 기초로 공적 기관의 계약자유의 원칙으로서 '계약상대방 선택의 자유'의 범위에 속하는지, 아니면 참가제한이 부정당업자의 입찰참가 관련 권리를 침해하는지를 기준으로 보는 견해(이하 「공적 기관의 계약상대방 선택 자유 기준」), (2) 국가기관이나 공공기관의 공적 임무 수행을 기초로 국가기관이나 공공기관의 참가제한은 행정처분으로 보는 견해(이하 「공적 임무 수행 주체 기준」), (3) 법률적 근거가 없는 이상 일괄하여 사법적 통지로 보아야 한다는 견해(이하 「법률적 근거 기준」)가 가능할 것으로 보이는데, 이하에서는 이에 관한 학설과 최근 판결례를 정리하였다.

우선 「공적 임무 수행 주체 기준」에 관하여는, 공기업에 대하여 "공공주체가 소유 또는 지분참여 등을 통해 지배적 영향력을 행사할 수 있는 독립적 생산단위"라고 정의하면서, "공기업이 행하는 일방적 구속적 조치로 인한 피해를 적절히 구제하기 위해서는 공법상 법인격을 가지고 있는 공기업의 행정주체성을 인정하여야 한다"는 견해,[43] 또는 "기타공공기관의 입찰참가자격제한조치에도 처분성을 인정하면서, 법률상 근거 없이 기타공공기관이 입찰참가자격제한을 한 것은 법률유보원칙 위반으로 그 처분이 위법한 것으로 보아야 한다"는 견해[44]가 있고, 실제로 한국수력원사력이 기타공공기관이었던 적에 발생한 법위반사유에 대하여,[45] 한국수력원자력에의 입찰참가만 일정기간 제한하는 입찰참가자격제한을 한 것[46]에 대한 행정소송에서 제2심 판결[47]은 기타공공기관의 행정주체성[48]을 강조하면서 처분성을 인정

43) 이원우, 공기업의 의의와 공법적 통제의 법적 과제, 공법연구 제45집 제3호(2017.2.) 306쪽.

44) 안철상, 정부투자기관의 입찰참가제한의 법적 성질, 행정판례평선, 박영사, 2011, 1123쪽.

45) 한국수력원자력은 공공기관운영법 제5조에 의해 기타공공기관으로 지정되어 있다가, 2011.1.24. 기획재정부령 고시 제2011-1호로 시장형 공기업으로 변경 지정되었다.

46) 공공기관운영법 제39조 제2항 및 구 계약사무규칙 제15조에 따르면, 시장형 공기업인 한국수력원자력이 입찰참가자격제한을 하면서 전자조달시스템에 제한사실을 게재하는 경우 다른 공공기관, 국가기관, 지방자치단체의 입찰참가도 제한되는 효력이 발생되나, 한국수력원자력은 구 계약사무규칙 제15조에 따른 전자조달시스템 게재를 하지 않는 방법으로 다른 기관으로 제한범위가 확대됨 없이, 법위반행위 시점 당시 기타공공기관의 지위에서 할 수 있었던 "발주기관에의 입찰참가만 제한"하는 내용으로 제한조치를 하였다.

47) 서울고등법원 2015.7.15. 선고 2015누31024 판결.

48) "오늘날 국가는 다양하고 복합적인 임무를 부여받고 있으나 이러한 모든 임무를 국가가 직접 처리하는 것은 불가능하고 또한 합목적적이지도 않다. 이에 따라 국가는 다양한 방식으로 그 임무수행을 민간에게 위탁하고 자신은 보장책임을 지고 뒤에 물러앉아 감독기능만 수행하는 경우가 증가하고 있다. 이와 같이 새로운 형태의 조직에 의하여 행정임무수행이 이루어지는 영역은 여전히 공적 임무영역이며, 공동체적 규범과 가치가 유지되어야 하는 영역이다. 공공기관운영법에서 규정하고 있는 공공기관은 기획재정부장관이 공기업·준정부기관·기타공공기관으로 구분하여 이를 지정함으로써 성립하고, 별도로 국가로부터 명시적으로 행정처분을 할 권한을 부여받지 않았다 하더라도 공적 임무를 수행하는 영역에서는 행정기관으로서의 지위를 부여받았다고 볼 수 있다. 공공기관운영법 제39조 제2항은 입찰참가자격제한을 할 수 있는 공공기관으로 공기업·준정부기관을 규정하고 있다. 그런데 공기업·준정부기관과 기타공공기관은 그 직원수, 수입액 등에 따라 기획재정부장관이 지정함으로써 구분되고, 각 공공기관이 행하는 업무나 행위의 공법성 정도에 따라 구분되는 것은 아니다. 따라서 기타공공기관의 행위를 일률적으로 사법상의 행위라고 보아 민사소송의 방법으로 권리구제를 받아야 한다고 단정할 것은 아니다. 만약 기타공공기관이 부정당업자에 대하여 한 입찰참가자격제한 조치를 사법상의 통지행위에 불과한 것으로 본다면 현실적으로 제재를 받은 자는 민사소송의 방법으로 구제를 받아야 하는데, 통지행위 무효확인을 구할 이익이 있는지 행정처분의 집행정

한 사례가 있다.[49)]

다음으로 「공적 기관의 계약상대방 선택 자유 기준」의 출발점은 정부투자기관 부정당업자에 대한 입찰참가자격제한제도에 관한 헌법재판소 결정[50)]에서, 정부투자기관의 일반경쟁입찰 및 계약의 공정성 보장을 근거로 "입찰자격제한을 받게 되는 일반인 또는 일반기업은 정부투자기관과 계약을 체결함에 있어서 공개입찰을 통하여 다른 기업과 자유롭게 경쟁하여 기업활동을 할 수 있는 자유를 제한당하게 되므로 이러한 측면에서 직업의 자유를 제한받게 된다"라고 판단한 것에서 부터이다. 이를 기초로 위 한국수력원자력 사건 제1심 판결[51)]은 처분성 인정 이유로 "국가, 지방자치단체, 공기업·준정부기관이 일반경쟁을 통하여 모든 국민에게 계약의 상대방이 될 기회를 부여할 의무"를 강조[52)]하였다. 그와 유사하게, 한국수력원자력이 법위반사유에 대하여 내부규정인 공급자등록지침을 근거로 10년간 공급자등록제한(이러한 공급자등록제한으로 인하여 다른 기관에의 입찰참가까지 제한되지 않음)을 한 조치에 대한 행정소송에서 법원은 행정처분성을 인정하였는데,[53)] 그 근거로 시장형 공기업이 공공기관운영법 제39조 제3항 및 그 위임에 따른 계약사무규칙 제6조에 따른 일반경쟁 보장 및 공정하고 투명한 절차 확보를 들면서, "공기업이 체결하는 계약에도 국가가 체결하는 계약과 동일한 기준을 도입하여 공기업의 계약 상대방 선택의 자유를 제한하고, 모든 국민이 일반경쟁 또는 일반입찰에 따라 계약의 상대방이 될 기회를 부여받도록 함으로써, 입찰방식, 낙찰자 결정 등 계약의 전 과정의 절차를 확립하여 공정한 경쟁을 촉진하고 공기업이 추구하는 궁극적인 공적 목표를 달성하기 위함"이고, "공정한 입찰을 통한 낙찰자 결정 과정은 공공조달계약 체결 이전의 단계에서 이루어지는 별개의 차원에 있는 것으로 볼 것인바, 이를 사법상 계약인 공공조달 계약으로부터 파생된 법률관계라고 보기 어렵다"라고 하였다.

지와 같은 신속한 구제가 가능한지 등 국민의 권리 구제에 문제가 따르기 때문에 위와 같은 태도는 타당하다고 보기 어렵다."

49) 대법원에서도 한국수력원자력이 발주기관에만 입찰참가를 제한한 조치에 대한 행정처분성을 인정한 위 1, 2심의 결론이 유지되었는데, 아쉽게도 심리불속행 기각으로 판단이유가 제시되지 않았다(대법원 2015.11. 17. 선고 2015두49214 판결).

50) 헌재 2005.4.28. 선고 2003헌바40 결정.

51) 서울행정법원 2014.12.18. 선고 2014구합61972 판결.

52) "국가, 지자체, 공기업·준정부기관은 계약의 자유 중 상대방선택의 자유가 제한되어 일반경쟁 또는 일반입찰에 따라 모든 국민에게 계약의 상대방이 될 기회를 부여할 의무를 갖게 되고, 이를 반대로 일반 국민의 입장에서 보면 계약의 상대방이 될 권리를 갖게 된다. 따라서 국가, 지자체, 공기업·준정부기관이 특정 국민에게 계약상대방이 될 권리를 박탈하는 입찰참가자격제한을 하기 위해서는 법률에 규정이 있고 그 규정의 요건에 따라서 이를 행하여야 하고(헌법 제37조 제2항, 국가계약법 제27조, 지자체계약법 제31조, 공공기관법 제39조 제2항), 그와 같은 입찰참가자격제한은 행정청(국가, 지자체의 경우) 또는 법령에 의하여 행정권한의 위임 또는 위탁을 받은 공공기관(공기업·준정부기관의 경우)이 공권력을 발동하여 행하는 국민의 권리를 제한하는 공법상의 행위로 행정처분이 되며, 입찰참가자격제한을 당한 국민은 행정소송으로 이를 다툴 수 있다"

53) 서울행정법원 2016.12.23. 선고 2016구합71447 판결, 서울고등법원 2017.9.22. 선고 2017누38050 판결(대법원 2017두66541 판결로 상고심 진행 중).

「공적 임무 수행 주체 기준」과 「공적 기관의 계약상대방 선택 자유 기준」이 차이가 발생하는 지점은, 기타공공기관과 같이 일반경쟁 관련 규정의 적용대상이 아닌 경우이다. 「공적 기관의 계약상대방 선택 자유 기준」을 적용할 경우, 기타공공기관은 그와 같은 일반경쟁 관련 규정의 적용대상이 아니므로 '계약상대방 선택의 자유'의 제한 및 그에 상응한 부정당업자의 '일반입찰에 따라 계약의 상대방이 될 기회'라는 직업의 자유 침해도 상정하기 어렵다는 점에서 기타공공기관의 입찰참가자격제한은 여전히 행정처분성을 인정받기 어렵다. 반면, 「공적 임무 수행 주체 기준」이 적용될 경우, 일반경쟁 관련 규정 적용과 상관 없이, 기타공공기관과 같은 공적 기관은 '행정청'이 되고, 그 입찰참가자격제한은 '행정처분'으로 해석된다.

「법률적 근거 기준」은 '다른 기관으로 제한범위 확대가 이루어지는 경우를 전제로 법률의 수권이 필요한 것이고, 만약 법률의 수권이 없는 경우라면 당해 기관 내부적으로만 제한의 효과가 발생한다는 의미에서 사법적 통지'라는 종전 대법원 논리를 기초로 한 것으로, 대법원 2017.4.7. 선고 2015두50313 판결로 인하여 그에 대한 근본적인 전환이 이루어진 현 상황에서 더 이상 적용되기 어려운 견해라고 본다. 일례로 그에 관한 가장 최근 대법원 판결인 대법원 2014.12.24. 선고 2010두6700 판결을 보더라도, 공기업인 한국철도시설공사가 공공기관운영법 제39조 제1항, 제3항, 계약사무규칙 제12조에 근거하여 정한 내부규정에 따라 공사낙찰적격심사 감점조치를 한 것에 대하여, 대법원은 행정처분성을 부정하면서, (1) 위 규정은 "공공기관이 사인과 사이의 계약관계를 공정하고 합리적·효율적으로 처리할 수 있도록 관계 공무원이 지켜야 할 계약사무처리에 관한 필요한 사항을 규정한 것으로서 공공기관의 내부규정에 불과하여 대외적 구속력이 없는 것"이고, (2) "그로 인하여 공공기관운영법 제39조 제2항, 제3항, 계약사무규칙 제15조에 의한 국가, 지방자치단체 또는 다른 공공기관에서 시행하는 모든 입찰에의 참가자격을 제한하는 효력이 발생한다고 볼 수도 없다"는 이유를 제시하고 있는데, 우선 두 번째 이유는 대법원 2017.4.7. 선고 2015두50313 판결로 더 이상 유효하지 않은 근거이다. 첫 번째 이유에 관하여 보더라도, 그 규정을 '공공기관의 내부규정'에 불과한 것으로 볼 수 없다. 이는 한국수력원자력의 10년간 공급자등록제한에 관한 제1심 판결[54]에서 적절히 설시한 것처럼, 공기업의 내부규정에 따른 '공급자등록제한 또는 감점조치'와 같은 조치는 입찰참가자격제한처분과 동일하게 입찰참가자격을 제한하는 효과가 발생한다는 점에서 동일한 행정처분의 성격을 가지는 것이고, 공공기관은 공공기관운영법 제39조 제2항의 수권 범위 내에서 그와 같은 입찰참가자격을 제한하는 조치를 할 수 있으므로, 대법원 2017.4.7. 선고 2015두50313 판결 하에서는, 위 내부규정에 따른 감점조치 또한 공공기관운영법 제39조 제2항의 수권범위 내에 있는지 여부에 따라 법률유보원칙 위반인지

54) 서울행정법원 2016.12.23. 선고 2016구합71447 판결, 제2심 판결도 동일하게 판단하였다.

여부가 판단되어야 할 대상일 뿐이다.

이상의 논의를 종합하여 보면, 적어도 국가기관이나 공기업·준정부기관이 법률에 근거 없는 확장제재 조항에 따른 '별도의 제재'를 하는 것은, 「공적 기관의 계약상대방 선택 자유 기준」에 따라 행정처분성이 인정되고, 법률유보원칙이 적용된다고 볼 수 있을 것이다.

V. 결어: 입법론적 고찰

이상에서는 대법원 2017.4.7. 선고 2015두50313 판결로 인하여 확장제재 조항에 따른 다른 기관의 '별도의 제재'는 부정당업자의 경쟁입찰 참가에 관한 직업의 자유를 침해하는 행정처분으로 법률유보원칙의 적용대상이라는 점에 대하여 검토하였다. 그런데, 입찰참가자격 제한처분에 따른 '제재범위 확대'에 대하여 아래와 같이 법정비가 필요하다는 입법정책적인 관점에서도 '제재범위 확대'에 대한 법률유보원칙 관점에서의 검토가 필요하다.

제재범위 확대에 관한 우리법의 근본적인 문제는, 계약주체가 국가기관, 지방자치단체, 공공기관, 지방공사 별로 별도의 법령을 운영함으로 인하여 각 계약주체별 법령 상호간의 연관성에 대한 고려가 부족하고 규정체계가 복잡하다는 점이다. 그뿐만 아니라 당초 국가기관과 지방자치단체를 범위로 하여 입찰참가자격제한 제도가 도입된 이후, 공공기관, 지방공사, 민간투자사업 등으로 참가제한범위가 확대되는 과정에서, 어떤 발주기관에 참가자격제한처분 권한을 부여할 것인지, 하나의 기관의 참가제한이 어느 범위까지 확대되도록 할 것인지에 대한 종합적이고 통합적인 제재시스템에 대한 입법적 고려가 이루어졌다고 보기 어려운 측면이 크다.

일례로, 2005년 지방계약법을 제정하면서 다른 기관의 제한범위 확대에 관하여 종전 지방재정법과 동일하게 "다른 법령의 규정에 의하여 입찰참가자격의 제한을 받은 자도 또한 같다(각 지방자치단체에서 시행하는 모든 입찰에의 참가자격이 제한된다)"라는 규정(제31조 제2항)을 두고 있는데, 위와 같이 지방공기업법, 방위사업법, 민간투자법, 원전감독법에 따라 입찰참가자격제한을 받은 자에 대하여 위 법률규정에 따라 모든 지방자치단체까지 제한확대가 이루어지는 것으로 보아야 하는지에 대한 의문이 제기된다. 지방공기업법, 방위사업법, 민간투자법, 원전감독법에 따른 입찰참가자격제한 도입 당시, 그러한 제한으로 제한범위가 모든 지방자치단체까지 확장되는지 아니면 국가기관이나 공공기관에까지 추가적으로 확장되는지에 대한 별도의 입법적으로 검토하여 그에 따라 명확하게 법률에서 규율해야 하는 것 아닌가 한다. 이러한 관점에서 보면, 지방계약법 제31조 제2항은 "다른 법령의 규정"이라고 할 것이 아니라, 다른 법률을 명시적으로 특정하면서, 새로운 법률에서 입찰참가자격제한을 도입할 경우 지방계약법 규정에도 명확하게 해당 법률을 추가하는 방식을 도입함으로써 '모든 지방자치단체'로 제한범위가 확대되는 대상 법령을 법률 자체에서 명확하게 규정할 필요가 있다.

대법원 2017.4.7. 선고 2015두50313 판결 사건 당시 적용되던 확장제재 조항에 대한 추가적인 개정도 이루어졌다. 우선 국가계약법 시행령 제76조 제8항은 '선택적 제한 원칙, 특정 사유에 대한 필수적 제한 예외'라는 규정내용을 '모든 사유에 대한 필수적 제한'으로 변경하였다.[55] 이는 1975년 입찰참가자격제한 제도를 도입할 당시의 예산회계법 제70조의18 제2항에서 정하고 있었던 "다른 법령(지방계약법, 공공기관운영법)의 규정에 의하여 입찰참가자격의 제한을 받은 자도 또한 같다(국가에서 시행하는 모든 입찰에의 참가자격이 제한된다)"와 동일한 법적 상태로 돌아간 것인데, 그 당시에 비하여 여전히 법률유보원칙 위반이라는 이슈는 해결되지 못한 상황이다. 한편, 국가기관, 지방자치단체, 다른 공기업·준정부기관의 입찰참가자격제한이 공기업·준정부기관으로 제한범위를 확장하는 근거였던 계약사무규칙 제15조도 종전에는 13개항의 규정을 두고 있었는데, 2016년 개정 규칙[56]에서는 단 하나의 조문만 두고 있어, 공기업·준정부기관의 입찰참가자격제한처분이 다른 공기업·준정부기관의 참가제한 사유가 되는지, 공기업·준정부기관이 국가기관, 지방지치단체의 입찰참가자격제한처분을 기초로 참가제한을 하여야 하거나 할 수 있는지에 대하여는 명확한 법령이 없는 상태이다. 그럼에도 공기업·준정부기관에 대하여는 조달청 전자조달시스템에의 부정당업자 게재 및 자동차단시스템을 통하여 사실상 제한범위 확대가 이루어지고 있는데, 그에 대한 법적 통제의 필요성이 크다.

마지막으로 원전감독법상 입찰제한의 경우는, (1) 공공기관운영법상 공공기관(공기업·준정부기관 및 기타공공기관까지 포함)으로 지정된 원자력발전사업자와 관련사업자를 원자력발전공공기관으로 하여 입찰제한 권한을 부여함으로써, 기타공공기관의 입찰참가자격제한에 관한 최초의 법률적 규정을 두고 있는데, 이를 "기타공공기관의 입찰참가자격제한이 행정처분인지 여부"와 관련하여 어떻게 보아야 하는지라는 의문이 제기되고,[57] (2) 이미 정부투자기관관리

55) 2016.9.2. 대통령령 제27475호로 개정된 국가계약법 시행령 제76조 제8항은 "각 중앙관서의 장 또는 계약담당공무원은 「지방자치단체를 당사자로 하는 계약에 관한 법률」 또는 「공공기관의 운영에 관한 법률」등 다른 법령에 따라 입찰참가자격 제한을 한 사실을 통보받거나 전자조달시스템에 게재된 자에 대해서도 입찰에 참가할 수 없도록 하여야 한다."라고 규정하고 있다.

56) 2016.9.12. 기획재정부령 제571호로 개정된 계약사무규칙 제15조는 "법 제39조 제3항에 따라 기관장은 공정한 경쟁이나 계약의 적정한 이행을 해칠 것이 명백하다고 판단되는 자에 대해서는 「국가를 당사자로 하는 계약에 관한 법률」 제27조에 따라 입찰참가자격을 제한할 수 있다."라고만 규정하고 있다.

57) 「공적 기관의 계약상대방 선택 자유 기준」을 적용할 경우에는 행정처분성 인정이 어려울 것이나, 「공적 임무 수행 주체 기준」 또는 「법률적 근거 기준」(즉, 법률에서 제재권한을 부여한 범위 내에서 행정청으로서 제재처분을 할 수 있는 권한을 수권받았다는 논리구성)을 적용하면 '행정처분성'을 인정할 수 있을 것이다. 기타공공기관을 포함하여 공공성이 강한 기관, 단체에 대하여 입찰참가자격제한 제도를 도입하고자 할 경우에는 그에 상응하여 일반경쟁입찰 및 공정하고 투명한 절차를 함께 적용한다면, '공적 기관의 계약상대방 선택 자유 기준'이라는 간명한 기준에 따라 입찰참가자격제한의 행정처분성을 판단할 수 있을 것이다.

기본법에서 제한기간의 상한을 법률에 두지 않은 것이 포괄위임금지원칙 위반이라는 헌법재판소 결정[58]이 있음에도 원전감독법에서 입찰제한의 상한을 법률에 규정하지 않은 것에 대하여는 입법적으로 개선되어야 한다.

이와 같은 법령의 난맥상이 발생한 근본적인 원인은, 법위반사실에 대하여 어느 범위까지 어떠한 방식으로 입찰참가자격제한 범위를 확장하는지의 문제가, 한편으로는 '제재의 실효성, 공적 기관이 추구하는 공적 목표를 달성하기 위하여 계약의 충실한 이행 확보'라는 공익 실현과, 다른 한편으로는 '제재로 인한 기업의 입찰참가 기회에 관한 직업의 자유의 과도한 제한'이라는 사익 손상의 적정한 형량인지에 관하여 국민의 대표자인 입법자 스스로 그 본질적 사항에 대하여 결정할 것이 요구되는 사항이라는 점에 대한 인식의 결여 때문이 아닌가 한다. 1975년 구 예산회계법과 지방재정법 제정 당시에는 그러한 인식 하에서 법률에서 제대로 규정하고 있던 것이, 그 이후에는 국가계약법 시행령 및 정부투자기관관리기본법에 의한 정부투자기관으로 제한범위 확대 과정에서 법률이 아닌 하위법령에서 그에 관하여 규정하는 한편, '제재의 실효성'이라는 점에서 다른 법률과의 관계나 법적 성격에 대한 심도깊은 검토 없이 개별 분야별로 입찰참가자격제한 제도가 도입되는 한편, 조달청 전자조달시스템에 따른 자동차단까지 발전하고 있으나, 이러한 제도 변천에 대하여 종합적이고 체계적인 입법적인 검토에 따른 입법자의 결정이 누락되었다는 점에서도, 법률유보원칙의 관점에서 입찰참가자격제한 제도에 대한 종합적인 진단 및 개선이 이루어져야 할 것이다.

58) 헌재 2005.4.28. 선고 2003헌바40 결정.

19. 공무수탁사인 개념에 관한 연구* – 개념 굴곡의 역사와 현대적 과제 –

이 상 덕**

Ⅰ. 서 설

현대 행정법학에서 공무수탁사인 개념에 관한 논의는 사인이 수행하는 어떤 활동이 사적 활동인가 아니면 공행정활동인가에 관한 논의이며, 구체적으로 ① 행정처분성 및 행정재판권 인정 여부, ② 기본권구속과 같은 공법적 법리의 적용 여부, ③ 국가감독 내지 행정내부법관계(특별권력관계)의 인정 여부, ④ 국가배상책임의 성립 여부라는 맥락에서 다루어진다.

종래 우리나라의 행정법학에서는 공무수탁사인이란 법제도의 효과 및 인접 개념과의 차이점을 설명하는 논의는 여럿 있었지만, 공무수탁사인의 개념 자체 내지 개념의 범위 설정에 관한 논의는 거의 없었다.[1] 이러한 논의들은 독일의 논의 상황을 간략하게 소개하면서 마치 '임무설'은 한물간 시대착오적 이론이고 '법적 지위설'(권한설)이 통설 내지 다수설이라는 듯이 서술하고 있다. 그러나 독일의 논의 상황을 살펴보면 '법적 지위설'이 통설이 아닐 뿐만 아니라, 논의 상황을 '임무설 vs. 법적 지위설'의 견해대립으로 단순화할 수도 없다. 추상적인 개념 정의의 문제와 그 개념을 통해 어떤 영역과 대상을 포착하고자 하느냐는 별개의 문제이기 때문이다.

또한 종래의 논의는 공무수탁사인과 아닌 것 사이의 구체적인 경계설정기준을 제시하지 못하였으며, 단지 공무수탁사인의 전통적인 예들을 열거적으로 서술하는 데 그쳤다. 그간 공무수탁사인이란 법제도가 예리하게 개념설정되지 못했다는 점은 이 개념의 적용 여부가 소

---

* 이 글은 사법논집 제59집(법원도서관 2014), 241-300면에 수록된 논문을 수정・보완한 것임을 밝힙니다.

** 부장판사, 대법원 재판연구관, 법학박사

1) 공무수탁사인 개념의 범위설정에 관한 독일의 학설을 비교・소개한 문헌으로는 정하중, "민간에 의한 공행정수행", 「공법연구」 제30집 제1호(2001), 467-473면이 유일한 것으로 보인다. 오직 정하중, 전게논문, 470면만이 '임무'라는 징표에 의지하지 아니한 채 공무수탁사인을 "특정한 개별적인 고권적 권한을 자신의 이름으로 수행하도록 관할권이 부여된 자연인 또는 사법상의 법인"이라고 정의내리고 있다. 대체로 우리나라의 행정법 체계서들은 한편으로는 공무수탁사인을 정의내리면서 '임무(사무)'와 '권한'을 모두 언급하여 결합설을 취한 듯한 외관을 보여주고 있는데(김남진・김연태, 「행정법 Ⅰ」, 제14판, 2010, 88면; 김동희, 「행정법 Ⅱ」, 제17판, 2011, 589면; 박균성, 「행정법론(상)」, 제11판, 2012, 90면; 홍준형, 「행정법」, 제1판, 2011, 1018면), 그러면서도 동시에 다른 한편으로는 위탁의 대상에 관한 논쟁에서 법적 지위설이 타당하다고 언급하여 모호한 입장을 드러내고 있는 경우도 있다(한견우, 「현대 행정법 강의」, 제3판, 2008, 131면; 홍정선, 「행정법원론(상)」, 제20판, 2012, 112-114면). 한편, 법적 지위설의 입장에서 Beliehene의 번역어로 "公務수탁사인"이 아니라 "公權수탁사인"{김동희, 「행정법 Ⅱ」, 제17판, 2011, 589면; 이원우, "정부기능의 민영화를 위한 법적 수단에 대한 고찰", 「행정법연구」 제3호(1998), 119면 각주 51번} 또는 "행정권한수탁자"{김남진, "행정권한이 위탁・수탁과 법적 문제", 「법제」 제515호(1999. 9.), 4면 각주 2번}가 적절하다는 견해도 있다.

송실무에서 거의 다루어지지 못했다는 점과 밀접한 관련이 있다. 즉 판례의 논쟁정리기능이 발휘될 기회가 없었던 것이다. 그러나 최근에 행정소송이 활성화되면서 소송실무에서 당사자들이 자신 또는 상대방이 공무수탁사인에 해당한다고 주장하는 경우가 점차적으로 늘어나고 있는데, 법원은 대체로 법적 지위설에 입각하여 고권적 권한의 위임 여부에만 초점을 맞추어 공무수탁사인 해당 여부를 잘못 판정하고 있다. 따라서 이제 실무를 위하여 명확한 법개념과 구체적인 경계설정기준을 제시해야 할 필요성이 커지고 있다.

본고에서는 공무수탁사인의 개념에 관한 독일에서의 논의를 되짚어 봄으로써 이 개념의 적용에서 과연 무엇이 문제되고 있는가를 명확히 하고, 이와 관련하여 구체적인 경계설정기준을 모색해 보고자 한다.[2)]

Ⅱ. 독일 공법학에서의 공무수탁사인 개념의 발전

독일에서 공무수탁사인이란 법개념이 명백히 Otto Mayer의 행정법이론에서 기원한다는 점에는 다툼이 없으나,[3)] 이에 관한 Otto Mayer의 이론이 현대적으로 수용되는 과정에서 많은 굴곡을 거쳤으며, 현대 행정법이론에서도 상호 모순되는 요소들이 복잡하게 뒤엉켜 있는 실정이다. 그러므로 공무수탁사인 개념에 관한 연구는 Otto Mayer의 행정법이론에 관한 고찰부터 시작하여야 한다. 공무수탁사인 개념의 굴곡의 역사를 고찰함에 있어서는 ① 개념정의(경계설정기준)에 관한 논의와 ② 개념의 적용영역·사례에 관한 논의가 서로 뒤엉켜 있다는 점에 주의하여야 한다.

1. 공무수탁사인 개념의 기원: Otto Mayer의 공기업특허 이론[4)]

(1) 공기업 개념

근대 유럽에서 국가가 운영하는 학교, 병원, 그 밖의 공공시설은－경찰, 명령, 강제라는 말을 통해서 압축적으로 표현되는－전통적인 국가의 역할과 대비되는 새로운 현상이었다. 이러한 현상들은 근대적 국가발전의 일반적인 경향이며, 독일보다 근대적 국가제도가 앞서

2) 필자는 이미 선행연구에서 '실체·기능 중심적 공행정' 관념과 '임무 중심적 공무수탁사인 개념'의 필요성을 강조한 바 있다(拙著, 「영조물의 개념과 이론」, 서울대학교 법학박사학위논문, 경인문화사 2010, 247-285면, 370-383면 참조). 당시에는 여력이 없었을 뿐만 아니라 중심주제에서 벗어나 있어 Otto Mayer의 공기업특허 이론이 현재의 공무수탁사인 이론으로 변천된 과정을 직접 다루지 못하였는데, 이 미완의 과제를 본고에서 수행하고자 한다.

3) Klaus Vogel, öffentliche Wirtschaftseinheiten in privater Hand, Hamburg 1959, S. 46; Udo Steiner, Öffentliche Verwaltung durch Private, Hamburg 1975, S. 17; Britta Beate Wiegand, Die Beleihung mit Normsetzungskompetenzen: Das Gesundheitswesen als Exempel, Berlin 2008, S. 86.

4) Otto Mayer의 공기업 특허 이론에 관한 이하의 서술은 필자의 선행연구(拙著, 「영조물의 개념과 이론」, 2010, 31-58면)를 압축·정리한 것이다.

발전한 프랑스에서도 역시 존재하였다. 프랑스 행정법에서는 이러한 현상들에 대해 법적 규율을 부여하기 위해서 콩세유데따(Conseil d'Etat)의 판례에 의해서 公役務(le service public) 개념을 발전시켰다. Otto Mayer는 저서 "프랑스 행정법 이론"에서 공역무 개념을 독일어로 번역하기 위하여 '공영조물'(öffentliche Anstalt)이란 표현을 사용하였다. 그는 국가의 활동을 경찰, 공영조물(공역무), 국가재산의 관리(國庫)로 분류하고, 공영조물을 "국가가 고권적 권력을 통해 개별적 이익을 배제하고 국가의 시설을 이용할 수 있도록 만드는 것"이라고 설명하였다.[5)]

Otto Mayer는 자신의 독일 행정법 체계서에서 공영조물을 "어떤 공행정주체의 손 안에서 어떤 특별한 공적 목적에 지속적으로 기여하도록 정해져 있는 人的 수단들과 物的 수단들의 결합체"라고 정의한다.[6)] 그에 의하면, 또한 공영조물은 "특별한 목적에 의해서 경계지워진 공행정의 일부분"이며, "항상 공익을 위한 활동(Tätigkeit)이다." 개념 정의상 공영조물이 기여할 수 있는 공익 목적에 대해 아무런 제한을 가하지 않음으로써, 공영조물에 포섭될 수 있는 대상의 범위가 매우 넓다. 그는 안전과 질서를 보장하기 위한 영조물(예: 군대)이 있고, 일반적인 문화임무를 수행하기 위한 영조물(예: 천문대, 학술협회)도 있음을 인정하며, 심지어 법원도 영조물이라고 말한다. 그러나 그는 곧바로 자신의 연구대상을 한정시킨다. "예를 들어, 학교, 저축은행, 병원, 우편, 철도와 같이, 대중, 즉 다수의 개인들에게 이익이나 서비스를 제공하기 위한" 영조물이 있는데, 사람들은 영조물을 언급할 때 우선적으로 이 마지막 종류를 의도하며, 여기에서 이익을 제공하는 영조물운영자와 그 이익을 수령하는 개인 사이의 '영조물이용관계'의 법적 질서를 고찰하는 것이 자신의 연구 목표임을 밝힌다.[7)]

Otto Mayer에 의하면, 영조물은 공기업(öffentliches Unternehmen)의 하위개념이다. 양자는 "특별한 목적에 의해서 경계지워진 공행정의 일부분"을 의미한다는 점에서는 공통적이지만, 영조물은 "어떤 결합체, 지속성 있는 시설의 형태로 나타나는" 반면, 공기업은 "일시적인 활동"도 포함하기 때문에, 영조물이 공기업보다는 좁은 영역을 의미한다. 예를 들어, 습지의 건조, 황무지의 造林은 공기업이지만, 영조물은 아니며, 철도의 운영은 공기업이자 영조물이지만, 철도건설은 단순히 공기업이다.[8)]

Otto Mayer는 자신의 행정법 체계서에서 '영조물이용관계'를 고찰하는 節(§ 51, § 52)의 바로 앞에서 '공기업의 특허'를 고찰하고 있다(§49, §50). 공기업의 특허는 특허기업자가 자신

5) Otto Mayer, Theorie des französischen Verwaltungsrecht, 1886, S. 160 f., 225.

6) Otto Mayer, Deutches Verwaltungsrecht, Band 2, 3. Aufl, 1924(이하에서 "Verwaltungsrecht II"), S. 268 ff.: "Die öffentliche Anstalt ist ein Bestand von Mitteln, sächlichen wie persönlichen, welche in der Hand eines Trägers öffentlicher Verwaltung einem besonderen öffentlichen Zwecke dauernd zu dienen bestimmt sind."

7) Ebd., S. 269.

8) Ebd., S. 269 f.

의 돈으로 일정한 시설을 설치하여 장기간 운영하는 것을 대상으로 하는데, Otto Mayer의 개념 정의에 의할 때, 그 시설설치공사 자체는 영조물에 해당하지 않지만, 그 시설의 지속적인 운영은 영조물에 해당한다. Otto Mayer의 서술에서 영조물이라는 용어를 통해서는 영조물운영자와 이용자 사이의 이용관계를 설명함에 강조점이 놓이는 반면, 공기업이라는 용어를 통해서는 국가가 영조물을 私人으로 하여금 운영하도록 하는 행정행위, 국가와 영조물운영자로서의 私人과의 관계를 설명함에 강조점이 놓인다.

(2) 공기업의 특허

Otto Mayer는 공기업의 특허(Verleihung, Konzession)를 "특허기업자(Beliehene)에게 공행정의 일부분에 관하여 자신의 고유한 이름으로 행사할 수 있는 법적인 권력을 부여하는 행정행위"라고 정의한다.[9] 그에 의하면, "특허의 대상은 항상 공행정의 일부분"이며, "본래 개인의 권력범위 내에 존재하는 것이 아니라, 배타적으로 공공주체의 권력범위 내에 존재하는 것이다."[10]

Otto Mayer의 '공기업 특허 이론'은 마땅히 공행정활동이라고 평가되어야 할 어떤 사업이 私人에 의해서 운영되는 법현실과 관련하여 '어떻게 私人이 정당한 권한을 가지고 국가적인 목적을 추구하게 되었는지'를 설명하기 위한 것이다.[11] 공기업특허는 현대적으로 표현하자면 '행정의 기능민영화'이다. 그는 공기업특허의 중요한 적용영역으로 공공도로, 인공운하, 교량, 철도, 시가전차, 유선전신, 무선전신, 중앙은행을 거론하고 있다.[12]

특허는 거의 항상 특허기업자에게 자신의 돈으로 관련시설을 설치하고 사업을 '장기간' 경영할 의무를 부과한다. 이러한 부담은 자유와 재산에 대한 제한이므로 법률유보 원칙에 따라 법률의 근거를 필요로 한다. 때로는 법률이 직접 특정한 기업자에게 공기업에 관한 권한과 의무를 부과하기도 하는데, 대개 그 공기업의 경영을 목적으로 하는 법인을 설립함과 동시에 그렇게 한다. 공공주체는 특허기업자의 부담을 경감시켜 주기 위해 보조금, 조세감면, 요금보장, 경쟁기업의 배제 등과 같은 특별한 혜택을 부여하기도 한다.[13]

앞서 살펴보았듯이, Otto Mayer에 의하면, 공영조물과 공기업은 모두 '특별한 목적에 의해서 나머지와 구분되는 공행정의 일부분'이라는 점에서는 공통적이지만, 영조물은 지속성 있는 활동을 의미하는 반면, 공기업은 일시적인 활동까지 포함한다는 점에서는 공기업이 보다 넓은 개념이다. 그렇다면, Otto Mayer는 왜 '공영조물의 특허'라고 표현하지 않고 '공기업의 특허'라고 표현하였을까? 그것은 공영조물 개념으로는 특허기업자의 시설설치공사를 포

9) Ebd., S. 243.
10) Ebd., S. 244 f.
11) Ebd., S. 252, FN 10.
12) Ebd., S. 245 ff.
13) Ebd., S. 255, 262.

괄할 수 없으며, 또한 시설의 설치에는 대개 그 부지를 수용하는 것이 필요하기 때문이다. 그의 행정법학 체계에서 공기업 개념이 중요하게 등장하는 부분이 또 하나 있는데, 바로 公用收用(Enteignung)이다. 그에 의하면, 공용수용은 "공기업을 위해 臣民으로부터 부동산 소유권을 박탈하는 고권적 침해행위"로서 오로지 공기업을 위해서만 이루어진다.[14] 공기업 개념을 통해 비로소 특허기업자와 공용수용이 연결된다.

(3) 특허기업자의 지위

공기업특허에 관한 서술에서 Otto Mayer가 분명히 강조하고 있는 점은 특허기업자가 운영하는 공기업은 여전히 공행정활동, 공영조물에 해당한다는 점이다. 따라서 특허기업자는 공행정활동을 수행하는 공행정주체이다. 그러므로 공공주체 스스로가 사업을 수행하는 경우와 마찬가지로 공용수용, 공소유권, 공법적 소유권제한 등과 같은 공법적 수단이 특허기업자의 사업진행에 도움을 주며, 특허기업자에게는 영조물경찰권과 이용료수입을 통한 재정권이 부여된다.[15] 특허기업자는 이용자에 대한 관계에서 영조물운영자의 지위에 있다.

특허기업자는 공공주체로부터 분리되어진 공행정의 일부분을 자신의 명의로 수행한다는 점에서, 공법인과 유사한 지위에 놓인다. 다만 공법인은 공행정의 일부분을 수행하기 위한 목적에서 공공주체에 의해 설립되는 것인 반면, 특허기업자는 본래 私人이라는 점에서 차이가 있다. 특허기업자는 공기업경영과 관련하여 부과받은 의무를 제대로 수행하고 있는지에 관하여 공공주체로부터 감독을 받는다. 이는 공무원관계에서의 직무감독에 대응하는 것이다. 특허를 부여한 공공주체는 감독권에 기초하여 특허기업자의 의무에 관하여 고권적인 의견표명을 할 수 있다. 이는 복무명령에 대응하는 것이다. 특허기업자가 의무를 제대로 이행하지 않을 경우, 공공주체는 권리박탈, 행정벌, 대체실행 등의 강제수단을 사용하는데, 이는 징계권력에 대응하는 것이다. 이러한 강제수단은 법률에 근거가 있거나 또는 미리 특허조건으로 규정되어 있어야 한다.[16]

이러한 공기업특허 이론은 특정한 종류의 활동이 선험적으로 공행정에 해당함을 전제하고 있다. 그러므로 Otto Mayer에게 있어 공행정과 私경제적 활동을 구별하는 기준이 무엇이었는지에 관한 검토가 필요하다.

(4) 공행정활동과 사경제적 활동의 구별기준

Otto Mayer가 정립한 개념으로서 공영조물, 공기업, 공물은 그 자체로 공행정에 속함을 의미한다. 그에 의하면, 공행정에 대해서는 고유한 공법이 적용되어야 하며, 私法의 적용이 배제되어야 한다.[17] 그럼에도 불구하고 법의 현실에서는 이에 대하여 私法이 적용되고 있는

14) Ebd., S. 1.
15) Ebd., S. 263 f.
16) Ebd., S. 257 ff.

경우가 있음을 그도 부정하지는 않았다. 따라서 "본성으로부터 기대되는 바로부터의 일탈", "예외적 취급"이 왜 생겼는지를 해명하여야 할 필요가 있다. 그는 그 이유를 國有化의 역사에서 찾는다.

"여기에서 문제되고 있는 활동들은 모두 원래 개인들의 진취적 기업가정신의 표현 내지 개인들의 영리활동으로서 私경제적 토대 위에서 성장했다. 비로소 사후적으로 공공주체가 그것을 자신의 이름으로 맡아 운영하기 위하여 힘으로 차지하여 손에 넣어 버렸다. 그러나 공공주체는 일단 이러한 활동들에 대하여 확립된 '법질서의 이해와 종류'를 유지해 둔다."[18]

바로 철도, 증기선, 시가전차, 공공은행, 도시가스, 수력발전소 등이 원래 私人들이 출자한 주식회사로 운영되다가 국가 또는 지방자치단체로 운영권이 이전된 예이다. Otto Mayer는 "이러한 영조물은 私人으로부터 공공주체에게로 운영권의 승계가 이루어지는 바로 그 기회에 공공주체의 행정으로 변화하며, 장차 그것의 이용제공은 공법의 영역에 속한 것으로 파악"되어야 하고, "현실에 대한 좀 더 적절한 가치평가로의 진전"을 위하여 "지금까지의 견해에 대한 수정"이 이루어져야 한다고 역설한다.[19]

공공주체는 광범위하게 私法的 법형식을 사용하여 공행정활동을 수행하고 있기 때문에, 공공주체의 어떤 급부제공활동이 어떤 법형식을 사용하고 있느냐는 그것이 공행정활동에 해당하느냐 아니면 私경제적 활동에 해당하느냐를 판별하는 데 결정적인 기준이 되지 못한다. 그러므로 그 활동의 행위형식이 아니라 내용과 기능에 초점을 맞추는 실질적인 기준이 필요하다. 공영조물, 공기업, 공물에 관한 Otto Mayer의 서술을 개관해보면, 비록 그가 공행정활동과 私경제적 활동 사이의 경계설정은 궁극적으로 실정법이 결정한다고 확언하였음에도 불구하고,[20] 그가 공행정활동에 관해 어떤 선험적인 像을 가지고 있었음을 감지할 수 있다.

우선, Otto Mayer는 공공주체의 私경제적 활동(國庫的 활동)의 종류로서 두 가지를 제시한다. 첫째는 공공주체가 私기업가로서 영리를 획득하기 위하여 급부를 제공하고 대가를 취득하는 활동을 하는 경우이다. 그는 국가의 농장·산림 경영, 국가의 광산·공장·맥주양조장의 생산물 판매, 게마인데의 공동임대주택의 운영을 예로 제시한다. 둘째는 공행정주체가 행정수단을 조달하고 관리하는 과정에서 사인들과 매매, 임대차, 도급 등의 계약을 체결하는 경우이다.[21]

다른 한편으로, 그가 공행정활동인지 여부에 관한 명확한 구별기준을 제시한 것은 아니다. 그는 보다 덜 중요한 물건의 경우에는 그것이 공물인지 여부의 경계선이 애매하다는 점

---

17) Otto Mayer, Deutches Verwaltungsrecht, Band 1, 3. Aufl, 1924(이하에서 "Verwaltungsrecht Ⅰ"), S. 115 f.
18) Otto Mayer, Verwaltungsrecht Ⅱ, S. 274 f.
19) Ebd., S. 275 f.
20) Otto Mayer, Verwaltungsrecht Ⅰ, S. 116 f.
21) Otto Mayer, Verwaltungsrecht Ⅱ, S. 272 f.

을 인정한다.[22] 반면, 중요한 공물의 경우에는 그것이 공물이어야 하는 명확한 이유가 존재한다. 철도가 공기업인 것은 '공공교통수단'이기 때문이다. 물론 사적인 철도도 존재할 수 있다. 그러나 私人이 자신의 광산, 공장, 농장 내에 설치한 사설철도는 공공교통에 제공되어 있지 않기 때문에 공기업이 아니다. 그렇다면 私人이 공공주체로부터 특허를 받지 아니한 상태에서 임의로 철도나 도로를 개설하여 대중에게 이용을 제공하는 것은 가능한가? Otto Mayer는 그러한 종류의 사기업은 '국가독점권'에 의해서 법적으로 배제되어 있다고 본다.[23]

(5) 민법적 복무의무가 있는 공무원

Otto Mayer의 공기업특허 이론은 주로 경제행정법의 영역에서 공공교통, 통신, 에너지공급에 관한 독점적 특허사업을 공행정활동으로 포착하고 그에 관하여 공법적 규율을 부과하기 위한 시도였다.

한편, 오늘날 공무수탁사인의 전형적인 예로서 언급되고 있는 철도경찰의 임무를 수행하는 민간철도회사의 직원, 산림감시인, 수렵감시인 등은 Otto Mayer의 시대에도 이미 존재하고 있었다. 이미 중세시대에도 '국가 또는 군주로부터 특별한 공권력을 부여받은 사인'으로서 재판권을 부여받은 지주, 조세징수권을 부여받은 조세청부업자가 존재하였다. Otto Mayer는 이들을 특허기업자(Beliehene)가 아니라 "공무원"(Staatsdienst)의 일종으로서 고찰하고 있다(§ 43). 그는 이들을 "민법적 복무의무가 있는 공무원"(öffentlicher Beamte mit zivilrechtlicher Dienstpflicht)이라고 분류한다.[24] 이들의 복무의무는 이들이 고용주와 체결하는 민법적 고용계약에 근거하여 발생하는데, 공직은 민법적 고용계약 자체에 의해서 만들어지는 것이 아니라 항상 국가행정청의 - 공직 인가(Bestätigung) 또는 복무의무 승인(Annahme)이라는 명칭으로 행해지는 - 의사표시에 의해서만 만들어진다. 이러한 의사표시는 행정행위(Verwaltungsakt)의 성격을 가지며, 보통 공직 선서와 결부되어 있고, 명시적으로 행해지지 않고 선서를 받는 행위 속에 묵시적으로 포함될 수도 있다. Otto Mayer에 의하면, 이들의 공무원으로서의 특성은 이들의 직무상 의무 위반에 대하여, 반대로 이들에 대한 상대방의 저항에 대하여 형사처벌이 규정되어 있다는 점에서 특별히 드러난다고 한다.[25]

Otto Mayer에 의하면, 이러한 공직들은 司法(Justiz)과 민법의 영역에서 법원을 보조하거

---

22) Ebd., S. 55.

23) Ebd., S. 246, 248. Otto Mayer는 私人이 임의로 私的인 도로를 개설하여 이용료를 받는 것은 법적으로 금지되어 있는데, 그 이유로 종래에는 이러한 행위가 공공도로의 통행료 수입의 감소를 가져와 군주의 수익특권(Regal)을 침해하기 때문이란 점이 제시되었으나, 이제는 공중에게 도로의 이용을 제공하는 것은 공행정활동에 해당하므로 사인이 임의로 수행하여서는 아니 되며, 또한 공익적 관점에서 도로가 무질서하게 건설되어 교통에 혼란을 야기하는 일이 발생하지 않으려면 공행정주체에 의해 계획적으로 건설되어야 하기 때문이란 점이 제시되어야 한다고 설명한다.

24) Ebd., S. 163 ff.

25) Ebd. S. 164 FN 41.

나 사인의 재산관리사무를 처리하는 공직들과 상당히 유사하다. 집행관(Gerichtsvollzieher), 공증인(Notar), 파산관재인(Konkursverwalter), 후견인(Vormund)들이 이에 해당하는데, 다만 이들과 사인 사이의 복무관계는 고용계약이 아니라 위임계약으로 파악된다는 점, 이들의 공적인 복무의무는 사인과의 민법적 계약관계가 성립된 후 행정청의 의사표시에 의해서 첨가되는 것이 아니라 직책 임명으로서 성립하며 그 후 이러한 공적인 복무의무에 근거하여 사인과 일정한 민법적 채무관계를 형성한다는 점에서 차이가 있다고 한다.[26)]

2. Ernst Rudolf Huber의 공무위탁 이론

Otto Mayer의 공기업특허 이론과 특허기업자(Beliehene) 개념은 1950년대에 독일 행정법학에서 일반적으로 승인되어 수용되었는데, 이에는 Ernst Rudolf Huber의 경제행정법 체계서가 결정적인 역할을 하였다고 한다.[27)] Huber는 특허기업자(beliehener Unternehmer)를 "기업가적 경제활동의 맥락에서 결정지어진 공행정의 임무들과 권한들을 위임(Delegation)의 방식으로 할당받은 사법상의 법주체"라고 정의내린다.[28)] "임무와 권한"은 둘 중 하나만 위임될 수 있는 것이 아니라 하나의 통일체로서 위임되는 것이다. 그는 임무의 위탁에는 권한의 부여가 항상 결부되어 있다고 보았고, 개별 권한들을 항상 공행정의 임무 수행과 관련지어 설명하였다.

한편 그는 공행정 임무와 결부되어 위임되는 권한에는 고권적 권한(hoheitliche Befugnis) 뿐만 아니라 단순관리적 권한(schlicht-verwaltende B.)이 포함된다는 점을 명시하였다. 그는 특허기업자가 국가로부터 공법적 독점(Monopol), 국가수익특권(Regal), 면제특권(Privileg), 진정한 특허(echte Konzession)를 부여받음으로써 그의 경제활동이 고권적 성격을 갖게 된다고 보았으며, 특허기업자가 국가로부터 위임받아 행사할 수 있는 고권적 권한으로는 명령권, 면제권, 결정권, 강제권이 있는데 이들은 특허기업자가 "진정한 의미의 행정행위를 발령할 권한, 다시 말해 고권적인 개별행위에 의해서 법관계를 형성할 권한"을 위임받는다는 것을 의미한다고 한다. 그는 단순관리적 활동의 예로서 조정(Koordination)과 조언(Beratung)을 거론하고 있다.[29)]

Huber의 고찰은 경제행정법의 영역에 한정되어 있는데, 개념의 적용사례의 측면에서 그는 특허기업자(beliehener Unternehmer)를 Otto Mayer와 같이 중앙은행, 교통, 통신, 에너지 공급사업 운영자로만 한정짓지 않고, 나아가 석탄, 칼륨, 화약, 곡물, 설탕, 증류주 등 각종 시장에서 국가에 의해 성립한 수많은 독점기업들(신디케이트)을 포착하였으며, 그 독점기업들

---

26) Ebd., S. 165 f.
27) Udo Steiner, a.a.O., S. 31.
28) Ernst Rudolf Huber, Wirtschaftsverwaltungsrecht Ⅰ, 2. Aufl., Tübingen 1953, S. 533.
29) Ebd., S. 533, 538 f.

이 시장 내에서 누리는 우월한 지위와 권력을 고권적 권한이라고 파악하였다.[30] 바로 이러한 점에서 Huber의 연구는 경제영역에서의 특허(Wirtschaftskonzession)를 공무위탁(Beleihung)이라는 보다 일반적인 법제도의 틀 안으로 포함시켰다는 점에서 특별한 의미가 있다고 평가되고 있다.[31]

그렇지만 공무위탁이라는 법제도에 관한 1950년대까지의 연구들은 전반적으로 개념설정이나 적용사례의 측면에서 이론적으로 아무런 문제제기 없이 Otto Mayer의 공기업특허 이론을 거의 그대로 반복할 뿐이었으며, 이를 토대로 단지 개별경제영역에서의 실례들을 분석하는데 그쳤고, 특히 국가가 다양하게 개입하고 있는 경제활동은 "그것의 본질상 공행정이다"라는 관점이 통용되었다고 한다.[32] 이들은 어떤 임무에 공익적 중요성이 있으면 그것으로부터 곧바로 그 임무가 국가임무라는 점을 추론해 내었는데, 이러한 관점을 '실질적 국가임무' 개념 또는 '舊임무說'이라고 부른다.

3. Klaus Vogel의 법적 지위설(권한설)

1959년에 출판된 Klaus Vogel의 연구는 Otto Mayer의 공기업특허 이론과 그의 추종자들을 정면으로 비판하는, 그 당시로서는 혁신적인 연구였다. 그는 당시의 통설이었던 Otto Mayer의 추종자들을 임무설(Aufgabentheorie), 자신의 관점을 법적 지위설(Rechtstellungstheorie)이라고 명명하면서 양자를 선명하게 대조시켰다.[33] 임무설은 특허기업자에게 위탁된 임무들은 '본질상' 계속 국가임무로서의 성격을 가지며 단지 그것의 '수행'만이 사적 기업가에게 귀속되는 것이라고 보았고, 특허기업자의 특징으로서 특히 국가감독을 받고 계속운영의무(Betriebspflicht)가 있다는 점을 강조하였다. 그러나 Vogel이 보기에는 이들은 개별 경제영역이 국민경제 내지 대중의 생활에서 중요하다는 점으로부터 국가의 책임과 국가감독의 필요성을 추론해내고, 이를 토대로 해당 영역에서의 활동을 국가임무로 규정짓고 있는데, 이러한 관점은 다음과 같은 이유에서 더 이상 용인될 수 없다고 한다.

첫째로, 국가독점(Monopol) 내지 국가의 독점적 수익특권(Regal)이란 것은 역사적 유물일 뿐이고 국민의 직업의 자유를 기본권으로서 보장하는 현대의 민주적 법치국가에서는 존립할 수 없으므로 국가감독의 필요성으로부터 국가가 해당 임무와 기능을 직접 수행하여야 한다는 점 내지 사인이 그러한 활동을 수행하는 것이 일반적으로 배제되어 있다는 점은 도출될 수 없다. 임무설은 실질적 국가임무 개념을 전제로 하고 있으나, 국가임무란 기껏해야 개별

30) Ebd., S. 534 f., 538 f.
31) Udo Steiner, a.a.O., S. 37.
32) Ebd., S. 36 ff.
33) Klaus Vogel, öffentliche Wirtschaftseinheiten in privater Hand, Hamburg 1959, S. 60 ff. 법적 지위설은 고권적 권한의 위탁을 강조하기 때문에 권한說(Befugnistheorie)라고도 불리고 있다.

사안에서 헌법이 허용하는 한도 내에서 특별한 법률의 규정에 의해서 만들어질 수 있을 뿐이다. 즉 국가에게 유보된 '임무목록'이란 것은 존재할 수 없다. 또한 임무설이 공기업특허의 예로 파악한 것들의 대부분(혹은 전부)은 국가가 특정한 활동 내지 직업을 일반적으로 금지해 놓았다가 이를 해제하는 '허가유보'와 '자연적 자유의 회복'의 예에 지나지 않는다.[34)]

둘째로, 국가의 활동과 사인의 활동은 목표로는 구별할 수 없고, 오직 활동의 방식과 수단의 측면으로만 구별할 수 있다. 공익이나 대중의 이용에의 기여라는 목표, 영리추구 여부는 구별기준이 될 수 없는데, 왜냐하면 사인도 자발적으로 공익적이고 비영리적인 활동을 추구할 자유가 있기 때문이다. 국가의 특성, 즉 "법질서상 오직 국가에게만 가능한 것" 내지 국가에게 허용되어 있는 특별한 지위는 "공법에 따라 공적·사적 법관계들을 일방적으로 형성할 수 있다"는 점에 있고, 오직 이것만이 국가의 시원적 특권으로서 배타적으로 국가에게 유보되어 있다. 국가의 이러한 특성을 고권성(Hoheitlichen) 내지 권력성(Obrigkeitlichen)이라 부르는데, 이는 명령과 강제만을 의미하는 것이 아니라 국가에 의해서 일방적으로 법관계가 성립, 변경 또는 폐지된다는 것을 의미한다.[35)]

이를 토대로 Vogel은 공무수탁사인(Beliehene)이란 "국가에 의해서 진정한 고권적 권한이 특별히 부여되어 있는 자, 즉 국가가 어떤 한정된 영역에서 그렇지 않으면 배타적으로 국가에게 유보되어 있는, 공법적·사법적 법관계들을 일반법에 규정되어 있는 가능성들을 뛰어넘어 성립시키고, 변경하고, 폐지할 권력을 특별히 부여한 자"라고 정의내린다.[36)]

이러한 관점에서 Vogel은 임무설에 의하여 공무수탁사인의 전형적인 예로서 거론되고 있는 철도사업자, 에너지공급사업자, 여객운송사업자를 비판적으로 검토한 후 이들은 다음과 같은 이유에서 공무수탁사인에 해당하지 않는다고 결론내린다. i) 철도사업자와 에너지공급사업자에게 귀속되어 있다고 하는 '토지수용권'이란 엄밀히 말해 국가에게 토지수용을 신청할 권리에 불과하고, 그들이 토지수용을 스스로 결정할 수 있는 것이 아니므로 토지수용신청권은 고권적 권한이라고 볼 수 없다. ii) 이들에게 부여되어 있는 독점적 지위라는 것도 다른 경쟁업체를 허용하지 말아 달라고 국가에게 요구할 단순한 청구권에 불과하므로 고권적 권한이라고 볼 수 없으며, 이들에게 경쟁업체의 활동금지를 강제집행할 권한이 부여되어 있는 경우에만 고권적 권한이라고 볼 수 있다. iii) 이들의 공급조건과 요금표는 공고되기에 앞서 반드시 감독행정청의 허가를 받아야 하며, 허가를 받아야 비로소 효력을 발생하므로,

---

34) Ebd., S. 62 f., 67 ff., 76 ff.

35) Ebd., S. 63 ff., 80 f. Vogel은 공무수탁사인의 결정적 개념 징표로서의 '고권적 권한'에 '단순고권적 권한'도 포함될 수 있는 것인지를 명시적으로 밝히지는 않았다. Vogel의 법적 지위설을 추종하는 Brohm, Ehlers, Weiner, Freitag, Frenz와 같은 다수의 학자들은 이를 긍정하고 있으나, Weiss, Bethge, Mennacher와 같은 소수의 학자들은 '단순고권적 활동'을 배제하고 있다고 한다(Britta Beate Wiegand, a.a.O., S. 115 참조).

36) Ebd., S. 81.

이들 사업자에게 법정립권한이 부여되어 있는 것이 아니라 감독행정청의 고권적 행위에 의하여 공급조건과 요금표에 법규적 효력이 부여되는 것이다. iv) 임무설은 민간철도사업자를 특허기업자로 평가하는 중요한 근거로서 '철도경찰권'을 부여받았다는 점을 거론하고 있는데, 철도경찰권을 부여받는 것은 민간철도사업자에게 고용된 직원 개인이므로 그 개인을 공무수탁사인으로 보아야 하고 철도경찰권이 민간철도사업자를 특허기업자로 평가하는 근거는 될 수 없다.[37)]

결국 Vogel에 의하면 당시의 법질서와 법률 규정을 종합해 볼 때 공무수탁사인에 해당하는 사례는 증기기관의 검사·감독권한을 위탁받은 증기기관감독협회, 사냥감 보호 업무에서 경찰관의 권한을 부여받은 사냥감시인, 선원에 대한 징계권을 부여받은 항해선박의 선장, 민간철도회사의 직원으로서 철도 안에서의 경찰권을 부여받은 질서유지담당자밖에 없다.[38)]

이로써 Vogel에 의하여 Otto Mayer의 공기업특허 이론은 결정적으로 부정되었고, 공무수탁사인(Beliehene) 이론은 결정적인 굴곡을 겪게 된다. 공법학에서 Otto Mayer와 Huber적인 의미에서의 특허(Konzession) 개념과 일반적 법제도로서의 공무수탁사인(Beliehene) 개념이 분화되었으며, 그 후 특허 개념이 독일 행정법 체계에서 주요개념으로서의 지위를 상실하였다는 것이 Vogel의 결정적인 공로이다.[39)] 그러나 일반적 법제도로서의 공무수탁사인의 개념정의(위탁의 대상, 구별기준)의 측면에서는 법적 지위설이 통설적 지위를 차지하지는 못했으며, 절충설로서의 결합설의 등장을 자극하였다는 공로를 인정할 수 있을 것이다.

4. Udo Steiner의 新임무설

1975년에 Udo Steiner는 새로운 임무설을 주창하였다. 그는 Otto Mayer의 공기업특허 이론에 대한 Vogel의 비판에 동의하면서도 공무수탁사인 개념에 관한 법적 지위설에 대해서는 두 가지 측면에서 반론을 제기한다. 첫째로, 독일 공법학에서의 국가임무 이론의 발전에 따라 과거의 '실질적 국가임무' 개념은 이미 포기되었고 '형식적 국가임무' 개념이 통설·판례로 확립되었으며 현대의 임무설은 형식적 국가임무 개념에 근거하고 있으므로, 임무설이 실질적 국가임무 개념에 근거하고 있다는 비판은 더 이상 유효하지 않다. 둘째로, 행정임무를 전제로 하지 않은 행정권한이란 생각할 여지가 없으며, 사인에게 위탁되는 권한은 항상 행정임무와 결부되어 있는 것이고, 고권적 권한의 위탁은 임무위탁에서 고려할 수 있는 하나의 선택지에 불과하다. 법적 지위설은 사인이 수행하는 공직활동을 통일적으로 파악하지 않고 이를 인위적·기교적으로 분할하여 그 중 일부만을 공무수탁사인 개념으로 파악하는데,

37) Ebd., S. 83 ff.
38) Ebd., S. 82, 85.
39) Udo Steiner, a.a.O., S. 43.

그 결과 예를 들어 중재인이 당사자의 출석을 강제하기 위하여 과태료처분권한을 사용하는 한도 내에서만 중재인을 공무수탁사인으로 평가하고 중재인의 중재활동 자체는 공직의 수행이라고 보지 않는다.[40] 따라서 Steiner는 형식적 임무개념에 근거하여 사인에게 위탁될 수 있는 국가임무란 "국가가 실정헌법질서의 틀 내에서 법적으로 유효하게 자신에 관하여 주장하는 임무"이며, 공무수탁사인이란 국가로부터 이러한 국가임무의 수행을 위탁받은 자라고 정의내린다.[41]

나아가 Steiner는 당시의 통설인 결합설(Kombinationstheorie)이 임무와 권한의 결부관계를 강조하면서도 사인에게 위탁될 수 있는 권한을 고권적 권한과 단순고권적 권한으로 제한하고 있다는 점에서 한계가 있다고 본다. 그는 '行政私法'의 방식으로 국가임무를 수행할 권한도 공무위탁에 포함되어야 하며, 그것만이 일관성 있는 관점이라고 갈파한다. 그가 보기에 통설은 두 가지 측면에서 논리일관성을 결여하고 있다고 한다. 첫째로, 단순고권적 행정활동은 사법적 활동과 외형적으로는 구분되지 않기 때문에, 행정기관이나 사인의 어떤 활동을 단순고권적 행정활동으로 평가하기 위해서는 그러한 활동이 국가기능·행정임무를 수행하는 것이란 판단이 전제되어 있어야 하는데, 여기에서는 행정활동과 사적 활동 사이의 구분을 위하여 고권적 권한이나 공법적 행위형식이 아니라 오직 국가임무라는 기준만을 적용할 수밖에 없다. 따라서 사인이 사법의 형식으로 활동하는 경우에도 이를 무조건 공무수탁사인 개념에서 배제할 것이 아니라 국가임무라는 기준에 의하여 공무수탁사인에 해당하는지 여부를 다시 판단하여야 한다. 둘째로, 이미 '행정의 법형식 선택의 자유' 그리고 이에 대한 공법적 대응으로서 行政私法 이론이 일반적으로 승인되어 있음에도 불구하고, 이를 공무수탁사인의 영역에는 적용하지 않는 것은 일관성이 없다.[42]

결국 Steiner의 개념 정의는 공무위탁을 공행정임무의 위탁으로 파악한다는 점에서 Otto Mayer의 특허 이론과 유사하지만, 적용대상의 측면에서는 공무위탁을 공기업의 특허가 아니라 일반적 법제도로서 이해하고 있다는 점에서 특허기업자 이론과는 구별된다.[43]

그러나 Steiner는 공무수탁사인의 판별에 있어 '국가임무의 위탁'이란 요소에만 초점을 맞추다 보니, 사인이 국가임무를 수행하는 모든 경우를 공무수탁사인 개념으로 포착하고자 한다. 그 결과 '행정내부적 권한이 위탁된 사인'(행정보조자)뿐만 아니라 '공의무부담사인'(gesetzliche Indienstnaheme Privater; Indienstgenommene)도 공무수탁사인이라고 이해하는데,[44] 행정보조

40) Ebd., a.a.O., S. 25 ff., 32, 44 f., 49 f.

41) Ebd., a.a.O., S. 46 f. 형식적 국가임무 개념에 근거하고 있는 현대의 임무설을 '수정된 임무설' 또는 '형식적 임무설'이라고 부르기도 한다(Britta Beate Wiegand, a.a.O., S. 97 FN 54 참조).

42) Ebd., a.a.O., S. 47 ff.

43) Ebd., a.a.O., S. 47.

44) Ebd., a.a.O., S. 55, 128 ff., 184.

자 개념과 공의무부담사인 개념의 독자성을 무시하는 이러한 '공무수탁사인 만능주의'는 오히려 역풍을 불러일으켜 Steiner의 新임무설이 학계에서 광범위한 지지를 받는 데 걸림돌로 작용하였다.[45)]

5. 결합설(절충설)

현재 독일의 통설과 판례[46)]는 결합설(Kombinationstheorie)이라고 한다. 이에 따르면, 공무수탁사인이란 "특정한 공행정임무를 자신의 명의로 고권적으로 수행하도록 위탁을 받은 사인"이다.[47)] 결합설이란 명칭 자체는 Udo Steiner에 의해서 이름 붙여진 것인데,[48)] 그 내용을 살펴보면 임무설의 단점과 권한설의 단점을 모두 회피하기 위한 것이므로 절충설이라고 부르는 것이 적절할 것이다. 결합설은 임무와 권한 사이의 관련성을 강조하나, 공무수탁사인 개념 하에 단순고권적 활동까지만 포괄하고 사법적 형식의 활동(行政私法)은 배제한다.[49)] 결합설이 공무수탁사인 개념에서 사법적 형식의 활동을 배제하는 결정적인 이유는 사인의 '사법적 형식'의 공행정활동과 사인의 공익 목적의 사적 활동을 구별하기 어렵다는 점에 있다.

이상의 논의를 요약하자면,[50)] 도대체 어떤 활동을 수행하는 사인들을 공무수탁사인(Beliehene, 광의의 공무원)으로 파악할 것인지, 위탁(Beleihung)의 대상을 무엇으로 파악할 것인지에 관하여 견해의 대립이 있다. 다만 공무위탁이란 본래 사인[51)]의 권리영역에 포함되어 있지 않은

---

45) Britta Beate Wiegand, a.a.O., S. 106.

46) BVerfGE 106, 275(305); BVerwGE 35, 334(337); 84, 244(247); 98, 280(297); BVerwG, NVwZ-RR 1991, 330 im Anschluss an BVerwGE 17, 41; 45, 117(118 f.); BVerwG, RdL 2006, 242(242 f.); BGH, NVwZ-RR 2002, 168(169); BGH, NVwZ 2006, 966. 다만 판례는 결합설에서 제시한 기준을 사용하면서도 자신의 입장을 결합설이라 밝히지는 않았으며, 대부분 공법적 권한의 위탁 여부를 우선적 징표로서 심사하고 있다고 한다.

47) 결합설을 취한 학자들로는 Hans Peters, Martin Burgi, Markus Heintzen, Hartmut Maurer, Josef Stadler, Wolff/Bachof/Stober 등이 있다고 한다. 구체적인 문헌 근거는 Britta Beate Wiegand, a.a.O., S. 117 FN. 142 참조.

48) Udo Steiner, a.a.O., S. 13; Britta Beate Wiegand, a.a.O., S. 117 FN 141.

49) 일부 예외가 있기는 하지만, 법적 지위설을 취하는 학자들 중 다수가 단순고권적 활동을 공무수탁사인 개념으로 포섭하고 있기 때문에, 규율대상의 측면에서는 권한설과 결합설에 실질적 차이가 없으며, 이런 이유에서 결합설의 존재 필요성을 부정하는 견해도 있다고 한다. Britta Beate Wiegand, a.a.O., S. 118 참조.

50) 공무수탁사인 개념에 관하여 그 밖에 Michaelis의 기능설(Funktionstheorie: "국가의 특수한 기능들"만이 공법의 영역이라는 점을 전제로 사인이 공법적 형식을 사용하는 경우에만 공무수탁사인 개념으로 포섭하고자 하였고, "실질적 행정활동"만을 공무위탁이 가능한 국가임무로 파악하여 규범정립권한의 위탁 허용성을 부정하는데 주력하였다), Herzog/Pietzner의 정당성설(Legitimationstheorie: 개별적으로 민주적 정당성의 연결고리가 존재하는 자만이 공무수탁사인으로 간주되어야 한다고 주장하였다) 등이 제기되었는데, 별다른 반향은 불러일으키지 못했다고 한다. Britta Beate Wiegand, a.a.O., S. 106 f., 109. 참조.

51) 사인이 아닌 공법인도 공무위탁의 상대방이 될 수 있는지에 관하여 견해의 대립이 있다. 그러나 시원적 공행정주체인 (협의의) 국가가 지방자치단체나 그 밖의 공법인에게 국가사무를 위탁할 수 있다는 점에 관해서는 다툼이 없다. 다툼은 오직 공무위탁(Beleihung)이란 개념을 사인에 대한 공무위탁만을 지칭하는 협의의 개념으로 사용할지 아니면 공법인에 대한 공무위탁도 포함하는 광의의 개념으로 사용할지에 관해서만

것, 다시 말해 (광의의) 국가의 임무·권한영역에 귀속되어 있는 것을 사인에게 부여하는 것이란 점에 관해서만 견해가 합치되어 있을 뿐이다.[52]

Ⅲ. 공무수탁사인 개념의 현대적 재정립

현대 행정법체계에서 공무수탁사인 개념을 재정립하기 위해서는 공무수탁사인 개념의 발전史에 관한 고찰에서 드러난 단초를 포함하여 아주 중요한 몇 가지 사항들을 검토하여야 한다.

1. 개념 적용영역의 확대: 개념의 일반화

Otto Mayer의 논의, Huber의 논의, Vogel 이후의 논의 사이에는 공무수탁사인의 적용영역의 측면에서 커다란 간극이 존재한다. Huber는 국가 주도로 구성되어 특정한 시장에서 독점권을 보유하던 신디케이트(Syndikat, 동종업자들의 직능단체)나 콘쩨른(Konzern, 지주회사 방식으로 동종업체들의 결합한 형태)들[53]을 특허기업자로 파악하고자 하였다. 이들의 존재는 Otto Mayer의 행정법학에서는 아직 제대로 인식되지 못하였는데, 그것은 이들이 제1차 세계대전 발발 이후의 전시경제체제의 부산물로서 비로소 등장하였고 이 시기는 Otto Mayer가 학문적으로 왕성하게 활동하던 시점 이후이기 때문이라고 짐작된다. Otto Mayer의 의미에서의 특허기업자란 공공용 영조물을 설치·운영하여 대중에게 서비스를 제공하는 사업자를 대상으로 하는 것이었으므로, 이러한 신디케이트나 콘쩨른들은 Otto Mayer의 의미에서의 특허기업자에는 해당하지 않는다.

국가가 신디케이트나 콘쩨른의 설립에 결정적으로 관여하였다 할지라도 국가가 그것의 설립을 법률로서 명령하거나 국가가 그것의 상당한 지분을 소유함으로써 지배하는 경우가 아닌 한 그것들은 기본적으로 사적 단체이며, 국가가 이들을 매개로 특정한 시장 내지 산업영역에 관하여 규제활동을 수행하는 것이라고 보아야 할 것이다. 이러한 신디케이트, 콘쩨른들은 식료품, 에너지자원, 공업원료와 같은 각종 원자재의 유통을 일정 단계에서 독점하여 국가의 정책 목적에 부합하게 '배분'하는 기능을 수행하였던 것이지, 국가가 해당 산업 영역

존재하며, 이는 용어 사용의 취향의 차이에 불과하다.

52) Britta Beate Wiegand, a.a.O., S. 95.

53) 제1차 세계대전 발발 이후부터 제2차 세계대전 종전까지의 기간은 큰 틀에서 戰時經濟로 특징지어진다. 전쟁기간 동안 국가는 극도의 자원부족 상황에서도 전쟁수행을 계속하기 위하여 생필품의 생산과 배분을 통제하였고, 에너지자원과 알루미늄·칼륨·질소와 같은 산업원료를 군수산업에 우선적으로 배분하기 위하여 국가가 직접 원료공업의 신디케이트나 콘쩨른의 구성에 결정적으로 관여하고 이를 통해 관련 산업을 통제하였으며, 전쟁무기를 생산하는 군수업체를 직접 설립하거나 기존 업체의 지분을 인수하여, 제반 산업과 경제를 전쟁수행이라는 지상과제에 종속시켰다. Michael Ronellenfitsch, Wirtschaftliche Betätigung des Staates, in: HdbStR Ⅲ, 1988, § 84, S. 1178 ff. 참조.

을 독점(국유화)한 것은 아니었다. 여기에서 예를 들어 알루미늄의 생산·유통 자체가 국가임무라고 평가되기는 곤란하였기 때문에 Vogel 등에 의해서 특허기업자 이론 자체에 대한 강도 높은 비판이 쏟아져 나왔던 것이다. 이들은 국가가 시장규제 내지 산업규제를 위해 활용한 도구로서 공법인 내지 공무수탁사인[54]이라고 보아야 할 것인데, 그것은 해당 시장·산업이 국가의 독점영역이기 때문이 아니라 규제활동이 국가임무이기 때문이다. 해당 시장·산업에서의 생산·교환과 같은 경제활동은 여전히 사적 영역이다.

그러나 바로 Huber에 의해서 'Beliehene' 개념의 적용영역이 Otto Mayer의 의미에서의 공공용 영조물 설치·운영 사업자로부터 규제권한을 행사하는 사인으로 확대되었고, 이는 일반적인 법제도로서의 공무수탁사인 개념으로 발전하는 결정적인 단초가 되었다. 일반적인 법제도로서의 공무수탁사인이란 공영조물법 내지 경제행정법에 국한하지 않고 행정법 전체의 영역에서 행정임무·권한 위탁의 사례를 공무수탁사인 개념으로 포착하고자 한다는 것을 의미한다. 이에 따르면 Otto Mayer가 "민법적 복무의무가 있는 공무원"으로 분류한 사례들이 모두 공무수탁사인의 영역으로 포섭된다. 공무수탁사인을 이와 같이 일반적인 법제도로서 파악하는 것은 현대 행정법의 확고한 통설이 되었다. 현대의 독일 행정법에서 Otto Mayer적인 의미에서의 공기업특허(Konzession)는 주요개념으로서의 지위를 상실하였고 일반적 법제도로서의 공무위탁(Beleihung)의 하위 사례로서 간주되고 있을 뿐이며,[55] 주요 행정법체계서에서도 특허 개념을 독립된 항목으로서 서술하고 있지 않다.

2. 현대적 국가임무론과 기본권으로서의 직업의 자유

직업의 자유가 기본권으로서 보호되는 민주적 헌법국가에서 국가임무에 관한 "일반적으로 타당한 불변의 목록은 존재하지 않는다." 어떤 임무를 공공주체에 맡길 것이냐 아니면 자기책임의 원리에 맡길 것이냐는 본질적으로 정치적 의사형성의 문제이기 때문이다. 따라서, "공공주체에게 선천적으로 주어진, 시원적인 또는 배타적인 임무는 연역적으로 확정될 수 없"으며, 어떤 임무가 공공주체에 할당되어 있는 공적 임무인지 여부는 실정헌법과 법률의 규정 및 그것의 해석에 좌우된다.[56]

헌법제정자가 헌법에서 명시하고 있는 임무가 아닌 한, 헌법 자체의 개방성 때문에 국가임무의 1차적 판단자는 입법자가 된다. 특정 임무를 국가임무에 포함시키는 것이 바람직한 것인지에 관한 입법정책 내지 헌법재판 차원의 논의와 국가가(1차적으로는 입법자가, 2차적으

---

54) 공법인과 공무수탁사인의 구별기준에 관해서는 아래 Ⅳ. 6항. 참조.
55) Britta Beate Wiegand, a.a.O., S. 92.
56) Won-Woo Lee, Privatisierungs als Rechtsproblem, 1997, S. 163 ff. 현대적 국가임무론에 관한 자세한 논의는 박재윤, 「독일 공법상 국가임무론에 관한 연구-우리나라 전력산업과 관련하여-」, 서울대 법학박사학위논문, 2010, 28-75면 참조.

로는 행정부가) 특정 임무를 국가임무로 선언하였는지에 관한 법률해석의 차원의 논의를 구분하여야 한다.

국가가 특정한 영역에 관하여 독점(사인의 진입금지)을 설정하는 것은 기본권으로서의 직업의 자유를 심사척도로 삼아 합헌성 여부가 심사되어야 한다.[57] 직업의 자유에 관한 독일 연방헌법재판소의 3단계 이론에 의하면,[58] 독점의 설정은 '객관적 사유에 의한 직업선택의 자유의 제한'에 해당하여 국가의 강도 높은 정당성 증명이 요구된다. 행정독점은 개인의 직업의 자유보다 우월한 "특별히 중요한 공익"을 보호하기 위해 필요한 경우에만 정당화될 수 있다.[59]

3. 공무수탁사인 개념의 현대적 과제: 민영화[60]

현대 행정법에서 공무수탁사인은 기능민영화의 수단으로 고찰되고 있다.[61] 공무수탁사인의 전통적인 예들은 국가의 능력이 미약할 때 사인을 공공부문으로 동원하여 공적 기능을 수행하도록 하는 데 주안점이 있었던 반면, 현대 행정법에서의 기능민영화는 비대한 정부기능을 민간부문으로 이전하는 데 주안점이 있으므로 그 맥락이 다르기는 하다.[62] 그렇지만 공무수탁사인 개념이 현대 행정법의 현상을 설명·규율하는 법개념으로 활용될 수 있는 것은 그간의 개념 발전을 통해 이 개념의 적용영역이 행정법 일반으로 확대되었기 때문이다.

1980년대 이후에는 급부행정영역에서 민영화가 가장 중요한 현안으로 부상하였으며, 민

---

57) Udo Steiner, a.a.O., S. 92 ff.

58) 연방헌법재판소는 '약국판결'에서 직업의 자유에 관한 국가의 제한조치는 규율의 범위에 따라 단계적으로 비례성이 심사되어야 한다는 '3단계 이론'을 제시하였고, 이후 학설도 기본적으로 이를 수용함으로써 '3단계 이론'은 학설·판례의 확립된 이론이 되었다. '약국판결'에서 연방헌법재판소는 직업의 자유에 관한 침해성이 가장 높은 3단계에 해당하는 '객관적 사유에 의한 직업선택의 자유의 제한'에 관하여 다음과 같이 판시하였다. Apotheken-Urteil v. 16. 6. 1956, BVerfGE 7, 377(400 ff.): "객관적 전제조건에 의한 직업선택의 제한에는 정당하지 못한 동기가 끼어들 위험이 매우 높다. … 이 때문에 객관적 전제조건에 의한 직업선택의 제한에는 그것의 필요성 증명에 특별히 엄격한 요건들이 제시되어야 한다. 일반적으로 매우 중요한 공익에 대한 증명할 수 있거나 가장 개연성이 높은 중대한 위험의 방어만이 이러한 제한을 정당화할 수 있다. 그 밖의 공익을 촉진하려는 목적이나 해당 직업인의 숫자 제한을 통해 그 직업의 사회적 기대를 배려하는 것은, 그러한 목적이 입법자의 다른 방식의 조치를 정당화할지라도, 이러한 제한을 정당화하기에는 충분하지 않다.
입법자는 기본법 제12조 제1항 제2문에 따른 규율을 직업선택의 자유가 가장 적게 제한되도록 '단계적으로' 행하여야 한다. 최후의 단계는 높은 개연성을 가진 위험이 그보다 낮은 단계의 방법으로는 효과적으로 극복될 수 없는 경우에만 취해져야 한다."

59) Urt. v. 4. 4. 1967, BVerfGE 21, 245(251).

60) 공무수탁사인 개념의 현대적 과제에 관한 이하의 서술은 필자의 선행연구(拙著, 「영조물의 개념과 이론」, 2010, 370-375면)를 압축·정리한 것이다.

61) 이원우, "정부기능의 민영화를 위한 법적 수단에 대한 고찰", 「행정법연구」 제3호(1998), 119-135면은 기능민영화를 위한 법적 수단을 5유형, 즉 公務受託私人(Beliehene), 公義務負擔私人(Inpflichtgenonmene), 행정보조자(Verwaltungshelfer), 특허모델(Konzessionsmodell), 참가모델(Beteilungsmodell)로 분류하고 있다.

62) 홍준형, "사인에 의한 행정임무의 수행-공무수탁사인을 둘러싼 법적 쟁점을 중심으로-", 「공법연구」 제39집 제2호(2010), 632면.

영화 과정에서 공공성과 시민의 법적 지위 보호를 어떻게 달성할 것이냐가 행정법학의 가장 중요한 과제가 되었다. 민영화의 여러 유형들 중 정치·경제·사회적으로 가장 첨예한 대립을 야기하고 있는 것은 기능민영화이다. 기능민영화란 임무 자체는 공공주체에게 계속 남아 있되, 임무의 수행 과정을 구성하는 개개의 기능들이 사인에게 이전되는 것을 의미한다.[63] 통상 임무수행은 계획, 재정마련, 실행, 통제로 단계화할 수 있고, 그에 따라 기능민영화도 계획민영화, 재정민영화, 실행민영화, 통제민영화로 구분할 수 있다.[64]

기능민영화는 공공주체가 모든 임무를 직접 수행할 필요는 없고, 임무들이 잘 수행되는 것을 보장·감독하는 것으로 충분하다는 생각에 의해서 정당화된다. 공공주체의 임무수행방식의 변경에 불과한 기능민영화를 통해 시민의 법적 지위가 나빠져서는 안 된다. 왜냐하면, 시민의 법적 지위가 불리해지는 것은 '기능민영화는 임무수행의 효율성을 가져와 시민에게 이익이 된다'라는 기능민영화의 정당화 논거에 배치되는 결과일 뿐만 아니라, 이를 방치한다면 '행정의 사법으로의 도피'를 다시금 가능하게 하는 것이기 때문이다. 민영화를 전후하여 시민의 법적 지위가 결코 나빠져서는 안 된다는 원칙은 국가의 '보장·감독책임'이라고 표현된다. 민영화 후의 시민의 기본권을 보장하여야 할 국가의 기본권보호의무는 법치주의의 핵심적 가치이다.[65] 이러한 의미에서의 국가의 기본권보호의무는 입법자에 대하여 민영화를 추진함에 있어 국가의 보장·감독책임을 구체화하는 제도를 구축할 것을 명령하고, 행정부에 대하여 보장·감독행정을 적절히 집행할 것을 명령한다. 법인화, 조직형식민영화, 기능민영화에서는 공통적으로 감독행정청 – 공급사업자 – 시민 사이의 삼각관계가 형성된다. 여기에서 공급사업자의 법적 성질을 규명하는 것이 무엇보다 중요하다. 공급사업자가 독일에서 '–anstalt'(영조물), 우리나라에서 '–공사', '–공단'과 같이 국가의 목적적 창조물이라는 점이 조직의 명칭과 법형식에서 명백하게 드러나는 경우에는 공급사업자가 공행정활동을 수행하는 것이며 공급사업자와 시민 사이의 법관계에 대하여 공법적 구속이 적용되어야 한다는 점에 별다른 의문이 제기되지 않는다. 또한, 공공주체가 그 공급사업자를 소유·지배하고 있는 한, 공급사업자가 주식회사, 유한회사와 같은 사법적 조직형식을 취하고 있고 계약과 같은 사법적 행위형식을 사용하는 경우라 할지라도, 공급사업자와 시민 사이의 법관계에 관하여 行政私

63) 반면, 임무민영화란 공공주체의 활동영역이 최종적으로 사인에게 이전되는 것을 의미한다. 임무민영화라는 개념은 추상적인 차원에서 논의되고 있을 뿐이지, 그 개념으로 포착할 수 있는 실제 사례는 제시되지 못하고 있다. 이는 공공주체의 임무가 폭발적으로 확장되어 있는 현대복지국가에서 한 번 공공주체의 임무로 승인된 것은 되돌리기 어렵다는 현실적인 측면의 반영일 것이다. 따라서, 공행정에 관한 민영화 논의에서 핵심적인 비중을 차지하는 것은 기능민영화이며, 임무민영화는 기능민영화의 의미를 선명하게 하기 위한 비교개념에 불과하다.

64) 민영화의 개념과 유형분류에 관해서는 이원우, "민영화에 대한 법적 논의의 기초", 「한림법학 Forum」 제7권(1998), 213-223면 참조.

65) 이원우, "공기업 민영화와 공공성확보를 위한 제도개혁의 과제", 「공법연구」 제31집 제1호(2002), 41-42면.

法의 의미에서의 공법적 구속이 적용되어야 한다는 점이 확립되어 있다.

문제는 공급사업자가 주식회사, 유한회사의 형식을 취하고 있으며, 더욱이 공공주체가 그 지분을 전혀 보유하고 있지 않거나 또는 소수의 지분을 보유하고 있어 소유에 의하여 그 공급사업자를 지배하고 있지 못한 경우, 즉 공급사업자가 私人인 경우이다(기능민영화). 여기에서 공급사업자와 시민 사이의 법관계에 공법적 구속을 적용할 수 있는지 여부는 그 공급사업자를 '단순한 私人'(Privater)이라고 볼 것인지 아니면 '공무수탁사인'(Beliehene)이라고 볼 것인지에 좌우된다.[66)]

법적 지위설에 의하면, 공무수탁사인은 본래의 공공주체로부터 부여받은 특정 고권적 권한을 행사하는 경우에만 행정절차법과 행정소송법의 의미에서의 '행정청'에 해당하고, 공행정활동을 수행하면서 독자적인 법인격을 보유하고 있다는 의미에서의 '공행정주체'에 해당한다. 그러한 한도 내에서만 공무수탁사인은 시민에 대한 관계에서 독립적인 법주체로서 등장하며, 공무수탁사인과 시민 사이에 직접적으로 공법적 법관계가 성립한다. 그러나 고권적 권한의 행사를 벗어난 범위에서는 공무수탁사인은 단순한 私人에 불과하고, 그와 시민 사이의 관계는 단순한 사법관계로서 공법적 구속이 적용되지 아니한다.

이에 따르면, 기능민영화를 통해 공공주체로부터 특정한 사업 내지 시설에 대한 독점운영권을 부여받은 사인(특허기업자)은 대외적으로 자신의 이름을 사용하면서 시민과 직접적인 법관계를 형성한다는 점에서 단순한 행정보조자와 구별되며, 고권적 권한을 행사하지 않는다는 점에서 공무수탁사인과도 구별된다. 특허기업자는 자신의 이름으로 직접 시민에게 재화·서비스를 제공하며, 직접 시민으로부터 이용료를 지불받는다. 특허기업자는 원칙적으로 고권적 권한을 행사하지 않는다는 점에서 특허기업자와 시민 사이의 법관계는 사법관계이며, 그가 경영하는 특허'사업'(내지 '시설운영')은 시장의 수요·공급의 법칙이 적용되는 단순한 사경제활동이라고 평가된다. 다만, 특허기업자에게 개별적 고권적 권한이 부여됨으로써 특허모델과 공무수탁사인 모델이 결합될 수 있으며, 그러한 개별적 고권을 행사하는 범위 내에서만 특허기업자에게 공무수탁사인의 법리가 적용된다.

법적 지위설을 토대로 한 이러한 논의는 두 가지 측면에서 비판되어야 한다. 한편으로는 공무수탁사인의 개념 요소로서의 '고권성'이 너무 협소하게 파악되고 있으며, 다른 한편으로는 특허모델 이론의 이론적 전제가 지나치게 시장주의적으로 이상화되어 있어 독점권의 부여를 전제로 하는 특허모델 운용의 현실에 들어맞지 않는다.

법적 지위설은 특정한 '공법적 행위형식'으로 행사되는 '개별적 고권'에 초점을 맞추고 있으며, 그에 따라 공급사업자가 공법적 행위형식의 개별적 고권을 행사하지 않는 경우에는 공

66) Hans-Ullrich Gallwas, Die Erfüllung von Verwaltungsaufgaben durch Private, VVDStRL 29, 1971, S. 213.

급사업자를 이용자에 대한 관계에서 단순한 사인이고 양자 사이의 법관계는 단순한 私法관계에 불과하다고 보게 된다. 그에 따라 기능민영화를 통해 공급사업자의 시민에 대한 급부활동은－입법자가 국가의 보장·감독책임을 잘 구체화하여 공급사업자가 감독행정청으로부터 규제·감독을 받을 수 있음은 별론으로 하고－공행정활동으로서의 책임과 특별한 구속을 면하게 되는 결과가 발생한다. 즉, 공급사업자의 시민에 대한 급부활동은 행정규제를 받을 수 있을 뿐이며, 본질적으로 私人의 사적 영리경제활동에 해당하는 것으로 간주된다.

그러나 공행정활동은 더 이상 고권적 권한의 행사로 제한되지 않으며 비고권적인 방식에 의한 임무 수행을 포함한다. 법적 지위설에 따르면, 비고권적인 방식으로 수행되는 공행정임무를 공행정주체가 직접 수행하느냐 아니면 私人을 동원하느냐에 따라 이용자의 법적 지위가 달라진다. 이러한 결과는 시민의 기본권을 약화시키며, 행정이 기능민영화를 공법적 구속을 회피하기 위한 목적에서 남용하는 것을 묵과하는 것이므로, 공무수탁사인의 개념에 대한 재정립이 필요하다. 현대행정에서 비고권적 임무수행이 폭발적으로 늘어났으며, 행정은 그러한 비고권적 임무수행을 광범위하게 사인에게 위탁하고 있다. 이러한 상황에서 비고권적 임무수행을 위탁받은 사인의 활동도 공행정활동으로서 파악하고, 그에 대하여 '行政私法'의 의미에서의 공법적 구속이 적용되어야 한다.[67] 즉, 공무수탁사인의 개념 요소로서 '공무위탁'을 '개별적 고권적 권한의 위임'으로 제한하여서는 아니 되며,－비고권적 임무수행을 포함하는 의미에서의－공행정 '임무수행의 위탁'으로 파악하여야 한다.[68] 사인의 동원을 통한 행정의 恣意 내지 형식의 남용에 맞서 행정상대방의 법적 지위를 보호하고 공공성을 수호하기 위해서는 공행정활동을 단지 점(點) 또는 선(線)으로서나 아니라 면(面) 또는 입체로서 전체적으로 조망할 수 있어야 한다.[69]

4. 단순고권 개념의 문제점

이미 Udo Steiner가 지적하였다시피, 법적 지위설은 임무와 권한의 결부관계를 경시하고, 공행정임무를 수행하기 위한 일련의 활동을 인위적·기교적으로 분할한 다음 사인이 '개별적 고권을 행사'하는 경우만을 공무수탁사인 개념으로 포착하고 있다. 공공주체에 의해서 사인에게 위탁되는 것은 '공행정임무의 수행'이라는 일련의 활동이며, 개별적 고권의 행사는 그러

67) 行政私法 이론에 관해서는 拙著, 「영조물의 개념과 이론」, 2010, 276-281면 참조.

68) Hans-Ullrich Gallwas, a.a.O., S. 222 f.

69) 개별적 고권은 '점(點)' 또는 '선(線)'에, 임무의 수행은 '면(面)' 또는 '입체'에 비유할 수 있을 것이다. Wolff/Bachof/Stober, Verwaltungsrecht Ⅲ, 2004, S 510은 "공무위탁(Beleihung)에 의해서 개별적인 임무와 권한들이 아니라 공법적 조직들이 민영화되는 것이라면, 공무위탁에 관한 전통적인 개념정의의 틀이 파괴된다. … 한편으로 공법적 조직의 위탁(Organisationsbeleihung)의 배후에는 개별적 임무와 권한들의 한 묶음이 은폐되어 있다. 다른 한편으로 이러한 공무위탁의 형식은 법회피로 나아가서는 안 된다(예를 들어 민주주의 원리의 보장). 조직위탁은 공법적 조직이 공법적 권한을 전혀 보유하고 있지 않고 공법적으로 행위하지 않는 경우에나 적합하다."라고 서술하고 있다.

한 일련의 활동의 일부에 불과하다. 법적 지위설의 추종자들, 심지어는 결합설의 추종자들도 '공법적 행위형식'으로 행사되는 '개별적 고권'에 초점을 맞추고 있는 이유는 바로 '단순고권' 개념 자체의 불분명성에 기인한다.

단순고권행정 개념은 Walter Jellinek으로부터 유래하였다.[70] Jellinek은 공공주체의 행정활동을 공행정과 국고행정으로 이분하면서, 공행정의 본질을 高權性(Hoheitlichkeit)에서 찾아 공행정을 고권적 행정이라고도 부른다. 나아가 Jellinek은 공행정활동을 공공주체가 권력적 수단을 사용하는 '권력행정'(obrigkeitliche Verwaltung)과 비권력적 수단을 사용하는 '단순고권행정'(schlichte Hoheitsverwalung)으로 분류한다.[71] 여기에서 권력성(Obrigkeitlichkeit)은 "공권력(öffentliche Gewalt)의 개인에 대한 우위"를 의미하는데, 그것은 '압도적인 물리력'에서 드러나기도 하지만, 물리력을 수반하지 않더라도 행정행위가 중대 · 명백한 하자로 당연무효가 아닌 한 권한 있는 기관에 의해서 취소될 때까지는 법적으로 유효한 것으로 취급되어 행정상대방에게 존중할 의무가 부과되는 '행정행위 자체의 효력'에서 드러난다.[72] 반면, 공권력주체가 지배자의 지위에 있지 않고 사인과 대등한 위치에 선 상태에서, 다시 말해 완전히 私法의 토대 위에서 사법적 형식들로 활동하는 행정을 국고행정이라고 정의내린다.[73]

이러한 Jellinek의 행정 3유형론은 단순고권행정 개념을 통해서 Otto Mayer의 공행정 체계 안에서는 존재하지 않았던 몇몇의 행정활동들을 법학적으로 고찰가능하도록 만들었고, 권력적 수단을 사용하지 않는 경우에도 공행정에 해당한다는 점을 분명히 하였으며, 이를 통해 국가배상책임의 영역을 비권력행정 영역으로 확대하는 데 결정적으로 기여하였다.[74] 그러나 Jellinek의 이론은 행정의 私法 형식의 활용을 行政技術(Verwaltungskunst)이라고 긍정적으로 평가하고 '행정의 사법으로의 도피'를 제대로 인식하지 못했다는 점 외에도, 본고의 논의와 관련하여 결정적인 문제점을 내포하고 있다.

첫째, Jellinek은 행정의 3유형을 행정활동의 목적이나 기능이 아니라 오로지 법형식에 따라 구분하였다. 그는 행정의 영역에 관계없이, 물리력을 동반한 활동과 '행정행위'라는 법형식을 사용한 활동은 공권력주체의 우월성이 표현된 권력행정이라고 분류하고, 사법적 형식

70) Walter Jellinek의 단순고권행정 이론에 관해서는 拙著, 「영조물의 개념과 이론」, 2010, 248-256면 참조.

71) Walter Jellinek, Verwaltungsrecht, 3. Aufl., 1931, S. 20 ff.

72) Ebd., S. 20. 'Obrigkeitlichkeit'는 경찰명령과 조세부과로 대표되는 고전적 행정처분으로 인하여 행정상대방에게 침익적 효과(Eingriff)가 발생함을 의미하는 개념이다. 반면, 통상 高權이라고 번역되는 'Hoheit'는 행정상대방에 대한 침익적 · 수익적 효과를 고려하지 않고 단지 행정과 시민 사이의 법관계를 행정이 (공적 권위를 가지고) 일방적으로 결정한다는 점만을 의미한다. 행정의 급부결정은 전자에는 포함되지 않으나, 후자에는 포함된다. 'Obrigkeitlichkeit'는 국내에서 '관헌국가성', '고권성' 등으로 번역되고 있으나, 본고에서는 '권력성'이라고 번역하기로 한다. 그럼에도 불구하고 그 이후의 다수의 학자들이 권력성 개념과 고권성 개념을 엄밀히 구분하지 않고 있다. 예를 들어 Klaus Vogel, a.a.O., S. 80 참조.

73) Walter Jellinek, a.a.O., S. 24.

74) Walter Mallmann, Schranken nichthoheitlicher Verwaltung, VVDStRL 19, 1961, S. 170.

(계약)을 사용하는 활동은 국고행정이라고 분류하였으며, 도시계획, 공공시설의 설치·관리, 지도, 경고, 정보제공과 같이 당시를 기준으로 아직 행정행위 개념으로 포착되지 아니한 비공식적·사실적 활동들을 단순고권행정이라고 분류하였다. 따라서, 경찰행정작용도 그때그때의 상황에 따라 취사선택하여 사용하는 수단의 속성에 따라 단순고권행정이나 국고행정으로 분류될 수 있으며, '급부행정작용은 단순고권행정에 해당한다'는 도식은 성립하지 않는다. 그는 단순고권행정 개념을 통해 새롭게 대두되고 있는 행정의 非침익적 활동들을 일부 포착하였으나, 단순고권행정을 행정활동의 법형식에 의해서 정의내렸기 때문에, 복지국가의 새로운 행정목적들을 행정법학의 대상으로 포착하지 못했으며, 행정의 급부활동 또는 그 밖의 경제적 활동은 목적에 따라 하나의 범주로 분류되지 못하고 사용된 법형식에 따라 단순고권행정에도, 국고행정에도 포함될 수 있었다. 게다가 Jellinek이 단순고권행정 개념으로 포착하고자 한 대상들, 즉 도시계획, 공공시설의 설치·관리, 지도, 경고, 정보제공 활동이 현대 행정법에서는 거의 대부분 행정행위(내지 행정처분) 개념으로 포착되고 있으므로,[75] 단순고권행정의 영역은 진정한 의미의 사실행위로서의 조언·행정지도·정보제공으로 협소화된다.

둘째, 공행성(특히 단순고권행정)과 국고행정 사이의 경계설정 기준이 명확하지 않다. Jellinek이 단순고권행정의 예로써 든 행위들은 대부분 私法的 형식(계약)의 작용으로도 파악할 수 있다. 살모사 한 마리당 50파운드의 상금을 내거는 것은 사법상 현상광고라고 파악할 수 있으며, 교통안내책자의 배포는 사법상 증여라고 파악할 수도 있다. 즉, 단순고권적 활동과 사법적 활동은 외관상으로는 구분되지 않는다.[76]

따라서 물리적 강제력이나 공법적 행위형식을 동원하지 아니한 행정의 어떠한 비권력적 활동을 '단순고권적 공행정활동'이라고 평가할 수 있기 위해서는 법형식에 얽매이는 것이 아니라 실체적 요소, 즉 활동의 내용과 기능에 초점을 맞추는 '기능 중심의 공행정' 관념을 필요로 한다.[77] 그리고 기능 중심의 실체적 관점은 바로 임무설과 결부되어 있다.

5. 사인의 행정사법적 활동

공행정주체의 사법적 형식의 공행정활동을 사인의 활동과 구분지어주는 기준은 ① 행위주체가 사인이 아니라 공법인(공행정주체)이라는 점, ② 그 활동이 행정목적의 실현을 위한

75) 현대에 행정행위 개념은 당해 행위의 명칭, 방식과 관계없이 개별·구체적 사건에 관한 행정청의 의사표시라는 실질적인 요소의 존재·추단 여부에 따라 판단되며, 특히 행위형식별로 소송유형이 세분화되어 있는 독일 행정소송법과 달리 항고소송 중심의 우리나라 행정소송법 하에서는 국민의 권리구제가능성이 처분 개념 판단의 중요한 요소가 된다(소위 형식적 처분개념설).

76) Udo Steiner, a.a.O., S. 47 f.; Britta Beate Wiegand, a.a.O., S. 115.

77) 독일의 전통적인 법형식 중심적 행정법이론은 Hans Peter Ipsen의 2단계 이론, Ernst Forsthoff의 생존배려 이론, Hans Julius Wolff의 행정사법 이론에 의해서 그 토대가 붕괴되었고 현대 행정법에서는 '기능 중심의 공행정'관념이 정착되었다(이에 관해서는 拙著, 「영조물의 개념과 이론」, 2010, 64-67면, 247-285면 참조). 법적 지위설은 바로 독일의 전통적 행정법이론의 잔재라고 볼 수 있다.

것이란 점에 있다. 그러나-물론 시대, 역사, 문화, 법영역에 따라 공익의 내용은 다양할 수 있겠지만-일반적으로 공익의 실현만이 행정목적이 될 수 있는데, 사인도 자율적으로 공익적 활동을 전개할 수 있으므로, 활동의 내용이나 목적만으로는 공행정주체의 사법적 형식의 공행정활동과 사인의 공익활동을 구분하는 것이 힘들어진다.

그런데 공무수탁사인의 경우에는 행위주체가 사인에 해당하므로, 사법적 형식의 공행정활동과 사인의 공익활동을 구분하는 위 첫 번째 기준도 사라진다. 양자의 차이를 사인이 당해 활동을 하게 된 동기·발단이 공행정주체의 위탁에서 비롯되었느냐 아니면 사인이 진취성(Initiative)을 갖고 자율적으로 개시하였느냐라는 요소에서 찾을 수도 있을 것이다. 그러나 이러한 구분도 理念型(idealer Typus)일 뿐, 현실에서는 다양한 스펙트럼이 존재한다. 한편으로 국가는 보조금 지원, 세금 감면 등을 통해 사인의 공익활동을 장려하고자 노력하고 있다. 다른 한편으로 사인(민간기업)은 시장경쟁이 심하지 않은 새로운 시장을 개척하기 위해 정부에게-법적으로 공행정주체에게만 허용되어 있거나 또는 공행정주체의 법적, 제도적 지원이 없이는 시행·존속이 불가능한, 주로 인프라영역의-사업을 제안하기도 한다.[78] 이러한 중간적 사례유형에서 당해 활동을 누가 먼저 제안하였느냐는 역시 결정적 판단징표가 될 수 없다.

법현실에서 민간참여의 다양한 스펙트럼이 존재하고 그로 인하여 사인의 공행정활동과 사적 활동 사이의 경계설정이 곤란한다고 하여, 약간의 민간참여적 요소만으로 그 활동을 사적 활동으로 치부하는 것은 행정현실 앞에서 눈을 가리고 다시 행정의 사법으로의 도피와 법형식 남용을 방관하는 것, 다시 말해 행정현실을 규범적으로 지도하여야 할 행정법학의 임무를 방기하는 것에 다름 아니다. 그러나 행정법학이 지도기능을 수행할 수 있기 위해서는 신뢰할 만한 경계설정 기준을 제시할 수 있어야 하는데, 이러한 경계설정 기준을 규명해 내는 것이 바로 법학의 임무이다.[79]

기능민영화와 관련하여 시민 내지 이용자 보호의 관점에서 중요한 것은 민영화 이후 사인이 담당하는 기능이 '상대방의 입장에서' 고권적인지 여부이다. 즉, 기능담당사인 본인은

---

78) 본래 국가가 공기업을 설립·운영하였던 것은 경제적 리스크가 크고 투하자본을 회수하는데 장기간이 소요되어 민간의 자본투자가 사실상 곤란하거나, 경제대공황과 양차 세계대전으로 인한 시장불능의 심화에 대응하기 위한 것이었으나, 1950년대와 1960년대의 장기간의 호황을 거치면서 민간경제에서 자본이 고도로 축척되었고 민간자본시장에서 대규모의 자본을 조달하고 경제적 리스크를 분산하는 금융기술이 발전함에 따라 민간부문이 대형공기업을 소유·운영하는 것이 경제적으로 가능해졌다. 장기간의 호황이 끝나자, 민간경제는 경제불황의 책임을 '경제에 과도하게 개입하는' 국가의 케인즈주의 경제정책에 전가하면서, 한편으로는 기존의 사업영역에서의 이윤율을 제고하기 위하여 각종 규제완화를 요구하였고, 다른 한편으로는 시장경쟁이 심한 기존의 포화상태의 시장에서 벗어나 시장경쟁이 거의 없는 새로운 사업영역을 바랐는데 그것이 바로 독점적 지위에 있는 공기업을 인수하는 것이었다. 1970년대 이후 제기된 '국가실패', '규제완화', '민영화' 담론은 민간경제의 자본가집단이 그동안 빼앗겼던 자율성과 활동영역을 국가로부터 되찾아오려는 정치운동의 집약적 표현이다.

79) Otto Mayer, Die juristische Person und ihre Verwertbarkeit im öffentlichen Recht, in: Staatsrechtliche Abhandlungen, Festgabe für Paul Laband, Bd. 1, 1908, S. 10 f.

비고권적으로, 다시 말해 사법적 형식으로 활동할지라도, 전체로서의 사업(사인의 활동)은 공공주체에 의해서 고권적으로 보호·유지되는 것일 수 있다. 예를 들어 법률에 의하여 독점이 규정되어 있다면, 이용자에게는 계약상대방 선택의 자유가 없기 때문에 고권적인 사업으로 인식되지만, 독점을 유지·수호하기 위해 사업자 자신이 직접 어떤 고권적 권한을 행사하지는 않는다. 따라서 사인의 개별적 고권적 권한의 행사가 아니라 당해 사업(민영화된 임무수행 기능) 자체의 고권성 여부에 초점을 맞추어야 한다.

6. 小結: 공무수탁사인의 개념요소 分說

이상의 요소들을 종합하여 필자는 공무수탁사인의 개념정의에 관해서 한편으로는 Udo Steiner의 新임무설을 지지하면서도, 다른 한편으로는 사인의 비권력적 공행정활동과 사적 활동을 경계짓는 기준을 위탁된 '임무수행 기능의 고권성'에서 찾고, 공무수탁사인이 인접개념인 행정보조자 및 공의무부담사인과 구별되는 특성을 대외적 행위주체성에서 찾고자 한다. 즉, **공무수탁사인(Beliehene)이란 '공공주체로부터 공행정임무 수행의 개별 기능으로서의 고권적 활동을 자신의 이름으로 수행하도록 위탁받은 자'**이다. 이러한 개념정의를 개념요소들로 나누어 설명하자면 다음과 같다.

(1) **공행정임무 수행의 개별 기능이 위탁되어야 한다.** 단순히 '임무의 위탁'이라 하지 않고 '임무수행 기능의 위탁'이라 구체화한 것은 현대 민영화법에서 (추상적 수준의) 임무 자체와 그 임무를 수행하기 위한 개별 기능들이 개념적으로 구분되어 고찰되고 있고, 통상적으로 임무수행의 개별 기능들만이 私人에게 위탁되고 있으며(기능민영화), 임무 자체가 사인에게 이전된 경우에는(임무민영화) 그 영역에 관한 사인의 활동이 전적으로 사적 활동이 되므로 공무수탁사인 개념을 논할 여지가 없기 때문이다.

공무수탁사인이 수행하는 활동은 '행정'활동이어야 한다. 파산관재인, 중재인, 공증인의 활동은 실질적인 의미의 행정활동에도 포함시킬 수 있겠지만, 형식적으로는 관련 임무가 司法활동의 일부 내지 보조활동으로서 규정되어 있으므로, 넓은 의미에서의 공직의 위임에는 해당하지만(따라서 국가배상책임의 구성요건으로서의 광의의 공무원에는 해당한다), 행정법학의 고찰대상은 아니다. 이들을 공무수탁사인으로 분류할 것인지 여부는 단순한 嗜好의 차이에 불과하고 행정법학의 측면에서는 아무런 실익이 없다.

(2) 위탁받은 활동이 전체로서 고권적 성격을 가져야 한다. **'활동의 고권성'**이란 법적 지위설과 같이 공무수탁사인이 행사하는 권한이 고권적일 것을 고집하지 않으며, 시야를 넓혀 공무수탁사인이 수행하는 임무수행 기능 자체의 고권성에 초점을 맞춘다. '임무수행 기능의 고권성'이란 기준에 의하면 Otto Mayer와 Huber가 거론한 공기업, 특허기업자의 예들은 대부분 현대적인 공무수탁사인 개념으로 포섭할 수 있다. 이를 통해 여러 학설들을 한편으로는

비판적이면서도 다른 한편으로는 조화롭게 수용해낼 수 있다. 활동의 고권성의 구체적 판단요소에 관해서는 아래의 Ⅳ.항에서 고찰하기로 한다.

(3) 공무수탁사인은 공행정활동을 **자신의 이름으로**, 즉 **대외적인 법적 행위주체로서** 활동하는 자이다. 이 개념요소를 통해 공무수탁사인은 공의무부담사인이나 단순한 행정보조자와는 구별된다.[80] 공무수탁사인은 행정기능을 위탁받아 권한과 의무의 복합체인 일련의 활동을 수행하는 반면, 공의무부담사인(Inpflichtgenonmene)은 공임무 수행을 위해 자신의 의사에 반하여 강제적으로 동원되어 특정한 개별적 의무를 부과받아 수행하는 자로서 부과된 개별 의무를 이행하는 것에 불과하고 자신이 행정활동을 수행하는 것은 아니다. 공무수탁사인은 대외적으로 자신의 이름으로 행정활동을 수행하는 반면, 행정보조자(Verwaltungshelfer)는 대외적으로 시민과 직접적인 법관계를 형성하지 아니하고 행정내부적으로 공공주체의 위임·지시에 따라 특정한 사실행위를 대행한다. 행정보조자는 공공주체와 시민 사이의 관계에서 독립적인 법적 지위를 갖지 아니하며, 그의 행위의 모든 결과가 공공주체에게 귀속되는, 공공주체의 使者 내지 도구에 불과하다. 공공주체가 시민으로부터 급부에 대한 이용료를 징수하며, 행정보조자는 공공주체로부터 용역수행에 대한 보수를 받는다.

그러나 공무수탁사인이 대외적인 법적 행위주체가 된다는 것은 행정상대방과의 관계에서 직접적인 법관계가 형성된다는 것을 의미하는 것이지, 여기에서 더 나아가 국가배상법 영역에서의 책임귀속이나 구상권 행사 가능성에 관하여 어떤 의미를 내포하는 것은 전혀 아니다. 이에 관해서는 아래의 Ⅴ. 4.항에서 고찰하기로 한다.

Ⅳ. 임무수행 기능의 고권성 판단요소

임무설에 의할 때 공무수탁사인 이론의 관건은 사인의 사적 활동(非국가기능)과 사인의 행정사법적 공행정활동(국가기능)을 구분할 수 있는 신뢰할 수 있는 기준을 도출해 내는 것이다.[81]

1. 위탁행위

私人에 대한 공공주체의 명시적인 위탁행위(Beleihungsakt)가 존재한다면 공무수탁사인으로 판별함에 있어서 중요한 징표로 삼을 수 있다.[82] 임무수행의 위탁은 입법자가 법률의 형

80) 공무수탁사인 개념과 공의무부담사인, 행정보조자 개념의 구별에 관해서는 이원우, "정부기능의 민영화를 위한 법적 수단에 대한 고찰", 「행정법연구」 제3호, 1998. 하반기, 120-130면 참조.

81) Udo Steiner, a.a.O., S. 54. Steiner는 구분기준으로서 공권력, 국가감독, 기본권으로서의 직업의 자유를 거론하고 있다(Ebd., S 66 ff.).

82) Winfried Brohm, Strukturen der Wirtschaftsverwaltung, 1969, S. 206.

식으로 직접 할 수도 있고, 수권을 받아 행정청이 법규명령이나 행정처분의 형식으로 할 수도 있다. 물론 입법자가 헌법질서의 틀 안에서 특정한 임무의 성격을 명시적으로 선언하거나 특정한 임무를 특정한 국가기관의 소관으로 지정하면서 이 임무의 수행을 사인에게 위탁할 수 있는 권한을 부여하는 것이 가장 바람직하지만,[83] 실제로 그러한 경우는 보기 드물고 입법자가 특정한 임무의 수행을 곧바로 사인에게 위임하는 경우가 자주 있다.

다른 한편으로, 공적으로 중요한 임무가 그것만으로 국가임무가 되는 것은 아니며 국가와

---

83) 서울행정법원 2006.10.25. 선고 2004구합23193 판결은 법적 지위설의 입장에서 국민은행이 복권위원회로부터 로또복권 발행사업을 위탁받았으나 고권적 권한을 위임받지는 않았다는 이유로 공무수탁사인에 해당하지 않는다고 판단하였다(항소심, 상고심 법원은 이에 관하여 명시적으로 판단하지 않고 항소와 상고를 기각하여 확정되었다). 근거법률인 「복권 및 복권기금법」 제4조 제1항은 복권위원회(기획재정부장관 소속의 합의제 행정기관) 및 동 위원회로부터 위탁·재위탁받은 사업자가 아니면 복권을 발행할 수 없다고 규정하고 있는데, 이는 복권발행에 관한 국가독점을 선언하고 있는 것이다. 입법자의 국가임무 선언과 행정청의 명시적 위탁행위가 있었음에도 국민은행을 공무수탁사인에 해당하지 않는다고 판단한 것은 잘못이다. 비록 수탁사업자인 국민은행이 복권구입자에 대한 관계에서 직접 고권적 권한을 행사하지는 않지만 법률에 의한 국가독점에 의해서 복권발행사업은 고권적 성격을 갖게 된다. 물론 국민은행이 공무수탁사인에 해당한다고 하여 그것만으로 위임·감독청인 복권위원회의 국민은행에 대한 어떤 조치가 당연히 항고소송의 대상인 '처분'이 되는 것은 아니다.
서울행정법원 2013.6.14. 선고 2012구합28360 판결; 2013.6.14. 선고 2012구합28728 판결(각 항소심 계속중)은 「관세법」 제71조 제3항, 동법 시행령 제92조 제3항에 따라 할당관세 적용대상 수량을 추천하는 것에 관한 한 대한석유협회가 공무수탁사인에 해당하며, 대한석유협회의 추천행위는 할당관세율 적용 여부를 좌우하는 행정처분에 해당하므로, 추천행위에 중대·명백한 하자가 있어 당연무효라고 평가되지 않는 한, 후행 처분(관세 경정처분) 단계에서 선행 처분의 하자(추천 수량 산정의 하자)를 다툴 수 없다는 취지로 판단하였다. 「관세법」 제71조의 위임에 따라 제정된 「관세법 제71조에 따른 할당관세의 적용에 관한 규정」(대통령령)에서 그 대상물품에 '나프타 제조에 소요되는 원유'를 규정하고 관세율을 '0'으로 함에 따라, 나프타 제조용 원유를 수입할 경우 일정량을 한도로 관세가 면제되고, 한편 「지식경제부 소관품목에 대한 할당관세 추천요령」(지식경제부 공고)에서 나프타 제조에 소요되는 원유의 한계수량에 다다를 때까지 할당관세를 적용받을 수 있도록 추천하는 업무를 대한석유협회에 위임하였고, 지식경제부 장관의 승인을 받아 대한석유협회가 공고하는 「나프타 제조용 원유할당관세 추천요령」은 나프타 제조용 원유 수입시 할당관세가 적용되는 원유량의 구체적인 산출방법과 할당관세 적용신청을 위하여 제출하여야 할 자료 등을 정하고 있다. 지식경제부 장관이 「관세법 시행령」 제92조 제3항에 근거하여 대한석유협회에 추천권한을 위임하였고, 대한석유협회의 추천은 관세면제의 요건이 되므로, 대한석유협회의 추천행위는 공행정임무를 고권적으로 수행하는 것이다. 한편 대한석유협회는 제1·2차 오일쇼크를 경험한 국내 정유 5사 및 한국석유개발공사가 법률의 강제 없이 임의로 설립한 민법상 사단법인으로서 본질적으로 사인에 해당하므로, 할당관세 적용대상 수량 추천에 관한 한 대한석유협회를 공무수탁사인으로 평가한 것은 적절하다. 다만 공무수탁사인 또는 행정청의 행위라고 하여 그것이 모두 항고소송의 대상인 '처분'에 해당하는 것은 아니다. 대한석유협회의 추천은 관세의 확정을 위한 행정내부 행위라고 볼 여지가 많다. 건축허가권자가 건축심의위원회의 의결에 따라 처분을 하는 것, 징계권자가 징계위원회의 의결에 따라 징계처분을 하는 것과 유사한 상황이라고 볼 수 있다. 이러한 중간결정을 처분으로 파악할 것인지 여부는 다음 단계의 처분권자가 중간결정에 기속되는지 여부, 중간결정에 대하여(처분이라고 볼 경우에 제소기간과 불가쟁력을 통하여) 법관계의 조기확정을 인정할 법정책적 필요가 있는지 여부 등을 종합적으로 결정하여야 할 것이다. 私見으로는, 추천이란 어의상으로도 처분권자를 기속하지 않고 권고적 효력만 있다(따라서 관세행정청은 적용대상 수량을 독자적으로 산정하여 추천과 다른 결정을 할 수 있다)고 봄이 타당하며, 추천은 오로지 관세액 확정의 요건이 될 뿐이며 다른 독자적인 의미를 갖지 않으므로, 행정내부적인 중간결정이라고 봄이 타당하다. 소득세 원천징수를 행정처분으로 보지 않는 것(대법원 1990. 3. 23. 선고 89누4789 판결)을 참조할 만한데, 그 이유는 세무관서가 원천징수의무자의 세액계산에 구속되지 않고 소득세액을 독자적으로 확정할 수 있는 권한이 있기 때문이다.

사인이 동시에 외관상으로 유사한 기능을 수행하는 것도 가능하므로, 사인이 국가의 허가·지원·자극·촉구를 받아 국가기관이 수행하는 활동과 유사한 활동을 수행하고 있다 할지라도 그것만으로 당해 사인이 국가기능을 수행하고 있는 것이라고 추론할 수는 없으며, 국가가 사인에게 그러한 공익적 활동을 마치 '위임'하는 듯한 외관을 취하였더라도 그 실체는 사인의 공익적 활동을 규제·장려하는 것에 불과할 수도 있다.

따라서 입법자나 행정청이 특정한 임무를 공행정임무로 명시적으로 선언하지 않은 이상 사인의 어떤 활동을 유발하는 행위를 공무위탁행위로 판정하는 것이 곤란해지며, 반대로 명시적 공무위탁행위가 없었다고 하여 그것만으로 공무수탁사인의 존재가 부정되어서는 아니 된다. 그러므로 이러한 경우의 문제해결을 위해 공공주체 또는 사인이 수행하는 어떤 임무수행의 기능을 '고권적'이라고 평가할 수 있는 요소들을 검토하여야 한다.

2. 사인의 고권적 권한 행사

국민주권원리 및 국가권력의 단일성 원칙에 따라 모든 공권력은 국가에게 집중되어야 하며 국가로부터만 파생되어야 한다.[84] 따라서 입법자가 어떤 임무의 수행을 위해 공권력을 투입하도록 결정하였다면, 이는 입법자가 당해 임무를 국가임무로 결정하였음을 전제로 하는 것이다[85](그러한 법률이 직업의 자유와 같은 기본권에 비추어 합헌적인지 여부는 별개의 문제이다). 다만, 사인이 행사하는 명령권 내지 강제권이 공법적 권한인지 아니면 법률에 의하여 '강화된 私權'에 해당하는 것인지에 관해서는 신중한 검토가 필요하다.[86]

사인이 직접 고권적 권한을 행사하는 경우로는 토지수용권의 행사, 이용허가결정, 이용료의 강제징수, 일반적 구속력이 있는 공급규정을 정립하는 행위를 들 수 있다. 법적 지위설에 의하면, 사인의 개별적 고권적 권한은 물리적 강제나 공법적 행위형식을 사용함으로써 행사된다.

법적 지위설을 주창한 Vogel은 '사인에 의한 개별적 고권적 권한의 행사'라는 요소를 매우 엄격하게 파악하며, 민간사업자에게 부여된 토지수용신청권을 고권적 권한 개념에서 배제해 버린다. 물론 토지수용 여부의 최종적 결정은 국가행정청(토지수용위원회)에 의해서 이루어진다. 그렇지만 국가행정청의 역할은 토지수용의 요건 존부에 대한 수동적·소극적 확인으

84) Klaus Vogel, a.a.O., S. 80.
85) Udo Steiner, a.a.O., S. 67.
86) 사적 계약에 의하여 일방에게 상대방에 대한 지시·감독권이 부여되는 경우가 있다. 예를 들어 고용관계에서 고용주의 피용인에 대한 지시·감독권, 서비스제공계약에서 시설운영자의 이용자에 대한 질서유지권이 그러하다. 성격평가에 있어서는 실정법률의 규율내용이 가장 중요하다. 독일의 경우 선장의 선원에 대한 징계·구금권은 선장의 노동법적인 권한들을 뛰어넘어 선원법에 의하여 특별히 부여된 공법적 경찰권인 반면, 선장의 승객에 대한 질서유지권은 공법에 의하여 특별히 부여된 권한이 아니라 일반적인 법질서에 의하여 주어진 강제가능성(독일 형사소송법 제127조에 의한 현행범체포권, 독일 민법 제229조에 의한 자력구제권)의 활용에 지나지 않는다고 한다(Udo Steiner, a.a.O., S. 68 ff.).

로 제한된다. 당해 사업을 계획하고 토지수용이라는 강제적 수단을 동원할 것인가에 관한 적극적·형성적 결정은 사업자에게 맡겨져 있다. 그리고 이와 같이 사업자에게 부여되어 있는 '토지수용(재결) 신청권'을 단순히 사업자의 '토지수용권'이라 지칭하고 이를 공무수탁사인의 본질적 징표로서의 고권적 권한에 포함시키는 것이 통설·판례이다.[87)]

Vogel은 사업자가 정립한 공급조건과 요금표도 공고되기에 앞서 반드시 감독행정청의 허가를 받아야 하며 허가를 받아야 비로소 효력을 발생하므로, 사업자에게 법정립권한이 부여되어 있는 것이 아니라 국가감독청의 고권적 행위에 의하여 공급조건과 요금표에 법규적 효력이 부여되는 것이라고 주장한다. 만일 근거법률이 어떤 사업자로 하여금 그가 정립한 공급조건에 관하여 개별 이용자(계약상대방)와의 관계에서 계약내용으로의 편입절차(개별적 설명과 동의)를 거칠 것을 규정하거나 이를 전제로 하고 있다면, 그러한 공급조건은 단순히 사법상 '약관'에 불과하며, 이에 관한 국가감독청의 허가는 약관의 불공정성 여부에 대한 사전심사에 해당할 것이다. 그러나 근거법률이 어떤 사업자의 공급규정에 계약내용으로의 편입절차 없이도 이용자들을 일반적으로 구속하는 효력이 있도록 규정하고 있다면, 이는 단순한 사법상의 약관이 아니라 법률의 수권에 의하여 정립된 공법적 '법규명령'에 해당한다. 여기에서도 공급규정의 내용을 형성하는 적극적 역할은 사업자에게 부여되어 있는 것이고, 국가감독청은 이것의 위법성 내지 타당성을 심사하는 소극적 역할에 머문다. 공급규정에 법규적 효력을 부여하는 것은 입법자의 규범제정 수권이며, 국가감독청의 의사표시가 아니다. 국가감독청의 허가는 기껏해야 효력발생요건이 될 수 있을 뿐이다.[88)]

다른 한편으로, 공공주체가 국가임무를 비고권적으로 수행하는 것은 당연히 허용되므로[89)] 사인이 위탁받은 임무수행 기능을 비고권적으로 수행하더라도 공무수탁사인에 해당하지 않는다고 단정지을 수 없다. 다만, 사인의 사적 활동과의 경계설정을 위해, 사인 본인은 비고권적으로(즉 사법적 형식으로) 활동하더라도 전체로서의 사인의 활동(사업)은 공공주체에 의해

---

87) 이원우, "정부기능의 민영화를 위한 법적 수단에 대한 고찰", 「행정법연구」 제3호(1998), 120면은 법적 지위설을 지지하면서도 민간사업자가 민자유치법 제18조에 따라 "토지수용권을 행사하는 경우 이러한 고권적 권한의 행사와 관련하여서는 공무수탁사인의 법리가 적용된다"고 서술하여 Vogel과는 상반된 입장을 취하고 있다. 우리나라에서 「공익사업을 위한 토지 등의 취득 및 보상에 관한 법률」 제30조 제1항에 의한 토지소유자의 수용재결신청 청구에 대한 사업시행자의 거부는 항고소송의 대상인 거부처분에 해당하는데(대법원 2011.7.14. 선고 2011두2309 판결), 법원은 그 이유로서 토지소유자는 수용재결을 거치지 않으면 손실보상을 받을 수 없는데, 수용재결신청은 권력작용인 수용절차를 시작하는 출발점으로서 사업시행자에게만 독점적으로 인정되므로 수용재결신청 청구에 대한 거부가 손실보상 가능성을 차단하는, 즉 토지소유자의 재산권에 직접적으로 영향을 주는 권력작용에 해당한다는 점을 들고 있다(서울행정법원 2012.9.13. 선고 2013구합17299 판결).

88) 공급규정의 법적 성질에 관해서는 拙著, 「영조물의 개념과 이론」, 2010, 413-418면 참조.

89) 국가임무가 반드시 공권력을 투입하는 방식으로, 고권적 권한의 행사를 통해서 수행될 필요는 없고, 국가, 특히 행정청에게는 국가임무를 사법적인 방식으로도 수행할 자유가 있으므로, 어떤 임무의 수행에 공권력이 투입되지 않거나 고권적 권한이 행사되지 않았다고 하여, 그 임무가 국가임무가 아니라고는 단정할 수 없다(Udo Steiner, a.a.O., S. 47 f.).

서 고권적으로 보호·유지되는 것이어야 한다.

3. 공공주체의 고권적 권한 행사

임무수행을 위탁한 공공주체의 고권적 권한 행사에 의하여 공무수탁사인이 간접적으로 특권 내지 특혜를 부여받은 경우로는, 공공주체가 관련 부지를 수용의 방법으로 조달해 주거나 공물의 특허사용을 허락하는 것, 보조금, 세금감면 또는 그 밖의 방법으로 공공예산을 통해 특허기업자의 핵심적인 영업자산을 형성하게 해주거나, 진입규제를 통해서 (지역)독점을 창출해주는 경우를 들 수 있다. 이러한 경우에서 특허기업자의 활동은 공공주체가 직접 행정임무를 수행하는 경우와 비교할 때 그 활동에 관해서 공공주체에게 일차적인 관할과 책임이 있고, 동일한 목적을 가지고 있으며, 공공주체의 공법적 결정·활동과 동일한 가치의 효과를 만들어낸다.

특허모델에서 특허기업자를 사인으로, 그에 의한 시민에 대한 재화·서비스의 급부활동을 사경제적 활동으로 간주하는 것은 특허기업자와 시민 사이에서 수요와 공급의 시장법칙과 시장경쟁이 작동함을 전제로 한다. 그러나 특허 개념은 특정한 사업영역에 대한－적어도 지역적인－독점운영권의 설정에 초점이 맞추어져 있다. 따라서 공공주체가 보유한 독점공기업의 지분을 시장에서 매각하거나 또는 특정 사업에 대한 독점운영권자를 경쟁입찰의 방식으로 선정한다고 해도 독점기업에 대한 지분권 내지 경영권을 취득하는 데 있어서는 경쟁이 존재하지만, 공급사업자와 소비자의 관계에서는 경쟁이 존재하지 않는다. 비록 독점 자체는 특허기업자가 직접 고권을 행사하여 창출하는 것이 아니지만 공공주체의 고권에 의해 생기는 것이다. 사인의 직업의 자유 및 이를 위한 국가독점의 배제가 중요하듯이, 사인의 활동의 상대방이 되는 소비자대중의 선택권 보장도 마찬가지로 중요하다. 국가가 사인의 영업을 보호하기 위하여 특정한 구역에서 또는 특정한 시장에서 독점적 영업권을 설정해 줌으로써 소비자대중에게 선택권이 박탈되어 있다면, 이는 역시 국가가 고권적 권한을 행사하는 것이다. 이러한 고권에 기초한 독점적 급부활동은 시장법칙이 적용되는 사경제적 활동이 아니라 공행정활동이라고 평가되어야 하며, 공행정주체가 직접 수행하지 않고 그것을 사인에게 위탁하였다고 하여 시민의 법적 지위가 축소되어서는 안 된다는 원칙을 확립하는 것이 중요하다. 따라서 이러한 급부활동을 위탁받은 민간사업자를 공무수탁사인(공행정주체)으로 자리매김하는 것이 필요하다.

4. 국가감독

위탁된 기능의 수행에 관하여 국가행정청과 공무수탁사인은 상급행정청과 하급행정청의 관계에 놓인다. 법률에 사인의 특정 활동에 관하여 국가의 특별한 감독이 규정되어 있다면,

이는 사인의 특정 활동이 국가로부터 위탁된 것이라고 추정할 만한 간접증거가 된다.

그러나 국가감독을 구분기준으로 활용함에 있어서는 특별한 주의가 필요하다. 국가의 사인에 대한 경제규제활동과 국가의 공무수탁사인에 대한 감독활동은 개념상으로는 구분되지만, 실제로 이를 위해 사용되는 행위형식·수단이나 규제·감독의 강도의 측면에서 구분이 어렵다. 현실에는 사인의 영리활동임이 분명함에도 산업정책적 측면 또는 소비자보호의 관점에서 국가경제에 미치는 영향 때문에 국가의 고도의 규제를 받는 소위 '규제산업'이 존재한다. 또한 국가는 사적 직업에 관해서도 직업상 의무를 법정하고, 자격의 취득이나 직업활동의 개시를 국가가 승인하고, 공적 선서를 하도록 하며, 국가가 최소수입을 보장하거나 이용료규정 등을 통해 보수액을 결정하고, 직능단체를 설립하도록 강제하기도 한다. 이와 같이 사인의 경제활동에 대한 강도 높은 규제의 사례가 적지 않다. 다른 한편으로 공무위탁의 경우에는 사인의 독립성을 보장하기 위하여 통상적으로 국가감독을 적법성감독으로 제한하고 있는 경우가 많다.[90)]

따라서 감독 내지 규제의 강도만으로 공무위탁 여부를 결정지을 수 없다.[91)] 다만 일반적으로 공무수탁사인에 대해서 상당한 수준의 국가감독을 행하는 것이 바람직하다고 말할 수 있을 뿐이다. 그러나 사인이 국가행정청의 적법성감독을 받는데 그치지 않고 국가행정청의 지시에 따를 의무가 있는 경우에는 당해 활동의 국가임무로서의 성격을 선언한 것이라고 보아야 한다.[92)]

5. 비용부담, 국가배상

공공주체가 사인에게 공행정임무의 수행을 위탁한다면 그 경비는 공공주체가 전부 부담함이 원칙이다.[93)] 따라서 사인의 수행하는 특정한 활동의 경비 전부를 국가나 그 밖의 공공

90) Udo Steiner, a.a.O., S. 83 f., 102 ff.

91) 공행정활동에 대한 국가감독(Staatsaufsicht)과 私경제적 활동에 대한 '규제'(Regulierung) 개념이 구분되어야 한다. 규제(Regulation)란 "공공주체가 생산이나 급부의 주체가 아닌 제3자로서 경제과정에 개입하여 경제주체들의 행위를 규율·유도·조성·금지·통제하는 작용 전체"를 의미한다(이원우, "경제규제와 공익", 서울대 「법학」 47권 제3호, 2006.9., 100면). 사경제에 대한 국가감독과 행정에 대한 국가감독은 역사적으로 모두 절대주의 시대의 상급감독(Oberaufsicht)에서 기원한 것이어서 20세기 중반까지도 국가감독이라는 동일한 용어가 사용되었다(Martin Bullinger, Staatsaufsicht in Wirtschaft, VVDStRL 22, 1965, S. 275 ff.). 그러나 민주적 법치국가에서 양자는 서로 제도적 본질을 달리하는 것으로 이해되어야 하며, 독일에서도 최근에는 사경제에 대한 국가감독을 행정에 대한 국가감독과 용어상 구별하기 위하여 규제 또는 경제감독(Wirtschaftsüberwachung)이라는 용어를 사용하려는 의식적인 노력이 있다. 이러한 규제 개념은 신자유주의의 확대에 맞물려 영·미에서 시작된 '규제완화' 논의와 함께 확립되었다.

92) Udo Steiner, a.a.O., S. 98. 감독청의 지시(Anwesung)에 따를 의무가 있는지 여부는 국가감독법(지방자치법)의 영역에서 고유사무와 수탁사무를 구별하는 핵심적 징표로서 간주되고 있다. 이에 관해서는 拙著, 「영조물의 개념과 이론」, 2010, 218-221면 참조.

93) "국가가 스스로 하여야 할 사무를 지방자치단체나 그 기관에 위임하여 수행하는 경우에는 그 경비는 국가가 전부를 지방자치단체에게 교부하여야 한다"(「지방재정법」 제21조 제2항).

주체가 보전해주도록 규정되어 있다면, 이는 당해 활동을 국가임무의 수행으로 추론할 수 있는 간접증거가 된다.[94)]

---

94) 공공주체가 일정한 요건을 갖춘 사인을 선별적으로 지원하는 행위는 조성행정의 일환이다. 문제는 모집 및 선별행위가 사법상 현상광고와 같은 외관을 띨 수 있다는 점이다.
서울행정법원 2012.2.10. 선고 2011구합23931 판결(항소 부제기로 확정)은 고용노동부 산하 공법인인 한국사회적기업진흥원이 입상자에게 고용노동부장관상 및 수천만원의 상금을 부여하는 '2011년 소셜벤처 권역별 경연대회'를 개최하면서 사단법인 사회적기업연구원에게 대회의 주관업무를 용역계약의 형식으로 위탁하고, 위 사단법인이 주관기관으로서 평가기준의 설정, 본선참가자 · 입상자의 선별 · 결정 업무를 수행한 사건에서, 위 공법인이 「사회적기업 육성법」에 근거하여 고용노동부장관으로부터 권한을 위임받아 수행하는 것임을 인정하면서도, 위 사단법인과 대회참가자 사이에 민법상 현상광고의 법관계가 적용된다고 보고 원고에 대한 탈락조치를 고권적 행정처분에 해당하지 않으며, 위 사단법인을 위 공법인으로부터 행정권한을 위임받은 공무수탁사인이라고 볼 수 없다고 판단하였다. 그러나 위 경연대회는 법률에 근거하여 사회적기업 육성을 위하여 행한 조성행정의 일환이며, 경연대회의 경비 및 상금은 전액 국가예산으로 마련된 것이므로, 입상자 · 탈락자의 결정은 보조금 지급 여부에 관한 고권적 행정결정이라고 봄이 타당하다. 다만 위 공법인이 경연대회를 개최하였으므로 위 사단법인은 위 공법인을 내부적으로 보조하면서 업무를 대행한 행정보조자라고 봄이 옳다.
위 판결과 동일한 취지의 서울행정법원 2012.2.10. 선고 2011구합26244 판결(항소 부제기로 확정)도 지식경제부장관이 국고지원사업인 지역연고기업 육성사업의 시행을 행정규칙인 「지역산업지원사업 공통운영요령」을 통해 산하 공법인인 한국산업기술진흥원에 위탁하고, 위 공법인이 '2011년 지역연고자원의 산업화를 위한 컨설팅 · 창업 통합지원사업'의 주관기관을 대한상공회의소로 지정하여, 대한상공회의소가 지역연고자원을 활용하여 부가가치를 창출하고자 하는 예비창업자를 대상으로 약 2,000만원의 창업지원금을 무상으로 지원하는 것을 내용으로 하는 예비창업자 모집 공고를 하고 지원대상자를 심사 · 결정하는 업무를 수행한 사건에서, 지원대상자 결정 후 한국산업기술진흥원, 대한상공회의소, 지원대상자 사이에서 3자간 '협약서'를 작성하게 된다는 점을 주된 근거로 3자 사이의 법관계를 민간단체들 사이의 사경제적 활동의 성격을 지닌다고 단정짓고 지원대상자 결정이 행정처분에 해당하지 않는다고 판단하였다. 마찬가지로 이 창업지원금은 국가예산에 의한 보조금이라는 점에서, 지원대상자 선정 · 탈락 결정은 보조금 지급 여부에 관한 고권적 행정결정이라고 보아야 한다. 다만 대한상공회의소의 역할이 사업을 내부적으로 주관하는 보조 · 대행자였는지 아니면 대외적으로 사업을 시행하는 법주체였는지는 판결문에서 설시된 사실관계만으로는 판단이 불가능하다. 한편 독일 공법학에서 상공회의소(Handelskammer)는 공법상 단체의 전형적인 예로서 거론되고 있으나, 우리나라의 근거법률인 「상공회의소법」은 상공회의소의 설립을 강제하지 않고 있고 회원에게 가입 · 탈퇴의 자유를 보장하고 있으므로, 우리나라의 상공회의소는 공법인이 아니라 사적자치에 의하여 설립된 사법인이라고 보아야 한다.
서울행정법원 2010.11.4. 선고 2009구합57191 판결(항소 부제기로 확정)은 사단법인 한국학교발명협회가 개최한 '2009 대한민국학생창의력올림피아드 대회'에 관하여 특허청장이 특허청고시인 「발명진흥사업 운영요령」에 따라 대회개최 경비를 지원하고, 대회개최자로부터 추천을 받아 우수참가자에 대하여 상장, 상금, 메달을 수여한 사건에서, 특허청장이 위 사단법인에게 발명진흥이라는 국가사무를 위탁할 법령상의 근거가 없고 행정권한을 위탁하는 명시적 행위도 없었다는 점을 강조하면서, 위 사단법인은 국가사무를 위임받아 수행한 공무수탁사인이 아니라 특허청장으로부터 (민간 자율적인) 대회의 개최를 지원받은 것에 불과하므로 위 수상자 결정은 행정처분에 해당하지 않는다고 판단하였다. 그러나 이 판결에 기재된 사실관계만으로는 위 사단법인이 단순히 보조금을 수령한 사인에 불과한 것이었는지가 분명하지는 않다. 우선 이 판결에는 위 대회를 '특허청과 삼성전자(주)가 주최하고, 위 사단법인이 주관하였다'는 표현이 있는데, 이는 '위 사단법인이 위 대회를 개최하였다'는 사실인정과 모순된다. 즉, 위 대회를 주최한 대외적 법주체가 누구인지가 중요한데도, 재판부는 이에 대한 문제의식이 없었던 듯하다. 위 사단법인의 추천에 따라 특허청장이 시상한다면, 위 사단법인의 수상자 결정은 행정내부적 보조행위로 평가할 여지도 있다. 특허청고시에 의하면, 발명진흥에 관한 대회를 개최하거나 주관하는 단체는 특허청장에게 사업계획서를 제출하여 승인받는 절차를 거쳐야 하는데, 특허청장의 이러한 승인 행위를 국가사무의 위탁이라고 볼 여지가 충분히 있다. 또한 특허청장이 위 대회의 개최 경비를 일부만 지원한 것인지 아니면 전부 지원한 것인지가 분명하게 확인되지 않았는데, 만일 경비를 전부 지원하였다면 위 사단법인의 대회 주관은 국가보조금을 배분하는 행정활동을 위탁받아 수행한 것이라고 볼 수 있다.

공공주체가 사인에게 공무위탁을 할 때 행정상대방으로부터 이용료 내지 수수료를 징수하도록 한 경우에는 그 돈으로 경비의 상당 부분이 충당될 것이므로, 공공주체가 공무수탁사인에게 경비 전부를 교부금의 형태로 지급한다는 것은 있을 수 없게 된다. 이러한 경우에는 반대급부의 징수에도 불구하고 적자가 지속되는 경우에 한하여 보조금을 지급하는 것이 통례이다. 이러한 경우에 공공주체가 지급하는 보조금은 경비의 일부에 그치므로, 이것을 공공주체가 사인의 사적 활동을 장려하기 위하여 지급하는 보조금과 외형이나 지원 정도의 측면에서는 구별하기가 어려워진다. 이용료 강제징수권이 명시적으로 부여되어 있지 않은 상태에서 이용료가 계약상 반대급부라는 외관을 띠고 징수되고 있는 경우에 구별의 어려움이 커진다.

인프라 영역에서는 공공주체가 공공시설의 설치비용을 특별분담금의 형태로 강제징수하여 인프라운영사업자에게 교부하는 경우가 있는데,[95] 민간사업자에게 사업리스크가 전가되지 않는다는 의미에서 리스크와 비용을 공공주체가 부담하는 것이며, 공공주체가 고권적 권한을 행사하여 당해 사업을 고권적으로 보호·유지하는 것에 해당한다. 마찬가지의 의미에서 국가가 사인의 영업활동에 관하여 최소수입(수익성)을 보장하는 것도 국가가 당해 활동을 공권력과 공적 예산에 의하여 보호해 주는 것이므로 당해 사업에 '고권성'을 부여하는 것이다.[96]

한편, 법률에서 사인의 특정한 활동과 관련하여 국가배상책임을 규정하고 있다면, 이는 입법자가 당해 활동을 국가임무의 수행으로 규정한 것이라고 추론할 수 있는 간접증거가 된다.[97] 그러나 우리나라에서는 국가배상에 관한 일반법인 「국가배상법」 외에 사인의 특정한 활동에 관해 국가배상책임을 규정한 개별 법령의 예는 보기 드물다.[98]

공무수탁사인이 아니라 공법인의 공행정활동에 대한 사건에서도 유사한 오류가 눈에 띈다. 서울행정법원 2013.8.30. 선고 2013구합55123 판결(항소 부제기로 확정)은 「한국장학재단 설립 등에 관한 법률」에 의해 설립된 공법인의 대학생들에 대한 학자금지원을 "사경제주체로서 행하는 것일 뿐 고권적 지위에서 한 공권력의 행사라고 볼 수 없으므로, 피고가 … 학자금대출의 신청자격을 (법률의 규정보다 좁게) 제한하였다고 하더라도 이를 항고소송의 대상인 처분이라고 볼 수 없다"고 판시하였다. 한국장학재단은 국가가 학자금(보조금) 지원이라는 조성행정활동을 전문적으로 수행하도록 설립한 공법인이며, 그 재원은 기본적으로 정부가 매년 교부하는 출연금과 정부가 상환을 보증하는 채권을 발행하여 조성되며, 사인으로부터 기부금을 모집할 수도 있다. 최소한 분명한 것은 공공주체의 보조금 지급 거부 결정은 고권적 행정결정이라는 점이다. 실제 보조금을 지급하면서 공공주체와 사인이 대출계약서를 작성한다고 하여 그것이 사적자치가 허용되는 사법상 계약이 되는 것은 아니다. 이 사건에서 원고는, 「한국장학재단 설립 등에 관한 법률」 제2조 제6호, 제3호는 국내대학뿐 아니라 외국대학에 재학하는 학생도 학자금대출 지원대상으로 규정하고 있음에도, 피고가 위 법률을 집행하면서 외국대학에 재학하는 학생의 경우 아예 학자금대출 지원 신청을 봉쇄해버린 것이 위법하다고 주장하였다. 관계 법령에는 피고에게 지원대상범위 또는 대상범위 내에서의 우선순위를 결정할 수 있는 재량권을 부여하는 규정이 전혀 없는데, 재원의 한계가 있으므로 대상범위 내에서 일정한 우선순위를 두는 것은 불문의 행정재량이라 볼 여지도 있지만, 법률에서 정한 지원대상범위를 행정청이 제한하는 것은 명시적인 수권 없이는 허용되지 않는다고 봄이 타당하다.

95) Udo Steiner, a.a.O., S. 89.

96) 인프라시설을 운영하는 민간사업자에 대한 수익성 보장의 문제점에 관해서는 拙著, 「영조물의 개념과 이론」, 2010, 384-388면, 429-432면 참조.

97) Udo Steiner, a.a.O., S. 89.

98) 우리나라의 실정법상의 예로는 「선박안전법」(2007.1.3. 법률 제8221호로 전부개정된 것) 제67조 제1항(선박

6. 단체 설립에 관한 국가개입

공공주체는 사인들의 공익적 활동에 영속성을 부여하기 위하여 이해관계 있는 사인들에게 재단 또는 단체를 구성하도록 유도·조종하기도 한다. 오로지 공익활동을 위해 설립되었으며, 그 설립 과정에 국가가 개입한 단체를 공법인으로 볼 것이냐 아니면 사법인으로 볼 것이냐는 문제가 제기된다.[99)]

공법인이란 i) 특정한 공행정임무를 수행하도록 하기 위하여, ii) 공공주체가 고권적 행위에 의하여 설립한 행정조직으로서, iii) 법인격을 보유한 것이다.[100)] 私法人도 자율적으로 공익적 활동을 수행할 수 있으므로 활동의 공익성이라는 기준만으로는 공법인과 사법인을 구분할 수 없다. 따라서 '공공주체의 고권적 행위에 의한 설립'이 공법인과 사법인을 구별하는 결정적 요소가 된다. 여기에서 고권적 행위란 공공주체가 사적자치에 의거하지 아니하고 공익 목적을 위하여 특정한 조직을 설립하고 그것에게 권리능력을 부여하는 행위를 의미한다. 고권적 행위는 입법자의 행위일 수도 있고, 입법자의 위임에 의한 행정청의 행위일 수도 있다. 고권적 행위에는 조직을 새로 설립하는 행위뿐만 아니라, 기성의 私法人을 국유화하여 공법인으로 만드는 행위도 포함한다. 조직민영화를 통해 사법적 조직형식으로 전환된 법인도 공법인으로 포착할 수 있어야 하기 때문에, 사법적 조직형식의 사용 여부가 공법인의 결정적인 기준은 되지 못한다. 그렇지만 민법, 상법과 같은 일반법이 아니라 특별한 법률에 근거하여 설립되었다면, 그러한 설립은 사적 자치에 근거한 것이 아니라 고권적 행위에 근거한 것이다.[101)]

공무수탁사인에 해당하려면, 다시 말해 본질적으로 私法人에 해당하려면, 당해 법인이 사적 자치에 의해 자율적으로 설립되었어야 하고, 공공주체로부터 위탁받은 공행정임무 외에 본래의 고유한 존립목적에 의한 고유사무를 수행하고 있어야 한다. 법인의 설립이 법령이나

안전 대행검사기관에 관한 국가배상책임)이 유일한 것으로 보인다.

99) 최근 언론에 보도된 예로는 재단법인 한국주류문화연구센터(KARF)가 있다. 1990년대에 사회적으로 알콜중독 문제가 심각해지고 주류의 과소비를 유혹하는 주류업체들에 대한 비판적 여론이 확산되고 정치권에서 주류소비를 억제하기 위해 주류에 국민건강진흥기금을 부과하는 입법안이 제출되자, 주류업체들의 이익단체인 한국주류산업협회는 1997. 주류업체들의 사회적 책임 이행 차원에서 매년 50억원을 출연하여 알콜중독자 전문 치료 병원을 운영하겠다고 선언하였고, 이를 위해 2000.4. 재단법인 한국주류문화연구센터를 설립하였는데, 설립과정에 국세청이 긴밀하게 관여하였다고 한다. 이 재단법인은 2004.3. 경기도 고양시 일산에 국내 유일의 알콜중독자 전문 치료 병원을 개원하여 운영해왔는데, 주류업체들이 지배하고 있는 이 재단법인의 이사회는 그간 사회의 비판적 여론이 잠잠해지자 2011.경부터 병원 건물 및 자산을 매각하고 알콜중독자 치료사업을 중단하려고 시도하고 있는데, 이에 노조가 반발하여 사회문제화되었다. 노조는 보건복지부에 알콜중독자 전문 치료 병원이 존치될 수 있도록 재단 이사회의 병원 매각 추진에 제동을 걸어달라고 요청하였으나, 보건복지부는 민간재단의 내부적 일이라며 개입하지 않았다.

100) 공법인의 개념 정의에 관해서는 拙著, 「영조물의 개념과 이론」, 2010, 147-153면 참조.

101) 이원우, "항고소송의 대상인 처분의 개념요소로서 행정청", 「저스티스」 제68호(2002), 197-198면.

행정처분에 의하여 강제되고, 구성원의 가입·탈퇴의 자유가 인정되지 않는다면, 그 법인은 공법인이라고 보아야 한다.[102][103] 따라서 법인 설립에 관한 국가의 관여가 지원·유도·조종의 차원을 넘어 명령·강제의 수준에 이르면, 당해 법인은 공무수탁'사인'이 아니라 공법인이 된다.

7. 공무원의, 공무원에 대한 범죄에 준하는 형벌 위하

독일 형법과 마찬가지로 우리나라의 형법도 공직의 안전성과 청렴결백성을 사적 직업·활동의 그것보다 우월한 법익으로서 보호하고 있다. 즉 그에 대한 침해에 관하여 보다 높은 법정형을 규정해 두고 있다. 따라서 어떤 활동의 안전성과 청렴결백성에 대한 침해에 관하여 업무방해죄, 폭행죄, 비밀누설죄, 횡령·배임죄보다 높은 형량이 법정되어 있다면, 이는 입법자가 당해 활동을 공직의 수행으로 평가하였다고 추론할 수 있는 간접증거가 된다.[104]

---

102) 코스탁시장 운영주체인 한국증권업협회는 私人(증권회사)을 구성원으로 하지만 코스탁시장의 개설에 따른 시장규제권한을 행사하는 것을 주된 목적으로 「증권거래법」에 의하여 설립되었다는 점에서 전형적인 공법상 단체로 파악하여야 한다. 서울행정법원 2001.9.18.자 2001아1428 집행정지 결정은 한국증권업협회의 협회등록취소결정을 공무수탁사인에 의한 행정처분으로 파악하였으나, 이에 관한 항고심인 서울고등법원 2001.11.16.자 2001루100 결정은 사인들 사이의 사법상 계약의 해지에 불과하다고 보았고, 이에 관한 재항고심인 대법원 2004.3.4.자 2001무49 결정도 손쉽게 항고심의 결론을 추인해 버렸다(대법원의 결정 이후에 원고가 제1심 본안의 소를 취하해버려, 애석하게도 이 사건에 관한 대법원 판결이 나오지 않았다). 제1심 법원은 한국증권업협회의 협회등록취소결정에 대한 항고소송에서 대상적격(행정처분성)을 인정하기 위하여 공무수탁사인으로 논증하였으나, 시장에서의 규제권한의 행사는 전형적인 국가적·고권적 임무이고, 한국증권업협회는 설립목적인 코스닥시장에서의 규제임무를 수행하는 것 외에는 다른 사적인 존립목적을 가지고 있지 않다는 점에서, 한국증권업협회를 기본적으로 私人으로 평가한 것은 잘못이다. 구성원 가입강제는 공법상 단체인지 여부를 판단하는 핵심적 요소인데, 한국증권업협회의 설립근거법률에 가입강제에 관한 규정이 없고 정관에도 증권회사의 자발적인 신청에 의하여 회원으로 가입되도록 하고 탈퇴에 대하여도 특별한 제한이 없는 점을 겉으로만 보고 '임의가입'에 의한 사법상 단체로 오해할 수 있지만, 증권회사는 한국증권업협회의 회원이 되지 않으면 코스닥시장에서 증권중개업을 영위할 수 없다는 점에서 한국증권업협회는 암묵적으로 가입이 강제된 공법상 단체라고 할 것이다. 항고심과 재항고심 법원은 관계법령에 한국증권업협회의 협회등록사무가 국가사무라거나 그에 관한 권한을 한국증권업협회에 위임 또는 위탁한다는 아무런 근거규정이 없다는 점을 중요한 판단요소로 거시하였다. 그러나 자유방임적 시장주의 사상에서도 시장의 형성과 질서유지는 본질적으로 국가의 임무로 파악하고 있다. 국가임무의 수행 위탁은 관계법령에 명시되지는 않았지만 국가가 「증권거래법」에 의하여 특별한 조직을 창설하여 일정한 사무를 수행하도록 함으로써 당연히 전제되어 있는 것이고, 행정처분을 함에 있어 법령상 근거가 있는지 여부는 본안에서 당해 처분이 적법한가를 판단하는 데에 있어 고려할 요소이지, 소송요건 심사단계에서 고려할 요소가 아니다.

103) 공무수탁사인의 예로서 변호사회를 거론하는 견해도 있으나(박균성, 「행정법론(상)」, 제11판, 2012, 91면), 법률에 의하여 변호사회의 설립과 회원가입이 강제되고 있으므로 변호사회는 사법인이 아니라 공법인이라고 보아야 한다(拙稿, "변호사회의 법적 성질과 소송형식-독일과 한국의 비교를 중심으로-", 「행정법연구」 제39호(2014), 27-58면 참조).

104) Otto Mayer, Verwaltungsrecht Ⅱ, S. 164 FN 41; Udo Steiner, a.a.O., S. 89. 현재 우리나라의 개별 법률에는 뇌물죄 등에 관한 공무원 의제 규정이 광범위하게 존재하는데, 대부분은 공법인·공기업의 임직원, 행정위원회의 위원에 관한 것이고, 공무수탁사인에 관한 것으로는 예를 들어 「국토의 계획 및 이용에 관한 법률」 제139조 제6항(국토해양부장관 등으로부터 위탁받은 사무를 수행하는 자 또는 그에 소속된 직원의 공무원 의제), 「국가기술자격법」 제25조(국가기술자격 검증업무 수탁기관의 임직원의 공무원 의제), 「도시가스사업법」 제45조의2(수탁검사기관 임직원의 공무원 의제), 「고압가스 안전관리법」 제37조의2(수탁검사기관 임직원의 공무원 의제), 「청원경찰법」 제10조 제2항(청원경찰의 공무원 의제)이 있다.

8. 小結: 검토한 기준들의 의미

현대 공법학의 통설인 형식적 국가임무 개념에 의하면, 헌법질서와 상위규범이 허용하는 한계 내에서 1차적으로 입법자, 2차적으로 행정청이 하는 명시적 선언만이 국가임무로서의 성격을 판단하는 확실한 근거이다. 따라서 앞서 검토한 기준들은 단지 국가의 결정을 추론해 낼 수 있는 간접증거에 불과하며 모두 일정한 한계를 내포하고 있다. 그러므로 이러한 기준들은 모두 충족하여야만 공무수탁사인으로서의 성격을 긍정할 수 있는 구성요건적 요소가 아니라, 종합적으로 고려되어야 할 상호보완적 형량요소라고 보아야 할 것이다.

Ⅴ. 공무수탁사인 개념의 도그마틱적 의의

공무수탁사인 개념은 私人의 어떤 활동이 공행정활동에 해당한다는 규범적 판단의 결과이며, 여기에는 그 활동에 관하여 ① 행정소송과 같은 특별한 소송형태, ② 기본권구속과 같은 공법의 법리, ③ 국가배상책임이 적용되어야 한다는 도그마틱적 법효과가 결부된다.

행정법학에서 공무수탁사인의 개념정의 및 범위설정의 문제를 제외하고, 공무수탁사인 개념과 관련하여 최근 첨예하게 의견이 대립되고 있는 쟁점은 '과연 공무수탁사인이 공행정주체에 해당하느냐'라는 문제이다. 이 고전적 주제는 최근 「국가배상법」의 개정으로 제2조 제1항에서 광의의 공무원의 한 예로 명시된 공무수탁사인에 대해서도 제2조 제2항에 따라 고의 또는 중대한 과실이 있는 경우에만 국가 또는 지방자치단체의 구상을 허용할 것인지라는 문제와 관련하여 다시금 부활하였다.

1. 공행정주체로서의 공무수탁사인: 행정주체성의 의미[105]

(1) 유사개념들의 의미 구분

언어관용에서, 학문과 실무에서 공법인과 유사한 개념들이 다양하게 사용되고 있다. 물론 이러한 개념들도 모두 학문상 정립된 개념이며, 명확하고 합의된 개념 정의가 존재하는 것은 아니다.

1) 공공주체(öffentliche Hand)는 본래 '시장의 보이지 않는 손'(invisible Hand)과 대조되는 비유적 표현으로서－넓은 의미의－국가가 단순한 시장참여자로서 시장질서에 복종하는 것이 아니라 인위적으로 시장질서를 형성·지배하고 시장질서에 광범위하게 개입한다는 점을 시사하기 위하여 사용되어 온 용어이다. 이것은 공법인들의 집합개념이라고도 이해되고

---

105) 공법에서 법인격과 행정주체성의 의미에 관한 이하의 서술은 필자의 선행연구(拙著, 「영조물의 개념과 이론」, 2010, 147-164면)를 압축·정리한 것이다.

있다.[106] 따라서, 예를 들어 공무수탁사인의 활동을 공공주체의 활동이라고는 말하지만, 공무수탁사인 자체를 공공주체라고는 말하지 않는다.

2) 공공주체의 법인(juristische Person der öffentlichen Hand): 공법인의 개념은 '공공주체의 공법적 행위에 의한 설립'에 초점이 맞추어져야 하지 '공법적 조직형식의 사용'에 초점이 맞추어져서는 아니 된다. 그러나 후자에 초점을 맞추어 공법인을 공공주체가 공법적 조직형식을 사용하여 설립한 법인이라고 이해할 경우에는, '공공주체의 법인'이라는 용어를 공공주체가－사법적 조직형식을 사용한 경우를 포괄하여－설립한 모든 법인이라는 의미로 구분하여 사용하는 경우도 있다.[107]

3) 공행정주체(Träger öffentlicher Verwaltung, Verwaltungsträger)라는 용어는 광의의 공공주체를 의미하는 것이 아니라 단지 공행정활동을 수행하는 법주체(법기술적 단위)의 의미로 사용되며, 전통적으로 공무수탁사인을 공행정주체에 포함시켜 왔다.[108]

4) 간접적 국가행정: 협의의 국가법인격 밖에서 별도의 법인격을 보유하고 있는 법주체에 의해서 국가적 공행정임무가 수행되는 것을 의미한다. 지방자치단체의 수탁사무, 공법인과 공무수탁사인을 통한 공행정활동을 전부 포괄하는 집합개념이다.

5) 우리나라의 실정법에서는 "공법인"과 "공공단체"라는 용어가 사용되고 있는데, 이들은 각각의 경우에 모두 공법인을 의미하는 것임이 분명하지만,[109] 법률의 문언에서 이들 앞에 "국가"와 "지방자치단체"가 열거되었느냐 아니냐에 따라 국가, 지방자치단체를 포괄하는 의미로 또는 제외하는 의미로 해석된다.

위와 같은 개념들은 모두 법인격을 보유한 법주체의 의미로 사용된다. 공법인의 개념과 의미를 공법적 조직 중 '공법인이 아닌 것'과의 관계에서 해명하기 위해서는, 공법에서 법인격 내지 권리능력이 갖는 의미가 검토되어야 한다.

(2) 공법에서의 권리능력과 법인격의 의미

사법학에서 '완전한 권리능력'이란 법주체로서 사법적인 거래에 참여할 수 있고, 손해배상책임의 주체가 되며, 소송에 당사자로서 참여할 수 있는 능력을 보유하는 것을 의미한다. 민법이 모든 자연인과 법인에 대하여 아무런 제한이나 차등 없이 권리능력(Rechtsfähigkeit)을

106) Michael Ronellenfitsch, Wirtschaftliche Betätigung des Staates, in: HdbStR Ⅲ, 1988, § 84, S. 1172, FN 1.
107) Wolff/Bachof/Stober, Verwaltungsrecht Ⅰ, S. 534 ff.
108) Wolff/Bachof/Stober, Verwaltungsrecht Ⅰ, S. 532; Winfried Kluth, Funktionssubjekte der Verwal-tungsorganisation, in: Wolff/Bachof/Stober, Verwaltungsrecht Ⅲ, 2004, § 83, S. 235, 237 f.; Walter Krebs, Verwaltungsorganisation, in: HdbStR Ⅲ, 1988, § 69, S. 590.
109) 우리나라에서 현재 시행되고 있는 법률 중에 "공공단체"라는 용어를 사용하고 있는 법률은 9개이고, "공법인"이라는 용어를 사용하고 있는 법률은 3개이다. 공공단체를 공법인과 동일한 개념으로 파악하는 견해로는 김도창, 「일반 행정법론(下)」, 제4전정판, 1993, 133면; 김동희, 「행정법 Ⅱ」, 제15판, 2009, 47면; 김철용, 「행정법 Ⅰ」, 제12판, 2009; 80-81면; 박윤흔, 「최신 행정법강의(下)」, 제27판, 2004. 454-455면; 이상규, 「新행정법론(下)」, 신판, 1994, 132-133면.

인정하고 단지 행위능력(Geschäftsfähigkeit)에 관해서만 차등을 두고 있기 때문에, 私法學에서는 '완전한 권리능력'이 아닌 '부분적 권리능력'이 존재할 수 있다는 점이 쉽게 인식되기 어려울 뿐만 아니라 실무상 쟁점이 되는 경우가 거의 없어 관련 연구도 희박한 상황이다. 그래서 통설은 권리능력을 포괄적이고 불가제한적인 것으로 이해하며, 법인의 권리능력은 자인연의 권리능력과 원칙적으로 동일하므로 법인격(Rechtspersönlichkeit)과 권리능력을 동일시한다.[110)]

반면, 공법학에서 권리능력이란 특정한 법규에 따른 법적 권한을 행사할 자격을 의미하는데, 행정조직법은 각각의 행정단위에게 항상 단지 특정한 임무와 권한들만을 할당해주므로, 공법의 영역에서 완전한 권리능력이란 존재하지 않는다고 여겨진다(**권리능력의 상대성**). 법률이 어떤 행정조직에 대하여 아무런 제한 없이 단순히 권리능력을 갖는다고 규정하고 있을 때, 이러한－아무런 제한이 없다는 의미에서의 '완전한'－권리능력을 어떻게 이해할 것인지가 문제되는데, 통설은 '완전한 권리능력'은 私法的인 의미에서의 '완전한 권리능력'을 의미하는 것으로 이해한다. 한편, 권리능력이라는 기준은 법인인 행정단위와 법인이 아닌 행정단위들을 구별하는데 효과적인 기준이 되지 못한다. 모든 행정단위는 특정한 행정임무의 수행에 관한 법규의 귀속주체이기 때문에, 그 법규에 관해서는 권리능력을 보유한다. 따라서 법인인 행정단위와 법인이 아닌 행정단위를 구분하기 위해서는 어떤 다른 구별기준이 존재하여야 한다. 즉, 권리능력은 특정한 법규의 귀속주체가 될 자격을 의미할 뿐이며, 법인이라고 판정되기 위해서는 하나의 행정단위가 어떤 법규들의 귀속주체가 되어야 하는지에 관해서는 해답을 주지 못한다. 다만, 적어도 私法的인 의미에서의 '완전한 권리능력'을 보유하고 있는 행정단위들을 단순히 법인이라고 지칭하고 있으며, 반대로 근거법률에서 특정한 행정단위를 법인이라고 규정하면 그 행정단위는 私法的인 의미에서의 '완전한 권리능력'을 부여받은 것으로 전제하는 것이 학설과 법실무의 대체적인 관행이다.[111)]

(3) 小 結

따라서 전통적으로 공무수탁사인을 '공행정주체'라고 지칭하였던 것은 공무수탁사인이 본질적으로 '사인'으로서 사법상의 완전한 권리능력을 보유하고 있다는 점을 지적하는 것에 불

110) 그러나, 예를 들어, '권리능력 없는 사단'의 경우(독일민법 제54조)에도 거래능력과 소송의 당사자능력은 보유하며, 단지 등기되지 아니함에 따라 등기를 전제로 하는 권리·의무의 주체가 될 수 없음에 그친다는 점이 판례와 학문에 의해서 승인되어 있는데, 이는 사법상 법인의 권리능력도 단계화할 수 있다는 인식으로 나아갈 수 있게 한다. 또한 법인은 혼인이나 유언을 할 수 없으므로 자연인의 권리능력과 법인의 권리능력이 동일한 것도 아니다. 우리 민법 제34조는 "법인은 법률의 규정에 좇아 정관으로 정한 목적의 범위 내에서 권리와 의무의 주체가 된다"고 규정함으로써 사법상 법인의 권리능력이 법률과 정관의 규정에 따라 차등화될 수 있음을 보여주고 있다. 독일 私法에서의 권리능력의 상대성에 관한 논의를 소개한 문헌으로는 송호영, "법인의 권리능력", 「비교사법」 제7권 제1호(2000), 91-122면.

111) Walter Krebs, Verwaltungsorganisation, in: HdbStR Ⅲ, 1988, § 69, S. 587 f.; Winfried Kluth, Funktionssubjekte der Verwaltungsorganisation, in: Wolff/Bachof/Stober, Verwaltungsrecht Ⅲ, 2004, § 83, S. 211 ff.

과하며, 그 이상의 의미를 내포하지 않는다.[112] 즉, 공무수탁사인은 공공주체로부터 위탁받은 공행정임무수행과 관련하여 원칙적으로 '자신의 이름으로' 법률행위를 할 수 있고, 그와 관련하여 손해배상책임의 주체가 되며, 소송을 제기하거나 소송상대방이 될 당사자능력을 보유한다. 그러나 위탁받은 공행정임무수행과 관련하여 공무수탁사인에게 구체적으로 어떤 기능·업무와 권한들이 할당되었는지는 공법의 개별 법규에 관한 검토를 통해 규명되어져야 한다.

2. 기본권구속

공행정활동을 수행하는 공공주체는 기본권보호의무의 수범자이므로, 원칙적으로 기본권주체가 될 수 없다. 공공주체가 기능민영화나 공무수탁사인을 활용하는 것은 공공주체의 임무수행방식의 변경에 불과하며, 이를 통해 시민의 법적 지위가 나빠져서는 안 된다. 즉, 공공주체로부터 위탁받은 업무의 수행에 관한 한 공무수탁사인은 공행정임무를 수행하는 행정단위이며, 이에 관한 한 기본권에 구속되어야 한다.

흔히 기능민영화에서 위탁받은 사무를 수행하는 민간사업자의 법적 지위를 私人이라고 평가하는데, 이는 민간사업자가 공공주체와의 계약·규제·감독관계에서 기본권을 주장·행사할 수 있다는 의미로 한정하여야 한다. 민간사업자가 이용자와의 관계에서 고권적 권한을 행사하거나 고권적 권한에 의해서 보호를 받으면서 영조물을 운영하는 한, 민간사업자가 자신의 기본권을 주장하는 것이 허용되어서는 안 되는데, 왜냐하면 근본적으로 이용자에게 상대방 선택의 자유가 없어 사적자치의 토대가 존재하지 않고, 이를 허용하면 공공주체의 임무수행방식의 선택에 불과한 기능민영화를 통해 이용자의 법적 지위가 불리해지며 '행정의 사법으로의 도피'를 다시 가능하게 하기 때문이다. 따라서 기능민영화의 문제에서 민간사업자의 법적 지위를 논함에 있어서는 항상 두 개의 차원을 분리하여야 한다.

---

112) 김중권, "행정법집행에서의 민간전문가의 참여", 「공법연구」 제40집 제1호, 2011, 402-404면은 용어의 조직법상의 의미, 작용법상의 의미, 책임법상의 의미를 구분하여야 하며, 공무수탁사인을 "행정주체"(Verwaltungsträger)라고 부르는 것은 조직법상의 의미이며, '공무수탁사인은 행정주체이기 때문에 스스로 배상책임의 주체가 되며 국가배상책임의 성립요건으로서 공무원에는 해당될 수 없다'는 주장은 논의의 차원을 혼동하여 오류를 범한 논증이라고 지적한다. 이러한 지적은 매우 타당하다. 그러나 김중권 교수는 나아가 대법원 2010.1.28. 선고 2007다82950, 82967 판결("한국토지공사는 이러한 법령의 위탁에 의하여 대집행을 수권받은 자로서 공무인 대집행을 실시함에 따르는 권리·의무 및 책임이 귀속되는 행정주체의 지위에 있다고 볼 것이지 지방자치단체 등의 기관으로서 국가배상법 제2조 소정의 공무원에 해당한다고 볼 것은 아니다")이 바로 이런 오류를 범했다고 비판하고 있는데(이러한 비판은 한국토지공사가 공무수탁사인에 해당한다는 점을 전제하고 있다), 한국토지공사는 공법인(공공주체)이지 私人이 아니라는 점에서 이러한 비판은 근본적으로 잘못되었다. 지방자치단체가 (협의의) 국가로부터 국가사무를 위임받아 수행하듯이, 그 밖의 공법인도 국가 또는 지방자치단체로부터 사무를 위임받아 수행하며, 한국토지공사가 대집행을 위탁받아 수행한 것은 바로 이러한 경우에 해당한다. 위 판결에 관해서는, 아래의 4. 2)항에서 논하는 바와 같이, 그 밖의 공법인의 배상책임에 관하여 민법을 단순 적용할 것이 아니라 「국가배상법」을 (유추)적용하여야 하는지 여부라는 논점을 지적하였어야 마땅하다.

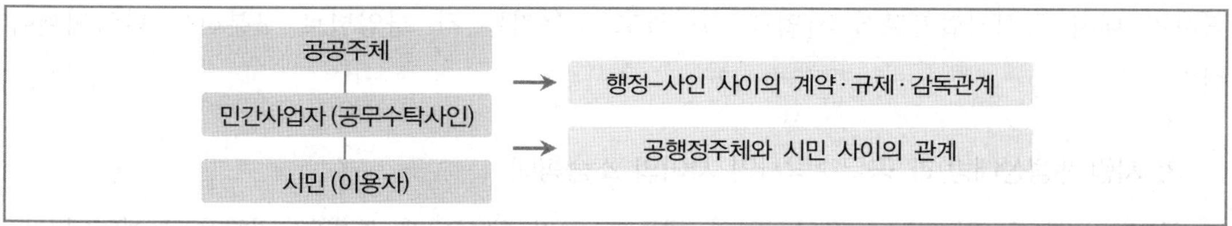

그러나, 그렇다고 하여 민영화된 기업의 급부활동이 항상 공행정활동인 것은 아니다. 민영화된 기업이 급부활동을 수행함에 있어서 직접 고권적 권한을 행사하거나 또는 공공주체의 고권에 의하여 시장경쟁이 배제되어 있는 경우에만 그러한 급부활동은 고권적 힘에 의한 공행정활동이라고 평가되어야 한다.[113] 만일 민영화를 통해 특정한 급부의 공급에 관하여 유효경쟁이 작동하는 시장이 형성되고, 민영화된 기업이 시장법칙에 따르는 여러 사기업들 중의 하나로서 활동한다면, 민영화된 기업은 사경제적 활동을 수행하는 단순한 사인에 불과하다고 보아야 한다. 민영화된 기업이 수행하는 급부활동이 공행정활동에 해당하는가에 대해서는 앞서 살펴본 공행정활동과 사적 활동의 구별기준이 그대로 적용될 수 있다. 즉, 민영화를 통해 고권적 권한에 의한 독점공기업의 독점적 지위가 해체되고 시장경쟁이 창출되는 경우에만 민영화된 기업의 급부활동은 영리추구가 허용되는 사경제활동이라고 할 수 있고, 독점기업의 소유·경영권만 민간에게 이전되었을 뿐이고 그 기업이 여전히 고권적 권한을 행사하거나 고권적 힘에 의하여 독점적 지위가 유지되고 있다면, 그러한 독점적 지위를 이용하여 영리를 추구하는 것은 시장경제질서에 의해서 정당화될 수 없을 뿐만 아니라 시장경쟁을 통해 기업을 효율화한다는 민영화의 기본논리에도 배치되는 것이어서 허용될 수 없다. 민영화를 통해 독점공기업의 독점적 지위가 해체되고 시장경쟁이 창출된다면, 개념상 독점권을 내포하고 있는 '특허'라는 용어를 사용할 필요가 없다. 그런 조건 하에서라면 민영화된 기업의 급부활동을 영리 목적의 사경제활동에 해당하는 것으로 볼 수 있고, 나아가 민영화된 기업에 대한 공공주체의 감독은 행정활동에 대한 국가감독(Staatsaufsicht)이 아니라 私경제에 대한 '규제'(Regulierung) 개념으로 파악되어야 한다.

다른 한편으로, 특허기업자는 고권적 권한이나 독점권이 부여된 급부활동에 관해서만 공행정활동을 수행하는 것이고, 그 외의 영역에서는 단순한 사인으로서 사경제적 활동의 주체일 뿐이다. 현실적으로 사기업들은 공공주체로부터 위탁받은 사업뿐만 아니라 다양한 종류의 사업을 경영하고 있다. 따라서 사기업이 단순한 私人으로서 사업을 경영하고 있는지 공무수

113) Wolff/Bachof/Stober, Verwaltungsrecht Ⅰ, S. 304는 "승계기업(Nachfolgeunternehmen)이 자신의 사경제적 활동 외에 여전히 배타적 권리들을 행사하는 한 기본권 구속은 긍정될 수 있다"고 서술하고 있다. Wolff/Bachof/Stober, Verwaltungsrecht Ⅲ, 2004, S. 632는 "기본권 구속은 단지 실질적으로 민영화된 시설이 동시에 공법적인 권한들을 행사하거나, 독점영역에서 활동하거나 또는 공공주체의 지분참여가 남아 있는 한도 내에서만 계속 존속한다"고 서술하고 있다.

탁사인 내지 특허기업자로서 사업을 경영하고 있는지는 각 사업별로 구분하여 파악되어야 한다.

3. 시민(행정상대방)과 공무수탁사인 사이의 소송형태

공법의 기능은 한편으로 공익실현의 책무를 가진 행정에게 특별한 권한을 부여하면서도 동시에 바로 그렇기 때문에 행정에게 특별한 제한과 통제를 가하는 데에 있으며,[114] '행정에 관한 고유한 공법'으로서 행정법의 이러한 특수성을 해명하는 것에 행정법학의 임무가 있다. 행정법의 특수성은 재판관할에서 드러날 수도 있지만, 실체법적 규율에서 드러날 수도 있다. 따라서, 1) 공법의 실체법적 원리에 의해서 규율되고, 행정소송이 적용되는 법관계(협의의 공법관계)뿐만 아니라 2) 비록 행정소송은 적용되지 않지만, 공법의 실체법적 원리에 의하여 규율되어야 하는 법관계(광의의 공법관계)가 모두 행정법학의 고찰대상이 되어야 한다. 다만, 공법 문제를 다룸에 있어 공법의 '실체법적 특수성'과 '소송법적 특수성'은 차원이 구분되어야 한다는 점에서 양자를 구별하여 고찰하는 것이 바람직하다.[115]

공무수탁사인이 사신의 이름으로 행징처분을 행한 경우에는 항고소송의 피고가 된다(협의의 공법관계). 공법인이 사법적 작용형식을 사용하는 경우에는 상대방과의 분쟁은 민사소송을 통해 해결되어야 한다는 것이 통설·판례이므로, 이러한 行政私法 이론은 공행정주체로서의 공무수탁사인에게도 확장·적용되어야 할 것이다(광의의 공법관계). 즉 공무수탁사인이 사법적 형식을 사용하여 시민과 법관계를 형성한 경우에는 민사소송을 이용하게 되는데, 공무수탁사인이 실질적·기능적으로 공행정활동을 수행하는 것인 한 사적자치를 향유할 수 없고 기본권과 그 밖의 공법의 법리에 구속되어야 하므로, 민사법원은 사인과 사인 사이의 법관계·분쟁에서와는 다른 심사척도를 적용하여야 한다는 점에 유의하여야 한다.

현재의 행정소송 실무는 개별법령에서 권리구제방법으로 행정소송을 명시하지 않았다 할지라도 공무수탁사인의 행위·의사표시에 관하여－통상 공법적 행위형식에 부여되는－결정·허가·인가·승인 등과 같은 명칭을 사용하고 있는 경우에는 대체로 그러한 행위·의사표시를 행정처분으로 해석해내고 있다. 그러나 권리구제방법도 명시되지 않고 그러한 명칭도 사용되지 않은 경우에는 (공무수탁)사인의 행위·의사표시를 행정처분으로 구성해내는 데 어려움을 드러내고 있다. 그러한 명칭이 사용되지 않은 경우에는－법적 지위설의 강한 영향을 받아－명백한 임무수행의 위탁이 있음에도 공무수탁사인에 해당하지 않는다고 단정 짓고, 따라서 단순한 사인에 불과한 그의 행위·의사표시는 행정처분에 해당하지 않는다는 결론을 도출해내고 있다. 따라서 문제는 공법적 행위형식에 통상 부여되는 명칭이 사용되지도 않았

114) 박정훈, "행정조달계약의 법적 성격", 「행정법의 체계와 방법론」, 2005, 223면.

115) 이에 관해서는 拙著, 「영조물의 개념과 이론」, 2010, 328-330면 참조.

고 권리구제방법으로서 행정소송이 명시되지 않은 경우에 공무수탁사인의 행위·의사표시를 법해석의 차원에서 과연 어떠한 요건 하에서 행정처분으로 구성해낼 수 있느냐이다.

일차적인 기준은 이미 앞서 고찰한 바 있는 공무수탁사인의 행위·의사표시의 고권성 여부가 되어야 한다. 그러나 "어떤 행정청의 행위가 행정소송의 대상이 되는 행정처분에 해당하는가는 그 행위의 성질, 효과 외에 행정소송제도의 목적 또는 사법권에 의한 국민의 권리보호의 기능도 충분히 고려하여 합목적적으로 판단되어야" 한다.[116] 행정소송의 방법론적 전문성이 공익과 사익의 형량에 있고,[117] 민사소송·당사자소송과 대비되는 항고소송의 가장 중요한 특성이 공정력·불가쟁력에 의한 법관계의 조속한 확정, 취소판결의 대세효에 있다는 관점에서 보면, 모든 공법관계의 분쟁이 항고소송의 대상이 되어야 하는 것은 아니다. 항고소송의 필요성은 이해관계인들의 수, 재판의 결과가 국민생활관계의 형성과 당사자 개인에게 미치는 영향의 정도, 본안에서의 핵심적인 쟁점이 사실관계의 확정에 그치는 것인지 아니면 나아가 공법규정을 해석하고 제반사정을 형량하는 것에 있는지, 판결에 대세효를 미치게 할 필요성이 있는지 등을 종합적으로 고려하여 결정되어야 할 것이다.[118]

4. 국가배상책임

(1) 국가배상책임 성립요건으로서의 공무수탁사인(광의의 공무원)

공무수탁사인이 국가배상책임의 성립요건으로서 (광의의) 공무원에 해당한다는 점, 다시 말해 공무수탁사인이 고의 또는 과실로 타인에게 손해를 입힌 경우에 그에게 공무를 위탁한 국가 또는 지방자치단체가 피해자에게 국가배상책임을 부담한다는 점에 관해서는 다툼이 없었으며,[119] 최근 「국가배상법」 제2조 제1항 중 종전의 "공무원" 부분이 "공무원 또는 공무를 위탁받은 사인(이하 '공무원'이라 한다)"으로 개정되어 이것이 법률에 명문화되었다(2009.10.21. 자 법률 제9803호). 한편, 여기에서의 공무수탁사인에 협의의 공무수탁사인(Beliehene)뿐만 아니라 행정보조자(Verwaltungshelfer)도 포함된다는 것이 독일의 통설이자 우리나라의 통설·판례이다.[120)]

---

116) 대법원 1984.2.14. 선고 82누370 판결.

117) 행정소송의 방법론적 전문성에 관해서는 박정훈, "행정법원의 임무와 역할", 「행정소송의 구조와 기능」, 2006, 55-58면 참조.

118) 공급사업자와 이용자 사이의 법관계에 적합한 소송유형에 관한 예시적 설명으로는 拙著, 「영조물의 개념과 이론」, 2010, 426-430면 참조.

119) 대법원 1970.11.24. 선고 70다2253 판결(비정규직 군무원); 1991.7.9. 선고 91다5570 판결(통장); 2001.1.5. 선고 98다39060 판결(교통할아버지).

120) Hans-Jürgen Papier, in: Maunz/Durig(Hg.), GG Kommentar, Band II, 1994, § 34 Rn. 93 f.; Fritz Ossenbühl, Staatshaftungsrecht, 5 Aufl., 1998, S. 15; Hartmut Maurer, Allgemeines Verwaltungsrecht, 15 Aufl., 2004, § 26, S. 661 f. 독일의 판례는 행정보조자가 사적 기업가인 경우에는 국가배상책임의 성립을 제한하려는 경향을 보여주고 있다. 경찰로부터 불법주차된 차량의 견인업무를 계약의 방식으로 위탁받은 사기업가가 견인과정에서 과실로 피견인차량을 파손시키거나 또는 교통사고로 제3자에게 피해를 입힌 사안

문제는 공공주체의 공무수탁사인에 대한 구상권도 협의의 공무원의 경우와 마찬가지로「국가배상법」제2조 제2항에 따라 고의 또는 중대한 과실이 있는 경우에만 허용되는 것인지 여부이다. 위 개정법률의 입법취지는 분명 이를 의도하였다.[121] 경과실의 경우 구상책임면제를 판례의 사안에서 문제된 '小시민으로서의 공무수탁사인들'에게 적용하는 것은 수긍할 수 있지만 위탁받은 공무를 영업으로서 수행하는 '독립적인 영리적 사업가 내지 회사'에 대해서도 적용하는 것에는 상당한 반대가 존재한다.[122] 위 개정법률의 입법심사과정을 보면, 입법자가 공무수탁사인 개념 하에 다양한 스펙트럼이 존재할 수 있고 변제자력이 충분히 있는 사업가에 대해서 구상책임을 면제하는 것은 불합리하다는 점을 제대로 인식하지 못한 채 경솔하게

에서, 독일 연방일반최고법원(BGH)은 과거에는 사기업가가 행정의 지시나 그 밖의 영향력 행사에 광범위하게 종속되어 있어 마치 행정의 도구(Werkzeug)로서 등장하는 경우에만 예외적으로 州(Land)의 국가배상책임을 긍정하였다가(BGH, NJW 1978, 2502), 국가배상책임은 직무담당자의 법적지위가 아니라 활동의 기능에 초점을 맞추어야 한다는 학계의 비판을 받은 후 자신의 도구이론을 애매하게 완화하였다고 한다. 즉, 해당 임무의 고권적 성격이 강할수록, 위탁받은 활동과 행정청에 의해 수행되어야 할 고권적 임무가 밀접하게 결부되어 있을수록, 사기업가의 결정의 여지가 제한되어 있을수록, 더욱 사기업가를 국가배상법상 의미에서의 공무원으로 볼 수 있다는 것이다(BGHZ 121, 161).

대법원 2010.1.28. 선고 2007다82950, 82967 판결은 공법인의 행정대집행을 보조하는 민간용역업체를「국가배상법」제2조 제1항의 공무원으로 보았다. 통설(전면 긍정설)로는 대표적으로 박균성,「행정법론(상)」, 제11판, 2012, 676면 참조. 독일 판례의 도구이론을 원용하면서 행정보조자가 좁은 의미의 도구로 인정될 경우에 한하여 국가배상책임을 인정하자는 제한적 긍정설로는 정하중,「행정법개론」, 제6판, 2012, 531면. 한편, 정남철, "행정대집행과 국가배상책임",「행정판례연구」제15집 제1호(2010), 212-215면은 국가배상책임 성립 가능성을 확대하여야 한다는 취지에서 행정보조자는「국가배상법」제2조 제1항의 "공무원 또는 공무를 위탁받은 사인" 중 후자에는 해당하지 않기 때문에 도구이론을 원용하여 전자에 포섭하여야 한다고 주장하는데, 도구이론은 본래 국가배상책임의 성립 가능성을 제한하기 위하여 고안된 것이지 그 가능성을 확장하기 위하여 고안된 것이 아니기 때문에 도구이론을 원용하는 것은 바람직하지 못하다.

121) 위 개정법률안에 관하여 국회 사무처 전문위원이 국회 법제사법위원회에 제출한 검토보고서는 당초의 법률안이「국가배상법」제2조 제1항 중 종전의 "공무원"부분만을 "공무원 또는 공무를 위탁받은 사인"으로 변경하는 것을 내용으로 하고 있는데, 이는 주요 학자들과 대법원 판례의 해석론을 명문화하는 것이어서 수긍할 수 있지만,「국가배상법」에는 제2조 제1항 외에도 "공무원"이란 표현을 포함하고 있는 규정들이 다수 있어 제2조 제1항 부분만 위와 같이 개정할 경우에는 반대해석상 나머지 규정들에서는 "공무원" 개념에 공무수탁사인이 배제되는 것으로 해석될 우려가 있다고 지적하였고, 그에 따라 국회 법제사법위원회는 법률안의 "공무원 또는 공무를 위탁받은 사인" 부분을 "공무원 또는 공무를 위탁받은 사인(이하 "공무원"이라 한다)"라고 변경하는 수정안을 의결하였고, 이 수정안이 국회 본회의에서 통과되었다. 국회 의안정보시스템(http://likms.assembly.go.kr/bill/jsp/BillDetail.jsp?bill_id=PRC_D0S9Q0L1F0A6V1S1P4T5T0S7J9L8A7) 참조.

122) 이상천, "국가배상법 제2조 제1항의 입법론적 문제점",「행정법연구」제26호(2010), 240-253면은「국가배상법」제2조 제1항의 개정은 피해자구제에 만전을 기한다는 "외눈박이 시각"에 근거한 것으로서, 피해자구제를 반드시 국가배상의 방법으로만 해결하여야 할 필요성이 적고 공무원의 범위를 무리하게 확대하여 국가재정을 축내고 공무수탁사인의 자기책임의 원칙에 위배되는 결과가 초래되었다고 비판하면서, '영업의 독자성'이 강한 공무수탁사인의 경우에는「국가배상법」제2조 제1항의 공무수탁사인 개념에서 제외하고 공공주체와 공무수탁사인 사이에 민법상 공동불법행위책임 규정을 적용하거나 또는「국가배상법」제2조 제1항의 공무수탁사인 개념에 해당함을 긍정하더라도 제2조 제2항의 적용을 배제함으로써 경과실의 경우에도 공공주체가 구상권을 행사할 수 있도록 하여야 한다는 해석론을 주장한다.

박균성,「행정법론(상)」, 제11판, 2012, 93-94면은 '행정주체로서의 지위를 가지는 강학상의 공무수탁사인'의 경우에는 공공주체의 감독상 과실이 있는 경우에 한하여 배상책임을 지는 것으로 해석하여야 한다고 주장하는데, 이는 이들에 대한 경과실 구상 면책의 불합리성을 공공주체의 배상책임 성립 범위를 제한함으로써 우회적으로 해결하려는 시도이다.

국가배상책임 성립요건으로서의 공무원 범위의 확대 규정을 구상책임면제에 관한 규정으로 확대해버렸다는 점을 알 수 있다.

현재의 행정실무에서는 공공발주계약, 민간투자사업실시협약의 경우와 같이 사업시행의 조건을 '(공공)계약'의 형식으로 세밀하게 규율하는 경우에는 대체로 민간사업자의 고의 또는 과실로 제3자에 대한 손해배상책임이 성립하였을 경우 민간사업자가 배상책임을 부담한다는 규정을 두고 있고,[123] 피해자들이 대개 민간사업자를 상대로 손해배상청구의 소를 먼저 제기하기 때문에 실무상으로 아직까지는 별다른 문제를 야기하지 아니하였다. 반면, 그러한 구체적인 시행조건에 관한 계약이 존재하지 않는 경우에는 위와 같은 반대론이 제기하는 우려가 현실화될 수 있을 것이다. 본래 공무원에 대한 경과실 면책 규정의 존재이유가 '개인으로서의 공무원은 대개 지불능력이 부족한데, 경과실의 경우에 구상책임이 면제되지 않는다면 손해배상의 두려움 때문에 공무원의 직무수행의 의욕은 현저히 떨어져 복지부동(伏地不動)과 업무지체를 초래하고 만다'는 점에 있으므로,[124] 공무수탁사인의 유형을 구분하여 면책의 범위를 달리할 법정책적 필요가 분명 존재하며, 입법적 개선이 필요하다는 점은 명백하다. 왜냐하면 위탁받은 공무를 영업으로서 수행하는 '영리적 사업가 내지 회사'의 경우에는 기본적으로 - 통상의 공무원 개인과 같은 - 임금노동자가 아니라 '자본투자자'로서의 성격이 강하며 제3자에 대한 손해배상책임도 일종의 영업상의 리스크로 평가하여 수지타산을 비교·예측한 후 당해 사업을 인수·승계하기 때문이다.[125]

---

123) 이는 공공주체와 민간사업자 사이에서 내부적으로 책임귀속에 관하여 합의한 개별적 약정이고 대외적인 관계에서 피해자의 권리행사를 제한하지는 않으며, 경과실 면책 규정의 존재이유가 지불능력이 부족한 자연인으로서의 공무원 개인을 보호하기 위한 것이므로 유효하다고 보아야 한다. 즉 경과실의 경우에도 공공주체의 구상권 행사를 허용하는 개별 약정이 「국가배상법」 제2조 제2항에 배치되어 무효라고 볼 수는 없다.

124) 정하중, "국가배상법의 문제점과 개선방향", 「서강법학연구」 제9권(2007), 111-112면.

125) 독일 BGH의 도구이론(각주 120번 참조)은 본래 행정보조자가 사적 기업가인 경우에 국가배상책임의 성립을 제한하기 위하여 고안된 것인데, 이것 역시 임금노동자로서의 전통적인 공무원 개인과 사적 기업가로서 활동하는 공무수탁사인을 달리 처리할 필요가 있다는 점을 고려한 것이라 짐작된다. 그러나 사적 기업가로서의 공무수탁사인도 경우에 따라서는 지불능력이 부족할 수 있으므로 피해자보호의 관점에서 국가배상책임의 성립을 일단 긍정한 후, 국가가 공무수탁사인에게 배상액 전액에 관하여 구상권을 행사하도록 하는 것이 바람직하다.

한편, 박균성, "공무수탁자의 법적 지위와 손해배상책임", 「행정판례연구」 제15집 제1호(2010), 168-171면은 공법인인 한국토지공사가 「국가배상법」 제2조 제1항 소정의 공무원에 해당하지 않는다고 판시한 대법원 2010.1.28. 선고 2007다82950, 82967 판결과 관련하여 국가배상책임 성립요건으로서의 공무원 개념(「국가배상법」 제2조 제1항)과 대법원 1996.2.15. 선고 95다38677 판결에 의하여 경과실의 경우 피해자의 직접청구가 불허되는 공무원 개념(「국가배상법」 제2조 제2항)을 구분하여, 전자는 (행정)기관, (공)법인을 포함하는 넓은 의미로, 후자는 유책행위를 실제로 행한 자연인만을 의미하는 좁은 의미로 이해할 것을 제안하였다. 즉, 한국토지공사가 지방자치단체로부터 위탁받은 대집행을 수행하는 과정에서 손해가 발생한 경우 지방자치단체의 국가배상책임을 긍정할 뿐만 아니라 피해자가 한국토지공사를 상대로 직접 손해배상청구를 할 수 있도록 하며, 한국토지공사의 경과실 면책은 불허하자는 것이다. 이러한 제안은 참신하며 입법정책적으로는 타당하다고 보이나, 「국가배상법」 제2조 제1항의 공무원 개념과 동조 제2항의 공무원 개념은 법문언상 및 입법취지상으로 동일하다는 점에서 법률해석의 차원에서는 무리가 있다.

(2) 손해배상책임, 국가배상책임 주체로의 공무수탁사인

공무수탁사인 본인 및 그 보조자·피용인이 고의 또는 과실로 타인에게 손해를 입힌 경우에 공무수탁사인이 불법행위에 따른 손해배상책임의 주체가 되어야 할 것이다.[126] 문제는 손해배상의 성립 및 범위를 판단함에 있어서 민법 제750조 이하의 불법행위에 관한 규정들을 단순히 적용할 것이냐, 아니면 「국가배상법」을 직접 또는 유추 적용할 것인지 여부이다.

민법의 불법행위에 관한 규정과 「국가배상법」의 규정은 내용에 현저한 차이가 있다. 첫째, 「국가배상법」에는 민법 제756조 제1항 단서("그러나 사용자가 피용자의 선임 및 그 사무감독에 상당한 주의를 한 때 또는 상당한 주의를 하여도 손해가 있을 경우에는 그러하지 아니하다")와 같은 면책규정이 없다. 더욱이 국가배상법의 영역에서 각국의 법률과 판례는 책임성립요건으로서 전통적인 과실책임주의를 벗어나 과실의 객관화·고도화, 과실의 추정·입증책임의 완화 경향을 보여주고 있다.[127] 둘째, 「국가배상법」 제2조 제2항은 공무원에게 고의 또는 중대한 과실이 있는 경우에 한하여 구상할 수 있다고 규정하여 공무원이 경과실인 경우에 구상책임을 면제하고 있는 반면, 민법 제756조 제3항은 경과실의 경우를 포함하여 구상할 수 있다고 규정하고 있다. 셋째, 「국가배상법」은 제3조에 배상액 산정기준을 특별히 규정하고 있다.[128] 넷째, 「국가배상법」은 소송 외에 국가배상심의회에 의한 배상신청절차를 규정하

126) 종래 피해자의'공무원에 대한 선택적 청구권'을 허용할 것인지 여부에 관하여 논란이 있었는데, 이는 국가배상책임의 법적 성질(자기책임설 vs. 대위책임설)과 결부되어 있는 문제로 인식되었다. 공무원이 직무수행 중 불법행위로 타인에게 손해를 입힌 경우에 국가 또는 지방자치단체가 국가배상책임을 부담하는 외에 공무원 개인도 고의 또는 중과실이 있는 경우에는 불법행위로 인한 손해배상책임을 부담하지만, 공무원에게 경과실뿐인 경우에는 공무원 개인은 손해배상책임을 부담하지 아니한다는 판례(절충설: 대법원 1996.2.15. 선고 95다38677 전원합의체 판결)에 따르면, 공무수탁사인도 고의 또는 중과실이 있는 경우에 한하여 직접 배상책임을 부담할 것이다. 자기책임설에 입각하면서도 공무원에 대한 선택적 청구권을 부정하는 견해로는 정하중, 전게논문, 110-112면.

127) 이상규, "국가배상책임요건으로서의 과실과 위법성", 「변호사-법률실무연구-」 제23집(1993), 32-37면; 박균성, "프랑스의 국가배상책임", 「행정법연구」 제5호(1999), 36-38면; 이일세, "독일 국가배상 책임의 법적 구조와 그 요건에 관한 연구", 「강원법학」 제5권(1993), 102-103면; 모성준, "국가배상책임 확대경향의 문제점", 「무등춘추」 제10호(2008), 273-275면.

128) 국가배상심의회가 「국가배상법」 제3조의 배상기준을 적용하여 결정하는 배상액은 국가배상청구 소송에서 법원이 인정하는 손해배상액보다 하회하는 경우가 대부분이라고 한다(헌법재판소 1995.5.25. 선고 91헌가7 결정 참조). 즉, 법원실무는 국가배상청구 소송에서도 「국가배상법」 제3조의 배상기준에 따라 손해배상액을 산정하지 않고, 민법 제750조 이하의 불법행위책임을 구하는 통상의 손해배상청구 소송과 동일한 방식으로 손해배상액을 산정하고 있다. 이러한 실무관행은 민사법원의 판사들이 국가배상책임의 법적 성격을 공법상 손실전보제도라고 인식하지 않고 민법상 불법행위책임의 일종에 불과한 것이라고 이해하고 있음을 드러내는 것이다. 이는 결과적으로 피해자보호의 관점(즉 피해자에게 보다 많은 손해배상액을 인정해준다는 점) 및 평등·형평의 관점(공무원 본인을 직접 상대로 제기한 손해배상청구 소송에서의 손해배상액과 국가배상소송에서의 손해배상액이 달리 인정되는 것은 불합리하다는 점)에서는 긍정적으로 평가될 수도 있지만, 「국가배상법」 제3조가 단지 "제2조 제1항을 적용할 때 … 다음 각 호의 기준에 따라 배상한다"고만 규정하고 있지 배상기준을 국가배상심의회의 절차에만 적용하는 것으로 제한하고 있지 않으므로 국가배상소송에서 이러한 배상기준을 적용하지 않는 것은 법률위반이다. 배상기준이 사회·경제적인 사정변화에 탄력적으로 대응하지 못하고 있다 할지라도, 이는 모든 법령 일반에 해당하는 문제이며 법령 개정의 방법으로 해결되어야 할 것이다.

여 피해자에게 저렴하고 신속한 분쟁해결절차를 제공하고 있다. 따라서 「국가배상법」이 전체적으로 피해자와 경과실을 범한 공무원 개인을 더욱 두텁게 보호하고 있으므로, 「국가배상법」을 적용하는 것이 이들에게는 훨씬 유리하다.

그런데 우리의 「국가배상법」은 국가배상책임의 주체로서 "국가"와 "지방자치단체"만을 명시하고 있다(제1조, 제2조, 제5조). 이러한 규정들이 그 밖의 공공단체(공법인)를 제외하는 한정적 열거규정인지에 관하여, 한정적 열거규정이라면 이것이 "국가 또는 공공단체"의 배상책임을 규정한 우리 헌법 제29조 제1항을 위반한 것인지에 관하여 기존에 논란이 있었다.[129] 현재의 법원실무는 그 밖의 공공단체에 대하여 단순히 민법의 불법행위 규정을 적용하고 있다(예를 들어 한국도로공사,[130] 한국토지주택공사).[131] 그러나 국가나 지방자치단체가 자신의 행정조직을 독립법인으로 형성하는 것, 사인에게 사무를 위탁하는 것 역시 공공주체의 임무수행방식의 변경에 불과하므로 이를 통해 시민의 법적 지위가 나빠져서는 안 된다. 또한 합헌적 법률해석의무가 있으므로, 「국가배상법」이 "국가"와 "지방자치단체"만을 명시함으로써 그 밖의 공공단체와 공무수탁사인에 관하여 규율의 흠결이 발생하였다고 하여 그것을 위헌으로 단정하는 것도 바람직하지 못하다. 따라서－물론 입법적 개선이 바람직하지만[132] 그 전이라도－그 밖의 공공단체와 공무수탁사인에 대해서 「국가배상법」을 유추적용하는 것이 바람직하다.[133] 다시 말해 시민의 입장에서는 공동불법행위책임자들 중 누구를 상대로 소송을 제기하느냐에 따라 책임범위가 달라져서는 안 된다.

Ⅵ. 결　　어

최근에 행정소송이 활성화되면서 소송실무에서 당사자들이 자신 또는 상대방이 공무수탁사인에 해당한다고 주장하는 경우가 점차적으로 늘어나고 있는데, 법원은 대체로 법적 지위설에 입각하여 고권적 권한의 위임 여부에만 초점을 맞추어 공무수탁사인 해당 여부를 잘못 판정하고 있다. 그러나 법적 지위설이 결코 우리나라와 독일의 통설이 아니므로 공무수탁사인 개념에 관한 오해를 바로잡고, 민영화의 조류 속에서 시민의 법적 지위를 수호하여야 한다는 행정법의 현대적 과제에 부응할 수 있도록 공무수탁사인 개념을 명확하게 재정립하고 구체적인 경계설정기준을 제시해야 할 필요성이 절실하다.

---

129) 이에 관해서는 김기진, "국가배상의 주체에 관한 연구", 연세대 「법학연구」 제9권 제2집(2003), 172-173면 참조.

130) 대법원 1988.11.8. 선고 86다카775 판결, 대법원 1992.10.27. 선고 92다27164 판결 등.

131) 대법원 2009.6.11. 선고 2008다96499 판결, 대법원 2010.1.28. 선고 2007다82950, 82967 판결 등.

132) 강구철, "우리나라 국가배상법의 문제점 및 그 개선방안에 관한 입법론적 고찰", 국민대 「법학논총」 제1집(1989), 제176면; 김기진, 전게논문, 182면.

133) 同旨: 박균성, "공무수탁자의 법적 지위와 손해배상책임", 「행정판례연구」 제15집 제1호(2010), 178면.

공공용 영조물의 설치 · 운영 사업자를 규율대상으로 하였던 Otto Mayer의 공기업특허 이론은 Huber, Vogel, Steiner를 거치면서 '공무수탁사인'이라는 행정법의 일반적 법제도로서 변형 · 발전하였다. 공무수탁사인의 개념정의 · 범위설정에 관하여 Vogel에 의하여 주장된 법적 지위설은 임무와 권한의 결부관계를 무시하고 공무수탁사인이 위탁받아 수행하는 일련의 활동을 인위적 · 기교적으로 분할한 다음 그가 공법적 행위형식을 통한 고권적 권한을 개별적으로 행사하는 경우에만 그를 공무수탁사인으로, 그의 활동을 공행정활동으로 포착하고, 공법적 행위형식이 사용되지 않은 경우에는 그를 단순한 사인으로, 그의 활동을 사적 활동으로 치부해 버림으로써 공법의 규율대상에서 제외해버린다. 이러한 견해는 독일의 전통적인 법형식 중심적 행정법이론의 잔재로서, 민영화 시대에 '행정의 사법으로의 도피', '사인의 동원을 통한 행정의 자의와 형식의 남용'으로부터 행정상대방을 보호해내지 못한다. 공공주체의 임무수행방식의 변경에 불과한 기능민영화를 통해 시민의 법적 지위가 나빠져서는 안 된다는 원칙을 수호하기 위해서는 '실체 · 기능 중심적 공행정' 관념과 '임무 중심적 공무수탁사인 개념'을 확립할 것이 절실히 요청된다. 이를 위해서는 공무수탁사인이 행사하는 개개의 권한이 아니라 그가 수행하는 일련의 활동을 전체로서 조망하여야 하며, 그가 사용하는 법형식이 아니라 '상대방의 입장에서' 그의 전체로서의 활동이 고권성을 띠는지에 초점을 맞추어 공법적 구속의 적용 여부를 판단하여야 한다. 그러므로 공무수탁사인이란 '공공주체로부터 공행정임무 수행의 개별 기능으로서의 고권적 활동을 자신의 이름으로 수행하도록 위탁받은 자'라고 이해되어야 한다.

그러나 공무수탁사인 개념은 사인의 어떤 활동이 공행정활동에 해당한다는 법적 평가를 표현한 것이지, 그 이상의 의미를 내포하지는 않는다. 위탁받은 공행정임무수행과 관련하여 공무수탁사인에게 구체적으로 어떤 기능 · 업무와 권한들이 할당되었는지는 공법의 개별 법규에 관한 검토를 통해 규명되어야 한다. 즉, 그의 특정한 행위가 항고소송의 대상이 되는 행정처분에 해당하는지 여부, 국가배상책임에서의 공공주체의 구상권 범위 등은 별개로 판단되어야 한다.

20. 독일 행정법상 국고이론에 관한 비판적 연구*

박 훈 민**

Ⅰ. 서　　설

1. 국내 판례 경향

우리 대법원 이하 각급 법원의 판례에서 명시적으로 독일에서 말하는 바와 같은 '私法상 주체'로서의 '국고'라는 용어를 사용한 예는 찾기 어렵다. 그럼에도 불구하고 대법원 등은 여러 판례에서 국가 및 기타 행정주체가 일정한 범위에서 활동할 때에 이를 "私經濟의 주체"로 보면서, 그 행위를 "私法상의 행위"에 속하는 것이라 판시하여 왔다. 이와 같은 입장을 취하는 판례에 속하는 것으로 '예산회계법에 따른 계약',[1)] '은닉된 국유재산 발견신고자에 대한 보상금지급결정',[2)] '국유재산의 매매',[3)] '무상사용 허가받은 행정재산의 전대',[4)] '광업권매각 수의계약',[5)] '국가를 당사자로 하는 계약',[6)] 잡종재산의 대부[7)] 등이 있다.

예컨대 대법원은 1983.12.27. 선고 81누366 판결에서 "예산회계법에 따라 체결되는 계약은 私法상 계약"[8)]이라고 하여 원칙적으로 공법의 적용대상이 아닌 私法영역이라고 판단하였다. 이에 따라서 이 계약상의 입찰보증금을 국고로 귀속하는 조치는 "국가가 私法상의 재산권의 주체로서 행위하는 것이지 공권력을 행사하는 것이거나 공권력작용과 일체성을 가진 것이 아니라 할 것"[9)]이라 평가하였다. 그 외에도 급부행정관계에서의 불법행위시에도 같은 판단을 하고 있으며, 대법원은 이때의 국가는 행정주체가 아닌 "私法상의 법률행위"를 하는 "순전히 私法상 재산권 주체"로 설명하고 있다. 이러한 판례의 경향은 학설에서 말하는 이른바 '국고행정' 내지는 '국고활동'이라는 개념을 긍정하는 것으로 해석될 수밖에 없다.

---

* 본 논문은 작성자의 2014.8. 서울대학교 법학박사학위논문인 "독일 행정법상 국고이론에 관한 비판적 연구 –'국가사인설의 이론사적 고찰'을 중심으로–"를 요약한 것으로서, 행정법이론실무학회 제225회 정기학술발표회(2015.1.10.)에서의 "독일 행정법상 국고이론의 연혁과 그에 관한 비판"(미공간)발표문의 내용을 일부 수정한 것이다.

** 한국법제연구원 부연구위원, 법학박사

1) 대법원 1983.12.27. 선고 81누366 판결.
2) 대법원 1983.12.27. 선고 81누366 판결.
3) 대법원 1962.1.25. 선고 42행상143 판결, 서울고등법원 1970.3.11. 선고 69나981 판결.
4) 대법원 2003.10.24. 선고 2001다82521 판결.
5) 서울고등법원 4293.3.13. 선고 4291행150 판결.
6) 대법원 2001.12.11. 선고 2001다33604 판결, 서울고등법원 2012.6.15. 선고 2011카합1987 결정.
7) 대법원 2010.11.11. 선고 2010다59646 판결.
8) 밑줄은 작성자.
9) 밑줄은 작성자.

뿐만 아니라, 공기업체에 대해서도 우리 법원은 '인천항만공사 부당이득' 사건[10]의 판결에서 보듯, 공기업의 공법상 주체성을 완전히 부인하지는 않으면서도 그 활동관계에서의 수익을 사적인 것으로 생각하는 것으로 보인다. 다시 말해 공기업 역시도 사인이 될 수 있다고 이해하는 것으로 보인다. 물론 공기업체의 경우에는 독일식의 국고이론보다는 '기업' 내지는 '민영화'이라는 용어에 천착한 국내 각급 법원들의 독자적인 판례경향일 수도 있다. 그러나 이와 같이 공기업을 국고라는 개념과 연결하여 私法상의 작용으로 이해하는 성격의 내용들을 독일 행정법이론서들에서도 찾아볼 수 있어서 주목할 만하다.

2. 국내의 국고이론

(1) 찬동론

이에 반하여 우리 학설에서는 공기업 등 다른 부분보다는 조달행정을 중심으로 독일의 국고이론을 일반적으로 수용하고 있는 것으로 보인다. 이에 따라 다수의 우리 행정법학서에서도 국가가 私法영역에서 활동하는 경우가 있다고 설정하며, 이를 '국고관계' 내지 '국고행정'(fiskalsche Verwaltung)이라 하고, 이때에는 私法이 적용된다고 보고 있다.[11][12] 이러한 태도는 민사법학에서도 마찬가지로 나타나서, 국가가 私法上 권리의무의 주체로서 활동할 때가 있다고 보며, 이것이 '국고'라고 한다는 독일 민사법학의 입장을 별다른 이론 없이 그대로 취하고 있는 것으로 보인다.[13]

---

10) 인천지방법원 2012.12.13. 선고 2012구합2454 판결(미공간), 서울고등법원 2013.8.22. 선고 2013누2466 판결(미공간).

11) 국고이론을 긍정하는 학설로는 김도창, 『일반행정법론』(상) (제4전정판), 청운사, 1992, 511면(이에 관하여 이광윤, 행정계약론, 중범 김동희교수 정년기념논문집, 『행정작용법』, 2005, 788면에서 참조); 김동희, 『행정법 1』 제18판, 박영사, 2012, 20-22면; 김남진·김연태, 『행정법 I』 제18판, 법문사, 2014, 25면, 87-88면; 이상규, "입찰참가자격제한행위의 법적 성질", 『행정판례연구(I)』, 서울대학교출판부, 1992, 127-132(129)면; 정하중, 『행정법개론』, 제6판, 법문사, 2012, 18면; 박균성, 『행정법론(상)』 제11판, 박영사, 2012, 14-15면, 86-87면; 홍준형, 『행정법』, 법문사, 2011, 56면 및 74면; 김성수, 『일반행정법』, 제7판, 홍문사, 2014, 133-135면; 류지태·박종수, 『행정법신론』, 제13판, 박영사, 2009, 22면; 한견우·최진수, 『현대행정법』, 세창출판사, 2009, 116-118면 참조.

12) 다만 국고이론을 정면으로 비판하지는 않으나, 입장을 다소 달리하는 것으로 보이는 견해도 역시 존재하며, 그 예로, 김철용, 『행정법』, 박영사 2011, 8면 각주 7, 10-11면, 74면 등에서 종래의 국고행정 및 공·사법 구분론에 대하여 반대하는 입장을 취하였고; 홍정선, 『행정법특강』, 박영사, 2011, 358-360면에서는 국고이론에 근접하는 설명을 하였으나, 같은 저자의 『행정법원론』(상), 21판, 박영사, 2013, 18-19면에서는 국고행정에 대하여 원칙적으로 사법이 적용된다고 보는 통설의 입장에 반대하며, 이 영역이 공법에 구속될 필요가 있다고 하여 부분적인 수정론을 취하였다.

13) 예를 들어 곽윤직 외, 민법주해(I), 박영사, 1979, 463-465면에서는 "국가는 사법적 주체로서 국고(Fiskus)로 불리면서 사법상 거래에 참여하기도 한다(예컨대 사무실 임차, 비품구입)"고 하고, 그 외에도 "공적 목적을 수행하기 위하여 사법상의 법적 형태를 취할 수도 있다"고 하며, 아울러 "국고는 행정법상 체제에서는 공법상 인격으로 보지 않으나 책임법상 법인의 영역으로 간주된다"(밑줄은 작성자)고 하여, 국고를 사법상 법인격으로 보는 독일법과 동일한 입장을 취하였다. 또한 국고가 작용하는 영역을 소위 국고적 보조행위라고 불리는 조달법 영역과 국가배상영역을 예시로 들었음에 주목할 수 있겠다.

(2) 부정론

그러나 우리 학계 내에서도 독일의 국고이론을 수용할 수 없다고 보는 견해가 제기된다.[14] 우리 학계 내의 국고이론 비판론 내지 부정론은, 국고이론에 동조하는 견해를 바탕으로 한 국내 논의가 조달행정과 국유재산관리에 초점을 맞추고 있었기에, 역시 대체로 조달행정을 중점적으로 다루었다. 즉, 조달행정과 관련된 사안에 대하여 사법관계로 이해하는 다수설의 입장을 비판하고 이를 공법영역으로 이해하는 태도를 취한 것이다. 이외에도 전면적으로 반대한 것은 아니지만, 다수설적인 국고이론 동조론을 비판하면서 수정적인 입장을 취하고 있는 견해 역시 존재한다.

3. 독일의 국고이론

(1) 찬동론

이상과 같은 국내의 학설대립은 독일에서도 유사하게 나타나는데, 이는 독일이 바로 해당 이론의 원류이기 때문이다. 독일 행정법학 서적에서는 '국고활동'이란 개념을 긍정하고 있으며, 이를 국가 등 공행정주체의 사법상 작용으로 서술하고 있다. 또한 민사법 주석서 등에서도 우리의 동조론과 동일한 설명으로 국고작용을 이해하고 있음을 드러낸다.

(2) 비판론

그러나 독일의 다수설적인 견해와 달리, 독일에서도 비교적 소수의 공법학자들은 '국고'라는 개념이 독일 도그마틱에 미치는 영향에 대하여 부정적으로 판단하고 있다. 다시 말해 불필요한 개념을 설정함으로써 이를 수습하기 위한 추가적인 이론 설명체계를 구축하게 되고, 이것이 더욱 혼란을 초래한다고 보는 것이다. 이러한 견해는 종래의 공·사법 구분론이 가지는 문제점에 주목하여 종래 이른바 '국고작용'이라고 보아온 일정한 행정활동영역을 공법영역으로 포섭하려고 한다.[15]

---

14) 朴正勳, "행정조달계약의 법적 성격", 『행정법의 체계와 방법론』, 박영사, 2005, 173-180면, 236-237면; 이원우, 『경제규제법론』, 홍문사, 2005, 335, 366면 및 780-782면; 김대인, "행정계약에 관한 연구", 서울대학교 박사학위논문, 2006, 33-35면; 박재윤, "유럽법상 나타난 국방조달제도의 개혁", 한국공법학회, 『공법연구』 제39집 2호, 2011. 2., 393-419(400, 413)면; 또한 차민식, "독일에서의 기능사화와 국가책임에 관한 연구", 서울대학교 법학박사학위논문, 2011 역시도 분명하지는 않으나 139-140면에서 '국고이론'을, 같은 논문 37-38면에서 "국고적 보조행위"를 언급하며, 243-244면에서 私法적인 형식의 행정활동에 대한 공법적인 통제를 요청한다는 점에서, 전체적인 취지는 독일의 전통적인 국고이론에 비판적인 입장으로 이해할 수 있다.

15) Joachim Burmeister, Der Begriff des „Fiskus" in der heutigen Verwaltungsrechtsdogmatik, DÖV 1975, S. 695-703가 대표적이다. 이외에도 일찍부터 프랑스의 정치철학자인 Jean Bodin은 Les Six livres de la République, 1576 (Julius Hatschek, Die Rechtliche Stellung des Fiskus im Bürgerlichen Gesetzbuche, Berlin 1899, S. 28에서 재인용)에서는 국고의 私法人性에 관한 초창기 논의에 비판을 가한 바 있고, 독일에서는 Wolfgang Rüfner, Verwaltungerechtsschutz in Preußen von 1749 bis 1842, Bonn 1962; Herbert Krüger, Allgemeine Staatslehre, Stuttgart 1964, S. 323-329; Karl Albrecht Schachtschneider, Staatsunternehmen

Ⅱ. 근 · 현대의 국고이론

1. 오토 마이어의 국고이론

이와 같은 이론대립의 출발점으로 흔히 오토 마이어가 지목된다. 오토 마이어는 자신의 이론서인 『독일행정법』에서 국고이론에 관하여 서술한 바 있다. 그 이후의 수많은 독일 행정법학자들은 그의 이론을 받아들였고, 이에 기반한 논의들이 이루어져 왔다고 일반적으로 말한다. 따라서 일반적으로 오토 마이어가 행정법학에 최초로 국고이론을 도입하였다고 보는데, 오토 마이어의 이론을 후대의 법학자들은 '국고이론'(Fiskustheorie)이라고 칭하였다.[16)]

그렇지만 오토 마이어가 설명한 국고이론은 순수히 독창적인 것도 아니어서, 앞서 19세기 중반의 법학자 및 실무가들이 제시한 '옛 국고이론'(Fiskuslehre 내지 Lehre von Fiskus)[17)]과 결부되어 있다. 옛 이론은 신민이 행정처분에 대하여 항고소송을 제기하는 것을 제한하던 당시 소송법규정을 민사소송상 손해배상청구로 우회 또는 보완하기 위한 길을 모색하기 위한 것이었나. 오토 마이어는 이러한 옛 이론의 등장배경으로 먼저 신성로마제국 붕괴 이후 권위주의적인 영방군주(Landesherr)들이 다스리던 '경찰국가'(Polizeistaat)를 제시하였다.[18)] 이 경찰국가시대에는 군주가 직접 '직권재판'(Machtspruch)을 통해 재판에 개입하였고, 따라서 군주가 자의적으로 판단권한을 행사할 수 있었던 것이다.[19)] 이에 반하여 민사소송이나 형사소송에 대해서는 군주가 개입할 수 없었기 때문에 일반재판소의 독립성이 보장되었다는 것이다.[20)] 따라서 신민이 행정소송에서 영방군주나 군주의 신하를 직접적인 피고로 삼을 수 없었기 때문에 불가피하게 국고를 민사소송상의 피고로 삼았다는 것으로 옛 국고이론과 같은 맥락의 설명이었다.

그럼에도 불구하고 오토 마이어가 이와 같은 점을 바탕으로 하여 국고이론을 '옹호'하였다고 볼 수는 없다. 왜냐하면 오토 마이어는 국고이론을 설명함에 있어 경찰국가 시대의 항

---

und Privatrecht, Kritik der Fiskustheorie, exemplifiziert an § 1 UWG, Berlin 1986; Bertrand Malmendier, Vom wohlerworbenen Recht zur verrechtlichten Freiheit, Berlin 2003 등의 비판론이 존재한다.

16) 이에 관하여 Wolfgang Rüfner, Verwaltungsrechtsschutz in Preußen von 1749 bis 1842, Bonn 1962, S. 170 참조.

17) 행정에 대하여 손실보상 및 국가배상을 일반재판소에서 민사소송으로 구할 수 있도록 하기 위한 '의제'를 주목적으로 하는 것이 19세기 중반기까지의 초기 '국고이론'(Fiskuslehre)이었다. 이와 달리 20세기 이후의 '국고이론'(Fiskustheorie)는 *私法*상의 법인격을 갖는 '국고'를 통하여 국가가 *私法*상의 활동이라고 불리는 영역에서의 활동, 특히 경영상의 활동 내지 상거래를 할 수 있게 되는 부분에 중점을 두고 있다. 이에 관하여, Norbert Achterberg, Strukuren der Geschichte des Verwaltungsrecht und der Verwaltungswissenschaft, DÖV 32Jahrgang Heft. 20, Stuttgart 1979, S. 738 참조.

18) 이에 관하여 Otto Mayer, Deutsches Verwaltungsrecht, Band I, 3. Aufl., Berlin 1924, S. 38-54 참조.

19) Gerd Kleinheyer, Staat und Bürger im Recht, Bonn 1959, S. 78 참조.

20) Otto Mayer, Deutsches Verwaltungsrecht, Band Ⅰ, 3.Aufl., Berlin 1924, S. 41 참조.

고소송제한과 현대 법치국가를 비교하여 서술하였음에 주목할 필요가 있기 때문이다. 이는 그가 일반의 오해와는 달리 국고이론을 주창하는 것도 옹호하는 입장도 아니었음을 알려준다. 그는 이전부터 당시까지 내려온 상황을 설명하기 위한 논리적인 도구로서, 다시 말해, 이론과 현실의 간극을 해소하기 위하여 자신의 '국고이론'을 고안해낸 것이었다.[21)]

다만 오토 마이어는, 명시적으로 국고이론의 일부라고 명명하진 않았지만, 철도 등의 공기업체를 私法상 법인격으로 설립할 수 있다고 보았다. 이러한 부분은 이후의 국고이론을 지지한 법이론가들에게 계승되었다.

2. 플라이너의 국고이론

이와 같은 지지론자들 가운데서 제1세대에 해당하는 행정법학자로는 프리츠 플라이너를 들 수 있다. 그의 국고이론의 형성과정 설명은 오토 마이어의 그것과 유사하기는 하나 더욱 정교한 모습을 보인다. 특히 그는 오토 마이어의 이론을 명시적으로 'Fiskustheorie'라고 칭하였고,[22)] 이것이 현재 독일법에서 말하는 '국고이론'이라는 명칭의 직접적인 기원이 된 것으로 보인다.

그와 오토 마이어의 견해를 상호 비교해보자면, 먼저 오토 마이어는 신성로마제국과 제국재판소가 붕괴한 것을 영방군주들의 독재가 가능하게 된 원인으로 지적하고 이에 따라 민사재판으로만 권리구제가 가능하였다고 보았다.[23)] 반면 플라이너는 이보다 앞서 "세습영주국가"(Patrimonialstaat)시기에 이미 국고소송의 원형이 등장하였다고 본다.[24)] 그의 견해에 따르면, 신성로마제국 제국재판에서 원고는 당사자적격 심사와 관련하여 私權을 침해받았음을 주장하여야 했다는 것이다. 이러한 제국재판은, 현대 행정재판소들의 선구자라고 평가할 수 있는, 1594년 설치된 '제국관방재판소'(Reichskammergericht)와 1501년 설립된 '제국궁정사법회의'(Reichshofrat)에서 이루어졌는데, 그 재판실무에서 민사소송 형식을 통한 권리구제청구가 이루어졌다고 하였다. 이들 재판소에서 신민은 자신의 영주에 대하여 소를 제기할 수 있긴 하였지만, 이때 영주가 고권(Hoheit)을 행사함으로써 공동체의 더 높은 이익을 침해하였음을 소제기의 이유로 삼아야만 했다.[25)]

이때 더 높은 법익으로서 원고인 신민은 영주의 활동에 의해 전통적으로 특별히 보호되어 온 재산권 내지 신분상 일정한 특권들로 구성되는 '기성적인 권리'(jus quaesita; wohlerworbenes

21) Wolfgang Rüfner, Verwaltungsrechtsschutz in Preußen von 1749 bis 1842, Bonn 1962. S. 170 참조.

22) 이에 관하여 Fritz Fleiner, Institutionen des Deutschen Verwaltungsrechts, 8.Aufl., Tübingen 1928, S. 32-34(33) 참조.

23) Otto Mayer, Deutsches Verwaltungsrecht, Band I, 3. Aufl., Berlin 1924, S. 38 참조.

24) 이에 관하여 Fritz Fleiner, a.a.O., S. 28-30(29) 참조.

25) 이에 관하여 Fritz Fleiner, a.a.O., S. 29-30 참조.

Recht)가 침해되었음을 주장할 필요가 있었다. 이와 같이 사권침해를 주장하여야 했던 이유로 중세 이래의 게르만법에서는 당대까지 공·사법구분이라는 관념이 미처 존재하지 않았기 때문이다. 따라서 제국재판에서 원고적격심사를 통과하기 위해서 '기성적인 권리'라는 것의 침해당했다는 사실을 주장하여야 하였고, 이 경우에는 영주인 제국제후가 공·사법상의 특권들(iure regalia)를 행사하였다고 하더라도 제국재판소는 이 행사를 제한할 수 있었던 것이다.

이럼에도 불구하고 상당수의 제국제후들은 제국재판소의 소환권에 저항할 수 있는 불소환 및 부제소특권을 부여받고 있었고,[26] 이때는 각 제후령 내부에서는 영방군주가 아닌 '국고'를 피고로 하는 소송을 진행하였다고 하였다. 그러한 대표적인 것으로 프로이센의 왕 프리드리히 빌헬름 1세가 제국재판소의 관할배제를 주장하면서 프로이센 내부에서 '국고를 피고로 한 소송'이 이루어지고 있음을 주장한 사례를 들었다. 플라이너는 이와 같이 군주를 직접 피고로 삼기 어려운 정치적인 현실 때문에 '재산법상의 사인'인 국고가 소송상 피고로 등장하였다고 보았다.

또한 경찰국가시대에는 독일영방군주들은 종교개혁이전 교회가 맡고 있던 신민들의 '영혼의 건강'(Seelenheil)를 위한 소치를 취할 권한을 가지고 있었다고 하였다. 이러한 명분하에서 무제한적인 권력을 행사하였고, 이에 대항하여 신민이 제국재판소에 소를 제기하기 위해서는 영방군주들이 자신의 민사법상의 권원을 침해하였음을 주장하여야 하였다고 보았다. 이러한 예가 '수용'(Expropriation)이고, 이러한 수용이 19세기 후반 독일제국 시기에는 현대 행정법상의 '손실보상'이라는 제도를 형성하게 되었다고 하였던 것이다. 뿐만 아니라 적법행정을 뒷받침하기 위해서 시민의 자유 및 재산권에 대한 침해는 법률에 유보된 것이어야 하는데, 이때 행정과 사인간의 관계에서 私法이 원용될 수 있었다고 하였다. 이상과 같은 점들에서 오토 마이어와 프리츠 플라이너 모두 사법규범을 행정이 준수하여야 할 제2차적인 법규범이라고 인식하였던 것이다. 그러나 이러한 인식에 대하여 현재에는 그들이 행정법을 행정주체를 위한 자기완결적인 법규범으로 이해하지 못했고, 또한 자기완결적인 규범으로 만들어내지도 못했다는 비판을 가하기도 한다.

Ⅲ. 국고이론의 재검토

이와 같이 오토 마이어와 플라이너에 의한 현대 국고이론은 현재 독일과 우리나라 등에

26) 일부 제후들은 1356년 신성로마제국의 기본법이 되는 금인칙서(Goldene Bulle)에 의하여 불소추 및 불소환특권(privilegium de non evocando et appellando)을 인정받았다. 따라서 이들은 제국관방재판소(Reichskammergericht)나 제국궁정사법회의(Reichshofrat)에 의하여 직접 소추되지도 소환되지도 않았다. 이에 관하여, Norbert Achterberg, Strukuren der Geschichte des Verwaltungsrecht und der Verwaltungswissenschaft, DÖV 32Jahrgang Heft.20, Stuttgart 1979, S. 738 참조. 그럼에도 불구하고 제국재판소들은 별도의 소송형태를 만들어내어 이 특권제한을 우회하였다. 이에 관하여 후술함.

서 많은 비판에 직면하고 있으며, 소송법과 계약법 영역에서 그러한 비판이 두드러지고 있다. 그럼에도 아직 국고라는 개념이 과연 '사법'상의 것이었는지에 대해서는 국내에서 별다른 논의가 부족한 것으로 보여 이하에서 이 점을 중심으로 국고이론의 취약점을 지적할 필요가 있어 보인다. 특히 이는 오토 마이어가 국고이론이 성립할 수 있었던 배경으로 국고가 '관습법상의 사인'이라고 서술하였던 점에서 그 논의의 가치가 크다고 하겠다.

1. 국고개념의 재검토

(1) 고대 로마의 국고개념

먼저 오토 마이어를 비롯한 법학자들은 '국고'(Fiskus)라는 용어가 고대 로마의 '황제국고'(fiscus Caesaris)에서 온 단어임을 별다른 이론을 찾기 힘들만큼 일치하여 인정하고 있다. 이 황제국고의 성격에 대해서 황제의 '사유금고'로서 '私法상 법인격'을 가진 것이라는 주장이 제기된 바가 있으나,[27] 사비니를 비롯한 법학자들과 로마사학자들은 이 황제국고가 공법적인 성격을 가지고 활동하고 있었다고 논박하였다.[28] 이 논쟁에 따라서 공법적인 일반국고와 달리 황제국고는 공·사법 양자가 혼합된 성격을 가지고 있었다는 절충설도 제기되었다.[29]

구스타프 뵈머 등은 황제국고가 처음부터 완전히 황제의 개인재산과 분리된 것은 아니었지만, 그중 공적인 목적에 사용되는 일정 부분을 따로 '황제국고'라고 불렀던 것으로 이해하였다.[30] 이와 같이 뵈머는 초기의 황제국고 역시도 일정부분이상 공적인 성격을 가졌음을 인정한다. 이에서 나아가 디오클레티아누스 황제 시대 이후에는 황제의 개인재산과는 완전히 분리되어, 이전 공화정 시기에 원로원이 관장하던 일반국고와 통합되었음을 지적한다. 그러나 뵈머는 통합된 황제국고가 국가재산권의 담지자로서 ―주로 공법상으로 활동하지만― 사법상으로도 활동하였다고 해석하며, 이것이 후대 국가가 '私人化'(Privatisierung)되는 시발점

27) Theodor Mommsen, StR Ⅱ, 2, S. 998-1000(Michael Alpers, Das nachrepublikanische Finanzsystem: Fiscus und Fisci in der frühen Kaiserzeit, Berlin New York, 1995, S. 2-3 Fn. 6, Fn. 8에서 재인용); Sutherland, AJPh 66(1945), S. 159-60(Michael Alpers, a.a.O., S. 4, Fn. 15에서 재인용); LoCasio, AⅡS 3(1971/72), S. 60 Michael Alpers, 1995, S. 54. Fn. 16에서 재인용); Millar, JRS 53(1963) S. 34-36; S. 36-37; S. 40 (Michael Alpers, a.a.O., S. 5. Fn. 20에서 재인용).

28) Hirschfeld(VB8). (Michael Alpers, Das nachrepublikanische Finanzsystem: Fiscus und Fisci in der frühen Kaiserzeit, Berlin New York, 1995, S. 2-3, Fn 8에서 재인용); DeMartino, Costituzione romana, Ⅳ, 2, S. 912(Michael Alpers, a.a.O. S. 6, Fn. 25에서 재인용); Jones, JRS 40, 1950, S. 25; Brunt, JRS 56, 1966, S. 76(Michael Alpers, 1995, S. 6, Fn. 23-24에서 재인용); Friedrich Carl von Savigny, System des heutigen römischen Rechts, Band 2, Berlin, 1840, S. 360-362 참조.

29) Ürögdi, AAntHung 16, 1968, S. 247(Michael Alpers, Das nachrepublikanische Finanzsystem: Fiscus und Fisci in der frühen Kaiserzeit, Berlin New York, 1995, S. 5. Fn. 21에서 재인용); Max Kaser, Das römische Privatrecht, Bd. Ⅱ. Aufl. 2, München 1955. S. 152 참조(Michael Alpers, 1995, S. 7. Fn. 26에서 재인용).

30) 이에 관하여, Gustav Boemer, Grundlagen der bürgerlichen Rechtsordnung, Bd.1. 1950, S. 181-182 참조.

이라고 하였다.[31)]

이상과 같이 고대 로마에서 초기 황제국고의 법적 성격에 대해서 사인으로서 이해하는 견해가 제기되었으나, 그간의 연구결과들에 따르면 이를 반박하는 견해 역시 유력하다. 또한 황제국고와 통합되기 이전의 공화정 이래 '일반국고'(로마민중의 금고: aerarium populi romani)에 의한 활동에 따른 손해에 대해서 사인이 이를 행정불복절차로 다툴 수 있었던 점 등을 감안할 필요가 있다. 이와 같이 '일반국고'에 대해서는 그 공법상 지위에 대해서 거의 異論을 찾기 어려운 점을 생각해보면, 최소한 일반국고를 합병한 이후의 황제국고에 대해서도 -예외적으로 그 작용관계를 사법에 의한 부분이 있다고 해석할 수 있다고 하더라도 최소한 원칙적으로는- 이를 사법상의 주체로 파악할 수 없다 할 것이다.

(2) 중세 및 근세의 국고개념

로마 제국이 멸망한 뒤, 한동안 로마법은 잊혀진 상태였으나, 중세이후 유럽에서 fiscus는 군주의 재산, 재무담당관청을 가리키는 용어로 사용되었고, 그 외에도 교회의 일반재산 역시 fiscus라고 불리었다. 이와 같은 fiscus는 로마시대와 마찬가지로 점차 군주의 개인재산과는 구분되는 개념으로 사용되기 시작하였다.

또한 이후 fiscus는 현대 법학에서 말하는 '공법상 주체로서의 국가'를 지칭하는 용어로도 사용되었다. 이는 당시의 소송법 및 국가철학과 관련되어 있는데, 당시에 군주를 직접 소송상 피고로 삼는 것은 정치적으로 그리고 법적으로도 위험하고 어려운 일이었기 때문이다. 이는 바로 당시 지배적인 통치철학인 군주무오류설의 강한 영향 때문이다. 이 점 때문에 군주의 신하들이 행하는 행정활동을 다툴 피고가 필요하였으며, 그 피고로서 의제된 것이 바로 '국고'(Fiskus)였던 것이다. 즉, 당시에는 군주와 국가를 분리된 것으로 이해하지 못했기 때문에, 군주와는 별개의 법적 활동을 할 수 있다고 생각된 국고를 행정활동의 책임주체 내지는 그에 관련한 소송에서의 당사자로서 이해하였던 것이다.[32)]

그렇지만 프리츠 플라이너가 본 바와 같이 '국고'라는 이름으로 등장하는 이 영역을 사법관계로 본 것이라고 하기는 어렵다. 왜냐하면 신성로마제국이나 프로이센 왕국에서 사용된 '국고'라는 용어는 -행정조달계약 등을 다수설과 같이 사법관계로 본다고 하더라도 전형적인- 공법적인 역할을 수행하는 경우에 사용되었기 때문이다.

예를 들어, 신성로마제국에서 '제국국고 담당(장)관'(Reichsfiskal)은 제국의 법무장관으로서 역할을 수행하면서 '국고소송'(fiskalische Klage)을 비롯한 여러 유형[33)]의 제국소송에서 제

31) 이에 관하여, Gustav Boemer, a.a.O. S. 181-182 참조.

32) 추측하자면, 이때의 Fiskus라는 용어는 단순히 '재산'이란 측면이외에도 '행정조직' 그중에서도 군사나 치안을 담당하는 무관들을 제외한 '일반행정업무담당 관료조직'을 일컫는 의미로 사용된 것일 수도 있겠다. 이는 특히 신성로마제국의 '제국국고담당장관'이 실제로 담당했던 업무영역을 통해 추론할 수 있다.

33) 제국관방재판소는 1555년 제국관방재판소칙령에 의거하여 "평화협정위반, 제국파문명령의 위반, 도주 중인

국내지 황제측 수석 소송대리인을 맡았다. 또한 17~18세기 동안 프로이센에서 행하여진 '국고를 피고로 하는 소송' 역시도 대체로 현대의 항고소송에 해당하는 것이었다. 현재의 영업허가 문제, 행정조달계약 문제 등 수많은 행정소송에 해당하는 것을 관방재판부에서 심리하였는데 이 소송형식을 당시에 '방어소송'(Abwehrklage)이라고 일컬어졌다.[34)]

〈표〉 국고개념의 연혁(로마~현대독일)

	공법상 법인격	사법상 법인격
로마제정 초기	일반국고(A.P.R.) 등	황제국고(공·사혼합)/황제의 상속재산(사유재산)
로마제정 중기이후	황제국고로 통합	황제의 상속재산 (분리)
중세 독일	국고=국고담당관청	(국고의 사법상 특권)
후기주석학파		국고는 사법상 법인격(+특권)
프랑스 레갈리스트	국고는 Regalia의 일부=군주권의 일부	
독일 로마법계수		국고는 사법상 법인격(+특권)
신성로마시대	국고담당관=제국대리인(수석소송수행자)	국고는 황제, 제후의 재산총체(공·사법 구분 없음)
프로이센 왕국	국고=공법상 '국가'표시	국고는 사법상 특권보유(ALR)
근대독일(~19C중)	국가=공법상 법인격	국고=(분리된) 사법상 법인격
현대독일(19C말~)	국가=공법상 법인격	국고=(국가의) 사법상 법인격
	오토 마이어, 프리츠 플라이너 등은 현대 독일의 국고개념으로 국고를 전반적으로 이해	

2. 국고소송의 연혁

(1) 18세기 프로이센의 국고소송

전통적인 국고이론에서는 국고소송을 민사소송의 형식으로 이루어진 행정상 손해전보소

영지민에 대한 위법한 지원, 소속이 없는 용병대에 대한 지원중단, 황제의 국고에 해당하는 사안들, 제국신하들 사이의 점유권분쟁, 무단 압류 및 체포, 권리지체 내지 그 거부 그리고 집행의 강제, 제국법위반과 제국의 이해관계에 대한 침해"에 대하여 판단할 권한이 있었다. 또한 이후의 종교개혁 등의 영향으로 재판을 담당하는 사안이 늘어났으며, 제국조세, 종교분쟁, 국고분쟁, 화폐주조분쟁 등도 담당하게 되었다. 이에 관하여 Michalel Stolleis, Geschichte des öffentlichen Rechts in Deutschland, Band Ⅰ, Reichspublizistik und Policeywissenschaft 1600-1800, München 1988, S. 135-137 참조.

34) 국고를 피고로 하는 '방어소송'이지만, 현대 독일의 '국고방어소송'과는 일치하지 않고, 항고소송에 가깝다. 독일의 국고방어소송에 관하여, 국고방어소송이란 국가가 특정한 경제영역에(통상 공기업의 형식을 통하여) 진입할 때에, 해당 영역에서 경제활동을 하던 기존의 사업자가 위 진입에 대항하여 제기하는 소송이다. 즉, 사인인 사업자가 국가가 경쟁사업자로 등장하는 것을 저지하기 위한 소송을 일컫는 용어이다. 독일의 '국고방어소송'에 관한 상세한 내용에 대하여, 이원우, 경제규제법론, 홍문사 2010, 578-579면 및 787-788면 참조. 아울러 20세기의 '국고방어소송'이라는 표현 자체에서 바로 독일에서 '공기업'이('특별재산'으로서 그리고) 행정주체의 또다른 '국고'로서 이해된다(내지는 되었다)는 점을 증명한다고 할 수 있다.

송으로 설명한다. 그러나 이에 관하여 연구한 볼프강 뤼프너 등에 따르면, 18세기 프로이센의 국고소송은 금전배상이 아니라, 항고소송으로서의 성격이 더욱 강했다고 본다. 즉, 국고를 피고로 함에도 불구하고 민사소송의 그것이 아니라, 실질적으로는 행정활동의 위법성을 탄핵하기 위하여 이루어졌다는 것이다.

이와 같은 소송은 당시 '방어소송'이라고 불리었으며, 주로 '관방재판부'(Kammerjustiz)를 위시한 여러 재판기구들이 재판관할권을 가지고 있었다. 이러한 소송은 현대의 행정재판소에서 행하여지는 소송과 유사성을 갖고 있으며, 다루어진 사안 역시, 경제사건 및 경찰사건(경업자소송 및 영업허가 문제), 군사작전에 따른 손실보상, 조세사건, 군복무관련 사안 등 다양한 분야에 대하여 이루어졌다. 이와 같은 소송은 통상의 사건에 대응하는 일반재판소가 다룰 수 없다고 생각되어졌던 것이다.[35] 즉, 브란덴부르크-프로이센 공국의 프리드리히 2세(프리드리히 대왕)에 의해 반포된 1749년 '관할령'(Ressort-Reglement)에서부터 사법과 (행정관련 소송을 담당하는 것을 포함한) 행정의 성질이 구분되었던 것이다.[36]

이와 같이 행정소송의 기원을 19세기 후반으로 보는 일반적인 시각과 달리, 일찍부터 행정소송은 실제로 행하였고, 이는 앞서본 프로이센의 왕 프리드리히 빌헬름 1세가 제국재판관할권에 대하여 제기한 항변에서도 드러나는 부분이다. 이때 국고는 '소송상 당사자표시'로서 사용되었던 것이라 하겠다. 이때 프로이센 소송실무상 '방어소송'에서 실제로 다투는 대상은 추상적인 국가의 일반재산으로서의 '국고작용'이 아니라, 군주의 신하 등이 행하는 행정활동의 적법성 여부였다.

즉, 프로이센의 행정재판에서 다른 독일국가들과 마찬가지로 국고라는 단어를 사용하였는데, 이때 '국가'라는 개념이 '군주'와 별개로 존재하지 아니하였기 때문에, 현재의 '국가'에 해당하는 그 자체를 '국고'라고 표시하였던 것이다. 프로이센의 「1713년 6월 21일자 사법조직의 개선에 관한 일반칙령」에서 '국고'가 소송상 당사자가 된다는 내용이 명시적으로 포함되어 있었다. 위 칙령에서는 국고가 당사자가 되는 소송, 즉 '국고소송'을 "짐의 국고를 한 당사자로 하고, 짐의 신하 및 신민을 다른 당사자로 하는 법적인 활동"으로 정의하고 있다.[37]

---

35) 이에 관하여 Wolfgang Rüfner, Verwaltungsrechtsschutz in Preußen von 1749 bis 1842, Bonn 1962, S. 70-71 참조.

36) 이에 관하여 Fritz Fleiner, Institutionen des Deutschen Verwaltungsrechts, 8.Aufl., Tübingen 1928, S. 9 참조.

37) 재판기구의 개선을 위한 일반칙령 1713년 6월 21일자/프로이센: "짐은 이리하여 다음과 같이 생각하고 또한 숙고하였노라. 모든 사물과 법적인 활동에 있어서, 한 당사자가 짐의 국고가 되고, 다른 한 당사자가 짐의 신하 및 신민이 된다면, 이는 국고가 그 자체로 행위자 내지는 소추인 또는 그들의 고발인이라는 보조자가 되는 것으로, 특히 짐의 이해를 그러한 방식으로 그때에 관리하는 것이라면, 짐의 재판관들과 대리인들이 국고라는 것에 얽매이지 아니하고 오로지 그들이 서약하고 선서한 바와 같이 재판이라는 점을 전적으로 유념하여야 할 것인바, 이는 법령과 모순되지 아니하여야 할 것이며, 또한 항시 부정하게도 짐의 진심과 어긋나서는 아니되고, 최소한 짐의 진심을 향하여야 할 것이며, 그리고 재판에 있어서 정의를 왜곡하는 일이 있어서는 아니되어야할 것이니라. (후략)" (밑줄은 작성자) 이에 관하여 Wolfgang Rüfner, Verwaltungsrechtsschutz

(2) 19세기 프로이센의 국고소송 변화

그렇다면 이와 같은 프로이센의 국고소송, 즉, 당시 관방재판부가 맡아서 처리한 실질적 행정소송은 언제부터 공법소송이 아닌 사법상 소송으로 이해되었던 것인가? 그러한 시발점을 바로 관방재판부가 폐지된 1800년대 초에서 찾을 수 있다. 프로이센의 관방재판부가 폐지된 것에는 여러 가지 요인들이 복합적으로 작용하였다.

첫째로는 그 이전부터 관방재판부가 맡고 있는 영역과 일반재판소가 맡는 영역이 엄밀하게 구분되거나 이론적으로 명확하게 구분된 것이 아니라, 그때그때 제정된 법령이나 그간의 관행에 따라서 재판관할이 정해졌던 것이다. 이러한 점은 신민이 소를 제기함에 있어서 수소법원을 어디로 할지에 대해 혼란을 초래하였기 때문에, —아직 그 구분관념이 미약하였긴 하지만—공법상 소송이건 사법상 소송이건 간에 단일한 재판기구에 맡겨져야 한다는 주장이 힘을 얻고 있었다. 따라서 일반재판소로 재판권을 통합하고자 하는 것은 사법개혁의 일환으로서 수차례 시도되었다.

둘째로는 국가개혁의 차원에서 행정소송을 봉쇄하고자 하는 대신들의 의지가 있었다. 프로이센은 나폴레옹 전쟁 와중에서 대패를 경험하였고, 이에 따라 구습을 타파하고 새롭게 혁신을 추구하는 일단의 개혁파 고위관료들이 집권을 하게 된다. 슈타인과 하르쉬펠트에 의해서 주도된 이 개혁정책에 대해서 반발하는 기득권층은 이를 국고소송, 즉, 행정소송의 형식으로 다투었던 것이다. 이와 같은 행정소송의 남발에 대하여 당시 정부는 행정부가 행하는 조치에 대해서는 다투는 방식을 제한하려고 하였고, 이는 재판관할권 문제와 결부되어서 관방재판부의 폐지 및 일반재판소로의 관할권통합 조치로 이어졌던 것이다. 이러한 점은 프랑스 대혁명이후 개혁정책에 저항하던 파리고등재판소 등의 재판관에게 행정재판권을 박탈하였던 점과 유사성을 찾아볼 수 있다.

그러나 이상의 요인에 의한 재판권통합은 프로이센이 나폴레옹 전쟁에서 종국적으로 승리함으로써 등장한 빈체제하의 반동적인 정부에서는 반대로 사인의 권리구제를 제한하는 결과를 낳았다. 19세기 초기에는 그럼에도 불구하고 일반재판소에서 '국고'를 피고로 하여 행정처분을 다투는 우회적인 행정소송이 계속 이어졌고, 이 때문에 프로이센에서는 수차례 반포된 법령들을 통하여, 이러한 "기괴한 소송"을 금지하는 조치를 취하였다. 결국 19세기 중반에는 오토 마이어가 본 바와 같은 고전적인 국고이론(Fiskuslehre 또는 Lehre von Fiskus)가 성립되었다.

(3) 초기 국고이론의 대두

위에서 본 바와 같이 항고소송이 제한되었던 시기에 페룻과 슈탈에 의해서 제시된 이 내

---

in Preußen von 1794 bis 1842, Bonn 1962, S. 62에서 인용.

용은 당시에는 '이론'이라는 명칭으로 체계화된 것은 아니었고, 일종의 소송상 기술로서 설명되었던 것이다. 즉, 행정처분에 대해서 1차적으로 그 위법성을 다투는 길이 봉쇄되었기 때문에, 2차적으로 그 결과로 발생한 손해 내지 손실을 국고를 피고로 하여 행하였다는 것이다. 오토 마이어는 바로 이러한 초기 국고이론가들의 설명에서부터 연장하여 자신의 설명체계를 수립하였던 것이다.

먼저 페롯은 1842년 당시 프로이센의 재판제도와 연결하여 '국고를 피고로 하는 소송'이 이루어진 배경에 관하여 서술하였다. 페롯은 프로이센령 라인지방에서 고위공직자[38]로 근무하면서 저술한 자신의 책 『민사소송사건에 있어서 프로이센령 라인지방의 조직, 관할권 그리고 절차』[39]에서 19세기 전반기 당시의 프랑스법과 비교하면서 프로이센의 권리보호절차, 즉 소송에 대하여 서술하였다. 특히 이 가운데서 주목할 것은 행정에 대한 항고소송이 사실상 제한되면서 이를 일반재판소에서 민사소송으로 다툴 수 있도록 하는 '의제'로서 '국고'가 사용되었다는 부분이다.

그는 프랑스에서는 대혁명의 결과로 행정재판을 관장하던 재판소가 부분적으로 폐지되었다고 지적하고, 이에 따라 행정이 위법한 행위를 하여 사인이 피해를 입었다면, 그 사인은 행정청에 소원을 제기할 권리를 갖게 되었다고 하였다.[40] 이에 반해서 프로이센에서는 그 국가이론 및 소송이론이 국가를 하나의 법인으로 간주하는 '의제'(Fiktion)에서 출발하였다고 보았다.[41] 국가를 군주 등에 의해서 대표되는 '주권'을 가진 존재로 이해한 것이 아니라, 행정청을 통하여 대표되는 '법인격'을 가진 존재로 이해하였던 것이다. 따라서 국가가 일방당사자가 되어서 불편부당한 재판관 앞에서 재판을 받는다는 의제가 적용될 수 있었다고 한다.

더욱이 행정조직 내부에서도 상급기관이 감독할 수 있도록 기관간 위계서열이 분명히 존재하는 프랑스와 달리, 프로이센의 각 행정부서들은 서로 독립적인 구조를 취하고 있었다. 따라서 1808년 12월 26일자 칙령으로 관방재판부가 없어진 상황에서는 행정 내부에서 타기관을 통제하기 어려웠다. 이러한 점들로 인하여 결국 19세기 중엽의 프로이센에서는, 행정에 관한 분쟁에 대하여 행정 외부에 존재하는 일반재판소에 의해서 판단을 받는 수밖에 없었다는 것이다.[42]

페롯 이후, 프리드리히 율리우스 슈탈(Friedrich Julius Stahl) 역시 오토 마이어보다 앞서

38) 그가 저술한 책의 속표지에서 그는 스스로를 "Staats=Prokurator"라고 표시하고 있는데, '주총독' 또는 '국가검찰관'이라고 이해할 수 있겠다.

39) F. J. Perrot, Verfassung, Zuständigkeit und Verfahren der Gerichte der preußischen Rheinprovinzen in bürgerlichen Rechtssachen, Ⅰ.Theil, Trier 1842.

40) F. J. Perrot, a.a.O., S. 148-149 참조.

41) 이에 관하여, Wolfgang Rüfner, 『Verwaltungsrechtsschutz in Preußen von 1794 bis 1842』, Bonn 1962, S. 178-179 참조.

42) 이에 관하여, Wolfgang Rüfner, a.a.O., S. 178-179 참조.

서 소송상 국고이론에 관하여 논하였다. 그는 자신의 초기적인 국고이론에 대하여 자신의 책 『기독교 세계관의 기반에 대한 법이론 및 국가이론』[43]에서 설명한 바 있다. 이 책에서 그는 국고를 통한 소송이 필요한 주된 원인이 당시 일반재판소가 공권력행사에 대하여 이 위법성을 판단할 재판권을 가지지 못한다는 문제에 있다고 보았다.

슈탈이 항고소송이 제한된다고 보던 시기는 프랑스 혁명사상이 퇴조하고 반동적인 빈체제 하에서 여러 유럽국가들이 옛 질서로 회귀하고 있었다. 이러한 변화 등에 따라서 소송법상으로는 행정처분에 대한 항고소송이 전면제한되는 결과를 낳았다고 한다. 일반재판소가 이와 같이 직접적으로 행정활동에 대한 위법성을 심사할 수 없게 되자, 우회적인 방법으로 국고라는 국가의 재산권을 보유하는 사법상의 법인격을 의제하고, 이를 피고로 하는 금전배상청구소송이라는 방식이 사용되었다는 것이다.

그런데 슈탈이 위 글을 쓴 시기에는 1831년 내각령 등에 의하여 이와 같은 금전배상청구소송 역시도 부분적으로 제한되었다. 다시 말해 앞선 페롯이 활동하던 시기에는 행정이 사인의 '기성적인 권리'를 침해하면 바로 금전배상의 의무를 진다고 할 수 있었다. 반면 슈탈이 본 시기에는 프로이센의 법령에 따라서 손해배상의무가 더욱 제한되어 있고, 국고를 피고로 하는 소송을 진행하기 위해서는 그 활동관계가 '고권적인 활동'인지 아니면 '국고관계'인지를 먼저 판단하여야 하였다. 고권활동의 경우에는 금전배상청구소송 역시 제한된다고 보았다. 이에 따라 일반재판소에서 판단이 가능한 국고소송을 제기할 수 있도록 하기 위하여 국고라는 의제를 사용하고 다시 국고관계로 포섭할 필요가 있었던 것이다.[44]

다만 이 당시 고권활동이라고 보는 범위에는 현대의 공법학에서의 의미하는 바와 달라서, 주권행사 내지 '통치행위'로 보는 것에 가까운 개념들을 다수 포함하고 있었다. 당시의 '고권'(Hoheit)개념에 속하는 것의 예로서 선전포고, 강화조약체결, 화폐주조 등을 들고 있으며, 이와 같은 고도로 정치적인 결단에 대해서는 일반재판소의 판단권한이 없다는 것이다. 따라서 고권에 속하지 않는 일반적인 행정권한 행사, 따라서 현대의 고권적 행정을 부분적으로 포함하는 행정활동영역에 대해서만 민사소송의 방식으로 손해전보만을 청구할 수 있었던 것이다. 이 영역조차도 1831년 내각령 등에 의해서 행정활동에 따른 손해배상의 청구가 제한됨에 따라 당시에는 특별한 권원에 따라서 보장되는 '예외적인 권리'(exemtes Recht)가 침해된 경우에 한하여 손해배상청구가 인정된다고 보았다. 이와 같은 예외적인 권리들은 신분상 특권 등에 해당하는 것들이었다.[45]

---

43) Friedrich Julius Stahl, Rechts- und Staatslehre auf der Grundlage christlicher Weltanschauung』, 2. Abtheilung, 3. Aufl. Heidelberg 1865.

44) 이에 관하여, Wolfgang Rüfner, a.a.O., S. 183-185 참조.

45) 이에 관하여, Wolfgang Rüfner, Verwaltungsrechtsschutz in Preußen von 1794 bis 1842, Bonn 1962, S. 183-185 참조.

이상과 같은 초기 국고이론에서는 '국고'를 사인으로 보고 있던 점을 통하여 예외적으로 민사소송에 의하여 위법한 행정활동에 의해 침해받은 사인의 권리를 구제받을 수 있도록 하고 있다고 보았다. 페롯이 말한 바와 같이 이와 같은 국고는 군주를 대신하여 책임을 지기 위해 창설된 법인격이었으나, 당시에는 군주 또는 국가만이 '국고'를 가지고 있었던 것이 아니고, 각 행정청별로 각각 '국고'를 가진다고 보았다.[46] 이러한 점에서 Fiskus를 '국고'로 번역하는 것은 우리 용어의 사용례에 비추어 타당하지 않을 수 있다. 굳이 말하자면, 근세에서 근대초기에 이르는 동안 '국고'라는 표현은 현재의 각 부서, 구체적으로는 각 행정조직의 '재무담당 공무원' 내지 그가 관리하고 있는 각종 국・공유 재산을 추상화한 것 정도를 의미하였다고도 할 수 있을 것으로 보인다.

3. 독일 공・사법 구분론

(1) 관할권 구분의 기준

이상에서 본 것과 같은 체제는 1848년 프랑크푸르트 국민회의 등으로 도전받게 되었고, 미완에 그친 혁명에도 불구하고 혁명참가자들의 주장은 받아들여져서 독일의 각 영방국들에서 행정재판소가 별도로 설치되기 시작하였다. 이와 같이 새롭게 설립된 행정재판소로 인해서 종래의 일반재판소와의 재판관할권 구분이 문제가 되었다.

프로이센에서는 재판의 선결문제로서의 행정작용에 대해서는 원칙적으로 행정이 판단권한을 가지고 있었지만, 1877년 재판소조직법 제13조가 명확한 기준을 설정하지 않았기 때문에, 그 구분이 명확한 것은 아니었다.[47] 더욱이 종래에는 일반재판소 재판관들에 의해서 판단되던 것을 행정의 영역확대에 따라 새롭게 설립된 관할 행정청에 의해서 판단되는 것으로 변경되기도 하였다. 이와 같은 이유에서 발생하는 행정과 사법 사이의 관할권에 관련된 혼란을 해결하기 위하여 프로이센에는 '관할분쟁재판소'(Kompetenzkonfliktgerichtshof)가 존재하였다.[48] 관할분쟁재판소는 특정한 사안에 대하여 이것이 행정재판소가 판단할 내용인지, 그렇지 아니하고 일반재판소가 판단할 사안인지 여부를 결정하였다. 현재의 국고이론에 영향을 미친 공・사법구분의 기준은 1889년 프로이센 관할분쟁재판소의 판결에 상당부분 기인하고 있다고 한다.

(2) 프로이센 관할분쟁재판소 판례

프로이센 관할분쟁재판소는 1889년 12월 14일자 판결[49]에서 판시하길, 담당 행정부가 있

---

46) Wolfgang Rüfner, a.a.O., S. 179.

47) Wolfgang Rüfner, a.a.O., S. 169.

48) 이에 관하여 Fritz Fleiner, 『nstitutionen des Deutschen Verwaltungsrechts, 8.Aufl., Tübingen 1928, S. 17, 23 참조.

49) KH v. 14. 12. 1889 JMBL. 1890, S. 84 ff(88). –Urteil des Gerichtshofes zur Entscheidung der

는 사건에 대해서는 일반재판소의 재판권이 없다고 하였다. 다시 말해 일반재판소가 모든 법영역에 대하여 재판권을 가지는 것은 아니란 것이다. 그러나 관할분쟁재판소가 공사법구분의 일반적인 기준으로 제시한 것은 아니었으며, 당시에도 당장 공·사법 구분의 기준으로 이해된 것이 아니었다. 그럼에도 이 판결은 이후의 판례와 학설에서 일반적으로 인용되고 이해되길, 위 판결에서 관할분쟁재판소가 판결 당시 행정재판소가 맡고 있는 것이 공법사안이고, 일반재판소가 맡고 있는 것이 재판사안－즉, 민사사건 및 형사사건－이라고 판단한 것이라고 받아들여졌던 것이다. 이 판결 이후의 관행에 의하여 일반재판소는 원칙적으로 私法관계에 대해서만 재판권을 갖는 것으로 이해되었던 것이다. 이 중에서 공법을 원인으로 하는 관계에 대하여서는 일반재판소는 오직 국고가 당사자로 등장하는 경우에만 재판을 할 수 있게 되었다. 결국 행정사건에 관한 재판권이 항고소송은 행정부 내부의 행정재판소에게 부여되고, 국고가 피고가 되는 금전배상청구소송 등은 일반재판소가 관할권을 갖는 결과가 확고하게 되었다.[50] 이에 따라서 국가배상 및 손실보상 등은 일반재판소가 관할하는 사법관계에 속하는 사안으로 이해되었다는 것이다. 이와 같은 입장이 민법전의 규정(제31, 89, 823, 831, 839조)에도 반영되어 국가배상은 민사재판소에서 민사소송으로 진행되며, 국고가 대위하여 책임을 지게 되었다.

또한 관할분쟁재판소는 두 판례(JMBL 56, 87 f.; JMBL 60, 326 ff.)에서 1831년 12월 4일 자발령된 항고소송을 제한하는 내각령 상의 조문을 '법률에 의하여 사권이 침해된 경우에는 사인은 이에 대하여 소를 제기할 수 없다'는 의미로서 해석하였다. 다만, 예외적으로 법률에서 손해배상을 예정한 경우에는 국고를 피고로 하는 금전배상 등의 소송이 가능하다고 보았다.[51] 이후 손실보상청구소송과 국가배상청구소송으로 전환되는 손해전보소송은 여전히 일반재판소의 민사재판권 하에 놓여졌다. 이러한 관행은 민법전 제839조, 1910년 독일제국법에 따라서 뒷받침되었다.[52]

(3) 법무성 관보 이후의 해석 확산

이상에서 보는 것과 같이 관할분쟁재판소의 입장은 공법사건은 행정재판소가, 재판사안－즉, 私法사건－은 일반재판소가 맡는다는 의미도 아니었고, 현재 각각이 맡고 있는 것을 그렇게 본다는 의미도 아니었다. 그러나 후대의 법률가들은 이것이 반전된 채로 이해하였던

Kompetenzkonflikte vom 14. Dezember 1889. Zulässigkeit des Rechtsweges über den Anspruch eines Dritten gegen einen Armenverband auf Erstattung der für einen Armen gezahlten Kur= und Verpflegungskosten. (판결문 원문은 프로이센 법무성 1890년판 관보 Justiz-Ministerial-Blatt für die Preußische Gesetzgebung und Rechtspflege, S. 84-88 참조) 이에 관하여 Wolfgang Rüfner, Verwaltungsschutz in Preußen von 1749 bis 1842, Bonn 1962, S. 169에서 참조.

50) 이에 관하여 Wolfgang Rüfner, a.a.O., S. 169 참조.

51) Wolfgang Rüfner, a.a.O., S. 170. Fn. 26 참조.

52) Wolff/Bachof/Stober/Kluth, Verwaltungsrecht Ⅰ, 12.Aufl., München 2007, S. 77 참조.

것이다. 그들은 동 판례의 취지가 판결 당시 행정재판소가 맡고 있는 것이 공법사안이고, 일반재판소가 맡고 있는 것이 사법사안이라는 것으로 이해하였고, 계속 그런 내용으로서 위 판결문을 인용한 것이다.

그러나 이와 같은 방식으로 공·사법을 구분하는 것은 여전히 혼란을 일으켜서 민사재판권과 행정재판권을 통합하자는 논의가 바이마르 공화국 시대에도 영향을 끼쳐서 바이마르 헌법 역시 이 연장선상에서 만들어졌다. 바이마르공화국 자체는 독일제국과 마찬가지로 연방 자체의 독립적인 행정재판소를 가지고 있지 않았으며, 따라서 바이마르헌법 제107조는 일부의 행정사건에 대하여 일반재판소가 관할권을 갖는다고 정하였다. 또한 같은 제129조에서는 관료가 재산권과 관련하여 제국에 대하여 소를 제기할 경우를 상정하였는데, 이는 현대의 당사자소송에 속하는 부분이었다. 아울러 제131조에서는 국가배상사건에 대하여, 제153조에서는 손실보상에 대하여, 이를 일반재판소관할로 명문으로 규정하였다.[53] 이러한 상황에서 각 주에 존재하던 행정재판소는 국가를 당사자로, 바이마르 일반최고재판소와 각 주의 일반재판소들은 '국고'를 당사자로 하여 소송을 진행하였던 것이다.

(4) 소 결

본장에서 본 것과 같이, 프로이센과 독일제국의 사법제도 하에서 손실보상과 국가배상이 일반재판소로 완전히 굳어진 것은 그리 오래전이 아니다. 기존에 관할권을 갖던 관방재판부가 19세기 초엽에 폐지됨에 따라 일반재판소가 손실보상·국가배상에 대한 관할권을 완전히 인수하였기 때문이다. 이와 같은 인수를 거쳐서 19세기 말 당시에 일반재판소가 관할하고 있었던 것이 이유가 되어 손실보상 및 국가배상이 私法작용으로 이해되었던 것이다.

항고소송을 중심으로 보면, 18세기까지 관방재판부에서 주로 항고소송을 담당했으나, 1808년 이후 우회적인 형태로 일반재판소에서 항고소송이 이루어졌다가 19세기 중반 완전히 금지되었다. 이와 같은 항고소송은 국고를 피고로 하는 소송형식을 갖추고 있었다. 19세기 후반 행정재판소가 설치되었지만, 손실보상은 여전히 일반재판소에 남게 되었고, 이것은 '국고이론'의 근거가 되었다.

위와 같은 프로이센을 중심으로 하는 행정사법제도의 변화를 표로 만들어 보면 아래와 같다.

---

53) 이에 관하여, Fritz Fleiner, S. 250, Fn. 40 참조.

〈표〉 프로이센 행정사법제도의 개략적인 변화

	항고소송	기타 소송
18세기	(주로) 관방재판부(방어소송)/일부 타 기관	(손실보상) 일반재판소/관방재판부 등
19세기 초	관방재판소 폐지/ (우회적 항고소송: 일반재판소)	일반재판소
19세기 중	각 부 대신의 행정심판 (우회적 항고소송: 전면금지)	일반재판소(2차 쟁송)
19세기 후	행정재판소	손실보상/국가배상: 일반재판소
바이마르시대	행정재판소	손실보상/국가배상: 일반재판소

Ⅳ. 국고이론의 확장과 문제점

1. 국고이론의 확대적용

(1) 영역별 확대

1) 조달: 이른바 '국고적 보조행위'

독일은 전통적으로 국가발주사업을 국가내부에서 행하여지는 예산법상의 활동으로 보고, 이를 사법 영역으로 이해하였다. [54]이 같은 활동은 직접 공익목적에 기여하지는 않지만, 이를 위해 필요한 활동을 하는 것으로서 '국고적 보조행위'(fiskalisches Hilfsgeschäft)라고 불리었다. 다만 이와 같은 전통적인 독일 관념은 EU조달법의 영향 하에 부분적으로 변화하였다.[55]

2) 공기업

조달법 영역이외에도 공기업체는 19세기 말부터 국가재정과는 별개의 '공기업국고'(철도국고, 우편국고)를 형성한다고 보는 등 공기업의 사법적 지위를 인정하고 있다. 특히 사법상 법인격으로 창설되는 공기업체가 증가하는 등 사인으로서 법인격을 갖도록 하고 있는 데 이는 특히 독립성이 강한 '자기기업'일 때 그러하였다. 다만 공기업의 개념에 관하여서는 초기부터 논란이 있어서, 오토 마이어는 이를 특허기업에 가깝게 보았고, 플라이너는 조직형식을 기준으로 판단한 바 있다.[56]

3) 국가의 사경제활동

국가가 이윤을 추구하는 목적에서 활동, 다시 말해 '영리경제적 활동'(erwerbswirtschaftliche Betätingung)을 할 수 있는지 여부에 대하여 논란이 있었고,[57] 이에 따라 국가가 영업의 자

---

54) 독일의 국가발주에 관하여 차민식, "독일에서의 기능사화와 국가책임에 관한 연구", 서울대학교 법학박사학위논문, 2011, 37-38면 참조.

55) 이에 관하여 朴正勳, "행정조달계약의 법적 성격", [행정법연구1] 『행정법의 체계와 방법론』, 박영사 2005, 191-198면 참조.

56) 이에 관하여 Otto Mayer, Deutsches Verwaltungsrecht』, Band Ⅱ, 3.Aufl., Berlin 1924, S. 49, S. 243; Fritz Fleiner, Institutionen des Deutschen Verwaltungsrechts, 8.Aufl., Tübingen 1928, S. 341-342 참조.

유를 향유하는지 여부까지 논쟁의 대상이 되었다.[58] 국가가 이른바 '사경제활동'이라는 방식으로 기존 사인들이 활동하는 시장영역에 진입할 경우 경쟁자방어소송의 일환으로 '국고방어소송'을 제기할 수 있도록 보장하고 있다. 따라서 국가 등 공행정주체가 급부행정이 아닌 사인과 경쟁하는 영역에 진입할 경우에 법률상의 근거를 필요로 한다고 보는 견해가 유력하다.[59]

(2) 독일재판소들의 판례

독일연방헌법재판소는 공기업에 고용된 전직경찰공무원이었던 경비원의 고용관계를 사적 고용관계와 같은 것으로 보고,[60] 연방행정재판소는 국가발주계약에 대해서도 사법관계로 이해하였다.[61] 아울러 연방행정재판소는 주택건설보조금을 받는 조건으로 임차인을 배정하는 조치에 대해서도 이를 국가와 사인간의 계약관계에 기한 것으로 해석하고,[62] 국영물자저장소가 물가안정을 위해 물자를 비축하거나 매각하는 계약을 체결한 것을 '사법상 계약'이라고 보았다.[63] 반면 평등원칙이 적용되거나 특정한 인적 범위에서 사회적으로 우대조치가 필요한 경우에는 이에 따른 행정조치는 공법상의 것으로 파악하는 것으로 보인다.

(3) 실정법상 국고개념의 확대

독일 경쟁제한방지법(GWB) 제98조에서 공공발주자를 '사법상 법인'인 경우에도 가능하도록 규정하여 공기업 등을 사법상 법인으로 설립할 수 있도록 하였다. 아울러 민영화전환법(UMWG) 제57조에서도 민영화되는 조직이 주식회사 내지 유한회사 등의 자본회사 또는 등기된 조합인 경우의 특례를 규정하여 통상 행정임무가 사법상 법인격에 의해서도 이루어질 수 있다고 정하였다.

아울러 행정절차법 제1조 내의 '공법상 행정활동'과 '공적 행정활동이라는 임무'가 서로 다른 의미로 해석될 수 있는 점, 행정절차법 제35조에서 모든 행정활동을 포섭하지 않는 점 등 역시도 국고이론을 전제로 한 것이라 할 수 있다. 또한 행정재판소법(VwGO) 제40조 제1항 및 재판소조직법(GVG) 제13조에서 일부 행정활동을 행정소송에서 배제하는 것 역시 전

---

57) Fritz Fleiner, a.a.O., S. 120-121; 김도승/이상경/장철준/최정민, 『주요국의 공공기관 경영자율성 제고를 위한 법제분석』, 한국법제연구원, 2012, 189-190면 참조.

58) 이에 관한 비판적인 입장으로는 Karl Albrecht Schachtschneider, Staatsunternehmen und Privatrecht, Kritik der Fiskustheorie, exemplifiziert an § 1 UWG, Berlin, 1986 참조.

59) 이에 관하여, 이원우, 『경제규제법론』, 홍문사, 2010, 578-579면 및 787-788면 참조.

60) BVerfG, Beschluß des Zweiten Senats vom 21. Januar 1970, -2 BvL 27/63 -BVerfGE 27, 364.

61) BVerwG, Urteil des Ⅱ. Senats vom 7., November 1957-BVerwG Ⅱ C 109.55,-BVerwGE 5, 325(이 판례의 위치에 관하여 일반적으로, Deutsches Rechts-Lexikon, Band 3, 3.Aufl., München 2001, S. 1640에서 참조).

62) Urteil des BVerwGE vom 12. 1. 1955- V C 107/54(Münster)-DÖV 1955, S. 506.

63) Urteil des Ⅶ. Senats vom 17. Oktober 1958-BVerwG Ⅶ C 183. 57, BVerwGE 7, 294(이 판례의 위치에 관하여 일반적으로, Deutsches Rechts-Lexikon, Band 3, 3.Aufl., München 2001, S. 1640에서 참조).

형적인 국고이론의 여파라고 본다.

2. 국고이론의 수정론과 부정론

(1) 국고이론의 현대적 평가

이상과 같이 확대된 국고이론은 현재 독일의 판례와 입법에서 일반적으로 받아들여져 있고, 행정법학계 내부에서도 다수설로서의 지위를 가지고 있다. 그러나 국고이론이 과거까지 법실무에 어떤 기여를 하였는지, 그리고 현재에도 효용성을 여전히 가지고 있는지에 대해서 논란이 있다. 양측 견해 모두 19세기 독일에서 신민의 권리보호는 단지 국고를 상대방으로 하는 금전배상청구에 제한되었음을 먼저 지적하고 있다.[64] 그것이 이후의 법제도에 있어서 기여한 의미를 긍정적으로 평가하는 견해와 현대 도그마틱 상에서 초래되는 혼란을 중심으로 이해하려는 입장이 대치되고 있는 것이다.

1) 권리보호의 확대

국고이론이 사인의 권리보호 확대에 기여했다는 긍정적인 평가를 내린 학자로는 코흐와 클라인하이어 등이 있다. 먼저 코흐는 법률관계를 고권주체가 아닌 재산주체로서의 국고와 관련된 재산권관계, 즉, 사법관계로 이전하여 국가에 대한 사인의 소송이 가능하게 하였다는 장점을 설명하였다.[65] 클라인하이어도 이와 유사하게 국고이론이 단지 부분적으로만 신민의 권리를 '소송'이란 방식으로 보장하였지만, 그럼에도 불구하고 국고이론이 국가를 국고라는 형태로 객관화하는 장점은 있었다고 평가하였다. 즉, 국고소송이라는 형태로 출발하여 국가의 공권력행사에 대항하는 소송의 범위가 점차로 확대되었고 결국 현대의 독일 행정소송법 체계를 이룩하는 것에 기여하였다는 것이다.[66]

2) 사법규범의 원용

또한 국고이론은 이른 시기부터 체계적인 규범을 갖춘 사법 규범을 행정작용에 있어서 원용할 수 있었다는 장점도 있다. 그중 대표적인 것이 '계약'이라는 것이 있겠으나, 그 외에도 시효, 부당이득 등등 역시 이에 해당한다고 한다. 이러한 장점 등으로 인하여 볼프와 입센 이외에도 현대 독일의 행정법학자 다수가 국고이론에 명시적으로 찬동하거나 내지는 사실상 이를 인정하고 있는 것으로 보인다.

독일 행정법학계 내의 대표적 이론서 가운데 하나인 볼프/바호프/슈토버/클루스의 「행정법 1」에서도 역시 국가를 사법상 법인격을 갖는 존재라고 인정하고 있다. 이에 해당하는 경우를 국가가 매매계약, 근로계약 그리고 (공)기업 등의 형식으로 참여할 때라고 예시하고 있

---

64) Gerd Kleinheyer, Staat und Bürger im Recht, Bonn 1959, S. 149 참조.

65) Thorsten Koch, Der rechtliche Status kommualer Unternehmen in Privatrechtsform, (1994), S. 68-75 (이에 관하여, 이원우, 경제규제법론, 홍문사 2010, 781면 각주 77에서 재인용).

66) 이에 관하여 Gerd Kleinheyer, a.a.O. S. 149 참조.

다.[67] 또한 역사적으로 이러한 국가를 사법상 법인격으로 파악하는 것의 배경이 될 수 있는 국고이론이 공사법구분에서부터 나왔다고 하였다. 또한 행정은 행정임무달성을 위한 구성형식과 활동형식에서 부분적으로 제한되기는 하지만 일반적으로 공법 및 사법을 선택할 자유를 보유한다고 보았다.[68]

3) 한 계

그러나 국가가 사법상 활동을 사인과 같이 할 수는 없다는 점에서 이에 대하여 이른바 국가의 사법상의 활동이 공법규범에 종속된다고 보는 판례가 나오기 시작하였다. 특히 국가가 계약체결의 자유를 누릴 경우에 사인이 피해를 입을 수 있다는 점에 이에 대한 보완책으로 국가가 특수한 형태의 계약체결의무를 진다고 이해하기도 하였다. 이러한 의무는 사법의 일반원칙에서 도출되는 것이 아니기 때문에, 이에 대한 근거를 기본법 제3조 1항 상의 평등원칙에서 찾는다. 나아가 이러한 계약강제를 2단계이론에서 설명할 수 있을 것이라고 이해하기도 하였다. 이러한 학설상의 입장은 독일 통상최고재판소의 1958년 12월 10일자 국방군이주단지 사건[69]에서도 확인되었다.[70]

하지만 이러한 '수정된' 국고이론 역시도 공·사법 구분에 있어서 혼란을 초래하였다는 주장도 제기되었다. 이러한 대표적인 주장자로 부르마이스터를 들 수 있다. 그는 국고이론이라는 개념을 통하여, 공·사법 구분 및 행정소송과 민사소송의 경계 획정이라는 행정법 도그마틱의 근본적인 부분을 형성하였지만, 그것이 도리어 혼란을 초래하고 있다고 보았다. 그러한 의미에서 그는 국고라는 사법상 법인격을 의제하는 것을 행정법 도그마틱에서 전면적으로 배제할 필요성을 역설하였다.[71]

(2) 국고이론의 수정론: 2단계이론과 행정사법이론

이상에서 본 바와 같이 전통적인 국고이론은 소송법상의 관할 구분 문제에서 출발하여 작용법상으로는 국가배상 및 손실보상에서 중점적으로 나타난 것이었다. 이후 확대된 영역에도 불구하고 이와 같은 국고활동의 영역에는 원칙적으로 공법이 적용되지 않는다고 이해되었다. 특히 국가에게 수익을 가져다 줄 것을 목적으로 하거나, 국가의 수요를 충족하기 위한 목적으로 私法상 행위를 할 경우에 그러하였다.

이른바 '국고(작용)영역'에 대한 공법의 적용을 소극적으로 이해하는 종래 통설과 달리, 한스 페터 입센과 한스 율리우스 볼프 등은 보다 적극적인 입장을 취하였다. 입센은 전통적

67) Wolff/Bachof/Stober/Kluth, Verwaltungsrecht Ⅰ』, 12. Aufl., München 2007, S. 188 참조.
68) Wolff/Bachof/Stober/Kluth, a.a.O., S. 180-181 참조.
69) BGHZ 29, 76 ff.
70) 이에 관하여 Ulich Stelkens, 『Verwaltungsprivatrecht』, Berlin 2005, S. 912-913 참조.
71) Joachim Burmeister, Der Begriff des „Fiskus" in der heutigen Verwaltungsrechtsdogmatik, DÖV 1975, S. 695-703 참조.

으로 사법영역 내지는 공·사법이 혼재된 영역이라고 간주되던 부분에 대하여 이를 단계로 나누는 2단계 이론을 주장하였다. 비슷한 시기 한스 율리우스 볼프는 '행정사법이론'을 통해 사법형식의 행정활동에도 공법원리가 적용될 수 있음을 밝혔다.

먼저 입센에 따르면, 침익행정으로 분류되는 부분뿐만 아니라, 급부행정영역에서도 가능하다고 하며, 공법상의 조치 이전에 그를 이루는 기본적인 관계가 사법에 의한 것으로 형성되어 있을 수 있다고 한다.[72] 아울러 이는 '공·사 협력관계'에 있어서도 이러한 '2단계이론'에 의한 설명이 가능하다고 보기도 한다.[73] 입센은 이러한 2단계이론이 적용될 수 있는 대표적인 영역으로 경제행정상의 목적을 가진 보조금지급결정을 들었다.[74] 그는 보조금지급 영역의 경우 실무상 사법관계로 이해함에 따라서 법적으로는 그 누구도 책임지지 않는 문제가 있음을 비판하였다.[75] 이와 동시에 현실에서는 국가가 해당영역의 사업자에게 생산명령이행부 보조금을 지급하는 것과 같이 명령적인 성격도 분명히 결부되어있을 수 있음을 지적하였다.[76] 또한 지급결정과 어떻게 지급할 것인가라는 방법의 문제로 구분하여 전자에 대해서는 공법상의 행정행위로서의 성격이 있다고 파악하였다.[77] 아울러 보조금신청 거부처분에 관해서는 이는 사법적인 것이 아닌 고권적인 행정행위로서의 성격이 있는 것으로 이해하였다.[78] 보조금지급결정 이외에도 영조물 이용관계 역시도 2단계 이론이 적용될 수 있는다고 보며, '공·사 협력관계' 도 또한 이러한 '2단계이론'에 의한 설명이 가능하다고 보기도 한다.[79] 입센의 2단계 이론은 판례에도 곧바로 영향을 미쳐서 연방행정재판소 1955년 1월 12일자 '주택건설보조금지급부 임대차 배정'(Wohnungsbauförderung) 사건[80]에서 원고의 청구를 기각하는 데 근거로 이용되었다.[81] 아울러 이론이 입법에 반영된 것으로는 독일의 「직업재교육지원법」(AFBG: Aufstiegsfortbildungsförderungsgesetz) 제26조 등이 이와 같이 공법단계와 사법단계 사이에서 소송유형을 양분하도록 명문화하였고 본다.

입센과 비슷한 시기에 '행정사법'이론을 제기한 한스 율리우스 볼프 역시도 국가활동에

72) Wolff/Bachof/Stober/Kluth, 『Verwaltungsrecht Ⅰ』, 12.Aufl., München 2007, S. 199 참조.
73) Wolff/Bachof/Stober/Kluth, a.a.O., S. 199 참조.
74) 이에 관하여 Hans Peter Ipsen, Öffentliche Subventionierung Privater, DVBl 1956, S. 602-613(602-603) 참조, 위 논문에 관하여, Wolff/Bachof/Stober/Kluth, 『Verwaltungsrecht Ⅰ』, 12.Aufl., München 2007, S. 199에서 참조.
75) 이에 관하여 Hans Peter Ipsen, Öffentliche Subventionierung Privater, DVBl 1956, S. 602-603 참조. 위 논문에 관하여, Wolff/Bachof/Stober/Kluth, a.a.O., S. 199에서 참조.
76) 이에 관하여 Hans Peter Ipsen, Öffentliche Subventionierung Privater, DVBl 1956, S. 603 참조. 위 논문에 관하여, Wolff/Bachof/Stober/Kluth, a.a.O., S. 199에서 참조.
77) 이에 관하여 Ulich Stelkens, Verwaltungsprivatrecht, Berlin 2005, S. 968 참조.
78) 이에 관하여 Hans Peter Ipsen, Öffentliche Subventionierung Privater, DVBl 1956, S. 603 참조.
79) Wolff/Bachof/Stober/Kluth, a.a.O., S. 199 참조.
80) BVerwGE 1, 308, 309 ff. 이에 관한 자세한 내용은 이 논문의 3장 1절 참조.
81) Ulich Stelkens, Verwaltungsprivatrecht, Berlin 2005, S. 969 참조.

고권적인 부분과 국고적인 부분이 있다고 보아 국고이론의 큰 틀에 대해서 부정한 것은 아니다. 그렇지만 종래 순수하게 사법이 적용된다고 본 영역에 대하여도 행정법원리가 적용된다고 보는 '行政私法'(Verwaltungsprivatrecht)을 주장하였다. 이러한 행정사법은 점점 법실무 및 이론이 다루는 상황이 복잡해진 현대의 법 문제를 해결함에 있어서 더욱 유용해졌다는 평가를 받기도 한다. 이러한 평가의 배경은 국가 및 기타 행정주체가 공법과 사법이 혼재된 규범영역에서 활동을 하게 되는 일이 증대되었다는 것이다. 또한 그와 같은 영역에서 행정주체들은 새로운 조직을 창설하기도 하는데, 행정사법은 이러한 것을 설명하는 데 유용한 도구라고 보고 있다.[82] 또한 행정보조자에게 임무를 위임하는 것과 같은 행정주체와 사인이 결합하여 활동을 하게 될 때에 이에 대한 규율을 보다 용이하게 할 수 있고, 이에 따른 법적 분쟁을 해결하는 데 있어서도 편리하다는 평가를 받는다.[83]

이와 같은 위임은 근래 행정학 분야에서 '민·관협치'내지 '거버넌스'라고 부르는 현상이다.[84] 아울러 찬성론에서는 민영화후속법(Privatisierungsfolgenrecht) 영역에 있어서도 국가임무를 수행하던 공기업체가 민영기업으로 전환되었다 하더라도, 행정사법이라는 개념을 매개로 하여 공법상의 규율이 적용될 수 있다는 장점이 있다고 본다.[85] 이러한 공기업 등 사법상의 조직체에 있어서 행정사법은 사법이 규율하던 영역이 공법의 영역 안으로 편입되는 것을 나타내는 것이라고 할 수 있다.[86] 위와 같이 기존의 사법영역이라고 이해되던 공사법이 혼합되는 영역을 공법으로도 규율할 수 있다는 장점이 있다고 본다. 따라서 행정사법이론에 대하여 이는 일부의 반론이 있기는 하지만, 일반적으로 현재 독일의 학설과 판례에 의해서 받아들여졌다고 평가된다.[87]

그러나 행정사법이론에서 그 대상으로 삼는 영역은 공기업법제, 행정계약법, 그리고 국가배상법 영역 등인데, 이들을 하나의 범주로 묶을 수 있는 공통적인 특성이 존재하는지에 대하여 논란이 있다.[88] 행정사법의 찬성론에서도 '행정사법'을 완결된 법개념으로 이해하는 것은 아니다.[89]

---

82) Wolff/Bachof/Stober/Kluth, Verwaltungsrecht Ⅰ, 12.Aufl., München 2007, S. 270 참고.

83) 이원우, "정부기능의 민영화를 위한 법적 수단에 대한 고찰-사인에 의한 공행정의 법적 수단에 대한 체계적 연구-", 행정법이론실무학회, 『행정법연구』, 1998, 108-136면 중 127-128면; Wolff/Bachof/Stober/Kluth, a.a.O., S. 271 참고.

84) 아직까지 '거버넌스'의 의미가 통일되지 않은 채 다양하게 사용되고 있으나, '거버넌스'라는 개념은 일응 기존의 국가 기타 행정주체의 행정작용을 일방적인 '통치'(Government)라고 파악하면서, 이의 한계를 극복하기 위하여 민간과 행정주체가 협력하는 구조를 형성할 필요성이 있으며, 그에 따른 확대된 행정활동개념을 일컫는 것으로 이해할 수 있겠다.

85) Wolff/Bachof/Stober/Kluth, a.a.O., S. 208 참조.

86) 이에 관하여 차민식, "독일에서의 기능사화와 국가책임에 관한 연구", 서울대학교 법학박사학위논문, 2011, 157-158면 참조.

87) Wolff/Bachof/Stober/Kluth, a.a.O., S. 270.

88) Wolff/Bachof/Stober/Kluth, a.a.O., S. 270 참조.

이에 따라서 종래 국고활동으로 보아오던 영역을 다시금 행정사법 영역과 협의의 국고활동 영역으로 구분하는 것이 가능한지가 문제된다. 실무상으로는 행위활동형식을 자유롭게 선택할 수 있는 영역을 행정사법이 적용되는 부분으로 이해하고, 이러한 점은 공기업영역을 설명하는 데 유용하다고 한다.[90] 이러한 '행위형식 선택의 자유'에 대해서는 찬·반론이 맞서고 있지만, 유용성을 주장하는 측에서는 행정과 사인간의 관계에서 사안별로 유용한 수단을 선택할 수 있다는 장점이 있다고 본다.[91] 이와 달리 공행정임무를 수행하는 영역은 행정사법으로, 그렇지 않고 행정주체의 경제적인 필요를 충당하기 위한 부분은 협의의 국고활동으로 보는 구분하는 견해도 있다.[92] 다만 이에 대해서는 수익을 목적으로 하는 협의의 국고활동을 통해서 얻고자 하는 행정주체의 경제적 이익도 공익이라고 하는 반론이 있다.[93]

행정사법이론은 종래 국고작용이라고 불리던 영역에도 공법도 아울러 적용될 수 있음을 밝혀내었다. 다시 말해 私法적 규율체계가 미치는 영역에도 공법이 적용된다는 것으로, 私法원칙의 적용범위 및 내용을 부분적으로 수정해야 한다는 것이다.[94] 이러한 점에서 종래 국고이론이 보여주는 문제점을 부분적으로 보완해내는 시도라고 평가될 수 있다. 볼프의 행정사법이론은 원칙적으로 급부행정 영역에 집중하고 조달행정이나 국가의 영리추구활동은 행정사법 영역에 포섭하지 않았다. 그러나 공익을 실현하는 조달행정까지 포함하는 것으로 행정사법이론을 확대하는 주장도 있고, 여기에서 행정은 그 활동형식과 무관하게 헌법원리를 비롯한 공법상의 일반원리의 적용을 받는다고 본다.[95]

(3) 국고이론 부정론

이와 같이 행정사법이론을 확대적용하려는 시도에도 불구하고, 국고이론의 수정론들에 대하여 부정적인 시각 역시 존재한다. 부르마이스터, 샤흐트슈나이더 등의 국고이론 부정설을 취하는 입장에서는 행정사법이론을 여전히 근본적으로 국고이론의 연장선상에 있는 것으로 이해한다. 이 비판은 행정사법영역이 애당초 독립적인 법개념이 아니라는 점을 먼저 지적한다.[96] 또한 행정사법 영역에서 국가배상책임이 존재하지 않을 수 있다는 점을 들어 비판하기도 한다.[97]

---

89) Wolff/Bachof/Stober/Kluth, a.a.O., S. 270 참조.
90) 이에 관하여 Wolff/Bachof/Stober/Kluth, a.a.O., S. 271 참조.
91) 이에 관하여 Wolff/Bachof/Stober/Kluth, a.a.O., S. 271-272 참조.
92) Sodan/Ziekow, Verwaltungsgerichtsordnung Großkommentar, 3.Aufl., Baden-Baden 2010, S.454-456 참조.
93) 이원우, 『경제규제법론』, 홍문사 2010, 337면 참조.
94) 차민식, 『국가임무의 기능사화와 국가책임』, 경인문화사, 2011, 233-234면 참조.
95) 이에 관하여, 朴正勳, "행정조달계약의 법적 성격", [행정법연구1] 『행정법의 체계와 방법론』, 박영사, 2005, 181-182면 참조.
96) Röhl, VerwArch. 1995, 531 ff.; P. v. Unruh, DÖV 1997, 653 ff., Schlette, Die Verwaltung als Vertragspartner, 2000, 124 ff. (이에 관하여, Wolff/Bachof/Stober/Kluth, 『Verwaltungsrecht I』, 12.Aufl., München 2007, S. 270에서 재인용)

따라서 국고이론을 전면적으로 부정하는 주장이 제기되었다. 먼저 국고이론을 부정하는 견해에서는 '국고'라는 개념이 시대에 따라 변화하였으며, 그 안에서 다양한 의미를 가지고 사용한다는 점을 들고 있다. 말멘디어는 국가를 대신하는 사법상 법인격으로, 나아가 국가재산의 보유자로서, 끝으로 사법상의 주체로서 법의 세계에 등장하였음을 서술하였다. 불명확하고 다의적인 국고개념은 더 이상 현대의 법이론에게 도움을 줄 수 없는, 결국 필요하지 않은 낡은 개념이라고 비판하였다.[98)]

또한 이와 같은 역사적인 배경에서 바라보면, 그 국고이론의 성립과정에 대한 설명이 부정확하다는 점을 지적하기도 한다. 뤼프너 등이 대표적으로 오토 마이어의 국고이론을 중점적으로 비판하면서 그의 역사적인 제도 변화에 대한 설명이 부정확하였음을 비판한 것이다. 아울러 크뤼거는 오토 마이어가 밝힌 바와 같이 국고가 "관습법상의 사인"인지 여부에 대하여 의문을 표하였다.[99)] 샤흐트슈나이더 역시 국가가 국고로 활동했다는 것이 헌법적 관습법 내지 관습헌법으로도 증명이 되지 못한다는 점을 비판한 바 있다.[100)]

나아가 타법과의 충돌문제가 역시 제기되었다. 샤흐트슈나이더 등은 국가가 사인과 같은 지위에서 수익적 경세활동을 하는 것을 광의의 국고관계로 포착하는 것에 대해서 이것이 독일 (구)「불공정경쟁방지법」의 조문에 반한다는 것을 지적하였다.[101)] 이러한 견해에서는 이미 당대의 법률가들이 결국 국고이론이 다른 법과 충돌한다는 문제점을 자각하면서도, 현실 정책에 떠밀려서 *私法*상의 활동이라고 이해했다고 보기도 한다.[102)]

그리고 국고이론이 가지고 있는 가장 중요한 문제점은 국가가 임무수행시에 사법형식으로 빌어서 수행함으로써, 공법원리의 적용을 회피한다는 것이다. 이를 통상 '*私法*으로의 도피'라고 부르며, 이는 국가권력을 공법에 의하여 통제한다는 현대 (공)법의 기본이념에 반하는 것이라고 본다. 특히 독일 연방헌법재판소는 국민의 기본권 보장이 *私法*형식의 행정에 적용되는지 여부에 대하여, 삼권이 기본권에 구속된다고 규정한 독일기본법 제1조 3항이 여

---

97) Karl Zeidler, Schranken nichthoheitlicher Verwaltung, VVDStRL 19, 1961, S. 225(이에 관하여 Karl Albrecht Schachtschneider, 『Staatsunternehmen und Privatrecht, Kritik der Fiskustheorie, exemplifiziert an § 1 UWG』, Berlin 1986, S. 224-226에서 재인용).

98) Bertrand Malmendier, Vom wohlerworbenen Recht zur verrechlichten Freiheit, Berlin 2003, S. 101-116 참조.

99) Herbert Krüger, Allgemeine Staatslehre, 2.Aufl., Stuttgart 1966, S. 323-329, S. 896-898 참조(이에 관하여 Karl Albrecht Schachtschneider, Staatsunternehmen und Privatrecht, Kritik der Fiskustheorie, exemplifiziert an § 1 UWG, Berlin 1986, S. 6-7에서 참조).

100) Karl Albrecht Schachtschneider, a.a.O., S. 18-23에서 참조.

101) 다만 현재의 독일 경쟁법에서는 제98조 제1항에서 경쟁제한방지법의 적용범위에서 국가 등 행정주체 역시도 사업자로 간주하고, 고권작용이외에는 동법이 적용된다고 한다. 이에 관하여 F. 리트너, 권오승 역, 독일경쟁법, 법문사 1997, 179-180면 참조.

102) Karl Zeidler, Schranken nichthoheitlicher Verwaltung, VVDStRL 19, (1961), S. 355(이에 관하여, Karl Albrecht Schachtschneider, a.a.O., S. 225에서 재인용).

기에는 적용되지 않는다는 결정을 내린 바 있는데,[103][104] 이는 국가가 임의로 기본권보호의무를 방기할 수 있다는 결론에 도달할 수 있다.

이런 점들에 터잡아, 부르마이스터는 국고이론이 오랫동안 공·사법 구분, 특히 행정소송과 민사소송의 관할권 경계문제를 두고 실무와 법학교육에서 지속적으로 혼란을 초래하고 있는 점을 지적하였다. 아울러 국가행정이 행위활동형식 선택의 자유를 누린다고 인정함으로써, 이를 통하여 국가가 사인과 경쟁하는 입장에서 공기업 경영을 수행한다거나, 국고적 보조행위라는 명목으로 조달사업을 시행하는 것을 모두 私法관계로 포착하고 있는 것을 비판하였다. 그는 결국 통설의 입장인 고권행정과 국고행정의 구분이 행위의 대상이나 목적이 아닌 단지 행위형식에 의한 것이란 점에서 구분할 수 있다는 것과 국가 활동의 사법적 통제를 민사재판소에서 담당할 수 있는지 여부에 대해 회의적인 입장을 취하였다.[105]

이러한 헌법상의 문제는 크뤼거(Herbert Krüger)가 자신의 저서인 『일반국가학』(Allgemeine Staatslehre)에서 우려한 바였다. 그는 국고이론이 헌법상의 전통적인 이론과 충돌하며, 국가가 사법상 활동을 할 수 있다고 보는 (현대) 국고이론은 '사인간의 평등' 및 '사적 자치'에 그 본질적 가치를 두는 사법의 전통적인 본질에 비추어 이를 받아들이기 어렵다고 보았다. 특히 시장이라는 기능형태, 그리고 개인이라는 작용주체만을 놓고, 그것을 근거로 하여 私法영역이라고 오해하여서는 아니 된다고 경고하며, 국가가 사법상 활동을 할 수 있다는 명문상의 규정내지 분명한 해석이 없이는 국고이론을 적용하기 어렵다고 본 것이다.[106]

더욱이 이른바 '국고활동'을 사법에 포함시킨다 하더라도, 私法에 속하는 것이라고 보는 우리의 「임대차보호법」에 상응하는 「임차인보호법」(MSchG: Mieterschutzgesetz) 상의 조문과 상충하는 것처럼 국고이론이 결국 사법과도 모순관계에 있음을 지적한다. 이는 소위 '국고특권'이라고 불린 곳으로 동법 제31조의 내용이다. 위 조문에 따르면 「임차인보호법」은 연방(Reich)과 각주 및 이에 속하는 조직 등의 행정목적에 공하고 있거나, 이들이 보유하고 있는 건물에 대해서는 임차인보호법의 적용을 배제하며, 이와 같은 '특권'을 다투며 제기한 청구에 대해서 독일연방헌법재판소는 위 조문이 합헌이라고 결정하였다.[107] 이와 같은 특권은 국가 등 공공주체의 소유권을 사인의 그것과는 법적으로 달리 평가한다는 것으로, 프로이센 일반

103) Beschluss des Ersten Senats vom 13. Juni 2006-BVerfGE 116, 135(151).

104) 이에 따라서 독일 다수견해는 행정주체의 조달행위 및 영리추구행위에서는 기본권 구속을 받지 않는다고 한다. 다만 류지태, 박종수는 기본권의 제3자효를 바탕으로 전면적으로 기본권으로부터 자유로울 수는 없을 것이라 본다. 이에 관하여, 류지태/박종수, 『행정법 신론』 제13판, 박영사, 2009, 22면 각주 14 참조.

105) 이에 관하여, Joachim Burmeister, Der Begriff des „Fiskus" in der heutigen Verwaltungsrechtsdogmatik, DÖV 1975, S. 695-703 참조.

106) Herbert Krüger, Allgemeine Staatslehre, Stuttgart 1964, S. 323 참조. 이에 관하여 Karl Albrecht Schachtschneider, Staatsunternehmen und Privatrecht, Kritik der Fiskustheorie, exemplifiziert an § 1 UWG』, Berlin 1986, S. 10에서 참조.

107) BVerfG, Beschluß vom 1. 7. 1964-1 v BvR 375/62, NJW 1964, 1848.

란트법 등에서 국고가 누리던 특권과 같이 국고는 (여전히) 그 자체로 '동등한' 사인이 될 수 없다는 것이다.

(4) 소 결

19세기 중반이전의 국고이론이 소송법에 집중하였고, 19세기말 이후에는 일부 공기업을 중심으로 하는 私法상의 주체성에 중점을 두었다. 이에 반하여 20세기에는 국고이론이 적용되는 범위가 폭발적으로 확대되었다. 이러한 현상은 양차 세계대전과 그 전후의 복구 문제 및 사회문제, 그리고 현대세계의 보편적인 행정국가화 현상과 맞물린 행정수요 및 다변화된 법현실과 무관하지 않다 할 것이다.[108)]

이러한 20세기의 문제를 해결하기 국고개념이 확장되는 것은 바로 국고를 사인으로 보는 것에서 출발하는데, 이에 관한 시각에 대한 비판들은 제1장에서 전술한 바와 같다. 더욱이 기실 국고를 사인으로 보는 이유는 바로 '계약'이라는 법형식을 사용할 수 있기 때문이다. 즉, 이 사법에서 유래한 것이 틀림없어 보이는 계약 제도를 이용함으로써, 국가 등 행정주체와 사인 간의 문제를 해결할 수 있다고 생각한 것이다.

이러한 사고는 이미 오토 마이어 시대에서부터 행정법학계 내에서도 확인된 것으로 공·사법이 실무상 분화가 오랫동안 이루어있지 않았던 것에 원인을 둔다 할 것이다. 이에 따라 상대적으로 '法化'가 더딘 공법 영역에서는 비교적 일찍 제도들이 정비된 私法상의 법개념을 차용하기에 이르렀다. 문제는 이렇게 차용한 법개념을 私法에서 분리할 수 없는 것으로 인식할 것인가, 그렇지 않으면 단지 私法에서 유래한 제도로 이해할 것인가라는 점에 있다.

3. 우리나라에서 국고이론의 문제

(1) 학설대립

우리의 공법학계에서는 국고이론에 대해서 긍정하는 견해(긍정설)와 행정활동의 공익성을 강조하여 사법이 공법영역에 광범위하게 적용되는 것을 경계하는 견해(수정설)가 존재한다.[109)] 수정설에서는 조직법과 작용법 등에서 행정사법을 중심으로 공·사법이 같이 적용된다고 보며,[110)111)] 이때에도 기본권 구속에서 벗어날 수 없다고 보며, 공기업 및 특허기업을 각 '국고'로 이해하는 독일과 달리 그 공익성을 강조하여야 한다고 본다.

그러나 국고이론이 가지는 '사법으로의 도피'현상 등의 문제점을 지적하는 부정설[112)]도

---

108) 서원우, "현대행정과 행정법학의 과제", 서울대학교 법학연구소, 『법학』 19권 1호, 114-122면, 특히 114-115면.

109) 이와 같이 행정이론이 현실을 주도적으로 설명하지 못한 행정이론의 지체 내지 몰적응성이 행정이 법의 지배로부터 벗어나게 되었다고 지적되기도 한다. 이 같은 견해로서 서원우, 『일반행정법론(상)』, 박영사, 1979, 515-516면 참조.

110) 김철용, 『행정법』, 박영사, 2011, 8 Fn. 7, 10-11, 74면 참조.

111) 홍정선, 『행정법특강』, 박영사, 2011, 358-360면 참조.

근래 지지를 얻고 있다. 여기에서는 행정조달작용을 직접적으로 공익에 기여하지 않는 것으로 보는 독일 이론을 비판하며, 국가의 다른 활동 역시도 직접 국가목적은 아니지 않다는 점을 든다.[113] 이는 국고이론이 비권력행정 영역에서 공법의 구속력을 약화시키는 문제점을 지적하는 것이다.[114]

(2) 판례의 입장

앞서 서두에서 본 바와 대법원은 부정당업자제재처분에 관하여 조달계약을 사법상 계약이라고 보아왔고, 이 점은 독일에서 발주제한조치(Auftragssperre)를 민사상 의사표시로 이해하였던 것과는 사뭇 다른 점이다.[115][116] 이외에도 국유재산관리, 손실보상 등에서 종래 사법관계로만 보던 것에서 입장을 달리하는 판례가 서서히 축적되고 있다. 최근에는 '협약' 형식으로 체결한 방위산업과 관련한 국가연구개발사업에 대한 대법원 판결에서도 이를 공법관계로 이해하는 태도가 나타났다.[117] 물론 이 판결에서 취한 대법원의 입장은 결국 「국가계약법」에 의한 다수의 연구개발계약은 민사법 관계로 이해하는 것을 전제로 한다고 할 수 있고, 따라서 양자간의 차이를 판단하기 어렵다는 점에서 향후 재판관할 문제를 비롯한 법도그마틱 상의 문제점과 관련하여 여전히 비판을 면하기 어렵다.[118]

(3) 실정법

우리 민법을 비롯한 각 법령에서 '국고'란 개념은 사법상 법인격을 가지는 것으로 해석할 여지가 없는 것으로 보인다. 우리 실정법상 '국고'라는 용어는 「국고금관리법」 및 「민사집행법」 상의 '국고금'을 포함하는 것으로 국가의 전체적인 일반재산을 지칭한다고 입법자가 이해하였음이 타당하다. 이외에도 독일과 같이 일정한 행정활동에 대해서 이를 민사소송에 의하도록 규정하는 조항이 없다는 점 역시 우리 입법자의 의사를 추론하는 근거가 될 수 있다.

V. 결　　어

위와 같이 국고이론은 먼저 우리 실정 법령의 조문과 합치하지 않는다. 나아가 행정활동

112) 朴正勳, "행정조달계약의 법적 성격", [행정법연구1] 『행정법의 체계와 방법론』, 박영사, 2005, 163-241(173-176)면.

113) 이원우, 『경제규제법론』, 홍문사, 2010, 335-337면 참조.

114) 김대인, 행정계약에 관한 연구, 서울대학교 박사학위논문 2006, 33-35; 차민식, 『국가임무의 기능사화와 국가책임』, 경인문화사, 2011, 234-235면 참조.

115) 독일의 발주제한조치에 관한 판례는 원 학위논문인 박훈민, "독일 행정법상 국고이론에 관한 비판적 연구-'국가사인설의 이론사적 고찰'을 중심으로-" 서울대학교 법학박사학위논문 2014.8. 제3장 제1절 참조.

116) 朴正勳, "행정조달계약의 법적 성격", 『행정법의 체계와 방법론』, 박영사, 2005, 181-183면.

117) 대법원 2017.11.9. 선고 2015다215526 판결.

118) 국가연구개발사업에 대한 계약 및 협약의 법형식 상의 차이가 발생하는 문제에 대해서는 본 논문에서 전면적으로 다루기 어려우므로 이는 후속 연구를 통하여 논하고자 한다.

에 대한 공법의 통제를 약화시키고, 국민의 입장에서는 재판관할에 관련하여 혼란을 초래한다. 이외에도 국가채권을 민사채권과 같이 본다면 강제적인 징수수단을 따로 요구하게 되며, 조달 등과 관련된 국고이론은 행정활동을 사법관계로 보아서 이를 외국의 투자자가 제기하는 국제상사분쟁에 앞서서 국내 행정재판권을 주장하는 데 걸림돌이 될 우려가 있어 보인다.

아울러 연혁적으로 독일에서 말하는 '국고'는 근세까지도, 우리 현행법상 '재무관' 내지 '계약담당공무원'[119]에 해당하는 재정관련 담당자(예컨대, Reichsfiskal 등)를 일컫는 명칭이었다. 각 관청별로 존재하는 '국고'가 있다고 보고 이를 소송상 피고로 삼는 것은 독일에서의 소송상 실무관행에서 원칙적으로 법인격이 있어야 피고가 될 수 있었기 때문이다. 특히 근대에 이르기까지 국가 역시 '국고'라는 이름으로 표시되었는데, 이는 현대의 국가법인격론과도 맞지 않는 부분이다.

국고이론을 극복한다면 공·사법 구분을 어떻게 이해할 것인가? 최소한 크뤼거가 지적한 바와 같이 '계약'이라는 형식을 가지고 그것을 사법이라고 이해해서는 아니될 것으로 보인다. 민사법에서도 공법에서 유래하거나 차용한 개념들이 존재할 수 있듯이, 공법에서도 마찬가지로 볼 수도 있다는 것이다. 즉, 행정활농의 영역에서 이루어진나면 공법원리의 적용을 받게 되고, 공법 영역에서 작동하는 개념 내지 제도들은 '공법으로 귀화한 것'으로 이해할 수 있다. 이를 통해 법도그마틱이 더욱 간명하게 되는 장점이 있다.

독일식의 '직접적' 또는 '간접적' 기여인지 여부에 따라서 달리 평가하는 것을 지양하고 프랑스의 공·사법 구분에 비추어 공익실현에 기여하는 정도로 공사법을 구분하자는 주장이 있다. 이에 따르면 종래 국고활동으로 보아온 것 역시 그것의 성질상 공법에 속한다고 평가한다.[120] 이는 국가의 임무와 관련하여서도, 종래 다수설과 같이 재원조달이 국가임무를 위한 수단적 가치만을 가진다고 평가절하할 필요는 없으며, 그것이 다른 임무와 대등하게 공익을 위해 기여하고 있음을 강조하는 것이다.[121]

위와 같이 국가의 사법상의 법인격을 별도로 구성하려는 국고이론은 우리의 실정법령과 맞지 않으며, 소송유형 선택에서 혼란을 초래하는 문제점 등이 있으며, 법도그마틱을 간명하게 만들어내지 못하는 원인이 되고 있다. 이러한 점들에 비추어 ―과거 사인의 권리보호에 기여하였던 것과는 달리― 현재에 있어서 그 유용성이 딱히 존재하지 않는 이론을 고수할 필요성은 없다고 생각한다. 이에 따라 국가의 법적 지위에 대한 재검토를 통하여 새로운 이론체계를 구성하여야 할 것으로 생각한다.

---

119) 예산회계법상 재무관(대리재무관, 분임재무관, 대리분임재무관 포함), 국가계약법상 계약관(대리/분임/대리분임 포함), 예산회계법상 일상경비출납공무원(대리일상/분임/대리분임 포함) 등.

120) 이에 관하여 朴正勳, "행정조달계약의 법적 성격", [행정법연구1] 『행정법의 체계와 방법론』, 박영사, 2005, 225면에서 참조.

121) 이에 관하여 이원우, 『경제규제법론』, 홍문사, 2010, 337면 참조.

21. 프랑스의 비상사태(État d'urgence)* - 비상사태의 선포 및 그에 따른 행정적 조치에 대한 사법적 통제를 중심으로 -

강 지 은**

Ⅰ. 서 설

2015년 1월 7일 프랑스 파리 시내, *샤를리 에브도*(*Charlie Hebdo*) 언론사에 대한 총기난사 테러(attentats terroristes)[1] 이후, 2017년 5월 현재에 이르기까지 프랑스만이 아니라 러시아,[2] 벨기에,[3] 독일,[4] 영국,[5] 스웨덴[6]을 비롯한 전 유럽에서 이슬람 관련 테러가 계속 자행되고 있다. 2015년 1월부터 2016년 7월까지 18개월 간 프랑스에서 발생한 테러만도 8건으로, 그중 세 사건이 규모와 사회적인 영향력에 있어서 큰 비중을 차지하고 있다. 그 첫 번째가 상기한 2015년 1월 7일 파리(*Paris*) 11구 지역의 *샤를리 에브도* 언론사 총기난사 테러이고, 두 번째가 2015년 11월 13일 금요일 파리(*Paris*) 시내 바타클랑(*Bataclan*) 콘서트 극장과 주변 레스토랑, 당시 프랑스와 독일의 친선축구경기가 열리고 있던 교외의 스타드 프랑스 *생드니*(*Saint-Denis*) 종합운동장에 대한 동시다발적인 대규모의 복합테러였으며,[7] 세 번째가 2016년 7월 14일 프랑스 최대의 국경일인 프랑스 대혁명 기념일에 대표적인 해변 휴양지인 *니스*(*Nice*) 해변도로에서 발생한 트럭테러이다.[8]

---

* 본고는 2017.5.13. 행정법이론실무학회 제239회 정기학술발표회『특허행정법 및 프랑스 행정법의 최근 동향과 과제』에서 필자가 발표한 '프랑스의 비상사태(État d'urgence)' 발표문을 보완하여 공법연구 제45집 제4호(2017년 6월)에 게재한 논문임을 밝힌다.

** 경기대학교 법학과 조교수, 법학박사

1) 2015.1.7. 프랑스 파리 도심에 위치한 풍자주간지 샤를리 에브도(Charlie Hebdo) 사무실에 이슬람 극단주의자 테러리스트들이 침입, 총기를 난사해 편집장을 포함한 직원 10명과 경찰 2명 등 총 12명이 사망하는 사건이 발생했다. 샤를리 에브도는 그동안 각종 성역에 대한 비판을 해온 주간지로, 특히 2006년부터 무함마드 만평 등을 게재하면서 이슬람권의 큰 저항을 받아왔다. 이 테러는 무함마드 만평에 대한 보복 테러인 것으로 분석됐다. 그 다음날인 2015.1.8.에는 이슬람 극단주의자가 파리 남부 몽루즈에서 자동소총을 난사, 여성 경찰관 1명을 살해하였다.

2) 2015.10.31. 러시아 민항 여객기 폭파 테러.

3) 2016.3.22. 벨기에 브뤼셀 자벤템 국제공항과 브뤼셀 시내 유럽연합(EU) 본부 근처 말베이크역 폭탄 테러.

4) 2016.7.18. 독일 남부 바이에른 주 트로이히틀링엔-뷔르츠부르크 통근열차 도끼 난동사건; 2016.7.23. 독일 남부 바이에른 주 뮌헨 도심 올림피아쇼핑센터 총기난사테러; 2016.12.19. 독일 베를린 카이저 빌헬름 메모리얼 교회 인근의 크리스마스 시장 트럭 테러.

5) 2017.3.22. 영국 런던 국회의사당 인근 웨스트민스터 다리 승용차 테러.

6) 2017.4.7. 스웨덴 스톡홀름 드로트닝가탄에 있는 아흘렌스 백화점 주변 트럭 테러.

7) 2015.11.13. 프랑스 파리 시내 여섯 곳에서 발생한 자살 폭탄 테러 및 대량 총격 사건으로, 이슬람 수니파 무장단체 이슬람국가(IS)가 자행하였다. 사망자는 130명, 부상자는 300명에 달한다.

8) 프랑스 대혁명 기념일인 2016.7.14. 프랑스 남부 해변도시 니스에서 이슬람 극단주의자로 추정되는 남성에 의해 자행된 테러를 말한다. 당시 30대 남성은 대형 트럭을 몰고 군중에게 돌진하였는데, 이로 인해 84명

이슬람에 대한 노골적인 도발 기사를 싣곤 하여 오래전부터 협박 및 테러의 표적이 되었던 *샤를리 에브도* 테러 사건과는 달리, 이른바 소프트 타깃 테러(soft target terror)였던 두 번째 테러 직후, 프랑스는 비상사태(état d'urgence)[9]를 선포하기에 이른다. 비상사태는 1955년 4월 3일 법률에서 최초로 규정이 되어 1955년 알제리 전쟁(Guerre d'Algérie)에서 처음 선포되었고, 그 후 2015년 11월 이전까지 약 60여 년의 기간 동안에는 총 5번이 선포되었을 뿐이었다.[10]

2015년 11월 13일 저녁, 대규모의 동시다발적인 테러가 발생하자 국무회의(Conseil des ministres)[11]가 소집되었고, 2015년 11월 14일에 1955년 4월 3일 비상사태법을 적용하는 데크레[12]에 의하여 비상사태가 프랑스 전역에 대하여 선포되었다. 그 후, ① 2015년 11월 20일 법률[13]은 비상사태에 관한 1955년 4월 3일 법률을 개정하면서 또한 2016년 2월 26일까지 비상사태를 3개월 연장하였다. ② 그 후 2016년 2월 19일 법률[14]이 3개월을, ③ 2016년 5월 20일 법률[15]이 2016년 6-7월에 프랑스에서 개최되는 유럽축구선수권대회(*EURO 2016*)[16]의 안전 보장을 이유로 비상사태를 2개월 연장하였다. ④ 그리고 2016년 7월 14일 *니스 트럭 테러* 이후 7월 21일 법률[17]에 의하여 다시금 비상사테가 6개월 연장이 되었으며, ⑤

이 사망하고 100여 명이 다치는 대참사가 발생했다. 니스 테러는 2015.11.13. 테러로 130명이 사망한 이후 프랑스에서 벌어진 최악의 테러이다.

9) "état d'urgence"는 "긴급사태", "국가비상사태", "긴급조치"라고 번역되기도 하나, 2017년 5월 현재까지도 경계태세가 끊임없이 2년 여간 계속적으로 발동되고 있다는 상황적 측면에 중점을 두어 본고에서는 "비상사태"라고 번역하였다.

10) 프랑스에서 비상사태의 역사는 다음과 같다. (1) 1954년 11월 알제리(Algérie)의 FLN(민족해방전선)이 테러를 감행하자, 1955년 4월 3일 55-385호 법률에 의하여 폭력상태를 저지한다는 명목으로 비상사태가 창설되어 알제리 지역에 대하여 선언되었으며, 1955년 4월 6일 55-386호 데크레가 알제리의 일부 지역인 Tizi-Ouzou, Batna, Tebessa에 대하여 비상사태를 선언하였다. 그리고 1955년 8월 7일 55-1080호 법률에 의하여 비상사태가 연장되었고, 1955년 8월 28일 다시 알제리의 전 지역으로 비상사태가 확대되었다. (2) 1958년 5월 13일 알제리 쿠데타 이후, 5월 17일 58-487호 법률에 의하여 전지역에 대하여 3개월간 비상사태가 선언되었다. (3) 1961년 4월 22일 61-395호 데크레에 의하여 알제리 무장폭동 이후, 프랑스 전영토에 대하여 선언되었으며 1963년 5월 31일까지 수차례 연장되었다. (4) 1984년 남태평양의 프랑스령인 뉴칼레도니아(Nouvelle-Calédonie)에서 폭력사태가 발발하자, 1984년 12월 비상사태가 뉴칼레도니아에 선언되었다. (5) 2005년 10월 27일 프랑스 파리 빈민가에서 발발한 소요사태가 전국으로 확산된 가운데 사망 1명, 5,800여대의 차량 방화, 시위대 1,500명 체포, 경찰과 소방관 120명 부상 등을 낳은 12일 간의 격렬한 소요사태가 지속되자 이를 종식시키기 위하여, 2005년 11월 8일 비상사태가 일드프랑스(Île-de-France) 지역의 25개의 데파트망(département)에 대하여 선언되었고, 2006년 1월 4일 종료되었다.

11) 프랑스의 국무회의는 정부의 중요정책을 심의하는 기관으로 대통령이 주재하고, 법률명령(오르도낭스, ordonnance)과 데크레에 대하여 심의한다.

12) Décret n° 2015-1475 du 14 novembre 2015 portant application de la loi n° 55-385 du 3 avril 1955.

13) L. n° 2015-1501, 20 novembre 2015, art 1er.

14) L. n° 2016-162, 19 février 2016, art unique.

15) L. n° 2016-629, 20 mai 2016, art unique.

16) 유럽축구연맹(UEFA)이 주관하는 4년마다 개최되는 권위 있는 축구대회로, 2016년에는 프랑스에서 6월 10일-7월 10일에 개최되었다.

17) L. n° 2016-987, 21 juillet 2016, art 1er.

2016년 12월 19일 법률[18]에 의하여 2017년 5월 대통령 선거와 6월 총선기간 동안의 정치적 불안정성 제거를 위하여, 2017년 7월까지로 무려 7개월이 연장되었다. 즉, 2015년 11월 13일 이후 첫 비상사태 발동 이래로 현재까지, 2년 동안 5번의 법률에 의하여 비상사태의 연장이 있었던 것으로, 비상사태가 중단 없이 영속화된 것이다.[19] 그 과정에서 비상사태에 관하여 최초로 규정하였던 1955년 4월 3일 법률은 2015년 11월 13일 테러 이후, 공공안전에 관한 2017년 2월 28일 법률[20]에 이르기까지 여러 차례에 걸쳐 오늘날의 상황에 맞게 변경되었으며, 프랑스 영토 전체에 대하여 적용이 되고 있다.

비상사태를 규율하는 법은 테러 등으로 인한 사회적인 불안상태에 대항하기 위하여 매우 중요한 권한들을 행정에게 부여하고 있다. 이러한 규정들은 테러를 정의하거나 형사처벌을 목적으로 한다기보다는, 파리 시내에서의 일정기간 동안의 체류 금지, 집회의 감시나 시위의 금지 등과 같은 조치들로서 안보와 공공질서의 위반상태의 예방을 위한 행정적 경찰조치에 해당하는 것들이 대부분이다.[21] 그로 인하여 경찰병력 및 행정기관은 더 많은 권한을 갖게 되어, 특별한 견제 장치 없이 통행 제한, 차량 수색을 할 수 있으며, 예외적 상황으로 분류됨으로써 영장이나 법적 절차 없이 가택수색을 할 수 있고, 혼란상태를 가중시킬 것으로 여겨지는 자들을 가택연금할 수 있게 되었다. 2015년 11월 테러 이후 2016년 7월 말까지의 통계에 따르면, 프랑스 경찰 및 군대, 내무부장관과 각 도지사들에 의하여 4,292건 이상의 가택수색이 행해져 그중 670건에 대하여 사법절차가 개시되었고, 612건의 가택연금조치가 이루어졌다고 한다.[22]

그럼에도 불구하고 프랑스 내의 테러 위협은 여전하여 테러의 예방효과가 크지 않다는 점에서 비상사태의 선포 및 그 연장의 실효성에 대하여 의문이 제기되고 있다.[23] "예외상

---

18) L. n° 2016-1767, 19 décembre 2016, art 1er. 프랑스 대통령 선거가 비상사태 하에 실시되는 것은 1965년 현재의 결선투표제가 도입된 이래로 처음이라고 한다.

19) 프랑스의 대(對)테러 경계령은 비지피라트(Vigipirate)라는 체제이다. 1995년 지하철 교외선의 테러를 계기로 마련된 이 시스템은 주요 공관 및 종교시설과 역, 공항 등에 군 병력이 24시간 경계를 서는 시스템이다. 안전을 위한 최대 경계 시스템으로 2015년 11월 샤를리 에브도 테러 이후 프랑스 전역에 발령되었다.

20) L. n° 55-385, 3 avril 1955, art 15, réd. L. n° 2017-258, 28 février 2017, art 40.

21) 일반적으로 사법경찰(police judiciaire)은 형사재판에 회부할 범인을 색출하기 위하여 범죄의 수사, 피의자의 체포 등을 목적으로 하는 형사사법작용을 말한다. 이에 대하여 행정경찰(police administrative)은 공공질서를 보장하기 위하여 필요한 개별적 조치와 일반적 규율을 제정할 목적으로 하는 행정청의 일체의 활동으로 행정작용의 일부이며 행정법규의 적용을 받는다. Jean Waline, Droit administratif, 23e éd., Dalloz, 2010, pp. 295-297 참조.

22) 가택수색건수에 비하여 사법절차가 개시된 숫자는 상대적으로 적다는 점에서, 테러 위협과 직접적인 연관성이 없는 경우에도 가택수색이 다소 널리 행해진 것이라 추측된다. http://www.vie-publique.fr/actualite/alaune/etat-urgence-bilan-an-controle-parlementaire-20161213.html 참조.

23) 비상사태에 의한 테러방지의 실효성은 크지 않다는 의회의 판단으로 르몽드 2017.2.24. 참조 http://www.lemonde.fr/politique/article/2017/02/23/les-parlementaires-pris-au-piege-de-l-etat-d-urgence_5084003_823448.html 참조.

태"(état d'exception)를 지속하려는 프랑스 정부에 대하여 반대의 의사를 표명하는 목소리가 증가하면서, 프랑스의 인권연맹(Ligue des droits de l'homme)은 국사원에 비상사태와 같은 예외상태를 서둘러 철회할 것을 계속적으로 요구하고 있으며,[24] 프랑스 국가인권자문위원회(Commission Nationale Consultative des Droits de l'Homme)는 이와 같은 비상사태의 연장 법률이 영속화됨에 따라 제기될 수 있는 비민주적인 상태에 관한 문제점을 지적하기도 하였다.[25] 그러나 헌법위원회와 행정법원은 비상사태의 선포 및 그에 따른 후속조치에 대한 통제에는 소극적으로 머무르고 있다.

그 가운데 지난 5월 22일 영국 멘체스터의 폭발 테러 발발 이후, 프랑스 의회는 다시금 비상사태를 2017년 11월까지 연장하는 방안을 추진 중에 있다.[26] 그야말로 '비상'(非常)의 '상시화'(常時化)가 되고 있으며, 테러 위협이라는 이유 한 가지로 계속적인 국가긴급권의 발동과 그로 인한 일반시민에 대한 기본권의 제한 및 침해가 정당화되고 있는 것이다. 이와 같은 이슬람 테러라는 특수상황에 맞닥뜨린 프랑스의 비상사태의 현황 및 그 법적인 체제와 통제에 관한 고찰은 우리나라의 통치행위이론 및 국가긴급권에 대한 법치주의적 통제와 관련하여 생각할 점을 제공해준다.

프랑스의 국가긴급권[27]과 최근에 제정된 '테러방지법'[28]에 관하여는 상세한 선행연구문헌이 존재하고 있지만, 2015년 11월 13일 테러 직후 선포되어 2년 여간 지속되고 있는 비상사태(état d'urgence)에 관하여 현시점에서의 중점적인 고찰은 많지 않은 것으로 보인다. 이하에서는 형사처벌이나 테러방지법상의 쟁점보다는 비상사태의 선포와 그에 따른 후속적인 행정적 조치에 초점을 맞추어, "예외적인 법적 체제"에 속하는 세 가지 경우를 개관하고(Ⅱ), 그 중 비상사태의 요건과 발동될 수 있는 개별조치를 정리하여(Ⅲ), 비상사태에 대한 불복의 방식(Ⅳ)과 국가긴급권 행사에 대한 사법적 통제가능성(Ⅴ)을 고찰한 후, 시사점을 논하고자

---

24) http://www.ldh-france.org/sujet/libertes/politique-de-securite.

25) CNCDH, avis sur le projet de loi constitutionnelle de protection de la Nation, 18 février 2016, § 16; CNCDH, avis sur le projet de loi renforçant la lutte contre la criminalité organisé, le terrorisme et leur financement, et améliorant l'efficacité et les garanties de la procédure pénale, 17 mars 2016, § 4 참조.

26) "새로운 대통령 엠마뉴엘 마크롱은 비상사태를 11월 1일까지 연장하려 한다"(Emmanuel Macron veut prolonger l'état d'urgence jusqu'au 1er novembre) 르몽드 2017.5.24. 기사http://www.lemonde.fr/police-justice/article/2017/05/24/emmanuel-macron-veut-prolonger-l-etat-d-urgence-jusqu-au-1er-novembre_5133163_1653578.html 참조.

27) 이장희, 프랑스의 국가긴급권에 대한 소고, 청주법학 제33권 제1호, 청주대학교 출판부, 2011.5; 백윤철, 프랑스의 국가긴급권, 토지공법연구 제65집, 토지공법학회, 2014.5. 참조.

28) 2017년 5월 15일부터 발효된 조직범죄, 테러, 자금조달 대응 강화 및 형사절차의 효율성과 기본권 보장 개선에 관한 법률(Loi n° 2016-731 du 3 juin 2016 renforçant la lutte contre le crime organisé, le terrorisme et leur financement, et améliorant l'efficacité et les garanties de la procédure pénale)은 테러 및 조직범죄에 보다 효과적으로 대응하기 위한 형사절차의 개혁과 관련된다. 이에 관한 연구문헌으로는 김문귀, 프랑스의 대테러법제에 관한 연구 - 2016년 '대테러강화법' 및 그 시사점, 한국프랑스학논집 96, 한국프랑스학회, 2016.11; 전학선, 테러방지법과 인권보장, 경찰법연구 제14권 제1호, 경찰법학회, 2016.12. 참조.

한다(VI).

Ⅱ. "예외적인 상황"에서의 법적 체계

1. 기본권의 제한을 정당화할 수 있는 예외적인 법적 체제

통상적으로 요구되는 행정의 적법성 원칙에 저촉 가능한 예외적인 법적 체제(régime juridique)로는 헌법 제16조의 대통령의 비상대권(les pouvoirs exceptionnels), 헌법 제36조의 계엄(état de siège), 그리고 1995년 4월 3일 법률상의 비상사태(le régime législatif de l'état d'urgence)의 세 가지 경우가 존재하고 있다.[29] 이들은 국방법전(Code de la défense) 2부 1편 1장의 「Régimes d'application exceptionnelle」에 편제되었는데, 법문언상 전시상황(en temps de guerre)과는 구별되며, 또한 국방법전은 전쟁(état de guerre), 계엄, 비상사태를 구별하고 있다. 즉, 계엄과 비상사태는 전시상황을 필연적으로 전제하고 있는 것은 아니다.

(1) 헌법 제16조 대통령의 비상대권(les pouvoirs exceptionnels)

헌법 제16조는 대통령에게 비상조치권을 부여하고 있다. 2008년 7월 21일 현행 헌법은 공화국의 제도・국가의 독립・영토의 보전・국제협약의 집행이 심각하고 직접적으로 위협받고, 헌법에 의한 공권력의 정상적인 기능이 정지되는 경우에, 공화국 대통령은 총리・양원의장・헌법위원회 위원장과 공식협의를 거친 후 필요한 조치를 취할 수 있음을 규정하고 있다(헌법 제16조 제1항).[30]

비상권한 발동기간 30일이 지난 후, 의회의장, 상원의장, 60명의 의회의원 및 60명의 상원의원은 동조 제1항에 규정된 조건들이 갖추어졌는지를 심의할 목적으로 헌법위원회에 제소할 수 있다. 헌법위원회는 최단기간 내에 공지를 통해 결정사항을 공개 발표한다. 헌법위원회는 전권을 가지고 심의하며, 비상권한 발동기간 60일 이내에는 상기와 같은 조건 하에, 그리고 동 기간을 경과하는 경우에는 언제든지 결정한다. 그러나 이와 같은 비상권한 통제의 실효성은 제한적이라고 평가되어 왔는데, 알제리 전쟁 기간 동안 개인의 자유나 언론출판의 자유 등의 기본권을 침해하는 조치들이 다수 인정되었기 때문이다.[31]

(2) 헌법 제36조 계엄(état de siège)

계엄령은 헌법 제36조에 근거하여 외국과의 교전이나 무장반란으로 인한 급박한 위험이

---

29) 일본이 프랑스의 국가긴급법을 모방하여 état de guerre(정도가 덜 심각한 긴급사태, 전쟁상태)를 임전지경이라고 번역하고, état de siège(정도가 심각한 긴급사태, 합위상태)를 합위지경으로 번역하여 1882년 계엄령을 제정하였는데, 이는 우리나라에서 경비계엄과 비상계엄을 구분하는 계기가 되었다고 한다. 이상철, 계엄법에 관한 문제점 고찰, 안암법학 제12호, 2001.2. 참조.

30) Jean Waline, Droit administratif, 24e éd., Dalloz, 2012, p. 337.

31) CE 13 novembre 1964, Livet: CE sect., 22 avril 1966, Sté Union africaine de presse.

발생한 경우 일반 행정권을 군으로 이양하여 기본권을 제한할 수 있는 제도로서, 긴급하고 불안정한 상황에 직면하여 행정권에게 권한을 확대하여 주는 예외적인 제도로 정의된다.[32] 국무회의에서 발하며(헌법 제36조 제1항), 계엄기간이 12일을 초과하는 경우, 의회만이 법률에 의하여 그 연장을 승인할 수 있다(동조 제2항). 국방법전에서 세부적인 규율을 하고 있다(L.2121-1조에서 8조의 규정).[33]

계엄이 선포되면 공적인 자유(libertés publiques)인 출판과 집회의 자유를 제한하는 것이 가능해지며, 주간 및 야간 가택수색도 가능하다. 마찬가지로 군사법원의 권한은 증가되며, 군사법원은 국가안전에 대한 범죄와 국방에 위해를 끼친 자를 재판한다. 비상사태와 계엄의 체계는 근접해있지만, 계엄은 확대된 권한을 군대가 부여받는다는 점에서 비상사태와 근본적인 차이점이 존재한다.[34]

(3) 1955년 4월 3일 법률의 비상사태(état d'urgence)

비상사태는 국가적 위난이 닥쳤을 때 경찰력을 확대하여 공공질서를 수호하고, 법률[35]에 의하여 기본권을 제한할 수 있는 제도로서, 계엄에 비하여 그 위난의 상황이 중대성과 긴급성에 있어서 다소 약한 경우를 의미한다. 국방법전 2부 2편 3장의 L.2131-1조는 "비상사태에 관한 규율은 1955년 4월 3일 법률에 의하여 정의된다"고 규정하고 있다. 비상사태에 관한 최초의 규정인 1955년 4월 3일 55-385호 법률(Loi n° 55-385, 3 avril 1955 instituant un état d'urgence et en déclarant l'application en Algérie)은 "공공질서에 중대한 침해가 되는 경우에 비상사태를 선포할 것"을 규정하고 있는데, 이는 국무회의의 데크레에 의하여 선포되며, 법률에 의하여 12일 이상으로 연장할 수 있다.

비상사태는 내무부장관(ministre de l'intérieur)이나 도지사에게 권한을 부여한다. 통행의 자유 · 이전의 자유 · 집회의 자유의 제한, 경찰력과 무기에 의한 질서유지가 가능하고, 행정기관에 징발권이 부여된다. 2015년 11월 테러 직후 비상사태가 선포된 후, 그를 연장하는 2015년 11월 20일 법률에 의하여 1955년 4월 3일 55-385호 법률(이하, '비상사태법'이라고 약칭한다)이 수정됨에 따라, 주간 및 야간에도 가택수색이 가능해지고, 테러행위와 관련된 조직이 유발하는 모든 공공통신서비스를 단절할 수도 있게 되었다.

---

32) 프랑스의 계엄제도에 관한 상세는 전학선, 프랑스의 계엄제도, 외법논집 제38권 제2호, 2014.5. 참조.
33) Jean Waline, Droit administratif, 24e éd., Dalloz, 2012, p. 338.
34) Roland Drago, L'état d'urgence et les libertés publiques: RDP 1955, p. 670; Pierre Koenig, La protection des libertés publiques dans le régime de l'état d'urgence: Rev. adm. 1958, p. 19.
35) 헌법 제34조 [법률사항] ① 법률은 다음 사항을 규정한다.
시민권(droits civiques), 공적 자유와 언론의 자유 다원주의 및 독립의 행사를 위하여 시민에게 부여된 기본적 보장. 국방을 위해 시민에게 부과된 신체와 재산상의 의무.

2. 통치행위 개념과의 구별

프랑스에서 통치행위(acte de gouvernement)는 실정법상의 개념이 아니라, 국사원의 판례와 학설을 통해 형성된 관념으로,[36] 국가의 제4작용 또는 정부행위라고도 일컫는다.[37] 통치행위는 행정주체의 행위로서, 행정법원과 일반법원의 통제를 받지 않기 때문에, 행정행위의 적법성 통제를 목적으로 하는 월권소송의 대상도 되지 않으며, 또한 불법행위로 인한 손해배상소송의 대상도 되지 않는다. 통치행위의 범주는 크게 집행부의 국내관계에 관한 행위와 대외관계에 관한 행위로 나눌 수 있다.[38] 국내관계 행위로는 헌법 제16조에 의거한 대통령의 비상대권발동 결정, 정부의 법률안제출 및 법률의 공포, 국회의 소집 및 폐회, 국회의 해산, 법률안의 국민투표부의 결정, 헌법위원회에의 제소 등이 해당된다. 대외관계행위로는 국제조약의 협상 및 체결, 조약의 시행에 관한 행위, 외국에 대한 프랑스대표의 외교행위, 전쟁수행에 관한 행위 등을 들 수 있다. 판례를 통해 일반적으로 인정되는 통치행위로는 국제조약의 체결 및 그 폐기 행위,[39] 국제조약의 협상 및 서명 행위,[40] 국제조약의 비준과 그에 관한 사전조치[41] 등이 포함된다.[42]

요컨대, 헌법 제16조의 대통령의 비상대권의 발동결정은 통치행위에 해당되어 모든 방식의 사법적 통제로부터 벗어나지만, 비상사태에는 그 개시와 관련하여서도 사법적 통제가능성이 전제되어 있다는 점에서 통치행위 개념에 속하지 않는다.

Ⅲ. 비상사태의 발동과 후속 행정적 조치들

1. 비상사태의 개시요건 및 선포

비상사태(état d'urgence)가 발동되기 위해서는 공공질서에 중대한 위협을 가져오는 절박한 위험(péril imminent)이 존재하거나 그 성질과 규모상 중대한 공공재난(calamité publique) 또는 그에 상응하는 대사건(événements)이 존재하고 있어야 한다(비상사태법 제1조).[43] 동법

36) 프랑스의 통치행위에 관한 연구문헌으로는 김동희, 프랑스 행정법상 통치행위에 관한 고찰, 서울대학교 법학 제25권 제4호, 서울대학교 법학연구소, 1984, 179-206면 참조.

37) 이광윤, 신행정법론, 법문사, 2007, 16면 참조.

38) Jean Waline, Droit administratif, 23e éd., Dalloz, 2010, pp. 338-339; Yves Gaudemet, Droit administratif, 19e éd., LGDJ, 2010, p. 141 참조.

39) CE 5 août 1921, Goffart.

40) CE 29 octobre 1954 Taurin et Mérienne.

41) CE 5 février 1926, Caraco; CE 27 juin 1958, Georger et Teivassigamany.

42) 이에 관하여는 拙著, 프랑스 행정법상 분리가능행위, 경인문화사, 2017, 136-137면 참조.

43) "soit en cas de péril imminent résultant d'atteintes graves à l'ordre public, soit en cas d'événements présentant, par leur nature et leur gravité, le caractère de calamité publique"(L. n° 55-385, 3 avril 1955, art 1.

은 비상사태의 기간에 대해서 12일을 초과할 수 없다고만 규정하고 있는데(제2조), 1960년 4월 15일 60-732호 오르도낭스[44] 제정 이후, 현재는 국무회의에서 데크레(대통령 또는 수상이 발동하는 명령)에 의하여 그 기간이 정해지며, 영토 전체 또는 일부에 대하여 선포된다. 만약 데크레가 기간을 정하지 않았다면, 12일이 지나면 비상사태는 종료된다. 비상사태가 12일을 넘게 되면 법률을 통해서만 비상사태를 연장할 수 있는데, 연장법률은 그 연장기간을 명시하여야 한다(제3조).[45] 비상사태법에 의거한 조치들은 비상사태의 종료와 동시에 효력이 중지되며(제14조), 새로운 법률을 통해 비상사태를 연장할 시에는 이전에 취해진 조치들을 새로이 발하여야 한다.

비상사태의 선포(déclaration)와 적용(application)의 구별은 의미를 갖는데, 영토 전체에 대하여 선포가 된다고 하더라도 일정한 조치들은 특정한 구역(zone)에만 제한될 수도 있기 때문이다. 2005년에 파리 근교 지역 내에서의 폭력사태가 가중되어 파리 시내 교외의 25개의 데파트망에 대하여 비상사태가 선포되자 이에 대한 취소신청에 대하여 가처분법원은 비상사태는 영토 전체에 대하여 선포될 수 있다고 판시하며, 비상사태를 선포하고 그 적용범위를 정함에 있어 대통령은 확대된 판단권한(pouvoir d'appréciation étendu)을 보유한다고 판시하였다.[46]

2. 2015년 11월 13일 테러 이후 비상사태법의 개정

프랑스 정부는 1955년에 알제리 전쟁 당시 제정된 비상사태법이 오늘날의 국제적인 조직을 바탕으로 고도의 기술력과 광범위한 네트워크를 가지고 있는 테러의 기술발전과 현실변화를 따라가지 못하고 있다고 지적하면서, 오늘날의 대규모의 테러 사태에 대응하기 위해서는 법률을 개정하여 경찰이 야간 가택수색, 신분증 및 소지품 검사 등 보다 확대된 수색 권한을 가져야 하며, 행정부의 집행력을 실질적으로 강화해야 한다고 주장하였다.

2015년 11월 13일 테러가 발생한지 5일 후, 프랑스 정부는 이를 내용으로 하는 법률개정안을 의회에 상정하였다. 의회는 정부제출 법률개정안 자체의 표결이 아니라, '비상사태를 3개월 연장하는 2015년 11월 20일 법률'(Loi n° 2015-1501, 20 novembre 2015 prorogeant l'application de la loi n° 55-385 du 3 avril 1955 relative à l'état d'urgence et renforçant l'efficacité de ses dispositions)을 통하여 1995년 비상사태법의 내용을 개정하였다. 개정된 규정들은 주로 경찰의 수색 권한을 확대하여 효과적인 테러진압을 가능하도록 하려는 것으로 가택연금, 집회 해산과 회합 금지, 행정상 수색과 관련된 부분에 집중되어 있다.

---

44) Ordonnance n° 60-372 du 17 avril 1960.

45) L. n° 55-385, 3 avril 1955, art 3, réd. Ordonnance n° 60-372, 15 avril 1960, art 1er.

46) CE, réf., 14 novembre 2005 Hoffer.

3. 시민에게 부과될 수 있는 개별적인 행정조치들

(1) 통행 및 이전의 자유의 제한

1) 구역 지정

국가의 대표자(représentant de l'État), 도지사(préfet)는 비상사태가 선포된 지역에서 명령(arrêté)에 의하여 정해진 장소와 시간대에 사람의 이동이나 차량의 통행금지를 명할 수 있고, 사람들의 체류상태가 규율될 수 있는 안전보호지역(zones)을 지정할 수 있다(비상사태법 제5조 제1항). 데파트망의 전체 또는 일부에 대하여 그 방법이 여하튼 간에 공권력의 행위에 저해가 되는 모든 사람들에 대한 체류 금지도 가능하다(제5조 제3항).

2) 국경이탈금지

2014년 11월 13일 법률에 의거한 국내안보법전(Code de la sécurité intérieure L.224-1)에 의하여 내무부장관은 그가 프랑스로 귀환하는 때에는 공공안전에 침해적인 행위를 할 것으로 여겨지는 테러리스트단체나 그 작용과 연관이 있는 것으로 여겨지는 자에 대하여 국경이탈금지(출국금지)조치를 명할 수 있다. 헌법위원회는 이러한 조치가 사생활이나 이동의 자유에 대한 본질적인 침해를 구성하지는 않는다고 판시하였다.[47)]

3) 응원단 이동의 제한

스포츠법전(Code du sport L.332-16-2)에 의거하여 도지사는 명령으로 공공질서에 대하여 중대한 혼란을 가중시킬 수 있는 응원단(supporter d'une équipe)의 자격이나 스포츠클럽의 일원으로 활동하는 사람들의 개인적 또는 집단적인 이동이나 이탈을 금지할 수 있다. 이러한 결정이 가능하려면 문제된 스포츠클럽과 테러의 위협 가운데 군중의 흥분상태가 존재하고 있어야 한다.

(2) 가택연금

2015년 11월 20일 법률 제176조에 의해서 비상사태법 제6조에 새로이 규정된 가택연금(mesures d'assignation à résidence)의 적용요건은 시간이 지남에 따라 점차로 완화되었다. 내무부장관은 안보와 공공안전에 대하여 위험한 것으로 판단되는 활동을 하는 자에 대하여 가택연금을 명할 수 있으며(제6조), 또는 무력을 배치할 수 있다(제9조). 이러한 조치는 행정경찰조치의 하나로서 공공질서를 보호하고 위반행위를 예방하는 것만을 목적으로 한다.

해당 조치는 주택 등의 정해진 지역 내에 거주할 것을 단순히 강제하는 것으로서, 가택거주가 강제되는 시간은 일당 12시간을 초과할 수 없고(제6조 제2항), 가택연금조치가 목적하는 바와 비례하여 필요하고 적절하게 이루어졌는지는 행정법원이 심사하게 된다. 해당 조

---

47) CC 14 octobre 2015, n° 2015-490 QPC, Omar K.

치가 그 기간과 이행방식에 비추어 비례원칙 위반이 아니라면 기본권에 대한 침해를 구성하지 않으므로,[48] 헌법 제66조의 개인적인 자유의 박탈을 야기하는 것은 아니며, 통행의 자유나 유럽인권보장 제5조의 의미에서의 이전의 자유에 대한 중대하고 즉각적인 침해도 아니게 된다.[49]

이후 2016년 12월 19일 법률 2016-1767호에 의하여, 가택연금은 그 총기간이 비상사태의 선포로부터 12개월 이상 부과될 수는 없게 되었다. 그로부터 얼마 지나지 않은 2017년 2월 28일 2017-258호 법률 제38조는 비상사태법상의 가택연금 규정을 개정하면서 가택연금 조치가 그 대상의 가족관계와 직업관계를 고려하여 발해질 것을 규정하였다(제6조 제3항). 또한 검사는 가택연금자에 대한 조치의 변경이나 폐지에 관한 모든 조치를 지체 없이 통보받으며, 내무부장관은 가택연금자에 대하여 가택거주가 강제되는 장소와 시간을 수정할 수 있는 권한을 도지사에게 위임할 수 있게 되었다.

(3) 극장, 술집, 회합장소의 폐쇄 및 회합금지

내무부장관이나 도지사는 데크레로 정한 지역 내의 모든 극장(spectacles), 술집(débits de boissons) 및 회합장소(lieux de réunion) 등의 임시적인 폐쇄(fermeture provisoire)를 명하고 무질서(폭동)를 유발하거나 지지하는 성격의 회합을 금지하는 명령을 발할 수 있다(비상사태법 제8조 제1항). 이와 같은 조문이 표현의 자유, 사상에 대한 집단적인 표현의 권리, 결사의 자유 등을 침해하는지 여부가 문제된 사안에서, 2016년 1월 18일 행정법원은 비상사태법 제8조가 헌법에 합치하는지에 대하여 프랑스의 인권연맹이 제기한 사후적 위헌법률심판을 헌법위원회에 제청하였고, 2016년 2월 19일 헌법위원회는 이에 대하여 합헌으로 결정하면서, 문제된 조치의 내용과 임박한 위험이나 공공안전 등의 관계에 관하여는 행정법원이 심리한다고 판시하였다.[50]

(4) 단체·조직의 해산

2015년 11월 20일 법률에 의하여 새로이 창설된 부분으로, 단체나 조직이 국가안보에 중대한 영향을 미치는 행위를 구성한다고 여겨지는 경우에는, 국무회의의 데크레에 의하여 그를 해산(dissolution d'associations ou de groupements)시킬 수 있다(제6-1조 제1항). 또한 해산된 조직의 재건을 방지하기 위하여 형사처벌[51]과 정보기술의 활용[52]을 규정하고 있다(제6-1조 제2항에서 제4항).

48) CE 11 décembre 2015, H. X.
49) CC 2 mars 2016, décembre n° 2015-524 QPC, Mahamat Khatab.
50) CC 19 février 2016, n° 2016-535 QPC.
51) Code pénal 431-15, 431-17 à 431-21.
52) Code de la sécurité intérieure. Livre VIII, art L.801-1 et s.

(5) 무기와 탄환의 압수

내무부장관은 국가전체에 대하여, 도지사는 데파트망에 대하여, 소지자가 적법하게 보유하고 있는 무기나 탄약의 압수(remise des armes et munitions)를 명할 수 있다. 이러한 검사대상이 될 수 있는 무기의 범위와 분류의 방식은 국내안보법전(Code de la sécurité intérieure L.311-2조 이하)에 규정되어 있다.

(6) 징발권

사람이나 재산에 대한 징발권(droit de réquisition)은 비상사태법 제10조에 규정되었던 것으로, 사람(국방법전 L.2212-1조에서 L.2212-3조)이나 재산, 역무에 대하여 그 징발이 가능하다(국방법전 L.2213-1조에서 L.2213-9조). 지방자치일반법전(Code général des collectivités territoriales L.2215-1조 제4호)은 공공질서에 대한 침해가 확인 또는 예상되는 위급한 경우에 도지사의 징발권을 규정하고 있는데, 이는 일반법에 의거한 징발권으로서, 비상사태의 경우를 전제한 것은 아니다.

(7) 전자통신서비스의 제한

초기 1955년 비상사태법은 비상사태의 선포 후, 내무부장관이나 도지사가 출판물에 대하여 모든 통제조치가 가능함을 규정하고 있었다. 당시에 주로 문제가 된 출판 영역은 전파방송매체에 의한 영화나 연극 등이었지만, 오늘날에는 전자통신서비스의 제한이 과학기술발달과 함께 테러방지에 필수적인 수단으로 여겨지게 되어 법률에 포함되었다. 내무부장관은 테러행위를 유발하거나 테러를 지지하는 모든 공공통신서비스를 차단(interruption de tout service de communication au public)하기 위한 조치를 행할 수 있다(제11조 제2항).

(8) 행정상 수색과 압류

2015년 입법자는 행정상 수색(perquisitions administratives)의 틀을 규정하였는데, 이는 1955년 당시의 비상사태법에는 없던 것으로 2015년 11월 20일 법률에 의하여 규정된 것이다.[53] 도지사(préfet)는 주야에 상관없이 공권력에 대항하는 행위를 저지른 사람과 관련된 거주지를 포함하는 모든 시설물의 수색명령을 내릴 수 있게 되었는데, 단순거주지 혹은 건물수색에만 국한되지 않으며, 수색하는 동안 발견된 모든 정보기기들의 압류도 가능하다.

행정기관은 가택수색의 경우에 습득한 정보자료의 복사에 착수할 수 있게 되었다. 당해 장소의 점유자나 문제된 자료의 주인이 반대하고, 어떠한 질서위반행위도 문제되지 않았다하더라도 습득한 자료의 복사가 가능해짐에 따라, 이러한 조치는 법원의 허가를 받지 않은 압류와 유사한 것이 되었다. 그리하여 비상사태 시 법원의 영장 없이 내무부장관과 도지사가

53) L. n° 55-385, 3 avril 1955, art 11, rédaction L. n° 2015-1501, 20 novembre 2015, art 4.

테러와 관련이 있거나 안보에 위협이 된다고 의심되는 자에 대하여 가택수색 및 압류를 명할 수 있는 행정상 수색이 주거의 자유, 개인의 자유, 사생활의 존중을 침해하는지, 그리고 행정기관이 사법경찰작용을 수행하는 것이 권력분립원칙에 위배되는 지가 문제되었다.

2016년 1월 18일 가택수색을 규정한 비상사태법 제11조가 합헌인지에 대하여 프랑스 인권연맹이 제기한 사후적 위헌법률심판이 헌법위원회에 제청되었다. 이에 대하여 2016년 2월 19일 헌법위원회는 행정상 수색조치는 행정경찰의 단독소관으로 공공질서를 유지하고 범죄예방을 위한 목적 외에는 다른 목적이 없으므로, 헌법 66조[54]의 개인의 자유에는 영향을 미치지 않으므로, 사법기관의 통제나 지휘 하에 있을 필요가 없으며, 비상사태법은 절차에 있어서 특정한 일정한 보장－공화국 검사에의 통지, 수색지의 점유자와 사법경찰관(un officier de police judiciaire)의 입회－을 규정하고 있으며, 가택수색의 적법성은 사후에 행정법원에 의하여 심사되며 국가배상책임이 가능하므로, 이러한 이유에서 이해관계인은 소송의 방식에 의한 권리구제가능성을 박탈당하지 않는다는 점에서 동조항을 합헌으로 결정하였다.[55]

그러나 행정기관이 수색 중 접근가능한 모든 전자적 장비, 컴퓨터의 데이터를 복사하는 권한(제11조 제3항 제2문)에 관하여는 이는 압수수색에 유사하고 거주자나 징보의 소유자가 이의를 제기하거나 이들의 범죄사실이 확인되지 않은 경우라 할지라도 행해지며, 안보 및 공공질서에 위협이 되는 사람과 연관이 없는 정보도 복사할 수 있으므로, 안보와 사생활 존중 사이의 균형을 이루는 합법적인 보장이 이루어지지 않았고, 1789년 인권선언 제2조[56]에 위반되어 위헌으로 결정되었다.

Ⅳ. 비상사태에 대한 불복

1. 비상사태 통제의 필요성의 증대

프랑스 정부는 비상사태 발동 이후 '테러에 대한 대응'이라는 미명하에 행정부의 강력한 권한을 보장하고자, "비상사태"를 헌법상의 예외제도로 규정하는 방안을 검토해 왔다. 프랑스 현행 헌법은 대통령의 비상대권과 계엄의 두 가지 경우만 예외적인 법적 체계로 규정하고 있는데, 위 두 가지 헌법상의 예외 제도는 '테러 상황'을 포함하고 있지 않는다는데 문제점이 있다고 지적되었기 때문이었다.

헌법 제16조의 비상대권은 공화국의 제도·국가의 독립·영토의 보전·국제협약의 집행

54) 헌법 제66조 [자의적 구금 금지, 개인의 자유보장] ① 어느 누구도 임의적으로 구금될 수 없다.
② 개인의 자유를 보장하는 사법권은 법률이 정하는 바에 따라 이 원칙을 준수한다.

55) CC 19 février 2016, n° 2016-536 QPC.

56) 제2조 모든 정치적 결사의 목적은 인간의 자연적이고 훼손할 수 있는 제권리를 보전함에 있다. 그 권리란 자유, 재산, 안전 그리고 압제에의 저항 등이다.

이 심각하고 직접적으로 위협받고, 헌법에 의한 공권력의 정상적인 기능이 정지되는 경우에 발동될 수 있고, 계엄은 헌법 36조에 근거하여 외국과의 교전이나 무장반란으로 인한 급박한 위험이 발생한 경우에 선포될 수 있다. 2015년 프랑스에서 발발한 대규모의 복합 테러는 비상대권이나 계엄의 문언상의 요건에 포섭되기는 어려운 것이었지만, 비상사태(état d'urgence)가 발동되기 위한 요건인 '공공질서에 중대한 위협을 가져오는 절박한 위험'이나 '그에 상응하는 대사건'(événements)으로 파악될 수 있었다. 그리하여 프랑스 행정당국은 급작스러운 테러에 대응하기 위한 방법으로, 헌법이 아닌 일반법률(1955년 4월 3일 비상사태법)만을 적용할 수밖에 없었던 것이다.

2015년 11월 14일 선언된 비상사태가 그 후 계속적으로 연장되는 과정에서 테러에 대응하기 위한 정부의 권한을 강화하고자 2016년 6월 3일 법률로 형사법률이 수정되었고, 행정적인 조치들이 점차로 확대됨으로써, 용의자나 의심스러운 자만이 아닌 테러리스트 단체가 위법행위를 감행했던 지역에 거주하는 자들에 대한 행정적 통제도 확대되었으며, 경찰의 신원조사권이 강화되고, 야간의 가택수색도 허용하는 등 법률상의 큰 변화가 이루어졌다.

2016년 7월부터 허용된 법원의 사전적인 허가 없이도 가능해진 가택수색은 여전히 계속되고 있으며, 표현의 자유에 대한 제한 조치는 또한 2017년 7월까지 확대되어 행정기관은 명시적으로 모든 공공시위를 금지하였는데, 그 근거는 "공공질서와 안녕을 보장할 다른 수단이 없다"는 이유 때문이었다. 분명 이와 같은 법률의 개정은 비상사태의 틀에서 강화된 행정권력을 정부가 영속적으로 누리기 위한 의도가 내포되어 있음을 전적으로 배제할 수는 없는 것들이다.

2. 비상사태의 선포에 대한 불복

(1) 헌법위원회의 결정

1985년 1월 25일 헌법위원회는 뉴칼레도니아(Nouvelle-Calédonie) 지역의 비상사태의 연장에 관한 결정에서 판시하기를 1958년 헌법이 비상사태에 관한 1955년 4월 3일 55-385호 법률을 폐지하지 않았고, 동법을 그대로 적용하였으며, 헌법 제36조는 "자유와 공공질서의 보호를 조화시키기 위하여…비상사태를 규정할 가능성"을 인정한다고 보았다.[57] 당시 헌법위원회는 비상사태가 계엄과는 달리, 헌법상에 명문규정은 없지만, 헌법 제36조가 계엄을 규정하고 있다면, 이는 자유와 공공질서유지의 조정을 위하여 입법자가 비상사태를 규정할 것을 배제할 수는 없으며, 비상사태가 헌법에 위반되는 것은 아니라고 판시하였다.

그로부터 20여 년이 지난 후, 비상사태가 프랑스 전체에 대하여 선포된 후 약 한 달이 지난 시점인 2015년 12월 22일, 헌법위원회는 "헌법은 입법자에 대하여 비상사태의 체제를

57) CC 25 janvier 1985, décembre n° 85-187 DC, consid. 3.

규율할 가능성을 배제하지 않았다"고 판시하였다. 이러한 토대 하에, 헌법위원회는 입법자에게 공공질서에 대한 침해의 예방과 또한 기본권의 준수 사이의 조화를 보장할 것을 부과하면서도, 비상사태에서 이러한 조화의 특성에 대한 특별한 규율에 관하여는 설시하지 않았다.[58)]

(2) 행정법원에의 취소소송

프랑스는 2005년 11월 8일 비상사태를 적용하는 데크레를 선포하였다. 당시 프랑스 파리 등 수도권 근교에서 연쇄 차량방화사건이 일어나고 이민자 청소년과 경찰 사이에 충돌이 발생하자 대통령이 비상사태를 선포하였던 것이다. 이러한 비상사태의 중단을 요구하는 내용이 행정법원에 대하여 비상사태를 선포하는 데크레의 취소소송(recours en excès de pouvoir, 월권소송)으로 제기되자, 국사원은 비상사태의 선포와 실행은 모든 방식의 사법적 통제를 벗어나는 통치행위의 범주에는 해당하지 않는다고 하면서, 비상사태를 선포하는 데크레에 대한 불복의 소를 수리하였다. 즉, 통치행위에 해당하는 헌법 제16조상의 비상적인 권한을 사용하는 대통령의 결정과는 달리, 비상사태의 선포는 월권소송의 대상이 될 수 있다는 것이었다.[59)]

비상사태가 선포된 지역에 일상적으로 거주하는 자라면, 현 상황이 비상사태의 선포 요건에 해당하는지를 문제 삼으며 그 취소나 중단을 요구할 소의 이익이 인정되며, 집행정지가처분[60)](référé-suspension), 자유보호가처분[61)](référé-liberté)[62)]도 가능하다.[63)] 또한 대통령(chef de l'État)에 대하여 비상사태의 종료를 신청하고 그에 대한 거부를 거부처분취소소송(월권소송)의 방식으로 다투는 것도 가능하다.

3. 비상사태의 연장에 대한 불복

2005년 12월 3일 비상사태를 연장하는 데크레의 적법성이 문제되자, 국사원의 가처분법원[64)]은 12월 9일 비상사태의 종료 신청을 기각하였다. 비상사태의 종료 거부, 예를 들자면, 데크레를 폐지하는 것을 거부한 것에 대하여 소를 제기하는 것은 가능하지만, 법률이 비상사

---

58) CC 22 décembre 2015, n° 2015-527 QPC.
59) CE, ass., 24 mars 2006, Rolin et Boisvert.
60) CE, ord. réf., 14 novembre 2005 Hoffer.
61) CE, réf., 9 décembre 2005, Allouache.
62) 긴급가처분 중 자유보호가처분은 행정의 권한행사에 의하여 사인의 기본적 자유에 중대하고 명백하게 위법한 침해가 발생하거나 그러한 우려가 있는 경우, 그 자유의 보호를 위하여 필요한 모든 잠정처분을 명할 수 있는 가처분으로 신청이 제기되면 48시간 이내에 그에 대한 재판을 해야 한다. 행정재판법(Code de justice administrative) L.521-2조.
63) CE, ass., 24 mars 2006, Rolin et Boisvert.
64) 프랑스의 긴급소송제도에 관한 연구로는 박현정, 프랑스 행정소송법상 긴급소송제도: 2000년 개혁 이후의 긴급가처분(référés d'urgence) 제도를 중심으로, 서울대학교 석사학위논문, 2005; 이현수, 행정소송상 예방적 구제, 경인문화사, 2006 참조.

태의 중지 조건에 관하여는 규정하고 있지 않으므로, 비상사태의 유지(연장)의 적법성에 대하여 법원은 명백한 평가의 하자(erreur manifeste d'appréciation) 통제에만 국한된다. 그러나 비상사태를 선포하거나 연장하는 데크레에 대하여 소가 제기되면, 행정법원은 그 지역의 모든 폭력적이고 비상적인 현실상황, 데크레의 날짜, 발해진 행정조치의 성격과 시간, 그것이 통제하고자 하는 목적 등과 관련하여서는 어느 정도 비례성 심사(contrôle de proportionnalité)[65]에 가까운 확대된 심사권을 갖는다고 파악될 여지도 있게 된다.

2015년 테러로 인한 비상사태의 중지(종료) 신청에 대하여 2016년 1월 26일 국사원은 비상사태를 정당화하는 긴급한 위험이 소멸되지 않았으며, 테러공격의 위협이 지속되고 있는 상태라는 이유에서 비상사태의 중지를 거부하였고,[66] 이후 2월 19일에 두 번째의 비상사태 연장법률이 가결되었다.

4. 개별적인 행정조치에 대한 불복

비상사태에서 행해진 일반시민의 자유를 제한하는 조치들에 대하여는 그에 관한 명문의 규정은 없었지만, 국사원 판례에 의하여 월권소송이 가능하다고 인정되어 왔다.[67] 법원은 전통적으로 비상사태에 의거한 행정경찰조치에 대하여 명백한 평가의 하자 통제(erreur manifeste d'appréciation)에 의한다.[68]

(1) 가택연금조치에 대한 가처분

가택연금조치에 대한 대표적인 판례인 2016년 1월 21일 판결[69]의 사실관계는 다음과 같다. 원고는 *Melun*의 가처분법원에 2015년 12월 15일 내무부장관의 명령(arrêté[70])의 집행정지(suspension de l'exécution)를 신청하였다. 내무부장관은 원고에 대하여 21시 30분부터 7시 30분까지 가택연금을 명하면서, 매일 세 차례 경찰서(commissariat de la commune)에 나타나 출석을 체크할 것을 부과하였는데, 이에는 공휴일과 축제일도 포함되어 있었다. 또한 원고에게 할당된 지역(꼬뮌)외의 다른 곳으로 가기 위해서는 사전에 도지사의 통행증(saif-

---

65) Claire Landais/Frédéric Lenica, Contentieux de la légalité de l'état d'urgence: AJDA 2006, p. 1033.

66) CE, réf., 27 janvier 2016, n° 396220.

67) CE, ass., 17 février 1950, min. Agriculture c/Lamotte.

68) CE 25 juillet 1985, Dagostini. 법원의 사법심사의 강도는 제한된 심사, 통상의 심사, 확장된 심사 크게 3단계로 나눌 수 있다. 제한된 심사(le contrôle restreint)는 원칙적으로 행정청의 판단을 존중하여, 사실확정의 위법이나 근거법규의 존재 및 해석에 관한 위법여부를 심사한다. 통상의 심사(le contrôle normal)는 이에 더하여 명백한 평가의 하자를 심사하게 되는데, 일반적으로 포섭에 중대한 하자가 없거나 비상식적인 결정이 아님을 밝히는 차원의 제한적 심사에 그친다. 확장된 심사(le contrôle maximum)는 가치판단에 관한 부분도 심사의 대상으로 삼으며 독일식의 비례성 심사(le contrôle de proportionnalité)에 유사하다. 이에 관하여는 拙稿, 프랑스의 객관적 완전심판소송에 관한 소고, 공법학연구 제14권 제1호, 한국비교공법학회, 2013.2., 638-639면 참조.

69) CE ord 22 janvier 2016, M. B.

70) 장관, 도지사, 꼬뮌의 시장이 제정한 명령 혹은 규칙을 의미한다.

conduit)을 받아야할 것을 추가로 명하였다. 이는 테러 등의 공중에의 위협과 직접적인 관련이 없던 원고에 대하여 과도한 생활상의 제한에 해당되는 것이었다.

2016년 1월 5일 가처분법원은 원고의 집행정지신청을 기각하였지만, 국사원에 항소[71)]가 제기되자 국사원은 내무부장관의 명령은 통행 및 이전의 자유와 사생활 등 개인의 자유에 대한 중대하고 명백히 위법적인 침해이며, 비상사태법 제6조상의 가택연금조치를 부과함에 있어서 그 적용에 평가의 하자(une erreur d'appréciation)가 존재한다고 보았다. 이에 국사원은 1심을 취소하였고, 내무부장관의 명령에 대하여 집행정지를 명하면서, 행정재판법 L.761-1조에 의거하여 원고가 가택연금조치로 인하여 입은 생활상 및 경제적 손해와 관련하여 1,500유로의 배상을 지급할 것을 명하였는데, 그와 같은 가택연금조치는 대상자의 사적인 생활, 가족관계, 통상적인 직업적 생활을 고려하여 부과되어야 한다고 설시하였다.

(2) 행정상 수색으로 인한 손해에 대한 국가배상

행정상 수색 조치는 안전과 공공질서에 위협이 되는 행동을 하는 것으로 여겨지는 자에 대하여 행해져야 하며, 조치의 적법성은 원인이 된 용의자의 행동과 비상사태가 발동되어 지속되고 있는 현재의 특수 상황을 모두 고려하여 법원이 심리한다. 안전과 공공질서에의 위협이 될 만한 신빙성 있는 요소가 없었거나 위협에 비하여 과한 수색이 이루어진 경우에는 행정의 과실이 인정되며, 위법한 행정상 수색은 국가배상책임(la responsabilité de l'État)이 인정될 수 있다. 이에 관하여 국사원은 2016년 7월 6일자 의견(avis)에서 용의자 외의 다른 제3자가 수색으로 인하여 손해를 입었다면 행정의 무과실책임이 인정될 수도 있음을 설시하고 있다. 수색 장소의 소유자의 경우, 당해 부동산에 거주하고 있는 용의자와는 임대차계약 관계만이 존재하고 있을 뿐이며, 적법한 수색에 의하더라도 문제된 장소의 훼손이나 파괴 등으로 재산상의 손해를 입을 수 있기 때문이다.[72)]

Ⅴ. 국가긴급권 행사에 대한 사법적 통제가능성

1. 프랑스의 경우

(1) 통치행위의 예외

1962년 국사원은 대통령이 헌법 제16조에 기초한 비상대권발동에 대하여 "이 명령은 통치행위의 성격을 가지며, 따라서 동 명령의 적법성에 대한 평가나 발동기간에 대한 통제는 국사원(의 권한)에 속하지 아니하며…"라고 판시하고 있다. 그러나 국사원은 비상대권발동

71) 긴급가처분 신청에 대하여 가처분법관은 최종심으로 재판하지만, 자유보호가처분 신청의 경우 내려진 명령에 대하여 국사원에 항소를 제기할 수 있다. 행정재판법(Code de justice administrative) L.523-1조.

72) CE, avis, 6 juillet 2016, n° 398234, 399135.

자체에 한하여는 통치행위성을 인정하고 있지만, 그에 따라 행해진 일련의 후속적인 개별조치에 대해서는 통치행위가 아니라고 보아 사법심사의 가능성을 일응 인정하고 있다.[73] 헌법 제16조에 기초한 비상대권발동명령과 제16조의 시행기간 동안에 발동된 명령에 대하여 판단에 근본적인 차이를 두고 있는 것이다.[74]

따라서 헌법상의 비상대권이라고 하더라도 그 이후에 연결되는 추가적인 행정작용들은 사법심사를 전면적으로 벗어나는 것은 아니다. 또한 법률상 인정되는 예외적인 법적 체제인 "비상사태"의 경우, 개별적인 후속조치는 물론이고 비상사태의 최초 개시에 해당하는 선포행위 자체부터도 이미 통치행위 영역에는 해당되지 않기 때문에, 행정법원에 의하여 통제될 수 있다.

(2) 비상사태하의 프랑스 행정법원의 역할과 실제

원칙적으로 비상사태 하에서 행정법원의 역할은 매우 중요하다. 비상사태의 선포 및 비상사태에 근거하여 행해진 행정경찰 등의 조치에 대하여는 행정법원에 제소가 가능하기 때문이다. 일반적인 가택수색 등의 사법경찰작용에 대하여는 일반법원으로부터 사전에 허가(영장)를 받을 것이 형사소송법 등에 규정되어 있지만, 비상사태에서의 경우에는 이러한 사전절차를 거치지 못하고, 그 수색조치가 종료된 후에야 행정법원에 의하여 비로소 통제가 될 수 있다.

결국 수많은 행정조치에 대한 최초이자 사실상 최후의 보루인 통제권자는 행정법원인 셈이다. 그러나 현재 프랑스에서 행정법원의 이와 같은 역할은 제대로 이루어지지 않는다고 파악되는데, 그 이유로는 세 가지를 들 수 있다.

1) 비상사태의 요건에 대한 합목적성 판단의 어려움

1955년 이후 2015년 테러 이전까지 비상사태는 5번이 선포되었고 그 작용에 재판상으로 문제가 되었던 선례가 거의 없었기 때문에, 법원이 이러한 류의 재판상 통제에는 익숙하지 못하다. 특히 비상사태의 선포는 정치적인 영역으로 합목적성 판단이 어렵다. 더구나 최근의 테러 위협상황은 이전에 겪어 보지 못한 기술발전을 배경으로 하고 있으며, 사회적・경제적 파급효가 매우 크기 때문에, 법원이 이에 대하여 주도적으로 판단하기는 쉽지 않은 것이다. 심각한 위난이나 자연재해, 그에 상응하는 대사건이 존재하는지에 관하여 법원이 요건을 심리하여 적법성 통제가 가능하며, 과거의 판례에서 비상사태의 선포는 통치행위의 범주에 들어가지 않음을 법원 스스로도 명시적으로 인정하여 왔음에도 불구하고 비상사태의 개시에

73) 프랑스에서 통치행위로 여겨지는 영역이라 하더라도 '분리가능행위'(acte détachable) 이론이 적용됨으로써 사후적인 사법심사가 가능한 경우들에 관하여는 拙著, 프랑스 행정법상 분리가능행위, 경인문화사, 2017, 138-140면 참조.

74) CE 2 mars 1962, Rubin de Servens.

대한 법원의 통제는 오늘날 소극적으로 머무르고 있다.

2) 신속하게 움직이는 의회와 확대된 권한을 부여받은 행정

2015년 11월 20일 법률은 테러가 발생한지 일주일 만에, 기존의 비상사태법의 내용규정을 변경하여 행정의 권력은 강화된 반면, 비상사태가 연장되면서 일반시민에 대한 기본권 제한 조치의 요건들은 더욱 더 완화되는 방향으로 개정되었다. 가택연금조치와 관련하여서는 "안보와 공공질서에 위협으로 간주되는 활동을 하는 자"만이 아니라, "안보와 공공질서에 위협으로 간주되는 활동으로 여겨지는 진지한 이유가 있는 자"에 대하여도 해당 조치가 발해질 수 있게 된 것이다. 이처럼 비상시국이라는 상황은 사태 해결의 빠른 종결을 위해 의회의 신속한 소집으로 법률개정을 가능케 하고, 그 긴급성과 압박감으로 인하여 행정에 대한 과도한 집행력 부과에도 때로는 관대해지기 마련이다.

3) 법원 심리의 시간상의 한계

가택연금조치에 대한 법원에의 제소 이전에 가택연금조치가 중단이 되는 경우, 즉 법원에 의하여 심리가 개시되기 전에 종료가 되면, 소송종료선언(non-lieu à statuer, 판결필요없음)을 하게 된다. 대부분의 행정상 수색은 몇 시간 내에 마무리가 되므로 순식간에 사태가 종료됨으로써 가처분법원을 비롯한 행정법원에 1차적인 권리구제에 의하여 통제되기는 어렵고, 차후 2차적인 권리구제로서 손해배상책임(recours indemnitaire)[75]의 인정여부만이 문제가 될 뿐이다. 비상사태에 의거한 행정조치들로 인한 손해배상책임은 물론 가능한 것으로 전제되어 있지만, 원고에게는 장기간의 재판의 연속이 예정되며 결과적으로 만족할 만한 배상을 받을 수 있을는지는 불확실한 것이 될 수밖에 없다.

2. 우리나라의 경우

(1) 계엄선포행위

계엄선포행위는 고도의 정치적 성질을 가진 통치행위(統治行爲)에 해당하지만, 계엄집행행위는 계엄선포행위와 분리가 가능한 작용으로서 통치행위가 아니다.[76] 1964년 대통령의

---

75) 사법경찰작용에 속하는 것은 일반법원의 관할이고 행정경찰작용에 속하는 것은 행정법원의 관할이 된다. 그리고 일반법원과 행정법원에서의 배상책임이 각각 다르기 때문에 손해배상과 관련해서도 사법경찰과 행정경찰의 구별이론은 그 실익이 있다. 행정법원은 20세기 초부터 행정경찰작용에 의해 발생한 손해에 대하여 국가배상책임을 인정하고 있으며, 그 손해를 야기한 작용이 집행에 관한 사실행위로서, 집행에 심각한 곤란이 있던 경우에는 중과실(faute lourde)을 요건으로 하고 있다. 행정경찰권 행사에 특별한 어려움이 없는 집행행위로 인한 손해의 경우에는 원칙적으로 경과실(faute simple)만으로도 국가배상책임이 성립한다. 이에 반하여 사법적 역무의 수행으로 인한 손해에 대하여 오랫동안 국가무책임원칙(principe de l'irresponsabilité de l'État)이 적용되어 사법경찰의 행위 및 작용으로 인한 손해배상이 불가능하였다. 그러나 판례와 1972년 7월 5일 법률은 점진적으로 이 원칙을 번복하며, 사법경찰작용에 관한 손해에 대해서도 국가책임원칙을 인정한다. 그리하여 공법규정을 적용한 사법경찰작용에 대한 손해배상책임이 인정되었다. René Chapus, Droit administratif général, tome 1, 15e éd., Montchrestien, 2001, pp. 735-736 참조.

76) 계엄선포에 대해서는 통치행위로 인정하면서 개별적인 계엄포고령은 행정소송의 대상이 되는 행정처분으로

계엄선포와 관련하여 서울고등법원에서 처음으로 통치행위를 원용하면서, 대통령이 자유재량으로 할 수 있는 계엄의 선포가 옳은지 그른지 하는 것은, 계엄이 당연 무효가 아닌 한, 헌법규정에 따라 국회의 권한으로서, 법원이 이를 심사하는 것은 타당하지 아니하다고 판시하였다.[77] 이와 같은 입장이 대법원에서 대통령의 계엄선포행위는 대통령의 자유재량행위라고 하여 그대로 원용된 이래,[78] 1979년 계엄에 관한 판결에서 사법권의 본질적 · 내재적 한계설을 근거로 통치행위로 판단하였고,[79] 1981년 대통령의 비상계엄에 대해서도 대법원은 계엄선포가 고도의 군사적 성격을 가지는 것으로 역시 통치행위로 보았다.[80] 다만, 1997년 대법원[81]은 5 · 18 내란 등에 관한 판결에서, 원칙적으로 계엄선포행위의 정당성은 통치행위의 문제이지만 그것이 국헌문란의 목적인 경우에는 그 행위가 범죄가 될 수 있는지는 형사소송에서 심사할 수 있다는 입장을 보인다.[82]

(2) 계엄선포행위에 부수한 각종의 포고령

계엄선포행위 그 자체는 통치행위이지만, 계엄선포에 부수하여 발포되는 각종 포고령 중에는 행정처분으로 파악할 수 있는 부분이 있다.[83] 야간통행금지, 신문검열, 통행금지처분 등이 그것이다. 계엄선포 자체의 사법심사를 통치행위라는 미명 아래 부정했으니 계엄선포를 전제로 후속 조치로 단행된 각종 처분들의 사법심사는 당연히 이루어지지 못했다. 하지만 계엄기간 중에 내려진 형사판결에 대한 재심[84]에서는 위와 같은 이론상의 구별이 실익이 있다.[85]

(3) 긴급조치와 국가배상

최근 대법원은 긴급조치에 대하여 위헌 · 무효선언을 하면서도 국가배상책임은 인정하지

통치행위에 해당하지 않는다고 판시한 대법원 1979.12.7. 81도1833 판결 참조.

77) 서울고법 1964.7.16. 64로159.

78) 대법원 1964.7.21. 64초3, 64초4, 64초6 각 재정.

79) 서울고법 1979.12.7. 79초70. 대법원 1979.12.7. 79초70 재정.

80) 대법원 1981.9.22. 81도1833.

81) 대법원 1997.4.17. 96도3376.

82) 拙著, 프랑스 행정법상 분리가능행위, 경인문화사, 2017, 262면 참조.

83) 이른바 '통치행위'는 법치주의와 민주주의의 형량 · 조화의 문제로서, 민주주의적 정치제도를 통해 충분히 통제될 수 있는 것에 대하여는 사법심사를 자제함으로써 민주주의적 · 정치적 통제 메커니즘을 활성화하는 동시에 사법부의 정치화를 방지하기 위해 예외적으로 인정되는 것이다. 따라서 헌법상 국회의 관여가 보장되어 있는 선전포고(제60조 제1항 국회의 동의)와 계엄선포(제77조 제5항 국회의 해제요구)에 관해서만 통치행위가 인정되어야 하고, 전쟁수행과 계엄집행을 위한 구체적 수단은 사법심사의 대상에서 제외되어서는 아니 되며, 전쟁 상황의 특수성은 입법재량과 행정재량에 관한 사법심사의 강도의 문제로 본안에서 고려되어야 하는 것이다. 박정훈, "6.25 전쟁하의 행정법-전쟁과 법치주의", 행정법의 체계와 방법론, 박영사, 2007 참조.

84) 대법원 2010.12.16. 선고 2010도5986 전원합의체 판결. 이번 판결로 긴급조치 1호가 합헌이라고 판시한 유신시절 대법원판결이 모두 폐기돼 긴급조치 1호 위반으로 유죄판결을 받은 당사자들이 재심을 통해 무죄판결을 받고 형사보상청구를 할 수 있는 길이 열렸다.

85) 拙著, 프랑스 행정법상 분리가능행위, 경인문화사, 2017, 263면 참조.

않는 판결들을 내리고 있다. 이와 같은 대법원 판결들은 하급심에서 긴급조치와 관련하여 국가배상청구권을 인정하는 판결들과 대비되고 있으며,[86] 앞서 논의한 프랑스에 비하면, 우리의 국가긴급권 행사에 대한 법원의 사후적인 통제 및 시민 개개인의 권리구제가 소극적으로 이루어지고 있음을 방증하고 있다.

대법원 2014.10.27. 선고 2013다217962 판결은 구 '국가안전과 공공질서의 수호를 위한 대통령긴급조치'(긴급조치 제9호)에 의하여 수사를 진행하고 공소를 제기한 수사기관의 직무행위나 유죄판결을 선고한 법관의 재판상 직무행위가 원칙적으로는 공무원의 고의 또는 과실에 의한 불법행위에 해당하지 않으며, 다만 긴급조치 제9호 위반의 유죄판결에 대하여 재심절차에서 무죄판결이 확정된 경우, 피고인이나 상속인이 '형사보상 및 명예회복에 관한 법률'에 따른 형사보상을 청구할 수 있다고 판시하였다.

대법원 2015.3.26. 선고 2012다48824 판결에서는 긴급조치 제9호가 사후적으로 법원에서 위헌·무효로 선언되었다고 하더라도, 유신헌법에 근거한 대통령의 긴급조치권 행사는 고도의 정치성을 띤 국가행위로서 대통령은 국가긴급권의 행사에 관하여 원칙적으로 국민 전제에 대한 관계에서 정치적 책임을 질 뿐 국민 개개인의 권리에 대응하여 법적 의무를 지는 것은 아니므로, 대통령의 이러한 권력행사가 국민 개개인에 대한 관계에서 민사상 불법행위를 구성한다고는 볼 수 없으며, 중앙정보부 소속 공무원에 의하여 대통령 긴급조치 위반 혐의로 체포·구금되었다가 유죄 확정판결을 받지 않고 풀려난 원고가 체포·구금 상태 종료 후 30년 이상 지나 국가를 상대로 손해배상을 구한 사안에서, 국가의 소멸시효 완성 주장이 권리남용에 해당한다고 본 원심판단에 법리오해의 잘못이 있다고 판시하였다.

동 판례에 대하여는 "고도의 정치성을 띤 국가행위"라는 소위 통치행위 이론은 그 행위의 효력 여하와 관련한 부분에서 판단될 사안이며, 사법의 영역에서 그로 인해 불법적인 손해를 입은 개개인에게 국가가 어떤 책임을 져야 할 것인지를 판단하는 상황에 적용되는 것은 아니라는 비판이 제기된다.[87] 앞서 프랑스가 국가긴급권의 발동과 관련되는 조치들에 대한 직접적인 중지가 어렵거나 불가능해진 경우라 하더라도 그로 인하여 발생한 손해의 배상에 있어서는 문제된 개별조치의 직접 당사자만이 아니라 제3자에 대하여도 상대적으로 쉽게 행정의 책임을 인정하려는 태도를 보이는 것을 생각해 보면, 우리의 경우 국가긴급권의 행사로 인한 부수적인 결과에 대한 시민의 개별적인 권리구제는 미흡하다고 여겨지며, 국가긴급권의 발동과 그 후속적인 행정조치는 재판단계에서 각각 별도의 것으로 구별하여 성질과 영향력을 달리 파악하고 심리할 필요가 있다고 생각된다.

---

86) 문병효, 대법원의 긴급조치 및 국가배상 관련 판결들에 대한 비판적 고찰, 민주법학 제59호, 2015. 11., 42-43면 참조.

87) 한상희, 통치행위와 긴급조치: 그 사법심사의 문제, 민주법학 제59호, 2015. 11., 15-16면 참조.

Ⅵ. 결 어

급변하는 시대상황 속에서, 얼마 전까지만 하여도 전혀 상상하지 못하였거나 예기치 않았던 공공질서에의 위협적인 상황이 급작스럽게 닥쳤을 때, 그에 대한 긴밀한 대응과 문제해결을 위해서는 해당 권한을 보유하고 있는 행정의 탄력적 혹은 비상적 운용이나 의회의 적극적인 결단에 의한 문제해결이 1차적인 방법이자 분명 최선일 것이다. 그러나 그러한 정부의 조치나 의회의 활동에 대한 적법성을 사후에라도 통제할 수 있는 장치가 건실하게 담보되어야 1차적으로 당해 조치들을 발하는 행정과 의회로 하여금 스스로의 권력 남용을 자제하게 만드는 실질적이고 구속력 있는 견제와 균형의 기초가 설립될 수 있을 것이다.

현재 유럽 각국에서 만연하고 있는 이슬람 테러와 같이 극단적인 상황은 한국의 직접적인 현실은 아니므로, 상기한 프랑스의 비상사태는 피부에 와 닿지는 않는, 그저 먼 나라의 일로만 여겨질 수도 있다. 그렇지만 비교법적인 연구 관점에서 볼 때, 1789년 프랑스 대혁명 이래로 자유(Liberté)・평등(Egalité)・박애(Fraternité)의 정신이 오늘날에도 계승되며 전 세계적으로 민주주의가 발달한 인권선진국이라 여겨지는 프랑스에서조차 "안전"(sécurité)이라는 현실적인 기조 하에, 무고한 시민에 대한 기본권의 과도한 제약이나 지속적인 침해가 이루어질 수도 있음을 주목할 필요는 있다.

지난 2015년 11월 30일부터 12월 11일까지 프랑스 파리에서 개최된 유엔기후변화협약 당사국총회(COP21) 당시 국내의 안전유지를 표방하며, 7명의 환경생태학자가 가택연금이 되었던 것은 직접적으로 테러와 연관이 없는 자에 대하여도 "시위에 참석하여 혼란을 가중시킬 위험이 있다는 이유"에서 가택연금조치가 이루어진 경우에 해당한다. 그들의 변호사는 "오늘은 환경운동가가 가택연금의 대상이 되지만, 내일은 학생이, 그리고 종국에는 노동조합원이 가택연금의 대상이 될 것"이라며 항변하였다. 당면한 위기의 상황을 일종의 정치적 기회로 적극 원용할 수도 있는 의회나 행정에 대하여 사법부가 그 심사나 통제를 주저한다면, 경우에 따라서는 권력의 남용에 대하여 면죄부를 부여하며 정당화하는 셈이 되어 일반시민들의 기본권 침해나 생활상의 큰 불이익이 장기화될 수도 있다는 점을 재차 상기해야 한다.

비상사태는 '일시적으로' 행정당국, 실제로는 경찰의 권력이 확대(une extension des pouvoirs de police)되는 것으로 요약할 수 있다. 그러나 혼란스러운 상황 가운데 경찰권이 '상시적으로' 확대된 나머지, "État d'urgence"(비상사태)가 "État policier"(경찰국가)와 동일시되는 폐해는 없어야 할 것이다. 이를 위하여는 위기적 상황에 적용될 수 있는 국가긴급권 법제의 해석 논의와 함께, 사후적인 권리구제책의 체계적 정비와 개선을 통하여 시민의 권리보호의 실효성이 미리 확보되어야 한다. 국가긴급권의 발동과 그 통제는 결국 헌법만이 아니라 행정법이 구체적으로 연계되는 문제로서 해당 조치에 대한 1차적 권리구제(항고소송)가 불가한 경우에는 2차적 권리구제(국가배상)에 관하여 법원의 보다 적극적인 법해석과 함께 국가의 책임에 대한 인식 전환이 요청된다.

22. 지역균형발전에 대한 헌법적 이해* – 지방분권과의 관계를 중심으로 –

허 진 성**

Ⅰ. 서 론

지역균형발전은 현실정치에서도 크게 관심의 대상이 되는 주제이지만 헌법적으로도 정부에 부여된 과제인 것으로 이해된다. 지역이 두루 잘 발전해야 한다는 요청은 통념적인 차원에서도 이상적인 국가상에 부합하는 것으로 여겨지고 실리적인 차원에서도 많은 이들이 공감할 수 있는 것이기 때문에 그 당위성에 이의를 제기하기란 쉽지 않다. 특히 지역에 초점을 둔 이러한 주장은 지방의 자율성 강화에 집중하는 지방분권이라는 이슈와 더불어 개별 지역을 중시한다는 일관된 맥락에서 함께 거론되는 것이 자연스러운 인상을 주기도 한다. 이는 아마도 사실로서의 정책효과와 지향점으로서 기대되는 당위적인 가치라는 양 개념에 대한 이해가 혼재하면서 병용되는 상황으로 이해된다.

그러나 지역균형발전의 헌법적 의미를 이해하기 위해서는 그저 당연하고 좋은 개념이라는 평가 이상의 탐구가 요청된다. 지역균형발전은 지방분권과 개념상 당연히 상호 성취를 보장해주는 관계에 있지도 않고, 실제적인 경험에서도 필연적인 연결성이 확인되는 것은 아니다. 헌법적 차원에서 지역균형발전은 국가의 과제로서 이해되지만 지방분권과의 관계에서 섬세한 고려가 필요한 주제이다. 이 글에서는 이러한 관점에서 지역균형발전이 어떠한 것이고 헌법적으로 이를 어떻게 이해해야 하며 그러한 과정에서 유의해야 할 점이 무엇인가에 대해 논구한다.

Ⅱ. 지역균형발전과 지방분권의 구별

1. 서 설

지역균형발전과 지방분권은 통상 지방자치라는 주제를 통해 함께 논의된다. 지역과 지방에 대한 강조가 국가나 정부에 초점을 두는 것과 대비를 이루는 측면이 있고 또한 균형과 분권이라는 테마가 역시 중앙에 대한 권력집중이나 지방에 대한 일방적 통제와 대조되는 점이 분명하기 때문이다. 지방자치법에서도 이 법의 목적에 대해 "지방자치단체의 종류와 조직

---

* 이 글은 지난 2017년 11월 17일 한국헌법학회와 한국국가법학회가 함께 개최한 '지방자치와 헌법개정' 학술대회에서 발표하고 동년 12월 「헌법학연구」 제23권 제4호에 게재된 것을 수정 · 보완한 것이다.

** 대전대학교 법학과 부교수

및 운영에 관한 사항을 정하고, 국가와 지방자치단체 사이의 기본적인 관계를 정함으로써 지방자치행정을 민주적이고 능률적으로 수행하고, 지방을 균형있게 발전시키며, 대한민국을 민주적으로 발전시키려는 것을 목적으로 한다"(제1조)고 하여 지방자치에 관한 법률의 입법목적에 지방의 균형 있는 발전을 포함하고 있고, 헌법재판소도 지방자치제도에 대해 설명하면서 "일정한 지역을 단위로 일정한 지역의 주민이 그 지방주민의 복리에 관한 사무·재산관리에 관한 사무·기타 법령이 정하는 사무(헌법 제117조 제1항)를 그들 자신의 책임하에서 자신들이 선출한 기관을 통하여 직접 처리하게 함으로써 지방자치행정의 민주성과 능률성을 제고하고 지방의 균형있는 발전과 아울러 국가의 민주적 발전을 도모하는 제도"[1]라고 함으로써 '지방의 균형있는 발전'에 대해 아울러 언급하고 있다.[2] 그러나 지역균형발전과 지방분권이 당연히 동시에 추구, 실현될 수 있는 상호정합적인 개념이라고 단정하기는 힘들다. 지역 내지 지방, 균형 또는 분권에 대한 강조가 지방자치와 잘 어울리기는 하지만 양자 간의 관계에는 반드시 긍정적으로만 전망하기 힘든 긴장이 존재한다.

2. 개념상 차이

지역균형발전과 지방분권 간의 긴장관계는 우선 개념 자체에 대한 엄밀한 접근에서 발견된다. 지역균형발전이 지역 간의 수평적인 자원배분에 관한 것으로서 이러한 과제를 수행하기 위한 권한의 집중이 요구되는 원리로 이해된다면 이에 반해 지방분권은 정부와 지방자치단체 간의 수직적인 기능분할에 대한 것으로서 지방자치단체의 자율성 제고에 초점을 둔 조직원리로 파악되는 것으로, 지역균형발전의 경우 목적 달성을 위해서는 정부의 조정적인 역할의 강화가 기대될 수 있기 때문에 이는 지방자치단체의 자율성 강화를 의도하는 지방분권에 관한 논의와 취지가 서로 다르다고 할 것이다.[3] 달리 말해 지역균형발전이 형평의 이념에 집중한다면 지방분권은 민주 내지 능률의 가치를 추구하는 것이고, 전자가 외생적 발전으로 설명된다면 후자는 자생적 발전으로 기술된다.[4] 앞서 언급한 바와 같이 지역균형발전은 국가의 과제로서 지방자치의 강화와는 맥락이 다른 주제로 이해된다는 점이 다시 확인된다.

---

1) 헌재 1991.3.11. 91헌마21 결정.

2) 2018년 3월 26일 '개헌안 발의 관련 대통령 입장문'에서는 "지방분권의 강화는 국민들의 강력한 요구이며 변화된 국민들의 삶과 생각"이라고 하고 있고(https://www1.president.go.kr/articles/2787), 이와 관련한 청와대 측 설명에서는 "지방분권과 국가균형발전은 결코 포기할 수 없는 국가발전의 가치이자 수도권과 지방이 상생과 협력 속에 지속가능한 발전을 이룰 수 있게 하는 최고의 국가발전 전략"이라는 대통령의 발언이 소개되어 있다(https://www1.president.go.kr/articles/2685).

3) 이기우, "지방분권의 정착을 위한 책임성확보방안", 『지방행정연구』 제17권 제1호(한국지방행정연구원, 2003), 24-25면 각주 1).

4) 『지방분권과 국가균형발전의 논리 적합성에 관한 연구』, 경기개발연구원, 2003, 33-34쪽 참조.

3. 실제적인 연결성의 검토

(1) 논리적 연결성의 부재

지역균형발전과 지방분권의 관계에 대해서는 개념적 분석에 더하여 실제적인 차원에서 논구해볼 수 있다. 지방분권이 지역균형발전으로 이어지는지에 대해 검토해본다면 분권이 필연적으로 지역균형발전으로 연결된다고 단정할 수는 없다. 지방분권은 지방의 자율성을 강화함으로써 자율적 발전을 가능하게 할 뿐이지 각 지방의 자율적 발전의 결과가 반드시 국가적 차원에서 균형 있는 것으로 나타난다고 볼 논리적 연결성은 확인하기 힘들다. 오히려 각 지방이 자율적으로 발전을 추구한다면 결과는 자유경쟁의 그것에서 익히 예상할 수 있듯이 불균형한 상태가 될 가능성이 높다고 본다.[5)]

(2) 남미지역의 사례

사실적인 차원에서도 1980년대 이후 남미지역의 사례를 통해 볼 때 지방분권과 지역균형발전이 상관관계를 가지는 것으로 보기는 힘들다.[6)] 남미는 지역 간 발전의 불균형이 극심한 것으로 알려져 있는데 이러한 상황을 야기한 주요원인으로 중앙에서 지방을 정치적인 이해관계에 따라 통제하고 선별하여 혜택을 준 것이 꼽히는 만큼 지방분권이 이러한 상황을 개선하는 데 도움이 될 것으로 전망하였다. 그러나 지방의 재정적 자율성을 강화한 결과 지역 간 발전의 불균형 정도가 더 심화된 것으로 파악되었는데 여기에는 신자유주의적 경제조정에 따른 긴축재정으로 인해 중앙이 지역균형발전을 위한 지출에 소극적인 태도를 보이게 된 사정과 중앙의 제한된 재정지원을 두고 벌어지는 지역 간의 경쟁 및 이러한 경쟁을 적절히 조절하지 못하는 중앙의 정치적 무능이 원인이 된 것으로 분석된다.

(3) 지방분권이 지역균형발전을 저해하게 되는 사정

따라서 지역균형발전이 지방분권과 당연히 연결되는 개념이라고 볼 수는 없고 지방분권이 관련된 법제 및 제반 여건과 적절히 결합되지 않는다면 오히려 반대의 결과로 이어질 수 있다고 보는 것이 합리적이다. 지방분권의 대의에만 집중한 나머지 이를 우선적으로 관철시키려고 든다면 이는 지역균형발전에 저해가 될 수 있는 것이다. 지방자치단체에서 단체장이 주도하는 정책추진의 실상과 지역시민사회의 역량에 대한 비판적 평가[7)]를 전제한다면 분권과 이에 따른 경쟁적 발전의 전망은 반드시 긍정적이지 않을 수 있다.

지방자치단체의 공공서비스 품질에 대한 불만이나 세 부담으로 인해 여유가 있는 주민들

---

5) 이상의 논의와 관련하여 강명구, "행정수도이전, 분권, 그리고 균형발전: 또 다른 이야기", 『행정논총』 제44권 1호(서울대학교 한국행정연구소, 2006), 36-37쪽.

6) 이하 남미지역의 사례에 대한 설명으로 강명구, "참여정부의 분권과 개혁(동정적 비판과 관점으로부터의 교훈)", 『지방분권시대에 즈음한 지방자치 발전방향』 자료집(국회지방자치발전연구회, 2004), 30-31쪽.

7) 강명구, 『참여정부의 분권화 정책: Albert Hirschman적 관점에서 본 동정적 비판』, 아주대학교, 2005, 14쪽.

이 다른 지역으로의 이탈을 선택함으로써 그럴 형편이 되지 못하는 잔류 주민들의 입장이 더욱 어려워질 수 있고, 설사 불편을 느낀 일부 주민들의 이탈이 이어지더라도 지방자치단체 간에 일종의 담합이 성립한 것과 같이, 위험을 감수하면서 혁신을 추구하기보다는 인접한 지방자치단체와 비슷한 수준의 서비스를 제공하는 데 머물러버리는 것과 같은 상황이 펼쳐지게 될 가능성 또한 존재한다. 이러한 사정은 결국 주민들의 이탈을 더욱 유발하게 될 것이고 이탈을 선택할 수 있는 주민들은 부담이 커지더라도 더 나은 서비스를 받을 수 있다고 판단하는 지역, 이를테면 수도권으로 이동하게 될 가능성이 크며 이는 지역균형발전과는 온전히 반대되는 방향의 결과가 될 것이다.[8]

이러한 분석은 정부에 대해 분권을 강조하는 지방자치단체가 지방 차원에서는 스스로 비판해온 정부의 집권적 경향을 그대로 드러내는 경우가 적지 않다는 판단[9]에 따르면 더욱 그 실제상의 가능성이 커질 것으로 보인다. 지방의 자율성이 충분히 보장되지 못하는 상황이 그간 지속되어 왔다면 그것이 바람직하지 않다 하더라도 지방자치단체는 그렇게 주어진 현실을 전제로 한 나름의 적응방식을 발전시켜 왔을 것이고 그렇게 축적되어온 현실적 사정을 고려한다면, 관련된 법제에 대한 분석만으로는 파악하기 힘든 문화적이고 실세적인 요소에 대한 고찰이나 변화가 함께 이루어지지 않은 상태에서 지방분권이라는 주제에만 중점을 두고 정책을 추진할 때 의도치 않은 부정적 결과를 거두게 될 우려가 있는 것이다.

4. 소 결

이와 같이 지역균형발전과 지방분권이 지방자치의 이름하에 함께 논의되는 것이 자연스러워 보이는 측면이 있어 보임에도 불구하고 당연히 동시에 성취될 수 있는 것으로 볼 수만은 없는 것이 사실이다. 지방분권을 통해 지방의 자율성을 강화하고 더 많은 사안에 대한 더 넓은 독자적 판단과 추진의 여지를 보장한다면 필연적으로 지방 간에는 격차가 발생하게 될 것이다. 이러한 지방 간의 격차를 줄이기 위해서 지방의 자율성을 보장하는 것만으로는 기왕에 전개된 사태가 그대로 고착되거나 더욱 진전될 가능성이 높다고 할 것이어서 의도된 바를 성취하지 못할 것이고 따라서 기존의 정책적 선택과 다른 접근이 필요하게 될 것이며 이것이 바로 정부에 의한 외부로부터의 작용이 개입되는 시점이다.

우리 현실이 강한 중앙집권으로 인해 지방의 자율성이 충분히 보장되지 못하고, 지역 간 발전 정도의 격차도 작지 않아 균형발전의 이상과는 거리가 있다고 보는 것이 대체적인 평가라고 할 때 지방분권과 지역균형발전은 그 성격의 차이에도 불구하고 함께 고려되고 추구되어야 할 가치이자 목표라고 할 것이고, 정부에 대해 이러한 과업을 달성하는 데 일정한

---

8) 이상 설명의 자세한 내용에 대해서는 위의 글, 15-16쪽.

9) 강명구, 앞의 글(주 5), 45-46쪽.

역할이 기대되는 것은 자연스럽다. 그러나 지방분권이 전통적으로 주어진 사실이라기보다는 성취되어야 할 과제로 이해되는 상황에서 지역 간 균형발전을 동시에 추구한다는 것은 자칫 균형발전을 위한 정부의 조치가 제고가 요청되는 지방의 자율성에 대한 침해나 억지가 되지 않도록 정책 고안과 제도 설계의 과정에서 지혜를 발휘하는 것이 중요한 점이라고 할 것이다.

Ⅲ. 지역균형발전과 지방분권 간의 긴장관계

1. 지역균형발전 관련 법률

지역균형발전에 관해서는 가장 직접적으로 국가균형발전 특별법에서 관련 내용을 찾아볼 수 있다. 이 법에서는 그 목적에 대해 "지역 간의 불균형을 해소하고, 지역의 특성에 맞는 발전과 지역 간의 연계 및 협력 증진을 통하여 지역경쟁력을 높이고 삶의 질을 향상함으로써 지역 간의 균형 있는 발전에 이바지함을 목적으로 한다"고 규정하고 있다(제1조). 이어 '지역발전'에 대해서는 "자율과 창의를 기반으로 지역별 특성을 고려한 지역 간의 균형 있는 발전과 상호 협력 증진을 통하여 주민 생활기반을 확충하고, 지역경제를 활성화함으로써 주민의 삶의 질 향상과 지역경쟁력을 강화하는 것"이라고 설명한다(제2조 제1호).

2. 지역균형발전의 헌법적 근거

(1) 제9장 경제의 장

이러한 지역균형발전은 헌법적으로도 그 근거를 찾아볼 수 있다. 헌법 제9장에서는 경제에 관한 내용을 규정하고 있는데 여기서 지역균형발전과 관련된 내용이 다수 포함된다. 제119조 제2항에 따르면 "국가는 균형있는 국민경제의 성장 및 안정과 적정한 소득의 분배를 유지하고, 시장의 지배와 경제력의 남용을 방지하며, 경제주체간의 조화를 통한 경제의 민주화를 위하여 경제에 관한 규제와 조정을 할 수 있다." 제120조에 제2항에 의하면 "국토와 자원은 국가의 보호를 받으며, 국가는 그 균형있는 개발과 이용을 위하여 필요한 계획을 수립한다." 제122조에서는 "국가는 국민 모두의 생산 및 생활의 기반이 되는 국토의 효율적이고 균형있는 이용·개발과 보전을 위하여 법률이 정하는 바에 의하여 그에 관한 필요한 제한과 의무를 과할 수 있다"고 규정하고 있다. 문리적으로 지역균형발전에 대해 가장 직접적으로 언급하고 있는 것은 제123조 제2항으로 "국가는 지역간의 균형있는 발전을 위하여 지역경제를 육성할 의무를 진다"고 규정하고 있는 한편 같은 조에서 농·어민의 이익 보호 및 중소기업의 보호·육성과 관련한 규정들을 두고 있다(제1항, 제3~5항). 이는 우선 경제적으로 낙후된 농·어촌 지역을 대상으로 하고 나아가 전국적인 차원에서 지역 간의 경제적인 불균형을 해소하는 것을 목표로 한다. 지역경제의 육성은 단순히 경제적인 문제에 국한되는 의미를 지니는 것은 아니고 궁극적으로는 전국적으로 경제·사회·문화 전 영역에 걸쳐 균형 있는 생활관계를 형성하고자 하는 사회정책적 목표와 연결되는 것으로 이해된다.[10] 따라서 지역균형발전과 관련해서는 여러 가지 측면의 확대된 논의가 가능하다. 지방선거제도의 개선, 공공기관의 이전, 관련 분야에서 지역할당제의 도입 및 선거구 획정의 문제[11]라든가 지역인재를 확보하는 방안[12] 등이 관계된 이슈로서 거론될 수 있을 것이다.

이러한 헌법규정들은 주로 정부주도의 강력한 국가발전시책을 펼치던 시대적 상황과 연계되어 있다고 본다. 정부는 관련 규정들을 통해 지역균형발전을 비롯한 경제에 관한 여러 과제를 부담하게 되고 이와 같이 정부에게 부여되는 비중은 지방의 자율성 존중과는 맥락이 다른 것으로 이해되며 실제로도 이 시기에는 지방자치가 활성화되지 못했다.

(2) 제8장에 규정된 지방자치

지역균형발전과 관련하여 거론될 수 있는 헌법조항들이 제9장 경제 부문에 주로 배치가 되어 있는 반면에 지방분권 논의와 직접 연결되는 지방자치에 대해서는 제8장에서 별도로 규정하고 있다. 헌법상 근거조항의 편제가 관련된 양 개념의 관계를 이해하는 데 반드시 결정적인 단서가 된다고 단정할 수는 없을지 모르나 서로 다른 영역에서 별개의 차원에 대한 규정으로 이해된다고 볼 수 있는 자료라고 할 수 있을 것이다. 지방자치에 관한 헌법 제8장에서는 제117조 및 제118조에서 지방자치단체의 권한과 종류, 구성 등에 대해 규정하고 있는데, 지역균형발전과 관계가 깊은 제9장에서는 위에서 기술하였듯이 제119조에서 제127조에 걸쳐 경제에 관하여 국가가 무엇을 할 수 있으며 해야만 하는가 하는 국가의 과제를 주요내용으로 삼고 있다. 지방분권은 지방자치의 강화와 관련되고 따라서 지방자치단체가 더 많은 결정권과 주도권을 확보할 수 있도록 하는 것에 중심이 두어진다면 헌법상 지역균형발전을 비롯한 여러 경제상의 과제는 국가에게 부여되고 있다는 점을 확인할 수 있다.

3. 사회국가원리와 지방의 자율성

(1) 사회국가원리의 본질

지역균형발전에 대한 헌법상 근거로 볼 수 있는 제123조 제2항을 비롯한 헌법 제9장의 경제에 관한 여러 조항들은 헌법전문의 일부 표현이나 사회적 기본권과 함께 이른바 사회국가원리를 구체화한 것으로 통상 설명된다. 사회국가원리는 실질적인 자유와 평등의 보장을

10) 이상 헌법 제123조 제2항의 의미에 대해서는 한수웅, 『헌법학』, 법문사, 2016, 328-329쪽.

11) 장용근, "지방분권과 지방자치, 지방 균형에 대한 헌법적 쟁점의 검토", 『세계헌법연구』 제22권 1호(세계헌법학회한국학회, 2016), 160-166쪽.

12) 이부하, "지역인재 육성에 관한 법의 문제점과 개선방안", 『법학논고』 제52집(경북대학교 법학연구원, 2015); 이재희, "'지방인재우대제도'를 통한 평등 실현의 헌법적 허용가능성과 한계에 대한 검토", 『헌법학연구』 제20권 제1호(한국헌법학회, 2014); 조홍석, "인재지역할당제: 헌법적 한계와 실현전제", 『공법학연구』 제7권 제2호(한국비교공법학회, 2006).

위한 것[13]이다. 국민이 스스로의 자유를 행사하여 삶을 영위하는 이상 그러한 자유 행사의 결과는 상호 간에 차등적인 결과를 노정하기 마련이다. 그러나 사회국가는 이렇게 형성된 생활조건의 다양성을 평준화하거나 획일적으로 만드는 것을 목적으로 하는 것이 아니다.[14] 이는 어디까지나 생활수준을 상향적으로 조정하는 것을 지향하며 자유를 전제로 하여[15] 자유 속의 평등[16]을 지향한다는 점에서 특징적이다. 즉 사회국가원리는 고전적인 의미의 사적 자치를 통한 개인의 자율적 활동과 강력한 재산권 보장 원칙에 대한 제약 내지 잠식을 의미하지만 그렇다고 하여 국가가 개인의 고유한 영역을 전면적으로 대체할 수 있는 것은 물론 아니다. 이러한 점에서 사회국가는 국민에게 필요한 모든 생활수단을 국가가 제공하는 공산주의적 구상이나 국민소득이 균등하게 재분배될 것을 의도하는 기획과 구별된다. 국민의 일상생활 전반이 국가의 사회보장제도를 통해 규율되는 국가를 복지국가라고 한다면 이는 국민 스스로의 자율적인 생활설계를 기본으로 하여 실질적인 자유와 평등이 보장되도록 사회구조를 형성하는 사회국가와는 다른 성질의 것이다.[17]

사회국가원리는 본질적으로 정치적 차원의 성격을 지닌 민주주의 이상을 경제·사회 영역에서도 구현하고자 하는 것으로 이해된다.[18] 그러나 본래 권력과 지배에 관한 정치 영역과 일반 사인들의 사회 영역은 그 구성원리의 측면에서 상이한 성격을 지닌다. 민주주의원리는 어디까지나 정치적 지배의 정당화, 지배의 주체와 권력의 행사방법에 대한 규정을 내용으로 하는 것으로서 정치공동체 구성원 간의 법적·형식적 평등과 다수결 원칙을 주요 요소로 한다. 이러한 정치 영역의 구성원리인 민주주의를 일반 사회 영역에서 관철하고자 한다면 서로 다른 개인의 고유한 자율성과 다채로운 상이함에 대한 존중이 지속될 수 없을 것이다.[19] 그러나 자유와 평등의 실질적 조건을 구현하기 위한 사회국가원리는 이러한 민주주의적 관심이 경제·사회 영역에 투사되는 상황을 반영한 것으로서 사적 자치의 자생적인 결과로서 구현되는 사회의 모습에 대한 국가의 개입과 조정을 정당화하게 된다.

(2) 사회국가원리 구현의 난점

사회국가원리의 본질과 성격에 대한 섬세한 설명의 시도는 사회국가원리의 실천이 자유의 원칙을 훼손할 수 있는 가능성에 대한 우려와 경고를 담고 있는 것으로 이해된다. 그러나 기본적으로 사회국가원리가 고전적 자유주의 시대 이후 드러난 사회현상의 부정적 측면

13) 허영, 『한국헌법론』, 박영사, 2016, 165쪽.
14) 한수웅, 앞의 책, 313쪽.
15) 허영, 앞의 책, 168쪽.
16) 위의 책, 163쪽.
17) 이상 복지국가와 사회국가의 차이에 대한 설명은 허영, 앞의 책, 166-167쪽.
18) 성낙인, 『헌법학』, 법문사, 2017, 279쪽.
19) 이상의 설명에 대해 한수웅, 앞의 책, 143-144쪽.

에 대한 헌법적 대응으로서 등장한 것이라는 점을 고려하면, 그것이 사적 자치에 대한 불신의 표현[20]인 이상에는 실제 구체적인 사안의 해결을 앞에 두고 이러한 사려 깊은 표현에서 드러나는 문제의식을 고려한 최적의 정책적 방안을 현실적으로 충실히 구현해내는 것은 지난한 일이라고 할 것이다.

사회국가원리의 어려운 점은 그것이 개념과 본질의 차원에서 선명한 그림을 보여주지 않는다는 점에 더하여 어디까지나 국가목표를 제시함으로써 정당한 입법목적을 제공하는 근거로서 작용할 뿐 그러한 목적을 달성하기 위하여 어떠한 수단과 방법을 채택할 것인가에 대해서는 개방적이라는 점이다. 사회국가원리의 구체화를 뜻하는 사회적 기본권과 헌법 제9장의 경제에 관한 조항들도 제시된 목표와 과제의 내용을 구체화하고 있는 것으로 이해되는 것이지 실천적인 측면에서 구체적인 실현방법을 제시해주고 있는 것은 아니다. 실질적인 판단은 어디까지나 입법자가 정치적 결정을 통해 각축하는 다양한 국가과제 간의 우선순위를 가림으로써 이루어지게 되는 것이다.[21]

사회국가원리가 구체적인 수단이나 방법을 제시하고 있지 않으며 그 실질적인 내용은 입법자의 정치적 결정을 통해 채워지게 된다는 사정은 사회국가원리의 이름으로 추진될 수 있는 정책적 선택의 스펙트럼이 매우 광범위할 수 있다는 점을 시사한다. 이러한 점은 사회국가원리를 설명하면서 제시되는 그 내용에 대한 표현의 양태를 보아도 확인된다. 앞서 사회국가원리의 개념을 설명하면서 그것이 의도하는 것이 획일화나 평준화가 아니라고 하면서도 이러한 원리를 구체화한 것으로 이해되는 헌법규정의 해석에 있어서는 전국적으로 경제·사회·문화 전 영역에 걸친 균형 있는 생활관계의 형성을 목표로 하는 것으로 설명된다. 자유와 평등의 실질적 조건을 국가가 조성함으로써 "정치·경제·사회·문화의 모든 영역에 있어서 각인의 기회를 균등히" 하여 "능력을 최고도로 발휘하게" 한 결과가 "국민생활의 균등한 향상"으로 이어지도록 하기 위해서는 국가는 어떠한 역할을 어디까지 수행할 수 있을 것인가.[22] 어떻게 하는 것이 획일화가 아니면서 "자유 속의 평등"을 구현해낼 수 있는 조치일까.

사회국가원리가 본질적으로 지니고 있는, 개인의 자유에 대한 보장이라는 원칙과의 관계에서의 이러한 미묘한 긴장을 이해하고 있다면 앞선 개념적 설명과 같은 섬세한 표현이 이루어지게 되겠지만 사회국가원리의 민주주의적 관심에 충실한 사고를 하고 있다면 결과로서의 균등함에 대한 직접적 기술이 더 만족스럽게 여겨질 것이다. 기회의 균등이 결과의 균등과 얼마나 분명히 구획이 되는 개념인지에 대해서는 단언하기 힘들지만 이러한 철학적 고뇌를 감당하지 않더라도, 자유와 평등의 실질적 조건을 조성한다는 원칙적 입장에 충실할수록

20) 한수웅, 앞의 책, 304쪽.
21) 이상의 설명에 대해서는 위의 책, 307-308쪽.
22) 헌법 전문 참조.

국가의 개입과 직접적인 통제에 대해서는 조심스럽고 유보적인 관점을 취하게 될 것이고, 결과적으로 균등한 상태를 중시할수록 국가가 마땅히 해내야할 과업의 크기가 증대할 것이라는 점은 쉽게 추리할 수 있다.

(3) 지방의 자율성 보장의 중요성

지방자치의 의의가 기본권과 유리된 채 단순한 제도적 보장에 그치는 것으로 이해될 수 없다는 점에서 지방자치가 기본권 실현과 밀접하게 연결되는 헌법상 객관적 가치질서에 속하는 것으로 파악된다는 설명과 관련하여 이러한 문제에 대해 착안할 만한 점이 있다. 이러한 관점에 따를 때 지방자치는 주민이 자치기구를 구성하고 참여하는 과정을 통해 구현된다는 점에서 국민의 선거권 및 공무담임권과 관계되고, 헌법상 거주·이전의 자유와도 긴밀하게 연결되는 이유는 지방자치가 어느 지역에서든 비슷한 수준의 거주가치를 찾을 수 있는 여건을 조성하는 데 관련성이 있기 때문이다. 전국적으로 어디에 거주하든 비슷한 수준의 생활환경과 정치적 참여, 공공서비스를 향유할 수 있을 때 헌법상 보장되는 거주·이전의 자유와 평등권이 비로소 실질적인 의미를 지니게 되리라는 것이다.[23]

그러나 국민 개인이 전국 어디에서 생활하든 기본권 실현을 위한 비슷한 수준의 여건을 누릴 수 있어야 한다는 관점은 일단 사회국가원리에 입각하여 정당한 것으로 평가되겠지만 그것을 실제로 구현하는 실천적 차원에서는 사회국가원리의 구현수단이 지니는 넓은 스펙트럼 속에서 개별 주체의 자율성 보장이라는 원칙과의 긴장관계를 고려한, 정당한 국가작용의 범위를 규율할 수 있는 최소한의 기준을 확보한다는 것이 쉽지 않은 과제일 수밖에 없다. 그것이 국민의 기본권 보장과 관련된 것이고 또한 지방자치의 구현을 위한 것인 이상 전국적으로 균등한 결과를 실현해내기 위한 국가의 개입과 통제를 적극적으로 규율할 수 있는 실천적인 기준에 대한 고려는 초점의 대상이 되기 힘들게 된다.

지방분권은 지역주민의 자치를 보장하고 강화한다는 점에서 민주주의원리에 입각하여 정당한 것으로 이해될 수 있다. 지방자치의 일반적 설명이나 개별 지방자치단체의 상황에 대한 설명으로 타당하다고 할 것이다. 다른 한편으로 지역균형발전은 민주주의적 관심의 투영에 따른 사회국가원리에 기반하여 전국 차원의 균등한 생활조건 구현을 목표로 당위성을 인정받고자 한다. 그러나 이러한 설명의 구도 속에서 충분한 비중을 부여받지 못하는 것은 해당 지역주민의 자치가 구현되는 장이자 다른 지방자치단체 내지 정부에 대한 개별적인 활동주체로서 구체적인 지방자치단체의 자율성이다. 지방이 스스로의 문제에 대한 고유한 자율성을 갖고 결정하고 활동할 수 있어야 한다는 점은 구성원들의 자치에 대한 보장이 강조될수록 자연히 함께 중요성을 지녀야 하는 사안이다. 그러나 지방의 개별적인 고유성이나 자율성이

23) 이상 지방자치와 기본권의 관계에 대한 설명은 허영, 앞의 책, 846쪽.

역사적인 조건으로서 경험되기보다는 규범적인 요청으로서 기대되는 우리 사회의 상황을 고려할 때 지방분권에 대한 강력한 요구가 현실적인 결과로서의 여건 확보와 연결된 지역균형발전 문제와 함께 어우러지는 와중에 독립된 활동주체로서 개별 지방이 누려야 하는 자율성의 확보에 대해서는 충분한 인식이 부재할 가능성이 작지 않다고 본다. 즉 지역 간의 균형발전 달성에 대해 논하는 국면에서 정부의 개입 및 조정이 필요하다고 할 때 동시에 지방이라는 각 활동주체의 자율적 권한보장에 초점이 두어져야 하고, 그렇지 않으면 민주주의원리와 관련된 말의 성찬 속에서 개별 지방자치단체의 자율과 책임의 원칙이 부당하게도 확보되지 못할 수 있다고 판단한다.

Ⅳ. 지역균형발전을 위한 정부의 접근방식

1. 서 설

지방분권과 지역균형발전은 개념적으로 상호실현을 보장해주는 관계도 아니고 실제적으로도 늘 성공적인 결합을 기대할 수 있는 것이 아니다. 헌법적으로 양자는 공히 충실한 성취를 기대해야 할 과제라고 할 수 있겠지만 전혀 별개의 것은 아니면서 또한 긴장관계에 있다고 할 것이다. 그러나 이를 단순히 각각 민주주의원리와 사회국가원리에 입각한 것이라고 설명하는 것만으로는 충분하지 않으며 그러한 논의의 구도 속에서 진정한 지방자치를 위한 지방의 자율성과 책임성 제고의 원칙이 도외시될 수 있어 이러한 점에 대한 고려가 필요하다는 것에 대해서는 이미 기술한 바와 같다.

정부가 지역균형발전의 요구를 강하게 의식하고 지방의 자율성 보장에 따른 자생적 발전의 가능성에 대해 덜 중점을 두게 된다면 자연히 전자의 과제가 직접적인 정책적 수단을 통해 해결을 기대하게 될 것이고 이에 지방의 자율성 보장이라는 원칙은 일정 부분 물러나게 된다. 물론 정치적으로는 혜택을 입는 지방으로부터 지지를 얻는 데 별 문제가 없을 것이고 따라서 집권한 정치세력으로서도 그러한 조치를 채택하고 활용하는 데 적극적일 수 있을 것이다. 그러나 이러한 현실적 사정 속에서 지방의 자율성 보장을 위해 국가의 작용에 대한 일정한 규율의 기준을 인식하려는 노력은 중대한 의의를 지닌다.

2. 주세법 제38조의 7 등에 대한 위헌제청 사건

(1) 헌법재판소 결정의 요지

이와 관련하여 주세법 제38조의 7 등에 대한 위헌제청 사건[24]을 살펴보면 주세법의 자도소주 구입명령제도가 헌법에 위반되는지 여부에 관하여 "헌법 제123조가 규정하는 지역경제

24) 헌재 1996.12.26. 96헌가18 결정.

육성의 목적은 일차적으로 지역간의 경제적 불균형의 축소에 있다. 입법자가 개인의 기본권 침해를 정당화하는 입법목적으로서의 지역경제를 주장하기 위하여는 문제되는 지역의 현존하는 경제적 낙후성이라든지 아니면 특정 입법조치를 취하지 않을 경우 발생할 지역간의 심한 경제적 불균형과 같은 납득할 수 있는 구체적이고 합리적인 이유가 있어야 한다. 그러나 전국 각도에 균등하게 하나씩의 소주제조기업을 존속케 하려는 주세법에서는 수정되어야 할 구체적인 지역간의 차이를 확인할 수 없고, 따라서 1도1소주제조업체의 존속유지와 지역경제의 육성간에 상관관계를 찾아볼 수 없으므로 "지역경제의 육성"은 기본권의 침해를 정당화할 수 있는 공익으로 고려하기 어렵다"고 하면서 "구입명령제도는 소주판매업자의 직업의 자유는 물론 소주제조업자의 경쟁 및 기업의 자유, 즉 직업의 자유와 소비자의 행복추구권에서 파생된 자기결정권을 지나치게 침해하는 위헌적인 규정이다. 소주시장과 다른 상품시장, 소주판매업자와 다른 상품의 판매업자, 중소소주제조업자와 다른 상품의 중소제조업자 사이의 차별을 정당화할 수 있는 합리적인 이유를 찾아 볼 수 없으므로 이 사건 법률조항은 평등원칙에도 위반된다"고 판시하였다.

이에 대해 재판관 3인의 반대의견에서는 "지역경제의 육성이라 함은 경제력이 전국적으로 균형있게 배분된 상태를 지향하는 모든 노력을 이르는 말이라 할 것인데, 이에는 각 지역간의 경제력의 수준을 살펴 그 중 낙후한 지역의 경제력을 향상시키는 일뿐만 아니라 수도권에 비해 상대적으로 경제력이 미약한 수도권 이외의 나머지 지역의 경제력을 향상시키는 일도 포함된다고 보아야 한다. 이 사건 구입명령제도를 통하여 경쟁으로부터 보호되는 소주제조업체의 소재지는 모두 수도권 이외의 지역인바, 이 지역에 각 하나씩의 소주제조업체가 도산하지 않고 건실하게 사업을 할 수 있도록 보호해주는 것만으로도 헌법상의 지역경제 육성의 목적에 부합하는 것이다"라고 하면서 "소주에 대하여는 그 특성상 국민보건에 직접적 영향을 미치는 상품이어서 강한 규제를 하지 않을 수 없고, 구입명령제도는 대기업 제조업자의 독과점을 막고 지역소주제조업자를 보호함으로써 독과점규제와 지역경제육성이라는 헌법상의 경제목표를 구체화하고자 하는 제도이므로 이 제도로 인하여 약간의 차별이 생긴다고 하여도 그 차별에는 합리적인 이유가 있다고 할 것이고, 여러 가지 사정을 입법정책적으로 고려하여 입법형성권의 범위 내에서 입법한 것으로서 헌법 제37조 제2항이 정한 한계 내에서 행한 필요하고 합리적인 기본권제한이라고 할 것이므로 헌법에 위반되지 아니한다"고 하였다.

법정의견이 "헌법 제123조가 규정하는 지역경제육성의 목적은 일차적으로 지역간의 경제적 불균형의 축소에 있"고 "입법자가 개인의 기본권침해를 정당화하는 입법목적으로서의 지역경제를 주장하기 위하여는 문제되는 지역의 현존하는 경제적 낙후성이라든지 아니면 특정 입법조치를 취하지 않을 경우 발생할 지역간의 심한 경제적 불균형과 같은 납득할 수 있는 구체적이고 합리적인 이유가 있어야" 한다는 입장을 보인 반면에 반대의견에서는 "지역경제의 육성이라 함은 경제력이 전국적으로 균형있게 배분된 상태를 지향하는 모든 노력을 이르는 말이라 할 것인데, 이에는 각 지역간의 경제력의 수준을 살펴 그 중 낙후한 지역의 경제력을 향상시키는 일뿐만 아니라 수도권에 비해 상대적으로 경제력이 미약한 수도권 이외의 나머지 지역의 경제력을 향상시키는 일도 포함된다"고 하여 다른 인식을 보여주고 있다.

(2) 경쟁에 관한 인식의 차이

정부가 개입하여 개선해야 할 불균형한 발전 정도의 인식과 대처의 수준에서 법정의견과 반대의견은 차이를 보이고 있다. 이와 관련하여 주목할 만한 점은 '경쟁'에 관한 태도이다. 법정의견은 "헌법 제119조 제2항은 독과점규제라는 경제정책적 목표를 개인의 경제적 자유를 제한할 수 있는 정당한 공익의 하나로 명문화하고 있다. 독과점규제의 목적이 경쟁의 회복에 있다면 이 목적을 실현하는 수단 또한 자유롭고 공정한 경쟁을 가능하게 하는 방법이어야 한다. 그러나 주세법의 구입명령제도는 전국적으로 자유경쟁을 배제한 채 지역할거주의로 자리잡게 되고 그로써 지역 독과점현상의 고착화를 초래하므로, 독과점규제란 공익을 달성하기에 적정한 조치로 보기 어렵다"고 하고 "우리 헌법은 제123조 제3항에서 중소기업이 국민경제에서 차지하는 중요성 때문에 "중소기업의 보호"를 국가경제정책적 목표로 명문화하고, 대기업과의 경쟁에서 불리한 위치에 있는 중소기업의 지원을 통하여 경쟁에서의 불리함을 조정하고, 가능하면 균등한 경쟁조건을 형성함으로써 대기업과의 경쟁을 가능하게 해야 할 국가의 과제를 담고 있다. 중소기업의 보호는 넓은 의미의 경쟁정책의 한 측면을 의미하므로 중소기업의 보호는 원칙적으로 경쟁질서의 범주 내에서 경쟁질서의 확립을 통하여 이루어져야 한다. 중소기업의 보호란 공익이 자유경쟁질서 안에서 발생하는 불리함을 국가의 지원으로 보완하여 경쟁을 유지하고 촉진시키려는데 그 목적이 있으므로, 구입명령제도는 이러한 공익을 실현하기에 적합한 수단으로 보기 어렵다"고 하는 반면, 반대의견에서는 "독과점규제의 궁극목표가 경쟁질서의 유지라는 점에는 이론의 여지가 있을 수 없겠지만, 경우에 따라서는 경쟁을 다소 완화하여 시장지배자로부터 약자를 보호하는 정책도 훌륭한 독과점규제책이 될 수 있다. 다수의견은 구입명령제도로 말미암아 전국적 자유경쟁이 배제되고 지역적 독과점현상의 고착화를 초래한다고 주장하나, 이는 구입명령제도가 폐지되는 경우에는 지역적 독과점현상 대신에 그 보다 더 경계해야 할 전국적 독과점현상이 나타나게 된다는 점을 간과하고 있는 것이다"라고 하고 있다.

법정의견에서는 "독과점규제의 목적이 경쟁의 회복에 있다면 이 목적을 실현하는 수단 또한 자유롭고 공정한 경쟁을 가능하게 하는 방법이어야 한다"는 점과 "중소기업의 보호는 원칙적으로 경쟁질서의 범주 내에서 경쟁질서의 확립을 통하여 이루어져야 한다"는 점에 초점을 두는 데 반해, 반대의견에서는 "경우에 따라서는 경쟁을 다소 완화하여 시장지배자로부터 약자를 보호"함으로써 독과점을 규제할 수도 있다고 하고 있다. 헌법 제9장의 경제 부문에서는 경제에 대한 국가의 개입과 조정을 가능하게 하는 여러 규정을 두고 있다. 그러나 헌법 제119조 제1항은 우리 경제질서에 관한 기본규정[25]으로서 "대한민국의 경제질서는 개인과 기업의 경제상의 자유와 창의를 존중함을 기본으로 한다"고 하고 있고, 이는 "시장경제의 원리에 입각한 경제체제"로서 "기업의 생성·발전·소멸은 어디까지나 기업의 자율에 맡긴다는 기업자유의 표현이며 국가의 공권력은 특단의 사정이 없는 한 이에 대한 불개입을 원칙으로 한다는 뜻"[26]으로 이해되며, 독과점규제나 중소기업 보호가 자유롭고 공정한 경쟁질서의 확립을 통한 것이어야 한다는 헌법재판소의 입장은 이러한 원칙을 분명히 다시 천명한 것으로 이해할 수 있다.

3. 평 가

독점에 대한 규제나 경쟁질서를 회복하기 위한 구체적인 방안의 문제에 대해서는 상황의 인식이나 해결책의 고안, 시행되었거나 시행될 정책의 효과에 대한 평가에 이르기까지 경제학 등 주요 사회과학 분야의 실증적인 측면을 포함한 많은 논의가 관련된다. 이에 대해 규범적 논의에 중점을 둔 분야에서는 이론적으로 그러한 사실과 관련한 판단의 과정에서 어떤 요소가 고려대상으로서 중요하고 무엇이 원칙이 되어야 하는지에 대해 일반적인 수준에서 서술하게 되는 경향이 있는데, 구체적인 사안에 대한 판단이 이루어질 때는 이러한 인접 분야에서 심도 있게 다루어지는 문제에 대한 당사자 나름의 인식이 중요한 작용을 하게 된다고 본다. 이러한 관점에서 실제로 문제가 된 상황에 대한 유권적 판단에서 학문적으로 취할 수 있는 것은 그러한 규범적 고려요소와 원칙에 대한 인식이 상대적으로 엄밀하고 선명하게 드러나는 부분일 것이라고 생각한다.

지역균형발전의 요청이 분권화된 지방 간의 자율적 경쟁에 따른 결과에 대한 일정한 개입과 시정을 요구할 수 있다면 그것이 원칙으로서 지방의 자율성을 침해할 수 있는 가능성에 대해서도 적절한 고려를 할 필요가 있다는 점에 대해서는 기술한 바 있다. 지방자치가 그간 충분한 여건을 보장받고 충실히 발전해오지 못한 것이 역사적 사정이라는 점을 고려하면 더욱 그러하다. 이러한 점에서 볼 때 위 결정은 전국적 균형달성을 위한 국가 개입의 타당성을 판단하는 과정에서 원칙에 입각하여 더 구체적이고 명확한 사정에 대한 인식을 추구한다는 측면에서 신중한 태도를 보이는 것이 평가할 만한 요소가 된다고 할 것이다.

지방분권이나 지역균형발전과 관련되어 더욱 쉽게 떠오르는 것은 신행정수도의건설을위

25) 성낙인, 앞의 책, 287쪽.
26) 헌재 1993.7.29. 89헌마31 결정.

한특별조치법 위헌확인 사건[27]인데, 이 결정의 경우 주로 관습헌법 및 이와 관련한 헌법개정 절차에 대한 사항을 다루고 있어 수도이전이 지방분권이나 지역균형발전과 어떠한 관계에 있는지, 문제가 되는 상황에 대한 이해가 합당한지, 도입되는 조치가 적절한 수단이라고 볼 수 있을 것인지, 기대와 결과가 상응할 것인지와 같은 문제에 대해서는 주목할 만한 내용을 제공하고 있지 않다.[28] 반면 위 주세법 관련 결정에서는 지방의 자율성과 지역 간 균형의 문제 사이에 존재하는 긴장관계가 상대적으로 잘 확인되는 것으로 보인다.

개인의 자유와 창의를 기본으로 한다는 것은 지역균형발전을 어떻게 구현해낼 것인가에 대한 정부의 접근방식에 일정한 기준을 제시한다고 본다. 이는 지역균형발전의 헌법적 근거로서 거론되는 사회국가원리의 본질적 성격에 비추어 보더라도 역시 그러하다. 개인의 자율적 결정의 여지를 충실히 보장하는 것은 경제질서의 기본원칙이면서 정부의 역할이 개인의 삶과 관련하여 어떠한 수준에서 이루어져야 하는지에 대한 근본적인 기준이라고 할 것이다. 따라서 지역균형발전이 사회국가원리에 입각하여 정당화되는 것이라면 정부가 그러한 과제를 달성하는 데 있어 견지해야 할 근본적인 입장은 외부적이고 직접적인 규제 내지 개입을 통해 의도한 결과를 창출해내는 것이 아니라 개인이나 지역단위의 자유롭고 창의적인 결단과 도전이 결실을 거둘 수 있는 질서와 여건을 조성해내는 것이라고 할 것이다. 이러한 관점에서 지방분권과 지역균형발전의 조화로운 구현이라는 과제를 바라보는 것이 타당할 것이라고 본다.

4. 지방재정과 관련한 자율과 균형의 문제

(1) 서　설

지방의 자율성 보장과 전국적 균형 달성이라는 문제는 헌법적인 차원에서 함께 기대되는 과업이라고 할 수 있는데 이러한 문제의 구도는 지방자치제도 안으로 범위를 좁혀 살펴볼 때도 비슷한 모습으로 다시 확인된다. 지방자치를 실질적으로 구현하기 위한 중요한 테마로서 지속적인 연구의 대상이 되는 것은 지방재정에 관한 문제이다. 자치재정권 확보를 위한 법제적 검토를 비롯하여 지방자치단체의 재정상황 악화의 실태와 원인에 대한 분석 및 개선방안의 모색 등 다양한 접근이 이루어지고 있다. 이 중에서도 자율과 균형에 대한 관심을 전제로 하여 초점을 두고자 하는 것은 지방자치단체 파산제도와 지방재정조정제도이다.

지방자치제도가 국민의 기본권 보장과 연결되어 지니는 헌법적 의의를 생각할 때 제도의 지향점은 단순히 개별 지방자치단체의 자율성을 보장함으로써 자생적 발전의 가능성을 기대

---

27) 헌재 2004.10.21. 2004헌마554등 결정.

28) 지역균형발전에 관한 헌법적 판단을 주제로 한, 신행정수도 및 행정중심복합도시(헌재 2005.11.24. 2005헌마579등 결정) 관련 헌법재판소 결정의 검토에 대해서는 이병규, “지역균형발전의 헌법적 고찰”, 『공법학연구』 제16권 제2호(한국비교공법학회, 2015), 41-46쪽 참조.

함에 그치지 않는다. 모든 지방자치단체들이 전국적으로 비슷한 수준의 생활여건과 행정서비스, 정치적 참여의 가능성을 제공할 수 있도록 하는 것이 국민의 헌법상 기본권 보장과 중요한 연결성을 지닌다는 설명에 대해서는 이미 언급한 바 있다. 따라서 지방분권에 대한 논의가 성질상 지역균형발전이라는 주제에 비해 상대적으로 정부에 의한 개입과 조정보다는 지방의 자율성 강화 문제에 중점을 두게 되는 것이지 지방자치가 그 자체로서 개별 지방자치단체 간의 불균형에 대해 무관심한 입장을 취하는 것은 아닌 것이다.

(2) 지방자치단체 파산제도

지방자치단체 파산제도와 지방재정조정제도는 그 도입 여부와 구체적인 내용의 개선방안에 대해 많은 연구와 논의가 이루어지고 있다. 지방자치단체 파산제도의 경우 주로 미국을 중심으로 한 주요국가의 입법례를 토대로 연구가 진행되고 있는데 파산의 의미와 범위, 파산의 성격과 목적, 공법인의 파산 가능성, 구체적인 파산절차 등에 대한 논의가 주된 내용을 구성한다.[29] 여기서 착안하고자 하는 바는 지방자치단체 파산제도가 지니는 자율성 및 책임과 연결되는 측면이다.

지방자치단체 파산제도는 단체장의 책임을 분명히 함으로써 지방자치단체의 재정건전성을 제고하는 데 기본적인 의미가 있는 것으로서[30] 방만한 재정운용에 따른 위기가 닥칠 때마다 정부의 지원에 의존하는 도덕적 해이를 차단하여 지방자치단체의 재정에 대한 책임성을 강화함으로써, 무책임한 재정지출의 억지를 기대한다.[31]

물론 지방자치단체 파산제도의 도입 필요성이 제도의 성질이나 의의만으로 정당화될 수 있는 것은 아니다. 지방자치단체 재정위기의 원인에 대해서는 복합적인 설명이 가능한데 국세가 지방세에 비해 압도적인 배분비율로 인해 지방 재정자립도의 향상을 도모하기가 힘든 현실적 구조, 사회복지 분야 지출을 감당할 만한 세원의 확보 부족, 국비와 지방비의 매칭펀드 방식으로 진행되는 국고보조사업 시행에 따른 재원 부족과 이에 따른 지방채 발행의 증가, 무책임하고 비효율적인 방만한 지방자치단체 운영, 부동산 경기 침체에 따른 지방세 수입 감소, 금융위기의 여파 등이 주요 요인으로서 거론된다.[32] 그러나 이러한 지방자치단체의 재정에 관한 구조적인 문제에 대해 필요한 개선이 이루어지는 상황이라면 지방자치단체

29) 지방자치단체 파산제도에 관한 최근의 연구로 김애경・박정우, "지방자치단체의 재정위기와 파산제도", 『법학연구』 제24권 제4호(연세대학교 법학연구원, 2014); 김진영, "지방재정 위기와 지방자치단체 파산제도 도입에 관한 연구-지방자치권 훼손여부와 지방재정 건전화 방안을 중심으로-", 『미국헌법연구』 제25권 제2호(미국헌법학회, 2014); 이상경, "지방자치단체 파산제도의 도입가능성에 관한 비교법적 일고-미국 지방정부파산법(미국 연방파산법 제9장)의 시사점-", 『공법학연구』 제13권 제3호(한국비교공법학회, 2012); 이지은, "지방자치단체파산제도의 도입과 자치재정권", 『경희법학』 제49권 제3호(경희법학연구소, 2014); 허 원, "지방자치단체 파산제도", 『의정연구』 제20권 제2호(한국의회발전연구회, 2014) 참조.

30) 김진영, 앞의 글, 99쪽.

31) 지방자치단체 파산제도의 긍정적 측면에 대해 김애경・박정우, 앞의 글, 259-260쪽.

32) 이지은, 앞의 글, 461-462쪽.

파산제도는 지방의 자율성과 책임을 강화하는 하나의 접근방안으로서 의의가 있다고 본다.[33)]

(3) 지방재정조정제도

지방자치단체 파산제도가 개별 지방자치단체의 방만한 재정운용을 통제하고 자율성과 책임성을 높이는 의미가 있다면 이에 대해 각 지방자치단체가 일정한 수준의 균형 있는 발전을 이루어낼 수 있어야 한다는 관심과 연결되는 법제는 지방재정조정제도라고 할 것이다. 지방재정조정제도에 대해서는 특히 독일의 사례를 참고하여 제도의 문제점을 분석하고 개선방향을 모색하려는 연구가 존재한다.[34)]

지방재정조정제도는 넓은 의미에서 정부가 지방자치단체에게, 광역자치단체가 기초자치단체에게 또는 동급의 지방자치단체 간에 재원을 공유하거나 재정의 불균형을 조정해주는 재정이전에 관한 제도적 장치라고 할 수 있다.[35)] 정부의 지방자치단체에 대한 재정이전은 국고보조금과 지방교부세를 통해 이루어지는데 전자는 "지방자치단체 간의 재정의 균등화 및 특정 공공서비스의 최저수준 공급의 보장 등을 위하여 특정한 용도가 사전에 지정되어 지급되는 조건부 보조금"으로, 후자는 "지방자치단체의 재정자율성을 제고하고 지방자치단체 간의 재정력의 균등화를 위해서 특정용도가 지정되지 않고 지급되는 무조건부 보조금"으로 설명이 된다.[36)] 여기서 "지방자치단체 간의 재정의 균등화", "특정 공공서비스의 최저수준 공급의 보장", "지방자치단체의 재정자율성" 제고, "지방자치단체 간의 재정력의 균등화" 등 표현에서 분명히 드러나듯이 지방재정조정제도의 주요 관심은 지방자치단체 간의 균형 있는 발전과 연결된다고 할 수 있다.

(4) 소 결

지방자치를 구성하는 개별적인 제도로서 지방자치단체 파산제도와 지방재정조정제도를 함께 살펴본다면 지방자치단체 파산제도는 개별 지방자치단체의 자율성과 책임성에 대한 고려를 반영하고 있고 지방재정조정제도는 지방자치의 기본권 실현적 맥락에서 연결되는 사회국가원리에 입각한 지방 간 균형에 대한 관심을 담고 있는 것으로 이해될 수 있다. 양자는 서로 다른 가치를 조화롭게 구현하기 위한 개별 제도로서 그 의의를 찾을 수 있을 것이지만, "지방자치단체 간의 재정의 균등화"를 위한 여러 조치들의 시행은 지방자치단체의 방만한 운영에 따른 무책임한 재정지출이 일상적으로 반복되는, 도덕적 해이가 만연한 상황에서는 가장 기본이 되어야 할 자율과 책임의 원칙을 사실상 와해시킴으로써 결과적으로 지방자치

33) 장용근, 앞의 글, 176쪽.

34) 문병효, "최근 독일 재정조정법제의 변화와 시사점", 『지방자치법연구』 5권 2호(한국지방자치법학회, 2005); 백승주, "현행 지방자치단체 재정조정제도의 개선에 관한 연구-독일의 지방자치단체 재정조정제도와의 비교를 중심으로", 『공법연구』 제35집 제1호(한국공법학회, 2006) 참조.

35) 백승주, 앞의 글, 529-530쪽.

36) 위의 글, 530쪽.

의 이름으로, 지방자치단체에 대한 차별적 처우가 지속되는 상황의 도래를 야기할 수 있다. 즉 현실적으로 지방 간 균형을 위한 제도적 조치의 실효적 시행은 지방의 자율에 따른 책임성을 강화할 수 있는 법제적 방안의 도입과 함께 이루어질 때 그 의의를 충실히 다할 수 있을 것이라고 본다.

V. 결 어

지역균형발전은 국가에 부여된 헌법적 과제라고 할 것이다. 지방자치의 강화와 지방의 자율성 제고가 크게 요청되는 시대상황 속에서 지역의 중요성이 강조되는 만큼 지역균형발전도 함께 초점의 대상이 된다. 그러나 지방이나 지역의 강조를 통해 저절로 지방분권과 지역균형발전이 함께 성취될 수 있는 것은 아니다. 지방분권이 지역균형발전으로 이어질 수 있는 실제적 가능성에 대한 논의 이전에 양자가 개념상 당연히 연결되는 것은 아니라고 할 것이다. 오히려 이러한 두 과제는 정부로 하여금 자율성의 존중과 적절한 역할 수행 사이에서 조화로운 균형점을 찾을 것을 요구하는 어려운 문제이다.

지역균형발전에 중점을 두고 보자면 각 지역이 고루 발전할 수 있도록 하기 위해 정부는 개별 지역이 자유와 창의를 발휘하여 개성과 특징에 걸맞은 번영을 구가할 수 있도록 공정하고 개방적인 여건과 질서를 다듬는 데 힘을 기울여야 한다. 만약 그렇지 않으면 각 지방의 자율성 보장은 균형발전의 이름으로 이루어지는 정부의 개입에 의해 저해될 우려가 있다고 할 것이다. 지방자치제도의 구체적 내용으로 범위를 좁혀보아도 자율과 균형의 조화는 여전히 중요한 문제인데 이를테면 적절한 제반 여건의 구비를 전제로 하여 지방자치단체 파산제도의 도입을 고려하는 것은 지방의 자율성 제고와 연결되는 의의가 있다고 할 것이다.

지역균형발전에 관한 직접적인 헌법상 근거로는 제9장의 경제에 관한 규정들이 거론된다. 헌법상 경제에 대한 장은 건국 이래 규정되어온 것으로서 경제에 관한 국가의 다양한 과제에 대해 기술하고 있는데 이는 상당히 분량이 많다는 점에서 정부주도의 고도성장시대의 사정을 반영하는 측면이 강하다고 본다. 이는 국가의 직접적인 역할과 작용에 높은 비중을 두는 규범적 태도라고 할 것이다. 지방자치에 관한 세부적인 논의와 별개로 지역균형발전과 관련한 헌법규정을 손질하는 문제에 대해 생각해본다면 이러한 차원에서 지역균형발전의 과제에 대해 개인과 지역의 자유와 창의를 존중한다는 원칙을 분명한 전제로 하여 이를 합리적으로 정돈함으로써 자율과 균형의 양 가치를 공히 성취할 수 있는 토대를 다지는 것이 적절할 것이라고 본다.

23. 지방자치권 강화를 위한 헌법개정방안

전 학 선*

Ⅰ. 서 설

문재인정부가 들어선 이후 헌법개정논의가 활발히 진행되고 있고, 2018년 3월에는 대통령이 헌법개정안을 발의하였다. 지금까지 학술단체를 비롯하여 시민단체 등 많은 단체에서 다양한 헌법개정안 발표되었다. 헌법개정과 관련하여 정부형태의 개정논의에서부터 기본권 조항 등 다양한 헌법개정논의가 있는데, 그 가운데 지방자치에 관한 헌법개정논의도 활발히 진행되고 있다. 정부형태에 관한 헌법개정은 대통령제를 강화하자는 의견부터 의원내각제로 가자는 의견까지 다양하고, 기본권 분야에 관한 헌법개정논의도 정보권 등 새로운 기본권을 헌법에 명시하자는 논의부터 지금의 규정으로도 충분하다는 논의까지 다양한 주장이 나오고 있다.

그러나 지방자치에 관한 헌법개정논의는 다른 분야와는 조금 다른 모습을 보이고 있다고 할 수 있다. 지방자치와 관련하여 헌법을 개정하자는 것에 대해서는 대부분 찬성하고 있다는 것이다. 민주주의를 실행하면서 지방자치를 폐지하거나 지방자치를 약화시켜야 한다는 주장은 찾아보기 어렵고 지방자치를 강화하자는 의견이 주를 이룬다고 할 수 있다. 지방자치를 강화하여 지방분권을 추진하지는 의견이 강하게 나오고 있는데, 지방분권을 강화하기 위하여 헌법개정을 어떻게 할 것인가 하는 점에서는 다양한 의견들이 나오고 있다.

현행 헌법은 제117조와 제118조에서 지방자치에 관하여 규정하고 있다. 매우 간단한 두 조문을 가지고 지방자치제를 실시하고 있기 때문에 지방자치단체의 자치권 보장이 제대로 되고 있지 않다는 지적이 있고, 지방자치권 강화를 위하여 헌법개정이 필수적이라는 것이다.

헌법에서 지방자치에 관한 규정이 부족하므로 헌법에 지방자치에 관한 규정을 자세히 둘 필요가 있는가에 대해서는 다양한 의견이 있다. 즉 헌법에서 지방자치에 관한 규정을 두고 있기는 하지만 두 개의 조문에 불과하므로 이를 개정하는 것에는 대부분 동의하지만 이를 위하여 구체적으로 들어가면 다양한 견해들이 나오고 있는 것이다.

본 연구에서는 지방자치와 관련하여 현행 헌법조문의 의미와 헌법개정이 필요한 이유는 무엇인지를 살펴보고자 한다.

* 한국외국어대학교 법학전문대학원 교수

Ⅱ. 지방자치의 역사

우리나라는 1948년 헌법에서부터 지방자치에 관한 규정을 두었다. 1948년 헌법에서 지방자치에 관한 규정을 둔 것을 기초로 하여 지금까지 이를 이어오고 있다고 해도 과언이 아니다. 지방자치와 관련하여 우리나라 헌법은 두 개 조항을 두는 데 그치고 있었다. 따라서 간략하게 지방자치에 관하여 규정을 하였었던 것이다.

1949년 「지방자치법」이 제정된 뒤 1952년에 1952년에 시·읍·면 의회 의원 선거 및 시·도 의회 의원 선거를 실시하면서 처음으로 지방자치제도가 시행되었다. 그러나 1961년 5·16 군사쿠데타로 인하여 지방위회가 강제로 해산되면서 지방자치제도는 중단되었다. 그 후 1991년 구·시·군 의회 선거와 시·도 의회 의원 선거가 실시되었고, 1995년 기초 의회의 의원과 단체장, 광역시·시·도 의회 의원과 단체장 선거가 실시되면서 본격적으로 지방자치를 실시하게 되어 현재에 이르고 있다.

1. 1948년 헌법

1948년 헌법은 제8장에서 지방자치에 관하여 규정을 두었는데, 제96조와 제97조이다.

> 제8장 지방자치
>
> **제96조** 지방자치단체는 법령의 범위 내에서 그 자치에 관한 행정사무와 국가가 위임한 행정사무를 처리하며 재산을 관리한다.
> 지방자치단체는 법령의 범위 내에서 자치에 관한 규정을 제정할 수 있다.
>
> **제97조** 지방자치단체의 조직과 운영에 관한 사항은 법률로써 정한다.
> 지방자치단체에는 각각 의회를 둔다.
> 지방의회의 조직, 권한과 의원의 선거는 법률로써 정한다.

1948년 헌법에서 지방자치에 관한 규정을 두 개 조항에 그친 것이 지금까지 이어져 오고 있다고 볼 수 있다. 1948년 헌법은 해방 이후 미 군정을 거쳐 혼란기에 제정되었던 것으로 많은 부분에서 미흡한 면도 많았고, 또한 헌법과 구체적 법률을 통하여 법치국가를 구현하여야 했던 시기라 할 수 있다.

지방자치를 실시하기 위하여 1949년 7월 4일 법률 제32호로 「지방자치법」이 제정되어 시행되었다. 이 시기에는 지방자치를 처음으로 실시하여 지방자치가 발아된 시기로 보기도 한다.[1] 그러나 이 시기에 지방자치가 지방자치단체의 자치를 보장하기 위한 것이 아니라 정

1) 홍정선, 헌법 개정의 방향-지방분권을 중심으로-, '연방제 수준의 자치분권을 위한 헌법적 과제', 입법정책학회 학술대회 자료집, 2017.6.22, 2면.

권유지 차원에서 유리하게 작용하게 하기 위하여 편의적으로 이용되었다고 할 수 있다.

2. 1960년 헌법

1960년 헌법은 제11장에서 지방자치에 관한 규정을 두었는데 다음과 같다.

> 제11장 지방자치
>
> **제96조** 지방자치단체는 법령의 범위 내에서 그 자치에 관한 행정사무와 국가가 위임한 행정사무를 처리하며 재산을 관리한다.
>
> 지방자치단체는 법령의 범위 내에서 자치에 관한 규정을 제정할 수 있다.
>
> **제97조** ① 지방자치단체의 조직과 운영에 관한 사항은 법률로써 정한다.
>
> ② 지방자치단체의 장의 선임방법은 법률로써 정하되 적어도 시, 읍, 면의 장은 그 주민이 직접 이를 선거한다.
>
> ③ 지방자치단체에는 각각 의회를 둔다.
>
> ④ 지방의회의 조직, 권한과 의원의 선거는 법률로써 정한다.

4·19 시민혁명으로 탄생한 제2공화국은 지방자치제를 본격적으로 실시하고자 하였다. 따라서 헌법 제97조에서 '시, 읍, 면의 장은 그 주민이 직접 이를 선거한다'라는 규정을 두게 된다. 이는 1948년 헌법에서 지방자치단체의 장에 관한 구체적인 규정이 없어 정권유지를 위하여 이를 악용하였다고 보아 헌법에서 시, 읍, 면의 장은 주민들이 직접선거로 선출하도록 명시하였던 것이다. 따라서 1960년 11월 「지방자치법」을 개정하여 시·도·읍·면에 대한 지방자치를 전면적으로 실시하고자 하였다. 그러나 1961년 5·16 쿠데타에 의하여 지방자치가 제대로 실시되지 못하였다.

3. 1963년 헌법

1963년 헌법은 지방자치에 관하여 제5절에서 규정하였는데, 현행 헌법과 동일한 내용으로 되어 있다. 1963년 헌법, 즉 5차 개정헌법의 내용이 지금까지 변화없이 이어져 오고 있는 것이다.

> 제5절 지방자치
>
> **제109조** ① 지방자치단체는 주민의 복리에 관한 사무를 처리하고 재산을 관리하며 법령의 범위 안에서 자치에 관한 규정을 제정할 수 있다.
>
> ② 지방자치단체의 종류는 법률로 정한다.
>
> **제110조** ① 지방자치단체에는 의회를 둔다.
>
> ② 지방의회의 조직·권한·의원선거와 지방자치단체의 장의 선임방법 기타 지방자치단체의 조직과 운영에 관한 사항은 법률로 정한다.
>
> 부 칙
>
> **제 7 조** ③ 이 헌법에 의한 최초의 지방의회의 구성시기에 관하여는 법률로 정한다.

1963년 헌법은 본문 외에 부칙에서 최초 지방의회 구성시기를 법률로 정하도록 하여 지방자치제 실시를 입법자에게 위임한 것으로 볼 수 있다. 그러나 이 시기에 「지방자치에 관한 임시조치법」을 제정하여 지방자치는 '자치'가 아닌 '관치'적 성격으로 바뀌었다고 할 수 있다.[2)]

4. 1972년 헌법

1972년 헌법은 제3공화국의 헌법 본문의 조문을 그대로 두고 부칙에서만 지방의회의 구성시기를 조국통일 시까지 미루는 것으로 하였다.

> 제10장 지방자치
>
> **제114조** ① 지방자치단체는 주민의 복리에 관한 사무를 처리하고 재산을 관리하며 법령의 범위 안에서 자치에 관한 규정을 제정할 수 있다.
> ② 지방자치단체의 종류는 법률로 정한다.
>
> **제115조** ① 지방자치단체에는 의회를 둔다.
> ② 지방의회의 조직·권한·의원선거와 지방자치단체의 장의 선임방법 기타 지방자치단체의 조직과 운영에 관한 사항은 법률로 정한다.
>
> 부 칙
>
> **제10조** 이 헌법에 의한 지방의회는 조국통일이 이루어질 때까지 구성하지 아니한다.

이 시기는 지방자치와 관련하여 제3공화국과 별 차이 없이 암흑기라 할 수 있다. 1963년 헌법이 지방자치제의 실시시기를 입법자에게 위임하였다면 1972년 헌법은 조국통일 시까지 미루었다는 점에서 차이가 있을 뿐이다.

5. 1980년 헌법

1980년 헌법도 1963년 헌법 및 1972년 헌법과 동일한 내용으로 되어 있고, 부칙에서 지방의회의 구성 시기를 입법자에게 위임하고 있는데, 다만 지방자치단체의 재정자립도를 감안하여 순차적으로 구성하도록 하였다.

> 제8장 지방자치
>
> **제118조** ① 지방자치단체는 주민의 복리에 관한 사무를 처리하고 재산을 관리하며, 법령의 범위안에서 자치에 관한 규정을 제정할 수 있다.
> ② 지방자치단체의 종류는 법률로 정한다.
>
> **제119조** ① 지방자치단체에 의회를 둔다.
> ② 지방의회의 조직·권한·의원선거와 지방자치단체의 장의 선임방법 기타 지방자치단체의 조직과 운영에 관한 사항은 법률로 정한다.

---

2) 권해수, 지방자치의 역사와 현대적 교훈, 지방자치, 제77권, 1995, 38면.

부　칙
제10조 이 헌법에 의한 지방의회는 지방자치단체의 재정자립도를 감안하여 순차적으로 구성하되, 그 구성 시기는 법률로 정한다.

제5공화국에서도 「지방자치에 관한 임시조치법」을 통하여 지방자치제를 실시하지 않아서 암흑기의 연장선에 있다고 할 수 있다.

6. 현행 헌법

현행 헌법은 6·10항쟁의 결과로 나타난 만큼 지방자치치제에 관한 강한 의지가 있었다고도 볼 수 있다. 다만 헌법 본문은 1963년 헌법과 1972년 헌법 및 1980년 헌법과 동일한 내용으로 되어 있으나, 1963년 헌법이나 1972년 헌법 및 1980년 헌법에서와 마찬가지의 부칙 규정을 둘 수 없었다.

제8장 지방자치
제117조 ① 지방자치단체는 주민의 복리에 관한 사무를 처리하고 재산을 관리하며, 법령의 범위안에서 자치에 관한 규정을 제정할 수 있다. ② 지방자치단체의 종류는 법률로 정한다. **제118조** ① 지방자치단체에 의회를 둔다. ② 지방의회의 조직·권한·의원선거와 지방자치단체의 장의 선임방법 기타 지방자치단체의 조직과 운영에 관한 사항은 법률로 정한다.

7. 종　합

지방자치의 실시가 본격적으로 된 것은 1990년대라 할 수 있으므로 오랜 역사적 경험을 가지고 있다고 할 수는 없다. 그러나 지방자치를 구현하기 위하여 헌법적으로 문제는 없는지 고찰해 볼 필요는 있다. 과거 우리 헌법이 지방자치에 관하여 어떻게 규정을 하고 있었는지를 살펴보는 것도 필요하다.

	첫 번째 조문	두 번째 조문
1948년 헌법	**제96조** 지방자치단체는 법령의 범위 내에서 그 자치에 관한 행정사무와 국가가 위임한 행정사무를 처리하며 재산을 관리한다. 지방자치단체는 법령의 범위 내에서 자치에 관한 규정을 제정할 수 있다.	**제97조** 지방자치단체의 조직과 운영에 관한 사항은 법률로써 정한다. 지방자치단체에는 각각 의회를 둔다. 지방의회의 조직, 권한과 의원의 선거는 법률로써 정한다.

1960년 헌법	**제96조** 지방자치단체는 법령의 범위 내에서 그 자치에 관한 행정사무와 국가가 위임한 행정사무를 처리하며 재산을 관리한다. 지방자치단체는 법령의 범위 내에서 자치에 관한 규정을 제정할 수 있다.	**제97조** ① 지방자치단체의 조직과 운영에 관한 사항은 법률로써 정한다. ② 지방자치단체의 장의 선임방법은 법률로써 정하되 적어도 시, 읍, 면의 장은 그 주민이 직접 이를 선거한다. ③ 지방자치단체에는 각각 의회를 둔다. ④ 지방의회의 조직, 권한과 의원의 선거는 법률로써 정한다.
1963년 헌법 부칙 제7조 ③이 헌법에 의한 최초의 지방의회의 구성시기에 관하여는 법률로 정한다.	**제109조** ① 지방자치단체는 주민의 복리에 관한 사무를 처리하고 재산을 관리하며 법령의 범위 안에서 자치에 관한 규정을 제정할 수 있다. ② 지방자치단체의 종류는 법률로 정한다.	**제110조** ① 지방자치단체에는 의회를 둔다. ② 지방의회의 조직·권한·의원선거와 지방자치단체의 장의 선임방법 기타 지방자치단체의 조직과 운영에 관한 사항은 법률로 정한다.
1972년 헌법 부칙 제10조 이 헌법에 의한 지방의회는 조국통일이 이루어질 때까지 구성하지 아니한다.	**제114조** ① 지방자치단체는 주민의 복리에 관한 사무를 처리하고 재산을 관리하며 법령의 범위 안에서 자치에 관한 규정을 제정할 수 있다. ② 지방자치단체의 종류는 법률로 정한다.	**제115조** ① 지방자치단체에는 의회를 둔다. ② 지방의회의 조직·권한·의원선거와 지방자치단체의 장의 선임방법 기타 지방자치단체의 조직과 운영에 관한 사항은 법률로 정한다.
1980년 헌법 부칙 제10조 이 헌법에 의한 지방의회는 지방자치단체의 재정자립도를 감안하여 순차적으로 구성하되, 그 구성시기는 법률로 정한다.	**제118조** ① 지방자치단체는 주민의 복리에 관한 사무를 처리하고 재산을 관리하며, 법령의 범위 안에서 자치에 관한 규정을 제정할 수 있다. ② 지방자치단체의 종류는 법률로 정한다.	**제119조** ① 지방자치단체에 의회를 둔다. ② 지방의회의 조직·권한·의원선거와 지방자치단체의 장의 선임방법 기타 지방자치단체의 조직과 운영에 관한 사항은 법률로 정한다.
현행 헌법	**제117조** ① 지방자치단체는 주민의 복리에 관한 사무를 처리하고 재산을 관리하며, 법령의 범위 안에서 자치에 관한 규정을 제정할 수 있다. ② 지방자치단체의 종류는 법률로 정한다.	**제118조** ① 지방자치단체에 의회를 둔다. ② 지방의회의 조직·권한·의원선거와 지방자치단체의 장의 선임방법 기타 지방자치단체의 조직과 운영에 관한 사항은 법률로 정한다.

우리 헌법은 1948년 헌법에서부터 지방자치에 관해서는 본문에서 2개 조문을 두는 것으로 만족하였다. 즉 지금까지 모두 헌법 본문에서는 두 개의 조문만을 지방차지에 관하여 할애하였던 것이다. 따라서 매우 간단한 조문으로 되어 있었는데 이러한 점이 현행 헌법까지 계속되고 있는 것이다. 또한 1963년 헌법에서부터 지금의 헌법까지 지방자치에 관한 본문 내용은 개정이 없었다.

Ⅲ. 지방자치의 필요성

지방자치제도는 일정한 지역을 단위로 그 지역의 주민이 그 지방주민의 복지에 관한 사무·재산관리에 관한 사무·기타 법령이 정하는 사무(헌법 제117조 제1항)를 그들의 책임 하에 자신들이 선출한 기관을 통하여 직접 처리하게 함으로써 지방자치행정의 민주성과 능률성을 제고하고 지방의 균형 있는 발전과 아울러 국가의 민주적 발전을 도모하는 데 있다. 지방자치는 국민자치를 지방적 범위 내에서 실현하는 것이므로 지방시정에 직접적인 관심과 이해관계가 있는 지방주민으로 하여금 스스로 다스리게 한다면 자연히 민주주의가 육성·발전될 수 있다는 소위 '풀뿌리 민주주의'를 그 이념적 배경으로 하고 있다. 이것은 현대 입헌민주국가의 통치원리인 권력분립 및 통제·법치주의·기본권보장 등의 제 원리를 주민의 직접적인 관심과 참여 속에서 구현시킬 수 있어 자유와 책임을 중시하는 자유민주주의 이념에 부합되므로 국민(주민)의 자치의식과 참여의식만 제고된다면 권력분립원리의 지방차원에서의 실현(지방분권)을 가져다 줄 수 있을 뿐 아니라 지방의 개성 및 특징과 다양성을 국가전체의 발전으로 승화시킬 수 있고, 나아가 헌법상 보장되고 있는 선거권·공무담임권(피선거권) 등 국민의 기본권 신장에도 기여할 수 있게 된다. 한마디로 지방자치제도는 민주정치의 요체이며 현대의 다원적 복합사회가 요구하는 정치적 다원주의를 실현시키기 위한 제도적 장치로서 주민의 자발적인 참여·협조로 지역 내의 행정관리·주민복지·재산관리·산업진흥·지역개발·문화진흥·지역민방위 등 그 지방의 공동관심사를 자율적으로 척결해 나간다면, 국가의 과제도 그만큼 감축되고 주민의 자치역량도 아울러 배양되어 국민주권주의와 자유민주주의 이념구현에 크게 이바지할 수 있다. 민주주의의 본질은 국가권력의 형성 및 행사의 근거를 국민적 합의에 두므로 지방자치가 진실로 민주정치의 발전에 기여할 수 있기 위하여서는 무엇보다도 지방의회의 구성에 있어 당해 지역주민 각계각층의 의견이 민주적이고도 합리적으로 수렴된 유루(遺漏)없는 합의에 의하여 이루어질 수 있도록 제도화되어야 할 필요가 있는 것이다.[3)]

지방자치제도는 민주정치의 요체이며 현대의 다원적 복합사회가 요구하는 정치적 다원주의를 실현시키기 위한 제도적 장치로서 지방의 공동 관심사를 자율적으로 처결함과 동시에 주민의 자치역량을 배양하여 국민주권주의와 자유민주주의 이념구현에 이바지함을 목적으로 하는 제도이다. 헌법은 지방자치를 제도적으로 보장하고 있다. 이 헌법적 보장은 한마디로 국민주권의 기본원리에서 출발하여 주권의 지역적 주체로서의 주민에 의한 자기통치의 실현으로 요약할 수 있고, 이러한 지방자치의 본질적 내용인 핵심영역은 어떠한 경우라도 입법

3) 헌재 1999.11.25. 99헌바28.

기타 중앙정부의 침해로부터 보호되어야 한다는 것을 의미한다. 다시 말하면 중앙정부의 권력과 지방자치단체 간의 권력의 수직적 분배는 서로 조화가 요청되고 그 조화과정에서 지방자치의 핵심영역은 침해되어서는 안 되는 것이므로, 이와 같은 권력분립적·지방분권적인 기능을 통하여 지역주민의 기본권 보장에도 이바지하는 것이다.[4]

지방자치는 주민의 의사에 따라 지방행정을 처리하는 '주민자치'와 지방분권주의를 기초로 하여 국가내의 일정한 지역을 토대로 독립된 단체가 존재하는 것을 전제로 하여 그 단체의 의회와 기관이 그 사무를 처리하는 '단체자치'를 포함하고, 이러한 지방자치는 국민의 기본권이 아닌 헌법상의 제도적 보장으로 이해되고 있다.[5]

Ⅳ. 현행 헌법의 문제점

현재 우리 헌법은 지방자치에 관하여 제117조와 제118조 두 개 조문만을 두고 있다. 이는 1987년 헌법 개정 당시 지방자치제를 본격적으로 실시해 본 경험이 전문하다시피 한 상태에서 헌법개정을 하였기 때문에, 헌법이 어떻게 규정되어야 지방자치가 보장되는가를 고려할 수 없었기 때문이라고도 볼 수 있다. 또한 지방자치를 강화하여 지방분권을 위한 헌법이어야 하는데, 1987년 헌법개정 당시에는 지방분권이라는 인식이 부족하여 국가와 지방자치단체의 관계가 분권을 기초로 한 헌법적 차원의 국가 조직원칙이 부족한 상태에서 제정되었기 때문이기도 하다.[6]

따라서 현행 헌법은 지방자치를 구현하기에는 규정상 문제점들을 가지고 있다.

1. 지방자치를 위한 규정의 총체적 미비

우리나라는 1948년 헌법에서부터 지방자치에 관한 규정을 두고 있었으나 두 개 조문에 그치는데 불과하였다. 지방자치는 국가의 중요한 요소로 헌법 목표라고 할 수 있다. 이러한 지방자치제도는 헌법적으로 보장되는데, 지방자치제도의 헌법적 보장은 국민주권의 기본원리에서 출발하여 주권의 지역적 주체인 주민에 의한 자기통치의 실현으로 요약할 수 있으므로, 이러한 지방자치의 본질적 내용인 핵심영역은 입법 기타 중앙정부의 침해로부터 보호되어야 함은 헌법상의 요청인 것이다. 중앙정부와 지방자치단체 간에 권력을 수직적으로 분배하는 문제는 서로 조화가 이루어져야 하고, 이 조화를 도모하는 과정에서 입법 또는 중앙정부에 의한 지방자치의 본질의 훼손은 어떠한 경우라도 허용되어서는 안 되는 것이다.[7]

---

4) 헌재 1998.3.23. 94헌마175.

5) 헌재 2009.3.26. 2007헌마843.

6) 전훈, 지방분권을 위한 헌법개정-프랑스의 경험과 시사점, 부산분권혁신운동본부 주최 자료집, 26면.

7) 헌재 1999.11.25. 99헌바28.

따라서 헌법에서 직접 지방자치에 관하여 규정을 하게 되는데, 우리는 그 내용이 너무 빈약하다. 현재의 두 개 조문은 1972년 이래로 전혀 개정된 것이 없는 내용인 것이고, 1987년 헌법 개정 당시에도 지방자치에 대하여 지금처럼 중요성을 인식하지 못하였기 때문에 두 개 조문에 그친 것으로 보인다.

외국의 경우 지방자치를 강화하는 때에는 헌법을 개정하는 경우가 많다.

프랑스의 경우 지방분권을 강화하기 위하여 2003년에 헌법을 개정하였다. 2003년 3월 28일 프랑스 상원과 국민의회는 합동의회에서 헌법개정을 하였는데, 지방분권 강화를 위한 헌법개정이었다.[8)]

프랑스는 나폴레옹 시대에 중앙집권적인 국가 형태를 강조하면서 도(département)와 시(commune)를 만드는데 그치다가 7월 왕정으로 끝났다. 그 후 1831년과 1833년에 도의회 의원 선거와 시의회 의원 선거를 시작하였다. 그 후 19세기 말인 1871년에 도와 1884년 시에 대한 큰 변화를 가져왔다.[9)]

사실 1958년 프랑스 헌법은 지방재정에 관한 순수한 헌법조항을 거의 두고 있지 않았다. 2001년 8월 1일 재정에 관한 조직법률(Loi organique n°2001-692 du 1 août 2001 relative aux lois de finances)은 지방자치단체가 아닌 국가에 관한 규정을 두었고 지방재정에 관해서는 거의 규정을 두고 있지 않았다. 또한 헌법에서 '자치(autonomie)'라는 용어도 사용하지 않았었다.

이러한 가운데 제5공화국 들어와서 2003년 3월 28일 헌법 제72-2조를 신설하면서 지방재정에 관한 규정을 신설하였는데, 그 내용은 다음과 같다.

① 지방자치단체들은 법률에서 정하는 바에 따라 자유롭게 지출할 수 있는 재원을 가진다.

② 지방자치단체들은 각종 세금의 전부 또는 일부를 징수할 수 있다. 지방자치단체들은 법률이 정하는 범위 안에서 그 과세표준·세율을 정할 수 있다.

③ 지방자치단체들의 세입 및 기타 고유의 재원은 각 지방자치단체의 재원의 결정적 부분을 형성한다. 이러한 규칙의 시행방법은 조직법률로 정한다.

④ 국가와 지방자치단체간의 모든 권한이양은 그 권한의 행사에 조달되었던 재원의 이양을 수반한다. 지방자치단체의 지출을 증가시키는 모든 권한의 신설 또는 확대는 법률에서 정하는 재원을 수반한다.

⑤ 법률에는 지방자치단체 간 평등을 촉진하기 위한 조정조항을 둔다.

이에 따라 헌법 제72-2조를 구체화하는 지방자치단체 재정차치에 관한 2004년 7월 29

---

8) 전학선, 프랑스 지방자치단체에 대한 감사제도, 공법연구 제46집 제2호, 2017.12. 42면 이하 참조.

9) Georges Dupuis, Marie-José Guédon et Patrice Chrétien, Droit administratif, 12e éd., Sirey, 2011, p. 258.

일 조직법률(loi organique n°2004-758 du 29 juillet2004 relative à l'autonomie financière des collectivités territoriales)을 제정하여 시행하고 있다. 지방자치단체 재정자치에 관한 2004년 7월 29일 조직법률은 지방자치법전을 개정하는 것을 내용으로 하는 법률로 지방자치법전에 재정자치(autonomie financière)라는 제목으로 제LO1114-1조부터 제LO1114-4조를 신설하는 것이었다.[10)]

2003년 3월 28일 프랑스 헌법개정의 중요한 목표는 지방민주주의를 발전시키고, 지방자치단체의 자치행정과 자치재정을 강화하고, 프랑스의 해외 지방자치단체의 지위의 다양성을 고려하는 것을 내용으로 하고 있다. 이러한 헌법적 개혁조치의 실행은 이미 1982년부터 정부가 적극적으로 추진해온 중앙으로부터 지방으로의 권한의 이양과 국가와 지방자치단체, 지방자치단체 상호간의 권한배분에 관한 분권정책이 효율적으로 이루어지지 못하고 있다는 지적과 함께 국가 개혁의 요청으로부터 나오게 되었다.[11)]

2003년 3월의 지방분권을 위한 헌법개정 내용 중에서 주목되는 점은 재정분권과 관련하여 지방자치단체의 재정자치에 관하여 지방자치단체의 과세표준과 세율을 정할 수 있는 권한 부여, 재정지출의 자주성, 중앙 권한의 이양과 재원(비용보상)의 동시 이양, 지방자치단체간 재정조정제도 등을 규정하고 있다. 프랑스는 헌법에서 명시하고 있는 조세법률주의 원칙에 따라 법률에 의하여 지방세 세목을 결정하고 있다. 법률이 정하는 한도 내에서 지방자치단체가 과세표준과 세율을 정할 수 있도록 인정하고 있으며, 법률이 예시한 임시세를 제정할 수 있고, 세금의 임시 면제를 결정할 수 있다. 세율에 관한 자유로운 결정은 정치적, 규범적 차원이 아닌 행정적, 기술적 차원에서 이루어지고 있다. 프랑스는 주요 4대 직접세의 세율을 지방의회의 의결로 정하고 있다. 프랑스는 지방세의 세목이 매우 많으며, 지방자치단체가 법률의 범위 안에서 자율적으로 신설하거나 폐지할 수 있는 임시세가 발달되어 있다. 그리고 프랑스는 재정불균형을 시정하기 위하여 중앙과 지방자치단체 간의 재정이전 제도인 수직적 재정조정방식을 오랜 기간에 걸쳐 시행해 왔으며, 1980년대 이후 본격적으로 추진된 지방분권 실시 이후 1990년대 초반부터는 지방자치단체 사이에서의 수평적 재정조정제도를 도입하였다. 그리고 2003년 개정헌법에 의해 지방자치단체에 대한 권한의 확대 및 이양에 따른 지방자치단체간 재정력 격차를 시정하기 위한 조치로 중앙정부 재정조정제도에 대하여 헌법에 명시하고 있다.[12)]

2003년 프랑스 헌법개정으로 정부와 지방자치단체 간에 권한배분에 있어서 관계를 재정립하였다고 할 수 있다. 2003년 헌법개정으로 정부와 지방자치단체 간의 사무배분에 있어서

---

10) Frédéric Lafargue, La Constitution et les finances locales, Nouveaux Cahiers du Conseil constitutionnel n° 42, janvier 2014.

11) 전훈, 지방자치단체의 자유로운 행정의 헌법적 보장, 성균관법학 제17권 제1호, 2005.6, 295면.

12) 전학선, 프랑스 지방분권개혁의 최근 동향과 한국에의 시사점, 공법학연구 제16권 제3호, 2015.8, 22-23면.

실효성을 높일 수 있도록 헌법이 구체적으로 규정을 하게 되었고, 헌법 제72-2조에 의하여 지방자치단체의 자치재정권이 보장되는 근거를 명확히 하였다고 할 수 있다.

지방재정에 관한 헌법조문을 신설하여 지방에 재정권을 이양하는 내용을 담고 있으나, 이에 대하여 그 내용이 너무 막연하다는 비판이 있다.[13] 즉 제72-2조 제3항이 '지방자치단체들의 세입 및 기타 고유의 재원은 각 지방자치단체의 재원의 결정적 부분을 형성한다. 이러한 규칙의 시행방법은 조직법률로 정한다.'라고 하고 있는데, 조직법률로 어느 정도까지 정할 수 있는가 하는 것이 불분명하다는 것이다. 또한 재정자치와 지방자치단체 간의 평등을 위한 조정 조항을 법률에 두도록 하고 있으며, 지방자치단체들이 법률이 정하는 범위 안에서 과세기준과 세율을 정할 수 있도록 하고 있고, 국가와 지방자치단체 간의 모든 권한이양은 그 권한의 행사에 조달되었던 재원의 이양을 수반하도록 하고, 지방자치단체의 지출을 증가시키는 모든 권한의 신설 또는 확대는 법률에서 정하는 재원을 수반하도록 하고 있다.[14]

2. 지방분권의 천명 미비

현행 헌법은 지방자치에 관하여 개괄적인 규정을 두고 있다고도 할 수 있다. 지방분권을 추진하는 입장에서는 헌법에서 지방분권을 천명할 필요가 있다.

지방분권의 개념에 대하여 다양한 견해가 있을 수 있는데, 「지방분권 및 지방행정체제개편에 관한 특별법」 제2조 제1호에서 지방분권의 개념에 관하여 정의를 하고 있다. 즉 '지방분권'이란 국가 및 지방자치단체의 권한과 책임을 합리적으로 배분함으로써 국가 및 지방자치단체의 기능이 서로 조화를 이루도록 하고, 지방자치단체의 정책결정 및 집행과정에 주민의 직접적 참여를 확대하는 것을 말한다고 하고 있다.

지방분권을 통하여 지방자치단체가 자신의 사무를 스스로 처리하고 감독할 수 있어야 하는데, 이를 헌법에서 전혀 규정이 없다는 것이 현행 헌법의 문제점일 수 있다. 헌법에서 지방분권을 천명하는 것은 국가의 목표를 명확히 하는 것으로, 지방분권에 대한 헌법규정 미비는 지방자치제도의 근간을 흔들 수 있는 문제가 될 수도 있다.

3. 국가와 지방자치단체의 사무배분 기준 미비

헌법은 제117조 제1항에서 '지방자치단체는 주민의 복리에 관한 사무를 처리하고 재산을 관리하며, 법령의 범위 안에서 자치에 관한 규정을 제정할 수 있다'라고 규정하고 있어 지방자치단체의 사무에 관한 기본적인 규정을 두고 있다. 그러나 국가와 지방자치단체 간의 사무

---

13) Georges Dupuis, Marie-José Guédon et Patrice Chrétien, *op. cit.*, p. 273.

14) 지방재정제도에 관해서는 전훈·김세진, 지방재정지원제도에 관한 법제연구[IV]-프랑스-, 한국법제연구원, 2008.6. 참조.

배분에 있어서 그 기준이 명확하지 않아 문제가 된다.

「지방자치법」 제9조 제2항은 지방자치단체의 사무에 관하여 예시하고 있는데, ① 지방자치단체의 구역・조직・행정관리 등에 관한 사무, ② 주민의 복지증진에 관한 사무, ③ 농림・상공업 등 산업 진흥에 관한 사무, ④ 지역개발과 주민의 생활환경시설의 설치・관리에 관한 사무, ⑤ 교육・체육・문화・예술의 진흥에 관한 사무, ⑥ 지역민방위 및 지방소방에 관한 사무 등을 들고 있다.

(1) 자치사무와 단체위임사무

헌법 제117조 제1항에 근거한 「지방자치법」 제22조 본문은 조례제정권에 대한 일반적 수권조항에 해당한다고 볼 수 있는데, 「지방자치법」 제22조 본문은 지방자치단체는 '그 사무에 관하여' 조례를 제정할 수 있다고 규정하고 있다. 따라서 조례제정권의 대상은 원칙적으로 지방자치단체의 소관 사무범위인 자치사무와 단체위임사무에 한정되며, 기관위임사무에 대해서는 조례를 제정할 수 없다. 기관위임사무는 관련 법령에 의해 해당 지방자치단체의 기관에 위임된 국가 또는 타 지방자치단체(보통 상위 지방자치단체로부터의 위임)의 위임사무이므로 원칙적으로 자치사무가 아니기 때문에 조례를 제정할 수 없는 것이다. 그러나 기관위임사무라고 하더라도 법령에서 구체적으로 위임을 한 사항에 대해서는 조례를 제정할 수 있음은 당연하다.[15)]

「지방자치법」상 지방자치단체의 사무에 관한 규정인 제9조 제2항은 예시규정이기 때문에 이 이에도 지방자치단체의 사무는 있을 수가 있고, 그 경계가 불분명한 경우가 있을 수 있다.

지방자치단체는 '그 사무에 관하여' 조례를 제정할 수 있으며, 지방자치단체는 그 관할구역에 속하는 자치사무와 법령에 의하여 지방자치단체에 속하는 사무를 처리할 수 있다는 점에서, 조례제정의 대상은 원칙적으로 지방자치단체의 소관사무범위를 넘을 수 없다. 따라서 조례제정의 대상은 자치사무와 단체위임사무이며, 기관위임사무는 본질상 조례로 규율할 수 없으나, 개별법령이 기관위임사무를 조례로 규율하도록 위임한 경우에는 예외적으로 조례의 제정대상이 된다. 논리적으로는 단체위임사무는 본질상 국가사무이므로 조례의 제정대상으로 하는 것은 문제가 있을 수 있으나, 단체위임사무는 실제적으로 자치사무와 마찬가지로 지방자치단체의 자율적인 처리가 어느 정도로 인정되는 사무이므로 「지방자치법」 제22조는 자치사무 및 단체위임사무에 대하여 조례의 의한 규율을 일반적으로 수권하고 있다.[16)]

이와 관련하여 대법원은 헌법 제117조 제1항과 「지방자치법」 제22조에 의하면 지방자치

15) 최우용, 자치입법권의 현실 및 과제-자치입법권 확충 방안을 중심으로-, 국가법연구 제11권 제2호, 2015.8, 32면.

16) 조성규, 조례제정권의 범위와 한계-대법원 1995.12.22. 선고 95추32 판결-, 행정판례평선, 박영사, 2011, 981면.

단체는 법령의 범위 안에서 그 사무에 관하여 자치조례를 제정할 수 있으나 이 때 사무란 「지방자치법」 제9조 제1항에서 말하는 지방자치단체의 자치사무와 법령에 의하여 지방자치단체에 속하게 된 단체위임사무를 가리키므로 지방자치단체가 자치조례를 제정할 수 있는 것은 원칙적으로 이러한 자치사무와 단체위임사무에 한한다고 하고 있다. 따라서 국가사무가 지방자치단체의 장에게 위임된 기관위임사무는 원칙적으로 자치조례의 제정범위에 속하지 않는다 할 것이고, 다만 개별법령에서 일정한 사항을 조례로 정하도록 위임하고 있는 경우에는 위임받은 사항에 관하여 개별법령의 취지에 부합하는 범위 내에서 이른바 위임조례를 정할 수 있다고 하면서, 법령상 지방자치단체의 장이 처리하도록 규정하고 있는 사무가 자치사무인지 기관위임사무에 해당하는지 여부를 판단함에 있어서는 그에 관한 법령의 규정 형식과 취지를 우선 고려하여야 할 것이지만 그 외에도 그 사무의 성질이 전국적으로 통일적 처리가 요구되는 사무인지 여부나 그에 관한 경비부담과 최종적인 책임귀속의 주체 등도 아울러 고려하여 판단하여야 한다고 하였다.[17]

또한 대법원은 「지방자치법」이 지방의회와 지방자치단체의 장에게 독자적 권한을 부여하고 상호견제와 균형을 이루도록 하고 있으므로, 법률에 특별한 규정이 없는 한 조례로써 견제의 범위를 넘어서 상대방의 고유권한을 침해하는 규정을 할 수 없다고 하였다.[18] 대법원은 상위법령에서 지방자치단체의 장에게 기관구성원 임명·위촉권한을 부여하면서도 임명·위촉권의 행사에 지방의회의 동의를 받도록 하는 등의 견제나 제약을 규정하고 있거나 그러한 제약을 조례 등에서 할 수 있다고 규정하고 있지 아니하는 한 당해 법령에 의한 임명·위촉권은 지방자치단체의 장에게 전속적으로 부여된 것이라고 보아야 한다면서, 하위법규인 조례로는 지방자치단체의 장의 임명·위촉권을 제약할 수 없고, 지방의회의 지방자치단체 사무에 대한 비판, 감시, 통제를 위한 행정사무감사 및 조사권의 행사의 일환으로 위와 같은 제약을 규정하는 조례를 제정할 수도 없다고 하였다.[19]

지방자치법령은 지방자치단체의 장으로 하여금 지방자치단체의 대표자로서 당해 지방자치단체의 사무와 법령에 의하여 위임된 사무를 관리·집행하는 데 필요한 행정기구를 설치할 고유한 권한과 이를 위한 조례안의 제안권을 가지도록 하는 반면 지방의회로 하여금 지방자치단체의 장의 행정기구의 설치권한을 견제하도록 하기 위하여 지방자치단체의 장이 조례안으로서 제안한 행정기구의 축소, 통폐합의 권한을 가지는 것으로 하고 있으므로, 지방의회의원이 지방자치단체의 장이 조례안으로서 제안한 행정기구를 종류 및 업무가 다른 행정기구로 전환하는 수정안을 발의하여 지방의회가 의결 및 재의결하는 것은 지방자치단체의

17) 대판 2014.2.27. 2012추145; 대판 2004.6.11. 2004추34.
18) 대판 2007.2.9. 2006추45.
19) 대판 2013.9.27. 2012추169.

장의 고유 권한에 속하는 사항의 행사에 관하여 사전에 적극적으로 개입하는 것으로서 허용되지 아니한다.[20)]

(2) 당해 지방자치단체의 사무

지방자치단체가 처리하는 사무에는 위임사무와 자치사무가 있다. 자치사무란 당해 지방자치단체의 존립을 위한 사무 및 주민의 복리를 증진시키기 위하여 행하는 사무 등과 같이 지방자치단체의 본래의 사무를 말하는 것으로써, 고유사무라고도 한다. 자주적인 조례제정이 허용되는 것은 이 자치사무에 한정된다. 아울러 「지방자치법」 제22조가 말하는 '그' 사무는 당해 지방자치단체의 당해 사무를 말하는 것으로 해석되어야 할 것이므로 각 지방자치단체는 자기의 사무에 관해서만 조례를 제정할 수 있고 다른 지방자치단체의 사무에 관하여는 제정할 수 없다. 그리고 이런 기준은 상하의 관계에 있는 지방자치단체 간에도 적용되어야 할 것으로 생각된다. 따라서 상급의 지방자치단체도 하급지방자치단체의 사무에 관하여 조례를 제정할 수 없다고 해야 한다.[21)]

(3) 국가사무의 제외

조례는 지방자치단체의 사무에 한정하여 규율하여야 하므로 국가사무는 원칙적으로 조례로 규율할 수 없다. 「지방자치법」 제11조는 ① 외교 · 국방 · 사법(司法) · 국세 등 국가의 존립에 필요한 사무, ② 물가정책 · 금융정책 · 수출입정책 등 전국적으로 통일적 처리를 요하는 사무, ③ 농산물 · 임산물 · 축산물 · 수산물 및 양곡의 수급조절과 수출입 등 전국적 규모의 사무, ④ 국가종합경제개발계획, 국가하천, 국유림, 국토종합개발계획, 지정항만, 고속국도 · 일반국도, 국립공원 등 전국적 규모나 이와 비슷한 규모의 사무, ⑤ 근로기준 · 측량단위 등 전국적으로 기준을 통일하고 조정하여야 할 필요가 있는 사무, ⑥ 우편 · 철도 등 전국적 규모나 이와 비슷한 규모의 사무, ⑦ 고도의 기술을 요하는 검사 · 시험 · 연구, 항공관리, 기상행정, 원자력개발 등 지방자치단체의 기술과 재정능력으로 감당하기 어려운 사무를 국가사무로 규정하고 있다.

국가사무는 전 국민에게 영향을 미치고 국가가 통일적이고 획일적인 규율이 필요하므로 법률에 특별한 규정이 없는 한 조례로 제정할 수 없다고 보아야 할 것이다.

국가사무는 「지방자치법」 제9조 제2항과 관련하여 서로 중복되는 사항이 있을 수도 있고, 「지방자치법」 제11조의 국가사무도 해석에 따라 불명확할 수 있으므로 국가사무와 지방자치단체의 사무를 명확히 구분하기 어려운 점이 있을 수 있다.[22)]

---

20) 대판 2005.8.19. 2005추48.
21) 박찬주, 조례제정권의 근거와 범위, 법학 제50권 제1호, 서울대학교 법학연구소, 2009, 493면.
22) 전학선, 지방분권을 위한 자치입법권의 개선방안, 세계헌법연구 제21권 제3호, 2015.12, 189-192면.

Ⅴ. 지방자치 관련 헌법개정안

지금가지 헌법개정안이 다양한 단체에서 제시되었는데, 그 내용도 다양하다. 그 가운데 2009년 국회의장 자문기구로 설치되었던 헌법연구자문위원회가 낸 헌법개정안과 2014년 국회의장 직속의 헌법개정자문위원회 헌법개정안, 2018년 국회헌법개정특별위원회 헌법개정안 그리고 2018년 3월 대통령 발의 헌법개정안의 지방자치 관련 개정안을 소개한다.

1. 2009년 헌법연구자문위원회 개정안

2008년 국회의장 자문기구로 헌법연구자문위원회가 구성되어 헌법개정 전반에 관하여 보고서를 발행하였다. 동 보고서에 따르면 환경 변화에 따라 기존의 사고와 패러다임으로는 해결할 수 없는 문제들이 발생하여 국가시스템 전반에 걸쳐 헌법적 차원에서 재검토가 불가피하다고 하면서 헌법을 개정할 필요가 있다고 하고 있다.[23] 지방자치와 관련하여서는 많은 논의가 있었으나, 헌법 조문을 개정하는 데에는 소극적이었다고 할 수 있다. 특히 헌법연구자문위원회는 헌법조문의 개정에 관하여 구체적으로 개정화 하지 않고 개정 요지를 하는 제시하는데 그쳤다.

헌법 연구자문위원회의 헌법개정안 가운데 지방자치부분은 다음과 같다.

- 지방화시대의 흐름을 반영하여 지방자치단체의 자치입법권의 범위를 넓힘('법령의 범위안에서' → '법령에 저촉되지 않는 범위 내에서'로 수정)
- 지방자치단체의 주요 정책사항을 주민이 스스로 결정할 수 있도록 주민투표 근거조항을 명시
- 법률에 지방자치단체간 재정적 불균형을 해소하기 위한 균형이나 조정에 관한 조항을 두도록 헌법적 근거를 마련함

2. 2014년 헌법개정자문위원회 개정안

2014년 국회의장 직속의 헌법개정자문위원회가 헌법개정안을 발표하였다. 지방자치와 관련하여서는 국가의 지방자치권 보장의무를 규정하고 국가의 지방재정 건전성 감독의무, 지방재정 격차해소 의무를 신설하는 것으로 하고 있다. 동 개정안은 양원제를 채택하여 참의원은 지역을 대표하는 것으로 하였다.

지방자치와 관련하여 개정안은 다음과 같다.

23) 헌법연구자문위원회, 헌법연구자문위원회 결과보고서, 2009.8, 3면.

> **제63조** ⑤ 국회의원의 선거구와 비례대표제 그 밖에 선거에 관한 사항은 법률로 정하되, 참의원은 지역을 대표한다.
> **제74조** ② 정부는 양원 중 하나의 원에 법률안을 제출할 수 있다. 이 경우 예산법률안은 민의원에, 지방자치단체의 조직 · 권한 또는 운영에 관한 법률안은 참의원에 먼저 제출한다.
>
> 제9장 지방자치
>
> **제149조** ① 국가는 각 지방자치단체와 주민의 자치권을 최대한 보장하되, 동시에 지역 간의 균형있는 발전을 위하여 노력하여야 한다.
> ② 국가는 법률이 정하는 바에 따라 지방재정의 건전성을 감독하고 필요한 조치를 취할 수 있으며, 지방자치단체 간의 재정격차를 해소하기 위하여 노력하여야 한다.
> **제150조** ① 지방자치단체는 주민의 복리에 관한 사무를 처리하고 재산을 관리하며, 법령의 범위 안에서 자치에 관한 규정을 제정할 수 있다.
> ② 지방자치단체의 종류는 법률로 정한다.
> **제151조** ① 지방자치단체에 의회를 둔다.
> ② 지방의회의 조직 · 권한 · 의원선거와 지방자치단체의 장의 선임방법, 그 밖에 지방자치단체의 조직과 운영에 관한 사항은 법률로 정한다.

3. 2018년 국회헌법개정특별위원회 헌법개정안

2017년 2월 국회헌법개정자문위원회가 구성되어 2018년 1월 헌법개정안을 발표하였다. 헌법 전반에 대한 개정안을 담고 있는데, 헌법 제1조 3항을 신설하여 대한민국은 지방분권 국가임을 천명하고 있다.

그 내용은 다음과 같다.

> **제1조** ③ 대한민국은 지방분권국가이다.
> **제40조** 입법권은 국민 또는 주민이 직접 행사하거나 그 대표기관인 국회와 지방의회가 행사한다.
> **제117조** ① 주민은 그 지방 사무에 대해 자치권을 가진다. 주민은 자치권을 직접 또는 지방정부의 기관을 통하여 행사한다.
> ② 지방정부의 종류는 종전에 의하되, 이를 변경하고자 하는 경우에는 주민투표를 거쳐 법률로 정한다.
> ③ 정부간 사무배분과 수행은 보충성의 원칙에 따른다.
> **제118조** ① 외교, 국방, 국가치안 등 국가존립에 필요한 사무 및 금융, 국세, 통화 등 전국적 통일성을 요하거나 전국적 규모의 사업에 대해서는 중앙정부만 입법권을 가진다.
> ② 제1항에 해당하지 않는 사항에 대하여는 중앙정부와 지방정부가 각각 입법권을 갖는다.
> ③ 지방정부는 그 관할구역에서 효력을 가지는 법률을 제정할 수 있다.
> ④ 중앙정부의 법률은 지방정부의 법률보다 우선하는 효력을 가진다. 다만, 지방정부는 지역특성을 반영하기 위하여 필요한 경우에는 행정관리, 지방세, 주민복리와 관련한 주택, 교육, 환경, 경찰, 소방 등에 대해서 중앙정부의 법률과 달리 정할 수 있다.
> ⑤ 지방검찰청장과 지방경찰청장은 법률이 정하는 바에 따라 관할구역의 주민이 직접 선출한다.
> ⑥ 중앙정부는 법률에서 직접 수행하도록 정한 사무를 제외하고는 지방정부에 위임하여 집행한다.[24]

24) 2018.1. 국회헌법개정특별위원회 자문위원회 보고서에서 제5항이 두 개가 있는데 오탈자인 것으로 보인다.

⑦ 지방정부는 당해 입법기관이 제정한 법률을 자치사무로 수행하고, 중앙정부 또는 다른 지방정부에서 위임한 사무를 수행한다.
⑧ 지방검찰청장과 지방경찰청장은 법률이 정하는 바에 따라 관할구역의 주민이 직접 선출한다.
제119조 ① 지방정부는 자기책임 하에 자치사무를 수행하고, 그 사무의 수행에 필요한 경비를 스스로 부담한다.
② 위임사무를 처리하는데 소요되는 비용은 위임하는 정부에서 부담한다.
③ 지방정부에게는 그 사무수행에 필요한 재원이 제1항의 취지에 부합하도록 보장되어야 한다.
④ 지방정부는 지방세의 종류와 세율 및 징수방법을 법률로 정할 수 있다.
⑤ 중앙정부와 지방정부간, 지방정부 상호 간 연대의 원칙에 따라 적정한 재정조정이 이루어지도록 지방정부 의견을 청취한 후 법률로 정한다.
⑥ 지방정부는 재정건전성의 원칙에 따라 수지균형을 이루도록 투명하게 재정을 운영하여야 한다.
⑦ 지방정부의 채무는 법률이 정하는 기준에 따라 관리되어야 한다.
제120조 ① 지방정부에는 지방의회와 집행기관을 둔다. 다만, 지방정부의 법률로 주민총회를 입법기관으로 할 수 있다.
② 지방정부의 입법기관과 집행기관의 조직·인사·권한·선거, 기관구성과 운영에 관하여 필요한 사항은 해당 지방정부의 법률로 정한다.
③ 지방정부의 입법기관과 집행기관의 조직·인사·권한·선거, 기관구성과 운영에 관하여 필요한 사항은 해당 지방정부의 법률로 정한다.

기존의 헌법개정안과 비교하여 지방자치와 관련하여 상당히 구체적인 내용을 담고 있는 헌법개정안이라 할 수 있다. 동 개정안에서는 제1조에서 지방분권국가임을 규정하고 있고, 지방자치와 관련하여 지방정부라는 용어를 사용하고 있다는 점이 특징이라 할 수 있다.

4. 2018년 3월 정부발의 헌법개정안

2018년 3월 대통령이 헌법개정안을 발의하였는데, 지방자치와 관련하여 가장 지방분권에 적극적인 헌법개정안 가운데 하나라고 할 수 있다.

그 내용을 보면 다음과 같다.

제9장 지방자치

제121조 ① 지방정부의 자치권은 주민으로부터 나온다. 주민은 지방정부를 조직하고 운영하는 데 참여할 권리를 가진다.
② 지방정부의 종류와 구역 등 지방정부에 관한 주요 사항은 법률로 정한다.
③ 주민발안, 주민투표 및 주민소환에 관하여 그 대상, 요건 등 기본적인 사항은 법률로 정하고, 구체적인 내용은 조례로 정한다.
④ 국가와 지방정부 간, 지방정부 상호 간 사무의 배분은 주민에게 가까운 지방정부가 우선한다는 원칙에 따라 법률로 정한다.
제122조 ① 지방정부에 주민이 보통·평등·직접·비밀 선거로 구성하는 지방의회를 둔다.
② 지방의회의 구성 방법, 지방행정부의 유형, 지방행정부의 장의 선임방법 등 지방정부의 조직과 운영에 관한 기본적인 사항은 법률로 정하고, 구체적인 내용은 조례로 정한다.
제123조 ① 지방의회는 법률에 위반되지 않는 범위에서 주민의 자치와 복리에 필요한 사항에 관하

여 조례를 제정할 수 있다. 다만, 권리를 제한하거나 의무를 부과하는 경우 법률의 위임이 있어야 한다.
② 지방행정부의 장은 법률 또는 조례를 집행하기 위하여 필요한 사항과 법률 또는 조례에서 구체적으로 범위를 정하여 위임받은 사항에 관하여 자치규칙을 정할 수 있다.
제124조 ① 지방정부는 자치사무의 수행에 필요한 경비를 스스로 부담한다. 국가 또는 다른 지방정부가 위임한 사무를 집행하는 경우 그 비용은 위임하는 국가 또는 다른 지방정부가 부담한다.
② 지방의회는 법률에 위반되지 않는 범위에서 자치세의 종목과 세율, 징수 방법 등에 관한 조례를 제정할 수 있다.
③ 조세로 조성된 재원은 국가와 지방정부의 사무 부담 범위에 부합하게 배분해야 한다.
④ 국가와 지방정부 간, 지방정부 상호 간에 법률로 정하는 바에 따라 적정한 재정조정을 시행한다.

Ⅵ. 헌법 개정 사항

1. 지방분권의 헌법에의 명시

지방자치를 강화하기 위하여 헌법에 지방분권을 천명할 필요가 있다. 지방분권은 지방자치를 위한 지향점이기도 한데, 헌법에서 지방분권을 명시함으로써 헌법적으로 지방분권을 보장할 필요가 있다.

지방분권은 지방의 사무를 지방 스스로 처리한다는 것에서 비롯하여 자치조직권 및 자치재정권 등을 보장하는 것으로 이를 헌법에 명시할 필요가 있는 것이다.

이와 더불어 보충성의 원칙도 헌법에 명시할 필요가 있다. 보충성원칙은 헌법상 일반원칙이고 지방자치는 헌법상 보충성 원칙을 실현하기 위한 중요한 헌법상 제도이며, 국가와 지방자치단체가 각각 어떠한 기능과 의무를 가져야 하는가를 밝혀 주는 사무배분의 원리라고 할 수 있다.[25]

프랑스의 경우도 헌법 제72조에서 보충성원칙에 관하여 규정하고 있다. 지방자치단체가 지방자치단체 차원에서 권한 전반에 관하여 가장 적합하게 결정할 권한을 가진다고 하여 지방자치단체가 자신들의 권한을 우선적으로 처리할 권한을 가진다고 하고 있다.[26]

프랑스 헌법 제72조 제2항은 지방자치단체는 그들 차원에서 가장 잘 실행될 수 있는 총체적 권한들에 관한 결정을 할 권한을 가진다고 규정하여 지방차원에서의 사무는 당해 지방자치단체가 그 지방에서 가장 적절히 잘 수행할 수 있도록 하고, 당해 지방자치단체가 주도적으로 그러한 권한을 일반적으로 행사하고 사무를 수행하도록 하는 것을 원칙적으로 하고 국가는 그러한 수행이 어려울 때 개입하게 되는 것을 의미하여 보충성의 원칙을 설정하고 있다.[27] 프랑스는 2003년 헌법개정을 통하여 보충성원칙을 헌법에 규정함으로써 지방자치단

25) 정재황 외, 지방자치의 헌법적 보장, 헌법재판연구 제17권, 2006.11, 231면.
26) 전학선, 프랑스 지방자치단체의 국정참여제도, 공법학연구 제17권 제3호, 2016.8, 8면.

체의 권한을 확대한 것이라 할 수 있다.[28] 국가와 지방자치단체 사이의 권한 배분와 관련하여 보충성 원칙은 모든 지방자치단체의 권한에 적용되는 헌법적 가치를 가지는 목표인 것이다.[29] 그러나 실제로 보충성 원칙이 지방의 권한에 대한 실체적 권한배분를 부여한 것으로 보기는 어렵다는 견해도 있다.[30]

프랑스 헌법은 국회로 하여금 지방자치단체의 임무로 어떠한 기능을 수행할 것인가에 대한 모든 내용들을 보충성원칙에 의거하여 법률로 정확하게 제시할 수 있도록 하는 의도를 포함하고 있다. 보충성의 원칙에 따르면 권한은 주민에게 가장 가까운 수준에서 행사되기 쉽고 가장 효과적으로 행사될 수 있는 수준에 배분되어야 하며, 이를 위해 중요한 권한배분을 각 지방자치단체마다 예시하고 있다. 이러한 보충성 원칙은 정치적, 기술적 및 윤리적 측면에서 중요성을 가진다. 그리고 국가와 지방자치단체 간, 지방자치단체 상호간의 권한 중복으로 인하여 권한배분의 비효율적 현상이 발생하게 되면, 이를 해결하기 위해 선도 자치단체를 지정하여 같은 수준의 지방자치단체가 공동으로 사업을 수행하도록 하였다. 이와 관련하여 프랑스 헌법 제72조 제5항은 "어떤 자치단체도 다른 자치단체에 대하여 통제권을 행사할 수 없다. 그러나 어떤 권한을 수행하기 위하여 여러 지방자치단체의 협력을 필요로 할 경우 법률에 의하여 관련 지자체 중에서 한 지방자치단체나 지방자치단체 협력체로 하여금 관련 지방자치단체 간의 공동사업 방식을 구성하는 것이 허용된다."고 규정하고 있다.[31]

또한 프랑스는 지방분권화와 관련하여 2003년 3월 28일 헌법개정을 통해 지방분권화를 강화하였는데, 지방자치단체들의 과세권과 재정권한의 확대를 헌법에서 직접 규정하고 이에 따라 관련 법령들을 개정하였다. 즉 지방분권을 위하여 헌법적 근거를 마련한 것이다. 우리나라의 경우에도 지방분권과 관련하여 헌법에서 그 규정을 둘 필요가 있다. 특히 우리 헌법은 지방자치제와 관련하여 헌법조항이 너무 간략하여 이를 더 구체적으로 확대할 필요가 있다.[32]

2. 자치입법권 강화[33]–헌법 제117조 제1항의 '법령의 범위 안에서'의 의미

(1) '법령'의 의미

헌법 제117조 제1항은 지방자치단체는 법령의 범위 안에서 자치에 관한 규정을 제정할

---

27) 정재황 외, 전게서, 232면.

28) Pierre Pactet et Ferdinard Mélin-Soucramanien, Droit constitutionnel, 32e éd., Sirey, 2013, p. 341.

29) Yves Luchaire, Art. 72 et 72-1, La Constitution de la République française, 3e éd., Economica, 2009, p. 1707.

30) 전훈, 보충성원칙과 실험법, 한국프랑스학논집 제50집, 2005, 571면.

31) 윤상용 외, 프랑스 지방분권 조사 연구, 대구경북연구원, 2011, 15-16면.

32) 전학선, 프랑스 지방재정, '지방분권 강화를 위한 우리나라 재정헌법의 개정방향, 한국비교공법학회 제88회 학술대회 자료집, 2017.9.15, 57면.

33) 전학선, 지방분권을 위한 자치입법권의 개선방안, 세계헌법연구 제21권 제3호, 2015.12, 192-194면을 수정 · 보완하였음.

수 있다고 하여 조례에 대한 법령의 우위를 규정하고 있다. 여기서 말하는 법령에 국회가 제정한 법률이 포함되는 것은 당연하나, 행정부가 제정한 행정입법도 포함되는가 여부와 행정입법이 포함된다고 보는 경우에는 과연 그것이 합리적인가 하는 것이 문제된다.

이와 관련하여 헌법재판소는 헌법 제117조 제1항에서 규정하고 있는 '법령'에 법률 이외에 헌법 제75조 및 제95조 등에 의거한 '대통령령', '총리령' 및 '부령'과 같은 법규명령이 포함되는 것은 물론이지만, 법령의 직접적인 위임에 따라 수임행정기관이 그 법령을 시행하는 데 필요한 구체적 사항을 정한 것이면, 그 제정형식은 비록 법규명령이 아닌 고시, 훈령, 예규 등과 같은 행정규칙이더라도, 그것이 상위법령의 위임한계를 벗어나지 아니하는 한, 상위법령과 결합하여 대외적인 구속력을 갖는 법규명령으로서 기능하게 된다고 보아야 한다고 하면서 헌법 제117조 제1항에서 규정하는 '법령'에는 법규명령으로서 기능하는 행정규칙이 포함된다고 하였다.[34] 따라서 법규명령이 아닌 단순한 행정규칙에 의하여 정하여지는 것은 이에 포함되지 않는다고 해석된다.

그렇다면 「지방자치법」 제2조에서 말하는 '법령'도 법률과 대통령령, 총리령 부령뿐만 아니라 법규명령으로 기능하는 행정규칙까지도 포함된다고 할 것이다.

법령에 위반되는 조례로는 ① 국가의 법령이 일정한 기준을 만들어 규제하고 있는 경우에 국가의 법령과 동일한 목적으로 동일사항에 대하여 국가의 법령보다 강한 형태의 규제를 하는 조례, ② 같은 경우에 동일사항에 관하여 국가법령보다 고차의 기준을 부과하는 조례, ③ 법률에 특별한 위임이 있는 경우에 그 위임의 한계를 초월하는 조례, ④ 법률이 세목의 보충적 규정을 두고 대통령령 · 총리령 · 부령 등이 이를 받아 지정하는 경우 그 지정에 반하는 사항을 규율하는 조례, ⑤ 기관위임사무에 대해 제정한 조례 등을 들 수 있다.[35]

(2) 법령의 '범위 안에서'의 의미

조례를 법령의 범위 안에서 규정하여야 한다는 의미에 대하여 대법원은 '법령의 범위 안에서'란 '법령에 위반되지 않는 범위 내에서'를 가리킨다고 보고 지방자치단체가 제정한 조례가 법령에 위반되는 경우에는 효력이 없다고 하고 있다.[36]

그러나 조례가 법령에 위반하는지 여부는 법령과 조례 각각의 규정 취지, 규정의 목적과 내용 및 효과 등을 비교하여 둘 사이에 모순, 저촉이 있는지의 여부에 따라서 개별적 · 구체적으로 판단하여야 한다.[37]

---

34) 헌재 2002.10.31. 2001헌라1.
35) 성낙인, 헌법학, 법문사, 2018, 673면.
36) 대판 2002.4.26. 2002추23.
37) 대판 2008.6.12. 2007추42.

(3) 소 결

법률의 경우에는 당연히 조례보다 우월적인 규범력을 가진다고 보아야 할 것이므로, 조례는 법률의 범위 안에서 제정되어야 할 것이다.

그러나 명령과 관련하여 조례를 제정함에 있어서 '명령의 범위 안에서' 하도록 하는 것에 대하여, 민주적 정당성의 크기의 관점에서 문제를 제기하면서, 주민들의 선거에 의하여 선출된 지방의원들로 구성된 지방의회가 제정한 조례가 행정기관이 제정한 행정입법보다도 하위에 위치하게 하는 것은 민주주의 원칙에 반하는 것이라고 하는 견해[38]가 있고, 지방의회는 헌법에 의한 직접적인 입법기관이라는 전제하에 지방의회의 자치입법권에는 행정부의 위임입법권과는 질적으로 다른 차원의 자주적인 입법권성이 인정되어야 한다고 하면서, 지방자치단체의 자치입법권은 오로지 법률에 의해서만 제한될 수 있다고 하는 견해[39]도 있다. 따라서 이를 '법률에 위반되지 아니하는 범위에서'로 개정하자는 견해가 있다.[40]

그러나 명령 가운데에는 대통령령도 있으므로 대통령의 경우 현재 국민들의 직접선거로 선출되므로 민주적 정당성이 없다고 할 수 없다. 따라서 민주적 정당성을 기준으로 하여 판단하기에도 무리가 있다. 그러나 '법령'으로 자치입법권을 제한할 수 있으므로 법령에는 대통령령뿐 아니라 부령 등 하위명령을 통하여 자치입법권을 제한할 수 있는 것은 문제가 된다.

지방자치제를 실시하면서 지방분권을 강화하기 위해서는 '법령의 범위 안에서'는 '법률에 위반되지 아니하는 범위 안에서'로 개정할 필요가 있다. 지방자치제도의 본질은 지역주민들로 하여금 지역문제는 스스로 처리·감독하게 하는 것이라면 지역에 관한 사항은 가능하면 조례로 규정할 수 있도록 하여야 할 것이다. 그러나 연방국가도 아닌 우리나라에서는 전국적으로 통일된 정책 실행이 필요할 수 있다. 전국적으로 통일된 정책 실행의 경우라면 법률을 통하여 집행을 하는 것이 바람직 할 수 있고, 그렇다면 명령에 의한 조례제정권의 제한은 불필요하다고 할 수 있다. 이를 위해서는 헌법을 개정하여야 하는 바, 헌법개정을 하기가 용이하지 않다면 현행 법제 안에서라도 지방자치단체의 자치입법권을 충분히 보장하여 행정부가 이를 제한하는 것을 최대한 자제하여야 할 것이다. 또한 이러한 입장에서 현행 헌법의 법제적 틀 안에서도 일부 기본적인 원칙의 보완이 함께 이루어진다면 지방자치제도의 효과적인 보완이 가능하다고 보는 견해도 있다.[41]

38) 김영천, 한국에 있어서의 지방자치의 헌법적 기초, 지방자치법연구 제4호, 2002, 19면.
39) 최봉석, 지방자치의 보장을 위한 헌법개정 과제, 선진화정책 연구 제1집 제2호, 2008, 30면.
40) 최우용, 지방자치의 관점에서 본 헌법개정, 지방자치법연구 제8권 제3호, 2008, 191면.
41) 허진성, 지방분권 관련 헌법개정 논의에 대한 연구, 공법학연구 제16권 제2호, 2015.5, 21면.

3. 지방자치의 명확화를 위한 개정

헌법 규정이 명확하지 않아 논란의 소지가 있는 경우가 있다. 헌법 제118조 제2항에서 지방의회 의원은 '선거'로 규정하고 있으나, 지방자치단체의 장은 '선임방법'으로 규정되어 있어, 지방의회 의원 선거권은 기본권으로 인정되나, 지방자치단체의 장 선거권은 기본권인지 법률상 권리인지 논란이 있었다. 이에 관하여 헌법재판소가 지방자치단체의 장 선거권이 기본권임을 천명하여 논란의 종지부를 찍었으나, 이에 관하여 헌법에서 명확하게 할 필요가 있다.

2016년 10월 27일 결정에서 헌법재판소는 "헌법상의 선거제도는 국민주권원리에 기초한 대의제 민주주의의 형성과정으로서 국민대표기관의 구성방법을 의미한다. 헌법은 제24조에서 '모든 국민은 법률이 정하는 바에 따라 선거권을 가진다.'고 규정하여 선거권을 헌법상 보장된 권리로 명시하고 있으나 그 구체적 내용의 형성에 관해서는 법률에 위임하고 있다. 국민대표기관의 선출을 위한 대통령, 국회의원 선거와 지방의회의원 및 지방자치단체의 장 선출을 위한 지방선거는 대의제 민주주의의 구현방법이라는 점에서는 동일한 의미의 선거라고 할 수 있으나, 헌법은 이러한 선거제도를 규정하는 방식에 차이를 두고 있다. 즉, 국회의원(제41조 제1항)과 대통령(제67조 제1항) 선출에 관하여는 헌법이 직접적으로 보통·평등·직접·비밀선거의 원칙을 명문화하였고, 지방의회의원에 대해서는 헌법 제118조 제2항에서 "지방의회의 …… 의원 '선거' …… 에 관한 사항은 법률로 정한다."라고 하여 지방의회의원의 선출은 선거를 통해야 함을 천명하고 그 구체적인 방법이나 내용은 법률에 유보하여, 이러한 선거권이 헌법 제24조가 보장하는 기본권임을 분명히 하고 있다. 반면에 지방자치단체의 장에 대해서는 헌법 제118조 제2항에서 "…… 지방자치단체의 장의 '선임방법' …… 에 관한 사항은 법률로 정한다."라고만 규정하여 지방의회의원의 '선거'와는 문언상 구별하고 있으므로, 지방자치단체의 장 선거권이 헌법상 보장되는 기본권인지 여부가 문제된다. 헌법에서 지방자치제를 제도적으로 보장하고 있고, 지방자치는 지방자치단체가 독자적인 자치기구를 설치해서 그 자치단체의 고유사무를 국가기관의 간섭 없이 스스로의 책임 아래 처리하는 것을 의미한다는 점에서 지방자치단체의 대표인 단체장은 지방의회의원과 마찬가지로 주민의 자발적 지지에 기초를 둔 선거를 통해 선출되어야 한다는 것은 지방자치제도의 본질에서 당연히 도출되는 원리이다. 이에 따라 공직선거 관련법상 지방자치단체의 장 선임방법은 '선거'로 규정되어 왔고, 지방자치단체의 장을 선거로 선출하여 온 우리 지방자치제의 역사에 비추어 볼 때 지방자치단체의 장에 대한 주민직선제 이외의 다른 선출방법을 허용할 수 없다는 관행과 이에 대한 국민적 인식이 광범위하게 존재한다고 볼 수 있다. 주민자치제를 본질로 하는 민주적 지방자치제도가 안정적으로 뿌리내린 현 시점에서 지방자치단체의 장 선거권을 지방의회의원 선거권, 더 나아가 국회의원 선거권 및 대통령 선거권과 구별하여 하나는 법률상의 권리로, 나머지는 헌법상의 권리로 이원화하는 것은 허용될 수 없다. 그러므로 지방자치단체의 장 선거권 역시 다른 선거권과 마찬가지로 헌법 제24조에 의해 보호되는 헌법상의 권리로 인정하여야 할 것이다."[42]라고 하였다.

헌법재판소가 지방자치단체의 장 선거권이 기본권임을 천명하여 논란에 종지부를 찍었으나, 이에 관하여 헌법에서 명확하게 규정할 필요가 있다.

Ⅶ. 결　어

지방자치를 강화하고자 하는 것은 결국 지방분권으로 가는 것이고 지방분권을 추진하는 것이 현대 민주주의의 기본 방향이라 할 수 있다.

1948년 헌법에서부터 지방자치와 관련하여 두 개 조문을 두고 있는 것이 지금까지 이어져 오고 있고, 그 내용도 1972년 이후 전혀 변화 없이 규정되어 오고 있다. 지방자치를 독립된 장으로 규정하는 것은 바람직하다고 할 수 있으나, 그 내용면에서는 너무 빈약한 측면이 있다.

헌법에서 지방분권을 명확하게 규정하여야 지방자치가 보장되는데 있어서 헌법적인 수준에서 필요한 제도적 장치가 마련될 수 있을 것이고, 지방자치가 실질적으로 구현되기 위한 강한 의지의 표현이 될 수 있을 것이다.

지방자치가 강화되기 위해서는 제도가 아니라 운영이라는 견해도 있을 수 있으나, 우리 헌정사나 지방자치 역사를 보았을 때, 헌법에서 지방분권을 위하여 필요한 규정은 두는 것이 바람직하다고 볼 수 있으며, 헌법에서 어느 정도 자세한 규정을 둠으로써 지방자치가 국민적 합의를 거쳐 구현되는 것이라 할 수 있을 것이다.

42) 헌재 2016.10.27. 2014헌마797.

24. 국가와 지방자치단체 간 입법권 배분* - 자치입법권의 해석론과 입법론 -

문 상 덕**

Ⅰ. 서 설

지역주민의 구체적 생활공간에서 펼쳐지는 지방자치의 과정에선, 지역적 특성이나 여건, 주민들의 다양한 요망과 이익상황 등이 복잡・다양하게 교차한다. 특히 21세기 다원적 후기 산업사회에서는 중앙집권적 단선(單線)권력체제만으로는 효과적인 대응을 하기 어렵고, 분권화된 지방자치체제를 통하여 지역 차원의 자율적인 의사결정과 탄력적인 행정대응이 가능하여야 지역공동체의 독자적 발전과 주민들의 구체적 삶의 질(質)의 향상이 도모될 수 있다. 헌법은 바로 이러한 기제(機制)가 작동할 수 있도록 제8장에서 지방자치를 제도적으로 보장하고 있는바, 그 입법적 함의로는 지방자치단체의 존립과 지방자치의 지속성의 보장, 지방자치행정에 대한 제도 보장을 통한 자치사무에 대한 전권한성(全權限性)과 자기책임성의 부여, 지방자치단체의 주관적 법적 지위의 보장 등을 들 수 있을 것이다.[1] 헌법을 통한 지방자치의 제도적 보장에 따라 입법자에 의하더라도 그 제도 자체를 폐지하거나 실질적 내용을 침해하거나 그 본질적 부분을 박탈하는 것과 같은 법률 제정은 불가하고 만일 그러한 입법이 있더라도 위헌으로서 무효가 된다.[2]

헌법에 의하여 지방자치단체에 부여된 자치입법권 역시 자치사무에 대한 전권한성과 자기책임성으로부터 도출되는 것으로서, 우리 헌법은 제117조 제1항에서 "지방자치단체는 주민의 복리에 관한 사무를 처리하고 재산을 관리하며, 법령의 범위 안에서 자치에 관한 규정

---

* 본 논문은 (사)한국지방자치법학회가 발행하는「지방자치법연구」제12권 제4호(2012.12)에 게재된 논문으로서, 그 내용의 일부를 수정・보완하여 성낙인 총장님의 퇴임기념을 위하여 헌정한다. 본 논문이 게재되었던 시점과 현재 사이에 자치입법권을 둘러싼 헌법과 법령, 판례 및 학설 등에 거의 변화가 없으므로 본 논문의 주요 내용과 주장은 여전히 유효하다고 판단된다.
"헌법학을 비롯한 한국 공법학계에 큰 학술적 업적을 남기시고 대학교육에도 많은 기여를 해오신 성낙인 서울대학교 총장님의 퇴임을 진심으로 축하드리며, 앞으로도 변함없이 건승하시기를 진심으로 기원합니다."

** 서울시립대학교 법학전문대학원 교수, 법학박사

1) 김희곤, "자치입법권의 헌법상 보장과 조례제정절차에의 주민의 참가", 우석대학교 논문집 제17집, 1995, 4쪽 참조.

2) 다만 오늘날에는 전통적인 제도적 보장설에 입각하여 현대 헌법상의 지방자치의 보장을 충분히 설명하기는 어렵다고 보기 시작하였다. 연원적으로 독일 바이마르시대의 역사적 상황 하에서 지방자치권을 강화시켰던 제도적 보장론은, 소위 본질적 내용의 보장 내지 제도 자체의 폐지금지를 내용으로 하는 소극적 보장을 의미하였던바, 그러한 방어적 특성과 제한적 내용 때문에 오히려 오늘날에는 지방자치에 대한 속박으로서 나타날 수도 있음을 주의하여야 한다. 최봉석, "분권헌법으로의 전환을 위한 개헌과제", 지방자치법연구 제10권 제3호, 2010.9, 276쪽.

을 제정할 수 있다."고 규정하고 있다. 이러한 자치입법권은 입법자와 그 수범자(受範者) 간의 간격을 좁히고 당해 지역 내지 주민에게 적용되는 자율적·탄력적인 법 형성을 가능하게 한다는 점에서 지방자치단체의 자기결정의 핵심적 요소가 된다.[3] 지방자치의 본질적 의미가 민주주의에 있고, 민주주의의 본질은 자기결정의 원리라고 할 때, 지방자치단체의 자기결정권의 유무를 판단함에 있어 가장 중요한 요소는 규범정립권의 유무라고 할 것인바, 그러한 점에서 자치입법권은 가장 중요한 자치고권이 된다.[4]

한편 자치법규는 지역적응성(地域適應性)·상황즉응성(狀況卽應性)·지역종합성(地域綜合性)의 성향을 갖는 법규로서, 때로는 국가법령에 대해 선도(先導)적 역할을 하기도 한다. 국가의 법령이 전국 통일적·획일적 법규임에 비하여, 조례 등의 자치법규는 다수의 지방자치단체에서 개별적이고 구체적인 필요에 따라 창출되고 적용되는 법규이므로, 지방자치의 현장은 '법창조(法創造)의 최첨단 실험실'[5]이 되기도 한다. 실제 1991년 민선의회가 구성된 이래, 여러 제약과 한계 속에서도 자치법규의 수는 꾸준히 증가하여 왔고, 분야에 따라서는 지역적 특색을 갖는 창의적 조례들도 적지 않게 나타나고 있다.[6]

한편, 대한민국헌법 제40조는 "입법권은 국회에 속한다."고 규정하여, 원칙적으로 국민대표기관인 국회에 입법권을 부여하고 있다. 그런데 오늘날에는, 국가기능의 분화와 국가운영의 효율화로 인하여 국회가 입법의 중심적 기관이긴 하지만 필요한 경우 다른 헌법상 기관들도 입법을 할 수 있도록 하고 있다(의회입법독점(獨占)주의→의회입법중심(中心)주의).[7] 이러한 국회입법의 예외로서 헌법 스스로 인정한 입법권으로는, 대통령의 긴급명령권과 긴급재

---

3) 자치입법(自治立法)은 그 기능으로서 먼저 내부관계에서는, (1) 당해 지방자치단체 내에서 지역진흥수단기능, 자치행정의 근거·지침제시 기능, 자치행정을 구속하는 기능, 행정의 계속성 유지기능을, (2) 주민과의 관계에서는 주민욕구 실현기능, 주민의 권리의무의 명시기능, 주민의 계발(啓發)·선도기능을 수행하고, 외부관계에 있어서는, (1) 국가와의 관계에서, 국가법제의 지방단위에서의 종합화기능, 국가법제의 보완기능, 국가법제의 선도기능, 국가시책에의 호소기능, (2) 국가 이외의 외부관계에서는, 다른 지방자치단체의 정책유도기능, 지역 외에 대한 파급기능 등을 수행한다. 박영도, 『自治立法의 理論과 實際』, 한국법제연구원 연구보고 98-2, 1998, 20-25쪽.

4) 조성규, "지방자치의 보장과 헌법개정", 공법연구 제34집 제1호, 2005.11, 139-140쪽.

5) 北村喜宣, 『自治体環境行政法』, 良書普及會, 1997, 2-3쪽 참조.

6) 자치입법의 구체적 실태에 관한 보고로는 최환용, "기초지방자치단체의 자치입법 실태와 법제 발전방안", 지방자치법연구 통권 제24호, 2009.12. 및 "자치입법의 현황과 과제", 지방자치법연구 통권 제20호, 2008.12, 81쪽 이하를 참조 바람.

7) 다음의 헌재 2004.10.28, 99헌바91 결정문 참조.
"오늘날 의회의 입법독점주의에서 입법중심주의로 전환하여 일정한 범위 내에서 행정입법을 허용하게 된 동기가 사회적 변화에 대응한 입법수요의 급증과 종래의 형식적 권력분립주의로는 현대사회에 대응할 수 없다는 기능적 권력분립론에 있다는 점 등을 감안하여 헌법 제40조와 헌법 제75조, 제95조의 의미를 살펴보면, 국회입법에 의한 수권이 입법기관이 아닌 행정기관에게 법률 등으로 구체적인 범위를 정하여 위임한 사항에 관하여는 당해 행정기관에게 법정립의 권한을 갖게 되고, 입법자가 규율의 형식도 선택할 수도 있다 할 것이므로, 헌법이 인정하고 있는 위임입법의 형식은 예시적인 것으로 보아야 할 것이고, 그것은 법률이 행정규칙에 위임하더라도 그 행정규칙은 위임된 사항만을 규율할 수 있으므로, 국회입법의 원칙과 상치되지도 않는다."

정경제명령권(헌법 제76조 1, 2항), 대통령령 · 총리령 · 부령 등의 행정입법권(헌법 제75조, 95조), 지방자치단체의 자치입법권(헌법 제117조 1항), 대법원규칙(헌법 제108조) 등 헌법기관들의 입법권이 있다.

본고의 관심사는 국회입법권의 예외의 하나인 지방자치단체의 자치입법권을 국회의 입법권과 대비하여 현행법상 어떻게 이해하여야 하고(해석론), 또 앞으로 양 입법권의 관계를 어떻게 법제도적으로 설정해 갈 것인가(입법론)를 모색하는 데 있다. 사실 이 논제는 이미 공법학계에서 적지 않게 다루어져 온 것이 사실이지만, 본고에서도 다음과 같은 관점에서 재음미해 보고자 한다.

먼저 해석론과 관련하여, 이 문제에 관한 현행 헌법 내지 지방자치법 규정들의 해석은, 과연 현재의 다수설 특히 판례의 해석으로 완전히 결착(結着)된 것일까. 이와 관련하여 참고로, 기본적인 규정 구조가 유사하였던 우리 건국헌법 하에서도 현재의 다수설 및 판례와 동일한 해석이 채택되었는지 다시 한번 음미할 필요가 있다고 보았다.

그리고 입법론과 관련해서는, 현재의 다수설과 판례의 입장이 그대로 유지되고 입법상황에도 다른 특별한 변화가 없는 한, 지방자치단체의 자치입법권은 지금까지와 같이 상당 정도 제약된 채 불완전한 지방자치가 지속될 수밖에 없을 것이다. 따라서 지방자치를 그 본연의 모습에 더욱 가까운 것으로서 내실을 다지기 위해서는 지방분권 확대의 차원에서 자치입법권과 관련한 헌법 내지 법률의 개정 등 새로운 법제도적 변화가 필요한 것으로 판단된다.

이러한 점들을 단초(端初)로 하여 조금은 해묵은 이 과제에 대하여 주로 조례제정권과 일반적 법률유보의 문제를 중심으로 하여 "국가와 지방자치단체 간 입법권 배분－자치입법권의 해석론과 입법론"이라는 제하(題下)에서 검토해 보고자 한다.

Ⅱ. 자치입법권의 법적 성격

지방의회의 심의와 의결을 통하여 입법되는 핵심적 자치법규인 조례를 '행정입법(行政立法)'의 일종으로 보는 입장은, 지방의회 나아가 이를 제정하는 지방자치단체의 성격을 행정기관의 일종으로 보는 시각과 연결되어 있다. 일부 학자들은 지방자치단체를 근본적으로 국가통치권의 삼권 중 행정권(집행권)에 속하는 행정기관 내지 단체로 보거나, 그 내부기관인 지방의회 역시 그 의회성(議會性)을 부인하고 행정기관의 일종으로 인식[8]하며, 그러한 연장선상에서 지방의회가 의결하고 지방자치단체가 제정하는 조례 역시 행정권 행사의 한 형식에 의한 행정입법의 일종으로 보고 있는 듯하다.[9]

---

8) 홍정선, 新지방자치법, 박영사, 2009, 92쪽 및 219-220쪽.

9) 홍정선, 앞의 책, 295쪽; 박균성, 행정법론(下), 박영사, 2012, 165쪽.

지방자치법 제22조 단서의 해석 등과 관련하여 일부 학자들이 조례에 대한 법률유보(침해유보)의 적용을 당연한 것으로 주장하는 배경에는, 기본권 제한의 일반적 법률유보원칙을 규정한 헌법 제37조 제2항의 적용 문제와는 또 별개로, 지방자치단체-지방의회-조례를 행정권의 일부-행정기관-행정입법으로 이해하는 입장 차가 존재하는 것으로 추측되는 것이다.[10)]

지방자치단체는 지방의 행정을 담당한다는 점에서 국가 등과 함께 공법상의 행정주체의 일종임에는 틀림이 없다. 하지만 지방자치단체가 행정주체의 일종이라고 하여 지방자치단체의 자치고권이 모두 행정권만을 내용으로 하여야 한다거나 지방자치단체를 단순히 행정기관이라 하고 그에 의하여 행사되는 조례입법권을 행정입법권이라고 단정하는 것은 적절하지 않다.[11)] 지방자치단체는 행정주체의 일종이지만, 우리 헌법은 지방자치단체의 고권에 반드시 행정권만을 부여한 것이 아니라 직접 자치입법권도 부여하고 있기 때문이다(헌법 제117조 1항).[12)]

물론 헌법이 지방자치단체에 대하여 연방국가의 주와 같은 국가성을 부여하고 있는 것은 아니며 지방자치단체는 어디까지나 국가(조직)의 일부라는 점에는 틀림이 없다. 하지만, 그렇다고 하여 헌법이 지방자치단체를 행정(집행)적 권한만을 갖는 존재로 한정한 것도 아니라고 본다. 따라서 지방자치단체를 단순히 행정권에 속하는 '행정'기관이라고 보는 시각에는 동의하기 어렵다. 그리고 지방자치단체는 행정'기관'이 아니라 헌법에 의하여 직접 지방행정권과 자치입법권 등을 부여 받은 독자적인 법주체로서 권리능력과 행위능력, 당사자능력 등을 보유한 공법인이라는 사실을 간과해서는 안 될 것이다.[13)]

요컨대 필자의 관점에서는, 우리 헌법 속에서 지방자치단체와 지방의회를 적어도 행정부에 속하는 행정기관의 일종으로 한정짓는 논거를 찾아보기는 어렵다고 본다. 지방자치단체는, 헌법과 법령에 의하여 제한된 범위의 것이지만 행정권을 행사하는 행정주체의 일종이면서 동시에 단순한 행정입법권이 아니라 지역의 자치입법권을 행사하는 입법주체로서의 성격

---

10) 물론, 지방자치단체와 지방의회를 행정기관으로 보는 경우에도 조례를 전적으로 행정입법으로만 보지 않는 견해도 있는데, 예컨대 박균성 교수는 조례 일반을 행정입법으로 보지는 않고 위임조례는 행정입법으로 보나 자치조례는 자치법이라고 하여 이를 구분한다. 박균성, 앞의 책, 165쪽.

11) 국가도 역시 행정주체의 일종이지만 일반적으로 국가를 행정권의 담당자로만 보지 않는 것과 같은 이치이다. 행정권은 원칙적으로 입법권, 사법권과 더불어 국가권력의 일부이며 국가는 행정권의 담당자로서의 행정주체적 성격 외에도 입법주체(立法主體), 사법주체(司法主體)로서의 성격도 아울러 보유하는 것이다.

12) 조성규 교수도 다음과 같이 같은 취지의 견해를 피력하고 있다. "조례제정권은 헌법상의 지방자치의 보장으로부터 직접 주어진다. 따라서 지방자치법상의 조례제정권의 부여는 지방자치의 헌법적 보장에 상응하여 국가와 지방자치단체 사이의 관계에서 단지 선언적 의미를 가지는 것이다." 조성규, "법치행정의 원리와 조례제정권의 한계-조례에 대한 법률유보의 문제를 중심으로-", 공법연구 제33집 제3호, 2005.5, 385쪽.

13) 이러한 측면에서 김도창 선생께서는 "지방자치단체는 지역을 지배하는 공법인이다. 그러한 의미에서 지방자치단체는 어느 정도까지 국가와 동형(Ebenbild)인 통치단체의 성격을 가졌고 단순한 경제단체에 그치지 아니한다."는 입장을 피력하고 계신다. 김도창, 一般 行政法論(上) 第4全訂版, 청운사, 1992, 145쪽.

도 갖는다고 할 것이다. 이러한 의미에서 조례의결권이라는 자치입법권의 핵심기능을 담당하는 지방의회도 행정위원회와 같은 통상의 행정기관이 아니라 입법기관으로서의 성격을 아울러 갖는다고 하여야 한다.[14] 게다가 지방의회는 민선의 의원으로 구성되는 헌법상 지방자치단체의 필수(必須)기관이라는 점도 간과하지 말아야 할 것이다.[15]

Ⅲ. 현행법 하에서의 자치입법권의 해석론

1. 조례와 헌법 제117조 제1항 · 지방자치법 제22조의 해석론

위와 같은 논의에 입각할 때, 지방자치단체가 제정하는 조례가 행정기관에 의한 행정입법과 동일한 성격의 규범이라고 보는 데에는 동의하기 어렵다.[16] 조례는 – 법률종속성과 위임입법성을 본질로 하는 통상의 행정입법과는 달리 – 국회입법권에 대응하여 지방자치단체가 헌법으로부터 직접 부여받은 자치입법권의 산물인 것이다. 따라서 조례입법권의 행사에 행정입법에서와 같은 법률의 위임(법률유보)이 당연히 요구된다고 하는 인식에 대하여도 근본적인 재검토가 필요하다고 본다.[17]

---

14) 지방의회의 성격과 관련한 兪鎭午 선생의 다음과 같은 해설은 많은 참고가 된다. 즉 건국헌법 제97조가 "지방자치단체의 조직과 운영에 관한 사항은 법률로써 정한다. 지방자치단체에는 각각 의회를 둔다. 지방의회의 조직, 권한과 의원의 선거는 법률로써 정한다."고 규정한 것과 관련하여, 유진오 선생은 "본 조 제1항은 지방자치단체의 조직과 운영에 관한 사항은 법률로써 정할 것을 규정하였는데, 그것은 지방자치라는 것은 지방적 사항에 관하여는 행정부의 간섭을 배제하고 법률의 범위 내에서 지방민의 자치로써 처리하는 것을 의미하는 것이기 때문이다. 본 조 제2항은 지방자치단체에는 각각 의회를 둘 것을 규정하였는데, 그것은 지방자치단체는 반드시 의사기관인 의결기관을 가져야 한다는 것을 의미한다. 만일 지방자치단체가 의사기관을 가지지 아니 한다면 그것은 완전한 의미의 지방자치라 할 수 없다. 지방자치는 지방적 사항에 관하여서는 지방민이 선거한 지방민의 대표로써 조직된 지방의회가 완전한 의결권을 가짐으로써 비로소 달성되는 것이다."고 해설하고 있다. 兪鎭午, 新稿 憲法解義, 一潮閣, 1954, 281-282쪽.

15) 헌법 제118조 ① 지방자치단체에 의회를 둔다. ② 지방의회의 조직 · 권한 · 의원선거와…(중략)…법률로 정한다.

16) 동지의 견해로서, 이기우 · 하승수, 지방자치법, 대영문화사, 2007, 321쪽. 이기우 교수는 헌법 제117조 제1항은 지방자치단체에게 자치입법권과 자치행정권을 부여해 주민에 대한 관할권을 부여한 것이라고 본다. 따라서 헌법 제117조 제1항은 헌법 제40조에 의한 국회의 입법권에 대한 예외로서 지방자치단체의 입법권을 설정한 것으로서 헌법에 의해 직접 부여된 지방자치단체의 고유한 입법권이라고 본다. 이 점에서 조례는 법률에 의해 그 내용이 규정되는 행정입법과는 본질적으로 성질을 달리한다는 것이다.

17) 최승원 교수의 다음의 논술도 필자의 기본입장과 같은 맥락에서 제시된 것으로 이해된다. "자치입법권 내지 조례제정권을 행정작용으로 이해하는 입장에서는 법치행정의 원리 하의 지방자치라는 등식을 유지하게 되므로, 법치행정원리의 적용을 완화시키는 논리 전개가 어려울 수밖에 없다. 반면 전래설을 취하더라도 지방자치권을 행정권만의 전래가 아닌 통치권의 전래로 보면, 법치행정의 원리와 지방자치의 조화라는 화두를 내세우기가 수월하다. 예컨대 규율효과가 침익적이든 수익적이든 복효적이든 적어도 지방자치사무 중 지방적 특성에 기한 고유사무에 관한 한, 그 규율이 불가피하게 요구되는 경우에는 설령 법률(의회의 입법권)의 규율이 없는 경우에도, 헌법과 법의 일반원칙에 반하지 않는 범위 내에서 지방선거에 의하여 부여받은 민주적 정당성의 한도 내에서 지방의회의 자주입법권 내지 자치입법권으로써 규율할 수 있다는 논리 전개가 가능하다. 이른바 추가 · 초과조례나 조례의 실효성을 담보하기 위한 여러 수단 채택 등을 위한 법논리적 근거 확보도 가능하다." 최승원, "조례의 본질", 지방자치법연구 제6권 제1호(통권 11호), 2006.6.25, 395쪽.

그러면 과연 지방자치단체의 자치입법권은 국가의 입법권에 종속된 것인가, 아니면 국가의 입법권의 일부가 배분된 것인가. 자치입법권을 전자로 보게 되면 이에는 행정입법인 법규명령과 같이 법률우위뿐 아니라 법률유보의 원칙도 적용되어야 할 것이나, 후자로 보게 된다면 행정입법인 법규명령과는 달리 법률우위의 원칙은 적용될 수 있으나 법률유보원칙은 적용되지 않을 수 있는 여지가 생긴다.

종래 자치법규의 핵심요소인 조례의 법적 성질에 관하여는, 조례위임입법설과 조례자주입법설이 주장되어 왔다. 조례위임입법설은 조례는 전래적 법원으로서 조례제정권은 국가로부터 부여된 것이며, 헌법으로부터 법률, 그리고 법률의 수권에 의하여 명령, 조례가 제정되므로, 조례도 위임입법의 일종이라고 한다. 한편 조례자주입법설은 고유권설에 입각한 시원(始原)적 자주입법설과 전래설에 입각한 전래적 자주입법설로 나눌 수 있는데, 시원적 조례자주입법설은 지방자치단체의 자치권은 주민의 자연권적 고유권이며 지방자치단체의 고유사무에 속하는 사항은 조례의 전권사항으로 본다. 전래적 조례자주입법설은 조례제정권은 국가의 통치권으로부터 전래된 것이고 통치권의 일부가 이양된 것이기는 하나, 조례는 일반적인 수권(포괄수권)으로도 제정될 수 있다거나, 적어도 자치사무에 관하여는 법령에 위반되지 않는 한 법령의 개별적인 위임 없이도 조례를 제정할 수 있다고 한다.[18]

그런데 자치입법권의 근거와 한계를 설정한 헌법 제117조 제1항과 지방자치법 제22조(본문)를 살펴보면, 각각 자치입법권의 한계로 "법령의 범위 안에서"를 제시하고 있는데, 그 의미에 관하여 다수의 학설과 판례[19]는 대체로 이를 '법령에 위반되지 않는 범위 안에서'의 의미로 해석하고 있다. 물론 이러한 해석에 대하여도, 동 규정의 "법령의 범위 안에서"의 의미가 명백하지 않다거나,[20] 국민의 기본권을 침해하는 경우에는 법률유보의 적용을 받아야 하고 그 외의 경우에는 법령에 위반되지 않는 범위 안에서 법률의 위임 없이도 조례를 제정할 수 있는 것으로 보아야 할 것[21]이라는 견해도 주장되고 있다. 아무튼 다수의 학설과 판례에

18) 좀 더 상세히는 박윤흔, 최신 행정법강의(하)(개정27판), 2004, 125-126쪽을 참조 바람.

19) 대법원은, 지방자치법 제15조(현재는 제22조) 본문은 "지방자치단체는 법령의 범위 안에서 그 사무에 관하여 조례를 제정할 수 있다."고 규정하는바, 여기서 말하는 '법령의 범위 안에서'란 '법령에 위반되지 않는 범위 내에서'를 가리키므로 지방자치단체가 제정한 조례가 법령에 위반되는 경우에는 효력이 없다(대법원 2007.2.9. 선고 2006추45)고 하여, 종전의 여러 판결에 나타난 입장을 거듭 확인하고 있다.
헌법재판소도, "헌법 제117조 제1항은 지방자치단체가 법령의 범위 안에서 자치에 관한 규정을 제정할 수 있도록 규정하고 있고, 구 지방자치법 제15조는 "지방자치단체는 법령의 범위 안에서 그 사무에 관하여 조례를 제정할 수 있다. 다만, 주민의 권리 제한 또는 의무 부과에 관한 사항이나 벌칙을 정할 때에는 법률의 위임이 있어야 한다."고 규정하고 있는바, 이는 조례제정권 행사의 한계로서 법률우위의 원칙을 의미한다. 대법원도 구 지방자치법 제15조 본문의 '법령의 범위 안에서'란 '법령에 위반되지 않는 범위 내에서'를 가리키므로 지방자치단체가 제정한 조례가 법령에 위반되는 경우에는 효력이 없다(대법원 2007.2.9. 선고 2006추45 판결)고 보고 있다."고 판시한 바 있다(헌재 2009.7.30, 2007헌바75 결정).

20) 홍정선, 앞의 책, 302쪽.

21) 김홍대, 지방자치입법론, 박영사, 1999, 100-102쪽.

의할 때, 조례는 국법인 법령 즉 헌법과 법률, 법규명령에 위반되지 않는 범위 안에서 제정될 수 있고, 이것은 법체계상 자치법규인 조례가 국법인 법령의 하위규범임을 의미하는 것으로서 법률(법령) 우위의 원칙을 선언한 것이라 할 수 있다.

다만 위 헌법 제117조 제1항은 지방자치단체의 자치입법권을 보장하고 있지만 이는 원칙을 정한 것으로서, "법령의 범위 안에서" 자치입법권을 보장하고 있다고 하여 법령에 위반하지 않는 한 자치입법권이 절대적으로 보장된다는 것을 규정한 것으로까지는 보기 어렵다고 생각한다. 자치입법권의 구체적인 범위는 헌법의 범위 안에서 법률로써 구체화할 수는 있다고 보기 때문이다.[22]

이러한 관점에서 볼 때, 일단 국회가 제정하는 개별 법률이 하위법인 조례에 대하여 개별적 사항에 관하여 구체적 또는 포괄적 위임을 하는 것은 허용될 수 있다고 하겠다. 조례에 대한 일반적 법률유보의 적용을 부정하는 문제와는 별개로, 법률이 개별적으로 조례에 일정한 사항을 위임할 수 없다고 할 것은 아니기 때문이다. 조례는 자치법규의 일종이기는 하지만 국가는 필요한 경우 법률을 통하여 직접 지방자치단체의 사무에 대한 법적 규율을 설정할 수 있고, 자치사무에 관해서든 위임사무에 관해서든 일정한 사항을 조례에 위임할 수도 있다고 본다.[23] 왜냐하면 지방자치단체의 자치입법권이 전 국민에 의해 정당성이 주어진 국회가 행하는 입법의 질서보장기능을 결코 배제할 수는 없기 때문이다.[24]

그러나 국가가 개별 법률에 의하여 조례에 일정한 사항을 위임할 수 있다는 것과, 지방자치법 제22조 단서[25]와 같이 규제적 성격의 조례[26]의 제·개정에 있어서 일반적인 법률유보를 전면적으로 요구하는 것은 근본적인 차이가 있다고 본다. 규제적 조례 일반에 대하여 반드시 법률의 위임이 있어야 된다는 것은, 자치입법권을 매우 심각하게, 그리고 실질적으로 형해화(形骸化)시킬 수도 있다는 점에서 자치입법권을 보장하는 헌법의 취지에 반할 수 있다고 본다. 이것은 헌법이 지방자치단체에게 직접 부여한 '자치' 입법권을 국가가 침해적 법률유보의 고리를 매개로 근본적인 제약을 가하는 결과를 초래할 수 있고, 자치입법으로서의 조례에 대해 통상적으로 기대할 수 있는 기능마저 현저히 왜곡시킬 수 있다.[27]

실제 지방자치법 제22조 단서로 인하여, 우리나라의 자치입법(조례)의 형성과 발전은 상

22) 동지의 견해로 박균성, 앞의 책, 169쪽.
23) 하지만 이러한 경우에도, 자치사무에 대하여 법령이 지나치게 상세한 규정을 둠으로써 자치입법의 여지 내지 가능성을 거의 소멸시켜버리는 정도의 극단적인 규율을 하는 것은 문제가 있을 수 있다.
24) 홍정선, "조례의 법리", 법학논집 제2권 1호, 1997, 30쪽.
25) "다만, 주민의 권리 제한 또는 의무 부과에 관한 사항이나 벌칙을 정할 때에는 법률의 위임이 있어야 한다."
26) 권리 제한 또는 의무 부과에 관한 사항을 내용으로 하는 조례를 본고에서는 '규제적 조례'로 부르기로 함.
27) 박균성 교수는 이 점에 관하여 헌법이 보장한 자치입법권을 본질적으로 제한하는 것은 아니라고 보면서, 국민의 권리제한이나 의무부과에 관한 사항을 법률의 위임에 의해 제정하도록 할 것인지의 여부는 입법정책에 속하는 것으로 보아야 한다고 하여, 위헌설을 부인하고 있다. 박균성, 앞의 책, 169쪽.

당히 저해되어 온 것으로 생각된다. 1991년 지방자치가 복원된 후 이미 20여 년이 지나고 있으나, 제정된 주요 조례들은 법령의 위임에 의하여 그 시행규칙적 성격을 가진 위임조례들이 대부분이다. 지방자치단체가 위임조례 위주로 자치입법 활동을 하다 보니 지방자치단체 스스로 기획하고 입안하고 시행착오를 거쳐 자생력을 배양하려고 하기보다, 중앙부처의 입법적 배려와 지원에 막연히 의존하는 등 무사안일의 풍조가 존재하고 있다. 특히 지방의 입법활동은 위임조례에 따른 중앙부처들의 표준조례 시달로 인해 표준조례안 모방 등의 타성에서 벗어나지 못하고, 중앙부처들이 시달하는 표준조례 자체도 법제처 등의 엄격한 심사를 거치지는 않기 때문에 상위법 위반이나 법기술적 오류 등이 존재하는 등 적지 않은 문제점을 안고 있기도 하다.[28] 물론 법령의 위임 없이 지방자치단체가 독자적으로 제정한 자치 내지 자주조례들도 존재하나 이들 조례에는 지방자치단체가 임의로 규제적 내용을 담을 수 없기 때문에, 주로 선언적·훈시적 내용이나 조직 내부적 규율, 지원적·급부적 규율 또는 일정한 사업이나 시정계획 등을 밝히는 입법에 그치고 있는 실정이다. 그리고 자주적 입법설계의 한계가 노정되다 보니 이른바 특이(特異)조례나 창의(創意)조례 등의 실례도 그다지 많지 않은 것으로 보인다.

한편 조례에 대한 침해적 법률유보 적용의 문제를 우회적으로 완화하기 위하여, 판례가 개발한 이른바 (조례에 대한) 포괄위임 허용의 논리로도 이러한 문제를 근본적으로 치유하기는 어렵다고 본다. 구체적 위임의 원칙이 적용되는 행정입법과는 달리 조례에 대해서는 특별히 포괄적 위임이 허용된다고 하더라도, 지방자치법 제22조 단서가 존재하는 한 여전히 규제적 조례의 제정에 법률의 위임이 필수적으로 요구된다는 사실은 변함이 없기 때문이다.

2. 조례와 헌법 제37조 제2항의 해석론

우리 헌법상 국가는 국민의 기본권을 보장할 의무가 있다(헌법 제10조). 다만 국민의 모든 자유와 권리는 국가안전보장·질서유지 또는 공공복리를 위하여 필요한 경우에 한하여 법률로써 제한할 수 있으며, 제한하는 경우에 자유와 권리의 본질적인 내용을 침해할 수는 없다(헌법 제37조 2항). 동 조항은 이른바 기본권 제한의 일반적 법률유보를 규정한 것으로 해석되고 있다.

그러면 이러한 기본권 제한의 일반적 법률유보원리는 지방자치단체의 자치입법권 행사에 있어서도 적용되어야 하는 것일까. 만일 기본권 제한의 일반적 법률유보원칙을 규정한 헌법 제37조 제2항을, 지방자치단체의 자치입법권을 보장한 헌법 제117조 제1항보다 우월한 조항으로 새긴다면 이에 대하여 긍정적으로 답할 수도 있을 것이다. 즉 기본권을 제한하는 조례

---

28) 위임조례 위주의 조례입법의 현실을 분석·비판한 조정찬, “위임조례 위주의 조례입법 극복방안”, 지방자치법연구 제4권 제2호, 2004.12, 43쪽.

(규제적 조례)를 제정하는 것은 적어도 법률의 위임이 있을 경우에만 가능하다는 것이 된다. 그리고 이렇게 새길 경우 지방자치법 제22조 단서는 판례나 일부 학설의 입장과 같이 이러한 점을 확인하는 의미 이상을 갖지 않는다고 할 수 있다.

그런데 이 문제와 관련하여, 필자는 그동안의 법현실을 지배해 온 이러한 해석태도가 과연 의문의 여지없이 타당한 것인가, 우리의 헌법체계는 조례에 대한 법률유보를 당연한 것으로 인정하고 있다고만 보아야 할 것인가에 관하여 – 헌법 개정에 관한 논의는 별론으로 하더라도 – 여전히 일말의 의문을 떨쳐버리지 못하고 있다. 그것은 이러한 해석이, 지방자치 내지 자치입법권의 보장의 문제를 지나치게 기본권의 보장과 그것을 가능하게 하는 법치주의적 측면을 중심으로 바라보고 있는 데서, 일정한 법해석상의 부조화가 초래된 것으로 보고 있기 때문이다.[29)]

즉 우리 헌법은 국가의 국민의 기본권 보장의무와 함께 기본권 제한의 일반적 법률유보 원칙을 천명하였지만, 조례는 해당 지방자치단체의 관할구역 내에서만 효력을 갖는 지역적 자치법규로서, 지방자치 차원에서는 국민이 이제 더 이상 국민의 지위만을 갖는 것이 아니라 해당 지방자치단체의 주민으로서의 지위도 갖게 되는데, 이러한 주민에 대하여 지역의 고권주체인 지방자치단체가 공익적 목적의 실현을 위하여 불가피하다고 인정하는 경우에 헌법이 직접 수권한 자치입법권을 행사하여 자치적 사무와 관련된 권리를 제한하거나 의무를 부과하는 것은, 주민의사의 총의(總意)로서의 주민의 대표기관인 지방의회의 결단(조례)으로써 이루어지는 것으로서 이러한 의미의 독자적 입법권의 행사는 우리 헌법에 있어서도 받아들여질 수 있는 것이 아닐까 한다. 헌법이 국민의 자유와 권리의 규제에 관하여 법률의 근거를 요하는 이유는 국민이 자기승인에 의하지 않고는 자기의 권리와 자유를 침해 받지 않는다는 대표제 민주주의의 원리에 근거한 것인데, 이와 같은 요청은 조례가 주민의 자유로운 의사에 의하여 민주적으로 구성된 주민의 대표기관인 지방의회의 의결에 의하여 제정되는 것이라는 점을 부인할 수 없는 이상, 동일한 원리에 기하여 충족되고 있는 것이라고 보아야 하지 않을까.

29) 이와 관련하여는 이미 최승원 교수가 앞의 논문에서 한층 새롭고 조화로운 헌법적 시각에서 이 문제를 바라볼 것을 주장한 바 있다. "우리 헌법은 지방자치에 관한 2개 조항을 두고 있지만, 그것만을 지방자치에 관한 헌법규율로 보아서는 아니 된다. 지방자치의 헌법적 보장이 2개 조항만으로 이루어지는 것은 아니고, 헌법 전체적인 규범조화적 틀로써 지방자치는 실현된다. 공동체의 기본법인 헌법의 기본원리는 당연히 지방자치의 밑거름이 된다. 헌법의 3대 원리라 일컬어지는 민주주의, 법치주의, 복리주의는 불가분의 삼정(三鼎)관계에 있다. 우리가 살아가는 생활질서의 규범틀은 법치주의를 기반으로 하지만 그 틀의 형성은 민주주의에 의하며, 틀에 담기는 내용이 복리주의의 실현이 된다. 틀의 형상과 내용은 각 나라의 시대적·정치적 환경에 따라 달라질 수 있지만, 법치나 복리의 정당성의 기초는 결국 민주임을 망각해서는 아니 된다. 법학자들이 이구동성으로 민주주의의 구현으로서 지방자치를 강조하면서도, 실제 논의에서는 법치주의에 입각한 지방자치 그것도 법치행정의 원리 하의 지방자치라는 일면적 시각에 얽매이는 모습을 볼 수 있다. 기실 법치주의는 민주주의의 실현수단이기도 하다." 최승원, 앞의 논문, 401쪽.

종래 기본권 보장은 최대보장을 원칙으로 하고 지방자치의 보장은 입법에 의한 제도적 본질의 침해 내지 훼손 금지라는 소극적 제도보장의 관점에서만 이해하였기 때문에 헌법 제37조 제2항이 제117조 제1항을 당연히 능가하는 조항으로 새기게 된 것으로 보인다. 하지만 현대 헌법에 있어서의 기본권 보장도 다른 헌법원리나 헌법적 제도들을 고려하지 않은 채 생각할 수만은 없게 되었고, 지방자치의 제도적 보장이라고 하는 것도 지방자치의 소극적 제도 보장을 넘어서서 지방자치단체의 법적 지위 내지 자치권에 대한 적극적 보장의 의미를 갖는 것으로 새롭게 조명되고 있다는 점을 고려하면,[30] 헌법 제37조 제2항이 제117조 1항에 대하여 당연히 우월한 조항이라고 단정하는 것도 쉬운 일은 아니다. 이러한 의미에서, 자치입법권을 보장한 헌법 제117조 제1항과 기본권 제한의 일반적 법률유보를 선언한 헌법 제37조 제2항은, 양 규정이 의도하는 헌법적 취지의 조화를 도모하는 관점에서 종합적으로 재검증될 필요가 있다고 본다.

필자는, 헌법 제117조 제1항은 국회입법권을 규정한 헌법 제40조나 헌법 제37조 제2항의 기본권 제한의 법률유보원칙에 대하여 헌법 스스로가 설정한 헌법적 예외로서, 국회입법권에 대하어 지방자치단체에 대하여 자지적 입법권을 배분한 규정으로 자리매김할 수 있다고 본다. 헌법이 자치사무 즉 자치행정의 주체인 지방자치단체에 대하여 자치입법권이라는 중대한 권력을 직접 부여하면서도, 굳이 헌법 제75조 · 제95조의 행정입법(대통령령 · 총리령 · 부령)의 승인에서 명시하고 있는 바와 같은 법률위임(법률유보)의 족쇄를 씌우고 있지 않은 것은, 제37조 제2항의 기본권 제한의 일반적 법률유보에도 불구하고, 적어도 개별 지방자치단체 범주 내에서 자치사무의 수행과 관련하여 불가피하게 당해 지역 주민의 권리를 제한하거나 의무를 부과하게 되는 자율적 입법권은, 국가의 법령을 위반하지 않는 한도 안에서는 해당 지방자치단체가 자율적으로 행사할 수 있음을 보장하기 위한 것이라고 해석하는 것이 타당할 것이다. 이렇게 보아야 헌법의 지방자치 내지 자치입법권 보장의 의미를 지방자치의 본질에 부합하는 진정한 것으로 받아들일 수 있다고 본다.

지방자치단체는 국가(조직)의 일부분이면서 행정주체의 일종으로서 지방행정을 수행하는 것이 본질적인 존립목적이고, 지방행정이란 예외적인 위임사무의 처리 외에는 기본적으로 자치사무를 처리하는 것이 중심이 된다. 자치사무의 처리는 당연히 그 나름의 공적 목적을 가지고 지역 내에서 그 주민과 재산 등을 상대로 이루어지고 이러한 작용은 국법을 단지 집행하는 활동에 한정되는 것만이 아니라, 당해 자치사무 수행과 관련되는 법적 근거나 기준 등을 자율적으로 정할 수 있는 입법적 활동도 포함하는 것이다. 따라서 지방자치단체는 헌법과 법률이 인정한 자치입법권을 행사하여 자치사무의 수행과 직결되는 주민의 권리를 제한하거

30) 조성규, "지방자치의 보장과 헌법개정", 공법연구 제34집 제1호, 2005.11, 124-127쪽 참조.

나 의무를 부과하는 조례를 정할 수 있어야 할 것이다. 이러한 규제적 내용을 담을 수 있어야만 조례가 '법규'로서의 실질적 의미를 가질 수 있고,[31] 또한 그러한 법규를 필요에 응하여 법령을 위반하지 않는 범위 안에서 지방자치단체가 '자율적으로 발의하고 정'할 수 있어야만 비로소 '자치'입법이라고 할 수 있을 것이다. 그런데 법규로서의 규제적 조례를, 항상 별개의 법주체인 국가로부터의 법률적 위임이라는 타율적 단초에 의해서만 비로소 형성할 수 있도록 하는 것은, '자치' 입법권의 본질을 왜곡시키고 그 헌법적 보장정신을 훼손하는 결과로 이어질 수밖에 없다.[32]

현실적으로도, 국회가 243개의 모든 지방자치단체의 개별적·지역적 입법수요를 미리 예측하고 이에 기하여 조례 제정의 법적 위임근거를 일일이 개별법에 사전 설정한다는 것은 입법실무적으로나 현실적으로 매우 기대하기 어려우며 가능하지도 타당하지도 않다.[33] 오히려 국회에 의한, 지방자치를 충분히 고려하지 않은 법령의 제·개정이나 지역적 입법수요의 완급(緩急)에 부응하지 못하는 입법지연 또는 지역적 입법수요를 무시하거나 간과한 입법부작위 등으로 인해,[34] 결국 법률이 위임의 근거를 두지 않은 경우에는 지역에서 스스로 해결하여야 할 중요문제를 지방자치단체가 독자적으로 해결할 수 없게 되어, 지역적 공익의 실현

31) 조례는 대외적으로 일반적 구속력(외부효과)를 가지는 법규로서의 성질을 갖는 것이 원칙이고 그러한 법규로서의 실질은 통상 규제적 조례에서 가장 명확하게 드러난다고 할 것이다.

32) 이상은 문상덕, "조례와 법률유보 재론", 행정법연구 제19호, 2007.12, 12-14쪽까지의 내용을 부분적으로 발췌, 보완한 것임.

33) 유사한 주장으로, "자치사무의 내용은 지방자치법 제9조에서 규정하지만 자치사무를 통해 주민의 복리를 증진시키는 방법은 지방자치단체마다 다를 수 있기 때문에 애당초 자치사무에 대한 수행방법을 법률을 통해 개별적·구체적으로 위임하는 것은 불가능하다. 그렇다면 자치사무의 수행에 있어서 어느 정도 주민의 자유와 의무에 관련된 내용을 조례를 통해 규율하는 것은 피할 수 없는데, 이를 일률적으로 법률의 위임을 요하는 것으로 제한하는 것은 헌법 제117조에서 예상하지 않았다고 보아야 한다. 국가가 자치사무의 수행과 관련하여 권리 제한과 의무 부과에 대해 개입할 수 있는 최대한도는 권리 제한과 의무 부과의 내용과 그 상한 정도이다. 이런 점에서 지방자치법 제22조 단서는 위헌이라고 본다." 박찬주, "조례제정권의 근거와 범위", 법학 제50권 1호, 서울대 법학연구소, 2009, 504쪽.

34) 불가피한 지역적 규제의 필요성이 생긴 경우에도, 그러한 새로운 혹은 특수한 규제의 필요성이 아직 전국적인 차원으로 확대되어 국가적인 문제로 되지 않은 경우에는 법률에 근거가 설정되기 어렵고 그 결과 지역적 규제의 필요를 충족시킬 수 없는 결과가 되고 또한, 경우에 따라서는 지리적 환경이나 산업환경의 특성 등 지역상황의 특수성으로 인해 단지 특정지역만의 이해관계에 국한되어 국가차원의 문제로 확산될 가능성도 없으며 따라서 국법의 제정가능성도 낮은 경우에도 마찬가지의 결과가 초래될 수 있다. 또한 전국적 차원에서의 문제의 심각성과 대응입법의 필요성은 확인되었으나 법률의 제·개정을 둘러싸고 중앙의 각 정당·정파와 중앙관료, 이익집단 간의 이해관계가 상충됨으로써 입법 자체가 시간적으로 지연되고 내용적으로 변질되어 버리는 경우, 그리고 경우에 따라서는 법률입안자가 입법기술적으로 위임규정을 누락해 버리거나 자치입법에 대한 인식 내지 자치입법에의 위임의 필요성을 제대로 인식하지 못하여 위임규정을 두지 않게 된 경우 등에도 같은 결과가 초래된다. 여기에 더하여, 법률의 상당수가 소관 중앙행정기관의 입안에 의하여 제·개정되고 있는 입법현실을 고려할 때, 조례 제정의 가능성을 법률의 실질적 입안자라고 할 수 있는 중앙관료들의 판단에 맡겨버리는 것은 바람직하지 않다. 만일, 중앙관료들의 일관되지 않은 판단에 따라서(경우에 따라서는 중앙관료의 관료이기주의 내지 행정편의주의에 좌우되어), 혹은 입안과정에서 우연히 또는 의도적으로 조례위임규정이 빠져버리게 되면 자치입법권의 행사가 전면적으로 차단되게 될 가능성은, 지방으로의 분권 내지 지역자율성의 확보라는 시대적 요청에도 부합하지 않는 것이다.

이나 주민의 권익 조정 또는 복리 실현에 현저한 장해를 초래하게 될 수밖에 없음을 간과하지 말아야 할 것이다.

3. 건국헌법과 최초 지방자치법의 해석론

자치입법권에 관한 헌법과 법률의 해석론을 전개함에 있어서는, 동 규정의 시원을 이루는 건국헌법(1948.7.17 제정 · 시행, 헌법 제1호) 제96조[35] 및 최초의 지방자치법(1949.7.4 제정, 1949.8.15 시행, 법률 제32호)의 관련 규정[36]의 내용과 해석론이 참고가 될 것으로 생각한다. 특히 건국헌법 제96조와 최초의 지방자치법 제7조 역시 지방자치단체는 '법령의 범위 내에서' 자치에 관한 규정 또는 조례를 제정할 수 있다고 하고 있다.

그런데, 이 규정들의 해석과 관련하여 제헌국회의 헌법기초위원회 전문위원[37]으로서 건국헌법의 기초 형성에 결정적인 기여를 하신[38] 유진오 선생의 해석론은 그 의의가 매우 크다고 생각된다.[39] 유진오 선생은 건국헌법을 해설한 그의 저서에서 "본 조(헌법 제96조－필자주) 제2항은 지방자치단체의 자치입법권을 규정하였는데, 지방자치단체는 법령의 범위 내에서 자치입법권을 기지고 있는 깃이므로 그 사무에 관하여 필요한 입법을 할 수 있지만, 지방자치단체가 제정한 조례 또는 지방자치단체의 장이 발한 규칙은 국가나 상급지방단체의 법령에는 위반할 수 없으며(지방자치법 제7조, 제8조 참조) 그에 위반한 것은 무효이다. 또 조례와 규칙에는 법률의 위임이 없는 한 처벌에 관한 규정을 설치할 수 없는데(지방자치법 제9조) 그것은 국민은 법률에 의하지 아니하고는 처벌을 받지 아니하기 때문이다."고 서술하고 계신다.[40] 이러한 해설로 보아 유진오 선생께서도 자치입법권을 "법령의 범위 내에서" 보장

35) 건국헌법 제8장 지방자치
제96조 지방자치단체는 법령의 범위 내에서 그 자치에 관한 행정사무와 국가가 위임한 행정사무를 처리하며 재산을 관리한다. 지방자치단체는 법령의 범위 내에서 자치에 관한 규정을 제정할 수 있다.

36) 최초 지방자치법 제1장 총강 제2절 조례와 규칙
제7조 지방자치단체는 법령의 범위 내에서 그 사무에 관하여 조례를 제정할 수 있다.
제9조 도 또는 서울특별시의 조례나 그 장의 규칙에는 법률의 특별한 위임이 있을 때에 한하여 형벌을 과하는 규정을 제정할 수 있다.

37) 김수용, 건국과 헌법, 경인문화사, 2008, 268-269쪽 참조.

38) 1948년 당시의 국회 헌법기초위원회는 유진오 선생이 중심이 되어 기초한 초안을 원안(原案)으로 하여, 헌법안을 심의하였다고 한다. 俞鎭午, 憲法基礎回顧錄, 一潮閣, 1980, 52쪽.

39) 실제 俞鎭午案 제1회 草稿(1948.5. 미군정청 사법부 법전편찬위원회에 제출한 안)와 건국헌법의 자치입법관련 규정은 아래와 같이 상당히 대동소이한 것으로 보인다(고려대학교 박물관 편, 현민 유진오 건국헌법 관계 자료집, 고려대학교 출판부, 2009.8, 159쪽, 237쪽).
[俞鎭午案 제1회 草稿] 제8장 지방제도
제117조 도, 시 및 면은 국가의 행정구역인 동시에 자치단체로서 재산을 관리하며 법령의 범위내에서 그 고유의 행정사무와 법률에 의하야 위임된 사무를 처리하면, 자치규정(조례)를 제정한다.
[건국헌법 제8장 지방자치]
제96조 지방자치단체는 법령의 범위 내에서 그 자치에 관한 행정사무와 국가가 위임한 행정사무를 처리하며 재산을 관리한다. 지방자치단체는 법령의 범위 내에서 자치에 관한 규정을 제정할 수 있다.

40) 俞鎭午, 新稿 憲法解義, 일조각, 1954, 280-281면.

하고 있는 동 규정의 취지를 법률우위의 원칙을 선언한 것으로 해석하신 것으로 판단된다.

건국헌법에 있어서도 현행 헌법 제37조 제2항과 같은 기본권 제한의 일반적 법률유보 조항(건국헌법 제28조[41])이 존재하고 있었으나, 유진오 선생이 이를 들어 조례의 제정에 있어서 법률의 위임(법률유보)이 필요한 것으로 주장하지는 않고 계신다. 건국헌법에 기하여 제정된 최초의 지방자치법 역시 그 제7조에서 "지방자치단체는 법령의 범위 내에서 그 사무에 관하여 조례를 제정할 수 있다."고 규정할 뿐 현재의 제22조 단서와 같은 규정은 두고 있지 않았다. 다만 오히려 조례에 의한 형벌 부과에 관해서는 제9조에서 "도 또는 서울특별시의 조례나 그 장의 규칙에는 법률의 특별한 위임이 있을 때에 한하여 형벌을 과하는 규정을 제정할 수 있다."고 하여 조례에 의한 일반적인 규제의 설정에 있어서와는 달리 형벌을 조례로 규정할 경우에는 반드시 법률의 특별한 위임이 필요한 것으로 규정하고 있다. 이러한 것은 건국헌법이 적어도 '법령의 범위 내'에서의 의미에 법률의 위임이 일반적으로 필요하다는 의미를 담고 있지 않았음을 반증하는 것이 아닐까 한다.

요컨대 국가 전체의 권력구조를 설계하고 구체적인 법체계를 최초로 형성한 건국헌법과 그 구체화법률에서, 지방자치단체의 자치입법권을 헌법이 직접 부여하고 자치법규로서의 조례의 제정에 – 형벌규정을 제외하고는 – 법률의 위임을 요구하고 있지 않았다는 사실은, 대체적으로 법령구조가 유사하게 유지되고 있는 현행법체계의 해석에 있어서도 매우 비중 있게 참고되어야 할 것이다.

그런데 현행 지방자치법 제22조 단서규정은, 최초의 지방자치법에는 없던 것이 제3대 국회 제21회 회기에 정부에 의하여 제출되어 1956.2.13. 제정된 지방자치법개정법률[시행 1956. 2.13, 법률 제385호]에서 처음 신설된 것이다. 당시 개정법률 제7조는 "지방자치단체는 법령의 범위 내에서 그 사무에 관하여 조례를 제정할 수 있다. 단, 주민의 권리, 의무에 관한 사항이나 벌칙을 규정할 때에는 법률의 위임이 있어야 한다."고 규정하였다. 그런데 당시의 정부가 어떤 배경 내지 이유에서 위 단서 신설안을 제출하였는지는, 정부의 법률안 제안이유서나 법제사법위원회의 심사보고서 등에도 빠져 있는 것으로 보여 정확히 알기는 어렵다.[42] 다만, 정부에 의하여 지방자치법개정법률안이 제출된 1955년 12월 전후는, 한국 전쟁 이후 이

---

41) 건국헌법 제28조 국민의 모든 자유와 권리는 헌법에 열거되지 아니한 이유로써 경시되지는 아니한다. 국민의 자유와 권리를 제한하는 법률의 제정은 질서유지와 공공복리를 위하여 필요한 경우에 한한다.

42) 정부, 의안번호 030137, 제안일자 1955.12.17, 제안회기 제3대 국회 제21회.
(출처: 국회 홈페이지>의안정보시스템 http://likms.assembly.go.kr/bill/jsp/BillDetail.jsp?bill_id=001690)
한편 이 단서조항은, 제12대 국회 제140회 회기에 내무위원장인 전병우에 의하여 제안되어 1988.4.6. 제정된 지방자치법개정법률[시행 1988.5.1, 법률 제4004호]에 의하여 제15조로 옮겨지면서, 현행법과 동일하게 "다만, 주민의 권리제한 또는 의무부과에 관한 사항이나 벌칙을 정할 때에는 법률의 위임이 있어야 한다."고 수정된 바 있다. 하지만 이 개정과정에서도 제안이유서나 회의록에서 왜 법률위임의 범위를 규제적 조례로 한정하게 되었는지에 관한 설명은 찾아보기 어렵다.
(출처: 국회 홈페이지>의안정보시스템 http://likms.assembly.go.kr/bill/jsp/BillDetail.jsp?bill_id=010664)

승만 정부가 반공주의 정책을 강화하고 국민들의 자유를 제약하면서 독재정치를 강화하였던 시기였다. 1954년 5월에는 자유당이 장악한 대한민국 제3대 국회가 개원하였고, 같은 해 11월 27일에는 이승만의 종신 집권을 가능하게 하기 위하여 헌법의 대통령 3선금지조항 폐지를 도모한 사사오입개헌이 강행되기도 하였다. 이 개헌에 기하여 실시된 1956년 5월의 대통령 선거에서 이승만이 다시 당선되어 제3대 대통령으로 취임하였다.[43] 이러한 시대적 정황으로 미루어 보건대, 당시의 이승만 독재정부와 자유당 중심의 국회에 의한 지방자치법 제7조 단서의 신설은, 조례에 대한 법률유보의 신설을 통하여 국가가 지방자치단체의 자치입법권을 중앙 통제하고자 한 의도가 숨어있지 않았을까 한다.

Ⅳ. 바람직한 입법권 배분을 위한 입법정책론

1. 자치입법권 강화를 위한 입법정책의 필요성

우리 헌법의 지방자치관련 규정은 비교법적으로는 물론, 지방자치의 헌법적 보장의 현대적 의미에 비추어 볼 때도, 지방자치권의 내용과 범위를 밝혀내기에는 지나치게 단순하고, 지방자치의 구체적 내용의 대부분을 법률에 유보하고 있는 점에서 지방자치권의 적극적 보호를 위한 기본결단으로는 부족하며, 따라서 지방자치의 현대적 의의와 기능에 맞도록 헌법의 개정이 필요한 것으로 생각된다.[44] 이른바 현대적 분권형 헌법으로의 개정이 주창되는 소이(所以)이기도 하다.

자치입법권과 관련한 헌법 개정은, 먼저 국회입법권에 대한 자치입법권의 배분문제, 헌법 제37조 제2항의 자치입법권(특히 조례제정권)에 대한 적용 배제문제 등이 명확히 규정될 필요가 있을 것이다. 한편 헌법의 개정에 따르거나, 경우에 따라서는 헌법 개정 없이도 지방자치법 등 법률적 차원의 입법적 개선도 요구된다. 특히 지방자치법 제22조 단서의 삭제 문제가 지속적으로 제기되고 있는바, 이 문제에 대한 해법도 찾아야 할 것이다.

지방자치분권 및 지방행정체제개편에 관한 특별법은 그 제14조 제1항에서 "국가는 지방자치단체의 자치입법권을 강화하기 위하여 조례제정범위를 확대하는 등 필요한 법적 조치를 하여야 한다."고 규정함으로써 자치입법권의 확대·강화를 지방자치분권의 핵심과제의 하나로 하고 있다. 이러한 조치에 다양한 입법적 조치가 포함될 수 있음은 의문의 여지가 없다. 하지만 역대 정부를 거치면서도 아직 이 문제에 관한 특별한 진전을 보지는 못하고 있다. 지방분권 추진에 적극적이었던 참여정부 시절에는 위 규정의 전신인 구 지방분권특별법 제

43) 출처: 위키백과 http://ko.wikipedia.org/wiki/제1공화국#.EC.A0.84.ED.9B.84.EC.9D.98_.ED.98.BC.EB.9E.80

44) 이기우, "지방자치 기반강화를 위한 헌법개정", 한국지방자치학회보 제17권 제4호, 2005.12, 5-6쪽; 조성규, "지방자치의 보장과 헌법개정", 공법연구 제34집 제1호, 2005.11, 130쪽; 최우용, "지방자치의 관점에서 본 헌법개정", 지방자치법연구 제8권 제3호, 2008.9, 176-178쪽 등 다수.

12조 제1항에 따라 자치입법권 강화방안을 모색하기 위한 정부 차원의 구체적 시도를 한 적이 있으나 역시 별다른 성과를 거두지 못하였다. 당시 정부는 행정자치부에 자치입법제도개선연구단[45]을 발족하여 구 지방자치법 제15조(본문 및 단서)와 제20조의 개정방안 등 자치입법권의 확대방향을 제도적으로 모색하고자 하였지만, 연구단 내에서조차도 조례에 대한 법률유보론의 적용을 끝내 극복하지 못함으로써 뚜렷한 성과 없이 활동을 종료하고 말았다.[46]

아무튼, 현재와 같은 협소한 자치입법권과 위임조례 위주의 왜곡된 자치입법 현상을 근본적으로 타개하기 위해서는 – 다수의 학설과 판례의 입장이 바뀌고 있지 않은 현실에서 – 해석론만으로는 한계가 있고, 결국 헌법의 개정을 비롯하여 지방자치법의 개정 등 입법정책적 개선방안을 모색하는 것이 불가피한 것으로 보인다.[47]

이하에서는 헌법 및 지방자치법의 개정방안을 모색함으로써, 국가와 지방자치단체 간의 바람직한 입법권 배분방안을 제시하고 본 논문의 결론에 갈음하고자 한다.

2. 바람직한 헌법 개정의 방향

자치입법권 강화를 위한 헌법 개정의 핵심은, 국회입법권에 대한 자치입법권의 위상과 성격을 분명히 하는 한편으로 자치입법권 행사에 대한 일반적 법률유보의 적용을 명시적으로 배제하는 데 있다고 본다. 이것은 국회입법권과 자치입법권을 실질적으로 배분하는 의미를 가질 것이다.

앞서 살펴본 대로, 현행법의 해석을 통해서도 헌법 제40조의 국회입법의 원칙과 제37조 제2항의 기본권 제한의 일반적 법률유보원칙은 지방자치의 장에서는 예외로서 인정될 수 있다고 보았다. 하지만 이에 대한 학계에서의 해석이 여전히 엇갈리고 있고 역대정부를 거치면

---

45) 자치입법제도개선연구단은 2004년 7월에 학계와 연구기관 및 행정기관의 전문가 12인으로 구성되어 동년 12월까지 총 4회의 회의를 거쳤다.

46) 동 연구단의 논의 결과, 구 지방자치법 제15조 본문 '법령의 범위 안에서'의 의미에 대하여는 법률의 위임이 없어도 조례 제정이 가능하다는 면에서는 의견이 일치하여 현행규정을 유지하자는 의견과 '법령에 위반되지 아니하는 범위 안에서'로 개정하자는 의견이 대립하였고, 제15조 단서 법률유보조항에 관해서는 다수의견이 위 단서를 삭제할 경우 위헌의 시비를 피할 수 없다고 보아 위임이 필요한 사항은 직접 지방자치법에 열거하는 방안을 제시하였다고 한다. 기타 상위법령을 제정하여 기존의 조례와 모순·저촉이 발생할 때에 그 조례를 실효시킬 수 있는 제도를 마련한다든가, 법률의 위임이 없음에도 침익적 조례를 제정하기 위해서는 주민의 동의를 받는 방안, 기타 지방자치단체에게 침익적 조례 제정의 필요 시에 국가에 대하여 법률의 위임을 청구할 수 있는 제도를 도입하자는 방안 등이 제안되었다고 한다. 동 법 제20조 벌칙조항과 관련해서는, 조례 위반에 대하여 과태료를 조례로 규정하는 외에 조례에서 형벌을 설정·부과하는 것은 헌법 제12조 제1항의 죄형법정주의에 반하므로 현행 규정(1,000만원 이하 과태료)을 그대로 존치하는 것으로 의견을 모았다고 한다.

47) 최봉석 교수도 다음과 같이 같은 입장을 피력하고 있다. "언제까지 편견과 오해에 기반한 이러한 지리한 논쟁과 혼란을 지속할 수 없는바, 헌법해석이 그 한계점에 도달한 바에는 헌법의 본문이 직접 자치입법권과 법률유보의 관계를 정리하여 자치입법의 합헌성과 내실화를 스스로 담보하게 하는 개헌작업이 필요한 시점이라는 점에는 공감하지 않을 수 없다." 최봉석, "실질적 자치권 보장을 위한 헌법개정의 방향", 지방자치법연구 제9권 제4호, 2009.12, 136쪽.

서도 자치입법권 강화의 향배를 거의 가늠하지 못하고 있는 것이 실제이므로, 자치입법권을 새롭게 규정하는 헌법 개정을 추진하는 것이 바람직할 것이다. 필자가 제안하는 헌법 개정안은 다음과 같다.

① 지방자치단체는 법령에 위반되지 않는 범위 안에서 그 사무에 관하여 조례를 제정할 수 있다.

② 지방자치단체는 헌법 제37조 제2항에도 불구하고 관할 구역 내에서의 질서유지, 공공복리를 위하여 필요한 경우에 한하여 조례로써 주민의 권리 제한 또는 의무 부과에 관한 사항을 정할 수 있다.

3. 바람직한 지방자치법의 개정방안

(1) 지방자치법 제22조 단서의 삭제

위와 같이 자치입법권의 명확한 보장과 함께 자치입법권 행사에 대한 일반적 법률유보의 적용을 배제하는 헌법 개정이 이루어진다면, 그 당연한 결과로서 현재의 조례에 대한 법률유보조항인 지방자치법 제22조 단서는 — 그 위헌·합헌 여부를 떠나 — 이를 삭제하여야 할 것이다.

(2) 조례와 죄형법정주의

한편 과태료가 아닌 형벌인 벌칙을 정하는 조례의 경우 법률의 개별적인 위임이 필요한 것인가 하는 문제와 관련해서는 이를 긍정적으로 새기는 것이 불가피하다고 본다. 조례의 실효성 확보의 차원에서, 조례 위반 행위에 대하여 형벌을 조례로 정할 수 있도록 일반적 유보조항을 두자는 견해도 있지만 일반적인 규제나 행정질서벌인 과태료와는 달리, 형사범의 창설과 형벌의 부과는 국가사무로 보아야 하고,[48] 형벌의 창설에 있어서는 보다 신중을 기하여야 하며, 헌법상의 엄격한 죄형법정주의원칙에 비추어 보아도 법률의 개별적·구체적 위임이 없이는 형벌을 조례로 정할 수 없다고 보는 것이 타당하다. 과거 형사벌칙제정권을 조례에 일반적으로 위임한 구 지방자치법 제20조의 규정이 위헌이라는 주장이 제기되었고 이를 받아들여 1994년 법률 개정 시 위 규정이 삭제된 사정이 있었음도 상기할 필요가 있다.[49]

---

48) 박윤흔, 앞의 책, 132쪽; 박균성, 앞의 책 170쪽.

49) 대법원 1995.6.30. 선고 93추83 판결.
"지방자치법 제15조 단서는 지방자치단체가 법령의 범위 안에서 그 사무에 관하여 조례를 제정하는 경우에 벌칙을 정할 때에는 법률의 위임이 있어야한다고 규정하고 있는데, 불출석 등의 죄, 의회모욕죄, 위증 등의 죄에 관하여 형벌을 규정한 조례안에 관하여 법률에 의한 위임이 없었을 뿐만 아니라, 구 지방자치법(1994.3.16. 법률 제4741호로 개정되기 전의 것) 제20조가 조례에 의하여 3월 이하의 징역 등 형벌을 가할 수 있도록 규정하였으나 개정된 지방자치법 제20조는 형벌권을 삭제하여 지방자치단체는 조례로써 조례 위반에 대하여 1,000만 원 이하의 과태료만을 부과할 수 있도록 규정하고 있으므로, 조례 위반에 형벌을 가할 수 있도록 규정한 조례안 규정들은 현행 지방자치법 제20조에 위반되고, 적법한 법률의 위임 없이 제정된 것이 되어 지방자치법 제15조 단서에 위반되고, 나아가 죄형법정주의를 선언한 헌법 제12조 제1항에도

(3) 지방자치에 관한 일반적 입법원칙의 정립

마지막으로, 지방자치단체가 자치입법권을 보다 적절히 행사할 수 있도록 하기 위하여 다음과 같은 보완적 입법조치가 필요하다고 본다. 그것은 국가가 지방자치에 관련되는 법령을 입안할 경우에 반드시 준수해야 할 새로운 '일반적 입법원칙'을 법정하는 방안이다. 즉, 지금까지는 중앙에서 법령을 제·개정하려고 할 때에 그 법령 전체 또는 개별조항들과 그에 상응하는 조례의 제정 가능성 여부에 대해서 그다지 주의를 기울이지 않은 채 법안이 만들어지는 경우가 많았다. 그로 인해, 당해 법령(의 취지 또는 개별법규정)이 자치입법과의 관계에 있어서 어떠한 의미를 갖는지가 명확하지 않은 경우가 많아, 자치입법자들이 자치법규의 제정 가능 여부 또는 제정하는 경우에도 어느 정도의 범위에서 어떠한 정도의 규율을 두는 것이 상위법 위반을 피할 수 있는지 등이 명확하지 않은 경우가 많았다. 그 결과 지방자치단체로서는 법령 저촉의 우려에서 자치입법의 정립에 있어 소극적이 되고, 결과적으로 자치입법의 활성화는 더욱 기대하기 어려워졌으며 자치입법 환경 역시 수구적이고 안일한 입법관행이 온존되어 왔다.

실제로 법령에 위반하지 않는 한도에서 조례를 제정할 수 있다고 하여도, 당해 법령에 명문의 규정이 없으면 상위법령의 취지가 무엇인지 정확하게 알기 어려운 경우가 적지 않다. 따라서 국가가 지방자치 관련 법령을 제·개정할 때에는, 기본적으로 지방자치 내지 지방분권의 기본이념에 적합하도록 하도록 하고, 입법자 스스로 그 법령 내지 개별규정에 조례와의 관계 등에 관한 취지를 가능한 밝히게 하여, 지방자치단체로 하여금 조례 제정 가부 내지 제정 가능한 경우의 허용 범위나 기준 등을 한층 명확히 알 수 있도록 할 필요가 있다고 생각한다. 그리고 이러한 취지의 규정을 지방자치관련 법령의 일반적 입법원칙으로서 헌법이나 지방자치법에 규정할 필요가 있다고 본다.

구체적으로는, 특히 개별법령의 규정이 전국 획일적 기준이고 추가 또는 초과조례 등의 가능성을 일체 인정하지 않는 취지일 경우에는 그 뜻을 명문으로 밝히게 하여 자치법규에 의한 새로운 규율을 예방하거나 차단함으로써 국법선점의 취지를 명시하고, 다른 한편 조례에 의한 새로운 입법사항의 설정을 허용하되 그 범위를 일정한 한도에서 제한하고자 하는 취지일 경우에는 구체적인 범위를 정하여 조례에 위임하도록 하며, 그러한 법령선점 또는 위임의 취지가 법령상 명시적으로 규정되어 있지 않은 경우에는, 당해 법령의 규정은 전국적 최저기준 내지 표준룰(rule)을 정한 것으로 추정하여 지방자치단체로서는 법령의 취지를 기초로 당해 지역의 필요에 상응하여 자치사무에 관하여 독자적인 자치법규(주민의 권리의무관련 사항도 포함하여)를 제정하는 것도 가능하도록 하자는 것이다. 이렇게 함으로써, 여전히

위반된다."

법률우위의 원칙을 형식적으로 고수해 가면서도, 실질적으로는 자치입법의 위상과 기능을 지방분권의 시대에 부합하게 제고시켜 나갈 수 있을 것이며, 종국적으로는 국가 법규의 체계를 법령과 자치입법간의 기능적 입법배분의 차원에서 새롭게 정립하여 갈 수 있을 것으로 본다.[50)]

50) 문상덕, "자치입법의 위상 및 기능 재고", 행정법연구 제7호, 2001.9, 98-100쪽.

25. 지방분권에 관한 국회 개헌특위 자문위원회 시안과 정부안의 문제점*

이 광 윤**

Ⅰ. 서 설

전국시도지사협의회에서 끊임없이 지방자치단체에게 형식적 의미의 입법권을 부여하고, 재정권을 강화하여 스위스 같은 연방국가를 모델로 하되 최소한 준연방제를 실시한다는 연방제 분권개헌론을 제기함. 전국시도지사협의회 지방분권개헌안의 골격이 국회 개헌특위 자문위원회 시안에 거의 반영됨. 정의당의 개헌안도 이와 거의 유사함. 더불어민주당안이나 정부안도 국회 개헌특위 자문위원회 시안을 거의 수용하거나 약간 수정하여 타협을 도모할 것으로 예상됨. 일단 공식적으로 발표된 국회 개헌특위 자문위원회 시안을 대상으로 하여 문제점을 살펴보기로 함.

Ⅱ. 본 론

1. 지방분권국가 선언

〈헌법개정특위 자문위 지방분권분과(안)〉

현 행	조문시안	참 고
(신설)	**제1조** ③ 대한민국은 지방분권 국가이다.	**제1조** ③ 대한민국은 분권형 국가를 지향한다. (기본권 · 총강 분과안)

• 비평: 27년간의 성과에 대한 평가가 선행되어야 함

우리나라는 1991년부터 지방분권을 실시하여왔고 이미 27년이 경과하였기 때문에 여기서 지방분권을 해온 결과에 대한 대차대조표가 필요하고 이 대차대조표에 따라 지방분권을 더 강화할 것인지 아니면 조금 후퇴시킬 것인지 결정하여야 함. 지난 27년 간의 성과에 대한 평가도 없이 무조건 지방분권을 강화하도록 선언하는 것은 지방위정자들의 권력팽창이라는 정치적 목적에 국가의 지방행정조직을 이용하는 것임.

2009년 10월 프랑스 회계원 "지방분권화에 대한 국가 경영" 보고서 종합 결론에 의하면

* 이 글은 2018년 3월 15일 국회 개헌 토론회 발표문에 정부안에 대한 검토의견을 첨부한 것이다.

** 성균관대학교 법학전문대학원 교수

'현재까지의 지방분권화는 공공지출을 줄이지도 못하였고 지방세의 증가를 억제하지도 못하였다.'고 함. 필립스겡 회계원장도 "지방자치단체의 경영은 효율적이지도 못하였고 경제적이지도 못하였다." 고 연설하였음. 또 "지방분권화에 대한 국가 경영" 보고서 보도자료(2009년 10월 27일)에 의하면 "지방분권을 실시한 지난 25년간 지방에서의 지방직 및 국가직 공무원은 100만명이 증가하였고, 지방에서의 재정지출은 지방자치단체지출이 5배, 국가지출이 3배나 증가되었으며 지역 간의 불균형이 심화되었다."고 함.

우리나라도 서울시(본청 기준)의 경우, 1991년도 예산액은 5조 4,529억원으로 2017년도 예산액(29조 8,011억원)과 비교하면 지난 26년 동안 24조 3,482억원, 446% 증가한 것으로 나타났고, 2015.6.2. 연합뉴스에 의하면 지방세는 1995년도에 15조 3천159억 원이던 것이 2015년에는 58조7천828억 원으로 증가하여 기간을 감안하면 서울시 예산액의 증가와 거의 비슷한 증가율을 보이고 있어 프랑스의 지방재정 지출 증가율인 5배와 거의 비슷한 양상을 보이고 있음.

2. 지방자치권 연원과 사무배분 원칙의 신설

〈헌법개정특위 자문위 지방분권분과(안)〉

현 행	조문시안
(신설)	**제117조** ① 주민은 그 지방 사무에 대해 자치권을 가진다. 주민은 자치권을 직접 또는 지방정부의 기관을 통하여 행사한다.
제117조 ② 지방자치단체의 종류는 법률로 정한다.	② 지방정부의 종류는 종전에 의하되, 이를 변경하고자 하는 경우에는 주민투표를 거쳐 법률로 정한다.
	③ 정부간 사무배분과 수행은 보충성의 원칙에 따른다.

• 비평: 지방자치단체의 계층구조에 대한 몰이해

– 제117조 제1항; 국가사무와 지방사무는 선험적으로 정해지는 것이 아니고 국가에서 지방사무로 정할 때에만 지방사무가 됨. 교통과 통신이 발달하는 오늘날은 본질적으로 지방에서 하여야만 할 사무는 사실상 거의 없음. 그 지방에 대한 정보를 많이 가진 기관이 그 지방의 사정을 더 잘 앎.

– 제117조 제2항; 지방정부의 종류에 대한 변경은 법률로 정하면 되고 주민투표를 거칠 필요가 없음. 주민투표에서 부결되면 지방행정조직 개편 자체를 할 수 없다는 것은 국가의 주권행사를 막는 것으로 사실상 독립공화국이나 다를 바가 없음.

– 제117조 제3항; 보충성의 원칙은 일반적 권한을 행사하는 마을공동체를 전제로 하여

도입하는 것임.

유럽의 주민생활은 교회와 장터를 공유하는 마을공동체, 즉 Commune; Gemeinde; Municipio 등으로 불리는 생활 공동체로서의 기초단체를 중심으로 이루어져 왔기 때문에 지방자치의 핵심은 마을공동체의 자치에 있고 마을공동체의 상급에 위치하는 지방단위는 국가와 마을 공동체 사이의 중간단계에 해당함. 유럽에서의 지역적 행정단위는 ① 국가, ② 지역, ③ 군, ④ 마을공동체의 4개 단위로 구성되어 있음. '지역'과 '군'이 국가와 마을공동체 사이에 존재하는 중간단계를 구성하고 있는데 지역은 국가 형태에 따라 단일 국가에서는 프랑스의 레지옹과 같은 단순한 행정자치단위이며 연방국가에서는 독일의 란트와 같이 행정·입법·사법권을 모두 향유하는 국가의 모습을 가지고 있고 이탈리아나 스페인과 같은 지역국가에서는 사법권은 없이 부분적 입법권만을 향유하는 형태를 띠고 있음. '군'(département; Kreis; Provincia)단위는 어느 나라에서나 국가형태에 상관없이 단순한 행정적 자치단위를 구성함.

일본에서는 ① 국가, ② 현, ③ 시·정·촌의 3단계로 구성되어 있는데 중간단계는 현 하나이며 시·정·촌은 유럽의 마을 공동체에 해당함. 우리나라에는 자치행정단위로 거론할 만한 마을공동체의 전통도 박약하고 제도화되어 있지 않음. 그런데 우리나라에서는 '도'단위를 광역지방자치단체로, 또 '군'단위를 기초지방자치단체로 부르고 있으며, 우리나라의 '도'단위나 '군'단위는 모두 국가와 마을공동체의 중간단위에 불과한 것이라는 점을 간과하고 지방자치단체, 특히 군 단위를 소위 기초지방자치단체로 오인한 나머지, 보충성의 원칙에 따라 자치권을 강화하자는 몰이해한 주장[1]을 하고 있음.

프랑스는 현재 보충성의 원리를 채택하지 않고 각 지방자치단체는 법률에서 위임한 사항만 집행하고 있음.

---

1) 2001년 11월 14일 한국지방자치법학회는 대국회·대정부 건의문에서 정치권에서 논의되고 있는 기초지방자치단체장의 임명제를 겨냥하여 「1. 한국지방자치법학회 회원일동은 중앙정부와 일부 정당이 헌법이념의 구현과 거리가 먼 내용의 지방자치법개정을 검토하고 있다는 항간의 소문에 대하여 깊은 우려를 표하는 바이다. 이에 한국지방자치법학회 회원일동은 이와 같이 헌법이념의 실천에 부합하지 아니하는 방향으로 지방자치법을 개정하려는 움직임에 반대하고 이 법이 지방자치를 실질적으로 정착시킬 수 있는 방향으로 개정되기를 희망하면서, 현재 지방자치법의 개정과 관련하여 현안이 되고 있는 주요 과제에 대하여 다음과 같이 학회의 입장을 밝히고자 한다」고 하면서, 「2. 국회와 정부는 지방자치단체가 감독청(국가 또는 광역지자체)의 처분에 대하여 다툴 수 있는 폭넓은 쟁송수단(예: 항고소송·헌법소원)을 법제화하여 지방자치단체의 권리보호의 실질화를 도모하여야 한다」. 또한 「3. 기초자치단체장선거에서 정당공천제는 기초자치단체를 중앙정치마당의 연장으로 변질되게 하는바, 복리단체인 기초자치단체의 성질에 비추어 바람직하지 아니하므로, 국회와 정부에 기초자치단체장선거에서 정당공천제를 폐지할 것을 촉구한다」고 건의하였다.

〈표 1〉 주요 국가의 주(광역)정부 평균인구 수(2013년 7월 기준)

구 분	국가명	인구 수	주(광역)정부 수	광역정부 평균인구 수
연방제국가 (주(州)정부)	미 국	316,668,567명	51개 (워싱턴특별구 포함)	약 6,209,188명
	캐 나 다	34,568,211명	10개	약 3,456,821명
	호 주	22,262,501명	8개 (준(準)주 2개 포함)	약 2,782,813명
	벨 기 에	10,444,268명	11개	약 949,479명
	스 위 스	7,996,026명	26개	약 307,539명
	독 일	81,147,265명	16개	약 5,071,704명
단방제국가 (지역정부)	프 랑 스	65,951,611명	22개	약 2,997,801명
	이탈리아	61,482,297명	20개	약 3,074,115명
	스 페 인	47,370,542명	17개	약 2,786,502명
	일 본	127,253,075명	47개	약 2,707,512명
	한 국	50,219,669명	17개	약 2,954,098명

※ 인구 자료: 미국 중앙정보국(CIA) 홈페이지(http://www.cia.gov),
한국 통계청 홈페이지(http://kostat.go.kr).

위 시안 설명의 <표 1>에서 이탈리아와 스페인은 단방제국가가 아니라 준연방국가임. 프랑스, 일본, 한국은 (지역정부)가 아니고 지방자치단체임.

시안 설명은 "우리나라의 광역지방정부의 평균인구수가 3백만명에 이르고 있어 인구규모로 보면, 연방제 국가의 주(州)수준이다. 따라서 우리나라의 광역지방정부에게 연방제 국가의 주정부 수준의 역할을 부여하고 책임을 맡기는데 무리함이 없다."고 하는데 광역자치단체를 주정부로 하느냐 마느냐 하는 문제는 국가형태의 문제이지 인구수의 문제가 아님.

"자치 2계층제는 선진 각국에서 이미 검증된 제도이지만 인구 2천만명 이상 국가 중 자치계층 단층제에 성공한 사례가 없다는 점에 유의해야 할 것이다."고 하나 영국의 잉글랜드는 1979년 대처의 집권으로부터 1997년 노동당 집권 시까지 18년 간 중앙집권 정책을 실시하고 단층제를 도입하였음.

또 시안설명은 "지방행정체제개편은 정치적인 목적이나 단기간의 업적평가를 위한 수단으로 추진됨으로 인해, 통합으로 인한 효과보다 지방의 경쟁력과 국력을 낭비하고 막대한 비용을 지불하며, 주민간의 갈등을 초래하고, 지방분권을 중단시키는 결과를 초래한 경우가 대부분이었다. 이러한 폐단을 막기 위해 상당수의 외국에서는 지방정부의 종류를 헌법에 직접 규정하고 있다. 따라서 지방정부의 종류를 헌법에 정함으로써 입법자의 재량을 한정하는 것이 지방행정과 국정운영의 안정성을 위하여 필요하다."고 하나 지방행정개편이 지방의 경쟁력과 국력을 낭비하고 막대한 비용을 지불한다는 데 동의할 수 없고 오히려 그 반대일 가능성이 많으며 지방정부의 종류를 헌법에 직접 규정하게 되면 지방행정체제개편 자체를 할 수 없도록 족쇄를 채우는 것임. 이렇게 하는 것은 헌법과잉이자 입법과잉임. 법률로도 족함.

3. 입법권의 배분

〈헌법개정특위 자문위 지방분권분과(안)〉

현 행	조문시안	비 고
제40조 입법권은 국회에 속한다.	**제40조** 입법권은 국민 또는 주민이 직접 행사하거나 그 대표기관인 국회와 지방의회가 행사한다.	[정부형태분과 의견] 제40조 현행유지
제117조 ① 지방자치단체는 주민의 복리에 관한 사무를 처리하고 재산을 관리하며, 법령의 범위안에서 자치에 관한 규정을 제정할 수 있다.	**제118조** ① 외교, 국방, 국가치안 등 국가존립에 필요한 사무 및 금융, 국세, 통화 등 전국적 통일성을 요하거나 전국적 규모의 사업에 대해서는 중앙정부만 입법권을 가진다.	
	② 제1항에 해당하지 않는 사항에 대하여는 중앙정부와 지방정부가 각각 입법권을 갖는다.	
	③ 지방정부는 그 관할구역에서 효력을 가지는 법률을 제정할 수 있다.	
	④ 중앙정부의 법률은 지방정부의 법률보다 우선하는 효력을 가진다. 다만, 지방정부는 지역특성을 반영하기 위하여 필요한 경우에는 행정관리, 지방세, 주민복리와 관련한 주택, 교육, 환경, 경찰, 소방 등에 대해서 중앙정부의 법률과 달리 정할 수 있다. ⑤ 지방검찰청장과 지방경찰청장은 법률이 정하는 바에 따라 관할구역의 주민이 직접 선출한다.	

• 비평: 국가형태를 바꾸는 것은 헌법적 금기사항

"제40조 입법권은 국민 또는 주민이 직접 행사하거나 그 대표기관인 국회와 지방의회가 행사한다."고 하는데 우리나라는 단일국가이므로 지방자치, 즉 지방분권이라 함은 국가의 권력인 행정·입법·사법권 중에서 형식적 의미의 행정권의 일부 분야에 대한 결정권을 국가가 별도의 지방공공단체에게 위임하여 행정하는 것을 가리킴. 지방공공단체, 즉 지방자치단체는 일부 지역주민 만에 관한 행정사무를 담당하는 것으로서 자치사무, 즉 지방사무란 지역적 이익공동체의 행정사무를 가리킴. 따라서 지방의회는 주민에 의하여 구성되었다 하더라도 이것은 정치적 민주화(형식적 행정, 입법권을 포괄한 민주화)를 의미하는 것이 아닌 행정적 민주화를 의미하는 것이기 때문에 행정위원회에 해당함. 입법권을 국민이나 국회가 아닌 주민이나 지방의회가 행사하는 것은 지방자치단체가 행정, 입법, 사법의 3권 중 행정권의 지방에로의 분권이 아닌 형식적 의미의 입법권을 분권하는 것이므로 이는 행정적 분권이 아닌 정치적 분권을 의미하므로 연방 내지 준연방으로 국가의 형태를 바꾸는 것임.

또 "제118조 제1항 외교, 국방, 국가치안 등 국가존립에 필요한 사무 및 금융, 국세, 통화 등 전국적 통일성을 요하거나 전국적 규모의 사업에 대해서는 중앙정부만 입법권을 가진다"를 보면 중앙정부는 사법권도 독점하지 못하고 있으므로 이것은 순수한 연방제 국가의 형태임. 이렇게 하려면 헌법 제1조를 개정하여야 하는데 이러한 국가형태의 변경은 유구한 역사와 전통에 빛나는 대한민국을 변경시키는 것이기 때문에 헌법적 금기사항임. 이러한 헌법적 금기사항을 단순한 헌법개정으로 깨면서 국가형태를 바꾸는 것은 역사적 혁명 사항으로 촛불집회에 나타난 국민의 뜻이 아님. 수 백 개의 공국으로 분열되어 있던 독일이 종교전쟁에서 영국과 프랑스 군대의 복수전에 얼마나 민족의 긍지를 짓밟히고 신음하였던 지를 역사는 말해주고 있음. 그 후 독일은 수 십 개로 통합된 뒤 독일 통일을 이루어 오늘날의 연방국가의 토대를 마련한 것임. 이태리나 스페인의 지역국가(준연방국가) 역시 통합 과정을 통하여 시역 국가가 탄생한 것임. 판테온-소르본느(파리1)대학의 Michel Verpeaux교수는 "지방자치단체와 헌법적 금기"(Les collectivités territoriales et les tabous constitutionnels)라는 논문에서 "단일 국가에서 국가의 단일성은 넘을 수 없는 헌법적 금기사항이다. 프랑스는 역사적으로 분할할 수 없다. 국가의 법률만이 일반의사의 표현이다. 국회만이 입법권을 가진다."고 하였음.[2)] 그런데 삼국통일 이래 세계에서 유래 없는 동질성을 지닌 유구한 역사와 전통의 단일민족 국가를 헌법 개정을 통하여 분열시키겠다는 것은 논의의 대상이 될 수 없는 초헌법적 발상임.

제118조 제2항, 제3항

〈헌법개정특위 자문위 지방분권분과(안)〉

현 행	조문시안
	제118조 ② 제1항에 해당하지 않는 사항에 대하여는 중앙정부와 지방정부가 각각 입법권을 갖는다.
	③ 지방정부는 그 관할구역에서 효력을 가지는 법률을 제정할 수 있다.

• 비평: 국가해체의 위험성

제118조 제2항, 제3항의 지역법률제정권을 지방자치단체에게 주게 되면 지방자치단체 상호간에는 우열이 없으므로 <u>대한민국은 240여개의 국가들로 구성된 준연방국가</u>가 되는데 그

2) Michel Verpeaux, "Les collectivités territoriales et les tabous constitutionnels": sous la direction de Nicolas Kada, "Les tabous de la décentralisation"; Berger-Levrault 2015.

렇다면 수십개도 아니고 240여개나 되는 지방국가들의 지역법률에 대한 통제를 모두 헌법재판소에서 위헌심사를 하여야 하는 국가경영 불능상태가 될 뿐만이 아니라 국민들 간의 기본권 보호정도가 달라지므로 민주주의의 중요한 기초인 평등원칙을 파괴하게 됨. 세계에서 연방의 주(국가)나 地域국가의 準州(자치공동체 등) 말고 그 밑의 시군구에까지 지방법률제정권을 부여한 국가는 하나도 없음. 따라서 "독일, 스페인 등 다수의 외국헌법에서도 관련규정을 두고 있다"는 설명은 사실이 아님. 그런데도 "외국에서는 지방정부에게 광범위한 법률제정권을 인정하고 있다"는 허위의 주장을 하고 있음. 형식적의미의 법률은 연방정부 또는 국가에 해당하는 연방국가의 支邦(州)이나 地域(準州)만이 제정할 수 있음. 뿐만 아니라 자유는 독립을 원하므로 자치는 분리주의로 이행하려고 함.[3] 오늘날 스코틀랜드, 퀘벡, 카탈루냐, 코르시카의 분리운동의 문제를 보고도 이러한 논의가 이루어진다는 사실 자체가 경악스러운 일임.

"독일, 스페인 등 다수의 외국헌법에서도 관련 규정 두고 있음."이라고 하나,

스페인헌법 제149조 제3항은 「헌법이 국가에 대하여 명문규정으로 부여하지 아니하는 사항은 '조례법'(Estatuto)[4]제정권을 가지고 있는 자치공동체에 부여될 수 있다. 자치조례법에 의하여 인수되지 아니한 사항에 관한 권한은 국가에 귀속되고 쟁의가 발생하는 경우, 자치공동체의 배타적 권한에 귀속되지 아니하는 모든 것에 있어서 국가의 규범은 자치공동체의 규범에 우선한다. 어떠한 경우에도 국가의 법은 자치공동체의 법을 보충할 수 있다」고 규정하고 있음. 이에 따라 카탈루냐 자치공동체와 바스크 자치공동체는 자체의 조직과 규범권을 정하는 '조례법'을 제정하였음. 이러한 권한은 자치공동체의 자치적 입법권이며 자치공동체는 또한 지방의 사정과 필요에 적응하기 위하여 국가가 제정한 규범을 보충하는 보충적 입법권을 향유함. 보충적 입법권은 국가가 정한 규율의 범위 내에서 행사되고, 자치공동체는 제149조에서 국가의 권한으로 정하고 있는 사항에 대하여 법률의 집행을 위하여 규범을 제정할 수 있고 이러한 규범은 국가의 허가를 받아야 함. 스페인에서의 '조례법'(Estatuto)이란 헌법보충적 기능을 하는 것으로, 정치적 분권기관인 지역의회에서 제정하는 지역입법권의 산물임. 그러나, 스페인의 군(provincia)과 시·읍·면(municipio)의 지위는 단일국가에서와 같은 단순한 행정적 분권 기관이며, 시·읍·면에게 "마을자치권력"(Pouvoir Municipal)을 인정하지도 않음. 이들 지방자치단체에게는 1955년 지방제도법률에 의하여 지방행정입법규범(normas reglamentarias locales)의 제정권이 인정되었음.[5] 그러나 지방행정입법규범은 순수한 행정적 성격의 것으로 '형식적 입법권'이 아니며 국가의 법률 또는 자치공동체의 법률에 종속되며 행정소송의 대

3) Nicolas Kada, De l'autonomie au séparatisme M un paradoxe amoureux? sous la direction de Gilles J. Gulielmi, De l'autonomie au séparatisme p. 278.

4) 어원으로 보면 Estatuto는 이탈리아의 Statuto와 함께 "조례"라고 불러야 하나, 지역국가에서의 조례는 지역(Région)의 법률을 가리키고 우리나라에서 조례라고 부르는 도, 군 단위의 의결은 행정처분으로서 의결(Acuerdo)이라고만 부르고 있기 때문에 우리나라에서의 조례와 구분하여 조례법이라고 하였음.

5) 스페인에서의 법규명령은 국가명령(Reglamentos estatales), 자치명령(Reglamentos autonomicos), 지방명령(Reglamentos locales), 기관명(Reglamentos institucionales)으로 구분된다. Luis, No. Cazorla Prieto/Enrique Arnaldo Alcubilla, Temas de Derecho constitucional Y Derecho administrativo, Marcial Pons, 1988, Madrid, p. 575 이하 참조.

상이 된다. 따라서 지역국가인 스페인에 있어서 지역 단위 이하의 地方自治團體는 立法的 權限(compétence législative)을 인정받지 못하고 行政立法權 또는 命令權(compétence réglementaire)밖에는 향유하지 못함.[6] 이탈리아 헌법 제117조에서는 입법권은 국가와 헌법규정에 따른 지역(Regione)만이 보유함을 명시하고 있음.

독일 기본법을 보더라도 제30조에 "국가의 권한은 연방과 란트 사이에 분배된다"고 하고 있기 때문에 란트는 곧 국가로써 제70조에 따라 당연히 법률제정권이 인정되나 지방자치단체의 자치권은 제28조에 의하여 법률의 범위 안에서 보장됨. 즉, 란트가 아닌 군(Kreis)단위나 게마인데에게 법률제정권을 주는 것이 아님. 따라서 자문위원회의 이러한 설명은 사실이 아님.

또 "많은 국가에서 채택하는 지방정부의 배타적 입법권을 보장한다"고 하는데, 이 때의 지방정부란 州 또는 準州에 해당하는 것만 가리키지 우리나라와 같이 광역과 기초 지방자치단체를 말하는 것이 아니기 때문에 잘못된 설명임.

더구나 "지방정부의 입법기관인 지방의회가 제정한 지방법을 종래 조례라고 칭하였으나 학설이나 실무에서 조례를 행정입법으로 해석하는 경향이 있어 지방정부의 손발을 묶는 족쇄가 됨.

- 스위스 등 외국의 경우 지방의회가 제정하는 자치입법을 형식적 의미의 법률로 보아 주민의 권리제한이나 의무부과, 벌칙 등도 가능한 것으로 보고 있으나 유독 우리나라에서는 행정입법으로 해석하여 법률의 위임이 없으면 권리제한이나 의무부과를 할 수 없도록 해석함.
  - 이로 인해 지방의 행위능력은 제한되고 무능력자가 되어 자치적인 정책수행이 불가능하게 됨.
- 지방정부의 행위능력을 회복하기 위해서는 지방정부에게 법률제정권을 부여하여 주민의 권리제한, 의무부과, 벌칙제정 등을 할 수 있도록 함. 법률유보의 위헌성 관련 소모적인 법리 다툼을 해소할 수 있음.
- 지방의 전속적 자치입법영역을 설정하기 위해 국가의 입법영역을 배제하는 극단적인 방법을 채택하지 않고 국가의 입법권을 우선 보장함. 다만 헌법과 법률로 정한 중앙정부의 사무 외에는 관할구역에 적용되는 자치입법권을 보장함."이라고 설명하고 있으나, 지방공공단체, 즉 지방자치단체는 일부 지역주민 만에 관한 행정사무를 담당하는 것으로서 자치사무, 즉 지방사무란 지역적 이익공동체의 행정사무를 가리킴. 따라서 지방의회는 주민에 의하여 구성되었다 하더라도 이것은 정치적 민주화(형식적 행정, 입법권을 포괄한 민주화)를 의미하는 것이 아닌 행정적 민주화를 의미하는 것이기 때문에 행정위원회에 해당함. 따라서 우리나라의 도나 군의 의결기관을 의회로 명명한 것은 처음부터 잘못된 것임. 대한민국에 정치적 민주화를 대변하는 의회는 국회 하나밖에 없

6) F.d'Arcy, M.B.del Alcazar, *op. cit.*, p. 28.

음. 우리나라와 같은 단일국가인 프랑스의 경우 의회는 Parlement(상원과 하원으로 구성)이라고 부르나 지방자치단체의 의결기관은 위원회, 즉 Conseil로 부르고 있음(미국도 Counsil). 때문에 지방의회가 제정하는 조례는 형식적 의미의 입법, 즉 법률이 아닌 행정입법에 해당함. 또 행정입법권을 포함한 지방자치단체의 자치권은 형식적 의미의 행정권을 국가가 법률에 의하여 분권하는 것이기 때문에 조례의 제정에는 반드시 법률의 위임이 있어야만 함. 그럼에도 불구하고 법률에 저촉만 되지 않으면 조례를 제정하도록 하고 있는 현행법은 독일 기본법 제28조 제2항의 「게마인데에게는 법률의 범위 내에서 지방공동체의 모든 사무를 그 스스로의 책임하에 규율할 권리가 보장되어야 한다」는 규정을 모방한 것으로 보이는데, 게마인데에게 법률제정권을 부여하고 있는 것은 아님. 독일에서도 독일연방헌법재판소는 기본법이 지방자치단체에 대하여 마을자치권력(Pouvoir Municipal), 즉, 국가 내에서의 독자적인 권력체로서의 지위를 인정하고 있지만 그에 대하여 전적으로 보장된 사무영역을 인정하는 것은 아니라는 점을 누누이 강조하고 있음.[7] 따라서 독일 기본법 제28조 제2항의 규정은 프러시아의 나폴레옹적인 민족국가(Etat-Nation)이론과 마을자치권력(Pouvoir Municipal)이론의 타협점인 셈인데, 우리나라에는 "마을자치권력"이 존재하지 않고, 제도상으로도 없으며, 전통도 없음. 우리나라의 리. 동은 자치단체가 아님. 이러한 마을자치권력에 바탕한 법률로서의 조례 제정이라는 시원적 권력을 지방자치단체에 인정하는 것은 연방제를 향한 국가형태의 이완을 시작한 것 같으며, 더구나 조례를 행정입법이 아닌 법률에 준하는[8] 자주입법으로 주장하는 것은 郡단위에까지 형식적 입법권을 인정하는 정치적 분권을 하자는 것으로 신봉건제를 채택하여 국가를 해체하자는 주장이나 다름없음.

• 비평: 지방부패의 온상이 될 우려

제118조 제5항은 "지방검찰청장과 지방경찰청장은 법률이 정하는 바에 따라 관할구역의 주민이 직접 선출한다."고 하는데 이에 대한 자문위원회의 설명은 "대통령과 중앙정치권 등 인사권자의 영향력에서 벗어나 지역의 법치주의와 질서유지에 핵심역량을 집중하게 될 것"이라고 한다. 그러면 지방검찰청장과 지방경찰청장에는 지방유지들이 당선될 것이며 지방유지들의 지연이라고 하는 한국사회의 병폐인 동향의 끈으로 인해 지방단체장이나 지방의원들과 유착될 가능성이 농후함. 이것이 오히려 지방의 부패를 조장할 가능성이 높은 점을 자문위원회 시안은 간과하고 있음.

---

7) 하인리히 숄러, 김해룡역, 전게서, 32면.

8) 통탄스럽게도 1999년 한국지방행정연구원의 연구보고서 1999-02(제318권)에 의하면 공법학계 중 헌법전공자의 83%, 행정법전공자의 67%, 헌법재판소와 대법원 전문가들의 86%, 공무원의 69.3%, 지방의원의 66.3%가 조례를 행정입법이 아니라 준법률로 보고 있다고 한다. 신봉기, "자치입법권의 범위와 실효성확보방안", 한국지방자치법학회 제2회 학술발표대회 요지집 79면.

4. 행정권 배분

〈헌법개정특위 자문위 지방분권분과(안)〉

현 행	조문시안
(신설)	**제118조** ⑤ 중앙정부는 법률에서 직접 수행하도록 정한 사무를 제외하고는 지방정부에 위임하여 집행한다.

• 비평: 위임행정은 정당공천 선거제와 모순됨

이에 대하여 자문위는 "이는 지방정부가 수행하는 것이 보다 지역실정에 부합되고 효율적이기 때문. 국가가 특별지방행정기관을 설치해서 수행하는 경우에 지방행정과 중복될 수 있고, 종합행정이 어려워짐. 중앙행정기구의 무분별한 팽창을 방지하고, 현장에서 책임 있는 종합행정이 이루어지도록 함"이라고 설명하고 있으나, 정당이 중앙의 집권당과 다른 정당 출신이 단체장이 될 경우, 국가위임사무가 잘 집행되지 않을 것은 뻔하고 우리는 그런 난맥상을 이미 보아왔음. 우리나라의 지방자치단체는 한편으로는 국가기관으로서의 지위를 가지면서 다른 한편으로는 자치단체로서의 지위를 가짐. 따라서 국가사무를 처리하고 지방자치단체를 감독할 일반적 국가대표기관이 지방에는 존재하지 않고 국가사무는 지방자치단체장에게 위임하여 처리하고 있음. 지방의 이익에 민감한 정당공천을 받은 지방자치단체장이 국가의 법령 수호를 위하여 지방자치단체를 감독하고, 자치단체의 이익이 아닌 국가의 이익을 위하여 국가사무를 집행한다는 것은 출발부터 문제가 있음. 우리나라와 같은 단일국가인 프랑스의 경우, 지역(Région)에는 지역청 소재지의 郡(Département)의 知事(Préfet)가 겸직하는 知事(Préfet)가 국가사무를 담당하며 각 郡에서도 국가에서 임명하는 知事(Préfet)가 국가사무를 담당함. 자치사무는 지역(Région)의 경우에는 지역위원회의 의장이 자치단체장으로서 자치사무의 집행을 담당하며, 郡(Département)에서는 郡위원회 의장이 자치단체로서의 郡을 대표하며 자치사무의 집행을 담당함. 다만 마을공동체인 꼼뮌(Commune)에서는 주민이 선출하는 시장(Maire)이 국가기관으로서의 지위와 자치단체장으로서의 지위를 동시에 가지며 자치사무와 함께 국가사무도 위임받아 집행함.

5. 지방정부의 재정권

〈헌법개정특위 자문위 지방분권분과(안)〉

현 행	조문시안
(신설)	**제119조** ① 지방정부는 자기책임 하에 자치사무를 수행하고, 그 사무의 수행에 필요한 경비를 스스로 부담한다.
	② 위임사무를 처리하는데 소요되는 비용은 위임하는 정부에서 부담한다.

	③ 지방정부에게는 그 사무수행에 필요한 재원이 제1항의 취지에 부합하도록 보장되어야 한다.
	④ 지방정부는 지방세의 종류와 세율 및 징수방법을 법률로 정할 수 있다.
	⑤ 중앙정부와 지방정부간, 지방정부 상호 간 연대의 원칙에 따라 적정한 재정조정이 이루어지도록 지방정부 의견을 청취한 후 법률로 정한다.
	⑥ 지방정부는 재정건전성의 원칙에 따라 수지균형을 이루도록 투명하게 재정을 운영하여야 한다.
	⑦ 지방정부의 채무는 법률이 정하는 기준에 따라 관리되어야 한다.

• 비평: 지방자치단체 간의 불균형 조장

지방자치단체가 지방세의 종류와 세율 및 징수방법을 법률로 정할 수 있고, 그 사무의 수행에 필요한 경비를 스스로 부담하게 되면 지방자치단체간의 불균형을 심화시켜 전체 국민들에게 평등한 서비스를 제공할 수 없게 되며 이것은 우리 헌법상의 평등조항에도 위배됨. 이를 교정하기 위한 " ⑤ 중앙정부와 지방정부간, 지방정부 상호 간 연대의 원칙에 따라 적정한 재정조정이 이루어지도록 지방정부 의견을 청취한 후 법률로 정한다"는 방법은 전적으로 해당 지방정부의 의견에 의해 좌우되는 비현실적인 안임. 또 "⑥ 지방정부는 재정건전성의 원칙에 따라 수지균형을 이루도록 투명하게 재정을 운영하여야 한다."도 선언적 규정으로 실효성이 없음. 이렇게 되면 지방자치단체간의 불균형을 심화시켜 국민을 분열시키고 지방자치단체에 따라서는 예산낭비의 우려가 증대됨.

분권화는 취약 계층을 기득계층에 대립시켜 국민을 분열시키는 정책임. 프랑스의 경우, 여론조사에 의하면 지방분권화는 지방세를 증가시키고(70%), 지역간의 불균형을 악화시키고(68%), 주민들의 생활의 질을 개선하지 못하였다(60%)는 여론임.[9]

프랑스 국민 중 분권화를 더 진행시키자는 의견은 24%, 후퇴하자는 의견이 42%, 현상유지가 34%임. 우파는 분권화에 49%가 지지하는 반면 좌파는 35%밖에 지지하지 않는데 사회당원은 39%, 녹색당은 31%가 지지함. 후퇴하자는 주장은 농어촌에서는 44%에 달하는 반면 파리에서는 33%에 달하고 현상유지(38%)를 하자는 의견이 더 많음. 재정자립도가 높은 부유한 지역에 비하여 가난한 지역의 여론이 분권화에 더욱 부정적임. 전국적으로 보면 파리가 분권화에 가장 덜 부정적이고 현상유지를 원하는 의견이 많음.

---

9) Élisabeth DUPOIRIER, Le Baromèetre Politique Françcais(2006-2007)

6. 지방정부의 기관

〈헌법개정특위 자문위 지방분권분과(안)〉

현 행	조문시안
제118조 ① 지방자치단체에 의회를 둔다.	**제120조** ① 지방정부에는 지방의회와 집행기관을 둔다. 다만, 지방정부의 법률로 주민총회를 입법기관으로 할 수 있다.
② 지방의회의 조직·권한·의원선거와 지방자치단체장의 선임방법 기타 지방자치단체의 조직과 운영에 관한 사항은 법률로 정한다.	② 지방정부의 입법기관과 집행기관의 조직·인사·권한·선거, 기관구성과 운영에 관하여 필요한 사항은 해당 지방정부의 법률로 정한다.

• 비평: 대의민주주의 원칙에 어긋남

제120조 단서의 "지방정부의 법률로 주민총회를 입법기관으로 할 수 있다"는 시안 그리고 제117조 제1항 제2문 "주민은 자치권을 직접 또는 지방정부의 기관을 통하여 행사한다"를 보면 직접민주정치를 지방행정에 도입하고 있는데 인구수가 몇 만에서 몇 십 민에 이르는 시군구, 또 그 위의 광역 자치단체의 주민이 자치권을 직접 행사한다는 것은 대의민주주의 원칙에 어긋남. 스위스가 대표적인 직접민주주의를 채택한다고 알려져 있지만 스위스는 인구규모도 작고(특히 콤뮌) 대의민주주의 체제 하에서 부분적인 주민투표제도를 도입하는데 불과하며 우리나라에서 주민투표제도를 도입하는 것은 이미 현행 지방자치법에 도입되어 있으므로 이를 헌법에 명시할 필요성은 없음.

Ⅲ. 정부안에 대한 검토의견

1. 제1조 제3항 대한민국은 지방분권국가를 지향한다

우리나라가 1991년에 처음 지방의원 선거를 실시하여 지방분권을 한 지 27년이 경과되었다. 그러면 그동안의 지방분권을 행한 결과를 평가하고 그 결과에 따라 지방분권을 강화할 것인지 약화시킬 것인지 결정하는 것이 옳다. 1982년 들어 처음 지방분권을 실시한 프랑스는 그동안의 지방분권 결과에 대하여 2009년도에 회계원 보고서와 Balladur 보고서가 나왔으며 이 보고서들의 평가를 바탕으로 지방분권의 방향을 수정하였다.

"지방분권국가를 지향한다"고 헌법 제1조에 규정하면 지방분권에 대한 방향을 새로 정할 수 없도록 족쇄를 채우는 것이다. 프랑스가 2003년에 헌법에 지방분권을 명시하였다는 것을 주장하며 우리도 헌법에 "지방분권국가"를 선언하자는 주장들이 전개되어온 결과를 반영한 것으로 보이나, 프랑스는 그동안 실시해온 지방분권을 헌법 제1조에 반영하였을 뿐이며, 즉

"프랑스는 비종교적이고, 민주적이고, 사회적이며, 분할할 수 없는 공화국이다. 프랑스는 출신·인종·종교에 따른 차별 없이 모든 시민이 법률 앞에서 평등함을 보장한다. 프랑스는 모든 신념을 존중한다." 다음에 "그 조직은 분권화되어 있다(Son organisation est décentralisée)"고 단순히 현실을 반영하였을 뿐이다. "지방분권"이 도덕적인 당위일 수도 없고, 국가경영의 효율적인 시스템인지는 평가해 보아야 한다.

헌법 제1조에 해당하는 내용의 독일 헌법 제20조 (1)은 "독일연방공화국은 민주적이고 사회적인 연방국가이다."고 선언하고 있다. 이것 역시 독일의 현실을 반영하고 있는 것이다.

지방분권을 강화하면 비용이 증가된다. 앞으로 헌법 제1조에 "지방분권국가를 지향한다"고 개정하려면 그 사실을 국민들에게 미리 알리고 국민들이 그 점을 감안하고 판단하도록 하는 것이 국민 주권에 투철한 투명한 국가경영이다.

"지방분권"은 행정권을 지방에 나누는 것이므로 단일 국가를 전제로 한다. 그런데 정부안 "제9장 지방자치" 제121조 내지 제124조의 내용들은 사실상 준연방국가를 내용으로 하고 있어 논리적으로도 모순이다.

2. 제3조 제2항 대한민국의 수도에 관한 사항은 법률로 정한다

수도에 대하여는 전 세계 70여 개국이 헌법에 규정하고 있다. 헌법에 명문으로 규정하지 않고 관습화 되어 있으면 수도에 관한 규정이 관습헌법이라는 것이 헌법재판소의 결정 내용이다. 그런데 정부안은 수도를 헌법에 규정하지 않고 법률에 위임하고 있다. 헌법규정 사항의 본질적인 부분은 헌법에 규정하여야지 법률에 위임할 수 없다. 수도가 어디냐 하는 것은 본질적인 사항이지 법률에 위임할 수 있는 세부적인 사항이 아니다. 이것은 헌법적 상식이 아니다.

3. 제121조 제1항 지방정부의 자치권은 주민으로부터 나온다

우리나라는 삼국 통일 이후 후삼국 등 국가 붕괴의 짧은 기간을 제외하고는 고도의 중앙집권 체제를 유지하여 왔기 때문에 마을 자치권력(pouvoir municipal)이 있어 본 적이 없고, 지방행정 조직 역시 기초지방단위는 삼국 통일 이후 군·현제가 지속되어 왔기 때문에 오늘날의 군 단위(조선조에서는 82군(郡)·175현(縣). 현재는 226개 시군구) 이하의 마을 단위는 지방행정조직이 아니었다. 따라서 주민자치는 성립될 수 없다. 우리나라의 어떤 문헌도 여태까지 우리나라의 지방행정권이 국가로부터 전래되지 않고 주민자치에 기반한 고유권이라고 한 적이 없다. 그런데 헌법을 개정하여 지방행정권을 주민자치에 기반한 고유권이라고 한다고 하여 역사적 사실이 달라질 수는 없다. 그리고 수 천개에서 수만개에 달하는 마을 단위가 기초 지방자치단체를 구성하는 유럽과는 달리 우리나라의 군 단위는 마을 공동체가 아니다.

비상식적인 비약에 의한 규정이라 아니할 수 없다.

지방정부(local government)라는 표현은 영미에서도 지방단체(local entity)를 가리키고, 대륙법계에 속하는 우리나라에서는 법률적으로 정확하게 '지방자치단체'라고 하여야지 '지방정부'라는 표현을 써서는 안 된다. 구태여 이러한 표현을 쓴다면 우리나라가 단일 국가가 아니고 연방국가 내지는 준연방국가 라는 말이 된다.

4. 제121조 제3항 주민발안, 주민투표 및 주민소환에 관하여 그 대상, 요건 등 기본적인 사항은 법률로 정하고, 구체적인 내용은 조례로 정한다

제122조 ② 지방의회의 구성 방법, 지방행정부의 유형, 지방행정부의 장의 선임 방법 등 지방정부의 조직과 운영에 관한 기본적인 사항은 법률로 정하고, 구체적인 내용은 조례로 정한다.

기본적인 사항을 법률로 정하고 나머지 사항을 조례에 위임하지 않고 조례로 정하게 되면, 조례를 법률로 보게 되면 중앙의 법률과 지방의 법률로 법률제정권을 분권하는 것이므로 이는 준연방국가로 된다는 것을 의미하며, 조례를 명령으로 본다고 하더라도 이는 독립명령제를 채택하여 법률은 기본적인 사항만 정하고 나머지 사항은 명령으로 정하는 프랑스 헌법 제34조 3문[10]과 같은 형식이 된다. 독립명령은 법률과 동위의 효력을 가지고 정해진 부분에만 개입하는 법률보다 오히려 나머지 모든 부분에 개입하므로 개입범위가 더 넓고, 법률과의 차이는 의회가 아닌 행정부가 만든다는 것 이외에는 없으므로 법률제정권을 분권하는 것이기 때문에 사실상의 준연방국가체제를 취한다는 것을 의미한다. 이러한 국가형태의 변경은 헌법적 금기사항으로 단순한 헌법개정으로 다룰 문제가 아니다.

"지방의회, 지방행정부"라는 용어를 병렬적으로 쓰게 되면 단순히 "지방위원회"라고 명명하여야 할 것을 "지방의회"라고 잘 못 썼다고 할 수 없고 "지방정부"는 영미에서 지방단체(local entity)를 지칭하는 것으로 사용하는 것과는 달리 준연방국가에서의 지역정부인 이태리

---

10) ③ 법률은 다음 사항의 기본원칙을 정한다.
- 국방 조직,
- 지방자치단체의 자유행정, 권한 및 재원.
- 교육,
- 환경보존,
- 재산권, 물권, 민간채권 및 상업채권,
- 노동권. 노동조합권 및 사회보장권.

La loi détermine les principes fondamentaux:
- de l'organisation générale de la Défense nationale;
- de la libre administration des collectivités territoriales, de leurs compétences et de leurs ressources;
- de l'enseignement;
- de la préservation de l'environnement;
- du régime de la propriété, des droits réels et des obligations civiles et commerciales;
- du droit du travail, du droit syndical et de la sécurité sociale.

의 Regione나 스페인의 자치공동체를 가리키는 것이 된다. 국가형태의 변경을 상징적으로 표현하고 있다.

5. 제123조 제1항 지방의회는 법률에 위반되지 않는 범위에서 주민의 자치와 복리에 필요한 사항에 관하여 조례를 제정할 수 있다

조례가 국가의 명령에 위반되어도 상관 없다면 이는 국가의 행정권을 분권한 것이 아니다. 이 조항은 대한민국은 "준연방국가다"라고 선언하는 것과 같다.

6. 제123조 제2항 지방행정부의 장은 법률 또는 조례를 집행하기 위하여 필요한 사항과 법률 또는 조례에서 구체적으로 범위를 정하여 위임받은 사항에 관하여 자치규칙을 정할 수 있다

그렇다면 국가의 명령을 집행하기 위하여 필요한 사항과 국가의 명령이 위임한 사항에 대하여는 자치규칙을 정할 수 없다는 것인지. 입법미비로 보이므로 이대로 헌법개정안으로 발의하여서는 안 될 것으로 본다.

7. 제124조 제1항 지방정부는 자치사무의 수행에 필요한 경비를 스스로 부담한다

세수가 부족한 지방자치단체는 교부금, 재정조정금, 등의 지원을 받을 수밖에 없는데, 실현 불가능한 조항으로 입법미비로 보인다.

8. 제121조 제4항 국가와 지방정부 간, 지방정부 상호 간 사무의 배분은 주민에게 가까운 지방정부가 우선한다는 원칙에 따라 법률로 정한다

사무 배분에 대한 보충성의 원칙은 유럽의 경우, 마을 공동체의 전통을 지닌 꼼뮌, 게마인데, 뮤니시피오 등의 최하위의 지방자치단체들이 일반적 권한을 가지므로 이들의 권한을 전권한성이라고 하여 보충성의 원칙을 도입한 것인데 우리나라는 이러한 마을 공동체가 없고 국가와 마을 공동체의 중간에 존재하는 지방자치단체만 2층제를 구성하고 있으므로 보충성의 원칙이 필요 없고 각 지방자치단체들은 법률이 정해주는 권한을 행사하면 된다.

Ⅳ. 결 어

이상과 같은 검토내용을 요약하면 다음과 같음.

1. 자문위 시안은 이론적인 혼동 투성이임

자문위 시안의 혼동은 용어사용의 혼동을 보면 특징적으로 나타남:

우선, 지방분권개헌론의 핵심은 입법권을 분권한다고 하는데 국가의 권력을 형식적으로 행정, 입법, 사법으로 보았을 때 입법권이나 사법권을 분권하면 연방(입법과 사법), 또는 준연방(입법)제를 도입하는 것으로 이것은 연방국가의 支邦, 즉 국가 또는 준국가를 구성하는 것이기 때문에 지방분권이라고 말할 수 없음. 특히 입법권을 분권하는 것은 정치적 분권이라고 불림. 지방분권이란 '행정적 분권'을 말하는 것으로, 행정권을 법인격 단체에게 분권하는 방법 중 사무적으로 분권하여 영조물법인을 구성하는 것이 아니라 지역적으로 분권하는 것을 말함.[11] 따라서 지방분권이라고 하면서 입법권의 분권을 말하여서는 안 되고 입법권을 분권하는 것은 최소한 지역주의(Regionalisme)[12]에 해당하여야 한다.

둘째, 국가형태를 혼동하고 있음. 우리나라는 모든 정치적 권력이 중앙에만 있는 단일국가임. 따라서 지방분권을 논한다면 우리나라에 대하여는 지방자치단체의 권한 증대에 관하여만 말하여야 하고 준연방국가인 스페인의 자치공동체나 이태리의 지역(Regione)는 준 국가에 해당하기 때문에 이들 나라의 지방분권을 말한다면 자치공동체나 지역(Regione)밑의 단위에 대하여 말하여야 하는데, 시안의 설명에 의하면 지방분권이라고 하면서 자치공동체나 지역(Regione)을 말하고 있고, 이탈리아나 스페인의 자치공동체나 지역(Regione)을 프랑스, 일본 우리나라 등의 단일국가의 광역자치단체와 같이 설명하고 있음.[13] 특히 독일, 스페인 등 다수의 외국헌법에서도 지방자치단체 일반을 지치하면서 지방정부가 입법권을 행사할 수 있는 규정을 두고 있다는 설명[14]은 사실이 아님.

셋째, "자치입법"이라는 용어를 사용하고 있는데 자치입법이 지방자치단체의 규범을 말한다면 지방자치단체는 형식적 의미의 행정권을 분권 받은 기관이므로 행정입법일 수밖에 없음. 우리만 유독 행정입법으로 해석한다는 비판[15]인데 외국의 경우도 支邦 또는 準支邦(란트, 자치공동체, Regione 등) 밑의 단위는 행정입법임. 스위스에서도 支邦인 Canton 밑의 commune은 명령권을 가짐.[16] 그리고 commune은 마을공동체이기 때문에 우리나라와 같은 국가와 마을 공동체 사이의 자치단체가 아니므로 스위스에는 우리나라의 지방자치단체에 해당하는 지방단위가 없음. 그러므로 시안의 설명은 사실이 아님.

---

11) 통치상의 권한이 지방정부에 대폭 분산되어 있는 체제. 중앙집권(centralization)과 상반되는 개념. 지방분권이란 국가의 통치권과 행정권의 일부가 각 지방정부에 위임 또는 부여되어 지방주민 또는 그 대표자의 의사와 책임 아래 행사하는 체제를 말한다. [네이버 지식백과] 지방분권[地方分權, decentralization, deconcentration](이해하기 쉽게 쓴 행정학용어사전, 2010.3.25., 새정보미디어) http://terms.naver.com/entry.nhn?docId=77895&cid=42152&categoryId=42152.
행정조직에 있어서 중앙과 지방 사이에 그 권한과 책임, 활동의 중심을 지방정부에 두고 중앙의 지휘 명령으로부터 상대적 독립성을 부여하는 행정조직 형태. 지방분권제의 전형적인 예는 지방자치제(地方自治制)라 할 수 있다. 이러한 지방분권제는 지방민(地方民)에 의한 지방행정을 가능하게 하여 지방 행정의 특수성과 지역성을 살리고 주민의 참여의욕을 고양시킬 수 있다는 장점이 있으며 사실상 이것은 민주주의 실현에 있어 하나의 제도적인 표현인 것이다. [네이버 지식백과] 지방분권[地方分權, localization](교육학용어사전, 1995.6.29., 하우동설), http://terms.naver.com/entry.nhn?docId=612493&cid=42126&categoryId=42126.
12) 어느 한 지역이 중앙 정부에 대하여 독자적인 정치·경제적 권한과 권리나 제도적 지위를 획득하려는 운동 또는 지역 공동체의 고유성이나 지역적 정체성을 국가적 동질성에 흡수당하거나 종속되는 것으로부터 방어하거나 보호하려는 지향을 말한다. [네이버 지식백과] 지역주의[regionalism, 地域主義](한국민족문화대백과, 한국학중앙연구원) http://terms.naver.com/entry.nhn?docId=572152&cid=46618&categoryId=46618.
13) 자문위원회 시안 257쪽.
14) 자문위원회 시안 262쪽.
15) 자문위원회 시안 263쪽.
16) André Grisel Traité de droit administratif IDES et CALENDES 1984 p. 258.

2. 비현실적인 안임

재정조정제도는 시안에 의하면 "지방정부 의견을 청취한 후 법률로 정한다"고 하여 지방정부의 의견에 따라 좌우되므로 재정균형을 달성하기 어려움. 또 제118조 2항 3항의 지역법률제정권을 지방자치단체에게 주게 되면 지방자치단체 상호간에는 우열이 없으므로 대한민국은 240여개의 국가들로 구성된 준연방국가가 되는데 그렇다면 수십개도 아니고 240여 개나 되는 지방국가들의 지역법률들에 대한 통제를 모두 헌법재판소에서 위헌심사를 하여야 하는 국가경영 불능상태가 될 뿐만이 아니라 국민들 간의 기본권 보호정도가 달라지므로 민주주의의 중요한 기본원칙인 평등원칙을 파괴하게 되어 균형발전에 반함. 세계에서 연방의 州(국가)나 地域국가의 準州(자치공동체 등) 말고 그 밑의 시군구에까지 지방법률제정권을 부여한 국가는 하나도 없음.

3. 헌법적 금기사항을 시도하고 있음

제40조 "입법권은 국민 또는 주민이 직접행사하거나 그 대표기관인 국회와 지방의회가 행사한다."는 규정에서 입법권을 국민이나 국회가 아닌 주민이나 지방의회가 행사하는 것은 지방자치단체가 행정, 입법, 사법의 3권 중 행정권의 지방에로의 분권이 아닌 형식적 의미의 입법권을 분권하는 것이므로 이는 행정적 분권이 아닌 정치적 분권을 의미하므로 연방 내지 준연방으로 국가의 형태를 바꾸는 것임. 이렇게 하려면 헌법 제1조를 개정하여야 하는데 이러한 국가형태의 변경은 유구한 역사와 전통에 빛나는 대한민국을 변경시키는 것이기 때문에 헌법적 금기사항임. 이러한 헌법적 금기사항을 단순한 헌법 개정으로 깨면서 국가형태를 바꾸는 것은 촛불집회에 나타난 국민의 뜻이 아님. 수 백 개의 공국으로 분열되어 있던 독일이 종교전쟁에서 영국과 프랑스 군대의 파트너를 바꿔 가면서 분탕질하였던 복수전에 얼마나 민족의 긍지를 짓밟히고 신음하였던지를 역사는 말해주고 있음. 그 후 민족정신이 자각된 독일은 수 십개로 통합된 뒤 독일 통일을 이루어 오늘날의 연방국가의 토대를 마련한 것임. 이태리 남부를 통일하여 전국통일을 위하여 헌납한 가리발디의 활동을 비롯한 이태리의 통일 운동(Risorgimiento)의 정신을 되새겨볼 필요가 있음. 스페인의 지역국가(준연방국가) 역시 통합 과정을 통하여 지역 국가가 탄생한 것임. 피를 많이 흘리고 얻어낸 삼국통일 이래 세계에서 유래 없는 동질성을 지닌 유구한 역사와 전통의 단일민족 국가를 단순한 헌법개정을 통하여 분열시키겠다는 것은 논의의 대상이 될 수 없는 초헌법적 발상임. 우리나라의 국가의 계속성은 헌법 전문에서 임시정부 헌법을 수용하고 있고 임시정부헌법 제8조에서는 "구황실을 우대한다"고 하여 왕정에서 공화정에로의 정체의 변경에도 불구하고 민족과 국가를 분리할 수 없는 단일민족국가로서의 계속성을 유지하고 있음.

26. 헌법상 지방분권개혁에 관한 소고 – 일본의 지방분권개혁을 중심으로 –

배 병 호*

Ⅰ. 서　　설

한국은 오래 전부터 현행 헌법의 개정을 논의하여 왔다. 특히 2018년 1월 발간된 '2017년 헌법개정특별위원회 자문위원회 보고서'에서는 헌법 개정으로 지방분권 문제를 해결하려 하고 있다. 주요 내용으로 지방의회에 입법권부여, 중앙정부와 지방정부의 입법사항 규정, 중앙정부 법률의 지방정부 법률에 대한 우선적 효력 규정, 지방정부의 자치 사무 확대와 지방정부의 지방세의 종류와 세율 및 징수방법에 관한 법률 제정권, 중앙정부와 지방정부의 재정조정에 관한 규정 등이 있다.[1)2)] 2018년 3월 26일 국회에 발의된 대통령안은 헌법 전문에 자치와 분권, 지역간 균형발전 및 자연과의 공존 등을 명시하고, 헌법 제1조 제3항에 "대한민국은 지방분권국가를 지향한다"는 내용을 신설하고, 국가자치분권회의를 신설하여 중앙과 지방의 소통을 강조하며, 지방분권부분에서 지방정부라는 단어를 사용하나 "지방법률"이란 단어를 사용하지 않고 "조례"라는 단어를 사용하고 있다.

이에 비해 일본은 오랜 기간에 걸쳐 지방분권 개혁을 추진해오고 있다. 1993년 8월 자민당 장기집권의 '55년 체제'가 무너진 후 들어선 비자민 · 비공산 연립정권은 지방자치에 관한 새로운 개혁을 강조하였다. 그 배경에는 고도 경제성장에서 저성장으로 바뀌는 것 외에 세계화와 지방자치단체의 국제화라는 큰 흐름도 있다.[3)] 1994년 6월 다시 자민당 연립정권으로 바뀐 후에도 지방분권 개혁은 지속되었으며, 2009년 9월 민주당 중심의 연립정권으로 본격적인 정권교체가 되자 민주당의 색깔이 가미된 지방자치 개혁이 이루어졌다. 2012년 12월 아베총리의 2차 연립정권이후에도 지방분권의 완성을 위하여 계속 노력하고 있다. 인터넷과 과학기술의 발달과 국민의 인적 구성의 새로운 변화 및 국제 환경의 변화 등 지방자치 환경의 변화에 대하여 자민당 정권은 지방분권 개혁으로, 민주당 정권은 지역주권을 강조하는 개혁으로 계속적으로 이어져왔다.

일본의 지방자치는 1947년부터 시행되고 있는 현 헌법에 근거하고 있다. 지방자치를 규

---

* 성균관대학교 법학전문대학원 교수

1) 지방정부와 지방법률은 현행 헌법의 지방자치단체와 조례를 말한다. 그러나 2018.3.10. 헌법학회의 헌법개정연구위원회에서는 위와 같은 용어의 변경을 반대하는 견해가 다수였다.

2) 2018.2. 발간된 국회 헌법개정 및 정치개혁 특별위원회 자료집 중 지방분권 · 헌법개정절차 · 부칙 참조.

3) 김장권, "세계화시대의 지방자치", 장달중 외, 세계화와 일본의 구조전환, 서울대학교출판부, 2002. 37-70면 참조.

정하고 있는 헌법 제8장은 4개조로 되어 있다. 제92조에서는 단체자치와 주민자치를 규정하고, 제93조에서는 주민자치의 관점에서 의회의 설치와 의회의원 및 집행기관의 장의 직접 공선을 규정하고 있다. 제94조에서는 단체자치의 관점에서 보통지방공공단체(이하 한국에서의 명칭인 "지방자치단체"라 한다)에 행정권을 부여하는 것과 법률 범위 내에서 자치입법권을 부여하고 있다. 제95조는 특정 지방자치단체에만 적용되는 특별법을 제정할 때에 주민투표를 요구하는 규정이다. 일본의 지방분권개혁은 헌법의 개정이 아닌 법률의 개정이고, 위 헌법 조항의 존속을 전제로 한 개혁이다.

일본은 최근 디플레이션의 탈출을 선언하면서 잃어버린 20년이란 터널을 빠져나왔다.[4) 아베노믹스 5주년을 맞는 일본 경제는 본격적인 활황세에 접어들고 있다. 일본의 경제발전과 사회변화를 시차를 두고 유사하게 뒤따르고 있는 한국의 경제 침체를 우려하는 목소리가 많다. 특히 저출산·고령화 현상과 인구감소 중에서도 농어촌인구의 감소 및 지방 경제의 낙후 등에 대한 우려는 대단히 유사하고 심각하다. 저출산 문제는 일본도 뚜렷한 해결방안을 정책적으로 제시하지 못하고 있지만 위와 같은 문제 해결을 위한 방법의 하나로 시작한 지방분권 개혁과 그 성과는 상당하다. 선진국답게 일본은 20년 이상 지속적으로 제도 개선을 하여 왔고 미완인 지방분권을 위하여 지금도 노력을 계속하고 있다. 단기간에 한 국가의 정치·경제의 기본 틀을 바꾸는 작업이 쉬운 문제는 아니다. 많은 문제제기와 논의 끝에 행해지는 정책 개혁은 역사제도론에서 말하는 이른바 경로의존성(path dependency)때문에 사회적 환경의 변화에 따른 새로운 변화의 요구를 지속적으로 자유롭게 받아들일 수 없는 제약이 있다.[5) 집권당의 내각이 국민의 여론을 반영하면서 추진하던 개혁 정책을 정권 교체를 이유로 전면적으로 폐기하는 것은 쉽지 않다. 왜냐하면 일본의 정부형태는 (연립)여당과 야당이 국민의 심판을 전제로 경쟁적으로 정책 개발을 하고 견제하는 내각책임제로서, 새로운 정권인 신내각도 교체된 이전 집권당의 개혁과 결과에 책임이 있기 때문이다.

경제대국 일본의 지방분권 노력과 그 결과에 대하여 국내의 여러 학자들이 많이 연구하여 왔다. 최근 한국에서는 헌법 개정을 통하여 지방자치 문제를 일거에 해결하려는 상황에서, 일본의 지방분권개혁은 비교법적으로 큰 도움이 될 것이다. 일본의 지방분권에 관한 기존의 연구를 바탕으로 하면서 최근까지의 제도변화와 그에 대한 평가를 하려고 한다. 먼저 일본의 지방자치제도의 개요를 살펴보고(Ⅱ), 지방분권을 위한 제도 개선 과정과 그 결과를 알아본 후(Ⅲ), 평가를 하면서 시사점을 살펴보고(Ⅳ) 앞의 내용을 요약하는 식으로 마무리하고자 한다(Ⅴ).

---

4) 2018.3.12.자 중앙일보 1, 4-5면.

5) 윤석상, "일본의 지방분권, 민주당 정권의 '지역주권론'과 지자체 개편", 국제지역연구 제15권 제3호, 2011. 202면.

Ⅱ. 일본의 지방자치제도의 개요

1. 일본 헌법과 지방자치법

1946년 11월 3일 공포되어 1947년 5월 3일부터 시행되고 있는 현행 일본헌법은 제8장에 지방자치에 관한 규정을 두고 있다. 제2차 세계대전 이후 연합국 측의 요구로 명치헌법을 폐기하고 평화헌법을 만들면서 지방분권주의의 길을 열었다.[6] 지방자치단체의 조직 및 운영을 지방자치의 본지(本旨)에 입각해서 법률로 정하게 하는 제92조에서부터 제95조까지의 규정에 의하여 헌법을 개정하지 않는 한 국가의 법률로도 지방자치단체를 폐지하거나 의회가 집행기관의 장을 선출하는 행위를 할 수 없다. 지방자치법은 도도부현지사, 시정촌장의 공선, 내무성의 해체, 자치체 경찰의 창설 등을 내용으로 하며, 1947년 4월 17일에 공포되어 그 다음 달부터 시행되고 있다.

2. 일본의 지방자치제도의 연혁과 기능

(1) 지방자치제도의 연혁

1) 명치유신과 부현제도

현재의 일본의 지방자치제도의 골격인 부와 현은 1868년의 명치유신의 신정부에서 기원한다. 막부와의 전쟁 중 취득한 구 막부령의 요지를 부(府), 기타를 현(縣)으로 하였다. 1869년(명치 2년)의 판적봉환에 따라 구번주를 구영지의 지번사(知藩事)로 임명했다가 1871년에 폐번치현하면서 번을 폐지하고 현을 설치하였다. 그리하여 전국을 부현으로 나누고 국가의 관리를 부지사, 현령으로 임명하여 중앙집권체제를 갖추었다.[7] 1888년(명치21년) 삼신법(군구정촌 편제법, 부현회규칙, 지방세규칙), 1890년의 구정촌회법, 1898년의 시제(市制)・정촌제(町村制), 1900년의 부현제・군제로 진행되었다.[8]

2) 불공정 조약 개선과 지방자치단체

명치시절의 지방자치관념은 국가의 기초를 공고히 하는 것임을 표방하였으나, 그 실상은 불공정한 조약을 유리하게 개정하기 위한 것이다.[9] 1858년 미국과 맺은 불공정한 수호조약 체결 이후 프랑스, 영국, 네덜란드, 러시아 등과 치외법권 등을 인정하는 불공정한 조약을 체결하였다. 이를 개정하기 위하여 1883년부터 노력하였으나 일본의 법률과 정치제도의 후

---

6) 아메미야 쇼이치, 유지아 역, 점령과 개혁, 어문학사, 2012. 94-99면. 천왕을 전범에서 빼고 상징적 천왕제를 받아들인 배경은 일본통치의 편의를 위한 것이다.

7) 松本英昭, 地方自治法の概要, 學洋書房, 2007. 14면.

8) 한국지방자치단체국제화재단, 현장에서 바라본 일본의 지방자치, 2001. 335면.

9) 雄川一郎・塩野 宏・園部逸夫 編, 現代行政法大系 8 地方自治, 有斐閣, 1984. 17면.

진성을 이유로 서구 열강이 거부하여 사실상 반식민지 종속상태를 탈피하지 못하였다.[10] 일본의 법률과 정치제도를 유럽 수준으로 끌어올리기 위한 노력 중의 하나로서 국민이 지방자치의 운영에 참여하는 지방자치단체를 내세웠다. 즉 1889년 명치 헌법시행을 앞두고 지방자치가 국민을 훈련하는 장으로 국정을 담당하는 유능한 인재를 양육하는 것과 중앙정국의 파문이 지방에 확대되는 것을 막아주는 역할을 한다는 것을 강조하면서 세계문명국가의 중간에 들어가기 위하여 고색창연한 지방제도를 새로운 지방제도로 설계한다는 명분을 내세웠으나, 목적은 숙원이던 불공정 조약을 유리하게 개정하기 위한 것이다. 실제는 종래의 농촌사회의 인보공동(隣保共同) 정신이나 인보단결의 관행을 강조하여 전체로서 관치 색채가 강하고 국가의 후견적 감독기능이 강하였다. 명치헌법 76개 조문에는 지방자치에 관한 규정이 없었으므로 지방자치는 헌법과는 무관한 법률상의 제도였다.

3) 평화헌법 제정과 지방자치법

미국의 초기 대일 점령정책의 주요 목표는 민주화와 비군사화이었으나, 냉전의 시작과 더불어 정치적 안정과 경제부흥 그리고 재군비의 방향으로 전환하게 되었다.[11] 이러한 점령정책의 이른바 역코스(reverse course)의 개혁은 중국의 공산화와 한국전쟁의 발발로 더욱 가속화되어 일본은 점령개혁의 대상에서 미국의 전략적 동맹국으로 변하였다.[12] 새 헌법에 따라 지방자치법을 1947년 4월 17일 법률 제67호로 공포하여 헌법시행일부터 시행하였다. 지방자치법은 종전의 동경도제, 도부현제, 시제, 정촌제 등의 규정을 통합하고, 지방행정의 민주화를 철저히 하고, 지방자치단체의 자주성과 자율성을 강화하고, 지방분권 강화, 행정집행의 능률화와 공정성 확보 등을 실현하기 위한 기본법전으로 정비되었고, 그 후 지금까지 꾸준히 개정되어 왔다.[13]

4) 지방자치 환경의 변화와 지방분권 개혁

패전국 일본은 혼란과 고통을 겪었지만 다양한 논의를 거쳐 안정을 찾았다. 1955년 10월 사회당의 좌우파가 통합하자 이에 놀란 보수계의 자유당과 민주당이 같은 해 11월 자유민주당을 결성하였다. 자민당과 사회당의 보혁대립을 기본축으로 한 자민당 일당 우위의 정치체제가 1955년부터 1993년까지 유지되었다. 이른바 '55년 체제'는 경제성장을 하면서 성장의 과실을 경제발전에서 낙오된 사회집단에 정치적인 자원배분을 하여 정치적 안정을 이루었으나, 1973년 10월 세계적인 오일쇼크로 저성장시대로 접어들고 지방에서의 혁신세력의 등장과 함께 요구된 다양한 복지를 재정적자로 해결하지 못하였다. 1993년 8월 비자민·비공산

---

10) 앤드루 고든, 문현숙·김우영 역, 현대일본의 역사1. 이산, 2015. 18, 165-166, 201면.

11) 배정호, 일본의 국가전략과 안보전략, 나남출판, 2007. 125면.

12) 장달중, "세계화와 전후 정치체제의 변화", 장달중 외, 세계화와 일본의 구조전환, 서울대학교출판부, 2002. 7면.

13) 松本英昭, 앞의 책, 17-20면.

연립정권이 성립하게 되면서 새로운 변화를 추진하였다.[14] 이후 일 년도 되지 않아 자민연립 정권이 성립되었다. 그러다가 2009년 민주당 중심의 연립정권이 들어서면서 이전의 정권이 해오던 자치분권을 본격화하였고, 2012년 12월의 아베정권에서도 그 변화의 기조는 유지되고 있다.

5) 일본과 한국의 지방자치제도 비교

일본이 제1차 지방분권개혁을 하면서 2000년 4월 기관위임사무를 폐지하기 전의 지방자치법의 구조는 한국과 유사하였다. 즉 국가사무와 지방사무로 분류하고 지방자치단체의 사무 중 기관위임사무의 비중이 높았다. 지방분권개혁에도 불구하고, 조례와 규칙의 분류와 형식은 바뀌지 않아 현재의 한국과 같고, 단지 지방사무로의 이전이 확대되어 그 조례와 규칙의 대상이 확대되었을 뿐이다. 또한 보통지방자치단체인 도도부현(都道府縣)과 시정촌(市町村)의 2계층구조로 된 지방자치단체의 종류는 한국의 특별시, 광역시, 도(광역 자치단체)와 시·군·구(기초 자치단체)의 2계층구조와 유사하다. 일본의 북해도만 따로 도(道)로 하였으나, 한국의 제주특별자치도에 비견될 수 있다. 2016년 1월 1일 현재 일본의 도도부현의 수는 47개이고, 시정촌의 수는 1999년 4월 1일 기준으로 3,229개에서 1,718개로 감소되었다.[15] 산이 많은 지형을 감안하더라도 인구 1,000명 미만의 정촌이 28개이고, 1,000명 이상 5,000명 미만의 정촌이 222개나 되는데, 나이별 분류와 직업 등을 감안하면 인구 5,000명 미만의 정촌의 대의기구 구성도 어려울 수 있다. 이런 점을 감안하여 일본 지방자치법 제94조는 조례로 지방의회의 구성 대신 선거권자의 총회를 구성할 수 있도록 하고 있다.

(2) 지방자치의 기능

지방자치의 기능이 강조되고 있는 이유는 다음과 같다. 첫째로 지방자치는 민주주의 정치체제의 구체화로서 그리고 정치체험의 장으로 민주정치의 기반확립에 기여한다. 둘째 지역의 여러 문제와 과제를 지역의 실정에 맞게 스스로 판단하여 처리하는 것이 바람직하며 효율적이고 능률적이다. 셋째 지방자치단체는 주민에 근접한 정치·행정의 주체로서 문제나 과제를 파악하고 그에 대한 최적의 종합조정을 도출하기 위한 조직이다. 넷째로 지방자치는 경제사회의 변화와 시대의 추이를 반영하는 정치·행정의 선구적이고 시행적인 정책을 전개한다. 이러한 시도로 전국적으로 파급되는 경우가 적지 않다. 특히 청소년대책, 공해·환경대책,

14) 오시영 편저, 일본의 행정과 공공정책, 법문사, 2008.12. 104-105면.

15) 일반재단법인 자치체국제화협회, 일본의 지방자치 2016, 2017.8. 4면. 지방분권의 추진과 어려운 지방재정 등을 이유로 1999년부터 이른바 '헤이세이 대합병'이 추진되었다. 都는 東京都 하나이고, 道는 北海道이며, 府는 교토(京都)府와 오사카(大阪)府로 나뉜다. 시는 인구 100만 명 이상이 11개이고, 50만 명이상이 16개, 30만 명 이상이 44개, 20만 명 이상이 41개, 10만 명 이상이 153개, 5만 명 이상이 264개, 3만 명 이상이 175개, 3만 명 미만이 86개 합계 790개이다. 정촌은 인구 5만 명 이상이 4개, 4만 명 이상이 17개, 3만 명 이상이 48개, 2만 명 이상이 94개, 1만 명 이상이 271개, 5천 명 이상이 244개, 1천 명 이상이 222개, 1천 명 미만이 28개로 합계 928개이다.

복지, 보건의료, 지역정비, 정보공개 등의 영역에서 그러하다. 끝으로 중앙집권적인 지역개발에 대한 반성으로 지역주민이 스스로 결정하는 지역자치가 강조되고 있다.[16] 그러나 젊은이의 도시진출로 인한 사회적 감소에서 사망자수가 출생자 수를 상회하는 자연적 감소로 바뀌어 농어촌의 공동체로서의 유지가 어려워지는 것에 대한 해결책 마련은 쉽지 않은 상황이다.

3. 일본 지방자치단체의 입법권, 조직권, 재정권의 현황

(1) 지방자치단체의 종류

현행 일본 지방자치법 제1조의3에 의하면, 지방자치단체는 보통지방자치단체와 특별지방자치단체로 구분된다. 보통지방자치단체는 도도부현과 시정촌으로 구분되고, 특별지방자치단체는 특별구, 지방자치단체 조합 및 재산구 등으로 나뉜다. 보통지방자치단체의 종류는 최초의 지방자치법과 같으나, 앞에서 본바와 같이 시정촌의 수는 많이 줄었다. 지방분권개혁의 방법으로 도주제의 도입논의 등이 있었지만 지방자치단체의 종류를 바꾸지 않았다. 2018년 3월 25일 자민당 헌법개정추진본부가 발표한 헌법 개정 4개 항목은 '자위대명기', '긴급사태조항', '교육의 충실', '참의원 선거 합구(合區) 해소[17]'이고, 지방분권 관련 항목은 없다.[18]

(2) 지방자치단체의 입법권(조례와 규칙)

지방자치단체의 입법 형식으로 조례와 규칙이 있다. 조례는 지방의회가 그 의결에 따라 해당 지방자치단체의 사무에 관하여 제정하는 것이고, 규칙은 지방자치단체의 장이 그 권한에 속하는 사무에 관하여 제정한다.

지방자치단체는 법령에 위반하지 아니하는 한 제2조 제2항[19]의 사무에 관하여 조례를 제정할 수 있다(지방자치법 제14조 제1항). 즉 지역사무와 법령수탁사무를 처리하므로 그에 관한 조례를 제정할 수 있다. 같은 조 제2항에서는 의무를 부과하거나 권리를 제한하는 것은 법령에 특별히 정하는 것을 제외하고 조례에 의하여야 한다고 규정하고 있다. 지방자치단체는 법령에 특별히 정하고 있는 것을 제외하고 조례를 위반한 자에 대하여 2년 이하의 징역 또는 금고, 100만엔 이하의 벌금, 구류, 과료(科料) 또는 몰수형 또는 5만엔 이하의 과료(過料)를 과하는 규정을 둘 수 있다(같은 조 제3항).

---

16) 요시미 슌야, 최종길 역, 포스트 전후 사회, 어문학사, 2013. 179면.

17) 2014년 최고재판소가 1표의 격차가 4.77배였던 2013년 참의원 선거를 위헌 상황으로 판단하였다. 이에 자민당 및 야4당은 '돗토리(鳥取), 시네마(島根), 도쿠시마(德島), 고치(高知)' 4개 선거구를 2개로 하는 개혁안을 제출하여 2016.7. 참의원선거를 시행하여 1표의 격차가 3.08배로 완화되었으나, 지역의 의사를 전달할 수 없다는 불만을 해소하기 위하여 지방자치단체의 경계를 고려하여 선거구를 결정하도록 해서, 선거마다 1현 1명 이상의 의원이 선출되어야 한다는 것이다.

18) 박명희, "일본헌법 개정의 최근 동향과 한국의 대응방향", 이슈와 논점(국회입법조사처) 제1448호, 2018. 4.9.

19) 보통 지방공공단체는 지역에 있어서의 사무 및 기타의 사무로 법률 또는 이것에 근거하는 정령에 의해 처리하게 되는 것을 처리한다.

지방자치단체의 장은 법령에 위반하지 않는 한 그 권한에 속하는 사무에 관하여 규칙을 제정할 수 있고(같은 법 제15조 제1항), 법령에 특별히 규정하고 있은 것을 제외하고 규칙을 위반한 자에 대하여 5만 엔 이하의 위반하지 않는 한 과료(過料)를 과하는 규정을 둘 수 있다(같은 조 제2항).

주민들의 조례 제정 또는 개폐청구를 규정하고 있다. 지방의회의원이나 지방자치단체 장의 선거권을 가진 자는 정령에서 정하는 것과 같이 총수의 50분의 1이상의 자의 연서에 의해 그 대표자가 지방자치단체의 장에게 조례(지방세의 부과징수 및 분담금, 사용료 및 수수료의 징수에 관한 것 제외)의 제정 또는 개폐청구를 할 수 있다(같은 법 제74조 제1항).

지방자치단체에 의회를 두고(같은 법 제89조), 도도부현의 의회의 의원 정수는 조례에서 정하고(같은 법 제90조), 시정촌의 의회의 의원 정수도 조례에서 정한다(같은 법 제91조). 지방자치단체의 의회의원은 중의원의원 또는 참의원의원을 겸할 수 없다(같은 법 제92조 제1항). 지방의회 의원의 임기는 4년이다(같은 법 제93조). 정촌은 의회를 설치하지 않고 선거권을 가진 자의 총회를 설치할 수 있고(같은 법 제94조), 이 경우 정촌의 의회에 관한 규정을 준용한다(같은 법 제95조).

(3) 지방자치단체의 자주조직권

지방자치단체는 그 조직에 관한 결정을 스스로 한다. 일본 헌법은 지방자치단체의 자주조직권을 고유사무의 하나로 규정하고 있다. 헌법 제9조는 "지방자치단체의 조직 및 운영에 관한 사항은 지방자치의 본지에 따라 법률에서 정한다"고 규정하고, 제93조 제1항에서 법률에 의해 의사기관인 의회를 설치한다고 규정하고, 제2항에서 지방자치단체 장, 지방의회 의원 및 기타 법률이 정하는 공무원은 주민이 직접 선거에 의하여 선출한다고 규정하고 있다. 이에 따라 지방자치법에서 그 조직과 사무에 관하여 규정하고 있다.

지방자치단체의 집행기관은 당해 지방자치단체의 조례, 예산 기타 의회의 의결에 따른 사무 및 법령, 규칙 기타 규정에 따른 당해 지방자치단체의 사무를 자신의 판단과 책임으로 성실히 관리하고 집행할 의무를 진다(같은 법 제103조의 2). 집행기관의 조직은 지방자치단체 장의 관할 하에 각각 명확한 범위의 소관사무와 권한을 갖는 집행기관에 의해 계통적으로 구성되어야 한다(같은 법 제138조의3 제1항). 지방자치단체의 집행기관은 장의 관할 하에, 집행기관 상호 연락을 취하고 전부 일체로서 행정기능을 발휘하도록 해야 한다(같은 조 제2항). 지방자치단체에는 위원회 또는 위원을 집행기관으로 둔다(같은 법 제138조의4 제1항).

지방자치단체의 장으로 도도부현에는 지사를 두고, 시정촌에는 시정촌장을 둔다(같은 법 제139조). 장의 임기는 4년이다(제140조). 장은 중의원 또는 참의원 의원을 겸직할 수 없고, 지방의회 의원 및 상근직원 및 단시간 근무직원을 겸할 수 없다(제141조). 지방자치단체 장은 권한에 속하는 사무를 분장하기 위하여 필요한 내부조직을 설치할 수 있다. 그 경우에는 내부조직의 설치 및 분장하는 사무에 관하여 조례에서 정한다(제158조). 부지사와 부시정촌장을 두나, 조례에서 두지 않을 수 있고, 그 정수도 조례에서 정한다(제161조). 그 선임은 장이 의회의 동의를 받아야 한다(제162조). 지방자치단체에 회계관리자 1인을 두는데, 지방자치단체 장이 보조기관으로 있는 직원 중에서 임명한다(제168조 제1,2항). 기타 일반직 지방자치단체의 공무원의 정수는 조례에서 정하고, 그 임면은 지방자치단체 장이 한다(제172조).

지방자치단체를 구성하는 공무원은 지방자치법에 따라 선거로 선출되거나 채용시험에 의해 선발된다.[20] 일반적인 경우 지방공무원은 그 임기를 정하지 않고 채용되므로 실직・퇴직하지 않는 한 정년인 60세까지 근무할 수 있다. 지방공무원수는 2015년 4월 1일 현재 274만 명으로 1994년의 328만 명을 정점으로 21년 연속 감소 경향을 보이고 있다.[21] 그 내역은 도도부현이 150만 명, 시정촌이 124만 명이다. 직종별로 보면 도도부현은 교원을 포함한 교육부분이 가장 많은 89만 명, 다음으로 경찰 부문이 29만 명이다. 시정촌은 복지관계를 제외한 일반행정부문이 37만 명으로 가장 많고, 복지관계 부문이 31만 명이다.

(4) 지방자치단체의 자주재정권

1) 자주재정권과 조례제정

자주재정권은 원래 지방자치단체가 가지는 재정・재무에 관한 권리 및 권력을 총칭하나 일의적인 것은 아니다.[22] 지방분권개혁과 관련하여 지방재정권은 지방자치단체가 필요로 하는 재원은 국가나 다른 지방자치단체에 의존하지 않고 자주재원에 의해 조달한다는 것뿐만 아니라 지방자치단체의 과세나 기채 등에 있어서 국가나 다른 지방자치단체의 규제를 받지 않고 자율적으로 결정할 수 있다는 것을 의미한다.[23] 이를 위하여 헌법 제30조와 제84조의 해석에 관하여 국민의 납세의무는 법률에 정하나 그 법률에 조례가 포함된다고 보는 것이 통설이다.[24] 특히 "지방자치단체는 그 재산의 관리, 사무의 처리 및 행정 집행권을 가지고 법률의 범위 내에서 조례를 제정할 수 있다"는 헌법 제94조의 해석을 통하여 인정하고 있다. 즉 행정의 집행권에 과세권을 포함하는 것으로 해석하고, 조세법률주의의 관점에서 과세권에 대한 민주적 통제로부터 주민대표로 구성되는 의회가 제정하는 조례를 근거로 과세를 허용하는 것이다. 판례도 헌법상 지방자치단체의 조례에 기한 과세권을 인정하고 있다.[25]

---

20) 공무원은 국가공무원과 지방공무원으로 나누어지고, 각각 일반직과 특별직으로 구분된다. 오시영, 앞의 책, 164면.

21) 일반재단법인 자치체국제화협회, 일본의 지방자치 2016, 2017.8. 27면.

22) 허전, "일본에 있어서 지방자치단체의 재정수입법제", 지방자치법연구 제11권1호. 2011. 241면.

23) 宇賀克也, 地方自治法概說, 有斐閣, 2011. 132면.

24) 宇賀克也, 앞의 책, 132면. 각주30) 참조.

25) 秋田地判昭和54・4・27 行集30卷4号891項, 仙台高秋田地判昭和57・7・23行集33卷7号1616項.

2) 지방자치법상 재무

현행 지방자치법은 제9장 재무에서 회계연도와 회계의 구분, 예산, 수입, 지출, 결산, 계약, 현금 및 유가증권, 시효, 재산(공유재산, 물품, 채권, 기금), 주민에 의한 감사청구와 소송, 잡칙 등으로 자주재정권을 규정하고 있다. 수입에는 지방세(제223조[26]), 분담금(제224조), 사용료(제225조), 구관사용의 사용료 및 가입금(제226조), 수수료(제227조) 등과 분담금 등에 관한 규제 및 처벌(제228조)과 분담금 등의 징수에 관한 처분에 관한 심사청구(제229조), 지방채(제230조), 세입의 수입방법(제231조), 인지에 의한 수입방법 등(제231조의 2), 독촉, 체납처분 등(제231조의3) 등으로 구성되어 있다.

3) 지방재정과 국고보조부담금

지방재정법(2016.11.28.법률 제86호 개정)은 지방자치단체의 재정(이하 '지방재정'이라 한다)의 운영, 국가 재정과 지방재정의 관계 등에 관한 기본원칙을 정함으로써 지방재정의 건전성을 확보하고 지방 자치의 발달에 기여하는 것을 목적으로 한다(제1조). 지방자치단체의 건전재정운영 원칙과 함께 국가는 지방재정의 자주적이면서 건전한 운영을 촉진하는 데에 노력하며 그 자율성을 해치거나 부담을 전가하는 시책을 행하여서는 안 된다(제2조). 예산편성은 법령이 정하는 바에 따라 또한 합리적인 기준에 따라 그 경비를 산정하고 이를 예산에 계상하여야 한다(제3조).

예산의 집행은 그 목적을 달성하기 위한 필요하면서도 최소한도로 지출해야 하고, 수입은 적실하면서도 엄정하게 확보하여야 한다고 규정하고 있다(제4조). 또한 지방자치단체의 연도간 재정 운영을 하면서 당해 연도뿐만 아니라 다음 연도 이후의 재정상황도 고려해서 건전한 운영을 해치는 일이 없도록 해야 한다(제4조의2). 해당 연도 지방교부세액과 그 산정에 사용된 기준 재정수입액의 합산액이 당해 지방교부세 산정에 상용된 기준재정수요액을 현저하게 초과하거나 해당 지방자치단체의 당해 연도의 일반재원액이 해당 지방자치단체의 전년도의 일반재원액을 초과하게 되는 경우에 당해 초과액이 새로이 증가된 의무 경비를 현저하게 초과하게 되는 때에는 재해발생 관련 비용이나 재해로 인해 발생한 수입 감소를 메우기 위한 재원 또는 긴급하게 실시할 필요가 있는 대규모 토목 기타 건설 사업 경비 등에 충당하는 외에 적립하거나 지방채의 상환 재원 등으로 충당해야 한다고 규정하고 있다(제4조의3). 이러한 적립금의 운용과 처분 등에 관하여 상세히 규정하고 있다(제4조의4).

국가가 부담하는 국고보조부담금이 있다. 의무교직원의 급여에 필요한 경비, 의무교육제학교 건물의 건축에 필요한 경비, 생활보호에 필요한 경비 등과 같이 국가가 그 전부 또는 일부를 부담하는 법령에 의하여 실시하여야 하는 사무에 필요한 경비(제10조), 도로 하천과 같은 중요한 토목시설의 신설 및 개량에 필요한 경비와 같이 국가가 그 전부 또는 일부를

26) 지방자치단체는 법률이 정하는 바에 따라 지방세를 부과징수할 수 있다.

부담하는 건설사업에 필요한 경비(제10조의2), 재해구호 사업에 필요한 경비와 같이 국가가 그 일부를 부담하는 재해에 관한 사무에 필요한 경비(제10조의3)를 부담하는 것과 국가가 그 시책을 수행하기 위하여 특별한 필요가 있다고 인정한 때 또는 지방자치단체 재정상 특별한 필요가 있다고 인정한 때에 한하여 해당 지방자치단체에 대해서 보조금을 교부하는 제도가 있다(제16조).

4) 지방세

지방세법은 제3조 제1항에서 "지방자치단체는 지방세 세목, 과세객체, 과세표준, 세율 기타 부과징수에 관한 결정은 당해 지방자치단체의 조례에 의하여야 한다"고 규정하고 있다. 지방세에는 일반경비로 사용하는 보통세와 특정경비로 상용할 목적세가 있다. 또 도도부현세와 시정촌세의 구별이 있다. 도도부현세에는 도도부현민세, 사업세, 지방소비세, 부동산취득세, 담배세, 골프장이용세, 자동차세, 광구세, 수렵자등록세 등이 있고, 시정촌세에는 시정촌민세, 고정자산세, 경자동차세, 담배세, 광산세, 특별토지보유세 등이 있다.

5) 재정법과 지방교부세법

국가가 매년 예산편성을 하는 바, 재정법에서 재정총칙, 회계구분, 예산(총칙, 예산의 작성, 예산의 집행), 결산, 잡칙 등을 규정하고 있다. 국가는 별도로 예산편성에 있어서 지방자치단체를 모두 합계한 예산에 상당하는 지방재정계획을 작성하여 국회에 제출하여야 한다.[27] 지방자치단체의 예산이 국가의 예산과 독립된 것임에도 불구하고 국가가 지방재정전체의 재정계획을 작성하는 것은 국가의 세출 중 지방으로의 자금이전이 큰 비중을 차지하고, 지방 전체의 세입인 수취액과 동시에 결정되기 때문이다. 이는 지방교부세법 제4조에 규정되어 있다.

지방교부세법은 지방자치단체가 자주적으로 그 재산을 관리하고 사무를 처리하며 행정집행권능을 해치지 않고 그 재원의 균형화 도모와 지방교부세 교부 기준 설정을 통하여 지방행정의 계획적인 운영을 보장하는 것에 의하여 지방자치의 본지를 실현하는 것에 이바지함과 동시에 지방자치단체의 독립성을 강화할 것을 목적으로 함을 천명하고 있다(제1조). 총무대신은 항상 각 지방자치단체의 재정상황을 적확하게 파악하도록 노력하여 지방교부세의 총액을 이 법률이 정하는 바에 따라 재정 수용액이 재정수입액을 넘는 지방자치단체에 대하여 형평에 맞추어 그 초과액을 보전하는 것을 목표로 하여 교부하여야 한다(제3조 제1항). 국가는 지방교부세를 교부함에 있어 지방자치의 본지를 존중하고 조건을 붙이거나 그 사용용도를 제한해서는 안 된다(제3조 제2항). 지방교부세의 재원은 소득세와 법인세 수입액의 각 100분의 33.1, 주세 수입액의 100분의 50, 소비세 수입액의 100분의 22.3 및 지방법인세 수입액을 합하여 지방교부세의 총액으로 한다(2018.4.1. 시행되고 있는 지방교부세법 제6조 제1항). 매년도분으로서 교부해야 할 지방교부세의 총액은 당해 연도의 소득세와 법인세 수입예

27) 오시영 편저, 일본의 행정과 공공정책, 법문사, 2008.12. 270면.

상액의 각 100분의 33.1, 주세 수입예상액의 100분의 50, 소비세 수입예상액의 100분의 22.3 및 지방법인세 수입예상액에 상당하는 금액의 합산액에, 당해 연도의 전년도 이전의 지방교부세로서 아직 교부되지 않은 금액을 가산하거나 또는 해당 전년도 이전의 교부해야 할 금액을 초과하여 교부된 액을 감액한 금액으로 한다(같은 법 제6조 제2항). 지방교부세는 보통교부세와 특별교부세로 구분되고, 전자는 교부금액의 94%, 후자는 6%에 상당하는 금액으로 한다.

국가가 지방자치단체의 재정상황을 감안하여 지방교부금을 지원할 뿐 도도부현이 시정촌에 교부금을 지원하는 것은 아니다. 왜냐하면 지방교부세법에 의하여 국가가 직접 지방자치단체에 교부하는 것을 규정하고 그것을 감안한 예산을 편성하기 때문이다. 달리 지방자치단체 간의 재정교부제도는 없다.

Ⅲ. 지방분권을 위한 제도 개선 과정과 그 결과

1. 지방분권개혁 이전의 지방자치의 내용과 특징

(1) 전후 냉전과 중앙집권체제

점령국인 미국은 제2차 세계대전을 치르기 위한 일본의 국가총동원체제를 해소하고 비군사화와 민주화 정책을 추진하였으나 전후 형성된 냉전체제로 완성할 수 없었다. 다양한 분야에서 시행된 전후개혁에도 불구하고 중앙관료제는 그 영향력을 잃지 않고 지방자치를 통제하였다. 중앙의 통제를 용이하게 하는 구조의 존재와 기관위임사무, 보조금, 기채의 허가권, 낙하산식 인사 등으로 그 영향력은 강하였다.

이를 크게 행정적 업무배분과 재정적 측면으로 나눌 수 있다. 행정적 업무배분으로 지방의 사무 중 기관위임사무가 도도부현 사무의 약 8할, 시 사무의 약 4할 정도로 높았으므로, 중앙정부는 기관위임사무를 통하여 지방을 계속 통제하고 감독할 수 있었다. 재정적인 면에서도 조세 총액에서 차지하는 국세와 지방세의 비율은 약 2:1정도이나, 세출 면에서 보면 국가와 지방의 비는 1:2로 역전된다. 지방세입은 자주세원(고정자산세, 주민세, 소액의 지방양여세)과 지방교부세를 더한 자주재원, 보조금, 그리고 기채이다. 지방교부세도 일단은 국가가 징수하여 지방에 배분하는 시스템이며, 보조금은 각 성에서 조건부로 지원하는 것이므로 교부세보다 통제가 용이하고, 기채도 허가제이므로 중앙의 통제가 가능하다.[28)]

(2) 수평적인 자치 체계 강화

국회의원, 정당, 압력단체, 지역주민의 선거에서의 투표경향 등은 중앙정부의 통제와 무

---

28) 오시영 편저, 앞의 책, 253면.

관한 행동을 보여주고 그 영향력도 적지 않다. 또한 지방자치단체의 경쟁이 역으로 중앙정부에 영향을 미치는 경향이 강화되었다. 1960년대 환경문제나 복지정책을 둘러싼 주민운동이나 혁신적인 자치단체의 생성은 국회의원과 정당 등 압력단체의 활동범위를 넓혀 중앙정부의 정책에 영향을 주게 되었다. 그런 입장에서 기관위임사무도 획일적인 것이 아니라 재량의 여지가 있고, 재정에서도 자주재원의 비율이 높고, 보조금도 자치단체가 효과적인 전략을 통하여 얻는 것이므로 충실도를 높여주는 수단이 되고, 낙하산 관료도 중앙정부에 대한 유력한 인적 자원이 될 수 있으며, 예산과정에서 지역구의 이익을 대변하는 국회의원과 정당의 역할 등을 종합적으로 고찰하면 정부와 지방자치단체의 관계가 예속적인 것이라고 할 수는 없다는 면도 있다.[29)]

(3) 중앙과 지방의 관계의 변화

지난 '55년체제' 동안 국가와 지방자치단체의 업무량은 급속히 증가하고 새로운 법령이나 제도가 엄청나게 늘었다. 그러나 사무배분을 둘러싼 역할론에 따라 당시 고도성장을 주도하던 중앙정부가 대부분 흡수하고 특별지방행정기관을 설치하여 사실상 직접 실시하였으므로 바람직한 사무배분에 역행하는 경우가 많았다. 그러다가 기능분담 및 사회효율의 원칙에 비추어 지방행정의 역할이 부각되었다. 특히 공해·환경행정, 토지이용행정, 계획행정 등의 영역에서는 법제에서도 지방으로의 사무배분이 이루어지고 있다.

2. 지방분권 개혁 추진의 개요

일본의 지방분권개혁은 아직 진행 중이지만 크게 3가지로 나눌 수 있다.[30)] 제1기인 제1차분권 개혁은 1993년 6월의 중·참의원에서 지방분권추진결의를 한 이후, 지방분권추진법 제정(2001년 실효)과 지방분권추진위원회 발족(2001년7월 해산) 및 1999년 지방분권일괄법 제정까지를 말한다. 제2기는 지방분권개혁추진회의가 발족한 2001년 7월부터 동 회의가 해산된 2004년 7월까지를 말하는데, 이 시기는 주로 지방재정의 건전성에 관한 "3위1체 개혁의 시기"라 한다. 제3기는 2006년 6월 지방6단체의 지방분권추진에 관한 의견서 제출에서부터 2006.12. 지방분권개혁추진법 제정과 2007.4. 지방분권개혁추진위원회 발족(2010년 3월 해산)을 거쳐 현재까지 진행 중이다. 이에 대해 2007년부터 2012년까지를 제2차 지방분권시기로 구분하고, 제2차 아베내각부터 현재까지를 지방창생시기로 분류하는 견해가 있다.[31)]

일본 내각은 2018년 3월 9일 "지역의 자주성 및 자립성을 높이기 위한 개혁의 추진을

29) 오시영 편저, 앞의 책, 254-255면.
30) 최우용, "일본 지방분권개혁의 주요 내용과 최근 동향", 공법학연구 제16권 제3호, 2015.8. 172면.
31) 地方分權改革有識者會議 提案募集檢討專門部會長 高橋 滋의 2016.1.13.자 "地方創生と地方分權~背景と課題~" 2면.

도모하는 관계 법률의 정비에 관한 법률안(제8차 지방분권일괄법안)[32)]"에 관한 각의결정을 하였다. 2011년 4월 성립된 제1차 지방분권일괄법 개정에서부터 2017년 4월 성립된 제7차 지방분권일괄법 개정까지 합계 411개 법률이 개정되었다. 2013년 3월 지방분권개혁추진본부를 설치하는 각의결정을 하면서 동시에 2009년11월 설치된 지역주권전략회의를 폐지하였다. 지방분권개혁추진본부는 본부장에 내각총리대신, 부본부장에 내각관방장관, 내각부특명담당대신(지방분권개혁), 본부원은 다른 모든 국무대신으로 구성되어 있다.

3. 제1차 분권개혁의 경과와 결과

(1) 지방분권 추진에 관한 결의와 지방분권추진법 제정

고도성장을 하여 오던 일본의 경제가 오일쇼크로 제동이 걸려 저성장으로 바뀌면서 자민당 중심의 '신중앙집권적인 체제'의 문제가 거론되었다. 이른바 '55년 체제'의 한계를 느낀 일본은 해결방법을 모색하게 되었고 그 중 하나가 주민운동과 혁신지방자치단체의 대두를 계기로 한 지방분권이었다. 1993년 6월 3-4일 중·참의원에서 "지방분권 추진에 관한 결의"를 하고, 정치적 과제로서 지방분권의 필요성을 공감하여 1995년 5월 지방분권추진법을 제정하였다. 이에 따라 같은 해 7월 3일 지방분권추진위원회가 발족되어 활동을 시작하여 1997년 10월까지 4차례 권고를 하고, 1998년 11월 19일에는 제5차 권고를 제출하였다. 1999년 3월 29일 "지방분권의 추진을 도모하기 위한 관계 법률의 정비 등에 관한 법안(지방분권일괄법안)"을 제출하여 같은 해 7월 8일 성립되어 2000년 4월 1일부터 시행하게 되었다. 이어 지방분권추진위원회는 2001년 6월에 최종보고를 제출하고 같은 해 7월 해산하였다.

지방분권추진위원회는 중간보고에서 지방분권개혁을 추진하게 된 배경과 이유를 다음과 같이 제시하였다.[33)] 첫째, 중앙집권형 행정시스템에 대한 제도적 피로감, 둘째 변동하는 국제사회에 능동적으로 대처하기 위한 국가와 지방간의 역할의 분담, 셋째 동경 일극 집중의 시정, 넷째 개성이 풍부한 지역사회의 형성, 다섯째 고령화, 저출산 사회에 대한 대응의 필요성 등이다. 이러한 사회적 배경에 더하여 추진력을 가진 것은 경제계가 도주제 도입과 전국적인 시정촌의 재편성을 추진해야 한다는 종래의 주장을 거두고 현재의 도도부현과 시정촌 제도의 존속을 전제로 한 지방분권에 찬성을 했기 때문이다.[34)]

지방분권추진위원회의 기본전략은 두 가지이다.[35)] 하나는 사무권한의 위양을 추진하는 것

---

32) 독물 및 극물취체법의 원본사업자 등록 등에 관한 사무·권한을 국가에서 도도부현으로 이양하는 것을 비롯하여 15개의 법률을 개정한다.

33) 최우용, 앞의 글, 175면; 久保田治郎, 채원호 역, 일본의 지방분권, 한국지방자치단체국제화재단. 2004. 12-14면.

34) 久保田治郎, 채원호 역, 위의 책, 15면.

35) 西尾勝, 오재일 역, 미완의 분권개혁, 전남대학출판부, 2005. 128-129면.

이다. 즉 지금까지 국가에 유보되어 있던 사무권한을 도도부현·시정촌에 위양하는 것 또는 도도부현에 맡겨져 있던 것을 시정촌에 위양하는 것이었다. 다른 하나는 광의의 관여의 축소·폐지이다. 관여는 간섭·개입·참견·제약 등을 말하는데, 도도부현의 사무처리에 국가 관여의 축소·폐지, 또는 시정촌의 사무처리에 관한 국가와 도부부현의 관여를 축소·폐지하는 것이다.

(2) 지방분권추진법 제정 이전의 노력

1) 지방분권추진법 제정 이전의 지방제도 개혁은 3기로 나눌 수 있다. 제1기는 명치 정부에 의한 지방자치제도 창설이고, 제2기는 전후 점령개혁에 의한 민주화·분권화이며, 제3기는 고도성장기에 제기된 신중앙집권의 부작용을 해소하기 위하여 분출된 주민운동과 혁신 지방자치단체가 지방의 시대를 제창한 1980년대부터 국회가 주도하게 된 1993년까지를 말하며, 이 기간에는 임시행정조사회와 임시행정개혁추진심의회가 행정개혁을 주도하였다.[36)]

2) 다원적인 지방제도 개혁

일본은 연방제 국가가 아닌 단일주권국가로서, 지방제도개혁은 위로부터의 개혁의 성격이 강하다. 현행 헌법 이후 제도개혁안의 입안·심의 기관으로서 설치된 지방제도조사회는 내각총리대신의 자문에 응하면서 현행 지방제도에 대한 전반적인 검토를 행하였는데, 실질적으로 자치성소관의 심의회로서 운영되어 왔다. 이러한 개혁은 다원적으로 행해졌다.

먼저 중앙성청 수준의 분립화를 촉진하여 왔다. 각 성청이 독자의 지방사무소를 설치하여 사무처리를 행하거나 개별 작용법을 제정하여 기관위임사무방식으로 사무를 처리하여 왔다. 이는 이전부터 존재한 것으로 전후 도도부현 지사가 주민의 직접선거로 선출되면서 중앙성청이 지방자치단체를 통제하기 위한 수단으로 확대되었다. 이에 대하여 제9차 및 제10차 지방제도조사회 측에서 충분한 심의를 거쳐 정열적으로 사무재분배에 관한 건의서를 만들었으나, 중앙성청이 강하게 반대해 결국 무산시킨 사례가 있다.[37)]

둘째로 통합화를 기조로 하는 제도개혁이 있다. 중앙내정기구의 강화, 도주제(道州制)의 창설, 행정사무의 간편·합리화 및 정리라는 행정관리적 측면에서 기관위임사무제도 검토하는 것 등이다. 도주제의 창설은 지역분권 개혁과도 관련이 있다.

셋째로 개혁시스템의 분권화가 있다. 이는 단일주권국가인 이상 최종적으로는 국정수준의 법제화를 거쳐야 하나 자치단체의 자주적 결정을 존중되도록 하는 것이다. 즉 제17차 지방제도건의서에 포함되어 있는 국정참가구상이 의원입법형식으로 제안되어 1993년 지방6단체[38)]는 "지방자치에 영향을 미치는 법령 및 정령 기타 사항에 관하여, 자치대신[39)]을 경유하

36) 오수기 사또루, "일본의 지방분권", 한일공동연구총서, 고려대학교 아세아문제연구소, 2005. 188면.

37) 오수기 사또루, 위의 글, 191면.

38) 도도부현지사 또는 도도부현의회의장, 시장 또는 시의회의장, 정촌장 또는 정촌의회의장을 구성원으로 하는

여 내각에 의견을 제시하거나 국회에 의견서를 제출할 수 있다"는 내용으로 지방자치법 제263조 3의 제2항이 개정되었다. 이 조항으로 지방분권 운동의 성과를 지방6단체를 통하여 개혁과정에 직접 주입할 수 있는 공식적인 통로를 개척했다는 것과 소관성청인 자치성이라는 행정 루트 외에 의견서 제출권이라는 형식으로 국회와 직결되는 정치루트를 개척했다는 것에 중요한 의미를 가진다.[40]

계속적인 행정개혁과 지방제도 개혁의 추진에도 불구하고 정권의 비우호성과 중앙성청의 반대로 결과가 없었다. 방향은 지방제도 개혁이나 결과는 불결정상태의 지속이었다. 이러한 상황을 타개하기 위하여 보다 강력한 개혁추진체제를 요구하기에 이르렀다.

지방제도조사회의 요청에 부응하여 임시행정조사회 및 임시행정개혁추진심의회가 논의를 주도하여 지역성·효율성·종합성이라는 기본시각에서 중앙정부와 지방의 기능분담의 수정을 추진하게 되었다. 이로 인하여 사무권한 위양이나 감사제도의 강화(1991년 지방자치법 개정)와 중핵시(中核市)제도나 광역연합제도(1994년 지방자치법 개정) 등이 이루어졌다. 이러한 지방자치법 개정의 의미는 광역연합의 창설을 통한 도주제구상이나 폐현치번의 구상 등을 멀리하고 현행 도도부현·시정촌의 2계층제를 유지하게 되었다는 것이다.[41]

(3) 분권개혁 과정에 대한 평가

1993년 중·참 양원의 지방분권 결의를 시작으로 하여 1999년 지방분권일괄법을 제정하기까지의 주요 장애요소였던 자치단체의 광역화와 자치능력 강화 선행론을 정리한 것은 개혁전략 수립과 개혁과제 선별에 있어 큰 의미를 갖는다.[42] 우선 지방분권의 가장 강력한 반대논리인 지방자치 수행능력 논의를 중지하고 현행의 도도부현과 시정촌의 2계층제를 유지한 것이다. 둘째로 기관위임사무제도 개혁에 집중하여 전선을 단순화하였다. 기관위임사무제도의 개혁은 성청의 강력한 저항에 부딪혀 무산될 것을 우려하여 지방세 재원의 확보 등을 후순위로 돌렸다. 그리하여 지방분권추진법[43]에서 애매한 상태로 두었던 기관위임사무제도의 폐지에 관한 방향을 명확히 하여 관여축소·폐지를 모색하였다.

그러나 기관위임사무제도 폐지 후 등장한 새로운 사무구분인 "법정수탁사무"의 개념이 모호하고 예상보다 법정수탁사무의 양이 많다는 비판이 대두되었다. 이는 구체적인 개혁체제의 성격에 대한 의문으로 발전하여 언론으로부터 밀실교섭이라는 비판을 받기에 이르렀다.

전국적 연합조직이다(지방자치법 제263조의3 제1항).

39) 2001년 있은 대폭적인 중앙성청의 개편으로 자치성은 폐지되고 총무성이 신설되어 지방자치법의 규정은 총무대신으로 변경되었다. 오시영, 위의 책, 132면.

40) 오수기 사또루, 위의 글, 195면.

41) 西尾勝, 오재일 역, 미완의 분권개혁, 전남대학출판부, 2005. 40-41면.

42) 오수기 사또루, 위의 글, 200면.

43) 성청의 강력한 반대로 지방분권추진법 제5조에서 "지방자치의 확립을 위한 관점에서 정리 및 합리화, 기타의 필요한 조치를 강구한다"고 규정하여 기관위임사무제도의 폐지에 관한 언급을 하지 못하였다.

또한 자치사무와 법정수탁사무에 대한 분권화와 일반규정화를 정하였음에도 불구하고 중앙정부의 관여가 강화되었다는 점에서 비판이 있었다. 또한 중앙정부와 지방사이의 분쟁처리위원회의 기능이 재정에서 권고로 바뀐 것에 대한 비판도 있었다.

재정구조 개혁에 관하여는 공과 과가 제시되고 있다.[44] 재정구조개혁회의가 원만하게 결정을 도출한 보조부담금의 정리·합리화는 공으로 평가되나, 재정구조개혁회의의 논의가 지방분권추진위원회의 활동을 제약하는 것이 되었다. 즉 대장성의 대리기관이라고 할 수 있는 세제조사회나 재정심의회의 주장을 극복하기 힘들었다는 것이다. 수행능력 논의의 중지, 개혁과제 우선순위 결정, 관여 축소·폐지 전략이 현실적으로 도도부현지사의 권한강화로 되자 이에 반발한 정치가의 수행능력론이 재론되고 시정촌으로의 사무권한이양도 순조롭지 못하였다. 여러 가지 비판의 원인으로 분권에 대한 총리의 리더십 결여, 분권 개혁에 대한 성청의 저항, 시정촌 등 자치단체의 의욕 결여 등을 들 수 있다.

(4) 제1차 지방분권개혁의 결과

1) 지방분권일괄법의 제정과 그 내용

(ⅰ) 기관위임사무제도의 폐지와 사무의 재구성 1999년 7월 성립되고 2000년 4월부터 시행된 지방분권일괄법은 475개의 법률을 일괄개정하였다. 주된 내용은 기관위임사무제도의 폐지와 사무의 재구성이다. 지사나 시정촌장이 국가의 하부기관으로서 국가의 사무를 집행하게 하는 기관위임사무제도를 폐지하였다. 이로 인하여 351개의 법률을 개정하였다. 이에 따라 주무대신의 포괄적인 지휘감독권, 장에 대한 직무집행명령, 기관위임사무를 열거한 별표 및 그 근거규정 등을 폐지하였다. 기관위임사무가 도도부현사무의 70 내지 80%였고, 시정촌 사무의 30 내지 40%였다. 그러나 국가와의 업무관련성을 모두 폐지하기 어려워 지방자치단체사무를 자치사무와 법정수탁사무로 재구성하였다.

자치사무는 도시계획결정, 농업진흥지역의 지정, 음식점영업허가, 병원·약국개설허가 등 398건으로, 법정수탁사무는 국정선거, 여권교부, 국가지정통계 등 275건으로 분류되었다. 지방자치법 제2조 제8항에서 자치사무를 '지방자치단체가 처리하는 사무 중에서 법정수탁사무를 제외한 것을 말한다'고 규정하였다. 이어 같은 법 제2조 제9항에서 법정수탁사무를 2개로 규정하고 있다.[45] 제1호는 "법률 또는 이에 근거한 정령에 의해 도도부현, 시정촌 또는 특별구가 처리하도록 되어 있는 사무 중에서 국가가 본래 완수해야 하는 역할에 관련된 것으로, 국가에서 그 적절한 처리를 특별히 확보할 필요가 있는 것으로 법률 또는 이에 근거한 정령에서 특별히 정한 것'을 규정하고 있다. 제2호는 "법률 또는 이에 근거한 정령에 의해 시정

---

44) 오수기 사또루, 위의 글, 210면.

45) 지방분권추진계획의 법정수탁사무에 연원을 두지만 법제적 관점에서 수정된 것이다. 宇賀克也, 地方自治法概説, 有斐閣, 2011. 98면.

촌 또는 특별구가 처리하도록 되어 있는 사무 중에서 도도부현이 본래 완수해야 하는 역할에 관련되는 것으로 도도부현에서 그 적절한 처리를 특별히 확보할 필요가 있는 것으로 법률 또는 이에 근거한 정령에서 특별히 정한 것'을 규정하고 있다.

자치사무와 법정수탁사무 모두 지방자치단체의 사무이지만 양자를 구별하는 법적 의미는 주로 국가의 지방자치단체에 대한 관여 또는 도도부현의 시정촌에 대한 관여 방법이 다르다는 점이다. 즉 자치사무의 경우에는 지방자치단체의 자주적 판단을 보다 존중하여 국가 등의 관여를 제한하는 것이지만, 법정수탁사무는 그 적정한 처리를 확보할 필요성 때문에 국가 또는 도도부현의 보다 강력한 관여 구조를 갖추고 있다.[46] 개정된 지방자치법에서는 자치사무는 법령에 위반되지 않는 한 모든 사항에 관하여 조례를 제정할 수 있다. 법정수탁사무에 관해서는 기관위임사무와 달리 조례제정권은 인정되지만(지방자치법 제14조 제1항) 그 성질상 법률 또는 이에 기초한 정령에 의해 명확하게 사무의 범위를 설정한 뒤 지방자치단체에 위탁되기 때문에 법률이나 이에 기초한 정령에 의해 사무를 처리하는 것이 원칙이다.[47]

종래 기관위임사무에 관하여 지방자치단체 장은 지방자치단체의 규칙으로 5만엔 이하의 과료를 과하는 행정벌 규정을 제정할 수 있었지만(구지방자치법 제15조 제2항), 지방자치법 개정으로 위 규정이 삭제되어 자치사무 또는 법정수탁사무로서 조례를 제정하는 경우 형벌에 더하여 5만엔 이하의 과료를 부과할 수 있게 되었다(지방자치법 제14조 제3항).

(ii) 권한 이양 개별법의 개정에 의해 국가의 권한을 도도부현에, 도도부현의 권한을 시정촌에 이양하였다. 특별시제도를 창설하여 20만 명 이상의 시에 통합적인 권한을 이양하였다. 지역의 실정에 따라 도도부현으로부터 시정촌으로의 사무의 이양을 추진하기 위하여 '조례에 의한 사무처리의 특례'를 신설하였다.

(iii) 국가의 관여에 대한 근본적인 개선과 새로운 규칙 창설 기관위임사무에 따른 포괄적 지휘감독권을 폐지하고, 제11장에 국가와 지방자치단체와의 관계 및 지방자치단체상호간의 관계[48]를 규정하면서 국가 관여의 새로운 규칙을 창설하였다(제1절 지방자치단체에 대한 국가 또는 도도부현의 관여 등: 지방자치법 제245조-제250조의 6). 즉 관여는 개별 법령에 근거할 것과 필요최소한으로 할 것 및 관여의 기본유형을 정하되 원칙적으로 그 유형에 따른다는 것 등이다. 138개 개별법령을 정리하여 관여를 축소하였다.

(iv) 계쟁처리시스템의 창설 국가와 지방공공단체사이의 분쟁이 있을 경우에는 국가지방계쟁처리위원회(지방자치법 제250조7)가, 도도부현과 시정촌 사이의 분쟁이 있을 경우에

---

46) 宇賀克也, 위의 책, 99면.

47) 久保田治郎, 채원호 역, 일본의 지방분권, 한국지방자치단체국제화재단, 2004. 58면.

48) 제1절 지방자치단체에 대한 국가 또는 도도부현의 관여 등, 제2절 국가와 지방자치단체사이와 지방자치단체 상호간 및 지방자치단체의 기관 상호간의 분쟁처리, 제3절 지방자치단체 상호간의 협력, 제4절 조례에 의한 사무처리의 특례, 제5절 잡칙 등으로 구성되어 있다.

는 자치분쟁처리위원이 처리하는 제도를 창설하였다(지방자치법 제251조). 구법에서는 자치분쟁조정위원으로 지방자치단체 상호간의 분쟁을 처리하였으나, 지금은 도도부현의 관여에 시정촌이 불복하는 경우로 한정하였다.[49)]

(v) 필치규제의 개선 개별법의 개정에 의해 지방자치단체의 자주조직권을 존중하고 행정의 종합화·효율화를 추진하기 위해 38개 법률에 의해 두게 된 필치규제를 폐지·완화하였다. 필치규제란 지방의 사무처리를 담당하는 조직체제에 관한 국가의 관여를 말하며, 사무집행에 있어서 국가가 정한 기준에 따라 인원, 시설, 자격보유자 등을 반드시 두도록 의무화된 것을 말한다. 구체적으로 직원에 의한 필치규제, 행정기관·조직·시설에 관한 필치규제, 심의회 등 부속기관에 관한 필치규제가 있다.

성령(省令)이나 고시, 통달 등에 의해서도 가능했던 필치규제를 엄선하여 필요불가결한 것은 법률 또는 이에 근거한 정령에 근거를 두는 것으로 제한하고, 그 외의 필치규제는 폐지하는 것으로 하였다. 종전에는 지방자치법에 의원정수가 법정되어 있었고 이를 지방자치단체가 조례로 감소할 수 있다고 규정하였으나 신지방자치법에서는 도도부현, 시정촌 의회의 의원정수는 조례로 정한다고 하면서 상한은 법정되어 있었다. 이후 2011년의 지방자치법 개정으로 법정상한제도 폐지하여 지방의회의 정수는 조례에 의한 위임으로 되었다. 지방의회에 두는 상임위원회 수의 상한을 법으로 정하고 있었으나 2000년 지방자치법의 개정으로 법정 상한제도는 폐지되었다. 1947년 지방자치법에서 예외적으로 일부의 사무(건강보험법, 후생연금보험법, 선원보험법, 국민연금법 등)에 대해서 국가공무원 신분의 지방사무관제도를 두었으나 2000년 개정법에서는 이를 폐지하여 해당 사무는 국가의 직접사무로 하였다. 지방자치단체 소속 공무원에 대한 인사예산권은 주무대신이 가지는 변칙적인 제도로서 자치조직권을 침해하고 행정책임의 소재가 불명확한 것을 개선한 것이다.[50)]

(vi) 지방공공단체의 행정체제의 정비·확립 시정촌의 합병의 특례에 관한 법률을 개정하여 행재정능력을 일층 향상시키기 위하여 주민발의제도를 확충하고 지역 심의회를 설치하였다(제22조).

2) 국고보조금의 정리통합

국고보조부담금을 정리합리화, 존속하는 국고보조부담금의 운용과 관여 개혁, 지방세와 지방교부세 등의 지방일반재원으로 충실한 확보라는 3개의 관점에서 기본적인 방향으로 개선하였다.

49) 宇賀克也, 地方自治法概說, 有斐閣, 2011. 350면.
50) 최우용, 앞의 글, 181-182면.

4. 3위1체 개혁

(1) 3위1체 개혁의 의의

3위1체 개혁이란 국고보조부담금의 개혁, 국가로부터의 세원이양, 지방교부세의 재검토라는 세 가지 개혁을 일체적으로 실시하자는 것을 의미한다.[51] 지방자치단체의 자주재원이 부족하고 지방교부세, 국가보조부담금에 의존하는 비율이 높은 것을 개혁하자는 것이다. 기본이념은 지방 행·재정에 대한 국가의 관여와 규제를 폐지·축소하고 지방세 재원의 충실한 확보를 통해 수입과 지출 양면에서 자유도를 높이고 동시에 효율적인 작은 정부를 실현한다는 것이다. 목표는 세원이양 등에 의한 지방세 재원의 충실한 확보와 지방재정 지출의 철저한 개혁을 통해 국고보조부담금과 지방교부세를 축소·억제해감으로써 지방세 수입의 비율을 올리고, 한편에서는 국가와 지방재정의 건전화를 통해 기초적 재정수지를 흑자로 만들자는 것이었다.[52]

2001년 7월 발족된 지방분권개혁추진회의가 3위1체 개혁의 추진을 담당하였고, 2004년까지 활동하였다. 내각은 2002년 6월 “기본 골격(骨太)의 방침”을 시작으로 2005년 6월까지 매년 3위1체 개혁을 추진하였다. 2003년 6월 27일 각의결정인 “경제재정운영과 구조개혁에 관한 기본방침 2003”(기본골격의 방침 2003)은 3위1체 개혁에 의해 지방재정에 있어 국고보조부담금에의 의존 억제를 도모하고 지방의 일반재원(지방세·지방양여세·지방특례교부금·지방교부세)의 비율을 착실하게 인상하도록 하였다.[53] 즉 세원위양등에 의한 지방세의 충실한 확보, 지방세출의 철저한 개선에 의한 교부세액의 억제 등으로 지방의 일반재원에서 점유하고 있는 지방세의 비율을 착실하게 인상하고, 지방교부세에의 의존을 저하하는 것 외에 과세자주권의 확대를 도모하여 지방자치단체와 주민의 자립의식의 향상을 목적으로 하는 것이다.

(2) 도주제 검토

1) 도주제의 의의

도주제는 현행 광역자치단체인 47개의 도도부현을 통폐합하여 7-9개 정도의 구역단위에 새로운 광역적 지방행정구역 및 행정조직을 창출하여 지방제도를 근본적으로 재편하려는 개혁구상이다.[54] 도주제구상은 전전, 전시, 전후를 통하여 일본 제도개혁과정에서 연속적으로 논의된 주제이나 실현되지는 못하였다. 1990년대 지방분권개혁과정에서 경제계를 중심으로 도주제 및 연방제 개편안이 산발적으로 제기되었다. 그중에서도 간사이경제연합회와 중부경

51) 宇賀克也, 앞의 책, 155면.
52) 최우용, 앞의 글, 183면.
53) 宇賀克也, 앞의 책, 157면.
54) 강광수, “일본의 통치구조와 도주제론: 새로운 광역적 지방정부 창설의 가능성과 한계성”, 지방정부연구 제12권 제4호, 2008. 303면.

제연합회, 일본상공회의소가 도주제 도입에 적극적인 모습을 보였다.[55] 2006년 2월 총리의 자문기관인 지방제도조사위원회는 전국을 9개, 11개, 13개의 블록으로 하는 3가지 방안을 제시하였다. 이는 각 성청 지방분국의 배치상황, 교통 및 물류흐름, 인구 및 경제규모, 생활양식의 공통성과 같은 문화적 조건 등을 종합적으로 고려한 것이다.[56] 도주의 구역은 복수의 도도부현을 통합한 광역적 단위로 설정함을 원칙으로 하나, 홋카이도 및 오끼나와의 경우에는 지리적 특성과 역사적 경위를 고려하여 하나의 도주를 설치하는 것이 특색이다. 개편된 도주의 인구는 1,000만 명 내외를 상정하고 있다.

2006년 법률 제116호로 제정된 "도주제특별구역에 있어서 광역행정의 추진에 관한 법률"은 지방분권의 추진 및 행정의 효율화 등을 위한 광역행정추진에 관한 방향을 제시하고 있다(동법 제1조). '도주제특별구역'이란 북해도지방 또는 자연, 경제, 문화 등에 있어서 밀접한 관계가 상당정도 인정되는 지방(3이상의 도부현(都府縣)구역[57]의 전부를 그 구역으로 합하는 것에 한정한다)의 몇 개의 지방의 구역의 전부를 그 구역에 포함한 도부현으로 정령에서 정한 것(특정광역단체)의 구역을 말하고(동법 제2조 제1항), 제4장에서 도주제특별구역추진본부를 두고 있다.

2) 도주제에 관한 정당의 지향점

일본의 양대 정당인 자민당과 민주당 모두 도주제를 도입하고자 하는 기본방향에는 공감대를 형성하고 있다. 자민당은 작은 정부 추진의 일환으로 도주제를 도입하고자 하며 국가의 업무를 사법, 외교, 방위, 경제정책 등에 한정하고 국가의 특별지방행정기관은 원칙적으로 주주에 귀속시키고자 한다.[58] 민주당은 지역주권의 확립을 위해 도주제가 필요하다는 입장이며 궁극적으로 분권형 연방국가를 목표를 하고 있다.[59] 2009년 8월 총선에서 승리한 민주당 정권의 지역주권론에 입각한 지방개혁의 핵심은 국가의 역할을 외교, 방위, 치안, 식량・에너지를 포함한 종합적인 안전보장, 교육・사회보장, 시장경제규칙 확립 등에 한정하고 기초자치제는 주민생활에 관계되는 행정서비스를 담당하며 기초자치제가 담당하지 않는 사업을 광역자치체인 도도부현이 담당하는 구조이다.

---

55) 하정봉, "일본의 광역자치단체 개편논의와 시사점: 도주제 도입을 중심으로," 한국거버넌스학회보, 제15권 제2호, 2008.8. 214면.

56) 하정봉, 앞의 글, 218-219면.

57) 2006년 4월 1일 현재 도부현 구역을 말한다. 도주제특별구역에 있어서 광역행정의 추진에 관한 법률 제2조 제1항.

58) 하정봉, 위의 글, 218면.

59) 윤석상, "일본의 지방분권, 민주당 정권의 '지역주권론'과 지자체 개편", 국제지역연구 제15권 제3호, 2011. 200면. 민주당은 도주제 도입에 비판적인 입장을 취하다가 정권 획득 후 전국정촌회의 반대에도 불구하고 2010년 6월 22일 각의에서 결정된 '지역주권전략대강'을 통해 지역의 자주적인 판단을 존중하면서 도주제 도입검토를 명기하였다.

3) 도주제 도입에 대한 찬반론

도주제 도입의 필요성은 효율성 향상, 민주성 향상, 국가체제의 재정립 등을 들 수 있다. 효율성의 측면에서서는 재정위기 극복과 시정촌의 합병 및 세계적 규모로 벌어지고 있는 지역간 경쟁의 격화에 대한 대응 등을 들 수 있다. 지역 간 경쟁을 기준으로 하면 현재의 도도부현은 지역적으로 협소하며 권한도 제한되어 있다는 점이 강조된다. 민주성 향상 측면에서는 자치능력의 향상과 도주 내의 분권화를 추진하여 자치의 정신에 부합하는 지방정부체제 구축과 재정력이 높은 지역과 낮은 지역을 통합하여 지역간 격차의 평균화를 도모할 수 있다는 것이다. 도주제 도입으로 국토의 균형발전과 독자적인 지역경제 활성화정책 추진이 가능하다는 것이다.[60] 국가체제의 재정립이라는 측면에서는 21세기형 국가체제 구축의 수단이라는 정치적 상징성을 띠고 있다. 번영을 위한 거점의 다극화 및 일본전체의 활성화와 주민을 위한 지역만들기, 통치기구개선을 통한 정책입안·수행능력의 향상, 지역행정서비스의 질적 향상 등이다.[61]

이에 대해 도주제 도입에 대한 우려로 국가의 조정기능 상실로 도주간 격차의 확대, 관할구역 확대로 인한 지역주민의 효용 저하, 강제적인 도주에 대한 문화적 저항 등을 들 수 있다. 대도시를 중심으로 한 지역을 재편하여 중앙정부로부터 사무와 권한이 이양된다고 하더라도 도주는 국가의 지방사무소에 지나지 않는다는 비판이 있다. 즉 도주제도입 추진은 지방재량권 확대와 자유의 확대라고 하는 신자유주의적 지방분권 개혁의 연장선상에서 지역주권확립을 목적으로 하고 있으나 결과적으로는 지자체간 격차 확대 및 지자체 내 격차 확대로 이어진다는 것이다.[62] 구체적으로 4가지 이유를 들어 반대하는 견해가 있다.[63] 첫째 단일주권국가인 일본을 연방제국가로 하는 것은 어울리지 않는다. 둘째 도주제는 연방제를 도입하기 위해 행정개혁을 목적으로 하나 국가규모를 그 이상 작게 하는 것으로 되고, 국가가 책임을 져야 할 국가사무는 국가가 손을 놓아버리게 되므로 실시할 필요가 없다. 셋째 획일적인 권능과 조직을 가진 도주제의 설계는 현명한 방법이 아니다. 넷째 다수의 도주제론자들은 도도부현을 폐지하고 도주정부로의 이행과 동시에 시정촌을 크게 재편하는 것을 주장하고 있으나 도도부현은 지역상황에 따라 존치할 필요가 있다는 것이다.

---

60) 하정봉, 위의 글, 217-218면.

61) 미래한국재단, 일본의 행정구역개편안 道州制에 대한 연구, 2009. 29-35면.

62) 윤석상, 앞의 글, 201면.

63) 內田和夫, 書評 "西尾勝『自治・分權再考~地方自治を志す人たちへ~』," 嘉悅大學硏究論集, 56卷1号, 2013. 10. 114면.

5. 제2차 지방분권개혁의 경위와 내용

(1) 제2차 지방분권개혁의 경위

1) 지방분권개혁추진법 제정

미완의 개혁이라 평가받던 지방분권개혁은 지방6단체가 2006년 6월 지방자치법에 근거하여 ‘지방분권의 추진에 관한 의견서’를 국회와 내각에 제출하고 신지방분권법의 제정 등 7가지 제언을 하였다. 이에 2006년 7월 ‘기본골격에 관한 방침 2006’에서 다시 지방분권개혁을 위한 방침을 발표하였다. 이후 2006년 9월에 출범한 제1차 아베내각은 지방분권개혁추진법안을 10월에 국회에 제출하고 같은 법안은 12월에 가결되었다.

3년의 한시법인 지방분권개혁추진법에 의해 2007년 4월에 지방분권개혁추진위원회가 설치되고, 제1차부터 제4차에 걸친 권고를 하였다. 이에 따라 제1차 일괄법(2011년 4월), 제2차 일괄법(2011년 8월), 제3차일괄법(2013년 6월), 제4차일괄법(2014년 5월)이 성립되었고, “국가와 지방의 협의의 장에 관한 법률”이 2011년 4월 제정되었다.

2) 민주당 정부의 개혁(2009.9.16. – 2012.12.26.)

2009년 9월 수립된 민주당정부는 지방분권개혁추진위원회의 권고안 가운데 지역주권개혁의 대상이 되는 내용을 우선적으로 추진하였다. 중앙정부의 지방자치단체에 대한 규제를 완화하는 것으로 지방분권개혁추진위원회가 권고한 4,076 항목 가운데 1차로 650개 항목이 정리되었고, 이 중 규제완화와 관련된 82개 항목이 포함된 제1차 일괄법이 2011년 4월 의회를 통과하였다.

3) 제2차 아베내각(2012.12.26.) 이후

(i) 지방분권개혁추진본부 2013년 3월 제2차 아베내각에서 내각총리대신을 본부장으로 하고 전 각료를 구성원으로 하는 지방분권개혁추진본부가 설치하였고, 같은 해 4월부터 위 본부의 부본부장인 지방분권개혁담당대신 아래 지방분권개혁유식자회의가 개최되었다. 지방분권개혁추진본부는 개혁에 관한 정책을 검토·결정하고, 지방분권개혁유식자회의는 지방분권개혁에 관한 과제를 조사·심의하는 역할을 하였다.

(ii) 제안모집방식(提案募集方式)의 도입 2014년 5월에 성립된 제4차일괄법에 따라 지방분권개혁추진위원회의 권고사항에 관하여 검토된 것부터 지역의 사정이나 과제에 정통한 지방의 발의와 다양성을 중시하여 개개의 지방자치단체로부터 전국적인 제도개정을 널리 모집하는 “제안모집방식”이 도입되었다. 또한 권한 이양에 당해서도 지역특성이나 사무처리체제 등에 큰 차이가 있는 것을 인정하여 개개의 지방자치단체의 발의에 따라 선택적으로 이양하는 “거수식 방식(手擧げ方式)”을 도입하였다.

(iii) 지방창생(地方創生)을 목적으로 하는 지방분권개혁 지방분권개혁추진은 지방창생

즉 지역이 자발적인 발상과 창조공부에 의해 과제해결을 도모하기 위한 기반이 되는 것을 목적으로 한다. 이를 통하여 국가로부터 지방으로의 권한 이양과 규제완화에 관한 지방으로부터의 제안을 최대한 실현하는 등 제도개선을 강력히 추진하고, 개혁성과의 정보발신을 권장하고 우량조례를 적극적으로 전개하는 것이다.

(2) 제2차 지방분권개혁의 내용

1) 지방에 대한 규제완화

제1차 지방분권개혁에 의하여 국가의 관여와 필치규제가 어느 정도 완화되었음에도 여전히 국가는 법령(법률, 정령, 성령, 고시 등)을 통하여 지방자치단체의 사무를 규제해 왔다. 이에 지방분권개혁추진위원회는 자치사무 가운데 국가의 법령에 의해 의무부여・기준부여된 조례에서 자주적으로 정할 여지를 인정할 수 있는 10,057조항에서 개선의 대상으로 4,076조항을 추출하였다. 개선할 수 있는 1,316조항에 대해 975조항을 개선하여 실시하였다(제1차, 제2차, 제3차 일괄법 등). 2017년 4월의 제7차일괄법에서도 지방자치법, 농업재해보상법, 삼림법, 국토이용계획법, 행정절차에 있어서 특정 개인을 식별하는 번호의 이용등에 관한 법률, 공영주택법 등 6개 법률에서 지방자치단체에 대한 의무부여・기준부여를 개선하였다. 2018년 3월 각의에서 결정된 제8차일괄법안에서도 재해대책기본법 등 14개 법률에서 지방자치단체에 대한 의무부여・기준부여를 개선하였다.

2) 사무・권한 이양 등

(i) 국가로부터 지방으로 이양　　제4차 일괄법에서는 지방에서 가지고 있는 사항을 제외한 검토대상 96개의 사항에 관하여 66개 사항을 개선하는 방침을 조치하였다. 48개 사항이 이양하는 사무・권한이고, 18개 사항이 이양 이외의 개선을 행할 사무・권한이다. 2018년 3월 각의결정된 제8차 일괄법안에서도 "독물 및 극물의 취체법"의 독극물 원본 사업자의 등록 등에 관한 사무・권한을 국가로부터 도도부현으로 이양하는 것이다.

(ii) 도도부현으로부터 시정촌으로 이양(제2차・제3차 일괄법등)　　제2차・제3차 일괄법 등에서는 권고사항인 82개 항목에 지방으로부터의 제안 등을 포함한 105개 항목에 대하여 72개 항목의 이양을 실시하였다.

(iii) 도도부현으로부터 지정도시로 이양　　제4차일괄법등에서는 검토대상 64개 사항에 대하여 41개 사항(현행법에서 처리된 8사항을 포함)을 개선하는 방침으로 조치하였다. 29개 사항이 이양하는 사무・권한이고, 4개 사항이 이양 이외의 개선을 행할 사무・권한이다. 2017년 4월 설립된 제7차 지방분권일괄법에서는 아동복지법, 장애자에 대한 일상생활 및 사회생활을 종합적으로 지원하는 법률 등 4개 법률에서 사무・권한의 이양이 있었다.

3) 국가와 지방의 협의의 장에 관한 법률 시행

2011년 4월 28일 제정된 "국가와 지방의 협의의 장에 관한 법률[64)]"의 목적은 지방자치에 관한 국가의 중요정책의 기획과 입안 및 실시에 관하여 국가와 지방의 대표자가 협의하여 내각부설치법 제4조 제1항 제12호[65)]의 개혁의 추진과 지방자치단체의 정책의 효과적이고 효율적인 추진을 도모하는 것이다. 국가와 지방의 협의의 장에는 관계 각 대신[66)]과 도도부현 지사, 도도부현 의회의 의장, 정촌장 및 정촌의회의 의장의 전국적 연합조직의 각 대표자가 참석하여 협의를 한다. 협의의 장에는 의장과 의장 대행 및 부회장을 둔다. 협의의 장에 있어서 협의의 대상이 되는 사항은 '1. 국가와 지방자치단체간의 역할 분담에 관한 사항, 2. 지방행정, 지방재정, 지방세 그 외의 지방자치에 관한 사항, 3. 경제 재정정책, 사회보장에 관한 정책, 교육에 관한 정책, 사회자본정비에 관한 정책 그 외 국가의 정책에 관한 사항 중 지방자치에 영향을 미치는 것이라고 생각되는 것' 중 중요한 것으로 한다(제3조). 의장은 협의의 장에서 성립된 협의의 개요를 기재한 보고서를 국회에 제출해야 하고(제7조), 의원 및 협의의 장에 참여한 사람[67)]은 그 협의의 결과를 존중해야 한다(제8조).

4) 보조대상재산의 재산처분의 탄력화

2008년 4월의 "보조금등에 관계된 예산의 집행의 적정화에 관한 법률 제22조[68)]의 규정에 근거한 각 성청의 장의 승인에 대해서"라는 보고서에 의하면, 첫째 10년이 경과된 지방공공단체소유의 보조대상재산에 관하여 원칙적으로 보조목적을 달성한 것으로 간주하고, 보고 등에 의해 국가의 승인을 받은 것으로 간주함과 동시에 용도·양도 대상을 묻지 않고 국고납부도 요하지 않는다. 둘째 10년이 경과되기 전이라도 시정촌합병이나 지역재생 등의 시책에 따른 재산처분에 관해서는 위와 같이 취급한다고 하여 재산처분에 대하여 탄력성을 부여하였다.

---

64) 國と地方の協議の場に關する法律은 2011년 법률 제38호로 성립되었고, 2015년 9월 11일 개정·공포(2015년 법률 제66호로 개정)되고 2016년 4월 1일부터 시행되고 있다.

65) 일본헌법의 국민주권이념아래 주민에게 친밀한 행정은 지방자치단체가 자주적이고 종합적으로 넓게 담당하도록 하는 것과 동시에 지역주민이 스스로의 판단과 책임으로 지역의 여러 과제를 임할 수 있도록 하기 위한 개혁을 추진할 수 있는 기본적인 정책에 관한 사항.

66) 내각관방장관, 내각부설치법 제9조제1항의 규정에 의한 특명담당대신가운데 동법 제4조 제1항 제12호의 개혁에 관한 사무를 관리하는 사람, 총무대신, 재무대신, 위 대신 외에 내각총리대신이 지정하는 국무대신 등을 말한다.

67) 국가와 지방의 협의의 장에 관한 법률 제2조 제8항에 의하면, 의장은 필요하다고 인정할 때에 국무대신 또는 전국적 연합조직이 지정하는 지방자치단체의 장이나 의회의 의장이었던 의원이 아닌 자를 의안을 한정하여 임시로 협의의 장에 참가시키는 것이 가능한데, 그 때 참석한 자를 말한다.

68) 재산의 처분의 제한이란 조명으로 "보조사업자등은, 보조사업 등에 의해 취득하거나 효용을 증가한 것으로 정령에서 정하고 있는 재산을, 각 성청의 장의 승인을 받지 않고 보조금등의 목적에 반하여 사용, 양도, 교환, 임대 또는 담보제공을 해서는 안 된다. 단, 정령에서 정하는 경우에는 그러하지 아니하다."고 규정하고 있다.

5) 지방의회제도의 개선

2011년 지방자치법 개정으로 의원정수의 법정 상한을 철폐하고, 의결사건의 범위를 확대하여 지방자치단체의 자율성을 강화하고, 2012년 개정으로 의회의 소집 및 회기, 의회와 의장의 관계, 직접청구제도 등을 개정하여 주민자치의 충실을 도모하였다.

6) 지방분권과 지방창생

지방분권개시로부터 여러 가지 상황변화가 있다.[69] 지방행정개혁의 진전, 민영화·민간에의 사무위탁진행이 있다. 이에는 민간위탁등의 추진, 지정관리자제도등의 활용등, 자치체 정보시스템의 네트워크 확대, 공영기업·제3섹터 등의 경영건전화, 지방자치단체의 재정관리의 강화 등을 들 수 있다. 또한 인구감소사회, 동경 일극집중의 가속화, 비영리단체의 활성화와 관민네트워크를 통한 지역거버넌스로 표시되는 시민사회 성숙, 지방분권의 추진과 합병의 추진, 행·재정능력의 향상, 소멸 지방자치단체 리스트의 공표(2014년 5월, 일본창성회의) 등을 들 수 있다.

제2차 아베내각의 중점정책인 지방창생은 종합적인 전략책정으로부터 사업추진단계로 접어들었다. 생산성 강화, 활력이 넘치는 지역경제 구축 등을 통한 소득가득력 도출, 지역의 인센티브개혁을 통한 지역의 종합력 도출, 민간의 창의공부를 최대활용하여 주민의 식견 도출 등 지방창생을 심화하여 종합전략정책의 패키지 확충강화와 지방자치단체에 대한 다양한 지원을 전개한다는 것이다.

지방분권과 지방창생은 지역경제의 활성화, 지역의 총합역량 발휘, 주민의 식견을 이끌어 낸다는 공통된 과제를 가지고 있다. 지방창생 시책의 중심적 담당자가 지방자치단체 및 그 직원이므로 이에 대한 행·재정능력의 향상, 자주적인 재원의 강화, 지방자치단체 직원의 능력을 강화로 자율적인 시책, 네트워크 형성의 담당자, 국가 시책실시에 적극적인 관여를 도출한다는 것이다. 이를 위한 방법 중 하나가 지방에 대한 권한이양·규제완화의 제안을 모집하는"제안모집방식"을 도입하는 것이다. 훌륭한 사례를 모집하여 SNS활용과 전국 심포지움의 신규 개최 등에 의하여 정보공개를 강화한다.[70] 제안모집방식을 통한 제도개선으로 2014년에는 도도부현내에서 수리조정이 완결하는 수도사업 등의 인가권한을 국가로부터 도도부현에 이양하는 현안이 실현되었다. 2015년에는 녹지면적율 조례제정권한을 정촌으로 이양하는 제도개선이 있었다.

---

69) 地方分權改革有識者會議 提案募集檢討専門部會長 高橋 滋의 2016.1.13.자 "地方創生と地方分權~背景と課題~" 5면.

70) 위의 글, 8면.

Ⅳ. 지방분권의 평가와 시사점

1. 지방분권의 평가

(1) 총 평

일본의 지방분권개혁은 성숙한 일본 정치문화의 수준을 보여준다. 지방분권이라는 목표를 향하여 꾸준히 개선하여 나가는 모습은 화산이나 지진 등 천재지변을 극복하면서 축적된 섬나라의 지혜를 보는 것 같다. 어렵고 논란이 되는 문제는 다음으로 넘기고 합의된 것부터 개혁하면서 그 과정에서 발생되는 시행착오는 차분한 논의를 통하여 해결하는 모습은 선진국이라고 아니할 수 없다.

제2차 세계대전 후 사실상 맥아더 사령부에 의해 제정된 현행 일본헌법이지만 일본인들은 평화 헌법을 존중하고 그 정신을 지켜나가고 있다. 엄격한 헌법 개정절차를 규정한 헌법 제96조와 단일민족국가의 전통 등으로 연방국가 개헌 주장은 호응을 얻지 못하고 있다. 고도성장의 중앙집권체제가 시대적 사명을 다하자 의회에서 규제완화와 지방분권에 관한 의견을 내고 내각에서 이를 받아들여 정책으로 추진하는 것은 책임정치라고 평가된다. 정권의 교체에도 불구하고 큰 줄기를 건드리지 않고 이전 집권당의 정책을 계승하는 것은 민주주의의 수준을 보여주는 것이다. 물론 정당에 따라 지방분권이라는 단어보다 지역분권이라는 단어를 선택하는 경우도 있지만, 국민들의 다양한 목소리를 듣고 여론을 반영하는 과정에서 나타난 차이로 보인다.

한 배를 탄 국민으로 궁극적인 목적을 향하여 노력해나가는 국민적 합의를 볼 수 있다. 최근에 진행되고 있는 주민제안모집제도도 지방분권의 이상인 주민자치를 실현하는 것으로 오랜 기간 동안의 제도개선노력과 충분한 설명 및 지방자치단체의 적극적인 수용자세로 큰 효과를 보고 있다. 소극적으로 평가되는 주민의 특성을 바꿀 정도로 자발적인 주민의 제안모집사례와 이를 적극적으로 홍보하여 전국적인 제도로 개선해나가는 모습은 "개혁의 추진력을 얻은 사회"로 평가된다.

(2) 구체적인 평가

1) 제1차지방분권개혁에 대한 평가

(ⅰ) 제1차지방분권개혁의 특성　　일본의 지방분권은 규제완화와 함께 다양한 목소리로 나왔지만 국가와 지방자치단체, 지방자치단체상호간 그리고 산업계가 각자의 주장을 하면서도 파국을 피하고 우선 실현가능한 것에 초점을 맞추었다. 비공개에 의한 담판형식으로 실시가능한 것을 권고사항에 기재하고 권고된 것을 착실하게 추진하는 방식을 택하였다. 이에 대

해 개혁의 청사진에 바탕을 둔 일도양단의 완전한 개혁이 되지 않아 효과가 없고 불완전하다는 비판을 할 수 있으나 지방분권 내지 주민자치라는 민주주의 이상이란 기준에서 보면 더 나은 선택으로 평가된다.

기관위임사무의 폐지와 국가의 지방자치단체에의 관여의 시정을 논의의 중심으로 하면서 행정분권의 성격이 목적으로 변하였다. 이에 대한 부작용을 거론할 수 있으나, 중앙 성청의 강한 저항을 감안하여 결코 작은 것이 아니지만 덜 중요한 것으로 비친 부분의 개혁부터 시도한 것은 결과적으로 잘한 것으로 평가된다. 정부의 활동 목표는 국민과의 상호작용의 연속이므로 일시에 도달할 목표에 매달리는 것은 바람직하지 않다. 국가의 영속성을 전제로 한 것이므로 계속성을 가지고 제도의 가동상태에 대한 수시 점검과 그에 따른 개선은 병행되어야 한다.

(ii) **제1차 지방분권개혁의 평가** 우선 긍정적인 평가를 하면 다음과 같다. 우선 지방분권에 대한 이념을 일본사회에 구축하였다는 것이다. 적지 않은 기간 동안의 중앙집권적인 사회문화 속에 지방분권이라는 제도를 큰 마찰 없이 뿌리내리게 한 것이다. 국가와 지방사이의 관계를 대등·협력의 관계로 설정하고 기관위임사무를 폐지하면서 국가와 지방의 관계를 새롭게 조명한 것은 대단한 성과라고 생각된다. 국가와 지방자치단체 사이의 사무배분이 적절하게 이루어진 것인지는 시간이 더 지난 후에 평가될 것이다.

둘째 지방자치단체의 자율성을 고양했다는 것이다. 기관위임사무는 원칙적으로 지방의회의 조례제정과 친숙한 것이 아니다. 그러한 기관위임사무의 상당부분을 자치사무로 편입시켜 조례에서 규정하게 되었으므로 큰 기능을 하게 되었으나 국가의 개별법령에 의한 의무부여·기준부여로 실질적인 개선을 이루어지지 않았다. 그러나 그것도 계속적인 지방분권개혁으로 많이 개선하게 되었다. 또한 국가의 행정적 관여를 배제하는 개혁을 하였으므로 자치행정권이 실질적인 기능을 하게 되었다. 국가의 관여에 관한 기본 틀을 바꾸고 필치규제를 개선하여 주민자치로 나아가게 한 것이다.

셋째 개혁내용을 법률에 근거한 위원회에서 검토하고, 위원회의 검토 내용을 정리한 권고를 일괄법으로 개정한 것은 의미가 있다. 위원회 위원들이 전국 각지를 돌면서 상황을 자치단체관계자에게 보고하고 개혁과제에 대한 이해와 협력을 요청한 강연을 하면서 질의와 응답을 한 것은 지방분권의 개혁이 현실과 격리되지 않도록 한 것이다.[71]

부정적인 평가로 확실한 지방세·재정개혁이 이루어지지 않은 것을 들 수 있다. 그러나 세정개혁부분은 사무이관과 연관된 것으로 한 순간에 해결할 수 있는 문제가 아니다. 그래서 자연스럽게 제1차 지방분권개혁에 이어 세정개혁으로 이어진 것이다.

71) 西尾勝, 오재일 역, 미완의 분권개혁, 전남대학출판부, 2005. 7면.

(iii) 지방분권추진위원회의 자기평가와 과제 지방분권추지위원회는 2001년 최종보고서에서 제1차 지방분권개혁은 등산을 앞둔 베이스캠프 설치에 비유하고, 2,3차 분권개혁을 주문하였다. 남겨진 과제로 지방재정질서의 재구축, 지방자치단체의 사무에 대한 법령에 의한 의무부여, 기준부여의 완화, 지방분권이나 시정촌의 합변에 관한 논의 검토, 사무·사업의 이양, 제도규제의 완화와 주민자치의 확충방안 지방자치의 본질의 구체화 등을 들고 있다.[72)]

2) 3위1체 개혁에 대한 평가

3위1체 개혁은 국가로부터의 이전 재원을 줄이는 대신 지방자치단체의 자체 재원을 늘림으로써 국가의 관여를 축소하고 지방자치단체의 책임성을 강화하는 것이다. 지방분권을 하면서 국가의 관여를 줄이고 지자체의 자립성과 자율성을 높이기 위한 필요한 조치이다. 세원이전과 함께 세출의 엄격한 사용으로 지방자치단체의 재정여건이 좋아져야 하나 사업의 이관과 정확하게 연결되지 않으면 오히려 재정여건이 악화될 수 있다.

현대 국가에서 국가와 지방의 역할을 명백하게 구분하기 어렵고, 특히 현대적인 큰 재앙이 발생하였을 때 그 해결주체가 누구인지 판단하기 어려운 상황이 많다. 사업과 관련된 권한을 지방으로 이양하거나 세원의 이양에 소극적인 태도를 취하는 경향이 있다.

3) 제2차 지방분권개혁의 평가

제2차 지방분권개혁은 아직 진행 중이라고 할 것이다. 현재의 아베내각에서 부르고 있는 지방창생도 지방분권의 변화된 시점에서의 명칭이라 할 것이다. 주민자치의 이념을 실현하는 과정 중 격상된 목표수준을 말하기 때문이다.

2014년 6월 24일의 지방분권개혁유식자회의에서 제시한 "개성을 살리는 자립적인 지방만들기"라는 표현에서 드러난 것처럼 중앙집권형 행정시스템의 해결이 아니라 풍요로운 국민생활의 실현을 목표로 하고 있다. 그에 따라 지방으로부터의 제안모집방식을 적극 권장하고 이를 홍보하여 보다 많은 국민들의 참여를 북돋우며 우수 사례의 경우 국가도 이를 받아들이고 있다.

지방의 다양성을 추구하려는 본격적인 준비를 거쳐 실시하고 있다. 각 지방자치단체의 규모와 능력이 다양하고 직면하는 문제도 다르기 때문에 제도 개정도 각 지방자치단체의 발의에 따라 선택적으로 권한이양을 행하는 거수기방식을 도입하고 있다.

지방자치단체와 그 공무원의 능력개발에도 신경을 쓰고 있다. 개혁의 효과적인 수행과 달성을 위하여 지방분권개혁업무를 담당하는 공무원이나 직원의 능력개발에 유의하고 있다.

72) 최우용, 앞의 글, 190면.

2. 지방분권의 문제점

(1) 자치 · 분권에 관한 원론적 재고론

1) 주민자치의 충실과 지방분권의 목적

지방자치에 비중이 있음을 강조하고 사회변동과 통치의 변모에 따른 마을 만들기 등이 목적이라는 견해가 있다.[73] 특히 시구정촌(市區町村)계획의 책정에서 시구정촌계획을 책정하는 의의와 그 계획에 담아야 할 계획사항 및 주민참가에 의한 책정절차와 계획방법을 지적하고 있다. 자치제직원의 역할과 자치체직원의 전문능력과 공공감각(公共感覺)을 강조하면서 지방분권개혁의 성과를 살리기 위한 방법을 제공하고 있다. 동일본대진재(東日本大震災)의 특수성과 이에 대한 대응과 지방자치를 사례를 살펴보고, 토지이용계획규제법과 부흥계획의 책정을 검토한 후 구조 · 구원 · 복구 · 부흥을 위한 직원파견의 구조와 이산가족을 파악하는 조직을 언급하고 있다. 지구온난화대책으로 억제와 대응책을 살펴보고 에너지－지역과 연계한 농산물 지역소비 운동인 지산지소(地產地消)[74]를 설명하고 있다. 지산지소운동은 식생활 환경변화에 따라 건전한 심신 단련 및 풍요로운 인간성 배양을 위한 "식육기본법"을 제정하고 2006년부터 2010년까지 '식육기본추진계획'을 추진하는 계기가 되었다.

2) 지방분권개혁요구에 대한 우려

첫째는 지방분권개혁의 궁극의 목적은 자치체의 수장의 재량권확충, 지방의회의 지위와 권능강화, 자치체직원의 직무수행능력의 강화를 위한 개혁으로 주민자치의 확충이라는 것이다. 둘째는 지방분권개혁이 정치구조의 개혁으로 이해관계인이 해결하기 어려운 문제임을 인식해야 한다는 것이다. 중앙관료기구의 반발이나 자치체 상호간의 대립항쟁 격화 나아가 정치주도의 개혁이란 본질을 감안하면 결코 쉬운 것이 아니라는 점이다. 셋째는 지방분권개혁에 대한 지나친 과잉 요구를 삼가야 한다는 것이다. 결코 성급하게 요구한다고 해결될 문제가 아닌 것이다. 끝으로 지방분권개혁은 행정개혁과 정치개혁의 중간영역으로 경계설정이 어렵고, 분권추진위원회의 사무국이 관청에 얽혀 있어 각 관청의 분권개혁에 저항에 영향을 받기 쉽다.

(2) 조례제정권의 확대와 정책법무의 준비

제2차 분권개혁의 검증으로 조례제정권의 확대가 제대로 이루어질 것인지에 대해 걱정하

---

73) 內田和夫, 書評 "西尾勝『自治・分權再考~地方自治を志す人たちへ~』," 嘉悅大學硏究論集, 56卷1号, 2013.10. 107-116면 참조. 지방분권추진위원회 위원으로 활동을 한 학자(西尾勝)가 2012년 7월부터 10월까지 "자치 · 분권재고-지방자치를 지향하는 사람들에게-"라는 제목으로 전국 4개소를 순회 강연한 강의록으로 개강사와 종강사를 빼고 총 8강으로 되어 있다.

74) 일본에서 2003년부터 시작된 지역에서 생산된 먹거리를 그 지역에서 소비하자는 운동으로 지역소비자의 요구에 대응해 농업생산이 이루어지고 생산된 농산물이 소비될 수 있도록 생산자와 소비자를 연계시켜주는 방안으로 검토하였다.

는 견해가 있다. 즉 의무부여・기준부여의 개선을 하였으나, 실제 지자체가 제대로 할 수 있는지에 대한 검증이 필요하고 정책법무에 대한 실천을 충실히 해야 한다는 입장이다.[75] 지자체의 법환경이 변하여 자기결정을 해야 하고, 법령해석을 자주적으로 해서 조례에 반영하는 것과 조례안책정과 사무실시에 관한 과정을 주도적으로 해야 한다. 특히 환경법과 경관법에 대한 지자체의 조례제정과 행정의사결정을 국가의 업무지시나 기준의 범위 내가 아닌 독자적인 결정을 해야 하므로 지자체 공무원의 교육도 보강되어야 한다.[76]

(3) 파퓰리즘 위협과 지방자치의 위기

지방분권은 지방자치단체 장의 권한과 재량권의 확대로 귀결되는데, 지방자치단체의 장이 선거로 선출되므로 선거의 특성상 적과 아군의 구별을 전제로 공무원과 의회를 공격하여 자신의 지지를 얻으려는 선동가가 선거로 인해 신임을 받아 당선되면 선거독재의 폐해가 발생할 수 있다. 강한 수장과 약한 의회의 구조에서는 수장의 의사에 따라 정책이 전개된다. 국가의 통제수단이나 견제가 약화되면 개혁이란 이름하에 오히려 현상을 악화시키는 경우가 많이 발생한다. 선거독재에 대항하기 위하여 사법부가 적극 나서야 하나, 구조상 재판소의 기대에는 한계가 있다. 수장이 선거에 의해 백지위임받은 상황에서 의회에 의한 통제나 위원회를 전제로 한 집행기관 다원주의 기능이 없이 공무원제도와 공무원조합을 억압하는 조례를 만들어 공무원을 히틀러시대의 아이히만으로 만든다는 비판이 제기되고 있다.[77]

(4) 행정민간화의 위협과 행정서비스의 가치

지방재정건전화를 외치고 세출감소를 추구하면서 공무원 수를 감축하고 행정서비스를 아웃소싱하여 실질적으로 주민의 자치의 이상에 반하는 역기능을 초래하는 경우가 있다. 공무원에 대한 교육과 양질의 서비스를 제공해야 하는데, 공무원 수의 축소와 급여의 삭감이 행정서비스의 저하와 연결되는 것은 바람직하지 않다.[78]

(5) 지자체의 규모권한의 확대와 실질적인 복리 감소

효율성을 강화하기 위하여 시정촌 합병을 하고 있지만, 그 속에서 살아가는 주민들의 복지에는 역기능을 초래할 수 있다. 지자체주민의 주민분권 선택의 타당성은 국민적 최소한의 기준 이상을 충족하는 것인데, 이를 충족하지 못한다면 주민자치의 본질에 반하는 결과가 된다.[79]

---

75) 北村喜宣 編著, 第2次分權改革の檢証, 株式會社 敬文堂, 2016. 32면.
76) 北村喜宣, 分權政策法務と環境・景觀行政, 日本評論社, 2008. 25면.
77) 榊原秀訓, 地方自治の危機と法, 自治体研究社, 2016. 31면.
78) 위의 책, 107면.
79) 위의 책, 166면.

(6) 지방분권과 님비현상 및 책임성

공공부문 효율화를 추구하는 지방분권개혁이 지방정부간의 경쟁으로 순기능을 확보하지 못하고 정책평가가 낮다면 근본적인 문제가 있다고 할 것이다. 특히 지방분권으로 부정행위에 대한 억제가 되지 않고 책임이 분명하지 않는 문제가 발생할 수 있다. 일본에서의 지방분권개혁이 진행 중이고 이에 대한 정책평가가 계속 되고 있으므로 이에 대한 검토를 하여 어떤 경우에 지방분권이 바람직한가를 구체적으로 분석해야 할 것이다. 지역경제의 성장을 위한 지방창생정책의 효과에 대한 평가도 필요하다고 할 것이다.[80]

3. 일본 지방분권개혁의 시사점

한국은 일본보다 영토가 작고 인구의 도시편중이 심하고 수도권 인구집중률이 높다. 현재의 인구감소율이 그대로 유지된다면 소멸되는 지방자치단체가 거론될 정도이다. 유사한 문제에 대하여 규제완화와 지방분권을 해결수단으로 채택한 일본의 개혁성과는 참고할 가치가 있다. 25년 이상 지속된 지방분권 개혁은 그 결과뿐 아니라 그 과정도 의미가 있다고 할 것이다. 일본은 양원에서 합의하여 지방분권추진결의를 하고 정권의 교체에도 불구하고 그 결의를 존중하여 꾸준히 지방분권 개혁을 추진하고 있다. 그러한 일관성은 타산지석으로 배워야 한다.

지방자치단체의 개혁에 관한 기존의 논의를 검토하면서 지방자치를 활성화하는 방향으로 개혁해야 하나, 지방재정권의 개혁에 대한 신중한 접근이 필요하다. 지방자치단체 사이의 격차를 해소할 수 있는 방법에 대한 충분한 논의를 해야 한다. 한국의 실정에 맞고 미래를 이끌어 낼 수 있는 여러 가지 형태의 지방자치와 지방분권에 관한 연구도 필요하다. 규제완화와 지방분권이 국가와 기업의 대외경쟁력 강화에 도움이 되는 방향으로 작용하는 것도 한국에서 포기할 수 없는 것이다. 그러기 위해서는 지난 20년 이상의 지방자치에 대한 엄정한 분석이 전제되어야 할 것이다. 주민의 삶의 질이 향상되었는지, 재정상의 낭비는 없었는지 검토되어야 한다. 그리고 미래의 사회변화가 예측가능하다면 그것에 대한 준비도 강조되어야 한다. 교통수단과 과학기술의 발전으로 공간적인 거리가 갈수록 줄어들고 있는 상황에서, 지방분권이 문제를 해결할 수 있는 최적의 방법인지 검토가 필요하다.

일본은 헌법을 개정하지 않고 “국가와 지방의 협의의 장”을 법률로 제정하였는바, 대통령의 헌법개정안에서는 이에 유사한 “국가자치분권회의”를 헌법에서 신설하고 있다. 제1야당인 자유한국당의 헌법개정안에서는 그 부분에 대하여 언급이 없고 반대하는 입장이므로 지방분권부분을 포함한 대통령의 헌법개정안이 국회에서 통과될 가능성이 거의 없다. 헌법을 개정

80) 西垣泰幸 編著, 地方分權と政策評価, 日本經濟評論社, 2017. 149면.

하여 의무조항으로 규정한다면 관련법규를 전부 개정하여 실행하여야 한다. 그러나 헌법에 규정해야 한다는 국민의 합의가 미진한 사항이라면 법률로서 제도화하는 것이 바람직하다. 국회에서 법률을 제정하는 과정에서 충분히 합의하여 결론을 내고, 관련 법률이 제정되면 시행해 본 후에 필요에 따라 국민적 합의를 도출한 후 헌법사항으로 올리는 것이 순서이다. 헌법을 개정하지 않고도 법률제정으로 시행이 가능하다면 헌법 개정의 실익이 크지 않다고 할 것이다. 그런 입장에서 지방정부라는 단어도 그 사용에는 충분한 검토와 합의가 필요하다.

Ⅴ. 결　　어

1993년 국회에서 시작된 일본의 지방분권개혁이 25년이 지난 현재까지 진행 중이다. 일본의 역사와 문화에 바탕을 둔 자주적인 방향 전환이므로 그 자체에 상당한 의미가 있고 지금도 계속 중인 제도의 개선으로 그 가치는 대단하다고 평가할 수 있다. 특히 헌법 개정의 어려움을 인정하고 현행 헌법에서 가능한 범위 안에서 중·참의원이 결의를 하자 정권의 교체에도 불구하고 꾸준히 지방분권 개혁을 하고 있는 것은 높이 평가되어야 할 것이다. 전후 고도 경제성장을 이룩한 이른바 55년체제가 그 사명을 다하였다고 인정하고 새로운 의제를 합의한 후 꾸준히 노력하여 개선해오고 있는 것은 비슷한 사회적 문제를 가지고 있는 한국에서 참조할만한 가치가 있다. 특히 지방자치 개혁을 위하여 헌법 개정에 우선순위를 두어야 한다는 사람들에게 일본의 지방분권개혁은 충분히 타산지석의 가치가 있다. 우선 일본은 헌법을 개정하지 않고도 지방분권개혁을 수행하고 있는바, 우리도 마찬가지로 가능하다. 대통령의 헌법개정안에 나타난 "지방분권국가를 지향한다"는 조문은 국민적 합의를 거친 것도 아니고 공감대가 형성된 것도 아니다. 우리의 역사와 문화 그리고 현재의 인구분포나 중앙과 지방의 상황을 볼 때 지방분권국가의 지향이 헌법에 조문으로 되어야 할 것은 아니다. 대통령이 제안한 헌법개정안에서 사용하고 있는 지방정부라는 단어를 헌법에 표기하는 것에 대하여 반대의견이 적지 않다. 지방분권개혁을 시행하고 있는 일본이 지방정부라는 단어를 사용하지 않는 것은 중요한 참고가 될 것이다.

주민자치를 통한 주민의 삶의 질 향상과 지역경제 활성화 및 국가경쟁력 향상이라는 거대한 목표를 두고 쉬운 것부터 하나씩 해결해나가는 모습은 배워야 할 것이다. 그리고 미진한 부분을 계속 보완해나가는 수차례의 지방분권 개혁은 적절하다고 평가된다. 지방분권 개혁의 결과가 원하는 만큼 이루어졌는지에 대한 평가를 하기는 어렵다. 국가와 지방자치단체 그리고 국민(주민)이 합의하여 지방자치의 미비한 점을 개선해나가는 제안모집방식은 바람직하다고 평가된다. 인구과소화와 고령화 때문에 마을공동체가 사라지고 있는 지역에서 지방분권 개혁의 효과가 발생하기를 바란다.

그러나 지방분권이 선동적이고 단기적인 성과에 바탕을 둔 인기영합적인 선거로 그 기능을 제대로 발휘하지 못할 가능성도 배제하기 어렵다. 근거리 행정이라는 주민자치의 본질이 시정촌의 통폐합으로 왜곡되거나 예산절감을 이유로 양질의 행정서비스를 받지 못하게 된다면 국가와 지방자치단체의 존재이유에 반하는 것이다. 국가의 중앙집권작인 행정이 개선되어 그 순기능이 지방분권보다 더 커진다면 선거독재 내지 부패와 가까울 수 있는 지방분권이 바람직한 선택이 아니라는 평가도 가능할 것이다.

27. 프랑스에서 지방자치단체의 행위의 통제에 관한 연구*

백 윤 철**

Ⅰ. 서　설

현재 한국은 헌법개정에서 지방분권이 중요한 이슈이며, 한국의 지방자치가 실시된 후에 그동안 많은 발전과 법령의 개정을 통하여 법제도 완비되어 가는 과정에 프랑스 지방자치단체의 통제를 살펴보는 것은 의미 있는 것이라 할 수 있다.

프랑스에서는 미테랑 대통령의 취임 이래 지방분권화의 이름하에 지방제도의 개혁이 진행되어 왔다. 1993년의 총선거에 있어서의 사회당의 패배를 기회로 일련의 개혁은 종결하였지만, 10년여에 걸쳐서 계속된 개혁에 의하여 프랑스의 지방제도는 크게 변모하였다. 그리고 지방자치단체의 자치행정(libre adminstration)은 헌법상으로 보장된 법일반원리로 1958년 제정된 현행 헌법 제72조 제2항에 명시되어 있으며 헌법평의회(Conseil Constitutionnel)[1)]의 1979년 5월 23일 자 판결에 의해서도 이미 확인이 되었다. 지방자치단체에게 지방행정의 원칙이 보장되어 있기는 하지만 법률적 의무와 행정부의 규칙제정권 등에 의한 제한을 받게 되는 한계점을 내포하고 있기 때문에 자치행정의 원칙이 반드시 지방자치단체의 완전한 자율행정을 실현시킨다고 보기에는 어려움이 있다. 그리고 2010년 피용 총리 정부는 2009년 발라뒤르 보고서의 제안에 따라 프랑스 지방행정체제에 대한 근본적 개혁을 위해 새로운 동시 지방의회선거를 통해 道[2)] 의회의 의석(4,182명)과 레지옹 의회(1,880명)의 정원을 3,000명으로 감축하는 새로운 지방의회선거와 市협력체 구성에 주민의 직접창정의 새로운 변화를 담은 법률 등이 통과되었는데, 이는 우리나라에서도 시사하는 바가 크다고 할 수 있다.

프랑스에서 중앙입법에 대하여 지방자치단체의 조례가 대항 내지 경합할 수 없다는 것이 지방분권의 한계로서 단일국가주의이다. 이러한 지방분권의 한계를 논증하는 방법은 연방주의와 단일국가주의를 대비시켜서 지방분권의 한계로서의 단일국가주의를 프랑스가 채택하였다는 방법을 취하고 있다. 즉, 연방국가와 단일국가의 구별은 지방분권의 한계로 논의되는

---

* 본 논문은 프랑스에서 지방자치단체의 행위의 통제에 관한 연구, 토지공법연구, 2001, 12권을 수정, 보완한 논문이다.

** 대구사이버대학교 교수, 법학박사

1) 헌법평의회는 우리 나라의 헌법재판소의 기능을 하지만, 프랑스 헌법평의회는 사전적 위헌법률심사를 한다는 점이 우리 나라 헌법재판제도와 상이하다.

2) 현행 프랑스의 지방행정조직은 3층 구조로 되어 있는데, 즉, 기초단체인 市(commune), 광역단체인 道(départment) 그리고 연방국가의 州와 같은 레지옹(région)으로 구성되어 있다. 이하에서는 시, 도, 레지옹이라는 용어를 사용하기로 한다.

것이다. 이는 결국 프랑스 공법학에서는 연방제와 단일국가주의가 본질적으로 대립되는 것이라고 간주하고 난 후에 후자에 속하는 지방자치만을 지방분권제로서 파악하고,[3] 대항적・명시적으로 연방주의를 채택하지 않는 헌법을 갖는 프랑스의 지방분권은 국가의 지방자치의 보장 내용을 미리 행정적 분권 수준에 한정하고 있는 것과 같다.

제5공화국 헌법의 제72조 제2항은 지방자치단체의 '자유로운 행정'(libre administration)을 보장하고 있다.[4] 다시 말하면 지방자치단체들이 영토 내에서 '자유로운 통치'(libre gouvernement)를 할 수 있는 것이 아니라, 국가의 특권과 단일성을 존중하면서 자신들의 사무에 대해서 자유롭게 결정할 수 있는 것을 의미한다.[5] 이와 같은 결정을 행사하기 위하여 지방자치단체는 의결기관과 행정기관을 필요로 하는데, 이 두 기관은 지방자치단체의 운영에 중요한 역할을 수행한다. 프랑스에서는 자유로운 행정의 수행을 위해서 조직에 있어서뿐만 아니라 법률적 또는 재정적으로 필요한 모든 수단을 지방자치단체에 부여하고 있다.

결국 프랑스에 있어서의 자유로운 행정은 지방자치단체가 국가에 대해서 자유로운 지방사무결정을 확보하기 위한 목적으로 재정면에서 자치를 얻는 것을 전제조건 중의 하나로 하고 있다. 이러한 재정자치는 국가의 사후통제하에서 지방자치단체의 세입면과 세출면에서 행해지고 있다.

그리고 국가의 중앙입법에 대하여 지방자치단체의 조례가 대항 내지 경합할 수 없다는 것이 지방분권의 한계로서 단일국가주의이다. 이는 프랑스 공법학에서는 단일국가주의는 연방주의의 부정을 의미하고, 그것은 하나의 국가로 구성되며, 국가 안에 제 국가가 있어서는 안 된다는 것을 의미한다.

또한 지방분권의 한계로서 단일국가주의는 연방주의와 구별이 되는데, '위임에 유래하는 권한'이 단일국가주의를 취한 지방자치단체의 권한이고, '고유 자격의 권한'이 연방주의를 취

3) 이러한 견지에서 1991년 5월 9일 헌법평의회의 '코르시카섬의 특별지위에 관한 법률'에 대해서 내린 판결은 주목할 만하다. 코르시카섬의 선거제도와 이전된 사무권한의 특별성을 인정하고 있지만 위의 법률 제1조에 프랑스 국민의 한 구성원인 코르시카 국민에 대한 조문은 인정하지 않고 있음을 밝히고 있다. 이것이 의미하는 것은 지방자치제도가 각 지방의 특수성과 다양성은 인정하지만 이러한 다양성이나 특수성이 국가의 단일체(unité de la Nation)를 위협해서는 안 된다고 단언하고 있다. 이 유명한 원칙은 지방자치단체들로 하여금 다른 외국의 지방자치단체들과의 협약을 체결할 수 있는 권한에 대해서도 제약을 두게 하는데, 현재의 활발한 국제교류관계를 상기시켜 본다면 중요한 문제가 아닐 수 없다. 1992년 2월 6일 전국행정기관법에서 지방자치단체간의 협력에 관해서라는 제목의 제4장, 제131조와 그 이하에 보면, 각 지방자치단체들은 프랑스가 국제적으로 맺은 협약의 내용들을 존중하면서 지방자치단체의 권한이 허락하는 범위 내에서 외국의 지방자치단체들과 협약을 체결할 수 있다고 언명하고 있다.--현지에서 본 프랑스 지방자치제도, 한국지방행정연구원, 30-31면 참조.

4) 1958년 10월 4일 헌법의 제72조 제2항에 의하면 "지방자치단체들은 선출된 지방의회와 법에 의해서 정해진 상황하에서 자유롭게 운영된다"고 규정하고 있다.

5) Jacques Moreau, Administration régionale, départementale et municipale, 10ème édition, Dalloz, 1994, pp. 8-11; André Roux, Le principe constitutionnel de la libre administration des collectivités locales, Revue française de droit administratif, mai-juin, 1982, pp. 435-452.

한 지방의 권한이다. 그리고 연방주의에 있어서 각 지방의 권한은 연방헌법에 따라 정하는데 비하여, 단일국가주의를 취한 국가의 지방자치단체 권한은 법률에 따라 조건이 정해진다. 이와 같이 연방주의는 정치조직의 한 형태이고, 단일국가주의의 지방분권은 행정조직의 한 형태라고 할 수 있다. 연방주의 헌법에서 연방의 지방은 그 권한 내이면 자유재량적인 권한 행사가 가능하고, 이에 비하여 단일국가주의 헌법을 취한 지방자치단체는 중앙정부의 후견적 감독을 받는다.[6)]

'단일국가주의'라는 헌법을 가지는 국가에서는 지방자치단체의 의사가 입법부의 의사에 부분적일 수는 있으나, 우위에 서는 경우나 경합하는 일은 없게 된다. 즉 지방자치단체가 제정하는 조례는 법률의 범위 내에 있고, 또한 법률과 경합할 수 없는 것이다. 이러한 법률우위론은 프랑스에서 1982년 이래의 지방분권개혁 후에도 약간의 동요는 보였지만, 여전히 존속·계속되고 있다. 레지옹(région)[7)] 같은 광역지방자치단체는 연방제를 상상할 정도로 권한이 크고, 정치적 영향력도 강하기 때문에 지금까지 연방제 부정의 개념으로서 '단일국가주의'와는 서로 부합되지 않는다고 생각할 수도 있다. 따라서 이 점에서 종래의 '단일국가주의'개념의 대폭적인 수정이 불가피하게 되었다. 그러나 현재의 프랑스 공법학설의 대부분은 여전히 연방제의 완전부정으로서의 '단일국가주의'의 테두리를 견지하고 있다. 그리고 기술한 바와 같이 후견적 감독을 폐지하고 사후의 재판에 따르는 적법성 통제를 규정한 '지방분권법안'이 위헌이라고 해서 헌법평의회[8)]에 위헌심판[9)]이 제기되었다. 이 소송의 제기이유는 프랑스 헌법의 제72조에 근거하여 지방에 국가대표가 국가의 이익과 법률의 존중 이외에 행정통제의 임무를 지고 있다는 것이 바로 그 이유였다[10)]. 헌법평의회는 이 소를 일부 인정하여 지방자치단체의 의결에 근거하는 활동을 하기 전에 반드시 국가대표에게 그 내용을 전달하지 않으면 안 된다고 했다. 이 법안에서는 지방자치단체의 의결은 국가대표에게 정보전달 전부터 이미 집행력을 가지고 있었던 것이지만, 이 점이 위헌으로 판단되었던 것이다. 왜냐하면, 중앙정부가 지방자치단체의 결정이 집행되기 전에 그것이 알 수 있다면 행정법원[11)]에 그

6) 졸저, 프랑스 지방자치법, 한국학술정보, 2010., 33-80면 참조.

7) région은 우리 나라의 도보다는 큰 개념으로서 몇 개의 département가 모여서 조직된 지방자치단체이다. 연방국가의 주나 지방과 같은 지방자치단체이다. 본 논문에서는 원어 '레지옹'이라는 표현을 사용하고자 한다. 프랑스의 지방자치단체는 기초자치단체인 시(Commune)와 우리 나라의 광역자치단체과 같은 도(Département)와 레지옹이 있다. 즉, 프랑스의 지방자치단체는 3단계 구조로 되어 있다.

8) Conseil constitutionnel은 헌법평의회, 헌법원, 헌법위원회 그리고 헌법재판소 등으로 번역할 수 있으나, 본 논문에서는 '헌법평의회'이라고 번역하기로 한다.

9) DC. n. 82-137, DC du 25 février 1982; *cf.*, Louis Favoreau, Loïc Philip, Les grandes décisions du conseil constitutionnel, 8e édition, Dalloz, 1995., pp. 486-515.

10) 프랑스 헌법 72조에 의하면 지방자치단체는 법에 주어진 조건에 합치된 선출 대표자에게 자율행정권을 부여하지만, 자치단체의 조직과 기능을 법률에 정해진 것에 기초하고 중앙정부의 행정통제를 받는다.

11) 프랑스의 사법조직은 민형사 사건을 담당하는 파기원(우리 나라의 대법원과 동일한 역할을 한다), 행정사건을 담당하는 최고행정재판소로서의 국사원(우리 나라의 대법원과 같은 역할을 한다), 헌법사건의 담당하는

위법성을 제기하여 집행을 금지할 수 있고, 그럼으로써 프랑스의 법적 통일성을 언제나 지키는 것으로 헌법평의회는 생각했기 때문이다. 그리고 이 결정을 지지하는 법학자 중에는 사전 행정통제는 지방분권제 고유의 것이고, 만약 이 사전 행정통제를 없애면 단일국가주의도 소멸하고, 프랑스는 '절반 연방제형의 국가'로 변용하게 될 것이라고 한다.

그러나 이러한 단일국가주의의 한계도 프랑스가 유럽연합의 가입으로 단일국가주의의 원리인 주권의 최고성·단일不가분성이 위협을 받게 되어 단일국가주의도 완화되게 되었다. 즉 마스트리히트(Maasstricht)조약으로 인하여 주권의 제한과 이양이라는 문제를 위에서 본 바와 같이 제한적이나마 인정하고 있는 것이 프랑스의 현실이다. 이는 1789년 인권선언 제3조의 주권재민의 원칙을 완화하면서 프랑스 헌정제도와 사법제도 그 자체의 본질적 문제의 재검토를 프랑스는 시도하고 있는 것이라고 할 수 있다. 즉, 1992년 헌법개정은 전통적 주권이론의 유지와 유럽연합의 주도국으로서의 프랑스의 국제적 위상의 양립된 목적을 달성하려는 프랑스의 고민이라고 할 수 있다. 이어서 제2차 지방분군 개혁의 일환으로 시라크 정권하에서 단행된 2003년 3월 28일의 '공화국의 지방분권화된 조직에 관한 헌법'이 제정되었다. 이러한 헌법개정은 국가의 정치형태에는 아무런 변화도 없고, 국가의 행정조직만을 분권화하고 있다. 이는 국가의 큰 틀을 깨지 않기 위한 특징을 갖고 있으며, 사회조직과 국가조직에 대해서는 변화를 가하지 않고 있다.[12)]

그리고 지방분권은 독립과 차이가 있다. 즉 프랑스는 단일·불가분의 국가이기 때문에 국가가 지방자치단체의 행위에 대하여 일정한 통제를 할 수 있다. 이하에서는 1982년 이후의 프랑스 지방분권의 특색인 국가의 지방자치단체에 대한 통제에 대하여 알아보고자 한다.

Ⅱ. 지방분권법 제정 이전의 후견적 감독

1. 서

프랑스의 국가에 대한 지방자치단체행위의 통제는 행정법원에서 행정재판으로 처리하는 행정재판형 국가이다. 프랑스는 지방자치단체에 대하여 소극적이나마 프랑스식 사전적 위헌법률심사를 헌법평의회에서 담당하고, 사후적인 사법적 통제로서 비예산적 행정행위에 대해서는 행정법원의 통제를 받고, 예산적 행위에 대하여는 레지옹회계원[13)]의 통제를 받도록 하

헌법평의회(우리 나라의 헌법재판소) 등으로 구성되어 있다. 여기서 행정법원은 국사원의 하급법원을 말한다.

12) 배준구, 프랑스의 지방분권, 금정, 2004, 42-3면 참조.

13) 'Chambres régionales des comptes'는 지역회계원이라고 번역을 하기도 하며, 이는 종신직의 회계관들로 구성된다. 이는 기본적으로 회계원[Cour des comptes(이는 한국의 감사원과 같은 기능을 하며, 회계원이라고 번역한다)]의 조직을 모델로 하고 있으며, 그 권한은 지방자치단체와 영조물 법인의 회계에 대하여 적법성의 사법적 통제, 지사의 간섭이나 대위권의 행사보장, 지방자치단체의 관리 보고서를 작성하여서 회계원에 보고한다. 그리고 레지옹회계원은 예산의 집행이나 편성에 개입하기도하며, 국가대표의 자문기관이기도

고 있다. 그러므로 지방자치단체의 행정행위에 대한 통제로 프랑스는 통제의 형식으로 사전 승인권 내지 사전 후견적 감독을 폐지하였다. 중앙정부는 더 이상 지방자치단체의 행정행위에 대하여 취소할 권한이 없다. 이러한 취소권은 사후통제인 적법성 통제라는 차원에서 행정법원만이 행사할 수 있다. 그리고 기술한 바와 같이 지방자치단체의 예산 및 재정행위에 대한 통제에 대하여는 레지옹회계원에서 이를 담당한다. 단일국가형태를 취하면서 지방분권을 실현하고 있는 프랑스는 1982년 이전의 후견적 감독을 폐지하고, 현재는 사후적 적법성의 사법적 통제를 채택하고 있다. 이하에서는 1982년 지방분권법[14]이 제정되면서 규정된 사후적·사법적 통제와 그 이전의 통제방법에 대하여 알아보기로 한다.

2. 지방분권법 제정 이전의 후견적 감독

(1) 의 의

후견적 감독[15]이란 지방자치단체에 대한 국가의 통제를 의미한다. 이 후견적 감독에는 두 가지 방식이 있다. 즉, 행정적 감독과 사법적 감독[16]이다. 행정적 감독이란 중앙정부에 소속된 계층적 조직의 공무원에 의하여 지방자치단체에 대하여 하는 감독을 의미한다. 사법적 감독이란 법원에 의한 감독을 말한다. 프랑스는 전통적으로 행정적 감독을 취하고 있으며, 반면에 영국은 사법적 감독을 취하고 있다. 그렇지만 1982년 3월 2일 법률에 의하여 프랑스는 원칙적으로 사법적 감독[17]을 취하고 있다.[18]

이 통제의 목적은 지방자치단체가 적법성을 존중하도록 하는 것이다. 감독은 의도적이든 비의도적이든 간에 탈법을 피하도록 한다. 후견적 감독은 또한 합목적을 바탕으로 통제할 수 있는데, 이 경우의 통제는 감독기관의 평가에 따라 지방자치단체에 의한 합목적 관리를 대상으로 감독할 수도 있다.

후견적 감독은 단일국가에서 지방분권에 대한 논리적 산물이다. 후견적 감독은 이론적 관

하다. 본 논문에서는 Chambres régionales des comptes를 레지옹회계원이라고 번역하기로 한다. 그리고 레지옹회계원은 지방자치단체의 회계에 대한 1심법원이며, 회계원은 2심법원이고, 국가원은 3심법원이 된다.--상세한 것은 *cf.*, J. Raynaud. Les contrôles des Chambres régionales des comptes, édition sorman, 1994.; J. Raynaud. Les des Chambres régionales des comptes, puf, (Que sais-je?), 1988.

14) 1982년에 제정된 지방분권법의 원어는 'La loi numéro 82-213 du 2 mars 1982 relative aux droits et libertés des communes, des départements et des régions(시, 도, 레지옹의 권리와 자유에 관한 1982년 3월 2일 법률)'이다. 이하에서는 약칭으로 지방분권법이라고 한다.

15) 이에 대한 상세한 것은 졸저, 앞의 책, 182-191면 참조.

16) 이러한 사법적 감독은 법원에 의하여 이루어진다.

17) 이러한 사법적 감독은 법원에 의해서 행하여지게 되는데, 사전적 법률심사는 헌법평의회에서 한다. 그리고 지방자치단체의 행위에 대하여 일반사법재판소와 행정재판소가 담당하는데 일반사법재판소는 이 분야에 개입한 경우가 전혀 없는 것은 아니지만 개입의 경우가 거의 없다. 프랑스 지방자치단체의 통제는 주로 행정법원과 레지옹회계원에서 담당한다.

18) 1982년 지방분권법은 후견(tutelle)이라는 단어를 통제(contrôle)로 대체하면서, 원칙적으로 사전 후견적 감독을 사후 통제로 대체하였다.

점에서 계서적 감독(pouvoir hiérarchique)과는 구별된다. 후견적 감독은 상이한 두 법인 사이에서 행하여지지만, 계서적 감독은 같은 법인 내부에서 행하여진다. 또한 계서적 감독은 법에 규정이 없이도 할 수 있는데 반하여, 후견적 감독은 법에 규정이 있어야 한다. 그리고 계서적 감독과 후견적 감독이 같은 방법과 절차에 따라서 행해진다. 후견적 감독으로 지방자치를 폐지할 수는 없다. 후견적 감독이 법적으로 규정되어 있지 않을 경우에 그런 경우가 있을 수 있다. 그 경우에 계서적 감독과 실제로 혼동될 수도 있다. 그러나 후견적 감독은 법률에 규정된 제한된 경우에만 가능하다. 지방자치단체는 위법한 감독기관의 행위에 대하여 월권소송(recour pour excès de pouvoir)[19]을 제기할 수 있다. 그리고 권력을 행사함에 있어서 중과실을 범하는 경우에는 지방자치단체는 감독기관에게 책임을 물을 수 있다.[20]

(2) 종 류

후견적 감독은 여러 형태로 행하여지는데, 그중에 몇몇은 원칙적으로 행하는 감독이고, 그 외에 것들은 예외적인 감독이 있다. 이에 대하여 인적 감독과 행위감독, 사전적 감독과 사후적 감독으로 분류하기도 한다.[21]

1) 인적 감독과 행위감독

일반적으로 감독은 인적 감독과 행위에 대한 감독으로 분류된다. 우선 인적 감독은 지방자치단체의 기관에 대해서 행하여지는 것이다. 그것은 그 기관의 임명에 의하여, 선거에 의한 경우에는 기관의 동의 내지 승인권 행사를 통하여 할 수 있다. 이러한 형태의 감독은 서구에서는 거의 사라져 버렸다. 그것은 단순한 징계권으로 대체되었는데, 예컨대 정직권과 예외적인 경우의 파면권 등이다.[22]

행위에 대한 감독은 합목적성 · 적법성(légalité)[23]의 감독을 말한다. 합목적성의 감독은 감독기관이 그 통제권을 자유롭게 행사할 수 있고, 적법성의 감독은 엄격한 법률과 규칙에 합치되어야만 행사할 수 있는 감독이다.

---

19) 월권소송은 위법한 행정처분의 취소를 구하기 위해 행정법원에 제소하는 객관적 소송이다. 그 대상이 되는 행정행위는 일반적으로 권한남용, 법률위반, 법정절차위반, 무권한인 행정행위이다. 그리고 월권소송은 적법성 원칙에 따라 하며, 그 효과는 일반적으로 소급하여 효력을 소멸시킨다. *cf.*, Georges Dupuis, Marie-José Guédon, Droit Administratif, Armand Colin, 1993., pp. 502-533.

20) Ch. Debbasch, Institutions et droit Administratives, puf, 1993., p. 188.

21) 이에 대하여 우리 나라에서는 국가가 지방자치단체를 감독하는 방법에 따라 입법적 통제 · 행정적 통제 · 사법적 통제로 분류하기도 하고, 감독의 수단에 따라 권력적 감독 · 비권력적 감독, 사전예방적 감독 · 사후교정적 감독으로 분류하기도 한다.

22) Ch. Debbasch, *op. cit.*, p. 188.

23) 적법성에는 내부적 적법성(légalité interne)과 외부적 적법성(légalité externe)으로 분류된다. 내부적 적법성이란 지방자치단체의 행위가 법에 위반되었는지를 규명하는 절차를 의미하고, 외부적 적법성이란 지방자치단체의 행위가 권한이 있는 기관에 의해서 행해졌는지의 여부를 규명하는 절차를 의미한다.

2) 사전적 감독과 사후적 감독

감독은 사전적·사후적 감독으로 분류하기도 한다. 사전적 감독이란 감독기관이 사람에 대하여 승인권(사전 동의권)을 행사하거나, 행위를 할 때마다 승인권을 행사하는 것을 의미한다. 사후적 감독이란 행위에 대한 정지(suspension), 취소(annulation)[24]할 수 있는 권한 그리고 대집행권으로 나타난다. 대집행권은 지방자치단체가 제대로 업무를 수행하지 않을 때에 상급단체가 그 지방자치단체의 업무를 대집행할 수 있는 권한을 의미한다. 이 대집행권은 예외적인 경우에만 행사된다. 이는 지방자치단체의 자치에 중대한 침해가 되기 때문이다. 따라서 대집행권은 지방자치단체의 부작위가 국가와 같은 공공질서의 분야에서 나타나는 위험이 발생하는 경우 예외적인 경우에만 행사되어야 한다. 프랑스에서 후견적 감독을 행사하는 데 대해서는 이의가 없으나 몇 가지의 비판이 있다. 예컨대, 후견적 감독이 너무 복잡하다거나, 투명성이 없다거나 너무 세세하게 관여한다는 것이다.[25]

이러한 비판의 반영은 1982년 3월 2일 법률에 의하여 후견적 감독에 대하여 발전적인 완화조치가 행하여졌다. 이 이후에 지방자치단체의 행위는 사전적 통제 없이 완전히 적법한 형태로 행사될 수 있다. 즉 1982년 이후부터는 적법성 통제와 예산과 재정적 통제만이 존재하게 되었다.[26]

그리고 샤쀠(Chapus)교수는 일반적으로 사전통제는 허가권과 동일하고 이러한 통제가 의사라는 효과발생의 요건을 갖추면, 이 허가권은 승인권이 된다고 한다. 이에 반하여 사후통제는 취소권과 대집행권으로 행사된다고 한다. 이러한 이론적 기초에서 사전적 통제의 행사의 순서를 ① 취소권을 행사하고 긴급을 요하는 경우에는 정지권을 행사할 수 있다. 그리고 ② 사전적인 동의인 승인권과 허가권을 행사하고, 마지막으로 ③ 대집행권을 행사하게 된다. 사후적 통제는 통제기관이 지방자치단체의 행위에 대하여 취소할 권한은 없고 다만 제소할 수 있는 권한만 가지게 된다고 한다.[27]

이하에서는 프랑스에서 국가의 지방자치단체에 대한 통제 방법의 유형을 알아보고자 한다.

Ⅲ. 지방분권법 제정 이후 사법적 통제

1. 의 의

1982년 3월 2일 지방분권법의 가장 큰 특색은 후견적 감독에서 사법적 통제로 전환한

---

24) 취소권이란 우리 나라의 무효와 취소를 의미하며, 이는 지방자치단체가 한 행정행위에 대하여 위법성이 있을 때 상급단체가 처리할 수 있는 권한을 의미한다.

25) Ch. Debbasch, *op. cit.*, p. 188.

26) Ch. Debbasch, *op. cit.*, p. 192.

27) René Chapus, Droit Administratif général, tome 1, 9e édition, Monchrestien, 1995., pp. 365-366.

것에 있다. 따라서 현재 프랑스 지방분권의 성공 여부는 얼마나 사법적 통제가 실현되는가에 달려 있다.

프랑스에서 국가에 대한 지방자치단체의 통제는 적법성의 사법적 통제와 재정적 통제가 있다. 적법성 통제에 대해서 국가대표는 더 이상 지방자치단체의 행위에 대하여 집행정지를 할 권한이 없다. 다만 취소를 요구하는 소송을 행정법원에 제기할 수 있을 뿐이다. 행정법원에 의한 사법적 통제는 후견적 감독이 아니고 행정법원의 전통적인 직무라고 할 수 있다.[28)]

2. 지방자치단체의 행위에 대한 국가의 통제

국가의 지방자치단체에 대한 통제는 지방분권의 결과로 인정되는 것이다. 지방자치단체는 자치를 보장받고 있지만, 국가로부터 독립되어 있는 것은 아니고 단일국가 내에 위치하는 것이다.

(1) 지방자치단체의 행정행위에 대한 통제

통제의 형식으로 사전 승인권의 모든 형태를 폐지하였다. 중앙정부는 더 이상 지방자치단체의 행정행위에 대하여 취소할 권한이 없다. 이러한 취소권은 적법성 통제라는 차원에서 행정법원만이 행사할 수 있다.

1) 지방자치단체의 행정행위에 대한 집행성의 원칙

1982년 3월 2일 법률 제2조는 지방자치단체의 행정행위에 대하여 집행성의 원칙(le principe du caractère exécutoire)[29)]을 규정하고 있다. 국가대표는 어떠한 경우도 이러한 행정행위에 대하여 취소할 수 없다. 국가대표는 단지 행정법원에 소송을 제기할 수 있을 뿐이다. 또한 합목적성의 사전적 통제에서 적법성의 사후적인 통제로 바뀌었다. 국가대표가 행정행위에 대하여 합목적에 합당한지를 심사하여 행정법원에 소송을 제기하기 위해서 행정행위를 국가대표에게 이송해야 한다. 이송하지 않은 경우에는 그 행정행위에 대하여 집행력을 갖지 못하고, 국가대표는 그 행위에 대하여 언제든지 소송을 제기할 수 있다.[30)]

① 국가대표(commissaires de la République)에게 이송해야 할 행위 국가대표에게 이송해야 할 의무가 있는 행위의 종류에 대하여는 법률에 규정되어 있다.[31)] 법률에 열거되지 않은 행정행위는 국가대표에게 이송되지 않는다.

② 이송방법 일반적으로 이송을 받는 자는 국가대표이다. 예를 들어 시에 있어서는

28) Ch. Debbasch, *op. cit.*, p. 195.

29) 본 논문에서 프랑스 지방자치단체의 '집행성의 원칙'이란 지방자치단체의 행위가 사전에 국가대표나 국가의 통제없이 자동적으로 그 효력이 발생하는 것을 의미한다.

30) Ch. Debbasch, *op. cit.*, p. 198.

31) 이에 대한 행위의 종류는 1. 시·도·레지옹 의회의 의결, 2. 지방의회의 위임에 근거한 결정, 3. 경찰권에 행사에 따른 법률명령과 행정명령 등이 있다.

지방자치단체의 행정행위를 도청이나 구청(sous-préfeture)에 이송하여야 한다. 이송기간에 대하여는 몇차례 변경이 있었다. 1982년 3월 2일 법률에 지방자치단체의 행위는 15일 이내에 이송하여야 하고, 이송되지 않는 경우라 할지라도 국가대표는 피침해자(personne lésée)의 요구가 있는 경우에는 행정법원에 소를 제기하여만 한다. 1982년 7월 22일 법률에서는 모든 기간을 삭제하였다. 이송의 의무가 있는 행위는 이송된 때부터 집행력을 갖게 된다. 국가대표는 증거 방법으로 사용되는 행위의 집행성을 조건이 아닌 수령증을 발부한다.[32)]

시장, 도의회의장, 레지옹의회의장 그리고 영조물법인의 장은 그들의 책임하에 국가대표에 의한 수령일 그리고 공포 또는 공지일을 증명서에 의해 행위의 집행성을 입증하게 된다.[33)]

2) 국가대표의 역할

국가대표[지사와 구청장(sous-préfet)]는 1982년 이전처럼 지방자치단체에 대하여 사전에 일정한 행정행위에 대하여 승인하거나 취소하지 못한다. 즉 후견적 감독은 폐지가 되고, 사법적 통제로 바뀌었다. 국가대표에게 이송된 행정행위에 대한 적법성의 심리와 판결은 행정법원의 소송을 통해서만 가능하다. 국가대표는 행정행위에 대한 합목적성에 대해서는 심리하지 못하고, 단지 적법성 통제만 할 수 있다.[34)]

국가대표는 자신에게 이송되거나 알게 된 모든 행정행위에 대해서 모두 통제할 수 있다. 국가대표가 위법성을 심리하여 그 행정행위가 합법적이라고 판단되면 행정법원에 소를 제기하지 않을 수도 있다. 국가대표는 지방자치단체에게 심리결과를 통지하기 위하여, 지방자치단체의 요청에 기하여 비송임시증명서(une attestion provisoire de non-recours)를 발급할 수 있다. 이는 단순한 통지의 효력만을 가진다. 이는 행정행위에 효력발생요건이 아니며, 국가대표를 구속하는 것도 아니다. 국가대표는 새로운 상황이 발생한 경우에 그의 생각도 변경할 수 있다.[35)]

도청(corps préfetoral)은 전통적으로 지방자치단체의 자문의 역할을 해 왔다. 이 역할은 아직도 사라지지 않았다. 지방자치단체와 국가대표 사이는 유대관계가 있다. 이는 이들이 위법성과 소송을 사전에 피하기 위해서이다. 1982년 7월 22일 훈령(circulaire)은 국가대표에게 다음과 같은 것을 규정하고 있다. 지방자치단체의 행위가 위법한 경우에 행정법원에 소를 제기하기 전에 즉시 관계 지방자치단체에게 고지하고, 그 지방자치단체에게 그 행정행위를 적법하게 집행할 수 있도록 그 방법을 알려준다. 관계 지방자치단체가 필요한 조치를 취하지 않는 경우에 행정법원에 소를 제기하고 지방자치단체에게 이를 고지한다. 사실 법률에는 국가대표가 행정법원에 행정행위에 대하여 소를 제기하는 경우에는 이를 지체 없이 지방자치

32) Ch. Debbasch, *op. cit.*, p. 361.
33) *Ibid.*, p. 361.
34) Ch. Debbasch, *op. cit.*, p. 361.
35) *Ibid.*, p. 362.

단체에게 고지하고, 관련된 위법한 행정행위에 대하여 상세히 설명해 주어야 한다고 규정되어 있다. 그러나 지방자치단체의 고지불이행에 대하여는 특별한 제재를 부과하지 못한다.[36)]

3) 행정법원의 개입

행정소송의 제소권자는 국가대표와 일반시민이다. 그리고 행정행위의 효력에 대한 결정권은 1982년 이전에서는 국가대표에게 있었으나, 그 이후에는 행정법원이 갖고 있다. 행정법원은 완전히 독립하여 사후적인 제한된 적법성의 통제를 한다.

① 행정법원의 소제기－행정소송의 대상이 되는 지방자치단체의 행위 행정법원은 다음과 같은 것을 소송을 할 수 있다.

a. 행정행위가 이송된 후 2개월 이내에 도국가대표에 의해서 한다.

b. 피침해자의 요구에 의하여 도국가대표에 의해서 한다. 손해를 받은 사람은 누구나 국가대표에게 행정법원에 소송을 제기할 것을 요구할 수 있다. 도국가대표에 대한 요구는 행위가 집행된지 2개월 내에 해야 한다.

c. 행정소송의 일반 소제기 기간 내에 이해관계 당사자에 의해서 한다.

d. 파리, 리용, 마르세이유의 경우는 시장과 구의회에 대한 행위에 대해서는 도국가대표와 시장에 의해서 할 수 있다.

② 일반집행정지절차(보통절차) 지방자치단체의 행위는 자동적으로 집행력을 가지므로, 중대한 위법의 상태가 발생한 경우에 집행을 정지하는 절차를 규정해야만 했다. 그래서 국가대표는 위법하다고 판단이 되는 행위가 회복하기 어려운 손해가 발생한다고 생각이 되면, 행정법원에 집행정지를 요구하는 소송의 부가하여 소송을 제기할 수 있다. 청구서에 기재된 사항 중에 하나가 심리결과 그 행위를 취소하는 것이 정당하다고 판단이 되면 그 청구를 법원은 인용하여야 한다.

③ 특별집행정지절차(예외적 절차) 지방자치단체가 기본권과 개인의 자유의 행사를 침해하는 경우에는 지방자치단체의 자의에 의한 국민의 기본권을 보호하는 차원에서 긴급(특별)집행정지절차를 규정하고 있다. 이는 행정법원장이 소장의 제출일로부터 48시간 이내에 해야 한다.

(2) 지방자치단체의 예산 및 재정행위에 대한 통제

1982년 3월 2일 법률은 재정적 후견적 감독을 완화하였다. 즉, 지방자치단체의 재정적 감독을 목적으로 각 레지옹에 대한 레지옹회계원을 신설하여 재정적 통제를 하게 했다. 이에는 지방자치단체의 수입과 지출에 대한 의사결정에 대한 재정적 통제와 예산의 수립과 집행에 대한 통제로 분류된다.

---

36) *Ibid.*, p. 362.

우선 예산통제를 보면 다음과 같다. 예산에 대한 통제는 예산의 규칙을 지키지 않는 경우[37]에 이루어지는 경우로 국가대표와 레지옹회계원 공동으로 한다. 즉, 국가대표가 예산의 규칙을 지키지 않는 경우에 통제를 실시하기 위한 문서를 레지옹회계원에게 제출하면, 레지옹회계원은 이를 재판하고, 이에 대한 결과로서 레지옹회계원은 지방자치단체에게 필요한 조치를 권고 내지 제안을 하고 이에 대하여 조치를 취하지 않으면 그 효력이 상실된다.

그리고 재정적 통제는 수입과 지출, 즉 세입과 세출에 대한 지방자치단체에 대한 통제를 의미하는데 일반적으로 지출을 중심으로 통제가 이루어진다. 우선 지방자치단체의 지출관(les ordonnateurs des collectivités locales)은 레지옹과 도에서 1982년 이전에는 지사가 행하여 왔는데, 1982년 이후에는 레지옹·도의회의장이 지출관이 되어서 예산을 집행한다. 각 지방자치단체에는 회계 공무원이 있는데 이들은 1982년 전에는 도회계청장의 지시와 감독을 받는 계층적 관계에 있었는데 1982년 후에는 레지옹회계원의 통제를 받는 지방자치단체의 회계 공무원이다.[38]

지방자치단체의 회계 공무원은 지출관(지방의회의 의장들)의 행위에 대하여 적법성의 통제만 가능하고, 합목적성 통제는 할 수 없다. 1982년 3월 2일의 법률에 의하여 창설된 레지옹회계원은 지방자치단체의 회계 관리에 관한 재판의 경우에는 사법통제기관이지만 지방자치단체에 대한 재정상의 통제의 분야에 개입할 때에는 사법기관이 아니며,[39] 도국가대표와 같은 지위에서 도국가대표와 연결을 해서 개입한다.[40]

지방자치단체의 회계 공무원은 지출이 이루어지기 전에 그 지출의 근거가 되는 서류가 규칙성(régularité)을 지키기고 있는가에 대한 사전적 통제를 행할 수 있고, 이러한 규칙성 위반시에 회계 공무원은 그 정정을 요구하고, 정정하지 않을 경우에는 그 지출을 정지시킬 수 있다. 지방자치단체의 회계 공무원은 예산의 지출의 지급을 정지할 경우에는 그 결정에 대한 이유 부기를 하고 바로 지출관(시장, 도지사 등)에게 통지한다.[41]

이하에서는 1982년 지방분권법의 제정 전·후의 상황을 기초로 하여 1982년 이전의 후견적 감독과 1982년 이후 적법성 통제를 통제시기와 통제목적으로 분류하여 국가의 지방자치단체의 통제 유형을 알아보기로 한다.

---

37) 예산규칙을 위반하는 경우란 1. 예산의결을 법정기한 내에 하지 않고 지체하는 경우, 2. 예산이 현실적인 균형 있는 예산이 아닌 경우, 3. 예산집행 결과와 의결시에 나타나지 않았던 적자가 있는 경우, 4. 의무적 지출이 예산에 기록되지 않은 경우 등을 말한다. --*cf.* Ch. Debbasch, *op. cit.*, pp. 365-366.

38) 지방분권법(1982년 3월 2일 법률) 제15조, 제55조, 제82조에서 지출관과 지방자치단체의 회계 공무원 사이의 관계를 명확히 함.

39) 이러한 의미에서 보면 레지옹회계원이 하는 회계에 대한 전체심리는 사법적 통제가 아닌 임의적 통제로 회계 검사를 동시에 실시할 수 있는 권한을 갖게 된다.

40) Ch. Debbasch, *op. cit.*, pp. 365-368.

41) M. Bourjol, S. Bodard, Droit et libertés des collectivités locales, Masson, 1984., pp. 127-133.

Ⅳ. 국가의 지방자치단체의 통제 유형

1. 서

연방국가의 지방정부와는 달리 프랑스의 지방자치단체들은 국가의 통제하에 놓여있는데, 프랑스에서는 이러한 통제를 지방자치의 실질적이고 필수적인 구성요건 중의 하나라고 생각한다. 그리고 지방자치단체의 행동에 대한 통제는 민주주의의 원칙과도 일치한다고 하는데, 이 원칙에 의하면 자치와 책임은 불가분의 관계에 있다고 본다.[42] 1982년의 지방분권법의 지방자치개혁은 국가의 일부권한을 지방자치단체에 이전함으로써 지방자치단체의 권한강화에 의미를 두는데, 이 법에서도 위에서 언급한 원칙을 엿볼 수 있다. 그래서 프랑스에서는 국가의 재정통제는 지방자치단체의 권한강화에 대한 필요한 균형추라고 인식한다. 이하에서는 지방자치단체의 행위 중 재정결정을 중심으로 국가의 통제 유형에 대하여 살펴보고자 한다.

2. 국가통제의 시기

프랑스에서는 지방자치단체의 재정결정에 대한 세 가지 종류의 국가통제가 존재하고 있었는데, 사전통제(contrôle a priori), 동시통제(contrôle concomitant), 그리고 사후통제(contrôle a posteriori)였다. 이러한 국가통제는 지방자치단체의 행정행위·재정자치면에서 그 결과가 다르게 나타난다.

(1) 사전통제

사전통제는 지방자치단체의 행정행위가 실행되기 전의 국가의 개입으로 국가가 그 행정행위 자체에 반대하여 지방자치단체의 행정행위에 대한 집행을 금지하는 것이다. 이는 지방자치단체의 지방분권의 실현과 완전히 상반되는 것이다. 프랑스에서 사전통제는 1982년 3월 2일의 지방분권법의 제정전까지 존재하고 있었는데, 우선 국가대표는 지방자치단체의 행위에 대하여 승인·취소·대집행 등의 수단을 통하여 실현되었고, 국가대표가 예산과 재정면에서 지방자치단체의 일부결정에 대한 사전승인권을 가지고 있었다. 지방자치단체의 의회에 의해서 지방예산안이 확정된 후에 예산이 집행되기 15일 전에 지방자치단체는 도청에 확정된 예산안을 제출해야 했다. 이 기간 동안 국가대표는 지방자치단체의 일부결정에 대해서 수정하거나 취소시킬 수 있었다. 한편으로 사전통제는 지방자치단체가 그들의 행정행위의 결정에 국가대표를 참여케 하는 것을 의미했으며, 일부학자들은 이러한 통제의 유형을 가리켜 국가

42) François Labie, Finances locales, Dalloz, 1995, p. 46.

의 감독보다는 '공동행정' 내지 '공동경영'이라는 말로 표현하기도 했다.[43]

1982년의 지방분권법 제정 이후, 국가대표는 그에게 알릴 의무가 있는 지방자치단체의 예산행위를 포함한 행정행위[44]에 대해서 전과 같은 통제를 실시할 수 없게 되었다. 지방분권법에 의해서 지방자치단체의 예산이나 재정결정은 즉시 집행력이 있게 되었는데, 지방자치단체의 결정을 즉시 무효화시킬 수 있었던 국가대표의 권한은 더 이상 인정되지 않게 되었다. 따라서 국가대표가 지방자치단체의 결정을 취소하거나 수정하기 위해서는 국가의 독립된 기관, 즉 행정법원(tribunal administratif)나 레지옹회계원(chambre régionale des comptes)의 사후통제개입의 절차에서만 가능하게 된 것이다.

(2) 동시통제

동시통제는 지방자치단체의 행정행위가 있을 때의 국가의 개입으로, 행정 · 재정결정절차의 한 단계에 포함되는 것이다. 이 절차상의 단계는 지방자치단체의 결정에 영향을 미칠 수 있는 비합리성을 순간적으로 포착할 수 있다. 경우에 따라서는 비합리성의 문제가 심각할 때, 통제기관에게 지방자치단체의 행위에 반대할 수 있게 함과 동시에 비합리성의 문제가 해결될 때까지 지방자치단체의 행정행위의 집행과 재정운영을 일시적으로 중단시킬 수 있다. 동시통제의 가장 전형적인 유형이 국가의 지방공무원인 회계 공무원이 지방자치단체의 지급명령자에게 행하는 것이다. 다시 말하면 회계 공무원이 지급명령자의 지출을 통제하는 것이다.

그러나 오랜 기간 동안 지급명령자가 지출을 위해서 회계 공무원에 제출해야 하는 서류들을 정확한 방법으로 규정할 수 있는 목록이 없었으므로 두 기관 사이에 많은 갈등이 있었다. 그 결과 지급명령자와 회계 공무원의 관계를 분명하게 하기 위한 목적으로 1982년 3월 2일의 지방분권법에 의해서 회계 공무원이 지급명령자에게 요구하는 서류들을 정확히 규정하는 법령이 만들어지게 되었다. 일설에 의하면 1982년의 지방분권법의 취지는 지방공공지출의 엄격한 운영과 지방자치단체의 자치존중의 어려움 속에서 균형점을 찾으려 한다는 것이다.[45] 1982년 지방분권법에 의해서 만들어진 목록에 따르며 회계 공무원은 지급명령자에게 규정된 서류 이외에는 요구할 수 없도록 했다. 동시통제의 조건을 명확히 규정하는 것이

43) Robert Hertzog, Les contrôles financiers in Décentralisation, Bilan et perspectives, A.J.D.J., avril, 1992, pp. 64-65.

44) 지방자치단체가 행한 결정의 합리성을 고찰하기 위해서 지방자치단체의 행위 중 가장 중요하다고 인정되는 사항들을 법률이 정한 범위 내에서 국가대표에게 의무적으로 알려야 한다. 다시 말하면 지방의회의 의결사항, 지방자치단체의 중요한 계약, 지방자치단체의 규칙에 대한 결정, 지방경찰에 관련된 지방자치단체장의 행위, 지방공무원에 관련된 조치, 도시계획에 연관된 결정 그리고 지방자치단체나 지방자치단체간의 협력체의 이익에 대한 결정 등이다. 반면에 지방자치단체가 행하는 국가의 사무나 사법령역에 속하는 지방자치단체의 결정은 국가대표의 합리성의 조사권한에 속하지 않는다.

45) Hervé Grosskopf, La nomenclature des pièces justificatives des paiements des communes, des départements, des régions et des établissements publics locaux, Revue du Trésor, octobre, 1985, pp. 519-520.

지방자치단체의 재정자치를 위한 법의 취지에 부합하는 것이므로, 동시통제가 지방자치단체의 재정결정을 무조건 지체시키지 않도록 하기 위한 것이다.

1982년의 지방분권법은 지급명령자를 위해서는 하나의 새로운 권한을 만들었는데, 비합리적이라고 인정되는 지출의 지불을 거절한 회계 공무원에게 '요구권'(ordre de réquisition, droit de réquisition)을 행사할 수 있도록 했다. 이는 지급명령자에게는 비합리성의 문제에 직면한 지출집행을 가능하도록 하는 것이며, 회계 공무원에게는 법률이 정한 경우를 제외하고는 하나의 명령이 된다. 지급명령자가 행사하는 요구권은 지급명령자와 회계 공무원의 권한 관계에 있어서 하나의 조정과 균형 잡힌 역할을 수행하고 있다. 또한 지방자치단체의 지출을 허용하면서 지방공공서비스의 연속성을 보장하는 례외적인 조치이며, 회계 공무원의 엄격한 통제에 대한 지방자치단체의 재정자치를 확보하는 것이다.[46]

(3) 사후통제

1982년 3월 2일의 지방분권법이 지방자치단체에 대한 기존의 사전통제를 사후통제로 완전히 대체한 것은 지방자치단체의 독립성을 보호하려는 취지뿐만 아니라 지방자치단체의 지방분권의 실현 내지 재정자치도 존중하려는 것이다. 사후통제는 지방자치단체의 새로운 결정이 이미 존재하는 법률적 체계에 부합되는지를 실행 후 확인하는 것이며, 이와 같은 확인과정이 더 이상 국가대표에 부여된 권한이 아니라 형평성과 객관성을 확보하고 있는 행정법원에 속하게 되었다. 따라서 지방자치단체의 모든 행정행위처럼 예산이나 재정행위도 일차적으로 1982년의 지방분권법이 규정한 것과 같이 행정통제의 정상적인 절차에 속하고 동시에 특별기관인 레지옹회계원이 개입하는 예산통제(contrôle budgétaire)라고 지칭하는 특별절차에도 포함된다.

예산통제에 대한 특별절차를 둔 것은 예산행위의 중요한 성격에 기인하는 것이며, 예산행위의 비합리성의 문제는 법률적인 비정상적인 행위뿐만 아니라 지방자치단체의 존속에 영향을 미칠 수 있는 지방자치단체의 운영의 중요한 실책으로까지 이해될 수 있다.[47] 그러므로 예산의 비합리성의 문제가 즉시 수정되고 조정될 수 있어야 한다. 또한 예산통제에 대한 특별절차는 절절한 시간상의 개입을 필요로 하며, 예산행위는 회계상의 세입과 세출의 예측행위이기 때문에 비정상적인 면이 발견되면 적어도 회계연도 내에 즉시 수정되어야 한다.

따라서 지방자치단체가 법률이 정한 기간 내에 예산을 의결하지 못할 때, 균형예산을 편성하지 못할 때, 예산적자의 범위가 법정상한선을 초과할 때, 그리고 의무적인 지출에 해당하는 금액을 확보하지 못하거나 누락시켰을 때, 국가대표가 특별기관인 레지옹회계원에 제소

46) 졸저, 앞의 책, 290면 참조.

47) Jacques Rodin & Jean-Michel Guibert, Problématique du contrôle des actes budgétaires, Revue du Trésor, décembre, 1985, pp. 673-674.

할 수 있다. 이러한 절차는 지방자치단체의 예산문제에 국가대표가 직접적으로 개입할 수 있는 것을 방지하지만, 간접적으로는 레지옹회계원의 제안하에 국가대표가 지방자치단체의 예산행위를 수정할 수 있는 권한을 행사할 수 있으며, 예산면에서 지방자치단체의 실책이 심각한 경우에 있어서는 지방자치단체를 대체할 수 있다.[48] 그러나 위의 절차는 국가대표의 권한이 지방자치단체의 재정자치에 영향을 주지 않도록 되어 있다. 따라서 국가대표는 예산에 있어서 주요한 임무를 지방자치단체의 자치를 보호하도록 되어있는 다른 법적 기관과 나눔으로써 이전의 특권을 지닐 수 없게 되었다. 프랑스에서 지방자치단체의 지방분권의 실현과 재정자치의 존중은 통제의 시기뿐만 아니라 통제의 목적과도 연관이 있다.[49]

3. 국가통제의 목적

프랑스에 있어서 국가통제는 목적에 따라 두 가지로 분류해 볼 수 있었는데, 적법성통제(contrôle de régularité)와 합목적성통제(contrôle d'opportunité)이다. 이 중에서 적법성통제가 지방자치단체의 지방분권의 실현 내지 지방자치의 이념 실현에 좀 더 적합할 수 있다.

(1) 적법성통제

적법성통제의 목적은 기존의 법률적 규정에 지방자치단체의 새로운 행정행위나 재정적 결정이 일치하는지를 확인하는 것으로 규정과 결정의 차이점이나 동일점을 살펴봄으로써 객관적인 통제의 성격을 추구한다. 지방자치단체의 행위를 고찰함에 있어서 법률의 규정이 정확하고 기준적인 성격을 제시하지 못하면 지방자치단체의 행위에 대한 재해석을 해야 한다. 재해석은 통제행위에 대한 주관적인 판단을 할 우려가 있기 때문에, 공정성을 확보하기 위한 차원으로 재해석의 임무를 행정법원에 위임한다. 법원이 객관적인 판단과 공정성을 존중한다는 가정하에서 적법성통제는 적어도 지방자치단체의 재정자치에 일치하는 것으로 본다.

지방자치단체의 모든 행정행위나 예산 및 재정행위(actes budgétaires et financières)도 법의 합리성통제에 속한다. 합리성통제에 있어서 국가대표가 모든 법적 시각에서 지방자치단체의 행위에 대한 합리성을 외적인 면과 내적인 면으로 조사를 한다. 외적인 통제는 행위주체의 권한규칙의 존중 등에 대한 것이며, 내적인 통제는 행위의 동기나 동기확인과 같은 것이다.[50]

지방자치단체의 행위에 제대로 합리적인 측면이 반영되지 않을 때 국가대표는 문제된 행위의 전체 또는 일부의 취소를 위해서 행정법원에 제소할 수 있으며 사전에 관계 지방자치단체에 제소될 행위를 수정하도록 권한다. 현실에 있어서 이와 같은 사전행정협상(négociation

---

48) Jacques Rodin & Jean-Michel Guibert, *op. cit.*, p. 674.

49) 졸저, 앞의 책, 290-291면 참조.

50) André Paysan, Finances locales, p.u.f., 1993, p. 162.

administrative)은 국가대표와 지방자치단체간의 소송을 막아주는 역할을 하고 있다.[51)]

지방자치단체의 행정행위에 대한 법의 합리성통제와는 별도로 지방자치단체의 일부 예산행위는 예산통제[52)]라 지칭하는 특별통제에도 속한다. 특별통제는 법률에 의해서 정확하게 규정되어 있고 국가대표와 레지옹회계원이 개입하게 되는데 오로지 예산과 관련된 행위(본예산, 추가경정예산 그리고 예산의 수정에 대한 결정)만 다루어지며 지방자치단체의 모든 재정행위를 다루지 않는다. 특별통제는 1982년 3월 2일의 법에 규정된, 즉 본예산의 의결기간, 채택된 예산의 균형편성, 편성된 예산의 적자, 의무지출의 계상과 같은 예산행위의 합리성만 연관되며, 지방자치단체의 행정행위처럼 내적 합리성과 외적 합리성의 모든 면을 다루는 것은 아니다. 레지옹회계원은 사법기관이 아닌 행정기관으로 개입하며 예산행위의 합리성에 대한 검토를 수행하며 경우에 따라서 행위의 통제를 위한 법적 해석작업도 한다. 그러므로 정해진 목적과 거의 사법적 성격(행정기관이지만)에 따라서 진행되는 예산행위에 대한 특별통제는 지방의 재정자치에 있어서 존중되는 특별한 합리성통제의 한 형태이다.

동일한 통제의 시각에서 회계 공무원이 지급명령자에게 행하는 통제는 사법적 통제가 아닌 행정적 통제이며, 지급명령자의 결정에 대한 자유에 가장 적은 영향을 미치는 것으로 이해된다. 1982년 지방분권법의 제15조는 "회계 공무원은 지급명령자의 결정의 합목적성에 대한 통제를 하는 것이 아니라, 회계 공무원의 개인적이고 금전상의 책임을 초래하는 지급명령자의 결정의 합리성에 대한 통제을 한다."라고 규정하고 있다. 그러나 규정의 모호성으로 인하여 회계 공무원이 지급명령자의 결정에 대한 진정한 의미의 합리성통제를 행하지 못하며 국가대표와 행정법원만이 지급명령자의 결정에 대한 합리성통제를 한다고 할 수 있다.

세출에 있어서 회계 공무원은 지급명령자의 결정에 대해서 1962년 12월 29일의 공공회계에 대한 법령이 제한적으로 열거해 놓은 사항에 대해서만 통제할 수가 있다. 다시 말하면 지급명령자와 그의 위임자의 자격, 현금의 가용성, 성질과 목적에 따라 구분되는 장(chapitre)에 알맞은 지급의 정확성, 채권의 유효성 그리고 결제의 채무변제성격 등이다. 결국 회계 공무원에 의한 지급명령자의 합리성통제는 1962년 법의 일부 규정에 의한 일부 상황에 한정된 것이며, 지급명령자의 행위의 모든 합리성에 관계된 것이 아니다. 그러므로 회계 공무원에 의한 제한적인 통제는 지방자치단체의 재정자치에 큰 영향을 행사하지 못하고 있다.[53)]

---

51) 1990년의 예를 들면 국가대표가 관찰한 총 142,637건의 지방자치단체의 행위 중 0.73%(1,047건)만이 행정법원에 계류 중이었다. Jacques Moreau, Jacques Moreau, Administration régionale, départementale et municipale, 12ème édition, Mémentoz Dalloz, p. 18.

52) 예산통제는 1982년 이전의 통제와는 다르게 문제된 행위의 직접적인 취소가 아닌 수정 또는 다른 행위에 의한 대체시도를 의미한다.

53) 졸저, 앞의 책, 293면 참조.

(2) 합목적성통제

합목적성통제의 개념은 분명하게 규정되어 있지 않지만 일반적으로 통제기관이 자신의 인식 하에 결정자의 결정에 대한 유용성이나 타당성을 판단하는 것이다. 따라서 분명히 합목적성통제는 주관적인 성격을 내포하고 있다. 통제기관에 지방자치단체의 재정결정에 대한 필요성의 인식을 통제기관의 고유한 인식으로 판단하게 함으로서 합목적성통제는 지방자치단체의 재정자치와는 반대된다.

1982년의 3월 2일의 법 이전에 지방자치단체의 재정결정에 있어서 국가대표가 행사했던 사전인식권(의식권)이 진정한 의미의 합목적성통제였다. 지방자치단체의 결정이 지방의 공공이익에 반한다는 이유로 국가대표가 일정한 지방자치단체의 재정결정을 취소할 수 있었다. 국가대표가 지방자치단체를 대신해서 지방이익을 판단하는 것이 합목적성통제의 전형이었는데, 1982년의 법이 재정면에서 모든 종류의 합목적성통제를 폐지했다. 이처럼 합목적성통제를 허용하는 모든 사전통제를 폐지함으로써 법률이 새로운 형태의 통제를 만들었는데 일명 지방자치단체의 현金과 유가증권의 적절한 사용에 대한 통제와 같은 운영통제(contrôle de gestion)가 그것이다. 운영통제가 규정되자 지방자치단체로부터 많은 비판이 쏟아졌는데, 지방자치단체에게는 지급명령자의 결정에 대한 합목적성통제의 재출연을 의미했다. 그러나 적절한 사용의 개념은 지방자치단체의 공적 자금의 규칙적인 사용과 효과적이고 합리적인 사용결과를 추구하는 것이었다. 1988년 1월 5일의 지방자치의 향상에 관한 법[54]이 지방자치단체의 비판을 수용하여 운영통제의 기본원칙을 고수하면서 그 내용을 재정립했다. 1988년의 법이 1982년의 법이 규정했던 자금의 적절한 사용의 개념을 자금의 규칙적인 사용의 개념으로 변경했다.

그래서 이 새로운 형태가 처음에는 지방자치단체의 재정결정에 대한 합목적성통제에서 다음으로는 지방자치단체의 자금운영에 대한 통제 그리고 현재에는 단순한 형태의 적법성통제가 되는 통제의 변형을 초래했다. 이제 통제기관은 지방자치단체의 선택에 대해서 비판할 권한이 없어졌으며 더 이상 지방자치단체의 재정결정의 합목적성에 대한 통제를 하지 못한다. 통제기관은 지방자치단체의 재정결정의 선택에 대한 문제제기를 할 수 없지만 지방자치단체의 운영의 질과 능률에 대한 판단할 수 있는 여지는 여전히 가지고 있다.[55]

V. 결 어

지금까지 논의한 사법적 통제를 정리하면 다음과 같다. 1982년 지방분권법은 국가의 지

54) Loi du 5 janvier 1988 d'amélioration de la décentralistion.
55) 졸저, 앞의 책, 295-296면 참조.

방자치단체의 관여를 후견(tutelle)에서 통제(contrôle)로 대체하면서, 원칙적으로 사전 후견적 감독을 사후 사법적 통제로 대체하였다. 후견적 감독은 합목적성 혹은 적법성의 감독을 말한다. 합목적성의 감독은 감독기관이 그 통제권을 자유롭게 행사할 수 있고, 적법성의 감독은 엄격한 법률과 규칙에 합치되어야만 행사할 수 있는 감독이다. 그리고 후견적 감독은 승인·취소·대집행 등의 수단을 통하여 실현된다. 이러한 수단은 지방자치단체의 자치에 대하여 큰 위협을 미칠 수가 있었다. 그리하여 이러한 후견적 감독을 1982년 지방분권법에 의하여 폐지하고 행정법원이 국가대표의 제소에 근거하여 지방자치단체의 행위의 적법성에 대하여만 판단하는 사법적 통제로 전환하였다. 즉, 국가는 지방자치단체의 행위의 합목적성을 판단할 수 없을 뿐만 아니라 적법성에 대하여도 스스로 판단을 내릴 수 없다. 판단과 결정을 하는 주체는 행정법원이다. 그리고 국가가 일방적으로 지방자치단체에게 국가의 의사를 강제하는 종속관계가 아니고, 국가의 합리성과 지방의 합리성이 일정한 통제에 의하여 조정되는 체제로 구성되는 것이다. 국가대표는 국가의 이익을 대표하는 것만이 아니고, 지방의 이익을 옹호하는 역할을 부담하는 존재이기도 하다. 그리고 지방자치단체의 예산 및 재정행위에 대한 통제는 레지옹회계원을 신설하여 통제를 하게 했다. 우선 예산에 대한 통제는 예산의 규칙을 지키지 않는 경우에 이루어지는 경우로 국가대표와 레지옹회계원 공동으로 한다. 그리고 재정적 통제는 레지옹회계원이 도국가대표와 같은 지위에서 도국가대표와 연결을 해서 개입한다.

이러한 프랑스 지방자치단체의 통제는 단일국가주의를 채택하고 있는 한국에서 많은 영향을 주리라 생각된다. 즉, 프랑스와 한국에서는 국가형태를 단일국가주의를 채택하고 있기 때문에 지방자치단체에 대한 국가의 통제는 불가피하다고 할 수 있다. 즉 자치행정을 원활하게 하고 효률적인 수행을 하기 위하여, 국가전체의 정치와 경제의 단일성·통일성을 확보한다는 견지에서, 법률이 정한 한도에서 국가가 지방자치단체의 자치행정에 대하여 관여하고 통제[56]하는 것이 인정된다.[57] 그러면 이러한 통제를 인정할 경우, 국가가 지방자치단체를 통제할 때 기술한 바와 같이 사후적인 적법성의 통제만을 인정하고, 사전적인 적법성·합목적 통제는 폐지하는 것이 지방자치단체의 자유로운 자치권 보장을 위해서 필요하다. 즉, 프랑스는 1982년 이전에는 지방자치단체의 의결사항이 15일 이내에 국가대표의 승인을 받지 않으면 그 사항은 무효로 되었으나 1982년 지방분권법이 제정된 후에는 지방자치단체의 행위는 지방의회의 의결에 의해서 이루어지는데, 이러한 의결은 국가대표에게 이송되고 이 의결이

56) 우리 나라에서는 통제와 감독을 구분 없이 사용하고 있으나, 프랑스에서 감독(tutelle)은 사전·사후적인 개념으로서 국가의 지방자치단체의 관여 정도가 통제(contrôle)보다 포괄적으로 인정되는 경우를 의미한다. 그리고 우리 나라에서 '통제'라는 용어보다 '관여'라는 용어를 사용하는 것이 적절하다는 학자도 있으나, 우리 나라 현행 법제도하에서는 '통제'라는 용어가 합당하다고 생각한다.

57) 지방자치단체에 대한 국가의 통제를 인정하고 있다(한국 지방자치법 제9장 참조).

위법하다고 판단이 되면 국가대표는 제소에 근거하여 지방자치단체의 행위의 적법성에 대하여만 판단하는 사법적 통제로 전환하였다. 따라서 국가는 지방자치단체의 행위의 합목적성을 판단할 수 없을 뿐만 아니라 적법성에 대하여도 스스로 판단을 내릴 수 없다. 판단과 결정을 하는 주체는 행정법원이다. 이러한 프랑스의 사법적 통제는 우리 나라 지방자치법 개정 방향에 많은 시사점이 주고 있다고 생각한다.

프랑스의 지방자치단체는 재정면에서 법률이 정한 범위 내에서만 완전한 자치를 행사할 수 있으며, 국가의 통제를 벗어난 지방자치단체에 의한 완전한 재정자치를 의미하지는 않는다. 그러므로 역설적으로 보일 수도 있지만, 프랑스에서의 지방자치단체의 재정자치는 국가의 통제와 밀접한 관련을 갖고 있다.

1982년 이전은 국가의 사전통제와 적시성통제가 존재했지만 1982년 이후는 시, 도 그리고 레지옹의 권한과 자유에 관한 법에 의해서 합법성에 바탕을 둔 동시통제와 사후통제만이 지방자치단체의 행정행위 및 기타 재정결정에 영향을 미친다. 이는 지방분권화에 따르는 국가의 의지를 반영한 것으로 지방자치단체의 재정자치가 전보다는 한층 향상되었지만 지방자치단체가 만족 할 만한 수준에 도달한 것은 아니다. 그러나 국가의 사전통제와 적시성통제가 폐지된 것은 지방자치단체의 재정자치의 발전에 긍정적인 요인으로 받아들여지고 있다. 또한 국가의 통제의 필요성을 위해서 국가대표의 기존권한을 형평성과 객관성을 지니는 독립된 기관에 분배한 것도 지방자치단체의 재정자치의 존중을 위한 제도적 장치임을 잊어서는 안 되겠다.

28. 헌법개정 관련 지방세 입법권에 관한 소고*

박　　훈**

Ⅰ. 서　　설

문재인 대통령은 2018.3.26. 국회에 「大韓民國憲法 개정안」을 제출한 바 있다. 이 개정안에서는 지방정부에 자주조직권을 부여하고, 자치행정권, 자치입법권을 강화하는 한편, 자치재정권을 보장하는 내용을 담고 있다.

우리나라에 과연 적합한 지방정부(지방자치단체)의 자치권 및 과세자주권은 무엇인지에 따라 헌법 및 이와 관련된 지방자치단체 및 지방세에 대한 관련 법령이 달라질 수 있다. 지방자치단체의 자치권과 과세자주권을 둘러싼 다양한 논의는 학계, 실무에서 되어 오기는 했지만, 구체적인 쟁점, 특히 법적 쟁점을 놓고 현재 가능한 법령의 개선방안을 논의한 경우는 많지 않다. 특히 최고규범으로서 헌법은 법체계의 정점으로 해서 법률, 시행령, 시행규칙 및 조례 등 다양한 지방세 관련한 법령을 다루는 경우는 더욱 그러하다.

이 글에서는 ⅰ) 지방세 입법권의 기본체계, ⅱ) 국세와 지방세의 비중 관련 제도, ⅲ) 세목 신설권 및 선택권 관련 제도, ⅳ) 세율 결정권 관련 제도, ⅴ) 비과세 및 감면결정권 관련 제도 등 5가지 분야로 나누어 헌법 및 법률 개정과 관련한 구체적인 개선방안을 제시함으로써 지방자치 발전에 기여하고자 한다. 이러한 구체적인 논의를 하기 전에 지금까지의 우리나라의 지방세 관련 개정 방향의 기본내용과 한계의 분석할 수 있는 토대를 살펴보기 위해 지방세 입법권의 이론적 검토시 지방세 입법권의 의의와 함께 지방자치제도, 과세자주권에 대한 이론적 논의를 함께 검토하고자 한다.

Ⅱ. 지방세 입법권의 이론적 검토

1. 지방세 입법권의 의의

지방세 입법권의 개념은 협의와 광의로 나눌 수 있다. 협의의 지방세 입법권은 지방자치단체의 자치입법권으로서 조례의 제정 및 개정에 대한 권한을 말한다. 광의의 지방세 입법권은 지방세에 대한 입법권 전반에 대한 것을 말한다. 이러한 광의의 지방세 입법권은 위 지방정부의 지방의회의 조례 제정 및 개정에 대한 권한뿐만 아니라 중앙정부의 국회의 법률의

* 이 글은 박훈, "지방세 입법권에 관한 연구", 한국지방세연구원, 2017.7의 주요 부분을 수정보완한 것이다.

** 서울시립대학교 세무학과 교수, 법학박사

제정 및 개정, 행정부의 하위법령에 대한 권한도 포함한다. 본 연구는 협의의 지방세 입법권에 국한한다.

국세에 대한 입법권이 국회와 기획재정부의 관계에서 법률, 시행령, 시행규칙, 훈령 등에 대한 것을 논의하지만, 지방세에 대한 입법권, 즉 지방세 입법권은 조례와 관련성을 가지면서 국세 입법권과는 다른 국면이 존재한다. 지방자치단체의 자치권(지방자치권)은 자치입법권·자치행정권·자치재정권 등으로 나눌 수 있는데, 자치입법권은 지역의 사무에 관하여 지방자치단체 스스로 규범을 만들 수 있는 권한이라 할 수 있다. 국가 전체의 입법권과는 다른 국면에서 지방세 입법권에 대한 것이라 할 수 있다.

우리나라의 경우 단일국가이기는 하지만 중앙정부와 지방정부로 나누어 볼 때 중앙정부의 국회와 지방정부의 지방의회가 대응한다고 볼 수 있다. 지방세 입법권은 중앙정부의 국회의 지방세기본법, 지방세법, 지방세징수법, 지방세특례제한 등 법률의 제정 및 개정에 대한 것도 있지만, 지방정부의 지방의회의 조례 제정 및 개정에 대한 것도 포함한다고 할 수 있다. 그렇지만 지방자치단체의 자치권의 하나로서 자치입법권의 관점에서 보면 지방의회의 조례 제정 및 개정이 좁은 의미의 지방세 입법권에 대한 것이라 할 수 있다.

조세 입법권에 대해서는 조세법률주의와 관련하여 헌법 제59조에서 "조세의 종목과 세율은 법률로 정한다."고 규정하고 있다. 이는 국세이든 지방세이든 다 적용되는 것이라 할 수 있다. 법률이라고 하면 통상 국회에 의한 조세 입법권에 대한 것이다. 한편 헌법 제8장의 지방자치의 장에서는 헌법 제117조, 제118조를 두고 있다. 헌법 제117조에서는 "지방자치단체는 주민의 복리에 관한 사무를 처리하고 재산을 관리하며, 법령의 범위안에서 자치에 관한 규정을 제정할 수 있다."고 하여 지방자치단체의 자치권을 규정하고 있다. 이러한 지방자치단체의 의회에서 제정하는 조례가 법률과 관련하여 어떠한 의미를 갖는지에 따라 지방세 입법권의 의미가 달라질 수 있다. 지방자치단체의 의회가 법률과 동일한 효력의 조례를 제정할 수 있는지, 법령의 범위안에서 조례를 제정할 수 있는지가 다투어질 수 있다. 지방분권을 강조하는 입장에서 보면, 전자의 입장에 가까운 주장을 할 수 있을 것이다.

우리나라 헌법의 경우 지방자치에 대해서만 규정하고, 지방분권에 대해 직접적으로 명문의 규정을 두고 있지 않다는 점에 헌법 차원에서 지방분권[1)]을 도출하는 데에는 어려움이 있다. 우리나라 헌법 제123조 제2항에서 "국가는 지역간의 균형있는 발전을 위하여 지역경제를 육성할 의무를 진다."는 국가의 지역경제육성의무를 규정하고 있지만 이것만으로 헌법 차원에서 지방분권을 이야기하는 데에는 한계가 있다. 다만 「지방분권 및 지방행정체제개편에

1) 지방분권에 대해서는, 박진완, "헌법적 동질성 실현의 문제로서 지방분권과 지역주민의 권리", 「법학논고」 제48집, 경북대학교 법학연구원, 2014.11, pp. 1-46; 이종수, "지방분권형 헌법 개정방향", 「공공정책과 국정관리」 제7권 제1호, 2013.6, pp. 3-31 등 참조.

관한 특별법」(약칭 '지방분권법')[2] 제2조 제1호에서는 지방분권에 대하여 "국가 및 지방자치단체의 권한과 책임을 합리적으로 배분함으로써 국가 및 지방자치단체의 기능이 서로 조화를 이루도록 하는 것"으로 정의하고 있다. 헌법 차원은 아니지만 법률 차원에서 국가 및 지방자치단체의 권한과 책임의 합리적 배분을 논의하고 있고, 지방자치단체의 자치입법권을 어느 정도 인정할지는 "합리적 배분"에 따른다고 할 수 있다.

연방국가인 독일의 경우 헌법 차원에서 연방과 주의 분권을 명확하게 하고 있다. 그리고 연방헌법 제70조 제1항에서 "헌법이 연방에 입법권을 수여하지 않는 한 주가 입법권을 가진다."고 주의 입법권에 대해 규정하고 있다. 다만 독일 헌법 제31조에서는 "연방법은 주법에 우선한다."고 연방법이 주법에 우선함을 밝히고 있다. 독일헌법 제10장은 재정에 대한 장으로서 연방과 주 각각의 조세입법권에 대해 규정하고 있다. 독일헌법 제105조 제1항, 제2항, 제3항에서는 연방의 조세입법권을, 독일헌법 제105조 제2항의a에서는 주의 조세입법권을 규정하고 있다.[3]

한편 단일국가의 경우 헌법 차원의 지방분권이 불가능한 것은 아니다. 단일국가인 프랑스의 2003년 개정헌법은 국가조직 분권화를 헌법 제1조에서 선언한 바 있다. 프랑스 헌법 제1조에서는 "프랑스는 비종교적·민주적·사회적·불가분적 공화국이다. 프랑스는 출신·인종·종교에 따른 차별 없이 모든 시민이 법률 앞에서 평등함을 보장한다. 프랑스는 모든 신념을 존중한다. 프랑스는 지방분권으로 이루어진다."고 규정하고 있다. 다만 프랑스 헌법 제72-2조는 "지방자치단체들은 각종 세금의 전부 또는 일부를 징수할 수 있다. 지방자치단체들은 법률이 정하는 범위 내에서 그 과세기준·세율을 정할 수 있다."고 지방세 입법권에 대해 규정하고 있는데, "법률이 정하는 범위 내"라는 제한측면에서 보면 우리나라의 지방자치단체의 지방세 입법권의 경우와 큰 차이는 없는 것으로 보인다.

헌법재판소에서는 지방세 입법권, 특히 자치입법권에 대해 다음과 같이 설명하고 있다. 헌법재판소에서는 "지방자치법 제15조에서 "지방자치단체는 법령의 범위 안에서 그 사무에 관하여 조례를 제정할 수 있다"는 규정과 위 헌법 규정(제117조 제1항)을 아울러 살펴보면, 지방자치단체에 대하여 자치입법권을 인정하고 있다. 헌법상 국회에 법률을 제정할 권한을

---

2) 종전 「지방분권촉진에 관한 특별법」과 「지방행정체제 개편에 관한 특별법」을 폐지하고, 두 법률을 통합하여 2013.5.28. 「지방분권 및 지방행정체제개편에 관한 특별법」이 제정되었다.

3) 독일 헌법 제105조
① 연방은 관세 및 재정전매에 관한 배타적 입법권을 가진다.
② 연방은 조세수입의 전부 또는 일부가 연방에 귀속하는 경우 또는 제72조 제2항의 조건이 존재하는 경우 그 외의 조세에 관하여 경합적 입법권을 가진다.
②의a 주는 조세가 연방법률로 규정된 조세와 동종이 아닌 한 그리고 그 범위에서, 지방소비세 및 사치세에 관한 입법권을 가진다. 주는 토지취득세의 세율을 정할 권한을 가진다.
③ 전부 또는 일부가 주 또는 지방자치단체(자치단체연합체)의 수입으로 귀속되는 조세에 관한 연방법률은 연방참사원의 동의를 요한다.

준 것과 마찬가지로 주민자치를 구체화하는 자치입법권인 조례를 제정할 권한을 준 것이다. 다만, 이 조례권을 행사할 수 있는 한계로서 첫째, 법령의 범위 안에서 둘째, 지방자치단체의 사무에 관한 사항이어야 하는 것으로 제한하고 있다. 이와 같은 지방자치단체의 자치입법권인 조례를 제정할 권한을 부여한 필연적인 결과로 지방자치단체에는 과세권이 있고, 이 과세권은 헌법이 보장하는 권리이므로 조세법률주의와 조세평등주의 원칙이 적용되는 것이다. 지방자치법 제126조도 "지방자치단체는 법률이 정하는 바에 의하여 지방세를 부과·징수할 수 있다"고 규정하여 과세권을 확인하고 있다."고 보았다.[4] 자치입법권에 대한 조례제정권과 한계, 적용되는 조세법의 기본원칙에 대해 설명하고 있다.

2. 지방자치제도에 대한 이론적 검토

위에서 지방세 입법권은 입법권중 지방세에 대한 것으로서 의미(광의)와 자치입법권으로서 의미(협의)가 있다는 것을 보았다. 지방세에 대한 헌법, 법률, 시행령, 시행규칙, 조례 등에 대한 어떠한 내용을 담을 것인지를 지방자치단체의 자치권을 확보해 주는 측면에서 본다면 결국 지방자치제도가 무엇인가에 대한 근본적인 논의를 다루어볼 필요가 있다. 본 보고서에서 지방자치단체의 자치권, 그중 재정분권 확보를 위한 다양한 법개정사항 관련 쟁점을 다루기는 하지만 왜 이러한 개정을 하여야 하는지에 대한 이론적 배경이 필요하다는 점에서도 지방자치제도의 이론적 논의를 다룰 필요가 있다.

지방자치제도는 일반적으로 "일정 지역(지방정부)을 단위로 일정수준에서 국가(중앙정부)의 관여를 받지 않고 자율적인 행정을 수행하는 것과 관련된 제도"를 말한다.[5] 이 때 지방자치는 주민과의 관계, 국가와의 관계에 따라 국가(중앙정부)의 관여도, 지방정부의 자율성의 수준이 달라질 수 있다. 후술하는 주민자치는 지방정부와 주민관계의 관계에 초점을 맞추고, 단체자치는 지방정부와 중앙정부의 관계에 더 초점을 맞춘 것이라 할 수 있다.

지방자치에 대해 헌법이나 법률상 정의규정을 따로 두고 있지는 않다. 한편 헌법재판소에서는 "지방자치제도라 함은 일정한 지역을 단위로 일정한 지역의 주민이 그 지방주민의 복리에 관한 사무·재산관리에 관한 사무·기타 법령이 정하는 사무(헌법 제117조 제1항)를 그들 자신의 책임하에서 자신들이 선출한 기관을 통하여 직접 처리하게 함으로써 지방자치행정의 민주성과 능률성을 제고하고 지방의 균형 있는 발전과 아울러 국가의 민주적 발전을

4) 헌재 1998.4.30. 96헌바62.

5) 지방자치를 어떻게 정의할 것인지는 학계에서는 다양한 의견이 있다. 이러한 여러 견해를 종합하여, 지역과 주민, 자주재원과 대표, 사무 등을 요소로 해서 "① 일정한 지역 내의 주민이 ② 스스로의 책임과 권한에 의해 재원을 조달하고 대표를 선출하여 ③ 일정한 사무를 스스로의 책임과 권한에 의해 처리하는 것"로 정의할 수도 있다. 이에 대해서는 김태호, "지방정부 과세자주권 강화를 위한 지방세 관련법 개편방안", 한국지방세연구원, 2014.1, pp. 9-10 참조.

도모하는 제도이다"고 정의하고 있다.[6)]

주민자치와 단체자치에 대해 대해서 다음에서 자세히 살펴본다.[7)] 지방자치는 지방자치를 탄생과 발전에 따라 주민자치와 단체자치라는 두 유형으로 나뉜다. 전자의 주민자치는 지방자치를 자연적이고 천부적인 권리로 인식하는 입장이고, 후자의 단체자치는 지방자치를 국가에 의하여 부여된 권리로 인식하는 입장이다.

이러한 지방자치에 대한 인식의 차이는, 국가 이전에 주민이 중심이 된 지방자치가 이루어진 것인지, 국가의 틀이 갖추어진 후에 지방자치가 이루어진 것인지에 따라 달라진다. 전자의 주민자치의 대표적인 예로서 영국과 미국이고, 후자의 단체자치의 대표적인 예로는 독일과 프랑스이다.

영국은 통일국가가 성립하기 이전부터 각 지방에서 주민이 참여하는 주민총회를 중심으로 자치전통이 수립되었고, 이후 통일국가가 성립된 이후에도 이러한 전통이 인정되었다. 독일과 프랑스는 중앙집권적인 국가로서 전통이 강한 국가인데, 국가로부터 독립된 인격을 가진 지방자치단체가 주민들의 생활관계를 다루는 것이 효율적이라고 판단하여 이러한 지방자치단체에 일정한 권리를 부여하였다.

이처럼 지방자치를 주민자치와 단체자치라는 유형으로 나눌 수 있지만, 실제로 오늘날에는 지방정부와 주민, 중앙정부의 관계가 혼합되어 있는 경우가 많다. 우리나라도 예외는 아니다. 주민참여제도의 운영은 주민자치의 특성이라 할 수 있고, 국가의 권한과 사무를 지방자치단체에 배분하는 것은 단체자치의 특성이라 할 수 있다.

현재 우리나라의 지방자치는 주민자치와 단체자치의 성격이 혼합되었다고 할 수 있다. 지방자치단체의 권리와 의무, 책임의 정도를 어떻게 하는 것이 바람직할지 정하는 것은 쉽지 않은 일이다. 위 유형 중 어느 하나만으로 논리일관성 있게 지방자치를 이해하는 것은 논리적인 일관성을 유지하는 데에는 도움이 되지만, 현실에 맞는 바람직한 지방자치를 구현하는 데 바람직한 것은 아니다. 그렇지만 적어도 우리나라의 경우 지방자치제도가 어떠한 도입과정을 걸쳐왔는지를 보는 것은 앞으로의 지방자치의 방향을 정할 때 기본적인 작업의 시작은 될 것이다.

1948년부터 현재까지의 지방자치제도는 도입기(1948~1960), 중단기(1961~1990), 부활·발전기(1991~현재) 등 3단계로 구분되기도 한다.[8)] 도입기는 1948년 제헌헌법에 지방자치 관

6) 헌법재판소 1991.3.11. 선고 91헌마21. 이 사건은 지방의회의원선거법 제36조 제1항에 대한 헌법소원에 대한 사건으로서 헌법불합치결정을 하였다.

7) 지방자치단체가 지방자치를 할 수 있는 자치권(즉, 지방자치권)에 대해 주민자치는 처음부터 지방정부에 존재하고 있는 천부적 권능으로 보는 쪽에 가깝고, 단체자치는 국가로부터 수여받는 것으로 보는 쪽에 가깝다. 이러한 지방자치권을 어떻게 볼지에 대해서는, 고유권설, 전래설, 제도적 보장설, 신고유권설 등 학계에 다양한 견해가 존재한다. 이에 대해서는, 김태호, "지방정부 과세자주권 강화를 위한 지방세 관련법 개편방안", 한국지방세연구원, 2014.1, pp. 12-14 참조.

련 조항이 신설된 후 1949년 「지방자치법」의 제정되고 1952년 제1차 지방선거를 통해서 기초 및 광역의회의 의원을 선출된 후 1960년 제3차 지방선거까지의 시기이다. 중단기는 1961년 「지방자치에 관한 임시조치법」이 시행됨으로써 지방의회가 해산되고, 자치단체장이 임명제로 전환된 이후 1991년 지방자치가 부활될 때까지의 시기이다. 부활·발전기는 1988년 「지방자치법」의 전문개정을 통해서 1991년 기초 및 광역의회 의원이 선출된 후 1995년 자치단체장을 주민이 직접 선출되는 등 현재까지의 시기이다.

현행 지방자치법 제1조에 따르면 지방자치행정의 민주적이고 능률적인 수행, 지방의 균형 있는 발전, 대한민국의 민주적 발전이 지방자치의 목적이라고 볼 수 있다. 이러한 지방자치의 목적의 공통적인 요소를 뽑아낸다면 민주성, 효율성(능률성), 균형성 등이 있다.

지방자치행정의 민주적인 수행, 대한민국의 민주적 발전의 경우 "민주"는 주민 또는 국민의 의사를 얼마나 제대로 반영했는지와 관련성이 있다고 할 수 있다. 조례에 의해 지방세에 대해 규율하는 것은 주민의 대표의사결정기관이라 할 수 있는 지방의회에 따른다는 것을 의미한다는 점에서 민주성과 관련이 된다. 그렇지만 주민은 또한 국민의 한 사람으로서 국민의 의사를 대표하는 기관인 국회에 의해서 규율되는 지방세 관련 법률 역시 지방세 입법을 할 때 중요한 의미를 갖고 이 역시 민주성이 담보되는 것이다. 결국 조례와 법률간 어느 것이 더 민주성을 갖는지를 평가하는 것은 쉽지 않은 일이다. 다만 지방의회에 의한 조례의 의미를 몰각시키는 정도의 법령은 민주성의 관점에서 문제를 제기할 수 있을 것이다.

지방자치행정의 능률적인 수행은 규모가 작아서 관련 업무에 최적화된 성과를 낼 수 있다는 측면에서 효율성이 높을 수도 있고 적정한 규모가 되지 않아 오히려 인력 대비 성과가 높지 않아 효율성이 높지 않을 수도 있다. 헌법재판소 1991.3.11. 선고 91헌마21의 결정문 중 일부에서 나타난 "공업화·도시화·국제화의 추세가 가속되어 가고 있는 오늘날 우리나라처럼 국토도 협소하고 언어·풍속·문화·생활양식 등도 지방에 따라 현저한 차이가 없는 단일민족국가에서는 오히려 중앙집권의 강화가 바람직하다는 견해도 없지 않지만"이라는 부분은 효율성에 대해 단일민족국가의 관점에서 지방자치가 부정적일 수도 있음을 보여준다. 그렇지만 지방자치의 목적으로서 효율성은 지방자치단체별 행정을 할 때 효율성을 논한다는 점에서 지방자치의 타당성에 대한 논란과는 차원을 달리하는 문제이다.

균형성은 지방의 균형 있는 발전을 의미하는 것으로, 후술하는 과세자주권을 지방자치단체에게 부여하는 경우라도 그것만으로 지방의 균형 있는 발전을 가져오는 것은 아니다. 과세자주권이 확보되지 않더라도 중앙정부가 지역 격차를 줄이는 별도의 조치로 균형성이 도달될 수는 있다. 그렇지만 지방자치단체의 자주성, 더 나아가 민주성에는 바람직하지 않을 수

8) 행정자치부, 「기록으로 보는 지방자치」, 2015.10, pp. 10-11 참조.

있다. 지방자치단체의 재정자립도를 높이는 것은 과세자주권만으로는 달성되지는 않지만, 과세자주권은 자주재원을 통해 재정자립도를 높이는데 중요한 역할을 할 수는 있다.

위에서 본 민주성, 효율성, 균형성은 그 개념의 추상적이고 가치개념적인 측면이 있어 이를 수치화하여 우리나라와 다른 주요국가를 비교하여 우리나라의 지방세 입법권과 관련한 개선방향을 제시하는 것은 어려움이 있다. 그렇지만 이 글에서 다루는, 국세와 지방세의 비중 관련 제도, 세목 신설권 및 선택권 관련 제도, 세율 결정권 관련 제도, 비과세 및 감면결정권 관련 제도 등과 민주성, 효율성 및 균형성이라는 요소와 관련성을 긍정적인 측면, 부정적인 측면으로 나누어 보여줌으로써 이들 제도 개선의 의미를 검토해 볼 수는 있다. 세부적인 사항은 지방세 입법권 해당 분야에서 또 다루기로 하고 여기에서는 관련표의 형태로 정리해 본다.

〈표〉 지방자치 목적 관련 민주성, 효율성 및 균형성과 지방세 입법권 분야와 관계

요소 \ 입법권 분야		국세 대비 지방세 비중 상승	세목 신설권 및 선택권 인정	세율 결정권 인정	비과세 및 감면결정권 인정
민주성	긍정	주민 의사 반영			
	부정	국민 전체 의사 충돌 가능			
효율성	긍정	지자체에 부합된 재정운영 가능			
	부정	규모 경제에 반함			
균형성	긍정	지자체 필요재원의 확보 권한 부여			
	부정	지자체간 격차 발생			

3. 과세자주권에 대한 이론적 검토

지방세 입법권은 광의이든 협의이든 지방세에 대한 입법을 하는 것이고 이러한 입법을 할 때 현재의 지방세를 어떠한 입장에서 어떠한 방향으로 제정 또는 개정할 것인지를 의미한다. 과세자주권과 자치재정권은 지방세 입법권의 방향에 영향을 준다고 할 수 있다.

과세자주권은 일반적으로 지방세를 자주적으로 부과·징수할 수 있는 권한을 의미한다.[9] 지방자치법 제9조에서는 지방자치단체의 사무범위에 대해 규정하고 있는데, "지방세 및 지방세 외 수입의 부과 및 징수"를 예시하고 있다. 과세자주권은 좁게는 이때의 지방세의 부과 및 징수에 대한 것이라 할 수 있다(지방자치법 제9조 제2항 1호 바목). 지방세 입법시 부과·징수에 대한 사항을 지방자치단체가 보다 자주적으로 할 수 있게 개정할수록 과세자주권이 확대된다고 할 수 있다. 이처럼 지방세의 부과 및 징수는 법령에 근거를 두어야 한다는 점

9) 과세주체와 자주권의 내용을 포함시켜 정의한다면, 과세자주권을 "지방자치단체가 지방세의 세목 및 세율설정 등에 대해 자주적으로 결정하고 과세하는 것"이라고 할 수도 있다.

에서 과세자주권은 지방세 입법권과 관련을 갖는다. 지방세의 부과 및 징수와 관련하여 헌법, 법률, 시행령, 시행규칙 등이 있지만, 조례도 중요하다. 넓은 의미의 지방세 입법권은 이들 모든 법령에 대한 것이라면, 좁은 의미의 지방세 입법권은 조례에 대한 것이라 할 수 있다. 좁은 의미의 지방세 입법권은 과세자주권을 어느 정도 행사할 수 있는지와 관련하여 이 글에서는 과세요건 관련 세목 신설권, 세율 결정권, 비과세 및 감면결정권 등을 논의한다.

한편 과세자주권을 지방자치권의 핵심인 자치재정권의 하나의 권한으로 볼 수도 있다.[10] 지방세 입법권은 지방세에 대해 법령의 관련성을 강조한 것이고, 과세자주권과 관련된 자치재정권은 지방자치단체가 자치사무를 처리하는 데 필요한 재원을 스스로의 권한과 책임 아래 조달할 수 있는 권한을 의미하는 것으로 재원 조달로서 지방세를 강조한 것이라 할 수 있다. 과세자주권을 자치재정권과 관련지어 보는 경우에는 국세와 지방세의 비중 부분도 중요한 논의대상이 될 수 있다.[11] 현재처럼 국세와 지방세의 비중이 약 80 대 20의 비중이라는 제한된 지방세 비중으로 자주적인 부과·징수가 제약을 받기 때문이다.

과세자주권을 자치재정권, 지방자치제도와 관련지어 살펴볼 때는 지방자치제도에 대한 본질에 대한 입장과도 관련이 되어 있다. 고유권설(주민자치와 관련)과 전래설(단체자치와 관련)로 크게 나눌 수 있지만, 각각의 장단점 때문에 실제 운영시에는 혼합된 형태가 나타난다. 특히 지방자치를 위해서는 헌법적인 제도적 장치를 강조하는 경우에는 제도적 보장설이라는 이름으로 이러한 입장과는 다른 의미를 부여하기도 한다. 지방세 입법권에 대해 헌법상 과세자주권을 어떻게 규율할 것인지를 정할 때 제도적 보장설에 따르면 헌법에 규정되어야 과세자주권이 보장되기 때문에 헌법에 규정되는지 여부가 중요한 의미를 갖는다.

헌법재판소에서는 과세자주권에 대해 직접적으로 다루지는 않았지만, 지방자치권의 헌법상 보장과 한계에 대해 결정을 한 바 있다. "헌법상의 자치권의 범위는 법령에 의하여 형성되고 제한되나, 다만 지방자치단체의 자치권은 헌법상 보장을 받고 있으므로 비록 법령에 의하여 이를 제한하는 것이 가능하다고 하더라도 그 제한이 불합리하여 자치권의 본질을 훼손하는 정도에 이른다면 이는 헌법에 위반된다고 보아야 할 것이다"고 하였다.[12] 헌법재판소의

---

10) 헌법재판소에서는 "지방자치단체의 자치권은 자치입법권·자치행정권·자치재정권으로 나눌 수 있고, 자치재정권은 지방자치단체가 재산을 관리하여 재산을 형성하고 유지할 권한을 의미하며, 이에 따라 지방자치단체는 행정목적의 달성을 위하여 또는 공익상 필요한 경우에는 재산을 보유하거나, 특정한 자금의 운용을 위한 기금을 설치할 수 있고(지방자치법 제142조), 자치에 필요한 경비를 주민에게 조세로서 부과하거나(지방자치법 제135조), 공공시설의 이용 또는 재산의 사용에 대하여 사용료를 징수하는 등(지방자치법 제136조)의 권한을 가진다."고 보았다(헌재 2008.11.13. 2006헌바112 등).

11) 과세자주권을 지방세 비중, 세목신설권, 세목선택권, 세율결정권, 세목조정권, 과표결정권, 과표조정권, 감면결정권, 감면조정권, 공동세 배분권 등 10요소로 분류하는 견해도 있다. 김태호, "지방정부 과세자주권 강화를 위한 지방세 관련법 개편방안", 한국지방세연구원, 2014.1, pp. 24-27 참조.

12) 헌재 2006.2.23. 2004헌바50; 위 지방자치권의 헌법상 보장과 한계에 대한 동일한 입장을 토대로 헌법재판소는 입법정책상 종합부동산세법이 부동산 보유세인 종합부동산세를 국세로 규정하였다 하더라도 이를 두고 지방자치단체의 자치재정권의 본질을 훼손하는 것이라고 보기는 어렵다 한 바 있다(헌재 2008.11.13.

입장에 따르면 지방자치권의 본질을 훼손할 정도인지 여부가 자치재정권, 과세자주권의 범위를 결정지어준다고 할 수 있다.

과세자주권을 지방세 입법권과 자치재정권과 관련지어 볼 수 있다는 것은 위에서 살펴본 바이다. 과세자주권의 수준을 어떻게 평가할지는 과세자주권을 어떻게 볼지와도 관련이 되어 있다. 지방자치단체가 중앙정부의 부과·징수권과는 별도로 자율과 책임에 따라 자주적으로 부과·징수권을 행사하는지 여부에 따라 과세자주권을 제대로 행사하는지 여부를 평가할 수는 있다. 중앙정부의 개입이 배제하고 최대한 지방자치단체가 마음대로 행사할 수 있다면 과세자주권의 수준이 높다고 평가될 수는 있다.

그런데 우리나라의 경우 지방자치법상 지방자치의 목적으로 i) 지방자치행정의 민주적이고 능률적인 수행, ii) 지방의 균형 있는 발전, iii) 대한민국의 민주적 발전 등을 들고 있고 과세자주권이 지방자치제도, 자치재정권과 관련성을 갖는 것이라면 위 지방자치의 목적에 따라 민주성과 효율성(능률성) 이외에도 균형성 등을 갖추고 있는지가 과세자주권의 수준을 평가하는 요소가 될 수 있다. 그렇지만 우리나라 지방자치법상 지방자치의 목적이 다른 나라에 동일하게 되는 것도 아니고, 지방자치, 자치재정권, 과세자주권의 본질을 어떻게 볼지에 대한 이론적 입장에 따라 과세자주권의 목적이 다를 수 있어 과세자주권의 수준을 평가하는 방법이 다를 수 있다. 과세자주권의 수준을 평가하는 것 역시 지방세에 관한 법령을 개정하는 중요한 기본전제가 될 수 있지만 그 자체로 별도의 연구주제가 될 수 있다.

Ⅲ. 지방세 입법권의 현행 제도

1. 지방세 입법권의 기본체계

(1) 헌 법

지방세 입법권을 광의의 의미로 보는 경우 입법권의 대상이 되는 법령의 체계가 지방세 입법권의 기본체계라 할 수 있다. 법률에 대한 것이라면 국회가 입법권을 갖는 것이고, 시행령, 시행규칙, 훈령 등은 행정부가 입법권을 갖는다고 할 수 있다. 조례는 지방자치단체, 좁게는 지방의회가 입법권을 갖는다. 이 모든 법령에 대한 입법권은 최고규범인 헌법에 따라야 한다. 지방세 입법권을 협의의 의미로 보아 자치입법권으로서 지방자치단체의 입법권 역시 우리나라 최고규범인 헌법에 따라야 한다.

헌법 제40조에서는 국회 입법권에 대해 규정하고 있다. 헌법 제59조에서는 조세법률주의와 관련하여 "조세의 종목과 세율은 법률로 정한다."고 규정하고 있고, 이는 국세이든 지방

2006헌바112 등).

세이든 다 적용된다.[13] 헌법 제117조에서는 "지방자치단체는 주민의 복리에 관한 사무를 처리하고 재산을 관리하며, 법령의 범위안에서 자치에 관한 규정을 제정할 수 있다."고 하여 지방자치단체의 자치권을 규정하고 있다. 이러한 지방자치단체의 의회에서 제정하는 조례가 법률과 관련하여 어떠한 의미를 갖는지에 따라 지방세 입법권의 의미가 달라질 수 있다. 한편 우리나라 헌법의 경우 지방자치에 대해서만 규정하고 있고, 지방분권에 대해서는 직접적으로 명문의 규정을 두고 있지는 않다. 국세와 지방세의 비중에 대한 것도 별도의 규정을 두고 있지 않다.

(2) 법 률

지방세에 대한 직접적인 법률로는 지방세기본법, 지방세법, 지방세특례제한법, 지방세징수법 등을 들 수 있다. 지방세기본법 제2조 제4호에서 지방세관계법으로 "「지방세징수법」, 「지방세법」, 「지방세특례제한법」, 「조세특례제한법」 및 「제주특별자치도 설치 및 국제자유도시 조성을 위한 특별법」"을 들고 있다.

「국세와 지방세의 조정 등에 관한 법률」은 국세와 지방세의 조정 등에 필요한 사항을 규정함을 목적으로 하는데, 국세의 종류와 지방세의 종류, 중복과세의 금지에 대해 규정하고 있다. 다만 이 법률이 국세와 지방세의 비중을 규정하는 것은 아니고, 어떠한 것이 국세이고 어떠한 것이 지방세인지를 열거하고 있는 것에 그치고 있다.

「지방자치법」은 지방자치단체의 종류와 조직 및 운영에 관한 사항을 정하고, 국가와 지방자치단체 사이의 기본적인 관계를 정하고 있고, 「지방분권 및 지방행정체제개편에 관한 특별법」(약칭 '지방분권법')은 지방분권과 지방행정체제 개편을 종합적 · 체계적 · 계획적으로 추진하기 위하여 기본원칙 · 추진과제 · 추진체제 등을 규정하고 있다. 지방자치법과 지방분권법이 직접적으로 지방세에 대한 규정하고 있지는 않지만, 자치입법권으로서 지방세입법권의 내용과 한계를 지방자치, 지방분권의 차원에서 관련지어 볼 수 있는 법률이라 할 수 있다. 그리고 지방세기본법 제4조에서는 "지방자치단체는 이 법 또는 지방세관계법에서 정하는 바에 따라 지방세의 과세권을 갖는다."는 지방자치단체의 과세권을 직접적으로 규정하고 있다.

지방세에 대한 법률에 각 대응한 대통령으로서 시행령, 행정자치부령으로서 시행규칙은 행정입법으로서 상위법인 법률을 따라야 할 것이다.

(3) 조례와 지방세조례주의

조례는 지방자치단체의 의회(지방의회)에서 제정되는 자치법규를 말한다. 조례는 지방자치

---

13) 지방세조례주의에 따라 국세는 헌법 제59조에 의하여, 지방세는 조세법률주의의 예외로서 헌법 제117조의 규정에 의하여 인정되는 것으로 보는 견해도 있다. 함인선, "일본에서의 지방세조례주의론", 「법학논집」 제27호 제2호, 전남대학교 법률행정연구소, 2007.12, p. 152; 김태호, "지방정부 과세자주권 강화를 위한 지방세 관련법 개편방안", 한국지방세연구원, 2014.1, p. 34 참조.

단체가 행사하는 자치입법권에 의해서 제정되는 법규범의 하나이다. 조례는 지방의회의 조례입법절차에 의해 제정되는 법규범이라면, 규칙은 지방자치단체의 장이 제정하는 법규범을 의미한다. 조례의 효력은 지방자치단체의 구역 안에만 미친다.

협의의 지방세 입법권은 지방자치단체의 자치입법권으로서 조례의 제정 및 개정에 대한 권한을 말한다. 지방세조례와 지방세법(법률)의 관계가 우리나라의 법령해석상 명확한 것은 아니다.[14)]

헌법 제117조에서는 지방자치에 관하여 규정하면서 자치입법은 법령의 범위 안에서 할 수 있도록 제한을 하고 있다. 그리고 지방세기본법 제4조에서 지방자치단체의 과세권을 규정하고 있고, 동법 제5조에서 "이 법 또는 지방세관계법에서 정하는 범위에서 조례로 정하여야 한다"는 것은 지방세기본법과 지방세관계법의 범위를 조례가 벗어나지 못한다는 것을 의미한다고 볼 수도 있다. 이러한 해석에 따르면 지방세기본법과 지방세관계법에서 별도로 위임하지 않는데 조례가 지방세의 세목(稅目), 과세대상, 과세표준, 세율, 그 밖에 부과·징수에 필요한 사항을 정하는 것은 현행법상은 가능하지 않다고 해석하여야 할 것이다.

그런데 지방세기본법 제5조에서는 규정하고 있는 "지방자치단체는 지방세의 세목(稅目), 과세대상, 과세표준, 세율, 그 밖에 부과·징수에 필요한 사항을 정할 때에는 이 법 또는 지방세관계법에서 정하는 범위에서 조례로 정하여야 한다."는 것의 해석과 관련하여, 법률과 조례의 관계를 어떻게 보는지에 따라 다음과 같은 쟁점에 대한 결론이 달라질 수 있다.

먼저 지방세에 관한 법률만으로 조례 없이도 지방세의 징수가 가능한지, 법률과는 별도로 조례에서 지방세의 세목(稅目), 과세대상, 과세표준, 세율, 그 밖에 부과·징수에 필요한 사항을 정해야만 지방세 징수가 가능한지에 대한 다툼이다. 전자는 지방세법이 직접 주민을 구속한다는 입장(직접효력설), 후자는 지방세조례만이 직접 주민을 구속한다는 입장(간접효력설)이라 할 수 있다. 조례의 제정 및 개정에 대한 권한인 협의의 지방세 입법권과 관련한 지방의회의 권한을 국회의 입법권한을 동일하게 놓을 것인가에 대한 논의이기도 하다. 조례의 효력은 지방자치단체의 구역 안에만 미치는데 반해, 법률의 효력은 원칙적으로 지방자치단체의 구역에 국한하지 않는다. 지방자치단체의 구역만 보면 조례와 법률의 효력이 겹칠 수 있고 조례와 법률의 상하관계에 대해 논의를 할 수밖에 없다. 법률도 시행령, 시행규칙 등 하위법령에 의해 구체화된다는 차원에서 조례를 볼 수도 있고, 지방자치단체의 구역에 한해서는 조례가 법률에 우선한다고 생각해 볼 수도 있다. 그런데 헌법 제117조, 지방세기본법 제5조의 규정내용을 보면 지방자치단체의 구역에 한하더라도 조례가 법률에 우선한다고 보기는 어렵다. 지방세에 관한 법률이 지방세의 세목(稅目), 과세대상, 과세표준, 세율, 그 밖에 부과·

14) 김완석, "조세법체계의 개편에 관한 연구", 한국조세연구원, 2006.12, p. 204.

징수에 필요한 사항을 조례에 정하도록 되어 있는데 조례에 별도의 규정이 없다면 지방세에 관한 법률만으로 지방세 징수하기는 어려울 것이다. 위 필요한 사항을 자족적으로 지방세에 관한 법률이 규정하고 있다면 조례에 동일한 내용을 규정하고 있지 않다고 해서 지방세에 관한 법률에 따른 지방세 징수를 할 수 없다고 보는 것도 문제일 수 있다. 이 경우 지방세 징수를 할 수 없다면 조례의 제정 또는 개정 여부에 따라 법률의 효력을 좌우하게 되기 때문이다. 지방세기본법 제5조에서 "이 법 또는 지방세관계법에서 정하는 범위"라는 조례의 제정 또는 개정의 제한을 의미하는 법문의 표현에 따라서도 그러하다. 「서울특별시 시세 조례」 제1조를 보면, "이 조례는 「지방세법」등에서 위임된 사항과 그 시행에 필요한 사항을 규정함을 목적으로 한다."고 규정하고 있고 해당 조례의 다른 조문내용을 보더라도 그러하다.

다음으로 지방세에 관한 법률에 규정된 사항과는 다르거나 없는 사항을 조례에 의해 규정할 수 있는지에 대한 논란이 있다. 지방자치단체가 세목신설 및 선택, 세율변경, 비과세 및 감면 등을 법률의 근거 없이도 조례만으로도 할 수 있는지에 대한 다툼이다. 이는 지방세에 관한 법률에 규정이 있더라도 조례에 규정이 있어야만 지방세 징수를 할 수 있는 지와는 국면이 다른 문제이다. "지방세조례주의"라는 개념으로 조세법률주의와 차별을 하는 입장에서 보면 가능할 수 있다.[15] 지방분권화, 지방자치를 강조한다면 지방자치단체가 세목신설 및 선택, 세율변경, 비과세 및 감면 등을 법률의 근거 없이도 조례만으로도 할 수 있도록 인정하여야 할 것이다. 다만 현행 헌법과 법률상 이러한 해석이 가능한지는 별개의 문제이다. 각각의 구체적인 쟁점에서 다루기로 한다.

한편 지방자치단체가 제정한 조례가 법령에 위반되는 경우에는 효력이 없다는 것이 대법원 판례의 입장이다.[16] 이는 지방자치법 제15조 본문은 "지방자치단체는 법령의 범위 안에서 그 사무에 관하여 조례를 제정할 수 있다."고 규정하는데, 여기서 말하는 '법령의 범위 안에서'란 '법령에 위반되지 않는 범위 내에서'를 가리킨다고 해석하는 입장이다.[17] 또한 대법원은 조례안의 일부 규정이 법령에 위반된 이상 다른 규정이 법령에 위반되지 아니한다고 하더라도 조례안에 대한 재의결은 그 효력을 모두 부정하고 있다.[18] 법률이외에 조례에 규정

15) 지방세조례주의라는 이름으로 이를 허용하는 견해도 있다. 지방세조례주의에 대한 논의에 대해서는, 차상붕, "지방자치단체과세권의 헌법적 한계와 지방세조례주의에 관한 소고", 「법학연구」 제13권 제1호, 충남대학교 법학연구소, 2002.12; 최철호, "조세법률주의와 지방세조례주의에 관한 연구", 「조세연구」 제7집, 한국조세연구포럼, 2007.10; 조성규, "조세법률주의하에서 지방세조례주의의 허용성", 「행정법연구」 제19권, 행정법이론실무학회, 2007.12 등이 있다.

16) 대법원 2002.4.26. 선고 2002추23 판결.

17) 2018.3.26. 헌법개정안 제123조에서는 지역의 특색에 맞게 정책을 시행할 수 있는 기반을 마련하기 위해 지방정부의 자치입법권이 보다 폭넓게 보장되도록 '법령의 범위 안에서' 조례를 제정할 수 있도록 하던 것을 '법률에 위반되지 않는 범위에서' 조례를 제정할 수 있도록 자치입법권을 확대하고 있다. 그렇지만 '법령의 범위 안에서'를 '법률에 위반되지 않는 범위에서'로 해석하는 입장에 따르면 그 자체 문구개정의 의미는 크지 않다고 평가할 수 있다.

18) 대법원 2000.11.10 선고 2000추36 판결.

이 있어야 법률이 효력이 있는 것인지, 법률에 규정되지 않거나 다른 것을 조례에 규정할 수 있는지에 대해 이론적으로 논의를 했지만, 판례는 조례에 대해 법령의 우위를 인정한다는 점에서 기본적으로 위 쟁점에 대해 부정적인 입장이라 할 수 있다.

2. 국세와 지방세의 비중 관련 제도

지방세 입법권을 좁은 의미로 자치입법권으로 보든 넓은 의미로 입법권의 하나로 보든 과세자주권의 행사를 통해 지방자치를 달성하기 위해서는 지방자치단체가 적정한 재원을 확보하고 있어야 한다. 재정수입의 자체 충당 능력을 나타내는 세입분석지표인 지방자치단체의 재정자립도(자치단체 총수입에서 자체수입(지방세+세외수입)의 비중)를 보면, 일부 변화가 있기는 하지만 2016년 기준 전국 평균 52.5%로 낮다. 지방자치단체의 경우 총수입의 절반정도를 중앙정부로부터 지원받아 오고 있다. 2015년 지방자치단체의 재정자립도가 50.6%에서 2016년에 52.5%로 높아졌다고 하더라도 절대적인 비율로 보면 지방자치단체의 재정분야에서 자주권의 측면에서 보면 문제로 지적될 수밖에 없다. 지방자치단체중 광역지방자치단체와 기초지방자치단체의 경우를 나누어 보면 후자의 경우에는 재정자립도가 심각한 수준이다. 군의 경우에는 2016년 기준 재정자립도가 18%로 사실상 자체수입이 아닌 의존재원에 의존하고 있음을 보여주고 있다.

지방자치단체의 재정자립도와는 또 별개로 조세수입에서 국세와 지방세의 비중은 아래의 표에서 보듯 약 8대 2로서 지방세 비중이 낮은 것을 볼 수 있다.

〈표〉 국세와 지방세의 비중

단위: 조원, %

항목 \ 연도	2008	2009	2010	2011	2012	2013	2014	2015
조세	212.8	209.7	226.9	244.7	256.9	255.7	267.2	288.9
(GDP대비,%)	19.3	18.2	17.9	18.4	18.7	17.9	18.0	18.5
국세	167.3	164.5	177.7	192.4	203.0	201.9	205.5	217.9
(국세 비중,%)	78.6	78.5	78.3	78.6	79.0	79.0	76.9	75.4
지방세	45.5	45.2	49.2	52.3	53.9	53.8	61.7	71.0
(지방세 비중,%)	21.4	21.5	21.7	21.4	21.0	21.0	23.1	24.6

출처: http://www.index.go.kr/potal/main/EachDtlPageDetail.do?idx_cd=1123

지방자치단체의 재정자립도와 국세와 지방세의 비중의 문제를 지적하여 국세와 지방세의 조정방안을 제시하는 선행연구는 많다.[19] 그렇지만 국세와 지방세의 비중이 어떻게 되어야

19) 이영희 · 주만수 · 최병호 · 홍서빈, "국세와 지방세의 합리적 세원조정 방안", 한국지방세연구원, 2012.12;

하는지에 대해 직접적으로 규정한 법령은 없는 상황이다. 「국세와 지방세의 조정 등에 관한 법률」은 어떠한 것이 국세이고 어떠한 것이 지방세인지를 열거하고는 있지만, 국세와 지방세의 비중을 규정하고 있지는 않다. 「지방재정법」의 경우 지방재정에 대해 다루고는 있지만 이러한 국세와 지방세의 비중을 법률 차원에서 직접적으로 해결하고 있지는 못하고 있다.

3. 세목 신설권 및 선택권 관련 제도

세목 신설권은 지방자치단체가 지방세법에서 정하고 있지 않은 세목의 조세(소위 "법정외세"라고 함)를 조례로써 신설할 수 있을 것인가에 대한 논의이다. 지방자치단체의 과세권의 핵심에 대한 논의라 할 수 있다. 이에 대해서는 긍정설과 부정설로 견해가 나뉜다.[20)]

긍정설에서는, 과세자주권은 헌법 제117조에 의하여 지방자치단체에게 법률유보없이 부여하고 있는 고유권한이라는 점, 지방자치단체의 과세자주권은 지방자치권의 일부로서 헌법에 의하여 직접 지방자치단체에게 부여되고 있는 권능이라는 점, 헌법 제59조에서의 조세의 종목과 세율을 정한 법률에는 법률뿐만 아니라 조례도 포함된다는 점, 조례는 주민의 대표기관인 지방의회가 제정하는 법형식이므로 "대표없이는 과세없다"는 원리에도 적합하는 점, 지방세에 있어서는 조세법률주의가 적용될 여지가 없고 지방세조례주의가 지배한다는 점 등을 근거로 들고 있다.

부정설에서는, 헌법 제59조 및 제38조에서의 조세란 국세는 물론이고 지방세도 포함된다고 해석하여야 하고 법률은 국회가 제정한 형식적 의미의 법률을 가리킨다는 점, 국회의 조세입법권은 지방자치단체의 과세자주권보다 우선하는 권한이라는 점, 조세의 부과·징수는 지방자치법 제15조 단서의 의무부과의 전형을 이루고 있으므로 법률의 위임 없는 지방세조례의 효력은 인정할 수 없다는 점, 헌법 제117조 제1항, 지방자치법 제15조, 지방세기본법 제4조(지방자치단체의 과세권) 및 제5조(지방자치단체의 과세권)에 비추어 볼 때 지방세법 제7조(지방세의 세목) 및 제8조(지방자치단체의 세목), 국세와지방세의조정등에관한법률 제3조(지방세)에서 열거하고 있지 아니한 지방세의 세목을 조례로서 신설하는 것은 허용되지 않는다는 점, 지방자치단체의 과세자주권을 송두리째 부정하거나 과세자주권의 본질적 내용을 침해하는 법률이 허용되지 않는 것과 마찬가지로 국가의 조정·감독으로부터 완전히 독립된 과세자주권도 상상할 수 없다는 점 등을 근거로 들고 있다.

긍정설과 부정설은 헌법 제38조, 제59조, 제117조 및 지방자치법 제15조, 지방세기본법 제4조 및 제5조 등에 대한 해석론과 관련을 갖고 있다. 과세실무상 지방세법 제7조(지방세의

송상훈, 이용환, 이현우, 정재진, 류민정, 홍순영, "국세와 지방세의 조정방안 연구", 경기연구원, 2011.12 등.

20) 이하 긍정설과 부정설의 기본설명은 김완석, "지방자치단체의 지방세 세목 결정권에 관한 연구", 「토지공법연구」 제27집, 한국토지공법학회, 2005, pp. 258-260의 주된 내용을 정리한 것이다. 다만 관련법령이 개정된 사항은 현행법에 맞게 수정하였다.

세목) 및 제8조(지방자치단체의 세목), 국세와지방세의조정등에관한법률 제3조(지방세)에서 열거하고 있지 아니한 지방세의 세목을 조례만으로 인정하고 있지는 않다. 지방세로는 취득세, 등록면허세, 레저세, 담배소비세, 지방소비세, 주민세, 지방소득세, 재산세, 자동차세, 지역자원시설세, 지방교육세 등 11개 세목만 인정되고 있고, 조례로 이 세목이외에 다른 세목은 인정되고 있지 않다. 입법론적 논의는 별개이다.

세목 선택권은 지방세법에서 지방세 세목을 열거하고 이중 지방자치단체가 조례를 통해 가능한 세목을 선택할 수 있을 것인가에 대한 논의이다. 세목 신설권은 지방세법에 열거되지 않는 세목을 조례를 통해 신설하는 것을 의미하고, 세목 선택권은 지방세법에 열거는 되었지만 조례를 통해서 실제로 과세하는 것과 과세하지 않는 것을 선택할 수 있는 것을 의미한다. 우리나라 현행법에서는 현재 가능하지는 않지만, 지방자치단체의 과세자주권을 확대하려 한다면 입법적으로 세목 선택권을 부여할 수도 있을 것이다. 한편 지방자치단체가 지방세법에 의해 특정 세목의 과세대상으로 설정되어 있는 항목에 대해 과세 여부를 임의로 결정할 수 있는 제도로서 선택과세제도(임의세제도)는 운영하고 있다. 특정자원분 지역자원시설세가 그 예이다(지방세법 제41조).[21)]

4. 세율 결정권 관련 제도

헌법 제59조의 조세법률주의 규정이 지방세에 적용되는지 견해의 대립이 있다. 지방세 조례주의에 따라 위 헌법 제59조의 해석을 놓고 조세에 지방세를 제외한다거나, 법률에 조례가 포함된다고 하는 견해도 있으나, 위 세목 신설권에 대한 부정설에서 보듯 헌법 제59조는 국세뿐만 아니라 지방세를 포함한 조세 전반에 대한 조세법의 기본원칙에 대한 것이라 할 것이다.

헌법 제59조의 조세법률주의에 따라 지방세의 세목, 세율, 과세표준 등을 모두 법률에 의하여 정하는 경우에도 탄력세율제도는 예외적으로 운영될 수 있다. 탄력세율제도는 세법상 정해진 세율을 법률의 위임에 의해서 다르게 정할 수 있게 하는 것[22)]을 말한다. 이와 달리 선택과세제도는 지방자치단체가 과세를 임의로 결정할 수 있는 제도를 말하는데, 세목선택권도 이러한 것중의 하나이다.

탄력세율은 광의와 협의의 의미로 사용된다. 지방세 세율의 종류에는 법정세율, 표준세율, 제한세율, 탄력세율, 조정세율, 임의세율 등이 있으며, 이들 세율 중 법정세율을 제외한 나머지 세율은 넓은 의미에서 지방자치단체나 대통령이 탄력적으로 조정할 수 있으므로 모

21) 유태현, “변화된 여건을 반영한 지방세제와 지방세정의 개혁 방향”, 「지방세포럼」 통권 제32호, 지방세연구원, 2017.3, p. 58.
22) 원윤희, “지방세에서의 탄력세율제도에 관한 연구”, 「한국정책학회보」 제3권 제2호, 한국정책학회, 1994, p. 29.

두 탄력세율(광의의 의미)이라 할 수 있다.

법정세율은 지방세법으로 정해 놓은 세율로서 그 이외의 세율이 허용되지 아니하는 것을 말한다. 표준세율은 지방자치단체가 과세를 할 때 통상 적용해야 할 세율로서 재정상 기타 특별한 사유가 있다고 인정되는 경우에 이에 따르지 않을 수 있는 세율을 말한다(지방세기본법 제2조 제1항 제6호). 조례에서 세율을 정하지 아니하면 지방세법상의 표준세율이 적용된다. 강학상 지방세법상의 표준세율과 달리 조례로 세율을 조정하는 것을 탄력세율로 부르는 경우가 많다.[23] 제한세율은 지방세법에 정한 기준 이내에서 자율적으로 정할 수 있는 세율을 말하며, 지방세법에서 정한 세율 이내에서 조례로 정할 수 있다. 제한세율의 경우 조례로 세율을 정하지 아니하면 과세요건 미비로 납세의무가 성립되지 아니한다. 조정세율은 기본세율을 법률로 정해 놓고 일정한 범위 내에서 가감조정할 수 있도록 한 세율로 표준세율과 달리 대통령령으로 조정한다. 임의세율은 지방세법에 특별히 세율을 정하지 않고 지방자치단체가 임의적으로 조례에 의하여 세율을 정할 수 있도록 한 세율을 말하는데 우리나라의 경우에는 임의세율이 없다.

지방자치단체의 세율결정권과 관련해서는 조례에 의해 세율을 결정할 수 있는 표준세율, 제한세율, 임의세율이 의미가 크다. 일본 지방세법 제7절의수리지익세, 공동시설세, 택지개발세 및 국민건강보험세 등의 경우처럼 임의세율을 인정할지, 표준세율의 경우 일본의 경우처럼 일부 세목에 대해 제한을 두지 않는 것을 허용할 것인지 등은 입법론에 대한 것이다.

현행 지방세법상 탄력세율제도가 허용되고 있지만 실제로 활용이 많이 되고 있지는 않다.[24] 차량에 대한 취득세 세율을 2012년 1월 제주특별자치도가 조례개정으로 인하한 바 있는데, 우리나라의 지방자치단체간 조세경쟁의 문제를 가져오기도 하였다.[25]

5. 비과세 및 감면결정권 관련 제도

지방세 비과세 및 감면이란 납부해야 할 지방세를 경제적·사회적 정책목적을 위하여 면제하거나 경감해주는 제도를 말한다.[26] 지방세 비과세는 원칙적으로 지방세의 납세의무가 성

---

23) 원윤희, “지방세에서의 탄력세율제도에 관한 연구”, 「한국정책학회보」 제3권 제2호, 한국정책학회, 1994, p. 29; 실정법상에서 탄력세율이라는 용어를 사용하고 있기 때문에 지방자치단체에서 조례로 표준세율이나 제한세율과 달리 세율을 정했을 경우 해당 세율을 “조례조정세율”이라는 용어를 사용하는 견해도 있다. 김태호·양성만, “이동성 있는 과세대상의 지방세 탄력세율제도 개선방안에 관한 연구”, 한국지방세연구원, 2012.3, p. 15.

24) 그 현황에 대해서는, 이정기·유태현, “지방자치단체 과세자주권의 평가와 확충 방안 연구”, 「국제회계연구」 제64호, 한국국제회계학회, 2015.12, pp. 334-345 참조.

25) 이에 대해서는, 김완석·정지선·전병욱·양인준, “지방자치단체간 조세경쟁의 문제점과 개선방안에 관한 연구”, 서울시 연구용역보고서, 2013.12, pp. 39-40 참조.

26) 지방세 비과세 및 감면에 대해서는, 다양한 연구들이 있다. 비교적 최근의 연구로는 김태호·양성만, “지방세 감면조례 규제제도의 개선방안에 관한 연구”, 지방세연구원, 2012.5; 배준식·김범식·김강현, “지방세 특례(비과세·감면)의 개선방안에 관한 연구”, 서울연구원, 2013; 류영아, “지방세 비과세·감면 제도의 현

립하지 않는 것이고 과세관청의 확인만으로 가능하다. 이에 반해 지방세 감면은 지방세의 납세의무가 성립되었으나 과세권자가 납세의무의 전부 또는 일부를 소멸시켜 주는 것이고 납세자의 신청이 필요하다.

지방세 비과세와 관련해서 「지방세법」은 지방세 세목(취득세, 등록면허세, 주민세, 지방소득세, 재산세, 자동차세, 지역자원시설세)별로 비과세 근거규정을 두고 있다. 지방세 감면과 관련해서는 「지방세특례제한법」에서 규정하고 있다. 「조세특례제한법」은 국세에 대한 감면 등을 주로 다루고 있으나, 일부 지방세 세목에 대한 감면 내용도 규정하고 있다. 「제주특별자치도 설치 및 국제자유도시 조성을 위한 특별법」은 제주도에 한정하여 지방세 감면액을 조정할 수 있도록 규정하고 있다.

지방세 비과세 및 감면은 위 법률에 의해서 가능한데, 조례에 의한 지방세 감면도 가능하다. 먼저 「지방세특례제한법」에서는 지방자치단체가 조례를 제정하여 지방세 감면(세율경감, 세액감면, 세액공제)을 할 수 있도록 규정하고 있다(동법 제4조). 서민생활 지원, 농어촌 생활환경 개선, 대중교통 확충 지원 등 공익을 위한 경우와 특정지역의 개발, 특정산업·특정시설의 지원을 위하여 지방세 감면이 필요한 경우에는 지방세심의위원회의 심의를 거쳐 해당 지방자치단체의 조례로 정하도록 규정하고 있다. 이러한 「지방세특례제한법」 제4조에 의거하여 각 지방자치단체에서는 지방세 감면 조례를 만들어 운영하고 있다. 다음으로 제주도는 「제주특별자치도 설치 및 국제자유도시 조성을 위한 특별법」에 따라 「지방세특례제한법」에도 불구하고 제주도에 있는 부동산에 대하여 도(道) 조례로 정하는 바에 따라 같은 규정에 따른 취득세, 등록면허세, 재산세 및 지역자원시설세 감면액의 100분의 50 범위에서 가감 조정할 수 있다(동법 제122조).

현행 지방세특례제한법에 따르면 법률에서 정한 감면을 조례로 확대하거나 축소하는 것은 원칙적으로 허용되지 않는다(지방세특례제한법 제4조 제1항 후단 등). 다만 지방세특례제한법에서 감면기간을 연장하는 경우에는 지방자치단체의 재정여건, 감면대상자의 조세부담능력 등을 고려하여 지방세특례제한법상의 감면율을 조례로 50% 범위 내에서 축소할 수 있다(지방세특례제한법 제97조의2). 한편 감면조례를 통해 할 수 없는 감면도 있다. 감면조례에 의하여 지방세법 제13조 및 제28조제2항에 따른 중과세의 배제를 통한 감면을 할 수 없다(지방세특례제한법 제4조 제2항 제1호). 감면조례로 토지분 재산세 관련 종합합산과세 대상을 별도합산이나 분리과세로 전환하거나, 별도합산과세 대상을 분리과세로 전환할 수 없다(지방세특례제한법 제4조 제2항 제2호). 과세의 형평을 현저하게 침해하거나 국가의 경제시책에 비추어 합당하지 아니 한 지방세 감면 등으로서 행정자치부장관이 정하여 고시하는 사항에 대하여

황과 개선방향", 현안보고서 제299호, 국회 입법조사처, 2016.12.28. 등이 있다.

는 감면조례로 감면을 할 수 없다(지방세특례제한법 제4조 제2항 제3호).

위에서 보듯 법률에서 정한 세율, 세액 등을 조례로서 감면할 수는 있다. 그렇지만 지방자치단체가 지방세에 대해 법률에 규정된 것을 자유롭게 감면할 수 있는 것은 아니다. 2011년 「지방세특례제한법」이 제정되면서 감면조례의 제정이나 개정과 관련해서 사전에 행정안전부장관의 허가를 받도록 한 허가제도를 폐지하면서 감면조례의 제정권과 관련해서 많은 규제제도가 도입되었다.[27] 지방자치단체 각자의 자치권을 강조한다면 감면조례에 대한 규제를 최소화하는 방향으로 갈 것이고, 각자의 자치권 못지않게 감면에 대한 전국적인 균형성을 강조한다면 규제를 어느 정도 인정할 수밖에 없다. 현행 지방세특례제한법은 후자의 쪽에 가깝다고 할 수 있다. 감면조례에 대한 규제의 하나로는 지방세 감면조례 총량제도가 있다. 지방세 감면조례 총량제도는 지방자치단체가 무분별하게 지방세를 감면하는 것을 사전에 방지하기 위하여 조례로써 지방세를 감면할 수 있는 최대 금액을 행정자치부가 한정하여 고시하는 제도를 말한다(지방세특례제한법 제4조). 「지방세특례제한법」 제4조제6항 및 동법시행령 제2조제7항에 따라 지방세 감면조례 총량비율을 행정자치부 고시로 최종적으로 정하는 것이다. 지방세 감면조례 총량제도와 관련된 가장 최근의 고시는 2016년 3월 20일의 것(행정자치부 고시 제2016-16호)이다. 해당 고시에서는 총량비율 산정 기준, 자치단체별 지방세 감면조례 총량비율 이외에 재검토기한과 관련한 기타사항을 따로 두고 있다. "행정자치부장관은 「훈령 · 예규 등의 발령 및 관리에 관한 규정」에 따라 이 고시에 대하여 2016년 1월 1일 기준으로 매3년이 되는 시점(매 3년째의 12월 31일까지를 말한다)마다 그 타당성을 검토하여 개선 등의 조치를 하여야 한다."고 하여 매3년마다 위 고시를 바꾸는 것이라고 볼 수 있다.

감면총량을 초과하여 지방자치단체에서 감면조례를 제정한 경우에 다음 연도 감면총량액에서 초과액의 2배를 공제하도록 제재규정을 두고 있을 뿐이다(지방세특례제한법 제4조 제6항, 동법시행령 제2조 제8항). 이 경우 조례의 효력을 부인하는 명문의 규정이 없어 감면조례 총량비율을 위반한 감면조례의 효력의 유무에 대해서는 다툼이 있다.[28]

한편 지방세 감면조례는 법률의 위임 유무에 따라 위임조례와 임의조례라 나눌 수 있다. 시행령의 위임명령과 집행명령의 구별과 유사하다고 할 수 있다. 위임조례는 지방세특례제한법 등 법률에서 감면요건을 정하면서 감면율이나 기한 등의 감면 요건의 일부를 조례로 정하도록 위임하여 그에 따라 제정한 조례를 말한다. 이에 반해 임의조례는 법률에서 감면요건을 조례로 정하도록 위임한 것이 아니라 지방자치단체가 자율적으로 지방세의 감면에 관한 사항을 규정하고 있는 조례를 말한다. 후자의 경우에도 법률에서 기본적인 감면요건은 규정

27) 이에 대한 자세한 현황과 문제점에 대해서는, 김태호 · 양성만, "지방세 감면조례 규제제도의 개선방안에 관한 연구", 지방세연구원, 2012.5 참조.

28) 김태호 · 양성만, "지방세 감면조례 규제제도의 개선방안에 관한 연구", 한국지방세연구원, 2012.5, pp. 47-48.

한 경우와 그것마저 없는 경우가 있다. 임의조례중 법률에서 위임도 없고 기본적인 감면요건도 없는 경우는 지방세특례제한법 제4조의 규정에 의하여 지방자치단체가 자율적으로 감면대상, 감면대상자, 감면기간, 감면율을 조례로 정한 것을 말한다. 그 예로는 시각장애인 4급에 대한 자동차 취득세 감면(전국 공통)을 들 수 있다.

Ⅳ. 지방세 입법권의 개선방안

1. 지방세 입법권의 기본체계

(1) 지방세 입법권 관련 헌법개정 논의

지방자치단체가 조례를 통해 세목, 세율, 비과세 및 감면에 대해 보다 많은 자율성이 주어지는 경우 지방자치 목적 관련 민주성, 효율성 및 균형성의 관점에서 긍정적인 측면과 부정적인 측면이 있을 수 있다. 그렇지만 지방자치단체의 자치입법권 확대는 과세자주권을 지방자치단체에 더 부여한다는 점에서 그 의미는 크다.

지방세 입법권의 기본체계와 관련한 구체적인 논의를 하기 전에 앞서 지방세 입법권, 지방분권 등과 관련한 헌법개정 논의와 관련한 우리나라 국회에서 논의를 먼저 살펴본다.[29] 이는 1987.10.29. 전부개정되었던 현행 「대한민국헌법」(헌법 제10호, 시행 1988.2.25.)의 개정안에 대한 것이다.

제18대 국회의 헌법연구자문위원회에서는 2009년 8월 28일 헌법개정안을 발표한 바 있다. 여기에서는 자치입법권의 범위를 넓히고자 '법령의 범위 안에서'를 '법령에 저촉되지 않는 범위 내에서'로 수정하는 안을 제시했다.[30] 다만 지방자치단체의 자주재정권의 헌법 명시에 대해서는 찬반 양론을 모두 검토할 필요가 있다고 보았다.[31]

제19대 국회의 헌법개정자문위원회에서는 2014년 5월 헌법개정안을 발표하였다. 지방자치권 보장과 관련하여 국가의 지방자치권 보장 의무규정, 국가의 지방재정 건전성 감독의무 규정, 지방재정 격차해소 의무 규정의 신설(개정안 제149조)을 제시하였다.[32]

제20대 국회의 경우에는 2017년 1월 36명의 국회의원으로 "헌법개정 특별위원회"가 구성되었다. 이와는 또 별도로 "지방재정·분권 특별위원회"가 18명의 국회의원으로 구성되었다. "헌법개정 특별위원회"는 개헌 추진 동력이 국민으로부터 나와야 한다는 여·야의 공감대에 따라 국민들의 다양한 의견을 폭 넓게 수렴하고, 헌법 각 분야에서 경륜과 전문 지식

---

29) 시민단체의 개헌논의에 대해서는, 하혜영, "지방분권형 헌법 개정을 둘러싼 주요 쟁점과 과제", 이슈와 논점 제1266호, 국회 입법조사처, 2017.2.24., pp. 2-3 참조.

30) 국회 헌법연구자문위원회, "헌법연구자문위원회 결과보고서", 2009.8, pp. 311-312.

31) 국회 헌법연구자문위원회, "헌법연구자문위원회 결과보고서", 2009.8, p. 314.

32) 국회 헌법개정자문위원회, "헌법개정활동결과보고서I", 2014.5, p. 29.

을 갖춘 자문위원들로부터 개헌 주요 쟁점에 대하여 자문을 구하기 위하여 2017.2.2. “국회헌법개정특별위원회 자문위원회”를 구성하고 2017.12.15. 자문위원회 공동위원장, 소위원장 및 분과별 간사와 위원 1인이 합석한 회의에서 제기된 의견을 반영하여 최종적인 보고서를 채택하였다. 이 보고서에서는 구체적인 헌법개정안이 포함되어 있다. 헌법개정안 제119조 제4항에서는 지방정부의 과세권을 보장한 규정과 관련한 규정을 두고 있는데, 지방정부는 지방의 사무처리비용을 충당하기 위하여 필요한 비용을 지방세를 통하여 충당할 수 있도록 보장하고, 주민은 받는 급부에 상응하도록 지방세를 부담하게 되어 지방세는 지방정부의 서비스에 대한 가격기능을 하게 되며(조세가격), 지방서비스보다 조세가 높아지면 조세저항이 일어나게 되므로 효율성을 높이기 위해 지방정부는 혁신과 절약이 강제되어야 한다는 취지를 담고 있다. 국회와 지방의회의 법률로 정하도록 하자는 견해도 있었다.[33)]

한편 2018.3.26. 문재인 대통령이 국회에 제출한 「大韓民國憲法 개정안」에는, 지방분권국가 지향성 명시(안 제1조 제3항), 국가자치분권회의 신설 등 중앙과 지방의 소통 강화(안 제55조 제3항 및 제97조), 지방정부에 대한 주민참여 강화(안 제121조 제1항 및 제3항), 지방정부에 관한 주요 사항의 법률 유보(안 제121조 제2항), 지방정부 등 명칭 변경 및 자주조직권 부여(안 제122조 제2항), 자치입법권 강화(안 제123조), 자치재정권 보장 및 재정조정제도 신설(안 제124조) 등 지방자치와 관련된 규정을 담고 있다.

(2) 조례를 법률과 같은 지위를 부여할지 여부

현행 헌법 및 법률상 조례는 법률과 동일한 지위를 부여하고 있지는 않다. 지방단치단체의 구역 내에서 국회의 입법권과 마찬가지로 지방의회의 입법권을 부여하여야 한다면 조례를 법률과 같은 지위를 부여할 수도 있다. 조례에 법률과 같은 효력을 부여하는 것은 단순히 조세분야만의 문제는 아니다.

지방자치법 제1조에서 밝힌 지방자치의 목적으로서 민주성, 효율성(능률성), 균형성 등의 관점에서 볼 때 조례를 법률과 같은 지위를 부여하는 것은 긍정적인 측면, 부정적인 측면을 다 갖는다. 지방자치단체마다 지방세에 대한 사항이 달라지는 경우에는 특히 지방자치단체간의 균형성이 특히 문제될 수 있다. 조례를 법률과 같은 지위를 부여함으로써 지방자치단체의 재정자주권, 과세자주권을 더 허용하여 이미 지방자치단체간 차이나는 부분을 해당 지방자치단체가 자율과 책임하에서 해소할 수 있도록 제도적인 보장을 해 주는 것이라 볼 수 있는 있다. 그렇지만 탄력세율의 운영에서 보듯 지방자치단체가 다른 지방자치단체보다 주민의 세부담을 더 지우는 것이 쉽지 않다는 점에서 과세자주권은 더 주어지더라도 실제로 재정자립도가 더 높아지는 것은 아니다.

33) 국회헌법개정특별위원회 자문위원회, “국회헌법개정특별위원회 자문위원회 보고서”, 2018.1, p. 269.

국가간의 협약이라 할 수 있는 조약의 경우 헌법 제6조 제1항에 따르면 헌법에 의하여 체결·공포된 조약은 "국내법과 같은 효력을 가진다"고 되어 있는데, 조세에 대한 조세조약은 법률과 같은 효력을 갖는다. 나라에 따라서는 조세조약을 헌법과 같은 효력을 부여하는 경우도 있고, 국내법의 별도 입법이 있어야만 효력이 있는 경우도 있다. 헌법에서 규정을 한다면 어떠한 규범이 헌법과 같은 효력을 가질 가능성이 있지만 그렇지 않는 경우라면 헌법뿐만 아니라 법률과 같은 효력을 갖지 못할 수도 있다.

(3) 조례를 법률과 같은 지위를 부여하기 위한 법개정사항

현행 헌법상 조례가 법률과 같은 지위가 부여되지 않지만 조례를 법률과 같은 지위를 부여하여야 한다면 지방자치법, 지방재정법, 지방세법 등 관련 법률의 개정만으로도 가능한지가 논란이 될 수 있다.

법률간 일반법과 특별법의 관계, 구법과 신법의 관계에 따라 효력의 우선순위가 달라질 수는 있다. 법률의 위임입법을 통해 하위법령에 일정한 사항을 위임할 수는 있다. 헌법 제75조는 "대통령은 법률에서 구체적으로 범위를 정하여 위임받은 사항과 법률을 집행하기 위하여 필요한 사항에 관하여 대통령령을 발할 수 있다."고 하여 "법률에서 구체적으로 범위를 정하여"라는 위임입법시 한계를 규정하고 있다. 헌법 제59조에서는 "조세의 종목과 세율은 법률로 정한다."고 하여 지방세가 포함되는 조세는 "법률"로 정하도록 하고 있다. 지방자치에 관한 헌법 제117조 제1항에서는 "지방자치단체는 주민의 복리에 관한 사무를 처리하고 재산을 관리하며, 법령의 범위안에서 자치에 관한 규정을 제정할 수 있다."고 하여 "법령의 범위안에서"라는 조례의 한계를 규정하고 있다고 볼 수 있다.

위 헌법규정에 따르면 헌법 개정이 되지 않는다면 조례를 법률과 같은 지위를 부여하기는 어렵다 할 수 있다. 현행 헌법이 조세의 부과, 징수, 배분 등에 관한 중앙 독점의 당연시한다는 비판[34]은 할 수 있지만, 이는 헌법개정에 대한 논의이다. 광역자치세의 세율과 구체적인 세목 및 징수 방법 등에 대한 광역자치의회의 법률제정권 인정, 기초자치세의 세율과 구체적인 세목 및 징수 방법 등에 대한 기초자치의회의 법률적 효력을 갖는 조례제정권을 인정하자는 견해[35]는 헌법개정에 대한 사항에 대한 것이다.

조례를 법률과 같은 효력을 부여하기 위해서는 법률 개정만으로는 되지 않고 헌법개정사항이라는 것은 위에서 지적했다. 헌법개정을 할 때에는 지방의회가 법률제정권을 갖게 하는 방법, 지방의회가 법률과 같은 효력을 갖는 조례제정권을 갖게 하는 방법, 조례가 법률의 위임을 받아 특정항목에 대해 조례제정권을 행사하는 방법 등이 있을 수 있다.

---

34) 이국운·이기우·한상희·오동석·유승익, "지방분권형 헌법개정안 연구", 사단법인 한국헌법학회, 2015.9, p. 8.

35) 이국운·이기우·한상희·오동석·유승익, 위 보고서, pp. 65-66.

2. 국세와 지방세의 비중 관련 제도

헌법상 국세와 지방세의 비중을 명시적으로 밝힌 입법례를 찾아보기는 어렵다. 우리나라도 마찬가지이다. 국세와 지방세의 비중이 2013년 기준 59.2 대 40.8인 일본의 경우도 헌법에 국세와 지방세의 비중을 다루고 있는 것은 아니다. 2003년 프랑스 헌법이 지방분권을 강조한 개정되어 프랑스 헌법 제1조에서 "프랑스는 지방분권화된 조직을 갖는다"고 하여 지방분권을 선언하고, 헌법 제72조의2에서는 지방자치단체의 재정자주권을 규정하고 있기는 했지만, 이 역시 국세와 지방세의 비중을 다루고 있는 것은 아니다. 그리고 프랑스도 우리나라와 국세와 지방세의 비중이 비슷한 상황이다.

2013년 기준 79 대 21의 국세와 지방세 비중을 헌법적인 근거를 갖고 조정하려고 한다면 헌법에 이를 명시하는 것이 하나의 방법일 수는 있다. 국세와 지방세의 비중을 구체적으로 제시하는 경우 현재와 격차가 많이 나는 경우에는 현실성이 떨어지게 되고 큰 차이가 나지 않는다면 나중 국세와 지방세 비중이 해소된 이후 또 다시 헌법을 개정해야 하는 문제에 부딪치게 된다.

국세와 지방세의 비중을 명시적으로 제시한 입법례를 찾기 어렵다는 것과 구체적인 비중을 제시하는 것의 문제를 고려한다면 국세와 지방세의 비중의 격차를 줄이는 노력을 하도록 하는 조항을 둘 수도 있다. 헌법 제123조 제2항에서 "국가는 지역간의 균형있는 발전을 위하여 지역경제를 육성할 의무를 진다."고 의무조항을 두는 방식을 참조하여 "국가는 국세와 지방세의 비중을 줄이기 위한 의무를 진다"고 할 수 있다. 이러한 헌법 규정을 통해 이러한 의무를 이행하기 위한 법률 제정 또는 개정을 할 수 있는 헌법적 근거를 마련하는 것이다.

현재 법률차원에서는 「국세와 지방세의 조정 등에 관한 법률」(약칭 국세지방세조정법)이 있는데, 국세와 지방세 세목으로는 어떠한 것이 있고 국세와 지방세의 중복과세를 금지하는 내용을 담고 있다. 국세와 지방세의 비중에 대해서라면 이 법률에 규정할 수 있을 것으로 보인다.

지방자치법 제135조에서는 "지방자치단체는 법률로 정하는 바에 따라 지방세를 부과·징수할 수 있다."고 지방세에 대한 사항을 규정하고 있다. 그렇지만 이것이 국세와 지방세의 비중에 대한 것을 다루는 것은 아니다.

지방재정법 제3조에서는 지방재정 운용의 기본원칙에 대해 규정하고 있는데, 동조 제1항에서는 "지방자치단체는 주민의 복리 증진을 위하여 그 재정을 건전하고 효율적으로 운용하여야 하며, 국가의 정책에 반하거나 국가 또는 다른 지방자치단체의 재정에 부당한 영향을 미치게 하여서는 아니 된다."고 하여 국가 정책에 반하여서는 안 된다는 것, 다른 지방자치단체의 재정에 부당한 영향을 미쳐서는 안 된다는 것 등 지방재정 운용시 지방자치단체가 지켜야할 의무를 규정하고 있어서 지금보다 지방세의 비중을 더 올리는데 직접적인 법률이라고 보기는 어렵다. 그런데 지방재정법 제28조의2 제1항에서는 "행정자치부장관은 대통령령으로 정하는 해당 연도의 지방세 징수결산액과 지방세 비과세·감면액을 합한 금액에서 지방세 비과세·감면액이 차지하는 비율이 대통령령으로 정하는 비율 이하가 되도록 노력하여야 한다."고 하여 지방세 감면의 제한을 두고 있다. 지방재정법시행령 제35조의7 제1항에서는 "행정자치부장관은 법 제28조의2 제1항에 따라 해당 연도의 지방세 징수결산액과 지방세 비과세·감면액을 합한 금액에서 지방세 비과세·감면액이 차지하는 비율(이하 이 조에서 "지방세 비과세·감면율"이라 한다)이 다음 각 호의 연도별 구분에 따른 비율 이하가 되도록 노력하여야 한다. 이 경우 비율을 계산할 때 1천분의 1 미만은 없는 것으로 한다. 1. 2017년까지: 100분의 15, 2. 2018년: 2017년의 지방세 비과세·감면율에 1천분의 5를 더한 비율, 3. 2019년: 2017년과 2018년의 지방세 비과세·감면율 평균에 1천분의 5를 더한 비율, 4. 2020년 이후: 해당 연도의 직전 3년간 지방세 비과세·감면율 평균에 1천분의 5를 더한 비율"로 규정하고 있다. 시행령에 위임을 하고 지방세 비과세·감면율을 15%로 하고 매년 조금씩 변화를 주고 있다. 높은 지방세 비과세·감면율을 줄이기 위한 현실적인 노력이라 할 수 있다. 이러한 방식은 국세와 지방세의 비중을 줄이기 위한 법령 개정시 고려해 볼 수 있는 입법방식이라 할 수 있다.

위에서 보듯 국세와 지방세의 비중을 법령 개정으로 바꾸어야 한다면, 헌법 차원에서는 국세와 지방세의 비중이 아닌, "국가는 국세와 지방세의 비중을 줄이기 위한 의무를 진다"는 규정의 신설, 법률 차원에서는 「국세와 지방세의 조정 등에 관한 법률」에서 국세와 지방세의 구체적인 비중의 제시하는 규정의 신설, 위 규정 신설시에는 지방재정법 제28조의2 제1항의 지방세 비과세·감면율 제한방식을 고려하여 법률이나 시행령에 6대4 또는 7대3 등의 비중을 연차적으로 제시하는 방식 채택 등을 고려해 볼 수 있다.

3. 세목 신설권 및 선택권 관련 제도

(1) 법률 개정만으로 세목신설권 및 세목선택권 부여가 가능하지 여부

조례로 법률에 규정된 것 이외의 세목신설권 및 세목선택권을 부여하는 것은 지방자치단체에게 과세자주권을 부여하는 한 방식이다. 세목신설권과 세목선택권이 있다고 해서 지방자치단체가 실제로 이를 조례로 행사할지 여부는 별개의 문제이다.

조례를 통한 세목신설권과 세목선택권의 인정은 지방자치법 제1조에서 밝힌 지방자치의 목적으로서 민주성, 효율성(능률성), 균형성 등의 관점에서 볼 때 긍정적인 측면, 부정적인 측면을 다 갖는다. 주민의 입장에서 볼 때 법률에 의한 국세, 지방세 이외에 조례에 의한 추가적인 세부담은 부정적일 가능성이 높다. 주민 각자의 일정한 분담을 통한 재원확보로 지방자치단체의 재정자립도를 높이는 긍정적인 역할을 할 수도 있다. 실제 일본의 경우 법정외세 운영사례에서 보듯 법정외세가 지방재정에 긍정적인 역할을 할 수 있다. 우리나라의 여러 지방자치단체에서 법정외세 도입을 주장하는 것도 지방재정 확보를 위한 지방자치단체의 스스로의 노력이라는 점에서는 긍정적일 수 있다. 지방자치단체간 지나친 세목신설권 행사는 주민의 반발을 살 가능성이나, 다른 지방자치단체과의 균형성을 깨뜨리는 부정적인 측면도 있을 수 있다.

조례를 통한 지방세 세목 신설권 및 세목 선택권을 허용한다고 하는 경우 지방세기본법, 지방세법 등에서 규정하기만 하면 되는지 여부가 논란이 될 수 있다. 지방세기본법 제8조에서는 지방자치단체의 세목을 열거하고 있다. 현행 지방세기본법에 따르면 여기에 열거된 세목만 지방자치단체가 가능하다. "도부현은 전항 각호에서 규정하고 있는 세목과는 별개의 세목을 신설하여 보통세를 과세할 수 있다"는 규정(일본 지방세법 제4조 제3항), "도부현은 전2항에서 규정하고 있는 세목과는 별개의 세목을 신설하여 목적세를 과세할 수 있다"는 규정(일본 지방세법 제4조 제6항)과 같은 일본 지방세법상 법정외세 근거 규정을 두면 우리나라도 지방세 세목 신설권이 허용되는지 다툼이 있을 수 있다. 일본 헌법의 경우와 달리 우리나라 헌법에서는 "조세의 종목과 세율은 법률로 정한다."(헌법 제59조)로 되어 있어 법률 개정만으로는 지방세 세목 신설권이 가능하지 않다는 것이 다수의 입장이다. 그런데 세목 선택권은 지방세기본법에서 세목으로 열거를 해 놓고 조례를 통해 실제 해당 세목에 대한 과세를 할지 여부를 결정하는 것이므로 이미 법률인 지방세기본법에 세목이 열거되었다는 점에서 세목 신설권과는 다른 측면이 있다.

(2) 세목신설권 부여를 위한 법개정사항

세목신설권이 조례에 의해 인정되기 위해서는 지방세기본법 및 지방세법의 개정이 필요하다. 한편 특정자원분 지역자원시설세의 경우 지방자치단체가 지방세법에 의해 특정 세목의 과세대상으로 설정되어 있는 항목에 대해 과세 여부를 임의로 결정할 수 있는 제도로서 선택과세제도(임의세제도)는 운영하고 있다(지방세법 제41조)는 점에서 세목선택권은 현행법하에서도 가능하다고 할 수 있다.

일본의 경우 세목신설권의 경우 지방세법에서 법정외세에 대한 사항을 두고 있고, 세목변경권의 경우 지방세법에 개략적인 과세근거를 두고 구체적인 과세요건사실 등에 대하여는 해당 지방자치단체에서 조례로 정하도록 하고 있다. 지방세기본법 및 지방세법의 개정과 함께 실제 과세되기 위해서는 조례에 구체적인 근거규정을 두어야 할 것이다.

한편 지방세기본법 및 지방세법 개정을 통해 세목신설권과 관련한 세목에 대한 사항을 규정하더라도 헌법 위반이 될 수 있으므로 헌법 개정이 선행되어야 한다. 우리나라와 유사한 헌법, 법률 및 조례 체계를 갖고 있는 일본의 예에서 볼 때, 일본의 세목신설권이 법률 및 조례상 가능한 헌법의 예가 참고가 될 것이다. 일본 헌법은 우리나라 헌법의 경우와 달리 제7장에서 "재정"에 관한 장을 따로 두고 있고, 여기에 조세법률주의와 관련한 제84조에서 "새로이 조세를 과하거나 현행 조세를 변경하려면 법률 또는 법률이 정하는 조건을 따를 필요가 있다"는 규정을 두고 있다. "법률이 정하는 조건"이라는 것을 헌법 제59조의 "조세의 종목과 세율은 법률로 정한다."에서 "법률" 다음에 추가하는 방식도 가능하다. 다만 지방자치단체의 과세자주권의 강화의 측면에서 보면, 지방자치의 장, 혹은 재정의 장의 신설 등을 통해서도 헌법적 근거를 마련하는 것도 가능할 수 있다.

4. 세율 결정권 관련 제도

(1) 법률 개정만으로 세율결정권 확대가 가능한지 여부

지방자치단체가 조례에서 세율을 정할 수 있는 것과 관련해서는 법률에 전혀 규정이 없는 것을 정하는 것과 법률에서 정하여진 것을 가감하는 것 등으로 나누어 볼 수 있다. 지방자치단체의 과세자주권을 강조한다면 이 모두 가능하여야 할 것이다. 그런데 우리나라 헌법 제59조에 따르면 조세법률주의에 따른 제한을 받기 때문에 전자의 경우에는 현행 헌법상 가능하다고 보기는 해석상 어렵다.

그렇다면 후자의 경우에는 어떠한가? 헌법 제59조의 조세법률주의에 따라 지방세의 세목, 세율, 과세표준 등을 모두 법률에 의하여 정하는 경우에도 법률에 세율에 대한 사항이 있다면 조례에 의해 탄력세율제도의 운영이 가능하다고 할 것이다. 지방세기본법 제2조 제1항 제6호에서는 "표준세율은 지방자치단체가 과세를 할 때 통상 적용해야 할 세율로서 재정상 기타 특별한 사유가 있다고 인정되는 경우에 이에 따르지 않을 수 있는 세율을 말한다"고 하여 법률에서 정한 세율을 조례에서 달리 정할 수 있음을 인정하고 있다.

(2) 탄력세율제도의 합리적인 운영방안

현행 지방세법상 취득세(제14조), 주민세 균등분(제78조 제2항), 주민세 재산분(제81조 제2항), 주민세 종업원분(제84조의3 제2항), 개인지방소득세(제92조 제2항), 법인지방소득세(제103조의20 제2항), 자동차세 소유분(제127조 제3항), 지역자원시설세(제146조 제4항), 등록면허세 부동산등기분(제28조 제6항), 재산세(제111조 제3항) 등에서는 탄력세율제도를 두고 있다. 그렇지만 실제 활용도는 낮다. 지역자원시설세의 경우 강원도, 경상북도, 전라남도, 제주특별자치도에서 가산방식으로 탄력세율을 적용하는 정도이다.

법제도적으로 조례에 의한 세율결정권을 확대하는 것도 의미 있는 일이지만, 있는 제도도 활용이 되지 않는 것의 문제를 지적하지 않을 수 없다. 지방세법에서 이미 허용하고 있는 탄력세율을 활용하지 않는 것은 탄력세율 인하적용과 탄력세율 인상적용의 각각의 경우를 나누어 그 원인을 살펴볼 필요가 있다.

2004년부터 2006년까지 2004년 이후 종합부동산세 도입과 주택 및 토지 과세표준 현실화로 재산세 부담 증가된 것을 고려하여 주택분 재산세 탄력세율 인하 적용 사례가 있었으나, 지역간 과세불형평, 재산세 인하경쟁 문제를 해결하기 위해 재산세 탄력세율 적용 요건 강화 및 탄력세율 인하 환원이 이루어진바 있다. 2012년 리스차량 유치를 위해 자동차 취득세 탄력세율 인하 적용 사례가 있었으나, 지자체간 과도한 세율인하 경쟁 초래로 지방재정 부실화 등이 우려됨에 따라 제주특별자치도의 탄력세율 인하가 2015년 환원조치된 바 있다. 2013년 항공기 유치를 위해 항공기 재산세 탄력세율 인하 적용 사례가 있었으나, 2014년 항공기 유치가 '재해 등으로 재산세의 세율 조정이 불가피한 경우'에 해당하지 않는다 하여 표준세율로 환원조치된바 있다. 탄력세율 인하가 지방자치단체간 과도한 세율인하 경쟁 및 지방재정 부실화 등의 문제가 있다는 지적 때문이었다. 지방자치단체의 과세자주권은 인정해야 하지만, 균형성의 관점에서 어느 범위까지 인정할 것인가의 문제이기도 하다.

지방세기본법 제2조 제1항 제6호에서는 ""표준세율"이란 지방자치단체가 지방세를 부과할 경우에 통상 적용하여야 할 세율로서 재정상의 사유 또는 그 밖의 특별한 사유가 있는 경우에는 이에 따르지 아니할 수 있는 세율을 말한다"고 규정하고 있다. 지방세법에서는 표준세율과 조례에 의해 가감할 수 있는 세율을 규율하는 방식이 세목별로 다른 경우가 있다. 부동산에 대한 취득세에 대해 지방세법 제11조 제1항에서는 "부동산에 대한 취득세는 제10조의 과세표준에 다음 각 호에 해당하는 표준세율을 적용하여 계산한 금액을 그 세액으로 한다."고 규정하면서 동법 제14조에서 "지방자치단체의 장은 조례로 정하는 바에 따라 취득세의 세율을 제11조와 제12조에 따른 세율의 100분의 50의 범위에서 가감할 수 있다."고 규정하고 있다. 지방세기본법 제2조 제1항 제6호에서는 표준세율과 관련하여 "재정상의 사유 또는 그 밖의 특별한 사유가 있는 경우"에 대한 요건이 달려 있고 지방세법 제11조 제1항, 제14조에서는 이러한 요건이 없다. 지방자치단체가 표준세율을 제한없이 50% 가감할 수 있는지가 다투어질 수 있다. 지방자치단체의 과세자주권을 강조한다면 제한없이 허용될 것이고, 다른 지방자치단체와의 균형을 고려한다면 "재정상의 사유 또는 그 밖의 특별한 사유가 있는 경우"라는 제한을 받는 것으로 해석할 수 있다. 후자의 경우에도 "그 밖의 특별한 사유가 있는 경우"를 어디까지 인정할지에 따라 전자와 차이가 없을 수도 있다.

한편 재산세(재산세 도시지역분 제외)의 경우 지방세법 제11조 제1항에서는 "재산세는 제110조의 과세표준에 다음 각 호의 표준세율을 적용하여 계산한 금액을 그 세액으로 한다."고 규정하고 있고, 동조 제3항에서는 "지방자치단체의 장은 특별한 재정수요나 재해 등의 발생으로 재산세의 세율 조정이 불가피하다고 인정되는 경우 조례로 정하는 바에 따라 제1항의 표준세율의 100분의 50의 범위에서 가감할 수 있다. 다만, 가감한 세율은 해당 연도에만 적용한다."고 규정하고 있다. 재산세(재산세 도시지역분 제외)의 경우는 부동산에 대한 취득세의 경우와 달리 "특별한 재정수요나 재해 등의 발생으로 재산세의 세율 조정이 불가피하다고 인정되는 경우"라고 조례에 의한 탄력세율 적용시 요건이 붙여있다. "특별한 재정수요나 재해 등의 발생"되는 경우는 지방세기본법 제2조 제1항 제6호 상의 "재정상의 사유 또는 그 밖의 특별한 사유가 있는 경우"보다는 제한적이라고 볼 수 있다. "등"을 어떻게 해석할지에 따라 달라질 수는 있다.

탄력세율 인상적용은 지역자원시설세의 경우 실제 적용사례가 있다. 지방세법 제146조 제1항에서는 "특정자원에 대한 지역자원시설세의 과세표준과 표준세율은 다음 각 호와 같다."고 규정하고 있고, 동조 제4항에서는 "지방자치단체의 장은 조례로 정하는 바에 따라 지역자원시설세의 세율을 제1항과 제2항의 표준세율의 100분의 50의 범위에서 가감할 수 있다. 다만, 제1항 제5호 및 제6호는 세율을 가감할 수 없다."고 규정하고 있다. 조례에 의한 탄력세율 적용시 제한이 없고 가감할 수 없는 세율(원자력발전과 화력발전에 대한 것)을 두고 있다는 점이 특징적이다. 탄력세율 인하적용의 경우에도 요건이 규정되어 있지만 지방세기본법 제2조 제1항 제6호의 표준세율의 정의시 표준세율이 인정되는 요건의 제한을 받을지에 대한 동일한 쟁점의 논의가 가능할 수 있다.

그리고 지하수에 대해 지방세법 제146조 제1항 제2호는 "가. 먹는 물로 판매하기 위하여 채수된 물: 세제곱미터당 200원 나. 목욕용수로 이용하기 위하여 채수된 온천수: 세제곱미터당 100원 다. 가목 및 나목 외의 용도로 이용하거나 목욕용수로 이용하기 위하여 채수된 온천수 외의 물: 세제곱미터당 20원"로 규정하고 있다. 제주특별자치도세 조례[36] 제35조의2에서는 "특별법 제123조에 따라 법 제146조 제1항에도 불구하고 지하수에 대한 지역자원시설세의 과세표준과 세율은 다음 각 호와 같다. 다만, 제3호는 2019년까지 적용하지 아니한다. 1. 먹는 물로 판매하기 위하여 채수된 물: 세제곱미터당 400원 2. 목욕용수로 이용하기 위하여 채수된 온천수: 세제곱미터당 170원 3. 제1호 및 제2호 외의 용도로 이용하거나 목욕용수로 이용하기 위하여 채수된 온천수 외의 물: 세제곱미터당 30원"로 규정하고 있다. 지방세법에 따르면 지하수에 대한 지역자원시설세의 세율이 세제곱미터당 20원, 100원, 200원이고, 제주특별자치도세 조례에 따르면 그 세율이 170원, 400원이 된다. 지방세 조례에 의해 세율이 인상된 경우이다. 지방세의 과세자주권이 인정되고 세수입도 실제로 늘어날 수 있는 경우라 할 수 있다. 이러한 탄력세율 인상의 적극적 활용은 탄력세율 인하와는 달리 긍정적이라 할 수 있다.

---

36) http://www.elis.go.kr/newlaib/laibLaws/h1126/laws.jsp?lawsNum=50000020006024&scType=&scValue=&isClose=0&kind=1에서 확인가능하다.

(3) 세율결정권 확대를 위한 법개정사항

조례에 의해 세율결정권을 허용하는 것은 지방세법 등 법률에 세율에 대한 사항을 결정하지 않는 경우에는 조세법률주의에 위반될 여지가 있지만, 법률에서 조례에 위임할 수 있도록 근거를 두는 경우라면 탄력세율의 경우처럼 이미 제한적으로 헌법 개정없이도 가능한 경우도 있다. 다만 탄력세율과 같은 제한을 받지 않는 것까지 세율결정권을 주는 것은 전국적인 균형성의 측면에서 바람직하지 않을 수 있다.

조례에 의한 세목신설권을 허용하는 입장이라면 조례에 의해 세율결정권을 인정하여야 하고 이 경우에는 헌법 제59조 등의 개정을 해야 할 것이다. 헌법개정을 하지 않는 경우에 지금보다 법률에 규정된 세율보다 더 넓은 결정권을 인정하여야 하는 경우에는 해당 세목에 대한 지방세기본법 및 지방세법 개정만으로도 인정될 수 있다. 세율결정권의 경우에는 법률에 정한 세율보다 높은 세율을 결정할 수 있는 것과 낮은 세율을 결정할 수 있는 것중 과세자주권을 인정하면서도 세수확보를 한다는 측면에서 보면 전자가 후자보다 더 넓게 인정하는 것도 생각해 볼 수 있다.

5. 비과세 및 감면결정권 관련 제도

현행 지방세에 대한 비과세 및 감면은 지방세법, 지방세특례제한법, 조세특례제한법 및 감면조례 등 다양한 근거법령에 의해 이루어지고 있다. 지방자치단체가 조례에 의해 감면을 자유롭게 하는 경우라도 지방재정법 제28조의2 제1항, 동법시행령 제35조의7 제1항 등의 제한을 받을 필요는 있다. 지나친 비과세 및 감면을 제한할 필요가 있기 때문이다.

그런데 이는 조례에 의해 지방자치단체가 세부담을 줄여주는 것 자체를 중앙정부에서 사실상 통제하는 것으로 보일 수도 있다. 지방세 비과세·감면액의 총액을 사실상 국가 전체적으로 통제한다는 측면에서 보면 지나친 비과세 및 감면에 대한 실질적인 효율성 확보라는 것도 무시하기 어렵다.

한편 지방세특례제한법이나 조세특례제한법 등 국가 차원의 비과세 및 감면으로 인해 지방자치단체의 세수입이 줄어드는 경우라면 이 줄어든 세수입에 대한 보전을 중앙정부에서 해줄 필요가 있다. 비과세 및 감면결정권에 대해서는 중앙정부 및 지방자치단체 서로 견제할 필요가 있다.

지방자치단체가 법률에서 규정하지 않는 새로운 감면을 허용하는 것은 세목결정권, 세율결정권과 마찬가지로 헌법 제59조 등의 개정이 필요한 부분일 수 있다. 서울특별시 시세감면조례 제1조에서는 "이 조례는 「지방세특례제한법」에 따라 서울특별시 시세의 감면에 관한 사항을 규정하여 법령기능을 보완하고 과세의 공평을 기함으로써 지역사회의 건전한 발전에 이바지함을 목적으로 한다."고 되어 있다. 법률에 근거를 둔 감면조례가 아닌 조례 자체에 의한 감면은 다른 과세자주권의 경우와 마찬가지로 헌법개정이 필요할 수 있다.

V. 결 어

지금까지 지방세 입법권과 관련하여 지방자치법 제1조에서 밝힌 지방자치의 목적으로서 민주성, 효율성(능률성), 균형성 등을 확보하는 헌법, 법률 등의 개정사항을 도출해 보고자 하였다. 다만 지방자치단체의 과세자주권을 더 부여하는 방식으로 법개정은 이러한 민주성, 효율성, 균형성이 어느 관점에서 보는지에 따라 더 높아질 수도 낮아질 수도 있다. 여기서는 지방자치단체가 조례로 세목, 세율, 비과세 및 감면 등에서 과세자주권을 확대할 때의 법개정을 하는 경우에 고려할 사항을 정리하고자 한다. 관련 주요사항은 본 보고서의 관련쟁점에서 다룬 바 있다. 한편 조례에 의한 지방세 입법권 확대는 헌법, 법률의 개정뿐만 아니라 조례 자체의 개정도 의미하는 것으로 지방자치단체의 입법수준 제고도 함께 고려하여야 한다.

조례에 법률과 같은 효력을 부여하기 위해서는 법률 개정만으로는 되지 않고 헌법개정이 필요하다. 이를 위해서는 지방의회가 법률제정권을 갖게 하는 방법, 지방의회가 법률과 같은 효력을 갖는 조례제정권을 갖게 하는 방법, 조례가 법률의 위임을 받아 특정항목에 대해 조례제정권을 행사하는 방법 등이 있을 수 있다.

국세와 지방세의 비중을 법령 개정으로 바꾸어야 한다면, 헌법 차원에서는 국세와 지방세의 비중이 아닌, "국가는 국세와 지방세의 비중을 줄이기 위한 의무를 진다"는 규정의 신설을 생각해 볼 수 있다.

조례에 의한 세목신설권 인정은 지방세기본법 및 지방세법 개정을 통해서만 되지 않고 헌법 개정이 필요하다. 일본 헌법의 예를 참조하여 헌법 제59조의 "조세의 종목과 세율은 법률로 정한다."에서 "법률" 다음에 "법률이 정하는 조건"이라는 것을 추가하는 방식을 생각해 볼 수 있다. 지방자치단체의 과세자주권의 강화의 측면에서 지방자치의 장 또는 재정의 장의 신설 등을 통해서도 헌법적 근거를 마련하는 것도 가능하다. 조례에 의한 세율결정권 인정, 법률에 근거를 둔 감면조례가 아닌 조례 자체에 의한 감면 인정 모두 세목신설권 관련 헌법개정과 같은 방식으로 가능할 수 있다.

국세와 지방세의 비중과 관련해서는 「국세와 지방세의 조정 등에 관한 법률」에서 국세와 지방세의 구체적인 비중의 제시하는 규정의 신설, 위 규정 신설시 지방재정법 제28조의2 제1항의 지방세 비과세·감면율 제한방식을 고려하여 법률이나 시행령에 6 대 4 또는 7 대 3 등의 비중을 연차적으로 제시하는 방식 채택 등을 고려해 볼 수 있다.

헌법개정으로 조례에 의한 세목신설권, 세율결정권, 법률에 근거를 둔 감면조례가 아닌 조례 자체에 의한 감면이 허용된다고 하더라도 지방세기본법 및 지방세법 등 법률 개정을 통해서도 위에 대한 사항을 법률 차원에서 담아두는 것이 바람직하다. 법률과 조례의 충돌을 사전에 조정하는 의미도 있다. 일본의 경우 법정외세를 인정하면서도 일본 지방세법에서 법정외세에 대해 규정을 두는 것도 이러한 맥락에서 이해할 수 있다.

지방자치단체의 과세자주권의 확대를 위한 헌법 개정과 이를 전제로 한 법률 개정의 경우 지방자치단체의 세목신설 및 세율 인상 등으로 인한 주민의 부담 증가, 세율 인하 및 감면 확대 등 지방자치단체간 조세인하경쟁의 문제도 함께 고려할 필요는 있다. 지방자치단체의 정치적 책임의 문제로도 해결할 수 있고, 중앙정부의 재정지원과 연계지어 과도한 지방세 부담 증가나 감소를 지방자치단체의 효율성과 균형성의 관점에서 접근할 수도 있다.

2018.3.26. 국회에 제출된 정부의 「大韓民國憲法 개정안」이 이러한 헌법 및 법률 개정사항까지 고려하여 지방정부의 입법권을 강화하는 하나의 계기가 희망한다.

29. 교육감 선거 제도 개선 방향에 관한 연구*

이 재 희**

Ⅰ. 서　　설

임명제 또는 간선제로 운영되던 교육감 선출 제도는 2006년 12월 20일 법률 제8069호로 전부 개정된 지방교육자치에 관한 법률에 따라 정당이 관여할 수 없는 주민 직선제로 바뀌었다.[1] 하지만 1차적 후보 검증 기능을 담당하는 정당의 공천이 없다는 점, 지방자치단체장(광역, 기초) · 지방의회의원(광역, 기초, 각 비례) · 교육감 선거 등 7개의 선거가 동시에 실시된다는 점,[2] 당내경선으로 출마가 제한되는 후보가 없어 상대적으로 후보의 수가 많다는 점[3] 등의 원인으로 인해 상대적으로 유권자들의 관심을 받지 못 하였다. 또한 선거구가 광범위해서 개인이 감당하기 어려울 정도의 많은 비용이 선거운동에 투입되는 반면, 지출한 선거 비용을 보전 받을 가능성은 후보가 많아 상대적으로 낮다보니, 후보의 인지도를 높이기 위해 공직선거법을 위반하는 일이 빈번히 발생하였고,[4] 심지어 타 후보 사퇴 대가로 금 2억 원을 교부한 당선자(교육감)가 최종적으로 1년의 징역형을 받음으로써 공직선거법 제264조에 따라 당선이 무효로 되는 일도 벌어졌다.[5][6] 이에 더하여 공직선거법 위반으로 인하여 교육감 직을 상실한 뒤, 보전 받은 수십 억 원에 달하는 교육감 선거 비용을 환수하기도 쉽지

---

* 이 논문은 서울대학교 대학원 법학석사학위논문 "지방교육자치에 관한 연구"(2011)를 발췌 · 수정한 것이다.

** 변호사, 법학석사, 법학전문석사

1) 지방교육자치에 관한 법률 제43조(선출) 교육감은 주민의 보통 · 평등 · 직접 · 비밀선거에 따라 선출한다.

2) 2010년 지방교육자치에 관한 법률 개정으로 교육의원 선거가 없어지기 전까지 유권자들은 8개의 투표를 동시에 해야만 했다.

3) 공직선거법 제57조의2(당내경선의 실시) ② 정당이 당내경선[당내경선(여성이나 장애인 등에 대하여 당헌 · 당규에 따라 가산점 등을 부여하여 실시하는 경우를 포함한다)의 후보자로 등재된 자(이하 "경선후보자"라 한다)를 대상으로 정당의 당헌 · 당규 또는 경선후보자간의 서면합의에 따라 실시한 당내경선을 대체하는 여론조사를 포함한다]을 실시하는 경우 경선후보자로서 당해 정당의 후보자로 선출되지 아니한 자는 당해 선거의 같은 선거구에서는 후보자로 등록될 수 없다. 다만, 후보자로 선출된 자가 사퇴 · 사망 · 피선거권 상실 또는 당적의 이탈 · 변경 등으로 그 자격을 상실한 때에는 그러하지 아니하다.

4) 한편 현행 공직선거법이 자유선거가 원칙이고 그에 대한 규제가 예외여야 한다는 헌법정신에 역행하는 매우 다양하고 광범위한 규제 장치를 마련하고 있다고 비판하는 견해로는 김종철, "공직선거법 제250조 제2항에 대한 헌법적 검토", 「법학연구」 제22권 제1호, 연세대학교 법학연구원, 2012, 10면 이하 참조.

5) 대법원 2012.9.27. 선고 2012도4637 판결 참조.

6) 한편 지방교육자치에 관한 법률 제49조 제1항에 따라 교육감 선거에 준용되는 공직선거법 제223조의 규정은 대법원을 단심으로 불안정을 조기에 해소하고자 한다. 이와 같은 규정의 취지에 공감할 때 현행 공직선거법 제264조가 당해 선거에 있어 공직선거법 위반의 죄로 징역 또는 100만 원 이상의 벌금형에 해당하는 확정 판결을 받은 경우 당선의 효력을 상실시킬 수 있도록 정하는 것은 일반 형사절차와 동일하게 3개의 심급을 모두 거쳐야 하므로 선거에 관한 분쟁을 빠르게 해결할 수 없다는 점에서 바람직하지 않다고 본다.

않다.[7] 그러나 많은 비판에도 불구하고,[8] 아직까지는 교육감 선거에 정당의 관여가 허용되지 않는다. 필자는 헌법 제31조 제4항 교육의 정치적 중립성에 대한 오해가 제도의 개선을 가로막는 근본적 원인이라고 생각한다. 따라서 이하에서는 지방교육자치제도의 법적 성격과 헌법적 근거를 살펴보고, 교육의 정치적 중립성의 의미를 재검토하여, 교육감에게 요구되는 정치적 중립성의 정도를 재설정함으로써 정당이 교육감 선거에 관여할 수 있도록 허용하는 방안을 결론으로 도출하고자 한다.

Ⅱ. 지방교육자치제도의 법적 성격과 헌법적 근거

1. 지방교육자치제도의 법적 성격

(1) 서 설

헌법이 지방교육자치를 직접적으로 명시한 바 없기 때문에, 그 법적 성격을 놓고 학자들 간에 견해의 대립이 있다. 그러나 제도의 법적 성격에 관한 논의와 헌법적 근거에 관한 논의가 반드시 논리 필연적인 관계에 있는 것은 아니다.[9] 제도의 법적 성격은 폐지 시 위헌의 문제가 발생할 수 있는가에 논의의 실익이 있다. 만약 지방교육자치가 헌법상 제도보장이라면 입법으로 그 중핵을 보장해야만 하기 때문에 제도의 핵심적 내용이 무엇인지를 확인하는 논의가 이어져야 하고, 단순히 법률정책적 제도라면 제도의 목적이 무엇이고, 그 목적을 달성하기 위하여 적합한 수단으로 제도를 형성하였는지 여부에 관한 논의가 이어져야 한다.

(2) 헌법상 제도보장으로 이해하는 견해

헌법상 제도보장이란 역사적·전통적으로 확립된 기존의 제도 그 자체의 본질적 내용에

---

7) 노컷뉴스, "교육감, 물러나면 끝?…선거비용보전금 반환 나몰라라", 2015.8.25. (http://www.nocutnews.co.kr/news/4463239); 해럴드경제, "임기 지나도 '모르쇠'…당선무효자 선거비용 반환율 60%"

8) 예컨대, 박진우, "교육감 직선제 도입에 따른 제 문제의 해결방안에 관한 연구", 「세계헌법연구」 제17권 제1호, 세계헌법학회 한국학회, 2011; 최영출, "시도교육감 선출제도의 주요쟁점 도출과 향후 제도 개선 방향", 「한국비교정부학보」 제19권 제4호, 한국비교정부학회, 2015; 최영출, "시도교육감 선출제도 대안유형과 판단기준", 「한국비교정부학보」 제20권 제2호, 한국비교정부학회, 2016; 권혁운, "교육감 직선제의 쟁점과 개선방안", 「교육정치학연구」 제18집 제2호, 한국교육정치학회, 2011; 김원중, "지방자치와 교육감 선거제와의 관계 검토", 「지방자치법연구」 제15권 제2호(통권 제46호), 한국지방자치법학회, 2015; 송기창·박소영, "2010년 교육감 및 교육의원 선거의 기호효과에 관한 연구", 「교육행정학연구」 제29권 제2호, 한국교육행정학회, 2011; 김영환, "현행 교육감 선출제도의 개선방안", 「한국교육법연구」 제9집 제1호, 한국교육법학회, 2012 등 다양한 비판이 있었다.

9) 예컨대 정순원, "헌법상 교육자치의 법리와 지방교육자치법의 입법과제", 「교육법학연구」 제19권 제2호, 대한교육법학회, 2007, 105-106면은 "교육자치에 대한 헌법적 근거를 부인하는 입장의 핵심은 입법재량권 부여로 법률정책적인 제도라고 하나, 헌법의 특성상 추상성과 포괄성으로 이를 구체화하기 위해 다양한 기본권 보장과 제도보장을 위해 입법권자에게 재량권을 부여하는 것으로 이와 같은 헌법의 특성을 고려하지 않고, 헌법상의 제도보장이 아니라고 주장하는 것은 타당하지 않으며, 명문의 규정만으로 헌법상의 권리 유무를 판단하는 것은 헌법의 기본권체계에 대한 이해가 부족한 것으로 판단된다."고 주장하지만, 이 비판은 헌법상 근거에 관한 문제와 제도의 법적 성격에 대한 문제를 혼동한 것으로 적절치 않다고 생각한다.

관한 헌법적 보장이라 할 수 있다. 지방교육자치를 헌법상 제도보장으로 이해하는 견해에 따르면 헌법 제31조 제4항의 대학의 자율성이 헌법에 명시되기 이전에도 학문의 자유를 근거로 하여 대학자치제의 제도 보장은 일반적으로 인정되어 왔던 반면에, 종래부터 명시적으로 규정되었던 교육의 자주성에 근거한 교육자치제도의 보장에 관하여서는 전혀 언급이 없었다는 점을 비판한다. 또한 교육자치제는 분명 역사적·전통적으로 확립된 기존의 제도임에 틀림이 없고, 현존하고 있으며, 헌법상 분명히 교육의 자주성을 명시하고 있는 이상 이를 제외한 것은 그동안의 헌법 해석의 오류였다고 하지 않을 수 없다고 한다. 가장 대표적인 제도보장으로 언급되는 지방자치제도의 경우 헌법 부칙에서 유보 규정을 두었기 때문에 실질적인 지방자치제도가 실시되지 않았더라도 헌법적 용인이 있었다고 해석할 수 있었던 반면, 교육의 자주성에 따라 헌법상 제도보장으로 당연히 인정되었어야 하는 교육자치제도의 경우에는 헌법상 제도보장으로 해석하지 않았기 때문에 부칙 조항도 없이 제도가 실시되지 않는 침해가 이루어졌으며, 이를 지적하지 못한 것은 역사적 과오라고 주장한다. 결론적으로 헌법상 제도보장인 교육의 자주성이라는 원리로부터 도출되는 교육자치제도 역시 당연히 헌법상 제도보장이라고 보면서 지방교육자치, 학생자치, 학교자치, 교수자치, 교사자치, 학부모자치까지 교육자치제도의 내용으로 포섭되어야 한다고 설명한다.[10] 다만 교육의 자주성·전문성·정치적 중립성과 대학의 자율성은 제도 그 자체라 할 수 없고, 교육에 관한 제도 보장의 지도 원리로 보아야 한다는 견해도 있다.[11]

(3) 법률정책적 제도로 이해하는 견해

한편 지방교육자치를 법률정책적 제도로 이해하는 입장에서는 교육자치를 인정하든 인정하지 않든 교육에서의 자주성은 인정되어야 하기 때문에, 헌법 제31조 제4항의 교육의 자주성이 교육자치를 반드시 시행하여야 하는 근거가 되는 것은 아니라고 보면서, 교육자치는 헌

---

10) 김철수, 『헌법학신론』 제19전정신판, 박영사, 2009, 834-835면에서는 "교육의 자주성, 전문성, 정치적 중립성 및 대학의 자율성이 보장되지 않는 경우에는 특정한 세계관을 강요하여 교육의 발전이 저해될 우려가 있고, 특정한 정치세력에만 영합하는 교육을 할 우려가 있기 때문에 헌법은 특별히 교육의 자주성과 전문성 및 정치적 중립성을 보장하고 있다. 이는 교육자치제도의 제도보장이라고 하겠다."고 하여 교육의 자주성과 전문성 및 정치적 중립성 자체를 제도보장으로 보고, 이것이 곧 교육자치제도를 의미하는 것으로 파악한다; 권영성, 『헌법학원론』, 법문사, 2009, 266면에서는 "헌법은 교육제도에 관한 기본조항인 제31조에서 교육을 받을 권리와 더불어 교육의 기본원칙과 대학자치제를 핵심으로 하는 교육제도를 보장하고 있다. 이들 두 가지 내용은 비록 동일조항에 규정되어 있으나 그 성격이 상이한 것이므로, 전자(교육을 받을 권리)는 사회적 기본권 부문에서 다루고, 후자는 제도적 보장의 하나이기 때문에 여기서 다루고자 한다. 교육의 제도적 보장과 관련하여 헌법은 제31조 제4항에서 교육의 자주성·전문성·정치적 중립성 등을 교육의 기본원칙으로 명시하고, 동조 제6항에서는 국가에 의한 교육의 자의적인 규제를 배제하기 위하여 교육제도를 비롯한 교육재정·교원의 법적 지위 등의 법정주의를 규정하고 있다."고 하여 교육의 자주성·전문성·정치적 중립성을 제도적 보장으로 보고 있고, 지방교육자치제에 대하여서는 명시적으로 표현하고 있지는 않으나, 제도적 보장으로 언급하는 교육의 기본원칙, 교육제도 등의 법정주의, 대학의 자치 등과 동등한 차원에서 논의를 전개하므로, 제도적 보장으로 파악하는 것으로 이해된다.

11) 신현직, 『교육법과 교육기본권』, 청년사, 2003, 39-41면.

법상의 제도가 아니고 법률에 의하여 인정되는 법률정책적인 제도라고 주장한다.[12] 따라서 입법자는 교육자치를 정할 수도 있고, 교육을 국가가 책임지게 할 수도 있으며, 교육자치를 정하는 경우에도 교육자치의 단위, 범위, 수준, 형태 등에 대하여 광범위한 입법형성권을 가지고, 그렇기 때문에 교육자치와 관련된 권리와 의무도 법률상의 것이며 헌법상의 것이 아니라고 본다. 교육감을 주민의 직접 선거로 선출하든, 간선제로 하든, 정부・지방자치단체가 임명하는 방식을 취하든 위헌의 여지는 발생하지 않는다.[13] 다만 입법자의 입법형성권이 헌법상 교육에 관한 이념, 목적, 지도원리 등에 위배될 경우에는 여전히 위헌 무효의 제도로 보아야 한다고 한다.[14]

(4) 헌법재판소의 견해

최근 헌법재판소는 2015.11.26. 선고한 2014헌마662 결정에서 "헌법은 제31조 제4항에서 '교육의 자주성・전문성・정치적 중립성 및 대학의 자율성은 법률이 정하는 바에 의하여 보장된다.'고 규정하고, 제117조 제1항에서 '지방자치단체는 주민의 복리에 관한 사무를 처리하고 재산을 관리하며, 법령의 범위 안에서 자치에 관한 규정을 제정할 수 있다.'고 규정함으로써 제도보장으로서의 교육자치와 지방자치를 규정하고 있는데, 이러한 지방교육자치의 기본원리로 주민참여의 원리, 지방분권의 원리, 일반행정으로부터의 독립, 전문적 관리의 원칙 등을 드는 것이 보통"이라고 하여 교육자치와 지방자치를 모두 제도보장으로 이해하고 있다.

(5) 검 토

생각건대 우리 헌법은 교육의 자주성, 전문성, 정치적 중립성을 요청할 뿐, 반드시 교육행정의 영역을 일반 행정과는 별도의 기관을 두어서 운영하라고 명령하지 않는다. 만약 교육행정의 영역을 별도의 기관으로 직접 선출하여 운영하는 것이 교육의 자주성・전문성・정치적 중립성의 요청이라면, 왜 교육대통령을 따로 뽑지는 않으면서 유독 지방행정의 영역에서만 교육감을 별도로 선출해야 하는가? 또한 우리 헌법상 제도보장으로 일반적으로 거론되는 정당제도(헌법 제8조), 선거제도(헌법 제24조・제41조・제67조・제114조 내지 제116조), 지방자치제도(헌법 제117조・제118조),[15] 공무원제도(헌법 제7조・제25조・제29조), 경제제도(헌법 제

---

12) 이기우, "지방자치단체의 교육행정기관과 일반행정기관의 관계", 「한국교육법연구」 제6・7호(통합호), 한국교육법학회, 2001, 59-66면; 정종섭, 『헌법학원론』 제4판, 박영사, 2009, 957면.

13) 정종섭, 앞의 책, 같은 면.

14) 다만 이기우, 앞의 논문, 62-70면에서는 헌법상제도보장설이 주요한 근거로 삼는 헌법 규정(교육의 자주성, 민주성, 정치적 중립성을 규정한 헌법 제31조 제4항)과 지방교육자치가 서로 관련이 없음을 논증하면서 지방교육자치가 헌법상 제도보장이 아니라고 주장하나, 제도의 법적 성격에 관한 논의와 헌법적 근거의 문제는 별개의 논의로 다루는 것이 타당하다고 생각한다.

15) 특히 지방교육자치를 헌법상 제도보장이라고 주장하는 견해에서는 지방자치제와 지방교육자치제가 동일한 처지에 놓여 있다고 분석한다. 하지만 헌법에 지방교육자치에 관한 명문의 규정은 존재하지 않는데 반해,

23조·제119조 내지 제127조)는 모두 헌법에 제도에 관한 명문의 규정이 존재하는 반면, 지방교육자치에 관하여는 명문의 규정이 존재하지 아니한다. 따라서 지방교육자치제도는 헌법상 제도보장이 아니라 법률정책적 제도로 이해하는 것이 타당하다.[16]

2. 지방교육자치제도의 헌법적 근거

(1) 서 설

지방교육자치제도의 법적 성격을 법률정책적 제도로 판단함으로써 헌법적 목적의 달성을 위한 제도 설계가 입법의 단계에서 가능한 것으로 이해하더라도, 제도의 헌법적 목적이 무엇인지, 또 제도가 그 헌법적 목적의 달성을 위해 적합한 수단인지를 검토하기 위하여 헌법적 근거의 문제는 여전히 중요한 의미를 갖는다.[17] 교육은 그 본질적 속성에 의해 자주성과 전문성 그리고 정치적 중립성이 보장되어야 하고,[18] 우리 헌법 제31조 제4항은 이를 명문화한 규정이다. 일반적으로도 현행 지방교육자치제도의 헌법적 근거는 교육의 자주성·전문성·정치적 중립성이라고 설명된다.[19] 필자도 입법자가 현행 지방교육자치제도를 형성할 때, 교육의 자주성과 전문성, 그리고 정치적 중립성을 그 헌법적 목적으로 하였다는 점은 동의한다. 하지만 교육의 정치적 중립성의 의미를 재검토해보면 과연 지방교육자치제도를 통해 교육의 정치적 중립성이 달성될 수 있는지 의문이 남는다. 따라서 이하에서는 먼저 교육의 자주성과 전문성의 개념을 살피고, 지방교육자치제도가 두 가지 헌법적 목표를 실현하는데 어떻게 기여하고 있는지를 확인한다.

지방자치에 관하여서는 필요적 지방의회의 설치, 지방의원의 선출 방법(선거), 지방자치단체의 장의 존재, 지방자치단체의 권한 등 구체적인 규정을 두고 있다는 점을 볼 때, 두 제도의 본질은 다르다고 본다.

16) 이에 대하여 정순원, 앞의 논문, 106면에서는 "교육자치는 명문의 규정이 없어 헌법상의 제도라 보기 어렵다는 주장도 마찬가지의 입장이다."라고 하면서 "명문의 규정이 없는 기본권이라도 헌법상 보장되는 기본권이 있다는 점에서 명문의 규정만으로 헌법상의 권리 유무를 판단하는 것은 헌법의 기본권체계에 대한 이해가 부족한 것으로 판단된다."는 비판을 하고 있으나, 이러한 비판 역시 "헌법상의 것(헌법상의 제도보장)"과 "헌법에 근거를 두는 것(법률정책적인 제도의 이념과 목적과 지도원리를 이루는 것)"을 혼동하고 있다고 생각한다.

17) 황해봉, 『개정 지방교육자치법의 평가와 앞으로의 과제』, 한국법제연구원, 2007, 22면에 따르면, 예컨대 모든 교육내용이나 교육방법 등에 대한 교육행정기관 또는 종합행정기관의 권력적 개입으로 이를 획일적으로 정함으로써 피교육자의 능력과 적성을 고려하는 알맞은 교육을 불가능하게 하는 교육정책, 행정권력에 의한 교육통제, 교육전문가를 배제한 채 수립된 교육정책, 교육의 정치적 중립을 반하는 정책(예컨대, 엽관제) 등은 헌법적 근거를 결여하여 입법의 한계가 될 수 있다.

18) 헌법재판소는 1996.4.25. 선고한 94헌마119 결정에서 "교육의 자주성·전문성·정치적 중립성은 교육이 국가의 백년대계의 기초인만큼 국가의 안정적인 성장 발전을 도모하기 위하여서는 교육이 외부세력의 부당한 간섭에 영향 받지 않도록 교육자 내지 교육전문가에 의하여 주도되고 관할되어야 할 필요가 있다는데서 비롯된 것이다."고 하여 교육의 자주성과 전문성 그리고 정치적 중립성의 요청이 교육의 본질적인 속성에서부터 도출되는 것임을 판시하고 있다.

19) 예컨대 정종섭, 앞의 책, 768면에서는 "헌법 제31조 제4항은 교육의 자주성·전문성·정치적 중립성 및 대학의 자율성은 법률이 정하는 바에 의하여 보장된다. 이는 지방교육자치제도의 헌법적 근거"라고 한다.

(2) 교육의 자주성

헌법 제31조 제4항의 교육의 자주성이란 ① 교원이 교육시설 설치자와 교육감독권자로부터 자유로울 수 있도록 하고, ② 교육내용에 대한 교육행정기관의 권력적 개입이 최대한 배제될 수 있도록 하며, ③ 교육관리기구(교육감, 교육장, 교육위원회 등)의 공선제 등을 통해 조직과 구성에서도 자주적일 수 있도록 하는 것 등 다양한 내용이 포함된다.[20] 즉, 교육의 내용과 방법을 교육자가 스스로 정할 수 있고, 행정권력에 의한 간섭이 배제되는 것을 의미한다.[21] 이것은 교육의 특성에서 자연스럽게 도출되는 내용을 헌법에 명시한 것일 뿐이다. 교육은 그 본질적인 특성상 피교육자에 적합하여야 하고, 교육자에게는 고도의 정신적 능력과 가치관이 교육과정에서 요구되므로 행정청에서 이를 획일적으로 통제하려고 하는 것은 타당하지 못하다. 다만 교육의 자주성을 이유로 학생들의 권익과 복리증진에 저해가 되어서는 안 되므로, 공교육제도도 일정 정도 국가와 사회공동체의 이념과 윤리에 의하여 제약을 받을 수는 있다.[22] 한편 교육의 자주성이 지방교육자치제(교육자치제)의 헌법적 근거가 될 수 없다고 주장하는 견해에서는 교육행정기관이 일반행정기관으로부터 분리되더라도 학교와 교원에 대한 교육행정청의 간섭이 줄어든다는 보장은 없으며 경우에 따라서는 그 반대일 수도 있다고

20) 헌법재판소 2001.11.29. 선고 2000헌마278 결정; 2003.3.27. 선고 2002헌마573 결정; 김철수, 앞의 책, 834-835면.

21) 김철수 외, 『코멘탈 헌법』, 법원사, 1989, 251면 이하; 정종섭, 앞의 책, 768면은 "교육의 자주성이란 교육의 내용, 방법, 교육기관의 운영을 국가가 결정할 수 없다는 것을 말한다. 다시 말해 교육이 정치권력이나 기타 세력의 간섭 없이 그 전문성과 특수성에 따라 독자적으로 교육 본래의 목적에 기하여 조직·운영·실시되어야 한다는 교육의 자유와 독립을 말한다."고 하면서, "오늘날 학교교육이 채택하고 있는 공교육제도에는 공교육의 목적과 취지를 달성하기 위한 범위 내에서 국가의 감독권 행사가 가능하지만, 그것이 교육의 자주성을 해치는 것이어서는 안 된다."고 교육의 자주성을 파악하고 있다. 특히, 이 견해는 "교육을 받는 지위에 있는 학생의 입장에서 보면, 교육의 자주성은 국가뿐만 아니라 사회의 각종 외부세력이나 교사로부터의 자주성을 의미한다. 사회단체나 특정 사회세력이 교육의 내용이나 방법을 결정하거나 이를 결정하는 자율을 침해할 수 없으며, 교사도 학생에게 공교육의 목적에 부합하지 않는 정파적이거나 파당적이거나 주관적인 내용을 주입시킬 수 없으며, 법적으로 허용되지 않는 방법(예컨대, 폭행·강압·모욕·명예훼손 등)으로 교육할 수 없다."고 하면서 "교육의 자주성을 보장하기 위한 방법으로 교육시설의 설치자 또는 교육감독권자로부터 교사의 자유를 확보하는 방법(예컨대, 징계절차의 합리화), 선거로 교육관리기구(예컨대, 교육위원회, 교육감, 교육장 등)를 구성하는 방법 등이 있다."고 하여, 교육의 자주성이 교육자치제의 헌법적 근거가 됨을 명확히 하고 있다; 계희열, 『헌법학(중)』 보정판, 박영사, 2002, 685면은 "교육의 자주성이란 교육이 타의 간섭 없이 그 전문성과 특수성에 비추어 독자적인 견지에서 교육본래의 목적에 기하여 운영·실시되는 것을 말한다."고 하고, "교육 본래의 기능을…충분히 이행하기 위하여 교육 스스로가 방향을 잡고 존속·유지되어야 한다는 것"이라면서, "국가권력으로부터 교육의 독립을 그 핵심으로 한다. 그러므로 교육의 자주성을 보장하기 위하여는 자주입법권, 자주재정권, 자주집행권이 보장되어야 하며, 특히 교사의 교육시설자·교육감독권자로부터의 자유, 교육관리기구(교육위원회, 교육감, 교육장 등)의 공선제 등이 중요하다."고 하고 있다; 권영성, 앞의 책, 266면은 "교육의 자주성이라 함은 교육내용과 교육기구가 교육자에 의하여 자주적으로 결정되고 행정권력에 의한 교육통제가 배제되어야 한다는 의미이다."라고 하면서, "물론 오늘날의 교육은 공교육을 중심으로 하며 공교육제도는 국가적 감독을 받지 않을 수 없지만, 국가적 감독은 필요 이상으로 또 합리적인 범위를 넘어 교육의 자주성을 유린하는 것이 되어서는 아니된다."고 한다.

22) 헌법재판소 1997.12.24. 선고 95헌바29등 결정 참조.

하면서, 지방의 교육행정기관이 일반 행정기관으로부터 분리되고 독립되어 있다고 하더라도 그 교육행정청이 교원이나 학부모, 학생과 생활공동체인 학교에 대하여 획일적인 간섭을 한다면 교육의 자주성은 보장되지 않는다고 한다. 교육의 자주성을 확보하기 위해서는 오히려 교육행정기관의 교육에 대한 간섭을 제한하고 교육주체의 자주적인 결정권이 보장되도록 제도를 구성하여야 한다며, 헌법이 보장하는 교육의 자주성은 교육행정청의 자주성이 아니라 교육에 관계된 교육당사자의 자주성이 중심적인 내용이 되어야 한다고 본다. 따라서 교육행정기관의 분리를 주장하는 견해에 대하여서 헌법상의 교육(당사자)의 자주성을 교육행정청의 자주성으로 잘못 해석하고 있다고 비판한다.[23)]

그러나 생각건대 교육의 자주성이 지방교육자치제의 헌법적 근거가 될 수 없다고 보는 입장은 제도가 헌법상 특정한 근거에 의하여 반드시 설치되어야 하는지 여부(즉, 헌법상 제도보장인지 여부)와 어떠한 헌법적 목적을 달성하고자 하는가의 문제(즉, 헌법적 근거의 문제)를 혼동하여 교육행정기관과 일반 행정기관이 분리되더라도 교원과 학교에 대한 교육행정청의 간섭이 줄어든다는 보장이 없다는 논지를 전개했다고 본다. 이 견해가 주장하는 바대로 교육당사자의 자주성이 교육의 자주성의 참뜻임은 옳지만, 그렇다고 하여 교육행정기관을 일반 행정기관으로부터 분리·독립시키는 것이 교육 당사자의 자주성 제고에 아무런 효과도 거둘 수 없다고 말할 수 없다. 오히려 헌법은 국민들 사이에 합의된 최소한의 공감대적 가치를 담고 있고, 그 가치는 교육에 의하여 후대의 국민들에게 전수되는 것이므로, 헌법은 공감대적 가치가 아니라 지극히 주관적인 개인, 집단 또는 정치세력의 가치가 일반적 진리로 가장하여 교육·전수되는 것을 방지하기 위하여 교육 당사자가 자주적으로 활동할 수 있도록 이 조항을 명시한 것이다. 이러한 관점에 따라 입법자는 일반 행정기관이 교육사무까지 처리하는 것이 아니라, 별도의 기관을 두어 교육의 특수성을 고려하여 교육행정을 전담케 함으로써 교육에 대한 국가적 개입의 최소화를 실현하고, 교육 당사자의 자주성을 보장하고자 지방교육자치제도를 형성하였다. 따라서 헌법의 교육의 자주성 규정이 결코 교육자치제를 반드시 실행하여야 한다는 명령을 담고 있지는 않지만(즉, 지방교육자치제도는 법률정책적인 제도이지만), 교육자치제가 교육의 자주성을 실현하는 적합한 방법이라면 교육의 자주성은 교육자치제의 헌법적 근거가 될 수 있다.

(3) 교육의 전문성

교육의 전문성이란 교육의 특수성[24)]에 비추어 교육은 교육에 관한 전문가가 담당하거나,

---

23) 이기우, 앞의 논문, 62-63면.

24) 헌법재판소는 1991.7.22. 선고한 89헌가106 결정에서 "교육활동의 특수성은 첫째, 교원의 수업활동과 학생지도에 필요한 기술과 능력은 해당분야에 대한 최신의 연구결과에 대한 식견과 정보뿐 아니라 인간의 성장과 발달, 행동심리, 정신건강과 위생, 학생의 욕구에 관한 고도의 지식을 필요로 하는 정신적 활동이므로 교원 자신이 장기간에 걸친 교육과 훈련을 받지 않고서는 그 직업이 요구하는 소양과 지식을 갖출 수 없다

최소한 전문가의 참여 아래 이루어져야 한다는 것을 의미한다.[25] 즉, 특수한 자격을 갖춘 전문가에 의해 교육이 이루어지고, 교육정책의 수립과 집행에도 최소한 교육전문가를 참여시킬 때 교육의 전문성이 보장될 수 있다. 한편 교육의 전문성이 지방교육자치제의 헌법적 근거가 아니라고 보는 입장에서는 오늘날 행정의 전문성은 비단 교육 사무에만 요구되는 것이 아니라는 입장에서, 만약 교육의 전문성 때문에 지방교육자치제도를 실시하여야 한다면 오늘날 모든 지방행정은 분야별로 전문행정기관으로 분리·해체되어 결국 기술관료(technocrat)에 의한 권력의 독점을 초래하게 될 것이라고 비판한다.[26] 즉 교육행정의 전문성을 지나치게 강조하여 교육행정에 대한 주민(주민의 대표기관인 지방의회와 주민이 직접 선출한 지방자치단체의 장)의 통제를 부인한다면 이는 곧 교육독재를 의미하고 민주주의의 부정을 의미하게 된다고 이해한다. 또한 헌법이 보장하는 교육의 전문성이란 교육에 대해 전문적인 지식과 능력을 갖춘 자가 교육을 담당해야 한다는 것을 의미하고, 이는 곧 교육의 질적 수준이 보장되어야 한다는 의미로 해석되어야 하며, 교육자의 전문성을 존중하고 보장함으로써 교육의 질적 수준이 보장된다고 한다. 결론적으로 헌법이 보장하는 교육의 전문성은 교육행정청의 전문성을 의미하는 것이 아니라 교육자의 전문성을 보장하고 교육행정관료의 간섭에 의해 교육자의 전문성이 침해되지 않을 것을 요구하는 것이라고 보아야 하며, 교육행정청이 모두 교육전문가로 구성되어 있다고 하더라도, 교육행정청이 일선 교사의 교육활동을 획일적으로 통제하는 경우에는 교사의 전문성은 발휘될 수 없고 심대한 침해를 받게 되며, 따라서 전문성을 이유로 교육행정의 일반 행정으로부터 분리와 독립을 주장하는 견해는 헌법이 보장하는 교육(자)의 전문성을 교육(행정청)의 전문성으로 잘못 해석하고 있다고 주장한다.[27]

그러나 생각건대 교육은 환경행정·건축행정과는 달리 헌법이 특별히 전문성을 명문으로 규정한 분야로, 이는 교육이 갖는 본질적 특수성에 기인한 것이다. 물론 교육의 전문성은 교육자의 전문성의 의미를 포함하고 있다. 그러나 그것은 비단 교과적 내용에 대한 질적 수준을 말하는 교과 전문성만을 의미하는 것이 아니라, 피교육자의 인격 발달과 형성에 교육이 미치는 중대한 영향을 인식할 수 있는 교육자 자질의 전문성을 의미하는 것이기도 하다. 그리고 교육자 자질의 전문성은 직접 교단에 서는 교사뿐만 아니라, 공교육제도 속에서 교육의 지침과 재정, 정책 등을 관리하여, 궁극적으로 국민의 교육을 받을 권리를 보장하는데 기여해야 하는 교육행정기관에게도 당연히 요구되는 것이다. 특히 교육행정기관은 일반적 행정영

는 점과 둘째, 교원은 다른 전문직인 의사·변호사 또는 성직자와 같이 고도의 자율성과 사회적 책임성을 아울러 가져야 한다는 사회적·윤리적 특성이 있다는 점에 있다."고 판시한 바 있다.

25) 헌법재판소 2001.11.29. 선고 2000헌마278 결정; 헌법재판소 2003.3.27. 선고 2002헌마573 결정; 김철수, 『헌법학개론』, 835면; 성낙인, 『헌법학』 제9판, 법문사, 2009, 696면; 정종섭, 앞의 책, 769면; 계희열, 앞의 책, 686-687면; 권영성, 앞의 책, 267면.

26) 이기우, 앞의 논문, 64면.

27) 위의 논문, 64-65면.

역과 달리 교육의 특수성에 기인하는 교육행정의 원리를 이해하는 전문적인 자질이 요구된다. 특히 교육의 전문성을 지방교육자치제의 헌법적 근거로 보는 입장에서도 모든 교육행정을 교육전문가에게만 전담시키자는 것이 아니고, 교육감만을 교육 관련 전문가에 한하여 주민에 의해 직접 선출되도록 정하는 점을 고려한다면, 교육행정의 전문성이 민주주의의 요청과 양립할 수 없다는 주장[28)]은 타당하지 않다.[29)] 결론적으로 입법자가 지방교육자치제에서 교육행정사무를 관장하는 전담 기관을 일반지방행정의 집행기관과는 별도로 두고, 교육경력 또는 교육행정경력이 있는 자에 한하여 교육감 선거 후보자가 될 수 있도록 한 것은 교육의 전문성을 달성하기 위하여 적합한 수단이고, 그렇다면 교육의 전문성은 지방교육자치제도의 헌법적 근거라고 파악할 수 있다.

Ⅲ. 교육의 정치적 중립성과 지방교육자치제도

1. 교육의 정치적 중립성의 개념

교육과 정치는 그 본질적 속성에 의하여 분리되어야 한다. 즉, 교육은 본질적으로 이상적이고 비권력적인 속성을 지니고 있음에 반하여 정치는 현실적이고 권력적인 속성을 지닌다. 일반적으로 교육의 정치적 중립은 교육이 특정 정파적 이해관계나 영향력으로부터 떨어져 중립적인 입장에서 이루어져야 한다는 것으로 설명된다. 다시 말해 교육이 국가나 정치권력으로부터 부당하게 간섭을 받아서도 안 되고(정치의 교육적 중립), 교육이 그 본연의 기능을 벗어나서 정치영역에 개입해서도 안 된다는 것(교육의 정치적 중립)을 뜻한다.[30)] 통상적으로는 교육의 정치적 중립성을 무당파성(無黨派性) 또는 무편향성,[31)] 정치로부터의 완전한 분리

28) 예컨대 김용일, 『지방교육자치의 현실과 이상』, 문음사, 2000, 45면에서는 "교육행정의 전문성 논리는 본질적으로 교육(행정)의 민주화와 양립하기 어려운 속성이 있기 때문이다."고 하며 교육행정에 대해서 전문성의 논리를 지나치게 강조하는 견해에 대해 경계하고 있다.

29) 특히 교육의원을 별도의 선거로 뽑아 지방의회의원 중 일부와 함께 교육위원회를 구성하던 법률이 2010.2.에 국회에서 개정되어 이제는 본질적으로 비전문가 집단인 지방의회의원으로만 구성된 교육위원회에서 전문가인 교육감을 직접 통제하게 된 점을 고려하면 더욱 그러하다. 헌법재판소는 2000.3.30. 선고한 99헌바113 결정에서 "지방교육자치는 '민주주의 · 지방자치 · 교육자주'라고 하는 세 가지의 헌법적 가치를 골고루 만족시킬 수 있어야만 하는 것이다. '민주주의'의 요구를 절대시하여 비정치기관인 교육위원이나 교육감을 정치기관(국회의원 · 대통령 등)의 선출과 완전히 동일한 방식으로 구성한다거나…(중략)…하는 방식은 그 어느 것이나 헌법적으로 허용될 수 없다."라고 밝히고 있는데, 교육감 선거에서 교육 경력 또는 교육 행정 경력을 요구하는 지방교육자치에 관한 법률 제24조 제2항의 규정은 교육의 전문성을 지방교육자치에 반영하기 위한 방안으로 바람직하다고 본다.

30) 정종섭, 앞의 책, 770면; 계희열, 앞의 책, 687면; 권영성, 앞의 책, 267면 등에서는 교육의 정치적 중립성을 교육과 정치의 관계로 파악하여 정치의 교육적 중립과 교육의 정치적 중립을 포괄하는 것으로 이해한다. 이러한 견해에서는 전자는 교육에 대한 외부세력의 부당한 간섭의 배제를 의미하고, 후자는 교육 본연의 기능을 벗어난 정치영역에의 개입을 금지하는 것을 의미한다고 설명한다. 그러나 이 견해에 따를 경우 교육의 자주성과 교육의 정치적 중립성의 구분이 모호해지는 문제가 있다.

31) 다만 송준석, "교육의 정치적 중립성에 관한 철학적 함의", 「교육연구」 제3권, 한남대학교 교육연구소,

독립(교육에 대한 정치적 압력·권력적 지배의 배제), 교육자의 직무상 정치적 중립, 교육의 정치에의 불간섭 등의 의미로 파악한다.[32] 그러나 교육의 정치적 중립성이 정치의 교육적 중립을 포괄한다고 이해하는 견해는 다음과 같은 이유에서 타당하지 않다고 본다.[33] 첫째로 우리말의 일반적인 어법상 교육의 정치적 중립성이라는 표현은 정치의 교육적 중립성과는 구별되는 개념을 표상한다. 따라서 교육에 대한 정치적 압력의 배제나 교육의 권력으로부터의 독립은 교육의 자주성에서 포괄하여 보장하고 있다고 보아야 한다. 교육이 정치적 세력뿐만 아니라 사회적, 종교적 세력 등으로부터도 보호될 수 있도록, 교육의 자주성을 정치적 중립성과는 별도로 명시하여 보장한 것이기 때문이다. 일본에서는 교육의 정치적 중립성과 정치의 교육적 중립성이 모두 헌법이 아닌 법률상의 개념으로 양 개념은 완전히 구별되어 사용되고 있다.[34] 둘째로 현행법상 교육과 정치는 서로 분리되어 있는 것이 아니라 상호 밀접한 관계를 맺고 있다. 예컨대, 국회 교육문화체육관광위원회, 교육부, 각 교육청에서 교육정책을 결정·집행하는 과정은 정치의 개념에 포함시켜 이해할 수 있는 통치활동의 한 모습이다. 또한 교육에서도 정치의 과정을 수학자(受學者)들이 이해하고, 체득하여, 장차 민주시민의 기본적 소양을 쌓도록 하고 있다.[35]

2. 정치적 중립성 규정의 수범자

헌법은 제31조 제4항에서 교육의 정치적 중립성, 제7조 제2항에서 공무원의 정치적 중립성은 법률이 정하는 바에 의하여 보장된다고 규정하고 있다.[36] 그리고 이를 구체화하는 법률이 대표적으로 교육기본법 제6조 제1항,[37] 국가공무원법 제65조,[38] 그리고 정당법 제22조

1995에서는 무방향성이라는 표현도 사용하고 있는데, 교육은 국가와 사회공동체의 이념과 윤리에 따른 제약을 받을 수 있고, 이러한 제약은 교육 방향으로 특정되므로, 무방향성이라는 표현은 부적절하다고 본다.

32) 손희권, 『교육과 헌법』, 학지사, 2008, 124면.

33) 한편 이기우, 앞의 논문, 65-66면에서는 "정치적 중립성은 일본 식민지 체제 하에서 반대세력의 교육에 대한 영향력의 행사를 배제하고 정치적인 중립자임을 자처하는 집권정치세력인 일본 식민지 당국의 정치적인 이데올로기를 일방적으로 주입시키기 위한 방편으로 이용되었다."는 강순원, "교육의 정치적 중립성", 백락청·정창열 편, 『한국민족민중운동연구』, 두레, 1989, 383면을 인용하면서, "교육정책을 수립하고 법령을 정하며 교육투자의 방향이나 규모를 정하는 것은 고도의 정치적인 행위이며 정치의 가장 중요한 내용의 하나임을 부인할 수 없고, 따라서 교육행정기관을 정치적인 영향을 받는 일반 행정기관으로부터 분리시켜 정치의 공백지대에 두도록 하는 것은 교육행정의 지지기반을 단절시킨다는 의미에 불과하고 교육의 정치적 중립과는 무관하다."며 교육의 정치적 중립성이 교육지방자치제의 헌법적 근거가 될 수 없다고 비판하고 있다.

34) 이광윤 외, 『교육제도의 헌법적 문제에 관한 연구: 교육의 자주성·전문성·정치적 중립성원리의 비교법적 검토』, 헌법재판소, 2003, 281면.

35) 법교육지원법 제1조(목적) 이 법은 법교육을 체계적으로 지원하고 수행하는 데 필요한 사항을 정함으로써 국민들로 하여금 자율과 조화에 바탕을 둔 합리적인 법의식을 함양하고 자유민주적 기본질서를 이해하는 건전한 민주시민을 육성하여 법치주의 구현에 이바지함을 목적으로 한다.

36) 초·중등 교원의 상당수가 교육공무원이므로 여기에서는 교육의 정치적 중립성 규정뿐만 아니라 공무원의 정치적 중립성까지 함께 검토해본다.

37) 교육기본법 제6조(교육의 중립성) ① 교육은 교육 본래의 목적에 따라 그 기능을 다하도록 운영되어야 하

제1항이다.[39] 그렇다면 헌법상 교육의 정치적 중립성 규정과 공무원의 정치적 중립성 규정의 수범자는 누구인가? 법률에 규정된 내용들만을 보면 정치적 중립성 규정의 수범자가 교원·공무원 개인인 것 같지만, 헌법상 공무원의 정치적 중립성, 교육의 정치적 중립성은 국가 또는 공권력에게 공무원과 교육의 정치적 중립성을 법률이 정하는 바에 따라 보장하라고 명령하고 있다. 즉 헌법에서 국민의 권리는 "모든 국민은 … 할 권리를 가진다."로 표현되어 있고, 국민의 의무는 "모든 국민은 …의 의무를 진다."고 표현되어 있는데 반해, 정치적 중립성 규정은 "교육의(공무원의) … 정치적 중립성은 … 보장된다."고 규정되어 있으므로, 이 규정의 수범자가 국가·공권력이고, 개인으로서의 교육자나 공무원이 아니라는 점은 자명하다.

그러나 입법자는 정치적 중립성을 구체화하는 법률을 형성할 때, 그 의미를 왜곡하여, 공무원과 교원은 직무뿐만 아니라 개인적으로도 헌법에 따라 반드시 정치적으로 중립을 준수하여야 한다며 정당 가입과 사적 영역에서의 정치 활동까지도 금지하였다. 교원 또는 공무원이 공권력의 집행자로서 행하는 직무가 정치적으로 중립하여야 한다는 것까지는 법치주의의 요청에 따른 자연스러운 결론일 테지만, 이를 넘어 교원이나 공무원이 일반 시민으로서 가지는 정치적 기본권까지 과도하게 제한하여 정치적 중립의 의무를 부과한다면, 그것은 입법형성권의 한계를 넘은 위헌 무효의 법률인 것이고, 이러한 기본권 침해는 교육의 정치적 중립성이나, 공무원의 정치적 중립성이 법률이 정하는 바에 따라 보장된다는 헌법 규정을 이유로 정당화될 수는 없다.[40] 이러한 논리는 가사 교육의 정치적 중립성 개념 아래 정치의 교육적 중립성이 포함된다고 이해하는 견해를 따르더라도 동일하게 주장될 수 있다.

따라서 교육의 자주성과 전문성은 지방교육자치제도를 통해 형성·보장할 수 있지만, 이

며, 정치적·파당적 또는 개인적 편견을 전파하기 위한 방편으로 이용되어서는 아니 된다.

38) 국가공무원법 제65조(정치 운동의 금지) ① 공무원은 정당이나 그 밖의 정치단체의 결성에 관여하거나 이에 가입할 수 없다. ② 공무원은 선거에서 특정 정당 또는 특정인을 지지 또는 반대하기 위한 다음의 행위를 하여서는 아니 된다. ③ 공무원은 다른 공무원에게 제1항과 제2항에 위배되는 행위를 하도록 요구하거나, 정치적 행위에 대한 보상 또는 보복으로서 이익 또는 불이익을 약속하여서는 아니 된다. ④ 제3항 외에 정치적 행위의 금지에 관한 한계는 대통령령 등으로 정한다.

39) 정당법 제22조(발기인 및 당원의 자격) ① 국회의원 선거권이 있는 자는 공무원 그 밖에 그 신분을 이유로 정당가입이나 정치활동을 금지하는 다른 법령의 규정에 불구하고 누구든지 정당의 발기인 및 당원이 될 수 있다. 다만, 다음 각 호의 어느 하나에 해당하는 자는 그러하지 아니하다. 1. 「국가공무원법」 제2조(공무원의 구분) 또는 「지방공무원법」 제2조(공무원의 구분)에 규정된 공무원. 다만, 대통령, 국무총리, 국무위원, 국회의원, 지방의회의원, 선거에 의하여 취임하는 지방자치단체의 장, 국회 부의장의 수석비서관·비서관·비서·행정보조요원, 국회 상임위원회·예산결산특별위원회·윤리특별위원회 위원장의 행정보조요원, 국회의원의 보좌관·비서관·비서, 국회 교섭단체대표의원의 행정비서관, 국회 교섭단체의 정책연구위원·행정보조요원과 「고등교육법」 제14조(교직원의 구분) 제1항·제2항에 따른 교원은 제외한다. 2. 「고등교육법」 제14조제1항·제2항에 따른 교원을 제외한 사립학교의 교원 3. 법령의 규정에 의하여 공무원의 신분을 가진 자

40) 직무 외의 사적인 영역에서까지 교육자(공무원)의 정치 참여를 막는 규정으로서, 이는 정치적 중립성이 요청하는 범위를 벗어난 과도한 제한이라고 생각한다. 이러한 과도한 제한에 관한 상세한 비판으로는 이종수, "공무원의 정치적 활동의 허용 여부와 그 한계", 「연세법학연구」 제8권 제1호, 연세법학회, 2001, 165-189면 참조.

와는 달리 교육의 정치적 중립성을 보장하기 위한 수단으로 지방교육자치제도는 적합하지 않다고 생각한다. 교육의 정치적 중립성 보장은 지방교육자치제도가 아니더라도 교육기본법 제14조 제4항,[41] 사립학교법 제58조 제1항 제4호[42] 같은 조항을 통해 이미 충분히 입법자가 그 구체적인 내용을 형성하였다. 다만, 사립학교가 아닌 국공립학교의 교육공무원들에 대하여는 정당법, 국가공무원법, 지방공무원법 등 다른 법률과의 체계상 징계 내지 면직 사유가 불분명하게 규정되어 있는데, 이와 같은 체계상 문제점은 교육공무원법에 사립학교법 제58조 제1항 제4호 같은 규정을 신설하여 해결하면 충분하다.[43] 요컨대 교육의 정치적 중립성을 보장하도록 규정한 헌법의 취지는 오히려 교육자나 공무원 개인이 사적 영역에서 특정 정파의 간섭을 배제하고 자유롭게 정치활동을 할 수 있도록 보장한 것으로 해석하여야 한다. 교육자도 정치적으로 무색무취의 존재일 수는 없고, 정당에 가입할 수 없다고 하여 정치적으로 편파적이지 않은 교육을 한다고 단언할 수도 없다. 교육의 정치적 중립성 규정이 교사 개인에게 어떠한 정치적 견해와 소신을 갖지 말라고 요청하는 것은 아니며 또한 그것은 가능하지도 않기 때문이다. 오히려 반대로 어떤 교원이 어떤 정치적 성향을 가지고 있는지를 교육의 주체로서의 학생들이 투명하게 알 수 있다면, 해당 교원의 교육 내용을 당파적 견해로 인식하여 이에 대해 균형 잡힌 판단을 내릴 수 있는 계기를 얻을 수도 있다.

3. 교육감에게 요구되는 정치적 중립성의 정도

지방교육자치에 관한 법률에서는 교육감 후보자가 일정 기간 내에 정당의 당원이 아닐 것을 요하고,[44] 교육감 선거에 정당의 후보자 추천을 금지한다.[45] 그러나 선거를 통해서 선

---

41) 교육기본법 제14조(교원) ④ 교원은 특정한 정당이나 정파를 지지하거나 반대하기 위하여 학생을 지도하거나 선동하여서는 아니 된다.

42) 사립학교법 제58조(면직의 사유) ① 사립학교의 교원이 다음 각호의 1에 해당할 때에는 당해 교원의 임용권자는 이를 면직시킬 수 있다. 4. 정치운동을 하거나 집단적으로 수업을 거부하거나 또는 어느 정당을 지지 또는 반대하기 위하여 학생을 지도·선동한 때

43) 다만 더 나아가 교원의 직무상 정치적 중립 의무 위반을 형벌로서 제재하는 것은 형법의 최후수단성에 비추어 볼 때 바람직하지 않다고 생각한다.

44) 지방교육자치에 관한 법률 제24조(교육감후보자의 자격) ① 교육감후보자가 되려는 사람은 당해 시·도지사의 피선거권이 있는 사람으로서 후보자등록신청개시일부터 과거 1년 동안 정당의 당원이 아닌 사람이어야 한다.
② 교육감후보자가 되려는 사람은 후보자등록신청개시일을 기준으로 다음 각 호의 어느 하나에 해당하는 경력이 3년 이상 있거나 다음 각 호의 어느 하나에 해당하는 경력을 합한 경력이 3년 이상 있는 사람이어야 한다. 1. 교육경력: 「유아교육법」 제2조 제2호에 따른 유치원, 「초·중등교육법」 제2조 및 「고등교육법」 제2조에 따른 학교(이와 동등한 학력이 인정되는 교육기관 또는 평생교육시설로서 다른 법률에 따라 설치된 교육기관 또는 평생교육시설을 포함한다)에서 교원으로 근무한 경력 2. 교육행정경력: 국가 또는 지방자치단체의 교육기관에서 국가공무원 또는 지방공무원으로 교육·학예에 관한 사무에 종사한 경력과 「교육공무원법」 제2조 제1항 제2호 또는 제3호에 따른 교육공무원으로 근무한 경력

45) 지방교육자치에 관한 법률 제46조(정당의 선거관여행위 금지 등) ① 정당은 교육감선거에 후보자를 추천할 수 없다. ② 정당의 대표자·간부(「정당법」 제12조부터 제14조까지의 규정에 따라 등록된 대표자·간부를 말한다) 및 유급사무직원은 특정 후보자(후보자가 되려는 사람을 포함한다. 이하 이 조에서 같다)를 지지·

출되는 교육감의 교육정책은 정치의 핵심적인 문제이다. 또한 오늘날 선거에서 정당이 차지하는 역할까지 고려해 본다면,[46][47] 정치적일 수밖에 없는 교육행정가에게 정치적 중립을 요

반대하는 등 선거에 영향을 미치게 하기 위하여 선거에 관여하는 행위(이하 이 항에서 "선거관여행위"라 한다)를 할 수 없으며, 그 밖의 당원은 소속 정당의 명칭을 밝히거나 추정할 수 있는 방법으로 선거관여행위를 할 수 없다. ③ 후보자는 특정 정당을 지지·반대하거나 특정 정당으로부터 지지·추천받고 있음을 표방(당원경력의 표시를 포함한다)하여서는 아니 된다.

46) 헌법재판소는 1995.11.30. 선고한 94헌마97 결정(공직선거및선거부정방지법 제59조등위헌확인사건)에서 "헌법이 보장하고 있는 정당(제도)의 본래적 존재의의가 국민의 정치적 의사의 형성에 참여하는데 있으며(헌법 제8조 제2항 후문), 오늘날 대의민주주의에서 이러한 참여의 가장 중요한 형태가 선거를 통한 참여임은 의문의 여지가 없다(헌법재판소 1991.3.11. 선고 91헌마21 결정 참조). 한편 오늘날과 같은 대중민주주의국가에 있어서는 정당은 국가로부터 자유롭고 공개적인 의사형성과 공동체의 정치적 구성에 있어서 필수불가결한 기능을 수행하고, 정당이 국민과 국가통치체제 사이에 개입되지 않고서는 오늘날 대중은 정치나 국가작용에 영향력을 행사하기가 어렵다(헌법재판소 1994.4.28. 선고 92헌마153 결정 참조)."고 하였다.

47) 선거에서의 정당의 관여를 금지하고 있던 (구)공직선거및선거부정방지법에 대하여 헌법재판소는 2003.1.30. 선고한 2001헌가4 결정에서 "선거에 당하여 정당이냐 아니면 인물이냐에 대한 선택은 궁극적으로 주권자인 국민의 몫이고, 입법자가 후견인적 시각에서 입법을 통하여 그러한 국민의 선택을 대신하거나 간섭하는 것은 민주주의 이념에 비추어 바람직하지 않기 때문에, 기초의회의원선거에서 정당의 영향을 배제하고 인물본위의 투표가 이루어지도록 하겠다는 구체적 입법의도는 그 정당성이 의심스럽다. 그리고 후보자가 정당의 지지·추천을 받았는지 여부를 유권자들이 알았다고 하여 이것이 곧 지방분권 및 지방의 자율성 저해를 가져올 것이라고 보기에는 그 인과관계가 지나치게 막연하므로, 법 제84조의 규율내용이 과연 지방분권 및 지방의 자율성 확보라는 목적의 달성에 실효성이 있는지도 매우 의심스럽다. 나아가, 법 제84조가 지방자치의 본래의 취지 구현이라는 입법목적의 달성에 기여하는 효과가 매우 불확실하거나 미미한 반면에, 이 조항으로 인해 기본권이 제한되는 정도는 현저하다. 즉, 후보자로서는 심지어 정당의 지지·추천 여부를 물어오는 유권자들에 대해서도 침묵하지 않으면 안 되는 바, 이는 정당을 통해 정계에 입문하려는 기초의회의원 후보자에게 지나치게 가혹하다. 또한, 지방의회의원 선거의 선거기간이 14일로 규정되어 있고 사전선거운동이 금지되는 등 선거의 공정성을 담보하는 각종의 규제들이 마련되어 있어서 실제로 유권자들이 기초의회의원 후보자와 접촉할 수 있는 기회는 그리 많지 않은데다가 이른바 4대 지방선거가 동시에 실시되고 있는 탓으로 유권자들이 후보자들 개개인의 자질과 능력을 일일이 분석·평가하기란 매우 힘든 실정이므로 현실적으로 후보자에 대한 정당의 지지·추천 여부는 유권자들이 선거권을 행사함에 있어서 중요한 참고사항이 될 수밖에 없는데도 불구하고, 무리하게 후보자의 정당표방을 금지하는 경우에는 유권자들은 누가 누구이고 어느 후보가 어떠한 정치적 성향을 가졌는지도 모르는 상태에서 투표를 하거나 아니면 선거에 무관심하게 되어 아예 투표 자체를 포기할 수도 있다. 이러한 점들을 종합할 때, 정당표방을 금지함으로써 얻는 공익적 성과와 그로부터 초래되는 부정적인 효과 사이에 합리적인 비례관계를 인정하기 어려워, 법익의 균형성을 현저히 잃고 있다고 판단된다. 이에 덧붙여, 법 제84조 단서에서는 후보자의 당원경력의 표시를 허용하고 있는데, 이러한 당원경력의 표시는 사실상 정당표방의 일환으로 행해지는 것이 통상적이어서 법 제84조 본문과 단서는 서로 중첩되는 규율영역을 가지게 되는 바, 이로 말미암아 법 제84조는 기초의회의원 후보자로 하여금 선거운동과정에서 소속 정당에 관한 정보를 어느 만큼 표방해도 좋은지 예측하기 힘들게 하고 국가형벌권의 자의적 행사의 빌미마저 제공하고 있으므로 명확성 원칙에 위배되는 측면이 있다. 그렇다면, 법 제84조는 불확실한 입법목적을 실현하기 위하여 그다지 실효성도 없고 불분명한 방법으로 과잉금지원칙에 위배하여 후보자의 정치적 표현의 자유를 과도하게 침해하고 있다고 할 것이다."고 판단하였고, 이에 더하여 "법 제84조의 의미와 목적이 정당의 영향을 배제하고 인물 본위의 선거가 이루어지도록 하여 지방분권 및 지방의 자율성을 확립시키겠다는 것이라면, 이는 기초의회 의원 선거뿐만 아니라 광역의회 의원 선거, 광역자치단체장 선거 및 기초자치단체장선거에서도 함께 통용될 수 있다. 그러나 기초의회의원선거를 그 외의 지방선거와 다르게 취급을 할 만한 본질적인 차이점이 있는가를 볼 때 그러한 차별성을 발견할 수 없다. 그렇다면, 위 조항은 아무런 합리적 이유 없이 유독 기초의회의원 후보자만을 다른 지방선거의 후보자에 비해 불리하게 차별하고 있으므로 평등원칙에 위배된다."고 결정하였다. 비록 이 사건에서 기초의회의원선거의 경우 정당이 후보자를 추천할 수 없도록 한 법 제47조 제1항은 당해사건에 적용될 법률조항이 아니거나 특정 정당으로부터의 지지·추천 받음을 표방하는 것을 금지한 제84조의 위헌 여부에 체계적으로 밀접불가분한 관계에 있다고 보기도 어려워서 재판의 전제성이 없어 부적법 각하되었으나, 2005년 8

구하는 것이 헌법 제31조 제4항의 교육의 정치적 중립성이 요청하는 바는 아니라고 생각한다. 즉 현행 지방교육자치에 관한 법률이 교육감의 정치적 중립성을 요구하는 것은 정치의 정치적 중립성을 요구하는 모순적 태도이다. 입법자는 현행 지방교육자치에 관한 법률 제24조와 제46조를 교육의 정치적 중립성을 보장하기 위한 목적에서 형성하였다지만, 지난 8년간에 경험에 비추어 볼 때, 진영이라는 이름으로 등장한 후보들 간의 단일화나 정당 대신 추구하는 이념(진보, 중도, 보수)을 현수막에 붙이고 선거운동을 하는 모습이 어떤 면에서 정치적으로 중립한지 의문이다. 따라서 본질적으로 정치적인 속성을 갖는 교육감 선거와 교육행정에 대하여, 교육감 및 그 후보자가 당적을 보유하는 것을 금지한다거나 정당이 교육감 선거에 관여하는 것을 금지한다고 해서 교육의 정치적 중립성이 보장되는 것은 아니라고 본다.

지방교육자치제의 연혁을 살펴보면, 우리나라의 지방교육자치제도에 교육의 정치적 중립성이 요구되기 시작한 것은 간선제 개정부터이다. 이전의 임명제에서는 이러한 제한이 없었고, 선출직으로 바뀌면서 교육감과 교육의원의 자격 규정에 정당 경력 제한이 들어오게 되었다. (구)교육법(1991.3.8. 법률 제4347호로 지방교육자치에 관한 법률이 제정되기 전 관련 내용을 담고 있던 법률) 제15조는 “교육의 자주성 · 전문성과 지방교육의 특수성을 살리고 지방자치단체의 교육 · 과학 · 기술 · 체육 기타 학예(이하 “교육 · 학예”라 한다)에 관한 중요사항을 의결하기 위하여 특별시 · 직할시 · 도(이하 “시 · 도”라 한다)와 시 · 군 및 자치구(지방자치단체인 구를 말한다. 이하 같다)에 교육위원회를 둔다.”고 규정하고 있었다. 지방교육자치에 관한 법률이 제정되면서 위 규정은 신법 제1조(목적)로 수용된다. 당시 제1조는 “이 법은 교육의 자주성 및 전문성과 지방교육의 특수성을 살리기 위하여 지방자치단체의 교육 · 과학 · 기술 · 체육 기타 학예(이하 “교육 · 학예”라 한다)에 관한 사무를 관장하는 기관의 설치와 그 조직 및 운영 등에 관한 사항을 규정함으로써 지방교육의 발전에 이바지함을 목적으로 한다.”라고 규정하고 있었고, “기타”를 “그 밖의”로 “운영등”을 “운영 등”으로 고친 것 이외에는 현재도 그대로 유지되고 있다. 이처럼 지방교육자치에 관한 법률이 “교육의 정치적 중립성”을 그 목적으로 정하지 않음에도 불구하고 교육감 선거에서는 정치적 중립성을 요구하는 것은 체계적으로도 문제가 있다.

결론적으로 전체 국민에 대한 봉사자로서 직업공무원제도의 보호를 받기 때문에 정치적으로 중립하여야 하는 공무원의 정치적 중립 의무와 같은 수준의 정치적 중립 의무를 선거를 통해 선출되는 교육감에게 요구할 수는 없다고 본다. 즉 보통의 정치적 공무원(대통령, 지방자치단체장 등)과 동일하게 교육감에게도 당적 보유를 허용하고, 정당의 공천을 받아 선거

월 4일 기초지방의회의원에 대해서도 정당의 후보자 추천을 허용하는 것으로 (구)공직선거및선거부정방지법이 개정되었다(공직선거법으로 명칭 변경).

에 나서는 것을 허용하되, 더 나아가 선거에서 특정 정당에게 유리하도록 자신의 직무를 악용하는 것은 방지하는 장치만을 두면 족하다. 또한 앞서 살펴보았듯 교육의 정치적 중립성을 이유로 교육감 후보자의 당적 보유가 금지된다거나, 선거에서 정당의 공천을 받을 수 없는 것은 아니다. 그럼에도 불구하고 현재 교육감 선거에서 정당의 관여가 허용되지 않는 것은 교육의 정치적 중립성의 의미를 입법자가 왜곡하였기 때문이다. 교육감은 정책의 결정·집행에 관하여 주민에 대해 정치적 책임을 지는 자이기 때문에 유권자에게 효과적으로 자신의 교육정책을 알릴 수 있어야 한다는 면에서, 또한 교육감의 활동에 대한 주민의 정치적 평가를 돕고, 책임의 소재를 명확하게 판단할 수 있어야 한다는 측면에서 정당의 교육감 선거 관여를 허용하여야 한다고 본다.

Ⅳ. 정당의 교육감 선거 참여 방안

1. 임명제로의 회귀 방안

앞서 살펴보았듯이 당적 보유 불허, 정당 공천 불허로 깜깜이 선거를 치루는 현행 교육감 주민 직선제는 개선되어야 한다는 데에 많은 전문가들이 동의하고 있다. 특히 외국에서는 임명제가 지방교육자치제도의 주류를 이루고 있다. 영국·프랑스·독일·핀란드·일본은 모두 교육감을 중앙 정부 또는 지방정부가 '임명'하며, 미국은 50개 주(州) 중 36개 주가 임명제를 택하고 있다.[48] 전통적으로 지방교육자치의 전통이 강한 국가는 교육 문제를 지방 차원에서 다룬다. 영국은 지방자치단체에 설치된 교육 담당 국장(director of children's services)을 지자체장이 임명하고, 독일 역시 주총리(주지사)가 주정부의 교육부장관을 임명한다. 반면 중앙집권적 성격이 강한 프랑스 같은 나라들은 대통령이 전국 30개 교육구의 교육청장을 임명한다. 일본의 경우는 1958년부터 일반 행정과 교육행정을 통합한 뒤 광역·기초자치단체장이 임명한 교육위원회가 위원장을 제외한 교육위원 중에서 교육장을 임명하도록 하고 있다. 미국의 경우 36개주가 임명제, 14개 주가 공선제를 실시하는데, 임명제를 채택하고 있는 주 가운데 주교육위원회가 임명권을 갖는 경우가 24개 주, 주지사가 임명권을 갖는 경우가 12개 주이다. 14개 공선주의 경우에는 6개 주가 정당의 관여 없이 비정당선거로 선출하고,[49] 8개 주에서는 다른 정무직과 마찬가지로 정당이 후보를 지명한 뒤 그 후보들 중에서

48) 이덕난·이정진, "주요국의 교육감 선출제도 및 시사점", 「이슈와 논점」 제291호, 국회입법조사처, 2011.

49) 비정당선거라는 표현은 nonpartisan의 개념을 우리식으로 표현한 것이다. 다만, 주의할 점은 미국에서의 당원 개념은 우리와 정확하게 일치하는 개념은 아니라는 점이다. 미국에서 당원이라고 함은 대부분이 대통령 예비선거에서 선거권자로 등록하는 과정에서의 당원 표시이기 때문에, 비정당선거의 개념에서 nonpartisan은 당적 보유를 허용하지 않는다는 개념으로 이해할 것이 아니라, 정당이 선거에 관여하지 않는다는 의미로 받아들이는 것이 적절하다. 즉, 이러한 주에서 정당은 교육감 선거에 후보자를 추천하지 않는다.

선거로 교육감을 선출한다.[50] 이처럼 외국에서는 임명제가 더 일반적이어서 그런지 우리도 다시 임명제로 돌아가자는 의견이 여러 차례 제시되고 있다.[51]

하지만 교육감 주민 직선제를 다시 중앙(대통령 또는 국회) 또는 지방(광역지방자치단체장 또는 광역지방의회)에 의한 임명제로 회귀시키는 방안에 대해서는 반대한다. 교육의 자주성의 요청은 여전히 지방교육자치제도가 추구해야할 헌법적 목적(근거)이고, 임명제로의 회귀 방안은 교육의 자주성에 대하여 제약을 가한다는 사실을 부인할 수 없기 때문이다. 그렇다면 교육감 직선제를 유지한다는 전제 아래 생각해 볼 수 있는 다른 대안은 무엇일까?

2. 교육감 선거에 정당의 후보자 추천을 허용하는 방안

처음으로 지방교육자치에 관한 법률 제46조를 개정하여 정당의 선거 관여를 허용하는 방안을 생각해 볼 수 있다. 다만 교육감 선거에서 정당의 선거 관여를 허용하기 위해서는 공직선거법 제47조 제1항[52] 또는 지방교육자치에 관한 법률 제24조 제1항(교육감 후보자의 당적 보유를 금지하는 조항)을 반드시 개정하여야만 한다.

먼저 공직선거법 제47조 제1항을 개정하여 교육감 선거에 한하여 정당이 소속 당원이 아닌 자를 후보자로 추천할 수 있도록 예외를 허용하는 방안을 살펴본다. 그러나 정당이 그 소속 당원이 아닌 자를 공직 선거의 후보자로 추천할 수 있게 된다면, 현재로서는 교원이 정당에 가입할 수 없도록 규정한 정당법의 취지를 우회하는 결과를 초래한다는 점에서 바람직하지 않다. 왜냐하면 교육감 후보자로 출마하고자 하는 교원은 특정 정당의 당원은 아니지만 정당의 추천을 받음으로써 법률상으로만 당원이 아닐 뿐 사실상 당원인 것과 다르지 않게 되는데, 이것은 현행의 정당법이 유지된다는 전제에서는 체계적으로 타당하지 않기 때문이다.

다음으로 지방교육자치에 관한 법률 제24조 제1항을 함께 개정하여 정당이 그 소속 당원인 교육감 후보자를 추천할 수 있게 하는 방안을 검토한다. 생각건대 교육감 후보자의 당적

---

50) 캘리포니아 · 워싱턴 · 위스콘신 · 아이다호 · 노스다코타 · 오리건 주는 비정당선거로 주교육감을 선출하고(6개 주), 조지아 · 애리조나 · 인디아나 · 몬타나 · 노스캐롤라이나 · 사우스캐롤라이나 · 오클라호마 · 와이오밍 주는 정당이 후보자를 추천하면, 그 중에서 주교육감을 선출한다(8개 주)(이덕난 · 이정진, 앞의 글, 2면 참조).

51) 이세재, "[기고] 교육감 선거! 이대로 좋은가?", 중부일보 2018.3.20. 기고(http://www.joongboo.com/?mod=news&act=articleView&idxno=1236972); "광주서 '교육감 직선제 폐지' 논란 재점화, 노컷뉴스 2018. 3. 12. 기사(http://news1.kr/articles/?3258417); "학생이 즐겁고 행복한 교육, 진정한 지방교육자치에서 나온다", 한국일보 2018. 3. 12. 우동기 대구시교육감 인터뷰(http://www.hankookilbo.com/v/5ffd01a925c948c9807ba388c638d77d); "한국당의 '혁신'… 사시부활 · 수시축소 · 상대평가", 국민일보 2017. 11. 27. 기사(http://news.kmib.co.kr/article/view.asp?arcid=0923856825&code=11121100&cp=nv) 등 참조.

52) 공직선거법 제47조(정당의 후보자추천) ① 정당은 선거에 있어 선거구별로 선거할 정수범위안에서 그 소속당원을 후보자(이하 "政黨推薦候補者"라 한다)로 추천할 수 있다. 다만, 비례대표자치구 · 시 · 군의원의 경우에는 그 정수 범위를 초과하여 추천할 수 있다.

보유를 허용하도록 개정하면서 정당법 등 교원의 정당 가입을 금지하는 규정을 함께 개정하지 않는다면 교육행정의 가장 중요한 축인 교육계를 교육감 선거에서 배제하는 결과를 초래하고, 이것은 곧 헌법이 명령한 교육의 전문성에도 반하는 것이어서 타당하지 않다고 본다. 즉 현행 정당법상 교원은 정당의 당원이 될 수 없으므로, 교원은 무소속 후보자로 출마하거나, (정당 추천 후보자와 무소속 후보자 간에는 정당 추천 후보자가 당선될 가능성이 통계적으로 더 높기 때문에) 직장을 그만 두고 정당에 가입하여야 하는 입장에 서게 되는데 이것은 바람직하지 않다.[53] 특히 교육의 정치적 중립성이 지방교육자치제도의 내용이 된 것은 1988년 5월 1일 교육법 개정에서 교육위원의 자격에 관한 규정이 신설되면서부터인데, 오히려 당시 정부안은 정당인에게도 교육위원의 자격을 허용하도록 하는 방안이었으나, 대한교련(현재 한국교원단체총연합회)과 교육개혁심의회를 중심으로 하는 교육계의 반발로 정당의 당원에게 허용되지 않게 되었다는 점을 생각해 볼 필요가 있다. 여전히 정당법은 교원이 정당의 당원이 되는 것을 금지하고 있기 때문이다. 정당국가화 경향의 심화 속에 선거에서의 정당의 영향력을 고려하면, 정당의 당원이 교육감으로 당선될 가능성이 높고, 그로 인해 교육행정에서 교육계가 배제되는 결과가 초래되면 궁극적으로 교육이 정치에 예속될 것이 자명하다.

결론적으로는 교원이 정당에 가입하지 못하도록 규정한 정당법 등의 규정을 개정하는 것만이 이러한 문제점을 해결할 수 있다고 본다. 따라서 지방교육자치에 관한 법률 제24조 제1항, 제46조를 개정하는 경우에는 반드시 정당법 등 관련 규정에서 교원의 정당 가입을 허용하는 개정이 전제되어야 한다.

3. 교육감 선거의 일반 선거화 방안

따라서 궁극적으로는 교육감 후보자의 당적 보유를 허용하고, 교원과 공무원의 정당 가입도 허용하고, 교육감 선거에서 정당의 관여도 허용하도록 관련 법규를 모두 개정하여야 한다.[54] 그 경우 교육감 선거에서 유권자들은 정당의 후보자 추천으로 어느 후보에 투표하여야 할지에 관한 정보를 쉽게 알 수 있게 되고, 정당의 입장에서도 주민들의 정치적 의사형성에 도움을 줄 수 있게 된다. 또한 시·도지사 후보자와 같은 당에 소속된 교육감 후보자가 함께 당선될 가능성을 높여, 시·도지사와 시·도교육감 사이의 이념 차이에 따른 정책 방향의 갈등을 줄일 수 있다는 장점도 있다.

다만 이러한 주장은 공무원과 교원의 정당 가입을 허용하고, 교육의 정치적 중립성과 공

---

53) 나아가 필자는 특히 공적 영역에서라도 공무원, 교원이 공직 선거에 당선되어 임기를 마치고 복귀할 때까지 인사상 불이익이 없이 휴직이 가능하도록 장려할 필요가 있다고 생각하는데, 오히려 직장을 포기하지 않으면 실질적으로 공직 선거에서 당선되는 것이 불가능하다면 그것은 바람직한 선거제도가 아니라고 본다.

54) 단, 이 경우 정당은 그 소속 당원을 공직 선거 후보자로 추천할 수 있게 되므로, 공직선거법 제47조 제1항을 개정할 필요성은 사라진다.

무원의 정치적 중립성의 의미를 사회적으로 재확인하는 담론이 사전에 충분히 활성화되어야 하는 등 많은 합의가 필요하고, 일거에 극단적인 변화를 초래한다는 점에서 과도기적으로는 러닝메이트 제도를 도입하는 방안이 논의될 수 있다고 본다.

4. 러닝메이트 제도를 도입하는 방안

모든 규정을 일거에 개정하기 어려운 상황에서 과도기적으로는 교육감을 시・도지사와 러닝메이트(running mate: 동반 입후보자)로 통합해 선출하는 방안을 고려해 볼 수 있겠다.[55)] 러닝메이트 제도란 유권자는 정후보자에 대하여만 투표하고, 부후보자는 정후보자 선거의 결과에 따라 당락이 함께 결정되는 선거 방식이다. 러닝메이트 제도의 대표적인 예는 미국의 부통령제인데, 미국의 부통령은 대통령후보와 ① 같은 정당의 추천을 받아 ② 대통령 선거 과정에서 함께 선거운동에 임하며, ③ 부통령의 임기는 대통령과 함께 개시하여 함께 종료한다. ④ 부통령은 재임 중 상원 의장으로 재직하면서, ⑤ 대통령의 궐위 시 그 직을 1순위로 승계한다. 일반적으로 러닝메이트라고 하면 미국의 부통령제와 유사한 특징을 가지는 정・부후보자의 선출 방식을 의미한다. 러닝메이트 제도의 단점으로는 일반지방행정정책과 교육정책에 대하여 유권자가 지지하는 후보가 다를 경우, 그 의사를 선거 결과에 반영하기 어렵다는 점과 러닝메이트 후보자가 결국에는 정당색을 가질 수밖에 없으므로 임명제와 다를 바 없다는 점이 지적된다. 하지만 임명제와는 달리 교육감의 임기가 보장된다는 점에서 차이가 있다. 러닝메이트 제도는 사전 임명과 비슷한 성격을 가지지만, 직선의 효과도 거둘 수 있으므로 임명제, 별도 선거제의 장점을 고루 결합한 제도 운용을 기대할 수 있다는 데에 장점이 있다. 또한 과도한 선거비용을 줄일 수 있고, 동시에 많은 선거에 투표해야하는 유권자들의 혼란을 방지할 수 있다는 점, 그리고 마지막으로 시・도지사와 교육감 간의 정책노선에 갈등이 초래될 위험이 적어 일반자치와 교육자치의 효율적인 연계가 가능하다는 점 등이 주요 장점으로 부각된다.

V. 결 어

요컨대 러닝메이트 제도는 지방교육자치제도에 관하여 어떠한 견해를 취하든 당장에 수용할 수 있는 대안이다. 현재로서는 교육감 후보자의 당적 보유는 계속 허용하지 않으면서, 소속 당원이 아니어도 정당이 공직선거에 후보자를 추천할 수 있게끔 변화시키려면 러닝메이트 제도를 도입하는 방안이 가장 적절한 대안이라고 볼 수밖에 없다. 다만, 궁극적으로는

55) 이덕난, "교육감 직선제 폐지 및 교육・일반자치 통합 논의에 대한 검토", 「이슈와 논점」 제137호, 국회입법조사처, 2010.

교육의 정치적 중립성 규정의 수범자를 국가, 공권력으로 이해하여, 교육자가 직무와 무관하게 개인적으로 당적을 보유하는 것까지 막는 규정은 아니라는 점을 이해하고, 교육행정가에게 교육의 정치적 중립성을 요구할 수 없다는 점을 재확인하여서, 정당법 등 관련 법률의 개정을 통해 교원에게도 정당 가입을 허용하고, 교육감 후보자의 당적 보유를 허용하며, 교육감 선거에도 다른 선거에서와 마찬가지로 정당이 관여할 수 있도록 개선해야 된다고 본다.

30. 헌법철학적 가치로서의 司法의 責務性*

최 유 경**

Ⅰ. 서　　설

우리의 헌정사적 경험은 정치권력의 외압으로부터 '사법의 독립'이라는 헌법적 가치를 지켜내는 데 큰 가치를 부여해 왔으며, 司法에 관한 헌법적 관심을 집중시켜 왔다. 이에 사법의 독립에 대한 헌법철학적 관점에서의 선행연구 또한 적지 않다 하겠고,[1] 오늘날 형식적인 의미에서라면 사법부의 독립이 보장되어 있지 않다고 이야기하기도 어려울 것이다. 그런데, 사법에 대한 불신이나 재판의 공정성에 대한 의구심이 해소되고 있지 않다는 지적이 여전한 것은 어떤 이유에서일까?[2] 현시점에서 가라앉을 줄 모르는 사법 불신이라는 위기의 본질은 어디에 있는 것이며, 사법부의 독립성 확보만으로 해소되지 않는 사법 불신의 해법은 무엇일까? 필자는 사법행정과 판결과정, 판결을 포괄하는 사법제도의 정당성에 대한 의문을 '사법의 책무(judicial accountability)'라는 관점의 시론적 문제제기를 통해 접근해 보고자 한다.

이 글은 근본적으로 법적 책임과 도덕적 책임 사이 어디엔가 존재하는 개념으로서의 '사법의 책무'라는 도구 개념을 다음의 관점에서 검토하고자 한다.

첫째, 사법의 기능에 관한 논의에서 사법의 책무라는 별도의 개념이 논의될 필요성이 있는가? 만일 그렇다고 한다면 이 요청은 헌법 또는 법의 가치로부터 어떻게 도출될 수 있는가?

사법의 책무에 관한 연구[3]는 소위 법조일원주의적 구성 원리를 기반으로 사법부를 구

* 이 글은 법철학연구 제18권 제2호(2015), 65-95면에 수록된 논문을 일부 수정·보완한 것이다.

** 한국법제연구원 부연구위원

1) 예를 들면 양건, "사법권 독립과 사법제도-헌법개정과 관련하여," 사법행정 제28권 제8호(1987); 한상범, "사법의 권위와 사법권의 독립-사법에 대한 국민의 신뢰와 사법권의 권위," 사법행정 제31권 제8호(1990); 최대권, "사법권의 독립-법사회학적 고찰," 서울대학교 법학 제32권 제1, 2호(1991); 오동석, "사법부 독립의 민주주의적 방향," 민주법학 제16권 제1호(1999); 임지봉, "미국에서의 사법권 독립에 관한 한 연구(상), (하)," 사법행정 제40권 제9호(1999), "우리나라 사법권 독립의 문제점에 관한 비교법적 연구," 사법행정 제41권 제2호(2000), "사법권의 독립 확보를 위한 방안: 법관의 독립 및 법관인사제도를 중심으로," 헌법학연구 제16권 제1호(2010) 및 단행본으로 사법적극주의와 사법권 독립(철학과 현실사, 2004); 신평, "사법의 독립과 책임의 조화," 세계헌법연구 제15권 제2호(2009); 이상수, "사법권 독립과 법관의 직무평가," 민주법학 제41권(2009); 김승환, "한국에서의 사법권 독립," 동북아법연구 제3권 제1호(2009); 조홍식, 사법통치의 정당성과 한계(제2판)(박영사, 2010); 한상희, "사법부의 독립성 제고와 합리적 사법작용," 헌법학연구 제16권 제3호(2010); 이상덕, "사법부 내에서의 법관의 독립," 행정법연구 제34호(2012); 최선, "사법권 독립에 대한 비판적 검토," 한국정치학회보 제49권 제1호(2015) 등 참조.

2) 하태훈, "사법에 대한 신뢰," 저스티스 통권 제134-2호(2013.2. 특집호 Ⅰ), 575면.

3) 대표적인 연구는 Amy B. Atchison, Lawrence Tobe Liebert & Denise K. Russell, "Judicial Independence and Judicial Accountability: A Selected Bibliography," 72 S. Cal. L. Rev. 723(1999)에 비교적 체계적으로 정리되어 있으며, 그 이후 연구로는 특히 Stephen B. Burbank와 Charles Gardner Geyh 교수의 연구에 주

성・운영하고 있는 미국에서는 물론 유럽 각국에서도 활발히 논의되어 왔다.[4] 이들 국가에서 사법의 책무는 법관의 임명이나 선출과 관련하여 법관종신제 및 주(州) 법관선거제도, 법관평가제도(judicial performance evaluation), 그리고 법관윤리의 확립이나 법관징계제도(judicial disciplines) 등과 관련하여 중요한 헌법적 가치로 인식되어 왔다.[5] 반면 우리의 경우 정치적・경제적 외압으로부터의 사법부 독립성 확보에 치중할 수밖에 없었던 역사적・정치적 긴장과 경험을 가지고 있다. 그렇다면 우리 사법제도 내에서 사법의 책무에 관한 논의는 지금 시점에서 어떠한 의미를 가지는 것일까?

둘째, 사법의 책무 개념과 요청을 받아들인다면, 그 구성요소를 헌법철학적 원리의 관점에서 어떻게 이해할 것인가?

사법의 책무를 헌법철학적 가치로서 이해하기 위해서는 우선 개념 정의와 구성요건, 그 구체적 내용과 범위 및 한계를 설정하는 작업이 뒷받침되어야 할 것이다. 후속적으로는 사법

목할 필요가 있다. 한편 Susan Bandes 교수는 Charles Geyh 교수의 글에 대하여 이론(異論)을 제기하고 있다. Stephen B. Burbank, "The Architecture of Judicial Independence," 72 S. Cal. L. Rev. 315(1999), "What Do We Mean by 'Judicial Independence'?", 64 Ohio St. L.J. 323(2003), "Judicial Accountability to the Past, Present and Future: Precedent, Politics and Power," 28 U. Ark. Little Rock L. Rev. 19(2005), "Judicial Independence, Judicial Accountability, and Interbranch Relations," 95 Geo. L.J. 909(2007); Charles Gardner Geyh, "Why Judicial Elections Stink", 64 Ohio St. L.J. 43(2003), "Rescuing Judicial Accountability from the Realm of Political Rhetoric," 56 Case W. Res. Rev. 911(2006); Susan Bandes, "Judging, Politics and Accountability: A reply to Charles Geyh," 56 Case W. Res. L. Rev. 947(2006). 한편 가장 최근의 연구로는 Hakeem O. Yusuf, *Transitional Justice, Judicial Accountability and the Rule of Law*(Routledge, 2010)와 G. Alan Tarr, *Without Fear or Favor*(Stanford University Press, 2012)를 주목할 만하다. 그 외에도 Gordon Bermant & Russell R. Wheeler, "Federal Judges and the Judicial Branch: Their Independence and Accountability," 46 Mercer L. Rev. 835(1995); Richard J. Scott, "Accountability and Independence," 45 U.N.B. L.J. 27(1996); Scott H. Bice, "Judicial Independence and Accountability Symposium Foreword," 72 S. Cal. L. Rev. 311(1999); Alex B. Long, "Stop Me Before I Vote for This Judge Again: Judicial Conduct Organizations, Judical Accountability, and the Disciplining of Elected Judges," 106 W. Va. L. Rev. 1(2003) 등 참조.

4) 사법의 책무에 관한 논의는 미국에 국한된 논의라기보다 근대 사법제도를 도입하여 운영하고 있는 국가에서 최근 활발하게 논의되고 있는 주제라 할 것이다. 예를 들어, 유럽의 경우 European Network of Councils for the Judiciary(ENCJ), "Independence and Accountability of the Judiciary and of the Prosecution," ENCJ Report (2014-2015)는 사법의 독립과 책무를 측정하는 지표를 설정하고, 정기적으로 조사・보고하고 있다.
http://www.encj.eu/images/stories/pdf/GA/Hague/encj_report_independence_accountability_2014_2015_adopted_ga.pdf(마지막방문: 2015.8.16.); 그 외에도 David S. Clark, "The Selection and Accountability of Judges in West Germany: Implementation of Rechtstaat," 61. S. Cal. L. Rev. 1975(1988), Scott Mainwaring, "Introduction: Democratic Accountability in Latin America," *in* Scott Mainwaring and Christopher Welna, eds. *Democratic Accountability in Latin America* (New York: Oxford University Press, 2003).

5) Henry Cecil, "Judicial Accountability: A Proposal for a Judicial Commission," The Australian Quarterly(1980); David C. Brody, "The Use of Judicial Performance Evaluation to Enhance Judicial Accountability, Judicial Independence, and Public Trust," 86 Denv. U. L. Rev. 115(2008); Thomas Tinkham, "Applying a Rational Approach to Judicial Independence and Accountability on Contemporary Issues," 37 Wm. Mitchell L. Rev. 1633(2011) 등 참조.

의 책무를 측정하는 객관적·주관적 지표를 개발하고, 이를 정기적으로 측정하여 체계적으로 계량화하는 작업이 요청되며, 이때 권력분립이나 법치주의와 같은 헌법상 원리는 물론 사법제도의 중축을 이루는 사법의 독립과의 관계 및 작용 또한 고려하여야 한다.

Ⅱ. 사법의 독립과 그 한계

1. 사법부 구성·운용에 관한 전통적 헌법원리로서의 사법의 독립

현행 헌법은 제101조 제1항에서 "사법권은 법관으로 구성된 법원에 속한다"고 규정하여 사법권이 원칙적으로 법원에 귀속되는 권한임을 밝히고 있다. 일반적으로 사법부의 구성 원리 또는 헌법원리로는 민주성·독립성·중립성·공정성·능률성·경제성 등을 들고,[6] 논자에 따라서는 전문성·독립성·민주성(또는 대표성)을 제시하기도 하나,[7] 그 으뜸에 사법의 독립성이 있음은 분명하다.

근대입헌주의 국가의 헌정질서 속에서 사법은 정치적·경제적·대중적 권력의 어떠한 간섭이나 영향에 얽매이지 않고 법의 독자성(autonomy)에 근거하여 완결된 법체계 및 법해석의 원리에 구속될 뿐이다. 그리고 법률전문가집단은 공정하고 불편부당한 재판 기능을 수행하고 법적 분쟁의 해결을 통해 법질서의 유지를 비롯한 국민의 자유 및 기본적 권리를 보장하는 역할을 수행하게 되었다.[8] 나아가 현대 법치국가는 사법기능을 조직상 다른 국가권력으로부터 분리하여, 전문적이고 독립적인 법관으로 구성된 법원에 귀속시킴으로써 국가행위의 합법성은 물론 합헌성 여부에 관한 사법심사까지 법원 또는 독립된 헌법재판기관의 관할에 두고 있다.[9]

현행 헌법은 제103조 및 제106조를 통해[10] '법원의 독립'과 '법관의 재판상 독립'[11]을 규정함으로써 사법의 객관성과 공정성을 보장할 뿐 아니라 다른 어떤 국가기관이나 권력도 법관의 재판에 간섭하거나 영향력을 행사할 수 없음을 천명하고 있다.[12] 따라서 사법기능의 이

---

6) 권영성, 헌법학원론(개정판) (법문사, 2010), 1079면. 반면 한수웅 교수는 사법기능의 유지와 보장을 위한 불가결한 요소로 독립성·객관성·공정성을 들고 있다.

7) 정종섭, "한국 법원제도의 변천과 과제," 헌법학연구 제4집 제1호(1998); 송기춘, "대법원장의 대법관 임명제청권에 관한 헌법적 논의," 민주법학 제23호(2003), 271-280면. 한편, 전문성은 사법의 독립 원칙을 실현하기 위한 기본적인 전제요건이므로 독립성과 전문성을 별도의 구성 원리로 이해하기보다는 오히려 독립성과 민주성의 원리와 두 원리의 공통된 원리로서의 전문성을 바탕으로 이루어진다고 설명하기도 한다. 한상희, "대법관 임명절차의 문제점과 개선방안: 헌법재판관·대법관 어떻게 뽑을 것인가", (참여연대·국회의원 이춘석 공동주최 토론회 발표문, 2012. 8. 27.), 26-27면.

8) 최대권, 위의 글(주 1), 27면.

9) 한수웅, 헌법학(제3판)(법문사, 2013), 1301면.

10) 헌법 제106조.

11) 헌법 제103조.

12) 헌법 제101조 제3항, 제102조 제3항 및 헌법 제108조.

행에 있어서 법관은 오로지 헌법과 법률만을 기준으로 삼을 뿐 외부의 어떠한 영향이나 지시 또는 명령에 따라서는 안 된다.[13] 법관의 직무상 독립을 보완·강화하기 위한 헌법적 장치와 더불어 인사권자를 비롯한 외부의 영향력이나 압력 또는 인사(人事)상 불이익을 받을 위험 등으로부터 법관을 보호하려는 신분상의 독립 또한 중요하다.[14]

2. '사법의 책무' 개념의 도입 필요성: 사법의 민주적 정당성 요청의 한계

이처럼 사법의 독립성 원칙이 중요한 헌법적 가치로 자리매김함으로써 사법부와 그 구성원인 법관은 어떤 내·외부적인 두려움이나 호의에 대해서도 완전히 독립되며, 정치적·경제적·실력적 영향력의 행사로부터 자유롭게 되었다. 그러나 사회적 동질성의 약화로 이해관계가 더욱 세분화되고 다양한 이익집단이 등장하는 한편 그들의 역할 또한 강화되고 있는 현대 사회에서 사법의 독립은 정치적 외압이나 소송 당사자로부터의 독립을 넘어 로펌의 대형화, 언론 기관의 권력화 및 여론과 소셜 네트워크의 보편화와 같은 수많은 외부적 요인들과 결부되어 사회적 영역으로부터 이를 수호해야 하는 상황에 직면해 있다.

한편 사법의 독립은 결과적 측면에도 주목할 필요가 있다. 가령 독립성을 확보한 사법부(대법원)에 오히려 폐쇄성과 관료화 및 편향화의 문제가 존재한다면 이는 어떻게 견제되어야 할 것인가? 현행 법원조직법이 정하고 있는 법원의 사법행정구조는 대법원이 전국의 모든 법관과 법원공무원의 선발(임명), 승진, 전보와 같은 법관의 인사 문제를 비롯하여 각급 법원의 예산, 인력 운용, 사건의 배당 등을 철저히 관리·통제하는 결과를 초래했다.[15] 대표적으로 대법원장에 의한 인사권과 재정권의 권력집중으로 말미암아 사법관료화와 사법독재의 폐단이 초래되었고, 대법원장을 중심으로 사법부 내의 정치화를 야기할 위험마저 크다는 지적이나,[16]오늘날 법원 외부로부터의 독립 못지않게 사법부 내부로부터의 독립 또한 중요하게 되었다는 논의를 비롯해,[17] 사법부 구성의 획일성이나 의견 수렴 구조의 폐쇄성이 합의제 정신이나 각급 법원의 자치의 원리를 살리지 못하고 있다는 우려는 이러한 관점에서 더욱 주목할 필요가 있다.[18]

이는 사법권의 정치권력으로부터의 독립과는 다른 법철학적 논변의 차원에서 사법권의 독립이라는 가치에 대한 의문을 제기한다. 어떤 의미에서 사법부의 '독립'은 재판의 독립마저

---

13) 특히 재판의 독립에 관하여 박경철, "법관의 재판에서의 독립," 강원법학 제27권(2008) 참조.

14) 가령 판사로 임용된 자는 그 직에 있는 동안 판사로서의 소양이나 인격적 자질이 부족하다는 사실이 밝혀졌거나 판결 내용이 동료 법관 또는 시민 사회의 정서에 반하는 경우라 하더라도 헌법과 법률이 예정하고 있는 탄핵 또는 징계 사유를 구성하지 않는 한 그 직위를 박탈되지 않는다. 한상희, 위의 글(주 7), 22면 참조.

15) 정종섭, 헌법학원론(제10판) (박영사 2015), 1427면.

16) 정종섭, 위의 책(주 15), 1427면.

17) 김종철, "사법제도의 개정 필요성과 방향," 헌법학연구 제16권 제3호(2010), 110면.

18) 정종섭, 위의 책(주 15), 1427면; 김종철, 위의 글(주 17), 109-110면.

저해할 수도 있으며, 나아가 사법부의 독립이 사법부의 '고립'으로 점철될 소지마저 있기 때문이다. 즉 사법의 독립성 논의는 사법엘리트가 사법 정의에 대해 독점적 발언권을 보장하는 결과를 야기할 수 있을 뿐만 아니라 입법권과 행정권은 물론 사법부 구성원 스스로에게까지 어떠한 시민적 통제나 감시로부터도 절대적으로 자유로운 것을 의미하는 것이 아닌가 하는 오해를 불러일으킬 소지가 있다. 이 같은 사법의 독립성에 대한 신화적 환상[19]은 역설적으로 아래로부터의 사법개혁 논의를 답보 상태에 머물게 해 온 것이 사실이며, 국민과의 소통의 간극을 좁히지 못한 채 사법에 대한 국민의 신뢰 제고를 어렵게 만드는 장애 요인으로 잔존하고 있기도 하다.[20] 뿐만 아니라 사법권력의 무오류성에 대한 믿음은 자칫 사법 결정에 대한 불복이나 공론화 자체를 금기시하기도 한다.[21]

이러한 상황은 사법권의 독립에 대한 몰이해에서 기인한 것인가, 사법권의 독립에 대한 헌법원리로 해소될 수 없는 다른 차원의 헌법원리가 수용될 필요가 있는 것인가?

사법의 독립이라는 견고한 헌법적 제도 보장에도 불구하고 사법부 또한 민주적 정당성의 요청에서 자유로울 수는 없다는 논의는 일견 타당하다. 실제로 법원 내의 관료화나 권위주의로부터 사법행정의 분권화, 민주화, 수평화를 추구하는 제도의 정비가 시급하다는 논의는 사법개혁론의 주축을 이루어 왔다.[22] 그러나 사법의 기능과 특성을 고려하였을 때 오히려 사법의 독립과 상호보완적인 가치를 지니면서 민주적 정당성 논의와 결을 달리하는 또 다른 개념으로 '사법의 책무'가 새롭게 주목받아야 할 때가 아닌가 한다.[23] 사법의 독립성도 그 자체로 절대적 가치 또는 궁극의 목적이 아니라 보다 상위의 가치나 목적[24]을 달성하기 위한 수단인 것이며, 이를 위해서는 사법권의 독립과 별도로 논의할 가치가 있는 헌법적 원리들 또

19) 정치학자들은 사법의 독립성에 대해 종종 신화(myth) 또는 아직 그 개념이 정립되지 않은 가설(hypothesis)이라고 비판하기도 한다. Stephen B. Burbank, 위의 글(주 3), 324-325면.

20) 김종철, 위의 글(주 17), 109-110면.

21) 이러한 현상은 사회적으로 이슈가 되었던 사법파동이나 법관인사제도, 사회적으로 문제시되는 판결, 사법에 대한 국민 신뢰도의 저하 등으로 이어지고 있는 것으로 보인다. 가령 사법부에 대한 국민들의 국가기관 신뢰도는 2013년과 2014년 지속적으로 하락하고 있을 뿐 아니라 국회, 행정부, 군대, 기업, 종교, 언론 등 11개 기관 가운데 하위 10위에 머물고 있다: 아산정책연구원, http://asaninst.org/contents/6%ec%9b%94-%ec%a0%9c%eb%8f%84%ec%8b%a0%eb%a2%b0/(마지막 방문: 2015.8.16.)

22) 정종섭, 위의 책(주 15), 1427면.

23) 미국에서도 종전에는 사법의 독립성과 책무성의 가치는 일반적으로 상호 긴장 관계에 놓인 것이며, 사법의 독립성은 그 자체로 헌법의 원칙 내지는 가치 그 자체라고 이해함과 동시에 사법의 책무성의 원리에 의하여 사법의 독립성이 저해될 위험이 있다는 주장에 동조하는 경향이 보편적이었다. F. K. Zemans, "Public Access: Ultimate Guardian of Fairness in Our Justice System", JUDICATURE 4(1996), 173-175면. 그러나 1990년대 후반부터 사법의 책무성은 사법의 독립성과 서로 상반되는 가치라기보다는 마치 '동전의 양면'과 같은 관계인데, 그동안 동전의 앞면(독립성)에만 주목해 왔고 뒷면(책무성)에는 무엇이 그려져 있는지조차 관심이 없었던 것이라는 Stephen B. Burbank 교수의 주장과 그 전체적 취지에 동의하고 있는 Charles Gardner Geyh 교수의 연구 이후 이들 가치는 상충하기보다는 상호보완적인 것이라고 설명하고 있다.

24) 헌법 가치에 있어서 사법권의 독립도 궁극적으로는 국민의 자유와 기본적 권리를 확인하고 보장하는 최상위의 가치를 위한 수단으로 이해하여야 할 것이다.

한 존재한다. 필자는 이 글에서 그러한 원리 중 하나로 사법의 책무성 요청을 제안하고,[25] 이를 개념적으로 구성해 보고자 한다.[26]

Ⅲ. '사법의 책무' 개념의 정립

여기에서는 '사법의 책무' 개념을 정의하기에 앞서 책무와 유사개념을 비교하고, 교육, 미디어, 공영방송 등에서 논의하고 있는 책무성 개념에 천착하고자 한다. 나아가 사법의 책무 개념을 정의하고, 규범적 근거와 구체적인 요건 및 효과에 대하여 고찰하고자 한다.

사법의 근본적인 기능은 법해석과 적용이며,[27] 주로 소송이나 심판의 청구를 통한 법적 분쟁의 해결로 구체화된다.[28] 그러나 사법의 책무를 논의함에 있어서 司法은 권력통제기능, 헌법 및 기본권수호기능, 사법행정 및 정책결정 기능, 나아가 사법입법 제정의 기능까지 담당하는 것으로 넓게 보아야 할 것이다.[29] 특히 우리의 사법권력은 입법권과 행정권 등 정치적 속성을 기반으로 하는 다른 국가권력에 대한 통제적 기능을 담당하는 한편, 사법행정은 물론 사법 관련 정책에 대한지침과 방향을 적극적으로 유도·통제하는 기능까지 수행하고 있기 때문이다.

1. '책무'와 유사 개념

'책무'는 'accountability'를 번역한 것으로, 통상 'responsibility', 'obligation', 'liability' 또는 'answerability' 등과 유사하지만, 다른 개념으로 사용된다.[30] 먼저 'responsibility'는 통

---

25) 정종섭, 위의 책(주 15), 1393면에서도 judicial accountability를 사법의 '책임'으로 번역하면서, 사법의 독립을 논의함에 있어서 원리적으로 자유주의적 법치주의에 기반을 둔 사법의 자율성(judicial autonomy)과 민주주의에 기반을 둔 책임(accountability-본 연구에서는 이후 '책무'라 한다) 조화의 문제를 언급하면서, 사법의 책임을 강조하는 관점에서 법관은 국민 전체에 대한 봉사자의 지위에서 사회 현실과 그 변화를 광범한 시각에서 이해하고 법의 집행에 있어 단순한 법기술전문가의 시각을 극복할 것을 요구하고 있다. 뿐만 아니라 재판에 있어서 법관은 공정하고 효율적이며 품위 있는 태도를 유지하여야 하고, 법원은 법정의 운영이나 재판과 관련된 절차에서 법원의 이용자에게 편리하고 효율적이며 만족스러운 사법 서비스를 제공하여야 하는 것은 물론, 법원의 예산을 그 목적에 적합하게 합리적이고 효율적으로 집행하여야 할 것이 요구된다고 언급하고 있다.

26) Hon. Chief Justice Ernest L. Sakala, "The Accountability of the Judiciary- Accountable to Whom? Is There Such a Mechanism?", Southern Africa Judges Commission Meeting (August 11th to 14th, 2005).

27) 이에 대해서는, 김도균 편, 한국 법질서와 법해석론(세창출판사, 2013)의 망라적인 논의를 참조.

28) 사법의 이와 같은 기능은 궁극적으로 국가와 사회의 법질서를 유지하고 국민의 자유와 기본적 권리를 보장하는 데 있는 것으로 이해하여야 할 것이고, 이와 같은 사법의 본질은 그 어떤 수단에 의해서도 침해받지 않는 헌법적 가치이자 이상이며 그 자체로 목적이 될 것이다.

29) 김종철, 위의 글(주 17), 113-114면.

30) 특히 책무성 개념은 교육과 공영방송의 영역에서 각각 '교육책무성' 또는 '공영방송의 책무성'과 관련하여 체계적이고 이론적인 연구가 이루어지고 있는 반면, 사법의 '책무(accountability)'는 개념 그 자체에 대한 논의가 두드러지지는 않고 있어 이들 유사영역에서의 책무성에 관한 선행연구를 본 논의에 접목하는 것은 유의미한 작업이 될 것이다. 박선형, "교육책무성: 개념과 원리 및 쟁점," 교육행정학연구 제31권 제2호

상 '책임'으로 번역하며, 보편적인 모든 의미의 책임, 즉 도덕적으로 옳거나 법률적으로 요구되거나 기타 정신적으로 부담하게 되는 의무(moral, legal, mental accountability)까지 포괄하는 최상위 개념이다.[31)] 반면 책무는 책임 보다 포괄적이고 근원적인 개념으로, '개인·조직·사회 등에 대해 법률적으로 부여한 최소한의 제도적 준수사항을 가리키는 의무(obligation)'[32)]로 볼 수 있는 책임의 토대를 이루는 것이 곧 책무라 하겠다.[33)] 한편 책무를 법적 의무를 의미하는 형식적 성격이 강한 귀책성(liability)이나 도덕적 의무로서 자율적 속성이 보다 강조되는 답책성(answerability)과 구별되는 개념으로 보고, 법과 윤리 사이에 위치한 개념으로 풀이하기도 한다.[34)]

논자에 따라 '책임(responsibility)'을 구체적인 법률 규정이나 계약 등에 근거하여 부담하는 임무나 의무에 따른 역할을 의미하는 것이라고 하는 반면, '책무(accountability)'는 '책임을 받아들이겠다는 의무감이 강제성을 수반하는 의지적인 개념'이라고 설명하기도 한다.[35)] 즉 '책임'의 개념에는 보고나 설명 또는 해명까지 요구되는 것은 아니며 의무이행의 당사자에 대한 요구 사항이 명확하지 않을 수도 있다. 또한 의무이행을 요구하는 대상이 불특정 다수인 경우가 많아 책임이행의 요구와 이행과정의 정당화가 비교적 느슨하게 적용되는 경우가 발생한다.[36)] 반면 '책무'는 특정인이 다른 사람에게 법적 규정이나 계약 등에 의해 부여한 권한과 책임에 대하여 요구와 이행의 과정이 비교적 명확할 뿐 아니라[37)] 나아가 보고·설명·해명하는 개념을 포함하는 것으로 보이며, 결론적으로 책무는 책임이나 귀책(내지 답책)의 의무를 다하는 수준을 넘어 적극적인 의미로서 '그 결과를 보여 줄 수 있는 능력이나 상태'까지 요구하고 있는 점에서 응답성(responsiveness)까지 포함하는 개념으로 정의한다.[38)] 요컨대 책임은 기본적으로 미리 정립되어 규정되어 있는 의무의 내용 또는 의무사항 그 자

(2013), 117-150면; 배진아, "공영방송의 공적 책무성," 방송연구(2007년 여름호), 74-101면 이하; 황용성·이동훈·김준교, "미디어 책무성 관점에서의 인터넷 자율규제제도 비교연구," 언론과 사회 제17권 제1호(2009), 102-134면 등 참조.

31) 'responsibility'의 사전적 개념은 "something that you should do because it is morally right, legally required, etc."이다.

32) 즉 'liability'나 'obligation'은 계약 등을 통해 발생하는 법률상의 의무나 책임을 뜻하는 것으로 볼 수 있다.

33) 황용성·이동훈·김준교, 위의 글(주 30), 106-108면, 미디어 책무성에 관한 정의 개념을 참조. McQiuail D., *Media Accountability and Freedom of Publication* (Oxford University Press, 2003), 배진아, 위의 글(주 30), 87면에서 재인용.

34) McQiuail D., 위의 책(주 33), 204-205면, 배진아, 위의 글(주 30), 87면에서 재인용.

35) 'accountability'의 사전적 개념은 "an obligation or willingness to accept responsibility or to account for one's actions"이다.

36) G. Gaden, "Rehabilitating Responsibility," Journal of Philosophy of Education, Vol. 24(1)(1990), pp. 28-29.

37) 신현석, "단위학교의 책무성 제고를 위한 정책방안 연구," 안암교육학연구 제8권 제1호(2002), 92면은 책무성을 "어떤 활동 영역이나 직책의 당사자가 주변으로부터 정신적·물질적으로 지원 받은 정도에 대해 책임과 의무를 충실히 수행하고 있는지의 정도"라고 포괄적으로 정의하고 있다.

38) 김영철, "학교의 책무성 제고 방안," 한국교육 제32권 제1호(2005).

체를 의미하는 반면, 책무는 명시된 기준이나 의무사항에 함축되어 있는 기준에 따라 수행의 결과를 강제하고, 나아가 이를 사후적으로 측정·평가하는 과정임과 동시에 의무수행 여부를 설명하고 입증하는 과정으로 정리해 볼 수 있다.[39] 특히 책무의 이행은 이를 이행하는 절차와 성과에 대한 사회적 동의를 얻는 과정이므로 시민과의 관계가 무엇보다 중요하다. 따라서 사법의 책무를 논의함에 있어서도 이를 수행하는 '대상'과의 관계가 중요한 요소로 고려되어야 할 것이다.[40] 한편 책무를 '의회에 자신의 행위를 해명해야 하는 행위'라거나[41] '명시된 기준이나 그 의무사항에 함축되어 있는 기준에 따라 수행의 결과를 강제하고, 이를 사후적으로 측정·평가하는 과정'으로 정의하는 견해는 사법의 책무 개념에서도 핵심적인 가치를 이루게 될 것이다.[42] 이를 정리하면, <표 1>과 같다.

〈표 1〉 사법의 책무를 구성하는 핵심적 가치

① 사후성(ex-post)	명시된 의무사항의 이행 또는 수행 이후의 시점의 측정 및 평가
② 설명가능성(answerability) 또는 응답성(responsiveness)	의무수행의 과정 및 결과에 대한 설명 및 입증
③ 상호성(mutuality, reciprocality)	사회적 동의를 구하는 과정에서 책무수행자와 대상자와의 상호 소통(커뮤니케이션)

2. '사법의 책무'의 정의

지금까지의 논의를 바탕으로 '사법의 책무' 개념을 규정하면 다음과 같다.

"국민으로부터 사법권을 위임 받아 이를 이행하는 사법권력의 주체가 그 책임이나 의무를 수행하고[43] 그 과정과 이유, 결과에 대하여 책무요구자인 국민에게 보고·설명·해명하는 의무"

즉 사법의 책무는 일방적이고 소극적인 의무를 넘어 보다 적극적인 개념으로서 의무수행을 전제로 그 결과에 대하여(① 사후성) 설명하거나 답변할 수 있는(② 설명가능성/답변가능성) 요소를 포함하고,[44] 제한적인 양면관계를 넘어 관련 주체 상호 간 폭넓은 이해와 협력을

39) 강형철, "사이버 커뮤니케이션과 공익," 사이버커뮤니케이션학보 제17권(2006), 5-46면, 배진아, 위의 글(주 30), 87면에서 재인용.

40) 정수영, "미디어의 사회적 책임과 어카운터빌리티에 관한 고찰: 논의의 전개 및 미디어 규범이론으로서의 개념 구축을 중심으로," 한국여성커뮤니케이션학회(봄철정기학술대회 발표논문, 2007) 및 McQiuail D., 위의 책(주 33), 배진아, 위의 글(주 30), 87면에서 재인용.

41) 강만석, 이영주, 방통융합시대 공영방송 지배구조와 규제체제 연구(서울: 방송위원회 자유, 2006-21), 배진아, 위의 글(주 30), 87면에서 재인용.

42) 강형철, 위의 글(주 40), 배진아, 위의 글(주 30), 87면에서 재인용.

43) 사법의 책무를 개념화함에 있어서는 책임이나 의무의 수행에 있어서 그 방법이 적법하고 예견 가능할 것 또는 정당하거나 위임의 범위 내일 것 등의 요건이 추가적으로 논의될 필요성이 있을 것이지만 본 연구에서는 이에 대해서 상세히 다루지는 않았다.

전제로 한 소통과 포괄적인 다자관계를 지향하는 상호작용(③ 상호성)을 내포하는 개방적인 개념이다.[45] 사법의 책무는 단순한 권한의 위임에 따른 의무의 이행을 넘어 '특정 활동에 대한 결과를 보고·설명·해명하는 과정'까지 포함되는 것으로서 사법권력은 위임 받은 권한의 이행 과정을 다른 국가권력 기관과 국민에게 설명하거나 답변하여야 한다. 사법권력의 수행 방식은 일방적·제한적 관계가 아니라 쌍방향적·개방적·수평적인 관계로 구현되어야 하며,[46] 이로써 사법에 대한 국민의 신뢰의 근간이 확립된다. 사법의 책무가 사법의 독립을 침해하거나 이에 배치된다는 비판은 사법의 책무의 본질과 가치에 대한 이해가 불충분한데서 비롯되는 것이며, 사법의 독립성과 책무성은 마치 동전의 양면과 같은 것으로[47] 사법의 책무성은 사법의 독립성은 물론 나아가 법의 지배를 실현하는 도구적 개념이자 가치로 이해하여야 할 것이다.[48]

3. '사법의 책무' 도출의 규범적 근거

사법의 책무가 도출되는 대표적인 헌법적 근거 조항은 헌법 제1조 제2항과 제7조 제1항이다. "대한민국의 주권은 국민에게 있고, 모든 권력은 국민으로부터 나온다."고 규정하고 있

44) 책무성은 '설명책임'이라는 용어로도 사용되고 있으며 다른 주체에게 기업 및 조직 활동을 공개하고 설명하는 등 사회 구성원과의 원활한 커뮤니케이션을 전제로 한다고 하면서 특히 공적 서비스를 제공하는 기업의 경우 법적 윤리적 차원에서 운영 내용과 성과에 대한 평가를 받을 뿐 아니라 공적 서비스의 목표(공익)를 제대로 달성하였는가의 결과적 책무성까지 부여받게 된다고 설명하고 있는 선행연구로는 배진아, 위의 글(주 30), 81면.

45) 이러한 세 가지 기준에 대해서는 Ⅲ. 1. [표 1] 참조. G. Alan Tarr, 위의 책(주 3), 92-93면. 한편 김규태, "교육의 책무성 한계에 관한 법적 고찰," 한국교육 제32권 제4호(2005)는 책무성의 개념에는 '책임(responsibility)'과 '자격·권한의 부여(entitlement)'가 결합되어 있으며 책임은 책무성 개념의 핵심 조건이지만, 책임 그 자체가 책무성이라고 볼 수는 없다고 설명한다. 또한 이행요구자가 이행당사자에게 수행 기준과 권한을 부여하고 그것의 이행 여부와 결과를 평가하며, 이행당사자는 자신의 책임과 의무를 수행한 결과를 정기적으로 보고·설명·해명하는 행위를 의미한다고 보는 점에서 그 맥락이 유사하다. 그 외에도 "개인 혹은 조직이 제재나 보상의 활용을 통해 성과를 수정할 수 있는 권한을 지닌 자에게 그들이 수행한 과업을 정기적으로 설명하는 과정"으로 본 견해로는 G. Neave, "Accountability In Education," in the *International Encyclopedia of Education* Vol. 1(Husen, T. and Postlethwaith, T. N. eds., 1985) 참조.

46) 국내에서는 사법의 책무를 구체적으로 논의하고 있는 선행연구를 찾아보기 쉽지 않지만, 한상희 교수가 "사법의 책무성 개념은 아직 명확하지는 않지만, 기본적으로 '*책임성(responsibility)*'과 '*응답성(responsiveness)*'을 결합한 개념으로 보아도 크게 어긋나지 않는 것"으로 정리한 바 있다. 한상희, 위의 글(주 7), 27면. 한상희 교수의 이와 같은 분석은 무엇보다 사법의 본질적 속성과 기능에 있어서 독립성, 전문성 외에 책무성과 신뢰성을 중요한 개념표지로 인식하였다는 점에서 높이 평가할 수 있다: 한상희, "사법부의 독립성 제고와 합리적 사법작용", 헌법학연구 제16권 제3호(2010).

47) Charles Gardner Geyh, "Rescuing Judicial Accountability from the Realm of Political Rhetoric", 위의 글(주 3), 56 Case W. Res. L. Rev. 911(2006), 915-916면.

48) Geyh 교수의 이와 같은 입장과 유사한 대표적인 견해로는 Stephen B. Burbank, "Judicial Accountability to the Past, Present and Future: Precedent, Politics and Power," 28 U. Ark. Little Rock L. Rev. 19(2005), "Judicial Independence, Judicial Accountability, and Interbranch Relations," 95 Geo. L.J. 909(2007); Hakeem O. Yusuf, 위의 책(주 3), 26-27면 등. 반론으로는 Susan Bandes, "Judging, Politics and Accountability: A reply to Charles Geyh," 56 Case W. Res. L. Rev. 947(2006) 등 참조.

는 헌법 제1조 제2항은 그 자체로 사법의 책무 도출의 규범적 근거가 될 수 있다. 사법권력도 주권자인 국민이 위임한 국가 권력의 하나에 지나지 않으며 사법부의 구성과 운영은 물론 사법권의 행사 또한 정당성을 확보해야 한다. 다음으로 사법의 책무를 도출하기 위한 보다 직접적인 근거는 헌법 제7조 제1항이라 할 것이다.

(1) 헌법 제7조 제1항

우리 헌법 제7조 제1항은 "공무원은 국민전체에 대한 봉사자이며, 국민에 대하여 책임을 진다."고 명시하고 있다. 이 조항은 "All public officials shall be servants of the entire people and shall be *responsible* to the people."이라고 번역되듯이, 사법의 책무 개념의 헌법적 도출 근거로서는 가장 근접한 규정이다.[49] 국가는 공직을 통하여 활동하고, 공법인인 국가는 필연적으로 국가의 이름으로 국가에 대한 효력을 가지고 행동하는 자연인, 즉 공무원에 의존하여 국가과제를 이행한다. 공직자는 자신의 관할과 권한의 범위 내에서 국가를 대표하고 기능하는 자이며, 궁극적으로 공익을 실현할 의무를 부담한다. 개별공직자는 자신에게 위임된 국가권력의 범위 내에서 주어진 관할과 권한의 범위 내에서 공직을 수행하고, 국민은 민주주의 또는 법의 지배 원리에 따라 국가로 하여금 국가권력을 행사할 수 있도록 이 같은 권한을 부여한 것으로 해석된다. 즉 국가는 공직을 통하여 궁극적인 공익 실현의 윤리적 의무를 부담할 뿐만 아니라 법적인 구속을 받는 것이다. 이때 국가권력은 공직이라는 매개를 통하여 국민을 위하여 '국가과제를 이행하여야 하는 공직자의 의무와 책임'으로 변환된다. 즉 공직이라는 매개를 통하여 '국가의 통치권한'은 '공직에서의 의무와 책임'으로, 나아가 '권력'은 '책임'으로 전환된다는 관점에서 공직은 곧 국가의 정치적 지배를 '권력의 상태'에서 '법의 상태'로 전환하는 매개체라 할 수 있다.[50]

국민으로부터 국가권력을 위임받은 권력기관 또는 그러한 권력기관의 구성원인 공직자는 국가권력의 행사를 위해 국민의 의사로부터 유래하는 민주적 정당성의 요청을 받는다.[51] 민주국가에서 국가는 국민으로부터 도출되는 국가권력을 위임받은 수탁자일 뿐이며, 공직은 신탁자인 국민에 대하여 책임을 지는 것이기 때문이다. 이러한 신탁관계의 원리가 우리 헌법 제7조 제1항에 구체화된 것이며, 이로써 공직과 개인의 구분, 공직자의 공익실현과 개인의 사익 추구가 구분될 뿐 아니라 공직의 객관적 의무와 개인의 주관적 권리의 구분까지도 필연적으로 요구된다. 결국 헌법국가에서 국가권력은 민주적으로 위임된 국가권력을 대신 행사하는 것에 지나지 않으며, 공직은 공직자에게 위임된 국가기능이 구체화된 것이다. 따라서

---

49) 현행 영문 헌법 규정은 국가법령정보센터(http://www.law.go.kr/engLsSc.do?menuId=0&subMenu=5&query=#liBgcolor0 (마지막 방문: 2015.8.16).

50) 한수웅, 위의 책(주 9), 1252-1253면.

51) 한수웅, 위의 책(주 9), 1254면.

공직자는 어떤 형식으로든 '국민에 대하여' 책임을 져야만 하며, 사법부를 구성하는 법관도 이러한 원리에서 벗어나지 않는 것으로 해석하는 것이 헌법 체계적 해석에도 부합한다.

(2) 국민에 대한 '책임'의 헌법적 의미

헌법 제7조 제1항에서 공무원이 국민에 대하여 부담하는 '책임'의 성격을 '정치적 책임'으로 보는 견해는 여기서의 책임을 선출직 공무원의 경우 선거를 통한 국민의 심판으로 이해한다. 반면 공무원의 '책임'을 '법적 책임'으로 해석하는 견해에 따르면 여기서의 책임이란 고위직 공무원에 대한 탄핵소추나 헌법 제29조의 손해배상청구권 등과 같은 민·형사상 책임으로 이해한다.[52] 그러나 이 같은 해석은 '구체적 직무수행에 대한 공무원의 법적·정치적 책임'이 자칫 특정한 일부 공무원에게만 존재하거나 명백한 법위반과 같은 특정한 경우에 제한적으로 부여되는 것처럼 오인될 여지가 있다.[53] 그러므로 민주주의적 법치국가에서의 사법의 책무에 대한 규범적 근거로서 헌법 제7조 제1항에서의 '책임'은 '공직자의 구체적인 직무수행에 대한 법적·정치적 책임의 추궁'을 내포하는 개념으로 이해하는 것이 타당해 보인다.[54]

즉 헌법 제7조 제1항은 국민에 대한 봉사자인 '모든 공무원'이 국민에 대하여 부담하는 '일반적이고 보편적인 책임'의 근거 조항이며, 공무원에게 일상적으로 부과되는 책임의 개념까지 포괄하는 것으로 넓게 해석된다.[55] 이는 구체적인 직무수행 행위에 대한 개별적인 정치적·법적 책임을 넘어 '국민과의 관계에서 모든 공직자가 공통적으로 부담하는 일반적·포괄적인 책임'을 뜻한다.[56] 한편 국민에 대한 책임은 법적으로 명시된 책임에 국한되는 것이 아니라 포괄적이고 보편적인 책임을 의미한다.

따라서 사법부의 구성원인 법관도 공무원으로서 헌법 제7조 제1항의 적용을 받는다. 법관도 국민 전체에 대한 봉사자이며 직업공무원제도의 본질적 요소를 이루는 공무원의 충성

52) 권영성, 위의 책(주 6), 228면; 성낙인, 헌법학(제14판) (법문사, 2014), 629면; 정재황, 신 헌법입문(제3판) (박영사, 2013), 157-158면.

53) 한수웅, "헌법 제7조의 의미 및 직업공무원제도의 보장," 법조 제61권 제11호(2012), 24-25면.

54) 공무원의 책임에 대한 헌법 제7조 제1항에 대하여 권영성 교수는 국민에 대한 공무원의 책임은 국민 전체에 대한 봉사자로서의 책임, 국가이념을 대표할 책임, 헌법과 법률에 따라 그 직무를 성실히 수행해야 할 책임 등을 그 내용으로 한다고 설명하면서 공무원의 국민에 대한 책임은 국민의 공무원 파면권 등이 인정되지 않는 현행 헌법 하에서는 기본적으로 윤리적·정치적 책임이며 법적 책임은 예외적인 경우(탄핵소추의 경우나 공무원에 대한 손해배상청구권, 국가공무원법상 공무원의 직무상 행위에 대한 징계·변상·형사책임의 경우 등)에 물을 수 있다고 한다: 권영성, 위의 책(주 6), 228면. 반면, 정재황 교수는 공무원의 책임에 대하여 (i) 법적 책임설과 (ii) 정치적(이념적·윤리적) 책임설이 대립된다고 설명하면서 공무원이 주권자인 국민에 대해 지게 되는 책임으로서 공무수행상 잘못이 있으면 법적인 제재를 받도록 법적 제도가 구현되어 있기 때문에 법적 책임설이 타당하다고 한다: 정재황, 위의 책(주 52), 157-158면. 한편 성낙인 교수는 공무원의 책임의 성격을 (i) 법적 책임설, (ii) 정치적·윤리적 책임설, (iii) 헌법적 책임설로 나누어 설명하면서 공무원과 국민의 법적인 관계가 구체화되어 있지 않기 때문에 공무원의 국민에 대한 책임은 정치적·윤리적 책임으로 볼 수도 있을 것이나, 공무원관계의 특성을 고려하여 주권자인 국민에 대한 법적 책임 또한 부인할 수 없는 헌법상 관계가 있다고 보고 있다: 성낙인, 위의 책(주 52), 629면.

55) 한수웅, 위의 글(주 53), 25면; 동 저자, 위의 책(주 9), 1256면 각주 2) 참조.

56) 한수웅, 위의 책(주 9), 1257면.

의무 및 정치적 중립성 의무를 부담한다. 나아가 불편부당성을 유지하고, '주관성과 자의금지' 또는 '이기(利己)와 자기실현의 포기' 등으로 구체화되는 공직자로서의 책임과 의무의 주체가 된다. 한편 사법은 고도의 독립성을 보장받아야 하므로 사회적·정치적 세력이나 소송당사자, 또는 사법권력 내부로부터의 독립을 보장받는 것이 중요하다.[57] 그러나 이 경우에도 사법권력이 시민의 참여와 민주적 정당성의 통제로부터 절대적인 자유를 향유하는 것은 아니다.[58] 오히려 사법은 사법기능의 이행 과정과 절차, 그리고 그 결과에 대해 자율적·적극적으로 보고·설명·해명함으로써 사법권력의 민주적인 이행 과정과 결과에 대한 신뢰를 확보할 수 있다. 이로써 사법의 책무는 사법의 독립과 상호보완적인 헌법적 가치로서 이해될 수 있을 것이다.[59]

4. '사법의 책무'의 성립요건과 효과

지금까지의 논의를 보다 경험적이고 실증적인 측면에서 발전시키기 위해서는 이를 구성하는 요건과 효과와 관련하여 ① '누가' 책무를 부담하는가, ② '누구에 대하여' 책무를 부담하는가, ③ '무엇'에 대한 그리고 무엇에 '의한' 책무인가, 끝으로 ④ 책무의 부담은 '왜' 필요한가의 네 가지 질문을 던져 볼 필요가 있다.

먼저 책무를 부담하는 자는 누구인가. 사법의 책무를 부담하는 주체는 국가 기관으로서의 사법부와 사법부를 구성하는 법관 모두로 보아야 할 것이다. 앞에서 살펴본 바와 같이 사법의 책무를 논의함에 있어 사법기능의 본질과 범위는 권력통제기능, 헌법 및 기본권수호기능, 사법행정 및 정책결정 기능, 나아가 사법입법 제정에 이르는 것으로 본다. 그렇다면 단순히 법관 외에도 법원공무원을 포함한 사법부 전체 구성원이 곧 사법의 책무를 부담하는 주체라고 보아야 할 것이다. 구조화 이론의 관점[60]에서 특히 사법부와 그 구성원인 법관 및 법원공무원은 어느 한쪽이 다른 한쪽에 대하여 일방적인 영향을 미치는 것이 아니라 상호작용과 소통을 통해 사법기능을 이행하는 한편 사법의 책무를 이행하여야 한다. 이들 주체는 전체로서의 사법부나 각급 법원이 되기도 하며, 경우에 따라서는 법관 개인이나 법원공무원이 개별적·집합적으로 부담하기도 한다.

다음으로 사법은 '누구에 대하여(to whom)' 책무를 부담하는가. 사법의 본질적 기능은 고도의

57) 특히 사법부 내에서의 법관의 독립에 관하여서는 이상덕, "사법부 내에서의 법관의 독립: 독일의 사례·제도의 시사점을 중심으로," 행정법연구 제34호(2012) 참조.

58) 한상희, 위의 글(주 7), 24면.

59) 최대권, 위의 글(주 1), 26-27면; 한수웅, 위의 글(주 53), 26면.

60) 본고에서의 '구조'와 '행위자'의 의미는 기본적으로 앤서니 기든스(Anthony Giddens)의 '구조화이론(Structuation theory)'의 관점에서 사용된 개념인바, 이중성(二重性)을 가지는 구조(structure)는 행위자의 외부에 위치한 고정불변의 정태적 개념이 아니라, 반복적으로 조직하는 행위자의 실천의 '매개'이자 '결과'로서 드러나게 된다는 것이다. Anthony Giddens, *The Constitution of Society* (University of California Press, 1986); 황명주·정희태·권진현 공역, 사회구성론(자작아카데미, 1998), 74-75면.

독립성과 전문성을 바탕으로 법해석과 법적용을 통한 분쟁해결에 있으며, 이는 주로 재판을 통해 이루어진다. 따라서 사법은 일차적으로 소송당사자에 대하여 책무를 부담한다. 한편 사법은 공익적 측면에서 소송당사자나 사법서비스의 직접적인 수요자가 아닌 일반 국민에 대하여서도 일정한 책무를 부담한다. 특히 재판을 비롯하여 사법행정과 정책에 이르기까지 사법의 독립성과 전문성이 강조될수록 민주주의 원리로서의 권력분립적 견제와 감시가 사실상 형식적이고 편면적인 데 그치는 것을 막기 위해서는 사법이 추상적 의미에서의 일반 국민에 대하여서도 책무를 부담한다고 할 것이다. 다만 일반 국민에 대한 사법의 책무를 구성함에 있어서 사법의 책무성 실현에 관한 실체적 판단이 실질적으로 가능해질 수 있도록 하기 위해서는 일반 국민을 법전문가와 비전문가로 각각 나누어 생각해 볼 필요가 크다. 사법적 책무 의행의 과정, 절차, 내용 및 결과에 대한 효율적·실효적 견제는 추상적이고 일반적인 국민에 의해서뿐만 아니라 고도의 전문성을 가진 법전문가 또는 그 집단에 의해서 확보되지 않을 수 없기 때문이다. 이 때 사법의 책무는 법과 법원리에 따른 사법기능의 정당한 이행 및 결과에 대한 전문적이고 공정한 평가로 이어질 수 있을 뿐 아니라 사법권력으로 하여금 자율적·적극적으로 사법적 책무를 이행하고 민주적 견제와 감시에 노출됨으로서 사법에 대한 신뢰의 확보로 이어질 수 있을 것이다.

또 '무엇'에 대한 그리고 무엇에 '의한(by what)' 책무인가. 사법의 책무는 사법기능 전반에 이르는 영역에 대한 것이고, 좁게는 법해석과 적용 및 재판에 대하여, 넓게는 권력분립의 원칙상 다른 권력기관인 입법부와 행정부에 대하여서까지 부담하는 의무로 보아야 할 것이다. 권력기관의 독립성과 불편부당성 원칙은 사법권력에 있어서 유독 강조되는 것이라 하더라도 사법의 책무는 다른 권력기관에 대하여서도 부담하는 것이며, 가령 사법부와 그 구성원 역시 입법기관에 의하여 제정된 법과 적법한 절차에 따라 재판하여야 하고, 사법적 의무 이행 과정과 결과에 대하여 사후적으로 투명하고 공정하게 설명하거나 보고 내지 답변할 의무로부터 자유로울 수 없다. 한편 사법의 책무를 이행하는 준거는 단연 '법'과 '법이론'이다. 그럼에도 불구하고 단순히 법과 양심에 따라 판결을 내리는 것만으로 사법의 책무를 다했다고 볼 수 있는 것은 아니라 할 것이다. 한걸음 더 나아가 판결을 비롯한 사법 정책과 과정 및 결과에 대한 '이유와 근거'를 제시하고, 책무요구자를 납득시킬 수 있어야 하는 것이 사법의 책무 이행 여부를 판단하는 기준이 되어야 할 것이다.

그 외에도 법관 스스로 행한 '법관선서(oath of office)'는 사법의 책무를 부담하는 근거이자 잣대로 해석될 수 있을 것이다. 대한민국 법관선서문은 아래와 같다.

> "본인은 법관으로서, 헌법과 법률에 의하여 양심에 따라 공정하게 심판하고, 법관 윤리강령을 준수하며, 국민에게 봉사하는 마음가짐으로 직무를 성실히 수행할 것을 엄숙히 선서합니다."[61]

법관선서문은 법관과 재판의 독립성에 따라 공정하게 법관의 직을 수행할 뿐만 아니라 법관이 '국민에 대한 봉사자'로서 '직무를 성실히 수행할 것'을 명확히 인식하고 있는 것으로 보인다. 법관 선서문은 명문으로 '헌법과 법률'에 의하여, '양심에 따라', '공정하게 심판'할 것과 '법관 윤리 강령을 준수'하고 '직무를 성실히 수행'할 것을 명시한다. 법관은 자발적인 선서행위는 사법의 책무를 도출하는 또 하나의 근거이자 그 이행 여부를 판단하는 준거로서 작용하기도 한다.

끝으로 그러한 책무의 부담은 '왜' 필요한가. 사법의 책무는 비록 법적 책임에 이르는 강제성을 가지는 것은 아니라 할지라도 사법의 본질과 기능을 완수하기 위하여 필요한 가치 정향이라는 점을 부정하기 어렵다. 고도의 물적·인적 독립성을 향유하는 사법권력이라도 사법권을 위임한 주권자인 국민에 대하여 그 독립에 상응하는 책무로부터 자유로울 수는 없는 것이다. 그렇다면 사법의 책무는 사법기능에 대한 '요구와 이행'의 과정을 명확히 하고, '강제적인 의무이행'을 유도하는 한편 그에 대한 질적·양적 판단까지 객관적으로 달성할 수 있다는 점에서 더욱 확장될 필요가 있는 논의라 하겠다. 사법개혁 현안과 제도적 개선방안 또한 사법의 책무성을 구현하는 관점에서 구현될 때 오늘날 사법권력의 이행과정과 결과에 대한 국민의 이해와 신뢰 또한 증대되고, 사법의 제도적 책임성을 확보하게 될 것이다.

Ⅳ. '사법의 책무'의 態樣

본 장에서는 앞서 논의한 책무의 주체 및 객체, 책무의 내용과 대상, 책무 부담의 이유 등에 근거하여 사법의 책무를 크게 세 가지[62] 모습으로 나누어 설명하고자 한다.[63] 즉 사법의 책무는 크게 제도적 책무, 행위적 책무, 그리고 판결에 대한 책무 영역에서 미리 정해진 절차와 구체적인 방법 등을 통해 구현될 수 있다.

---

61) 법원행정처 편, 법관윤리(법원행정처, 2011), 4면.

62) 사법의 책무성 유형은 국가마다 실질적으로 운영하고 있는 사법기능에 비추어 좀 개별적으로 논의해 볼 수도 있을 것이지만 이 글에서는 Charles Gardner Geyh 교수가 제시하고 있는 이론적 틀을 빌리고 구체적인 내용을 우리 사법 현실에 맞추어서 재구성하고자 했다. Charles Gardner Geyh, 위의 글(주 47), 917-930면.

63) (주 62)에서 언급한 바와 같이 본고에서 '제도' 내지 '구조'와 '행위자'의 의미는 앤서니 기든스(Anthony Giddens)의 '구조화이론(Structuation Theory)'의 관점에서 사용된 개념에 근거한다. 사법의 책무성을 유형화함에 있어서도 이중성(二重性)을 가지는 구조(structure)는 행위자의 외부에 위치한 고정불변의 정태적 개념이 아니라, 반복적으로 조직하는 행위자의 실천의 '매개'이자 '결과'로서 드러나게 되는 것이고, 양자는 언제나 함께 고려해야 할 대상이라고 보고자 하는 것이다. 이와 같은 분석의 방법을 보다 구체화한 선행연구로는 행위자들의 합리적 선택에 따른 제도이론의 방법론을 채택한 연구로는 Tom S. Clark, *The Limits of Judicial Independence* (Cambridge University Press, 2011) 참조.

1. 사법의 책무

(1) 제도적 책무(Institutional Accountability)

어떠한 권력도 통제되지 않은 채 방치되어서는 아니 되며 그를 통제하는 권력 또한 무책임의 상태나 통제되지 않은 상태에 놓여서는 안 된다.[64] 그런 점에서 사법의 책무성은 우선 제도적 책무의 관점에서 논의해 볼 수 있다. 사법의 제도적 책무란 권력분립 원칙 아래 독립성을 보장받는 사법부가 다른 정부 기관에 대하여 가지는 일정한 책무를 의미한다. 가령 사법부는 그 독립성을 보장받는 대신 입법부에 대하여서 예산 및 지출에 대한 책무를 진다. 이를 위해 의회는 법률로써 법원의 종류와 규모 등을 결정하며, 구체적인 위임의 정도는 다를 수 있다 하더라도 사법부 스스로 자치 법규나 관행 등에 따라 필요한 범위 내에서 독립적으로 행정을 처리 및 관리할 수 있도록 한다. 전통적으로 사법권의 독립을 위하여 의회가 사법부에 위임하는 자율성의 영역은 상대적으로 큰 것이 사실이지만, 이 경우에도 사법권력은 스스로 적법절차의 원칙이나 평등원칙과 같은 헌법의 테두리 안에서 그 권한을 행사하여야 하는 것이지 권력 분립의 본질적인 권한의 경계를 허물어뜨리는 정도로 독립성을 인정받는 것은 아니다. 그런 점에서 사법은 사법부의 구성 및 유지, 운영의 과정에 관한 자발적인 제도적 책무를 부담한다.

나아가 사법부는 공정하고 투명한 절차 및 제도의 운영을 통해 사법의 제도적 책무를 확보하여야 한다. 사법의 독립을 보장하는 근본적인 이유는 재판부 내지 법관의 물적 · 인적 독립성을 확보함으로써 어떠한 외압과 영향에 구속됨 없는 자유롭고 소신 있는 판결을 내리도록 하기 위함이다.[65] 그러나 사법부의 인적 · 물적 구성 및 운영의 독립성은 무제한적으로 용인되는 것이 아니라 국민이나 다른 국가기관, 그리고 사법부 내부 구성원들 대한 책무 부담을 전제로 하는 것이다. 즉 법관의 선발과 임용, 평가와 인사제도, 사건의 공정하고 투명한 배당 및 재판 사무의 분장 등에 있어서 대외적으로는 물론 내부 구성원에 대하여서도 그 과정과 결과에 대한 설명과 납득의 책무를 부담한다. 그러므로 법조일원화주의 시대를 맞아 종전의 폐쇄적이고 비공개적인 인사 정책이나 법관 선발의 방식에 있어서도 전기(轉機)가 마련되었다는 전제에서 보다 실효성 있는 합의제 기구를 구성하거나 대법원장, 대법관을 비롯한 고등법원장 등 일부 법관에 대한 선거제도의 도입 등을 검토함에 있어서 사법의 책무성

---

64) 한상희, 위의 글(주 7), 25면.

65) David Pimentel, “Reframing the Independence v. Accountability Debate: Defining Judicial Structure in Light of Judges' Courage and Integrity”, 57 Clev. St. L. Rev. 1(2009)에서 Pimentel은 사법의 독립과 책무에 관한 논의를 사법적 통합성(judicial integrity)과 사법적 소신(judicial courage)이라는 지표로 재구성함으로서 법관의 유형을 네 가지로 분류하고, 제도적인 보호(structural protections)와 징계제도의 확립(discipline regimes)을 강화함으로써 각각 사법의 독립과 책무를 강화할 수 있다는 흥미로운 분석을 시도하고 있다.

담론은 그 판단의 틀을 제공하는 역할을 할 수 있다.[66)]

(2) 행위적 책무(Behavioral Accountability)

행위적 책무성은 대체로 ① 직무 범위 내(judicial)의 행위와 ② 직무 범위 외(extrajudicial)의 행위로 나누어서 논의될 수 있다. 법관은 신분상 독립성을 보장받지만 그렇다고 하여 법적 한계를 넘는 행위에 대해서까지 자유로울 수는 없다. 법관도 입법권자나 행정권자와 동일하게 공무원의 신분을 가지며 그와 관련된 법적 적용 대상이 될 뿐이며 법 위에 군림할 수 없기 때문이다. 좁은 의미에서는 법관 역시 직무 범위 내 및 직무 범위 외에서 일반 국민과 동일한 법 적용의 대상으로서의 책무성을 지닌다.[67)] 법관은 (법관으로서 마땅히 하여야 할) '옳은 일을 할 것(do right thing)'이 요구되며 대표적으로 직무상 재판의 당사자로부터 뇌물을 받거나 어느 한쪽에 부당한 호의를 베풀거나 사건에 대한 편견 또는 예단을 가지는 등의 행위를 하지 않을 일정한 행위적 책무를 부담한다. 이러한 책무로 인해 법관은 역설적으로 어떠한 외부의 간섭도 받지 아니하고 '독립적으로' 사건 당사자로부터 뇌물을 받지 못하는 결과가 초래되며 독립적인 판단에 의하여 어느 한쪽에 편향된 판단을 내릴 자유를 제한받는다. 뿐만 아니라 직무 범위 외의 행위로서 법관은 'integrity(논자에 따라 염결성, 청렴성, 정합성, 통합성[68)] 또는 무흠결성 등으로 번역함)'[69)]를 유지하여야 할 책무를 부담한다. 이러한 요청은 단순히 직무상 행위에 그치는 것이 아니며, 법관이 전인격적(全人格的)으로 부담하는 정합적·통합적 가치에 대한 기대이기도 하다.

66) 다만 우리의 현실에 당장 법관 선발 방식으로서 법관 선거제도의 도입을 주장하는 것은 아니라 할 것이다. 그러나 미국에서의 사법의 책무성 논의는 주로 법관선거제도의 운영과 더불어 법관의 평가, 재신임을 묻는 선거, 법관선거제도에서의 민주성 확보 등과 깊은 관련을 가지고 논의되어 왔음을 간과할 수 없고 따라서 법조일원화주의 하에서의 법관의 선발, 양성 및 평가 등의 문제는 전반적으로 사법의 책무성과 밀접한 관계를 가지고 논의되어야 하는 측면이 있다. 미국의 주(州) 법관선거제도에 관해서는 김명식, "사법권독립과 민주주의의 조화-미국의 주(州) 법관선거제도에 대한 찬반논쟁을 중심으로," 미국헌법연구 제29호(2005) 및 최유경, "법조일원주의 법관임용방식으로서의 법관선거제도-미국 주(州) 법관선거제도의 현황과 문제점을 중심으로," 홍익법학 제15권 제1호(2014) 등 참조.

67) Samuel L.Bufford, "Defining the Rule of Law," 46 JUDGES' J. 16, 20(2007).

68) 로널드 드워킨(장영민 역), 법의 제국(아카넷, 2004)은 integrity를 '통합성'으로 번역하고 있으며, 이 개념의 사용이 이 글에서 논의하고자 하는 사법의 책무와 법관의 integrity 개념에 가장 근접한 것으로 보인다.

69) Jonathan Soeharno, *The Integrity of the Judge: A Philosophical Inquiry*, (Ashgate, 2010); The Bangalore Principles of Judicial Conduct (2002), http:// www.unodc.org/pdf/crime/corruption/judicial_group/Bangalore_principles.pdf(마지막 방문: 2015. 8. 16.); 법원행정처 편, 위의 책(주 61), 24면, 39면-63면 등 참조. 국내 선행연구에서 법관의 'integrity'는 통상 '염결성(廉潔性)', '청렴성(清廉性)' 등으로 번역되어 왔다. 특히 사법부는 최근 'integrity'를 '청렴성'으로 번역한 바 있다. 경우에 따라서는 '정합성' 등으로 번역하도록 제시하는 경우도 있으며 이와 같이 이 용어의 번역에 대한 통일적인 견해를 도출하기 위해서는 법관의 'integrity'에 대한 개념적, 법철학적 후속 연구가 필요할 것으로 보인다. 다만 종신직 법관 제도에 있어서 통상 법관의 직무 범위 내에서는 물론 직무 범위 밖의 영역에서의 '*good behavior*'를 요구하는 'integrity'는 이른바 청렴결백한 법관의 자질을 포함하여 법관이 직무에 관하여서는 물론 그 이외의 영역에서도 체계 정합적으로 갖추어야 하는 '완전하고 자기모순이 없는 상태', 즉 보다 추상적이고 포괄적인 의미에서의 '정합성' '통일성' 내지는 '무흠결성'에 근접한 개념으로 해석하여야 할 것으로 보인다.

법관의 행위에 관한 책무는 법관윤리에 관한 기준과 준거를 정립함으로써 구성원 스스로 숙지하게 하고 준수하도록 함으로써 구현된다. 뿐만 아니라 법관징계제도와 관련 법제를 공정하고 합리적이면서도 엄격하게 운영함으로서 제도상 공개성과 투명성 등을 확보하여야 할 것이다. 이때 고도의 독립성과 전문성을 보장받는 법관을 과연 '누가' 감시 또는 통제할 수 있을 것인지에 대해서는 진지한 논증을 필요로 하며,[70] 일반인에 의한 법관징계제소 등과 같은 제도 도입을 검토함으로써 사법의 행위적 책무 실현 방안을 다각적으로 구현할 필요가 있다.[71]

(3) 판결에 대한 책무(Decisional Accountability)

사법의 본질적 기능은 법을 해석하고 적용함으로써 공정(fairness)하고 불편부당(impartiality)한 판결을 내리는 데 있으며, 법관은 법을 해석하여 당해 사건에 적용해 일정한 결론을 내리는 역할을 수행한다. 따라서 법관은 법관으로서의 업무를 수행할 수 있는 최소한의 적격성과 전문성을 갖추어야 하며, 법관 스스로 내린 결론이 그 법규에 관한 선행 해석, 판례 및 관행과 '부합(fit)' 하는 동시에 기존 법체계 전체를 '정당화(justify)'할 수 있어야 한다. 즉 법관은 과거의 해석이나 판례를 잘 설명해 주는 결론들 가운데 어느 것이 법 전체를 '가능한 한 최선의 것(the best it can be)'으로 만들어 주는지 판단하여 판결을 내리는 책무를 부담한다.[72]

판결에 대한 책무는 법관이 고의적으로 법을 위반하거나 법해석의 의도적·자의적으로 왜곡하는 경우와 비자발적 오판의 경우로 나누어 살펴볼 수 있다. 전자의 경우 법관은 탄핵 또는 징계를 면하기 어렵고, 법적인 책임을 부담하는 범위에서 사법의 책무성이 논의되는 가치나 효력은 그만큼 후퇴한다. 무엇보다 법관이 의도적·고의적으로 법의 적용과 해석을 거부하거나 왜곡하는 실례를 찾기도 쉽지 않을 것이다. 따라서 판결에 대한 사법의 책무성이 요구되는 지점은 대개 법관이 오로지 법과 양심에 따라 재판할 것에 대한 요구 중에서도 법관의 '양심'에 따른 판결과 관련된 영역이라 할 수 있다. 후자의 경우 사법의 독립의 원칙상 오판에 대하여서는 통상 윤리적·도의적 책임이 문제될 수는 있어도 탄핵 또는 징계 등과 같은 법적 책임을 부여하지는 못하는 것으로 볼 수 있다. 오판에 대한 처벌 가능성에 대한 두려움은 자칫 법관이 법과 양심에 따라 독립하여 심판하는 것을 주저하게 만들고, 결과적으

70) Mauro Cappelletti, "Who Watches the Watchmen?" A Comparative Study on Judicial Responsibility, The American Journal of Comparative Law, Vol. 31, No.1(1983).

71) 대표적으로 프랑스는 2008년 개정된 헌법에 근거하여 2011년부터 사법절차와 관련이 있는 일반인 즉 관련 일반인(justiciable)에 의한 최고사법관회의에 대한 직접적 징계 제소에 관한 절차를 마련하여 제도를 시행해 오고 있다.

72) 함재학, "드워킨의 헌법사상: 헌법적 통합성과 파트너십 민주주의," 법철학연구 제12권 제1호(2009), 196-197면.

로 사법질서가 법의 지배 원칙으로부터 퇴색될 우려가 있기 때문이다. 따라서 오판의 가능성을 줄이기 위해서 법관으로서의 최소한의 직능성(competence)이나 전문성을 갖출 것을 요구하거나 법관의 직을 유지하는 동안 그 직능성이 지속되도록 일정한 교육과 연수 요건 등을 부과하는 것으로 해결해야 할 것이다.

오히려 판결에 대한 사법의 책무는 '판결이유'를 설시하도록 함으로써 판결의 내용에 대한 설명 책임을 다하도록 하고, 이를 기록을 남겨 두도록 제도화하는 것을 통해 구체화될 수 있다. 헌법 제27조 제2항은 형사피고인의 경우 공개재판을 받도록 헌법적으로 보장하고 있으며, 헌법 제109조는 재판의 심리와 판결을 일반인에게 공개할 것을 규정한다. 특히 민사소송법은 제208조 제1항에서 판결서에는 그 주문(제2호)과 이유(제4호)를 명시하고 판결한 법관이 서명 날인하도록 하고 있고, "판결서의 이유에는 주문이 정당하다는 것을 인정할 수 있을 정도로 당사자의 주장, 그 밖의 공격·방어방법에 관한 판단을 표시한다."고 규정하고 있다.[73] 이는 헌법과 법률에 의하여 법관의 양심에 따라 독립하여 내린 결정이라 하더라도 사법부가 단순한 주문의 설시를 통한 사법권력의 이행을 넘어 소송의 당사자는 물론 일반인에 대하여서까지 그 판결에 대한 답변 또는 설명가능성을 확보하여야 한다는 사법의 책무성의 요청이 법제화된 대표적인 경우라고도 볼 수 있을 것이다. 재판은 전적으로 독립성이 보장되는 전제 하에 이루어지는 것이지만 그 결론에 달한 이유를 성실하게 설명하고, 일반인에게 재판의 심리와 판결을 공개하도록 하는 것은 사법권력의 투명하고 공정한 행사에 대한 설명·답변·보고의 책무의 일환으로 해석할 수 있다. 다만 이러한 사법의 책무성은 법적 책임성이나 귀책성과도 다른 개념임을 앞서 충분히 논의하였는바, 판결에 있어서의 이와 같은 책무가 반드시 헌법이나 법률에 명시적인 근거 규정이 있어야만 도출되는 것도 아니라 할 것이다.

2. 헌법적 가치형량으로서의 사법의 책무성과 독립성

사법의 책무는 사법의 독립과 더불어 헌법이론적으로 정립될 필요가 있는 헌법 가치이다. 사법의 독립이 법의 지배나 민주성 원칙에서 벗어난 절대적인(absolute) 독립을 의미하지 않는 이상 사법권력도 궁극적으로는 '국민에 대하여' 책무를 부담하는 것이고, 다른 헌법적 가치나 원리들과의 체계 관계 정립 또한

사법의 책무성은 특히 사법의 독립성과 어떠한 관계를 구성하는지에 대한 면밀한 논증이 필요할 것이다.

73) 민사소송법 제208조 제2항.

사법의 책무성과 독립성 간 상호관계에 대한 논의를 바탕으로 사법의 책무를 유형화하는 작업

여기서 국민은 사법권력의 위임권자이자 책무요구자인 추상적 의미의 국민이라고 할 수 있으며, 구체적인 사안에 관하여서는 소송당사자나 언론 또는 여론이라고 볼 수도 있을 것이다. 따라서 사법이 책무성을 다할 때 그 책무성은 국민의 사법에 대한 신뢰의 근간을 이루게 될 것이라는 점과 법의 지배의 원리를 구현하여 오히려 사법의 독립성을 보다 강화하는 데 기여하게 될 것이라는 주장이 헌법조화적 해석을 시도한 것으로 일견 타당해 보인다.[74)]

V. 결 어

이 글은 그간 상대적으로 연구가 미흡했던 '사법의 책무' 개념에 주목하고, 이를 헌법철학적 가치이자 자 도구 개념으로 구성하고 있다. 요컨대 사법의 책무란 "국민으로부터 사법권을 위임 받아 이를 행사하는 사법권력의 주체가 그 책임이나 의무를 수행하고 나아가 그 과정과 이유, 결과에 대하여 책무요구자인 국민에게 보고·설명·해명해야 하는 의무"로서 헌법 제1조 제2항과 제7조 제1항, 그리고 '법관선서(oath of office)'에서 그 규범적 근거를 도출할 수 있다.

결론적으로 사법의 책무를 ① '누가' 부담하는가, ② '누구에 대하여' 부담하는가, ③ '무엇'에 대한 그리고 무엇에 '의한' 책무인가, 그리고 ④ 그러한 책무의 부담은 '왜' 필요한가에 대하여 검토하자면, 첫째, 사법의 책무는 사법부와 다른 권력기관 간, 사법부 내부에서도 하급심 법원과 상급법원 간 또는 동급 법원과 재판부 상호간, 사법부와 사법부의 구성원인 법관 간, 위계적 또는 수평적인 관계를 구성하고 있는 법관 상호간의 관계에서 존재한다. 둘째, 사법의 책무는 일차적으로 국민에 대하여 지는 것이며, 국민의 층위는 소송당사자는 물론, 제3자인 일반 국민에 대한 책무까지도 의미하는 것으로 본다. 사법기능이 가지고 있는 고도의 전문성을 고려하여 제3자로서의 국민은 법률전문가인 국민과 비전문인인 국민에 대한 책무로 나누어서 개념화할 필요가 있다. 또한 사법행정의 영역 등에서는 사법부 내부 구성원도 사법의 책무의 주체이자 대상이 된다. 셋째, 사법의 책무는 권력통제적 기능, 헌법 및 기본권수호기능, 사법행정 및 정책결정 기능, 나아가 사법입법의 제정 기능 등에 이르는 사법의 본질을 이루는 전반에 대한 책무라고 보아야 할 것이다.

오늘날 사법은 '사법권력'으로 일컬어질 만큼 막강한 권한을 행사하게 되었지만, 법치주의 내지 법의지배 원리로부터 자유로울 수는 없다. 다른 권력기관과 마찬가지로 사법도 궁극적으로 국민의 기본적 권리를 확인하고 이를 보장하는 데 존재 의의가 있는 것이고, 사법의

74) Charles Gardner Geyh, 위의 글(주 47), 916면.

독립성이 곧 적절한 민주적 통제로부터의 전횡적인 자유를 의미하는 것도 아니다. 이런 점에서 헌법적 가치로서 사법의 책무성 사법의 독립성과 체계 정합적이고 상호보완적인 관점에서 논의될 필요가 크다. 재판이나 사법행정 등을 포함한 사법기능을 수행함에 있어 사법은 스스로 법과 법이론에 준거를 둘 뿐만 아니라 책무요구자에게 그 의무이행 과정과 절차 및 결론을 충분히 설명하고 납득시킴으로서 사법의 제도적 책임성을 적극적·자발적으로 확립하고, 사법에 대한 국민의 신뢰는 확립하여야 할 것이다.

본 연구는 다양한 국가의 사법제도와 사법의 독립성-책무성 간 논의를 보다 종합적·분석적으로 망라하여 정리하지 못하였다는 점과 사법의 책무성 논의를 구체적인 제도 속에서 어떻게 구현할 것인가에 대한 구상을 충분히 피력하지 못한 데 일정한 한계를 지닌다. 그럼에도 불구하고 이 글이 제시하고 있는 사법의 책무 개념에 대한 문제의식은 해묵은 '전관예우', '유전무죄·무전유죄' 논란이나 과거사 문제를 비롯하여[75] 경력법관의 선발·양성 및 재교육, 법관 평가와 인사, 법관의 임명에 선출직 정치인을 관여시키는 제도를 비롯하여 국민참여재판제도의 실질적 운영은 물론 법관평가제도, 법관징계제도, 법원감시제도, 민원·고충처리제도, 사법옴부즈맨제도 등의 사법개혁 현안을 논의함에 있어서 고려되어야 할 중요한 헌법원리이자 가치로서 이해되어야 한다.[76] 오로지 사법의 민주화 내지 민주적 정당성으로부터 모든 해법을 도출하고자 했던 기존 논의의 한계에서 탈피하고, 법의 지배로부터 파생되는 권력분립과 견제와 균형의 원리를 보다 현실화하여 사법의 본질적 기능에서 도출되는 사법의 책무 담론(談論)으로 그 외연을 확장하는 의미가 있을 것이다. 후속적으로는 사법의 책무성 실현 정도를 측정할 수 있는 다양한 지표를 개발함으로써 사법의 책무를 유형화하고 정기적으로 평가 및 분석하는 경험적·실증적 작업이 이루어져야 할 것이다.

---

75) 대표적으로 강기훈 유서대필 사건에 대한 재심사건(대법원 2015.5.14. 선고 2008재노20 판결); 인민혁명당재건위원회 사건에 대한 재심사건(서울중앙지방법원 2007.1.1. 선고 2002재고합6 판결); 허일태, "인혁당재건위사건과 사법살인" 동아법학 제40호(2007) 등과 같은 과거사 재심사건 등을 생각해 볼 수 있다.

76) 정종섭, 위의 책(주 15), 1393면.

31. 공법재판에서 잠정적 권리구제시스템의 개혁에 관한 소고

김 중 권*

Ⅰ. 서설: 공법재판에서의 잠정적 권리보호는 더 이상 입법자의 선물이 아니다

현직 대통령에 대해 헌정사적으로 처음으로 국회의 탄핵의결(2016.12.9.)을 거쳐 헌법재판소에 의해 탄핵결정을 내려졌고(2017.3.10.), 제19대 대통령선거(2017.5.9.)에 따라 문재인 정부가 출범하였다. 이런 국가적 대전환을 둘러싸고 정치적, 사회적 논의는 여전히 분분하다. 분명한 점은 촛불집회의 지속과 확대가 결정적인 원인이 되었다. 특히 '집회 및 행진 금지통고 처분'에 대해 집행정지를 인용한 서울행정법원의 일련의 결정이[1] 헌정질서를 새롭게 바꾼 거대한 역사적 물길을 결정적으로 조성하였다. 그런데 행정법원의 일련의 집행정지인용결정은 물론, 집회시위의 자유와 관련해서, 특히 집행정지제도의 차원에서 곱씹어 볼 내용이 많음에도 불구하고 심도 있는 공법적 논의가 아쉽게도 매우 빈약하다.[2]

일찍이 Finkelnburg은 "행정법원에 의한 잠정적 권리보호는 입법자가 임의로 부여하거나 제한하거나 빼앗을 수 있는 선물이 아니라, 헌법상의 명령(Verfassungsgebot)이다. 즉, 그것은 기본법 제19조 제4항 제1문에 포함된 효과적인 권리보호부여의 기본권적 명령(원칙)을 나타낸 것이다."고[3] 기술하였다. 그러나 우리의 경우 공법재판에서의 잠정적 권리보호 자체가 본격적으로 논의되기보다는 민사상의 그것의 파생물로 여겨질 정도이다. 필자는 이미 공법재판의 잠정적 권리구제시스템의 문제점과 개선방향을 주제로 글을 발표하였는데,[4] 여기서는 공법재판 전반의 차원에서 관련 논의가 폭발적으로 전개되길 바라는 마음에 기왕에 피력한 내용을 종합하여 정리하고자 한다.

---

* 중앙대학교 법학전문대학원 교수

1) 특히 서울행정법원 2016.11.4. 자 2016아12248결정과 서울행정법원 2016.11.12.자 2016아12308결정.

2) 이들 집행정지결정에 관한 행정법의 분석은 김중권, "집회금지처분에 대한 잠정적 권리구제에 관한 소고", 법조 제725호, 2017.10.28., 541면 이하.

3) Finkelnburg/Dombert/Külpmann, Vorläufiger Rechtsschutz im Verwaltungsstreitverfahren, Rn.1.

4) 김중권, "헌법재판에서의 가처분제도에 대한 고찰", 2016년 헌법재판소 조사연구보고서.

Ⅱ. 잠정적 권리보호제도의 헌법상의 요청 및 기능

1. 소송법과 법치국가원리

소송법은 그때그때 추구하는 소송목적인 주관적 권리보호, 객관적 법질서의 보전, 확정력 있는 재판에 의한 법적 평화의 회복, 개별사건에서 법에 관한 구속적 확인에 의한 법적 안정성의 보장, 법적 통일성의 확보, 최고법원에 의한 법의 지속적 형성 등에 의하여 그 특징이 지워진다. 소송법의 모습과 형태를 가다듬는 데 있어선, 어떤 소송목적이 토대가 될지 그리고 어떤 소송목적에 따라 소송법의 골간을 정할지의 물음에 대한 답은 바로 법치국가원리(法治國家原理)이다. 다시 말해, 소송법이 자신의 기능에 적합하려면 법치국가원리적 요청을 충족하여야 한다. 법치국가에서 자력구제가 배제되어야 할 이유는, 원고가 국가의 처분에 맡겨진 방법으로 자기가 원하는 동일한 결과를 얻을 수 있다는 점이 사법메커니즘을 통해 사전에 배려되었다는 데 있다.[5] 그리하여 법치국가에서 국가는 私人의 自力執行의 부인에 대한 보전수단으로써, 효과적인 권리보호체계를 마련하고 적합한 결정을 위한 합절차적 요건을 만들어야 한다. 즉, 재판청구권은 법적 분쟁의 해결을 가능하게 하는 적어도 한 번의 권리구제절차가 개설될 것을 요청할 뿐 아니라 그를 넘어서 소송절차의 형성에 있어서 실효성 있는 권리보호를 제공하기 위하여 그에 필요한 절차적 요건을 갖출 것을 요청한다.[6] 이 점을 입법자는 물론, 법관 역시 소송법 규정을 해석·적용함에 있어 인식하여야 한다.

2. 잠정적 권리보호제도의 헌법상의 요청 및 기능

법치국가원리에서 완전히 유효한 권리보호의 보장이 도출될 수 있다.[7] 헌법 제27조의 재판청구권은 법치국가원리에 입각한 사법구제를 위한 출발점이다. 재판청구권의 기능은 포괄적인 사법적 권리보호의 보장에 있은 즉, 그것을 통해 효과적인 권리보호의 보장이 강구되어야 한다. 사법통제가 지닌, 사후적, 진압적 권리구제로 인해, 권리보호의 실효성은 결과적으로 의문시될 수 있다. 왜냐하면 법원의 적법성심사 전에 행정청이 돌이킬 수 없는 조치를 집행했다고 하면, 소의 이익이 없다는 이유로 각하될 수밖에 없으며, 이런 상황에서 재판청구권의 실현을 통한 "포괄적이고 효과적인 권리보호"는 口頭禪일 수밖에 없기 때문이다. 따라서 잠정적 권리보호(Vorläufiger Rechtsschutz)는 효과적인 권리보호를 위한 기본요소이다.[8]

---

5) Grunsky, Die Veräußerung der streitbefangenen Sache, 1968, S. 226.

6) 헌재 2006.2.23. 2005헌가7, 2005헌마1163(병합) 전원재판부: 재판절차가 국민에게 개설되어 있다 하더라도 절차적 규정들에 의하여 법원에의 접근이 합리적인 이유로 정당화될 수 없는 방법으로 어렵게 된다면 재판청구권은 사실상 형해화될 수 있으므로 바로 여기에 입법형성권의 한계가 있다.

7) Vgl. BVerfGE 54, 277(291); 80, 103(107); 85, 337(345); 97, 169(185).

8) 한편 일부 문헌은 가구제(가권리보호: Der einstweilige Rechtsschutz)와 –집행정지를 내용으로 하는– 잠정

그것은 항상 오랜 시간이 소용되는 법적 분쟁에서 종국적인 판결내리기 전까지 중간해결책을 발견할 수 있게 한다. 즉, 잠정적 권리보호는 소송계속중에 결정의 집행이나 그 후속결과에 대해 보호를 가져다주거나 일정한 권리나 사실적 상태를 소송의 종결까지 보전하는 데 이바지한다. -독일 기본법 제19조 제4항에 비견될 수 있는- 헌법상으로 기본권차원에서 인정되는 국민의 재판청구권은 공권력의 조치에 대한 포괄적이고 효과적인 권리보호를 보장한다. 따라서 잠정적 권리보호제도가 개별소송법에 규정되어 있을 것이 요구된다.[9] 결국 이상의 보전기능(Sicherungsfunktion)은 헌법적으로 자리매김이 되어 있는 셈이다.[10] 잠정적 권리보호는 이밖에도 전체적으로 행정의 법구속이란 통제의 객관적 기능을 지닌다. 즉, 행정소송이 종료되기 전에 불법이 집행되지 않도록, 행정의 법구속의 통제는 독립된 법관에 의한 효과적인 외부통제를 필요로 한다.

그런데 법치국가원리에 의거한 이상의 두 가지 기능(보전기능과 행정통제기능)은[11] 결코 상반되지 않고, 오히려 상호 보완하며 사법적 권리보호의 효과성을 요구한다. 여기서 효과성은 적시성이다. 사법적 권리보호가 너무 늦으면, 재판청구권은 공허해진다. 아울러 행정의 법률적합성의 원칙에 대한 -수정할 수 없는- 위반도 생겨난다. 즉, 잠정적 권리보호는 회복할 수 없는 추후 결정을 저지하기 위함이다. 재판종료까지 장기간이 소요되는 데 따른 원

적 구제(잠정적 권리보호: Der vorläufige Rechtsschutz)는 개념과 내용적으로 구분되어야 한다고 강조한다(Drescher, in: Münchener Kommentar zur ZPO, 4.Auflage 2012, Rn6.). 이에 의하면, 가처분의 절차목적은 정식소송에서의 판결에 의한 권리실현을 의문스럽게 할 수 있는 변화로부터 상태를 보전하는 데 있다. 여기서는 본안에서의 실체적 권리에 관한 확인과 검증이 행해지지 않았기에, 가구제절차에서는 실체적 권리의 실현의 선취가 허용되지 않는다. 반면 잠정적 권리구제는 변경가능하나 그 자체로는 즉, 내용적으로 완전한-제한없이 관철할 수 있는- 권리구제이다. 요컨대 가구제는 본안절차에서 재판을 할 수 있는 적합한 상태(재판적상)을 보류시키는 것이 반면, 잠정적 권리구제는 소송적으로 실체법적으로 그 자체로는 종국적인 완전히 유효한 재판이되, 다만 특별한 규율에 의해 전적으로 폐지가능성이 인정된다. 그러나 반면 Schoch와 Finkelnburg는 잠정적 권리보호를 집행정지와 가명령(가처분)을 포괄하는 상위개념으로 본다(Schoch, Vorläufiger Rechtsschutz und Risikoverteilung im Verwaltungsrecht, 1988, S.157f.; Finkelnburg/Dombert/Külpmann, Vorläufiger Rechtsschutz im Verwaltungsstreitverfahren, 6. Auflage 2011, Rn. 1.

9) Ehlers/Schoch, Rechtsschutz im öffentlichen Recht, 2009, § 29 Rn. 5.

10) 그런데 헌법재판소법에서 명문으로 규정하지 않은 헌법소원심판의 경우에 가처분을 확대 적용하는 데 있어서, 헌법재판소는 아쉽게도 그것의 보전기능에 착안하여 적극적으로 헌법적 근거를 모색하지 않고, 금지할 이유가 발견되지 않는다는 점을 인정근거로 내세웠다(헌재 2000.12.8. 2000헌사471전원재판부 등).

11) 이는 Hufen 교수의 교과서에 따른 것이다(ders., Verwaltungsprozessrecht, 8.Aufl., 2011, S. 458.). 한편 일반적으로 민사집행법상의 가처분제도에 착안하여 잠정적 권리보호는 본안에서의 권리보호와 구별되는 특별한 두 가지 기능, 즉 보전기능과 중간만족의 기능을 갖는다고 본다. 중간만족의 기능은 멈추지 않고 진행하는 시간에서 비롯된다. 영원히 불가역적인 시간의 흐름은 필연적으로 일정한 시점에 대한 완결적 중간규율을 낳기 때문에, 본안에서의 종국판결까지의 시간적 간격을 중간규율로 메우는 것이 잠정적 권리보호의 임무이기도 하다. 이런 보전기능과 중감만족의 기능을 결합시키면, 잠정적 결정이 미결의 본안절차에서 내려지는 셈이 되며, 동시에 그것은 중간시점에 종국적 결정이 되어버린다. 왜냐하면 불가역적인 시간의 흐름으로 잠정적인 상황이 필연적으로 완결적으로 규율되어 버리기 때문이다. 잠정적 권리보호의 이런 이중적 기능으로 인해 상당한 리스크배분의 근본문제가 생겨나는데, 결국 잠정적 권리보호의 목표는 오판의 리스크를 최소화하고 가능한 방지하는 것이다. Ehlers/Schoch, Rechtsschutz im öffentlichen Recht, § 29 Rn. 15f.

고의 법적 지위가 위태롭게 되는 것을 저지하는 것이다. 이를 통해 원고는 시간의 경과에 따른 불이익이나 소송계속중에 피고측이 분쟁을 무산시킬 상황으로부터 보호를 받을 수 있다. 여기서 강조할 점은, 시민에게 과해지는 부담이 중대하면 중대할 수록, 결과제거가 어려우면 어려울수록, 잠정적 권리보호는 더욱더 강하게 된다.[12] 잠정적 권리보호가 부인되면, 그것은 헌법상의 재판청구권에 반할 뿐만 아니라, 관련 기본권에 대한 개입이기도 하다.[13] 따라서 잠정적 권리보호는 원칙적으로 헌법상의 위상을 갖는다.[14] 한편 독일 연방헌법재판소는 집행정지의 원칙을 규정한 그들 행정법원법 제80조 제1항을 효과적인 권리보호의 기본법적 보장의 개별법적 표현으로, 또한 정지효의 원칙이 공법쟁송의 근본원칙이라고 판시하였다.[15]

3. 잠정적 권리구제의 공법상 낮은 위상

잠정적 권리구제는 공법소송상으로 낮은 위상을 차지하고 있다. 가령 －물론 재판헌법소원이 인정되기에 그러한 면도 있지만－ 독일의 경우 개별법(행정법원법 등)에서 다양한 잠정적 구제장치를 두고 있음에도 불구하고, 모든 헌법재판의 대상에서 일상사인 양 연방헌법재판소법 제32조의 가명령 제도가 매우 활발히 기능하고 있는 반면, 우리의 경우 30년에 가까운 헌법재판의 역사에서 이제껏 가처분 인용 건수가 5건에 불과하다.[16] 그리고 행정소송에서 가처분(가명령)은 대부분의 문헌상의 주장과는 반대로 판례상으로는 여전히 부인되고 있다.[17] 이것은 헌법재판소법상으로 명문으로 규정하지 않은 헌법소원심판의 경우에도 의욕적

12) Vgl. BVerfGE 35, 382(402).

13) Vgl. BVerfGE 69, 74.

14) 이런 맥락에서 독일의 경우 1953년부터 행정법원법을 성안하면서 1957년의 정부입법안에서 법치국가적 원칙에서 집행정지원칙 및 -가처분에 해당하는- 가명령제도를 채택하였다. 독일의 사회법원법 역시 마찬가지이다. 반면 재정법원법은 행정법원법과는 달리 집행부정지를 원칙으로 하면서 가(임시)명령제도를 채택하고 있다.

15) 하지만 정지효부인의 예외는 허용되어 집행정지와 집행부정지가 원칙과 예외의 관계에 있으되, 만약 이런 관계를 역전시키는 행정실무는 위헌이라고 판시하였다(BVerfGE 35, 382(402)). 일본에서도 일부 헌법학자들이 그들 집행부정지원칙의 위헌성을 주장한다. 松井茂記, 『裁判を受ける権利』(日本評論社, 1993), 186頁 以下.

16) 헌재 1999.3.25. 98헌사98 전원재판부: 인용 권한쟁의심판; 헌재 2000.12.8. 2000헌사471 전원재판부: 대통령령 효력 정지; 헌재 2002.4.25. 2002헌사129전원재판부: 대통령령 효력정지, 반대의견 3인 재판관; 헌재 2006.2.23. 2005헌사754전원재판부: 법률 효력 정지; 헌재 2014.6.5. 2014헌사592전원재판부: 효력정지가처분인용.

17) 가처분제도는 비단 민사집행법의 전유물은 아니고, 소송법 전반에 통용될 수 있는 공통의 법제도이다. 비록 모든 법제도가 민사법에서 비롯되긴 해도 공법쟁송은 공법 나름의 인식과 관점이 요구된다. 그런데 행정재판은 물론, 헌법재판에서도 민사소송법 및 민사집행법상의 가처분규정이 준용되기에 민사가처분적 관점이 압도적으로 지배한다. 그런데 가처분이란 용어의 사용이 사고의 출발을 민사가처분에서 하게 한다. 공법소송에 기왕의 대심구조 및 민법상의 법률관계에 바탕을 둔 민사가처분의 기조가 그대로 투영되는 것은 사물의 본성에 반한다. 사실 독일에서도 행정법원법상의 가명령 제도를 정립함에 있어서 그들 민사소송법상의 가처분조항(제935조, 제940조)을 본떠서 규정한 것이 문제되어, 일찍이 비판이 제기되었다(Quaritsch, VerwArch 51(1960), 210(215, 230, 231); Obermayer, GS Peters, S. 875(879, 882); Redeker, ZRP 1983, 149(150);

으로 가처분을 허용한 것과[18] 극단적으로 대비된다. 사실 더 큰 문제는 행정소송의 실무에서 잠정적 권리보호의 본래의 취지와는 달리 집행정지결정이 대개 1심에서 본안판단에서의 인용판결과 동시에 내려지는 등 소극적으로 운용되고 있다.

공법소송의 메커니즘은 법치국가원리의 차원에서 국가와 국민(시민)을 권리주체의 차원에서 ―비록 국가활동의 공익지향성에서 국가의 상대적 우위가 전제되긴 해도― 대등하게 권리주장을 할 수 있게 한 것이다. 그럼에도 불구하고 국민은 여전히 국가를 상대로 국가활동의 객체적 지위에 머물곤 한다. 과거 臣民을 대상으로 그의 복종을 전제로 한 관헌(관치)국가의 틀이 완전히 가시지 않고 있다. 특히 행정소송에서 집행부정지 원칙의 채택은 이 점을 극면하게 드러낸다. 행정소송에서 집행정지 원칙의 채택 여부를 입법정책적 물음으로 치부할 수 없다.[19] 행정행위의 집행으로 인해 발생할 우려가 있는 회복불능의 결과는 가능한 배제되어야 한다. 이런 맥락에서 독일의 경우 1953년부터 행정법원법을 성안하면서 1957년의 정부입법안에서 법치국가적 원칙에서 집행정지원칙[20] 및 ―가처분에 해당하는― 가명령제도를[21] 채택하였다.[22]

독일의 경우 이처럼 전문법원에서 공고한 잠정적 권리구제시스템이 운용됨에도 불구하고 그것이 커버하지 못하는 상황에 즈음하여 헌법재판에서 보충적으로 가명령제도가 매우 활성화되고 있는 현실을 주목하여야 한다. 우리의 경우 예외적으로 집행정지결정이 내려져 1심 인용판결시에 집행정지결정이 동반된다고 하지만, 행정사건에서 1심의 처리기간(사건접수일로부터 종국일까지)이 거의 240일에 육박한다는 점에서 과연 예외적이나마 집행정지제도가 실효성이 있는지 매우 의문스럽다.[23] 우리의 경우 보충적 사법제도로서의 헌법재판에서 가처분

Jakobs, VBlBW 1984, 129(133).). 그리하여 독일의 경우 이런 의문을 불식하기 위해 민사상의 가처분(„einstweilige Verfügung“)이란 용어 대신 가명령(„einstweilige Anordnung“)이 공법용어로서 더 낫다고 하여 행정법원법과 연방헌법재판소법에 채택되었다. 이런 사정은 그들 비송사건처리법이 가처분에 갈음하여 가명령제도를 규정하고 있는 데서도 분명히 확인할 수 있다.

18) 헌재 2000.12.8. 2000헌사471. 여기서 헌법재판소는 명문으로 규정되지 않더라도 헌법소원심판절차에서도 가처분의 필요성이 있음을 전제로 가처분의 확대허용을 금지할 상당한 이유가 발견되지 않는다는 점을 인정근거로 내세웠다. 그런데 법적 필요성과 법적 정당성의 문제는 별개이다. 법적 허용성의 물음이기도 한 후자는 법치국가원리에 따른 근거의 문제이다. 기실 법학이란 법적 필요성을 여하히 법치국가원리의 차원에서 구현할지를 모색했어야 한다. 가처분의 확대허용의 필요성은 가처분처분제도가 지닌 기능에 의거해서 수긍될 수 있지만, 그것이 정당성의 물음을 해소시킬 수는 없다.

19) 하지만 우리 대부분 문헌은 과거 일본에서 연유한 이 주장을 바람직하지 않게도 그대로 수긍하고 있다. 이에 관한 유일한 반론으로 김중권, 행정법, 2016, 689면.

20) Vgl. die Begründung zu § 81, BT-Drs. I/4278 S. 42.

21) Vgl. die Begründung zu § 122, bzw. § 164, BT-Drs. I/4278 S. 46 f. bzw. S. 50.

22) 독일의 사회법원법 역시 마찬가지이다. 반면 재정법원법은 행정법원법과는 달리 집행부정지를 원칙으로 하면서 가(임시)명령제도를 채택하고 있다.

23) 사정이 이러해서 필자는 법무부 행정소송법개정위원회에서 독일처럼 집행정지의 원칙을 과감하게 채용하자고 주장했지만, 아쉽게도 여의치 않았다. 한편 대만의 경우 개정행정소송법이 여전히 집행부정지원칙(제116조 제1항)을 채택하면서도 행정소송제기 전에도 집행정지를 신청할 수 있도록 하고 있다(제116조 제3항, 행정심판법 제93조 제3항). 마치 헌법재판에서 고립적(독립적) 가처분신청을 연상시키는 이런 제도는 집행

제도가 적극적으로 활성화되어야 할 필연적 이유를 재판청구권의 실현에서 현행 행정소송에서 잠정적 권리구제시스템이 크게 역할하지 못하고 있다는 점에도 둘 수 있다. 현행 공법구제의 원천적인 문제점에 대한 깊은 성찰이 필요하고, 그에 따라 실정법의 미비점을 과감하게 메우려는 법관의 법발견 및 법형성의 기능을 최대한 발휘하기 위한 고민이 요구된다.

Ⅲ. 헌법재판에서의 가처분제도의 개혁방안

1. 현행 가처분제도의 문제점

(1) 명문의 근거규정의 불충분성

헌법재판소법은 정당해산심판(제57조)과 권한쟁의심판(제65조)의 경우만이 가처분에 관한 명문의 근거규정을 두고 있다. 그런데 여기서도 가처분의 가능성만을 언급하고 그것의 요건 등에 관해 직접 규율하지 않은 채 민사집행법 및 행정소송법의 준용을 통한 전개가능성을 둘 뿐 이다. 비록 판례를 통해 가처분허용성이 헌법소원심판에도 확대되긴 하였지만, 명문의 근거규정의 부재 및 불충분한 법상황은 기본적으로 가처분제도에 관한 소극적 인식을 갖게 한다. 하지만 역으로 이런 불충분한 법상황은 헌법재판소가 판례에 의한 법형성에 대해 적극적인 입장을 견지해야 한다는 정당한 요구가 제기된다.

(2) 행정소송법 및 민사집행법에의 준용의 문제점

현행 헌법재판소법은 가처분제도가 허용된다는 것만을 규율할 뿐, 그것의 내용 심지어 성립요건(가처분사유)에 관해 전혀 언급하지 않고 있다. 부득불 기왕의 행정소송법의 집행정지규정 및 민사집행법상의 가처분규정을 준용하여 가처분사유를 정립하였다.

헌법재판소법 제40조에 의해 민사집행법 및 행정소송법의 준용이 허용되는데. 준용 그 자체에 따른 문제가 소소하지 않다. 동일하거나 다른 법률상의 (다른) 규정을 적용·준용시킨다 함('Verweisung')은, 적용·준용(지시)의 대상규범이 적용·준용(지시)의 근거규범의 요소가 되게끔 만드는 것을 의미한다.[24] 여기서의 적용·준용(지시)은 다른 규범의 내용(즉, 요건과 법효과)을 적용·준용(지시)시키는 규범(적용·준용의 근거규범)에 편입시키는 것을 의미한다. 다시 말해, 적용·준용의 대상규범(적용·준용의 객체, Verweisungsobjekt)상의 요소(요건과 법효과)를 마치 흡사 사진을 찍어서 적용·준용의 주체(Verweisungsubjekt), 즉 적용·준용의 근거규범(Verweisungsnorm)에 편입시키는 셈이다.[25] 적용·준용(지시)은, 그것을 통

부정지의 원칙이 견지되는 데 따른 나름의 보완적 시도라 할 수 있다.

24) Creifelds, Rechtswörterbuch, 8.Aufl. 1986, S. 1273. 다만 유의할 점은 쟁송법에서의 'Verweisung'은 "移送"에 해당한다.

25) 이러한 용어는 일찍이 Ossenbühl이 사용하였다. Ders., Die verfassungsrechtliche Zulässigkeit der Verweisung als Mittel der Gesetzgebungstechnik, DVBl. 1967, S. 401ff.

하여 근거규범이 대상규범을 반복적으로 담는 것을 피하여 관보가 두꺼워지는 것을 저지할 수 있다는 점에서, 법률경제적 목적에 이바지한다. 부담경감과 같은 적용·준용(지시)의 이점에 반해서, 단점은 바로 법적용자는 물론 국민이 자신의 권리를 한 곳이 아닌 여러 곳에서 찾아야 한다는 사실이다. 나아가 여러 규정을 함께 보아야 하기에, 하나의 결집된 규정을 검토할 때보다 더 많은 법학지식이 요구된다.[26)]

비록 법률경제적 측면을 무색하게 할 정도로 적용상의 어려움과 불명확함이 있긴 하나, 준용의 본질이 유추인 점에서 준용의 사안은 판례에 의한 법형성이 구현될 수 있는 영역이다. 헌법재판의 경험이 전무한 상태에서 만들어진 현재의 입법상황을 고려할 때 헌법재판소로서는 당연히 적극적인 법형성에 나서야 한다.[27)]

(3) 현행 판례에 의해 정립된 가처분사유의 문제점

헌법재판소는 행정소송법상의 집행정지의 적극적, 소극적 요건을 차용하여 가처분요건을 정립하였다. 즉, 가처분이 인정되기 위해서는, '공권력 행사 또는 불행사'의 현상을 그대로 유지시킴으로 인하여 생길 회복하기 어려운 손해를 예방할 필요가 있어야 하고, 그 효력을 정지시켜야 할 긴급한 필요가 있어야 한다. 그리고 공공복리에 중대한 영향을 미칠 우려가 없어야 한다.

비록 명문의 가처분요건이 없고 행정소송법과 민사집행법을 준용하게 되어 있어서 비롯된 부득이한 결과물이긴 하나 비판적 고민이 필요하다. 먼저 행정소송법상의 집행정지는 가처분과는 거리가 있다. 집행정지는 잠정적 권리구제의 일환이기는 하나 기본적으로 상태를 임시적 규율하는 가처분과는 목표점이 다르다. 요컨대 가구제는 본안절차에서 재판을 할 수 있는 적합한 상태(재판적상)을 보류시키는 것이 반면, 잠정적 권리구제는 소송적으로 실체법적으로 그 자체로는 종국적인 완전히 유효한 재판이되, 다만 특별한 규율에 의해 전적으로 폐지가능성이 인정된다.

(4) 헌법재판 나아가 공법재판의 차원에서 가처분제도에 관한 낮은 관심

민사가처분제도에서 방어적인 수단인 민사집행법 제300조 제1항의 계쟁물 가처분에 비하면, 동조 제2항의 임시지위 가처분은 적극적이고 공격적인 수단이다. 독일 행정법원법 제123조 제1항이 제1문을 통해 ―계쟁물가처분에 해당하는― 그들 민사소송법의 제935조와 제2문을 통해―임시지위가처분에 해당하는― 제940조를 함께 아울러서 규정하고 있는데, ―계쟁물가처분에 해당하는― 보전명령(Sicherungsanordnung)은 현재 지위의 잠정적인 보전(Sicherung

26) 한마디로 적용·준용(지시)의 장·단점을 말하자면 입법자에게는 간단함을, 국민에게는 어려움을, 법학자에게는 흥미로움을 준다. 상론은 졸고, 다른 법규범의 적용 준용(지시)의 공법적 문제점에 관한 소고, 법제연구 제20호, 2001.6. 137면 이하: 행정법기본연구 I (2008), 157면 이하.

27) 동지: 정태호, 주석 헌법재판소법, 2015, 244-245면; 김하열, 헌법소송법, 2106, 164-165면.

des status quo)에 이바지하고, －임시지위가처분에 해당하는－ 규율명령(Regelungsanordnung)은 현재지위의 임시적(가) 변화를 목표로 한다. 따라서 전자에서는 어떠한 법적 지위의 유지와 같은 상황(상태)보전적 조치가 행해지고, 후자에서는 어떠한 법적 지위의 부여나 확대와 같은 상황(상태)변경적 조치가 행해진다.[28] 독일 헌법재판소의 가명령제도가 활발히 행해지는 것은 그것의 입법적 기초가 그들 민사소송법 제940조에 기반을 두었기 때문이라 여겨지는데,[29] 우리는 정반대의 상황이다. 적극적인 변경조치를 가능하게 하는 임시지위가처분규정(민사집행법 제300조 제2항)을 참고하여서 가처분사유를 정립하였지만, 재판현실은 전혀 그렇지 못하다.

그런데 가처분의 낮은 인용의 원인을 전적으로 헌법재판소의 소극적 태도에서 찾는 것은 바람직하지 않다. 기본적으로 공법소송에서 가처분제도 자체가 매우 낯설게 여겨지고 있다. 행정소송에서 민사집행법상의 가처분의 준용여부를 둘러싼 다툼에서 소극설은 다음의 논거를 제시한다: 법원이 행정처분의 적법 여부를 판단하기 전에 행정처분에 대해 가처분을 하는 것은 사법권의 범위를 벗어나는 것이고, 집행정지제도(제23조 제2항)가 민사집행법상의 가처분에 대한 특별규정이기 때문에 민사집행법상의 규정은 준용될 수 없다. 구 행정소송법하에서 법원은 부정적으로 판단을 내렸는데,[30] 현행법하에서도 이런 기조는 변함없이 견지되고 있거니와,[31] 최근에도 거듭 확인되곤 한다.[32] 특히 우리의 경우 집행부정지를 원칙으로 하면서 예외적으로 집행정지를 허용하는 메커니즘이다. 기본적으로 우리 공공법제가 집행정지에서 소극적 자세를 견지하게 되어 있다는 점에서[33] 헌법재판에서 가처분제도의 적극적 활용을 기대하기란 어렵다. 특히 "공공복리에 중대한 영향을 미칠 우려가 없어야 한다."는 소극적 요건의 존재는 공익요청에 의거한 가처분의 가능성에 관한 논의를 무색하게 만든다.[34] 이처럼 기본적으로 가처분제도가 공법쟁송에 친하지 않는 것으로 여겨지기에, 헌법재판에서의 미미한 현황 역시 자연스럽다. 만약 행정재판에서 가처분제도가 원천적으로 불허되지 않고 비록 이례적 상황에서 엄격한 요건하이긴 해도 일말의 가능성이 인정되었다면, 선행학습효과의 차원에서 헌법재판에 대해서도 매우 긍정적인 영향을 미쳤을 것이다.

---

28) Schoch, in: Schoch/Schneider/Bier, Verwaltungsgerichtsordnung, 30. EL Februar 2016 Rn. 50.

29) 연방헌법재판소법 제32조 제1항의 가명령은 그들 행정법원법 제123조 제1항 1문의 규율명령을 지향하는데, 동항 제2문의 보전명령 역시 배제하지 않는다.

30) 대법원 1980.12.22. 자 80두5결정.

31) 대법원 1992.7.6. 자 92마54결정.

32) 대법원 2011.4.18. 자 2010마1576결정. 한편 여기서의 소송은 예방적 금지소송이기도 한다.

33) 가령 우리의 경우 대집행이 하명처분의 불가쟁력의 발생여부와 무관하게 가능하지만, 독일의 경우 하명처분의 불가쟁력의 발생이 강제집행의 요건에 해당한다. 취소쟁송의 집행정지효를 원칙으로 하는 메커니즘이어서 이런 구성은 당연하지만 기성사실의 발생이 미연에 차단되는 점에서 사법적 권리보호의 실효성을 더욱 확고하게 한다. 비록 집행정지효가 원칙으로 채택되지 않고 있지만, 법적 안정성을 위해 그리고 집행정지의 가능성을 높이기 위해 독일의 논의를 적극적으로 반영할 필요가 있다. 김중권, 행정법, 543면 참조.

34) 동지: 김하열, 헌법소송법, 175면.

(5) 민사가처분적 관점의 지배

가처분제도는 비단 민사집행법의 전유물은 아니고, 소송법 전반에 통용될 수 있는 공통의 법제도이다. 비록 모든 법제도가 민사법에서 비롯되긴 해도 공법쟁송은 공법 나름의 인식과 관점이 요구된다. 그런데 헌법재판소법 제40조 제1항에 의해 민사집행법상의 가처분규정이 준용되기에 헌법재판에서도 민사가처분적 관점이 압도적으로 지배한다. 그런데 가처분이란 용어의 사용이 사고의 출발을 민사 가처분에서 하게 한다. 헌법재판은 공법소송에서 비록 주관소송의 원칙은 견지되지만 상대적으로 객관소송의 성격도 강하게 지니기에, 기왕의 대심구조 및 민법상의 법률관계에 바탕을 둔 민사 가처분의 기조가 그대로 투영되는 것은 사물의 본성에 반한다. 사실 독일에서도 행정법원법상의 가명령 제도를 정립함에 있어서 그들 민사소송법상의 가처분조항(제935조, 제940조)을 본떠서 규정한 것이 문제되어, 일찍이 비판이 제기되었다.[35] 그리하여 독일의 경우 이런 의문을 불식하기 위해 민사상의 가처분(„einstweilige Verfügung")이란 용어 대신 가명령(„einstweilige Anordnung")이 공법용어로서 더 낫다고 하여 채택되었다.[36]

2. 구체적인 개혁방안

(1) 가처분에 관한 헌법적 근거의 정립

부수적 절차로서의 가처분제도는 본안에서의 헌법재판의 유효성과 관철가능성을 보전하는 것을 목적으로 한다.[37] 즉, 우선 (객관적) 보전기능을 수행한다. 이런 보전기능은 가처분규정의 적용에서 지향점을 제시하는 동시에 그것의 한계도 설정한다. 법치국가원리에서 완전히 유효한 권리보호의 보장이 도출될 수 있는데,[38] 헌법 제27조의 재판청구권은 법치국가원리에 입각한 사법구제를 위한 출발점이다. 따라서 가구제절차의 헌법적 근거로서 사법보장청구권(Justizgewährungsanspruch)을 들 수 있다.[39] 헌법적 법치국가적 소송법적 규정에서 성립한 사법보장청구권은[40] 사법고권의 주체로서의 국가에 대해 포괄적인 권리보호의 보장을, 즉, 재판은 거부되지 않을 것, 지체되지 않을 것, 집행이 실현되는 것을 그 목표로 지향한다. 국가는 소송절차의 시간적 차원이 소송중이거나 소송후에 (권리관철을 포함한) 권리실현을 위태롭게 하거나 수포로 돌아가게 하는 원인이 되지 않도록 하여야 한다. 따라서 사법보장청구

35) VGH BW NJW 1996, 538; Quaritsch, VerwArch 51(1960), 210(215, 230, 231); Obermayer, GS Peters, S. 875(879, 882); Redeker, ZRP 1983, 149(150); Jakobs, VBlBW 1984, 129(133).
36) BT-Drs. III/55 S. 44. 이런 사정은 그들 비송사건처리법이 가처분에 갈음하여 가명령제도를 규정하고 있는 데서 분명히 확인할 수 있다.
37) Vgl. BVerfGE 91, 70(76 f.); 105, 235(238).
38) Vgl. BVerfGE 54, 277(291); 80, 103(107); 85, 337(345); 97, 169(185).
39) Vgl. BVerfGE 43, 99=NJW 1995, 3173.
40) BVerfGE 54, 277; BVerfG NJW 1988, 3141

권은 권리를 구하는 것이 －오로지 재판절차의 시간적 차원으로 권리실현을 수포로 만들거나 곤란하게 만드는 것으로부터－ 보전되는 것도 요구한다. 사법보장청구권에서 비롯된 가구제의 부여는 완전한 권리보호에 관한 청구권의 필수적 부분이다.[41)]

가구제절차에서 관건은 실체법적 청구권의 보전이 아니라, 현재나 장래의 본안과 관련한 소송상의 지위의 보전이다. 당연히 소송을 통한 권리실현의 가능성만이 직접적으로 중요하고, 실체법적 상황의 보전이나 그것의 확인까지는 중요하지 않다. 다만 가구제절차를 독립되게 인정한다고 하여 그것을 내용적으로 본안의 소송관계와 무관하게 설정하여서는 아니 된다.

요컨대 가처분이나 가명령과 같이 보전기능을 발휘하는 법제도는 완전히 유효한 권리보호(권리구제)의 보장의 측면에서 당연하다.[42)] 헌법재판절차에서도 효과적인 권리보호를 보장해야 할 법치국가적 명령 및 사법보장청구권은 당연히 통용된다.[43)] 이 점에서 헌법재판에서 가명령제도의 채용은 당연하고, 제도의 운영 역시 이런 관점에서 전개되어야 한다. 그런데 헌법재판소법에서 명문으로 규정하지 않은 헌법소원심판의 경우에 가처분을 확대 적용하는 데 있어서, 헌법재판소는 아쉽게도 그것의 보전기능에 착안하여 적극적으로 헌법적 근거를 모색하지 않고, 전술한 대로 금지할 이유가 발견되지 않는다는 점을 인정근거로 내세웠다(헌재 2000.12.8. 2000헌사471 전원재판부 등). 향후 가명령제도의 활성화를 위해서는 차후에 동종사건에서 그 필요성을 헌법적 근거에 기하여 적극적으로 판시하는 것이 바람직하다.

(2) 가처분의 성립요건의 새로운 정립

헌법재판소는 행정소송법상의 집행정지의 적극적, 소극적 요건을 차용하여 가처분요건을 정립하였다. 즉, 가처분이 인정되기 위해서는, '공권력 행사 또는 불행사'의 현상을 그대로 유지시킴으로 인하여 생길 회복하기 어려운 손해를 예방할 필요가 있어야 하고, 그 효력을 정지시켜야 할 긴급한 필요가 있어야 한다. 그리고 공공복리에 중대한 영향을 미칠 우려가 없어야 한다.[44)] 헌법재판에서의 가처분제도의 활성화를 기하기 위해서는 이상의 성립요건에 대한 분석과 비판이 필요하다. 이하에서는 －물론 재판헌법소원이 인정되기에 그러한 면도 있지만－ 매우 활발히 기능하는 독일 헌법재판소법 제32조의 가명령 제도에 견주어 검토한다.

1) 회복하기 어려운 손해 문제

우리의 '회복하기 어려운 손해의 예방 필요성'과 관련해서는 우선 '손해'가 문제된다. 먼저

---

41) Drescher, in: Münchener Kommentar zur ZPO, Rn. 4.

42) 이는 사법상의 분쟁에도 당연하고 민사집행법상의 가처분의 근거이기도 하다.

43) 독일의 경우 다수 문헌이 헌법재판소 제32조의 가명령제도가 그들 기본법 제19조 제4항의 효과적인 권리보호의 보장에서 도출된다고 보지만, 헌법재판소는 반대의 입장을 취한다(BVerfGE 94, 166(212f.): 동지: Graßhof, in: Maunz/Schmidt-Bleibtreu/Klein/Bethge, Bundesverfassungsgerichtsgesetz 48. EL Februar 2016 § 32 Rn. 2.

44) 헌재 2002.4.25. 2002헌사129.

여기서의 손해가 통상 법에서 말하는 개인적 법인에 대한 침해만을 의미하는지 공익에 대한 침해까지도 포함하는지 여부가 문제되는데, 대부분 문헌이 공익에 대한 것도 포함한다. 그런데 과연 '손해'라는 개념에 공익에 대한 침해의 상황을 포함시킬 수 있는지 의문스럽다. 손해(Schaden)란 본래 불법행위책임에서 손해는 재산적 손해를 일컫는다. 그리고 국가배상책임에서의 손해는 법익침해 즉, 주관적 권리의 침해로 인한 불이익을 의미한다. 단순한 반사적 이익이나 공공일반의 이익이 제한되는 상황은 법익침해에 해당하지 않아서 국가배상책임을 성립시키는 손해가 되지 않는다.[45] 따라서 '손해' 개념으로는 공익 내지 공공복리를 위한 가처분(가명령)의 발동을 정당화시킬 수 없다. 참고로 독일 연방헌법재판소법 제32조는 우리의 '손해'에 해당하는 개념으로 '불이익'(Nachteile)을 사용하며, 우리 민사집행법 제300조 제2항이 벤치마킹한 그들 민사소송법 제940조 역시 '손해'가 아니라 '중대한 불이익 방지'(Abwendung wesentlicher Nachteile)를 가처분사유로 규정하고 있다. 사실 가처분사유에서 '손해' 개념의 사용의 문제점은 근원적으로 민사집행법에 있다고 하겠다. 다행히 가처분제도와 동일한 의의를 지닌 행정심판법상의 임시처분제도에서는 '중대한 불이익' 개념을 사용하고 있다(제31조 제1항).

두 번째로 '회복하기 어려운' 손해 문제이다. 이것은 행정소송법에서 비롯된 것이다. 그런데 행정판례는 그것을 특별한 사정이 없는 한 금전으로 보상할 수 없는 손해로 보되, 이는 금전보상이 불능인 경우 내지는 금전보상으로는 사회관념상 행정처분을 받은 당사자가 참고 견딜 수 없거나 또는 참고 견디기가 현저히 곤란한 경우의 유형, 무형의 손해를 일컫는다고 본다.[46] 비록 예외적이나마 집행정지결정이 크게 어렵지 않게 내려지는 데 있어서 '회복하기 어려운 손해' 부분은 장애가 될 뿐 더러 소극적 요건사항과의 구별을 모호하게 만든다. 이것의 문제점은 판례에서도 종종 확인할 수 있다.[47] 그런데 그것의 초점을 금전보상이 불능인 경우에 기본적으로 맞추는 이상, 이런 가치보장적 관점은 잠정적 권리구제의 기능을 무색하게 하여 집행정지제도의 본질에 어긋날 뿐만 아니라. 제1차적 권리보호수단으로서 존속보호를 지향하는 행정소송의 본질과도 치명적으로 배치된다. 이런 차원에서 행정소송개정안은 '회복하기 어려운 손해'를 '중대한 손해'로 정당하게 바꾸었다.[48] 그리고 행정심판법 역시

45) 대법원 2001.10.23. 선고 99다36280 판결; 2015.5.28. 선고 2013다41431 판결.
46) 대법원 2010.5.14. 자 2010무48 결정 등.
47) 대법원 2004.5.17. 자 2004무6결정: …이 사건 처분의 집행으로 인한 운행이 장기화됨에 따라 신청인은 상당한 경제적 손실을 입어 여객자동차운송사업 자체에 중대한 영향을 받거나 심각한 경영상의 위기를 맞을 우려가 있고, 이와 같은 손해는 신청인에게 참고 견디기가 현저히 곤란한 유형·무형의 손해로서 …
48) 일본 역시 마찬가지로 바꾸었다(개정 행정사건소송법 제25조 제2항). 한편 일본의 경우 여기서의 중대한 손해 여부의 판단과 관련해서 명시적인 규정을 두었다. 제25조 제3항: 재판소는 전항의 규정에 의해 중대한 손해를 발생시키는지 여부를 판단함에 있어, 손해의 회복의 곤란을 고려하고, 손해의 성질 및 정도, 처분의 내용 및 성질을 감안한다.

2010.1.25. 전부개정을 통해 종래의 '회복하기 어려운'을 '중대한'으로 바꾸었다(제30조 제2항). 비록 아직 행정소송법의 개정은 실현되지 않았지만, 헌법재판에서도 이런 변화를 수용하여 '회복하기 어려운'을 '중대한'으로 바꿀 필요가 있다. 기실 독일처럼 '손해'를 '법적 불이익'으로 바꿀 것 같으면 '회복하기 어려운'이란 표현을 '중대한'으로 바꾸지 않더라도 소기의 목적을 달성할 수 있다.

2) 소극적 요건의 문제

(i) 논의현황 헌법재판소 판례는 공공복리에 중대한 영향을 미칠 우려가 없어야 한다는 소극적 요건을 정립하였다(헌재 2002.4.25. 2002헌사129). 이는 행정소송법 제23조 제3항을 준용한 것이다. 소극적 요건의 존재에 대해 일부 문헌은 가처분의 적극적 요소인 '현저한 손해'에 이미 공익적 측면이 고려될 수 있다는 점을 들어 매우 비판적이다.[49] 관점을 달리 하여 일부 문헌은 공익을 가처분을 위한 요건으로 적극적으로 설정할 것을 주장한다.[50] 한편 헌재 2006.2.23. 2005헌사754은 공공복리에 중대한 영향을 미칠 우려가 없어야 한다는 것을 소극적으로 요건으로 직접 들지는 않았지만, 이중가설이론에 따른 불이익의 형량과정에 그것을 대입하였다.

(ii) 가처분(가명령)을 위한 공익요청의 도입 문제 독일 법제의 경우 가명령 및 가처분과 관련해서 우리와는 달리 소극적 요건이 규정되어 있지 않다. 특이한 점은 독일 연방헌법재판소법 제32조의 가명령 규정은 다른 법률상의 가처분 및 가명령 규정(민사소송법의 제935조, 제940조; 행정법원법 제47조 제6항, 제123조 제1항)과는 달리 '공공복리의 요구'를 요건(사유)으로 인정하고 있다. 즉, -우리 민사집행법 제300조 제2항에 비견한- 독일 민사소송법 제740조를 벤치마킹하되, 공공복리를 강조하면서 가명령의 사유를 특별히 만들었는데, 이 점이 그 가명령 사유의 비중을 조정한다.[51] 다시 말해, 공공복리(공익)요청은 다른 중요한 이유의 가명령 사유에 국한하지 않고, 전체 가명령의 사유의 성립을 위해서 별도로 덧붙여진다.[52] 이는 헌법재판에도 통용되는 효과성의 원칙의 요구이기도 하다. 즉, 효과성의 원칙의 차원에서 본안재판의 보류를 꼭 필요하게 만들 상황에서 가명령이 발해져야 한다.[53] 그리하여 개인적 권리보호가 강구되는 경우에도 가명령을 위해 공공복리의 사유 역시 다투어져야만 비로소 그 가명령이 행해질 수 있다.[54]

공익요청을 인정할 때 그것을 소극적 요건의 차원에서 접근하는 현행 입법 및 판례의 태

---

49) 대표적으로 김하열, 175면.
50) 정태호, 주석 헌법재판소법, 261면.
51) Berkemann, in: Umbach/Clemens/Dollinger(Hrsg.), Bundesverfassungsgerichtsgesetz, 2.,Aufl., 2005, § 32 Rn. 152.
52) Berkemann, in: Umbach /Clemens/Dollinger(Hrsg.), Bundesverfassungsgerichtsgesetz, § 32 Rn. 288.
53) Graßhof, in: Maunz/Schmidt-Bleibtreu/Klein/Bethge, Bundesverfassungsgerichtsgesetz Rn. 82.
54) Berkemann, in: Umbach/Clemens/Dollinger(Hrsg.), Bundesverfassungsgerichtsgesetz, § 32 Rn. 155.

도는 재고될 필요가 있다. 우선 헌법재판에서 가처분의 적극적 요건의 성립 즉, 중대한 불이익(손해)의 인정여부는 물론, 소극적 요건의 성립 여부에서도 공익적 측면을 고려할 수 있다는 것은 논증에서 혼란을 가져다준다. 기본적으로 재판은 주관소송의 원칙을 바탕으로 한다. 비록 헌법재판에는 권한쟁의심판이나 정당해산과 같이 전적으로 주관적 소송의 차원에서 접근할 수 없는 것도 있으며, 헌법재판이 헌법의 보장과 같은 객관적 기능을 수행한다 하더라도, 사법의 속성에서 그 기조는 주관적 소송의 원칙이다. 따라서 공공복리적 측면을 소극적 요건의 차원에서 접근하면 당연히 공익과 사익의 대립된 이익형량의 구조가 형성되어 가처분인정여부의 판단은 자연스럽게 공익에 대해 유리하게 즉, 가처분에 대해 지극히 소극적으로 진행될 수밖에 없다.[55]

한편 공익요청은 결코 내용적으로 개인적 권리보호와 상반되지 않는다.[56] 심지어 공공복리는 개인적 관련성을 드러내기 때문에, 그것은 헌법재판에 의한 개인적 기본권의 보호에 의해서 구체화될 수 있다.[57] 그리고 공공복리(공익)의 중요성은 가명령 신청자의 사적, 공적 주안점을 형량하여 극복하는 데 적합하다.[58] 결국 공공복리조항은 모든 관련 이익을 고려에 넣어 결정을 내려야 한다는 데 의미가 있다.[59] 비록 가구제가 부수적 권리구제수단이지만, 헌법보장의 기능이 강조되는 헌법재판에서 그것을 효과적인 제도로 만들기 위해서는 공익요청을 더 이상 소극적 요건의 차원에서 강구하는 것은 바람직하지 않다. 관행적으로 입법에서 공익요청을 소극적 요건으로 설정하고 있는 데서 벗어날 필요가 있다.[60] 그리하여 비록 가명령의 필요성 여부의 판단에서 이중가설의 이론을 채용하더라도 형량요소로서 적극적 요건의 차원에서 공익요청을 별도로 확인할 필요가 있다.[61]

(iii) 긴급성 문제 현행 행정소송법상의 집행정지요건 및 민사집행법상의 가처분의 긴급한 필요의 요청이 그대로 헌법재판에도 이어지고 있다. 독일 연방헌법재판소법 역시 긴급성(Dringlichkeit)을 명문으로 규정하고 있다. 여기에서 '긴급한 필요'는 회복하기 어려운 손해의 발생이 절박하여 본안판결을 기다릴 여유가 없다는 즉, 가처분발급의 필요성이 절박하다

55) 유의할 점은 독일 헌법재판소의 형량모델에 대해 비판적인 Schoch 교수는 행정소송에서의 가명령제도에서 헌법재판에서의 형량모델을 대입하는 것(통설)은 행정법원법 제123조에 정면으로 반한다고 주장한다. Schoch, in: Schoch/Schneider/Bier, Verwaltungsgerichtsordnung, Rn. 64aff.

56) 독일 헌법재판소법 제32조의 '공공복리'의 적용지시가 결코 개인적 중요사항을 고려하지 않는 것을 의미할 수는 없다. 그래서 동 규정은 가명령의 발급을 개인적 이익을 능가한 공익에 의거하게 하는 기능을 갖지는 않는다. Benda/Klein, Verfassungsprozessrecht, 3.Aufl., 2012, Rn. 1338.

57) Schoch, Einstweilige Anordnung, in: Badura/Dreier(Hrsg.), Festschrift 50 Jahre BVerfG, 2001, Bd. 1 S. 715.

58) Vgl. BVerfGE 44, 246(249); 86, 15(27).

59) Benda/Klein, Verfassungsprozessrecht, Rn. 1338.

60) 참고로 독일의 경우 행정법원법 제80조 제2항 제4호에 의하면, 집행정지의 원칙의 견지에서 공익상 또는 당사자의 우월한 이익상 처분청 또는 재결청이 특히 즉시집행을 명령한 경우에는 정지효가 발생하지 않는다.

61) Berkemann, in: Umbach/Clemens/Dollinger(Hrsg.), Bundesverfassungsgerichtsgesetz, § 32 Rn. 294.

는 것을 의미한다. 긴급성은 본안에서 침해된 것으로 다투어지는 권리와 관련하여 －본안에서의 인용을 통해 저지될 수 없거나 돌이킬 수 없는－ 중대한 불이익이 급박할 경우에 비로소 시인된다.[62)]

가명령제도는 신청자의 연기이익을 위하여 집행상의 이익을 완전히 또는 시간적으로 폐지하는 것이다. 긴급성의 요청과 관련해서 그 자체를 부인할 수 없다. 그 존재가 자칫 가처분의 활성화를 저해할 수 있다는 점을 유의해야 한다. 긴급성의 요청은 잠정적 규율을 시간적으로 연기할 수 없다는 것을 의미하기도 한다. 독일의 경우 즉시의 가명령이 없다면 본안재판의 유효성이 실현될 수 없을 경우, 기본적으로 보호되는 정신적인 개인적 이익이 가명령이 없다면 회복불가능하게 무시될 경우에 긴급성이 시인되는 반면, 신청목표가 기대가능한 방법으로 달리 실현될 수 있거나 －가령 관련자들의 중지협정을[63)] 통해－ 그 사이 이미 실현되는 경우에는 그것이 부인된다.

한편 긴급성의 요청은 기능상으로 권리보호의 필요성에 근사하며,[64)] 그리하여 독일의 경우 이전에는 그것이 분리되어 심사되었지만, 오늘날에는 권리보호의 필요성의 관점에서 또는 요건심사에서 종합적으로 고려된다.[65)] 그리하여 공공복리에 대한 중대한 불이익은 통상 가명령의 긴급성을 나타낸다고 한다.[66)] 우리의 경우 가처분제도를 활성화하기 위해서는 독일의 판례처럼 실용적 접근을 모색할 필요가 있다.

(3) 가처분의 보충성 문제

독일의 경우 헌법재판의 보충성이 가명령에도 그대로 통용된다.[67)] 가명령의 보충성 문제는 권리보호의 필요의 차원에서 다루어진다.[68)] 그리하여 상당한 잠정적 권리보호가 전문법원에서 실현될 수 있다고 여겨지는 경우에는 가명령에 대한 권리보호의 필요성이 부인된다.[69)] 가처분(가명령)의 신청자는 헌법재판소에 대한 제소에 앞서 원칙적으로 일반적인 법원이 자신의 일을 다루게 하여야 한다. 이런 메커니즘은 여러 모로 헌법재판소의 부담경감을 가져다 준다. 전문법원에 의한 사전심사를 바탕으로 사실관계가 이미 자세히 심사되었으며, 실체에 근접한 전문법원의 법적 견해가 제시되었기에 헌법재판소는 한층 심층적인 논증을 어렵지

62) BVerfGE 118, 111(123).

63) Vgl. BVerfGE 12, 36(43); 89, 155(164f.); 89, 344(346).

64) 김하열, 앞의 책, 175면; Berkemann, in: Umbach/Clemens/Dollinger(Hrsg.), Bundesverfassungsgerichtsgesetz, § 32 Rn. 310.

65) Vgl. BVerfGE 96, 223(230).

66) Hillgruber/Goos, Verfassungsprozessrecht, 3.Aufl., 2010, § 11 Rn. 889; BVerfGE 36, 137(138); 64, 67(69); 71, 350(351); 82, 54(58).

67) 독일 행정법원법 제123조의 가(일시)명령은 집행정지의 경우에는 통용되지 않아서(제5항) 보충성의 원칙이 견지된다.

68) Berkemann, in: Umbach/Clemens/Dollinger(Hrsg.), Bundesverfassungsgerichtsgesetz, § 32 Rn. 132.

69) vgl. BVerfGE 17, 120(122); 35, 379(380); 37, 150(151).

않게 할 수 있다. 다만 강구된 조치나 규율이 신청자로 하여금 추후에 수정될 수 없는 처분을 내리도록 강제하는 경우나 일반 법원에 대한 제소가 기대가능성이 없을 경우에는 보충성의 원칙은 통용되지 않는다. 그리고 보충성의 원칙을 통해 추구하는 목적인, 헌법적으로 관련이 있는 사실상황과 법상황에 관해서 전문법원으로 하여금 해명하게 하는 것이 실현될 수 없는 경우에는 전문법원에 대한 사전제소란 없어도 무방하다.[70] 하지만 우리의 경우 집행부정지의 원칙이 견지되는 한, 가처분의 보충성 문제에서 독일식의 접근을 강구하는 것은 곤란하다.[71]

(4) 효력정지에 맞춰진 가처분결정의 내용 문제

헌법재판소 판례는 가처분을 헌법재판의 대상에 대한 정지에 초점을 맞추어 전개한다. 비록 헌법재판소법 제65조가 효력정지가처분을 명시적으로 규정하고 있으며, 효력의 정지신청건이 현실적으로 가장 많아서 그러할 수 있지만 이런 접근은 자칫 논증의 왜곡을 자아낼 수 있다.[72] 가령 헌재 2016.4.28. 2015헌사1134의 경우 사안은 효력유지가처분신청이고, 헌재 2016.4.28. 2016헌사32의 경우 사안은 국회의원 총선거 연기 가처분신청이다. 따라서 효력정지만을 내세우는 것은 바람직하지 않다.

독일 연방헌법재판소는 가명령신청을 인용할 때, "상태(상황)를 잠정적으로 규율하여야 한다."(법 제32조 제1항). 법 제32조 제1항은 법관의 형성권능에 관한 소송법적 수권에 해당한다. 가명령결정의 내용이 동규정에 의한 규준에 의해 매우 미약하게 정해져 있다고 지적할 수 있지만,[73] 오히려 그로 인해 판례의 적극적인 법형성기능이 발휘된다.[74] 향후 우리 역시 이런 개방적 수권규정을 마련해서 적극적인 가처분(가명령)의 형성을 도모할 필요가 있다. 규정이 마련되기 전이라고 판례의 법형성기능을 통해 가처분결정의 내용을 적극적으로 형성할 필요가 있다. 임시지위 설정과 같은 적극적 차원의 가처분의 가능성을 제시한 헌재 2014.6.5. 2014헌사592의 경우가 향후 발전의 기폭제가 되어야 한다.

비록 민사소송에서는 본안청구권을 넘어서는 것이 허용되지 않지만,[75] 헌법재판에서 가처

70) BVerfGE 79, 1(20).
71) 동지: 정태호, 주석 헌법재판소법, 255면.
72) 비슷한 문제점 지적으로 김하열, 183면.
73) Ehlers/Schoch, Rechtsschutz im öffentlichen Recht, § 19 Rn. 55.
74) 독일 판례상 가명령의 내용에 관한 사례: 압수된 전자데이터처리시설의 반환(BVerfG-K 104, 42(44).), 조사행정청에 의한 일정한 대상의 공탁과 데이터저장매체의 봉인(BVerfG-K, NJW 2003, 3761), 일정한 승진대상자리에 보임하지 말 것(BVerfG-K, NVwZ 2002, 1367), 변호사공증인자리에 보임하지 말 것(BVerfG-K, NJW 2003, 3043), 송환절차에서 독일 국적자를 제3국에 인도하는 것의 중지(BVerfGE 112, 90), 아버지와 혼인외자간에 일정한 면접교섭규율을 명하는 것(BVerfG-K, NJW 2005, 1105), 법정에서 슬라이드제작을 허용하는 것(BVerfG-K, DVBl 2007, 496), 주정부가 일정한 행위를 주의회에 대해 제출할 의무가 있음(BVerfGE 106, 51(52)).
75) 이시윤, 신민사집행법, 614면.

분이 보전기능을 다하기 위해서는 가처분(가명령)결정은 신청자의 신청의 내용에 구속되지 않고 신청의 목표에 구속된다.[76] 신청서상의 표현된 조치를 그대로 취할 의무는 없다. 따라서 초과(überschießende) 가처분 역시 경우에 따라서는 허용될 수 있다.[77] 요컨대 요건이 충족되면 가처분결정이 내려져야 하되(결정재량의 부인), 어떤 내용인지는 선택의 여지가 남아 있다. 즉, 신청목표가 중지된 본안재판의 효과성을 보전하면서 가처분의 신청목표가 어떻게 최선으로 실현되어야 할지에 재량이 행사되어야 한다.[78] 가명령신청의 대상, 보전목적 · 규율목적 그리고 개별경우의 상황이 가명령결정의 내용을 정한다. 그리하여 가처분의 내용은 형량의 결론에 맞춰져야 하되, 가처분의 잠정성 및 가처분의 효력이 고려되어야 한다. 물론 어떤 경우에도 최소개입(Interventionsminimum)의 원칙은 견지되어야 한다. 즉, 기성사실의 저지에 불가피한 최소한 개입이 강구되어야 한다.[79]

(5) 가처분결정의 이유제시 문제

가처분에서 통상 각하결정이든 기각결정이든 그 이유가 제시되지 않는다. 구체적으로 보면, 전원재판부에서 가처분결정에 대해 전원 일치로 기각결정을 내릴 때 항상 "관여 재판관 전원의 일치된 의견으로 주문과 같이 결정한다."고 판시한다. 반면 지정재판부에서 각하결정의 경우 대개 "관여 재판관 전원의 일치된 의견으로"란 표현을 사용하지만, 기각결정의 경우에는 별다른 언급 없이 "이 사건 가처분신청은 이유 없으므로 주문과 같이 결정한다."고 판시한다.[80]

그런데 각하결정이든 기각결정이든 그 이유가 제시되지 않는 점은 문제이다. 그런데 우리의 경우 일반 민사가처분의 경우에도 사정은 동일하다. 이유제시의 요청이 본래 사법절차의 핵심요소로 출발하여 행정행위의 차원까지 확대된 점에서 가처분에서의 이유제시의 결여는 비단 헌법소송의 차원에서가 아니라 심각한 문제점이 제기된다. 사실 가처분의 이유제시는 특히 다른 내용의 인용처분의 경우 가처분의 집행을 위해 해석의 도움을 제공하는 면이 있다.[81] 한편 종국결정에서 이유제시를 요구하는 현행 헌법재판소법 제36조 제2항 제4호에 의해 가처분결정의 경우에도 이유제시가 요구되는지 논란이 된다. 그런데 주석 헌법재판소법상으로 상반된 입장이 기술되어 있다. 차이는 헌법재판소법 제36조상의 종국결정에 가처분결정이 들어가는지 여부이다. 가처분결정 역시 가처분사유의 존부에 관한 최종적으로 판단한다는 점에서 종국재판의 일종으로 보고서 일부에서는 긍정하지만,[82] 다른 일부는 가처분신청에

---

76) Vgl. BVerfGE 86, 46(49); 104, 23(37).
77) Schlaich/Korioth, Das Bundesverfassungsgericht, 10.Aufl., 2015 Rn. 469.
78) Berkemann, in: Umbach/Clemens/Dollinger(Hrsg.), Bundesverfassungsgerichtsgesetz, § 32 Rn. 322.
79) Hillgruber/Goos, Verfassungsprozessrecht, § 11 Rn. 892.
80) 이는 지정재판부의 경우 전원일치에 의한 결정메커니즘을 취한 데 따른 것이다.
81) Berkemann, in: Umbach/Clemens/Dollinger(Hrsg.), Bundesverfassungsgerichtsgesetz, § 32 Rn. 355.

대한 결정은 종국결정에 포함되지 않는다고 본다.[83)]

참고로 독일 헌법재판소법은 이유제시를 생략할 수 있으되 재판이후에 관계자에게 별도로 이유제시를 하여야 한다(제32조 제5항). 한편 독일의 경우 즉시 이유제시를 하여야 한다는 데 대해 예외를 인정하지 않다가 시간적 압박을 감안하여 1993년에 종래의 엄격한 이유제시의무(동법 제30조 제1항 제2문)을 현실에 맞춰 지금과 같이 개정하였다. 독일의 경우 비록 사후일망정 이유제시의 요청이 견지된다는 점에서 우리 역시 긍정적으로 바라볼 필요가 있다.

(6) 가처분결정의 집행

헌재 2014.6.5. 2014헌사592에서 헌법재판소는 피신청인으로 하여금 변호인접견을 허가하도록 임시의 지위를 정하기 위한 가처분을 인용하였다. 이처럼 가처분(가명령)의 내용이 법형성적인 경우에는 그 가처분(가명령) 자체가 집행을 명한 셈이어서 별도의 집행명령은 필요하지 않다. 하지만 가처분의 사안이 전적으로 효력의 정지와 같은 소극적 차원에서 전개된 경우에는 행정청이 가처분의 실현을 위해 행위에 나서야 할 경우가 있을 수 있는데, 이 경우 추가적인 집행명령이 필요할 수 있다. 독일의 경우 헌법재판소결정의 집행에 관한 일반규정(연방헌법재판소법 제35조)에 의거해서 집행명령이 발해지는데, 이런 집행명령(Vollzugsanordnung)은 가처분(가명령)과 결합하는 것이 합목적적이고, 종종 구별되지 않는다.[84)] 여기서 집행명령이 행정청에 대해 발해진 경우, 그 행정청은 연방헌법재판소의 시행기관이 되어버린다.[85)]

현행 헌법재판소법은 정당해산결정의 집행만을 규정할(제60조) 뿐 결정의 집행에 관한 일반규정이 없다. 독일 헌법재판소법 제35조와 같은 별도의 집행명령의 근거를 두고 있지 않은 이상, 헌법재판소법 제40조 및 민사집행법 제301조에 의거하여 민사집행법상의 가압류집행규정을 준용하여 해결할 수밖에 없는데, 기본적으로 가압류메커니즘이 헌법재판과는 전혀 어울리지 않기에 사실상 입법공백이라 하겠다. 현행법해석의 차원에서 해결책은 사실상 난망인 이상, 입법정책적 개선책을 마련해야 한다. 독일에서 헌법재판소법 제35조의 의의와 관련해서 연방헌법재판소가 헌법의 수호자로서의 자신의 역할에 비추어 동조를 해석하고 그리하여 동조가 헌법재판소로 하여금 헌법재판에서 집행의 주체가 되게 하였다.[86)] 비단 가처분의 집행의 차원을 넘어서 헌법재판 전반에서 집행에 관한 일반규정을 마련할 필요가 있다.[87)]

82) 정태호, 주석 헌법재판소법, 270면.
83) 김하열, 주석 헌법재판소법, 395면.
84) Berkemann, in: Umbach/Clemens/Dollinger(Hrsg.), Bundesverfassungsgerichtsgesetz, § 32 Rn. 371. Vgl. BVerfGE 46, 337; 74, 7.
85) BVerfGE 2, 139(143); 74, 7(8); 104, 42(44); 105, 365.
86) Benda/Klein, Verfassungsprozessrecht, 3.Aufl., 2012, Rn. 1478.
87) 동지: 정태호, 주석 헌법재판소법, 270면.

(7) 가처분재판에 대한 이의

단일심급인 헌법재판소의 재판에 대해서 원천적으로 즉시항고는 불가능하고 이의신청이나 재심은 그 자체로 허용될 수 있다. 우리의 경우 독일 헌법재판소법과는 달리 이의신청에 관한 명문의 근거가 없기에, 헌법재판소법 제40조 및 민사집행법 제301조, 제283조 제1항, 제2항, 제286조 제1항, 제4항 등에 의해 준용의 방식으로 이의신청제도는 인정될 수 있다. 그런데 실무상으로 이의신청이 인용된 건이 없기에, 가처분재판에 대한 이의신청은 문헌상의 논의에 머문다. 참고로 독일 연방헌법재판소법은 구술심리 없이 행한 결정에 대해서만 이의신청을 허용하기에(제32조 제3항 제1문), 구술심리에 기하여 가명령이 발해진 경우, 구술심리에 기하여 가명령의 발함이 거부된 경우에는 처음부터 이의제기는 허용되지 않는다. 또한 헌법소원심판의 청구인의 경우에도 이의제기가 불허된다(동항 제2문). 다만 헌법소원심판에서 가명령이 발해진 경우에 그 신청상대방은 당연히 이의제기권이 배제되지 않는다. 일부 문헌은 동법 제24조에 의해 가명령신청을 각하하면, 이의제기 역시 배제하여야 할 것으로 주장되나,[88] 동법 제32조 제3항 제1문이 거부된 결정에 대해서도 이의제기의 가능성을 열어 준 점을 들어 반론이 제기된다.[89]

(8) 이중가설적 접근방식의 수정

가처분재판에서 독일 연방헌법재판소는 이른바 이익형량에 기한 이중가설적 접근을 하는데, 헌법재판소 역시 헌재 1999.3.25. 98헌사98이래로 독일 연방헌법재판소가 취하는 이중가설에 바탕을 둔 결과형량적 접근을 한다. 그런데 전문법원에 의한 잠정적 구제가 제 기능을 발휘하지 못하는 우리 네 사정을 고려하여 성찰적으로 반영할 필요가 있다. 여기서 대표적인 반대론자인 Schoch 교수가 "형량에서 우열을 가릴 수 없는 상태에서는 －규준적인 실체법이 제외됨으로 인해－ 법관의 결정론적 결정(Dezision)만이 남아 있다."는 지적은[90] 매우 시사적이다. 이 점에서 본안에서의 인용가능성은 높지 않지만 가처분신청은 인용될 필요성이 있을 경우에 국한하여 이중가설의 명제를 적용하는 것도 생각해볼 만하다. 한편 독일의 경우 기구제의 심사에서 단계적 심사모델이 정립되어 있다. 즉, 1차 심사물음에서 헌법재판절차가 본안에서 허용되는지 혹은 －본안이 계속적이라면－ 허용될 수 있는지 여부를 심사한 다음, 2차 심사물음에서 본안절차가 명백히 이유가 없는지 또는 －본안이 계속중이라면－ 명백히 이유가 없을 것인지 여부를 심사하고, 그 다음에 3차 심사의 차원에서 본안의 선취여부를 심사한다. 우리의 경우에 분명한 단계적 심사프로그램은 가동되지는 않지만 전체적으로 비슷

88) Graßhof, in: Maunz/Schmidt-Bleibtreu/Klein/Bethge, Bundesverfassungsgerichtsgesetz § 32 Rn. 197, 236.
89) Berkemann, in: Umbach/Clemens/Dollinger(Hrsg.), Bundesverfassungsgerichtsgesetz, § 32 Rn. 373 Fn. 130.
90) Ehlers/Schoch, Rechtsschutz im öffentlichen Recht, § 19 Rn. 48.

하게 논증을 하고 있는데, 이제 단계적인 심사모델을 정립할 필요가 있다.[91]

Ⅳ. 행정소송상의 집행정지제도의 개혁방안

1. 개혁의 출발점으로 현행 집행부정지원칙의 타파

자신의 권리와 관련된 자는 본안판결의 확정력이 발생하기 전에는 집행조치로부터 손해를 입어서는 아니 된다. 본안판결 이전에 기성사실이 발생하는 것이 저지되어야 한다. 시간의 경과로 회복할 수 없는 사정이 초래될 수 있기에, 장차 내릴 중요한 본안판결이 불가역적인 요소로 인해 공허해지는 것을 사전에 저지할 필요가 있다. 잠정적 권리보호의 근거를 재판청구권에서 구하면 당연히 집행정지 제도 역시 재판청구권에서 요구될 수 있다. 즉, 집행정지제도의 구체적인 내용과 관련해서는 입법형성의 여지가 있겠지만, 그것의 도입여부가 입법자의 임의적 판단과 결정에 좌우될 성격은 아니다. 집행정지제도의 헌법적 기능에서 개별법상으로 집행정지를 불허하는 입법은 금지된다.[92] 그런데 **통상 행정소송법상 임시구제제도에서 집행정지를 원칙으로 할 것인지 아니면 집행부정지를 원칙으로 할 것인지 여부의 물음에 대해서는 입법정책의 문제로 보는 것이 일반적이다.** 대부분 문헌은 과거 일본에서 연유한 이 주장을 바람직하지 않게도 그대로 수긍하고 있다. 집행정지제도를 헌법상의 재판청구권에 의거하여 인정할 것같으면, 집행정지의 원칙을 채택할 것인지 아니면 집행부정지의 원칙을 채택할 것인지의 물음을 순전히 입법정책의 것으로 보는 것은 바람직하지 않다. 헌법상의 재판청구권이 실현되기 위해서는 집행정지의 원칙을 출발점으로 삼아 잠정적 권리보호 시스템을 구축해야 한다.[93]

2. 본안의 승소전망(승소가능성)의 문제

취소소송이 제기된 경우에 처분 등이나 그 집행 또는 절차의 속행으로 인하여 생길 회복하기 어려운 손해를 예방하기 위하여 긴급한 필요가 있다고 인정할 때 법원은 당사자의 신청이나 직권에 의하여 집행정지결정을 할 수 있으되, 공공복리에 중대한 영향을 미칠 우려가 있는 경우에는 허용되지 않는다(법 제23조 제2항, 3항). 여기서 핵심적인 요건은 보전필요성에 해당하는, **'회복하기 어려운 손해를[94] 예방하기 위하여 긴급한 필요'가 있어야 하고, '공공복리에**

---

91) 이런 단계적 논증방식은 행정소송상의 집행정지결정에서도 그대로 통용될 수 있다.

92) 한편 독일 망명절차법(AsylVfG) 제34조의 a 제2항은 망명신청자에 대한 소위 안전한 제3국가에로의 추방명령의 경우 행정법원법 제80조에 따라 중지될 수 없음을 규정하고 있는데, 위헌이라는 주장에도 불구하고, 독일 연방헌법재판소는 의미에 맞게 제한적 해석을 하면 동규정은 기본법 제16조의 a 제2항 제3문과 일치한다고 판시하였다(BVerfGE 94, 49(113)=NVwZ 1996, 700(708)).

93) 김중권, 행정법, 689면.

94) 여기서 '손해'개념과 관련한 숙고가 필요하다. 독일의 경우 행정법원법은 물론 연방헌법재판소에서는 우리

중대한 영향을 미칠 우려'가 없어야 한다. 전자는 일종의 적극적 요건으로 신청자의 연기이익(Aussetzungsinteresse)을 나타내고,[95] 후자는 일종의 소극적 요건으로 (즉시)집행의 공익(öffentliches Interesse an der sofortigen Vollziehung, Vollziehungsinteresse)을 나타낸다. 그런데 판례는 명문으로 규정되어 있지 않음에도 불구하고, 추가적으로 본안의 승소전망(승소가능성)과 관련하여 요건을 설정한다. 즉, 신청인의 본안청구가 이유 없음이 명백하지 않아야 집행정지가 허용된다. 이는 판례가 요구하는 소극적 요건이다. 종종 그것의 타당성이 문제되나, 판례는 본안소송에서 처분의 취소가능성이 없음에도 처분의 효력이나 집행의 정지를 인정한다는 것은 제도의 취지에 반한다는 점을 들어 시종 그것을 고수한다.[96] 그럼에도 종종 처분 자체의 적법여부에 관해 판단하지 않은 채 행정소송법 제23조 제2항의 적극적 요건만을 가지고 판단한 것이 허용되어[97] 논란이 되곤 한다.

잠정적 권리보호의 절차에서 결정발견을 위해서는 법질서상으로 두 가지 기본모델이 알려져 있다. 하나는 소위 약식절차에서 본안재판의 성공전망에 관한 심사를 하는 것이고, 다른 하나는 미확정의 약식결정을 추구하여 순수한 이익형량을 통해 결정발견을 강구하는 것이다. 전자의 경우 실체적 법상황이 포함되고, 결정발견은 핵심적으로 실체부수적 심사에 바탕을 두는 반면, 후자의 경우 결정발견은 당연히 실체와 부수하여 행해지지 않으며, 형량과정에 소위 이중가설(Doppelhypothese)이 통용된다.[98] 결국 우리의 현행 제도는 이상의 두

의 '손해'에 해당하는 개념으로 '불이익'(Nachteile)을 사용하며, 우리 민사집행법 제300조 제2항이 벤치마킹한 그들 민사소송법 제940조 역시 '손해'가 아니라 '중대한 불이익 방지'(Abwendung wesentlicher Nachteile)를 가처분사유로 규정하고 있다. 사실 가처분사유에서 '손해'개념의 사용의 문제점은 근원적으로 민사집행법에 있다고 하겠다. 다행히 가처분제도와 동일한 의의를 지닌 행정심판법상의 임시처분제도에서는 '중대한 불이익' 개념을 사용하고 있다(제31조 제1항).

95) 우리 행정소송법에서 규정된 '긴급한 필요'와 관련해서 검토할 점이 있다. 판례에 의하면, '긴급한 필요성'은 처분의 성질과 태양 및 내용, 처분상대방이 입는 손해의 성질·내용 및 정도, 원상회복·금전배상의 방법 및 난이 등은 물론 본안청구의 승소가능성 정도 등을 종합적으로 고려하여 구체적·개별적으로 판단해야 한다(대법원 2014.1.23. 자 2011무178 결정 등). 현행 행정소송법상의 집행정지요건 및 민사집행법상의 가처분의 긴급한 필요의 요청이 그대로 헌법재판에도 이어지고 있다. 독일 연방헌법재판소법 역시 긴급성(Dringlichkeit)을 명문으로 규정하고 있다. 그런데 가처분의 경우 '긴급한 필요성'의 요청은 당연하지만, 집행정지제도에서는 다른 이해가 가능하다. 기성사실이 불가역적으로 조성됨에 따라 원고인용판결의 효과가 사실상 무의미하게 되는 것처럼, 법치국가원리상 본안소송의 결과가 무의미하게 될 가능성이 높은 상황에서 집행정지는 당연히 요구된다. 따라서 '긴급한 필요성'의 요청이 집행정지가능성을 저해할 수 있다는 점을 유의하여야 한다. 법원실무제요 행정(2016, 298면)에서 "대체로 신청인의 권익을 직접 침해하는 형성적 효과가 있는 처분 등의 경우에는 긴급성이 있다고 볼 것이다."고 기술한 것은 이 점에서 매우 바람직하다.

96) 대법원 2008.5.6. 자 2007무147 결정 등. 독일의 경우에도 과거에는 판례가 대개 실체와 독립된 이익형량에 의거하여 계쟁처분의 적법성에 관한 약식심사가 행해지지 않았다. 그러나 오늘날에는 -정지이익과 집행이익간의- 이익형량이 실체에 부수한 착안점의 범주에서 본안의 승소가능성이 심사에 들어가는 식으로 행해지고 있다. 대부분의 문헌의 호응을 받고 있는 이런 접근방식을 일찍이 Martens가 "명백성통제부 이익형량"(Interessenabwägung mit Evidenzkontrolle이라 표현하였다. Martens, Tendenzen der Rechtsprechung zum Sofortvollzug der Zulassung von großtechnischen Anlagen, DVBl. 1985, 541.

97) 대법원 2008.8.26. 자 2008무51 결정.

98) 한편 독일 헌법재판소의 형량모델에 대해 비판적인 Schoch 교수는 행정소송에서의 가명령제도에서 헌법재판에서의 형량모델을 대입하는 것(통설)은 행정법원법 제123조에 정면으로 반한다고 주장한다. Schoch, in:

가지 모델을 합친 것인 셈이다.[99] 여기서 유의할 점은 가해지는 부담이 중하면 중할수록, 행정조치가 불가변성을 많이 야기하면 야기할수록, 적법성의 심사는 더욱더 강하게 행해져야 한다.[100] 따라서 집회자유의 의의에 비추어, 그리고 집회금지가 지닌 심각하고 불가역적인 결과를 감안할 때 설령 긴급절차라 하더라도 법원은 사안과 계쟁처분의 적법성을 특히 깊이 있게 심사하여야 한다.

3. 논증구조의 문제

행정소송법 제23조 제2항에 의해 집행정지결정은 법원의 재량결정이다. 따라서 형식적 요건의 충족을 전제로 궁극적으로 보전의 필요성은, 궁극적으로 중지이익과 즉시집행이익간의 형량의 문제이다.[101] 그런데 집행정지신청의 성공전망(승소가능성)은 다음의 두 가지 요소에 연계가 된다. 하나는 본안의 승소전망과 관련한 계쟁처분의 위법성에 관한 약식심사이고, 다른 하나는 연기이익과 즉시집행이익간의 이익형량이다. 여기서 본안의 승소전망과 관련한 계쟁처분의 위법성에 관한 약식심사와 이익형량간의 관계가 불분명하다.[102] 비록 법원실무제요에서 본안의 승소가능성을 보전의 필요성보다 앞서 기술하고 있긴 하나[103] 분명하다고 할 수 없다. 독일에서 일부 판례상으로 약식심사를 이익형량에 포함시켜 즉, 하나의 단계에서 약식심사와 이익형량을 함께 행해지기도 하였지만, 통설은 단계시스템의 구상에서 이단계적 시스템(das zweigliedrige Stufensystem)을 취한다. 이에 의하면 먼저 계쟁처분의 명백한 적법성이나 위법성을 심사하여 하고, 심사한 즉, 불확실한 결과예측 즉, –바로 확인될 수준에 의거해서 판단을 내리는– 명백성통제(Evidenzkontrolle)가 주효하지 않은 경우에만 이익형량을 행해야 한다. 독일 연방헌법재판소 역시 이런 이단계적 시스템이 합헌적이라고 확인하였다.[104] 일부 문헌은 결정규준을 더 좋게 구성하기 위해 세단계적 시스템을 전개하였다.[105]

Schoch/Schneider/Bier, Verwaltungsgerichtsordnung, VwGO(2016) § 80 Rn. 64aff.

99) 금번 법무부 행정소송법개정안은 종전의 개정작업과 마찬가지로 이를 성문화하였다. 개정안: 제24조(집행정지) ③ 집행정지는 공공복리에 중대한 영향을 미칠 우려가 있거나 신청인의 본안 청구가 이유 없음이 명백한 경우에는 허용되지 아니한다.

100) Dietel/Gintzel/Kniesel, VersammlG, 16. Auflage 2011, § 1, Rn. 260; BVerfG DVBL. 2013, 367; BVerfGE 110, 77, 87 ff.

101) 독일의 경우에도 행정법원법 제80조 제5항의 집행정지절차에서 압도적 판결이 이익형량의 방법으로 결정발견을 구하면서, 아울러 본안에서의 성공전망 역시 -그것이 명백하는 한- 중요하게 함께 고려하는데, 이런 모델을 법원의 재량결정 규정이 확고히 하였다. 문헌 역시 압도적으로 동일한 입장이다.

102) 한편 독일 망명절차법(AsylVfG) 제36조 제4항은 추방명령의 적법성에 심각한 의문(ernstliche Zweifel)이 있는 경우에만 집행정지가 허용됨을 규정한다.

103) 법원실무제요 행정, 2016, 295면.

104) BVerfG-K NVwZ 2007, 1176(1177); NVwZ-RR 2008, 657(658).

105) 이에 의하면 1차 단계에서는 명백성심사를 하여 계쟁처분의 명백한 적법성 · 위법성, 본안의 명백한 승소 · 패소의 전망을 조사하고, 승소나 패소와 관련해서 명백성이 확인될 수 없을 때 2단계로 -기성사실이 임박하지 않는 한- 본안에서의 (개관할 수 있는) 성공전망을 포함하여 이익형량의 방법으로 약식결정이 내려질 수 있으며, 본안재판의 성공전망이 불확실한 경우에 비로소 3단계로 순수한 이익형량이 행해져야 한다. 여기서 일반적인 규준은 금지되고, 충돌하는 제 이익을 평가는 것이 결정을 짓는다. Schoch, in: Schoch/Schneider/Bier, VwGO(2016) § 80 Rn. 373.

계정처분의 위법성이나 적법성에 관한 판단이 포괄적인 이익형량에 반영되면 자칫 계정처분의 명백한 위법성과 본안에서의 승소전망에도 불구하고 집행정지신청이 거부될 수 있다. 즉, 즉시집행의 이익과 같은 반대의 이익이 계정처분의 위법성을 압도할 우려가 있다. 따라서 논증에서 독일에서처럼 단계적 시스템의 구조를 취하는 것이 바람직하다.[106]

4. 구체적인 논증태도

명백히 위법한 행정행위의 경우 즉시집행에 대한 우월적 공익은 존재하지 않는다.[107] 원고의 청구가 명백한 이유가 있거나 계쟁처분의 적법성에 심각한 의문이 있을 때는 행정행위의 집행이익은 존재하지 않고, 집행정지가 내려져야 한다. 다만 계쟁처분의 적법성이 불확실성만으로 즉시집행의 이익을 근거지울 수는 없다.[108] 따라서 본안에서의 이유없음이 명백하지 않은 경우나 이유있음이 명백하지 않은 경우에 비로소 즉시집행이익과 연기이익간의 형량결정이 내려질 수 있다. 한편 본안의 성공전망이 높으면 높을수록, 연기이익에 대한 요청은 더욱더 낮아지고, 반대로 본안의 성공전망이 낮으면 낮아질수록 집행정지를 정당화시키는 신청자의 연기이익을 더 높게 사정해야 한다.[109]

연기이익과 즉시집행이익간의 이익형량에서는 법률의 목적 역시 고려해야 하며, 법원은 원칙적으로 신청자와 처분청의 이익만이 아니라, 본안과 관련한 모든 공익과 사익을 고려해야 한다.[110] 유의할 점은 추상적으로 공익의 우위와 사익의 후퇴를 판단의 출발점으로 삼아서는 아니 된다.[111] 관련인의 기본권적 중요사항이 형량에 포괄적으로 반영되어야 한다.[112] 약식심사에도 불구하고 가능한 중요한 기본권침해가 고려되어야 한다.[113] 여기서 이중가설의 공식(Doppelhypothese)의 방법으로 다음의 물음을 제기하여야 한다. 즉, 행정처분이 즉시 집행되었는데 만약 나중에 그 소송이 종내 인용될 경우에 일어날 상황은 어떠하며, 행정처분의 집행이 정지되었는데 만약 그 소송이 궁극적으로 이유가 없다고 판명될 경우에 일어날 상황은 어떠한지에 관한 물음이다. 그런데 본안성공의 전망이 불확실하고, 연기이익과 즉시집행이익이 동등한 경우 비록 현행 행정소송법이 집행부정지의 원칙을 취하지만 그럼에도 불구하고 집행정지에 유리하게 결정을 내리는 것이 바람직하다.[114] 한편 연기이익이 즉시집행이익보다 우위에 있다고 할 때 집

106) 여기서 앞에서 본 개정 행정소송법개정안 제24조 제3항 규정은 자칫 이익형량에 명백성통제가 함께 어울려져 자칫 집행정지제도의 활성화를 저해할 우려가 있다.

107) 하지만 행정행위가 명백히 적법하다고 하여 그 자체가 즉시집행의 이익을 성립시킨다고 결론을 내려서는 아니 된다.

108) BVerfG, NJW 2003, 3619; 2010, 2269.

109) 본안에서의 성공전망은 일종의 동적 시스템이다. Vgl. Kopp/Schenke, VwGO(2016), § 80 Rn. 158.

110) Vgl. Kopp/Schenke, VwGO(2016), § 80 Rn. 153.

111) Vgl. BVerwG, NVwZ-RR 1991, 365.

112) Vgl. BVerfG, Kammer, NVwZ 2005, 927.

113) Vgl. BVerfG, Kammer, NVwZ-RR 2005, 442.

114) 독일의 경우 집행정지의 원칙상 이런 결론은 자연스러운(OVG Hamburg, DVBl. 2010, 1122; VGH München,

행정지결정의 재량적 성격이 문제되는데, 이익형량에서 그렇게 결론에 달하면, 법원은 효과적인 사법적 권리보호를 지향하는 헌법상의 재판청구권에서 집행정지결정 여부와 관련해서는 재량을 행사할 수 없고, 단지 방법에서 가령 기한설정 등에서 일정한 재량을 행사할 수 있다.[115)]

Ⅴ. 결어 – 민사가처분적 인식과의 시급한 결별

1984년 행정소송법의 정비에 따른 역사가 30년이 지났고, 헌법재판의 역사 역시 머지않아 30년을 맞이한다. 가처분제도와 관련해서 우리 헌법재판의 본보기인 독일의 법상황과 논의상황은 중요한 시사점을 제공하여 그것의 소개 역시 매우 활발히 전개되었음에도 불구하고, 이제껏 가처분의 인용사례가 5건에 불과하다는 것은 그것이 과연 헌법재판에서 의미있는 제도로 기능하고 있는지 정당한 반문을 던지게 한다. 여기서 기왕의 논의에서 근본적인 물음 즉, 헌법재판을 포함한 공법재판의 존재이유에 관한 고민이 필요하다. 공법재판에서의 잠정적 권리구제를 헌법상의 재판청구권의 차원에서 새롭게 접근할 필요가 있다. 종래의 민사가처분적 인식과의 결별이 시급하다. 법원은 과거사를 다루지만 과거분석과 과거평가로부터 현재는 물론, 미래를 결정하는 권력이다.[116)] 공법재판에서의 잠정적 권리구제와 관련하여 현행법의 상황은 법치국가원리의 차원에서 심각하게 문제될 수 있다. 이런 상황을 타개하고 민주적 법치국가원리에 부합한 잠정적 권리구제시스템을 구축하기 위해 이제 법원과 헌법재판소는 기왕의 관성적 태도에서 벗어나 적극적으로 법형성에 나서야 한다. 공법학 역시 공법발전을 결정적으로 방해하는 현재의 법상황에 대한 자기반성적 자각을 통해 가히 백지상태에서 공법재판의 현대화를 도도하여야 한다. 공법재판에서의 잠정적 권리보호는 더 이상 입법자의 선물이 아니다.

BayVBl. 2015, 174) 반면 우리는 정반대의 상황이라 약간 논란이 될 수 있는데, 잠정적 권리보호의 헌법적 근거에서 그리고 현재의 입법상황이 재판청구권의 차원에서 문제가 있다는 점에서 '집행이익과 연기이익이 비등하면 집행정지에 유리하게' 접근하는 것이 바람직하다.

115) Vgl. Kopp/Schenke, VwGO(2016), § 80 Rn. 165.

116) Paul Kirchhof, Der Auftrag des Bundesverwaltungsgerichts zur kontinuierlichen Erneuerung des Rechts, in: Festgabe 50 BVerwG, 2003, S. 255(257ff.).

32. 군(軍)사법 제도와 헌법개정*

한 인 섭**

Ⅰ. 서 설

군사재판을 말할 때 상반되는 시각이 존재한다. 하나는 군사재판은 군의 일부이며, 군대의 질서유지를 위한 필수적인 부분이라는 시각이다. 다른 하나는 군사재판은 어디까지나 재판인 이상, 재판의 일반원칙과 조화되어야 한다는 것이다. 군인도 국민이고, 국민 일반이 누리고 있는 인권의 보장, 독립된 법관에 의한 독립된 재판을 받을 권리를 향유할 수 있어야 한다는 것이다. 매스컴의 용례로 말한다면, "軍治냐 法治냐"하는 쟁점이다.

군사재판을 하는 기관을 부르는 명칭부터 변천해왔다. 1987년 이전에는 군법회의라 불렸지만, 지금은 "군사법원"이다. 군법회의라 할 때는 무언가 군대적 특수성이 부각되는 듯하지만, 군사법원이라 할 때는 일반법원과 마찬가지로 '법원'으로서의 특성을 구비할 것이 강력하게 요청된다. 우리의 현대사의 흐름은 점차로 군치로부터 법치로, 군법회의로부터 군사법원으로의 지향을 요청받고 있다. 군인의 지위도 점차 명령복종관계에서만 이해되지 않고, '군인의 국민으로서의 인권'의 시각에서 재조명될 것을 요청받고 있다.

그러나 군사법의 제도적 틀과 그 운영방식은 여전히 사회 일반인이 일반 사법(司法)을 통해 누리고 있는 수준의 헌법적 보호, 인권보장을 누리지 못하고 있다. 그리하여 2003년 출범한 사법개혁위원회에서는 주요한 개혁항목의 하나로 '군사법제도의 개혁'을 내세웠다. 사법개혁위원회의 2004년도 건의문에는, "사법의 독립성과 군조직의 특수성을 조화하여 장병들의 인권을 보장하고 군내 법질서를 효과적으로 유지할 수 있도록 군사법제도를 개선할 필요가 있"다고 하면서, 구체적 건의안의 대강으로 "군사재판의 독립성·공정성 강화, 군검찰의 독립성·군사법경찰에 대한 통제권 강화, 징계영창제도의 공정성 강화, 미결피의자의 구금시설 개선" 등을 건의했다.[1] 사법개혁위원회의 후속기관으로서 사법제도개혁추진위원회는 "군사법원의 독립성·공정성 강화," "장병참여재판," "군검찰의 중립성 강화," "징계영창 및 미결구금제도의 개선" 등을 구체화한 일련의 법률안을 의결하여 국회로 넘겼다.[2] 그러나 그 법률안들은 17대 국회의 회기만료로 폐기되었다. 따라서 군사법의 개혁의 과제는 여전히 미완으로 남아있다. 일반적 형사재판에 관련된 과제들이 형사소송법의 전면 개정, 국민참여재

---

* 이 글은 한인섭, "군사법 제도와 헌법개정," 사법발전재단, 『사법』 제7호, 2009년 3월, 3-36을 전재한 것이다.

** 서울대학교 법학전문대학원 교수

1) 사법개혁위원회, 국민과 함께하는 사법개혁-사법개혁위원회 백서, 2005, 219-220.

2) 사법제도개혁추진위원회, 사법 선진화를 위한 개혁-사법제도개혁추진위원회 백서(상), 2006, 256-275.

판의 도입 등으로 괄목할 만한 진전을 이룬 것과 크게 대조된다. 앞으로 군사법의 전면적인 개정의 숙제를 갖고 있는 셈이다.

다른 한편, 한국의 군사법의 역사를 통해 교훈을 얻을 필요가 있다. 전쟁과 군사정변을 겪으면서, 군사법의 남용을 통해 인권유린이 행해지고, 제대로 된 재판을 받지 못한 채 사법살인이나 억울한 옥고를 치르기도 했다. 그러나 그러한 부정적 체험들은 1987년 이후 군사정변의 위협이나 비상계엄의 가능성이 사라지면서 군사법에 내재한 심각한 문제점이 돌출될 기회가 오히려 없었다. 따라서 많은 제도상의 문제점들이 부각되지 않고 동면한 상태에 있는 것이 있다. 군사법의 헌법적 개정 문제가 나온다면, 그 문제점들도 우리 헌정사에 대한 진지한 반성과 함께 재점검되어야 할 것이다.

군사법의 선진화를 헌법적 차원에서도 조명할 수 있다. 군사법의 특수성을 내세울수록, 헌법의 조문과 정신으로부터 이탈하려는 동기가 강할 것이다. 현재의 헌법 제110조는 군사재판 및 군사법원에 관한 조항을 두고 있어, 군사법을 일정 부분 헌법적 틀 안으로 끌어온 효과가 있다. 그러나 이 헌법조항은 군사법의 특수성을 정당화한 것으로 독해될 여지도 있기에, 군사법을 헌법질서 속에서 여하히 정의할 것인가의 난제를 여전히 남겨두고 있다. 이러한 난제를 헌법개정 논의의 틀 속에서 하나의 쟁점으로 등장시킬 수도 있다고 본다.

필자는 현시점에서 헌법개정의 논란 자체를 찬성하지 않는 편이다. 헌법개정의 논쟁이 권력구조의 재편을 중심으로－대통령제냐 내각제냐, 대통령의 중임의 허용 여부 등－ 이루어질 것이 뻔하고, 헌법의 정치화를 비약시킬 것이기 때문이다. 1987년 헌법의 규범적 착근은 장식규범으로부터 재판규범(헌법재판소의 적극적 역할)으로 착실히 이행해왔고, 나아가 시민의 생활규범으로 정착되어가는 단계에 있다고 생각한다. 그런 헌법적 체험과정이 더욱 의미있는 것이며, 헌법개정의 어려움(경성화)가 헌법존중의 태도를 뿌리내리는 데 중요한 역할을 해왔다는 생각이다. 그런데 그 헌법을 정치적 파쟁의 소재로 삼게 되면, 헌법의 규범성에 대한 안정성이 흔들릴 것을 더 우려하는 것이다.

다만 헌법 개정의 논란은 현행 헌법의 취약점에 대해서도 새삼 주목하게 되는 이점도 있다. 그 취약점 중의 하나가 군사법의 분야일 수 있다. 헌법개정의 한 항목으로, 기존의 권위주의 정권하에서 틀지워진 군사법제도에 보다 인권적이고 헌법적인 호흡을 강하게 불어넣는 방향으로의 재편이 필요할 수 있다. 현재로서는 이러한 과제는 대부분 법률의 개정 및 위헌심사의 강화로 달성될 수 있다고 보지만, 만일 헌법개정이 피할 수 없는 단계에 이르게 되면 이 상황에서는 어정쩡한 봉합이나 타협의 수준에 머물러 있는 군사법 관련 조항도 2010년 이후의 한국의 수준에 맞추어 재정비할 필요가 있을 것이다. 그런 점도 염두에 두면서 이 글을 쓰고자 하는 것이다.

Ⅱ. 헌법상의 군사법원, 군사재판 조항의 연혁

1948년 제헌헌법에는 군사재판에 관한 규정을 별도로 두지 않았다. 그러나 1948년 이래로 국방경비법, 해군경비법, 국군조직법에 따라 특별법원으로 "군법회의" 제도를 운영했다. 군인과 군속에 대한 심판은 군법회의에 의하도록 규정하고 있었다. 군대는 일반사회와 전혀 별개라는 특별권력관계적 틀이 군사재판의 영역에 자리잡고 있었던 것이다.

그러나 군사재판은 일반재판과 그 형식과 절차가 다르고, 국민의 인권을 경시할 우려가 많으므로, 군사재판의 설치 여부 및 활동범위에 대하여 명확한 헌법상의 근거를 가져야 함에도 불구하고 제헌헌법이 그에 대한 아무 규정을 두지 않은 것[3]은 법적 맹점으로 지적되어 왔다. 특히 한국전쟁기에 군법회의의 관할권을 민간인에게 확장하는 경우가 빈번하여 국회는 <군법회의 재판권 한계에 관한 결의안>(1951.5.22.)을 가결시키기도 하였다.[4] 이러한 과정에서 과연 헌법적 근거 없이 군법회의가 합헌적으로 성립할 수 있는가에 대한 근본적 의문도 제기되었다.

그에 대해 군대의 특별권력관계를 옹호하는 견해는 "군인에 대한 재판도 사법부가 일률적으로 담당하려 한다면 군의 업무라는 행정부의 권한을 사법부가 부당하게 침해하는 결과를 가져올 것"이라고 주장하였다. 한편 대법원이 군법회의의 최고심인가의 쟁점을 두고도 대립하였다. 상고심으로서의 대법원을 인정한다면, "사법권 행사기관인 대법원이 군을 암암리에 통제하는 결과를 초래할 것"이라 주장하면서, "군사법원은 헌법상의 하급법원에 해당하지 않으므로 군사법원에 관한 한 대법원이 최고법원이라는 주장은 성립하지 아니한다"[5]는 주장까지 제기되었다. 최소한의 대법원의 통제도 받지 않는 군법회의는, 전쟁기의 참혹한 인권유린의 분위기 속에서, 문제적 판결을 양산했다.

군사재판의 독자성 여부, 최고법원으로서의 대법원과의 관계 등의 논란은 결국엔 1954년의 헌법개정으로 일단락되었다. 즉 개정헌법 제83조의2에 "군사재판을 관할하기 위하여 군법회의를 둘 수 있다. 단, 법률이 정하는 재판사항의 상고심은 대법원에서 관할한다. 군법회의의 조직, 권한과 심판관의 자격은 법률로써 정한다"고 규정했다. 이 조항은 두가지 큰 의미를 갖는다. 첫째, 군사재판을 위한 군법회의의 설치의 근거를 명시한 것으로 군법회의의

3) 육군본부, 법무오십년사(1946~1996), 1996, 99.

4) 국회 결의안의 내용은 다음과 같다. ① 군법회의 재판권은 국방경비법 제1조에 규정한 군법 피적용자에 엄격히 국한할 것, ② 민간인의 범죄는 국방경비법 제32조와 제35조의 죄과만을 취급하되 동 조문을 확장 또는 유추해석하여 범위를 초과하지 못할 것, ③ 이상 1·2항에 직접 해당하는 이외에는 여하한 범죄사건이라도 군법회의에서는 취급하지 못한다(고석, 한국 군사재판제도의 성립과 개편과정에 관한 연구, 서울대 법학박사논문, 2006, 244).

5) 제2대 법무관이었던 이지형의 글, "군사법원의 독립(2)," 법정 1950년 1월호, 46-49 참조.

설치 여부에 대한 헌법적 정당성이 부여되었다. 둘째, 군법회의보다 상위에 대법원이 최종심으로 자리잡고 있음을 명시한 의의가 더 크다. 군법회의에 대한 대법원의 최종통제권을 확립하였기 때문이다.

그러나 대법원의 최고우위성은 헌법조문의 신설만으로 확립되지는 않았다. 군사법원의 설치와 운영을 규정하는 국방경비법 및 해안경비법에는 대법원의 상고에 관한 절차적 규정이 없었다. 그리하여 1955년에 <군법회의 재판에 대한 상고에 관한 임시조치법안>이 국회 발의로 제출되었지만, 법률로 통과되지는 못했다. 대법원도 소극적으로 임했다. 대법원은 절차법이 없는 이상 상고를 실현할 도리가 없다는 이유를 들어 군사재판에 대한 상고심을 각하한 것이다.[6] 이러한 대법원의 태도는, 단심제를 통한 사형이 상고없이 집행되는 것을 방치하여 인권침해를 방관하는 소극적 태도라 하여 비난받았다. 이러한 상황은 1962년 국방경비법이 폐지되고, 군형법 및 군법회의법이 제정되면서, 단심제 군법회의가 비로소 대법원에의 상고를 포함한 3심제의 군법회의로 재편됨으로써 일단락되었다.

1962년 헌법 제106조는 '특별법원으로서 군법회의 설치,' '군법회의의 상고심으로서 대법원의 관할인정' 부분은 1954년 헌법과 동일하지만, 동 제3항을 추가했다. "③ 비상계엄하의 군사재판은 군인·군속의 범죄나 군사에 관한 간첩죄의 경우와, 초병·초소·유해음식물공급·포로에 관한 죄 중 법률에 정한 경우에 한하여 단심으로 할 수 있다." 이 조항은 이전의 단심제 군법회의를 폐지하고, 3심제를 원칙으로 하되, 비상계엄하의 일정행위에 대하여 단심으로 할 수 있는 근거를 제시한 것이다.

현행(1987년) 헌법도 군법회의에 관하여 1962년 헌법의 태도를 대체로 유지하고 있지만, 몇가지의 의미있는 변경을 했다. 첫째, "군법회의"란 용어 대신 "군사법원"이란 용어를 채택하였다. 이는 군사재판의 특수성보다는 사법성을 보다 강조하여, 사법기관으로서의 성격을 부각시키고자 했다.[7] 이러한 헌법의 개정에 따라 "군법회의법"은 "군사법원법"으로, "군법회의"는 "군사법원"으로 명칭을 바꾸었고, 그 내용에서도 국민의 기본적 인권을 보다 보장하는 것으로 채워지게 되었다. 둘째, 비상계엄하의 단심제 조항에 예외를 추가한 것이다. 즉 "사형을 선고한 경우"에는 단심제가 불가능하도록 하였다. 이는 동일한 사건에서(예컨대 김재규 등 피고사건), 단심으로 처형된 현직군인과 대법원까지 상소할 수 있었던 비군인 사이의 절차적 인권보장의 차이에 대한 반성적 교훈으로 추가된 것으로 생각된다.

---

6) 한인섭, "한국전쟁과 형사법: 부역자 처벌 및 민간인 학살과 관련된 법적 문제를 중심으로," 서울대학교 법학, 제41권 2호, 2000/9, 162.

7) 이러한 명칭 및 내용의 변경 배경으로 다음과 같은 설명을 참조. "군법회의는 … 사법기관임에도 일본식 용어를 답습하여 "회의"라는 명칭을 사용하고 있어 일반국민에게 군법회의를 마치 비사법기관으로 인식케 하므로 명칭을 변경"하여, "사법기관으로서의 성격을 부각시키고 군사재판의 재판관 특히 심판관으로 하여금 군사재판의 중요성 및 그 사명감을 깨닫게 하고 일제의 잔재청산과 민족주체성을 고양하는 의미"에서 군사재판이란 명칭을 쓰게 되었다. 육군본부, 법무오십년사(1946~1996), 1996, 400.

이제까지의 군사법제도의 헌법사를 간단히 살펴보았지만 군사법은 특별권력관계로부터 출발했음을 알 수 있다. 특별권력관계라 함은 헌법상의 기본권 보장, 법률유보의 원칙, 권리침해시 사법적 구제의 보장이란 내용에 예외를 인정하는 것을 말한다. 그 첫 단계는 헌법배제, 일반적 사법구제의 배제로부터 출발한 것이었다. 우리의 헌정사의 체험을 통해 군사법에 대해서는 군사법의 헌법적 근거조항 확립, 3심제의 확립 및 최고법원으로서의 대법원의 정립 정도의 성과를 거둔 셈이다.

그러면 1987년에 제정된 현행 헌법은 군사법에 관한 조항에서 어떤 문제가 있는가. 간단히 말하자면, 1987년 당시의 정치적 소용돌이는 군사법의 문제를 세세하게 검토할 만큼의 여유를 부여하지 못했다. 전체 권력구조의 기본틀을 짜고, 기본권 조항의 중심적 내용을 다듬는 데 대부분의 정열이 소요되었다. 1987년 헌법에서 군사법의 실질 영역은 대부분 법률로 위임한 상태에 머무르고 있다. 때문에 2009년 이후의 시점에서 헌법개정의 논의를 한다면, 거기에는 현재적 수준에 맞는 수준으로 군사법에 대한 헌법적 보호와 통제가 강화되어야 할 것으로 생각할 수 있다.

Ⅲ. "특별법원으로서 군사법원"의 존폐 문제

헌법 제110조 제1항은 특별법원으로서 군사법원에 대해 규정하고 있다. 이는 군사법원의 헌법적 디딤돌을 마련한 조항으로 볼 수 있다. 다른 한편, 동 조항은 군사법원을 '둔다'는 것이 아니라 '둘 수 있다'고 하여, 군사법원의 필요불가결성을 인정하지는 않고 있다. 이러한 규정방식은 군사법원의 존재근거에 대한 질문을 거듭하도록 한다.

군사법원의 당위성 여부에 대하여는 존폐론의 논쟁이 있다. 폐지론의 입장에서는, 군사법원이 일반법원보다 국민의 기본적 인권의 보장, 사법부의 독립 등의 면에서 열등하다고 보기에, 여기서 '둘 수 있다'는 법문은, '반드시 두어야 할 필요는 없다. 만약 두어야 한다면, 두어야 할 근거를 밝혀라'고 주장할 수 있다. 반면 존치론은 이 조항으로 군사법원의 헌법적 근거를 확보했다고 보기에, 군사법원을 두는 것은 당연하다고 주장할 것이다. 군사법원은 헌법 제정기(1948년)에 이미 법률적 근거를 갖고, 실제로 운영되고 있었던 데다가, 6십년 이상 지속되어온 역사성을 강조할 수도 있다.

헌법재판소는 군사법원법의 여러 규정들이 위헌이 아니라고 하면서, "군사법원을 특별법원으로 설치함에 있어서 군대조직 및 군사재판의 특수성을 고려하고 군사재판을 신속, 적정하게 하여 군기를 유지하고 군지휘권을 확립하기 위한 … 합리적인 이유"가 있는 것으로 정리했다.[8] 몇가지 쟁점을 검토해보자.

---

8) 헌법재판소 1996.10.31. 선고 93헌바25 결정.

첫째, 군사법원은 "군기 유지 및 군지휘권 확립"을 위해 꼭 필요한 제도일까 하는 질문이다. 군대는 전쟁을 준비하는 조직으로 엄정한 군기의 유지, 지휘권 확립은 군대의 생명이다. 그러나 군기유지, 지휘권 확립을 일반법원과 분리되는 독자적인 군사법제도를 통해서만 달성될 수 있다는 주장은 비약이다. 지휘권은 인사, 보직, 포상 및 징계, 엄정한 훈련 등을 통해 확립되는 것이지, 군사재판을 특수하게 운영한다고 더 확보되는 것은 아닐 것이다. 일반법원을 통해서도 공정한 처벌이 이루어진다면 무슨 차이가 있는가 반문할 수 있는 것이다. 오히려 가장 공정하고 중립적이어야 할 사법제도가 군기유지나 지휘권 확립을 위한 수단으로 이용된다면, 군사법제도 자체가 불신을 받을 것이며, 군대 전체의 기강에도 불리한 영향을 미칠 것으로 생각할 수 있다.

둘째, 군대는 시민사회와 멀리 떨어져 있는 국경이나 격오지에 배치되며, 파병의 경우에는 외국에 배치된다. 일반 법원과 멀리 떨어져 있기에, 일반법원으로서는 접근이 곤란하여, 특수법원으로서 군사법원이 필요하다는 논거가 있을 수 있다. 아마 1948년이나 한국전쟁 전후한 상황에서, 그리고 교통망의 발전 이전에는 상당히 근거있는 주장이었다고 할 수 있다. 그러나 현 시점에서는 적어도 대한민국 영토 내에서 일반 사법부가 접근하기 어려운 공간과 시간적 간격을 갖고 있는 곳은 거의 없다. 아마 해외파병의 정도가 일반 사법부의 접근성 면에서 문제가 있을 것이다. 그렇다면 적어도 현재와 같이 전국적으로 편재한 군사법원의 필요는 없다고 봐도 좋을 것이며, 해외파병 정도만 예외를 둘 수 있을 뿐일 것이다.

셋째, 군사기밀의 유지, 군대내 질서유지 등을 위해서 군대는 일반인과의 접촉을 차단하고자 한다. 그리고 군대의 특수한 정서 및 분위기를 잘 이해하지 못한, 군대문화에 친숙하지 못한 일반 사법부가, 군대가 아닌 사회적 기준에 따라 수사하고 재판하는 것은 군의 사기에 악영향을 끼칠 수 있다는 논리가 나올 수 있다. 특히 군사적 상황이 어려운 지경이 되면, 군사기밀의 유지와 군대의 특수성이 훨씬 중요하게 될 텐데, 군대 내의 범죄를 외부인이 수사·재판하게 되면 군의 사기저하 및 군기누설의 우려가 있을 수 있다는 논리가 제기될 수 있을 것이다.

그러나 이러한 견해는 일반사법에 대한 오해 혹은 몰이해에 기반하고 있다. 한국의 사법부, 법관은 모든 국가기밀에 관련된 정보도 재판의 필요에 따라 법원에 제출하도록 한다. 정확한 판단을 위해 법관은 증인출석을 요구하거나 문서제출을 명할 수 있다. 통상 특수성이 존중되는 기관에 대하여도 예외가 아니다. 그리고 법관이 기밀을 누설한 자로 처벌받은 예도 없다시피 하다. 때문에 법관에 대한 기본적 신뢰, 사법에 대한 기본적 신뢰를 가진 민주국가에서는, 군대라고 예외적인 성역이나 비밀지대로 보지 않는 것이 오히려 합당하다.

넷째, 한국이 전시상황, 휴전상황이기에, 항시 전쟁 준비를 해야 하고, 그 전쟁기의 효율성을 제고하기 위해 군사법을 존치해야 한다는 주장도 제기될 수 있다. 그러나 한국이 전시

상황, 휴전상황이라고 하는 경우에도, 과연 정상적인 사법의 운영이 현저히 곤란할 만큼의 마비상태였던 경우는 거의 없다. 휴전상황이라 하더라도 일상생활에도 지장이 없다. 역사적 경험으로 봐도, 일반적인 사법부의 기능이 마비된 경우는 1950년 6월 25일부터 동년 9월말까지 정도에 불과하며, 나머지 전쟁기간에는 사법부의 기능이 포기되지 않았다. 오히려 전시가 아님에도 비상계엄을 선포하고 군법회의의 관할이 시민사회에까지 확장되도록 한 조치들 때문에 군사법 및 군대의 민주성에 대한 의구심만 역사적 교훈으로 남아 있을 뿐이다. 따라서 명백히 선전포고한 전시상황, 즉 정상적인 사법제도의 운영이 불가능한 상황의 경우에 한하여 군사법의 독자적 필요성이 거론될 수 있을 뿐이다. 한국의 60년 현대사에서 그러한 기간은 2~3달 정도에 불과했으며, 그것도 실제적 접전지역에서만 그러했음을 교훈으로 되새겨야 할 것이다.

종합적으로 보면, 특별법원으로서의 군사법원을 존치할 필요는 극소화된다. 예컨대 장기간의 해외파병부대의 경우, 선전포고한 상태에서의 전시하에 접전지역에 한하여 군사법원, 군사재판의 특수성이 승인될 수 있을 것이다. 따라서 헌법 제110조 제1항에서 "둘 수 있다"는 조항은 그 특수성이 인정될 수 있는 예외적인 경우에 한해 제한적으로 인정될 수 있다고 새겨야 할 것이다. 헌법입법론적으로는, 전시하 혹은 장기파병의 경우에는, 군사재판을 관할하기 위하여 특별법원으로서 군사법원을 둘 수 있다는 정도의 한정을 하면서, 군사법원의 근거를 인정할 수 있을 것이다. 달리 표현하자면, "군사재판을 관할하기 위하여 특별법원으로서 군사법원을 둘 수 있는 경우는 다음과 같다. 가. 전시하일 때 나. 장기적인 해외파병의 경우 다. 전함에 장기승선하고 있을 경우"에 한정하여, 군사법원을 둘 수 있다는 것이다.

주의할 것은 여기에 "계엄하"는 굳이 포함시켜서는 안 된다. 비상계엄이 선포된 때에는 법률이 정하는 바에 의하여 영장제도, 언론·출판·집회·결사의 자유, 정부나 법원의 권한에 관하여 특별한 조치를 취할 수 있다(헌법 제77조 제3항). 그러나 여기서 "법원의 권한"을 "군사법원"의 설치 운용에 대한 특별한 정당화 조항으로 비약시켜서는 안 된다. 헌법 조문에서 "특별한 조치"가 반드시 군사법원의 설립으로까지 연결시킬 필연성은 없다. 이제까지의 역사적 경험을 보면, 비상계엄을 빌미로 정상적 사법작용을 배제함으로써 인권유린적 재판이 양산되었다. 그러나 계엄하일 때 정상적인 사법기능이 작동해야 할 필요는 오히려 더 크다. 계엄하에서 사법부의 기능마비가 있어본 적이 사실상 없었다.

Ⅳ. 군사법원의 상급심 문제

헌법 제110조 제2항은 "군사법원의 상고심은 대법원에서 관할한다"고 규정한다. 이 규정의 도입되기까지 역사적 유래와 논쟁에 대해서는 앞서 말한 바 있다. 일반법원과 군사법원

사이에 법해석을 둘러싸고 차이가 있어서는 안될 것이므로, 법의 통일적 해석과 적용을 위해 이 조항은 반드시 필요하다. 기본권의 최후의 보루라고 하는 대법원이 시민의 인권의 보장을 제대로 하기 위해서도 당연하다.

문제는 상고심만 일반법원과 같이하면 군사법원의 문제가 다 해소될 것인가 하는 점이다. 현재 군사법원은 제1심으로서 보통군사법원이 있고, 항소심으로서 고등군사법원을 두고 있다. 이 경우 문제는 사실판단의 문제를 군사법원에서 다 처리해버리게 된다는 점이다. 사실의 문제에 대해 다툼이 있으면, 대법원은 예외적으로만 관여한다. 양형에 대해서도 마찬가지다. 그렇게 되면 불충분한 증거에 기인한 유죄판결에 대해 적절히 대처할 방안이 없게 된다. 따라서 항소가 제기된 사건에 대하여는 사실심리를 일반 고등법원에서 담당하도록 하는 방안도 검토할 필요가 있다.

현재 고등군사법원의 재판관의 경험은 일반 고등법원의 판사들과 비교되지 않을 정도로 경험과 연조가 적은 편이다. 피고인의 입장에서는, 군대내의 분위기 속에서 충분한 방어권의 보장이 이루어진다고 보기 어려운데다, 사실문제에 대해 보다 경험과 연조가 있는 상급법원 판사의 판단을 받을 기회마저 박탈당해버리는 것이다. 또하나의 문제는 고등군사법원은 전국에서 국방부 한 곳에만 설치되어 있다. 현재와 같은 상태에서 항소하게 되면 모두 서울로 와야 하는 불편이 있으며, 증인이나 증거를 더 추가하기도 애로가 따른다. 때문에 군사법원으로서의 항소심은 불편하고 부담스럽다. 일반 항소법원은 전국에 걸쳐 나누어져 있으며, 항소심 재판부도 적지 않다. 때문에 피고인의 편의에 맞추고, 주장을 용이하게 할 수 있도록, 적어도 군사법원의 항소심을 일반 법원으로 전환하는 방안을 생각할 수 있다.[9] 헌법입법론적으로는, "군사법원의 상고심은 대법원에서 관할한다. 군사법원의 항소심은 고등법원으로 한다"는 취지의 규정을 두는 것이 보다 바람직할 것이다.

V. 군사법원의 조직 · 권한 및 재판관의 자격을 둘러싼 문제

헌법 제110조 제3항은 "군사법원의 조직 · 권한 및 재판관의 자격은 법률로 정한다"고 규정하고 있다. 군사법원의 특수성을 고려하여 일반법원과 조직 · 권한 및 재판관 자격을 달리 정하는 것 자체는 헌법에서 허용한 것이다. 그러나 헌법재판소의 결정에서도 밝혔듯이, "그것이 아무런 한계없이 입법자의 자의에 맡겨질 수는 없는 것이고, 사법권의 독립 등 헌법의 근본원리에 위반되거나" 헌법상의 재판청구권, 평등권, 신체의 자유 등 기본권의 본질적 내용을 침해해서는 안 될 헌법적 한계가 있다.[10] 그 헌법적 한계란, "법원"의 기본적 속성인

9) 한인섭, "현행 군사재판의 문제점과 개선방안," 장승화/이창희 편, 절차적 정의와 법의 지배, 박영사, 2003, 288.

독립성과 공정성을 기준으로 할 수 있으며, 군사법원의 재판관은 "헌법과 법률과 양심에 따라 독립적으로 심판"할 수 있어야 할 것이다. 만일 사법 및 법관의 독립성을 보장하기 어려운 정도의 내용을 규정한 법률은 위헌법률이라 말할 수밖에 없다.

그런데 위의 헌법재판소 결정에서의 문제점은, 이러한 전제들을 정리해놓고도, 특정한 조문의 위헌성을 따지는 부분에서 "군기의 유지와 군 지휘권 확립"을 지나치게 우선적 가치로 본 것이다. 군사법원의 독립성의 핵심적 쟁점에 대해 너무도 쉽게 "필요하고 합리적 이유가 있다"고 처리해버린다.

그 사법부/법관의 독립과 관련하여 살펴봐야 할 쟁점은 적어도 다음 세 가지가 있다. 첫째, 관할관 제도의 설치 운영이다. 군사법원에는 관할관을 둔다. 고등군사법원의 관할관은 국방부장관이고, 보통군사법원의 관할관은 설치부대의 지휘관이다(군사법원법 제7조). 관할관은 군사법원의 행정사무를 담당한다. 관할관이 군판사 및 재판관에 대한 인사권을 갖고, 일반장교를 심판관으로 재판에 관여하게 할 수 있다. 더욱이 원심판결에 대하여 관할관은 그 판결을 확인하고, 그 형이 과중하다고 인정할 만한 사유가 있는 때에는 그 형을 감경할 수 있다(군사법원법 제379조). 이를 관할관의 확인조치권이라 하는데, 정확히 말해 감형권이다. 이러한 감형권의 부여로 인해, 재판관 위에 지휘관(관할관) 있다는 말이 나오게끔 되어 있는 것이다.

헌법재판소는 "군사법원 체제는 언제, 어디서나 신속히 군사재판을 할 수 있 수 있도록 하기 위해서" 존재하는 것이며, "전시에 제대로 기능하기 위하여는 그러한 사법체제가 평시에 미리 조직, 운영되고 있어야 할 것이다"는 논리로 그 필요성을 인정한다. 그러나 이러한 논변은 군사법원에 군기유지 및 지휘권확립의 필요성에 대해 제대로 심사숙고하지 않은 채, "전시"를 빌미로 사법소극주의로 임한 것으로 비판받을 수 있다. 독립된 사법부가 공정하게 판단하고 그 판결을 집행하는 것이 군지휘권과 배치된다고 보는 사고는, 낡은 군국주의적 군대상에 어울리는 것일 뿐이다. 혹은 특별권력관계의 그림자 앞에 사법부가 판단을 포기해버리는 처사에 불과한 것이다. 관할관이 군사법제도를 조직 운영하여 판결에 사전적으로 영향을 미치고, 감형권을 통해 사후에 영향을 미치도록 한 것은 사법권독립의 가치를 근본적으로 침해한 것이며, 군국주의적 군대상을 온존시키는 발상이라 아니할 수 없다.

최소한의 헌법적 심사를 한다면, 관할관 제도는 전반적으로 사법제도의 존재근거 자체를 군영역에 제대로 인정하지 않겠다는 것으로, "필요하고 합리적 이유가 있다"고 볼 수 없다. 군행정관인 관할관이 사법권을 임의대로 좌지우지하는 것은, 적어도 접전하의 상태가 아닌 평시에서는 유지되어선 안될 것이다.

---

10) 헌법재판소 1996.10.31. 선고 93헌바25 결정.

둘째, 군사법원의 재판관은 군판사와 심판관으로 구성되며, 재판장은 선임 재판관이 된다. 보통군사법원에서는 군판사 2인과 심판관 1인이 재판관이 되며(군사법원법 제26조), 고등군사법원에서는 군판사 3인을 재판관으로 하고, 다만 관할관이 지정한 사건의 경우 군판사 3인과 심판관 2인을 재판관으로 한다(동 제27조 제1항). 군판사는 군법무관 중에서 임명되며, 모든 군판사는 일반법원의 판사와 동일한 자격을 가진다.

여기서 문제는 심판관이 재판관의 자격으로 관여하는 것이다. 심판관은 법조인 자격(변호사자격)이 없는 영관급 장교 가운데 심판관으로 지정된 경우를 말한다. 이 심판관이 헌법에 정한 '헌법과 법률이 정한 법관'에 해당하는가가 문제된다.[11] 헌법재판소는 헌법 제110조 제1항, 제3항의 위임에 따라 이미 특별법원인 군사법원에서 그 재판관의 자격을 법률로 정하도록 위임하고 있고, '군사재판을 신속, 적정하게 하여 군기를 유지하고 군지휘권을 확립하기 위한 것으로서 필요하고 합리적인 이유가 있다'[12]고 하여 위헌이 아니라고 한다. 그러나 헌법재판소의 이 결정은, 심판관 제도에 대한 본격적인 헌법심사를 사실상 포기한 채, 헌법이 법률에 백지위임한 양 다루고 있어, 2009년의 헌법적 기준에서 그대로 유지되어선 안될 것이다.

심판관 제도를 선해한다면, 이는 직업법관에 해당하는 군판사와 비법조인이 함께 재판에 관여하는 (독일식의) 참심재판을 수용한 것으로 볼 수 있으리라 주장할 수 있을 것이다. 이 심판관 제도는 연혁상 미군사법원상의 배심원 제도를 일부 계수한 흔적이라고 하며, 그 취지는 '군대의 특수한 군사지식과 군경험을 재판에 반영하기 위한 제도'로서, 심판관 제도를 이용하는 목적은 '군사재판이 지나치게 법률논리에 치우치지 않도록 하여 군의 특수성과 작전의 원활을 고려하여 재판의 합리적 운용을 기하고자' 하는 것이라 한다. 또한 1994년 군사법원법을 개정하면서, 보통군사법원에서는 심판관을 2~4인이던 것을 1인으로 축소하고 대신 군판사를 1인에서 2인으로 늘렸으므로 군사재판에 법률전문가의 관여를 더욱 확고히 했다고 한다.

그러나 보다 정확히 말하자면, 심판관제도는 미국식 배심재판과는 상관없는 것이다. 미국식 배심재판은 시민 중 무작위 추출된 일부가 배심원으로서 사실판단 및 유무죄판단을 내리고, (군사재판의 경우) 양형판단까지 하게 하는 제도로써, 군판사와 심판관이 하나의 재판부를 구성하여 판단하는 우리 제도와 닮은 모습이 없다.

그러면 이러한 제도는 (또다른 국민참여 재판의 방식의 하나인) 참심재판으로 정당화할 수

11) 이수경, "현행 군형사재판제도에 관한 문제점과 그 개선방안-군사법원 심판기관을 중심으로-", 서울지방변호사회, 변호사, 제23집, 1993, 579. 이 논문에서는 모든 심판기관을 군판사와 비법률가인 심판관의 합의체로 구성하도록 하는 것은 신속재판의 이념에 반하고, 헌법과 법률에 정한 법관에 의하여 재판받을 권리를 침해하여 위헌이라고 주장한다.

12) 헌법재판소 1996.10.31. 선고 93헌바25 결정.

있을 것인가? 그러나 제도 운영의 실상을 보면 전혀 그러하지 아니하다. 현실적으로는 심판관의 계급이 군판사보다 더 높다. 엄격한 계급사회인 군대에서 상위 계급의 비법률가 심판관은 군판사에게 보이지 않는 심리적 압력을 가할 수 있으며, 군대적 논리를 사법적 판단에 앞세울 수도 있다.

배심제든 참심제든, 비법률가의 사법참여의 형태는 직업법관과 다른 일반 시민들이 참여하여 시민적 감수성과 양식, 정의관을 형사재판에 투영한다는 의미를 띠고 있다. 그러나 장교, 더욱이 상위계급인 심판관이 재판부의 일원이 되고 심지어 재판자이 되는 것은, 군권력의 사법권행사에 대한 관여의 형태가 되어, "헌법과 법률이 정한 법관"에 의한 재판을 받을 권리를 침해하게 된다. 그러나 국민의 사법참여 자체는 매우 바람직한 가치이므로, 심판관제도를 배격한다고 곧 비법률가의 군재판참여를 일체 불허하는 것으로 속단해서는 안될 것이다. 이미 2008년부터 민간에서 시행하고 있는 '국민의형사재판참여에관한법률'에 따르면, 국민이 배심원으로 중죄의 형사사건에 관여하여 평의와 평결을 한다. 이러한 국민참여재판을 받을 피고인의 권리는, 군사재판의 영역에서도 보장되어야 한다. 군대의 특수성을 내세워 이를 막고자 하는 주장에 대하여는, 우리나라에서 활동하는 미군의 재판이 장병에 의한 배심재판으로 운용되고 있음을 들어 쉽게 반박할 수 있다.

사법개혁의 일환으로 사법제도개혁추진위원회는 "장병의 군사재판 참여에 관한 법률안"을 만들어, 민간의 국민참여재판에 관한 내용을 대체로 준용하는 내용으로 하여, 2005년 국무회의의 의결을 거쳐, 정부안으로 국회에 제출(의안번호 173753)하였으나, 결국 17대 국회의 회기만료로 폐기된 바 있다. 그 결과 장병들은 일반 국민보다 국민참여재판을 누릴 권리가 보장되지 못하여 차별적 취급을 받고 있는 상태이다. 군심판관 제도를 폐지하는 대신, "군사지식, 군경험"의 반영의 필요는 장병참여재판을 통해 해결되어져야 할 것이다.

요컨대 현재의 헌법조문은 마치 군사법원의 조직·권한 및 재판관 자격에 대하여 법률에 백지위임한 것처럼 보이기도 한다. 그러나 헌법의 종합적 해석을 통해, 군사법원에 대해서도 권력분립, 사법부 독립, 법관의 독립의 헌법적 기준을 충족시켜야 한다고 주장해야 할 헌법재판소, 그리고 법률가들은 그러한 소임을 제대로 이행하지 않음으로써, 매우 반헌법적인 관할관의 사법행정권 및 확인조치권(감형권)을 방치하고 있는 것이다. 1987년의 수준(헌법), 그리고 간신히 군사정권을 넘어선 단계의 헌법(1996년의 헌법재판소 결정)이 2009년 이후에도 그대로 통용되어선 안 된다고 생각한다.

관할관의 사법행정권은 일선 관할관이 아니라 국방부 혹은 대법원 소속으로 변경되어야 할 것이며, 확인조치권(감형권)은 대통령의 감형권처럼 헌법상 보장되지 않는 이상 사법권의 독립과 권위를 결정적으로 침해하는 것으로 위헌선언이 이루어져야 할 것이다. 군대가 재판을 압박하는 듯한 심판관 제도는 장병참여재판이라는 민주적 제도로 재설계되어야 할 것이다.

이러한 것은 헌법재판소의 적극적 역할을 통해 시정될 수도 있으나, 헌법재판소가 그러한 역할을 방기한다면, 그 대안은 헌법개정을 통한 방법 밖에 없을 수 있다. 생각할 수 있는 헌법개정안은, 전시와 비전시를 구분하는 것이다. 군사법원을 둔다고 해도, "군사법원의 조직·권한 및 재판관의 자격은 일반 법원과 동등하다. 다만 전시하에서는 군사법원의 조직·권한 및 재판관 자격에 대하여 법률로 따로 정할 수 있다."는 취지를 담으면 될 것이다.[13)]

Ⅵ. 단심제 군사재판의 문제

비상계엄하의 군사재판에 대하여 헌법 제110조는 단심제 조항을 두고 있다. 즉 헌법 제110조 제4항은 "비상계엄하의 군사재판은 군인·군무원의 범죄나 군사에 관한 간첩죄의 경우와 초병·초소·유독음식물공급·포로에 관한 죄 중 법률이 정한 경우에 한하여 단심으로 할 수 있다." 그리고 단심의 예외규정으로 "다만, 사형을 선고한 경우에는 그러하지 아니하다"고 규정한다.

사형에 대한 단심제 제외규정은 1987년 헌법에 처음 삽입되었다. 그것은 우리의 역사적 경험에 대한 반성에서 비롯된 것으로 생각된다. 예컨대 1979년 김재규 등에 의한 박정희 대통령 및 경호원에 대한 살해사건을 재판받던 중, 비상계엄 하에서 현역군인인 박흥주 대령은 제1심으로 사형이 확정되었다. 다른 피고인들은 항소와 상고를 했지만, 박흥주 피고인은 형이 확정되어 다른 공동피고인들이 재판을 받는 도중에 사형이 집행되었던 것이다. 이러한 사태전개는, 민간인과 차별받는 군인의 모습을 강하게 인상지웠고, 따라서 되돌이킬 수 없는 사형을 선고함에는 결코 단심제가 아니라 대법원에서의 재판받을 권리까지 보장되어야 한다는 취지가 1987년 헌법개정에 반영된 것이다.

그러나 아무리 비상계엄하라 할지라도 군인 등에 대하여 단심으로 재판을 확정할 수 있다고 하는 것은 국민인 군인의 인권을 결정적으로 침해하는 것이다. 특히 비상계엄하에서의 군사재판이란, 우리의 역사적 경험을 통해 볼 때, 매우 억압적 상황 속에서 자기변론을 할 권리마저 실질적으로 차단되는 경우가 비일비재했다.

단심제의 최악의 남용사례는 한국전쟁 때의 "비상사태하 범죄처벌에 관한 특별조치령"의 적용과 관련된 것이다. 이 특별조치령 위반의 범죄는 단심제로 처벌함으로써, 제대로 된 증거재판도 행해지지 않고 극히 단기간에 유죄를 확정하고, 곧바로 (사)형집행을 함으로써 중대한 인권유린을 야기했다.[14)] 법원의 재판을 통한 살인, 즉 사법살인의 원형은 바로 이 특별

---

13) 사법제도개혁추진위원회의 의결은 다음과 같다. *평시 관할관 확인권 및 심판관제도는 폐지한다. 군사법원의 재판관은 군판사로 구성한다. *전시·사변시 특례규정을 두어 신속한 재판수요에 부응하도록 한다. *장병의 군사재판 참여에 관한 법률을 제정하여 시행한다. 사법제도개혁추진위원회, 사법 선진화를 위한 개혁-사법제도개혁추진위원회 백서(상), 2006, 267-268.

조치령 하의 단심제 재판으로부터 주어진 것이었다. 그에 대한 반성에서, 당시 법령에 대한 위헌심사권을 갖고 있었던 헌법위원회는 특조령의 단심제 조항을 문제삼았다. 1952년 들어 헌법위원회[15)]는 헌법 및 법원조직법이 소송의 최종심으로서 대법원의 재판을 받을 권리를 규정하고 있으며, 행정소송(2심), 선거소송(단심)조차 최고법원인 대법원의 심판을 받게 한 규정을 언급하면서 다음과 같이 판시하였다.[16)]

> 설령 법률로써 모종의 특별심판기관을 설치할지라도 이는 즉 하급법원이어야 할 것이요, 최종심은 역시 최고법원인 대법원에 통합귀일케 함이 헌법 제22조 및 동 제76조 제2항의 대정신임은 하등 치의(置疑)할 바 없다. 그런데 긴급명령으로서 법률의 효력을 가진 비상사태하의범죄처벌에관한특별조치령 제9조에 의하면 …원칙적으로는 지방법원 또는 동 지원의 단독판사가 행하게 되어 있고, 사형·무기 또는 10년 이상의 형의 언도를 받은 피고인에 한하여…지방법원 및 지방법원지원 합의부에 재심판을 청구할 수 있게 되어 있으니…이는 …국민의 최고법원인 대법원의 심판을 받을 헌법상 기본권이 박탈된 바로서 헌법 제22조 및 제76조의 정신에 위반됨이 명백하다.

단심제의 남용가능성은, 비상계엄의 자의적 선포의 역사적 경험을 통해서도 확인된 바 있다. 위의 한국전쟁의 초기는 이의없이 '전시'에 해당하지만, 6.25의 3년 중에도 3년 내내 전국적으로 비상계엄이 선포되어 있는 상태는 아니었다. 그러나 군사정권이 등장하면서 5.16 세력은 쿠데타와 함께 비상계엄을 선포했으며, 1964년 6.3학생운동에 대하여 비상계엄을 선포하였다. 또한 1972년 10월유신이란 권력연장 쿠데타, 1980년 5.17 신군부의 비상계엄 등과 같이, 군사정권의 권력창출 혹은 쿠데타적 권력연장의 수단으로 비상계엄이 선포되었다. 비상계엄이 선포된 직후 공포 분위기 속에서, 단심제의 재판조항은 상소심 및 대법원에 의한 국민의 재판받을 권리를 박탈하는 결과를 초래했다. 그 결과 후일 사형에 대한 재심청구가 이어졌던 것이다.

그런데 1981년 후에는 비상계엄이 선포되지 않아, 이 쟁점에 대해서 본격적인 검토와 비판이 행해지지 않은 채 오늘까지 내려왔다. 문제가 없어서가 아니라 문제의 원인상황이 발생하지 않아 문제 자체에 대한 논의가 사라졌던 것이다. 만약 헌법조항의 개정이 쟁점화되는 상황이 온다면, 단심제 조항은 이제 삭제되어야 마땅할 것이다.

---

14) 그에 대해서는 한인섭, "한국전쟁과 형사법: 부역자 처벌 및 민간인 학살과 관련된 법적 문제를 중심으로," 서울대학교 법학, 제41권 2호, 2000/9, 135-179 참조.

15) 제헌헌법 제81조는 '법률이 헌법에 위반되는 여부가 재판의 전제가 되는 때에는 법원은 헌법위원회에 제청하여 그 결정에 의하여 재판한다. 헌법위원회는 부통령을 위원장으로 하고 대법관 5인과 국회의원 5인의 위원으로 구성한다. 헌법위원회에서 위헌결정을 할 때에는 위원 3분지 2 이상의 찬성이 있어야 한다'고 규정하고 있다. 헌법위원회의 특성과 위상에 대하여는 유진오, 헌법해의, 1949, 171-174 참조.

16) 헌법위원회 결정 4285.9.9. 4285헌위2(김철수, 『판례교재 헌법[증보판]』, 법문사, 1977, 429에서 인용). 이 결정 당시의 헌법위원장은 김병로 대법원장이 위원장 대리로, 대법관 중에서 위원이 김찬영, 김동현, 김두일, 백한성 등 5인이며, 의원 중에서 위원이 소선규, 김봉조, 이도영, 정헌주, 이재학 등 5인이었다(법원행정처, 법원사, 1995, 257 참조).

단심제가 아니고는 가장 긴급한 사태에 대처할 수 없는 상황이 있을 수 있다고 강변할 수 있다. 그러나 수많은 비극을 겪었던 우리의 역사적 경험을 통해 볼 때, 그야말로 비상계엄이 실질적으로 필요했던 상황은 북한의 남침과 전면적인 전쟁의 경우뿐이었고, 그 경우에서조차 사법권이 완전히 작동불능의 지경에 이른 것은 3개월 정도, 북한군 점령치하였다. 그나마 점령 치하에서는 대한민국의 사법권이 아예 발동되지 않았으므로 단심제든 3심제든 아무 차이가 없는 것이었다. 대한민국의 통치권이 회복된 곳에서는 모두 2심 이상의 사법권 행사에 장애가 초래되지 않았다.

그야말로 극히 비상적인 상황을 고려할 수 있으나, 그 경우에는 국가적 긴급행위의 일환으로 단심제가 아닌 다른 방법의 직접적 해결로써 정당화 여부를 검토할 수 있을 것이다. 군사간첩죄의 경우를 예로 들자면, 일단 그 간첩을 체포해야 재판을 진행할 것인만큼, 단심재판이라도 하려면 그 피고인은 체포된 상태일 것이고, 따라서 체포된 피고인에 대해 2심 이상을 불가능케 할 요인은 거의 없는 것이다. 따라서 단심제 조항은 아무리 사전에 법률을 통해 제한적으로 인정하다고 하더라도, 사실은 유지될 필요가 없다. 동 조항의 본문이 삭제되면, 단서는 당연히 함께 삭제될 것이다.

Ⅶ. 비상계엄 하 군사법원의 민간인에 대한 재판권 및 소급적 관할권 적용의 문제

헌법 제27조 제2항은 "군인 또는 군무원이 아닌 국민은 … 비상계엄이 선포된 경우를 제외하고는 군사법원의 재판을 받지 아니한다"는 조항을 두고 있다. 바꾸어 말하면, 일반 국민은 비상계엄이 선포되면 군사법원의 재판을 받을 수 있다는 것이 된다. 극히 비상적인 경우에 그럴 수도 있지 않겠는가 하고 넘어갈 수 있지만, 결코 쉽게 넘어갈 수 없는 것은, 이 조항이 한국의 헌정사에서 악용되어온 선례들이 적지 않기 때문이다.

아무리 비상계엄 하라 할지라도 일반법원이 정상적인 기능을 할 수 없는 경우란 우리의 역사를 통해 볼 때 거의 없었다. 앞서 말했듯이, 한국전쟁하 초기 3개월을 제외하곤 말이다. 그런데 가령 5.16군사쿠데타 이후, 6.3사태 직후, 5.17 직후에는, 일반 법원이 충분히 정상적인 기능을 행사하고 있음에도 불구하고, 군법회의를 통해 계엄포고령 위반 행위에 대해 처벌을 했다. 비상계엄 하에서는 영장주의에 의한 인신보호를 제대로 받지도 못하고, 변호인의 조력을 받기도 어려우며, 군사쿠데타의 실현수단으로써 군사법원이 기능하므로 독립된 사법부에 의한 제대로 된 재판을 받을 권리가 결정적으로 침해당한다. 따라서 민간인이 군사법원의 재판을 받도록 하는 이 헌법조항은 삭제되어야 할 것이다. 지금 그러한 논란이 일어나지 않는 이유는, 비상계엄의 시대에 살고 있지 않기 때문이다. 만일 비상계엄의 가능성이 우려되는 상황이 온다면, 법률가들은 이 조항의 문제점에 대해 심각한 검토와 비판을 할 것이 틀림없다. 결국 헌법개정의 상황이 온다면, 그동안 남용되었으나 지금은 동면하고 있는 이 조항의 축소 내지 폐지가 당연히 쟁점으로 대두해야 마땅할 것이다.

비상계엄 선포와 함께 문제시되었으나, 지금은 계엄선포가 없어 동면하고 있는 쟁점 중의 하나로 군사법원의 관할권 논쟁이 있다. 1964년 6월 3일 13시를 기해 비상계엄이 선포되었는데, 계엄 선포 직전의 행위－대대적인 반정부시위－의 관여자들에 대해 군사법정에 세우는 조치가 적법한가 하는 쟁점이었다. 유사한 사례는 김재규 등의 재판에 대해서도 적용될 수 있다. 김재규 등이 박정희 등을 살해했을 시점에는 비상계엄이 선포되지 않는 평상상태였다. 그런데 다음날 새벽 4시에 비상계엄을 선포한 뒤, 그 이전의 살해행위 관여자들을 군법회의에 세운 것이다. 만일 군법회의가 아니라 일반 형사법정에서 재판을 받았더라면, 피고인들은 방어권 행사 및 변호인의 조력을 보다 충분히 받을 수 있었을 것이다.

그런데 과거 대법원은, "비상계엄 선포 전에 행한 공소사실에 대하여는 군법회의는 재판권을 가질 수 없다 할 것이며, 위와 같이 해석을 하지 아니한다면, 이는 헌법…의 소급입법 금지의 원칙에 저촉되는 것"이라는 김재규 등 변호인의 주장에 대하여, 다음과 같이 간단하게 기각하였다.

> 헌법 제24조 제2항의 규정에 의하면 비상계엄이 선포된 지역 내에서는 군인 또는 군속이 아닌 국민에 대하여도 군법회의가 재판을 할 수 있음을 규정하였고, …계엄법 제16조는 거기서 열거된 범죄를 범한 자를 비상계엄 지역 내에서 재판하는 경우에는 그 범행자가 군인, 군속이던 아니던 간에 그리고 또 그 범행일시가 비상계엄 선포의 전이건 후이건 간에 모두 군법회의가 그 재판권을 행사함을 원칙으로 한다는 것을 규정한 것이라고 함이 당원의 판례로 하는 견해이며(대법원 1964.7.21. 자 64초3, 64초4 각재정, 참조), 지금 그 견해를 변경하여야 할 이유가 있다고 할 수 없다.
>
> (변호인의) 논지는 위와 같은 당원의 판례로 하는 견해는 헌법 제11조 소정의 소급입법금지의 원칙에 저촉되는 것이라고 하나, 군인, 군속 아닌 자가 비상계엄 선포 전에 범한 범죄에 관하여 그 범행시의 재판절차 아닌 군법회의 절차에 의하여 재판을 받게 된다 하더라도, 이 경우에는 헌법 제11조에 규정된 형벌불소급의 원칙의 취지를 유추할 것이 못되며, 기타 소급입법 금지의 원칙에 위배된다고도 할 수 없다.[17)]

변호인의 주장에 대해 대법원은 그야말로 무논리로 대응하고 있다. 그 근거로 삼은 1964년 판례를 봐도 근거를 제시함이 없이 단지 "소급입법 금지의 원칙에 위배된다고도 할 수 없다"는 말로 일축하고 있을 뿐이다. 그 근거로 삼은 1964년 판결도 근거제시가 없다.[18)] 국

---

17) 대법원 1979.12.7. 선고 79초70 재정【재판권쟁의에관한재정신청】

18) "범죄시일이 계엄선포 전후임을 막론하고 일반인에게 대하여서도 적용된다고 할 것이므로 피고인에 대한 기소사실이 금번의 비상계엄선포이전의 것이고 민간인 학생이므로 군법회의에 재판권이 없다는 재정신청이유는 이유없다고 할 것이다."(대법원 1964.7.21. 64초3【재판권쟁의에대한재정신청】)

민의 자유와 인권이 좌우되는 중대한 쟁점의 제기에 대하여 이유없다고 하면서, 이유없다는 이유가 없는 것이다.

그러나 군사재판이 아닌 일반 법원에서 재판을 받을 권리는 헌법상의 국민의 기본권으로 명시되어 있다. 첫째, 헌법 제27조 제1항의 "모든 국민은 헌법과 법률이 정한 법관에 의하여 법률에 의한 재판을 받을 권리를 가진다"는 기본조항이 있다. 둘째, 동조 제2항으로 "군인 또는 군무원이 아닌 국민은 대한민국의 영역안에서는 중대한 군사상 기밀·초병·초소·유독음식물공급·포로·군용물에 관한 죄중 법률이 정한 경우와 비상계엄이 선포된 경우를 제외하고는 군사법원의 재판을 받지 아니한다." 일반 국민이 군사법원의 재판을 받아야 할 것인가, 비상계엄하에서도 그런가 하는 점에 대해서는 일반적 문제로 앞서 지적한 대로이다. 여기서는 비상계엄이 선포된 경우에, 그 이후의 계엄포고령 위반행위 혹은 군사법원이 다루기로 계엄령에 명시된 범죄에 대해서만 군사법원의 재판을 받을 의무가 생긴다고 봐야 할 것이다. 국민의 재판청구권에 대한 예측가능성을 보장해야 하기 때문이다.

이같은 문제 많은 과거 판례는 그대로 있는 것은, 비상계엄 자체가 없었기에 그대로 도전받지 않고 있는 데 불과하다. 만약 헌법조문을 손질한다면, 그리고 제27조 2항이 그대로 유지된다고 가정한다면, 그 때에는 단서를 반드시 붙여야 할 것이다. 그 단서의 내용은 "계엄 선포 이전의 행위에 대하여는 군사법원의 재판을 받지 아니한다"는 취지의 것으로 말이다. 우리의 역사적 경험에 대한 반성의 산물로써 말이다.

권위주의 정권 하에서는, 대법원은 군법회의에서 재판받는 것과 민간법원에서 재판받는 것 사이에 어떤 인권과 관련하여 중대한 차이점이 있다는 사실에 대해 애써 눈감았다. 그리고 민주화 이후에는 그 쟁점을 재점검할 기회를 가질 수 없었다. 하지만 현 시점에서 볼 때. 일반 국민들이 군사법원에 의한 재판을 받지 아니할 권리를 확고히 보장하는 방향으로의 헌법규정의 재정비가 필요할 것이다.

Ⅷ. 결　　어

필자는 현 시점에서 헌법개정론을 지지하지 않는 편이다. 하지만, 헌법개정 논의를 계기로 현행 헌법상의 군사법제도 관련 규정을 재점검할 수 있는 기회를 갖게 된 것은 의미있는 일이다. 군사법제도의 많은 문제점들은 법률의 합리적 개정을 통해 해소될 수 있다고 보지만, 헌법 자체의 개정을 통해 서 양보할 수 없는 인권사법(人權司法)의 기본틀을 명시하는 것도 좋을 것이다.

이 글에서는 두가지 관점으로 접근하고자 했다. 첫째, 1987년 민주화 이후 20여년이 흐르면서 형성된 헌법가치의 수준에 비추어 지속가능한 군사법(sustainable military justice)의

상을 도출해야 한다는 것이다. 둘째, 우리의 군사법의 역사적 체험을 통해 얻어질 수 있는 반성적 교훈이 포함되어야 할 것이다.

한국의 헌법규범의 수준이 높아짐에 따라 군사법제도의 독자적인 입지가 점점 축소되고 있다. 군사법도 나름대로 발전해왔다. 초창기엔 대법원의 최고법원성까지 부인하는 정도로 강했던 군사법 독자성론은 몇차례의 헌법개정 및 법률개정을 통해 헌법합치적 모습으로 점점 개선되어 오고 그러나 2009년 이후의 수준으로 볼 때 현재의 군사법은 장기적으로 지속가능한가 하는 의문이 든다. 따라서 군사법 관련 법률의 대대적인 개정을 통해 일차적인 해결책을 찾아야 할 것이다. 사법개혁위원회와 사법제도개혁추진위원회에서는 일련의 군사법 관련 법률안(군사법원의 조직등에 관한법률안, 군검찰의 조직등에 관한 법률안, 군형사소송법안, 장병의 군사재판참여에 관한 법률안 등)을 성안하여 정부입법으로 국회에 보냈지만, 국회의 회기만료로 폐기된 것은 매우 아쉽다. 이 법률안을 되살려 새 국회에서 통과되어야 할 것이다. 그래야 낙후된 군사법이 일반 사법의 수준을 간신히 따라잡을 것이다.

헌법입법론적으로 점검한다면 다음과 같은 결론에 이르게 된다.

① 먼저 군사법원을 둘 수 있다는 헌법규정은 군사법원을 언제나 두어야 하는 것이 아니고, 존재근거의 정당성에 대한 재점검을 게을리 하지 않을 것을 주문하는 것이다. 군사법원의 정당화가 가능한 곳은 "전시하, 장기파병, 장기승선의 경우"가 아닌가 한다. 비상계엄하는 거기에 포함시킬 필요가 없다.

② 군사법원을 유지한다고 할 때에도, 군사법원의 상고심을 대법원으로 하는 것은 당연한 것이다. 그러나 사실심의 최종심 역할을 하는 항소심에서 일반법원의 재판을 받을 권리가 보장되어야 한다. 그러므로 군사법원의 항소심은 고등법원으로 한다"는 취지의 규정을 두어야 할 것이다.

③ 군사법원의 조직·권한 및 재판관 자격에 대하여 현행 헌법은 마치 법률에 방임하고 있는 듯한 인상을 주고, 그것이 관련 법률을 통해 위헌적인 방향으로 남용되고 있다. 전시와 비전시의 경우를 구분하여 접근할 필요가 있다. 전시하에 한하여, 그 급박성을 특별히 인정할 수 있는 한도에서, 법률적 특례를 둘 수 있다는 정도로 개정되어야 할 것이다. 비전시하에서는 일반 법원의 수준에 비해 낙후된 모습들, 즉 관할관의 관여 및 감형권은 폐지되어야 할 것이며, 심판관 제도는 장병국민재판으로 전환되어야 할 것이다.

④ 아무리 비상계엄 하라 할지라도 단심제는 정당성을 얻기 어렵다. 신병이 확보된 피고인에 대하여 단심제가 아니더라도 대법원의 최종심은 유지되어야 한다. 특히 역사적으로 악용된 선례에 대한 헌정사적 반성의 고려에서라도 단심제의 폐지는 관철되어야 한다.

⑤ 군사재판을 받지 아니할 일반국민의 권리는 비상계엄하라 할지라도 예외는 없다. 비상계엄하라 할지라도 민간법원은 작동하지 않고 군사법원만 작동가능한 경우는 그야말로 예

외 중의 예외인데, 그 극단적 예외상황을 핑계삼아 비상계엄하의 일반인에 대한 군사법원 관할을 고집할 근거가 없다. 백번 양보하여 비상계엄하의 군사법원 관할을 인정한다 하더라도, 계엄선포 이전의 행위에 대해 군사법원의 관할권을 인정하는 것은 소급입법 금지의 원칙에 정확하게 위배된다. 역시 헌정사적 반성이 필요한 부분이다.

마지막으로 국방의 의무를 전 국민이 지고 있는 나라라면, 장병의 인권에 대해 일반국민의 인권과 같은 수준의 보장을 해줄 국가적 의무를 더욱 강조해야 한다. 군인의 인권은 사회인보다 못할 수도 있다는 사고 자체가 불식되어야 할 것이다. 군인도 인간이고, 군사법원도 민간법원과 같은 수준이 되어야 할 것이다.

33. The Constitutional Globalization in Korea

강 일 원*

Ⅰ. Introduction

The Korean legal system is unique. It is a mixture of the American and the Continental legal system. Korea adopted the civil law system during the period of Japanese colonial rule which extended from 1910 to 1945. Korea also experienced the common law system during the period of American military government from 1945 to 1948. The Founding Constitution of Korea was established on July 17, 1948.

Koreans suffered the Korean War from 1950 to 1953. After the War, Korea was one of the poorest countries in the world. Since then Koreans have experienced a rapid social change and economic growth. Now, Korea is a member of the Organization for Economic Cooperation and Development and the G 20 major economies.

As society changed dramatically, Korea has adopted nine constitutional amendments. With these amendments, Koreans experienced presidential and parliamentary system. Also, Korea has adopted various kinds of constitutional adjudication system. Since Koreans had little experience in the western legal culture, Korea has consulted the experience of the western countries for judicial reforms. It became a kind of tradition to consult the international and foreign law for the adjudication of cases in the Korean courts including the Constitutional Court.

In this paper the Korean experience of the constitutional adjudication system will be overviewed. And the practice of judicial citation of international and foreign law will be analyzed. It will show the current situation of constitutional globalization in Korea.

Ⅱ. Constitutional Adjudication System in Korea

1. The Founding Constitution

In Korea, when the Founding Constitutional Bill was drafted, there was a dispute over the constitutional adjudication system. The nominee for the first Chief Justice of the Korean Supreme Court argued that the power of judicial review should belong

* 헌법재판소 재판관

to the ordinary courts. But scholars who were in charge of drafting the Bill insisted it would be improper to adopt the American system since many judges' credibility suffered in their collaborating with the Japanese government during the colonial period. So the final version adopted the European style of constitutional adjudication.

The Founding Constitution created the Constitutional Committee which had a power of judicial review over Acts passed by the National Assembly. The Article 81 of the Founding Constitution stated, when the judgment in any case was premised on the constitutionality of law, the court should refer such question to the Constitutional Committee and should render judgment in accordance with the decision thereof. However, the Supreme Court had the jurisdiction to finally decide whether administrative orders, regulations, and administrative acts were consistent with the Constitution. This arrangement is an example of a mixture of the American and the Continental legal system.

The Chairperson of the Constitutional Committee should be the Vice President. Five justices of the Supreme Court and five members of the National Assembly should serve as Members of the Committee. At that time the Supreme Court consisted of a Chief Justice and five Justices. A decision holding unconstitutionality should require a two thirds majority vote of the Committee.

From 1948 to 1961, there were six cases referred to the Constitutional Committee for judicial review. The Committee rendered a decision of unconstitutionality in two cases in 1952. Considering the fact that constitutional adjudication was entirely new to Korea, it was remarkable that the Committee found the Acts of the National Assembly unconstitutional in the middle of the Korean War.

The first case the Committee found a pending law unconstitutional was about the Agricultural Land Reform Act. According to this Act the government could sue a farmer who failed to pay the price of the allotted land, and the appeal to the decision of the court of first instance could be made only to the Appellate Court. The Committee declared that the right to have his/her case heard by the Supreme Court is a basic right of the people. Therefore the Act which made the Appellate Court the court of last resort deprived the people of their right to appeal to the Supreme Court.

The second case was also related to the right to trial. When the Korean War broke out, the government issued the Special Decree on Punishment of Crimes under National Emergency. The Decree provided that adjudication of crimes which committed during the state of emergency was limited to the district court and no appeal allowed. The Constitutional Committee found that the presidential Decree which prohibited appeal to emergency criminal trials was unconstitutional.

2. The Second Republic

The Student Revolution of April 19, 1960 overthrew the first President Rhee's regime. The Constitution of the Second Republic went into effect on June 15, 1960. The new Constitution adopted a parliamentary system. This was the first and the only instance Korea turned to a parliamentary cabinet system instead of a presidential system.

The Constitution of the Second Republic introduced the Constitutional Court. This Court had jurisdiction over (1) review as to the constitutionality of law, (2) final interpretation on the Constitution, (3) dispute as to jurisdiction among the State authorities, (4) dissolution of political party, (5) impeachment trial, (6) litigation on the election of the President, Chief Justice and Justices of the Supreme Court.

The Constitutional Court would be composed of nine Judges. The President, the Supreme Court, and the House of Councilors should designate three Judges respectively. The tenure of the Judge should be six years and three of the Judges should be replaced every two years.

The Constitutional Court Act was passed on April 17, 1961. However, before the Constitutional Court was organized, May 16 coup led by General Park broke out and the Constitutional Court Act became nullified. Although the Constitutional Court of the Second Republic could not be formed, it played an important role of reference in the formation of the current Constitutional Court.

3. The Third Republic

After 2 year military rule, a new Constitution was adopted and Korea returned to a presidential system. The Constitution of the Third Republic introduced the American style judicial review. The ordinary courts were authorized to review the constitutionality of statutes. The Supreme Court had the power to decide with finality the constitutionality of a law when this was prerequisite to a trial.

During the Third Republic, economic development was placed a higher priority on protection of civil rights. The executive branch led by the strong President was much more powerful than the judicial branch. The Supreme Court failed to exercise its new power of judicial review.

However there was an important case the Supreme Court exercised its power of judicial review. According to the State Tort Liability Act, members of the armed forces who died in action or injured in the performance of their official duties were barred from seeking damages from the government in the event that they or their family had received indemnity in the form of accident compensation or annuity as determined by other codes. In 1971 the Supreme Court held this law unconstitutional on the grounds that the purposes of accident compensation and tort remedies were totally different.

This judgment invoked fury of the President and the executive branch since the Korean government was suffering fiscal pressure. Korea entered the Vietnamese War from 1964 to 1973 and thousands of military personnel died or injured in action. At that time Korean economy was too weak to guarantee full compensation for persons killed or injured in battle. In 1972 the Constitution was amended and the limitation of state tort liability was stipulated in the Constitution. The paragraph 2 of Article 26 of the 1972 Constitution read "in case a person on active military service, or an employee of the military forces, a public official of the police, and others as defined by law, suffers damages in connection with the execution of official duties such as combat action and training, he or she shall not be entitled to claim against the State or public entity for compensation on grounds of unlawful acts of public officials done in the exercise of official duties, except for compensation as determined by law." With this amendment of the Constitution the State Tort Liability Act survived the judgment of unconstitutionality.

4. The Fourth and Fifth Republic

According to the Constitution of 1962 the presidency was limited to two terms. In 1969 the constitutional amendment was forced through the National Assembly to allow President Park to seek a third term. President Park was re elected in the 1971 presidential election. But the ruling party was defeated in the parliamentary elections and the opposition party had a power to pass constitutional amendments. President Park declared a state of national emergency in December of that year. The National Assembly was dissolved and the Constitution was suspended. A draft prepared by the Emergency State Council submitted to a national referendum and the Constitution was amended in December 1972.

The 1972 Constitution reintroduced the Constitutional Committee. This was a decision made in reaction to the experience during the third republic when some members of the judiciary had rendered decisions finding statutes unconstitutional in opposition to the will of the executive. Reintroduction of the Constitutional Committee was designed to reduce the adjudication of constitutional issues to a nominal agency, and thereby hollow out the power of constitutional justice. The Constitutional Committee was composed of 9 members appointed by the President, 3 of whom were nominated by the National Assembly, and another 3 designated by the Chief Justice of the Supreme Court. No review of the constitutionality of a statute has been made in this Committee.

The economy continued to flourish under the authoritarian rule. However students and activists for democracy continued demonstrations and protests for the abolition of the 1972 Constitution. In the midst of political turmoil, President Park was assassinated in 1979. After the assassination of President Park, General Chun took a power and declared martial law in May 1980. In September of that year, Chun was elected president by indirect election. The amendments to the Constitution were established by national referendum in October 1980. The new Constitution maintained the presidential system and the Constitutional Committee. President Chun succeeded in economic and foreign policies. However, because of lack of legitimacy, the public trust in the government was low.

5. The Current Constitution

In June 1987, more than a million students and citizens participated in the nation wide anti government protests. As a result both ruling party and the opposition announced their own drafts for a new Constitution. For the first time in Korean history, a proposal for constitutional revision was prepared through negotiations and cooperation between the government and the opposition parties. After passing the National Assembly, the proposal was put to a national referendum. The proposal was consented and promulgated in October 1987.

It was the first time that the revision took place as a result of the people's demand for a system in which they could freely choose their own government. Under this current Constitution democracy in Korea has been fully realized. During the revision process, different political factions expressed different views on how to structure the system of constitutional adjudication. As negotiations progressed, the ruling party and the opposition eventually agreed to establish an independent Constitutional Court.

The Constitutional Court is composed of 9 justices appointed by the President. Among the justices, 3 shall be appointed from persons selected by the National Assembly and 3 appointed from persons nominated by the Chief Justice of the Supreme Court. The Constitutional Court has jurisdiction over (1) the constitutionality of a law upon the request of the ordinary courts, (2) impeachment, (3) dissolution of a political party, (4) competence disputes between State agencies, between State agencies and local governments, and between local governments, (5) constitutional complaint.

According to the Constitution and the Constitutional Court Act, any person may file a constitutional complaint when any of his or her fundamental rights has been violated by an action or omission from the public power. A constitutional complaint was unfamiliar to Koreans and the people expected the new Constitutional Court to be a relatively quiescent institution. However, the Court has become the embodiment of the new democratic constitutional order of Korea. The Constitutional Court is routinely called on to resolve major political conflicts and issues of social policy. Since its establishment in 1988, the Court has rendered about 30,000 decisions among them more than 95% of cases were constitutional complaints. The Constitutional Court is consistently rated one of the most trusted and influential institutions in Korea by public.

Ⅲ. The Constitutional Globalization in Korea

1. The Adoption of Constitutionalism in Korea

All states have constitutions which consist of a set of rules structuring government and limiting its power. All democratic states have constitutions which declare the rule of law, a separation of power, and protection of human rights. All human beings shall be assured of inherent dignity and have fundamental and inviolable human rights. Constitutions of democratic states share same idea of constitutionalism.

The globalization of constitution develops the concept of global constitutionalism. The construction of some international organizations, such as the European Union and the World Trade Organization not to mention the United Nation, strengthens the idea of global constitutionalism. The United Nations Charter is called as a constitution of the international community.

Until the late nineteenth century Korea insisted the policy of seclusion under the influence of China. The defeat of China in the first Sino Japanese War forced Korea to open its border under the influence of Japan. The Japanese government wanted to separate the Korean dynasty from China. So Japanese urged Koreans to accept the idea of constitutionalism. In 1895 the Korean dynasty declared the 14 Guiding Principles of the Nation which may be viewed as the first modern constitution of Korea. However the system of government was an absolute monarchy.

After the Japanese occupation in 1910, a military and diplomatic campaign for independence started. During this campaign many Korean activists learned the western democracy and global constitutionalism. In 1919 the Provisional Government of Korea established in Shanghai, China, and the Provisional Constitution of the Republic of Korea was promulgated. The Provisional Constitution declared the sovereignty of the people, parliamentary representation, separation of power, guarantee of basic rights, and the rule of law. This Constitution was a provisional one but a very modern written constitution. The members of the Provisional Government were deeply influenced by the Paris Peace Conference and the Fourteen Points of Woodrow

Wilson.

2. Constitutional Globalization in Korea

Global constitutionalism has exerted a deep impact on the Korean constitutional justice. Korea had no sooner accepted the constitutional adjudication system than independence was achieved. Korea was one of the earliest adopters of the judicial review in the world. During the Japanese colonial rule there was no rule of law but rule by law. Since Koreans had no experience in the constitutional adjudication, the Constitutional Committee of the first Republic heavily relied on the foreign and international jurisprudence. Judicial citation of foreign and international law became a tradition in Korean constitutional justice.

There are 74 rapporteur judges who are doing research for the nine Justices. One of their main roles is to explore the foreign and international law. As a result the decisions of Korean Constitutional Court contain more citation of foreign and international law than any other decisions of the Constitutional Courts or equivalent bodies of other countries. The important decisions valuable to mention are as follows.

(1) Judicial Citation of International Law

1) The United Nations

Korea became a full member of the United Nations in 1991. Since then Korea has ratified many important multilateral treaties proclaimed by the UN, such as International Covenant on Civil and Political Rights, International Covenant on Economic, Social and Cultural Rights, Convention on the Elimination of All Forms of Discrimination against Women, Convention on the Rights of the Child and so on. The Constitutional Court of Korea has applied these treaties to protect basic rights of people.

(a) 2004 Hun Ma 670, Aug. 30, 2007

The Constitutional Court confirmed the unconstitutionality of the Regulation of the Ministry of Labor for Foreign Industrial Trainees which allowed employers not to apply the important articles of the Labor Standards Act to foreign industrial trainees. In this decision the Court invoked International Covenant on Economic, Social and Cultural Rights. According to Article 7 of the Covenant the Sates Parties to the Covenant should recognize the right of everyone to the enjoyment of just and favorable conditions of work.

(b) 2001 Hun Ma 728, May 26, 2005

The Constitutional Court held unconstitutional the act of a prison officer who kept defendants handcuffed during the investigation procedure by public prosecutors. In this case the Court cited Standard Minimum Rules for the Treatment of Prisoners.

The Article 84 of the Rules says unconvicted prisoners are presumed to be innocent and shall be treated as such.

(c) 2001 Hun Ba 96, July 24, 2003

The Promotion Act for Employment of the Disabled made it a duty of business owners to employ the disabled more than one percent of total employees. The Constitutional Court found this Act constitutional mentioning the Vocational Rehabilitation (Disabled) Recommendation (No. 99) of the International Labour Organization.

(d) 98 Hun Ma 363, Dec. 23, 1999

The Act for Supporting Veterans created a system of mandatory additional points for veterans that gave veterans, mostly men, great favor in employment examinations for both public and private sectors. The Constitutional Court held the additional points for veterans were so high that this system discriminated against women and in favor of men. The Court consulted Convention on the Elimination of All Forms of Discrimination against Women and the other international treaties on abolition of various forms of discrimination.

(2) The Venice Commission

Korea became a full member of the European Commission for Democracy through Law (better known as the Venice Commission) in 2006. With this membership the Constitutional Court of Korea has been able to enhance its understanding of the international trend in the rule of law and the constitutional protection of basic rights. Main reference documents of the Venice Commission are very important resources for decision making of the Court.

The Ministry of Justice of Korea requested adjudication on dissolution of the United Progressive Party in 2013, alleging that the objectives and activities of the Party were against the basic democratic order of the Republic of Korea. Article 8 of the Constitution states that if the purposes or activities of a political party are contrary to the fundamental democratic order, the Government may bring an action against it in the Constitutional Court for its dissolution, and the political party shall be dissolved in accordance with the decision of the Constitutional Court. In dealing with this case, the Constitutional Court consulted the Guidelines of the Venice Commission on prohibition and dissolution of political parties and analogous measures(CDL INF(2000) 1). The Court ordered dissolution of the United Progressive Party according to Article 8 of the Constitution(2013 Hun Da 1, Dec 19, 2014).

(3) Others

The Wildlife Protection Act allowed the import of endangered species with official authorization but prohibited the use of endangered species against the condition for permission. The owner of black bears argued this Act violated his property right. The Constitutional Court held this Act constitutional. The Court cited the Convention on International Trade in Endangered Species of Wild Fauna and Flora as one of the reasons for its decision(2012 Hun Ba 431, Oct. 24, 2013).

The Utility Model Act stipulated that if a holder of utility model right did not pay a registration fee within a certain period of time the utility model right would be extinguished. The Constitutional Court found this Act constitutional citing the Paris Convention for the Protection of Industrial Property(2001 Hun Ma 200, Apr. 25, 2002).

(4) Judicial Citation of Foreign Law

It is a custom of the Korean Constitutional Court to research relevant foreign law in all important cases. The results of this research are often cited in decisions. A judicial citation of foreign law is a common practice in Korea. Especially the decisions of the European Court of Human Rights are very important reference material for the Korean Court. Since there is no regional court for protecting human rights in Asia, the Korean Court often consult to the case law of the European Court of Human Rights.

When a family of a critical patient asked to stop a life extension treatment and allow passive euthanasia, the Constitutional Court answered the Government has no duty to enact a law which allows passive euthanasia. In this case the Court cited Pretty v. United Kingdom, ECHR(2002) no. 2346/02(2008 Hun Ma 385, Nov. 26, 2009). In the case of legal aid act the Constitutional Court mentioned Golder v. United Kingdom, ECHR(1975) no. 4451/70, Feldbrugge v. Netherlands, ECHR(1986) no. 8562/79, and Airey v. Ireland, ECHR(1979) no. 6289/73(99 Hun Ba 74, Feb. 22, 2001).

Ⅳ. Conclusion

Korea is a leading country in a field of constitutional justice in Asia. The Korean constitutional adjudication system has had a decisive effect on the adoption of judicial review system in many Asian countries. The culture, social structure, and economic situation of Asia are significantly different from those of Europe and the U.S.A. The Korean experience in constitutional globalization is a valuable asset for the Asian people.

The Constitutional Court of Korea has been very active in securing meaningful ways of assisting newly democratized countries in their efforts to implement a constitutional adjudication system. With the leading role of the Korean Court, the Association of Asian Constitutional Courts and Equivalent Institutions as a regional forum for constitutional adjudicative Institutions in Asia has come into existence in

2012. Now there are sixteen member states in the AACC.

Also, participation in the Venice Commission has enabled the Korean Court to take its responsibility more seriously as the constitutional court of a country with a thriving constitutional system. The third World Congress of the World Conference on Constitutional Justice which was held in Seoul in 2014 marked a turning point of development of the Constitutional Courts of Korea and Asian neighbors. President Park Han Chul of the Korean Court proposed to promote discussions on international cooperation in human rights including the possibility of establishing a human rights court in Asia. The World Congress adopted the Seoul Communiqué which contains the proposal of President Park.

A human rights court in Asia will be a historical monument to enhancement of protection of human rights in Asia. To achieve this goal the Constitutional Court of Korea shall play an important role. The constitutional globalization in Asia is very crucial for the establishment of durable peace and rule of law in this region.

34. 법원의 법률해석권한과 위헌심판제청*

유 남 석**

Ⅰ. 서설: 法院의 法律解釋權限과 違憲法律審査制度

1. 法院의 法律解釋權限

헌법 제101조 제1항은 "사법권은 법관으로 구성된 법원에 속한다."라고 규정함으로써, 사법권은 법원의 권한임을 명백히 하고 있다. 여기에서 사법이란, 구체적인 법적 분쟁이 발생한 경우에 당사자로부터의 소 제기 기타의 신청에 의하여 당해 분쟁사건에 적용될 법의 구체적 내용이 어떠한 것인지를 판단하고 선언함으로써 법질서를 유지하는 작용을 가리키는 것이다. 법원에 속하는 사법권은 재판을 통하여 행사된다. 재판은 법을 해석하여 구체적 사건에 적용할 법의 내용이 무엇인지 선언하고 분쟁을 해결하는 절차이다. 여기에서 법이란 헌법을 최고규범으로 하는 법령 전체 즉, 헌법·법률·명령·규칙을 가리킨다.

헌법은 우리 법체계에서 최고의 원칙을 정한 최고의 규범이고 이 헌법 아래에서 모든 법생활이 형성되고 규율되는 것이며 법률과 명령·규칙은 차례로 헌법을 구체화하는 규범이고, 하위규범의 의미·내용은 그에 관한 상위 규범의 의미·내용에 합치되도록 해석되어야 한다. 그러므로 법원이 해석·적용하는 재판규범 중 최고의 규범은 헌법이며, 법원이 재판을 함에 있어 헌법을 제외한 법령만 해석한다는 것은 상상할 수 없다. 따라서 법원이 사법권을 행사함에 있어 법령뿐만 아니라 헌법의 해석·적용도 그 임무로 하는 것은 당연하다.

헌법 제103조는 "법관은 헌법과 법률에 의하여 그 양심에 따라 독립하여 심판한다."라고 함으로써, 바로 법원에 재판절차에서 헌법과 법률을 해석하여 적용하여야 할 권한과 임무가 있음을 명백하게 규정하고 있다. 헌법이 법의 내용을 판단하여 선언하는 권한이 법원에게 속한다고 규정한 것은, 바로 재판의 전제가 되는 한 법원은 최고규범인 헌법의 내용을 판단하여 선언하는 권한도 행사한다는 뜻이라고 보아야 한다.

각급 법원이 구체적 사건에서 헌법과 법률의 내용을 해석하여 적용할 때에는, 당해 사건에 적용할 헌법과 법률의 내용 및 그 상호관계도 판단하게 될 것인바, 헌법은 법률보다 상위에 있는 국가의 최고규범이므로 그 상호관계에 관한 판단은 당해 사건에 적용할 법률이 헌법에 합치하는지 여부를 판단하는 것이 된다. 각급 법원의 사법작용에는 구체적 사건에 적

---

* 이 글은 법원도서관 재판자료 제76집(1997) 憲法問題와 裁判에 실린 글이다.

** 헌법재판소 재판관

용할 법률이 헌법에 합치하는지 여부에 관한 판단이 항상 부수되어 있으며, 구체적 사건에 적용할 법률이 헌법에 합치하는 것이 명백하여 누구도 그에 관한 의문을 제기하지 않는 경우에는 그 판단은 잠재된 채 재판과정에서 표면화되지 않을 뿐이다. 즉, 헌법 제101조 제1항 및 제103조에 따르면 각급 법원은 재판의 전제가 된 법률이 합헌인지 아니면 위헌인지 여부를 스스로 판단할 수 있음이 원칙이다.

2. 違憲法律審査制度

각급 법원의 법관은 그가 담당하는 구체적 사건의 재판과정에서 확정된 사실에 적용할 법규범을 찾아야만 한다. 즉 어떤 법규범을 적용할 수 있는지 어떤 법규범을 적용하여서는 안되는지 결정하여야 한다. 만일 당해 사건에 적용할 헌법과 법률 상호간에 모순이 있다면 어떻게 하여야 할 것인가?

헌법은 국가의 최고규범이므로 법률과 헌법이 모순될 경우에는 상위법인 헌법을 존중하여 이를 우선적으로 적용하여야 할 것이다. 즉, 법의 체계논리에 의하면 헌법에 위반되는 법률은 적용할 수 없거나 효력이 없는 것이라고 보아야 한다. 따라서 구체적 사건에서 법의 해석·적용을 임무로 하는 법원으로서는 당해 사건에 적용하려고 하는 법률이 헌법에 위반되는 것이라면 그 법률을 적용하지 않을 수 있다고 볼 수 있다. 헌법재판에 관한 명문의 규정을 두고 있지 않은 미국에서 구체적 사건이 재판의 대상이 된 경우에 법원이 법률의 위헌성을 심사하여 위헌법률을 당해 사건에 적용하지 않을 권한이 있다는 위헌법률심사제도가 발전한 것은 기본적으로는 위와 같은 법체계적 논리에 바탕을 두고 있다고 할 것이다.

그런데 법원이 국회에서 제정한 법률을 위헌이라고 하여 그 효력을 부인하거나 그 적용을 거부하는 경우에는 법원이 국민의 대표자인 국회의 입법권을 침해하는 것이 아닌가 하는 의문이 제기될 수 있다. 즉, 헌법의 해석에 관한 국가기관 사이의 충돌을 조정하는 문제가 등장한다. 달리 표현하면, 어느 국가기관이 법률을 위헌이라고 판단·결정할 수 있는가 하는 문제이다.

이 문제에 관한 이론으로서는 권력분립의 원칙과 관련하여 크게 볼 때 다음과 같이 서로 상반되는 견해가 대립할 수 있다. 먼저, 입법권과 사법권은 헌법에 의하여 만들어진 권력으로서 동격으로 상호간 독립된 것이며, 입법권은 헌법의 범위 내에서 법률을 제정하는 것을, 사법권은 헌법의 범위 내에서 법률을 해석·적용하는 것을 그 임무로 한다. 이와 같이 사법권이 입법권과 완전히 동등한 입장에서 서로 기능을 달리 하면서 헌법에 기속된다면, 법원이 헌법에 위반하는 법률을 구체적 사건에 적용할 수 없는 것은 논리상 당연하다는 견해이다. 이와 같은 논리는 결국, 국회는 법률을 제정할 권한을 담당하고 있지만 그가 제정한 법률의 해석·적용에 관한 권한은 입법권과 동등한 지위에서 헌법에 기속되는 사법권에 귀속되어 있으므로, 사법권을 행사하는 법원은 헌법이 자신에게 부여한 권한에 의거하여 국회가 제정한 법률의 적용 여부를 결정할 권한이 있다는 생각이다. 이에 대하여, 입법권은 국민의 생활을 규율하는 법률을 제정하고 사법권은 입법부가 제공한 법률을 법적 분쟁에 적용한다는 권력분립의 원칙때문에 법관은 적법하게 공포됨으로써 형식적으로 유효하게 성립한 법률에 무조건 기속되고, 법관에게는 법률의 위헌 여부에 관한 실질적 심사권이 없다는 견해도 있다.

미국에서는 전자와 같은 내용의 권력분립이론이 법률에 대한 사법심사(judicial review)의 이론적 기초 중의 하나가 되었다고 한다.[1)] 독일에서는 19세기의 논란을 거쳐 바이마르 시대에 들어와서 법관은 유효한 법률에만 기속되고 헌법에 위반되는 법률은 애초부터 당연무효이므로 법관이 헌법에 위반되는 법률을 적용하지 않는 것은 권력분립의 원칙에 반하지 않으며, 따라서 법관에게는 구체적 사건에서 법률의 유효성을 심사하여 그 적용 여부를 결정할 권한이 인정된다는 견해가 통설로 정착되었다. 그러나 바이마르 시대에도 이러한 사법적 심사권을 집중시켜야 한다는 주장이 제기되어 있었는데, 제2차 세계대전 후 제정된 독일 기본법은 법률의 무효선언권(위헌결정권)을 연방헌법재판소만이 행사하도록 규정하였다.[2)] 오스트리아에서는 1929년의 연방헌법에서 법률·법규명령 및 국가조약의 유효성에 대한 심사는 원칙적으로 법원의 권한에 속하지 아니한다는 입장을 헌법에 명문으로 규정하는 한편, 그 예외로서 헌법재판소에 집중된 구체적 규범통제절차를 규정하였다.

우리 헌법은 이 문제에 관하여 명문의 규정을 둠으로써 입법적으로 해결하였다. 현행 헌법은 제107조 제1항에서 "법률이 헌법에 위반되는 여부가 재판의 전제가 된 경우에는 법원은 헌법재판소에 제청하여 그 심판에 의하여 재판한다."는 규정을 두고, 나아가 제111조 제1호에서 "법원의 제청에 의한 법률의 위헌여부심판"을 헌법재판소의 관장사항으로 정함으로써, 구체적 분쟁을 계기로 한 재판에서 제기된 법률의 위헌 여부는 법원이 독자적으로 판단할 수 없고 독립한 헌법기관인 헌법재판소에 그 심판을 제청하여 헌법재판소의 최종적인 결정에 따라 재판하도록 하였다.

헌법 제107조 제1항과 제111조 제1호는 법률에 대하여 법원의 제청에 의한 헌법재판소의 위헌여부심판이라는 구체적 규범통제제도를 우리 헌법이 채택하였음을 의미한다. 위 규정들이 법률의 위헌여부심판이 헌법재판소의 관장사항이라는 점과 헌법재판소의 법률의 위헌여부심판은 구체적 사건을 재판하는 법원의 제청에 의하여 개시된다는 점, 법원은 헌법재판소의 위헌결정이 있기 전에는 독자적으로 법률의 적용을 거부할 수 없다는 점 등을 그 취지로 하고 있음은 명백하다. 하지만 법원에게는 법률의 위헌 여부에 대한 심사권이 전혀 없다

---

1) 金哲洙, 憲法學槪論, 博英社(1996), 1064-1065면 참조.

2) K. Schlaich, Das Bundesverfassungsgericht, 3.Aufl.(1994), Rdnr. 108, 344; Maunz in Maunz·Dürig, Grundgesetz Kommentar, Art. 100 Rdnr. 1 참조.

는 것인지, 법원에게도 그 심사권이 있다면 그 내용과 정도는 어떠한 것인지, 법원으로서는 법률의 위헌 여부가 재판의 전제가 된 경우에는 무조건 위헌심판을 제청하여야 하는지 아니면 위헌이라는 의심이나 확신이 있어야 하는지 등의 문제에 대하여는 분명한 해답이 제시되어 있지 않으며, 이에 관하여 여러 가지 견해가 주장되어 있다.

Ⅱ. 法院의 合憲判斷權限

1. 國內의 學說 狀況

(1) 否定說

법률이 헌법에 위반되는 여부가 재판의 전제가 된 경우에는 법원은 헌법재판소에 위헌법률심판을 제청할 권한을 가지고 있을 뿐만 아니라 그 의무가 있다고 해석되므로, 현행 헌법상으로는 법원의 합헌판단권이 인정되지 않는다는 입장이다. 이 견해는 현행 헌법 제107조 제1항이 제5공화국 헌법 제108조 제1항에 규정되었던 "법률이 헌법에 위반되는 것으로 인정할 때"라는 문구를 삭제하였다는 점과 현행 헌법의 위 조항은 그 문언상 위와 같이 해석할 수밖에 없다는 점을 유력한 근거로 들고 있다.[3)]

이러한 부정설의 입장에서도, 법원의 위헌법률심판 제청의무의 내용에 관하여는 약간의 견해 차이를 보이고 있다. 먼저 법원의 제청의무를 가장 강조하는 입장으로는, 법원으로서는 계속중인 소송사건에서 당사자가 위헌법률심판 제청신청을 하는 경우에는 그 법률의 위헌 여부가 그 법원에서 진행중인 재판의 전제가 되어 있는지를 판단할 수 있음에 그치고 거기서 더 나아가 그 법률의 위헌가능성의 유무까지 판단할 권한은 없으며, 따라서 법률의 위헌 여부가 재판의 전제가 되는 한 법원으로서는 그 법률의 위헌가능성 유무를 판단하지 않고 위헌제청을 하여야만 하며, 헌법재판소법 제68조 제2항은 법원이 법률의 위헌 여부가 재판의 전제가 되지 않는다는 이유로 위헌제청신청을 배척한 경우의 구제수단으로 마련된 것으로 해석하여야 한다는 견해[4)]가 있다. 다음으로, 일정한 소극적 요건이 충족되지 않는 한 법원은 위헌제청을 할 의무가 있다는 입장으로는, 당사자의 위헌제청신청이 있으면 그것이 오로지 소송지연을 목적으로 한 것이거나, 심판의 대상인 법률이 계속중인 사건에 대한 재판의 전제가 되는 것이 아닌 때, 또는 이미 헌법재판소의 위헌 여부에 대한 심판을 거친 동일한 법률에 관한 것일 때[5)]를 제외하고는 그 스스로의 합헌 여부에 관한 판단을 개입시킬 것이

---

3) 李時潤, "憲法裁判에 관한 管見(Ⅰ)", 憲法論叢 1輯, 憲法裁判所(1990), 75면; 李尙圭, "憲法裁判制度의 運營", 人權과 正義 159호(1989.11.), 38면; 金周元, "違憲審判提請要件", 憲法裁判資料 3輯 憲法裁判의 理論과 實際, 憲法裁判所(1990.12.), 206면; 鄭宗燮, "違憲法律審判節次에 있어서 憲法裁判所와 一般法院의 憲法解釋權", 憲法論叢 1輯, 憲法裁判所(1990), 326-337면.

4) 金周元, 앞 글, 207면.

없이 곧 제청결정을 하여 헌법재판소에 제청하여야 한다는 견해[6]와, 법원으로서는 합헌이 명백한데도 소송지연을 목적으로 한 위헌제청신청이거나 본안사건의 판단에 관하여 적용할 법률이 아닌 때라면 모르되, 그렇지 않는 한 합헌 여부에 대한 판단 없이 곧바로 제청결정을 하여 헌법재판소로 보내는 것이 현행 헌법에 합치되는 해석이라는 견해[7]가 있다. 한편, 법원은 재판의 전제가 되어 있는 법률에 조금이라도 위헌의 소지가 있다고 의심이 들면 그 자체로서 법률의 위헌 여부가 바로 재판의 전제가 되는 경우에 해당하므로 헌법재판소에 위헌여부심판의 제청을 하여야 할 것이고, 헌법재판소법 제41조 제1항, 제68조 제2항의 해석상 법원에게 합헌성 심사의 권능이 있다고 보더라도 법원이 당사자의 제청신청을 기각하려면 재판의 전제가 된 법률이 합헌이라는 것에 대해 확신을 가지지 않으면 안 된다는 견해[8]도 있다.

(2) 肯定說

법원은 법률의 위헌결정권은 행사할 수 없지만 합헌판단권은 행사할 수 있다는 입장이다. 그 논거로서는 법원은 사법작용의 본질상 구체적 사건에 적용할 법규범에 대한 독자적인 해석권을 고유권한으로 한다는 점,[9] 헌법과 법률에 의하여 그 양심에 따라 재판하는 법관의 기능 내지 직무상 당연하다는 점,[10] 다른 모든 국가기관에게 헌법을 해석·적용할 권한이 부여되어 있는 것과 마찬가지로 사법부에게도 부여되어 있고, 법원도 국가기관의 하나로서

---

5) 이를 제청의 소극적 요건으로 보는 데에 반대하는 견해가 있다. 독일법과 달리 우리 헌법재판소법에 따르면 법률의 위헌결정은 법원을 기속하지만 합헌결정까지 기속력이 있는 것은 아니므로(동법 제47조 제1항) 이미 헌법재판소의 합헌결정이 났다 하여도 여전히 위헌의 의문이 남는다면 제청할 수 있다고 할 것이라는 견해이다(李時潤, 앞 글, 77면).

6) 李尙圭, 앞 글, 38-40면. 이 견해는 나아가, 법원이 위헌심판제청을 할 때에 제청서에 위헌이라고 해석되는 이유를 기재하도록 규정하고 있는 헌법재판소법 제43조 제4호는 헌법 제107조 제1항의 취지에 어긋나는 것이므로 이를 "위헌인지의 여부에 의문이 있는 이유, 다만 당사자의 신청에 의한 경우에는 당사자가 위헌이라고 주장하는 이유"로 개정하고, 동조 제3호를 "위헌인 여부에 의문이 있는 법률 또는 법률의 조항"으로 개정할 필요가 있다고 주장한다.

7) 李時潤, "憲法裁判槪觀(上)", 判例月報 224호(1989.5.), 20면. 이 견해는, 법원이 합헌이라고 보아 위헌제청신청을 기각하여도 헌법소원을 제기하면 헌법재판소로 옮겨 올 수 있게 된 이제, 법원이 법률의 위헌 여부를 실질적으로 심사한다면 절차지연의 요인이 될 뿐더러 경우에 따라서는 법원의 권위손상이 될 우려마저 있다고 한다(李時潤, "憲法裁判에 관한 管見(Ⅰ)", 憲法論叢 1輯, 憲法裁判所(1990), 77면).

8) 鄭宗燮, 앞 글, 336-337면 및 348면.

9) 權寧星, 憲法學原論, 法文社(1994), 1117면; 金哲洙, 앞 책, 1027면.

10) 법원이 갖는 법률의 위헌심사권은 헌법과 법률을 지키고 양심에 따라 독립하여 심판해야 하는 법관의 기능상 당연한 권능이라고 할 수 있고, 각급 법원은 법률의 위헌심사에서 위헌의 요소를 찾지 못한 경우에는 합헌결정을 해서 그 법률을 재판의 근거로 삼도록 할 수 있다는 견해(許營, 憲法理論과 憲法, 博英社(1995), 1063면)나, 법관의 법률심사권은 법치주의와 사법권의 본질에서 나오는 것으로 법관은 헌법과 법률에 의하여 그 양심에 따라 독립하여 심판하는 터이므로, 법률을 적용함에 있어 헌법에 위반되지 않는 법률에 따라 재판하기 위하여 상위법인 헌법에 비추어 법률의 뜻을 해석하고 헌법에 위배되는 여부를 검토함은 법원의 직무에 내재된 일차적인 임무라고 보는 견해(黃祐呂, "違憲審判의 提請決定", 法曹 38권 7호(1989.7.), 85면 및 95면)이다.

헌법을 수호하고 헌법의 가치성을 고양하여야 할 의무가 부과되어 있으며 법원이 헌법판단을 회피하도록 방치해서는 안 된다는 점,[11] 법원의 제청절차와 헌법재판소의 심판절차의 복합적 구조로 이루어지는 구체적 규범통제의 이론적 기초라는 점,[12] 당사자의 신청이 없는 경우에도 법원이 직권으로 위헌제청을 할 수 있는 위헌제청제도의 체계상 헌법 제107조 제1항을 목적론적으로 제한해석하지 않으면 안 된다는 점,[13] 헌법재판소뿐만 아니라 법원도 헌법 및 기본권의 보장을 임무로 하므로 법원이 헌법적 판단을 전혀 할 수 없다는 것은 타당하지 않다는 점 및 당사자의 위헌제청신청이 있는 경우 법원은 합헌 여부에 대한 판단 없이 바로 제청결정을 하여야 한다면 사실상 법원의 제청절차가 형해화할 것이라는 점,[14] 고의적인 소송지연을 위하여 위헌제청신청을 남용하는 폐단을 방지하고 소송경제를 확보하기 위하여도 법원이 법률에 대한 합헌판단권을 가져야 한다는 점,[15] 법률의 위헌 여부에 관한 심판을 헌법재판소 혼자 모두 담당하기에는 역부족이라는 점[16] 등이 주장되고 있다.

긍정설의 입장에서도 법원의 위헌법률심판 제청의무의 내용에 관하여는 미묘한 차이를 보이고 있다. 먼저 법원은 당해 법률에 관하여 위헌의 여지가 조금이라도 있다고 의심되는 경우에는 합헌결정으로 제청신청을 기각할 것이 아니라 적극적으로 위헌심판제청을 하지 않으면 안 된다는 견해가 있다.[17] 이에 대하여 위헌의 확신이 있으면 제청하여야 하는 것은

---

11) 南福鉉, "憲法의 最終的인 解釋機關", 憲法裁判資料 4輯 憲法裁判의 展開, 憲法裁判所(1991.12), 67면 참조.

12) 헌법재판소제도에 관하여 오랜 경험을 갖고 있는 서독 및 오스트리아의 확립된 해석론에 의하면, 법률에 대한 위헌결정권은 헌법재판소가 독점하지만 합헌결정권은 일반법원에도 있는 것으로 해석하고 있고, 그것이 바로 일반법원의 제청절차와 헌법재판소의 심판절차의 복합적 구조로 이루어지는 구체적 규범통제의 이론적 기초가 된다고 할 수 있으며, 유럽 대륙형과 비슷한 헌법재판소제도를 가지고 있는 우리 나라에 있어서도 일반법원은 법률의 위헌 여부에 관하여도 실질적인 심사권을 갖되, 그 범위는 합헌결정권에 한정되는 것으로 해석함이 옳을 것으로 생각된다는 견해(崔光律, "違憲法律審判의 提請節次", 法曹 394호(1989.7.), 59면, 우리 헌법상의 구체적 규범통제제도는 법률에 대한 위헌심사권과 위헌결정권을 분리해서, 전자는 일반법원의 권한으로 맡기고 후자는 헌법재판소에 이를 독점시키는 이원적인 관할분리제를 채택하였으므로, 법원은 법률이 헌법에 위반되는지의 여부가 재판의 전제가 된 때에 그 법률의 위헌 여부를 심사할 수 있다는 견해(許營, 앞 책, 1063면 참조)이다.

13) 만일 '법률이 헌법에 위반하는지의 여부가 재판의 전제가 된 경우'를 문리 그대로 해석한다면 재판에 있어서 법률을 적용하는 것은 언제나 그 법률이 헌법에 위반하지 않는다는 것을 전제로 하는 것이고 따라서 법원은 어떤 법률이건간에 이를 적용하기에 앞서 당사자의 신청이 없더라도 언제나 그 위헌 여부에 관하여 헌법재판소에 제청을 하여야 한다는 결론에 이르게 되나 이러한 결론이 받아들여질 수 없음은 명백하고, 그렇다고 하여 당사자의 위헌제청신청이 있는 경우와 그 외의 경우를 구별하여 법원이 위헌제청을 할 수 있는 요건을 달리 볼 헌법상의 근거도 없다는 견해이다(尹眞秀, "未決收容者의 接見權의 性質과 그 制限", 대법원판례해설 17호, 783-784면 참조).

14) 金文顯, "憲法解釋에 있어 憲法裁判所와 法院과의 關係", 憲法裁判의 理論과 實際 琴浪 金哲洙 敎授 華甲紀念論文集(1993.10.), 87-88면 참조.

15) 權寧星, 앞 책, 1117면.

16) 南福鉉, 앞 글, 67-68면 참조.

17) 權寧星, 앞 책, 1117면; 金哲洙, 앞 책, 1027면. 그러나 權寧星 교수는, 법원이 합헌으로 판단되는 경우에도 정치적 동기에서 합헌결정을 회피하거나 포기하고, 안이하게 헌법재판소에 위헌심판을 제청하는 이른바 헌법판단을 회피하는 무책임한 행위까지 권장한다는 뜻은 아니라고 한다(權寧星, 앞 책, 1117면). 한편, 김철수 교수는 제6공화국 헌법하에서는 법원은 법률이 위헌의 우려가 있는 경우에는 무조건 제청하여야 하고,

물론이고, 위헌의 확신도 합헌의 확신도 없는 때 즉, 위헌의 개연성이 있는 경우에는 제청하여야 할 것이나, 합헌의 확신이 있으면 당사자의 제청신청을 기각할 수 있다는 견해[18)]가 주장되고 있다. 한편, 위헌법률심사제도는 법관의 법률심사권을 전제로 하여 발전되어 나온 것이고, 위헌의 확신이 없는 경우에도 법원이 위헌제청을 하도록 요구한다는 것은 비록 잠정적이나마 법관에 의한 재판의 거부를 허용하는 것이 되어 부당하므로 법원으로서는 법률이 헌법에 위반하는 것으로 인정할 때에만 위헌제청을 할 수 있다고 봄이 타당하다는 견해[19)]도 있다.

2. 比較法的 考察

(1) 獨 逸

바이마르 시대 이래 독일의 전통적인 통설에 의하면, 헌법은 최고의 규범이므로 헌법에 위반되는 법률은 애초부터 당연무효이고, 따라서 법관은 그 법률을 적용할 필요가 없다. 이러한 관점에서는 법관이 헌법에 위반되는 법률을 적용하지 않는 것이 권력분립의 원칙에 반하지 않게 되며, 법관은 구체적 사건에서 그 적용 여부가 문제된 법률의 위헌 여부를 심사하여 그 법률이 위헌이라고 인정하는 경우 이를 적용하지 않을 수 있다. 이러한 내용의 법관의 심사권은 구체적 사건을 계기로 한 법관의 부수적 규범통제(inzidente Normenkontrolle)를 의미하는 것이었다.[20)]

그런데, 제2차 세계대전 후 제정된 독일 기본법 제100조 제1항에 따르면, 재판이 어느 법률의 효력에 따라 좌우되는 경우에 법원이 그 법률을 헌법에 위반된다고 생각할 때에는 절차를 중지하고, 란트헌법의 침해가 문제될 때에는 그 란트의 헌법쟁송을 관할하는 법원의 결정을 구해야 하고, 기본법의 침해가 문제될 때에는 연방헌법재판소의 결정을 구해야 한다. 즉 독일 기본법은 각급 법원의 법관이 그가 담당하는 구체적 사건에 관련된 법률을 위헌이라고 판단하여 독자적으로 그 적용을 거부할 수는 없도록 하고, 법률의 위헌결정권을 연방헌법재판소에 집중시켰다.

그러나, 구체적 규범통제에 관한 위 기본법 규정이 일반법원의 법관으로부터 법률의 위헌 여부에 대한 심사권을 완전히 박탈한 것은 아니라고 보는 것이 통설 및 연방헌법재판소의 확립된 판례이다. 기본법 제100조 제1항은 법관의 법률심사권을 완전히 박탈한 것이 아니라

만약에 법원이 소극적으로 위헌심사제청권을 행사하게 되면 국민적 비판을 받을 것이라고 한다(金哲洙, "違憲法律審査提請制", 考試研究 15권5호(1988.5.), 108면).

18) 崔光律, 앞 글, 75-76면; 黃祐呂, 앞 글, 96면; 金文顯, 앞 글, 88면 참조.

19) 尹眞秀, 앞 글, 784-785면 참조. 결론에 있어서 同旨의 견해로는 南福鉉, 앞 글, 68면 참조.

20) K. Schlaich, a.a.O., Rdnr. 126 참조. 이러한 사법심사이론은 헌법의 우위, 위헌법률의 무효, 사법적 심사의 긍정이라는 단계를 내포하고 있다(U. Battis, in: Hrsg. von Isensee und Kirchhof, Handbuch des Staatsrechts der Bundesrepublik Deutschland Bd. Ⅶ(1992), 165 Rdnr. 24 참조).

그 중에서 적용거부권만을 제한한 것이며, 오히려 위 기본법 규정은 모든 법관에게 법률의 위헌 여부에 대한 심사권한이 있음을 전제로 하고 있다고 보는 것이다.[21] 원래 법률의 위헌 여부에 대한 심사의 권한과 임무가 있는 일반법원의 법관으로서는 구체적 사건에 적용할 법률이 합헌이라고 생각하는 경우에는 그 법률을 당해 사건에 적용하여야 할 것이며, 그러한 의미에서 법관은 완전한 합헌판단권을 가지고 있다. 그러나 기본법 제100조 제1항이 법률의 적용거부권을 제한하고 있기 때문에, 법관이 법률을 위헌이라고 생각하는 경우에도 독자적으로 그 법률의 적용을 거부하여 사건을 종결할 수는 없고, 다만 절차를 중지하고 헌법재판소에 그 법률의 위헌 여부에 관한 결정을 구해야 한다. 이러한 구체적 규범통제의 과정에서 법관에게는 법률의 위헌 여부에 관한 심사권이 합헌판단권과 위헌제청권이라는 내용으로 남아 있다고 할 것이다. 법관은 스스로 독자적으로 법률의 합헌성 및 위헌성에 관한 판단을 형성할 권한과 의무가 있다. 이를 가리켜 통상 법관에게 심사권한(Prüfungskompetenz)은 있으나 폐기권한(Verwerfungskompetenz)은 없다고 말한다.[22] 기본법은 법관의 심사권을 전제로 하면서, 법률을 제정한 입법자의 의사가 각급법원의 법관에 의하여 경솔하게 무시되는 것을 방지하고 법률을 신중하게 심사하기 위하여 법관의 심사권을 어느 정도 제한하여 최종적인 위헌결정권을 헌법재판소에 유보한 것이다.

위와 같이 법관의 법률심사권한과 그 임무를 전제로 하는 구체적 규범통제제도 하에서, 통설[23] 및 판례[24]가 기본법 제100조 제1항에서 규정한 "법률을 위헌이라고 생각할 때"란, 위헌 여부에 관하여 의문이 있거나 또는 위헌일 가능성이 있다는 정도의 단순한 의심의 수준으로는 부족하고 일반법원의 법관이 위헌이라고 확실히 인정하는 즉, 확신을 가지게 되는 경우를 말한다고 해석하는 것은 당연한 귀결이라고 할 수 있을 것이다. 따라서 일반법원이 제청을 하려면 재판의 전제가 된 법률에 대하여 그것이 위헌이라는 확신을 가지게 된 구체적 이유를 밝혀야 하고, 위헌의 확신에 이르기까지의 논증을 해야하며, 만일 위헌에 대한 확신이 서지 않으면 그 법률을 그대로 재판에 적용하여야 한다.[25]

(2) 오스트리아

연방헌법 제89조 제1항은 공포된 법률·명령 및 국제조약의 유효성의 심사는, 이 조항에 다른 규정이 없는 한, 법원의 권한에 속하지 아니한다고 규정한다.

그런데 제89조 제2항에 따르면, 법률의 위헌성을 이유로 그 법률의 적용에 관하여 의심

21) K. Schlaich, a.a.O., Rdnr. 127; Maunz · Schmidt-Bleibtreu · Klein · Ulsamer, Bundesverfassungsgerichtsgesetz (1993.12.), 13 Rdnr. 66. 참조.
22) K. Schlaich, a.a.O., Rdnr. 127.
23) Maunz · Schmidt-Bleibtreu · Klein · Ulsamer, a.a.O., 80 Rdnr. 21 참조.
24) BVerfGE 80, 54/58f; 68, 352/359; 1, 184/189.
25) Maunz · Schmidt-Bleibtreu · Klein · Ulsamer, a.a.O., 80 Rdnr. 21; BVerfGE 16, 82/88.

(Bedenken)을 갖는 때에는, 대법원(Oberster Gerichtshof)[26] 또는 항소심법원은 헌법재판소에 그 법률의 폐지를 신청하여야 하고, 행정법원(Verwaltungsgerichtshof)에 대하여는 제135조 제4항에서 위 제89조가 준용된다. 제140조에 따르면, 헌법재판소는 행정법원, 대법원 또는 항소심법원의 신청에 의하거나, 헌법재판소에 계속중인 사건의 재판의 전제가 된 법률에 관하여는 직권으로, 법률의 위헌성에 관하여 심사한다.

따라서 법률이 위헌이라는 의심을 갖는 때에는 행정법원 · 대법원 및 항소심법원은 헌법재판소에 그 폐지를 신청할 권한뿐만 아니라 의무가 있다.[27] 그 밖의 법원은 그 신청 권한이나 의무가 없다. 한편, 헌법재판소법 제62조 제1항에 따르면, 위헌을 이유로 한 법률의 폐지 신청은 그 법률의 합헌성에 대한 의심을 개별적 · 구체적으로 제시하여야 한다.

여기에서 의심이란, 확신(Überzeugung)과는 그 성질이 다른 것으로 법률의 위헌성을 지지하는 상당한 근거(relevante Gründe)가 있는 것을 말한다고 한다. 의심으로 족하게 한 것은 의심이 있는 사건은 모두 헌법재판소에 제청되어야 한다는 점에 그 의의가 있고, 이는 구체적 규범통제를 헌법재판소에 집중시키고자 한 것이다.[28]

오스트리아의 구체적 규범통제제도는 법원은 법률에 대한 실질적 심사권을 갖지 않는다는 원칙 아래, 그 예외로서 대법원 및 항소심법원과 행정법원이 위헌제청권을 가지고 있고, 헌법재판소가 배타적으로 법률의 위헌결정권을 갖고 있다는 특색이 있다.[29] 법원의 법률에 대한 실질적 심사권이 원칙적으로 부정되어 있는 이상, 위헌제청을 하기 위하여 법률의 위헌 여부에 관한 실질적 심사권을 갖고 있는 경우의 엄밀한 위헌판단(확신)은 필요 없고 헌법재판소의 심사권 행사를 구하는 데 필요한 정도의 위헌판단 즉 의심으로 충분하다고 규정한 것으로 이해할 수 있다.[30]

이와 같이 법원의 법률에 대한 실질적 심사권이 원칙적으로 부정되어 있는 오스트리아에서도 법원에서 법률의 합헌성에 관한 의심이 없는 경우에는 법률의 합헌판단을 할 수 있다고 보고 있다. 헌법재판소는, 행정법원 및 대법원의 재판부가 법률의 합헌성에 대한 의심이 정당하다고 생각하지 않는 경우에는, 비록 그가 담당하는 개별사건에만 한정될지라도, 그 법률의 합헌성에 관하여도 판단하며, 위 법원 재판부의 지위는 법률의 합헌성에 관하여 아무런 판단권한이 없는 그밖의 법원과 구별된다고 판시함으로써, 위헌제청권이 있는 법원의 법률에 대한 합헌판단권을 긍정하였다.[31] 법원은 헌법위반의 의심이 있는 경우에만 헌법재판소에 제

26) 민사 및 형사사건에 대한 최고법원이다.
27) Walter-Mayer, Grundriß des österreichischen Bundesverfassungsrechts, 6. Aufl.(1988), Rdnr. 1111.
28) Walter-Mayer, a.a.O., Rdnr. 1111. 참조.
29) 오스트리아의 구체적 규범통제제도는, 헌법이 위헌법률의 폐지에 관한 규정을 둔다면, 그 헌법은 위헌법률의 유효성을 전제로 한 것이며, 헌법위반의 법률도 헌법에 합치되기는 하지만 특별한 절차에 의하여 폐지될 수 있는 법률이라는 Hans Kelsen의 이론에 기초를 두고 있다고 한다(K. Schlaich, a.a.O., Rdnr. 344).
30) 吉野豊秋, "オーストリア具體的規範統制における一般の裁判所の手續", 比較法雜誌 15卷, 130-132面 참조.

청할 권한과 의무가 있으므로, 의심이 없는 경우에는 당해 법률을 구체적 사건에 적용할 수 있고 그러한 의미에서 법원에게 법률의 헌법 합치성에 관한 독자적인 판단권이 있다는 의미로 생각된다.

3. 우리 憲法上 法院의 合憲判斷權限

(1) 法院의 合憲判斷權限

우리 헌법 제101조에 따라 원칙적으로 법원이 행사하도록 되어 있는 사법권에는 법령뿐만 아니라 헌법을 해석하여 적용할 권한도 포함되어 있고, 또 헌법 제103조에 따라 법관은 헌법과 법률에 의하여 재판하므로, 법원의 재판작용에는 구체적 사건에 적용할 법률이 헌법에 합치하는지 여부 즉 법률이 합헌인지 아니면 위헌인지의 여부에 관한 판단이 항상 부수되어 있으며, 법원이 합헌인 법률을 당해 사건에 적용할 수 있는 것은 당연하다. 그런데, 헌법 제107조 제1항은 위와 같은 법원의 헌법 및 법령의 해석권 중 법률의 위헌 여부의 판단권한에 제한을 가하였다. 법원에게 법률의 합헌판단권이 인정되는지 여부는 헌법 제101조와 제103조에 의하여 인정된 법원의 법령해석권한 및 이 권한에 따른 위헌 여부 판단권한에 대하여 헌법 제107조 제1항이 규정한 제한의 정도 문제라고 할 수 있다.

1) 제5공화국(1980년) 헌법 제108조 제1항은 "법률이 헌법에 위반되는 여부가 재판의 전제가 된 경우에 법원은 법률이 헌법에 위반되는 것으로 인정할 때에는 헌법위원회에 제청하여 그 결정에 의하여 재판한다."고 규정하였다.

제5공화국 헌법에서도 사법권은 법원에 속한다고 규정하고 법관은 헌법과 법률에 의하여 재판한다는 규정을 두고 있었으므로 각급 법원은 재판의 전제가 된 법률이 합헌인지 아니면 위헌인지 여부를 스스로 판단할 수 있음이 원칙이라고 할 것인데, 위 헌법규정은 법원이 재판의 전제가 된 법률이 위헌이라고 판단하는 경우에도 곧바로 그 법률이 위헌임을 전제로 재판할 수는 없고 헌법위원회에 제청하여 법률의 위헌 여부에 관한 심판을 받아 그에 따라 재판하여야 한다는 제한을 규정한 것으로 이해할 수 있다. 즉 각급 법원은 재판의 전제가 된 법률을 합헌으로 인정하고 적용할 권한 즉 합헌인정권을 가지고 있으나, 각급 법원의 위헌판단은 제1차적인 것일 뿐이고 위헌이라고 인정하는 경우에도 법률의 위헌 여부에 관한 헌법위원회의 최종적인 결정을 받아야 한다는 점에서 법률의 위헌결정권은 법원에 속하지 않고 헌법위원회에 속한 것이었다.

그런데 당시 헌법위원회법(1982.4.2. 법률 제3551호) 제12조 제1항은 법률이 헌법에 위반

31) Vfslg 3992, 323/329f. 1929년에 창설된 오스트리아의 구체적 규범통제절차에서 위헌제청권을 갖고 있는 법원은 대법원과 행정법원뿐이었는데 1975년 연방헌법이 개정되면서 항소심법원도 위헌제청권을 갖게 되었다(Klecatsky · Morscher, Das österreichische Bundesverfassungsrecht, 3. Aufl.(1982), S. 450 참조).

되는지 여부가 재판의 전제가 된 때에는 당해 사건의 담당판사 또는 소송당사자의 신청에 의하여 당해 사건이 계속중인 각급 법원 합의부의 결정을 거쳐 당해 법원이 제청하도록 규정하고, 동법 제15조는 하급법원이 위헌제청을 하였을 때는 대법원을 경유하여야 하되 대법원은 하급법원의 위헌제청에 대하여 대법원판사 전원의 3분의 2이상으로 구성되는 합의체에서 당해 법률의 위헌 여부를 결정하고 여기에서 그 법률이 헌법에 위반되는 것으로 인정할 때에만 그 제청서를 헌법위원회에 송부하도록 규정하였다. 즉 하급법원이 위헌제청을 하더라도 대법원의 결정으로 헌법위원회에 송부하지 않을 수 있는 불송부결정권이 인정되어 있었다. 따라서 과거 제5공화국 헌법 아래에서는, 대법원은 재판의 전제가 된 법률의 최종적인 합헌결정권 및 하급법원의 제청에 대한 통제권을 행사할 수 있었고 다만 위헌결정권만은 헌법위원회에 유보되었다고 이해할 수 있다.

그러나 제5공화국 헌법에서와 마찬가지로 법원의 위헌제청에 의한 제4의 헌법기관의 위헌여부심판이라는 구조를 가지고 있는 구체적 규범통제제도를 규정하고 있는 현행 헌법 제107조 제1항에서는 "법률이 헌법에 위반되는 것으로 인정할 때에는"이라는 문구가 삭제되었다. 이로써 헌법개정자는 대법원에게 위와 같은 내용의 최종적인 합헌결정권을 유보하지 않겠다는 의사를 가지고 있었던 것으로 생각된다.[32] 그런 점에서 현행 헌법상으로는 대법원이 과거 제5공화국 헌법에서와 같이 재판의 전제가 된 법률을 합헌이라고 인정한 때에는 누구도 이에 대하여 불복할 수 없고 그에 대한 대법원의 결정이 최종적이라는 의미에서의 최종적인 합헌결정권을 행사할 수 있는 근거는 없어졌다고 하겠다. 현행 헌법에 의하여 헌법재판소제도가 도입됨에 따라 헌법재판소의 조직 및 운영과 그 심판절차에 관하여 필요한 사항을 규정한 헌법재판소법은, 종래의 헌법위원회 제도 아래에서 인정되던 대법원의 불송부결정제도를 인정하지 않고, 제41조 제1항에서 당해 사건을 담당하는 법원이 직권 또는 당사자의 신청에 의한 결정으로 헌법재판소에 위헌 여부의 심판을 제청한다고 규정하되, 제68조 제2항에서 법원이 당사자의 위헌제청신청을 기각하는 경우 당사자가 직접 헌법재판소에 문제의 법률에 대한 헌법소원심판을 청구할 수 있다고 규정하였는바, 입법자는 헌법재판소법을 제정함에 있어 위와 같은 헌법개정자의 의사를 반영한 것이라고 생각된다.

32) 제4공화국(1972년) 헌법은 제105조 제1항에서 "법률이 헌법에 위반되는 여부가 재판의 전제가 된 때에는 법원은 헌법위원회에 제청하여 그 결정에 의하여 재판한다."라고 규정하고 있었고, 한편 당시의 헌법위원회법(1973.2.16. 법률 제2530호) 제15조에서는 대법원은 하급법원의 위헌심판제청에 대하여 대법원장을 재판장으로 하여 구성하는 합의부에서 제청의 필요성 여부를 심사하여 불필요하다고 인정할 때에는 제청서의 불송부결정을 하도록 규정하고 있었는바, 위 헌법위원회법 규정이 위 헌법규정에 위배된다는 위헌론이 있었기에 그 위헌론의 여지를 없애고 대법원에게 최종적인 합헌결정권이 유보되어 있음을 명백히 하기 위하여 제5공화국 헌법에서는 위 문구를 삽입하였다고 한다(權寧星, 憲法學原論, 法文社(1983), 859-860면; 金哲洙, 憲法學槪論, 博英社(1983), 863-864면 참조). 그렇다면 현행 헌법의 개정자가 위헌법률심사절차에 관한 규정에서 위 문구를 삭제한 것은 바로 대법원에게 제5공화국 헌법 아래에서와 같은 최종적인 합헌결정권을 인정하지 않겠다는 의사를 표현한 것이라고 볼 수 있겠다.

2) 현행 헌법의 개정자는 여기에서 더 나아가 구체적 사건에서 법률의 위헌 여부의 문제가 제기되기만 하면 법원은 그에 대하여 아무런 심사나 판단을 하여서는 아니되고 무조건 그 문제에 대한 결정을 헌법재판소에 구해야 한다는 의사를 가지고서 위 문구를 삭제한 것일까? 다시 말하면, 헌법개정자는 헌법 제107조 제1항에서 법률에 대한 위헌 여부의 심사절차를 규정하면서 위 문구를 삭제함으로써 제101조 제1항 및 제103조의 규정에 의하여 원칙적으로 인정되는 법원의 법률에 대한 합헌판단권한을 완전히 박탈하여 버린 것일까? 이에 관하여 헌법개정자의 의사가 명시된 자료는 찾을 수 없다. 그렇다면 헌법 제107조 제1항의 문언상 그렇게 해석할 수밖에 없는 것일까?

우리 나라와 유사하게 헌법재판소에 의한 집중형 규범통제제도를 두고 있는 나라들을 참고로 하면, 법관에게 법률의 위헌 여부에 관한 실질적 심사권이 있음을 전제로 하고 있는 독일에서는 구체적 사건을 담당하는 법관의 법률에 대한 위헌 여부 판단권한 및 그 의무를 강력하게 인정하고 있고, 헌법에서 법원이 법률에 대한 실질적 심사권을 갖지 않는다는 원칙을 세우고 있는 오스트리아에서도 판례는 위헌제청권이 있는 대법원·항소심법원 및 행정법원의 합헌판단권한을 인정하고 있음은 앞서 본 바와 같다. 다만 그 판단권한의 정도에 차이가 있을 뿐이다. 즉 독일에서는 법관이 법률의 위헌성에 대한 확신이 있어야만 위헌제청을 할 수 있고 그 위헌성에 대한 확신이 없으면 당해 법률을 적용하여야 하므로 위헌의 확신에 이르기까지 그 위헌 여부에 대한 판단을 할 수 있고 또 그 판단을 하여야 함에 비하여,[33] 오스트리아에서는 제청권한이 있는 법원이 법률의 위헌성을 의심하여야만 위헌제청을 할 수 있으므로 그 법원이 법률의 위헌성에 대한 의심이 정당하지 않다고 생각하는 경우에는 당해 법률을 합헌이라고 판단할 권한이 있다는 것이다. 같은 헌법재판소형의 구체적 규범통제제도를 가지고 있으면서도 이와 같이 제청요건을 달리 규정하거나 해석하고 있는 것은 나라마다 헌법재판제도를 인정하게 된 역사적 배경이 다르고, 헌법재판에 관한 실정법상의 제도 내용에 차이가 있기 때문이라고 생각된다.[34]

우리 헌법은 원칙적으로는 법원에게 법률의 위헌 여부에 대한 판단권이 있음을 전제로 하고 있다는 점[35]에서는 독일의 입법례와 유사한 면이 있다. 다만, 독일은 법관의 법률에 대

---

33) 법원이 스스로 위헌의 확신이 없이 위헌제청을 하면 헌법재판소는 위헌제청신청이 부적법하다고 선언한다(BVerfGE 80, 54; 68, 337 참조). 이러한 제도는 제청법원의 위헌 확신에 더하여 헌법재판소의 위헌 확신이 있어야만 법률의 위헌결정이 내려진다는 점에서 그만큼 위헌결정을 어렵게 하여 입법권을 보호하는 면으로 기능할 것이다. 그렇다고 하여 헌법재판소의 위헌결정권이 제약되는 것은 아니다. 재판에 대한 헌법소원이 인정되어 있기 때문에 위헌의 의심이 있는 법률을 법원이 합헌이라고 판단하여 적용한 경우에는 당사자는 그 법률을 적용한 최종심의 재판에 대하여 헌법소원을 제기할 수 있고, 이에 따라 헌법재판소의 위헌결정권이 보장되기 때문이다.

34) 崔光律, 앞 글, 75면 참조.

35) 앞서 본 바와 같이, 헌법 제101조 제1항에 의하여 인정되고 제103조에서 확인된 법원의 헌법 및 법률의 해석·적용권한 속에는 당연히 법률의 위헌 여부에 대한 판단권이 포함되어 있다고 할 것이다.

한 실질적 심사권을 제한하여 법률의 위헌결정권을 헌법재판소에 집중시킨 기본법 제101조 제1항에서 "법원은 그 법률이 위헌이라고 생각할 때에는"이라고 규정하여 각급 법원에 합헌 판단권을 포함한 위헌 여부에 관한 실질적 심사권한이 있음을 명백히 표현하고 있지만, 우리 헌법에서는 법원의 법령해석권에 대한 제한으로서 법률에 대한 위헌 여부의 심판권을 헌법재판소에 집중시킨 헌법 제107조 제1항 및 제111조 제1항에서 이를 명시하고 있지 않다. 그렇다고 오스트리아 헌법과 같이 법원은 법률에 대하여 위헌의 의심이 있으면 제청을 하여야 한다고 규정하고 있지도 않다. 헌법은 단지 "법률이 헌법에 위반되는 여부가 재판의 전제가 된 경우에는 법원은 헌법재판소에 제청하여……"라고 규정하고 있으므로 해석의 여지가 발생한 것이다.

먼저 순수한 문리해석의 가능성에 관하여 본다. 법원의 법률에 대한 합헌판단권을 부정하는 견해는 위 문언을 그 근거로 내세운다. 즉 문언상으로 볼 때, 재판의 전제성만 인정되면 법원의 위헌제청에 있어서 법률이 합헌인지 위헌인지에 관한 판단이 개입할 여지가 없다는 것이다. 위 부정설과 같이 위 헌법규정의 문언의 일면만 강조하여 이를 그 논거로 삼는다면, 당사자가 위헌이라고 주장하는 법률의 위헌 여부가 재판의 전제가 되는 경우에는 심지어는 객관적으로 볼 때 의문의 여지 없이 합헌임이 명백함에도 불구하고 당사자가 소송지연 등의 목적으로 제청신청을 한 때라도 법원은 위헌제청을 하여야만 한다고 해석하는 것이 논리적일 것이다. 문언상 이 경우에 제청을 하지 않아도 된다는 해석이 나오지 않기 때문이다. 그러나 이와 같은 해석은 위헌법률심사절차에 있어서 법원으로 하여금 제청을 하도록 한 제도의 취지에 반하는 것임이 명백하다. 법원의 합헌판단권을 부정하는 입장에서도 합헌임이 명백하다면 제청하지 않아도 무방하다는 취지의 견해[36]는 헌법 제107조 제1항의 문언을 위와 같이 해석하는 것의 문제점을 의식한 것으로 보인다. 한편, 문리해석만으로 보아도 법원의 합헌판단권이 부정되어 있다고 단정할 수는 없다. 문언에 의하면, 위헌제청은 구체적 사건의 당사자가 아니라 그 재판을 담당하는 법원이 하도록 되어 있는바, 법원이 직권으로 위헌제청을 한다면 적어도 법원이 구체적 사건에 적용할 법률이 위헌이라는 의심을 하기 때문일 것이고, 만일 그 법률이 합헌이라고 생각한다면 제청하지 않을 것이며, 그 과정에 법원의 합헌판단작용이 개입되어 있음을 부인할 수 없고, 따라서 법원이 제청하도록 한 이상 법원의 합헌판단권한을 전제로 한 것으로 볼 수 있다. 그리고 당사자의 제청권을 헌법이 명문으로 인정하고 있지 않다면, 당사자가 위헌제청신청을 하는 경우에도 법원은 직권으로 위헌제청을 하는 때와 마찬가지로 당해 법률이 합헌인지 여부에 관하여 판단을 하는 것이 자연스럽다. 나아가 보기에 따라서는 위 문언은 법원이 위헌제청을 하되, 위헌제청을 하려면 법률의 위헌

36) 앞의 주 7) 참조.

여부가 재판의 전제가 되어야 한다는 의미 이상의 것은 아니라고 볼 수도 있다. 그만큼 위헌법규정의 문언은 그 의미·내용을 명백히 밝혀 주기에는 부족한 것이다.

따라서 우리 헌법상 법원에게 법률의 합헌판단권한이 인정되는지 여부는, 헌법 제107조 제1항의 문리해석에서 출발하되 원칙적으로 법원이 행사하도록 되어 있는 사법권과의 체계적·논리적 관련과 헌법이 채택한 위헌법률심사제도의 구조 및 목적을 고려하고 또 위헌법률심사제도에 관한 헌법개정의 연혁 등도 참고하여 합리적으로 해석하여야 할 것이다.

3) 법원은 정도의 문제는 있을지라도 실질적인 합헌판단권을 가지고 있다고 봄이 상당하다. 그 이유는 아래와 같다.

첫째, 법원의 위헌제청에 의한 헌법재판소의 위헌심판이라는 복합적 구조로 이루어지는 법률의 위헌여부심사절차는 법원의 위헌제청을 전제로 하는 제도인바, 이와 같은 제도는 법원이 법률의 위헌성에 대하여 적어도 의심을 갖고 있어야 그 법률의 위헌 여부에 대한 심사가 개시되는 제도라고 보아야 한다. 그렇게 보지 않으면 헌법에서 법원의 제청을 위헌심판의 전제가 되는 절차로서 규정하여야 할 이유가 없고, 법원의 위헌제청이 무의미하거나 순전히 형식적·절차적인 것이 되고 말 것이다. 뿐만 아니라 법원에게 합헌판단권이 전혀 없다고 한다면, 법원은 어떤 법률이든지 이를 적용하기에 앞서 언제나 직권으로 그 위헌 여부에 관하여 헌법재판소에 제청하여야 한다는 불합리한 결론에 이르게 된다.[37] 오스트리아의 경우 헌법에서 법원에게는 원칙적으로 법률에 대한 심사권이 없다고 규정하면서도, 법원이 법률의 위헌심판을 제청하기 위하여는 그 위헌성에 대한 의심이 있어야 한다고 규정하고, 제청권한이 있는 법원이 그 위헌성에 대한 의심이 정당하지 않다고 생각하는 경우에는 법률의 합헌성에 대하여 판단할 수 있다고 해석하고 있는 것은 위와 같은 구조로 된 위헌법률심사제도의 취지를 나름대로 살리고 있는 것으로 이해할 수 있다.

둘째, 우리 헌법상 법원은 법령의 해석·적용권한을 갖고 있고 법관은 헌법과 법률에 의하여 그 양심에 따라 독립하여 재판하여야 하므로, 법원은 당사자의 신청 여하에 불구하고 사실을 확정하고 법률을 적용함에 있어 그 상위법인 헌법에 비추어 그 뜻을 해석하고 이에 위반되는지 여부를 검토하여야 한다. 이것은 법치주의를 확립하고 국민의 기본권을 최대한 보장하도록 하기 위하여 헌법이 법원에게 부여한 고유의 권한일 뿐만 아니라 임무이기도 하다. 이와 같이 헌법에 규정된 법원의 권한은 합리적인 이유 없이 제한할 수 없고, 또 그 임무를 포기하게 할 수 없을 것이다. 법률의 위헌심사권을 헌법재판소에 집중시킨다는 이유만으로 법원의 합헌판단권한을 완전히 박탈하는 것이 합리적이라고 보기는 어렵다. 헌법재판소에 집중된 법률의 위헌심사권을 불합리하게 제약하지 않는 범위 내에서는 법원의 원칙적인

---

37) 그 자세한 내용은 尹眞秀, 앞 글, 784면(주 13) 참조.

합헌판단권한이 유지된다고 보는 것이 헌법의 체계에 조화되는 해석이라고 할 것이다.

셋째, 현행 헌법이 시행된 후 제정된 헌법재판소법 제68조 제2항에 의하면, 당사자의 법률에 대한 위헌심판의 제청신청을 법원이 기각한 때에는 그 당사자는 헌법재판소에 그 법률에 대한 헌법소원을 제기할 수 있으므로, 법원의 합헌판단권 때문에 당사자가 불이익을 받거나 헌법재판소의 위헌심판권 행사에 지장이 초래될 우려는 없다.[38] 오히려 당사자가 고의적인 소송지연을 목적으로 위헌제청신청을 남용하는 폐단을 방지할 수 있다.

넷째, 법률의 위헌 여부가 문제된 법원의 단계에서부터 살아있는 헌법 논의를 통하여 법적·사회적 논쟁의 여과를 거치면서 다양한 헌법논의를 무르익게 하여 국가전체의 헌법의식을 고양시킬 수 있을 뿐만 아니라 헌법재판소의 심판에도 도움이 클 것이다.[39]

다섯째, 우리 나라 위헌법률심사제도의 연혁에 비추어 보아도 법원의 위헌제청권은 항상 재판의 전제성이라는 절차적 요건의 심사권한뿐만 아니라 위헌성이라는 실질적 요건의 심사권한을 포함하는 것이었다. 우리 나라에서는 대법원에 최종적인 위헌법률심사권을 부여한 제3공화국(1962년) 헌법을 제외하고는 제헌헌법 이래 현행 헌법까지 제4의 헌법기관인 헌법위원회 또는 헌법재판소가 최종적으로 법률에 대한 위헌심판권을 갖는 제도를 채택하여 왔다. 먼저 제헌 헌법을 보면 제81조 제2항에서 “법률이 헌법에 위반되는 여부가 재판의 전제가 되는 때에는 법원은 헌법위원회에 제청하여 그 결정에 의하여 재판한다.”라고 규정하고 있었는바, 현행 헌법과 비교하면 위헌결정기관이 헌법재판소가 아닌 헌법위원회라는 점만 다를 뿐 위헌법률심사의 구조나 제청요건에 관한 문언이 동일하다. 당시 위 헌법규정을 구체화한 헌법위원회법(1950.2.21. 법률 제100호) 제9조는 법률의 위헌 여부의 제청은 당해 사건의 담당판사 또는 소송당사자의 신청에 의하여 판사 3인으로서 구성하는 합의부의 결정으로써 당해 법원이 행한다고 규정하였는바, 당해 사건의 담당판사에게는 위헌제청의 신청권만 부여하고 위헌제청결정권은 당해 법원의 합의부의 결정을 거쳐 행사하도록 한 점으로 미루어 보아 당시의 위헌제청결정권은 법률의 위헌성에 대한 심사권한을 포함한 것으로 보아야 할 것이다. 법원에게 재판의 전제성이라는 절차적 요건의 심사권한만 부여하려면 이를 법률의 위헌 여부가 문제된 구체적 사건의 담당법관으로 하여금 심사하도록 하는 것이 합리적이고, 위와 같은 절차적 요건만을 심사하도록 하기 위하여 담당판사가 아닌 합의부의 결정을 거쳐 위헌제청결정을 하도록 하는 것은 이해하기 힘든 불합리한 제도이기 때문이다. 앞서 본 바와 같이 제헌헌법 제81조 제2항과 동일한 문언을 규정한 제4공화국 헌법 아래에서도 기본적으로

38) 이러한 관점에서 볼 때, 독일의 경우는 일반법원의 재판을 헌법소원의 대상으로 삼아 사법작용에 대하여 헌법재판을 통한 헌법적 통제를 가하고 있기 때문에 일반법원에 위헌심사권 내지 합헌판단권을 주어도 무방하지만, 우리 나라의 경우는 법원의 재판에 대한 헌법소원을 인정하지 않기 때문에 법원에 합헌판단권이 있다고 해석하여서는 아니된다는 주장은 이유가 없다고 생각된다.

39) 黃祐呂, 앞 글, 96면.

는 이러한 내용의 제청절차가 유지되어 왔으며, 다만 이때에 이르러서는 헌법위원회법에 의하여 대법원에게 최종적인 합헌판단권과 하급법원의 위헌제청에 대한 통제권이 부여되었을 따름이다.[40] 그리고 제5공화국 헌법 아래에서도 위와 같은 제청절차가 유지되었다. 즉 우리나라에서 헌법이 법원의 제청에 의한 제4의 국가기관에 의한 위헌결정이라는 구조를 가지고 있는 위헌법률심사제도를 채택한 경우에 그 헌법상 제도를 구체화하는 법률을 제정하는 입법자는 법원에게 위헌제청결정권을 통한 법률의 합헌판단권한을 부여하여 왔다.[41] 현행 헌법상의 위헌법률심사제도를 구체화한 헌법재판소법이 제41조 제1항에서 당사자의 제청신청에 대한 담당 법원의 제청결정권을 규정하고 또 제43조에서 법원의 제청서에 "위헌이라고 해석되는 이유"를 기재하게 한 것도, 위와 같은 구조의 위헌법률심사제도 아래에서 전통적으로 인정되어 온 법원의 합헌판단권한을 유지한 것이다.

따라서 구체적 사건의 재판을 담당하는 법원은 그 재판에 적용할 법률에 대한 위헌제청 여부를 결정할 권한이 있으며, 그 위헌제청권한을 행사함에 있어 법률의 합헌성에 대하여 심사할 권한이 있다고 봄이 상당하다. 그러나, 법률의 위헌여부심사에 관한 현행 헌법규정 및 제5공화국 헌법규정을 비교하고 독일이나 오스트리아의 입법례를 참고로 하여 보면, 현행 헌법 아래에서는 독일과 같이 고도의 위헌여부심사권 즉, 위헌의 확신에 이르기까지 법률의 위헌 여부를 심사하고 위헌의 확신이 없으면 그 법률을 적용할 수 있는 권한이 법원에게 유보되어 있다고 보기는 어려울 것 같다. 법원은 구체적 사건에 적용할 법률의 합헌성에 대한 합리적인 의심이 없으면 당사자가 위헌제청신청을 하는 경우라도 위헌제청을 하지 않고 그 법률을 적용할 수 있으며, 그러한 의미에서 법원에게 합헌판단권한이 있다고 보아야 할 것이다.

(2) 合憲判斷權限과 違憲審判提請의 關係

법원은 구체적 사건에 적용할 법률이 합헌이라고 확신하는 때에는 위헌제청을 하지 않아야 할 것이고, 반대로 그 법률이 위헌이라고 확신하는 경우에는 위헌제청을 하여야 할 것임은 당연하다. 그리고 위헌의 의심은 있으나 확신은 없을 때에도 위헌제청을 하는 것이 상당하다. 문제는 그 의심을 형성하는 과정과 정도라고 할 것인데, 단순히 위헌이 아닌가 하는 의문이 있다든가, 문헌이나 다른 법원에서 위헌으로 보고 있다든가, 당사자가 위헌이라고 주

40) 앞의 주 32) 참조.

41) 이에 비하여 우리 헌정사상 처음으로 헌법재판소제도를 도입하였던 제2공화국(1960년) 헌법은 법원에게만 위헌제청권을 부여하였던 제헌헌법 제81조 제2항 을 삭제하고 제83조의3에서 헌법재판소의 관장사항으로 "법률의 위헌여부심사"와 "헌법해석에 관한 최종적 해석" 등을 규정함으로써 법원의 제청을 전제로 하지 아니한 위헌법률심사제도를 규정하였던바, 이를 구체화한 헌법재판소법(1961.4.17. 법률 제601호) 제9조도 위와 같은 헌법의 취지를 살려서, 법원에 계속중인 사건에 관하여 법원뿐만 아니라 당사자도 법률의 위헌 여부의 심사와 헌법에 관한 최종적 해석을 헌법재판소에 제청할 수 있도록 함으로써 당사자의 제청에 대한 법원의 심사권을 배제하였다.

장하고 있다든가, 조금이라도 위헌의 소지가 있다든가 하는 정도로는 부족하다. 법관은 자기가 담당한 구체적 사건에서 제기된 모든 법적 문제에 관하여 스스로 진지하게 탐구하여 판단할 권한과 책임이 있기 때문이다. 결국 위헌의 의심이란 확신보다는 약한 정도이지만 단순한 의문의 정도를 넘어서는 것으로서 담당 법관 스스로의 상당한 이유가 있는 합리적인 의심이라야 한다.[42] 그리고 법관의 합리적인 의심은, 구체적 사건에 적용할 법률이 합헌인지 아니면 위헌인지 여부에 관하여 법관이 재판기관으로서의 판단형성에 있어서 요구되는 최선의 심사를 거쳐 진지하게 탐구한 결과 도달한 의심이라야 하고, 이렇게 보는 것이 법관의 합헌판단권한을 전제로 한 현행 위헌법률심사제도의 취지에 맞는다. 따라서 법관은 당사자의 위헌제청이 있더라도 위헌제청에 앞서 당해 법률이 합헌인지 위헌인지 여부를 해명하도록 스스로 노력하여야 하고, 그럼에도 불구하고 합리적인 의심이 남는 경우에 위헌제청을 하여야 할 것이며, 만일 그 법률의 위헌성에 관한 합리적인 의심이 형성되지 않는다면 위헌제청신청을 기각하고 그 법률을 적용하여야 할 것이다. 헌법재판소법 제43조는 법원이 위헌제청을 할 때에는 제청서에 "위헌이라고 해석되는 이유"를 기재하도록 하고 있는바, 이와 같은 제청이유를 기재하게 한 취지는, 헌법재판소가 법률의 위헌 여부를 판단함에 있어서 제청법원의 견해를 참고로 하고자 하는 것뿐만 아니라, 법률의 위헌성의 문제를 법원으로 하여금 적정하게 탐구하게 하여 불필요하거나 경솔한 제청을 피하고자 하는 데에도 있다고 생각된다. 제청이유에는 어떠한 법적 고려와 숙고에 의하여 법원이 위헌이라는 의심을 하게 되었는지를 나타내도록 하여야 할 것이다.

법률의 합헌성 여부를 해명하는 과정은 법률과 헌법의 상호관계, 즉 법률과 헌법이 서로 조화되는 관계에 있는가 아니면 서로 모순·저촉되는 관계에 있는가 여부를 확인하는 과정이라고 할 것이다. 이러한 과정에서는 먼저 법률의 의미·내용을 확인하는 작업이 필요하다. 법률의 해석은 원칙적으로 법원의 권한이므로 법원은 이에 관한 판례·학설을 검토하여 스스로 분명한 해석을 하여야 한다.[43] 그런 다음에 법률이 헌법에 합치하는지 여부를 해명해

---

42) 헌법재판소는 1993.12.23. 선고된 93헌가2 결정에서, 헌법 제107조 제1항과 헌법재판소법 제41조(위헌여부심판의 제청), 제43조(제청서의 기재사항) 등의 각 규정의 취지는, 법원은 문제되는 법률조항이 담당법관 스스로의 법적 견해에 의하여 단순한 의심을 넘어선 합리적인 위헌의 의심이 있으면 위헌여부심판을 제청하라는 것이고, 헌법재판소로서는 제청법원의 이 고유판단을 될 수 있는 대로 존중하여 제청신청을 받아들여 헌법판단을 하는 것이라는 취지로 판시하였다. 위 사건에서는 형사소송법 제97조 제3항 중 법원의 보석허가결정에 대하여 검사가 집행정지의 효력이 있는 즉시항고를 할 수 있는 것으로 규정한 부분에 대하여 제청법원이 헌법 제27조 제1항 및 제103조에 각 위반될 여지가 있다는 이유로 위헌제청을 하고, 이에 대하여 법무부장관이, 법원은 법률이 헌법에 위배되었다는 점에 관하여 합리적으로 의심의 여지가 없을 만큼 명백한 경우에만 위헌심판을 제청할 수 있을 것인데 제청법원이 위 규정이 헌법에 위반된다는 점에 관하여 단지 "의문이 있다."는 이유만으로 이 사건 위헌제청신청을 한 것은 부적법하다고 주장하였으나, 헌법재판소는 제청법원의 위헌제청신청이 적법하다고 하였다. 헌법재판소의 위 결정은, 담당법관 스스로의 합리적인 위헌의 의심이 있으면 위헌제청을 하는 것이 위 헌법규정과 헌법재판소법규정이 요청하는 바이고, 제청을 할 것인지 여부의 결정은 제청법원의 고유판단이라는 취지라고 생각된다.

보아야 할 것인바, 그 결과 법률의 위헌성에 대한 합리적인 의심이 남아서 위헌제청을 하는 경우라도 법원이 해석하는 당해 법률의 의미·내용을 밝히는 것이 바람직하다. 헌법재판소로서도 법률의 위헌 여부를 결정함에 있어서 당해 법률에 대한 법원의 해석을 존중하여야 할 것이다.

결론적으로, 법원은 스스로 법률의 위헌성에 대한 합리적인 의심이 없으면 이를 합헌으로 판단하여 적용할 수 있다는 내용의 합헌판단권한을 가지고 있다고 할 수 있고, 위와 같은 권한의 범위 내에서 위헌제청신청 기각결정권한을 행사하여야 할 것이다. 그리고 합헌판단권한에 의하여 기각결정을 하는 경우에는 그 결정의 이유에서 당해 법률이 합헌이라고 판단하는 이유를 분명히 밝히는 것이 바람직하다.

법원의 합헌판단권한과 관련하여, 위헌 여부가 문제가 된 법률의 의미·내용이 다의적이거나 불명확하여 합헌적인 결과에 이르는 해석도 가능하고 한편 위헌적인 결과에 이르는 해석도 가능한 경우에, 법원은 그 법률을 구체적 사건에 적용할 수 있을 것인지 아니면 그 법률에 대한 위헌제청을 하여야만 하는지 여부에 관한 문제가 제기될 수 있다. 아래에서 이 문제에 관하여 살펴 보기로 한다.

Ⅲ. 合憲判斷으로서의 合憲的 法律解釋

1. 合憲的 法律解釋의 意義

합헌적 법률해석(헌법합치적 법률해석이라고도 한다, verfassungskonforme Auslegung von Gesetzen)이라 함은, 어느 법률규정이 한편에 있어서는 위헌적인 해석이 가능하고 또 다른 한편에 있어서는 합헌적인 해석이 가능하게 되는 다수의 해석을 가능하게 한다면 그 법률규정은 합헌적이고 헌법합치적으로 해석되어야 하고, 합헌적인 해석이 가능한 법률규정은 위헌이라고 판단되어서는 아니된다는 원칙이다.[44] 그 결과 모든 법적용자는 합헌적인 법률해석을 선택하여 적용하여야 한다. 합헌적 법률해석은 법률의 해석지침으로서 헌법해석의 문제라기보다는 법률해석의 문제이지만,[45] 법률을 헌법적인 시각에서 살펴보기 위해서는 불가피하게 헌법해석이 따르기 마련이다.

법관을 포함한 모든 법적용자가 합헌적 법률해석을 하여야 하는 이론적 근거로서는 우선 헌법의 최고규범성에서 나오는 법질서의 통일성을 들 수 있다. 즉 헌법은 국내의 통일적인 전체 법질서 중 최고의 규범이므로, 헌법의 효력 아래에서 민주적 정당성을 부여받은 입법자

43) 黃祐呂, 앞 글, 94면.
44) 李康國, "憲法合致的 法律解釋", 外國司法硏修論集(1), 法院行政處(1979), 275면; 權寧星, 앞 책, 32면; 許營, 앞 책, 104면 참조.
45) 許營, 앞 책, 104면 참조.

가 제정한 법률은 헌법과 합치되도록 해석·적용되어야 한다. 헌법은 법률의 효력 여부를 심사하는 기준일 뿐만 아니라, 한편 불명확하거나 다의적인 법률의 해석기준이기도 하다.[46)] 이 밖에 권력분립의 원리, 법률의 추정적 효력, 법적 안정성 등도 합헌적 법률해석의 근거로 제시되어 있다.[47)]

미국 연방대법원은 그 판례를 통하여 법률의 합헌성 추정의 원칙을 확립하였고 독일 연방헌법재판소는 미국의 합헌성 추정의 원칙을 수용하여 합헌적 법률해석론으로 발전시켰다고 하는바,[48)] 합헌적 법률해석의 원칙은 우리 나라의 대법원과 헌법재판소에 의하여도 수용되어 있다.

대법원은 "어떤 법률이 한 가지 해석방법에 의하면 헌법에 위배되는 것처럼 보이더라도 다른 해석방법에 의하면 헌법에 합치되는 것으로 볼 수 있을 때에는 헌법에 합치하는 해석방법을 택해야 할 것"이라고 판시하면서 합헌적 법률해석의 원칙을 재판절차에서의 법률 해석·적용의 원칙으로 채택하였다.[49)] 한편, 헌법재판소는 "일반적으로 어떤 법률에 대한 여러 갈래의 해석이 가능할 때에는 원칙적으로 헌법에 합치되는 해석, 즉 합헌해석을 하여야 한다. 왜냐하면…헌법은 법률에 대하여 형식적인 효력의 근거가 될 뿐만 아니라 내용적인 합치를 요구하고 있기 때문이다."라고 판시하거나,[50)] 법률의 개념이 다의적이고 그 어의의 테두리 안에서 여러 가지 해석이 가능할 때 통일적인 법 질서의 형성을 위하여 헌법에 합치되는 해석, 즉 합헌적인 해석을 택하여야 하며, 이에 의하여 위헌적인 결과가 될 해석을 배제하면서 합헌적이고 긍정적인 면을 살려야 한다는 것이 헌법의 일반원칙이다."라고 판시하면서,[51)] 합헌적 법률해석의 원칙을 한정합헌 및 한정위헌 결정의 이론적 근거로 삼고 있다.

2. 合憲的 法律解釋과 違憲審判提請

법원에게는 합헌판단권한이 있으므로 구체적 사건에서 위헌 여부가 문제된 법률이 헌법과 조화된다고 판단하면, 즉 그 부조화에 대한 합리적인 의심이 없으면 위헌제청을 하지 않고 그 법률을 적용할 수 있다. 그런데 헌법과 법률의 조화는 합헌적 법률해석의 방법에 따라 법률의 다의적 혹은 불확정적 내용이 헌법의 내용에 의하여 확정되는 경우에도 이루어질 수가 있다.[52)] 이 때에 헌법은 법률의 해석기준으로서 기능한다. 따라서 법원은 합헌적 법률

46) K. Hesse, Grundzüge des Verfassungsrechts der Bundesrepublik Deutschland, 15. Aufl.(1987), Rdnr. 81 참조.
47) 자세한 것은 權寧星, 앞 책, 34면; 許營, 앞 책, 106-108면 참조.
48) 權寧星, 앞 책, 32-33면 참조.
49) 대법원 1992.5.8.자 91부8 결정.
50) 헌재 1989.7.21. 선고 89헌마38 결정.
51) 헌재 1990.4.2. 선고 89헌가113 결정; 헌재 1991.4.1. 선고 89헌마160 결정.
52) K. Hesse, a.a.O., Rdnr. 80.

해석방법을 통하여 법률이 헌법과 조화될 수 있다고 판단하면 위헌제청을 하지 않고 법률을 헌법과 조화되는 의미·내용으로 해석하여 이를 구체적 사건에 적용할 수 있고,[53] 또 이를 적용하여야 할 것이다. 그것이 합헌적 법률해석을 하도록 요구하는 헌법이 지시하는 바이기 때문이다. 다만, 이 경우에는 위헌적인 해석도 가능한 법률이므로, 법원이 그 법률을 적용하려면 헌법과 조화되게 해석할 수 있다는 확신에 이르러야 한다고 보아야 하고, 그러한 확신에 이르지 못하면 위헌제청을 하는 것이 바람직하다고 할 것이다. 여기에서 확신이라 함은 확고한 신념을 뜻하는 것이 아니라, 재판기관의 판단형성으로서의 확신, 즉 합리적인 의심을 배제하는 정도의 확신을 뜻하는 것으로 보아야 할 것이다.

현행 헌법 아래에서 대법원이 합헌적 법률해석방법을 통하여 법률의 불확정적인 개념의 헌법합치적인 의미·내용을 확인하여 당사자의 위헌제청신청을 기각한 사례가 있다. 원고(구속된 피고인)가 피고(미결수용중인 교도소장)의 접견허가거부처분의 취소를 청구하였으나 원심법원이 위 거부처분이 적법하다고 하여 원고의 청구를 기각하고, 이에 대하여 원고가 상고하고 수형자의 접견 등에 관한 행형법 제18조 제2항을 미결수용자에게 준용하는 동법 제62조가 헌법에 위반된다고 주장하면서 위헌제청신청을 한 사안에서, 대법원은, 위 행형법 제18조 제2항이 수형자의 친족 이외의 자와의 접견을 필요한 용무가 있는 때에 한하는 것으로 규정하고 있어 위 조항이 동법 제62조에 의하여 미결수용자에게 준용되는 경우에도 위 '필요한 용무'의 개념을 제한적으로 해석하여 적극적으로 접견을 허용하지 아니하면 안 될 특별한 사정이 있는 경우에만 미결수용자와 친족 이외의 자와의 접견이 허용되는 것으로 본다면 이는 그 접견을 예외적으로만 허용하는 것이 되어 위헌의 소지가 있을 수 있지만 적어도 형법 제18조 제2항의 규정이 미결수용자에게 준용되는 경우에는 '필요한 용무'의 개념을 넓게 해석하여 접견의 목적이 구금의 목적에 반하거나 구금시설의 질서유지를 해칠 특별한 위험성을

---

53) 同旨: 李丞祐, "合憲的 法律解釋－限定合憲과 限定違憲", 憲法裁判資料 5輯 憲法裁判制度의 發展, 憲法裁判所(1992.12.), 68면 주 22). 독일에서도, 법규정의 문언과 목적에 따라 헌법에 합치되는 결과에 이르는 해석과 헌법에 위반되는 결과에 이르는 해석이 모두 가능한 경우에, 법원은 헌법에 합치되는 해석을 재판의 기초로 하여야 하고, 모든 일반법원이 그러한 한정해석을 할 권한을 갖고 있으며, 전무무효선언(Nichtigerklärung) 또는 일부무효선언(Teilnichtigerklärung)만을 헌법재판소가 독점하고 있다고 보는 견해가 일반적이다(H. Klein, Bundesverfassungsgerichtsgesetz; Mitarbeiterkommentar und Handbuch/hrsg. von C. Umbach und T. Clemens(1992), 80 Rdnr. 49; K. Schlaich, a.a.O., Rdnr. 406 참조). 다만, 일반법원이 하는 합헌적 법률해석은 당해 사건에 대하여만 효력이 미칠 뿐이고, 연방헌법재판소법 제31조에 따라 연방헌법재판소의 결정에 대해 인정되는 특별한 일반적 기속력을 가질 수 없다(K. Schlaich, a.a.O., Rdnr. 412 참조). 독일 연방헌법재판소는 합헌적 법률해석의 가능성이 있는 경우에는 법원의 위헌제청은 허용되지 아니한다고 하여 합헌적 법률해석을 일반법원의 의무로 보고 있다(BVerfGE 80, 54/58; 76, 100/105; 68, 311/317f.; 22, 373/377 참조). 따라서 법률의 위헌성에 관한 확신의 전제로 헌법합치적 해석의 불가능성에 대한 확신도 필요하다(BVerfGE 78, 104/117; 76, 100/105). 일반법원은 문헌이나 상급법원이 취하고 있는 해석의 헌법합치성 여부를 해명하고 싶다는 이유만으로는 제청할 수 없다(BVerfGE 80, 54/58f). 이러한 통설적 입장에 대하여, 합헌적 법률해석은 규범통제절차에 있어서 헌법재판소의 특수한 해석도구라고 보는 견해가 있다(K. Stern, Staatsrecht I (1977), 111면 이하 참조).

내포하고 있다는 등 접견을 허용하여서는 안 될 특별한 사정이 없는 한 원칙적으로 '필요한 용무'가 있는 것으로 해석하는 것이 가능하고 또 그와 같이 해석하는 한 헌법위반의 문제는 생기지 아니하므로 위 조항은 위헌이 아니라고 판단하여 위헌제청신청을 기각하는 한편,[54] 위와 같은 해석에 입각해 볼 때 원심법원이 위 거부처분을 적법하다고 판단한 것은 미결수용자에게 준용되는 행형법 제18조 제2항 소정의 '필요한 용무'의 법리를 오해한 것이라고 하여 원심판결을 파기환송하였다.[55]

합헌적 법률해석은 위 대법원 판결의 사례에서 볼 수 있는 바와 같이, 당사자가 위헌제청신청을 한 법률을 합헌적으로 해석하여 당사자의 권리를 구제할 수 있는 경우에 가장 유효하고 적절한 해석방법이 될 것이다. 만일 법원이 합헌적 법률해석에 의하여 당사자의 권리를 구제할 수 있는 경우에도 그 법률이 위헌적으로도 해석될 수 있다는 이유로 그 법률에 대하여 헌법재판소에 위헌제청신청을 하고 그 재판절차를 중지한다면, 이러한 태도는 법원에게 인정된 합헌판단권한을 스스로 포기하는 것일 뿐만 아니라, 가능한 한 신속하고 적정하게 당사자의 권리를 보호하고 실현하여야 하는 본연의 임무를 다하지 않는 것이라는 비난을 받을 여지도 있다고 생각된다.

다만, 합헌적 법률해석에는 일정한 한계가 있음을 유의해야 한다.

먼저 법조문의 의미·내용이 명백하고 일의적이라면 해석의 여지가 없다고 할 것이다. 이 경우에는 명백하고 일의적인 법조문의 내용이 합헌인지 아니면 위헌인지의 여부만이 문제될 것이다.

합헌적 법률해석은, 법조문의 의미·내용이 불확정적이거나 다의적인 경우에 시도될 수 있을 것인바, 해당 법조문의 어의(語義)가 완전히 다른 의미로 변질되지 아니하는 범위 내에서만 가능하고(어의적 한계), 입법자가 그 법률의 제정을 통해서 추구하고자 하는 명백한 입법목적을 무의미하게 하는 정도의 법률해석은 허용되지 않는다(입법목적적 한계). 법률의 목적이나 내용이 본래의 취지보다 다소 제한되거나 보충되는 것은 가능하지만 전혀 새로운 목적이나 내용을 가지게 하는 것이어서는 아니된다. 법률의 효력을 지속시키기 위하여 헌법규범의 내용을 지나치게 확대해석함으로써 헌법규범이 가지는 정상적인 허용 또는 수용의 한계를 넘는 것이어서는 안 된다(헌법허용적 한계).[56] 이러한 범위를 벗어난 합헌적 법률해석은 그것이 바로 실질적 의미에서의 입법작용을 뜻하게 되어 결과적으로 입법권자의 입법권을 침해하는 것이 된다. 합헌적 법률해석의 한계와 관련하여, 합헌적 법률해석을 법률의 일부위헌과 구별할 필요가 있다.

---

54) 대법원 1992.5.8.자 91부8 결정.
55) 대법원 1992.5.8. 선고 91누7552 판결.
56) 權寧星, 앞 책, 35면; 許營, 앞 책, 109-110면 참조.

3. 法律의 一部違憲과의 區別

독일에서는 주로 연방헌법재판소의 주문형태와 관련하여 합헌적 법률해석과 일부무효(Teilnichtigkeit)[57]의 구별이 논의되어 왔는바, 법원의 합헌적 법률해석의 한계와 관련하여 이를 살펴보기로 한다.

법률의 일부무효는 법률의 문언축소(Reduzierung des Wortlauts)라고 불리는데, 위헌성이 법률의 일부 조문이나 어떤 조문의 항(Absatz), 문(Satz), 문구(Satzteil) 등에만 있는 경우에 그 위헌부분만의 무효를 선언하는 것이다. 무효로 선언된 법조문 또는 조문의 일부는 쓰여지지 아니한 것으로 간주되며 이것을 양적 일부무효(quantitative Teilnichtigkeit)라고도 부른다.[58] 법률의 일부만이 위헌인 경우에는 일부무효의 선언을 하는 것이 원칙이다.[59] 위헌결정권을 갖고 있지 않는 법원으로서는 어떤 조문의 일부를 제거한 나머지 부분이 합헌이라는 확신에 이른다고 하여도 그 위헌부분에 대한 헌법재판소의 위헌결정이 없는 한 그 위헌부분을 제거한 나머지 부분만을 당해 사건에 적용하여 재판할 수는 없고, 그 위헌부분에 대하여 위헌제청을 하여야 한다.

한편 어느 법률의 특정 조문 또는 구절에 대하여서가 아니라 법률의 조문상으로는 따로 보여지지 아니하는 특정의 사안에 대하여 하는 무효선언(…한, 무효이다), 즉 법률의 조문 자체는 변경되지 않고 특정의 적용사안에 대하여 헌법과 합치하지 않아 무효라고 선언되는 것을 문언의 축소 없는 질적 일부무효선언(qualitativer Teilnichtigerklärung ohne Normtextreduzierung)이라고 이해한다.[60] 이를 한정적 무효(Soweit-Nichtigkeit)라고도 한다. 당해 법률규정의 문언은 변경되지 않았지만 그 의미내용이 감축된다. 당해 법률규정의 문언상으로는 그것을 적용하여도 합헌인 사례군(事例群)과 위헌으로 되는 사례군을 구별할 수 없다는 의미에서 불가분적이지만, 그 적용대상으로부터 일정한 사례군을 배제하지 않으면 법률규정 전체가 위헌으로 되고 말 것인데, 입법자의 의사를 가급적 존중하려면 위와 같은 판단형태가 필요하다고 한다.[61]

---

57) 독일에서는 위헌법률은 애초부터 무효이고 헌법재판소의 위헌결정은 그 무효를 확인하는 것이라고 보는 견해가 통설이며 판례이므로, 법률의 일부무효라는 용어를 사용한다. 그러나 우리 나라에서는 위헌법률이 애초부터 무효인지 아니면 헌법재판소가 위헌선언을 함으로써 비로소 효력을 상실하는 것인지에 관하여 견해의 대립이 있으므로(이에 관하여는 尹眞秀, "違憲法律의 效力", 憲法論叢 1輯, 憲法裁判所(1990), 273면 이하 참조), 독일의 문헌을 직접 인용하는 곳에서만 일부무효라는 용어를 사용하고 다른 곳에서는 일부위헌이라는 용어를 사용하기로 한다.

58) K. Schlaich, a.a.O., Rdnr. 349.

59) 그러나 법률의 객관적 취지에 비추어 볼 때, 합헌으로 된 나머지 부분만으로는 독립한 의미를 갖지 않는 것으로 인정되거나, 위헌인 부분이 다른 부분과 불가분의 일체가 되어 그 위헌부분을 제거한다면 전체가 그 의미 및 성립의 근거를 상실하는 경우에는 전체를 무효로 선언하여야 한다(BVerfGE 8, 274/301; Maunz · Schmidt-Bleibtreu · Klein · Ulsamer, a.a.O., 13 Rdnr. 61).

60) K. Schlaich, a.a.O., Rdnr. 349, 351 참조.

양적 일부위헌과 합헌적 법률해석이 구별된다는 것에 관하여는 의문의 여지가 없다. 질적 일부위헌과 합헌적 법률해석은 서로 구별할 수 있는 것인가? 구별할 수 있다면 그 기준은 무엇인가?

질적 일부위헌은 한 규범이 적용되는 여러 경우 중 일정한 범위를 위헌으로 한정하는 것임에 대하여, 합헌적 법률해석은 한 규범이 여러 가지로 해석되는 경우에 일정한 해석가능성을 합헌으로 한정하는 것이라고 구별하는 견해가 있다.[62] 이러한 구별기준에 따르면, 동일한 사안에 관하여 질적 일부위헌과 합헌적 법률해석이 모두 가능한 경우가 생길 수 있다. 구체적 사건에서 재판의 전제가 된 어떤 법률조항에 대한 당사자의 위헌제청신청이 있었으나 법원이 그 법률조항을 헌법합치적으로 해석한 결과 그 법률조항은 위헌이 아니지만 당해 사건은 그와 같이 헌법합치적으로 해석된 법률조항의 적용범위에 속하지 않는다고 판단하여 위헌제청신청을 기각한다면, 이는 합헌적 법률해석을 통하여 법률조항의 적용범위를 제한한 것이라고 할 수 있다. 그런데 만일 법원이 그 법률조항을 헌법합치적으로 해석하지 않은 결과 당해 사건에 그 법률조항을 적용하고 당사자가 그 법률조항에 대한 헌법소원을 제기하여 헌법재판소가 그 법률조항을 헌법합치적으로 해석하면 당해 사건이 속하는 사례군에 적용할 수 없다는 이유로 주문에서 그 법률조항을 당해 사건이 속하는 사례군에 적용하는 한 헌법에 위반된다고 선언한다면, 헌법합치적 법률해석이 가능한 법률조항에 대하여 질적 일부위헌을 선언하는 것이 된다. 즉, 헌법합치적 법률해석이 가능한 경우에도 질적 일부위헌을 선언할 수 있는 경우가 생긴다는 것이다.[63]

---

61) 그러나 독일의 문헌에서는 질적 일부무효선언에 대하여 비판적인 견해가 우세하다. 그 이유로는, 하나의 규범을 무효인 부분과 헌법합치적인 부분으로 나누는 것은 입법자가 제정한 규정을 부분적으로 다른 규정으로 대체하는 결과를 가져오는데 그것이 법선언작용의 한계를 벗어나는 경우가 많다는 점, 헌법재판소가 입법자를 전부무효로부터 면하게 할 의도를 가지고 규범의 실질적 내용을 변경시키는 것이 어디까지 정당화될 수 있을지 의문이라는 점, 또한 규범문언의 축소 없는 무효선언은 그 뜻을 이해하는데 상당한 어려움이 있다는 점 등을 들고 있다(K. Schlaich, a.a.O., Rdnr. 353, 354; Maunz · Schmidt-Bleibtreu · Klein · Ulsamer, a.a.O., 95 Rdnr. 38 참조).

62) 黃祐呂, "違憲決定의 形式", 憲法裁判硏究 1卷 '法律의 違憲決定과 憲法訴願의 對象', 憲法裁判所(1989.12.), 159면 참조.

63) 헌법재판소에서는 합헌적 법률해석을 이론상 형식적으로 질적 일부위헌선언과 구별할 수 있을지라도 실질적으로는 구별할 수 없고 실제의 효과도 다르지 않다고 보는 것이 다수의견으로 정착된 듯하다. 헌법재판소는 "구 상속세법(1990.12.31. 법률 제4283호로 개정되기 전의 것) 제32조의2 제1항은 조세회피의 목적이 없이 실질소유자와 명의자를 다르게 등기 등을 한 경우에 적용되는 것으로 해석하는 한 헌법에 위반되지 아니한다."라고 선고하고(헌재 1989.7.21. 선고 89헌마38 결정) 또 "군사기밀보호법 제6조, 제7조, 제10조는 같은 법 제2조 제1항 소정의 군사상의 기밀이 비공지의 사실로서 적법절차에 따라 군사기밀로서의 표지를 갖추고 그 누설이 국가의 안전보장에 명백한 위험을 초래한다고 볼 만큼의 실질가치를 지닌 경우에 한하여 적용된다고 할 것이므로 그러한 해석하에서 헌법에 위반되지 아니한다."라고 선고하는 등(헌재 1992.2.25. 선고 89헌가104 결정) 법률에 대한 한정적 합헌해석을 하여 왔는바, 이러한 주문이 도출되는 이론적 근거에 관하여는 위 결정 당시 조규광 재판관의 보충의견에 상세히 분석되어 있었다. 즉 "헌법재판소가 법률의 의미와 적용범위를 합헌적인 방향으로 축소하는 재판으로는 한정축소적 합헌해석방법을 취하여 표현하는 방법과 거꾸로 일정한 사례군을 법률의 적용범위로부터 제외시키는 한정적 위헌선언방법이 있을 수 있다.

한편 합헌적 법률해석과 질적 일부위헌을 보다 실질적으로 구별할 수 있다는 견해가 있다. 합헌적 법률해석의 경우는 특정의 가능한 법률해석이 헌법에 합치한다고 판단하는 결과, 문언상 가능한 다른 법률해석은 헌법에 불합치하는 것으로 보는 것임에 비하여, 질적 일부위헌선언은 합헌적 법률해석만으로는 법률의 적용범위에서 제거할 수 없는 특정의 적용사안에 대하여 당해 법률을 적용하는 것이 헌법에 위반된다고 선언하는 것이다.[64] 헌법합치적 법률해석은 의미확인의 한 형태이고 법률해석의 한 부문임에 비하여, 질적 일부무효는 법률의 확정된 의미에서의 유효성에 관한 해답의 한 형태이다.[65] 이 견해에 따르면, 합헌적 법률해석의 한계를 넘지 않으면서 합헌적 해석이 가능한 경우에는 당해 법률은 합헌인 것으로서 그

즉 전제사건의 사실관계에 대하여 적용하게 될 법률의 합헌성 여부가 헌법재판소의 심사대상이 되었을 경우, 전제사건과의 상관관계하에서 법률의 문언, 의미, 목적을 살펴 한편으로 보면 합헌이고 다른 한편으로 보면 위헌으로 판단될 수 있는 등 다의적인 해석 가능성이 생길때 헌법재판소는 일반적인 해석 작용이 용인되는 범위 내에서 종국적으로 어느 해석가능성이 가장 헌법에 합치되는가를 가려 한정축소적 해석을 통하여 합헌적인 일정한 범위 내의 의미내용을 확정하여 이것이 그 법률의 본래적 의미이며 그 의미 범위 내에 있어서는 합헌이라고 말할 수 있고, 또 하나의 방법으로는 위와 같은 합헌적인 한정축소 해석의 타당영역밖에 있는 사안례에까지 법률의 적용범위를 넓히는 것은 위헌이라는 취지로 법률의 문언 자체는 그대로 둔 채 한정조항을 붙여 한정적 위헌의 선언을 할 수도 있다. 이와 같이 한정적 합헌해석은 법률의 해석 가능성을 기준으로 하고, 한정적 위헌선언방법은 법률의 적용범위를 기준으로 하는 점에서 이론적으로는 서로 차이점이 있으나, 위 두가지의 기준은 일반적으로는 서로 표리관계에 있어서 실제적으로는 차이가 있다 할 수 없다. 합헌적인 한정축소해석은 위헌적인 해석 가능성과 그에 따른 법적용을 소극적으로 배제하고, 적용범위의 축소에 의한 한정적 위헌선언은 위헌적인 법적용 영역과 그에 상응하는 해석 가능성을 적극적으로 배제한다는 뜻에서 차이가 있을 뿐, 다 같이 본질적으로는 일종의 부분적 위헌선언이며 실제적인 면에서 그 효과를 달리하는 것이 아니다."라는 것이다. 그 때의 분석은 그 후 1994.4.28. 선고 92헌가3 결정에서 "보훈기금법 부칙 제5조는 이를 자산 및 부채 귀속의 근거규정으로 해석하는 한, 헌법에 위반된다. 한국보훈복지공단법 부칙 제4조 제2항 중 구 원호기금법 부칙 제5조에 관한 부분은 원호대상자정착직업재활조합 서울목공분조합으로부터 원호기금(현재의 보훈기금)에로의 자산 및 부채 귀속이 정당한 한, 헌법에 위반되지 아니한다."는 한정위헌 및 한정합헌의 결정을 함에 있어서 다수의견으로 채택되었다. 즉 "법률이 다의적인 해석가능성이나 다기적인 적용범위가 문제될 때 위헌적인 것을 배제하여 합헌적인 의미 혹은 적용범위를 확정하기 위하여 한정적으로 합헌 또는 위헌을 선언할 수 있다. 양자는 다 같이 질적인 부분위헌선언이며 실제적인 면에서 그 효과를 달리 하는 것은 아니다. 다만 양자는 법문의미가 미치는 사정거리를 파악하는 관점, 합헌적인 의미 또는 범위를 확정하는 방법 그리고 개개 헌법재판사건에서의 실무적인 적의성 등에 따라 그 중 한 가지 방법을 선호할 수 있을 따름이다."는 것이다. 이러한 다수의견에 대하여 당시 변정수 재판관의 반대의견은 다음과 같다. "법률에 다의적인 해석 가능성이나 다기적인 적용 가능성이 있다는 것과 법률에 질적인 위헌부분이 있다는 것은 전혀 다른 문제이다. 법률이 다의적으로 해석될 수 있어 합헌적으로도 해석되고 위헌적으로도 해석된다면 합헌적인 해석을 좇아 합헌선언을 해야 한다는 것이 헌법재판의 원칙이고 그 때 헌법재판소는 결정이유에서 합헌적 해석을 밝히고 주문에서 단순합헌선언을 하여야 하고 그럼으로써 충분하다. 굳이 합헌해석의 중요한 부분을 주문에 표시하고 싶으면 '……이라고 해석되므로 합헌이다.'고 선언하면 되는 것이므로 뜻이 분명하지 못한 '해석하는 한 합헌(또는 위헌)이다'라는 말을 쓸 필요도 없고 써서도 아니될 것이다. 따라서 합헌해석이 가능한 법률은 단순한 합헌법률이지 질적 위헌부분이 있는 법률이 아니다. 그러므로 법률에 질적인 위헌부분이 있다는 말은 법률내용이 합헌적으로 해석될 수 없는 부분이 있다는 말이고 그렇다면 그 법률은 해석에 의하여 합헌으로 만들 수 없는 단순위헌법률이라는 말이 된다. 그러한 위헌법률의 위헌성 제거작업은 입법부의 소관이고 헌법재판소에서 할 수 있는 일이 아니다. 이 사건 심판대상 법률조항들은 법률문언의 내용으로 보아 다의적 해석이 나올 수 없는 단순한 법률이다."

64) K. Schlaich, a.a.O., Rdnr. 352 참조.

65) 李康國, 앞 글, 275면 참조.

효력이 유지되어 적용되어야 할 것이고, 합헌적 법률해석의 한계를 넘어서는 경우에 비로소 단순위헌이나 질적 일부위헌인 한정위헌을 선언할 수 있다고 보는 것이 논리적이라고 할 수 있다.

헌법재판소의 위헌결정에 대하여만 기속력을 인정하고 있는 우리 나라의 위헌법률심사제도 아래에서[66] 헌법재판소가 질적 일부위헌선언을 하는 경우 그 효력 여하에 관하여는 견해가 대립되어 있지만, 여하튼 위헌결정권이 없는 법원으로서는 합헌적 법률해석의 한계를 넘어서서 질적인 일부합헌 또는 일부위헌의 판단을 할 수는 없다고 보아야 한다. 즉, 합헌적 법률해석의 한계를 넘지 않고서는 그 법률의 적용범위에서 제거할 수 없는 특정의 적용사안이 문제된 경우에는 위헌제청을 하여야 할 것이다.[67] 반대로, 합헌적 법률해석의 한계 내에서 다의적이거나 불확정적인 법률의 의미·내용을 합헌적으로 해석하는 것이 가능하다고 인정하면 위헌제청을 하지 않고 그 법률을 적용할 수 있다고 할 것이다.

Ⅳ. 결　　어

법원의 위헌제청에 의한 헌법재판소의 위헌여부심판이라는 복합적 구조로 이루어진 우리의 위헌법률심사제도 아래에서는, 헌법재판소의 위헌여부심판권을 불합리하게 제한하지 않는 범위 내에서 법원에게 법률의 합헌판단권한이 있다고 해석된다. 법원의 합헌판단권한은 위헌제청 여부를 결정함으로써 행사된다. 구체적 사건을 담당하는 법원은 스스로 당해 사건에 적용할 법률의 위헌 여부를 진지하게 탐구하여 그에 대한 재판기관으로서의 판단을 형성하여야 하고, 그 결과 그 법률의 위헌성에 대하여 상당한 이유가 있는 합리적인 의심에 도달하

66) 헌법재판소법 제47조 제1항 "법률의 위헌결정은 법원 기타 국가기관 및 지방자치단체를 기속한다."

67) 헌법재판소가 과거에 질적 일부위헌을 선언한 사례 중에서 합헌적 법률해석이 가능한 경우와 불가능한 경우의 전형적인 것으로 다음과 같은 사례를 들 수 있다. 헌재 1991.5.13. 선고 89헌가97 결정은, 구 국유재산법(1994.1.5. 법률 제4698호로 개정되기 전의 것) 제5조 제2항("국유재산은 민법 제245조의 규정에 불구하고 시효취득의 대상이 되지 않는다.")을 동법의 국유재산 중 잡종재산에 대하여 적용하는 것은 헌법에 위반된다고 선언하였는바, 위 법률조항을 위와 같이 해석하는 것은 그 어의적 한계와 입법목적적 한계를 벗어나기 때문에 그와 같은 합헌적 법률해석은 허용되지 않는다고 생각된다. 즉 헌법재판소는 합헌적 법률해석이 불가능한 사안에 관하여 질적 일부위헌결정을 한 것으로 볼 수 있다. 이러한 경우에는 법원으로서는 위와 같은 내용의 합헌적 법률해석을 할 수 없을 것이다. 한편 헌재 1991.4.1. 선고 89헌마160 결정은, 민법 제746조("타인의 명예를 훼손한 자에 대하여는 법원은 피해자의 청구에 의하여 손해배상에 갈음하거나 손해배상과 함께 명예회복에 적당한 처분을 명할 수 있다.")의 "명예회복에 적당한 처분"에 사죄광고를 포함시키는 것은 헌법에 위반된다고 결정하고 그 이유는 위 "명예회복에 적당한 처분"에 사죄광고가 포함되지 않는다고 하여야 헌법에 위반되지 않기 때문이라고 하면서, 이는 불확정개념으로 되어 있거나 다의적인 해석 가능성이 있는 조문에 대하여 한정축소해석을 통하여 얻어진 일정한 합헌적 의미를 천명한 것이며 그 의미를 넘어선 확대는 바로 헌법에 위반되어 채택할 수 없다는 뜻이라고 하였다. 위 민법규정의 "명예회복에 적당한 처분"은 불확정개념이므로 위와 같은 해석이 그 어의적 한계나 입법목적적 한계를 벗어나는 것이 아니라고 보이며, 따라서 법원으로서도 위와 같은 내용의 합헌적 법률해석을 하는 것이 가능하였을 것이다.

는 때에는 위헌제청을 하고, 그러한 합리적 의심에 도달하지 못하면 그 법률을 당해 사건에 적용하여야 할 것으로 생각된다. 이렇게 해석하는 것이, 헌법 및 법률 등의 해석·적용권한을 원칙적으로 법원에 속하게 하고 법관에게 헌법과 법률에 의하여 재판할 권한과 임무를 부여하고 있는 우리 헌법의 원칙과도 조화된다. 그렇다고 하여 법원의 합헌판단이 최종적으로 유권적인 결정이 되는 것은 아니고, 법원의 합헌판단에 대하여 불복이 있는 당사자는 헌법재판소법 제68조 제2항에 의한 헌법소원을 제기할 수 있으며, 이에 따라 법률의 위헌 여부에 관하여 헌법재판소가 최종적으로 결정하게 될 것이다.

위와 같은 범위 내에서 법률의 합헌판단권한을 갖는 법원은, 구체적 사건에 적용할 법률에 대하여 당사자의 위헌제청신청이 있다 하더라도 그 법률이 합헌이라는 확신에 도달한 경우나, 반대로 위헌이라는 합리적인 의심에 도달하지 못한 경우에는 위헌제청신청을 기각하여야 할 것이다. 특히 법률의 의미·내용이 다의적이거나 불확정적인 경우에, 각급 법원은 재판절차에서의 법률의 해석·적용의 원칙으로 널리 인정되어 있는 합헌적 법률해석의 방법에 의하여 그 법률의 의미·내용을 헌법합치적으로 해석하는 것이 가능하다는 확신에 이르면, 위헌적인 해석도 가능하다는 이유로 그 법률에 대한 위헌제청을 할 것이 아니라, 적극적으로 그 법률을 합헌적으로 해석하여 적용하여야 할 것이고, 그렇게 함으로써 민주적 정당성을 부여받은 입법자의 의사를 존중함과 동시에 법원이 정당하다고 인정하는 당사자의 권리를 효과적이고도 신속하게 구제할 수 있을 것으로 생각된다.

35. 정치과정과 헌법재판

전 종 익*

Ⅰ. 서 설

헌법재판소가 설립된 이래 헌법재판이 실질적으로 이루어지면서 입법, 사법, 행정의 모든 국가기관들은 공권력을 행사하면서 헌법을 의식하지 않을 수 없게 되었다. 헌법재판소가 설립되기 이전에도 재판기관이 어떠한 태도를 취하여야 하는가, 즉 적극적인 입장을 취하여야 하는지, 가능하면 소극적으로 판단을 자제하여야 하는지 여부에 대한 논의가 없었던 것은 아니다. 그러나 헌법재판소가 권력기관을 통제하기 시작하면서 이러한 논의가 헌법재판작용을 둘러싸고 본격적으로 이루어질 수 있게 되었다.

헌법재판소법 제68조 제1항이 법원의 재판을 헌법소원의 대상에서 제외하고 있는 상황에서 헌법재판소의 권력통제기능은 입법부를 주대상으로 하고 있다. 입법부의 활동에 대하여 불신을 가지고 있는 입장에서는 헌법재판소가 더욱 적극적으로 법률에 대한 위헌판단을 하여 입법을 통제하여야 한다는 견해가 더 설득력 있게 보일 수 있다. 반면 대의민주주의를 정치제도의 기본원리로 채택하고 있는 우리 헌법질서상 헌법재판소의 작용은 필요한 경우 예외적으로 이루어져야 한다는 입장도 설득력이 있다. 헌법재판관 중 3인은 대통령이, 3인은 국회에서, 3인은 대법원장이 지명 또는 선출하여 임명하고 헌법재판소장을 제외하고는 국회의 동의를 거치지 않는 점에서 보면 국민에 의하여 직접 선출된 국회의원이나 대통령의 기능을 민주적 정당성이 약한 헌법재판소가 통제하는 것은 민주주의 원리에 반할 수 있기 때문이다. 어느 견해에 따른다 하더라도 일반적으로 모든 분야에서 헌법재판소가 적극적으로 개입하여 위헌판단을 하여야 한다거나, 소극적으로 판단을 자제하여야 한다고 주장하지는 않는다. 입장이 서로 대립되는 것은 어떠한 부문에서 적극적이어야 하고 어떠한 부문에서 소극적이어야 하는지 여부이다. 따라서 개별 기본권과 관련 분야마다의 헌법재판소의 태도를 일관된 논리로 설명하고 서로 모순되지 않도록 조정할 수 있는 포괄적인 이론적인 접근이 필요하게 된다.

헌법재판소는 초기 '과거 권위주의시절의 불행했던 헌정사가 다시 되풀이되어서는 안 된다는 국민의 간절한 여망에 따라 국헌질서를 수호하고 국민의 기본권을 보장할 책무를 맡을 기관으로 출범'하였다는 인식아래 '명목과 허울만으로 존재하였던 과거의 헌법보장기관'과는

---

* 서울대학교 법학전문대학원 부교수

달리 '헌법수호기관으로서의 기능과 역할'을 다하는 것을 기본적인 과제로 삼았었다.[1] 이러한 초기의 과제가 해결된 후 2000년대 들어와 점차 헌법재판소에 새로운 과제가 인식되기 시작하였다. 2001년 윤영철 헌법재판소장은 "민주화가 진행되면서 각 분야에서 다양한 가치관이 그 모습을 드러내고 복잡하게 얽힌 이해관계를 대변하는 다양한 목소리가 봇물처럼 쏟아지고 있으며 이들은 많은 경우 상호 조화를 이루지 못하고 매우 격렬한 갈등과 대립관계를 보이고 있다"며 "이러한 사회적 갈등은 궁극적으로 헌법적 해결을 필요로 하는 경우가 적지 않을 것"이라고 예상하였고,[2] 2004년 대통령 탄핵사건과 신행정수도 사건 등을 거치면서 2005년 신년사에서는 "사회적 갈등은 다른 정치제도에 의하여 충분히 여과되지 아니한 채 헌법적 논란으로 비화됨으로써 (…) 국가적으로 중요한 쟁점이 헌법재판소의 심판대상이 되었다"는 인식을 나타내었다.[3] 이러한 인식은 2007년까지 이어지면서 이강국 헌법재판소장은 "사회적 가치와 이해관계의 갈등 및 충돌이 대화와 타협이라는 합리적인 사회적 메카니즘에 의하여 정치적·사회적으로 해결되지 못하고 헌법재판소로 넘어와 사법적 심사로 마무리되는 경우가 늘어나고 있다"며 이는 "정치와 사법의 관계와 한계, 민주주의와 헌법재판의 정당성이라는 근본적인 문제를 제기하고 있다"고 밝혔다.[4] 이와 같이 정치, 경제, 사회적 주요한 문제들이 헌법재판소의 심판대상이 되면서 우리 사회에서도 헌법재판의 정당성과 기능, 특히 민주적 정당성의 문제와 기능에 대한 새로운 인식이 있어야 한다는 논의들이 활발하게 이루어져왔다. 최근 있었던 통합진보당해산 결정[5]을 기점으로 다시 헌법재판소의 역할에 대한 논의가 이루어지게 되었다.

이글은 정치과정과 관련하여 헌법재판소의 역할을 살펴보기 위한 것이다. 우선 헌법재판 자체의 정당성에 대한 기본적인 의미를 살펴보고 이와 함께 정치, 사회적 갈등과 분쟁을 헌법재판에 의한 해결하는 것이 바람직한 것인지 여부를 검토한다. 이를 토대로 정치과정의 절차적 측면에서의 적극적 역할이 적절한 헌법재판의 기능임을 미국의 정치과정이론을 통하여 알아본다. 결론에서는 이러한 관점에서 헌법재판소의 결정들이 적절하게 이루어졌는지 평가해보기로 한다.

Ⅱ. 헌법재판의 정당성과 정치과정

국민에 의하여 선출되지 않은 권력인 헌법재판소가 국민의 직접적인 참정권 행사에 의하

1) 김용준, "헌법재판소 창설7주년 기념사", 헌법재판소장연설문집, 헌법재판소(2000), 61-62면.
2) 윤영철, "헌법재판, 한국에서의 경험과 전망", 헌법재판소장 연설문집, 헌법재판소(2006), 82면.
3) 윤영철, "2005년 신년사", 위의 책, 211면.
4) 이강국, "헌법재판을 통한 인권보장과 민주주의의 발전", 헌법재판소장연설문집, 헌법재판소(2013), 55-56면.
5) 헌재 2014.12.19. 2013헌다1, 판례집 26-2(하), 1면.

여 구성되는 의회의 정책결정을 무효로 만들 경우 그 한계가 없는 것인지, 민주주의 정치체제의 성격에 비추어 헌법재판제도는 어떻게 자리매김될 수 있는 것인지 등 사법심사의 민주적 정당성에 관한 논쟁은 미국을 중심으로 오랫동안 지속되어 왔다.[6] 법률의 위헌심사사건에서 의회가 입법과정에서 해당 사안의 위헌여부를 충분히 검토하고 심사하여 입법하였음에도 헌법재판소가 이를 위헌이라고 하면 의회의 헌법해석과 헌법재판소의 헌법해석이 충돌하게 된다. 국민주권원리가 지배하는 국가에서 국가의 입법행위는 민주적 정당성을 확보한 의회에 의하여 행해진다. 여기에서 민주적 정당성과의 관계에서 헌법재판소의 헌법해석이 설득력을 확보하는 문제가 발생한다.[7]

우리 헌법재판제도는 헌법상 명확한 명문규정이 있으므로 그 기능과 정당성은 헌법 자체의 정당성에 근거한다. 헌법이 정당성을 가지는 것은 그것이 주권자에 의하여 만들어진 것이기 때문이다.[8] 이러한 헌법의 정당성은 헌법제정회의인 'Convention'과 일반 의회인 'Parliament'를 구별한 영국 명예혁명기의 헌법제정이론을 통하여 확인할 수 있다. 1688년 제임스 2세가 프랑스로 도주하자, 오렌지공 윌리엄은 국가권력을 장악하고 위기를 해결하기 위해 'Convention'을 소집하였다. 'Parliament'가 아닌 'Convention'이 소집된 것은 당해 회의체가 종래의 헌법에 따라 선출된 자들이 아닌 새로운 헌법질서를 만들기 위한 국민의 대표로 구성되었던 점에서 일반적인 의회와 구별되었기 때문이다. 당시 인민주권을 주장하는 많은 익명의 저자들은 Convention을 모든 인민들의 계약(popular contract)으로 정부 이전에 구성된 공동체(community)를 대표하는 것으로 보고, 그러한 대표들을 통해 공동체와 국왕 간에 정부 또는 국가를 구성하는 쌍방계약(rectoral contract)을 체결하여야 한다고 주장하였다. 이들에 의하면 공동체의 권한에 근거하여 체결된 이러한 계약의 명문규정에 따라 새로운 국가의 정부가 작동하게 되므로, 바로 이것이 당해국가의 근본법(fundamental laws)이며 헌법에 해당하게 된다. 의회는 헌법에 의해 권한이 부여되므로 일반적인 입법권은 보유하나 존립근거인 근본법을 제정하지는 못한다. 반면 Convention은 일상적인 의회의 기능을 수행할 수는 없으나, 공동체와 국왕 간의 쌍방계약, 즉 헌법이 국왕에 의해 침해 내지 위반되었는지 여부를 결정하는 기능을 수행할 수 있다.[9]

---

6) 김종서, "민주주의적 관점에서 본 헌법재판제도-미국의 논의를 중심으로", 민주법학 제54호(2014), 319면. 민주적 정당성의 면에서 사법심사의 한계를 인정하고 대의기관들의 판단에 대한 존중을 주장한 고전적인 연구로서 James B. Thayer, "The Origin and Scope of the American Doctrine of Constitutional law", *Harvard Law Review*, Vol. 7, No. 3(1893), p. 17가 있다. Felix Frankfurter가 Thayer의 위 논문을 "미국 헌법 역사상 가장 중요한 하나의 논문"이라고 평할 정도로 그 중요성이 인정되고 있다. Walter F. Murphy et al., *American Constitutional Interpretation*, Foundation Press(2008), p. 717.

7) 정종섭, 헌법소송법, 박영사, 2014, 12-13면.

8) 이하 명예혁명기와 시에예스의 헌법이론은 전종익, "공동체로서의 국가와 정부", 서울대학교 법학 제55권 제4호(2014), 285 및 288면을 요약, 정리한 것이다.

9) Edmund S. Morgan, *Inventing the People*, Norton, 1989, pp. 107-110. 한편 일반의회와 Convention의

이러한 구별은 시에예스의 헌법제정권력(pouvoir constituant)과 그에 의해 조직된 권력(pouvoir constitué)을 구분하는 것에서 확실히 나타난다. 그에 의하면 국민은 모든 것 이전에 존재하고 모든 것의 기원이므로 국민의 의지는 언제나 정당성의 근원이며 그 자체가 법이 된다. 국민의 의지로부터 생성되는 법의 선두에 있는 것이 헌법이다. 헌법은 조직된 권력이 아닌 무엇을 조직하는 권력, 즉 국민의 헌법제정권력에 의해 제정되는 것으로서 입법부의 구성과 기능을 규정한다. 어떠한 위임된 권력도 위임의 조건을 변경할 수 없다. 모든 정부의 기관들은 국민에게 종속되고 그 뜻에 응해야 한다. 정부는 실정법에 의해 형성된다. 국민은 헌법에 종속되지 않으며 종속될 수도 없고, 종속되어서도 안 된다. 국민이 실정법적 제한에 종속되면 되돌릴 수 없는 자유의 상실을 초래할 위험이 있다. 반면 정부는 오직 권력을 합헌적인 범위에서만 행사할 수 있고, 그러한 행위는 부과된 법률에 충실한 한에서만 적법하다. 그렇다면 국민은 헌법제정권력을 어떻게 행사할 수 있는가? 시에예스는 일상적인 업무를 담당하는 일반대표(représentants ordinaires) 기관과 직접 국민총회의 뜻을 대신하는 특별대표(représentants extraordinaires) 기관을 구분하여, 후자의 경우 헌법에 규정되어 있는 일상적인 국가기능에는 관여할 수 없으나 기존 헌법규정에 구애받지 않고 헌법을 구체화한다고 설명하였다. 특별대표기관은 헌법을 구체화해야 하는 국민 자체의 지위에 놓여있는 반면 일반 입법 기관은 거기에 부여된 형식과 요건 내에서만 활동할 수 있다.[10)]

이와 같이 헌법제정권력과 그에 의해 조직된 권력을 구별하고, 헌법제정주체로서의 국민 및 그 직접대표와 일상적인 업무를 담당하는 일반의회를 구별하는 입장에 의하면 헌법의 정당성은 국민주권의 원리에 의하여 충분히 설명된다. 국민주권원리에 의하면 헌법에 의하여 헌법재판권을 부여받은 헌법재판소가 가지는 입헌주의적 정당성인 헌법적 정당성이 의회의 민주적 정당성에 비하여 우위에 있다고 하여도 아무런 문제가 되지 않는다. 따라서 헌법재판소의 헌법해석은 최종적인 것으로서 입법부의 헌법해석에 우위를 가지며 헌법재판소는 입법자의 권력행사를 통제하게 된다.

이와 같이 원칙적으로 헌법적 정당성에 의하여 헌법재판기능의 입법부에 대한 우위가 인정된다 하더라도 헌법재판소와 의회가 계속하여 긴장관계를 가지는 것은 기본규범으로서의 헌법의 속성 때문이다. 입헌국가에서 헌법은 윤곽규범으로 존재하면서 개방성, 탄력성, 추상

구별은 미국의 독립전쟁 과정에서 다시 등장하였다. 독립선언으로 말미암아 기존의 각주에 존재하던 영국 식민지 정부의 정당성이 부정되면서 이들이 기능하지 못하는 상황이 도래하였을 때, 식민지 사람들은 권력 공백의 문제를 해결하고 새로운 질서를 만들어낼 정당한 권한을 가지는 것은 식민지 인민들로부터 새로운 정부구성을 목적으로 권한을 위임받은 자들로 구성된 'Convention'이라고 인식하였다. Gordon S. Wood, *The Creation of the American Republic 1776-1787.* The University of North Carolina Press, 1998, pp. 335-337.

10) Emmanuel Joseph Sieyès, *Qu'est'-ce que le Tiers état?*, Boucher, 2002, pp. 50-57. 번역은 E. J. 시에예스(박인수 옮김), 제3신분이란 무엇인가, 책세상, 2003, 89-101면을 참고하였다.

성, 미완성성을 가지며, 공동체는 헌법의 범위 내에서 변화하는 상황에 적응하며 다양한 이해관계들을 절충하고 통합해나가야 한다. 이와 같은 구체적 법질서를 형성하는 것은 민주적 정당성을 가진 입법자의 주된 임무이다. 헌법재판소와 의회는 각각 원래의 자기 역할과 영역이 존재하며, 의회의 입법형성의 자유가 인정되어야 하는 것도 이 때문이다.[11] 헌법재판소가 헌법의 해석을 통하여 헌법을 확장하고 내용을 구체화할수록 공동체의 문제는 헌법적 문제가 되고 이로써 입법자의 형성권은 축소된다. 이것이 심화되면 국가공동체의 중요한 문제가 민주적 토론과정을 거쳐서 입법자에 의하여 결정되는 것이 아니라 헌법재판소에 의하여 결정되는 결과를 가져올 수 있다.[12]

그러나 개인의 구체적인 권리침해문제가 아닌 국가공동체의 주요현안, 특히 집단간에 정치, 경제, 사회적으로 이해가 상충되는 문제에 대한 갈등이 생겼을 때 헌법재판소의 사법심사를 통하여 해결을 모색하는 것은 그 자체로 적절하지 않을 수 있다. 분쟁이 발생하려면 어떠한 자원에 대해서 상대방의 주장과 일치하지 않는 요구가 있어야 한다. 경제적으로 희소한 자원뿐 아니라 명예와 위신 같은 사회적 문화적으로 희소하다고 여겨지는 것들도 갈등을 불러일으키는 중요한 자원에 해당된다. 개인이 상황을 부당하다고 생각하고 그러한 부당한 요구를 하는 상대방에 직면할 때, 갈등을 공적으로 주장하면 분쟁이 시작되며 이 시점에 제3자가 개입하게 된다. 이와 같이 분쟁은 고립적인 사건이 아닌 역동적인 사회관계 속에서 생성·발전한다.[13] 분쟁을 그것이 발생하는 사회적, 문화적 맥락과 과정에서 바라보면 사법적인 결정이 몰고 올 새로운 파장에 주의를 기울이게 된다. 많은 경우 어떤 문제의 해결은 그 사회에 새로운, 때로는 더욱 심각한 문제를 유발한다. 이것은 곧 갈등의 해결이 아니라 사회질서를 더욱 악화시켜 더러는 사회의 존속에 치명적인 영향을 끼치는 상황이 발생하기도 한다.[14] 사법적인 결정으로 공식적인 분쟁상태 자체는 해소될 수 있으나 갈등상태가 잠복되어 있는 경우 이는 얼마든지 다시 표면으로 떠오를 수 있다. 일정한 사법적인 결정이 있는 경우에도 분쟁은 해결되는 것이 아니며 일시적으로 유예되거나 당사자가 상위 권위에 복종하여 일시적으로 주장을 포기한 것일 수 있다. 결과가 분쟁을 종결시키는 것이 아니라 다른 형태의 분쟁으로 지속되는 것이다.[15] 따라서 종국적인 정치, 사회적 분쟁을 해결하기 위해서는 단순한 규범의 적용만으로는 부족할 수 있으며 희소한 자원에 대한 사회집단간의 갈

---

11) 정종섭, 앞의 책(각주 7), 14면.
12) 한수웅, 헌법학, 법문사, 2015, 1395면.
13) 황승흠, "분쟁에 대한 법인류학적 접근의 연구", 성신법학 제1호(2001), 161-162, 168면.
14) 이문웅, "법인류학의 연구영역과 방법", 법과 사회 제8호(1993), 208면.
15) 황승흠, 앞의 논문(각주 13), 163면. 이와 같이 분쟁을 과정중심으로 보는 관점은 현실 인간의 사회생활이 규칙에 의해 지배받으며 이들은 확립된 규범적 지침에 대한 복종한다는 규칙중심의 사고와는 구별된다. 물론 기존의 규범이 그들의 행위에 지침이 되기는 한다. 그러나 자기의 이익을 극대화하는데 아무런 도움이 되지 않는다고 판단되는 경우에는 행위자들은 그런 규범을 무시한다. 이문웅, 앞의 논문(각주 14), 213-214면.

등 상황을 종결시켜야 한다.

이를 위해서는 이해집단간의 진지한 대화와 설득을 거친 화해와 타협이 필요하다. 그러한 점에서 규범을 적용하여 옳고 그름을 판단하는 것을 주된 역할로 하는 헌법재판소를 비롯한 사법작용은 구조적으로 이를 시행하기에 적합하지 않다. 반면 의회는 의사결정을 위해 구성원이 모두 참가하는 회의에서 합의를 도출하여야 하는 합의기관으로서, 구성원인 국회의원의 자유로운 토론과 참여, 숙의, 의사표시 등 합리적인 의사결정과정에 따라 결정을 도출하는 절차가 매우 중요한 의미를 가진다. 의회는 공론을 형성하는 장이어야 하며 모든 정책이나 정치적인 쟁점들이 수렴되어 공개적으로 논의되는 민의의 전당이어야 한다는 것도 이러한 합의체기관이라는 성격에서 비롯된다.[16] 이러한 입법과정 자체가 가지는 토론을 통한 다양한 견해 및 이익의 조정이라는 특성에 따라 의회는 구조적으로 갈등 상황 자체의 해결에 더욱 적합한 것으로 평가된다. 헌법재판소가 국회의 입법절차에 대하여 "국민의 대표로 구성된 다원적 인적 구성의 합의체에서 공개적 토론을 통하여 국민의 다양한 견해와 이익을 인식하고 교량하여 공동체의 중요한 의사결정을 하는 과정"이라며, "일반국민과 야당의 비판을 허용하고 그들의 참여가능성을 개방하고 있다는 점"에서 "공익의 발견과 상충하는 이익간의 정당한 조정에 보다 적합한 민주적 과정"이라고 판시하고 있는 점[17]에서도 이는 더욱 분명해진다.

헌법재판이 가지는 이와 같은 분쟁해결에 대한 한계점은 그대로 헌법재판소의 정치과정에서의 역할에 대한 근거가 된다. 이에 의하면 헌법재판은 정치, 사회적 갈등과 분쟁이 발생하였을 때 이를 재판으로서 해결하기보다 민주적 과정에서 모든 이해관계들이 빠짐없이 제시되며 대화와 타협을 통한 절충을 통해 적절한 조정이 일어날 수 있도록 도와주는 역할을 하는 것이 더욱 바람직할 수 있다. 그러한 점에서 대의민주주의 자체를 헌법재판의 이론적 기초로 삼고 국민의 선택과 헌법재판소의 선택 사이에서 절충적인 입장을 취하면서, 정치과정에 관련된 기본권 및 헌법규정에 관한 문제에서는 헌법재판소가 적극적인 입장을 취하여야 하지만 실체에 관한 정치적인 가치판단에 대하여는 자제적인 입장을 취하여야 한다는 이론이 설득력을 가질 수 있다. 이러한 점을 명확하게 제시한 것이 미국의 정치과정이론이다. 이를 대표적인 학자인 John Hart Ely와 Jesse H. Choper의 이론을 중심으로 살펴본다.[18]

---

16) 정종섭, 헌법학원론, 박영사, 2015, 1045면.

17) 헌재 2004.3.25. 2001헌마882, 판례집 16-1, 441, 454면. 위 판시내용은 행정입법절차와 국회의 입법절차를 대비하여 설명한 것이나, 국회 의사결정과정의 특성을 보여주는 점에서 사법판단과 대비되는 점에서도 같은 설명이 가능하다.

18) 이들의 대표적인 저작은 다음과 같다. John Hart Ely, *Democracy and Distrust-A Theory of Judicial Review*, Harvard University Press, 1980(이하 'Ely, 1980'으로 표시); *On Constitutional Ground*, Princeton University Press, 1996(이하, 'Ely, 1996'으로 표시); Jesse H. Choper, *Judicial Review and the National Political Process-A Functional Reconsideration of the Role of the Supreme Court*, The University of

Ⅲ. 정치과정이론과 헌법재판소의 역할

1. Ely의 대표강화이론

Ely는 민주주의를 자율적으로 행동하는 모든 사람에게 참여가 보장되고 그 결과가 사전에 결정되어 있지 않는 체제로 파악하였다.[19] 그의 입장에 의하면 민주주의의 핵심은 다음의 두 가지로 볼 수 있다. 하나는 민주적 과정으로부터 나오는 결과는 불확실하며, 사전적으로 결정되지 않는다는 것이다. 또 다른 하나는 자신들의 이익과 가치를 증진시키기 위하여 경쟁하는 정치세력인 '국민들'에 의하여 민주적 과정의 결과가 결정된다는 것이다.[20] 민주주의를 이렇게 파악할 때 바로 다음과 같은 의문이 생길 수 있다. 민주적 과정을 거쳐나온 결과가 과연 합리적인가? 끊임없는 의사소통과 토론을 거친다면 다양한 의견들이 하나로 모일 수는 있을 것이다. 그러나 그 모여진 의견이 진정으로 공동선인지에 대한 보장은 없다. 게다가 모든 문제에 대하여 만장일치가 될 때까지 토론과 절충이 이루어지는 것은 현실적으로 불가능하다. 그렇기 때문에 절충이 이루어지지 않고 서로 갈등하는 의견들 중에 어느 것을 선택하려면 결국 투표에 의한 다수결로 결정되는 수밖에 없다.[21] 그런데, 투표에 의한 다수결민주주의는 일정한 집단의 의사를 그에 저항하는 다른 모든 사람들에게 강요하는 것을 의미한다. 이와 같이 우리가 모든 갈등이 토론에 의하여 해결될 수 없으며 민주주의는 승자와 패자를 발생시킨다고 볼 때, 여전히 패자들이 민주적인 결정에 순응하는 이유가 문제된다.[22]

정치과정에서 패배한 소수자들이 민주주의를 계속 지지하기 위해서는 우선 민주주의 정치과정에 참여하는데 필수적인 권리들이 보호되어야 한다. 그리고 모든 관련된 정치적 집단들에게 미래의 경쟁에서 승리할 수 있는 기회가 주어져야 한다. 물론 비정치적 권리들의 보호도 중요하다. 경쟁에서 패배하는 경우 자신들의 이익이 전혀 무시되고 자의적인 폭력에 의

Chicago Press 1980(이하 'Choper, 1980'으로 표시).

19) Ely, 1996, pp. 9-11. Ely는 민주주의의 의의를 다음의 두 가지로 설명하였다. 오직 자율권, 즉 의미 있는 결정에 대한 통제권을 가진 자만이 '도덕적'이라고 평가되는 행위를 하는 선택권이 주어진다. 민주주의는 국민들이 책임지고 결정할 수 있는 범위를 넓혀주므로 그들이 도덕적으로 행동할 수 있는 선택의 범위를 넓혀준다. 따라서 사법심사는 국민들이 정치과정이나 정치적 결정에 참여할 수 있는 기회가 넓어지도록 하는 형태가 되어야 하며 그 과정을 통하여 나온 결과물에 대하여는 관여할 수 없어야 한다. 만일 국민들이 선택한 실질적인(substance) 정책을 사법적으로 거부할 수 있다면 이는 명백히 국민들의 자율권을 축소하는 것이기 때문이다. 다음으로 정부의 안정성이다. 민주주의는 제도를 통하여 정권이 바뀔 수 있도록 함으로써 혁명과 같은 격렬한 변화의 위험을 상당히 감소시킬 수 있다. 민주주의의 이러한 측면에서도 사법부는 정책결정에 있어서의 대중적 참여, 특히 모든 국민들이 평등하게 대표될 수 있도록 하는 것을 강화하는 역할을 하여야 함이 도출된다.

20) 아담 쉐보르스키, 임현백·윤성학 역, 민주주의와 시장, 한울아카데미, 1997, 28면.

21) Ely, 1980, p. 7. Adam Prweworski와 Ely의 다수결 민주주의에 대한 입장의 유사성은 Jane S. Schacter, "Ely and the Idea of Democracy", *Standford Law Review*, Vol, 57(2004), p. 745.

22) 아담 쉐보르스키, 위의 책(각주 20), 39-40면.

하여 희생된다고 한다면 어느 누구도 민주주의를 지지하지 않을 것이다.[23] 이에 따라 일반적인 동의가 있는 일정한 권리들은 헌법전에 명시하여 보호하여야 하며, 이는 다수자와 소수자 모두에게 공통되어야 한다. 이렇게 보면 사법심사의 역할은 먼저 일반적 동의를 통하여 헌법전에 명시된 권리를 보호하는 것이다. 어려운 문제는 포괄적으로 규정되어 있어 의미가 개방된(open-ended) 헌법규정들을 어떻게 해석하여 적용하는가 하는 것이다. Ely는 이를 다음의 두 가지 방향으로 해결하여야 한다고 본다. 첫 번째로 투표권, 투표가치가 동등하게 평가될 권리, 공무담임권, 집회・결사의 자유, 언론의 자유 등 자유롭고 평등하게 우리의 선호를 정책결정에 반영하기 위하여 필요한 권리를 보호하여 정치적 변화의 통로를 확보(clearing channels of political change)해야 한다. 두 번째로 소수자에 대한 일정한 차별을 시정(correcting certain kinds of discrimination against minorities)하고 다수자들이 자신들을 위하여 보장하고 있는 권리를 소수자들에게도 보장해야 한다.[24] 철학자, 법학교수 또는 법관이라 하더라도 민주주의 사회에서 그 어느 누구도 자신이 더 나으며 다른 사람들은 잘못이라고 말할 권리는 가지고 있지 않다. 어떠한 엘리트의 결정도 특별히 존중될 가치는 없다.[25] Ely의 대표강화이론은 이와 같이 사법부의 위헌법률심사가 대의민주절차를 촉진하고 강화하도록 작용하여야 한다고 함으로써 민주주의와 사법작용의 충돌을 해결하고 사법심사의 정당성을 옹호한다.

대표강화이론은 Warren 대법원의 일련의 적극적인 판례들 즉, 정치적 표현과 결사의 자유, 투표권 등에 대한 판례들을 설명하는 과정에서 만들어진 것이다. 특히 개방규정, 의미가 불분명한 헌법규정들과 관련된 판례들이 문제였다. 그 판례들은 대의민주주의 원리에 관련하여 설명되었다. Ely는 대의민주주의의 정치과정과 그로 인한 혜택(bounty)에 대한 접근을 더욱 넓히려는 참여 목적(participational goal)의 추구가 Warren대법원의 핵심적인 목적이라고 보았다.[26]

Warren 대법원의 접근방법은 1938년 United States v. Carolene Products co 사건[27]의 각주에서부터 시작한 것으로 볼 수 있다. 그 판결문의 말미에 덧붙인 "제4번 각주"에서 Stone 대법관은 정부행위에 대한 계속적이고 독립적인 사법심사의 이유를 제시하였다.

---

23) 기본적으로 국가의사결정과정에서 가장 바람직한 것은 참여자 전원이 의사의 일치에 도달하여 합의에 이르는 것이며, 다수결은 그것이 불가능할 때 불가피하게 채용하는 의사결정 방식이다. 헌법상 이를 채용하기 위한 첫 번째 전제조건은 자유와 평등 등 헌법의 근본가치는 이에 의하여 결정될 수 없다는 점이다. 다수결 채용의 전제조건에 대한 자세한 설명은 정종섭, 앞의 책(각주 16), 133-136면.

24) Ely, 1980, p. 74; Ely, 1996, pp. 6-7.

25) Ely, 1996, p. 16.

26) Ely, 1980, p. 74.

27) 이 사건의 주된 논점은 탈지유에 식물성 지방을 가한 우유의 주간 통상을 금지하는 연방법률의 위헌성여부였다. 그러나 오히려 Stone 대법관의 제4번 각주의 내용이 더욱 유명하다.

"어떤 법률이 문면상 최초의 수정헌법 10개 조항과 같은 헌법의 특정한 금지를 침해할 경우에는 합헌성 추정 작용(효력)은 더욱 좁은 범위에 제한될 것이다…

바람직스럽지 못한 법률의 폐지를 야기할 것으로 통상 예상할 수 있는 그러한 정치적 절차를 제한하는 법률이, 대부분의 다른 법률…보다도 수정헌법 제14조의 일반적 금지에 근거하여 더 엄격한 사법심사를 받아야 하는지 여부를 지금 고려하는 것은 불필요하다.

우리는 분리되고 고립된 소수들(discrete and insular minorities)에 대한 편견이 보통 소수를 보호해줄 것으로 믿어지는 정치적 절차의 작용을 심각하게 제약하고 이에 상응하게 더 철저한 사법심사를 요구하는 특별한 상황인지 여부 또한 조사할 필요가 없다."[28)]

각 문단은 헌법규정의 집행, 정치적 참여 및 의사소통 통로의 공고화, 그리고 소수자 보호라는 사법부의 세 가지 역할을 나타낸다. 특히 뒤의 두 가지는 정치과정와 급부에의 참여 문제이며 Ely는 이들을 결합시킬 수 있는 일관된 이론을 제시하였다. 다수는 선거로 선출된 대표를 통하여 국가공동체를 지배할 수 있다. 문제는 소수가 다수와 이해를 달리하여 불합리한 취급을 받을 때 단순한 선거를 통한 대표만으로는 정치적으로 교정하기 어렵다는 것이다. 이를 위하여 헌법에 보호할 목록을 규정하거나(기본권) 다원주의를 통하여 소수자들이 연대가 가능하도록 하는 방법도 생각해 볼 수 있다. 그러나 제한된 기본권의 목록만으로는 다수자들이 소수자를 억압하는 모든 경우에 대비할 수 없다. 여기에서 평등을 강조하여 다수의 이익과 소수의 이익을 결합하는 또 다른 방법이 등장한다. 대표자는 선거자의 이익이 아닌 자기 자신의 이익을 위하여 행동할 수 없다는 일반적인 대표이론에, 다수의 이익과 소수자의 이익을 구별해서는 안 된다는 내용이 부가된다. 물론 이러한 것이 차별대우를 절대적으로 금하는 것은 아니다. 다만 대표되지 않는 것 자체를 배제하기 위하여 평등한 관심과 존중을 대표자의 의무로 보는 것이며 헌법상의 평등조항이 그 근거가 된다.[29)] 사회의 구성원들은 모두 일정한 이익을 분배받는다. 헌법문헌에 의하여 명시적으로 보호되어 있거나 정치과정에서의 참여를 위하여 필수적인 것이라면 이들을 보장하지 않는 것은 그 자체로 헌법위반이 된다. 문제는 그 외의 이익을 과연 소수자들이 어떠한 방법으로 보장받을 수 있는가 하는 것이다. 이익을 분배하는 입법의 절차에서 소수자의 이익을 의식적 또는 무의식적으로 고려하지 않았다면 그 법률은 소수자를 차별하려는 입법의 목적이 실질적으로 입법적 선택에 영향을 미친 것으로 보아 위헌이 된다.[30)]

대의민주정치를 이렇게 파악할 때 사법심사의 필요성은 자명해진다. 대의민주정치에 기능장애가 발생하였을 때, 즉 내부자와 외부자 사이에 정치적 통로가 막혀있을 경우와 실질적인 소수의 이익을 제도적으로 박탈하는 경우와 같이 대표자가 전체의 이익을 대표하지 않을 경

28) 304 U.S. 144, 152-153 n.4(1938); Ely, 1980, pp. 75-76.
29) Ely, 1980, pp. 77-82.
30) Ely, 1980, p. 146.

우에는 사법부의 개입이 필요한 것이다. 특히 사법부를 구성하는 법률가들은 절차에 관한 전문가들이다. 또한 사법부는 정치적 국외자로서 정치적 절차의 외부에 위치한다. 그러므로 사법부의 법률가들에게 절차적인 보장의 책임을 맡기는 것은 합리적이다. 그들의 역할은 심판(referee)에 비할 수 있다. 이들은 실체적 가치판단에 관여하지 않고 정치과정에서 기능장애가 발생한 경우에만 관여할 수 있으므로 이는 경제시장에서의 '규제적'(regulatory)인 역할에 반하여 '반독점적'(antitrust)인 것과 같은 것으로 볼 수 있다.[31)]

이상에서 Ely의 이론을 간략하게 살펴보았다. 무엇보다도 이 이론은 '정치과정'을 중요시한다. 사법심사는 현재의 정치적 승리자와의 관계에서 정치적 변화의 통로를 확보하고 대표자로 하여금 사회 각자의 평등한 관심과 존중을 고려하도록 요구함으로써 대표를 강화시켜준다. 실질적 가치판단은 정치적 절차에서 하도록 제도적으로 요구하고 대표자에 대한 국민의 '대표성'을 강화시켜 주는 것이다.[32)] 이와 같이 입법부의 구성과 권한행사를 국민주권과 민주주의 원리에 더욱 부합하도록 강화하는 것을 지향하는 점에서 사법심사에 대한 Ely의 대표강화이론은 민주주의이론과 모순되지 않으며 상호 조화를 이루는 것으로 평가된다.[33)]

2. Choper의 사법심사이론

Choper의 사법심사이론은 사법부의 비민주성을 더욱 강조한 것이다. 그는 연방대법원의 관할과 사법판단을 위한 적법요건(Justiciability)에 집중하여 개인의 권리, 즉 기본권에 관한 사항을 제외하고 정치적 기관들이 헌법적 결정을 내리는 경우에는 사법판단을 자제하여야 한다고 주장한다. 민주주의 원리의 핵심이 다수결원리이지만 어느 누구도 다수자에게 무제한의 권력을 준다고는 생각하지 않는다. 일정한 불가양의 개인적 권리 보호를 위하여 다수자의 권력에 제한을 가하는 것이 필요한데, 문제는 이러한 다수자들의 결정에 대한 제한권한을 어

---

31) Ely, 1980, pp. 102-103.

32) 실질적 가치판단과 과정을 나누고 사법심사의 역할을 후자로 제한하는 Ely의 견해에 대하여, 가장 주된 비판은 그의 다수결 민주주의관 자체가 일정한 가치판단을 전제로 하고 있다는 점이다. 다양한 민주주의의 개념 중 특정한 개념의 대의민주주의를 선택하는 것 자체가 Ely가 피하고자 한 일정한 가치에 기반한 것이라는 비판으로 Cass R. Sunstein, *The Partial Constitution*, Harvard University Press, 1993, pp. 104-105. 같은 맥락에서 Dworkin은 특정한 민주주의를 바람직한 것으로 보고 국민의 정치참여를 위한 절차를 구성하기 위해서는 참여(input)와 결과(output)의 측면으로 보아야 한다고 전제하고 전자의 경우 정치권력을 국민들 및 실제 담당자들간에 어떻게 배분할 것인지의 문제이므로 Ely의 주장이 적합하나 후자의 경우 당해 민주주의적 절차가 바람직한 결과를 가져올지 여부에 의하여 판단되어야 한다는 점에서 실질적인 가치판단을 필연적으로 수반할 수밖에 없다고 지적한다. Ronald Dworkin, *A Matter of Principle*, Harvard university Press, 1985, pp. 59-60. 마찬가지로 Tribe는 Ely의 사법심사를 위한 두 가지 처방인 정치적 변화통로의 확보와 소수자의 보호 중 전자의 측면에서 절차 자체가 가지는 실질가치판단적 성격을 지적하였고, 나아가 보호해야할 소수자의 결정을 위해서는 근본적인 실질권리에 대한 판단이 이루어져야 되는 점에서 Ely의 정치과정이론을 비판하였다. Laurence H. Tribe, "The Puzzling Persistence of Process-Based Constitutional Theories", *Yale Law Review*, Vol. 89(1980), pp. 1072-1077.

33) 김문현, "헌법재판소와 국회의 관계에 관한 일 고찰", 이화여자대학교 법학논집 제11권 제1호(2006), 17면.

느 기관에 부여하는가 하는 것이다. Choper는 미국 헌법상 연방대법원에게 이러한 역할이 주어진 것은 개인의 권리가 정치적 과정을 통해서는 적절하게 보장될 수 없기 때문이라고 본다.

헌법의 개정이 단순다수의 의지만으로는 불가능하다는 점에서 보면 연방헌법은 정통민주주의(orthodox democracy)에 반하는 기본적인 내용을 담고 있다. 그 주요 목적은 권력이 제한되어 있는 민주적 정치제도를 세우는 것이기도 하지만, 권리장전(Bill of rights)을 통하여 일정한 개인의 권리를 보장하는 것이다. 정치적 다수자들은 정치적 약자들을 희생시켜 가면서 자신들의 이익을 실현시키려고 하며 자신들이 두려워하고 경멸하는 약자들의 가치관, 행동 또는 외모에 대하여 벌칙을 가하기까지 한다. 따라서 연방헌법상의 기본권은 다수자, 소수자를 불문하고 모두에게 보장되는 것이기는 하나 기본적인 관심은 소수자들의 보호에 있다. 기본권은 민주적 절차를 통해서 자신의 이익이 실현될 것을 기대할 수 없는 자들을 위하여 헌법에 규정된 것이다. 이러한 권리들의 보호가 다수의 인간존중정신이나 정치적인 대표자들을 통해 이루어질 수도 있을 것이나 자유주의적 전통이나 시민구성의 다양성에도 불구하고 이러한 것만으로는 소수자 보호에 미흡하다는 것이 역사적 경험이다. 따라서 정치적 행위의 합헌성을 심사하는 반다수적인 어떠한 권한 존재의 필요성이 인정되는 것이며 이는 반드시 개인의 권리침해주장에 대하여만 행사되어야 한다.[34]

정치적인 기관들은 그 구조상 다수에 의하여 지배를 받음으로써 소수자의 권리를 침해할 위험이 높다. 따라서 정치와 절연된 사법부에게 이러한 권한을 맡기는 것이 적합하다. 물론 정치적 기관들도 기본권의 보호를 위하여 많은 역할을 하였다. 장기적으로 볼 때 대중적 압력에 의한 기본권 보호도 기대할 수 있다. 그러나 가장 저항이 적으면서 실현 가능한 길은 바로 사법부에 이러한 권한을 부여하는 것이다.[35] 흔히 연방대법원의 중요한 권리보호 권한은 정상적이라면 바람직스럽지 못한 입법이 가능하도록 만들어진 정치적 과정들을 규제하는 입법과 관련하여 적용되어야 한다. 이러한 주장은 곧 투표권, 집회·결사의 자유, 정보의 자유로운 유통 등에 대한 사법적 보호는 민주주의를 고양시킨다는 것을 바탕에 두고 있다. 이는 사법심사의 반민주주의적인 성질에 정당성을 부여하며, 연방대법원의 역할을 정치적 과정에 장애물을 없애고 모든 국민의 참여기회를 증진시키는 것에 한정한다. 그러나 정치적 민주주의는 다른 자유주의적 가치를 보호하기 위하여도 설계된 것이므로 연방대법원은 그러한 경계선을 넘어설 수 있어야 한다. 사법심사가 정치적 권리들을 뛰어넘어 다른 실질적인 권리들의 보호에 들어가 버리면 자칫 제한된 사법부의 권한과 입법권에 대한 폭넓은 침범 사이에 그려진 경계선이 희미해질 염려가 있다. 그럼에도 불구하고 역사적으로 연방대법원은 헌

34) Choper, 1980, pp. 60, 65.
35) Choper, 1980, pp. 68-69.

법전에 명확하게 규정되어 있는 권리들의 범위에서 그 보호를 주저하지 않아왔다.[36)]

문제는 헌법명문에 규정이 없는 권리들을 보호할 것인가, 보호한다면 어느 정도까지 보호해야 하는 것인가 하는 것이다. 이와 관련되어 논의되는 것들이 바로 '본질적인 권리'(fundamental rights)와 '의심스러운 차별'(suspect classifications)이다. 연방대법원의 권한을 헌법상 명문으로 규정된 기본권으로 한정하여야 한다고 주장하는 사람들이 있는 반면, 일부 학자들은 이를 확대하기 위한 논리로서 본질적인 권리들의 발견을 주장하여 왔다.[37)] 그러나 연방대법관이 문언을 넘어 그때그때 일정한 본질적인 권리들을 만들어 낼 수 있다고 하는 것은 다수결의 원칙을 정면으로 공격하는 것이고 민주주의에 딜레마를 안겨주는 것이다.[38)]

의심스러운 차별이론은 Ely의 것과 동일하다. 이에 의하면 연방대법원은 헌법문언을 넘는 개인의 권리를 실현시킬 수 있다. 그러나 이 이론은 모든 사람의 모든 이익을 헌법적으로 보호되는 수준으로 높이는 것이 아니라 사회에서 정치적 힘이 약한 사람들에게 초점을 맞추고 있다. 이는 정치적 투쟁에서 패배한 자들의 이익을 차별 없이 존중하기 위한 것이다. 다만 소수자들안에도 여러 가지 요인에 의한 계층이 존재하며, 소수자들도 자신에게 유리한 법률을 만들지는 못하더라도 이익의 박탈에 저항할 수 있는 점에는 유의해야 한다.[39)]

사법부가 기대만큼 항상 강력하게 행동하는 것이 아니며 때때로는 정치권력이 판결의 효력을 약화시키기도 한다. 그렇다고 사법부의 역할을 부정할 수는 없다. 비록 연방대법원에서 기본권침해의 주장이 기각된다 하더라도 개인적 권리의 제한에 대하여 사법심사를 받을 수 있다는 것 자체가 법에 대한 복종을 보장하는 측면이 있다. 정치적 기관들이 개인적 자유의 주장에 대하여 경청하기를 거부하였을 때는 유일하게 의존할 수 있는 곳은 사법부이며 어떠한 상황에서도 사법부는 진정한 최후의 보루이다. 사법부가 이러한 역할을 하지 않을 때 법에 대한 불복종과 무질서가 생기는 것이며 이 자체가 민주주의에 반하는 것이다. 연방대법원이 다수의 의사에 반하여 개인적 기본권을 보호하는 결정을 내리면 필연적으로 다수 공중의 저항과 정치적 보복을 받게 된다. 국가기관으로서의 법원에 대한 사람들의 존중에는 한계가 있는 것이며 이러한 것들이 계속되면 정치적 기관들이 사법부를 견제하는 각종 방법을 동원

---

36) Choper, 1980, pp. 72-73.

37) 1937년 이후 연방대법원의 적법절차조항에 의한 입법심사방식에 극적인 전환이 일어났다. 법원은 헌법 조문이나 기본적인 사법적인 작용 어느 것에 의하여도 경제입법의 합리성 결정에 있어 연방판사들에게 우월한 지위가 인정되지 않는다는 점을 인정한 것이다. 따라서 법원은 적법절차조항에 의하여 '경제 및 사회복지' 입법을 독자적으로 심사하는 역할을 포기했다. 반면 연방대법원은 헌법상 개인의 "본질적인 권리들"("fundamental rights" of individuals)에 영향을 미치는 입법에 대하여는 엄격한 심사(strict forms of review)를 해왔다. Ronald D. Rotunda & John E. Nowak, *Treatise on Constitutional Law: Substance and Procedure*, West, 2012, Vol II pp. 865-866. 따라서 헌법에 명시된 권리만을 근본적인 권리로 보는가 아니면 근본적인 권리의 범위를 다른 요소에 의하여 넓힐 수 있는가 하는 것은 연방대법원의 사법심사권과 관련하여 대단히 중요한 의미가 있다.

38) Choper, 1980, pp. 74-75.

39) Choper, 1980, p. 77.

할 수 있다. 결과적으로 정치적 기관 및 국민들의 판결에 대한 복종을 획득해내는 사법부의 능력은 종종 심각한 정도로 위협을 받는다. 한편 효과적인 기본권보호를 위해서는 폭넓은 대중의 지지가 있어야 한다. 따라서 연방대법원의 큰 임무이자 책임은 이러한 좁은 통로를 성공적으로 해쳐나가는 데에 있다.[40)]

그러나 개인의 자유에 대한 사법부의 보장이 특정한 판결에 의하여 초래될 비판, 적대감, 내지는 불복종에 대한 자신의 예측에 의해 영향을 받아서는 안 된다. 사법부가 이러한 예측을 헌법해석의 요소로 삼는 것은 민주주의적 정부 내에서 자신의 반다수적 지위의 근거가 되는 정치적으로 중립적이고 절조있는 역할에 부합하지 않는다. 그렇게 하는 것은 무력한 자들의 헌법적 권익을 보장하는 최후의 보루로서의 역할을 담당하는 정부기관으로서의 본질적 기능을 저해하는 것이기도 하다. 법원의 핵심적 업무는 반드시 다수의 의지를 거부해야할 경우에는 최선을 다하여 이를 행하는 것이다.[41)]

이상에서 Choper의 사법심사이론을 살펴보았다. Choper의 목적은 민주정치제도에서 사법심사의 바람직한 역할을 정립하는 것이다. 그는 사법심사의 비민주성을 인식하고 사법부는 불필요한 판단을 하지 아니함으로써 사법심사와 다수민주주의와의 불일치를 줄여나가야 한다고 주장한다. 사법부는 개인의 기본권 심사라는 본연의 임무에 충실하여야 하고 그외 연방주의나 권력분립과 관련된 국가기관간의 권한분쟁은 판단하지 않아야 한다고 본다. 그의 입장은 출발점에서 보면 사법심사의 비민주성을 인정하고 이를 극복하려 한다는 점에서 Ely의 대표강화이론과 동일하다. 다만 Ely가 사법심사의 내부에 주목하여 어떠한 기준으로 개별 기본권을 어떻게 해석하고 적용하여야 하는지에 관심을 두었다면 Choper는 전체 헌법구조에서 사법부의 올바른 위치를 잡아나가는 데에 주목하여 사법심사의 관할을 축소하여야 한다는 데에 이르렀다.

이와 같은 정치과정이론의 배후에는 헌법에 명시되지 않은 기본권을 인정하는 경향이 강해지고 정치적 보수주의의 바람으로 사법부가 어느 정도 보수화의 가능성을 엿보이는 상황이 깔려있다. Burger 대법원은 정치적으로 보수적이었으므로, 이전까지 대법관들이 그들 자신의 가치를 실현하는 것을 용인했던 학자들 중 보수주의에 반대하는 사람들은 연방대법원의 해석적인 선을 긋기를 시도하였고 이는 해석주의자가 다수가 되는 계기중의 하나가 되었다.[42)] 그 상황에서 참여민주주의의 기치를 들고 적극적인 헌법해석에 제동을 걸고 일어난 것이 바로 정치과정이론이다.

---

40) Choper, 1980, pp. 127-128.

41) Jesse H. Choper, "Too Much Judicial Review May Be Injudicious"; 안경환 역, "사법심사와 정치적 문제-지나친 사법심사는 비사법적일 수 있다", 저스티스 21권(1988), 142면.

42) Ely, 1980, p. 3.

Ⅳ. 결　　어

"국가의 주요현안이나 집단 간의 이해가 상충되는 문제에 관한 갈등은 관용의 정신을 존중하는 민주적 의사결정과정을 통하여 원만히 해소되어야 합니다. 다수결에 의한 의사결정은 진지한 설득의 과정을 거친 최후의 선택이어야 합니다. 또한 다수결에 의하는 경우에도 헌법과 법률이 지향하는 절차적 정의가 존중되고, 그 내용도 다수의 결정에 반대하는 소수자에 대한 배려, 정치적·사회적 약자에 대한 보호를 소홀히 하지 않는 실질적 법치주의의 이념이 구현될 수 있도록 사회구성원들이 함께 노력하여야 할 것입니다."[43)]

이것은 윤영철 헌법재판소장 2005년 신년사의 한부분이다. 이는 국가공동체의 의사결정과 민주주의, 헌법재판소의 역할과 입법부 등 다른 기관과의 상호관계를 표현하고 있는 것으로서 우리 헌법에서도 정치과정이론이 적절하게 의미를 가질 수 있음을 나타낸다.

기본적으로 공동체에서 정치적, 사회적, 경제적 많은 갈등들이 발생하고 이에 대한 분쟁이 일어난다 하더라도 모든 분쟁을 사법적 판단으로 해결하는 것은 바람직하지 않다. 분쟁의 배경이 되는 갈등상황이 여전히 존재하는 한 사법판단에도 불구하고 분쟁은 언제든지 다시 발생할 수 있기 때문이다. 따라서 서로 대립되는 이해관계를 가진 개인이나 집단들 간의 대화와 타협을 통한 갈등조정과 조화가 중요하다. 사법부는 국가공동체에서 이를 촉진하는 기능을 수행하여야 한다. 다양한 이해관계들이 서로 충돌하고 융합하여 타협을 이룰 수 있으려면 국민과 대표 그리고 국회의 입법 등 일련의 대표형성과 정치과정이 합리적이고 원활하게 기능하도록 구성되어야 한다. 그럴 때에야 이를 통하여 궁극적인 분쟁의 해결이 이루어질 수 있다. 사법부의 정치과정의 원활한 기능을 위한 위헌판단은 민주주의와 조화를 이루는 사법부의 역할이라는 점에서 의미를 가진다.

이러한 점을 대표하는 Ely와 Choper의 정치적 과정이론에 의하면 사법부는 정치적 참여와 관련되는 일련의 기본권, 선거권, 피선거권, 표현의 자유 등의 보호에 적극적인 역할을 수행하여야 하며, 헌법에 명문으로 규정된 여타 다른 기본권들도 민주주의 정치과정과의 관련성 속에서 적용할 때 서로 다른 기준에 따라 효력을 가질 수 있다. 헌법에 명시되지 않은 기본권의 보호는 소수자의 보호를 위한 경우에 강조될 수 있으며, 특히 폭넓은 개념을 가진 헌법규정이 문제될 때에는 민주적 절차의 보장과 소수자보호의 명제가 중심적인 해석기준이 되어야 한다.

이러한 입장에 따라 헌법재판소가 어느 영역에서 적극적인 입장을 취하여야 하는가 하는 것을 위헌심사의 기준을 중심으로 검토해볼 수 있다. 헌법에 명문으로 포괄적인 기본권 제한

---

43) 윤영철, 위의 책(각주 2), 213면.

사유가 규정되어 있고, 위헌법률심판이나 헌법소원에 있어 공권력의 행사 또는 형식적인 법률이라면 모두 헌법재판소의 결정을 받을 수 있도록 되어 있는 상황에서 헌법해석과 헌법재판에서 중요한 것은 위헌심사의 기준이 어떠한가 하는 것으로 귀결된다. 헌법재판소는 명확하게 밝히고 있지는 않으나 위헌성 심사에서 기본권의 성질에 따라 서로 다른 심사기준을 가지고 있다. 헌법재판소는 헌법 제37조 제2항과 관련하여 개별사건에서 영역별로 비례의 원칙 혹은 과잉금지의 원칙을 조금씩 다르게 발전시켜왔다.[44)]

헌법재판소는 지금까지 선거권, 공무담임권 등이 민주주의의 실현에 미치는 의미를 강조하며 그 제한입법에 대해 엄격한 심사기준을 적용하여야 함을 밝혀왔다. 헌법재판소는 선거 관련 결정에서 선거는 민주적 의회정치의 기초이고 선거운동은 국민주권 행사의 일환일 뿐 아니라 정치적 표현의 자유의 한 형태로서 민주사회를 구성하고 움직이게 하는 요소이므로 선거운동의 자유를 제한하는 경우에는 엄격한 심사기준이 적용되어야 한다고 판시하였다.[45)] 규정의 형식만으로 보면 헌법 제25조가 공무담임권은 '법률이 정하는 바에 의하여' 정해진다고 하고 있고 제116조 제1항은 법률이 정하는 범위에서의 선거운동을 규정하고 있으므로, 국가에게 공무담임권에 대한 폭넓은 입법형성권이 있는 것으로 볼 수도 있다. 그럼에도 불구하고 헌법재판소가 엄격한 심사기준을 적용하고 있는 것은 선거운동의 자유가 민주주주의 원리를 실현함에 있어서 가지는 의미를 강조한 것이다. 이러한 입장은 정치과정이론의 입장에서 보면 적합한 것으로 평가할 수 있다.[46)] 한편 헌법재판소는 국회의원 선거구의 획정을 통한 투표가치의 평등실현을 위하여 종래 인구편차 4:1, 3:1의 기준을 적용하여 오다가[47)] 최근 종전에 제시하였던 국회의원의 지역대표성, 도농간의 인구격차 등은 인구편차를 완화할 수 있는 사유가 되지 않는다면서 2:1의 기준을 적용하여 인구편차가 이 범위를 벗어나게 작성된 선거구 획정은 선거권자의 선거권 및 평등권을 침해하여 헌법에 위반된다고 결정하였다.[48)] 선거에서 평등실현을 위한 기준을 점차 엄격하게 적용해오는 이와 같은 판례의 입장은 정치과정이론의 측면에서 보면 바람직한 것으로 평가될 수 있다.

그러나 노동 3권과 관련되어 선고된 합헌결정(예를 들면 제3자 개입금지 사건[49)], 최근의 전

44) 과잉금지의 원칙은 원칙적으로 적용되면 위헌성 판단의 심사기준으로서 매우 엄격한 것이다. 입법목적이 정당한 것이어야 하고, 그 도달방법이 적절해야 하며, 더구나 기본권 제한이 필요최소한으로 그쳐야 하고, 법익간의 균형성도 갖추어야 한다는 심사기준은 공권력이 무사통과하기 쉽지 않다. 이명웅, "비례의 원칙과 판례의 논증방법", 헌법논총 제9집(1998), 674-675면.

45) 헌재 1994.7.29. 93헌가4등 판례집 6-2, 15, 28-29; 헌재 1995.4.20. 92헌바29, 판례집 7-1, 499, 506-508면.

46) 다만 헌법재판소는 일반원칙으로서의 이러한 판시와는 달리 실질적으로는 선거운동의 자유를 제한하는 법률에 대하여 심사를 상당히 완화하여 일단 선거의 공정을 위한 합리적인 수단인지 여부에 따라 위헌여부를 심사하고 있는 것으로 평가된다. 선거운동의 자유와 관련된 판례의 문제점에 대하여는 전종익, "위헌심판의 심사기준-선거운동과 표현의 자유를 중심으로-", 서울법학 제18권 제1호(2010), 264-265면 참조.

47) 헌재 1995.12.27. 95헌마224, 판례집 7-2, 760; 헌재 2001.10.25. 2000헌마92, 판례집 13-2, 502면.

48) 헌재 2014.10.30. 2012헌마192등, 판례집 26-2(상), 668면.

국교직원노동조합 사건[50] 등)은 대표와 참여를 촉진한다는 의미나 소수자의 보호를 위하여야 한다는 의미에서 보면 부적절한 것으로 평가할 수 있다. 헌법재판소는 근로기본권에 관하여 "사용자에 비하여 경제적으로 약한 지위에 있는 근로자로 하여금 사용자와 대등한 지위를 갖추도록 하기 위하여 단결권·단체교섭권 및 단체행동권 등 이른바 근로3권을 부여하고, 근로자가 이를 무기로 하여 사용자에 맞서서 그들의 생존권을 보장하고 근로조건을 개선하도록 하는 제도를 보장함으로써 사적자치의 원칙을 보완하고자 하는 것"[51]이라고 하여 소수자 보호를 위한 기본권이라는 측면을 강조하면서도 '사회적 기본권' 또는 '사회권적 성격을 띤 자유권'이라는 이유로 엄격한 심사기준을 적용하지 않아 왔다. 그러나 노동 3권을 노조활동을 통하여 경제적 급부에의 참여를 보장하며 궁극적으로는 노조활동을 통한 정치적 의사의 실현을 위한 것이라고 파악하면[52] 사회적 약자의 정치과정에의 참여를 위한 기본권이라는 측면에서 이를 제한하는 법률에 대한 위헌성 심사는 엄격한 기준에 의하여야 한다.

헌법재판소는 표현의 자유의 영역에서 "언론의 자유는 바로 민주국가의 존립과 발전을 위한 기초가 되기 때문에 특히 우월적인 지위를 지니고 있는 것이 현대 헌법의 특징"이라면서[53] "언론·출판의 자유는 현대 자유민주주의의 존립과 발전에 필수불가결한 기본권이며 이를 최대한도로 보장하는 것은 자유민주주의 헌법의 기본원리의 하나"라고 판시[54]하여 표현의 자유를 제한하는 법률에 대한 위헌심사는 엄격하게 이루어져야 한다는 입장을 밝혀왔다. 표현의 자유의 실질적인 보장이 정치과정이론의 핵심적인 부분이라는 점에서 이러한 판례의 태도는 위 이론에 잘 부합하는 것으로 볼 수 있다. 그러나 표현의 전단계로서의 사상의 자유 영역에서 보면 헌법재판소의 심사기준은 정치과정이론과 일치하지 않는다. 특히 사상의 문제와 관련하여 과거 국가보안법 등 사건[55]에서 소극적인 입장을 취한 것은 사상적 소수자들을 정치과정에서 배제하는 측면을 간과한 것으로 볼 수 있다. 양심적 병역거부자에 대한 처벌 역시 그러한 맥락에서 양심의 자유에 대한 침해를 적극적으로 살피지 않은 점에서 아쉬움이 남는다.[56]

마찬가지로 최근에 있었던 통합진보당 해산결정도 정치과정에서의 헌법재판소의 역할 면

---

49) 헌재 1990.1.15. 89헌가103, 판례집 2, 4면.
50) 헌재 2015.5.28. 2013헌마671 등.
51) 헌재 1991.7.22. 89헌가106, 판례집 3, 387 420-421면.
52) 다른 한편 근로 3권은 결국 노조활동에 대한 국가의 원칙적 불간섭을 핵심내용으로 하므로 사회적 기본권이 아닌 자유권적 기본권이라는 견해가 있다. 정태호, "사회적 기본권과 헌법재판소의 판례", 헌법논총 제9집(1989), 621면. 이에 의하면 근로 3권을 제한하는 법률에 대한 위헌성심사는 엄격하게 이루어져야 한다.
53) 헌재 1991.9.16. 89헌마163, 판례집 3, 518, 524면.
54) 헌재 1992.6.26. 90헌가23, 판례집 4, 300, 306면.
55) 예를 들면 이적 표현물 소지를 처벌하는 국가보안법 규정의 사상의 자유 침해 여부에 대한 결정으로 헌재 2004.8.26. 2003헌바85 등, 판례집 16-2상, 297면.
56) 헌재 2004.8.26. 2002헌가1, 판례집 16-2상, 141; 헌재 2011.8.30. 2008헌가22 등, 판례집 23-2상, 174면.

에서 보면 적절하지 않다. 정치과정에서 해결될 수 있는 문제는 정치과정에의 참여가 보장되는 상황에서 민주적 절차에 의하여 해결되도록 하는 것이 가장 바람직하다. 그러한 점에서 일반론으로 정당해산심판의 '엄격운영'과 '최후의 수단적 성격 및 보충적 성격' 등을 지적하면서도 나치당의 전례를 들어 통합진보당이 "정치적 상황과 환경의 변화에 따라서는 언제든지 정치적 기반의 확대를 가져올 가능성이 있다"는 이유로 최종적으로 해산을 결정한 것은 성급한 것으로 평가될 수 있다. 핵심적인 인물들에 대한 형사재판이 곧 예정되어 있고 국회의원 총선거가 2016년 봄에 있을 예정이었던 상황에서 사법적인 판단보다는 이러한 과정을 거치면서 정치과정에서 해결하도록 하는 것이 정치과정 이론에서 보면 더욱 바람직한 것으로 평가된다.

36. 헌법재판소 제도의 입법적 개선방안에 관한 연구*
- 헌법재판소의 조직 · 구성 및 일반심판절차를 중심으로 -

박 진 우**

Ⅰ. 서　　설

현행 헌법에 근거하여 헌법재판소가 1988년 9월 1일 설립된 이래 30년 가까운 시간이 흘렀다. 주지하는 바와 같이 헌법재판소는 출범 이후 2017년 11월 30일까지 총 32,190건의 사건을 처리함으로써 국가사회생활과 국민의 삶에 뚜렷한 변화를 불러왔다. 헌법재판소는 그간 수많은 결정을 통하여 국민의 기본권이 단순히 헌법전 속의 활자에 머무르는 것이 아니라 국가 생활을 지도하고 지배하는 역할과 기능을 다할 수 있도록 하였으며 모든 국가공권력작용은 헌법의 규범 궤도 속에서 당위적으로 영위되어야 함을 각인시켰다.

이와 같이 우리 헌법재판 제도는 지난 30여 년 동안 눈부신 발전을 이룩하였지만 헌법 가운데 헌법재판소에 관한 부분은 개정된 적이 없었고 헌법재판소와 헌법재판 제도를 구체적으로 규율하는 헌법재판소법마저도 헌법재판 제도의 그동안 발전상을 제대로 그리고 충분히 반영하지 못하고 있는 것이 현실이다. 헌법재판소법은 1988년 제정 이후 지금까지 총 18차례 개정이 되었지만 헌법재판소와 헌법재판에 본질적인 변화를 가져온 헌법재판소법 개정은 5-6차례에 불과하다. 이런 연유로 헌법재판소의 조직과 운영 및 헌법재판의 제반 운용과 관련하여 예상하지 못한 법률의 흠결 및 입법적 미비점이 여전히 다수 발견될 뿐만 아니라 법률로써 규정해야 할 사항임에도 헌법재판소의 재량에 맡겨 놓은 경우도 있다.

헌법재판소가 출범한 이후 지금까지 헌법재판운용 과정에서 수많은 결정들이 나왔고 헌법재판에 관한 이론적 · 학문적인 성과도 상당수 생산되었다. 이러한 성과들이 헌법재판을 규율하는 헌법재판소법에 적절히 반영되어야만 헌법재판이 안고 있는 여러 문제점을 극복하고 헌법재판의 질적 개선을 도모할 수 있음은 자명하다. 본 논문은 헌법재판소법이 헌법재판에 관한 그동안의 이론적 발전과 축적된 헌법재판소 결정례를 충분하고 적절히 반영하지 못하고 있는 문제점에 주목하고 헌법재판소법의 입법적 불비를 보완하고 헌법재판소의 결정례를 헌법재판소법에 적절하게 반영함으로써 헌법재판소가 갖고 있는 문제점 극복과 헌법재판의 질적 개선에 미약하나마 기여하는 것을 목적으로 한다. 이러한 목적의식을 바탕으로 본 논문

---

* 본 논문은 2017년 12월 31일 발간된 가천법학 제10권 제4호에 게재되었던 논문을 수정 · 보완한 것임을 밝힌다.

** 가천대학교 법과대학 법학과 부교수, 법학박사

에서는 헌법재판소의 조직·구성과 헌법재판의 일반심판절차와 관련한 내용 중에서 그동안 심도 있게 다루어지지 않은 쟁점 사항에 초점을 맞추어 논의를 전개하고자 한다. 그리하여 II항에서는 현행 헌법재판소법 내용 가운데 헌법재판소의 조직·구성에 관한 문제점이 무엇이며 개선방안은 무엇인지를 살펴보고 III항에서는 일반심판절차와 관련하여 현행 헌법재판소법은 어떤 문제점을 가지고 있으며 개선방안으로는 어떤 것이 있는지를 살펴보는 것으로 논의를 전개하기로 한다. 한편 현행 헌법이 시행된 지 30년 만에 대통령이 헌법개정안을 2018년 3월 26일에 발의하였는데 대통령이 발의한 헌법개정안에는 현행 헌법의 헌법재판소편에 변경을 가한 내용[1)]이 다수 포함되어 있다. 헌법개정안 중에서 본 논문의 논지 전개와 연관되는 내용은 관련되는 부분에서 상술하기로 한다.

Ⅱ. 헌법재판소 조직·구성에 관한 문제점과 개선 방안

1. 헌법재판소의 장의 임기 및 중임에 관한 문제

(1) 현황과 문제점

현행 헌법은 헌법재판소의 구성과 조직에 관하여 재판관에 대해서는 임명자격, 임명방식 및 임기와 연임에 대하여 규정하면서도 헌법재판소의 장에 대해서는 임명방식에 관한 제111조 제4항[2)]만을 두고 있다. 헌법을 구체화하는 헌법재판소법에서도 헌법재판소장에 관한 규정을 두고 있지만 헌법재판소장의 권한대행[3)]과 대우[4)]에 관한 조항만 추가되어 있을 뿐 헌법재판소의 장의 임기와 중임에 관하여는 헌법재판소법도 아무런 규정을 두지 않은 채 침묵을 지키고 있다.

헌법과 헌법재판소법이 헌법재판소의 장 임기에 대하여 침묵을 지키고 아무런 규정을 두고 있지 않음으로 인하여 헌법재판소의 장 임기가 어떻게 되는지에 대하여 논란[5)]이 발생하

1) 헌법개정안 중 헌법재판소 관련 내용을 요약하면 다음과 같다. ① 대통령 권한대행의 개시 및 대통령 직무수행 가능 여부에 관한 판단을 헌법재판소의 관장사항으로 새롭게 규정(헌법개정안 제111조 제1항 제6호), ② 헌법재판소 관장사항에 '법률로 정하는 사항에 관한 심판'을 추가(헌법개정안 제111조 제1항 제7호), ③ 헌법재판소 재판관 자격요건이었던 법관의 자격을 삭제함(헌법개정안 제111조 제2항), ④ 헌법재판소 재판관 3인의 선출권을 대법관회의에 부여함(헌법개정안 제111조 제3항), ⑤ 헌법재판소의 장을 재판관 중에서 호선하도록 함(헌법개정안 제111조 제4항).

2) 헌법 제111조 제4항: 헌법재판소의 장은 국회의 동의를 얻어 재판관 중에서 대통령이 임명한다.

3) 헌법재판소법 제12조 제4항: 헌법재판소장이 궐위(闕位)되거나 부득이한 사유로 직무를 수행할 수 없을 때에는 다른 재판관이 헌법재판소규칙으로 정하는 순서에 따라 그 권한을 대행한다.

4) 헌법재판소법 제15조; 헌법재판소장의 대우와 보수는 대법원장의 예에 따르며, 재판관은 정무직(政務職)으로 하고 그 대우와 보수는 대법관의 예에 따른다.

5) 작년 11월 청와대는 공석인 헌법재판소 재판관 1인에 대한 대통령의 지명을 발표하면서 국회가 헌법재판소장의 임기 문제를 입법적으로 해결할 때까지 헌법재판소장을 임명하지 않고 권한대행체제를 유지하겠다고 하여 이 논란을 다시 점화시켰다. 청와대가 이후 헌법재판소의 장을 지명하면서 논란은 다시 수면 아래로 들어가긴 했지만 언제든지 다시 논란이 될 수 있는 소재라고 생각된다.

고 있다. 즉, 헌법 제111조 제4항과 헌법재판소법 제12조 제2항이 헌법재판소의 장은 국회의 동의를 얻어 재판관 중에서 대통령이 임명한다고만 규정하고 헌법재판소장의 임기를 별도로 규정하지 않음으로 인하여 헌법재판소 재판관으로 재직하고 있는 재판관 중 1인을 대통령이 헌법재판소의 장으로 새롭게 임명하는 경우 헌법재판소의 장은 임명된 날부터 새로운 임기(6년)를 개시하느냐 아니면 재판관 임기 가운데 잔여임기 동안만 헌법재판소장으로 재임하느냐 하는 문제가 발생하게 된다. 다른 헌법기관에 대해서는 임기와 연임(중임) 여부에 관한 명시적인 조항을 헌법에서 규정하면서도 유독 헌법재판소의 장에 대해서는 규정을 두지 않은 것은 법의 흠결 내지 입법적 불비라 할 수 있다.

한편 대통령발의 헌법개정안에서는 헌법재판소의 장 임기를 명시하지 않은 상태로 그 선임방식만 현행 헌법과 다르게 규정하고 있다. 즉, 헌법개정안 제111조 제4항은 "헌법재판소의 장은 재판관 중에서 호선한다."라고 규정하여 현행 헌법과는 다른 방식으로 헌법재판소의 장을 선임하도록 하고 있다. 이와 같은 호선 방식을 채택한 이유에 대하여, 정부는 헌법개정안 주요 내용 설명에서 헌법재판소의 장의 임기에 대한 그 동안의 해석상 논란을 해소하기 위한 것[6]임을 밝히고 있다.

(2) 입법례

1) 우리 헌정사

현행 헌법과 똑같이 헌법재판소 제도를 도입했던 제2공화국의 헌법과 헌법재판소법[7]에서도 헌법재판소의 장의 임기에 관하여 별도의 규정을 두고 있지 않았다. 제2공화국 헌법 제83조의4는 "헌법재판소의 심판관은 9인으로 한다. 심판관은 대통령, 대법원, 참의원이 각 3인식 선임한다. 심판관의 임기는 6년으로 하고 2년마다 3인식 개임한다"고 규정하여 심판관의 임명방식과 심판관의 임기만을 규정할 뿐 헌법재판소의 장에 대한 규정을 전혀 두고 있지 않았다. 또한 제2공화국 헌법 제83조의4는 헌법재판소의 조직, 심판관의 자격, 임명방법과 심판의 절차에 관하여 필요한 사항은 법률로써 정한다고 규정함으로써 헌법재판소에 관한 상세한 내용 설정을 법률에 위임하였는데 이에 따라 제정된 헌법재판소법에서도 헌법재판소의 장 임기에 관하여는 아무런 규정[8]을 두고 있지 않았다.

한편 헌법재판소 제도 대신 헌법위원회 제도를 규정하였던 제4공화국 헌법에서도 헌법위

---

6) 대한민국 관보 2018년 3월 26일자, 대통령공고 제278호(대한민국헌법 개정안 공고) 참조.

7) 1961년 4월 17일 공포되고 공포 즉시 시행된 법률 제601호.

8) 헌법재판소법 제5조(헌법재판소장)

① 헌법재판소에 헌법재판소장을 둔다.

② 헌법재판소장은 심판관 중에서 호선하여 대통령이 이를 확인한다.

③ 전항의 선거에서는 재적심판관 과반수의 투표를 얻어야 한다.

④ 헌법재판소장은 헌법재판소의 행정사무를 관장하며 소속공무원을 지휘 감독한다.

⑤ 헌법재판소장이 사고가 있을 때에는 심판관중 연령순에 의하여 연장자가 소장의 직무를 대리한다.

원회 위원의 임명 방식[9]과 임기[10]에 대해서는 규정을 두면서도 위원장에 대해서는 임명방식[11]만 규정하였을 뿐 위원장의 임기에 대해서는 헌법과 헌법위원회법 그 어디에서도 명시적인 규정을 두지 않았다. 헌법위원회 위원장에 대한 이러한 제4공화국 헌법과 헌법재판소법의 태도는 헌법위원회 제도를 그대로 계승한 제5공화국 헌법[12]에서도 마찬가지였고 이와 같은 인식과 태도는 현행 헌법에서도 거의 그대로 승계되었다고 할 수 있다.

2) 외국의 입법례

헌법재판소 제도를 도입하고 있는 세계 각국의 헌법을 살펴볼 때, 헌법재판소의 장 임기에 관한 명시적인 조항을 마련하고 있는 입법례도 있는 반면, 헌법재판소 재판관 중에서 헌법재판소의 장을 임명하도록 헌법에서 규정함으로써 헌법재판소의 장 임기는 재판관 임기와 동일함을 전제로 하여 헌법재판소의 장에 대하여 별도의 임기 조항을 두고 있지 않는 입법례[13]도 있다.

헌법재판소의 장의 임기에 관하여 별도의 명시적 조항을 마련하고 있는 입법례로는 다음과 같은 헌법이 있다. 스페인 헌법[14]은 헌법재판소의 장은 재판관 중에서 국왕이 임명하며 그 임기는 3년으로 함을 규정하고 있으며 이태리 헌법[15]도 헌법재판소의 장은 재판관 중에서 선출되고 임기는 3년이며 재판관 임기 내에서 연임이 가능함을 규정하고 있다. 또한 터키 헌법[16]도 헌법재판소의 장 임기를 재판관 임기와 구별하여 4년으로 하고 연임이 가능함을 명시하고 있다.

(3) 개선 방안

현행 헌법이 헌법재판소의 장 임기에 대하여 명문의 규정을 두고 있지 않음은 앞에서 살펴본 바와 같다. 그렇다면 헌법재판소장의 임기 문제 다시 말해, 헌법재판소 재판관으로 재

9) 제4공화국 헌법 제109조
② 헌법위원회는 9인의 위원으로 구성하며, 대통령이 임명한다.
③ 제2항의 위원 중 3인은 국회에서 선출하는 자를, 3인은 대법원장이 지명하는 자를 임명한다.

10) 제4공화국 헌법 제110조 제1항: 헌법위원회 위원의 임기는 6년으로 한다.

11) 제4공화국 헌법 제109조 제4항: 헌법위원회의 위원장은 위원 중에서 대통령이 임명한다.

12) 제4공화국 헌법과 비교할 때 제5공화국 헌법에서는 조문의 숫자만 제109조에서 제112조, 제110조에서 제113조로 변경되었을 뿐 규정 내용은 동일하다. 다만 제5공화국 헌법에서는 헌법위원회 위원의 임기와 관련하여 제113조 제1항에서 법률이 정하는 바에 의하여 연임할 수 있다는 내용이 추가되었을 뿐이다.

13) 독일, 오스트리아, 체코, 프랑스, 포르투갈, 폴란드, 슬로바키아, 헝가리 등이 이러한 입법례를 채택하고 있다.

14) 스페인 헌법 제160조: The President of the Constitutional Court shall be appointed by the King among its members, on the proposal of the full Court itself, for a term of three years.

15) 이탈리아 헌법 제135조: The Court shall elect from among its members, in accordance with the rules established by law, a President, who shall remain in office for three years and may be re-elected, respecting in all cases the expiry term for constitutional judges.

16) 터키 헌법 제146조: The Constitutional Court shall elect a president and two deputy presidents from among its members for a term of four years by secret ballot and by an absolute majority of the total number of its members. Those whose term of office ends may be re-elected.

임하고 있던 중 헌법재판소장으로 임명되는 경우 새롭게 6년 임기가 개시되는지 아니면 재판관으로서의 남은 임기동안만 헌법재판소의 장으로 재임할 수 있는지의 문제에 대한 해결방안이 마땅히 존재하지 않는가 하는 문제가 제기될 수 있다. 한편 이러한 논란은 헌법재판소의 장 선임방법을 호선방식으로 변경한 헌법개정안에서도 여전히 문제될 수 있다. 헌법재판소의 장 임기를 헌법에서 명확하게 명시하지 않았기 때문이다.

이 문제는 헌법재판소장의 임기에 관한 명문의 규정이 없으므로 현행 헌법의 체계적·논리적 해석을 통하여 해결의 실마리를 찾을 수밖에 없다. 현행 헌법이 헌법재판소의 장의 임기에 관하여 규정을 두지 않은 것을 법의 흠결 또는 헌법제정권자의 착오로 간단하게 치부할 수도 있겠지만 앞서 본 바와 같이 제2공화국, 제4공화국 헌법 및 제5공화국 헌법에서도 헌법재판기관의 장에 대한 임기조항을 별도로 두고 있지 않았음을 상기할 때 법의 흠결이라고 이해하기보다는 오히려 헌법재판소의 장 임기에 관하여 별도의 명시적 조항을 두지 않은 것은 헌법재판소장의 자격·임기 등은 재판관의 그것을 전제하고 있기 때문이라고 해석하는 것이 타당하다. 현행 헌법이 헌법재판소장에 관하여 제111조 제4항[17]만을 두고 있을 뿐 일체의 다른 규정을 두고 있지 않은 것도 바로 그러한 이유에서이다. 헌법재판소의 장을 '재판관 중에서' 임명하여야 하므로 헌법재판소장은 당연히 재판관의 자격을 갖추어야 하고 재판관의 임기가 종료하면 재판관의 자격이 소멸하므로 헌법재판소장으로서의 자격도 소멸한다고 해석하는 것이 논리적이고 객관적이다. 따라서 현행 헌법의 해석으로는 재판관으로 임명되어 재직 중 헌법재판소의 장으로 임명된 경우 헌법재판소장의 임기는 재판관으로서의 잔여임기동안이라고 보아야 한다.[18]

위에서 본 바와 같이 현행 헌법의 해석으로도 논란이 되는 헌법재판소의 장 임기 문제를 해결할 수는 있지만 헌법기관의 장의 임기를 명시적으로 규정하지 않아 헌법적 논란[19]을 야기하는 것은 헌법 운용의 측면에서 결코 바람직하다고 할 수 없다. 따라서 이러한 논란을 불식하는 가장 이상적인 방법은 헌법과 헌법재판소법의 개정을 통하여 헌법재판소장의 임기

17) 헌법 제111조 제4항: 헌법재판소의 장은 국회의 동의를 얻어 재판관 중에서 대통령이 임명한다.

18) 이와 같은 문제가 처음 제기된 것은 제5대 헌법재판소장이었던 박한철 헌법재판소장의 사례에서이다. 박한철 헌법재판소장은 소장으로 임명되기 전 2011.2.1. 헌법재판소 재판관으로 임명되어 재직 중 2013.4.12. 헌법재판소장으로 임명되었다. 그래서 박한철 헌법재판소장의 임기가 재판관 임기만료일인 2017.1.31.까지인지 아니면 헌법재판소장으로 임명된 2013.4.12.부터 6년인 2019.4.11.까지인지 논란이 되었는데 박한철 소장은 재판관 임명시점부터 기산하여 6년인 2017.1.31. 헌법재판소장 직에서 물러났다.

19) 최희수 교수는 임명권자가 잔여임기가 얼마남지 않은 재판관들을 순차적으로 임명함으로써 재판소장의 임명권을 포상적 배분의 수단으로 운용할 가능성이 있고, 그에 따라 재판의 독립성과 공정성의 보장을 해칠 우려가 있다는 점, 잔여임기가 얼마 남지 않은 재판관의 경우 임명권자가 그 퇴임을 기다려 임명하는 편법을 사용할 수도 있다는 점, 그에 상응해 퇴임 이후의 재판관은 소장으로 임명될 수 있는지 또는 없는지 여부 등에 관한 불필요한 논란이 발생할 여지도 있다는 점 등을 헌법재판소의 장 임기조항 미비에 따른 헌법적 논란의 예로 지적하고 있다. 최희수, "헌법재판소 구성·임명 등과 관련한 개정방향", 헌법학연구 제17권 제2호, 한국헌법학회, 2011, 186-187면 참고.

를 6년으로 명문화하는 것이다.[20] 헌법 개정이 현실적으로 어렵다면 차선책으로는 헌법재판소법의 개정을 통해 헌법재판소장의 임기를 헌법재판소법에 명시하는 방안을 고려할 필요가 있다. 이에 대해서는 헌법재판소의 장의 6년 임기를 보장한다는 헌법의 명문 규정이 없음에도 하위규범인 법률에서 헌법재판소장 임기를 규정하는 것은 위헌이라는 일부의 주장이 있다. 하지만 헌법이 헌법재판소의 장 임기에 관하여 명시적으로 규정하고 있지 않으므로 입법자는 헌법재판소의 조직·구성에 관하여 입법형성의 자유를 가지며 헌법에서 헌법재판소 재판관은 법률이 정하는 바에 의하여 연임할 수 있음을 규정[21]하고 있고 헌법재판소의 장은 재판관 중에서 임명하도록 되어 있기 때문에 헌법재판소의 장으로서 새롭게 6년의 임기를 개시하더라도 헌법에 위반된다고 볼 수는 없을 것이다. 재판관으로서 재직 중 헌법재판소장으로 임명되어 새롭게 6년의 임기를 개시하는 것은 재판관을 연임한 것으로 볼 수 있기 때문이다. 한편, 마찬가지 이유로 헌법재판소의 장은 연임이나 중임도 가능하다고 이해할 수 있지만 대법원장은 중임할 수 없다고 규정하고 있는 헌법 제105조 제1항과의 관계에 비추어 헌법재판소의 장도 중임할 수 없다고 이해하는 것이 현행 헌법의 취지에 부합한다고 할 것이다.

2. 헌법재판소 재판관 자격과 대법원장의 재판관 지명 시 절차상의 문제

(1) 현황과 문제점

헌법이 제5장에서 법원을, 제6장에서 헌법재판소를 병렬적으로 규정하고 있는 관계로 헌법재판소 재판관은 대법관과 비교하여 정년, 임기, 연임, 신분보장, 재판상 독립, 대우 등 많은 면에서 대법관과 동일하거나 대법관에 준하는 예에 따르도록 헌법재판소법이 규정하고 있다.

그런데 유독 헌법재판소 재판관의 자격과 대법원장의 헌법재판소 재판관 3인 지명 절차에서는 차이를 보인다. 첫째, 임명 자격의 면에서 헌법재판소 재판관은 대법관과 동일한 내용의 법조 자격을 가진 사람 중에서 그 직(職)에 15년 이상 있던 40세 이상인 사람 중에서 임명하도록 헌법재판소법이 규정[22]하고 있는 반면 대법관은 20년 이상 45세 이상의 사람 중에서 임명하도록 법원조직법이 규정[23]하고 있다. 둘째, 대법원장의 지명 절차의 면에서 대법원장이 대법관을 대통령에게 임명제청할 경우에는 제청에 앞서 대법관후보추천위원회의 후보추천절차를 경유하도록 하고 대법관후보추천위원회의 추천 내용을 존중하도록 함을 법원

---

20) 실제로 헌법재판소장의 임기를 6년으로 명시하는 헌법재판소법 개정안이 제19대 국회와 제20대 국회에서 발의되었다.

21) 헌법 제112조 제1항.

22) 헌법재판소법 제5조 제1항.

23) 법원조직법 제42조 제1항.

조직법이 규정[24]하고 있는데 반해, 대법원장이 3인의 헌법재판소 재판관을 지명할 때에는 이러한 특별한 추천절차를 거치도록 하는 명문의 조항이 없다.[25] 한편 헌법개정안은 대법원장의 대법관제청 시 대법관추천위원회의 추천을 사전에 필수적으로 거치도록 하였으며[26] 또한 대법원장에게 과도하게 집중된 인사권한을 합리적으로 조정하려는 목적에서 대법원장의 헌법재판소 재판관 3인 지명권을 폐지하는 대신 헌법재판관 3인의 선출권을 대법관회의에 부여하고 있다.[27]

(2) 개선 방안

모든 면에서 헌법재판소 재판관을 대법관과 동일하게 또는 대법관에 준하여 규율하면서 유독 임명자격 요건에 관해서만 법조 경력을 더 낮추어 재판관 임명에서 대법관에 비해 짧은 경력을 요구하는 것은 합리성이 결여되었다고 할 것이다. 따라서 대법관과 마찬가지로 20년 이상 법조경력의 직(職)에 있던 45세 이상의 사람 중에서 헌법재판관을 임명하도록 헌법재판소법을 개정할 필요가 있다.

또한 대법원장이 대법관을 대통령에게 임명제청할 때 대법관후보추천위원회의 추천절차를 거치도록 하고 후보추천위원회의 추천 내용을 존중하도록 새롭게 법원조직법이 규정을 둔 취지는 민주적 정당성이 미약한 대법원장이 대법관임명에서 전횡적이고 일방적인 영향력을 행사하는 것을 어느 정도 견제하기 위한 목적에서이다. 이러한 취지는 대법원장의 헌법재판소 재판관 지명에서도 똑같이 요구되고 달리 취급할 하등의 이유가 없다. 그러므로 헌법재판소법 개정을 통하여 대법원장이 헌법재판소 재판관을 지명할 때에는 지명에 앞서 헌법재판소 재판관후보추천위원회의 추천 절차를 경유하여야 하며 대법원장은 재판관후보추천위원회의 추천 내용을 존중하도록 하는 내용을 신설함으로써 대법원장의 헌법재판소 재판관 지명에 관한 제도개선을 도모할 필요가 있다. 헌법재판소 재판관 선출 절차에서도 헌법재판소 재판관후보추천위원회의 추천 절차를 경유하는 것이 타당함은 선출권한이 대법원장이 아닌 대법관회의에 있더라도 마찬가지라 할 것이므로 대통령이 발의한 헌법개정안이 확정되더라도 향후 헌법재판소법 또는 법원조직법 개정을 통해 이러한 추천 절차를 도입할 필요가 있다고 본다.

---

24) 법원조직법 제41조의2.

25) 그래서 대법원장이 일방적으로 헌법재판소 재판관을 지명하고 있는 것이 현실이다. 성낙인, 헌법학, 법문사, 2018, 690면.

26) 헌법개정안 제104조 제2항: 대법관은 대법관추천위원회의 추천을 거쳐 대법원장 제청으로 국회의 동의를 받아 대통령이 임명한다.

27) 헌법개정안 제111조 제3항: 제2항의 재판관 중 3명은 국회에서 선출하는 사람을, 3명은 대법관회의에서 선출하는 사람을 임명한다.

3. 헌법재판소의 장 권한대행과 관련한 문제

(1) 현황과 문제점

헌법재판소의 장이 궐위되거나 사고로 인하여 직무를 수행할 수 없을 때 헌법재판소장 권한대행체제가 요청된다. 하지만 헌법재판소의 장의 권한대행에 관하여 현행 헌법에는 명문의 규정이 없으며 헌법재판소법이 권한대행에 관한 조항[28]을 마련하고 있다.

그런데 헌법기관의 권한대행을 정하고 있는 여타 조직법률과 달리 헌법재판소법은 헌법재판소장 권한대행을 법률에서 확정적으로 규정하지 않고 헌법재판소 규칙에 그 정함을 위임하고 있다. 헌법재판소장 권한대행에 관한 헌법재판소법 제12조 제4항의 이와 같은 규율방식은 국회의장과 부의장의 권한대행체제에 관하여 국회법이 제12조[29]·제13조[30]·제16조[31]에서, 대법원장의 권한대행에 관하여 법원조직법이 제13조 제3항[32]에서, 국무총리 권한대행(직무대행)에 관하여 정부조직법이 제22조[33]에서, 감사원장의 권한대행(직무대행)에 관하여 감사원법 제4조 제3항[34]에서 확정적이고 분명하게 규정하고 있는 것과 확연히 구별된다.

(2) 입법례

헌법재판소 제도를 도입했던 제2공화국 헌법 당시 헌법재판소법은 “헌법재판소장이 사고가 있을 때에는 심판관중 연령순에 의하여 연장자가 소장의 직무를 대리한다”고 규정[35]하고 있었으며 제4공화국 헌법과 제5공화국 헌법 아래에서 헌법재판을 담당했던 헌법위원회를 규율한 헌법위원회법은 헌법위원회 위원장 직무대행과 관련하여 “위원장이 사고로 인하여 직무를 수행할 수 없을 때에는 상임위원이 그 직무를 대리한다”고 규정[36]하였다. 현행 헌법재판소법의 규율방식과 달리 제2공화국, 제4공화국, 제5공화국 헌법 아래에서 헌법재판기관을

---

28) 헌법재판소법 제12조 제4항: 헌법재판소장이 궐위(闕位)되거나 부득이한 사유로 직무를 수행할 수 없을 때에는 다른 재판관이 헌법재판소 규칙으로 정하는 순서에 따라 그 권한을 대행한다.

29) 제12조(부의장의 의장직무대리)
① 의장이 사고가 있을 때에는 의장이 지정하는 부의장이 그 직무를 대리한다.
② 의장이 심신상실 등 부득이한 사유로 의사표시를 할 수 없게 되어 직무대리자를 지정할 수 없는 때에는 소속의원수가 많은 교섭단체소속인 부의장의 순으로 의장의 직무를 대행한다.

30) 의장과 부의장이 모두 사고가 있을 때에는 임시의장을 선출하여 의장의 직무를 대행하게 한다.

31) 의장 또는 부의장이 궐위된 때나 의장과 부의장이 모두 궐위된 때에는 지체 없이 보궐선거를 실시한다.

32) 대법원장이 궐위되거나 부득이한 사유로 직무를 수행할 수 없을 때에는 선임대법관이 그 권한을 대행한다.

33) 국무총리가 사고로 직무를 수행할 수 없는 경우에는 기획재정부장관이 겸임하는 부총리, 교육부장관이 겸임하는 부총리의 순으로 직무를 대행하고, 국무총리와 부총리가 모두 사고로 직무를 수행할 수 없는 경우에는 대통령의 지명이 있으면 그 지명을 받은 국무위원이, 지명이 없는 경우에는 제26조제1항에 규정된 순서에 따른 국무위원이 그 직무를 대행한다.

34) 원장이 사고(事故)로 인하여 직무를 수행할 수 없을 때에는 감사위원으로 최장기간 재직한 감사위원이 그 직무를 대행한다. 다만, 재직기간이 같은 감사위원이 2명 이상인 경우에는 연장자가 그 직무를 대행한다.

35) 헌법재판소법 제5조 제5항.

36) 제4공화국 헌법위원회법 제7조 제2항; 제5공화국 헌법위원회법 제7조 제2항.

규율한 법률에서는 공히 헌법재판기관의 장의 권한대행에 대하여 확정적이고 명확한 조항을 마련하고 있었다.

(3) 개선 방안

다른 헌법기관의 권한대행에 대해서는 관련 법률에서 확정적이고 분명하게 규율하고 있는 것과 달리 유독 헌법재판소의 장 권한대행에 대하여 헌법재판소법이 법률이 아닌 헌법재판소 규칙에 그 정함을 위임하고 있는 것은 체계정당성 관점에서나 헌법재판소가 가지는 헌법적 위상에 비추어 타당하지 않다. 그러므로 제2공화국 헌법에서의 헌법재판소법과 제4·5공화국 헌법에서의 헌법위원회법 규율방식처럼 헌법재판소의 장 권한대행 및 권한대행 선출절차에 관하여 헌법재판소법에서 확정적으로 규정할 필요가 있다.[37] 따라서 헌법재판소의 장 권한대행과 권한대행 선출 절차 등에 관하여 명확한 규정을 두는 헌법재판소법 개정이 요청된다.

4. 헌법재판소 재판관 퇴직의 문제

(1) 현황과 문제점

현행 헌법은 제106조 제2항에서 "법관이 중대한 심신상의 장해로 직무를 수행할 수 없을 때에는 법률이 정하는 바에 의하여 퇴직하게 할 수 있다"고 규정하고 있고 법원조직법이 이를 구체화하여 법원조직법 제47조는 "법관이 중대한 신체상 또는 정신상의 장해로 직무를 수행할 수 없을 때에는, 대법관인 경우에는 대법원장의 제청으로 대통령이 퇴직을 명할 수 있고, 판사인 경우에는 인사위원회의 심의를 거쳐 대법원장이 퇴직을 명할 수 있다"고 규정하고 있다. 그리하여 중대한 신체상 또는 정신상의 장해로 대법관이 직무를 수행할 수 없을 때에는 대법원장의 제청으로 대통령이 퇴직을 명할 수 있다.

반면 대법관과 달리 헌법재판소 재판관의 경우 퇴직에 관하여 규율하는 법규정이 존재하지 않는다. 헌법재판관의 지위, 위상 및 담당하는 기능을 고려할 때 입법의 불비라고 볼 수밖에 없다.

(2) 입법례

법관의 경우 중대한 심신상의 장해로 직무를 수행할 수 없을 때에는 법률이 정하는 바에 의하여 퇴직하게 할 수 있게 하는 헌법 조항이 제3공화국 헌법에서 처음으로 도입되어 현행 헌법까지 계승된 반면 헌법재판을 담당하는 헌법위원회 위원 혹은 헌법재판소 재판관이 중대한 심신상의 장해로 직무수행이 불가능한 경우 퇴직하도록 하는 명문의 규정은 그 어디에

37) 동지, 양건·김문현·남복현, "헌법재판소법의 개정방향에 관한 연구용역보고서", 헌법재판연구 제10권, 헌법재판소, 1999, 27면 이하; 김문현·정재황·한수웅·음선필, "현행 헌법상 헌법재판제도의 문제점과 개선방안", 헌법재판연구 제16권, 헌법재판소, 2005, 164면.

도 없었다. 이 또한 입법의 흠결이라고 할 수 있다. 제4공화국과 제5공화국의 헌법위원회 제도는 사실상 유명무실한 제도였으므로 규정의 불비가 어느 정도 이해가 되지만 현행 헌법재판소법이 헌법재판소 설립 이후 지금까지도 재판관 퇴직에 관한 규정을 전혀 두고 있지 않은 것은 이해할 수 없는 부분이다.

(3) 개선 방안

헌법재판소 재판관의 경우에도 중대한 신체상 또는 정신상의 장해로 직무를 수행할 수 없는 경우가 발생할 수 있음을 충분히 예견할 수 있다. 이와 같은 장해 사태가 발생했음에도 불구하고 재판관이 자진하여 사직을 하지 않거나 거부할 경우 만연히 당해 사태를 방치하는 것은 헌법재판의 운용 면에서나 헌법재판이 국가사회생활에서 미치는 중요도 등을 고려할 때 결코 바람직한 것은 아니라 할 것이다. 따라서 헌법재판소 재판관이 중대한 신체상 또는 정신상의 장해로 인하여 직무수행이 불가능할 경우에는 퇴직하게 하는 제도를 마련할 필요가 있으며 퇴직 제도의 구체적인 내용은 대법관의 경우에 준하여 설정하는 것이 합리적이다. 그리하여 헌법재판소법의 개정을 통하여 헌법재판관이 중대한 신체상 또는 정신상의 장해로 직무를 수행할 수 없는 경우에는 헌법재판소장의 건의[38]로 대통령이 퇴직을 명할 수 있는 명문의 조항을 신설할 필요가 있다.

Ⅲ. 헌법재판의 일반심판절차와 관련한 문제점과 개선 방안

1. 헌법재판에서 당사자의 소송비용을 보상하는 제도 도입의 문제

(1) 현황과 문제점

헌법재판소법 제37조는 헌법재판소의 심판비용은 원칙적으로 국가부담으로 하되 당사자의 신청에 의한 증거조사의 비용은 그 신청인에게 부담시킬 수 있고 헌법소원심판의 청구인에게 공탁금의 납부를 명할 수 있음을 규정하여 헌법재판 심판비용의 국가부담 원칙을 천명하고 있다. 헌법재판제도를 운용하고 있는 대부분의 국가와 마찬가지로 우리도 헌법재판이 헌법을 실현하는 공적인 기능을 담당하고 있다는 점을 고려하여 일반 법원의 소송과 달리 국가 부담으로 헌법재판의 심판 비용을 충당하는 것이다.[39]

그런데 국가가 부담하는 헌법재판의 심판비용에는 재판수수료와 헌법재판소가 심판 등을 위하여 지출하는 비용인 재판비용만 포함되고 당사자가 헌법재판을 위해 지출한 비용, 예를

---

38) 대법관의 경우 법원조직법은 대법원장의 제청으로 대통령이 퇴직을 명할 수 있도록 하고 있는데 이것은 대법관 임명 시 대법원장의 제청으로 대통령이 임명하는 것과 균형을 맞추기 위함이라고 판단된다. 그런데 헌법재판소 재판관의 경우에는 헌법재판소장의 제청으로 재판관을 대통령이 임명하는 것이 아니므로 퇴직 시에도 헌법재판소장의 '제청'이 아니라 '건의'라고 하는 편이 보다 합리적이며 타당하다고 할 것이다.

39) 허영, 헌법소송법론, 박영사, 2017, 161면.

들어 변호사 강제주의에 따라 당사자가 헌법소원심판을 위해 지출한 변호사비용 등은 여기에 포함되지 아니한다는 것이 헌법재판소의 입장이다. 나아가 헌법재판소는 승소자의 당사자비용을 그 상대방인 패소자에게 반드시 부담시켜야 하는 민사소송법과 행정소송법의 소송비용에 관한 규정들을 헌법소원심판절차에서 준용하는 것은 헌법재판의 성질에 반한다고 보아 당사자비용에 관하여 민사소송법과 행정소송법을 준용하는 것에 대하여 부정적이다.[40] 따라서 현행 헌법재판소법의 규정체계 아래에서 헌법재판의 당사자는 당해 헌법재판을 위하여 지출한 변호사비용 등 당사자비용은 보상을 받지 못함으로써 적지 않은 경제적 비용을 감수하여야만 한다. 이러한 경제적 비용 감수의 부담은 변호사 강제주의를 채택하여 소송 수행에서 반드시 변호사를 선임하여야만 하는 헌법소원심판절차에서 더욱 두드러진다.

(2) 입법례

헌법재판제도를 가장 잘 운용하고 있다고 평가받는 독일의 연방헌법재판소법은 당사자가 헌법재판을 위해 지출한 당사자비용을 국가가 보상해주는 소송비용보상제를 도입하여 시행하고 있다.[41] 독일 연방헌법재판소법은 당사자비용을 국가가 보상해주는 비용보상제를 규정하면서 필요적 보상과 임의적 보상으로 구분하여 상세한 규정을 하고 있다.

독일 연방헌법재판소법상 필요적 보상은 다시 두 가지로 구분되는데 첫째, 기본권실효심판과 탄핵심판절차에서 심판청구가 이유 없는 것으로 기각되면 피청구인에게 국가는 변호사 선임비용[42]을 포함하여 당사자가 지출한 모든 소송비용을 보상해야 한다.[43] 둘째, 헌법소원심판 청구가 인용되는 경우 지출한 당사자비용의 전부 또는 일부[44]를 국가는 헌법소원 청구인에게 반드시 보상해야 한다.[45] 한편 필요적 보상의 경우를 제외한 나머지 헌법재판에서는 연방헌법재판소가 결정으로 소송비용의 전부 또는 일부의 보상을 명할 수 있다.[46]

40) 헌재 2015.5.28. 2012헌사496: 헌법재판의 정의나 헌법소원심판이 수행하는 객관적인 헌법질서에 관한 수호·유지기능, 그리고 헌법소원심판의 직권주의적 성격과 심판비용의 국가부담 원칙, 변호사강제주의, 국선대리인제도 등에 관한 헌법재판소법의 규정 내용 등을 종합하여 보면, 당사자비용을 제외한 심판비용을 국가가 모두 부담하는 헌법소원심판절차에서 청구인이 승소하였는지 아니면 패소하였는지를 구분하지 않고 승소자의 당사자비용을 그 상대방인 패소자에게 반드시 부담시켜야만 하는 민사소송법과 행정소송법의 소송비용에 관한 규정들을 준용하는 것은 헌법재판의 성질에 반한다고 보아야 한다. 만약 헌법소원심판절차에서 위 규정들을 준용하여야 한다고 본다면, 헌법소원심판청구가 배척된 경우가 인용된 경우보다 훨씬 많은 헌법소원심판사건 처리결과를 감안할 때, 헌법소원심판 청구인의 상당수는 국가 등이 지출한 변호사보수 등의 당사자비용까지 추가로 부담하게 되어 오히려 헌법소원심판청구를 크게 위축시킬 것으로 보여 입법정책으로도 채택하기 어렵다.

41) 독일의 소송비용보상제도에 관하여 상세한 것은 허영, 앞의 책, 164-165면 참고.

42) 변호사 선임비용에 대한 보상은 당사자가 변호사에게 실제로 지급한 비용이 아니라 법률에서 정하는 변호사 수임료를 기준으로 한다.

43) 독일 연방헌법재판소법 제34조a조 제1항.

44) 헌법소원심판에서 연방헌법재판소가 청구인의 청구 가운데 일부만을 인용하는 경우에 일부 보상을 한다.

45) 독일 연방헌법재판소법 제34조a조 제2항.

46) 독일 연방헌법재판소법 제34조a조 제3항.

(3) 개선 방안

헌법재판을 위해서 당사자는 적지 않은 비용을 부담한다. 헌법재판이 헌법질서를 수호·유지하는 국가작용이라는 점, 헌법재판 중 특히 헌법소원심판은 주관적인 기본권 보호기능 이외에 객관적인 헌법질서수호·유지기능도 함께 가지는 국가작용이라는 점, 공권력의 행사 또는 불행사가 위헌인 법률 또는 법률의 조항에 기인한 것이라고 인정될 때에는 헌법소원심판 인용결정에서 해당 법률 또는 법률의 조항이 위헌임을 선고[47]할 수 있으며 이러한 위헌결정의 효력은 헌법소원심판 청구인은 물론 모든 국민에게 미친다는 점[48] 등을 고려할 때, 헌법재판 가운데 최소한 헌법소원심판에서는 헌법재판의 심판비용을 국가부담으로 하는데 만족할 것이 아니라 당사자가 헌법재판의 수행을 위하여 적법하게 지출한 비용을 국가가 당사자에게 보상해 줄 필요성은 충분하다고 판단된다.[49] 우리 헌법재판소도 입법을 통하여 이러한 제도를 도입하는데 원칙적으로 찬성하는 입장[50]이다.

특히 2007년 형사소송법의 개정을 통해 피고인의 구금에 대한 보상인「형사보상 및 명예회복에 관한 법률」상의 형사보상청구와는 별개로 무죄 확정된 피고인이 재판 과정에서 지출한 소송비용을 국가가 보상하는 법적 근거를 마련하고 있는 점[51]은 헌법소원심판에서 당사자의 청구가 인용된 경우 국가가 당사자비용을 보상하는 제도 도입의 타당성을 제고하는 데 중요한 시사점을 던져준다고 하겠다.

그러므로 헌법재판 과정에서 당사자가 적법하게 지출한 당사자비용을 국가가 보상하는 소송비용보상제도를 헌법재판소법의 개정을 통하여 도입할 필요가 있다. 헌법재판유형 가운데 어떤 유형에서 이러한 소송비용보상제도를 도입할 것인가는 입법정책의 문제로 입법재량이 인정되는 부분이지만 최소한 탄핵심판절차와 헌법소원심판절차에서는 도입할 필요가 있다. 탄핵심판과 헌법소원심판절차에서는 변호사 강제주의가 적용되기 때문이다.[52] 이 경우

---

47) 헌법재판소법 제75조 제5항.

48) 헌법재판소법 제75조 제6항. 헌법재판소법 제47조.

49) 동지, 허영, 앞의 책, 163-164면.

50) 헌재 2015.5.28. 2012헌사496: 독일은 헌법소원심판절차 등에서 청구인이 승소한 경우 청구인이 지출한 당사자비용을 국가가 보상하는 제도를 두고 있으나, 이는 청구인이 승소한 경우에만 인정되는 편면적인 제도로서, 청구인이 승소하였는지 패소하였는지를 구분하지 않고 양면적으로 적용되는 우리 민사소송법과 행정소송법의 소송비용 부담제도와는 그 성격이 달라 이에 관한 별도의 입법이 없는 이상 이러한 제도를 해석에 의하여 곧바로 인정할 수는 없다. 다만 헌법소원심판은 주관적인 기본권 보호기능뿐만 아니라 객관적인 헌법질서의 수호·유지기능도 함께 가지는 것이어서 헌법재판소가 청구인의 헌법소원심판청구를 인용하면서 법률 또는 법률의 조항을 위헌이라고 선고할 경우(헌법재판소법 제75조 제5항, 제6항) 등에는 청구인의 헌법소원심판청구에 의하여 헌법질서가 수호·유지되어 모든 국민들이 혜택을 보게 되므로, 이러한 청구인이 지출한 당사자비용은 국가가 보상하는 것이 바람직하겠으나, 그것은 결국 독일에서 시행하고 있는 소송비용보상과 같은 제도를 도입하는 입법을 통하여 해결할 수밖에 없다.

51) 상세한 내용은 성낙인, 앞의 책, 1501-1502면 참고.

52) 탄핵심판에서 기각 또는 각하결정이 선고되었을 때 피청구인에 대한 비용보상제도를 도입할 필요성을 주장하는 견해로는 졸고, "탄핵제도에 관한 입법론적 연구", 공법연구 제38집 제1호 제2권, 한국공법학회, 2009,

탄핵심판에서 기각 또는 각하결정이 선고된 경우에는 필요적으로 전액을, 헌법소원심판에서 인용결정이 선고되는 경우에는 당사자비용의 전부 또는 일부를 필요적으로 보상하여야 할 것이며 비용보상의 범위와 관련해서는 무죄가 확정된 피고인이 소송과정에서 지출한 소송비용을 국가가 보상하는 것을 내용으로 하는 형사소송법 제194조의4 제1항[53]을 참고하여 구체적으로 정할 필요가 있다고 보인다.

2. 헌법재판 결정유형을 법정(法定)하는 문제

(1) 현황과 문제점

현행 헌법재판소법은 제정 이후부터 지금까지 헌법재판 특히 위헌법률심판에서의 결정유형과 결정주문의 표현양식에 관하여 아무런 규정을 두고 않고 있으며 단지 헌법재판소법 제45조가 "헌법재판소는 제청된 법률 또는 법률 조항의 위헌 여부만을 결정한다. 다만, 법률 조항의 위헌결정으로 인하여 해당 법률 전부를 시행할 수 없다고 인정될 때에는 그 전부에 대하여 위헌결정을 할 수 있다"고 규정하고 있을 뿐이다. 그리하여 헌법재판에서 결정유형과 결정주문의 양식이 어떠해야 하는지 논란이 있으며 특히 위헌법률심판절차에서는 헌법재판소법 제45조의 해석상 단순합헌결정과 단순위헌결정의 결정유형을 인정하는 것에 대해서는 이론이 없지만 그 밖의 결정유형 특히 변형결정을 인정할 수 있는지에 대해서 논란이 있다.

헌법재판소는 이 문제와 관련하여 재판의 본질상 결정주문을 어떻게 표시할 것인지는 헌법재판관의 재량에 일임된 사항이라는 입장[54]에서 다양한 변형결정을 그동안 선고[55]하였음은 주지의 사실이다. 하지만 헌법재판소의 변형결정 선고에 대하여 이를 비판하는 견해가 있었을 뿐만 아니라 변형결정에 대하여 부정적인 재판관 소수의견[56]이 헌법재판 결정문에서 수차례 개진된 바 있다. 변형결정 그 자체가 인정되느냐의 논쟁에 더하여 헌법재판소의 변형결정에도 헌법재판소법 제47조 제1항[57]의 위헌결정의 기속력이 미치는지에 관해서도 논란이

108면 참고.

53) 제194조의2에 따른 비용보상의 범위는 피고인이었던 자 또는 그 변호인이었던 자가 공판준비 및 공판기일에 출석하는데 소요된 여비・일당・숙박료와 변호인이었던 자에 대한 보수에 한한다. 이 경우 보상금액에 관하여는 「형사소송비용 등에 관한 법률」을 준용하되, 피고인이었던 자에 대하여는 증인에 관한 규정을, 변호인이었던 자에 대하여는 국선변호인에 관한 규정을 준용한다.

54) 헌재 1989.9.8. 88헌가6: 단순위헌의 결정을 하여 그 결정이 있은 날로부터 법률의 효력을 즉시 상실하게 하는 하나의 극에서부터 단순합헌의 결정을 하여 법률의 효력을 그대로 유지시키는 또 하나의 극 사이에서, 문제된 법률의 효력 상실의 시기를 결정한 날로부터 곧바로가 아니라 새 법률이 개정될 때까지 일정기간 뒤로 미루는 방안을 택하는 형태의 결정주문을 우리는 "헌법에 합치되지 아니한다"로 표현하기로 한 것이다. 재판 주문을 어떻게 내느냐의 주문의 방식문제는 민사소송에서 그러하듯 헌법재판에 대하여서도 아무런 명문의 규정이 없으며, 따라서 재판의 본질상 주문을 어떻게 표시할 것인지는 재판관의 재량에 일임된 사항이라 할 것이다.

55) 헌법재판소는 한정위헌결정, 헌법불합치결정, 한정합헌결정 등의 변형결정을 선고하고 있다.

56) 제2기 헌법재판소 재판관으로 1994년부터 2000년까지 재임한 조승형 재판관의 소수의견이 대표적인 것이라 할 수 있다. 헌재 1999.5.27. 98헌바70 등 참조.

되었다. 대법원은 변형결정 특히 한정합헌결정과 한정위헌결정의 기속력을 부인[58]한 반면 헌법재판소는 법률에 대한 위헌결정에는 단순위헌결정은 물론 한정위헌결정, 한정합헌결정과 헌법불합치결정도 포함되고 이들 결정들은 모두 기속력을 가진다고 설시하면서 한정위헌결정의 기속력을 부인한 해당 대법원판결을 취소하는 미증유의 결정[59]을 선고함으로써 헌법재판소와 대법원 간에 심각한 갈등사태를 초래했던 역사도 있었다.

(2) 개선 방안

헌법재판소법이 제정될 당시의 규정인 헌법재판소법 제45조는 지금까지 개정되지 않은 채 유지가 되고 있다. 헌법재판소법 제45조와 제47조 제1항을 문자 그대로 해석할 경우 헌법재판소는 합헌결정과 위헌결정만 할 수 있고 이러한 위헌결정만이 기속력을 가지게 된다는 것이 된다. 그러나 헌법재판소가 누차 강조하듯 헌법재판을 운영하는 과정에서 여러 이유[60] 때문에 변형결정을 할 수밖에 없는 것이 현실이다. 변형결정을 할 수밖에 없는 현실이라면 헌법재판소법이 지금처럼 헌법재판의 결정유형에 대해 침묵을 지킬 것이 아니라 법 개정을 통해 그동안 헌법재판소가 내린 변형결정 유형(한정위헌결정, 헌법불합치결정, 한정합헌결정)을 헌법재판, 특히 위헌법률심판의 결정유형으로 명시하는 전향적인 자세를 보이는 것이 헌법재판의 원활한 운영에 이바지할 것으로 보인다. 만약 헌법재판소법에 헌법재판의 결정유형을 명시할 경우 현행 헌법재판소법 제47조 제1항도 개정하여 위헌결정뿐만 아니라 변형결정에 대해서도 기속력을 부여할 필요가 있다.

3. 헌법재판소의 결정에 대한 재심 조항 명문화 문제

(1) 현황과 문제점

재심이라 함은 확정된 종국결정에 재심사유에 해당하는 중대한 하자가 있는 경우 그 결정의 취소와 이미 종결되었던 사건의 재심판을 구하는 비상의 불복신청방법을 의미한다.[61] 재심제도는 소송에서 법적 안정성의 추구와 구체적 정의의 실현이라는 상반된 요청을 조화시키기 위한 목적에서 마련된 제도이다.

헌법재판에서도 이와 같은 재심제도의 필요성이 긍정되지만 현행 헌법재판소법은 재심에 관한 아무런 규정을 두고 있지 않다.[62] 따라서 헌법재판에서 재심이 인정되는지 여부 및 재

---

57) 헌법재판소법 제47조 제1항: 법률의 위헌결정은 법원과 그 밖의 국가기관 및 지방자치단체를 기속(羈束)한다.
58) 대판 1996.4.9. 95누11405.
59) 헌재 1997.12.24. 96헌마172등.
60) 국회입법권의 존중, 법률생활의 안정, 복잡하고 다양한 헌법상황 및 법적 혼란상태의 극복을 위하여 유연하고 신축성이 있는 판단을 해야 할 필요성 등이 변형결정을 할 수밖에 없는 이유로 제시된다.
61) 성낙인, 앞의 책, 774면; 정종섭, 헌법학원론, 박영사, 2016, 1504면; 정종섭, 헌법소송법, 박영사, 2014, 192면; 양건, 헌법강의, 법문사, 2018, 1321면; 김하열, 헌법소송법, 박영사, 2016, 250면.
62) 다만 헌법재판소 심판 규칙에서 재심의 절차적·기술적 사항에 관한 두 조항(제52조와 제53조)을 두고 있

심의 허용 정도에 관한 문제의 해결은 헌법재판소법 제40조에 따라 민사소송법 준용을 통하여 최종적으로는 헌법재판소 결정에 의존할 수밖에 없는 실정이다. 그동안 헌법재판을 운용해 오는 과정에서 헌법재판소는 결정을 통하여 특정한 헌법재판에 대한 재심을 허용하고 있으며 이 점은 가처분과 마찬가지로 헌법재판의 실무상 확립된 판례로 자리 잡고 있다.

헌법재판의 재심에 관하여 법률에 명문의 규정을 설정하지 않고 민사소송법의 준용과 헌법재판소 결정에 전적으로 의지하는 것은 예측가능성의 측면에서나 법적 안정성의 측면에서 결코 바람직한 것은 아니라 할 것이다.[63] 그러므로 헌법재판소법의 개정을 통하여 재심에 관한 그동안의 헌법재판소 입장을 반영함과 동시에 헌법재판의 재심에 관하여 비교적 상세하게 규정할 필요성이 있다.

(2) 헌법재판소 결정례

헌법재판에서 재심이 허용되는지 여부와 관련하여, 헌법재판소는 헌법재판은 그 심판의 종류에 따라 절차의 내용과 효과가 한결같지 않기 때문에 재심의 허용 여부와 허용 정도 등은 심판절차의 종류에 따라 개별적으로 판단하여야 한다는 전제[64]에서 정당해산심판[65]과 헌법재판소법 제68조 제1항 헌법소원심판 중에서 행정작용에 속하는 공권력작용을 대상으로 하는 헌법소원심판[66]에 대해서는 재심이 허용된다는 입장을 견지하고 있다. 반면 헌법재판소법 제68조 제2항 헌법소원심판에서는 재심을 허용하지 아니함으로써 얻을 수 있는 법적 안정성의 이익이 재심을 허용함으로써 얻을 수 있는 구체적 타당성의 이익보다 훨씬 높다는 점을 이유로 재심에 의한 불복방법이 허용되지 않는다는 입장[67]이다.

헌법재판소는 헌법재판의 재심사유에 관하여는 헌법소원심판에 대한 재심의 성질상 허용되는 범위 안에서 민사소송법 제451조 제1항 각 호의 재심사유가 준용된다는 기본 입장[68]에서, ① 재판부의 구성이 위법한 경우 등 절차상 중대하고도 명백한 위법이 있어서 재심을

을 뿐이다.

63) 이미 우리는 판단누락이 헌법재판에서 재심사유로 되는지 여부에 관하여 헌법재판소가 처음에는 재심사유가 아니라고 결정(헌재 1995.1.20. 93헌아1)하였다가 이후 판례를 변경하여 판단누락도 헌법재판의 재심사유가 됨을 긍정(헌재 2001.9.27. 2001헌아3)한 사례를 경험하였다.

64) 헌재 1995.1.20. 93헌아1.

65) 헌재 2016.5.26. 2015헌아20: 정당해산심판은 원칙적으로 해당 정당에게만 그 효력이 미치며, 정당해산결정은 대체정당이나 유사정당의 설립까지 금지하는 효력을 가지므로 오류가 드러난 결정을 바로잡지 못한다면 장래 세대의 정치적 의사결정에까지 부당한 제약을 초래할 수 있다. 따라서 정당해산심판절차에서는 재심을 허용하지 아니함으로써 얻을 수 있는 법적 안정성의 이익보다 재심을 허용함으로써 얻을 수 있는 구체적 타당성의 이익이 더 크므로 재심을 허용하여야 한다.

66) 헌재 2009.6.25. 2008헌아23; 헌재 2001.9.27. 2001헌아3; 헌재 1995.1.20. 93헌아1 등.

67) 헌재 1992.6.26. 90헌아1: 위헌법률심판을 구하는 헌법소원에 대한 헌법재판소의 결정에 대하여는 재심을 허용하지 아니함으로써 얻을 수 있는 법적 안정성이 이익이 재심을 허용함으로써 얻을 수 있는 구체적 타당성의 이익보다 훨씬 높을 것으로 쉽사리 예상할 수 있고, 따라서 헌법재판소의 이러한 결정에는 재심에 의한 불복방법이 그 성질상 허용될 수 없다고 보는 것이 상당하다고 할 것이다.

68) 헌재 2001.9.27. 2001헌아3.

허용하지 아니하면 현저히 정의에 반하는 경우[69] 및 ② 헌법재판소의 결정에 영향을 미칠 중대한 사항에 관하여 판단을 유탈한 경우[70]를 재심사유로 인정하고 있다.

(3) 개선 방안

헌법재판소법 제정 당시에는 헌법재판의 재심과 관련하여 면밀하게 검토하지 않은 결과 명문의 규정을 두지 않았던 것으로 선해(善解)할 수도 있지만 헌법재판제도가 매우 활성화된 지금도 헌법재판의 재심에 관하여 아무런 규정을 하지 않고 있는 것은 법적 안정성의 관점과 예측가능성의 측면에서 결코 바람직한 현상이 아니다. 그동안의 헌법재판 운용경험과 재심에 관한 헌법재판소 결정 내용을 바탕으로 헌법재판의 재심에 관한 사항을 헌법재판소법에 규정할 필요가 있다.

헌법재판소법에 재심 관련사항을 규정한다고 할 때, 우선 재심 사유, 재심 청구기간 및 재심 청구방식 등 재심과 관련한 일반적 사항은 "제3장 일반심판절차" 항목에서 규정하는 것이 타당하며 재심이 허용되는 개별적인 헌법재판 유형은 "제4장 특별심판절차" 항목에서 규율할 필요가 있다. 그리하여 헌법재판소가 그동안의 결정을 통하여 재심이 허용되는 것으로 인정한 절차인 정당해산심판 사건과 행정작용에 속하는 공권력작용을 대상으로 하는 헌법재판소법 제68조 제1항의 헌법소원심판 사건에 대하여는 "제4장 특별심판절차" 중 관련 부분에 재심을 허용하는 조항을 신설할 필요가 있다.

4. 가처분제도 도입확장의 문제

(1) 현황과 필요성

가처분 제도란 본안사건에 대한 결정의 실효성을 확보하기 위하여 본안결정이 있기 전 본안사건에서 다툼이 있는 법적인 관계를 잠정적·임시적으로 정하는 가구제제도이다.[71] 가처분 제도는 종국결정의 실효성 확보와 잠정적인 권리보호 기능을 목적으로 헌법재판제도를 도입하고 있는 국가에서 널리 채택하고 있는 제도이다.[72] 우리 헌법재판소법은 제정 시부터 지금까지 모든 헌법재판에 적용되는 가처분에 관한 일반 조항을 두지 않고 특별심판절차인 정당해산심판[73]과 권한쟁의심판[74]에서만 가처분에 관한 명문의 조항을 두고 있을 뿐이어서

69) 헌재 1995.1.20. 93헌아1.
70) 헌재 2001.9.27. 2001헌아3.
71) 성낙인, 앞의 책, 767면; 헌법재판소 간, 헌법재판실무제요(제2개정판), 헌법재판소, 2015, 76면; 정종섭, 헌법학원론, 박영사, 2016, 1506면; 정종섭, 헌법소송법, 박영사, 2014, 210면; 허영, 앞의 책, 180면; 양건, 앞의 책, 1318면; 김학성, 헌법학원론, 피앤씨미디어, 2017, 1131면; 김하열, 앞의 책, 162면.
72) 가처분 제도에 관한 주요 국가의 입법례에 대하여 상세한 것은 김하열, 앞의 책, 166-168면 참고.
73) 헌법재판소법 제57조: 헌법재판소는 정당해산심판의 청구를 받은 때에는 청구인의 신청 또는 직권으로 종국결정의 선고시까지 피청구인의 활동을 정지하는 결정을 할 수 있다.
74) 헌법재판소법 제65조: 헌법재판소가 권한쟁의심판의 청구를 받은 때에는 직권 또는 청구인의 신청에 의하여 종국결정의 선고시까지 심판대상이 된 피청구기관의 처분의 효력을 정지하는 결정을 할 수 있다.

다른 헌법재판절차에서도 가처분이 허용되는지 여부에 관하여 논란이 있다.

이와 같이 헌법재판소법은 정당해산심판과 권한쟁의심판에 관해서만 가처분 조항을 마련하고 있지만 헌법재판소 설립 이후 지금까지 약 30년 동안 헌법재판을 운용해 오는 과정에서 헌법재판소는 결정을 통하여 다른 헌법재판절차에서도 가처분이 허용됨을 인정하고 있고 이 점은 헌법재판의 실무상 확립된 판례로 자리 잡고 있다. 그러므로 가처분에 관한 그동안의 헌법재판소 결정례를 헌법재판소법의 개정을 통하여 입법적으로 반영할 필요성이 있다.

(2) 가처분에 관한 헌법재판소 결정례

헌법재판소는 사법시험령 제4조 제3항 효력정지 가처분신청에 관한 2000.12.8. 결정에서 정당해산심판과 권한쟁의심판 이외에 헌법재판소법 제68조 제1항 헌법소원심판절차에 있어서도 가처분의 필요성은 있을 수 있고, 달리 가처분을 허용하지 아니할 상당한 이유를 찾아볼 수 없다는 점을 근거로 가처분이 허용된다고 결정[75]한 이래, 명문의 규정이 없음에도 불구하고 헌법재판소법 제68조 제1항 헌법소원심판에 대한 가처분을 인정[76]해 오고 있다.

(3) 개선 방안

헌법재판소법은 헌법재판의 가처분에 관하여 정당해산심판과 권한쟁의심판에 대해서만 명문의 규정을 두고 있음은 앞에서 살펴본 바와 같다. 이러한 헌법재판소법의 태도를 예시적인 것으로 이해하여 헌법재판소의 심판절차에 관하여 민사소송에 관한 법령과 행정소송법을 준용할 수 있음을 규정하고 있는 헌법재판소법 제40조를 근거로 다른 심판절차에서도 가처분이 널리 허용된다고 해석할 수 있으며 정당해산심판과 권한쟁의심판 이외의 심판절차에서의 가처분 허용 여부를 법률이 아닌 헌법재판소의 결정에 맡길 수도 있다. 하지만 이러한 해결 방법에 대하여는 법적 불안정을 수반할 위험성이 크고 명문의 조항 없이 헌법재판소의 결정으로 가처분을 허용하는 것은 권력분립의 원칙을 위배하며 실정헌법의 테두리 내에서 규정에 없는 것을 창설하거나 규정의 확대적용 또는 유추적용을 통하여 입법자의 의사를 무시하는 것으로 법치국가원리에도 저촉된다는 비판[77]이 제기된다. 또한 헌법재판은 민사소송·행정소송과는 구별되는 헌법재판의 본질적 특성을 가지고 있으므로 다른 법령을 준용하는 방법으로 헌법재판의 가처분 관련 문제를 해결하려고 하는 것은 충분한 방안이 되지 못

---

75) 헌재 2000.12.8. 2000헌사471, 사법시험령 제4조 제3항 효력정지 가처분신청: 헌법재판소법은 정당해산심판과 권한쟁의심판에 관해서만 가처분에 관한 규정(같은 법 제57조 및 제65조)을 두고 있을 뿐, 다른 헌법재판절차에 있어서도 가처분이 허용되는가에 관하여는 명문의 규정을 두고 있지 않다. 그러나 위 두 심판절차 이외에 같은 법 제68조 제1항 헌법소원심판절차에 있어서도 가처분의 필요성은 있을 수 있고, 달리 가처분을 허용하지 아니할 상당한 이유를 찾아볼 수 없으므로 위 헌법소원심판청구사건에서도 가처분이 허용된다고 할 것이다.

76) 헌법재판소법 제68조 제1항에 대한 가처분을 허용한 결정으로는 헌재 2000.12.8. 2000헌사471; 헌재 2002.4.25. 2002헌사129; 헌재 2006.2.23. 2005헌사754; 헌재 2014.6.5. 2014헌사592 등이 있다.

77) 김상겸, "헌법재판소법의 문제점과 개선방안", 공법학연구 제6권 제1호, 한국비교공법학회, 2005, 144-145면.

한다.[78] 그러므로 차제에 가처분에 관련한 그동안의 헌법재판소 결정 내용을 입법적으로 반영함과 아울러 헌법재판에서 가처분을 둘러싼 문제를 명확하게 해결하기 위하여 헌법재판소법에 가처분에 관하여 상세한 규정을 두는 것이 입법정책적 관점에서 타당하다고 하겠다.[79]

헌법재판소법에 가처분에 관하여 상세한 규정을 둔다고 할 때, 우선 헌법재판소법 "제3장 일반심판절차" 항목에 가처분의 요건, 변호사강제주의를 포함한 가처분 신청에 관한 사항, 가처분심판 절차, 심리와 결정 및 가처분 결정의 효력 등에 관한 내용을 새롭게 신설할 필요가 있다. 그 다음으로 가처분에 관한 헌법재판소 결정례를 반영하기 위하여 헌법재판소법 제68조 제1항 헌법소원심판절차에서 가처분을 허용하는 개별 근거조항을 신설할 필요가 있다. 다만 헌법재판소법 제68조 제1항 헌법소원심판을 제외한 나머지 헌법재판절차 즉, 위헌법률심판, 탄핵심판, 헌법재판소법 제68조 제2항의 헌법소원심판 절차에서는 가처분의 허용 필요성이 적거나 거의 없고[80] 아직 이를 허용하는 헌법재판소 결정도 없기 때문에 이러한 심판절차에 가처분을 허용할 필요성은 낮다고 판단된다.

Ⅳ. 결 어

헌법재판소는 출범 이후 30여 년 동안 수많은 결정을 통하여 기본권보장기관 및 권력통제기관으로서의 맡은바 사명과 역할을 충실하게 수행하여 왔다. 이러한 헌법재판소의 노력의 결과로 우리 헌법은 장식품에 불과한 단순한 문서에 머무르지 않고 국민의 기본권을 보장하고 위헌적인 권력 작용을 통제하는 대한민국 국법체계에서 최고 규범으로서 자리매김하였다. 하지만 헌법재판의 이론과 실무의 눈부신 발전에 비하여 헌법재판을 규율하는 헌법재판소법은 적지 않은 면에서 법의 흠결 내지 입법적 미비 사항을 갖고 있다. 현행 헌법재판소법에서 찾을 수 있는 입법적 불비 사항은 무엇인지, 이러한 점을 어떤 방향으로 개선할 것인지를 모색하는 것은 필요하고도 중요한 작업이라 할 수 있으며 본 논문의 본문에서 이와 같은 점을 중심으로 논의를 전개하였다. 본문에서 다루었던 사항을 이하에서 정리하는 것으로 결론에 갈음하고자 한다.

현행 헌법재판소법에서 개선하여야 할 사항을 헌법재판소의 조직·구성의 면과 일반심판절차의 면으로 구분하여 정리하면 다음과 같다. 헌법재판소의 조직·구성의 면에서 개선하여야 할 사항으로는 첫째, 헌법재판소의 장 임기에 관하여 명문 규정을 신설함으로써 헌법재판소장의 임기와 관련한 불필요한 논란 발생을 미연에 방지할 필요가 있으며 궐위 사태 발생

78) 정종섭, 헌법소송법, 박영사, 2014, 227면.
79) 동지, 정종섭, 앞의 책, 227면.
80) 위헌법률심판절차와 탄핵심판절차에서는 가처분 제도와 유사한 기능을 가진 사전보전 제도가 헌법재판소법 제42조와 제50조에 각각 규정되어 있다.

시 헌법재판소장 권한대행에 관하여 헌법재판소법에서 명확하게 규정할 필요가 있다. 둘째, 헌법재판소 재판관의 자격 기준은 대법관과 동일하게 할 필요가 있고 대법원장의 헌법재판관 지명 시 대법관에 준하여 헌법재판소 재판관후보추천위원회의 추천 절차를 거치도록 할 필요가 있다고 하겠다. 셋째, 헌법재판소 재판관이 중대한 심신상의 장해로 직무를 수행할 수 없는 경우 대법관의 예에 준하여 퇴직을 명할 수 있는 제도를 도입할 필요가 있다. 다음으로 일반심판절차의 면에서 개선하여야 할 사항으로 첫째, 헌법재판에서 당사자가 인용결정을 위하여 지출한 당사자비용을 국가가 보상하는 당사자비용보상 제도를 도입할 필요가 있다. 둘째, 그동안 헌법재판소가 결정을 통하여 제시했던 결정유형(주문의 유형)을 헌법재판소법에 명시하는 것을 검토할 필요가 있다. 셋째, 정당해산심판과 권한쟁의심판에서만 인정하고 있는 가처분제도를 헌법소원심판절차로까지 확대할 필요가 있다. 넷째, 현재 아무런 규정을 하지 않고 있는 헌법재판의 재심에 관하여 헌법재판소법에 명시적인 규정을 둘 필요성이 충분히 있다고 보인다.

37. 미국 위헌법률심사기준의 정립 과정에서 우월적 지위 이론(Preferred Position Doctrine)의 의의 – 표현의 자유 법리를 중심으로 –

이 우 영*

Ⅰ. 서설: 연구의 목적과 범위

이 글에서는 미국에서의 법률의 위헌성 심사기준의 정립 과정에서 우월적 지위 이론(preferred position doctrine)이 갖는 의의를 특히 표현의 자유 법리를 중심으로 분석한다. 이는 궁극적으로 한국의 표현의 자유 영역에서의 위헌법률심사 기준의 발전적 정립을 모색하기 위함이다. 표현의 자유는 국가권력의 간섭이나 방해 없이 자유롭게 사상과 의견을 표명하고 전파하며 또한 의사의 형성을 위한 정보를 수집할 수 있는 권리로서 의사의 표현과 교환 및 보다 넓은 맥락에서의 여론 내지 공동체 내 공감대의 형성을 통해 민주주의 정치과정에서 큰 의미와 영향력을 갖는 핵심적인 기본권이자 제도보장의 성격도 갖는다.[1)] 표현의 자유를 포함한 기본권의 헌법적 보장에 있어 관련 법률의 위헌성 심사에 적용되는 기준은 당해 기본권의 실제적 보장 내용과 범위를 결정한다는 점에서 기본권 보장 법리에서 핵심적 기능을 한다. 이 글에서는 한국의 표현의 자유 법리에서의 위헌법률심사기준의 발전적 정립 모색 노력의 일환으로서, 한국의 표현의 자유의 법리에 지속적으로 상당한 영향을 주어 온 미국의 표현의 자유의 법리의 발전 과정을 분석하여, 비교법적 관점에서 시사점을 찾아본다. 보다 구체적으로는 미국 표현의 자유 법리에서 법률의 위헌성 심사의 기준이 정립되어 가는 과정에서 우월적 지위 이론이 갖는 개념적 의의와 역할을 연구한다.

헌법을 정점으로 하는 법체계가 궁극적으로 추구하는 것은 인간으로서의 존엄과 가치를

---

* 서울대학교 법과대학/법학대학원 교수

1) 표현의 자유를 규정한 대한민국 헌법 제21조의 문언은 다음과 같다. ① 모든 국민은 언론·출판의 자유와 집회·결사의 자유를 가진다. ② 언론·출판에 대한 허가나 검열과 집회·결사에 대한 허가는 인정되지 아니한다. ③ 통신·방송의 시설기준과 신문의 기능을 보장하기 위하여 필요한 사항은 법률로 정한다. ④ 언론·출판은 타인의 명예나 권리 또는 공중도덕이나 사회윤리를 침해하여서는 아니된다. 언론·출판이 타인의 명예나 권리를 침해한 때에는 피해자는 이에 대한 피해의 배상을 청구할 수 있다. 헌법재판소도 표현의 자유는 정신활동의 자유로서 사상 또는 의견의 자유로운 표명과 그것을 전파할 자유를 의미하여 개인이 인간으로서의 존엄과 가치를 유지하고 행복을 추구하며 국민주권을 실현하는 데 필수불가결한 것으로 오늘날 민주국가에서 국민이 갖는 가장 중요한 기본권의 하나임을 일관되게 판시하여 왔다. 헌재 1992.2.25. 선고 89헌가104, 헌재판례집 제4권, 64면 이하(93면) 등. 또한 헌법재판소는 표현의 자유는 "현대자유민주주의의 존립과 발전에 필수불가결한 기본권이며 이를 최대한도로 보장하는 것은 자유민주주의의 기본원리의 하나"라고 한다. 헌재 1992.6.28. 선고 90헌가23, 헌재판례집 제4권, 300면 이하(306면). 표현의 자유의 헌법적 의의와 표현의 자유의 헌법적 보장의 목적에 대한 상세한 분석과 설명은 성선제, "언론의 자유의 사상적 기초," 헌법학연구 제7권 제1호(한국헌법학회, 2001), 181면-206면 참조.

포함한 기본권의 최대한 보장이다. 기본권의 최대한 보장을 위해서는 철학과 논리에 기초한 실체법적 차원에서의 법리가 개발되어야 함과 동시에 관련 절차법적 제도 역시 이를 뒷받침해야 한다. 기본권 보장의 맥락에서 위헌법률심사의 기준은 이와 같은 실체법적, 절차법적 노력을 유기적으로 함축하고 있다. 우리 헌법학과 헌법재판실무에서 공히 기본권의 최대한 보장을 위한 법리 개발 및 정립의 노력과 이러한 취지의 위헌법률심판의 기준에 관한 연구가 풍부하게 진행되고 있는 시점에서,[2] 이 연구도 실체적 및 제도적 양 관점에서 미국 표현의 자유 법리의 발전 과정 특히 표현의 자유 법리에서 위헌법률심사의 기준이 정립되어 가는 과정에서의 우월적 지위 이론의 진화 과정과 개념적·실무적 의의 및 역할을 분석하여, 한국 표현의 자유 법리에서의 위헌법률심사기준의 연구에 일조하고자 한다. 헌법이 보장하는 기본권은 궁극적으로 헌법의 해석과 적용의 과정을 포섭하는 헌법의 실현을 통해 그리고 헌법재판의 장(場)에서는 원칙적인 법률의 합헌성 추정 하에 관련 법률의 위헌성을 심사하는 기준의 강도와 척도에 따라 실질적 내용과 범위를 부여받음으로써 보장되며, 이 때 재판작용을 통한 법률의 위헌성 판단 과정에서의 헌법의 해석은 관련 법익간의 비교형량(balancing)을 본질로 하며 입법적 성격과 기능을 가진다는 것을 이 연구의 전제로 함을 밝힌다.

Ⅱ. 미국 표현의 자유 법리의 발전 과정에서 우월적 지위 이론 (Preferred Position Doctrine)과 법률의 위헌성 심사 기준

1. 법률의 합헌성 추정과 위헌법률심사

기본권의 보장과 국가의 구성 원리 및 기능을 규정하는 헌법은 해석을 통해 적용됨으로써 실현된다. 입헌주의와 법치주의 및 국민주권 원리에 입각한 국가의 법체계와 민주주의 정치과정 전체에 비추어 볼 때 국가의 최고법인 헌법은 국민에 의해 민주적으로 선출된 대표로 구성된 의회가 사전에 합의된 바의 절차에 따라 숙의를 통해 입법함에서 비롯된 민주적 정당성에 근거하여 합헌성이 추정되는 법률의 개념과 기능을 전제할 때에 그 최고법으로서의 의의가 더욱 분명해진다. 즉, 헌법은 '민주적 정당성에 근거하여 합헌성이 추정되는 바의 법률'의 상위법이다. 한편 헌법의 규정은 법률에 의해 구체화되고 현실화되며, 이러한 과정에서 법률은 기본권의 내용과 보장 범위를 규정하며 헌법을 실현한다. 법률은 민주적 정당성에 근거하여 그 합헌성을 추정받으나, 한국의 헌법재판소에 의한 위헌법률심판 내지 미국의 사법부에 의한 위헌법률심사(judicial review)와 같은 법률의 위헌성 심사 제도를 통해 입증책임 그리고 심사기준의 강도 및 척도라는 양대 요소의 적용을 받아 위헌으로 판단되면 법

2) 이러한 취지의 근래의 포괄적·체계적 연구의 예로서 헌법재판소의 「기본권 영역별 위헌심사의 기준과 방법」(2008) 참조.

률로서의 효력을 상실한다. 즉, 헌법이 보장하는 기본권의 내용과 범위가 법률을 통해 외연이 정해지며 실현되고, 이에 법률의 위헌성 심사에 적용되는 기준이 기본권의 보장 내용 및 범위와 핵심적으로 관련된다. 이와 같이 법률의 위헌성 심사 기준 특히 그 강도의 문제는 곧 관련 기본권의 내용과 보장 범위와 직결된다.

헌법은 최고법으로서 의도된 바의 추상성과 개방성을 가지고 이에서 비롯된 유연성과 적응성을 통해 공동체의 변화하는 상황과 가치를 반영해 가며, 그 궁극적 목적은 기본권의 최대한 보장이다.[3] 이러한 맥락에서 민주적 정당성에 기초한 법률의 헌법실현기능과 그러한 법률에 대한 위헌법률심판의 입법적 기능을 유기적 관련성 하에서 분석하여, 법률의 위헌성 심사 기준의 강도를 핵심으로 한 기본권의 보장 기제를 체계적으로 연구하는 것은 기본권의 보장에 있어 일반론으로서도 그리고 특정 기본권의 영역에서도 반드시 필요하다. 공동체의 정치과정은 관련된 각 요소가 유기적으로 상호작용을 하는 속에서 변화해 가며, 헌법을 포함한 법 역시 이러한 과정 속에서 실현된다. 법률의 위헌성 심사를 통해 헌법을 실현하며 입법적 기능을 가지는 위헌법률심판 역시 이와 같은 넓은 맥락에서 재판작용이면서도 정치작용이자 입법작용으로서의 성격을 갖고, 이에 이러한 관점에서 분석되어야 한다.[4] 독립된 헌법재판소가 존재하지 않으며 사법부가 미국 고유의 연방주의 하에서 위헌법률심사를 통해 위헌법률심판의 기능을 담당해 온 미국에서도 정치과정의 유기성과 그 속에서의 헌법의 법률을 통한 구현, 법률의 위헌성 심사를 포함한 사법 작용의 입법적 기능이라는 개념 하에서 기본권의 최대한 보장을 위한 법률의 위헌성 심사 기준의 정립 노력이 진행되어 왔다.[5]

헌법의 실현 과정에서 헌법 규정에 담긴 원칙을 규명하기 위해서는 원칙에 표명된 추상적 당위를 이해해야 함과 동시에 이러한 원칙이 공동체의 변화하는 상황과 가치 속에서 공동체에 공익을 실현하는 공공정책으로서 갖는 의의를 각 요소간의 유기적 상호관계와 상호작용 속에서 이해해야 한다.[6] 이러한 관점에서 보면 특히 입법적 기능을 갖는 위헌법률심판

---

3) 이 점과 관련하여 헌법의 개념과 본질을 헌법의 특성과 기능에 비추어 설명한 것으로 성낙인, 헌법학(제11판)(법문사, 2011), 27면-31면; 정종섭, 헌법학원론(제6판)(박영사, 2011), 29면-39면 참조.

4) 성낙인, 앞의 책(주 3), 1233면-1238면; 정종섭, 앞의 책(주 3), 980면-992면; 박수철, 입법총론(한울 아카데미, 2011), 561면-591면; Christopher Wolfe, THE RISE OF MODERN JUDICIAL REVIEW(revised edition)(Rowman & Littlefield Publishers, Inc., 1994), 206면, 225면 참조.

5) Christopher Wolfe, 앞의 책(주 4), 225면 참조. Wolfe는 미연방대법원의 Holmes대법관이 특히 Vegelahn v. Guntner, 167 Mass. 92, 104 판결(1896)과 Pennsylvania Coal Co. v. Mahon, 260 U.S. 393, 413 판결(1922), 그리고 Olmstead v. U.S., 277 U.S. 438, 469 판결(1928)에서 유기적으로 변화해 가는 사회에서 사법작용의 역사성 고려 필요성을 강조하며 이러한 점에서 사법작용의 입법적 성격을 주시한 점을 이와 같은 맥락에서 분석하였다.

6) 보다 넓은 일반적 맥락에서 이러한 문제를 분석하며 일반적으로 같은 취지의 분석을 한 것으로서 D. L. d'Avray, RATIONALITIES IN HISTORY, Cambridge University Press (2010), 66면-145면; Brian Bix, JURISPRUDENCE: THEORY AND CONTEXT (fifth edition) (Carolina Academic Press, 2009), 159면-252면 참조.

맥락에서의 헌법의 해석은 헌법 규정의 문언의 어의를 밝혀내는 것에 그쳐서는 안 되고 잠재적·현실적인 상충의 여지를 가진 공동체의 다양한 이해관계간의 비교형량이어야 한다.[7] 이러한 비교형량은 공익을 염두에 두어 공동체에 가장 바람직한 선택은 무엇인가를 결정하는 작업이며, 이러한 비교형량의 과정에는 정도 내지 단계의 구별이 따르게 된다.[8] 이와 같이 법률의 위헌성 판단을 위해 필수적인 비교형량을 위해서는 한국의 헌법재판소 내지 당해 법률이 재판의 전제가 된 사안에서의[9] 법원, 또는 미국의 경우 각급 법원 그리고 최종적으로는 연방대법원은 어떤 의미에서든 경중의 정도 내지 단계를 정해야 한다는 의미에서 법익과 가치를 정량화해야 하는데, 이러한 판단의 과정에서 헌법 규정 특히 헌법 규정의 문언으로부터 판단의 기준을 직접적으로 찾아내어 판단을 정당화하기는 어려운 경우가 대부분이다. 미국의 경우를 본다면, 예를 들어 표현의 자유 법리에 있어, 표현의 자유는 헌법에 의해 보장되는 기본권이되 무제한적으로 허용될 수 없으므로 특정 법률의 제한이 필요불가결한 공적 목적을 위한 것이고 또한 법률이 기본권을 가장 덜 침해하는 수단을 채택하고 있다고 하면 그러한 법률상의 제한은 합헌성 추정을 깨지 않는 즉 위헌적이지 않은 제한이라고 할 때, 이와 같이 사법적 재판과정을 통해 기본권의 제한의 한계 즉 보장의 범위를 판단해야 하는 법관은 과연 어떠한 입법목적이 필요불가결한 것이고 어떠한 수단이 그러한 입법목적의 달성을 가능하게 하는 모든 대체적 수단 중에 기본권을 가장 덜 침해하는 수단인지를 판단해야 한다. 그러므로 이러한 위헌법률심판에서의 헌법의 해석은 비교형량의 큰 틀 속에서 그 시점의 당해 공동체에 존재하거나 바람직하다고 판단되는 바의 공공정책에 부합하도록 관련 법률의 입법목적과 수단 및 기타 관련 요소들을 추정적으로 판단하는 과정이 된다.[10] 즉 기본권의 보장을 포함한 헌법의 실현을 위한 헌법의 해석에서 한국의 위헌법률심판과 미국의 사법적 위헌법률심사와 같은 입법적 성격을 가진 재판작용에서의 비교형량이 핵심적인 기능을 한다.

---

7) 이익형량을 개념과 구조의 면에서 정치하게 분석한 것으로 김도균, "법적 이익형량의 구조와 정당화문제", 법학 제48권 제2호(서울대학교 법학연구소, 2007); 김태수, "표현의 자유와 법익형량-인격권침해적 표현을 중심으로-", 공법연구 제35집 제4호(한국공법학회, 2007); 장철준, "이익의 관점에서 바라본 표현의 자유-토마스 스캔런(Thomas Scanlon)의 표현의 자유 이론 연구-", 법과 사회 제35권(법과사회이론학회, 2008) 참조. 이와 같은 이익형량에 대한 이해를 바탕으로 위헌법률심사에서의 헌법과 법률의 해석 및 적용에 이익형량이 필수적으로 행해진다는 명제를 도출할 수 있다.

8) Christopher Wolfe, 앞의 책(주 4), 225면 참조.

9) 대한민국 헌법 제107조 제1항 및 헌법재판소법 제41조 제1항 참조.

10) 미국 헌법학의 전통에서 이러한 입장을 대표적으로 보여주는 예로서 미연방대법관을 역임한 벤자민 카도조(Benjamin N. Cardozo)가 Yale Law School의 Storr Lectures에서 취한 입장(이후 1921년 "The Nature of the Judicial Process"로 출판되었다)을 들 수 있다. Cardozo는 위 강의와 저작에서 법률의 합헌성 추정하에서의 법률의 위헌성 판단을 위한 헌법 해석은 논리(logic), 역사적 현황(history), 관행(custom)과 사회학(sociology)의 네 가지 점에 따라 이를 고려하여 이루어져야 한다고 하였다. Benjamin N. Cardozo, THE NATURE OF THE JUDICIAL PROCESS(CreateSpace, 2009).

미국 연방 형성기 헌법 법리의 핵심적 논의를 담은 미연방 초기의 문헌인 「Federalist Papers」 78번[11)]과 1803년의 미연방대법원의 Marbury v. Madison 판결[12)]에서는 미연방헌법에 문언적 근거가 없으나 미국 헌법학과 헌법실무의 핵심적 기제가 된 법원의 위헌법률심사 내지 사법적 위헌법률심사를 "성문헌법의 사법적(司法的) 보장" 내지 "재판작용을 통한 성문헌법의 실현"으로 이해하였다. 이는 이러한 역할을 담당하는 법관 내지 사법부를 주권자인 국민의 우위에 있다고 이해한 것이 아니라, 주권자인 국민의 헌법적 의사를 어느 한 시점의 일시적 다수의 의사의 우위에 두고 이를 실현하는 기능을 법관 내지 사법부에 부여한 것이다. 즉, 미국의 연방제도와 미연방헌법상의 권력분립 구조 하에서 미국의 위헌법률심사제도는 개인의 기본권과 공동체 공익의 보장과 증대를 위해 주권자인 국민의 헌법적 의사에 비추어 어느 특정 시점의 정치과정상의 다수를 견제하는 의의와 기능을 가진다. 미국의 헌법학에서는 20세기 초반 헌법의 실현을 위한 헌법의 해석은 곧 재판작용에 의한 입법이라는 관점으로 위헌법률심사제도를 이해함으로써 헌법재판의 입법적 성격을 중시함과 동시에 미국의 위헌법률심사제도의 공익관념에 입각한 입헌주의의 실현기제로서의 의의와 기능을 설명하는 논리의 단초가 등장하였다.[13)] 이러한 논리는 이하에서 분석하는 일련의 진화 과정을 겪으며 정립되어, 이후 특히 표현의 자유의 영역에서 헌법적 법리의 근간을 이루었다.

2. 법률의 위헌성 심사에서의 비교형량과 법해석의 객관적 기준 모색의 노력

입헌주의와 대의민주주의하에서의 대표에 의한 입법은 그 민주적 정당성에 근거하여 합헌성 추정을 받는다. 한편 법률은 해석을 통해 적용되는데, 법률의 해석은 입법자가 의도한 바의 의미를 발견해내는 것에 그치지 않는다. 우선 입법자가 의도한 바의 진정하고 유일한 의미가 존재하는지의 문제가 있으며, 복수의 구성원을 가진 기관인 국회의 입법의도를 밝히는 과정에서 법률안의 대표발의자 내지 법률안 발의를 위해 동의하고 서명한 의원들의 의도가 상대적으로 중시되어야하는 것인지의 문제도 있다.[14)] 기본권 보장 법리에서 이와 같은 법률의 해석 특히 그 해석의 방법론이 갖는 함의는, 구체적 사안에서 법률을 적용함에 있어

11) Alexander Hamilton, James Madison, John Jay, THE FEDERALIST PAPERS(SoHo Books, 2011).
12) Marbury v. Madison, 5 U.S. (1 Cranch) 137(1803).
13) Benjamin N. Cardozo, 앞의 책(주 10) 참조.
14) 위헌법률심사의 맥락에서의 법률의 해석에 있어 입법의도 내지 입법자의 의도는 입헌민주주의하에서 핵심적인 해석방법론이 된다. 이 때 입법의도 내지 입법자의 의도는 법률의 해석의 주체가 재구성한 바의 입법의도 내지 입법자의 의도일 수밖에 없는데, 보다 구체적으로 어떤 기준으로 입법의도 내지 입법자의 의도를 재구성해 내어야 하는지가 중요한 논점이 된다. 예를 들어, 우리나라의 경우를 보면, 입법부로서의 국회라는 기관의 의사를 상정하더라도, 구체적 입법절차상 법률안을 제출 내지 발의한 자의 의도, 보다 구체적으로 대표발의의원 및 법률안발의요건의 개념 하에 법률안의 발의에 서명하여 동의한 의원 등의 의도가 보다 비중 있게 고려되어야 할 것인지 등의 문제가 있게 된다. 이러한 점을 구체적 입법절차와 연관시켜 분석한 것으로서 William N. Eskridge, Jr., Philip P. Frickey, Elizabeth Garrett 공저, LEGISLATION AND STATUTORY INTERPRETATION(Foundation Press, 2000). 211면-247면, 특히 211면-222면 참조.

요구되는 바의 입법자의 의도 확정을 위해서는 입법자의 의도를 유추하고 재구성해야 하며, 이러한 역할이 법원 즉 재판부를 구성하는 법관에 의해 행해진다는 것이다. 즉, 법률의 실현 과정에서의 법률의 해석의 기준이자 방법론으로서의 입법자의 의도는 해석자에 의해 재구성된 바의 입법자의 의도이며, 특히 구체적 사안에서의 사실관계에 법률을 적용하는 단계에서 입법자의 의도를 찾아내어 필요하고 적절한 경우 유추를 통해 법률의 의미를 밝혀 적용하는 경우 이러한 과정은 기능상 입법기능과 등가적이라는 점은, 위헌법률심사에서의 심사기준의 논의에서 중요한 헌법적 의의를 갖는다.[15] 이와 같은 맥락에서 법률의 해석은 입법자가 기관 전체로서 의도한 의미를 찾아내어 확정하고 선언하는 이상의 기능을 하여, 특히 법률의 문언을 보완하고 문언에 행간의 여백이 있는 경우 그러한 여백을 채우는 과정에서 입법적 기능을 수행한다.[16] 이러한 법률의 해석의 입법적 기능은 헌법이 그 의의와 역할로 인해 문언상 추상성과 개방성을 가지며 법률을 통해 실현된다는 점에서 더욱 큰 헌법적 의의와 상징성을 갖는다.

즉, 합헌성 추정을 받는 법률을 적용하는 과정에서의 법률의 해석의 입법적 기능은 변화하는 현실 속에서 헌법이 지속성과 일관성을 유지하면서 실현되고 보장되는 기제에서 입헌주의와 민주주의의 조화적 실현의 과정을 반영하며, 위헌법률심판기준의 정립을 위한 연구에서 핵심적 전제이자 맥락이 된다. 위헌법률심사의 과정에서 성문헌법의 문언에 비추어 법률을 해석한다고 하더라도, 문언이 추상적이고 개방적일수록 법률의 목적의 정당성과 채택된 수단의 목적과의 상관성 정도를 판단함에 있어 구체적 사실관계를 염두에 두며 필요한 경우 문언의 여백을 채우는 과정을 거쳐 해석하게 된다. 이와 같이 입법적 성격을 갖는 해석의 과정에서 법률의 '목적의 정당성'과 '수단의 목적과의 상관성'을 공익 내지 공동체의 복리의 증가를 핵심적 요소의 하나로 하여 판단한다면, 변화하는 상황에서의 헌법 해석 내지 법률의 위헌성 판단은 구체적 상황의 변화와 함께 공익 내지 공공복리에 대한 개념과 이해의 차이에 따라 변화하게 된다. 그렇다면 대의민주주의의 원칙으로서의 의회입법의 원칙에 비추어, 그리고 사법적 판단의 일관성이 정의의 실체적·절차적 구현에서 갖는 의의에 비추어, 헌법의 실현의 맥락에서 법률의 해석 내지 위헌법률심판의 기준에 일응의 '객관성'을 도입할 필요성이 더욱 설득력을 갖게 된다.[17] 이는 위헌법률심판에서의 헌법과 법률의 해석 내지 위헌

15) 이러한 의미에서 위헌법률심판과 법률에 대한 헌법소원의 헌법재판이 법률의 제정과 등가의 행위로 평가될 수 있고 소극적인 입법작용이라고 할 수 있음을 설명한 것으로서 성낙인, 앞의 책(주 3), 1234면-1235면; 정종섭, 앞의 책(주 3), 981면 참조.

16) 법률의 해석의 기준과 방법론으로서의 입법자의 의도 확정이 입법적 기능을 갖는다는 것은, 헌법이 그 개념과 역할로 인해 추상성과 개방성을 갖고 법률을 통해 실현된다는 맥락에서 볼 때 더욱 중요성을 갖는다. Benjamin Cardozo는 헌법의 실현의 맥락에서 법률 해석에서의 입법자의 의도 확정의 입법적 기능을 강조했다. Benjamin Cardozo, 앞의 책(주 10), 특히 17면 참조.

17) Cardozo는 미국의 맥락에서 헌법의 실현에서의 법률의 해석의 중요성을 강조하고 그러한 법률의 해석의

법률심사에 적용되는 기준이 곧 헌법이 보장하는 기본권의 보장 범위 및 한계와 동전의 양면의 관계에 있음을 생각하면 더욱 분명해진다.

위헌법률심사에 적용하는 기준을 위 문단에서 제시한 '객관적 기준'의 필요성 면에서 분석함에 있어서는 다음의 점들이 논의의 전제가 된다. 첫째, 객관적 기준을 도입하는 이유 내지 필요성이 자유와 권리가 사법적 판단에 의해 자의적으로 제한되는 것을 방지하기 위함이라고 할 때, 법률을 해석하는 해석 주체의 주관적 가치체계 특히 정치적 가치체계를 법률해석의 과정에서 배제하는 것이 가능한지의 문제가 있다. 둘째, 특히 법체계 전체가 공동체의 변화에 적응하고 진화하는 것이며 그러할 필요가 있다는 관점에서 볼 때, 법률의 해석 주체가 그 시대의 가치체계를 해석에 반영해야 하되 또한 법률의 해석 주체의 해석에 따라 공동체 행위 기준 내지 가치관이 변화한다면, 법률의 해석에서 추구하고 적용해야 할 객관적 기준이 시대의 가치를 반영하고 선도할 수 있어야 한다는 의미의 기준점이 무엇인지의 난제가 있다. 이에 헌법의 실현과 보장의 맥락에서 사법적으로 법률을 해석하는 해석의 주체가 권리와 자유의 자의적 제한을 지양하기 위해 그 해석에 있어 정의와 이성에 따라 일응 객관적 기준을 적용해야 한다는 명제 하에서도, 해석 주체가 그 시대의 가치 및 이에 비추어 판단한 바의 공익 내지 공공복리에 일관된 해석임을 설득력 있게 보일 수 있는 한, 해석의 주체에게 상당한 재량의 여지가 주어지게 됨을 알 수 있다.

이를 보다 구체적인 법률의 위헌성 심사에 적용하면, 위헌법률심사는 헌법에 위배되는 법률의 효력을 무효로 선언한다는 일차적 의미를 넘어서 '그 개념과 역할상 추상성과 개방성을 갖는 헌법이 보장하는 자유와 권리에 구체적 시점과 상황에서 헌법과 법률의 해석을 통해 내용과 효과를 부여하는 것'으로 이해할 수 있다.[18] 한편, 미국의 위헌법률심사 법제를 통해 사법부가 해석하는 대상인 법률은, 입법부가 의도적으로 다양한 해석의 여지가 있는 입법을 한 결과로 이해될 수도 있고, 입법부가 숙의를 통해 도출하였어야 하는 입법과제에 대한 결론을 입법과정을 통해 제시하는 데 실패한 결과로 이해될 수도 있다. 특히 후자의 경우 위헌법률심사를 통해 사법부가 이를 해결하게 될 때 그 심사 기준의 문제가 입헌주의와 민주주의의 조화의 문제로 더욱 큰 헌법적 의미를 갖는다. 미국의 헌정사에서 위헌법률심사의 과정에서 법률을 해석하는 법관은 헌법의 실현과 보장에서 입법적 내지 법률형성적 성격의 상당한 재량과 권한을 가져 왔으며, 이와 같은 사법적 법률의 해석을 통해 헌법이 보장하는 자유와 권리의 내용이 상당 부분 구체화되어 왔다. 이러한 과정은 미국 사법제도 내에서의 법관의 역할에 대한 이해의 변화를 반영하기도 한다.[19]

입법적 기능에 비추어 공동체 구성원 개개인의 기본권 보장의 일관성을 위해 법원에 의한 법률 해석에 객관적 기준이 필요하다고 하였다. Benjamin Cardozo, 앞의 책(주10), 88면-89면.

18) Cardozo는 이 점에 대해 입법자가 입법자로서 부담하는 입법의 의무의 일부를 사법부에 전가한 경우라고 설명하였다. Benjamin Cardozo, 앞의 책(주 10), 93면.

보다 형식적인 권력분립관하에서는[20] 사법권을 제한적으로 이해하므로, 법관이 법률의 해석을 통해 당시대의 가치체계를 반영하는 의미에서의 판단기준의 객관성을 사법적 판단에 도입한다는 전제 자체에 회의적이다. 즉, 형식적 권력분립관하에서는 입법부가 법률의 제정을 포함한 정치과정상의 결정을 통해 당시대의 가치를 효과적으로 대표하고 반영함을 전제하고 사법부는 가변성을 가진 당시대의 가치가 아닌 세대를 거쳐도 불변하는 원리를 규명하고 보장하는 역할을 담당한다고 전제한다. 헌법의 권리 규정은 원리를 반영하는 것이며, 원리 내지 이러한 원리를 반영하는 권리가 헌법에 모두 명시적으로 규정될 수는 없기 때문에 입법부에게 법률의 제정을 통해 이러한 권리를 정의하고 보호하는 책무가 주어지는 것으로 본다. 이러한 관점에서는 사법작용에서 법률을 해석하는 법관은 헌법의 정신에 충실해야 하므로 법해석의 과정에 당시대의 가치를 반영하여서는 안 된다고 본다. 이에 비해 보다 근래에 등장한 기능주의적 권력분립관하에서는 헌법의 실현에 있어서 위헌법률심사를 담당하는 사법부의 역할을 보다 적극적인 것으로 이해한다. 헌법이 당시대의 가치에 따라 진화해가는 것이 곧 살아있는 헌법으로서의 헌법의 실현의 과정의 일부이며 이러한 헌법의 실현에서는 헌법이 보장하는 권리를 구체화하고 관련된 권리 및 이해관계를 형량하는 과정에 당시대의 가치체계가 반영되어야 한다고 본다.[21]

특히 20세기 이후 당시대의 가치체계를 반영하는 살아있는 헌법, 진화하는 헌법의 개념을 핵심으로 하는 헌법의 실현과 보장의 개념이 부각되면서, 당시대의 가치와 정신을 반영함에 있어 '객관적 기준'의 필요성과 역할이 중요한 헌법적 논점으로 논의되기 시작하였다.[22] 이에 당시대의 가치체계 내지 당시대에 통용되는 합리적 기준으로서의 객관적 기준을 어떻게 결정할 것인지의 문제, 그리고 나아가 이러한 법원의 판결 특히 위헌법률심판에서의 법해석이 공동체의 가치를 선도해 간다면 그 정당화 근거는 무엇인지에 관한 논의가 대두되었다. 위헌법률심사에서와 같은 헌법의 사법적 해석에서 공익, 공공복리 내지 공동체의 가치에 비추어 객관적 기준을 추구할 때 필수적으로 수반되는 것이 다양한 가치와 이해관계 사이의 비교형량이다.[23] 비교형량은 '정도의 차이'에 대한 판단을 필연적으로 요하고, 이에 입법적

19) 이와 같은 분석은 미국 위헌법률심사제도를 입법부과 사법부의 관계 속에서 사법부의 역할에 중점을 두어 시기별로 연구한 Christopher Wolfe의 연구에 기초한 것이다. Christopher Wolfe, 앞의 책(주 4). 미국의 위헌법률심사제도와 시기적 특징 일반에 대해서는 Kathleen M. Sullivan, CONSTITUTIONAL LAW(17th edition)(Foundation Press, 2010) 그리고 Erwin Chemerinsky, CONSTITUTIONAL LAW(3d edition)(Aspen Publishers, 2006)를 주로 참조하였다.

20) 미국 헌정에서의 권력분립의 형식주의적 그리고 기능주의적 이해에 대해서는 Erwin Chemerinsky, 앞의 책(주 19), 특히 348면 및 관련 부분 참조.

21) 이러한 분석은 Kathleen M. Sullivan, 앞의 책(주 19); Erwin Chemerinsky, 앞의 책(주 19); 그리고 Christopher Wolfe, 앞의 책(주 4)(특히 119면-257면)의 분석에 종합적으로 기초한 것이다.

22) Benjamin Cardozo, 앞의 책(주 10)의 논의가 이러한 중요한 예이다. 관련하여 조홍식, 「사법통치의 정당성과 한계」(제2판)(박영사, 2010); 임지봉, "사회변동과 사법적극주의", 법사회학연구 창간호(한국법사회학회, 2002) 참조.

성격을 갖는다. 이러한 위헌법률심사에서의 방법론 내지 도구로서의 비교형량은 법률의 합헌성 추정의 개념하에 입법부의 판단과 결정을 존중하는 방향으로 사용될 여지도 크다. 그러나 법률의 위헌성 심사에 관한 일련의 미연방대법원 판례의 동향에서 보듯,[24] 위헌법률심사에서의 비교형량은 입법부의 입법에 대해 실질적으로는 위헌성의 추정으로 인식될 만큼 입법부의 판단에 대한 존중의 정도를 낮추는 방향으로 사용될 여지도 있다. 특히 1930년대 후반 이후 미연방대법원은 후자의 방향으로 판례를 정립해 갔으며, 표현의 자유 법리의 정립 과정에서도 이러한 흐름이 나타난다.

3. 비교형량과 우월적 지위 이론의 개념적 상관관계

미연방헌법은 수정1조(First Amendment)에서 미연방의회는 표현의 자유를 침해하는 법률을 제정하여서는 안 된다("Congress shall make no law … abridging the freedom of speech, …") 라고 규정하고 있다. 이러한 미연방헌법 수정1조는 미국의 법제 전반에 걸쳐 '의사의 자유로운 표출'을 선호하는 추정을 형성한다. 의사의 표현에 대한 사전제한(prior restraint)은 금지되며, 의사의 표현에 대해 사후적으로 책임을 부과하는 경우에도 의사의 자유로운 표출이 선호된다.[25] 이를 위헌법률심사의 맥락에서 보면, 관련 법률을 해석하는 해석의 주체가 특히 위헌법률심사의 맥락에서 이와 같은 일반 원리로서의 표현의 자유를 국가안보, 질서유지, 공공복리 등의 다른 원리 내지 법익과 비교형량하여 구체적인 상황에서 무엇이 어느 정도 우선해야 하는지를 결정해야 할 때에도 표현의 자유에 대한 선호가 적용된다고 할 수 있다. 미국의 표현의 자유 법리의 발전 과정에서 정립된 '명백하고 현존하는 위험의 법리(clear and present danger test)'[26] 역시 이와 같은 비교형량의 양태 내지 비교형량에 적용된 기준

---

23) 이러한 의미에서의 객관적 기준의 추구는 사회학적 연구 등을 바탕으로 하여, 법학과 다양한 학문의 거시적 차원에서의 통섭을 유도하기도 한다. 법률 해석의 객관적 기준과 공익 개념의 헌법적 상관성에 대한 분석의 기초로서 Daniel A. Farber, Philip P. Frickey 공저, LAW AND PUBLIC CHOICE: A CRITICAL INTRODUCTION(University of Chicago Press, 1991) 등을 참조하였다.

24) 이하의 본문에서 분석한 South Carolina Highway Department v. Barnwell Brothers, 303 U.S. 177(1938); U.S. v. Carolene Products, Co. 304 U.S. 144(1938); 그리고 Kovacs v. Cooper, 336 U.S. 77(1949) 판결의 흐름을 보면 이러한 점이 잘 나타난다.

25) 이와 같은 표현의 자유의 헌법적 중요성과 기능 나아가 표현의 자유의 헌법적 보장의 근거 및 목적에 대해서는 풍부한 선행연구가 있다. 특히 이 중에서 표현의 자유의 헌법적 중요성에 대한 Emerson의 다음과 같은 정리는 이제 고전이 되었다. 표현의 자유는 첫째, 개인의 자아와 인격의 형성 및 발전을 위해 필수불가결하며, 둘째, 진리추구의 필수적 방편이고, 셋째, 민주주의하에서 정치적·사회적 결정과 결단에 있어 사회구성원의 참여를 확보하는 수단이며, 넷째, 사회의 안정과 변화간의 균형의 매개가 된다. Thomas I. Emerson, "Toward a General Theory of the First Amendment," 72 Yale law Journal 877, 878(1963). 표현의 자유의 헌법적 보장에 대한 원론적 내용을 다룬 국내의 심층적 연구로서는 성선제, "언론의 자유의 사상적 기초," 헌법학연구 제7권 제1호(한국헌법학회, 2001), 181면-206면; 강경근, "한국의 헌법학-언론의 자유를 소재로-," 헌법학연구 제6권 제1호(한국헌법학회, 2000), 특히 54면-56면 등 참조.

26) 미국 표현의 자유 법리에서의 명백하고 현존하는 위험의 원칙은 Schenck v. United States, 249 U.S. 47 (1919) 판결을 통해 최초로 제시되었고, Whitney v. California, 274 U.S. 357(1927) 판결에서는 '급박성

이다. 명백·현존하는 위험의 법리는 표현의 자유를 제한하는 법률의 위헌성 여부를 판단함에 있어 의사의 자유로운 표현에 대한 선호를 유지한 채로 표현의 자유와 다른 법익을 비교형량하는 것으로 이해할 수 있다. 즉, 헌법이 선호하는 표현의 자유 쪽으로 기울어져 있는 저울을 반대쪽으로 기울도록 하기 위해 요구되는 구체적 요건으로서 표현이 초래할 다른 법익에 대한 위해의 심각성과 즉시성을 요구하는 법리이다.[27]

이하에서는 보다 구체적으로 법률의 합헌성 추정 하에서 법률의 위헌성을 판단할 때 적용되는 법률의 위헌성 심사의 기준을 표현의 자유 법리의 맥락에서 검토한다. 위헌법률심사에서는 첫째, 헌법 규정의 문언에서 사용된 개념의 정의에 심사대상 법률이 보호·증진을 의도하는 법익이 포섭되는지의 판단 단계와, 둘째, 적용되는 심사기준하의 관련 법익간의 비교형량의 단계를 통해, 심사대상 법률의 위헌성에 대한 판단이 이루어진다. 이와 관련하여 미국 표현의 자유 법리에서는 첫째, 미연방헌법 수정1조의 보호 범위에 포함되는 표현과 보호 범위 밖에 있어서 보호의 정도가 덜하거나 보호받지 않는 표현으로 범주화(categorization)하는 관점 내지 방식과 둘째, 이러한 범주화를 전제하지 않고 관련 법익을 비교형량해야 한다는 관점 내지 방식(balancing on sliding scale)이 상호 발전적 비판의 관계를 이루며 존재하고 있다.[28] 미국 표현의 자유 법리에서 음란물 규제 법리나 명예훼손 법리를 보면 이와 같은 유형의 표현을 미연방헌법 수정1조의 온전한 헌법적 보호 범위의 밖에 위치시키는 범주화 법리가 근간이 됨을 볼 수 있다.[29] 이에 비해 범주화를 전제로 하지 않는 비교형량에서

(imminence)'의 요건이 추가되었다. 명백·현존하는 위험의 원칙은 이후 Dennis v. United States, 341 U.S. 494(1951) 판결을 거쳐 다소 후퇴하였으나, Brandenburg v. Ohio, 395 U.S. 444(1969) 판결을 거쳐 표현의 성격(nature)과 위험성(danger)에 핵심을 두어 표현의 자유 제한 법률의 위헌성을 판단하는 원칙이자 기준으로 정립되었다. 표현의 자유를 제한하는 법률의 위헌성 심사에서 명백·현존하는 위험의 원칙을 적용한 근래의 미연방대법원의 판례로서는 Virginia v. Black, 538 U.S. 343(2003) 등이 있다. 미국 표현의 자유 법리에서의 명백·현존하는 위험의 원칙을 연구한 국내의 연구로서 임지봉, "미국헌법상의 표현의 자유와 사전억제금지의 원칙", 미국헌법연구 제20권 제2호(미국헌법학회, 2009); 임지봉, "명백·현존하는 위험의 원칙과 표현의 자유", 공법연구 제34집 제4호(한국공법학회, 2006) 참조.

27) 이와 같은 명백하고 현존하는 위험의 법리는 우리나라의 표현의 자유 법리와 관련하여 오래 전부터 국내 학계에서 표현의 자유의 외연과 실질적 보장의 확대를 위해 중요한 위헌법률심사의 기준으로 소개되고 논의되어 왔다. 관련 판례를 보면, 국가보안법 제7조의 합헌성 판단과 관련하여 헌재 1990.4.2. 선고 89헌가113, 헌법재판소판례집 제2권(49면 이하); 헌재 1996.10.4. 선고 95헌가2, 헌법재판소판례집 제8-2권(283면 이하); 헌재 2004.8.26. 선고 2003헌바85 등 일련의 판례에서 명백·현존하는 위험의 원칙을 부분적으로 적용했다고 볼 수 있는 여지가 있으나, 동 원칙의 관련 개념을 적용하여 오히려 표현의 자유를 제한하는 제한의 정당화 근거를 도출하였다. 즉, 명백하고 현존하는 위험의 원칙은 우리나라에서 표현의 자유의 실질적 보장을 위한 중요한 합헌성 판단의 기준으로 인식되고 논의되어 왔으나, 이 원칙이 표현의 자유를 보장하는 방향으로 원칙대로 적용된 판례는 없다. 위 헌법재판소 판례들을 명백·현존하는 위험의 원칙에 비추어 정교하게 분석하고 표현의 자유의 최대한 보장을 위해 명백·현존하는 위험의 원칙을 적용할 것을 촉구하는 취지의 연구로서, 헌법재판소, 앞의 책(주 2), 311면-326면 참조.

28) 미국 표현의 자유 법리에서의 범주화와 비교형량을 심층적으로 분석한 것으로 특히 Kathleen M. Sullivan, 앞의 책(주 19) 참조.

29) Kathleen M. Sullivan, 앞의 책(주 19).

는 그 핵심이 '정도의 판단'에 있다. 명백하고 현존하는 위험의 법리도 이와 같은 비교형량으로써 상대적으로 더 잘 설명된다. 즉, 1919년의 Schenck v. United States 판결[30]에서 미연방대법원의 홈즈(Oliver Wendell Holmes)대법관이 판시한 것처럼, 명백하고 현존하는 위험의 법리하에서는 법관이 문제된 표현의 유형보다는 당해 표현의 현실적·잠재적 위험성의 심각성과 급박성의 정도에 초점을 맞추어 당해 표현이 수반하는 위험이 얼마나 심각하고 명백하며 또한 얼마나 급박한 것인지를 판단하게 된다.

비교형량의 경우 법관이 적용하는 판단의 기준은 법관 개인의 주관적 가치체계 내지 선호체계일 수도 있고, 법관이 인식하는 바의 당해 공동체에서 당시대에 통용되는 합리적 기준일 수도 있다. 특히 후자의 경우 판단에 적용되는 기준은 적어도 법관에게 있어 헌법의 문언 자체에서 도출된 것이라기보다는 당해 공동체의 당시대의 가치체계를 반영한 것으로 인식된다. 물론 표현의 자유 및 이와 관련된 다양한 법익과의 상관성하에서 그 보장의 필요성의 '정도'의 문제는 표현의 자유에 관한 공공정책의 수립과 집행에서 언제나 고려되어야 할 것이나, 이러한 '정도'의 문제에 대해 어느 지점에서 답을 찾을 것인지의 판단이 위헌법률심사에서 핵심이 되므로, 이러한 판단을 정치과정을 통해 입법부에게 하도록 할 것인지 아니면 사법적 판단의 과정 속에서 사법부가 할 수 있도록 할 것인지에 관련 논의의 핵심이 있다. 보다 전통적인 관점에서는 표현의 자유의 헌법적 보장 범위의 밖에 있는 표현을 상정하더라도 그러한 표현을 제한하는 것이 공동체 전체의 입장에서 바람직한지를 판단하는 것은 정치과정을 통해 법과 공공정책의 차원에서 입법부와 행정부가 해야 할 일이라고 본다. 이에 비해 보다 근래의 자유주의적 관점에서는, 어떠한 표현이든지 사회적 효용이 있으며 공직선거를 통해 선출된 대표는 특히 정치과정에 대해 비판적인 표현을 권한을 남용하여 억제할 동기를 갖고 있기 때문에, 어느 지점에서 비교형량의 균형점을 찾을 것인가의 문제는 공동체에 현실적인 명백한 위험이 되는 표현을 정치적 동기 없이 판단할 수 있는 사법부가 결정해야 한다고 본다.

대략 1930년대 후반 이후[31] 미연방대법원은 사법부의 위헌법률심사 기능의 입법적 성격을 보다 명시적으로 인정하는 특징을 보인다. 이 시기에도 위헌법률심사에 대한 미연방대법원 판례의 입장은 법률을 헌법에 비추어 보아 법률이 헌법에 위배되는 경우 법률을 위헌무효로 선언하는 사법부의 권한은 헌법을 실현하여야 할 사법부의 의무에서 비롯된다는 Marbury v. Madison 판결[32]에서의 입장을 그대로 유지하고 있으나, 이 시기의 미연방대법원 판례들은 위헌법률심사의 입법적 기능에 대한 명확한 이해와 인식을 담고 이를 강조하고 있다. 위

30) 249 U.S. 47(1919).
31) 이와 같은 구체적 시기의 구별은 저자 본인의 분석에 더불어 Christopher Wolfe, 앞의 책(주 4)의 관점을 따른 것이다.
32) 5 U.S. (1 Cranch) 137(1803).

헌법률심사의 입법적 기능에 대한 이와 같은 근래의 명확한 인식을 잘 보여주는 법리가 곧 위헌법률심사에서의 비교형량이다. 비교형량에서는 법관이 연방 또는 주(州)정부가 특정 권한을 행사할 수 있는지의 여부 등 특정 권한의 범주적 구분만을 하는 것이 아니라, 행사되는 권한의 허용 가능한 '정도'를 판단한다. 이와 같은 적합한 허용 정도의 판단은 입법적 성격 내지 정책형성적 성격을 갖는다. 즉, 법관이 비교형량 하에서 판단을 함에 있어서는 특정 법률 내지 특정 법률조항의 입법목적이 어느 정도 중요한지, 그러한 입법을 통해 입법의 취지를 어느 정도 달성할 수 있는지, 입법을 통해 제한되는 법익이 입법을 통해 증진되는 법익과 어떻게 형량되는지 등 다양한 관련 쟁점을 '정도'의 판단을 통해 결정한다. 이 때 헌법의 문언 자체에는 이에 대한 답이 명시적으로 제시되어 있지 않으므로, 구체적인 실제의 사안에서 이러한 '정도'의 판단을 하기 위해서는 법관이 무엇인가 다른 정당화의 근거를 찾아내야 한다. 그 근거가 무엇이든 이는 당해 영역에서의 공공정책에 준하는 성격과 내용을 가지므로, 이와 같이 위헌법률심사에서 비교형량을 하는 법관은 성격상 입법과 등가적 기능과 효력을 갖는 판단을 하게 된다.

위헌법률심사에서 비교형량을 통해 법률의 위헌성을 판단하더라도 이러한 비교형량의 입법적 기능에 비추어 사법부가 비교형량을 대단히 제한적이며 법률의 합헌성 추정에 최대한 부합하도록 입법부 판단을 존중하는 방향으로 운용할 여지는 충분히 있다. 예를 들어 미연방대법원의 스톤(Harlan Fiske Stone)대법관은, 법률의 합헌성 추정을 최대한 유지하되 다만 그 추정의 범위가 상대적으로 좁은 예외적 상황 내지 경우가 있다는 관점에서, 법원이 그리고 궁극적으로 미연방대법원이 위헌법률심사에서 비교형량을 통해 입법부의 판단을 번복하는 것은 통상의 민주적 정치과정을 통해 권익의 보호를 기대하기 어려울 것으로 추정되는 정치·사회적 소수자의 권익 보호에 국한되어야 한다는 입장을 제시하였다.[33] 그러나 이후의 실제 운용에 있어 미국에서의 위헌법률심사의 방법론 내지 기준으로서의 비교형량은 입법부의 판단에 대한 존중의 정도를 대폭 낮추는 방향으로 운용되었으며, 나아가 이하에서 분석하는 바와 같이 우월적 지위(preferred position) 이론의 전개에 단초를 제시하였다.

4. 미국 표현의 자유 법리에서 우월적 지위 이론과 이단계 심사기준(double standard)

미연방대법원의 선도적 판결들을 중심으로 미국의 위헌법률심사의 기준이 정립되어 온 과정을 보면, 기본권의 보장 범위의 확대와 충실화를 위해 통상의 심사기준보다 상대적으로 엄격한 내지 강화된 심사기준의 도입이 필요하다는 입장이 대략 20세기 중반 이후 점차 설득력을 얻게 되어 위헌법률심사의 기준이 이단계 내지 이중 심사기준(double standard)으로

33) South Carolina Highway Department v. Barnwell Brothers, 303 U.S. 177(1938); U.S. v. Carolene Products, Co. 304 U.S. 144, 152(1938), n. 4.

정립되었다. 이러한 위헌법률심사 기준의 정립 과정의 초기에 미연방대법원의 스톤대법관은 1938년 U.S. v. Carolene Products, Co. 판결[34]에서 기본권의 더욱 실질적인 보장을 위해 전통적·원칙적 심사기준인 합리성 심사기준(rationality review)보다 상대적으로 엄격한 즉 강화된 심사기준("more exacting scrutiny")이 적용되어야 할 예외적 경우가 있음을 주장하고 이와 같은 강화된 심사기준을 적용할 대상을 예시적으로 제시하였다. 이 중에서 특히 다수결적 의사결정에 기초를 둔 통상의 정치과정의 바깥에 위치한 정치적·사회적·문화적 소수자의 권익 보장을 위한 경우, 이러한 경우에는 통상의 다수결적 민주주의 정치과정을 통해 스스로의 권익을 지킬 수 없는 공동체 구성원의 권익 보호를 위해 사법부가 위헌법률심사의 기제를 통해 보다 적극적으로 개입해야 하므로, 심사대상인 법률의 합헌성 추정의 범위를 상대적으로 좁게 보아야 한다는 논리를 전개하였다.[35]

구체적 사안에서 특정 법익이 다른 법익보다 우선적으로 내지 더욱 강하게 보장받아야 한다든지 반대로 그러한 특정의 사안에서 다른 법익이 우선적으로 내지 더욱 강하게 보장받아야 한다는 결론이 도출되는 이상, 법률의 위헌성 심사라는 개념 속에는 언제나 비교형량이 포함된다고 할 수 있다. 그러나 미연방대법원이 20세기 이후 위헌법률심사의 방법론이자 기준으로서 비교형량을 명시적으로 적용함으로써 사법작용을 통한 공공정책의 논의와 형성의 범위를 확대했을 뿐 아니라 이러한 공공정책 형성의 정당화 논리도 발전되어 온 점은 분명하다. 즉, 미연방대법원이 위헌법률심사에서의 비교형량을 통한 정책형성적 내지 입법적 기능을 인식하고 이러한 기능을 적극적으로 수행함으로써, 이후 위헌법률심사의 입법적 기능을 수용한 헌법적 법리가 더욱 발전하고 정립되게끔 되었다. 표현의 자유 법리를 이러한 관점에서 분석할 때, 명백하고 현존하는 위험의 법칙은 표현으로 인해 야기되는 위험의 심각성과 급박성을 한 쪽에 두고 다른 한 쪽에는 자유로운 의사 표현의 헌법적 중요성을 둔 비교형량을 요한다. 이 때 저울이 표현의 자유를 보장하는 쪽으로 기울어진 상태에서 비교형량이 이루어진다. 명백하고 현존하는 위험의 원칙하의 비교형량에서의 저울의 추의 위치는 곧 미연방대법원을 포함한 사법부가 표현의 자유라는 기본권에 대해 일응의 "우월적 지위(preferred

34) 304 U.S. 144, 152(1938).

35) U.S. v. Carolene Products, Co. 304 U.S. 144, 152(1938), n. 4("narrower scope for operation of the presumption of constitutionality"). 이에 대한 정밀한 분석으로는 Felix Gilman, "The Famous Footnote Four: A History of the Carolene Products Footnote," 46 Southern Texas Law Review 163(2004) 참조. 그러나 미연방대법원의 스톤대법관이 지적한 이와 같은 경우에도, 국민이 선출한 대표로 구성된 합의제 기관인 의회의 의결과정에는 소수자를 포함하여 특히 이해관계가 있는 자가 적어도 제도적으로 숙의 및 의결의 과정에서 필요한 관련 정보를 얻고 이해관계를 포함한 입장을 표명할 접점 내지 계기가 사법부에서의 위헌법률심사 기제에 비해 더 많이 주어져 있다고 할 수도 있다. 미국 연방의회에서의 입법과정에 대한 이러한 관점에서의 제도 분석은 William N. Eskridge, Jr., Philip P. Frickey, Elizabeth Garrett 공저, LEGISLATION AND STATUTORY INTERPRETATION(2d edition)(Foundation Press, 2006); Abner J. Mikva, Eric Lane 공저, AN INTRODUCTION TO STATUTORY INTERPRETATION AND THE LEGISLATIVE PROCESS(Aspen Publishers, 1997) 등 참조.

position)" 즉 가중치를 부여한 결과이다.

이와 같은 위헌법률심사의 기준으로서의 우월적 지위 이론은 우월적 지위를 부여받은 기본권을 제한하는 법률에 대해 입증책임의 전환과 함께 상대적으로 강화된 내지 보다 엄격한 심사기준을 적용하는 위헌법률심사의 이단계 내지 이중 기준(double standard)의 법리로 진화하였다. 즉, 비교형량에서 우월적 지위에 있는 내지 가중치를 부여받은 기본권을 제한하는 법률에 대해서는 위헌의 주장이 있고 그 위헌성에 대한 사법적 심사가 행해질 때 위헌을 주장하는 측이 아닌 정부로 하여금 당해 법률이 위헌이 아님을 입증할 입증책임을 부담하게 하고 당해 법률이 채택한 입법목적 실현 수단이 입법목적 실현을 위한 대안적 내지 대체적 수단 중에서 기본권을 가장 덜 침해하는 것일 것을 요하는 최소침해성(least restrictive alternative; no less restrictive alternative)을 가져야 하는 강화된 심사기준(strict scrutiny)을 적용하여 위헌성을 심사한다는 것이 이단계 내지 이중 기준의 핵심적 내용이자 의의이다.[36] 대의민주주의에서 의회의 입법에 대한 민주적 정당성에 근거한 합헌성 추정과 의회에 대해 독립적인 헌법기관이 재판작용을 통해 그러한 입법의 합헌성을 심사하여 합헌성 추정이 깨어지는 경우 위헌무효가 되는 위헌법률심사라는 전체적 맥락에서 이러한 분석이 갖는 함의는, 만약 특정 기본권에 대해 위헌법률심사에서 가중치를 주어 비교형량할 수 있다면, 또는 법률의 위헌성에 대한 이단계 내지 이중 심사기준 하에서 더욱 엄격한 기준을 적용하여 심사할 수 있다면,[37] 이러한 영역에서의 의회의 입법권은 상대적으로 제한되어 있다고 할 수 있는지의 논의를 촉발한다는 것이다. 이에 심사대상인 법률의 위헌성을 입증할 입증책임을 법률이 위헌이 아님을 입증할 책임으로 공권력에게 전환할 수 있는지, 입증의 정도 곧 법률의 위헌성 심사의 기준의 강도를 강화한다고 할 때 그 엄격성은 어느 정도인지 등 실제의 위헌심사에서의 핵심적 쟁점들을 법률의 합헌성 추정의 맥락에서 논리적으로 분석할 필요가 있다.

5. 미연방대법원 판례를 통해 본 우월적 지위 이론 관련 논의

우월적 지위 이론(preferred position doctrine)의 의미를 논한 미연방대법원의 일련의 판례를 보면 우월적 지위 이론의 개념과 역할에 대한 이해가 반드시 일치하지는 않았음과 함께

36) 이와 같이 미연방대법원이 중심이 되어 정립해 온 미국의 위헌법률심사기준으로서의 이단계 내지 이중 기준의 핵심적 내용과 의의를 입증책임 전환과 심사강도의 면에서 체계적으로 설명한 대표적인 원론서로서 Kathleen M. Sullivan, 앞의 책(주 19) 참조. 관련하여 Bruce A. Ackerman, "Beyond Carolene Products," 98 Harvard Law Review 713(1985) 및 Jeffrey M. Shaman, "Cracks in the Structure: The Coming Breakdown of the Levels of Scrutiny," 45 Ohio State Law Journal 161(1984); 그리고 관련 법리를 우리나라의 맥락에서 분석한 연구로서 김문현, "평등에 관한 헌법재판소판례의 다단계위헌심사기준에 대한 평가", 미국헌법연구 제17권 2호(2006) 참조.

37) 이와 같은 논의의 흐름이 잘 드러난 미연방대법원의 판례는 실제 "preferred position"이라는 표현이 사용된 Jones v. Opelika, 316 U.S. 584(1941)판결에서의 스톤(Stone)대법관의 반대의견, Murdock v. Pennsylvania, 319 U.S. 105(1943) 판결에서의 더글라스(Douglas)대법관의 다수의견 등이 있다.

그럼에도 불구하고 적어도 개념의 공통분모가 존재함을 알 수 있다. 미연방대법원의 1949년의 Kovacs v. Cooper판결[38]에서는 공공도로에서의 확성기 사용을 금지한 뉴저지(New Jersey)주 트렌턴(Trenton)시(市)의 조례(Ordinance No. 430)가 연방헌법이 보장하는 표현의 자유에 비추어 위헌인지가 쟁점이 되었다. 리이드(Stanley Forman Reed)대법관이 집필한 이 판결의 5대4 다수의견에서는 연방헌법이 보장하는 표현의 자유는 비교형량에서 우월적 지위를 부여받으나 비교형량을 통해 제한될 수 있음을 판시한 후 심사대상인 조례는 연방헌법이 보장하는 표현의 자유에 비추어 위헌이 아니라고 하였다. 별개의견을 제시한 프랑크퍼터(Felix Frankfurter)대법관은 다수의견이 사용한 표현의 자유의 우월적 지위("the preferred position of freedom of speech") 개념을 비판하였는데, 프랑크퍼터대법관의 비판의 핵심은 다수의견이 표현의 자유에 우월적 지위를 부여한다는 논리하에 의사의 표현과 소통을 제한하는 법률을 위헌으로 추정한다는 것이었다.[39] 프랑크퍼터대법관 역시 표현의 자유는 전체로서의 기본권 체계에서 헌법적 중요성의 면에서 우월적 지위("a preferred constitutional position")를 갖는다고 보았으나, 표현의 자유가 구체적 상황에서 상충하는 여타의 기본권 내지 법익과 비교형량될 때 그 비교형량의 일차적 권한과 책임은 다른 기본권 영역에서와 동등한 정도로 입법부에게 주어진다고 보았다.

결국 Kovacs v. Cooper판결에서 다수의견과 프랑크퍼터대법관의 별개의견간의 표현의 자유의 기본권으로서의 '우월적 지위(preferred position)' 개념에 대한 이해의 차이는 표현의 자유의 보장에 관한 입법적 판단에 대해 사법부가 위헌법률심사를 통해 어느 정도의 통제권을 갖는지에 대한 입장의 차이이다. 프랑크퍼터대법관이 Kovacs v. Cooper판결의 별개의견에서 지적하였듯이,[40] 이 판결의 다수의견의 입장은 표현의 자유를 제한하는 입법에 대한 위헌법률심사에서 비교형량시 표현의 자유의 우월적 지위를 인정해야 한다는 점에서는 프랑크퍼터대법관과 다르지 않으나, 표현의 자유를 제한하는 입법이 위헌이 아님을 입증할 입증책임을 정부에게 부담시키고 정부가 이를 상대적으로 높은 기준하에서 입증하여야 한다는 논리 전개의 전제로서 다수의견은 표현의 자유를 제한하는 입법에 대해서는 합헌성이 아닌 위헌성을 추정하였다. 이에 비해 프랑크퍼터대법관은, 표현의 자유와 같은 특정의 기본권의 헌법적 중요성을 인정하여 이러한 기본권에 일응의 우월적 지위를 인정하더라도, 그 필연적 결과로 이러한 기본권을 제한하는 법률을 합헌이 아닌 위헌으로 추정하거나 입증책임을 전환해야 하는 것은 아니라고 보았다. 즉, 표현의 자유를 제한하는 입법에 대한 위헌법률심사에 있어서도 그 심사기준은 다른 영역에서와 같이 통상의 합리성 심사기준을 적용하여 입법에

---

38) 336 U.S. 77(1949).
39) Kovacs v. Cooper, 336 U.S. 77, 90(1949).
40) 336 U.S. 77, 90(1949).

합리적 근거가 있는지를 판단하면 족하다고 보았고, 다만 위헌법률심사에서 입법에 합리적 근거가 있는지를 판단함에 있어서 관련 기본권의 헌법적 중요성을 고려해야 한다고 하였다. 특히 입법부작위가 아닌 입법부가 실제 입법을 한 경우, 입법부가 당해 법률이 제한하는 권리의 헌법적 중요성을 입법과정에서 고려하였음이 추정되기 때문에, 입법부의 판단을 존중하여 심사대상 법률이 합리적 근거가 없는 경우에만 합헌성 추정을 깨고 법률을 위헌으로 판단한다는 것이 Kovacs v. Cooper판결에서의 프랑크퍼터대법관의 별개의견의 논지이다.

이러한 점에서 Kovacs v. Cooper판결 이전의 미연방대법원 판례인 Whitney v. California 판결[41]을 보면, 브랜다이스(Louis Brandeis)대법관은 명백하고 현존하는 위험의 법칙의 의미에 대해 표현에 대한 입법을 통한 제약 내지 제한이 명백하고 현존하는 위험이 존재한다는 번복 가능한 추정("rebuttable presumption")을 도출해낼 뿐이라고 하였다.[42] 표면적으로 보면 이는 입법부의 입법을 존중하는 방향의 합헌성 추정이다. 그러나 만일 입증책임과 심사강도에 대한 위헌법률심사에서의 원칙적 법리와 기준이 적용된다면 표현의 자유를 제한하는 법률의 위헌성을 주장하는 당사자가 당해 법률이 위헌임을 입증할 책임을 부담하고 이 때의 입증의 책임은 당해 법률이 표현의 자유를 제한한다는 쟁점 제기 후 제한되는 표현이 유발하는 위험의 심각성과 급박성이 그다지 높지 않음을 보이면 족하다. 따라서 위헌성 심사의 기준을 충족하기 위해 표현으로 인해 유발되는 위험이 지극히 심각할 것("extremely serious")과 그러한 위험 발생의 급박성이 지극히 높을 것("extremely high")이 요구된다면, 이러한 엄격한 심사기준하의 합헌성 추정은 실질적으로는 위헌성을 추정하되 형식적으로 입법부 존중적인 포장을 한 것과 다르지 않다고 할 수 있다.

프랑크퍼터대법관은 1949년의 Kovacs v. Cooper 판결[43]의 별개의견에서 U.S. v. Carolene Products, Co. (1938) 판결[44]의 각주4번에 제시된 스톤(Stone)대법관의 논지의 취지에 대해 논하면서, 스톤대법관의 논지를 위 Carolene Products 판결의 각주4번에서 제시한 바의 '위헌법률심사에서 상대적으로 엄격한 기준이 적용되어야 하는 입법'에 대해 위헌성을 추정하자는 것이 아니라 이와 같은 입법에 대해 합헌성 추정의 범위 내지 정도가 축소될 여지가 있을지에 대해 의문을 제시한 것이라고 이해하였다.[45] 그러나 프랑크퍼터대법관은 1951년 미연방대법원의 Dennis v. United States 판결[46]에서는 Carolene Products 판결의 각주4번에서 제시한 바의 '위헌법률심사에서의 엄격심사기준 도입 및 적용의 가능성'에 대해 이는 이

41) 274 U.S. 357(1927).
42) U.S. v. Carolene Products, Co., 304 U.S. 144(1938).
43) 336 U.S. 77(1949).
44) 304 U.S. 144(1938).
45) Kovacs v. Cooper, 336 U.S. 77, 91-92(1949).
46) 341 U.S. 494(1951).

와 같은 일부 입법에 대해서는 합헌성 추정을 부정한 것이라고 판시하기도 하여,[47] 표현의 자유 법리에서 우월적 지위 이론하에 표현의 자유를 제한하는 법률에 대해 합헌성 추정이 원칙대로 유지되지만 그 추정의 범위 내지 정도만 축소된다고 보는지 아니면 이러한 법률에 대해서 위헌성을 추정한다고 보는지에 대해 일관성 있는 입장을 유지하지는 않았다. 관련 논리를 위헌법률심사에서의 입증책임과 심사기준의 강도라는 보다 넓은 맥락에서 볼 때, 법률의 합헌성 추정하에서 위헌을 주장하는 당사자가 심사대상인 법률이 위헌임을 입증할 입증책임을 부담하는 것이 원칙이고, 표현의 자유의 법리 전체에서 의사표현의 자유의 헌법적 중요성과 헌법적 보장의 필요성에 비추어 표현의 자유가 '보장되는 것'이 원칙이다. 만약 표현의 자유를 정부가 제한한다면, 이러한 제한이 예외적으로 허용되어야 하고, 원칙과 예외의 일반론을 적용할 때 위헌법률심사에서 법원이 예외를 설정한 정부로 하여금 그러한 예외가 정당화됨을 입증하도록 할 수 있을 것이다. 이와 같이 본다면 명백하고 현존하는 위험을 기준으로 표현의 자유를 제한하는 입법의 합헌성을 심사하는 것은 구체적 상황에서 구체적 표현이 유발하는 위험의 심각성과 급박성의 입증을 요하여 그 기준의 성격 자체상 정부의 구체적 입증을 요한다고 할 수 있다.

이상을 종합하여 볼 때, 미연방대법원이 일련의 판례를 통해 표현의 자유의 헌법적 중요성과 헌법적 보장 필요성을 우월적 지위 이론을 통해 상대적으로 강하게 인정하였지만 이와 같은 인정이 표현의 자유를 제한하는 법률에 대해 합헌성을 추정하는 대신 위헌성을 추정한다거나 입증책임을 전환시키지는 않는다는 프랑크퍼터대법관의 논리는 법률의 합헌성 추정과 위헌법률심사에서의 입증책임 및 심사강도의 법리에서 일응 논리의 일관성을 유지하게 하지만, 미연방대법원의 관련 판례의 동향을 정확하게 반영하지는 않는다. 또한 미연방대법원이 표현의 자유에 대해 우월적 지위를 인정하면서도 비교형량을 통해 표현의 자유와 상충하는 권리와 법익을 보장할 필요성을 인정한 판례들도 있다.[48] 표현의 자유의 우월적 지위를 인정하더라도, 표현의 자유를 제한하는 입법에 대해 합헌성이 아닌 위헌성을 추정하는 것은 입헌주의, 대의민주주의, 권력분립과 의회입법원칙의 근간에 비추어 논리적 정합성을 갖지 못할 뿐 아니라 특히 비교형량을 통한 위헌법률심판의 입법적 기능을 인정하고 존중하더라도 당위적 필요성을 갖지 않는다. 법률의 합헌성 추정의 대원칙하에서도 입증책임의 전환 내지 보다 엄격한 위헌심사기준의 적용을 논리적으로 정당화할 수 있으며, 이 점에서 Kovacs v. Cooper 판결의 별개의견에서의 프랑크퍼터대법관의 논지에서와 같이 다만 합헌성 추정의 범위 내지 정도가 축소된다고 이해할 수 있다. 이 점은 표현의 자유를 제한하는 법률에 대한 위헌성 심사에서 표현의 자유의 헌법적 중요성을 충실히 반영하면서도 관련 모든 법익간

47) Dennis v. United States, 341 U.S. 494, 526-527(1951).
48) Prince v. Massachusetts, 321 U.S. 158(1944) 등 참조.

의 균형 있고 조화로운 실현을 추구하는 관점에서 위헌법률심사의 기준을 정립해 가는 우리나라의 헌법재판소의 노력에 많은 시사점을 준다.

Ⅲ. 결어: 우리나라에의 시사점

1. 법률의 합헌성 추정의 관점에서

미국에서는 위헌법률심사의 기준에 관해 미연방대법원의 1938년 United States v. Carolene Products, Co. 판결[49]의 스톤대법관의 각주4번에서 개념적 가능성이 제시된 이후 일련의 판례를 통해 이단계 내지 이중 기준(double standard)이 정립되었다. 전통적 기준으로서 입법부에 대한 존중과 법률의 합헌성 추정에 충실하며 상대적으로 낮은 기준인 합리성 심사기준(rationality review)을 법률의 위헌성 심사에서 원칙적 기준으로 하되, 비교형량에서 가중치를 적용받는 우월적 지위를 인정받는 기본권 내지 권익의 평등한 보장을 다수결적 대의제 정치과정에 기대함에 의심의 여지가 있는 소수의 법익 보호 등 특정의 경우에는 보다 강화된 내지 상대적으로 높은 기준인 엄격심사기준(strict scrutiny) 및 중간심사기준(intermediate scrutiny)을 적용하여 심사대상 법률의 위헌성을 판단하는 법리이다. 이와 같은 법률의 위헌성 심사 기준으로서의 이단계 내지 이중 기준 법리하에서 미연방대법원의 일련의 판례와 학계의 논의를 거쳐 입증책임 관련 법리도 정립되었다. 즉 통상의 원칙적인 합리성 심사기준이 적용되는 경우 법률이 위헌임을 주장하는 당사자가 당해 법률이 위헌적으로 권리를 제한 내지 침해함을 입증할 입증책임을 부담하는 데 비해, 강화된 기준인 엄격심사기준이 적용되는 경우 심사대상 법률이 위헌적으로 권리를 침해한다는 주장에 대해 당해 법률이 위헌이 아님을 입증할 책임을 정부가 부담한다. 이러한 법리는 미국의 헌법학의 흐름에서 헌법의 실현에 있어서의 사법부의 역할에 대한 이해에 획기적 변화가 있었음을 보여주며, 이 점에서 우리나라에 시사하는 바가 크다.

미국의 위헌법률심사 법리의 정립 과정에서 고전적 관점에서는 법원의 위헌법률심사의 근간이 되는 정당성 근거를 입법부가 제정한 법률에 대한 헌법의 우위로 보아 법관이 법률을 해석하여 적용하는 과정에서 그 상위법인 헌법에 비추어 합헌성의 추정 하에 법률의 효력을 검토하는 것으로 이해하였으며, 이러한 기능은 대단히 제한적인 것으로 보았다. 입증책임은 당해 법률이 위헌임을 주장하는 당사자에게 주어졌으며, 사법부는 입법부가 반영하고 상징하는 지혜와 공익에 비춘 책임감을 존중하여 입법부가 제정한 법률의 합헌성을 추정하여야 한다는 입장을 취했다.[50] 연방헌법이 보장하는 기본권 중 특정 기본권의 헌법적 중요성

49) 304 U.S. 144(1938).

50) Christopher Wolfe, 앞의 책(주 4) 254면-255면 참조("The decent respect due to the wisdom, the

이 상대적으로 더욱 강하게 인정되는 경우에도 이러한 상대적 우위가 입법부의 입법에 대한 존중 나아가 입법부가 제정한 법률의 합헌성의 추정의 범위 내지 정도에 영향을 주지 않는다고 보았다. 이는 기본권간의 상대적 중요성 내지 우위 역시 입법부가 입법의 과정에서 고려하는 요소 중 하나이며 입법부는 이러한 기능을 수행하기에 적합한 구성방식과 합의제 기관으로서의 능력을 갖추고 있다고 보았기 때문이다.

이후 미연방대법원의 1938년의 United States v. Carolene Products, Co. 판결[51]을 분기점으로 하여 미국의 위헌법률심사 기제가 크게 변화하였는데, 이러한 근래의 미국의 위헌법률심사 기제는 무엇보다도 헌법의 실현에 있어 담당하는 역할의 면에서 입법부와 사법부의 관계가 다양한 정치, 사회, 경제, 문화적 요소에 의해 크게 변화한 데에 기인한다. 즉, 근래의 관점에서는 헌법의 실현 과정에서 위헌법률심판의 입법적 기능 특히 위헌법률심판에서의 비교형량의 정책형성적 그리고 입법적 성격을 기능적 권력분립관에 입각하여 명시적으로 긍정하면서, 긴장관계에 놓일 수 있는 입헌주의와 대의민주주의를 조화롭게 실현할 수 있는 연결고리가 되는 위헌법률심판의 기능을 중시한다. 이에 적어도 일정한 영역 내지 유형의 입법에 대해서는 위헌법률심사에서 입법부가 입법을 정당화해야 할 것이 요구되어, 이러한 입법에 대한 위헌성의 주장이 있으면 입법부가 당해 입법이 위헌이 아님을 강화된 기준 하에서 입증할 책임을 부담한다.

보다 구체적으로 보면, 미국에서 특히 다수결적 대의제 정치과정에서 정치적·사회적 소수자의 민권 보장과 관련하여 보다 근대적인 위헌법률심사 법리의 출발점이 된 판결인 1938년의 United States v. Carolene Products, Co. 판결[52]에서 미연방대법원은 법률의 합헌성 추정의 범위를 상대적으로 축소할 수 있는 가능성에 대한 법리를 제시하였다. 이 판결에서 스톤대법관은 입법부의 입법에 대해 합헌성 추정의 범위가 축소되는 경우를 예시적으로 제시하였는데, 첫째, 심사대상인 법률이 미연방헌법의 기본권 규정(the "Bill of Rights") 등이 구체적으로 금지하는 영역에 관한 것일 때, 둘째, 심사대상인 법률이 투표권, 표현의 자유, 결사의 자유와 같이 입법부가 제정하는 법률이 가진 문제점을 통상의 정치과정을 통해 교정해 갈 수 있게끔 하는 데에 핵심적인 의의를 가진 기본권을 제한하거나 이러한 정치과정을 제약하는 경우, 셋째, 심사대상인 법률이 특정의 인종적 내지 종교적 소수자와 같이 다수로부터 배제된 소수자로 하여금 동등하지 못한 처우를 규정하고 통상의 정치과정을 통해 이러한 상태가 교정될 수 있는 가능성이 제약되어 있을 때가 이러한 경우이다.[53] 이후 일련의

integrity, and the patriotism of the legislative body, by which any law is passed, required the courts to presume in favor of its validity.").

51) 304 U.S. 144(1938).

52) 304 U.S. 144(1938).

53) 304 U.S. 144, 152(1938), n. 4.

미연방대법원 판결에서는 이를 적어도 일정한 예외적 경우에는 법률의 합헌성에 의심의 여지가 있다고 추정하고 당해 입법의 필요성을 강화된 기준하에 입증할 입증책임을 정부에 전환하여 부담시키는 것으로 이해하였다.

스톤대법관이 제시한 위의 세 경우 중에서 첫 번째 경우에는 미연방헌법의 규정 자체에서 문언상의 근거를 찾을 수 있으나, 다른 두 경우에는 그렇지 않다. 넓은 맥락에서 볼 때 자유와 평등의 보장은 미연방헌법의 법리상 적법절차조항 내지 평등보호조항을 통해 헌법적 보장의 대상이 된다고 하겠다. 그러나 헌법의 실현과 위헌법률심판의 입법적 기능의 관점에서 미국의 법리 변화가 주는 핵심적 시사점은, 대의민주주의 정치과정의 온전성을 위한 헌법적 교정 장치의 필요성 내지 대의민주주의에서 소수자의 법익의 보장을 포함한 헌법의 실현을 위헌법률심사를 통해 구현할 역할을 법원에게 부여하는 것은 그 자체로서 법관에게 헌법의 문언 이외의 공공정책과 공동체의 공익적 가치를 근거로 하여 헌법을 실현할 역할을 부여하는 것이라는 이해가 헌법 법리의 진화 과정에서 설득력을 얻었다는 점이다. 이와 같은 이해가 Marbury v. Madison 판결[54]에서 최초로 제시된 연방법원의 위헌법률심사권한의 근거를 보충하며 진화하여 비교형량의 맥락에서 특히 표현의 자유의 영역에서 명백·현존하는 위험의 원칙과 우월적 지위 이론을 거쳐 오늘날의 미국에서의 연방법원의 위헌법률심사의 기준으로서의 이단계 내지 이중 기준 법리를 뒷받침해 왔다.[55] 이러한 근거에 기초하여 위헌법률심사 법리가 입증책임 법리와 함께 심사에 있어서의 이단계 내지 이중 기준의 개념으로 정립됨으로써 오늘날까지 미국에서의 위헌법률심사 법리에서 위헌법률심사의 역할이 특정의 헌법상의 기본권의 보장을 넘어 전체로서의 헌법의 실현으로 확장될 수 있었으며, 이는 다른 한 편으로는 경제적 권리 내지 재산권의 영역보다 민권과 평등권의 영역에서 입증책임의 전환과 이단계 내지 이중 심사기준을 중심으로 한 위헌법률심사 법리가 보다 정치하게 정립되는 계기가 되었다.

---

54) 5 U.S. (1 Cranch) 137(1803).

55) 이러한 정립 및 변천의 과정과 이에 대한 특히 표현의 자유 법리에서의 분석과 평가에 대해서는 Lynn A. Baker, Ernest A. Young, "Federalism and the Double Standard of Judicial Review," 51 Duke Law Journal 75(2001); Jed Rubenfeld, "The First Amendment Purpose," 53 Stanford Law Review 767(2001); David R. Dow, R. Scott Shields, "Rethinking the Clear and Present Danger Test," 73 Indiana Law Journal 1217(1998); David R. Dow, "The Moral Failure of the Clear and Present Danger Test," 6 William & Mary Bill of Rights Journal 733(1998); Cass R. Sunstein, "Free Speech Now," 59 University of Chicago Law Review 255(1992); Robert F. Nagel, "How Useful is Judicial Review in Free Speech Cases?," 69 Cornell Law Review 302(1984); Thomas I. Emerson, "First Amendment Doctrine and the Burger Court," 68 California Law Review 422(1980); C. Edwin Baker, "Scope of the First Amendment Freedom of Speech," 25 UCLA Law Review 964(1978) 등 참조.

2. 법률의 위헌성 심사에서의 심사강도의 관점에서

기본권의 영역에서 법률의 위헌성 심사 기준은 법률 및 기타 공권력작용이 기본권을 침해하여 위헌인지의 여부를 판단하는 데 사용하는 기준으로서, 심사척도와 심사강도를 정하는 기준으로 기능하며, 미국의 위헌심사기준으로서의 이단계 내지 이중기준에서 보듯이 심사의 강도에 차등을 두어 심사강도에 따라 심사척도를 달리하는 형태로 작용할 수도 있다. 한국의 헌법재판소는 원칙적으로 공권력의 기본권 제한의 위헌 여부를 판단함에 있어 헌법 제37조 제2항의 적용으로서 과잉금지원칙을 사용하여, 제한 목적의 정당성, 수단의 적합성, 피해의 최소성, 법익의 균형성이라는 요건에 따라 판단하고 기본권에 따라 요건이 추가 내지 배제하지 않는다. 이러한 과잉금지원칙과 함께 명확성의 원칙, 적법절차의 원칙, 신뢰의 원칙 등의 위헌심사기준이 적용되며, 특히 표현의 자유와 관련하여서는 사전검열금지원칙이 적용된다. 헌법재판소는 기본권의 종류나 기본권 제한의 유형에 따라 심사의 강도를 강화하거나 완화해야 하는 경우가 있다고 설시하고 있으나, 평등원칙의 경우를 제외하면 심사의 강도는 과잉금지원칙을 적용하는 과정에서 참작되고 별도의 심사척도를 적용하는 방식으로 적용되지는 않는다.

한국의 헌법재판소는 표현의 자유를 "개인이 인간으로서의 존엄과 가치를 유지하고 행복을 추구하며 국민주권을 행사하는 데 필수불가결한 것으로 오늘날 민주국가에서 국민이 갖는 가장 중요한 기본권의 하나"라고 여러 차례에 걸쳐 설시하여 표현의 자유가 민주주의 체제에서 갖는 중요성을 강조해 왔다.[56] 특히 1991년의 결정에서는 "언론의 자유는 바로 민주국가의 존립과 발전을 위한 기초가 되기 때문에 특히 우월적인 지위를 지니고 있는 것이 현대 헌법의 특징이다"라고 하여 표현의 자유가 다른 기본권에 비해 '우월적인 지위'를 갖고 있다고 설시하였다.[57] 그러나 '표현의 자유의 우월적 지위'라는 표현은 이후의 헌법재판소 결정에서 다시 사용된 바는 없다. 이와 같이 헌법재판소는 표현의 자유의 중요성을 명시적으로 강조해 왔으며 구체적 사건에서 과잉금지원칙을 적용하면서 각 요건을 상대적으로 엄격하게 심사함으로써 표현의 자유를 실질적으로 보장하고 그 외연을 확대하는 방향으로 법리를 발전시켜 왔으나, 표현의 자유의 영역에서 위헌심사의 기준에 강화된 내지 보다 엄격한 심사강도가 이론적·체계적으로 반영되고 있다고 보기는 힘들다.

다만, 표현의 자유의 보다 구체적인 영역에서 헌법재판소는 표현의 자유를 제한하는 법률

56) 헌재 1992.2.25. 선고 89헌가104, 헌재판례집 제4권 64면 이하, 93면; 헌재 1992.11.12. 선고 89헌마88, 헌재판례집 제4권 739면 이하, 758면; 헌재 1998.4.30. 선고 95헌가16, 헌재판례집 제10권1집 327면 이하, 338면; 헌재 2002.4.25. 선고 2001헌가27, 헌재판례집 제14권1집, 251면 이하, 265면; 헌재 2009.5.28. 선고 2006헌바109, 헌재판례집 제21권1집(하), 545면 이하, 563면 등.

57) 헌재 1991.9.16. 선고 89헌마165, 헌재판례집 제3권 518면 이하, 524면.

의 위헌성 심사에 있어 다음과 같은 입장을 보인다. 우선, 정치적 표현의 자유에 관하여 "선거운동의 자유는 널리 선거운동에서 자유로이 의사를 표현할 자유의 일환이므로 표현의 자유의 한 태양이기도 하다"라고 전제한 후 "선거운동은 국민주권 행사의 일환일 뿐 아니라 정치적 표현의 자유의 한 형태로서 민주사회를 구성하고 움직이게 하는 요소이므로 그 제한 입법에 있어서도 엄격한 심사기준이 적용된다"고 설시하였다.[58] 이로부터 헌법재판소가 정치적 의사표현의 자유의 영역에서 이와 같은 표현의 자유가 민주주의 정치 과정에서 수행하는 역할을 강조하여 상대적으로 강화된 위헌성 심사 기준을 적용하는 것으로 추론할 수 있으나, 위헌심사의 기준에 이러한 입장이 구체적으로 어떻게 반영되는지가 헌법재판소의 판례에 언급된 바는 없다. 다른 한편, 이른바 상업적 표현의 자유의 영역에서는, 특정의료기관이나 의료인의 기능 및 진료방법에 대한 광고를 금지하는 의료법 조항의 위헌 여부가 문제된 사건에서, 헌법재판소는 상업광고 규제에 대한 과잉금지의 원칙하의 심사에서 피해의 최소성은 당해 규제가 입법목적을 달성하기 위해 필요한 최소한의 제한인지를 심사하기보다는 "입법목적을 달성하기 위하여 필요한 범위 내의 것인지를 심사하는 정도로 완화되는 것이 상당하다"고 판시하였다.[59] 이 결정에서는 헌법재판소가 상업적 표현의 경우 구체적으로 과잉금지 원칙의 요건 중 피해의 최소성에 관해 심사강도가 완화된다고 하면서, 피해의 최소성 요건을 두 단계로 세분하여 '입법목적을 달성하기 위하여 필요최소한의 제약인지를 심사'하는 것과 '입법목적을 달성하기 위하여 필요한 범위 내의 것인지를 심사'하는 것으로 나누고, 상업적 표현의 경우에는 후자의 기준에 따른다고 하여, 심사강도의 차이를 심사척도에 구체적으로 반영시키고 있다. 이는 심사강도의 차이를 위해 과잉금지원칙이 아닌 새로운 심사척도를 사용하는 것은 아니지만 과잉금지원칙의 적용에 있어 그 요건을 세분화하여 과잉금지원칙 내에 심사강도의 차이를 반영하고 심사척도를 정교화한 것이다.

또한 헌법재판소는 표현의 자유 법리에서 의사의 표현에 대한 내용규제와 방법규제를 구별하여, "국가가 개인의 표현행위를 규제하는 경우 표현내용에 대한 규제는 원칙적으로 중대한 공익의 실현을 위하여 불가피한 경우에 한하여 엄격한 요건 하에서 허용되는 반면, 표현내용과 무관하게 표현의 방법을 규제하는 것은 합리적인 공익상의 이유로 폭넓은 제한이 가능하다"라고 하면서, "표현의 방법에 대한 제한은 합리적인 공익상의 이유로 비례의 원칙의 준수하에서 가능하다"라고 하여, 표현내용에 대한 규제와 표현방법에 대한 규제를 구분하고 이에 따라 심사강도에 차등을 두었다.[60] 그러나 이와 같은 판례로부터 헌법재판소가 표현의

---

58) 헌재 1994.7.29. 선고 93헌가4, 헌재판례집 제6권2집, 15면 이하.

59) 헌재 2005.10.27. 선고 2003헌가3, 헌재판례집 제17권2집, 189면 이하. 헌법재판소는 세무사 자격이 있는 변호사에게 세무사 및 유사한 명칭을 사용하지 못하도록 규정한 세무사법 조항의 위헌여부가 문제된 사건에서도 같은 취지의 판시를 하였다. 헌재 2008.5.29. 선고 2007헌마248, 헌재판례집 제20권1집(하), 287면 이하, 296면.

자유를 제한하는 입법의 위헌성 심사에서 새로운 심사척도를 채택하였다고 볼 수는 없으며, 다만 위헌심사기준으로서의 과잉금지원칙의 적용에 있어 과잉금지원칙을 얼마나 엄격하게 적용할 것인지 여부를 판단하는 요소로서 표현내용 규제와 표현방법 규제를 구별하고 있다고 하겠다.

헌법재판소는 표현의 자유를 제한하는 입법의 위헌성 심사에 있어 그 기준으로서 사전제한금지원칙, 명확성 원칙, 신뢰의 원칙, 적법절차원칙과 함께 헌법 제37조 제2항하에서 과잉금지원칙을 적용하면서, 그 세부요건을 구체화하는 방식으로 심사강도와 심사척도를 조율하여 심사강도에 있어 차등을 두는 것을 의도하는 것으로 분석된다. 이는 법리의 일관성을 유지하는 한편 특히 과잉금지원칙의 요건 중 피해의 최소성과 법익의 균형성을 통해 유연성을 발휘할 수 있는 장점을 가진다. 헌법재판소의 판례를 중심으로 분석할 때 한국의 표현의 자유 법리에서 표현의 자유를 제한하는 법률의 위헌성 심사의 기준은 표현의 유형과 표현영역 등 다양한 요인에 따라 심사의 강도를 조절하려는 헌법재판소의 입장으로 요약될 수 있다. 이러한 심사강도의 조절 관점에서 볼 때 위헌심사의 원칙적 기준인 과잉금지원칙과 표현의 자유 관련 판례에서 헌법재판소가 언급한 '엄격한 심사기준'간의 논리적·체계적 관계는 아직 불분명하다. 헌법재판소가 위헌심사의 기준으로 적용하는 바의 과잉금지원칙은 포괄성과 보편성에 기해 일관성을 부여하는 장점이 있다고 하겠으나, 헌법재판소에 의한 법률의 위헌성 판단에 폭넓은 재량을 부여하는 측면이 있다. 이에 기본권의 영역이나 제한의 태양 등의 요소를 기준으로 과잉금지원칙의 요건을 세분화하고 정교화하여 심사강도의 차이가 심사척도의 차별화를 통해 기준으로서 반영될 수 있도록 한다면 법리의 일관성을 유지하면서도 구체적 사안의 심리에 기초한 유연성을 반영하여 경직화를 막음으로써, 표현의 자유의 중요성 및 다른 권익과의 조화의 헌법적 실현을 위헌법률심사의 기준을 통해서도 이루어 갈 수 있을 것이다. 미국 표현의 자유 법리의 발전과정에서 우월적 지위 이론이 갖는 의의가 한국의 표현의 자유 법리에서 표현의 자유를 제한하는 입법에 대한 위헌성 심사 기준의 정립 노력에 시사하는 바도 여기에 있다.

60) 헌재 2002.12.18. 선고 2000헌마764, 헌재판례집 제14권2집, 856면 이하, 859면.

38. 법원과 헌법재판소의 관할 비교* – 권한쟁의심판과 항고소송을 중심으로 –

박 현 정**

Ⅰ. 서 설

1984년 행정소송법 전면개정으로 행정재판제도가 정비되고 1987년 헌법 개정으로 헌법재판소가 창설된 이래 우리 사법제도는 비약적인 발전을 이루어왔다. 헌법재판소는 헌법수호와 기본권 보호에 적극적으로 앞장서면서 헌법 법리를 발전시켰고, 대법원도 헌법재판소와 경쟁하면서 행정재판의 대상을 확대하고 기본권 보호와 법치국가의 확립에 앞장서왔다. 그러나 헌법재판소와 법원의 관계가 항상 매끄럽기만 한 것은 아니어서, 행정입법에 대한 헌법소원 인정문제로 양 기관이 견해의 대립을 보인바 있고, 법원의 법률 해석·적용권과 변형결정의 기속력, 재판과 원처분에 대한 헌법소원 인정 문제로 갈등이 일어나기도 하였다. 이러한 문제들에 관하여는 정치한 해석론과 입법론을 전개한 수많은 연구들이 있으나, 이 글에서 논하고자 하는 주제는 이에 관한 것이 아니다. 여기서는 헌법재판소의 권한쟁의심판과 법원의 항고소송의 관할을 비교하고자 한다.

권한쟁의심판은 헌법재판소가 관장하는 사건 중 매우 작은 부분을 차지하는 사건유형이다. 2013.8.까지 헌법재판소에 접수된 24341건의 사건 중 81건만이 권한쟁의심판 사건이고, 그 중 선고된 사건은 62건에 불과하다.[1] 지방자치법상의 각종 특별소송이나 국가나 지방자치단체가 원고가 되어 제기한 항고소송 건수도 전체 행정사건수와 비교하면 극소수에 불과하다. 당사자가 될 수 있는 국가기관과 지방자치단체의 수가 한정되어 있음을 고려하면 이는 당연한 것이기도 하다. 그러나 지방자치제도의 발전으로 국가와 지방자치단체, 지방자치단체와 지방자치단체 사이에 다양한 유형의 공법관계가 발생하게 되었고, 분쟁의 가능성 및 그에 따른 사법적 해결의 필요성도 점점 높아지고 있다. 다른 한편으로 입법자의 예상을 뛰어넘는 분쟁유형들의 발생으로 권한쟁의심판과 항고소송 및 지방자치법상 특별소송의 관계정립 문제가 조금씩 수면위로 떠오르기 시작하고 있다. 이러한 상황에서 행정주체 및 기관들 사이의 '권한분쟁'[2]과 관련한 법원과 헌법재판소의 재판관할을 비교하고 문제점을 짚어보는 것은 의

---

* 이 글은 사단법인 한국공법학회 공법연구 제41집 제4호(2013년 6월) 1면 이하에 게재된 논문을 수정·보완한 것이다.

** 한양대학교 법학전문대학원 부교수

1) 81건 중 13건은 취하되었고, 16건은 인용, 19건은 기각, 27건은 각하되었으며, 6건은 미제로 남아있다(헌법재판소 사건통계 중 심판사건누계표, 2013.8. 기준).

2) 이 글에서는 국가 또는 지방자치단체 간, 지방자치단체 상호간 또는 국가나 지방자치단체 내부의 기관 상

미가 있을 것이다.

이 글에서는 먼저 권한분쟁에 대한 재판제도로서 권한쟁의심판, 항고소송을 다툼의 대상과 심판대상(소송물)을 중심으로 개관하고(Ⅱ), 권한쟁의심판과 국가 또는 지방자치단체가 제기하는 항고소송 판례를 분석할 것이다(Ⅲ). 다툼의 대상이 처분인 경우에는 처분의 효력을 없앨 수 있는 두 가지 수단, 즉 권한쟁의심판과 항고소송이 병존하게 되는데, 이러한 관할 중첩[3]의 문제점을 살펴보고 헌법과 법률의 조화로운 해석을 통해 문제점을 최소화하는 방안을 강구해보고자 한다(Ⅳ).

Ⅱ. 권한쟁의심판과 항고소송 개관

1. 국가, 지방자치단체 또는 그 기관이 제기하는 소송의 유형

(1) 권한쟁의심판과 기관소송

권한쟁의심판은 '국가기관 상호간, 국가기관과 지방자치단체 간 및 지방자치단체 상호간'에 권한의 유무 또는 범위에 관한 다툼을 해결하기 위한 소송이고(헌법 제111조 제1항 제4호, 헌법재판소법 제61조 제1항), 기관소송은 '국가 또는 공공단체의 기관 상호간'에 권한의 존부 또는 그 행사에 관한 다툼을 해결하기 위한 소송이다. 기관소송은 개별법에서 특별규정이 있는 경우에만 인정되며, 권한쟁의심판의 대상이 되는 분쟁은 기관소송의 대상으로 삼을 수 없다(행정소송법 제3조 제4호, 제45조).

기관소송을 동일한 행정주체 내부의 기관 사이의 분쟁을 해결하기 위해 권리의무의 주체가 아닌 기관에게 특별히 당사자능력을 인정한 소송으로 이해하는 것이 학계의 다수 견해이다.[4] 기관소송을 이렇게 이해하는 것은 다음과 같은 점에서 타당하다. 첫째, 이와 같은 해석이 행정소송법의 문리해석에 부합한다. 둘째, 법인의 기관은 당사자능력이 없으므로 동일한 법주체의 기관 사이의 다툼은 사법구제의 대상이 될 수 없는 것이 원칙이다. 서로 다른 법주체에 속하는 기관 사이의 다툼은 해당 법주체 사이의 다툼이나 마찬가지기 때문에 특별한 취급을 할 필요가 없고, 항고소송으로 충분히 해결할 수 있다. 이러한 점에서 기관소송은 국가 또는 지방자치단체 내부에서 발생하는 다툼 중 중요한 일부에 대하여 사법통제를 가능하

호간에 발생하는 공법관계에서의 분쟁 중 일방의 권한행사 또는 불행사가 문제되는 모든 유형의 분쟁을 통틀어 '권한분쟁'이라는 용어를 쓰기로 한다.

3) 이 글에서는 위와 같이 동일한 당사자 사이에 동일한 다툼의 대상(처분)에 대하여 헌법재판과 행정재판이라는 두 가지 구제수단이 가능한 현상을 '관할 중첩'이라 칭하기로 한다. 이는 양 재판 사이의 관할위반 문제를 고려하지 아니한 중립적인 표현이다.

4) 이기우, 「기관소송」, 고시계, 제37권 제11호, 1992, 52-54쪽; 홍정선, 「기관소송의 법리」, 공법연구 제25집 제4호, 1997, 217-219쪽; 정하중, 「지방자치단체 기관상호간의 분쟁에 대한 행정소송」, 안암법학 제7권, 1998, 102-103쪽; 박정훈, 행정소송의 구조와 기능, 박영사, 2006, 339-340쪽; 최봉석, 「지방자치 관련 사법심사의 제도적 현황과 개혁과제」, 공법연구 제32집 제5호, 2004, 770쪽 등.

게 해주는 역할을 한다.

(2) 항고소송

항고소송은 행정청의 처분이나 부작위가 위법함을 이유로 그 취소나 무효확인을 구하는 소송이다(행정소송법 제3조 제1호). 항고소송은 일반적으로 공권력에 대한 사인의 권리구제수단으로 이해되지만 서로 다른 법주체인 국가와 지방자치단체 사이 또는 지방자치단체 상호간의 권한분쟁 해결수단으로서도 역할을 수행하고 있다.[5]

국가나 지방자치단체가 항고소송을 제기하는 것은 비교적 근래에 일어난 일이지만, 국가나 지방자치단체도 항고소송을 제기할 수 있다는 논의는 이전부터 있어왔다.[6] 공권력 행사 또는 불행사의 상대방이 국가나 지방자치단체인 경우에도 그것이 국가나 지방자치단체의 권리·의무 또는 권한에 직접적인 영향을 미친다면 처분이라 할 수 있다. 행정주체가 아니라 국가나 지방자치단체의 기관을 처분의 상대방으로 삼고 있더라도 그에 따른 권리·의무의 귀속주체가 국가나 지방자치단체인 이상 국가나 지방자치단체를 처분의 상대방으로 볼 수 있다.[7] 권한은 "주관적 권리·의무가 아니라 국가나 지방자치단체 등 공법인 또는 그 기관이 헌법 또는 법률에 의하여 부여되어 법적으로 유효한 행위를 할 수 있는 능력"[8]으로 이해되지만, 권한이 해당 행정주체에게 인정되는 개별적·직접적·구체적 이익이라면 '재산권' 등 권리와 마찬가지로 항고소송의 원고적격 인정요건으로서의 "처분 등의 취소를 구할 법률상 이익"이 될 수 있다.

(3) 분석 범위의 한정

기관소송은 동일한 행정주체 내부의 기관 사이의 소송이므로 항고소송과의 관할 중첩 문제는 발생하지 않는다. 동일한 행정주체 내부의 기관 사이의 소송 중에서 권한쟁의심판으로

---

5) 행정소송법 제13조는 행정청을 항고소송의 피고로 삼고 있으나, 이는 행정의 기관에게 특별히 당사자적격을 부여한 것일 뿐 재판의 결과는 처분 또는 부작위의 효과가 귀속되는 행정주체에게 귀속된다. 따라서 원칙적으로 항고소송은 서로 다른 법주체 사이의 소송이라 할 수 있다.

6) 지방자치단체의 원고적격 인정에 관한 논의로 서원우, 「지방자치단체의 행정소송」, 고시연구 제21권 제10호, 1994, 25-45쪽; 김기진, 「지방자치단체의 사법적 구제: 기관소송과 권한쟁의를 중심으로」, 연세법학연구 제5권 제1호, 1998, 104쪽; 김해룡, 「지방자치권 침해에 대한 구제제도에 관한 연구」, 토지공법연구 제13집, 2001, 262쪽; 송영천, 「지방자치제 시행과 관련한 각종 쟁송의 제문제」, 저스티스 제69호, 2002, 49-54쪽; 신봉기, 「기관 분쟁 및 쟁송에 관한 연구: 행정소송법 개정방향과 관련하여」, 토지공법연구 제16집 제1호, 2002, 346-349쪽; 강경근, 「국가기관과 지방자치단체간 권한쟁의에 있어서의 처분성」, 고시연구 제33권 제3호, 2006, 94쪽; 조성규, 「지방자치권의 사법적 보장: 항고소송의 가능성을 중심으로」, 행정법연구 제14호, 2005, 239-271쪽; 정호경, 「행정소송과 헌법재판의 관계에 관한 고찰」, 행정법연구 제22호, 2008, 75-77쪽; 문상덕, 「지방자치제도의 활성화와 행정소송: 지방자치 관련 대법원 판례 검토를 중심으로」, 행정법 연구 제25호, 2010, 75-76쪽; 박현정, 「국가와 지방자치단체의 항고소송에서의 원고적격: 판례의 최근 경향을 중심으로」, 행정법연구 제30호, 2011, 159-206쪽 등.

7) 다만, 기관위임사무에 관한 국가 등의 감독조치를 처분으로 볼 것인가에 대하여는 이론이 있을 수 있다. 처분성을 인정하는 견해로 박정훈, 앞의 책, 350-351쪽.

8) 헌법재판소 2010.12.28. 선고 2009헌라2 결정.

인정되는 것은 뒤에서 보듯이 정부, 대법원, 헌법재판소 등 헌법상 국가기관 사이의 권한쟁의심판 뿐이므로, 지방자치단체장이 제기하는 재의결 무효확인소송(지방자치법 제107조, 제172조)이나 이행명령에 대한 불복소송(지방자치법 제170조) 등 기관소송과 권한쟁의심판과의 관할 중첩 문제 또한 발생하지 않는다.

지방의회의 재의결에 대하여 자치단체장이 제소하지 않을 때 주무부장관이나 시·도지사가 직접 제기하는 소송(지방자치법 제172조 제1항, 제4항)은 원·피고가 동일한 법주체 내부의 기관이 아니고 지방의회의 재의결 자체를 처분으로 볼 수도 없는 점에 비추어 기관소송도 항고소송도 아닌 특수한 유형의 소송이라고 할 것이다.[9] 그 밖에 자치사무나 단체위임사무에 관한 지방자치단체장의 명령이나 처분을 취소·정지하는 주무부장관이나 시·도지사의 처분에 대한 자치단체장의 불복소송(지방자치법 제169조), 매립지 또는 지적공부에 등록이 누락된 토지의 관할권한을 정하는 안전행정부장관의 결정에 대한 지방자치단체장의 불복소송(지방자치법 제4조)은 자치단체장이 지방자치단체를 대표하여 제기하는 소송으로서 항고소송의 일종이다.[10] 위 지방자치법 규정들은 행정소송법에 대한 특별법이므로 이들 소송의 대상이 되는 분쟁에 대하여는 일반 항고소송이 인정될 수 없다.

한편, 지방자치법상 특별소송이 권한쟁의심판의 대상에 포함되는 분쟁에 대한 관할권을 대법원에 부여하고 있는 것이어서 헌법 제111조에 반한다는 주장이 있다.[11] 그러나 감독청의 지방의회 재의결에 대한 직접제소는 권한침해를 요건으로 하지 않고, 감독청의 권한과 관계없는 모든 종류의 위법판단이 가능한 특별소송이므로 헌법재판소의 권한을 침해하는 것이 아니다. 나머지 특별 항고소송들의 헌법 위반 문제는 일반 항고소송과 권한쟁의심판의 관계에 대한 논의와 대동소이하다고 볼 수 있다.[12]

위와 같은 사정들을 고려하여 이 글에서는 권한쟁의심판과 국가 또는 지방자치단체가 제기하는 일반 항고소송만을 비교분석하고, 기관소송과 지방자치법 등에서 규정하는 특별소송을 분석 대상에서 제외하기로 한다.

2. 권한쟁의심판과 항고소송의 비교

(1) 당사자

권한쟁의심판은 국가기관 상호간의 권한쟁의에 관한 심판(동일한 행정주체 내부의 권한쟁의)과 국가기관과 지방자치단체 간 및 지방자치단체 상호간의 권한쟁의에 관한 심판(서로 다

---

9) 특별소송으로 보는 견해로 홍정선, 앞의 글, 237쪽; 기관소송으로 보는 견해로 신봉기, 「기관 분쟁 및 쟁송에 관한 연구: 행정소송법 개정방향과 관련하여」, 336-337쪽.

10) 감독청의 취소·정지에 대한 불복소송을 항고소송으로 보는 대표적인 견해로 홍정선, 앞의 글, 229-233쪽.

11) 남복현, 「헌법재판소법 개정방향: 특별심판절차와 관련하여」, 헌법학연구 제17권 제4호, 2011, 41-44쪽.

12) 다만 지방자치법 제4조에 따른 특별 항고소송의 문제에 관하여는 각주 35) 참조.

른 행정주체 사이의 권한쟁의)의 두 유형으로 나누어 볼 수 있다. 헌법재판소법 제62조 제1항 제1호는 첫 번째 유형에서 당사자가 될 수 있는 국가기관으로 "국회, 정부, 법원 및 중앙선거관리위원회"만을 규정하고 있지만, 헌법재판소는 이를 예시적인 것으로 보아 "국가기관이 헌법에 의하여 설치되고 헌법과 법률에 의하여 독자적인 권한을 부여받고 있는지 여부, 헌법에 의하여 설치된 국가기관 상호간의 권한쟁의를 해결할 수 있는 적당한 기관이나 방법이 있는지 여부 등을 종합적으로 고려하여" 위에 열거되지 아니한 기관인 국회의원과 국회의장에게도 당사자능력을 인정하고 있다.[13)14)] 그에 따라 국회의원과 국회의장 간의 권한쟁의심판이 위 유형의 다수를 차지하고 있다. 두 번째 유형의 경우에도 헌법재판소법은 국가기관으로 '정부'만을 규정하고 있지만, 여기의 정부에는 전체로서의 정부와 대통령, 각부장관, 국회, 각급선거관리위원회 등 헌법상의 기관뿐 아니라 기관위임사무를 처리하는 국가기관으로서의 지방자치단체장 등도 포함된다.[15)]

지방자치단체는 국가와 별개의 법주체이고 원고적격의 인정요건인 '법률상 이익'에 '권한'이 포함되지 못할 이유가 없으므로, 지방자치단체도 항고소송을 제기할 수 있음은 앞서 보았다. 대법원이 자치권을 근거로 지방자치단체의 원고적격을 정면으로 인정한 예는 아직 없는 듯하지만, 하급심법원에서 지방자치단체의 원고적격을 인정하고 본안판단에 나아간 예는 상당수 있다. 항고소송은 지방자치권의 보장뿐만 아니라 국가의 '법률상 이익'을 보호하기 위한 수단으로서도 이용되는데, 국가가 항고소송을 제기하여 지방자치단체의 처분의 위법성을 다투는 경우도 상당수 발견되고 있다.[16)]

(2) 심판대상과 다툼의 대상

"권한의 유무 또는 범위에 관하여 다툼이 있을 때" 국가기관이나 지방자치단체가 권한쟁의심판을 청구하면(헌법재판소법 제61조 제1항), 헌법재판소는 본안에서 다툼의 대상이 된 "권

---

13) 헌법재판소 1997.7.16. 선고 96헌라2 결정 등.

14) 다만 국가인권위원회는 "헌법에 의하여 설치되고 헌법과 법률에 의하여 독자적인 권한을 부여받은 국가기관"이라고 할 수 없어 당사자능력이 없고(헌법재판소 2010.10.28. 선고 2009헌라6 결정), 지방의회 의원과 의장 간의 권한쟁의심판청구도 부적법하다(헌법재판소 2010.4.29. 선고 2009헌라11 결정).

15) 헌법재판소 1998.8.27. 선고 96헌라1 결정; 헌법재판소 2005.12.22. 선고 2004헌라3 결정(정부); 헌법재판소 2002.10.31. 선고 2002헌라2 결정(대통령); 헌법재판소 2001.10.25. 선고 2000헌라3 결정 등 다수(각부장관); 헌법재판소 2008.6.26. 선고 2005헌라7 결정(지방선거관리위원회); 헌법재판소 1999.7.22. 선고 98헌라4 결정(경기도지사).

16) 구체적인 사례는 박현정, 앞의 글, 169쪽 이하 참조. 한편, 최근에 경기도선거관리위원회 위원장이 국민권익위원회의 '부패행위 신고자 신분보장 조치 요구'에 대해 항고소송을 제기할 당사자능력과 원고적격이 있다는 대법원 판결이 선고되었다(대법원 2013.7.25. 선고 2011두1214 판결). 위 판결은 제시된 논거에 비추어 매우 이례적인 판결로 보이고, 이를 어느 정도까지 일반화할 수 있을지는 의문이지만, 적어도 다음과 같은 판단은 가능할 것이라 생각된다. 즉, 이 사건의 쟁점은 원칙적으로는 당사자능력이 없는 국가기관에게 예외적으로라도 항고소송의 당사자적격 및 원고적격을 인정할 수 있는지 여부였고, 국민권익위원회가 국가가 아닌 지방자치단체의 기관장에게 그와 같은 처분을 하였을 경우에도 기관소송이나 권한쟁의심판의 가능성을 고려하여 '예외적으로만' 지방자치단체의 항고소송 원고적격을 인정하겠다는 취지가 들어있지는 않다는 것이다.

한의 유무 또는 범위"를 판단한다(헌법재판소법 제66조 제1항). 권한쟁의심판은 "피청구인의 처분 또는 부작위가 헌법 또는 법률에 의하여 부여받은 청구인의 권한을 침해하였거나 침해할 현저한 위험"이 있는 경우에만 청구할 수 있으며(헌법재판소법 제61조 제2항), 헌법재판소는 이를 본안에서의 판단 내용으로 삼고 있다. 따라서, 권한쟁의심판의 심판대상 내지 소송물은 청구인에게 귀속되는 '권한의 유무 또는 범위'의 확정과 '피청구인의 처분 또는 부작위의 권한침해' 여부가 될 것이다.[17] 이는 항고소송에서 원고적격 단계에서만 법률상 이익의 존재를 요구하고 본안에서는 처분 또는 부작위의 위법성 일반(무효확인소송의 경우 그 하자의 중대·명백성에 대한 판단을 포함)에 대하여만 심사하는 것과 다른 점이지만, 실제로는 청구인의 권리가 존재하고 피청구인의 처분의 위법성이 인정되면 자동적으로 청구인의 권한이 침해되었다고 보는 것이 헌법재판소의 실무인 것 같다.

권한쟁의심판과 항고소송은 모두 '처분 또는 부작위'에 대한 구제수단 내지 통제수단으로서 기능하게 되는데, 두 소송에서 '처분 또는 부작위'의 의미는 같지 않다. 권한쟁의심판의 '처분'에는 법률안이나 행정입법(법규명령뿐만 아니라 이른바 법령보충적 행정규칙의 경우도 포함한다) 또는 조례의 제·개정행위, 법률안가결 선포행위, 국민투표요구 또는 발의공고나 고속철도역의 명칭결정과 같은 사실행위도 포함된다. 반면 항고소송에서의 '처분'은 "행정청이 공권력의 주체로서 행하는 구체적 사실에 관한 법집행으로서 국민의 권리의무에 직접적으로 영향을 미치는 행위"[18]로서 행정입법이나 비권력적 사실행위 등이 포함되지 않는다는 점에서 권한쟁의심판에서의 '처분'보다 좁은 개념이다. 권한쟁의심판에서의 부작위는 헌법상 또는 법률상의 작위의무가 있음에도 불구하고 이를 이행하지 않는 것으로 족하고, 부작위법확인소송에서의 부작위와 같이 당사자의 신청에 대하여 응답하지 않을 것을 요구하지는 않는다.[19] 용어사용에 있어서의 혼동을 막기 위해 이하에서 '처분'은 항고소송의 대상으로서의 처분만을 의미하는 것으로 하고, 권한쟁의심판에서의 '처분'은 '권한행사'라 칭하기로 한다.

(3) 권한의 유무 또는 범위와 권한 행사의 위헌·위법성 사이의 관계

'권한의 유무 또는 범위'에 대한 다툼은 원칙적으로 "특정 사안에 대해서 서로 권한을 가진다고 주장하는 적극적 권한쟁의의 형태"와 "특정 사안에 대해서 서로 권한이 없다고 주장하는 소극적 권한쟁의"의 형태로 나뉘어 설명되지만,[20] 추상적인 권한의 존부에는 다툼이 없고 피청구인의 권한행사가 위법하여 결과적으로 청구인의 권한을 침해하는지 여부가 문제되는 사건들이 있다.

---

17) 전정환, 「헌법재판소 결정의 효력에 관한 일반적 고찰」, 헌법재판소결정의 효력에 관한 연구, 헌법재판연구 제7권, 1996, 31-33쪽 참조.

18) 대법원 2007.10.11. 선고 2007두1316 판결 등.

19) 헌법재판소 1998.7.14. 선고 98헌라3 결정(투표결과를 선포하지 아니한 부작위 등이 문제된 사안) 등 참고.

20) 헌법재판소, 앞의 책, 331쪽.

이에 관하여 "권한범위에 관한 다툼과 권한행사에 관한 다툼은 서로 혼재되고 중첩되는 관계에 있지 분명하게 구별될 수 있는 것이 아니기 때문에" 헌법재판소법 제61조 제1항의 권한의 유무 또는 범위에 관한 다툼을 권한의 존부, 범위, 행사에 관한 모든 다툼을 포괄하는 것으로 이해하여야 하는 주장이 있다.[21] 헌법재판소도 많은 경우 피청구인의 권한행사가 위헌·위법한지 여부를 판단한 후, 그 결과로 청구인의 권한이 침해되었다거나 침해되지 않았다는 판단을 내리고 있다.

(4) 적법요건 또는 소송요건으로서의 권한의 침해

"권한쟁의심판청구의 적법요건 단계에서 요구되는 권한침해의 요건은 청구인의 권한이 구체적으로 관련되어 이에 대한 침해가능성이 존재할 경우 충족"[22]되기 때문에(당사자적격), 청구인이 주장하는 추상적 권한 자체가 존재하지 않는다면 그 권한이 침해될 여지가 없게 되어 심판 청구 자체가 부적법하게 된다.[23] 따라서, 형식적으로는 심판청구각하라는 소송판결이 선고되지만, 청구인이 주장하는 권한이 존재하지 않음이 확정됨으로써 주된 심판대상에 대한 종국적 판단이 이루어지는 경우들이 발생하게 된다. 예를 들어, 지방자치단체 사이에서 피청구인이 청구인의 행정동 명칭과 동일한 행정동 명칭을 사용하는 것이 청구인의 행정동 명칭에 대한 독점적·배타적 사용권을 침해하였다는 이유로 권한쟁의심판이 청구되었을 때, 헌법재판소가 위와 같은 권한이 존재하지 않는다고 판단하면, 심판청구는 각하되겠지만, 그것으로 분쟁의 본질에 대한 판단이 있게 되는 것이다.[24] 지방자치단체가 사립대학의 설립과 운영에 관한 자치권이 있음을 전제로 교육과학기술부장관의 사립대학 정원규제가 청구인의 자치권을 침해한다며 권한쟁의심판을 청구하였다가 사립대학의 설립 및 학생증원 사무가 국가사무임을 이유로 청구각하판결을 선고받는 경우도 마찬가지다.[25]

항고소송에서는 처분으로 인하여 당해 처분의 근거법규 및 관련법규에 의하여 개별적·직접적·구체적으로 보호되는 이익(법률상 이익)이 침해되거나 침해될 우려가 있을 때에 원고적격이 인정되는데,[26] 지방자치권 등 국가나 지방자치단체의 권한도 그것이 개별적·직접적·구체적인 것이라면 위 '법률상 이익'에 해당될 수 있음은 앞에서 보았다.

---

21) 김하열, 「권한분쟁에 관한 헌법재판소와 법원의 관할」, 헌법실무연구 제4권, 2003, 451-453쪽; 이주영, 「민중소송, 기관소송」, 행정소송에 관한 제 문제(하), 재판자료 68집, 1995, 79쪽 등.

22) 헌법재판소 2006.5.25. 선고 2005헌라4 결정.

23) 실제로 권한쟁의심판청구 각하 결정이 선고된 사건 중 대다수는 청구인의 권한이 존재하지 않아 권한침해 가능성이 없음을 근거로 하였다.

24) 헌법재판소 2009.11.26. 선고 2008헌라3 결정; 헌법재판소 2009.11.26. 선고 2008헌라5 결정 등.

25) 헌법재판소 2012.7.26. 선고 2010헌라3 결정. 이 경우 정원규제계획의 처분성이 인정되지 않고, 지방자치단체에 위 계획을 다툴 법률상 이익이 있다고 볼 수도 없으므로, 지방자치단체가 정원규제계획 자체의 위법성을 다툴 수 있는 방법은 없게 되며, 사립학교 재단이 장관의 정원증원 거부에 대하여 항고소송을 제기하여 위 규제의 적법성 여부를 다투는 방법만이 남게 된다.

26) 대법원 2009.9.24. 선고 2009두2825 판결 등.

여기서 '침해'란 당해 처분으로 인하여 법률상 이익이 '제한'되거나 기타 '불이익'을 입게 됨을 의미하는 것일 뿐 처분의 위법성을 전제로 한 것이 아니다. 일단 소송요건 단계에서 처분의 취소를 구할 법률상 이익이 인정되고 나면, 본안에서 판단되는 것은 처분이 위법한지 여부이고, 그 위법사유로 인하여 원고적격 판단시에 인정된 법률상 이익이 침해되었을 것은 요구되지 않는다.[27] 이는 권한쟁의심판에서의 '침해'가 처분의 위법성을 전제로 하는 것이며 적법요건 단계에서 권한의 침해가능성(또는 관련성)이, 본안에서 권한의 실제 침해(또는 그 현저한 위험) 여부가 판단되는 것과 다른 점이다.

(5) 결정・판결의 효력

권한쟁의심판에서 피청구인의 권한행사 또는 부작위로 청구인의 권한이 침해되었음이 인정되면, 권한침해를 확인하는 결정이 선고된다. 권한침해가 확인되더라도 권한행사의 취소나 무효확인 여부는 헌법재판소의 재량에 달려있다(헌법재판소법 제66조 제2항). 항고소송의 대상적격이 인정되는 처분에 대하여는 청구인의 청구 취지에 따라 취소 또는 무효확인 결정을 하는 반면,[28][29] 국회의장의 법률안가결 선포행위가 문제되는 경우는 권한침해를 확인하더라도 가결 선포행위 자체를 취소하거나 무효확인을 선언하지는 않는 것이 헌법재판소의 실무이다.[30]

항고소송의 확정판결에는 기판력이 인정되고, 권한쟁의심판도 사법작용으로서의 재판의 일종이므로 그 결정에 기판력이 인정된다(행정소송법 제8조 제2항, 헌법재판소법 제40조 제1항에 따라 민사소송법 준용). 취소판결이나 무효확인판결은 제3자에게도 효력이 있고(대세효, 행정소송법 제29조 제1항, 제38조 제1항), 당사자인 행정청과 관계행정청을 기속한다(행정소송법 제30조 제1항, 제38조 제1항). 권한쟁의심판 결정에도 기속력이 인정되는데, 항고소송의 경우와는 달리 헌법재판소의 '모든 결정'이 '모든 국가기관과 지방자치단체'를 기속한다(헌법재판소법 제66조 제1항). 인용결정의 경우 피청구인은 위헌・위법성이 확인된 행위를 반복하지 않아야 하고, 기존의 위헌・위법상태를 제거하여 합헌・합법적 상태를 회복하여야 한다.[31][32]

---

27) 원고적격과 처분의 위법성과의 관계에 관한 설명은 박정훈, 앞의 책, 237-238, 283-284면 참조.

28) 헌법재판소 2006.8.31. 선고 2003헌라1 결정(과세처분 무효확인); 헌법재판소 2006.8.31. 선고 2004헌라2 결정(점용료부과처분 취소); 헌법재판소 1999.7.22. 선고 98헌라4 결정(재결청의 직접처분 취소) 등.

29) 헌법재판소법 제67조 제2항은 처분을 취소하는 결정의 경우에만 처분의 상대방에 대하여 이미 생긴 효력에 영향을 미치지 않는다고 규정하고 있다. 이는 청구인, 피청구인, 제3자의 삼각관계가 형성된 경우에 선의의 제3자를 보호하기 위한 것이라고 설명되지만(헌법재판실무제요, 353쪽), 헌법재판소가 어떠한 기준으로 취소 또는 무효확인을 선언하는지는 불분명하고, 취소결정 이전에 이미 형성된 효력에 영향을 미치지 않는다는 의미가 정확히 무엇인지도 분명하지 않다.

30) 헌법재판소 1997.7.16. 선고 96헌라2 결정; 헌법재판소 2009.10.29. 선고 2009헌라8・9・10 결정 등.

31) 헌법재판소, 헌법재판실무제요, 2008, 353쪽.

32) 헌법재판소법이 처분의 취소 또는 무효확인 권한을 부여하고 있는 이상 권한침해확인결정만으로 권한침해상태를 제거할 법적 의무를 가진다고 볼 수 없다는 견해로는, 박진영, 「헌법실무연구회 제114회 발표회 지정토론문」, 헌법실무연구 제12권, 2011, 610쪽.

부작위에 대한 심판청구가 인용되는 경우 피청구인은 결정취지에 따른 처분을 할 의무가 있다(헌법재판소법 제66조 제2항). 기각·각하결정의 경우 모든 국가기관과 지방자치단체는 청구인의 권한 유무나 피청구인의 권한행사 또는 부작위의 위헌·위법성에 대한 헌법재판소의 판단을 존중하고 이를 전제로 행위하여야 한다. 권한쟁의심판결정은 법원도 기속하지만, 당사자의 재판청구가 있어야 법적 판단을 할 수 있는 법원이 권한쟁의심판 결정의 기속력을 이유로 이미 확정된 재판을 직권으로 취소하거나 법정외의 재심사유로 삼아야 한다고 보기는 어려울 것이다. 처분의 공정력이나 취소판결 등의 대세효를 고려하면 기속력의 차이는 크지 않다고 볼 수 있다.

3. 소 결

국가와 지방자치단체 또는 지방자치단체 상호간의 권한분쟁을 해결하기 위한 소송의 관할은 위와 같이 헌법재판소와 대법원에 나뉘어 있다. 당사자와 다툼의 대상, 심판대상(소송물), 등을 중심으로 권한쟁의심판과 항고소송을 비교하면 아래 표와 같다.

	권한쟁의심판	항고소송
당사자	헌법상 국가기관 사이	–
	국가기관↔지자체 지자체 상호간	국가, 지방자치단체 → 처분청
다툼의 대상	처분	처분, 신청에 대한 부작위
	법령, 조례 제·개정행위	–
	사실행위 기타 권한행사, 부작위	–
심판대상 (소송물)	권한의 존부/범위+침해 여부 (+처분의 취소/무효확인)	처분의 위법성 (+하자의 중대·명백성)
당사자적격	헌법·법률상 권한의 침해 가능성(관련성)	법률상 이익의 침해 또는 침해 우려
제소기간	60일/180일(무효확인을 구하는 경우에도 마찬가지로 적용)	90일/1년 (무효확인청구는 제소기간의 제한 없음)
효력	기판력, 기속력 * 취소결정의 소급효 제한	기판력, 인용판결의 기속력 형성력(대세효)

Ⅲ. 권한쟁의심판과 항고소송 판례 분석

1. 문제점 개관

국가나 지방자치단체 또는 지방자치단체 상호간의 권한분쟁에 있어서 국가 또는 지방자치단체가 자신 또는 제3자에 대한 처분의 취소 또는 무효확인을 구하고자 하는 경우에는 관할 중첩 문제가 발생한다. 국가 또는 지방자치단체는 처분의 직접상대방[33] 또는 처분의 취소를 구할 법률상 이익이 있는 제3자로서 처분이 위법함을 주장하며 항고소송을 제기하거나, 위 처분이 자신의 헌법·법률상 권한을 침해함을 주장하며 권한쟁의심판을 청구할 수 있다.

관할이 중첩되는 경우 당사자로서는 각 소송에 대한 소송요건 내지 적법요건 구비여부의 확신이 없거나 어느 쪽이든지 한 쪽이라도 승소하기를 바라는 마음으로 양 제도를 모두 이용하고자 할 수 있다. 이 경우 당사자의 법적 지위의 불안이나 소송비용의 중복, 사법재원의 중복 투입에 따른 비효율성, 그리고 결론의 충돌 가능성과 그에 따른 법적 불안정이 문제될 수 있다. 또한 권한쟁의심판과 항고소송의 재판관할이 모두 전속관할로 인정되고 있는 상황에서 관할위반 문제에 대한 해답을 구하지 않을 수 없다.

결론의 충돌 가능성은 관할이 경합되는 경우뿐만 아니라 동일한 분쟁의 해결을 위하여, 그러나 심판대상을 달리하여 권한쟁의심판과 항고소송에 의한 분쟁해결을 구하는 경우에도 발생한다.[34] 다만, 관할 중첩이 문제되지 않는다면 법원과 헌법재판소 사이에 동일한 법적 쟁점에 관하여 결론이 충돌할 가능성이 있더라도 이는 판결의 기판력과 기속력, 그리고 양 기관 상호간의 견해존중을 통하여 해결할 문제일 뿐이다.

아직까지는 권한쟁의심판과 항고소송의 관계에 관하여 대법원이나 헌법재판소가 명시적으로 판단한 바가 없고, 양 재판기관 사이에 상반된 결론이 나온 사례는 없으나, 향후의 충돌 가능성을 배제할 수는 없다.[35] 위 문제의 해결 방안 모색에 앞서 권한쟁의심판과 항고소송 판례를 검토할 필요가 있다.

2. 권한쟁의심판 사례 분석

국가기관 사이에서 제기되는 권한쟁의심판의 대표적인 유형인 국회의원과 국회의장과의 권한쟁의심판은 국회의원에게 헌법상 권한인 심의·표결권이 인정된다는 점에는 당사자 사이에 다툼이 없고, 국회의장이 법률안 등을 상정하고 가결을 선포하는 과정에서 국회법을 위반한 절차상 하자가 있는지가 주된 쟁점이 되고 있다.[36] 독립된 법주체 사이의 권한쟁의심판

33) 처분의 직접상대방의 원고적격이 부인되는 경우는 없다. 다만, 거부처분의 경우 대상적격 판단 단계에서 처분의 발급을 요구할 법규상·조리상 신청권의 존부를 문제삼게 된다.

34) 그러한 예로 각주 57) 참조.

35) 특히 지방자치법 제4조에 신설된 특별항고소송은 기존에 매립지 등의 관할 결정에 관하여 헌법재판소가 해오던 권한쟁의심판의 관할을 사실상 대법원으로 이전하는 것을 내용으로 하고 있어, 양 소송의 관계와 상호간의 헌법 위반 문제가 전면에 부각될 수 있다. 이는 이 글의 연구 범위를 넘어서는 것이지만, 권한쟁의심판과 일반 항고소송과의 관계 정립이 위 문제 해결의 출발점이 될 수는 있을 것이다(지방자치법 제4조 소송의 헌법 위반 문제를 중점적으로 다룬 글로는 남복현, 「공유수면 매립지의 경계획정을 둘러싼 법적 분쟁」, 헌법학연구 제16권 제3호, 2010, 755-757쪽 참조; 그 밖에 김하열, 「권한쟁의심판의 발전과 과제」, 헌법논총 제19집, 2008, 437-439쪽; 김상태, 「공유수면 매립지의 관할구역 결정과 사법적 분쟁해결제도」, 행정법연구 제30호, 2011, 133-157쪽 등 참조).

36) 헌법재판소 2012.2.23. 선고 2010헌라5·6 결정; 헌법재판소 2011.8.30. 선고 2009헌라7 결정 등. 나머지는

은 처분을 다툼의 대상으로 하는 것과 그 밖의 권한행사 또는 부작위를 다툼의 대상으로 하는 것으로 다시 나눌 수 있다.

(1) 처분 이외의 권한행사 또는 부작위에 대한 권한쟁의심판

1) 법령 등 제·개정행위에 대한 다툼

국회가 특정 세목을 구세에서 구세 및 특별세로, 또는 지방세에서 국세로 변경하는 내용으로 법률을 개정한 행위, 의무교육 경비의 일부분을 지방자치단체가 부담하도록 법률을 개정한 행위가 지방자치단체의 자치재정권이나 예산편성권을 침해함을 이유로 권한쟁의심판이 청구된 사건들이 있다.[37] 이는 특정 과세권한이 청구인에게 존재하는지에 대한 다툼으로 권한의 유무와 범위에 관한 전형적인 분쟁이라 할 수 있다. 이들 사건에서 자치권은 법령에 의하여 그 내용과 범위가 형성될 수밖에 없는데, 그 법령이 지방자치권의 본질적 내용을 침해하는지가 권한행사의 위법성을 판단하는 기준이 되고 있다. 대통령이나 장관의 행정입법 제정행위가 지방자치단체의 예산편성권 등 자치권을 침해하였는지가 문제되는 경우도 마찬가지다.[38]

2) 사실행위에 대한 다툼

지방자치단체가 영토고권의 일환으로 항만, 고속철도역의 명칭을 결정하거나 명칭결정에 관여할 권한이 있는지가 문제된 사건들, 행정동 명칭을 배타적으로 사용할 권한이 있는지가 문제된 사건들에서 헌법재판소는 그와 같은 명칭결정은 국가사무이고 청구인에게 주장하는 바와 같은 영토고권이 인정되지 않는다는 이유로 각하결정을 선고하였다.[39] 이 사건들 또한 권한의 유무 또는 범위가 문제된 사건들로 분류할 수 있다. 행정자치부장관이 폐치대상 자치단체들인 청구인들이 아닌 제주도에 주민투표실시를 요구한 행위가 청구인들의 주민투표실

국회위원과 대통령 사이에서 조약체결·비준에 대한 동의권이 개별 국회의원의 권한인지 여부, 국회의원의 심의·표결권이 국회의 대내적 관계에 한정되지 아니하고 대외적인 관계에서 인정되는 권한인지 여부가 문제되거나(헌법재판소 2011.8.30. 선고 2011헌라2 등), 국회의원과 법원 사이에서 국회의원에게 헌법 또는 법률상 특정 정보를 인터넷에 게시할 독자적인 권한이 인정되는지 여부(헌법재판소 2010.7.29. 선고 2010헌라1 결정) 등이 문제되는 사건들이었으며, 모두 청구인의 권한이 존재하지 않는다는 이유로 각하결정이 선고되었다.

37) 헌법재판소 2010.10.28. 선고 2007헌라4 결정; 헌법재판소 2006.5.25. 선고 2005헌라4 결정; 헌법재판소 2005.12.22. 선고 2004헌라3 결정.

38) 헌법재판소 2002.10.31. 선고 2001헌라1 결정; 헌법재판소 2002.10.31. 선고 2002헌라2 결정(청구인은 소속 공무원에 대한 시간외 근무수당을 예산 범위 내에서 독자적으로 결정할 수 있는 권한이 인정되어야 한다고 주장하였으나 받아들여지지 않았으며, 위와 같은 권한의 유무를 판단함에 있어서 법령에 의하여 정해진 시간외 근무수당 지급기준 등이 지방자치권의 본질을 침해하는지 여부가 쟁점이 되었다).

39) 헌법재판소 2006.3.30. 선고 2003헌라2 결정(고속철도역 명칭결정); 헌법재판소 2008.3.27. 선고 2006헌라1 결정(신항만 명칭 결정); 헌법재판소 2009.11.26. 선고 2008헌라3 결정(동주민센터 명칭결정), 헌법재판소 2009.11.26. 선고 2008헌라4 결정(동명칭 결정). 동일한 사건 또는 비슷한 사건이 항고소송으로 제기되었는데 모두 대상적격이 인정되지 않음을 이유로 각하판결이 선고되었다[서울행정법원 2009.4.30. 선고 2008구합32522 판결(확정, 동주민센터 명칭결정); 대법원 2006.2.23. 선고 2005두12398 판결(역 명칭 결정)].

시권한을 침해하는지가 문제된 사건에서 헌법재판소는 피청구인의 주민투표실시 요구가 있기 전에는 청구인들에게 투표실시권한이 발생하지 아니하고, 투표실시를 요구할 권한도 없다는 이유로 청구를 각하하였는데,[40] 이 또한 주민투표실시권한의 유무 내지 범위가 문제된 사안이라 할 것이다. 한편 정부가 국가공업단지 내 공공시설을 관리하지 아니하는 부작위를 문제삼아 시흥시가 권한쟁의심판을 제기한 사건에서는, 해당 공공시설의 관리권한 및 그에 따른 관리비용 부담의무가 누구에게 귀속되는지가 쟁점이었으며, 헌법재판소는 계쟁 공공시설이 관리권한이 청구인에게 있다는 이유로 청구기각 결정을 선고하였다.[41]

(2) 매립지 등의 관할권 다툼

2009.4.1. 지방자치법 제4조에 의한 특별 항고소송이 신설되기 이전에는, 매립지 등의 관할을 두고 지방자치단체들 사이에 분쟁이 발생하는 경우, 지방자치단체는 상대방 자치단체가 계쟁 지역에 행사하였거나 장래에 행사할 자치권 행사에 관한 처분이 자신의 계쟁 지역에 대한 자치권을 침해함을 이유로 권한쟁의심판을 청구하였다.[42] 심리결과 청구인의 권한이 인정되면, 헌법재판소는 청구인의 계쟁 지역에 대한 관할권한을 확인하고, 피청구인이 이미 행한 처분이 무효임을 확인하거나 이를 취소하게 된다.[43] 이들 사건에서 주된 심판대상은 계쟁 지역에 대한 관할권의 귀속(권한의 유무)이고, 청구인에게 관할권한이 인정되면 피청구인의 처분은 당연히 청구인의 관할권을 침해하는 관계가 된다. 당사자의 주된 관심사도 계쟁 지역에 대한 포괄적인 자치권한을 확인받는 것이고, 처분의 취소·무효확인 문제는 부차적인 것이 된다. 이론상으로는 관할이 중첩되는 관계에 있지만 당사자가 이를 해결하기 위해 항고소송을 제기할 가능성은 거의 없다. 이 점에서 처분을 다툼의 대상으로 하는 다른 권한쟁의심판과 다른 특징이 있다.

지방자치법 제4조는 위와 같은 사건에서 지방자치단체 상호간의 권한쟁의심판을 지방자치단체와 관할 결정권자인 행정안전부장관 사이의 항고소송으로 바꾸어 놓는 결과를 낳는다. 위 소송은 매립지와 지적공부등록 누락 토지에 대한 관할결정만을 대상으로 하므로, 법개정에도 불구하고 이미 지적등록된 토지나 공유수면의 관할권한에 다툼이 있는 경우, 법령에 의

40) 헌법재판소 2005.12.22. 선고 2005헌라5 결정.

41) 헌법재판소 1998.8.27. 선고 96헌라1 결정.

42) 헌법재판소 2004.9.23. 선고 2000헌라2 결정; 헌법재판소 2006.8.31. 선고 2004헌라2 결정; 헌법재판소 2006.8.31. 선고 2003헌라1 결정; 헌법재판소 2008.12.26. 선고 2005헌라11 결정; 헌법재판소 2009.7.30. 선고 2005헌라2 결정; 헌법재판소 2010.6.24. 선고 2005헌라9, 2007헌라1, 2007헌라2 결정(병합); 헌법재판소 2011.9.29. 선고 2009헌라3 결정; 헌법재판소 2011.9.29. 선고 2009헌라4 결정; 헌법재판소 2011.9.29. 선고 2009헌라5 결정(총 11건).

43) 헌법재판소는 청구인의 청구 취지에 따라 무효확인(헌법재판소 2006.8.31. 선고 2003헌라1 결정) 또는 취소(헌법재판소 2006.8.31. 선고 2004헌라2 결정) 주문을 내고 있다. 한편 장래의 처분에 대하여는 무효확인이나 취소를 구할 수 없으며, 장래의 처분은 항고소송의 대상이 되지 않으므로 관할 중첩 문제도 발생하지 않는다.

한 경계변경이 문제되는 경우 등에는 권한쟁의심판이 여전히 이용될 수 있다.[44)]

(3) 기타 처분에 대한 권한쟁의심판

매립지 등의 권한분쟁 이외의 처분에 대한 권한쟁의심판은 지금까지 다섯 건이 선고되었는데, 그 내용은 아래와 같다.[45)]

① 성남시가 경기도지사를 상대로, 행정심판의 인용재결에 따른 경기도지사의 직접처분 중 공원구역 외 진입도로에 대한 처분이 인용재결의 내용에 포함되지 않은 부분에 관한 것이어서 위법하다는 이유로, 위 직접처분이 청구인의 권한을 침해하며 무효임의 확인을 청구한 사건이 있다.[46)] 인용재결의 내용을 확정하여 위 직접처분이 그에 포함되는지를 결정하는 것으로 사건이 해결되었고, 청구인의 추상적인 처분권한의 유무나 범위에 대하여 다투어지지는 않았다.

② 지방자치단체에 대한 감사원이나 행정안전부장관의 감사[47)]가 지방자치단체의 자치권을 침해하는지가 문제된 사건들이 있다. 주된 쟁점은 청구인의 권한의 유무나 범위에 대한 것이 아니라 피청구인의 감사가 감사원법이나 지방자치법상 관련 규정의 범위 내에서 이루어졌는지 여부였다. 헌법재판소는 행정안전부장관의 감사가 문제된 사안에서는 지방자치법상 감사개시요건을 충족하지 못하여 감사가 위법함을 이유로 심판청구를 인용하였고,[48)] 감사원 감사가 문제된 사안에서는 감사원법이 헌법에 반하지 않으며 감사 자체에도 위법성이 없음을 이유로 청구기각 판결을 선고하였다.[49)] 위 사건에서 근거법인 감사원법이 지방자치권의 본질을 침해하여 위헌이라는 주장도 제기되었으나 받아들여지지 않았다.

③ 전라북도가 지방자치법 제169조에 의한 교육과학기술부장관의 시정명령이 자치권을 침해하였다며 다툰 사건이 있는데, 청구기간 도과를 이유로 각하결정이 선고되었다.[50)] 위 사건에서는 청구인의 자치사무에 대한 처분이 적법함에도 피청구인이 그 시정을 명한 것인지

44) 헌법재판소 2006.8.31. 선고 2004헌라2 결정(법률에 의한 구역변경에 따른 계쟁토지의 관할권); 헌법재판소 2008.12.26. 선고 2005헌라11 결정(이중으로 지적등록된 도서의 관할권), 헌법재판소 2009.7.30. 선고 2005헌라2 결정(해역의 관할권) 참조.

45) 지방자치단체가 기관위임사무 수행으로 지출한 경비에 대한 예산배정요청을 하였으나 기획재정부장관이 이를 거부한 사건이 있다(헌법재판소 2010.12.28. 선고 2009헌라2 결정). 헌법재판소는 이 문제가 관리비용 부담을 둘러싼 주관적인 권리·의무(채권채무)에 관한 다툼에 불과하여 자치재정권 등 권한의 존부 또는 범위에 관한 다툼이라고 할 수 없고, 공법상의 비용상환청구소송 등 구제절차를 통하여 문제를 해결할 수 있다고 판단하여 청구를 각하하였다. 예산배정요청 거부가 처분에 해당하는지 여부가 불분명하여 위 사건을 논의의 대상에서 제외하였다.

46) 헌법재판소 1999.7.22. 선고 98헌라4 결정.

47) 대법원이 세무조사결정의 처분성을 인정하고 있음(대법원 2011.3.10. 선고 2009두23617·23624 판결)에 비추어보면 감사의 처분성이 인정될 가능성이 있다.

48) 헌법재판소 2009.5.28. 선고 2006헌라6 결정.

49) 헌법재판소 2008.5.29. 선고 2005헌라3 결정.

50) 헌법재판소 2011.8.30. 선고 2010헌라4 결정.

가 문제되었다.

④ 건설교통부장관이 국민임대주택건설사업계획을 승인하면서 부산광역시 동래구 소유 공공시설을 사업시행자에게 무상귀속시키는 내용의 부관을 부가한 것이 동래구의 무상귀속 협의권 등 재산처분권을 침해하였는지가 문제된 사건이 있다.[51] 위 사건은 청구기간 도과로 본안판단에까지 나아가지 못하였지만, 관련 법률의 해석상 청구인에게 관리재산의 무상귀속 여부를 결정할 권한이 있는지도 쟁점이 될 수 있다.[52]

3. 항고소송 사례 분석

비슷한 유형의 사건들이 항고소송에서도 다루어지고 있다. 다만 상고심에서 심리불속행으로 종결된 사건들이 다수이고 대법원이 권한쟁의심판과의 관계에 대하여 명시적으로 판단한 사건은 없다. 대표적인 사례들을 예로 들어보면 아래와 같다.

① 국회사무총장이 국유지를 무단으로 점유하여 도로로 이용하고 있음을 이유로 서울특별시에게 변상금을 부과하자, 서울특별시가 위 처분의 취소를 구한 사건이 있다. 변상금부과처분은 무단점유자가 사인이건 공법인이건 상관없이 부과할 수 있는 것이고, 지방자치단체의 재산상 이익 침해만이 문제되었다 볼 수도 있다.[53] 그러나 원고에게 계쟁토지(공공용물)의 소유권이 있는지가 쟁점이 되었으므로, 계쟁토지에 대한 자치단체의 재산관리권 존부가 문제된 사안이라 볼 수도 있다.

② 서울특별시가 사인으로부터 물건을 기증받아 공용으로 사용하기 위하여 수입하였다가 관세 등 부과처분을 받자 그 취소를 구한 사건이 있다. 물건이 관세법상 정부용품 등 면세대상에 해당하는지가 쟁점이 되었다.[54] 지방자치단체가 사법상의 거래에 대하여 과세처분을 받았다는 점에서는 일반 사인에 대한 과세처분과 다를 바가 없지만, 지방자치단체가 법률상 부여받은 면세권한 침해가 문제된 사안이라고 볼 수도 있다.

③ 국가가 서울특별시장의 은평뉴타운 도시개발구역개발계획변경수립 및 실시계획변경인가처분 중 국유지 무상귀속 부분의 무효확인을 구한 사건이 있다. 계쟁 국유지가 무상귀속의 대상이 되는 공공용재산인지 아니면 대상에 해당하지 않는 공용재산인지가 문제되었다.[55]

④ 서울특별시가 난지하수처리장 안에 하수슬러지 처리시설을 설치하기로 하고 고양시

---

51) 헌법재판소 2007.3.29. 선고 2006헌라7 결정.

52) 국토의 계획 및 이용에 관한 법률 제65조 제3항에서 공공시설의 무상귀속 결정에 앞서 관리청의 의견을 듣도록 규정하고 있다.

53) 서울행정법원 2010.6.9. 선고 2009구단8031 판결(원고청구 기각); 서울고등법원 2011.4.6. 선고 2010누21183 판결(원고 일부 승소, 상고취하로 확정).

54) 대법원 2001.1.19. 선고 98두10165 판결.

55) 서울행정법원 2009.8.21. 선고 2008구합49339 판결(원고청구 일부 인용); 서울고등법원 2010.9.30. 선고 2009누28942 판결(원고청구 기각); 대법원 2011.2.10. 선고 2010두24135 판결(상고기각).

덕양구청장으로부터 「개발제한구역의 지정 및 관리에 관한 특별조치법」에 따른 건축허가와 건축법에 따른 공용건축물 건축협의를 받았다가, 위 각 처분이 취소되자 그 직권취소의 취소를 구한 사건이 있다. 직권취소의 재량하자 여부가 쟁점이었다.56) 건축법상 건축협의가 사인에 대한 건축허가와 다르지 않다고 볼 수도 있지만, 건축협의에는 사용승인 면제의 특혜가 있어(건축법 제29조 제3항) 행정주체에게 부여된 특별한 권한이 문제된 사건으로 볼 수도 있다.

⑤ 서울특별시 강남구가 서울특별시장을 상대로, 시장이 강남구 관내에 자원회수시설을 운영하면서 강남구에 부과한 폐기물반입수수료 부과처분의 취소를 구한 사건이 있다. 처분의 근거가 된 조례가 위법하여 무효인지 여부, 원고에게 해당 시설의 공동관리권이 있는지 여부 및 수수료결정 과정에서 피고가 원고와 협의할 의무가 있는지 여부 등이 문제되었다.57)

⑥ 군사시설보호법상 제한구역 안에서의 건축허가에는 국방부장관이나 관할부대장의 동의가 필요한데, 관할부대장의 동의에 하자가 있음을 이유로 국가가 파주시장을 상대로 사인에 대한 건축허가무효확인을 구한 사건이 있다. 서울행정법원은 '특정 군부대의 군사시설 보호 및 군작전의 원활한 수행'으로 구체화된 '국가안전보장의 유지'를 법률상 이익으로 보아 원고적격을 인정하고, 본안판단에 나아갔다.58)

4. 종합 검토

(1) 권한쟁의심판 사례의 분석

위 사례들을 검토해보면 다음과 같은 점을 알 수 있다.

첫째, 다양한 유형의 권한행사 또는 부작위가 다툼의 대상이 되고 있으며, 헌법재판소가 결정을 내린 62건의 사건 중 매립지 등에 관한 사건(11건) 외에 처분이 다툼이 대상이 된 사건은 5건에 불과하였다.

둘째, '권한의 유무 또는 범위'와 '권한의 행사' 문제를 명확하게 구분하는 것은 어려운 일이나, 매립지 등에 관한 사건 외에도 법령개정행위나 사실행위에 관한 사건의 대부분은 권한의 유무 또는 범위 자체에 대한 다툼이 있는 분쟁으로 분류될 수 있다. 이는 법령에 의하여 지방자치단체의 자치권의 내용을 형성함에 있어서 해당 법령의 위헌·위법 여부 판단이 결국에 가서는 지방자치권의 본질적 부분이 무엇인가의 문제로 귀결되기 때문이거나(법령 제·

56) 서울행정법원 2001.11.2. 선고 2001구17943 판결(원고승소); 서울고등법원 2002.7.18. 선고 2001누19294 판결(항소기각, 확정).

57) 서울행정법원 2005.12.22. 선고 2004구합40662 판결(원고청구 기각); 서울고등법원 2008.7.16. 선고 2006누3263 판결(항소기각, 확정). 강남구는 같은 이유를 들어 조례개정행위의 무효확인을 구하는 권한쟁의심판을 청구하였는데, 시설운영권이 피청구인에게 있다는 등의 이유로 청구 기각결정이 선고되었다(헌법재판소 2004.9.23. 선고 2003헌라3 결정).

58) 서울행정법원 2000.6.2. 선고 99구24030 판결(원고청구 기각); 서울고등법원 2001.4.12. 선고 2000누8044 판결(항소기각); 대법원 2001.9.19.자 2001두4177 판결(심리불속행 기각).

개정행위의 경우), 청구인이 주장하는 다양한 권한에 관하여 법령에 명확한 규정이 없는 관계로 해당 권한의 존부에 관한 헌법적 판단이 필요하였기 때문으로 보인다(사실행위의 경우).

셋째, 국가기관 사이의 권한쟁의심판 중 국회의원과 국회의장 사이의 권한쟁의심판(21건)은 국회의원에게 심의·표결권이 있다는 점 자체에 다툼이 있는 것은 아니고, 국회의장의 권한행사에 국회법 제93조 등의 위반이 있는지 여부를 다투어 법위반이 인정되면 심의·표결권이 침해된 것으로 판단하고 있는데, '권한의 유무 또는 범위'에 관한 다툼이라기보다 '권한 행사'에 관한 다툼으로 볼 수 있을 것 같다. 다만 심의·표결권은 헌법규정의 해석을 통해 직접 도출되는 권한이고, 국회법의 해석이나 그에 따른 가결선포행위의 무효여부 판단에 있어서 의회민주주의 이념이나 국회의원의 헌법기관으로서의 지위, 국회의 특별한 지위 등에 대한 판단이 중요하다는 점에서 헌법재판소에 의한 분쟁해결의 필요성이 인정되는 유형이라 할 수 있다. 나머지 국가기관 사이의 권한분쟁 사건(9건)은 모두 청구인의 피청구인에 대한 추상적 권한 자체가 존재하지 않는다는 이유로 각하된 사건들이므로 '권한의 유무 또는 범위'에 대한 다툼으로 볼 수 있다.

넷째, 매립지 등에 관한 사건 이외에 처분이 문제된 사건들은 권한의 '유무 또는 범위'에 대한 다툼인지 아니면 권한의 '행사' 또는 처분의 위법성 여부만이 문제된 사건인지 구분하는 것이 쉽지 않다. 이에 대하여는 아래에서 좀 더 자세히 살펴보기로 한다.

(2) 처분을 다툼의 대상으로 한 사건들의 분석

명확한 분류는 어려운 일이나, 처분을 다툼의 대상으로 하는 권한쟁의심판이나 항고소송 사건들을 '권한' 또는 '법률상 이익'의 내용, 권한의 '유무 또는 범위' 자체에 대한 다툼의 여부, 헌법 또는 헌법원리를 직접 적용한 판단의 필요성을 중심으로 아래와 같이 정리해볼 수 있다.

사 례		권한쟁의심판 '권한'의 내용	항고소송 '법률상 이익'의 내용	권한 유무 또는 범위에 대한 다툼 여부	헌법적 판단의 필요성[59]	
(1) 권한쟁의 심판 사례	① 직접처분	자치사무처리권(인허가)	행정심판재결에 대한 불복 불가	×	×	사실인정, 기속력 범위 해석
	② 감사	자치권전반	직접상대방	△	× ○	법해석 근거법 위헌여부
	③ 시정명령	자치사무처리권	* 지방자치법 169조와의 관계?	×	×	재량하자
	④ 무상귀속	공물관리권(협의권)	재산상이익(협의권)?	△	△	법률해석[60]

59) 처분권 행사의 재량하자 여부를 판단하기 위하여 평등원칙, 비례원칙 등이 심사기준으로 이용되는 경우는 제외하였다.

60) 본안판단이 이루어져서 근거법의 무상귀속 '협의'가 관리청의 '승인'이나 '동의'를 의미하지 않는 것으로 판

(2) 항고소송 사례	① 변상금	공물관리권?	직접상대방	△	×	사실인정
	② 관세부과	면세특권?	직접상대방	×	×	사실인정
	③ 무상귀속	공물관리권?	재산상 이익 (관리권?)	×	×	사실인정
	③ 건축협의	오물처리 등 자치사무처리권?	직접상대방	×	×	사실인정 재량하자
	④ 수수료	자치사무처리권?	직접상대방	○	△	조례 위헌여부 사실인정 재량하자
	⑤ 건축허가	건축허가 동의권?	군사시설 보호 및 작전수행상 이익	×	×	사실인정

첫째, 위 사건들은 권한쟁의심판의 '권한'의 의미를 어떻게 보느냐에 따라 양 소송 모두에서 당사자적격이 인정될 수 있다. 다만 (1)의 ① 사건은 처분청이 행정심판재결에 불복할 수 없기 때문에(대법원 1998.5.8. 선고 97누15432 판결) 항고소송에 의한 해결이 불가능하고, (1)의 ② 사건은 권력적 사실행위인 감사의 처분성이 문제될 수 있으며, (1)의 ③ 사건은 지방자치법 제169조의 규정상 감독청의 직접처분에 대한 불복소송을 제기하는 외에 시정명령 자체를 다툴 수 있는지가 문제되어 권한쟁의심판에 의하는 것이 유리한 경우이다. 한편, 헌법 제117조 제1항은 "지방자치단체는 주민의 복리에 관한 사무를 처리하고 재산을 관리하며, 법령의 범위 안에서 자치에 관한 규정을 제정할 수 있다"고 규정하고 있으므로 지방자치단체는 자치사무처리권, 재산관리권, 자치입법권을 가진다고 설명되는데,[61] 공유재산의 관리·처분이 문제되면 모두 재산관리권으로 환원될 수 있고, 금전적 이해관계만 문제되는 것처럼 보일지라도 그것이 자치사무와 관계되면 자치사무처리권으로 환원될 수 있다. 헌법재판소는 권한쟁의심판을 "수평적 또는 수직적 권력분립주의에 입각해 헌법과 법률이 설정한 객관적 권한질서를 유지하기 위한 법적 수단"으로 이해하여 '권한'과 '주관적 권리의무'를 구분하고 있으나,[62] 구체적인 사건에서 판단이 쉬운 것은 아니다.

둘째, 권한의 '유무 또는 범위'에 대한 다툼을 '청구인'이 가지고 있다고 주장하는 추상적인 권한의 유무 또는 범위에 대한 다툼으로 한정하고, 구체적인 사건에서 '피청구인'의 권한행사에 법령위반, 사실오인, 재량하자 등의 위법이 있어 결과적으로 청구인의 권한이 침해되는지 여부만 문제되는 사건을 제외하면, 위 권한쟁의심판 및 항고소송 사건의 다수가 여기에

단되면, 재량하자 문제가 오히려 쟁점이 될 수 있다.

61) 헌법재판소 2006.8.31. 선고 2004헌라2 결정. 지방자치단체는 재산을 관리하고, 형성하고 유지할 권한으로서의 지방재정권을 가진다고 설명되기도 한다(헌법재판소 2009.5.28. 선고 2007헌바80 결정).

62) 각주 45) 참조.

서 제외될 수 있다. 그러나 '피청구인'의 권한의 유무 또는 범위가 문제되는 경우도 여기에 포함시키게 되면 구별은 사실상 불가능해진다.

셋째, 토지의 경계 획정이나 사용상태 확인 등 사실인정과 포섭 및 재량하자에 대한 판단이 문제되는 사건들이 다수를 이루고 있다. 그 밖에 법률이나 조례의 위헌 여부가 처분의 위법성 인정의 전제가 되어 자치권의 본질적 부분이 침해되었는지 여부에 대한 판단이나 기타 헌법원리의 적용이 필요한 사건들이 일부 있는데, 이 경우 위헌법률심판이나 법률·조례 제정행위 자체에 대한 권한쟁의심판에 의한 해결도 가능하다.[63]

Ⅳ. 권한쟁의심판과 항고소송의 관계

1. 헌법과 법률의 해석

관할의 중첩과 그에 따른 결과 충돌 가능성이라는 문제를 최소화하고, 헌법재판소와 법원 사이에 적절한 기능을 배분하며, 사법적 구제의 적절성과 효율성을 증진시키기 위해서, 우선 헌법과 법률의 해석을 통해 양자의 관계를 밝힐 필요가 있다.

(1) 헌법의 해석

헌법 제111조 제1항 제4호가 권한쟁의심판을 헌법재판소의 전속관할로 두고 있음은 부인할 수 없다. 그러나 헌법 제111조 제1항 제4호로부터 국가와 지방자치단체 간 또는 지방자치단체 사이에서 권한 행사가 문제되는 모든 분쟁에 대한 관할이 헌법재판소에 배타적으로 귀속된다는 결론[64]이 도출되는 것은 아니다. 헌법해석만으로 '권한쟁의'의 구체적인 내용과 범위를 확정할 수 없기 때문이다.

한편, "명령·규칙 또는 처분이 헌법이나 법률에 위반되는 여부가 재판의 전제가 된 경우에는 대법원은 이를 최종적으로 심사할 권한을 가진다."고 규정한 헌법 제107조 제2항에서, '재판의 전제성'이라는 표현이 '명령·규칙 또는 처분'의 위헌·위법 문제가 본안판단에 있어서 선결문제가 되는 경우를 의미하는 것인지 아니면 '명령·규칙 또는 처분'이 구체적 사건과 연관될 것을 의미하는 것인지에 대하여 헌법재판소 창설 초기부터 논란이 있어왔으나,[65] 행정재판의 헌법적 근거를 헌법 제107조 제2항에서 찾건 사법권이 법관에 속한다고

---

63) 실제로 (2)의 ④ 사례의 경우 서울특별시 강남구는 조례제정행위 자체에 대하여 권한쟁의심판을 청구하였다가 기각결정을 받은 후 취소소송을 제기한 것이었다((각주 57) 참조).

64) 황치연, 「헌법정책적 측면에서 헌법재판소와 법원의 관계」, 헌법판례연구 제11권, 2010, 205쪽; 남복현, 「헌법재판소법 개정방향: 특별심판절차와 관련하여」, 41-45쪽.

65) 헌법재판소는 행정입법에 대한 헌법소원을 최초로 인정한 1990.10.15. 선고 89헌마178 결정에서 "헌법 제107조 제2항이 규정한 명령·규칙에 대한 대법원의 최종심사권이란 구체적인 소송사건에서 명령·규칙의 위헌여부가 재판의 전제가 되었을 경우 법률의 경우와는 달리 헌법재판소에 제청할 것 없이 대법원의 최종적으로 심사할 수 있다는 의미"라 판시한 바 있고, 이에 대하여 많은 학자들이 찬반양론을 펼친바 있음은

규정한 헌법 제101조에서 찾건 헌법에서 권한쟁의심판과 항고소송 사이의 우선관계를 정해 놓았다고 볼 수도 없다.[66)]

(2) 헌법재판소법의 해석

헌법에서 규정한 '권한쟁의'의 내용은 헌법재판소법에 의하여 "권한의 유무 또는 범위에 관하여 다툼이 있을 것"과 "피청구인의 처분 또는 부작위가 헌법 또는 법률에 의하여 부여받은 청구인의 권한을 침해하였거나 침해할 현저한 위험이 있을 것"을 요건으로 한정된다(헌법재판소법 제61조 제1항), 헌법재판소는 권한의 유무 또는 범위에 관하여 판단하고 침해의 원인이 된 처분을 취소하거나 그 무효를 확인할 수 있다(헌법재판소법 제66조). 헌법재판소가 위 '권한의 유무 또는 범위'를 넓게 해석하여 청구인의 권한 침해가 문제되는 모든 사건을 권한쟁의심판의 범위에 포함시키고 있음은 앞서 본 바와 같다.

1) '헌법상 쟁송'과 '법률상 쟁송'을 나누어 전자만을 대상으로 보는 견해

국가와 지방자치단체 또는 지방자치단체 상호간의 권한에 관한 분쟁을 '헌법상 쟁송'과 '법률상 쟁송' 또는 '헌법적 차원의 쟁송'과 '행정법 차원의 쟁송'으로 나누어 전자만을 권한쟁의다툼의 대상으로 해석하는 견해들이 있다.[67)] '헌법상 쟁송' 또는 '헌법적 차원의 쟁송'이란 "헌법적 권한과 의무의 존부 또는 범위·내용"에 관한 다툼으로 설명되기도 하고,[68)] "헌법이 부여한 포괄적인 공권력에 근거한 국가공동체의 헌법생활에 관한 요소가 있는 분쟁"으로 설명되기도 한다.[69)] 지방자치단체의 권한이 법률로 구체화되므로 헌법상의 문제로 볼 수 없다는 입장에서 국가와 지방자치단체 또는 지방자치단체 상호간의 권한쟁의심판이 입법적 처분 또는 조례와 규칙에 대한 소송에 국한되는 것으로 보는 견해도 있다.[70)] '헌법상 쟁송'과 '법률상 쟁송'의 구분 기준이 애매하고 학자마다 생각하는 범위가 다른 것 같다. '헌법상 쟁송'을 사실인정이나 법률의 해석·적용, 재량하자가 문제되는 사안이 아니라 헌법의 해석을 통한 위법성 판단이 필요한 문제로 이해한다면 주로 권한행사 또는 부작위의 근거법령이 위

주지의 사실이다.

66) 헌법개정시에는 권한쟁의심판과 기관소송과의 관계에 대하여만 논란이 있었고, 기관소송에서 헌법재판소의 권한쟁의심판에 해당하는 소송을 제외하는 것으로 문제를 해결하였다. 항고소송과 권한쟁의심판의 충돌가능성 문제는 제기되지 않았던 것으로 보인다. 당시는 지방자치제도가 본격적으로 시행되기 이전이었으므로 입법자들이 국가와 지방자치단체 또는 지방자치단체 사이에 다양한 스펙트럼의 공법상 분쟁이 발생할 수 있음을 예상하지 못했을 것이라 추측해 볼 수 있다.

67) 이광윤, 「기관소송에 있어서의 쟁점」, 고시계, 1994, 108-110쪽; 한견우, 「기관소송의 기능에 관한 재검토와 기관소송의 절차」, 연세법학연구 제3권, 1995, 879-881쪽; 이성환 「권한쟁의심판의 당사자」, 국민대학교 법학논총 제11집, 1999, 260-265면. 위 견해들은 기관소송과 권한쟁의심판의 구분론으로 제기된 것이며, 해석론으로뿐만 아니라 입법론으로도 제기되고 있다.

68) 한견우, 위의 글, 879쪽.

69) 이성환, 앞의 글, 265쪽. 국가최고기관 사이의 분쟁과 국가최고기관과 지방자치단체 사이의 분쟁은 원칙적으로 헌법적인 분쟁이라고 보고 있다(같은 글 260쪽).

70) 이광윤, 앞의 글, 109-110쪽.

헌인 경우로 한정할 수 있겠지만,[71] 이 또한 명확한 것은 아니다.

2) 권한쟁의심판의 대상을 추상적 권한의 존부 내지 범위의 문제로 한정하는 견해

피청구인이 자신에게 속한 권한을 위법하게 행사함으로써 결과적으로 청구인의 권한에 영향을 주는 경우는 이른바 권한의 행사만이 문제되는 사안으로 추상적인 권한의 존부 또는 범위가 문제되는 사안과는 구별되며, 권한쟁의심판은 후자의 경우로 한정되어야 한다는 견해가 있다.[72] 이는 권한쟁의심판에 대한 원론적인 설명과 부합하는 측면이 있으나,[73] 권한범위에 관한 다툼과 권한행사에 관한 다툼이 서로 중첩되어 구분하기 어렵다는 문제가 있고,[74] 실제로도 그 구분이 쉽지 않음은 앞에서 본 바와 같다.

3) 관할 범위 한정의 어려움

'권한의 유무와 범위'에 관한 다툼을 추상적 권한의 존부와 범위에 관한 다툼으로 한정하는 것은 일응의 방법이 될 수 있지만 그 기준이 명확하지는 않다. 권한쟁의심판의 대상을 '헌법상 쟁송'으로 한정하는 것은 그 의미를 해석하기에 따라 사실인정과 법령의 적용 및 재량하자에 대한 판단으로 해결할 수 있는 사건을 일정부분 헌법재판소의 관할에서 배제하는 효과를 가져 올 수 있지만 이 또한 기준이 명확하지 않고 "헌법 또는 법률에 의하여 부여받은 청구인의 권한의 침해" 여부를 판단하도록 한 헌법재판소법의 해석의 한계를 넘어서는 것 같다. 게다가 어느 사건이든지 권한의 '유무 또는 범위' 문제와 권한의 '행사' 문제, '헌법적 문제'와 '법률적 문제' 양자가 쟁점이 될 수 있는 가능성이 잠재해 있다. 처분 이외의 권한행사 또는 부작위에 대하여는 권한쟁의심판이 국가기관이나 지방자치단체가 이용할 수 있는 유일한 구제수단이고, 특히 권한쟁의심판이 헌법소원 청구인이 될 수 없는 지방자치단체에 대하여 헌법소원과 유사한 기능을 수행하고 있다는 점을 고려하면, 항고소송과의 관할 중첩 문제만을 이유로 권한쟁의심판의 관할범위를 한정할 수도 없다.

다만, 구체적인 사건에서 '권한'의 범위가 지나치게 확대되지 않도록 제한적으로 해석할 필요는 있다. 해석하기에 따라서는 지방자치단체의 모든 법률상 이익이 재산관리권(자치재정

71) 지방자치권의 침해여부를 둘러싼 분쟁은 모두 헌법상의 권한분쟁이고, 헌법 제111조 제4호는 지방자치단체와 국가기관간, 지방자치단체 상호간의 법적 분쟁 해결도 헌법적 중요성을 가지는 것으로 헌법적 판단을 한 것이라는 점에서 위와 같은 해석론에 반대하는 견해로 김하열, 「권한쟁의심판의 발전과 과제」, 422-425쪽.

72) 홍기태, 「권한쟁의심판」, 헌법재판제도의 이해, 재판자료 제92집, 2001, 649-651면(다만 양자의 구별이 쉽지 않음은 인정하고 있다); 박정훈, 앞의 책, 345-347쪽; 정호경, 앞의 글, 78쪽; 박현정, 앞의 글, 182-190쪽.

73) 예를 들어 국가기관과 지방자치단체 간의 권한쟁의심판은 "통일적 국가사무 수행에 있어서 국가기관과 지방자치단체간의 권한의 분배에 관한 다툼을 조정하는 의미"가 있다는 설명이나(헌법재판소, 헌법재판실무제요, 제329면), 권한쟁의를 적극적 권한쟁의와 소극적 권한쟁의로 나누어 "권한쟁의는 통상적으로 특정 사안에 대해서 서로 권한을 가진다고 주장하는 적극적 권한쟁의의 형태로 발생하는 것이 보통이지만, 특정 사안에 대해서 서로 권한이 없다고 주장하는 소극적 권한쟁의의 형태로도 발생할 수 있다"는 설명(헌법재판소, 헌법재판실무제요, 제331면) 등이 그러하다.

74) 류지태・신봉기, 「국가기관과 지방자치단체의 권한쟁의에 관한 연구」, 헌법재판연구 제9권, 1997, 331-332쪽; 김하열, 「권한분쟁에 관한 헌법재판소와 법원의 관할」, 450-451쪽; 이주영, 앞의 글, 99-100쪽.

권), 자치사무관리권, 자치입법권 등의 자치권으로 환원될 수 있어 항고소송과 관할 중첩이 나타나는 범위가 한없이 넓어질 수 있기 때문이다. 주관적 권리와 객관적 권한이 병존할 수 있는 부분이 특히 그러하다.

2. 권한쟁의심판과 항고소송의 관계

위와 같은 헌법과 법률 해석에 비추어 보면, 권한쟁의심판에 대하여는 헌법재판소의, 항고소송에 대하여는 법원의 전속관할이 인정되나, 그렇다고 해서 권한쟁의심판에서 권한의 유무 또는 권한 침해 확인과 함께 처분의 취소·무효확인을 구하는 것이나 항고소송으로 국가나 지방자치단체의 위법한 권한행사(처분)을 다투는 것이 관할 위반이라 볼 수는 없다. 헌법재판소법의 해석을 통하여 권한쟁의심판의 범위를 한정하는 것에도 한계가 있다.

보다 실효적이고 직접적인 권리구제절차가 있는 경우에는 항고소송의 소의 이익이 없다는 것이 일반적인 견해이지만, 위와 같이 헌법재판소법과 행정소송법이 서로 일반법과 특별법의 관계에 있지 않기 때문에, 권한쟁의심판을 청구할 수 있다고 하여도 소의 이익이 부정되지는 않는다. 권한쟁의심판과 항고소송은 각각의 장단점이 있어서 어느 하나가 당사자에게 더 효율적이고 직접적인 절차라 볼 수도 없다. 권한쟁의심판은 단심제로 운영되고 제소기간도 짧기 때문에 분쟁의 신속한 해결에 도움이 되고, 근거 법률의 위헌문제까지 한 번에 판단받을 수 있으며, 문제된 권한행사의 처분성 인정여부가 애매하거나 행정심판재결 등에 대한 불복의 경우처럼 항고소송 소송요건 구비여부가 불확실할 때 안전망이 될 수 있다. 권한쟁의심판의 장점은 그대로 항고소송의 단점이 되지만, 항고소송은 권한쟁의심판에 비하여 제소기간이 길고, 처분의 하자가 중대·명백하다면 제소기간과 무관하게 구제를 받을 수 있으며, 혹시 패소하더라도 상급심에서 결론이 변경될 가능성이 남아있다. 충분한 사실입증의 기회가 주어지고 수차례의 변론을 통해 상대방과 법원에게 자신의 주장을 충분히 전달하고 상대방의 입장에 대응할 수 있다는 점도 장점이다.

3. 결론 충돌 문제의 해결

위와 같이 관할의 중첩이 관할위반으로 귀결되지 않는 상황에서, 양 제도가 모두 이용됨에 따라 발생할 수 있는 결론 충돌의 문제를 해결할 필요가 있다.

(1) 권한쟁의심판과 선결문제

권한쟁의심판의 대상이 되는 권한의 침해 여부가 민사소송이나 행정소송에서 선결문제가 되는 경우 헌법재판소에 배타적 판단권이 있어서 헌법재판소의 판단 없이는 법원이 독자적으로 심리·판단할 수 없다고 보아야 하는가? 헌법 제107조 제1항과 같은 특별 규정이 없는 이상 위와 같은 의문에 부정적으로 대답할 수밖에 없음이 당연하지만, 추가로 다음의 점도 고려할 수 있다.

먼저, 법원의 소송에서 법률의 위헌여부가 선결문제가 되는 경우에는 위헌법률심판이나 위헌소원의 문제가 발생할 뿐이다. 행정입법의 위헌·위법여부가 선결문제가 되는 경우에도 헌법 제107조 제2항에 대하여 어떠한 견해를 취하건 법원에 최종심사권이 있음을 부인할 수 없으므로 법원이 독자적으로 판단할 수 있다. 사실행위의 권한침해 여부가 선결문제가 되는 경우에도 법원이 독자적으로 법령을 해석하고 사실을 판단하여 위법여부를 결정할 수 있다.[75] 항고소송의 공정력과 선결문제는 제소기간이 도과하면 더 이상 처분의 효력을 다툴 수 없기 때문에 나타나는 것인데, 이를 사실행위에까지 확대할 수는 없다. 처분의 경우에도 동일 처분에 대하여 취소소송이 제기된 경우가 아니라면 처분의 공정력에 관한 일반 법리에 따르면 될 것이다. 동일 처분에 대하여 취소소송이 제기된 경우에도 위법한 처분의 취소 또는 무효확인이 헌법재판소의 재량에 달려있는 점,[76] 취소결정의 경우 처분의 직접상대방에 대하여 이미 생긴 효력에 영향을 미치지 않는다는 점을 고려하면 원래 처분의 취소권한이 있는 법원이 독자적으로 권한침해의 위법성을 인정할 수 없다고 볼 수는 없을 것이다.

(2) 판결의 효력에 따른 해결

동일한 다툼의 대상에 대하여 양 소가 제기됨에 따라 발생할 수 있는 결론의 충돌 문제는 판결의 효력을 통해 해결할 수밖에 없다.

1) 어느 한 소송에서 원고(청구인) 승소 판결(결정)이 확정되는 경우

항고소송에서 먼저 취소판결이 확정되면, 취소판결의 대세효에 따라 권한쟁의심판의 권리보호이익이 소멸하므로 청구가 각하되어야 한다. 권한쟁의심판에서의 취소결정 또는 무효확인결정에도 대세효가 있는지에 대하여는 별다른 논의가 없으나, 결정이 모든 국가기관과 지방자치단체를 기속하는 이상 같은 결론에 이를 수 있다.

2) 어느 한 소송에서 청구기각 판결(결정)이 확정되는 경우

기판력은 기본적으로 "국가의 재판기관이 당사자의 법적 분쟁을 공권적으로 판단한 것에 기초"하여 법적 안정성을 보장하기 위하여 인정되는 것이므로,[77] 헌법재판에도 법원 판결의 기판력이 미친다고 보아야 할 것이다.[78] 항고소송과 권한쟁의심판 사이의 기판력 문제는 기

75) 예를 들어 권한쟁의심판 청구기간이 도과된 후 권한침해를 이유로 손해배상을 구하는 경우 권한침해 여부를 법원이 독자적으로 판단하여 결론을 내릴 수 있음은 당연하다.

76) 다만, 피청구인의 처분이 청구인의 권한을 침해하였다는 결론을 내리는 경우에 청구인의 취소 또는 무효확인청구를 기각한 예는 없다.

77) 이시윤, 신민사소송법, 박영사, 2013, 594쪽.

78) 헌법소원과 항고소송의 관계에 있어서는 헌법소원의 특수성이나 헌법재판권의 특수성을 들어 법원 판결의 기판력이 헌법소원에까지 미치지 않으며, 헌법재판소법 제75조 제1항의 기속력이 기판력에 우선한다는 견해가 많이 제기되고 있다(신봉기, 「원행정처분의 헌법소원심판 대상성」, 법학논총 제21집, 1995, 207쪽; 황도수, 「원처분에 대한 헌법소원」, 헌법논총 제6집, 1995, 208-209쪽; 정재황, 헌법재판개론, 박영사, 2003, 611쪽 등). 그러나, 위헌결정이나 헌법소원심판 결정의 경우에 예외적으로만 확정판결에 대한 재심을 청구

판력에 관한 일반론에 따라 해결하여야 할 것이다.

권한쟁의심판의 심판대상(소송물)을 '피청구인의 처분이 청구인에게 인정되는 권한을 침해하였는지 여부'라 할 때, 위 권한 침해에 대한 판단은 처분의 위법성[79]에 대한 판단을 전제로 하는 것이다. 따라서 취소소송과 권한쟁의심판은 전자의 소송물이 후자의 선결문제가 되는 관계에 있으므로, 취소소송에서 기각판결이 확정되면 그 기판력에 따라 권한쟁의심판에서도 처분이 적법하다는 점에 대하여 다른 판단을 할 수 없다고 보아야 할 것이다.[80] 다만, 권한쟁의심판에서도 헌법재판소법 제75조 제5항을 준용하여 법률에 대한 간접적 규범통제가 가능함을 전제로, 헌법재판소가 처분의 근거법률이 위헌임을 이유로 청구인의 청구를 인용하는 것은 취소청구 기각판결의 기판력에 저촉되지 않는다고 볼 수 있을 것이다.

반면에 권한쟁의심판의 소송물이 항고소송의 선결문제나 항변문제가 되는 관계는 아니므로 권한쟁의심판에서 기각결정이 선고된 경우 기판력의 문제는 발생하지 않는다. 그러나 권한쟁의심판에서는 기각결정에도 기속력이 인정되므로, 항고소송에서 처분의 위법사유에 대한 헌법재판소의 판단과 다른 판단을 할 수는 없다. 법원이 권한쟁의심판에서 다루어지지 않은 쟁점을 판단하여 처분의 위법성을 인정할 수는 있을 것이다.

3) 어느 한 소송에서 소(청구)각하 판결(결정)이 확정되는 경우

양 소송의 소송요건(적법요건)이 서로 다르기 때문에 각하판결(결정)의 경우에는 다른 소송에 원칙적으로 영향을 줄 수 없겠지만, 권한쟁의심판에서 청구인이 주장하는 권한침해의 가능성이 없음을 이유로 각하판결이 선고되었다면 그 판단에 기속력이 인정될 수는 있을 것이다.

V. 결　　어

국가나 지방자치단체가 자신 또는 제3자에 대한 처분을 다투기 위하여 이용하는 제도로서 권한쟁의심판과 항고소송은 당사자, 심판대상(소송물), 기타의 적법요건(소송요건), 심판내용, 판결 또는 결정의 효력 등에 있어서 일정한 유사점과 차이점이 있다. 또한 양 제도는 서로 장단점이 달라 일방의 장점이 타방의 단점이 되는 관계에 있기도 하다. 이러한 점 때문에 국가나 지방자치단체가 처분에 대해 다투고자 할 때 권한쟁의심판과 항고소송을 같이 제

할 수 있도록 한 헌법재판소법 제47조 제3항, 제75조 제7항의 반대해석상 헌법재판의 기속력에 확정판결의 기판력을 배제하는 효력까지 인정된다고 볼 수는 없을 것이다(정태호, 「원처분의 헌법소원대상성에 관한 소고」, 헌법논총 제6집, 1995, 292-293쪽 참조).

79) 여기서의 위법성은 위헌성을 포함하는 것이며 권한쟁의심판과 항고소송에서 위법성의 의미가 다를 이유는 없다.

80) 무효확인소송의 소송물은 처분의 위법성뿐만 아니라 하자의 중대·명백성까지도 포함하는 것이므로, 이 경우에는 기각판결의 기판력이 권한쟁의심판에 미치지 않는다고 생각된다.

기하는 경우가 있는 것 같다.[81)]

당사자 사이에 동일한 처분에 대하여 권한쟁의심판과 항고소송이라는 두 가지 구제수단이 가능한 관할 중첩이 헌법 위반이나 관할 위반으로 평가될 수는 없다. 헌법이 권한쟁의에 대한 심판권을 헌법재판소에, 처분의 위법성에 대한 최종판단권을 대법원에 부여하고 있으나, '권한쟁의'가 무엇인지는 헌법해석만으로 알 수 없기 때문이다. 또한 헌법재판소법과 행정소송법의 해석으로 일방이 타방에 대하여 보충적 지위에 있다거나 헌법재판소에 이른바 '권한쟁의'에 대한 우선적 판단권이 있다고 볼 수도 없다.

권한쟁의심판의 범위를 추상적인 권한의 존부 또는 범위만이 문제되는 사안 또는 '헌법상의 쟁송'으로 한정하는 것은 그 기준이 불명확하기 때문에 관할 중첩 문제에 대한 해결방법으로는 부족하다. 객관적 '권한'과 주관적 '권리'를 구분하는 것 또한 쉽지 않으나, 그럼에도 헌법재판소가 그 분리를 통해 권한쟁의심판의 범위를 한정하려는 것으로 보이는 최근의 판례는 의미가 있다.

결국, 관할이 중첩되는 경우에 헌법재판소와 대법원 사이에 결론의 충돌이 일어나지 않도록 하는 것이 재판의 신뢰 측면에서 중요한데, 이는 기판력과 기속력 등의 문제로 해결할 수 있다. 권한쟁의심판이나 국가나 지방자치단체가 제기하는 항고소송 모두 그 역사가 길지 않으므로 앞으로의 이용 상황을 지켜보면서 양 제도의 관계가 어떠한 방향으로 전개되는지를 지켜보는 것도 의의가 있을 것이다.

81) 다만, 이 연구를 위한 판례검색시에는 이를 발견하지 못했는데, 이는 권한쟁의심판과 항고소송 중 취하사건을 검토하지 못하였기 때문으로 보인다.

39. 법령소원의 요건에 관한 연구* – 직접성 요건을 중심으로 –

정 호 경**

Ⅰ. 서 설

헌법재판소법 제68조 제1항은 "공권력의 행사 또는 불행사로 인하여 헌법상 보장된 기본권을 침해받은 자는 법원의 재판을 제외하고는 헌법재판소에 헌법소원심판을 청구할 수 있다."고 규정하고 있다. 헌법재판소는 이 규정의 공권력에는 입법권, 행정권, 사법권을 행사하는 모든 국가기관, 공공단체 등의 고권적 작용이 모두 포함된다고 판시하였다.[1] 또한 여기에서 말하는 입법권에는 법률의 제정을 비롯하여 조약의 체결도 포함되고, 일정한 경우 입법부작위도 포함된다. 행정권의 행사에는 일반적인 행정처분권의 행사뿐만 아니라, 명령이나 규칙, 조례의 제정 작용 또한 포함되고, 일정한 경우 행정입법부작위도 포함된다. 즉 헌법재판소법 제68조 제1항의 공권력 행사에는 국가 또는 공공단체에 의한 규범제정행위도 포함되는데, 즉 국회가 제정한 법률 또는 법률조항과 행정권이 정립한 명령·규칙이나 조례[2]도 포함된다는 점에 대하여 학설, 판례상 이견이 없다.[3]

그러나 법령의 제정이나 제정된 법령이 헌법재판소법 제68조 제1항의 공권력 행사에 해당한다고 하더라도, 법령은 통상적으로 수범자의 측면에서 상당한 정도의 일반성을 가지고 법적 효력의 측면에서 추상적 효력을 지니는 것이 통상적이라는 점에서 법령에 대한 헌법소원의 요건은 행정처분 같은 개별적이고 구체적인 공권력 행사와 차이점을 지닌다.

일반적인 헌법소원의 경우 적법요건 판단 단계에서 일차적으로 공권력 행사인지 여부가 문제되고, 공권력 행사성이 인정된 이후에는 기본권 침해의 자기관련성 현재성 등이 주로 문제되며, 마지막으로 항고소송과의 관계에서 보충성이 주로 문제된다. 그러나 법령 소원의 경우에는 법령이라고 인정되는 한 공권력 행사임이 인정되고, 현행법상 법령을 다툴 수 있는 다른 방법이 없으므로 보충성도 거의 문제되지 아니 한다. 또한 청구인과 관련된 요건 중에서도 자기관련성, 현재성 같은 요건들도 개별구체적인 처분과 달리 대부분은 내용상 직접성

---

* 이 글은 2016년 12월 사법발전재단에서 발간하는「사법」제38호에 게재된 글이다(583-620면). 한국 공법학에 큰 족적을 남기신 성낙인 총장님의 퇴임을 기념하여 拙稿를 헌정코자 합니다.

** 한양대학교 교수, 전 헌법재판소 헌법연구관

1) 헌재 2001.3.21. 선고 99헌마139등, 판례집 13-1, 676, 692.

2) 이 글에서는 '법령'을 이러한 의미로 사용하기로 한다.

3) 다만 명령·규칙이나 조례에 대한 헌법소원의 경우 헌법 제107조 제2항과의 관계에서 헌법재판소가 그 위헌심판권을 가지는지에 관하여 이견이 있으나, 그 자체가 헌법재판소법 제68조 제1항의 공권력 행사에 해당함을 부정하는 견해라고 보이지는 아니한다.

요건으로 포섭되는 경우가 많다. 직접성 요건이 인정되지 않는 법령이 현재, 자기의 기본권을 침해하는 경우라는 건 사실상 거의 생각하기 어렵다. 헌법재판소는 원칙적으로 법령 자체가 직접 헌법소원의 대상이 될 수 있으려면 구체적인 집행행위를 기다리지 아니하고 그 법령에 의하여 직접, 현재, 자기의 기본권을 침해받아야 하는 것을 요건으로 한다고 판시하고 있다.[4)]

이러한 의미에서 직접성 요건은 법령소원의 핵심적 요건이라 할 수 있으며, 동시에 법령소원의 판단 구조 자체를 결정하는 의미를 지닌다. 이하에서는 법령소원에서의 일반적 요건들을 살펴보고, 특히 직접성 요건에 대한 심도 깊은 고찰을 통하여 법령소원의 구조와 내용을 밝히고자 한다. 나아가 특히 법령소원의 직접성과 보충성의 관계를 명백히 함으로써 항고소송과 헌법소원의 바람직한 관계를 구축하는 데 기여하고자 한다.

Ⅱ. 법령소원의 일반적 요건

1. 공권력의 행사 또는 불행사

헌법재판소법(이하 '법'이라 한다) 제68조 제1항에 따르면 헌법소원의 대상은 "공권력의 행사 또는 불행사"에 한정된다. 여기서 공권력이란 공적 주체가 일방적으로 국민의 법적 지위에 불리한 영향이나 효과를 야기하는 권력적 작용으로서 기본권의 구속을 받는 모든 국가작용을 말한다.[5)] 헌법재판소는 "입법권·행정권·사법권을 행사하는 모든 국가기관·공공단체 등의 고권적 작용"이 헌법소원의 대상인 공권력 행사에 해당한다고 판시하였다.[6)] 이처럼 법 제68조 제1항이 "공권력의 행사 또는 불행사"를 헌법소원의 대상으로 규정하는 것은, 모든 국가권력이 기본권의 구속을 받는다는 헌법적 원칙에 대응하는 절차법적인 표현이라고 할 것이다.[7)]

(1) 법 률

헌법소원의 대상이 되는 공권력에는 입법권도 포함되므로,[8)] 국회에 의하여 제정된 형식적 의미의 법률이라면 그 성격이나 내용과 무관하게 헌법소원의 대상이 된다.[9)] 다만, 국민에

---

4) 헌법재판소는 "기본권 침해의 직접성이란 집행행위에 의하지 아니하고 법령 그 자체에 의하여 자유의 제한, 의무의 부과, 권리 또는 법적 지위의 박탈이 생긴 경우를 뜻하므로, 구체적인 집행행위를 통하여 비로소 당해 법령 또는 법령조항에 의한 기본권 침해의 법률효과가 발생하는 경우에는 직접성의 요건이 결여"된다 하여 소위 '직접성'을 요구하고 있다(헌법재판소 1992.11.12. 선고 91헌마192 결정; 2001.9.27. 선고 2000헌마238 결정 참조).

5) 김하열, 「헌법소송법」, 박영사, 2014, 372면; 한수웅, 제68조 제1항, 「주석 헌법재판소법」, 헌법재판연구원, 2015, 982면.

6) 헌재 2001.3.21. 99헌마139등, 판례집 13-1, 676, 692; 헌재 1990.10.15. 89헌마178, 판례집 2, 365, 370.

7) Vgl. Bethge, in: Maunz/Schmidt-Bleibtreu/Klein/Bethge, BVerfGG, 2014, § 90 Rn. 491ff.

8) 헌재 1992.11.12. 91헌마192, 판례집 4, 813, 823; 헌재 1995.7.21. 94헌마191, 판례집 7-2, 195, 201.

대한 일반적 구속력이나 외부적 효과가 결여된 단순한 형식적 의미의 법률의 경우도 헌법소원의 대상으로서 공권력행사에 해당되는지 문제된다. 이러한 형식적 의미의 법률도 원칙적으로 헌법소원의 대상이 된다고 할 것이다. 다만 형식적 의미의 법률의 경우 '기본권침해의 가능성'이나 '기본권침해의 법적 관련성'의 단계에서 심판청구의 적법성이 부인될 수 있을 것이다.[10][11]

헌법소원의 대상이 되는 법률은 원칙적으로 현재 시행 중인 유효한 것이어야 한다.[12] 법률은 입법의 마지막 단계에 해당하는 공포에 의하여 법적으로 존재하게 된다. 이러한 입법절차에 법률의 시행은 포함되지 않지만, 법률이 효력을 발생하기 위한 조건이다.[13] 공포 후 시행 전 법률은 법적으로 법률이 존재하지만, 아직 효력을 발생하고 있지 않기 때문에 개인의 기본권을 침해하기에 부적합하다고 한다.[14][15] 그러나 법률이 시행되는 경우 바로 기본권을 침해하게 되고, 때로는 그 기본권 침해의 결과가 비가역적인 경우가 있을 수 있다. 그러한 점을 고려하면 시행 전의 법률이라도 공포된 경우에는 법률로서의 성립요건을 모두 충족하였으므로 헌법소원의 대상인 공권력 행사에 해당한다고 하고, 그러한 법률이 기본권을 침해하는지 여부는 기본권 침해의 현재성 관점에서 판단하는 것이 기본권 보호를 위해 더 적절한 것으로 보인다.[16] 헌법재판소도 법률이 일반적 효력을 발생하기 전이라도 이미 공포되어

---

9) 일반적으로 '법률'이 헌법소원의 대상인 공권력 행사라고 한다. 그러나 헌법소원의 대상인 공권력의 행사가 입법행위의 결과로 존재하게 된 법률인지 또는 입법행위 그 자체인지에 대하여 논하는 견해가 있다. 이에 관하여는 정종섭, 「헌법소송법」, 제7판, 박영사, 2012, 572-574면 이하 참조.

10) 한수웅, 제68조 제1항, 「주석 헌법재판소법」, 985면.

11) 그러나 헌법재판소는 법률에 의한 '기본권 침해의 가능성'의 판단에 있어서, 법률이 직접적으로 기본권을 제한하는 경우뿐만 아니라, 법률의 내용이 직접적으로는 기본권을 대상으로 하고 있지 않지만, 결과적으로 기본권에 영향을 미치는 경우에도 기본권 침해의 가능성을 인정하고 있다. 따라서 법률이 기본권과 무관한 형식적 의미의 법률로서 헌법소원의 대상에서 제외될 가능성은 극히 낮다고 할 것이며, 이러한 헌법재판소의 태도는 흠결 없는 국민의 기본권 보호의 관점에서 타당하다고 할 것이다.
헌법재판소는 "경기도남양주시등33개도농복합형태의시설치등에관한법률"에 관한 헌법소원 사건에서 "지방자치단체(地方自治團體)의 폐치(廢置)·분합(分合)에 관한 것은 지방자치단체(地方自治團體)의 자치행정권(自治行政權) 중 지역고권(地域高權)의 보장문제이나, 대상지역 주민들은 그로 인하여 인간다운 생활공간에서 살 권리, 평등권(平等權), 정당한 청문권(聽聞權), 거주이전(居住移轉)의 자유, 선거권(選擧權), 공무담임권(公務擔任權), 인간다운 생활을 할 권리, 사회보장(社會保障)·사회복지수급권(社會福祉受給權) 및 환경권(環境權) 등을 침해받게 될 수도 있다는 점에서 기본권(基本權)과도 관련이 있어 헌법소원(憲法訴願)의 대상이 될 수 있다."고 판시하고 있다(헌재 1994.12.29. 94헌마201, 판례집 6-2, 510 이하).

12) 헌법재판소, 「헌법재판실무제요」, 제1개정증보판, 2008, 190면; 한수웅, 제68조 제1항, 「주석 헌법재판소법」, 984면. Benda/Klein, Verfassungsprozessrecht, 3.Aufl. 2012, Rn. 543. 이와 달리 시행 전 법률도 헌법소원 대상성이 긍정되지만, 헌법소원이 허용되는지 여부는 현재성에서 판단되어야 한다는 견해로 김하열, 「헌법소송법」, 379면 참조. 이러한 문제는 "엄밀히 말하면 청구인적격의 문제"에 해당한다는 견해로 허영, 「헌법소송법론」, 제10판, 박영사, 2015, 364면 참조.

13) 한수웅, 제68조 제1항, 「주석 헌법재판소법」, 984면.

14) 한수웅, 제68조 제1항, 「주석 헌법재판소법」, 984면.

15) 또한 현재 사전적·예방적 규범통제는 인정되지 않기 때문에 법률이 효력을 발휘하기도 전에 법률에 대한 헌법소원심판을 인정할 수는 없다고 한다. 정문식, 제68조 제1항, 「주석 헌법재판소법」, 헌법재판연구원, 2015, 1100면.

있고, 청구인이 "불이익을 입게 될 수도 있다는 것을 현재의 시점에서 충분히 예측할 수 있는" 경우에는 당해 법률에 대한 헌법소원을 인정하고 있으며, 이 경우 공포되었지만 아직 효력이 발생하지 않은 법률에 대한 헌법소원 청구를 헌법소원의 대상으로서 공권력 행사가 인정되는지 문제로 보는 것이 아니라 기본권 침해의 현재성 문제로 접근하고 있다.[17] 그러나 '국회에서 심의 중인 법률안'의 경우는 헌법소원의 대상이 되지 아니한다.[18]

국회가 헌법재판소가 위헌으로 결정한 법률과 동일한 내용의 법률을 다시 제정한 경우 이러한 법률은 헌법소원의 대상이 된다고 볼 것인지 문제된다. 이는 원칙적으로 헌법재판소의 위헌결정의 기속력이 입법기관인 국회에도 미치는지 여부에 의해 결정된다고 할 것이다. 헌법재판소의 위헌결정의 기속력은 입법기관인 국회에는 미치지 않는다고 할 것이므로, 헌법재판소는 이러한 법률에 대한 헌법소원에 대하여 각하해서는 안 되고, 다시 위헌 결정을 내려야 할 것이다.[19][20]

(2) 명령 · 규칙

헌법 제107조 제2항은 "명령 · 규칙 또는 처분이 헌법이나 법률에 위반되는 여부가 재판의 전제가 된 경우에는 대법원은 이를 최종적으로 심사할 권한을 가진다."고 규정함으로써, 명령 · 규칙 등 법률 하위규범에 대한 구체적 · 부수적 규범통제권은 명시적으로 법원의 관할로 정하고 있다. 그러나 명령 · 규칙이 다른 집행행위의 개입 없이 그 자체로 직접 국민의 기본권을 침해하여 명령 · 규칙의 위헌 · 위법성 자체를 직접 소송물로 하여 심사하는 본안적 규범통제의 경우에는 명시적 규정이 없어 그 관할권이 문제된다.[21] 이에 대하여 헌법소원에

---

16) 같은 견해로 김하열, 「헌법소송법」, 379면 참조. 이에 관해서는 기본권 침해의 현재성 부분에서 더 자세하게 논하기로 한다.

17) 위에서 인용한 "경기도남양주시등33개도농복합형태의시설치등에관한법률"에 관한 헌법소원 사건에서 다음과 같이 판시하고 있다.
"이 사건 법률은 1994.8.3. 법률 제4774호로 공포되었고 1995.1.1.부터 시행된다. 이 사건 법률이 시행되면 즉시 중원군은 폐지되고 충주시에 흡수되므로, 이 사건 법률이 효력발생하기 이전에 이미 청구인들의 권리관계가 침해될 수도 있다고 보여지고 현재의 시점에서 청구인들이 불이익을 입게 될 수도 있다는 것을 충분히 예측할 수 있으므로 기본권침해의 현재성이 인정된다(헌재 1994.12.29. 94헌마201, 판례집 6-2, 510 이하 참조)."

18) 허영, 「헌법소송법론」, 364면.

19) 입법기관인 국회에도 위헌결정의 기속력이 미친다고 보는 견해에 의하면, 이러한 법률은 기속력 위반으로서 무효인 법률에 해당하여 헌법재판소는 각하결정을 해야 할 것이다.

20) 입법자에게 기속력이 미치는지 여부에 관하여는 견해가 나뉘며, 우리 헌법재판소는 이 문제에 관해 정면으로 판시한 바 없다. 독일 연방헌법재판소는 이 문제에 관하여 제1재판부와 제2재판부의 견해가 나뉜다. 필자는 위헌결정의 기속력은 입법자에게는 적용되지 않으며, 권력분립의 취지 및 정치적 부담의 균등화 차원에서 의회의 반복입법에 대해서 헌법재판소는 기속력 위반을 이유로 위헌판결을 해서는 안 되고, 실체적 문제를 쟁점으로 해서 본안판단을 해야 한다고 본다. 이에 관해 더 자세히는 졸고, "헌법재판소 결정의 효력-기속력의 주관적 · 객관적 범위를 중심으로", 헌법논총 제26집(2015), 363-364면 참조.

21) 헌법재판소의 명령 · 규칙에 대한 심사권의 헌법적 근거는 헌법소원을 인정하는 헌법 조항에서 찾는데 대하여는 별다른 이견이 없는 듯하다. 그러나 법원의 명령 · 규칙에 대한 심사권의 헌법적 근거에 관해서는 견해가 나뉜다. 이 문제에 관련된 헌법조항으로는 헌법 제101조, 제107조 제2항을 들 수 있을 것이다. 위 조

의하여야 한다는 견해와 행정소송 중 항고소송에 의하여 해결되어야 한다는 견해가 대립하고 있다.

명령·규칙에 대한 대법원의 직접적 심사권을 부인하는 견해는, 행정재판권의 근거를 헌법 제101조에서 구하고, 명령·규칙 심사권은 구체적 행정작용에 대한 심판과는 달리 제107조 제2항에 의해 '재판의 전제'가 된 경우에 한하여 법원의 재판권에 속하게 되는 것으로 이해한다. 따라서 제107조 제2항의 명령·규칙 심사권의 의미는 명령·규칙에 대한 직접적 심사권을 제외한 부수적 규범통제만을 의미하는 것으로만 이해한다. 명령·규칙에 대한 직접적 심사권이 대법원에 귀속된다고 보는 견해는, 헌법 제107조 제2항을 명령·규칙을 포함하는 행정작용 일반에 대한 법원의 행정재판권의 근거규정으로 이해하므로, 동조에서 규정하는 명령·규칙에 대한 심사권은 부수적 규범통제만이나 아니라 명령·규칙 자체를 직접 소송물로 하는 경우의 심사권도 포함하는 것으로 이해한다.[22)]

달리 말하면 명령·규칙으로 인하여 국민의 기본권이 직접 침해된 경우, 명령·규칙 자체의 위헌성은 헌법재판소의 헌법소원심판에 의하여 심사되어야 한다고 보는 견해는 헌법 제107조 제2항의 "재판의 전제가 된 경우"를 '재판의 선결문제로 된 경우'로 해석하여 법원의 명령·규칙에 대한 규범통제를 부수적·간접적 통제로 한정한다. "재판의 전제가 된 경우"라는 문언을 선결문제로 해석하는 것이 자연스러우며, 동조 제1항의 "재판의 전제가 된 경우"가 선결문제로 해석된다는 점을 고려할 때 동조 제2항도 동일하게 해석되는 것이 균형적이기 때문이라고 한다. 이 견해에 따르면 헌법 제101조 제1항의 사법권에 명령·규칙에 대한 모든 통제가 당연히 포함되는 것이 아니라 헌법 제107조 제2항에 의하여 채워지게 된다. 이와 달리 헌법재판소에 명령·규칙에 대한 본안적 규범통제권이 귀속되지 않는다고 보는 견해는 헌법 제107조 제2항의 "재판의 전제가 된 경우"를 '구체적 사건성'으로 이해한다.[23)] "재판의 전제"라는 문구는 명령·규칙·처분에 대하여는 독립된 법원에 재판권을 부여하는 영미식 행정재판을 취하는 건국헌법 제81조 제1항[24)]으로부터 유래된 결과로서 '구체적 사건성'을 의미하는 것으로 보는 것이 타당하다고 한다.[25)] 이에 의하면 헌법 제107조 제2항

항들의 해석과 관련한 논쟁의 핵심은 제107조 제2항에서 말하는 '재판의 전제'의 의미가 무엇인지, 그리고 제101조에서 말하는 '사법권'의 범위에 행정재판이 포함되는지 여부이다.

22) 이에 관해 더 자세히는 졸고, "항고소송과 헌법소원의 관계-보충성원칙과 명령·규칙에 대한 심사권을 중심으로", 사법 제36호(2016.6), 322-325면 참조.
한편 독일의 경우에는 규범은 원칙적으로 항고소송의 대상에서 제외하고 있지만, 지방자치단체의 도시계획조례 등 일정 규범에 대하여 항고소송외의 별도의 규범통제절차를 마련하고 있다. 독일 행정법원법상 규범통제절차에 관하여는 졸고, "독일 행정소송의 체계와 유형-대상적격과 원고적격을 중심으로", 법학논총; 이원우, "행정입법에 대한 사법적 통제방식의 쟁점", 「행정법연구」 제25권, 행정법이론실무학회, 2009. 12, 5면 참조.

23) 윤정인, "법원의 명령, 규칙에 대한 사법심사", 「인권과정의」 제457호, 대한변호사협회, 2016.5, 73면.

24) 건국헌법 제81조 제1항: 대법원은 법률의 정하는 바에 의하여 명령, 규칙과 처분이 헌법과 법률에 위반되는 여부를 최종적으로 심사할 권한이 있다.

이 명령·규칙에 대한 법원의 본안적 규범통제권한을 부정하는 것은 아니라고 한다.[26]

위에서 본 양자의 견해 모두 모두 나름의 근거와 이유를 가지며, 해석상의 장단점을 지니고 있다. 명령·규칙에 관한 심사권 문제의 결정을 위해서는 헌법해석의 통일성이나 연혁적 이유 외에도 명령·규칙이라는 소위 행정입법의 성질을 고려하고, 법원과 헌법재판소의 본원적 기능과 조직 구성, 업무수행방식에서의 장단점을 함께 고려해서 결정해야 할 것으로 생각한다.[27]

그러나 우리 헌법의 해석상 명령·규칙에 대한 본원적 규범통제에 대한 관할권이 법원에 귀속되는가에 관한 위와 같은 논의와 상관없이 명령·규칙은 행정권의 행사로서 그 자체로 헌법소원의 대상인 공권력 행사에 해당한다는 점은 인정할 수 있다고 할 것이다. 다만, 명령·규칙에 대한 본원적 규범통제권이 법원에 속한다고 인정할 경우에는 명령·규칙에 대한 헌법소원의 경우 보충성 요건이 주로 문제될 것이다.

2. 기본권침해

법 제68조 제1항이 규정하는 "공권력"에는 입법작용도 포함되므로 형식적 의미의 법률이든, 명령·규칙과 같은 행정입법이든 형식에 관계없이 헌법소원의 대상인 공권력의 행사에 해당한다. 그러나 법령이 공권력 행사에 해당한다고 하더라도 모든 법령이 헌법소원심판의 대상이 될 수 있는 것은 아니며, 원칙적으로 그 법령이 별도의 구체적 집행행위의 매개 없이 청구인의 기본권을 직접, 그리고 현재 침해하는 경우에 한하여 헌법소원이 인정된다.[28]

(1) 자기관련성

자기관련성이란 헌법소원의 대상인 공권력행사로 청구인 '자신의' 기본권에 대한 침해가 야기된 것을 의미한다.[29] 이는 "헌법재판소가 당해 공권력행사를 심판함으로써 청구인 자신의 기본권을 구제하는 데 적합한 관계가 있는가"를 심사하는 기준이 된다.[30] 이처럼 우리 헌법상 또는 법률상 자기관련성에 관한 명시적인 근거가 존재하지 않음에도 기본권침해에 관

25) 이에 대한 법사적 논의는 신우철, "재판의 전제성-그 개념의 굴곡의 헌법사" 「비교헌법사론: 대한민국 입헌주의의 형성과 전개」, 법문사, 2013, 223-252면 참조.

26) 다른 한편 헌법 제107조 제2항의 "재판의 전제가 된 경우"를 '재판의 선결문제로 된 경우'로 이해하더라도, 곧바로 다른 방식을 통한 법원의 규범통제가 금지되는 것은 아니고 그에게 본안적 규범통제권한을 부여할 것인지 여부는 입법자의 재량에 맡겨져 있다는 견해도 있다. 이원우, "행정입법에 대한 사법적 통제방식의 쟁점", 14면.

27) 이에 관해 더 자세한 논의는 졸고, "항고소송과 헌법소원의 관계-보충성원칙과 명령·규칙에 대한 심사권을 중심으로", 사법 제36호(2016.6), 322-326면 참조.

28) 헌재 1991.6.3. 89헌마46, 판례집 3, 263, 265; 헌재 1991.7.22. 89헌마174, 판례집 3, 484, 487; 헌재 1994.6.30. 91헌마162, 판례집 6-1, 672, 676.

29) 허영, 「헌법소송법론」, 388면; 정종섭, 「헌법소송법」, 제7판, 박영사, 2012, 672면.

30) 정문식, 제68조 제1항, 「주석 헌법재판소법」, 1089면.

하여 자기관련성을 요구하는 것은 개인의 기본권보장 제도인 헌법소원심판이 민중소송화 내지 추상적 규범통제화 하는 것을 방지하고 헌법재판소의 부담을 경감하기 위한 것이다.[31)32)]

헌법재판소는 자기관련성이 "원칙적으로 공권력의 행사 또는 불행사의 직접적인 상대방"에게만 인정되고, "공권력의 작용에 단순히 간접적, 사실적 또는 경제적인 이해관계가 있을 뿐인 제3자"는 제외된다고 보았다.[33)] 법률에 의한 기본권침해의 경우, 법률에 의하여 직접적으로 관련되어 기본권을 침해당하고 있는 자만이 헌법소원심판청구를 할 수 있다고 할 것이고 제3자는 특단의 사정이 없는 한 기본권침해에 직접 관련되었다고 볼 수 없다.[34)] 다만 이 경우에도 법의 목적 및 실질적인 규율대상, 법규정에서의 제한이나 금지가 제3자에게 미치는 효과나 진지성의 정도 등을 종합적으로 고려한 결과에 따라 제3자의 자기관련성이 긍정될 수 있다.[35)36)]

(2) 현재성

기본권침해의 현재성이란 공권력행사로 인한 청구인의 기본권에 대한 침해가 현재, 현실적으로 진행되고 있어야 함을 의미한다.[37)] 기본권침해 상황은 원칙적으로 헌법소원의 청구시점에 이미 발생했을 뿐만 아니라, 헌법소원심판을 제기하고 진행 중인 동안, 즉 구두변론 종결 시 또는 서면심리가 종결된 시점에도 여전히 존재하여야 한다.[38)] 따라서 아직 기본권침해가 발생하지 않았거나 앞으로 기본권침해를 받을 우려가 있다는 것으로는 충분하지 않다.[39)] 기본권침해의 현재성은 특히 법령을 대상으로 하는 헌법소원의 경우 헌법소원의 민중화를 방지한다는 점에 그 기능적 의미가 있다.[40)] 일반·추상적인 법규범이든지 개별·구체적인

---

31) 독일의 경우 헌법소원의 근거규정인 기본법 제93조 제1항 제4a호와 연방헌법재판소법 제90조 제1항에서 "자신의 기본권(seiner Grundrechte)"이란 표현을 사용하고 있어서 헌법소원의 요건으로서 자기관련성의 근거가 명백하다고 할 수 있다. Bethge, in; Maunz/Schmidt-Bleibtreu/Klein/ders, BVerfGG, § 90, Rn. 355.

32) 헌재 2006.12.28. 2004헌마229, 공보 123, 74, 76; 정문식, 제68조 제1항, 「주석 헌법재판소법」, 1089면; 허영, 「헌법소송법론」, 388면; 정종섭, 「헌법소송법」, 672면.

33) 헌재 1994.6.30. 92헌마61, 판례집 6-1, 680, 684.

34) 헌재 2000.6.29. 99헌마289, 판례집 12-1, 913, 933.

35) 헌재 2002.7.18. 2001헌마605, 판례집 14-2, 84, 94; 헌재 1997.9.25. 96헌마133, 판례집 9-2, 410, 416.

36) 가령 방송위원회의 소관인 방송광고의 사전심의제도 및 심의기준을 규정하는 법령은 광고회사에 소속되어 사전심의의 대상이 되는 광고표현물의 제작에 참여하는 광고인들을 수범자로 하지 않는다. 그러나 광고인들은 제작과정에서 사전심의제도와 심의규정의 존재를 의식하여 제작활동을 행하지 않을 수 없고, 또한 만약 사전심의의 결과 방송불가 또는 조건부 방송가 판정을 받는 경우에는 광고표현물을 심의규정에 맞게 재수정해야 하는 등 사전심의제도와 심의규정에 의하여 그들의 제작활동이 직접 제약을 받고 있다고 보지 않을 수 없고, 이러한 제약이 단순히 간접적 또는 사실적인 것이라고 보기는 어려우므로 이러한 경우 기본권침해의 자기관련성이 인정된다고 할 것이다. 헌재 1998.11.26. 94헌마207, 판례집 10-2, 716, 726 참조.

37) 정문식, 제68조 제1항, 「주석 헌법재판소법」, 1099면; 헌재 1994.6.30. 91헌마162, 판례집 6-1, 672, 677-678.

38) 정종섭, 「헌법소송법」, 685면.

39) 헌재 2012.12.27. 2011헌마276, 판례집 24-2하, 579, 584.

40) 정종섭, 「헌법소송법」, 685면; 정문식, 제68조 제1항, 「주석 헌법재판소법」, 1100면.

법집행작용이든지 간에 공권력의 행사는 언제나 기본권침해의 가능성을 내포하고 있기 때문이다.

위에서 본 바와 같이 헌법재판소는 법률이 일반적 효력을 발생하기 전이라도 이미 공포되어 있고, 청구인이 "불이익을 입게 될 수도 있다는 것을 현재의 시점에서 충분히 예측할 수 있는" 경우에는 당해 법률에 대한 헌법소원을 인정할 뿐만 아니라 기본권 침해의 현재성을 인정한다. 헌법재판소는 공포되었지만 아직 효력이 발생되지 않은 법률에 대한 헌법소원 사건에서, "이 사건 법률은 1994.8.3. 법률 제4774호로 공포되었고 1995.1.1.부터 시행된다. 이 사건 법률이 시행되면 즉시 중원군은 폐지되고 충주시에 흡수되므로, 이 사건 법률이 효력발생하기 이전에 이미 청구인들의 권리관계가 침해될 수도 있다고 보여지고 현재의 시점에서 청구인들이 불이익을 입게 될 수도 있다는 것을 충분히 예측할 수 있으므로 기본권침해의 현재성이 인정된다."고 판시하였다. 위 법률의 경우 법률이 시행되는 즉시 바로 기본권 침해의 효과가 발생한다는 점에서 기본권 침해에 대한 구제제도로서 헌법소원이 실효성을 가지기 위해서는 위와 같은 경우에는 기본권 침해의 현재성을 인정하는 것이 타당하다고 할 것이다.[41)]

(3) 직접성

기본권침해의 직접성이란 공권력의 행사 또는 불행사가 청구인의 기본권을 직접 영향을 미치는 경우를 말한다. 법령의 경우 보통 그 효과가 일반적·추상적이며, 법률을 집행하는 집행행위에 의하여 비로소 구체적인 법적 효과가 발생하는 것이 일반적이다. 그러나 법령에 따라서는 다른 구체적 집행행위를 기다리지 아니하고 법령 그 자체에 의하여 자유의 제한, 의무의 부과, 권리 또는 법적 지위의 박탈과 같은 법적 효과가 발생하는 경우가 있는데, 이 경우 기본권 침해의 직접성이 인정된다.[42)] 법령에 대한 헌법소원에 있어서 '기본권침해의 직접성'을 요구하는 이유는, 법령은 일반적으로 구체적인 집행행위를 매개로 하여 비로소 법적 효과를 발생하게 되므로 기본권의 침해를 받은 개인은 먼저 일반 쟁송의 방법으로 집행행위를 대상으로 하여 기본권침해에 대한 구제절차를 밟는 것이 헌법소원의 성격상 요청되기 때문이다.[43)] 즉, 직접성은 법령에 대한 헌법소원에서 헌법소원의 비상적·보충적 절차로서의

---

41) 법률이 아니라 행정권 행사의 위헌성이 문제된 서울대학교 신입생선발입시안에 대한 헌법소원 사건에서도 헌법재판소는 "현재 고등학교에서 일본어를 배우고 있는 청구인들은 서울대학교 대학별 고사의 선택과목에서 일본어가 제외되어 있는 그 입시요강으로 인하여 94학년도 또는 95학년도에 서울대학교 일반계열 입학을 지원할 경우 불이익을 입게 될 수도 있다는 것을 현재의 시점에서 충분히 예측할 수 있는 이상 기본권 침해의 현재성을 인정하여 헌법소원심판청구의 이익을 인정하는 것이 옳다."고 판시하였는데(헌재 1992.10.1. 선고 92헌마68,76 결정 참조), 기본권 침해의 현재성과 관련한 법리는 법률 이외의 공권력 행사의 경우에도 달리 볼 이유가 없다고 할 것이다. 헌재 1994.12.29. 94헌마201, 판례집 6-2, 510. 참조.

42) 헌재 1992.11.12. 91헌마192, 판례집 4, 813, 823; 헌재 2000.6.29. 99헌마289, 판례집 12-1, 913, 936.

43) 헌재 1998.4.30. 97헌마141, 판례집 10-1, 496, 503; 2005.5.26. 2004헌마671, 판례집 17-1, 785, 789.

속성, 즉 '넓은 의미의 보충성'을 구현하는 기능을 한다고 할 수 있다.[44]

기본권침해의 직접성을 판단하는 기준은 일차적으로 구체적인 법적 효과가 집행행위에 의해 발생하는지 여부이다. 이러한 맥락에서의 집행행위란 청구인의 권리관계를 변동시킬 수 있는 가능성을 가진 "법률에 근거하여 법률관계를 구체적으로 변동시키는 행위"를 가리킨다고 할 수 있다.[45] 집행행위는 넓은 의미에서 법규범을 실현하는 행위이며, 이는 다시 법규범을 실현하는 집행기관의 '의사표시행위'와 그와 같은 의사표시행위를 '현실적으로 강제하는 행위'로 구분될 수 있다. 침해행위의 직접성 여부를 판단하는 기준이 되는 집행행위를 전자, 즉 의사표시로서의 집행행위로 이해하는 견해를 '형식설' 또는 '집행행위매개설'이라 한다. 이와 달리 침해의 직접성 여부는 집행행위의 존재여부가 아닌 종래의 소송절차를 통하여 효과적인 권리구제를 받을 길이 있는지 여부에 따라 결정된다는 견해가 '실질설'이다.[46] 이에 따르면, 의사표시행위로서 집행행위가 없더라도 물리적인 집행행위는 존재할 수 있으므로 그 단계에서 당해 법규범에 대한 심사의 길이 열려 있어 효과적인 대응을 할 수 있다면 그 절차가 비록 우회적인 것이라고 하더라도 직접성을 부인한다. 우리 헌법재판소는 원칙적으로 형식설의 입장을 취하면서[47] 예외적으로 권리구제의 실효성 등을 이유로 실질적인 권리구제수단의 존재 여부를 기준으로 판단하는 실질설을 가미하고 있다.[48]

행정처분은 집행행위의 전형적인 사례이다. 예를 들어 도시계획법에 의한 건설부장관의 개발제한구역의 지정·고시,[49] '제주 4·3 사건 진상규명 및 희생자 명예회복에 관한 특별법'에 의한 진상규명 및 희생자 명예회복위원회의 희생자 결정[50] 등이 그에 해당한다. 그러나 형벌 및 행정제제를 부과하는 것은 규범의 실효성을 관철하기 위한 강제수단에 해당하므로 직접성 유무와는 무관하다.[51] 헌법재판소도 "국민은 별도의 집행행위를 기다릴 필요 없이 제재의 근거가 되는 법률의 시행 자체로 행위의무 또는 행위금지의무를 직접 부담하는 것이기 때문"에 형벌이나 행정벌의 부과는 집행행위에 해당하지 않는다고 판시하였다.[52]

집행행위에는 입법행위도 포함되므로 법률규정이 구체화를 위하여 행정입법·자치조례 등의 위임입법 내지 하위규범의 시행을 예정하고 있는 경우에는 원칙적으로 기본권침해의

44) 김하열, 「헌법소송법」, 444면; 정종섭, 「헌법소송법」, 681면.
45) 김현철, 「판례 헌법소송법」, 전남대학교 출판부, 2011, 379-380면.
46) 집행행위를 구분하는 상세한 논의에 대해서는 박일환, "법규범에 대한 헌법소원과 제소요건", 「인권과정의」, 대한변호사협회, 1991.2, 45-46면; 이부하, "헌법소원심판에 있어서 기본권 침해의 직접성 요건", 「법학논고」 제41집, 경북대학교 법학연구원, 2013.2, 457면; 김현철, 「판례 헌법소송법」, 379-380면 참조.
47) 헌재 2008.11.27. 2006헌마688, 공보 제146호, 1806, 1808.
48) 헌재 1990.10.15. 89헌마178, 판례집 2, 365, 370-37; 헌재 1992.4.14. 90헌마82, 판례집 4, 194, 203; 헌재 1997.8.21. 96헌마48, 판례집 9-2, 295.
49) 헌재 1991.6.3. 89헌마46, 판례집 3, 263, 266; 헌재 1991.7.22. 89헌마174, 판례집 3, 484, 487.
50) 헌재 2001.9.27. 2000헌마238 등, 판례집 13-2, 383, 406.
51) 김하열, 「헌법소송법」, 450면.
52) 헌재 1996.2.29. 94헌마213, 판례집 8-1, 147, 154; 헌재 1998.3.26. 97헌마194, 판례집 10-1, 302, 312.

직접성이 부인된다.[53] 다만 헌법재판소는 종종 위임법령과 위임을 받은 하위규범이 함께 헌법소원의 대상이 된 경우, 위임법령에 대한 청구를 직접성 흠결로 각하하지 않고 그 법령과 하위규범 모두에 대하여 본안에서 판단하기도 한다.[54] 시행령이 상위법률의 내용을 그대로 반복하여 규정하고 있는 경우 법률에 대하여 헌법소원심판을 청구하여야 한다.[55]

3. 보 충 성

법 제68조 제1항 단서에 따르면 "다른 법률에 구제절차가 있는 경우에는 그 절차를 모두 거친 후에" 헌법소원심판을 청구할 수 있다. 이를 헌법소원의 보충성이라 한다. 보충성원칙은 우선 헌법소원이 본질적으로 기본권침해에 대한 예비적·보충적인 최후의 구제수단이라는 성격을 가지고 있음을 표현하는 것이다.[56] 즉 보충성 원칙은 헌법소원의 비상적(irregular) 성격 때문에 다른 권리구제절차가 있는 경우에는 헌법소원을 이용할 수 없고, 해당 권리구제절차를 이용해야 한다는 것을 의미한다.

법령소원의 경우 통상적으로 보충성 원칙 자체는 문제되지 않는다. 왜냐하면 현행 쟁송법상 (처분적 법령을 제외하고) 법령자체의 위헌성을 직접 소송물로 하여 다투는 제도는 없기 때문이다.[57] 법률의 경우 통상 법률을 적용하는 구체적인 집행행위가 있고, 그 집행행위에 의하여 구체적인 법적 효과가 발생하는 경우에 개인은 집행행위에 대하여 법원의 구제절차를 밟아야 한다. 이 경우 당해 소송의 당사자가 법령의 위헌성 자체에 대하여 다투고자 하는 경우 수소법원에 위헌법률심판제청을 신청하여야 한다. 이 때 수소법원이 위헌법률심판제청을 하지 않는 경우 법 제68조 제2항에 의하여 당해소송 당사자가 헌법재판소에 바로 법률에 대한 헌법소원심판청구를 할 수 있다. 그런데 엄밀히 말하면 이 경우 개인이 집행행위에 대하여 먼저 구제절차를 거쳐야 하는 것은 보충성 원칙 때문이 아니라 법률의 직접성이 부

53) 헌재 1996.2.29. 94헌마213, 판례집 8-1, 147, 155; 헌재 2001.1.18. 2000헌마66, 판례집 13-1, 151, 160; 헌재 2003.9.25. 2001헌마93 등, 판례집 15-2상, 319, 351.

54) 헌재 2002.6.27. 99헌마480, 판례집 14-1, 616, 625; 헌재 2004.1.29. 2001헌마894, 판례집 16-1, 114, 126; 헌재 2009.9.24. 2007헌마949, 판례집 21-2상, 749, 756-757. 이러한 헌법재판소의 태도가 타당하는 평가에 대해서는 김하열, 「헌법소송법」, 451면.

55) 정종섭, 「헌법소송법」, 676면.

56) 정종섭, 「헌법소송법」, 636면.

57) 대법원도 당사자는 구체적 사건의 심판을 위한 선결문제로서 행정입법의 위법성을 주장하여 법원에 대하여 당해 사건에 대한 적용 여부의 판단을 구할 수 있을 뿐 행정입법 자체의 합법성의 심사를 목적으로 하는 독립한 신청을 제기할 수는 없다고 보아, 원칙적으로 법원에 의한 명령·규칙에 대한 직접적 통제는 허용되지 않는다고 본다.
"헌법 제107조 제2항은 "명령·규칙 또는 처분이 헌법이나 법률에 위반되는 여부가 재판의 전제가 된 경우에는 대법원은 이를 최종적으로 심사할 권한을 가진다."라고 규정하고 있다. 동 규정에 따르면 행정입법의 심사는 일반적인 재판절차에 의하여 구체적 규범통제의 방법에 의하도록 명시하고 있으므로, 당사자는 구체적 사건의 심판을 위한 선결문제로서 행정입법의 위법성을 주장하여 법원에 대하여 당해 사건에 대한 적용 여부의 판단을 구할 수 있을 뿐 행정 입법 자체의 합법성의 심사를 목적으로 하는 독립한 신청을 제기할 수는 없다." 대법원 1994.4.26.자 93부32 결정, 공1994, 1705.

인되기 때문이다. 만약 집행행위가 존재하는 경우에도 예외적으로 법률 자체의 직접성이 인정될 수 있다면, 개인은 집행행위에 대한 일반 법원에의 쟁송과 '병행하여 또는 그에 선행하여' 법률자체에 대한 헌법소원을 제기할 수 있다고 보아야 할 것이기 때문이다.

법령 자체에 의한 기본권침해가 문제될 경우, 즉 직접성 인정되는 법령에 의한 기본권침해의 경우 통상적으로는 그 법령 자체의 효력을 직접 다투는 것을 소송물로 하여 일반법원에 소송을 제기할 수 있는 방법이 없으므로 헌법재판소에 바로 헌법소원을 제기할 수 있다.[58] 그러나 위에서 본 바와 같이 명령·규칙에 대한 법원의 본원적 규범통제권이 인정될 경우에는 직접성이 인정되는 명령·규칙이라 하더라도 보충성원칙에 따라서 개인은 먼저 일반 법원에 명령·규칙에 대한 규범통제를 신청해야 할 것이다.

공권력 행사에 대한 다른 구제절차가 존재하지 않는 경우를 보충성의 예외 중 하나로 이해하는 견해[59]와 구제절차의 부존재로 인하여 보충성을 요구할 근거가 원천적으로 결여되어 있으므로 보충성원칙의 적용이 없는 것으로 이해하는 견해[60]가 있다. 헌법재판소는 이를 보충성원칙의 예외로 보기도 하고,[61] 보충성원칙의 비적용으로 보기도 하며[62] 심지어 양자를 혼용하여 표현하는 경우[63]도 있다. 그러나 보충성원칙의 예외이든 비적용이든 결과적으로 법령소원은 헌법재판소에 의하여 심판된다는 점에서 양자의 구별실익은 실제로 크지 않다고 할 것이다.

Ⅲ. 직접성 요건에 관련된 쟁점들

1. 직접성과 보충성의 관계

법령의 경우 일반적으로 하위 규범이나 행정작용 내지 처분이 예정되어 있기 때문에 원칙적으로 기본권침해의 직접성이 인정되지 않는다고 할 것이다.[64] 다만, 법령이 별도의 집행행위를 매개하지 않고 법령에 의하여 직접 기본권침해가 발생한 경우에는 직접성이 인정될 수 있다.[65] 법령의 경우 일반적으로 다른 구제절차가 없는 경우에 해당하기 때문에 보충성원

58) 헌재 1990.6.25. 89헌마220, 판례집 2, 200, 203-204; 헌재 1998.5.28. 96헌마151, 판례집 10-1, 695, 702.
59) 헌법재판소, 「헌법재판실무제요」, 262-264면은 해당 판례들을 '보충성의 예외 등'이라는 제하에 소개하고 있다.
60) 김하열, 「헌법소송법」, 464면; 정태호, 제68조 제1항, 「주석 헌법재판소법」, 1127면.
61) 헌재 1989.3.17. 88헌마1, 판례집 1, 9, 20.
62) 헌재 1991.11.25. 89헌마99, 판례집 3, 585, 589.
63) 예를 들어 헌재 2008.11.27. 2005헌마161 등, 판례집 20-2하, 290, 309. "법령 자체에 의한 직접적인 기본권 침해가 문제될 때에는 그 법령 자체의 효력을 직접 다투는 것을 소송물로 하여 일반법원에 소송을 제기하는 길이 없어 구제절차가 있는 경우가 아니므로 보충성의 예외로서 다른 구제절차를 거칠 것 없이 바로 헌법소원심판을 청구할 수 있다."
64) 이러한 이해는 독일의 경우도 동일하다. Hillgruber/Goos, Verfassungsprozessrecht, Rn.200. 참조.
65) 헌재 1990.9.3. 89헌마120, 판례집 2, 288, 292; 헌재 1993.5.13. 92헌마80, 판례집 5-1, 365, 371-372; 헌

칙이 적용되지 않는다.[66] 따라서 기본권침해의 직접성은 특히 법령에 대한 헌법소원심판을 인정할 것인지 여부를 결정하는 데 결정적 기준으로 작용한다고 할 것이다.[67]

여기서 법령소원에서 직접성과 보충성의 관계를 다시 한 번 검토할 필요가 있다. 법령소원에서 직접성은 법령 자체가 직접적인 법적 효과를 야기하는지 여부의 문제이며, 보충성은 법령 자체를 직접 소송물로 하여 다툴 수 있는 다른 권리구제절차가 존재하는지 여부의 문제이다. 집행행위가 존재하는지 여부의 문제는 원칙적으로 보충성과 무관하며, 주로 직접성과 관계되는 문제이다. 즉 집행행위가 존재한다고 해서 그로 인해 법령소원의 보충성이 부정되는 것은 아니다. 왜냐하면 법령소원에서 보충성은 법령 자체의 위헌·위법성을 소송물로 다투는 권리구제절차가 존재하는지 여부의 문제이기 때문이다. 즉 집행행위를 소송물로 다투는 권리구제절차가 존재하더라도 그것은 법령 자체에 대한 소송과는 별개의 소송물이므로 법령 소원의 보충성에는 전혀 영향을 미치지 아니한다.

법령소원에서의 보충성은 위에서 본 바와 같이 원칙적으로 집행행위의 존재 여부와 무관하다. 여기서 보충성은 법령 자체를 직접 소송물로 다툴 수 있는 방법이 있는지 여부의 문제이며, 현행 실정법체계상 법령 자체를 소송물로 하여 다툴 수 있는 방법이 없기 때문이다. 다만 앞에서 향후 대법원이 처분 개념을 지금보다 더 확대해석하여 법령의 위헌·위법성에 대한 쟁송에 대하여도 항고소송의 문호를 더 넓게 개방한다면 법령소원의 보충성의 내용은 재검토되어야 할 것이다.

직접성과 보충성은 의미상으로는 위에서 본 바와 같이 명백하게 구별된다. 그러나 기능적 관점에서 접근하면 직접성은 법령소원에서는 특히 보충성 원칙과 유사하거나 매우 밀접한 기능을 수행한다고 할 수 있다. 법령은 통상 집행행위를 매개로 해서 구체적 사실관계에 적용된다. 따라서 법령소원의 요건으로서 직접성을 요구함으로써 통상적 법률의 경우 그 자체를 직접 소송물로 삼을 수 없다. 즉 직접성 요건을 통해서 집행행위에 대한 쟁송과정에서 법령의 위헌·위법성을 다투게 함으로써, 직접성 요건은 기능적으로 집행행위에 대한 항고소송을 법령 자체에 대한 헌법소원보다 우선시키는 기능을 하는 것이다. 직접성 요건은 이로써 일반법원의 재판과정에서 사실관계와 관련 법률의 해석·적용 문제를 먼저 해명하게 함으로써 헌법재판소를 헌법이라는 심사기준에 집중하도록 하게하고, 나아가 법원이 1차적 권리구제를 담당하고 헌법재판소가 최후의 보충적 권리구제기능을 담당한다고 하는 헌법재판소와 법원간의 기능적 권력분립을 유지하게 하는 기능을 수행하고 있다고 할 수 있다.[68]

재 2000.4.27. 98헌가16 등, 판례집 12-1, 427, 445; 헌재 2004.12.16. 2002헌마333 등, 판례집 16-2하, 515, 529-530.

66) 헌재 1991.5.13. 89헌마267, 판례집 3, 227, 232; 헌재 1998.4.30. 97헌마141, 판례집 10-1, 496, 503.

67) 헌재 1991.5.13. 89헌마267, 판례집 3, 227, 232; 정문식, 제68조 제1항, 「주석 헌법재판소법」, 1107면; 정종섭, 「헌법소송법」, 677면; 허영, 「헌법소송법론」, 393면.

2. 처분적 법령과 직접성

일반적으로 법령은 행정처분과는 수범자(Adressat)와 규율상황(Situation)의 측면에서 차이가 있다. 행정처분이 수범자의 측면에서 개별성을 가지고 규율상황의 측면에서 구체성을 가지는 반면에, 법령은 수범자의 측면에서 일반성을 가지고 규율상황의 측면에서는 추상성을 가진다.[69] 따라서 수범자와 규율상황의 측면에서 이러한 차이가 반영된 결과 법적 효과의 측면에서 통상적인 법령은 일반적이고 추상적인 효력을 지니는데 반하여, 행정처분은 개별적이고 구체적인 효력을 지닌다. 법령 중에서 수범자가 개별적이고 규율상황이 구체적인 법령을 처분적 법령이라 한다. 이러한 처분적 법령은 행정처분과 마찬가지로 법적 효과의 측면에서 개별적이고 구체적인 효력을 가진다.[70]

대법원은 소위 두밀분교폐지조례 사건에서 "조례가 집행행위의 개입없이도 그 자체로서 직접 국민의 권리의무나 법적 이익에 영향을 미치는 등의 법률상 효과를 발행하는 경우 그 조례는 항고소송의 대상이 되는 행정처분에 해당한다."고 판시한 바 있으며,[71] 학설도 위 조례 규정이 규율의 개별성과 구체성의 측면에서 처분적 법령에 해당한다는데 대하여 이견이 없다. 즉 대법원 판시와 학설에 의하면 "집행행위의 개입없이도 그 자체로서 직접 국민의 권리의무나 법적 이익에 영향을 미치는 법령"이 처분적 법령이며, 이러한 처분적 법령의 경우에는 직접성을 인정함에 무리가 없을 것이다. 다만, 이러한 개별구체적인 법적 효과를 지니는 처분적 법령의 경우 위 대법원 판시에서 보다시피 법원이 항고소송의 대상인 행정처분으로 인정하고 있기 때문에, 헌법소원의 대상으로 삼기 위해서는 보충성 원칙이 문제된다고 할 것이다.

한편 이에 대하여 執行的 法規命令은 一般的·抽象的 規律이기는 하나, 다만 집행행위가 없이 직접 국민의 권리나 의무를 규율하는 법규명령을 의미한다고 하여 집행적 법규명령과 처분적 법규명령을 구별하는 견해가 있다. 독일의 Forsthoff에 의하여 처음으로 제시된 處分的 法律의 概念은 학설에서 논란이 되고 있으나 일반적으로 "특정한 상황에 기인하여 제정되고 목적과 수단과의 일정한 관계로 특징되는 법률"을 의미하며, 個別人的 법률(Einzelpersonen),

68) 김하열, 앞의 책, 444-445면 참조.

69) 이에 관해 더 자세히는 졸고, "독일 행정소송의 체계와 유형-대상적격과 원고적격을 중심으로", 법학논총 제23집 제2호(2006.10), 한양대학교 법학연구소, 218-222면 참조.

70) 여기서 '個別的'인가, '一般的'인가는 규율의 수범자에 관련된 징표이며, '具體的'인가 '抽象的'인가는 규율의 대상, 즉 事案에 관련된 징표이다. 一般的이란 불특정한 다수의 사람을 의미하는 반면, 個別的이란 특정한 사람을 의미한다. 이에 대하여 抽象的이란 불특정한 事案을 의미하는 반면, 具體的이란 특정한 事案을 의미한다. 이에 따라 一般的·抽象的 규율인 법규명령은 개인의 권리를 직접 제한하거나 또는 의무를 부과할 수가 없으며, 그의 집행을 위하여는 개별적·구체적 규율인 행정행위를 매개로 함이 보통이다. 정하중, "집행적 법규명령과 처분적 법규명령의 개념", 법률신문 2016.8.18. 참조.

71) 대법원 1996.9.20. 95누8003 판결.

個別事件的 법률(Einzelfallgesetz) 등이 그의 대표적 형태에 해당된다. 이에 대하여 執行的 法律은 一般的·抽象的 規律로서의 성격을 갖고 있음에도 불구하고 집행행위의 매개없이 직접 개인의 권리와 의무를 규율하는 법률을 의미한다.[72] 이러한 개념적 구별을 법규명령에 적용한다면, 집행적 법규명령은 형식뿐만 아니라 내용상으로도 법규명령에 해당하며, 이에 따라서 항고소송의 대상이 아니라 규범통제의 대상이 되어야 한다고 한다. 이 견해에 의하면 처분적 법규명령은 처분이므로 항고소송의 대상이 되고, 구체적 집행행위의 매개없이 직접 국민의 권리나 의무를 규율하는 법령, 소위 집행적 법규명령의 경우에는 항고소송의 대상은 되지 않지만 헌법소원의 요건으로서의 직접성은 인정된다고 한다.[73] 다만, 위 견해와 같이 집행적 법규명령과 처분적 법규명령이 개념상 구분과 별도로 실제에 있어서 이와 같이 명확하게 구분될 수 있는지는 의문이나 여기에서는 상론하지 아니한다.

이러한 경우 보충성원칙이 적용될 것인가와 관련해서는 이러한 집행적 법규명령이 항고소송의 대상이 될 수 있는지 여부에 따라 결정될 것이다. 이에 관해서는 행정법학계에서 행정소송법 제2조의 '처분등'의 개념을 광의로 파악하는 견해와 협의로 파악하는 견해에 따라 항고소송의 인정여부가 달라지게 될 것이다. 법원의 판례의 대체적 경향에 따르면 종전에는 이러한 종류의 소위 집행적 법령이 처분적 법령에 해당하지 아니하는 한 처분성을 부인해 왔으나, 최근 하급심 법원을 중심으로 엄격하게 처분적 법령에 해당하지 않는 경우에도 처분성을 인정하는 판례가 종종 등장하고 있어 이러한 종류의 규범에 대한 대법원의 최종 견해가 주목된다.

그러나 처분적 법령과 일반적 법령 사이에 집행적 법령이란 범주가 현실적으로 명확하고 유의미하게 구분될 수 있는지 여부, 가사 처분적 법령과 별도로 구체적 집행행위의 매개없이 직접적으로 효력을 발생하는 집행적 법령이라는 개념을 인정할 경우 왜 그 법령은 직접적인 법적 효력을 발생시킴에도 불구하고 헌법소원의 대상은 되지만 항고소송의 대상은 되지 못하는 이유 등에 관해서 깊이 있고 체계적인 설명은 없다. 그러한 의미에서 집행적 법령의

---

72) 정하중, "*法律의 槪念-處分的 法律, 個別的 法律 그리고 執行的 法律*에 대하여", *公法硏究* 24집 2호, 179면 이하 참조. 이러한 개념적 구별을 마찬가지로 법규범의 성격을 갖고 있는 법규명령에 적용한다면, *處分的 法規命令*은 형식은 법규명령이나 실질적으로는 個別的·具體的 規律로서 행정행위에 해당된다고 할 것이다. 이러한 *處分的 法規命令*은 처분으로 발급되어야 하나 制定者의 착오에 의하여 법규명령의 형식으로 발급되는 경우에 해당한다고 하며, "예를 들어 당구장업소에 18세 미만자의 출입을 금지시키는 의무를 부과하는 문화체육부장관의 부령은 집행행위의 매개없이 당구장 경영자들에게 직접 의무를 부과하는 불특정한 다수의 수범자와 불특정한 다수의 사안을 규율하는 집행적 법규명령에 해당한다."고 기술하고 있다. 정하중, "집행적 법규명령과 처분적 법규명령의 개념", 법률신문 2016.8.18.

73) 이와 관련하여 정하중 교수는 인도네시아·중국산 정보용지 및 백상지에 대한 덤핑방지관세부과에 관한 규칙을 정하고 있는 재정경제부령 규정을 항고소송의 대상이 되는 행정처분으로 인정한 서울 행정법원의 판결에 대하여(서울행정법원 2005.9.1. 2004구합5911 판결), 이는 執行的 *法規命令*으로서 처분성이 부인되어야 할 것이므로, 동 규칙의 처분성을 인정하여 항고소송의 대상으로 한 서울행정법원의 입장은 타당성이 없다고 비판하고 있다. 정하중, "집행적 법규명령과 처분적 법규명령의 개념", 법률신문 2016.8.18. 참조.

개념은 앞으로 더 논의되고 다듬어져야 할 개념이라고 본다.

Ⅳ. 집행행위가 존재하는 경우의 직접성 인정 여부

1. 직접성과 집행행위

법령소원의 요건으로서 직접성과 관련하여 우리 헌법재판소는 기본권 침해의 직접성을 집행행위에 의하지 아니하고, 법령 그 자체에 의하여 자유의 제한, 의무의 부과, 권리 또는 법적 지위의 박탈이 생긴 경우로 해석하고 있다. 이러한 설시에 의하면 직접성에서 중요한 개념은 집행행위가 매개되는지 여부이다. 법령 그 자체에 의하여 직접 자유의 제한, 의무의 부과, 권리 또는 법적 지위의 박탈 효과가 발생하는 것이 아니라, 집행행위에 의하여 비로소 그러한 효과가 발생한다면, 당연히 쟁송의 대상은 집행행위가 되어야 하고 법령이 헌법소원의 대상이 될 수는 없기 때문이다.

따라서 법령의 집행행위가 예정되어 있는 경우에는 법적 효과가 집행행위에 의해 발생하므로 법령의 직접성은 부인된다고 할 것이다.[74] 그러나 헌법재판소는 다수의 사건에서 집행행위가 존재하는 경우에도 일정한 경우에는 법령의 직접성을 인정하고 있다.[75] 헌법재판소의 인정사례는 그 내용면에서 다양하지만, 크게 범주화·유형화시켜 보면 집행행위가 존재하는 경우에도 법규범의 내용이 집행행위 이전에 이미 국민의 권리관계를 변동하는 경우, 집행기관에게 재량의 여지가 없는 경우, 집행행위를 다투는 것이 불필요한 우회절차를 강요하는 것에 불과한 경우 등으로 분류해 볼 수 있다.

그러나 집행행위가 존재하는 법령에 대하여 직접성의 예외를 지나치게 넓게 인정할 경우 집행행위에 대한 소송의 과정에서 판단되는 법령에 대한 판결 결과와 법령에 대한 헌법소원의 결과와 모순충돌을 야기할 우려가 있고, 나아가 항고소송과 헌법소원으로 이루어져 있는 공법 소송체계의 왜곡을 가져올 우려가 있다. 이하에서 헌법재판소의 결정례들을 중심으로 이 문제에 대하여 더 깊이 고찰하기로 한다.

---

74) 여기서 말하는 집행행위라는 법적 효력을 지니는 집행행위를 말하며, 단순한 사실상의 집행행위는 이에 포함되지 아니 한다. 그러한 의미에서 2002년도 국민기초생활보장최저생계비 위헌확인 사건에서 다음과 같은 판시는 당연히 타당하다(헌재 2004.10.28. 선고 2002헌마328 결정).
"심판의 대상이 된 보건복지부장관이 정한 2002년도 최저생계비 고시(보건복지부고시 제2001-63호)에 대하여, '2002년도 최저생계비 고시'는 보장법 제6조 제1항의 직접적인 위임에 따라 보건복지부장관이 최저생계비를 정한 것으로서 보장법과 결합하여 보장법상의 수급자에게 지급할 생계급여 액수를 결정한다는 점에서 직접 대외적 효력을 가지며, 그 내용이 일의적이고 명백하여 보장법상 관할행정청의 수급자선정결정이 이루어지면 최저생계비에 따라 기계적으로 계산하는 과정을 거쳐 산정된 생계급여가 수급자에게 지급되는 기계적 내지 단순한 사실적 집행행위를 거칠 뿐이므로, 보장법상 생계급여 수급자인 청구인들에 대하여 그 자체에 의하여 직접적인 효력을 갖는다."

75) 헌재 1997.7.16. 97헌마38, 판례집 9-2, 94, 104; 헌재 2004.8.26. 2003헌마337, 판례집 16-2상, 334, 343; 헌재 2008.6.26. 2005헌마173, 공보 141, 901, 903 등.

2. 집행행위가 있는 경우에 직접성이 인정된 사례들

(1) 법규범의 내용이 집행행위 이전에 이미 국민의 권리관계를 변동하는 경우

가. 교육법 제111조의2 및 교육시행령 제71조의2에 의하여 대학이 학생선발권을 가지고 있으므로 학생 선발에 있어서 학생부의 반영방법도 대학이 자율적으로 결정하는 것이나, 국・공립대학의 경우 교육법시행령 제71조의3 제1항에 의하여 학생 선발에 있어서 학생부의 기록을 필수입학전형자료로 활용하여야 하고 1999학년도 학생선발에 있어서는 이 사건 제도개선 시행지침에 의하여 학생부에 대하여 절대평가와 상대평가를 병행・활용하여야 하므로, 그 상대평가에 의하여 불이익을 입을 수 있는 청구인들이 국・공립대학에 진학할 경우 이 사건 제도개선 시행지침에 의하여 바로 영향을 받을 수 있다. 따라서 이 사건 제도개선 시행지침은 기본권침해의 직접성이 인정된다.[76)]

나. 평생교육법 제20조 제2항 및 제3항, 동법시행령 제10조 제1항, 학교설립규정 제7조 및 부칙 제3조 제1항의 내용이 이미 청구인과 같은 학력인정시설의 설치자 명의변경을 하려는 자에게 법적인 의무를 부과하고 있으므로 이 사건 반려처분이라는 구체적인 집행행위가 매개되어 있다고 하더라도, 위 법률조항들이 청구인의 기본권을 직접 침해하는 효과를 발생시킨다고 볼 수 있다.[77)]

다. 의료법 제33조 제3항과 제4항은 의료인에게 '하나의' 의료기관만 개설할 수 있도록 함으로써 의사 및 한의사의 복수의 면허를 가진 의료인이라고 하더라도, 양방 또는 한방 중 그 선택에 따라 어느 '하나의' 의료기관 이외에 다른 의료기관의 개설을 금지한다. 이는 의료기관 개설에 있어서 집행행위 이전에 미리 의료인의 법적 지위를 결정적으로 정하고 있을

---

76) 헌재 1997.7.16. 97헌마38, 판례집 9-2, 94, 104-105.

77) 헌재 2004.8.26. 2003헌마337, 판례집 16-2상, 334, 343-344. 더 자세한 판시 내용은 다음과 같다.
「법규범이 집행행위를 예정하고 있더라도 법규범의 내용이 집행행위 이전에 이미 국민의 권리관계를 직접 변동시키거나 국민의 법적 지위를 결정적으로 정하는 것이어서 국민의 권리관계가 집행행위의 유무나 내용에 의하여 좌우될 수 없을 정도로 확정된 상태라면 그 법규범의 권리침해의 직접성이 인정된다. 이 사건에서는 피청구인의 이 사건 반려처분이라는 구체적인 집행행위로 인해 청구인의 기본권이 침해된 것이며 법 제20조 제2항 및 제3항, 시행령 제10조 제1항, 학교설립규정 제7조에 의해 직접 침해된 것이 아니라고 볼 여지가 있다. 그러나 법 제20조 제2항 및 제3항은 학교형태의 평생교육시설 중 일정기준 이상의 요건을 갖춘 평생교육시설을 학력인정시설로 지정할 수 있고 학력인정시설의 지정기준 등에 관하여 필요한 사항을 대통령령으로 정하도록 하고 있으며, 시행령 제10조 제1항에 의하여 준용되는 학교설립규정 제7조는 사립학교의 교사・교지는 설립자의 소유이어야 한다고 규정함으로써 학력인정시설의 설치자에게 교사・교지를 소유할 의무를 부과하고 있다. 그리고 학교설립규정 부칙 제3조 제1항은 기존의 학교법인 및 각급학교 등에 관한 경과조치를 두면서 설치자 명의변경의 경우에 대하여 학교설립규정 제7조의 적용을 배제하는 규정을 두고 있지 않다.
그렇다면 이 사건 반려처분이라는 구체적인 집행행위가 매개되어 있다고 하더라도, 이러한 집행행위를 거치지 않고서도 법 제20조 제2항 및 제3항, 시행령 제10조 제1항, 학교설립규정 제7조 및 부칙 제3조 제1항의 내용이 이미 청구인과 같은 학력인정시설의 설치자 명의변경을 하려는 자에게 법적인 의무를 부과하고 있으므로 위 법률조항들이 청구인의 기본권을 직접 침해하는 효과를 발생시킨다고 볼 수 있다.」

뿐만 아니라, '하나를 초과하는' 의료기관을 개설하고자 할 경우 행정청에게 그 개설신고나 허가신청을 반려하거나 거부하도록 하여 행정청의 집행행위를 형식적인 것에 그치게 하고 있는 것이다. 따라서 이 사건 법률조항에 대하여는 집행행위가 예정되어 있음에도 예외적으로 기본권침해의 직접성을 인정할 수 있다

라. 공무원보수규정 제7조 및 제8조에 의하면, 공무원을 신규채용하는 경우에 임용권자는 제8조 제2항의 기준에 따라 초임호봉을 획정하여야 하므로, 청구인의 초임호봉이 획정되기까지 임용권자의 초임호봉 획정처분이라는 집행행위가 예정되어 있다. 그런데 이 사건 심판대상 중 '상당계급기준표 부분', '군의무복무기간 부분', '전문·특수경력 부분'을 확정적으로 정하고 있어 임용권자는 호봉획정에 있어서 이 사건 심판대상조항과 달리 선택할 재량의 여지가 전혀 없는 것이다. 따라서 이 사건 심판대상조항은 법규범의 내용이 집행행위 이전에 이미 청구인의 권리관계를 직접 변동시키거나 청구인의 법적 지위를 결정적으로 정하는 것이어서, 이 사건 심판대상조항에 의한 기본권침해의 직접성이 인정된다.[78]

마. 서울특별시 보도상영업시설물 관리 등에 관한 조례 제3조 및 제4조는 관할 구청장의 갱신허가처분 내지 갱신허가거부처분이라는 집행행위가 예정되어 있으나, 자산가액이 2억 원 이상인 자들이나 제소전화해조서를 제출하지 아니한 자에 대하여는 갱신허가신청이 거부될 것이고, 자산가액이 2억 원 미만인 자들에 대하여는 제소전화해조서를 제출한 경우에 한하여 1년의 범위 안에서 2회에 한하여 갱신허가될 것이라는 점이 이미 이 사건 조항들 자체에 의하여 일의적이고 명백하게 정해져 있다. 따라서 집행행위 이전에 국민의 법적 지위를 결정적으로 정하는 것이라고 볼 수 있으므로 권리침해의 직접성이 인정된다.[79]

(2) 집행기관에게 재량의 여지가 없는 경우

가. 헌법소원심판의 대상이 되는 법령(法令)은 그 법령(法令)에 기한 다른 집행행위를 기다리지 않고 직접 기본권을 침해하는 법령(法令)이어야 하나, 예외적으로 법령(法令)이 일의적이고 명백한 것이어서 집행기관이 심사와 재량의 여지없이 그 법령(法令)에 따라 일정한 집행행위를 하여야 하는 때에는 당해 법령(法令)을 헌법소원의 직접대상으로 삼을 수 있다. …… 이 사건 대법원규칙(大法院規則) 제4조가 폐지되었더라도 개정된 위 규칙(規則)의 부칙에서 …… 이 규칙(規則) 시행 전에 공탁한 공탁금으로서 이 규칙(規則) 시행일 이후에 지급되는 것에 대하여도 적용한다고 규정되어 있으므로 위 폐지 전 규칙(規則) 제4조의 적용을 받는 청구인의 경우 헌법소원심판청구 이익이 있다.[80]

나. 1994년 생활보호사업지침상의 '94년 생계보호기준'은 생활보호법 제5조 제2항의 위임

78) 헌재 2008.12.26. 2006헌마1192, 판례집 20-2하, 787, 800.
79) 헌재 2008.12.26. 2007헌마1387, 판례집 20-2하, 882, 894.
80) 헌재 1995.2.23. 90헌마214, 판례집 7-1, 245, 255.

에 따라 보건복지부장관이 보호의 종류별로 정한 보호의 기준으로서 일단 보호대상자로 지정이 되면 그 구분(거택보호대상자, 시설보호대상자 및 자활보호대상자)에 따른 각 그 보호기준에 따라 일정한 생계보호를 받게 된다는 점에서 직접 대외적 효력을 가지며, 공무원의 생계보호급여 지급이라는 집행행위는 위 생계보호기준에 따른 단순한 사실적 집행행위에 불과하므로, 위 생계보호기준은 그 지급대상자인 청구인들에 대하여 직접적인 효력을 갖는 규정이다.[81)]

다. 청구인들이 단란주점 건축허가를 신청하였다고 하더라도 관할행정청은 '도시계획법시행령' 제51조 제1항 제3호 내지 제6호 및 제13호에 따라 재량의 여지없이 당연히 그 건축허가를 불허하게 될 것이고, 위 시행령 조항 자체에 대하여는 위헌여부심판제청신청도 인정되지 아니하므로, 이 시행령을 직접 헌법소원심판의 대상으로 삼을 수 있다.[82)]

라. 계호근무준칙 제298조 제1호 및 제2호는 행정규칙이기는 하나 검사 조사실에서의 계구사용에 관한 재량권 행사의 준칙으로서 오랫동안 반복적으로 시행되어 그 내용이 관행으로 확립되었다 할 수 있는 것으로, 이 사건 준칙조항을 따라야 하는 검사조사실 계호근무자로서는 일단은 재량의 여지없이 원칙적, 일률적으로 계구를 사용하여 수용자를 결박한 상태에서 계호해야 한다. 따라서 이 사건 준칙조항은 이와 같은 재량 없는 집행행위를 통하여 계호대상이 되는 수용자에게 직접적으로 계구사용으로 인한 기본권제한의 효력을 미치게 된다고 볼 수 있고 이러한 상황은 청구인의 경우에도 실제로 동일하게 발생하였다.[83)]

(3) 집행행위를 대상으로 하는 구제절차가 없거나 있다고 하더라도 불필요한 우회절차를 강요하는 것에 불과한 경우

가. 법무사시험의 실시에 관하여 법원행정처장이 재량적으로 결정할 수 있도록 규정한 법무사법시행규칙 제3조 제1항에 대한 헌법소원심판청구에 대하여, 청구인으로서는 법원행정처장에게 법무사시험 실시를 요구하고 그 결과(거부처분이나 부작위)에 대하여 불복청구하는 행정심판이나 행정소송을 제기할 수 있을는지도 모르나 가사 그러한 구제절차가 인정된다고 하더라도 그러한 것은 우회적인 절차여서 신속한 권리구제를 받기란 기대하기 어려운 것이므로 이는 헌법재판소법 제68조 제1항 후단 소정의 구제절차에 해당되지 아니하고, 법령자체에 의한 직접적인 기본권침해여부가 문제되었을 경우 그 법령의 효력을 직접 다투는 것을 소송물로 하여 일반 법원에 구제를 구할 수 있는 절차는 존재하지 아니하므로, 이 경우에는 다른 구제절차를 거칠 것 없이 바로 헌법소원심판을 청구할 수 있다.[84)]

---

81) 헌재 1997.5.29. 94헌마33, 판례집 9-1, 543, 551.
82) 헌재 2002.8.29. 2000헌마556, 판례집 14-2, 185, 195.
83) 헌재 2005.5.26. 2004헌마49, 판례집 17-1, 754, 761-762. 다만 이 사건 판시에서 말하는 집행행위는 법적 효력을 지니는 집행행위라기보다는 단순한 사실상의 집행행위에 불과하다고 할 것이다.
84) 헌재 1990.10.15. 89헌마178, 판례집 2, 365, 370-371.

나. '국가보안법 제19조'에 따른 수사기관의 구속기간연장허가신청에 대한 지방법원판사의 허가결정에 대하여는 형사소송법상 항고, 준항고, 즉시항고 등의 불복방법이 마련되어 있지 아니하다. 또한 구속기간의 연장은 10일 이내라고 하는 단기간에 걸쳐서 행해지는 것임에도 불구하고 국가보안법 제19조의 규정의 위헌성을 다투기 위해서 먼저 형사소송법 제214조의2가 규정하고 있는 구속적부심사의 청구를 하고 그 과정에서 위 법률조항의 위헌성 여부를 다투어 위헌여부심판의 제청신청을 하고 그 제청신청이 기각된 경우에는 다시 헌법재판소법 제68조 제2항의 규정에 따라 헌법소원심판을 청구하도록 하는 것은 권리구제의 기대가능성이 없는 불필요한 우회절차를 요구하는 것밖에 되지 아니한다. 따라서 국가보안법 제19조는 다른 구제절차를 거칠 것 없이 직접 헌법소원심판청구의 대상으로 삼을 수 있는 법률이라 할 것이다.[85)]

다. '형사소송규칙' 제40조는 공판정에서 피고인이나 변호인이 녹취하고자 하는 경우 법원의 허가를 받도록 규정하고 있는데, 법원이 녹취불허결정에 대해서는 즉시항고를 인정하는 명문의 규정이 없으므로 형사소송법 제403조 제1항에 따라 항고를 제기할 수 없다. 또한 항소 또는 상고는 판결 자체에 대한 불복방법이며 판결 전 소송절차 상의 결정에 대한 직접적인 불복방법도 아니다. 결국 법원의 녹취불허결정에 대해서는 직접적인 구제절차가 없으므로 위 규칙조항을 대상으로 직접 헌법에 위반되는지 여부의 심판을 청구할 수 있다.[86)]

라. '가석방심사등에관한규칙' 제14조 제2항은 가석방심사위원회가 가석방 적격판정이 가능하다고 판단하는 수형자를 선정하여 준법서약서의 제출을 요구하도록 규정하고 있는데, 준법서약서의 제출요구조치는 당해 수형자에게 준법서약서의 제출을 권유 내지 유도하는 권고적 성격의 중간적 조치에 불과하여 행정소송의 대상이 되는 독립한 행정처분으로서의 외형을 갖춘 행위라고 보기 어려워 사전구제절차를 통하여 권리구제를 받을 것을 기대할 수 없는 경우에 해당하므로 위 규칙조항을 직접 헌법소원의 대상으로 삼을 수 있다.[87)]

3. 검토 – '권리구제의 실효성' 또는 '급박성' 요건의 추가

헌법재판소의 판시에 의할 때, 집행행위와 법령의 직접성의 관계를 요약정리하면 다음과 같이 말할 수 있다. 먼저 집행행위 없이 법령 자체에 의해 직접 구체적인 법적 효과가 발생하는 경우에는 법령소원의 직접성이 인정된다. 다음으로 집행행위가 있는 경우에는 원칙적으로 법령의 직접성이 부인되지만, 예외적으로 ① 집행행위 이전에 법규범이 이미 국민의 권리관계를 변동하는 경우, ② 법규범의 내용이 명백하고 일의적이어서 집행기관에게 재량의

85) 헌재 1992.4.14. 90헌마82, 판례집 4, 194, 203; 헌재 1997.8.21. 96헌마48, 판례집 9-2, 295.
86) 헌재 1995.12.28. 91헌마114, 판례집 7-2, 876, 883.
87) 헌재 2002.4.25. 98헌마425 등, 판례집 14-1, 351, 360-361.

여지가 없는 경우, ③ 집행행위를 대상으로 하는 구제절차가 없거나 있다고 하더라도 불필요한 우회절차를 강요하는 것에 불과한 경우에는 직접성이 인정된다.

법령의 집행행위가 존재하지 아니하는 경우에는 법령 자체에 따라 직접성을 판단하면 되므로 직접성 인정과 관련된 복잡한 문제는 발생하지 아니 한다. 법령의 집행행위가 존재하는 경우에도 집행행위를 대상으로 하는 구제절차가 없거나, 있다고 하더라도 불필요한 우회절차를 강요하는 것에 불과한 경우에는 법령의 직접성을 인정할 필요성이 있다. 법령의 집행행위를 대상으로 하는 구제절차가 없는 경우 경우에 법령의 직접성을 부인한다면 국민에게는 실질적으로 법령의 위헌성을 다툴 방법이 봉쇄되는 결과가 되기 때문이다. 따라서 이러한 경우에 법령의 직접성을 인정함에는 학설·판례상 이론이 없다. 또한 법령에 집행행위 존재하고 집행행위에 대한 구제절차가 존재하는 경우에도 그것이 불필요한 우회절차를 강요하는 것에 불과한 경우에 법령의 직접성을 인정함에도 이론이 없다. 다만, 이 경우 법령의 집행행위를 대상으로 하는 구제절차가 없다거나 그러한 구제절차를 거치는 것이 불필요한 우회절차를 강요하는 것에 불과하다고 평가하는 것에는 신중을 기하여야 한다. 왜냐하면 너무 쉽게 그러한 예외를 인정할 경우에는 직접성과 보충성 요건이 구축하고 있는 공법쟁송체계의 왜곡을 초래할 수 있기 때문이다.

문제가 되고 좀 더 세심한 고찰이 필요한 것은 위 ①②의 경우이다. 위에서 본 바와 같이 헌법재판소는 집행행위가 예정되어 있는 경우라고 하더라도 "법규범의 내용이 집행행위 이전에 이미 국민의 권리관계를 직접 변동시키거나 국민의 법적 지위를 결정적으로 정하는 것이어서 국민의 권리관계가 집행행위의 유무나 내용에 의하여 좌우될 수 없을 정도로 확정된 상태" 또는 "법령이 일의적이고 명백한 것이어서 집행기관이 심사와 재량의 여지없이 그 법령에 따라 일정한 집행행위를 하여야 하는 때"에는 직접성을 인정하고 있다. 판시 문구의 구체적 표현은 동일하지 않지만, 실질적으로 보면 위 두 가지는 다른 범주로 구별하기 어렵다고 할 수 있다. 내용적으로 보면 법령이 일의적이고 명백한 것이어서 집행기관이 심사와 재량의 여지없이 그 법령에 따라 일정한 집행행위를 하여야 하는 경우가 법규범의 내용이 집행행위 이전에 이미 국민의 권리관계를 직접 변동시키거나 국민의 법적 지위를 결정적으로 정하는 것으로 인정될 수 있기 때문이다. 그러나 이에 더하여 직접성 요건에 관한 이러한 헌법재판소의 일반적이고 광범한 판시에 대해서는 좀 더 세심한 주의를 기울여 고찰할 필요가 있다.

가령 헌법재판소는 사법시험 제2차 시험에서 해당 문제번호의 답안지에 답안을 작성하지 아니한 자에 대하여 그 과목을 영점처리하도록 규정하고 있는 '사법시험법 시행규칙'에 대한 헌법소원사건에서, "집행행위가 예정되어 있지만", 그 규정은 "집행행위자에게 재량의 여지가 없는 기속적 규정이고", 따라서 "청구인의 권리관계는 합격결정이라는 구체적 집행행위

이전에 이미 이 사건 규칙에 의하여 일의적이고 명백하게 확정된 상태가 되었으므로, 이 사건 규칙으로 인한 권리침해의 직접성이 인정된다."고 판시하고 있다.[88] 그러나 이 사건에서 집행기관의 합격자 결정이라는 집행행위 이전에 과연 청구인의 권리관계가 일의적이고 명백하게 '확정된 상태'라고 할 수 있는지는 의문이다. 위 사건에서 소수의견은 이 사건 규칙은 점수 산정 기준에 불과하므로 합격자 결정이라는 집행행위가 매개되지 않는 이상 기본권 침해의 결과가 생기지 아니하며, 집행행위에 대한 전형적인 불복방법도 존재하므로 법령의 직접성을 인정할 수 없다고 판시하고 있다.[89]

위 사건의 합격자결정과 같이 법적 효력을 발생시키는 집행행위가 존재하는 경우에 국민의 기본권침해는 집행행위에 의하여 비로소 발생한다고 보는 것이 일반적일 것이다. 같은 맥락에서 앞에서 헌법재판소의 직접성 인정의 예로 열거한 자산가액 2억원 이하일 것을 갱신허가의 요건으로 규정하고 있는 서울특별시 보도상영업시설물 관리 등에 관한 조례 규정도 엄밀하게 보면 관할 구청장의 갱신허가처분 내지 갱신허가거부처분이라는 집행행위에 의해 비로소 구체적 법적 효과가 발생하고, 이로써 기본권 침해가 발생한다고 보아야 할 것이다.[90][91]

---

88) 헌재 2008.10.30. 2007헌마1281, 판례집 20-2상, 1187 [기각]
「이 사건에서 청구인이 행정법 과목의 제1문과 제2문의 답안지를 바꾸어 기재하였더라도 사법시험 불합격까지는 사법시험법 제11조 및 같은 법 시행령 제5조에 따른 사법시험 합격결정이라는 집행행위가 예정되어 있다. 그러나 사법시험 제2차 시험에 있어서 해당 문제번호의 답안지에 답안을 작성하지 아니한 자는 이 사건 규칙에 따라 영점처리를 받을 수밖에 없고, 이는 집행행위자에게 재량의 여지가 없는 기속적 규정이다. 한편 어느 과목이든 4할 이상을 득점하지 못하면 사법시험에 합격될 수 없으므로(같은 법 시행령 제5조 제2항), 이 사건 규칙에 따라 영점처리된 청구인은 사후 집행행위의 유무나 내용에 상관없이 불합격처분을 면할 수 없다. 결국 청구인의 권리관계는 합격결정이라는 구체적 집행행위 이전에 이미 이 사건 규칙에 의하여 일의적이고 명백하게 확정된 상태가 되었으므로, 이 사건 규칙으로 인한 권리침해의 직접성이 인정된다.」

89) 헌재 2008.10.30. 2007헌마1281, 판례집 20-2상, 1187 [기각]
재판관 조대현, 재판관 이동흡의 반대의견
「이 사건 규칙은 사법시험 답안지의 점수 산정에 관한 기준을 정한 데 불과하여 위 기준에 따른 채점위원의 채점과 그 채점결과에 따른 법무부장관의 불합격처분이라는 구체적인 집행행위가 매개되지 않는 이상 이 사건 규칙 자체만으로는 청구인이 주장하는 기본권 침해의 결과가 발생한다고 볼 수 없다. 또한 위 집행행위에 대하여는 행정심판이나 행정소송이라는 전형적인 불복방법이 존재하고 위와 같은 절차를 통하여도 그 근거규범의 위헌 위법 여부에 따른 권리구제가 충분히 가능하므로 직접성 요건의 예외를 인정할 여지도 없다.」

90) 헌재 2008.12.26. 2007헌마1387, 판례집 20-2하, 882면 이하.
참고로 이 사건의 심판대상 조항은 아래와 같다.
구 서울특별시 보도상영업시설물 관리 등에 관한 조례(2007.11.1. 조례 제4581호로 개정되고, 2008.7.30. 조례 제4660호로 개정되기 전의 것)
제3조(점용허가)
① 생략
② 시장은 점용허가를 받은 운영자에게 별지 제2호 서식에 의한 도로점용허가증을 교부한다. 이 경우 점용허가기간은 1년이내로 한다.
③ 생략
④ 도로점용 허가기한이 2007년 12월 31일로 만료되는 운영자는 본인 및 배우자 소유의 부동산, 「국민기초

나아가 헌법재판소는 경우에 따라서 예정된 집행행위가 기속행위인지 재량행위인지를 법령의 직접성을 인정하는 일응의 기준으로 삼고 있으나, 기본권침해가 법령에 의하여 발생하는지 또는 집행행위에 의하여 발생하는지 여부는 집행행위가 기속행위인지 재량행위인지 여부에 따라 달라지는 것은 아니라고 할 것이다. 왜냐하면 기본권 침해가 법령에 의해 발생하는지 집행행위에 의해 발생하는지의 문제는 집행행위가 기속행위인지 재량행위인지와 무관하고, 전자의 문제는 후자의 문제에 선행하여 결정되어야 하는 것이기 때문이다. 법령에 의해 직접 기본권 침해가 발생한다고 볼 경우에는 집행행위가 기속행위인지 재량행위인지 문제삼을 필요가 없으며, 집행행위에 의해 비로소 기본권침해가 발생한다고 볼 경우 집행행위가 재량행위인지 기속행위인지에 관계없이 집행행위를 다투도록 함이 원칙일 것이기 때문이다.[92]

다만 집행행위에 의해 기본권 침해가 발생할 경우에도 "집행행위를 다투어서는 실효적인 권리구제가 어려운 급박한 사정이 인정되는 경우"에도 집행행위에 대한 쟁송이라는 원칙적

생활보장법 시행규칙」 제3조 제1항 제1호다목의 규정에 의한 임차보증금 및 같은 조 같은 항 제2호의 규정에 의한 금융재산을 합하여 2억 원 미만인 자에 한하여 1년의 범위 안에서 2회에 한하여 갱신 허가하되, 이 경우 제3항에 의한 위원회를 거치지 아니한다.

⑤~⑥ 생략

구 서울특별시 보도상영업시설물 관리 등에 관한 조례(2007.11.1. 조례 제4581호로 개정되고, 2008.7.30. 조례 제4660호로 개정되기 전의 것)

제4조(점용허가 갱신의 제한) 시장은 제3조 제4항의 규정에 불구하고 다음 각 호의 어느 하나에 해당하는 때에는 점용허가를 갱신하지 아니하여야 한다.

1.~2. 생략

3. 제3조 제6항 규정에 의한 제소전 화해조서를 제출하지 아니한 서울특별시 보도상영업시설물 관리 등에 관한 조례'(2007.11.1. 조례 제4581호로 개정된 것) 제3조(점용허가) ①~⑤ 생략

⑥ 운영자가 제1항 규정에 의한 허가를 신청하는 때에는 제소전 화해조서를 시장에게 제출하여야 한다.

91) 이 사건에서 서울특별시장은 "이 사건 조항들은 관할 구청장이 도로점용허가에 관한 재량권을 행사함에 있어 그 기준이 되는 사무처리준칙에 불과하므로 대외적 구속력이 없고, 청구인들의 권리를 직접 침해하는 것은 각 구청장의 청구인들에 대한 도로점용갱신 허가거부(제외)처분 또는 허가처분이므로 이 사건 조항들은 기본권침해의 직접성이 없다."고 항변하였다.
당해 조항이 사무처리준칙에 불과한지 여부를 차치하더라도 위 조항들은 각 구청장의 도로점용허가라는 집행행위가 예정되어 있고, 그에 의하여 기본권 침해라는 결과가 발생하므로 다른 특별한 급박한 사정이 없는 한 법령 자체의 직접성을 인정하는 것은 적절하지 아니하다고 할 것이다. 나아가 일반적으로 도로점용허가 처분은 재량행위라는 것이 우리 법원의 일관된 판례라는 점을 고려한다면, 이러한 사안에서 헌법재판소가 집행행위가 발해지기 전에 법령의 직접성을 인정하여 기본권 침해 여부를 판단하는 것은 행정의 재량권을 침해할 여지도 있다고 할 것이다.

92) 이와 관련하여 위에서 인용한 헌재 2008.10.30. 2007헌마1281 사건의 재판관 조대현, 재판관 이동흡의 반대의견에서도 "법령의 내용이 일의적이고 집행행위에 재량의 여지가 없다고 하여 항상 직접성 요건의 예외를 인정할 경우 당사자가 집행행위를 다투지 않고 집행행위의 전제되는 근거규범만을 다툼으로써 집행행위에 불가쟁력이 발생할 수 있고, 이와 같이 불가쟁력이 발생한 집행행위에 대하여는 위헌결정의 효력이 미치지 않아 헌법재판소가 근거규범에 대하여 위헌결정을 한다고 하더라도 당사자는 불이익한 집행행위 자체를 취소할 방법이 없어 직접적인 권리구제를 받지 못하게 되는 결과가 발생하므로, 집행행위가 매개되어 있는 이상 되도록 법원을 통한 권리구제를 일차적으로 선택하여 이에 집중할 수 있도록 국민을 유도하는 것이 국민의 기본권에 대한 실효적 보장을 위하여 더 바람직하다."고 설시하고 있다.

인 방법만을 인정할지는 별개의 문제라고 할 것이다. 집행행위가 존재하지만 집행행위를 다투어서는 실효적인 권리구제를 기대할 수 없는 급박성이 인정되는 경우에는 근거법령 자체에 대한 헌법소원을 인정하는 것이 헌법이 보장하고 있는 기본권으로서의 재판청구권의 취지에 부합하는 해석일 것이다. 그러나 그것은 법령 자체의 '직접성'이 인정되기 때문이 아니라, 법령 자체를 다투지 아니하면 실효적인 권리구제를 기대할 수 없는 '급박성'이 인정되기 때문이라고 보아야 하며, 그러한 '급박성'을 인정할지 여부는 일반적 이론에 의해 판단될 수 있는 것이 아니라, 사건의 내용에 따라 개별적·구체적으로 판단되어야 할 것이다. 즉 "법규범의 내용이 집행행위 이전에 이미 국민의 권리관계를 직접 변동시키거나 국민의 법적 지위를 결정적으로 정하는 것" 또는 "법령이 일의적이고 명백한 것이어서 집행기관이 심사와 재량의 여지없이 그 법령에 따라 일정한 집행행위를 하여야 하는 때"와 같은 일반론이 아니라, 개별사건의 구체적 사정이 '급박성' 인정의 요건이 되어야 하며, 그 인정은 엄격하게 이루어져야 할 것이다.

다시 말해서 집행행위가 매개되어 있는 이상, 이와 같은 엄격한 '급박성'이 인정되지 않는 한 가능한 한 법원을 통한 권리구제가 선행되어야 하고, 이것이 우리 헌법이 예정하고 있는 항고소송과 헌법소원의 관계, 대법원과 헌법재판소의 권한분배에 더 부합하는 해석이라고 할 것이다.

최근 헌법재판소는 필자의 견해와 마찬가지로 의료인이 일정한 범죄로 형을 선고받은 경우 위법이나 비난의 정도가 약한 경우에도 반드시 면허를 취소하도록 하고 3년 이내에는 면허를 재교부하지 못하도록 규정하고 있는 의료법 조항에 대한 헌법소원심판청구 사건을 직접성 요건의 결여를 이유로 각하한 바 있다.[93] 필자의 견해와 달리 헌법재판소가 최근 직접성을 너무 좁게 인정한다고 비판하면서, 위와 같은 결정을 비판하는 견해도 있다.[94] 집행행위

93) 헌재 2013.7.25. 2012헌마934, 판례집 25-2상, 339. 이 사건에서 헌법재판소는 "법령의 규정에 따라 구체적인 집행행위가 필요적으로 예정되어 있는 경우에도 그 집행행위를 대상으로 행정소송 등 구제절차를 먼저 거치지 않은 상태에서 헌법소원심판을 허용한다면, 설령 그 근거 법령에 대하여 위헌결정이 있더라도 이미 집행행위가 확정되어 당연히 무효로 되거나 취소될 수 없는 경우가 발생할 수 있다. 이 경우 헌법소원심판을 청구한 사람은 오히려 권리구제를 받지 못하게 된다. 그러므로 법령에서 특정한 집행행위를 필요적으로 하도록 일의적으로 요구하고 있다는 사정만으로 그 법령 자체가 당연히 헌법소원의 대상이 된다고 볼 수는 없다. …… 이 사건에서 보면, 청구인이 주장하는 기본권 침해는 심판대상조항에 의하여 직접 발생하는 것이 아니라 심판대상조항에 따른 면허취소 또는 면허재교부 거부라는 구체적인 집행행위가 있을 때 비로소 현실적으로 나타난다. 청구인이 면허취소처분이나 면허재교부거부처분을 받을 경우 행정심판이나 행정소송 등을 통하여 권리구제를 받을 수 있는 여지가 여전히 남아 있다. 또 그 절차에서 집행행위의 근거가 된 심판대상조항의 위헌 여부에 대한 심판제청을 신청할 수 있다. 한편, 집행행위에 대한 권리구제절차에서 청구인에 대한 권리구제의 기대가능성이 전혀 없다고 단정할 수 없고, 또 그러한 절차를 밟도록 하는 것이 청구인에게 불필요한 우회절차를 강요하는 것이라고 볼 수도 없다."고 판시하여 각하한 바 있다. 같은 입장에서 직접성 요건 결여를 이유로 각하한 사건으로 헌재 2014.2.27. 2012헌마904 결정 참조.

94) 이에 관해서는 예를 들어 최희수, "법령헌법소원의 직접성요건에 관한 헌법재판소 판례 경향", 강원법학 제45권(2015.6), 강원대학교 법학연구소, 1-27면 참조.

가 존재하는 경우에도 직접성 인정의 예외를 넓게 인정해야 한다고 보는 견해의 논거는 대체로 헌법재판소의 기본권구제기능 및 헌법소원의 객관적 성격을 강조하는 것으로 보인다.[95)]

그러나 필자가 보기에 이러한 견해들은 우리 사법제도 체계 내에서 법원도 헌법재판소와 마찬가지로 위헌인 공권력 행사로부터 국민의 기본권을 구제하는 기능을 담당하고 있다는 점을 간과하거나 경시하는 것으로 생각된다. 삼권분립의 기본원리는 규범을 국민대표기관인 의회에서 제정토록 하고, 그 규범의 집행을 행정이 담당하도록 하며, 두 기관의 공권력 행사의 위헌·위법성을 사법기관이 판단하도록 구성하고 있는 것이 통상적이다. 극단적인 처분적 법률은 권력분립에 위배된다는 것이 헌법학계의 통설이다. 권력분립에 위배되지 않는 처분적 법률이나 집행행위의 매개없이 규범 자체에 의해 직접적으로 법적 효과를 발생하여 기본권 침해를 발생시키는 경우 그 규범은 현행 체계상 헌법소원심판의 대상이 될 것이다. 그러나 일반적으로 규범은 집행행위를 예정하고 있고, 그 법적 효과는 집행행위에 의해 발생하는 것이 통상적일 것이다. 이러한 통상적인 경우 위헌·위법인 공권력 행사의 법적 효과가 집행행위를 매개로 이루어지므로, 사법심사의 대상 또한 당연히 집행행위가 된다. 이러한 체계를 표현하고 있는 것이 헌법소원의 '직접성' 요건이다. 다만, 급박성 등으로 집행행위를 다투어서는 실효적인 권리구제를 기대할 수 없는 경우에는 국민의 권리구제를 위해 예외적으로 집행행위가 존재하더라도 법령 자체의 직접성을 인정할 수 있을 것이다. 필자는 이러한 해석이 헌법재판소의 기본권 구제기능을 경시하는 것도 아니며, 헌법소원의 객관적 성격을 부정하는 것도 아니라고 생각한다. 이러한 소송체계의 상호관계와 헌법소원의 보충성을 중시하면서도 헌법재판소의 기본권 구제기능은 당연히 수행될 수 있으며, 이러한 소송체계가 헌법소원의 객관적 성격을 부정하는 것도 아닐 것이다.

Ⅴ. 결어: 직접성 인정의 범위와 소송체계의 연관성

우리 헌법 제27조 제1항에 의하면 모든 국민은 재판청구권을 가진다. 재판청구권은 사실관계와 법률관계에 관하여 최소한 한 번의 재판을 받을 기회가 제공될 것을 국가에게 요구할 수 있는 절차적 기본권을 의미한다.[96)] 따라서 국가의 공권력 행사에 의해 국민의 기본권

95) 최희수, 위의 논문, 23-25쪽 참조. 예를 들어 최희수 교수는 위의 논문에서 "청구인이 헌법소원이라는 권리구제수단을 선택한 이상 그에 대해 응답하는 것은 위헌적인 기본권침해 법령을 법질서로부터-'주관적 측면'에서 뿐만 아니라-'객관적으로' 제거해야 할 임무를 지닌 헌법재판소의 헌법적 책무에 해당한다는 점"을 강조하거나, "법령헌법소원은 그 심판대상이 객관성을 징표하는 법령이므로 불가피하게 객관적 성격을 가질 수밖에 없다.", "헌법소원이 제기된 법령이 만약 위헌적인 것이라면 직접성의 요건을 엄격히 적용함으로써 … 부적법 각하할 것이 아니라 가급적 본안판단을 진행하여 당해 법령을 신속하게 법질서로부터 배제하는 것이 청구인뿐만 아니라 국민 전체를 위한 권리구제의 간접에서 바람직하다."고 서술하고 있다.

96) 헌법재판소 1997.12.24. 선고 96헌마172, 173(병합) 결정.

이 침해된 경우에는 어떤 경로든 한 번의 재판을 받을 기회를 가져야 한다. 우리 헌법은 제101조에서 사법권을 법원에 귀속시키면서 제111조 제1항 제5호에서 헌법재판소에 의한 헌법소원제도를 규정하고 있다. 법원의 재판과 헌법재판소의 헌법소원제도를 병립시킴으로써 관할의 중첩과 판결의 모순저촉 우려가 있는바, 우리 헌법과 헌법재판소법은 헌법소원의 보충성을 규정함으로써 이러한 문제를 해결한다. 요약하면 국가의 모든 공권력 행사에 대하여는 쟁송의 길이 열려 있어야 한다. 일차적으로는 행정소송의 방법에 의하지만, 행정소송이 불가능한 경우에는 헌법소원이 최후의 보충적 권리구제수단으로 기능한다.

법령의 제정도 공권력 행사이므로 법령의 제정에 의해 기본권이 침해된 경우에는 마땅히 이에 대한 쟁송수단이 열려 있어야 한다. 그러나 법령은 개별구체적인 공권력 행사와 달리 일반적으로는 추상적 효력을 가지므로 이에 의해 직접 기본권 침해가 발생하는 것은 아니다. 그러나 헌법재판소의 판시에서 보는 것처럼 법령 자체에 의해 직접 기본권이 침해되는 경우에는 법령에 대한 쟁송이 허용되어야 하고, 달리 권리구제수단이 없는 경우에는 최후의 보충적 수단으로 헌법재판소에 헌법소원을 제기할 수 있다. 이러한 메커니즘을 조율하는 것이 법령소원에서의 '직접성' 요건이다. 헌법재판소는 법령소원에서 직접성을 요건으로 요구함과 동시에 일정한 경우 직접성의 예외를 인정함으로써 공백없는 권리구제를 실현하고자 한다.

그러나 앞에서 본 바와 같이 직접성의 예외를 지나치게 넓게 인정할 경우에는 공법소송체계를 왜곡시킬 우려가 있다. 헌법소원 자체가 보충적이고 비상적인 권리구제절차라는 점을 고려한다면, 원칙적으로 집행행위가 예정되어 있는 경우에는 가급적 직접성을 부인하고 집행행위에 대한 쟁송절차를 통해 법령의 위헌성을 주장하도록 하는 것이 우리 소송체계에 부합한다고 할 것이다.

따라서 헌법재판소가 직접성의 예외를 인정하는 유형 중에서, "법규범의 내용이 집행행위 이전에 이미 국민의 권리관계를 직접 변동시키거나 국민의 법적 지위를 결정적으로 정하는 것이어서 국민의 권리관계가 집행행위의 유무나 내용에 의하여 좌우될 수 없을 정도로 확정된 상태" 또는 "법령이 일의적이고 명백한 것이어서 집행기관이 심사와 재량의 여지없이 그 법령에 따라 일정한 집행행위를 하여야 하는 때"라는 것은 직접성의 예외를 인정하기에 충분하지 않다고 할 것이다. 최소한 이에 더하여 "사안이 급박하여 집행행위가 발해진 후 집행행위에 대한 쟁송절차에서는 도저히 효과적인 기본권 보호 내지 권리보호를 기대할 수 없는 경우"에만 예외적으로 직접성을 인정할 수 있다고 보는 것이 타당하고, 이러한 해석이 현재의 우리 사법체계 및 공법소송 체계에 부합한다고 할 것이다.[97)]

97) 헌법재판소가 법령소원 사건에서 "사안이 급박하여 집행행위가 발해진 후 집행행위에 대한 쟁송절차에서는 도저히 효과적인 기본권 보호 내지 권리보호를 기대할 수 없는 경우"를 요건으로 판시한 사건도 없지는 않다. 그러나 다수의 사건에서는 권리보호의 실효성이나 권리구제의 급박성 요건을 직접성의 예외 인정의 요건으로서 고려하지 아니 한다.

40. 탄핵 사유에 대한 소고 – 탄핵 사유와 관련된 몇 가지 쟁점을 중심으로 –

김 진 욱*

Ⅰ. 서 설

현재 우리가 알고 있는 고위공직자에 대한 탄핵제도는 14세기 영국 의회에서 유래한 것으로 알려져 있다. 영국의 의회가 왕권을 견제하고 고위공직자들의 비위와 부정을 통제하기 위해 형성 발전시킨 제도로서의 탄핵(impeachment)을 지칭하는 것이다.[1] 그러나 탄핵은 기원전 63년 로마의 집정관 선거에 출마한 카틸리나(Catilina)를 저지할 목적으로 키케로(Cicero)가 원로원에서 했다는 유명한 카틸리나 탄핵 연설에서도 알 수 있듯이 고대 로마에도 일반화된 제도였다.

르네상스시대 피렌체의 정치사상가 니콜로 마키아벨리(Niccolo Machiavelli)는 티투스 리비우스의 「로마사」를 해설하고 로마 공화정을 중심으로 자신의 견해를 밝힌 「로마사 논고」에서 공화국의 자유에 유해한 행위를 한 자를 민회나 재판관 등 앞에서 탄핵하는 것이 필요하다고 하면서 코리올라누스(Coriolanus)의 사례를 예로 들었다. 로마의 전설적인 장군 코리올라누스는 기원전 5세기경 로마가 식량부족 사태에 직면했을 때 평민들을 자극하는 발언을 하여 그들의 분노가 맹렬했다는 것인데 마키아벨리는 「로마사 논고」에서 당시에 만일 호민관이 그를 불러서 자신의 입장을 변론하라고 하지 않았다면 그가 원로원을 떠나는 순간 평민들이 그를 살해해 버렸을 것이라고 지적했다. 이처럼 법률제도를 통해 대중들이 특정인에 대해 갖게 된 분노를 해소할 수 있는 배출구를 제공하는 것이 공화국에 꼭 필요한 제도라는 것이 마키아벨리의 주장이었다.[2]

영국 의회의 탄핵은 국왕의 대신이나 고관들의 권력남용, 부패나 비행이 있어도 국왕이나 유력한 귀족들이 간섭하거나 법의 불비, 흠결 등으로 말미암아 보통법(Common Law)상의 형사재판절차로써 이들에 대한 소추나 처벌을 할 수 없었던 상황을 배경으로, 평민원(House of Commons, 하원)이 귀족원(House of Lords, 상원)에 그들의 처벌을 청원하기 시작한 것이 점차 기소의 형태로 변모하여 탄핵제도로 정착됐다. 이러한 영국의 탄핵제도는 14세기 말부터 17세기 말까지의 시기에 활발하게 활용되다가 18세기 이후 각료들이 의회에 대해 책임을 지는 내각책임제가 영국에서 확립되자 더 이상 활용되지 않는 무용지물과 같은 제도가 되었

---

* 헌법재판소 선임연구관

1) 정만희, "탄핵제도에 관한 비교헌법적 연구", 동아법학 제32호, 동아대학교 법학연구소, 2003, 73면.

2) 니콜로 마키아벨리, 「로마사 논고」(강정인 · 안선재 역), 한길사, 2003, 98-100면.

다는 평가이다.[3)4)]

그러나 탄핵제도는 대서양 건너편 신대륙 미국으로 건너가서는 1787년 연방헌법에 규정됨으로써 성문헌법상의 제도로 자리매김했다. 미국의 헌법을 기초한 제헌의회는 왕정이 아닌 공화정의 연방국가를 건설하기로 하고 세계 최초로 대통령제 정부형태를 고안해 내면서 연방헌법에 탄핵제도를 둘 것인지, 둔다면 어떤 모습의 탄핵제도를 둘 것인지 등을 논의했는데 연방대통령을 탄핵 대상으로 삼을 것인지, 탄핵 사유는 무엇으로 할 것인지 등도 중요한 쟁점이 되었다.

당시 벤자민 프랭클린은 연방대통령에 대한 탄핵을 지지하면서 만일 최고행정관(Chief Magistrate)이 비행을 저질러서 국민들의 혐오의 대상이 된 경우, 그러한 비행에 대한 합당한 처벌을 미리 헌법에 규정해 놓는 것이 최선책이라고 주장했고 결국 연방대통령도 탄핵 대상으로 규정되었다. 이러한 벤자민 프랭클린의 주장은 탄핵(impeachment)이 아니면 암살(assassination)이 일어날 수도 있음을 염두에 두고 암살이 아니라 법적인 해결책을 모색하는 헌법적 제도를 마련해 두자는 권고였고, 로마 공화정 말기에 황제가 되려 한다는 이유로 브루투스(Brutus) 등에 의해 암살당한 시저(Caesar)의 사례, 1649년 영국의 찰스 1세가 올리버 크롬웰이 이끄는 의회파와의 내전에 패배하고 반역죄(treason)로 의회에서 재판을 받고 처형된 후 영국에서 공화정이 수립된 사례 등을 염두에 두고 암살이나 처형 같은 폭력적인 해결을 피하고 탄핵을 통해 이를 순화하고 정례화하자는 취지의 주장이었다.[5)]

미국의 제헌의회는 탄핵 사유와 관련해서는, 영국 의회의 탄핵 사건들에서 가장 빈번한 탄핵 사유가 되었던 '중대한 범죄와 비행(high crimes and misdemeanors)'을 수용하여 연방헌법에 '반역(treason), 뇌물(bribery), 기타 중대한 범죄와 비행(high crimes and misdemeanors)'을 탄핵 사유로 규정했다.[6)] 이러한 탄핵의 사유도 사유이지만 사실 영국에서의 탄핵이 국왕이 아닌 측근 고관들이나 대신들에 대한 탄핵에 그쳤던 것과는 달리 미국에서는 연방대통령이라는 행정부의 최고 책임자도 탄핵의 대상이 되도록 함으로써 영국의 탄핵제도와는 차원이 다른 제도가 됐다.

한편 독일은 1919년 8월 제정된 바이마르공화국 헌법 제59조에 "라이히(Reich) 의회는 라이히 대통령, 라이히 수상 및 라이히 장관의 라이히 헌법이나 법률 위반에 대하여 라이히 국사재판소에 제소할 권한을 가진다."는 조항을 두었으나 히틀러(Hitler) 같은 독재자 총통의

---

3) 이명웅, "미국 연방헌법의 탄핵사유", 미국헌법연구 제16권 제2호, 2005, 133-136면.
4) 김하열, 「탄핵심판에 관한 연구」, 고려대학교 대학원 박사학위 논문, 2005, 8-11면.
5) Josh Chafetz, "Impeachment and Assassination", *Minnesota Law Review* 95:347, 2010, 347-352면.
6) 미국 연방헌법상 탄핵의 대상자와 탄핵 사유에 대해서는 미국 연방헌법 Article 2 Section 4 참조.
연방헌법상 탄핵의 대상은 "대통령과 부통령, 모든 민간인 공무원(all civil officers)"이다.
탄핵 사유 중 "high crimes and misdemeanors"의 우리말 번역이 문제인데 "고도의 범죄와 비행"이라고 쓰는 용례도 있으나(이명웅, 전게논문 참조) "중대한 범죄와 비행"으로 쓰는 것이 보다 일반화된 용례 같다.

출현을 막지 못했다. 독일은 제2차 세계대전 후 제정한 기본법에서 헌법재판소제도를 도입하고 제61조와 제98조에 연방대통령과 연방법관에 대한 탄핵을 각각 규정했다. 정부형태상 의원내각제 국가로 분류되는 독일에서는 연방의 총리나 각료는 탄핵대상으로 삼지 않고 연방대통령과 연방법관이 탄핵 대상이 되는데 기본법은 연방대통령에 대하여는 "기본법 또는 그 밖의 연방법률을 고의로 침해하였다"(기본법 제61조)는 것을 탄핵 사유로 규정하고,[7] 연방법관에 대해서는 "직무상 또는 직무 외에서 기본법의 원칙이나 주의 헌법질서를 위반한 경우"(기본법 제98조 제2항)를 탄핵 사유로 삼았다.[8] 모두 연방헌법재판소가 심판하지만 탄핵의 대상에 따라 탄핵 사유를 달리한 것이다.

우리나라의 현행 헌법 제65조 제1항은 "대통령·국무총리·국무위원·행정각부의 장·헌법재판소 재판관·법관·중앙선거관리위원회 위원·감사원장·감사위원 기타 법률이 정한 공무원이 그 직무집행에 있어서 헌법이나 법률을 위배한 때에는 국회는 탄핵소추를 의결할 수 있다."고 규정하여 탄핵대상에 따른 탄핵 사유에 차별이 없다.

우리나라에서 근대적인 의미의 고위공직자에 대한 탄핵제도의 시작은 1991.9.11. 제정된 대한민국 임시정부의 임시헌법에서부터라 할 것인바, 임시대통령의 위법 또는 범죄행위가 있을 때 임시의정원은 총원 4/5 이상의 출석, 출석원 3/4 이상의 가결로 임시대통령을 탄핵할 수 있었다.[9] 임시정부의 정부형태는 애초에 대통령제로 시작해서 1940년 주석제가 되기까지 계속 바뀌었지만 탄핵제도는 면면히 유지되어 1944.4.22. 대한민국 임시헌장에도 "임시의정원은 주석, 부주석 및 국무위원이 실직(失職) 위법 또는 내란·외환 등 범죄행위가 있거나 혹은 신임할 수 없다고 인정할 때에는 탄핵안 또는 불신임안을 제출하여 탄핵안이 통과되면 그를 면직하고 불신임안이 통과되면 그가 자행(自行) 사직함"으로 규정되어 있었다(제18조).[10] 1944년 임시헌장에 의하면 '실직, 위법 또는 내란·외환 등의 범죄행위'가 탄핵 사유였던 것인데 여기서 '실직(失職)'은 실정 또는 부당한 직무집행까지 포함하는 개념이었다.[11] 이처럼 임시정부에서의 고위공직자 탄핵 사유는 기본적으로 (내란·외환 등의) 범죄행위와 위법행위의 두 가지 유형이었고 여기에 '실직'이 탄핵 사유가 되는지 여부가 추가적으로 문제되었다 할 수 있다.

---

7) 독일의 연방의회나 연방참사원은 연방대통령이 기본법 그 밖의 연방법률을 고의로 침해하였음을 이유로 연방헌법재판소에 탄핵소추할 수 있고(독일 기본법 제61조 제1항), 연방헌법재판소는 "연방대통령이 기본법 또는 그 밖의 연방법률을 고의로 침해하였다고 확인할 경우" 대통령직의 상실을 선언할 수 있다(동조 제2항).

8) 독일의 연방법관이 "직무상 또는 직무 외에서 기본법의 원칙이나 주의 헌법질서를 위반한 경우" 연방헌법재판소는 연방의회의 신청에 따라 해당 법관의 전직이나 퇴직을 명할 수 있고, 그 위반이 고의적인 경우에는 파면을 선고할 수 있다(기본법 제98조 제2항).

9) 대한민국임시헌법 제21조; 정종섭, 「한국헌법사분류」, 박영사, 2002, 60면에서 인용.

10) 정종섭, 전게서, 99면.

11) '실직'은 정치를 잘못함을 의미하는 실정(maladministration)에 부당한 직무집행까지 포함한다고 한다. 김하열, 전게논문, 49면.

1948. 7. 17. 제정된 제헌헌법은 "대통령, 부통령, 국무총리, 국무위원, 심계원장, 법관 기타 법률이 정하는 공무원이 그 직무수행에 관하여 헌법 또는 법률에 위배한 때에는 국회는 탄핵을 소추할 수 있다."고 규정한다(제46조). 제헌헌법은 탄핵 사유를 '헌법 또는 법률 위배'의 두 가지로 규정했다는 점, 직무 수행과의 관련성을 요구했다는 점 등에서 현행 헌법의 태도와 같다.

이처럼 우리 헌법상 고위공직자 탄핵은 오래전부터 있었던 제도였지만 실제로 고위공직자가 탄핵소추 되어 탄핵심판에까지 이른 것은 2004년 노무현 전 대통령과 2016년 박근혜 전 대통령의 사례가 있을 뿐이다. 다만 두건의 탄핵심판 사건에서 앞의 사건은 탄핵심판청구 기각, 뒤의 사건은 인용으로 그 결과가 상반되었는데 탄핵 사건의 구체적인 경우에 과연 어떤 경우가 "그 직무집행에 있어서 헌법이나 법률을 위배한 때"의 탄핵 사유에 해당하는지 여부는 어려운 법률문제가 아닐 수 없다.

본고에서는 각국의 헌정사나 통치구조, 헌법재판의 양상 등등에 따라 서로 다른 양상으로 전개되고 있는 고위공직자 탄핵제도를 우리 헌법상 탄핵 사유에 초점을 맞추어서 – 보다 구체적으로는 탄핵 사유를 둘러싼 몇 가지 쟁점을 중심으로 – 살펴보고자 한다.

Ⅱ. 탄핵소추사유와 심판사유의 관계

1. 소추사유와 심판사유에 관한 통합론과 분리론

고위공직자에 대한 탄핵절차는 크게 탄핵의 소추와 심판의 두 단계로 이루어지는바, 그렇다면 헌법 제65조 제1항의 '헌법 또는 법률 위배'라는 탄핵 사유는 탄핵소추의 사유에 그치는 것인지, 탄핵심판의 사유도 되는 것인지, 탄핵의 소추사유인 동시에 심판사유가 된다면 양자의 관계는 어떠한지, 동일한 것인지, 달라도 되는 것인지 등이 문제가 될 것이다.

이 점에 관해서는 두 가지 견해가 있을 수 있다. 첫 번째 견해는 탄핵 소추의 사유와 심판의 사유는 동일하고 동일해야 한다는 소추사유 심판사유 통합론인데 헌법 제65조 제1항의 '헌법 또는 법률 위배'는 탄핵 소추의 사유인 동시에 심판의 사유도 되고 양자는 동일해야 한다는 것이다. 두 번째 견해는 소추사유 심판사유 분리론으로, 탄핵 소추의 사유와 심판의 사유는 별개의 것으로 동일하지 않을 수 있다는 견해이다. 헌법 제65조 제1항의 '헌법 또는 위배'는 국회가 탄핵을 소추하는 사유에 불과하고 탄핵심판의 사유와는 동일하지 않고 다를 수 있다는 견해이다.

소추사유 심판사유 통합론은 헌법재판소법 제53조 제1항의 "탄핵심판청구가 이유 있는 때"란 곧 국회의 탄핵소추 의결이 이유 있는 때로서 헌법 제65조 제1항의 "그 직무집행에 있어서 헌법이나 법률을 위배한 때"와도 동일하다고 해석하는데 통합론에 의하면 국회는 모든 법 위반 행위에 대해 원칙적으로 탄핵소추 의결을 할 수 있다고 보아서 분리론이 국회의 탄핵소추 의결에 아무런 제한을 두지 않는 것과 달리 제한을 두어야 한다고 본다. 즉 통합론은 국회가 탄핵소추를 의결하는 "그 직무집행에 있어서 헌법이나 법률을 위배한 때"의 사유를 제한적으로 해석하여 국회가 탄핵소추를 의결함에 필요한 사유이든 헌법재판소가 파면 결정을 함에 필요한 사유이든 탄핵 사유는 '파면할만한 헌법이나 법률 위배'로 통일적으로 이해해야 한다고 본다. 이 견해는 국회가 탄핵소추의 발의 및 의결에 있어서 단순히 '헌법이나 법률 위배'가 있는 지만을 심사·판단할 것이 아니라 나아가 그것이 피소추자를 파면할만한 것인 지까지 심사·판단할 의무가 있다는 것이고, 따라서 탄핵 피소추자에게 '파면할만한 헌법이나 법률 위배'가 없음에도 불구하고 국회가 탄핵소추를 발의·의결하는 것은 탄핵소추권의 남용이라고 주장한다.[12)]

2. 탄핵의 소추기관과 심판기관의 관계

앞서 본 바와 같이 탄핵소추의 사유와 심판의 사유를 통합적으로 볼 것인지 분리해서 볼 것인지의 문제는 결국은 탄핵의 소추기관과 심판기관의 성격과 상호 관계가 어떠한지 등의 탄핵제도의 설계 문제와 밀접하게 관련되어 있으므로 이를 살펴보지 않을 수 없다.

그런데 앞서 본대로 근대적인 의미의 고위공직자 탄핵은 14세기 영국에서 의회가 주도가 되어서 왕권을 견제하는 제도로 탄생한 것으로 그 뒤에 미국과 독일을 비롯한 각국이 탄핵제도를 채택하면서도 서로 다른 모습으로 발전시켜 왔지만 탄핵의 소추는 어느 나라나 민의를 대변하는 의회가 한다는 점은 동일하다. 근대적인 의미의 고위공직자 탄핵제도에서 탄핵의 소추기관은 언제나 의회라는 것인데 반면에 탄핵의 심판기관은 나라마다 다른 양상이다. 앞서 본대로 영국이나 미국은 하원이 탄핵을 소추하면 상원이 탄핵을 심판하는 구조이나 독일의 경우는 의회가 소추하면 과거에는 국사재판소, 현재는 연방헌법재판소가 심판하는 구조이다. 의회가 아닌 독립된 재판소가 탄핵을 심판하는 구조인 것이다.

이러한 탄핵제도의 설계 문제를 탄핵제도의 유형론으로 설명하면서 앞의 유형을 정치형 탄핵제도, 뒤의 유형을 사법형 탄핵제도로 설명하는 견해가 있다. 즉 탄핵소추권뿐만 아니라 탄핵심판권도 의회가 가지는 유형을 정치형 탄핵제도라 부르고 탄핵심판권을 중립적인 사법기관이 가지는 유형을 사법형 탄핵제도로 부르는 것이다.[13)] 생각건대 고위공직자 탄핵에서 탄핵의 소추는 민의를 대변하는 의회가 하는 것이지만 동일한 기관이 소추와 심판을 모두 담당할 수는 없는 노릇이므로 양원제 의회 하에서 하원이 탄핵을 소추하는 경우 상원이 심

---

12) 김하열, 전게논문, 135면, 137-138면; 김하열, 「헌법소송법」(제2판), 박영사, 2016, 693-694면.
13) 장영수, "대통령탄핵의 헌법적 쟁점과 우리의 과제", 고려법학 제42호, 2004, 50-51면.
김하열, 전게논문, 73-74면; 김하열, 전게서, 671-676면.

판을 하도록 하는 유형과 탄핵심판을 의회가 아닌 독립된 제3의 기관이 담당하도록 하는 유형의 2가지 유형으로 크게 나눌 수 있다는 점에서 탄핵제도의 유형을 '정치형', '사법형'으로 명명하는 용어 선택의 적절성은 논외로 하고 이와 같은 분류 자체는 의미가 있어 보인다. 아울러 이와 같은 제도 구분은 탄핵 사유의 설정과도 밀접한 관계가 있다는 것인데 정치형의 경우에는 종국적인 판단을 하는 의회가 법 위반에 국한되지 않는 보다 넓은 탄핵 사유를 잣대로 삼는 경향이 있다는 것이다.[14)]

3. 소추사유와 심판사유의 관계

이제 소추사유와 심판사유의 상호 관계의 문제, 즉 소추사유 심판사유 통합론과 분리론으로 돌아와 본다. 생각건대 소추사유 심판사유 통합론은 국회의 탄핵소추가 정치논리에 의해 무책임하게 전개되지 않도록 제한하는 논리를 제공한다는 측면 등에서 경청할만한 주장이나 우리 법의 해석상 다음과 같은 난점이 있다.

첫째로, 대통령 등이 "그 직무집행에 있어서 헌법이나 법률을 위배한 때에 국회는 탄핵의 소추를 의결할 수 있다."는 헌법 제65조 제1항의 규정은 조문의 위치나 규정의 형식과 내용 등에 비추어 볼 때 국회의 권한에 관한 규정에 불과하고 대통령 등 고위공직자의 '헌법 또는 법률 위배'가 있을 때 국회가 탄핵의 소추를 의결해야 할 법적인 의무가 있는 것처럼 해석될 수는 없다는 점이다. 즉 국회가 고위공직자를 탄핵할 사유가 있다고 판단하는 경우에도 탄핵을 소추할 의무는 없고 탄핵의 소추는 전적으로 국회의 재량에 달린 것이므로 정치적인 이유에서건 어떤 이유에서건 탄핵의 소추를 발의·의결하지 않을 수 있는 것이다. 이렇게 탄핵의 소추가 국회의 의무사항이 아니라 재량사항이라면, 국회의 탄핵소추 의결에 제한을 부과하여 단순한 '헌법 또는 법률 위배'가 아니라 '피소추자를 파면할만한 헌법이나 법률 위배'가 있는 경우에만 국회가 탄핵소추를 발의·의결해야 하고 피소추자에게 '파면할만한 헌법이나 법률 위배'가 없음에도 불구하고 국회가 탄핵소추를 발의·의결하는 것은 탄핵소추권의 남용이라고 하는 것은 지나친 주장이다.

둘째로, 탄핵소추의 의결이나 탄핵심판에 있어서 인용이나 기각이라는 결정은 소추나 심판을 담당하는 기관의 구성이나 성격, 고유한 조직논리 등에 의해 결정될 가능성이 많고 특히 탄핵소추의 경우 그동안 우리 국회의 탄핵소추의 실제 사례들을 보면 국회는 국회법의 규정에도 구애받지 않고 자유롭게 나름의 정치논리에 따라 탄핵의 소추를 발의·의결해 온 것이므로 소추사유 심판사유 통합론은 현실성도 없다는 점이다.

먼저 국회법의 규정을 살펴보면, 국회법은 "탄핵소추의 발의에는 피소추자의 성명·직위와 탄핵소추의 사유·증거 기타 조사상 참고가 될 만한 자료를 제시하여야 한다."고 되어

14) 김하열, 전게논문, 74면.

있는바, 비록 이 조항에는 "탄핵소추의 발의에는"이라고 되어 있으나, 탄핵소추의 의결에도 당연히 이 조항이 적용된다 할 것이다. 왜냐하면 탄핵소추 의결은 발의를 당연한 전제로 하는 것이고, 탄핵소추의 발의에 증거 기타 참고자료가 첨부·제시되어야 한다면 발의된 안건을 의결하는 절차인 탄핵소추의 의결에 있어서도 증거와 참고자료가 첨부·제시되는 것이 당연하기 때문이다. 요컨대 탄핵소추안이 발의되고 국회의장이 탄핵소추안이 발의되었음을 본회의에 보고할 때 충분한 증거와 기타 참고자료가 첨부되지 않았다면 본회의는 이를 이유로 본회의 의결로 법제사법위원회에 회부하여 조사하게 하는 등의 방법으로 적어도 탄핵소추를 의결할 때에는 증거와 기타 참고자료를 첨부해야 한다는 것이 국회법 제130조 제1항[15]과 제3항의 규범 조화적이고 합리적인 해석이라 할 것이다.

그런데 노무현 전 대통령 탄핵소추 건을 보면 2004.3.9. 발의되고 3.12. 의결된 탄핵소추에 법제사법위원회의 조사가 생략되었음은 물론이고 증거로 보기 어려운 참고자료들만 첨부된 채 탄핵소추 되었고, 이러한 사정은 2016.12.3. 발의되고 12.9. 의결된 박근혜 전 대통령 탄핵소추의 경우에도 크게 다르지 않았다. 이처럼 여야의 원내 의석수 분포, 총선 등 선거나 정치 일정, 여론의 향배 등의 정치논리에 따라 3-6일 만에 급박하게 처리되어 법제사법위원회의 조사는 말 할 것도 없고 탄핵 사유에 관한 충분한 조사나 증거 수집을 할 만한 시간이 있었는지조차도 의심스러운 이와 같은 탄핵소추의 실제 사례들에 비추어 보더라도 '피소추자를 파면할만한 헌법이나 법률 위배'가 있는 경우에만 국회가 탄핵소추를 발의·의결해야 한다는 주장은 이상론으로서는 맞을지 모르나 현직 대통령에 대한 탄핵소추라는 중차대한 사안의 경우에도 때로는 다수 국민의 여론에 반하면서도 자신들의 정치논리에 따라 철저하게 움직여 왔던 대한민국 국회의 현실을[16] 무시한 공허한 주장일 뿐이다. 그리고 탄핵소추를 발의·의결하는 국회의 입장에서는 탄핵소추를 발의·의결할 때에는 언제나 피소추자에게 '파면할만한 헌법이나 법률 위배'가 있다는 판단 하에 발의·의결하는 것이므로 이러한 점에서도 앞서 본 이유를 들어서 국회의 탄핵소추 발의·의결을 제한하려는 시도는 현실성이 없다 할 것이다.[17]

---

15) 국회법 제130조 제1항은 "탄핵소추의 발의가 있은 때에는 의장은 발의된 후 처음 개의하는 본회의에 보고하고, 본회의는 의결로 법제사법위원회에 회부하여 조사하게 할 수 있다."고 규정한다. 조문 상으로 볼 때 탄핵 소추사유에 대한 조사 여부가 국회의 재량인 것처럼 읽힐 수 있는바, 탄핵소추안의 발의에 관한 현행 국회법 제130조 제1항과 제3항은 노무현 전 대통령 탄핵소추 당시(2004.3.12.)에도 동일한 내용으로 시행되던 조항이다.

16) 예컨대, 2004.3.12. 국회가 노무현 전 대통령에 대한 탄핵소추를 의결할 무렵 여론조사 결과는 탄핵 반대 여론이 탄핵 찬성 여론보다 월등히 높았다.

17) 소추사유 심판사유 통합론은 우리 제헌헌법이 탄핵제도를 기초함에 있어서 미국과 달리 상원이 없는 가운데도 미국식 모델에 가깝게 소추기관과 심판기관을 분리하려 한 결과 국회는 소추만 하고 탄핵재판소라는 별도의 심판기관을 두었던 것인데 미국에서는 그 당시에도 그렇고 지금도 소추기관인 하원과 심판기관인 상원이 탄핵 사유에 관하여 별도의 기준을 가진다는 규정이나 논의가 없으며 공통된 탄핵 사유를 놓고서 하원은 소추를 하고 상원은 심판을 행한다는 법제사적인 점도 근거로 들었는바(김하열, 전게논문, 135면),

마지막으로 우리 헌법상 탄핵심판기관인 헌법재판소가 밝힌 소위 '법위반의 중대성' 법리에 비추어 보더라도 소추사유 심판사유 통합론은 설득력이 없다. 헌법재판소는 노무현 전 대통령(이하 '노 대통령'이라 지칭한다) 탄핵심판사건(2004.5.14. 2004헌나1)에서 헌법재판소법 제53조 제1항의 '탄핵심판청구가 이유 있는 경우'란 헌법 제65조 제1항의 탄핵사유가 인정되는 모든 경우에 자동적으로 파면결정 하도록 규정하는 것으로 해석할 수는 없고 해당 공직자의 파면을 정당화할 정도로 중대한 법위반이 있어야 한다고 판단했다. 헌법재판소는 박근혜 전 대통령(이하 '박 대통령'이라 지칭한다) 탄핵심판사건(2017.3.10. 2016헌나1)에서도 '탄핵심판청구가 이유 있는 경우'란 대통령의 파면을 정당화할 수 있을 정도로 중대한 헌법 또는 법률 위배가 있는 때를 말한다고 판시함으로써 노 대통령 탄핵사건에서 밝힌 소위 '법위반의 중대성' 법리를 그대로 계승했다. 헌법재판소법 제53조 제1항의 사유가 헌법 제65조 제1항의 사유와 다름을 분명히 한 헌법재판소의 이러한 유권해석에 비추어 보더라도 소추사유 심판사유 통합론은 현실성이 없는 것이다.

4. 헌법 제65조 제1항과 헌법재판소법 제53조 제1항의 관계

앞서 본 소추사유와 심판사유의 통합론과 분리론 논의에서 핵심은 결국 헌법 제65조 제1항과 헌법재판소법 제53조 제1항의 관계를 어떻게 볼 것인지의 문제로서, 헌법재판소법 제53조 제1항은 "탄핵심판 청구가 이유 있는 경우에는 헌법재판소는 피청구인을 해당 공직에서 파면하는 결정을 선고한다."고 규정하는바 여기서 '탄핵심판 청구가 이유 있는 경우'가 헌법 제65조 제1항의 "그 직무집행에 있어서 헌법이나 법률을 위배한 때"와 어떤 관계가 있는지가 쟁점이다.

이 점에 관해서는 다음 두 가지 해석이 존재한다. 하나는 고위공직자에 의한 헌법이나 법률 위반이 확인된 이상 헌법재판소는 파면결정을 선고해야만 한다는 해석이고, 다른 하나는 헌법 제65조 제1항의 '직무집행에 있어서 헌법이나 법률을 위배한 때'에 해당하더라도 당연히 헌법재판소법 제53조 제1항의 '탄핵심판 청구가 이유 있는 경우'에 해당하는 것은 아니고, 이 경우 헌법재판소로서는 파면결정을 선고할 것인지 여부에 관해 별도로 판단할 수 있고 판단해야 한다는 해석이다. 다음과 같은 이유로 두 번째 해석이 타당하다고 생각한다.[18]

살피건대 헌법재판소법 제53조 제1항의 문언이 '탄핵(소추)사유가 이유 있는 경우'로 규정

미국 상원이 하원의 탄핵소추장에 기재된 소추사유 별로 최종적으로 유무죄의 표결을 하기는 하지만 상원 의원들은 탄핵의 표결, 특히 대통령 탄핵사건의 표결에 있어서는 어느 것이 미국의 국가이익에 부합하는지를 최우선적으로 고려하여 표결해 온 전통이 있으므로, 하원과 상원이 공통된 탄핵 사유를 놓고서 소추도 하고 심판도 해 왔다는 것은 정확하지 않다 할 것이다.

18) 이하의 내용은, 김진욱, "탄핵요건으로서 헌법이나 법률 위반의 중대성-헌법 제65조 제1항과 헌법재판소법 제53조 제1항의 해석을 중심으로", 저스티스 통권 제161호, 2017, 10-12면 참조.

되지 아니하고 '탄핵심판 청구'가 이유 있는 경우로 규정되어 '탄핵의 사유'와 '탄핵심판 청구'를 구별하고 있는 점, 탄핵심판 청구의 당부를 판단하는 헌법재판소로서는 국회가 소추한 탄핵 사유가 여러 개라 하더라도 증거에 입각한 사실인정 후에 국회의 탄핵소추 사유가 이유 있는지를 개별 사유별로 판단하고 나서 종국적으로는 피소추자를 파면할 것인지 여부의 판단에까지 나아갈 것인데 탄핵심판이라는 재판에서의 소송물은 '소추의결서에 기재된 소추 사유에 기초하여 피소추자를 파면할 것인지의 여부'로서 탄핵소추의 사유는 여러 개라 하더라도 탄핵심판 청구는 피청구인의 파면을 구하는 단일한 청구라는 점 등을 고려해야 할 것이다. 따라서 국회가 탄핵을 소추하는 단계에서 탄핵소추의 이유로 삼은 '직무집행에 있어서의 헌법 또는 법률 위배가 있는지 유무'의 판단과 헌법재판소가 탄핵심판 청구의 당부를 판단하는 단계에서 (전체로서의) '탄핵심판 청구가 이유가 있는지 여부'의 판단은 법률적으로 별개의 판단사항으로서 서로 다를 수 있다고 보는 것이 옳다 할 것이다.

노 대통령 탄핵소추의 경우 국회가 탄핵 소추한 사유들 중에서 헌법재판소가 헌법 또는 법률 위배로 인정한 사유들이 있었지만 헌법재판소는 전체로서의 탄핵심판 청구가 이유 있다고 보지는 않았다. 반면에, 박 대통령 탄핵소추의 경우, 국회는 "최순실 등 사인이나 사조직이 아닌 박 대통령 자신에게 권력을 위임하면서 헌법을 수호하고 국민의 자유와 복리의 증진을 위하여 대통령으로서의 직책을 성실히 수행할 것을 기대한 주권자의 의사에 반하여 국민주권주의 및 대의민주주의의 본질을 훼손하고, 국정을 사실상 법치주의가 아니라 최순실 등의 비선조직에 따른 인치주의(人治主義)로 행함으로써 법치국가원칙을 파괴하였다."는 등의 이유로 복수의 헌법 원칙 위반으로 탄핵을 소추했는바, 헌법재판소는 국민주권주의나 대의민주주의를 위반했다는 등의 국회가 내세운 핵심 주장에 대한 판단 없이도 탄핵심판 청구를 인용한 바 있다.

Ⅲ. 탄핵제도와 탄핵 사유

1. 탄핵제도의 2가지 유형과 탄핵 사유

앞에서 탄핵제도의 유형을 탄핵의 소추 외에 탄핵의 심판도 의회가 담당하는 유형과 탄핵심판은 의회가 아닌 독립된 제3의 기관이 담당하도록 하는 유형의 2가지 유형으로 크게 나누고 앞의 유형을 정치형, 뒤의 유형을 사법형으로 부르는 탄핵제도의 유형론에 대해 살펴보았다.

이러한 탄핵제도의 유형을 탄핵 사유와 연관 지어서 보면 의회가 탄핵심판을 하는 앞의 유형은 탄핵 사유를 법적인 사유에 한정하지 않고 피소추자에게 정치적인 책임까지 탄핵심판에서 묻는 경향이 있는 반면에 뒤의 유형은 헌법 또는 법률 위반과 같은 법적인 탄핵 사유에 초점을 맞추어서 법적인 책임을 묻는 경향이 있다. 아래에서는 이와 같은 점을 염두에 두고 정치형과 사법형의 두 가지 유형의 탄핵제도를 탄핵 사유를 중심으로 살펴보고자 한다.

(1) 정치형 탄핵제도에 따른 탄핵 사유

소위 정치형 탄핵제도로서 하원이 탄핵을 소추하고 상원이 심판을 행하는 영국이나 미국 등의 유형으로 브라질도 이 유형에 속한다.

영국에서의 탄핵의 대상은 수상, 외교관, 런던시장, 인도총독 등의 고위 관리들이 대부분이었으나 일반 시민도 탄핵의 대상이 되어 대상에 별 다른 제한이 없었는데 판례에 나타난 탄핵의 사유로는 반역죄(treason), 수뢰죄(bribery), 중죄(felony), 직권남용(abuse of power)에 때로는 사기, 폭력, 살인 등으로 유형이 다양했다. 가장 빈번한 탄핵 사유이자 논란이 된 사유는 '중대한 범죄와 비행(high crimes and misdemeanors)'의 유형이었다.[19] 이것은 형법상의 개념은 아니고 탄핵과 관련하여 사용된 개념으로서 여기서 '중대한(high)'의 개념은 국가에 해가 되는 정도를 말한다고 한다. 구체적으로 영국 의회는 기금을 다른 용도에 사용했다든지, 무기와 탄약을 보관하라는 의회의 명령을 방해했다든지, 외국의 침범에 대한 방어를 소홀히 했다든지, 공공 목적을 위한 기금을 다른 용도에 사용했다든지 하는 등의 다양한 사유로 탄핵을 소추했다.[20] 영국 의회가 고위공직자의 부적정한 업무처리를 비롯하여 다분히 정치적인 사유로 탄핵 소추를 활용했음을 짐작할 수 있는 대목이다. 이처럼 영국 의회가 탄핵사건에서 흔히 사용한 '중대한 범죄와 비행'의 유형은 제정법이나 보통법상의 범죄가 아닌 의회가 인정하는 정치적인 성격의 범죄였다.[21]

영국에서의 탄핵은 하원이 탄핵을 소추하면 상원이 형사재판절차 비슷하게 변론과 증거조사를 하는 방식으로 진행했는데 상원은 심리가 종결되면 하원이 보낸 탄핵소추장의 각 항목별로 유죄 여부를 판단하고 다수결로 결정했다. 귀족원인 상원이 영국에서 본래 재판기능을 수행했던 점도 일조했을 것이다. 상원은 탄핵재판의 결과 사형이나 징역형, 벌금형 등의 형벌을 부과할 수 있었다고 하니 기본적으로 처벌을 위한 절차였던 것이나 형벌의 부과 외에 파면결정도 가능했다.[22]

미국의 경우 연방헌법상 탄핵 사유는 앞서 본 대로 '반역(treason), 뇌물(bribery), 기타 중대한 범죄와 비행(high crimes and misdemeanors)'이다. 연방헌법의 제정 시의 논의과정을 보면, 반역이나 뇌물죄는 탄핵 사유로 큰 논란이 없었으나 추가적인 탄핵 사유로 제시된 '부패(corruption)'나 '실정(maladministration)' 등에 대해서는 논란이 있었다.[23] 특히 본회의 말

19) 이승우, 정만희, 음선필, 「탄핵심판제도에 관한 연구」, 헌법재판연구 제12권, 헌법재판소, 2001, 18-20면.
20) 김하열, 전게논문, 10면.
21) 이승우, 정만희, 음선필, 전게서, 20면.
22) 이승우, 정만필, 음선필, 전게서, 23-24면.
23) 이승우, 정만필, 음선필, 전게서, 29-32면.

미에 조지 메이슨(Mason)에 의해 제안된 '실정'의 경우, 제임스 매디슨(Madison)이 이는 너무 막연하고 대통령의 임기를 상원이 원하는 동안만 보장하는 것에 다름 아니라고 반대하자 메이슨이 다시 '실정' 대신에 영국 탄핵에서의 '중대한 범죄와 비행'을 추가하자는 안을 제안하였는데 이것이 최종안으로 채택되었다. 그리고 이때 '중대한 범죄와 비행'에는 본래 '국가에 대한(against the State)'이라는 제한문구가 있었고 좀 더 의미를 분명히 하자는 차원에서 '미국에 대한(against the United Sates)'이란 문구로 변경되었으나 자구수정위원회에서 중복을 이유로(on the ground of redundancy) 삭제되었다고 한다.[24] 미국 헌법의 기초자들이 '중대한 범죄와 비행'을 미국이라는 국가에 대한 범죄와 비행을 의미하는 것으로 사용했음을 보여주는 것이다.

미국 헌법이 탄핵 사유를 규정하면서 '살인(murder), 폭행(assault), 기타 중대한 범죄와 비행'이라는 식으로 규정하지 않고 '반역(treason), 뇌물(bribery), 기타 중대한 범죄와 비행'으로 규정한 것을 보면 '반역'이나 '뇌물'은 공직의 오남용(misuse of office)이라는 공직에서 제거되어야 할 범죄와 비행(crimes and misdemeanors)의 유형을 보여주는 것이라고 한다. 그리고 미국 헌법이 대통령 등의 탄핵 사유로 '반역, 뇌물, 기타 중대한 범죄와 비행'을 규정한 것을 보면 여기서 '중대한 범죄와 비행'에서 '범죄'와 '비행'은 따로따로 구별되는 개념이 아니라 법적으로 위법한 행위에 해당하든 그렇지 않든 간에 공직을 심하게 남용한 정도에 이르는 (단일한) 행위 개념으로 읽혀야 한다는 것이다.[25] 원래 'misdemeanors'는 '중범죄(felony)'와 대비할 때 '경범죄(misdemeanor)'로 흔히 번역되는 용어인데 알렉산더 해밀턴은 1788년 페더럴리스트 페이퍼(Federalist Paper)에서 'misdemeanor' 대신에 'misconduct'라는 용어를 사용하면서 공직자의 비행(misconduct)은 공직자에 대한 신임을 저버리거나 파괴하는 행위로서 사회에 즉각적인 해악을 초래한다는 의미에서 '정치적'인 성격을 가진다고 했다.[26]

1948년 제정된 우리나라 제헌헌법의 기초자로서 중요한 역할을 한 유진오는 제헌헌법의 축조해설서인 「헌법해의」에서 미국 헌법 제2조 제4항이 "대통령, 부대통령, 기타 미합중국의 모든 문관은 반역죄, 뇌물죄 또는 기타의 중죄와 경죄에 관하여 탄핵을 받아 유죄의 판결이 있을 때에는 그 직을 잃는다."고 규정하는바, 미국에서 탄핵은 형사범죄에 한한다는 것이 통설이나 제헌헌법 제46조[27]의 경우에는 형사범죄에 한하지 않음은 물론이고 대통령이 공포해

---

24) Cass Sunstein, "Impeaching the President", *University of Pennsylvania Law Review*, Vol. 147, 1998, 285-289면; 정영화, "대통령 탄핵, '중대한' 법위반-미국과 한국의 비교", 미국헌법연구 제27권 제3호, 2016, 252-253면.

25) Cass Sunstein, 전게논문, 282-285면.

26) Alexander Hamilton, 「The Federalist Paper」, No. 65.

27) 제헌헌법 제46조: 대통령, 부대통령, 국무총리, 국무위원, 심계원장, 법관 기타 법률이 정하는 공무원이 그 직무수행에 관하여 헌법 또는 법률에 위배한 때에는 국회는 탄핵의 소추를 의결할 수 있다. 국회의 탄핵소추의 발의는 의원 50인 이상의 연서가 있어야 하며 그 결의는 재적의원 3분지 2 이상의 출석과 출석의원 3

야 할 법률을 공포하지 않았다거나 국무총리나 국무위원이 집행해야할 법률을 집행하지 않았다는 등의 헌법이나 법률에 위반하는 사유가 있을 때에도 그들을 탄핵할 수 있다고 해설했다. 유진오는 또한 탄핵의 중대성으로 보아서 명백하게 헌법이나 법률에 위반한 경우에 한할 것이고 국책 수립이나 법률 집행이 부적당하다는 것과 같은 막연한 이유는 정부의 불신임의 이유는 되더라도 탄핵의 이유는 되지 못한다고 했다.[28] 우리 제헌헌법의 탄핵 조항이 탄핵 사유를 포함하여 미국의 탄핵제도의 상당한 영향을 받았음을 짐작할 수 있는 대목이다.

(2) 사법형 탄핵제도에 따른 탄핵 사유

다음으로 소위 사법형 탄핵제도의 유형은 앞서 본 독일의 예처럼 독립된 헌법재판소가 탄핵심판을 하는 유형의 탄핵제도이다. 이런 유형의 탄핵제도를 가지는 나라들 중에서는 독일, 오스트리아처럼 의원내각제 정부형태를 가지는 나라도 있고, 체코나 폴란드처럼 대통령제 정부형태를 가진 나라들도 있다.

연방헌법재판소가 탄핵심판을 담당하는 독일의 경우 탄핵 사유는 앞서 본 바와 같이 연방대통령의 경우는 "기본법 또는 그 밖의 연방법률을 고의로 침해하였다"(기본법 제61조)는 것이고, 연방법관의 경우는 "직무상 또는 직무 외에서 기본법의 원칙이나 주의 헌법질서를 위반한 경우"(동법 제98조 제2항)이다. 의원내각제인 독일에서 연방대통령은 연방총리와 달리 임기 동안 정치적으로 일체의 책임을 지지 않기 때문에 법적인 책임 제도를 마련한 것이라 한다.[29]

오스트리아는 연방헌법상으로 이원정부제 국가이나 실제 헌정은 의원내각제에 가깝게 운영되어 왔다고 한다.[30] 연방대통령에 대한 탄핵 소추는 양원합동총회의 의결로 이루어지는데 탄핵 사유는 연방헌법을 침해한 경우이다(오스트리아헌법 68조, 142조). 그 밖에 연방정부 구성원이나 책임에서 그와 동등한 기관의 경우 이들에 대한 탄핵 소추는 법률위반을 사유로 한다(연방헌법 제142조). 연방헌법재판소가 심판하는 탄핵사건에서 연방헌법재판소는 책임 유무에 관한 판결을 하는데 책임이 있다고 판결할 경우 피소추자에게 공직의 상실을 선고하여야 하고, 이에 더하여 기간을 정하여 정치적 권리의 상실을 선언할 수도 있다.[31] 전체적으로 볼 때 독일의 탄핵제도와 크게 다르지 않은 모습이다.

체코에서는 상원이 대통령 탄핵에 대한 탄핵소추 의결권을 가지는데 탄핵 사유는 중대한 반역죄(high treason), 헌법의 중대한 위반(gross violation) 또는 헌법질서 위반이다(체코헌법 제65조 제2항). 탄핵이 소추되면 15인의 재판관으로 구성된 헌법재판소가 탄핵을 심리하고

분지 2 이상의 찬성이 있어야 한다.

28) 유진오, 「헌법해의」, 명세당, 1949, 111-112면.

29) 김하열, 전게서, 675면.

30) 허완중, 「오스트리아 헌법재판제도에 관한 연구」, 헌법재판연구원, 2016, 4-5면.

31) 허완중, 전게논문, 72-75면.

결정한다(체코헌법 제84조, 제87조).

폴란드에서 대통령에 대한 탄핵 사유는 대통령이 헌법이나 법률을 위반하거나 범죄행위를 한 때이다(폴란드헌법 제145조). 대통령에 대한 탄핵소추는 상원과 하원의 합동회의 성격을 가지는 국민회의가 의결하는데 탄핵심판은 헌법재판소가 아니라 별도로 설치된 국사재판소(Tribunal of State)가 담당한다(폴란드헌법 제198조, 제199조).[32)]

이상에서 살펴본 바와 같이 사법형 탄핵제도의 경우 탄핵 사유는 대개 헌법이나 법률 위반과 같은 법규범 위반이고, 탄핵심판을 담당하는 기관(헌법재판소나 국사재판소 등)은 피소추자에게 법 위반 사실과 책임 있음을 확인하고 해당 공직의 상실을 선언하여 법적인 책임을 묻고 있다.

(3) 변형된 정치형 탄핵제도

그런데 탄핵제도의 유형과 관련하여, 의회가 최종적으로 탄핵 여부의 결정권을 가지기는 하지만 사법부도 일정한 관여를 하는 '변형된 형태의 정치형 탄핵제도'라 부를만한 제도를 가지는 나라들도 있다. 러시아, 인도네시아, 리투아니아 같은 나라들인데 간략히 살펴본다.

러시아의 경우 연방대통령의 탄핵 파면은 상원인 연방의회의 관장사항이고 탄핵 사유는 국가 반역 또는 중대 범죄의 비행이다. 이때 사법부가 일정한 관여를 하는데 연방대법원은 연방대통령의 행위가 범죄구성요건을 성립시키는지 여부에 관한 결정을 하고, 구성요건이 성립이 긍정되면 연방헌법재판소는 탄핵소추가 규정된 절차를 준수하였는지에 대한 권고의견을 표명하는 결정을 한다. 인도네시아의 경우 대통령과 부통령에 대한 탄핵은 반역, 부패, 뇌물수수, 그 밖의 범죄 또는 불명예스러운 행위를 통해 법률을 위반하였음이 입증된 경우 또는 더 이상 대통령 또는 부통령으로서의 요구조건들을 충족시키지 못한다는 점이 입증되는 경우인데 탄핵은 하원의 소추의결에 따라 상원의 심판으로 그 직에서 해임됨으로써 이루어진다. 헌법재판소는 하원이 본회의를 통해 조사요구서를 제출하면 90일 이내에 조사와 심리를 하여 탄핵 사유가 존재하는지 여부를 심리하고, 이를 통해 탄핵 사유의 존재가 입증되면 하원이 탄핵을 소추한다. 리투아니아의 경우 탄핵의 대상자는 대통령, 헌법재판소장과 재판관, 대법원장과 대법관, 항소법원장과 항소법원 판사, 국회의원이고 탄핵 사유는 헌법에 대한 중대한 위반, 취임선서 위반, 범죄를 저지른 것으로 의심받을 때이다. 국회가 탄핵소추의 발의를 하면 헌법재판소는 국회의 요청에 따라서 피소추자의 헌법 위반에 대한 판단에 한정하여 개입한다. 최종적인 탄핵결정은 국회 재적의원 5분의 3 이상의 찬성에 의해 이루어진다.[33)]

---

32) 폴란드의 국사재판소는 소장 1인, 2인의 부소장 및 16인의 위원으로 구성되고 하원에서 선출되는데 부소장과 적어도 위원의 2분의 1 이상은 법관의 자격을 가져야 한다(폴란드 헌법 제199조 제1항).

33) 러시아, 인도네시아, 리투아니아 제도는 김하열, 전게논문, 80-81면; 김하열, 전게서, 675-676면 참조.

2. 우리나라의 탄핵제도와 탄핵 사유

앞서 살펴본 정치형, 사법형의 탄핵제도 구분에 의하면 우리나라 현행 헌법상의 탄핵제도는 사법형 탄핵제도로 분류된다. 대통령을 비롯한 고위공직자에 대한 탄핵의 최종적 결정권을 사법기관인 헌법재판소에 맡기고 있다는 점, '직무집행에 있어서 헌법이나 법률 위배'를 탄핵 사유로 규정하여 탄핵 사유를 법적인 책임으로 규정하고 있다는 점에서 강한 사법형 탄핵제도라고 한다.[34)]

그러나 탄핵심판의 담당기관의 면에서 우리나라의 경우 헌법재판소가 탄핵심판을 계속 담당해 왔던 것은 아니다. 제헌헌법에서는 별도로 설치된 탄핵재판소가 탄핵사건을 담당했는데 탄핵재판소는 부통령이 재판장이 되고 대법관 5인과 국회의원 5인이 재판관이 되었다(제헌헌법 47조). 탄핵재판소가 정치인(국회의원) 5인과 법조인(대법관) 5인이 동수인 가운데 부통령이 재판장이 됨으로써 부통령이 캐스팅보트를 쥘 수 있는 구조였다. 구성만 놓고 보더라도 탄핵재판소를 순수한 사법기관으로 규정하기는 어려웠다. 그 뒤 탄핵심판위원회(1962년 헌법), 헌법위원회(1972년과 1980년 헌법)가 탄핵심판 권한을 가졌던 기간도 있었다.

반면에 탄핵 사유의 면에서는 앞서 살펴본 바와 같이 탄핵 사유를 '헌법 또는 법률 위배'의 두 가지로 규정했다는 점, 직무수행과의 관련성을 요구했다는 점 등에서 제헌헌법과 현행 헌법은 기본적으로 같은 입장이라 할 것이다. 그런데 앞서 본 탄핵제도와 탄핵 사유의 2가지 큰 흐름에서 우리나라의 탄핵제도가 사법형 탄핵제도에 속한다면 '직무집행에 있어서 헌법이나 법률 위배'라는 헌법상 탄핵 사유를 해석함에 있어서 정치적 탄핵제도에 따른 탄핵 사유의 이해나 해석은 고려할 필요가 없을 것인가? 다음과 같은 이유로 그렇지 않다고 본다.

앞서 본 바와 같이 제헌헌법 제정에 큰 역할을 한 유진오가 미국 헌법상의 탄핵제도, 특히 탄핵 사유가 제헌헌법에 큰 영향을 주었음을 밝히고 있음은 별론으로 하더라도 헌법재판소가 노 대통령 탄핵사건과 이후 박 대통령 탄핵사건에서 밝힌 '중대한 법위반'의 법리에서의 '중대성' 법리가 미국 헌법상 탄핵사유인 '중대한 범죄와 비행'에서 영향을 받았음을[35)] 우선 지적할 수 있겠다.

다음으로 우리나라에서 탄핵제도는 1948년 제헌헌법 당시부터 현재와 비슷한 모습으로 있었지만 실제 탄핵이 발의되어 처리된 사건은 총 10건으로 소추 대상자별로 보면 대통령이 2건, 법관이 1건, 나머지 7건은 검찰총장 또는 검사에 대한 것이었는데 그중에 탄핵심판까지 간 것은 2004년 노 대통령 탄핵사건, 2016년 박 대통령 탄핵사건의 2건뿐이다.[36)] 그러다 보

34) 김하열, 전게논문, 88면.

35) 최인화, "대통령 탄핵심판제도의 문제점과 개선방안-노무현・박근혜 대통령 탄핵심판사건을 중심으로", 서강법률논총 제7권 제1호, 2018, 168면.

36) 김하열, 전게논문, 58-59면.

니 탄핵 사유의 해석에 있어서도 대통령이 탄핵 대상인 사건에서 '헌법 또는 법률 위배'를 어떻게 해석하고 적용할 것인지가 주로 문제되었다고 할 수 있다.

그런데 사법형 탄핵제도의 대표국가들인 독일이나 오스트리아의 경우 연방대통령은 우리나라 대통령처럼 행정부의 수반이자 국가 원수의 지위를 가지는 최고 집행관이 아닌데다가 대통령이 실제로 탄핵심판을 받은 사례도 없는 반면에 대통령제 국가인 미국의 경우에는 최근까지도 대통령이 탄핵심판을 받은 사례가 있어서[37] 우리나라의 대통령 탄핵심판에도 많은 참고가 되었다는 점을 감안하지 않을 수 없다. 실제로 우리 헌법재판소는 최근 2건의 대통령 탄핵심판 사건을 처리함에 있어서, 특히 탄핵 사유의 해석과 적용에 있어서 미국 사례들의 상당한 영향을 받은 것으로 보인다.

이처럼 비록 우리나라가 사법형 탄핵제도의 유형에 속하기는 하지만 정치형 탄핵제도에 있어서의 탄핵 사유의 해석·적용도 우리 탄핵 사유의 해석·적용에 있어서 참고가 되었고 그로부터 상당한 영향을 받았음을 부인할 수 없다. 그렇다면 우리 탄핵 사유를 해석·적용함에 있어서 탄핵 사유에 관한 앞서 본 두 가지 큰 흐름 속에서 이를 해석·적용함이 합리적이라 할 것이다.

Ⅳ. 법위반의 중대성과 탄핵 사유

1. 소위 법위반의 중대성 법리

대한민국 정부 수립 후 사상 최초로 대통령이 탄핵 소추된 2004년 노 대통령 탄핵사건에서는 대통령에 대한 탄핵 사유가 무엇인지가 큰 쟁점 중 하나였다. 피청구인 대통령 측은 헌법 제65조 제1항의 "직무집행에 있어서 헌법이나 법률을 위배한 때"는 너무 모호하여 대통령이 어떤 종류의 위법행위를 어떻게 범해야 탄핵할 수 있다는 것인지 분명하지 않은바, 헌법의 기본가치와 권력기관들을 둘러싼 제도적·현실적 역학관계를 고려할 때 대통령 탄핵사유는 "헌법적 가치와 기본질서를 침해하였다고 볼 수 있을 정도의 중대하고도 명백한 헌법과 법률 위배"로 한정해야 한다고 주장했다. 이에 대해 청구인 국회 측은 헌법 제65조 제1항의 문언에 따라서 고위공직자의 직무집행에 있어서 헌법이나 법률에 위배한 모든 행위가 탄핵대상이며 중대한 위반행위만이 탄핵대상이 되는 것은 아니라고 주장했다.

이에 대해 헌법재판소는 "헌법재판소법 제53조 제1항은 헌법 제65조 제1항의 탄핵사유가 인정되는 모든 경우에 자동적으로 파면결정을 하도록 규정하고 있는 것으로 문리 해석할 수 있으나, 이러한 해석에 의하면 피청구인의 법위반행위가 확인되는 경우 법위반의 경중을 가

---

37) 미국에서는 대통령이 상원의 탄핵심판까지 간 사례는 1868년 존슨 대통령의 사례와 1999년 클린턴 대통령의 사례가 있고 하원 법사위원회에서 탄핵소추가 발의되자 사임한 닉슨 대통령의 사례도 참고가 된다.

리지 아니하고 헌법재판소가 파면결정을 해야 하는바, 직무행위로 인한 모든 사소한 법위반을 이유로 파면을 해야 한다면, 이는 피청구인의 책임에 상응하는 헌법적 징벌의 요청, 즉 법익형량의 원칙에 위반된다. 따라서 헌법재판소법 제53조 제1항의 '탄핵심판청구가 이유 있는 때'란 모든 법위반의 경우가 아니라, 단지 공직자의 파면을 정당화할 정도로 '중대한' 법위반의 경우를 말한다."고 판시했다. 소위 '법위반의 중대성'의 법리를 밝힌 것이다.[38)]

헌법재판소의 위 판시 내용에 따르면, 헌법 제65조 제1항의 '헌법이나 법률 위배'의 탄핵 사유에는 '직무집행에 있어서'라는 제한 외에는 별다른 제한이 붙어 있지 아니하여 헌법재판소 역시 조문의 문리해석 상으로는 사소한 법률 위반의 경우에도 대통령을 비롯한 고위공직자 탄핵이 가능함을 인정하고 있다. 문제는 헌법재판소가 탄핵심판의 심리 결과 심판청구를 기각하지 않고 인용하는 경우에는 헌법 제65조 제4항, 헌법재판소법 제53조 제1항에 따라서 대통령에 대한 파면 선고라는 선택지밖에 없다는 점인데 이 때문에 헌법재판소로서는 대통령 탄핵이 가능한 헌법이나 법률 위반에 일정한 제한을 두는 법리 수립이 필요했던 것으로 보인다.

헌법재판소는 결국 이 문제를 소위 '중대한 법위반' 또는 '법위반의 중대성' 법리를 수립하여 해결한 것인바, 그렇다면 이러한 '법위반의 중대성' 법리는 어디서 왔을까? 당시 피청구인 대통령 측은 대통령 탄핵 사유를 헌법적 가치와 기본질서를 침해하였다고 볼 수 있을 정도의 '중대하고도 명백한 헌법과 법률 위배'로 한정하는 것이 옳다고 주장했는바, 이는 다분히 행정행위의 하자에 관한 중대·명백설을 연상하게 하는 주장이다. 헌법재판소가 이 주장 가운데서 '명백한 헌법과 법률 위배' 부분을 제외하고 '중대성' 부분만을 받아 들였다고 해석할 수도 있겠지만 다른 가능성은 '반역(treason), 뇌물(bribery), 기타 중대한 범죄와 비행(high crimes and misdemeanors)'이라는 미국 헌법상 탄핵 사유를 비롯한 다른 나라의 탄핵 사유의 영향이다.[39)]

---

38) 헌재 2004.5.14. 2004헌나1, 판례집 16-1, 609, 654; 김진욱, 전게논문, 12-13면 참조.

39) 헌법재판소는 설립 후에 헌법재판에서 문제가 될 만한 쟁점들에 대해 선행적인 연구용역을 시행하였는바, 헌법재판소에 의해 2001년 발간된 이승우, 정만희, 음선필의 「탄핵심판제도에 관한 연구」 역시 그러한 연구용역의 결과였다. 연구자들은 이 연구에서 탄핵 사유에 관해 다음과 같이 결론지었다.

"요컨대 탄핵심판은 일반 재판작용과는 달리 헌법보호의 기능을 더 중시하고 있다. 따라서 탄핵사유를 헌법과 법률에 대한 '중대한' 위배로 제한하여 해석하는 것이 바람직하다고 보며, 특히 대통령에 대한 탄핵의 경우에는 더욱 그러하다고 본다. 대통령에 대한 탄핵소추에서 가중된 정족수가 요구되고 있다는 사실이 이를 보여준다. 여기서 위배의 중대성은 위배의 고의, 과실과 같은 주관적 정신적 요소의 유무로 따질 것이 아니라 위배의 결과로 나타난 국민의 기본권, 국가의 안전, 헌법질서 등에 끼친 해악의 정도를 기준으로 객관적으로 판단하여야 한다고 본다."

아울러 이승우 등은 독일과 미국에서의 해석론도 언급하였는바, 독일의 경우 연방대통령의 탄핵 사유가 '기본법 또는 그 밖의 연방법률의 고의적인 침해'로 규정되어 있으나 이것을 기본법이나 연방법률의 중대한 침해로 해석되고 있다는 점, 미국의 경우에도 대통령이 헌법체계와 정부 기능에 미치는 헌법상의 의무위반은 '중대한 것(substantiality)'임을 요한다고 이해되고 있다는 점도 근거로 들었다.

; 이상 이승우, 정만희, 음선필, 전게서, 155-156면 참조.

살피건대, 헌법재판소는 헌법재판소법 제53조 제1항의 '탄핵심판청구가 이유 있는 때'를 헌법 제65조 제1항의 탄핵사유가 인정되는 모든 경우에 자동적으로 파면결정을 하도록 규정하는 것으로 문리 해석할 수 있다는 점을 인정하면서도 그러한 해석은 명백히 배척하였다. 그 이유는 "피청구인의 법위반행위가 확인되는 경우 법위반의 경중을 가리지 아니하고 헌법재판소가 파면결정을 해야 하는바, 직무행위로 인한 모든 사소한 법위반을 이유로 파면을 해야 한다면" 그것은 피청구인의 책임에 상응하는 헌법적 징벌의 요청에 위반되기 때문이라는 것이다.

헌법재판소의 위 판시 내용으로 보아서 헌법재판소가 말하는 여기서의 '법위반'은 '법위반행위'를 의미하는 것으로 판단되는바, 이때 '법위반행위'는 법률요건, 파면이라는 결과는 법률효과에 해당하므로 파면이라는 중대한 법률효과에 비추어 볼 때 이를 가져올 수 있는 '법위반행위'는 모든 법위반(행위)이 아니라 공직자의 파면을 정당화할 수 있을 정도로 '중대한' 법위반(행위)로 제한해야 한다는 헌법재판소의 논지는 수긍이 간다. 헌법재판소의 논지는 '법위반행위'의 경중을 따져서 사소한 법위반행위는 탄핵 사유에서 제외하고 '중대한' 법위반행위로 고위공직자 탄핵 사유를 제한해야 한다는 취지인 것이다.

그러나 헌법재판소가 이렇게 탄핵 사유의 해석·적용에 있어서 법위반(행위)의 경중을 따져야 한다고 하면서도 법위반(행위)의 성격이나 종류가 무엇인지 가리지도 않은 채 '법위반(행위)'로 뭉뚱그려서 일괄 취급한 것은 잘못이라 할 것이다. 왜냐하면 법위반(행위)의 성격이나 종류에 따라 '법위반(행위)의 경중'이 달라지고, 이에 따라서 법위반(행위)으로 인한 효과나 영향의 경중도 달라질 것인바, 그렇다면 '법위반의 경중'을 검토하기 전에 법위반(행위)이 구체적으로 무엇이고 그 위반(행위)의 성격이나 종류가 무엇인지 등을 따지는 것이 선행되어야 하기 때문이다.

우리 헌법은 제헌헌법에서부터 탄핵 사유로 '헌법 위반'과 '법률 위반'을 구별하여 사용하고 있는바, 독일 기본법 역시 연방대통령의 탄핵 사유로 '기본법의 침해'와 '연방법률의 침해'를 구별하여 사용하고, 오스트리아 헌법 역시 연방대통령의 탄핵 사유로는 '연방헌법의 침해'를, 연방정부 구성원의 탄핵 사유로는 '법률 위반'을 각각 구별하여 사용하고 있다. 그럼에도 불구하고 우리 헌법재판소는 위 판시와 같이 '헌법 위반'과 '법률 위반'을 구별하여 탄핵 사유로 삼고 있는 현행 헌법 조항도 무시하고 이를 뭉뚱그려서 '법위반'으로 취급했는바,[40] 이렇게 위반 행위가 헌법 위반인지 법률 위반인지조차 구별하지 않고 '법위반'으로 뭉뚱그려

---

40) 우리 헌법이 제헌헌법에서부터 현행 헌법에 이르기까지 탄핵 사유로 헌법 위반과 법률 위반을 구별하여 '헌법 또는 법률 위반' 등으로 명시하고 있음에도 불구하고 헌법재판소가 2004년 노무현 대통령 탄핵 결정에서 별 다른 이유의 설시도 없이 헌법 위반과 법률 위반을 뭉뚱그려서 '법위반'으로 설시한 것은 탄핵 사유에 있어서 양자를 구별하지 않고 탄핵 사유를 '중대한 범죄와 비행'으로 대단히 포괄적으로 규정하는 미국 헌법의 영향인지도 모르겠다.

취급하면 탄핵대상자가 무엇을 위반했다는 것인지 그 위반의 성격 등이 아주 모호해 지는 문제가 있다.

사실 '법률 위반'이 아닌 '헌법 위반'의 경우에도 그것이 헌법에 규정된 절차적인·기술적인 조항 위반일 수도 있겠지만 헌법이 보장하는 핵심적인 기본권 위반(즉 기본권 침해)에 해당할 수도 있고 헌법이 보장하는 중요한 제도(예컨대 직업공무원제도) 위반에 해당할 수도 있고 민주주의나 법치주의 같은 헌법 원칙이나 원리 위반일 수도 있는바, 그렇다면 구체적으로 무엇을 위반했는지에 따라서 법위반(행위)의 '경중'도 달리 판단될 것임이 분명하다. 그리고 법률 위반의 경우에도 형벌법규 위반이냐 비형벌법규 위반이냐는 등으로 위반의 종류나 성격 등이 얼마든지 다를 수 있다. 따라서 헌법재판소로서는 우리 헌법 제65조 제1항의 문언에도 충실하게 '헌법 위반'과 '법률 위반'을 달리 취급하면서 그 위반(행위)의 종류나 성격도 감안하여 위반의 '경중' 또는 '중대성'을 따졌어야 할 것이다.[41)]

다음으로, 헌법재판소가 밝힌 법위반의 '중대성' 이슈는 특히 대통령 탄핵에 있어서 대통령의 형사상 특권과의 관련 하에서도 검토가 되어야 한다는 점이다. 우리 헌법은 "대통령은 내란 또는 외환의 죄를 범한 경우를 제외하고는 재직 중 형사상의 소추를 받지 아니한다." (제84조)는 규정을 두고 있다. 대통령의 이러한 형사상 특권은 대통령의 원활한 직무수행을 위한 목적에서 보장된다고 보는 것이 일반적이나, 대통령이 내란죄나 외환죄를 범한 경우에는 국가와 헌법질서에 미치는 부정적인 영향이 막중하므로 형사소추를 배제하는 것이 정당화될 수 없다는 것이다.[42)] 대통령이 내란죄나 외환죄 같은 범죄를 범한 경우는 형사소추는 물론이고 현행 헌법상 탄핵 사유에도 해당함은 의문의 여지가 없다.[43)]

문제는 대통령이 이에 이르지 않는 다른 범죄를 범한 경우인데 헌법 제84조에 의해 형사상으로 소추할 수 없지만[44)] 헌법 제65조 제1항에 따른 국회의 탄핵소추와 헌법재판소에 의한 탄핵심판은 헌법 제84조에 의해 방해받지 않는다고 본다.[45)] 그런데 헌법 제84조가 대통령에게 재직 중 형사상 불소추의 특권을 인정하는 취지가 대통령이라는 특수한 직책의 원활한 수행을 보장하는 것이라면, 국회가 헌법 제65조 제1항의 규정에 따라 탄핵소추를 하는 경우에도 대통령직의 원활한 수행 보장이라는 이러한 취지를 살려서, 헌법 제84조의 대통령

41) 김진욱, 전게논문, 18면.

42) 최희수, "대통령의 형사상 불소추특권에 관한 일 고찰", 안암법학 제52권, 2017, 7-8면; 박진우, "대통령의 형사상 특권에 관한 새로운 고찰", 가천법학 제9권 제4호, 2016, 53면; 한수웅, 「헌법학」, 법문사, 2016, 1216면. 헌법재판소는 대통령에게 형사상 특권을 인정하는 이유로 대통령이라는 특수한 직책의 원활한 수행을 보장한다는 점 외에 대통령의 권위를 확보하여 국가의 체면과 권위를 유지할 필요가 있다는 점도 들었다; 헌재 1995.1.20. 94헌마246 참조.

43) 참고로 앞서 본 1944.4.22. 대한민국 임시헌장에는 내란죄, 외환죄가 탄핵 사유로 명시되어 있었다.

44) 박진우, 전게논문, 53면.

45) 최희수, 전게논문, 16-17면.

불소추특권과 같은 규정이 없는 다른 탄핵 대상자들과 대통령을 달리 취급하여 대통령의 경우에는 어느 정도 '중대한' 범죄행위에 대해서만 탄핵소추가 가능하도록 제한하는 것이 헌법 제84조와 헌법 제65조의 제1항의 조화적 · 합리적 해석이라 할 것이다. 따라서 대통령 탄핵에 있어서 탄핵 사유를 '중대한' 법률 위반으로 제한하는 근거의 하나로 헌법 제84조와의 규범 조화적인 해석도 들 수 있겠다.[46)]

아울러 대통령의 경우 대통령이라는 특수한 직책의 원활한 보장이라는 것은 특히 입법, 사법, 행정의 3부의 권력 간의 견제와 균형이라는 권력분립의 원리의 관점에서 볼 때 삼권분립의 중요한 한 축을 담당하고 행정부의 수반으로서 행정부를 책임지는 대통령을 탄핵하여 그 직무를 정지시키고 탄핵심판의 결과 파면하여 직무에서 배제시키는 것은 삼권분립의 한 축을 무너뜨리는 것이므로, 헌법 제65조 제2항이 국회의 탄핵소추 의결이라는 절차 면에 있어서 대통령의 경우 '가중된 의결 정족수'를 요하는 것과 마찬가지 이유로 탄핵심판에서의 탄핵 사유의 해석 · 적용에 있어서도 대통령을 헌법 제65조 제1항 소정의 행정부나 사법부에 소속되어 있는 다른 탄핵대상자와 달리 취급하여 '가중된 탄핵 사유'를 두는 것이 충분히 정당화될 수 있을 것이다.

2. 노 대통령 탄핵 결정에서의 법위반의 중대성 법리

1) 헌법재판소는 노 대통령에 대한 탄핵심판 기각 결정에서 '법위반의 중대성' 요건에 관해 다음과 같은 기준을 설시했다.[47)]

"(1) '법위반이 중대한지' 또는 '파면이 정당화되는지'의 여부는 그 자체로서 인식될 수 없는 것이므로, 결국 파면결정을 할 것인지의 여부는 공직자의 '법위반 행위의 중대성'과 '파면결정으로 인한 효과' 사이의 법익형량을 통하여 결정된다고 할 것이다. 그런데 탄핵심판절차가 헌법의 수호와 유지를 그 본질로 하고 있다는 점에서, '법위반의 중대성'이란 '헌법질서의 수호의 관점에서의 중대성'을 의미하는 것이다. 따라서 한편으로는 '법위반이 어느 정도로 헌법질서에 부정적 영향이나 해악을 미치는지의 관점'과 다른 한편으로는 '피청구인을 파면하는 경우 초래되는 효과'를 서로 형량하여 탄핵심판청구가 이유 있는지의 여부 즉, 파면 여부를 결정해야 한다.

(2) 그런데 대통령은 국가의 원수이자 행정부의 수반이라는 막중한 지위에 있고(헌법 제66조), 국민의 선거에 의하여 선출되어 직접적인 민주적 정당성을 부여받은 대의기관이라는 점에서(헌법 제67조) 다른 탄핵대상 공무원과는 그 정치적 기능과 비중에 있어서 본질적인

---

46) 같은 취지로 송기춘, "우리 헌법상 대통령 탄핵사유에 관한 소고", 「공법연구」 제32집 제5호, 2004, 428면 참조.

47) 이하의 판시는 헌재 2004.5.14. 2004헌나1, 판례집 16-1, 609, 655-656 참조.

차이가 있으며, 이러한 차이는 '파면의 효과'에 있어서도 근본적인 차이로 나타난다.

대통령에 대한 파면결정은, 국민이 선거를 통해 대통령에게 부여한 '민주적 정당성'을 임기 중에 다시 박탈하는 효과를 가지며, 직무수행의 단절로 인한 국가적 손실과 국정공백은 물론이고, 국론의 분열현상 즉, 대통령을 지지하는 국민과 그렇지 않은 국민 간의 분열과 반목으로 인한 정치적 혼란을 가져올 수 있다. 따라서 대통령의 경우, 국민의 선거에 의해 부여받은 '직접적인 민주적 정당성' 및 '직무수행의 계속성에 관한 공익'의 관점이 파면결정을 함에 있어서 중요한 요소로서 고려되어야 하며, 대통령에 대한 파면효과가 이와 같이 중대하다면, 파면결정을 정당화하는 사유도 이에 상응하는 중대성을 가져야 한다.

그 결과, 대통령을 제외한 다른 공직자의 경우에는 파면결정으로 인한 효과가 일반적으로 적기 때문에 상대적으로 경미한 법위반행위에 의해서도 파면이 정당화될 가능성이 큰 반면, 대통령의 경우에는 파면결정의 효과가 지대하기 때문에 파면결정을 하기 위해서는 이를 압도할 수 있는 중대한 법위반이 존재하여야 한다.

(3) '대통령을 파면할 정도로 중대한 법위반이 어떠한 것인지'에 관하여 일반적으로 규정하는 것은 매우 어려운 일이나, 한편으로는 탄핵심판절차가 공직자의 권력남용으로부터 헌법을 수호하는 제도라는 관점과 다른 한편으로는 파면결정이 대통령에게 부여된 국민의 신임을 박탈한다는 관점이 함께 중요한 기준으로 제시될 것이다. 즉, 탄핵심판절차가 궁극적으로 헌법의 수호에 기여하는 절차라는 관점에서 본다면, 파면결정을 통하여 헌법을 수호하고 손상된 헌법질서를 다시 회복하는 것이 요청될 정도로 대통령의 법위반행위가 헌법수호의 관점에서 중대한 의미를 가지는 경우에 비로소 파면결정이 정당화되며, 대통령이 국민으로부터 선거를 통하여 직접 민주적 정당성을 부여받은 대의기관이라는 관점에서 본다면, 대통령에게 부여한 국민의 신임을 임기 중 다시 박탈해야 할 정도로 대통령이 법위반행위를 통하여 국민의 신임을 저버린 경우에 한하여 대통령에 대한 탄핵사유가 존재하는 것으로 판단된다."[48]

2) '법위반의 중대성' 법리의 적용범위, 의미와 효과

헌법재판소가 밝힌 이러한 '법위반의 중대성' 법리가 대통령 탄핵의 경우에만 적용되는 법리인지, 헌법 제65조 제1항 소정의 탄핵대상자 전부에게 적용되는 법리인지, 즉 '법위반의 중대성' 법리의 적용범위의 문제를 먼저 살펴본다.

48) 헌법재판소는 이와 같은 판시에 이어서, "구체적으로 탄핵심판절차를 통하여 궁극적으로 보장하고자 하는 헌법질서, 즉 '자유민주적 기본질서'의 본질적인 내용은 법치국가원리의 기본요소인 기본적 인권의 존중, 권력분립, 사법권의 독립과 민주주의원리의 기본요소인 의회제도, 복수정당제도, 선거제도 등으로 구성되어 있다."고 한 다음에, "대통령의 파면을 요청할 정도로 '헌법수호의 관점에서 중대한 법위반'이란, 자유민주적 기본질서를 위협하는 행위로서 법치국가원리와 민주국가원리를 구성하는 기본원칙에 대한 적극적인 위반행위를 뜻하는 것이고, '국민의 신임을 배반하는 행위'란 '헌법수호의 관점에서 중대한 법위반'에 해당하지 않는 그 외의 행위유형까지도 모두 포괄하는 것으로서, 자유민주적 기본질서를 위협하는 행위 외에도, 예컨대, 뇌물수수, 부정부패, 국가의 이익을 명백히 해하는 행위가 그 전형적인 예라 할 것이다."고 판시했다.

헌법재판소는 앞서 본 바와 같이 피청구인이 대통령인 사건에서 '법위반의 중대성' 법리를 밝히면서 "헌법재판소법 제53조 제1항의 '탄핵심판청구가 이유 있는 때'란 모든 법위반의 경우가 아니라, 단지 공직자의 파면을 정당화할 정도로 '중대한' 법위반의 경우를 말한다."고 판시하였는바, 헌법재판소의 (1) 판시 내용을 보더라도 이와 같은 '법위반의 중대성' 기준은 대통령에게만 한정적으로 적용되는 것이 아니라 헌법 제65조 제1항 소정의 탄핵대상자 일반에게 공통적으로 적용되는 법리로 읽힌다. 그리고 이는 헌법재판소가 (2) 판시 내용을 통해서 탄핵대상이 대통령일 때와 대통령이 아닌 경우를 구별하여 판시하고 있는 점을 보더라도 분명하다.

헌법재판소는 탄핵심판절차가 헌법의 수호와 유지를 그 본질로 하고 있다는 점에 비추어 여기서 '법위반의 중대성'의 의미를 '헌법질서의 수호의 관점에서의 중대성'을 의미하는 것으로 보았는바, 이러한 의미의 '중대성'은 탄핵대상자의 '법위반(행위)'라는 법률요건을 구성하는 중요 요소로서 이에 따른 법률효과로서 탄핵대상자의 파면이라는 결과가 야기될 수 있다. 그런데 여기서 헌법재판소가 말하는 탄핵대상자의 파면으로 인한 다음 두 가지 효과는 구별하여 취급해야 된다.

첫째는 탄핵대상이 되는 고위공직자를 파면을 통해 헌법질서에서 제거하는 효과 그 자체이다. 탄핵대상자가 헌법질서 내에서 차지하는 비중이나 위치가 크면 클수록 그러한 대상자를 파면하는 경우 이로 인해 초래되는 효과는 클 것이다. 왜냐하면 그처럼 헌법질서 내에서 비중이 큰 탄핵대상자라면 그가 '법위반(행위)'를 통해 헌법질서에 미친 부정적인 영향이나 해악도 클 것이므로 역으로 그러한 탄핵대상자를 제거함에 따른 이익(공익)도 커지는 결과가 될 것이다.

탄핵대상자의 파면으로 인한 둘째 효과는, 탄핵대상자가 국민의 (직접)선거로 선출되어 민주적인 정당성을 갖춘 경우 그러한 탄핵대상자를 선출한 국민과의 신임관계에 미치는 영향 내지 효과의 문제이다. 그런데 이러한 효과는 헌법 제65조 제1항의 탄핵대상자 중에서 대통령에게만 해당되는 문제로서 대통령은 탄핵대상자 중에서 유일하게 국민의 선거에 의하여 선출되어 직접적인 민주적 정당성을 부여받은 대의기관이라는 점(헌법 제67조)에서 다른 탄핵대상자와는 본질적으로 다르다.

헌법재판소는 이 점과 관련하여 (2) 판시 내용과 같이, 대통령을 제외한 다른 공직자의 경우 "파면결정으로 인한 효과가 일반적으로 적기 때문에 상대적으로 경미한 법위반행위에 의해서도 파면이 정당화될 가능성이 크다."고 한 반면에 대통령의 경우에는 "파면결정의 효과가 지대하기 때문에 파면결정을 하기 위해서는 이를 압도할 수 있는 중대한 법위반이 존재하여야 한다."고 판시했는바, 헌법재판소의 이 부분 논지는 앞서 본 두 가지 효과를 구별하지 않고 혼동하여 판시한 것이다. 왜냐하면, 탄핵대상자를 파면하는 경우 이로 인해 초래되는 효과는 그가 헌법질서 내에서 차지하는 비중이나 위치에 따라서 달라지는 문제이지 탄핵대상자가 국민의 선거에 의해 직접 민주적 정당성을 부여받았는지 여부와는 직접 관련된 문제가 아니기 때문이다.

헌법재판소는 (2) 판시에서, 대통령에 대한 파면결정은, 국민이 선거를 통해 대통령에게 부여한 '민주적 정당성'을 임기 중에 다시 박탈하는 효과를 가지며, 직무수행의 단절로 인한 국가적 손실과 국정공백은 물론이고, 국론의 분열현상 즉, 대통령을 지지하는 국민과 그렇지 않은 국민 간의 분열과 반목으로 인한 정치적 혼란을 가져올 수 있다는 점을 지적하면서 이처럼 대통령 파면의 효과가 중대하다면 파면 결정을 정당화하는 사유도 이에 상응하여 중대성을 가져야 한다고 판시했는바, 헌법재판소의 이 부분 판시는 앞서 본 첫째 효과와 둘째 효과를 구별하지 않고 혼용한 논증이다.

생각건대, 대통령이 현행 헌법에서처럼 국민의 직접 선거(직선제)에 의해 선출되지 않고 국회에서 간선제로 선출되던 제헌헌법 당시를 상정해 보면 제헌헌법 하에서도 대통령을 탄핵하는 경우, 헌법재판소가 언급한 (대통령의) 직무수행의 단절로 인한 국가적 손실과 국정공백 등으로 인한 혼란 등의 효과(문제)는 현행 헌법 하에서와 달라질 이유가 없다. 결국 이와 같은 효과는 대통령이 우리 헌법질서 내에서 차지하는 비중이나 위치에 따른 효과이지 대통령이 직선제로 선출되어 국민으로부터 직접적인 민주적 정당성을 부여받은 대의기관이라는 점과 관련된 효과는 아니라 할 것이다.

제헌헌법과 달리 현행 헌법 하에서 대통령은 국민 직선제로 선출되어 민주적인 정당성을 부여한 국민과 직접적인 신임관계에 있다. 현행 헌법은 이러한 대통령을 탄핵·파면하여 대통령에게 부여된 민주적 정당성을 임기 중에 회수하는 최종적인 권한을 민주적 정당성이 없는 헌법재판소에 부여하였는바, 과연 어떠한 경우에 헌법재판소가 대통령에 대한 국민의 신임을 회수할 수 있을 것인지의 문제는 대통령의 헌법 또는 법률 위반의 중대성이라는 규범판단의 문제와는 성격이 전혀 다른 문제이다. 후자는 순수한 규범적인 판단의 영역이라기보다는 다분히 정치적인 판단의 영역이기 때문이다.

3) '법위반의 중대성'의 판단기준

헌법재판소는 '법위반의 중대성'의 판단기준을 마무리짓는 (3) 판시에서, '대통령을 파면할 정도로 중대한 법위반이 어떠한 것인지'에 관하여 일반적으로 규정하는 것은 매우 어렵다고 한 다음에, 탄핵심판절차가 궁극적으로 헌법의 수호에 기여하는 절차라는 관점에서 볼 때 파면결정을 통하여 헌법을 수호하고 손상된 헌법질서를 다시 회복하는 것이 요청될 정도로 대통령의 법위반행위가 헌법수호의 관점에서 중대한 의미를 가지는 경우에 비로소 파면결정이 정당화되고, 대통령이 국민으로부터 선거를 통하여 직접 민주적 정당성을 부여받은 대의기관이라는 관점에서 볼 때, 대통령에게 부여한 국민의 신임을 임기 중 다시 박탈해야 할 정도로 대통령이 법위반행위를 통하여 국민의 신임을 저버린 경우에 한하여 "대통령에 대한 탄핵사유가 존재하는 것으로 판단된다."고 했는바, 여기서의 두 번째 관점은 앞서 살펴본 바와 같이 '법위반의 중대성'이라는 규범 판단의 하위 요소의 하나로 볼 것이 아니고 이와 별개의 독립적인 판단 영역이라 할 것이다.

먼저 탄핵심판절차가 헌법을 수호에 기여하는 절차라는 관점에서, 파면결정을 통하여 헌법을 수호하고 손상된 헌법질서를 다시 회복하는 것이 요청될 정도로 "대통령의 법위반행위가 헌법수호의 관점에서 중대한 의미를 가지는 경우"에 해당하는지 여부의 판단은 헌법재판기관인 헌법재판소가 규범적으로 판단할 사항이다.

그러나 헌법재판소가 두 번째로 든 "대통령에게 부여한 국민의 신임을 임기 중 다시 박탈해야 할 정도로 대통령이 법위반행위를 통하여 국민의 신임을 저버린 경우"에 해당하는지 여부의 판단은 규범적인 판단이 아니라, 선거를 통해 대통령에게 신임을 부여한 주권자인 국민이 최종적으로 판단해야 할 사항이라 할 것이므로, 국민으로부터 선출되지 않은 헌법재판소가 이 부분 판단을 하는 것은 결국 주권자인 국민의 뜻을 받들어서 국민을 대신하여 하는 판단이라야 정당성이 있을 것이다.

이와 같이 첫 번째 판단과 두 번째 판단은 성격이 다른 별개의 판단기준이고, 특히 두 번째 판단기준은 순수한 규범적인 판단이라기보다는 다분히 정치적인 판단에 속하는 것이므로 두 번째 기준을 '법위반(행위)의 중대성'이라는 규범적인 판단의 하부 기준으로 설정한 것은 적절하지 않다.

또한 앞서 살펴본 바와 같이 '법위반(행위)의 중대성' 기준은 단지 대통령에게만 적용되는 기준이 아니라 다른 탄핵 대상자에게도 공통적으로 적용되는 기준이라는 것인바, 이렇게 헌법재판소가 대통령과 대통령 이외에 탄핵대상자에게 모두 '법위반(행위)의 중대성' 요건을 적용하면서 탄핵대상자들 가운데서 국민 직선제에 의해 선출되어 국민으로부터 직접 민주적 정당성을 부여받은 유일한 헌법기관인 대통령의 경우에도 법위반의 중대성 요건의 하부 기준(요건)으로 국민과의 신임관계를 배반했다는 기준을 적용하는 것은 '법위반의 중대성' 요건에 불필요한 혼란만 초래하는 것이다.

4) 대통령 탄핵에 있어서 새로운 심사기준의 모색

요컨대, 대통령과 헌법 제65조 제1항의 다른 탄핵대상자가 구별되는 본질적인 표지 중 하나가 국민의 직접 선거에 의한 민주적 정당성의 부여라면, '법위반(행위)의 중대성'은 모든 탄핵사건에 공통된 요건이지만 대통령 탄핵의 경우에는 그 외에 국민과의 신임관계를 저버렸다는 독립적인 요건이 추가되는 것으로 기준 설정하는 것이 보다 적절하다. 즉 국민에게서 직접 민주적 정당성을 부여받는 대통령과 그렇지 않은 다른 탄핵대상자를 탄핵 요건에서 구별하여 취급하는 것이다.

이에 따라 대통령에 대한 탄핵심판 청구를 인용하여 파면하는 결정을 하는 경우 이로 인해 야기되는 대통령의 임기 중에 국민의 신임을 회수해야 하는 문제를 판단하는 헌법재판소로서는 '법위반의 중대성' 요건(편의상 "중대성 요건"이라 한다)의 구비와 별개로 대통령의 행위가 헌정질서에 미치는 부정적인 영향이나 해악이 심각하여 국민이 신임을 회수할 정도에 이르렀는지 여부를 별도의 요건(편의상 "국민 신임회수 요건"이라 한다)으로 심사할 필요가 있다 할 것이다. 따라서 대통령 탄핵에 있어서 헌법재판소로서는 중대성 요건의 구비와 아울러 국민 신임회수 요건의 구비도 별도의 요건으로 판단해야 할 것이다.[49)]

다음으로 헌법재판소가 밝힌 두 번째 기준, 즉 대통령의 행위가 헌법질서에 미치는 부정적인 영향이나 해악이 심각하여 "국민이 신임을 회수할 정도에 이르렀는지 여부"의 기준은 판단하기가 상당히 애매한 기준이다. 따라서 이러한 애매한 기준보다는 차라리 "대통령의 헌법 또는 법률 위배로 인한 헌정질서 파괴의 정도나 해악이 심각하여 국민들의 수인한도를 넘었다."는 '수인한도 유월'의 기준이 보다 확실한 기준이 될 것인바, 이러한 '수인한도 유월'의 기준은 결국은 대다수 국민을 기준으로 판단할 수밖에 없다. 그렇다면 국회가 재적의원 2/3 이상의 가중정족수로 대통령에 대한 탄핵소추를 의결하도록 하고, 그렇게 의결이 되면 대통령의 권한행사가 정지되는 헌법 제65조의 취지에 따라서 대통령이 헌법 또는 법률 위반 행위로 인해 헌정질서에 끼친 부정적인 영향이나 해악을, 적어도 국민 2/3 이상의 다수가 수인하지 못하게 된 경우로 이 기준을 설정하는 것이 적절하다 할 것인바, 실제로는 국민 2/3 이상의 다수보다는 더 가중된 70-80% 이상의 대다수 국민의 수인한도를 유월하였음을 헌법재판소가 확인한 경우에 이 요건의 구비를 인정함이 바람직할 것이다.

마지막으로 앞에서 탄핵제도의 유형들을 검토하면서 의회가 탄핵에 관한 최종적인 결정권을 가지기는 하지만 헌법재판소나 대법원이 탄핵대상자의 행위가 헌법 위반에 해당하는지, 범죄구성요건에 해당하는지 등을 판단하는 등으로 관여하는 변형된 형태의 정치형 탄핵제도를 살펴보았는바, 이러한 변형된 정치형 탄핵제도 하에서 사법기관이 탄핵 사유의 구비 여부 등의 법적인 판단에 한정하여 관여하는 것과 달리 우리나라의 탄핵제도 하에서는 단원제 국

---

49) 마지막으로 헌법재판소는 노 대통령 탄핵사건에서, '법위반의 중대성' 판단과 관련하여 한 걸음 더 나아가서 "대통령의 파면을 요청할 정도로 '헌법수호의 관점에서 중대한 법위반'이란, 자유민주적 기본질서를 위협하는 행위로서 법치국가원리와 민주국가원리를 구성하는 기본원칙에 대한 적극적인 위반행위를 뜻하는 것이고, '국민의 신임을 배반하는 행위'란 '헌법수호의 관점에서 중대한 법위반'에 해당하지 않는 그 외의 행위유형까지도 모두 포괄하는 것으로서, 자유민주적 기본질서를 위협하는 행위 외에도, 예컨대, 뇌물수수, 부정부패, 국가의 이익을 명백히 해하는 행위가 그 전형적인 예라 할 것이다."고 판시했는바, 이 부분 판단 역시 잘못된 것이라 할 것이다.
즉, 헌법재판소가 '중대한 법위반'의 하부적인 구체적인 행위유형으로 '헌법수호의 관점에서 중대한 법위반'을 하나의 행위 유형('Ⓐ유형'이라 한다)으로 설정한 것 외에 그 밖의 모든 행위를 '국민 신임을 배반한 행위'라며 또 다른 행위 유형('Ⓑ유형'이라 한다)으로 설정하여 취급한 것 역시 앞서 본 바와 같은 '법위반의 중대성' 요건에 불필요한 혼란을 초래하는 것으로 잘못된 것이라 할 것이다.
; 김진욱, 전게논문, 35-36면 참조.

회가 행정부의 수반 대통령을 제거하기 위해 탄핵을 소추하면, 대통령 탄핵 여부의 최종 결정권을 가지는 헌법재판소로서는 법위반의 중대성 요건의 구비라는 규범적인 판단 외에 국민이 대통령에 대한 신임을 회수할 정도에 이르렀는지 등의 판단까지 종합적으로 고려하여 대통령 탄핵 여부를 결정할 수밖에 없는 구조라는 점도 심사기준 설정에 감안해야 할 것이다.

5) '법위반의 중대성' 판단의 심사강도의 문제

대통령과 헌법 제65조 제1항 소정의 다른 탄핵대상자를 앞서 본 바와 같이 다르게 취급할 필요가 있다면 대통령과 다른 탄핵대상자에게 공통적으로 해당되는 법위반의 중대성 요건 내지 중대성 심사기준의 적용에 있어서도, 심사기준이 적용되는 강도(즉 심사강도)는 달리 할 수 있는 것이 합리적이다.

즉 대통령이 우리 헌법질서에 차지하는 위치와 비중이 크고 이에 따라 대통령을 파면하는 경우 이로 인한 파급효과나 부정적인 영향이 심대한 것이 사실이므로 대통령 탄핵에 있어서는 다른 탄핵대상자에 비해서 대통령의 헌법 또는 법률 위반으로 인한 법위반의 중대성 요건을 보다 엄격하게 해석·적용하여서 대통령 탄핵을 보다 어렵게 운용하는 것이 바람직하다 할 것이다.

3. 박 대통령 탄핵 결정에서의 법위반의 중대성 법리

1) 헌법재판소는 박 대통령에 대한 탄핵심판청구 인용 결정에서 '법위반의 중대성' 요건에 관해 다음과 같이 판시했다.[50)]

"(1) 헌법재판소법 제53조 1항은 '탄핵심판청구가 이유 있는 경우' 피청구인을 파면하는 결정을 선고하도록 규정하고 있다. ① 그런데 대통령에 대한 파면결정은 국민이 선거를 통하여 대통령에게 부여한 민주적 정당성을 임기 중 박탈하는 것으로서 국정 공백과 정치적 혼란 등 국가적으로 큰 손실을 가져올 수 있으므로 신중하게 이루어져야 한다. ② 따라서 대통령을 탄핵하기 위해서는 대통령의 법 위배 행위가 헌법질서에 미치는 부정적 영향과 해악이 중대하여 대통령을 파면함으로써 얻는 헌법 수호의 이익이 대통령 파면에 따르는 국가적 손실을 압도할 정도로 커야 한다. ③ 즉 '탄핵심판청구가 이유 있는 경우'란 대통령의 파면을 정당화할 수 있을 정도로 중대한 헌법이나 법률 위배가 있는 때를 말한다.

(2) 대통령의 파면을 정당화할 수 있는 헌법이나 법률 위배의 중대성을 판단하는 기준은 탄핵심판절차가 헌법을 수호하는 제도라는 관점과 파면결정이 대통령에게 부여한 국민의 신임을 박탈한다는 관점에서 찾을 수 있다. ④ 탄핵심판절차가 궁극적으로 헌법 수호에 기여하는 절차라는 관점에서 보면, 파면결정을 통하여 손상된 헌법질서를 회복하는 것이 요청될

---

50) 이하의 판시는 헌재 2017.3.10. 2016헌나1, 공보 245호, 1, 11 참조. 다만, 여기서 문장 앞에 있는 (1), (2), ①, ②, ③, ④, ⑤ 표시는 논의의 편의상 필자가 첨가해 넣은 것이다.

정도로 대통령의 법 위배 행위가 헌법 수호의 관점에서 중대한 의미를 가지는 경우에 비로소 파면결정이 정당화된다. ⑤ 또 대통령이 국민으로부터 직접 민주적 정당성을 부여받은 대의기관이라는 관점에서 보면, 대통령에게 부여한 국민의 신임을 임기 중 박탈해야 할 정도로 대통령이 법 위배행위를 통하여 국민의 신임을 배반한 경우에 한하여 대통령에 대한 탄핵사유가 존재한다고 보아야 한다(헌재 2004.5.14. 2004헌나1).”

2) 검 토

살피건대, 헌법재판소의 (1), (2)의 판시의 내용을 보면 헌법 제65조 제1항 소정의 탄핵대상이 되는 모든 고위공직자를 염두에 두고 판시한 것이 아니라 대통령 탄핵에 초점을 맞추어서 판시하였음을 알 수 있다. 한편 헌법재판소는 이번 사건에서 법위반의 중대성 판단과 관련하여 ‘헌법수호의 관점에서 중대한 법위반’이라는 행위유형과 ‘국민의 신임을 배반하는 행위’라는 행위유형이라는 두 가지 행위유형을 설정하고 상호 배타적인 것으로 본 노 대통령 탄핵사건 결정을 따르지 아니하고, 앞서 본 바와 같이 이를 행위유형의 문제가 아니라 탄핵심판절차가 헌법을 수호하는 제도라는 관점과 파면결정이 대통령에게 부여한 국민의 신임을 박탈한다는 관점의 두 가지 관점과 이에 따른 두 가지 판단기준으로 설정하고 판단하고, ‘법위반의 중대성’도 헌법 문언에 충실하게 ‘헌법 또는 법률 위배의 중대성’으로 판단했다. 이런 점에서 박 대통령 탄핵사건 결정은 앞서 본 노 대통령 탄핵사건 결정보다 진일보했다 할 것이다.

그러나 헌법재판소는 이 사건 결정에서 ‘헌법 또는 법률 위배의 중대성’ 요건을 판단하는 기준으로, ④ 판시와 같이 파면결정을 통하여 손상된 헌법질서를 회복하는 것이 요청될 정도로 대통령의 법 위배 행위가 헌법 수호의 관점에서 중대한 의미를 가지는 경우라야 한다는 판단기준과 ⑤ 판시와 같이, 대통령에게 부여한 국민의 신임을 임기 중 박탈해야 할 정도로 대통령이 법 위배행위를 통하여 국민의 신임을 배반한 경우라야 한다는 판단기준은 그대로 유지하고 있다.

그러나 규범 판단인 ‘법위반의 중대성’ 내지 ‘헌법 또는 법률 위배의 중대성’ 기준은 손상된 헌법질서를 회복하는 것이 요청될 정도로 대통령의 법 위배 행위가 헌법 수호의 관점에서 중대한 의미를 가지는 경우라는, 앞서 살펴본 첫 번째 판단기준과 관련이 있는 것에 불과하고, 국민의 신임을 임기 중 박탈해야 할 정도로 대통령이 법 위배행위를 통하여 국민의 신임을 배반한 경우라는, 앞서 본 두 번째 판단기준과는 직접적인 관련이 없다. 그리고 앞서 살펴본 바와 같이 두 번째 판단은 사법적인 판단이라기보다는 다분히 정치적 판단의 영역으로서 ‘헌법 또는 법률 위배의 중대성’이라는 규범적인 판단의 하부 기준(요건)으로 정치적인 판단에 속하는 두 번째 판단을 하는 것은 적절한 방법이 아니라 할 것이다. 따라서 이 점과 관련하여 앞에서 밝힌 바와 같은 비판은 그대로 유효하다 할 것이다.

V. 결　　어

앞에서 심판사유의 통합론과 분리론을 검토하고 국회가 탄핵을 소추하는 단계에서 탄핵소추의 이유로 삼는 헌법 제65조 제1항의 "직무집행에 있어서의 헌법 또는 법률 위배가 있는지 유무"의 판단과 헌법재판소가 탄핵심판의 심리를 종결하고 헌법재판소법 제53조 제1항에 따라 내리는 (전체로서의) "탄핵심판 청구가 이유가 있는지 여부"의 판단은 별개의 판단사항으로서 서로 다를 수 있다고 보는 것이 옳다고 했는바, 이러한 맥락에서 우리 헌법상의 탄핵 사유를 어떻게 해석·적용할 것인지를 헌법재판소가 정립한 소위 '법위반의 중대성' 이론과 관련하여 살펴보았다.

먼저 헌법재판소법 제53조 제1항의 '탄핵심판 청구가 이유 있는 경우'를 헌법 제65조 제1항의 '헌법이나 법률 위배'의 탄핵 사유가 인정되는 모든 경우에 헌법재판소로서는 자동적으로 파면결정을 해야 하는 것으로 문리 해석할 수 있으나 그러한 해석은 직무와 관련된 사소한 법위반 행위가 있는 경우에도 무조건 파면결정을 해야 한다는 결론이 되어 비례의 원칙에 맞지 아니하므로 모든 법위반의 경우가 아니라 공직자의 파면을 정당화할 정도로 '중대한' 법위반이 있는 경우로 탄핵 사유를 제한하여 해석·적용해야 한다는 헌법재판소의 논지는 수긍이 간다.

그런데 이러한 '법위반의 중대성'의 법리의 논거로는 ① 위반행위와 위반행위의 효과로서의 공직에서의 파면이라는 결과와의 비례의 원칙 외에, 앞서 본 바와 같이 ② 대통령의 재직 중에 내란죄, 외환죄를 제외하고 형사상 불소추 특권을 인정하고 있는 헌법 제84조와의 규범 조화적 해석, ③ 대통령은 삼권분립의 한 축을 담당하면서 헌법상 차지하는 위치와 비중이 대단히 큰 중요한 국가기관으로서 그 탄핵소추에 가중된 의결 정족수를 요하는 것처럼 탄핵 사유에 있어서도 가중된 탄핵 사유를 요한다고 보아야 하는 점, ④ 미국이나 독일 등 다른 나라에서의 대통령 탄핵에 대한 탄핵 사유의 해석·적용에 있어서도 '중대성'을 요구한다는 비교법적 논거 등을 들 수 있겠는바, ①의 논거는 대통령과 헌법 제65조 제1항 소정의 다른 탄핵대상자들에게 공통된 논거이나 ②에서 ④의 논거는 대통령에게만 적용되는 논거이다. 다음으로 위반행위와 위반행위로 인한 효과 사이의 비례가 유지되어야 한다는 ①의 논거에서의 비례의 원칙은 모든 탄핵대상자에게 적용되어야 하는데 헌법상 고위공직자 탄핵의 효과는 '파면'만 있을 뿐이므로 파면이라는 중대한 효과를 정당화할 수 있는 '중대한' 위반(행위)이 인정되어야 한다는 점에서의 탄핵 사유에 있어서의 '중대성'의 법리는 모든 탄핵대상자에게 적용되는 법리이다.

그런데 탄핵대상으로서의 대통령의 경우에는 ②에서 ④ 등의 대통령에게 고유한 논거가 적용되는 등 다른 탄핵대상자들과는 본질적인 여러 가지 차이가 있으므로 탄핵 사유의 해석·적용에 있어서도 다른 탄핵대상자들과 달리 취급할 필요가 있다.

특히 대통령은 국민의 보통·평등·직접·비밀 선거로 선출되어서(헌법 제67조 제1항) 국회의원들과 마찬가지로 주권자인 국민으로부터 직접 민주적인 정당성을 부여받고 있다는 점에서 국회가 탄핵소추를 의결하여 탄핵심판을 청구하고 대통령의 권한행사를 정지시키는 것은 삼권분립의 한 축인 입법부 국회가 삼권분립의 다른 축인 행정부 대통령을 제거하려는 시도이므로 삼권분립의 마지막 축인 사법부에 속하는 헌법재판소로서는 입법부와 행정부의 어느 한쪽에 치우치지 않게 공정하게 탄핵심판 사건을 심리하고 결정해야 한다.

그런데 헌법재판소가 탄핵심판 청구를 인용하여 대통령을 파면하는 것은 대통령이 선거에 의해 국민들로부터 받은 신임을 민주적 정당성이 없는 헌법재판소가 대통령의 임기 중에 회수할 것인지 여부를 판단하는 문제이므로 대통령의 법위반(행위)의 중대성 판단이라는 사법적 판단과는 차원이 다른 정치적 판단 영역에 속한 문제이다.

이에 따라 대통령 탄핵사건을 심리하고 파면결정을 할 경우에 대통령의 임기 중에 국민으로부터 받은 신임을 회수하게 되는 헌법재판소로서는 이러한 '법위반의 중대성' 요건의 구비와 별개로 대통령의 행위가 헌정질서에 미치는 부정적인 영향이나 해악이 심각하여 국민이 신임을 회수할 정도에 이르렀는지 여부, 즉 국민 신임회수 요건의 구비 여부를 별도의 요건으로 심사할 필요가 있다 할 것이다.

41. 이탈리아의 헌법과 헌법재판제도

김 동 훈*

Ⅰ. 서 설

고대 로마와 르네상스가 상징하듯 이탈리아는 지난 2천여 년 동안 견줄 수 없는 역사적·문화적 위상을 지녀 왔다. 법률 분야에서도 예외는 아니었다. 로마법은 그 심오성, 광범위성, 그리고 탁월성 덕분에 중세 말에 재발견된 이래 근대에는 프랑스와 독일에 계수되어 근대법의 연원이 되었다. 그리고 이 근대법은 다시 이탈리아에 역수입되었는데, 유럽의 이런 유구한 법적 전통이 현대의 이탈리아법으로 이어지고 있다.[1] 우리는 바로 이 로마법에서 유래한 근대법 아래 살고 있다.

이탈리아와 우리는 역사에서도 닮은 얼굴을 갖고 있다. 19세기 중반 이후의 경우, 분열(통일 이전의 외세 개입과 내부 분열)과 통일, 독재(파시즘), 전쟁(제2차 세계대전), 좌우 대립(동구권의 몰락까지) 등의 굴곡을 차례로 넘은 이탈리아의 근현대사는 우리의 역사와 짜맞춘 듯 비교된다.

그러나 우리나라에는 이탈리아의 역사·예술·관광 같은 분야에 대한 연구가 주로 이루어지고 있을 뿐 그 국가체제나 정치제도, 나아가 법률에 대한 연구는 별로 없는 형편이다.[2] 특히 헌법학 분야의 국내 논문은 해방 이후를 통틀어 예닐곱 편에 불과하다.[3] 가장 기본이라고 할 수 있는 법령에 대한 번역, 즉 이탈리아 헌법과 헌법재판 관련 주요 법령들의 번역

---

* 헌법연구관, 법학박사

1) 이탈리아 법제사에 관해 자세한 것은 Antonio Padoa-Schioppa, “A Sketch of Legal History”, in *Introduction To Italian Law*, Lena, Jeffrey & Mattei, Ugo.(eds.), Hague: Kluwer Law International, 2002, pp. 1-19 참조.

2) 이탈리아의 헌법과 정치, 경제, 사회의 전반에 관한 종합적이고 깊이 있는 소개로는 김시홍, 『이탈리아 사회연구 입문』, 명치출판사, 1995가 있다.

3) 다음은 헌법 분야에 국한시킨 국내 논문 내지 자료들이다(연도순).
① 이태리공화국 헌법재판소(갈봉근, 중앙대학교 법정논총, 1963)
② 이탈리아 헌법상의 규범통제제도(장영철, 비교법실무연구회-판례실무연구 Ⅳ, 2000)
③ 이탈리아 헌법재판제도(이종수, 헌법재판소-외국헌법재판제도 조사자료집, 2009)
④ 이탈리아 헌법의 특징과 통치구조(류시조, 부산외대 비교법학 22집, 2011)
⑤ 이탈리아의 헌법재판제도(전학선, 세계헌법연구 16권 3호, 2014)
⑥ 이탈리아 헌법재판제도에 관한 소고(김종호, 서울시립대 서울법학 22권 2호, 2014)
⑦ 이탈리아 법원과 헌법재판소 사이의 헌법합치적 법률해석에서의 협력관계(김민동, 법조 709호, 2015.10.)
이 중, 갈봉근의 논문은 이탈리아 헌법재판 관련 법령 몇 개를 독일어 번역을 토대로 1963년에 중역한 것이고, 김종호의 논문은 일본학자 田近 肇의 논문(「イタリア憲法裁判所の制度と運用」, 岡山大学法学会雑誌 第62巻第4号, 2013.3.)을 2014년에 번역한 것이다.

조차 제대로 없는 상황이며,[4] 기본적인 제도·기관 등에 대한 용어 번역도 통일되어 있지 않다. 이탈리아의 헌법과 헌법재판은 그 역사가 오래되고 국제적으로도 영향력이 크고 중요함에도 불구하고 외면받아 온 것이다.

물론 이런 상황을 이해하지 못할 바는 아니다. 우선 이탈리아어라는 언어 장벽이 너무 높으며, 이탈리아의 법체계와 법학연구방법이 우리와 같은 대륙법계 국가로서 비슷하기도 하지만 두드러지게 혹은 미묘하게 다른 점도 많기 때문에 그 최초의 접근을 좀처럼 허락하지 않기 때문이다. 영미의 영어권 저자들 또한 이탈리아법에 대한 영어 자료가 부족하다는 점을 지적하고 있다.[5] 이탈리아의 학자들은 자신들의 법문화를 영어를 통해 외국에 소개하려는 의욕이 별로 크지 않으며, 외국의 학자들은 언어 장벽 때문에 역시나 접근이 어렵다. 요컨대, 이탈리아는 그 국제적 중요성과 개방성에도 불구하고 적어도 법률 분야에 있어서는 (혹은 법률 분야에 있어서도) 고립된 섬과 같은 모습을 동시에 보이고 있는 것이다.

이런 점을 감안하여 본고는 이탈리아의 헌법과 헌법재판제도를 가능한 기초부터 차근차근 소개하는 것을 목표로 한다. 제2편에서는 이탈리아의 헌정사를 개관한 후 이탈리아 헌법의 구조와 내용을 헌법전의 순서대로 간략하게 살펴본다. 그리고 제3편에서는 이탈리아의 헌법재판제도에 관해 다루는바, 우선 헌법재판 관련 주요 법령들을 소개한 다음, 헌법재판소의 역사·구성·심리 과정, 그리고 판결의 유형 등을 차례로 검토한다.

유럽 대륙 중 독일, 그리고 아메리카 대륙의 미국에만 헌법 연구가 편중된 우리의 실정상,[6] 이탈리아의 헌법과 헌법재판제도에 대한 연구는 새로운 시각과 이해를 줄 것이다.

Ⅱ. 이탈리아 헌법 개관

1. 이탈리아 근현대 헌정사 개략

이탈리아 반도는 서기 476년 서로마 제국의 멸망 이후 고대 로마의 영광을 뒤로 한 채 중세부터 19세기 중반까지 약 천오백 년 동안이나 외세의 침략과 지배, 그리고 군소국가의

4) 이탈리아 헌법의 번역으로는 국회도서관의 『세계의 헌법』(2013, 개정판) 중 이탈리아 편이 있는데, 이탈리아어 원문 번역이 아닌 관계로 세부적인 사항에 들어가서는 번역의 정확도가 떨어지는 문제점이 있다. 그 밖에 헌법 관련 법령의 번역은 위 갈봉근의 번역을 제외하면 전무하다.

5) 예컨대, Mario Comba, "Constitutional Law", in *Introduction To Italian Law*, Lena, Jeffrey & Mattei, Ugo.(eds.), Hague: Kluwer Law International, 2002, p.61; V. Barsotti · P. Carozza · M. Cartabia · A. Simoncini(eds.), *Italian Constitutional Justice in Global Text*, Oxford: Oxford University Press, 2016, p.xii 참조. 특히 후자는 이탈리아 헌법재판소가 가장 이르고 성공적이며 독일과 더불어 유럽의 헌법재판에 가장 큰 영향을 미쳐 왔음에도 불구하고 세계적으로 잘 소개되지 않은 이유를 영어 문헌이 적기 때문이라고 지적하고 있다.

6) 국내의 연구가 독일과 미국에 편중되어 있다는 사실은 김종호, 전게논문, pp. 784-785; 전학선, 전게논문, pp. 544-545에서도 지적되고 있다.

분열로 점철되어 있었다. 크게 보아, 반도의 남부지방(Italia meridionale)에는 스페인과 프랑스의 군주제가, 북부지방(Italia settentrionale)에는 도시공화국(repubbliche comunali)과 시뇨리아(signoria)라는 수장제가 행해진 다음 오스트리아 등의 외세 지배와 작은 공국들의 병립이 있었고, 로마를 중심으로 한 중부지방에는 강고한 신권국가, 즉 교황령(Stato pontificio)이 있었다.

19세기 중반에 이르러 프랑스 혁명과 나폴레옹의 영향으로 이탈리아에도 자유주의 국가에 대한 요구가 커지고(예컨대, 1848년의 알베르토 헌장[7]) 민족주의 감정이 고조되어 통일운동(리소르지멘토, Risorgimento)이 전개된다. 마침내 1861년 이탈리아 반도 서북부의 피에몬테를 근거지로 한 사르데냐 왕국이 주체가 되어 반도 전체를 통일하고,[8] 다른 서유럽 국가들에 비해 뒤늦은 근대국가로의 발전을 전개한다.

그러나 국내적 · 국제적 상황은 그리 여의치 않았고, 제1차 세계대전에의 값비싼 참전 끝에 얻은 초라한 결과에 실망한 대중들은 파시스트를 지지하여 1922년 뭇솔리니가 정권을 잡는다(1922년~1943년, 파시스트 시대). 파시스트는 20여 년 동안 국내의 공산계열, 노동조합 등을 탄압하며 독재를 펼치는 한편,[9] 바티칸 교황청과의 관계를 개선하고,[10] 국내의 산업을 일으키고 사회질서를 세우는 등의 활동을 하였다. 그러나 독일 편에 서서 제2차 세계대전에 추축국으로 참전하였고, 결국 패전하고 몰락한다.[11]

전후에는 새로운 체제가 등장하게 된다. 1946년 6월 2일 이탈리아는 국체를 결정하는 국민투표로 왕정 대신 공화제를 채택한다(파시스트 시대도 법적으로는 이탈리아 왕국이었음). 동시에 제헌의회 선거를 통해 의회를 구성하여 오랜 헌법제정 작업 끝에 마침내 1948년 1월 1일 이탈리아 공화국 헌법이 시행된다.[12]

---

7) 구 헌법이라고도 하는 일명 '알베르토 헌장'(Statuto Albertino)은 1848년 3월 4일 사르데냐 왕국의 국왕 카를로 알베르토(Carlo Alberto)가 프랑스 헌법을 본받아 반포한 것이다. 이것은 파시스트 시대를 거치면서도 법적 차원에서는 유효하여 제2차 세계대전 종전 후 1948년 현행 헌법의 채택 때까지 유지되었다. '알베르토 헌법'이라고 번역되기도 하는데, 본고에서는 현행 '공화국' 헌법 이전의 '왕국' 시대의 흠정헌법이라는 측면을 강조하여 '알베르토 헌장'이라고 칭한다.

8) 사르데냐 왕국의 국왕 빗토리오 에마누엘레 2세(Vittorio Emanuele Ⅱ)는 1859년 가리발디(G. Garibaldi)의 남부 헌납과 외교적 수완을 통해 반도의 대부분을 접수하여 1861년 이탈리아 왕국을 공식적으로 선포한다. 이후 1866년 베네치아를 통합하고, 1870년 9월 로마를 수복하여 통일을 완성한 다음 1871년 로마로 수도를 이전하게 된다.

9) 이 시기에는 공선제(公選制)에 의한 하원이 폐지되고, '파쇼 · 노동회의'(Camera dei fasci e delle corporazioni)에 의해 대체되었다. 이 회의는 파시스트당(Partito fascista)의 대표자와 각종 조합의 대표자로 구성되었다.

10) 1929년 뭇솔리니 정부와 바티칸 교황 사이의 라테라노 협정에 의해 바티칸 시국(Stato della Città del Vaticano)이 인정되었다.

11) 1943년부터 1945년 사이 제2차 세계대전이 종전하고, 이탈리아에는 과도 정부가 구성된다. 1943년 7월 연합군이 시칠리아에 상륙하자 뭇솔리니가 거세되었고, 1944년 6월 연합군에 의해 로마가 독일군으로부터 해방되었다. 1945년 9월 국가자문회의가 소집되어 제헌의회 구성에 대한 사항과 국체 결정에 관한 국민투표 일정을 확정하였다.

12) 1946년 6월 2일 총선거를 통해 제헌의회(Assemblea Costituzionale)가 구성되었고(총 556석 중 기민당 207

이후 이탈리아는 냉전구도라는 국제 정세에 기반해 우파인 기독교민주당을 만년 여당으로 하여 좌파인 사회당과 공산당이 강력한 야당으로 존재하는 체제를 40년간 유지한다.[13] 이 기간 동안 이탈리아는 가난했던 과거를 딛고 기적이라고 할 정도의 경제성장을 이루어 서방7개국(G7) 중 하나가 된다.

80년대 말에는 동유럽의 구 공산권이 무너지며 변화의 바람이 불기 시작하였고, 그 와중 발생한 1990년대 초 부패수사 사건(mani pulite)[14]은 기존 정당과 정치인들을 완전히 몰락시키면서 정계를 개편하게 된다. 이에 바뀐 선거법으로 치러진 1994년 선거를 통해 신생 정당이 약진하는 등 전후 체제는 전면 개편되어 이른바 '제2공화국'이 시작되었다.[15] 1990년대 이후 지금까지의 정계는 중도우파 연합 정부와 중도좌파 연합 정부가 번갈아 집권하는 양상을 보여주고 있다.[16] 가장 최근에는 2016.12. 상원 개혁 등을 내건 헌법개정 국민투표가 부결되어 중도좌파 성향의 렌치 정부가 퇴진한 바 있다.

2. 이탈리아 헌법의 구조

'이탈리아 공화국 헌법'(Costituzione della Repubblica Italiana)은 총 139조의 본문과 18조의 '경과 및 최종 규정'으로 되어 있다. 전문은 따로 없다.[17]

본문은 3개 부분으로 구성되어 있는데, '기본원칙'(Princìpi fondamentali), 제1편 '시민의 권리와 의무'(Diritti e doveri dei cittadini), 그리고 제2편 '공화국의 조직'(Ordinamento della Repubblica)이다.

'기본원칙'(제1조-제12조, 이하 헌법은 조항만을 표시한다)은 이탈리아의 국가체제, 국가의

석, 사회당 115석, 공산당 104석), 그 산하 헌법위원회(75인 위원회)가 헌법안을 마련하였다. 1947년 12월 22일 공화국 헌법을 채택하고(1947.12.27. 임시 대통령 Enrico de Nocola 공포), 1948년 1월 1일 시행에 들어갔다. 한편, 1946년 6월 2일 같은 날 국민투표를 통해 공화제를 채택하였다(공화제 1270만표(54.3%) vs. 군주제 1070만표(45.7%)). 이에 따라 국왕 움베르토 2세는 포르투갈로 망명하였다.

13) 이탈리아어 당명은 다음과 같다: 기독교민주당(DC, Partito della Democrazia Cristiana), 이탈리아사회당(PSI, Partito Socialista Italiano), 이탈리아공산당(PCI, Partito Comunista Italiano).

14) 마니 풀리테(mani pulite)는 직역하면 '깨끗한 손'이다. 1992년 밀라노 검찰이 한 정치인의 비리를 수사하면서 시작되어 수천 명의 고위 공직자와 정치인들이 수사를 받은, 정경유착을 파헤친 대표적인 사건이다. 이에는 심지어 공산당의 정치인들도 연루되어 있었다. 이로 말미암아 40년간 지속된 이탈리아 정치체제는 변화가 불가피해졌다.

15) 1992년 마니 풀리테로 촉발된 정치 개혁의 결과, 1993년 선거법이 개정되었고, 개정된 선거법에 의해 치러진 1994년 실시된 총선에서는 기존 정당들이 몰락하고 신생 정당이 대두하였다(대표 사례: 베를루스코니의 포르짜 이탈리아 Forza Italia). 언론에서는 이처럼 변화된 체제를 가리켜 이른바 '제2공화국'이라고 하는 것이다.

16) 예를 들면, 중도우파 베를루스코니 집권(1994.5.-1995.1./2001.6.-2005.4./2008.5.-2011.11.), 중도좌파 프로디 집권(1996.5.-1998.10./2006.5.-2008.5.), 중도좌파 렌치 집권(2014.2.-2016.12.).

17) 대한민국 헌법은 전문과 본문 130조 및 부칙 6조이며, 본문은 다음과 같은 10개 장으로 되어 있다: 제1장 총강, 제2장 국민의 권리와 의무, 제3장 국회, 제4장 정부, 제5장 법원, 제6장 헌법재판소, 제7장 선거관리, 제8장 지방자치, 제9장 경제, 제10장 헌법개정.

근본이념과 지향점을 제시한다. 뒤이어 제1편(Parte Ⅰ) '시민의 권리와 의무'는 제1장(Titolo Ⅰ) '시민적 관계'(Rapporti civili, 제13조-제28조), 제2장 '윤리적·사회적 관계'(Rapporti etico-sociali, 제29조-제34조), 제3장 '경제적 관계'(Rapporti economici, 제35조-제47조), 제4장 '정치적 관계'(Rapporti politici, 제48조-제54조)의 4개 장(titolo)으로 구성된다.[18)]

다음, 제2편 '공화국의 조직'은 제1장 '의회'(il Parlamento, 제55조-제82조), 제2장 '공화국 대통령'(il Presidente della Repubblica, 제83조-제91조), 제3장 '정부'(il Governo, 제92조-제100조), 제4장 '사법부'(la Magistratura, 제101조-제113조), 제5장 '주·현·시'(le Regioni, le Provincie, i Comuni, 제114조-제133조), 제6장 '헌법의 보장'(Garanzie costituzionali, 제134조-제139조)의 6개 장이다.

끝으로 '경과 및 최종 규정'(Disposizioni transitorie e finali)은 이탈리아 공화국 건설 초기에 발생하는 여러 문제들, 즉 국가기관의 구성 방법, 선거, 구 왕가에 대한 처리 등에 관한 사항을 규율하고 있다.[19)]

한편, 헌법전의 분량을 보자면, 이탈리아 헌법은 총 139개 조로 우리의 130개 조나 독일의 146개 조와 조항 수에 있어서는 큰 차이가 없다. 그러나 규정의 길이나 양과 상세성의 측면에서 보자면, 우리 헌법보다는 약간 자세한 편이나, 하위 일반 법률의 조문을 방불케 할 만큼 세밀한 규정을 두고 있는 독일 헌법보다는 그 구체성과 상세성이 훨씬 약한 편이다. 헌법 구조의 측면에서도 우리 헌법과 이탈리아 헌법은 큰 차이가 없는바, 이탈리아 헌법 역시 양분할 때 전반부는 기본권에 관한 것이고 후반부는 통치구조에 관한 것이다. 이처럼 이탈리아가 헌법전의 외양과 대강의 내용에 있어 우리와 비슷한 이유는 양자 모두 '근현대'라는 시대의 '민주공화국'이라는 국체를 채택하고 있는 헌법이기 때문이다.

3. 이탈리아 헌법의 내용

이제 이탈리아 헌법의 내용을 헌법전의 편제 순서에 따라 살펴본다.

(1) 기본원칙

이탈리아 헌법은 "이탈리아는 노동에 기초한 민주 공화국이다"(L'Italia è una Repubblica

---

18) 우리 헌법은 '장-조'라는 단순한 형식을 취하고 있으나(예컨대, 제1장 총강, 제1조), 이탈리아 헌법은 보다 복잡하게 'parte-titolo-sezione-articolo'의 구조로 되어 있다. 그 번역에 있어서는, 예컨대 parte를 '편', '장', '부'로 하는 등 다양하지만, 본고에서는 이를 우리 민법전의 '편-장-절-(관)-조' 체제에 맞추어 '편-장-절-조'로 칭한다.

19) 위와 관련하여 주요 조문들을 몇 가지만 살펴본다. 사법부에 관한 새 법률이 제정되기 전까지는 현행 규정을 계속 적용한다(제7조). 주의 선출직 선거는 헌법 시행 후 1년 내에 실시한다(제8조). 파시스트당은 어떤 형태로든 설립이 금지된다(제12조). 사보이 왕가의 구성원은 공직에 취임할 수 없고(제13조 제1항), 왕가의 전 국왕 및 남계 자손은 국외로 추방되며(제2항), 왕가의 재산은 국가로 이전된다(제3항). 다만, 참고로, 최근 2002년 10월 23일 헌법적 법률 제1호에 의해 제13조 제1항과 제2항은 적용하지 않기로 하였다.

democratica, fondata sul lavoro)라는 조항으로 시작한다(제1조 제1항). 첫 조항에서 '민주공화국'이라는 국체를 선언하면서, '노동에 기초한' 공화국이라고 하여 노동을 매우 강조하고 있는 것이다.[20]

그리고 공화국(국가)에 대해 여러 가지 의무를 부여하면서 자유와 평등의 실현을 위해 노력할 것을 당부하고 있다. 공화국은 개인과 사회집단의 불가침의 권리를 인정하고 보장하며(제2조), 시민들의 평등 실현을 위해 장애물을 제거해야 한다(제3조). 그리고 공화국은 모든 시민의 일할 권리를 확인하고 이를 가능하게 만드는 환경을 촉진시키고(제4조), 지방자치를 촉진하고(제5조), 언어적 소수집단을 보호한다(제6조). 공화국은 문화와 과학·기술 연구의 발전을 촉진하며, 경관[21]과 역사·예술 문화유산을 보호한다(제9조).

한편, 국가와 카톨릭교회는 각자 자기 영역 내에서 독립적이며 주권을 가지고(제7조), 모든 종파는 법 앞에 평등하게 자유롭다(제8조). 그리고 외국인의 지위는 국제법과 조약에 따라 정해지며, 망명권을 가진다(제10조). 끝으로 이탈리아는 전쟁을 거부하며 평화와 정의를 보장하는 국제질서를 촉진한다(제11조).

(2) 시민의 권리와 의무

기본권과 기본의무는 제1편 '시민의 권리와 의무'에 규정되어 있다. 그 중 제1장 '시민적 관계'에는 인신·집회·종교·표현의 자유 및 형사절차상의 권리 등 자유권이, 제2장 '윤리적·사회적 관계'에는 가족과 건강, 교육에 관한 내용이, 제3장 '경제적 관계'에는 노동권과 노동조합, 복지, 그리고 재산권에 관한 내용이, 제4장 '정치적 관계'에는 선거와 정당, 그리고 국민의 의무에 관한 내용들이 담겨 있다.

사실 기본권을 분류하는 방식은 다양한데, 가장 기본적이고 일반적으로 통용되는 방식은 우리와 마찬가지로 자유권(libertà)과 사회권(복지권, diritti sociali)으로 나누는 것이다. 그러나 이러한 양대별이 충분치는 않다. 예컨대, 시민의 자격에서 국가가 제공하는 시설 및 서비스를 이용하는 것이 승인되는 공민적 권리나 국정에 참가하는 것을 목적으로 하는 정치적 권리 같은 경우는 어느 한쪽에 포섭하기 어렵다. 기본권을 세분하자면, ① 개인적 자유(인신의 자유, 주거의 자유, 통신의 자유, 거주이전의 자유), ② 공적 영역에서의 권리(집회의 자유, 결사

20) 이 '노동에 기초한'이라는 문구는 우리나라는 물론 다른 서유럽 국가의 헌법에도 나타나지 않는 것이다. 이는 이탈리아 헌법이 사회주의 혹은 공산주의에 직접 기초했다는 뜻은 아니다. 그러나 사회당과 공산당을 합쳐 50%를 차지한 제헌의회의 의석 분포에서 알 수 있듯, 헌법 제정 과정에서 우파 정당이 중심이 되기는 했으나 좌파 정당이 그에 협력하였고 또 상당한 영향력을 행사하였다는 점을 말해준다.

21) 이때 경관(paesaggio)이란 자연 풍광 같은 자연 그대로의 경관뿐만 아니라 건축물이나 마을 같은 인공과 그 주변 또는 배경으로서의 자연이 결합된 총체적 경관을 가리키는 것이다. 경관을 보호한다는 것은 삶에 대한 이탈리아적인 생각의 표현이다. 이탈리아인들은 인간이 아름다움(la bellezza) 속에 존재해야만 고양된 인간성을 가지고 높은 수준의 삶이 가능하다고 믿는다. 이에 따라 하위 법령으로서 '자연미 보호법'(Legge sulla Protezione delle Bellezze Naturali, 1939) 등을 거쳐 현재는 '문화재 및 경관 법'(Codice dei Beni Culturali e del Paesaggio, 2004)이 시행 중이다.

의 자유, 양심과 종교의 자유, 표현의 자유), ③ 사회권, ④ 경제 영역에서의 권리(노동조합권과 파업권, 재산권), ⑤ 정치 영역에서의 권리로 나눌 수도 있겠다.[22)]

어쨌거나 자유권은 시민적 권리(diritti civili) 또는 소극적 권리(diritti negativi)와 상통하는 것이다. 이는 원칙적으로 국가가 사적 생활의 어떤 영역에 대해 규제하거나 개입하는 것을 금지하는 것이다. 헌법전상으로는 주로 제1장 시민적 관계(제13조~제28조)에 규정되어 있는바, 인신의 자유(제13조)·주거의 자유(제14조)·통신의 자유(제15조)·거주이전의 자유(제16조)·집회의 자유(제17조)·결사의 자유(제18조)·종교의 자유(제19조)·표현의 자유(제21조) 및 형사절차상의 권리(제24조, 제25조, 제26조) 등이다.

한편, 사회권은 시민적 권리를 완수하기 위한 도구라고 간주된다. 공화국은 시민의 자유와 평등, 그리고 특히 사회 조직에 참여하는 권리와 같은 시민적 권리를 온전하게 향유하는 것을 방해하는 경제적·사회적 장해를 제거해야(제3조 제2항) 하기 때문이다. 이탈리아 헌법에 의해 인정되는 주요 복지권은 건강(제32조), 교육(제34조), 그리고 사회적 부조(제38조)이다. 사회권은 그 인정을 위해 국가 재정으로부터의 자금 책정을 요구한다는 점에서 모두 '비싼 권리'인바, 그런 이유에서 사회권의 대가는 헌법의 여러 조항들에 새겨져 있다. 제41조는 계약의 자유를 인정하지만 동시에 계약은 공익에 반해서는 행해질 수 없다고 규정한다. 제42조는 사적 소유(권)를 인정하지만 이는 '사회적 기능'의 고려에 의해 제한될 수 있다. 제43조는 '공공서비스 또는 에너지원 또는 독점의 상태와 관련하여 일차적 공익에 관계있는' 사적 기업에 대한 수용을 국가에 허락하고 있다.[23)]

끝으로 이탈리아 헌법상의 기본의무에 관해 보자면, 헌법은 사회에의 기여 의무(제4조 제2항), 초등교육의 의무(제34조 제2항), 투표의 의무(제48조 제2항 제2문),[24)] 국방의 의무(제52조),[25)] 납세의 의무(제53조), 공화국에의 충성 의무 및 헌법과 법률의 준수 의무(제54조 제1항) 등을 두고 있다. 우리 헌법과 달리 근로의 의무는 규정되어 있지 않다.

(3) 공화국의 조직

1) 의 회

이탈리아는 의원내각제 국가인바, 헌법상으로도 '공화국의 조직' 편에 있어 의회가 가장

---

22) 이는 대표적 헌법교과서인 Bin, Roberto & Pitruzzella, Giovanni, *Diritto Costituzionale*, Torino: G. Giappichelli, 2016, p. 519 이하에 따른 분류이다.

23) Mario Comba, 전게논문, p. 40.

24) 투표의 의무를 '법적 의무'(dovere giuridico)로 할 것인지 '도덕적 의무'(dovere morale)로 할 것인지는 제헌의회 때부터 논란이 되었다. 타협점은 "투표권 행사는 시민적 의무이다."라고 하여 '시민적 의무'(dovere civico)라는 애매한 용어를 취하는 것이었다.

25) 모든 시민의 '신성한 의무'인 국방의 의무에 있어, 병역은 지원병제도를 도입하면서 2000년 법률 제331호로 폐지되었다. 사회복지 분야에 중요한 기여를 하는 대체복무제의 시행 가능성은 1972년 법률 제772호로 도입되었다.

먼저 등장한다. 의회(il Parlamento)는 상원(Senato)과 하원(Camera dei deputati)으로 구성된다(제55조 제1항). 양원 의원은 직접·보통 선거로 선출되는데, 하원은 630명, 상원은 315명의 의원으로 구성되며(제56조~제58조), 임기는 모두 5년이다(제60조). 각 의원은 국민을 대표하며 위임에 구속되지 않고 그 직무를 행한다(제67조).

이탈리아 의원내각제의 특징으로는, 첫째 다수정당시스템과 비례대표 선거제도라는 2가지 제도를 취한 결과 영국과 같은 양당제가 아니라 여러 정당의 연합으로 정부가 형성되고 또 유지되어 왔다는 것(연합제 모델)[26] 그리고 둘째, 상원과 하원이 거의 완전히 동등한 권한을 가진다는 것[27]을 들 수 있다.

정기회는 매년 2월과 10월의 첫 근무일에 소집되며(제62조 제1항), 각원의 의장이나 대통령, 재적의원 3분의1의 발의로 임시회를 소집할 수 있다(동조 제2항). 의결이 유효하기 위해서는 적어도 재적의원 과반수 출석과 출석자 다수의 찬성투표가 필요하다(경우에 따라 가중되는 경우가 있다, 제64조 제3항). 헌법에서 명시하고 있는 몇몇 경우에는 양 의회가 합동회의를 연다(제55조 제2항).[28]

의회의 가장 중요한 직무는 입법권의 행사이다. 이에 대해서는 2개의 예외가 있는데, 하나는 주의회의 권한에 속하는 주법(leggi regionali)이고, 다른 하나는 '폐지적 국민투표'에 의해 법률이 폐지되는 경우이다. 국가법(leggi statali)은 보통 법률(legge semplice)과 헌법적 법률(legge costituzionale)로 구별된다. 전자는 헌법이 정한 범위 내에서 모든 사항에 대해서 규제하는 것이 가능하고, 후자는 전자와 같은 범위의 제한을 받지 않는 것으로 헌법을 개정하는 것도 가능하다. 보통 법률의 제정 절차는 ① 발안(iniziativa)[29] – ② 심의·의결(esame e discussione)[30] – ③ 공포(심서,[31] promulgazione)[32] – ④ 공고(pubblicazione)[33]의 순서로 진

---

26) 그러나 이런 상황은 앞서 본 1990년대 초반의 선거법 개정 등 정치개혁, 더 일반적으로는 '제1공화국'을 '제2공화국'으로 이끈 이탈리아 정치의 심대한 위기의 결과로 변화하고 있는 중이다.

27) 이로 말미암아 불필요한 중복이 생기고 입법절차가 지연되는 등 이탈리아 정치의 비효율성이 발생하고 있다. 이에 상원을 약화시키려는 개혁안이 줄곧 제기되었는바, 최근 2016년 12월에 있은 헌법개정 국민투표(부결됨) 역시 그 핵심 내용 중 하나가 상원의 권한 약화와 인원수 축소 등이었다.

28) 예를 들면, 대통령을 선거하는 경우(제83조 제1항), 또는 최고사법평의회 및 헌법재판소의 구성원을 선임하는 경우 등이다(제104조 제4항, 제135조 제1항).

29) 법률의 발안은 상하 양원의 각 의원, 정부, 주의회, 전국경제·노동회의, 국민(적어도 50,000명 이상)에 의해 이루어진다(제71조). 그러나 현실적으로 다수의 법률안은 정부의 발안에 의한 것이다. 여기서 특이한 것은 국민발안이 헌법상 인정된다는 것인데, 아직 현실화된 바는 없다.

30) 심의·의결의 과정을 보자면, 원칙적으로 법률안은 의장에 의해 상임위원회(commissioni legislative permanenti costituite)의 하나에 넘겨지고, 상임위원회는 이를 심사한 후 심사보고서를 작성하여 본회의에 상정하고, 본회의에서는 조항별로 심의하여 표결에 붙여진다(제72조 제1항). 일원에서 가결된 법률안은 타원에 송부되고, 같은 절차가 행해진다. 그러나 이러한 통상의 절차 외에 헌법은 긴급의 경우 통상의 절차를 단축시키는 '긴급절차'(procedura di urgenza)(제72조 제2항), 그리고 상임위원회에서 의결까지 하는 '위원회절차'(procedura delle commissioni)(제72조 제3항, 제4항)를 마련하고 있다.

31) 여기서 흔히 '공포'(公布)라고 번역되는 'promulgazione'의 이해가 문제된다. '공포'라는 용어는 '널리 알린다'라는 의미를 가지고 우리나라 법문화상으로도 관행적으로 그렇게 이해되고 있다(헌법 제53조 제1항, 제6

행된다.

한편, 의원에게는 그 직무의 위신과 독립을 보장하기 위해 약간의 특권이 부여되는데, 이 것을 의원특권(immunità parlamenti)이라 한다. 의원은 직무상 행한 발언이나 투표에 대해 책임을 지지 않으며(제68조 제1항), 소속 원의 허가 없이는 체포・수색 등을 당하지 않는다(동조 제2항).[34]

2) 대통령

공화국 대통령(Presidente della Repubblica)은 국가원수(Capo dello Stato)이고 국가의 통합을 상징한다(제87조 제1항). 이탈리아는 의원내각제 국가이므로 대통령은 권한을 별로 갖지 않는 상징적 존재로서의 국가 원수이다. 그러나 전형적인 의원내각제의 대통령보다는 실질적인 권한을 갖고 있으며, 또 현실정치에서도 정치의 조정자로서의 역할이 높이 평가받고 있는 바, 대개 독일보다는 강하고 프랑스보다는 약한 대통령이라고 본다.

대통령은 국민에 의한 직접 선출이 아니라 이른바 이중선거제(elezioni di doppio grado)를 통해 대통령을 선출한다.[35] 임기는 7년이고(제85조) 재선이 가능하다.

대통령은 그 직무의 중요성을 감안할 때 최대의 위신과 독립적 지위를 확보하기 위해 직무상 행위에 대해 책임을 지지 않는다는 특별한 법적 입장을 부여받고 있다. 다만, 이 무답책

항, 제7항 참조). 그러나 이탈리아에서의 promulgazione는 그렇지 않고 대통령이 승인함으로써 내부적으로 법률안을 확정짓는 것을 의미하고, promulgazione 이후 pubblicazione(관보에의 공고 혹은 출판, 발행)에 의해 비로소 외부적으로 알려지고, 또 이 공고 다음날부터 법률의 효력이 발생하는 것이다. 이는 근대법의 원조인 프랑스도 마찬가지이다.

이러한 문제점 때문에 S. Borghese의 저서(Nozioni di Diritto Costituzionale, 1966)의 번역자는 오해를 불러일으키는 '공포' 대신 '심서(審署)'라는 용어를 제안하고 있다(S. Borghese, S. Borghese, 『イタリア憲法入門』, 岡部 史郎 역, 有斐閣, 1969, pp. 61-63 참조).

한편, 우리나라에서의 '공포'와 관련한 난맥상을 지적하면서 대안을 제시하고 있는 것으로, 소준섭, 「각국 법률상 '공포' 개념 고찰을 통한 우리나라 '공포' 규정의 개선 방안」, 『입법과 정책』 제3권 제1호, 국회입법조사처, 2001.6. pp. 25-44 참조.

32) 의회에서 통과된 법률안은 대통령에 의해 공포(혹은 심서)된다. 대통령은 공포를 거부할 수는 없으며 재의를 요구하는 '정지적 거부권'을 가질 뿐이다(제74조 제1항, 제2항).

33) 공포에 이어 법률의 공고가 행해진다. 법률은 공포 후 즉시 공고하고 해당 법률에 다른 기한이 정해져 있지 않으면 공고 15일 후에 발효된다(제73조 제3항).

34) 위와 같이 의원의 특권에는 2종류가 있다. 첫째, 항구적인 것으로는, 의원을 그만둔 후에도 효력을 가지는 것인데, 직무수행시 표명한 의견 및 표결에 관해서는 책임이 물어지지 않는다는 것이다(제68조 제1항). 둘째, 임시적인 것으로는, 의원 재직 중에는 소속 원의 허락이 없으면 체포되거나 신체와 주거를 압수・수색되거나 하지 않는다는 것이다. 다만, 체포영장을 집행하지 않으면 안 되는 현행범의 경우에는 제외한다(제68조 제2항). 위의 경우와 달리, 민사소송사건에 대해서는 일반시민과 완전히 똑같은 입장에 선다.

35) 대통령 선거인은 개개의 국민이 아니라 의회 합동회의에 출석한 양원 의원과 그것에 주의회의 대표자를 합한 것이다(제83조 제1항, 제2항). 구체적으로 보자면, 대통령은 양원 합동회의에서 선출되는데(제83조 제1항), 여기에는 주의회에서 선출된 각 주의 대표 3명이 참가한다(다만 발레다오스타 주는 1명)(동조 제2항). 따라서 선거인단은 하원의원 630명+상원의원 315명+종신 상원의원 7명(변동 있음)+주대표단 58명[19개주×3명+1개주(발레다오스타)×1명]으로 구성되어 총 인원은 약 1010명이 된다. 이 선거인단이 비밀투표에 의해 재적의원 3분의2 찬성이라는 가중 다수결로 대통령을 선출하는데, 다만, 3차 투표까지도 결정이 되지 않을 경우, 즉 4차 투표시부터는 절대 다수(재적 과반수)로 족하다(동조 제3항).

(無答責)은 대통령의 행위가 직무수행 중에 행해진 행위이어야 하고, 반역죄(alto tradimento) 및 헌법침훼죄(attentato alla Costituzione)[36)]에 대해서는 책임이 면제되지 않는다는 제한을 받는다(제90조). 위 죄를 범한 경우에는 헌법재판소에 의한 탄핵심판을 받게 된다(이에 대해서는 후술한다).

대통령의 직무권한은 입법기능, 행정기능 및 사법기능이라는 3종의 범주로 구별할 수 있다. 우선, 입법기관에 대해 대통령은 필요한 경우 양원 또는 그 일원을 해산할 수 있다(제88조).[37)] 법률의 제정은 양원의 의결만으로 충분한데, 대통령은 이유를 명시한 의견서를 의회에 송부하여 재의를 요구하는 정지적 거부권(veto sospensivo)을 가진다(제74조 제1항). 다음으로, 행정기능 분야에서 대통령은 한층 광범한 권한을 가진다. 대통령은 수상, 장관 및 기타 고위급 관리를 임면하고(제87조 제7항, 제92조), 법률을 공포하고(제73조), 법률을 집행하기 위한 규칙을 제정한다(제87조 제5항). 대외관계에 있어서는 국가를 대표하고, 양원의 승인을 얻어 국제조약을 비준한다(제87조 제8항). 끝으로, 사법기능에 대한 대통령의 권한을 보자면, 대통령은 특사를 직접 행하고(제87조 제11항), 의회의 법률에 의해 허가된 대사 또는 감형을 행하는 권한을 가질 뿐이고(제79조),[38)] 사법관의 임면 등 다른 특별한 권한은 없다.[39)]

3) 정 부

정부(il Governo)[40)]는 수상(Presidente del Consiglio del ministri)[41)]과 장관(Ministro)[42)]으로 이루어지고 이들은 함께 내각(consiglio dei ministri)을 구성한다(제92조 제1항). 정부는 원수가 아니지만 정치적·행정적 지도라는 임무를 수행하기 위해 최고의 집행권력을 가진 기관, 즉 수상, 내각 및 각 각료를 포함하는 복합기관이다.

---

36) 이를 '헌법위반(죄)'라고도 번역하지만, 단순한 헌법'위반'으로 탄핵되는 것은 아니므로 적절한 번역어는 아니다.

37) 이때 대통령은 해산하고자 하는 원의 의견을 듣지 않으면 안 되지만(obbligatorio), 그 의견에 구속되지는 않는다(non vincolante). 한편, 헌법은 해산의 사유에 대해서는 침묵하고 있다.

38) 이탈리아의 은사(恩赦)는 대사(amnistia), 감형(indulto 또는 codono) 및 특사(grazia)의 3종으로 구별할 수 있다. 대사(amnistia)와 감형(indulto)은 의회의 위임에 근거하여 행해지지만, 특사(grazia)는 대통령에 고유한 행정권한으로 해석되고 있다. 그 점에서 특사는 협의의 은사이다. 대사와 감형은 일정 종류의 수형자, 일정한 범죄 때문에 소추된 사람들에 대한 집단적 조치로서, 우리의 일반사면과 일반감형에 해당하겠다. 특사는 개개의 수형자에 사면 또는 감형을 행하는 개별적 조치로서 우리의 특별사면에 해당하겠다.

39) 대통령은 사법관의 임면에 관하여는 어떠한 권한도 가지지 않는바, 사법부의 독립과 자율을 위해 사법관의 임면권은 최고사법평의회에 속하도록 하였기 때문이다(제105조).

40) 이는 'Governo'를 번역한 것인데, '행정부'라고도 한다. 그러나 '행정부'라고 할 경우 그 행정기능을 강조한 느낌이 있고, 의원내각제에서의 내각의 위상과 의미를 충분히 살리지 못한다는 점에서 '정부'로 번역한다.

41) 이탈리아 수상의 정식 이름은 문자 그대로 '각료회의의장'(Presidente del Consiglio del ministri)이지만, 보통 '수상' 또는 '총리'라고 번역한다. 여기서는 우리 헌법상의 '국무총리' 이미지를 벗기기 위해 '수상'이라는 용어를 택한다.

42) 수상 이외 내각 각료의 명칭은 'ministro'인데, 이 명칭은 왕정 및 공화정 내내 변화가 없었다. 일본에서는 이를 아직도 '대신'이라고 번역한다. 우리에게는 '장관'이 적당하지만, 필요에 따라 '장관' 또는 '각료'를 병용한다.

정부는 양원의 신임(fiducia)을 받아야 하는데, 정부는 구성 후 10일 이내에 신임을 받기 위해 의회에 출석한다(제94조 제1항, 제3항). 정부 제안에 대한 의회의 반대 표결이 사임 의무를 수반하지는 않지만(제94조 제4항), 정부가 자발적으로 사임하는 것은 가능하다. 물론 의회에서 불신임동의[43]가 가결된 때에는 당연히 사퇴하지 않으면 안 된다.

수상은 정부의 일반 정책을 집행하고 그에 대해 책임을 지며, 장관들의 활동을 촉진 및 조정하여 정치적·행정적 정책의 일관성을 보장한다(제95조 제1항).[44] 현 헌법은 내각의 권한을 명시적으로 규정하지 않지만(제92조~제96조), 헌법 전체로부터 다음과 같이 이해된다. 즉, 내각의 주요 임무는 정부의 정책과 행동의 지침을 정함에 있어 수상과 협력하여 정부 활동의 통일을 확보하고, 개개 각료의 제안을 조정하고, 또 각 부처 사이에 권한 분쟁이 제기되는 경우 이를 해결하는 것 등이다.[45] 부처(ministeri)의 수, 권한, 조직에 대해서는 법률로 정한다(제95조 제3항).[46]

4) 사법부

사법부(la Magistratura)는 헌법 제2편에서 의회, 대통령, 정부의 뒤에 이어 제4장에 규정되어 있다. 헌법 제104조는 “사법부는 자율 질서를 구성하며 다른 모든 권력으로부터 독립되어 있다.”고, 제101조는 “판사는 법률에만 복종한다.”라고 정하고 있다. 이러한 규정은 사법부의 ‘독립’이 단순히 다른 국가권력기관에 대해서뿐만 아니라 사법부(재판소) 내부에 있어서도 인정된다는 것을 의미한다.

우선, 재판소 내부의 독자성과 자주성에 관해 보자면, 재판소는 행정에 고유한 계서제(ordinamento gerarchico)와는 연관이 없으며, 그 분권적인 성질상 피라미드적 구조를 갖지 않는다. 재판소 내부의 독자성은 재판소의 오래된 전통에 의해 확립된 것으로, 이는 최고사법평의회(Consiglio Superiore della Magistratura, CSM)[47]의 구조에 의해 민주적인 의미로 강화되고 있다.[48] 다음, 사법부의 외부적 독립을 위한 핵심 요소는 판사와 검사 등 사법관[49]의

43) 불신임동의는 해당 원의 적어도 10분의1 이상이 서명해야 하며 제출 후 3일 내에는 의제로 삼을 수 없다(제94조 제5항).

44) 그런데 헌법은 수상의 임명 방법에 대해 규정하고 있지 않아 정부의 구성 절차는 주로 정치적 행위자들에 의해, 즉 일차적으로 정당들에 의해 형성되도록 남아 있다. 이에 대통령은 하원과 상원 모두에서 신임 투표를 통과할 만한 후보자를 찾아 수상으로 임명하기 위해 정당지도자뿐만 아니라 노동조합의 지도자 등 정계의 유력인사들을 두루 만나 의견을 듣는다. 그리하여 그 후보자는 다수당의 영수가 되는 경우가 보통이다. 이렇게 지명된 자는 내각을 인수하고 각료 명부를 대통령에게 제출한다.

45) S. Borghese, 전게서, p. 118.

46) 이탈리아 정부 부처는 1946년 21개로 시작하여 20개 내외를 등락하다가 2000년대 중반부터 15개 정도로 감소하여 현재는 총리실(Presidenza del Consiglio dei Ministri)을 포함하여 14개이다.

47) 이 번역어로는 ‘최고사법평의회’ 외에 ‘최고사법위원회’, ‘최고사법회의’ 등이 있고, 영역으로는 ‘High Council of the Judiciary’, ‘Superior Council of Judiciary’ 등이 있다.

48) S. Borghese, 전게서, p. 101.

49) 이탈리아에서는 ‘사법부’ 혹은 ‘재판소’(magistratura)를 구성하는 ‘magistrato’라는 직이 판사(giudice)와 검사(pubblico ministero, procuratore) 모두를 가리키므로, 여기서는 ‘사법관’이라고 번역한다. 단순히 ‘법관’이

신분보장에 있다. 이를 위해 사법관은 본인의 동의에 의하지 않고 또는 법률로 정한 이유와 형식에 의해 행해지는 최고사법평의회의 결정에 의하지 않으면, 면직 · 정직 · 전임 · 전직되지 않는다(제107조 제1항).

이탈리아 사법체제는 프랑스 모델을 따르고 있다. 사법관들은 기술적 능력을 평가하는 경쟁시험에 의해 선발되고(제106조 제1항), 경력 공무원이다. 한편, 사법관 중 하나인 검사(검찰관, pubblico ministero)는 우리와 달리 행정기관이 아니라 사법기관이다. 검사는 판사에 부여되어 있는 것과 같은 독립성을 헌법상 보장받고 있다(제107조 제3항, 제108조 제2항).[50)]

이탈리아의 재판기관은 크게 통상법원과 헌법재판소로 나눌 수 있다. 통상법원은 다시 민사 · 형사 재판을 담당하는 일반법원과 그 밖의 사건들을 담당하는 특별법원으로 구분된다(제102조, 제103조). 일반법원은 심급구조에 따라 크게 지방법원－항소법원－대법원의 3심제로 이루어진다. 1심은 지방법원(Tribunale, 일반 민 · 형사 재판), 평화판사(Giudice di Pace, 경미한 민 · 형사 재판), 중죄법원(Corte d'assise, 중범죄 재판), 소년법원(Tribunale per i miorenni, 18세 미만 재판)이, 2심은 지방법원(Tribunale), 항소법원(Corte di appello), 항소중죄법원(Corte d'assise d'appello)이, 3심은 대법원(Corte di cassazione)[51)]이 담당한다. 특별법원으로는 1심 행정재판을 하는 지방행정법원(Tribunale Amministrativo Regionale, TAR)과 2심이자 종심으로서[52)] 최고행정법원 격인 국가평의회(Consiglio di Stato)[53)]가 있으며, 재정 · 회계 문제에 관한 재판을 하는 회계감사원(Corte dei Conti), 군사재판을 하는 군사법원(Tribunali Militari), 형집행을 감독하는 형집행법원(Tribunale di Sorveglianza) 등이 있다.[54)]

5) 주 · 현 · 시

이탈리아 헌법은 '기본원칙'에서 "하나이며 불가분인 공화국은 지방자치(autonomie locali)를 인정하며 또한 촉진한다."(제5조)고 천명하고, 본격적으로 제2편 제5장 '주, 현, 시'에서 제114조부터 제133조의 20개 조항에 걸쳐 지방의 구성과 자치 권한(입법 · 행정 · 과세 등),

---

라고 할 경우 '법관＝판사'라는 등식이 성립하고 있는 우리나라의 실정상 오해를 불러일으킬 수 있기 때문이다.

50) 검사의 일반적 임무는 법률의 정당한 적용을 청구하고, 한편 이것을 감독하는 것이다. 그 목적을 위해 민사 · 형사 및 행정의 모든 사건에 개입하고 또는 고발하는 권한을 가진다.

51) 'Corte di cassazione'는 '파기원', '파훼원', '최고재판소' 등으로 번역되기도 하는데, 여기서는 우리나라에 맞추어 '대법원'으로 칭한다. 2017년 현재 이탈리아 대법원은 6개의 민사부(sezione civile)와 1개의 민사결합부(sezioni unite civili), 그리고 7개의 형사부(sezione penale)와 1개의 형사결합부(sezioni unite penali)로 구성되어 있다. 민사부 및 형사부는 각 5명의 법관으로, 민사결합부 및 형사결합부는 각 부의 부장 등을 포함해 각 9명으로 구성된다. 우리 식의 대법원장은 제1대법관(Primo Presidente)이라 호칭되고, 부대법원장(Presidente Aggiunto)이 있으며, 각 부(部, sezione)마다 부장(presidente di sezione)이 있다.

52) 국가평의회의 결정에 대해서는 재판관할권에 대한 다툼 이외에는 대법원에 상고를 할 수 없으므로, 행정사건에 대해서는 국가평의회가 최고법원의 역할을 한다.

53) 'Consiglio di Stato'는 '국가평의회', '국무원', '참사원' 등으로 다양하게 번역되고 있다. 이는 프랑스의 콩세유데타(Conseil d'Eta)와 유사한 것이나, 프랑스의 그것만큼 큰 역할을 하고 있지는 않다고 평가된다.

54) 이상을 그림으로 나타내면 다음과 같다(출처 https://en.wikipedia.org/wiki/Judiciary_of_Italy).

중앙과 지방의 관계 및 그 분쟁 등에 대해 상세하게 규정한다.

이탈리아는 하나의 국가이지만, 20개의 주(州, regione)가 모이고, 또 93개의 현(縣, provincia) 및 8,000여 개의 시(市, 꼬무네, 자치시, comune)[55]가 합쳐진 매우 분권화된 나라이다. 주는 20개가 있는데, 그중 5개는 '특별'주[56]이고 나머지 15개는 '일반'주이다. 따라서 이탈리아는 일반적으로 '지역국가'(Stato regionale/regional State)로 이해되어 왔다. 즉, 이탈리아는 프랑스와 같은 '단일국가'(Stato unitario)도, 미국이나 독일 같은 '연방국가'(Stato federale)도 아니고, 스페인 같은 그 중간 형태라는 것이다.

그런데 이런 지역국가 시스템이 최근 두 차례의 헌법개정, 즉 1999년 제1호 헌법적 법률[57]과 2001년 제3호 헌법적 법률[58]에 의해 심대한 변화를 겪게 되었다. 즉, 종전보다 더 분권화된 방향으로 진전한 것이다. 헌법률 1/99는 주헌장과 주 선거 시스템에 대한 개정이고, 헌법률 3/01는 주의 입법, 행정 및 과세 권한에 대한 개정이었다.

주는 주민에 의해 선출되는 입법기관인 주의회(Consiglio regionale)를 갖고 있고, 행정기관인 주정부(Giunta)와 주지사(Presidente della Giunta, 헌법률 1/99에 따라 주민 직접 선출)가 있다(제121조).

헌법률 1/99는 헌법 제123조를 개정하여 이제 주헌장은 (중앙)의회의 사전 승인 없이 주의회에 의해서만 승인되면 되고, 중앙정부는 원할 경우 그 공고 30일 이내에 헌법재판소에

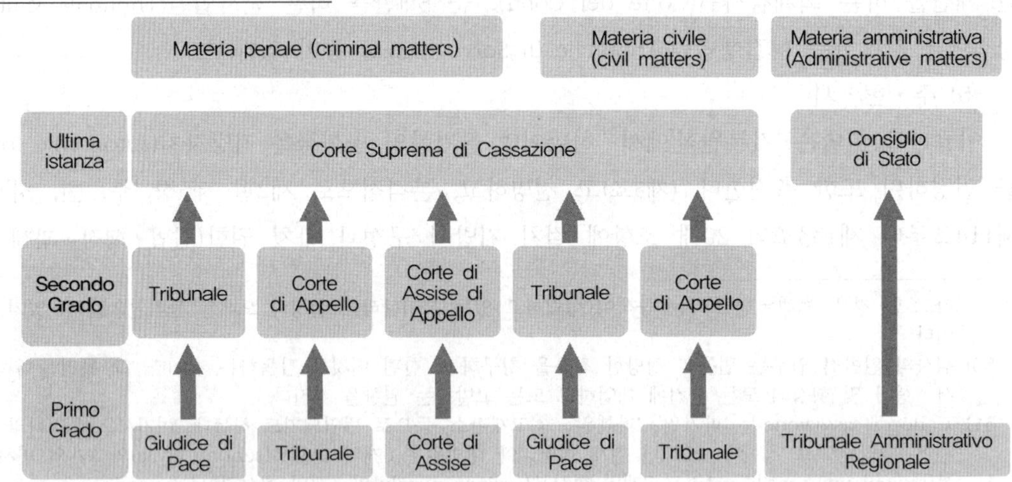

55) 2016년 12월 현재 이탈리아의 꼬무네 수는 7,990여 개다. 이와 비견되는 대한민국의 기초자치단체(시·군·구) 수는 226개이다(세종특별자치시와 제주특별자치도 제외).

56) 5개 특별주는 ① 프리울리 베네치아 줄리아, ② 사르데냐, ③ 시칠리아, ④ 트렌티노-알토 아디제, ⑤ 발레 다오스타 이다. 헌법 제116조 제1항: 프리울리 베네치아 줄리아, 사르데냐, 시칠리아, 트렌티노-알토 아디제, 발레 다오스타는 헌법적 법률로 채택된 특별법에 따른 특별한 자치의 형식이 부여된다.

57) Legge costituzionale 22 novembre 1999, n. 1-"Disposizioni concernenti l'elezione diretta del Presidente della Giunta regionale e l'autonomia statutaria delle Regioni".

58) Legge costituzionale 18 ottobre 2001, n. 3.-"Modifiche al titolo V della parte seconda della Costituzione".

제소할 수 있게 되었다(제123조 제2항).

한편, 이전에 헌법 제117조는 일반주가 입법권을 가지는 17개 분야(영역)를 나열하고 있었는데, 이들은 (국가)법률에 정해진 '기본원칙들의 한계 내에' 있었고, 주 법률은 중앙정부의 사전통제 절차를 거쳐야 했다.[59] 그런데 헌법률 3/01은 헌법 제117조를 개정하여 주의 잔여권한 원칙(the rule of residual power to the Regions)[60]을 도입하였다. 또한 헌법률 3/01은 주법률의 승인 절차를 개정하여 중앙정부의 사전적 통제를 제거하였는바, 주법률은 이제 주의회에 의해 표결되어 주 관보에의 공고로써 효력이 발생한다. 중앙 정부는 원할 경우 주법률을 헌법재판소에 그 공고로부터 60일 이내에 제소할 수 있다(제127조).

행정권에 관해서는, 새 헌법 제118조는 보충성원칙(the principle of subsidiarity)을 도입하고 있는데, 위 조항은 모든 행정권한은 그것을 주나 국가에 줄 필요가 있는 경우가 아닌 한 시에 부여된다고 규정한다.

과세권과 관련하여서는, 헌법 제119조는 가난한 지방정부를 위한 특별기금이 마련되기는 하지만 지방정부(시, 현, 대도시, 주 모두)는 각자의 세수로 모든 자신의 활동비용을 지출해야 한다고 규정하고 있다.

6) 헌법의 보장

이제 이탈리아 헌법은 본문의 마지막 제6장에서 '헌법의 보장'(혹은 '헌법의 수호', Garanzie costituzionali)을 비로소 규정하게 된다. 이는 다시 2 부분으로 나뉘는데, 하나는 '헌법재판소'에 관한 것이고(제134조~제136조), 다른 하나는 '헌법개정과 헌법적 법률'에 관한 것이다(제138조, 제139조). 헌법재판소에 관해서는 다음 장에서 상세히 살펴보기로 한다.

앞서 보았듯이, '헌법적 법률'(legge costituzionale)은 헌법적 사항을 규율하는 법률인데, 크게 헌법개정을 위한 것과 그 외의 헌법적 사항을 규율하는 것으로 나뉜다(제138조 제1항). 이탈리아에서는 헌법을 개정함에 있어 헌법전 자체를 개정하는 우리 같은 형식보다는, '헌법 제○조를 (다음과 같이) 개정/대체/폐지한다'는 내용을 가진 헌법적 법률을 별도로 제정함으로써 헌법을 개정하는 형식을 주로 취한다. 이것이 전자의 헌법적 법률이다. 한편, 후자에 관해 보자면, 기존 주 통합이나 새로운 주 창설에 관해 헌법적 법률에 의하도록 한 것(제132조), 위헌법률심판의 소송요건·헌법재판관의 독립성 보장에 관해 헌법적 법률에 의하도록 한 것(제137조) 등이 있다.

---

59) 중앙정부의 사전통제절차는 다음과 같다. 주의 법률은 주의회에 의해 승인된 후 중앙 정부의 승인을 받도록 이송되었다. 중앙 정부는 그것을 승인할 수도, 아무런 응답을 하지 않을 수도(이는 승인으로 간주되었음), 거부할 수도 있었는데, 거부 시 법률은 다시 주의회에 환송되었다. 만약 법률이 주의회의 절대다수로 다시 승인되면, 중앙정부는 헌법재판소에 제소할 수 있었던 것이다.

60) 즉, 중앙정부가 독점적으로 입법권을 가지는 17개 영역(제117조 제2항)과 중앙정부와 주가 경합적으로 권한을 가지는 18개 영역(동조 제3항)을 나열하고, 그 밖의 다른 영역은 주에 독점적 입법권이 부여되도록 하였다(동조 제4항).

헌법적 법률의 제정 절차에 관해서는 제138조가 규정하고 있는데, 이 규정이 일반 법률의 제정 절차와는 다른 훨씬 강화된 절차(간단히 말하면, 양원 각각에 의한 각 2번의 통과, 즉 '이중 특별 심의'와 '이중 특별 의결')를 규정하고 있기 때문에 현행 헌법은 이른바 경성헌법이라 할 수 있는 것이다. 제헌 이후 2017년 현재까지 헌법개정은 총 16회[61]가 있었다. '헌법개정을 위한 국민투표'(제138조 제2항, 제3항)를 거쳐 개정이 이루어진 것은 앞서 본 2001년 헌법적 법률 제3호에 의한 개정 1회뿐이고, 나머지는 모두 의회 차원에서의 헌법적 법률의 제정을 통해 이루어진 것이다.

한편, 헌법은 그 마지막 조문에서 "공화국이라는 형태는 헌법개정의 대상이 될 수 없다."라고 규정하여 개정금지사항을 정하고 있다(제139조).

Ⅲ. 이탈리아의 헌법재판소와 헌법재판제도

헌법재판소는 의회를 포함한 국가의 모든 기관이 헌법을 존중하도록 감독하고 헌법질서를 수호하는 숭고한 임무를 가진 기관이다. 이하에서는 우선 헌법재판 관련 주요 법령들을 소개하고 법령 및 판례 인용 방법을 설명한다. 다음으로 이탈리아 헌법재판소(이하 '헌재'라 한다)의 역사로부터 헌재의 구성, 권한, 재판 과정, 끝으로 재판의 유형과 효력을 차례로 검토한다.

1. 헌법재판 관련 주요 법령과 법령 · 판례 인용 방법

(1) 헌법재판 관련 주요 법령

다음은 헌법재판 관련 주요 법령들의 목록으로서, 헌법적 법률[62] – (일반) 법률[63] – 헌법재판소 규칙[64] 순으로 모았다.[65]

---

61) 헌법개정 차수: ① 1963.2.9. ② 1963.12.27. ③ 1967.11.22. ④ 1989.1.16. ⑤ 1991.11.4. ⑥ 1992.3.6. ⑦ 1993.10.29. ⑧ 1999.11.22. ⑨ 1999.11.23. ⑩ 2000.1.17. ⑪ 2001.1.23. ⑫ 2001.10.18. ⑬ 2002.10.23. ⑭ 2003.5.30. ⑮ 2007.10.2. ⑯ 2012.4.20.

62) '헌법적 법률'은 헌법적 사항을 규율하는 법률인데, 크게 헌법개정을 위한 것과 그 외의 헌법적 사항을 규율하는 것으로 나뉜다(헌법 제138조). 때로는 '헌법률'이라고도 하며, 영어로는 'constitutional law'로 번역된다.

63) 앞서 본 바와 같이, 이탈리아의 법률은 그 제정 주체에 따를 때 국가의 법률과 주의 법률(legge regionale)로 나눌 수 있다. 국가의 법률은 의회가 제정하며, 일반 법률(보통 법률, legge semplice, legge ordinaria)과 헌법적 법률(legge costituzionale)로 구별된다.

64) 이탈리아 헌법은 "헌법재판소의 구성과 기능에 필요한 기타 사항은 일반 법률로 정한다."(제137조 제2항)라고 규정하였는바, 이에 따라 1953년 3월 11일 법률 제87호가 제정되었고, 이 법률은 다시 헌법재판소의 규칙 제정권을 인정하고 있다(제14조 제1항).

65) 이하의 목록은 이탈리아 헌법재판에 관해 핵심적 법원(法源)으로 취급되는 것들을 모두 모은 것이다. 이는 이탈리아 헌재 홈페이지에 '헌법재판소 관련 법원'(Le fonti di disciplina della Corte costituzionale)으로 소개되어 있는 것이고(http://www.cortecostituzionale.it/jsp/consulta/istituzioni/fonti.do 참조), Elena Malfatti, Saulle Panizza & Roberto Romboli, *Giustizia costituzionale*, 4th ed., Torino: G. Giappichelli, 2016에서

이탈리아 법령의 특징은, 우리와 달리 단일법전이 적고 여러 법령들이 제정 시기를 달리하고 내용을 따로 하여 각기 공존하는 경우가 많다는 것이다. 예컨대, 우리나라는 '헌법재판소법'이라는 단일법전이 있어 이 법률에서 헌법재판소의 구성이나 조직·심판절차 등 헌법재판에 관한 제반 사항을 망라하며, 하위 세부 사항만을 몇몇 '헌법재판소규칙'에서 보완하는 형식을 취한다. 따라서 우리의 경우 '헌법재판소법'을 통해 헌법재판소의 전모를 파악할 수 있게 된다. 그러나 이탈리아의 경우, 아래에서 보듯, 여러 개의 헌법적 법률·법률·규칙 등이 병존하고 있는바, 관련 법령들을 두루 살펴 유기적으로 파악하지 않고서는 전모를 알기 힘든 경우가 많다.[66)]

1) 헌법적 법률(legge costituzionale)

① 1948년 2월 9일 헌법적 법률 제1호 "헌법재판소의 합헌성 재판 및 독립성의 보장에 관한 제 규범"[67)]

② 1953년 3월 11일 헌법적 법률 제1호 "헌법재판소에 관한 헌법의 보충규범"[68)]

③ 1967년 11월 22일 헌법적 법률 제2호 "헌법 제135조의 개정 및 헌법재판소에 관한 제 규정"[69)]

2) 법률(legge)

① 1953년 3월 11일 법률 제87호 "헌법재판소의 구성 및 운영에 관한 제 규범"[70)]

② 1962년 1월 25일 법률 제20호 "탄핵의 절차 및 재판에 관한 제 규범"[71)]

③ 1970년 5월 25일 법률 제352호 "헌법이 정하는 국민투표 및 국민발안에 관한 제 규범"[72)]

3) 헌법재판소 규칙(regolamento della Corte costituzionale)

① 1966년 1월 20일 헌법재판소 의결[73)] "헌법재판소 일반 규칙"[74)]

별도로 만든 법령 책자에도 수록되어 있는 것들이다.

66) 이런 불편함 때문에 이탈리아에서도 입법기술상 단일법전을 만들려는 노력이 있는바, 그렇게 하여 제정된 것을 'testo unico'라고 한다. 그 형식은 주로 대통령령(decreto del presidente della repubblica)에 의하므로, '통일법전' 또는 '통일명령'으로 번역할 수 있겠다. 이탈리아에는 수권법에 의한 입법이 많은데, 수권법에 근거하여 상세하게 정해진 대통령령, 즉 입법명령(decreto legislativo)을 통일명령으로 제정하는 것이다.

67) Legge costituzionale 9 febbraio 1948, n. 1-Norme sui giudizi di legittimità costituzionale e sulle garanzie d'indipendenza della Corte costituzionale.

68) Legge costituzionale 11 marzo 1953, n. 1-Norme integrative della Costituzione concerneneti la Corte costituzionale.

69) Legge costituzionale 22 novembre 1967, n. 2-Modificazione dell'articolo 135 della Costituzione e disposizioni sulla Corte costituzionale.

70) Legge 11 marzo 1953, n. 87-Norme sulla Costituzione e sul funzionamento della Corte costituzionale.

71) Legge 25 gennaio 1962, n. 20-Norme sui procedimenti e giudizi di accusa.

72) Legge 25 maggio 1970, n. 352-Norme sui referendum previsti della Costituzionale e sulla iniziativa legislativa del popolo.

73) 이탈리아 헌재가 내리는 재판(decisioni, 이에는 판결과 결정이 포함됨)이 아닌, 위와 같은 규칙 제정에서의 결정은 '의결'(deliberazione)라고 번역하기로 한다. 재판(판결, 결정), 의결 등의 형식에 관해서는 후술한다.

② 2008년 10월 7일 헌법재판소 의결 "헌법재판소에 의한 재판에 관한 보충규범"[75)]

(2) 법령 및 판례 인용 방법

이탈리아의 법령 및 판례 인용 방법에 대해 몇 가지 사례를 들어 살펴본다. 인용방법에는 여러 가지가 있으나 아래의 것들이 널리 쓰이는 방식이다.

인용시에는 법령의 이름, 형식, 조항, 그리고 재판기관명을 약어로 표시하는 것이 보통이다. 예컨대, L.은 legge(법률)를, D. Lgs.는 Decreto legislativo(입법명령)을 가리키며, codice civile(민법)은 C. C.로, codice penale(형법)은 C. P.로 줄인다. 조문 인용의 경우, 조－항－호는 art.(articolo)－comma－lett.(lettura)로 표시한다. 재판기관의 경우, Corte costituzionale (헌법재판소)는 Corte cost.로, Corte di Cassazione(대법원)는 Cass.로, Consiglio di Stato (국가평의회)는 Cons. Stato.로 표기한다.

한편, 이탈리아 헌법재판소는 판례번호(사건명, 사건번호)를 부여함에 있어 우리 헌법재판소의 헌가·헌나·헌다·헌라·헌마·헌바·헌사와 같은 약어는 쓰지 않고, 단순히 선고날짜와 사건번호만을 조합하는 방식을 취한다.

1) 법령 인용 방법

[해당 법령조항 | 법령의 종류 | 제정일자 | 법령번호]

Art. 16, comma 4, lett. a., l. 28 gennaio 1994 n. 84(1994년 1월 28일 제84호 법률 제16조 제4항 a호)

Art. 456, C. C.(민법 제456조)

L. 13 febbraio 2001 n. 45(2001년 2월 13일 제45호 법률)

D. Lgs. 29 marzo 1993 n. 119(1993년 3월 29일 제119호 입법명령)

2) 판례 인용 방법

[법원명 | 선고일자 | 사건번호 | 판례출판지명(필요시)]

Corte cost., sent. n. 8/1956(헌법재판소 1956년 제8호 판결)

Sentenza Corte cost. 6 maggio 1985 n. 154(헌법재판소 1985년 5월 6일 제154호 판결)

Ordinanza Corte cost. 12 dicembre 1990 n. 572(헌법재판소 1990년 12월 12일 제572호 결정)

Cass. pen., sez. Ⅰ. 30 aprile 1992 n. 2016(대법원 형사1부 1992년 4월 30일 제2016호 판결)

---

74) Regolamento generale della Corte costituzionale-20 gennaio 1966 e successive modificazioni. 본래는 1958.4.22. Regolamento generale della Corte costituzionale이 최초의 것이었으나, 위 1966.1.20. 위 규칙으로 대체되었고, 이후로도 작은 개정이 계속되었는바, 최근에는 2009.7.14. 개정되었다.

75) Corte costituzionale-Delibera 7 ottobre 2008-Norme integrative per i giudizi davanti alla Corte costituzionale. 최초의 것은 1956.3.16.의 것이지만, 이후 개정이 계속되었는바, 지금은 위의 2008.10.7.의 것이 이용된다.

Cons. Stato, sez. Ⅳ, 14 giugno 2005 n. 3120(국가평의회 4부 2005년 6월 14일 제3120호 판결)

2. 이탈리아 헌법재판소의 역사와 지위

1861년 통일 이탈리아 왕국 이후부터만 잡아도 다른 국가기관이 150여 년 역사를 가진 것이라면 '이탈리아 공화국 헌법재판소'(Corte costituzionale della Repubblica Italiana)는 이제 겨우 반세기를 넘겼을 뿐이다. 이탈리아 헌재는 어떤 면에서는 신생기관인 셈인데, 제2차 세계대전이 끝난 이후 1948년 제헌헌법 때부터 헌법재판제도가 도입된 것이다. 그러나 헌법재판제도의 구상을 보자면 유럽에서 오스트리아 다음으로 2번째로 만들어진 오랜 것이기도 하다.[76)]

헌법재판제도의 필요성에 대해서는 1946년 제헌의회부터 기독교민주당을 중심으로 널리 공감대가 형성되어 있었다. 물론 인민의 의지를 최상위에 두고 그것이 구현된 법률에 대해서는 사법기관에 의한 통제가 인정될 수 없다고 보는 공산당은 반대를 했으나, 별로 거센 것은 아니었다. 제헌의회 산하 헌법위원회(75인 위원회)는 다양한 제도 유형 중 미국식의 일반법원형(비집중형)을 배척하고 오스트리아식의 헌법재판소형(집중형)을 채택했고, 이에 따라 제헌헌법은 헌법재판소를 규정하게 되었다.

그런데 헌법에는 헌재의 권한 및 구성과 같은 최소한의 기본적인 규정들만이 존재했고(제134조~제136조), 소제기 방법이나 헌재의 구체적 구성 방법 등의 문제는 하위법령에 위임되었다(제137조). 이에 1948년 2월 의회는 소제기권자를 규정한 1948년 헌법적 법률 제1호(전문 4조)[77)]를 통과시켰다. 그 후 1953년 3월에 이르러 겨우 재판관의 구성, 재판의 운영 방법 내지 심판방법 등을 구체화한 헌법적 법률 제1호(전문 14조)[78)]와 일반 법률 제87호(전문 53조)[79)]가 통과되어 헌법재판소의 출범을 위한 모든 법적 토대가 마련되었다. 그러나 가중 다수결을 요하는 의회 선출의 5명 재판관을 선출하는데 대립이 있어 다시 2년이 지난 1955년 12월에야 15명의 재판관이 모두 선임되었다. 이제 헌재는 콘술타궁에 들어가 필요한 조직을 갖추고 '보충규범'(norme integrative)으로 알려진 내부규칙을 정할 수 있었다. 이리하여 헌법이 제정된 지 8년만에 비로소 헌재는 기능을 할 수 있게 되었는바, 1956년 1월 1일

---

76) 김종호, 전게논문, p. 783.

77) 1948년 2월 9일 헌법적 법률 제1호 "헌법재판소의 합헌성 재판 및 독립성의 보장에 관한 제 규범": Legge costituzionale 9 febbraio 1948, n. 1-Norme sui giudizi di legittimità costituzionale e sulle garanzie d'indipendenza della Corte costituzionale.

78) 1953년 3월 11일 헌법적 법률 제1호 "헌법재판소에 관한 헌법의 보충규범": Legge costituzionale 11 marzo 1953, n. 1-Norme integrative della Costituzione concerneneti la Corte costituzionale.

79) 1953년 3월 11일 법률 제87호 "헌법재판소의 구성 및 운영에 관한 제 규범": Legge 11 marzo 1953, n. 87-Norme sulla Costituzione e sul funzionamento della Corte costituzionale.

출범하고 같은 해 4월 23일 첫 구두변론을 하고 6월 14일 첫 판결이자 위헌 판결을 하였다.

이탈리아 헌법재판소는 고대 로마의 일곱 언덕 중 하나인 퀴리날레(Quirinale) 언덕 위 18세기 초 지어진 아름다운 건물[80]에 자리잡고 있다. 작은 도로와 광장을 사이에 두고 건너편에는 이탈리아 대통령의 관저인 퀴리날레궁(Palazzo del Quirinale)이 있다. 이는 이탈리아 헌재의 정치적·법적 지위와 역할을 상징적으로 보여준다. 이탈리아에서는 건물의 본래 이름으로 거기에 소재한 기관을 지칭하는 경우가 많다. 헌재의 경우에도 마찬가지로, 과거 교황령의 민·형사 재판을 담당하던 교황청 재판소(Santa Consulta)의 원래 건물 콘술타궁(Palazzo della Consulta)으로부터 이름을 가져와 '라 콘술타'(La Consulta)라고 짧고 간결하게 부른다. 이탈리아인들은 뉴스에서 '라 콘술타'라고 하면 헌법재판소를 가리키는 것으로 이해한다.

사실 헌재가 출범하기 전까지, 즉 1948년 제헌헌법부터 1955년 말까지 법원이 위헌법률심판을 하던 시절도 있었다.[81] 그런데 법원은 그에 소극적이었고 파시즘 체제 하의 악법마저도 기계적으로 적용하는데 머물러 새로운 시대에 대한 국민의 기대를 충족시키지 못하였다. 또한 법원들 간에 모순된 판결이 나오기도 하는 등 비집중형인 미국형 위헌심사제도의 문제점이 드러났다. 예컨대, 젊은 진보적 법관과 파시즘 체제 20년을 거친 나이든 보수적 법관 사이의 이견과 대립은 심각한 것이었다.[82]

이런 상황에서 출범한 이탈리아 헌재는 과감하고 혁신적인 첫걸음을 떼게 된다. 그것이 신생 헌재에게 맡겨진 과제이자 임무이기도 하였다. 헌재가 1956년 6월 개소 반 년만에 내린 최초의 판결은 파시스트 체제하에서 제정된 공공안전에 관한 1931년 법률[83] 조항에 대한 위헌판결이었다(Corte cost., sent. n. 1/1956). 그 조항은 전단지를 배포하거나 포스터를 붙이는데 경찰의 허가를 요구하고 그렇지 않을 경우 처벌하도록 하였다. 이 사건은 위 조항이 헌법 제21조(표현의 자유)에 부합하는지 의문을 가진 이탈리아 전역의 30명 이상의 형사법원

---

80) 이탈리아 헌법재판소가 발간한 소개책자는 건물의 역사와 건설 경위, 건축의 장식적 요소, 그림 등을 소개하는데 몇 페이지를 할애하고 있다. 콘술타궁은 페르디난도 푸가(Ferdinando Fuga, 1699~1781)가 교황 클레멘테 12세의 재위 중인 1732년~1735년에 지었다. 본래 교황청 재판소인 콘술타로 오래 쓰이다가 19세기 말 이탈리아 왕국 시절에는 왕족의 거소가 되었으나(퀴리날레궁은 왕의 거소) 이탈리아 공화국이 되자 헌법재판소의 건물이 되었다. 이탈리아 헌법재판소가 발간한 소개 책자 Palazzo della Consulta, *Che cosa è la Corte costituzionale*("헌법재판소란 무엇인가"), 2016, pp. 16-17, 62-63.

81) 헌법 '경과 및 최종 규정' 제7조 ① 헌법에 따라 사법부에 관한 새 법률이 공포될 때까지 현행 규정을 계속 적용한다.
② 헌법재판소가 구성될 때까지, 제134조에 명시된 분쟁에 관한 판결은 헌법 시행 전에 이미 존재하는 규정의 형식과 한계 내에서 진행한다.

82) 1948년부터 1955년까지 일반 법원에 의한 사법심사의 문제 상황에 관해 상세한 것은 마우로 카펠레티, 『현대헌법재판론』, 구병삭·강경근·김승환 공역, 법문사, 1989, pp. 80-89; 김종호, 전게논문, pp. 791-792 참조.

83) Testo unico delle leggi di Pubblica Sicurezza. con R.D. 18 giugno 1931, n. 773(Gazz. Uff. 26 giugno 1931, n. 146).

판사에 의해 제기되었다.[84)] 초창기 헌재는 파시즘 시대의 악법을 제거하는 데 그치지 않고 다른 분야에서도 전향적인 판결을 내리기도 하였다. 예컨대, 이탈리아 형법은 간통죄를 규율함에 있어 남편은 처벌하지 않고 부인의 간통만을 처벌하고 있었는데, 헌재는 이 조항이 헌법 제3조(남녀 평등)와 제29조(혼인관계에서의 부부간의 평등)의 평등원칙을 위반하였다고 하여 1968년 위헌 판결을 내린다(Corte cost., sent. n. 64/1968).[85)]

이처럼 이탈리아 헌재는 신생기관임에도 파시즘 시절부터 존속되어 왔으나 해소되지 못하던 법률들이나 시대에 뒤떨어진 법률들을 출범 초기부터 과감히 제거하였다. 또 이후로도 국가적으로 중대한 정치적·법적 사안을 적절히 처리해 나감으로써 이탈리아 국가기관으로서는 드물게 국민으로부터 큰 신뢰를 얻어오고 있다.[86)]

요컨대, 이탈리아 헌재의 역사적 발전 과정은 과거 파시즘 체제 하의 악법을 실정법질서에서 배제함으로써 새 헌법에 따른 공화국 초기의 법질서를 정비하는 데 주력을 둔 초기 단계와 그 이후 의회에서 새로 제정된 입법을 통제하는 본격적 단계로 양대별할 수 있다.[87)]

한편, 또 다른 관점에서 이탈리아 헌재의 역사적 전개는 다음과 같은 4시기로 구분할 수도 있다.[88)] 제1기는 설립(1956년)부터 1970년대 초반까지로 구법들을 청소하는 시기인데, 기대되는 그런 역할을 하지 못하는 의회를 헌재가 대체 역할을 한 단계이다. 다음 제2기는 1970년대 중반부터 1980년대 중반까지로 이제 구법보다는 제헌 이후 법률에 대한 심사를 본격적으로 진행한 시기로서, 그 결과 정치권 및 다른 헌법기관과의 조화·균형 문제가 제기되는 한편, 사건수가 급증하고 심리가 지연되는(80년대 초부터 시작됨) 단계이다. 제3기는 1980년대 중반부터 2000년대 초반까지로 이 시기에 헌재는 (명백히 허용되지 않음 결정과 명백히 이유없음 결정 등의 재판기법을 이용하여) 사건의 증가를 막는 한편 지연된 사건처리를 서둘러 헌재의 기능을 정상화시키게 되었다. 끝으로, 2000년대 초반 이후 지금까지의 제4기에서는 2001년 지방분권 개헌에 따른 중앙정부와 주 사이의 소송 증가, 일반 판사의 역할 변화, EU 재판소와의 관계 정립 등의 상황을 맞고 있다.[89)]

---

84) 위 사건에서는 헌재가 향후 재판을 해나가는 데 있어 중요했던 또 하나의 선결적인 논점이 있었다. 바로 헌재의 재판권이 1948년 헌법 이전에 제정된 법령에도 미치는지에 관한 것이다. 당시 법무부장관은 그런 법령의 폐지 여부는 의회의 권한에 속한다고 주장하며 반대하였으나, 헌재는 1948년 이전이든 이후든 상관없이 모든 법률이 사법심사될 수 있다고 판시하였다.

85) 그러나 같은 조항에 대해 1961년에는 합헌 판결이 내려진 바 있었다(Corte cost., sent. n. 126/1961). 이는 헌재의 판단이 불변하는 것이 아니라 달라질 수 있음을 보여주는 사례이기도 하다.

86) 이처럼 이탈리아 헌재는 지금에 와서는 확고한 자리를 잡았다. 하지만 초창기에는 제대로 된 집기나 보조인력조차 없을 정도로 열악한 상황이었는바, 다른 기관의 무시와 의구심 속에서 헌법재판소의 위상을 정립하기 위한 헌법재판관들의 고군분투가 있었다고 한다. V. Barsotti · P. Carozza · M. Cartabia · A. Simoncini (eds.), 전게서, p. 27, 34-35 참조.

87) 장영철, 전게논문, p. 23.

88) V. Barsotti · P. Carozza · M. Cartabia · A. Simoncini(eds.), 전게서, pp. 37-39.

89) 한편, 김민동은 해석적 기각판결 등을 둘러싼 헌재와 대법원의 갈등과 조화라는 관점에서 헌재의 역사적

헌법재판소의 성격 혹은 본질에 관해 이탈리아에서는 헌재가 정치적 성격을 띤다는 것을 부정하려 하지 않고 당연한 것으로 인정한다. 즉, 헌재는 정치와 상호작용하지만 정치적 기관은 아니다. 그 기능은 정책이나 이해관계를 대변하는 것이 아니라 공화국의 기본적 법에 대한 광범위한 존중을 보장하는 것인데, 이런 기능을 하는 데 있어 헌재는 다른 재판기관과 상호작용을 하지만 그렇다고 하여 온전한 재판기관은 또한 아니라는 것이다.[90] 이러한 정치적 사법기관이라는 헌재의 성격은 헌법재판관의 구성 중 3분의 1은 의회에서 선출하는 한편 다른 3분의 1은 사법부에서 지명한다는 점, 그리고 재판관이 (법학교수 출신을 포함하여) 모두 법률가라는 점에서 확연히 드러나게 된다. 결국 문제는 헌재가 당파성을 띠어서는 안 된다는 것으로 정치적 중립성과 공정성을 확보하기 위해 여러 제도적 장치를 두는 한편, 내부적으로도 노력할 따름이다.

3. 헌법재판소의 구성과 조직

앞서 보았듯, 이탈리아 헌법은 제2편 '공화국의 조직', 제6장 '헌법의 보장', 제1절 '헌법재판소'에서 총 4개 조항으로 헌법재판소의 권한(제134조), 구성(제135조), 판결의 효력(제136조), 하위법령에의 위임(제137조)을 규정한다. 이 조항들은 헌법재판에 관한 최소한의 것만을 규정하고 있으므로 그 전체적인 이해를 위해서는 제137조의 위임에 따라 제정된 하위의 헌법적 법률, 법률, 규칙의 보완이 필요하다.

(1) 헌법재판관과 헌법재판소장

헌법재판소는 15명의 헌법재판관(giudice costituzionale)으로 구성되고(제135조 제1항), 재판관의 임기는 9년이며 재임하지 못한다(동조 제3항). 이 9년이라는 임기(정년 없음)는 헌법상 다른 어떤 선출직 기관의 임기보다 더 긴데,[91] 이는 재판관의 독립을, 특히 일부 재판관을 선출하는 정치권으로부터의 독립을 보장한다. 만약 재판관이 임기 만료 이전에 사망이나 사직 등의 사유로 직을 떠나는 경우, 그 후임자는 전임자를 선출했던 그 기관에 의해 새로이 지명되어 9년의 임기를 가진다. 재판관의 임기 종료 시점이 조금씩 다르므로 지명 시점도 달라지고 그 결과 재판소의 구성도 서서히 변해 간다. 이런 방식으로 재판소의 사법은 시간을 두고 달라지기도 하지만 그 밑바탕에는 변하지 않는 근본적인 연속성이 있는 것이다.[92]

재판관은 최고 수준의 경험과 실무능력을 가진 법률가들의 제한된 범주에서 선출된다. 헌

발전을 고찰하여, 1956년부터 1965년까지(1단계), 1965년부터 1990년까지(2단계), 1990년 중반부터 지금까지(3단계)로 구분하고 있다. 김민동, 전게논문, pp. 57-66.

90) 이탈리아 헌법재판소, 전게책자, p. 16.

91) 이탈리아 대통령의 임기는 7년(제85조 제1항), 하원의원과 상원의원의 임기는 공히 5년(제60조 제1항)이다.

92) 이탈리아 헌법재판소, 전게책자, p. 28.

법재판관이 될 수 있는 자격은 다음과 같다(제135조 제2항): ① 상급 일반 재판기관 및 상급 행정 재판기관[93]의 전・현직 사법관, 또는 ② 대학의 법학 교수, 또는 ③ 20년 이상 경력의 변호사.

역대 재판관의 출신을 분석하면, 15명 중 1/3 내지 1/2 정도는 항상 대학 교수 출신이었고,[94] 나머지는 대개 사법관 출신이었으며, 드물게 순수 변호사 출신이 있어 왔다. 여성 재판관은 1996년에야 처음으로 임명되었는데 2017년 현재는 전체 15명 중 3명을 차지하고 있다.[95] 재판관의 최대 혹은 최소 연령 제한은 없으나, 최상위 재판기관 재직경력이나 높은 수준의 학계・변호사업계에서의 경험에 대한 요구 때문에 지명되는 재판관들의 나이는 50대에서 70대에 이르게 된다. 50대는 2-5명 정도의 소수이고, 60대와 70대의 노령이 나머지 다수이다.

재판소장(Presidente della Corte costituzionale)[96]은 헌법재판소를 대표하고, 이를 소집하고, 그 회의를 주재하고, 위원회의 활동을 총괄하고, 법률 및 규칙이 부여하는 기타 권한을 행사한다(1966년 일반규칙[97] 제22조). 소장은 재판관 중에서 재판관들이 호선하며, 임기는 3년이고 연임 가능하지만, 본래 재판관으로서의 임기만료는 변하지 않는다(제135조 제5항). 따라서, 예컨대, 전체 9년 임기 중 임기가 2년 남은 재판관이 소장으로 선출될 경우 소장의 임기는 3년이 아니라 2년에 한정된다.[98] 구체적인 호선 방법은, 비밀투표에 의해 재판관 중에서 재판관 과반수(15명 중 8명)의 찬성으로 선출하되, 과반수 미달시 3회 투표부터는 상위 득표자 사이에 결선투표를 하여 과반수에 도달한 사람이 당선자가 된다(1953년 법률 제87호 제6조 제1항). 득표수가 동일한 경우에는 선임자[99]가, 선임자가 없을 경우에는 연장자가 당선

93) 여기서 '상급 일반 재판기관'은 대법원을, '상급 행정 재판기관'은 국가평의회 및 회계감사원을 가리킨다.

94) 대학교수 출신의 역대 재판관의 전공을 살펴보자면, 헌법에 한정되지 않고 로마법, 이탈리아법제사, 민법, 형법, 행정법, 노동법, 민사소송법, 형사소송법 등 다양한 전공을 망라하고 있는 점이 특색이다.

95) 1996년 최초의 여성 재판관은 사법관 출신의 Fernanda Contri이고, 2017년 현재의 재판관인 Marta Cartabia(2011년 임명, 1963년 생)는 헌법 교수 출신, Silvana Sciarra(2014년 임명, 1948년 생)는 노동법 교수 출신, Daria de Petris(2014년 임명, 1956년 생)는 행정법 교수 출신이다. 이탈리아 헌법재판소 홈페이지 http://www.cortecostituzionale.it/actionCollegio.do 참조.

96) 2017년 현재 소장은 이탈리아법제사 교수 출신의 Paolo Grossi(1933년 생)로서 2009년 대통령에 의해 재판관으로 임명되었고 2016년 2월 소장으로 선출되었다.

97) 1966년 1월 20일 헌법재판소 의결 "헌법재판소 일반 규칙": Regolamento generale della Corte costituzionale- 20 gennaio 1966 e successive modificazioni.

98) 일반적으로 최선임 재판관이 소장으로 선출되기 때문에 자신의 3년 임기가 지나기 전에 재판관으로서의 임기가 종료되고, 따라서 소장으로서의 임기 역시 종료되는 일이 종종 생긴다. 이것이 많은 소장들의 상대적으로 짧은 재임기간을 설명하는 이유가 되는데, 그에 따라 2016년까지 약 60년의 재판소 존속 기간 동안 40명의 소장이 존재했던 것이다. 한편, 이런 측면에서 미국연방대법원에서와 같이 대법원장의 이름을 따서 재판부를 지칭하는 일(ex. 워렌 법원, 버거 법원, 렌퀴스트 법원)은 여의치 않다. V. Barsotti・P. Carozza・M. Cartabia・A. Simoncini(eds.), 전게서, p. 46.

99) 재판관의 취임은 선서의 날에 이루어지는데, 재직 연수는 선서의 날로부터 기산한다(즉, 선임자는 나이가 아니라 재직연수에 의해 정해진다). 같은 날에 선서가 이루어진 재판관 사이에는 연장자를 선임으로 본다 (1966년 일반규칙 제13조).

자가 된다(동조 제2항). 각 개별 재판관의 투표가 외부로 알려지는 것을 막기 위해 투표용지는 투표 후 즉시 폐기된다(1966년 일반규칙 제7조 제4항). 그러나 최근에는 소장의 이름과 그에 찬성한 투표수를 언론에 공표하는 관행이 채택되었다.[100)]

소장을 선출하는 데 있어 재판소가 누리는 자율권은 재판관 사이의 권한평등 혹은 협력관계(collegialità)를 강화한다. 소장은 평의에서 재판관의 의견이 반으로 나뉘었을 때, 즉 투표가 동수인 경우 결정권을 가지는 것(1953년 법률 제87호 제16조 제3항)을 제외하고는, 사건의 심판 과정에 있어 다른 재판관과 완전히 동일한 권한을 가진다. 그는 '동료 중 1인자'(*primus inter pares*)로서 그의 권력은 기본적으로 사건을 보고재판관에게 배당하며, 구두변론이나 평의에서 다룰 사건들의 일정을 정하고, 재판소의 일을 지도하고 회의를 소집하는 것에 있다. 그는 또한 공식적으로 헌법재판소를 대표하며(국가의전 서열상 대통령, 상원의장, 하원의장, 수상에 이은 5번째 지위를 누림), 재판소의 행정을 감독한다(행정은 사무처장에 의해 이뤄짐).

소장에 의해 임명되는 부소장(1명 또는 2명)은 소장이 어떤 이유로든 궐석(부재)하게 된 때 소장을 대리한다(1966년 일반규칙 제24조). 소장 및 부소장, 그리고 추첨에 의한 2인의 재판관으로 조직되는 이사부(理事部, Ufficio di Presidenza)는 예산·결산·재정·행정상의 여러 조직적·행정적 업무를 규율하는 권한을 가진다(동 규칙 제25조, 제26조). 한편, 이사부의 구성원이 아닌 재판관 중 추첨을 통해 선정되는 3명으로 구성되는 위원회(Commissione, 조사및규칙위원회와 도서위원회가 있음)는 특별한 행정 기능(내부규정의 준비, 연구 서비스의 운영, 도서관, 인사)을 다룬다(동 규칙 제27조).

(2) 헌법재판관의 선출방법

재판관 15명의 선출방법은 의회와 대통령, 그리고 사법부가 각 1/3씩, 즉 5명씩을 선출하는 것이다(제135조 제1항). 헌법은 헌법재판관에 대한 요구와 기대에 부응하기 위해 재판관의 선출권을 여러 곳에 배분함으로써 미묘하고 복합적인 균형을 달성하고 있다. 즉, 위 선출 시스템은 재판관으로서 공평하고 독립적일 것을 보장하고, 필요한 수준의 법적 기술을 확보하며, 정치적 감각뿐만 아니라 다양한 지식과 경험·문화를 헌법재판소에 들여오기 위해 섬세하게 디자인된 것이다.[101)]

구체적으로 보자면, 사법부 지명의 경우, 5명은 3개의 최상위 재판기관에 의해 선출되는데(3명은 대법원, 1명은 국가평의회, 1명은 회계감사원), 그 각 선출 합의체[102)]의 절대 다수에

100) 이탈리아 헌법재판소, 전게책자, p. 32.
101) 이탈리아 헌법재판소, 전게책자, p. 28.
102) 대법원의 합의체는 대법원장(회의 주재), 대법원부(付) 검사장(검찰총장), 대법원 부장들(部長), 대법원부 수석검사들, 대법원 평정관들 및 대법원부(付) 검사장 대리들로 구성되고, 국가평의회의 합의체는 국가평의회장(회의 주재), 부장들(部長) 및 평정관들로 구성되고, 회계감사원의 합의체는 회계감사원장(회의 주재), 부

의해 결정되고, 만약 그에 미달할 경우 최다득표를 한 후보자들 사이에 결선투표를 하게 된다(1953년 법률 제87호 제2조, 1967년 헌법률 제2호 제4조). 이렇게 사법부에 의해 선출되는 재판관들은 고유의 법적 기술과 경험을 갖고 있으며, 특정 정치체의 선택과는 아무런 연결고리가 없다.

다음, 의회 선출의 5명은 의회의 양원 합동회의에서 비밀투표로 선출되는데, 첫 3번의 투표까지는 3분의 2 다수 투표를 얻은 사람이 되고, 그 다음 투표(4회차)부터는 약화하여 5분의 3 다수표를 얻으면 된다(1967년 헌법률 제2호[103] 제3조). 의회 선출의 재판관은 대개 학계나 변호사업계 출신이며 때로는 현직 사법관 중에서도 나온다. 또 이들은 의회의 정치적 상황이나 세력을 반영하기도 하며, 때로는 자신이 상원이나 하원 의원이었을 수도 있다. 가중된 다수결 선출방법은 그 선출이 단순히 의회 다수파에 의해 이뤄지는 것이 아니라 다른 정치세력들 간의 합의에 의해서만 된다는 것을 말해준다. 즉, 의회 선출의 재판관은 의회 다수파 또는 그 반대파에 의해 선출되는 것이긴 하지만, 선출 정족수에 이르기 위해서는 반드시 다른 파의 동의를 얻어야 하는 것이다.[104] 그리하여 때로는 합의점에 이르기 위해 많은 시간과 투표가 필요할 수도 있고, 종종 그런 이유로 지연이 생기기도 하며, 이에 따라 15명이 아닌 그보다 적은 인원으로 헌재가 운영되기도 한다.

마지막 5명은 국가의 수장, 즉 대통령에 의해 지명되는데, 일반적으로 의회의 세력구도를 존중하면서도 약간의 균형을 달성하기 위해 선택된다. 즉, 대통령에 따라 때로는 의회 다수파 측의 사람을 지명하기도 하고 반대로 소수파 측의 사람을 지명하기도 하는 것이다.

이렇게 하여 이탈리아 헌법재판소는 이탈리아라는 국가의 정치적·법적·문화적 다원성을 가능한도로 거울처럼 반영하게 된다.

한편, 재판관은 그 직무를 맡기에 앞서 의회 양원 의장의 참석 하에 대통령 앞에서 헌법과 법률을 준수할 것을 선서하는데(1953년 법률 제87호 제5조), 재판관의 취임은 선서의 날에 시작된다(1966년 일반규칙 제13조).

(3) 헌법재판관의 권리, 의무 그리고 특권

재판관의 독립과 독립이라는 외관, 그리고 심리 중인 사건에 관련된 이해관계로부터의 분

장들(部長), 평정관들, 회계감사원부 검사장들 및 회계감사원부 부(副)검사들로 구성된다(1967년 헌법률 제2호 제4조, 1953년 법률 제87호 제2조).

103) 1967년 11월 22일 헌법적 법률 제2호 "헌법 제135조의 개정 및 헌법재판소에 관한 제 규정": Legge costituzionale 22 novembre 1967, n. 2-Modificazione dell'articolo 135 della Costituzione e disposizioni sulla Corte costituzionale.

104) 이탈리아의 정치 현실상 집권당이 양원 합동회의의 2/3를 차지한 적은 거의 없었기 때문에 과거에는 집권당인 기민당과 야당들(공산당, 사회당 등)이 타협하여 재판관 5명 중 2명은 기민당이, 1명은 공산당이, 1명은 사회당이, 나머지 1명은 중도파 군소정당이 선출하는 정치적 관행이 성립하였다고 한다. Alfonso Celotto. *La Corte Costituzionale*, il Mulino, 2004, p. 32.

리를 보장하기 위해 헌재의 구성원들은 그 임기 중 특별한 특권을 누리며 동시에 특별한 의무에 구속되기도 한다.

우선, 특권에 관해 보자면, 재판관은 재임하는 동안 헌법(제68조 제2항)에 의해 양원 의원에게 부여된 면책특권을 누리고(1948년 헌법률 제1호[105] 제3조 제3항), 직무 수행 중 표명한 의견이나 행한 표결에 관해 설명할 것을 요구받지 않으며(1953년 헌법률 제1호[106] 제5조), 헌재의 사전허가 없이는 형사 소추되거나 자유를 박탈당하지 않는다(1953년 법률 제87호 제9조, 1966년 일반규칙 제15조). 또한 재판관은 신체의 이상, 민사상의 무능력 또는 직무수행에 있어서의 중대한 해태를 이유로 하는 헌재의 재판에 의하지 않으면 면직·정직되지 않으며, 이는 구성원 3분의 2 다수에 의한 의결에 의해서만 결정된다(1948년 헌법률 제1호 제3조 제2항, 1953년 헌법률 제1호 제7조). 끝으로, 재판관은 사법관으로서 최고위직에 해당하는 대법원장에 상응하는 보수를 받을 수 있다(1953년 헌법률 제1호 제6조, 1953년 법률 제87호 제12조).

다른 한편, 재판관은 다른 어떠한 공적·사적 직업이나 일에 종사하거나 그것을 유지할 수 없고, 전문적·상업적 활동을 영위하거나 영리회사의 이사·감사의 직무를 수행할 수 없다(1953년 법률 제87호 제7조). 이는 사법관이나 대학 교수였던 재판관은 그 경력을 임기 동안 중단하여야 하고, 임기를 마친 뒤에야 그 직으로 돌아갈 수 있음을 의미한다. 변호사는 재판관 임기 동안 업무를 할 수 없으며 변호사협회의 구성원으로 남아 있을 수도 없다. 저작권료를 받는 것을 제외한 어떠한 유상 활동도 금지된다. 이때 재판관의 겸직 금지에 관한 문제는 헌재가 전속적으로 재판한다(1966년 일반규칙 제14조).

그리고 재판관은 정당에 소속되는 것뿐만 아니라 어떠한 정치적 활동을 하는 것도 금지된다(1953년 법률 제87호 제8조). 또한 오랜 기간 확립된 관행상, 재판관은 정치적 의견을 공개적으로 표현하거나 정치적 이슈 또는 재판소에 계속 중인 사건에 대하여 공개 인터뷰를 하는 것도 허용되지 않는다. 유일한 예외는 소장의 연두 기자회견, 그리고 재판소를 대표하여 드물게 행하는 공개 성명이다.[107]

임기가 끝나면 재판관은 그의 모든 역할을 종료하고, 재선출되지 못한다. 퇴임하는 재판관은 '명예재판관'(giudice emerito)의 칭호를 수여받으며(1966년 일반규칙 제20조), 연금 등을

105) 1948년 2월 9일 헌법적 법률 제1호 "헌법재판소의 합헌성 재판 및 독립성의 보장에 관한 제 규범": Legge costituzionale 9 febbraio 1948, n. 1-Norme sui giudizi di legittimità costituzionale e sulle garanzie d'indipendenza della Corte costituzionale.

106) 1953년 3월 11일 헌법적 법률 제1호 "헌법재판소에 관한 헌법의 보충규범": Legge costituzionale 11 marzo 1953, n. 1-Norme integrative della Costituzione concerneneti la Corte costituzionale.

107) 위와 같이 헌법재판관의 대외적 활동은 매우 제한되어 있다. 이 때문에 일반 시민 대중과의 소통에 있어 문제를 가져올 수 있다는 우려도 있겠지만, 일반적인 재판기관의 재판과 마찬가지로 헌법재판소의 재판도 공표된 의견으로만 설명되어야 한다는 점, 그에 따라 재판은 언제나 알 수 있고 또 법적 논증에 대해 평가와 비판을 할 수 있다는 점을 유념해야 한다고 한다. 이탈리아 헌법재판소, 전게책자, p. 32.

받게 된다.

(4) 헌법재판소의 행정조직

헌법재판소는 대통령 및 의회와 마찬가지로 그 고유의 활동을 자율적으로 조직하며 그에 필요한 행정 조직(organizzazione amministrativa)을 가지고, 내부 규정, 즉 헌법재판소 규칙에 따라 운영해 나간다(1953년 법률 제87호 제14조). 행정조직은 일반행정・인사・사건 및 재판 관련 행정・조달・회계・도서관・행사・판례집・출판에 관한 업무를 행한다.

헌재의 총괄 행정은 사무처장(Cancelliere/Secretary Genenral)에 의해 수행된다. 사무처장은 고위 사법관, 행정 분야의 관리자, 기타 전문가 집단으로부터 소장에 의해 임명되는 비경력직이다.

한편, 재판소는 독립된 예산을 가지는바(1966년 일반규칙 제5조의1), 이 예산의 범위 내에서 헌재와 그 내부 기관은 어떠한 외부적 간섭이나 통제도 받지 않고 자율적으로 지출할 수 있다.[108] 헌재의 예산은 2012년의 경우 5,270만 유로였고, 2016년도 역시 동일하다. 이를 우리의 원화로 바꾸면 약 685억 원이 된다(1유로=1,300원 환산).

나아가 각 재판관은 3명까지 개인적으로 선택한 인력의 도움도 받는다. 이들은 헌법연구관(assistenti di studio/research assistants)으로 사법관이나 대학 출신이며, 재판소에서 다뤄지는 사건들에 대한 연구와 자료 준비를 맡는다. 헌법연구관은 문제되는 법령, 관련 선례, 일반법원의 의견, 유용한 학술 논문 등을 포함하는 연구 자료(ricerca/research packet)를 수집하여 재판관들에게 제공한다.[109] 재판관들은 또한 행정적 지원을 해주는 비서실(segreterie dei giudici)을 가진다(1953년 법률 제87호 제14조 제4항).

이 모든 조직을 통틀어 재판소에는 항상 대략 300명~350명의 인원이 있다. 재판소는 그 직원의 고용관계에 대한 법적・경제적 규율을 하는데 자율권을 누리며, 직원들이 제기하는 노동관련 문제를 전속적으로 심판할 권한이 있다(1953년 법률 제87호 제14조 제3항, 1966년 일반규칙 제30조). 이러한 자치는 이탈리아 시스템이 전통적으로 가지는 특권이다.

4. 헌법재판소의 권한 및 기능

이탈리아 헌법재판소는 ① 위헌법률심판, ② 권한쟁의심판, ③ 탄핵심판, ④ 국민투표허용성심판이라는 4가지 권한을 가지는데, 헌법상으로는 전자의 3개가 명시되어 있고(제134조),

108) 헌재의 예산과 지출은 인터넷에 공개된다. http://www.cortecostituzionale.it/jsp/consulta/istituzioni/bilancio.do 참조.

109) 헌법연구관에 대해 정한 헌법재판소 규칙은 없지만, 현실에 있어서는 헌법연구관이 평의를 위한 보고서 작성에 있어 중요한 역할을 한다. 헌법연구관은 대학교원 및 사법관으로부터 재판관의 개인적인 인맥으로 각 재판관에 3인씩(다만, 소장에게는 4인이 있기 때문에, 합계 46인이 존재한다) 채용되고 있다. 그 구체적인 직무내용도 어떤 재판관에 속하는지에 따라 달라지게 된다. 田近 肇, 「イタリア憲法裁判所」, 『憲法裁判所の比較研究』, 曽我部 真裕・田近 肇 編, 信山社, 2016, pp. 30-31.

마지막 1개는 헌법적 법률에 의해 헌재의 권한으로 인정되었다(1953년 헌법률 제1호 제2조).

그 중 위헌법률심판, 권한쟁의심판, 탄핵심판은 우리나라 헌법재판소의 5가지 권한 중 그것들과 공통된다. 그러나 이탈리아에는 위헌법률심판에 있어 추상적 규범통제 유형이 있다는 점, 탄핵심판이 형사재판과 유사하다는 점, 국민투표허용성심판이 있다는 점, 그리고 헌법소원심판[110]과 정당해산심판[111]이 없다는 점 등에서 우리와 차이가 있다.

이탈리아 헌재의 재판에서 무엇보다 중요한 원칙은 동등한 헌법재판관 모두의 합의에 의해 의사결정이 이루어진다는 것이다. 이를 합의성의 원칙(il principio di collegialità)[112]이라 한다. 바로 이에 의해 소장도 동료들 중 1인자인 것으로 여겨지게 되고, 평등하고 수평적인 관계에서 재판관들의 토론과 대화가 이루어지며, 또 전원의 최종 합의에 의한 반대의견 없는 단일의견이 헌재의 재판으로서 내려지게 되는 것이다.

(1) 위헌법률심판(il giudizio di costituzionalità delle leggi)

이 위헌법률심판은 직역하자면 '법률의 합헌성 심판'이 되겠는데, 2가지 유형으로 나뉜다. 하나는 전제문제형식의 합헌성 심판(il giudizio di costituzionalità delle leggi in via incidentale, 부수적 위헌심판)이고, 다른 하나는 주요문제형식의 합헌성 심판(il giudizio di costituzionalità delle leggi in via principale)이다.[113]

전자는 법원에 구체적 사건이 발생한 것을 전제로 하여 헌법재판소가 심판하게 되는 '구체적 규범통제'이고, 후자는 아직 구체적 사건이 제기되지 않은 상태에서 이루어지는 '추상적 규범통제'이다.

---

110) 이탈리아에도 독일의 헌법소원(Verfassungsbeschwerde)과 같이 국민이 직접 헌법재판소에 소송을 제기할 수 있는 헌법소원제도를 도입하자는 논의가 있다. 그러나 도입 시의 부작용을 우려하는 목소리도 강하여 아주 강한 움직임은 없는 것으로 보인다. V. Barsotti · P. Carozza · M. Cartabia · A. Simoncini(eds.), 전게서, p. 52. 한편, 헌법제정회의에서도 국민이 직접 소제기하는 방안이 있었으나 불채택 되었으며 그 이유는 불분명하다는 것으로 김종호, 전게 논문, p. 790 참조.

111) 이탈리아는 서유럽에서도 좌파의 세력이 가장 강한 나라로 알려져 있는바, 이는 이탈리아공산당(PCI)이 제2당으로 수십 년간 공식적으로 활동해 온 것으로 명확히 상징된다. 그러나 1980년대 말 동구의 구 공산권이 무너지면서 이탈리아공산당도 해체와 분열, 그리고 재건되고 있는 상황이다. 이렇듯 이탈리아에는 정당해산심판은 존재하지 않는다.

112) 사실 이 '합의성'(collegialità)이란 원칙은 매우 오래된 역사와 전통을 갖고 있는 것이다. 고대 로마(특히 공화정)에서는 고위 행정관(예컨대, 콘술, 프라이토르)이 권력을 행사할 때 상호 비토권을 가지게 하여 권한을 공동으로 행사하도록 하였다. 그리고 카톨릭 교회에서는 주교들이 교황과 함께 행정에 참여하는 일을 가리킨다. 이탈리아 헌재에 있어서의 합의성 원칙에 대해 더 자세한 것은 V. Barsotti · P. Carozza · M. Cartabia · A. Simoncini(eds.), 전게서, pp. 46-49 참조.

113) '전제문제형' 심판은 '가정문제형' 심판으로 번역되기도 하였다(김종호, 전게 논문, pp. 794-795). 그런데 'incidentale'의 본래 뜻이 '부차적인; 우발적인'인바, 말 그대로 일반 법원에서의 재판 중에 '부수적인 통로를 통해'(in via incidentale) 제기되는 소송이라는 뜻이므로, 직역하자면 '부수적 통로를 통한 위헌심판'이 될 것이다. 이 취지로 볼 때 '부수적 심판'이 적당할 것이지만, 일반적으로 '전제문제형 심판'이 널리 쓰여 왔기에(특히 일본의 경우) 이를 따르기로 한다. 한편, '주요문제형' 심판 역시 직역하면 '주된 통로를 통해'(in via principale) 제기되는 소송인바, 이는 관행대로 '주요문제형' 심판이라고 불러도 무리는 없을 것이다.

1) 전제문제형식의 합헌성 심판(il giudizio di costituzionalità delle leggi in via incidentale)

이것은 어떤 법령이 법원 재판의 전제가 된 때 당해법원판사(giudice *a quo*)의 제청에 의해 헌법재판소가 그 법령의 위헌 여부에 대해 판단하게 되는 형식의 것으로, 간단하게는 '부수 통로 소송'(ricorso in via incidentale)라고 부른다. 우리나라의 위헌법률심판(헌가 사건)이라고 할 수 있다.

재판기관의 당해재판(giudizio *a quo*) 진행 중에 당사자 일방 또는 검사(검찰관)는 합헌성의 문제를 제기할 수 있으며, 당해재판의 판사는 헌법재판소에 제청할지 여부를, 즉 이송 결정(ordinanza di rimessione)으로 정한다. 한편, 판사는 직권으로(di ufficio) 제청(이송결정)할 수도 있다(1948년 헌법률 제1호 제1조, 1953년 법률 제87호 제23조 제1항, 제2항, 제3항). 그러나 당사자나 검사가 직접 헌재에 제청하는 것은 허용되지 않는다. 이때 제청신청이 받아들여지지 않는다 해도 불복 수단은 없으나, 다른 심급에서 다시 제청신청하는 것은 가능하다(1953년 법률 제87호 제24조 제2항).[114] 판사는 위헌성 문제가 사건과 관련되어 있고 이유가 있다고 볼 경우, 심판대상과 위반되었다고 하는 헌법 규정, 그리고 신청사실 및 이유를 기재하여 헌재에 사건을 이송하고, 헌재의 결정이 있을 때까지 당해 사건을 정지[115]하여야 한다(1953년 법률 제87호 제23조 제2항).[116] 그리고 판사는 당사자 및 검사, 수상, 주지사 등 관계자에게 이송결정을 송달한다(동조 제4항).

이처럼 위헌심판을 제청할 수 있는 주체는 재판기관(l'autorità giurisdizionale), 즉 판사인데, 이 판사는 그 범위에 있어 일반법원의 정규법관에 한정되지 않고 평화판사(Giudice di pace), 지방행정법원과 같은 특수법원의 판사 등도 포함되는 광의의 것이다. 한편, 제청권을 가지는 이러한 판사의 역할과 관련하여, 판사는 헌법재판소로 들어가는 문을 여닫는 권한을 가지고 있다는 의미에서 '헌법재판의 문지기'(portiere del giudizio di costituzionalità)라고도

114) 이탈리아에는 당사자의 제청신청이 기각되었을 때 헌법소원을 제기하는 우리나라 헌법재판소법 제68조 제2항의 헌법소원(헌바 사건) 같은 제도가 없다.

115) 2008년 보충규범 제18조: 주된 소송의 정지, 중단 및 소멸(La sospensione, l'interruzione e l'estinzione del processo principale)은 헌법재판소의 재판에 대하여 효력을 생기지 않는다.

116) 1953년 법률 제87호 제23조 ① 재판기관에 의한 재판 진행 중에 당사자 일방 또는 검사는 다음의 사항을 기재하여 합헌성 문제를 제기할 수 있다.

a) 위헌 문제가 있는 국가 또는 주의 법률 또는 법률의 효력을 가지는 법령의 규정.

b) 위반되었다고 하는 헌법 또는 헌법적 법률의 규정.

② 재판기관은 합헌성 문제를 매듭짓지 않고는 당해 사건을 해결할 수 없을 때, 또는 제기된 문제가 명백하게 이유없다고 인정할 수 없는 때에는, 그 문제에 관한 신청 사실 및 이유를 기재하여 사건 기록을 즉시 헌법재판소로 이송하고, 진행 중인 재판을 정지하는 결정을 내린다.

③ 합헌성 문제는 사건이 계속 중인 재판기관이 제1항 제a호 및 제b호 및 전항에 정하는 사항을 기재한 결정에 따라 직권으로 제기할 수 있다.

④ 헌법재판소에의 사건 기록의 이송 결정이 공개 심리에서 낭독되지 않고 당해 사건의 당사자 및 검사의 참여가 필요한 때에는, 재판기관은 검사 등에게 국가의 법률 또는 법률의 효력을 가지는 법령과 주의 그것이 어떻게 문제되는지에 따라 총리 또는 주지사에 대해 사무처의 책임으로 송달하도록 명한다. 그 결정은 사무처장에 의해 국회의 양원 의장 또는 관계 주의회 의장에게 통지한다.

불린다.[117)] 초창기에는 판사가 '문'을 너무 '좁혀' 헌재에의 접근을 막지 않을까 하는 우려가 있었지만, 실제로는 오히려 판사들이 매우 자주 문을 열어 그런 우려가 기우였음이 밝혀졌다.[118)]

한편, 제청 요건은 법문상으로는 ① 합헌성 문제를 매듭짓지 않고는 당해 사건을 해결할 수 없을 것(rilevanza, 관련성[119)])과 ② 명백히 이유 없지 않을 것(non manifesta infondatezza)이 요구된다(1953년 법률 제87호 제23조 제2항). 재판관은 관련성이 인정되지 않거나, 당사자의 주장이 명백히 근거 없는 경우가 아닌 한 위헌심사를 제기해야 할 의무가 있다. 그런데 근래 헌재는 실무상으로 위 요건들에 더해 당해법원판사가 제청을 하기 전에 ③ 합헌적 법률해석을 위한 충분한 심사(la doverosa sperimentazione dell'interpretazione conforme a Costituzione)를 하였을 것을 요구하고 있다.[120)]

끝으로, 심판의 대상이 되는 것은 '법률'(leggi)과 '법률의 효력을 가지는 법령'(atti aventi forza di legge)이다(헌법 제134조 제1호, 1948년 헌법률 제1호 제1조, 1953년 법률 제87호 제23조 제1항). 여기서 '법률'이란 의회가 의결하고 대통령이 공포한 형식적 법률이고, '법률의 효력을 가지는 법령'이란 형식적 법률은 아니지만 의회가 관여한다는 측면에서 법률과 동일한 효력을 인정해 주는 것으로서, 입법명령(decreto legislativo)[121)]과 명령법(decreto-legge)[122)] 등이 있다. 따라서 의회규칙과 유럽법은 심판의 대상이 아니다. 행정규칙(regolamenti amministrativi)에 대해서도 헌재가 판단할 수 없으며, 그 문제는 일반법원 및 행정법원에 맡겨져 있다.

사건을 이송받은, 즉 제청받은 헌재는 이에 대해 각하결정(때로는 각하판결)을 할 수도 있고, 본안판단하여 인용판결 또는 기각판결을 할 수도 있다. 구체적인 재판의 유형과 효력에 관해서는 후술한다.

2) 주요문제형식의 합헌성 심판(il giudizio di costituzionalità delle leggi in via principale)

이는 앞서본 전제문제형 합헌성 심판과 달리 구체적 사건에 관한 법원 재판의 개재 없이

---

117) 이는 저명한 정치가, 변호사, 헌법학자인 Piero Calamandrei(1889-1956)가 쓴 말로서, 여러 문헌에서 인용되고 있다.

118) 이탈리아 헌법재판소, 전게책자, p. 36.

119) 이는 때로 '중요성'으로 번역되기도 하나, 문제되는 법령이 당해 법원 재판을 하는 데 있어 '관련'되어 있어야 한다는 의미에서 '관련성'이 타당할 것이다. 우리 헌법재판에서는 이를 '재판의 전제성'이라고 한다.

120) 이 세 번째 요건의 의미에 관해서는 이탈리아 헌재와 대법원의 다툼과 화해 과정이라는 관점에서 보다 심층적인 분석이 이루어지고 있다. 즉, 양 기관은 해석적 기각 판결의 효력을 놓고 오랜 세월 다투어 왔으나, 근래 헌재는 이 세 번째 요건을 부각시키면서 그것을 통과하지 못하였을 때 각하결정을 내림으로써, 법원의 판사에게 합헌적 법률해석 의무를 부과하는 동시에 판사의 법률해석권을 존중하는 태도를 보인 결과 헌재와 대법원이 화해를 하고 있다는 것이다. 보다 자세한 것은, 김민동, 전게논문, p. 66, 70, 72 참조.

121) 입법명령(decreto legislativo)은 의회가 제정한 수권법(legge di delega, 위임법률)에 의한 행정부에의 위임에 따라 대통령과 행정부가 제정하는 것이다(헌법 제76조). 이는 위임명령(decreto delegato)이라고도 불린다.

122) 명령법(decreto-legge)은 수상이 필요성과 긴급성이 있는 특별한 상황에서 임시로 잠정적 조치를 채택하여 의회에 제출하는 것을 말하는데, 60일 이내에 법률로 전환되지 않으면 처음부터 그 효력을 상실한다(헌법 제77조 제2항, 제3항). 이는 법률명령, 긴급명령, 임시조치법 등으로 번역되기도 한다.

당사자가 헌법재판소에 직접 합헌성 문제를 제기할 수 있는 심판이다. 국가(중앙정부)와 주 사이에 일어나는 헌법적 분쟁의 경우 중앙정부는 곧바로 주의 법률 등에 대해, 주는 곧바로 중앙 또는 다른 주의 법률 등에 대해 헌재에 제소할 수 있다. 따라서 이론적으로 보았을 때 '추상적 규범통제' 유형이라고 할 수 있다. 간단히 '주요 통로 소송'(ricorso in via principale)으로도 불린다.

뒤에 살펴보겠지만, 지방분권을 강화한 2001년 개헌 이후 이 유형의 사건은 전제문제형 심판과 비슷한 사건수를 가질 정도로 비중이 늘었다.[123)]

이를 세분하면 4가지 유형이 있는데, ① 국가(중앙정부)가 주헌장(statuto regionale)의 합헌성 문제에 대해 제기하는 것(제123조 제2항), ② 국가가 주 법률(legge regionale)의 합헌성 문제에 대해 제기하는 것(제127조 제1항), ③ 주가 국가의 법률 또는 법률의 효력을 가지는 법령에 대해 제기하는 것(제127조 제2항), 끝으로 ④ 주가 다른 주의 법률 또는 법률의 효력을 가지는 법령에 대해 제기하는 것(제127조 제2항)이 있다. 위 ①의 경우는 주헌장의 공고 후 30일 이내에 제기하여야 하고, ②, ③, ④의 경우는 당해 법령의 공고 후 60일 이내에 제기하여야 한다(1948년 헌법률 제1호 제2조, 1953년 3월 11일 법률 제87호 제31조~제36조).

그런데 2001년 헌법적 법률 제3호에 의한 개헌 이전에는 국가가 주에 대해 소를 제기하는 경우와 주가 국가에 대해 소를 제기하는 경우가 비대칭적으로 규정되어 있었다. 즉, 국가→주의 경우에는 그 주법률이 시행되기 전에 소제기가 가능했으나, 주→국가의 경우에는 국가의 법률 시행 전 소제기가 불가능했던 것이다. 그러나 개헌으로 이제는 국가가 소를 제기하는 경우이든 주가 소를 제기하는 경우이든 공히 '법률의 공고 후 60일 이내'에 소제기가 가능하다고 함으로써 사후적인 심판으로 되었다.[124)]

다만, 국가가 주헌장에 대해 제기하는 합헌성 심판(위 ①)은 그 성격이 다소 특이하므로 유의할 필요가 있다. 다른 유형들에서 공고(pubblicazione) 후 60일 이내에 소제기 한다고 할 때의 그것은 최종적으로 법률이 관보에 공고되어 효력을 발생한 이후를 가리키는 것이므로 이때의 소는 사후적인(a posteriori) 것이지만, ①의 경우에는 헌장의 제정 과정을 알린다는 의미에서의 단순한 '공시'라고 해석되므로(Corte cost., sent. n. 304/2002), 국가의 주헌장에 대한 소는 사전적인(a priori) 심사가 되는 것이다. 이는 위 ①의 공고(pubblicazione)가 헌법 제123조 제2항과 제3항의 조문 내용, 그리고 제138조의 헌법개정 절차 조문과의 비교를 통해 볼 때, 단순한 '공시'라고 해석되기 때문이다.[125)]

---

123) 김종호, 전게논문, pp. 793-794의 통계표 및 V. Barsotti · P. Carozza · M. Cartabia · A. Simoncini(eds.), 전게서, p. 291의 통계표 참조.

124) 보다 자세한 것은 김종호, 전게논문, p. 805 참조.

125) 이런 점에서 위 ① 유형을 제3의 소송으로 보는 견해도 제기된다. 그러나 이 이론은, 제134조가 "헌법재판소는 국가와 주에 의해 채택된 '법률'과 법률의 효력을 가지는 법령의 합헌성에 관해 재판한다."고 규정하

그런데 전제문제형 심판이 객관적 재판인데 반해, 주요문제형 심판은 국가와 주가 각각의 고유의 이익을 보호하기 위한 당사자재판으로 이해된다. 따라서 원래 소송을 제기할 것인지 여부는 국가와 주의 선택에 맡길 수 있고 당사자가 소송을 취하하는 경우 그 소송은 소멸하게 된다(2008년 보충규범 제23조 제2문).[126)]

주요문제형식 심판에서도 심판과정이나 절차는 전제문제형식 심판을 따르고(2008년 보충규범 제23조 제1문),[127)] 그 결과와 효과 역시 유사하다.

한편, 국가와 주 사이 또는 주 사이에 발생하는 분쟁이 법률 또는 법률의 효력을 가지는 법령에 대한 것이 아니라 규칙·행정명령·사법명령 등과 같이 다른 성격의 것에 대한 경우에는 다른 형식의 제소 메커니즘이 적용된다. 즉, 자신의 자치권을 침해당했다고 주장하는 주는 국가(수상에 의해 대표됨) 또는 다른 주의 권한에 대해 권한쟁의를 제기할 수 있다. 반대로 중앙 정부는 주(주지사에 의해 대표됨)의 권한의 한계를 넘거나 국가의 권한을 침범하는 행위에 대해 이의를 제기할 수 있다.[128)] 권한쟁의심판에 관해서는 다음 항에서 서술한다.

(2) 권한쟁의심판(il giudizio sui conflitti di attribuzione)

국가기관이나 주가 어떤 일정한 조치를 취함에 있어 서로 권한이 있는 것을 주장하는 경우(적극적 쟁의) 혹은 서로 권한이 없다고 주장하는 경우(소극적 쟁의) 권한쟁의가 발생한다.

권한쟁의심판은 그것이 발생하는 주체별로 ① 국가기관 상호 간의 권한분배에 관한 다툼(i conflitti di attribuzione tra poteri dello Stato), ② 국가와 주(州) 간의 권한분배에 관한 다툼(i conflitti di attribuzione fra Stato e Regioni), ③ 주 상호 간의 권한분배에 관한 다툼(i conflitti di attribuzione fra Regioni) 등 3유형으로 나누어진다(제134조 제2호, 1953년 법률 제87호 제3장 권한쟁의 제37조~제42조).[129)]

우선, ① 국가기관 상호 간의 권한쟁의는 국가기관 간에 권한 다툼이 생긴 경우이다. 그러나 국가기관 간의 다툼이 전부 헌법적 성질을 가지는 것은 아니다. 입법·행정·사법의 3권의 각각 내부에 있는 기관들 사이에서 생기는 다툼과 3권 기관의 사이에 있어서의 다툼을 구별할 필요가 있는 것이다. 전자에 관해서는 법률에서 3권의 내부적 최고기관에 쟁의의 해

고, 보통주의 헌장이 '주에 의해 채택된 법률'에 해당하는 것이 명백하게 보인다는 점에서, 별로 설득력이 없다. 주헌장은 그것들을 승인하기 위해 취해지는 절차를 고려하면 고유한 법률(*sui generis* laws)이지만 여전히 법률인 것이다. Justin Orlando Frosini, "Constitutional Justice", in *Introduction to Italian Public Law*, Ferrari, Giuseppe Franco.(ed.), Milano: Giuffrè Editore, 2008 pp. 199-200.

126) 김종호, 전게 논문, p. 806; 장영철, 전게논문, p. 28 참조.

127) 2008년 보충규범 제23조: 이 장에서 규율되는 재판에 있어, 제4조, 제5조, 제6조, 제7조, 제8조, 제9조 제2항, 제9조 제3항, 제9조 제4항 및 제10조부터 제17조까지는 적용한다. 소의 취하는, 당사자를 구성하는 모든 사람이 동의하는 경우에는, 소송을 소멸시킨다.

128) 이탈리아 헌법재판소, 전게책자, p. 43.

129) 때로는 ①은 기관 간 쟁의(conflitti interorganici)라고, ②와 ③은 합쳐서 주체 간 쟁의(conflitti intersoggettivi, i conflitti di attribuzione fra enti)라고 단순하게 불리기도 한다.

결을 위임하는 것이 보통이다. 또 후자의 경우에도 다툼이 3권 각각의 최고기관이 아니고 하급기관 사이에 생긴 경우에는 헌법상의 권한쟁의가 되지 않는다.[130] 결국 국가의 여러 권력 사이의 분쟁이, 귀속하는 권력의 의사를 스스로가 종국적으로 선언하는 권한을 가진 기관(organi costituzionali, 헌법기관) 사이에서, 헌법 규범이 여러 권력에 대해 정한 권한 영역을 획정하기 위해 생긴 때에, 헌법재판소가 이를 해결한다(1953년 법률 제87호 제37조 제1항). 헌재는 문제가 되고 있는 권한이 어떤 기관에 속하는지를 선언하고, 그 심사에 맡겨져 있는 분쟁을 해결하고, 권한 없는 기관에 의한 하자있는 행위가 있는 때에는 이를 무효로 한다(동법 제38조).

과거에는 국가기관 간의 분쟁은 사법적 해결이 아니라 정치적 해결에 맡겨져 있었다. 그러나 중재적 기관이 권한 배정에 관한 규율을 공평하게 적용하도록 헌법상 설계되었기 때문에 그러한 분쟁 해결 또한 헌법재판소에 맡겨진 것이다. 예를 들면, 이 유형의 권한 분쟁은 다음과 같은 경우에 발생한다. 헌법에 의해 보장되는 의원의 면책특권과 관련하여 사법기관과 의회 사이, 법관에 관한 문제에 대하여 법무부장관과 최고사법평의회 사이, 분류된 자료(국가기밀)에 관하여 정부와 검사 사이, 불신임을 의결한 의회와 장관 사이,[131] 국민투표의 절차에 관해 심사하는 대법원 중앙사무국과 국민투표 제기자들 사이.[132]

다음으로, ② 국가와 주 간의 권한쟁의, ③ 주 상호 간의 권한쟁의에 관해 본다.

사실 이러한 쟁의는 입법행위보다도 행정행위에 대해서 생기기 쉽다. 이는 입법행위에 대한 다툼은 합헌성에 관한 통제 제도(주요문제형 합헌성 심판)로 해결하는 것이 가능하기 때문이다. 여하튼, 주가 그 행위에 의해 헌법이 국가 또는 다른 주에 부여된 권한 영역을 침해한 때, 국가 또는 각 관련 주는 권한 조정을 요구하는 소를 헌법재판소에 제기할 수 있다. 또한 국가의 행위로 헌법상의 권한 영역을 침해당한 주도 동일하게 소를 제기 할 수 있다(1953년 법률 제87호 제39조 제1항). 제소 기간은 이의가 있는 행위의 통지 또는 공고 시 또는 그것을 안 때로부터 60일로 한다(동조 제2항). 이 소는 국가에 있어서는 수상 또는 그 위탁을 받은 장관이 제기하고, 주에 있어서는 주지사가 주 정부의 의결을 받아 제기한다(동조 제3항). 헌재는 중대한 사유가 있을 때에는 그 이유를 붙인 결정으로 재판이 진행되는 동안 국가와 주 사이와 주와 주 사이의 권한쟁의를 생기게 한 행위의 집행을 정지할 수 있다(제40조). 이 때

130) 한편, 이 권한쟁의는 '관할권의 다툼'(questioni di giurisdizione)과도 다르다. 후자는 관할권을 달리 하는 재판기관들, 예를 들면 행정법원 또는 일반법원 간의 다툼을 가리키는바, 이에 관해서는 "재판관할 문제에 대한 현행 규정은 종전대로 한다."고 하여(1953년 법률 제87호 제37조 제2항), 대법원 결합부가 이 문제를 해결하고 있다. S. Borghese, 전게서, p. 115.

131) 예컨대, 법무부장관이 상원을 상대로 한 권한쟁의가 있었다. 1995년 상원이 법무부장관을 불신임의결하자, 장관은 자신과 상원 사이의 권한쟁의를 다투는 청구를 헌법재판소에 제기하였다(Corte cost., sent. n. 7/1996).

132) 이탈리아 헌법재판소, 전게책자, p. 43.

헌재는 분쟁이 있는 권한이 어디에 속하는지, 또는 그 권한이 타방의 관할을 침범하지 않고 어떻게 행사될 수 있는지 결정하고, 그리고 최종적으로는 위법적인 법령을 무효로 할 수도 있다(동법 제41조에 의한 제38조의 준용).

한편, 앞서 주요문제형 합헌성 심판에서와 마찬가지로, 권한쟁의에 있어서도 당사자를 구성하는 모든 사람이 동의하는 경우에는 소의 취하가 인정된다(2008년 보충규범 제24조 제6항, 제25조 제5항).

(3) 탄핵심판(il giudizio sulle accuse contro il Presidente della Repubblica)

이탈리아 헌법재판소는 대통령에 대한 탄핵심판을 행한다(제134조 제3호). 국가의 수장이나 정부의 요인이 직무 수행 중 범한 범죄에 대한 형사절차는 전통적으로 그 특별한 정치적 함의를 고려하여 특수 기관 또는 적어도 특별한 법적 절차에 맡겨져 왔다. 이탈리아 제헌의회도 이런 전통에 따라 헌법재판소가 그러한 형사 소추를 심판하도록 정한 것이다.

앞서 보았듯, 대통령은 반역죄와 헌법침훼죄를 제외하고는 직무수행 중 행위에 대해 책임지지 않는바, 이 경우에만 의회로부터 탄핵된다(제90조). 탄핵소추서는 양원 합동회의의 절대다수 의결에 의해 제출된다. 소추서에는 죄명과 탄핵에 근거를 부여한 증거가 제시되지 않으면 안 된다. 소추서는 2일 이내에 하원의장으로부터 헌재소장에게 제출된다(1962년 법률 제20호[133] 제17조). 소장은, 직접 또는 다른 재판관에게 위탁하여, 형사재판소에 속하는 권한으로서, 필요한 통고를 행하고, 법정을 준비한다(동법 제22조). 재판에는 적어도 21인의 재판관이 참여하고, 참심재판관이 다수를 점하고 있지 않으면 안 된다(동법 제26조 제2항). 헌재는 소추장에 포함된 범죄만을 인정할 수 있다(동법 제27조 제1항). 평결시 투표가 동수일 때에는 피고인에게 유리한 의견으로 한다(동법 제28조 제2항). 판결은 최종적인 것으로 어떠한 상소의 수단도 허용하지 않는다(동법 제29조 제1항).

이탈리아 탄핵심판의 특이점 하나는 헌법재판소의 15명 헌법재판관 외에 일반 시민 16명을 추가하여 그 심판체를 구성한다는 것이다(제135조 제7항). 탄핵심판이 정치재판적 성격이 매우 강하다는 점을 고려하여 헌법재판관 외에 일반 시민을 추가하고, 또 그 수도 헌법재판관보다 더 많게 한 것이다. 이 일반 시민 재판관을 '참심재판관'[134](giudici aggregati, giudici popolari)이라고 하는데, 이들은 의회 양원 합동회의가 9년마다 선정하는 40세 이상의 시민 45명 중에서 추첨에 의해 선정된다. 참심재판관은 탄핵심판과 관련하여서는 통상의 헌법재판관과 동일한 신분보장과 보수를 받게 된다. 그 직무수행 중 표명한 의견이나 표결에 대해

133) 1962년 1월 25일 법률 제20호 "탄핵의 절차 및 재판에 관한 제 규범": Legge 25 gennaio 1962, n. 20- Norme sui procedimenti e giudizi di accusa.

134) 이탈리아 원어로 '추가적 재판관'(giudici aggregati)이므로 심판에 참여한다는 의미로서 '참심재판관'으로 번역한다. 일본에서도 '참심재판관'으로 번역한다.

책임을 지지 않으며, 일반법원의 최상위 재판관의 보수보다 적지 않도록 법률이 정하는 보수를 받는다(1953년 헌법률 제1호 제11조, 제5조, 제6조).

또 하나의 특이점은 탄핵심판이 형사재판과 유사하다는 점이다. 즉, 헌법재판소는 "공화국 대통령이 저지른 헌법침훼죄 및 반역죄에 대해 유죄 판결을 선고할 경우, 범죄행위 시점에 효력을 가지고 있던 법률이 정하는 형의 상한 범위 내에서 형사 제재를 결정하고, 범죄행위에 상응하는 헌법상·행정상·민사상의 제재를 결정한다."(1953년 3월 11일 헌법적 법률 제1호 제15조).[135]

역사상 단 한번 헌재에 의한 탄핵심판이 있었다. 바로 1978-79년 록히드 뇌물수수 사건[136]이었는데, 두 명의 전직 장관이 기소되어, 한명은 무죄, 다른 한명은 유죄 판결을 선고받았다. 그런데 이 재판으로 인해 상당한 기간 동안 재판소의 다른 활동이 정지된 경험을 토대로 헌재의 이 특별 형사 재판은 공화국 대통령에 대한 것으로만 축소하는 것이 바람직하다고 여겨졌고, 1989년 헌법개정으로 장관에 대한 부분은 삭제되어 제외되었다(1989년 1월 16일 헌법적 법률 제1호[137]에 의해 헌법 제96조, 제134조, 제135조가 개정됨). 장관들에 대해서는 특별한 절차를 따르는 일반 형사 법원으로 그 관할이 이전되었다.

(4) 국민투표허용성 심판(il giudizio di ammissibilità sulle richieste di referendum)

앞서 본 바와 같이, 이탈리아 헌법에는 의회 제정의 법률을 국민투표로 폐지할 수 있는 '폐지적 국민투표'가 있는데(제75조), 그 국민투표의 요구가 헌법적으로 허용되는지 여부에 관한 심판, 즉 '국민투표 요구 허용성에 관한 심판' 권한이 헌법재판소에 귀속한다(1953년 헌법률 제1호 제2조 제1항). 심판의 방법은 국민투표 실시를 규율하는 법률로 정하는데(동법 제2조 제2항), 이에 따라 1970년 5월 25일 법률 제352호 "헌법이 정하는 국민투표 및 국민발안에 관한 제 규범"이 제정되었다.

위 법률에 따른 폐지적 국민투표의 세부적 절차는 다음과 같다: 10인 이상 시민으로 구성된 발기인 위원회의 설치 → 대법원(중앙사무국)에의 국민투표 신청 → 기록 작성 및 관보

135) 이에 비해 우리 헌법은 "탄핵결정은 공직으로부터 파면함에 그친다. 그러나 이에 의하여 민사상이나 형사상의 책임이 면제되지는 아니한다."(제65조 제4항)라고 규정하고 있어 탄핵결정의 효과는 파면에 그치고 형사재판은 별도로 이루어진다.

136) 록히드 뇌물 사건(Lockheed bribery scandals, Lockheed incident)은 미국의 록히드 사에서 1950년대 후반부터 1970년대까지 항공기를 팔기 위해 여러 나라에 뇌물을 뿌렸다가 발각된 일련의 사건이다. 이 사건은 서독, 이탈리아, 네덜란드, 일본의 정치계에 큰 영향을 주었다. 이탈리아의 경우는 이탈리아 공군의 수송기 구매와 관련하여 기독교민주당측 정치인에 뇌물을 준 사건에서 시작하였다. 뇌물 제공의 가능성은 정치잡지 L'Espresso에서 처음 제기되었으며, 전직 내각 의원 루이지 구이, 마리오 타나시, 전직 총리 마리아노 루모르, 전직 대통령 조반니 레오네가 연루되었다고 하였다. 이 결과로 조반니 레오네 대통령은 1978년 6월 15일 사임하였다.

137) Legge costituzionale 16 gennaio 1989, n. 1.-Modifiche degli articoli 96, 134 e 135 della Costituzione e della legge costituzionale 11 marzo 1953, n. 1, e norme in materia di procedimenti per i reati di cui all'art. 96 della Costituzione(G.U. n. 13 del 17 gennaio 1989).

공고 → 신청일로부터 3개월 내 서명 활동 → 중앙사무국에의 서명부 제출(9.30.까지) → 신청의 합법성 심사(절차적 적법성: 대법원, 12.15.까지/ 헌법적 적법성: 헌법재판소, 이듬해 1.20.까지) → 국민투표 공고, 대통령의 국민투표 일정 공포(4.15.~6.15. 실시) → 선거권자 과반수 투표 및 과반수 획득시 승인.

요컨대, 국민투표 요구는 매년 9.30.까지 제출되어야 하고, 이는 12.15.까지 대법원 중앙사무국에 의해, 그리고 다음해 1.20.까지 헌재에 의해 심사되고,[138] 이후 4.15.에서 6.15. 사이에 국민투표가 행해진다.

헌재는 우선 대법원 중앙사무국(Ufficio centrale)이 국민투표 요구가 절차적 요건에 부합하는지 심판한 다음에 국민투표 허용성에 대한 심판을 한다. 헌재가 심판을 개시하도록 어느 쪽이든 그 청구를 제기할 필요도 없다. 국민투표는 헌재가 그것을 승인한 때에만 투표에 붙여진다.

헌재의 역할은 처음에는 국민투표의 대상이 되는 법률이 헌법 제75조가 금지하는 4가지 범주(세금에 관한 법률, 예산에 관한 법률, 국제 조약을 승인·비준하는 법률, 사면에 관한 법률)에 속하는 주제에 관한 것인지를 확인하는 것이라고 생각되었다. 그러나 헌재는 위 4가지 명시적인 금지 사유는 최저한의 것이고 헌법원칙과 국민투표의 본질로부터 추론되는 다른 금지 사유가 있다고 결정했다(Corte cost., sentenza n. 16/1978). 예를 들면, 하나의 투표 사안이 여러 가지 별개의 주제들을 포함하고 있어서 투표자들이 투표의 각 구성부분에 대해 자신의 판단을 각각 행사하지 못하도록 하는 국민투표 요구를 허용하지 않았다. 마찬가지로, 그 내용이 헌법과 구속적으로 연계되어 있는 법률을 폐지하려는 국민투표 또는 헌법 자체를 개정하지 않고는 수정될 수 없는 법률에 대한 국민투표에 대해서도 헌재는 차단했다. 기존의 조문을 단순히 제거하려는 시도보다는 법률 문구를 다시 써서 새로운 조항을 도입하려는 정도에 이르는 국민투표 역시 허용되지 않는다. 또한 국가 측에 국제적 책임이 발생하는 것을 피하기 위해 국제적 의무에 의해 요구되는 법률을 폐지하려는 국민투표도 안 된다.[139]

이혼허용법 폐지 국민투표(1974년)[140]와 원자력발전 폐지 국민투표(1987년, 2011년)[141]의

138) 위와 같은 일정은 국민투표 요구가 있는 경우 헌재가 특별히 신속한 진행을 위해 1월에 별도의 평의를 소집하는 이유가 된다. 이런 일은 꽤 종종 일어난다(지난 20년간 1991, 1993, 1994, 1995, 1997, 2000, 2003, 2004, 2005, 2008, 2011, 2012 등).

139) 이탈리아 헌법재판소, 전게책자, p. 44.

140) 이혼허용법 폐지 국민투표(1974)는 헌정사상 처음으로 실시된 것으로서, 이 투표가 부결됨으로써 이혼 허용 여부에 대한 이탈리아 사회의 오랜 논란이 마무리되었다. 이탈리아는 오랜 카톨릭 전통 때문에 이혼이 허용되지 않았으나, 성혁명의 시대변화 속에 1970년 마침내 이혼허용법이 의회를 통과하였다. 하지만 이혼 허용에 대한 논란은 사그라들지 않았고 바티칸 교황청과 보수 정당은 이혼허용법의 폐지를 위한 국민투표를 요구하였다. 그리하여 1974년 첫 투표가 실시되었는데, 결과는 투표율 88%에, 폐지찬성(SI) 41%에 의한 부결이었다. 이로써 카톨릭의 모국인 이탈리아에서조차 이혼은 더 이상 논란의 여지가 없는 것이 되었다.

141) 원자력발전 폐지 국민투표(1987, 2011)의 경과는 다음과 같다. 1986년 구 소련의 체르노빌 원자력발전소에서 발생한 방사능 누출사고의 여파로 원자력발전 폐기를 위한 국민투표가 1987년 실시되었다. 투표율 65%

경우와 같이, 제안된 국민투표의 주제뿐만 아니라 정치권과 의회에 미치게 되는 잠재적인 영향력 때문에 헌재의 결정은 자주 여론과 정치권의 논쟁의 중심이 되고 있다.

5. 헌법재판소의 재판 과정

(1) 사건 처리 현황

근래 이탈리아 헌재는 1년에 300-500건 정도의 사건을 접수하고, 매년 300-400건 정도를 처리하고 있다. 접수 사건의 경우 위헌법률심판(합헌성 통제 심판)이 전체의 90% 정도를 차지하는데, 전제문제형 합헌성 심판과 주요문제형 합헌성 심판이 각각 절반 가량 된다.[142] 한편, 사건 처리 시간은 약 1년 정도 걸리고 있다.[143]

개소 이래의 사건 수 추이를 살펴보자면, 초창기부터 점진적으로 증가하여 1980년대 중반부터 2000년대 초반까지 고원을 만들다가 이후 감소하는 모양, 즉 종모양을 그리고 있다고 할 수 있다. 구체적으로는 헌재가 출범한 첫해인 1956년에 414건으로 시작하여 둘째 해 132건, 셋째 해 80건으로 감소했다가, 이후에는 지속적으로 증가하여 1970년 420건, 1980년 989건(1984년 1490건), 1990년 884건(1996년 1496건), 2000년 983건을 기록하였다가 2010년에는 566건으로 감소하였다.[144]

2011년의 예를 들면, 헌재는 491건을 접수하고, 342건에 대해 선고했다. 구체적인 접수 내역은 286건의 전제문제형 심판,[145] 170건의 주요문제형 심판,[146] 권한쟁의 35건[147]이었다. 그리고 헌재는 342건의 사건에 대해 선고했는데, 166건은 판결이고 176건은 결정이었다.[148]

판결과 결정의 비율은 대략 반반 정도가 되는데, 1980년은 판결 116건 · 결정 82건, 1990

에, 폐지찬성(SI) 80%라는 압도적인 지지로 그 폐기가 이루어졌는데, 문제는 이것으로 끝난 게 아니었다. 이후 이탈리아는 유럽 최고 수준의 전기료를 부담하게 되고 산업 경쟁력 약화, 물가 상승 등의 후유증을 겪는다. 이에 2008년부터 베를루스코니 정부는 원자력발전 재개 법안을 마련하였으나, 2011년 일본 후쿠시마 원전 사고가 발생하여 상황은 다시 일변하게 된다. 중도좌파 성향의 정당이 베를루스코니 정부의 계획을 저지하는 국민투표를 주도하여, 54%의 투표율과 94%의 폐지찬성(SI) 투표에 의해 원전 재개 계획을 무산시켰다.

142) 원래는 전제문제형 심판이 80%에 이를 정도로 다수를 차지하였으나, 2001년 개헌에 의한 지방분권 개혁 이후 주요문제형 심판이 크게 늘어 근래에는 양자가 반반 정도를 차지하고 있는 것이다. 자세한 것은, 김종호, 전게 논문, pp. 792-793 참조.

143) 2012년판 이탈리아 헌법재판소 소개 책자는, 이전에는 사건이 제기되어 판결이 선고되기까지 12개월이 걸렸으나 지난 3년 동안에는 그 간격이 10개월 정도로 줄었다고 한다.

144) V. Barsotti · P. Carozza · M. Cartabia · A. Simoncini(eds.), 전게서, p. 289의 통계표 참조.

145) 대법원 19건, 항소법원과 민형사 1심법원 125건, 국가평의회 5건, 지방행정법원 96건, 회계감사원 2건, 평화판사 22건 등.

146) 국가 법률에 대한 것 67건, 주 법률에 대한 것 103건.

147) 주가 국가에 대해 제기한 12건, 국가가 주에 대해 제기한 1건, 국가기관 상호간 제기된 22건.

148) 이에는 196건의 전제문제형 위헌법률심판 사건, 91건의 주요문제형 위헌법률심판 사건, 국가와 주 간의 권한 쟁의 15건, 국가기관 상호간의 권한쟁의 11건에 대한 결정, 18건의 권한쟁의 결정, 7건의 국민투표 허용에 대한 판결, 4건의 판결경정 등이 있었다.

년은 판결 241건 · 결정 354건, 2000년은 판결 194건 · 결정 398건, 2010년은 판결 210건 · 결정 166건이었다.[149)]

(2) 재판 과정

이탈리아 헌법재판소의 재판 과정은 '접수 → 심리 → 평결 → 공고'의 과정을 거치게 된다. 우리와 다른 점은, 우리처럼 대외적 선고일을 따로 잡고 그 선고일부터 위헌결정의 효력이 발생(헌법재판소법 제47조 제2항)하는 것이 아니라, 평의에서의 평결을 통해 재판이 이루어진 다음(이때가 재판서에 기재되는 재판일자) 재판서를 사무처에 기탁하고 위헌판결을 관보에 공고함으로써 그 다음날부터 효력이 발생한다는 점이다.

사건의 접수는 앞서 본 바와 같이, 기재사항을 적은 서면으로써 한다. 전제문제형 합헌성 심판의 경우 당해법원판사의 이송결정이 헌재에 도달하여 사건이 접수되면, 소장은 즉시 이를 관보에 공고하고 필요한 경우에는 관계 주의 공보에도 공고한다(이 공고가 심판의 시작을 표시하는 것이다).

당사자는 당해법원 판사의 이송결정을 송달 받은 후 20일 이내에 사무처에 기탁된 서류를 조사하고 준비서면을 제출할 수 있으며, 수상 및 주지사 또한 같은 기간 내에 재판에 참여하고 준비서면을 제출할 수 있다(1953년 법률 제87호 제25조). 그러나 실무상 구두변론이 있기 전까지 준비서면이 제출되고 있다. 이처럼 헌법재판소의 절차에는 당사자뿐만 아니라 국가 및 주의 기관이 재판에 참여할 권리를 가진다(1953년 법률 제87호 제20조 제2항). 정부는 수상 또는 지정된 장관이 직접 참여하는 경우에도 국사대리인[150)]에 의해 대리되는데(동조 제3항), 국사대리인은 전형적으로는 사건이 각하되어야 한다거나 최종적으로 기각되어야 한다고 주장하게 된다. 즉, 그는 일반적으로 법률을 보호하는 입장에 서게 되지만, 드물게는 법률이 위헌이라고 주장하거나 어떤 포지션을 취하는 것을 피하기 위해 재판에 참가하지 않기도 한다.[151)] 한편, 헌법재판소의 절차에 있어 당사자의 대리 · 변호는 대법원의 변호사 자격을 가진 변호사만 할 수 있다(동조 제1항). 헌법재판소의 재판에서는 소송비용이 면제된다(1953년 법률 제87호 제21조, 2008년 보충규범 제30조).

위 기간이 경과하면 소장은 예심[152)] 및 보고를 위한 재판관(보고재판관, giudice relatore)[153)]

149) V. Barsotti · P. Carozza · M. Cartabia · A. Simoncini(eds.), 전게서, p. 290의 통계표 참조.

150) 이는 'Avvocato generale dello Stato'(Advocate General of the State)를 번역한 것인데, '국사변호사', '국사변호인'이라고도 한다.

151) 이탈리아 헌법재판소, 전게책자, p. 48.

152) 예심은 구두변론이나 평의에 앞서 증거조사를 하는 것으로, 예심담당 재판관이 사무처장의 보조를 받아 행한다(1953년 법률 제87호 제13조, 2008년 보충규범 제12조, 제13조). 그러나 헌법재판소가 사실 인정을 하는 것은 일반적인 경우가 아니므로, 특히 합헌성 심판에서는 증거조사는 극히 드문 일이다. 김종호, 전게논문, p. 811.

153) 보고재판관은 사건을 맡아 보고서를 작성하고 나중에는 재판서도 작성하게 되는바, 우리 식으로는 '주심'이라고 할 수 있다.

을 지정하여 사건에 대한 검토와 보고를 명하게 된다(1953년 법률 제87호 제26조 제1항).[154] 보고재판관은 헌법연구관의 도움을 받아 보고서를 작성하고 이를 재판관들에게 배부한다. 이 보고서에는 문제되는 법령, 관련 선례, 일반 법원의 의견, 다른 나라의 입법례와 판례, 유용한 학술 논문 등이 포함된다.

사건은 2가지 방식으로 처리된다. 하나는 구두변론을 열어 재판하는 경우이고, 다른 하나는 그것 없이 내부적인 비공개 평의(camera di consiglio, 이하 '평의'라 한다)[155]만으로 재판하는 경우이다. 구두변론이 열리는 사건과 아닌 사건은 반반 정도 된다.

우선 구두변론(udienza pubblica)에 관해 보자면, 이는 국민들에게 공개되는 것으로(1953년 법률 제87호 제15조) 원칙적인 사건 처리 방식이다.[156] 구두변론이 열리면 보고재판관이 사건의 문제점을 간략하게 설명하고, 이후 소장에 의해 정해진 순서대로 당사자의 대리인이 자기의 주장 이유를 간략하게 발언한다(보통 국사대리인이 마지막으로 발언한다). 소장은 심리를 정리하고, 논점을 제시할 수 있다(2008년 보충규범 제16조). 헌법재판관은 정당한 이유로 참가할 수 없는 경우를 제외하고 구두변론에 참가할 의무를 진다(1953년 법률 제87호 제16조 제1항). 구두변론이 끝나면 재판부는 평의에서 회합하여 사건을 평결한다.

다음으로 구두변론 없이 사건 기록에 기초하여 평의에서 곧바로 다루는 경우가 있다. 이 단순화된 절차는 당사자가 없는 경우 또는 당사자가 있더라도 사건이 명백히 이유 없거나 허용되지 않는 경우에 이용된다(1987년 법률 제87호 제26조 제2항, 2008년 보충규칙 제9조 제1항, 제2항).

평의에서의 투표에 의해 재판(decisioni), 즉 판결(sentenze) 및 결정(ordinanze)이 평결된다. 평의는 보통 구두변론(격주 화요일 09:30 개최)이 없는 격주로, 09:30~13:00, 그리고 16:00~19:00 동안 열린다. 즉, 1년에 약 18주, 월요일 오후부터 금요일, 그리고 매일 6~7시간 평의가 있게 되는 것이다. 토론은 보고재판관의 제안이 아무 이의 없이 곧바로 채택되는 경우에는 단 몇 분밖에 걸리지 않기도 하며, 사건의 복잡성과 논쟁성에 따라 온 종일이 걸리기도 한다. 재판관들은 사건기록(atti)과 연구자료(materiale della ricerca)를 가지고 토론

154) 소장은 광범한 재량으로 보고재판관을 선택하는데, 사건의 난이도를 고려하고 업무량이 재판관들 사이에 공평하게 분담되어야 한다는 것 외에는 다른 정해진 규칙이 없다. 실무상, 소장은 이미 유사 사건을 처리한 재판관에게 비슷한 사건을 맡기고, (형법, 형사소송, 민법, 노동법, 세법, 또는 행정법의 영역에서) 이전의 경험이나 특화된 훈련을 거친 재판관에게 관련 사건을 할당한다. 물론 이는 대강의 기준일 뿐이고 복잡하고 섬세한 사건들에 대해서는 소장의 보다 특별한 기준에 의해 보고재판관이 선정된다. 이탈리아 헌법재판소, 전게책자, p. 49.

155) 'camera di consiglio'는 구두변론과 대비할 때 비공개된다는 점에서 '비공개 평의'라고도 할 수 있으나 우리식으로는 단순히 '평의'라고 불러도 무방할 것이다. 이는 closed session이나 behind closed door라고 영역된다.

156) 구두변론은 우리 헌법재판소의 공개변론을 연상할 수 있을 것이나, 우리의 공개변론이 중요한 사건에 한해 예외적으로 열리는 것이라면 이탈리아의 경우는 구두변론 없이 재판할 수 있는 사건이 아니라면 변론이 열린다는 점에서 차이가 있으며, 변론 진행 절차도 다소간 다르다.

하는데, 이때 토론이 보고재판관에 의해 미리 준비된 의견 초안에 기초하지 않는다는 것이 중요하다. 토론은 보고재판관의 모두 발언과 함께 시작하는데, 적법요건상의 문제점에서부터 본안 문제까지 이른다. 보고서(relazione/report)는 보고재판관의 선택에 따라 하나의 제안으로 끝나기도 하고 여러 가능한 해결 방법들의 제시로 끝나기도 한다.[157)]

재판은 사건의 심리 종결까지 모든 구두변론에 출석한 재판관에 의해 평의에서 평결되는데(1953년 법률 제87호 제16조 제3항), 평의에는 전체 15명의 재판관 중 적어도 11명 이상이 참석하여야 한다(동조 제2항).[158)] 참석한 투표자 과반수의 투표로 결정하되, 가부 동수인 경우에는 소장이 결정한다(동조 제3항). 보고담당 재판관이 먼저 투표하고, 다음으로 다른 재판관이 신임자부터 투표하고, 소장은 마지막으로 투표한다(2008년 보충규범 제17조 제2항).

재판일자는 평결이 (승인)된 날짜로 한다(2008년 보충규범 제17조 제5항). 평결 후 판결 및 결정의 기안은 집필재판관(giudice redattore)이 맡는바, 보고재판관이 이를 할 수 없거나 다른 이유로 소장이 다른 재판관에게 맡기는 경우를 제외하고는 보고재판관이 집필재판관이 된다(동조 제4항). 판결 및 결정은 합의체가 평의에 의해 그 재판서를 승인하고, 소장 및 집필재판관이 서명한다(동조 제6항).

한편, 사건이 '명백히 부적법'하거나 '명백히 이유없는' 경우에는, 결정문 집필자는 '결정'(ordinanza)이라는 형식의 짧은 재판서를 작성하여 재판관들에게 회람한다. 만약 표현이나 다른 사항에 관해 반대가 없으면 회람 수일 내에 재판서는 소장과 집필재판관에 의해 서명되고, 사무처장에 기탁되는데, 이로써 최종적이고 공개적으로 된다.

사건이 본안까지 이르렀을 때는 '판결'(sentenza)이라는 상세한 결정문이 있게 되는데, 집필재판관은 초안을 다른 모든 재판관들에게 회람한다. 그 후 재판관들은 다같이 모여 재판서를 검토한다. 집필자는 큰 소리로 재판소의 법적 해석을 담고 있는 법리 부분을 낭독한다(lettura, 독회). 사실관계나 당사자의 주장 같은 부분은 낭독하지 않는다. 낭독이 끝나면 재판관들은 자신의 코멘트나 반대를 말한다. 다수가 초안에 동의하지 않는 경우 집필자는 다른 초안을 제출해 달라거나 어떤 부분을 바꾸거나 더해 달라는 요청을 받는다. 어떤 경우에는 새 재판서 초안이 회람될 때까지 독회가 연기되기도 한다.[159)]

전원이 합의한 단일 재판만이 표명되고, 반대의견 혹은 소수의견, 그리고 찬반 인원수는 공개되지 않는다. 이에 대해서는 소수의견을 공개해야 한다는 주장이 학계는 물론 재판소 내부에서도 제기되고 있으나, 반대하는 의견도 있어 실현되지는 않고 있다.[160)][161)]

---

157) 이탈리아 헌법재판소, 전게책자, pp. 51-52.

158) 참고로, 1966년 일반규칙 제6조 제3항은 재판 이외의 회의는 9인 이상 참석 및 출석 과반수로 의결(deliberazioni)하며, 규칙에 관한 의결은 과반수를 8인으로 한다고 규정한다.

159) 이탈리아 헌법재판소, 전게책자 책자, pp. 54-55.

160) 반대의견 표시의 장점은 그것이 헌재의 책임성, 투명성, 그리고 논증의 정밀성을 높인다는 것이다. 그러나

판결은 재판으로부터 20일 이내에 사무처에 기탁해야 한다(1953년 법률 제87호 제26조 제3항). 기탁된 재판서는 누구든지 이를 열람하고 그 사본을 얻을 수 있다(동법 제19조). 한편, 판결과 결정은 위 기탁으로부터 2일 이내에 당해사건 법원에 송부한다(동법 제29조). 위헌판결은 위 기탁으로부터 2일 이내에 법무부장관이나 주지사에게 송부하고, 즉시 늦어도 10일 이내에 관보에 공고한다(동법 제30조 제1항). 위헌으로 선언된 규범은 공고 다음날부터 적용할 수 없다(동법 제30조 제3항).

모든 재판은 공화국 관보(Gazzetta Ufficiale della Repubblica)에 전문을 공고하며 재판의 대상이 주법률을 대상으로 한 경우에는 그 주의 관보에도 공고한다(2008년 보충규범 제31조). 그리고 판결과 결정은 연차별로 번호를 붙여 정기적으로 '헌법재판소 공식 판례집'(Raccolta ufficiale delle sentenze e delle ordinanze della Corte costituzionale)에 게재된다(2008년 보충규범 제33조).

6. 재판의 유형과 효력

(1) 재판의 유형

1) 재판 유형의 개관

이탈리아 헌재가 하는 행위에는 크게 소송에 관한 판단, 즉 재판(decisione)[162]과 행정사항이나 내부규칙 제정 등에 관한 의결(deliberazione)[163]이 있다. 다시 재판은 판결(sentenza/sentence, judgement)과 결정(ordinanza/order)으로 나뉘고 평의라는 합의체에서 선고한다. 한편, 재판절차 진행 사항에 관하여는 소장에 의한 명령(decreto/decree)[164]이 내려질 수도 있다(1953년 법률 제87호 제18조).[165]

반대 측은 합의성의 원칙에 의한 단일결정이야말로 헌재를 정치의 압력과 간섭으로부터 보장하는 방법이라고 한다. 즉, 재판관이 재판소 외부에다 자신의 입장을 정당화할 필요 없이 자신의 생각을 오히려 자유롭게 펼칠 수 있다는 것이다. 그리고 타협에 의한 결정은 때로는 모호한 논증으로 이어지기도 하지만 그런 결정이야말로 다양한 원칙들과 가치들의 균형을 대표하는 헌법재판소의 본질에 부합한다는 것이다. 보다 자세한 것은 V. Barsotti · P. Carozza · M. Cartabia · A. Simoncini(eds.), 전게서, p. 47 참조.

161) 한편, 이탈리아 헌법재판소의 소개 책자는 이 문제를 다음과 같이 소개하고 있다. 소수의견 공표를 찬성하는 주장은, 다수의견은 소수의견에 직접적으로 응답할 필요가 있으므로 소수의견이 다수의견을 더 명확하게 만들 것이다. 그러나 한편으로는, 반대의견이 헌법재판의 과도한 '개인화'(personalizzazione)를 만들어 개인 재판관을 외부의 압력에 노출시키고, 재판소 결정의 권위를 약화시키며, 재판관들이 광범위한 콘센서스를 찾아가려 하는 동기를 약화시킨다는 우려도 있다. 이탈리아 헌법재판소, 전게책자, p. 57 참조.

162) 'decisione'는 직역하자면 '결정'이라고 할 수 있지만, 'ordinanza'를 '결정'이라 칭하는 것이 가장 좋으므로, 그 구분을 위해 decisione는 '재판'이라고 번역하기로 한다.

163) 예컨대, 헌재의 규칙(regolamento)은 의결(deliberazione)로 제정한다(1966년 일반규칙 제5조의1 제2항, 제3항).

164) 예컨대, 소장은 명령(decreto)으로 구두변론기일을 정하고 재판소를 소집한다(2008년 보충규범 제8조). 재판에서 어떠한 당사자도 구성되지 않는 때에는 소장은 명령으로 헌법재판소의 평의를 소집할 수 있다(2008년 보충규범 제9조 제1항).

165) 이에 비할 때 우리 헌법재판소는 '판결'과 '결정'의 구분 없이 모두 '결정'이라는 용어를 사용하여, 예컨대,

판결은 최종적이고 불복불가능한 재판으로 이로써 절차를 종결짓는 반면, 결정은 절차적 문제에 관해 내려지는 것이다(그러나 때로는 절차적인 문제에 대해서도 판결이 가능하다). 달리 말해, 판결은 본안(merito)에 들어간 경우에, 결정은 본안 판단 이전의 적법성 문제가 있을 때 내려지는 것이 원칙이다.

판결은 이탈리아 국민의 이름으로 선고되며, 사실 및 법리에 대한 이유를 설명하는 부분(parte motiva) 외에 주문(dispositivo), 재판 기일, 재판관 및 사무처장의 서명을 포함해야 하므로(1953년 법률 제87호 제18조 제3항) 상세한 반면,[166] 결정(ordinanza)에는 간결한 이유를 붙인다(동조 제4항). 다만, '명백히 관련성없음 또는 명백히 이유없음'을 이유로 한 결정을 내릴 때는 적절하게 이유를 붙여야 한다(동법 제24조 제1항).

판결에는 인용판결과 기각판결이 있다. 사실 이 두 형식만이 이탈리아 헌법재판 관련 법령에서 인정되는 것이지만(1953년 법률 제87호 제27조 참조, 이를 순수형 내지 단순형이라고도 한다), 실제로는 상당히 다양한 형식의 재판(우리 식으로 말하자면 변형결정)이 이루어지고 있다. 변형결정은 헌재가 수많은 사건 처리를 하는 과정에서 필요에 의해 등장하여 발전하게 된 것이다.

한편, 이런 여러 유형의 재판에 대한 분류법 역시 다양한데, 아래에서는 가장 대표적이고 중요한 재판 형식에 대해 살펴본다.

2) 각하재판(decisione di inammissibilità)

본안심사를 할 절차적 조건이 충족되지 않을 때 헌재는 사건을 부적법하다고 각하하는 결정을 내린다. 관련된 규정들을 보자면, '명백히 관련성이 없는 경우 또는 명백히 이유없는 경우'(1953년 법률 제87호 제24조), '당사자가 구성되지 않는 경우'(동법 제26조 제2항), 그리고 '소가 명백히 이유없는 경우, 명백히 부적법한 경우, 소가 취하된 경우, 또는 이송결정한 판사에게 사건기록이 반환될 경우'(2008년 보충규범 제9조 제2항)등에 각하결정이 내려질 수 있다.

즉, 전제문제형 합헌성 심판에 관해 보자면, 제청을 한 기관이 판사로 정의될 수 없는 기관인 때,[167] 구체적 사건 계속 중에 제청된 경우가 아닌 때, 나아가 제청된 법률이 당해사건과 관련성이 없는 때, 헌재에 의해 위헌심사될 수 없는 대상(예컨대, 의회규칙)에 대해 제청이 이루어진 때, 법률이 자기집행적 EU법에 저촉되는 때(당해사건 판사는 단지 국내법을 적용

합헌결정, 위헌결정, 인용결정, 기각결정, 그리고 각하하는 경우에도 각하결정을 내린다. 다만, 재판장은 명령(ex. 보정명령)을 내리기도 한다. 이에 대해, 우리 법원은 '판결'(ex. 인용판결/유죄판결)과 '결정'(ex. 가압류결정/보석허가결정), 그리고 '명령'(ex. 담보제공명령/증거제출명령)을 구분하고 있다.

166) 이처럼 판결은 크게 3부분, 첫째, 사실관계를 요약해 놓은 사실 부분(parte *in fatto*), 둘째, 법리적 판단과 이유를 설시한 법리 부분(parte *in diritto*), 셋째 최종 결론인 주문(*dispositivo*)으로 구성된다.

167) 이 판사의 범위는, 1단계(1956년-1971년)에는 위헌제청을 활성화시키기 위해 확대국면이었고, 2단계(1971년 이후)에는 더 이상의 활성화가 필요 없어 축소국면이 되었다고 본다. V. Barsotti · P. Carozza · M. Cartabia · A. Simoncini(eds.), 전게서, pp. 55-56.

하지 말아야 한다) 각하결정된다(ordinanza di inammissibilità, 때로는 판결).

또한 헌재는 사건이 명백히 이유없는 경우에도 각하결정(때로는 판결)을 내리는데, 이를 명백히 이유없음 결정(ordinanza di manifesta infondatezza)이라 한다. 위 두 경우에 헌재는 사건을 당해법원판사에 돌려보내게 된다.

또 다른 각하 사유로는 다투고자 하는 법조항 또는 헌법적 기준이 정확히 지시되지 않은 사정 때문에 심판의 대상(*thema decidendum*)을 확정하기 어려운 경우를 들 수 있다. 끝으로, 다소 미묘한 각하 사유는 헌재가 사건을 '의회의 재량에 대한 심사'에 해당하는 문제라고 생각하는 경우이다.[168]

3) 기각판결 및 인용판결(sentenza di rigetto, sentenze di accoglimento)

법률이나 법률의 효력을 가지는 법령이 헌법을 위반하지 않는다고 판단할 때는 청구를 기각하는 기각판결(sentenza di rigetto)을, 그것이 헌법을 위반한다고 판단하는 때에는 청구를 인용하면서 위헌을 선언하는 인용판결(sentenza di accoglimento)을 내린다.

기각판결은 사건의 당사자만을 기속하는 당사자효(efficacia *inter partes*)를 가지고, 인용판결은 대세효(efficacia *erga omnes*)를 가진다.

판결은 엄격히 제청된 사건에 관한 것이어야 하는바, 즉 심판의 대상이 된 것과 헌재의 대답은 완벽한 대응을 이루어야 한다. 이것을 청구와 선고의 호응 원칙(il principio della corrispondenza tra chiesto e pronunciato)이라고 한다. 다만, 예외가 있는데, 헌재는 제청된 법률조항에 대한 위헌선언에 의해 결과적으로 무효가 되는 다른 규정도 위헌선언할 수 있다(1953년 법률 제87호 제27조).

4) 해석적 판결(sentenza interpretativa)

해석적 판결은 심판대상 규정에 대한 다양한 해석의 가능성을 인정하여 어느 특정한 해석에 의한다면 합헌 혹은 위헌이라고 판단하는 방법이다. 우리의 한정합헌 및 한정위헌 결정과 유사한 것이다. 이에는 해석적 인용판결(sentenza interpretativa di accoglimento)과 해석적 기각판결(sentenza interpretativa di rigetto)이 있다.

이 판결 기법은 규정(disposizione/provision, text)과 규범(norma/norm)의 차이에 기초한 것으로, 규정이란 법령에 씌어진 텍스트이고 규범은 헌재가 그 해석 권한을 행사함으로써 규정에 부여된 의미를 가리킨다. 간단히 보자면, 해석적 인용판결은, 헌법에 부합하는 해석도 가능하지만(Norma A) 실무상 헌법에 위반하는 방식으로 규정을 해석하는 것(Norma B)을 인정하여 인용판결을 하는 것이다. 반대로 해석적 기각판결은, 당해사건 판사에 의해 규정에 부여된 해석(Norma A)은 위헌적이지만 헌법에 부합하는 다른 해석(Norma B)이 가능하므로

168) 1953년 법률 제87호 제28조: 법률 또는 법률의 효력을 가지는 법령에 대한 헌법재판소의 합헌성 통제는, 모든 정치적 성격에 대한 평가 및 모든 국회 재량권 행사에 대한 심사는 제외한다.

이를 채택하여 기각판결 하는 것이다. 우리 식으로 말하자면, 해석적 인용판결은 한정위헌 결정이고 해석적 기각판결은 한정합헌 결정이 되겠다.

여기서 문제되는 것은, 앞서 본 바와 같이 인용판결은 대세효를 가지지만 기각판결은 당사자효밖에 없다는 원칙에 비추어 볼 때 해석적 기각판결이 법원의 판사들에게 구속력을 가지는가 하는 점이다. 실제로 이탈리아 대법원은 해석적 기각판결이 자신의 법률해석권에 대한 헌재의 간섭이라고 반발하였고(헌재=헌법해석, 법원=법률해석), 법원의 판사들은 마지못해 헌재의 판결에 따르기도 하였는바, 양 기관 사이에 다툼이 발생해 온 것이다.[169)]

그 결과 다음과 같은 일이 종종 일어난다. 헌재가 먼저 해석적 기각판결을 하고, 그럼으로써 심판대상조항이 위헌이 아니라고 선언한다. 이때 헌재에 의해 지시된 규범을 일반법원이 따르지 않을 경우에는, 헌재는 이를 사실로 인정하고, 그 결과로 다시 당해 조문이 다투어지는 경우 이제 헌재는 해석적 인용판결을 내리고 법률을 무효로 한다. 그러면 판사들도 위헌판결의 일종인 해석적 인용판결에 따르게 되는 것이다.

5) 조작적 판결(sentenza manipolativa)

이는 헌재가 심판대상조항을 단순히 위헌 선언하는 것이 아니라 그것을 특정 방식으로 직접 수정(대체)하거나 부족한 부분을 추가하여 완전한 것으로 만들기 때문에 '조작적'(manipulative)이라고 불리는 것이다. 즉, 헌재가 일종의 입법자가 되어 법규정을 직접 고친다. 우리 입장에서는 상당히 생소하고 심지어 헌재의 위헌적인 권한 남용이라고까지 여겨지는 것이라 할 수 있다.

조작적 판결은 매우 드물게 내려지지만, 많은 헌법학자들은 이 판결을 강하게 비판하고 있다.[170)] 법률의 해석과 관련하여 헌재와 일반법원의 관계에서 많은 문제를 일으키고 의회의 입법권에 대한 간섭도 된다고 보기 때문이다.

이는 여러 헌법학자에 의해 다양한 방식으로 유형화되어 왔으나 여기서는 다음 3가지 유형을 살펴보기로 한다. 조작적 판결에는 인용판결만이 있다.

① 일부 인용판결(sentenza di accoglimento parziale) 이 유형에서 헌재는 전체가 아니라 조항의 일부에 대해 위헌 선언을 하는데, 판결은 주문에서 '…라고 정하고 있는 부분에 있어서(nella parte in cui prevede …) 위헌이다'와 같이 설시한다.

헌재는 종종 법률이 규정된 방식 때문에 이러한 판결 형식을 취하는 것이 강제된다. 법률(조항)이 복잡한 방식으로 규정되어 있는 경우 헌재는 법률의 다른 부분은 그냥 두고 특정한 부분만이 위헌이라고 선언하게 되는 것이다. 그 바탕에 있는 원칙은 법률을 불필요하게

169) 해석적 기각판결을 둘러싼 수십 년에 걸친 이탈리아 헌재와 대법원 사이의 오랜 갈등과 근래의 화해에 관해 보다 자세한 것은 김민동의 전게 논문 참조.

170) Bin, Roberto & Pitruzzella, Giovanni, 전게서, pp. 498-499; Justin Orlando Frosini, 전게논문, pp. 203-204 참조.

전부 무효로 하는 것을 피하려는 것이다(*utile per inutile non vitatur*).

② 부가적 판결(sentenza additiva) 헌재는 부가적 판결을 통해 어떤 법률이 헌법적으로 필요한 특정 규범이 흠결된 범위에서 헌법에 위반된다고 선언하고, 그 흠결된 규범을 법률에 '추가'한다. 어떤 규정이 '… 이라 정하지 않은 부분에 있어서(nella parte in cui non prevede …) 위헌이다'라는 주문을 낸다.

예를 들자면, 증인 선서에서 판사가 증인에 대해 '선서의 도덕적 중요성 및 종교적 중요성'을 훈계해 '선서에 의해 하느님 앞에 지는 책임'의 자각 하에 선서시키는 것을 정한 민사소송법 제251조 제2항의 규정이 소극적인 종교의 자유(헌법 제19조)에 반하는지 여부가 다투어진 사례가 있다. 헌재는 증인이 종교 신자인 경우에 한정되고 있는 것을 문제 삼아 이 규정은 '신자인 경우에는'이라고 하는 삽입구를 포함하지 않은 부분에 있어서 위헌이라는 판결을 내렸다(Corte cost., sentenza n. 117/1979).

그러나 이런 유형의 판결이 많은 비판에 직면하자 헌재는 근년에 새로운 유형의 부가적 판결을 발전시켰다. 여기서 헌재는 심판대상규정에 대해 흠결을 이유로 위헌선언하지만, 종래의 부가적 판결에서와 같이 누락된 규범을 추가하는 대신 단순히 의회가 법률을 제대로 만들기 위해 따라야 할 원칙들을 제시할 뿐이다(원칙 부가적 판결, sentenza additiva di principio).

③ 대체적 판결(sentenza sostitutiva) 헌재의 '창조성'(creatività)은 대체적 판결을 할 때에 매우 두드러지게 나타난다. 이는 단순히 법률을 무효로 하는 대신 실제로 '대체'(substituzione)를 실행하는 것으로, 헌재가 단순히 일부 인용판결을 내릴 경우 발생하게 될 법적 공백을 메우려는 목적을 가진 것이다.

법률 조항이 마땅히 규정되어야 할 규범을 정하지 않고 그것과는 다른 규범을 정하고 있다는 점에서 그 조항을 위헌으로 선언하는 것이다. 이 경우 헌법재판소는 해당 규정이 'Y가 아니라 X라고 정하는 부분에 있어서(nella parte in cui prevede X anziché Y) 위헌이다'고 선언한다. 이 형식의 판결은 그 구조로는 규범을 정하고 있는 부분에 대한 일부 인용판결과 정해야 할 규범을 정하지 않은 부분에 대한 부가적 판결의 복합적인 판결로 볼 수 있다.

대체적 판결의 대표적 사례는 헌법기관(이 사건에 있어서는 헌재였음) 모독 행위에 대한 소추권을 법무부장관에게 부여한 형법 제313조 제3항에 관한 것이었다. 헌재는 독립된 헌법기관으로서의 지위를 근거로 헌재에 대한 모독행위에 대해 법무부장관에게 그 소추권을 부여한 것이 위헌이라고 하면서, 헌재 자신에게 그 권한을 부여하는 규정으로 대체하였다(Corte cost., sent. n. 15/1969).

6) 권고적 판결(sentenza monitaria o esortativa)

끝으로, 헌재가 내리는 또 다른 특이한 결정, 이른바 '권고적 결정'을 본다. 이는 추상적으로 위헌이라고 간주될 수 있는 규범을 접했을 때 헌재가 잠정적으로 청구를 배척(따라서 이는 기술적으로는 기각판결이다)하되, 의회에 대해 법률을 개정하라는 '경고'를 주는 것이다. 그런 판결은 의회에 대한 단순한 요청일 수도 있고, 때로는 헌재가 의회에 대해 어떻게 규정이 정비되고 개정되어야 하는지 지시하는 것일 수도 있다.[171)]

만약 입법자가 권고에 따르지 않은 채 있으면, 헌재는 추가적으로, 즉 어떤 지점에서는 최종적으로 위헌이라고 결정함으로써 조항을 무효로 하는 판결을 내릴 수도 있다.

(2) 판결의 효력[172)]

앞서 보았듯이, 판결에는 인용판결과 기각판결이 있는데, 그 효력 문제를 다룸에 있어 양 판결이 반드시 표리의 관계는 아니라는 점을 유의해야 한다. 즉, 기각판결은 당해법원이 제청한 합헌성 문제제기에 이유가 없다고 할 뿐 당해 규정이 합헌이다 혹은 위헌이 아니다라고 선언하지 않는다. 반면, 인용판결은 합헌성 문제제기에 이유가 있다고 하면서 당해 규정에 대해 위헌을 선언한다. 이로부터 양 판결의 효력 차이가 발생하게 된다.

기각판결이 있는 경우 당해법원판사는 당해 규정을 적용해 사건을 해결하지 않으면 안 되고 동일한 심급에서 재차 동일한 합헌성 문제를 제기할 수 없을 뿐이다. 즉, 기각판결은 당사자효(efficacia *inter partes*)밖에 갖고 있지 않다.

이에 대해 인용판결의 효력은 헌법 제136조 제1항이 다음과 같이 정하고 있다. "헌법재판소가 법률 또는 법률과 같은 효력을 가지는 법령의 위헌성을 선언한 때에는 그 규정은 판결의 공고 다음날부터 효력을 잃는다." 따라서 위헌으로 선언된 규정은 효력을 잃어 법질서로부터 종국적으로 제거되기 때문에 위헌판단은 대세효(efficacia *erga omnes*)를 가지는 것이 된다. 그런 한편, 이 조항에 따르면 위헌판결에 소급효는 없는 것처럼 보인다. 그러나 명문 그대로 장래효(*ex nunc*)만을 인정하고 소급효(*ex tunc*)를 부정한다면 위헌법률심판의 취지가 몰각되므로, 적어도 당해 사안과 계속 중의 모든 사건에 대해서는 소급적용된다고 해석되고 있다.

이리하여 위헌판결의 효력은 과거에도 미치는 것이 되는데, 문제는 일반적으로도 소급효를 가지는 것인가 하는 점이다. 이에 관해 헌재는 '위헌선언의 경우에는 당해 규정은 제정 당초부터 무효로 되고, 법질서로부터 배제되고, 법관계에 적용하는 것이 불가능하게 된다.'고 하였는바(Corte cost., sent. n. 127/1966), 결국 기왕의 법상황에도 영향을 미치는 것이 된다. 다만, 이에는 중요한 예외가 있는데, 법률로 명시적으로 정한 기판력이 있는 경우, 나아가 당해 법상황이 확정된 경우이다.[173)]

---

171) Bin, Roberto & Pitruzzella, Giovanni, 전게서, pp. 501-502.

172) 이하는 Bin, Roberto & Pitruzzella, Giovanni, 전게서, pp. 492-495와 井口文男, 「合憲性判断の手法とその拘束力」, 初宿正典先生還暦記念論文集 『各国憲法の差異と接点』, 成文堂, 2010, pp. 364-368을 주로 참고하여 정리한 것이다.

173) 위 예외의 경우에 대해 헌재는 '당해 법상황이 종국적으로 확정되고, 지금은 소멸(esauriti)했다고 간주해야

한편, 1953년 법률 제87호 제30조 제4항은, "위헌으로 선언된 규범을 적용하여 유죄의 확정 판결이 선고된 때에는, 그 집행을 중지하고, 모든 형사상의 효력은 소멸한다."고 정하고 있는바, 이는 헌법 제136조 제1항의 (장래효) 규정에 대한 명시적 예외가 된다. 이것은 형벌의 가혹함에 비춰볼 때 형벌의 기초가 된 규정의 위헌성이 승인된 때에는 그 소급효를 미치는 것이 정의·형평의 관념에 부합한다고 하는 견지에서 채용된 것이다.[174)]

정리하자면, 인용판결의 효력에 대해서는 헌법이 규정상으로는 장래효를 정하고 있는 것처럼 보이지만, 해석에 의해 실무적으로는 상당히 광범위한 소급효를 인정하고 있는 상황이라 할 것이다.[175)]

Ⅳ. 결 어

지금까지 이탈리아의 헌법과 헌법재판제도를 개괄적으로 살펴보았다. 우리나라에 소개된 자료가 매우 부족하다는 점을 감안하여 기초부터 시작하여 전체적 윤곽을 그려보는 데 집중하였다.

우선, 이탈리아 헌법에 대한 우리의 연구 상황에 대해 진단하였고, 제2편에서는 그에 입문하기 위한 전제로서 이탈리아의 헌정사를 둘러보고 이탈리아 헌법의 구조와 내용을 헌법전의 순서대로 고찰하였다. 그리고 제3편에서는 이탈리아의 헌법재판소와 헌법재판제도에 관해 다루었는바, 헌법재판 관련 주요 법령을 소개하고 법령 및 판례 인용 방법에 대해 설명한 다음, 이탈리아 헌법재판소의 역사·구성·재판 과정, 그리고 판결의 유형과 효력 등을 차례로 검토하였다.

이탈리아는 설명하기 어려운 모순과 매력을 품은 나라이다. 역사가 장구하고 문화나 예술은 감탄할 만하지만, 법과 정치는 비효율적이고 부패해 있으며 사회는 뭔가 제대로 돌아가지 않는다는 이미지가 강하다. 분명 이는 사실이기도 하지만 그럼에도 이탈리아의 법과 정치는 규범과 현실이 삐걱거리면서도 또 한편 잘 운용되고 있기도 하다. 무심한 듯 아무것도 아닌

하는 경우'(Corte cost., sent. n. 58/1967)라고 하여 약간 표현을 달리하여 설시하고 있다. 여기서 학설은 소급효를 한정하는 '소멸한 법관계'란 무엇인가를 고찰하게 되었다. 우선, 판결이 기판력을 가져 확정된 경우가 거론되는데, 이 때에는 동일한 법관계에 대한 재소(再訴)가 차단되기 때문에 당해 법관계는 확립된 것으로 되고 위헌으로 판단된 법률 규정의 소급효가 부정된다. 다음으로, 시간의 경과에 의해 법상황이 확정적으로 고정화한 경우로서, 소멸시효(prescrizione), 법정기간의 도과에 의한 권리행사 가능성의 상실(decadenza) 등이다. 井口文男, 전게논문, p. 366.

174) 위와 같은 규정 내용은 우리 헌법재판소법과 매우 유사하다. 우리의 경우 "위헌으로 결정된 법률 또는 법률의 조항은 그 결정이 있는 날부터 효력을 상실한다."(제47조 제2항), 그러나 "제2항에도 불구하고 형벌에 관한 법률 또는 법률의 조항은 소급하여 그 효력을 상실한다."(동조 제3항)고 규정한다.

175) 나아가, 일견 헌법의 명문 규정에 반하는 것처럼 보이는 위 실무와 해석의 모순적 상황에 대한 이론적 해명에 관해서는 井口文男, 전게논문, pp. 367-368 참조.

듯 행동하는 속에서의 탁월함, 어려운 일을 마치 쉬운 일처럼 우아하게 처리하는 것이 스프레짜투라(sprezzatura)라면, 이탈리아는 법과 정치에 있어서도 이를 실천하고 있는 것인지도 모른다.

그런 점에서 볼 때, 이탈리아의 헌법은 의원내각제라는 유럽 공통의 체제를 취하면서도, 경관 보호 조항, 수공업 보호 조항 같은 특유의 규정을 두고 폐지적 국민투표, 국민발안, 최고사법평의회, 강한 지방분권 등 매우 흥미롭고 독창적인 제도를 곳곳에 마련하고 있다.

또한 이탈리아 헌법재판소는 적극적인 판결로써 헌법질서를 수호하는데 큰 역할을 하면서도 정치적 사법기관이라는 본질을 잘 보여주고 있다. 즉, 재판소의 독립성과 중립성을 엄격히 지키는 한편, 공개 구두변론을 원칙으로 하는 재판을 통해 국민들과 소통하고, 대법원이나 의회와 같은 다른 기관과의 관계도 원만하게 처리하고 있다. 그리고 각하결정을 통해 사건부담을 줄이면서 해석적 판결·조작적 판결과 같은 독특한 판결기법을 활용하여 사건처리에 적절하게 대처하고 있다.

이렇듯 이탈리아의 헌법과 헌법재판제도가 우리에게 주는 영감을 통해 그 제도들을 실정에 맞도록 재해석하여 수용하기를 기대한다.

집 필 진

- 김 철 수 (서울대학교)
- 강 경 근 (숭실대학교)
- 송 석 윤 (서울대학교)
- 이 국 운 (한동대학교)
- 정 만 희 (동아대학교)
- 김 형 남 (California Central University)
- 严 海 玉 (중국 연변대학교)
- 蔡 永 浩 (중국 연변대학교)
- 최 경 옥 (영산대학교)
- 김 효 전 (동아대학교)
- 박 인 수 (영남대학교)
- 김 충 희 (변호사)
- 정 상 우 (인하대학교)
- 윤 성 현 (한양대학교)
- 이 병 규 (동의과학대학교)
- 정 긍 식 (서울대학교)
- 문 재 완 (한국외국어대학교)
- 조 소 영 (부산대학교)
- 성 승 환 (변호사)
- 김 정 현 (전북대학교)
- 기 현 석 (명지대학교)
- 정 철 (국민대학교)
- 정 호 열 (성균관대학교)
- 이 원 우 (서울대학교)
- 권 영 설 (중앙대학교)
- 정 태 욱 (인하대학교)
- 이 효 원 (서울대학교)
- 박 정 원 (국민대학교)
- 권 형 둔 (공주대학교)
- 김 하 중 (변호사)
- 이 근 관 (서울대학교)
- 장 승 화 (서울대학교)
- 정 인 섭 (서울대학교)
- 김 대 인 (이화여자대학교)
- 김 용 훈 (상명대학교)
- 박 진 완 (경북대학교)
- 최 창 호 (서울고등검찰청 검사)
- 정 극 원 (대구대학교)
- 이 전 오 (성균관대학교)
- 변 해 철 (한국외국어대학교)
- 한 동 훈 (헌법재판연구원 책임연구관)
- 심 경 수 (충남대학교)
- 윤 진 수 (서울대학교)
- 손 형 섭 (경성대학교)
- 정 순 섭 (서울대학교)
- 서 승 환 (한국법제연구원 부연구위원)

■ 우 미 형 (변호사)
■ 이 헌 환 (아주대학교)
■ 朴 大 憲 (중국 요녕대학교)
■ 박 정 훈 (서울대학교)
■ 남 하 균 (울산대학교)
■ 최 계 영 (서울대학교)
■ 송 시 강 (홍익대학교)
■ 임 성 훈 (변호사)
■ 이 상 덕 (부장판사, 대법원 재판연구관)
■ 박 훈 민 (한국법제연구원 부연구위원)
■ 강 지 은 (경기대학교)
■ 허 진 성 (대전대학교)
■ 전 학 선 (한국외국어대학교)
■ 문 상 덕 (서울시립대학교)
■ 이 광 윤 (성균관대학교)
■ 배 병 호 (성균관대학교)
■ 백 윤 철 (대구사이버대학교)
■ 박 훈 (서울시립대학교)
■ 이 재 희 (변호사)
■ 최 유 경 (한국법제연구원 부연구위원)
■ 김 중 권 (중앙대학교)
■ 한 인 섭 (서울대학교)
■ 강 일 원 (헌법재판소 재판관)
■ 유 남 석 (헌법재판소 재판관)
■ 전 종 익 (서울대학교)
■ 박 진 우 (가천대학교)
■ 이 우 영 (서울대학교)
■ 박 현 정 (한양대학교)
■ 정 호 경 (한양대학교)
■ 김 진 욱 (헌법재판소 선임연구관)
■ 김 동 훈 (헌법연구관)

國家와 憲法 I 헌법총론 · 정치제도론

2018년 6월 15일 초판 인쇄
2018년 6월 20일 초판 1쇄 발행

저 자 성낙인총장 퇴임기념논문집 간행위원회

발행인 배 효 선

발행처 도서출판 法 文 社

주 소 10881 경기도 파주시 회동길 37-29
등 록 1957년 12월 12일 / 제2-76호 (윤)
전 화 (031)955-6500~6 FAX (031)955-6525
E-mail (영업) bms@bobmunsa.co.kr
(편집) edit66@bobmunsa.co.kr
홈페이지 http://www.bobmunsa.co.kr

조 판 법 문 사 전 산 실

정가 75,000원 ISBN 978-89-18-09158-7